Haft/Schlieffen
Handbuch Mediation

Handbuch Mediation

Herausgegeben von

Prof. Dr. Fritjof Haft
o. Professor an der Universität Tübingen

Prof. Dr. Katharina Gräfin von Schlieffen
o. Professorin an der FernUniversität Hagen

Verlag C.H. Beck München 2002

Zitiervorschlag: Haft/Schlieffen, Handbuch Mediation, § . . . Rdnr. . . .

Die Deutsche Bibliothek – CIP-Einheitsaufnahme

Handbuch Mediation / hrsg. von Fritjof Haft ; Katharina
Gräfin von Schlieffen. – München : Beck, 2002
ISBN 3 406 47657 0

ISBN 3 406 47657 0

© 2002 Verlag C.H. Beck oHG
Wilhelmstraße 9, 80801 München
Druck: Kösel GmbH & Co.KG
Wartenseestr. 11, 87435 Kempten

Satz: Druckerei C.H. Beck, Nördlingen
(Adresse wie Verlag)

Umschlag: Bruno Schachtner, Dachau

Gedruckt auf säurefreiem, alterungsbeständigem Papier
(hergestellt aus chlorfrei gebleichtem Zellstoff)

Verzeichnis
der Autorinnen und Autoren

Prof. Dr. Reiner Bastine
o. Professor an der Universität Heidelberg

Dr. Daniel Beisel LL.M. (University of Pennsylvania)
Dipl.-Kaufmann, Rechtsanwalt in Karlsruhe

Hanspeter Bernhardt
Diplom-Psychologe und Mediator (BAFM)
in München

Prof. Dr. Günter Bierbrauer
o. Professor an der Universität Osnabrück

Prof. Jean-Pierre Bonafé-Schmitt
Verantwortlicher für das European Master
in Mediation, Institut Universitaire Kurt
Bösch, Sion/Schweiz

Prof. Dr. Stefan Breidenbach
o. Professor an der Europa-Universität
Viadrina, Frankfurt (Oder)

Prof. Dr. Peter Chrocziel
Rechtsanwalt in Frankfurt

Prof. Dr. Renate Dendorfer (LL. M./MBA)
Rechtsanwältin in München,
Attorney-at-Law N.Y., Professorin an der
Berufsakademie Ravensburg

Peter Dörrenbächer
Rechtsanwalt in Ottweiler

Dr. Jörg Eisele
Wissenschaftlicher Assistent an der
Universität Tübingen

Eugen Ewig
Rechtsanwalt in Bonn

Mag. Dr. Gerhard Falk
Universitätslektor für Mediation,
Leitungsmitglied des
Master-Universitätslehrganges EGM an der
Universität Klagenfurt/Österreich

Christian Frese
Rechtsanwalt in Karlsruhe

Dr. Hans Friedrichsmeier
Rechtsanwalt in Tübingen

Ulla Gläßer (LL.M.)
Leiterin der Mediationsstelle
Frankfurt (Oder)

Prof. Dr. Walther Gottwald
Professor an der Fachhochschule Nordost
Niedersachsen in Lüneburg, Richter am
OLG

Dr. Ivo Greiter
Rechtsanwalt und Wirtschaftsmediator in
Innsbruck/Österreich

Prof. Dr. Fritjof Haft
o. Professor an der Universität Tübingen

Dr. Christoph Hartmann
Rechtsanwalt und Mediator in Stuttgart

Marcus Hehn, M. A.
Rechtsanwalt und Mediator in Betzdorf/Sieg

Prof. Dr. Burkhard Heß
o. Professor an der Universität Tübingen

Dr. Benno Heussen
Rechtsanwalt in Berlin

Prof. Dr. Bernd Holznagel
o. Professor an der Universität Münster

Dr. iur. Peter M. Horst
Wirtschaftsmediator und Rechtsanwalt in
Gmund am Tegernsee

Dr. Uwe Huchel
Staatsanwalt (GL) in Augsburg

Uwe Kassing
Rechtsanwalt in Hamburg

Autorenverzeichnis

Eberhard Kempf
Diplom-Psychologe und Mediator,
Hachenburg

Prof. Dr. Hans-Jürgen Kerner
o. Professor an der Universität Tübingen

Stefan Kessen, M. A.
Mediator, Oldenburg

Hartmut Kilger
Rechtsanwalt und Fachanwalt für
Sozialrecht in Tübingen

Dr. Edgar Klinger
Dipl.-Kfm., Wissenschaftlicher Assistent an
der Universität Osnabrück

Stefan Kracht
Rechtsanwalt, Geschäftsführer des
Contarini-Instituts für Mediation an der
FernUniversität Hagen

Steffen Kraus
Rechtsanwalt in München

Dr. Armin Krauter, M. A. (Stanford)
Consultant in Heidelberg

Dr. Gino Lörcher
Rechtsanwalt in Köln

Dieter W. Lüer
Rechtsanwalt in München

Dr. Gisela Mähler
Rechtsanwältin in München

Dr. Hans-Georg Mähler
Rechtsanwalt in München

Prof. Dr. Karsten-Michael Ortloff
Vors. Richter am VG Berlin

Prof. Pasqualina Perrig-Chiello
Direktorin, Institut Universitaire Kurt Bösch,
Sion/Schweiz

Dr. Reiner Ponschab
Rechtsanwalt in München

Prof. Dr. Hanns Prütting
o. Professor an der Universität zu Köln

Prof. Dr. Ulrich Ramsauer
Vorsitzender Richter am VG,
Professor an der Universität Hamburg,
Mitglied des Direktoriums der
Forschungsstelle Umweltrecht

Lis Ripke
Rechtsanwältin in Heidelberg,
Lehrbeauftragte an der Universität
Heidelberg

Dr. Jörg Risse
Rechtsanwalt in Frankfurt/Main

Ulrike Rüssel
Rechtsanwältin und Wissenschaftliche
Mitarbeiterin an der FernUniversität Hagen

Friedrich R. von Samson-Himmelstjerna
Diplom-Physiker, Patentanwalt in München,
European Patent & Trademark Attorney

Dr. Daniel Sharma (LL.M.)
Rechtsanwalt in Frankfurt/Main

Prof. Dr. Katharina Gräfin von Schlieffen
o. Professorin an der FernUniversität Hagen,
Direktorin des Contarini-Instituts für
Mediation der FernUniversität Hagen

Adrian Schweizer, Fürsprecher
Rechtsanwalt und Unternehmensberater in
Gockhausen/Schweiz, Lehrbeauftragter an
der FernUniversität Hagen

Eckard Schwitters
Mediator, Oldenburg

Dr. Thomas Spörer
Diplom-Psychologe, Diplom-Pädagoge,
Stuttgart

Prof. Dr. Dieter Strempel
Ministerialrat a. D., Professor an der
Universität Marburg

Christian W. Teicher
Generalagent der Allianz-Versicherung in
Prien

Dr. Markus Troja
Mediator, Oldenburg

Arthur Trossen
Richter am Amtsgericht

Autorenverzeichnis

Christof Wagner
Dipl.-Sozialpäd., Rechtsanwalt in München

Dr. Klaus R. Wagner
Rechtsanwalt und Notar, Fachanwalt für
Steuerrecht in Wiesbaden, Lehrbeauftragter
an der Universität Marburg

Dr. Robert Walz (LL.M.)
Notar in Ingolstadt, Lehrbeauftragter an der
Universität Regensburg

Bianca Winograd
Rechtsanwältin und Fachanwältin für
Familienrecht in München

Bernhard Winterstetter
Steuerberater und Wirtschaftsprüfer in
München

Prof. Dr. Horst Zillessen
Geschäftsführer und wissenschaftlicher
Leiter der MEDIATOR GmbH, Oldenburg

— — —

Günther R. Hagen
Rechtsanwalt in München
(Sachverzeichnis)

Geleitwort

Jedes Verfahrensrecht strebt als wichtiges Ziel Rechtsfrieden an. Die gütliche Beilegung eines Konflikts ist dabei von herausragender Bedeutung: Wenn die am Konflikt beteiligten Parteien die Überzeugung gewonnen haben, dass dieser Abschluss das Ergebnis ihres freien Entschlusses ist, dass er ihren Interessen am besten entspricht, und dass sie mit ihm „zufrieden" sein können, dann ist die Konfliktlösung gelungen und Rechtsfrieden erreicht.

Deshalb nehmen wir, übrigens fernab von Überlegungen zur Gerichtsentlastung und Verfahrensbeschleunigung, die Öffnung der Verfahrensordnungen für Mediations- und Schlichtungsverfahren auf dem Weg zu einer neuen Streitbehandlungs- und Rechtskultur mindestens genauso ernst wie die Verbesserung der Verfahren zu der ja in vielen Fällen unvermeidlichen streitigen Erörterung und Entscheidung des Konflikts vor Gericht.

Das Bundesministerium der Justiz hat 1999 die Auswertung der vorhandenen Erkenntnisse zur außergerichtlichen Streitbeilegung in Auftrag gegeben. Heute liegen die Ergebnisse vor – sie zeigen, dass die Streitschlichtung auf vielen Feldern zu einem Angebot werden kann, das Flexibilität und soziale Autonomie der Parteien bei der Entscheidung darüber vergrößert, was sie gemeinsam und selbständig regeln wollen und wofür sie – subsidiär – die Dienstleistung des Gerichts in Anspruch nehmen wollen. Auch Literatur und die Erfahrungen mit Praxismodellen belegen, dass außergerichtliche Schlichtungs- und Mediationsverfahren Möglichkeiten zur stärkeren „Bemündigung" der Bürger darstellen. Sie nehmen den Verfassungsauftrag einer dialogorientierten, streitigen Demokratie ernst und wirken darüber hinaus präventiv, indem sie den Konfliktparteien den positiven, konstruktiven und dialogischen Umgang mit Konflikten und Interessenlagen erfahrbar machen.

Mediationsverfahren sind vom Gesetzgeber heute schon vereinzelt vorgesehen – beispielsweise bereits in Familiensachen. Sie bieten, dies zeigen Erfahrungen aus der Praxis, qualitative Vorteile gegenüber den „normalen" Gerichtsverfahren, in denen Justiz und Recht von außen in die zwischenmenschlichen Beziehungen hineinwirken und die Vielfalt der Wirklichkeit reduzieren. Das Urteil sieht das Nehmen als Anspruch und das Geben als rechtliche Verpflichtung.

Wir alle wissen jedoch, dass es zum Beispiel bei Scheidungsverfahren nicht nur um Rechtsanwendung, sondern auch um die Gestaltung von Lebensverhältnissen geht. Gerade hier liegt die Stärke von Mediationsverfahren. Sie richten ein Hauptaugenmerk auch auf die Wahrnehmung der persönlichen Interessen der Konfliktparteien, die Erfüllung von Grundbedürfnissen und auf die Zukunftsgestaltung. Sie lassen den Konfliktparteien die Freiheit, auch ein vom gesetzlich festgelegten Recht abweichendes Ergebnis für sich zu wählen. Dabei ist sicherzustellen, dass die Ergebnisse der Mediation in einem offenen und fairen Verfahren von vergleichbar starken Parteien selbst erarbeitet und gefunden werden. Die vermittelnde Arbeit der Mediatorinnen und Mediatoren weist den Konfliktparteien so im Idealfall den

Geleitwort

Weg zur selbstbestimmten Konfliktklärung und zur interessengerechten Gestaltung der Zukunft. Auf diese Weise haben Streitschlichtung und Mediation eine höhere Befriedungsfunktion als ein gerichtliches Verfahren mit einem Urteil, das einen der Beteiligten zum Sieger und den anderen zum Verlierer erklärt und zudem mit Kosten und Verlusten (insbesondere auch mit Beziehungsverlusten) einhergehen kann.

Recht und Justiz wird künftig verstärkt die Rolle zufallen, den Zugang zu solchen Verfahren zu eröffnen, für Qualitätsmaßstäbe zu sorgen und die Rechtsverbindlichkeit und Vollstreckbarkeit der in diesen Verfahren erzielten Übereinkommen zur Konfliktlösung zu garantieren.

Es wäre freilich falsch, die Mediation fundamentalistisch als die Alternative zur Justiz und zum Recht zu begreifen. Der offene Zugang zur streitigen Gerichtsbarkeit bleibt vielmehr immer erforderlich; er ist auch als Hintergrund für eine wirksame Mediation geboten.

Schon heute hat sich Mediation als wichtige und notwendige Ergänzung der bisher genutzten Konfliktregelungsinstrumente in den verschiedensten Bereichen bewährt und etabliert. Auch im deutschen Rechtsraum bekommt sie einen größeren Stellenwert. In den USA ist Mediation aus der Rechtskultur nicht mehr wegzudenken; sie wird dort viel breiter angewandt als hier in der Bundesrepublik. Das zeigt, welches Entwicklungspotenzial für Deutschland in diesen außergerichtlichen Verfahren stecken kann.

Es geht darum, diese Möglichkeiten zu nutzen und gleichzeitig eine Rechtskultur zu stärken, die dem Bürger mehr Verantwortung für die Lösung der eigenen Konflikte zuspricht, die Erarbeitungen von Lösungen im Dialog unterstützt und damit gleichzeitig hoheitliches Handeln auf jene Felder konzentriert, wo es unverzichtbar leistungsfähig ist.

Das vorliegende Buch gibt Auskunft über alle wichtigen Reformansätze. Manche von ihnen bedürfen weiterer wissenschaftlicher Begleitung und Auswertung. Es enthält Beiträge zu den Grundlagen und der Praxis von Mediationsverfahren, stellt die ökonomischen und theoretischen Grundlagen für eine interessengerechte Konfliktlösung dar, beleuchtet die Bezüge zum Verfahrensrecht und die Rolle der verschiedenen am Verfahren beteiligten Berufsgruppen. Gerade die Rückbindung an die theoretischen Hintergründe für Mediation, die Darstellung ihrer zum Teil unterschiedlichen Verwendung in verschiedenen Rechtsgebieten und die Öffnung hin zu künftigen Verfahrensformen wie der Online-Mediation erweitern die Perspektive und können so zusätzliche Entwicklungen anstoßen und vorbereiten.

Die Autoren machen deutlich, dass es vordringlich um qualitative Verbesserungen bei der Konfliktlösung, um eine höhere Rechtszufriedenheit der Bürger und um eine dauerhafte Akzeptanz der getroffenen Vereinbarungen geht. Wer wirksame Streitbeilegung anstrebt, fragt ja nicht speziell nach einer bestimmten Form, sondern sucht ein Verfahren, das mit Qualität und Effizienz zur Lösung des Konflikts geeignet erscheint. Deshalb muss bei den eigenständigen Angeboten der Mediation ebenso wie bei jenen im Rahmen der in § 15a EGZPO gesetzlich festgelegten obligatorischen außergerichtlichen Streitbeilegung und der ordentlichen Gerichtsbarkeit künftig gleichermaßen ein hoher Qualitätsstandard gelten. Ihn zu schaffen, zu sichern und zu garantieren, müssen Fortbildungseinrichtungen, Verbände, Wirtschaft und Rechtspolitik allesamt ein Interesse haben.

Bücher wie dieses „Handbuch Mediation" schaffen hierfür eine solide Arbeitsgrundlage. Dieses Handbuch zeigt aber auch, dass der Gedankenaustausch zwischen Rechtswissenschaftlern und Mediatoren endlich in Gang gekommen ist. Auch das ist zu begrüßen, denn schon heute zeigt das günstige Wechselwirkungen auf beiden Seiten.

Ich hoffe, dass dieses Handbuch von vielen Interessierten gelesen wird – von Praktikern, ebenso wie von Rechtswissenschaftlern, die sich an der nötigen weiteren Diskussion über Mediation und außergerichtliche Streitschlichtung beteiligen.

Prof. Dr. Herta Däubler-Gmelin
Bundesministerin der Justiz

Vorwort

Auf einer ungebrochenen Welle der Begeisterung, Hoffnung und des persönlichen Engagements hat die Mediation auch hierzulande längst die Schwelle vom Experiment zur Institution überschritten. Aus der aufsehenerregenden Alternative zum Gerichtsweg wurde eine unentbehrliche Option für die unterschiedlichsten Formen der Konfliktbewältigung, deren Sinn und Nutzen niemand mehr grundsätzlich bezweifelt. Da mit dieser Entwicklung auch die Erfahrungen und Einsichten über Mediation gewachsen sind, und die einschlägigen Publikationen, Tagungen, Vereinigungen und Schulungen überhand zu nehmen drohen, ist es an der Zeit, einen geordneten Wissensbestand aufzubauen und in griffiger Form allen Interessierten zugänglich zu machen.

Die bewährte Form hierfür ist das sogenannte Handbuch, das zwar üblicherweise nicht eben handlich ist, aber dem Leser verspricht, sich gleichsam mit einem Handgriff über die ganze Spannweite seines Themas orientieren zu können. So versucht auch das vorliegende Werk, über die Theorie und Praxis mediativen Konfliktmanagements kompakt und umfassend Auskunft zu geben. Ob für den Berufsalltag oder die Zwecke der Forschung: Das Handbuch für Mediation soll den Erfahrungsstand sichern, Regeln und Prinzipien einer erfolgreichen Konfliktbewältigung diskutieren und die Verbreitung von mediativen Verfahren durch Hintergrundinformationen, Beispiele und praktische Anregungen unterstützen.

Die Interdisziplinarität des Gegenstands bedingt es, dass dabei rechtliche Aspekte genauso zur Sprache kommen wie kommunikationswissenschaftliche, psychologische oder soziologische. Der Erklärungshorizont wird von dem Umstand geprägt, dass die meisten der hier versammelten Autoren juristisch vorgebildet sind und oft auch – neben ihrem Engagement für die Mediation – in „klassischen" juristischen Berufen arbeiten. Der Adressatenkreis ist jedoch genauso wenig auf Juristen wie auf ausgebildete Mediatoren beschränkt. Einige Beiträge wenden sich zwar vor allem an den berufserfahrenen Konfliktmanager, sei er Anwalt, Notar oder Richter, die meisten Autoren richten sich jedoch vornehmlich an die Neugierigen, die am Anfang ihrer Karriere oder einer beruflichen Umorientierung stehen. In weiten Teilen dürfte das Buch auch für Leser interessant sein, die keine Absichten haben, selbst als Mediator tätig zu werden: All jene Verantwortlichen, welche erwägen, ein anstehendes Problem mit Hilfe eines Mediationsverfahrens zu lösen oder welche die Mediation als ständige Verfahrensoption in ihrem Umfeld einrichten wollen.

Die Dynamik der Mediationsbewegung und die Aktualität der anstehenden Fragen haben es nahe gelegt, möglichst viele Experten aus den unterschiedlichsten Anwendungsfeldern zu Wort kommen zu lassen. Der Leser lernt die zentralen Annahmen und die verschiedenen Standpunkte zu Theorie und Praxis kennen und erhält einen unverstellten Einblick in die Arbeitsweise von Mediatoren und anderen Konfliktmanagern, die ihre Arbeit mit mediativen Elementen bereichern.

Das Konzept dieses Handbuchs schließt es aus, das Thema Mediation in der systematischen Geschlossenheit zu präsentieren, die gerade Juristen gewöhnt sind. Die Mediationsbewegung hat sich zwar schon mit beachtlichem Erfolg organisiert,

Vorwort

integriert und vorhandene Information aufbereitet; Mediation als Fachgebiet ist jedoch noch immer eine neue, erstaunlich und oft unvorhersehbar expandierende Materie. Jeder Anwendungsbereich hat seine eigene Entwicklungsgeschwindigkeit und sein besonderes Verhältnis zu Justiz und Recht. Ob es um Probleme innerhalb von Familien oder Betrieben, zwischen Unternehmen oder Bürgern und Behörden geht: In jedem Konfliktfeld herrschen andere ökonomische und soziale Zwänge, die andere Vorgehensweisen bei der Streitbeilegung erfordern und nach spezifisch vor- und ausgebildeten Mediatoren verlangen. Hinzu kommt, dass Mediation ein Gebiet ohne durchgängige Normierung ist. Prinzipien und Qualitätsstandards entwickeln sich in unterschiedlicher Art und Intensität. Einige Regeln finden bereits breite Anerkennung, andere sind umstritten. Das Terrain Mediation ist nicht von einer einheitlichen Ordnung durchzogen; es wird von einigen Grundüberzeugungen beherrscht und im Übrigen lediglich durch eine – wenn auch stetig wachsende – Anzahl lose verbundener Orientierungspunkte strukturiert. Demzufolge fehlt es auch an einer einheitlichen „Dogmatik"; das Mediationsverständnis, das den Beiträgen zu diesem Werk zugrunde liegt, ist reich an Nuancen, nicht selten originell und auf besondere Konstellationen zugeschnitten.

Diese Vielfalt wundert niemanden, der bedenkt, dass es an einer zentralen Instanz fehlt, welche die Implementation von Mediation verbindlich regeln und steuern könnte. Der deutsche Gesetzgeber hat Mediation als eigenständiges Verfahren der Konfliktbewältigung bislang kaum zur Kenntnis genommen. Keiner Behörde, Vereinigung oder Unternehmung wollte es bislang gelingen, die vielfältigen Aktivitäten der Praxis in ein Regelwerk zu zwingen. Das Ergebnis ist eine Pluralität, die den konventionellen Juristen vielleicht befremdet, die aber ihre deutlichen Vorzüge hat: Wer heute Konfliktmanagement betreibt, ist nicht gezwungen, Mediation als Einheitskonzept nachzubuchstabieren, sondern kann – ausgehend von wenigen anerkannten Grundgedanken – auf verschiedene Ansätze und Verfahrensweisen zurückgreifen und daraus Varianten aufgreifen und weiterentwickeln, die ihm für sein eigenes Handlungsfeld und seinen persönlichen Verhandlungsstil geeignet erscheinen.

In diesem Sinne kann und will dieses Handbuch sein Thema nicht aus einer Zentralperspektive, sondern aus der Sicht vieler Kenner mit unterschiedlichem wissenschaftlichem Hintergrund und professioneller Erfahrung beleuchten. Diese Zusammenschau muss die Orientierung ersetzen, die sonst durch Gesetze oder Lehrgebäude geleistet wird.

Zum Ausgleich folgt die Gliederung der Beiträge einem gewohnten Muster.

Das erste Kapitel beschäftigt sich mit den *Grundlagen* der Mediation und beginnt mit einem illustrativen Einstieg, der einen Fall aus dem Arbeitsalltags eines Mediators schildert. Dieser Beitrag ist besonders für jene Leser geeignet, die sich das Thema Mediation erstmals über einen lebensnahen Einblick in die Tätigkeit eines Konfliktmanagers erschließen möchten. Anschließend erfährt man Wissenswertes über die Geschichte, die rechtspolitische und internationale Entwicklung und die Chancen der Mediation. Das Verhältnis zu Recht und Gerechtigkeit wird beleuchtet und die Bedingungen und Folgen ihrer Interdisziplinarität skizziert.

Das nächste Kapitel behandelt das Kernstück einer jeden Mediation: Das *Verhandeln*. Während jeder Mediation wird verhandelt; Mediation wurde aus den Konzepten für ein rationales, kooperatives Verhandeln entwickelt, das die Konfliktlösung nicht in der Durchsetzung von Positionen, sondern in der kreativen Berücksichtigung vereinbarer Interessen sieht. Damit sind die Theorien und Techniken, die in diesem Kapitel zu einem erfolgreichen Verhandeln anleiten, auch unverzichtbare Wissensgrundlage für jeden Mediator.

Mit der *Durchführung des Mediationsverfahrens* befasst sich das dritte Kapitel, das den Leser mit der Rolle des Mediators, seinen Arbeitsprinzipien, dem Verfahrensablauf und der Vermarktung professionellen Konfliktmanagements vertraut macht. In diesem Abschnitt erfährt man, was eigentlich genau unter einer Mediation zu verstehen ist und was in Fachkreisen als Begriffs- und Regelbestand inzwischen Anerkennung findet.

Das Kapitel *Mediation und klassische Berufsbilder* soll Sie über die Vereinbarkeit Ihres eigenen Berufsstandes mit dem Berufsbild des Mediators informieren. Wo gibt es Gemeinsamkeiten und wo Unterschiede? Anwälte, Psychologen und Notare erfahren hier, wie sie Mediation in Verbindung mit ihrer Hauptprofession einsetzen können, wo Grenzen zwischen den Tätigkeiten zu ziehen sind und wo die berufstypische Kommunikation durch mediative Elemente angereichert werden kann.

Anschließend werden die *Rechtlichen Rahmenbedingungen* des mediativen Verfahrens vorgestellt. Infolge der vielen Schnittstellen von Mediation und Recht, von autonomem Verhandeln und staatlicher Regulierung ergeben sich zahllose Fragen, über die ein Mediator und seine Klienten informiert sein müssen. Wie verhält sich Mediation zu einem künftigen oder einem bereits laufenden Gerichtsprozess, insbesondere einem straf- oder einem verwaltungsgerichtlichen Verfahren? Wie lassen sich die Ergebnisse einer Mediation durchsetzen, wie sichert man die Vertraulichkeit des Mediationsverfahrens, was kann eine Haftung des Mediator begründen und wie verhält es sich mit den Honoraren und Kosten?

Im sechsten Abschnitt *Arbeitsgebiete* wird aus der Vielfalt der mediativen Praxis berichtet und ein überraschendes Spektrum von Anwendungsmöglichkeiten vorgestellt. Dieser Teil des Werks versteht sich auch als Sammlung richtungsweisender, entwicklungsfähiger Ideen, die den Leser anregen können, den Einsatz von Mediation in anderen Lebensbereichen zu erproben.

Sollte dieses Handbuch bei Ihnen das Interesse geweckt haben, sich selbst, Mitarbeiter oder Angehörige Ihrer Institution als Mediator *ausbilden* zu lassen, so finden Sie im letzten Teil einen Überblick zu den wichtigsten Stellen, die derzeit im deutschsprachigen Raum entsprechende Studien und Kurse anbieten. Dabei haben sich die Herausgeber um Vollständigkeit bemüht, bitten aber angesichts der Dynamik der Mediationsbewegung um Nachsicht, wenn dieses Ziel nicht (oder beim Erscheinen des Werkes nicht mehr) vollständig erreicht werden konnte (oder kann). Außerdem lernen Sie die wichtigsten Vereinigungen und Einrichtungen kennen, die sich die Förderung der Mediation zum Ziel gesetzt haben.

Wir hoffen, dass Ihnen dieses Handbuch informative und anregende Lektüre bietet und würden uns freuen, wenn Sie uns durch Ihre Kritik und Vorschläge helfen würden, das begonnene Netz weiter zu weben.

Tübingen und Hagen,   *Fritjof Haft*
im Frühjahr 2002   *Katharina Gräfin von Schlieffen*

Inhaltsübersicht*

---

* Detaillierte Übersichten sind den einzelnen Beiträgen vorangestellt.

Inhaltsübersicht

Inhaltsübersicht

Abkürzungsverzeichnis

Abkürzungsverzeichnis

BSG	Bundessozialgericht
BStBl.	Bundessteuerblatt
BT	Bundestag
BT-Drucks.	Bundestagsdrucksache
BVerfG	Bundesverfassungsgericht
BVerwG	Bundesverwaltungsgericht
CDR	Centre for Dispute Resolution (New York)
CfM	Centrale für Mediation GmbH & Co. KG
CHF	Schweizer Franken
CPO	Civilprozessordnung (von 1877)
CPR	Civil Procedere Rules
d.h.	das heißt
DAV	Deutscher AnwaltVerein e.V.
DB	Der Betrieb (Zeitschrift)
DBSH	Deutscher Berufsverband für Sozialarbeit, Sozialpädagogik und Heilpädagogik e.V.
DDR	Deutsche Demokratische Republik
ders.	derselbe
DGM	Deutsche Gesellschaft für Mediation
dies.	dieselbe(n)
DNotI	Deutsches Notarinstitut
DNotZ	Deutsche Notar-Zeitschrift
DÖV	Die Öffentliche Verwaltung (Zeitschrift)
DRG	Diagnosis-Related-Groups
DRiZ	Deutsche Richterzeitung
DVBl.	Deutsches Verwaltungsblatt
e.V.	eingetragener Verein
ebd.	ebenda
EBM	Einheitlicher Bewertungsmaßstab
Eds.	Editors
EGBGB	Einführungsgesetz zum Bürgerlichen Gesetzbuch
EGM	European General Mediator
EG-ZPO	Einführungsgesetz zur Zivilprozessordnung
Einl.	Einleitung
EKFuL	Evangelische Konferenz für Familien- und Lebensberatung
EMRK	Europäische Menschenrechtskonvention
EuGH	Europäischer Gerichtshof
EuGVÜ	Übereinkommen der Europäischen Gemeinschaft über die gerichtliche Zuständigkeit und die Vollstreckung gerichtlicher Entscheidungen in Zivil- und Handelssachen
EzA	Entscheidungssammlung zum Arbeitsrecht
F.A.Z.	Frankfurter Allgemeine Zeitung
Fn.	Fußnote
FPR	Familie, Partnerschaft und Recht (Zeitschrift)
FS	Festschrift
GA	Goltdammer's Archiv für Strafrecht (Zeitschrift)
GBl.	Gesetzblatt
GG	Grundgesetz
ggf.	gegebenenfalls
GKG	Gerichtskostengesetz
GKV	Gesetzliche Krankenversicherung
GOÄ	Gebührenordnung für Ärzte
GroßKomm	Großkommentar
Grundz.	Grundzüge

GRUR	Deutsche Vereinigung für gewerblichen Rechtsschutz und Urheberrecht (zugleich Zeitschrift)
GüteO	Güteordnung
GVBl.	Gesetz- und Verordnungsblatt
GVG	Gerichtsverfassungsgesetz
gwmk	Gesellschaft für Wirtschaftsmediation und Konfliktmanagement e. V.
h. M.	herrschende Meinung
HGB	Handelsgesetzbuch
Hrsg.	Herausgeber
HVM	Honorarverteilungsmaßstab
i. d. F.	in der Fassung
i. d. R.	in der Regel
i. E.	im Ergebnis
i. S. d.	im Sinne der/des
i. V. m.	in Verbindung mit
InsO	Insolvenzordnung
IPRax	Praxis des internationalen Privat- und Verfahrensrechts (Zeitschrift)
IUKB	Institut Universitaire Kurt Bösch
JGG	Jugendgerichtsgesetz
JuS	Juristische Schulung (Zeitschrift)
JZ	Juristenzeitung
KBV	Kassenärztliche Bundesvereinigung
KG	Kammergericht
KHG	Krankenhausfinanzierungsgesetz
KHG	Krankenhausgesetz
KindRG	Kindschaftsrechtsreformgesetz
KJHG	Kinder- und Jugendhilfegesetz
KON:SENS	KON:SENS – Mediation Vertragsmanagement Konfliktgestaltung (Zeitschrift Jahrgänge 1999–2000)
KostO	Kostenordnung
KritV	Kritische Vierteljahresschrift für Gesetzgebung und Rechtswissenschaft
KV	Kassenärztliche Vereinigung, Kostenverzeichnis
KVP	Kollektivistisch orientierter Verhandlungspartner
LG	Landgericht
LK	Leipziger Kommentar
LKV	Landes- und Kommunalverwaltung (Zeitschrift)
LL. M.	Master of Law
lt.	laut
LT-Drucks.	Landtagsdrucksache
m. w. N.	mit weiteren Nachweisen
MBO-Ä	Musterberufsordnung Ärzte
MDR	Monatsschrift für Deutsches Recht
MedR	Medizinrecht (Zeitschrift)
MittBayNot	Mitteilungen der Bayerischen Notarkammer
MRT	Magnet-Resonanz-Tomograph
NJ	Neue Justiz (Zeitschrift)
NJW	Neue Juristische Wochenschrift
NStZ	Neue Zeitschrift für Strafrecht
NVwZ	Neue Zeitschrift für Verwaltungsrecht
NZA	Neue Zeitschrift für Arbeitsrecht
NZI	Neue Zeitschrift für Insolvenzrecht
OGH	Oberster Gerichtshof
OLG	Oberlandesgericht
P. u. R.	Psychotherapie und Recht

Abkürzungsverzeichnis

PKV	Private Krankenversicherung
r + s	Recht und Schaden (Zeitschrift)
RAK	Rechtsanwaltskammer
RBerG	Rechtsberatungsgesetz
Rdnr.	Randnummer(n)
RegE	Regierungsentwurf
RGBl.	Reichsgesetzblatt
RIW	Recht der Internationalen Wirtschaft
Rs.	Rechtssache
SAE	Sammlung arbeitsrechtlicher Entscheidungen
s. o.	siehe oben
SBZ	Sowjetische Besatzungszone
SchlG	Schlichtungsgesetz
S.	Seite
SGB	Sozialgesetzbuch
SGH	Schlichtungs- und Schiedsgerichtshof deutscher Notare
s.	siehe
StGB	Strafgesetzbuch
StPO	Strafprozessordnung
StV	Strafverteidiger (Zeitschrift)
T€	Tausend Euro
TOA	Täter-Opfer-Ausgleich
u. a.	unter anderem, und andere
u. U.	unter Umständen
USA	United States of America
UVPG	Gesetz über die Umweltverträglichkeitsprüfung
Verf.	Verfasser(in)
VerwArch	Verwaltungsarchiv (Zeitschrift)
vgl.	vergleiche
Vol.	Volume
vs.	versus
VwGO	Verwaltungsgerichtsordnung
VwVfG	Verwaltungsverfahrensgesetz
wistra	Zeitschrift für Wirtschaft, Steuer, Strafrecht
WM	Wertpapiermitteilungen (Zeitschrift)
WpHG	Wertpapierhandelsgesetz
z. B.	zum Beispiel
ZAP	Zeitschrift für die Anwaltspraxis
ZEV	Zeitschrift für Erbrecht und Vermögensnachfolge
ZInsO	Zeitschrift für das gesamte Insolvenzrecht
ZIP	Zeitschrift für Wirtschaftsrecht
ZKM	Zeitschrift für Konfliktmanagement
ZNotP	Zeitschrift für die notarielle Praxis
ZPO	Zivilprozessordnung
ZPO-RG	Gesetz zur Reform der Zivilprozessordnung
ZRP	Zeitschrift für Rechtspolitik
ZStW	Zeitschrift für die gesamte Strafrechtswissenschaft
zust.	zustimmend
zutr.	zutreffend
ZZP	Zeitschrift für den Zivilprozess

1. Kapitel. Grundlagen

§ 1 Propädeutikum

Prof. Dr. Katharina Gräfin von Schlieffen

Übersicht

Vorbemerkung

1   Mediation ist eine Kunst mit einem anspruchsvollen **theoretischen Hintergrund**. Der Zugang zur Theorie wird, wie so häufig, durch praktische Anschauung erleichtert. Aus diesem Grund beginnt das Ihnen vorliegende Handbuch mit der Schilderung eines **konkreten Mediationsfalls**. Der Bericht erfolgt aus der Perspektive eines interessierten Anwalts, der bei einer befreundeten Mediatorin hospitiert.

Mancher Leser wird erstaunt sein, in einem Sachbuch einen Beitrag zu finden, der sich wie eine subjektiv erzählte Geschichte liest. Die szenische Form der Darstellung erschien mir jedoch plastischer, als ein dürres Protokoll oder eine bloße Dialogwiedergabe; und die subjektive Perspektive eines Hospitanten fand ich realistischer, als den Bericht eines allwissenden Beobachters, der in die Köpfe aller Beteiligten schauen kann. Von dem Versuch, die Mediation aus der Sicht eines Mediators zu schildern, bin ich wieder abgekommen: Der fiktive Mittler hätte zu allen Kontroversen über die Anwendungsfelder, Bedingungen und Ausprägungen der Mediation, über die Rolle des Mediators, über die geltenden Prinzipien, Regeln und Tabus irgendeine Stellung beziehen müssen. Diese Festlegung auf die Sicht einer bestimmten Richtung innerhalb der Mediationsbewegung wollte ich in einem Propädeutikum vermeiden. Die Mediatorin, die den folgenden Fall übernimmt, ist daher erkennbar kein Prototyp, sondern ein Individuum mit Ansichten, die man teilen oder auch diskutieren kann. Der dargestellte Konflikt entstammt dem wirklichen Leben; er wurde von *Ulrike Rüssel* beobachtet und dokumentiert, wofür ich ihr herzlich danken möchte. Die Dramaturgie des Falls, der Verlauf der Mediation und die Charaktere habe ich frei erfunden.

I. Neuland Mediation

2   Peter Schneewein, ein Anwalt in einer aufstrebenden kleinen Kanzlei, interessierte sich schon seit längerem für das Thema Mediation. Er hatte einige Artikel in Zeitschriften gelesen, meist mit packenden Titeln wie „Die sanfte Scheidung" oder

„Erst zum Schlichter, dann zum Richter," aber diese Beiträge waren nicht geeignet, sein Informationsbedürfnis zu stillen. Da Peter Schneewein zu den vielen Rechtsanwälten zählte, für die es befriedigend ist, wenn die Parteien eine vernünftige außergerichtliche Lösung finden, und er seine Lebenserfüllung nicht darin sah, jeden Fall, der in seine Kanzlei kam, zu einem Prozess eskalieren zu lassen, musste er erst gar nicht davon überzeugt werden, dass eine interessengerechte Einigung besser ist als ein Krieg nach den Schlachtregeln der Prozessordnung. Aber was nun genau Mediation war, wie dieses Verfahren ablief und wie es sich von seiner gewohnten Vermittlungs- und Schlichtungstätigkeit unterschied – das war ihm bisher noch nicht klar geworden.

Umso mehr freute er sich, als er auf einem Klassentreffen von einer seiner ehemaligen Mitschülerinnen, Michaela Bauer, hörte, dass sie nach einigen Umwegen „Mediatorin" geworden sei.

„Mediatorin – das klingt ja nach Traumberuf," sprach Schneewein sie direkt an. Michaela Bauer lachte. „Machst du denn wirklich ausschließlich Mediationen? Du bist doch auch als Anwältin zugelassen, wenn ich mich recht erinnere? Und darfst du dich eigentlich »Mediatorin« nennen?" – Michaela Bauer hob in gespielter Abwehr die Hände: „So viele Fragen auf einmal! Du bist richtig neugierig, nicht? Was möchtest du denn: Eine kurze oder eine lange Antwort?" – „Ehrlich gesagt, im Moment würde mich die lange Antwort wohl überfordern, aber das ganze Thema finde ich so spannend, dass ich richtig froh bin, jemanden zu treffen, der sich offenbar auskennt." Da Michaela, wie er, immer noch in Bernsberg wohnte, beschlossen beide, sich schon in der nächsten Woche zu treffen, zuerst etwas Tennis zu spielen und sich anschließend bei einem Bier in Ruhe zu unterhalten.

1. Man muss Konflikte mögen

Peter Schneewein hatte, nachdem er sich einige Male über seine eigene Vergesslichkeit geärgert hatte, seit einiger Zeit die Gewohnheit, alles, was er sich merken wollte, in ein kleines, hübsch gebundenes Büchlein einzutragen. So notierte er sich auch im Laufe der folgenden Woche eine Reihe von Fragen, die er seiner Schulfreundin bei ihrem Treffen stellen wollte. Schließlich waren folgende Punkte zusammengekommen:
– Vereinbarkeit mit Anwaltsjob?
– Berufsbezeichnung – Praxis der Kammer?
– Mediation auch, wenn schon Mandant?
– BRAGO? Frei? Wieviel?
– Nachfrage? Marktchancen?
– Welche Ausbildung?
– Glücklich?

Aber bevor Peter irgend einen seiner Merkpunkte ansprechen konnte, musste er ein Tennisspiel mit Michaela durchstehen, das ihn mehr forderte, als er erwartet hatte. Zu seinem Erstaunen verlor er 6:4, 6:3. Danach suchten sie sich einen Platz für das geplante Bier bei dem Italiener in der Tennishalle. Michaela, die sich dort offenbar besser auskannte als er, ging vor und bahnte ihnen den Weg zu einer ruhigen Ecke.

5   „Für eine Mediatorin bist du aber eine heftige Kämpferin," sagte Peter, dem seine sportliche Niederlage noch zu schaffen machte. Michaela dreht sich um: „Glaubst du, dass Mediation eine Sache für zarte Seelen ist? Die wilden Falken führen die Prozesse, und die Täubchen bringen den Frieden . . . durch sanfte, endlose Gespräche?" Sie hatten einen Tisch gefunden und setzten sich. „Oder," fuhr Michaela fort: „Wer zu weich ist, sich im Anwaltsgeschäft durchzusetzen, macht Mediation?" – Peter Schneewein trat vorsichtshalber gleich den Rückzug an: „So war das natürlich nicht gemeint. Es war nur ein Scherz, ich bewältige gerade noch das 6:3. Ich kann mir schon vorstellen, dass es mindestens genauso schwer ist, sich als Mediator zu etablieren wie als Anwalt, und das geht nicht ohne Dynamik und Einsatzbereitschaft." Michaela Bauer nickte: „Aber weißt du, was noch viel wichtiger ist: Als Mediator hast du es tagtäglich mit Personen zu tun, die sich streiten. Du lebst mit extremen Spannungen, Feindschaften, und zwar tauchst du meist viel tiefer in diese Abgründe von Hass, Verletzungen, Vernichtungswillen, als ein Anwalt, der ja über viele Distanzierungsstrategien verfügt: Die Mandantin darf einmal kurz weinen, aber dann muss es wieder sachlich weitergehen."

6   Michaela sah, dass sich in Peters Gesicht leichter Protest zeigte. „Gut," räumte sie ein, „jeder Anwalt hat da seinen eigenen Stil, und Sachlichkeit ist ja auch eine wichtige Tugend. Was ich nur meine ist, dass Mediatoren keineswegs nur auf rosa Konsenswolken schweben, sondern vor allem die Bitterkeit von Konflikten erleben und viel innere Stabilität und Konsequenz brauchen, um die Parteien durch schwierige Verhandlungen zu begleiten, durch Gespräche voller Aggressivität, Barrikaden, Egoismen."

7   Michaela Bauer unterbrach sich und schaute etwas abwesend auf die rote Papierserviette, die vor ihr lag, als würde sie sich gerade an eine bedrückende Szene erinnern. Dann schaute sie wieder hoch, ihre Miene hellte sich auf und sie sagte: „Ich habe einmal gelesen: Man muss Konflikte mögen, wenn man Mediation macht – und ich finde, das stimmt. Außerdem steht am Ende aller Verhandlungen natürlich häufig eine Einigung. Manchmal ist es auch schon ein Sieg, wenn die Parteien wieder miteinander sprechen . . . und das entschädigt und lässt einen die harten Stunden vergessen." – „Also doch ein befriedigender Beruf, und zwar nicht, weil man so viele Konflikte erlebt, wie du sagst, sondern weil diese Konflikte nachher gelöst und alle zufrieden sind, nicht wahr?" Michaela schien sich überlegen, ob sie darauf antworten wollte. Schließlich sagte sie: „Die Konflikte gehören dazu. Keine Lösung ohne Problem. Man kann das eine nicht vom anderen trennen, Peter."

2. Paradoxien

8   Peter Schneewein nahm sich vor, mehr zuzuhören und weniger seine eigenen Meinungen anzubringen. Zum Glück erschien der Kellner, und sie bestellten Bier, Pizza und einen Teller Salat für beide. Dann setzte Peter wieder an:

9   „Ich weiß eben im Grunde viel zu wenig über Mediation. Es geht darum, eine Lösung zu finden, die möglichst den Interessen aller Beteiligten gerecht wird. Das versucht man in der Form einer strukturierten Verhandlung, nach bestimmten Spielregeln, oder?" – „Ganz richtig." – „Besonders wichtig ist, dass die Lösung von den Parteien selbst und in aller Freiwilligkeit erarbeitet wird. Der Mediator ist kein Schlichter, der einen Vergleichsvorschlag macht, und dann alles daran setzt,

die Parteien davon zu überzeugen.[1]" Michaela nickte: „Ja, das ist ganz entscheidend."

Peter ordnete kurz Messer und Gabel, die durch das Hantieren mit der Speisekarte verrutscht waren und meinte dann: „Das hört sich wirklich sehr gut an. Mir leuchtet das ein, dieses Konzept. Aber in der Praxis stelle ich mir das doch sehr schwierig vor." – „Was findest du denn schwierig?" – „Nun ja, einerseits möchte man als Mittler erreichen, dass das Verfahren gut, also mit einer Einigung endet; andererseits soll man keine konstruktiven Vorschläge machen. Für einen Anwalt ist das eine gewaltige Umstellung. Ich meine, wir, das heisst wir Anwälte, sehen ja gerade unsere großen Verhandlungsleistungen darin, dass wir den Mandanten mit guten Ideen auf die Sprünge helfen." Michaela nickte. „Also, wie gesagt," Peter korrigierte wieder die Anordnung des Bestecks, „mir scheint das sehr kompliziert, geradezu paradox: Etwas betreiben und doch nicht betreiben." **10**

Michaela lachte: „Das klingt gut. Paradox – das kommt der Sache recht nahe." Peter guckte etwas ungläubig: „Aber so kommt man doch nicht weiter. Man muss doch wissen, was man tun soll. Wie zum Beispiel wird das denn einem Anfänger erklärt, etwa einem Anwalt wie ich es bin?" **11**

Michaela dachte nach. „Du hast ganz Recht. Es ist schwierig. Und ich bin kein Ausbilder, der dir das alles in der nötigen Perfektion abstrakt erklären kann. Im Übrigen: Grau ist alle Theorie. Am besten," sie zupfte leicht an seinem Ärmel, „guckst du dir mal an, wie so etwas funktioniert. In der Praxis. Bei mir." – „Du meinst, ich könnte einmal bei so einer Sitzung dabei sein?" – „Ja, warum nicht? Wenn es dich interessiert, kannst du ja mal zuschauen, hospitieren." – „Ja, das wäre natürlich wirklich wunderbar. Theorie ist wichtig, keine Frage, ich wäre auch bereit, mich mit der Theorie auseinanderzusetzen, wenn mir das aussichtsreich erscheint; aber nichts ist besser als ein Einstieg durch eigene Anschauung." – „Das finde ich auch. Leider machen das viel zu wenige Mediatoren. Hospitanten hat man nicht so gerne. Manche Kollegen wollen sogar Eintritt nehmen, Geld von den Hospitanten, wie im Zirkus. Mir machen Zuschauer nichts aus, ich habe das schon ein paarmal gemacht. Das ist mein persönlicher Beitrag zur Verbreitung der Mediationsidee. Voraussetzung ist freilich, dass die Parteien einverstanden sind." – „Ja klar, wenn es um vertrauliche Dinge geht, möchte man das nicht gleich vor einer ganzen Mannschaft besprechen." – „Das ist richtig. Aber ich habe da gerade ein Verfahren anstehen, da wird das sicherlich keine Probleme machen. Es sind zwei Nachbarn, die sich auch öffentlich, auf dem Markplatz oder im Fernsehen streiten würden." – „Ach, um was geht es denn da?" – „Weißt du, das ist nichts großartiges, eben so ein kleiner bizarrer Fall, wie ihn das Leben schreibt. Er fällt mir nur gerade ein, weil ich etwas erstaunt war, als ich das erste Mal davon hörte." – „Was war denn so eigenartig?" **12**

In dem Moment kam die Pizza. Nach den ersten Bissen guckte Peter erwartungsvoll auf, um mehr über den Fall zu hören. Michaela holte aber erst einmal aus: „Also ein Kollege von dir, Friedrich Moll, kennst du den?" Peter schüttelte den Kopf. „Also Friedrich ist sozusagen ein Freund der Mediation, ein Mediationssympathisant, aber er kommt einfach nicht dazu, selber eine ordentliche Ausbildung zu **13**

---

[1] Zum Unterschied zwischen Schlichtung, Schiedsverfahren und Mediation vgl. §§ 4, 17 und 33.

machen. Und ohne die lässt er auch klugerweise die Finger von der Sache. Aber immer, wenn er einen Fall hat, der ihm geeignet erscheint, schlägt er den Leuten vor, es doch erst einmal mit einem qualifizierten außergerichtlichen Verfahren zu versuchen. Er fragt sie, ob sie schon einmal etwas von Mediation gehört haben, gibt ihnen notfalls eine kurze Erklärung und drückt ihnen ein Faltblatt in die Hand." Michaela unterbrach das Essen und kramte aus ihrer Tasche ein Informationsblatt, das sie vor Peter auf den Tisch legte. „Da kannst du ja auch noch mal reingucken. Das habe ich mir bei der Deutschen Gesellschaft für Mediation bestellt. Das bekommt man gedruckt mit eigenem Namen und Anschrift. Mit Hilfe dieses Flyers können sich Friedrichs Mandanten zu Hause in Ruhe informieren. Friedrich sagt ihnen dann, dass sie direkt mit mir Kontakt aufnehmen sollen, wenn sie sich für eine Mediation entscheiden. Er steht ihnen weiterhin als Anwalt zur Verfügung, auch um mögliche Ergebnisse des Mediationsverfahrens zu überprüfen. Und häufig melden sich die Leute dann bei mir."

3. Der erste Kontakt mit einer Streitpartei

14 „Ist das der normale Weg, auf dem du zu Verfahren kommst?" fragt Peter. „Nein, zurzeit wohl noch nicht. Es müssten sich mehr Anwälte verhalten wie Friedrich. Das meiste geht über direkte persönliche Kontakte. Jede erfolgreiche Mediation zieht andere nach sich. Die Parteien berichten im Bekanntenkreis über den Erfolg des Verfahrens – das ist immer sehr überzeugend und bringt viele auf die Idee, es auch einmal zu versuchen – oder man hat mich selber irgendwo persönlich kennengelernt. Aus diesem Grunde halte ich in verschiedenen Kreisen auch immer wieder kleine Vorträge über Mediation, in der Kirchengemeinde zum Beispiel, für meinen Chor oder in der Juristischen Gesellschaft. Da gibt es so eine Präsentations-CD von der DGM[2]. Diese Arbeit hat immer Resonanz, nicht sofort, aber irgendwann kommt der Rücklauf. Aber dieser Fall, von dem ich erzählen wollte, der kam über deinen Kollegen Friedrich." – „Also dann melden sich die Parteien bei dir und sagen, sie wollen eine Mediation?"

15 Michaela lachte. „Wenn das so einfach wäre! In diesem Fall kam ein Anruf von einem Herrn Simmer, einem energisch auftretenden Zeitgenossen – bist du an einer authentischen Wiedergabe interessiert?" unterbrach sie sich. Als Peter nickte fuhr sie fort: „Also das ging so: »Frau Bauer! Also der Herr Anwalt Moll, bei dem ich bin, der meinte, ich sollte mich mal an Sie wenden. Ich glaube zwar nicht, dass das irgendeinen Zweck hat. Im Grunde ist es aussichtslos, hier noch schlichten zu wollen, aber Herr Moll hat Sie mir so ans Herz gelegt . . .«. So fängt es meistens an. Alles ist eigentlich aussichtslos. Die Partei, die anfragt, hier dieser Herr Simmer, ist nicht bereit, sich das noch länger bieten zu lassen. Hier ging es darum, was sich da sein Nachbar, ein Herr Melchmann erlaubt. Aber mit dem ist ja nicht zu reden. Jedes Gespräch würde im Streit enden; früher sei es so gut gegangen, man sei richtiggehend befreundet gewesen. Eigentlich sei es schade, dass es so gekommen sei, seit Jahrzehnten lebten sie jetzt Tür an Tür, und wie es so aussähe, würde sich das auch nicht mehr ändern. Aber es sei eben so ungeheuerlich, was der Melchmann alles angestellt hätte – und dann kam es:

---

[2] Mehr zur DGM bei § 59.

Die Innenseite des Flyers, den Michaela Bauer verteilt: 16

Was ist Mediation?

Mediation ist ein freiwilliges Verfahren zur außergerichtlichen Lösung von festgefahrenen Konflikten. In diesem Verfahren sollen die Konfliktparteien unter Hinzuziehung eines neutralen (allparteilichen) Dritten – des Mediators – versuchen, selbstbestimmte und von allen Beteiligten akzeptierte Problemlösungen zu erarbeiten.

Im Gegensatz zum gerichtlichen Verfahren liegt das Ergebnis dieses Verfahrens allein in den Händen der beteiligten Parteien. Kein Richter entscheidet, sondern allein die Beteiligten!

Ziel der Mediation

Ziel der Mediation ist es, Lösungen zum allseitigen Nutzen zu erarbeiten, die von allen Beteiligten getragen werden und dadurch zu einer zukunftsorientierten und damit langfristigen „Befriedung" des Konflikts führen.

Dieses Ziel wird dadurch erreicht, dass die Konfliktparteien im Verlauf des Verfahrens unter Anleitung des Mediators (wieder) miteinander kommunizieren, selbständig und eigenverantwortlich mit ihrem (möglicherweise schon lange andauernden) Konflikt umgehen, um letztlich nach kreativen Lösungsmöglichkeiten zu forschen und diese umzusetzen.

Mediation – ein Erfolgskonzept

Mediation wird heute bereits in verschiedenen gesellschaftlichen Bereichen angewandt. Der Gesetzgeber ist zunehmende bemüht, in den entsprechenden Gesetzen Raum für die Durchführung von Mediationsverfahren zu schaffen.

Warum Mediation?

Kooperation statt Konfrontation:
    Mediation bemüht sich um eine friedliche und produktive Form des Umgangs.
    Mediation eröffnet einen interessengerechten und zukunftsweisenden Ausgleich von Konflikten. Das Recht kennt nur schematische Antworten; in der Mediation finden die Konfliktbeteiligten dagegen eine individuelle Lösung für ihr spezielles Problem.

Mediation vermittelt dem einzelnen die Fähigkeit, Konflikte auch in Zukunft selbst zu lösen.

Mediationsverfahren sparen in der Regel Zeit und Geld, denn sie sind nicht so langwierig wie Gerichtsverfahren. Oft legt ist sie Grundlage für eine so gute Beziehung, dass Reibungspunkte und Gerichtsprozesse in der Zukunft vermieden werden.

Mediation fördert den selbstverantwortlichen Bürger, der auf seine eigene Kraft zur Lösung von Konflikten vertraut, statt auf obrigkeitliche Entscheidungen.

Wie verläuft eine Mediation?

Vorbereitungsphase. Initiative einer Streitpartei – Einschaltung eines Mediators – Kontaktaufnahme zu der(n) anderen Streitpartei(en) – gemeinsame Erörterung von Sinn und Zweck der Mediation im vorliegenden Fall – Entwicklung und Formulierung einer Verhandlungsordnung, an deren Regeln die Parteien gebunden sind.

Durchführungsphase. Offenlegung und Sammlung der dem Konflikt zugrundeliegenden Fakten/kreative Ideensuche/Entwicklung von Lösungsoptionen.

Entscheidung und Umsetzungsphase. Gemeinsame Entscheidung/Abschluss einer Mediationsvereinbarung/Klärung der Umsetzung.

Anwendungsgebiete von Mediation

Familienmediation
– bei Trennung und Scheidung
– Kinder und Jugendliche (Sorge- und Umgangsrecht)

Mediation in der Schule
– bei Konflikten zwischen Schülern
– bei Konflikten zwischen Schülern und Lehrern

Arbeits- und Wirtschaftsmediation
– bei Konflikten innerhalb von Unternehmen und Verbänden
– bei Konflikten zwischen Unternehmen

Mediation im öffentlichen Recht
– bei Nachbarstreitigkeiten
– bei umweltrelevanten Bau- und Planungsvorhaben

Mediation im Strafrecht (Täter-Opfer-Ausgleich)

Außen befindet sich die Aufschrift: „Mediation – Alternative zu Gerichtsverfahren," eine kurze Vorstellung der Person sowie Anschrift und Telefonnummer.

17   Herr Simmer erzählte nämlich, dass ihm Herr Melchmann Anti-Babypillen über den Zaun werfen würde." – „Anti-Babypillen?" fragte Peter. „Ja," bestätigte Michaela. „Ich habe auch nachgefragt. Ich dachte erst, ich hätte mich verhört, aber es war so: Der Nachbar Melchmann wirft Anti-Babypillen in seinen Garten. Mehr wollte ich dann auch nicht wissen, so neugierig ich war." – „Warum denn nicht?" fragte Peter. Michaela erklärte: „Weißt du, alles was ich am Anfang in einem Einzelgespräch von einem der Beteiligten erfahre, prägt ja meine Vorstellung von dem Fall. Ich gehe dann vielleicht mit einem einseitigen Bild in die Mediation hinein. Ich bin neutraler, wenn ich mir beide Versionen – praktisch gleichzeitig – in derselben Sitzung anhöre. Die zweite Streitpartei wird ohnehin misstrauisch sein, wenn sie merkt, das ausführliche Vorgespräche stattgefunden haben, bei denen sie nicht dabei war. Ich werde ihr besser gerecht, wenn ich wahrheitsgemäß zeigen kann: Es ist noch nichts wesentliches passiert, ich bin ein weißes Blatt Papier." – „Ja, wegen der Mehrseitigkeit der Mediation und dem Neutralitätsgebot gibt es hier natürlich große Unterschiede zum Mandantenkontakt eines Anwalts," ergänzt Peter. Michaela stimmte zu, aber fügte dann noch eine Bemerkung an: „Das ganze gilt natürlich nur für solche Verfahren, die von einer Seite alleine angebahnt werden. Es gibt auch Fälle, wo man im allseitigen Einverständnis vor den gemeinsamen Verhandlungen ausführliche Einzelgespräche führen kann. Es sind ja, wie du sicher weißt, unter bestimmten Umständen sogar Mediationen denkbar, die nur aus Einzelgesprächen bestehen, bei denen sich die Parteien nie persönlich begegnen. Meiner Meinung nach ist alles erlaubt, was nicht die Grundprinzipien der Mediation verletzt und zum Einigungserfolg führt." – „Diese Einstellung ist mir sympathisch," meinte Peter.

18   a) Welcher Fall ist mediationsgeeignet? „Aber in Fällen wie diesem hier," fuhr Michaela fort, „also, wenn sich eine Partei alleine an mich wendet, halte ich eben den Erstkontakt immer so knapp wie möglich. Das, was mir Herr Simmer bis dahin erzählt hatte, reichte ja auch für eine erste Einschätzung: Es geht offensichtlich um einen Streit zwischen Nachbarn. Beide leben seit langer Zeit nebeneinander und zumindest die eine Seite hatte ihre Gesprächsbereitschaft signalisiert. Damit weißt du im Grunde alles, um zu beurteilen, ob der Konflikt für einen Mediationsversuch geeignet ist . . . und mehr ist am Anfang nicht zu tun." –
      „Hast du da feste Kriterien, wenn du die Geeignetheit beurteilst?" – „Die Theorie hat dazu einiges zusammengestellt. Letztlich entscheidet freilich der Einzelfall; das musst du als Mediator selber mit Rücksicht auf alle dir bekannten Umstände beurteilen. Unstreitig ist aber, dass Mediation immer da gute Chancen hat, wo die Menschen gesprächs- und einigungsbereit sind, etwa, weil man bei einer Scheidung an die gemeinsamen Kinder denkt, oder wo es um Konflikte in länger dauernden Beziehungen geht. Also in Familien, Unternehmen – ideal also Familienunternehmen –, bei andauernden Geschäftsverhältnissen, etwa zwischen Lieferant/Abnehmer, oder Hersteller/Vertreiber, oder, wie hier, in Nachbarschaften." –

19   „Heisst das, dass Mediation bei Kurzkontakten zwecklos ist, wie etwa einem Autounfall? Schickst du die Leute dann gleich nach Hause?" Michaela schüttelte energisch den Kopf. „Es kommt eben immer darauf an. Neulich ging es zum Beispiel darum, dass ein Server, über den Produkte ins Internet sollten, nicht richtig einge-

richtet wurde. Der brach immer wieder zusammen, und die Not beim Auftraggeber war groß. Beide Seiten werden in diesem speziellen Fall in Zukunft nicht mehr viel miteinander zu tun haben, weil die einzige Aufgabe des Auftragnehmers darin bestand, den Server einzurichten. Die weitere Wartung lag von vornherein beim Auftraggeber. Aber der Einigungsdruck war jetzt – durch die Not des Auftraggebers – sehr hoch, und damit auch die Aussicht, zu einem Konsens zu kommen. Man muss also die einzelnen Umstände gewichten." –

„Was spielt denn noch eine Rolle?" – „Die erstaunlichsten Erfolge erzielst du als 20 Mediator, wenn die Positionen, die akut im Streit aufeinanderprallen, nicht deckungsgleich sind mit den eigentlichen Interessen, die von den Beteiligten verfolgt werden."

b) Positionen und Interessen. Peter wirft ein: „Positionen und Interessen, das sind 21 wohl zentrale Begriffe bei der Mediation, nicht wahr? Die Positionen sind z. B. die juristischen Ansprüche, und die Interessen sind das, was »dahinter steht«. Was das genau bedeutet, habe ich aber ehrlich gesagt noch nicht so recht verstanden. Wenn man ein konkretes Beispiel nimmt, leuchtet mir der Unterschied oft nicht mehr so recht ein."

Michaela nickt. „Am besten erkläre ich es mit einem Beispiel: Zwei Subunternehmer streiten sich, wer von beiden eigentlich für die Bauverzögerung verantwortlich ist. Alles ist ganz verwickelt, eigentlich müsste man sich jetzt mit Gutachten bombardieren. Die Positionen – wer ist schuld? – sind konträr, ein Ausgleich ist nicht in Sicht. Die Verhandlungen sind blockiert."

Michaela holt einen Stift aus ihrer Tasche und malt zwei Kästchen auf ihre Ser- 22 viette: „Das sind die Positionen." Ein Doppelpfeil zwischen den Rechtecken verweist auf die Gegensätzlichkeit. Dann erklärt sie weiter: „Der Clou ist, dass der Streit um die Schuldfrage – wer kam zu spät, wer hat schlechte Vorarbeit geleistet – am Kern der eigentlichen Interessen der beiden Unternehmen vorbeigeht. Die Positionen sind sozusagen nur die zufällige juristische Gestalt für eine Reihe von Unstimmigkeiten, die sich bei der Projektabwicklung zwischen den Beteiligten aufgeschaukelt haben. Keiner hat ein echtes Anliegen, diese juristische Frage zu klären. Die »Schuld« ist eben nur eine Position im rechtlichen Schachspiel. Das eigentliche Interesse ist, das Projekt so gut und rechtzeitig fertigzustellen, dass beide im Geschäft bleiben." Michaela zeichnet unter den Kästchen einen durchgehenden Balken mit der Aufschrift „Interesse von 1 + 2."

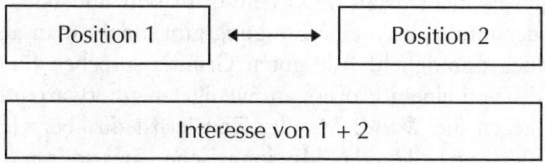

Dann tippt sie mit dem Finger auf diesen Balken: „Dieses Interesse teilen beide, 23 hier gibt es keinen Gegensatz. Sobald den Beteiligten das klar wird – und die Verfahrensstruktur der Mediation verhilft ihn dazu – werden sie schnell zu einer Einigung kommen." Peter nickt. „Und hier, bei unserem Fall, bei den streitenden Nachbarn, den Herren Simmer und Melchmann," fährt Michaela fort, „kann man ahnen, dass es jenseits der widersprüchlichen Positionen ein gemeinsames Interesse geben muss: nämlich die nächsten Jahrzehnte irgendwie miteinander auszukommen."

24   Peter Schneewein, der schon seit längerem vor einem leeren Teller saß, hielt es für höflich, endlich das Thema zu wechseln und über etwas zu reden, bei dem er mehr zu sagen hatte als bisher, um seiner Schulfreundin Zeit zum Essen zu lassen. Also erzählte er von seiner Kanzlei, seinem kleinen Sohn und seiner ehemaligen Lebensgefährtin, die ihn vor zwei Jahren verlassen hatte. Michaela schaffte es gleichzeitig zu essen und teilnahmsvoll zuzuhören und berichtet anschließend beim Espresso auch über ihren beruflichen Alltag, ihren Weg zur Mediation und ihr, wie es Peter schien, etwas vernachlässigtes Privatleben. Als sie schon bezahlt hatten, kam Peter auf das alte Thema zurück.

4. Die Einbeziehung der anderen Seite

25   „Und wie geht es jetzt weiter mit deinem Fall?" – „Nun ja, Herr Simmer hat mich schließlich gebeten, seinen Nachbarn anzurufen und ihn vom Sinn einer Mediation zu überzeugen." – „Hast du das gemacht?" – „Was hättest du denn getan?" fragte Michaela zurück. Peter zögerte: „Also, ich stelle mir das sehr schwierig vor, einfach bei jemandem anzurufen und zu sagen: Es geht um den Streit mit ihrem Nachbarn, der hat mir alles erzählt, und ich bin ein neutraler Mediator und schlage Ihnen jetzt vor, Sie kommen jetzt mal beide zu mir und wir machen da so ein Mediationsverfahren." – „Ja, das wäre wohl kein sehr glücklicher Einstieg."

Peter dachte nach: „Von diesem Schritt hängt ja wirklich alles ab. Der andere hat wahrscheinlich zuerst keine große Lust, sich mit seinem Gegner an einen Tisch zu setzten. Die Laune wird auch nicht dadurch gehoben, dass der Vorschlag aus dem feindlichen Lager kommt. Schlimmer ist noch, dass der Mediator von der anderen Seite ausgesucht und vermutlich schon durch die gegnerische, also falsche Version der Geschichte beeinflusst wurde! Also wieder die Hürde »Anschein von Parteilichkeit«. Und wenn man dann noch am Telefon mit so einem Vorschlag überfallen wird, stehen die Chancen für ein Treffen, glaube ich, nicht besonders gut." – „So ist es," sagte Michaela, nicht ohne Anerkennung für diese Analyse.

26   „Aber was wäre dann zu machen?" fragte Peter. „Auch hier gibt es keine strengen Regeln," antwortete seine Schulfreundin. „Man muss die Gefahr kennen, und ihr möglichst aus dem Weg gehen. Ein sicheres Verfahren, alle Beteiligten zusammenzubringen, gibt es nicht. Man muss behutsam sein und Niederlagen akzeptieren. Wenn es Widerstände gegen eine Einigung gibt, denkt man als Anfänger noch immer: Das ist doch unmöglich! Alle guten Gründe sprechen für eine Mediation! Und gerade der, der von einem Prozess am wenigsten zu erwarten hätte, sperrt sich und rennt lieber gegen die Wand! Mit der Zeit lernst du aber viel dazu, du wirst immer besser, verlierst vor allem das Missionarische – das spüren die Leute nämlich und schrecken zurück. Heute bin ich in den Fällen, in denen ich die andere Seite persönlich anspreche, ziemlich nüchtern, gar nicht werbend, nach dem Motto: Das ist eine Option, ich informiere Sie darüber, und Sie entscheiden dann. Wer kommt, der kommt." –

„Im Grunde ist das eine missliche Lage, dass der neutrale Mediator seine Fälle selber einwerben muss," bemerkte Peter: „Ein Richter wird ja auch nicht auf Akquisitionstour geschickt." – „Ja," bestätigte Michaela, „dem Ethos eines Anwalts macht das nichts aus, wenn er jemanden von sich überzeugt, wenn er sich um ein Mandat bewirbt; aber beim Mediator entsteht schnell ein böser Schein."

Peter fragte weiter: „Und was hast du dann in dem Pillen-Fall gemacht?" Micha- **27** ela zuckte ein wenig mit den Schultern: „Die Idee, den Nachbarn, diesen Herrn Melchmann, anzurufen, fand ich gar nicht gut. Ich habe das Herrn Simmer erklärt und wir haben uns auf folgendes Vorgehen verständigt: Herr Simmer wird ein Exemplar von meinem Faltblatt mitnehmen," Michaela wies auf den Flyer, der noch auf dem Tisch lag, „und in den Briefkasten von seinem Nachbarn werfen. Dazu wird er einen Zettel schreiben, dass er, Simmer, mit einem solchen Verfahren einverstanden sei und sich Melchmann doch bitte an mich wenden solle, wenn auch er diese Möglichkeit nutzen wollte, den Streit beizulegen." –

„Klingt gut," bemerkte Peter: „Und was ist daraus geworden?" – „Wir haben **28** Glück gehabt, sonst gäbe es ja auch keine Hospitanz für dich: Zwei Tage später meldete sich Herr Melchmann bei mir. Ein eher ruhiger Typ, der schnell durchblicken ließ, dass er den Unfrieden und die ständigen gerichtlichen Auseinandersetzungen satt habe. Als er mit seiner Konfliktschilderung beginnen wollte, lenkte ich ihn ab und vereinbarte statt dessen gleich einen Termin für den 16. März, also den kommenden Freitag 16.30 Uhr in meinem Büro. Diesen Termin ließ ich mir von Simmer bestätigen. Zuvor habe ich übrigens noch gefragt, wer noch alles in den Streit verwickelt ist und ob es nicht vielleicht noch Familienmitglieder, Frauen oder Kinder gibt, die etwas zur Lösungssuche beitragen können. Aber beide waren der Meinung, dass das eine Sache allein zwischen ihnen beiden sei und sie alleine kommen wollten." – „Diesen Freitag 16:30 hätte ich Zeit," meinte Peter. Michaela stand auf: „Dann komm doch gleich zur ersten Sitzung, vielleicht schon etwas eher, dann kann ich dir alles zeigen, wenn es dich interessiert."

II. Vor dem ersten Treffen

Am folgenden Freitagnachmittag betrat Peter Schneewein ein gepflegtes älteres **29** Bürohaus, in dem Michaela Bauer einige Räume gemietet hatte. Sie begrüßte ihn an der Tür und schlug vor, die Hospitanz mit einer Besichtigungsrunde zu beginnen. Peter war einverstanden und schaute sich neugierig um.

1. Ort und Requisiten

Der Eingangsbereich sah fast genauso aus wie in seiner eigenen Kanzlei. Die **30** Hälfte des Raumes nahm eine große Sitzecke ein, in der anderen befand sich ein offenes Sekretariat, aus dem ihm eine ältere Dame freundlich zunickte. Zur Straßenseite lagen ein normales Büro und ein kleiner Raum, in dem nur ein Tisch und einige Stühle standen. Auf der Gartenseite hatte Michaela Bauer zwei Sitzungszimmer eingerichtet. Beide wirkten hell und freundlich, eher wie Privat- als Geschäftszimmer. Aus großen Fenstern schaute man ins Grüne, für Teppich- und Polsterstoffe hatte sie warme Farben gewählt. In dem einen Raum gab es einen großen Holztisch, an dem unschwer zehn oder zwölf Personen Platz finden konnten. In dem anderen Zimmer hatte sie eine gemütliche Ecke mit Sesseln und Sofas eingerichtet, während sie unter das große Fenster einen runden Buchenholztisch gestellt hatte, an dem vier Stühle standen.

31   „Ich stelle immer nur so viele Stühle, wie gebraucht werden" sagte Michaela. Im Vorbeigehen strich sie über die Rückenlehnen: „Bei der Auswahl der Stühle habe ich übrigens darauf geachtet, dass sie bequem, aber nicht zu bequem sind." Dann zeigte sie auf den Tisch, auf dem bereits Kaffeegeschirr, eine volle Kanne, Gläser, zwei Flaschen Wasser, eine Schale Obst und ein Teller mit Keksen stand. „Auch daran muss man denken," bemerkte sie. „Und das ist wohl auch wichtig," sagte Peter und zeigte auf ein Flipchart und auf eine Magnetwand, die an der Wand angebracht war. Michaela nickte. „Ja, das alles spielt eine große Rolle, selbst die vielen Pflanzen, mit denen ich so oft wie möglich spreche, damit sie mir ja nicht eingehen."

32   Sie machte eine Geste, die den ganzen Raum erfasste. „Bereits der Ort der Verhandlung muss so gestaltet sein, dass die Parteien im wahrsten Sinne des Wortes Raum haben, sich zu entfalten. Sie kommen ja mit einem ganzen Haufen von Problemen zu uns. Sie treffen ihren Gegner, mit dem sie am liebsten nichts zu tun hätten. Wenn man sie jetzt zusammen in einen Raum steckt, dessen Atmosphäre sie einschüchtert, bauen sie weitere Barrieren auf, die sie hindern, den oder dem anderen nahe zu kommen. In einem Raum, in dem man sich wohlfühlt, ist es dagegen wesentlich einfacher, ein konstruktives Gespräch zu beginnen. Deshalb habe ich bewusst darauf verzichtet, hier Regale aufzustellen und sie mit meiner beeindruckenden Büchersammlung zu überfüllen. Meine ganze juristische Literatur steht, wie du gesehen hast, in meinem Büroraum." –

33   „Ein Mediator muss sich ja auch nicht mit den Prestigesymbolen eines Anwalts umgeben," scherzte Peter. Michaela nickte. „Statussymbole sind unerwünscht. Im Übrigen vermitteln diese Bücher den falschen Eindruck, dass sich die Parteien bei einem Anwalt befinden, der Rechtsberatung erteilt. Eine Mediation kann aber nur dann Erfolg haben, wenn die Konfliktparteien von Anfang an akzeptieren, dass ich diese Rolle nicht übernommen habe und für sie ausschließlich der allparteiliche Mediator bin."

34   Peter setzte sich wie zur Probe in einen der Stühle und wippte etwas hin und her. „Ganz angenehm. Aber jetzt musst du mir noch einmal verraten, warum ein Stuhl nicht zu bequem sein darf." Michaela nahm sich jetzt auch einen Stuhl und setzte sich neben ihn: „Ach, das sind Weisheiten aus meiner Ausbildung: Bietet man einem aufgebrachten Menschen einen bequemen Stuhl an, in den er sich hineinsinken lassen kann, entspannt er sich automatisch ein wenig . . . ohne dass man selbst viel dazu getan haben muss. Aber zu gemütlich darf der Stuhl auch nicht sein; denn wenn totale Entspannung eintritt, leidet die Bereitschaft zur Mitarbeit, und ohne die wird eine Verhandlung niemals ein Erfolg."

2. Die Sitzordnung

35   „Sicher hat es auch etwas zu bedeuten, dass der Tisch rund ist," spann Peter das Thema fort. „Ja klar," stimmte Michaela zu; „Der runde Tisch betont die Gleichordnung aller Beteiligten. Eckige Tische, bei denen man an der Längsseite, die Parteien aber einem gegenüber sitzen, vermitteln immer den Eindruck, man selbst sei

der Boss. Das Gleiche passiert, wenn man selbst vor Kopf sitzt und sich die Parteien an der Längsseite verteilen. Ein viereckiger Tisch erschwert auch die Sitzordnung der Streitparteien. Setzt man sie nebeneinander, wird es leicht zu eng. Sollte es einmal, und das ist nicht ganz abwegig, zu Handgreiflichkeiten kommen, hätten sie bei einer solchen Sitzanordnung die beste Gelegenheit dazu. Positioniert man sie jedoch einander gegenüber, wird man schnell merken, dass sich die zerstrittenen Lager fixieren und bald in den gewohnten verbalen Schlagabtausch verfallen. Sie zeigen dann mit dem Finger aufeinander, beschuldigen und beleidigen sich gegenseitig und hören auf, den Mediator zu beachten. Man kann tun was man will: Der eckige Tisch hindert jede Form subtiler Einflussnahme. Und wenn einmal ein Tumult ausgebrochen ist, wird es dir nur mit enormer Kraftanstrengung gelingen, die Aufmerksamkeit der Streithähne wieder auf dich zu ziehen. Dann hast du die Kontrolle verloren – und genau das darf einfach nicht passieren."

Peter sah Michaela von der Seite an: ein zierliches ruhiges Persönchen. Er hatte **36** Schwierigkeiten, sich vorzustellen, wie sie einen Haufen prügelnder Männer wieder zu Verstand bringen wollte. Michaela schaute zurück und sagte, als hätte sie seine Gedanken gelesen: „Das Verfahren ist immer auf deiner Seite. Die Regeln, die Selbstbindung der Parteien, die sich ja freiwillig auf eine bestimmte sachliche und faire Ordnung eingelassen haben: das alles unterstützt den Mediator. Außerdem lernst du in der Ausbildung eine Reihe von Techniken, die dir helfen, die Aufmerksamkeit auf dich zu zentrieren, deine Verfahrensautorität zu unterstützen, und die Streitenden voneinander abzulenken, ehe sie aufeinander losgehen."

Peter konnte sich das Ganze noch nicht so recht vorstellen: „Also, bei allem Re- **37** spekt, aber du sitzt hier mit einer netten älteren Sekretärin, ohne Gerichtshelfer, Robe, Schreibtisch oder Podest, hinter dem du dich verschanzen könntest und musst erleben, wie hier Parteien, vielleicht seit Jahren bitterlich verfeindet, erstmals aufeinander treffen!" Michaela lächelte:

„Also etwas Ernstes ist mir wirklich noch nicht passiert. Außerdem ahnt man ja **38** im Vorfeld, was auf einen zukommen könnte und hat immer noch die Möglichkeit, einen anderen Mediator zu empfehlen. Zwischen zwei verfeindeten Gangsterbanden würde ich vermutlich nicht vermitteln wollen. Im Übrigen beherzige ich natürlich die goldene Regel: Es ist einfacher die Kontrolle zu behalten als sie wieder zu erlangen."

Sie stand auf und schaute aus dem großen Fenster. Für einen Moment befürchte- **39** te Peter, dass sie seine Frage als Kritik an ihrer Kompetenz verstanden hätte und deshalb ein wenig verärgert sei. Im nächsten Moment drehte sich Michaela aber wieder zu ihm um und sprang in ihrer gewohnten freundlichen Art wieder zu ihrem Ausgangsthema zurück: „Es gab natürlich auch die Möglichkeit, gar keinen Tisch in den Raum zu stellen. Das habe ich allerdings für mich verworfen. Zum einen ist es ganz praktisch, eine Schreibunterlage zu haben, zum anderen biete ich allen Beteiligten etwas, an dem sie sich festhalten können. Außerdem – bitte lache jetzt nicht – ein Tisch ist immer ganz angenehm für Frauen mit kurzen Röcken."

3. Letzte Vorbereitungen

Dann schaute Michaela auf die Uhr. „Bevor es losgeht, gehe ich immer noch **40** einmal kurz ins Sitzungszimmer, und schaue, ob auch alles vorbereitet ist. Sind die

Magneten, die Kärtchen und die Stifte für die Magnetwand da? Stehen Kaffee und
Erfrischungen auf dem Tisch? Dann rufe ich mir noch einmal die Namen der Beteiligten ins Gedächtnis und überlege mir, wie ich vorgehen will."

41   „Was wird denn in dieser ersten Sitzung passieren?" fragte Peter. — „Erst einmal
wollen wir hoffen, dass auch wirklich beide Beteiligte, also der Herr Simmer und
der Herr Melchmann erscheinen. Wenn sie da sind und ich sie glücklich an den
Tisch gebracht habe, werde ich ihnen erst einmal das Mediationsverfahren mit seinen einzelnen Phasen vorstellen. Vor allem werde ich meine Rolle als Mediator erläutern. Das ist wichtig, denn du wirst erleben, wie mächtig der Drang ist, in dem
Vermittler doch immer wieder den Richter oder den Anwalt zu sehen. Im Anschluss
daran würden wir die Regeln vereinbaren, an die sich die Parteien zu halten hätten.
Ist das gelungen, wird eine Mediationsvereinbarung abgeschlossen. Darin halten
wir auch die Regelung der Kostenfrage fest. Wenn es mir gelänge, bis dahin zu
kommen und die Parteien mit dieser Vereinbarung nach Hause zu schicken, wäre
schon viel gewonnen. Soweit mein Plan und die Theorie." Peter Schneewein war
neugierig, wie es in der Praxis aussah!

III. Die Erste Sitzung

42   Herr Melchmann tauchte um 15:52 Uhr in der Mediationspraxis auf und wurde
von der Sekretärin gebeten, doch noch kurz Platz zu nehmen. Herr Simmer folgte
sieben Minuten später um 15:59 Uhr. Als er sah, dass Herr Melchmann schon im
Eingangsbereich Platz genommen hatte, bat er, in dem Flur, der zu den Sitzungs-
zimmern führte, im Stehen warten zu dürfen. „Kein gutes Vorzeichen," dachte Peter, der zusammen mit der Mediatorin den Medianten entgegengekommen war.

1. Begrüßung

43   Michaela Bauer ging lächelnd auf Herr Simmer zu, der in ihrer Richtung am
nächsten stand, begrüßte ihn mit Handschlag, ging dann aber sofort weiter und begrüßte auch Herrn Melchmann auf dieselbe freundliche Weise. Dann begann sie
mit den beiden eine Plauderei, bei der es darum ging, ob alle gut durch den begin-
nenden Feierabendverkehr gekommen seien und wie lange man an der Baustelle in
der Innenstadt hätte warten müssen. Dabei geleitete sie die Herren in das vorbereitete Sitzungszimmer.

44   a) Hospitanz, Team-Mediation. Während sie noch standen, stellte die Mediatorin den Konfliktparteien Peter Schneewein vor. Sie erklärte, dass Herr Schneewein
noch kein ausgebildeter Mediator sei und deshalb noch einige Erfahrungen an der
Seite eines erfahrenen Kollegen sammeln müsse. Sie könnten Herrn Schneewein als
ihren Assistenten betrachten, der selbstverständlich zur Verschwiegenheit verpflichtet sei. Schneewein spürte, wie der Widerstand, der sich anfangs bei seiner Vorstellung bei Herrn Melchmann und Herrn Simmer aufgebaut hatte, langsam schwand.
Die Mediatorin ergänzte: „In vielen Mediationsverfahren ist es üblich, dass mehrere
Mediatoren tätig werden. Man nennt so etwas Team-Mediation. Sie liegt vor allem
dann nahe, wenn Spezialwissen benötigt wird, über das ein Mediator alleine nicht

verfügt. Der eine Mediator ist beispielsweise Anwalt, der andere Ingenieur." Die Herren nickten. Dann machte Michaela Bauer eine Geste, die alle Anwesenden einschloss und fragte: „Sie wären also damit einverstanden, dass Herr Schneewein diese Sitzung begleitet?" Als die Herrn nickten, setzte sie hinzu: „Selbstverständlich können sie jederzeit Einwände gegen seine Anwesenheit erheben, wir arbeiten dann alleine weiter." Die Herren nickten wieder und Michaela Bauer führte sie zum Tisch.

b) Vertrauen schaffen: Die Mediatorin stellt sich vor. Die Mediatorin nahm den   **45** Stuhl neben dem Flipchart, setzte die Medianten rechts und links neben sich und Peter Schneewein dazwischen. Dann deutete sie auf Kaffee, Wasser, Obst und Kekse und bat: „Greifen Sie zu, meine Herren!"

Nachdem sich beide bedient hatten, begann sie mit einigen einleitenden Bemer- **46** kungen. Peter begriff, dass diese ersten Worte den Ton für das gesamte Mediationsverfahren bestimmen würden. Michaela musste diese Phase nutzen, um ihre Stellung in dem Verfahren und den Verfahrensablauf festzulegen, um mit den Parteien Kontakt aufzunehmen und ihnen Gelegenheit zu geben, sich daran zu gewöhnen, mit dem verhassten Nachbarn in einem Raum zu sitzen.

„Ich freue mich, dass Sie beide den Weg zu mir gefunden haben, um gemeinsam   **47** ein Verfahren auszuprobieren, das für sie beide neu ist. Auch wenn es für Sie nicht immer einfach sein wird, bietet die Mediation meiner Erfahrung nach eine gute Chance, Ihr Problem zu lösen und in Zukunft wieder miteinander auszukommen.

Ich möchte Ihnen kurz etwas zu meiner Person erzählen: Ich stamme hier aus   **48** Bernsberg und bin ausgebildete Juristin. Ich habe mehrere Jahre in einer großen Kanzlei in Köln gearbeitet; kenne also den Rechtsbetrieb und die Chancen und Risiken von Gerichtsprozessen," fuhr Michaela fort. „Mit der Zeit kam mir das tägliche Anwaltsgeschäft jedoch immer unbefriedigender vor. Es ist ja nun einmal so, dass nicht unbedingt der Recht bekommt, der auch Recht hat. Deshalb habe ich mich nach alternativen Streitbeilegungsmöglichkeiten umgeschaut und bin dabei auf die Mediation gestoßen. Damals war das noch eine recht exotische Angelegenheit; heute erfreut sie sich ja auch hier in Deutschland zunehmender Beliebtheit. Nachdem ich zwei Seminare bei amerikanischen Mediatoren besucht hatte, habe ich mich für eine umfassende Mediationsausbildung entschieden, die ich vor drei Jahren an der FernUniversität Hagen erfolgreich abgeschlossen habe[3]. In der Zwischenzeit bin ich wieder nach Bernsberg gezogen. Da ich in der Nachbarschaft meiner Eltern wohne, kann ich meine Mutter ein wenig bei der Pflege meines alten Vaters unterstützen. Wir haben auch einen großen Garten, da verbringe ich einen Großteil meiner Wochenenden, ich buddele gerne in der Erde. Im Übrigen fülle ich meine Freizeit mit Sport und gelegentlichen Ausflügen zu Konzerten nach Köln. Während der Mediationsausbildung habe ich noch immer gelegentlich in einer Anwaltskanzlei mitgearbeitet. Seit Abschluss meiner Ausbildung habe ich mir diese Praxisräume geleistet und arbeite fast nur noch als Mediatorin. Damit bin ich wesentlich zufriedener. Denn ich sehe, dass man viele Streitigkeiten tatsächlich viel besser außergerichtlich lösen kann."

Schneewein fühlte zu Beginn dieses Berichts ein Befremden; er wunderte sich,   **49** dass Michaela vor diesen fremden Klienten ihr Privatleben ausbreitete. Er stellte

---

[3] Zur Mediationsausbildung an der FernUniversität Hagen vgl. § 52, zu anderen Ausbildungen das gesamte 7. Kapitel.

sich vor, wie das wirken würde, wenn er, der Anwalt, seinen Mandanten zur Begrüßung seine Trennungsgeschichte mit Mona erzählen würde. Auf der anderen Seite war es unverkennbar, dass sich Herr Simmer und Herr Melchmann unter dem Eindruck dieser Selbstvorstellung etwas entspannten. Was geschah? Die Mediatorin rückte in ihr persönliches Bezugsfeld: Und das war Bernsberg, das waren Kinder, die gingen und wiederkamen, Berufstätige, die nicht zufrieden waren und ihren Arbeitsplatz wechselten, gute Töchter, die sich um ihre Eltern kümmerten. Die Mediatorin Frau Bauer war nicht länger eine entrückte Amtsperson, der man nur ungern Einblick in sein eigenes Privatleben gibt, sondern stand auf dem selben Boden wie sie. „Sie macht hier nicht einfach Small Talk, sondern baut gezielt Vertrauen auf," dachte sich Schneewein.

2. Die Streitparteien

50   Michaela fuhr fort: „So, jetzt wissen Sie ein bisschen über mich. Vielleicht erzählen sie mir jetzt auch ein wenig über sich? Ihre Namen kenne ich ja bereits, aber was machen Sie beruflich, wie ist Ihr Familienstand, was sind Ihre Hobbys . . .?" Sie schaute die beiden Herrn freundlich und auffordernd an.

51   Nach kurzem Zögern begann Herr Simmer, den Blick starr an seinem Nachbarn vorbei auf die Mediatorin gerichtet: „Also gut: Mein Name ist Dieter Simmer, ich bin 58 Jahre alt und Diplom-Ingenieur. Ich bin seit 27 Jahren verheiratet und habe zwei Kinder. Unsere Tochter Christine arbeitet als technische Zeichnerin in einem Architekturbüro, mein Sohn studiert Bauingenieurwesen. Wir wohnen da am Rand der Vogel-Siedlung schon seit zwanzig Jahren und der Melchmann macht uns seit sechs Jahren das Leben zur Hölle, wo er nur kann."

52   Herrn Melchmann drehte sich langsam in die Richtung seines Nachbarn und sagte relativ ruhig: „Aber das ist doch gar nicht wahr!"

53   „Das soll nicht wahr sein? Wer trägt denn die Schuld an dem ganzen Streit? Wer hat denn angefangen? Wer hat denn unsere Nachbarschaft einer Insektenzucht in einem Bienenstock zuliebe geopfert?"

54   „Also, jetzt muss ich doch zurückfragen," Herr Melchmann schien die Geduld zu verlieren: „Wer hat denn vor fünf Jahren diesen Hühnerstall gebaut? Genau neben unserem Haus und neben die Terrasse? Wer wohl? Dass man im Sommer nicht mehr in Ruhe draußen sitzen kann, geschweige denn essen – vor lauter Gestank und Lärm? Und wer hat geklagt, anstatt mit uns zu reden?"

55   Schneewein verfolgte gespannt, wie der Streit mit dem offensichtlich gewohnten Schlagabtausch ausbrach. Jetzt meldete sich Herr Simmer wieder: „Ach, hör doch auf! Die Klage war Notwehr und von Lärm kann man doch nun wirklich nicht sprechen. Dieses gelegentliche Gackern – das ist doch gar nichts gegen deine Mörderbienen."

56   Das war also wirklich ein festgefahrener Nachbarstreit mit einer langen Geschichte, die durch wechselseitige Aggression eskaliert war. Der eine ärgert sich über die Hühner, der andere über die Bienen, und jetzt konnten sie nicht mehr miteinander reden, ohne aufeinander loszugehen. Das fremde Publikum hielt sie nicht davon ab, ja es schien sie offenbar sogar noch zu animieren, in ihren alten Positionen wieder heftig Stellung zu beziehen. Jeder wollte dem Gegner zeigen, wer überlegen ist, ihn am besten mit Beleidigungen provozieren und selbst souverän sein

Recht behaupten. Dabei schien Herr Simmer offensichtlich etwas flinker und an-
griffsbereiter, während sich Herr Melchmann mit seinen Gegenattacken Zeit ließ,
aber genauso hart zuschlagen konnte wie sein Nachbar.

Schneewein fand interessant, dass die Mediatorin dieses Anfangsgefecht zugelas- 57
sen hatte. Nun sagte sie aber sanft und bestimmt:

„Also meine Herren, was ich bislang von Herrn Simmer erfahren habe, ist, dass 58
er 58 Jahre alt ist, verheiratet, zwei erwachsene Kinder hat, seit zwanzig Jahren in
der Siedlung wohnt und offenbar einen Hühnerstall auf seinem Grundstück hat.
Herr Melchmann hingegen betreibt einen Bienenstock. Herr Melchmann, was können Sie uns noch von sich erzählen?"

Herr Melchmann war ansprechbar und begann: „Also ich bin 66 Jahre alt, von 59
Beruf war ich Lehrer, bin jetzt im Ruhestand. Meine Frau Hannelore und ich haben
demnächst unseren 35. Hochzeitstag. Ich habe auch zwei Kinder. Der ältere Sohn
ist Informatiker, er hat gerade eine neue Stelle in München angenommen, der jüngere ist als Biologe beim Umweltamt. In meiner Freizeit arbeite ich gerne im Freien,
im Garten und rund ums Haus. Ja, und ins Konzert gehen wir manchmal, wir haben seit Jahren schon ein Abonnement."

„Na, dann haben wir doch tatsächlich einiges gemeinsam. Wir alle sind über- 60
zeugte Bernsberger, mögen die frische Luft, mögen die Arbeit in unseren Gärten
. . .," Michaela deutete zum Fenster, hinter dem die Nachmittagssonne durch die
Kronen der alten Bäume blinkte. Dann blickte sie in die Runde und lenkte die
Aufmerksamkeit wieder auf sich:

„Jetzt, wo ich Sie beide ein bisschen kennengelernt habe, würde ich Ihnen gern 61
ein wenig über das Verfahren erzählen, das Sie hier erwartet."

3. Erläuterung des Verfahrens

„Im Verlauf der nächsten Treffen werden wir miteinander diskutieren und nach 62
einer gemeinsamen Lösung für Ihren Konflikt suchen. Diese Lösung wird so sein,
dass Ihrer beider Interessen bestmöglich berücksichtigt werden. Wir werden dabei
auch überlegen, wie Ihre zukünftige Nachbarschaftsbeziehung aussehen kann –
denn Mediation will ja vor allem Lösungen für die Zukunft finden."

a) **Die Phasen des Verfahrens**[4]. Sie machte eine kurze Pause. „Wie aber soll das 63
funktionieren, werden Sie sich fragen. – Sie kennen ja meinen Prospekt, da wird
der Ablauf eines Mediationsverfahrens kurz erläutert. Ich habe Ihnen das auch
noch mal hingelegt und möchte die Abfolge noch einmal mit Ihnen durchgehen."
Alle vertieften sich in den Text. „Wir befinden uns gerade in der ersten Phase.
Die erste Phase dient dazu, mir einen ersten Eindruck über das Problem zu verschaffen.

Anschließend werde ich Ihnen den Ablauf der Mediation vorstellen und wir wer- 64
den bestimmte Regeln vereinbaren. Wenn Sie sich entschließen, das Verfahren mit
mir zu wagen, endet diese erste Phase mit einer Mediationsvereinbarung, die ich
Ihnen nachher mitgeben werde.

Dann werden wir in die Phase der Konfliktlösung übergehen, in der Sie ganz be- 65
sonders gefordert werden. Zuletzt werden Sie beide einen Vertrag schließen, in dem

---

[4] Zum Ablauf eines Mediationsverfahrens vgl. § 16.

die Lösung beschrieben ist, die von Ihnen beiden gefunden und voll akzeptiert wurde."

66   **b) Darstellung der Rolle des Mediators**[5]. Schneewein hatte den Eindruck, dass die Parteien zu nervös waren, um mehr als diese kurze Information aufzunehmen. Tatsächlich fiel jetzt Herr Melchmann, der von Beginn der Erklärung an unruhig mit seinem Stift gespielt hatte, der Mediatorin ins Wort: „Wie wollen Sie das denn machen? Das haben doch schon die Anwälte nicht geschafft!"

67   Und da war sie schon: Die falsche Vorstellung von der Mediation und den Aufgaben und der Rolle des Mediator. Michaela Bauer nutzte diesen Einwurf für die fällige Klarstellung:

„Ich bin nicht hier, um für Sie eine Lösung zu finden. Das müssen Sie schon ganz alleine leisten. Ich bin lediglich dazu da, Sie dazu anzuleiten, konstruktiv miteinander umzugehen und Sie dadurch bei der Lösungssuche zu unterstützen. Ich bin kein Richter; ich kann und werde nicht verbindlich feststellen, was passiert ist. Ich werde nicht bestimmen, wer Recht und wer Unrecht hat oder wessen Schuld was war. Sie sind die Experten Ihres Streits, nicht ich! Nur Sie haben die Möglichkeiten, ihren Konflikt beizulegen." – Sie machte eine Pause und beobachtete die Wirkung in den Gesichtern der Parteien. Hatten sie das verstanden? Peter sah einen Wechsel zwischen kurzem Ärger („Ja, warum sind wir denn dann hier und wofür bezahlen wir die denn?") über „Etwas Wahres ist ja daran; wer weiß genauer über das Problem Bescheid als ich?" bis hin zu einer Resignation in Richtung: „Na was soll es; schlimmer werden kann es ja nicht."

68   **c) Das Prinzip der Selbstverantwortung.** Die Mediatorin fuhr fort. „Damit wären wir auch schon bei einem der wesentlichen Prinzipien der Mediation: Der Selbstverantwortlichkeit. Das bedeutet genau das, was ich gerade skizziert habe: Für die Lösung Ihres Problems sind nur Sie selbst verantwortlich. Ich bin Herr über das formelle Verfahren – Sie sind Herren über den Inhalt, der hier verhandelt wird. Neben diesem Prinzip, der Selbstverantwortlichkeit, gibt es noch ein paar andere, die ich Ihnen später noch erläutern werde. Ich möchte mir jetzt aber erst einmal anhören und verstehen, was Sie zu mir geführt hat. Deshalb möchte ich Sie bitten, mir nacheinander das Problem zu schildern."

69   Peter wusste, dass es eine ganze Reihe von Verfahrensgrundsätzen gab, die alle besprochen werden mussten. Er verstand aber, dass Michaela jetzt erst einmal den Parteien das Wort gab. Die Geduld, längeren Ausführungen zu lauschen, war bei beiden Streitenden offenbar begrenzt. Jeden drängte es, selber etwas zur Sache zu sagen. In dieser Spannung wären sie gar nicht in der Lage, weitere Informationen aufzunehmen.

4. Gelegenheit zur ersten Problembeschreibung

70   Die Mediatorin fuhr fort: „Ich möchte also Ihre Geschichte hören, dabei aber jedem von Ihnen meine volle Aufmerksamkeit schenken und mich auf das konzentrieren, was Sie mir erzählen. Deshalb möchte ich Sie beide bitten, mir meine Aufgabe dadurch zu erleichtern, dass Sie denjenigen, der gerade erzählt, aussprechen lassen – so schwer es Ihnen auch fallen wird. Ich werde Ihnen jeweils zu gegebener

---

[5] Dazu auch § 15.

Zeit zu gleichen Teilen Gelegenheit geben, das Gehörte zu ergänzen und zu korrigieren; Sie können widersprechen, soviel Sie wollen, wenn ich Ihnen das Wort erteilt habe. Damit Sie bis dahin nicht vergessen, was Sie sagen wollen, schreiben Sie es auf – vor Ihnen liegen Stift und Papier, die sind – wie die Kekse – zum Verbrauch bestimmt." Sie sah Herrn Simmer und Herrn Melchmann direkt an: „Können wir uns darauf einigen?"

Peter merkte, wieviel Gewicht Michaela auf diese Bestätigung legte. Er verstand: **71** Der Erfolg der Mediation lag in der wechselseitigen Akzeptanz der Verfahrensregeln. Diese Normen konnten aber nicht einseitig vom Mediator durchgesetzt werden. Der Mittler hatte nur eine Handhabe: den Bezug auf die freiwillige, einvernehmliche Selbstbindung der Streitparteien. Dies war allerdings nicht wenig: Auf der Seite des Verfahrens war die Macht der freiwilligen Selbstverpflichtung. So würde die Einigung auf die Gesprächsregeln im späteren Verlauf sicherlich ein wichtiger Anker sein, zumal wenn die Parteien unsachlich würden, sich beleidigten und sich gegenseitig ins Wort fielen.

Michaela Bauer blickte Herrn Melchmann und Herrn Simmer auffordernd an: **72** „Häufig ist es so, dass der Initiator des Verfahrens, also Herr Simmer, auch mit der Problemschilderung beginnt – das muss aber nicht so sein. Wer von Ihnen möchte denn anfangen?" Herr Simmer meldete sich: „Also ich halte das für eine ganz vernünftige Regelung und würde gern beginnen. Immerhin bin ich nun mal der Initiator." Herr Melchmann sah nicht begeistert aus, aber zuckte dann mit den Schultern und überließ seinem Nachbarn ohne Widerrede das Wort.

a) Die eine Seite erzählt, die andere unterbricht[6]. Herr Simmer begann: „Gut. **73** Ich bin hier, weil ich denke, dass das mit unserer Nachbarschaft nicht mehr so weiter geht. Der ständige Ärger, der Streit, dieses unerträgliche Klima in der nächsten Nachbarschaft gehen mir langsam auf die Nerven. Es macht keinen Spass mehr." Seine Stimme bekam einen klagenden Unterton, wobei Peter nicht wusste, ob er eher die zerrüttete nachbarschaftliche Beziehung oder sich selbst bedauerte. „Dabei sind wir doch ganz vernünftige Menschen," fuhr Herr Simmer fort. „Früher sind wir doch auch miteinander ausgekommen. Gut sogar. Wir haben uns besucht, alles mögliche besprochen, es gab ein kleines Tor zwischen den Gärten im Zaun, da sind die Kinder immer hin- und hergesprungen – die verstehen sich auch heute noch – bis Melchmann auf seinem Grundstück diesen Bienenstock errichtet hat – genau neben unserer Terrasse. Hat einen Riesengarten, aber wo kommen die Häuschen hin? Neben unsere Terrasse! Diese Bienen verhindern im Sommer jedes Leben auf unserer Terrasse. Man kann da nicht mehr sitzen, geschweige denn essen."

Herr Melchmann unterbrach: „Ach, das ist doch eine glatte Lüge – bei euch, in **74** eurem Gestrüpp, das ihr Garten nennt, wächst doch gar nichts, was das Interesse meiner Bienen wecken könnte. Die sind auf der Suche nach Nahrung, bei euch würden die doch verhungern!" – „Ha! Immer und überall sind sie da und schwirren um einen herum. Widerlich! Dagegen sind unsere Hühner die wahrste Wonne." Er wandte sich ganz der Mediatorin zu: „Im letzten Sommer haben wir nämlich einen Appenzeller Spitzhauben-Hahn dazu gekauft, aus bester Zucht. Der hat ein kleines Vermögen gekostet. Ein wunderbares Tier mit schwarz-weißem Gefieder, dickem

---

[6] Zum Streitverhalten aus Sicht der Psychologie vgl. § 10.

roten Lappen und ausgesuchter Federspitzhaube, ein Prachtkerl – jedenfalls bis zu
dem Anschlag durch den da."

75   Herr Melchmann unterbrach wieder: „Anschlag, das ist ja lächerlich, das klingt
ja, als sei ich gemeingefährlich!"

Peter beobachtete die Mediatorin: Sie intervenierte nicht. Sie hatte offenbar vor,
den beiden etwas Raum zu geben, ihren Emotionen freien Lauf zu lassen.

76   Herr Simmer wurde lauter: „Gemeingefährlich ist ja noch untertrieben. Wer so
was macht," er wies mit dem Finger anklagend auf seinen Nachbarn: „Heimlich
Anti-Babypillen über den Zaun zu werfen, genau ins Gehege, und meinen schönen
Hahn seiner Männlichkeit berauben!" – „Seiner Männlichkeit berauben?!" äffte
Herr Melchmann Herrn Simmer nach. „Also so was! Ich habe nur dafür gesorgt,
dass er nicht mehr in aller Herrgottsfrühe kräht, und das auf natürliche Weise. Ich
hätte ihm ja auch den Hals umdrehen oder ihn mit der Schrotflinte erledigen können!" – „Das wird ja immer besser: Habe ich etwa Dein Bienenhäuschen mit Gift
angesprüht oder angezündet? Nein, solche Mittel sind typisch für Dich! Heimtücke
könnte dein Name sein. Nachts mit der chemischen Keule gegen hilflose Mitge-
schöpfe vorgehen!"

77   **b) Die Technik der zusammenfassenden Wiederholung**[7]. An dieser Stelle regte
sich die Mediatorin: „Meine Herren, darf ich Sie daran erinnern, dass wir uns zwar
darauf geeinigt hatten, dass jeder von Ihnen mir die Situation schildert, dass das
aber nacheinander geschehen sollte?" Sie schaute wieder nachdrücklich in die Runde. „Was ich bisher von Herrn Simmer verstanden habe, ist folgendes: Sie haben bis
vor einigen Jahren in guter Nachbarschaft nebeneinander gelebt – dann stellte Herr
Melchmann auf der Seite seines Grundstücks, auf der sich die Terrasse der Familie
Simmer befindet, einen Bienenstock auf, und die ausfliegenden Bienen stören jetzt
deren Wohlbefinden. Außerdem habe ich erfahren, dass die Familie Simmer im Besitz einiger Hühner und eines Hahnes ist, der durch von Herr Melchmann ausgelegte Anti-Babypillen seine Stimme und seine Zeugungsfähigkeit verloren hat.

78   Wir müssen also schon mal zwischen zwei Streitpunkten unterscheiden: Zum
einen ist da der Bienenstock, der sich auf dem Grundstück der Familie Melchmann
befindet, zum anderen ist da der Hühnerstall, der auf dem Grundstück der Familie
Simmer liegt. Habe ich das richtig verstanden?" Beide nickten mit dem Kopf und
wurden wieder ruhig. Michaela warf Peter einen kurzen Blick zu, als wollte sie
sagen: „Hier ist gerade etwas passiert, das du dir merken kannst."

Peter überlegte: Wie genau hatte die Mediatorin die Auseinandersetzung beendet? Zunächst hatte sie auf die gemeinsam vereinbarten Gesprächsregeln hingewiesen, also den Ankerpunkt „Selbstverpflichtung" genutzt. Dann hatte sie in einer
nüchternen, prägnanten Form wiederholt, was die beiden Herren bislang über ihren
Streit erzählt hatten. In dieser Schilderung konnte sich jeder wiedererkennen; beide
fühlten, dass sie angehört und ernstgenommen wurden. Peter notierte sich diese
Technik und sprach Michaela nach der Sitzung noch einmal darauf an:

79   „Das hat mich beeindruckt," sagte er. „Was die bloße Wiederholung der Standpunkte und Sichtweisen bewirken kann!" – „Na ja, es ist eben keine echte Wiederholung: es ist ein Konstrukt, das zugleich versachlicht und verbindet" sagte Michaela. „Ich weiß," erwiderte Peter: „Es ist sozusagen die gemeinsame Geschichte der

---

[7] Zu Techniken erfolgreicher Kommunikation vgl. § 14.

beiden, ohne Zorn und Parteilichkeit erzählt, ähnlich wie der unstreitige Tatbestand bei der Relationstechnik." – „Ja," stimmte Michaela zu: „und es ist das Zusammenführen der unterschiedlichen Perspektiven auf derselben Ebene. Herr Simmer hört durch mich einerseits seine Erzählung und andererseits auch die Erzählung von Herrn Melchmann. Beide erscheinen nebeneinander als zwei gleichberechtigte, überwiegend sogar deckungsgleiche Geschichten. Wer streitet, hört doch immer nur seine eigene Version; das, was der Gegner sagt, kommt gar nicht bei ihm an. Schon der Form nach ist es meist unerträglich, und Unerträgliches lässt man nicht zu sich vordringen. In der Mediation bekommen die Konfliktparteien die Chance, erstmals wahrzunehmen, wie der andere die Welt sieht."

Außerdem hatte die Mediatorin noch etwas getan, was zum Handwerkszeug aller 80 Vermittler zählt: Die Ordnung und Gliederung des Streitstoffs. Diese Technik war Peter geläufig. Mit der zunehmenden Entwirrung des Problemknäuels entstanden überschaubare Portionen, die von den Streitenden wie Objekte nüchtern betrachtet und Schritt für Schritt bearbeitet werden konnten. Dieses Vorgehen half natürlich auch gegen die Mutlosigkeit, die alle Beteiligten oft am Anfang angesichts des großen Konfliktbergs beschleicht – und es ermöglicht Teilerfolge, die zur weiteren Lösungssuche motivieren.

c) **Die Version der anderen Seite.** Nach diesen Überlegungen lenkte Peter seine 81 Aufmerksamkeit wieder auf die Verhandlung. Die Mediatorin hatte ihren Ordnungsversuch erfolgreich beendet und sprach jetzt Herrn Melchmann an: „Herr Melchmann, darf ich nun Sie bitten, mir die Probleme aus Ihrer Sicht zu schildern?" Herr Melchmann lehnte sich zurück: „Na ja, das wesentliche hat Simmer ja schon gesagt. Nur den springenden Punkt hat er verschwiegen: Dass er seinen Hühnerstall erst gebaut hat, nachdem er den Prozess gegen mich verloren hatte."

„Was für ein Prozess war das?" – „Das fing an vor fünf Jahren, als ich meinen 82 Bienenstock gebaut hatte. Ohne Vorwarnung flatterte uns plötzlich eine Klage vom Anwalt der Simmers ins Haus, wir sollten den Bienenstock beseitigen. Was da wohl in die gefahren war! Das konnten wir uns nicht gefallen lassen! Und wir waren ja auch im Recht! Denn das Gericht hat bis in die letzte Instanz entschieden, dass wir den Bienenstock bei uns auf dem Grundstück betreiben dürfen. Kurz nach dem Urteil der letzten Instanz hat uns Simmer dann diesen stinkenden Hühnerstall direkt vor die Nase gebaut! Und damit nicht genug: Er schaffte auch noch dieses elende Vieh an, das frühmorgens um vier Uhr das Erstemal und dann alle zwanzig Minuten krähte. Aber Simmer musste dem Ganzen ja noch die Krone aufsetzen: Eines Tages klingelte morgens um 4:07 Uhr auch noch das Telefon, und Simmer ließ seinen Hahn durch den Hörer krähen. Das müssen Sie sich mal vorstellen! Sie gehen schlaftrunken ans Telefon, und dann kräht da der Hahn! Das brachte das Fass zum Überlaufen. Wir beschlossen, etwas zu unternehmen. Also erkundigte ich mich bei einem befreundeten Bauern, was man gegen Hähnekrähen tun konnte und bekam den Tipp mit den Anti-Babypillen. Die hat dann meine Frau besorgt. Und siehe da – es funktionierte! Seitdem haben wir Ruhe, die Ruhe vor dem Sturm, wie meine Frau immer sagt. Wer weiß, was sich Simmer als nächstes einfallen lässt. Um dem vorzubeugen und den Frieden zumindest halbwegs wiederherzustellen, bin ich hier."

Die Mediatorin antwortete wieder mit einer Wiederholung: „Es hatte also, wenn 83 ich Ihre Darstellung noch einmal zusammenfassen darf, ein Gerichtsverfahren gegeben, in dem Herr Simmer auf Beseitigung des Bienenstocks geklagt und auch in letzter Instanz unterlegen war. Erst danach hat er den Hühnerstall gebaut – am Ende seines Grundstücks direkt neben Ihrem Haus. Ist das richtig?" – „Ja."

84 Jetzt mischte sich Herr Simmer ein: „Also nun stellt er das so dar, als hätte ich den Hühnerstalls nur aus gekränkter Eitelkeit gebaut, weil ich nicht verlieren könnte. Auf ein solches Niveau brauche ich mich doch gar nicht herablassen. Die Idee mit den Hühnern hatten wir bereits weit vorher gehabt und wenn Melchmann seine greisen Gehirnzellen mal anstrengen würde, würde er sich erinnern, dass wir schon zu Friedenszeiten darüber gesprochen haben. Aber nein, der will mir ja nur an den Karren fahren wo er kann. Richtig ist, dass wir sie erst nach dem Gerichtsverfahren umgesetzt haben, weil wir vorher vor lauter Ärger nicht dazu gekommen sind."

5. Darstellung der Prinzipien der Mediation[8]

85 „Gut meine Herren, ich glaube damit habe ich einen ersten Eindruck von Ihrem Streit erhalten. Ich persönlich bin wie zuvor der Auffassung, dass wir Ihr Problem mit der Mediation in den Griff bekommen können." Die Mediatorin schaute die beiden Herrn ermunternd an: „Damit wir an dieser Stelle beim nächsten Treffen weitermachen können, möchte ich Sie aber jetzt noch kurz mit ein paar weiteren Prinzipien der Mediation vertraut machen, wenn Sie nichts dagegen haben." Sie machte eine kleine Pause, versicherte sich der Aufmerksamkeit und fuhr dann fort:

86 „Da gibt es neben der Selbstverantwortung, die besagt, dass Sie als Experten des Problems nur allein dazu in der Lage sind, es zu lösen, ein weiteres wichtiges Prinzip: die Freiwilligkeit. Sowohl Sie als auch ich haben sich aus freien Stücken zur Durchführung dieses Verfahrens entschlossen. Und wir alle haben die Gelegenheit, jederzeit aus diesem Verfahren auszusteigen.

87 Ein weiteres Prinzip der Mediation, die ja grundsätzlich ein nicht-öffentliches Verfahren sein soll, ist die Vertraulichkeit[9]: das heisst, jeder von uns verpflichtet sich dazu, Informationen, die er im Verlauf des Verfahrens gewinnt, vertraulich zu behandeln, und nicht in einem möglichen Gerichtsverfahren zu verwenden. In der Mediationsvereinbarung, die ich Ihnen am Ende des heutigen Treffens mitgeben werde, ist auch eine Passage enthalten, in der Sie sich verpflichten, mich in einem späteren Gerichtsverfahren nicht als Zeugen zu benennen. Diese Regelung ist zwingend und kann nicht umgangen werden. Ich möchte Sie auch bitten, nicht mit unbeteiligten Personen über diesen Prozess zu reden.

88 Da wären wir schon bei einem weiteren wichtigen Punkt: Läuft zwischen Ihnen beiden derzeit ein Gerichtsverfahren?"

Beiderseitiges Kopfschütteln. „Das ist gut. Denn wäre eins im Gange, würde ich Sie bitten, Ihre Anwälte zu einer Aussetzung des Verfahrens zu bewegen. Aussetzung des Verfahrens bedeutete lediglich, dass der Prozess im Augenblick, also zum Beispiel während unseres Mediationsverfahrens, nicht weiter betrieben wird. Sobald Sie es aber wünschen, etwa weil ein Vermittlungsversuch gescheitert ist, kann es aber jederzeit wieder aufgenommen werden – ohne irgendeinen Nachteil für Sie." Sie machte wieder eine Pause und sah die Herren forschend an, als ob sie sich vergewissern wollte, dass sie auch wirklich verstanden würde.

---

[8] Zu den Prinzipien der Mediation vgl. § 15.
[9] Zur Sicherung der Vertraulichkeit vgl. § 27.

„Gut, das nächste Prinzip der Mediation ist die Informiertheit. Wenn Sie in   89
einem fairen Verfahren gute Entscheidungen treffen und damit Ihren Konflikt lösen
möchten, brauchen Sie beide alle relevanten Informationen über diesen Konflikt,
auch in rechtlicher Hinsicht.

Und – last but not least – gibt es da noch das Prinzip der Neutralität oder Allpar-   90
teilichkeit des Mediators. Das bedeutet, dass ich keinen von Ihnen bevorzugen werde und mich nicht – wie Ihre Anwälte – für die Interessen nur eines von Ihnen einsetzen werde. Ich stehe auf Ihrer Seite, Herr Melchmann, genauso wie auf Ihrer
Seite, Herr Simmer. Sollte einer von Ihnen in irgendeiner Situation das Gefühl haben, ich ergreife Partei zugunsten des anderen, bitte ich Sie, das sofort zu melden.
Zu diesem Zweck lege ich hier in die Mitte des Tisches eine gelbe Karte," sie zeigte
die Karte und versuchte, etwas weniger ernst als zuvor zu sprechen: „Diese Karte
hat hier bei uns dieselbe Aufgabe wie beim Fußball: Sie können sie aufnehmen und
mir zeigen. Dann weiß ich, dass irgendetwas nicht stimmt und dann kann ich darauf reagieren. In Ordnung?" Beide Herrn nickten mit leichtem Schmunzeln. Peter
merkt: die Schiedsrichterrolle würde ihnen gefallen.

„So, das ist – kurz erklärt – der Ablauf des Mediationsverfahrens und das waren   91
die Prinzipien, die ihm zugrunde liegen. Möchten Sie im Moment über irgendeinen
dieser Punkte mehr erfahren?"

6. Regelung der Kosten

Sie ließ ihren Zuhörern einen Augenblick Zeit und wandte sich, als sich niemand   92
meldete, der Regelung der Verfahrenskosten zu: „Was jetzt noch zu klären ist, ist
die Frage der Finanzierung dieses Verfahrens. Die Kosten berechne ich nach Stun-
densätzen, nicht nach dem Streitwert, wie Sie das von Ihren Anwälten gewohnt sein
werden. Ein Treffen wird regelmäßig zwischen einer und eineinhalb Stunden dauern. Pro Stunde berechne ich 100,– € zuzüglich Mehrwertsteuer. Dementsprechend
fallen bei eineinhalb Stunden 150,– € an, zuzüglich Mehrwertsteuer. Meiner Einschätzung nach wird das gesamte Verfahren nicht mehr als vier Treffen – inklusive
dem heutigen – in Anspruch nehmen. Die Gesamtkosten liegen damit zwischen
400,– und 600,– € plus Mehrwertsteuer. Sie beide sind meine Auftraggeber. Entsprechend werden die Kosten in der Regel zwischen Ihnen aufgeteilt – es sei denn
Sie wünschen eine andere Regelung. Was meinen Sie?"

Herr Melchmann meldete sich: „Also eigentlich bin ich ja nur da, weil Simmer   93
das vorgeschlagen hat. Ich finde, das sollte auch kostenmäßige Konsequenzen haben; er sollte auch einen größeren Teil der Kosten tragen."

Herr Simmer antwortete gleich laut und ärgerlich: „Aber du bist doch jetzt hier!
Und du willst doch auch das Verfahren. Warum sollte ich dann mehr Kosten tragen
als du, du alter Geizhals?" Herr Melchmann wehrte sich sofort und gab dann dem
Gespräch eine brisante Wendung. Er sagte nämlich: „Also ein Geizhals bin ich bestimmt nicht, und so brauche ich mich auch nicht von dir beschimpfen lassen –
oder, Frau Bauer?" Dabei sah er auffordernd zu der Mediatorin hinüber.

a) Eine kleine Falle für den neutralen Dritten. Peter merkte augenblicklich, dass   94
dieser Einwurf problematisch war. Herr Melchmann versuchte, die Mediatorin auf
seine Seite zu ziehen. Und in der Sache hatte er natürlich Recht: Beschimpfungen
verstießen gegen die vereinbarten Gesprächsregeln. Und die Mediatorin hatte

eigentlich die Aufgabe übernommen, für die Respektierung dieser Regeln zu sorgen. Aber was würde passieren, wenn sie Melchmann Recht gäbe? Sie hätte dann erkennbar eine Seite ausgezeichnet und das Verhalten der anderen abgeurteilt. Würde sie sich tatsächlich in eine derartige Schiedsrichterrolle fügen und Herrn Simmers Verhalten rügen, würde sich dieser abgewertet fühlen und augenblicklich an ihrer Neutralität zweifeln. Wie würde sie aus dieser Situation herausfinden?

95   Peter, der als Anwalt noch ganz unter dem Eindruck des richterlichen Entscheidungszwangs stand, war über Michaelas Lösung verblüfft. Die Mediatorin widerstand nämlich dem juristisch eingeübten Drang, Stellung zu beziehen, und ging über Melchmanns Frage einfach hinweg. Statt dessen griff sie zu der Technik des Zusammenfassens:

96   „Wenn ich es richtig verstanden habe, meine Herren, meinen Sie, Herr Melchmann, dass Herr Simmer als Initiator des Verfahrens auch einen höheren Kostenanteil zu tragen hat. Herr Simmer, Sie hingegen plädieren für eine Kostenteilung, weil Sie ja beide am Verfahren teilnehmen. Ist das richtig?" – „Jawohl." – „Genau."

97   b) Anleitung zur argumentativen Selbstentwaffnung. „Gut, und wie können wir jetzt damit weiterkommen?" Die Angesprochenen guckten sie ratlos an. Sie gab eine kleine und, wie Peter fand, recht raffinierte Hilfe: „Herr Melchmann, welche Überlegung führt Sie dazu, dass Herr Simmer als Initiator des Verfahrens auch einen höheren Kostenanteil zu tragen hat?"

98   Herr Melchmann antwortete: „Na ja, wie ich schon gesagt habe." – „Sie meinen," wiederholte sie, „es ist fair, wenn derjenige, der das Vermittlungsverfahren anstößt, auch mehr davon bezahlt?" Herr Simmer mischte sich ein: „Im Grunde wäre es umgekehrt genau richtig: Wer auf die gute Idee kommt und sich die Mühe macht, alles anzuleiern, der muss weniger bezahlen." Herr Melchmann ärgerte sich offenbar über diesen Einwand, war aber in seinem Standpunkt schwankend geworden: „Also das ist ja absurd. In keinem Fall zahle ich auch nur einen Pfennig mehr als du." – „Du sollst ja auch nicht mehr bezahlen," sagte Simmer gönnerhaft. Melchmann zögerte einige Sekunden, aber entschloss sich dann nachzugeben: „Also, von mir aus, um des lieben Friedens willen," räumte er ein: „Kostenteilung ist, denke ich, noch gerade hinnehmbar." Die Mediatorin fragte nach: „Also Halbe-Halbe?" Herr Melchmann nickte. – „Einverstanden, Herr Simmer?" – „Natürlich!"

99   Peter hatte diesen Punkt mit Spannung verfolgt. Aus seiner eigenen Erfahrung wusste er, dass die Kostenfrage bei einer Einigung eine hohe Hürde sein konnte. Obwohl in Proportion zu dem Hauptstreit oft ganz unbedeutende Beträge zur Diskussion standen, war die Neigung der Parteien, in einen Einigungsversuch zu investieren, nur gering. Dies war insofern verständlich, als der Gegner aus der Sicht des anderen immer die Alleinschuld an dem Konflikt trägt, und damit auch alle Kosten für die Bereinigung der Sache übernehmen müsste. Lässt man sich auf eine Kostenteilung ein, übernimmt man einen Teil der Verantwortung für die Streitbeilegung, und damit implizit auch für den Streit. Das macht niemand gern, der sich im Recht fühlt.

100   Peter stellte fest, dass sich auch die Mediatorin über die erzielte Einigung freute und dies zeigte. „Sehr gut, meine Herren, damit haben wir doch schon einmal eine Übereinstimmung erzielt. Sie werden sehen, dass das, was Sie gerade miteinander beschlossen haben, bereits in dieser Form in der Vereinbarung enthalten ist, die ich

Ihnen gleich mitgeben werde. In dieser Vereinbarung steht eigentlich nur noch einmal alles das drin, was wir heute besprochen haben. Ich möchte Sie bitten, sie mit nach Hause zu nehmen, gut durchzulesen und sich bis zum nächsten Mal zu überlegen, ob wir das Verfahren so durchführen sollen oder nicht. Wenn Sie sich dafür entscheiden, sollten Sie die Vereinbarung beim nächsten Mal unterschrieben mitbringen. Für unser Treffen würde ich nächste Woche gleicher Ort gleiche Zeit vorschlagen, was halten Sie davon?" – „Ja, das ginge gut." – „Meinetwegen."

„Schön, dann möchte ich unser heutiges Treffen damit beenden – sofern Sie keine 101
weiteren Fragen mehr haben – und Sie ins Wochenende entlassen. Ich bedanke mich für Ihre interessierte Aufmerksamkeit und freue mich schon auf nächste Woche, in der wir mit der eigentlichen Problemarbeit beginnen können. Sollten Sie sich gegen die Durchführung des Verfahrens entscheiden, bitte ich um eine kurze Mitteilung."

7. Die Mediationsvereinbarung

Der Text, den die Mediatorin Bauer als „Mediationsvereinbarung" den Streitpar- 102
teien mitgab, sah so aus:

Mediationsvereinbarung

zwischen
1. Herrn Dieter Simmer
und
2. Gregor Melchmann
– im folgenden Parteien genannt –
und der Mediatorin Michaela Bauer.

§ 1
Die Parteien vereinbaren hiermit, ein Mediationsverfahren durchzuführen und sind mit den nachfolgenden Bedingungen einverstanden.

§ 2
(1) Die Mediatorin ist zu Unparteilichkeit und Neutralität verpflichtet. Sie ist insbesondere nicht befugt, eine der Parteien in der Rechtsangelegenheit, die Gegenstand des Mediationsverfahrens ist, anwaltlich zu vertreten oder zu beraten. Dies gilt auch für den Fall der Erfolglosigkeit des Mediationsverfahrens.
(2) Soweit ihr dies erforderlich erscheint, informiert die Mediatorin die Parteien über den Ablauf des Verfahrens und über ihre Rechte und Pflichten. Die Mediatorin hat die Beilegung des Streitfalles zwischen den Parteien in jeder Art und Weise, die sie für angemessen hält, zu fördern. Zu diesem Zweck kann sie unverbindlich Vorschläge oder Alternativen zur Lösung des Streitfalles entwickeln und den Parteien gemeinsam oder einzeln vorlegen. Sie ist jedoch nicht befugt, den Streitfall insgesamt oder Teile des Streitfalles in rechtlich bindender Weise zu entscheiden.

§ 3
(1) Soweit die Parteien keine Vereinbarung zur Durchführung des Mediationsverfahrens getroffen haben, bestimmt die Mediatorin unter Berücksichtigung dieser Verfahrensregeln sowie im Übrigen nach eigenem Ermessen die Art und Weise, in der das Mediationsverfahren durchgeführt wird.

(2) Mediatorin und Parteien achten auf eine beschleunigte und zügige Durchführung des Verfahrens.

(3) Die Mediatorin hat unverzüglich nach Annahme ihrer Bestellung, ggf. nach vorheriger Beratung mit den Parteien, einen Zeitplan für den Ablauf des Mediationsverfahrens festzulegen.

(4) Jede Partei kann bis zu einer Einigung im Mediationsverfahren Ergänzungen des Sachverhaltes vortragen oder weitere Unterlagen vorlegen. Die Mediatorin kann jederzeit anregen, dass eine Partei zusätzliche Informationen oder Schriftstücke zur Verfügung stellt.

§ 4

(1) Ein gemeinsames Protokoll über die Durchführung des Mediationsverfahrens wird nicht erstellt.

(2) Alle am Mediationsverfahren beteiligten Personen, insbesondere alle an den gemeinsamen oder auch getrennten Sitzungen zwischen den Beteiligten teilnehmenden Personen, haben gegenüber Dritten das Mediationsverfahren und dessen Angelegenheiten sowohl während als auch nach Beendigung des Verfahrens vertraulich zu behandeln und dürfen, soweit nicht anderweitig zwischen den Parteien vereinbart, Dritten gegenüber keine Informationen benutzen oder offenlegen, die das Mediationsverfahren betreffen oder die sie im Verlaufe des Verfahrens erhalten haben. Soweit eine Person dies fordert, haben Personen, die am Mediationsverfahren teilnehmen (z. B. auch Sachverständige) vor ihrer Teilnahme eine entsprechende Erklärung über ihre Verpflichtung zu unterzeichnen.

(3) Soweit gesetzlich zulässig, ist die Mediatorin nicht befugt, in einem späteren Gerichtsverfahren als Zeuge oder Sachverständige auszusagen, soweit dies das Mediationsverfahren betrifft. Sie hat bestehende Aussageverweigerungsrechte in Anspruch zu nehmen.

(4) Die Parteien verpflichten sich, die Mediatorin in einem nachfolgenden Schiedsgerichts- oder Gerichtsverfahren nicht als Zeugen für Tatsachen zu benennen, die ihr während des Mediationsverfahrens offenbart wurden.

§ 5

(1) Das Mediationsverfahren wird beendet:

a) durch Unterzeichnung einer Vereinbarung zwischen den Parteien über den Streitfall insgesamt oder über einzelne Bestandteile des Streitfalles, sofern eine der Parteien der Auffassung ist, dass über die restlichen Bestandteile des Streitfalles eine Einigung nicht erzielt werden kann;

b) durch die Erklärung einer am Verfahren beteiligten Partei, mit sofortiger Wirkung das Mediationsverfahren beenden zu wollen;

c) durch die Erklärung der Mediatorin, dass sie aus bestimmten von ihr gegenüber den Parteien anzugebenden Gründen das Mediationsverfahren als gescheitert betrachtet, weil sie es für unwahrscheinlich hält, dass ihre weiteren Bemühungen zu einer Beilegung des Streitfalles führen werden.

(2) Wird eine Einigung zwischen den Parteien während einer gemeinsamen Sitzung erzielt, ist diese Einigung noch im Verlauf der Sitzung zumindest in den Grundzügen festzuhalten und von den Parteien zu unterzeichnen. Im Anschluss daran ist sie von der Mediatorin, ggf. unter Mithilfe der Parteien innerhalb angemessener Frist zu formulieren. Im Übrigen gilt eine Vereinbarung erst mit ihrer schriftlichen Niederlegung und Unterzeichnung durch die Parteien als zustande gekommen.

§ 6

Durch ihr Einverständnis mit dem Mediationsverfahren verzichten die Parteien gegenseitig bei gleichzeitiger gegenseitiger Annahme des Verzichts auf die Einrede der Verjährung in der Weise, dass der Lauf gesetzlicher und vertraglicher Verjährungsfristen in Bezug auf den Streitfall gehemmt wird, welcher Gegenstand des Mediationsverfahrens ist. Die Hemmung gilt vom Zeitpunkt des Beginns des Mediationsverfahrens an bis zu einem Monat nach dem Zeitpunkt der Beendigung des Mediationsverfahrens.

§ 7

Sofern nicht die Parteien etwas anderes vereinbart haben, haben sie die Gebühren der Mediatorin einschließlich Auslagen der Mediatorin sowie ggf. alle mit der Beauftragung von Sachverständigen verbundenen Kosten als Gesamtschuldner je zur Hälfte zu tragen.

Bernsberg, den. . . . . .

. . . .
Dieter Simmer   Gregor Melchmann   Michaela Bauer

IV. Das zweite Treffen

Eine Woche später – die Streitparteien hatten nicht abgesagt – wartete Peter 103 Schneewein wieder mit Michaela im Sitzungszimmer auf Herrn Melchmann und Simmer. Bald drehte sich das Gespräch wieder um das anstehende Verfahren und Mediation im Allgemeinen.

1. Techniken des Mediators[10]

„Was für mich besonders interessant ist, sind Techniken, die du einsetzt," sagte 104 Peter, „Wie zum Beispiel dieses Wiederholen und Zusammenfassen. Was gibt es denn da noch?" Da sie nicht gleich antwortete, setzte er hinzu: „Wenn ich es vorher theoretisch wüßte, hätte ich mehr davon, wenn ich dich dann in Aktion erlebe." Michaela begann zögerlich: „Also es gibt da eine Menge Werkzeuge . . . Zum Beispiel die Sache mit den Ich-Botschaften. Man versucht, die Medianten aufzufordern, von ihren anonymen Man-Aussagen" – sie imitierte einen empörten Sprecher – „»Da muss man sich doch ärgern, wenn man so was sieht« – zu sogenannten »Ich-Botschaften« zu wechseln: »Da ärgere ich mich, wenn ich das sehe«, »da denke ich«, »da empfinde ich«. Diese Ich-Botschaften verschaffen der anderen Partei einen Einblick in die Seelenwelt des Gegenüber. Und dies ist ein Weg, um das Verständnis füreinander wachsen zu lassen. Die Man-Botschaften dagegen schaffen Abstand und bringen einen Appell an eine äußere, höhere Instanz ins Spiel: »Man«, das heisst doch: »Die anderen Leute; alle würden das so sehen wie ich; hinter mir steht die Norm, die Normalität«. Dabei sollte sich der Blick doch auf die unmittelbar Beteiligten richten. Wir wollen in der Mediation eine individuelle Lösung fin-

---

[10] Dazu §§ 12, 14.

den, maßgeschneidert, ohne Rechtfertigung mit Bezug auf irgendwelche Normen, deren Existenz ja meist doch zweifelhaft ist und mal so und mal so behauptet wird."

105   **a) Geheime Beeinflussung erlaubt?** Peter hatte sehr interessiert zugehört: „Das ist ja beeindruckend . . . Und was gibt es noch?" –Michaela lächelte: „Das erinnert mich an: »Mehr, mehr! rief der kleine Hävelmann«. Weißt du, im Allgemeinen werden diese Techniken überschätzt. Viele Anfänger meinen, es gibt da einen Katalog mit zehn Posten, und da stünde genau drin: wenn X passiert, mache ich Muh, und bei Y, mache ich Mäh. Das ist zu mechanistisch gedacht, oder, entschuldige, wahrscheinlich zu juristisch. Alles, was ich als Mediator mache, ist etwas Besonderes, aus der Situation entwickelt. Ich-Botschaften oder »Wiederholen und Zusammenfassen« zum Beispiel, das sind nur Hilfsbegriffe, ein Fixpunkt für die Ausbildung, denn es gibt nicht »den« schematischen Vorgang des »Wiederholens und Zusammenfassens«. Ich mache jedes Mal etwas anderes. Und jedes Mal passiert auch etwas anderes als Reaktion darauf." Ihr Blick wanderte in das leuchtende Blätterwerk der Bäume vor dem Fenster. „In der Regel kann ich diesen Zusammenhang vorhersehen. Aber manchmal werde ich auch überrascht. Das Gefühl dafür wächst durch deine persönliche Erfahrung."

106   Peter war etwas enttäuscht. „Aber »Wiederholen und Zusammenfassen« ist doch eine Technik. Das muss ja nicht heißen, dass man dieses Mittel nicht von Fall zu Fall variiert. Und es hilft mir enorm als Anfänger, wenn ich solche Mittel kennenlerne." – „Ist es denn nicht problematisch, wenn man gleich mit diesen Techniken einsteigt? Weckt man damit nicht die Illusion, dass jeder ein Mediator ist, der diese zwanzig Spezialkniffe beherrscht, und dass es »Mediation« ist, wenn jemand eine Verhandlung mit Hilfe dieser Tricks durchzieht?"

107   „Man kann doch Techniken vermitteln und gleichzeitig klarmachen, dass diese Vorstellung verkehrt ist." – „So war das natürlich auch in meiner Ausbildung. Wir haben das alles gelernt, aber unsere Ausbilder, die sehr erfahrene Mediatoren waren, haben uns immer zu Zweifeln angeregt. Einige, gerade die Juristen unter uns Teilnehmern, hat das anfangs sehr verunsichert." – „Das verstehe ich. Wir haben eben gerne etwas, woran wir uns halten können," lächelte Peter. Michaela sah ihn direkt an: „Weißt du, ich bin auch die letzte, die sagt: »Mediation« ist nicht lernbar, es gibt gar keine Regeln, alles ist ein Mysterium, ein Raunen im All, das sich erst offenbart, wenn man mit den Beteiligten eins wird und im selben Takt atmet. – Natürlich verfügen wir über unserer Handwerkszeug. Ich wehre mich nur dagegen, diese Mittel vom Rest zu isolieren."

108   **b) Einsicht in die begrenzte Perspektive.** „Und was ist der Rest?" wagte Peter zu fragen. Michaela zögerte: „Ja, was ist der Rest? Weißt du, vielleicht ist das gar keine Frage von Teil und Ganzem, sondern nur eine der Perspektive. Stelle ich die Techniken in den Mittelpunkt, dann kreist alles um den intervenierenden, eingreifenden, manipulierenden Mediator. Er urteilt zwar nicht über die Sache, aber zieht andauernd die Fäden, und versucht unter der Hand, mit diesen Tricks die Leute leise hierhin und dahin zu schubsen und zu ihrem Glück zu zwingen. Diese Vorstellung entspricht nicht meinem Verständnis von Mediation."

109   „Sondern?" – „Na, im Mittelpunkt stehen die Parteien. Ich meine das ernst, wenn ich sage, dass es die Beteiligten sind, welche die Lösung finden sollen. Ich

denke, die gesuchte Lösung ist ein Konstrukt, das nur in den eigenen Welten der Beteiligten entstehen kann . . . weil es sich ja auch dort bewähren muss. Und diese Welten werden mir immer verschlossen bleiben. Ich bin nicht Herr Simmer oder Herr Melchmann, ich habe nie in diesen Gärten gejätet und umgegraben, ich habe nie meine Kinder auf diesen Rasen spielen gesehen, auf dieser Terrasse gesessen und mit dem Nachbar ein Bier getrunken. Ich habe wirklich keine Ahnung und ich denke deshalb auch nicht, ich wüßte es besser als die beiden."

In das Schweigen, das diesen Sätzen folgte, hörten sie aus der Ferne die Türglocke. Sie erhoben sich und erlebten eine kleine Überraschung.

2. Der Teilnehmerkreis vergrößert sich

Peter Schneewein hatte erwartet, dass einer der Streitbeteiligten eingetroffen war; 110 statt dessen herrschte im Eingangsbereich ein regelrechtes Getümmel von Menschen, Taschen und Mänteln. Auf den zweiten Blick erkannte Peter die Sekretärin, welche wohl die Türe geöffnet hatte und gerade dabei war, die Mäntel unterzubringen, dann Herrn Melchmann und Herrn Simmer – und zwei ihm unbekannte Damen.

Schnell stellte sich heraus, dass es sich um die Ehefrauen der Herren handelte. 111 Die Mediatorin reagierte ohne Zögern und begrüßte die Damen so freundlich, als hätte man sie schon lange erwartet, und geleitete die Gruppe in das Sitzungszimmer. Sie bat ihre Sekretärin um weitere Tassen und Gläser und rückte selber zwei zusätzliche Stühle an den Tisch, der gerade für sechs Personen ausreichte.

„Das ist ja schön, dass Sie jetzt alle hier sind," begann die Mediatorin und guckte 112 die Herren, besonders ermunternd aber die Damen an, die etwas beklommen wirkten.

„Ja," begann Herr Simmer. „Also, ich weiß nicht, ob das jetzt noch geht. Vielleicht hätten wir vorher anrufen sollen." Die Mediatorin schüttelte freundlich den Kopf, um ihm zu bedeuten, dass diese neue Wendung keine Schwierigkeiten verursachen würde.

„Also das war so. Als ich meiner Frau," Herr Simmer wies mit dem Daumen auf 113 die Dame an seiner Rechten, „als ich zu Hause von dem Termin neulich erzählte, und wir zusammen diese Vereinbarung, die ich ja unterschreiben sollte, angeguckt haben, da habe ich dummerweise erzählt, was Sie mir damals, ganz am Anfang gesagt hatten, ob nicht die Frau mitkommen sollte." Er guckte fast entschuldigend zu Herrn Melchmann: „Damals habe ich das zu Hause überhaupt nicht erwähnt. Die Frauen haben ja auch nichts mit der Sache zu tun." Beide Damen verzogen keine Miene. „Ja, und dann hat meine Frau plötzlich gemeint, das alles ginge sie doch auch etwas an. Ich habe das abgewiegelt, aber am anderen Tag hat sie sich wohl mit der Hannelore Melchman . . .," er wies in deren Richtung, „. . . irgendwie abgesprochen. Und die hat wohl ihrem Gregor Ärger gemacht, und dann haben schließlich beide Frauen gemeint, sie müssten mit hierhin."

Das Ganze war Herrn Simmer offenbar unangenehm. Herr Melchmann ergänzte: 114 „Also wir haben gesagt, dass wir nicht wissen, ob das geht. In jedem Fall darf es nicht teurer werden." Herr Simmer bekräftigte das: „Ja, das hat ja keinen Zweck. Und wir sollen hier ja nach Zeit zahlen, und wenn die Frauen jetzt die ganze Zeit quasseln, dann wird alles ja nur noch teurer." – „Wir haben ihnen auch schon erklärt, wie das Verfahren hier geht," setzte Herr Melchmann noch hinzu: „Das brauchen Sie jetzt nicht noch einmal zu machen."

115 Die Mediatorin begütigte die Ehemänner und erklärte, dass es im Allgemeinen doch besser sei, wenn alle Beteiligten, die mit der Lösung leben müssten, mitarbeiten würden. Außerdem erklärte sie, dass eine Mediation mit vier Personen nicht teurer sei als eine mit zweien, und mit dem gewachsenen Personenkreis vielleicht auch mehr Anregungen für eine Lösung zusammenkämen. Deshalb könnte es durchaus sein, dass man insgesamt weniger Sitzungen brauchte, als nur zu zweit.

116 „Sie meinen," fragte Herr Melchmann zweifelnd, „Es könnte uns sogar weniger kosten, wenn die Frauen dabei sind?" – „Das ist nicht auszuschließen," bestätigte Michaela und erklärte, trotz des Einwands von Herrn Melchmann, den Damen doch noch einmal bündig die Grundregeln der Mediation und bat sie um eine persönliche Vorstellung.

117 Frau Melchmann begann: „Ich heiße Hannelore Melchmann, bin Hausfrau und habe zwei Kinder. Mein Ältester zieht jetzt nach Bayern, der jüngere ist noch hier in der Gegend und kommt oft vorbei . . . Meine Hobbys?" sie überlegte. „Ich bin gerne im Garten. Manchmal ist es viel Arbeit, aber ich hänge an meinen Rosen." Mehr wollte sie offenbar nicht sagen. Plötzlich entschloss sie sich aber doch noch zu einer weiteren Bemerkung, die sie wie eine Rechtfertigung vorbrachte: „Wir möchten hier auch gar nicht viel mitreden. Uns gehören zwar die Häuser auch zum Teil, aber ich dachte nur, wir hören zu und wissen dann besser Bescheid, wenn sich die Männer zu Hause über diese Sache unterhalten wollen. Geht das?"

118 Die Mediatorin nickte: „Das Verfahren ist für die Parteien da. Oberstes Gebot ist, wie gesagt, die Freiwilligkeit. Jeder kann sich so beteiligen, wie er möchte. Sie müssen sich auch jetzt gar nicht auf eine bestimmte Rolle festlegen. Alles ist gut, was hilft, einen Streit beizulegen." Dann wendete sie sich an Frau Simmer.

119 „Ich sehe das genauso," sagte Frau Simmer, „das heisst, ich möchte auch nur zuhören. Zu meiner Person gibt es nicht viel anderes als bei Hannelore Melchmann. Ich habe auch zwei Kinder. Das Mädchen ist schon aus dem Haus, der Junge studiert noch und kommt häufig am Wochenende. Hobbys habe ich nicht so direkt . . . ich bin einige Zeit sehr krank gewesen. Aber ich würde gerne noch einmal Italienisch lernen. Das ist eine Sprache, die ich sehr gerne höre. Wenn mein Mann in den Ruhestand geht, würde ich gerne etwas in der Welt herumreisen."

3. Ja zum Verfahren

120 Während die Mediatorin noch einige Sätze mit den beiden Damen plauderte, stellte Peter Schneewein fest, dass sich das Verhalten der Herrn im Vergleich zum letzten Mal deutlich verbessert hatte. Der Hauptgrund war wohl, dass sie es beide gleichermaßen nicht geschafft hatten, sich gegenüber ihren Frauen durchzusetzen. Diese gemeinsame Niederlage schien sie einander etwas näher zu bringen.

121 Besonders wichtig schien aber auch, dass beide sich zum Wagnis Mediation entschlossen hatten. Die Mediatorin fragte aber noch einmal ausdrücklich nach: „Sie haben sich also für die Durchführung des Verfahrens entschieden. Oder täusche ich mich da?" Herr Simmer antwortete: „Nein, ich bin da, um es zu versuchen." Und Herr Melchmann sagte: „Ich auch. Und ich habe auch den Vertrag unterschrieben

mitgebracht." – „Den habe ich auch dabei." „Das ist ja großartig!" Sie sammelte die Verträge ein, die beide aus ihren Taschen holten und unterzeichnete sie. „Haben Sie denn noch Fragen zum Vertrag oder zum Verfahren? . . . Gut, wenn Ihnen keine Fragen mehr eingefallen sind, können wir ja heute im größeren Kreis mit der eigentlichen Arbeit beginnen."

4. Themensammlung

Die Mediatorin: „Es gilt zunächst, eine Liste mit denjenigen Themen aufzustel- 122 len, für die im Lauf unseres Gespräches hier Lösungen gefunden werden sollen. Jede Seite macht ihre eigene Liste. Wenn Sie – Frau Melchmann, Herr Melchmann – oder Sie – Frau Simmer, Herr Simmer – untereinander nicht einig sind, weil vielleicht dem einen etwas anderes wichtig ist als dem anderen, werden wir das eben getrennt notieren.

Stehen die Themen fest, müssen Sie eine Reihenfolge festlegen, in der über die 123 Punkte gesprochen werden soll. Sollte uns dann noch Zeit bleiben, können wir eventuell bereits mit der Lösungssuche für eines der Themen anfangen. Aber eins nach dem anderen. Also, wie gesagt, zunächst einmal wird es darum gehen, eine Themenliste aufzustellen. Dazu bitte ich Sie gleich nacheinander, mir die Themen zu nennen, die wir hier besprechen sollen und für die Sie eine Lösung für die Zukunft finden möchten. Ich werde diese Themen auf dem Flipchart aufschreiben – zunächst mal in der Reihenfolge, wie sie Ihnen einfallen. Jede Seite macht ihre eigene Liste, beziehungsweise eine Doppelliste.

Ich möchte Sie auch bei diesem Verfahren an die Regeln erinnern, die wir beim 124 letzten Mal vereinbart haben. Lassen Sie den anderen aussprechen, fallen Sie ihm nicht ins Wort und schreiben Sie das, was Ihnen einfällt, einfach auf. Sie erhalten ausreichend Gelegenheit von mir, es anzubringen. Können wir uns darauf auch dieses Mal einigen?" – „Jawohl." – „Gut, dann fangen wir jetzt einfach an. Herr Melchmann, möchten Sie vielleicht diesmal beginnen? Was ist Ihnen wichtig, worüber sollte hier gesprochen werden?"

Herr Melchmann setzte an: „Also mir ist es wichtig, über die Hühner zu spre- 125 chen. Selbst wenn jetzt auch kein Hahn mehr kräht, stinkt das Ganze doch immer noch gewaltig zum Himmel."

– „In erster Linie stören Sie also die Geruchsbelästigungen, die von dem Stall 126 ausgehen. Können Sie mir noch einmal erklären, wie genau Ihr Grundstück von diesen Gerüchen betroffen ist? Vielleicht könnten Sie es auch aufzeichnen."

Herr Melchmann ging nach vorne an das Flipchart und zeichnete einen groben 127 Grundriss der benachbarten Grundstücke: „Klar, also das sieht so aus: Hier ist mein Grundstück, da steht mein Haus, das da ist das Grundstück von Simmer und hier steht der Hühnerstall. Zum Sichtschutz gegen das Viehzeug haben wir uns eine wunderbare Pergola gebaut. Aber das nutzt alles nichts gegen den Gestank! Wenn wir jetzt auf der Terrasse sitzen, stinkt es mal mehr und mal weniger – es kommt immer drauf an, wie der Wind steht. Ich kann das immer ganz genau beobachten. Wenn Westwind ist – das erkenne ich immer ganz genau an meiner Fahne – kann man es nicht aushalten. Oft ist es schon so, dass ich nur aus dem Haus auf die Fahne gucke und dann schon gar nicht mehr auf die Terrasse gehe, weil ich so einen Ekel vor dem Gestank habe."

Die Zeichnung von Herrn Melchmann

128   „Aha. Gut, habe ich es denn dann richtig verstanden, dass Sie hier insbesondere über die Nutzung des hinteren Grundstücksteils des Grundstücks des Simmer sprechen möchten?"

Herr Melchmann, der inzwischen wieder Platz genommen hatte, erwiderte: „Ja, ich denke, so könnte man das auch formulieren."

129   Die Mediatorin ging an das Flipchart und notierte: „Gestaltung des hinteren Teils des Grundstücks Simmer."

130   – „Und dann möchte ich hier festgestellt haben," rief ihr Herr Melchmann zu, „dass von meinen Bienen keine erheblichen Störungen für die Simmers ausgehen. Genauso hat es ja auch das Gericht gesehen."

Herr Simmer zischte dazwischen: „Also, das ist ja wohl ein Witz!"

131   Die Mediatorin beruhigte ihn: „Herr Simmer, wir befinden uns doch erst in der Sammlungsphase, Sie können gleich dagegen halten. Herr Melchmann, verstehe ich es richtig, dass es für Sie von Bedeutung ist, dass Sie Herrn Simmer über das Verhalten von Ihren Bienen informieren möchten?"

132   Herr Melchmann stimmte zu: „Ja, so kann man es auch nennen." – „Gut, dann nehme ich genau das als nächsten Punkt auf: Informationen über das Verhalten von Bienen. Was noch?," die Mediatorin wendet sich nun Frau Melchmann zu, welche die ganze Zeit genauso wie Frau Simmer unbeteiligt dabeigesessen hatte. „Vielleicht möchten Sie auch noch ein paar Gesichtspunkte ergänzen?" Frau Melchmann schüttelte den Kopf. Dafür war ihrem Mann noch etwas eingefallen: „Dass es keine Art ist, einfach so ein Gerichtsverfahren anzustrengen!" – „Was genau meinen Sie damit?"

133   Herr Melchmann suchte eine Erklärung: „Na ja, man kann doch nicht einfach klagen, einfach so, ohne vorher mal ein Wort miteinander gewechselt zu haben,

ohne vorher klar zu sagen, was einen stört, und das man vorhat, daraus einen Riesenprozess zu machen. Ich meine, wir haben gewonnen, aber trotzdem. So was macht man doch einfach nicht!"

„Verstehe ich Sie richtig, dass Sie sich darüber geärgert haben, dass Herr Simmer damals auf Beseitigung Ihres Bienenstocks geklagt hat, ohne zuvor mit Ihnen darüber geredet zu haben?"

Aha, dachte Peter, das ist jetzt wieder so eine Mediations-Technik. Herr Melch- 134
mann hatte gesagt: So was macht man doch einfach nicht. Die Mediatorin wandelte dies für ihn um in die Aussage: Darüber habe ich mich geärgert. Vom Man zum Ich. Das war also die erwähnte Aufforderung zur Ich-Botschaft. Und tatsächlich – schneller, als er gedacht hatte – griff die Intervention. Herr Melchmann antwortete nämlich:

„Da habe nicht nur ich mich geärgert, da hat sich insbesondere meine Frau drü- 135
ber aufgeregt, nicht wahr Hannelore? Gregor, hat sie gesagt, wer macht denn so was, wer klagt denn sofort, ohne auch nur ein Wort zu verlieren. Man muss doch so ein Problem unter Nachbarn regeln können! Das ist ja einfach enttäuschend! Was muss in denen vorgehen?" Diesmal nickte Frau Melchmann, ihr erstes Zeichen, dass sie sich überhaupt beteiligt fühlte.

Herr Simmer fuhr dazwischen: „Also, das muss ich mir ja wohl wirklich nicht 136
bieten lassen. Selbstverständlich habe ich euch mehr als einmal darauf hingewiesen, dass uns diese Bienen stören. Aber ihr wart anscheinend auf beiden Ohren taub. Sonst hätten wir doch nicht geklagt!"

„Meine Herren, darf ich Sie daran erinnern, dass wir uns immer noch in der Pha- 137
se der Themensammlung befinden?! Ich verspreche Ihnen, dass Sie genügend Zeit erhalten werden, intensiv über dieses Thema zu diskutieren, aber bitte noch nicht hier und jetzt. Vertrauen Sie mir und helfen Sie mir, erst mal mit der reinen Themensammlung weiterzumachen!" Die Herren wurden still und blickten vor sich hin.

„Gut. Dann möchte ich noch mal zusammenfassen, was ich aus dem gehört 138
habe, was Herr Melchmann gerade vorgetragen hat. Darin waren meiner Meinung nach zwei Themen enthalten: Zum einen der Wunsch nach Klärung der damaligen Ereignisse vor Klageerhebung durch Herrn Simmer, zum anderen der Wunsch, Verhaltensweisen zu vereinbaren, die dabei helfen könnten, dass sich ähnliche Situationen nicht wiederholen. Richtig?" – „Hm, so habe ich das zwar noch gar nicht gesehen, aber es stimmt schon. Aber ja, ich denke, das trifft es," meinte Herr Melchmann.

Dann fragte die Mediatorin weiter: „Und dieser andere Punkt, die Klärung der 139
Ereignisse vor der damaligen Klageerhebung – ist das jetzt für Sie wichtig im Hinblick auf eine Klärung, wie sich die Simmers verhalten haben oder nur im Hinblick darauf, dass in Zukunft so etwas nicht wieder geschehen soll?" Herr Melchmann runzelte die Stirn: „Das verstehe ich jetzt nicht richtig." – „Nun, wenn Sie die Ereignisse vor der Klageerhebung diskutieren wollen, müssen wir uns mit der Vergangenheit befassen. Die Mediation ist aber eigentlich ein Verfahren, das sich mit der Zukunft beschäftigt. Meinen Sie, es ist nötig, die alten Geschichten aufzurollen?" – „Jetzt verstehe ich was Sie meinen. Nein, passiert ist passiert und wie die Geschichte damals gelaufen ist, kann man sowieso nicht mehr ändern. Aber wichtig ist für mich, dass so etwas in Zukunft nicht mehr passiert."

140 „Also steht der Wunsch im Vordergrund, Verhaltensweisen zu vereinbaren, die helfen, ähnlichen Situationen vorzubeugen. Richtig?" Herr Melchmann sagte deutlich: „Ja," und auch Frau Melchmann nickte leicht.

Die Mediatorin begann zu schreiben: „Wunsch nach Vereinbarung von Verhaltensweisen zur Vorbeugung ähnlicher Situationen."

141 **a) Die Kunst, ein Thema zu formulieren.** Peter Schneewein fiel auf, dass der ganze Ärger, über den Herr Melchmann in der letzten Viertelstunde geredet hatte – der unerträgliche Hühner-Gestank, die unvermittelte Klage, die Enttäuschung über die Nachbarn – mit dieser Formulierung eine ganz andere Wendung bekommen hatte. Die Mediatorin hatte den Punkten alles Negative und Angreifende entzogen; übrig geblieben war ein positives, zukunftsgerichtetes Anliegen: Wie können wir es das nächste Mal besser machen, was können wir jetzt schon vereinbaren, um solche Konflikte zu vermeiden.

142 Nach der Sitzung sprach er Michaela darauf an: „Die Formulierung der Themen, das scheint mir ja ein bedeutendes Gestaltungsmittel!" Michaela stimmte zu: „Du hast es sicher bemerkt: Immer positiv, immer nach vorne! Stelle dir nur mal vor, man würde es anders machen. Dann stünde den Parteien während der ganzen Sitzung mit großen Lettern vor Augen: »Ärger über die Klage« oder »Aufarbeitung der Beleidigungen von X«. Mit solchen Überschriften wird das Negative, was empfunden wurde, doch noch einmal fixiert. Es wird zum festen Begriff und greifbarem Schriftbild. Damit steht die Verhandlung im Bann einer Botschaft, die rückwärts gewandt ist und lauter versteckte Anschuldigungen oder Schuldzuweisungen enthält." – „Nicht sehr förderlich für den Kooperationswillen!" meinte Peter. „Ja," sagte Michaela, „die negativen Positionen werden durch die Verschriftbildlichung verhärtet, und die andere Seite erlebt es als Aggression." – „Das ist ja dasselbe Problem, was ich immer in meinem Geschäft sehe: Solange nur geredet wird, kann man noch viel bewegen; wenn aber erst einmal die Schriftsätze ausgetauscht sind, und jeder Anwalt meint, er täte seinem Mandanten einen Gefallen, wenn er das Problem so scharf und zugespitzt wie möglich formuliert, dann gibt es oft keinen Weg zurück." – „Ja, Begriff und Schrift, eine mächtige Allianz."

143 **b) Autonomie – eine hilfreiche Fiktion.** Peter wollte aber noch etwas anderes ansprechen: „Ich finde das interessant, dass du das so siehst und so bewusst einsetzt. Aber . . . kannst du mir erklären, wie sich das vereinbaren lässt mit deiner Grundidee, alles den Parteien zu überlassen, sie nicht zu steuern, sondern sie nur durch eine formale Verfahrensleitung zu unterstützen? Was du hier mit deinen Umformulierungen machst, das ist doch ein massiver Eingriff." Michaela lächelte: „Wenn du so willst, ist alles, was ich mache, ein Eingriff. Ich habe nicht die Illusion, dass ich ein neutrales Medium bin, nur weil ich mich mit eigenen Lösungsvorschlägen zurückhalte. Natürlich nehme ich bewusst Einfluss auf das Geschehen, mit jeder Geste, jedem Tonfall, ja sogar mit meinem Tisch und meinen Zimmerpflanzen. Wenn ich nicht dazu stünde, wenn ich mir einbildete, ich wäre ein Nichts und alles läge in den Händen der Parteien, könnte ich meine Interventionen nicht immer wieder kritisch überdenken und verantworten."

144 „Also ist der Grundsatz der Autonomie der Parteien nur eine Fiktion?" – „Eine Fiktion? Vielleicht. Aber was ist dann keine Fiktion? Fiktion ist es insofern, als es

eine Illusion ist zu glauben, dass der Mediator nicht beeinflusst. Er gestaltet die Situation unaufhörlich; wenn du willst, kannst du sogar sagen: er manipuliert, denn er macht laufend und gezielt Dinge, welche die Parteien nicht merken, die sie nicht bewusst wahrnehmen können. Die Frage ist also nicht, »ob« oder »ob nicht«, sondern: welche Interventionen – welchen Typ von Eingriff – gestatte ich mir, und welchen nicht?« – „Aha, und kann man da sagen: Formale, verfahrensmäßige Gestaltungen ja, aber inhaltliche nicht?« – „Vielleicht. Aber wo genau ist denn die Grenze zwischen Formalem und Inhaltlichem? Ist die Themenformulierung nur Form, oder nicht schon auch Inhaltsgestaltung?«

Peter griff sich an die Stirn: „Langsam gerät mir alles ins Wanken. Wenn ich so **145** argumentiere, bleibt doch überhaupt nichts mehr übrig, woran ich mich halten kann. Alle nehmen Einfluss, Autonomie ist eine Fiktion, Grenzen gibt es nicht ... dabei liegt es doch auf der Hand, dass zum Beispiel ein Schlichter, der seinen Vergleichsvorschlag durchboxt, etwas anderes macht, als ein Mediator!« – „Auf wessen Hand liegt das?« – „Naja, das ist meine Sicht, meine Erfahrung, das weiß ich!« – „Du weißt es, aber wenn du nachdenkst, weißt du es doch nicht?« fragte Michaela lächelnd. Peter zuckte mit den Schultern: „Da sind wir also wieder bei unserem Paradox.«

Wenn dieses Gespräch für Peter auch etwas unbefriedigend endete, glaubte er **146** doch, einen Schritt weitergekommen zu sein. In jedem Fall fand er es beeindruckend, wie Michaela diese positive Formulierkunst beherrschte. Dafür brauchte es sicherlich eine Menge Übung: Man musste sehr konzentriert zuhören, damit man aus einer – sicher nicht immer sehr systematischen – Erzählung erkennen konnte, was den Parteien tatsächlich am Herzen lag. Dann musste man dies verdichten, „auf einen Punkt bringen,“ gleichzeitig einen verfahrensförderlichen Begriff finden und dem Ganzen eine Form geben, in der sich die Partei auch wiederfand. So konnte man die Weltsicht der Parteien in Richtung Kooperationsbereitschaft entwickeln. Der Erfolg zeigte sich dann besonders deutlich, wenn man eine Reaktion wie die von Herrn Melchmann bekam: Das habe ich zwar noch nicht so gesehen, aber das ist es wohl.

Die Mediatorin hatte bis hierhin am Flipchart folgende Punkte notiert: **147**
– Gestaltung des hinteren Teils des Grundstücks der Simmers
– Informationen über das Verhalten der Bienen
– Wunsch nach Vereinbarung von Verhaltensweisen zur Vorbeugung ähnlicher Situationen.

Nun fragte sie Herrn und Frau Melchmann: „Gut, gibt es sonst noch Themen, **148** die wir hier klären sollten?« Nach längerem Nachdenken antwortete Herr Melchmann: „Also, eigentlich, im Grunde würde ich mir überhaupt eine Klimaverbesserung wünschen; die Nachbarschaftsbeziehung müsste besser werden. Das hat ja auch früher funktioniert.«

Peter staunte: Herr Melchmann war unbewusst dazu übergegangen, Ich-Bot- **149** schaften zu senden. Michaelas Anleitung zeigte Erfolg.

„Verbesserung der Nachbarschaftsbeziehung ... Noch etwas?« – „Im Moment **150** fällt mir nichts weiter ein.« Auch Frau Melchmann schüttelte den Kopf.

„Gut, dann frage ich jetzt Herrn Simmer nach seinen Themen. Wenn Ihnen noch **151** etwas einfällt, notieren Sie es sich kurz und ergänzen es, wenn Herrn Simmers Themenliste fertig ist. Einverstanden?« – „Einverstanden.«

Herrn Melchmanns Themenliste

– Gestaltung des hinteren Teils des Grundstücks der Simmers
– Informationen über das Verhalten von Bienen
– Wunsch nach Vereinbarung von Verhaltensweisen zur Vorbeugung ähnlicher Situationen
– Verbesserung der Nachbarschaftsbeziehung

152   „Gut. Herr und Frau Simmer, welche Themen möchten Sie hier besprechen? Selbstverständlich können Sie auch welche nennen, die Herr Melchmann bereits genannt hat." – „Also mir," begann Herr Simmer, „geht es in erster Linie auch um die Verbesserung der Nachbarschaftsbeziehungen, deshalb habe ich dieses Verfahren ja angestrengt." – „Verbesserung der Nachbarschaftsbeziehungen ... was noch?" – „Der Bienenstock kann da einfach nicht stehen bleiben. Ich will endlich mal wieder in Ruhe auf der Terrasse sitzen." Die Mediatorin fragte nach: „Wo genau steht jetzt der Bienenstock eigentlich? Könnten Sie das auf der Skizze von Herrn Melchmann zufügen?" – „Ja, ich denke schon." Herr Simmer stand auf und ergänzte die Zeichnung wie folgt: „Also der Bienenstock steht ungefähr hier."

Zeichnung ergänzt von Herrn Simmer

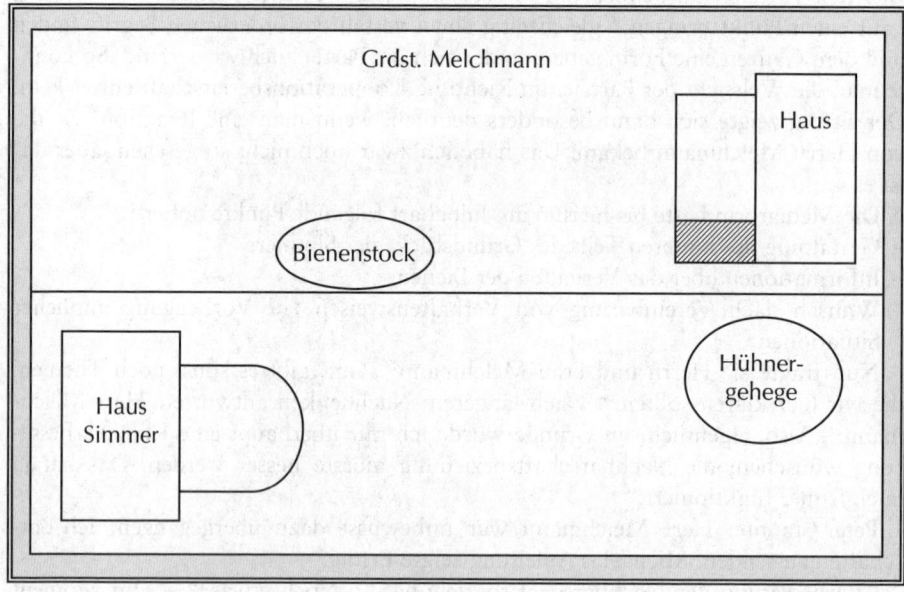

153   Die Mediatorin kommentiert: „Also auf dem hinteren Teil des Grundstücks der Melchmanns. Wäre dann vielleicht Ihr Thema die Gestaltung des hinteren Teils des Grundstücks des Melchmann? Darin enthalten wäre auch Ihr Wunsch nach unge-

störtem Aufenthalt auf Ihrer Terrasse und ähnliches." Herr Simmer hatte Zweifel: „Na ja, ob es das so ganz trifft? Gestaltung des hinteren Grundstückteils?" Er dachte nach: „Natürlich, vielleicht sollte man das Thema wirklich nicht so eingrenzen. Was habe ich davon, wenn er statt der Bienen einen Misthaufen anlegt ... Also ist das schon ganz gut auf den Punkt gebracht. Ja, nehmen Sie auf: »Gestaltung des hinteren Teils des Grundstücks Melchmann«. Aber über meinen Hühnerstall möchte ich natürlich auch reden und über das, wie Herr Melchmann meinen armen Hahn so mißhandeln konnte." Herr Melchmann protestierte: „Da ist es wieder: mißhandeln. Ich bin doch kein Tierschänder, ich wollte doch nur meine Ruhe haben!"

Herr Simmer setzte zum Gegenangriff an, die Mediatorin unterbrach ihn jedoch 154 und sagte – sich leicht vorbeugend – in einem lauteren, bestimmten Tonfall: „Herr Melchmann, darf ich Sie daran erinnern, dass jetzt Herr Simmer an der Reihe ist. Auch er darf seine Themen unkommentiert entwickeln."

Sie wandte sich wieder Herrn und Frau Simmer zu und fuhr in ihrem gewohnten 155 Tonfall fort: „Herr Simmer, habe ich Sie richtig verstanden, dass auch Sie über das Schicksal des Hühnerstalls reden möchten?" Herr Simmer nickte. „Außerdem höre ich aus Ihren Worten aber noch den Wunsch heraus, die Umstände aufzuklären, die Herrn Melchmann zu seiner Handlung bewegt haben. Auch hier müssten wir den Blick in die Vergangenheit richten, obwohl sich Mediation doch eher mit der Zukunft befassen sollte. Ist Ihnen dieser Punkt wichtig, oder könnten wir auch darauf verzichten?" Herr Simmer wollte nicht ganz aufgeben. „Hm, ich weiß nicht ... wichtig ist das mir schon. Das war ja schließlich der Gipfel der ganzen Angelegenheit . . .." Die Mediatorin ließ ihm Zeit. Alle warteten. Schließlich warf Herr Simmer einen kurzen Blick zu seiner Frau.

Peter stellte fest: dies war das Erstemal, dass er sie einbezog. Er wartete gespannt, 156 was passieren würde.

Frau Simmer sagte nichts, aber dann kam ein vielsagendes Mienenspiel: Sie guck- 157 te leicht gereizt, zog die Augenbrauen hoch und hielt kurz ihren Atem mit einem scharfen Geräusch an. Peter meinte, ihre Gedanken lesen zu können: „Du und dein Hahn! Soviel Theater um einen Gockel!"

Herr Simmer schien den Gesichtszügen seiner Ehefrau etwas ähnliches zu ent- 158 nehmen, denn er schob die Unterlippe vor und schaute eigensinnig vor sich hin. Nach einiger Zeit guckte er dann aber doch wieder auf seine Frau, vorsichtig aus den Augenwinkeln. Als sie das bemerkte, hellte sich ihr Gesicht auf und sie antwortete mit einen kaum wahrnehmbaren Blinzeln, das fast ein Lächeln war und wohl hieß: „Nimm´s nicht so ernst, lieber Dieter!"

Dieter Simmer wirkte sofort etwas besänftigter. Er wiegte den Kopf hin und her 159 und meinte dann langsam: „Vielleicht ... vielleicht müssen wir ja nicht alles auf einmal klären. Die Sache könnte man ja auch später, vielleicht auch mal außerhalb dieses Verfahrens hier besprechen." Die Mediatorin kam ihm sofort entgegen: „Ja, das wäre eine Möglichkeit. Kann ich dann jetzt erst mal den Punkt »Schicksal des Hühnerstalls« aufnehmen?" – Herr Simmer nickte. – „Gibt es sonst noch etwas, über das Sie, Herr Simmer, Frau Simmer, reden möchten?" – Frau Simmer schüttelte stumm den Kopf und ihr Mann sagte: „Im Moment fällt mir da nichts mehr ein."

Themen der Simmers

– Verbesserung der Nachbarschaftsbeziehung
– Gestaltung des hinteren Grundstücksteils des Grundstücks der Melchmanns
– Schicksal des Hühnerstalls

160   „Nun, wir haben ja auch schon eine Menge aufgeschrieben. Diese Liste können wir jederzeit ergänzen. Ich werde sie aufbewahren und immer wieder zur Erinnerung einsetzen. Sie ist also immer da. – Herr Melchmann, Frau Melchmann, ist Ihnen noch etwas eingefallen, was Sie ergänzen möchten?" – „Im Moment nicht, aber vielleicht kommt ja später noch was," erwiderte Herr Melchmann.

5. Die Reihenfolge der Themen wird bestimmt

161   „Gut. Na, da haben wir ja auch schon eine ganz schöne Liste zusammengestellt. Ich werde die Themen jetzt mal hier nebeneinander aufhängen und Sie überlegen sich bitte, in welcher Reihenfolge Sie die von Ihnen genannten Themen behandeln möchten. Zunächst einmal würde ich Sie gerne fragen: Was ist Ihnen am wichtigsten, was eher unwichtig . . . Sie sehen, ich habe jeweils vor den Themen eine Spalte freigehalten, in der ich die Reihenfolge mit einer Zahl vermerken werde."
162   Die Listen sahen nebeneinander gehängt jetzt so aus:

Themen Melchmann	**Themen Simmer**
– Gestaltung des hinteren Teils des Grundstücks der Simmers – Informationen über das Verhalten von Bienen – Wunsch nach Vereinbarung von Verhaltensweisen zur Vorbeugung ähnl. Situationen – Verbesserung der Nachbarschaftsbeziehung	– Verbesserung der Nachbarschaftsbeziehung – Gestaltung des hinteren Grundstücksteils des Grundstücks der Melchmanns – Schicksal des Hühnerstalls

163   „Herr Melchmann, möchten Sie beginnen?" Herr Melchmann zögerte: „Ich weiß jetzt gar nicht so genau, welche Kriterien ich zur Bewertung anlegen soll. Wonach soll ich denn die Reihenfolge festlegen?" – „Sie sollen einfach sozusagen aus dem Bauch heraus sagen, was Ihnen am wichtigsten ist, was am zweitwichtigsten . . ." Herr Melchmann grübelte: „Da hängt so vieles zusammen. Eine gute Nachbarschaft lässt sich für mich nur dann erreichen, wenn das Problem mit dem Hühnerstall geklärt wird." – „Damit haben Sie Ihre Reihenfolge schon vorgegeben. In ers-

ter Linie ist für Sie damit wichtig die Klärung der Gestaltung des hinteren Teils des Grundstücks der Simmers. Denn nur wenn dieses Problem für Sie zur Ihrer beider Zufriedenheit geklärt ist, können Sie sich den Voraussetzungen zuwenden, die für Sie zum Aufbau einer guten nachbarschaftlichen Beziehung wichtig sind. Richtig?" – „Ich glaube schon." – „Gut, dann notiere ich diese beiden Punkte mit »1« und »2«. Was folgt dann?" Herr Melchmann überlegte: „Na ja, dann würde ich – quasi als zwingende Folge des zweiten Punktes – über die Vereinbarung von Verhaltensweisen zur Vorbeugung ähnlicher Situationen wie der Klageerhebung diskutieren, weil die Bestandteil einer guten Nachbarschaft sind. Und, na ja, und zuletzt würde ich halt gerne auch über meine Bienen informieren." – „Prima, dann hätten wir jetzt folgende Reihenfolge, die ich der Übersichtlichkeit halber auf ein neues Blatt übertrage."

Nachdem die Mediatorin die Liste neu geordnet hatte, wendete sie sich an Herrn 164 und Frau Simmer: „Und wie sieht denn jetzt Ihre Reihenfolge aus?" Wieder antwortete nur Herr Simmer: „Bei mir ist es ähnlich, wie bei Herrn Melchmann, nur spiegelverkehrt. Für mich wird sich eine gute Nachbarschaft nur dann verwirklichen lassen, wenn der Bienenstock von meiner Terrasse weg ist und ich mich ungestört im Freien aufhalten kann." – „Also die Gestaltung des hinteren Grundstücksteils des Grundstücks der Melchmanns." – „Ja." – „Gut, dann setzen wir das auf Platz 1 und das gute Nachbarschaftsverhältnis auf Platz 2. Bleibt das Schicksal des Hühnerstalls auf Platz 3. Dann hätten wir's ja schon. Das ging ja fix. Es ergibt sich also für Sie, Herr und Frau Simmer, diese Reihenfolge . . .." Sie deutete auf die geordneten Themen, die Herr Simmer genannt hatte und erklärte ihren nächsten Arbeitsschritt: „Dann hänge ich jetzt mal die beiden neuen Blätter nebeneinander."

Themen Melchmann	Themen Simmer
1. Gestaltung des hinteren Teils des Grundstücks der Simmers 2. Verbesserung der Nachbarschaftsbeziehung 3. Wunsch nach Vereinbarung von Verhaltensweisen zur Vorbeugung ähnlicher Situationen 4. Informationen über das Verhalten von Bienen . . .	1. Gestaltung des hinteren Grundstücksteils des Grundstücks der Melchmanns 2. Verbesserung der Nachbarschaftsbeziehung 3. Schicksal des Hühnerstalls . . .

Die Mediatorin blieb neben dem Flipchart stehen und strahlte Zufriedenheit 165 und Zuversicht aus: „Wenn wir uns dieses Bild einmal ansehen, stellen wir doch fest, dass da eine ganze Menge an Gemeinsamkeiten bestehen. Bei Ihnen allen steht die Verbesserung der Nachbarschaftsbeziehungen ganz weit oben. Diese ist für Sie nur erreichbar, wenn man sich gemeinsam über die Nutzung oder Gestaltung des jeweils hinteren Grundstücksteils einigt. Zudem scheinen Sie alle auch großes Interesse an der Aufklärung von Hintergründen zu haben. Was denken Sie – wie sollen wir jetzt weitermachen?" Sie ging wieder zu ihrem Platz am Tisch. „Eine Möglichkeit wäre, mit der bestehenden Gemeinsamkeit anzufangen. Andererseits könnten wir auch mit dem beginnen, was Ihnen am Unwichtigsten erscheint."

166   Herr Simmer meldete sich: „Also ich würde oben anfangen. Dadurch könnte sich einiges von dem Unteren vielleicht bereits erledigen – wenn ich das Verfahren richtig verstanden habe."

Herr Melchmann war derselben Meinung: „Ja, das sehe ich genauso. Lassen Sie uns mit dem Punkt der Gestaltung der hinteren Grundstücksteile anfangen. Was schlagen Sie als Lösung vor?"

6. Regeln und Techniken für die Lösungssuche

167   Die Mediatorin setzte ein fragendes Gesicht auf. Sie sollte Vorschläge zur Lösung des Problems machen? Peter Schneewein merkte, wie schwer es für die Parteien war, in dem neutralen Dritten keinen Schiedsrichter zu sehen. Michaela Bauer wartete einen Moment, in dem den Parteien selber deutlich wurde, dass die Mediatorin eine Hürde sah. Dann nutzte sie die Frage von Herrn Melchmann für eine kleine Auffrischung des Rollenverständnisses:

168   „Meine Damen und Herren, sie wissen doch, ich bin nicht da, um Ihnen Vorschläge zu unterbreiten. Das ist Ihre Aufgabe. Und Sie können das doch am besten. Ich kenne mich mit Ihren Gewohnheiten, Wünschen, den örtlichen Gegebenheiten gar nicht aus! Das heisst natürlich nicht, dass ich Sie ganz alleine lassen werde. Ich werde Ihnen einen Weg zeigen, mit dem es für Sie leichter wird, Lösungen für Ihr Problem zu entwickeln. Es gibt da eine Methode, die sich „brainstorming" nennt. Vielleicht haben Sie schon einmal davon gehört?" Melchmanns und Simmers schüttelten den Kopf.

169   a) Ein Beispiel für Brainstorming. „Also, dabei geht es darum, möglichst viele Ideen zur Lösung eines Problems zu sammeln. Mit dieser Methode können Sie Ihre Kreativität und Ihren Ideenreichtum beflügeln. Das funktioniert aber nur dann, wenn bestimmte Regeln eingehalten werden. Diese Regeln lassen sich aus einem Wort ableiten: AKUT." Sie malte das Akronym auf ein neues Blatt am Flipchart.

„Das A aus Akut steht dafür, dass Sie *Alles* einbringen, was Ihnen als Lösung einfällt – auch auf den ersten Blick Dinge, die sich niemals durchsetzen lassen. Ich werde mich bemühen, hier am Flipchart alle Lösungsvorschläge aufzunehmen.

170   Damit deutlich wird, was mit „alles" gemeint ist, möchte ich Ihnen eine kurze Geschichte erzählen: Sie kennen doch sicherlich beide die Pralinenhersteller Lindt." Alle nickten. „In diesem Unternehmen gibt es regelmäßig Veranstaltungen, auf denen sich die Teilnehmer mit den Weiterentwicklungen von Produkten und Herstellungsverfahren befassen. Dabei nutzen sie ähnliche Methoden wie hier unser Brainstorming. Während einer solchen Veranstaltung saßen einmal einige Techniker zusammen und überlegten, wie sie verhindern könnten, dass beim Knacken von

Walnüssen so viele Nusskerne kaputtgingen. Sie brauchten für ihre Pralinen schöne, ganze Walnusshälften – die kommen als Verzierung oben auf die Süßigkeiten. Wie wir aber alle aus Erfahrung wissen, schafft man es beim Knacken von Walnüssen leider viel zu selten, dass man nachher einen ganzen halben intakten Nusskern in der Hand hält. Das war in der technischen Produktion genau so. Der Ausschuss an Walnüssen war also riesengroß. Im Brainstorming sagte einer der Beteiligten dann irgendwann angeregt durch die Diskussion: „Also ich wünsche mir einen kleinen Zwerg, der ist in der Walnuss, und der öffnet sie, wenn man anklopft und höflich um eine Hälfte bittet." Diese Idee eines kleinen Männchens im Inneren der Nuss ließ einen der Techniker nicht los. Am nächsten Morgen hatte er die Lösung gefunden: Man müsste die Nuss durch gleichmäßigen Druck von innen aufsprengen können. Und genau das gelang ihm umzusetzen – durch die gezielte und dosierte Einführung von Preßluft durch ein kleines Loch in der Nussschale. Das Problem war gelöst."

Herr Simmer hatte als Ingenieur mit fachmännischem Gesicht zugehört und bei **171** der Lösung anerkennend genickt, aber auch alle anderen hatten das Beispiel interessiert verfolgt und schienen ihre Zurückhaltung zu verlieren, die der fremde Begriff Brainstorming kurzzeitig bei ihnen ausgelöst hatte.

b) Wie bekommt man Einfälle?[11] Die Mediatorin erklärte weiter: „Also sagen Sie **172** wirklich alles, was Ihnen einfällt! Nach AKUT dürfen Sie jeden Unsinn ausspucken, alles, was Ihnen in den Kopf kommt – selbst, wenn es Ihnen noch so verrückt erscheint!

Und jetzt komme ich zum K in AKUT. Das K steht für *Kein Kommentar*. **173** Das bedeutet, dass nichts von dem, was einer von Ihnen sagt, von dem anderen sofort bewertet werden darf. Niemand darf als Unsinn abtun, was der andere sagt. Jeder Kommentar, wie auch immer, ist verboten. Das ist ganz besonders wichtig!

Und nun das U. Das U steht für *Umnutzen*. Das bedeutet, dass Sie sich die Ideen **174** des anderen aneignen können. Sie können aufgreifen, was die anderen gesagt haben, nach eigenen Vorstellungen umformulieren, ergänzen oder verändern. Ideenklau ist also erwünscht.

Und schließlich das T, das steht für *Tempo*. Alles sollte ganz schnell gehen. Das **175** ist auch ein ganz wichtiger Punkt, der Ihnen helfen soll, nicht zu lange über die Folgen eines Vorschlags nachzudenken, sondern erst mal wild durcheinander alle Punkte zu sammeln.

Nach der Sammlungsphase kommen wir dann zur Bewertung der einzelnen Vor- **176** schläge. Dann überprüfen wir auch deren Realisierbarkeit. Um diese Phase zu erreichen, brauchen wir aber erst einmal Material, eine Reihe von Vorschlägen, denn sonst kann man nicht auswählen. Haben Sie noch Fragen dazu?" – „Wir sollen jetzt also Lösungsvorschläge zur Nutzung des Gartenteils des Nachbarn machen?" fragte Herr Simmer. „Auch, aber selbstverständlich auch bezogen auf Ihr eigenes Grundstück."

Die Mediatorin stellte sich erwartungsvoll mit einem Stift an das Flipchart: **177** „Prima, dann strengen Sie Ihr Hirn einmal an und stormen Sie los! Herr Simmer, Sie haben sich anscheinend schon Gedanken gemacht. Fangen Sie doch an!" –

---

[11] Dazu auch § 12.

7. Die ersten Vorschläge zur Lösung des Konflikts

178 „Mein Vorschlag wäre, den Bienenstock einfach abzureißen – und unsere Probleme wären gelöst," antwortete Herr Simmer. Das provozierte sofort Herrn Melchmann: „Toller Vorschlag, dann müssen auch die Hühner weg!"

179 Die Mediatorin mahnte: „Herr Melchmann, wir hatten uns doch darauf verständigt, erst mal unkommentiert zu sammeln. Ich habe bis jetzt: »Abriss des Bienenstocks«. Jetzt kommen Sie mit Ihrem Vorschlag. Wie genau soll der denn lauten?"

180 Herr Melchmann polterte: „Die Hühner müssen beseitigt werden, mir ist doch egal, wie! Vielleicht sollten wir ein Schlachtfest veranstalten und anschließend den Stall beim Osterfeuer verbrennen!"

181 Herr Simmer ging sofort auf diese Provokation ein und rief laut: „Frau Mediatorin, Sie sehen ja, mit diesem Schwachkopf ist überhaupt nicht zu reden! Schlachtfest – der hat sie doch nicht alle!" – „Das ist ja beleidigend," schrie Herr Melchmann, „beleidigen lassen muss ich mich hier ja wohl nicht – noch von einem solchen Subjekt!" – „Von wegen Subjekt, du weißt doch überhaupt nicht, wie man das richtig schreibt, du Schmalspurakademiker!"

182 Die Mediatorin griff ein: „Meine Herren, glauben Sie, dass Sie auf diese Art und Weise einer Lösung Ihres Konfliktes näher kommen?" – „Der Simmer hat doch angefangen!," antwortete Herr Melchmann, was seinen Nachbarn allerdings nicht zum Schweigen brachte: „Und wer ist denn mit diesen Vorschlag mit dem Schlachtfest gekommen?"

183 Die Mediatorin versuchte, diese Auseinandersetzung zu beenden und hob ordnend ihre Hände: „Ich möchte Sie noch einmal an unsere Regeln erinnern, auf die wir uns zu Beginn geeinigt haben. Sie haben es ja gerade selbst gesehen, wohin es führt, wenn Sie die Vorschläge des anderen bewerten. Das wollten Sie doch nicht – und ich habe Sie extra nicht unterbrochen, um Ihnen vor Augen zu führen, was passiert, wenn man diese Regel nicht einhält . . . .."

184 Herr Simmer zeigte seinen guten Willen: „Ja ja – aber ich meinte das schon als richtige Lösung – die Entfernung des Bienenstocks. Warum muss der Melchmann ausgerechnet Bienen haben?" – „Weil ich nun einmal Bienen liebe!" antwortete Herr Melchmann und ergänzte: „Wenn das eine Lösung sein soll – die Bienen weg –, dann ist mein Vorschlag aber auch ernst zu nehmen: Die Entfernung der Hühner. Warum muss der Simmer Hühner haben?" Herr Simmer verzog sein Gesicht, aber sagte nichts.

185 Die Mediatorin nickte: „In Ordnung. Ich nehme also auf: »Entfernung des Bienenstocks«, »Entfernung der Hühner«. Was könnte man sonst noch machen?"

186 Herr Simmer kam mit einem neuen Vorschlag: „Sie können ja auch schreiben: Versetzung des Bienenstocks, und zwar vom hinteren Grundstückteil der Melchmanns nach vorne, vor Melchmanns Terrasse." In die folgende Pause erklärte er listig: „Wenn die Bienen so harmlos sind, können sie ja vor seiner eigenen Terrasse hausen."

187 Herr Melchmann ließ sich dieses Mal nicht ärgern, sondern ging auf die Grundidee seines Nachbarn ein: „Na ja, vielleicht nicht gerade vor unsere Terrasse, aber man könnte darüber reden, den Bienenstock auf die andere Seite meines Grundstücks zu versetzen." Die Mediatorin fragte nach:

„Andere Seite? Wohin genau? Könnten Sie es vielleicht einzeichnen?"   188

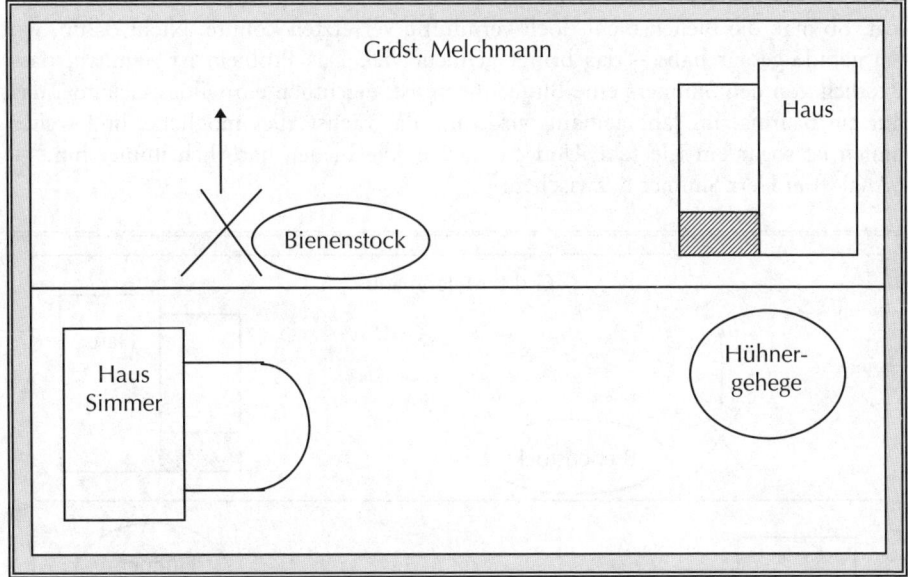

Herr Melchmann kam nach vorne: „Hierhin, an die Nordwestgrenze."

Die Mediatorin notierte auf der Lösungsliste: „Versetzung Bienenstock." Dann   189
sagte sie: „Gut, was gibt es noch?" – „Ja, Simmer könnte sich ja auch statt der Hühner eine Meerschweinzucht zulegen oder Hamster." – „Die stinken doch auch,"
kommentierte sein Nachbar. „Na gut, dann eben vielleicht Schildkröten oder
einen Teich mit Fischen." – „Hoffentlich ersaufen dann deine Bienen da drin." –
„Herr Simmer...,‘‘ erinnerte die Mediatorin. „Ja, schon gut," knurrte Herr Simmer.

Die Mediatorin wartete, bis nach diesem kurzen Disput wieder merklich Ruhe   190
eingetreten war und begann dann zu schreiben: „Also nehme ich jetzt auf:
»Fischteich statt Hühnerstall«, und »Zucht anderer Tiere«." Es trat eine Pause ein.
Peter Schneewein hatten den Eindruck, dass die Parteien erst einmal ihr Pulver ver-
schossen hatten. Sie hatten eine Reihe von Vorschlägen gemacht, die alle einem bestimmten Typus angehörten: Sie schienen mehr oder weniger wie bloße Umschrei-
bungen ihrer Positionen. Aus diesem Schema waren sie nicht herausgekommen –
und nun war ihre Variationsfähigkeit erschöpft. Außerdem schienen sie sich selber
bewusst zu sein, dass diese Beiträge nicht besonders konstruktiv waren, sondern
nur ihre alten Gegensätze reformulierten. Mit diesem Gefühl schwand die Hoffnung in die versprochenen Lösungsmöglichkeiten des Mediationsverfahrens. Sie
waren die alten Streithähne geblieben, und diese Einsicht lähmte sie jetzt.

8. Eine originelle Idee

Mitten in diesem Tiefpunkt kam dann jedoch eine Wendung. Herr Melchmann   191
sagte etwas gedankenverloren vor sich hin: „Mir fällt da gerade was ganz Blödes
ein." – „Raus damit!"

192   Herr Melchmann zögerte: „Ja, es ist aber irgendwie so albern, . . . ach vergessen
wir's." – „Denken Sie an den Zwerg," erinnerte die Mediatorin. Herr Melchmann
lachte etwas verlegen: „Ja, der Zwerg . . . Also ich habe gerade noch einmal überlegt, ob man die Bienen nicht doch vernünftig versetzten könnte. Nicht dahin, wo
ich gerade gesagt habe – das bringt ja nicht viel. Das Problem ist nämlich, dass
westlich von den Simmers eine Blumenwiese ist, eigentlich ein wildes Gelände, das
nur ein paarmal im Jahr gemäht wird, und da wächst alles mögliche, und weiter
hinten ist sogar ein Kleefeld. Und da zieht es die Bienen natürlich immer hin." –
„Aha!" rief Herr Simmer dazwischen.

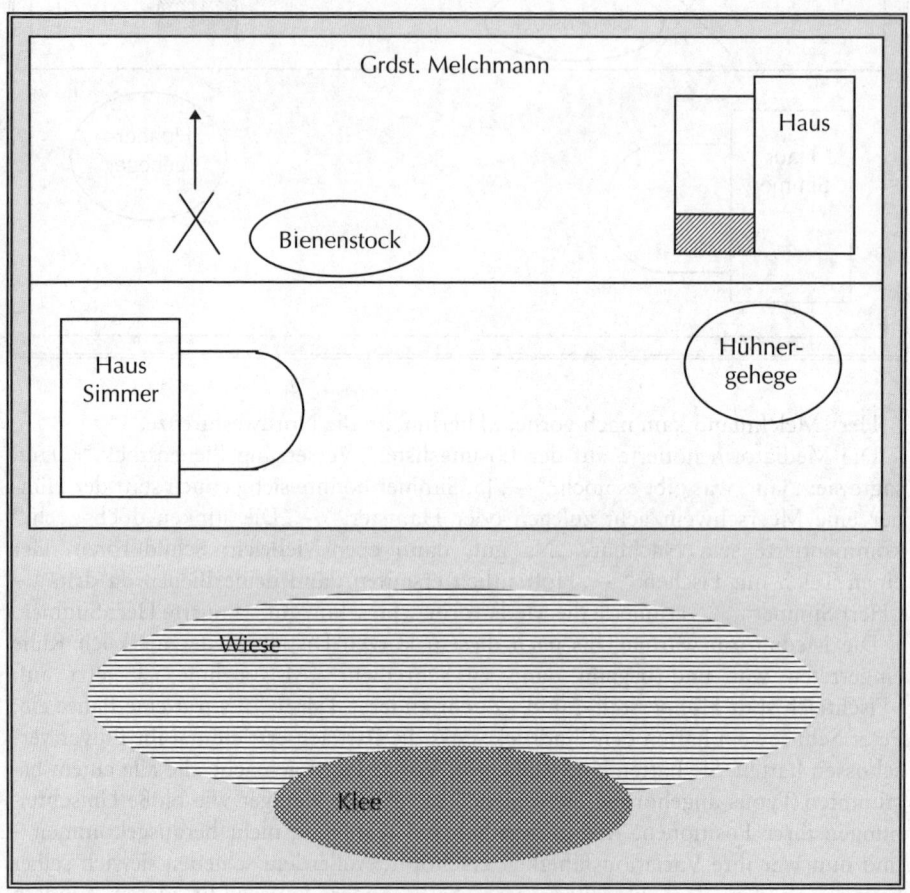

193   „Könnten Sie uns bitte einmal diese Wiese zeigen, Herr Melchmann?," fragte die
Mediatorin. Herr Melchmann stand auf und ergänzte die Zeichnung am Flip Chart.
Dann zeigte er mit dem Finger die Flugrichtung der Bienen an – quer über Simmers
Terrasse. „Und jetzt war meine Idee . . .," er wandt sich wieder ein bisschen und
sah zu seiner Frau herüber. Frau Melchmann zeigte tatsächlich eine Regung und
nickte ihrem Mann auffordernd zu. Das schien ihn auch zu ermuntern: „Also meine
Idee war folgende: Es gibt da doch noch das Törchen . . ." – „Welches Törchen?"
fragte die Mediatorin. „Na im Zaun, zwischen unseren Gärten. Früher haben wir

das benutzt, die Kinder sind ja immer da durch, und wir auch. Dieses Tor ist seit dem Streit, also seit gut sieben Jahren natürlich immer abgeschlossen. Jetzt ist es total zugewuchert. Aber wenn man jetzt einfach den Bienenstock auf . . .," er zögerte wieder, raffte sich aber dann auf: „. . . auf Simmers Grundstück umsetzen würde, etwa da, wo jetzt das Hühnergehege ist, dann müsste das auch gehen. Dann wären doch die Bienen so weit von Simmers Haus entfernt, dass sie davon gar nichts mehr mitkriegen." Alle anderen holten erst einmal Luft. Herr Melchmann wurde aber seiner Sache immer sicherer: „Also wenn die Bienen da wären," er zeigte auf den Hühnerstall, „dann würden sie mit Sicherheit immer da hin" – er zeigte auf die Wiese „fliegen, also an der Terrasse von Simmers vorbei." – „Das hört sich ja ausnahmsweise ganz vernünftig an," rief Herr Simmer dazwischen. –"Herr Simmer, bitte noch keine Bewertungen." – „Schon gut, schon gut . . .." Die Mediatorin ergänzte die Themenliste um den Punkt »Törchen und Versetzung des Bienenstocks auf Grst. Simmer«. Dann fiel ihr auf, dass der dritte Punkt bereits »Versetzung des Bienenstocks« hieß; sie dachte kurz nach und fügte an dieser Stelle die Erläuterung ein: ». . . an die Nord/Westgrenze Grenze von Grundstück Melchmann«. Dann wandte sie sich an Herrn Melchmann: „Ich glaube, wir machen zu Ihrer Idee noch mal eine neue Skizze, sonst wird das alles zu unübersichtlich."

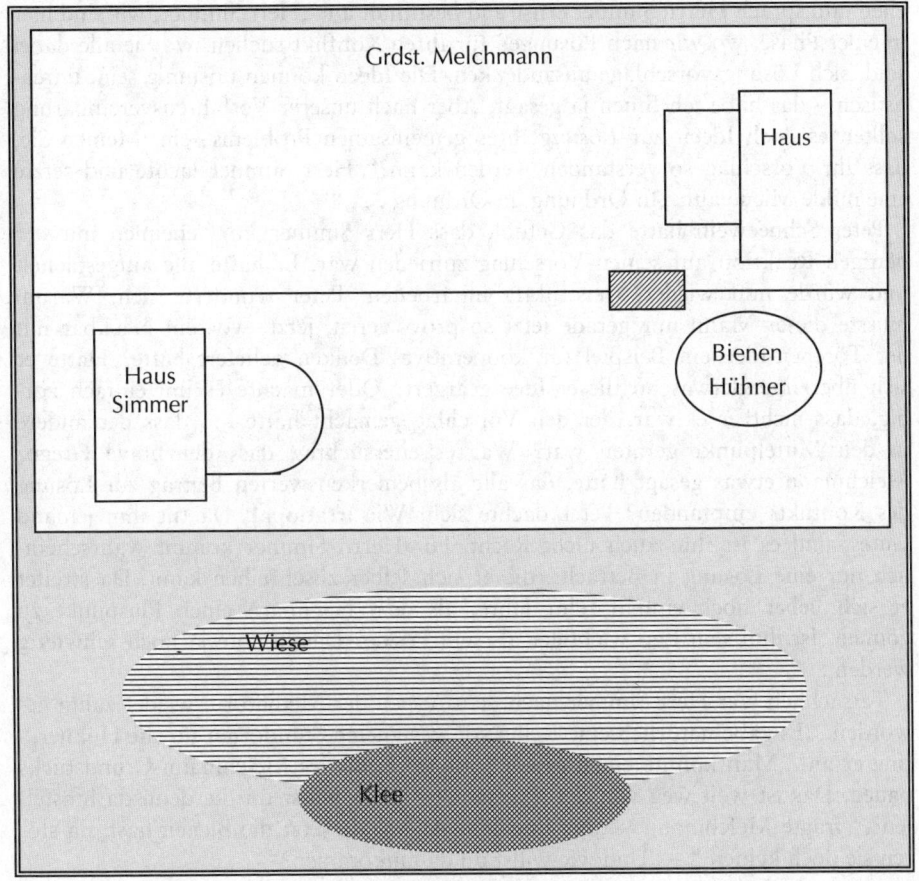

194   Herr Melchmann ging an das Flipchart und malte schnell die beiden Grundstücke, Häuser und den Hühnerstall, ergänzt um das Törchen und die Bienenstöcke, jetzt an der Stelle, wo sich auch der Hühnerstall befand. Als Herr Melchmann zurücktrat und alle die neue Zeichnung erkennen konnten, rief plötzlich Herr
Simmer laut: „Moment, Moment! – Was ist denn mit meinen Hühnern nach diesem
schönen Plan?" Herr Melchmann zuckte mit den Schultern. „Also du willst mein
Grundstück für deine elendigen Insekten nutzen, und ich soll sehen, wohin ich mit
meinen Hühnern komme?!" – „Herr Simmer," die Mediatorin sprach mit Ruhe
und Ernst, „wir wollten die Vorschläge doch erst nachher bewerten. Wir sprechen
schon noch über die Konsequenzen. Überlegen Sie doch jetzt erst einmal, was man
noch alles machen könnte. Sie können die Idee von Herrn Melchmann aufnehmen
und umnutzen, aber auch komplett ignorieren."

195   Herr Simmer schüttelte ärgerlich den Kopf. Dann kam er mit seinen Gegenvor-
schlag: „Dann müssen Sie auch aufschreiben: Versetzung des Hühnerstalls auf das
Grundstück Melchmann."

196   Die Mediatorin fragte nach: „Versetzung auf das Grundstück von Herrn Melchmann . . . gibt es da eine besonders geeignete Stelle?" – „Vor seine Terrasse," grinste Herr Simmer. Herr Melchmann fuhr hoch, und auch seiner Frau gelang es nicht,
ihr Entsetzen zu verbergen. Die Mediatorin gab ihnen ein beschwichtigendes Zeichen und sprach Herrn Simmer ernst und bestimmt an: „Herr Simmer, wir sind hier
in einer Phase, wo wir nach Lösungen für Ihren Konflikt suchen, wo Sie alle dabei
sind, sich Lösungsvorschläge auszudenken. Die Ideen können unsinnig sein, unrealistisch – das habe ich Ihnen ja gesagt. Aber nach unserer Verfahrensvereinbarung
sollten es doch Ideen zur *Lösung* Ihres gemeinsamen Problems sein. Meinen Sie,
dass Ihr Vorschlag so verstanden werden kann?" Herr Simmer lachte und setzte
eine milde Miene auf: „In Ordnung, in Ordnung . . . ."

197   Peter Schneewein hatte das Gefühl, dass Herr Simmer im Geheimen mit der
heftigen Reaktion auf seinen Vorschlag zufrieden war. Er hatte alle aufgestachelt
und würde nun wieder konstruktiv mitarbeiten. Peter wunderte sich: Warum
musste dieser Mann nur gerade jetzt so provozieren, jetzt, wo sein Nachbar mit
der Törchen-Idee ein Beispiel für kooperatives Denken geliefert hatte? Hatte er
sich über irgendetwas an dieser Idee geärgert? Oder machte es ihn einfach zornig, dass nicht er es war, der den Vorschlag gemacht hatte . . . dass der andere
in den Mittelpunkt geraten war? War er eifersüchtig, dass der brave Gregor
Melchmann etwas gesagt hatte, das alle als bemerkenswerten Beitrag zur Lösung
des Konflikts empfanden? Peter dachte sich: Wie irrational! Da tut ihm jemand
Gutes, und es ist ihm auch nicht Recht. Für Herrn Simmer kommt wahrscheinlich nur eine Lösung in Betracht, die er sich selber zuschreiben kann. Da streitet
er sich lieber noch einmal zehn Jahre, als dem Nachbarn einen Pluspunkt zu
gönnen. Ist ihm sein Ego wichtiger als sein Friede? Das konnte ja noch schwierig
werden . . .

198   Tatsächlich war Herr Simmer nach dem Appell der Mediatorin wieder zahm geworden. „Es gäbe natürlich eine Reihe von geeigneten Standorten für die Hühner,"
fing er an. „Man könnte einen neuen Stall am Ende des Melchmann-Grundstücks
bauen. Das ist weit weg von der Terrasse." – „Wo willst du die denn da hinstel-
len?," fragte Melchmann. – „Na ungefähr da, wo du jetzt die Bienen hast; da stören sie doch keinen." – „Und wie willst du da hinkommen?"

Die Mediatorin meldete sich wieder: „Diskutieren wollten wir doch erst später,   199
meine Herren! Erst wäre doch noch die Frage: Gibt es noch weitere Vorschläge . . .
vielleicht die Damen?" Die Damen schüttelten wie auf Verabredung die Köpfe.
„Und die Herren – noch irgendwelche Ideen?" Herr Melchmann meldete sich noch
einmal: „Ich wüßte da noch etwas, ich weiß natürlich nicht ob das geht, aber wir
sollen ja an alles denken: Im Südwesten von Simmers, da ist doch die Blumenwiese.
Vielleicht kann Simmer da eine Erlaubnis kriegen, seinen Hühnerstall hin zu bau-
en." Melchmann ging unaufgefordert nach vorne und zeigte auf eine Stelle der Wiese in der Nähe des Simmerschen Hauses. Die Mediatorin gab Melchmann zu verstehen, dass sie die Idee begriffen hatte und machte eine neue Skizze, wo sie die
beiden vorgeschlagenen Standorte für das Hühnergehege eintrug mit (1) – das war
der Vorschlag von Herrn Simmer – und (2) – Melchmanns Idee – markierte.

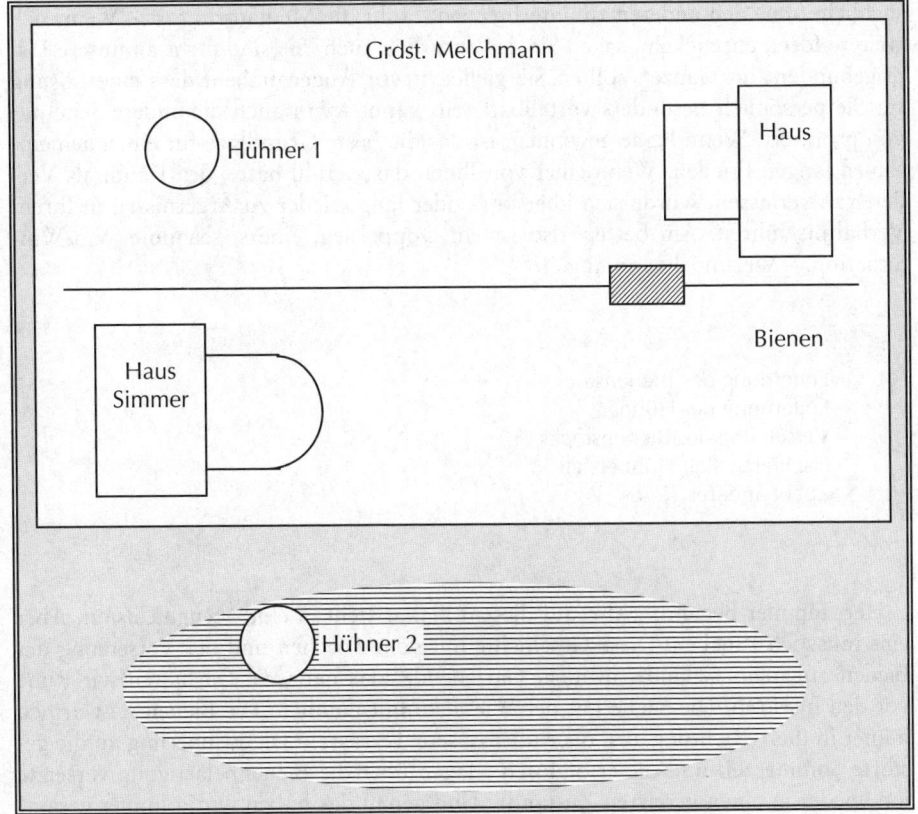

„Gibt es noch Vorschläge?" Als sich niemand mehr regte, ergänzte Michaela   200
Bauer die Themenliste um die zuletzt genannten Optionen und sah anerkennend
auf das vollbeschriebene Blatt. „Da haben Sie aber gute Arbeit geleistet," sagte sie.
„Dies scheint mir ja eine vielversprechende Grundlage für unsere nächste wichtige
Phase, in der Sie Ihre Vorschläge miteinander besprechen können."

- Entfernung des Bienenstocks
- Entfernung der Hühner
- Versetzung des Bienenstocks an die N/W-Grenze von Grst. Melchmann
- Fischteich statt Hühnerstall
- Zucht anderer Tiere
- Törchen und Versetzung des Bienenstocks auf Grdst. Simmer
- Versetzung des Hühnergeheges auf Grdst. Melchmann hinten
- Versetzung des Hühnergeheges auf südwestliche Wiese

9. Bewertung der Vorschläge

201 „Sie können jetzt alles, was gesagt wurde, bewerten – freilich im Ton immer sachlich, ohne den anderen zu unterbrechen," fuhr die Mediatorin fort. „Wenn sich weitere Ideen entwickeln, sagen Sie das natürlich auch. Sie sind nicht an unsere Liste gebunden. Im Ganzen sollten Sie vielleicht vor Augen haben, dass eine Lösung für Sie persönlich besonders vorteilhaft sein kann, wenn auch die andere Seite davon profitiert. Wenn beide gewinnen, ist das die beste Grundlage für einen gemeinsamen langen Frieden. Wenn einer von Ihnen das Gefühl hätte, den Raum als Verlierer zu verlassen, würde sich über kurz oder lang wieder zu Ärgernissen in Ihrem Verhältnis führen. Am besten also ist ein Doppelsieg, eine sogenannte Win-Win-Situation. – Wer möchte anfangen?"

- Entfernung des Bienenstocks
- Entfernung der Hühner
- Versetzung des Bienenstocks
- Fischteich statt Hühnerstall
- Zucht anderer Tiere

202 Herr Simmer begann: „Also auf diesem Plakat steht ja eine Menge Unsinn. Aber eins muss ich zugeben: Diese Geschichte mit dem Törchen und der Versetzung der Bienen auf mein Gelände, in mein Gartenende, das hat was. Da hätten wir Ruhe vor den Insekten. Die Sache mit der Wiese stimmt nämlich. Die Bienen schwärmen immer in diese Richtung aus, quer über unsere Terrasse." Die Erinnerung an die gestörte Sommerzeit und die erfolglosen Klagen über die Bienenbelästigung versetzte ihn wieder in einen gereizten Zustand: „Und genau das haben wir ja immer gesagt! Aber Melchmann hat ja alles bestritten! Ich möchte mal wissen, warum er das alles erst jetzt zugibt und mit seinen guten Ideen kommt, nachdem wir jahrelang prozessiert haben! Im Grunde . . . .."

203 „Herr Simmer," unterbrach die Mediatorin, „wenn ich Sie richtig verstehe, ärgern Sie sich jetzt, dass Sie sich nicht schon früher zu einem Mediationsverfahren entschlossen hatten, sondern zunächst beide einen Konfrontationskurs gefahren haben. Das führt natürlich meist zu Verlusten – auf beiden Seiten. Das mussten Sie

beide erleben. Jetzt aber – sehe ich das richtig? – zeigen sich Ihnen offenbar positive Ansätze, wie sie Ihr Problem in den Griff bekommen können. Die Lösung mit den Bienenstöcken in Ihrem hinteren Gartenteil scheint Ihnen ja einige Vorteile zu bieten."

Herr Simmer sprang an und schien aus der alten ärgerlichen Stimmung herauszufinden. „Vorteile – ja, das kann man schon so sagen. Der Melchmann hat es ja dann näher zu seinem Bienenhäuschen als jetzt, wo es in seinem eigenen Garten steht. Er geht einfach durch das Törchen. Und wir sind hoffentlich bienenfrei, wenn wir auf der Terrasse sitzen. Ich gehe auch davon aus, dass die Bienen dann direkt zur Blumenwiese fliegen, denn die versuchen ja immer möglichst nah am Stock Nahrung zu finden, um energieschonend zu leben. Das wäre es. Etwas anderes haben wir ja nie gewollt." 204

Darauf fragte ihn Herr Melchmann ganz direkt: „Und dir macht es nichts aus, wenn ich da immer durch deinen Garten stiefele?" 205

Herr Simmer zuckte mit den Schultern: „Davon bekomme ich ja kaum was mit. Ein Problem ist vielleicht, wie ich dann da hinten in meinem Garten meine Johannisbeeren und Himbeeren ernten soll, wenn überall Bienen herum schwirren. Also daran habe ich ja noch nicht gedacht . . . Bevor die Hühner da waren, bin ich ja auch nicht so häufig da gewesen." 206

„Also mit der Beerenernte, da sehe ich keine Schwierigkeit. Wenn man nur da ist und Johannisbeeren pflückt, das kümmert keine Biene. Zur Not helfe ich auch dabei. Du kriegst schon deine Beeren." Die Nachbarn sahen sich kurz an, ein Hauch von Versöhnung lag in der Luft. Peter Schneewein wunderte sich, dass die beiden auf einmal ohne Vermittlung der Mediatorin ruhig und konstruktiv miteinander sprachen. 207

„Soll ich das mit der Hilfe bei der Beerenernte noch zu dem Punkt mit dem Törchen notieren?" fragte die Mediatorin. Die Herrn sahen sich wieder an. „Ach," sagte Herr Simmer, „lassen Sie mal. So wichtig ist das eigentlich nicht. Ich komme schon an meine Beeren, auch wenn da Bienenstöcke stehen." 208

„Sie hätten also keine Probleme bei dem Gedanken, dass Ihr Nachbar Melchmann auf Ihrem Grundstück sein Bienenhäuschen aufstellt?" fragte die Mediatorin nach. 209

Herr Simmer schüttelte den Kopf: „Sie müssten mal sehen, wie groß unser Garten ist. Von vorne, von unserem Haus aus kann ich gar nicht bis nach hinten gucken, außerdem ist da eine Senke. Ich kriege nicht mit, was da passiert, und wir sind immer in der vorderen Hälfte, das ist schon mehr Garten als uns lieb ist, wegen der Arbeit." 210

„Sehr gut," sagte die Mediatorin. „Dann halte ich diesen Lösungsweg doch gleich einmal fest . . . ." 211

a) **Ein Rückschlag.** Sie stand auf und wollte den ersten Erfolg der Verhandlung am Flipchart notieren. Peter Schneewein war begeistert, wie schnell das gegangen war. 212

Da passierte es. Die Mediatorin hatte schon zu schreiben begonnen, als ihr Herr Melchmann zurief: „Moment, Moment. So schnell schießen die Preußen nicht! Das ganze kann ja noch keine Lösung sein, bis nicht geklärt ist, was mit den Hühnern ist! Darüber haben wir ja noch gar nicht gesprochen! Sie können doch nicht einfach 213 sagen: Wir haben da ein Ergebnis, die Bienen kommen zum Simmer. Was ist denn mit den Hühnern?"

214   Alle Anwesenden merkten, dass sich mit dieser Frage ein erhebliches Problem auftat. Peter Schneewein bekam ein ungutes Gefühl. Die Mediatorin war wohl auch etwas überrascht, denn ihre erste Reaktion bestand lediglich aus einer fragenden Wiederholung: „Was ist mit den Hühnern?"

215   Irgendwie war eben doch alles zu schnell gegangen. Melchmanns Vorschlag war so bestechend gewesen, dass alle geblendet waren und den Erfolg schnell einheimsen wollte. Hätte man hier erst ein wenig bremsen müssen? Hatte Michaela einen Fehler gemacht? Sie hatte zwar die Lösung kritisch zur Diskussion gestellt, aber das Augenmerk aller war immer auf Herrn Simmer gerichtet gewesen. Hier hatten sie die Hürde gesehen, denn Herr Simmer musste immerhin bereit sein, seinem Gegner Melchmann die Nutzung seines Grundstück einzuräumen. Als dieses Problem beseitigt schien, kam der Widerstand genau von der anderen Seite; Melchmann hatte sich übergangen gefühlt. Seine Reaktion war ein erstaunlicher Haken, von dem Peter nicht wusste, ob er aus Überlegung oder Intuition folgte. Herr Melchmann hatte sie alle in ihrem Glauben enttäuscht, dass man eine Teillösung des Gesamtkonflikts erzielt hatte, die – auch nur für sich genommen – im Interesse beider Nachbarn war. Jetzt stellte er seine Zustimmung zu dem Teilergebnis wie einen Verzicht dar, den er nicht ohne Gegenleistung abgeben wollte. Mediation war doch nicht so einfach.

216   „Ich möchte einfach nicht, dass über meine Bienen entschieden wird, und die Hühnerangelegenheit links liegen bleibt," erläuterte Herr Melchmann seine neue Verhandlungsposition.

217   Michaela hatte die Lage wohl auf ähnliche Weise wie Peter aufgefasst: „Verstehe ich Sie recht, Herr Melchmann," fragte sie zurück, „dass Sie beide Punkte miteinander koppeln wollen?" Herr Melchmann nickte. „Sie meinen nicht," wiederholte sie, „dass man das vorläufig in zwei Schritte trennen kann: Lösung für die Bienen, dann Lösung für die Hühner?" Herr Melchmann schüttelte hartnäckig den Kopf.

218   „Herr Melchmann, was schlagen Sie denn vor?" Die Mediatorin kam zum Tisch zurück und signalisierte damit, dass die Verhandlungslage wieder für alles offen war. „Na, ich meine eben, dass wir über die Hühner sprechen müssen. Es geht doch nicht, dass der Simmer bekommt, was er will, und ich leide weiter unter diesem Gestank." – „Herr Melchmann," sagte die Mediatorin, „ich glaube, da ist ein kleines Missverständnis entstanden. Wir wollten doch lediglich die erarbeiteten Optionen als Merkposten festhalten. Nicht als endgültiges Ergebnis, sondern nur zur Erinnerung für alles weitere. Die Hühnerfrage sollte damit nicht ausgeklammert werden."

219   Herr Melchmann guckte weiter verdrießlich vor sich hin, was Herrn Simmer milde zu stimmen schien: „Aber das war doch dein Vorschlag, Gregor. Wir haben doch über deinen eigenen Vorschlag gesprochen." – „Was wird mit den Hühnern?" entgegnete Herr Melchmann. „Wir können ja jetzt über die Hühner reden," kam ihm Herr Simmer entgegen. „Also, was wird mit deinen Hühnern?" – „Naja," Herr Simmer guckte suchend auf das Flipchart mit den Lösungsvorschlägen. Dann sagte er etwas schwunglos: „Was ist denn mit deiner Idee, dass die Hühner zu dir kommen?" – „Du meinst »Versetzung des Hühnergeheges auf Grundstück Melchmann hinten«?," fragte Herr Melchmann.

Herr Simmer zog die Schultern hoch, als wollte er sagen: „Ich weiß ja auch nicht 220
so recht." Herr Melchmann griff diese Unsicherheit sofort auf: „Aber du weißt
doch selber, dass das Quatsch ist!" – „Wieso Quatsch? Du stellst deine Bienen zu
mir, und ich stell meine Hühner zu dir – da ist doch was dran." – „Ach," entgegnete Herr Melchmann höhnisch: „Und dann willst du zweimal am Tag den ganzen
Weg gehen, nach hinten zum Törchen, wieder zurück, und immer über meinen Rasen? Und ich habe in meinem Garten dein stickendes Federvieh?" – „Was heisst
hier stinkendes Federvieh? Ich habe in meinem Garten deine Killerbienen!" wehrte
sich Herr Simmer. „Aber da ist doch ein Unterschied! Du gehst da nie hin, ans Ende von deinem Garten, aber ich habe da meine ganzen Nutzbeete, wo du mir dein
Geflügel hinsetzen willst!" – „Was ist denn daran so schlimm?" fragte Herr Simmer.

Herr Melchmann machte eine abwehrende Handbewegung: „Also, ich will doch 221
nicht, während ich stundenlang da hinten bin, immer den Gestank und das Gega-
cker um mich haben. Ich bin Pensionär, ich will meine Ruhe, warum mache ich
sonst Gartenarbeit?" – „Das ist doch hemmungslos übertrieben!" rief Herr Simmer
und rückte seinen Stuhl ein Stück vom Tisch weg.

b) In einer Sackgasse. Es entstand eine Pause. Beide guckten verärgert vor sich 222
hin. Die Mediatorin unternahm nichts.

Als es Peter schon unangenehm wurde, meldete sich auf einmal wieder Herr 223
Melchmann zu Wort: „Warum stellst du die Hühner denn nicht auf die große Wiese – weit weg von meinem und deinem Garten?"

Herr Simmer guckte hoch. „Wie soll das denn gehen? Das ist doch nicht meine 224
Wiese, da kann ich nicht einfach einen Hühnerstall hinbauen. Da müsste eine Erlaubnis her, die bekomme ich ja doch nicht. Und wie soll ich dahin kommen? Da
muss ich aus meiner Haustür raus . . ." – „Du könntest dir ja zur Wiese heraus ein
Tor bauen . . .." Herr Simmer winkte ab: „Und dann geht das nur in der Nähe von
unserer eigenen Terrasse, das weißt du doch. Weiter hinten ist doch alles Berg und
Tal, da komme ich ja gar nicht hin, vor allem wenn es nass ist. Das ist doch unrealistisch." An dieser Stelle nickte auch Frau Simmer.

„Also, wie soll es denn gehen?," fragte Herr Melchmann, ganz enttäuscht, dass 225
sein Vorschlag so wenig überzeugend war. Herr Simmer warf die Hände hoch: „Da
musst du wohl schon mit den Hühnern leben . . .." Herr Melchmann guckte düster.
Offenbar war man in eine Sackgasse geraten.

Die Mediatorin schien das auch so zu sehen. Sie guckte auf die Uhr und meinte: 226
„Ich denke, wir sollten uns nicht zu viel auf einmal vornehmen. Wir haben heute
schon eine Menge gute Arbeit geleistet. Wir haben zwar noch kein Ergebnis, aber
eine gute Grundlage. Ich würde vorschlagen, dass wir jetzt alles etwas ruhen lassen,
nachdenken und uns nächste Woche noch einmal treffen. Ich bin überzeugt davon,
dass wir dann eine Lösung finden werden, die Ihnen allen zusagt und Ihrer aller Interessen entsprechen wird."

Etwas unschlüssig und enttäuscht standen die Parteien auf. Zwischen den Herren 227
entstand ein beiläufiger Wortwechsel: Dass so eine Sitzung doch ganz schön an-
strengend sei, dass sie jetzt etwas frische Luft brauchten. Sie würden es noch einmal
versuchen, aber viel Hoffnung machten sie sich nicht. Auf dem Flur fingen auch die
beiden Frauen an, mit gedämpfter Stimme ein paar Worte auszutauschen. Peter

Schneewein konnte nicht hören, worum es ging, aber er hatte den Eindruck, dass es gar nicht mit dem Streit und der Verhandlung zusammenhing.

228   Als die Parteien verschwunden waren und Peter und Michaela noch einen Moment zusammensaßen, fühlte sich Peter auch irgendwie leer. „Da ist eben eine Seifenblase geplatzt," sagte er: „Das war eben zu schön, um wahr zu sein." – „Aber das wäre wirklich auch zu mustergültig gewesen," meinte Michaela. „So eine originelle Lösung, und dann noch überkreuz!" – „Aber was wird jetzt geschehen? Eigentlich ist doch jetzt alles zu. Und dann kommt noch das deprimierende Gefühl, dass sie nahe dran waren. Sozusagen ein Absturz aus großer Höhe," sagte Peter.

10. Beziehungs- und Sachebene

229   „Ich sehe das überhaupt nicht so schwarz," entgegnete Michaela. „Schau doch nur mal, welche enormen Fortschritte die beiden gemacht haben! Zum Schluss haben sie miteinander geredet, wie in alten Tagen. Am Anfang ging doch die ganze Kommunikation nur über mich, im Dreieck. Jetzt gibt es da wieder eine direkte Verbindung. Das ist eigentlich das wichtigste."

230   Sie wurde selber wieder munterer: „Weißt du, man darf die Sachprobleme nicht überschätzen. Erst recht nicht in so engen Verhältnissen. Diese Leute haben doch wahrscheinlich kein Problem mit ihren Hühnern und Bienen, sondern mit sich selber. Der Konflikt spielt im Wesentlichen auf der Beziehungsebene, nicht auf der Sachebene." – „Wie meinst du das?" fragte Peter.

231   „Ich hatte neulich einen Trennungsfall," erklärte Michaela: „Da ging zunächst alles ganz glatt. Ein Punkt nach dem anderen wurde abgehakt: Unterhalt, wer bekommt die Wohnung, wer das Auto, Übernahme des Kredits und so weiter. Auch der Hausrat wurde einvernehmlich verteilt – bis einer von den beiden eine alte Stereoanlage erwähnte. Und plötzlich kam die Blockade: Jeder wollte diese Stereoanlage haben, offenbar ein uraltes klappriges Gerät, keiner wollte verzichten. Die Mediation droht zu platzen – wegen einer Sache, die ganz außer Verhältnis zu den anderen Regelungsgegenständen steht. Irgendwann kommt dann heraus: Dieses scheinbar wertlose Ding war das Erste große Geschenk, das er ihr gemacht hat, zu Beginn ihrer Beziehung. Sie will mit diesem Gerät nicht alte Platten abspielen, sondern das Symbol ihrer Liebe behalten. Du merkst auf einmal: Sie will im Grunde diese Trennung doch nicht, das ist ihr tiefliegendes Interesse. Er will dagegen alle Taue kappen, alles rückabwickeln, sein Unterpfand zurück. Sie streiten sich auf der Sachebene, in Wirklichkeit ist ihre Beziehung noch nicht einvernehmlich geklärt." – „Wie ist das Ganze ausgegangen?" fragte Peter neugierig. „Wir haben uns vertagt. Dann gab es noch ein paar Berg- und Talfahrten. Sie entdeckte plötzlich, dass er bereits eine Neue hatte. Das hat sie so verletzt, dass sie alle Regelungen rückgängig machen wollte. Ich habe versucht, Zeit zu gewinnen – und tatsächlich, nach einigen Wochen hatte sie ihren Schmerz halbwegs überwunden. Und sie hatte akzeptiert, dass die Beziehung wohl zu Ende war." – „Und wer hat die Stereoanlage bekommen?" – „Ach, das weiß ich schon gar nicht mehr, warte mal . . .," sie versuchte vergeblich, sich zu erinnern: „Daran siehst du, wie nebensächlich diese Frage geworden war, nachdem das Beziehungsproblem einigermaßen gelöst war. Ich glaube," ihr fiel wieder etwas ein: „Er hat ihr den

kompletten Hausrat überlassen, da war die Anlage drin. Sie war eben kein Thema mehr."

„Und wie siehst du das hier in unserem Fall?" wollte Peter wissen. „Ich weiß es **232** natürlich nicht, aber ich kann mir vorstellen, dass in Jahrzehnten enger Nachbarschaft so einiges passiert und sich in den vielen Jahren anstaut. Und da kamen die Bienen von Herrn Melchmann und waren gerade der richtige Anlass für einen offenen Krieg." – „Oder es ist vorher etwas passiert, und dann kamen die Bienen." – „Ganz richtig. Jede Seite hat ihre eigene, feste Vorstellung von den Kausalitäten in einem Konflikt. Immer hat der andere angefangen und man selber hat nur reagiert. Dabei hängt immer alles zusammen." – „Müsste man das nicht aufklären? Müsste man den Parteien nicht klar machen, dass sich hier Beziehungs- und Sachebenen mischen? Dass Herr Melchmann mit den Bienen angefangen hat, weil Herr Simmer zum Beispiel immer so auftrumpfend war und Herr Melchmann jetzt zurückstechen wollte? Und dass Herr Simmer immer nur deshalb so aufgetrumpft hat, weil seine Frau früher mit Herrn Melchmann geflirtet hat . . . oder so?" – „Meinst du?" grinste Michaela bei der Vorstellung einer flirtenden Frau Simmer. Dann wurde sie wieder ernst: „Weißt du, das sind spannende Hypothesen, und sicher gibt es solche oder ähnliche Hintergründe. Aber für diese Dinge fühle ich mich nicht zuständig. Ich mache Mediation, keine Therapie. Und weder du noch ich haben die Kompetenz, in diesen Seelengründen zu graben. Was meinst du, was man für Katastrophen beschwört, wenn man mit seinem Halbwissen und guter Absicht die Verwirrungen und Verletzungen einer Psyche berührt, und die Konsequenzen nicht beherrscht." – „Ich denke, in deiner Mediationsausbildung hast du auch Psychologie gelernt?" – „Das ist richtig, aber dadurch wirst du nicht schon zum Psychologen. Es ist eher umgekehrt: Du begreifst schnell, wovon du deine Finger lassen musst." – „Aber viele Mediatoren haben doch eine entsprechende Vorbildung." – „Die Vorbildung prägt und hat sicher Einfluss auf den Verfahrensstil, zu dem man findet. Trotzdem würde es nicht zu meinem Verständnis von Mediation passen, wenn ich die Grenze zum Therapeutischen oder einer anderen Seelenarbeit überschritte." – „Was machst du denn, wenn du merkst, hier kommen seelische Probleme hoch – blockst du das ab?" Michaela schaute konzentriert vor sich hin: „Wenn eine Konfliktpartei über ihre Gefühle – ihre Ängste, ihren Zorn, ihre Enttäuschungen – sprechen will, ist das immer willkommen. Wenn jemand seine Emotionen ausdrücken möchte, versuche ich, ihm dafür einen geschützten Raum zu bieten. Wenn es geht, lenke ich seinen Blick aber bald auch wieder in die Zukunft. Mediation ist nicht der Ort für Vergangenheitsaufarbeitung. Dafür gibt es andere Verfahren. Und für psychische Erkrankungen gibt es Ärzte. Da bin ich strikt." – „Die Parteien bestimmen also, wieviel Seele sie in das Verfahren einbringen?" – „Ja, so kann man das sagen. Ich würde nie mit Tricks – und die gibt es, und die funktionieren anfangs auch wie ein Knopfdruck – also, ich würde nie mit solchen Tricks in Zonen vordringen, in die man mich nicht freiwillig eingeladen hat." –

„Darum hast du also auch akzeptiert, dass die beiden Ehefrauen heute so passiv **233** dabei gesessen haben." – „Ja, das ist ihre Sache. Im Übrigen fand ich sie gar nicht so passiv." – „Sie haben so gut wie nichts gesagt," entgegnete Peter, besann sich dann aber und setzte hinzu: „Sie haben allerdings mit ihren Männern kommuniziert, nonverbal nennt man das wohl." – „Genau," lächelte Michaela: „Ich glaube, die haben ihre Herren ganz schön im Griff . . . .."

V. Die Dritte Sitzung

234   Die nächste Sitzung begann fast schon routinemäßig. Nach einem kurzen Begrü-
ßungsgeplauder nahm jeder unaufgefordert dort Platz, wo er das letzte Mal gesessen hatte. Die Mediatorin hatte alle Papierbögen, die am vergangenen Freitag beschrieben und bemalt worden waren, aufgehoben und wieder im ganzen Raum
aufgehängt. Auf diese Weise hatten alle sofort den Stand der Diskussion vor Augen.

235   „In der vorigen Sitzung sind wir ja sehr produktiv gewesen," begann die Mediatorin und wies auf die Liste mit den Lösungsvorschlägen, die hinter ihr hing. „Ist
Ihnen vielleicht in der Zwischenzeit noch etwas eingefallen?"

236   Alle schüttelten den Kopf. Die Damen saßen wieder aufrecht, aber demonstrativ
unbeteiligt ein wenig vom Tisch abgerückt, die Herren hatten sich zurückgelehnt,
die Arme verschränkt und blickten auf die Mediatorin.

1. Die Klimax

237   „Wenn ich es richtig sehe, haben Sie eine ausgezeichnete Lösung gefunden, wie
die Simmers ungestört ihre Terrasse nutzen können. Dagegen ist die Frage noch
immer offen, was mit den Hühnern geschieht. Denn Herr Melchmann ist, wenn ich
es richtig sehe, gerne einverstanden mit der Versetzung der Bienenstöcke, wenn genauso eine Lösung für seine Bedürfnisse gefunden wird und er in Ruhe auf seiner
Veranda sitzen kann." Herr Melchmann nickte kräftig.

238   „Jetzt gehe ich noch einmal unsere Vorschlagsliste durch und komme zu der Idee
»Versetzung des Hühnergeheges auf südwestliche Wiese«. Hier haben Sie, Herr
Simmer, ein Problem gesehen. Welches genau?" – „Na und was für eins," antwortete Herr Simmer, „und das ganze hat sich noch erhärtet. Ich habe mir nämlich die
Wiese noch einmal angesehen. Das ist, wie ich es gesagt habe, ganz und gar ausgeschlossen. Erstens gibt es leider dafür schon einen Bebauungsplan und einen Investor, da erlaubt mir niemand mehr einen Hühnerstall. Zweitens gäbe es da keinen
geeigneten Standort, das Gelände ist zurzeit zu unwegsam. Und direkt neben meine
Terrasse möchte ich den Stall auch nicht setzen." – „Gut, und wie sehen Sie die andere Lösung, die Hühner auf Melchmanns Grundstück zu setzen?" – „Da hätte ich
nichts dagegen – aber der Melchmann will doch nicht, das haben Sie doch letztes
Mal gehört!" – „Herr Melchmann, wie sehen Sie das?" – „Es ist so, wie ich gesagt
habe. Ich will dahinten keine Hühner zwischen meinem Gemüse. Ich will da meine
Ruhe haben. Ich will da auch nicht zweimal am Tag Kundschaft." – „Ach so," rief
Herr Simmer, „du darfst auf mein Gelände, aber ich nicht auf deins!"

239   Herr Melchmann begütigte: „Du kannst gerne kommen, Dieter, das weißt du,
aber nicht täglich, um da in meiner stillen Oase die Hühner zu füttern, auszumisten
– und was nicht alles." Darauf lehnte sich Herr Simmer mit einem Ruck noch weiter nach hinten und sagte schneidend: „Ja, dann sehe ich eben keine Lösung."

240   Herr Melchmann zuckte mit den Schultern: „Dann bleiben eben die Bienen, wo
sie sind – ganz einfach!" – „Damit sind wir wohl am Ende!," stellte Herr Simmer
finster fest. „Ja, dann sind wir wohl am Ende," wiederholte Herr Melchmann:
„Hier gibt es offenbar nur Lösungen auf meine Kosten, und dazu bin ich nicht bereit." Darauf drehte er sich zu seiner Frau und sagte: „Hannelore, wir gehen."

Im selben Moment begann auch Herr Simmer, seine Unterlagen zusammenzupa- 241
cken. Das war es also. Die Verhandlungen wurden abgebrochen.

a) **Abbruch der Verhandlung.** Peter Schneewein fühlte sich wie ein Zuschauer 242
nach einem verlorenen Spiel. Die Parteien waren doch nun schon so weit gekommen, und trotzdem war jetzt alles vergeblich gewesen. Er fühlte sich enttäuscht und
hilflos: Er durfte nicht intervenieren, obwohl er jetzt gerne eine Lösung herbeige-
zaubert hätte – aber selbst wenn er der Mediator gewesen wäre, hätte er das wohl
auch in dieser Situation nicht gedurft – und außerdem hätte auch er keinen Vorschlag auf der Hand gehabt.

Er sah gebannt auf Michaela. Konnte vielleicht sie noch das Steuer herumreißen? 243
Die Mediatorin war ganz ruhig geblieben. Bis auf Herrn Melchmann saßen noch
alle auf ihren Stühlen. Besonders Frau Melchmann wirkte so, als wäre sie nicht so
einfach wegzubewegen. Sie hatte ihre Handtasche zwischen sich und den Tisch auf
ihre Knie gestellt und mit beiden Händen umfasst.

Peter sah gespannt zu Michaela, und tatsächlich, sie hatte die Sache noch nicht 244
verloren gegeben.

„Herr Melchmann," versuchte sie es, betont gelassen, tief aus ihrem Stuhl heraus, „wenn ich Sie richtig verstehe, sind Sie ärgerlich, dass es zurzeit so erscheint,
als sei nur die eine Hälfte des Problems lösbar. Denn Sie erwarten von diesem Verfahren eine positive Entwicklung für Ihre Situation, und nicht nur für die des
Nachbarn. Ist das richtig?"

Herr Melchmann guckte sie zornig an, ließ sich aber zu einer Antwort bewegen: 245
„Natürlich. Natürlich bin ich ärgerlich. Das ist doch ganz klar. Ich mache doch
keinen Umzug mit meinen Bienen, versetze alles auf die andere Seite, und werde
dann weiter von diesen Hühnern gequält." Während dieser Worte hatte er sich
jedoch wieder langsam auf seinem Stuhl niedergelassen. Die Mediatorin beschrieb
mit ihren Händen einen Bogen zwischen ihm und seinem Nachbarn: „Wie ich
Herrn Simmer verstehe, ist er im Grunde ganz Ihrer Auffassung. Auch er ist ja
hier, um – wie Sie – wieder Friede zwischen ihnen beiden herzustellen. Er hat es
ja auch nie in Abrede gestellt, dass für Ihre Probleme genauso eine Lösung gefunden werden muss, wie für seine." – „Aber diese Lösung gibt es doch nicht, das
sehen Sie doch selber!" rief Herr Melchmann laut und zornig. „Oder haben *Sie*
eine?"

b) **Parteienautonomie: Ein absolutes Gebot?** In Erinnerung an diese Szene fragte 246
sich Peter Schneewein im Nachhinein, ob er, Peter, die Zurückhaltung aufgebracht
hätte, auch dann noch nichts zu sagen, obwohl er einen Ausweg gesehen hätte.

„Wie soll man das nur durchhalten," fragte er Michaela, „Du siehst vielleicht das 247
Licht am Tunnelende, und sollst die Parteien weiter im Dunkeln tappen lassen! Und
das in der Dramatik einer solchen Situation, wo gerade alles zu scheitern droht, wo
dir die Parteien – wortlos oder direkt – Vorwürfe machen, dass du nicht erreicht
hast, was du ihnen angeblich versprochen hast, nämlich einen Frieden, wo beide
nur gewinnen! Lässt du sie dann wegrennen?"

„Du meinst, in so einem Moment sollte man als Mediator doch in die inhaltliche 248
Dimension eingreifen und konstruktive Vorschläge machen?"

„Michaela, ich weiß natürlich, wie das Leitbild eines Mediators aussieht: Dass er 249
kein Schlichter ist, der von sich aus einen Vergleichsvorschlag macht. Die Streiten-

den sollen alleine und selbstverantwortlich an der Lösung mitwirken. Aber das heisst ja doch nicht, dass diese Selbstverantwortung zusammenbricht, wenn der Mediator einmal, an so einem kritischen Punkt, mitarbeitet. Wenn er nach langem vergeblichen Ringen also zufällig den Ausweg sieht, auf den die Parteien partout nicht kommen, ja vielleicht nicht einmal kommen können, dann muss er das doch nicht verschweigen!"

250   „Wenn ich dich richtig verstehe, Peter, meinst du, dass die Konfliktlösung an sich Sache der Parteien sei, aber in ganz bestimmten, besonderen Fällen sollte der Mediator doch in die Sachdiskussion eingreifen dürfen?"

251   *aa) Was ist noch Form, was ist schon Inhalt?* „Also »eingreifen« ist vielleicht nicht das richtige Wort. Ein Mediator, der sichtbar in die Lösungssuche »eingreift«, hat es ja wahrscheinlich schwer, den Glauben an seine Neutralität zu bewahren. In jedem Fall nimmt er den Parteien etwas von ihrer Autonomie. Es ist dann seine Lösung, und nicht mehr die Lösung der Parteien. Damit verringert sich die Chance, dass sich die Parteien mit ihrem Vergleich identifizieren, was wieder die Akzeptanz der Friedensvereinbarung schmälert." Michaela nickte. „Aber das heisst ja nicht, dass sich der Mediator immer vollständig mit allem zurückhalten muss," fuhr Peter fort. „Er muss ja doch auch darauf achten, dass das Verfahren eingehalten wird. Wenn sich einer nicht an die Regeln hält, muss er sich einmischen, ja manchmal auch richtiggehend »eingreifen«." Michaela nickte wieder. „Und er muss die Parteien informieren. Wenn man so will, ist das auch bereits ein Eingriff." Michaela hörte aufmerksam zu und zeigte wieder Zustimmung.

252   Peter fühlte sich bestärkt, seine Gedanken weiterzuspinnen: „Die eine Sorte von Eingriffen sind also gewissermaßen als Verfahrensnotwendigkeit geboten; die anderen, wie der vorfabrizierte Lösungsvorschlag, sind dagegen tabu. Die Schwierigkeit liegt damit dazwischen. Was ist noch Verfahren, was ist schon Inhalt."

253   Michaela nickte: „Ja, du sagst es." – „Also muss man Abgrenzungsregeln finden. Aber das ist schwierig. Denn jeder Fall ist anders. Keiner weiß das besser als ein Anwalt."

„Ja, Anwälte wissen das," wiederholte Michaela.

254   Peter resümierte: „Also, mir würde das widerstreben, so eine absolute Hürde aufzustellen: Das Verfahren ist in meiner Hand, der Inhalt ist aber total tabu. Die Dinge hängen doch alle irgendwo untrennbar zusammen." Ihm kam noch etwas anderes in den Sinn: „Vielleicht ist es auch Frage der Präsentation. Ich kann die Lösung effektvoll aus dem Hut ziehen, wie das ja meist der Anwalt macht, der als Schlichter auftritt und damit zeigen will, dass er sein Geld wert ist; ich kann mich aber auch darauf beschränken, einen kleinen Anstoß in eine bestimmte Richtung zu geben. So in der Art: »Sie lieben doch Alaska. Denken Sie nicht manchmal darüber nach, Ihre alten Tage in einem Iglo zuzubringen?«. Und dann kommt die Partei von selbst auf die glorreiche Idee, mitsamt ihren Problemen im ewigen Eis zu verschwinden."

255   Michaela lachte. „Das ist ein enorm guter Anstoß. Und sehr dezent. Hauptsache, dem Vermittler ist noch etwas eingefallen . . . Der Konflikt wird durch die Beseitigung der Parteien gelöst. Endlich auch einmal ein Resultat von sicherem Bestand!"

„Im Ernst: So ein Wink, so ein Lenken der Aufmerksamkeit auf einen lösungsträchtigen Sachverhalt, das muss doch zulässig sein!"

bb) Manche Verfahren müssen eben scheitern. Michaela lachte wieder: „Jetzt ist 256
aus deiner ganz seltenen, hoch besonderen Ausnahme schon wieder eine Regel geworden: »Zarte Winke sind zulässig«. Von mir bekommst du das nicht abgesegnet,
Herr Anwalt," sie schüttelte lächelnd den Kopf. „Die Lösung wird von den Parteien
erarbeitet. Das ist meine Richtschnur. Und das funktioniert – auf's Ganze gesehen –
meiner Meinung nach auch am besten." Nach einem Moment des Nachdenkens
sagte sie dann energisch: „Und manche Verfahren müssen eben scheitern. Es gibt
Beziehungen, die lassen sich nicht einigen. Dafür gibt es dann die Gerichte. Wenn
ein Konflikt diesen Weg nimmt, darf man das nicht als persönliche Kränkung erleben. Oder," ihr kamen offenbar andere Verfahren in den Sinn, „die Verhandlungen
brechen ab, es verstreicht ein wenig Zeit, die Parameter verschieben sich und die
Parteien versuchen es dann noch einmal."

cc) Der Meister zerschlägt die Form. „Ja, so gesehen . . .," meinte Peter und hatte 257
das Gefühl, etwas klarer zu sehen. Aber dann erzählte Michaela noch eine Geschichte. „In meiner mündlichen Mediations-Prüfung in Hagen, bei der jeder von
einem Fall berichten muss, da war ein Kollege, ein erfahrener Mann aus der Wirtschaft, der mit der Mediation noch einmal etwas ganz Neues anfangen wollte. Der
erzählte von einem Streit, den er am eigenen Leib erlebt hatte, also als Partei. Das
Ganze spielte in Amerika. Da hat der Mediator – ein ganz renommierter Mann,
eine Berühmtheit – die Parteien nahezu in den Vergleich geprügelt. Er hat sie
unter Zeitdruck gesetzt, sie beschimpft – er sagte, sie verhielten sich wie kleine zan-
kende Jungs, sie würden mit ihrem Streit das Geld ihrer Firmen verschleudern –,
dann hat er Ihnen den Kompromiss als Zahl auf einen Zettel geschrieben und sie
mit dem Papier allein gelassen . . ." – „Hat es funktioniert?" – „Ja. Der Kollege
meinte, der Mediator habe ihn und seinen damaligen Gegner beim Vorgespräch
unauffällig durchschaut und richtig eingeschätzt. Das brutale Vorgehen wäre wohl
das einzig Richtige gewesen." – „Was haben denn die Prüfer in Hagen dazu gesagt?" – „Ich glaube, es war Reiner Ponschab, der meinte: Der Meister zerschlägt
die Form."

2. Es geht in kleinen Schritten weiter

In dem Fall Simmer und Melchmann wurden jedoch keine Formen zerschlagen. 258
Als die Mediatorin so direkt von Herrn Melchmann nach einer Lösung gefragt
wurde, trat eine Pause ein. Michaela Bauer hielt es wohl nicht für nötig, die Partei-
en noch einmal auf die Grundregeln des Verfahrens hinzuweisen. Herrn Melchmanns Frage war sicherlich auch eher rhetorisch gewesen, eine Art Anklage gegen
die Mediatorin, dass die Verhandlung trotz ihrer optimistischen Einschätzungen offenbar gescheitert war.

Peter Schneeweins Gedanken drehten sich noch immer im Kreis: Was könnte
man jetzt tun? Halb bewundernd, halb beunruhigt registrierte er, dass sich die Mediatorin vorerst wohl entschlossen hatte, gar nichts zu machen.

a) **Eine gefährliche Wendung.** Dann durchbrach jemand das aussichtslose 259
Schweigen. Ein Finger hob sich zur Wortmeldung. Es war Frau Simmer. Alle Köpfe
fuhren zu ihr hin. Die Mediatorin wandelte sich im Sekundenbruchteil zu einer
Kraftquelle, die alle Energie in die Richtung von Frau Simmer ausstrahlte: Wärme,

Ermunterung und kaum verborgene Hoffnung, dass jetzt irgendein Anstoß kam, um einen Weg aus der verfahrenen Lage zu finden.

„Frau Simmer?" – „Ich denke, wir haben da etwas übersehen. Ich meine eine Lösung, die bereits auf unserer Liste steht," sagte Frau Simmer mit leiser, etwas unsicherer Stimme.

Alle schauten auf die Lösungsliste. Auch Peter Schneewein überflog die Punkte, aber ihm fiel nichts dazu ein.

„Was meinen Sie denn bitte, Frau Simmer," fragte die Mediatorin.

„Ich meine Punkt zwei: Entfernung der Hühner." Alle hielten den Atem an.

„Entfernung der Hühner," wiederholte Michaela Bauer tonlos und routinemäßig. Auch sie musste wohl ihre Überraschung bewältigen.

260   *aa) Risse in alten Bündnissen: Gefahr und Chance.* Dann löste sich die Spannung in einer tumultartigen Unruhe. In dem Stimmgewirr setzte sich die empörte Stimme von Herrn Simmer durch: „Sag mal Marlies, was ist denn in dich gefahren?!" Marlies Simmer sagte zunächst mal gar nichts.

„Weißt du denn, was du da gesagt hast?" rief ihr Mann weiter. „Entfernung der Hühner?! Bist du noch recht bei Trost?! Hast du noch . . .."

„Frau Simmer," unterbrach ihn die Mediatorin, „Frau Simmer, könnten Sie uns vielleicht einmal erklären, wie sie das gemeint haben?"

Frau Simmer warf ihrem Mann einen vorsichtigen Seitenblick zu und begann dann: „Also ich denke, wir sollten uns einfach einmal über die Hühner unterhalten . . .."

„»Über die Hühner unterhalten«, was meinst du damit??" fragte ihr Mann schwer gereizt. „Nun ja," sie wendete sich ihm zu: „Schau doch mal, Dieter, es ist doch so: Du interessierst dich doch gar nicht mehr so für den Stall wie am Anfang."

„Was heisst das, ich interessiere mich nicht mehr?" „Na, ich meine, du hast doch immer so viel zu tun, und dann sitzt du doch jetzt auch soviel vor deinem Computer, mit deinem Internet . . .."

„Na und? Meinst du, deshalb interessiere ich mich nicht mehr für die Hühner?!" „Also schau doch mal, wer hat denn in letzter Zeit die ganze Arbeit gemacht? Wer ist denn immer nach hinten über die nasse Wiese gelaufen, zum Füttern und Saubermachen . . .."

„Also, das ist ja unglaublich! Du weißt doch ganz genau, dass ich mit meinem Knie, dass mir jeder Schritt . . ." Herr Simmer rang nach Luft.

„Das mit deinem Knie, das waren drei Wochen. Aber die sind schon seit zwei Monaten vorbei," sagte Frau Simmer ziemlich trocken.

261   Herr Simmer sah fassungslos in die Runde. Peter Schneewein fühlte, was in ihm vorging. Diese Attacke von seiner eigenen Frau! Ihm vor allen Leuten in den Rücken zu fallen! Ihn zu verraten, ihn als faul, wehleidig, sprunghaft und verantwortungslos hinzustellen! Als ginge es ihm gar nicht um die Hühner!

262   Peter spürte die Chance, die sich mit dem Einfall von Frau Simmer aufgetan hatte, gleichzeitig aber auch das hohe Risiko, das mit der Offenlegung dieses Ehedisputs verbunden war. Herr Simmer hatte das Gesicht verloren, und das war keine Grundlage für einen guten Frieden. Er beobachtete ihn aufmerksam. Die Wut war aus seinem Gesicht verschwunden, jetzt sah er grau und versteinert aus. Wortlos,

ohne jemanden anzusehen, suchte er seine Sachen zusammen und schickte sich wieder an, die Runde zu verlassen.

„Herr Simmer," die Mediatorin versuchte jetzt offenbar, ihm zur Hilfe zu kommen: „Wenn wir ihre Frau richtig verstanden haben, dann hat sie doch gesagt, dass Sie ein Mann mit vielfältigen Interessen sind . . .." 263

bb) Eine sehr persönliche Parabel. Herr Simmer packte weiter, aber Peter merkte, 264 dass er zuhörte. „Sie sind nicht engstirnig auf eine Sache fixiert, sondern offen für Neues. Und manchmal verändert man dann seine Schwerpunkte. Also ich zum Beispiel, ich war eine Zeit lang absoluter Tennisnarr, ich war jeden Tag auf dem Platz . . .."

(„Deshalb spielt sie auch heute noch so gut," kam es Peter in den Sinn.)

„Und dann auf einmal wurde mein Vater krank. Wir hängen alle sehr an meinem Vater . . . und wir wollten ihn zu Hause behalten, nicht in ein Pflegeheim geben. Aber das machte eine Menge Organisation notwendig, und das kostete auch seine Zeit, und da trat auf einmal das Tennis in den Hintergrund."

(„Gleich legt sie noch Vaters alte Taschenuhr auf den Tisch," dachte Peter).

Das tat sie zwar nicht, aber es wäre auch nicht nötig gewesen: Herr Simmer sah 265 zwar noch bedenklich finster vor sich hin, schien aber vorerst seinen Aufbruch verzögern zu wollen. Alle schauten ihn verstohlen an. Peter spürte, dass nun alles davon abhing, Herrn Simmer über seine Kränkung wegzuhelfen. Und, wie er feststellen konnte, war er mit diesem Eindruck nicht alleine. Der Reihe nach, über die alten Fronten hinweg, bemühte sich jeder, Dieter Simmer wieder in den Kreis zurückzuholen.

b) Die Parteien kennen den Konflikt am besten. Als erstes versuchte es seine Ehe- 266 frau: „Schau doch mal Dieter, es ist doch auch ganz egal, wer sich um die Hühner kümmert. Ob du oder ich – in jedem Fall ist es Arbeit."

Herr Simmer guckte weiter mit bösem, abweisendem Gesicht auf den Tisch. „Eine Menge Arbeit," fuhr Frau Simmer fort. „Und wir wollten doch langsam anfangen, das Leben zu genießen. Jetzt sind die Kinder aus dem Haus und du musst nicht mehr soviel arbeiten, bald bist du ein freier Mann – und da wollten wir doch tun, was uns gefällt, wegfahren, Reisen machen, öfters einmal nach Italien. Was sollen wir uns da mit den Hühnern einen Stein ans Bein binden?"

Herr Simmer reagierte nicht. Die Argumentation war überzeugend gewesen, sehr 267 sogar, fand Peter, aber Herr Simmer ließ sich auf diesem Wege nicht erreichen. Frau Simmer wiederholte ihren Gedanken noch einmal – er schien ihr so plausibel, aber es blieb zwecklos.

Wenn es noch nicht einmal die eigene Frau schafft, dachte Peter, wie soll es denn dann gehen? Sie war natürlich im Nachteil, weil sie diejenige gewesen war, die ihn brüskiert hatte; aber sie kannte ihn doch am besten.

In dieser aussichtslosen Lage ergriff dann, zu aller Überraschung, Frau Melch- 268 mann das Wort. Sie sprach Herrn Simmer ganz direkt in einem warmen, mütterlichen Ton an: „Aber Dieter, merkst du nicht – die Marlies bittet dich um etwas."

Herr Simmer guckte erstaunt, ja verwirrt auf und sah Hannelore Melchmann fragend an. Sie fuhr fort: „Marlies wünscht sich etwas von dir – sie möchte noch ein paar unbeschwerte Jahre mit dir, ohne zu viel Ballast, in Frieden. Sie möchte reisen."

269   Simmers Gesicht lockerte sich, seine Haltung wurde aufrechter. Es entstand eine Pause.

270   Das war der Schlüssel, dachte Peter: Frau Melchmann hat ihn gefunden. Das war der Vorteil, die Frucht einer jahrzehntelangen engen Nachbarschaft. Die Hannelore kannte den Dieter, manchmal vielleicht sogar noch besser als dessen eigene Frau. Dieter Simmer durfte man nicht angreifen, da gab es nur Widerstand und Trotz ohne Ende. Aber man konnte ihn um etwas bitten. Er konnte nicht verlieren, er konnte nicht nachgeben, aber er konnte großzügig sein. Und jenseits aller Streitereien, in denen er sich mit Leidenschaft verlor, hatte er doch den Blick für das Wesentliche im Leben: Dass es zu kurz ist.

271   Peter fiel wieder ein, dass Frau Simmer ganz am Anfang bei ihrer Vorstellung in einem Halbsatz erwähnt hatte, dass sie sehr krank gewesen sei. Auch darüber hatte Frau Melchmann jetzt geredet, und Herr Simmer hatte sie ganz genau verstanden. Das war die Tonart, mit der man ihn ansprechen konnte.

272   Peter Schneewein war nachträglich erstaunt, wie die Mediatorin mit ihrer Privatgeschichte über den kranken Vater intuitiv für diese Chance die Vorlage geliefert hatte. Die Essenz ihrer Parabel war ja gewesen: Wer etwas aufgibt, verliert nicht unbedingt etwas, sondern gewinnt die Möglichkeit, einem anderen etwas zuliebe zu tun. Das war ein glücklicher Einfall, dachte Peter. Ob man so etwas lernen kann? Er nahm sich vor, Michaela danach zu fragen. Beim nächsten Gedanken wusste er aber schon, was sie sagen würde: Die eigentliche Leistung war doch von den Beteiligten gekommen: Frau Simmer hatte das Problem auf der Sachebene gelöst, sie hatte die Begründung vorgetragen, warum ein Verzicht auf die Hühner nicht unbedingt ein Nachteil war, sondern auch seine Vorzüge hatte. Und Frau Melchmann hatte Herrn Simmer von diesem Ansatz über die Beziehungsdimension überzeugt. Das war schon ein großartiges Zusammenspiel, sagte sich Peter.

273   Schließlich leistete auch Herr Melchmann seinen Beitrag. „Weißt du, Dieter,“ sagte er versöhnlich, „es geht ja gar nicht darum, von heute auf morgen alle Tiere abzuschaffen. Ich kenne doch da diesen Bio-Bauern in Krekelfelde, der würde dir sicher ab und zu ein Huhn abnehmen, und dir auch einen guten Preis machen – vor allem für deinen Hahn.“

274   Nun kamen die wohlmeinenden Kommentare von allen Seiten. Die Damen meinten lebhaft, wie aussichtsreich es doch sei, dass der Bauer die Hühner nähme, wie schön es in Krekelfelde sei, dass man für den Hahn doch einen beachtlichen Preis erzielen könnte und dass trotz der Auslagerung des Federviehs bei Simmers auch in Zukunft Freiland-Eier auf dem Frühstückstisch ständen.

275   Herr Melchmann erklärte schließlich, dass er ein kleines Entgelt zahlen würde, wenn er den leergewordenen Hüherstall für seine Bienen nutzen könnte und einen befestigten Weg vom Törchen zum Stall bauen würde, damit der hintere Gartenteil nicht durch einen Trampelpfad verunstaltet würde.

276   Herr Simmer sagte noch immer nichts, aber wirkte jetzt so, also würde er die Idee immerhin zur Kenntnis nehmen, zwar mürrisch und skeptisch, aber nicht mehr gekränkt.

277   c) Vom Durchbruch zu den Vereinbarungen: Ein steiniger Weg. Jetzt schien es der Mediatorin an der Zeit, die Fäden ein wenig zusammenzufassen. „Herr Melchmann, habe ich Sie richtig verstanden? Sie machen gleich mehrere Vor-

schläge: Sie bieten Herrn Simmer an, für seine Hühner eine neue Heimat zu besorgen. Sie streben an, dass Herr Simmer dafür auch ein Entgelt bekommt. Sie stellen ihm weiterhin in Aussicht, auf Ihre Kosten einen Weg anzulegen. Der Weg soll vom Törchen zu den Bienen führen, damit kein unordentlicher Trampelpfad entsteht. Schließlich machen Sie einen Vorschlag für den Fall, dass sich der Hühnerstall endgültig geleert hat: Sie würden ihre Bienenhäuschen in diesem Stall unterbringen. Dafür würden sie auch ein angemessenes Entgelt zahlen wollen. Stimmt das so?"

Herr Melchmann nickte, hatte aber noch eine Ergänzung anzubringen: „Wegen   278
des Stalls wollte ich allerdings noch sagen, dass man dann doch eine Kleinigkeit ändern müsste: Man müsste ein paar Ausflugsschneisen schaffen. Es wäre also die Frage, ob ich das dann tun dürfte, also ob ich aus ein oder zwei Fenstern die Scheiben herausnehmen dürfte."

aa) Empfindlichkeiten. In offenbarer Sorge vor der Laune von Herrn Simmer hat-   279
te Herr Melchmann diese Antwort ausschließlich an die Mediatorin gerichtet; dies schien seinen Nachbarn jedoch gerade zu provozieren, sich endlich wieder an der allgemeinen Debatte zu beteiligen.

Er machte eine unwirsche Handbewegung. „Was halten wir uns denn hier mit diesem Kleinkram auf?" Alle schauten ihn an. „Was soll denn das – dieses Gerede über Geld? Entgelt für den leeren Hühnerstall! Das ist doch alles lächerlich!"

Die Mediatorin ging darauf ein: „Herr Simmer, Sie halten also diesen Vorschlag von Herrn Melchmann nicht für sinnvoll?"

„Nicht für sinnvoll?!," wiederholte Herr Simmer verächtlich. „Was soll daran sinnvoll sein, wenn ich von meinem Nachbarn monatlich ein paar Mark fünfzig kassiere? Wer soll Ihrer Meinung nach davon etwas haben? Nachher zankt sich der Melchmann mit mir wegen ein paar Pfennigen!"

„Herr Simmer, wenn ich das recht verstehe, wollen Sie also keinen finanziellen Ausgleich für die Nutzung Ihres Hühnerstalls?" Herr Simmer machte nur eine wegwerfende Handbewegung, die aber wohl als Bestätigung aufzufassen war.

„Wie sehen Sie denn die anderen Vorschläge?" fragte die Mediatorin.   280

„Was meinen Sie denn mit »anderen Vorschlägen«?," fragte Herr Simmer zurück, obwohl Michaela Bauer vor wenigen Augenblicken alle Punkte zusammengefasst hatte.

Peter Schneewein hatte das Gefühl, dass sich Herr Simmer einfach noch ein we-   281
nig verbarrikadierte, um seine Kompromissbereitschaft zu verschleiern. Die Mediatorin blieb aber geduldig und erwähnte noch einmal alle Punkte.

Herr Melchmann zuckte bei jedem Vorschlag gleichgültig mit den Schultern, so   282
als ginge ihn das ganze Thema eigentlich nichts mehr an. Dann sagte er: „Also gut, wenn alle glauben, sie müssten sich jetzt da unbedingt reinhängen; wenn sie also jedes Huhn einzeln nach Krekelfelde schleppen wollen; wenn der Gregor da so ein spießiges Wegelein durch meinen Dschungel legen will . . . von mir aus, wenn das alle glücklich macht . . .! Wegen mir braucht das aber alles nicht sein. Vor allem will ich keine Eier mehr zu jedem Frühstück – ich bin dann derjenige, der den ganzen Tag am Cholesterin sparen muss." Er setzte wieder ein zorniges Gesicht auf, so als sei sein eigentliches Problem, dass sich seine Frau und seine Nachbarn gegen seine Blutfettwerte verschworen hätten.

283   Peter Schneewein dachte, dass es angesichts solcher Spiegelfechtereien doch recht schwer sei, es mit dem Autonomie-Postulat so streng zu halten, wie es Michaela in ihren Randbemerkungen getan hatte. Wenn wirklich alles inhaltlich den Parteien zu überlassen wäre, dann müsste die Mediatorin auch jedes Wort für bare Münze nehmen, das Herr Simmer in den letzten Minuten geäußert hatte. Das hieße, sie müsste sinngemäß sagen: „Also gut, Herr Simmer, sie kapitulieren bedingungslos; die Bienen bleiben, und zwar auf Ihrem eigenen Gelände, und Ihre Hühner kommen weg." Ein solches Resümee, auch wenn es in verbindlichere Worte gekleidet wäre, würde doch sicherlich zu einem Verhandlungsrückschritt führen. Dabei konnte man noch nicht einmal sagen, dass es Herr Simmer nicht ernst meinte; Peter Schneewein glaubte ihm aufs Wort, dass es ihm auf das Geld und die anderen vorgeschlagenen Wohltaten nicht ankam. Ihm war letztlich nur noch eins wichtig: Sein Gesicht zu wahren. Und dies schien Peter gefährdet, wenn der Konsens die Zugeständnisse der anderen Beteiligten nicht wiedergeben würde. Wie würde Michaela diese Situation meistern?

284   Die Mediatorin begann: „Wenn ich mir unsere Themenlisten anschaue," – alle guckten hoch und schienen ihre Konzentration von den Beziehungen zwischen ihnen auf die Kataloge an der Wand zu wenden – „dann stelle ich fest, dass wir die Ersten beiden Punkte, die wohl den Hauptteil unserer Arbeit hier ausgemacht haben, gemeinsam gelöst haben. Ich frage Sie, ob wir unsere Ergebnisse hierzu schon einmal festhalten sollten?"

Alle nickten und Herr Melchmann sagte laut: „Ja, das wäre gut."

285   „Also bevor ich den Text Ihrer Übereinkunft auf Band spreche . . .," sie wies auf das Diktiergerät, das an ihrem Platz lag, „möchte ich Ihre Ergebnisse erst einmal nur flüchtig ohne Protokoll zusammenfassen: Für das Doppelproblem »Nutzung der beiden hinteren Gartenteile« haben Sie gemeinsam eine Lösung gefunden, die offenkundig dem Interesse aller Beteiligten entspricht. Die sieht so aus:

286   Erstens, Herr und Frau Melchmann verzichten darauf, in ihrem Garten Bienen zu halten. Herr und Frau Simmer haben also insofern das erreicht, was ihnen mit ihrem damaligen Prozess, also auf dem Gerichtsweg, nicht gewährt wurde."

287   Peter Schneewein stellte fest, dass Michaela mit diesem Akzent Herrn Simmer zu Beginn als den eigentlichen Gewinner herausstellte: Er hatte hier, in der Mediation, die ja durch seine Initiative zustande gekommen war, durchgesetzt, was er schon immer für sein Recht gehalten hatte, nämlich von keiner Bienenzucht belästigt zu werden.

288   *bb) Die Mediatorin informiert über die Rechtslage.* „Im Gegenzug," ergänzte die Mediatorin allerdings sofort, „gestatten Herrn und Frau Simmer, dass die Bienen auf dem hinteren Teil ihres Grundstücks untergebracht werden. Wegen den südlich angrenzenden Blumenwiesen soll dadurch gewährleistet sein, dass der vordere Teil des Simmerschen Gartens mit der Terrasse nicht von den Bienen behelligt wird.

289   – Hierzu habe ich noch eine Nachfrage," unterbrach sie sich. „Soweit mir bekannt ist, gibt es zwei Formen, ein Recht auf Grundstücksnutzung festzuschreiben. Also: Eine Grundstücksnutzung wie hier, zum Beispiel das Recht, bei Simmers die Bienen aufzustellen und dorthin zu gehen, um sich um die Bienen zu kümmern, – das heisst: über das Gelände der Simmers – kann man als Wegerecht extra im

Grundbuch eintragen lassen. Dies ist die sogenannte dingliche Sicherung eines Rechts, die gegen jedermann gelten würde. Es ist aber die Frage, ob Ihnen nicht auch eine vertragliche Einigung genügt, also ein einfacher, hier vereinbarter Vertrag zwischen den hier versammelten Beteiligten, der für Sie beide verbindlich ist und der gegebenenfalls auch eingeklagt werden könnte."

„Die vertragliche Einigung genügt mir," sagte Herr Melchmann. Herr Simmer zuckte mit den Schultern, was aber wieder wie eine Zustimmung wirkte.

cc) Bitte nach Ihnen: Wenn gestritten wird, wer verzichten darf. „Gut," meinte 290 die Mediatorin, „dann belassen wir es bei der wechselseitigen Verpflichtung, wie ich sie beschrieben habe. Dann komme ich zu den möglichen Zusatzvereinbarungen – Herr Simmer, Sie haben etwas zurückhaltend reagiert, als die anderen Beteiligten weitere Verpflichtungen übernehmen wollten?"

„Sie meinen diese Geschichten mit dem Weg und der Miete für den Hühnerstall?" fragte Herr Simmer.

„Auf was würden Sie denn Wert legen, worüber würden Sie sich freuen?," fragte 291 die Mediatorin zurück.

„Ich möchte ohne Bienen auf meiner Terrasse sitzen," antwortete Herr Simmer, „alles andere ist mir herzlich egal. Auf jeden Fall will ich kein Geld. Die Sache mit dem Weg ist mir auch ganz gleichgültig, je mehr aber darüber geredet wird, umso mehr habe ich den Eindruck, dass der Melchmann zu seinen Bienen nicht über meinen Acker schreiten will, sondern sich lieber auf asphaltierten Bahnen bewegen würde."

Herr Melchmann murmelte irgendeinen Protest.

„Da hört man es ja," setzte Herr Simmer nach. „*Er* will den Weg, nicht ich! Aber *mir* soll das als meine Forderung unterschoben werden."

„Also, wirklich, Dieter," rief jetzt Herr Melchmann. „Ich kann auch ohne Weg leben. Ich dachte nur, es sähe ordentlicher aus."

„Eben, du willst den Weg, weil *du* das ordentlicher findest!" triumphiert Herr Simmer.

Herr Melchmann besann sich für einige Sekunden. Dann kam er mit einem Vorschlag: „Wir können ja beschließen, dass du jederzeit das Recht hast, von mir zu fordern, dass ich einen Weg anlege, dass du aber nichts dagegen hast, wenn ich – von mir aus – einen kleinen Weg nach deinem Geschmack auf meine Kosten baue."

„Da sehen Sie wieder, Frau Bauer," Herr Simmer wandte sich zufrieden an die Mediatorin: „*Er* will den Weg!"

„Was wollen *Sie* denn, Herr Simmer?" fragte sie zurück. Herr Simmer antworte- 292 te generös: „Er soll seinen Weg haben."

„Können wir es dann bei der Regelung belassen: Sie, Herr Simmer, können einen Weg verlangen, wenn Sie das wollen. Aber auch, wenn Sie es nicht ausdrücklich wollen, werden Sie es gestatten, dass Herr Melchmann einen Weg auf seine Kosten baut, sofern Sie mit seinen Gestaltungsplänen einverstanden sind."

„Von mir aus," sagte Herr Simmer und Herr Melchmann nickte.

„Die Sache scheint mir ja dann auch zu einem guten Ende gekommen," sagte Michaela Bauer. „Ich sollte aber vielleicht doch noch zur Klarheit darauf hinweisen, dass diese Regelung Herrn Simmer faktisch die Entscheidung überlässt. Wenn

Schlieffen   63

Herr Simmer mit den Plänen von Herrn Melchmann nicht einverstanden ist, wird es keinen Weg geben."

„Und wenn ich den Weg nicht will, werde ich eben nie einverstanden sein," ergänzte Herr Simmer lächelnd. Er hatte den Punkt schon vorher begriffen, Herrn Melchmann wurde er erst jetzt klar.

Er lenkte aber sofort ein: „Es ist *dein* Grundstück. Und ich finde es in Ordnung, wenn du da das letzte Wort hast."

293   Man merkte, dass er das ernst meinte, und Herr Simmer honorierte dieses Anerkenntnis mit einem wohlwollenden Gesichtsausdruck. Erstmals schienen beide mit der aufscheinenden Lösung ihrer Probleme zufrieden zu sein.

„Und wie sehen Sie das?" wandte sich die Mediatorin nun an Frau Simmer und Frau Melchmann. Beide Damen nickten, hatten aber wieder ihre unbeteiligten Gesichter aufgesetzt.

Sie hatten ihre Mission erfüllt, dachte Peter Schneewein. Was anschließend gekommen war, schien ihnen offenbar nur noch viel Gerede um nichts.

„Ja," sagte die Mediatorin daraufhin, „mir scheint, wir haben den schwierigsten Gipfel erklommen. Jetzt kommt noch eine Menge Arbeit auf uns zu, aber nachdem wir das geschafft haben, wird Ihnen der Rest wie ein Spaziergang vorkommen."

„Was kommt denn noch?" fragte Herr Melchmann besorgt.

3. Restposten

294   „Ja, ich erinnere nur an unsere gemeinsame Themenliste." Die Mediatorin war aufgestanden und zu den beiden Plakaten gegangen, auf denen die Punkte notiert waren, die nach Wunsch der Beteiligten diskutiert werden sollten. Alle schauten etwas erstaunt auf die Papiere an der Wand: Der Zustand, in dem diese Notizen entstanden waren, schien ihnen eine Ewigkeit vorbei. Sie merkten plötzlich, was für einen langen Weg sie gemeinsam zurückgelegt hatten.

295   Die Mediatorin lächelte. „Das war Ihnen in der letzten Sitzung wichtig gewesen. Vielleicht haben sich Ihre Prioritäten inzwischen etwas verändert – das wäre auch normal nach so intensiven Gesprächen – aber ich denke, wir sollten Ihre Interessen, so, wie Sie diese neulich formuliert haben, auch jetzt noch in allen Einzelheiten ernst nehmen. Andernfalls besteht die Möglichkeit, dass einzelne Fragen, die wir jetzt aus dem Augenblick heraus nicht mehr für so wichtig halten, übermorgen wieder auftauchen. Und in dem Moment haben Sie dann keinen Mediator, der Sie unterstützt."

296   Peter Schneewein verstand diesen Standpunkt sofort. Im Augenblick herrschte Einvernehmen; da wirkten die Rest- und Randprobleme belanglos. Sobald die nachbarschaftlichen Beziehungen aber wieder Reibungspunkte gefunden hätten, würde sich die Flamme des Streites an genau diesen Stellen wieder leicht entzünden. Eine gute Konfliktlösung sollte sich deshalb weniger an der Stimmung orientieren, die in Zeiten guten Willens herrschte, als an den Interessen, die im Spannungsfall auftreten würden. Und diese waren ja durch das Flipchart dokumentiert worden.

Melchmann	Simmer
– Gestaltung des hinteren Teils des Grundstücks der Simmers – Informationen über das Verhalten von Bienen – Wunsch nach Vereinbarung von Verhaltensweisen zur Vorbeugung ähnlicher Situationen – Verbesserung der Nachbarschaftsbeziehung	– Verbesserung der Nachbarschaftsbeziehung – Gestaltung des hinteren Grundstücksteils des Grundstücks der Melchmanns – Schicksal des Hühnerstalls

„Also, die Sache mit der Grundstücksgestaltung – Punkt eins – ist ja wohl für 297 beide Seiten erledigt," rief Herr Simmer in den Raum. Die Mediatorin griff zu ihrem Stift und machte zur Bestätigung ein Häkchen an beide Punkte.

a) Die Psyche meldet sich doch immer wieder. „Und den Punkt »Nachbarschafts- 298 beziehung«, darüber brauchen wir jetzt doch auch nicht mehr zu reden," fuhr Herr Simmer fort. „Das heisst nicht," fügt er hinzu, „dass ich jetzt glaube, es würde nie mehr Reibereien zwischen uns geben! Mit so einem Betonschädel als Nachbarn . . . was, Gregor?"

„Ist schon gut," entgegnete Herr Melchmann gutmütig und ungerührt, „ich weiß ja, wie du es meinst!"

Irgendetwas an dieser Antwort schien Herrn Simmer nicht zu gefallen. Er beharrte: „Ich meine es genauso wie ich es sage. Betonschädel."

aa) Warum bist du nur so wie du bist? Peter wunderte sich über diese Aggression 299 kurz vor Abschluss der endgültigen Friedensvereinbarung. Noch erstaunlicher fand er, dass sich der zurückhaltende Herr Melchmann auf diese Attacke einließ und plötzlich in aller Offenheit fragte: „Was ist denn deiner Meinung nach an mir so verkehrt?"

Auch Herr Simmer schien mit dieser Reaktion nicht gerechnet zu haben. Er 300 schaute verwirrt hoch und schickte dann einen Blick zur Mediatorin, als wollte er fragen: Soll ich darauf jetzt wirklich antworten? Sprengt das nicht unseren Rahmen, zumal jetzt, wo die Verhandlungen doch so kurz vor einem Abschluss zu stehen scheinen?

Die Mediatorin gab jedoch kein Zeichen. Sie schaute ihn gleichmütig freundlich an, weder auffordernd noch ablehnend. Dann entschloss sich Herr Simmer, auf Herrn Melchmanns Frage einzugehen.

„Was an dir so verkehrt ist? So grundsätzlich verkehrt? Also, »verkehrt«, das 301 Wort kommt von dir, das habe ich nie gesagt. Betonschädel habe ich gesagt. Und das meine ich auch so. An dir prallt alles ab. Du weißt genau, was mir auf die Nerven geht, und du machst es trotzdem. Es ist immer das Gleiche. Es sind nur Kleinigkeiten, meist. Aber du hörst nicht auf meine Einwände. Du überhörst sie. Und dir ist es egal, wenn ich dann langsam hochkoche." Herr Simmer redete sich in Fahrt. „Irgendwann explodiere ich dann. Und bin dann der Dumme. Alle gucken auf mich, wie ich mich aufrege, aber niemand sieht, wie lange du mich gestichelt hast mit deiner Sturheit. Immer bin ich nachher der Dumme, der aus der Rolle fällt."

„Nenne doch mal ein Beispiel," forderte Herr Melchmann.

„Ich könnte dir tausende Beispiele nennen. Das mit den Bienen war schließlich der Gipfel. Wie oft haben wir gesagt, wie quälend das für uns ist, wenn wir auf unserer Terrasse sitzen, und du hast überhaupt nicht reagiert."

„Nicht reagiert. Auf was denn? Urplötzlich ist uns eure Klage ins Haus geschneit!"

Herr Simmer schlug mit der flachen Hand auf den Tisch: „Da sieht man es eben: Du hast vorher überhaupt nichts mitbekommen! Weil du nicht hingehört hast. Das kommt nicht bei dir an, wenn man etwas sagt. Du hast keine Ohren und keine Augen, wenn es dir etwas unbequem wird. Betonkopf eben."

302   *bb) Ein Umlenkungsversuch: Von der Vergangenheit zur Zukunftsorientierung.* „Meine Herren," meldete sich jetzt die Mediatorin. „Ich sehe, Sie sind von selber zu einem Punkt auf unseren Listen gekommen, der tatsächlich noch offen war: »Wunsch nach Vereinbarung zur Vorbeugung ähnlicher Situationen«."

Wieder einmal bewährten sich die Flipcharts. Da stand das Thema tatsächlich, und zwar auf der Wunschliste Melchmann.

303   Bezeichnenderweise war dieser Punkt in der damaligen Verhandlungsphase von Michaela Bauer als Chiffre gewählt worden, um die Diskussion über die Vorkommnisse rund um den Gerichtsprozess in einen zukunftsweisenden Begriff zu überführen. Dieser Kunstgriff hatte freilich nicht ausgereicht, um die damaligen Kränkungen ganz aus der Diskussion zu halten: Die Parteien waren wieder in den Anfangsstand zurückgefallen und versuchten, Vergangenes aufzuklären: Was war zu Beginn des Konflikts eigentlich passiert, wie konnte es dazu kommen, wer hatte welchen Fehler gemacht?

304   Peter, der solchen Klärungsversuchen normalerweise sehr skeptisch gegenüberstand, gestand sich ein, dass er den letzten Gesprächsabschnitt, der mit der offenen Frage von Herrn Melchmann eingeleitet worden war, eigentlich als recht konstruktiv empfunden hatte. Die Mediation hatte eine Atmosphäre des Vertrauens geschaffen, in der die beiden Nachbarn wohl erstmals miteinander sehr persönliche Eindrücke und Gefühle austauschten. Trotzdem hatte die Mediatorin hier unterbrochen, das heisst, sie hatte versucht, das Bilanzieren, Einordnen und Vorwerfen in ein zukunftsorientiertes Gespräch überzuleiten.

305   „Vereinbarung zur Vorbeugung ähnlicher Situationen," las Herr Simmer laut vor. „Das hast ausgerechnet du auf deiner Themenliste notiert! Dabei hättest du ruhig einmal über dein eigenes Verhalten nachdenken können."

Herr Melchmann reagierte nicht.

„Heisst das, Herr Simmer," fragte die Mediatorin, nachdem eine kurze Pause entstanden war, „Sie hätten eine Idee, wie man in Zukunft miteinander umgehen könnte, um solche Probleme zu vermeiden?"

„Ja natürlich, das habe ich ja schon gesagt. Der Herr Nachbar müsste weniger stur sein und ausnahmsweise auch einmal zuhören, wenn man ihm etwas sagt."

„Wenn ich jedes Mal zuhören würde, wenn du etwas sagst . . .!" meinte Herr Melchmann, der sich jetzt doch entschlossen hatte, gegen diese Darstellung vorzugehen.

„Ja, dann würde dir ab und zu etwas Unangenehmes zu Ohren dringen!" antwortete Herr Simmer. „Aber du bist ja lieber stur und wunderst dich, wenn du plötzlich in einem Scherbenhaufen sitzt."

„Sie meinen," fragte die Mediatorin dazwischen, „wenn Sie sich früher, gleich zu 306
Beginn, über ein Problem verständigen könnten, ließen sich Eskalationen vermeiden?"

„Ja, genauso!" bestätigte Herr Simmer.

cc) Wenn die Technik des Mediators einmal scheitert. „Frau Bauer," die Stimme 307
von Herrn Melchmann klang ehrlich bedrängt, „Sie haben ihn doch hier erlebt!
Ihm fällt jeden Tag etwas Neues ein. Er hat seine Grillen und steigert sich dann in
irgendetwas hinein. Sie denken, die Welt geht unter, und auf einmal ist es wieder
gut. Natürlich bin ich bereit, über alle Probleme zu reden, das ist allemal besser, als
gleich bei Gericht zu klagen. Aber was soll das praktisch bedeuten? Er ist ja nicht
damit zufrieden, wenn man über etwas geredet hat. Es muss dann ja auch gleich so
geschehen, wie er will. Er kommt an, und sagt, um nur mal ein harmloses Beispiel
zu nennen: Das Törchen muss versetzt werden, oder: Wir sollten zusammen eine
Großsendung von so einem angeblichen Superdünger bestellen – superteuer natürlich – aber dieser Dünger musste es jetzt sein, um jeden Preis. Dann sage ich natürlich, hmm, hmm, mal sehen, dann warte ich ein paar Tage ab, und die Sache hat
sich meist von alleine erledigt."

„Genau das ist es," rief Herr Simmer heftig. „Ich mache einen konstruktiven 308
Vorschlag und pralle bei ihm ab. Ich versuche es, und er schaltet auf stur, egal, um
was es geht. Die Sache mit dem Törchen war damals ganz richtig, und zwar in *seinem* Interesse, weil die Kinder immer über *seine* Terrasse gelaufen sind und die
Hannelore wegen des Drecks geschimpft hatte. Natürlich hat sich das *inzwischen*
erledigt, nachdem die Kinder erwachsen sind, fünfzehn Jahre. Und ich frage eben
immer nur einmal. Und den Dünger habe ich mir dann eben auch alleine bestellt."

„Wie fühlen Sie sich denn, Herr Simmer, wenn Sie Vorschläge machen, und 309
nichts darauf passiert?"

„Ich bin natürlich sauer. Ich denke mir etwas aus, um unsere gemeinsamen
Probleme zu lösen, und er lässt alles an sich abprallen. Ich habe nun mal einen
Blick für die Dinge, sehe immer gleich, was man am besten tun kann, ich bin da
eben schneller als er, aber er lässt mich regelmäßig im Regen stehen."

„Im Regen stehen?"

„Ja, im Regen, ich bin der Dumme, er hat es nicht nötig, sich mit meinen Ideen
zu befassen."

„Wenn ich es recht verstehe," sagte die Mediatorin, „würde es Ihnen gar nicht so
sehr darauf ankommen, dass Sie sich mit Ihren Ideen durchsetzen, sondern erst
einmal nur, dass Sie damit ernst genommen werden?"

„Ja, von mir aus. Jedenfalls möchte ich nicht immer so abgebügelt werden."

„Aber ich bügele dich doch nicht ab, wenn ich »hmm« sage und gar nichts
mache! Ich kann doch nicht immer gleich auf dein Kommando springen, nur um
zu zeigen, dass ich deine Ideen ernst nehme!" meldete sich Herr Melchmann wieder.

„Von Kommando kann hier überhaupt nicht die Rede sein! Es geht ums ernsthafte Diskutieren," entgegnete Herr Simmer.

„Diskutieren heisst bei dir: Du ordnest an, und Gegenargumente haben keine Chance."

„Also, das ist ja etwas ganz Neues! Ich würde anordnen! Mit mir kann man immer reden!"

310   „Könnten Sie, Herr Simmer, sich erklären, warum Herr Melchmann diesen Eindruck hat, dieses Gefühl, dass man bei Ihnen keine Chancen hat mit Gegenargumenten?" Herr Simmer überlegte kurz: „Er ist eben, wie soll ich sagen . . ., er lässt eben gerne alles aus Prinzip so, wie es ist. Er ist so ein beharrender Typ. Und für so eine Haltung gibt es eben meist keine guten Argumente. Was ich will, lässt sich immer gut begründen, denn ich bin immer für Optimierung. Das Bessere ist des Guten Feind, das könnte mein Wahlspruch sein. Da lässt sich nicht viel entgegensetzen. Und deshalb . . . und deshalb hat er vielleicht das Gefühl, dass man gegen mich nicht ankommt, wenn man mit mir redet."

„Er hat sowieso immer das letzte Wort. Dann kann man sich auch den Rest sparen," ergänzte Herr Melchmann, der mit der Analyse von Herrn Simmer ganz einverstanden schien.

311   „Ich weiß nicht, ob ich das richtig verstanden habe," schaltete sich jetzt die Mediatorin ein, „Sie, Herr Melchmann, sehen oft gar keine Chance, sich gegen die Ideen von Herrn Simmer zu behaupten. Deshalb vermeiden Sie es, sich überhaupt auf eine Diskussion einzulassen und greifen lieber zu dem Mittel passiver Widerstand. Kann man das so sagen?"

Herr Melchmann nickte. „Und Sie, Herr Simmer, Sie sind darüber verärgert, dass Herr Melchmann Ihre Ideen und Anregungen überhaupt nicht zur Kenntnis nimmt, besser gesagt: zu ignorieren scheint. Sie bekommen dann den Eindruck, dass Sie gegen eine Wand reden und ziehen sich dann auch irgendwann zurück."

„Ja, irgendwann ist dann Funkstille. So war das auch mit den Bienen. Nachdem alles Reden nichts genutzt hatte, wollte ich dann irgendwann auch nicht mehr. Wir haben nicht mehr miteinander gesprochen, uns nicht mehr gegrüßt, und als der Ärger im Frühsommer wieder zu groß wurde, bin ich zum Anwalt. Und dann war Krieg."

312   **b) Auf der Suche nach Lösungen zur Vermeidung künftiger Konflikte.** „Wenn wir jetzt einmal in die Zukunft gucken," sagte die Mediatorin, „Wie könnte man dann Ihrer Meinung nach so etwas vermeiden? Mir scheint ja, dass irgendwie jeder von Ihnen beiden eine gewisse Hürde bewältigen muss. Wenn Ihnen das gelingt, könnten Sie Ihre Probleme sicher erfolgreich anpacken. Also jeder hat da so eine Hürde vor sich . . .."

Herr Simmer begann mit selbstkritischem Ernst: „Ich sollte dem Gregor vielleicht mehr Luft lassen. Ich sollte nicht gleich immer so drängen und jeden seiner Einwände mit meinen guten Argumenten zerschlagen."

Da mischte sich plötzlich auch wieder Frau Simmer ein: „Ja, ganz richtig. Du weißt doch, wenn der Gregor nicht will – und man sieht das doch, wenn er nicht will – dann sollte man ihn erst einmal lassen. Du willst immer für alle das Beste, aber man muss doch respektieren, wenn nicht alle gleich Hurra rufen."

313   *aa) Meine Perspektive, deine Perspektive.* Herr Melchmann nickte dazu: „Ich bin eben nicht so fix. So fix wie der Dieter. Manchmal lasse ich mich ja dann doch auch überzeugen, nachdem ich mir alles gründlich überlegt habe. Aber

manchmal auch nicht – und dann ist Dieter ja auch meist schon wieder ganz woanders."

„Ich bin nicht woanders. Ich habe dann nur aufgegeben. Und ich ärgere mich dann noch wochenlang, dass du mir nicht zugehört hast."

„Ich möchte dir schon zuhören. Es ist ja auch oft was dran, an dem, was du vorschlägst. Aber ich habe eben manchmal nicht die Nerven, von dir so bombardiert zu werden. Ich weiß dann wirklich oft nicht, was ich sagen soll. Vielleicht ist es das Alter; man hat nicht mehr so die Kraft, alles zu organisieren. Man will nicht mehr immer alles ändern, es fehlt irgendwo auch die Energie."

„Aber warum sagst du das denn dann nicht so?" fragte Herr Simmer erstaunt.

„Was soll ich denn sagen? Dass ich einfach meine Ruhe will? Das würdest du doch auch nicht gerne hören."

„Das ist mir lieber, als wenn du einfach überhörst, was ich sage."

„Ich verstehe das schon. Aber ich mache das ja auch nicht absichtlich."

„Ja, du machst einfach den Rollladen herunter, und hoffst irgendwo: So wird sich das schon von selbst erledigen."

„Es ist jedenfalls nicht so, dass ich das nicht ernst nehme, was du sagst."

„Ich habe das Gefühl," sagte die Mediatorin, „dass Sie beide sehen, wo Missverständnisse zwischen Ihnen auftreten könnten . . ." Sie wartete, ob jemand noch etwas sagen wollte. Herr Simmer holte Luft, aber verzichtete dann auf einen weiteren Beitrag.

Die Mediatorin wartete einen Moment und sprach dann Herrn Simmer an: „Sie 314 haben noch etwas auf dem Herzen . . .."

Herr Simmer seufzte: „Ach nein, ich sehe nur, dass ich immer wieder alle Welt überfordere. Ich erwarte zu viel von den anderen."

„Leben und leben lassen," ergänzte Frau Simmer.

„Und ich muss sehen, dass ich öfters mal den Mund aufbekomme," räumte Herr Melchmann ein.

Als das Thema für die beiden erledigt schien, stand die Mediatorin auf. Mit dem 315 Stift in der Hand vor dem Flipchart sagte sie: „Wir waren jetzt also bei dem Punkt: Wunsch nach Vereinbarung von Verhaltensweisen zur Vorbeugung ähnlicher Situationen. Ich frage Sie jetzt, ob Sie über das hinaus, was Sie jetzt hier besprochen haben, noch ausdrückliche Regelungen treffen wollen." Als die Angesprochenen nur mit fragenden Blicken antworteten, erklärte sie: „Nun ja, hier steht: Vereinbarung von Verhaltensweisen. Ich denke durch Ihr Gespräch eben haben Sie für die Zukunft einen Schlüssel, um besser zu verstehen, was in dem anderen so vorgeht, wenn Sie sich wieder einmal über sein Verhalten wundern. Und jeder hat eine Idee entwickelt, was er ab heute vielleicht anders machen kann, um einen ernsten Konflikt zu vermeiden. Was Sie nicht gemacht haben, ist eine ausdrückliche Vereinbarung: Wenn das und das passiert, dann machen wir das und das."

bb) *Mediationsklausel.* „Brauchen wir denn so eine Vereinbarung?" fragte Herr 316 Melchmann.

„Das müssen Sie entscheiden," antwortete die Mediatorin. „Manchmal ist es 317 ganz gut, wenn man so eine Regelung hat. Das muss keine bestimmte Verpflichtung sein, wie man den anderen behandelt; das kann auch eine so äußerliche Sache sein wie zum Beispiel: Wir treffen uns regelmäßig einmal im Vierteljahr, trinken ein Bier und besprechen alles, was angefallen ist. – Manchmal ist es aber auch besser, wenn man sich nicht zu sehr einengt. Vielleicht reicht es Ihnen erst einmal, was Sie hier besprochen haben, und Sie sind überzeugt, dass es besser ist, frei zu entscheiden, wann Sie über welche Themen sprechen wollen. – Zusätzlich vereinbaren viele Parteien, die ich in ähnlichen Situationen schon unterstützt habe, eine sogenannte Mediationsklausel einzubauen. Damit würden Sie für den Ernstfall vorsorgen, dass es irgendwann doch einmal wieder ein größeres Problem geben sollte. Für diesen Fall könnten Sie sich jetzt schon verpflichten, erst einmal miteinander zu reden und, bevor es zu einem Gerichtsverfahren kommt, die Unterstützung eines Mediators in Anspruch zu nehmen. Damit würde auch vermieden, dass Sie sich wechselseitig mit Klagen überraschen."

318   Die Nachbarn sahen sich an. Peter sah Herrn Simmer an, dass er eine Antwort parat hatte, sich aber zurückhielt. Er versuchte sichtlich, seine Lektion zu üben. So konnte Herr Melchmann antworten, allerdings nicht ohne sich zuvor mit einem Blick bei Herrn Simmer versichert zu haben: „Die Mediationsklausel ist gut. Das reicht dann aber auch. Eine genauere Regelung ist, glaube ich, für uns nicht notwendig."

„Soll das also in dieser Form in unserer Abschlussvereinbarung auftauchen?" fragte die Mediatorin.

„Die Klausel ja," sagte Herr Melchmann.

Herr Simmer nickte dazu.

Die Mediatorin sah zu den Damen hin, die dann ebenfalls ein Zeichen der Zustimmung gaben.

Mit einem zufriedenen Gesicht hakte die Mediatorin den Punkt „Vereinbarung von Verhaltensweisen zur Vorbeugung" ab.

319   c) Eine Mediation ist keine Therapie. Peter versuchte sich vorzustellen, wie dieses Thema von einem Mediator behandelt worden wäre, der sein Studium nicht mit einer juristischen, sondern zum Beispiel einer psychologischen Ausbildung begonnen hätte. Michaela hatte sich nach seinem Eindruck an mehreren Stellen dafür eingesetzt, dass die Aussprache zwischen den Nachbarn nicht zu sehr in die Tiefe ging. Zwar hatte sie den offenen Austausch nach anfänglichem Zögern auch unterstützend begleitet; genauso hatte sie auch mitgeholfen, den Parteien die Wechselseitigkeit ihrer Kommunikationsstörungen vor Augen zu führen; wann immer es eine Chance gab, hatte sie jedoch die Aufmerksamkeit von der Selbstbetrachtung abzulenken versucht.

320   Wäre es so heikel gewesen, wenn die beiden Herrn länger und intensiver über sich und ihre Beziehung nachgedacht hätten? Gut, Michaela hatte betont, dass sie ihre Vermittlungsleistung strikt von therapeutischen Gesprächen abgrenzte. Wäre ein Mehr an Reflexion aber schon Therapie gewesen? War ihre Sorge tatsächlich berechtigt, dass solche Diskussionen ins Unheilvolle entgleiten könnten und ohne erfahrenen Fachverstand nicht mehr gesteuert werden könnten?

Es stimmte natürlich: Die beiden Gesprächspartner waren, ganz anders als zu Beginn des Verfahrens, erstaunlich einsichtig gewesen und hatten – fast gegen den Widerstand der Mediatorin – offenbar einen förderlichen Einblick in die verwickelte Dynamik ihrer Beziehung gewonnen. Das musste natürlich nicht immer so gut laufen. Und möglicherweise lagen unter der Schicht, die beide aufgedeckt hatten,

noch weitere Ebenen, die eine Fülle neuer Probleme aufgedeckt hätten. Und
schließlich: Die beiden waren Nachbarn, keine Eheleute. Sie waren wahrscheinlich
miteinander enger verbunden, als sie es sich vorher eingestanden hätten, aber sie
wollten ja erklärtermaßen nichts als eine gute Nachbarschaft. Durch die Versetzung
der Bienen auf das Simmersche Grundstück musste ihre Beziehung zwar ein gewisses Maß an Nähe bewältigen. Aber die Berührungsfläche war doch nicht so groß,
dass eine Klärung aller Störquellen und Konfliktpotentiale erforderlich gewesen
wäre.

Insofern fand es Peter auch wieder richtig, dass Michaela den Kurs der Parteien unterstützt hatte, auf formelle Verhaltensregelungen zu verzichten. Manchmal
war es sicherlich gar nicht schlecht, wenn sich die beiden einfach aus dem Weg
gingen.

d) Besser ein Konflikt während des Verfahrens, als nachher. „Jetzt sind wir ja 321
fast fertig," begann die Mediatorin wieder. „Herr Melchmann:»Information über
das Verhalten der Bienen«. Das ist noch ein Thema auf Ihrer Liste." – „Geschenkt," rief Herr Melchmann in den Raum.

„Sie meinen, Sie legen jetzt keinen Wert mehr darauf?"

„Einiges haben wir ja schon angesprochen. Den Rest kann ich ja bei Gelegenheit
einmal erzählen."

„Vielleicht ja bei dem Bier, zu dem wir uns zwar nicht verpflichtet haben, das wir
aber trotzdem einmal trinken könnten," schlug Herr Simmer vor.

Die Mediatorin machte wieder sehr befriedigt einen Haken an die Liste.
„»Schicksal des Hühnerstalls«, unser letzter Punkt, kommt zu Aufruf."

Peter hatte schon eine Weile mit Unbehagen diesen Restposten angesehen. Das 322
Extra-Thema Hühnerstall war auf Wunsch von Herrn Simmer auf die Liste gekommen. Eigentlich war es überflüssig gewesen, weil der Punkt in Melchmanns
Themenaufstellung, „Gestaltung des hinteren Grundstücksteils Simmer" schon enthalten war. Aber Doppelnennungen waren ja erlaubt gewesen. Bei der Behandlung
des Punktes in der Lösungsphase hätte dann allerdings streng genommen auch eine
ausdrückliche Vereinbarung über den Hühnerstall erfolgen müssen. Statt dessen
war nur von den Bienen und einer Reihe von Nebenvereinbarungen die Rede gewesen, die zwar alle voraussetzten, dass in Zukunft keine Hühner mehr gehalten würden, dies aber nicht ausdrücklich festlegten.

Peter hatte sich damals schon gedacht, dass dieser Punkt ja spätestens in der Ab- 323
schlussvereinbarung explizit werden musste und sich gewundert, dass Michaela so
lange warten wollte, bis die bittere Wahrheit ausgesprochen wurde. Nun war klar,
dass dieses Thema durch die Zufälligkeit der Doppelnennung abgetrennt und noch
in der Lösungsphase behandelt werden konnte.

Peter spekulierte, wie dies ablaufen würde. Es gab zwei Möglichkeiten: Herr 324
Simmer würde jetzt erst die Konsequenzen für seine Hühnerzucht richtig erkennen
und noch einmal einen großen Eklat provozieren, oder – und darauf hatte wohl
Michaela Bauer gesetzt – er war in dem Netzwerk der ganzen wechselseitigen Einigungen schon so gut aufgehoben, dass sich diese Frage ohne große Schwierigkeiten
erledigen würde.

Herr Simmer meldete sich zu Wort: „Also das verstehe ich nicht ganz. Die Ange- 325
legenheit haben wir doch schon vorhin erledigt. Unter:»Gestaltung des hinteren

Grundstücksteils Simmer«. Die Bienen kommen in das Hühnerhaus. – Mit Einflug-
schneisen, selbstverständlich," zu Herrn Melchmann gewandt.

326   „Da haben Sie ganz recht," bestätigte ihn die Mediatorin schnell. „Es handelt
sich natürlich eher um einen historischen Punkt. Aber ich dachte, wir arbeiten zur
Sicherheit alles ganz bürokratisch ab. Offen ist vielleicht allenfalls noch, wie und
wann diese Umwandlung des Hühnerstalls geschehen soll. Wie haben Sie sich das
vorgestellt?"

327   Herr Melchmann sagte: „Das ist Sache von Dieter Simmer. Er soll entscheiden.
Wir kümmern uns um den Verkauf der Hühner, wenn er sagt, in Ordnung."

„An welchen Zeitrahmen hatten Sie denn gedacht, Herr Simmer?"

„Mir ist das egal. Je schneller der Stall von den Hühnern leer ist, umso eher sind
die Bienen drin und von meiner Terrasse weg. Also von mir aus könnt ihr schon
morgen nach Krekelfelde ziehen . . . Ich bin ja mal gespannt, an wen ihr einen im-
potenten Hahn verkaufen wollt."

„Garantieren kann ich natürlich nichts," schränkte Melchmann ein. „Ich denke
nur, es gibt verschiedene Lösungen für die Hühner. Da kann man doch nach Alternativen schauen."

„Du meinst," sagte Herr Simmer sarkastisch, „sie brauchen nicht gleich alle auf
einmal geschlachtet zu werden? Rede doch nicht so pietätvoll! Von mir aus kannst
du mit ihnen machen, was du willst! Und je eher, desto besser!"

328   „Gut," meinte die Mediatorin erfreut. „Haben Sie, Frau Melchmann, Frau Simmer, noch eine Anmerkung oder Anregung? Nein? Dann gibt es hier das letzte Häkchen." Die Mediatorin strahlte. „Sie alle können stolz auf Ihre Arbeit sein." Dann
schaute sie auf die Uhr. Sie hatten schon länger zusammengesessen als geplant.

4. Die Abschlussvereinbarung

329   „Wenn Sie möchten und noch die Konzentration haben, bringen wir heute noch
die Verhandlungen zu Ende. Ich würde dann nämlich gleich noch die vertragliche
Vereinbarung aufsetzen." Alle stimmten zu.

„Üblich ist immer folgendes: Ich werde Ihre Vereinbarungen in Ihrer Anwesenheit hier aufs Band diktieren. Montag schreibt das dann meine Sekretärin und Sie
bekommen es anschließend per Post nach Hause. Sie alle prüfen dann den Text in
aller Ruhe und reden darüber mit wem sie wollen. Vielleicht wollen Sie auch noch
fremden Rat einholen, manchmal fragt man lieber noch einmal einen Anwalt. Jedenfalls sollten Sie sich alles bis zum nächsten Mal gründlich überlegen. Einverstanden?"

„Einverstanden."

330   „Vielleicht noch eine Bemerkung zu unserer Abschlussvereinbarung. Wegen Ihrer
nachbarschaftlichen Gemeinschaft und der Eigentumsverhältnisse an den Grundstücken würde ich es für richtig halten, wenn der Vertrag von jeweils beiden Eheleuten unterzeichnet würde. Auch wenn wir annehmen, dass die Damen mit dem
Konflikt nichts zu tun hatten, so werden sie doch von den Regelungen, die Sie jetzt
treffen wollen, zwangsläufig mitberührt. Es wäre also sinnvoll, wenn alle unterschreiben würden. Haben Sie dagegen Einwände?"

Die Herren schüttelten den Kopf, und Frau Simmer sagte: „Wir unterschreiben
mit."

„Gut, dann beginnen wir jetzt einmal. Ich diktiere immer nur einen Satz und   331
mache dann eine kleine Pause. Wenn irgendetwas nicht stimmt, fallen Sie mir bitte
sofort in dieser Pause ins Wort. Ich werde dann zurückspulen und es sofort berich-
tigen. Also:

Abschlussvereinbarung

Herr Dieter Simmer und Frau Marlies Simmer, wohnhaft in 50939 Bernsberg,
Weißdornweg 23,

und Herr Gregor Melchmann und Frau Hannelore Melchmann, wohnhaft in 50939
Bernsberg, Weißdornweg 25,

haben sich im Rahmen eines Mediationsverfahrens, das von Frau Michaela Bauer,
wohnhaft in 50937 Bernsberg, Steubenstraße 67, als Mediatorin begleitet wurde,

im Verlauf von drei Sitzungen, die am . . . und . . . stattgefunden haben, wie folgt
geeinigt:

Herr Melchmann verlegt seinen Bienenstock, der sich bisher im hinteren Teil seines
Gartens in der Nähe der Terrasse der Eheleute Simmer befunden hat, in den hinteren Teil des Grundstücks der Eheleute Simmer. Damit wird erreicht, dass die Terrasse der Simmers nicht in der bevorzugten Flugrichtung der Bienen liegt und sich die
Familie Simmer auf ihrer Terrasse aufhalten kann, ohne dabei von diesen Bienen zu
sehr gestört zu werden.

Auf dem Grundstück der Eheleute Melchmann werden keine Bienen mehr gehalten.

Im Gegenzug verzichten Herr und Frau Simmer darauf, auf ihrem Grundstück Geflügel zu halten. Damit wird verhindert, dass die Terrasse der Familie Melchmann
Geräusch- und Geruchsbelästigungen durch Hühner ausgesetzt ist.

Herr Melchmann bemüht sich, Hahn und Hühner von Herrn Simmer bei einem
Bauern unterzubringen.“

„Stopp!,“ rief Herr Simmer dazwischen. Die Mediatorin unterbrach sofort und   332
sah ihn fragend an. „»Unterzubringen«!, was ist das denn für ein Ausdruck? Die
Hühner sollen weg, darauf haben wir uns geeinigt. Unterbringen – das klingt doch
so, als sollten sie Ferien auf dem Lande machen.“

„Was sollten wir denn Ihrer Meinung nach sagen?“

„Na ja,“ Herr Simmer überlegte, „». . . bemüht sich, Hahn und Hühner zu verkaufen«.“

„Und wenn sie niemand haben will?“ fragte nun Herr Melchmann.

„Es heisst ja »bemüht sich« – da wissen wir ja eigentlich schon, dass es nicht so
klappen wird, wie du es dir denkst.“

„Warum soll das denn nicht funktionieren?“

„Meine Herrn,“ kürzte die Mediatorin diese Debatte ab, „wären Sie damit einverstanden, wenn wir schreiben: ». . . bemüht sich, Hahn und Hühner zu verkaufen«? Das drückt den guten Willen aus, etwas zu erreichen, bedeutet aber keine
Verpflichtung, falls sich der Plan nicht in dem gewünschten Umfang umsetzten
lässt.“

Die Angesprochenen nickten. Die Mediatorin spulte das Aufnahmeband zurück,   333
diktierte den Satz neu und fuhr fort, die Vereinbarung aufzusetzen.

„Herr Melchmann bemüht sich, Hahn und Hühner von Herrn Simmer zu verkaufen. Herr und Frau Simmer gestatten, dass die Bienenstöcke von Herrn Melchmann in dem ehemaligen Hühnerstall untergebracht werden. Zum Zweck der artgemäßen Haltung darf Herr Melchmann aus dem Stall mehrere Glasfenster entfernen.

Außerdem gestatten die Eheleute Simmer Herrn Melchmann, ihr Grundstück durch das in der Nähe befindliche kleine Tor jederzeit zu betreten, um zu dem Bienenstock zu gelangen.

Wenn es Herr Simmer wünscht, wird Herr Melchmann einen Weg vom Gartentörchen bis zum Stall anlegen. Die Gestaltung bestimmt Herr Simmer, die Kosten trägt Herr Melchmann. Falls Herr Simmer einverstanden ist, kann Herr Melchmann aber auch diesen Weg auf eigene Initiative hin unter den genannten Voraussetzungen bauen."

334   Die Mediatorin hatte nach jedem Satz fragend in die Runde geschaut, war aber nie unterbrochen worden. Jetzt fragte sie: „Habe ich bis hierhin etwas vergessen? Nein? Dann käme nur noch die Mediationsklausel:

Die Parteien einigen sich darauf, bei zukünftigen Auseinandersetzungen zunächst das Gespräch miteinander zu suchen. Kommen sie nicht zu einer einvernehmlichen Lösung, versuchen sie, ihr Problem – bevor sie den Weg einer gerichtlichen Auseinandersetzung einschlagen – im Rahmen eines Mediationsverfahrens zu bewältigen.

335   Ja, das wäre es dann."

Alle Beteiligten schienen aufzuatmen. Die Herren Simmer und Melchmann saßen sichtlich entspannt auf ihren Stühlen, ihre Frauen warfen sich einen kurzen, befriedigten Blick zu.

„Ja, meine Herren, dann sind wir schon am Ende dieses Verfahrens angelangt. Sie haben hervorragend mitgearbeitet. Dafür möchte ich mich bedanken. Und ich hoffe, dass Sie aus diesem Verfahren das ein oder andere mitnehmen konnten – auch für den alltäglichen Umgang miteinander. Die Abschlussvereinbarung wird Ihnen meine Sekretärin wie gesagt zuschicken. Ich möchte Sie nochmals bitten, für sich selbst zu überprüfen, ob sich die Vereinbarung in der dann vorliegenden Form tatsächlich in die Realität umsetzen lässt. Sollte dies nicht der Fall sein, würde ich vorschlagen, dass wir uns in einigen Wochen noch mal kurz wiedersehen und gemeinsam überlegen, welche Nachbesserungen erforderlich sind. Was halten Sie davon?"

Herr Simmer sagte: „Einverstanden" und Herr Melchmann setzte hinzu: „Ja, das ist eine gute Möglichkeit, aber ich glaube, wir müssen diesen Termin nicht wahrnehmen."

Herr Simmer ergänzte: „Glaube ich auch nicht. Aber gut, dass uns diese Option zusteht."

„Dann bleibt mir nur noch, mich von Ihnen zu verabschieden, Ihnen einen guten Nachhauseweg und überhaupt für die Zukunft alles Gute zu wünschen . . . ."

§ 2 Verhandlung und Mediation

Prof. Dr. Fritjof Haft

Übersicht

Schrifttum: *Alexander,* Wirtschaftsmediation in Theorie und Praxis, 1999; *Arrow/ Mnookin/Wilson* (Hrsg.), Barriers to Conflict Resolution, New York 1995; *Bercovitch,* International Mediation and Dispute Settlement: Evaluating the Conditions for Successful Mediation, Negotiation Journal (1991) 17; *Blankenburg,* Sekundäranalyse der Literatur zur außergerichtlichen Streitbeilegung, 1999; *Breidenbach,* Mediation, 1995; *Breidenbach/Henssler* (Hrsg.), Mediation für Juristen, 1997; *Brown/Marriott,* ADR Principles and Practice, 2nd ed. London 1999; *Büchner u.a.,* Außergerichtliche Streitbeilegung, 1998; *Bühring-Uhle,* Arbitration and Mediation in International Business, Den Haag 1996; *Cooley,* The Mediator's Handbook – Advanced Practice Guide for Civil Litigation, Notre Dame 2000; *Dieter/ Montada/Schulze,* Gerechtigkeit im Konfliktmanagement und in der Mediation, 2000; *Duve,* Alternative Dispute Resolution (ADR) – die außergerichtliche Streitbeilegung in den USA, BB Beilage 10 (Mediation & Recht), Heft 40/1998, S. 9; *ders.,* Mediation und Vergleich im Prozess, 1999; *Fisher/Ury,* Getting to Yes, 2nd ed. Boston 1991; *Glasl,* Konfliktmanagement, 6. Aufl. 1999; *Goldberg/Sander/Rogers,* Dispute Resolution, 3rd ed. Boston 1999; *Gottwald/ Strempel,* Streitschlichtung, 1995; *Gottwald/Strempel/Beckedorff/Linke* (Hrsg.), Außergerichtliche Konfliktregelung für Rechtsanwälte und Notare (AKR-Handbuch), Loseblattwerk; *Haft,* Juristische Rhetorik, 6. Aufl. 1999; *ders.,* Mediation – Palaver oder neue Streitkultur?, in: FS Schütze 1999, S. 255; *ders.,* Mediation – ein Weg zur außergerichtlichen Konfliktbeilegung in Europa, in: FS Söllner 2000, S. 391; *ders.*, Verhandlung und Mediation, 2. Aufl. 2000; *Henssler/Koch*, Mediation in der Anwaltspraxis, 2000; *Henssler/Schwackenberg*, Der Rechtsanwalt als Mediator, MDR 1997, 409; *v. Hoyningen-Huene*, Mediation – eine Alternative zum gerichtlichen Verfahren, JuS 1997, 352; *Lenz/Müller*, Businessmediation – Einigung ohne Gericht, 1999; *Mackie* (Hrsg.), A Handbook of Dispute Resolution, 1991; *Martindale-Hubbell*, International Arbitration and Dispute Resolution Directory, New Providence 1998; *Mnookin/Kornhauser*, Bargaining in the Shadow of the Law, 88 Yale Law Journal 1979, 950; *Moore*, The Mediation Process, San Francisco 1996; *Murray/Rau/Sherman*, The Processes of Dispute Resolution, Westbury 1996; *Ponschab*, Wege zur anwaltlichen Schlichtung, AnwBl. 1997, 145; *Raiffa*, The Art and Science of Negotiation, Cambridge 1982; *Risse*, Wirtschaftsmediation, NJW 2000, 1614; *ders.*, Wirtschaftsmediation im nationalen und internationalen Handelsverkehr, WM 1999, 1864; *Strempel* (Hrsg.), Mediation für die Praxis, 1998.

I. Einleitung

1. Was ist Mediation?

1   Mediation ist die **Unterstützung einer Verhandlung** durch einen neutralen Helfer, der seine Tätigkeit als schlichte **Dienstleistung** begreift und ausübt. Im Zentrum steht also die Verhandlung, nicht die Mediation. Dies zu betonen ist wichtig, weil die Menschen dazu neigen, sich wichtiger zu nehmen als sie sind. In dieser Gefahr befinden sich auch die Mediatoren. Ihnen sei das Motto eines bedeutenden Papstes ans Herz gelegt, der sich selbst regelmäßig ermahnte: „Johannes, nimm dich nicht so wichtig!"

2. From „Negotiation" to „Mediation"

2   a) Die Anfänge von „ADR" – „AKB". *aa) Verhandlungsprojekte.* Dass es bei der Mediation primär um die Verhandlung geht, lässt sich an der Entwicklung jener Bewegung namens „**Alternative Dispute Resolution** (ADR)" – „Alternative Konfliktbeilegung (ABK)" zeigen, in deren Verlauf sich (auch) die moderne Mediation herausgebildet hat. Am Beginn, in den siebziger und achtziger Jahren, stand die Beschäftigung mit dem Thema **Verhandlung** (Negotiation). Dies wird schon an den Bezeichnungen der Forschungseinrichtungen sichtbar, die seit den siebziger Jahren ins Leben gerufen wurden. In den USA sind hier etwa das Harvard Negotiation Project, das Stanford Center on Conflict and Negotiation oder etwa auch das Consortium on Negotiation and Conflict Resolution der Georgia State University zu nennen – die Aufzählung der Projekte mit der Firma „Negotiation" könnte fortgesetzt werden. In Deutschland wurde beispielsweise im Jahre 1983 von mir an der Universität Tübingen das Tübinger Verhandlungsseminar ins Leben gerufen.[1] Auch im Titel der damals gegründeten Fachzeitschriften kommt dieser Ursprung zum Ausdruck. Zu nennen ist hier etwa das in den USA gegründete Negotiation Journal. Und im Jahre 1981 veröffentlichte *Roger Fisher*, Law Professor an der Harvard

---

[1] Vgl. *Gottwald/Haft* (Hrsg.), Verhandeln und Vergleichen als juristische Fertigkeiten, 2. Aufl. 1992.

Universität, mit seinem Buch „Getting to Yes" einen weltweit erfolgreichen Bestseller zum Thema Verhandlung. Es ging also um Verhandlung. Von Mediation war am Beginn dieser Bewegung keine Rede.

bb) Verhandlung als Gegenstand seriöser Forschung. Dass sich damals angesehene Forscher in mehreren westlichen Industrieländern des Themas „**Verhandlung**" annahmen, war keineswegs selbstverständlich. Verhandeln wurde (und wird) vielfach als „**Feilschen**" begriffen, bei dem es darum geht, den anderen erfolgreich „über den Tisch zu ziehen". Zumal in Deutschland hatte (und hat) dieses Treiben einen schlechten Ruf. Im Lande der Festpreise liebte (und liebt) man den Basar nicht. Populäre Bücher mit Verheißungen wie *„Sie können nirgendwo sonst mit so wenig Einsatz soviel gewinnen wie beim gekonnten Verhandeln"* trugen zu diesem negativen Bild bei. Man dachte (und denkt) an die Fähigkeit, ein gebrauchtes Auto zum Höchstpreis zu verkaufen (oder zum Tiefstpreis zu kaufen). Man hatte (und hat) das Bild des Haustürvertreters vor Augen, der die Tricks der Verkaufspsychologie anwendet, um Zeitschriftenabonnements oder Staubsauger an den Kunden zu bringen. Und zumal Juristen hielten (und halten) das Thema „Verhandlung" gar für standeswidrig. Wer beispielsweise in einem Aufsatz die Mechanismen des Basars untersucht und dabei konkret Fragen behandelt wie die, ob es angebracht ist, als Erster im Basar einer Schmerzensgeldverhandlung eine Zahl zu nennen, der begibt sich (vermeintlich) in Niederungen, die von ernsthaften Juristen gemieden werden; keine juristische Fachzeitschrift wird so etwas drucken. Wer dagegen einen zwanzigseitigen Aufsatz zu der Frage schreibt, ob eine Sitzblockade Gewalt im Sinne des Straftatbestandes der Nötigung ist, treibt (vermeintlich) seriöse Forschung; er wird gedruckt (wenn auch nicht unbedingt gelesen) werden. Mir wurde anlässlich der ersten von mir veranstalteten Verhandlungsseminare für Studenten in den frühen achtziger Jahren die Äußerung eines Kollegen zugetragen: *„Da können Sie bloß lernen, wie Sie Ihr gebrauchtes Auto günstig verkaufen."* (Übrigens halte ich dies für ein durchaus erstrebenswertes Ziel.)

Warum riskierten also damals ernsthafte Wissenschaftler ihren Ruf, indem sie „Verhandlung" zu einem Gegenstand von Forschung und Lehre machten?

cc) Unmittelbare Konfliktbeilegung durch die Betroffenen. Sie taten es, weil sie ein Anliegen verfolgten, das sie für wichtig hielten, und das in der Tat wichtig ist. Es ging ihnen darum, wissenschaftlich fundierte Erkenntnisse über die Art und Weise zu gewinnen, wie Menschen im Konfliktfalle miteinander umgehen. Konflikte sind ein unvermeidbarer **Teil des menschlichen Zusammenlebens.** Sie können positive Kräfte freisetzen. Sie können aber auch Menschen ruinieren. Gerade Juristen ist das Letztere vertraut. Zu den potenziell ruinösen Konfliktveranstaltungen gehören fraglos die Prozesse, die vor staatlichen Gerichten geführt werden. Menschen, die einen Prozess führen, bewegen sich am Rande (und nicht selten jenseits) der Zurechnungsfähigkeit. Man sollte sie meiden. Das alte Wort vom Anwalt in eigener Sache, der einen Ochsen als Mandanten und einen Esel als Anwalt hat, verdeutlicht diesen Befund.

Die Gründe, aus denen die Menschen in Prozesse getrieben werden, sind von Land zu Land verschieden; das Ergebnis ist in gleicher Weise beklagenswert. In den USA spielen die Anwälte hier eine oftmals fragwürdige Rolle. In Deutschland haben der Wiederaufbau und Ausbau des Rechtsstaates nach 1945 sowie die Erfindung der Rechtsschutzversicherung die Prozesswut der Menschen befördert. Das Bundesverfassungsgericht teilte unlängst die Verfassungsbeschwerde eines Autofahrers mit, der angesichts einer Staus auf der Standspur gefahren war, einen Bußgeldbescheid erhalten hatte und deswegen „bis nach Karlsruhe" gegangen war.

6   In dieser Situation lag die Frage nahe, ob es eine **Alternative** gibt. Es gibt sie. Sie besteht in der unmittelbaren Konfliktbeilegung durch die **Betroffenen** selbst. Das setzt die Fähigkeit zum Verhandeln voraus.

7   Die Beschäftigung mit dem Thema „Verhandlung" führte zu der Suche nach Antworten auf Fragen wie: Was geschieht, wenn sich die Betroffenen bemühen, ihre Konflikte unmittelbar – im Verhandlungswege – beizulegen? Welche verborgenen Mechanismen sind hier wirksam? Warum scheitern Verhandlungen oftmals? Welche Hindernisse blockieren die Wege zu einer Einigung. Werden diese Hindernisse womöglich von den Betroffenen selbst errichtet? Werden sie gar von den Juristen – von Anwälten und Richtern – errichtet? Was können die Beteiligten – Betroffene und Juristen – tun, um diese Hindernisse zu überwinden? Und da die Antworten auf diese und weitere Fragen durchweg an Hochschulen gesucht wurden, verband sich damit das weitere Anliegen, das Thema „Verhandlung" nicht nur zum Gegenstand der Forschung, sondern auch zum Gegenstand der Lehre zu machen, und zwar nicht nur in der Rechtswissenschaft, sondern auch in anderen Disziplinen. Zusätzlich zum jeweiligen Fachwissen sollen Fähigkeiten im Studium vermittelt werden, die in praktisch allen Lebensbereichen – im Privatleben wie in jedem Beruf – wertvoll und nützlich sind. Die Fähigkeit, mit Konflikten auf rationale Weise umzugehen, gehört fraglos zu jenen **„Soft Skills"**, deren Vermittlung in allen Disziplinen zu den elementaren Aufgaben einer Universität gehört. Der Rechtswissenschaft kommt dabei naturgemäß eine zentrale Bedeutung zu. Denn der Stoff, aus dem die juristischen Dinge gemacht sind, sind nun einmal Konflikte – sonst nichts.

8   *dd) Ein idealistischer Ausgangspunkt.* Dass hier ein idealistischer Ausgangspunkt existierte, ist heutzutage weithin in Vergessenheit geraten. Anders als heute bei der Mediation ging es damals nicht darum, den Zugang zu einem attraktiven Markt – dem **Markt der Konflikte** – zu eröffnen. Niemand dachte damals daran, einen neuen Berufsstand – den des Mediators – zu begründen. Von Verteilungskämpfen etwa zwischen Juristen und den sog. „Psychosozialen", oder innerhalb der Juristen – zwischen Anwälten, Richtern, Notaren und anderen –, war keine Rede. Ja, die Beschäftigung mit dem Thema „Verhandlung" war eigentlich – berufspolitisch gesehen – kontraproduktiv. Man stelle sich vor, die Menschen würden dazu befähigt werden, ihre Konflikte ganz allein, ohne juristische Hilfe beizulegen. Anwälte und Gerichte würden dann arbeitslos werden.

9   Natürlich wird es dazu nicht kommen. Es gibt Hindernisse auf dem Weg zu einer Einigung, welche die Betroffenen selbst nicht – auch nicht mit Hilfe ihrer Anwälte – aus dem Weg räumen können. Als dies deutlich wurde, schlug die Geburtsstunde der Mediation. In deren Herleitung aus der Verhandlungsforschung liegt die Besonderheit der Mediation gegenüber zahlreichen früheren verwandten Erscheinungsformen der Hilfe im Konfliktfall durch neutrale Dritte.

3. Die Wiedergeburt der Mediation aus dem Geist von „Negotiation"

a) **Frühe Erscheinungsformen der Streithilfe.** Die „Vermittlung" in Streitfällen ist 10
eine alte Sache. Schon in der **Antike** gab es zahlreiche Formen des Bemühens Dritter
um Hilfe bei der Beilegung von Konflikten. In den alten Kulturen des Ostens und
Ägyptens finden wir die Streitvermittlung ebenso wie im alten Griechenland; schon
Solon[2] betätigte sich auf diesem Feld. Im Mittelalter vermittelten Geistliche zwischen den Parteien bei Straftaten, Ehestreitigkeiten und sogar bei kriegerischen
Auseinandersetzungen. Auch der Begriff Mediator tauchte schon vor langer Zeit
auf. So entsandte *Papst Urban VIII.* (1643–1644) zu den fünf Jahre dauernden
Verhandlungen über die Beendigung des Dreißigjährigen Krieges mediatores pacis
zur Vermittlung zwischen den katholischen Mächten nach Münster. Im Text des
Westfälischen Friedens vom 24. 10. 1648 wurde der venezianische Gesandte *Aloysius Contareno* ausdrücklich als Mediator erwähnt. In England erfand man den
„Loveday", einen vom Gericht gewährten Verfahrensaufschub zur außergerichtlichen Konfliktbeilegung. In die USA führten Einwanderer aus China ebenso wie religiöse Gruppen – Quäker, Mennoniten und andere – schon vor mehr als hundert
Jahren Formen der außergerichtlichen Vermittlung ein. Im Jahre 1898 schuf der
amerikanische Kongress die gesetzlichen Grundlagen der Mediation bei Arbeitskonflikten. Im Jahre 1913 wurde dieser Gedanke beim Eisenbahnbau durch das Board
of Mediation and Conciliation in die Praxis umgesetzt. In den sechziger Jahren be-
wirkte die Bürgerrechtsbewegung auf kommunaler Ebene die Entstehung von
neighborhood justice centers. Auch in Deutschland existierte schon seit langer Zeit
der Gedanke der Streitschlichtung durch ein Vorverfahren. In den Krisenjahren der
Weimarer Republik entwickelte sich hier sogar eine regelrechte „Rechtsfriedenbe-
wegung", die für eine Stärkung des Gütegedankens eintrat. Im Jahre 1924 wurde
durch eine Gesetzesreform jedem Zivilverfahren vor dem Amtsgericht ein Güteverfahren (vor demselben Amtsrichter) vorangeschaltet. Diese Regelung blieb bis 1950
in Kraft. Zahlreiche behördliche und private Einrichtungen befassten und befassen
sich mit der vor- und außergerichtlichen Streitbeilegung.[3]

b) **Die Mediation als schlichte Dienstleistung.** Was also ist neu an der Mediation 11
im heutigen Sinne? Neu ist ihre Orientierung an dem aufgezeigten idealistischen
und zugleich demokratischen Ausgangspunkt, der besagt, dass es um die unmittelbare Verhandlung zwischen den Betroffenen selbst geht, und dass der neutrale Dritte dabei lediglich als schlichter Dienstleister auftritt. In der Vorstellung, die Betroffenen selbst seien imstande, ihre Konflikte beizulegen, ist eine Anerkennung des
mündigen Bürgers enthalten, die es bislang nicht gegeben hat. Der Privatautonomie
wird damit der Vorrang vor jeder Form von obrigkeitlicher Bevormundung – sei es
durch einen staatlichen – „königlichen" – Richter, sei es durch einen privaten

---

[2] *Solon* war nicht nur der höchste athenische Beamte, sondern zugleich mit der besonderen Aufgabe
des Vermittlers zwischen den verfeindeten Gruppen, dem Volk und den Aristokraten betraut, vgl.
Olivia/Pavel, Solon – Legende und Wirklichkeit, Konstanz 1988, S. 48. *Platon* (429–348 v. Chr.)
fordert im 11. Buch seiner „Gesetze" (Nomoi) bei „Unverträglichkeiten" von Eheleuten ihre Aussöhnung mithilfe von Gesetzesverwesern und Eheaufseherinnen bzw. eine Heiratsvermittlung mit
Personen ruhigeren und sanfteren Charakters.
[3] Zu nennen sind etwa Schiedsstellen bei bestimmten Amtsgerichten, gemeindliche Schiedsämter,
Öffentliche Rechtsauskunfts- und Vergleichsstellen, Schiedsstellen des Kraftfahrzeughandwerks und
die Schlichtertätigkeit der Mietvereine.

Schiedsrichter, sei es durch einen weisen Schiedsmann oder Schlichter – zugebilligt. Der vermittelnde Dritte (so denn ein solcher benötigt wird) ist keine Autorität kraft Amtes, sondern ein Helfer kraft Wissens und Könnens. Während die traditionellen (und in Deutschland nicht sehr erfolgreichen) Formen der außergerichtlichen Streithilfe in das Paradigma der Streitbeilegung von oben gehören, ist die heutige Mediation Streitbeilegung von unten.

II. Mediation und Juristen

1. Demokratie und Mediation

12   Es ist kein Zufall, dass dieser neue Impuls von den **USA** ausging, dem Land mit der längsten demokratischen Tradition auf dem Globus. Ebenso wenig ist es ein Zufall, dass es dort die Juristen waren, die der neuen Bewegung ihren mächtigen Impuls gaben. Im Jahre 1978 hielt *Frank Sander*, Rechtsprofessor an der Harvard Universität, auf der von der American Bar Association veranstalteten Pound Conference einen Vortrag „Varieties fo Dispute Processing" und gab damit den Anstoß zur Entwicklung von ADR, in deren Zentrum heute die Mediation steht.

2. Der äußere Anlass – Mängel des staatlichen Gerichtsverfahrens

13   **a) Die Situation in den Vereinigten Staaten.** Äußerer Anlass hierfür waren **Mängel** des US-amerikanischen Zivilprozesses. Die Verfahren sind dort **langwierig** und **kostspielig.** Entscheidungen werden von **Geschworenengerichten** getroffen und sind daher oftmals in besonderem Maße nicht prognostizierbar. In Zivilverfahren können Strafen verhängt werden. Es gibt **keine Kostentragungspflicht** der unterlegenen Partei. All dies führte in den USA zu der Suche nach einer **Alternative** zum staatlichen Prozessverfahren. Diese Alternative wurde gefunden. Sie ruht auf den drei Säulen **Schiedsgerichtsbarkeit (Arbitration)**, **Vermittlung (Mediation)** und **Verhandlung (Negotiation)**. Diese Verfahren wurden zum einen innerhalb des Gerichtssystems in vielfältigen Ausprägungen[4] als „**Court-ADR**" eingeführt und verbreitet. Zum anderen wurde im Rahmen des 1998 in Kraft getretenen **Alternative Resolution Act** die Möglichkeit geschaffen, alle von einer Rechtsveränderung betroffenen privaten Gruppen durch die entsprechende Behörde zu direkten Verhandlungen einzuladen (**negotiated rulemaking**). Schließlich wurden in Verträgen zwischen Wirtschaftsunternehmen zunehmend Mediationsklauseln aufgenommen. Auch führten die US-amerikanischen Anwaltskanzleien eigene ADR-Departments ein. Die Unternehmen berichten von positiven Erfahrungen mit diesen Neuerungen. So stellte beispielsweise das US-Unternehmen Motorola nach Einführung eines ADR-Programms eine Kostensenkung für Rechtsstreitigkeiten von 75% und eine Verbesserung der Beziehungen zu den Geschäftspartnern fest. An den meisten Law schools der USA hat ADR inzwischen einen festen Platz in Lehre und Forschung. Auch wurden Mediationsgesellschaften wie Jams-Endispute gegründet, deren Aktien an der Börse gehandelt werden.

---

[4] Hier sind zu nennen Mediation, Early Neutral Evaluation, Minitrial, Summary Trial und das Schiedsverfahren.

b) **Die Situation in Deutschland.** In Deutschland, wo es die genannten spezifi- 14
schen Mängel der US-Zivilprozesse nicht gibt, war und ist der Druck in Richtung
ADR längst nicht so stark ausgeprägt wie in den USA. Hier war es vielmehr das
Beispiel der USA, das vor allem die Rechtssoziologen zu einer intensiven Auseinandersetzung mit dem Thema **Außergerichtliche Streitbeilegung** veranlasste. Der
Startschuss fiel auf einer Tagung der evangelischen Akademie Bad Boll im Jahre
1977. In den Folgejahren wurde das Thema intensiv in Praxisforen der Akademien
Arnoldshain und Loccum behandelt. Im Jahre 1988 wurden auf dem Dritten Klei-
nen Arnoldshainer Familiengerichtstag erstmals Forschungsergebnisse aus den USA
einem größeren Fachpublikum vorgestellt. Private Initiativen folgten. Seitdem
nimmt die Familienmediation in Deutschland eine Vorreiterrolle ein. Es folgte die
Umweltmediation, die bereits Ende der achtziger Jahre praktisch eingeführt wurde.[5]
Auf dem 49. Deutschen Anwaltstag 1997 in Frankfurt/Main war das Thema
„Streitschlichtung – Anwaltssache" ein Leitthema. In der Folgezeit wurde das Thema von Vertretern anderer juristischer Berufe – Richtern und Notaren – teilweise
kontrovers diskutiert. Auch der **deutsche Gesetzgeber** führte durch verschiedene Regelungen mediative Elemente ein. Und auch im Rechtsstudium wurden vereinzelt
Kurse in Mediation eingeführt.

Aber auch in Deutschland wurde nicht nur dem Beispiel der USA gefolgt. Auch 15
hier existierte unabhängig von amerikanischen Anstrengungen der genannte Ausgangspunkt einer Beschäftigung mit dem Thema „Verhandlung". So wurde das erwähnte Tübinger Verhandlungsseminar bereits im Jahre 1983 unabhängig von den
US-amerikanischen Projekten gegründet.

3. Welche Hindernisse bereiten Juristen den Betroffenen?

a) **Die Beförderung des Positionsdenkens.** *aa) Der Idealfall: „Win-Win-Negotia-* 16
tion". Im **Idealfall** einer unmittelbaren Verhandlung tragen die Parteien selbst ihren
Konflikt **ohne Hilfe eines Dritten** aus. Dieser Fall ist deshalb ideal, weil die Parteien
selbst am besten wissen, was ihren Interessen dient. Sie können, sofern sie das Verhandlungsspiel gut spielen, nach Lösungen suchen, die den Interessen des einen jeweils möglichst gerecht werden, ohne den Interessen des anderen zu schaden – et
vice versa. In den USA spricht man in diesem Zusammenhang von **„Win-Win-Negotiation".**

bb) Positionen programmieren das Scheitern von Verhandlungen vor. Aber dieser 17
Idealfall kommt nur selten vor. Unter den Gründen, die ihn verhindern, steht das
Positionsdenken an erster Stelle. Dieses Denken beherrscht den Alltag der Menschen. Positionen sind nichts anderes als Wunschträume für eine erhoffte Zukunft.
Verschiedene Menschen träumen verschiedene Zukunften. Deshalb führen Positionen zu **Gegenpositionen.** Da aber nur eine Zukunft Wirklichkeit werden kann, sind
Positionen miteinander unvereinbar. Positionen programmieren daher das Scheitern
der Verhandlung vor. Wenn die Betroffenen keine Tricks durch Manipulation verwenden können oder wollen, und wenn sie auch keine Machtmittel einsetzen können, um ihre Positionen durchzusetzen (was nur selten möglich und so gut wie im-

---

[5] Zu nennen sind etwa der Streit um die Sonderabfalldeponie Münhehagen oder der Streit um den
Bau des PKW-Werkes Rastatt der Daimler-Benz-AG.

mer sachwidrig, u. U. sogar als Nötigung und Erpressung strafbar ist), bleibt ihnen
– sofern sie nicht einfach auseinander gehen können – nur der Gang zu einem Dritten. Dieser Dritte ist seit Jahrtausenden der **staatliche Richter**. Hier liegt die Geschäftsgrundlage aller juristischen Berufe.

18   *cc) Die Erfindung des Antrags.* Es verwundert nicht, dass die Juristen des westlichen Kulturkreises seit Anbeginn der Rechtsgeschichte alles getan haben, um die
Menschen zu zwingen, ihre Konflikte in das Gewand von Positionen zu kleiden.
Niemand kann mit einem Problem zu einem Gericht kommen. Er muss einen bestimmten **Antrag** stellen und damit konkret Position beziehen. Der Antrag kann als
die dritte große Erfindung des Rechts nach **Gesetz** und **Gericht** bezeichnet werden.[6]

19   Der Zeitpunkt dieser Erfindung lässt sich datieren. Es ist der Zeitpunkt, in dem
die gemeinsamen Ursprünge von Recht und Rhetorik liegen.[7] Im Jahre 456 v. Chr.
wurde in Sizilien der syrakusanisch-gelaische Doppelstaat der Deinomeniden durch
die Vertreibung des **Thrasybulos** gestürzt. Die Tyrannen hatten eine gewaltsame
Bevölkerungspolitik betrieben. Nach ihrer Vertreibung mussten im befreiten Sizilien
die Verhältnisse neu geordnet werden. Zahlreiche Streitigkeiten waren die Folge. In
der auch in anderen griechischen Städten neu geschaffenen Demokratie sollten diese
ebenso wie die übrigen öffentlichen Dinge vor aller Welt ausgetragen werden. In Sizilien rief *Korax* seine Mitbürger zu einer Versammlung (Ekklesia) und hielt dort
eine Rede, die einen solchen Eindruck machte, dass Korax begann, die Redekunst
zu lehren. Einer seiner Schüler, *Teisias,* verfasste das erste rhetorische Lehrbuch.
Beide gelten als die Begründer der Rhetorik, Korax als Begründer der politischen,
Teisias als Begründer der juristischen Beredsamkeit. Hier liegen zugleich die Anfänge der Jurisprudenz.

20   Durch Einrichtung von **öffentlich tagenden Volksgerichten** sollten Korruption
und geheime Absprachen verhindert werden. Ihnen gehörten mehrere hundert bis
mehrere tausend Personen an. Diese hatten alle den gleichen Rang als Richter. Sie
waren keine Juristen und kannten den Fall nicht. Eine Beweisaufnahme fand ebenso
wenig statt wie eine Erörterung des Falles durch das Gericht. Die Parteien mussten
ihren Fall vielmehr persönlich in geschlossener Rede vortragen. Eine **Vertretung,**
etwa durch Anwälte, war prinzipiell **unzulässig.** Den Parteien oblag es, den Sachverhalt darzulegen, die infrage kommenden Gesetze heranzuziehen und auszulegen,
den Fall darunter zu subsumieren und bestimmte Anträge zu stellen. Es gab **keine
Beratung** des Gerichtes zum Zwecke der Urteilsfindung. Das Gericht entschied
vielmehr spontan durch Abstimmung unter dem unmittelbaren Eindruck der Par-
teivorträge. Bei seiner Entscheidung konnte es nicht von den Anträgen der Parteien
abweichen. Es hatte nur die Wahl, einem Antrag stattzugeben oder diesen
zurückweisen. Eine Ausnahme hiervon galt nur für den Fall, dass eine Klage abgewiesen wurde. Dann konnte das Gericht dem Kläger zusätzlich eine Geldbuße
(Epobelie) auferlegen.

21   Das geschilderte Verfahren trug dem Umstand Rechnung, dass ein aus zahlreichen Laien gebildetes Volksgericht weder zu einer genauen Sachverhaltserforschung
noch zu juristisch differenzierten Erwägungen imstande war. Entscheidend war allein die **überzeugende Rede.** Hiervon hing alles ab. Die einzige Hilfe, die es für die

---

[6] Näher dazu *Haft,* FS Schütze, a.a.O.
[7] Näher zum Folgenden *Ueding,* Klassische Rhetorik, München 1995, S. 11 ff.

Betroffenen gab, lag in der Möglichkeit, sich eine solche Rede von einem Experten ausarbeiten zu lassen und diese dann auswendig zu lernen. So entstand der Berufsstand der **Logographen**. Bekannte Rhetoren wie Isokrates (436–338), ein Schüler des *Gorgias*, und *Lysias von Syrakus* (etwa 450 – 380) übten diesen Beruf aus.

Der Antrag war also eine notwendige **Vereinfachungstechnik**, und er ist dies bis   22 auf den heutigen Tag geblieben. Er nützt nicht den Parteien, sondern den Juristen. Die Ersten, die das erkannten und auswerteten, waren die **klassischen römischen Juristen**. Sie schufen ein **Aktionensystem**, in dem nur bestimmte Klagen (**Actiones**) zugelassen waren. Der Prätor machte bei seinem Amtsantritt auf einer weißen Holztafel (Album) in einem Edikt (**Edictum**) publik, welche Klagen vor ihm zulässig waren. Im Laufe der Zeit übernahmen seine Amtsnachfolger die Edikte früherer Prätoren (**Edicta tralaticia**), bis sie im Jahre 130 n. Chr. durch Senatsbeschluss für unabänderlich erklärt wurden (**Edictum perpetuum**). Wer sein Recht vor Gericht suchen wollte, musste eine dort zugelassene Klage erheben und den darin vorgesehenen Antrag stellen. Das Gericht hatte dann nur die Wahl, dem Antrag stattzugeben (**absolvo**) oder ihn abzulehnen (**condemno**). Fand der Betroffene keine zugelassene Klage, mochte seine Sache noch so schwerwiegend und belastend sein – der Gang zum Gericht war von vornherein aussichtslos. Eine etwaige Klage war unzulässig, und das hieß, das Gericht lehnte es ab, sich überhaupt mit ihr zu befassen. Hieran hat sich bis heute nichts Wesentliches geändert.

b) Der „Kampf ums Recht". Das Antragsdenken hat unsere Rechtskultur bis zur   23 Gegenwart geprägt. Es führte dazu, Konflikte als **Kampfsituationen** zu begreifen. *Rudolf von Ihering* hat dieser Vorstellung in seinem berühmten Vortrag „Der Kampf ums Recht" beredt Ausdruck verliehen: *„Im Begriffe des Rechts finden sich die Gegensätze: Kampf und Frieden zusammen – der Frieden als das Ziel, der Kampf als das Mittel des Rechts, beide durch den Begriff desselben gleichmäßig gesetzt und von ihm unzertrennlich*[8] *[...]. Behauptung des verletzten Rechts ist ein Act der Selbsterhaltung der Person und darum eine Pflicht des Berechtigten gegen sich selber. Diese Behauptung des Rechts ist aber zugleich eine Pflicht gegen das Gemeinwesen."*[9]

Die im Jahre 1877 eingeführte **Civilprozessordnung** war demgemäß als Kamp-   24 fesordnung zwischen den Parteien ausgestaltet. Lediglich zwei Vorschriften[10] befassten sich mit der gütlichen Einigung des Rechtsstreites. Heute handelt eine einzige Vorschrift – § 279 ZPO – von der Verpflichtung des Gerichts, auf eine gütliche Beilegung des Konfliktes bedacht zu sein. Dem stehen mehr als tausend Paragraphen gegenüber, die den Krieg regeln.

Man kann sagen: Unter den Hindernissen, die einer gütlichen Einigung im Wege stehen, sind die von den Juristen errichteten Hindernisse die höchsten, die am schwersten zu überwinden sind.

c) Die Nachteile des Positionsdenkens. Fraglos gibt es Konfliktsituationen, in de-   25 nen entschlossenes Durchsetzen von Positionen die einzig richtige Vorgehensweise ist. Wenn ein fauler Schuldner nicht bezahlen will, oder wenn ein Rechtsverletzer von seinem Treiben nicht ablässt, und wenn es sonst um nichts geht als darum,

---

[8] *Ihering, Rudolf v.*, Der Kampf ums Recht, Wien 1872, S. 7.
[9] *Ihering, Rudolf v.*, a.a.O. S. 51.
[10] Es handelte sich um die §§ 268 S. 1 und 471 CPO.

dann müssen Forderungen erhoben und entschlossen, notfalls mithilfe der Gerichte, durchgesetzt werden.

26   Aber in vielen Fällen liegt der Konflikt komplexer. Die Rechtslage ist vielfach so, dass jeder Betroffene teils Recht, teils Unrecht hat. Wirtschaftliche Interessen können in den Konflikt hineinspielen. Immaterielle Interessen sind so gut wie immer vorhanden. Und dann wiegen die Nachteile des Positionsdenkens, des „Kampfes um das Recht", schwer:

27   Hier sind zunächst die gegenseitigen Verhärtungen aufgrund von Prozessen zu nennen. Diese zerstören leicht **menschliche und geschäftliche Beziehungen**. Sie können darüber hinaus, wie gesagt, Menschen seelisch ruinieren. Der auf diese Weise entstehende Schaden kann weit größer sein als der durch einen Sieg vor Gericht erzielte materielle Gewinn.

28   Sodann ist zu bedenken, dass die Parteien in Prozessen die **Verfahrensautonomie** aus der Hand geben. Nicht sie, sondern das Gericht bestimmt den Gang des Verfahrens. Von Mündigkeit kann keine Rede sein.

29   Schließlich ist zu bedenken, dass die Gerichte Urteile regelmäßig nach dem Grundsatz **„Alles oder nichts"** fällen. Spieltheoretisch gesehen sind Prozesse **Nullsummenspiele**. Der Gewinn des einen ist der Verlust des anderen. Das Ergebnis ist immer null. Ein ökonomischer Wert wird auf diese Weise nicht geschaffen. Kreative Lösungen jenseits der „reinen Rechtslage" können in einem Urteil nicht (und in einem gerichtlich Vergleich nur schwer) gefunden werden. Der Prozess kann nur selten und nur mit Mühe durch einen kreativen Vergleich in ein Nicht-Nullsummenspiel verwandelt werden.

4. Die Überwindung der von Juristen errichteten Hindernisse

30   a) **„Focus On Interests, Not Positions"**. Der Weg zu einer außergerichtlichen Konfliktbeilegung wird frei, wenn der Horizont des Rechts überschritten wird. Dazu darf nicht (nur) nach (gerichtlich durchsetzbaren oder abzuwehrenden) Anspruchsgrundlagen gesucht werden, sondern es müssen (auch und vor allem) die **Interessen der Betroffenen** herausgearbeitet werden. Und es müssen Lösungen erarbeitet werden, welche diesen Interessen möglichst gerecht werden. Sie stehen nicht im Gegensatz zu den Lösungen, wie Gesetz, Rechtsprechung und Rechtsdogmatik sie für bestimmte „klassische" Konflikte erarbeitet haben. Der in der Rechtsordnung vorhandene reiche Schatz an praktischer Lebensklugheit soll nicht ungehoben bleiben. Aber es soll mehr geschehen. Es soll auch nach Lösungen gesucht werden, die das Recht nicht kennt, vielleicht sogar – weil nicht klagbar – nicht kennen darf, und die dennoch im konkreten Fall nützlich sein können.

31   So kann etwa der Schlüssel zu einer Konfliktlösung in einer einfachen **Entschuldigung** liegen. In der Rechtsdogmatik existiert dieses Thema nicht (wie sollte es auch – ist ein Anspruch auf Entschuldigung vorstellbar?). In der Verhandlungsliteratur spielt es dagegen eine Rolle. *F. Knebel* und *G. Clay* merken in ihrem Aufsatz *„Before you Sue"*[11] hierzu an: *„The first lesson of dispute resolution that many of us learn as children is the importance of apologizing. This is, however, a lesson that*

---

[11] In *Goldberg, Sander, Rogers,* Dispute Resolution, Negotiation, Mediation and Other Processes, 2. Aufl. Boston, Toronto, London, 1992, S. 116 ff. (137).

is soon forgotten. ... Many mediatiors have had one or more experiences ... in which an apology was the key to a settlement that might otherwise not have been attainable." Mancher mag sich an dieser Stelle an seine eigene Kindheit erinnern. Eine Entschuldigung besänftigte den wütenden Nachbarn, dessen Fensterscheibe beim Fußballspielen eingeworfen wurde. Der Nachbar belohnte den reuigen Sünder mit einem Stück Schokolade, und wer weiß, vielleicht wurde demnächst wieder eine Fensterscheibe eingeworfen, nur, um ein Stück Schokolade zu bekommen ...

b) **Von der Anspruchs- zur Interessenjurisprudenz.** Nach „herrschender Meinung" soll die heutige Jurisprudenz eine „**Interessenjurisprudenz**" sein. Ihr geistiger Urheber ist derselbe *Rudolf von Ihering*, der, wie schon erwähnt, den „Kampf ums Recht" gefordert hat. Die Interessenjurisprudenz soll die Rechtsanwendung nach Larenz „*revolutioniert*" haben, „*indem sie mehr und mehr die Methode einer lediglich formal-logisch begründeten Subsumtion unter die starren Gesetzesbegriffe durch die abwägende Beurteilung eines komplexen Sachverhalts und einer Bewertung der dabei in Betracht kommenden Interessen nach den der Rechtsordnung eigenen Bewertungsmaßstäben ersetzt hat. Dabei hat sie den Richtern das gute Gewissen verschafft und häufig Scheinbegründungen überflüssig gemacht.*"[12]   32

Diese so genannte „Interessenjurisprudenz" hat aber nichts mit den hier angesprochenen Interessen zu tun. Sie enthält lediglich eine Absage an die Begrifflichkeit des Rechts und erleichtert das Entscheidungsverhalten von Richtern, die unter Berufung hierauf mit dem von *Larenz* angesprochenen guten Gewissen etwa behaupten können, im Grundgesetz stünden Dinge wie die Antwort auf die Frage, ob Kruzifixe in Schulen aufgehängt werden dürfen oder nicht. Dass dies nicht der Fall ist, und dass es letztlich nur um eine Lockerung des Umgangs mit Begriffen geht, die nach wie vor den Ausgangspunkt der juristischen Tätigkeit bilden, wird darüber nicht gesehen. Trotz aller gegenteiligen Behauptungen: Die **Begriffsjurisprudenz** lebt, und sie entfernt sich mitunter weit von den wahren Interessen der Menschen.   33

c) **Juristen als Mediatoren.** Niemand erlebt dies deutlicher als Juristen – Anwälte oder Richter –, die sich als Mediatoren betätigen. Sie erfahren, dass es hier gerade nicht um die „*abwägende Beurteilung eines komplexen Sachverhalts*" und nicht um „*eine Bewertung der dabei in Betracht kommenden Interessen nach den der Rechtsordnung eigenen Bewertungsmaßstäben*" geht, sondern um die Herausarbeitung, Entdeckung, Klärung von sehr handfesten, komplexen, hierarchisch verwobenen und oftmals den Parteien selbst verborgenen Interessen, die meistens – wenn auch nicht immer – als legitim anzuerkennen und in vielen Fällen verhandelbar und damit zu einem Ausgleich zu bringen sind. Es ist sicher kein Zufall, dass es vor allem erfahrene, erfolgreiche Juristen sind, die in der Welt der Mediation eine völlig neue Welt entdecken, eine Welt, in der es möglich ist, scheinbar unvereinbare Positionen zu einem Ausgleich zu bringen, der allen Beteiligten möglichst etwas gibt und möglichst nichts nimmt.   34

Ein **Beispiel** aus dem Verwaltungsrecht mag dies verdeutlichen.[13] In einer Großstadt hatte ein Gastwirt in seiner in einer reinen Wohngegend gelegenen Gaststätte insgesamt zehn Geldspielautomaten sowie weitere Spielgeräte aufgestellt und eine Baugenehmigung für die entsprechende teilweise Nutzungsänderung beantragt. Die   35

---

[12] *Larenz*, Methodenlehre der Rechtswissenschaft, 5. Aufl. 1983, S. 58.
[13] Dieser Fall ist der Realität eines Verwaltungsgerichts entnommen.

Haft   85

zuständige Baubehörde lehnte den Antrag ab. Es handle sich bei dem Vorhaben um eine kerngebietstypische Vergnügungsstätte, die in einem allgemeinen Wohngebiet unzulässig sei. Hiergegen klagte der Gastwirt. Eine Besichtigung von Gaststätte samt Umgebung mit den Parteien durch das Gericht ergab, dass eine solche Spielhalle voraussichtlich nicht genehmigungsfähig war. Daraufhin verhandelten die Parteien unter der Leitung des Vorsitzenden – der die Rolle eines Mediators übernahm und dabei ein sorgfältiger Zuhörer war, und der neben den Interessen der Beteiligten[14] übrigens auch die eigenen Interessen des Gerichts[15] im Auge hatte – über eine anderweitige gütliche Beilegung des Rechtsstreites.

Wie sah wohl die schließlich gefundene Lösung aus?

III. Nochmals – die Lösung muss von den Parteien selbst gefunden werden

36   Wenn zwei sich streiten, ist es für einen Dritten meistens einfach, eine Lösung zu finden. Die Probleme anderer Menschen erscheinen immer leicht lösbar. Nur bei den eigenen Problemen ist das anders. Der Mediator wird also stets in Versuchung sein, **eigene Lösungsvorschläge** zu unterbreiten. Nicht selten wird hierin sogar seine wesentliche Aufgabe gesehen.

37   Demgegenüber ist festzuhalten, dass die Parteien auch bei Einschaltung eines Mediators ihren Konflikt selbst beilegen müssen, nicht deshalb, weil eine „reine Mediationslehre" dies so fordert, sondern deshalb, weil nur die Parteien selbst wissen können, was ihren Interessen am besten dient, und weil nur eine von den Parteien selbst erarbeitete Lösung (mit etwas Glück) Bestand haben wird. Im Zentrum der Mediation steht, es sei wiederholt, die unmittelbare Verhandlung der Parteien. Der Mediator kann hier in vielen verschiedenen Rollen unterstützend tätig werden. Er kann eine rein passive Rolle als **Katalysator** übernehmen oder aktiv die Verhandlung als „**Chairman**" führen. Durch Hinweise auf Fakten, Regeln und Normen kann er als „**Enunciator**" die Informations- und damit Argumentationsbasis der Parteien erweitern. Er kann auch eigene Meinungen und Bewertungen als „**Evaluator**" beitragen; dazu gehört insbesondere das Aufdecken von unrealistischen Erwartungen der Parteien als „**Agent of Reality**". Er kann als **Informationsmittler** (Bote) nach vorher verabredeten Regeln („go between") wirken. Er kann sogar eigene Entscheidungsvorschläge als „**Leader**" unterbreiten. Aber stets muss er sehen, dass er lediglich als Dienstleister der Parteien auftritt. Das ist wenig, und das ist viel zugleich.

---

[14] Der Gastwirt wollte wenigstens die Investitionskosten verdienen. Die Behörde wollte den Akt vom Tisch haben.

[15] Auch das Gericht wollte den Fall vom Tisch haben – endgültig!

§ 3 Interdisziplinarität der Mediation

Dr. Thomas Spörer/Christian Frese

Übersicht

Schrifttum: *R. A. Baruch Bush/J. P. Folger,* „The Promise of Mediation – Responding to Conflict through Empowerment and Recognition", San Francisco 1994; *R. R. Blake/ J. S. Mouton,* „Solving costly Organisational Conflicts", San Francisco 1984; *S. Breidenbach,* „Mediation – Struktur, Chancen und Risiken von Vermittlung im Konflikt", Köln 1995; *J. Caplan,* „Ein Kult wird untersucht: die Juristen und ihre Kunden", in: I. Illich u. a. „Entmündigung durch Experten", Hamburg 1983, S. 97–112; *N. Christie,* „Conflict as Property" in: British Journal of Criminology 7/1978; *C. A. Costantino/C. S. Merchant,* „Designing Conflict Management Systems – A Guide to creating productive and healthy Organisations", San Francisco 1996; *T. E. Crowley,* „Settle it out of Court – How to resolve Business and personal Disputes using Mediation, Arbitration and Negotiation", New York 1994; *E. F. Dukes,* „Resolving public Conflict – transforming Community and Governance", Manchester 1996;

R. *Fisher/W. Ury*, „Getting to yes – Negotiating Agreement without giving in", New York 1983; *J.M. Haynes*, „Scheidung ohne Verlierer", München 1993; *M. Henssler/L. Koch* (Hrsg.), „Mediation in der Anwaltspraxis", Bonn 2000; *F. E. Jaudt*, „Win-win Negotiating – turning Conflict into Agreement", New York 1985; *H. Jonas*, „Das Prinzip Verantwortung", Frankfurt/M. 1984; *E. Kruk* (Hrsg.), „Mediation and Conflict Resolution in social and the human Services", Chicago 1997; *C. Moore*, „The Mediation Process – Practical Strategies for resolving Conflict", San Francisco 1986; *F. Nagel*, „Super-Optimum solutions and win-win Policy, basic Concepts and Principles", Greenwood 1997; *W. Schmidbauer*, „Die hilflosen Helfer – Über die seelische Problematik der helfenden Berufe", Reinbeck 1984; *L. Susskind/S. McKearnan,/J. Thomas-Lormer* (Hrsg.), „The Consensus Building Handbook", New York 1999; *W. Trachter-Hyber/S. Huber* (Hrsg.), „Alternative Dispute Resolution – Strategies for Law and Business", Los Angeles 1996; *J. Willi*, „Koevolution – Die Kunst gemeinsamen Wachsens", Hamburg 1985.

I. Bestandsaufnahme der interdisziplinären Mediationspraxis

1. Einführung

1   Der folgende Beitrag setzt sich in grundlegender Weise mit **interdisziplinären** Aspekten und Bezügen der Mediation auseinander, ohne auf spezielle Teilbereiche oder Anwendungsgebiete dieser Streitbeilegungsform einzugehen. Im Zentrum stehen dabei weniger theoretische Überlegungen, sondern vielmehr **praktische Erfahrungen,** die sowohl in der eigenen Mediationsarbeit der Verfasser als auch in zahlreichen Gesprächen mit praktischen Anwendern aus unterschiedlichen Basisberufen gesammelt werden konnten. So wird diesem Beitrag ein Fallbeispiel vorangestellt, welches einer Einführung in die Thematik dienen soll.

2. Fallbeispiel

2   a) **Sachverhalt.** Die Familie X, bestehend aus einem Vater, 56 Jahre alt, und zwei Töchtern, 33 und 29 Jahre alt, wobei die letztere verheiratet ist und zwei kleine Kinder hat, betreibt im Raum Stuttgart eine Reinigung. Dieses Unternehmen war auf die verstorbene Ehefrau und Mutter vor längerer Zeit von deren Eltern über tragen worden.

3   Nach dem Todesfall, der zum Zeitpunkt der Bestandsaufnahme ca. fünf Monate zurücklag, ergaben sich für die Hinterbliebenen nunmehr eine ganze Reihe von Überlegungen:

– Verfügungen oder anderweitige Vereinbarungen bezüglich des Fortbestandes des Familienunternehmens waren nie getroffen worden. Erschwerend wirkte in dieser Situation die Tatsache, dass die wirtschaftliche Schieflage, in der sich das Unternehmen schon geraume Zeit befand, nicht mehr durch den Verkauf von Grundstücken kompensiert werden konnte, die aus dem elterlichem Besitz immer dann veräußert wurden, wenn Liquiditätsengpässe die Existenz des Reinigungsbetriebes akut bedrohten, obwohl die Grundstücke ursprünglich als Altersvorsorge für die gesamte Familie in Reserve gehalten worden waren.

– Die Gläubigerbanken verweigerten dem Betrieb die Fortschreibung eines Stillhalteabkommens zur Bedienung aufgenommener Darlehen. An eine weitere Aufstockung der Kreditlinie war nicht zu denken. Vielmehr wurde der Verdacht einer

Konkursverschleppung in den Raum gestellt, der aus Sicht der Banken nur mit Hilfe eines tragfähigen Sanierungskonzeptes oder aber der Einleitung eines Insolvenzverfahrens entkräftet werden konnte.

– Zwei Reinigungsunternehmen signalisierten Interesse an der Übernahme des Betriebes. Die sich abzeichnenden Konsequenzen eines solchen Schrittes ließen die Verhandlungen jedoch auf der Stelle treten. Zum anderen wäre die Übernahme mit einem Stellenabbau von über 60% der 18 Personen umfassenden Belegschaft einschließlich der beiden dort beschäftigten Töchter einhergegangen, zum anderen hätte der Vater seine Wohnung räumen müssen, die jedoch eine bauliche Einheit mit den Betriebsräumlichkeiten darstellte.

– Hierzu war jedoch dessen neue Lebensgefährtin, die bereits zwei Monate nach dem Tod der Inhaberin zu deren Ehemann gezogen war, nicht bereit. Dies unter anderem mit der Begründung, sie leiste dort schließlich die Betreuung für die Kinder der einen Tochter, obwohl das Verhältnis der beiden Töchter zu ihr nach eigenen Angaben mehr als angespannt sei.

Der hier geschilderte Fall ist authentisch. Einzelne Details wurden zum Zwecke 4 der Anonymisierung modifiziert, wobei die Substanz des Falles erhalten bleibt.

b) Fragestellungen. Die Fragen, die sich bei einem Erstgespräch für die Hinter- 5 bliebenen aus dem Tod der Mutter und Inhaberin des Reinigungsbetriebes ergaben, lauteten unter anderem:

– Wem soll das Unternehmen jetzt gehören?
– Ist es überhaupt sinnvoll, den überschuldeten Betrieb mit Blick auf die steil abwärts gerichtete Auftragslage weiterzuführen?
– Wie ist die erbrechtliche Lage beschaffen?
– Welches ist der fiskalische Status und mit welchen eventuellen Forderungen muss gerechnet werden?
– Was wird aus der Altersvorsorge nach dem Wegfall der eingeplanten Sicherheiten?
– Welches soll und kann die zukünftige Unternehmensstrategie sein?
– Wer hilft bei einer Sanierung?
– Wer spricht mit den Banken und worüber?
– Soll das Unternehmen verkauft werden und zu welchem Preis? Oder ist eine Suche nach liquiden Teilhabern besser?
– Wie können die Arbeitsplätze der Mitarbeiter gesichert werden?
– Wie kann der Bekanntheitsgrad des Unternehmens gesteigert und der Angebotsrahmen erweitert werden?

c) Analyse. Das Erstgespräch fand zwischen den Familienangehörigen und einem 6 Unternehmensberater statt, der schon früher für das Unternehmen tätig gewesen war.

Die unsystematische Reihenfolge der Fragestellungen macht nach außen deutlich, 7 welche Themen, Unwägbarkeiten und Emotionen zeitgleich auf die Betroffenen einwirkten. Der erste Schritt war daher eine thematische Gliederung und Bündelung mit dem Ziel, eine systematische Aufarbeitung zu ermöglichen und gleichzeitig zu klären, wie weit die persönlichen Fachkompetenzen des Beraters reichen. Des Weiteren musste geklärt werden, inwiefern die Gefahr bestand, die Beratungshoheit anderer Berufe zu tangieren, verbunden mit den entsprechenden berufsrechtlichen

Konsequenzen und welche anderen Berufsgruppen die erforderlichen weiterreichenden Fachkenntnisse zur Lösung der aufgeworfenen Problematik einbringen konnten.

8   Aus der Sicht der Familie begann in der Folge eine **„Beratungsodyssee"**. Es mussten ein Steuerberater, Rechtsanwalt, Finanzexperte und Familienpsychologe aufgesucht werden, die jeweils ihren Beitrag zur Erstellung eines Gesamtkonzeptes gemäß der Grundidee des beauftragten Unternehmensberaters leisten konnten. Die gefundenen Spezialisten waren einander unbekannt und eine zusammengeführte Kommunikation fand nicht statt. Dafür wurde wertvolle Zeit damit verbracht, Spezialisten mit dem jeweils benötigten Fachwissen ausfindig zu machen und Terminsvereinbarungen zu treffen. Dabei bestand keine Möglichkeit zu einer inhaltlichen oder thematischen Koordination und als „emotionale Begleitmusik" musste die eigene Leidensgeschichte stets von neuem erzählt werden. Hierbei wurden von Gespräch zu Gespräch durch die fachlich jeweils unterschiedliche Betrachtungsweise der einzelnen Berater häufig Teilaspekte der Gesamtproblematik herausgearbeitet, welche für die jeweils anderen Ansprechpartner der Familie ebenfalls bedeutsam gewesen wären. Diese Teilaspekte blieben aber entweder ohne Beachtung oder wurden in einer bestimmten Wahrnehmungseinfärbung durch die Betroffenen weitergegeben. Diese erlebten in der Folge eine Zunahme des durch die Situation gegebenen externen Drucks wie auch des durch wachsende Spannungen im familiären Binnenverhältnis hervorgerufenen internen Drucks mit dem Resultat, dass wie so häufig in derartigen Fällen einen angemessene oder der Sache förderliche Kommunikation nicht mehr stattfand.

9   **d) Fazit.** Als Fazit konnte gelten, dass mit einem Gesamtzeitaufwand von annähernd drei Monaten eine Reihe von Beratungsgesprächen aus unterschiedlichen Fachrichtungen jeweils mit profundem Fachwissen, aber mit isolierter inhaltlicher Ausrichtung bei den Betroffenen die Ratlosigkeit massiv gesteigert hatte, da für sie kein kohärentes Bild von Lösungsmöglichkeiten hinsichtlich ihrer Situation erkennbar war.

3. Interventionsmöglichkeiten

10   Auffällig ist für Mediationspraktiker an dieser Stelle die offensichtliche Vielzahl von **Interventionsmöglichkeiten** zum Prozess der Lösungsfindung nicht trotz, sondern gerade wegen der großen Menge unterschiedlicher fachlicher Inputs. Hierbei lassen sich eventuell auch gleichzeitig einige Dilemmata erfassen, die für die in Deutschland herrschende Mediationspraxis charakteristisch sind.

11   Mediation wird einer potentiellen Klientel häufig als separate Disziplin im Gesamtrahmen der Möglichkeiten von Konfliktbewältigung präsentiert. Die Anbieter bestehen nicht selten mit einer inhaltlichen Trennschärfe auch gleichzeitig auf einer fachlichen Abschottung zu anderen Berufszweigen, die ihrerseits die gleiche Dienstleistung verkaufen wollen. Und nicht zuletzt findet bis zum heutigen Tag ein systematisches Erschließen und Ausschöpfen der „Konfliktmärkte" trotz objektiv erkennbar hohem Bedarf nach wie vor nicht statt.

4. Ausgangspunkt: menschliche Bedürfnisse

Um nunmehr Aspekte eines interdisziplinären Wirkens innerhalb der Mediation **12**
betrachten zu können, sei darauf verwiesen, dass der für diesen Beitrag gewählte
Ausgangspunkt die **menschlichen Bedürfnisse** im Rahmen einer Konfliktbearbeitung und die daraus resultierenden **Beziehungen zwischen Klienten und Mediatoren**
sind.

Menschliche Bedürfnisse sind im Rahmen der Streitbeilegung stets der Ausgangs **13**
punkt des individuellen und sozialen Konflikterlebens und den daraus erwachsenden Erwartungen im Umgang mit Konflikten. Die Erwartungen richten sich dabei
sowohl an die eigene Person als auch an alle anderen Konfliktbeteiligten. Sie sind
daher nicht nur Ausgangspunkt, sondern müssen in allen Schritten der Konfliktbearbeitung der maßgebliche und zentrale Bezugspunkt für sämtliche Einschätzungen,
Interpretationen und Maßnahmen seitens der Verhandelnden sein.[1]

a) Interessendreieck. Die Sozial- und speziell die Konfliktforschung hat über die **14**
Jahre hinweg mit Blick auf die Entwicklung der Mediation eine Reihe von Ergebnissen produziert, die sich bezüglich der menschlichen Bedürfnisse, zumal in konflikthaften Situationen, stark vereinfacht und bildhaft als „Interessendreieck" darstellen lassen.[2]

Die drei Seiten dieses Dreiecks dienen quasi als „Auflageflächen" erstens inhaltli **15**
cher, zweitens verfahrenstechnischer und drittens psychologischer Bedürfnisse und
Interessen:
– Erfasst werden hierbei sämtliche Inhalte, die Konflikten zugrunde liegen und ihnen nach außen eine bestimmte Erscheinungsform verleihen (Worum geht es?).
– Entsprechend diesen aufgefundenen oder definierten Inhalten sind Lösungen auf
  dieser Ebene vorhanden in Form von greifbaren, messbaren und überprüfbaren
  Resultaten, welche für die Konfliktbetroffenen rational nachvollziehbar sind.
– Es wird die Art und Weise zum Ausdruck gebracht, in der die Beteiligung der Betroffenen an Konflikten zu beobachten ist (mittelbar, unmittelbar, durch soziale
  Eingebundenheit usw.). Dies gestattet auch Einschätzungen darüber, in welcher
  Art und Weise sie an der Gestaltung einer Konfliktlösung beteiligt sein können
  und müssen.
– Es werden Aussagen darüber getroffen, welche Empfindungen, Hoffnungen, Besorgnisse, Ängste usw. die Betroffenen in deren subjektivem Konflikterleben begleiten und welche Erwartungen sie hinsichtlich der Form und der Inhalte einer
  Konfliktlösung haben. Dies wiederum bezieht sich auf ihre Behandlung, die
  Wertschätzung ihrer Beiträge zur Lösungsfindung im Verlauf von Verhandlungen, insgesamt betrachtet also auf den vollständigen „psychischen Überbau"
  beim Konflikt und beim Konfliktlösungsgeschehen.

Die Lage des Interessensdreiecks mit der Spitze als höchstem oder tiefstem Punkt **16**
ist innerhalb dieser Betrachtung unerheblich. Dies deshalb, weil die drei genannten
Aspekte innerhalb des Bedürfnisspektrums und damit des Konfliktlösungsgeschehens in gleichberechtigter und gleichbedeutender Weise nebeneinander existieren.
Daraus ergibt sich speziell für den Prozess der Konfliktlösung, dass Streitigkeiten,

---

[1] Vgl. *Willi,* S. 51 ff.
[2] Vgl. *Moore,* a. a. O.

unabhängig von Inhalt, Umfang, Ort, Anzahl der Beteiligten usw. nur dann als beigelegt angesehen werden können, wenn diesen drei Aspekten bei der Aufarbeitung das gleiche Maß an Beachtung, Aufmerksamkeit, Bedeutung und Respekt entgegengebracht worden ist. Ansonsten werden Konflikte allenfalls ihre Erscheinungsform, den Ort, die Zusammensetzung der Akteure usw. ändern, dagegen jedoch nichts von ihrer Virulenz einbüßen.

17   b) **Zwischenmenschliche Beziehungen.** In den zwischenmenschlichen Beziehungen spiegeln sich diese jeweiligen Bedürfnisse, Einschätzungen, Überzeugungen usw. wider. Speziell Mediatoren müssen sich bei allen Neutralitätsansprüchen gegenüber ihrer Arbeit und ihrer zumindest nach außen gestellten „Machtlosigkeit im Verhandlungsgeschehen" stets darüber klar sein, dass ihre Arbeit, ihre Sichtweise wie auch ihr Vorgehen quasi wie ein Aerosol die Beziehungen zu den Klienten durchdringt und sie mitprägt.[3]

18   c) **Gesamtbedürfnisse der Klienten.** Zweifelsohne sind die meisten der juristischen, psychologischen oder sonstigen Probleminterpretationen als Ergebnisse der Klientenbefragungen zutreffend. Es wird nur danach zu fragen sein, welcher Teilausschnitt aus dem Gesamterleben und dem Gesamtbedürfniskatalog der Klienten hiermit erfasst wird. Und nicht selten nimmt eine dominante Problem(um)definition aus der Sicht des Konfliktbetroffenen den Charakter eines „Enteignungsvorgangs durch Experten" an.[4]

19   d) **Mediation als doppelte Wertschöpfung.** Aus diesem Grund stellt Interdisziplinarität in der Mediation möglicherweise eine doppelte Wertschöpfung dar: zum einen für die Klienten als optimales Gewinnen von Informationen, Ansichten und Einschätzungen, zum anderen für die Mediatoren selbst durch einander ergänzende Kompetenzen bei einer Fallbearbeitung und die Chance, den jeweiligen Wert des eigenen Beitrags für das Zustandekommen von Lösungen eingebettet zu sehen in ein „größeres Ganzes".[5]

II. Die bisher zu beobachtenden Akquisitionsbemühungen

20   Die derzeit herrschende Situation des Mediationsgeschehens, zumindest wo dieses stattfindet, entwirft jedoch ein anderes Bild: Es scheint sich mit dem Aufkommen von Mediation das „Ritual des Verteilungskampfes" um Klienten nunmehr mit Hilfe einer neuen Interventionsmethode in der altbekannten Weise fortzusetzen.[6] So erwecken z.B. die zu beobachtenden Tendenzen innerhalb der verfassten Anwaltschaft, Mediation als Handlungsfeld in monopolisierender Weise dem eigenen beruflichen Agieren zuschlagen zu wollen, den Eindruck, als dass hier eher kollektive Vergangenheitsbewältigung gegenüber dem einst erlittenen „Steuerberatertrauma" betrieben werden soll und nicht unbedingt die Chance gesehen wird, das Potenzial der Mediation gegenüber einer ganzen Reihen von Berufen auszuschöpfen.

---

[3] Vgl. *Kruk*, a.a.O.
[4] Vgl. *Caplan*, in: Illich, S. 104 ff.
[5] Vgl. *Dukes*, a.a.O.
[6] Vgl. *Schmidbauer*, a.a.O.

1. Interprofessionelle Sollbruchstelle

Diese Situation ist insgesamt mit dem Bild einer „interprofessionellen Sollbruch- 21
stelle" zu charakterisieren. Diese Bruchstelle schiebt sich bei näherer Betrachtung
jedoch nicht unbedingt zwischen die Professionen, die mit Mediation arbeiten, als
vielmehr zwischen die geringe Anzahl der Praktiker und die fast explosionsartig
wachsende Zahl der Ausgebildeten, für die das Erlangen eines Mediationsmandats
eher eine glückliche Fügung bleibt, als dass sie das Ergebnis einer systematischen
Akquistionsarbeit widerspiegelt.

2. Gemeinsame erfolgreiche Mediationspraxis

a) **Berufsrechtliche Beschränkungen.** Eine notwendige gemeinsame erfolgreiche 22
Mediationspraxis begegnet zunächst berufsrechtlichen Beschränkungen. Als sozie-
tätsfähige Berufe im Hinblick auf die Tätigkeit als Rechtsanwalt werden nur die
sogenannten **wirtschaftsnahen Beratungsberufe** anerkannt. Der Zusammenschluss
eines Rechtsanwalts mit einem nicht-anwaltlichen Mediator im Rahmen einer Sozietät ist daher unzulässig. Es besteht lediglich die Möglichkeit einer sog. „verfestigten Kooperation", deren Anforderungen bisher jedoch nicht konkretisiert
wurden.[7]

b) **Werbetechnische Hindernisse.** Ein Kooperationshinweis ist deutlich dahinge- 23
hend abzusetzen, dass nicht der Eindruck einer Sozietät entsteht.[8] Hierbei stellt sich
die Frage anderer Rechtsformen als Lösungsmöglichkeit: Könnte zum Beispiel der
Zusammenschluss verschiedener Berufsgruppen in einem eingetragenen Verein eine
interdisziplinäre Zusammenarbeit befördern?

Die Mehrzahl der bislang bestehenden interprofessionellen Zusammenschlüsse 24
weist allerdings Merkmale von „freundschaftlichen Verbindungen" auf. Diese stellen in der Folge denn auch den Aktionsrahmen für den gemeinsamen Dienst am potentiellen Klienten dar.

Demgegenüber konfiguriert eine klienten- und bedürfnisorientierte Vorgehens- 25
weise das interprofessionelle Bearbeitungsteam jeweils von Fall zu Fall neu, dies vor
dem Hintergrund einer konkreten Aufgaben- und Problemstellung. Diese kann allerdings, wie im oben vorangestellten Fallbeispiel dargestellt, sehr komplex ausfallen. Damit kann der Bearbeitungsrahmen, den eine zuvor zusammengekommene
„Vereinigung Gleichgesinnter" eben auf Grund ihrer freundschaftlichen und an gegenseitiger Sympathie gewählt hat, gesprengt werden. An dieser Stelle begegnet eine
solche freundschaftliche Verbindung einer doppelten Gefahr: Entweder wird die
Komplexität der vom Klienten geschilderten Fallproblematik auf die Deutungskate-
gorien reduziert, die durch die vorhandenen Kompetenzen innerhalb des Bearbei-
tungsteams abgedeckt werden können, oder das Team sieht sich angesichts der gestellten Aufgabe zur Bearbeitung außerstande.

---

[7] Vgl. *Henssler/Koch* § 3 Rdnr. 60 ff.
[8] Vgl. *Henssler/Koch* § 3 Rdnr. 65.

3. Bestandsaufnahme

26   a) **Akquisitions- und Werbebemühungen.** Die Gründe für die Schwierigkeiten bei
den Akquisitions- und Werbebemühungen sind zunächst sicher vielschichtig. Zwei
Hauptströmungen jedoch werden deutlich:
– zum einen ein über nunmehr etliche Jahre währendes Unverständnis gegenüber
  Werbe- und Marketingerfordernissen, die eine erfolgreiche Einführung eines Produktes oder einer Dienstleistung auf dem real existierenden oder virtuellen Markt
  zur unabdingbaren Voraussetzung hat
– zum anderen, wie bereits erwähnt, eine in der Breite bislang nicht erkennbar sys-
  tematisierte und komplexe Erschließung der Klientenbedürfnisse, zumal bei vielschichtigen Problem- und Konfliktszenarien

27   Besonders im Hinblick auf den erstgenannten Aspekt ist seitens der Anwaltschaft
das häufig verwendete Argument eines **Werbeverbotes** (wenngleich mittlerweile
auch in abgeschwächter Form) nach wie vor virulent, welches ausgeprägte akquisi-
torische Bemühungen um Klienten verhindere. Als bildhafter Vergleich kann hier
eine Quadriga gelten, deren Pferde schnaubend und stampfend zum Sturm drängen
und vom Wagenlenker nur mit Mühe vom Ausbruch zurückgehalten werden können. Demgegenüber konnte ein Veranstalter verschiedener Mediationsseminare, die
primär von Rechtsanwälten besucht wurden, eine wiederkehrende Beobachtung
machen, die Zweifel an der Richtigkeit des hier entworfenen Bildes aufkommen ließen.

28   Anlass hierzu war ein **Rollenspiel** mit folgendem Inhalt:

Eines Spätnachmittags erhalten alle Rechtsanwaltskanzleien der Bundesrepublik Deutschland die
Nachricht, wonach mit Wirkung ab 0.00 Uhr des folgenden Tages sämtliche Werbebeschränkungen
für Rechtsanwälte hinfällig würden. Diese Nachricht nimmt der Seniorpartner der Kanzlei, welcher
Sie angehören, in der Folge zum Anlass, die übrigen Kanzleimitarbeiter in einer Nachtschicht mit
folgender Aufgabe zu betrauen: Es soll ein Werbetext zu Veröffentlichungszwecken entworfen werden, der Aussagen darüber macht, welche Arbeit die Kanzlei leistet, welche Rechtsgebiete sie bearbeitet und worin sie sich dabei positiv von anderen Kanzleien abhebt.

Eine Durchsicht der am Ende des Rollenspiels zurückgereichten Vorschlagsbögen
machte summarisch deutlich, wie hilflos der Großteil der Beteiligten gegenüber einer
solchen Aufgabenstellung zur Selbstpräsentation war.

29   Die hier geschilderte Erfahrung ist keineswegs nur bei der Anwaltschaft zu
machen. Sie gilt vielmehr in fast identischer Weise für die ganze Anzahl der Berufe, deren Ausübende sich im Verlauf ihrer beruflichen Sozialisation Fachwissen
und Theorie im Umgang mit späteren Klienten, Mandanten und Patienten, dagegen kaum Kenntnisse über Klienten-, Mandanten- und Patienten-Gewinnung an-
geeignet haben. Dies nicht primär auf Grund standesrechtlicher Werbeverbote,
sondern aus einem Mangel an Einsicht in die Tatsache, dass dieses spezielle Bemühen gerade den Kern eines allgemeinen Dienstleistungsverständnisses ausmacht.

30   In konsequenter Weise verfahren die genannten Berufssparten auch mit dem
zweiten Aspekt, nämlich der Erfassung und Bearbeitung von Bedürfnissen ihrer
Klienten im Rahmen mediatorischen Handelns. Diese werden fraglos angemessen
erfasst, ausgelotet, aufbereitet und umgesetzt. Allerdings geschieht dies häufig in

Kategorien, die nicht aus dem Erlebnisbereich der Betroffenen stammen, sondern aus dem Fundus der jeweiligen professionellen Zuschreibungsmerkmale.[9]

b) Interprofessionalität als Marketing. Was ist aber zu erwarten, wenn Angehöri- 31 ge unterschiedlicher Professionen sich zusammenschließen, deren Berufssozialisation ihnen eine Klientenorientierung zwar in fachlicher, nicht aber in akquisitorischer Hinsicht vermittelt hat? Zu empfehlen wäre ein Gedanke von Interdisziplinarität, der Dienstleister und Marketingexperten zueinander führt, damit Märkte überhaupt erst entstehen können. Damit würde auch viel für die Kundenbedürfnisse erreicht, die im Hinblick auf die Akquisitionsbemühungen nur ungenau ausgelotet werden. Es hilft nichts, wenn eine gesellschaftliche Bedarfslage Mediation auf den Plan ruft, aber keine Kunden vorhanden sind.

Interdisziplinarität hätte gerade in der subjektiven Überzeugungsarbeit ihren 32 Ausgangspunkt. Diese Überzeugungsarbeit bezieht sich im Kern darauf, dem potentiellen Klienten angemessen zu verdeutlichen,
– dass er einen Konflikt hat und
– dass er zur Lösung dieses Konfliktes ein neues Instrument im Repertoire bisher gängiger Konfliktbearbeitungsverfahren zur Verfügung hat.

Präzise dort hat Interdisziplinarität ihren Ausgangspunkt und nicht erst auf der 33 Ebene von zusammengefassten Kompetenzen beim Prozess der Problemlösung.

c) Mediation im Rahmen einer umfassenden Dienstleistung. Es ist zu beobachten, 34 dass die bislang geleisteten Werbebemühungen um Mediation seit einigen Jahren stagnieren. Es wird für Mediation und mit Mediation geworben – und dabei stößt der Werbende nur zu schnell auf eine vertraute Problematik: der nach wie vor große Erklärungsbedarf hinsichtlich des Begriffs der Mediation selbst, mit dem gemeinhin immer noch eine diffuse Vorstellung wie zum Beispiel eine religiöse Sektenzugehörigkeit oder spirituelle Rituale assoziiert werden. Oder es wird für Mediation als isolierte Dienstleistung geworben, deren besonderer Wert den potentiellen Klienten durch die Einführung einer **Trennschärfe** hin zu juristischen oder sozialwissenschaftlich geprägten Konfliktinterventionen verdeutlicht werden soll.

Im interprofessionellen Ansatz gegenüber einer bedürfnisorientierten Problembe- 35 trachtung sollten die Mediatoren den Weg des Erbringens einer isolierten Dienstleistung aufgeben. Mit Blick auf anglo-amerikanische Verhältnisse scheint Mediation, zumindest im Kontext des Wirtschafts- und Erwerbslebens, überall dort am besten zu gedeihen, wo sie in den Rahmen eines umfangreichen Dienstleistungspakets gestellt wird.[10]

Beispiel: Zu Beginn der 90er Jahre war in den USA der Bundesstaat Florida der Vorreiter bei dem 36 Beschluss der Landesbaubehörde, öffentliche Bauaufträge, etwa im Straßen-, Brücken-, oder Tunnelbau nur noch an Bauträger zu vergeben, in deren Leistungsangebot eine sog. ADR (für „alternative dispute resolution") – Klausel zur zeitnahen und unbürokratischen Erledigung von Streitigkeiten im Verlauf der zeitlich eng kalkulierten Bauausführungen eingearbeitet war. Hierbei stellten die Behörden es den Bauträgern frei, mediatorische Kompetenzen im eigenen Binnenbereich aufzubauen oder auf externe Kooperationspartner zurückzugreifen, solange gewährleistet war, dass interdisziplinäre Teams entweder vor Ort präsent waren oder zumindest innerhalb von 24 Stunden nach dem Auftreten von Konflikten ihre Arbeit aufnehmen konnten. Dies vor dem Hintergrund einer Rentabilitätsstudie der Landesbaubehörde, die offenlegte, dass zuvor über Jahre hinweg im Ge-

---

[9] Vgl. *Breidenbach*, S. 47.
[10] Vgl. *Crowley*, a. a. O.

samtkostenrahmen erteilter Bauaufträge der Einzelposten von Rechtsstreitigkeiten im Verlauf oder im Sog der Bauausführungen eine Größenordnung zwischen 12%–17% auswies.

Diesem Beispiel sind in den USA mittlerweile über 21 weitere Bundesstaaten gefolgt.[11]

37   Ob diese Erfahrung auf den Bereich der Bundesrepublik übertragen werden kann und für welche zusätzlichen mediatorischen Anwendungsgebiete dies gelten mag, wird die zukünftige Praxis erweisen. Für den Klienten ist sicherlich bedeutsam, ein Optimum an unterschiedlichen, aber einander ergänzenden Expertenmeinungen für die eigene Problembetrachtung zur Verfügung zu haben. Gleichermaßen bedeutsam ist auch, dass er selbst in eigener Verantwortung eine Gewichtung der unterschiedlichen Dienstleistungssegmente und die Chronologie ihrer Inanspruchnahme festlegt. Dies wird ihm in dem Maße besser gelingen, wie die vorangegangene Problemdiagnose es vermochte, die Gesamtheit aller Problem- und Konfliktanteile für ihn sichtbar zu machen und ihr Zusammenwirken innerhalb seines Konfliktes zu verdeutlichen.[12]

III. Subjektive Erlebnisebenen interdisziplinärer Mediationspraxis

1. Beziehung zwischen Mediator und Klient

38   Hier ist ein heikler Punkt berührt. Der gerade genannte Aspekt verlangt den Mediatoren, zumal mit juristischem Berufshintergrund, eine Umorientierung innerhalb der Beziehung zu den Klienten ab. Notwendig wird an dieser Stelle das Aufgeben einer juristischen oder anderen Führungsposition als Berater zugunsten einer **gestaltenden Unterstützerrolle**, im Extremfall sogar um den Preis eines Scheiterns der Lösungsfindung.[13] Dieses Scheitern sollte dann im Hinblick auf die angewandte Sorgfaltspflicht des Beratenden denn auch unter Umständen interpretiert werden als Scheitern des Klienten als genuinem Gestalter der eigenen Lösungen und nicht unbedingt als Scheitern der Mediation.

39   Geblieben ist hier der grundsätzliche Anspruch, den auch die Mediation für die Konfliktbetroffenen erhebt: die Konflikte, in denen die Menschen stecken, quasi im Sinne einer Besitzstandswahrung bei denjenigen zu belassen, die sie am eigenen Leib und im Umgang mit anderen zu durchleiden und zu durchleben haben. Denn allein die „Konfliktbesitzer" können den Mediatoren angemessen Bericht erstatten über das wahre und volle Ausmaß des Konfliktes, ihre eigene Rolle als Erdulder oder Verursacher darin, die Anzahl der Mitbetroffenen, die Inhalte, die Schauplätze usw.[14]

40   Ein auftretendes Dilemma im Verlauf des Verfahrens ist jedoch, dass die „Konfliktbesitzer" mit dem an sie gerichteten Angebot, ihre Bedürfnisse sowie die Wege aus dem Konflikt so genau wie möglich zu beschreiben, häufig nicht viel anfangen können und dieses Angebot viel mehr noch als zusätzliche Belastung empfinden.

---

[11] Vgl. *Blake/Mouton*; *Costantino/Merchant*, a. a. O.
[12] Vgl. *Susskind/McKearnan*, a. a. O.
[13] Vgl. *Caplan* in: Illich, a. a. O.
[14] Vgl. *Christie*, a. a. O.

In aller Regel ist die mentale Disposition von Konfliktbetroffenen u. a. dadurch 41 charakterisierbar, dass sie hinsichtlich ihrer Bedürfnisse recht genau wissen, was sie alles nicht (mehr) wollen, ohne indes präzise sagen zu können, was sie wollen.[15] Dieses **„Orientierungsvakuum"** ist nun seinerseits das Einfallstor für die „Helfer", nunmehr mitunter der Verlockung zu erliegen, dieses Vakuum für die Betroffenen beratungstechnisch aufzufüllen.

2. Interprofessionalität als klientenzentrierte Dienstleistung

Oft sehen sich Mediatoren als **„Einzelkämpfer"** ohne es deshalb sein zu wol- 42 len oder zu müssen. Klienten neigen anfangs oft dazu, hohe Erwartungen in die Problemlösungskompetenzen der Mediatoren zu setzen. Die Mediatoren nähren diese Erwartungen ihrerseits mitunter bewusst oder unbewusst mit der Haltung, allem, was die Klienten hinsichtlich ihrer Probleme oder Fragen bewegt, möglichst aus eigener Kraft gerecht werden zu wollen. In diesen gedanklichen Käfig begeben sie sich indes aus eigenen Stücken. Diese Haltung nicht weniger Mediatoren hat zumindest zum Teil ihren Ursprung in dem Verteilungskampf um Klienten nach hergebrachtem und aus den Basisberufen hinübergeretteten Muster. Dieses Muster ist zu beschreiben als Überzeugung, wonach die Definitionshoheit über das Problem des Klienten immer noch das beste Bestandssicherungsprogramm darstellt.

Demgegenüber gestattet eine bedürfnisorientierte Herangehensweise den Media- 43 toren bereits auf der Akquisitionsebene eine Werbung um Klienten auch dann, wenn die Problemlage nicht im Rahmen der eigenen Bearbeitungskompetenz angesiedelt ist. Maßgeblich ist hierbei gerade nicht die Eigenkompetenz, sondern die Existenz einer soliden vieladrigen **Interprofessionalität**.[16] Bei einem solchen Ansatz gestattet die Bedürfnisorientierung den Mediatoren das Gewinnen und die Sicherung einer Klientenbeziehung eben deshalb, weil sie diesen ein umfassendes Dienstleistungsangebot unterbreiten können, welches neben mediatorischer Arbeit auch zusätzliche Beratungs- und Nachbearbeitungskomponenten bereitstellt, ohne dass sie deshalb in die Verlegenheit kämen, jedes einzelne Segment selbst bearbeiten zu müssen und dafür verantwortlich zu zeichnen.

Selbst zu werben ohne dabei für jedes Detail des Angebotes zuständig oder ver- 44 antwortlich zu sein – dieses in der Wirtschaft eher gängige Prinzip scheint im Kreis der Mediatoren entweder noch sehr exotisch zu sein oder schlichtweg nicht zu existieren.

Ein Vorteil scheint jedoch bereits hier ins Auge zu springen: Mit einer derartigen 45 Vorgehensweise wäre eine auf einschlägigen Tagungen und Konferenzen immer wieder zu beobachtende **„Purismusdiskussion"** darüber, was im Einzelfall an Hilfsangeboten noch zum Verfahren der Mediation an sich zählt und was bereits als Beratung oder was auch sonst zu gelten habe, mit einem Schlag vom Tisch. Aber eines der herrschenden Dilemmata einer solchen Diskussion ist womöglich, dass sie ihre Inhalte aus der in Deutschland von der mediatorischen Praxis häufig abgekoppelten Theoriebildung zieht und überall dort besonders gut zu gedeihen scheint, wo es an Klienten und praktischer Arbeit mangelt.

---

[15] Vgl. *Jonas,* a. a. O.
[16] Vgl. *Fischer/Ury,* a. a. O.

3. Berufssozialisation und Veränderung der beruflichen Identität

46   Als neuere Form der Konfliktbearbeitung weist Mediation nunmehr Charakteristika und Funktionselemente auf, die quer liegen zur Berufssozialisation und zum professionellen Selbstverständnis derer, die den Großteil der Teilnehmenden bei Ausbildungsgängen stellen: Juristen und Angehörige psychosozialer Berufe.

47   Die maßgeblichen Merkmale, mit denen Anbieter potentiellen Klienten gegenüber Mediation als Dienstleistung i. d. R. darstellen, sind u. a.
– die Neutralität/Allparteilichkeit der Vermittlerperson im Mediationsverfahren
– das Erarbeiten von sogenannten win-win-Ergebnissen, die Idee einer selbstbestimmten Lösungsfindung durch die Konfliktbeteiligten
– der Grundsatz der Vertraulichkeit und Offenheit im Umgang mit verhandlungsrelevanter Information
– eine bürokratiearme bis unbürokratische Handhabung des Aushandelungsverfahrens und nicht zuletzt
– die Aussicht auf eine kostengünstige und ressourcenschonende Verfahrensabwicklung.

48   Man kann und soll an dieser Stelle danach fragen, ob und bis zu welchem Maß jeweils die oben genannten Merkmale der Mediation nicht ihrerseits auch einen Anspruch an die Mediatoren implizieren, im Umgang mit und im Verlauf von Mediationsverfahren mit berufsmäßigen Gewohnheiten und Handhabungen zu brechen. Ferner stellt sich die Frage, ob und in wieweit ein interdisziplinärer Ansatz als Wegbereiter für die einzelnen Professionen dienen kann.

49   Als Hilfestellung hierzu kann sich eine geistige Projektion auf zwei Ebenen erweisen, die rein hypothetischen Charakter hat und dazu dienen soll, den Praktikern die Sinne zu schärfen dafür, welche der herrschenden Gewohnheiten aus der bisherigen Berufstätigkeit durch Mediation ins Wanken geraten könnten.

50   **Erste Ebene:** Sie beinhaltet eine persönliche Einschätzung des Mediators zur **Zukunft der Mediation** und lautet als Frage: Wohin wird meines Erachtens die Mediation mit Blick auf ihren derzeitigen sozialen Stellenwert und ihren derzeitigen Entwicklungstand in Deutschland sich innerhalb der nächsten drei bis fünf Jahre entwickelt haben und welches ist meine persönliche Rolle und mein Anteil am Zustandekommen dieser Entwicklung?

51   **Zweite Ebene:** Sie führt in gewisser Weise die Projektion aus der ersten Ebene fort und stellt quasi eine professionelle Identitätsfrage, die eine Unterstellung zur Voraussetzung und zum Inhalt hat. Sie geht davon aus, dass der Mediationspraktiker innerhalb eines Zeitraums von sechs bis neun Monaten seinen **Lebensunterhalt** ausschließlich durch Mediation bestreiten möchte und für sich klären muss, welche Anteile er hierzu eventuell aus seiner bisherigen Berufstätigkeit transferieren kann und welche unternehmerischen Kenntnisse und Fähigkeiten ihm diesbezüglich noch zuwachsen müssten.

IV. Funktionselemente der Mediation
als Standortbestimmung der Anwender

Hierbei erschließt sich speziell der Wert interprofessioneller Ausrichtung in der   52
Mediation möglicherweise aus ihren zentralen Merkmalen. Anhand einer sicherlich
unvollständigen und eher willkürlich zusammengestellten Liste von Merkmalen
kann eventuell ausgelotet werden, ob und in wieweit gerade die gewählten Charakteristika, mit denen Betroffene konfrontiert werden, auch eine Aufgabe zur Erforschung des mediatorischen Selbstverständnisses darstellt.

1. Wechselseitige Problemdefinitionen

In jedem Konflikt ist die Problemdefinition von entscheidender Bedeutung. Zu   53
Beginn herrscht seitens der Betroffenen noch das verständliche Interesse vor, das
vordringliche Problem, dessen Teil sie sind, einseitig zu definieren. Das bedeutet,
dass eine Deutung dergestalt vorgenommen wird, dass der eigene Verantwortungs-
anteil gering, der der Gegenseite dagegen hoch erscheint, woraus sich folglich auch
die Anteile von Eigen- und Fremdleistung zur Problemlösung herleiten lassen. Dieses herrschende Verhaltensmuster verfestigt sich in dem Maße wie die Problemlage
in ihrer Komplexität für den einzelnen Betroffenen (und häufig auch den einzelnen
Mediator) schwerer zu überschauen und zu bearbeiten ist.

In dem Bemühen, das Problem als Phänomen von Wechselseitigkeit erfahrbar zu   54
machen, greifen Mediatoren in der Regel auf Projektionen in die Zukunft zurück.
Sie stellen zum Beispiel die Frage, wie die eigene Zukunft bezogen auf das Problem
aussehen soll.

Für die Konfliktbetroffenen kann interdisziplinäre Mediation quasi exemplarisch   55
wirken durch die Demonstration einer vielschichtigen, ergänzenden und gleichwertigen Sichtweise und entsprechender Inputs für die erstrebte Lösungsfindung.

Die Mediatoren vermögen an diesem Punkt eine unter Umständen ausgeprägte   56
Druckentlastung zu erfahren, da die demonstrative Annäherung an ein herrschen-
des Problem aus verschiedenen Blickwinkeln dem Betreten ein und desselben Hauses durch unterschiedliche Türen gleicht. Dieses kann gegenüber den Betroffenen
die Erfahrung liefern, auch bei unterschiedlichen Ausgangserfahrungen von Beginn
an auf bestimmte übereinstimmende Merkmale zurückgreifen zu können. Eine in
die Zukunft gerichtete Projektion knüpft subjektiv immer an den Erfahrungshintergrund des einzelnen Mediators an. Gleichzeitig gestattet sie bei einer Blickrichtung
nach vorne den Verweis auf die Chance einer Lösungsfindung auch dann, wenn die
eigenen Erfahrungen keine in ausreichendem Maße umfassende Lösungsperspektive erschließen und nur über eine interprofessionelle Vernetzung zum Tragen
kommen.

2. Hypothesenbildung

Hypothesen bilden quasi die **Handlungsgrundlage** für die Intervention der Medi-   57
atoren und geben gleichzeitig die **thematische Richtung** der zu stellenden Fragen
vor.

58   Hypothesen werden gebildet auf Grund persönlicher Erfahrungen, beruflicher Sozialisation und eines bestimmten Mediationsverständnisses. Entscheidend ist hierbei eine Besinnung der Mediatoren auf den jeweiligen Ursprung ihrer Hypothesen sowie ihrer Unterscheidbarkeit und Relevanz. Relevante Punkte sind: das durch Verhandlungen zu lösende Problem, die zugrundeliegende Zielsetzung und das Verhandlungsverhalten.[17]

59   Nach einer Hypothesenentwicklung durch die Mediatoren zielen die gestellten Fragen und Zusammenfassungen darauf ab, die Richtigkeit der Hypothesen zu prüfen. Die Antwort der Konfliktbetroffenen hilft den Mediatoren zu kontrollieren, ob die Hypothese generell richtig ist und ob mit ihr weiter gearbeitet werden kann, beziehungsweise welche Variierung oder Neufassung erstellt werden muss.

60   Hypothesen sollten also auf Grund eines bestimmten Mediationsverständnisses gebildet werden und nicht auf Grund persönlicher Erfahrungen oder beruflicher Basisausbildung.[18] Wenn jedoch zum Kern der Hypothesenbildung ein bestimmtes Mediationsverständnis als Voraussetzung angenommen wird, so ist die dem vorausgegangene Problemwahrnehmung wahrscheinlich stets eingefärbt von eigenen Erfahrungen, Einschätzungen, Befürchtungen usw. Hier kann der allgemeine Satz gelten, wonach der Mensch immer nur erkennt, was er kennt. Ein interprofessioneller Ansatz vermag an dieser Stelle den Erkenntnisrahmen der einzelnen Ausübenden zu verbreitern, der anderweitig aus eigener Anschauung nicht zugänglich geworden wäre.

3. Die Entwicklung einer zukunftsbezogenen Sichtweise

61   Am Anfang des Mediationsgeschehens steht in der Vielzahl der Fälle das ausgeprägte Bedürfnis der Betroffenen, über die **Vergangenheit** zu reden und damit zu erörtern, wo der Ursprung des zu bearbeitenden Problems liegt. Vielen Schilderungen zufolge wird Vergangenheit als persönliches Scheitern von Gemeinsamkeit erlebt. Diese subjektive Einschätzung erscheint ihrerseits fast nur erträglich auf dem Weg der Projektion, das heißt der gegenseitigen **Schuldzuweisung** am Zustandekommen des Dilemmas.[19]

62   Die Hinführung auf das Erschließen einer Zukunftsperspektive verlangt den Mediatoren quasi das geistige Vorwegnehmen einer gelingenden Problemlösung und Einigung durch die Betroffenen ab. Dies allerdings mit der Maßgabe, dass alle materiellen, sozialen, emotionalen und anderen Problemanteile in gleichgewichtiger Art und Weise in die Lösungsfindung eingeflossen sind.

63   Gemäß mediatorischer Aufgabenstellung besteht die primäre Hilfeleistung der Vermittler darin, die Betroffenen in die Lage zu versetzen, sich als konstruktive und kooperative Verhandlungspartner zu verhalten, welche in angemessener Form ihre eigene legitime Interessenwahrung leisten können. Ein interprofessioneller Mediatorenverbund vermag an dieser Stelle umfassend einen Brückenschlag zu leisten zwischen einer durch die Betroffenen subjektiv so erlebten defizitären Vergangenheit und der Ausgestaltung einer gedeihlichen **Zukunft**. Dies, indem möglichst viele Teilaspekte der vorliegenden Problematik jeweils für sich betrachtet mit optimaler

---

[17] Vgl. *Haynes*, a.a.O., S. 34–35.
[18] Vgl. *Haynes*, a.a.O., S. 35.
[19] Vgl. *Haynes*, a.a.O., S. 42 ff.

Kompetenz bearbeitet werden können und sich im Anschluss daran zu einem umfassenden Gesamtbild wieder zusammenfügen lassen.

4. Win-win-Orientierung

Ihr liegt der Bedarf zugrunde, in Verhandlungen eine möglichst breite und offene   64
Sichtweise und Wahrnehmung zu erlangen. Dabei sollen die vielfältigen Ziele dergestalt erreicht werden, dass die Betroffenen nach denjenigen Optionen, Lösungen oder Lösungskombinationen suchen, die ihrerseits besser sind als die jeweiligen ursprünglichen Anfangserwartungen.[20]

Eine **win-win-Orientierung** lebt dabei nicht so sehr vom quantitativen, als viel-   65
mehr vom qualitativen Vergleich. Nicht unbedingt Gleichartiges, sondern Gleichwertiges wird nebeneinandergestellt und verbreitet so die Lösungsbasis. Die zustandegekommenen Resultate haben von daher häufig Ergänzungscharakter auf der Grundlage eines bereits vorhandenen oder erzeugten Ideenreichtums. Aus dieser Sicht erzeugt der Ansatz von win-win Synergieeffekte nicht nur für die Konfliktbetroffenen, sondern gerade auch für interdisziplinäre Mediatorenteams als Prozessbegleiter. Hier kann sich eine derartige Vorgehensweise als höchst lern- und erfahrungsträchtiges Feld an einer der schwierigsten Stellen im Mediationsprozess erweisen. Denn das Heranführen der Betroffenen an Kreativität muss begleitet sein von einer exemplarischen Darstellung dessen, was Kreativität in jedem Verhandlungsabschnitt und bei jedem Teilinhalt des herrschenden Problems sein kann.[21] Und diese Darstellung fällt insbesondere in den Zuständigkeitsbereich der Mediatoren.

5. Autonomie der Konfliktbetroffenen

Sie stellt den Ausgangspunkt und gleichzeitig den roten Faden des Mediatonsge-   66
schehens dar. Ihre Sicherung und Stärkung ist eine **zentrale Aufgabenstellung** und eine Richtschnur für die Mediatoren. Eine der zentralen Herausforderungen innerhalb dieses Handlungsfeldes ist, am Anspruch der Autonomie für die Betroffenen festzuhalten und gleichzeitig die Gewähr für einen Prozess zu übernehmen, in dessen Verlauf Konfliktinhalte durch sie bestimmt werden. Dieser Prozess ist ferner zu charakterisieren ist als ein Auspendeln von Differenzen hin zu Gemeinsamkeiten und schließlich als das Abfassen von Lösungskatalogen mit hohem Verbindlichkeitsgrad für alle Betroffenen.

Autonomie innerhalb dieses Verlaufs ist die eine Seite der Münze, auf deren   67
Rückseite die Selbstbeschränkung im Verfahren und die Herausnahme eigener subjektiver Einschätzungen gegenüber den gewählten Themen, ihrer inhaltlichen Aufarbeitung und schließlich der Lösungskonstruktion für die Mediatoren steht. Diese postulierte Selbstbeschränkung ist oft doppelt schwer gegenüber den Betroffenen aufrechtzuerhalten, wenn diese ihrerseits in schwierigen oder besonders kontroversen Verhandlungsphasen sehr bereitwillig ihre Autonomie aufgeben und ihre eigene Verantwortung an die Prozessverantwortlichen delegieren wollen. An dieser Stelle

---

[20] Vgl. *Jaudt*, a. a. O.
[21] Vgl. *Nagel*, a. a. O.

entstehen für die Mediatoren zum Teil erhebliche mentale Druckverhältnisse, die ihrerseits nach einer Kompensation verlangen.[22]

68   Interdisziplinarität kann in solchen Situationen die Funktion eines „sozialen Regulativs" übernehmen. Dieses Regulativ erweist sich unter anderem deshalb als hilfreich, da es als solches losgelöst von inhaltlichen Fragestellungen innerhalb der Verhandlungen und auf den rein zwischenmenschlichen Erlebens- und Erfahrungsbereich wirkt.

V. Fazit

69   Mediation ist immer noch ein **Entwicklungsgebiet.** Ihr Gesamtpotential in puncto pragmatischer Umsetzung und perspektivischer Ausdehnung ist bislang weitreichend nicht ausgelotet worden. Nur die Anwendungspraxis liefert diejenigen Fragen, die zur Erschließung des Entwicklungsgebietes maßgeblich und richtungsweisend sind. Von daher verbieten sich einseitige Vereinnahmungsversuche durch **Berufsverbände.** Als entscheidend für die Gegenwart und die Zukunft erweist sich der Einsatz zur Erhöhung des **Bekanntheitsgrades** von Mediation in der (Fach-)Öffentlichkeit wie auch der Anwendungshäufigkeit. Die Erfüllung einer derartig groß gesteckten Aufgabenstellung kann weder einzelnen Praktikern im Kleinen noch einzelnen Berufsverbänden im Großen gelingen. Aus dieser Sichtweise ist eine interpersonelle und interprofessionelle Vernetzung auf allen Ebenen nicht nur wünschenswert, sondern schlichtweg ein Gebot und rechtfertigt möglicherweise die Prognose, wonach die Zukunft der Mediation hierzulande sowohl in der Praxis, als auch in der Theoriebildung und Perspektivenentwicklung deutlich in der Interprofessionalität liegt. Dies unter anderem auch hinsichtlich der Tatsache, dass Mediation als Konfliktbearbeitungsform sich im Verlauf ihrer noch jungen Geschichte immer wieder der Erkenntnisse höchst unterschiedlicher Fachdisziplinen bedient und diese in sich vereinigt hat.

70   **Als Werkzeug** stellt Mediation sicherlich eine sinnvolle und wertvolle Ergänzung im Reaktionsspektrum der mit Konfliktbearbeitung befassten Berufe dar. Dagegen ist kaum zu befürchten, dass sie irgendeinem anderen Berufsfeld dessen Existenz streitig machen kann und will, auch wenn aus unterschiedlichen, meist jedoch anwaltlichen Einschätzungen gegenüber der Mediation gerade diese Befürchtung nicht selten mitschwingt.

71   **Als Erfahrung** betrachtet hat sie bei vielen Anwendern deren zuvor eher einseitig ausgerichtetes Berufsverständnis und nicht selten auch deren Weltbild verändert oder ergänzt. Sie stellt gewissermaßen einen neuen evolutionären Schritt im Umgang mit Konflikten dar, der Konfliktbetroffene und Mediationsanwender gleichermaßen berührt.[23] Die kooperationsbereiten Betroffenen spüren den erzielbaren Zuwachs an Vertrauen in den Verhandlungsablauf und in die Lösungen in der Regel recht rasch, so dass sie spätestens nach einem erfolgreichen Abschluss oft ohne Mühe einräumen können, dass sie dies aus eigener Kraft und ohne neutrale Vermittlerperson wohl nicht geschafft hätten.

---

[22] Vgl. *Trachte-Hyber/Huber,* a. a. O.
[23] Vgl. *Baruch Bush/Folger,* a. a. O.

Gleiches wissen mitunter Mediatoren bezüglich des Zustandekommens von Lö- 72
sungen, speziell in komplexen Problemsituationen, von sich selbst und den hinzugezogenen Kollegen anderer Professionen zu berichten.

Als **interdisziplinärer Ansatz** fördert Mediation weiterhin das Erschließen und 73
das Ausschöpfen weiterer Anwendungsgebiete in der effektivsten Weise. Sie bestätigt und sichert damit die Bedeutung einzelner Fachkompetenzen für einen Lösungs-
findungsvorgang dadurch, dass sie Lösungsbeiträge in gleichberechtigter und gleichgewichtiger Weise zu Elementen von Lösungen werden lässt. Nicht zuletzt fungiert
sie in doppelter Hinsicht gerade durch unterschiedliche Inputs als Stimulanz und
gleichzeitig als Regulativ für die Anwender.

Gegenüber dieser doppelten Funktion erscheinen Konfliktbetroffene und Media- 74
toren gleichermaßen als Profiteure gemäß des Grundgedankens von „win-win“.

Allgemein gesehen wohnt jeglichem evolutionären Prinzip die Tatsache inne, dass 75
es sich als solches losgelöst und unabhängig von den Bewertungen, dem Dafürhal-
ten oder den Befürchtungen und Ängsten derer entfaltet, dessen Zeugen sie sind.
Darüber hinaus gilt, dass sich Evolution nicht mehr auf zuvor noch herrschende
Entwicklungsstadien zurückschrauben lässt. [24]

Dem Betrachter überlässt diese banale Einsicht drei grundsätzliche Reaktionen: 76
– erstens sich in den Entwicklungsprozess innerlich geöffnet und aktiv handelnd
   hineinzubegeben und zu seinem Bestandteil zu werden
– zweitens neugierig und wohlwollend bis skeptisch den Gang der Dinge beobach-
   tend abzuwarten oder
– drittens sich der einmal angestoßenen Entwicklung entgegenzustemmen

Die Unwirksamkeit der dritten Reaktionsform ist historisch an unzähligen Bei- 77
spielen abzulesen. Die Indifferenz der zweiten Reaktionsform fördert oder verhindert nichts, doch die positive Zuwendung zum und die Teilnahme an einem Entwicklungsprozess durch diejenigen, die in der zuerst genannten Weise reagieren,
fördert dies in vielerlei Hinsicht.[25]

Interdisziplinarität wirkt, bezogen auf die Entwicklung der Mediation, in diesem 78
Prozess als Optimierungsfaktor in zeitlicher, inhaltlicher, sozialer und psychischer
Form und stellt daher für die Konfliktbetroffenen und die Anwender gleichermaßen
ein **unverzichtbares Element im Mediationsgeschehen** dar.

---

[24] Vgl. *Willi,* a.a.O., S. 33 ff.
[25] Vgl. *Willi,* a.a.O., S. 48.

§ 4 Rechtspolitische Aspekte der Mediation

Prof. Dr. Dieter Strempel

Übersicht

Schrifttum: *Amthor/Proksch/Sievering,* Kindschaftsrecht 2000 und Mediation, 1993; *Amthor/Severing* (Hrsg.), Interdisziplinäre Zusammenarbeit im Familienrecht. Zur Praxis der Konfliktberatung, Arnoldsheimer Protokolle 1/89; *Blankenburg/Gottwald/Strempel* (Hrsg.), Alternativen in der Ziviljustiz – Berichte, Analysen, Perspektiven, 1982; *Blankenburg/Kaupen* (Hrsg.), Rechtsbedürfnis und Rechtshilfe – Empirische Ansätze im internationalen Vergleich, 1978; *Blankenburg/Klages/Strempel,* (Hrsg.), Überlegungen zu einer Strukturanalyse der Zivilgerichtsbarkeit, Speyer 1987; *Blankenburg/Klausa/Rottleuthner* (Hrsg.), Alternative Rechtsformen und Alternativen zum Recht, 1980; *Blankenburg/Lenk* (Hrsg.), Organisation und Recht – Organisatorische Bedingungen des Gesetzesvollzugs, Opladen 1980; *Blankenburg/ Reifner* Rechtsberatung – Soziale Definition von Rechtsproblemen durch Rechtsberatungsangebote, 1982; *Blankenburg/Simsa/Stock/Wolff,* Mögliche Entwicklungen im Zusammenspiel von außer- und innergerichtlichen Konfliktregelungen, 2 Bände, Speyer 1990; *Brand/Strempel* (Hrsg.), Soziologie des Rechts, Festschrift für Erhard Blankenburg zum 60. Geburtstag, 1998; *Breidenbach,* Mediation – Struktur, Chancen und Risiken von Vermittlung im Konflikt, 1995; *Breidenbach/Henssler* (Hrsg.), Mediation für Juristen – Konfliktbehandlung ohne gerichtliche Entscheidung, 1997; *Büchting/Heussen* (Hrsg.), Rechtsanwaltshandbuch 1997/98, 1997; *Bundesjustizministerium* (Hrsg.), Bericht der Kommission zur Vorbereitung einer Reform der Zivilgerichtsbarkeit, 1961; *Bundesjustizministerium* (Hrsg.), Bericht der Kommission für das Zivilprozessrecht, 1977; *Bundesjustizministerium,* (Hrsg.), Bericht über die Ergebnisse einer Umfrage zur Entlastung der Zivilgerichtsbarkeit durch vor- bzw. außergerichtliche Streitbeilegung bei den Landesjustizverwaltungen, 1996 (unveröfftl.); *Bundeskonferenz für Erziehungsberatung* (Hrsg.), Scheidungsmediation, 1995; *Deutscher Familiengerichtstag* (Hrsg.), Neunter deutscher Familiengerichtstag 1991, 1992; *Deutsches Familienrechtsforum,* Modelle alternativer Konfliktregelungen in der Familienkrise, 1982; *Duss-von Werdt/Mähler. Mähler* (Hrsg.), Mediation – Die innere Scheidung, 1995; *Ellermann* (Hrsg.), Ärztliche Schlichtungsstellen im Brennpunkt, 1987; *Erler/Kaufmann/Werkmüller,* (Hrsg.), Handbuch zur Deutschen Rechtsgeschichte, Bd. I, 1971; *Gottwald,* Streitbeilegung ohne Urteil, 1981; *Gottwald/ Hutmacher/Röhl/Strempel* (Hrsg.); Der Prozessvergleich, 1983; *Gottwald/Strempel* (Hrsg.), Streitschlichtung, 1995; *Gottwald/Strempel/Beckedorff/Linke* (Hrsg.); Außergerichtliche Konfliktregelung (AKR-Handbuch), Loseblattausgabe, 1997 ff.; *Haft,* Verhandeln – Die Alternative zum Rechtsstreit, 1992; *Hörmann,* Verbraucher und Schulden, 1987; *Jhering, von,* Der Kampf um's Recht, 1872; *Krabbe* (Hrsg.), Scheidung ohne Richter, 1991; *Morasch,* Schieds- und Schlichtungsstellen in der Bundesrepublik, 1984; *Ponschab/Schweizer,* Kooperation statt Konfrontation, 1997; *Prognos,* Sekundäranalyse der Literatur zur außergerichtlichen Streitbeilegung, 1999 (unveröffentl.); Radbruch, Das Güteverfahren und das deutsche Rechtsgefühl, in: *Kaufmann* (Hrsg.), Radbruch – Gesamtausgabe, Band 1, Rechtsphilosophie I, S. 430–437, 1987 (vgl. auch Nachdruck in: KON:SENS 4, 1999, S. 195–198.); *Reichsjustizministerium* (Hrsg.), Entwurf einer Zivilprozessordnung, 1931, S. 284–285; *Reifner,* Gemeinsame Verwirklichung von Verbraucherrechten, 1988; *Rennig/Strempel* (Hrsg.), Justiz im Umbruch, 1997; *Röhl,* (Hrsg.), Das Güteverfahren vor dem Schiedsmann, 1987; *Ständige Deputation des Deutschen Juristentages* (Hrsg.), Verhandlungen des 62. Deutschen Juristentages Bremen 1998, Band II/2, Teil O, 1999; *Stock/Wolf/Thünte,* Strukturanalyse der Rechtspflege – Bilanz eines Forschungsprogramms des Bundesministeriums der Justiz, 1996; *Strempel* (Hrsg.), Mediation für die Praxis, 1998 a; *Strempel* (Hrsg.), Juristenausbildung zwischen Internationalität und Individualität, 1998 b; *Wasilewski,* Streitverhütung durch Rechtsanwälte, 1990; *Wesel:* Geschichte des Rechts – Von den Frühformen bis zum Vertrag von Maastricht, 1997; *Zentralinstitut für Sprachwissenschaft* (Hrsg.), Etymologisches Wörterbuch des Deutschen, 2. Aufl., 1993.

I. Einleitung

1   Der Gedanke der ,Mediation' ist nicht völlig neu. Man findet zahlreiche Vorläufer und Varianten dieser Art von Konfliktregelung in anderen Kulturen und zu viel früheren Zeiten, die in diesem Beitrag nicht behandelt werden können (vgl. dazu § 7).[1] Hier geht es um die rechtsgeschichtliche Entwicklung in Deutschland seit Einführung der **Zivilprozessordnung (ZPO)** im Jahre 1877. Dabei soll aufgezeigt werden, dass der Gedanke einer außer- oder vorprozessualen Streitbeilegung – unter welcher Bezeichnung und Intention auch immer – durchaus geläufig und keine Erfindung des letzten Viertels des 20. Jahrhunderts gewesen ist. Die Vertrautheit mit dieser Rechtsgeschichte und der mit ihr zusammenhängenden Zeitgeschichte ist für die Akzeptanz dieser Konfliktregelung von nicht zu unterschätzender Bedeutung, wird doch von Kritikern immer wieder auf die Neuartigkeit dieser Methode angesichts der über 2000 jährigen Tradition des Prozessrechts hingewiesen. Die Kenntnis dieser Zusammenhänge ist für das Verständnis der derzeitigen rechtspolitischen Diskussion und der Praktizierung dieser Methode in der gesellschaftlichen Wirklichkeit unverzichtbar.

II. Rechtshistorischer Rückblick auf die Vorgänger von Mediation: Sühne- und Güteverfahren

2   Obwohl der Begriff Mediation erst seit einigen Jahren geläufig ist, hat man sich in Deutschland schon lange Gedanken über die gütliche Beilegung von Rechtsstreitigkeiten inner- und außerhalb der Gerichte gemacht. So hat der Gesetzgeber wiederholt versucht, durch spezielle Regelungen zur Förderung eines gütlichen Abschlusses von Rechtsstreitigkeiten beizutragen oder ihre Beilegung in vereinfachten Verfahren zu ermöglichen, die nicht den strengen Formzwängen des Prozessrechts unterliegen. Dabei hat der **Gütegedanke** eine große Rolle gespielt, dem das Adjektiv ,gütlich' zugrundeliegt, was so viel wie „in gutem Einvernehmen, ohne Streit, friedlich" bedeutet. Parallel dazu wurde auch vom **Sühnegedanken** gesprochen, was aus dem Substantiv ,Sühne' folgt mit der Bedeutung „Schlichtung von Rechtsstreitigkeiten". Daneben hat es aber auch ganz andere Ansätze gegeben, die von der Einrichtung des Schiedsmannswesens, der Rechtsberatung sozial Unterprivilegierter und einer regelrechten Rechtsfriedensbewegung herrühren.

---

[1] Vgl. auch *Strempel* (1998 a), S. 12 ff. m. w. N.

I. Römisches Streitrecht versus germanisches Güterecht

Das heutige deutsche Zivilprozessrecht hat zwei historische Wurzeln, das rö- 3
misch-kanonische und das germanische Recht, wobei die römisch-kanonische die
stärkere ist.

Der **römisch-kanonische Zivilprozess**, der streng, sehr formalistisch und ganz 4
dem ‚Streitgedanken' verhaftet war, gelangte durch die sog. Rezeption der fremden
Rechte im 14. Und 15. Jahrhundert nach Deutschland.[2] Auf dieser Grundlage bildeten Gerichtsgebrauch und Juristenrecht den sog. gemeinen Prozess aus, in den auch
Elemente des germanischen Rechts eingeflossen sind und der in manchen Gebiete
bis zum Inkrafttreten der noch heute geltenden Zivilprozessordnung von 1877 angewandt wurde. Der gemeine Prozess war schwerfällig und schleppend geblieben,
was gut in einem Zitat von *Goethe*[3] über die Verfahren am Reichskammergericht
zum Ausdruck kommt:

„Ein ungeheurer Wust von Akten lag aufgeschwollen und wuchs jährlich, da die siebzehn Assesso-
ren nicht einmal imstande waren, das Laufende abzuarbeiten. Zwanzigtausend Prozesse hatten sich
angehäuft, jährlich konnten sechzig abgetan werden, und das Doppelte kam hinzu."

Demgegenüber ist der **germanische Prozess** aus einem Sühne- oder Vergleichsver- 5
fahren hervorgegangen und ursprünglich auf den Abschluss eines sog. Sühnevertra-
ges gerichtet gewesen. Hier tauchte erstmals der Begriff **Sühne** auf, der – wie wir im
anschließenden Abschnitt sehen werden – auch Eingang in die Civilprozessordnung
von 1877 gefunden hat. Sühne war im Mittelalter ein weit verbreitetes Rechtswort
mit der Bedeutung ‚Beilegung, Versöhnung, Genugtuung, Wiedergutmachung'.[4]
Auch werden noch folgende Bedeutungsgruppen bezeichnet: ‚Beilegung von Streitigkeiten, überhaupt Beilegung von Rechtshändeln – Vertrag – Friede – Einigung
nach vorausgegangenen Misshelligkeiten'.

Ein **Sühnevertrag** wurde im Straf- wie im Privatrecht und sowohl außergericht- 6
lich wie vor Gericht (Vergleich) geschlossen. Die private Sühne kam dabei häufig
durch Vermittlung von Vertrauensleuten oder Schiedsleuten zustande. Das amtliche
Sühneverfahren konnte zunächst noch subsidiär sein, für den Fall dass die Parteien
sich nicht einigen konnten oder wollten. Es konnte aber primär zum Monopol der
Obrigkeit werden; so bestand in manchen Stadtrechten der sog. Sühnezwang.

Der sog. **Sühneversuch** war Teil des älteren Ehescheidungsprozesses in protestan- 7
tischen Ländern und sollte durch Versöhnung der Ehegatten eine Ehescheidung
verhindern. Die Durchführung des Sühneversuchs lag zunächst weitgehend in den
Händen der Kirche und gelangte erst in preußischer Zeit vor das weltliche Gericht,
das ihn aber in die Hände eines Geistlichen legte. Durch die reichseinheitliche Civilprozessordnung von 1877 kam der Sühneversuch ganz in die Hände des Gerichts
(vgl. §§ 570 f. CPO).

Die Worte **Güte** und **gütlich** kamen im germanischen Prozessrecht so nicht vor. 8
Etymologisch stellte ‚Güte' die Substantiierung des Adjektivs ‚gut' dar und bedeutete so viel wie ‚hilfreiche, großherzige Gesinnung, Nachsicht, Freundlichkeit'. Dem

---

[2] Vgl. *Wesel* (1997), S. 339 ff.
[3] *Goethe*, Dichtung und Wahrheit, 3. Teil, 12. Buch.
[4] Hierzu und zum Folgenden vgl. *Erler/Kaufmann/Werkmüller* (1971), Spalte 72–78.

Adjektiv ‚gütlich' kam die Bedeutung zu von ‚in gutem Einvernehmen, ohne Streit, friedlich'.[5] Wie wir später sehen werden, wurde im deutschen Zivilprozessrecht der Begriff ‚Sühne', nachdem er zunächst fast synonym mit dem Begriff ‚Güte' verwandt worden war, nach und nach durch die Begriffe ‚Güte' und ‚gütlich' ersetzt.

9   So können wir abschließend resümieren, dass der Sühne- und Gütegedanke aus der **germanischen** Wurzel des deutschen Prozessrechts stammt und – wie wir weiter sehen werden – gegenüber dem ‚Streitgedanken' der römisch-kanonischen Wurzel nur eine marginale Ausprägung in der Zivilprozessordnung gefunden hat. Ein sprechendes Beispiel für das sog. Kampfmodell des deutschen Zivilprozesses ist die berühmte Schrift von *Jhering* ‚Der Kampf um's Recht' aus dem Jahre 1872, in der es in der Quintessenz an einer Stelle heißt:

> „Das Preisgeben eines verletzten Rechts ist ein Akt der Feigheit, der der Person zur Unehre und dem Gemeinwesen zum größten Schaden gereicht; **der Kampf um das Recht** ist ein Akt der ethischen Selbsterhaltung, eine Pflicht gegen sich selbst und die Gemeinschaft."[6]

2. Sühne- und Gütegedanke im deutschen Zivilprozessrecht seit 1877

10   a) **Civilprozessordnung (CPO) vom 30. 1. 1877**[7]. Die erste Fassung der CPO enthielt in den §§ 268, 471 zwei Vorschriften, die sich mit einer gütlichen Beilegung des Rechtsstreits unter Mitwirkung des Gerichts befassten.

Nach § 268 (seit 1898: § 296 CPO) **kann das Gericht** in jeder Lage des Rechtsstreits die gütliche *Beilegung* desselben oder einzelner Streitpunkte versuchen oder die Parteien zum Zwecke des Sühneversuchs vor einem beauftragten oder ersuchten Richter verweisen. Gemäß § 471 (seit 1898: § 510 CPO, seit 1910: § 510c ZPO) kann, wer eine Klage zu erheben beabsichtigt, unter Angabe des Gegenstandes seines Anspruchs zum Zwecke des Sühneversuchs den Gegner vor das Amtsgericht laden.[8] Beides waren Kannvorschriften. Ein allgemeines **obligatorisches** Sühneverfahren gab es jedoch nicht. Lediglich in Ehesachen – schon damals spielten Familiensachen eine besondere Rolle bei der Konfliktregelung – war ein obligatorischer Sühneversuch vorgeschrieben, was in den §§ 570, 571 CPO geregelt war.[9]

11   Schon vor dem ersten Weltkrieg wurde vorgeschlagen, jedem Rechtsstreit ein **obligatorisches Sühneverfahren** vorangehen zu lassen. Andere Stimmen warnten jedoch davor, solche gänzlich unpraktischen und zur Prozessverzögerung führenden Vorschläge zu verwirklichen. Mit § 18 der Bekanntmachung zur Entlastung der Gerichte vom 9. 9. 1915[10] wurde für das Verfahren vor den Amtsgerichten anstelle der Kann-Vorschrift des § 296 CPO eine Soll-Vorschrift eingeführt. Danach sollte der Amtsrichter nach Erscheinen beider Parteien vor Eintritt in die mündliche Verhandlung einen Sühneversuch unternehmen.

12   b) **Verordnung über das Verfahren in bürgerlichen Rechtsstreitigkeiten vom 13. 2. 1924 (sog. Emminger-Novelle)**[11]. Die Stärkung des Gütegedankens sowie die

---

[5] *Zentralinstitut für Sprachwissenschaft* (1997), S. 488–489.
[6] *Jhering* (1872), S. 21 ff. – Hervorhebungen durch den Verfasser.
[7] RGBl. S. 83.
[8] Vgl. zu den Einzelheiten *Schuster* in *Blankenburg/Gottwald/Strempel* (1982), S. 189–198.
[9] Die §§ 570–573 CPO wurden 1898 die §§ 608–611 CPO.
[10] RGBl. S. 562.
[11] RGBl. I S. 135.

Schaffung eines besonderen Güteverfahrens entsprachen damals einer sehr starken Zeitströmung. So wurde während des 1. Weltkrieges immer wieder die Forderung erhoben, das alte deutsche Güteverfahren neu zu beleben. Als prominentester Vertreter erhob *Radbruch* in einem im Mai 1918 im Fayel-Wald unter dem Eindruck der Kriegshandlungen an der lothringischen Front geschriebenen Artikel[12] die Forderung, das „Güteverfahren als ein Glied nur in der Entwicklung des deutschen Rechtsgefühls zu begreifen". Mit seinen Ausführungen griff *Radbruch* – weit über den Gedanken eines amtsrichterlichen Güteverfahrens hinaus – den allgemeinen Rechtsfriedensgedanken auf, mit dem wir uns später noch ausführlicher beschäftigen werden.[13] Interessant sind seine Ausführungen zum Verhältnis des positiven Rechts zu den Gerechtigkeitsanschauungen des Volkes, die für ihn Vorrang haben, was auch für die heutige Diskussion um Mediation noch von Gewicht sein könnte.

Aber auch im Hinblick auf das amtsgerichtliche Güteverfahren gab es weitere **13** Aktivitäten. So hatte sich im Jahre 1915 eine „Vereinigung der Freunde des Güteverfahrens" gegründet, die wenig später bereits „Leitsätze für die praktische Ausgestaltung des Güteverfahrens" vorlegte[14], mit denen sich auch der Reichstag mehrfach beschäftigte.[15] Der Reichsregierung erschien jedoch die Einrichtung eines **besonderen Güteverfahrens** als eine zu starke Änderung, die man in der damaligen Kriegssituation nicht vornehmen wollte.[16] Auftrieb erhielten diese Forderungen jedoch nach dem Ende des Krieges, wobei die Entwicklung durch die Finanznot, die schlechten Wirtschaftsverhältnisse sowie durch das dringende Bedürfnis nach Gerichtsentlastung beschleunigt wurde. Das führte schließlich zu der – in der Abschnittsüberschrift schon erwähnten – umfangreichen Verordnung über das Verfahren in bürgerlichen Rechtsstreitigkeiten vom 13. 2. 1924, die in § 495 a ZPO das obligatorische Güteverfahren beim Amtsgericht einführte. Die Einzelheiten des Güteverfahrens waren im § 499 a–g ZPO geregelt. Vor dem Landgericht wurde ein **obligatorisches Güteverfahren** nicht vorgesehen, aber das Verfahren vor dem Einzelrichter eingeführt (§ 348 S. 1 ZPO) und in § 349 Abs. 1 S. 1 ZPO bestimmt, dass der Einzelrichter „zunächst die gütliche Beilegung des Rechtsstreits zu versuchen hat". Die an die Einführung des obligatorischen Güteverfahrens geknüpften Erwartungen erfüllten sich aus der Sicht der Anwalt- und Richterschaft aber nicht. Ein Blick in die preußische Justizstatistik ergibt aber ein sehr viel freundlicheres Bild.[17] Besonders die hohe Vergleichsrate im Güteverfahren (1925: 56 %, 1919: 68 %) macht es einem schwer, die Kritik der Richter und Anwälte nachzuvollziehen.

c) Entwurf einer Zivilprozessordnung von 1931 und die Folgezeit. So ist es nur **14** folgerichtig, dass die Beamten des Reichsjustizministeriums in dem Entwurf der Zivilprozessordnung von 1931 an dem Grundgedanken des 1924 eingeführten **obligatorischen Güteverfahrens** festhielten, allerdings auch unter dem Gesichtspunkt der Verfahrensgestaltung. Die §§ 231 bis 233 E ZPO 1931 sollten die strenge Zäsur

---

[12] *Radbruch* (1987/1999).
[13] Vgl. unten Rdnr. 32 ff.
[14] Vgl. DJZ 1915 S. 692; 1916 S. 422.
[15] Vgl. Verhandlungen des Reichstages, Bd. 306, S. 334 D f. (18. Sitzung vom 25. 8. 1915); Bd. 307, S. 933 B ff. (42. Sitzung vom 8. 4. 1916).
[16] Vgl. Verhandlungen des Reichstages Bd. 320, S. 1085 f.
[17] Vgl. *Reichsjustizministerium* (1931).

zwischen Güte- und Streitverfahren beseitigen. So bestimmte § 233 Abs. 1 S. 2 E-ZPO 1931, dass erst in die Streitverhandlung eingetreten werden durfte, nachdem die Partei, die einen solchen Antrag stellte, sich zuvor auf eine sachliche Erörterung in einer **Güteverhandlung** eingelassen hatte. Diese Bestimmung ähnelte im Übrigen den Bestimmungen über das Güteverfahren in § 54 ArbGG. Die vorgeschlagenen neuen Vorschriften zum Güteverfahren wurden jedoch nicht in die Zivilprozessordnung übernommen. In der Folgezeit wurde das im Jahre 1924 eingeführte **obligatorische Güteverfahren** erst durch die Zweite Kriegsmaßnahmeverordnung vom 27. 9. 1944[18] wieder abgeschafft. Somit hat das obligatorische Güteverfahren immerhin eine Laufzeit von 20 Jahren gehabt.

15   **d) Gesetz zur Wiederherstellung der deutschen Rechtseinheit vom 12. 9. 1950[19].** Wiedereingeführt wurde das **obligatorische Güteverfahren** nach dem Kriege lediglich in der britischen und französischen Besatzungszone, wo es bald wieder in die Kritik geriet. So war es folgerichtig, dass es 1950 in das Gesetz zur Wiederherstellung der deutschen Rechtseinheit nicht aufgenommen wurde. Neben § 495 Abs. 2 ZPO, der als Soll-Vorschrift nur in Verfahren vor den Amtsgerichten galt, blieb die allgemeine Kann-Vorschrift des § 296 ZPO weiterhin erhalten.[20] Auch blieb es für Scheidungsklagen und Klagen auf Herstellung des ehelichen Lebens bei der Notwendigkeit des vorherigen Sühneversuchs nach §§ 608–610 ZPO.

16   **e) Keine weiteren Reformen in Sachen Güteverfahren.** Zur Wiedereinführung eines fakultativen oder obligatorischen Güteverfahrens für den Bereich der ordentlichen Gerichtsbarkeit ist es in den Folgejahren der Bundesrepublik Deutschland nicht mehr gekommen, obwohl zwei vom Bundesminister der Justiz eingesetzte Kommissionen sich mit der Frage beschäftigt hatten, die aber die früheren Bedenken aufgriffen und zu überwiegend ablehnenden Empfehlungen für den Gesetzgeber gelangten.

17   So hat die **Kommission zu einer Reform der Zivilgerichtsbarkeit** 1961 die Empfehlung gemacht, von einem allgemeinen obligatorischen Güteverfahren abzusehen.[21]

18   Ebenso war sich die spätere **Kommission für Zivilprozessrecht,** die ihren Bericht im März 1977[22] vorlegte, einig, ein obligatorisches Güteverfahren weder allgemein noch für bestimmte Verfahrensarten vorzusehen. Sie glaubte, dass der von ihm zu erwartende Erfolg in keinem angemessenen Verhältnis zu dem damit verbundenen Arbeitsaufwand stehen werde. Vom Aufwand her erschiene es auch nicht vertretbar, die gütliche Einigung von Streitigkeiten durch die Einführung eines fakultativen Güteverfahrens zu fördern, das den Parteien die Möglichkeit eröffnen würde, ohne Klageerhebung das Gericht für einen Vergleichsversuch in Anspruch zu nehmen. Mit der Vereinfachungsnovelle von 1976[23] sind lediglich die Vorschriften über

---

[18] Verordnung über außerordentliche Maßnahmen auf dem Gebiet des bürgerlichen Rechts, der bürgerlichen Rechtspflege und des Kostenrechts aus Anlass des totalen Krieges (Zweite Kriegsmaßnahmeverordnung) vom 27. 9. 1944 (RGBl. I S. 229).
[19] Gesetz zur Wiederherstellung der Rechtseinheit auf dem Gebiete der Gerichtsverfassung, der bürgerlichen Rechtspflege, des Strafverfahrens und des Kostenrechts vom 12. 9. 1950 (BGBl. I S. 255).
[20] Vgl. oben unter Rdnr. 11.
[21] Vgl. *Bundesjustizministerium* (1961), S. 194.
[22] Vgl. *Bundesjustizministerium* (1977), S. 95.
[23] Gesetz zur Vereinfachung und Beschleunigung gerichtlicher Verfahren (Vereinfachungsnovelle) vom 3. 12. 1976, BGBl. I S. 381.

den allgemeinen Gütegedanken insofern neu gefasst worden, als an Stelle des früheren § 495 Abs. 2 ZPO und der früheren Kann-Vorschrift des § 296 ZPO der neue § 279 ZPO getreten ist. Nach dieser Vorschrift ‚soll das Gericht in jeder Lage des Verfahrens auf eine gütliche Beilegung des Rechtsstreits oder einzelner Streitpunkte bedacht sein'. Der Gesetzgeber hat mit dieser Vorschrift, die nach § 495 ZPO auch für das Verfahren vor den Amtsgerichten gilt, den Gedanken der **gütlichen Beilegung** des Rechtsstreits wieder stärker betont.

III. Güteverfahren vor dem Schiedsmann

Wie wir schon bei der historischen Betrachtung gesehen haben, ist der Gütegedanke bei der Beilegung von Rechtsstreitigkeiten nicht nur in Verfahren vor Gericht sondern auch außergerichtlich von Bedeutung gewesen. So kann die Institution des **Schiedsmanns**[24] auf eine 150 jährige Geschichte zurückblicken. Schiedsleute sind ehrenamtliche Privatpersonen, die auf Grund sog. Schiedsmannsordnungen als vorprozessuale Streitschlichter auf den Gebieten des Strafrechts und des Zivilrechts tätig sind.[25]   **19**

1827 wurde in der Provinz Preußen auf Anregung der Stände eine vorläufige preußische Schiedsmannsordnung erlassen, die den Bereich der Tätigkeit zunächst auf zivilrechtliche Streitigkeiten beschränkte. 1851 wurde ihr Tätigkeitsbereich auf Klagen wegen Ehrverletzung und leichter Misshandlung ausgedehnt und ihre Anrufung vor dem Gerichtsverfahren **zwingend** vorgeschrieben. Im Jahre 1879 wurde die preußische Schiedsmannsordnung auf das gesamte preußische Staatsgebiet ausgedehnt. Die Zuständigkeit der Schiedsmänner wurde 1924 weiter ausgeweitet auf Hausfriedensbruch, leichte vorsätzliche und fahrlässige Körperverletzung, Verletzung fremder Geheimnisse, Sachbeschädigung und Bedrohung. Zusätzlich wurde zu der Zeit die Gebühren- und Erscheinenspflicht beider Parteien für Sühneverhandlungen in Strafsachen eingeführt (§ 380 StPO Sühneversuch).   **20**

Mit teilweise modifizierten Landesgesetzen besteht die Institution der Schiedsleute heute auf der Grundlage der alten preußischen Schiedsmannsordnung in den Ländern Berlin, Hessen, Niedersachsen, Nordrhein-Westfalen, Saarland, Schleswig-Holstein, in Teilen von Rheinland-Pfalz und in einigen neuen Bundesländern. In Baden-Württemberg und Bayern nimmt ein Gemeindebeamter, in Bremen ein Rechtspfleger den Sühneversuch in Privatklageverfahren bei den genannten Strafsachen vor. In Hamburg und Lübeck wurde eine öffentliche Rechtsauskunfts- und Vergleichsstelle (ÖRA) eingerichtet, die hauptsächlich die gemeinnützige Rechtsberatung Einkommensschwacher durch nebenamtlich tätige Richter vornimmt.   **21**

Zur Beilegung der gesetzlich festgelegten **Privatstreitigkeiten** – insbesondere aus Nachbarschaftskonflikten – bietet die Schiedsperson streitenden Parteien die Möglichkeit, Streitigkeiten außerhalb formaler Gerichtsverhandlungen unter Beteiligung eines Dritten – nämlich der Schiedsperson – beizulegen. Diese ehrenamtliche   **22**

---

[24] Heute spricht man von *Schiedsleuten,* da inzwischen auch Frauen dieses Amt bekleiden.
[25] Zur Unterscheidung der Schiedspersonen zu Mediatoren vgl. § 33 Rdnr. 36 ff.

Schiedsperson hat die Aufgabe, in einem informellen Verfahren bei sich zu Hause Streitigkeiten zu schlichten und über die Klärung der Streitursache hinaus den Rechtsfrieden zu sichern. Ziel einer solchen Güteverhandlung ist der Abschluss eines **Vergleichs** durch die offene Aussprache der Parteien. Nach der Einigung wird ein Protokoll über den Vergleich angefertigt und von beiden Parteien unterschrieben. Aus einem solchen Vergleich kann die Zwangsvollstreckung betrieben werden (§ 794 ZPO).

23   Die Zahl der Schiedsleuteverfahren (in Straf- und Zivilsachen) ist seit 1950 ständig zurückgegangen und betrug 1984 nur noch weniger als ein Viertel der Verfahrenszahl von 1950. Der Anteil der zivilrechtlichen Verfahren, die in der Bundesrepublik bis 1982 kontinuierlich zwischen 2–3 % der gesamten Verfahren ausmachten, ist seit 1982 geringfügig auf 6,5 % gestiegen, aber immer noch viel zu gering. Die Ursachen sind mannigfaltig und können hier nicht im Einzelnen dargelegt werden. Insoweit wird auf den Schlussbericht aus einem Forschungsprojekt der Ruhr-Universität Bochum für Nordrhein-Westfalen verwiesen, das vom Bundesministerium der Justiz (BMJ) in Auftrag gegeben wurde.[26]

IV. Rechtsberatung und Gütegedanke

24   Eine weitere Facette für die Ausprägung des Gütegedankens kam in der Entwicklung der **Rechtsberatung** in Deutschland zum Ausdruck, die über weite Strecken nicht allein von Rechtsanwälten betrieben wurde. Dem lag der Gedanke zugrunde, dass rechtliche Probleme nicht nur als Rechtsstreitprobleme angesehen wurden und rechtliche Beratung den Rechtskundigen schon vorbeugend bei der Begründung von Rechtsverhältnissen zur Verfügung stehen sollte, um künftige Störungen, die unweigerlich zu Gerichtsprozessen führten, zu vermeiden. Die **gemeinnützige Rechtsauskunft** als Fürsorgearbeit verlangte eine überparteiliche Stellung des Beraters, der nicht wie ein Rechtsanwalt Sachwalter einer Partei sein sollte, sondern der im Interesse der Allgemeinheit beiden Parteien helfen sollte, ihre gestörte Rechtsbeziehung auf gütlichem Wege zu bereinigen.

25   Ein Merkmal der Rechtsauskunft war daher, mit der Gegenpartei in Verbindung zu treten und zur Vermeidung eines Prozesses und zur Herbeiführung einer **friedlichen Regelung** zu wirken. Bei den sog. unechten Rechtsstreitigkeiten ging es weniger um einen Rechtskonflikt, sondern vielmehr um eine anderweitige Störung des Rechtsverhältnisses, deren Lösung besser mit Hilfe eines Dritten von den Parteien unter besonderer Berücksichtigung ihrer sozialen und wirtschaftlichen Verhältnisse selbst gefunden werden sollte als durch einen autoritativen Richterspruch nach dem Gesetz.[27] Auf die wichtigsten Institutionen wird im Hinblick auf die weitere Entwicklung des Gütegedankens kurz eingegangen.[28]

---

[26] *Röhl* (1987).

[27] So *Falke* in *Blankenburg/Kaupen* (1978) S. 13–42.

[28] Dabei stütze ich mich im Wesentlichen auf die Berichte über Forschungsprojekte von *Falke* wie Fn. 26 und *Reifner* in *Blankenburg/Klausa/Rottleuthner* (1980), S. 233–262 sowie *Blankenburg/Reifner* (1982).

1. Kirchliche Institutionen (ab 1890)

Ein Ursprung der Rechtsberatung lag unter dem Sozial- und Fürsorgegesichts- 26
punkt bei den beiden großen Kirchen, die zurzeit des wirtschaftlichen Umschwungs
und der Einführung des Bürgerlichen Gesetzbuches gerade Arbeitern und Minderbemittelten beim Umgang mit dem neuen Recht helfen wollten. So gründete 1890
das katholische Volksbüro in Essen für die Arbeiterbevölkerung und den kleinen
Mittelstand die erste Beratungsstelle dieser Art in Deutschland. Dieses Beispiel regte
zahlreiche andere katholische Organisationen und auch evangelische Arbeitervereine an. Im Jahre 1904 gab es 67 zum Teil mit der Zentrumspartei verbundene
Rechtsberatungsstellen, die in dem Jahr ca. 175.000 Rechtsauskünfte erteilten und
viele gemäß dem Gütegedanken schlichteten.

2. Gewerkschaftliche Arbeitersekretariate (1890–1920)

Die großen Kodifikationen des Handelsgesetzbuches (HGB), der Gewerbeord- 27
nung (GewO), der Reichsjustizgesetze (GVG, StPO, ZPO) sowie des Bürgerlichen
Gesetzbuches (BGB), das am 1. 1. 1900 in Kraft getreten ist, waren zum großen
Teil zur freien Entfaltung des Eigentums in einer Wirtschaftsgesellschaft bestimmt,
was auf die Arbeiterschaft im Wesentlichen repressiv wirkte. Sie geriet – auch durch
die Bismarcksche Politik gegen die Sozialdemokratie – in eine emanzipatorische
Haltung und damit zugleich in einen Kampf um das herrschende Recht, in deren
Mittelpunkt die gewerkschaftliche Aktion stand.

So lag es im Zeitgeist, dass 1894 in Nürnberg das erste **Arbeitersekretariat** ge- 28
gründet wurde, um die Möglichkeit zu schaffen, Beschwerden der Arbeiter an den
Fabrikinspektor weiterzuleiten, ohne der Gefahr persönlicher Denunziation beim
Arbeitgeber ausgesetzt zu sein. Daneben war das Sekretariat auch rechts- und sozi-
alpolitisch tätig und erteilte individuelle Rechtsauskünfte. Ziel der Bewegung war
es, den gewerkschaftlichen Kampf mit der für die Gewerkschaftsbewegung neuen,
individuellen Rechtsdurchsetzung zu verbinden. Nach dem Nürnberger Beispiel
wurden in ganz Deutschland zahlreiche Arbeitersekretariate eingerichtet, die der
Sozialdemokratischen Partei nahestanden. Diese Stellen waren stark nachgefragt,
und so erteilten 1905 schon 69 Arbeitersekretariate über 300.000 Auskünfte. Die
Auskünfte trugen zu mancher außergerichtlichen Streitbeilegung bei. Die Auskünfte
wurden zunächst nur für Mitglieder – später auch für Nichtorganisierte – unentgeltlich erteilt. Damit wurde die Arbeiterbewegung zum zweiten Urheber für ein
gütliches Streitbeilegungsmodell.

3. Gemeinnützige Rechtsauskunftsstellen (1904–1936)

Neben den Kirchen und Gewerkschaften errichteten gemeinnützige Wohl- 29
fahrtseinrichtungen **Rechtsauskunftsstellen**, die den unteren Volksschichten zur
Verfügung standen und besonderen Wert auf eine Behandlung von Konflikten nach
menschlichen und sozialen Gesichtspunkten legten. 1901 wurde in Hamburg der
Volksheim e. V. gegründet, eine Vereinigung von Personen aus den verschiedensten
Lebensstellungen zu karitativer Betätigung unter Ausschluss aller politischen und
konfessionellen Parteibestrebungen.

30   Ab 1896 gingen einige Städte und Gemeinden dazu über, öffentliche Rechtsauskunftsstellen für jedermann zu schaffen. Der Aufbau solcher kommunalen Stellen
wurde stark beschleunigt durch den – auch als Reaktion auf den Erfolg der Arbeitersekretariate gemeinten – Erlass des preußischen Ministers des Inneren und des
Ministers für Handel und Gewerbe vom 2. 7. 1904.[29] Darin wurde für Gemeinden
mit einer stärkeren Arbeiterbevölkerung und in der Regel wenigstens für alle Großstädte angeregt, eine nicht gewerbsmäßige und allen Minderbemittelten ohne Rücksicht auf Konfession, Organisations- und Parteizugehörigkeit leicht zugängliche
gemeindliche Rechtsauskunftsstelle zu errichten. Bis 1913 entstanden im deutschen
Reich 175 gemeindliche Rechtsauskunftsstellen, die in dem Jahr 600.000 Auskünfte
erteilten.

31   Die gemeinnützigen Rechtsauskunftsstellen entwickelten sich zu einer Alternative
der anwaltlichen Dienstleistung, bei der an die Stelle des gleichen Rechts die Fürsorge trat und der Klient vom Auftraggeber des Anwalts zum Betreuungsobjekt
wurde. Aber deutlich war auch ihre Frontstellung zu den Arbeitersekretariaten zu
sehen. Während die Jahre des 1. Weltkriegs nur einen kleinen Rückgang der Tätigkeit von 1,8 Mio. (1914) auf 1,4 Mio. (1918) Beratungsfälle im Jahr erbrachten,
kam ihre Arbeit wegen der wirtschaftlichen und politischen Turbulenzen bis 1926
weitgehend zum Erliegen. Nach 1933 wurden die Stellen in die Rechtsbetreuung
durch den Bund Nationalsozialistischer Deutscher Juristen (BNSDJ) eingegliedert,
wo die alten Anliegen schnell zum Erliegen kamen, weil sie der NS-Ideologie unterworfen wurden.

4. Sog. Rechtsfriedensbewegung

32   Die Tendenz zur neutralen Schlichtung von Konflikten mit Hilfe des Rechts wurde als **Rechtsfriedensbewegung** bezeichnet. Diese Bewegung, die von 1904 bis in die
Zeit des Nationalsozialismus hinein existierte, hatte sich zum Ziel gesetzt, durch die
Entwicklung rechtlicher Instrumente wie die Schiedsgerichtsbarkeit im Zivilrecht,
das Schlichtungswesen im Arbeitsrecht, das gerichtliche Güteverfahren sowie die
rechtsberatende Fürsorge Konflikte in der Gesellschaft im Interesse des Volksganzen zu vermeiden bzw. friedlich zu lösen. Diese **friedensstiftende Wirkung** wurde
dem Recht teils bedingungslos, teils unter Bedingung seiner inhaltlichen Änderung
zugeschrieben. Aus der Rechtsfriedensbewegung wurde jedoch zunehmend eine
Bewegung zur Befriedung von Interessen sozial Unterprivilegierter und verkam im
Nationalsozialismus zur Rechtsfriedensvermittlung und zur NS-Rechtsbetreuung.
Somit wurde Rechtsberatung zu einer Rechtsverhinderungsstrategie in einem autoritären Staat.

5. Beratungshilfegesetz vom 18. 6. 1980

33   Der Vollständigkeit halber sollte erwähnt werden, dass die rechtspolitische Diskussion in den 70iger Jahren über den rechtsstaatlich verankerten gleichen Zugang
eines jeden Bürgers zum Recht im Zusammenhang mit dem Stichwort **unentgeltliche Rechtsberatung** geführt wurde. Hinweise für Zugangsschranken waren dabei

---

[29] Ministerialblatt der preußischen Handels- und Gewerbeverwaltung 1904, S. 351.

u. a. die häufig völlig fehlende Affinität zum Recht, die Sprachbarriere, die Schwellenangst (schon gegenüber der Anwaltskanzlei) sowie die Kostenbarriere. Die rechtspolitische Lösung führte nicht – wie von einer Seite gefordert – zur Einrichtung öffentlicher Rechtsberatungsstellen für sozial Schwache wie in der Zeit vor dem 2. Weltkrieg, sondern entsprechend dem Konzept der Subvention von Rechtsberatung durch Anwälte nach freier Wahl (**Anwaltsmodell**) zu dem Gesetz über die Rechtsberatung und Vertretung von Bürgern mit geringem Einkommen (**Beratungshilfegesetz**) vom 18. 6. 1980.[30]

Danach können Rechtsanwälte Rechtsberatung und Rechtsbesorgung vornehmen, wenn der Rechtspfleger des Amtsgerichts die wirtschaftlichen Voraussetzungen bejaht, dem Anliegen des Rechtsuchenden nicht durch eine mündliche Rechtsauskunft und Hinweise auf Vorschriften und Rechtsbehelfe entsprochen werden kann und ihm ein Berechtigungsschein ausgestellt wurde. Die Beratungshilfe kann aber auch in – anwaltlichen – Beratungsstellen außerhalb der Kanzlei z. B. am Amtsgericht oder in Justizvollzugsanstalten gewährt werden. Ausnahmen von dem Anwaltsmodell wurde lediglich für die historisch gewachsenen **Öffentlichen Rechtsberatungsstellen (ÖRA)** in den Ländern Bremen und Hamburg und in dem Land Berlin gemacht. Zur weiteren Aufnahme des Gütegedankens ist es im Zusammenhang mit der Beratungshilfe nicht gekommen.   34

V. Exkurs: Schiedskommissionen in der DDR

Ein Grund für den deutlich geringeren Geschäftsanfall vor den DDR-Gerichten war eine andere Streit- und Konfliktkultur, die stärkeres Gewicht auf außergerichtliche Streitbeilegung legte.[31] Seit den fünfziger Jahren wurden zunächst in den Betrieben sog. **Konfliktkommissionen** für arbeitsrechtliche Streitigkeiten gebildet. Später kamen in den Wohngebieten die **Schiedskommissionen** hinzu, die in dem Gesetz über die Gesellschaftlichen Gerichte vom 11. 6. 1968[32] zusammenfassend geregelt wurden. Die Wurzeln dieser Gesellschaftlichen Gerichte reichen weiter zurück in das Privatklageverfahren und in die Einrichtung des in Preußen, Sachsen und Thüringen bekannten Schiedsmannswesens.   35

Die **Gesellschaftlichen Gerichte** waren in das Gerichtssystem der DDR integriert und übten Rechtsprechung aus. Sie waren mit Laien besetzt und wurden neben ihrer strafrechtlichen Zuständigkeit auch in einfachen zivilrechtlicher Streitigkeiten wegen Geldforderungen bis zu 500 M tätig. Auch berieten sie die Bürger in anderen einfachen Streitigkeiten des alltäglichen Lebens und in Streitigkeiten wegen Erfüllung bestehender Unterhaltspflichten.[33] Am 25. 3. 1982 wurde eine Neufassung des Gesetzes über die Gesellschaftlichen Gerichte verkündet.[34] § 2 dieses Gesetzes stellte klar, dass die Gesellschaftlichen Gerichte im Rahmen der ihnen durch Gesetz übertragenen Aufgaben Rechtsprechung ausübten und es ihnen oblag,   36

---

[30] BGBl. I S. 689; zur Kritik der Rechtssoziologie an diesem Gesetz vgl. den Sammelband *Blankenburg/Kaupen* (1978).

[31] Vgl. dazu und zum Folgenden *Rennig/Strempel* (1977), S. 7ff.

[32] GBl. I 1968 S. 229.

[33] Zu den Einzelheiten vgl. *Habermann in Rennig/Strempel* (1997), S. 191–284.

[34] GBl. I S. 269, in Kraft getreten am 1. 1. 1983.

– die sozialistische Staats- und Gesellschaftsordnung sowie das sozialistische Eigentum zu schützen,
– die gesetzlich garantierten Rechte zu schützen, zu wahren und durchzusetzen,
– das sozialistische Staats- und Rechtsbewusstsein der Bürger zu festigen, ihre Bereitschaft zur freiwilligen Einhaltung des sozialistischen Rechts zu fördern und ihre Unduldsamkeit gegenüber nicht gesellschaftsmäßigem Verhalten zu stärken.[35]

37   Bei den Gesellschaftlichen Gerichten handelte es sich um eine flächendeckende und – verglichen mit den 1.100 Richtern in der DDR – sehr umfängliche Einrichtung. So bestanden 1988 dort rund 29.000 **Konfliktkommissionen** mit etwa 250.000 Mitgliedern und ca. 5.700 **Schiedskommissionen** mit 57.000 Mitgliedern. Die Schiedskommissionen haben dabei im Jahr 11.000 strafrechtliche Verfehlungen abschließend beraten und 48.000 zivilrechtliche und andere Streitigkeiten beigelegt. Bei den Konfliktkommissionen waren es jährlich 57.200 Arbeitsrechtssachen, 14.500 Strafsachen und ca. 300 einfache zivilrechtliche Streitigkeiten. Interessant ist insoweit für unsere Thematik die Erkenntnis, wie unterschiedlich ausgeprägt der Gütegedanke in den Gesellschafts- und Rechtsordnungen der DDR und der BRD in der Nachkriegszeit war. Das wird allerdings etwas relativiert durch den bei diesen Einrichtungen der DDR vorherrschenden ideologischen Integrations- und Repressionsdruck der SED-Herrschaft.

38   Jetzt interessiert uns aber die Frage, wie die gesellschaftliche und rechtspolitische Diskussion in der Bundesrepublik weitergegangen ist. Nach den bisherigen Ergebnissen über die Entwicklung des Gütegedankens, die überwiegend durch Juristen unter praktischen Gesichtspunkten bestimmt wurde, verwundert es nicht, dass nunmehr die Rechtssoziologen in den 70iger Jahren die Problematik unter dem Stichwort **Alternativen zum Recht** wieder aufgegriffen haben.

VI. Alternativen zum Recht

39   Wie wir gesehen haben, ist das obligatorische Güteverfahren durch das Gesetz zur Wiederherstellung der deutschen Rechtseinheit von 1950 in der Bundesrepublik Deutschland abgeschafft und seine Wiedereinrichtung bis in die jüngste Gegenwart nicht mehr ernsthaft erwogen worden. Auch die Diskussion um öffentliche Rechtsauskunftsstellen ist mit dem Erlass des Beratungshilfegesetzes auf der Grundlage des ‚Anwaltmodells‘ beendet worden. So ist es fast folgerichtig, dass sich eine andere Profession – nämlich die **Rechtssoziologen** – dieser Themen annahmen. Aber dafür gibt es auch andere Gründe, wie wir sehen werden.

1. ‚Alternativen zum Recht‘ aus soziologischer Sicht

40   Das Thema **Alternativen zum Recht** gehört sozusagen zur verbandsmäßigen Gründungsgeschichte der Rechtssoziologen in der Bundesrepublik und wurde von ihnen seit 1975 über mehrere Jahre hinweg diskutiert:

---

[35] Kritisch zur Einrichtung der Gesellschaftlichen Gerichte im Hinblick auf ihren repressiven Charakter vgl. *Rotter* in *Blankenburg/Klausa/Rottleuthner* (1980), S. 462–475.

– im April 1975 auf der Gründungsversammlung der **Vereinigung für Rechtssoziologie**[36] in Berlin;
– im September 1976 in der **Sektion Rechtssoziologie**[37] in der Deutschen Gesellschaft für Soziologie anlässlich des 18. Deutschen Soziologentages in Bielefeld;
– im Dezember 1977 auf einer Tagung der **Sektion Rechtssoziologie** in Berlin. Aus
den Beiträgen dieser Veranstaltung entstand der grundlegende Band ‚Alternative
Rechtsformen und Alternativen zum Recht' (Band VI des Jahrbuches für Rechtssoziologie und Rechtstheorie).[38]

In den 60iger Jahren hatte die **Justizforschung** unter den Forschungsthemen der   **41**
Rechtssoziologie dominiert – wie die ‚Soziologie des Gerichtsverfahrens' oder die
‚Effektivität des Rechts'. Zur Diskussion standen Strategien zur Mobilisierung von
Rechtsbedürfnissen, verschiedene Modelle von Rechtsberatungsinstitutionen, Probleme der Kostenregelung, Verfahrensbeschleunigung, Entformalisierung bis hin zur
Kompensation oder Neutralisierung von Defiziten für die Betroffenen. Soziologische und psychologische Einsichten in Konfliktabläufe – besonders bei sozialer
Nähe der Beteiligten – legten es nahe, dass **informelle** Konfliktlösungen verrechtlichen – oder genauer: vergerichtlichen – Regelungen vorzuziehen seien. Propagiert wurden Vergleichsstrategien in der Verhandlung, die Entprofessionalisierung
der Konfliktlösung durch Verstärkung des Laienelements bis hin zu einer stärkeren
Einbeziehung der Konfliktbetroffenen. Auch anthropologische und ethnologische
Befunde wurden herangezogen, zumal sie reiches Anschauungsmaterial für nichtgerichtsförmige Streitaustragungen boten, wie das ‚Palaver' in sog. primitiven Gesellschaften. Parallel dazu entstanden Berichte über die außerforensische Streitbeilegung in Japan sowie die gesellschaftliche Gerichtsbarkeit in den sozialistischen
Ländern.

Hinzukam eine linksliberale **Kritik an einer Justiz**, die als zu konservativ und zu   **42**
unflexibel für die Wirtschaftsgesellschaft erlebt wurde, als zu teuer, zu unberechebar, zu förmlich, zu überlastet und damit wenig geeignet zu einer wirklichen Konfliktlösung und deren Funktionsverlust man mit einer gewissen Genugtuung vermerkte oder voraussagte. Damit war das Thema **Alternativen zum Recht** geboren.
Ganz im Vordergrund der Alternativendiskussion unter den Sozialwissenschaftlern
stand aber die Vorstellung, dass alternative Verfahren zu einer **qualitativ** besseren
Konfliktlösung führen würden. Damit wurde ein altes Anliegen der Soziologie hervorgehoben, dass an die Stelle der *Streit*entscheidung durch die Justiz in vielen Fällen eine echte Konfliktlösung mittels sozialwissenschaftlicher Methoden treten sollte.

So ist es nicht verwunderlich, dass auf der Rechtssoziologen-Tagung 1977 schon   **43**
in zwei Beiträgen über die neue Konfliktlösungsmethode **Mediation** aus den USA
berichtet wurde. So schilderten die amerikanischen Wissenschaftler *Felstiner* und
Williams in ihrem Beitrag ‚Mediation as an Alternative to Criminal Prosecution:

---

[36] Die ‚Vereinigung' bestand überwiegend aus Juristen, die sich in Lehre und Forschung mit rechtssoziologischen Fragestellungen befassten. Zur Gründungsgeschichte i. E. vgl. *Raiser* in
Brand/Strempel (1998) S. 11–18.
[37] In der ‚Sektion' hatten sich überwiegend Soziologen versammelt, die empirische rechtssoziologische Forschungen betrieben. Zwischen beiden Verbänden gibt es heute viele personelle Überlappungen.
[38] *Blankenburg/Klausa/Rottleuthner* (1980); vgl. aber auch weitere Beiträge in *Blankenburg/Lenk*
(1980).

Ideology and Limits'[39], dass in einigen amerikanischen Gemeinden Strafverfahren gegen Personen, die bereits vor der Straftat in einer bestimmten Beziehung zu ihren Opfern gestanden hätten, in **Mediationsverfahren** umgelenkt würden. Somit ist klar, woher der Begriff 'Mediation' kommt und dass die ihm zugrundeliegende Methode schon lange vor ihrer Diskussion in Deutschland in den USA praktiziert wurde.

2. 'Alternativen in der Ziviljustiz' als Themeneinstieg für die Juristen

44   Die Diskussion über Alternativen zur Justiz wurde lange Jahre allein in der Rechtssoziologie geführt, bis der damalige Präsident des Bundesverfassungsgerichts *Benda* auf dem Richtertag 1979 das Stichwort von der 'Begrenztheit der Rechtsfindungsressourcen' im Hinblick auch auf die Überlastungssituation der Justiz aufnahm.[40] Wenig später bezeichnete auch der Präsident des Bundesgerichtshofs *Pfeiffer* die **Rechtsgewährung als 'knappes Gut'**.[41] Bundesjustizminister *Vogel* beteiligte sich an dieser Diskussion auf dem 41. Deutschen Anwaltstag 1981 in Mainz, wo er erste Thesen zur Problematik der Streit- und Konfliktschlichtung formulierte: So spreche für außergerichtliche Streitschlichtung, dass sie die vom konkreten Konflikt betroffenen sozialen Beziehungen nicht endgültig zerstöre, sondern bestehen lasse und rascher, lebensnäher und wirtschaftlicher zu einem Ergebnis führe.[42]

45   Diese Thesen waren zugleich der Startschuss für eine **Bestandsaufnahme** und Analyse vor- und außergerichtlicher, aber auch nichtstreitiger Verfahren innerhalb des gerichtlichen Verfahrens. Diese Arbeit lag in Händen des Anfang der 70er Jahre im Bundesjustizministerium als Koordinierungs- und Forschungsförderungstelle eingerichteten Referats 'RA6 – Rechtstatsachenforschung'.[43]

46   **a) Workshop des Bundesministeriums der Justiz 1981.** Im September 1981 fanden sich in dem Eifelort Stolberg-Zweifall über 40 Rechts- und Sozialwissenschaftler, Vertreter der Bundes- und Landesjustizministerien, sowie Praktiker aus der Richter- und Anwaltschaft sowie des Schlichtungswesens zur Erörterung des eingegrenzten Themas **Alternativen in der Ziviljustiz** zusammen. Darunter waren zahlreiche ausländische Gäste, vor allem aus den USA, wo mit alternativen Streitaustragungsmodellen schon beträchtliche Erfahrungen gesammelt worden waren.[44] Die Ergebnisse des Workshops wurden anschließend auf einem Forum im Bundesjustizministerium Rechtspolitikern aus Bund und Ländern, Vertretern der Bundes- und Landesressorts und der Justizverbände sowie Praktikern, Wissenschaftlern und der Presse vorgestellt und in dem gleichnamigen Tagungsband in der Reihe 'Rechtstatsachenforschung' des Bundesministeriums der Justiz publiziert.[45]

47   Damit war das Alternativen-Thema in der Justiz und Rechtspolitik angekommen, wenn auch längst noch nicht überall akzeptiert! Aber wie sollte das auch so schnell der Fall sein, wurde doch zunächst ein **Bewusstseinswandel in Sachen Streitaustra-**

---

[39] *Felstiner/Williams* in *Blankenburg/Klausa/Rottleuthner* (1980), S. 195–214.
[40] *Benda* DRiZ 1979, 357–363.
[41] *Pfeiffer* ZRP 1981, 121–125.
[42] *Vogel* RuP 1981, 49–50; vgl. auch *Strempel* RuP 1981, 56–61.
[43] Das Referat wurde von 1980–1996 von dem Verfasser geleitet; vgl. auch *Strempel* RuP 1981, 180–183.
[44] Vgl. dazu insbesondere *Gottwald* (1981).
[45] *Blankenburg/Gottwald/Strempel* (1982).

gung angestoßen nach Jahrhunderte langer forensischer Justiztradition. Wir ahnten schon damals, dass ein solches Umdenken sicher eine Generation in Anspruch nehmen würde. Schon im Vorfeld der Stolberger Tagung hatte der damalige Bundesjustizminister *Schmude* in einer rechtspolitischen Erklärung der Bundesregierung am 19. 3. 1981 vor dem Deutschen Bundestag auf die Gefahr der ‚Justizialisierung des öffentlichen Lebens' hingewiesen.[46]

Ziel der Bestandsaufnahme des Bundesjustizministeriums war nicht die kurzfristige Umsetzung von Vorschlägen in konkrete Maßnahmen, gar in Gesetzgebungsvorhaben. Die rechtspolitische Zielvorgabe war nachhaltig und langfristiger Natur. Die in der Tagungsdiskussion erzielten Ergebnisse sollten vielmehr zur **Entwicklung von Forschungsvorhaben** zur Beobachtung, Erprobung und Bewertung vorhandener oder neu einzurichtender alternativer Konfliktsregelungsmodelle führen. Erst auf Grund der dann vorliegenden, mit sozialwissenschaftlichen Methoden erhobenen Daten sollte die weitere Zielsetzung formuliert werden. Die Tagung gelangte in drei Arbeitsgruppen zu ersten konkreten Forschungsansätzen, die in Zukunft verfolgt werden sollten: **48**

1. **Arbeitsgruppe Schieds- und Beschwerdeverfahren**
   - Tätigkeit der Schiedsmänner
   - Vereins- und Verbandsgerichtsbarkeit einschließlich Betriebsjustiz
   - Schieds- und Schlichtungsstellen
   - Beschwerdeverfahren
   - Ombudsmann und ähnlich Institutionen.

2. **Arbeitsgruppe Konsumentenschutz**
   - Modellversuch über Effektuierung und verbraucherpolitische Auswertung gebündelter Beschwerden
   - Effektivität von Konsumentenschutzgesetzen unter dem Aspekt Aktivierungsverfahrentragender Institutionen
   - Evaluation von Schieds- und Schlichtungsstellen unter Einbeziehung ausländischer Erfahrungen
   - Untersuchung hinsichtlich der Bedeutung gerichtlicher Verfahren zum Zwecke der Schuldbeitreibung
   - EDV-gestützte Möglichkeiten zur Bearbeitung von Verbraucherbeschwerden.

3. **Arbeitsgruppe Alternativen im gerichtlichen Verfahren**
   - Vermittlungs- und Verweisungstätigkeit von Rechtsanwälten und anderen bestehenden Professionen unter Einbeziehung ausländischer Erfahrungen
   - Untersuchungen über die Vergleichspraxis der Gerichte
   - Detaillierte Analyse von Merkmalen und Verläufen der Zivilprozesse auch mit Hilfe des Justizstatistik-Informationssystems (JUSTIS)
   - Analyse und Erfahrungen mit früheren Änderungen der Zivilprozessordnung zu Güteverhandlungen u. a.
   - Konfliktvermeidende und konfliktfördernde Funktion des Rechts, z. B. bei Rechtsstreitigkeiten, die erst durch eine bestimmte Ausgestaltung des materiellen Rechts erzeugt werden (wie unnötige Fristenregelungen, dilatorische Formelkompromisse).
   - Modellexperimente mit Begleitforschung.[47]

b) Konfliktnähe und Streitbeendigung. Wenn die Problematik von Alternativen in   **49** der Ziviljustiz aufgegriffen worden ist, dann geschah das auch in der Bundesrepu-

---

[46] BT-Protokoll 9, S. 1207 ff.
[47] Vgl. auch den Tagungsbericht von *Strempel/Falke* ZfRS 1981, 312–319.

blik Deutschland nicht in erster Linie deswegen, weil darin ein Allheilmittel gegen die immer wieder diskutierte Be- oder Überlastung der Gerichte gesehen wurde. Wichtiger gegenüber diesem **quantitativen** Aspekt war vielmehr die Erkenntnis, dass nicht für jeden Streit die gerichtliche Entscheidung angemessen ist, sondern dass es im Gegenteil darauf ankommt, die für den jeweiligen Konflikt adäquate, d. h. konfliktnahe Regelungsform zu finden (**qualitativer** Aspekt). Diesen Gesichtspunkt der **Konfliktnähe** als Maßstab für Streitbeendigungsverfahren haben *Falke* und *Gessner*[48] auf der Stolberger Tagung forschungsleitend und zielführend für die weitere Diskussion herausgearbeitet. Die Wissenschaftler entwickelten in diesem Zusammenhang auf dem Hintergrund von *Luhmanns* Systemtheorie als neues Bewertungskriterium für die Abgrenzung gerichtlicher und außergerichtlicher Streitigkeiten den Begriff der **Konfliktnähe,** der die strukturellen Elemente eines Konflikts (wie die Interdependenz der Systemmitglieder sowie ihre Machtdifferenz im System) und seine interaktive Konstruktion durch die Streitparteien (z. B. als Familienmitglieder oder Arbeitskollegen oder aber Teilnehmer am Straßenverkehr) berücksichtigt.

50   Die **Nähe zum Konflikttypus** drücke sich darin aus, dass das Entscheidungsprogramm des in den Streit eingeschalteten **Dritten** einen ähnlichen Komplexitätsgrad aufweise wie die Konfliktbeziehung zwischen den Parteien. Die Aufnahmefähigkeit der Konfliktkomplexität sei nun bei Ratgebern, Vermittlern/Schlichtern sowie Richtern sehr unterschiedlich. **Ratgeber** hätten sich an wenig oder gar keine Entscheidungsregeln zu halten und könnten eine Vielzahl von Faktoren bei ihrer Einwirkung auf den Streit berücksichtigen. **Vermittlern und Schlichtern** seien bereits Beschränkungen auferlegt, denn sie handelten meist schon nach einem, wenn auch flexiblem Entscheidungsprogramm. **Richter** könnten am wenigsten Komplexität verarbeiten, da das aus gesetzlichen Bestimmungen, Rechtsprechung, Kommentarliteratur und gerichtsspezifischen Anwendungsregeln bestehende Entscheidungsprogramm sehr genau die Kriterien festlege, die für die Entscheidung relevant seien. **Personenbezogene** Konflikte würden demnach bei Richtern eine starke Reduktion ihrer Komplexität erleiden (so z. B. bei Familienkonflikten). Vermittler/Schlichter könnten der Vielfalt der hier in den Streit einbezogenen Erwartungen am besten Rechnung tragen (so auch in der Mediation). Auf der anderen Seite entspräche das Entscheidungsprogramm von Richtern sehr gut dem geringen Komplexitätsgrad **normenbezogener** Konflikte (z. B. bei Konflikten aus Verkehrsunfällen). Für diesen Konflikttypus sei eine gerichtliche Intervention daher keine Zwangsjacke, sondern im Gegenteil gerade die konfliktnäheste Form der Behandlung.

51   So lässt sich die Bilanz positiver und negativer Effekte von Konfliktnähe nur am konkreten Streitregelungsmodell ziehen. Aber sie helfen uns, für den jeweiligen Konflikt das jeweils passende Konfliktregelungsmodell zu finden. Der **Maßstab der Konfliktnähe,** der an alle Einrichtungen der Streitbeilegung in allen Phasen des Konfliktverlaufs angelegt werden kann und keine generelle Präferenz bedeutet, muss bei Gerichten, außergerichtlichen Instanzen sowie beratenden Professionen unterschiedlich untersucht werden, wobei deren Streitentscheidungs-, Vermittlungs- und Transferfunktion (im Sinne von Weiterleitung an andere Einrichtungen von Streitbeilegung) gesondert herauszuarbeiten ist. Das war schon die Zielführung für

---

[48] *Blankenburg/Gottwahld/Strempel*, a. a. O., S. 289–316.

einen umfassenden Forschungsschwerpunkt. Mit dieser grundlegenden Arbeit haben die Forscher jedenfalls die rechts- und konfliktsoziologischen Aspekt für den zu verzeichnenden Erfolg des heutigen **Mediationsansatzes** geliefert. Dieser Ansatz hat nur noch wenig mit dem Gütegedanken oder der gütlichen Beilegung zivilprozessualer Streitigkeiten zu tun. Damit wurde ein Durchbruch zu einer ganz neuen Betrachtungsweise der Konfliktregelung in unserer Gesellschaft erzielt, der schon bald seine Wirkung zeigen sollte.

3. Weitere Behandlung der Alternativenproblematik in Rechtspolitik, Wissenschaft und Praxis

Infolge der Tagung ‚Alternativen in der Ziviljustiz' war das Referat ‚R A 6 52 Rechtstsachenforschung' des Bundesjustizministeriums zu einer Informations- und Clearingstelle für die Alternativenproblematik in der Bundesrepublik Deutschland geworden, von der die weiteren Entwicklungen in den Folgejahren gut beobachtet werden konnten. Zunächst ging es aber um die Umsetzung der Tagungsergebnisse.

a) Umsetzung der Workshop-Ergebnisse durch das Bundesministerium der Justiz. 53 *aa) Internationaler Erfahrungsaustausch.* Um die internationalen Erfahrungen der Tagung zu vertiefen und weitere Forschungskontakte zu knüpfen, hat der Verfasser 1982 zwei längere Forschungsreisen in die **Vereinigten Staaten**[49] und nach **Japan**[50] unternommen. Dabei ging es weniger um die Übernahme von Teilen fremder Rechtssysteme in unser Rechtssystem als vielmehr um den Lerneffekt aus der Beschäftigung mit anderen Systemen und deren Lösungsversuchen bei ähnlichen Problemlagen. So lernte ich in Japan an Hand der Resonanz-Theorie von *Kitagawa*, dass auf Grund des dortigen Kulturkreises und Gesellschaftssystems das umgekehrte Verhältnis von außergerichtlicher und gerichtlicher Konfliktlösung herrschte wie in der Bundesrepublik. Und auf einem Kongress in Arlington bei Washington wurde ich erstmals mit der Mediation in Familiensachen vertraut gemacht.

bb) Forschungsprojekte. Aus den Themenfeldern der Arbeitsgruppen 1 und 2 der 54 1981er Tagung wurden unter den Gesichtspunkten der Bestandsaufnahme bestehender Institutionen und der Erprobung und Begleitforschung neuer Modelle folgende Forschungsprojekte auf den Weg gebracht:
– Modellversuch ‚Neue Formen der Verbraucherrechtsberatung'[51]
– Untersuchung der Effektivität von Bauschlichtungsstellen[52]
– Alternativen zur Schuldbeitreibung gegen Verbraucher[53]
– Soziologische Untersuchung des Güteverfahrens vor dem Schiedsmann[54]
– Streitverhütung durch Rechtsanwälte.[55]

c) Symposien. Daneben wurde die Alternativenthematik auf Tagungen und Sym- 55 posien weiter vorangetrieben, von denen nur die wichtigsten zu nennen sind:

---

[49] *Strempel* DRiZ 1983, 86–90.
[50] *Strempel* JZ 1983, 596–599.
[51] *Reifner* (1988).
[52] *Boysen/Plett* in *Gottwald/Strempel/Beckedorff/Linke* (1997 ff.) unter 5.2.3.1.
[53] *Hörmann* (1987).
[54] *Röhl* (1987).
[55] *Wasilewski* (1990) mit dem überraschenden Ergebnis, dass ca. 70% aller im Jahr 1985 bei Anwälten anfallenden zivilrechtlichen Rechtsfälle außergerichtlich erledigt wurden.

– Expertendiskussion über den ,Vergleich im Zivilprozess' im Dezember 1982 im BMJ.[56]
– Kolloquium der GMD zu Schieds- und Schlichtungsstellen in der BRD im Jahre 1984.[57] Herausragendes Ergebnis der Paxisanalyse der GMD war, dass heute schon etwa 5 % von dem Geschäftsanfall vor den Gerichten durch Schieds- und Schlichtungsstellen beigelegt werden.
– Tagung zu den Ärztlichen Schlichtungsstellen im September 1985.[58]
– Tagung des Landes Baden-Württemberg zur außergerichtlichen Konfliktregelung in den USA im April 1990.[59]

56   Aber auch von der **Rechtspolitik** wurde die Thematik der vorgerichtlichen Schlichtung aufgegriffen. So hieß es z.B. in der Regierungserklärung des Bundeskanzlers vom 4. 5. 1983:

,Zur weiteren Entlastung der Gerichte sollen Möglichkeiten für eine vorgerichtliche Schlichtung mehr genutzt werden'.[60]

57   Daraufhin brachte das Presse- und Informationsamt der Bundesregierung 1983 in seiner Reihe ,Bürger-Service' eine Broschüre mit dem Titel ,Schlichten ist besser als Richten – Beratung und Schlichtung in Streitfällen' heraus,[61] die neben dem Hinweis auf die Nutzung der außergerichtlichen Beratungs- und Schlichtungsstellen auch einen ausführlichen bundesweiten Adressenteil dieser Stellen enthielt. Die Broschüre ist in 11 Auflagen erschienen und hat sicher viel zur Bewusstseinsänderung in Sachen außerforensischer Streitbeilegung beigetragen.

58   Auch die **Konferenz der Justizminister und -senatoren** befasste sich im Juni 1983 in Wiesbaden mit dieser Thematik. Nach einem ausführlichen Erfahrungsaustausch über die Praxis außergerichtlicher Streitbeilegung in den einzelnen Bundesländern wurde der Beschluss gefasst, die Möglichkeit einer Verbesserung des Angebots an Schieds- und Schlichtungsstellen mit dem Ziel einer verstärkten außergerichtlichen Beilegung von Konflikten zu prüfen.

59   **b) Alternativendiskussion in Praxis und Rechtswissenschaft.** In der **Justizpraxis** beschäftigte sich man sich mit der Diskussion von Alternativen kaum oder gar nicht. Auch die Justizverbände aus Richter- und Anwaltschaft standen dem Thema zunächst sehr skeptisch gegenüber. So hatten die Akademien in unserem Lande die große Chance, die Aufmerksamkeit auf eine neue Thematik zu lenken. Nachdem der Verfasser das Thema 1981 auf der Tagung ,Grenzen der staatlichen Rechtsschutzgewährung in Sicht?' an der Evangelischen Akademie Loccum angestoßen hatte[62], folgten mehrere Tagungen insbesondere an der Evangelischen Akademie Bad Boll in Zusammenhang mit familienrechtlichen und -politischen Aspekten[63], an der Evangelischen Akademie Arnoldsheim und anderswo. Auch in familienrechtlichen Anwaltspraxen sowie unter Angehörigen psychosozialer und therapeutischer Berufe wurde außergerichtliche Streitbeilegung gerade bei Familienkonflikten, was wegen der oben geschilderten besonderen Konfliktnähe der Beteiligten nahelag, in den 80iger Jahren schon hier und da praktiziert. Dazu gab es Ratgeberliteratur und Praxisbücher.

---

[56] *Gottwald/Hutmacher/Röhl/Strempel (1983).*
[57] *Morasch (1984).*
[58] *Ellermann (1987).*
[59] *Gottwald/Strempel (1995).*
[60] Bulletin des Presse- und Informationsamts der Bundesregierung vom 5. 5. 1983, Nr. 43, S. 405.
[61] Der Broschüre wurde die in Fn. 6 erwähnte Praxisanalyse zugrunde gelegt.
[62] *Strempel* RuP 1981, 55–61.
[63] U. a. *Deutsches Familienrechtsforum (1982); Duss-von Werth/Mähler/Mähler (1995).*

Auch in der **Rechtswissenschaft** war die Alternativendiskussion eher ein Non- 60
Thema. 1983 wagte erstmals ein rechtswissenschaftlicher Ordinarius, *Prof. Prütting,* eine öffentliche Antrittsvorlesung an der Universität des Saarlandes zu dem
Thema ‚Schlichten statt Richten?' zu halten[64], in der er trotz aller Kritik gewisse
Vorteile einer alternativen Streitschlichtung als Ergänzung der Justiz begrüßte. Aufgenommen wurde dieser kritische Anstoß aber erst sehr viel später.

c) Wichtiger Anstoß der Alternativendiskussion durch die Strukturanalyse der 61
Rechtspflege (SAR) des Bundesministerium der Justiz. *aa) Entstehungsgeschichte
der SAR.* Nun war die Rechtspolitik wieder am Zuge. In ihrer Antwort auf eine
Große Anfrage der SPD-Bundestagsfraktion zur Geschäftsbelastung der ordentlichen Gerichtsbarkeit aus dem Jahre 1986 wies die Bundesregierung u.a. auf die
Notwendigkeit der Durchführung einer **Strukturanalyse der Rechtspflege (SAR)
hin.**[65] Die Überlegungen zu einem Konzept einer solchen Strukturanalyse der Zivilrechtspflege hat der Verfasser 1986 dargestellt[66] und in einem Sonderseminar des
Forschungsinstituts für Öffentliche Verwaltung bei der Hochschule für Verwaltungswissenschaften Speyer zusammen mit *Klages* und *Blankenburg* im Januar
1987 vertieft.[67]

bb) Ziele und Inhalte des SAR-Forschungsprogramms. Im Oktober 1987 beauf- 62
tragte das Bundesministerium der Justiz die *Prognos AG* in Basel mit der Beratung
bei Anlage und Konzeption des Katalogs möglicher, im Zuge der Strukturanalyse
der Rechtspflege (SAR) zu untersuchender Fragen. Der Bericht bildete eine wesentliche Grundlage für die Durchführung des SAR in einem ersten von 1988–1993
terminierten Abschnitt. Für die SAR galten im Wesentlichen zwei Zielsetzungen:
– Aufzeigen von Möglichkeiten für die **quantitative** Entlastung der Gerichte, die
  unabhängig von bisher üblichen prozessrechtlichen oder personalwirtschaftlichen
  Maßnahmen Erfolg versprechen.
– Aufzeigen von Wegen zur Verbesserung der Rechtspflege in **qualitativer** Hinsicht,
  die vor allem darauf abzielen, die Rechtspflege für den Bürger verständlicher und
  überzeugender zu gestalten.[68]
Als inhaltliche Schwerpunkte für den ersten Abschnitt der SAR wurden folgende 63
Bereiche ausgewählt:
– Die Organisation der Gerichte.
– Das Zusammenspiel – **die Schnittstelle** – zwischen außergerichtlicher und gerichtlicher Konfliktregelung: Wie stark ist die Filterwirkung von Institutionen
  und Berufsgruppen im vor- und außergerichtlichen Bereich? Gibt es Verfahren,
  die sinnvollerweise gar nicht erst zu einer gerichtlichen Verhandlung führen sollten?
– Das gerichtliche Verfahren.

cc) Ergebnisse des SAR-Schwerpunktes ‚Schnittstelle zwischen außer- und inner- 64
gerichtlicher Konfliktbearbeitung'. Im Rahmen der SAR interessiert hier insbesondere der 2. Forschungsbereich ‚Schnittstelle zwischen außer- und innergerichtlicher

---

[64] *Prütting* JZ 1985, 261–271.
[65] BT-Drucks. 10/5317 vom 15. 4. 1986, S. 2.
[66] *Strempel* KritV 1986, 242–262.
[67] *Blankenburg/Klages/Strempel* (1987).
[68] Vgl. *Stock/Wolff/Thünte* (1996), S. IX, 1 ff.

Konfliktbearbeitung', wozu der Abschlussbericht die Ergebnisse wie folgt zusammenfasst:[69]

– Im außergerichtlichen Bereich besteht ein vielfältiges Angebot an Hilfen zur Konfliktbearbeitung in praktisch allen Rechtsgebieten. Die Fallzahlen je Angebot sind jedoch sehr unterschiedlich. Deutlich am höchsten liegen die Anwälte und Notare. Die Anwaltschaft erledigt den überwiegenden Teil ihrer Fälle außergerichtlich.
– Eine Geschäftsanfallprognose für die alten Bundesländer kommt zu dem Ergebnis, dass in den meisten Geschäftsbereichen bei unveränderten Rahmenbedingungen mit durchschnittlichen jährlichen Zuwachsraten zwischen 2 % und 5 % zu rechnen ist. Durch einen optimalen Ausbau der außergerichtlichen Angebote lässt sich dies deutlich verringern. Das **Filterpotential außergerichtlicher Rechtsdienste** schätzt die Studie auf gut 30 % der künftig anfallenden Zivilsachen.[70]
– Die Anwaltschaft hat eine Schlüsselrolle an der Schnittstelle zum Gericht. Schon eine geringe Erhöhung um wenige Prozentpunkte ihres ohnehin schon hohen Anteils von ca. 70 % bei außergerichtlichen Erledigungen würde die Gerichte stark entlasten.[71]
– Auch die Notare leisten eine sehr hohe Zahl von Rechtsdiensten. Ihre Tätigkeit spielt sich faktisch nur im außergerichtlichen Bereich ab und stellt einen wichtigen Beitrag zur Vorbeugung von Konflikten dar.
– Für jedermann leicht zugängliche Rechtsantrags- oder -auskunftstellen können den Rechtssuchenden wichtige Informationen und Hinweise vermitteln und damit zur frühen und eher außergerichtlichen Bearbeitung von Konflikten beitragen.
– Im Vorfeld der Rechtspflege gibt es eine Vielzahl weiterer Rechtsdienste, die von Organisationen und Verbänden, freien Berufen und Versicherungen, aber auch von Schieds- und Schlichtungsstellen oder Schiedspersonen angeboten werden. Die Inanspruchnahme dieser Rechtsdienste fällt sehr unterschiedlich aus, sie tragen aber zur Vielfalt des Mosaiks an Angeboten zur Konfliktbearbeitung bei.
– Rechtsschutzversicherungen haben – mit Ausnahme von Verkehrssachen – keine prozesstreibende Wirkung. Ihre Folgewirkungen auf die Geschäftsbelastung der Gerichte sind als gering einzuschätzen. Mit diesem Ergebnis widerlegt die entsprechende SAR-Untersuchung ein lange gehegtes Vorurteil.
– Zur Förderung des Anteils außergerichtlicher Erledigungen machen die SAR-Untersuchungen eine Reihe von Vorschlägen. Plädiert wird etwa für eine stärkere und systematischere Nutzung von Kostenanreizen bei der Inanspruchnahme von Rechtsdiensten. Gefordert werden aber auch grundlegende Veränderungen bei der Juristenausbildung, bei der noch stark die Tätigkeit des Richters im Mittelpunkt steht. Vorgeschlagen wird eine stärkere Orientierung auf außergerichtliche und einvernehmliche Arten der Erledigung von Konflikten.

65   *dd) Bilanz der SAR und Zukunftsperspektiven im Schnittstellenbereich.* Dieser Schwerpunkt wurde von der Forschungsgruppe wie folgt bilanziert:[72]

Der Schwerpunkt **Schnittstelle** zwischen außer- und innergerichtlicher Konfliktbearbeitung geht über den engen Justizbereich hinaus und hat daher übergreifende rechtspolitische Bedeutung. Hier waren zunächst Grundlagen zu erarbeiten. Außerdem ging es um die Überprüfung von angezweifelten Erkenntnissen und modellhafte Erprobung neuer Formen der Konfliktbearbeitung. Der Kreis der Adressaten ist hier breit gestreut, während sich die Handlungskompetenzen auf wenige Systemverantwortliche begrenzen. Die Ergebnisse tragen – neben verschiedenen konkreten Anregungen – insbesondere zum weiteren rechtspolitischen Diskussionsprozess bei. Auf Basis der vorliegenden Ergebnisse können nun in diesem sehr heterogenen Forschungsfeld präzisere Fragen gestellt oder modellhafte Projekte angestoßen werden. Die Auswahl des Schwerpunkts Schnittstelle führt über eine engere Justizorientierung hinaus und macht deutlich, dass Rechtspflege auch den vor- und außerge-

---

[69] Wie Fn. 67 S. XVI ff.
[70] Zu den Einzelheiten vgl. wie Fn. 67, S. 35 ff. sowie *Blankenburg/Simsa/Stock/Wolff* (1990).
[71] *Wasilewski* (1990).
[72] Wie Fn. 67, S. 77 ff.

richtlichen Bereich umfasst. Zugleich rückt er die Bedeutung einer möglichst frühen Bearbeitung der überwiegend außergerichtlich verursachten Rechtskonflikte in den Blick.

Soweit zu den **Schnittstellen-Untersuchungen** im Forschungsprogramm der **66** ‚Strukturanalyse der Rechtspflege' des Bundesministeriums der Justiz, das einen wichtigen Anstoß zur Alternativendebatte gegeben hat und zu dessen praktischen Auswirkungen im folgenden Teil über Mediation eingegangen wird. Die rechtspolitischen Folgerungen werden ab Rdnr. 89 ff. behandelt.

VII. Mediation

Jetzt wird man fragen, wie es plötzlich Anfang der 90iger Jahre zu dem Wechsel **67** in der Begrifflichkeit von ‚Alternativen in der Justiz' zu ‚Mediation' gekommen ist. Handelt es sich um einen Paradigmenwechsel oder lediglich um eine neue Bezeichnung für dieselbe Erscheinung? An beiden Möglichkeiten ist – wie immer – etwas Wahres. Im Vordergrund stand einerseits die Weiterentwicklung der Thematik – insbesondere bei Familienkonflikten – auf Praxisforen der evangelischen (Fortbildungs-)Akademien. Und andererseits veränderten sich die Denkmuster insofern, als der Inhalt des Begriffs ‚Mediation' als ein Verfahren zur eigenverantwortlichen und selbständigen Konfliktregelung durch die Konfliktparteien selbst von der rein juristischen Begrifflichkeit der Konfliktentscheidung weg hin zu einer mehr konfliktsoziologischen, psychologischen **Methodik des Verfahrens der Konfliktlösung** geführt wurde.

Interessant ist dabei auch, dass sich Mediation aus dem berufs- und rechtsalltäg- **68** lichen Bedarf der Handelnden und den analysierten Mängeln der justiziellen Konfliktlösung von der Basis der Praxis her entwickelt hatte. Man könnte auch von einer regelrechten **Tagungsbewegung** sprechen, wie wir noch im Einzelnen sehen werden. Das Bundesjustizministerium sah darin einen ersten durchschlagenden Erfolg seiner 1981 aufgenommenen Alternativendiskussion.

1. Mediation: eine völlig andere Konfliktlösungsmethode

Wenn man mit ‚Mediation' als Konfliktlösungsmethode Ernst macht, würde das **69** eine ‚kleine Revolution' im deutschen Recht bedeuten, wie es sie nach der Rezeption des römischen Rechts im Mittelalter nicht mehr gegeben hat. Wenn wir uns kurz erinnern: Wir hatten bei der Herleitung des Sühnegedankens[73] erfahren, dass der germanische Prozess aus dem Sühne- und Vergleichsverfahren hervorgegangen ist, das aber in der späteren ZPO stark in den Hintergrund getreten ist. Demgegenüber hat sich in unserem Prozessrecht fast völlig das ‚Anspruchs'-Denken des römischen Prozesses durchgesetzt, denn die Dogmatik des römischen Rechts baute auf der ‚actio' – der Klage – auf. Das ganze römische Zivilrecht – übrigens eine Einheit von Prozessrecht und materiellem Recht – ist ein strenges und formalistisches System von Klagen und Einreden. Diese Dogmatik hat sich bis ins 19. Jahrhundert nicht mehr verändert, bis *Savigny* und *Windscheid* das materiellrechtliche System einge-

---

[73] S. o. Rdnr. 3–9.

führt haben und *Windscheid* den ‚Anspruch' erfunden und an die Stelle der ‚actio'
gesetzt hat.[74] Das ist der rechtshistorische Hintergrund unseres prozessualen Kon-
fliktlösungsprogramms der ZPO, das zu den heutigen Schwierigkeiten geführt hat.
Deswegen müssen wir uns kurz mit den unterschiedlichen Konfliktlösungs-
Programmen von Zivilprozess und Mediation befassen, um das wirklich bahnbre-
chend Neue der Mediation zu erkennen, das dann auch weit über die Thematik der
bloßen Alternativendiskussion hinausführt.

70   **a) Juristische Methode.** Zur Lösung eines Konfliktes vollzieht der Jurist drei
Schritte:
– er ermittelt den tatsächlichen **Sachverhalts** (1. Schritt)
– er ermittelt die relevante Entscheidungsnorm (juristisch meist: Anspruchsnorm),
  die wiederum aus einem **Tatbestand** (2. Schritt) und einer **Rechtsfolge** (3. Schritt)
  besteht.

71   Dabei ist zu beachten, dass der *tatsächliche Sachverhalt* nicht unbedingt mit
dem *Tatbestand* aus der Entscheidungsnorm identisch sein muss. Nun tut der Jurist
oft den zweiten Schritt vor dem ersten, d.h. er sucht nach einem Sachverhalt, den
er als Tatbestand unter die Entscheidungsnorm subsumieren kann. Dabei ist der
tatsächliche Sachverhalt oft viel komplexer als der Tatbestand der Entscheidungsnorm. Der Jurist reduziert folglich die Komplexität des tatsächlichen Sachverhalts, um zu dem abstrakten Tatbestand der Entscheidungsnorm zu gelangen.
Und nun kommt das Wichtige: Wie er dies macht, bleibt seinem sog. **Judiz** überlassen; eine wissenschaftliche Methode dieser ‚Sachverhaltsarbeit' gibt es ersichtlich nicht, jedenfalls wird sie in keinem Studium und keinem Lehrbuch gelehrt. Das
ist das Fatale, was oft zur Unzufriedenheit mit der juristischen Konfliktlösung
führt.

72   Andererseits hat die juristische Dogmatik einen über Jahrhunderte ausgefeilten
Methoden-Kanon für den dritten Schritt – die Ermittlung der *Rechtsfolge* der Entscheidungsnorm – entwickelt, um etwaigen Problemfällen nachzukommen. Ziel
und Zweck dieses Kanons ist die Ermittlung der Bedeutung oder des Sinns der Anspruchsnorm. Dabei haben sich im Wesentlichen vier Kanones herausgebildet:
– Die Auslegung nach dem **Wortlaut** einer Norm; sie beginnt beim allgemeinen
  Sprachgebrauch und endet bei der fachsprachlichen Bedeutung.
– Die **historische** Auslegung zieht die Gesetzesmaterialien heran, um die rechtspolitische Entwicklung und Entstehung zu ermitteln.
– Die **systematische** Auslegung ist die Prüfung der Verträglichkeit einer Norm mit
  anderen Normen des gesamten Normengefüges (der Gesetzessystematik eben),
  mit denen sie in Zusammenhang steht.
– Die **teleologische** Auslegung fragt nach dem Sinn und Zweck einer Norm auch
  unter Berücksichtigung ihrer konkreten Anwendung.

73   Nach *Savigny* müssen diese Auslegungsweisen vereinigt werden, wenn die Auslegung gelingen soll. Hin und wieder werden diese Methoden durch Billigkeitserwä-
gungen, Folgenberücksichtigung, Präjudizien, andere rechtsdogmatische Erkenntnisse sowie zeitgenössische philosophische oder rechtstheoretische Strömungen –
wie das richterliche Vorverständnis nach *Esser* – ergänzt, wenn man mit dem Ka-
non nicht zu gerechten Lösungen kommt.

---

[74] Wegen der Einzelheiten vgl. *Wesel* (1997), S. 174 ff.

Mit diesem Methoden-Kanon haben die Juristen über Jahrhunderte hinweg ihre   74
Konfliktentscheidungen vorbereitet und legitimiert, wobei für Konfliktvermittlung
kaum Raum geblieben ist – allenfalls beim Vergleich.[75] Der Jurastudent lernt dieses
an der Anspruchsgrundlage orientierte Vorgehen spätestens mit dem uralten Repeti-
tor-Rezept: **Wer will was von wem woraus?** Das erklärt wohl am nachhaltigsten die
starke **Anspruchsorientierung** des Juristen im Gegensatz zu einer mehr an den **Interessen** der Betroffenen orientierten Konfliktlösungsstrategie, die der Mediation
zugrundeliegt.

    b) Interdisziplinäre Mediations-Methode. Aus der Philosophie der Mediation und   75
ihren Grundregeln, die hier nicht im Einzelnen beschrieben werden können, wird
deutlich, dass Mediation nach anderen Methoden funktionieren muss als die herkömmliche **Rechtsanwendung** mit ihrer Methode der Rechtsinterpretation nach den
strengen Kanones. Mediation sucht nicht das Recht in einem bestimmten Konfliktfall (Fallmethode), sondern ähnelt mehr des **Rechtsgewinnung,** da sie mit Unterstützung des Mediators auf der Grundlage der rechtlichen, wirtschaftlichen, persönlichen Gegebenheiten und Interessen **neues Recht** für die Beziehungen oder
Probleme der Konfliktbeteiligten schaffen will.

    Dabei verfolgt Mediation methodisch einen **interdisziplinären Ansatz** – und darin   76
liegt (endlich) der methodische Durchbruch –, weil sie u.a. Erkenntnisse der Konfliktforschung, Verhandlungsforschung, Kommunikationsforschung sowie der Friedensforschung mit der juristischen Seite der Kautelarjurisprudenz und Vertragsgestaltung verbindet.[76] Ziel der Mediation ist nicht eine Entscheidung, sondern ein
Vertrag, der die Lebens- und sonstigen Verhältnisse der Beteiligten zukunftsgerich-
tet und wertschöpfend regelt. Dieser Vertrag kommt nicht durch die Unterwerfung
unter eine juristische Entscheidung, sondern durch die selbstbestimmte Mitwirkung
der Konfliktbetroffenen im Mediationsprozess zustande. Dieser Ansatz konsen-
sueller Konfliktregelung, der von der herkömmlichen Streitentscheidung wegführt,
wird langfristig zu einem **Wandel der Streitkultur** führen.

2. Entwicklungslinien der Familien-Mediation in der Bundesrepublik Deutsch-land – eine Tagungsbewegung

Ausgangspunkt für die Anwendung der Mediation i.S. von Vermittlung waren   77
personenbezogene Konflikte bei Trennung und Scheidung im Familienrecht, wie es
schon bei den Akademietagung von Bad Boll im Jahre 1982 der Fall war.[77] Bei der
familienrechtlichen Diskussion standen die hohen Geschäftszahlen anhängiger Familiensachen vor den Gerichten und die Unzufriedenheit mit den gerichtlichen
Streitentscheidungen, die oftmals zu keiner ‚Befriedung‘ der Streitparteien führten,
im Mittelpunkt.[78] Es wurde angenommen, dass Vermittlungsverfahren den gesetzlichen Forderungen nach dem ‚Wohl der Eltern‘ und dem ‚Wohl der Kinder‘ dem
eher gerecht werden würden als richterliche Streitentscheidungen. Und wie bei der
Alternativendiskussion kamen die konkreten Anregungen aus den USA.

---

[75] *Strempel* FPR 1998, 248–252.
[76] So auch *Mähler/Mähler* in *Büchting/Heussen* (1997) unter D 1, Rn. 8 f., 36 ff.
[77] Vgl. oben Fn. 61.
[78] *Strempel* in *Krabbe* (1991), S. 236–249.

78   Signalwirkung hatte daher eine familienrechtliche Tagung der Evangelischen
Akademie Arnoldsheim, auf der *Proksch* über ‚Divorce in den USA' berichtete.[79]
Hier wurden erstmals einem größeren Fachpublikum Erfahrungen mit Mediation
in den Vereinigten Staaten vorgestellt. Dort hatte man seit Anfang der 70iger Jahre Vermittlungserfahrungen gemacht. Experimente mit Vermittlungsverfahren im
gerichtsöffentlichen Bereich begannen im Los Angeles County und Santa Clara
County (Kalifornien), im Dane County Madison (Wisconsin) sowie im Henne-
pin County Minneapolis (Minnesota). Hier gingen die Gerichtsbarkeiten dazu
über, hochstreitige Sorgerechts- und Besuchsrechtssachen an so. ‚Conciliation
Courts' abzugeben, die den Eltern die Gelegenheit einräumten, unter Anleitung
von unparteiischen Dritten eigenverantwortlich eigene Vereinbarungen auszuarbeiten.

79   In Anschluss an diese Tagung bildeten sich in der Bundesrepublik verschiedene
‚**Arbeitskreise Mediation**', die untereinander Kontakt hielten. Ab 1989 fanden Se-
minare mit amerikanischen Trainern – wie *Gary Friedman, Jack Himmelstein, John
Haynes, Florence Kaslow, Stanley Cohen* – statt, die das Methodenwissen über Me-
diation aus den USA nach Deutschland brachten. Den ersten Kongress richtete im
Mai 1991 die Deutsche Arbeitsgemeinschaft für Jugend- und Eheberatung (DAJEB) in
Bonn aus. Anfang 1992 folgte eine weitere Vertiefung unter dem Thema
‚Mediation in Familiensachen – Alternative Wege für Trennungskonflikte' an der
Evangelischen Akademie Bad Boll. Hier wurde insbesondere von *Mähler/Mähler*
erstmals der Versuch unternommen, Mediation in unsere Landschaft der Hilfen zur
Konfliktregelung bei Trennung einzuordnen, ihre rechtlichen Grenzen zu bestim-
men sowie die Formen der Zusammenarbeit mit Anwälten zu klären.[80] Dabei wur-
de auch der Versuch unternommen, die englisch-amerikanische Ausdrucksweise
‚mediation' in ‚Mediation'[81] einzudeutschen, was sich seitdem eingebürgert hat. Im
Vorfeld der Bad Boller Tagung kam es auch zur Gründung der ‚**Bundes-
Arbeitsgemeinschaft für Familien-Mediation (BAFM)**'.[82]

80   Ende 1992 wurde die Diskussion mit einer weiteren Tagung an der Akademie in
Arnoldsheim zu dem Thema ‚Kindschaftsrecht 2000 und Mediation fortgesetzt.[83]
Es folgten Ende 1993 ein Mediationskongress der **Bundeskonferenz für Erziehungsberatung (BfKE)** in Kassel.[84] Weitere Tagungen zu diesem Thema und Initiativen zur Gründung von Institutionen folgten, die hier nicht im Einzelnen aufgeführt werden können.[85]

81   Aber auch die **Familienrechtspolitik** und die **Forschung** nahmen sich des Media-
tionsthemas an. So bot der **Familiengerichtstag** in Brühl 1991 erstmals eine Arbeitsgruppe ‚Mediation' an[86] und behandelte die Thematik immer wieder, zuletzt in der
Arbeitsgruppe ‚Mediation der Anwaltschaft' auf dem Zwölften Familiengerichtstag
1997.

---

[79] *Proksch* in *Amthor/Severing* (1989), S. 60 ff. und in *Krabbe* (1991), S. 170–189.
[80] Der Kerngehalt der Beiträge ist in dem Buch *Duss-von Werdt/Mähler/Mähler* (1995) enthalten.
[81] Deutsch ausgesprochen: ‚Mediation', aber nicht zu verwechseln mit ‚**Meditation**'.
[82] Zu den Einzelheiten vgl. § 58 sowie *Duss-von Werdt/Mähler/Mähler* (1995) S. 113 f.
[83] Beiträge vgl. in *Amthor/Proksch/Sievering* (1993).
[84] *Bundeskonferenz für Erziehungsberatung* (1995).
[85] Vgl. dazu *Duss-von Werth/Mähler/Mähler* (1995), S. 270 ff.
[86] *Deutscher Familiengerichtstag* (1992).

3. Reaktionen des Gesetzgebers auf die Bewegung in Sachen Familien-Mediation

Der Gesetzgeber nahm den Grundgedanken der Mediation als erstes im neuen 82
Jugendhilferecht auf, ohne die Begriffe ‚Vermittlung' oder ‚Mediation' ausdrücklich
zu benutzen. In § 17 Abs. 2 des neuen Kinder- und Jugendhilfegesetzes (KJHG)[87]
heißt es in dem Kapitel ‚Leistungen der Jugendhilfe':

‚Im Falle der Trennung oder Scheidung sollen Eltern bei der Entwicklung eines einvernenehmlichen Konzepts für die Wahrnehmung der elterlichen Sorge unterstützt werden, das als Grundlage für die richterliche Entscheidung über das Sorgerecht nach der Trennung oder Scheidung dienen kann.'

Einen weiteren Schritt nach vorne in Sachen Mediation hat das neue **Kindschafts-** 83
rechtsreformgesetz (KindRG) vom 16. 12. 1997[88] gebracht. Danach wird die Regelung des elterlichen Sorgerechts bzw. des Umgangsrecht mehrfach mit Beratung und Mediation verknüpft. Das KindRG räumt dabei der eigenverantwortlichen Gestaltung gemeinsamer elterlicher Verantwortung und elterlicher Konfliktregelung gem. §§ 52, 52a FGG, 17, 18 KJHG bedingt den Vorrang ein.

Aufgegriffen wurde der Mediations-Gedanke schließlich auch von der Berufsord- 84
nung der Rechtsanwälte (BerufsO)[89] und der Fachanwaltsordnung (FAO)[90]. In den
§§ 1, 18 BerufsO kommt die rechtsgestaltende, vermittelnde und streitschlichtende
Tätigkeit des Anwalts als Mediator zum Ausdruck. Die Vorschriften über den
‚Fachanwalt im Familienrecht' (§§ 5, 12 FAO) weisen ebenfalls auf die außergerichtliche Beratung und Vermittlung hin.

In diesem Zusammenhang ist auch die am 21. 1. 1998 verabschiedete Empfeh- 85
lung *Nr. R (98) des* Ministerkomitees des **Europarats** an die Mitgliedstaaten über
Familienmediation zu erwähnen, wonach ‚die Staaten Sorge tragen sollen, dass geeignete Maßnahmen vorhanden sind zur Festlegung von Verfahren für die Auswahl,
Ausbildung und Qualifikation der Mediatoren und der von den Mediatoren zu erfüllenden Anforderungen'.[91]

4. Ausdehnung der Mediation auf weitere Anwendungsgebiete

In den 90iger Jahren hat sich die Mediation sehr schnell auf weitere Gebiete aus- 86
gedehnt. Vorausgegangen war auch eine Öffnung für die Thematik in die juristische
Wissenschaft und Praxis. So wurde 1995 eine erste juristische Habilitation über das
Thema ‚Mediation' veröffentlicht[92], 1998 eine erste Fachzeitschrift zu ‚Mediation –
Konfliktmanagement – Vertragsgestaltung' gegründet[93] und 1999 eine ‚Centrale für
Mediation' eingerichtet, die u.a. einen MediationsGuide und einen Newsletter für

---

[87] Ursprünglich in der Fassung vom 26. 6. 1990 (BGBl. I S. 1163); jetzt in der Neufassung vom 3. 5. 1993 (BGBl. I S. 637). Heute ist das KJHG als Buch VIII in das Sozialgesetzbuch (SGB) eingestellt worden.

[88] BGBl. I S. 2942.

[89] Vom 11. 3. 1997, heute i.d.F. vom 1. 11. 2001, BRAK-Mitt. 2001, 177.

[90] Vom 11. 3. 1997, heute i.d.F. vom 22. 3. 1999, BRAK-Mitt. 1999, 131.

[91] Abgedruckt in KON:SENS 1998, 55–56.

[92] *Breidenbach* (1995).

[93] KON:SENS heute Zeitschrift für Konflikt-Management (ZKM).

Konfliktmanagement, Mediation und Verhandeln herausgibt.[94] Zur selben Zeit kam es zur Einrichtung des weiterbildenden Studiums ‚Mediation‘ der FernUniversität Gesamthochschule Hagen.[95]

87   So konnten *Gottwald/Strempel*[96] in einer Bilanz 15 Jahre nach Beginn der Alternativendiskussion auf der BMJ-Tagung in Stolberg feststellen, dass eine regelrechte **Konjunktur außergerichtlicher Streitbeilegung** herrscht. Und *Blankenburg*[97] resümierte, dass man mittlerweile von Prozessvermeidung als Regel und Prozessführung als Ausnahme sprechen könne, was nunmehr auch den ‚Alternativenbegriff‘ als überflüssig erscheinen lasse.

88   Schnell hatte man auch in der Praxis erkannt, dass sich die neue Konfliktlösungsmethode ‚Mediation‘ nicht nur vorzüglich für die Lösung von Familienkonflikten eignet, sondern ebenso für andere Konflikte mit personenbezogenen und komplexen Konstellationen. So finden wir **bereichsspezifische Mediation** mittlerweile im Wesentlichen in folgenden Gebieten:
Arzt/Patient, Banken, Bau, Betrieb/Arbeitsrecht, Gewerblichen Rechtsschutz, Nachbarschaft, Politik, Schuldnerberatung/Insolvenz, Schule, Strafrecht, Umwelt, Verwaltung, Wirtschaft sowie Wohnung.[98]

VIII. Gesetz zur Förderung der außergerichtlichen Streitbeilegung vom 15. 12. 1999[99]

1. Entstehungsgeschichte des neuen Gesetzes

89   Auch in der Rechtspolitik blieb angesichts des Booms von Mediation in den 90iger Jahren das Thema auf der Tagungsordnung, allerdings mehr unter dem Stichwort ‚Außergerichtliche Streitbeilegung‘ als unter dem Stichwort ‚Mediation‘. Dabei war bedauerlich, dass weder die zahlreichen Forschungsergebnisse der Strukturanalyse der Rechtspflege (SAR) zur Schnittstellen-Problematik noch die Intentionen der Tagungsbewegung ‚Mediation‘ in die Gesetzesüberlegungen und ihre Begründung Eingang gefunden haben. Und trotzdem kann man sich wenigstens darüber freuen, dass ein ‚kleines Fenster‘ für einen Bewusstseinswandel in der Streitkultur und zu länderspezifischen Experimenten aufgestoßen worden ist.

90   Dass die Alternativen-Problematik nach fast zwei Jahrzehnten reif für die Rechtspolitik geworden ist, das zeigten in der 13. Legislaturperiode des Deutschen Bundestages die Forderungen der Landesjustizminister *Behrens*[100], *Hoffmann-Riem*[101], *Schubert*[102] und *Goll*[103] nach Förderung der außergerichtlichen Streitbeilegung.

---

[94] MediationsGuide 2000 u. mediations-report.
[95] Dazu und zu weiteren Institutionen im Bereich der Mediation in Deutschland vgl. auch *Hehn/Rüssel* NJW 2001, 347–349, sowie § 59.
[96] *Gottwald/Strempel* (1995), S. 9 ff., S. 187 ff.
[97] *Blankenburg in Gottwald/Strempel* (1995), S. 139 ff.
[98] Vgl. auch die jeweiligen Beschreibungen in *Gottwald/Strempel/Beckedorff/Linke* (1997 ff.) unter Kapitel 5.2., sowie das 6. Kapitel.
[99] Vgl. dazu auch § 33 Rdnr. 3 ff..
[100] *Behrens in Gottwald/Strempel/Beckedorff/Linke* (1997 ff), Abschnitt 6.7.
[101] *Hoffmann-Riem* ZRP 1997, 190–198.
[102] *Schubert* NJ 1997, 337–338.
[103] *Goll* ZRP 1998, 314–318.

Diesen vorausschauenden Stellungnahmen der Rechtspolitik stand damals noch 91
eine – gelinde ausgerückt – Zurückhaltung und Skepsis der Justizpraxis in den Mi-
nisterien und Gerichten gegenüber. Das wurde deutlich, als das Bundesjustizministerium, angeregt durch einen Antrag der SPD-Bundestagsfraktion auf ‚Entlastung der Zivilgerichtsbarkeit durch vor- bzw. außergerichtliche Streitbeilegung‘
vom 21. 6. 1995[104], eine Umfrage mit einem umfangreichen Fragenkatalog an
die Landesjustizverwaltungen zu dieser Problematik richtete. Als Resümee der
Länderbefragung, die in einem Bericht [105] dokumentiert wurde, konnte festgehalten werden, dass die Landesjustizverwaltungen im Bereich der vor- und außergerichtlichen Streitbeilegung lediglich vereinzelt über exakte Informationen ver-
fügten. Dieses Informationsdefizit muss jedoch in der Folgezeit – vielleicht angeregt durch die Umfrage – beseitigt worden sein, denn schon 1996 setzte sich
der Bundesrat mit dem ‚Gesetzentwurf zur Vereinfachung des zivilgerichtlichen
Verfahrens und des Verfahrens der freiwilligen Gerichtsbarkeit vom 4. 12. 1996‘[106]
für die Schaffung einer **Öffnungsklausel** ein, die dem Landesgesetzgeber die Einführung **obligatorischer** Schlichtungsverfahren in dafür geeigneten Bereichen (z. B.
bei vermögensrechtlichen Streitigkeiten bis zu 500,- € oder bei bestimmten nachbarrechtlichen Konflikten) ermöglichen sollte (§ 15 a E-EGZPO). Im Vordergrund
des Entwurf stand dann auch der Gedanke der dauerhaften **Entlastung der Justiz.**
Aber erfreulicherweise wird in dem Entwurf auch der **qualitative Aspekt** einer verbesserten Konfliktlösung durch solche außergerichtlichen Institutionen angesprochen.

Sehr bedenklich blieb, was in dem Entwurf mit keinem Wort begründet wurde, 92
dass das Schlichtungsverfahren in den genannten Fällen für die Parteien nicht freiwillig, sondern obligatorisch ist, was den Grundregeln der Mediation widerspricht.
Aber dazu später. Immerhin kam in der Beschlussempfehlung und dem Bericht des
Rechtsausschusses des Deutschen Bundestages zu dem Gesetzentwurf des Bundesra-
tes[107] schon einmal das Wort ‚Mediator‘ – allerdings nur im Zusammenhang mit
einem Rechtsanwalt – vor.

Der Bundesratsentwurf wurde auf dem Deutschen Juristentag 1998 in Bremen 93
heftig diskutiert und fast einhellig kritisiert[108] und fiel mit Ablauf der 13. Legislaturperiode des Deutschen Bundestages der Diskontinuität zum Opfer. Ungeachtet
dessen hat die Fraktion der CDU/CSU schon im Dezember 1998 den unveränderten
Gesetzentwurf in die Beratungen des 14. Deutschen Bundestages wieder eingebracht.[109] Auch die neue Bundesjustizministerin *Däubler-Gmelin*[110] hatte die Verankerung der obligatorischen Streitschlichtung in der ZPO vorgesehen. So brachten
die Fraktionen der Regierungskoalition SPD und BÜNDNIS 90/DIE GRÜNEN Anfang 1999 den „Entwurf eines Gesetzes zur Förderung der außergerichtlichen
Streitbeilegung" im Bundestag ein[111], der in dem uns hier interessierenden Teil
weitgehend identisch ist mit dem Bundesratsentwurf aus der 13. Legislaturperiode

---

[104] BT-Drucks. 13/1749.
[105] *Bundesministerium der Justiz* (1996).
[106] BT-Drucks. 13/6398.
[107] BT-Drucks. 13/11042, S. 34.
[108] *Ständige Deputation des Deutschen Juristentages* (1999) unter O.
[109] BT-Drucks. 14/163.
[110] *Däubler-Gmelin* ZRP 1999, 81–85.
[111] BT-Drucks. 14/980.

und mit dem CDU/CSU-Entwurf. Dieser Koalitionsentwurf ist am 15. 12. 1999 Gesetz geworden.[112] Und so heißt es in dem neuen § 15 a Abs. 1 EGZPO:

„Durch Landesgesetz kann bestimmt werden, dass die Erhebung der Klage erst zulässig ist, nachdem von einer durch die Landesjustizverwaltung eingerichteten oder anerkannten Gütestelle versucht worden ist, die Streitigkeiten einvernehmlich beizulegen,

1. in vermögensrechtlichen Streitigkeiten vor dem Amtsgericht über Ansprüche, deren Gegenstand an Geld oder Geldeswert die Summe von 750 Euro nicht übersteigt,

2. in Streitigkeiten über Ansprüche aus dem Nachbarrecht nach den §§ 910, 911, 923 des Bürgerlichen Gesetzbuchs und nach § 906 des Bürgerlichen Gesetzbuchs sowie nach den landesgesetzlichen Vorschriften im Sinne des Artikels 124 des Einführungsgesetzes zum Bürgerlichen Gesetzbuch, sofern es sich nicht um Einwirkungen von einem gewerblichen Betrieb handelt,

3. in Streitigkeiten über Ansprüche wegen Verletzung der persönlichen Ehre, die nicht in Presse oder Rundfunk begangen worden sind."

94   Das Gesetz ist am 1. 1. 2000 in Kraft getreten und in einigen Ländern wird schon an Ausführungsgesetzen gearbeitet oder sind sie ihrerseits schon in Kraft. So in Nordrhein-Westfalen das „Gesetz zur Ausführung von § 15 a des Gesetzes betreffend die Einführung der Zivilprozessordnung vom 9. 5. 2000 (Ausführungsgesetz zu § 15 a EGZPO – AG – § 15 a EGZPO)".[113] Erfahrungen mit dem Gesetz sind noch nicht bekannt.

2. Nach- und Vorteile der Lösungen des neuen Gesetzes

95   Schon aus der Gesetzgebungsgeschichte des neuen „Gesetzes zur Förderung der außergerichtlichen Streitbeilegung" geht schon hervor, dass man aus der Sicht des Mediationsgedankens von den Regelungen nicht restlos begeistert sein kann. Ins Auge springen dabei zunächst der eklatante Verstoß gegen die Grundregel der **Freiwilligkeit** von Mediation. Aber auch der oben erörterte wichtige Gesichtspunkt der **Konfliktnähe** ist bei einer Zuständigkeit der Schlichtungsstelle für ‚Geldforderungen bis 750 Euro' nicht berücksichtigt worden. Ganz zu schweigen davon, dass mich das neue Verfahren auffällig an das zum Scheitern verurteilte und abgeschaffte ‚obligatorische Güteverfahren' der ZPO erinnert. Sehr positiv würde ich die durch die ‚Öffnungsklausel' erreichte Offenheit für weitere Entwicklungen beurteilen, wenn die Länder sie als echte **Experimentierklausel** ansehen und die Erfahrungen mit unterschiedlichen Modellen forschungsmäßiger Evaluation unterziehen.

96   a) ‚Obligatorisches' Schlichtungsverfahren als Rückfall in das alte Modell des obligatorischen Güteverfahrens? Hintergrund für die **obligatorische** Vorschaltung des Schlichtungsverfahrens ist die rechtspolitische (Fehl-)Einschätzung, dass trotz des vielfältigen Angebots von **freiwilligen** Schlichtungseinrichtungen die Justiz durch diese Institutionen nicht hinreichend entlastet würde. Auf Grund dieser Fehleinschätzung und der Nichtberücksichtigung der einschlägigen Forschungsergebnisse der Strukturanalyse der Rechtspflege (SAR) und anderer sozialwissenschaftlicher Studien einschließlich der Erkenntnisse der Tagungsbewegung ‚Mediation', reaktiviert man den Gedanken des alten Schlichtungs- und Güteverfahrens. Eben diesen Gedanken hatte man 1950 mit dem ‚Gesetz zur Wiederherstellung der Rechtsein-

---

[112] BGBl. I S. 2400, zuletzt geändert durch Gesetz vom 13. 12. 2001, BGBl. I S. 3574.
[113] GVOBl. NRW 2000 S. 476.

heit' abgeschafft, weil sich die an sein Verfahren gestellten Erwartungen nicht erfüllt hatten. Das habe ich schon oben dargelegt.[114] Der einzige, aber wichtige Unterschied liegt darin, dass das alte obligatorische Güteverfahren in das Gerichtsverfahren integriert war, während es jetzt von dem Gerichtsverfahren isoliert, eben außergerichtlich, stattfindet. Aber ob dies allein den Erfolg garantieren wird, darf bezweifelt werden.[115] Auch besteht die Gefahr, dass viele Parteien das neue Verfahren möglichst schnell durchlaufen wollen und sich ein Negativattest erteilen lassen, um vor Gericht klagen zu können.

b) Verstoß gegen die Grundregel der ,Freiwilligkeit' von Mediation. Gegen das 97 obligatorische Streitbeilegungsverfahren gibt es aber noch eine weitere Einwendung. Wie wir wissen, gehört die **Freiwilligkeit** der Mediation, bezogen auf ihren Beginn, ihre Beendigung und ihren Gegenstand, zu den Grundprinzipien der Mediation. Dieses Prinzip soll gewährleisten, dass sich keine Partei benachteiligt fühlt oder tatsächlich benachteiligt wird. Der Verzicht auf das Freiwilligkeitsprinzip im gesetzlichen Streitbeilegungsverfahren nach § 15a EGZPO zeigt sehr deutlich, dass der Gesetzgeber damit vordergründig **kein** neues Betätigungsfeld für Mediatoren schaffen wollte, von den schon erwähnten ,Anwaltsmediatoren' einmal abgesehen. Im Vordergrund steht die Entlastung der Justiz. Mit der Abkehr von der Freiwilligkeit werden die Chancen für das Mediationsverfahren zumindest verschlechtert.

Da mag der Blick auf neuere amerikanische Forschungen[116] zu dem sog. ,**Media-** 98 **tionsparadox'** nur ein kleiner Trost zu sein: Obwohl die Parteien bei obligatorischer Vorschaltung die Mediation eher unwillig aufsuchten, empfanden sie das Verfahren als fair und zufrieden stellend. Dabei werden zwei grundlegend verschiedene Formen des Zwangs unterschieden: Einmal der Zwang zur Anrufung des (obligatorischen) Verfahrens und zum anderen der Zwang innerhalb des Verfahrens, der grundsätzlich nicht zu bestehen braucht. Dann darf es aber innerhalb des Verfahrens keinen Zwang oder Druck geben. Wenn aber Ziel des obligatorischen Streitbeilegungsverfahrens die Justizentlastung ist, wird man auch ein Interesse am Abschluss möglichst vieler außergerichtlicher Vergleiche haben. Zumindest ist durch diese Erkenntnisse aber die Möglichkeit gegeben, die Mediations-Option offenzuhalten. Auch hier bedarf es weiterer Beobachtung der Praxis.

c) Abkehr vom Maßstab der ,Konfliktnähe'. Wenn in dem Zuständigkeitskatalog 99 Streitigkeiten über Nachbarrecht und Ehrverletzungen außerhalb von Presse und Rundfunk (§ 15a Abs. 1 S. 1 Nr. 2 und 3 EGZPO) der für den Erfolg von Mediation wichtige Maßstab der Konfliktnähe[117] noch gegeben scheint, liegt er bei dem Katalogpunkt ,vermögensrechtliche Streitigkeiten über Ansprüche auf Geld oder Geldeswert bis 750 Euro' (§ 15a Abs. 1 S. 1 Nr. 1 EGZPO) grundsätzlich nicht vor. Hier kommt es dann auf den jeweiligen **Konflikttypus** an, ob er sich für eine außergerichtliche Streitbeilegung eignet oder nicht. Hinsichtlich des Komplexitätsgrades von Konflikten wurde – wie wir gesehen haben – zwischen normenbezogenen Konflikten (z. B. Geldansprüchen aus Verkehrsunfällen) einerseits und personenbezogenen Konflikten (z. B. Familienkonflikten) andererseits unterschieden. Für

---

[114] S. o. Rdnr. 15–18.
[115] So auch *Gottwald* BRAK-Mitt. 1998, 60–66.
[116] Zitiert bei *Gottwald,* a. a. O., 63.
[117] S. o. Rdnr. 49 ff.

normenbezogene Konflikte, die einen geringen Komplexitätsgrad aufweisen, kommt daher in erster Linie das abstrakte Entscheidungsprogramm des Richters in Betracht. Es ist das konfliktnäheste! Diese Konfliktnähe des Dritten dürfte jedoch bei vermögensrechtlichen Entscheidungen (aus Vertrag oder Delikt) auf Geld oder Geldeswert bis zu 750 € überwiegen und daher für eine außergerichtliche Streitbehandlung – auch i. S. von Mediation – eher ungeeignet sein und hätte daher von § 15a EG-ZPO besser ausgeschlossen werden müssen. Aber hier scheint wieder der alte Gütegedanke für Bagatellverfahren durch.

100   Anderseits werden in § 15a Abs. 2 S. 1 Nr. 2 EGZPO ‚Streitigkeiten in Familiensachen‘, die ihrerseits überwiegend personenbezogene Konflikte und daher besonders mediationsgeeignet sind, ausdrücklich von der außergerichtlichen Streitbeilegung ausgenommen. Das ist zumindest unsystematisch, da der Gesetzgeber gerade im neuen Kindschaftsrecht die Mediation zugelassen hat.[118] Erklärbar ist auch dieser Widerspruch damit, dass der Gesetzgeber des § 15a EGZPO eher das alte Güteverfahren im Sinn gehabt hat als das neue Mediationsverfahren!

101   d) § 15a EGZPO als Experimentierklausel. *aa) Bundesrechtliche Regelung.* Die eben beschriebenen Nachteile des obligatorischen Streitbeilegungsverfahrens werden z. T. jedoch dadurch gemildert, dass in dem Gesetz von 1999 auch eine sog. **fakultative Streitschlichtung** zugelassen wird. Diese Experimentierklausel ist in der allgemeinen Öffnungsklausel ‚durch Landesgesetz kann bestimmt werden‘ (§ 15a Abs. 1 S. 1 EGZPO) und in der Flexibilität, die § 15a Abs. 3 EGZPO gewährt, enthalten, der lautet:

‚Das Erfordernis eines Einigungsversuchs vor einer von der Landesjustizverwaltung eingerichteten oder anerkannten Gütestelle **entfällt,** wenn die Parteien einvernehmlich einen Einigungsversuch vor einer **sonstigen Gütestelle,** die Streitbeilegungen betreibt, unternommen haben. Das Einvernehmen nach Satz 1 wird unwiderleglich vermutet, wenn der Verbraucher eine branchengebundene Gütestelle, eine Gütestelle der Industrie- und Handelskammer, der Handwerkskammer oder der Innung angerufen hat.‘[119]

102   Im Klartext heißt dies, dass die Landesjustizverwaltungen den Rahmen der obligatorischen Streitschlichtung durch Landesgesetz entsprechend dem Angebot solcher Stellen in ihrem Lande abstecken können und dass die Parteien nicht auf die von der Landesjustizverwaltung anerkannten Gütestellen (obligatorisch) angewiesen sind, sondern auch eine sonstige Gütestelle ihrer Wahl, etwa einen **Mediator,** aufsuchen können.

103   *bb) Landesgesetzliche Ausführung – in Nordrhein-Westfalen.*[120] Folgerichtig ergibt sich auch aus der Gesetzesbegründung der Experimentierklausel des § 15a EGZPO, dass die Länder innerhalb der Grenzen der bundesgesetzlichen Vorschriften die Möglichkeit haben, die Einrichtungen ‚sonstiger Gütestellen‘ zu bestimmen. Davon hat als eines der ersten Länder Nordrhein-Westfalen mit dem ‚Ausführungsgesetz zu § 15a EGZPO – AG § 15a EGZPO – vom 13. 4. 2000‘[121] Gebrauch gemacht. Dort heißt es dazu schon in dem Vorblatt zum Gesetzentwurf der Landesregierung:

---

[118] S. o. Rdnr. 83.
[119] Hervorhebungen durch den Verfasser.
[120] Vgl. dazu auch § 33.
[121] GVBl. NRW 2000 S. 476.

‚Das Gesetz überträgt die Streitschlichtung in erster Linie den Schiedspersonen und anderen anerkannten Gütestellen. Der Kreis derjenigen, die als Schlichterinnen oder Schlichter in Betracht kommen, soll jedoch nicht auf diese beschränkt werden. Auch **sonstige Einrichtungen** sollen in die außergerichtliche Streitschlichtung einbezogen werden. Die Bürgerinnen und Bürger erhalten dadurch
die Möglichkeit, diejenige Stelle aufzusuchen, die im konkreten Fall am besten zur Streitschlichtung
geeignet ist.'[122]

Die Einzelheiten regelt in Art. 1 dieses Gesetzes ein neues ‚Gütestellen- und **104**
Schlichtungsgesetz – GüSchlG NRW-', das in seinem § 10 Abs. Nr. 1 den Geldes-
wert von vermögensrechtlichen Ansprüchen auf 600,– € begrenzt und in § 12
Abs. 1 in erster Linie den Schiedsämtern, aber in Abs. 2 auch ‚sonstigen Gütestel-
len, die Streitbeilegung betreiben', diese Aufgabe zuweist. Den bundesgesetzlichen
Rahmen und die Offenheit für ganz unterschiedliche Einrichtungen – also auch für
Mediatoren – wird in dem Allgemeinen Teil der Gesetzesbegründung besonders
hervorgehoben.

In der Begründung zu § 12 Abs. 2 des nordrhein-westfälischen Ausführungsgeset- **105**
zes wird dann für diese sonstigen Institutionen oder Personen sogar von einer **fakultativen Streitschlichtung** gesprochen und auf den Experimentiercharakter der Regelung hingewiesen.[123] Der Versuchs- und Experimentiercharakter einschließlich
wissenschaftlicher Evaluierungen kommt auch in der Außer-Kraft-Tretens-Klausel
des Art. 3 Abs. 2 des Gesetzes zum Ausdruck, wonach die Geltung des Gesetzes bis
zum 31. 12. 2005 befristet ist.

3. Fazit

Nach der eben dargestellten, beispielhaften Umsetzung des ‚Gesetzes zur Förde- **106**
rung der außergerichtlichen Streitbeilegung' vom 15. 12. 1999 in Nordrhein-Westfalen braucht man vielleicht hinsichtlich der Weiterentwicklung von ‚Mediation'
nicht mehr ganz so pessimistisch zu sein, wie es bei den aufgezeigten Nachteilen –
obligatorisches Verfahren, Abkehr von der Freiwilligkeit und dem Maßstab der
Konfliktnähe – zunächst den Anschein hatte. Wenn man die sog. Öffnungsklausel,
wie in Nordrhein-Westfalen geschehen, als echte **Experimentierklausel** auffasst,
dann ist darin viel mehr Luft enthalten, als man noch bei den Beratungen des Bun-
desratsentwurfs annehmen konnte. Durch die Einführung der **fakultativen Streitschlichtung** und die Ausdehnung des Personenkreises auch auf **nicht-juristische Mediatoren** werden die Bedenken gegen das obligatorische Verfahren ein gutes Stück
ausgeräumt. Diese Offenheit der nordrhein-westfälischen Regelungen könnte dann
wirklich zu der nach der dortigen Begründung ausdrücklich erwünschten ‚Konkurrenz verschiedener Modelle' führen, deren Verfahren und Ergebnisse in der Praxis
beobachtet und wissenschaftlich evaluiert werden. Dann wird sich vielleicht ergeben, dass die Experimentierklausel mit der Beschränkung auf Ansprüche bis
750,– € und die Abkehr von der Grundregel der ‚Freiwilligkeit' und von dem Maßstab der ‚Konfliktnähe' zu eng gewesen ist und überdacht werden muss. Vielleicht
kann die Praxiserfahrung in der Rechtswirklichkeit die Gesetzesmacher eher überzeugen als sozialwissenschaftliche Untersuchungen. Dabei gehe ich davon aus, dass
die Evaluierungen der Praxiserfahrung sich nicht nur auf den rein obligatorischen

---

[122] LT-Drucks. NRW 12/4864, Vorblatt, S. 1 f.; Hervorhebungen durch den Verfasser.
[123] A. a. O. S. 19 f.

Teil der Streitbeilegung vor den Schiedspersonen sondern auch auf die anerkannten Güte- und Schlichtungsstellen i. S. von § 794 Abs. 1 Nr. 1 ZPO beziehen, um den etwaigen Unterschied in Nachfrage, Verfahren und Erfolg im Vergleich zu den ,sonstigen Gütestellen' festzustellen.

107   Somit hätte das Gesetz die Tür zu dem bisher verschlossenen Haus ,Mediation' doch ,einen Spalt' geöffnet, in den man seinen Fuß stellen kann, um später ganz eintreten zu können. Aufgabe für alle Beteiligten – Anwalts-Mediatoren und Mediatoren der anderen Professionen – ist es nun, die Experimentierphase zu nutzen und für die jeweiligen Konflikte geeignete, unterschiedliche und zukunftsträchtige Modelle zu erarbeiten.

IX. Ausblick

108   Am Schluss des Beitrages über die Vergangenheit und über die Entwicklung alternativer Strategien – d. h. nicht nur gerichtlicher – zur Konfliktlösung vom ,Güte- und Sühneverfahren über ,Alternativen zum Recht' bis hin zur ,Mediation' darf am Beginn eines neuen Jahrhunderts sicher ein Ausblick in die nähere Zukunft stehen. Und da meine ich, dass wir in den letzten 20 Jahren eine gutes Stück auf dem Weg zu einer **neuen Streitkultur** dahin weitergekommen sind, wie Konflikte in einem noch größeren Umfang in der Gesellschaft selbst behandelt und gelöst werden können. Zu diesen ersten strukturellen Schritten zu einem neuen Umgehen mit Recht und Konflikt, müssen aber noch weitere kommen. Dabei sehe ich zunächst drei notwendige Maßnahmen:

– Einmal eine bessere **Professionalisierung der Mediation** und der MediatorInnen. Hierbei sind wir mit dem ,Weiterbildenden Studium Mediation' an der Fern-Universität Hagen schon auf einem guten Weg. Das allein genügt aber nicht und auch nicht das parallele Bemühen vieler Fachhochschulen in Deutschland. Auch an unseren Hochschulen muss die Lehre der Mediation Einzug halten, damit die angehenden JuristInnen neben der juristischen auch die interdisziplinäre Mediationsmethode kennen lernen. Insoweit kann man nur auf eine wirkliche **Reform der Juristenausbildung** hoffen.[124]

– Politik und Verwaltung müssten endlich umfassend – und über das Gesetz von 1999 hinaus – den mit der Strukturanalyse der Rechtspflege (SAR) und anderen Forschungen herausgearbeiteten Handlungsbedarf für eine **gestaltende Rechtspolitik** umsetzen und auch einmal völlig neue Wege gehen, die von vielen in der Szene Tätigen dringend erwartet werden, damit wir nicht wieder unvorbereitet von der Entwicklung in den Vereinigten Staaten eingeholt werden, wo sich schon neue Trends zur Professionalisierung, Vergerichtlichung und Verrechtlichung abzeichnen.[125]

– Last but not least muss es zu einer **Bewusstseinsänderung hin zu einer konsensualen Streitkultur** bei den Bürgerinnen und Bürgern unserer Gesellschaft kommen, zu deren Wohl wir letztlich alle Anstrengungen für und mit Mediation machen.

---

[124] Vgl. dazu m. w. N. *Strempel* (1998 b).
[125] *Gottwald* KON:SENS 1999, 331–334.

§ 5 Recht und Gerechtigkeit in der Mediation

Lis Ripke

Übersicht

Schrifttum: *Bundesarbeitsgemeinschaft für Familienmediation,* Eisenacher Str. 1, 10777 Berlin, Richtlinien für Mediatoren in Familienkonflikten, 1992; *Diez/Krabbe,* KON:SENS 1999, S. 160 ff.; *Friedman/Himmelstein,* Dispute Resolution Magazine 1997, S. 7; *Goffman,* Relations in public penguin; 1971; *Haft,* Verhandlung und Mediation, 2. Aufl. 2000; *Haynes/Bastine* u. a., Scheidung ohne Verlierer, 5. Auflage, 2001; *Mähler/Mähler,* ARGE Familienrecht 2/94, S. 118; *dies.,* Gerechtigkeit im Konfliktmanagement und in der Mediation, 2000, S. 31 ff; *Montada,* Gerechtigkeit im Konfliktmanagement und in der Mediation, 2000, S. 38 ff; *de Munck,* Université Catholique de Louvain, „Deformalisation, Notes des Synthèse Louvain la Neuve"; *Ripke,* KON:SENS 1999, S. 341; *Stierlin,* Haltsuche in Haltlosigkeit, 1997, S. 85 ff.

I. Einleitung

1   **Recht** wird in diesem Artikel in dem Sinne „wie würde ein Richter voraussichtlich den Sachverhalt auf Grund des Gesetzes entscheiden" verstanden. Gesetze werden außerhalb der Situation und losgelöst von den Akteuren **generell** in den dafür vorgesehenen politischen Abläufen beschlossen. Mit **Normen** wird die Gesellschaft geprägt und hierarchisch **Kontrolle** ausgeübt. Daher ist das individuelle Bewusstsein vom Recht von **außen** geprägt.

2   **Gerechtigkeitsvorstellungen** sind oft persönlich geprägt: Wer war nicht schon in einem Konflikt empört und überzeugt, dass er „im Recht" ist und dass alle Menschen die eigene Vorstellung teilen müssten? In Gerechtigkeitsvorstellungen verkörpern sich **persönliche Zielsetzungen** und Ideale.

3   Dabei ist das Recht nicht nur objektiv und Gerechtigkeit nicht nur subjektiv. Die Wirklichkeit ist komplexer. Recht ist eine soziale Konstruktion und Umsetzung dessen, was in einer Gesellschaft an Gerechtigkeitsvorstellungen gegeben ist. Die Vorstellung von Gerechtigkeit ist daher ganz elementar gesellschaftlich verankert und geprägt, wie auch die Rechtsprechung umgekehrt beeinflusst wird durch die individuellen Gerechtigkeitsvorstellungen der beteiligten Juristen wie Richter und Anwälte.

4   Was bedeutet nun Recht und Gerechtigkeit im Kontext der Mediation? Das Ziel der Mediation ist der **Konsens** zwischen den in Konflikt behafteten Personen, wobei die Vereinbarung in die Lebenswirklichkeit aller **umgesetzt** werden soll. Die Leitidee des Rechts ist, dass Ansprüche eingefordert werden auf Kosten des Gegners. Die Leitidee der Mediation ist, dass Bedürfnisse realisiert werden mit gegenseitigem Gewinn. Individuelle Bedürfnisse werden oft über die persönlichen Gerechtigkeitsvorstellungen der Medianten legitimiert. Es ist daher eine (der vielen) Aufgaben der Mediatorin, bezüglich Recht und Gerechtigkeit prozessual wie inhaltlich mit den Konfliktpartnern zu arbeiten.

5   Auf der Ebene der subjektiven **Gerechtigkeitsvorstellungen** des Medianten **A,** auf der Ebene der subjektiven **Gerechtigkeitsvorstellung** des Medianten **B** und auf der Ebene der **Gesellschaft** mit dem **Recht.** Es geht darum, die Gerechtigkeitsvorstellungen des einen Ichs mit den teils gleich lautenden, teils unterschiedlichen Gerechtigkeitsvorstellungen des zweiten Ichs und mit der Gerechtigkeitsvorstellung des Es in Form der allgemeingültigen Gesetze in Balance und Ausgleich zu bringen. Komplizierend dabei ist, dass die Mediatorin eigene Vorstellungen, wenn auch meist unausgesprochen, in den Prozess mitbringt.

6   Die Mediation ist ein integrativer Ansatz, der noch in der Entwicklung ist. Der folgende Beitrag ist als ergänzungs- und weiterentwicklungsbedürftige Diskussionsgrundlage zu verstehen.

II. Haltung der Mediatorin zu Recht und Gerechtigkeit

Recht und Gerechtigkeit enthalten **Wertvorstellungen,** die selbstverständlich auch 7
die **eigene** Grundhaltung der Mediatorin betreffen. In der Ausbildung wird daher
über diese Fragen gründlich nachgedacht: Jeder Mediator sollte sich bewusst darüber sein, was seine Wertvorstellungen sind und wie er in seiner Kindheit und
Adoleszenz Recht und Gerechtigkeit erfahren hat, da diese **Erfahrungen** ihn in seiner heutigen professionellen Arbeit **prägen.**

1. Einstellung zum Recht

Mediatoren haben nach meiner Erfahrung sehr unterschiedliche Haltungen zu 8
Normen: Die Spannbreite reicht von

das Gesetz ist eine Perle

zu

das Gesetz hat nur den Anschein der Rationalität und Gerechtigkeit

zu

das Auge des Gesetzes sitzt im Gesicht der herrschenden Klasse.

Ziel ist es, eine balancierte Haltung zum Gesetz und Recht zu haben, in der die
Mediatorin sowohl die Vor- wie die Nachteile gelassen betrachten kann.

2. Eigene Gerechtigkeitsvorstellung der Mediatorin

Bei der Bearbeitung des konkreten Konfliktfalles werden **eigene Gerechtigkeits-** 9
vorstellungen der Mediatorin ausgelöst: Was empfindet sie selbst in diesem Konflikt als gerecht? Soll die Leistung anerkannt werden? Ist die Bedürftigkeit nicht
doch das stärkere Gerechtigkeitsprinzip? Ist überhaupt Gleichheit gegeben? Auch
wenn sich alle Mediatoren darüber einig sind, dass sie sich bezüglich des Inhaltes
des Prozesses zurückhalten, beeinflussen eigene Haltungen zu Recht und Gerechtigkeit **Stil** und **Wahrnehmung** im Prozess der Interaktion mit den Medianten. Die oben
genannten Gedanken sind mindestens **vorbewusst** in jeder Konfliktbearbeitung auch
bei noch so neutralen Dritten vorhanden.

3. Supervision

Insofern ist es eine Frage von Professionalität, dass bei Blockaden in der Bearbei- 10
tung von Recht und Gerechtigkeit die Mediatorin **Supervision** in Anspruch nimmt.
In der Supervision kann unterstützend und klärend sowohl der berufliche Anteil –
eine Mediatorin mit juristischem Hintergrund wird wohl in anderer Weise mit
Recht und Gerechtigkeit verbunden sein als z. B. eine Mediatorin mit psychosozialem Hintergrund – wie auch der persönliche Anteil behandelt und die nötige
Distanz zu den eigenen Wertigkeiten wieder hergestellt werden.[1] So erarbeitet sich
die Mediatorin neue Perspektiven der Unterstützung der Autonomie der Medianten.

---

[1] *Diez/Krabbe* KON:SENS 1999, 160 ff.

III. Recht im Kontext der Mediation

11   Da Mediation auch aus der Kritik am justizförmigen Apparat „lebensferne Entscheidung, Hierarchie, hohe Kosten etc." geboren wurde, gilt als Credo im Kontext der Mediation, dass die persönliche Situation der Kontrahenten nicht durch die Norm geprägt werden soll, sondern die Beteiligten zu Akteuren werden und ihre individuelle Situation die Verhandlung und den Vertrag prägen lassen. Die Kontrolle soll zwischen den Medianten horizontal gewährleistet sein und somit die vertikale kulturelle Barriere zwischen Justiz und der Welt des gewöhnlichen Lebens abgebaut werden. Dies wird begünstigt dadurch, dass von der rechtsstaatlichen Verfassung der Bundesrepublik Vertragsfreiheit garantiert wird. Innerhalb der Grenze, dass das Ergebnis nicht sittenwidrig ist, können die Konfliktpartner ihre Rechtsbeziehung durch selbst gesetzte Ideale eigenverantwortlich gestalten.[2]

12   Die meisten Gesetze erheben in unserer Rechtsordnung keinen Anspruch auf Verwirklichung um ihrer selbst willen sondern sind ein Auffangnetz, sollte kein eigenverantwortlicher Ausgleich geschaffen werden. Gesetze bieten im Wesentlichen nur Rahmenbedingungen für Konfliktmanagement und Interessenausgleich. Endet die Mediation mit einem Vertrag, haben daher die Medianten ihr **Recht selbst geschaffen**. Warum sollte bei einem solchen Verständnis das Recht im Sinne wie würde ein Richter den Sachverhalt nach dem Gesetz voraussichtlich entscheiden, überhaupt noch eine Rolle in der Mediation spielen?

13   Soziale Normen und Gerechtigkeit lassen sich nach meiner Auffassung nicht immer auf einfache Vertragsvereinbarung zwischen zwei Individuen reduzieren. Jean de Munck[3] ist beizupflichten, dass der **Kult des Gesetzes**, der zu Recht durch die Mediationsbewegung in Frage gestellt wurde, nicht durch den **Kult des Vertrages** ersetzt werden soll. Es ist ein menschliches Bedürfnis, die eigene Position auf allgemeine Prinzipien zurückzuführen. Das Individuum ist in einer Gesellschaft immer mehr als nur ein isoliertes Wesen. Das **Spannungsfeld** zwischen **individueller Gerechtigkeitsvorstellung** und **gesellschaftlicher Norm** kann durch die Einführung des Rechts eröffnet werden. An Beispielen aus der Familienmediation möchte ich dies im Folgenden näher analysieren.

1. Allgemeine gesellschaftliche Prinzipien

14   Das Gesetz konkretisiert Werte oder Prinzipien, die bei der Reorganisation der familiären Regeln nach der Trennung auch für Medianten wichtig sein mögen. Dabei ist das Ergebnis, wie z. B.: *der Mann zahlt 1.200,– DM Unterhalt an die Frau*, nicht so wichtig wie die Begründung hierfür. Der **Schutz des sozial Schwachen** ist ein wichtiges Anliegen im gesamten Familienrecht. Die einzelnen Tatbestände des

---

[2] Bundesverfassungsgericht (BVerfGE 81, 242 ff): „Auf der Grundlage der Privatautonomie, die Strukturelement einer freiheitlichen Gesellschaftsordnung ist, gestalten die Vertragspartner ihre Rechtsbeziehungen eigenverantwortlich. Sie bestimmen selbst, wie ihre gegenläufigen Interessen angemessen auszugleichen sind und verfügen damit über ihre grundrechtlich geschützte Position ohne staatlichen Zwang. Der Staat hat die im Rahmen der Privatautonomie getroffenen Regelungen grundsätzlich zu respektieren."
[3] *De Munck*, Université Catholique de Louvain, Belgien, Deformalisation, Notes de Synthèse Louvain la Neuve.

Unterhaltsanspruchs – Bedürftigkeit wegen Kindererziehung, Alter, Krankheit, Ausgleich des Umstands, dass wegen einer Ehe eine Ausbildung aufgegeben wurde – mögen die persönliche Auffassung von Gerechtigkeit bei den Medianten treffen – oder auch nicht.

Ein weiteres Beispiel für im Gesetz verkörperte allgemeine gesellschaftliche Werte **15** ist die im neuen Kindschafts- und Jugendrecht geforderte Elternverantwortung des Paares über die Auflösung der Ehe hinweg. Hier findet der psychologische Gedanke Eingang, dass **Trennung** für Kinder eher **Reorganisation der familiären Struktur** als Auflösung der Familie bedeutet.

Im Vermögensrecht ist im geltenden Gesetz die **Gleichwertigkeit der Beiträge 16** beider Ehegatten, d. h. Gleichwertigkeit der Leistung, sei es Erwerbstätigkeit, sei es Kindererziehung/Haushaltsführung, postuliert. Auch dies kann die subjektiven Gerechtigkeitsvorstellungen der Medianten erweitern.

Wenn es so gelingt, das Recht auf der Ebene der darin verkörperten allgemeinen **17** gesellschaftlichen Wertvorstellungen zu bearbeiten, kann dies zur Bereicherung in der Mediation beitragen und im Übrigen zu den individuellen Gerechtigkeitsvorstellungen der Medianten überleiten (vgl. Rdnr. 24 ff).

2. Vergleichsmaßstab

Viele Medianten achten im Konflikt natürlicherweise darauf, was für sie das Bes- **18** te bzw. das schlechteste Ergebnis sein könnte. Da Mediation ein freiwilliges Verfahren ist und ein Konsens nicht garantiert werden kann, ist die Information, wie ein Richter den Sachverhalt entscheiden könnte, ein notwendiger Vergleichsmaßstab für die Medianten. Das Ergebnis in einem Gerichtsverfahren ist das, womit bei Scheitern der Mediation beide Medianten rechnen müssen und somit eine notwendige Information zur Konsensfindung.

3. Verbindlichkeit

Viele Medianten entschließen sich aus anderen Gründen wie Beziehung, persönli- **19** chen Gerechtigkeitsempfindungen, Rücksicht auf weitere vom Konflikt betroffene Personen wie Kinder, Freunde etc. dazu, in der Mediation ein Ergebnis zu vereinbaren, das verschieden zum gesetzlichen Lösungsansatz ist. Auch für diesen Fall ist durch Kenntnis und Verstehen des Rechts in der Mediation eine größere Variationsbreite der Entscheidungsfindung gegeben, wodurch die Vereinbarung **größere Haltbarkeit** entwickelt. Den Medianten ist bewusst, zu welchen rechtlichen Gegebenheiten sie nein gesagt haben, was das ja zu der eigenverantwortlichen Lösung stärkt.

4. Genormte Vorgabe

Wie *Mähler/Mähler*[4] ausgeführt haben, kann das materielle Recht für die Ver- **20** tragsgestaltung nutzbar gemacht werden. Rechtsfiguren wie Niesbrauchsrecht, dinglich gesichertes Wohnrecht, steuerliche Vorteile durch Anlage U, und weitere in

---

[4] *Mähler/Mähler*, Gerechtigkeit im Konfliktmanagement und der Mediation, S. 31.

der Vertragspraxis von Notaren entwickelte Rechtsformen können für die Mediation nutzbar gemacht werden. Allerdings ist darauf zu achten, dass der Mediationsvertrag über diese Rechtsfiguren hinausgehen soll[5].

21   Trotz diesen guten Gründen, dem Recht in der Mediation seinen kontextbezogenen Platz einzuräumen, kann es dem Prinzip der Autonomie der Medianten diametral entgegengesetzt sein. Um es im Bild meines Lehrers Jack Himmelstein zu fassen: *„Das Recht ist ein Elefant: Sobald es den Raum betritt, droht es die Mediation zu dominieren."* Die Kunst in der Mediation ist es nun, den Elefanten kleiner zu machen. Folgende Überlegungen helfen hierbei:

5. Unsichere Prognose

22   Der Anwalt der unterhaltsbegehrenden Frau bewertet den gleichen Fall anders, als der Anwalt des unterhaltsabwehrenden Ehemannes. Auch Gerichte beurteilen erstinstanzlich von Gerichtsort zu Gerichtsort und durch verschiedene Instanzen den gleichen Sachverhalt im Endergebnis oft anders. Die persönliche Einstellung des Richters, seine subjektiven Gerechtigkeitsvorstellungen beeinflussen bei unbestimmten Rechtsbegriffen wie „angemessen", „billig" „gerecht" den Ausgang des Verfahrens. Die Entscheidung eines Falles vor Gericht hat nur **begrenzte Gültigkeit hinsichtlich Zeit und Raum**. Viele Prozesse dauern lange, Urteile werden per Abänderungsklage wieder angefochten. Die Gründe hierfür sind vielschichtig und liegen im Wesentlichen in der Natur des Rechtes selbst: In dem Versuch der Lösung einer komplexen, individuellen Konfliktsituation durch Rückgriff auf Tatbestände, die in der Vergangenheit liegen in der Annahme, dass es **eine objektiv** feststellbare Wahrheit gibt.

6. Veränderung der gesellschaftlichen Verhältnisse

23   Das Recht ist auch deswegen nicht immer Ultima Ratio, weil es auf andere Lebenssachverhalte als die Ehe dieses individuellen Paares zugeschnitten ist. So geht das deutsche Unterhaltsrecht ganz deutlich von der Hausfrauen-Einverdienerehe aus, die Vorschriften über den Kindesunterhalt von der Tatsache, dass ein Elternteil die Erziehung der Kinder übernimmt, so dass soziale und ökonomische Veränderungen mit dem Ansatz des Gesetzes oft nicht befriedigend lösbar sind.

IV. Gerechtigkeit im Kontext der Mediation

24   Aufgabe der Mediatorin ist es, die Medianten zu einem Vertrag anzuregen, der **für beide gerecht** ist. Die Mediatorin sollte daher bewusst nach der Bearbeitung, wie ein Richter den Fall entscheiden würde, die Frage nach der subjektiven Gerechtigkeit stellen und somit den Horizont der Medianten erweitern. Hier müsste die Mediatorin über Prinzipien zur Gerechtigkeit nachgedacht haben und **ordnende nachvollziehbare Kategorien** als Figuren anbieten können. Der sichere Umgang der Mediatorin mit Prinzipien der Gerechtigkeit ist für alle Fallgestaltungen in der Mediation sinnvoll.

---

[5] *Ripke* KON:SENS 1999, 341.

1. Nutzung von Gerechtigkeitsprinzipien

Manche Medianten wollen die Lösung, die ein Richter vorsehen würde, für sich 25 übernehmen. Die Mediatorin sollte in diesem Fall – scheinbar schnelle Lösung, kein Streit – den Ausgang nicht einfach so übernehmen, sondern nachfragen, ob dieses Ergebnis auch mit dem individuellen Gerechtigkeitsempfinden beider Medianten übereinstimmt.

Der häufigere Fall ist jedoch, dass Medianten bei der Bearbeitung des Problems empört und aufgebracht sind und heftige Auseinandersetzungen entwickeln. Montada[6] betont, dass heftige Konflikte im Kern immer Gerechtigkeitskonflikte sind. Jede Partei ist überzeugt, dass der Konfliktgegner die Gerechtigkeit verletzt.

Mit dem **Ernstnehmen der heftigen Emotionen** durch die Mediatorin und dem 26 tiefergehenden Ziel, nachvollziehbare und **rationale Überlegungen** zu treffen – wird eine günstige Bedingung für einen tragfähigen Konsens gelegt. Die Egozentrik, in der die Medianten in diesem Moment gefangen sind, wird aufgelöst, die Medianten werden auf existenzielle Fragen zurückgeführt und besinnen sich auf Ureigenes in ihrer Person.

Äußerst hilfreich bei der Bearbeitung ist der Artikel *Leo Montadas*[7], in dem der 27 Versuch gemacht wird, eine differenzierte Darstellung subjektiver Gerechtigkeitsvorstellungen in der Bevölkerung, die relevant für die Entstehung und Beilegung von Konflikten sind, vorzunehmen.

2. Darstellung der Gerechtigkeitsprinzipien

Nach *Montada* gibt es **verschiedene Prinzipien der Gerechtigkeit**, wobei **Gleich-** 28 **heit** immer wieder als die Kernidee der Gerechtigkeit genannt wird. Nach ihm beginnt die ethische Auseinandersetzung mit Gerechtigkeit bei der Ausgangsfrage, ob und welche Ungleichheiten zu berücksichtigen sind, z.B. ungleiche bisherige Leistungen, ungleiche Bedürftigkeiten (materielle Notlagen, Krankheiten, Behinderungen, Schutz- oder Förderungsbedürftigkeit usw.), ungleiches Alter, Geschlecht, ungleiche Zugehörigkeit zu gesellschaftlichen Gruppen/Staatsangehörigkeit, ungleiche bisher erhaltene Vorteile, bisher übernommene Lasten und vieles andere mehr. In allen inhaltlichen Domänen geht es nach Montada um die Frage, ob Gleichheit gilt, ob Ungleichheiten berücksichtigt werden sollen und welche Ungleichheiten zu berücksichtigen sind.

Als weitere Gerechtigkeitsprinzipien stellt *Montada* die **Austauschgerechtigkeit**, 29 die **Verteilungsgerechtigkeit** und die **Vergeltungsgerechtigkeit** dar. Bei der **Austauschgerechtigkeit** ist als erstes die Frage zu stellen, was ausgetauscht werden soll: Geld, Beziehung, Vorteile oder Verzeihung. Austauschgerechtigkeit meint für die Mediation den freiwillig eingegangenen Vertrag. Die Voraussetzung ist allerdings, dass dieser Vertrag auf der Basis etwa gleicher Macht, gleicher Freiheit und gleicher Informiertheit der Konfliktbeteiligten geschlossen wurde. Dies sollte die Mediatorin gewährleisten. Die Frage, was gerecht ist, kann dann nur noch subjektiv von den vertragsschließenden Parteien bewertet werden, Austauschgerechtigkeit ist letzt-

---

[6] *Montada*, Gerechtigkeit im Konfliktmanagement und in der Mediation.
[7] *Montada*, a. a. O.

endlich dadurch definiert, dass ein Vertrag geschlossen wird. Zur **Verteilungsgerechtigkeit**: Hier müsste man fragen, nach welchen Prinzipien die Verteilung durchgeführt werden soll, Gleichverteilung oder Ungleichverteilung auf der Basis erbrachter Leistung, Bedürftigkeit etc. Als letztes Prinzip ist nach *Montada* die **Vergeltungsgerechtigkeit** zu nennen. Sie kennen wir im Wesentlichen aus dem Strafrecht. Im Familienrecht ist dieses Prinzip nach der Gesetzeslage durch die Ablösung des Schuldprinzips nicht mehr vorhanden. Die Erfahrung zeigt jedoch, dass die **Schuldfrage** nach wie vor bei den Medianten **virulent** ist und nicht ausgeklammert werden kann. Vergeltungsgerechtigkeit würde hier bedeuten, dass ein Ausgleich zwischen Schuld (die Mediatorin würde eher den Begriff Verantwortung wählen) und Strafe (die Mediatorin würde eher den Begriff Ausgleich wählen) stattfindet, wobei die Strafe im Verhältnis zur Schuld stehen muss, damit eine Befriedung stattfindet. Hier ist durch die Bearbeitung der Gerechtigkeitskriterien ein klarer Vorteil gegenüber der Konfliktbearbeitung nach rechtlichen Prinzipien zu erkennen. Gerade in der Vergeltungsgerechtigkeit sind oft nicht justiziable Sachverhalte zu bearbeiten, die jedoch für beide Medianten erheblich sind. Die Bitte um Verzeihung und die Gewährung von Verzeihung wäre ein Gebiet, das die Mediation runder machen könnte. Nach *Goffman*[8] sind Elemente der Bitte um Verzeihung: Zugeständnisse einer Normverletzung, Übernahme der Verantwortung für das Geschehene, keine Versuche der Rechtfertigung des eigenen Handelns, Ausdruck emotionaler Betroffenheit, Zugeständnis, dass das Gegenüber die Person ist, die Verzeihung gewähren oder verweigern kann.

30   Die Einführung von Gerechtigkeit eröffnet aber noch ein weiteres Spannungsfeld in der Mediation: Nach *Stierlin*[9] ist in Gerechtigkeit semantisch sowohl Berechnung wie Verrechnung enthalten. **Verrechnung** bezieht sich auf die **Vergangenheit**, ist ein Stück Vergangenheitsbewältigung, wobei auch Vergeltung für Unrecht eine Rolle spielen kann. Die Frage ist, ob dies in der Mediation ausgeklammert werden kann. **Berechnung** ist auf die **Zukunft** orientiert, also ein mediatorisches Prinzip.

3. Bearbeitung von Gerechtigkeitsprinzipien

31   Die Mediatorin sollte die Kunst erlernt haben, mit den subjektiven Gerechtigkeitsvorstellungen in der Mediation adäquat zu arbeiten: Durch **Zulassen, Bearbeiten und Relativieren** wird eine **rationale Auseinandersetzung** mit **subjektiven** Gerechtigkeitsvorstellungen geschaffen. Die Medianten werden aus dem gefühlsmäßigen Wirrwarr ihrer Emotionen gelöst, können sich wieder rational steuern und handeln nicht so, dass es ihren eigenen persönlichen Interessen widerspricht und der ganzen Familie schadet.

32   Bei der Bearbeitung der Gerechtigkeitsprinzipien ist darauf zu achten, dass beide Medianten ertragen und respektieren, dass es **verschiedene Sichtweisen**, d.h. auch verschiedene Gerechtigkeitsbegriffe gibt, die jeweils ihre Berechtigung haben. Aufgabe der Mediatorin ist nicht, einen gemeinsamen Gerechtigkeitsbegriff herzustellen, sondern die Konsensethik zu verwenden, dass es gut ist, sich selbst zu verstehen **und** den anderen zu verstehen. So erstaunlich es klingt: In dem Moment, in dem es

---

[8] *Goffman*, Relations in public penguin.
[9] *Stierlin*, Haltsuche in Haltlosigkeit, S. 85 ff.

der Mediatorin gelingt, die **beiden Sichtweisen** zur Gerechtigkeit **nebeneinander stehen zu lassen** und bei beiden Konfliktpartnern zu erreichen, dass die jeweils andere Sichtweise anerkannt wird, (was nicht bedeutet, dass sie übernommen wird) ist der Schritt zum Konsens nahe.

V. Positionierung des Rechts und der Gerechtigkeit im Mediationsverlauf

1. Auftragsklärung

In der ersten Sitzung, in der mit den Parteien die Grundregeln für die Mediation 33 besprochen werden, sollte die Rolle des Rechts zum Thema gemacht werden. Oft kommt dies von den Parteien selbst, die dieses Thema ansprechen. Wenn es Parteien sind, die der Auffassung sind, dass das Recht in der Mediation überhaupt keine Rolle spielt, müsste die Regel nach der BAFM-Richtlinie[10], mit dem Paar besprochen werden, dass Kenntnis des Rechts vorhanden sein soll und die Mediatorin dafür Sorge trägt. Dabei muss bereits in der ersten Sitzung klargestellt werden, dass die Medianten entscheiden, welches Gewicht das Recht in der Mediation haben soll. Die Grundregel ist nur, dass das Recht **gekannt** wird, nicht aber, dass es den Ausgang der Mediation **determiniert.**

In dieser ersten Sitzung geht es nicht um die konkrete Einführung des Rechts, sondern im Vorfeld darum, die Grundregel einzuführen und bewusst zu machen, sowie die grundsätzliche Zustimmung beider Medianten hierzu einzuholen.[11]

2. Konfliktbearbeitung

Die konkrete Einführung des **Rechts** kann zeitlich sehr früh bei Informationen 34 sammeln geschehen. Wie ein Richter voraussichtlich den Fall entscheiden würde, ist eine **Information**, die jeder der Medianten kennen müsste, wie auch ökonomische Informationen, wie das Haus zu bewerten ist, was jeder verdient, was der Zeitwert der Lebensversicherung ist, oder Informationen zur Beziehung z. B. wie es den Kindern geht.

Gerechtigkeitsvorstellungen müssten vor allem bevor **konkrete Lösungsmöglichkeiten** gesucht werden **allgemein als Maßstäbe für die Entscheidung** bearbeitet werden.[12]

3. Abschluss

In der Abschlussphase wird das Recht nochmals explizit zum Thema in der Mediation gemacht. Zunächst wird mit den Medianten besprochen, welcher Teil des Memorandums der Mediation rechtlichen Belang hat und was in welcher Weise rechtlich verbindlich gemacht werden soll. Vor Unterzeichnung eines gewünschten Abschlussvertrages sollen die Medianten diesen durch Experten von außen, in der 35

---

[10] BAFM-Richtlinien, abgedruckt bei § 58 Rdnr. 43.
[11] *Haft,* Verhandlung und Mediation, S. 119 ff.
[12] *Haft,* a. a. O., S. 121 ff.

Regel einseitig beratenden Rechtsanwälten, überprüfen lassen. Hierfür müssen die Parteien von der Mediatorin in der Mediationssitzung vorbereitet werden. Die Rolle der Beratungsanwälte sollte daher vom Mediator mit den Medianten in der Mediationssitzung ausführlich besprochen werden (siehe Rdnr. 45 ff.).[13]

VI. Verantwortung für die Einführung des Rechts

1. Mediatorin mit juristischem Grundberuf

36   Wenn die Mediatorin Expertin darin ist, so ist sie Informationsquelle und könnte es zu ihrer Aufgabe machen, das Recht selbst einzuführen. Im Wesentlichen wird dies der Fall sein, wenn sie einen juristischen Grundberuf hat und in diesem sattelfest ist.

2. Mediatorin mit psychosozialem Grundberuf

37   Wird in Co-Mediation gearbeitet, so kann ein gutes Modell sein, dass beide Mediatoren sich über die juristische Information absprechen. Wenn die Co-Mediatorin mit psychosozialem Grundberuf das Recht einführt, kann dies sinnvoll sein, da sie erfahrungsgemäß innerlich nicht so an das Recht gebunden und gefangen ist, so dass ihre Ausführungen für die Medianten besser verständlich und weniger determinierend sein können.

3. Außenanwälte

38   Ein anderes Modell, das von Einzelmediatoren (oft mit psychosozialem Hintergrund) gewählt wird, sieht vor, dass sich die Medianten über das Recht außerhalb der Mediation durch einseitig beratende Anwälte informieren und diese Ergebnisse in die nächste Mediationssitzung einführen.

4. Lotsenmediator

39   Ein weiteres Modell wäre, dass ein Jurist als Experte für diese Frage in die Mediationssitzung kommt, und **nur zu dieser Sitzung.** Der Vorteil dieses Modells zu dem vorhergehenden ist, dass alle Beteiligten, die Mediatorin und die Medianten, mehr Kontrolle haben, da gleichzeitig unter Anwesenheit aller die Information geliefert wird. Es ist daher einfacher, mit dieser Information weiter zu arbeiten, als wenn sie außerhalb der Mediationssitzung gewonnen wird. Dadurch entstehen leicht Übertragungsfehler, Missverständnisse und andere Unsicherheiten. Außerdem ist die mündliche Mitteilung des rechtlichen Aspekts relativ, also verhandelbar, die schriftliche oder berichtete Mitteilung dagegen eher absolut und schlechter verhandelbar.

---

[13] Dieser Ablauf ist unter dem Gesichtspunkt der Lehrbarkeit vielleicht zu statisch gewählt. In der wirklichen Mediation sind die Thematiken nicht immer in Blöcken aufgeteilt, sondern werden diese Aspekte auch an anderen Stellen wieder eingeflochten.

VII. Methoden zur Einführung des Rechts

1. Abstraktes Besprechen des Vorgangs

Zu welchem Zeitpunkt das Recht auch eingeführt wird: Unbedingt erforderlich 40
ist, dass die Mediatorin dies nicht einfach tut, sondern zunächst **abstrakt** mit den
Medianten die **Vorgehensweise** in der Metaebene bespricht. Die Mediatorin sagt,
ohne zunächst eine inhaltlich konkrete Aussage zu machen, dass es jetzt ihrer
Meinung nach sinnvoll wäre, beiden Medianten die Information zu geben, wie
ein Richter möglicherweise ihren Fall entscheiden würde. Dabei muss sie die **Reaktionen beider Medianten beobachten** und diese aufgreifen. Dies bezieht sich nicht
nur auf die verbal geäußerten Befürchtungen, sondern vor allem auch auf die
Körpersprache. Bevor inhaltlich das Recht eingeführt wird, sollten beide Medianten damit **einverstanden** sein und **Bedenken, Befürchtungen und Gefühle** besprochen sein. Wenn einer oder beide nicht einverstanden sind, sollte die Einführung
des Rechtes zurückgestellt werden. Es sollte zunächst eine Atmosphäre der Sachlichkeit und Normalisierung bestehen, bevor das Recht in Einzelheiten eingeführt
wird.

2. Prägnante und verständliche Darstellung

Wenn die Mediatorin selbst die Information gibt, muss sie sich von ihrer Be- 41
fürchtung freimachen, ob das Ergebnis der Mediation nützt oder nicht. Sie muss
nun wirklich **neutral** und **klar darlegen**, was sicherer Ausgang oder aber was unsicherer Ausgang im Gerichtsverfahren ist. Nur so kann sie sich ihre Neutralität und
Unabhängigkeit bewahren.

Auch wenn die Mediatorin nicht selbst die Rechtslage einbringt, muss sie auf je- 42
den Fall das Ergebnis der Beratung bei den Beratungsanwälten **verstehen** und im
Mediationsgespräch damit arbeiten können. Die Rechtslage muss so prägnant wie
möglich von allen Beteiligten in der Mediation, d.h. der Mediatorin und den Medianten erfasst und in ihrer Tragweite bewertet sein. Gegebenenfalls soll hier Supervision in Anspruch genommen werden, um den Fall in diesem Bereich voll und
ganz zu verstehen und adäquat zu behandeln.

Bei der Information über das Recht muss auf die Sprache geachtet werden. Das 43
Recht soll klar dargelegt werden, in einfachen Begriffen, nicht im Fachjargon, kurz
und einfach, eventuell mit Farben, Bildern und Symbolen, um die Tragweite deut-
lich zu machen. Bei dem Darstellen und Besprechen der Rechtslage soll auf die
Körpersprache der Medianten geachtet werden, vor allem auf ablehnende Signale.
Es sollten kurze Sequenzen verwendet werden und immer wieder Rückfragen an die
Medianten gestellt werden, was sie bisher verstanden haben.

3. Bearbeitung der Reaktion der Medianten

Als letzten Schritt bespricht die Mediatorin, welche Gefühle und Reaktionen 44
durch die Einführung des Rechts ausgelöst wurden. Alle Bedenken und Befürchtungen müssen enttabuisiert werden, was in der Regel durch Aussprechen geschieht.

Mit all diesen Techniken wird der Elefant des Rechtes verkleinert und nützlich gemacht, da der Vorgang von den Medianten verstanden wird. Das Recht wird zugleich anerkannt und relativiert.

VIII. Rolle der Beratungsanwälte

45   Auch dann, wenn die Mediatorin selbst Anwältin ist, ist es nützlich, dass die Medianten entweder bereits bei der laufenden Mediation bei speziellen Themen, **spätestens** aber **vor Unterzeichnung** der abschließenden Vereinbarung am Ende der Mediation einen einseitig beratenden Anwalt hinzuziehen. Dieser hat die Aufgabe, die Angelegenheit ausschließlich unter dem Blickwinkel des Eigeninteresses des ihn beauftragenden Medianten zu beurteilen. Dabei muss vor der eigentlichen Beratung zwischen dem Mandant und dem Anwalt geklärt werden, dass der Anwalt lediglich einen Auftrag zur Beratung und nicht zur Vertretung vor Gericht oder gegenüber Dritten erhält. Die Aufgabe des beratenden Anwaltes ist die **Aufklärung** des rechtlichen Sachverhaltes dahingehend, dass der Mandant **selbst die nötigen Entscheidungen treffen kann.** Dabei ist wichtig, dass die beratenden Anwälte mit den Zielen und Konfliktlösungsstrategien der Mediation vertraut sind und dem Verfahren der Mediation grundsätzlich positiv gegenüber stehen. Die Arbeit des beratenden Anwaltes sollte sich der Verständnislösung innerhalb der Mediation unterordnen und an diesem Ziel orientiert sein.[14]

46   Der beratende Anwalt benötigt also in seiner Rolle ein klares Selbstverständnis: Er bietet die **Sichtweise eines Beraters** an, ohne die Rolle des **entscheidenden Rechtsanwalts** anzunehmen. Mediation soll die Medianten ermächtigen, selbst die Entscheidung inhaltlich zu treffen. Der beratende Anwalt sollte auch die Einstellung haben, dass seine Aufgabe darin besteht, die Beteiligten im Mediationsprozess stärker zu machen. Der Beratungsanwalt soll dabei selbstverständlich die Klienten informieren, was das wahrscheinliche Ergebnis bei Gericht ist. Die Mandantin hat einen Anspruch auf diese Information. Sie hat aber ebenso Anspruch darauf, dass der Beratungsanwalt sie darin unterstützt, dass sie selbst für die in der Mediation getroffenen Entscheidungen die Verantwortung übernimmt. Der Beratungsanwalt darf daher nicht die Rolle des Rechtsanwaltes annehmen, einen Fall so zu bearbeiten, dass er die Verantwortung dafür übernimmt. Er sollte sich dafür vor allem bei der Klientin informieren, was ihre Prioritäten sind, die er notwendigerweise kennen muss, um das Ergebnis beurteilen zu können.

47   Am Ende dieser Sitzung sollte daher der Beratungsanwalt der Mandantin ermöglicht haben, dass sie wirklich hinter der Vereinbarung steht, dass die Vereinbarung

---

[14] *Friedman/Himmelstein:* „Die Beziehung zu diesem Anwalt ist eine ganz andere als die traditionelle Anwalt-Klientenbeziehung. Der Anwalt tut im Auftrag des Klienten nur das, was dieser jeweils für nötig hält. Eine solche beratende Funktion des Anwalts verhindert jenes Gefühl der Gegnerschaft, das entsteht, wenn beide Seiten sich einen Anwalt nehmen, um ihre Konflikte auszutragen, und ermöglicht zudem, die Kosten zu kontrollieren. Die Rolle des Anwalts hinsichtlich Zeit, Aufwand und insbesondere Kontrolle ist relativ begrenzt. Wenn sie richtig verstanden wird, fungiert der Beratungsanwalt nicht als Anwalt einer bestimmten Position. Seine Aufgabe ist vielmehr, den Klienten mit den Informationen zu versorgen, die er braucht, um sich selbst angemessen zu vertreten" (Übersetzung Lis Ripke).

für sie von großem Wert ist und ihre Bedürfnisse und Interessen für die Zukunft mit beinhaltet – oder dass sie die Vereinbarung in neuen Mediationssitzungen produktiv erneut in Frage stellt.

Hans Georg und *Gisela Mähler*[15] haben die Fragen, die der einseitig beratende **48** Anwalt mit seinem Klienten, der sich in Mediation befindet, besprechen soll, formuliert.

So gesehen trägt die Beratung des einseitig beauftragten Rechtsanwaltes zur **49** Gleichgewichtigkeit der Parteien in der Mediation bei. Die Medianten werden sich des Problems nochmals aus einem anderen Blickwinkel bewusst. Es könnten hierdurch in der Mediation bislang möglicherweise verborgen gebliebene Vorbehalte ans Tageslicht kommen, die dann ihrerseits wieder in die Mediation eingebracht und dort besprochen werden müssen.

IX. Schlussbemerkung

Recht und Gerechtigkeit sind starke Ordnungsfaktoren. Sie sollten explizite **50** Themen in einer Mediation sein. Wie bereits ausgeführt, ist Mediation ein integrativer Ansatz, der viele Welten aufnimmt, wovon Recht und Gerechtigkeit ein Teil ist.[16]

---

[15] *Mähler/Mähler*, ARGE Familienrecht 2/94:
- „Welche Vor- und Nachteile hat das im Mediationsprozess gewonnene Ergebnis im Verhältnis zum Auslegungsspektrum des materiellen Rechtes und eines alternativ anzustrengenden gerichtlichen Verfahrens?
- In wie weit weicht die Regelung von gesetzestypischen Regelungen ab, und gibt es hierfür legitimierende Begründungen?
- Lässt sich ein ex- oder impliziter Rechtsverzicht im Hinblick auf anderweitige Vorteile rechtfertigen?
- Kann die gesetzliche Ausgestaltung dazu dienen, sich der eigenen Interessen im Sinne eines gerechten Ausgleiches bewusster zu werden?
- An was ist – im Hinblick auf rechtliche Konsequenzen – bislang nicht gedacht worden? Sind insbesondere rechtswahrende Formen eingehalten worden?
- Welche weiteren (besseren?) Möglichkeiten bietet das Recht, um den Interessen des Mandanten rechtliche Gestalt zu geben? Sind alle vertragstypischen Gestaltungsalternativen bedacht?
- Sind alle rechtlichen Grenzen (§ 134, § 138 BGB) beachtet?"
[16] *Haynes/Bastine u. a.*, Scheidung ohne Verlierer, S. 12 ff.

§ 6 Entwicklung und Stand der Mediation – ein historischer Überblick

Marcus Hehn

Übersicht

Schrifttum: *Althoff, Gerd,* Spielregeln der Politik im Mittelalter, Darmstadt, 1997; *Amy, Douglas J.,* The Politics of Envioronmental Mediation, New York, 1987; *Besemer, Christoph,* Vermittlung in Konflikten, 3. Auflage, Darmstadt, 1995; *Binding, Karl,* Die Normen und ihre Übertretung, 1. Band, 1872; *Bingham, Gail,* Resolving Environmental Disputes, Washington, 1986; *Blankenburg, Erhard,* Nutzen und Grenzen eines graduellen Rechtsbegriffs, in: *Bachmann, Siegfried:* Theodor Geiger – Soziologie in einer Zeit „zwischen Pathos und Nüchternheit", Berlin, 1995, S. 147 bis 157; *Bosbach, Franz/Kampmann, Christoph,* Dreißigjähriger Krieg und Westfälischer Friede, Paderborn – München – Wien – Zürich, 1998; *Brockhaus-Enzyklopedie,* 15. Auflage, Leipzig, 1932; *Brockhaus-Enzyklopedie,* 16. Auflage, Wiesbaden, 1955; *Brockhaus-Enzyklopedie,* 17. Auflage, Wiesbaden, 1971; *Brockhaus-Enzyklopedie,* 18. Auflage, Wiesbaden, 1979; *Brockhaus-Enzyklopädie,* 19. Auflage, Mannheim, 1991; *Crowfoot, James E./Wondolleck, Julia M.,* Environmental Dispute Settlement, in: *Crowfoot, James E./Wondolleck, Julia M.,* Environmental Dispites, Washington D. C., 1990, S. 17 bis 31; *Diller, Christian,* Zwischen Netzwerk und Kooperation, Berlin, 2001; *Dölling, Dieter,* Der Täter-Opfer-Ausgleich, in: JZ 1992, S. 493 bis 499; *Duss-von Werdt, Josef,* Die letzten 2500 Jahre der Mediation, in: *Geißler, Peter/Rückert, Klaus,* Mediation – die neue Streitkultur, Gießen, 2000, Seiten 115 bis 132; *Duss-von Werdt, Josef,* Mediation in Europa, Studienbrief der Fernuniversität Hagen (71003–1–01-S 1), 1999; *Encyclopaedia Britannica,* 13. Auflage, Chicago 1956; *Encyclopaedia Britannica,* 15. Auflage, Chicago 1991; *Falk, Gerhard/Heintel, Peter/Pelikan, Christa,* Die Welt der Mediation, Klagenfurt, 1998; *Fietkau, Hans-Joachim/Weidner, Helmut,* Umwelthandeln, Berlin, 1998; *Fisher, Roger/Ury, William/Patton, Bruce,* Das Harvard-Konzept, Frankfurt – New

York, 14. Auflage, 1995; *Frühauf, Ludwig*, Wiedergutmachung zwischen Täter und Opfer, Gelsenkirchen, 1988; *Fuchs, Gerd/Hehn, Marcus*, Umweltmediation, 2. Auflage, Bonn, 1999; *Georges, Karl Ernst*, Ausführliches Lateinisch-Deutsches Wörterbuch, 13. Auflage, Bd. 2, Hannover 1972; *Gloor, Prisca*, Mediation – Ein Vermittlungsverfahren für familiäre Konflikte, Zürich, 1993; *Hippel, Robert von*: Der Sinn der Strafe (1926), in: *Kerner, Hans-Jürgen*: Straffälligenhilfe in Geschichte und Gegenwart, Bonn, 1990, S. 427 bis 435; *Hehn, Marcus*, Nicht gleich vor den Richter, Bochum, 1996; *Hehn, Marcus/Rüssel, Ulrike*, Der Mediator – kein Schlichter oder (Schieds-)Richter, in: ZKM, Heft 2/2001, Seiten 62 bis 66; *Hehn, Marcus/Rüssel, Ulrike*, Institutionen im Bereich der Mediation in Deutschland, in: NJW 2001, S. 347 bis 349; *Herders Konversationslexikon*, 3. Auflage, 1905; *Holznagel, Bernd*, Konfliktlösung durch Verhandlung, Hamburg, 1990; *Ipsen, Knut*, Völkerrecht, 3. Auflage, München, 1990; *Janssen, Helmut*, Restitution als alternative Reaktionsform im Jugendrechtssystem der USA, in: BewHi, Heft 1/1982, S. 141 bis 155; *Kessen, Stefan/Zilleßen, Horst*, Leitbilder der Mediation, in: Förderverein Umweltmediation (Hrsg.), Studienbrief Umweltmediation – Eine interdisziplinäre Einführung, Bonn, 1999, S. 43 bis 59; *Kimminich, Otto*, Einführung in das Völkerrecht, 4. Auflage, München etc., 1990; *Köbler, Gerhard*, Bilder aus der deutschen Rechtsgeschichte, München, 1988; *Kucharzewski, Irmgard*, Vermittlungs- und Verhandlungsverfahren in der Abfallpolitik, Dortmund, 1994; *Moore, Christopher W.*, The Mediation Process, San Francisco, 1982; *Nuber, Ursula*, Scheidung mit Vernunft, in: Psychologie heute, Heft 11/1991, S. 40 bis 45; *Pfetsch, Frank R.*, Konflikt und Konfliktbewältigung, Stuttgart, 1994; *Rössner, Dieter*, Wiedergutmachen statt übelvergelten – (Straf-)theoretische Begründung und Eingrenzung der kriminalpolitischen Idee, in: *Marks, Erich/Rössner, Dieter*, Täter-Opfer-Ausgleich, Bonn, 1989, S. 7 bis 41; *Runkel, Sabine*, Mediation – ein Weg aus der Sackgasse des Umweltkonflikts, in: Förderverein Umweltmediation (Hrsg.), Studienbrief Umweltmediation – Eine interdisziplinäre Einführung, Bonn, 1999, S. 17 bis 42; *Runkel, Sabine*, Umweltkonflikte sachgerecht lösen – Umweltmediation in Deutschland und in den USA, Bochum, 1996; *Schaffenstein, Friedrich*, Wiedergutmachung und Genugtuung im Strafprozess vom 16. bis zum Ausgang des 18. Jahrhunderts, in: Schöch, Heinz, Wiedergutmachung und Strafrecht, München, 1987, Seiten 9 bis 27; *Schweitzer, Michael/Rudolf, Walter*, Friedensvölkerrecht, 2. Auflage, Baden-Baden, 1979; *Sessar, Klaus*, Schadenswiedergutmachung in einer künftigen Kriminalpolitik, in: Festschrift für Leferenz, 1983, Seiten 145 bis 161; *Susskind, Lawrence/Cruikshank, Jeffrey*, Breaking the Impasse, New York, 1987; *Weidner, Helmut*, Internationale Erfahrungen mit Umweltmediation, in: Förderverein Umweltmediation (Hrsg.), Studienbrief Umweltmediation – Eine interdisziplinäre Einführung, Bonn, 1999, S. 135 bis 163; *Zilleßen, Horst/Barbian, Thomas*, neue Formen der Konfliktregelung in der Umweltpolitik, in: Aus Politik und Zeitgeschichte, B 39–40/1992, S. 14 bis 23

I. Mediation – Eine Erfindung der Neuzeit?

Bei Betrachtung der in den letzten zehn Jahren zum Thema Mediation geschriebenen Literatur in Deutschland kann aus Sicht eines nicht umfassend mit dem Thema vertrauten Lesers leicht der Eindruck entstehen, dass die Mediation in der Tat eine **Entwicklung der Neuzeit** ist. Oft wird davon geschrieben, welche revolutionäre Idee man mit der Mediation als Form des Konfliktmanagements doch entwickelt habe. Nicht wenige Autoren nennen die Vereinigten Staaten von Amerika als Ursprungsland der Mediation, die dort seit den frühen 70er Jahren mehr und mehr an Bedeutung gewinnen konnte. Ist dies aber wirklich so? Ist die Mediation eine Erfindung der Neuzeit und insbesondere eine Entwicklung der letzten 30 Jahre? 1

2   Nun, dem ist **nicht** so. Es stimmt zwar, dass man seit den 70er Jahren – vor allem
in den USA – den Einsatz eines Dritten bei der Vermittlung in Konflikten zwischen
zwei oder mehreren Parteien als sehr sinnvoll erachtete. Auf die Entwicklungen in
den Vereinigten Staaten wird an anderer Stelle einzugehen sein. Nicht richtig ist
aber die Behauptung, dass die Mediation darin ihren Ursprung nahm und quasi hier
„entdeckt" wurde. Denn: Die Grundidee der Mediation – die Einschaltung eines
Dritten bei Streitigkeiten zwischen zwei oder mehreren Konfliktparteien mit dem
Ziel der einvernehmlichen Beilegung – ist einige tausend Jahre älter. Nahezu über
den gesamten Zeitraum der letzten 2600 Jahre lässt sich die Mediation zurückver-
folgen, wobei es immer wieder Zeiten gegeben hat, in denen die Idee der Mediation
größere Bedeutung hatte als in anderen Epochen.[1] Dies ist leicht nachvollziehbar,
wenn man sich vor Augen führt, dass sich die Gesellschaft stets wandelt und mit ihr
die jeweils bevorzugten Formen der Konfliktregelung. Während es auf der einen
Seite Zeiten gab, die von Krieg und gewaltsamer Auseinandersetzung bestimmt waren und nur wenig Raum für den Einsatz von Verhandlungstechniken ließen, hat es
auf der anderen Seite immer wieder Epochen gegeben, in denen Konflikte zunächst
auf dem Verhandlungswege beigelegt wurden bzw. man es zumindest versucht hat.
In diesen Zeiten lässt sich auch die Mediation recht gut nachweisen. Der Ursprung
der Idee der Mediation selbst wird sich aber wohl niemals genau festlegen lassen –
allerdings gibt es Hinweise, die sehr weit in die Geschichte der Menschheit zurück
reichen. Diese Wurzeln der Mediation sollen in diesem Kapitel zurückverfolgt werden.

II. Ursprünge der Mediation – eine über 2000-jährige Geschichte

3   Die Mediation hat sich über einen Zeitraum von über 2000 Jahren hin entwickelt, wobei das Verständnis der Mediation immer weiter differenziert und durch
die Formulierung von spezifischen Merkmalen der Mediation beschrieben wurde.
Auch wenn eine wissenschaftliche Untermauerung der Mediation erst in den letzten
Jahrzehnten erfolgt ist, so haben sich im Laufe der Zeit einige kennzeichnende
Merkmale der Mediation herausgebildet. Dieser Entwicklung Rechnung tragend,
wird Mediation hier verstanden als Verhandlungsverfahren mit folgenden konsti-
tuierenden Kriterien:
– **Teilnahme eines allparteilichen Dritten**
   (Ein nicht am Konflikt beteiligter Dritter unterstützt den Prozess der Konfliktbe-
   arbeitung insbesondere durch die Strukturierung des Verfahrens und den Aus-
   gleich von Macht- und Informationsungleichgewichten.)
– **Einbeziehung möglichst aller von einem Problem betroffenen Parteien**
   (Alle Personen und Gruppen, die von einem Problem tatsächlich betroffen sind,
   sollen am Mediationsverfahren teilnehmen.)
– **Weitgehende Freiwilligkeit der Teilnahme**
   (Keiner der Beteiligten unterliegt einem – möglicherweise sogar gesetzlich normierten – Zwang, an dem Mediationsverfahren teilzunehmen. Insbesondere hat
   jede teilnehmende Partei jederzeit die Möglichkeit, die Mediation zu verlassen.)

---

[1] *Duss-von Werdt*, Die letzten 2500 Jahre der Mediation, S. 117.

- Ergebnisoffenheit der Verhandlungen
  (Mediationsverfahren dienen nicht der Durchsetzung bestimmter von vornherein festgelegter Ziele. Vielmehr setzen sie an dem Punkt an, der von allen Beteiligten gleichermaßen als Basis für die zu treffende Entscheidung angesehen wird.)
- Selbstbestimmung der Konfliktparteien
  (Die Konfliktparteien nehmen selbst ihre eigenen Interessen wahr und entscheiden auf der Basis aller notwendigen Informationen selbständig über die Art und Weise, wie ein Konflikt zu lösen ist. Die Entscheidung wird nicht von einem Dritten vorgegeben.)

Dieses differenzierte Verständnis der Mediation ist vornehmlich in den letzten 30 Jahren entstanden, wozu vor allem die wissenschaftliche Beschäftigung mit Verhandlungs- und Vermittlungsverfahren in Nordamerika und Europa beigetragen hat. Dennoch lassen sich einige dieser Merkmale weit zurück verfolgen. Diese bilden sozusagen die „Wurzeln der Mediation". Sie sind unterschiedlicher Art und werden vor allem an dem Vermittlungsgedanken sowie dem Ausgleichsgedanken festgemacht. Um diese beiden Wurzeln herum tauchen wieder neue Elemente der Mediation auf und begleiten so die Entwicklung bis hin zum heutigen Verständnis. **4**

1. Vermittlungsgedanke

Einer der Ursprünge der Mediation liegt in dem Gedanken der Vermittlung. Die Mediation wird heute auch oft kurz und bündig als „Vermittlung in Konflikten" bezeichnet. Daraus folgt, dass der Vermittlungsgedanke ein wesentliches – wenngleich nicht das einzige – Merkmal der Mediation, wie sie heute in Wissenschaft und Praxis verstanden wird, darstellt. Sowohl begrifflich als auch inhaltlich lässt sich dieser Grundgedanke an folgenden Aspekten belegen. **5**

a) **Begriff der Mediation als „Vermittlung".** Das Verständnis von Mediation als „Vermittlung in Konflikten" lässt sich begrifflich vor allem vom griechischen und lateinischen Ursprung des Wortes „Mediation" her ableiten. **6**

Im Griechischen bedeutet *„medos"* so viel wie „vermittelnd, unparteiisch, neutral, keiner Partei angehörend".[2] Der lateinische Ursprung lässt sich auf das Stammverb *„mederi"* = „heilen, kurieren" zurückführen, von dem wiederum die Worte „medicina" = Heilkunst und *„meditatio"* = „Meditation, nachdenken über, sich mental einmitten" abstammen.[3] Auch *„mediatio"* = „Vermittlung"[4] stellt eine Ableitung des Stammverbs *„mederi"* dar, so dass der *„mediator"* in seiner Funktion als „Mittelsperson oder als Bote auf die Mitte hin" verstanden werden kann. In der englischen Sprache wurde schließlich „mediation" daraus, im Deutschen spricht man von „Mediation".

b) **Inhaltliche Wurzeln des Vermittlungsgedankens.** Der Gedanke, Konflikte durch eine Verhandlungs- und Vermittlungsstrategie beizulegen, ist ebenfalls uralt. Aus evolutionärer Sicht kann man solche Prozesse ohne Staat und Richter sogar noch vor der Entstehung materieller Rechtsnormen und staatlicher Organisations- **7**

---

[2] *Duss-von Werdt*, Mediation in Europa, S. 12, m. w. N.
[3] *Duss-von Werdt*, Mediation in Europa, S. 13.
[4] *Georges*, Ausführliches Lateinisch-Deutsches Wörterbuch, S. 839.

formen einordnen.[5] In Japan und China ist der Vermittlungsgedanke seit jeher das hauptsächliche Mittel zur Beilegung von Konflikten, was bis heute auf die traditionell starke Betonung von Konsens, Kooperation und Harmonie in diesen Ländern zurückzuführen ist.[6] Schließlich stellt die Vermittlung in weiten Teilen Afrikas bis heute eine verbreitete Möglichkeit dar, um Konflikte beizulegen.[7]

8 Auch in Europa ist der Vermittlungsgedanke nicht fremd. Grundsätzlich kann man in der mittelalterlichen und neuzeitlichen Geschichte Europas zwei große Epochen unterscheiden. Die eine kann zeitlich vom Zerfall des (West-)Römischen Reiches bis zum Aufkommen der europäischen Nationalstaaten im 16. Jahrhundert eingeordnet werden. In dieser Zeit der Anpassung stellte die **Verhandlung die Grundlage des Rechts** dar. Hier lässt sich auch der Gedanke der Vermittlung in Konflikten nachweisen. Daran schloss sich eine Periode an, die man mit einer Zeit gerichtlicher Entscheidungen umschreiben kann. Kennzeichnend für diese Epoche ist die Abkehr von Verhandlungen als Grundlage des Rechts hin zum **Recht als Grundlage jeder Verhandlung**.[8] In dieser Periode, die bis in das 20. Jahrhundert hineinreichte, verlor die Vermittlung zugunsten fremdbestimmter Entscheidungen in Konflikten an Bedeutung.

9 Beispiele für die Anwendung von Vermittlungsstrategien zur Beilegung von Konflikten im **Mittelalter** – also in der ersten genannten Epoche – finden sich reichlich. Besonders im **Frankreich** des 10. und 11. Jahrhunderts spielte die Vermittlung neueren Untersuchungen zufolge eine nicht unerhebliche Rolle bei der Beilegung von Konflikten. Die Technik der gütlichen Beilegung von Konflikten unter Beteiligung von – auch so bezeichneten – Mediatoren mit dem Ziel, den Grund eines Konfliktes zu beseitigen, war weit verbreitet. Dies betraf beispielsweise Konflikte zwischen Privaten im Zusammenhang mit Eigentums-, Grenz- und Nutzungsfragen. Daneben wurde vermittelt bei Handelskonflikten, im familiären Bereich, bei Beziehungskonflikten, in der Wissenschaft und in der Politik, vor allem wenn es um die Sicherung des Friedens ging.[9] Auch in der **isländischen Gesellschaft** lassen sich vergleichbare Konfliktregelungstechniken um die Jahrtausendwende belegen.[10]

10 **c) Mediation im Völkerrecht.** Am deutlichsten lässt sich der Vermittlungsgedanke gerade in dem letztgenannten Bereich der Politik bzw. des **Völkerrechts** im weiteren Sinne darstellen. Hier wurden und werden bis heute – teilweise sogar instrumentalisierte[11] – Vermittlungsstrategien eingesetzt, um Streitigkeiten verschiedener Art beizulegen. Eine lange Geschichte hat in diesem Zusammenhang die Vermittlung bei Streitigkeiten zwischen völkerrechtlichen Subjekten wie Staaten oder Institutionen. Dabei taucht auch die Verwendung des Begriffs „Mediation" als ein Modell zur

---

[5] *Blankenburg,* Nutzen und Grenzen eines graduellen Rechtsbegriffs, S. 154.
[6] *Besemer,* Mediation – Vermittlung in Konflikten, S. 46; *Gloor,* Mediation – Ein Vermittlungsverfahren für familiäre Konflikte, S. 31.
[7] *Besemer,* Mediation – Vermittlung in Konflikten, S. 46; *Nuber,* Scheidung mit Vernunft, S. 41.
[8] *Duss-von Werdt,* Die letzten 2500 Jahre der Mediation, S. 123 unter Hinweis auf *Xavier Rousseux,* Droit négocié, Droit imposé?, Reclam, 1983, S. 30.
[9] Ausführliche Nachweise finden sich bei *Duss-von Werdt,* Mediation in Europa, S. 15 ff.
[10] *Althoff,* Spielregeln der Politik im Mittelalter, S. 8 f.
[11] So gibt es beispielsweise im Bereich der Konfliktregelung bei der „Welthandelsorganisation" oder der „World intellectual property organisation" spezielle institutionalisierte Formen der Vermittlung.

Regelung von Konflikten ausdrücklich auf, indem die Vermittlung eines Staates in einem Konflikt zweier anderer Staaten beschrieben wird.[12]

Obwohl die Bezeichnung „Mediation" nach heutigem wissenschaftlichem Ver- 11 ständnis in diesem Zusammenhang nur bedingt taugt,[13] stellt die Verwendung als völkerrechtlich bedeutsames Modell der Konfliktregelung einen wesentlichen Schritt auf dem Weg hin zur aktuellen Mediation dar. Und ihre Geschichte reicht bis weit vor die Zeitenwende zurück.

Bei der Vermittlung in Konflikten im Bereich des Völkerrechts wird ein (weiteres) 12 wichtiges Merkmal der Mediation – die **Vermittlung** in Konflikten **durch eine dritte Partei** – deutlich. Erste Belege dafür finden sich im **antiken Griechenland**. So ist bekannt, dass bei Konflikten zwischen den mächtigen Stadtstaaten Sparta und Athen zahlreiche kleinere griechische Städte ihre Vermittlungsdienste angeboten haben.[14] Weiterhin ist belegt, dass der bekannte Athener Staatsmann *Solon* in den Jahren 594 und 593 v. Chr. unter anderem als Vermittler tätig war, wobei er die Konflikte, die das Zusammenleben der verschiedenen Klassen in Athen ernsthaft gefährdeten, beilegen konnte.[15] Es gelang ihm unter Zugrundelegung der drei Maximen Isonomie (gleiches Recht für alle), Eunomie (die Wohlgeordnetheit der Gesellschaft) und Gerechtigkeit eine drohende Tyrannis abzuwenden und die verfeindeten gesellschaftlichen Gruppen wieder miteinander zu versöhnen.[16]

Eines der anschaulichsten Beispiele für die Einschaltung von Vermittlern bei Kon- 13 flikten im Bereich des Völkerrechts findet sich in den Friedensverhandlungen zum **Westfälischen Frieden** von 1648[17]. Es gab verschiedene Vermittlungsversuche in diesem für Europa so schicksalhaften 30-jährigen Krieg. Von 1630 an bemühten sich verschiedene Personen um eine Vermittlung zwischen den Konfliktparteien, unter anderem *Papst Urban VII* oder der französische König. Zunächst waren diese Vermittlungsversuche jedoch nicht von Erfolg gekrönt. Erst in der Endphase des Krieges änderte sich dies. Hier sind insbesondere zwei Vermittler hervorzuheben, die sich um den **Friedensschluss von Münster und Osnabrück** bemühten: Der Kölner Nuntius und spätere *Papst Alexander VII*, *Fabio Chigi*, und der venezianische Gesandte *Alvise Contarini* (vgl. Abbildung 1). Nach verschiedenen – erfolglosen – Vermittlungsversuchen gelang es dem ausdrücklich als „Mediator"[18] bezeichneten *Contarini* (oder *Aloysius Contareno*) über einen Zeitraum von etwa fünf Jahren hinweg erfolgreich zwischen den Streitparteien zu vermitteln. Er trug so wesentlich zum Abschluss der Friedensverträge bei. So ist denn auch in der Einleitung des

---

[12] *Brockhaus-Enzyklopädie* (1932) Band 12, S. 313; *Brockhaus-Enzyklopädie* (1955) Band 7, S. 630; *Herders Konversationslexikon*, Band 5, S. 1520; *Encyclopaedia Britannica*, (1956) Band 15, S. 173.

[13] Wie ausgeführt ging es vorrangig um die Wiederherstellung der Gesprächsbereitschaft zwischen streitenden Konfliktparteien durch die Intervention eines Dritten. Die beschriebenen Elemente der Mediation sind nur in Ansätzen vorhanden. Im Völkerrecht wird diese Form der Vermittlung auch häufig als „Gute Dienste" bezeichnet.

[14] *Besemer*, Mediation – Vermittlung in Konflikten, S. 46.

[15] *Duss-von Werdt*, Mediation in Europa, S. 29.

[16] *Duss-von Werdt*, Die letzten 2500 Jahre der Mediation, S. 119 ff.

[17] Die folgenden Ausführungen basieren auf: *Duss-von Werdt*, Mediation in Europa, S. 33 ff; *Runkel*, Mediation – ein Weg aus der Sackgasse des Umweltkonflikts, S. 20 f; *Fuchs/Hehn*, Umweltmediation, S. 10.

[18] Auf einem zeitgenössischen Stich wird Aloysius Contareno bezeichnet als: „Eques Patricius, Venetus extraordinarius ad Pacis Tractatus Universalis, Legatus et Mediator".

Münsteraner Friedensvertrages festgehalten, dass der Vertrag zwischen den Konfliktparteien zustande gekommen sei „durch Vermittlung und Mühewaltung des hoch- und wohlgeborenen venezianischen Gesandten und Senators, Herrn *Alvise Contarini*, Ritters, der das Amt eines Mittlers (Mediators) ohne Parteilichkeit beinahe ganze fünf Jahre lang unverdrossen ausgeübt hat."[19]

ALOYSIVS CONTARENO
Eques Patricius Venetus extraordinaarius ad Pacis
Tractatus Uniuersalis, Legatus, et Mediator.

Abbildung 1: Aloysius Contareno
(Quelle: unbekannt, vermutlich Privatbesitz)

---

[19] Ausführlich dazu: *Duss-von Werdt*, Mediation in Europa, S. 33 ff. unter Hinweis auf: Instrumenta Pacis Westphalicae. Die Westfälischen Friedensverträge 1648. Vollständiger lateinischer Text mit Übersetzung der wichtigeren Teile und Regesten, bearbeitet von *Konrad Müller*, Bern, 1966, S. 156.

Interessanterweise findet sich bei genauerer Betrachtung der beiden Mediatoren 14
und ihrer Auffassung mit ihrer Aufgabe der Aspekt der **Selbstverantwortung der
Parteien** – und hier entdecken wir das zweite wichtige Merkmal der Mediation –
wieder, der für das heutige Verständnis von Mediation von Bedeutung ist: *Chigi*
selbst umriss im Jahre 1647 seine Aufgabe wie folgt: *La incompatibilità della medi-
atione con l'offitio di arbitrare* (Mediation ist mit dem Amt eines entscheidungsbefugten Schiedsrichters unvereinbar). In der Instruktion *Contarinis* für seinen Ver-
handlungseinsatz wird ausgeführt, dass er keine Sachentscheidungen zu treffen habe
und sich um keine anderen politischen Dinge zu kümmern habe als die Vermittlungstätigkeit selbst.[20] An dieser Auffassung wird bereits deutlich, dass der Mediator kein Schlichter oder gar Richter mit eigener Entscheidungsgewalt ist und keine
eigenen Aspekte in die Verhandlungen einbringen sollte.

Weitere Beispiele für Vermittlungen im Bereich des Völkerrechts finden sich vor 15
allem im 19. Jahrhundert: So vermittelte **Großbritannien** im Jahre 1825 zwischen
Portugal und Brasilien[21], **Frankreich** 1849/50 zwischen Großbritannien und Griechenland[22], **Frankreich und Großbritannien** im Jahre 1844 zwischen Spanien und
Marokko bei deren Streit bezüglich der Siedlungen in Ceuta[23] und *Papst Leo XIII*
im Jahre 1885 im Konflikt zwischen Deutschland und Spanien um die Karolinenin-
seln.[24] An der Schwelle zum 20. Jahrhundert wird die Einwirkung des amerikanischen Präsidenten *Theodore Roosevelt* auf die Beendigung des russisch-japanischen
Krieges im Frieden zu Portsmouth (1905) als erfolgreiche Mediation bezeichnet.[25]

Überhaupt waren es häufig die Präsidenten der Vereinigten Staaten von Amerika, 16
die die Idee der Vermittlung und der Mediation immer wieder als Mittel ihrer Politik
einsetzten. Das bekannteste – weil weltweit Aufsehen erregende – Beispiel dürften in
diesem Zusammenhang die Bemühungen von dem damaligen Präsidenten *Jimmy
Carter* in den Jahren 1978 und 1979 um den Friedensprozess zwischen Ägypten und
Israel sein. Der **Friedensschluss von Camp David** vom 26. März 1979 zwischen den
beiden Staatschefs *Mohammed Anwar as-Sadat* (Ägypten) und *Menachem Begin*
(Israel) ist als gelungenes Beispiel einer Vermittlungsstrategie durch einen Dritten
sehr bekannt geworden.[26] Auch nach seiner Amtszeit als amerikanischer Präsident
blieb *Carter* der Politik treu und trat häufig als Vermittler in verschiedenen schwierigen Situationen der Weltpolitik auf. Dabei handelte er meist als Privatmann und erreichte beispielsweise Einigungen in der Frage des Atomwaffenbesitzes Nordkoreas
(mit Präsident *Kim Il Sung* im Juni 1994) oder die Beendigung des Konflikts in Haiti
durch die Wiedereinsetzung des gewählten Präsidenten *Jean Bertrand Aristide*
(September 1994). Zudem war er maßgeblich an der Aushandlung des Waffenstill-
standes im Bosnienkrieg – ebenfalls im Jahre 1994 – beteiligt.[27]

---

[20] *Bosbach/Kampmann*, Dreißigjähriger Krieg und Westfälischer Friede, S. 703 ff.
[21] *Encyclopaedia Britannica* (1956) Bd. 15, S. 173; *Encyclopaedia Britannica* (1991) Bd. 7, S. 1000.
[22] *Encyclopaedia Britannica* (1956) Bd. 15, S. 173.
[23] *Encyclopaedia Britannica* (1956) Bd. 15, S. 173.
[24] *Brockhaus* (1932) Bd. 12, S. 313; *Encyclopaedia Britannica* (1956) Bd. 15, S. 173; *Encyclopaedia Britannica* (1991) Bd. 7, S. 1000.
[25] *Brockhaus-Enzyklopädie* (1932) Bd. 12, S. 313, *Brockhaus-Enzyklopädie* (1955) Bd. 7, S. 630.
[26] *Pfetsch*, Konflikt und Konfliktbewältigung, S. 11.
[27] Auch dem im Jahre 2001 aus dem Amt geschiedenen US-Präsidenten *Bill Clinton* werden Pläne
nachgesagt, nach der Beendigung seiner Präsidentenlaufbahn in die Fußstapfen seines demokratischen Vorgängers Jimmy Carter treten zu wollen und sich als Vermittler in Konflikten einzusetzen.

17   In Anbetracht der Bedeutung, die die Vermittlung in Konflikten im völkerrechtlichen Bereich im 19. Jahrhundert für die Sicherung des Friedens und die Beilegung kriegerischer Konflikte erlangte, nimmt es nicht wunder, dass man sich um eine Verankerung dieses Gedankens in entsprechenden Übereinkommen bemühte. Schon auf dem **Wiener Kongress von 1815** spielte die Diskussion eine Rolle; sie blieb jedoch zunächst folgenlos.[28] In den **Haager Konferenzen von 1899 und 1907** wurde schließlich dieses völkerrechtliche Konfliktlösungsmodell der friedlichen Streitbeilegung durch Vermittlung (sog. „Gute Dienste"[29]) diskutiert und erstmals in dem „Abkommen zur friedlichen Erledigung internationaler Streitfälle vom 18. 10. 1907"[30] in Art. 2 bis 8 völkerrechtlich festgeschrieben.[31] Auch in die **Charta der Vereinten Nationen**, Artikel 33 i. V. m. Artikel 2 Abs. 3, wurde dieser Grundgedanke übernommen.[32]

18   Der Vermittlungsgedanke hat bei Verhandlungen zwischen Konfliktparteien also eine lange Geschichte. Es stellt aber eine unzulässige Verkürzung der Mediation dar, wollte man „Mediation" mit „Verhandlung" gleichsetzen. Zwar ist jede Mediation auch eine Verhandlung aber längst nicht jede Verhandlung eine Mediation. Denn zur Mediation gehören weitere Kriterien, die ein „Mehr" zur Verhandlung ausmachen. Hier ist insbesondere die gezielte Strukturierung eines Verhandlungsprozesses im Rahmen einer Mediation zu nennen, mittels der ein entspanntes Verhandlungsklima erzeugt wird, in dem die Konfliktparteien vertrauensvoll und sachlich miteinander verhandeln. Ein weiteres wichtiges Unterscheidungsmerkmal besteht darin, dass in einer Mediation nicht nur Verhandlungstechniken genutzt werden, sondern darüber hinaus eine Vielzahl an anderen Kommunikationstechniken zur Verfügung stehen, die ein gegenseitiges Verständnis schaffen und so letztlich zu einem veränderten Umgang mit der Regelung von Konflikten führen.

19   Ein wesentlicher Aspekt dabei ist das Bestreben, nicht nur Kompromisse zu finden, sondern Lösungen zu suchen, die allen Beteiligten möglichst gerecht werden. Es geht also weniger um das Austarieren einer Waagschale, sondern vielmehr um den wirklichen Ausgleich der beiderseitigen (oder mehrerer) Interessen. In diesem Zusammenhang ist der Gedanke des Ausgleichs zwischen den Konfliktparteien von Bedeutung.

2. Ausgleichsgedanke

20   Neben dem wichtigen (und namensgebenden) Vermittlungsgedanken spielt der **Ausgleichsgedanke** eine nicht unerhebliche Rolle bei der Entwicklung der Mediation. Dies ist vor allem von Bedeutung, weil es im Rahmen von Mediationsverfahren – vor allem beim Täter-Opfer-Ausgleich – auch um Fragen des gegenseitigen Ausgleichs, von Kompensationsleistungen, manchmal auch um Aspekte der **Schadens-**

---

[28] *Duss-von Werdt*, Mediation in Europa, S. 36.
[29] Zu den Unterschieden zwischen „Mediation" und „Guten Diensten" vgl. *Duss-von Werdt*, Mediation in Europa, S. 37.
[30] RGBl. 1910, S. 5 ff, vgl. auch *Schweitzer/Rudolf*, Friedensvölkerrecht, Kapitel 55.
[31] *Brockhaus-Enzyklopädie* (1932) Bd. 12, S. 313; *Encyclopaedia Britannica* (1956) Bd. 15, S. 173; *Encyclopaedia Britannica* (1991) Bd. 7, S. 1000, vgl. auch *Ipsen*, Völkerrecht, § 60, Rn. 6.
[32] *Encyclopaedia Britannica* (1991) Bd. 7, S. 1000, vgl. auch *Ipsen*, Völkerrecht, § 60, Rn. 5 ff.; *Kimminich*, Einführung in das Völkerrecht, S. 302.

wiedergutmachung geht. Gerade dies ist zur Erzielung von für die Mediation erstrebenswerten und auf Interessen basierenden „win-win-Situationen" unerlässlich sind, wenn Konflikte dauerhaft beigelegt werden sollen.

Der Ausgleichsgedanke[33] hat ebenso wie der Vermittlungsgedanke eine lange Historie. Ansätze finden sich schon im **Codex** des babylonischen Königs **Hammurabi** ca. 2000 v. Chr. („Wenn er einen Schöpfeimer oder einen Pflug stiehlt, gibt er drei Schekel Silber")[34] oder im **Codex Diocletian**, C 2, 4, 18 a.293 („Sich zu vergleichen oder Frieden zu schließen wegen eines Kapitalverbrechens ist mit Ausnahme des Ehebruchs nicht verboten. Wegen anderer öffentlicher Delikte, die eine Blutstrafe nicht nach sich ziehen, darf man sich nicht vergleichen. Eine Ausnahme gilt für die Anklage wegen Fälschung").[35] Der Ausgleich von erlittenen Schäden oder erfahrenem Unrecht durch Geld oder andere Kompensationen ist also grundsätzlich nichts Besonderes. 21

Wie bereits oben (Rdnr. 8 ff.) ausgeführt, war der Vermittlungsgedanke im mittelalterlichen Europa keineswegs unbekannt. Bei den Vermittlungsverfahren im Mittelalter (unterstützt durch **mediatores**) hatte der gütliche Ausgleich (**compositio**) zwischen den Konfliktparteien eine große Bedeutung. Ziel war es, durch Genugtuung (**satisfactio**) den Anlass eines Konflikts aus der Welt zu schaffen.[36] An dieser Konstellation der Ausgestaltung von Vermittlungsverfahren wird deutlich, dass der Vermittlungsgedanke und der Ausgleichsgedanke miteinander verbunden sind. 22

Ebenfalls im Mittelalter bildeten sich zwei Rechtsinstitute heraus, die den Gedanken der Schadenswiedergutmachung und Genugtuung des Opfers statt Strafe aufgriffen, die „Transactio" und das „Wergeld". Die **Transactio**, die besonders im italienischen Strafrecht des 14., 15. und 16. Jahrhunderts verankert, aber auch im germanischen Rechtskreis zu finden war und auf das römische Recht zurückgeht, besteht in einem Vergleichs- oder Sühnevertrag zwischen Täter und Opfer. Gegenstand der Transactio war zum einen die Verpflichtung des Täters, dem Opfer oder deren Angehörigen ein Sühnegeld zu zahlen bzw. auf andere Weise den Schaden auszugleichen und zum anderen die Verpflichtung des Opfers, von einer Anklage gegen den Täter abzusehen, der auf diese Weise hoheitlichen Sanktionen entging.[37] Vergleicht man diese Zielsetzung mit dem heute praktizierten Täter-Opfer-Ausgleich, so sind Ähnlichkeiten schnell erkennbar. Die zeitgenössische kriminalpolitische und insbesondere viktimologische Forschung hat zwar erkannt, dass es den meisten Opfern nicht nur um einen finanziellen Ausgleichsanspruch des Opfers gegenüber dem Täter für entstandene Schäden und erlittenes Unrecht geht, aber dennoch zeigt die Praxis des TOA, dass Entschädigungszahlungen häufig Gegenstand entsprechender Vereinbarungen sind. 23

---

[33] Die nachfolgenden Ausführungen beruhen zum Teil auf: *Hehn*, Nicht gleich vor den Richter, S. 65 ff.

[34] *Frühauf*, Wiedergutmachung zwischen Täter und Opfer, S. 9; ferner *Janssen*, Restitution als alternative Reaktionsform im Jugendrechtssystem der USA, S. 142.

[35] *Rössner*, Wiedergutmachen statt übelvergelten, S. 9; *Schaffenstein*, Wiedergutmachung und Genugtuung im Strafprozess vom 16. bis zum Ausgang des 18. Jahrhunderts, S. 10 f.

[36] *Althoff*, Spielregeln der Politik im Mittelalter, S. 8.

[37] Ausführlich dazu *Schaffenstein*, Wiedergutmachung und Genugtuung im Strafprozess vom 16. bis zum Ausgang des 18. Jahrhunderts, S. 10 ff.; ferner *Janssen*, Restitution als alternative Reaktionsform im Jugendrechtssystem der USA, S. 142; *Sessar*, Schadenswiedergutmachung in einer künftigen Kriminalpolitik, S. 145.

24   Im Gegensatz zur Transactio stand beim Rechtsinstitut des **Wergeldes**[38] nicht unbedingt die Einigung von Täter und Opfer im Vordergrund. Vielmehr war das dem
germanischen Rechtskreis entstammende Wergeld (von lateinisch „vir" = Mann)
eine Strafe, zu der der Strafrichter den Täter verurteilte, soweit keine Einigung zustande kam, und wodurch die Blutrache unter den Sippen bzw. zwischen Täter und
Opfer durch eine richterliche Entscheidung abgelöst werden konnte.[39] Nachweise
über eine gesetzliche Verankerung des Wergeldes befinden sich zum Beispiel im
Volksrecht der Sachsen (um 800)[40] oder im **Sachsenspiegel** (um 1209).[41] Auch wenn
hier ein Richter eine entsprechende Entscheidung in einem Konflikt trifft: Es geht
wieder vorrangig um den Ausgleich der erlittenen Schäden bzw. des erlittenen Un-
rechts zwischen den Kontrahenten.

25   Diese frühen Nachweise für den Ausgleichsgedanken haben nicht die gleiche große Bedeutung für die Entwicklung der Mediation wie der bereits beschriebene Vermittlungsgedanke. Bis zu einer Aussöhnung im Sinne einer umfassenden Bereinigung der Konfliktsituation, wie wir sie heute vom Täter-Opfer-Ausgleich kennen,
ist es noch ein langer Weg der Entwicklung. Dennoch: Der Hauptzweck dieser
Ausgleichsleistungen – insbesondere im germanischen Recht – bestand darin, die
Fehde und Blutrache zwischen einzelnen Sippen abzuwenden und Frieden wiederherzustellen. Man könnte dies auch mit einer **Strategie der Deeskalation** bezeichnen.

26   Genau dieser Aspekt findet sich auch heute in der Mediation wieder: Alle Formen der Mediation zielen darauf ab, den Teilnehmern von Mediationsverfahren für
die Zukunft die Möglichkeit zu eröffnen, in friedlichem Nebeneinander nach
durchlaufenem Konflikt zu leben. Nicht Eskalation des Streits, sondern Deeskalation und die Rückführung auf die Sachebene des Konflikts steht im Vordergrund.
Obwohl der Gedanke des Ausgleichs nicht immer mit dem – zumindest in der Theorie angestrebten – Ziel von „win-win-Situationen" in Mediationsverfahren in Einklang zu bringen ist, so geht es in der Praxis häufig (auch) darum, durch die Vereinbarung von Ausgleichsleistungen die Basis für ein tragfähiges Miteinander für
die Zukunft zu finden. Dies gilt nicht nur für den Täter-Opfer-Ausgleich, sondern
in nahezu gleichem Maße für die Mediation im öffentlichen Bereich, die Nachbar-
schaftsmediation, die Schulmediation, die Wirtschaftsmediation und die Familienmediation.

3. Abnehmende Bedeutung von Vermittlungs- und Ausgleichsgedanken, zunehmende Verrechtlichung

27   Wie dargestellt haben sowohl der Vermittlungs- als auch der Ausgleichsgedanke
als zwei wesentliche Wurzeln der Mediation eine lange Geschichte und sind im mit-
teleuropäischen Rechtskreis lange und gut bekannt. Sie spielen in der Geschichte

---

[38] Ausführlich dazu *Schaffenstein*, Wiedergutmachung und Genugtuung im Strafprozess vom 16. bis
zum Ausgang des 18. Jahrhunderts, S. 9 f. u. 19 ff.
[39] *Frühauf*, Wiedergutmachung zwischen Täter und Opfer, S. 24 u. 28 ff.; *Schaffenstein*, Wiedergutmachung und Genugtuung im Strafprozess vom 16. bis zum Ausgang des 18. Jahrhunderts,
S. 19; ferner *Sessar*, Schadenswiedergutmachung in einer künftigen Kriminalpolitik, S. 145.
[40] *Köbler*, Bilder aus der deutschen Rechtsgeschichte, S. 83 ff.
[41] *Köbler*, Bilder aus der deutschen Rechtsgeschichte S. 125 ff.

des Umgangs mit Konflikten eine große Rolle. Allerdings hat sich dies vor allem in den ersten beiden Dritteln des 20. Jahrhunderts geändert. Vermittlungs- und Ausgleichsgedanke – und damit auch der Gedanke der Mediation – haben mehr und mehr an Bedeutung verloren.

In einer Zeit, die von zunehmender Verrechtlichung und Institutionalisierung von Konfliktlösungsverfahren gekennzeichnet war (und ist), spielte der **Vermittlungsgedanke** und damit auch die **Mediation** eine immer geringere Rolle. Dies lässt sich schon an einem Blick in die Lexika des 20. Jahrhunderts feststellen. Das Interesse scheint zumindest an dem Begriff der Mediation im deutschsprachigen Raum im Laufe der Zeit nachgelassen zu haben, wenn man die Einträge im *Großen Brockhaus* verfolgt. Erläuterte man „Mediation" im Jahre 1932 (15. Auflage)[42] und im Jahre 1955 (16. Auflage)[43] noch in 13 Zeilen mit zahlreichen Beispielen, so liefert die 17. Auflage aus dem Jahr 1971 nur noch eine kurze Definition in fünf Zeilen.[44] In der 18. Auflage von 1979 ist der Begriff schließlich gar nicht mehr enthalten.[45] Erst im Jahre 1991 widmet der Große Brockhaus in seiner 19. Auflage dem Begriff der Mediation wieder eine kurze dreizeilige Definition der Mediation.[46]

In der *Encyclopaedia Britannica* taucht im Jahr 1991 erstmals eine Definition zum Begriff der Mediation auf, die über die bisher gegebene Definition als völkerrechtliches Mittel der Konfliktlösung hinausgeht und Mediation auf einer allgemeineren Ebene als Modell zur Konfliktreduktion und Konfliktlösung durch die Hinzuziehung einer unbeteiligten dritten Partei definiert, und die Anwendung der Mediation insbesondere in den USA auf wirtschaftlichen und gesellschaftlichen Konfliktfeldern nennt.[47]

Ein ähnliches Schicksal widerfuhr dem **Ausgleichsgedanken**. Im Strafrecht wurde der Ausgleichsgedanke immer weiter zurückgedrängt, wie das Beispiel des deutschen Strafrechts zeigt. Schon um die Wende vom 18. zum 19. Jahrhundert verschwanden sowohl die Transactio als auch das Wergeld immer mehr aus den strafrechtlichen Schriften. Maßgeblich dafür war eine veränderte Auffassung vom Staat im aufgeklärten Absolutismus, wonach alle Verbrechen nunmehr als mittel- oder unmittelbare Verletzungen des Staates angesehen wurden. Somit wurde auch die Strafe zur öffentlichen Sanktion, die nur dem Staat zustand und die der Täter zu dulden hatte.[48] Die Beziehung zwischen Täter und Opfer spielte kaum eine Rolle. Daher blieb auch für einen privaten Ausgleich zwischen Täter und Opfer kein Raum mehr, so dass bis in dieses Jahrhundert hinein der Ausgleichsgedanke fast völlig aus dem Strafrecht Deutschlands verschwand.[49] Statt dessen wurde der Geschädigte zunehmend auf das Zivilrecht verwiesen, um einen Ausgleich seiner erlittenen materiellen Schäden zu erlangen. Durch eine dogmatisch strenge Trennung des Zivilrechts vom Strafrecht wurde das Opfer einer Straftat und dessen meist fi-

28

29

30

---

[42] *Brockhaus- Enzyklopädie* (1932) Bd. 12, S. 313.
[43] *Brockhaus- Enzyklopädie* (1955) Bd. 7, S. 630.
[44] *Brockhaus- Enzyklopädie* (1971) Bd. 12, S. 318.
[45] Vgl. *Brockhaus- Enzyklopädie* (1979) Bd. 7, S. 460.
[46] *Brockhaus- Enzyklopädie* (1991) Bd. 14, S. 371.
[47] *Encyclopaedia Britannica* (1991) Bd. 7, S. 999.
[48] *Dölling*, Der Täter-Opfer-Ausgleich, S. 493; zum TOA vgl. § 49.
[49] Beispielhaft mag dafür der Aufsatz von *von Hippel* aus dem Jahre 1926 stehen. „Der Sinn der Strafe" erwähnt mit keiner Silbe den Gedanken der Schadenswiedergutmachung zwischen Täter und Opfer, vgl. *von Hippel*, S. 427.

nanziellen Interessen im eigentlichen Strafrecht immer mehr zurückgedrängt.[50] Diese Trennung zwischen Schadenswiedergutmachung und Strafanspruch des Staates im 19. Jahrhundert drückte der deutsche Strafrechtler *Binding* prägnant aus: „Die Strafe soll eine Wunde schlagen, der Schadensersatz eine andere heilen, wenn möglich, ohne eine zweite zu verursachen."[51] Dem ist nichts hinzuzufügen.

31   Mit der Abnahme von Ausgleichs- und Vermittlungsgedanken ging eine **Zunahme rechtlicher Regelungen** einher. Ob es dafür einen inhaltlichen Zusammenhang gibt, mag dahingestellt bleiben. Jedenfalls ist ein zeitlicher Zusammenhang unverkennbar. Viele gesellschaftliche Bereiche wurden im 20. Jahrhundert verrechtlicht, den Betroffenen die Lösung der Konflikte aus der Hand genommen und durch scheinbar bessere – weil universell verwendbare – Normen ersetzt. Diese Verrechtlichung findet sich in nahezu allen Bereichen des gesellschaftlichen Lebens. Sie umfasst sowohl das staatliche als auch das private Handeln. Man denke nur an DIN-Normen, Verwaltungsvorschriften oder Nachbarschaftsgesetze. Ganz gleich, wohin wir schauen: Immer gibt es irgendwelche Regeln, die uns vorschreiben, was wir zu tun und zu lassen haben. Dabei werden die entsprechenden Normen immer spezifischer und detaillierter, so dass heute kaum noch ungeregelte Bereiche existieren. Das geht sogar so weit, dass die Größe von Pommes Frites, die in der Europäischen Union verkauft werden, Gegenstand von Normierung sind. Aber: Die Zunahme von Rechtsnormen in allen gesellschaftlichen Bereichen – die sogenannte **Verrechtlichung** – führt auch zu einer Zunahme gerichtlicher Verfahren, in denen sie überprüft werden oder ihre Anwendung erzwungen wird.

32   Die Zunahme rechtlicher Regelungen und damit einhergehend die Zunahme förmlicher Verfahren führte in unserer heutigen Gesellschaft zunehmend zu Kritik. Nicht nur, dass die Kapazität der staatlichen Gerichte zusehends an ihre Grenzen stieß, sondern vor allem das Bedürfnis der Menschen, nicht mehr nur Objekt solcher Verfahren zu sein, sondern selbst aktiv an der Lösung ihrer Probleme teilzuhaben, trug zur Diskussion von Alternativen zu hoheitlichen Formen der Konfliktregelung bei.[52] Dazu kam der Aspekt, dass viele hoheitliche Entscheidungen für den Bürger auf Grund zunehmender Komplexität gar nicht mehr nachvollziehbar waren.[53] Diese Diskussion bildete letztlich auch den Nährboden, auf dem die welke Idee der Mediation in den Vereinigten Staaten von Amerika zu neuer Blüte fand.

---

[50] *Dölling,* Der Täter-Opfer-Ausgleich, S. 493; *Janssen,* Restitution als alternative Reaktionsform im Jugendrechtssystem der USA, S. 142; *Rössner,* Wiedergutmachen statt übelvergelten, S. 11; *Schaffenstein,* Wiedergutmachung und Genugtuung im Strafprozess vom 16. bis zum Ausgang des 18. Jahrhunderts, S. 18 u. 22 f.; *Sessar,* Schadenswiedergutmachung in einer künftigen Kriminalpolitik, S. 145.

[51] *Binding,* Der Sinn der Strafe, S. 288.

[52] Vgl. dazu ausführlich § 7.

[53] *Holznagel,* Konfliktlösung durch Verhandlung, S. 105; *Runkel,* Umweltkonflikte sachgerecht lösen, S. 49 ff; *Zilleßen/Barbian,* Neue Formen der Konfliktregelung in der Umweltpolitik, S. 21 mit Fußnote 10, *Runkel,* Umweltkonflikte sachgerecht lösen, S. 49 ff.

III. Die Wiederentdeckung der Mediation in den USA

In den USA führte die wachsende Kritik beim Umgang mit Konflikten und vor   33
allem bei der Durchsetzung staatlicher Bau- und Planungsvorhaben seit den frühen
70er Jahren dazu, dass man sich intensiv mit **alternativen Formen der Konfliktregelung** beschäftigte.

Der herkömmliche Weg, um Konflikte im Zusammenhang mit umweltrelevanten   34
Bau- und Planungsvorhaben (Umgehungsstraßen, Wasserwirtschaft, Abfallentsorgungsanlagen etc.) im Rahmen von Verwaltungsverfahren und gerichtlichen Auseinandersetzungen anzugehen, stieß Ende der 60er, Anfang der 70er Jahre in den
Vereinigten Staaten von Amerika zusehends auf Kritik. Die Ergebnisse, die in den
vorgesehenen Verfahren erzielt wurden, riefen häufiger Unzufriedenheit bei den direkt und indirekt betroffenen Bürgern hervor. Ein wesentlicher Grund für diese Unzufriedenheit lag in der Tatsache, dass die Komplexität der Konflikte zwischen
Bürgern, Verwaltung, Politik und Wirtschaft zunahm und die Ergebnisse der Planungsverfahren von Beteiligten kaum ohne entsprechende Sachkenntnis nachvollzogen werden konnten. Im Gegenteil: Nicht selten warfen die von den Gerichten
nach jahrelangen der Auseinandersetzung getroffenen und für alle Beteiligten mit
hohem finanziellen und persönlichen Einsatz verbundenen Entscheidungen weitere
Konflikte auf, anstatt die dem eigentlichen Konflikt zugrunde liegenden Probleme
endgültig zu lösen.[54]

Parallel zu dieser Entwicklung wurde in den USA die Forderung der Bürger nach   35
einer stärkeren Beteiligung an politisch administrativen Entscheidungen laut (sog.
public envolvement). Dies wurde gerade im Bereich der Umweltmediation durch ein
wachsendes Bewusstsein der Ernsthaftigkeit der Umweltproblematik verstärkt.[55]

Der Nährboden für alternative Formen der Streitbeilegung war daher gut berei-   36
tet. Hatte man im Bereich von Arbeits- und Nachbarschaftskonflikten bereits ein
Modell erprobt, in dem eine allparteiliche Dritte Person die Streitenden bei der Suche nach eigenen Lösungen für ihren Konflikt unterstützte, so führte der Einsatz
dieser Methode bei Umweltkonflikten zu größerer öffentlicher Bekanntheit und
führte sogar zu einem Mediationsboom.[56] Das erste große derartige Vermittlungsverfahren fand im Jahre 1973/74 im Zusammenhang mit dem Bau eines Staudamms am **Snoqualmie River** im US-Bundesstaat Washington statt. Den Mediatoren *Gerald W. Cormick* und *Jane McCarthy* gelang es in einem von der *Ford
Foundation* unterstützten Modellprojekt, einen bereits seit vielen Jahren schwelenden Konflikt zwischen Landwirten, Nachbarschaftsgruppen, Umwelt- und Sportorganisationen, Behörden und Industrie um die ökologischen und ökonomischen Folgen des Baus eines Staudamms beizulegen und eine von allen Beteiligten akzeptierte
Lösung für den Konflikt zu erzielen. Dies geschah nach nur rund 10 Monaten intensiver Auseinandersetzung mit dem Konflikt und den beteiligten Gruppen. Auch

---

[54] *Holznagel,* Konfliktlösung durch Verhandlung, S. 104; *Zilleßen/Barbian,* Neue Formen der Konfliktregelung in der Umweltpolitik, S. 21 mit Fußnote 10, *Runkel,* Umweltkonflikte sachgerecht lösen, S. 49 ff.
[55] *Runkel,* Umweltkonflikte sachgerecht lösen, S. 50 f , *Zilleßen/Barbian,* Neue Formen der Konfliktregelung in der Umweltpolitik, S. 21; vgl. auch § 46.
[56] *Weidner,* Internationale Erfahrungen mit Umweltmediation, S. 136 f; vgl. auch § 46.

wenn die Umsetzung der ausgehandelten Lösungsansätze letztlich an anderen Gründen scheiterte, so wurde doch deutlich, dass diese Form der Vermittlung durch allparteiische Dritte große Chancen bei der Lösung derartiger Probleme in sich trug.[57]

37   Die Beschäftigung mit alternativen Formen der Konfliktregelung wurde schnell auch wissenschaftlich betrieben. Entsprechende Verfahren wurden analysiert. Im Gegensatz zu den herkömmlichen Konfliktregelungsverfahren, die oftmals nur „Gewinner" und „Verlierer" zulassen, verfolgten sie das Ziel, „**win-win-Lösungen**" zu erarbeiten.[58] Diese – und das war eine Besonderheit – wurden gerade nicht in den herkömmlichen (Gerichts-/Verwaltungs-)Verfahren, sondern außerhalb gesetzlich normierter Konfliktregelungsverfahren gefunden. Daher spricht man in diesem Zusammenhang auch von *„alternative dispute resolution"*, von **alternativen Konfliktregelungsverfahren**.

1. Alternative dispute resolution – Alternative Konfliktregelungsverfahren

38   Die in den USA in den 70er Jahren entwickelten „**ADR-Verfahren**" – alternativen Konfliktregelungsverfahren – weisen folgende gemeinsame Merkmale auf, die sie von anderen Formen der Konfliktregelung weitgehend abgrenzen:
– Alle an einem Konflikt beteiligten Gruppen und Personen nehmen am Verfahren teil.
– Die Teilnahme an dem strukturierten Vermittlungsverfahren ist freiwillig.
– Eine faire Verhandlungsatmosphäre fördert die Kommunikation zwischen den Beteiligten und damit die Lösung des Konflikts.
– Ein neutraler Dritter unterstützt gegebenenfalls die Parteien während des Verhandlungsprozesses.
– Die Strukturierung des Verfahrens erfordert ebenso viel Aufmerksamkeit wie die inhaltliche Behandlung des Konflikts.[59]

39   Unter Zugrundelegung der genannten Kriterien werden verschiedene Formen alternativer Konfliktregelungsverfahren unterschieden. Grundsätzlich differenziert man nach dem Grad der Intervention der dritten – nicht direkt am Konflikt beteiligten – Partei: Verhandlungen, die ohne Unterstützung eines unparteiischen Dritten stattfinden nennt man „**unassisted negotiation**" und Verhandlungen, die mit Unterstützung eines Dritten geführt werden, heißen „**assisted negotiation**". Unter dem Oberbegriff der „assisted negotiation" wird wiederum unterschieden zwischen „**faciliation**", „**arbitration**" und „**mediation**". Diese vier Formen stellen sozusagen die Grundformen alternativer Konfliktregelungsverfahren dar.[60]

---

[57] Zu dem Umweltmediations-Pionierverfahren vgl. ausführlich: *Runkel*, Umweltkonflikte sachgerecht lösen, S. 54 ff.; Förderverein Umweltmediation, Studienbrief Umweltmediation, Anhang, S. 255 f.
[58] *Amy*, The Politics of Environmental Mediation, S. 34 f. u. 39; *Kucharzewski*, Vermittlungs- und Verhandlungsverfahren in der Abfallpolitik, S. 52; *Susskind/Cruikshank*, Breaking The Impasse, S. 76; *Zilleßen/Barbian*, Neue Formen der Konfliktregelung in der Umweltpolitik, S. 18.
[59] *Bingham*, Resolving Environmental Disputes, S. 4 f; *Crowfoot/Wondolleck*, Environmental Dispute Settlement, S. 19 f.; *Runkel*, Umweltkonflikte sachgerecht lösen, S. 57 f.; *Susskind/Cruikshank*, Breaking the Impasse, S. 76 f.; *Zilleßen/Barbian*, Neue Formen der Konfliktregelung in der Umweltpolitik, S. 16.
[60] Zu diesen vier Erscheinungsformen kamen im Verlaufe der intensiven Beschäftigung mit dem Thema weitere (Misch-)Formen der ADR-Verfahren hinzu, z.B. „mediation-arbitration" oder „binding arbitration".

a) **Unassisted Negotiation.** Bei Verhandlungsprozessen ohne die Einschaltung einer dritten Partei handelt es sich um die einfachste Form alternativer Konfliktregelungsverfahren. Wenn Konflikte überschaubar und wenig konfliktträchtig sind, dann ist es häufig gar nicht notwendig, dass eine dritte Partei hinzukommt, um die Konfliktpartner bei der Lösung ihrer Probleme zu unterstützen. „Unassisted Negotiation" bietet sich an, wenn nur wenige kommunikationsbereite Streitparteien vorhanden sind, diese einen gleichen Informationsstand haben und kein Machtgefälle zwischen ihnen vorliegt. In solchen Fällen führen direkte Verhandlungen zwischen den Parteien häufig zum Erfolg.[61] 40

b) **Nonbinding Arbitration.** Im Gegensatz zur *unassisted negotiation* arbeitet man 41 bei der *nonbinding arbitration* mit Unterstützung eines neutralen **Schiedsrichters**, der nach der Anhörung der Parteien einen Lösungsvorschlag unterbreitet, welchen die Parteien akzeptieren können, aber nicht müssen. Die Entscheidung ist also für die Parteien **nicht bindend**.

Diese Form alternativer Konfliktregelungsverfahren ist ebenfalls eine Methode, 42 die nur bei wenig komplexen Konflikten und bei einer geringen Anzahl von Konfliktparteien Erfolg verspricht. Sind die zu behandelnden Probleme zu groß, besteht kaum eine Chance, dass diese durch Schiedsspruch eines noch so angesehenen und als kompetent geltenden Dritten dauerhaft und zur Zufriedenheit aller beigelegt werden können.[62]

c) **Faciliation.** Unter *faciliation* versteht man eine Form der Konfliktlösung mit 43 Unterstützung eines neutralen Vermittlers, der vorrangig das Verfahren zwischen den Konfliktparteien strukturiert, der aber zu den behandelten Inhalten nicht Stellung nimmt und das Verfahren bzw. die Parteien somit nicht beeinflusst. Sie wird häufig auch als **passive Konfliktmittlung** bezeichnet.[63]

Das bereits erwähnte Vermittlungsverfahren um den Bau des Staudamms am 44 *Snoqualmie River* aus den Jahren 1973/74 ist ein Beispiel für diese Spielart der ADR-Verfahren. Der Konfliktmittler hat innerhalb solcher Verfahrens eine passive Stellung inne, d. h. vor allem, dass er keine Autorität besitzt, um eigene Lösungsverschläge zu unterbreiten. Auf diese Weise soll seiner Glaubwürdigkeit Nachdruck verliehen werden. Er wirkt unterstützend und gibt den Konfliktparteien Hilfestellungen, um etwa bestehende Ungleichgewichte abzubauen. Somit fallen ihm vorrangig verfahrensbezogene Aufgaben zu, die z. B. in der Organisation der Verhandlungen und in der Überwachung der jeweils vereinbarten Verfahrensgrundsätze von allen Konfliktparteien bestehen.[64]

45

2. Mediation

Unter Mediation versteht man freiwillige, ergebnisoffene und selbstbestimmte Verhandlungen mit Unterstützung eines allparteilichen Vermittlers, der zwar grundsätzlich nur Verfahrensmacht besitzt, aber dennoch Einfluss auf das Ergebnis der

---

[61] Ausführlich *Susskind/Cruikshank*, Breaking the Impasse, S. 80–135.
[62] *Moore*, The Mediation Process, S. 7; *Susskind/Cruikshank*, Breaking the Impasse, S. 175–178; *Runkel*, Umweltkonflikte sachgerecht lösen, S. 54.
[63] *Diller*, Zwischen Netzwerk und Institution, S. 196.
[64] *Runkel*, Umweltkonflikte sachgerecht lösen, S. 54 ff.

Verhandlungen nehmen kann.[65] Im Gegensatz zur *faciliation* greift der Vermittler bei der *mediation* auch inhaltlich in den Vermittlungsprozess ein, um beispielsweise festgefahrene Verhandlungssituationen aufzulösen. Man spricht insofern auch von einem **aktiven Konfliktmittler.** Solche Konfliktmittlungsverfahren, in denen die Dritten sowohl verfahrens- als auch ergebnisorientiert unterstützen, sind der eigentliche Kern der Mediation.

46   Angeregt durch die zunehmende Popularität von ADR-Verfahren und hier insbesondere der Mediation beschäftigten sich Mitarbeiter der Harvard University (Boston, Massachusetts) bereits in den 70er Jahren mit der Erarbeitung wissenschaftlicher Grundlagen der Mediation. Dabei entstand unter anderem auch das **Harvard-Konzept,**[66] ein universell einsetzbares Konzept zur sachlichen Verhandlungsführung, welches häufig als die theoretische Grundlage der Mediation angesehen wird.[67]

47   ADR-Verfahren und damit auch Mediationsverfahren sind seitdem in den Vereinigten Staaten von Amerika zum festen Bestandteil der Streitkultur geworden.

IV. Stand der Mediation heute

48   Über den Grund des schnellen Siegeszuges der Mediation kann nur gemutmaßt werden. Vielleicht sind es Werte wie „Gerechtigkeit" oder „gleiches Recht für alle", die – wie oben dargelegt schon von *Solon* zum Maßstab seines Handeln auserkoren – die Bürger ermutigten, ihre Konflikte selbst in die Hand zu nehmen und auch selbst größeren Einfluss auf die Verfahren zur Konfliktregelung auszuüben.

49   Insbesondere in den USA fanden ADR-Verfahren und mit ihr die Mediation viele Anhänger, so dass es nicht wundert, dass sie im US-amerikanischen Rechtssystem sogar gesetzlich verankert wurden. So ist es beispielsweise bei bestimmten Verfahrensarten vorgeschrieben, ein außergerichtliches Mediationsverfahren durchzuführen, bevor der Gang zu den jeweiligen Gerichten möglich ist. Ob man in diesem Zusammenhang allerdings noch von „alternativen" Verfahren sprechen kann, mag an dieser Stelle einmal dahingestellt bleiben, denn mit der Institutionalisierung von Mediationsverfahren als Eingangsvoraussetzung zu einem ordentlichen Gericht wird ein wesentliches Kriterium von Mediationsverfahren stark beschnitten: Die Freiwilligkeit der Teilnahme an Mediationsverfahren. Dennoch: In den **USA** haben Mediationsverfahren in ihrer kurzen „Geschichte" seit den 70er Jahren eine große Bedeutung erlangt.

---

[65] Zur Definition vgl. z. B. *Besemer*, Mediation – Vermittlung in Konflikten, S. 14 ff.
[66] Grundlegend zum Harvard-Konzept: *Fisher/Ury/Patton*, Das Harvard-Konzept. Das Harvard Konzept umfasst in seiner Grundidee vier aufeinander aufbauende Verhandlungsprinzipien: 1) Trennung von Personen und Problemen 2) Trennung von Positionen und Interessen 3) Entwicklung möglichst vieler unbewerteter Lösungsoptionen 4) Entscheidung auf der Basis objektiver Kriterien.
[67] An dieser Stelle sei darauf hingewiesen, dass man mittlerweile auch andere Grundlagen der Mediation diskutiert. So wurde in den letzten Jahren verstärkt der Transformationsansatz in den Vordergrund gestellt, bei dem der Erfolg von Mediation auf einen Prozess der gegenseitigen Wertschätzung und Anerkennung der Beteiligten zurückgeführt wird. Ausführlich dazu *Kessen/Zilleßen*, Leitbilder der Mediation, S. 43 ff.

Auch in anderen Ländern erlangten Mediationsverfahren an Bedeutung, wobei   50
diese teilweise durch die bereits überlieferten traditionellen Formen der Konfliktregelung begünstigt wurden. Nicht immer kann dabei von Mediation im engeren Sinne – wie eingangs beschrieben – gesprochen werden, da der Grad der Institutionalisierung und die Tiefe der Beschäftigung mit dem Thema unterschiedlich ist.
Festzuhalten ist jedoch, dass es einige Länder gibt, in denen die Idee der Vermittlung und insbesondere das Bestreben, die Lösung von Konflikten nicht Dritten
(beispielsweise Richtern oder Schlichtern) zu überlassen, sondern bei den Konfliktparteien selbst zu belassen, größeren Anklang gefunden hat als in anderen Ländern.
Nachfolgend sei daher der Stand der Mediation und außergerichtlichen Streitbeilegungsverfahren in einigen Ländern kurz dargestellt:

Vergleichbar mit den USA ist die Situation in **Kanada**, wo traditionell in vielen   51
gesellschaftlichen Bereichen Mediationsverfahren eingesetzt werden. Angeregt
durch die Entwicklung in den USA kam es Mitte der 80er-Jahre zu einem deutlichen Aufschwung, insbesondere im Bereich der Umweltmediation. Einer großen
Öffentlichkeit wurden Mediations- und ADR-Verfahren durch die Einrichtung von
Runden Tischen zum Thema „Umwelt und Wirtschaft" bekannt, die sowohl auf
regionaler als auch auf nationaler Ebene durchgeführt wurden. Die Schwerpunkte
der Anwendung von Mediation in Kanada liegen heute vornehmlich bei Familien-,
Arbeits- und Schulkonflikten. Daneben hat der Täter-Opfer-Ausgleich eine große
Bedeutung erlangt sowie spezielle Formen der interkulturellen Mediation im Zusammenhang mit Konflikten um die indianische Urbevölkerung in Kanada. Zudem gibt es eine Vielzahl an Ausbildungsmöglichkeiten für Mediatoren und einige
Berufsverbände, die die Interessen der Mediatoren vertreten. Mediationsverfahren
sind in Kanada auch häufig Gegenstand von wissenschaftlichen Untersuchungen. [68]

In der japanischen Geschichte spielten Vermittlungsverfahren seit jeher eine gro-   52
ße Rolle. Viele Konflikte wurden und werden in **Japan** unter Vermittlung Dritter
beigelegt, um „Gewinner-Verlierer-Situationen" und damit den drohenden Gesichtsverlust eines Beteiligten zu vermeiden. Hierin spiegelt sich das japanische Bedürfnis nach Harmonie wieder. Besonders haben sich Vermittlungsverfahren bei
Konflikten zwischen Bürgern und Behörden, Nachbarn, Arbeitgebern und im Familienbereich etabliert.[69]

In **Europa**, wo einst eine Wiege der Mediation stand, bedurfte es erst der Wieder-   53
entdeckung dieser Idee der Vermittlung in Konflikten in der neuen Welt, bevor sie
auf dem alten Kontinent wieder Beachtung fand. Die Beschäftigung mit dem Thema
Mediation erfolgte erst, nachdem einige europäische – auch deutsche – Fachleute
aus den Vereinigten Staaten die Idee der Mediation in den 80er-Jahren „reimpor-
tierten". Auf fruchtbaren Boden fiel die Idee der Mediation in der **Schweiz**, in deren
Gesellschaft traditionell auf Konsens zielende Verfahren der Partizipation vorgesehen sind.[70] In **Österreich** hat die Mediation vor allem im Bereich von familiären
Konflikten und Umweltkonflikten Bedeutung erlangt. Auch im Bereich des (Jugend-)
Strafrechts spielt die Mediation eine große Rolle. Hier gibt es allerdings die Beson-

---

[68] *Fietkau/Weidner,* Umweltverhandeln, S. 130 ff.; *Weidner,* Internationale Erfahrungen mit Umweltmediation, S. 142 ff.
[69] *Fietkau/Weidner,* a. a. O., S. 148 ff.; *Weidner,* a. a. O., S. 148 f.
[70] *Fietkau/Weidner,* a. a. O., S. 163 ff.; *Weidner,* a. a. O., S. 149 ff.

derheit, dass man in Österreich nicht vom „Täter-Opfer-Ausgleich[71]" sondern von „außergerichtlichen Tatausgleich" – kurz „ATA" – spricht.[72] In anderen europäischen Ländern wie **Italien, Schweden, Dänemark** und insbesondere den **Niederlanden** gibt es Ansätze für den Einsatz von Vermittlungsverfahren bei verschiedenen gesellschaftlichen Konflikten.[73]

54   In **Frankreich** scheint der Begriff des „médiateur" – des „Mediators" – im gesamteuropäischen Vergleich am Bekanntesten zu sein. Dies ist insofern verwunderlich, als man die Mediation als strukturiertes Verfahren zur Konfliktlösung vorrangig im Bereich des Täter-Opfer-Ausgleichs, der Interkulturellen Mediation und der Familienmediation kennt. Dennoch gibt es in Frankreich eine Vielzahl an „médiateurs" (z. B. „le médiateur de la République francaise", „le médiateur culturels" oder die „médiateurs de la rue"), die einfach die Aufgabe haben, als Schaltstelle bei Problemen zwischen Bürgern und Institutionen behilflich zu sein und quasi den Kontakt zueinander herzustellen (vergleichbar mit der Funktion eines Bürgerbeauftragten). Die Mediatoren bei der staatlichen französischen Eisenbahn, SNCF, sind beispielsweise als Ansprechpartner und Informationsquelle für die Reisenden vorgesehen, die nach Anschlusszügen oder erforderlichen Fahrkarten fragen.[74] Geht man von dieser Funktion aus, so sind die „médiateurs" in Frankreich eher Vertrauensleute, Ombudsmänner, Fürsprecher etc., weniger aber professionelle Konfliktmittler wie in anderen europäischen Staaten. Aber auch in Frankreich entwickelt sich das Feld sehr schnell, insbesondere im Bereich der „médiation pénale – médiation réparation", also des Täter-Opfer-Ausgleichs.

55   In **Deutschland** hat die Mediation ein breites Anwendungsfeld erobert, wie die Abbildung 2 auf S. 169 zeigt. Täter-Opfer-Ausgleich, Familien- und Schulmediation haben mittlerweile viele Anhänger gefunden und weisen die größte Verbreitung in Deutschland auf. Aber auch Felder wie Umweltmediation (oder nach neuerer Lesart „Mediation im öffentlichen Bereich: Umwelt – Politik – Wirtschaft – Soziales"[75]), Arbeits- und Wirtschaftsmediation oder Interkulturelle Mediation gewinnen in Deutschland zunehmend an Bedeutung. Weitere Anwendungsgebiete für Mediation (z. B. bei Erbschaftskonflikten) werden zunehmend erschlossen. Dabei wird die Mediation in ihren Anwendungsmöglichkeiten, ihren Rahmenbedingungen und ihren Methoden stetig fortentwickelt. Ein Beispiel dafür ist die Idee der **„Integrierten Mediation"**, bei der versucht wird, die Mediation in bestehende Institutionen und deren angewendete Verfahren einzubauen, um so von der Idee der Mediation zu profitieren.[76]

---

[71] Dazu eingehend § 49.
[72] Ausführlich zur Situation der Mediation in Österreich: *Falk/Heintel/Pelikan*, Die Welt der Mediation, ferner: *Fietkau/Weidner*, Umweltverhandeln, S. 175 ff.; *Weidner*, Internationale Erfahrungen mit Umweltmediation, S. 151 ff.
[73] *Fietkau/Weidner*, S. 179 ff.; *Weidner*, a. a.O. S. 153 ff.
[74] Diese Ausführungen beruhen auf einem Vortrag von *Peter Knapp*, Berlin, anlässlich des Kongresses „Mediation auf dem Weg zur Profession" am 1. und 2. Oktober 1999 in Oldenburg. Das Manuskript wurde freundlicherweise zur Verfügung gestellt.
[75] Nach den „Standards für Umweltmediation" des Förderverein Umweltmediation e. V., Bonn, Stand: 24. August 2000.
[76] Dazu § 18.

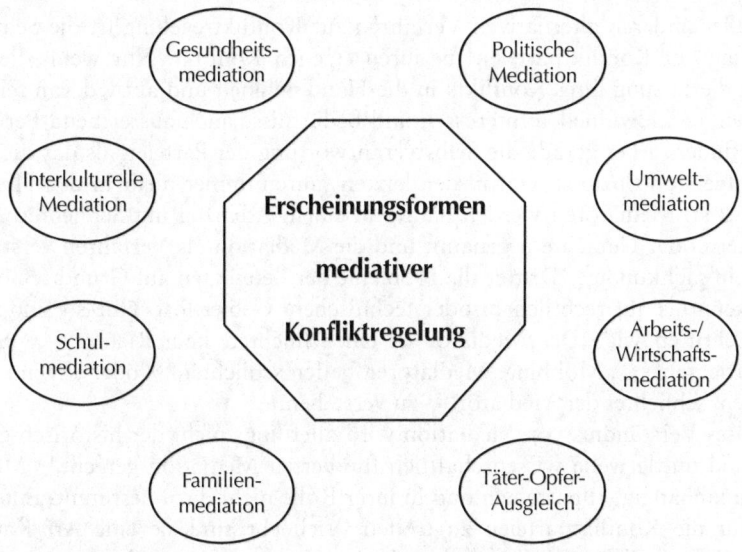

Abbildung 2: Erscheinungsformen mediativer Konfliktregelung in Deutschland

Eine Besonderheit der Entwicklung der Mediation in Deutschland besteht darin, 56 dass es bereits heute eine Vielzahl von Verbänden und Vereinen gibt, die sich des Themas Mediation annehmen[77]. Die wissenschaftliche Beschäftigung mit der Mediation ist weit fortgeschritten und mittlerweile sind eine Vielzahl an Diplomarbeiten und Dissertationen zum Thema Mediation entstanden. Neben den zahlreichen Fachbüchern gibt es heute eine Fachzeitschrift für Mediation und andere Formen konsensorientierter Verfahren: die „Zeitschrift für Konfliktmanagement", ehemals „Konsens", die zweimonatlich gemeinsam vom *Haufe-Verlag* und vom *Otto-Schmidt-Verlag* herausgegeben wird.

V. Die Zukunft der Mediation: Zurück zu den Wurzeln?

Die Mediation ist eine alte Idee, die in den letzten Jahrzehnten vor allem in 57 Nordamerika und Mitteleuropa viele Anhänger gefunden hat. Ausschlaggebend für die Wiederentdeckung der bereits in der Antike bekannten und insbesondere im Europa des Mittelalters weit verbreiteten Mediation ist die Unzufriedenheit der Bürger mit herkömmlichen staatlichen Konfliktregelungsverfahren. Die zunehmende Besinnung auf die eigenen Belange und die Abkehr von der Tendenz, alle Bereiche des Lebens umfassend und im Voraus durch Regelungen vielfältiger Art zu reglementieren und zu verrechtlichen, haben den Siegeszug der Mediation begünstigt.

Im Laufe der über 2000 jährigen Geschichte der Mediation haben sich bestimmte 58 **Merkmale** der Mediation herausgebildet. Das wesentliche Merkmal der Mediation

---

[77] Vgl. dazu *Hehn/Rüssel* NJW 2000, 347; eingehend § 59.

und aller anderen alternativen Verfahren zur Konfliktregelung ist die Selbstverantwortung der Konfliktparteien für ihren eigenen Konflikt. Nur wenn die Parteien selbst die Lösung ihres Konflikts in die Hand nehmen und aktiv daran teilnehmen, können die individuellen Interessen und Bedürfnisse auch ausreichend Berücksichtigung finden. Aber gerade die Selbstverantwortung der Parteien als das die Mediation prägende Prinzip scheint in den letzten Jahren immer mehr in den Hintergrund zu rücken. Mediatoren werden häufig in einem Atemzug mit Schlichtern, Schiedsmännern oder Gutachtern genannt und die Mediation als Verfahren verstanden, in dem ein sachkundiger Dritter die Probleme der Beteiligten auf Grund seiner eigenen Sachkenntnis auf rechtlichem oder technischem Gebiet löst. Nur so sind plakative Überschriften wie „Der Mediator ist ein Schlichter, kein Richter"[78], „Schlichten statt Richten"[79], „Mobbing: Mediatoren helfen schlichten"[80] oder „Wenn zwei sich streiten, schlichtet der Mediator"[81] zu verstehen.[82]

59 Dieses Verständnis von Mediation wird allerdings nicht der historisch gewachsenen und mittlerweile wissenschaftlich fundierten Mediation gerecht.[83] Mediatoren sind unabhängig, allparteilich und in ihrer Rolle nicht dazu bestimmt, Entscheidungen für die Konfliktparteien zu treffen. Vielmehr sind sie eine Art Katalysator, durch den die Parteien selbst und in eigener Verantwortung erkennen und vereinbaren sollen, welche Aspekte sie regeln müssen und wollen. In dieser Eigenverantwortlichkeit der Parteien, die selbst am besten wissen, was für sie wichtig ist, liegt die große Chance der Mediation. Andere Verfahren, in denen sich Dritte in Konflikte einmischen, gibt es zur Genüge, z. B. Gerichtsverfahren, Schlichtungsverfahren oder Gutachterverfahren.[84] Mediation hat sich aber gerade deshalb entwickelt, weil die Kompetenzen zur Regelung von Konflikten gerade nicht an Dritte übertragen werden, sondern in den Händen der Betroffenen verbleiben sollte. Darin ist auch der „rote Faden" der Mediation zu erkennen, die über Jahrhunderte und Jahrtausende die Selbstverantwortung der Konfliktparteien gestärkt hat.[85] Hier liegt die eigentliche Wurzel der Mediation: Die Parteien darin zu unterstützen, ist die Hauptaufgabe des Mediators, der sich allparteilich für die Herausarbeitung der Interessen jeder Partei einzusetzen hat. Es gilt, in einem fairen Verfahren dafür zu sorgen, dass den Parteien alle für eine Entscheidung relevanten Informationen zur Verfügung stehen, bevor eine autonome Entscheidung getroffen wird. Und dies – nebenbei gesagt – geht nicht ohne ein kritisches Überdenken seiner eigenen Rolle als Mediator im Prozess der Mediation. Eine fundierte Ausbildung ist in diesem Zusammenhang sicherlich von großem Nutzen, nicht nur um die entsprechenden Techniken der Mediation zu erlernen, sondern auch, um eine eigene Haltung als Mediator entwickeln zu können.

---

[78] *S. Trauner,* Mediation: Konfliktbewältigung ohne Streit, in: Nürnberger Zeitung vom 2. 10. 2000.
[79] Rhein-Main-Zeitung vom 1. 12. 2000.
[80] Freundin vom 6. 12. 2000.
[81] Offenburger Tageblatt vom 18. 10. 2000.
[82] Ausführlich dazu: *Hehn/Rüssel,* Der Mediator – kein Schlichter oder (Schieds-)Richter, ZKM 2001/62 ff.
[83] Vgl. dazu auch § 33.
[84] Zur Unterscheidung vgl. *Hehn/Rüssel,* Der Mediator – kein Schlichter oder (Schieds-)Richter, ZKM 2001, 62 ff.
[85] In diesem Sinne auch *Duss-von Werdt,* Mediation in Europa, S. 9.

Die Gründe für die Vernachlässigung wichtiger Prinzipien der Mediation und 60
damit für ein verändertes Verständnis von Mediation mögen sicher vielfältiger Art
sein. Ein möglicher Erklärungsansatz könnte darin liegen, dass zurzeit der Begriff
der Mediation modern ist und viele Berufsgruppen – von Organisationsentwicklern,
Kommunikationstrainern, Rechtsanwälten bis zu Unternehmensberatern – der Ansicht sind, Mediation sei nichts anderes als das, was sie bereits seit Jahren betreiben. Hier mögen sicherlich auch Aspekte des Marketings eine Rolle spielen. Dennoch ist Mediation in der hier verstandenen Form mehr, erfordert es doch von allen
genannten Berufsgruppen ein Überdenken der eigenen Rolle im Prozess der Konfliktregelung und ein Zurücknehmen der eigenen fachlichen Kompetenz zugunsten
der Eigenverantwortlichkeit der Parteien.

Es wird sehr interessant sein, zu beobachten, in welche Richtung sich die Media- 61
tion fortentwickelt. Sicherlich wird das heutige Verständnis von Mediation aus
Sicht eines sich in 200 Jahren mit dem Thema befassenden Autors auch nur eine
Durchgangsstufe zu einem dann zeitgemäßen Verständnis von Mediation sein. Der
Autor in der fernen Zukunft mag entscheiden, ob der zitierte „rote Faden" der eigenverantwortlichen Beilegung von Konflikten als wesentliches Merkmal der Mediation an der Wende von zweiten zum dritten Jahrtausend lediglich auf Grund eines
Materialfehlers vorübergehend dünner oder aber doch ganz abgeschnitten wurde
und die Mediationsgeschichte eine andere Wendung nahm. Vielleicht werden wir in
den nächsten Jahren zumindest erahnen können, wohin die Reise der Mediation
geht.

§ 7 Mediation im Rechtsstaat – Chancen einer neuen Konfliktordnung

Prof. Dr. Katharina Gräfin von Schlieffen

Übersicht

Schrifttum: *Alexy*, Begriff und Geltung des Rechts, Freiburg/München 1992, *Arendt*, Vita activa, Stuttgart 1960; *Barudio*, Politik als Kultur, Stuttgart 1994; *Beer/Stief*, The Mediator's Handbook 1997; *Bennett/Hermann*, The Art of Mediation, 1999; *Besemer*, Mediation in der Praxis, Erfahrungen aus den USA, Baden 1996; *Breidenbach*, Mediation, Köln 1995, *Dreier*, Rechtssoziologie am Ende des 20. Jahrhunderts, Tübingen 2000; *Duve*, § 4 Eignungskriterien für die Mediation, in: *Henssler/Koch*, Mediation in der Anwaltspraxis, Köln 2000, S. 127 ff.; *Duve*, § 5 Ausbildung zum Mediator, in: *Henssler/Koch*, Mediation in der Anwaltspraxis, Köln 2000, S. 153 ff.; *Eidenmüller*, Mediationstechniken bei Unternehmenssanierungen, BB-Beilage 10, 1998, S. 19 ff.; *Eidenmüller*, § 2 Verhandlungsmanagement durch Mediation, in: *Henssler/Koch*, Mediation in der Anwaltspraxis, Köln 2000, S. 39 ff.; *Gaßner/Holznagel/Lahl*, Mediation, Bonn 1992; *Gläßer*, Zum Einsatz von Familienmediation bei Gewalt in Paarbeziehungen, ZKM 2000, S. 206 ff.; *Gottwald*, § 6 Mediation in den USA – ein Wegweiser, in *Henssler/Koch*, Mediation für die Anwaltspraxis, S. 185 ff.; *Haft*, Intuitives und rationales Verhandeln, in: BB-Beil. zu Heft 40/1998; *Hehn,* Nicht gleich vor den Richter, Bochum 1996; *Kracht,* Das Ethos des Mediators, Hagen 1999; *Luhmann,* Das Recht der Gesellschaft, Frankfurt a. M. 1995; *Mähler/Mähler,* Mediation als Konsensverfahren, KON:SENS 1999, S. 200 ff.; *Metzger,* Zur Verbreitung der Mediation durch Gemeinwesenmediation, ZKM 2000, S. 174 ff.; *Nelle/Hacke,* Obligatorische Mediation – Selbstwiderspruch oder Reforminstrument?, ZKM 2001, S. 56 ff.; *Niethammer,* Anmerkungen zum Mediationsverfahren Frankfurter Flughafen, ZKM 2000, S. 139; *Ponschab/Schweizer,* Wirtschaftsmediation KE 1, Hagen 2000; *Proksch,* Curriculum einer Mediationsausbildung, KON:SENS 1999, S. 174 ff., 300 ff.; *Radbruch,* Das Güteverfahren und das deutsche Rechtsgefühl, in: Kaufmann (Hg.)/ Radbruch – Gesamtausgabe, Bd. 1, Rechtsphilosophie I, Heidelberg 1987; *Rehbinder,* Rechtssoziologie, 4. Auflage, München 2000; *Risse,* Die Rolle des Rechts in der Wirtschaftsmediation, in: BB-Beil. zu Heft 27/1999 S. 4 ff.; *Runkel,* Umweltkonflikte sachgerecht lösen: Umweltmediation in Deutschland und in den USA, Bochum 1996; *Rüssel,* Das Gesetz zur Förderung der aussergerichtlichen Streitbeilegung – der Weg zu einer neuen Streitkultur?, NJW 2000, S. 2800 ff.; *Sobota,* Das Prinzip Rechtsstaat, Tübingen 1997; *Sobota,* Rhetorisches Seismogramm – Eine neue Methode in den Rechtswissenschaften, JZ 1992, S. 231 ff.; *Sobota,* Sachlichkeit, Rhetorische Kunst der Juristen, Frankfurt/M. u. a. 1990; *Stoecker,* Die obligatorische Streitschlichtung nach § 15 a EGZPO im Vergleich zur Mediationspraxis in den USA, ZKM 2000, S. 105 ff.; *Strempel,* Mediation: Chancen vorgerichtlicher Konfliktbearbeitung, 1999, S. 461 ff.; *Watzke,* Äquilibristischer Tanz zwischen Welten, Bonn 1997; *Watzlawik u.a.,* Menschliche Kommunikation, Bern 2000; *Zilleßen,* Mediation, Opladen/ Wiesbaden 1998.

Vorbemerkung

„Betrachtet man die Geschichte von Politik, Gesellschaft und Kultur, dann ist festzustellen, dass radikale Brüche sehr selten sind und die jeweilige Zukunft jeweils als strukturell verlängerte Vergangenheit in Erscheinung tritt – gedanklich wie praktisch."
Barudio

Mediation hat viele Aspekte: Sie ist ein Verfahren zur Beilegung von Streitigkei- 1 ten, ein Beruf, eine persönliche Haltung und nicht zuletzt eine reformatorische Idee, die ein hochgespanntes Ziel verfolgt – das Streben nach einer anderen, einer besseren und interessengerechten Konfliktordnung. Bleibt diese Idee ohne Resonanz, wird sich Mediation weder als Profession noch als Gegenmodell zum herkömmlichen Justizwesen durchsetzen.

Damit gewinnt die Frage Interesse: Wie stehen die Chancen für die Mediations- 2 idee, hier und heute, unter den aktuellen sozialen, ökonomischen und rechtlichen Bedingungen?

Fragt man erfahrene Mediatoren, so wird man viel Ermutigendes hören. Wer als Mittler einmal Erfolg hat, wird immer wieder gefragt und bekommt sichtlich den Eindruck, dass Mediation inzwischen anerkannt und ein begehrtes Verfahren ist[1]. Nichts kann offenbar besser von den Vorzügen der Mediation überzeugen, als die

---

[1] So zumindest äußern sich in persönlichen Gesprächen z. B.: *Dr. Frank Schmidt,* Rechtsanwalt aus Nürnberg, oder *Hansjörg Schwartz,* Dipl.-Psych. und Mediator mit eigenem Mediationsbüro aus Oldenburg, beide seit geraumer Zeit ausschließlich als Mediatoren tätig. Vgl. zu der optimistischen Grundeinschätzung aber auch *Proksch* KON:SENS 1999, 174.

Zeugen gelungener Verfahren. Wer jedoch ohne Referenzen und förderliche Kontakte versucht, einer gewöhnlichen Streitpartei die Vorteile einer Mediation zu vermitteln, bekommt zwangsläufig den Eindruck, dass die alten Konfliktmuster viel hartnäckiger sind, als die Reformer hoffen, und die große Zeit der sogenannten neuen Streitkultur noch nicht angebrochen ist[2].

3   Das uneinheitliche Bild, das man durch Gespräche mit einzelnen Praktikern gewinnt, setzt sich fort, wenn man die rechtpolitische Entwicklung betrachtet. Einzelne Initiativen machen Hoffnung und verweisen auf ein förderliches Klima[3]; ein Durchbruch im Sinne eindeutiger Akzeptanz und Etablierung durch den Gesetzgeber ist jedoch bislang nicht zu erkennen[4]. Die einzigen Bereiche, in denen ein Trend zur Mediation auffällig und zahlenmäßig belegbar sein wird, sind die Märkte Ausbildung[5] und Buchhandel mit wissenschaftlicher und anwendungsbezogener Literatur[6]. Ob diese Erscheinungen sichere Vorboten des Umbruchs oder nur Zeichen eines vorübergehenden intellektuellen und kommerziellen Interesses sind, lässt sich nicht ohne weiteres beurteilen[7].

4   Angesichts dieser Ungewissheit, die den derzeitigen Stand der Mediation in Deutschland kennzeichnet, scheint es angebracht, die Chancen des Verfahrens einer eingehenden Analyse zu unterziehen. Die folgenden Überlegungen konzentrieren sich dabei auf folgende Frage: Welche Aussichten gibt es für die Mediation, sich in unserem Rechtssystem zu behaupten?

5   Grundlage der Betrachtung sind Beobachtungen und Einschätzungen aus einer vorwiegend **system- und rechstheoretischen Perspektive**. Im Zentrum der Überlegungen wird die Frage stehen, wie sich Mediation im Verhältnis zum derzeit herrschenden justizorientierten Rechtssystem behaupten können wird.

---

[2] Dieses Bild entnimmt man vielen Erfahrungsberichten der Teilnehmer des weiterbildenden Studiums Mediation an der FernUniversität Hagen, die sich bemühen, für die geforderten Falldokumentationen Medianten zu gewinnen.

[3] Vgl. im Bereich der Zivilgerichtsbarkeit § 15 a EGZPO mit den entsprechenden Ausführungsgesetzen in Baden-Württemberg, Bayern, Hessen, Nordrhein-Westfalen, dazu § 33 und die im Zivilprozessreformgesetz vorgesehene Änderung bzw. Ergänzung des § 278 Abs. 5; im verwaltungsrechtlichen Bereich vgl. u. a. die Einführung des § 4b BauGB im Jahre 1998, den geplanten § 89 UGB sowie die §§ 5 ff. UVPG; im Strafrecht erfolgte eine Etablierung bereits durch die am 1. 12. 1994 erfolgte Einfügung eines § 46 a in das Strafgesetzbuch (StGB) und durch die Einführung des Gesetzes zur verfahrensrechtlichen Verankerung des TOA vom 20. 12. 1999. Des Weiteren intensivierten auch Landesjustizverwaltungen ihre Anstrengungen, den Täter-Opfer-Ausgleich durch Verwaltungsvorschriften einerseits und durch Fortbildungsmaßnahmen für Mitarbeiter der Sozialen Dienste der Justiz andererseits abzusichern. Neueste Entwicklung im Bereich der Berufshaftpflicht ist ein Angebot der Deutschen Gesellschaft für Mediation e. V. (DGM) in Hagen, die zusammen mit einer großen Versicherung eine reine Mediatorenberufshaftpflichtversicherung anbietet.

[4] Hierzu z. B. die Kritik die Rüssel NJW 2000, 2800 ff. und bei § 33.

[5] Dazu §16; eine Suche nach dem Begriff „Mediationsausbildung" mit einer herkömmlichen Suchmaschine im Internet am 20. Mai 2001 ergab allein 160 Eintragungen. Einen Überblick über die verschiedenen Ausbildungsangebote gibt auch Duve, S. 174 ff.

[6] 23 Neuerscheinungen aus den Jahren 2000–2001 von 46 zum Thema „Mediation" mit der Suchmaschine von bol.de gefundenen Büchern lassen dies eindrücklich erscheinen. Aufsätze und Zeitschriftenbeiträge haben bei dieser Auswertung keine Berücksichtigung gefunden. Zum Boom dieser Branche auch Strempel, S. 461 ff.

[7] Zwar gibt es empirische Untersuchungen über die Erfolgswahrscheinlichkeit von Mediationsverfahren, es fehlt jedoch bislang eine vergleichende Studie, die verlässliche Prognosen für die bleibende befriedende Wirkung des Verfahren erlaubten. Gibt es weniger Auseinandersetzungen, weniger Folgeprozesse zwischen den Parteien einer Mediation?

I. Rivalität mit einem justizzentrierten Recht

Das deutsche Rechtswesen braucht keine Vergleiche zu scheuen. Gesetzgebung, 6
Rechtsprechung und staatliche Verwaltung genügen nach allgemeinem Eindruck
den rechtsstaatlichen Standards, ja übertreffen sie vielfach[8]. Die Justiz erfreut sich
großen Zulaufs; Gerechtigkeitsbedenken erregen fast immer nur Einzelfälle[9]. Insgesamt dürften die Entscheidungen der Gerichte für gerecht und rechtmäßig gehalten
werden.

1. Recht und Zivilfrieden

Der Beitrag unseres Rechtswesens zur Beendung, Milderung und Vermeidung 7
von Konflikten kann also hoch genug geschätzt werden. Das Verhalten im Nor-
menstaat verläuft in abgezirkelten Freiräumen, die von vornherein Interessenkollisionen auszuschließen oder umzulenken versuchen[10]. Bei Auseinandersetzungen bietet das Recht eine Palette präformierter Lösungen, die von den Streitenden als
Befriedungsschema genutzt werden und ihnen den Gang zum Anwalt oder Gericht
ersparen[11]. Das Wissen um die Allgegenwart der Maschinerie Recht hält zu Fried-
fertigkeit an. Wer einen Konflikt eskalieren lässt, gerät vorhersehbar ab einer gewissen Intensität in Zonen, wo er unangenehme Systemreaktionen in sein Kalkül
einbeziehen muss. Die Entscheidung für rechtsuntreues Verhalten fällt letztlich immer vor dem Hintergrund, dass Unrecht generell verfolgt wird und Rechtsentschei-
de auch vollstreckt werden können[12].

Herrschte statt dessen eine Konfliktordnung, die – man wage die Vorstellung – 8
ausschließlich privat und konkret zwischen den Betroffenen ausgehandelt würde,
müsste man auf diese Sicherheiten verzichten. Gäbe es kein anderes Konfliktbewäl-
tigungsverfahren als das der Mediation, und zwar eine Mediation auf der Basis der
Freiwilligkeit und einvernehmlichen Selbstbestimmtheit, so entfielen fast alle **frie-
densstiftenden Errungenschaften des Rechtsstaats**: Die gemeinsame rechtsmaterielle
Normenwelt, die generalisierende Konfliktlösungspraxis, die rechtsprechenden und

---

[8] International wie intertemporär eindrucksvoll insbesondere die Verwirklichung des Prinzips der
Gesetzesbindung und der justiziellen Kontrolldichte, die Wahrung von Rechtsfrieden und Rechtssicherheit, der Zugang zu Gericht und die Instanzenzüge.
[9] Besonders in mediengeeigneten Strafverfahren, z.B. wie in dem Strafverfahren *Böttcher/Weimar*
tritt diese Problematik öfter auf. Das BVerfG geriet nur wenige Male ins Kreuzfeuer; vgl. dazu z.B.
den Beschluss des Ersten Senats vom 16. Mai 1995 (1 BvR 1087/91) zu Kruzifixen und Kreuzen in
staatlichen Pflichtschulen in Bayern bzw. die Debatte zur Einführung von Ethikunterricht in Schulen (anhängig sind hier Verfahren unter den Aktenzeichen 1 BvF 1/96; 1 BvR 1697/96, 1718/96,
1783/96; 1412/97) oder das Urteil zu Enteignungen in der SBZ vom 22. November 2000 (1 BvR
2307/94).
[10] So wird die Verteilung vieler besonders wichtiger Güter öffentlich-rechtlich organisiert (Sicherheit, Gesundheit, Energie, Abfall, Ausbildung), was zwar hypertrophe Bürokratien begünstigt, aber
interindividuelle Verteilungskämpfe ausschließt.
[11] Der Laie weiß um die wesentlichen Rechte und Pflichten bei Kauf und Miete, im Straßenverkehr,
im Erbfall oder bei einer Scheidung; er weiß, dass Forderungen jenseits dieser Regelungen fast immer aussichtslos sind und gibt sich mit dieser Verteilung, wenn oft auch nur zähneknirschend, in
den allermeisten Fällen zufrieden.
[12] Vgl. *Dreier*, Rechtssoziologie; *Rehbinder*, Rechtssoziologie.

rechtverwaltenden Institutionen, die verbindlichen Letztentscheidungen und hinter-
gründigen Vollstreckungsandrohungen. Binnen kurzer Zeit würden nicht mehr die
Gesetze und deren Funktionäre herrschen (**Nomokratie**), sondern andere Mächte.
Ob dies eine eher geregelte Herrschaft der militärisch, wirtschaftlich oder moralisch
Stärkeren wäre, oder ob man schlicht zurück in die Zeiten von Selbstjustiz und
Fehde fiele, übersteigt die Vorstellung – so stark ist unsere Gewöhnung an das be-
ruhigte Leben innerhalb der Mauern, die den Rechtsstaat ausmachen.

9   Dies hat **Konsequenzen** für alle alternativen Formen der Konfliktbearbeitung: Reformen werden inakzeptabel, sobald sie an den rechtsstaatlichen Garantien des
Bürgerfriedens rütteln. In seinen Kernfunktionen ist unser Rechtssystem unverzichtbar[13]. Innovative Streitbewältigung wird sich deshalb immer mit dem alten
Leviathan Recht arrangieren müssen. Mediation kann sich nur *in* oder *neben*
seinem Reich etablieren. Dies bedeutet, dass es für die Einführung von Mediation
nie die Stunde Null geben wird. Die Rückkehr in ein Paradies, frei von allem
rechtsgeprägtem Denken, ist versperrt. Das friedensspendende Ungetüm Recht
bleibt als traditionsstarker, machtbewusster, vielleicht auch neiderfüllter Rivale vor
aller Augen lebendig, sozusagen als Vergleichsmodell präsent.

10   Viele Befürworter der Mediation wird diese Vorstellung nicht schrecken. Natürlich, sagt man, anders hätte man es sich nie gedacht: „Mediation will das Recht ergänzen, aber nicht ersetzen" – so heisst der Wahlspruch, mit dem man die konkur-
renzunwilligen Agenten des alten Systems zu beruhigen pflegt. Insgeheim hoffen
freilich viele Reformer, dass diese „Ergänzung" des Rechts der Justiz eine bedeutende Menge von Konflikten endgültig entziehen wird. Fälle, die der Mediator gelöst hat, kommen nicht mehr vor Gericht. Dies korrespondiert mit der Befürchtung
der Justiz, dass ihnen durch erfolgreiche Mediationsverfahren Fälle weggenommen
werden, die sie gerne selber bearbeiten würden. Am Ende bliebe die Justiz der Con-
tainer für die hässlichen Sachen: Für die verstaubten Aktenberge, für die Querulanten, die Mörder, die Sexual- und Drogentaten[14].

2. Wettbewerb auf dem rechtsnahen „Roten Feld"

11   Die Floskel von der „**Ergänzung**" des Rechts durch die neuen Formen der Konfliktbewältigung kann also nicht verbergen, dass es zwei widerstreitende Lager
gibt[15]: Die Mediatoren und die Vertreter des Justizsystems. Zu der letztgenannten
Gruppe zählen nicht nur die Richter, sondern auch alle anderen forensisch orien-

---

[13] Unter Mediatoren wird vor allem die Auffangfunktion des Rechts gesehen, und zwar besonders
für die Fälle, in denen Mediationen scheitern, z.B. *Mähler/Mähler* KON:SENS 1999, 202: Das
Konsenssystem braucht das Rechtssystem als „Rettungsnetz".
[14] Eine Analyse der Befindlichkeiten innerhalb der Justiz erfolgt im Rahmen der Forschungsarbeit
von *Belinda Steiert* (Contarini Institut für Mediation, Hagen), Implementation von Mediation im
Gerichtsbezirk Wuppertal, Frankfurt, voraus. 2002.
[15] Der Einfachheit halber beschränkt sich die vorliegende Untersuchung auf die Polarität zwischen
Justiz und der hier interessierenden Form alternativer Konfliktbewältigung, der Mediation. Dabei wird nicht verkannt, dass es auch andere, wichtige Verfahren neben dem Rechtsweg gibt,
wie z.B. die Arbeit von Schiedsgerichten, Schiedsleuten, Schlichtungsstellen, Gutachterausschüs-
sen, Ombudspersonen oder Bürgervertretern. Auch hier stellt sich die Frage ihres Verhältnisses
zum justiziellen Rechtssystem, allerdings nicht in derselben Schärfe wie bei der Mediation. Zumeist haben die genannten Verfahren bereits ihre eigene Tradition und ihre Stellung zum Recht gefunden.

tierten Berufsgruppen, auch außergerichtlich verhandelnde Anwälte, die sich auf Rechtstechniken stützen. Zwischen beiden Fraktionen herrscht ein Konkurrenzverhältnis. Entweder wird der Streit juristisch oder von einer Mediatorin oder einem Mediator erledigt. Ist die Mediation erfolgreich, entgehen dem Anwalt Gebühren oder dem Richter eine pensengünstige Streitigkeit mit Vergleichspotential. Was der einen Seite zugute kommt, verliert die andere: Die Wettbewerber betreiben im Wesentlichen ein Null-Summen-Spiel. Scheitert die Mediation, sieht die Justiz erst Recht keinen Grund zur Freude. Was ihr bleibt, ist ein um einige Knoten verkompliziertes, vergleichsresistentes Problemknäuel, dessen Entwirrung wiederum zulasten des richterlichen Pensums geht[16]. Erfolglose Mediationen sind also noch unbeliebter als erfolgreiche.

Die geschilderte Rivalität zwischen Mediatoren und Gerichten herrscht allerdings 12 nicht uneingeschränkt. Sie bezieht sich vorwiegend auf Streitigkeiten, die man als rechtsnah bezeichnen könnte. Hierbei handelt es sich um Probleme, die nach dem Verständnis der Betroffenen „rechtlicher" Art sind, das heißt: für deren Klärung aus der Sicht der Beteiligten das Recht zuständig ist und für deren Lösung die letzte Antwort bereit hält. Diese als rechtlich empfundenen Probleme werden hier als das „Rote Feld" des Konfliktmanagements bezeichnet.

3. Win-Win-Situation auf dem „Weissen Feld"

Anders stellt sich die Rivalität zwischen Justizwesen und Mediation bei den 13 rechtsferneren Problemen dar – auf dem „Weissen Feld" des Konfliktmanagements. Zum Weissen Feld zählen alle Streitigkeiten, bei deren Bewältigung zunächst niemand an rechtliche Schritte oder das Recht als Lösungsfolie denkt. Hierzu gehören Spannungen am Arbeitsplatz, in der Schule oder in Verbänden, aber auch Probleme in zunächst friedlichen, aber streitgeneigten Konstellationen wie in Erbfällen, bei der Durchführung von Bauvorhaben oder bei der Planung der Zukunft getrennter Familien[17].

Probleme im Weissen Feld bieten sich für Mediationen und mediationsähnliche 14 Verfahren an, aber stehen in keinem direkten Konkurrenzverhältnis zu den Leistungen des Justizwesens. Je mehr sich Mediatoren darauf besinnen, diesen Bereich zu erschließen, umso weniger muss die Mediationsbewegung als Ganze der Konkurrenz mit dem Justizsystems standhalten. Auf dem Weissen Feld haben Mediatoren die besten Chancen, die herrschende Friedensordnung in absehbarer Zeit frei vom Wettbewerbsdruck mit dem klassischen Justizwesen nachhaltig zu bereichern.

---

[16] Durch die „Kuchenvergrößerung" in der Mediation vermehren sich häufig die Streitpunkte, wenn es zu keiner Einigung kommt. Die Anwälte werden allerdings die damit verbundene Streitwerterhöhung begrüßen.

[17] Familienmediationen werden damit meist sowohl diesseits wie jenseits der Grenze zwischen dem sog. Roten und dem Weissen Feld liegen. Zum Roten Feld wird man die Streitfragen zählen, die gesetzlich geregelt und normalerweise vor Gericht verhandelt werden; zum Weissen Feld gehören die – oft im Kindesinteresse vergleichsweise einvernehmlich – unternommene Lebensplanung im Zusammenhang mit der Trennung und der Zukunft aller Betroffenen, die über Fragen des Unterhalts und Besuchsrechts weit hinausgehen kann.

II. Toleranz oder Abgrenzung?

15   Trotz dieser Möglichkeiten setzen sich jedoch die Verfahren alternativer Konfliktbewältigung sowohl auf dem Roten wie auch auf dem Weissen Feld nur zögerlich durch. Was sind die Gründe? Hier fallen ein struktureller und ein ökonomischer Gesichtspunkt ins Auge.

1. Der Erfolg von „falschen" Mediationsverfahren

16   Strukturell ist ein regelrechtes Dilemma auszumachen: Wer auf dem Weissen Feld, im rechtsferneren Bereich mediiert, betreibt in den Augen anderer Mediatoren selten Mediation, jedenfalls nicht **Mediation im engeren Sinne**. Wenn Vertrauenspersonen helfen, Konflikte unter Kollegen zu lösen, wenn ältere Schüler Streitigkeiten unter jüngeren schlichten, wenn innerhalb eines Vereins oder einer Partei Konsensgespräche organisiert werden, dann handelt es sich fast nie um eine **echte Mediation** – jedenfalls nach allen in der Szene diskutierten Standards[18]. Diesen Verfahren fehlt es meist an einem oder gar gleich an mehreren der unerlässlichen Begriffsmerkmale[19]. Dasselbe gilt für diejenigen Fälle, in denen professionelle Mediatoren von Arbeitgebern oder anderen Weisungsberechtigten beauftragt werden, Spannungen in der ihnen unterstellten Einheit zu lösen oder dort präventive Strukturen für die Konfliktbewältigung aufzubauen. Gleichgültig, ob eine Notarin anlässlich einer Testamentseröffnung ein konsensuelles, interessengeleitetes Verfahren durchführt, ob eine Arbeitsgruppe innerhalb einer Versicherung regelgeleitet zwischen Kunden und Konzern vermittelt oder ob ein als Mediator ausgebildeter Konfliktmanager ein Bauvorhaben von Beginn an streitvermeidend begleitet – so gut wie nie wird diese Tätigkeit vor den strengen Augen der Begriffsbestimmer als eine echte Mediation durchgehen. Legt man die Maßstäbe der Wächter zugrunde, wird man diesem Urteil zwar nur zustimmen können, allein, die Konsequenz ist klar: Eine bedeutende Menge von Einigungsverfahren wird auf diese Weise in ein begriffliches Niemandsland verwiesen. Ihr Erfolg geht der Mediationsstatistik verloren; die konsensuelle Praxis, die diese Verfahren gestalten, bleibt eine diffuse Menge von geschlichteten Streitigkeiten, ohne ein eingängiges Etikett.

17   Auf diese Weise steht auch die Öffentlichkeitsarbeit vor der Dauerfrage, woher sie das Anschauungsmaterial für eine breitenwirksame Aufklärung nehmen soll[20]. Gelungene Mediationsfälle, die allen Regeln entsprechen, sind selten. Gibt es ein-

---

[18] Fast jede organisierte Gruppe innerhalb der Mediationsbewegung bemüht sich um die Erarbeitung von Standards, die ihre Wertvorstellungen und ihr eigenes Berufsbild widerspiegeln. Einheitliche Richtlinien sind bislang nicht in Sicht. Vgl. die von einer Expertengruppe des Förderverein Umweltmediation entwickelten Standards für Umweltmediation, die Standards für Familienmediation der BAFM, die vom Bundesverband Mediation erarbeiteten Standards, die der BMWA uvm.

[19] Typische Defizite: Neutralität und Allparteilichkeit des Dritten, Freiwilligkeit und Selbstbestimmung der Parteien, Ergebnisoffenheit, zu diesen Prinzipien *Kracht,* Das Ethos des Mediators und § 15; vgl. dazu auch *Proksch* KON:SENS 1999, 300 ff.

[20] Bezeichnend ist hier z. B., dass der Förderverein für Umweltmediation am Ende seiner mehrjährigen Tätigkeit beklagen musste, dass in diesem Zeitraum kein einziges konkretes Verfahren in Deutschland stattgefunden hatte, auf das er beispielhaft verweisen konnte. Das Lehrmaterial arbeitet deshalb mit fiktiven Fällen. Anderes gilt in Österreich und in der Schweiz, wo auch bereits in diesem Bereich mit Mediationsverfahren große Erfolge erzielt werden konnten.

mal ein konkretes Beispiel, an Hand dessen ein Laie meint, er habe den Wert und Sinn von Mediation verstanden, belehrt ihn sogleich der Kenner, dass es sich gerade in diesem Fall *nicht* um Mediation gehandelt habe – sondern um einen ganz besonders üblen Fall von Begriffsschwindel. Der Gipfel der Verwirrung wird dadurch erreicht, dass es gerade diese verketzerten Verfahren sind, die von sich reden machen und die allgemeine Vorstellung von Mediation prägen.

Damit scheint unverkennbar, dass eine allzu enge, ausgrenzende Betrachtungs- 18 weise für die Mediationsbewegung von Nachteil sein kann. Je mehr Fälle von Konfliktmanagement keine echte Mediation sein sollen, desto kleiner wird der Einzugsbereich für dieses Verfahren. Die Botschaft „Mediation" wird von den Erfolgen und Entwicklungsmöglichkeiten mediationsähnlicher Verfahren im Weissen Feld abgeschnitten. Die Motive für diese Ein- und Ausgrenzungen sind freilich verständlich: Eine Idee kann sich nicht durchsetzen, wenn jeder etwas anderes darunter versteht und manches aus dieser Interpretationsvielfalt negative Assoziationen zulässt: Niemand möchte sich schlechte Beispiele und Fehlentwicklungen zurechnen lassen, die schnellen, aber nur kurzzeitigen Erfolg haben.

2. Mediation ist nur, was man selber macht?

Zugegeben: Es wäre fatal, wenn jeder Vermittler oder Verhandler, der das Be- 19 dürfnis hätte, seinen alten Wein in neue Schläuche zu gießen, plötzlich mit der Vokabel Mediation hantieren würde. Besonders unglücklich wäre es, wenn die Öffentlichkeit bei sovielen Widersprüchen überhaupt keine Vorstellung von den Vorzügen der Mediation entwickeln könnte und den Begriff vorwiegend mit verunglückten Schlichtungsversuchen in Verbindung bringen würde. Der Sieg einer Idee verlangt auch identitätsstiftende Strategien.

Dies bedeutet aber nicht, dass man Mediation randscharf definieren und eifer- 20 süchtig bewachen müsste, um diesen Begriff zu etablieren. Trotzdem trifft man in der Mediationsszene, die auf Grund ihrer Ausbildung eigentlich begriffsskeptischer sein müsste, oft auf den Glauben, dass Mediation nur dann eine Chance hat, wenn sich alle auf einen eindeutigen Wortsinn, dieselben Merkmale und Standards geeinigt hätten und dieses semantische Kristall dann einstimmig präsentierten. Abgesehen davon, dass ein solches Unterfangen utopisch ist – ein Begriff klärt sich nie theoretisch, sondern erst durch den vielfältigen Umgang mit ihm, durch Aktion, nicht durch Kontemplation[21] – dürfte aus allen Feldern der Öffentlichkeitsarbeit bekannt sein, dass nicht die präzise Begrifflichkeit, sondern vor allem die Stimmigkeit der transportierten Emotionen, Atmosphären und Interessen für die Durchsetzung eines Topos bestimmend sind. Um Menschen auf die Idee zu bringen, ihre Streitigkeiten anders als gewohnt, nämlich einvernehmlich und selbstbestimmt, und nicht durch Richterspruch entscheiden zu lassen, benötigt man keine ausgefeilten einheitlichen Prinzipienkataloge oder gar einheitliche Verfahrens-, Ausbildungs- und Standesordnungen. So drängt sich manchmal der Verdacht auf, dass es den Akteuren weniger an der präzisen Definition, als an einer ihrer Erwerbssparte günstigen Ausgrenzung gelegen ist.

---

[21] *Arendt*, Vita activa, insbes. S. 20 ff. m. w. N.

21   Natürlich sind diese Interessen verständlich; in ihrer Summe unterstützen sie jedoch einen destruktiven Kurs, der nicht nur den einheitlichen Auftritt nach aussen verhindert, sondern auch die Erschließung eines offenen Areals und die Zurechnung manchen Erfolgs professioneller Friedensstiftung.

3. Profilierung nur im justiznahen Bereich wichtig

22   Die Frage nach dem einzig richtigen Mediationsverständnis stellt sich aber nicht nur in Bezug auf das Konfliktmanagement im Weissen Feld. Auch im **Roten Feld,** im Bereich der rechtsnäheren Mediation, bindet die interne Auseinandersetzung um Standards, Definitionen und Identifikationen viele Energien; hier allerdings wohl mit weniger Schaden für die Aussenwirkung der Mediationsidee im Ganzen. Ein allzu striktes Mediationsverständnis im rechtsnahen Bereich würde die Anwendungsmöglichkeiten von Mediation nicht so sehr beschneiden, wie das beim Konfliktmanagement im Weissen Feld zu befürchten ist. Vielmehr scheint es so, dass es bei Mediationen im Roten Feld viel leichter ist, mit den Streitbeteiligten ein Verfahren durchzuführen, das den Prinzipien und Standards, und damit einer Mediation im strengen Wortsinn entspricht. Je gerichtsnäher ein Konflikt den Beteiligten erscheint, umso eher fügt er sich in das formalisierte Verfahren der Mediation. Während es bei einem Konflikt im Weissen Feld, etwa unter Mitarbeitern, Lehrern und Eltern oder Vereinsmitgliedern oft schwierig ist, die Beteiligten von einem geordneten Prozedere unter der Leitung eines Aussenstehenden zu überzeugen – aber der Weg zu einem weniger formellen Konfliktmanagement leicht zu ebnen wäre –, sind Parteien, die sich schon auf der Schwelle des Gerichtssaals sehen, sichtlich eher geneigt, ihre Angelegenheit vor einem neutralen Dritten auszubreiten und sich dessen Verfahrensmacht zu beugen.

23   Dies zeigt im Übrigen, dass zwischen **Mediation und institutionalisiertem Recht** ein spürbares Näheverhältnis herrscht. Weniger die urdemokratische Nachbarschaftsversammlung, die nach einer verbreiteten Auffassung die Wurzel der Mediation sein soll[22], als die – jedenfalls in Deutschland – über tausend Jahre gehegte Anschauung vom gütlichen Verhandeln unter der Leitung eines weisen Dritten scheint Streitende dazu zu verleiten, es doch einmal mit einer Mediation zu versuchen.

24   Dies bedeutet, dass sich für die „echten", von allen Gruppierungen anerkannten Mediationsverfahren im Roten Feld, jedenfalls in dessen Zentrum, viele Anwendungsmöglichkeiten bieten. Die Ausgrenzung von „unechter", nur mediationsähnlicher Konfliktlösung wäre hier also nicht so folgenreich wie auf dem Weissen Feld.

25   Schließlich gibt es noch einen weiteren Gesichtspunkt, weshalb man im Roten Feld gegenüber Verfahren, die nicht in allen Punkten den Mediationsregeln entsprechen, weniger Toleranz zeigen müsste als im Weissen Feld. Denn: Die definitorischen Abgrenzungen der Mediation werden ideenstrategisch umso sinnvoller, je justiznäher das fragliche Konfliktmanagement angelegt ist. Wer bei einem Schiedsverfahren oder einem Gerichtsvergleich, also im Mittelpunkt des Roten Feldes, auf die Unterschiede zur Mediation aufmerksam macht, profiliert die neue Form der

---

[22] Vgl. zur Geschichte der Mediation in den USA. u. a. *Besemer,* Mediation in der Praxis; *Gottwald,* S. 185 ff.; zur Verbreitung der Mediation durch Gemeinwesen insgesamt: *Metzger,* ZKM 2000, 174 ff.

Streitbeilegung im Verhältnis zu ihrem einzigen ernst zu nehmenden Rivalen, dem Justizwesen. Diese Kontrastierung scheint nicht nur im Eigeninteresse zu liegen, sondern auch im Sinne der notwendigen Identifizierung der Idee. Wer hingegen auf dem Weissen Feld – beispielsweise bei der betriebs- oder verbandsinternen Streitbeilegung – einem Verfahren die Bezeichnung Mediation streitig macht, wendet sich nicht gegen die Verwechslung mit juristischen Verfahren, sondern meist nur gegen Berufskonkurrenten und schadet damit der Mediationsbewegung insgesamt.

Dies leitet zu folgendem **Zwischenergebnis:** Sobald man nicht nur Gruppen- und 26 Berufsinteressen, sondern die größere Idee einer neuen Konfliktordnung im Auge hat, scheint grundsätzlich ein toleranter Umgang mit dem Mediationsbegriff angebracht. Begriffliche Profilierung sollte allenfalls dort erfolgen, wo es wirklich notwendig wird: An der Grenze zu der überkommenen, tief verwurzelten Form der Konfliktbewältigung, dem justiziellen Entscheiden.

III. Warum ist Recht so attraktiv?

Die bisherigen Überlegungen haben für denjenigen, der es gewohnt ist, sich mehr 27 mit Mediation als mit Rechtstheorie zu beschäftigen, in einer vielleicht befremdlichen Weise die Beziehungen zwischen dem rechtsstaatlichen Justizsystem und den neuen Formen des Konfliktmanagements herausgestellt. Die Metaphern vom Roten und Weissen Feld, die an den Grad der subjektiven Gerichtsnähe anknüpfen, zeugen genauso von dieser Fokussierung wie die fortlaufende Betonung der Kollisionsmöglichkeiten von justizieller und mediativer Konfliktbearbeitung. Warum, so kann man deshalb fragen, muss man sich bei der Analyse der Chancen der Mediationsbewegung derart intensiv auf die überkommene Juristerei beziehen?

1. Im Sog des Justizsystems

Diesem Ansatz stehen jedenfalls alle Vorstellungen entgegen, nach denen sich 28 Mediation auf einem eigenen, gleichsam unbestellten Areal entwickelt. Wer etwas unabhängig Neues propagiert, sieht wenig Notwendigkeit, es mit Hergebrachtem in Beziehung zu setzen.

Wer aber glaubt an die institutionelle Unabhängigkeit und Neuheit mediativen 29 Verhandelns? Hier gibt es im Wesentlichen zwei Begründungslinien:
– Die einen, zumeist sozial- oder politikwissenschaftlich gebildet, sehen Mediation als Ausdruck eines konsensuellen, partizipatorischen Prozesses. Diesen vermutet man vor allem in urdemokratisch organisierten Gruppen, z. B. in nachbarschaftlichen Interessenzellen. Diese als Vorbild gedachten Partizipationsverbände sind freilich Einzelerscheinungen: lokale Phänomene, die meist nur vorübergehend durch eine äussere Bedrohung zusammengehalten werden. Sieht man also hier die Wurzel der heutigen Mediationsverfahren, wäre diese mehr oder weniger idealer Natur.
– Für andere, die typischerweise im Bereich der Psychologie oder Pädagogik bewandert sind, ist Mediation zumeist eine besondere Entwicklung von kommunikativen therapeutischen Ansätzen, die aus ihren Fächern heraus zu einem genera-

lisierbaren Modell der Konfliktbearbeitung in die Sozialdimension transformiert wurden[23].

30   Wer eine dieser beiden Anschauungen ungetrübt vertritt, schenkt der Verflechtung von Mediation und Rechtswesen nur wenig Aufmerksamkeit. In seiner Wahrnehmung ist die Juristerei oft nur als marginale Störgröße präsent, sei es in Gestalt einer öffentlichen Verwaltung, die am partizipationswilligen Bürger vorbei ihre Planungsinteressen durchsetzt[24] oder in der Person von starren Staatsanwälten, die einem Täter-Opfer-Ausgleich im Wege stehen[25].

31   Anders sehen es juristisch vorgebildete Mediatoren[26]. Sie spüren die Allgegenwart des Rechts, seiner Institutionen und Agenten, die über Jahrhunderte das staatlich verwaltete Monopol effizienter, expliziter Konfliktbeendigung inne hatten. Je mehr sie mit der historischen und ideellen Entwicklung des Rechtssystems vertraut sind, umso gewaltiger schätzen sie dessen Macht und Beharrungsvermögen ein. Dem Glauben an einen Neuanfang ausserhalb der Rechtsdomäne begegnen sie mit Skepsis. Wenn sie an einer Entstehungslegende der Mediation spinnen, ist diese weder rein basisdemokratisch noch therapeutisch, sondern ein Kompilat, bei dem – gerne unter dem Schlagwort **„Harvard Konzept"** – verschiedenste Gesichtspunkte produktiven Verhandels aus unterschiedlichen Epochen und Ideenkreisen in einer rechtsnahen Zone zusammenfließen[27].

32   Auch ihnen ist natürlich eine durch ihre Bildungsbiographie geleitete Sicht der Dinge zu unterstellen; jedoch scheint einiges dafür zu sprechen, den Einfluss der etablierten Rechtsstrukturen auf die neuen Formen der Streitbewältigung nicht zu unterschätzen.

2. Die rhetorischen Techniken des Rechts als Quelle seines Erfolges

33   Bislang wurden lediglich zwei Aspekte angesprochen, die nahelegen, die Chancen von Mediation auch mit Rücksicht auf die Beharrlichkeit des justizorientierten Rechtssystems auszuloten. (1) Hierzu gehört, wie eingangs dargelegt, die **Unentbehrlichkeit des herkömmlichen Rechtswesens** in seiner Eigenschaft als Friedensgarant, woraus die Notwendigkeit folgt, dass alte und etwaige neuen Formen der Konfliktbewältigung koexistieren und konkurrieren müssen. (2) Angedeutet wurde auch die herrschende Auffassung, dass die Justizorientierung unseres Konfliktverhaltens durch eine über Jahrhunderte **respektierte Tradition** gestützt wird, also durch gewachsene, anerkannte Institutionen und Ämter, Bilder und Ideen, generationslange Gewöhnung und eingeschliffene Muster wirtschaftlichen Erwerbs und sozialen Prestiges[28]. (3) Hinzu kommt jedoch noch ein weiterer Punkt, der deutlich macht, warum die Nähe zum Recht für Mediation im justiznahen Bereich (Rotes Feld) zu einem Überlebensproblem werden könnte:

---

[23] § 22; vgl. zur Herkunft der Mediation §§ 4, 6.
[24] Zu diesem Problem u.a.: *Gaßner/Holznagel/Lahl*, Mediation, S. 7 f.; *Runkel*, S. 38 ff.; *Zilleßen* Mediation S. 48 ff.
[25] Dazu die plastische Skizze von *Watzke* S. 79 ff.
[26] Hierzu kann man nicht unbedingt diejenigen Juristen zählen, die in harter Arbeit versucht haben, sich ihre juristische (De-)Formation abzutrainieren.
[27] In diesem undogmatischen Sinne beziehen sich z. B. auf das Havardkonzept *Haft* § 2 Rdnr. 2; *Hehn*, S. 9 ff.; *Runkel*, S. 61 ff.
[28] Ein Blick auf die Vergangenheit und Gegenwart der katholischen Kirche zeigt, wie nachhaltig diese Strukturen über Phasen der ideellen und emotionalen Entleerung hinweghelfen können.

Das Rechtswesen überzeugt seit seinen antiken Anfängen durch eine bedeutende 34
rhetorische Formationsleistung. Diffuse, vielfach eingebundene und emotionalisierte Konflikte mit Eskalationstendenz werden in eine abstrakte, polarisierende Begrifflichkeit überführt, die mit der individuellen Welt der Streitenden nur noch wenig gemein hat. Der Streit wird zu einem konstruierten Fall, der innerhalb eines vorgeschriebenen Verfahrens lediglich in einer neuen, allein den Kennern zugänglichen Dimension (der Matrix des Rechts) existiert und ausschließlich in bestimmten Denkschritten bearbeitet werden darf. Auf diese Weise gelingt dem Rechtsagenten, ideal in der Gestalt des gesetzesanwendenden Richters, eine sachliche und generalisierende und damit auch gleiche und gleichmäßige Behandlung von Konflikten[29].

Diese Technik kam im Laufe der Jahrhunderte den verschiedensten **Entwick-** 35
lungsimpulsen entgegen: Der reformatorischen Zentralisierung und Bürokratisierung von Staatlichkeit, der Idee der Rechtsgleichheit und Demokratie, dem verlässlichen Transfer wirtschaftlicher Güter, dem Glauben an die Technisierung und Szientifizierung menschlichen Verhaltens, der Organisation von Massengesellschaften und schließlich der Internationalisierung und Globalisierung. Den Gegenbewegungen, die sich innerhalb und am Rande der Jurisprudenz in den letzten beiden Jahrhunderten formierten und für eine stärkere Konkretisierung und Relativierung des Rechts stimmten[30], bleibt bislang eine tiefgreifende Wirkung versagt. Nach kurzen Phasen der Begeisterung für Begriffe wie Einzelfallgerechtigkeit, Rechtsgefühl, Interessenjurisprudenz, Güteverfahren oder Volksrecht[31] gewann doch stets das Bedürfnis nach einer technoiden, distanzierten Konfliktbehandlung im Medium generalisierender Versachlichung überhand. Zwar ist die Folgenlosigkeit „konkreten Rechtsdenkens" im letzten halben Jahrhundert nicht von der diskreditierenden Wirkung der Inanspruchnahme seiner Begriffe durch den Nationalsozialismus zu trennen; dennoch bleibt der Befund, dass der Berufsjurist mit seiner verallgemeinernden Sachlichkeitsrhetorik in erstaunlicher Anpassungsfähigkeit als Begleiter oder gar Wegbereiter des zukunftsträchtigen Wandels immer wieder Oberhand gewann.

Dies könnte natürlich allein mit der Unentbehrlichkeit des Rechtswesens in sei- 36
nen befriedenden Systemfunktionen (oben 1) oder der traditionellen Autorität eines Rechts diesen Stils (oben 2) zusammenhängen; es könnte jedoch auch einen – für die Durchsetzung von Mediation fatalen – Grund haben: Einem seit der Neuzeit ungebrochenen Bedürfnis der Betroffenen nach genau *dieser* rechtsdogmatisch generalisierenden, neutralen Art des Konfliktmanagements.

3. Delegation von Konfliktregelung: Angenehme Routine

Im Sinne einer illusionsfreien Analyse scheint deshalb die Frage unumgänglich: 37
Was ist, wenn die Parteien gar nicht wollen, was man ihnen mit dem neuen Verfahren nahebringen möchte? Was ist, wenn auch nach aller Aufklärung die Vorzüge

---

[29] Im Einzelnen: *Sobota*, Sachlichkeit, Rhetorische Kunst der Juristen, passim.
[30] Zu beiden Tendenzen unter den Metaphern „die kalte und die heiße Quelle des Rechtsstaatsgedankens" *Sobota*, Das Prinzip Rechtsstaat, S. 266 ff.
[31] Die Gegenüberstellung von Juristenrecht und nicht-generalisierenden Güteverfahren eindringlich bei *Gustav Radbruch*, Das Güteverfahren und das deutsche Rechtsgefühl, in: Kaufmann (Hg.) Radbruch – Gesamtausgabe, Bd. 1, Rechtsphilosophie I, Heidelberg 1987.

der Mediation lediglich für die Mediatoren greifbar sind – nicht aber für die Streitenden? Was ist, wenn die Parteien nicht Herr über ihren Konflikt bleiben wollen?
Wenn sie gute Gründe dafür haben, diese Verantwortung ab einem gewissen Stadium der Konflikteskalation abzugeben? Wenn sie die Vorstellung leitet, dass sie mit
ihrer eigenen Kompetenz am Ende sind und das Problem bei einem anerkannten
Experten wie einem Richter besser aufgehoben ist? Was ist, wenn sie ihren Streitfall
in der beherrschbaren Isolation und Restriktion belassen wollen, zu der er auf der
Matrix der klassischen Jurisprudenz deformiert wird? Wenn ihnen die kontrollierte
und delegierte Form der Konfliktbearbeitung angenehmer ist, als das persönliche,
wahrhaftigere Verhandeln mit dem Gegner? Wenn sie es gar nicht schätzen, dass
sich die Diskussion plötzlich ausweitet und vielleicht auf andere Anliegen als den
aktuellen Streit erstrecken kann? Was ist, wenn der partizipationswillige, lösungsin-
teressierte Bürger nur Ausdruck eines Wunschdenkens ist, die wirklichen Menschen
aber in der Mehrzahl der Fälle weder Zeit noch Lust haben, an den Angelegenheiten seines Umfelds mitzuwirken[32]?

38   Auf derart provozierende Fragen pflegt in der akademischen Sphäre die unwei-
gerliche Antwort zu folgen: Hier wird man wohl differenzieren müssen. Wie sich
schon aus dem Zusammenhang ergibt, trifft die angeführte Skepsis ausschließlich
die Mediation im Roten Feld, also im rechtsnahen Bereich. Auf dem Weissen Feld
des Konfliktmanagements findet sich schon definitionsgemäß kaum ein Anhaltspunkt
für den Verdacht, die Beteiligten würden – auch im Zustand voller Informiertheit
und Gewöhnung an alternative Verfahren – die juristische Problembearbeitung
ihren eigenen Versuchen vorziehen. Wird ein Konflikt als rechtsfern empfunden,
dürfte kaum jemand das Bedürfnis haben, ihn durch einen mit Entscheidungskompetenz ausgestatteten Dritten generalisierend lösen zu lassen. Das Problem, so wird
es fast jeder Betroffene empfinden, sollte doch besser „unter uns", „in der Familie"
oder „im Kollegenkreis" bleiben und dort ohne deutliche Aussengeräusche gelöst
werden. Genauso selbstverständlich ist, dass sich die Beteiligten diese Lösung konkret und interessengerecht vorstellen; den Maßstab des kategorischen Imperativs
(die Entscheidung müsste dazu taugen, zum Gesetz aller zu werden) würde niemand
einfordern.

39   Findet der Streit dagegen auf dem Roten Feld statt, dürfte eine andere Einstellung
vorherrschen. Am deutlichsten wird dies in der Konstellation, in der eine Partei ein
Präjudiz erstreiten möchte. Nach wohl allen diskutierten Standards sollte man diesen Fall unumwunden den Gerichten überlassen; er gilt als **nicht mediationsgeeignet.** Wird der Wunsch nach Abstraktion und Generalisierung also von den Beteiligten ausdrücklich geäußert, halten auch die Mediationsexperten ein vermittelndes
Verfahren für ungeeignet. Ausgeblendet wird dagegen, wenn die Betroffenen eine
Mediation aus anderen Gründen nicht akzeptieren: Weil man einem Anwalt oder
Gericht mehr Kompetenz zubilligt als einer Mediatorin, die in freundlichen, blu-
mengeschmückten Räumen praktiziert; weil man sich nicht länger selber mit der
Angelegenheit befassen möchte, weil man sie delegieren will; weil einem die **persönliche Konfrontation mit dem Gegner unangenehm** ist; weil man sich eine abge-
zirkelte, sachliche Behandlung des Falls wünscht, und nicht Gefahr laufen will, dass

---

[32] Außer vielleicht – in Instrumentalisierung aller rechtlichen und außerrechtlichen Beteiligungsformen –, wenn es darum geht, Maßnahmen zu verhindern, die ihn direkt belasten.

plötzlich das gesamte eigene Leben mit allen Gefühlen und Wünschen zur Debatte steht.

IV. Von den Erfolgen des Rechtssystems lernen

In der mediationsinternen Debatte werden diese Bedenken und Empfindlichkei-   40
ten nicht mit der notwendigen Vorbehaltslosigkeit thematisiert. Vielmehr wird unterstellt, dass jede Streitpartei, wenn sie nur hinreichend über die Vorzüge der Mediation Bescheid weiß, sich für dieses Verfahren entscheiden wird. Ob der Fall dann
letztendlich bei einem Mediator bleibt oder zu Gericht geht, macht man nicht von
den Wünschen der Parteien abhängig, sondern in Anwendung der „Lehre über die
Mediationsgeeignetheit eines Streites". Dieser Ansatz versucht, abstrakt-generelle
Kriterien zusammenzustellen, die der Theorie und der bisherigen Erfahrung nach
den Erfolg oder Misserfolg einer Mediation indizieren[33].

1. Nicht auf den besseren Menschen warten

So begrüßenswert diese Klassifikationsversuche sind, so einseitig wäre es, allein   41
auf deren Grundlage das Verteilungsproblem Mediation versus Justiz zu betrachten.
Denn was dieser Ansatz ausblendet, ist die unliebsame Tatsache, dass viele Parteien
in ihrem konkreten Streit eben die spezifischen Systemleistungen der Justiz höher
schätzen als die der Mediation, und zwar nicht nur explizit, wie in dem anerkannten Fall des Präjudizstrebens, sondern auch implizit infolge persönlicher Vorlieben
oder organisatorischer Gewohnheiten und Zwänge.

Dies führt dazu, dass der Wunsch der Parteien nach einem anderen Konfliktbear-   42
beitungsmodus als dem, der in der Mediation anerkannt ist, also das Bedürfnis
nach Delegation, Problemisolation und Anonymität, im Wahrnehmungshorizont
der Mediationsszene keinen Platz hat[34], sondern allenfalls als lästiger, reaktionärer
Widerstand gegen den Weg zum eigenen Glück verbucht wird. Dahinter steht vielfach eine erzieherische Absicht, der wiederum ein idealisiertes Menschenbild
zugrunde liegt: Der neue, bessere Mensch *soll* eben so beschaffen sein, dass er für
sich jede distanzierte, fremdbestimmte Art justizieller Problemlösung ablehnt[35].
Wenn er „noch nicht soweit ist", liegt dies allein am Informationsdefizit: Man hat
ihn noch nicht genug aufgeklärt. Hätten alle Menschen den richtigen Kenntnisstand, riefe keiner mehr nach dem Richter – ausgenommen in den „objektiv" medi-
ationsungeeigneten Fällen.

---

[33] *Duve*, Eignungskriterien, S. 127 ff.; *Eidenmüller*, Verhandlungsmanagement, S. 63 f.; zum Einsatz
von Familienmediation bei Gewalt in Paarbeziehungen vgl. *Gläßer*, ZKM 2000, 206 ff.; dezidierte
Zusammenstellungen dazu bislang lediglich in der amerikanischen Literatur: *Beer/Stief*, S. 16 ff.;
Bennett /Hermann, S. 10 ff.
[34] So sehen *Mähler/Mähler* gerade in der Überwindung des „rechtlichen Delegationssystems" das
Kennzeichen von Mediation, s. Fn. 13.
[35] Beispielhaft hier eine Aussage zum Menschenbild der Mediation von *Proksch* KON:SENS 1999,
303: „Philosophisch konsequent und widerspruchsfrei lassen sich Wesen, Grundannahmen und
Ziele von Mediation, orientiert am Menschenbild des Grundgesetzes, am besten aus dem Wertesystem des Existenzialismus ableiten, wie es vor allem von Sören Kierkegaard, Karl Jaspers, Martin
Heidegger, Jean-Paul Sartre und Martin Buber dargestellt worden ist."

43   Natürlich ist es wichtig und unverzichtbar, über die Vorzüge der Mediation aufzuklären und auf diese Weise langfristig auch auf eine Änderung im sozialen Konfliktverhalten hinzuwirken. Wenn daraus aber pädagogische Mission oder gar gut gemeinter Zwang wird, tut man anderen Gewalt an und stellt sich in Widerspruch zu den wichtigsten Prinzipien der Mediation. Schlimmer noch: Ein Mediator, der während der Verhandlungen gezielten Druck ausübt, um die Parteien zu einem selbständigeren Agieren zu nötigen, verstrickt seine Medianten in eine lähmende, paradoxe Verhaltensaufforderung. Er zwingt sie in die Ungezwungenheit: „Sei autonom!", also: „Lass dich von mir dazu leiten, dich nicht leiten zu lassen!". Derartige Mitteilungen haben bekanntlich zur Folge, dass der Angesprochene bei jeder denkbaren Reaktion das Gefühl bekommt, sich verkehrt zu verhalten[36].

44   Wer sich einem einfühlenden Umgang mit Konfliktbeteiligten verschrieben hat, sollte die Menschen nehmen wie sie sind. Wenn sie das Autonomieangebot einer orthodoxen Mediation überfordert, sollte man das akzeptieren. Mit etwas Phantasie lassen sich viele Möglichkeiten finden, den Streitparteien in ihrem Bedürfnis nach Orientierung entgegenzukommen[37]. Die Mediationsbewegung behindert sich selber, wenn sie sich in ihrer Wahrnehmung von einem unrealistischen, normativen Menschenbild[38] leiten lässt. Sie wird im Wettbewerb mit den herkömmlichen Formen der Konfliktbearbeitung nur Fuß fassen, wenn sie sich mit dem Menschen abfindet, den sie vorfindet. Sucht man nach Vorbildern für derartige Illusionslosigkeit, braucht man nur einen Blick auf das erfolgreiche Konkurrenzunternehmen zu werfen: die Justiz.

2. Mediation zwischen Bedürfnisorientierung und Profilverlust

45   Realismus und Bedarfsorientierung schließen nicht aus, dass man durch eine informative Öffentlichkeitsarbeit zu einer Änderung von eingeschliffenen Verhaltensmustern beiträgt. Dies gelingt auch ohne erzieherischen Impuls, wenn man sich darauf beschränkt, Mediation als alternative Form der Streitbeilegung bekannt zu machen und ihre Qualitäten anschaulich in den Vordergrund zu stellen. Was ein Gericht ist, weiss jedes Kind; was Mediation ist, nur eine Hand voll Fachleute. Zu der introvertierten Sicht der Mediationsszene gehört, dass sich viele ihrer Mitglieder das Ausmaß dieses **Informationsdefizits** nicht vorstellen können. Mancher Streitbeteiligte würde seine Vorliebe für den Justizstil überdenken, wenn ihm Mediation als Erfolgspraxis so deutlich vor Augen stünde, wie das Gerichtsgebäude in seiner Stadt. Wie schon hervorgehoben: Tradition und Institutionalisierung verschaffen dem Rechtswesen einen Anerkennungsvorsprung, der kaum einzuholen ist. Wenn eine andere Einrichtung vergleichbare Anerkennung gewinnen möchte, muss sie mit größtem Nachdruck für die Öffentlichkeit präsent werden.

46   Trotz aller Aufklärung wird es aber dabei bleiben, dass es – weit über den Wunsch nach einem Präjudiz hinaus – viele Konstellationen gibt, für welche die

---

[36] Wenn er gehorcht, ist er nicht mehr autonom, weil er gehorcht; wenn er nicht gehorcht, gehorcht er nicht der Aufforderung, autonom zu sein. Zum Problem der paradoxen Verhaltensaufforderung: *Watzlawik u.a.*, passim.

[37] Dabei steht es jedem Mediator frei, ob er den Parteien während oder nach dem Verfahren erklärt, dass und inwieweit man sich von den üblichen Regeln entfernt hat.

[38] Siehe Fn. 35.

Menschen die typisch juristische Verfahrensweise vorziehen werden. Diesem Umstand muss sich die Mediationsbewegung stellen. Der nüchternen Konfrontation sollte eine eingehende Analyse folgen, die stets zu aktualisieren und für jeden einzelnen Mediationsbereich getrennt durchzuführen wäre.

Auf diese Weise würde sich herausstellen, dass die Bedürfnisse der Klienten in je-   47 dem Anwendungsfeld etwas anders beschaffen sind. Konfliktmanagement zwischen mittelständischen Unternehmen und deren Geschäftspartnern wird nicht auf die selben Erwartungen treffen wie etwa eine geordnete Streitbeilegung innerhalb einer Familiengesellschaft oder zwischen einer Verwaltungsbehörde und protestierenden Bürgern. In allen diesen Fällen könnte es aber angeraten sein, den Bedürfnissen nach Delegation, Autorität oder Versachlichung in unterschiedlicher Form entgegenzukommen. Dabei ist nicht zu übersehen, dass ein derartiges Entgegenkommen fast immer zu einer Lockerung der Prinzipien und Standards führt, über welche die meisten Mediatoren Mediation definieren möchten. Mit einem zu orthodoxen Verständnis läuft man jedoch Gefahr, auf die Dauer große potentielle Anwendungsfelder von Mediation zu verlieren. Dies heisst nicht, dass die Mediationsbewegung alle ihre Prinzipien über Bord werfen soll, wenn es dem Klientenfang dient. Selbstverständlich muss Mediation für jedermann als ein neuartiges, eigenständiges Verfahren deutlich bleiben; die Grenzen zur Justiz, Schiedsgerichtsbarkeit oder gewöhnlicher Schlichtung sollten – jedenfalls im rechtsnahen Bereich – für jeden zu erkennen sein.

Damit wird deutlich, dass die Entwicklung von chancenreichen Formen der   48 Mediation auf dem Roten Feld schnell zu einer Gratwanderung wird: Das Risiko des Profilverlustes, einhergehend mit der kritiklosen Kopie juristischer Erfolgsstrategien, ist abzuwägen gegen die Bedrohung, ein Mediationskonzept anzubieten, das zwar orthodox ist, das aber keiner haben will.

V. Neue Konzepte für Mediation

Im nächsten Schritt wäre zu diskutieren, welche Formen der Konfliktbewältigung   49 diese Gratwanderung überstehen, und welche auch bei weitgehender Toleranz nicht mehr mit dem Begriff Mediation belegt werden sollten. Findige Praktiker, die von Theorie und Gruppendruck unbelastet einfach dasjenige Konfliktmanagement betreiben, mit dem sie Geld verdienen, liefern immerhin Entwürfe und Anregungen. Einige davon sollte man, bevor man sie ablehnt, wenigstens analysieren und debattieren.

1. Unorthodoxe Mediation – was sie attraktiv macht

Der Erfolg von Vermittlungsverfahren, die dem engen Begriff nach keine Media-   50 tion sind, scheint durch unterschiedliche Merkmale gewährleistet, die wiederum in verschiedener Kombination auftreten. Ohne Rangfolge und genaue Abgrenzung seien hier genannt:[39]

---

[39] Nicht erwähnt werden hier alle diejenigen Erscheinungsformen, die zwar auch gegen die Regeln reiner Mediation verstoßen, aber ihren Marktanteil nicht durch Einsatz von Mitteln behaupten, die als funktionale Äquivalente zu den Erfolgstaktiken des Justizwesens erscheinen. Hierzu zählen zum Beispiel Verfahren, bei denen die Neutralität des Vermittlers nicht gewährleistet ist.

51   **a) Suggestiver Habitus:** Der Mittler imponiert durch professionelles, anwaltsgleiches Auftreten; er zeigt seine Zugehörigkeit zur maßgeblichen Peergroup[40], imponiert wegen seiner persönlichen Vorverdienste (Genscher-Effekt) oder durch faszinierende Selbststilisierung, z. B. als Business-Guru oder Wissenschaftler.

52   **b) Demonstration von Sachkompetenz:** Der Konfliktmanager beweist sein Expertentum in Bezug auf die Streitsache[41], er bringt sich als Autorität mit seinem speziellen fachlichen Wissen ein. Hierzu gehören ausgewiesene Branchenkenntnisse genauso wie das Operieren mit beeindruckenden, über die Mediation hinausgehenden Methoden[42].

53   **c) Inhaltsdiktat:** In der massivsten Form durch die herkömmlichen Vergleichsvorschläge[43], aber auch durch akzidentielle Manipulationen wie Ermüden, Aushungern, Loben, Beleidigen oder unbewusstes „Programmieren" der einigungsunwilligen Streitparteien[44].

54   **d) Delegation, Entpersönlichung:** Der Mittler vermeidet die hautnahe Konfrontation der Parteien. Er führt die Mediation in einem besonders sachlichen Klima durch, das nicht dazu ermuntert, eigene Emotionen zu thematisieren; man verzichtet auf eine gemeinsame Verhandlung (z.B. Shuttle-diplomacy) oder lässt zu, dass einzelne Beteiligte nicht selber auftreten, sondern sich z. B. von Anwälten vertreten lassen[45]. Distanzierung kann auch erfolgen durch eine vorhergehende rhetorische Schulung der Parteien (Objektivierung über die eingeübte Rolle des „versierten Medianten").

55   **e) Verfahrenszwang:** Die Entscheidung für die Mediation erfolgt nicht freiwillig. Am gröbsten (und wohl auch nicht sonderlich erfolgreich) scheint die staatliche Anordnung von Güteterminen wie im Sinne von § 15 a EGZPO[46]; subtiler wirkt wohl die Empfehlung kompetent wirkender Stellen, wie durch den zuständigen Richter[47] oder eine – möglichst am Gericht angesiedelte – Verteilungsstelle wie im Modell des Multi-door-courthouse[48].

56   Um Missverständnissen entgegenzuwirken sei hier ausdrücklich vermerkt, dass Verfahren, die eines der fünf genannten Merkmale tragen, gar nicht oder nur mit Bedenken unter den engen, in der Mediationsszene gehandelten Mediationsbegriff fallen. Deshalb sollte – wegen der Risiken, die jede Profilschwächung in sich birgt, – die oben genannten fünf Punkte durchaus nicht als Empfehlung begriffen werden, Konfliktmanagement mit diesen unorthodoxen Elementen anzureichern. Der Überblick erfüllt lediglich einen Zweck: Er verweist auf eine Palette bereits praktizierter Formen der Streitbearbeitung, die ihre Akzeptanz dadurch erhöhen, dass sie For-

---

[40] *Ponschab/Schweizer,* Wirtschaftsmediation KE 1, S. 40 ff.
[41] Dazu: *Eidenmüller,* Verhandlungsmanagement, S. 81; *Duve,* Ausbildung zum Mediator, S. 161 mwN.; *Haft,* Intuitives und rationales Verhandeln, S. 16; *Risse,* S. 4.
[42] Stichwort „Prozessrisikenanalyse"; dazu *Eidenmüller,* Mediationstechniken, S. 19 ff.
[43] Sogar von Seiten der Mediatoren: *Niethammer,* S. 139.
[44] Zum Einsatz von „Neurolinguistischer Programmierung" NLP in der Mediation *Ponschab/Schweizer,* Wirtschaftsmediation KE 1, S. 7.
[45] Dazu *Gottwald,* S. 214 Rdnr. 62.
[46] Dazu § 33; *Rüssel,* NJW 2000, 2800; *Nelle /Hacke,* ZKM 2001, 56 ff.; *Stoecker,* ZKM 2000, 105 ff.
[47] Vgl. das Konzept der „integrierten Mediation", § 18.
[48] Dazu *Gottwald,* S. 191 ff.; *Breidenbach* S. 12, 18, 53 f. mwN.

men der traditionellen, gerichtszentrierten Streitbeilegung direkt übernehmen oder ihre Klienten durch funktionale Äquivalente für die Dominanzstrategien des juristischen Stils beeindrucken. Diese Erscheinungen sind deshalb interessant, weil sich, so darf wiederholt werden, Mediation im Roten Feld in einem unausweichlichen Wettbewerb zur justiziellen Konfliktbearbeitung durchsetzen muss.

2. Konkurrenzfähige Formation für rechtsnahe Mediation

Auf die Analyse dieser unorthodoxen Erfolgsformen sollte eine Phase folgen, in der es um die praktische Umsetzung der vorstehenden Überlegungen geht. Konkret: Man müsste gemeinsam Modelle entwickeln, die auch in einem angesehenen Justizstaat Aussicht auf Nachfrage haben.   **57**

Priorität sollten solche Konzepte geniessen, die zwar Elemente des **Fünf-Punkte-Katalogs** aufnehmen, aber trotzdem nicht mit den gängigen Mediationsgrundsätzen brechen. Dies scheint in Bezug auf einige der genannten Punkte leichter als bei anderen. So bereitet etwa das zweite Merkmal „Demonstration von Sachkompetenz" wenig Schwierigkeiten, wenn etwa eine Mediatorin ihr streitinhaltliches Fachwissen dazu nutzt, die Interessen der Streitenden besser zu verstehen und die eigene formelle Verfahrensautorität zu wahren[49], statt es als Rückhalt für das Forcieren bestimmter Verhandlungsergebnisse einzusetzen.   **58**

Unproblematisch scheint es auch, wenn der Grundsatz der Freiwilligkeit[50] eine Einschränkung dadurch erfährt, dass eine respektable Stelle den Streitenden empfiehlt, ihren Konflikt im Wege eines Mediationsverfahrens zu lösen (Punkt 6). Hier dürfte der Stil ausschlaggebend sein. Wichtig ist, dass die Empfehlung nicht als Druck empfunden wird; der Übergang von der zulässigen bloßen Information zum Ratschlag ist ohnehin fließend.   **59**

Selbst der „suggestive Habitus" (oben Rdnr. 43), stellt kein absolutes Verfahrenshindernis dar, sondern könnte ein Weg sein, das Defizit an richterlicher Autorität zu kompensieren. Freilich ist einzuräumen, dass eine invasive Selbstinszenierung mit dem Autonomiegedanken kollidiert und die Gefahr in sich birgt, dass das Verhandlungsergebnis wankt, wenn sich die Parteien aus dem magischen Bann der Mediatorenpersönlichkeit gelöst haben. Andererseits wäre es töricht anzunehmen, dass der ideale Mediator als Neutrum auftritt und die Einigungsbereitschaft der Parteien unter völligem Zurücktreten der Individualität des Mittlers allein durch den maschinengleichen Ablauf des Prozedere erzielt wird. Wenn zurecht gefordert wird, dass die Parteien zur Person des Mediators Vertrauen aufbauen und ihn in seiner Funktion als Verfahrenskoordinator respektieren müssen, geht dies nicht ohne ein beeindruckendes Rollenverhalten, gezielte persönliche Ausstrahlung und Taktiken der Sympathieerzeugung – gleichgültig, ob all dieses nun aus unbewusster Routine oder bewusster Selbstformation eingesetzt wird. Auch hier stellt sich also nicht die Frage des Ob, sondern des Wie im Sinne des Ausmaßes dieser Manipulation – stets mit dem Maßstab, dass der Konsens auch nachher, jenseits des Einflusses des Mittlers, Bestand haben muss.   **60**

---

[49] Diese ist beispielsweise in Gefahr, wenn der Mediator, anders alle übrigen Beteiligten, nicht merkt, dass sich eine Partei durch gezielte Fehlinformation oder unrealistische Versprechen einen Verhandlungsvorteil verschaffen möchte.

[50] Dazu u. a. § 15 Rdnr. 99 ff., § 4 Rdnr. 97, § 33 Rdnr. 44.

61   Fragt man sich nach konkurrenzfähigen Ausprägungen der Mediation, ist mit Blick auf die Resonanz des Gerichtswesens neben dem Fünf-Punkte-Katalog auf eine weitere Erscheinung in der Mediationspraxis hinzuweisen, die nicht den strengen Regeln der Kunst entspricht: So kann die Neutralität und Ergebnisoffenheit des Mittlers in Gefahr geraten, wenn sich Mediatoren in deutlicher **wirtschaftlicher Abhängigkeit** persönlich um Aufträge bemühen müssen.[51] Kein staatlicher Richter steht unter dem Druck, sich geneigte Kläger in ausreichender Zahl beschaffen und zufriedenstellend behandeln zu müssen. Der einzelkämpferische Mediator hingegen braucht für jedermann ersichtlich zufriedene Kunden, um seine Geschäftskosten und sich persönlich finanzieren zu können. So unschädlich diese Assoziation für den nachdrücklich parteiischen und erfolgsorientierten Anwalt ist, so nachteilig kann sie sich auf das Berufsbild des Mediators auswirken.[52] Aus diesem Grund wäre darüber nachzudenken, wie man die Mediatoren vom Geschäft der Fallbeschaffung entlasten könnte. Mit anderen Worten: Es müsste ein Modus gefunden werden, der es gerade in den anfälligen Bereichen zulässt, die Funktionen „Akquisition" und „Streitbearbeitung" besser als bisher zu trennen. Dies könnte z. B. durch das Zwischenschalten von **Agenturen** realisiert werden, die unangefochten neutral den Initialkontakt zu den Parteien herstellen und für die anstehenden Konflikte das passende Lösungsverfahren – gegebenenfalls auch den passenden (Schieds-)Richter, Vermittler oder Mediator – vorschlagen. Wie man sich diese Agenturen vorzustellen hat, ist eine Frage der allseitigen Akzeptanz, Praktikabilität und Wirtschaftlichkeit. Die Spannweite des Denkbaren reicht vom staatlich finanzierten gerichtsinternen Screening-Komitee (**Modell Multi-door-courthouse**) bis zur überregional – im besten Fall international – agierenden Einrichtung. Der Vorteil derartiger Agenturen läge auf der Hand: bessere Möglichkeiten für den Aufbau und die Pflege von langfristigen Klientenbeziehungen, und zwar unabhängig von aktuellen Konflikten; der überregionale Einsatz von fachlich geeigneten und zweifellos neutralen Mediatoren; die leichtere Zusammenstellung von Mediatorenteams; die persönliche Trennung von Akquise, Konflikteinschätzung, Konfliktbearbeitung und Qualitätssicherung; eine Zunahme von geeigneten Fällen für die mitwirkenden Konfliktmittler; eine niedrigere Schwelle für die Streitbeteiligten auf dem Weg zu alternativen Problemlösungen[53].

62   **Zusammenfassend** kann man feststellen, dass die Chancen für Mediation im justizorientierten Rechtsstaat unter folgenden Bedingungen steigen:
– Aufklärung der Bevölkerung durch eine breitenwirksame Öffentlichkeitsarbeit über die Möglichkeiten der Mediation
– Verständigung auf einen nach Anwendungsfeldern differenzierten, weniger dogmatisch und mehr an den Bedürfnissen der Parteien ausgerichteten Mediationsbegriff
– Versuch neuer Organisationsformen für ein gefragtes Konfliktmanagement

---

[51] Dazu *Kracht*, Das Ethos des Mediators, S. 50 ff.
[52] *Kracht*, a. a. O.
[53] Da die Ertragslage derartiger Unternehmen unmittelbare Folge ihrer Respektabilität ist, bestehen keine Bedenken, eine derartige Verteilerstelle privatwirtschaftlich zu organisieren. Der Sorge um die berufliche Selbständigkeit von Mediatoren ist entgegenzuhalten, dass die Mitwirkung an derartigen Agenturleistungen natürlich jedem freigestellt bleiben muss. Im Übrigen wäre zu vermerken, dass die vielfach geforderte neue Streitkultur nicht von der Bedingung abhängig gemacht werden sollte, dass es zu den klassischen Berufsbildern der traditionellen Konfliktlösungsagenten (der Einpersonen-Praxis des örtlich tätigen Psychologen, Anwalts oder Notars) keine Alternativen geben dürfte.

3. De lege lata und de lege ferenda

Die bis hierhin vorgeschlagenen Initiativen beschränken sich auf Maßnahmen, 63
die Mediatorinnen, Mediatoren und ihre Organisationen aus eigener Kraft angehen
können, um die Chancen für Mediation im Rechtsstaat zu verbessern. Dabei sollte
freilich nicht der Eindruck entstehen, dass die Durchsetzung alternativer Streitbeilegungsformen allein in der Verantwortung dieser Beteiligten läge. Wenn in der
Denkwelt der Mediation auch das selbstbestimmte Handeln und die Unabhängigkeit vom staatlichen Eingriff den Vorzug genießt, darf doch nicht verkannt werden,
dass auch Politik und Gesetzgebung einen erheblichen Beitrag leisten müssten, um
ihre Reformversprechen und Bekenntnisse zur einer **neuen „Streitkultur"** einzu-
lösen.

Dabei sind keine kurzatmigen Aktionen gefragt, bei denen Bund und Länder vor- 64
dergründig Schlagworte wie „Konsens" oder „Streitschlichtung" im Munde führen,
aber eigentlich nur **„kurzfristige Kosteneindämmung"** meinen[54]. Zwar werden einige Streitsachen infolge von Maßnahmen wie den Ausführungsgesetzen zu § 15 a
EGZPO am Gerichtssaal vorbei gelenkt; die bisherigen Beobachtungen bestätigen
jedoch den Anfangsverdacht, dass diese Änderung nicht etwa die Akzeptanz und
Entwicklung qualifizierter, nachhaltiger Formen der Streitbeilegung begünstigt,
sondern allenfalls herkömmliche Typen der Verfahrensbeendigung, für die vielleicht
das Kostenargument, aber nicht die angeblichen Reformziele sprechen[55]. Hinzukommt, dass der Staat durch die Falschetikettierung dazu beiträgt, dass die Bevölkerung ihr Urteil über diese Spar-Experimente auf die wirklich alternativen Formen
des Konfliktmanagements erstrecken wird. Der Misserfolg der Zwei-Klassen
Zwangsschlichtung[56] wird damit auch der Mediation angelastet werden.

Sollte es eine Regierung tatsächlich mit der Forderung nach einer neuen, bür- 65
gerzentrierten Konfliktordnung ernst meinen, wäre es ratsam, nicht bestimmte, angeblich bessere oder billigere Verfahren vorzuschreiben, sondern das Klima für
Mediation und andere alternative Formen insgesamt durch eine systematische Verbesserung der Randbedingungen aufzuhellen. So könnte bereits eine Änderung des
richterlichen Pensenschlüssels eine durchgreifende Wirkung zeigen: Wenn Richter
davon profitieren – und nicht wie bisher dafür zu büßen meinen – dass sie Parteien
eine Mediation empfehlen, dürfte dies zu einem rasanten Anstieg außergerichtlicher Einigungen führen. Einem Rat aus dem Munde der Person, welcher die letzte
Entscheidungskompetenz in der Sache und eine traditionsreiche institutionelle Autorität zukommt, werden sich deutsche Streitparteien nicht leicht entziehen. Der
besondere Vorteil dieser Maßnahme wäre der schnelle Effekt; Dauerregelungen
sollten jedoch erstreben, dass Konflikte bereits in einem früheren Stadium in die
passende Bearbeitungsform gelangen. Hier eröffnen sich verschiedene Wege, eine

---

[54] Dazu auch *Kracht*, Das Ethos des Mediators, S. 66 ff.
[55] Die voraussehbare Flucht in die Mahnverfahren ist bereits jetzt eingetreten; die nordrhein-
westfälischen Schiedsleute, die in diesem Land die Hauptgewinner der Umschichtung werden sollten, scheinen kaum einen Fall mehr als bislang erfolgreich zu lösen, nicht zuletzt, weil die Anwälte
von den – ebenfalls vorsehbaren – Umgehungswegen extensiv Gebrauch machen.
[56] Die angeordneten vorgerichtlichen Güteverfahren sind verpflichtend, aber nur für bestimmte
Konflikte, die in der Regel die „kleinen Leute" betreffen (Nachbarschafts- und Mietstreitigkeiten,
Verletzungen der persönlichen Ehre, Streitwerthöchstgrenze 750,– €), vgl. § 15 a Abs. 1 EGZPO
und § 33.

gesetzlich induzierte Änderung des Verhaltens von Anwälten, Versicherungen und Streitbeteiligten zu erreichen, sei es durch eine planmäßige Reform der Kosten- und Gebührenordnungen oder des Klagezulassungsverfahrens, etwa durch Einrichtung einer gerichtsnahen Konfliktscanningstelle für alle Streitsachen nach dem Multidoor-courthouse-Modell oder einer gebührenprämierten Vorprüfungs- und Verweisungspflicht für Anwälte.

VI. Ausblick

1. Mediation als paradoxes Element des Rechts?

66   Dem Gesetzgeber böte sich also derzeit die historische Gelegenheit, durch geschickte periphere Einzelregelungen die derzeitige Konfliktordnung um eine neue Form zu bereichern. Derart vom Staat lanciert, würde Mediation wahrscheinlich in Kürze das Lager wechseln: Von der „Alternative" zu einem neuen Element des etablierten Rechtssystems. Eine solche Karriere wäre auch bei einem Rechtsinstitut nichts ungewöhnliches: Die Evolution des Rechts bestand zu verschiedenen Zeiten gerade in der Integration von Konstruktionen, die ursprünglich im Widerspruch zum System konzipiert waren. Zu nennen wäre z. B. die Paradoxie durch die Einbindung der Figur des subjektiven Rechts in die – als allgemein Seiend gedacht – „objektive" Ordnung[57] oder die Anerkennung von Emotionalität als höchstes Rechtskriterium bei der Radbruchschen Formel[58]. Jedesmal gewann das Recht durch den eingebundenen Selbstwiderspruch eine ungeahnte Flexibilität, die ihm ein Überleben in Beharrlichkeit und gleichzeitiger Anpassung an die neuen Zeiterfordernisse sicherte.

67   Ob der Mediation diese Einvernahme gut täte, ist eine andere Frage. Konfliktmanagement unter dem Schutz und Schirm des mächtigen Justizsystems, fachspezifisch, kundenorientiert und staatlich gefördert: Unter diesen Voraussetzungen wird das Adjektiv „alternativ" sicherlich verblassen – und mit ihm die leuchtenden Zeichen der Aufbruchstimmung, das freiwillige Engagement in Gutwilligkeit und Gemeinsinn. Dies wäre das Ende einer Reformbewegung, aber vermutlich die sicherste Strategie zugunsten eines Überlebens der Mediation in ihren Kerngedanken. Weniger aussichtsreich erscheint hingegen ein Sonderkurs im Schatten oder gar Widerspruch zur mächtigen Rivalin Justiz. Blickt man in die USA, scheint es ohnehin unvermeidlich, dass die bereits begonnenen Tendenzen zur justiziablen Verrechtlichung der Mediation anhalten[59].

---

[57] *Luhmann*, S. 291, 575, 581 (subjektive Rechte, Gesellschaftsvertrag), 581 (Positivierungsbedürftigkeit überpositiven Rechts, Emotionalität als Rechtsgrund).
[58] *Sobota* JZ 1992, 237; vgl. auch *Alexy*, S. 71.
[59] Sehr informativ: *Gottwald*, Fn. 45, Rdnr. 66–75, z.B.: „Rechtsstreitigkeiten darüber, ob eine Mediation ‚in good faith' verhandelt wurde oder nicht, sind absehbar"; oder zu einer Untersuchung über die degressive Entwicklung der Schiedsverfahren, welche die Parallele zur Mediation herausstreicht: Wie Mediation wurden auch Schiedsverfahren eingerichtet, weil sie schneller, billiger und konfliktadäquater erschienen. Der Anfangshoffnung folgte eine Phase der Kritik (zu ergebnisunsicher, zu sehr am Konsens und zu wenig an der Effizienz orientiert), welche zu einer so starken Verrechtlichung der Schiedsverfahren führte, dass sie ihre Bedeutung als Alternative verloren, Rdnr. 71–73.

Alle diese Bedenken gelten freilich wiederum nur für das Konfliktmanagement im 68 Roten Feld. Im Weissen Feld hat die justizferne Mediation gute Chancen, ihre Unabhängigkeit zu wahren. Dies setzt allerdings ebenfalls eine beharrliche Überzeugungsarbeit, Erfindungskraft und Toleranz unter den Mediatoren voraus.

Die **Bilanz** der vorliegenden Analyse mischt damit Zuversicht und Skepsis. Dabei 69 scheint Vorsicht vor allem wegen der unausweichlichen Koexistenz der prinzipiell gegenläufigen Angebote „Mediation" und „Recht" angezeigt. Dies bedeutet allerdings auch, dass sich das vorliegende Resultat in dem Maße verändert, in dem die Dominanz und Attraktivität des Systems Recht nachlässt. Dies bietet Raum für weitergehende Spekulationen.

2. Chancenzuwachs durch die Degeneration des Rechtssystems

Wie eingangs vermerkt, gibt es Funktionen des Rechtssystems, die aller Wahr- 70 scheinlichkeit nach unverzichtbar bleiben werden. Andere Aufgaben, die heute noch dem Begriff Recht zugeordnet werden, sind bereits erodiert oder dürften in Zukunft wegfallen, beziehungsweise von anderen Sozialsystemen wahrgenommen werden.

Zu den Leistungen, die bereits jetzt nur noch im Verständnis der Laien mit dem 71 Rechtssystem in Verbindung gebracht werden, zählt die **Verwirklichung von Gerechtigkeit.** Tatsächlich ist der Gerechtigkeitsbegriff ein Fremdkörper in der justiziellen Streitbeilegung; das Sozialsystem, das ihn verwaltet, ist das der Moral oder Ethik. Hier agieren nicht Juristen, sondern Biologen, Mediziner, Philosophen, Theologen, Journalisten und andere verantwortungsbewusste Bürger, die sich den ehemaligen Grundfragen des Rechts widmen.

Eine weitere, bereits begonnene Entwicklung besteht aus der **Entkoppelung von** 72 **Gesetz und Recht,** verstanden als dauerhaftes, abstrakt-generelles Normgebäude. Immer weniger Menschen betrachten Gesetze als Ausdruck einer richtigen Rechtsordnung, legitimiert durch die gerechte Herrschaft des Volkes, sondern vielmehr als punktuellen, wechselhaften Input der jeweiligen politischen Herrschaft[60]. Die Regeln, die beispielsweise das Europarecht generiert, kommen und gehen als intransparente Verwaltungsdekrete ohne ausreichende demokratische Legitimation oder begreifbare Entstehungslegende; sie wirken zu häufig wie Proporzprodukte, nicht sachadäquat, von Dauer oder gar gerecht. Die Entstehungsprozesse des restlichen nationalen Rechts vermitteln ebenfalls nicht den Eindruck, das Parlament würde eine schlüssige Ordnung mit Ewigkeitswert mauern; zu temporär und situativ sind die Produkte der politischen Zirkel, welche die Rolle des faktischen Gesetzgebers übernommen haben. Durch die Internationalisierung und die Globalisierung der Wirtschaftsbeziehungen werden diese Regeln schließlich auch in ihrer Geltung oder Durchsetzbarkeit für jedermann sichtbar relativiert.

Einen weiteren Ansehensverlust trifft schließlich das juristische Handwerk. Einst 73 als Kunst geschätzt, seit dem 19. Jahrhundert gar in den Rang einer Wissenschaft erhoben, leidet die rechtswissenschaftliche Arbeitsweise heute unter einem dramatischen **Autoritätsschwund.** Kaum jemand gesteht einem Juristen noch zu, eine objektive, wahre Erkenntnis im Sinne einer logischen, einzig richtigen Gesetzesauslegung

---

[60] Zur Temporalisierung der Normgeltung, *Luhmann,* Fn. 57, S. 557, S. 279.

zu liefern[61]. Zu verbreitet ist die Erfahrung, dass sich für jeden Standpunkt eine Begründung, ein Gutachten oder eine karrierefördernde Publikation findet; zu bekannt ist, dass die Qualität der Rechtstexte unter dem Zeit- und Leistungsdruck in Gerichten, Kanzleien und Universitäten leidet[62]; zu spürbar ist, dass sich die Rechtspraxis immer mehr von Fall zu und Fall durchschlägt und sich kaum noch um die methodischen Vorgaben der sogenannten Wissenschaft kümmert[63].

74   Insofern kann man prognostizieren, dass in der Bevölkerung langsam die Hoffnung schwindet, dass sich ihre Probleme auf dem Rechtsweg lösen ließen. Wenn die Gerichte in Anwendung von Gesetzen befinden, die nicht mehr als gerecht, allgemein und dauerhaft gelten, wenn die juristische Arbeitstechnik wegen der **Überlastung der Richter** Mängel zeigt und offenbar beliebige Ergebnisse stützen kann, wenn ein Urteil deshalb nicht mehr als Gedankengang, als ideelles Konstrukt überzeugt, sondern sich darauf reduziert, die Grundlage für eine – oft noch ins Leere laufende – Vollstreckung zu sein: Dann dürfte sich irgendwann der Zweifel einstellen, ob es unter diesen Bedingungen noch sinnvoll ist, von einem Richter „Recht zu bekommen". So wandelt sich der Drang in den Gerichtssaal langsam zu einem anachronistischen Affekt, eine Art Phantomschmerz: Die Idee ging längst verloren, die Empfindungen, die man tausend Jahre lang mit ihr verknüpft hat, werden aber noch immer ausgelöst.

75   Diese Tendenzen lassen den Schluss zu, dass das **Rechtssystem in einem Wandel** begriffen ist. In seiner jetzigen Gestalt wird es dieses Jahrhundert nicht überleben. Als Verbund von konkreter Konfliktlösung, normativer Verhaltenvorgabe, genereller politischer Steuerung, Wissenschaft und staatstragender Institution, kurz: von Recht, Gesetz und Gerechtigkeit hat es den Zenit seiner Bedeutung überschritten. Was folgen wird, ist eine **Epoche der Umorganisation,** der Kompetenzverlagerung und des endgültigen Funktionsfortfalls. Dieser Prozess vollzieht sich schleichend, von den Beteiligten meist nur im Detail bemerkt. Oberflächlich gesehen: Die nationalen Parlamente tagen wie immer; die Rechtswissenschaft fährt fort zu sammeln, zu sortieren, zu beklagen und ohne Widerhall Vorschläge zu unterbreiten; der Einzelne wendet sich wie seit Jahrhunderten an seinen Richter, weil sein Rechtsempfinden gekränkt und seine Erwartungen enttäuscht wurden, weil sich ein Anspruch nicht verwirklichen lässt, oder, ganz einfach: weil er es so gewöhnt ist. Irgendwann, das scheint freilich klar, wird das Bewusstsein wachsen, dass es sich bei diesem Verhalten um einen Automatismus handelt, dem der Sinn stetig abhanden kommt. Der Glaube wird verblassen, dass das gesetzlich angeordnete und richterlich festgestellte Recht Kränkungen heilen, Probleme lösen und eine verlässliche Orientierung bieten kann. Je mehr sich diese Einsicht durchsetzt, umso interessanter werden

---

[61] Zum Erfordernis der richtigen Darstellung der Herstellung einer juristischen Entscheidung *Sobota,* Fn. 29, S. 145 ff.
[62] Die vielbeklagte Schriftenschwemme korrespondiert mit einer Rezeptionsdürre. Juristische Bücher und Aufsätze dienen, wenn sie überhaupt zur Kenntnis genommen werden, fast nur noch der passagenweisen, aufgabenbezogenen Verwertung. Man liest nicht den Text als Ganzes, sondern entreißt ihm einen Brocken: eine Kurzinformation, eine Fundstelle – zur Anreicherung eines neuen Textes, der wiederum nicht sorgfältig gelesen wird.
[63] Zur Ohnmacht der sogenannten Rechtswissenschaft bemerkt z.B. *Luhmann,* a.a.O., dass sie sich zwar immer noch der methodischen Erarbeitung der Gesetzesinterpretation widme, diese aber nicht mehr von der Praxis beachtet würden. Die Rechtsprechung ziehe es vor, auf unbestimmte Rechtsbegriffe oder Abwägungsformeln zurückzugreifen, woran sich wiederum der Gesetzgeber bediene, S. 279.

Alternativen – wie eben die Mediation. Dieses Verfahren hat das Potential, den Eindruck von Ordnung und Gerechtigkeit zu vermitteln. Das geregelte Verfahren und seine professionellen, in der Wirkung noch steigerbaren Umstände könnten irgendwann ähnliches Vertrauen erwecken wie die alte Institution Gericht. Eine gelungene Mediation weist den Parteien einen verständlichen und spürbaren Weg aus ihrem Konflikt. Sie bietet gleichzeitig einen Plan für eine gemeinsame Zukunft, der durch die traditionelle Form des Vertrages und die relativ autonome, partizipatorische Entstehung hohe Legitimität genießt. Damit erfüllt die Mediation fast alle Aufgaben des einst intakten Rechtssystems – bis auf eine: die Fiktion der Generalisierbarkeit des Einzelergebnisses. Wo diese Funktion verzichtbar ist, wo die Parteien also allein mit der konkreten Streitbeilegung und der auf den Einzelfall beschränkten Regelung ihres künftigen Verhaltens zurecht kommen, ist die Verdrängung des Gesetzes und die Renaissance der Figur des Vertrages voraussehbar[64] – und zwar des Vertrages in genau dem neuen Gewand, das ihm Verfahren wie die Mediation verleihen: Der Vertrag als Ergebnis einer allgemein geregelten, selbstbestimmten und interessenbezogenen Verhandlung. Dies ist die entfernte, aber grosse Chance der Mediation. Bis diese Stunde schlägt, muss die Idee jedoch aus eigener Kraft ihren Platz finden. Dies wird nur unter grossen Anstrengungen gelingen: Mit uneigennützigem Einsatz, Selbstkritik, konzeptioneller Kraft und einem langen Atem.

---

[64] Zur Würdigung des zukunftsweisenden Potentials des Vertragsgedankens unter *Barudio,* insb. S. 68.

2. Kapitel. Verhandeln als Grundlage der Mediation

§ 8 Intuitive und rationale Verhandlung

Prof. Dr. Fritjof Haft

Übersicht

Schrifttum: *Arrow/Mnookin/Wilson* (Hrsg.), Barriers to Conflict Resolution, New York 1995; *Bierbrauer,* Sozialpsychologie, Stuttgart, Berlin, Köln, 1996; *Brams/Taylor,* Fair Division: From Cake-Cutting to Dispute Resolution, Cambridge 1996; *Bresling/Rubin* (Hrsg.), Negotiation Theory and Practice, Cambridge 1991; *Brown/Marriott,* ADR Principles and Practice, 2nd ed. London 1999; *Cialdini,* Influence – How and why people agree to things, New York, 1984; *Christie/Geis* (Hrsg.), Studies in Machiavellianism, New York 1970; *Eidenmüller,* Ökonomische und spieltheoretische Grundlagen, in: *Breidenbach/Henssler* (Hrsg.), Mediation für Juristen, 1997, S. 31; *ders.,* Verhandlungsmanagement durch Mediation, in: *Henssler/Koch,* Mediation in der Anwaltspraxis 2000, S. 39; *Fisher/Brown,* Getting Together – Building a Relationship that Gets to Yes, Boston 1988; *Fisher/Ury,* Getting to Yes, 2nd ed. Boston 1991; *Galanter,* The Quality of Settlements, Journal of Dispute Resolution, Vol. 1988, 55–84; *Glasl,* Konfliktmanagement, 6. Aufl. 1999; *Goldberg/Sander/Rogers,* Dispute Resolution, 3rd ed. Boston 1999; *Gottwald/Haft* (Hrsg.), Verhandeln und Vergleichen als juristische Fertigkeiten, 2. Aufl. 1993; *Gottwald/Strempel/Beckedorff/Linke* (Hrsg.), Außergerichtliche Konfliktregelung für Rechtsanwälte und Notare (AKR-Handbuch), Loseblattwerk; *Haft,*

Verhandlung und Mediation, 2. Aufl. 2000; *ders.*, Intuitives und rationales Verhandeln, BB Beilage 10 (Mediation & Recht), Heft 40/1998, S. 15; *ders.*, Juristische Rhetorik, 6. Aufl. 1999; *ders.*, Strukturdenken, 1993; *ders.*, Einführung in das juristische Lernen – Unternehmen Jurastudium, 6. Aufl. Bielefeld 1997; *Haft/Hof/Wesche* (Hrsg.), Bausteine zu einer Verhaltenstheorie des Rechts, Baden-Baden 2001; Harvard Business Review on Negotiation and Conflict Resolution, Boston 2000; *Heussen* (Hrsg.), Handbuch Vertragsverhandlung und Vertragsmanagement, 1997; *Lax/Sebinius*, The Manager as Negotiator – Bargaining for Cooperation and Competitive Gain, New York 1986; *Mnookin/Pepper/Tulumello*, Beyond Winning – Negotiation to Create Value in Deals and Disputes, Cambridge 2000; *Ponschab*, Verhandlungsführung, in: *Gottwald/Strempel/Beckedorff/Linke*, AKR-Handbuch; *Raiffa*, The Art and Science of Negotiation, Cambridge 1982; *Ury*, Getting Past No – Negotiating your Way from Confrontation to Cooperation, New York 1993; *Ury/Brett/Goldberg*, Getting Disputes Resolved – Designing Systems to Cut the Costs of Conflict, Cambridge 1993; *Watkins*, Negotiating in a Complex World, Negotiation Journal Vol. 15 (1999), 229–244.

I. Intuitive Verhandlung

1. Anwälte verhandeln schon immer

1   Zu den unentbehrlichen „**Soft Skills**" der Juristen, insbesondere der Anwälte, gehörte immer schon die Fähigkeit, Verhandlungen zu führen. Damit sind hier nicht die ritualisierten Veranstaltungen gemeint, die vor den Gerichten stattfinden, sondern das unmittelbare Verhandeln von Konflikten mit gegnerischen Anwälten, aber auch mit den eigenen Mandanten, mit Unternehmern, Behördenvertretern, kurz, mit allen Personen, die unmittelbar oder mittelbar an Konflikten beteiligt sind. Dass hier Fähigkeiten vorhanden sind und beachtliche Erfolge erzielt werden, zeigt die Tatsache, dass die weitaus meisten Konflikte, die an Anwälte herangetragen werden, außergerichtlich – und das heißt überwiegend: auf dem Verhandlungswege – beigelegt werden. Anwälte verhandeln also „schon immer", und ein klassischer Einwand gegen die Beschäftigung mit dem Thema „Verhandlung" besagt, dass hier Selbstverständliches problematisiert werde. Zugleich wird dieses Selbstverständliche für trivial gehalten. Manche populären Bücher mit Titeln wie „Erfolgreich Feilschen" oder „Wie Sie andere über den Tisch ziehen" nähren zudem dieses Vorurteil.

2   In Stellenanzeigen für junge Anwälte werden außer juristischen Kenntnissen und Sprachkenntnissen wie selbstverständlich „**Verhandlungsgeschick**" gefordert. Woher dieses kommen soll, bleibt dabei freilich offen. Weder im juristischen Studium noch in der Referendarausbildung werden bislang – von einzelnen Ausnahmen abgesehen – Verhandlungsfähigkeiten vermittelt.[1] Man meint, diese Fähigkeiten seien eben einfach zu fordern. Sie werden intuitiv vorausgesetzt und sind in der Tat meist auch nur auf intuitive Weise vorhanden.

---

[1] In den USA ist das anders. Dort werden *„Negotiation"* und *„Mediation"* im Rahmen von *„Alternative Dispute Resolution (ADR)"* an allen Law Schools intensiv gelehrt. Zahlreiche Forschungseinrichtungen befassen sich mit dieser Thematik. Inzwischen zeichnet sich auch in Deutschland ein Wandel ab. So wurde an der Fernuniversität Hagen am Lehrstuhl von *Prof. Dr. Gräfin Schlieffen* ein Fernkurs eingerichtet, der zu einem universitären Abschluss in „Mediation" führt (vgl. dazu ausführlich § 52). In Verbindung mit dem Universitätsinstitut Kurt Bösch in Sion (Schweiz) und weiteren europäischen Partneruniversitäten besteht die Möglichkeit, einen „European Master in Mediation" zu erwerben (vgl. dazu § 53).

2. Intuitives Verhandeln

a) **Unreflektiertes Verhalten.** Das alltägliche Verhandeln erfolgt also intuitiv und 3 damit auf unreflektierte Weise.[2] Bei diesem Vorgehen gewöhnt man sich bestimmte Verhaltensmuster an, die man nach der Methode des *Trial-and-error* erprobt und bei Tauglichkeit einübt. Im alltäglichen Zusammenleben ist dies die einzige Möglichkeit, um sozial „richtiges" Verhalten zu lernen. Das menschliche Zusammenleben wird durch erlernte Verhaltensprogramme geregelt, die im Zusammenspiel mit angeborenen Programmen auf unreflektierte Weise – vollautomatisch – ablaufen, und die den Menschen dazu helfen, sich in komplexen Umgebungen „richtig" zu verhalten, ohne nachdenken zu müssen (was unmöglich wäre). Die Psychologen sprechen in diesem Zusammenhang von Alltagstheorien. Diese sind in den letzten Jahren intensiv erforscht worden.[3]

Was im Alltag nützlich und gut ist, muss im Beruf nicht gut sein. Unzählige junge 4 Juristen „lernen" beispielsweise ihr Fach, indem sie sich mit „falschen" Alltagstheorien programmieren.[4] Jedem, der in den juristischen Staatsexamina als Prüfer tätig ist, ist dieser Befund vertraut. Jurastudenten „üben" beispielsweise beim Klausurenschreiben gerne intuitiv die Methode ein, Gesetz und Sachverhalt abzuschreiben, ohne zu bemerken, dass dies nur Nachteile mit sich bringt. Die Korrekturassistenten machen sich nicht die Mühe, solch überflüssige und fehleranfällige Schreibübungen zu rügen. Also halten die Studenten dies unreflektiert für „richtig". Die Quittung kommt mit der schlechten Note. Man kann sogar so weit gehen, dass man die gesamte juristische Ausbildung als eine anhand von „Problemen" erfolgende Einübung von Verhaltensprogrammen begreift. Da die Studenten aber irrig glauben, sie würden diese „Probleme" von der Art „Sind Körperteile gefährliche Werkzeuge?" lernen, bemerken sie nicht, dass sie die dahinter liegenden Programme intuitiv und unreflektiert erwerben und praktizieren. Das Ergebnis sind Juristen, die nicht wissen, was sie tun – nicht gerade das, was man sich wünscht.[5]

In einem verhaltensorientierten Beruf wie dem des Juristen ist unreflektiertes 5 Verhalten nicht angebracht. Dies gilt für alle juristischen Tätigkeiten, und es gilt in besonderem Maße für das Verhandeln. Das intuitive Verhandeln sollte hier schon aus diesem Grunde vermieden werden. Es weist darüber hinaus gravierende Nachteile auf.

b) **Die Nachteile des intuitiven Verhandelns.** Dass berufliche Tätigkeiten nicht 6 auf intuitiver Basis ausgeübt werden sollten, versteht sich von selbst. Juristen betreiben Konfliktmanagement. Hier droht beim intuitiven Verhandeln ein spezifischer

---

[2] Ausführlich dazu *Haft*, Verhandlung, 2000; *ders.*, Intuitives und rationales Verhandeln, BB Beilage 10 (Mediation & Recht), 15 ff., Heft 40/1998.

[3] Näher dazu *Bierbrauer*, Sozialpsychologie, S. 38 ff.

[4] Ausführlich zum Folgenden *Haft*, Unternehmen Jurastudium – Einführung in das juristische Lernen, 1997.

[5] Es ist kein Zufall, dass das Jurastudium vier Jahre dauert. Vier Jahre ist der Zeitraum, der benötigt wird, um ein Verhaltensprogramm einzuüben. Die Kfz-Haftpflichtversicherer haben beispielsweise beobachtet, dass die Unfallquote vier Jahre nach Erwerb des Führerscheins drastisch sinkt. Nach dieser Zeit beherrschen die Versicherungsnehmer die für sicheres Autofahren erforderlichen Mechanismen.

Nachteil, der viele weitere Nachteile mit sich bringt. Gemeint ist das Positionsdenken, das zum *„Positional Bargaining"* führt.

7   Das Positionsdenken beherrscht nicht nur die Rechtsordnung, sondern auch den Alltag der Menschen. Positionen sind nichts anderes als Wunschträume zu einer erhofften Zukunft. Da verschiedene Menschen verschiedene Wünsche träumen, sind Positionen miteinander unvereinbar. Positionen erzeugen Gegenpositionen. Es ist ein psychologisch gesicherter Befund, dass Positionen Gegenpositionen erzeugen („reaktive Aggression"). Da nur eine Zukunft Wirklichkeit werden kann, programmieren Positionen das Scheitern der Verhandlung vor.

8   Wenn die Menschen in Verhandlungen erst einmal ihren Konflikt in das Gewand von Positionen gekleidet haben, gibt es nur noch drei Möglichkeiten der Fortsetzung der Veranstaltung, die alle drei nachteilig sind: erstens das **Scheitern,** womit der Gang zum staatlichen Gericht vorprogrammiert ist, sofern die Parteien nicht einfach auseinander gehen können (hier liegt die Geschäftsgrundlage aller juristischen Berufe), zweitens der Einsatz von **Macht,** womit nicht selten eine ungute Nähe zu Straftatbeständen wie Nötigung und Erpressung erreicht wird (die Geschichte des Rechts ist stets auch eine Geschichte des Kampfes des Rechts gegen die Macht), und drittens die **Manipulation,** wie sie insbesondere im Basar stattfindet (und wie sie in unserem Kulturkreis und speziell unter Juristen nur unvollkommen beherrscht wird – man „feilscht" bei uns nicht).

9   Das **Positionsdenken** beherrscht den Alltag, und seit der Erfindung des Antrags zur Zeit der Entstehung der Jurisprudenz im fünften vorchristlichen Jahrhundert in Sizilien beherrscht es auch das abendländische Rechtsdenken.[6] Heute lernt der junge Jurist schon im ersten Semester in der Anfängervorlesung zum Bürgerlichen Recht, dass er auf die Suche nach **Anspruchsgrundlagen** zu gehen hat. Ohne Anspruch keine Klage und kein Urteil, ohne Antrag keinen Bescheid. Wer nicht klar und bestimmt sagen kann, was er fordert, wird zu keiner juristischen Veranstaltung zugelassen. Niemand kann mit einem Problem zu einem Gericht oder einer Behörde gehen. Überall muss er Position beziehen.

10   Dieses Positionsdenken zwingt die Parteien dazu, ihren Konflikt als einen Streit um Positionen auszutragen. Damit verfehlen sie oftmals ihre wahren Interessen. Natürlich ist das nicht immer so. Wenn es nur darum geht, eine Geldforderung gegen einen säumigen Schuldner durchzusetzen, dann ist das Positionsdenken in Ordnung. Aber oftmals liegt es nicht so einfach. In den meisten Fällen stehen hinter den Positionen Interessen. Interessen sind etwas anderes als Positionen. Beide können zueinander sogar im völligen Gegensatz stehen. Ein Beispiel aus der Versicherungspraxis mag dies verdeutlichen. Das Interesse eines verletzten Unfallopfers geht fraglos dahin, wieder gesund zu werden. Gesundheit kann er aber vom Versicherer des Schädigers nicht fordern. Er kann nur Geld fordern. Je kränker er ist, desto mehr Geld kann er fordern. Also lässt er sich von seinem Arzt Berufsunfähigkeit bescheinigen und fordert eine lebenslange Rente. Natürlich darf er jetzt keinesfalls wieder gesund werden. Position und Interesse stehen im völligen Gegensatz zueinander.

11   Will man interessengerechte Lösungen finden, muss rational verhandelt werden. Das setzt Kenntnisse der Ergebnisse der **modernen Verhandlungsforschung** voraus.

---

[6] Näher dazu und zum Folgenden *Haft*, FS Schütze 1999, S. 255 ff.

II. Rationale Verhandlung

1. Warnung vor „Rezepten"

Vorab sei betont, dass rationales Verhandeln nicht mit der Anwendung von „Re- 12
zepten" gleichgestellt werden darf. Solche Rezepte werden leider – vor allem in der
populären, aber auch in der juristischen Literatur – verbreitet. Beispielsweise wird
dort empfohlen, man müsse die Person von der Sache trennen – als ob das möglich
wäre. Auch wird die Vermeidung des Positionsdenkens als „Rezept" verbreitet, indem gefordert wird, man müsse sich auf Interessen statt auf Positionen konzentrieren – als ob das immer richtig wäre. Es kann richtig sein, und es wird oftmals richtig sein. Es gibt aber auch Situationen, in denen das anders ist – siehe das oben
erwähnte Beispiel der Geldforderung. Deshalb dürfen alle Empfehlungen zum Verhandeln nicht als Rezepte missverstanden werden. Rezepte sind so unbrauchbar wie
die Sprachkurse, in denen Dialoge eingeübt werden, die im Leben niemals stattfinden („Ich möchte gerne ein Hotelzimmer mieten." – „Sehr wohl, mein Herr oder
meine Dame, je nachdem; wünschen Sie ein Zimmer mit einer Dusche oder mit
einem Bad?"). Statt nach Rezepten zu greifen, sollte man sich Werkzeuge – Tools –
bereitlegen, die man je nach Situation verwendet oder aber auch liegen lässt und
durch andere ersetzt. Wichtig ist die stände Reflektion, die Situations- und Selbstbeobachtung, die bewusste Beobachtung des Geschehens und das stete Bemühen
um optimale Beeinflussung der dabei ablaufenden Prozesse. **Erkenne dich selbst** –
dieses Motto eines der sieben Weisen ist auch das Motto der rationalen Verhandlung.

2. Kenntnisse anstelle von „Rezepten"

Statt Rezepten sollten Kenntnisse erworben werden. Umfangreiche Forschungs- 13
projekte, deren Ergebnisse in seriösen Veröffentlichungen bekannt gemacht und
diskutiert werden, haben nicht nur gezeigt, dass Verhandlung ein Gegenstand ernst-
hafter interdisziplinärer Forschung ist, sondern haben auch Forschungsergebnisse
geliefert, die als Grundlage für einen verbesserten Umgang mit Konflikten verwendet werden können. Juristen, Psychologen, Ökonomen, Mathematiker, Konfliktfor-
scher und Angehörige weiterer Disziplinen befassen sich hiermit.[7] Man sollte sich
mit diesen Erkenntnissen nach Möglichkeit vertraut machen und etwa wissen, dass
es bei Konflikten auch um Kommunikationsstörungen, um emotionale Spannungen
und um Eskalation geht. Man sollte psychologische Konzepte wie **Konflikt**,[8] **Verlustangst**,[9] **selektive Wahrnehmung**,[10] **Eskalation**[11] kennen. Man sollte sich mit Erkenntnissen der Kommunikationstheorie und der Verhandlungsforschung ausei-

---

[7] Vgl. etwa *Raiffa*, The Art and Science of Negotiation, Cambridge, Massachusetts, 1982.
[8] *Rubin/Pruitt/Kim*, Social Conflict, 1994, 2. Auflage, S. 11 ff.
[9] Dazu *Pruitt/Carnevale*, Negotiation in Social Conflict, 1993, S. 96 ff.
[10] Sobald sich Menschen ein Bild von der Welt gemacht haben, neigen sie dazu, dieses aufrecht zu
halten. Psychologisch fällt es ihnen schwer, Informationen aufzunehmen, die sich mit ihren Vorstellungen nicht vereinbaren lassen. Dieser Effekt wird als *kognitive Dissonanz* bezeichnet und führt
zu selektiver Wahrnehmung, *Rubin/Pruit/Kim*, Social Conflict, 1994, 2. Auflage, S. 102–105.
[11] *Rubin/Pruit/Kim*, Social Conflict, 1994, 2. Auflage, S. 69 ff.

nander setzen und Grundkenntnisse über kognitive, strukturelle und strategische Einigungshindernisse haben.[12] Man sollte wissen, welche sachlichen Hindernisse auf dem Weg zu einer Einigung existieren, und welche Hindernisse die Betroffenen selbst errichten. Dann wird es möglich, herauszufinden, wie sich diese Hindernisse entweder von vorneherein vermeiden oder jedenfalls überwinden lassen.

3. Die Verhandlung ist ein Spiel

14   Jede Verhandlung ist ein Spiel, das bestimmten **Regeln** folgt. Dessen Regeln sind entweder intuitiv vorgegeben – so beim Positionsspiel des intuitiven Verhandelns – oder sie werden verabredet. Das Letztere geschieht beim rationalen Verhandeln.

15   Die Vorstellung, dass die Verhandlung ein Spiel ist, ist ungewohnt. Die Verhandlung erscheint als Arbeit, die oft genug schwer fällt. Aber wie immer man sich in einer Verhandlung verhält, man folgt, ob man will oder nicht, bestimmten Regeln. Will man beispielsweise eine Position durchsetzen, oder will man eine Position des Partners abwehren, und lässt man sich darum auf diese Position ein, dann hat man nur die Wahl zwischen den drei genannten Spielweisen: Scheitern, Machtausübung oder Manipulation. Gleiches gilt für den Partner. Wollen beide dies ändern, müssen sie die **Spielregeln ändern.** Dazu müssen sie eine entsprechende Vereinbarung treffen. Sie müssen einen **Verhandlungsvertrag** schließen.[13]

16   Wie jedes Spiel kann man das Verhandlungsspiel schlecht spielen. Man kann die Regeln verletzen oder zwischen verschiedenen Regeln wechseln – etwa die Verhandlung abbrechen (Scheitern), dann wieder aufnehmen und dabei drohen (Machtausübung), um schließlich im Basar zu landen (Manipulation). Das ändert nichts daran, dass man es unentwegt mit Regeln zu tun hat. Am Spielcharakter der Verhandlung kommt man nicht vorbei.

4. Welche Fähigkeiten benötigt ein Verhandler?

17   a) **Übersicht.** Der Verhandler muss also ein guter Spieler sein. Dazu muss er strategisch vorgehen können. Er muss imstande sein, Komplexität zu bewältigen. Er muss die Psychologie des Verhandelns beherrschen. Und er muss mit der Phasenstruktur der Verhandlung arbeiten können. Diese Stichworte seien im Folgenden etwas näher beleuchtet:[14]

18   b) **Strategische Fähigkeiten.** Der Verhandler muss ein Stratege sein. Er muss ein Gesamtkonzept verfolgen können und dabei imstande sein, jeweils situationsgerecht unterschiedliche Mittel, also flexible Taktiken, anzuwenden. Dabei muss er stets die Übersicht über das Ganze bewahren. Er muss fähig sein, die Sache und den jeweiligen Sachstand, das Verfahren und den jeweiligen Verfahrensstand und die Spieler – sich selbst eingeschlossen – **von außen zu betrachten,** obwohl er sich selbst inmitten des Geschehens befindet. Diese Fähigkeiten sind nicht von selbst vorhanden; sie müssen erlernt und eingeübt werden.

---

[12] Diese Einteilung folgt *Mnookin/Ross,* Introduction, S. 3–24, in: *Arrow/Mnookin/Ross,* Barriers to Conflict Resolution, New York 1995. Siehe dazu auch *Duve,* Mediation und Vergleich im Prozess, S. 142 ff.

[13] Ausführlich dazu *Haft,* Verhandlung und Mediation, S. 123 ff.

[14] Ausführlich zum Folgenden *Haft,* Verhandlung und Mediation.

Der Verhandler muss als **Stratege** führen können. Er muss wissen, dass die Spie- 19
ler durch die Komplexität des Geschehens überfordert werden, und dass sich beim
Verhandlungsspiel derjenige Spieler durchsetzt, der diese Komplexität am besten
beherrscht und strukturiert. Dazu muss er formale Vorgaben machen können. Er
muss die Komplexität des Falles auf einsichtige, überzeugende Weise strukturieren
können. Er muss die Sachstrukturen mit geeigneten Verfahrensvorschlägen verbinden können. Er muss den Umgang mit Tagesordnungen beherrschen. Er muss imstande sein, geeignete Spielregeln vorzuschlagen und auf entsprechende Gegenvor-
schläge zu reagieren. Er muss das Prinzip beachten, keinen Spielzug zu machen, ehe
nicht eine entsprechende, günstige Spielregel verabredet ist.

Als Führer muss der Verhandler wissen, dass es keine Musterlösung für eine Ver- 20
handlung gibt, und dass je nach Personen und Umständen verschiedene Mittel angebracht sein können. Er muss kooperieren und verschiedene Interessen koordinieren können. Er muss aber auch Härte zeigen können, so insbesondere dann, wenn
ihm ungeeignete Spielregeln aufgezwungen werden sollen. Dabei muss er Härte in
der Sache mit Freundlichkeit gegenüber der Person verbinden können. Er muss imstande sein, auch bei schweren Sachkonflikten *„good communication"* zu produzieren.

Schließlich muss der Verhandler wissen, dass jede Regel Ausnahmen zulässt, und 21
er muss erkennen können, wann es angebracht ist, eine solche Ausnahme zu machen.[15]

c) **Kreative Fähigkeiten.** Wie jeder Stratege muss der Verhandler auch kreativ 22
sein. Er muss insbesondere die Methode des **Brainstorming** beherrschen, bei der
verabredet wird (Spielregel!), strikt zwischen dem Finden möglicher Lösungsmodelle und deren Bewertung zu unterscheiden. Diese Fähigkeit ist deshalb wichtig,
weil die enge Welt der Positionen nur durch Optionen aufgelöst werden kann, die
„außerhalb" der Positionen liegen. In den USA spricht man in diesem Zusammenhang von „Win-Win-Negotiation". Beispielsweise geraten eine Entschuldigung oder
die Aufnahme einer zusätzlichen Geschäftsbeziehung beim „Positional Bargaining"
nicht in den Blick, können aber, wenn man den Blick nur auf die „außerhalb" der
Positionen liegenden Möglichkeiten richtet, durchaus den Schlüssel zur Konfliktbeilegung bergen.

Fachleute im Allgemeinen und Juristen im Besonderen sind normalerweise nicht 23
kreativ. Sie stecken voller Bedenken, die aus ihrer Fachkenntnis resultieren; Juristen
sind ohnehin professionelle Bedenkenträger. Diese Bedenken können jedem ungewöhnlichen Lösungsvorschlag entgegengehalten werden, ja, ihn sogar von vornherein verhindern. Für Juristen ist das letztere typisch. Bedenken kommen grundsätzlich vor dem Lösungsvorschlag („Bin dagegen, worum handelt es sich?"). Der
Verhandler muss diese Grundeinstellung überwinden können. Er muss fähig sein,
auch das Undenkbare zumindest probeweise zu denken.

Folgendes Beispiel mag verdeutlichen, was kreative Führer vermögen. Während 24
einer der im 19. Jahrhundert in Paris stattfindenden Unruhen erhielt der Kommandant einer Gardeabteilung den Befehl, einen Platz von dem dort demonstrierenden
Pöbel durch Gebrauch der Schusswaffe zu räumen. Er befahl seinen Leuten, durch-

---

[15] In der preußischen Armee gab es einen Orden, der verliehen wurde, wenn gegen einen Befehl verstoßen wurde, aber nur dann, wenn der Verstoß zu einem militärischen Erfolg führte.

zuladen und die Gewehre auf die Demonstranten anzulegen. Die Menge erstarrte vor Entsetzen. Der Kommandant wollte aber seine Mitbürger nicht töten, und da er ein kreativer Führer war, fand er einen Ausweg. Was tat er wohl?[16]

25   **d) Fähigkeit zur Bewältigung von Komplexität.** Der Verhandler muss über die Fähigkeit verfügen, komplexe Gegenstände in der verbalen Sprache zu beherrschen, soweit das irgend möglich ist. Komplexität ist ja die wesentliche Ursache des Positionsdenkens. Dieses ist deshalb so verbreitet, weil es eine Vereinfachungsstrategie ist. Das gilt im Alltag, und es gilt in der Welt der Juristen.

26   Wenn zwei Nachbarn um die Beseitigung einer Hecke oder eines Baumes streiten, dann fällt es ihnen sehr leicht, Position zu beziehen („Der Baum muss weg!" – „Der Baum bleibt stehen!"). Dass sich dahinter ein möglicherweise jahrzehntelang schwärender Konflikt verbirgt, in dem eine Fülle von Ereignissen und Emotionen zu einer komplexen Gemengelage geführt haben, ist ihnen so wenig bewusst wie die Tatsache, dass es bei einem Positionsstreit unter Nachbarn immer nur zwei Verlierer und keinen Gewinner gibt.

27   Die Juristen haben den Nutzen dieser **Vereinfachungsmethode** für ihre Arbeit schon früh erkannt. Wenn der römische Prätor nur diejenigen Klagen zuließ, die er kannte, so handelte er im eigenen Interesse – nicht im Interesse der Bürger Roms. Er wusste, wie er zu entscheiden hatte. Sein Leben war einfach. Hieran hat sich im Prinzip bis heute nichts geändert.

28   Paradoxerweise kann der juristische Verhandler beim Umgang mit Komplexität in Verhandlungen auf juristische Erfahrungen beim Umgang mit Komplexität in der Rechtsdogmatik zurückgreifen, die gewonnen wurden, seit in der Antike die ersten Rechtssysteme – komplexe Gebilde zur Bewältigung einer komplexen Realität – geschaffen wurden. Der Verhandler muss sein juristisch-dogmatisches Know-how dazu nutzen können, den Konflikt auch im außerjuristischen Bereich in entsprechender Weise zu strukturieren. Er muss imstande sein, Begriffshierarchien zu errichten und den Konflikt in Haupt- und Unterpunkte zu gliedern. Darüber hinaus muss er fähig sein, für die Abarbeitung solcher Begriffsstrukturen Regeln zu verabreden. Und er muss schließlich jenen (kleinen) Bereich, der begrifflich nicht mehr strukturiert werden kann, durch typologisches Denken anhand von Beispielsfällen überzeugend erfassen können.

29   **e) Beherrschung der Psychologie des Verhandelns.** Der Verhandler muss die Psychologie des Verhandelns beherrschen. Zu diesem weiten Feld können hier nur einige Stichworte gegeben werden:
– Der Verhandler muss wissen, wann er sich **kooperativ** (so beim Umgang mit den Sachproblemen) und wann **kompetitiv** (so bei der Abwehr ungeeigneter Spielregeln) verhalten muss. Er muss imstande sein, zwischen einem Nicht-Nullsummenspiel und einem **Nullsummenspiel** zu unterscheiden. Und er muss wissen, dass kreative Fähigkeiten nur beim kooperativen Nicht-Nullsummenspiel entfaltet werden können.

---

[16] Der Kommandant rief: „Mesdames, Messieurs, ich habe den Befehl, auf den Pöbel zu schießen. Da ich vor mir aber eine große Zahl ehrenwerter Bürger sehe, bitte ich Sie, wegzugehen, damit ich ungehindert auf den Pöbel feuern kann!" – In wenigen Minuten war der Platz leer. – Diese Geschichte wurde von *Ivo Greiter* in dem höchst lesenswerten Buch „Kreativität in der Praxis", Innsbruck 1990, mitgeteilt.

– Der Verhandler muss Gemeinsamkeiten groß, Trennendes klein schreiben können. Jeder Konflikt enthält trennende und verbindende Elemente. Es liegt an den Parteien, ob sie das Erstere oder das Letztere in den Vordergrund rücken wollen. Der Verhandler muss imstande sein, das Letztere zu tun. Dazu muss er, wie gesagt, imstande sein, *„good communication"* zu produzieren. Er muss den Umgang mit (negativen und positiven) Emotionen beherrschen. Er muss die Kunst beherrschen, positive Emotionen, insbesondere Vertrauen, zu erzeugen, und er muss fähig sein, negative Emotionen zu überwinden. Wenn er beispielsweise weiß, warum Menschen über Witze lachen,[17] kann er dieses Mittel gezielt einsetzen, um ein angespanntes Verhandlungsklima zu verbessern. Natürlich drohen dabei Gefahren. Es ist eine Kunst, diese zu vermeiden. Hier wird besonders deutlich, dass es nicht um Rezepte, sondern um Wissen und Erfahrung, letztlich um **Kunst** geht. Es gibt nicht nur eine **Wissenschaft**, sondern auch eine Kunst des Verhandelns.[18]

f) Fähigkeit zum Umgang mit Fairness und Unfairness. Der Verhandler muss fair 30 sein. Er muss aber auch imstande sein, Unfairness abzuwehren. Hier zeigt sich erneut der Spielcharakter der Verhandlung. Fair und unfair sind Begriffe, die aus dem Mannschaftssport stammen. **Fair play** bedeutet, regelgerecht zu spielen. Wer unfair spielt, begeht ein Foul. Es ist kennzeichnend, dass die deutsche Sprache für all dies keine Wörter kennt. Die Mannschaftssportarten wie Fußball wurden in England erfunden, einem Land, das sich schon im Mittelalter vom **Begriffsrealismus** ab- und dem **Nominalismus** zugewandt hatte. Es geht diesem nicht um das Orakeln mit Begriffen, sondern um deren Verwendung im Sprachspiel.

Während die deutsche Rechtswissenschaft eine der letzten Bastionen des Begriffs- 31 realismus ist, und während man hier bedeutungsschwer vom Inhalt solcher Begriffe wie Gerechtigkeit orakelt, sieht man dort den Spielcharakter des Gerechtigkeitsspiels. Das deutsche Gericht will etwas „erkennen", das angelsächsische Gericht sorgt für Fairness. Es verwundert daher nicht, dass der Begriff der Fairness da, wo er in Deutschland ausdrücklich bemüht wird, im Strafprozess (**„fair trial"**) gründlich, nämlich inhaltlich, missverstanden wird.[19]

Erneut stößt man bei der Suche nach Fairness auf die Existenz von ungeschriebe- 32 nen Verhaltensregeln, die das menschliche Zusammenleben regeln. Das Gesetzbuch dieser Regeln ist ungeschrieben, aber jedermann trägt es in sich. Jedermann weiß sehr genau, wann diese Regeln verletzt werden. Dann liegt unfaires Verhalten vor. Es soll die Mitspieler so hilflos machen wie ein Foul beim Fußball. Wie soll man spielen, wenn der andere die Regeln verletzt? Auf diese Frage muss der Verhandler eine Antwort wissen.[20]

---

[17] Sie lachen nicht über den Inhalt des Witzes. Vielmehr enthält der Witz in der Pointe infolge des raschen Wechsels zwischen verschiedenen gleich plausibel erscheinenden Weisen der Weltsicht einen Angriff auf unser Erkenntnisvermögen, der so ernst ist, dass wir uns entschließen, ihn nicht ernst zu nehmen. Das Lachen bewahrt uns vor der Erkenntnis, dass alle unsere sprachlichen Orientierungsmuster fragwürdig sind.

[18] Dies kommt treffend zum Ausdruck im Buchtitel von *Howard Raiffa,* The Art and Science of Negotiation.

[19] Siehe etwa *Kleinknecht/Meyer-Goßner* StPO 44. Aufl. 1999, Einl. Rdnr. 19.

[20] Er sollte die Unfairness zu einem (Zwischen-)Thema der Verhandlung machen, mit dem Ziel, derartige Verhaltensweisen zu entfernen („Der Ball ist im Aus! Wir sollten ihn wieder in das Spiel befördern!").

33   g) **Fähigkeit zur Abwehr von Verstrickungsgefahren.** Der Verhandler muss auch Verstrickungsgefahren begegnen können. Es gibt eine eigene Psychologie der Verstrickung. Menschen neigen umso mehr zu irrationalem Verhalten, je mehr sie in eine Sache hineingesteckt haben. Dahinter steht das Unvermögen, zwischen **Investitionen,** die zu retten, und **Kosten,** die verloren sind, zu unterscheiden. Hier wirkt sich ferner das **Kontrastprinzip** aus. Neue Daten werden stets an den zuletzt behandelten Daten gemessen. Die Verkäuferschulung kennt diesen Befund. Wenn sich der Kunde erst einmal für den Kauf eines neuen Autos entschlossen hat, dann erscheint ihm der Aufpreis für die Ledersitze oder die Klimaanlage „vergleichsweise" gering – und wird akzeptiert.

34   Wenn der Verhandler solche Forschungsergebnisse kennt, wenn er die hier wirksamen Mechanismen verstanden hat, dann ist er imstande, **Zusatzforderungen in letzter Minute** (oder sogar – im Falle des Abschlusses eines widerrufbaren Vergleiches – nach der letzten Minute), wie sie besonders von Anwälten gerne erhoben werden, abzuwehren. Wer dagegen diese Mechanismen nicht kennt, ist derartigen Zusatzforderungen wehrlos ausgesetzt. Er will den mühsam ausgehandelten Vergleich retten und akzeptiert auch die in letzter Minute geforderte volle Übernahme der Kosten. Er weiß nicht, dass er selbst das Problem ist, und nicht der andere.

35   h) **Fähigkeit zum Umgang mit Macht.** Der Verhandler muss weiter wissen, wie er mit (fremder wie eigener) Verhandlungsmacht umzugehen hat. Die Macht des stärksten Verhandlungspartners endet da, wo man selbst aus der Verhandlung aussteigt. Also sollte die Ausstieg sorgsam geplant und als realistische Alternative stets in das Kalkül mit einbezogen werden. Und man sollte die eigene Kreativität auch dazu benutzen, soweit möglich, den Ausstieg des anderen zu verteuern, den eigenen Ausstieg dagegen zu verbilligen.[21] Letztlich ist freilich gegen Macht nur das Kraut des Rechts gewachsen. Alle Verhandlungskünste stoßen hier auf eine natürliche Grenze.

36   i) **Fähigkeit zur Arbeit mit der Phasenstruktur der Verhandlung.** Der Verhandler muss schließlich wissen, in welche Phasen eine Verhandlung zerfällt. Es gibt eine **Einleitungsphase,** eine **Informationsphase,** eine **Argumentationsphase** und eine **Entscheidungsphase.** Diese Phasen können wieder in Unterphasen eingeteilt werden. Auch hier gilt der schon erwähnte Grundsatz, dass jede Regel nur so gut ist wie ihre Ausnahmen. Es ist beispielsweise oftmals sachgerecht, die Verhandlung mit einer Einleitungsphase zu beginnen und in dieser Phase für *„good communication"* zu sorgen. Wenn aber eine schlechte Nachricht zu überbringen ist, wenn etwa ein Mitarbeiter entlassen werden muss, oder wenn dem Mandanten mitzuteilen ist, dass man einen Prozess verloren hat, dann wäre es ein grober Fehler, die Verhandlung mit einem Geplauder über den letzten Urlaub zu eröffnen.

37   In jeder Phase sollten bestimmte Dinge geschehen und andere Dinge unterbleiben. Der Verhandler muss dies wissen. Ihm muss klar sein, dass es bei Verhandlungen ein „Zu früh" ebenso gibt wie ein „Zu spät". Er muss imstande sein, das Richtige zur richtigen Zeit zu tun. Er muss die Technik beherrschen, Fahrpläne aufzustellen und, wie schon gesagt, Verhandlungsverträge abzuschließen, durch welche

---

[21] In den USA wird in diesem Zusammenhang der Ausdruck „Best alternative to negotiated agreement – BATNA" verwendet.

die Parteien sich an bestimmte Verfahrensregeln, eben Spielregeln, binden. Er muss imstande sein, Ordnung in die Veranstaltung zu bringen, damit das schrittweise Abarbeiten von Detailproblemen an die Stelle fruchtloser gegenseitiger Plädoyers treten kann.

Und er muss vor allem ein **guter Zuhörer** sein. Zuhören können ist eine unter- **38** entwickelte Fähigkeit. Wir alle wollen den anderen von der Richtigkeit unseres Standpunktes überzeugen. Dazu müssen wir reden. Wir verwenden ein Medium, das zum Sprechen gemacht ist und daher Sprache heißt. Wäre es zum Zuhören gemacht, hieße es Höre. Zuhören will trainiert sein. Das Reden kommt dagegen von selbst.

j) Fähigkeit zur Abwehr von Manipulationsgefahren. Schließlich muss der **39** Verhandler imstande sein, sich gegen Manipulationsgefahren zur Wehr zu setzen. In der Sozialpsychologie gibt es einen eigenen Zweig namens **„Machiavellismus"**, der sich mit dem Thema Manipulation befasst.[22] Alle Manipulationen basieren auf der Aktivierung der schon mehrfach angesprochenen Verhaltensprogramme durch so genannte **Auslöser** (*„trigger"*) in Situationen, in denen es nicht sachgerecht ist, diese im Alltag nützlichen Programme (**Alltagstheorien**) zu befolgen. Solche Verhaltensprogramme sind beispielsweise **Autoritätsprogramme** („Der herrschenden Meinung ist zu folgen"), **Beständigkeitsprogramme** („Bei einer einmal gefassten Meinung muss man bleiben"), **Sympathieprogramme** („Meine Freunde meinen es gut mit mir"), **Reziprozitätsprogramme** („Geschenke werden erwidert") und **Knappheitsprogramme** („Knappe Güter sind wertvoll").[23] Deren Anwendung bewirkt, dass das Opfer tut, was es eigentlich nicht tun will.

In manchen populären Büchern wird empfohlen, derartige Manipulationstechni- **40** ken anzuwenden. Das ist ein eben so falscher wie törichter Ratschlag. Gewiss, die Programme funktionieren. Sie bilden die Grundlage der Schulung von Verkäufern und Haustürvertretern. Aber das Opfer einer Manipulation wird stets wissen, dass es dazu gebracht wurde, etwas zu tun, was es eigentlich nicht tun wollte. Es wird mit Ablehnung reagieren. Man kann Dauerbeziehungen durch nichts so sicher beschädigen wie durch eine Manipulation. In anspruchsvollen Berufen kann es daher nur darum gehen, sich vor Manipulationsgefahren zu schützen, nicht darum, selbst zu manipulieren.

5. Nochmals: Es geht um Verhaltensregeln

Es sei nochmals daran erinnert, dass es bei der Verhandlung um ein Spiel geht, **41** das nach bestimmten Verhaltensregeln abläuft. Man kann die Regeln befolgen, die von selbst vorhanden sind. Dann landet man beim intuitiven Verhandeln und beim *„positional bargaining"*. Man kann diese Regeln verletzen – dann verhält man sich unfair. Man kann sie in unpassenden Situationen aktivieren – dann manipuliert man.

Beim rationalen Verhandeln nimmt man dagegen einen positiven Einfluss auf **42** diese Regeln. Man reflektiert sie und verabredet sie. Man legt die Spielregeln fest,

---

[22] Grundlegend hierzu *Christie/Geis* (Hrsg.), Studies in Machiavellianism. Siehe dazu *Bierbrauer*, in: *Gottwald/Haft* (Hrsg.), Verhandeln und Vergleichen als juristische Fertigkeiten, S. 34 ff.; *Bender/Gottwald*, a.a.O., S. 90 ff.
[23] Siehe dazu *Cialdini*, Influence.

nach denen das Spiel gespielt wird. Diese sind keine komplizierten, sondern sehr einfache Regeln. Wenn man beispielsweise verabredet, sich gegenseitig nicht zu unterbrechen, befördert man das so wichtige Zuhören. Wenn man einen „**Vertrag**" darüber schließt, dass man erst eine **Informationsphase** und danach eine **Argumentationsphase** vorsieht, dann vermeidet man Konfusion. Wenn man sich darüber einigt, nicht über Positionen, sondern über Interessen zu verhandeln, verlässt man die enge Welt des Positionsdenkens. Wenn man den Vorschlag durchsetzt, ein Brainstorming zu veranstalten, macht man sogar aus einem Kanzleijuristen plötzlich einen kreativen Menschen. Kurz, es geht darum, gute Regeln für ein gutes Spiel zu verabreden, das dann auch zu guten Ergebnissen führt.

6. Der Basar – Manipulations-, Markt- und Gerechtigkeitsveranstaltung

43   Last but not least muss der Verhandler auch das „Feilschen" beherrschen. Damit ist nicht etwa nur die Fähigkeit gemeint, ein gebrauchtes Auto zum Höchstpreis zu verkaufen (obwohl das, wie schon gesagt, keine schlechte Sache ist). Vielmehr muss der Verhandler wissen, dass der Basar nicht nur eine Manipulationsveranstaltung, sondern auch eine Marktveranstaltung und sogar eine Gerechtigkeitsveranstaltung ist.

44   Die **Manipulationsveranstaltung** ist rasch beschrieben. Jedermann weiß, etwa aus dem Urlaub, wie es im **Basar** zugeht. Der eine erhebt eine maßlos überzogene Forderung. Der andere fällt daraufhin in Ohnmacht. Nachdem er wieder zu sich gekommen ist, unterbreitet er seinerseits ein lächerlich geringes Angebot. Nun ist es an dem einen, sich furchtbar aufzuregen. Nach vielem Wehgeschrei lässt er von seiner Forderung ein wenig nach, der andere legt seinerseits etwas zu, und die beiden führen etwas auf, was man in den USA „*Negotiation Dance*" nennt – „Verhandlungtanz". Wenn sie sich in der Mitte getroffen haben, einigen sie sich.

45   Aber was jedermann nicht weiß, ist, welche Mechanismen diese Manipulation steuern. Es sind die bereits beschriebenen Manipulationsmechanismen, bei denen bestimmte Reize als Auslöser *(„Trigger")* gesetzt werden, mit denen Verhaltensprogramme aktiviert werden, die wir alle in uns tragen, und die dafür sorgen, dass wir uns in unüberschaubaren Situationen ohne Nachdenken – automatisch – richtig verhalten. So gibt es das schon erwähnte Programm namens „**Reziprozität**", welches besagt: „Geschenke werden erwidert." Im Alltagsleben ist es nützlich, im Basar kann es ausgenützt werden. Denn hier werden nur Scheingeschenke gemacht, auf die wiederum mit Scheingeschenken reagiert wird. Beide Spieler manipulieren sich auf diese Weise wechselseitig.[24]

46   Das „Feilschen" steht daher intuitiv bei uns in einem schlechten Ruf, und dieser ist auch durchaus verdient. Im Basar gibt es keine Argumente. Das Ergebnis hängt nur von der vermuteten „richtigen" Mitte, von den Ausgangsgrößen, von den jeweils gesetzten Limits und von der Fähigkeit ab, das Basarspiel zu spielen,[25] wozu insbesondere auch die Fähigkeit gehört, Basargeschichten zu erzäh-

---

[24] Im Basar werden noch weitere Verhaltensprogramme aktiviert, auf die hier nicht näher eingegangen werden soll.

[25] Ausführlich aus spieltheoretischer Sicht dazu *Raiffa*, The Art and Science of Negotiation.

len.[26] Das Unbehagen an diesem durch und durch irrationalen Geschehen erklärt es, warum wir Deutsche Festpreisfetischisten sind. Als bei uns im Jahre 2001 das gesetzliche Rabattverbot endlich zu Fall gebracht wurde, wurde dies tatsächlich als große Reform bezeichnet.

Aber: Der Basar ist nicht nur eine Manipulationsveranstaltung, sondern auch 47 – der Name sagt es – ein **Markt**. Wie anders als durch **Angebot und Nachfrage** kann ein Preis bestimmt werden? Soweit wir unverdrossen bemüht sind, diesen elementaren Grundsatz in vielen Bereichen außer Kraft zu setzen, erhalten wir durchweg die Quittung – man denke nur an den schleichenden Ruin der gesetzlichen Sozialversicherungssysteme.

Und: Der Basar ist eine **Gerechtigkeitsveranstaltung**. Er bietet die einzige mögli- 48 che Technik, um Unbestimmtheiten auf dem Wege des gegenseitigen Nachgebens auszugleichen. Die herrschende juristische Doktrin mag sich mit dem Gedanken, dass Gerechtigkeit eine Sache des Aushandelns, des „Feilschens", des *„Gambling"* sein könne, nicht anfreunden. Man kann dies exemplarisch an den Theorien zur „richtigen" Strafe zeigen. In Deutschland ist in der Lehre die Theorie der Punktstrafe verbreitet, die besagt, es gebe nur eine einzige schuldangemessene Strafe für die konkrete Tat. Demgegenüber vertritt die Rechtsprechung eine Spielraumtheorie, die einen konkreten Schuldrahmen annimmt; innerhalb dieses Rahmens soll jede Strafe gleich richtig sein.[27] Dass weder das eine noch das andere zutrifft, dass die konkrete Strafe immer etwas mit der Art und Weise zu tun hat, wie das Spiel des Strafverfahrens gespielt wird, und wie der Schuldspruch zustande kommt, wird nicht gesehen, weil der „Basar" ja kein Thema für ernsthafte Juristen ist. Dabei wird denn freilich Wesentliches übersehen. So hängt die Richtigkeit der Strafe auch davon ab, ob ein **„Schulddialog"**[28] mit dem Angeklagten stattfand, und ob das Verfahren fair war, kurz, ob die Verhandlung regelgerecht „gespielt" wurde. Neue psychologische Untersuchungen zeigen, dass eine Entscheidung von den Betroffenen nicht wegen ihres Inhaltes, sondern wegen der Fairness des Verfahrens akzeptiert oder aber wegen Unfairness abgelehnt wird.[29]

Das „Basarspiel" wird überall da gespielt, wo Unbestimmtheiten überwunden 49 werden müssen – bei der Bestimmung des Verkaufspreises eines Unternehmens ebenso wie bei der Schadensermittlung nach § 287 ZPO. Wenn das Gericht einen Schaden „unter Würdigung aller Umstände nach freier Überzeugung" ermittelt, dann steht dahinter kein Erkenntnisprozess, sondern ein Basarspiel, dessen Ursprung und dessen Regeln jeder kennen sollte, der an diesem Spiel beteiligt ist. Der Verhandler muss daher auch imstande sein, zu „feilschen".

---

[26] In manchen Ländern ist der Einkauf auf dem Basar für Frauen die einzige zulässige Möglichkeit, mit anderen Männern Gespräche zu führen.

[27] Vgl. die Nachweise bei *Tröndle/Fischer* StGB, § 46 Rdnr. 9 ff.

[28] Dazu *Haft*, Der Schulddialog, Freiburg 1978.

[29] Dazu *Bierbrauer*, in: Haft/Hof/Wesche (Hrsg.), Bausteine zu einer Verhaltenstheorie des Rechts Baden-Baden 2001.

§ 9 Kooperatives Verhalten – die Alternative zum (Rechts-)Streit

Adrian Schweizer

Übersicht

Schrifttum: *Bandler/Grinder*, Kommunikation und Veränderung, Junfermann, 1984; *dies.*, Metasprache und Psychotherapie, Junfermann, 1981; *Bateson Gregory*, Ökologie des Geistes, Suhrkamp,1994; *Clouzot Henri-Georges*, Le mystère Picasso 1956; *Csikszentmihalyi Mihaly*, Das Flow-Erlebnis, Klett-Cotta, 1991; *ders.*, Flow-Das Geheimnis des Glücks, Klett-Cotta, 1993; *Csikszentmihalyi Mihaly und Isabella S.*, Die außergewöhnliche Erfahrung im Alltag, Klett-Cotta, 1991; *Dilts Robert*, Die Veränderung von Glaubenssystemen, Junfermann, 1993; *ders.*, Strategies of Genius, Volume I–III, Meta, 1994/5; *Dilts/Bandler/Grinder*, Strukturen subjektiver Erfahrung, Junfermann, 1985; *Einstein Albert*, Mein Weltbild, Ullstein, 1991; *von Foerster Heinz*, Wissen und Gewissen, Suhrkamp, 1993; *Grinder/DeLozier*, Der Reigen der Daimonen, Junfermann, 1995; *Levi-Strauss Claude*, Traurige Tropen, Suhrkamp, 1975; *McCormack Mark H.*, The Terrible Truth About Lawyers, Collins, 1987; *Maturana/Varela*, Der Baum der Erkenntnis, Goldmann, 1987; *Ponschab/Schweizer*, Kooperation statt Konfrontation, Neue Wege anwaltlichen Verhandelns, Schmidt, 1998; *Schweizer Adrian*, „Sie irren sich, Herr Kollege!" oder: Warum Anwälte nicht verhandeln können, in „Mediation", Schriftenreihe des DACH, Band 12, Schmidt/Schulthess, 1998; *Whitehead Alfred North*, Prozess und Realität, Suhrkamp, 1995; *Wittgenstein Ludwig*, Tractatus logico-philosophicus, Suhrkamp, 1980.

I. Houston, Texas, Barnes & Noble Bookstore Clear Lake, Montag, 28. Mai 2001, Memorial Day

Ich bin wieder einmal in Amerika. Diesmal nicht alleine, sondern in Begleitung 1
meiner 16 jährigen Tochter *Tanit*. Ich hatte hier in Houston ein Coaching mit einem ehemaligen Astronauten und benutze nun die verbleibende Zeit für eine kleine
Sightseeing-Tour durch Amerika. Ich möchte *Tanit* die Möglichkeit geben, die USA
kennenzulernen um sich dann zu entscheiden, ob sie ihr Austauschjahr hier oder in
Irland verbringen will. Weiter will ich die Zeit nutzen, um ein Essay für das Media-
tionshandbuch zu schreiben. Etwas über kooperatives Verhalten soll es werden.
Kooperatives Verhalten als Alternative zu konfrontativem Verhalten. Prof. *Haft*
meinte ausdrücklich „Verhalten" und nicht „Verhandeln", wie ich nachgefragt habe, da ich bis jetzt hauptsächlich über „kooperatives Verhandeln" publiziert habe.
Nun gut. Wagen wir uns mal an dieses Thema. Aber wie soll ich es angehen? Wie
kann man Verhalten überhaupt beschreiben? Mit Statistiken, wie *Emile Durkheim*
behauptet hat oder mit der Beschreibung von Lebensumständen, wie *Max Weber*
meinte? Wie schon Ende der 70er Jahre, wo wir an der Uni viel zu diesem Thema
gelesen haben, es nannte sich damals „Wissenschaftstheorie", bin ich eher auf der
Seite von *Max Weber* und so entscheide ich mich zu einem individualpsycholo-
gisch-historischen Ansatz: Wie sieht meine persönliche Geschichte, meine persönliche Entwicklung des Begriffes „Kooperation" aus. Dann die nächste Idee: Das was
ich herausfinde, könnte ich in einen Modell-Fall einbringen, dessen Lösung ich
einmal mit konfrontativem Verhalten der Parteien und einmal mit kooperativem
Verhalten der Parteien schildere. Ja, so könnte es gehen! Vielleicht lässt sich dabei
aus dem Subjektiven ja sogar etwas Objektives herausarbeiten. Dann wären vielleicht auch die Kollegen zufrieden, in deren Weltbild Objektivität (noch) existiert.
Also los:

Als erstes Beispiel für **konfrontatives Verhalten** in meinem Leben kommt mir das 2
Verhalten unserer Nachbarn gegenüber meiner Mutter in den Sinn. Meine Mutter
ist nämlich mit der **Gabe des Erkennens der absoluten Wahrheit** gesegnet. Und das
gibt natürlich Probleme. In meiner Kindheit vor allem mit den Nachbarn. So lebte
etwa unsere Nachbarin in der ersten Wohnung meiner Eltern in wilder Ehe mit dem
Gemeindeschreiber des Ortes zusammen und meine Mutter offenbarte ihr eines Tages, dass es besser für sie sei, ihr Verhältnis legalisieren zu lassen. Unser Pech war,
dass die Nachbarin auch die Hauseigentümerin war und so mussten wir bald umzie-
hen. Meine Mutter fügte sich in das Schicksal und meinte, dass es für viele Menschen eben schwer sei, „die Wahrheit ertragen zu können". Leider befand sich auch
im neuen Wohnhaus jemand, der „die Wahrheit nicht ertragen konnte" und leider
war es auch diesmal wieder der Vermieter. Wir zogen abermals um. Aber Sie ahnen
es bereits, auch in unserer dritten Wohnung gab es schon bald wieder einen Konflikt mit der Wahrheit. Aber nun griff mein Vater ein: Er befand, dass die Menschheit vermutlich noch nicht in der Lage war, mit der außerordentlichen Fähigkeit
meiner Mutter relaxed umzugehen und dass es deshalb besser sei, die Berührungs-
punkte zu verringern. Die beste Möglichkeit dafür sah er im Bau eines eigenen
Hauses. Am besten zudem nicht mehr in der Stadt, sondern auf dem Lande. So zogen wir von Belp nach Burgistein und meine Mutter konfrontierte nun hauptsäch-

lich ihre Schwester mit der Wahrheit. Nach kurzer Zeit stellte sich dann leider heraus, dass auch diese nicht sehr wahrheitsliebend war und sich zurückzog. Also blieben ihr nur noch mein Vater, meine beiden Brüder und ich. Glücklicherweise waren wir resistenter und so verbrachte ich eine zufriedene Kindheit auf dem Lande.

3   Die Begegnung mit der Wahrheit in meiner Jugend war für mich und meine weitere Entwicklung prägend. Ich merkte mir nämlich folgendes: Wer Anspruch auf Wahrheit erhebt, muss damit rechnen, dass es zum Knatsch kommt. Oder wie mein Vater gerne formulierte:

1. Theorem: Wer den Frieden liebt, tut gut daran, nicht mit der Wahrheit gesegnet zu sein!

4   Nach dem Besuch der Primarschule in Burgistein, Fräulein *Balmer* unterrichtete vier Klassen parallel, besuchte ich die Sekundarschule in Wattenwil (Schulbeginn 7:00 Uhr morgens!) und dann das Progymnasium und das Gymnasium in Thun. Ganz besonders gefiel mir im Gymnasium das Fach Physik, das von *Dr. Walter Meier* unterrichtet wurde. *Dr. Meier* war neben seinem Job als Gymnasiallehrer zwei Tage in der Woche als Chemiker in der Pulverfabrik Wimmis tätig, wo er für die Armee hochexplosive Stoffe für Hand- und andere Granaten mischte. So war er bestens vorbereitet, um in der restlichen Zeit mit pubertierenden Teenagern gelassen umgehen zu können. Meier war es dann auch, der mich als erster mit der Erkenntnis von Albert Einstein vertraut machte, der, in absoluter Verkennung der Gabe meiner Mutter behauptete, **es würde keine Wahrheit geben, denn alles sei relativ:** Das einzig Absolute im Universum sei die Geschwindigkeit des Lichtes und alles andere, also auch Raum und Zeit, seien wandelbar. Das war ein herber Schlag für mein Weltbild aber noch heftiger wurde es, als ich selbst in der Stadt die Rechte zu studieren begann, in welcher *Einstein* im Jahre 1905 seine Relativitätstheorie entwickelt hatte: in Bern.

5   Das genügt für heute. Es ist 12 Uhr Mittag – High Noon – und ich will noch einige Stunden fahren: Von Clear Lake Richtung Norden, durch Houston durch und dann westlich auf die Interstate 10 Richtung San Antonio. In San Marcos noch den Prime Factory Outlet besuchen und dann in Austin übernachten.

II. Austin, Texas, Barnes & Noble Bookstore Guadeloupe Street, Dienstag, 29. Mai 2001

Es ist 10 Uhr morgens. Ich habe hinter der Buchhandlung einen schönen Parkplatz gefunden. Aller- **6** dings nur für zwei Stunden. Also rasch einen Schluck „Starbucks Tazo Chai" nehmen und weiter mit dem Text:

In Bern kam ich zum ersten Mal in Kontakt mit jenen Forschern, die sich heute **7** Konstruktivisten nennen und deren bedeutendster Vertreter wohl der Biokyberneti- ker *Heinz von Foerster* ist. *Von Foerster* behauptete nämlich, dass es so etwas wie Wahrheit wohl gibt, dass aber kein lebender Mensch darauf Zugriff hat, da jeder Mensch nur das sieht, hört, spürt, riecht und schmeckt, was ihm seine Sinnessyste- me als Abbild dessen ins Hirn liefern, was sie draußen wahrnehmen! Und genau da lag der Hund begraben: Kein Sinnessystem ist nämlich in der Lage, das, was drau- ßen ist, genau so nach innen zu schicken, wie es draußen stattfindet! Ja, von Foerster ging sogar noch weiter und behauptete, dass alle Sinnessysteme unabhän- gig von dem, wie sie die Welt wahrnehmen, Informationen über die Welt zum Hirn schicken. Unsere Sinnessysteme funktionieren nach von Foerster also so, als würde ich jetzt in Austin Informationen über Lubbock, wo ich noch nie gewesen bin aber vermutlich morgen sein werde, schon heute in meinen Mac tippen! Nicht schlecht! *Von Foerster* formuliert dann auch, dass die Welt, so wie wir sie wahrnehmen, eine **Erfindung** unserer Sinnessysteme ist, oder, um es auf den Punkt zu bringen: **Wahr- heit ist die Erfindung eines Lügners!**[1]

Das war nun natürlich oberherbe! Wenn *von Foerster* also Recht hatte, hatten **8** wir dreimal die Wohnung gewechselt für „Wahrheit", etwas, das für uns Menschen gar nicht zugänglich ist. Wenn *Einstein* und *von Foerster* nämlich keine kompletten Idioten sind, so dachte ich mir wenigstens, wäre es also denkbar, dass es keine ob- jektive, absolute Wahrheit gibt, sondern nur subjektive, relative, persönliche Wahr- heiten. Und natürlich wäre dann auch für jeden einzelnen Menschen seine subjek- tive Sichtweise die absolute Wahrheit, da er ja außer dieser nichts hat. Das war nun superoberherbe.

Und ein Konflikt würde dann, so dachte ich mir, entstehen, wenn jemand be- **9** hauptete, seine subjektive Weltsicht sei die objektive Wahrheit oder zumindestens wahrer als die subjektive Weltsicht irgend eines anderen Menschen. Oder als Theo- rem formuliert:

2. Theorem: Konfligierend verhalte ich mich immer dann, wenn ich glaube oder behaupte, meine Weltsicht sei wahr oder wahrer als die Weltsicht eines anderen!

Nun sind die zwei Stunden um. Ich muss rasch zurück zu meinem Isuzu Trooper und will dann auf **10** der Interstate 35 nach Lubbock hoch fahren. Die Stadt, wo sich der Campus der berühmten Texas Tech University befindet. Vielleicht finde ich dort auch einen Platz zum Schreiben.

---

[1] Wer mehr über diese Lügentheorie wissen möchte, kann sich *Heinz von Foersters* Buch „Wissen und Gewissen" besorgen, welches 1993 bei Suhrkamp in Frankfurt am Main erschienen ist. In die- sem Sammelband ist auch der berühmte Aufsatz „Über das Konstruieren von Wirklichkeiten" abge- druckt.

III. Texas Tech University Lubbock, University Library,
Mittwoch, 30. Mai 2001

11 Ich war nicht schnell genug gestern und fand folgendes Ticket unter der Windschutzscheibe:

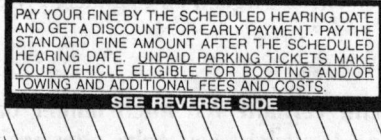

CITY OF AUSTIN
PARKING VIOLATION NOTICE
AVISO DE VIOLACION DE ESTACIONAMIENTO

TO VEHICLE OWNER OR DRIVER: FAILURE
TO PAY FINE OR APPEAR AT THE MUNICIPAL
COURT ON OR BEFORE THE SCHEDULED
HEARING DATE SHOWN BELOW IS AN
ADMISSION OF LIABILITY FOR THE PARKING
VIOLATION CHARGE AND WILL RESULT IN A
DEFAULT JUDGEMENT AGAINST THE
VEHICLE OWNER.

Citation: 32039084 Day: TUE
Time: 12:27   Vio Date: 05/29/2001
Officer: ST   ID: 113
Agency: PARKING   Beat: W15

Loc: 2200 SAN ANT. ST NBEC
Viol: 00444
Desc: TOW AWAY ZONE
EARLY FINE: $ 25.00
Standard Fine: $ 50.00

Lic: 638FZP
State: AZ   PMT#/TIME:
Exp: /   Color: WHI
Make: ISU   Type: 4 DOOR
Meter No:
Remark1: Marked 1/2 @10:13 elps 02:13
Remark2: 2 HR PARKING/MBDT

Hearing Date: 06/11/2001

PAY YOUR FINE BY THE SCHEDULED HEARING DATE
AND GET A DISCOUNT FOR EARLY PAYMENT. PAY THE
STANDARD FINE AMOUNT AFTER THE SCHEDULED
HEARING DATE. UNPAID PARKING TICKETS MAKE
YOUR VEHICLE ELIGIBLE FOR BOOTING AND/OR
TOWING AND ADDITIONAL FEES AND COSTS.
SEE REVERSE SIDE

Abbildung 1: Parking Violation Notice

12 Ich schreibe einen netten Brief an die Polizeibehörde, entschuldige mich für mein Vergehen und frage, wie ich die 25 USD bezahlen soll, da ich keine amerikanischen Schecks habe und die Stadt Austin gemäß den Instruktionen auf dem Briefumschlag kein Bargeld akzeptiert. Hier in Lubbock habe ich vorsichtshalber mal auf dem Visitor Parkinglot geparkt und für drei Stunden vorbezahlt. Mal sehen, ob es reicht.

13 An der Uni in Bern kam ich über unseren Professor für Rechtsgeschichte *Pio Caroni* mit den dialektisch historischen Materialisten und den Strukturalisten in Kontakt.

Beide Schulen behaupten, um es heftig vereinfacht auszudrücken, dass nicht der Geist die Materie bestimmt, wie es die Idealisten vor allem um *Kant* formuliert haben, sondern die Materie den Geist formt. Wenn also *Hegel, Marx, Levi-Strauss* und *Foucault* Recht hatten, musste man nicht den Menschen ändern, um eine bessere Welt zu erhalten, sondern einfach die Lebensumstände und Strukturen, in denen er lebt verbessern. Der bessere Mensch würde sich dann automatisch ergeben.

Diese Erkenntnis konnte ich gut gebrauchen. Ich hatte mich mittlerweile nämlich **14** mit einigen Studentinnen angefreundet und war also in „Beziehungskisten" eingestiegen, wie wir damals gesagt haben. Leider fuhr ich die meisten Kisten mit meinen Beifahrerinnen gegen die Wand und blieb dann meistens ziemlich frustriert und ratlos zurück. Wenn aber nun nicht nur *von Foerster* und *Einstein* recht hatten, sondern auch *Marx* und *Foucault,* so war es nicht meine Schuld, dass aus den Beziehungen nichts geworden ist, sondern das System, die Struktur in der wir lebten! Und weiter folgerichtig musste ich, wenn ich eine glückliche Beziehung haben wollte, diese krankmachende kapitalistisch-patriarchale Struktur verlassen! Da die damalige DDR wohl nicht kapitalistisch aber immer noch patriarchalisch war, kam sie für mich als Alternative für gute Beziehungen mit Frauen nicht in Frage. Und so zog ich dann eines Tages nicht nach Karl-Marx-Stadt, sondern in eine nicht-kapitalistische, nicht-patriarchale Künstlerkommune im Südschwarzwald, wo anfangs der 80er Jahre unter der Leitung von Dr. *Dieter Duhm* etwa hundert Menschen eine neue Kultur des Zusammenlebens und Zusammenarbeitens aufbauen wollten. Dort machte ich einige weitere wichtige Erfahrungen, die mir in meinem heutigen Job als Coach, Mediator und Konfliktlösungsberater sehr dienlich sind. Welche das sind, werde ich gleich erzählen. Zuerst aber noch etwas über andere Strukturen:

Neben den Strukturen der Materie, die nach *Marx* und Co. den Geist prägen, **15** gab es auch Strukturen im Geiste selbst. Konnten nicht auch diese geistigen Strukturen den scheinbar freien Geist beeinflussen?

In *Wittgensteins* „Tractatus logico-philosophicus" hatte ich nämlich gelesen, dass **16** der Mensch gar keine Freiheit im Denken hat, da ihm (die Struktur) der Sprache den Inhalt vorgibt. Das faszinierte mich. Konnte es deshalb nicht auch sein, um nun die Erkenntnis von Wittgenstein mit der Erkenntnis der Strukturalisten, oder was ich wenigstens darunter verstanden habe, zu verbinden, dass nicht nur die Struktur der Sprache, sondern auch die Struktur des Denkens an sich, den Inhalt unserer Gedanken, unseren Geist prägten?

Könnte es nicht sein, dass es einen Unterschied macht, wenn ich sage „Ich bin **17** Anwalt!" oder „Ich verteidige die Interessen meiner Mandanten"? Könnte es nicht sein, dass die erste Aussage mehr mit einem Gefühl von Status verbunden ist und die zweite Aussage mit einem Gefühl der Dynamik? Dass mich die erste Aussage eher antreibt, die Meriten meiner Arbeit einzusammeln, die zweite Aussage mich aber eher veranlasst, weiterzuarbeiten?

Eine interessante Frage, die sich dann aus dieser Idee ergeben würde, wäre die, **18** sich einmal zu überlegen, **ob die Struktur des juristischen Denkens, das Denken in der Form der juristischen Methode, überhaupt geeignet ist, einen Konflikt zu lösen?**

Dieser Gedanke gefiel mir und ich verwendete viel Zeit darauf, ihm zu folgen. **19** Heute, nach mehreren Büchern und Aufsätzen, die ich diesem Thema schon gewidmet habe, kann ich mit Fug behaupten, dass **die juristische Methode keine Methode ist, die geeignet ist, Konflikte zu lösen!** Ja, ich glaube heute sogar behaupten zu können, dass die juristische Methode nicht nur Konflikte nicht lösen kann, sondern, dass das Denken in juristischen Strukturen Konflikte sogar fördert und hervorruft! Warum dem so ist, möchten sie wissen? Lassen sie mich dies kurz darstellen:

20   Die **Kernfrage** des Denkens in der Struktur der juristischen Methode ist: Wer schuldet wem was aus welchem Rechtsgrund?

21   Diese Frage stellt sich der Jurist, wenn er mit dem Ehepaar konfrontiert wird, dessen Ehe gescheitert ist oder wenn er den Landmaschinenhändler trifft, der Traktoren mit defekten Motoren von *Navajo Tractors* bezogen hat. Diese Marke gibt es übrigens tatsächlich. Ich habe gestern einen gesehen. 50 Meilen vor Lubbock stand einer an der gleichen Tankstelle, an der ich getankt habe. *Unleaded regular, 86 octan.* Sie sind nicht grün gespritzt wie die *John Deere* Traktoren, die man hier in den USA hauptsächlich sieht, sondern rot, wie der *McCormick* meines Onkels.

22   Die gleiche Frage, wer schuldet wem was aus welchem Rechtsgrund, stellt sich der Jurist auch, wenn sich die Prostituierte um ihren Lohn geprellt fühlt oder der Mieter die dritte Mieterhöhung für dies schäbige Bude am Bahndamm nicht mehr bezahlen will.

23   Um diese Fragen beantworten zu können, schaut sich der Jurist den ihm dargestellten Sachverhalt genau an und sucht nach einem **Anspruch:**
– Hat die Ehefrau Anspruch auf eheliche Treue ihres Mannes?
– Hat der Landmaschinenhändler Anspruch auf Traktoren mit gesunden Motoren?
– Hat die Prostituierte Anspruch auf Bezahlung der applizierten Peitschenhiebe?
– Hat der Mieter Anspruch auf Belassung des Mietpreises?

24   Wenn der Jurist diesen Anspruch gefunden hat, geht er davon aus, dass die Gegenpartei von nun an in der Schuld steht, diesen **Anspruch zu erfüllen** und der Konflikt ist in den Augen des Juristen dann gelöst, wenn die Gegenpartei ihrer Pflicht nachgekommen ist. Wenn also etwa die Hersteller der Navajo Traktoren dafür gesorgt haben, dass diese direkt nach Deutschland importierten Traktoren anspringen, wenn man den Startknopf drückt, da im Vertrag vom 25. Januar 2000 ja vereinbart wurde, dass *Navajo Tractors* funktionstüchtige Traktoren liefert.

25   Der **Gegenanwalt** wird in diesem Fall dann vielleicht sagen, dass dies sehr wohl stimmen täte, wenn sich der Käufer aber in den USA, nur wenige Meter außerhalb der Fabriktore, eine andere Elektronik in die Traktoren habe montieren lassen, dann sei es selbstverständlich, dass sich die Gewährleistungspflicht nicht auf diese Elektronik, die übrigens die Ursache für den Defekt der Motoren sei, erstrecken würde.

26   Beide Parteien werden nun in der Vergangenheit mit der Lupe nach Fehlern der anderen Partei suchen und all ihre Meinungen schließlich beim Richter deponieren, der dann entscheiden wird, wessen Anspruch wahr ist und wessen nicht.

27   Denken im juristischen System ist somit ein **absolutes** („Mein Anspruch ist richtig, Deiner ist falsch!") **vergangenheitsorientiertes** („Ich werde Dir beweisen, dass es damals so gewesen ist, wie ich gesagt habe!") **buchhalterisches Denken** („Der Vertrag ist ungültig, weil wir ihn unterschrieben, bevor die Unterschriftsberechtigung Deines Geschäftsführers publiziert wurde. Auch wenn es nur um einen Tag geht!"), das zudem **fehlerorientiert** ist („Du hättest mir den Mangel rechtzeitig anzeigen müssen, Du hast es nicht getan, also hast Du Deinen Anspruch verwirkt!") und **mehr von dem verlangt, was man bereits hat.** („Es interessiert nicht, das sich die Umstände geändert haben! Verträge sind da, um erfüllt zu werden").

Glauben sie nun wirklich, das ein absoluter, vergangenheitsorientierter, fehlerori- 28
entierter, buchhalterischer, Veränderungen verneinender Denkstil, der zudem die
Konfliktlösung delegiert, geeignet ist, einen Konflikt zwischen zwei Erwachsenen
Menschen zu lösen?

Sollte ein Denkstil, der geeignet ist, Konflikte zu lösen, nicht ehe Denkmustern 29
folgen, die den juristischen 180 Grad entgegengesetzt sind? Also:

– relativ anstatt absolut,
– zukunftsorientiert anstatt vergangenheitsorientiert,
– großzügig anstatt buchhalterisch,
– lösungsorientiert anstatt fehlerorientiert,
– selbstverantwortlich anstatt fremdverantwortlich,
– das Andere suchend anstatt das Alte bestätigend?

Sehen sie, so einfach kann das juristische Denken entlarvt werden, wenn man weiß 30
wie![2] Aber vor fünfzehn Jahren wußte ich noch nicht wie und ich habe tatsächlich während Jahren versucht, Konflikte als juristisch denkender Anwalt zu lösen!

Schon bald nach meiner Aufnahme in den Stand der Bernischen Fürsprecher im 31
Jahre 1986 habe ich aber bemerkt, dass Konflikte lösen und juristisches Denken
zwei verschiedene Paar Schuhe sind:

Ich war mittlerweile nach Zürich gezogen und als Associate, wie man heute wohl 32
sagt, in eine mittelgroße Anwaltskanzlei eingetreten. Ich hatte viel mit Wirtschaftsrecht zu tun und hie und da eine Scheidung zu betreuen.

Einmal durfte ich für eine Maschinenfabrik in Zürich eine Forderung in England 33
eintreiben. So hatte es mir der Senior Partner unserer Kanzlei wenigstens gesagt.
Dazu nahm ich Kontakt mit unserer englischen *Partner Law Firm* auf und zusammen mit meinem englischen Kollegen bereitete ich den Fall auf, um möglichst
kunstgerecht klagen zu können. Am Schluss checkte ich meine Strategie noch einmal mit dem englischen Barrister ab und schickte dann alle Unterlagen zur Abseg-
nung an unseren Auftraggeber. Am nächsten Tag erhielt ich von diesem ein wüten-
des Telefon. Ob wir den verrückt seien! Er habe uns den Auftrag gegeben, den
Konflikt zu lösen und nicht mit seinem Kunden in den Krieg zu ziehen! Nachdem er
etwa zehn Minuten ins Telefon gebrüllt hatte entschuldigte er sich für seinen Ausfall und meinte dann, wir Juristen könnten ja eh nichts dafür, da wir nie gelernt
hätten, **ökonomisch** zu denken. Es sei zum Verzweifeln! Er werde nächste Woche
selber rüberfliegen und die Sache regeln. Tatsächlich hat er die Sache dann ohne
unser Zutun selbst geregelt.

Einige Monate später erhielt ich wieder einen Fall von ihm. Diesmal ging es um 34
ein Geschäft in Frankreich. Ich gab mir abermals alle Mühe, so juristisch korrekt
wie möglich zu denken und abermals hielt er mich für den größten Trottel, der ihm
je begegnet sei, entschuldigte sich gleich darauf und meinte: *„Sie können ja nichts
dafür, sie sind halt Jurist!"* Wieder flog er selbst zum „Klagegegner" und löste das
Problem „ökonomisch".

Und ich? Ich war frustriert, denn ich hatte ja nur das gemacht, was ich an der 35
Uni gelernt hatte: Die juristische Methode angewendet: Ich hatte einen Anspruch

---

[2] Wer dazu mehr wissen möchte, kann einmal in meinem Aufsatz hineingucken: „Sie irren sich,
Herr Kollege!" oder: Warum Anwälte nicht verhandeln können, in Mediation, DACH Schriftenreihe Band 12, Verlag Dr. Otto Schmidt, Köln/Schultess Polygraphischer Verlag, 1999.

gesucht, diesen als wahr hingestellt, in der Vergangenheit nach Lebensumständen gesucht, die das Vorliegen dieses Anspruches beweisen, ...

36   Was habe ich daraus gelernt: Wer Konflikte lösen will, tut besser daran, nicht in den Kategorien der juristischen Methode zu denken. Oder ein wenig pointierter aber praktischer formuliert:

3. Theorem: Wenn ich einen Konflikt lösen will, ist es weise, keinen Juristen beizuziehen!

37   Ich habe dann später bei **Mark** *H. McCormack* in seinem Buch „The Terrible Truth About Lawyers – What Every Business Person Needs To Know" (Collins, London, 1987) meine Ansicht bestätigt gefunden. Heute bin ich ein wenig milder geworden. Es ist nicht so, dass Juristen keine Konflikte lösen wollen. Was sie nur nicht wissen ist, dass sie es mit dem Denkstil, den sie an der Uni gelernt haben, gar nicht können, denn man kann kein Feuer bekämpfen, indem man Öl in die Flammen gießt!

38   Sollte diese, meine Weltsicht nicht Ihrer Weltsicht, Ihrer Landkarte entsprechen, ist es auch okay. Denn wie wir nun wissen, haben wir eh nur Landkarten, subjektive Meinungen von dem, was ist.

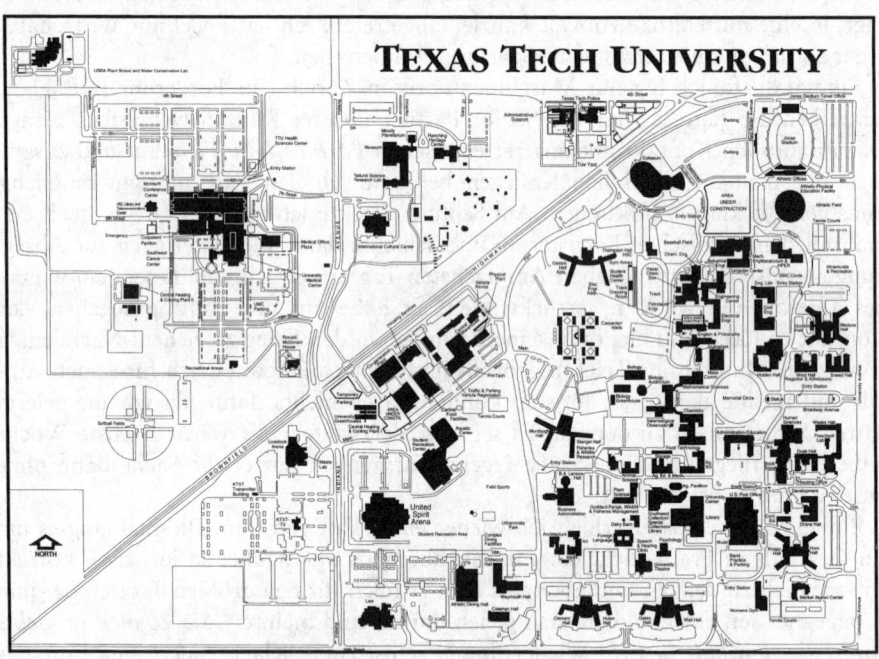

Abbildung 2: Texas Tech University

39   So, was haben wir bis jetzt zusammengetragen? Lassen Sie mich zusammenfassen: Wer einen Konflikt lösen will, tut gut daran, dass er akzeptiert, dass es viele Weltsichten und keine Wahrheit gibt und er tut gut daran, dass er sich keine Hilfe bei denen holt, die dazu ausgebildet worden sind, dass es nur eine Weltsicht und nur eine Wahrheit gibt: den Juristen.

Reicht das allein schon aus, um einen Streit schlichten zu können? Nein! Das **40** sind nämlich nur die philosophischen Voraussetzungen. Kooperatives Verhalten setzt neben diesen Grundüberzeugungen auch noch entsprechende **kooperative Fähigkeiten** voraus. Fähigkeiten eben, die es uns ermöglichen, diese Beliefs in die Tat umzusetzen. Als nächstes möchte ich Ihnen deshalb schildern, welche Fähigkeiten das sind und wo ich diese erlernt habe:

Als ich herausgefunden hatte, dass mich das juristische Denken in meinem **41** Bestreben, Konflikte zu lösen, eher behindert als fördert, habe ich mich nach anderen Denkstrukturen umgeschaut. Denkstrukturen, die nicht konfligierend – konfrontativ sind, sondern kooperativ. Und ich bin auch fündig geworden. Bei Robert Dilts, an der University of California, hoch über der Bucht von Santa Cruz.

Wenn man konfrontativ denkt, so habe ich bei Robert Dilts gelernt, weiß man **42** immer, was der andere tun soll: Meine Mutter dachte, die Nachbarin solle sich verheiraten, der Importeur dachte, *Navajo Tractors* solle funktionierende Traktoren liefern und die Stadt Austin meint, ich solle 25 USD bezahlen, weil ich zu lange geparkt habe. Kooperatives Denken ist anders. **Kooperatives Denken beginnt damit, dass man sich in einem ersten Schritt nicht überlegt, was der andere will, sondern dass man sich überlegt, was man selbst will,** dass man also weiß, was das eigene Ziel ist.

Der zweite Schritt besteht dann darin, Schritte auf der Landkarte des anderen zu **43** tun und herauszufinden, was der andere will, um dann, in einem dritten Schritt, aus unseren beiden Einzelzielen ein gemeinsames Ziel zu machen.

Dies klingt alles ganz einfach. In Wirklichkeit ist es aber ziemlich kompliziert. **44** Lassen Sie uns deshalb Schritt für Schritt vorgehen. Zuerst also: Wie formuliere ich ein Ziel für mich selbst? Lassen Sie mich zusammenfassen, was ich bei Robert Dilts gelernt habe:

Das Ziel muss ein Ziel für mich sein, und nicht eins für jemand anderes. Warum ist **45** dem so? Weil ich nur selbsterreichbare Ziele unter **eigener** Kontrolle habe und somit darauf Einfluss nehmen kann, dass Ziel wirklich zu erreichen. Das tönt komplizierter als es ist, lassen sie es mich deshalb an einem praktischen **Beispiel** erklären:

Nehmen wir einmal an, Max Müller fühlt sich unterbezahlt und möchte mehr Geld. Als Ziel for- **46** muliert er deshalb: *„Mein Chef soll mir im Monat 500 € mehr Lohn geben!"* Nach Dilts ist dies kein sinnvolles Ziel, da Max Müller die Erreichung dieses Zieles völlig aus der Hand gegeben hat: Ob er das Ziel erreicht oder nicht, hängt zu 100% vom Chef ab. Gibt er ihm die 500 €, hat er sein Ziel erreicht. Gibt er sie ihm nicht, hat er es nicht erreicht. Was müsste er also tun, um das Ziel unter seine eigene Kontrolle zu kriegen? Er müsste es anders formulieren!

Anstatt dass er formuliert *„Mein Chef soll mir im Monat 500 € mehr Lohn geben!"* wäre es gscheit- **47** ter zu formulieren: *„Ich finde heraus, was ich tun muss, um 500 € mehr an Lohn pro Monat zu erhalten!"* Wenn er sich nun Lösungen für diese Frage ausdenkt, findet er vielleicht heraus, dass er mehr und länger arbeiten oder einen anderen Job annehmen muss. Dass er sich zusätzlich ausbilden lassen muss oder dass er die Stelle wechseln sollte. All dies kann er selbst tun, all dies sind Möglichkeiten, die er selbst mit Leben erfüllen kann – nicht sein Chef. All dies hat er somit unter eigener Kontrolle.

Das ist aber noch nicht alles. Dazu gibt es noch mehr zu sagen.

Leider ist die Batterie in meinem Notebook nun wieder leer und alle Stromanschlüsse sind besetzt. **48** Die Studenten scheinen sehr arbeitsam zu sein hier in Texas. Wievile von denen wohl auch Präsident werden möchten?

IV. Amarillo, Texas, Barnes & Noble Bookstore Westgate Mall, Donnerstag, 31. Mai 2001

49   Das Ziel muss, neben dem, dass es, wie ich gestern dargelegt habe, unter **eigener Kontrolle** ist, auch **positiv formuliert** sein, da es unmöglich ist, **nicht** an ein blaues Krokodil zu denken, wenn das Wort Krokodil einmal im Hirn aufgetaucht ist, denn das Hirn kann nicht zwischen „**ein** blaues Krokodil" und „**kein** blaues Krokodil" unterscheiden!

50   Glauben Sie das nicht? Dann stellen Sie sich jetzt bitte **nicht** vor, wie es sich anfühlt, wenn Sie mit dem blanken Fingernagel über eine Schiefertafel fahren oder wie es sich anfühlt, wenn Sie Schokolade mit einem Stück Aluminiumfolie kauen. Bitte nicht vorstellen! Alles klar?

51   Also: *Dilts* behauptet, dass der, der weiß, was er will, das kriegen wird, was er will und der, der nicht weiß, was er will oder der nur weiß, was er **nicht** will, auch genau das kriegen wird. Wer genau weiß, wo er nicht hin will, braucht sich nicht zu wundern, wenn er genau dort ankommt!

52   Glauben Sie mir nicht? Dann hören Sie sich einmal die Antworten an, die ich von Clochards in Zürich erhalten habe, wie ich sie gefragt habe, was ihre Ziele seien:
– „**Nicht** mehr auf den harten Parkbänken schlafen müssen!"
– „**Nicht** mehr diesen billigen Fusel trinken müssen!"
– „**Nicht** mehr so doofe Fragen beantworten müssen!"

53   Ein Ziel zu haben ist also wichtig. Ein Ziel ist zudem, den logischen Ebenen von *Robert Dilts* folgend das, was uns **motiviert,** und nicht das, was wir schlussendlich erhalten (vgl. Abb. 3 auf S. 221). Ein Ziel ist immer ein abstrakter Wert wie Freiheit, Sicherheit, Macht oder auch Harmonie. Und um dieses Ziel zu erreichen, erdenken wir uns Strategien aus und entwerfen Maßnahmenpläne, nach denen wir uns schliesslich verhalten: Wie soll was wann und wo getan werden?

54   Leider wissen viele Leute heute nicht nur viel besser, was andere Leute tun sollten als sie selbst sondern sie **kontextualisieren in ihren Zielformulierungen auch viel zu eng:**

55   Anstatt dass sie erkennen, dass sie eigentlich **frei** sein wollen, wollen sie Ferrari fahren. Dabei ist doch der Ferrari nur ein Mittel unter vielen, um sich frei zu fühlen.

56   Anstatt dass sie erkennen, dass sie ein großes Bedürfnis nach **Sicherheit** haben, versehen sie ihre Häuser mit High-Tech-Alarmanlagen. Gibt es denn keine anderen Wege, sich sicher zu fühlen?

57   Anstatt dass sie erkennen, dass sie ein großes Bedürfnis nach **Intensität** haben, wählen sie sich Jobs aus, die sie bis zum Herzinfarkt stressen. Wäre Spannung nicht auch lustvoller zu erlangen?

58   Das, was wir wirklich wollen, hat also in den wenigsten Fällen mit konkreten Gegenständen oder Tätigkeiten zu tun, sondern meistens mit **abstrakten Werten.** Wie wäre es denn sonst zu verstehen, dass der, der unbedingt **Anerkennung** will, sich nach dem Supermodell als Frau, nach der Villa mit Park, nach den fünf Kindern nun nach der Luxusjacht und dem Privatjet sehnt? Will er diese wirklich oder gibt es vielleicht nicht etwas dahinter, das er sich damit verwirklichen will? Und ist nicht dieses „dahinter" das wirkliche Ziel?

Die logischen Ebenen der Veränderung

Robert Dilts / Gregory Bateson / Alfred North Whitehead

Zugehörigkeit

mit wem? für wen?
Heimat
ich gehöre zu

Identität

wer?
Rolle, Lebensaufgabe, Mission, Vision, Dharma, Sinn, Zweck
ich bin

Beliefs, Werte, Motive

warum?
Motivation, Interesse, Ziel
ich glaube, ich will

Fähigkeiten

wie?
Strategie
ich kann

Verhalten

was?
Aktion
ich agiere

Umwelt

wo? wann?
Reaktion
ich reagiere

Die obere Ebene bestimmt die untere Ebene.

Ein Problem kann nicht auf der gleichen Ebene gelöst werden, auf der es
entstanden ist. (Albert Einstein)

Abbildung 3: Die logischen Ebenen der Veränderung

Schweizer   221

59   Ich glaube, dass es neun solcher **abstrakten Ziele,** ich nenne sie Werte oder
Grundmotive gibt, die wir, je nachdem, welche Bedeutung wir diesen Werten geben, zu verwirklichen versuchen. Diese Werte oder Grundmotive sind:

- Freiheit
- Sicherheit
- Anerkennung

- Macht
- Harmonie
- Intensität

- Integrität
- Fürsorge
- Neugier

60   Das alles mag im Moment noch etwas verwirrend sein. Bald wird es sich aber
klären. Hoffe ich wenigstens. Zuerst aber noch die Zusammenfassung, im Theorem
und dann auf zum nächsten Verwirrspiel:

61   Wer seine Konflikte kooperativ lösen möchte, tut gut daran zu wissen, was sein
eigenes Ziel ist. Tut er dies nicht, läuft er entweder Gefahr, dem anderen sein Ziel
aufzuzwingen oder, wenn er nicht weiß, was er will, den anderen einzuladen, ihm
zu sagen, was er tun soll. Dieses Ziel ist zudem immer ein abstraktes Interesse, nie
eine konkrete Position.

Vielleicht könnte man in Abwandlung eines Spruches von *JFK* formulieren:

4. Theorem: In jedem Tun steckt ein Ziel. Besser das eigene als ein fremdes!

62   Zu wissen, was ich wirklich will, genügt aber noch nicht, um mich kooperativ zu
verhalten. Es scheint nämlich wichtig zu sein, dass man nicht nur weiß, was man
will, sondern dass es auch einfacher ist, dieses Ziel zu erreichen, wenn das eigene
Ziel auch in der Zielmenge einiger anderer enthalten ist. Wenn ich dann den anderen helfe, ihre Ziele zu erreichen, helfen sie gleichzeitig mir, mein Ziel zu erreichen.
Um soweit zu kommen, muss ich aber zuerst herausfinden, was der andere überhaupt will. Und um dies herauszufinden, brauche ich **Einfühlungsvermögen.**

63   Einfühlungsvermögen in die Welt des anderen. Was Einfühlungsvermögen sonst
noch ist außer einem Wort mit neunzehn Buchstaben, habe ich in den 80er Jahren
des letzten Jahrhunderts in dieser Künstlerkommune im Südschwarzwald erfahren,
von der ich vorhin schon berichtet habe. Lassen Sie mich also erzählen, wie es dazu
gekommen ist:

64   Ich lebte damals mit etwa hundert anderen Leuten auf dem riesigen „Gut Rosenhof" auf der ersten Schwarzwaldkette zwischen Basel und Freiburg. Wenn man auf
der Veranda saß, breitete sich vor uns das ganze Alpenpanorama und unter uns die
ganze Schweiz aus. Ein besonderer Platz also. Was haben wir aber dort gemacht,
außer die Landschaft bewundert?

65   Wir haben den ganzen Tag gemalt. Malen war aber nicht Selbstzweck, sondern
es sollte der Bewusstseinsentwicklung dienen, denn Bewusstseinsentwicklung war
etwas, das in der Kommune dringend nötig war, denn, wie kann es anders sein, es
gab unter uns Kommunarden viel Zoff: Zoff darüber, wer der beste Maler sei; Zoff
darüber, wer wann zum Küchendienst gehen sollte und natürlich Zoff darüber, wer
mit wem das Bett teilt.

66   In den allabendlichen „Selbstdarstellungsrunden" wurde versucht, diese Konflikte zu analysieren, zu klären und zu lösen, denn es konnte doch nicht angehen, dass
ein Mann, der wirklich großes Talent zum abstrakten Bildhauer hatte, nur deshalb
seit Wochen in einer vollumfänglichen Schaffenskrise steckte, bloß weil seine
Freundin ihn verlassen wollte!

Die Selbstdarstellungsrunden halfen leider nicht weiter. Die Probleme blieben. 67
Eines Tages kam mir dann beim Malen die Idee, die Konflikte nicht mehr analytisch, sondern künstlerisch anzugehen. Ich schlug folgendes Prozedere vor:

„Wir nehmen ein Flipchart und Wachsmalkreiden. Du *Claus* und Du *Gabi*, Ihr nehmt je eine Malkreide und führt Euren Liebesstreit auf der Leinwand aus. *Gabi* malt etwas, *Claus* geht dagegen, übermalt es und gleichzeitig beschimpft Ihr Euch dabei. Was haltet Ihr davon?"

Die beiden, *Claus*, der Bildhauer in der Krise und *Gabi*, die Abtrünnige, fanden die Idee nicht gerade brillant, aber doch auch nicht so daneben, dass man sie nicht ausprobieren konnte. Und so stiegen die beiden nicht in den Ring, aber vor die Leinwand, und was nun geschah, war hoch interessant: Zuerst malten die beiden kleinflächig, je auf einer Seite das Blattes. Dann wurden sie mutiger und beanspruchten mehr Platz, und damit kamen sie sich ins Gehege. Zuerst attackierten sie sich nur auf dem Blatt, dann auch verbal und kaum hatte ich mich richtig versehen, war die heftigste Mal-, Beziehungs- und Schlammschlacht im Gange. Diese dauerte etwa zehn Minuten, dann geschah abermals etwas Erstaunliches: Es schien, als hätten die Kampfhähne plötzlich Freude am Streiten erhalten oder sie waren sich der Absurdität ihres Tun bewusst geworden, denn sie begannen zu lachen und ihr Gegeneinander wurde, von außen betrachtet, irgendwie immer **synchroner**. Die beiden stritten immer noch, aber das Streiten war eher ein Streiten miteinander als ein Streiten gegeneinander. Die verbalen Attacken waren nicht mehr autistisch, sondern schienen sich gegenseitig zu bedingen. Anstatt dass sich die beiden, wie in den ersten Minuten geschehen, ihre Wut aus dem Leibe schrieen und malten, **gingen sie nun aufeinander ein:**

„Dieses Rot, das Du da gesetzt hast, kann ich nicht ausstehen. Das mache ich jetzt mit diesem Braun weg!" „Ja, mach nur! Genau so machst Du es immer! Kaum sag ich was, gibst Du Deinen Senf dazu. Aber Dein Senf hat keine Chance. Den klemm ich jetzt in ein Sandwich ein!" „Einklemmen willst Du mich? Das schaffst Du nie! Ich bin nämlich schon weg. Mit diesem Flugzeug! Ätsch!" So ging es dann zehn bis zwanzig Minuten weiter, bis die beiden Kontrahenten in schallendes Gelächter ausbrachen und sich umarmten.

Ich ging zur Staffelei, schabte die Farben ab und legte die unterste Schicht frei. Das „Werk" hängte ich dann in einen vorbereiteten Rahmen und gemeinsam betrachteten wir, was da entstanden war. Die beiden „action-painter" waren mit ihrem Bild sehr zufrieden, holten sich ein Glas Wein, stießen auf Jackson Pollok an und fragten, wann wir die Aktion wiederholen würden? Das Streiten hätte toll Spass gemacht und es sei noch was dabei rausgekommen, das man herzeigen könne. Wir verabredeten einen weiteren Termin und der lief ähnlich ab: Zuerst zehn Minuten autistisches Brüllen, Schreien und Toben, dann aufeinander eingehen und zusammenkommen. Dann Lachen, Spass, Umarmung und Begutachtung des Werkes.

Nach etwa fünf Bildern gingen *Claus* und *Gaby* die Streitthemen aus. Dafür kamen nun *Wolfram* und *Andrea* und die Bilderproduktion begann von neuem. Ich wußte nicht was da genau geschah, aber irgendwie schien allein die Tatsache, dass zwei Personen gemeinsam am gleichen Bild arbeiteten und sich dabei gemeinsam anschrieen, eine verbindende Wirkung zu haben. Es schien, als würden sie sich irgendwie näher kommen!

Diese Malaktionen waren mein erster Kontakt mit dem Prinzip der **Synchronisa-** 68
tion. Die große Bedeutung dieses Prinzips, insbesonders auch für das Lösen von Konflikten, hat mir dann Jahre später *Robert B. Dilts* in Santa Cruz gezeigt. *Dilts* hatte in seinen Modellstudien hocheffizienter Kommunikatoren zusammen mit *Richard Bandler* und *John Grinder* herausgefunden, dass all diese die Fähigkeit hatten, sich bezüglich Sprache, Bewegung als auch Wahrnehmungsposition mit ihren Gegenüber zu synchronisieren. Es schien so zu sein, dass diese Meister der Kommunikation die Fähigkeit hatten, ihr eigenes assoziiertes Weltbild im Kopf (Erste Wahrnehmungsposition) zu verlassen und in das Weltbild ihres Gegenübers (Zweite Wahrnehmungsposition) einzusteigen. Und genau so etwas muss auch in dem Malprozess geschehen sein: Nachdem sich die Actionpainter anfangs nur „anmalten", gingen sie in der zweiten Phase des Prozesses plötzlich, wie von einer magisch wir-

kenden Hand hinter den Dingen geleitet, aufeinander ein, hörten zu, **wiederholten, was der andere gesagt hatte** und und nahmen so an der Welt des andern teil.

69   Das Prinzip der Synchronisation ist heute unter dem Begriff **Rapport** in die Kommunikationswissenschaft eingeführt. Es besagt, dass zwei oder mehrere Menschen, die über eine längere Zeit das selbe tun, sich immer näher kommen und immer mehr Vertrauen zwischen den Beteiligten entsteht. Dabei ist es wichtig, dass beide Kommunikatoren die Fähigkeit haben, ihr Weltbild im Kopf zu verlassen und Schritte im Weltbild des andern zu tun. Oder, wie es technisch heißt, *„to go second position.“*

Abbildung 4: Die drei Wahrnehmungspositionen

70   Ein perfektes Beispiel der Fähigkeit, sich mit seinem Gegenüber synchronisieren zu können, boten *Torvill/Dean* mit Ihrem Goldmedaillientanz an den olympischen Spielen in Sarajevo 1984. *Manfred Vorderwülbecke* schrieb dazu in seinem Buch „Olympische Spiele 1984“:

„Eigentlich hätten die Preisrichter in Sarajevo beim Kürtanz von *Jane Torvill* und *Christoper Dean* bekennen müssen: Dieser Tanz entzieht sich unseren Noten, er gehört in eine andere Welt als die des Sports. Sie hätten damit recht gehabt. Aber indem sie den Tanz nach dem Boléro von *Ravel* doch werteten, mit den Noten 12 mal 6,0, das heißt mit Noten, wie sie nie zuvor im Eiskunstlauf vergeben wurden, sagten sie zugleich aus, dass der Sport in einer Sternstunde eben auch in andere Dimensionen hineinragen kann.“

71   Wenn man das Video anguckt, versteht man, was *Vorderwülbecke* schreibt: Keine Bewegung der Eistänzer bleibt isoliert, alles wirkt wie eins: Bewegt *Jane Torvill* den Kopf nach hinten, bewegt *Christopher Dean* den Arm nach vorn; macht *Dean* eine Bewegung mit den Hüften, nimmt *Torvill* diese auf. Die beiden bewegen sich wie ein Organismus.

72   Was wissen wir jetzt: Wenn ich einen Konflikt lösen möchte, ist es sinnvoll, wenn ich meine eigene Landkarte verlassen und Schritte auf der Landkarte meines Gegenübers gehen kann. Diese Fähigkeit nennt man **Einfühlungsvermögen** und man fühlt sich in eine andere Person ein, indem man sich in so vielen Lebensaspekten wie möglich mit ihr **synchronisiert.** Synchronisation geschieht letztendlich durch

Verlassen der ersten Wahrnehmungsposition und Einnahme der zweiten Wahrnehmungsposition.

Wer diese Fähigkeit beherrscht, induziert bei den Verhandlungen mit seinen Ge- 73
schäftspartnern Vertrauen. Wer sie nicht beherrscht, sät Misstrauen. So einfach ist
das. Diese Erkenntnis als Theorem formuliert könnte lauten:

5. Theorem: Ein paar Stunden gemeinsam gegangen, gefangen, gelangen wir zum Fluss

Soviel zu der Fähigkeit, sich in sein Gegenüber einzufühlen, sich mit der Welt des anderen zu syn- 74
chronisieren und damit Gleichklang und Vertrauen aufzubauen. Nun zu einer anderen wichtigen
Fähigkeit: Die Fähigkeit, kreativ Lösungen zu finden. Dazu morgen mehr. Vermutlich aus Raton,
New Mexico, wo ich jetzt mit Tanit hinfahren will. Über den Highway 87. Wenn alles gut geht,
werde ich in vier Stunden dort sein.

V. Raton, New Mexico, Motel 6, Freitag, 1. Juni 2001

Die Fahrt war wunderbar. Wir sind in ein Gewitter gekommen und haben Schneefall erlebt. Schnee- 75
fall am ersten Tag des Sommers! Die Natur erfindet sich jeden Tag neu!

Um Kreativität soll es nun also gehen. Denn Kreativität ist nämlich nötig, wenn 76
es darum geht, Möglichkeiten zu finden, mein Ziel mit dem Ziel meines Gegenübers zu verbinden anstatt mich der Position meines Gegenübers unterzuordnen
oder zu versuchen, dem anderen meine Position aufzuzwingen. Was aber ist Kreativität? Lassen sie mich auch hier über meine Erfahrungen auf dem „Rosenhof" berichten:

Kunst als Mittel, um uns in einen anderen Bewusstseinszustand zu bringen, 77
war, wie bereits erwähnt, das Hauptthema unserer Arbeit auf dem Gut. Dieser
„andere Zustand" ist der Zustand, den *Mihaly Csikszentmihalyi*, seines Zeichens
Professor für Psychologie an der University of Chicago, als **„flow"** (Fluss) bezeichnet hat. Es ist dies der Zustand der Zeitlosigkeit, der Zustand, wo das Leben im
Hier und Jetzt stattfindet. Der Zustand, den viele Menschen darin finden, dass sie
Marathon laufen oder, ohne abgesichert zu sein, als freeclimber überhängende
Felswände hinaufklettern. Wiederum andere finden diesen Zustand, in dem das
Denken aufhört und das Leben beginnt, in der Musik oder im Tanz. Dritte meditie-
ren. Zen, Transzendentale Meditation oder Vipassana können hier die Medien hei-
ßen.[3]

Bei uns war das Medium Malen. Unser Vorbild war *Pablo Ruiz Picasso* oder 78
besser gesagt sein Malstil, wie er etwa im Porträt von *Henri-Georges Clouzot* im
Film „*Le mystère Picasso*" meisterhaft festgehalten ist.

---

[3] Wer mehr drüber lesen möchte, sei auf folgende Werke von *Csikszentmihalyi*, aufmerksam gemacht: *Mihaly Csikszentmihalyi*, Das Flow-Erlebnis: jenseits von Angst im Tun aufgehen, 3. Aufl.,
Stuttgart 1991; *ders.* und *Isabella S. Csikszentmihalyi*, Die aussergewöhnliche Erfahrung im Alltag:
die Psychologie des Flow-Erlebnisses, Stuttgart 1991; *ders.* Flow: Das Geheimnis des Glücks,
3. Auflage, Stuttgart 1993.

79   Der Film zeigt *Picasso* beim Malen. Er malt auf eine Glasscheibe, hinter der die Kamera angebracht ist. Und es ist absolut faszinierend und erstaunlich zuzusehen, wie einer der größten Künstler des 20ten Jahrhunderts seinen Pinsel führt:

80   *Picasso* knallt Farbe auf die Scheibe, schaute sich dann an, was er da hinge-kleckst hat und entdeckt in dem Farbklecks etwa die Urform eines Hundes. – Ich bin mir heute nicht mehr sicher, ob es tatsächlich diese Figuren sind, die ich nun in der Beschreibung des Vorganges verwende. Das ist auch nebensächlich. Haupt-sächlich ist der Prozess. Und den glaube ich richtig beschreiben zu können. – Diese Urform eines Hundes entwickelt er also nun weiter zu einem kläffenden Vierbeiner und schaut sich dann wieder an, was er geschaffen hat. Dann entdeckt er in den Beinen des Hundes die Gestalt eines Hauses und entwickelt diese Hausform weiter. Aus dem Hund wird ein Haus. Dann sieht er in dem Haus einen Wald, dann in dem Wald einen Strand, dann …

81   *Picasso* lacht, wenn er malt und es scheint ihm eine große Freude zu machen, all diese Sachen in seinen Strichen zu entdecken und diese weiter zu entwickeln. Er scheint tatsächlich im Fluss zu sein, oder eben, wie der Professor mit dem unaus-sprechlichen Namen beschreibt, im flow. Nach einiger Zeit hält er inne und sagt: *„So, nun ist es fertig!"* Und auf der Glasplatte ist ein perfektes Bild eines Strandes mit Palmen zu sehen. Wenn man nicht wissen würde, dass der Strand zuerst ein Hund gewesen ist, dann ein Haus, dann noch zehn andere Dinge, würde man es nicht glauben. Aber genau so war es und nachdem wir den Film immer und immer wieder gesehen haben, wußten wir drei Dinge:
– Erstens: Wir verstanden nun, was Picasso damit gemeint hatte, wenn er sagte: *„Ich suche nicht, ich finde"*.
– Zweitens: Wir wußten, was es heißt, im Zustand der Kreativität zu sein und drit-tens: So wollten wir auch malen können.

82   Besser ausgedrückt: Diesen Zustand, der sich in *Picasso* manifestiert, wenn er vor der Leinwand steht, in welchem nicht mehr *Picasso* malt, sondern „Es" sich durch Picasso manifestiert, das wollten wir auch haben. Das hört sich sicher schräg an, wenn ich dies hier so schreibe, aber das, was wir damals erfahren haben, deckt sich mit dem, was *Csikszentmihalyi* berichtet, wenn er von den flow-Erfahrungen seiner Tausenden von Probanden berichtet: Im Zustand von flow hatten diese nicht mehr das Gefühl, dass sie handeln würden, sondern dass „Es" handeln würde. Dass sie Instrument einer höheren Macht waren. Sie hatten die Kontrolle über den Moment aufgegeben und dadurch Kontrolle über das Ganze, das Leben, gewonnen.

83   Wir versuchten also alles, um diesen Zustand zu induzieren, in dem flow und da-durch auch Kunst möglich wurde. Wir stellten unsere Staffeleien im Freien auf, malten, meditierten und schliefen zwischen den Leinwänden. Wir standen morgens um 4 Uhr auf und gingen stundenlang im Wald joggen. Wir gingen schwimmen in den klaren Bächen des Schwarzwaldes. Sommers wie winters. Und tatsächlich ge-lang es uns immer wieder, flow zu erfahren. Und immer wieder gab es keine Ver-gangenheit mehr. Und keine Zukunft. Nur noch Gegenwart. Und es haftete nichts an. Wir erfanden die Welt jede Sekunde neu. Wir waren vielleicht im gleichen Zu-stand, in welchem auch *Picasso* war, wie er zuerst den Hund fand und ihn dann wieder zerstörte, wie er in seine Beinen ein Haus sah. Und dieser Zustand ist es, den ich heute als den kreativen Zustand bezeichne. Es ist der Zustand, in welchem wir an keiner Position festhalten, sondern immer bereit sind, diese zu verlassen, auf-

zugeben oder gar zu zerstören und dabei immer offen sind für neue Möglichkeiten, unsere Interessen zu realisieren, einmal so und einmal anders.

Vielleicht könnte man deshalb das Prinzip der Kreativität, vor allem aus dem 84 heraus, wie es sich in *Picasso* manifestiert hat und auch so, wie ich es immer wieder erlebe, wenn in Verhandlungen kreativ neue Wege gefunden werden, um zwei oder mehrere Interessen gemeinsam zu verwirklichen, mit dem Satz zusammenfassen, der den Mann berühmt gemacht hat, der seit über hundert Jahren in Bern auf dem Bremgartenfriedhof begraben liegt: *Mikhail Aleksandrovič Bakunin*. Der Begründer des Anarchismus und der große Gegenspieler von *Karl Marx* in der kommunistischen Internationalen.

6. Theorem: Il faut détruire avant de construire!

So, dies waren also meine Vorschläge dafür, wie kooperatives Verhalten aus- 85 schauen könnte. Zusammengefasst heißt das:

Man verhält sich genau dann kooperativ, wenn man weiß, was man selbst will, dabei die Wahrheit des anderen respektiert, und die Fähigkeit hat, sich in dessen Welt einzufühlen um anschließend sein eigenes Ziel kreativ mit dem Ziel des anderen zu verknüpfen.

Was geschieht aber, wenn jemand das, was ich hier erzähle, nur weiß, ohne es im 86 täglichen Leben anzuwenden? Wie der Buchhalter, der sich jeden Abend Star-Trek-Videos reinzieht. *„Beam me up, Scotty!"* Oder wie Menschen, die keine andere Möglichkeit sehen, als ihr Kind zu bestrafen, wenn es seine Aufgaben schon wieder nicht gemacht hat? Oder Männer, die ihren Frauen die Kreditkarte sperren, wenn sie vermuten, dass sie einen Liebhaber haben? Oder sogenannte Geschäftsleute, die ihre Geschäftspartner nach wie vor vor Gericht ziehen, wenn diese die Rechnungen nicht termingerecht bezahlen und sich dann wundern, dass diese die Geschäftsbeziehungen abbrechen?

Wenn wir dies entdecken, dann wissen wir, dass Wissen alleine nicht genügt. 87 **Dass es nicht um Wissen geht, sondern um Glauben.** Aber wie induziert man Glauben? Mit einem Belief-Change! Wie das geht, erfahren Sie morgen, wenn ich in Farmington bin.

Es ist nämlich bald 6:00 Uhr und ich muss Tanit wecken. Heute geht es an der Grenze zwischen 88 Colorado und New Mexico entlang. Über die Sangre de Christo Mountains, nach Taos rein und an Los Alamos vorbei. Bis Morgen!

VI. Farmington, New Mexico, Motel 6, Samstag, 2. Juni 2001

Gegen 18 Uhr sind wir in Farmington angekommen. Tanit meinte, sie hätte Lust auf Eiskrem und 89 ich bin nochmals losgefahren, während sie ihre Hausaufgaben gemacht hat. Bei Safeways habe ich Vanilla Caramel Fudge gefunden. Von *Ben & Jerry*, Vermont. „Huereguet!" wie wir als Kinder immer gesagt haben.

Die Eiskrems von *Ben & Jerry* habe ich in Santa Cruz kennen gelernt. Als ich bei 90 *Robert Dilts* in der Kunst und Wissenschaft des Neurolinguistischen Programmierens studiert habe. Eine der effektivsten Techniken, die ich dort gelernt habe, ist die

Technik des Re-Imprinting. Mit einem Re-Imprinting ist es möglich, tiefliegende Glaubenssätze zu erkennen, auf ihre Nützlichkeit hin zu überprüfen und, wenn nötig, zu verändern. Was heißt das genau? Hier ein Beispiel, das dies vielleicht erhellen könnte:

91   Vor einigen Jahren habe ich einmal einen Unternehmer gecoacht, der sechzig Jahre alt war und sich seit fünf Jahren nichts sehnlicher wünschte, als sich auf seine Finca auf Mallorca zurückzuziehen und den ganzen Tag nur noch Golf zu spielen. Wenn er nur endlich einen Geschäftsführer finden würde, der fähig wäre, seine PR-Agentur zu führen! Leider fand sich keiner. Alle Leute, die er bisher getestet hatte, erwiesen sich als unfähig. Nach dem dritten Flop begann er sich plötzlich zu fragen, ob es wirklich nur unfähige Geschäftsführer geben würde oder ob er nicht unbewusst genau diese auslesen würde, die nicht in der Lage sind, seine Firma zu führen? Könnte es nicht etwa sogar sein, dass er immer und allen zeigen wollte, wie unentbehrlich er selbst war?

92   Einer seiner Freunde, mit dem ich etwa ein Jahr früher gearbeitet hatte, stellte den Kontakt mit mir her und wir trafen uns an einem Wochenende in einer Berghütte in Bayern zum Coaching und tatsächlich war es so, dass einer seiner tiefsten Glaubenssätze der war, dass er glaubte, alles selbst machen zu müssen und dass niemand die Geschäfte besser führen könne als er. Folgerichtig hat er dann allen seinen potentiellen Nachfolgern gezeigt, dass er der Einzige ist, der etwas vom PR-Business versteht. Als er diesen Mechanismus durchschaut hatte, konnte ich ihm helfen, diesen wenig zielführenden Glaubenssatz durch einen effektiveren zu ersetzen. Wir mussten dazu die Situation in seinem Leben finden, in welchem er diesen Glaubenssatz geprägt hatte. Dies gelang. In einer Art Rollenspiel ließ ich ihn dann in alle damals Beteiligten hineinassoziieren und herausfinden, was deren wirkliches **Interesse** gewesen ist und welche **Ressourcen** sie damals gebraucht hätten, um diese Interessen noch besser verwirklichen zu können, als sie es damals mit ihrem Verhalten getan hatten. Dieses andere Handeln bewirkt auch, dass das jüngere Selbst einen anderen, auf die heutige Situation besser angepassten Glaubenssatz prägt, als den, den es damals geprägt hat. Dies tönt ziemlich kompliziert, ist es aber nicht. Einfach ausgedrückt kann nämlich auch gesagt werden, dass wir in einem Re-Imprinting einfach die Landkarte, die ich mir in einer Situation über die Situation und damit auch über mein restliches Leben gemacht habe, durch eine andere, den heutigen Verhältnissen angepasste, Landkarte ersetzte. Die alte Landkarte kann etwa lauten: *„Ich muss immer alles alleine machen!"* Die neue Landkarte kann dann lauten: *„Mir wird geholfen!"* Oder anstatt *„Ich werde nur geliebt, wenn ich Leistung bringe!"* kann dann entstehen *„Ich werde geliebt für das, was ich bin!"* und entsprechend diesen neuen Glaubenssätzen verhalten wir uns dann auch anders. So auch mein Mandant von damals:

93   Drei Monate nach unserem Coaching fand er einen neuen Anwärter für seinen Posten und dieser stellte sich diesmal als wirklich fähig heraus. Mein Mandant residiert heute auf Mallorca und hat im Moment ein Handikap von 12. Noch vor Jahresende möchte er es einstellig gemacht haben.

94   Vielleicht klingt das alles noch reichlich fremd. Deshalb und da es entscheidend ist, dass wir erkennen, dass wir nur etwas tun, an das wir glauben, ein weiteres Beispiel zur Verdeutlichung, wie Überzeugung (nicht Wissen!) induziert werden kann:

Einer meiner Mandanten war vor Jahren als neuer Partner in eine große An- 95
waltskanzlei eingetreten und hatte sich nach kurzer Zeit mit dem Gründer der
Kanzlei angefreundet. Zusammen waren die beiden dann am Markt sehr erfolgreich und vergrößerten die Kanzlei enorm. Dann starb der Gründer und ein Senior-
Partner übernahm die Leitung der Kanzlei. Dieser erwies sich jedoch als geschäftlich weitaus weniger fähig als der Verstorbene. Er stellte Anwälte ein, die sich nicht
bewährten und versuchte, die Kanzlei in neuen Rechtsgebieten zu etablieren, die
nur Spesen verursachten aber keinen Gewinn abwarfen. Mein Mandant bemühte
sich nun, ihm mit seiner Erfahrung, die er mit dem Verstorbenen über Jahre angesammelt hatte, zu helfen. Der neue Chef schätzte dies aber gar nicht. Nach zwei
Jahren überwarfen sich die beiden schließlich und der neue Chef beförderte meinen
Mandanten ziemlich unsanft aus der Partnerschaft. Rein beruflich ergaben sich dadurch für meinen Mandanten keine großen Probleme, denn er wurde mit Handkuss
in eine andere Sozietät aufgenommen. Persönlich konnte er die Situation allerdings
eher schwer verkraften, denn er fühlte sich, wie er es ausdrückte, von seinem ehemaligen Chef „*richtiggehend verarscht*" und er bemerkte, wie er große Rachege-
fühle gegen ihn hegte. Diese wollte er aber nicht haben, da sie ihn bei der Arbeit in
der neuen Kanzlei nur behinderten:

„Herr Schweizer, es ist kaum zum aushalten! Anstatt, dass ich mich jetzt bei „Berbeiss, Berger, 96
Blumenthal" auf meine neue Aufgaben konzentrieren kann, denke ich immer daran zurück, was mir
in meiner alten Kanzlei widerfahren ist und ich überlege mir stundenlang, wie ich dem Sutterlütty
eins reinbremsen kann! Ich schaffe es einfach nicht, die Sache zu vergessen! Anstatt mich hier voll
reinzuhängen, wo es mir nicht nur ökonomisch, sondern auch menschlich viel besser geht, als in der
alten Kanzlei, denkt mein Bauch den ganzen Tag nur an Rache. Es scheint, dass ich vom Kopf her
wohl klar bin, dass es aber eine Instanz in mir gibt, die diese Klarheit im Alltag immer wieder ver-
nebelt. Können Sie mir helfen?" (Selbstverständlich habe ich die Namen geändert.)

Ich konnte. Zusammen prägten wir die Erinnerung an die letzte Phase in der 97
alten Kanzlei um und mit einmal konnte er seinem Exchef **vergeben**. Er verzichtete
sogar darauf, einen gegen ihn bereits eingeleiteten Prozess weiter zu verfolgen, es
ging um die Beteiligung am Geschäftsgewinn, und seine Abgangsentschädigung,
und verglich sich mit ihm.

Anstatt dass er **glaubte** „*Dieses Schwein hat mich reingelegt, und nun lege ich ihn* 98
rein!" wußte er nun nicht nur, sondern **glaubte** auch, dass er unter den neuen Umständen in der neuen Kanzlei besser aufgehoben ist, als in der alten. Folgerichtig
wurde er schon nach drei Jahren Managing Partner. Dies alles erreichten wir mit
einer Neu-Prägung seiner Geschichte der letzten Jahre, indem ich den Personen in
der Erinnerung Ressourcen geben ließ, wie ich es im ersten Beispiel beschrieben
habe. Wir ersetzten das wenig zielführende Konstrukt (Landkarte) durch ein ziel-
führenderes Konstrukt. Eine Erfindung wurde durch eine andere ersetzt, wie von
Foerster wohl sagen würde.

Damit veränderte sich viel, denn es scheint tatsächlich so zu sein, wie ich es in 99
Coaching-Fällen immer und immer wieder erlebe, dass wir unser Leben entsprechend unseren Grundüberzeugungen gestalten. Wenn ich als Kind in einer Prä-
gungssituation zu glauben beginne, dass ich ein Trottel bin, brauche ich mich nicht
zu wundern, wenn ich eines Tages feststelle, dass ich einer geworden bin. Wenn
ich glaube, dass ich im Leben keine Chance habe, brauche ich mich nicht zu
wundern, dass ich tatsächlich keine kriege und wenn ich glaube, dass das Leben

nur Kampf ist, brauche ich mich nicht zu wundern, wenn sich mein Leben hauptsächlich auf Schlachtfeldern und in **Gerichtssälen** abspielt. Oder wie sagte einmal
Henry Ford:

7. Theorem: If you believe it or not, you are right!

100   Soviel über Glaubenssätze. Darüber also, **ob ich nur weiß, dass Kooperation die
bessere Art und Weise ist, einen Konflikt zu lösen oder ob ich es glaube.** Nach der
Belief-Ebene nun mehr zur Fähigkeiten und Verhaltens-Ebene des kooperativen
Verhaltens. Wie sieht also die Lösung eines Konfliktes in einem kooperativen Muster aus im Gegensatz zu dem uns allen bekannten konfrontativen, rechtlich-
rechthaberischen juristischen Muster? Darüber erzähle ich ihnen gerne morgen
mehr. Zuerst muss ich meiner Tochter noch *Marlboro County* zeigen!

VII. Hanksville, Utah, Whispering Sands Motel,
Sonntag, 3. Juni 2001

101   Eigentlich wollte ich heute in Mexican Hat übernachten und Tanit morgen den Sonnenaufgang im
Monument Valley zeigen. Die Fahrt war aber derart toll, dass ich mich entschieden habe, noch ein
wenig weiter zu fahren. Ihr den Lake Powell zu zeigen und den Bicentennial Highway. Tanit gefiel
diese Überdosis Natur anfangs gut, gegen Abend wurde sie aber immer müder und einsilbiger. Was
sie wohl hat?

102   Nun also dazu, wie all diese Theoreme zusammenspielen können. Wie eine **kooperative Lösung** neben einer konfrontativen Lösung aussehen könnte:

103   Nehmen wir einmal an, dass Sie sich ein Haus kaufen wollen. Sie sind nun bald 40 Jahre alt und
denken sich, dass Sie nun doch langsam das Alter des Eigenheimbesitzers erreicht hätten. Hatte sich
nicht auch Ihr Vater mit 40 ein eigenes Haus gebaut? Sie haben sich also auf dem Markt umgesehen
und nach vielen Gängen durch Musterhäuser endlich ein schönes Objekt gefunden. Das Haus ist ein
Niedrigenergiehaus und steht leicht außerhalb der Stadt in einem kleinen Seitental zu dem Fluss, an
welchem Ihre Stadt liegt. Das Haus ist ruhig gelegen und verkehrstechnisch gut erschlossen. Die
Pläne gefallen Ihnen und Sie leisten eine Reservationsanzahlung von 50.000 CHF. Sie besprechen
mit dem Architekten Ihre Ausbauwünsche und der Architekt verspricht, die nötigen Pläne zu
erstellen und die vorgeschriebenen Baugesuche einzureichen. Dann gehen Sie nach Patagonien in die
Ferien. Nach der Rückkehr erhalten sie ein Telefon eines Freundes, der ihnen mitteilt, dass in der
Überbauung „Rossweid" nicht alles so läuft, wie es eigentlich sollte. Es würde Schwierigkeiten geben mit dem Landeigentümer und auch die Banken hätten Bedenken angemeldet. Sie nehmen Kontakt mit dem Ersteller auf und dieser beschwichtigt Sie. Nun ist Ihnen die Sache aber nicht mehr ge-
heuer. Zudem haben Sie in der Zeitung gelesen, dass die kleine Bahnstation „Rossweid" vermutlich
im nächsten Jahr aufgehoben wird. Ob eine Buslinie eingerichtet werde, sei noch nicht sicher. Sie
beginnen Ihre Suche nach geeigneten Objekten also von neuem und schon bald werden Sie fündig:
Diesmal ist es kein Niedrigenergiehaus, sondern der oberste Loft in einer alten Fabrikanlage. Frei-
stehende Badewanne, fünf Meter hohe Räume! Wenn Sie hier einsteigen würden, würden Sie mitten
in der Stadt in einer ehemaligen Industrieanlage wohnen. Sie hätten einen eigenen Park mit Badesee
direkt vor der Haustüre und die Fußgängerzone ist nur fünf Minuten vor der Haustüre entfernt. Sie
entschließen sich zu kaufen und teilen Ihren Entschluss dem Bauherrn der „Rossweid" mit. Sie bitten ihn, wie vereinbart, Ihnen die einbezahlte Reservationsgebühr zurück zu überweisen. Leider
kriegen Sie auf Ihren Brief keine Antwort. Was tun? Sie suchen Ihren Anwalt auf und dieser teilt
Ihnen folgendes mit:

Selbstverständlich hätten Sie **Anspruch** auf die Rückerstattung der Reservationsanzahlung, da der   104
Vertrag vom **4. Oktober 2000** zwischen Ihnen und dem Ersteller nichtig gewesen sei. Es habe nämlich an der für **Immobiliengeschäfte benötigten Form der öffentlichen Beurkundung gefehlt.** Das sei
offensichtlich, das müsse man nicht einmal **beweisen.** Die Gegenpartei sei nun unrechtmäßig berei-
chert und müsse Ihnen das Geld zurück bezahlen. Man müsse den Betrag einfach beim **Gericht ein-
klagen.** So einfach sei das. Sie folgen dem Ratschlag ihres Anwaltes, dieser klagt und plötzlich
schneit es eine **Gegenklage** des Anwaltes des Herstellers ins Haus: Das was Sie behaupten würden
sei falsch. Sie hätten nämlich dem Architekten am 4. Oktober 2000 auch Auftrag gegeben zur Erstellung von Plänen, die wegen dem Maximalausbau, den Sie gewünscht hätten, sehr von der Stan-
dardbauweise abgewichen sei und deshalb sei es nötig gewesen, das Haus von Grund auf neu zu
zeichnen. Zudem hätten neue Gesuche eingereicht werden müssen, was alles zusammen summa
summarum 70.000 CHF kosten würde. Sein Mandant habe selbstverständlich **Anspruch** auf die Bezahlung dieses Betrages. Die bereits geleisteten 50.000 CHF würde man als Anzahlung verstehen
und Sie bitten, den noch ausstehenden Betrag von 20.000 CHF bis am 31. diese Monates auf sein
Konto zu überweisen.
Dies finden Sie eine Frechheit und geben dem Anwalt nach eingehender Diskussion der Rechtslage
freie Hand zur Schlacht vor Gericht. Leider kommt es nicht so heraus, wie Sie dies gerne hätten und
der Richter verurteilt Sie zur Bezahlung der 70.000 CHF plus Kosten. Selbstverständlich wollen Sie
das nicht so annehmen und ziehen die Sache weiter. Auch vor der zweiten Instanz verlieren Sie.
Dann in der dritten Instanz, endlich, gewinnen Sie. Leider hat der Ersteller mittlerweile Konkurs
angemeldet und die 50.000 CHF können Sie abschreiben. Sie bezahlen dann trotzdem noch 20.000
CHF drauf für die Bemühungen Ihres Anwaltes.

So sieht also eine konfrontative, ich hätte schon fast gesagt, normale, alltägliche   105
Lösung eines Konfliktes aus, wenn Sie sich entschließen, den Weg der juristischen
Wahrheitssuche zu gehen. Grafisch dargestellt sieht diese Lösung so aus:

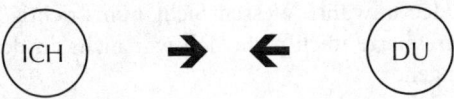

Abildung 5: Konfliktlösung durch Konfrontation

Wie würde es aber aussehen, wenn Sie nicht nach Ansprüchen, sondern nach Lö-   106
sungen suchen würden? Vielleicht so:

Anstatt zum Anwalt zu gehen, überlege ich mir einmal, **was ich in der Sache eigentlich will?** Ich finde heraus, dass es für mich wichtig ist, die Angelegenheit so elegant und ruhig wie möglich und vor
allem ohne großen Zeitaufwand meinerseits zu regeln. Kann ich nicht in der Zeit, die es braucht,
den verlorenen 50.000 CHF nachzurennen, neue 50.000 CHF verdienen? Und ist es nicht viel interessanter, meine Zeit mit der Gestaltung der Zukunft zu verbringen, als mit dem Waschen schmutziger Wäsche von vorgestern? **Mein Ziel ist es also, weiterhin locker meinen Geschäften nachzuge-
hen, dort anständig Geld zu verdienen und mich nicht davon durch unnötige Querelen abhalten zu
lassen.** Abstrakt dargestellt wäre mein Interesse wohl Freiheit: Ich will tun und lassen können, was
ich will und mich nicht von Prozessen stören lassen. Um dieses Ziel zu erreichen, kann sicher ein
kleines Gespräch mit dem Ersteller nichts schaden – um herauszufinden, was dieser eigentlich
möchte. Ich mache also einen Termin mit ihm aus und **steige in seine Welt ein, synchronisiere mich
mit ihm** und stelle fest, dass er tatsächlich Probleme mit den Banken hat. Der Mann, den er mit dem
Verkauf der Überbauung beauftragt hat, hat sich als wenig seriös erwiesen. Er hat vorgegeben,
mehr Einheiten verkauft zu haben, als es tatsächlich waren. Damit wurde der Baubeginn zu früh
angesetzt und nun, da er vorfinanzieren muss, laufen ihm die Kosten aus dem Ruder. Ich weiß nun,
dass das **Ziel des Erstellers Sicherheit ist.** Er hat Angst, dass ihm die Felle davonschwimmen und

mauert nun natürlich gegen jedes Ansinnen, dass er wieder Geld herausgeben solle. Könnte es möglich sein, **mein Interesse nach Freiheit und sein Interesse nach Sicherheit unter einen Hut zu bringen?** Ich versetze mich in seine Situation hinein, frage geschickt nach, und so kommen wir uns näher. Schließlich beginnen wir sogar, kreativ über eine gemeinsame Gestaltung der Zukunft nachzudenken. Wir finden auch heraus, wie er sich aus seinem Schlamassel befreien könnte. Mit einem guten Bauprozessmanagement! Das könnte ich besorgen. Ich habe gute Kontakte zur FH Aargau, die einen solchen Studiengang anbietet und werde dort mal nachfragen, ob die ihm weiterhelfen können. Im Ausgleich dazu vereinbaren wir, dass er die 50.000 CHF in fünf Raten verteilt auf ein Jahr zurückbezahlt. Darüber hinaus erkläre ich mich bereit, für die zusätzlich entstandenen Kosten 10.000 CHF zu bezahlen. So wären wir beide zufrieden, hätten beide unsere Interessen, unsere Ziele erreicht: Ich müsste mich nicht mit einem Prozess herumschlagen und könnte mich voll auf meinen Beruf konzentrieren. Ich hätte also meine **Freiheit**. Er würde sich damit, dass Profis die Überbauung managen würden, auch sicherer fühlen.

Ich nehme also sofort Kontakt mit der FH Aargau auf und tatsächlich findet sich eine Lösung: Eine Gruppe von Studenten nimmt sich der „Rossweid" in der Form eines Diplomprojektes an.

Nach der Rückerstattung von 20.000 CHF kommt es leider zu erneuten Zahlungsproblemen. Sie bleiben flexibel und einigen sich darauf, dass der Ersteller die restlichen 20.000 CHF auch in Natura liefern kann: Er erstellt Ihnen dafür eine Wintergarten auf der Terrasse ihres Loftes. Ein Wintergarten, dessen Erstellung Sie 50.000 CHF gekostet hätte!

107   In dieser Variante habe ich alle Theoreme angewendet, die ich auf den vorherigen Seiten erarbeitet habe. Vielleicht zähle ich sie noch einmal auf.

1. Theorem: Wer den Frieden liebt, tut gut daran, nicht mit der Wahrheit gesegnet zu sein!

108   Ich ging davon aus, dass sowohl meine Sicht der Dinge wahr war als auch die Sicht des Erstellers. Oder unwahr. Wessen Sicht nun „richtig" und wessen Sicht nun „falsch" war, interessierte mich nicht. Ich war nicht an der Wahrheit interessiert, sondern an Lösungen.

2. Theorem: Konfligierend verhalte ich mich immer dann, wenn ich glaube oder behaupte, meine Weltsicht sei wahr oder wahrer als die Weltsicht eines anderen

109   Ich wollte den Konflikt nicht konfrontativ lösen. Deshalb beauftragte ich nicht das Gericht mit der Konfliktlösung.

3. Theorem: Wenn Sie einen Konflikt lösen wollen, ist es weise, keinen Juristen beizuziehen!

110   Ich verzichtete ebenso bewusst darauf, einen Juristen beizuziehen und nahm die Sache selbst in die Hand. Hätte ich mir nämlich einen Juristen zugelegt, wären wir wohl automatisch wieder dort gelandet, wo auch jeder Söldner immer wieder landet: Auf dem Schlachtfeld, im Krieg.

4. Theorem: In jedem Tun steckt ein Ziel. Besser das eigene als ein fremdes!

111   Ich machte mir bewusst, was ich eigentlich wollte: Freiheit! Möglichst unbehelligt von der Bauangelegenheit meinen Geschäften nachgehen und dort viel

Geld verdienen. Deshalb den Vorfall mit möglichst geringem Aufwand elegant lösen.

5. Theorem: Ein paar Stunden gemeinsam gegangen, gefangen, gelangen wir zum Fluss

Ich versetzte mich in die Lage des Erstellers, synchronisierte mich mit ihm und gewann so sein Vertrauen.   112

6. Theorem: Il faut détruire avant de construire!

Wir „zerstörten" beide unsere Positionen („Ich will meine 50.000 CHF Reserva-   113 tionsanzahlung zurück haben!" – „Nix da! Die Planung für die Sonderwünsche hat alleine 70.000 CHF gekostet. Die müssen Sie bezahlen. Wenn wir die 50.000 CHF als Anzahlung betrachten, schulden Sie mir noch 20.000 CHF!") und konstruierten über unsere Interessen „Freiheit" und „Sicherheit" die Lösung „Bauprozessmanagement". Ich verzichtete auch auf das Durchsetzen der getroffenen Vereinbarung, als er wieder zahlungsschwach wurde. Statt dessen fanden wir kreativ die Lösung „Wintergarten", die ihm und mir finanzielle Vorteile brachte.

7. Theorem: If you believe it or not, you are right!

Ich bin fest davon überzeugt, dass eine kooperative Lösung besser und dauerhaf-   114 ter ist, als eine konfrontative Durchsetzung meiner Ansprüche. Deshalb stehe ich heute auch nicht vor Gericht, sondern relaxe mich im Wintergarten. Grafisch dargestellt würde diese Lösung wohl etwa so ausschauen:

Abbildung 6: Kooperative Lösung eines Problems

So, nun bleibt es an Ihnen, zu wählen, welcher Variante Sie mehr Glauben   115 schenken möchten. Wenn Sie mögen, können Sie mir Ihre Wahl und selbstverständlich auch Ihre Bedenken gerne mitteilen auf adrianschweizer@hotmail.com. Unter dieser Adresse bin ich überall auf der Welt erreichbar. Selbst in Hanksville, wo ein Schild am Strassenrand steht: *„No gas next 100 miles!"*

Das wär's für heute. Ich muss nun tanken und dann weiter. Der Grand Canyon (South rim) wartet!   116

VIII. Las Vegas, Nevada, Luxor Hotel and Spa, Montag, 4. Juni 2001

Im *„Albuquerque Journal"* von *„Saturday Morning, June 2, 2001"* lese ich auf   117 der Titelseite:

„Nepal's Royal Family Slain – Crown Prince Shoots King, Queen, Self
Katmandu, Nepal – Nepal's crown prince opened fire in the royal palace of this small Himalayan nation Friday, shooting to death the four other members of his family-including the king and the queen-before killing himself, a senior military officer said. ... The official said Prince Dipendra, 30, killed his parents, King Birendra and Queen Aiswarya, his younger brother Prince Nirajan, and his sister, Princess Shurti. The princess was married and had two daughters. According to the official the shooting was prompted by a dispute over the crown prince's marriage because his mother, the queen, reportedly objected to his choice of mate. The crown prince, educated at Britain's Eton College, was heir to the throne . . .“

Auch eine Art, einen Konflikt zu lösen.

118   Mit *Tanit* ist es übrigens auch fast zum Eklat gekommen. Die Überdosis Südwest bekam ihr nicht mehr und anstatt, dass sie die Naturwunder bestaunte, welche Gott hier in der Wüste all denen hingestellt hat, die sehen können, wie ich meinte, schlief sie demonstrativ neben mir auf ihrem Sitz oder las Zeitung. Ich wurde sauer und schnautzte sie an. Sie reagierte bockig und beleidigt gingen wir zu Bett. Am nächsten morgen fragte ich dann, warum sie so reagieren würde und sie meinte, das sei nicht das, was sie von Amerika sehen möchte. Auf meine Frage hin, was sie denn sehen möchte, wußte sie zuerst keine Antwort, meinte dann aber, etwas eben, wo „action" drin sei. Was denn „action" sei, wollte ich nun wissen. Ja, etwas eben, das sie aus dem Fernsehen kennen würde: „Leuchtreklamen, Stretchlimousinen, Polizisten auf Fahrrädern. Und nicht diese blöden Felsen oder Mesas, wie sie heißen sollen". Ich war etwas erstaunt. Ich wollte ihr Monument Valley und den Grand Canyon zeigen und sie wollte statt dessen das sehen, was sie eh schon tausendmal im Fernsehen gesehen hatte. Ich runzelte die Stirn und fragte mich dann, was eigentlich mein Ziel sei? Mir fiel ein, dass mein Ziel es war, ihr die Möglichkeit zu geben, Amerika zu sehen, damit sie sich entscheiden kann, ob sie ihr Austauschjahr hier oder in Irland verbringen will. Nun gut, auch Leuchtreklamen sind Teil der Neuen Welt. Warum also nicht? Wir hielten dann am Strassenrand im Schatten eines Baumes, breiteten die Landkarte auf der Motorhaube aus und diskutierten, wo wir hinfahren könnten. San Francisco und Los Angeles, wo sie hin wollte, waren zu weit weg aber Las Vegas lag drin!

119   Wir haben den Grand Canyon dann nicht nur bildlich links liegen gelassen und sind nach Las Vegas gefahren. Wie Tanit tatsächlich zehn Meter lange Limousinen und Polizisten auf Fahrrädern gesehen hat, hat sie vor Freude gejubelt. Anstatt mit mir abends auf den Las Vegas Strip zu gehen, zog sie es allerdings vor, auf dem Zimmer des Luxor-Hotels ein Bad zu nehmen und auf dem Hotel-Briefpapier all ihren Freundinnen zu berichten, wie toll Amerika sei.

Ich habe wieder einmal etwas gelernt!

IX. Phoenix, Arizona, The Arizona Biltmore Hotel, Mittwoch, 6. Juni 2001

120   Unsere Reise durch den Südwesten der USA geht morgen zu Ende. Um 15:00 Uhr fliegt uns die LH 449 über Frankfurt zurück nach Basel. Wir haben uns dann in Scottsdale noch Taliesin West angeguckt, das ehemalige Winter Camp und heutige Museum für das Werk von *Frank Lloyd Wright,* dem großen amerikanischen

Architekten. Nach meiner Luxor-Erfahrung habe ich mich auch entschlossen, ihr abermals ein etwas besseres Hotel anzubieten und wir haben noch einen Platz im Arizona Biltmore gefunden, einem Hotel, das Wright in den 20er Jahren gebaut hat. Ein Hotel übrigens, wo ich immer schon mal absteigen wollte. So hat jeder, was er möchte.

Als ich dann heute Morgen in der Hotellobby gesessen und dieses Essay noch 121 einmal durchgelesen habe, habe ich mich auch in Sie, meine lieben Leser, hineinversetzt. Und da ist mir eingefallen, dass Sie sich vielleicht fragen könnten, wie der Kerl es anstellt, all das, was er tut, unter einen Hut zu bringen: Der Arbeit in Houston nachgehen, dann eine Ferienreise machen, dabei einen Artikel schreiben und noch was von seiner Tochter lernen. Ich habe einige Zeit darüber nachgedacht und dann herausgefunden, dass es vermutlich etwas mit einem meiner Glaubenssätze zu tun hat. Und dieser Glaubenssatz hängt wieder mit meiner Mutter zusammen. Damit sind wir auch wieder am Anfang meiner Geschichte angelangt. Bei der Wahrheit. Bei der subjektiven Wahrheit, mit der wir uns vielleicht die Welt gestalten. Meine Mutter meinte nämlich, dass es nicht möglich sei, im Leben beides zu kriegen, die Semmel und das Fünfpfennig Stück, oder „ds Füfi u ds Weggli," wie es bei uns im Kanton Bern heißt. Das habe sie in ihrem Leben erfahren. Das sei also wahr. Punkt.

Immer wenn ich aber zum Bäcker ging, damals 1962 in Belp bei Bern, habe ich ihm ein zwanzig Rappen Stück hingestreckt und er gab mir ein backfrisches Weggli und fünf Rappen als Herausgeld zurück.

X. Zürich-Gockhausen, Schweiz,
Samstag, 23. Juni 2001
(Epilog)

Gestern habe ich einen Brief aus Austin erhalten. Der Chef der Polizei hat mir die 122 Buße erlassen.

§ 10 Sozialpsychologie des Verhandelns

Dr. Edgar W. Klinger/Prof. Dr. Günter Bierbrauer

Übersicht

Schrifttum: *Adams, J.S.* (1963). Toward an understanding of inequity. *Journal of Abnormal and Social Psychology,* 67, 422–436; *Bar-Tal, D., & Geva, N.* (1986). A cognitive basis of international conflicts. In S. Worchel & W.G. Austin (Eds.), *Psychology of intergroup relations* (118–133). Chicago: Nelson Hall; *Bazerman, M. H.* (1997). *Judgment in managerial decision making.* 4th ed. New York: Wiley; *Bazerman, M. H., & Neale, M. A.* (1983). Heuristics in negotiation: Limitations to effective dispute resolution. In M.H. Bazerman & R.J. Lewicki (Eds.), *Negotiating in organizations* (51–67). Beverly Hills: Sage; *Bazerman, M. H., & Neale, M. A.* (1995). The role of fairness considerations and relationships in a judgmental perspective of negotiation. In K.J. Arrow, R.H. Mnookin, L. Ross, A. Tversky & R.B. Wilson (Eds.), *Barriers to conflict resolution* (86–106). New York: W.W. Norton; *Bierbrauer,*

G., *Falke, J., & Koch, K.-F.* (1978). Konflikt und Konfliktbeilegung. Eine interdisziplinäre Studie über Rechtsgrundlage und Funktion der Schiedsmannsinstitution. In G. Bierbrauer, J. Falke, B. Giese, K.-F. Koch & H. Rodingen (Eds.), *Zugang zum Recht* (141–192). Bielefeld: Gieseking; *Bierbrauer, G.* (1979). Why did he do it? Attributional obedience and the phenomenon of dispositional bias. *European Journal of Social Psychology*, **9**, 67–84; *Bierbrauer, G.* (1982). Gerechtigkeit und Fairneß in Verfahren. Ein sozialpsychologischer Ansatz zur Beilegung von Konflikten. In E. Blankenburg, W. Gottwald & D. Strempel (Eds.), *Alternativen in der Ziviljustiz* (317–327). Köln: Bundesanzeiger; *Bierbrauer, G.* (1996). *Sozialpsychologie*. Stuttgart: Kohlhammer; *Bierbrauer, G., & Gottwald, W.* (1987). Psychologie und Recht – Brückenschlag zwischen Fakten und Fiktion. In J. Schultz-Gambard (Ed.), *Angewandte Sozialpsychologie* (91–110). München: Psychologie Verlags Union; *Bierbrauer, G., & Klinger, E. W.* (im Druck). Akzeptanz von Entscheidungen durch faire Verfahren. Einige Überlegungen und Befunde aus der Forschung über Verfahrensfairness. In H. Hof, F. Haft & S. Wesche (Eds.), *Bausteine zu einer Verhaltenstheorie des Rechts.* Baden-Baden: Nomos; *Brockner, J., & Rubin, J. Z.* (1985). *Entrapment in escalating conflicts.* New York: Springer-Verlag; *Brockner, J., & Wiesenfeld, B. M.* (1996). An integrative framework for explaining reactions to decisions: Interactive effects of outcomes and procedures. *Psychological Bulletin*, **120**, 189–208; *Christie, R., & Geis, F. L.* (Eds.) (1970). *Studies in Machiavellism.* New York: Academic Press; *Cialdini, R. B.* (2001). *Influence: Science and practice.* 4th ed. Boston: Allyn and Bacon; *Cropanzano, R., & Folger, R.* (1991). Procedural justice and worker motivation. In R. M. Steers & L. W. Porter (Eds.), *Motivation and work behavior*, 2nd ed. (131–143). New York: McGraw-Hill; *Deutsch, M.* (1973). *The resolution of conflict.* New Haven: Yale University Press; *Fisher, R., Ury, W., & Patton, B.* (1995). *Das Harvard-Konzept. Sachgerecht verhandeln – erfolgreich verhandeln.* 13. Aufl. Frankfurt/M.: Campus; *Follett, M. P.* (1940). Constructive conflict. In H. C. Metcalf & L. Urwick (Eds.), *Dynamic administration. The collected papers of Mary Parker Follett* (30–49). New York: Harper; *Freedman, J. L., & Frazer, S. C.* (1966). Compliance without pressure: The Foot-in-the-door technique. *Journal of Personality and Social Psychology*, **4**, 195–202; *Greenberg, J.* (1987). A taxonomy of organizational justice theories. *Academy of Management Review*, **12**, 9–22; *Griffin, D. W., & Ross, L.* (1991). Subjective construal, social inference, and human misunderstanding. *Advances in Experimental Social Psychology*, **24**, 319–359; *Jones, E. E., & Harris, V. A.* (1967). The attribution of attitudes. *Journal of Experimental Social Psychology*, **3**, 1–24; *Kahneman, D., & Tversky, A.* (1982). The psychology of preferences. *Scientific American*, **247**, 136–141; *Kahneman, D., & Tversky, A.* (1995). Conflict resolution: A cognitive perspective. In K. J. Arrow, R. H. Mnookin, L. Ross, A. Tversky & R. B. Wilson (Eds.), *Barriers to conflict resolution* (44–60). New York: W. W. Norton; *Kelley, H. H., & Stahelski, A. J.* (1970). Errors in perception of intentions in a mixed-motive game. *Journal of Experimental Social Psychology*, **6**, 379–400; *Keltner, D., & Robinson, R. J.* (1993). Imagined ideological differences in conflict escalation and resolution. *International Journal of Conflict Management*, **4**, 249–262; *Kuhlmann, D. M., & Marshello, A. F. J.* (1975). Individual differences in game motivations as moderators of preprogrammed strategy effects in prisoner's dilemma. *Journal of Personality and Social Psychology*, **32**, 922 – 931; *Lind, E. A., Kulik, C. T., Ambrose, M., & de Vera Park, M. V.* (1993). Individual and corporate dispute resolution: Using procedural fairness as a decision heuristic. *Administrative Science Quarterly*, **38**, 224–251; *Lind, E. A., & Tyler, T. R.* (1988). *The social psychology of procedural justice.* New York: Plenum Press; *Merton, R. K., & Kitt, A.* (1950). Contributions to the theory of reference group behavior. In R. K. Merton & P. F. Lazarsfeld (Eds.), Continuities in social research: Studies in the scope and method of „The American Soldier". Glencoe, Ill.: Free Press; *Miller, G. A.* (1956). The magical number seven, plus or minus two: Some limits on our capacity for processing information. *Psychological Review*, **63**, 81–97; *Montada L.* (2000). Gerechtigkeit und Rechtsgefühl in der Mediation. In A. Dieter, L. Montada & A. Schulze (Eds.), Gerechtigkeit im Konfliktmanagement und in der Mediation (37–62). Frankfurt/M.: Campus; *Nisbett, R. E., & Ross, L.* (1980). *Human inference: Strategies and shortcomings of social judgment.* Englewood Cliffs, N. J.: Prentice Hall; *Pruitt, D. G.* (1983). Integrative agreements: Nature and antecedents. In M.H. Bazerman & R.J. Lewicki (Eds.), *Negotiating in organizations* (35–49). Beverly Hills: Sage; *Pruitt, D. G., & Carnevale, P. J.* (1993). *Negotiation in social conflict.* Buckingham: Open University Press; *Robinson, R. J., Keltner, D., Ward, A., & Ross, L.* (1995). Actual versus assumed differences in construal: „Naive Realism" in intergroup perception and conflict. *Journal of Personality and Social Psychology,* 68, 404–417; *Ross, L.* (1977). The intuitive psychologist and his shortcomings: Distortions in the attribution process. *Advances in Experimental Social Psychology,* 10, 173–220; *Ross, L.* (1995). Reactive devaluation in negotiation and conflict resolution. In K.J. Arrow, R.H. Mnookin, L. Ross, A. Tversky & R.B. Wilson (Eds.), *Barriers to conflict resolution* (26–42). New York: W.W. Norton; *Ross, L., & Nisbett, R. E.* (1991). *The person and the situation.* New York: McGraw-Hill; *Ross, L., & Stillinger, C.* (1991). Barriers to conflict resolution. *Negotiation Journal,* 7, 389–404; *Ross, L., & Ward, A.* (1994). Psychological barriers to dispute resolution. *Advances in Experimental Social Psychology,* 27, 255–304; *Ross, L., & Ward, A.* (1995). Naive realism: Implications for social conflict and misunderstanding. In T. Brown, E. Reed & E. Turiel (Eds.), *Values and knowledge* (103–135). Hillsdale, N. J.: Lawrence Erlbaum; *Ross, M., & Sicoly, F.* (1979). Egocentric biases in availability and attribution. *Journal of Personality and Social Psychology,* 37, 322–336; *Schlenker, B. R., & Miller, R. S.* (1977). Egocentrism in groups. *Journal of Personality and Social Psychology,* 35, 755–764; *Simon, H.* (1957). *Models of man.* New York: Wiley; *Thibaut, J., & Walker, L.* (1975). *Procedural justice: A psychological analysis.* Hillsdale, N. J.: Lawrence Erlbaum; *Tyler, T. R.* (1990). *Why people obey the law: Procedural justice, legitimacy, and compliance.* New Haven: Yale University Press; *Tyler, T. R., & Smith, H. J.* (1998). Social justice and social movements. In D.T. Gilbert, S.T. Fiske & G. Lindzey (Eds.), *The handbook of social psychology,* 4th ed., vol. 2 (595–629). Boston: McGraw-Hill; *Walster, E., Walster, G. W., & Berscheid, E.* (1978). *Equity: Theory and research.* Boston: Allyn and Bacon; *Walton, R. E., & McKersie, R. B.* (1965). *A behavioral theory of labor negotiations: An analysis of a social interaction system.* New York: McGraw-Hill.

Vorbemerkung

1   Die rationale Bewältigung vieler Konflikte wird durch Widerstände und Barrieren behindert, die ihre Ursache oftmals im begrenzten psychischen Verhaltensrepertoire der Beteiligten haben. Diese Begrenzungen zeigen sich zum einen als kognitive und motivationale Verzerrungen, die die menschliche Urteilsfähigkeit beeinflussen, zum anderen als Mangel an Wissen über die Struktur und Dynamik von Verhandlungen. Geschickte Verhandler wissen, wie sie mit diesen Begrenzungen umgehen müssen, um die andere Partei zu beeinflussen und ihr Verhandlungsfallen zu stellen.

In diesem Beitrag werden typische Wahrnehmungsverzerrungen aufgezeigt, Verhandlungsfallen und Gefahren der Konflikteskalation in Verhandlungen beschrieben und Möglichkeiten der Konfliktbeilegung dargestellt. Überdies werden Möglichkeiten zum Schutz vor Benachteiligungen sowie zur Verbesserung des eigenen Verhandlungsverhaltens aufgezeigt.

I. Grundlagen

1. Verhandlung und Mediation als nahe Verwandte

In Verhandlungen geht es darum, Möglichkeiten zur Regelung und Beendigung **2** von Konflikten zu finden. **Konflikte** sind negative Beziehungen zwischen zwei oder mehreren Menschen oder Gruppen angesichts unvereinbar erscheinender Bewertungen von Gütern, Sachverhalten oder Interessen[1]. Der Gegenstand eines Konflikts kann materieller Art (z. B. Güter und Geld) oder immaterieller Art (z. B. Zuwendung und Liebe) sein; Konflikte können auch als Streit um unterschiedliche Ideologien, z. B. in Bezug auf Gerechtigkeit und religiöse Überzeugungen, ausgetragen werden. Verfahren zur friedlichen Regelung von Konflikten sind neben dem Verhandeln das Vermitteln, Entscheiden und Nachgeben.

Verhandeln zielt auf die Neubewertung der strittigen Sachverhalte, Interessen **3** oder Güter im Wege gegenseitiger Beeinflussung der Parteien ab. An Verhandlungen sind in der Regel nur die – zumeist zwei – Konfliktparteien beteiligt. Die Aufnahme von Verhandlungen gilt üblicherweise als Zeichen für das Interesse der Parteien an einer einvernehmlichen Beilegung des Konflikts. Typisches Ergebnis einer erfolgreichen Verhandlung ist eine Übereinkunft darüber, dass jede Partei etwas aufgibt, das der anderen Partei von Nutzen ist. Im Zuge von Verhandlungen können die Parteien zudem gemeinsame Interessen aufdecken, von denen sie zuvor nichts wussten. **Vermitteln** bzw. **Mediation** steht für Verhandlungen unter Mitwirkung einer dritten, **Mediator** genannten Partei, die die Aufgabe hat, die Verhandlung zu lenken und dabei insbesondere Vorschläge zu unterbreiten, die den Parteien das Finden einer Übereinkunft ermöglichen sollen. **Entscheiden** setzt ebenfalls die Einbeziehung einer dritten Partei voraus, die anders als beim Vermitteln jedoch mit der Vollmacht ausgestattet ist, nach Durchlaufen eines vorab festgelegten Verfahrens zu richten, d. h. eine für alle Beteiligten bindende Entscheidung zu fällen. Das Verfahren der Zwangsschlichtung ist eine Variante des Entscheidens. **Nachgeben** meint die Einstellung von Verhandlungsaktivitäten und damit den Rückzug eines Konfliktbeteiligten, womit der Konflikt in aller Regel beendet ist. Genaugenommen wird damit keine Regelung oder gar Lösung des Konflikts erzielt, denn die wahrgenommenen Unvereinbarkeiten bestehen meist fort. Entweder verlieren sie jedoch mit dem Nachgeben einer Konfliktpartei an Bedeutung für die Beziehung der Konfliktparteien, oder diese Beziehung wird durch den Rückzug eines Beteiligten aufgelöst und so der Konflikt beendet.

Dieser Beitrag untersucht Möglichkeiten und Hindernisse der Konfliktregelung durch Verhandeln und Vermitteln.

2. „Äpfel gegen Birnen gegen …": Konfliktregelung als Austausch von Werten

Die Regelung von Konflikten durch Verhandeln und Vermitteln ist im Prinzip **4** sehr einfach: Die beteiligten Parteien stellen ihre Ausgangspositionen fest, informieren sich gegenseitig über ihre Bewertungsmaßstäbe und bestimmen ein Austauschverhältnis für die strittigen Ressourcen, das alle Beteiligten zufrieden stellt. Nach

---

[1] *Bierbrauer, 1996.*

vollzogenem Austausch der Ressourcen sieht sich jede beteiligte Partei gegenüber ihrer Ausgangsposition bessergestellt. Die Logik dieses **rationalen Verhandelns** entspricht dem **Wertaustauschmodell.** Danach können Konflikte erfolgreich geregelt werden, wenn die beteiligten Parteien zu einem Wertetransfer bereit sind, der zu einem gleichgewichtigen Zustand zwischen ihnen führt. Das Modell unterstellt – wie andere normative Entscheidungsmodelle für Konfliktsituationen auch –, dass jede Partei in einer Verhandlung nach rationalen Erwägungen entscheidet. Den verhandelnden Individuen wird damit unterstellt, sie könnten vorhandene Wertunterschiede wahrnehmen, die Eigenheiten einer Verhandlungssituation erkennen, die Motive der Gegenpartei korrekt erschließen und die eigenen Absichten und Ziele genau angeben.

5   Nach diesem Modell führt Verhandeln zur erfolgreichen Regelung eines Konfliktes, bei der eine Partei etwas aufgibt, was ihr weniger wichtig ist und von der Gegenpartei etwas erhält, was diese als weniger wichtig erachtet. Durch Verhandeln wird ein neuer Gleichgewichtszustand zwischen den Parteien hergestellt, der von beiden gegenüber dem bisherigen, ungleichgewichtigen Zustand vorgezogen wird.

6   Eine Bedingung für die Herstellung eines neuen Gleichgewichtszustands ist die Existenz eines Einigungsbereiches, in dem sich die **Verhandlungszonen** der Parteien überlappen. Diese Zonen sind zu Verhandlungsbeginn auszuloten. Das auf *Walton* und *McKersie* (1965) zurückgehende Konzept der Verhandlungszonen lässt sich anhand eines Diagramms illustrieren, in dem die Positionen von Gewerkschaft (G) und Arbeitgebern (A) in einer fiktiven Tarifauseinandersetzung beispielhaft vereinfacht dargestellt sind:

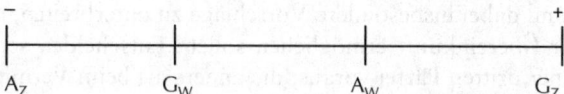

A_Z Arbeitgeberziel
A_W Widerstandspunkt der Arbeitgeber (akzeptierter Maximaltarif; Limit)
G_W Widerstandspunkt der Gewerkschaft (akzeptierter Minimaltarif; Limit)
G_Z Gewerkschaftsziel

7   In diesem Beispiel verfügt jede Partei über einen Verhandlungsspielraum, der einerseits durch das jeweilige Ziel (Z), andererseits durch den jeweiligen Widerstandspunkt (W) begrenzt wird, über den hinaus keine weiteren Konzessionen eingeräumt werden. Im Falle sich überlappender Konzessionszonen spricht man von einer **positiven Konzessionszone.** Überlappen sie sich nicht, liegt eine **negative Konzessionszone** vor. Bei positiver Konzessionszone ist eine Einigung im Prinzip immer möglich.

8   Indes: Trotz positiver Konzessionszone enden viele Verhandlungen, ohne dass eine Einigung erzielt worden wäre. Dies gilt auch für zivilrechtliche Streitigkeiten, in denen es meist um Geld geht und die im Prinzip leicht geregelt werden könnten. Lassen die Parteien in diesen Fällen aber ein Gericht über ihren Konflikt entscheiden, so erleiden sie zumeist beide Einbußen: Sie müssen Anwalts- und Gerichtskosten ebenso begleichen wie die weiteren Kosten, die etwa durch Zeitverlust oder die emotionale Belastung infolge eines voll entfachten Prozesses entstehen. Warum, so muss man sich fragen, einigen sich Konfliktparteien häufig trotz positiver Konzessionszone nicht?

Grundsätzlich können sich Barrieren objektiver und psychologischer Art hinder- 9
lich auf die Regelung von Konflikten auswirken. Eine **objektive Barriere** liegt vor,
wenn die Verhandlungsziele der Parteien gänzlich im Widerspruch stehen. Die Konzessionszone ist negativ, die verhandelten Werte erweisen sich als nicht austausch-
bar und ein Austausch damit als unmöglich.

Den meisten Konflikten liegen keine tatsächlichen, objektiven Gegensätze zwi- 10
schen zwei Parteien zugrunde. Vielmehr haben die Beteiligten den **Eindruck**, ihre
individuellen Ansprüche und Bewertungen seien nicht miteinander vereinbar. Dieser Eindruck entsteht durch ihre unterschiedlichen subjektiven Einschätzungen und
Bewertungen der relevanten Sachverhalte. Ob und wie ein Konflikt geregelt werden
kann, hängt deshalb davon ab, wie er von den Beteiligten wahrgenommen wird.
Hier kommt den **psychischen Barrieren**, insbesondere individuellen Wahrnehmungen des Konfliktgeschehens sowie den begrenzten kognitiven Fähigkeiten aller Beteiligten, kurz: **Einschränkungen der Rationalität** große Bedeutung zu.

3. „Ich lasse mich nicht über den Tisch ziehen!": Begrenzte Rationalität als Barriere erfolgreichen Verhandelns

Laienpsychologen vermuten häufig, die Ursachen für Unvollkommenheiten des 11
menschlichen Entscheidungs- und Urteilsverhaltens seien in der „unbewussten Tie-
fendynamik der Psyche" zu suchen. Tiefenpsychologische Vermutungen über die
angeblichen Prozesse der Verdrängung oder der Projektion erweisen sich indes
meist als wenig geeignete wissenschaftliche Konzepte zur „Aufdeckung" von irrationalen Tendenzen beim Entscheiden.

Die auf Überlegungen von *Simon* (1957) basierende Annahme kognitiver Be- 12
grenztheit menschlichen Wahrnehmens und Urteilens in einer komplexen Welt
führt hier zu sinnvolleren Einsichten. Das Konzept der **begrenzten Rationalität** beschreibt verschiedene sozialpsychologische Phänomene, die verantwortlich dafür
sind, dass Menschen sich bei der Regelung von Konflikten nicht optimal verhalten.
Das menschliche Wahrnehmungs- und Erkenntnisvermögen ist begrenzt und kann
die Welt in ihrer Vollständigkeit nicht erfassen. Daher sind Menschen gezwungen,
mehr oder weniger gute Prognosen über sich und ihre Umwelt zu entwerfen. Sie
lassen sich als vereinfachte Arbeitshypothesen über die soziale Realität verstehen, die im Alltag recht gut „passen". Beispielsweise zeigen die klassischen Arbeiten von *Miller* (1956) über die Begrenztheit menschlichen Wahrnehmungs- und
Gedächtnisvermögens, dass Menschen häufig vereinfachte Verarbeitungsstrategien
benutzen, um mit der Fülle der auf sie einwirkenden Informationen fertig zu
werden. Hieraus entstehen in bestimmten sozialen Situationen jedoch unangemessene Reaktionen: Nachrichten werden übersehen, verzerrt wahrgenommen oder
nicht optimal verarbeitet; Fehlentscheidungen können die Folge sein. Manipulateure nutzen – auch in Verhandlungen – diese Schwäche aus, indem sie bei bestimmten Situationskonfigurationen automatisierte Denk-, Entscheidungs- oder
Verhaltensprogramme bei ihren Mitmenschen auslösen, die von diesen im Zuge
ihrer Sozialisation gelernt wurden, die jedoch dieser Situation nicht angemessen
sind. Sind Verhandlern die damit verbundenen Schwächen nicht bekannt und
bewusst, können ihnen von Manipulateuren sogenannte **Verhandlungsfallen** gestellt
werden. Oft wissen auch die Manipulateure nicht, wie diese Fallen funktionieren;

ihre Intuition sagt ihnen aber, dass sie funktionieren. Im sozialpsychologischen Schrifttum finden sich Beschreibungen einer ganzen Reihe von kognitiven Verzerrungen und Abweichungen, die in systematischer Weise Entscheidungen beeinflussen[2].

13   Um Verhandlungen optimal zu gestalten, muss man die Schwächen kennen, denen Verhandler auf Grund ihrer begrenzten Rationalität erliegen, und ihnen gezielt entgegenwirken. Wie zu zeigen sein wird, kann die Kenntnis psychischer Barrieren geschickten Verhandlern helfen, ihre Gegenpartei zu manipulieren und zu benachteiligen. Dagegen kann sich nur wehren, wer um diese Barrieren weiß und sich auf sie vorbereitet.

14   Die einem Verhandlungserfolg entgegenstehenden psychischen Barrieren können erstens aus den Orientierungen und Kognitionen, also den Wahrnehmungen, Gedanken und Beurteilungen der an einer Verhandlung beteiligten **Personen** resultieren, zweitens in Besonderheiten der **Verhandlungssituation** begründet sein, die bei den verhandelnden Parteien automatisierte Denk-, Entscheidungs- oder Verhaltensprogramme auslösen, oder drittens aus der besonderen Dynamik des **Verhandlungsprozesses** erwachsen.

15   In den folgenden Abschnitten dieses Beitrages wird gezeigt, wie Merkmale der Personen, der Verhandlungssituationen und des Verhandlungsprozesses zu psychischen Barrieren werden können, die rationalem Verhandeln im Wege stehen. Die Ausführungen werden zeigen, dass eine eindeutige Zuordnung dieser Barrieren zur Person, Situation oder Prozessdynamik kaum möglich ist. In Verhandlungen wirken Personen-, Situations- und Prozessvariablen in der Regel interagierend auf das Verhalten der Parteien ein: Personenvariablen bestimmen darüber, wie eine Situation gedeutet wird, welches Verhalten daraufhin gezeigt wird und schließlich auch, wie das eigene Verhalten die Umwelt der anderen Parteien modifiziert. Diese Interaktionen führen zu vielfältigen Formen psychischer Barrieren. Verhandler müssen um diese Zusammenhänge wissen und erkennen, dass sich aus den Interaktionen der Einflussfaktoren eine komplexe Dynamik von Verhandlungen entwickeln kann, damit sie den Verlauf von Verhandlungen besser verstehen und kontrollieren können.

II. Die Personen: Orientierungen und Kognitionen der verhandelnden Parteien

16   Wie können individuelle Merkmale der an einer Verhandlung beteiligten Personen, insbesondere ihre Orientierungen und Kognitionen, zu psychischen Barrieren werden? In diesem Abschnitt wird es darum gehen, welche Handlungsorientierungen, Wahrnehmungen, Einschätzungen und Gerechtigkeitsvorstellungen die Parteien in Verhandlungen zeigen können und welche Folgen sich hieraus für Verhandlungen ergeben können.

---

[2] *Bazerman/Neale*, 1995; *Kahneman/Tversky*, 1995; *Nisbett/Ross*, 1980; *Pruitt/Carnevale*, 1993; *Ross*, 1995; *Ross/Nisbett*, 1991.

1. „Mitgegangen – Mitgefangen?": Kooperatives und kompetitives Verhandeln

Welche Absichten verfolgen die Beteiligten in Verhandlungen? *Deutsch* (1973) 17
unterscheidet in seinen Überlegungen zur Dynamik von Konflikten drei idealtypische **Handlungsorientierungen:**

(1) **Kooperative** Orientierung: Die Person ist daran interessiert, sowohl den eigenen
Verhandlungserfolg als auch den Verhandlungserfolg der Gegenpartei zu maximieren.

(2) **Individualistische** Orientierung: Die Person ist primär daran interessiert, den eigenen Verhandlungserfolg zu maximieren, gleichgültig, wie das Verhandlungsergebnis der Gegenpartei ausfällt.

(3) **Kompetitive** Orientierung: Die Person versucht, ihren Verhandlungserfolg auf
Kosten der anderen Partei zu maximieren.

Es ist offensichtlich, dass diese unterschiedlichen Orientierungen zu jeweils ande- 18
ren sozialen Beziehungsgefügen und zu Unterschieden in der Verhandlungsdynamik
führen. So ermöglicht eine gemeinsame kooperative Orientierung die Entwicklung
gegenseitigen Vertrauens und eine integrative Konfliktregelung. Im Falle gemeinsamer kompetitiver Orientierung sind Verhandlungen von gegenseitigem Misstrauen
gekennzeichnet, das Finden einer alle Beteiligten zufrieden stellenden Konfliktregelung ist nicht wahrscheinlich. Bei den genannten Orientierungen handelt es sich um
idealtypische Verhaltensweisen, die in der Realität zumeist nur in Mischformen
vorzufinden sind. Dennoch ist es sinnvoll, sie bei der Analyse von Verhandlungssituationen zu berücksichtigen, zumal dann, wenn Personen mit unterschiedlichen
Orientierungen aufeinandertreffen.

Um die Effekte unterschiedlicher Handlungsorientierungen zu verdeutlichen, wer- 19
den häufig aus der mikroökonomischen Spieltheorie abgeleitete experimentelle Spiele
verwendet, z. B. das **Gefangenendilemma**-Spiel. Zwar ist der Grad der Verallgemei-
nerbarkeit der Erkenntnisse aus solchen Spielen begrenzt[3], doch lassen sich mit ihrer
Hilfe die grundlegenden Strukturen kooperativen bzw. kompetitiven Verhandelns
gut veranschaulichen. So wird das Gefangenendilemma-Spiel in der psychologischen
Forschung zur Untersuchung der Entwicklung von Vertrauen und kooperativem
Verhalten in sozialen Situationen benutzt. Zur Illustration der Beziehungsstruktur
dient die folgende (fiktive) Geschichte:

Zwei Männer wurden unter dem Verdacht, einen Diebstahl begangen zu haben,
von der Polizei festgenommen. Weil die Beweise zu ihrer Überführung nicht ausreichen, entwickeln die Vernehmer folgende Strategie. Die Beschuldigten werden in
separate Zellen gesperrt und einzeln von der Polizei verhört. Sie haben damit keine
Möglichkeit, sich miteinander abzusprechen. Die Polizei macht einem der beiden
Beschuldigten folgenden Vorschlag: „Noch reichen unsere Beweise nicht, um Sie zu
überführen, aber wir werden gleich Ihren Partner befragen. Wir werden es für ihn
attraktiv machen, Sie zu verraten, und wir glauben, er wird es tun. Wenn Sie weiter
leugnen, er aber gesteht, dann werden Sie 48 Monate bekommen, und er wird auf
freien Fuß gesetzt. Aber Sie können günstiger davonkommen, wenn Sie beide gestehen; jeder von Ihnen wird dann mit jeweils 18 Monaten davonkommen. Wenn Ihr
Partner Sie nicht verrät und Sie weiter leugnen, dann reichen unsere Beweise immer

---

[3] Z. B. *Bierbrauer/Falke/Koch*, 1978; *Pruitt/Carnevale*, 1993.

noch zur Anklage wegen Landstreicherei. Das würde Sie beide für 6 Monate ins Gefängnis bringen. Und auch dann wäre es vorteilhaft für Sie, wenn Sie gestehen und ihn verraten würden, denn dann würden wir Sie freilassen und Ihr Partner bekäme 48 Monate." Der Verdächtigte wird nun noch davon unterrichtet, dass seinem Partner das gleiche Angebot unterbreitet wird. Was soll nun ein rational handelnder Verdächtiger tun: Gestehen? Nicht gestehen? Beide kämen natürlich einigermaßen glimpflich davon, wenn sie nicht gestehen würden. Ihr gegenseitiges Vertrauen würde ihnen nur 6 Monate einbringen.

20   Das Gefangenendilemma-Spiel wird als **Spiel mit „gemischten" Motiven** *(mixed-motive game)* bezeichnet, weil die Beteiligten sowohl einer kooperativen als auch einer kompetitiven Orientierung folgen können. Die Vorteilhaftigkeit der verschiedenen Orientierungen zeigt sich, wenn dieses Spiel über mehrere Runden gespielt wird. Es ist offensichtlich, dass eine Wahl, die zunächst den höchsten individuellen Gewinn verspricht, langfristig zu negativen Konsequenzen führt, weil die andere Seite zu keinem Nachgeben mehr bereit ist. Die grundlegende Struktur des Gefangenendilemma-Spiels findet sich in vielen Konfliktsituationen des Alltags wieder.

21   Empirische Forschungsergebnisse bestätigen, dass Menschen sich in ihren Verhandlungsorientierungen stark unterscheiden und dass ihre jeweilige Orientierung Einfluss auf das Verhalten der anderen Verhandlungsteilnehmer nimmt. In einer Untersuchung von *Kuhlmann* und *Marshello* (1975) spielten Versuchspersonen, die sich in einem Vortest entweder als überwiegend kompetitiv, kooperativ oder als individualistisch orientiert erwiesen hatten, das Gefangenendilemma-Spiel gegen einen Partner, der nach einer der nachfolgenden Strategien spielte: stets kooperativ, stets kompetitiv oder konditionell kooperativ, d.h., er antwortete mit der Orientierung, die zuvor sein Gegner gezeigt hatte. Je nach der Orientierung ihres Gegenübers zeigten die Spieler völlig unterschiedliches Spielverhalten. Die kompetitiven Spieler versuchten, ihren Gegner auszunehmen, egal, welche Orientierung dieser zeigte. Kooperative Spieler verhielten sich kooperativ, bis ihnen klar wurde, dass ihr Verhalten nachteilig für sie war, und Individualisten kooperierten nur bei konditionell kooperativen Gegnern.

22   Ein bedeutsamer Aspekt dieses Ergebnisses ist, dass der kompetitiv eingestellte Partner seinen Gegner unabhängig von dessen Orientierung auszubeuten versucht. Das führt zu der Frage: Warum ändern kompetitive Spieler ihre Orientierung auch dann nicht, wenn sie längerfristig für sie im Vergleich zur gemeinsamen Gewinnmaximierung nachteilig ist? Hier wirken sich die individuellen Wahrnehmungen der Beteiligten aus. *Kelley* und *Stahelski* (1970) vermuten, dass kompetitive Menschen annehmen, jedermann habe die gleiche kompetitive Weltsicht wie sie. Daher sehen sie keinen Anlass zum Vertrauen in den Gegner und versuchen sofort die Maximierung des eigenen Gewinns auf Kosten des Gegners. Dagegen erkennen Menschen mit kooperativer Orientierung, dass andere sich beim sozialen Aushandeln in ihren Orientierungen individuell unterscheiden. Sie kooperieren, wenn sie es mit kooperativen Menschen zu tun haben, weichen aber früher oder später von ihrer kooperativen Strategie ab und handeln ebenfalls kompetitiv, wenn sie auf einen kompetitiv orientierten Gegner stoßen. Während also kooperativ orientierte Menschen flexibel reagieren können, sind kompetitiv eingestellte Verhandlungspartner relativ rigide. Sie lernen nicht aus ihrer Erfahrung und – noch schlimmer – ihre Weltsicht wird früher oder später durch das Verhalten der anderen bestätigt. Die Implikationen für

Verhandlungssituationen sind offensichtlich: Wer sich kompetitiv verhält und dieses Verhalten auch von anderen erwartet, erzeugt kompetitives Verhalten auch bei anderen. Hier liegt eine klassische „sich selbst erfüllende Prophezeiung" vor. Die kompetitive Projektion wird nicht korrigiert, sondern bestätigt und durch Erfolg gefestigt.

Wie relevant sind diese Erkenntnisse für reale Verhandlungssituationen? Die von 23
Deutsch (1973) zur Beschreibung kompetitiver Verhandlungssituationen genannten Merkmale finden sich in vielen Verhandlungssituationen:

(1) Die Kommunikation ist unzuverlässig, da verfügbare Kommunikationskanäle nicht genutzt oder absichtlich missbraucht werden. Die Folge: Keiner traut dem anderen.

(2) Der andere wird „verzerrt" wahrgenommen, Gemeinsamkeiten der Verhandlungsparteien bleiben unbemerkt. Das eigene Verhalten wird positiv bewertet, das des anderen negativ, ja feindselig. Den Motiven der anderen Seite wird misstraut, und es entwickelt sich die Bereitschaft, die andere Seite auszubeuten.

(3) Jede Partei versucht, ihre eigene Macht zu vergrößern und die legitimen Ansprüche der Gegenpartei zu reduzieren. Die Gefahr einer Konflikteskalation ist gegeben. Die Konfliktebene verlagert sich vom konkreten Streitgegenstand zu einer Auseinandersetzung um abstrakte Werte mit moralischen Implikationen.

Hieraus folgt: In Verhandlungen sollte frühzeitig der Spielraum für kooperatives Verhalten intensiv ausgelotet werden, um Möglichkeiten zur Erzielung integrativer Vereinbarungen mit für beide Seiten optimalem Verhandlungsergebnis zu wahren. Indes müssen Verhandlungspartner darauf eingestellt sein, gegebenenfalls angemessen kompetitiv zu reagieren, um nicht ausgebeutet zu werden. Wegen dieser gemischt-motivationalen Natur von Verhandlungen haben es die Parteien in der Hand, von einer ausschließlich kompetitiven Auge-um-Auge-Zahn-um-Zahn-Situation überzugehen in eine kooperative Situation des gemeinsamen Interessenausgleichs. 24

2. „Der Zweck heiligt die Mittel!": Machiavellistische Verhandler

Häufig trifft man auf die Behauptung, erfolgreiches Verhandeln könne man nicht 25
lernen, sondern diese Fähigkeit sei – wie viele andere auch – angeboren und nicht oder nur begrenzt veränderbar. Dagegen steht die Einschätzung, dass gute Verhandler nicht geboren werden, sondern dass Verhandeln eine erlernbare soziale Fertigkeit ist. Welche dieser Sichtweisen ist gerechtfertigt? Gibt es sie tatsächlich, die „geborenen" Verhandler?

Zweifellos gibt es Menschen, die beim Verhandeln intuitiv geschickter sind als 26
andere, allerdings im Sinne manipulativer Beeinflussung. Beherrscht die andere Partei diese Taktik nicht – oder hat von ihrer Wirkungsweise keine Kenntnisse –, dann kann sie leicht zum Opfer werden. Die Fähigkeit, andere zum eigenen Vorteil zu manipulieren, wird in der sozialpsychologischen Literatur in Anlehnung an den Florentiner Staatsmann und Geschichtsschreiber *Machiavelli* (1469–1527) **Machiavellismus** genannt. In seinem Werk „*Il principe*" (1513) rechtfertigt er aus Gründen der Staatsräson jede Treulosigkeit und jedes Verbrechen losgelöst von sittlichen Normen. Bei ihm finden sich Handlungsanweisungen über den Gebrauch von Macht und Kontrolle über andere Menschen. *Christie* und *Geis* (1970) haben in

Anlehnung an diese Gedanken eine Theorie und Empirie des Machiavellismus erarbeitet.

27   Machiavellisten im sozialpsychologischen Sinne sind Personen, die beispielsweise der Feststellung „Die beste Art mit Menschen umzugehen ist ihnen zu sagen, was sie hören wollen." wahrscheinlich zustimmen werden. Diese und weitere Feststellungen, die entweder *Machiavelli*s Schriften entnommen oder entsprechend seiner Gedanken konstruiert wurden, sind von *Christie* und *Geis* (1970) zu einer sogenannten **Mach-Persönlichkeitsskala** zusammengestellt worden. Der Wert, den eine Person auf dieser Skala erzielt („Mach-Wert"), ist Ausdruck ihrer machiavellistischen Orientierung.

28   Machiavellismus ist durch drei für interpersonale Beziehungen wichtige Verhaltensorientierungen gekennzeichnet:

(1) Orientierungen, die sich auf den manipulativen Gebrauch interpersonaler Kommunikation beziehen, ausgedrückt z. B. durch die Zustimmung zur folgenden Feststellung:
„Erzähle niemals den wahren Grund, weshalb Du etwas getan hast, außer, wenn es für Dich nützlich ist."

(2) Orientierungen, die eine negative Haltung gegenüber der menschlichen Natur ausdrücken, ausgedrückt z. B. durch die Zustimmung zur folgenden Feststellung:
„Der größte Unterschied zwischen Kriminellen und anderen Menschen ist der, dass Kriminelle gefasst werden, weil sie zu dumm sind."

(3) Orientierungen, die sich zynisch auf ethische und moralische Prinzipien beziehen, ausgedrückt z. B. durch die Zustimmung zur folgenden Feststellung:
„Menschen, die an einer unheilbaren Krankheit leiden, sollten die Möglichkeit bekommen, sich schmerzlos töten zu lassen."

29   Der Erfolg von machiavellistisch orientierten Menschen wird dadurch begünstigt, dass sie vermeiden, emotional an eine Sache heranzugehen. Statt dessen wahren sie kühle Distanz, bleiben flexibel, pragmatisch, zielstrebig und missachten moralische Skrupel. Sie können ihre Fähigkeiten in Situationen besonders gut einsetzen, die durch folgende Merkmale gekennzeichnet sind:
– sie müssen kompetitiv und herausfordernd sein;
– sie müssen die Möglichkeit zu unmittelbarem Kontakt geben;
– sie müssen Raum für Improvisationen offen lassen, denn streng geregelte Interaktionen lassen sich von machiavellistisch orientierten Menschen nicht in ihrem Sinne verändern.

Diese Merkmale treffen auf die meisten Verhandlungssituationen mehr oder weniger zu.

30   Um das Konzept des Machiavellismus zu demonstrieren, wurde in Anlehnung an *Christie* und *Geis* (1970) das sogenannte **10-Dollar-Spiel** entwickelt. In diesem Spiel sollen drei Personen um 10 einzelne Dollarscheine so verhandeln, dass zwei sich am Ende des Spiels das Geld teilen und die dritte Person leer ausgeht. Die zwei möglichen Partner können das Geld teilen wie sie wollen. Natürlich kann die dritte Person, die bei einer Einigung unter den anderen beiden Personen leer ausgehen würde, jederzeit einem der anderen Spieler ein neues Angebot unterbreiten, sodass ein anderer Spieler leer ausgeht. Die Spieler können ihre Angebote frei wählen. Das Spiel erlaubt allerdings keine Änderungen der Regeln. Das Spiel ist beendet, wenn zwei Spieler eine Übereinkunft geschlossen haben, die für den dritten Spieler nicht

mehr zu sprengen ist. Die Gruppen werden für dieses Spiel so zusammengesetzt, dass jeweils eine Person mit einem hohen Mach-Wert, eine Person mit mittlerem Mach-Wert und eine Person mit einem niedrigen Mach-Wert zusammen spielen. In zahlreichen Anwendungen des 10-Dollar-Spiels zeigte sich eines immer wieder: Die Person mit dem hohen Mach-Wert ist fast immer an der Gewinnkoalition beteiligt und erzielt im Durchschnitt den höchsten Gewinn. Personen mit niedrigem Mach-Wert erzielen die durchschnittlich geringsten Gewinne.

Sind also Machiavellisten im sozialpsychologischen Sinne die geborenen Ver- **31** handler? Vielleicht. Eine starke machiavellistische Orientierung ist jedoch auch als Ergebnis von Umwelteinflüssen während der Sozialisation von Menschen denkbar. Viel wichtiger ist indes die Frage, wie machiavellistisch orientierten Verhandlern begegnet werden sollte. Hier gilt:
– Je enger die vorab festzulegenden Regeln für eine Verhandlung, desto weniger Spielräume für Manipulationen verbleiben. Machiavellistisch orientierte Menschen benötigen für ihre Taktiken weite Spielräume.
– Ist einem machiavellistisch orientierten Verhandler die direkte Kommunikation mit der Gegenpartei – etwa durch Einschaltung eines Mediators – verwehrt, so lassen sich seine Versuche, die Gegenpartei zu manipulieren, unschädlich machen.

3. „Der muss das doch genauso sehen wie ich!": Naiver Realismus

Zu den wichtigsten Erkenntnissen der Sozialpsychologie gehört, dass Menschen **32** zu **naivem Realismus** neigen: Sie sind sich der Begrenztheit ihrer kognitiven Kapazität nicht bewusst und entwickeln die Vorstellung, dass ihre Wahrnehmungen unverzerrt, ja objektiv und richtig sind und folglich von ihren Mitmenschen geteilt werden müssen[4]. Dies gilt insbesondere dann, wenn Menschen voneinander keine Informationen haben, sich also kaum oder gar nicht kennen. Wie reagieren Menschen, wenn sie feststellen, dass ihre Mitmenschen zu anderen Wahrnehmungen der Realität gelangen, ja sogar Ansichten äußern, die mit den eigenen nicht vereinbar sind? Die Konfrontation mit solchen unerwarteten Reaktionen könnte zu der Einsicht führen, dass die eigene Weltsicht offenbar weniger universal ist als zunächst vermutet. Tatsächlich erweist sich die Einschätzung der Objektivität der eigenen Weltsicht jedoch als schwer zu erschüttern: Anstatt zu erkennen, dass die Gegenpartei bei ihren Wahrnehmungen und Bewertungen offenbar von einer anderen Realität ausgeht, die sie ebenfalls für objektiv hält, glaubt man, bei den Mitmenschen – und nur dort – Wahrnehmungsverzerrungen zu erkennen, die mit ideologischen Verblendungen, kognitiv-intellektuellen Defiziten, dem egoistischen Verfolgen eigener Interessen oder einer Kombination hiervon erklärt werden[5]. Diese Einschätzung ist Resultat des situativen Kontextes, in dem es zum Kontakt mit anderen Menschen kommt: Ist nichts über diese Personen bekannt, füllen Menschen das Informationsdefizit durch Annahmen, ohne sich hierüber bewusst zu werden.

Aufgrund dieser Einschätzung wird verständlich, warum Menschen unangemes- **33** sen zuversichtlich reagieren, wenn sie Reaktionen und Verhaltensweisen ihrer Mit-

---

[4] *Griffin/Ross*, 1991; *Ross*, 1977; *Ross/Ward*, 1995.
[5] *Bar-Tal/Geva*, 1986; *Robinson/Keltner/Ward/Ross*, 1995.

menschen in Verhandlungen prognostizieren sollen: Sie projizieren ihre eigene Weltsicht auf die anderen Beteiligten und beschreiben, wie sie sich selbst höchstwahrscheinlich verhalten würden. Der **unangemessenen und ungerechtfertigten Zuversicht**, das Verhalten der Gegenpartei in einer Verhandlung abschätzen zu können, erliegen nicht selten sowohl die Verhandlungsparteien als auch der Mediator. So können Mediatoren fälschlich annehmen, die eigene Einschätzung eines Konfliktgeschehens sei objektiv, ohne die Ansichten der beteiligten Parteien hinreichend ausgelotet zu haben. Unangemessene Zuversicht kann sich beim Mediator und den Verhandlungsparteien auch in der Phase des Verhandlungsbeginns einstellen, sofern sich die Beteiligten zunächst kaum oder gar nicht bekannt sind: Der Erfolg eigener erster Verhandlungsangebote wird sehr optimistisch eingeschätzt, da unterstellt wird, dass die Parteien die Situation ebenso wahrnehmen und beurteilen wie man selbst. Entsprechenden Irrtümern können natürlich auch die Verhandlungsparteien erliegen.

34   Das Phänomen des naiven Realismus steht nicht selten der erfolgreichen, einvernehmlichen Regelung von Konflikten im Wege, ja, es trägt im Gegenteil häufig zur Eskalation von Konflikten bei. Einem Mediator eröffnen sich hier jedoch Möglichkeiten zur Deeskalation zum Beispiel dadurch, dass er den Konfliktparteien die Subjektivität ihrer jeweiligen Wahrnehmungen des Konfliktgeschehens behutsam vermittelt, zum anderen indem er einer Festigung der Ansicht entgegenwirkt, wonach die Gegenpartei die eigene „Realität" nicht erkennen könne oder wolle.

4. „Der kann doch gar nichts anderes wollen!": Soziale Polarisierung

35   Welchen Verlauf nehmen Verhandlungen, wenn die Beteiligten voneinander wissen, dass sie aus unterschiedlichen ideologischen Lagern oder Richtungen stammen, also z. B. Anhänger unterschiedlicher politischer Parteien oder Mitglieder von Organisationen oder Vereinen mit bekannten Positionen zu konfliktrelevanten Aspekten des Alltagslebens sind (z. B. Mieterbund vs. Haus- und Grundstückseigentümerverband, Hartmannbund vs. Krankenkasse, Bauernverband vs. Verbraucherschutzorganisation)? In diesem Fall wissen die Beteiligten um ihre jeweilige Zugehörigkeit zu Organisationen, Vereinen oder ideologischen Lagern. Dieses Wissen führt zu systematischen Fehlwahrnehmungen und -attributionen, die dem Phänomen des naiven Realismus widersprechen: Der Gegenpartei wird Voreingenommenheit in Gestalt einer Weltsicht unterstellt, die der von ihr vertretenen ideologischen Position entspricht und die sich deutlich von der eigenen Position unterscheidet. Die eigene Weltsicht wird als mit der Position der Organisation oder Ideologie vereinbar wahrgenommen, der man selbst nahe steht, zugleich aber als „gemäßigter" und weniger „extrem". Nur der Gegenpartei, nicht aber der eigenen Person, unterstellt man also eine mit der ideologischen Position übereinstimmende Weltsicht. Hieraus resultieren **Überschätzungen** sowohl der Wahrnehmungsunterschiede der Verhandlungsparteien als auch der Übereinstimmung von ideologischen Positionen und den bei der Gegenpartei erwarteten Wahrnehmungen, wie in mehreren Untersuchungen gezeigt werden konnte[6]. Dieses Phänomen der **sozialen Polarisierung** geht ebenso wie der im vorangehenden Abschnitt beschriebene naive Realismus auf die begrenzte

---

[6] *Keltner/Robinson*, 1993; *Robinson/Keltner/Ward/Ross*, 1995.

Fähigkeit der Menschen zurück, die Subjektivität und Kontextabhängigkeit ihrer Wahrnehmungen zu erkennen.

Soziale Polarisierung hat weit reichende Folgen für den Verlauf und die Ergebnisse 36 von Verhandlungen[7]. Die Überschätzung von Positionsunterschieden erschwert erstens die Einigung der Beteiligten, da positive Konzessionszonen von den Parteien angesichts ihrer vermeintlichen ideologischen Differenzen nicht erwartet werden. Vielfach unterbleibt sogar das Ausloten der Konzessionszonen vollständig, da sich die Parteien gar nicht vorstellen können, dass es einen Bereich gemeinsamer Interessen gibt. Soziale Polarisierung verlängert deshalb zum einen die Dauer von Verhandlungen und vermindert zum anderen die Wahrscheinlichkeit für das Auffinden integrativer Lösungen. Zweitens erhöht soziale Polarisierung die Gefahr der Eskalation von Konflikten: Die Erwartung gegensätzlicher, unvereinbarer Positionen steigert die gegenseitig empfundene Feindschaft und die Bereitschaft zur Androhung von Bestrafungen[8]. Zudem haben die Parteien angesichts sozialer Polarisierung eine einfache Erklärung für einen schwerfälligen Verhandlungsverlauf und sogar für einen Misserfolg der Verhandlungen: die extremen ideologischen Verblendungen seitens der Gegenpartei. *Keltner* und *Robinson* (1993) fanden alle diese Folgen sozialer Polarisierung in mehreren Verhandlungsexperimenten bestätigt.

Wie lassen sich diese unerwünschten Effekte vermeiden? Zum einen sollten die 37 an Verhandlungen Beteiligten es vermeiden, ihre Nähe zu oder gar Mitgliedschaft in Organisationen bekannt zu machen, die mit bestimmten ideologischen Positionen in Verbindung gebracht werden kann, zumal dann, wenn zwischen der Nähe bzw. Mitgliedschaft und dem Gegenstand der Verhandlung keine Bezüge bestehen. Bestehen jedoch solche Bezüge oder lassen sich die Nähe zu oder Mitgliedschaft in Organisationen nicht verbergen, sollten die Beteiligten sich gegenseitig – möglichst bereits zu Beginn der Verhandlung – ihre tatsächlichen Positionen offen legen[9]. Ist ein Mediator an der Verhandlung beteiligt, sollte er die Aufgabe übernehmen, die Beteiligten über die Positionen der jeweiligen Gegenpartei zu informieren.

5. „Warum hat er das bloß gemacht?": Attributionsfehler

Damit Menschen einander in Verhandlungen verstehen und sinnvoll miteinander 38 umgehen können, müssen sie wissen, welche Ursachen dem beobachteten Verhalten der Beteiligten zugrunde liegen. Die verhaltensauslösenden Ursachen können in der Situation, den beteiligten Personen oder in der Interaktion von beidem liegen. Um die Beweggründe des Verhaltens und, mehr noch, die Absichten, Gefühle und Gedanken der Mitmenschen zu erschließen, nehmen Menschen das Verhalten ihrer Mitmenschen nicht nur wahr, sondern interpretieren es. Genau hier liegt ein Problem: Absichten, Gefühle und Gedanken sind nicht direkt zugänglich, sondern müssen durch intuitives Schlussfolgern „aufgedeckt" werden. Dieser Prozess wird in der Sozialpsychologie als **Kausalattribution** bezeichnet. Kausalattributionen verlaufen zumeist nach bestimmten Regeln[10]. Wird etwa ein Verhalten beobachtet, das in auffälliger Weise vom in dieser Situation erwarteten Verhalten einer gedachten Durch-

[7] *Keltner/Robinson*, 1993.
[8] *Pruitt/Carnevale*, 1993.
[9] *Keltner/Robinson*, 1993.
[10] *Bierbrauer*, 1996.

schnittsperson abweicht, dann wird dem Verhalten wahrscheinlich eher eine in der beobachteten Person als eine in situativen Faktoren liegende Ursache zugeschrieben.

39   In vielen Fällen gelingt die treffsichere Zuschreibung von Verhaltensursachen. Angesichts beschränkter kognitiver Kapazitäten unterlaufen Menschen dabei indes systematische Fehler. So ignorierten in einer Studie von *Jones* und *Harris* (1967) die Beobachter situative Rollenzwänge, unter denen Menschen ein bestimmtes Verhalten zeigten, weitgehend. Statt dessen führten sie dieses Verhalten auf Persönlichkeitsmerkmale der beobachteten Personen zurück.

40   Die Neigung, beobachtetes Verhalten auf stabile Persönlichkeitsmerkmale zurückzuführen, obwohl das Verhalten ausreichend durch die Situationsbedingungen erklärt werden könnte, wird von *Ross* (1977) als **fundamentaler Attributionsfehler** bezeichnet. Anhand des fundamentalen Attributionsfehlers lässt sich erklären, warum Verhandler zur **reaktiven Abwertung** von Verhandlungsangeboten der Gegenpartei neigen. In mehreren Studien[11] zeigte sich, dass identische Verhandlungsangebote unterschiedlich bewertet werden, je nachdem ob sie von einem Verbündeten oder von der Gegenpartei unterbreitet wurden. Viele Verhandler unterstellen offenbar, dass jedes Verhandlungsangebot der Gegenpartei deren Nutzen steigern und uns schaden wird. Das Unterbreiten entsprechender Angebote wird als Beleg dieser Gewinnmaximierung interpretiert und auf die Dispositionen und Interessen der Gegenpartei zurückgeführt. Situative Zwänge, die die Gegenpartei veranlasst haben könnten, ein entsprechendes Angebot zu unterbreiten, werden dagegen übersehen. Hieraus muss man schlussfolgern, dass im Verhandlungsgeschehen wohlmeinende und wohlwollende Angebote allzu leicht übersehen werden, ja als Versuche der Übervorteilung interpretiert werden können, sofern sie erkennbar von der Gegenpartei stammen. Mediatoren sollten daher grundsätzlich darauf verzichten, den Ursprung von Verhandlungsangeboten preiszugeben, dies zumal bei Angeboten, die geeignet sind, gute oder sogar optimale Verhandlungsergebnisse herbeizuführen.

6. „Gleich ist nicht immer gleich": Gerechtigkeitsbeurteilungen

41   Ob Verhandlungsangebote und -ergebnisse akzeptiert werden oder nicht, hängt in hohem Maße davon ab, ob und inwieweit sie von den Beteiligten als fair empfunden werden. **Fairness-Prinzipien** als **soziale Normen** gelten als wichtige Einflussgrößen des Verhaltens in Verhandlungen. Doch: Was wird als fair empfunden, was nicht? Anders gefragt: Woran bemisst sich die Fairness von Angeboten und Ergebnissen?

42   Die Vermutung liegt nahe, die Fairness einer Entscheidung bemesse sich daran, welche Konfliktpartei welchen Anteil an der strittigen Sache erhält und Verhandlungskosten in welcher Höhe zu tragen hat. Tatsächlich hat die Gerechtigkeitsforschung der 50er und 60er Jahre Fairness ausschließlich am Ergebnis einer Aufteilung gemessen[12], also im Sinne **distributiver Fairness** verstanden. In empirischen Studien zur Akzeptanz von Entscheidungen rückte in den 70er Jahren mit den Arbeiten von *Thibaut* und *Walker* (1975) die Frage, welche Auswirkungen unterschiedliche Prozessmodelle auf die Akteure in Gerichtsverfahren haben, in den Mit-

---

[11] *Ross/Stillinger*, 1991; *Ross/Ward*, 1994.
[12] Z.B. *Adams*, 1963.

telpunkt des Interesses[13]. Verhandlungsverlauf und Entscheidungsfindungsprozesse und damit die **prozedurale Fairness** wurden zum Gegenstand der Fairnessforschung. Die Arbeiten von *Lind* und *Tyler* (1988)[14] zeigen, dass distributive und prozedurale Fairness in unterschiedlichem Maße die Akzeptanz von Entscheidungen beeinflussen. In diesen Arbeiten wurde deutlich zwischen distributiver und prozeduraler Fairness getrennt; sie wurden als voneinander unabhängige Konstrukte behandelt. In jüngst erschienenen empirischen Arbeiten wird das Postulat unabhängiger Effekte distributiver und prozeduraler Fairness aufgehoben. Statt dessen gilt die Aufmerksamkeit ihren möglichen Interaktionseffekten auf Reaktionen gegenüber Zuteilungsentscheidungen, die sich etwa in deren Akzeptanz oder in der Zufriedenheit mit diesen Entscheidungen zeigen[15].

Anhand welcher Kriterien beurteilen die Beteiligten die distributive und prozedu- **43** rale Fairness in Verhandlungen? Die distributive Fairness kann nach einem der folgenden Fairness-Prinzipien beurteilt werden:

– Nach dem **Gleichheitsprinzip**[16] ist Fairness dann erreicht, wenn jeder einen gleich großen Anteil der strittigen Ressource erhält.

– Eine Fairnessbeurteilung unter Berücksichtigung der anfänglichen Ressourcenausstattung der Empfänger folgt dem **Bedürfnisprinzip**. Danach erhält jene Partei den größten Anteil der strittigen Ressource, die am meisten von ihr benötigt.

– Nach dem **Proportionalitätsprinzip**[17] ist Fairness dann erreicht, wenn die Parteien in Relation zu den von ihnen geleisteten Beiträgen gleiche Anteile an der aufzuteilenden Ressource erhalten. Die Verteilung folgt der Regel „Wer mehr geleistet hat, soll auch mehr bekommen!"

Während die erfolgreiche praktische Umsetzung des Gleichheitsprinzips meist ge- **44** lingt, stellen sich bei Anwendung des Proportionalitätsprinzips häufig zwei Probleme[18]:

– Was als Vorleistung zur Berechnung des fairen Anteils berücksichtigt werden soll, ist oftmals Gegenstand von Kontroversen unter den Beteiligten.

– Der Umfang der zu berücksichtigen Leistungen wird von den Beteiligten unterschiedlich gesehen. Er unterliegt systematischen Verzerrungen: Menschen überschätzen meist den selbst erbrachten Beitrag zu einer Gesamtleistung und unterschätzen den von anderen Beteiligten erbrachten Beitrag[19]. Über die Festlegung der einzelnen Beiträge entsteht deshalb nicht selten ein neuer Konflikt.

Eine Einigung der Verhandlungsparteien auf ein Fairness-Prinzip lässt eine erfolg- **45** reiche Konfliktregelung etwas wahrscheinlicher werden. Doch auch im Falle einer solchen Einigung können unvereinbare Standpunkte, etwa hinsichtlich der Bedürfnislagen der Beteiligten oder ihrer Beiträge zu einer gemeinsamen Leistung, Verhandlungen verzögern oder gar zu einer Eskalation führen[20]. Die Rigidität prinzipiengeleiteten Verhandelns kann durch folgende Maßnahmen aufgebrochen werden:

---

[13] *Bierbrauer*, 1982; *Bierbrauer/Gottwald*, 1987; *Bierbrauer/Klinger*, im Druck.
[14] Vgl. auch *Tyler*, 1990.
[15] Z. b. *Cropanzano/Folger*, 1991; *Brockner/Wiesenfeld*, 1996.
[16] *Deutsch*, 1975.
[17] *Adams*, 1963; *Walster/Walster/Berscheid*, 1978.
[18] *Tyler/Smith*, 1998.
[19] *Ross/Sicoly*, 1979; *Schlenker/Miller*, 1977.
[20] *Montada*, 2000.

- Die Unangemessenheit eines bestimmten Fairness-Prinzips für den konkreten Verhandlungsfall wird überzeugend nachgewiesen.
- Die Überlegenheit eines anderen Fairness-Prinzips wird verdeutlicht, von dem sich etwa der Mediator einen größeren Erfolg der Verhandlung verspricht.
- Verschiedene Möglichkeiten der Anwendung eines Fairness-Prinzips werden illustriert.
- Eine gemeinsame Sprachregelung bei der Anwendung eines Fairness-Prinzips wird sichergestellt.
- Der Mediator führt den Nachweis darüber, dass die Anwendung eines bestimmten Fairness-Prinzips zu einer im Vergleich zu prinzipienfreiem Vorgehen suboptimalen Lösung führt.

Pruitt und *Carnevale* (1993) empfehlen, dass Verhandler und Mediatoren ein pragmatisches Verhandeln dem Verhandeln unter Beachtung von Fairness-Prinzipien generell vorziehen sollten.

46   Ist eine Verhandlungspartei, die in den Genuss von Vorteilen gekommen ist, zufriedener als ihre Gegenpartei, die benachteiligt wurde? Können wir sicher sein, dass die Gegenpartei in einer Verhandlung unser für sie besonders vorteilhaftes Angebot positiv aufnimmt und die Verhandlungen zu einem schnellen Ende kommen? Nein! Menschen gehen bei der Beurteilung der Angemessenheit und Fairness empfangener Leistungen häufig weder von deren absoluter Höhe aus noch berücksichtigen sie die Höhe der von der Gegenpartei empfangenen Leistungen. Zum Maßstab für die Angemessenheit des empfangenen Anteils wird oftmals die Ressourcenausstattung von Menschen einer Vergleichsgruppe gewählt, die häufig in keinerlei Beziehung zum aktuellen Konfliktgeschehen steht. Daraus können paradoxe Situationen erwachsen, die in der Sozialpsychologie unter der Bezeichnung **relative Benachteiligung**[21] bekannt sind: Die Empfänger großer Anteile an einer strittigen Ressource können mit ihrem Ergebnis weniger zufrieden sein als die Empfänger kleiner Anteile.

47   Verhandler und Mediatoren können sich also nie sicher sein, die Reaktionen einer Partei auf Verhandlungsangebote oder Lösungsvorschläge zuverlässig einschätzen zu können. Ob ein Angebot oder eine Lösung als gerecht empfunden wird oder nicht, hängt manchmal von Bezugsgrößen ab, die bis dahin im Verhandlungsverlauf nicht erkennbar geworden sind. Wenn also Verhandler oder Mediatoren Reaktionen auf Verhandlungsangebote erkennen, die aus ihrer Sicht nicht absehbar waren, ja völlig überraschend sind, sollten sie versuchen, die internen Maßstäbe der übrigen Beteiligten für Angemessenheit und Fairness herauszufinden und sie gegebenenfalls zu verändern.

48   Das Phänomen relativer Benachteiligung ist nur eine mögliche Ursache dafür, dass die als Gewinner aus einer Verhandlung gehende Partei unzufrieden ist, die Verlierer sich dagegen durchaus zufrieden zeigen. Zahlreiche Studien von *Thibaut* und *Walker* (1975) sowie von *Lind* und *Tyler* (1988) haben gezeigt, dass neben dem distributiven Aspekt auch die von den Verhandlungsparteien wahrgenommene **prozedurale Fairness** ein Maß für ihre Zufriedenheit ist. So sind Verhandlungsparteien eher zur Akzeptanz selbst einer für sie negativen Entscheidung bereit, wenn sie das Verfahren – die Verhandlung – als fair empfunden haben[22].

---

[21] *Merton/Kitt*, 1950.
[22] *Greenberg*, 1987; *Lind/Kulik/Ambrose/de Vera Park*, 1993.

Diese Ergebnisse lassen indes nicht die Folgerung zu, dass prozedurale Fairness **49** mangelnde distributive Fairness vollständig auszugleichen vermag und die Akzeptanz jedweder Entscheidung sicherstellt. Die Akzeptanz einer unzureichenden Ressourcenzuteilung kann in der Regel nicht allein durch den Einsatz eines als fair wahrgenommenen Verfahrens erreicht werden. Allerdings lässt sich die Akzeptanz einer vom Ergebnis her als unvorteilhaft, ja in Grenzen sogar als unfair empfundenen Entscheidung durch den Einsatz eines als fair empfundenen Verfahrens steigern.

Wie sind Verfahren beschaffen, die von den Beteiligten als fair empfunden wer- **50** den sollen? Sie müssen ihren subjektiven Fairnesserwartungen entsprechen! Andernfalls werden Verfahren und ihre Ergebnisse als unfair empfunden, Verhandlungsangebote stoßen auf geringe Akzeptanz und Mediatoren büßen an Vertrauen und Legitimation ein[23]. Aus dieser Erkenntnis erwachsen indes neue Fragen[24]: Wie entstehen die Fairnesserwartungen der Beteiligten? Sind sie zu Beginn von Verhandlungen fixiert? Oder entwickeln sie sich erst in ihrem Verlaufe? Orientieren sich die Beteiligten in ihren Erwartungen an normativen Prinzipien? Unter welchen Gegebenheiten dürfen die Fairnesserwartungen der Beteiligten als erfüllt gelten? Welchen Wahrnehmungsverzerrungen unterliegen dabei die Fairnessurteile im Hinblick auf ein erlebtes Verfahren? Die Arbeiten von *Lind* und *Tyler* (1988)[25] haben gezeigt, dass für die Beurteilung der prozeduralen Fairness von Verhandlungen unter Einbeziehung einer vermittelnden dritten Partei drei Kriterien relevant sind: Neutralität, Vertrauen und soziale Anerkennung. **Neutralität** meint eine Eigenschaft des Mediators. Sie ist in der Regel dann gegeben, wenn der Mediator aus der Sicht der Parteien unparteiisch ist und seine Position im Verfahren nicht zur Erreichung eigener Ziele ausnutzt. Bringen die Parteien dem Mediator **Vertrauen** entgegen, werden Verhandlungen ebenfalls eher als fair eingeschätzt. Dieses Vertrauen entsteht dann, wenn die Parteien dem Mediator eine wohlwollende Gesinnung zumessen und dieser umgekehrt die Parteien respektvoll und freundlich behandelt. **Soziale Anerkennung** bezieht sich auf die Erwartung, dass der Mediator der sozialen Position einer Partei bzw. ihrer sozialen Gruppe Respekt und Anerkennung entgegenbringt. Diese soziale Anerkennung zu empfinden ist für Menschen wichtig, weil sie ihren Selbstwert zumindest teilweise aus der Mitgliedschaft in sozialen Gruppen ableiten.

Für das Verhalten von Mediatoren in Verhandlungen bedeutet dies: Die Akzep- **51** tanz von Verhandlungslösungen und damit die Effektivität von Verhandlungen hängt davon ab, wie zufrieden die Beteiligten mit dem Ablauf der Verhandlung und dem Verhalten des Mediators sind. Diese Zufriedenheit ist umso höher, je fairer die Verhandlung von den Beteiligten empfunden wird. Die wahrgenommene Neutralität des Mediators, seine Vertrauenswürdigkeit und die soziale Anerkennung, die er den Beteiligten entgegen bringt, begünstigen die Wahrnehmung der prozeduralen Fairness[26].

---

[23] *Lind/Tyler*, 1988; *Tyler*, 1990; *Brockner/Wiesenfeld*, 1996.
[24] *Montada*, 2000.
[25] Vgl. auch *Tyler*, 1990.
[26] Vgl. auch *Pruitt/Carnevale*, 1993.

III. Die Situation: Einflüsse situativer Bedingungen auf das Denken, Urteilen und Entscheiden der verhandelnden Parteien

52   In diesem Abschnitt werden systematische Abweichungen vom Ideal rationalen Verhaltens beschrieben, die durch die situativen Bedingungen verursacht werden, unter denen eine Verhandlung verläuft. Auch für die hier beschriebenen psychischen Phänomene gilt, dass die begrenzte Rationalität der Beteiligten aus dem Zusammenwirken personaler und situativer Faktoren erwächst. Wie zu zeigen ist, wirken Konfliktkonfigurationen und Bezugsrahmen jedoch gleichsam gesetzmäßig und unabhängig von individuellen Merkmalen und Fähigkeiten auf das Verhalten der Verhandler ein. Daher werden sie hier als situative Einflussfaktoren behandelt.

1. „Der Mythos vom begrenzten Kuchen": Konflikte als Nullsummenspiele

53   Unter dem „Mythos des begrenzten Kuchens" versteht man die – oft falsche – Überzeugung aller Konfliktparteien, dass die umstrittene Sache nur eine Aufteilung erlaubt nach dem Motto: Was Du bekommst, nimmst Du mir weg und was ich bekomme, kannst Du nicht mehr haben. Diese grundlegende Annahme eines begrenzten Kuchens lässt Konflikte für die Beteiligten wie **Nullsummenspiele** aussehen, bei denen der Gewinn einer Partei dem Verlust der anderen Partei entspricht.

54   Menschen denken in Konfliktsituationen in der Regel in den Kategorien des Gewinnens oder Verlierens. Dabei übersehen sie häufig, dass es Aufteilungsmöglichkeiten gibt, die den Kuchen sogar vergrößern könnten, würden sie eine sogenannte **integrative Vereinbarung** anstreben. Eine solche Vereinbarung würde nicht nur die Interessen beider Parteien berücksichtigen, sondern überdies einen gemeinsamen Nutzen für beide beinhalten. Im Gegensatz dazu steht die traditionelle **distributive Vereinbarung,** bei der beide Parteien ein Ergebnis etwa in der Mitte des Spektrums möglicher Vereinbarungen anstreben[27].

55   Der Mythos vom begrenzten Kuchen wird durch ein berühmtes Beispiel von *Follett* (1940) illustriert: Zwei Schwestern streiten um eine Orange, aus der eine Schwester den Saft auspressen möchte und deren Schale die andere Schwester beim Backen eines Kuchens verwenden möchte. Statt die Orange „gerecht" in zwei Hälften zu teilen (distributive Lösung), besteht die kreativere, integrative Lösung darin, der einen Schwester den gesamten Saft, der anderen die gesamte Schale zu überlassen.

56   Konfliktsituationen suggerieren allen Parteien fast immer, dass die eigenen Interessen den Interessen der anderen Partei diametral entgegenstehen. Diese systematisch-intuitive Wahrnehmungsverzerrung gehört zu den Grundüberzeugungen vieler Menschen. Sie verhindert oftmals das Auffinden kreativer, integrativer Lösungen von Konflikten. *Fisher, Ury* und *Patton* (1995) zeigen Möglichkeiten auf, wie dieser irrigen Annahme in Verhandlungen entgegengewirkt werden kann:
(1) Bei der Entwicklung von Angeboten auf deren Beurteilung verzichten: Das Aufdecken von Angebotsalternativen muss von deren Beurteilung abgespalten werden, denn kritische Beurteilung behindert die Kreativität und Phantasie.

---

[27] *Pruitt,* 1983.

(2) Die Basis von Angebotsalternativen verbreitern: Anstatt nach der „einen" Lösung zu suchen und an ihr zu feilen sollte die Zahl der Optionen erhöht werden. Dabei ist es manchmal hilfreich, nach jener Handlungsalternative zu fragen, die im Falle eines Scheiterns der Verhandlung ergriffen werden würde. Die Wahrscheinlichkeit des Auffindens einer integrativen Lösung kann damit erhöht werden.

(3) Nach Vorteilen für beide Seiten suchen: Ein gründliches Aufdecken aller Interessen der Beteiligten erleichtert das Erkennen von Gemeinsamkeiten und das Verschmelzen der Interessen.

2. „Halb leer oder halb voll?": Bezugsrahmen

Angesichts der vielen bislang geschilderten kognitiven Begrenzungen, denen Verhandler erliegen, mag der Eindruck entstehen, es sei am besten, nüchternes Zahlenmaterial als Entscheidungsgrundlage bereitzustellen, also Zahlen sprechen zu lassen. Bewahrt dieses Vorgehen vor Trugschlüssen? Nein! Anhand scheinbar objektiver Daten aufbereitete Entscheidungsgrundlagen lassen sich so formulieren, dass Verhandler den Eindruck gewinnen können, bestimmte Entscheidungen seien anderen Entscheidungen überlegen, was sich indes bei gründlicher Prüfung der Entscheidungssituation oft als Irrtum erweist. Worin besteht die Kunst, Zahlenmaterial so aufzubereiten? Dies soll an einer von *Bazerman* und *Neale* (1983) formulierten Entscheidungssituation illustriert werden.

Nehmen Sie an, eine große Automobilfirma beobachtet Absatzeinbußen, die die Schließung dreier Fertigungsbetriebe und die Entlassung von 6.000 Beschäftigten unausweichlich erscheinen lassen. Das für die Produktion zuständige Vorstandsmitglied hat alternative Möglichkeiten zur Bewältigung der Krise untersuchen und zwei Strategiepläne entwickeln lassen:

– Die Umsetzung von Plan A würde einen der drei Fertigungsbetriebe und 2.000 Arbeitsplätze retten.

– Die Umsetzung von Plan B würde mit einer Wahrscheinlichkeit von $1/3$ dazu führen, dass alle drei Fertigungsbetriebe und alle 6.000 Arbeitsplätze gerettet werden können. Allerdings würde er mit einer Wahrscheinlichkeit von $2/3$ dazu führen, dass kein Fertigungsbetrieb und kein Arbeitsplatz gerettet werden kann.

Welchen Plan würden Sie wählen?

Nehmen Sie weiter an, das Vorstandsmitglied hat einen Unternehmensberater konsultiert, der zwei andere Alternativen zur Bewältigung der Krise ausgearbeitet hat. Betrachten Sie einmal nur diese zwei Pläne und treffen Sie zwischen ihnen Ihre Wahl:

– Die Umsetzung von Plan C würde den Verlust von zwei der drei Fertigungsbetriebe und von 4.000 Arbeitsplätzen bedeuten.

– Bei Umsetzung von Plan D müssten mit einer Wahrscheinlichkeit von $2/3$ alle drei Fertigungsbetriebe geschlossen und alle 6.000 Arbeitsplätze aufgegeben werden, aber mit einer Wahrscheinlichkeit von $1/3$ bräuchte kein Fertigungsbetrieb geschlossen und kein Arbeitsplatz aufgegeben zu werden.

Welchen dieser Pläne würden Sie wählen?

Die Erwartungswerte aller vier Alternativpläne sind mit Blick auf die Anzahl geretteter Arbeitsplätze identisch (2.000 gerettete Arbeitsplätze). Werden nun in Befragungen einer Gruppe nur die Alternativpläne A und B, einer anderen Gruppe nur die Alternativen C und D zur Wahl vorgelegt, so zeigen sich folgende Ergebnisse:

– Ist eine Wahl zwischen A und B zu treffen, entscheidet sich stets eine deutliche Mehrheit – ca. 80% der Befragten und mehr – für Plan A. Dieses Ergebnis ist zunächst nicht sehr verblüffend. Die meisten Menschen werden sich eher für einen sicheren Gewinn als für eine risikoträchtige Alternative mit der Wahrscheinlichkeit eines Gewinns entscheiden, sofern die Alternativen den gleichen Erwartungswert aufweisen.

– Soll dagegen zwischen den Plänen C und D gewählt werden, entscheidet sich erstaunlicherweise die Mehrheit der Befragten – wiederum mehr als 80% – für Plan D. Anders als in der ersten Entscheidungssituation reagieren die Befragten hier risikogeneigt: Sie ziehen den scheinbar risikoreicheren Plan D mit der Wahrscheinlichkeit des Verlusts dem sicheren Verlust im Falle der Umsetzung von Plan C vor.

Zwar sind die beiden Alternativen erwartungswertgleich und damit objektiv identisch, doch genügt eine veränderte Aufbereitung des Zahlenmaterials, das als Entscheidungsgrundlage dient – von zu rettenden Fertigungsbetrieben und Arbeitsplätzen zu möglichen Verlusten –, um das Entscheidungsverhalten zu ändern. Der Unterschied in den Formulierungen besteht darin, dass in der ersten Version der Bezugspunkt der Verlust von drei Fertigungsbetrieben und 6.000 Arbeitsplätzen ist und das Ergebnis als **Gewinn** (vermiedener Verlust durch gerettete Fertigungsbetriebe und Arbeitsplätze) gewertet wird, während in der zweiten Version die Programme in Bezug auf den möglichen **Verlust** gegenüber dem Status Quo gewertet werden. Diese unterschiedlichen **Bezugsrahmen** erzeugen die verschiedenen Präferenzen.

61   Diese Erkenntnisse basieren auf der **Präferenztheorie** von *Kahneman* und *Tversky* (1982, 1995), nach der Menschen je nach der Formulierung des Bezugsrahmens unterschiedliches Risikoverhalten zeigen. Danach sind wir eher risikomeidend, wenn der Bezugsrahmen positiv formuliert ist, also Gewinne in Aussicht stehen, aber eher risikogeneigt, wenn die gleiche Situation negativ formuliert ist, also Verluste in Aussicht stehen. Vor diese Alternative gestellt, bevorzugen Menschen einen sicheren Gewinn gegenüber der Wahrscheinlichkeit eines Gewinns mit gleichem Erwartungswert; andererseits bevorzugen sie einen wahrscheinlichen Verlust gegenüber einem sicheren Verlust mit gleichem Erwartungswert. Die Präferenztheorie ist ein weiteres Beispiel für systematische Abweichungen von rational-optimalen Entscheidungen.

62   Welche Möglichkeiten zur Beeinflussung von Verhandlungsverläufen das Wissen um die unterschiedlichen Wirkungen von Bezugsrahmen Verhandlern und Mediatoren eröffnet, wird nachfolgend illustriert.

IV. Der Prozess: Einflüsse der Dynamik von Verhandlungsverläufen auf das Verhalten der verhandelnden Parteien

1. „Wieso habe ich dem nur zugestimmt?": Verhandlungsfallen

Direkte Methoden der Beeinflussung setzen die zu beeinflussenden Personen direkt und für sie erkennbar unter Druck, etwa durch Androhung von Strafen, durch in Aussicht gestellte Belohnungen oder durch Konformitäts- oder Autoritätszwang[28]. Viel wirksamer sind jedoch **Techniken der indirekten Beeinflussung,** die ohne oder nur mit minimalem externen Druck auskommen und sich daher nur schwer erkennen lassen. Mittels indirekter Beeinflussungstechniken lassen sich überraschende, dem gesunden Menschenverstand oft zuwiderlaufende Effekte erzeugen – vermutlich ein Grund für ihre Wirksamkeit. 63

Tatsächlich ist das für indirekte Beeinflussungstechniken typische komplexe Zusammenwirken vieler sozialpsychologischer Faktoren für Menschen angesichts ihrer begrenzten kognitiven Fähigkeiten meist nicht zu durchschauen. Die deshalb auftretenden Kurzschlüsse im Denken und Verhalten lassen sich am Beispiel des sogenannten **Reziprozitätsprinzips** illustrieren. Reziprozität steht für die „goldene Regel des Gebens und Nehmens": Menschen, denen man ein Geschenk gemacht oder einen Gefallen getan hat, fühlen sich verpflichtet, dies in vergleichbarer Form zu vergelten. Wer diese Regel verletzt, gilt in allen Kulturen als Parasit oder Geizkragen und wird sozial geächtet. Reziprozität lässt einen subtilen Zwang entstehen, sich als Empfänger einer – möglicherweise gar nicht nachgefragten oder gar gewünschten – (Vor-) Leistung gegenüber ihrem Bereitsteller zukünftig selbst zu Leistungen verpflichtet zu fühlen. Menschen lernen schon von früher Kindheit an, dieser Regel zu gehorchen. Oft versäumen sie es jedoch darüber nachzudenken, ob ein Geschenk oder eine andere positive Zuwendung nur gemacht wurde, um sie später zu anderen Leistungen zu verpflichten. Wie auch in vielen anderen stark normgeleiteten Situationen reagieren sie nach einem kurzschlüssigen Automatismus: Was sich in früheren Situationen als sinnvoll erwiesen hat, wird jetzt ebenso sinnvoll sein. Damit dieser Automatismus funktioniert, müssen eine Reihe psychischer Prozesse in Gang gesetzt werden, wie etwa das Gefühl der Selbstverpflichtung, das Bedürfnis nach psychischer Konsistenz oder das Bedürfnis nach Gerechtigkeit. Ist dies der Fall, dann kann man sich den subtilen indirekten Beeinflussungstechniken kaum entziehen. 64

Im Folgenden werden exemplarisch die Wirkungsweisen zweier Beeinflussungstechniken dargestellt, die häufig in Verhandlungssituationen angewandt werden. In der Sozialpsychologie sind sie unter den Namen „Fuß-in-der-Tür-Technik" und „Tür-ins-Gesicht-Technik" bekannt. 65

a) **„Der Fuß in der Tür": Die Konsistenzfalle.** Die Manipulation mit Hilfe dieser Technik besteht darin, an eine Person zunächst mit einer **kleinen Bitte** heranzutreten, der dann später eine größere Bitte nachfolgt. Verkäufer an der Haustür oder Mitglieder einer Sekte beginnen ihr Anliegen nicht etwa damit, dass sie offen mit einem Verkaufs- oder Überzeugungsgespräch beginnen, sondern indem sie ein kleines Geschenk überreichen. In allen Fällen ist die Strategie gleich: Das Opfer muss 66

---

[28] *Bierbrauer,* 1979.

dazu gebracht werden, einen kleinen Schritt in die gewünschte Richtung zu gehen, indem es einer kleinen Bitte folgt oder etwas annimmt. Dieser erste Schritt erhöht in ganz erstaunlichem Maße die Bereitwilligkeit, später einer **größeren Bitte** nachzukommen oder für ein kleines Geschenk später mit einer, meist größeren, Gegenleistung zu „danken" – ganz im Sinne des Reziprozitätsprinzips. Sobald der Manipulateur erst einmal einen Fuß in der Tür hat, wird sich die Tür mit größter Wahrscheinlichkeit noch weiter öffnen lassen.

67   Diese in vielen Situationen erfolgreiche Technik beruht auf dem Prinzip der **Konsistenz**. Menschen streben danach, vor sich selbst und gegenüber Anderen beständig, berechenbar und „logisch" zu erscheinen. Verlässlichkeit gilt in unserer Kultur als eine große Tugend. Niemand möchte als unzuverlässig, unberechenbar oder unbeständig gelten. Hier liegt der Schlüssel zum Erfolg dieser Falle: Hat man einmal „A" gesagt, neigt man dazu, auch „B" zu sagen, selbst wenn man sich mittlerweile eingestehen musste, dass der erste Schritt vielleicht falsch war[29].

68   Verhandler können sich diese Schwäche, eine einmal getroffene Entscheidung kaum revidieren zu wollen, zunutze machen. Sie legen die Gegenpartei auf eine bestimmte Position fest, indem sie von ihr ein kleines Zugeständnis erbitten. Willigt die Gegenpartei ein, ist der erste Schritt getan. Sich anschließende, größere Bitten wird die Gegenpartei kaum ausschlagen wollen, zumal dann nicht, wenn die andere Seite verdeckt oder gar offen die Konsistenz ihrer Entscheidungen fordert. Es ist wichtig, in Verhandlungen diese **Konsistenzfalle** zu erkennen und aus ihr auszubrechen! Ist diese Falle durchschaut, darf man auf kleine Bitten bedenkenlos eingehen, sollte sich anschließende größere Bitten dagegen ausschlagen: Auch wenn dies wie eine Schwäche aussehen könnte, verliert man dadurch nicht sein Gesicht!

69   Die „Fuß-in-der-Tür"-Technik funktioniert allerdings nicht immer. Sie bleibt beispielsweise dann wirkungslos, wenn mit dem nachfolgenden Verhalten Angst erzeugt wird.

70   b) **„Die Tür im Gesicht": Die Konzessionsfalle.** Indirekter Beeinflussungszwang kann auch über einen anderen Weg aufgebaut werden: Man fordert zunächst ein **größeres Zugeständnis**, welches aller Wahrscheinlichkeit nach verweigert wird, um dann ein **kleines Zugeständnis** zu erbitten, das der Manipulateur eigentlich im Sinn hatte. *Cialdini* (2001) nennt diese Strategie „Tür-ins-Gesicht"-Technik, weil die erste Bitte so groß ist, dass sie höchstwahrscheinlich mit einem deutlichen Nein zurückgewiesen werden wird. Aber schon in diesem Augenblick beginnt die Falle sich zu öffnen.

71   Nehmen Sie an, ein Helfer des Roten Kreuzes fragt Sie, ob Sie bereit sind, sich zu monatlichen Blutspenden von je einem Viertelliter Blut über einen Zeitraum von zwei Jahren zu verpflichten. Wahrscheinlich würden Sie nein sagen. Wenn Sie daraufhin von der selben Person gefragt werden, ob Sie bereit sind, morgen einen Viertelliter Blut zu spenden, dann ist die Wahrscheinlichkeit groß, dass Sie dieser im Vergleich kleinen Bitte zustimmen. *Cialdini* (2001) stellte Studenten in einer Untersuchung diese Fragen. Nur 32% der Studenten, die direkt, d.h. ohne zuvor mit der großen Bitte konfrontiert worden zu sein, nach ihrer Blutspendebereitschaft gefragt wurden, waren bereit am nächsten Tag einen Viertelliter Blut zu spenden. Dagegen

---

[29] *Freedman/Frazer*, 1966.

waren fast 50% jener Studenten bereit, dies zu tun, die vorher um das große Zugeständnis gebeten worden waren.

Dieses Ergebnis lässt sich anhand zweier psychologischer Prozesse erklären: dem   72
Prinzip der reziproken Konzession und dem Bedürfnis nach positiver Selbstdarstellung. Das Prinzip der **reziproken Konzession** beginnt zu wirken, nachdem eine Person einer großen Bitte nicht nachgekommen ist. Sie gelangt daraufhin zu der Einschätzung, die Weigerung mit einem kleinen Entgegenkommen kompensieren zu
müssen. Hier wirkt das starke Bedürfnis nach **positiver Selbstdarstellung**: Menschen
wollen anderen gegenüber in einem positiven Licht erscheinen und geben deshalb
bei einer kleinen Bitte nach. Wenn nun geschickte Verhandler das Zusammenwirken dieser Mechanismen auslösen, schnappt die **Konzessionsfalle** zu.

Verhandler und Mediatoren können diese Falle vermeiden, wenn sie sich im Ver-   73
lauf einer Verhandlung stets daran erinnern, dass das Ausschlagen eines Verhand-
lungsangebots, gleich, wer es unterbreitet hat, nicht der Anerkennung einer Verbindlichkeit gleichkommt. Vielmehr gilt es, jedes Angebot daraufhin zu überprüfen,
ob es geeignet ist, zu einem optimalen Ergebnis zu führen. Und diese Qualität eines
Angebots gilt unabhängig davon, wie viele und welche Angebote eine Partei zuvor
bereits formuliert hat.

c) **Wann wird man zum Opfer der Verhandlungsfallen?** Wie ist es möglich, dass   74
diese scheinbar gegensätzlichen Strategien zu ähnlichen Ergebnissen führen? Dieser
paradoxe Sachverhalt beruht darauf, dass beide Techniken auf unterschiedlichen
psychischen Prozessen beruhen, deren Wirksamkeit vom konkreten Verhandlungs-
kontext abhängt:

(1) Die „Tür-ins-Gesicht"-Technik ist dann wirksam, wenn die beiden Bitten von
    derselben Person vorgetragen werden und der Zeitraum zwischen erster und
    zweiter Bitte relativ kurz ist. Andernfalls vermindert sich die Konzessionsbereit-
    schaft ziemlich rasch.

(2) Die „Fuß-in-der-Tür"-Technik ist unabhängig davon wirksam, ob dieselbe Per-
    son oder verschiedene Personen die erste bzw. zweite Bitte aussprechen, denn
    die Forderungen treffen auf ein verändertes Selbstbild der Person. Dieses verän-
    derte Selbstbild wirkt noch in der neuen Situation. Daher ist die „Fuß-in-der-
    Tür"-Technik auch dann wirksam, wenn zwischen erster und zweiter Bitte ein
    längerer Zeitraum liegt.

Die Techniken indirekter Beeinflussung können von Verhandlern mehr oder we-   75
niger absichtlich eingesetzt werden. Es kommt darauf an, ihre Wirkungsweisen zu
verstehen, um ihnen nicht zu erliegen. Wichtig ist dabei: Der wirkliche Gegner ist
die Taktik, nicht die Gegenpartei. Menschen wenden diese Taktik oft unbewusst
an. Wer das Muster einer derartigen Verhandlungssituation durchschaut, ist vor der
Gefahr der Ausbeutung geschützt.

2. „Too much invested to quit": Konflikteskalation und Verstrickungen

Sowohl bei Gericht als auch in alltäglichen Konfliktsituationen kann man oft be-   76
obachten, dass eine Partei unbeirrt und entgegen allen vernünftigen Erwägungen an
ihrem Weg festhält, obwohl sie keine Chance hat, bei der Auseinandersetzung zu
gewinnen. Die meisten Menschen haben schon ähnliche Erfahrungen gemacht, also
Zeit, Geld, Anstrengungen oder Zuwendungen in eine Angelegenheit investiert, ob-

wohl es vernünftiger gewesen wäre, sie zu beenden. In interpersonalen Situationen dieser Art ist der Gegner nicht auf der anderen Seite zu finden, sondern in uns selbst. Menschen neigen dazu, sich in eine Sache zu verrennen, aus der sie nur schwer wieder herauskommen können. *Brockner* und *Rubin* (1985) nennen derartige Konstellationen **Verstrickungen,** weil die Betroffenen unfähig sind, aus einer Sache auszusteigen und statt dessen eine **Eskalation** in Kauf nehmen, obwohl der Einsatz häufig den ursprünglichen Streitwert übersteigt.

77   Auch Verstrickungen sind Verhandlungsfallen, allerdings solche, die Menschen sich selbst stellen. Das lässt sich am Beispiel des 1-€-Auktionsspiels zeigen:
    Ein 1-€-Stück wird unter den Anwesenden versteigert. Die Gebote müssen mindestens 5 Cent oder ein Vielfaches davon betragen. Wer das höchste Angebot abgibt, muss dem Auktionator diesen Betrag geben und erhält das €-Stück. Die Person, die das zweithöchste Gebot abgibt, muss diesen Betrag an den Auktionator zahlen, erhält aber nichts.

78   Dieses einfache Spiel entwickelt eine unglaubliche Dynamik irrationalen Handelns. Wenn die Angebote sich der 1-€-Grenze nähern, verbleiben meist nur noch zwei Bieter, die beide verhindern wollen, der Bieter mit dem zweithöchsten Gebot zu sein, und deshalb der Verstrickung erliegen: Der Bieter mit dem zweithöchsten Gebot hätte eine verlorene Investition getätigt, wenn er nicht weiter mitbietet. Und so eskaliert das Bieten ... In verschiedenen Spieldurchgängen mit deutschen Studenten wurden bis zu DM 5,50 geboten, um 1 DM zu erhalten! *Brockner* und *Rubin* (1985) ließen dieses Spiel unter kontrollierten Laborbedingungen wiederholt spielen. Die Teilnehmer machten Gebote von bis zu $ 25, um $ 1 zu gewinnen!

79   Im Alltag finden sich zahlreiche Situationen mit Verstrickungscharakter: (a) Sie haben Aktien, deren Kurse sich auf Talfahrt befinden. Sie entschließen sich dennoch, nicht zu verkaufen, weil Sie auf die nächste Hausse hoffen. (b) Um Ihre Ehe ist es schlecht bestellt. Sie müssen entscheiden, ob Sie die Ehe fortführen wollen oder ob eine Trennung besser wäre. (c) Eine Regierung hat 3 Milliarden € in die Entwicklung einer neuen Technologie gesteckt. Angesichts ungewisser Zukunftschancen und mit Sicherheit weiter steigender Kosten muss entschieden werden, ob man das ganze Projekt weiter entwickelt oder sterben lässt. (d) Ein Land führt seit Jahren einen aussichtslosen Krieg, der bereits viele Menschenleben gekostet hat und riesige Mittel verschlungen hat. Soll man diesen Krieg beenden oder bis zum bitteren Ende weiter kämpfen?

80   Auffällig ist, dass die Entscheidungssituation einer verstrickten Person meist **negativ formuliert** ist, also als Verlustsituation wahrgenommen wird, in der die Person sich entscheiden muss, ob sie einen sicheren Verlust hinnimmt (d.h., nicht noch mehr investiert) oder „alles auf eine Karte setzt", indem sie zusätzliche Ressourcen investiert. Die Beobachtung, dass Menschen häufig weiter in eine für sie unvorteilhafte Angelegenheit investieren, stimmt mit den Aussagen der Präferenztheorie (vgl. Rdnr. 61) überein: In Entscheidungen über verlustträchtige Alternativen wird meist die risikoreiche Alternative bevorzugt, und eine mögliche Eskalation ist risikoreicher als die Entscheidung, eine verfahrene Angelegenheit zu beenden. Aus der Präferenztheorie lässt sich ableiten, dass einer Konflikteskalation durch eine positive anstatt einer negativen Formulierung der Entscheidungssituation entgegengewirkt werden kann. Dies lässt sich in Verstrickungssituationen oft nicht ganz einfach umsetzen. Allerdings lassen sich negative Situationen meist weniger negativ

formulieren. Diese Möglichkeit eröffnet sich häufig für den Mediator. Hierzu ein fiktives

Beispiel: Eine Gewerkschaft fordert eine Lohnerhöhung auf € 20,-. Jeder Abschluss darunter wäre angesichts der gegenwärtigen Inflationsentwicklung in ihren Augen ein Verlust. Die Arbeitgeber sind nicht bereit, mehr als € 18,- zu zahlen, und alles, was darüber ist, wäre ein schwerer Verlust für die Betriebe. Keine Seite will nachgeben, aber folgende Optionen sind möglich: (1) Einigung auf € 19,- oder (2) sich einer Zwangsschlichtung zu unterwerfen. Die zweite Option ist für beide Seiten die risikoreichere Variante, weil beide nicht wissen, was dabei herauskommen kann.

Sofern beide Parteien eine Einigung auf € 19,- als einen Verlust im Sinne der Präferenztheorie betrachten, werden sie vermutlich risikogeneigt sein und den Zwangsschlichter anrufen. Das Verhandlungsverhalten der Parteien ändert sich möglicherweise jedoch im Falle der positiven Formulierung der Entscheidungssituation. Wenn die Gewerkschaften jeden Cent über € 18,- als einen Gewinn betrachten und die Arbeitgeber jeden Cent unter € 20,- ebenfalls als einen Gewinn, dann existiert für beide Seiten ein positiver Bezugsrahmen und damit eine Tendenz zur Risikomeidung: Wahrscheinlich werden sie verhandeln und sich auf ca. € 19,- einigen.

Empirische Untersuchungen[30] belegen, dass eine positive Formulierung der Entscheidungskonsequenzen die **Konzessionsneigung** fördert. Diesen Aspekt müssen die Teilnehmer an kollektiven Verhandlungen ebenso wie ein Mediator beachten. Nicht zuletzt haben die Repräsentanten einer Partei es nicht nur mit der gegnerischen Seite zu tun; sie müssen auch darauf achten, dass ihr Verhandlungsergebnis von ihrer jeweiligen „Basis" akzeptiert wird. Insofern ist es wichtig, den Bezugsrahmen so zu formulieren, dass nicht überhöhte negative Erwartungen geweckt werden, um mögliche Optionen nicht von vornherein einzuengen.

Situationen mit Verstrickungscharakter haben folgende Eigenheiten, die man sich merken sollte, damit man nicht Opfer selbstgestellter Fallen wird:

(1) Die aufgewendeten Ressourcen, gleich, ob Zeit, Geld, Emotionen oder Menschenleben, werden als Investitionen, nicht aber als Kosten angesehen. Dies führt zu der irrigen Annahme, dass eine nur noch geringe weitere Investition genüge, um das Ziel zu erreichen.

(2) Derartige Konflikte erfordern sofortige Entscheidungen angesichts großer Unsicherheit über den zukünftigen Verhandlungsverlauf.

(3) Die Situation erfordert wiederholte Investitionen und ständig neue Rechtfertigungen für die Beibehaltung des einmal gewählten Kurses.

Was kann man tun, um derartige Verstrickungen zu vermeiden? Es gilt, die eigenen Wahrnehmungen des Konflikts bzw. der Verhandlung zu schärfen:

(1) Vor dem Beginn von Verhandlungen setzt man sich Grenzen hinsichtlich der einzusetzenden Ressourcen und des Maßes der Selbstverpflichtung; hierbei
  – müssen Erfahrungen aus früheren Situationen oder Erfahrungen anderer in ähnlichen Situationen berücksichtigt werden;
  – muss die Bedeutung des Ziels rational analysiert werden;
  – ist zu überlegen, ob das Ziel nicht auf anderem Wege zu erreichen ist.

(2) Sobald die selbst gesetzte Grenze erreicht ist, muss man daran festhalten. Andernfalls wird jede neue „Investition" (z.B. eine weitere Reparatur eines alten

[30] *Bazerman/Neale*, 1983.

Autos) nicht absolut bewertet, sondern in Relation zu den bisher entstandenen Kosten. Dies führt zum Selbstbetrug. Anfallende Kosten sind nicht allein deshalb zu akzeptieren, weil sie im Vergleich zu bereits in der Vergangenheit angefallenen Kosten gering sind! Zudem sind nicht nur die bisher geleisteten Kosten zu berücksichtigen, sondern auch die mit einer Entscheidung verbundenen zukünftigen Kosten.

(3) Die irrationale Tendenz zum Aushalten darf nicht unterschätzt werden. Verhandler erliegen gar zu leicht der irrigen Hoffnung, ihr Ziel doch noch zu erreichen, wenn sie nur noch dieses eine Mal nachlegen – und stellen hinterher fest, dass das vergangene Mal zumindest doch nur das vorletzte Mal war!

(4) Es ist nicht immer vorteilhaft, auf das Verhalten anderer Menschen in der gleichen Situation zu schauen. Alle Menschen erliegen Verstrickungen in ähnlichem Maße.

(5) Vorsicht ist geboten, wenn man andere Menschen beeindrucken möchte. Wer annimmt, von diesen Menschen beobachtet und bewertet zu werden und sich ihnen gegenüber konsistent verhalten will, fühlt sich dazu gezwungen, eine Angelegenheit fortzuführen, und der Versuch, sich aus der Verstrickung zu lösen, misslingt. Es ist jedoch nur eine scheinbare Schwäche, vor anderen sein Gesicht zu verlieren – es kann sogar eine Stärke werden, wenn sich damit eine Konflikteskalation vermeiden lässt!

(6) Verhandler sollten vermeiden, die Gegenpartei in eine Ecke zu drängen, denn die Gegenpartei wird einen drohenden Gesichtsverlust unter allen Umständen vermeiden wollen und dafür auch eine Konflikteskalation in Kauf nehmen.

83 Die besondere Gefahr der Verstrickung hat *Montaigne* charakterisiert: „Es ist keine Schande, dabei gewesen zu sein, aber eine Sünde, dabei zu bleiben." Es ist also manchmal weiser, eine Schlacht zu verlieren, um den Krieg zu gewinnen.

V. Was kann ich beim nächsten Mal besser machen?": Training für Verhandler und Mediatoren

84   Die Ausführungen dieses Beitrages zeigen eines deutlich: Verhandler sollten die Strukturen und die Dynamik von Verhandlungssituationen ebenso kennen wie charakteristische Verhaltensweisen und Urteilstendenzen vom Gegenüber und von sich selbst, denn nur wer diese Einflussfaktoren kennt, kann auf sie einwirken. Das Beispiel der Verhandlungsfallen zeigt, dass sich auch unter scheinbar optimalen Voraussetzungen Verhandlungslösungen nicht immer finden lassen. Diese paradoxe Situation wird jedoch erklärbar, wenn man die psychischen und strukturellen Hürden kennt, die einer Lösung im Wege stehen.

85   Welche **praktischen Schritte** kann man unternehmen, damit Verhandler aus diesem theoretischen Wissen Nutzen ziehen können? Leider sind die Erkenntnisse über die Begrenztheit menschlichen Urteilsvermögens schneller gewachsen als das Wissen, wie diese Begrenztheit überwunden werden kann. Auch ist zwar sehr viel darüber bekannt, warum Konflikte eskalieren (z. B. weil sie als Nullsummenspiele betrachtet werden), aber sehr wenig über die Möglichkeiten der Deeskalation von Konflikten. Wenn Verhandlern praktische Anleitungen gegeben werden sollen, wird

dieses Manko schmerzlich bewusst: Konflikte scheinen quasi „natürlich" zu eskalieren, Konfliktdeeskalation aber will „erkämpft" sein.

Bazerman (1997) schlägt drei Schritte zur Verbesserung des Entscheidungsverhaltens vor: (1) „Enteisen", (2) Ändern und (3) „Vereisen" von Entscheidungsgewohnheiten. Diese Sequenz kann als ein Trainingsprogramm aufgefasst werden. 86

(1) Zunächst gilt es, lang gehegte (und lieb gewonnene), jedoch nicht optimale Entscheidungs- und Verhaltensgewohnheiten aufzulösen – sie gleichsam zu „enteisen". Menschen und Organisationen tendieren dazu, im Status Quo zu verharren und glauben sich so in Schutz und Sicherheit. Zu denken ist hier etwa an die Tendenz, Risiken zu meiden und bekanntes, „erprobtes" Verhalten beizubehalten, statt den ungewissen Ausgang einer innovativen Alternative zu wählen. Daher ist es schwierig, Menschen und Organisationen zu ändern.

Um Änderungen herbeizuführen, muss Menschen deutlich gezeigt werden, dass ihr Verhalten falsch oder nicht optimal ist. Dies muss jedoch in einer Weise geschehen, die das Selbstbewusstsein der Person nicht verletzt. Man kann dies am besten durch Trainingsprogramme erreichen, in denen Spiele eingesetzt und die Konsequenzen aus den getroffenen Entscheidungen analysiert werden. Beispielsweise eignet sich das 1-€-Auktionsspiel hervorragend dazu, irrationale Tendenzen der Verstrickung zu illustrieren und sie damit zu „enteisen". Feedback aus solchen Situationen ist dem in einer Vorlesung oder durch Lektüre eines Textes gewonnenen Wissen vermutlich weit überlegen.

(2) Der nächste Schritt bezieht sich auf die Veränderung des Verhaltens. Nachdem die Person gleichsam „enteist" oder doch verunsichert über ihr bisheriges Verhalten ist, müssen ihr Alternativen aufgezeigt werden. Hierzu muss sie die Mängel des bisherigen Verhaltens benennen können und die Prozesse verstehen lernen, die zu diesen Mängeln führten. Danach muss sie darüber aufgeklärt werden, wie ein verbessertes Entscheidungsverhalten aussehen könnte. *Nisbett* und *Ross* (1980)[31] haben diese Mängel beschrieben und Vorschläge unterbreitet, wie ihnen begegnet werden kann. Wichtig hierbei ist die Erkenntnis, dass solche Mängel nicht als individuelle Schwächen interpretiert, sondern als „Programmierungsfehler" erkannt werden, denen alle Menschen erliegen.

(3) Im dritten Schritt müssen die erkannten Mängel korrigiert und angemessene Verhaltensalternativen ins Verhandlungsrepertoire aufgenommen werden – sie müssen zu Gewohnheitshandlungen werden. Dies braucht Zeit und erfordert ihren häufigen Gebrauch, etwa in wiederholten Trainingseinheiten mit viel Feedback. Hilfreich ist auch, wenn beide Parteien bei einem Stillstand der Verhandlung einmal ihre Positionen wechseln und die Perspektive der Gegenpartei übernehmen. Die eigenen Scheuklappen fallen und das Repertoire von Lösungsoptionen vergrößert sich. Diese Technik erhöht die Konzessionsbereitschaft von Verhandlern in erstaunlichem Maße.

Das Wissen um die Dynamik und die Techniken des Verhandelns kann dazu beitragen, menschliche Konflikte mit Würde und Respekt für die Parteien so zu lösen, dass soziale Beziehungen intakt bleiben und nach Abschluss der Verhandlungen befriedigender sein können als vorher. 87

---

[31] Vgl. auch *Ross/Nisbett*, 1991.

§ 11 Interkulturelles Verhandeln[1]

Prof. Dr. Günter Bierbrauer

Übersicht

Schrifttum: *Adler, N. J.* (1997), International dimensions of organizational behavior. Cincinatti, Ohio: South-Western College Publishing; *Berry, J. W.* (1994), An ecological perspective on cultural and ethnic psychology. In E. J. Trickett, R. J. Watts, & D. Birman (Eds.), Human diversity: Perspectives on people in context (115–141). San Francisco: Jossey-Bass; *Bierbrauer, G.* (1996), Sozialpsychologie. Stuttgart, Kohlhammer; *Brislin, R. W., & Yoshida, T.* (Eds.) (1994 a), Improving intercultural interactions. Thousand Oaks, CA: Sage; *Brislin, R. W., & Yoshida, T.* (1994 b), Intercultural communication training: An introduction. Thousand Oaks, CA: Sage; *Cole, M., & Engeström, Y.* (1995), Commentary. Human Development, 38, 19–24; *Faure, G. O., & Sjöstedt, G.* (1993), Culture and negotiation: An introduction. In G. O. Faure, & J. Z. Rubin (Eds.), Culture and negotiation. The resolution of water disputes (1–13). Newbury Park, CA: Sage; *Fisher, R., Ury, W., & Patton, B.* (1997), Das Harvard Konzept. Sachgerecht verhandeln – erfolgreich verhandeln. Frankfurt: Campus (engl. 1991, Getting to Yes. Boston: Mifflin & Co); *Geertz, C.* (1973), The interpretation of cultures. New York: Basic Books; *Herskovits, M. J.* (1948), Man and his works: The science of cultural anthropology. New York: Knopf; *Hofstede, G.* (1980), Culture's consequences: International differences in work-related values. Beverly Hills, CA: Sage; *Hofstede, G.* (1991), Cultures and organizations. London: McGraw-Hill; *Hofstede, G., & Bond, M. H.* (1988),

---

[1] Ich danke *Cordula Henke, Michael Jaeger* und *Edgar Klinger* für wertvolle Anregungen.

The Confucius connection: From cultural roots to economical growth. Organizational Dynamics, **16**, 4–21; *Kealey, D. J.* (1989), A study of cross-cultural effectiveness: Theoretical issues, practical implications. International Journal of Intercultural Relations, **13**, 378–428; *Kroeber, A. L., & Kluckhohn, C.* (1952), Culture: A critical review of concepts and definitions (Vol. 47, No1). Cambridge, MA: Peabody Museum; *Leung, K.* (1997), Negotiation and reward allocation across cultures. In C. Earley, & M. Erez (Eds.), New perspectives on international industrial/organizational psychology (640–675). San Francisco: The New Lexington Press; *Lewin, K.* (1935), A dynamic theory of personality. New York: McGraw-Hill; *Lewin, K.* (1951). Field theory in social sciences. New York: Harper (dt.1963, Feldtheorie in den Sozialwissenschaften. Bern: Hans Huber); *Martin, J. M., & Hammer, M. R.* (1989), Behavioral categories of intercultural communication competence: Everyday communicators' perceptions. International Journal of Intercultural Relations, **13**, 303–332; *Salacuse, J. W.* (1992), International erfolgreich verhandeln. Making global deals. Frankfurt: Campus; *Smith, P. B., & Bond, M. H.* (1998), Social psychology across cultures. 2nd ed. London: Prentice Hall Europe; *Stiftung Entwicklung und Frieden* (Ed.) (2000), Globale Trends 2000. Fakten, Analysen, Prognosen. Frankfurt/Main: Fischer; *Tayeb, M. H.* (1996), The management of a multicultural workforce. Chicester: John Wiley & Sons.; *Thomas, A, Schenk, E.* (im Druck) China business and culture assimilator Übungsmaterial zur Vorbereitung deutscher Manager auf den Chinaaufenthalt. Pabst Verlag; *Triandis, H. C., Brislin, R., & Hui, C. H.* (1988), Cross-cultural training across the individualism-collectivism divide. International Journal of Intercultural Relations, **12**, 269–289.

I. Einleitung

Das Interesse am Prozess des **interkulturellen Verhandelns** und **am Konfliktma- 1 nagement** hat in den letzten Jahren dramatisch zugenommen. Trotz des gestiegenen Interesses am interkulturellen Verhandeln fehlt es an wissenschaftlich fundierten Übersichten oder Ratgebern, die interessierten Personen ein systematisches Wissen über die Kunst und Komplexität dieser Verfahren vermitteln. Dieser Beitrag schöpft aus meiner langen wissenschaftlichen und praktischen Beschäftigung mit der Behandlung interkultureller Konflikte, wozu interkulturelles Verhandeln gehört, und soll in diesem begrenzten Rahmen ein systematisches Wissen über die Kunst und Komplexität interkulturellen Verhandelns vermitteln.

Viele Veröffentlichungen über interkulturelles Verhandeln sind nicht mehr als ein 2 Kompendium **kultureller Stereotype** mit Listen von Verhaltensvorschriften und Etiketten, die man in einem Land oder einer Kultur beachten soll („Knigge für Manager in Kultur ABC . . .“), um erfolgreich zu sein, ohne dass für den Leser die inhärente Bedeutung dieser Verhaltensklischees deutlich wird. Ein weiteres Problem liegt in dem Übergewicht der US-amerikanischen Literatur bzw. der Fokussierung auf die Perspektive des US-amerikanischen Verhandlungsverhaltens. Dies hat seinen Grund u. a. in dem schon länger währenden Interesse von US-amerikanischen Praktikern und Wissenschaftlern am internationalem Verhandeln. Weil dieser Beitrag sich an den empirischen Forschungsergebnissen orientiert, wird auch hier die Dominanz amerikanischer Erfahrungen sichtbar werden. Freilich sind die Unterschiede zwischen amerikanischen und deutschen bzw. europäischen Verhandlungsstilen etwa im Vergleich zu japanischen Verhandlungsstilen relativ gering. Daher werde ich mir häufig die Freiheit nehmen und allgemein von westlichen Verhandlungsstilen sprechen, wenn ich mich auf US-amerikanische Ergebnisse beziehen muss, weil kei-

ne entsprechenden Untersuchungen mit deutschen Teilnehmern vorliegen. Auf die
beobachteten Unterschiede zwischen deutschen und US-amerikanischen Verhandlungskulturen wird, sofern empirische Studien vorliegen, eingegangen.

3   Um die Unterschiede zwischen Verhandlungskulturen zu verstehen, bedarf es –
wie erwähnt – eines konzeptuellen Rahmens, der sich an dem gegenwärtigen Stand
der wissenschaftlichen Diskussion orientiert. Dieser Rahmen wird in diesem Beitrag
dadurch gegeben, dass die Konzepte Kultur und Verhandeln aufeinander bezogen
werden. Vorwegnehmend sei schon angemerkt, dass es für den Begriff Kultur in der
Literatur keine allgemein akzeptierte Definition gibt, weil es ein mit schwerwiegenden erkenntnistheoretischen Problemen befrachtetes Konstrukt ist.

4   Auf die Psychologie des traditionellen (monokulturellen) Verhandelns soll in diesem Beitrag nicht eingegangen werden (dazu eingehend § 10). Gleichzeitig muss jedoch erwähnt werden, dass bestimmte als universal postulierte Prinzipien des Verhandelns wie z. B. der Vorschlag von *Fisher*, *Ury* und *Patton* (1991) in ihrem
berühmten Buch „*Getting to Yes*", man solle **„Menschen und Probleme getrennt
voneinander behandeln"**[2] eine westliche Verhandlungsstrategie darstellen, die in
nichtwestlichen Kulturen zum wahrscheinlichen Misserfolg führen würde.

1. Kulturelle Vielfalt trotz Globalisierung

5   Noch nie waren so viele Menschen so mobil, so gut informiert und direkt oder
indirekt eingebunden in grenzüberschreitende soziale, ökonomische, kulturelle und
politische Netzwerke. Wir befinden uns in der „Epoche der Globalisierung", die
gekennzeichnet ist durch multinationale Unternehmen, globale Informations- und
Kommunikationsnetzwerke, internationale Organisationen, Regime und Verträge.
Etwa 3000 internationale Organisationen bilden auf der institutionellen Ebene die
Bausteine dieser Epoche, wie z. B. OSZE, UN, WHO, BIZ oder IWF und natürlich
NGOs[3].

6   Trotz allen Globalisierungsdrucks ist diese Welt geprägt von nationalen, kulturellen und ethnischen Traditionen und lokalen Besonderheiten. Letztlich geht es bei
internationalen Aktivitäten, seien sie politischer oder wirtschaftlicher Art, um die
Entwicklung von **kooperativen Strategien** vor dem Hintergrund der jeweiligen zunächst singulären Interessen der beteiligten institutionellen Akteure.

7   Auf diese Bedingungen müssen sich die individuellen Akteure, seien sie Diplomaten, Politiker, Manager oder Rechtsexperten, als Repräsentanten ihrer jeweiligen
Institutionen oder Unternehmen einstellen, wenn sie erfolgreich ihre Interessen
durchsetzen wollen. Im Unterschied zur gewaltsamen Durchsetzung von Interessen
durch Krieg oder Zwang werden internationale oder globale Vereinbarungen durch
Verhandlungen herbeigeführt. Das heißt jedoch nicht, dass international agierende
Parteien keinen Druck auf schwächere Parteien ausüben können. Daher ist es sinnvoll, **Verhandeln** als ein gewaltfreies Verfahren zu bezeichnen, in dem wenigstens
zwei Parteien mit unterschiedlichen Bedürfnissen oder Ansichten durch einen Prozess der gegenseitigen Beeinflussung auf ein Ergebnis hinarbeiten, das den Interessen der beteiligten Parteien dient. Eine gemeinsame Übereinkunft oder ein formaler

---

[2] *Fisher/Ury/Patton*, 1997, S. 39.
[3] *Globale Trends 2000*, 2000.

Vertrag ist das typische Ergebnis einer erfolgreichen Verhandlung. Ein Ergebnis kann darin bestehen, dass jede Partei etwas aufgibt, was ihr weniger wichtig erscheint und wovon die andere Partei oder anderen Parteien profitieren, oder die beteiligten Parteien entdecken gemeinsame Interessen, die ihnen vorher unbekannt waren[4]. In interkulturellen Verhandlungen gehören die daran beteiligten Parteien unterschiedlichen Kulturen oder unterschiedlich kulturell geprägten Ländern an. Die Verhandlungsteilnehmer unterscheiden sich deshalb in ihrem Denken, Fühlen und Handeln. Somit sind die meisten internationalen Verhandlungen gleichzeitig interkulturell geprägt. Aber auch Verhandlungen innerhalb eines Landes können interkulturellen Charakter haben, wenn die Parteien – wie in ethno-pluralen Gesellschaften – unterschiedliche ethnische oder kulturelle Hintergründe haben.

2. Die Komplexität von und Missverständnisse bei interkulturellen Verhandlungen

Unerfahrene Verhandler vermuten oft, dass es ausreicht, die Erfahrung aus mo-   8
nokulturellen Verhandlungen um „Wissen" über andere Kulturen zu ergänzen, damit man bei interkulturellen Verhandlungen erfolgreich ist. Eine solche Vorgehensweise wird ziemlich gewiss zu Misserfolgen führen. Zum einen ist Kultur ein komplexes mehrdimensionales Konstrukt. Kulturelle Diversität erzeugt daher eine gleichsam mehrdimensionale Verhandlungsdynamik. Die Komplexität interkulturellen Verhandelns ergibt sich dabei nicht nur aus dem bloßen Hinzufügen der Kulturdimension zum monokulturellen Verhandeln, sondern geht weit darüber hinaus. Zum anderen schöpfen unerfahrene Verhandler ihr Wissen über andere Kulturen meist aus einem Repertoire **kultureller Stereotype** oder **Vorurteile**, die zum Scheitern der Verhandlungen beitragen können. Dies sollte Verhandlern bewusst sein. Daher soll in einem gesonderten Abschnitt auf die Gefährlichkeit von kulturellen Stereotypen in interkulturellen Verhandlungen hingewiesen werden.

Eine weitere Barriere für einen erfolgreichen Verhandlungsabschluss liegt in der   9
Sprache bzw. **Sprachkompetenz der Verhandler.** Die lingua franca bei internationalen Verhandlungen ist **Englisch.** Aber selbst dann, wenn die Verhandlungsparteien über eine gute englische Sprachkompetenz verfügen, können sich durch kulturbedingte Besonderheiten Missverständnisse ergeben, die an zwei Beispielen illustriert werden sollen.

In der folgenden **Anekdote** geht es um eine Verhandlung zwischen einem japani-   10
schen und einem britischen Manager:

Während der britische Manager Satz für Satz den ausgehandelten Vertrag durchgeht, antwortet der japanische Manager jeweils mit „Yes". Am Ende des Vertragstextes angekommen glaubt der britische Manager, dass damit das Geschäft in trockenen Tüchern sei. Der japanische Manager stellt dagegen freundlich fest, dass er nunmehr mit der Geschäftsleitung seines Unternehmens die Sache besprechen müsse. Der britische Manager hatte irrtümlicherweise mit jedem „Yes" eine Zustimmung verbunden, während für Japaner „Yes" häufig nur bedeutet: „Yes, I hear you, carry on, tell me more"[5].

Auch Unwissen über die Traditionen in anderen Kulturen kann zum Misserfolg   11
führen, wie eine andere Anekdote zeigt. Ein amerikanischer und ein saudischer

---

[4] *Bierbrauer*, 1996.
[5] *Tayeb*, 1996, S. 73 f.

Manager verhandeln über die Errichtung eines joint ventures. Der unerfahrene amerikanische Manager erklärt seinem saudischen Verhandlungspartner stolz, dass seine Firma ein „blue chip" Unternehmen sei (blue chip bedeutet im westlichen Jargon ein Unternehmen der ersten Adresse; in seiner ursprünglichen Bedeutung sind blue chips Spielmarken von hohem Wert). Die Erklärung des amerikanischen Managers löst bei dem saudischen Manager fragende Blicke aus. Schließlich bricht dieser die Verhandlungen mit der Begründung ab, dass Glücksspiele in islamischen Ländern verboten seien[6].

12   Obgleich gute englische Sprachkenntnisse eine notwendige Vorbedingung erfolgreichen interkulturellen Verhandelns sind, bilden sie jedoch nur eine der Kompetenzen, die interkulturell tätige Verhandler besitzen müssen. Kulturelle Unterschiede machen Verhandlungen schwieriger und führen zu potentiellen Missverständnissen, weil Menschen mit verschiedenen kulturellen Hintergründen unterschiedlich denken, fühlen und handeln. Nachfolgend sollen einige Ausführungen über das Konstrukt Kultur gemacht werden, die für das Verständnis von möglichen Problemen bei interkulturellen Verhandlungen von Bedeutung sind.

3. Was ist Kultur?

13   Kultur wird häufig als die versteckte und vergessene Dimension des Verhaltens bezeichnet. Versteckt, weil Kultur als Konstrukt nicht sichtbar ist. **Kultur** ist allerdings dann sichtbar und anschaulich, wenn man darunter auch die materiellen bzw. objektiven Produkte einer Kultur wie beispielsweise Bauwerke fasst. Vergessen, weil wir im Verlaufe unserer Sozialisation die symbolischen Verkehrsformen einer Kultur, die auf **Werten, Normen** und **Praktiken** basieren, so internalisiert haben, dass sie uns normalerweise nicht bewusst sind. Ihre Existenz bemerken wir erst dann, wenn diese Verkehrsformen verletzt werden, beispielsweise wenn wir mit Menschen aus anderen Kulturkreisen in Kontakt treten und deren Verhalten als fremd oder bizarr wahrnehmen. *French* (1963) beschrieb dieses Paradoxon mit den Worten: „Es fällt uns leicht unsere Kultur zu vergessen, selbst wenn wir wissen, dass wir eine haben."

14   Kultur zu definieren ist ein traditionell schwieriges Unterfangen. Sozialwissenschaftler, insbesondere Anthropologen, haben dazu viele Definitionen vorgeschlagen. Man sagt es gäbe mehr Definitionen als Autoren, die versucht hätten, diesen Begriff zu definieren. Nachdem *Kroeber* und *Kluckhohn* (1952) mehr als einhundert Definitionen des Begriffes Kultur durchforstet hatten, schlugen sie folgende, mittlerweile vielfach akzeptierte **Definition** vor:

„Culture consists of patterns, explicit and implicit of and for behavior acquired and transmitted by symbols, constituting the distinctive achievement of human groups, including their embodiments in artifacts; the essential core of culture consists of traditional (i. e. historically derived and selected) ideas and especially their attached values; culture systems may, on the one hand, be considered as products of action, on the other, as conditioning elements of future action" (S. 181).

15   Diese Definition verweist auf Aspekte der sog. **subjektiven Kultur,** wie **Werte** und **Ideen,** als auch auf Elemente der sog. **objektiven Kultur,** wie **menschliche Erzeug-**

---

[6] *Salacuse*, 1992, S. 40.

nisse, sowie die **gegenseitige Beeinflussung** beider. In zwei anderen populären Definitionen wird Kultur knapp bestimmt als „the man-made part of the human environment"[7] oder „Culture is the software of the mind which distinguishes the members of one group from another"[8].

Zusammenfassend kann man mit dem Begriff Kultur folgende Bedeutungen verbinden: Kultur   16
– wird gelernt und nicht vererbt,
– wird durch den Prozess der Sozialisation von den älteren Mitgliedern auf die jüngeren Mitglieder einer Gruppe weitergegeben,
– umfasst Bedeutungsmuster, die von den meisten Mitgliedern einer Gruppe geteilt werden,
– hat eine subjektive Seite, wie Werte, Ideen, Moral und Recht, eine soziale Seite, wie Organisationen und Institutionen, sowie eine objektive, materielle Seite in Form von menschlichen Produkten; alle Formen können sich in einem Prozess der gegenseitigen Anpassung beeinflussen.

Für unser Alltagsverständnis im Umgang mit Kultur ist es sinnvoll, noch einmal 17
darauf hinzuweisen, dass wir Kultur üblicherweise nicht bewusst wahrnehmen, weil Kultur u. a. aus einem System stillschweigend geteilter Überzeugungen und Regeln über Denk- und Verhaltensmuster besteht, die so sehr internalisiert werden, dass sie uns völlig selbstverständlich und unstrittig erscheinen.

4. Wo ist Kultur?

In einigen Definitionen scheint Kultur außerhalb von Individuen lokalisiert zu 18
sein, nach anderen Definitionen ist Kultur gleichsam innerhalb der Köpfe von Menschen zu finden. Beispielsweise definiert *Geertz* (1973) Kultur als „a historically transmitted pattern of meaning embodied in symbols" (S. 89). Kultur erzeugt Bedeutung durch soziale Kategorien (z. B. Verwandtschaft), soziale Praktiken (z. B. Heirat) und Rollen (z. B. Braut) sowie Werte, Überzeugungen und Normen, die metaphorisch gleichsam von Kopf zu Kopf wandern. Diese Bestimmungen von Kultur gehen über die traditionell reduktionistischen Positionen hinaus, in denen Kultur beschränkt wird auf die Werte, Normen und Traditionen einer Gruppe. In der wissenschaftstheoretischen Diskussion über den Begriff Kultur geht es u. a. um die Frage, ob Kultur gleichsam im Kopf oder außerhalb zu verankern ist oder als Konstrukt keine gegenständliche Natur hat, sondern als emergentes System zu verstehen ist. Danach wird Kultur konzipiert als „Geist" oder „Gemüt" (mind) mit einer eigenständigen Qualität, die aus der kontinuierlichen Interaktion von Menschen, Artefakten und Objekten der Welt hervorgeht[9].

Ohne die bisherigen Theoriebemühungen oder Perspektiven in Frage zu stellen, 19
muss sich die empirische Forschung notwendigerweise mit einem reduktionistischeren Rahmen begnügen. Die häufig in der empirischen kulturvergleichenden Forschung gewählte Vorgehensweise, bei der der direkte und unvermittelte Einfluss der Kultur als sog. unabhängige Variable auf das Denken und Verhalten

---

[7] *Herskovits*, 1948, S. 17.
[8] *Hofstede*, 1980, S. 21.
[9] *Cole/Engeström*, 1995, S. 21.

von Individuen untersucht wird, ist wissenschaftlich begrenzt und bleibt fragwürdig. Ein für die empirische Forschung akzeptables Modell, das auch in der
sozialpsychlogischen Theoriebildung verankert ist, stellt der sog. **ökologische
Theorierahmen** dar[10]. Nach diesem Modell entwickeln sich alle psychologischen
Phänomene durch Adaptation an spezifische kulturelle und ökologische Kontexte. Im Rahmen dieses Modells lassen sich Hypothesen über die Beziehungen
zwischen Kultur, Ethnizität, Ökologie und Verhalten entwickeln. Dabei wird
eine probabilistische Beziehung zwischen ökologischen und sozialkulturellen Settings und Verhalten postuliert, d. h. ein bestimmtes Verhalten einer Person kann
in einem bestimmten Kontext innerhalb einer bestimmten Variationsbreite erwartet werden. Die Dreifachinteraktion von Situation, Person und Verhalten wird
konzipiert im Sinne eines probabilistisch-reziproken Determinismus. In Anlehnung an *Lewins* (1951/1963) Feldtheorie bestimmen Personvariablen, wie eine
Situation gedeutet wird und wie Verhalten die Umwelt modifiziert[11]. Dieses Modell
impliziert eine **dynamische Beziehung** zwischen den Teilen des Systems. Wenn ein
Teil verändert wird, werden sich wahrscheinlich auch die anderen Teile verändern.
Ein weiterer wichtiger Aspekt des ökologischen Theorierahmens betrifft die Unterscheidung von **Kollektiv- oder Kulturebene** einerseits und **Individualebene** andererseits.

II. Ebenen der Kultur

20   Sowohl in theoretischer als auch in praktischer Hinsicht ist es von großer Bedeutung, Kultur- und Individualebene voneinander zu unterscheiden. Wenn wir alltags-
sprachlich von Kulturen sprechen, dann meinen wir Kollektive, beispielsweise die
japanische oder die deutsche Kultur. Kultur überlagert gleichsam die individuelle
Person. Das zeigt sich u. a. daran, dass Menschen kommen und gehen, ihre jeweilige Kultur aber mehr oder weniger unverändert bleibt. D. h. eine Kultur benötigt
keine einzelnen Individuen für ihre Existenz, denn sie existiert auf der kollektiven
Ebene einer bestimmten Gruppe. Andererseits treffen wir bei unseren Interaktionen,
so auch beim Verhandeln, auf konkrete Einzelpersonen oder Kleingruppen, deren
Denk- und Verhaltensmuster wir auf vermutete kulturbedingte Einflussfaktoren zurückführen. Wenn man die kollektive Ebene und die individuelle Ebene nicht trennt
bzw. sie verwechselt, kann es zu sog. **Fehlschlüssen** kommen, auf die insbesondere
Hofstede (1980) hinweist.

21   Die von *Hofstede* (1980; 1991, vgl. Rdnr. 24, 25) gewählte empirische Vorgehensweise basierte lediglich auf den Durchschnittswerten derjenigen Personen, die
die Fragebogen beantwortet hatten, und der von ihm gewählten statistischen
Analyse (Faktorenanalyse). Das Resultat waren **Kulturdimensionen** zur Charakterisierung von **Landespositionen** entlang dieser Dimensionen. **Kulturdimensionen**
eignen sich nur zur Vorhersage der Charakteristika einer gedachten Durchschnitts-
person eines Landes. Beispielsweise lässt sich aus den Ergebnissen von *Hofstede*
(1980; 1991) ableiten, dass Japaner im Durchschnitt kollektivistischer orientiert

---

[10] *Berry,* 1994.
[11] *Bierbrauer,* 1996.

sind als Deutsche. Wie in Abbildung 1 dargestellt wird, können die Positionen einzelner Individuen aber breit um den Durchschnittswert ihres jeweiligen Landes auf dieser Dimension streuen. Daher eignen sich Kulturdimensionen nicht, um Einzelpersonen zu charakterisieren bzw. Vorhersagen für Einzelpersonen zu machen. Auch wenn Japaner durchschnittlich kollektivistischer orientiert sind als Deutsche, ist es im Einzelfall möglich, dass die kollektivistische Orientierung eines bestimmten Japaners geringer ausgeprägt ist als die eines bestimmten Deutschen. Man würde also einen sog. **ökologischen Fehlschluss** begehen, wenn man von der Kulturebene Schlussfolgerungen auf die Individualebene ziehen würde. Dieser Fehler ist allerdings weit verbreitet, weil Menschen auf Grund ihrer mentalen Funktionen ihre Welt in soziale Kategorien gliedern. Damit zusammenhängend ist die Tendenz zur Bildung **kultureller Stereotype**, die häufig zu Missverständnissen und zum Scheitern von Verhandlungen führen können.

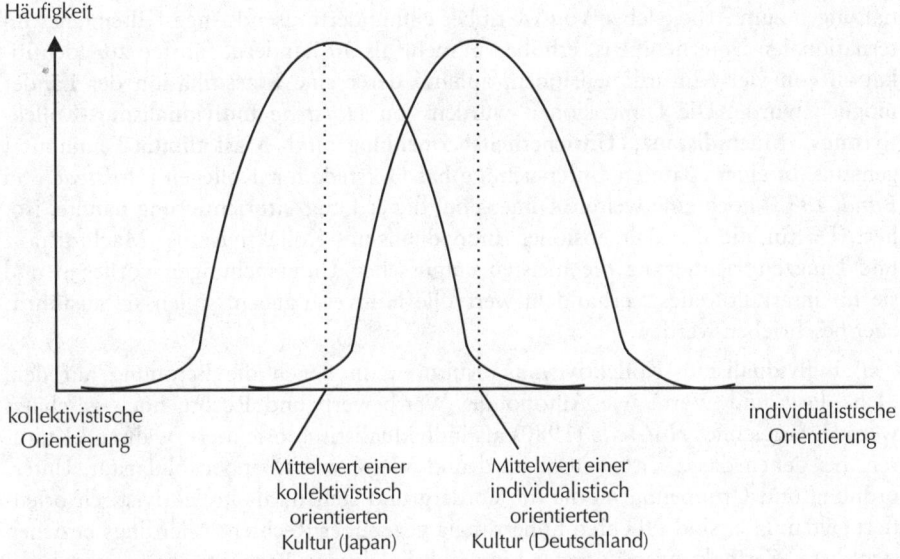

Abbildung 1:
Hypothetische Verteilung der Wertrescores in einer individualistisch bzw. kollektivistisch orientierten Nationalkultur.

1. Wie viele Kulturen gibt es?

Dies ist eine schwierige Frage, weil es hierzu keine definitive Antwort gibt. Wenn   22
man beispielsweise die Anzahl unterschiedlicher Sprachen als Kriterium annimmt, dann gibt (oder gab) es mehrere tausend Kulturen. Aber andererseits gibt es selbst in Ländern, in denen die gleiche Sprache gesprochen wird, Subkulturen, beispielsweise entlang religiöser oder ethnischer Linien. Darüber hinaus gibt es länderübergreifende kulturelle Traditionen wie etwa den chinesischen Kulturkreis. Zur Vorbereitung von Verhandlungen wäre es zudem nicht praktikabel, sich auf eine sehr große Zahl von Verhandlungskulturen einzustellen. Daher schlagen *Smith* und

Bond (1998) vor, sich zunächst an der Unterscheidung von nationalen Kulturen zu orientieren.

23   Wenn wir im Nachfolgenden von nationalen Verhandlungskulturen oder nationalen Verhandlungsstilen sprechen, dann subsumieren sich darunter verschiedene nationale Einflüsse wie Sprache, Geschichte, politisches System und politisch-wirtschaftlicher Einfluss in der Welt. Die Frage nach der Anzahl bzw. nach den Grenzen von Kulturen löst man forschungspraktisch, indem man sich auf theoretisch fundierte Konzepte verständigt und davon operationalisierbare Konstrukte ableitet. Ein zentrales Konzept, um kulturelle Unterschiede zu kennzeichnen, sind menschliche Werte bzw. Werthaltungen. Auf diese Forschung soll im Folgenden eingegangen werden.

2. Unterschiede zwischen Nationalkulturen

24   Die mittlerweile klassischen Studien von *Hofstede* (1980; 1991) über die Werthaltungen zum Arbeitsleben von weit über einhunderttausend Angestellten eines internationalen Unternehmens, erhoben in mehr als 50 Ländern, führten zur Identifikation von vier Kulturdimensionen, anhand derer eine Klassifikation der Länder möglich wurde. Die Dimensionen wurden von *Hofstede* **Individualismus-Kollektivismus, Machtdistanz, Unsicherheitsvermeidung** und **Maskulinität-Femininität** genannt. In einer späteren Untersuchung hat Hofstede mit Kollegen (*Hofstede* und *Bond*, 1988) noch eine weitere Dimension, die er **Langzeitorientierung** nannte, isoliert. Da für die drei Dimensionen Individualismus-Kollektivismus, Machtdistanz und Langzeitorientierung die meisten empirischen Untersuchungen vorliegen und sie für interkulturelles Verhandeln wertvolle Hinweise geben, sollen sie ausführlicher beschrieben werden.

25   a) **Individualismus-Kollektivismus.** Kulturen, in denen die Betonung auf dem „Ich" liegt und Werte wie Autonomie, Wettbewerb und Rechte hoch geschätzt werden, bezeichnet *Hofstede* (1980) als individualistisch orientiert, während Kulturen, bei denen das „Wir" betont wird und Werte wie Gruppensolidarität, Unterordnung und Gruppenharmonie im Vordergrund stehen, als kollektivistisch orientiert gelten. Hier sind Pflichten höherrangig gegenüber Rechten. Allerdings beziehen sich diese Werthaltungen in erster Linie auf die eigenen Bezugsgruppen (in-groups) wie Familie, Nachbarn und Arbeitsplatz, weil in kollektivistisch orientierten Kulturen eine stärkere Differenzierung von Eigen- und Fremdgruppen vorgenommen wird als in individualistisch orientierten Kulturen.

Nach den Befunden sind (nicht überraschend) die Staaten Nordamerikas und Westeuropas stärker individualistisch orientiert, während die Länder Asiens, Südeuropas und Südamerikas stärker kollektivistisch orientiert sind. Tabelle 1 auf S. 273 zeigt diese Unterschiede bei einigen ausgewählten Ländern.

	IND	MD	LZO*
Brasilien	38	69	65
Deutschland	67	35	31
Großbritannien	89	35	25
Hongkong	25	68	96
Indien	48	77	61
Japan	46	54	80
Kanada	80	39	23
Korea (Süd)	18	60	75
Niederlande	80	38	44
Pakistan	14	55	00
Schweden	71	31	33
Singapur	20	74	48
Thailand	20	64	56
USA	91	40	29

Tabelle 1: Ein Vergleich von 14 Ländern über drei Kulturdimensionen

* Die Werte dieser Dimension basieren auf Studentenstichproben. Bei den anderen Dimensionen bestanden die Stichproben aus leitenden Angestellten eines multinationalen Unternehmens (*Hofstede*, 1991). Die Werte stellen relative und keine absoluten Positionen der Länder dar. Der Wertebereich der Skalen reicht von 0 bis 100.

IND = Individualismus; MD = Machtdistanz; LZO = Langzeitorientierung

b) Machtdistanz. Machtdistanz drückt aus, inwieweit in einer Kultur bzw. einem **26** Land **Ungleichheit und Hierarchien** toleriert werden. In Kulturen/Ländern mit hoher Machtdistanz arbeiten Manager und Arbeitnehmer nach den Vorgaben der oberen Leitungsorgane. Untergebene zeigen einen höheren Willen zur Kooperation mit Vorgesetzten und neigen dazu, Widerspruch zu vermeiden. Autoritäre Einstellungen werden akzeptiert. In Kulturen/Ländern mit geringer Akzeptanz für Machtdistanz gelten die entgegengesetzten Werte. Hier werden Mitarbeiter zu autonomem Handeln angeregt. Tabelle 1 zeigt, dass Indien, Brasilien und Hongkong Länder mit hoher Machtdistanz sind, während in Schweden, Deutschland und Großbritannien die Wertschätzung für Machtdistanz eher gering ist. In solchen Ländern sind die Barrieren zwischen Management und Untergebenen traditionell klein.

c) Langzeitorientierung. Wie erwähnt haben *Hofstede* und *Bond* (1988) eine wei- **27** tere Kulturdimension isoliert, die sie Langzeitorientierung bzw. **konfuzianischen Dynamismus** nannten. Diese kulturelle Orientierung ist charakteristisch für die sog. Drachenländer Japan, Hongkong, Taiwan und Singapur. Sie wird auf die Lehren von Konfuzius zurückgeführt. Konfuzianismus hat keinen religiösen Bezug, sondern ist ein Lehrgebäude mit praktischen Regeln für das Alltagsleben. Hierzu gehören beispielsweise folgende Prinzipien: Sozialbeziehungen sind nach Status und Alter geordnet und geprägt durch gegenseitige Verpflichtungen. So zeigt eine jüngere Person einer älteren Respekt und Gehorsam; ebenso zeigen Kinder den Eltern Respekt und diese sind zu Zuwendung und Schutz verpflichtet. Die Familie, und nicht die Einzelperson, steht im Zentrum aller sozialen Organisationen; die Wahrung des eigenen Gesichts und des Gesichts von anderen schützt vor dem Verlust von Würde und Respekt. Beispielsweise würde eine jüngere Person oder ein Untergebener in der Öffentlichkeit einer älteren Person oder einem Vorgesetzten nicht widersprechen können, ohne das Gesicht zu verlieren. Zu den Tugenden der Langzeitorien-

tierung gehören harte Arbeit, unermüdliche Lernbereitschaft, möglichst viel Erziehung, Sparsamkeit sowie Geduld und Ausdauer bei schwierigen Aufgaben und Respekt vor Traditionen. Tabelle 1 auf S. 273 zeigt einige ausgewählte Länder und ihre relative Position in bezug auf die Dimension Langzeitorientierung.

3. Hüten Sie sich vor kulturellen Stereotypen!

28   Ebenso, wie es nicht möglich ist, von der Position eines Landes auf einer Kulturdimension Ableitungen auf die kulturelle Orientierung einer Einzelperson des Landes zu machen, ist es fehlerhaft, das Verhalten der Verhandlungspartner mit einem
anderen kulturellen Hintergrund auf der Basis von **Stereotypen** vorherzusagen. Kulturelle Stereotype sind **kognitive Schemata** über die (angeblichen) Eigenschaften
von Menschen einer bestimmten Kultur oder eines bestimmten Landes. Sie verde-
cken die Unterschiede zwischen Einzelpersonen und geben uns das Gefühl, etwas
über andere Kulturen zu wissen, ohne zu merken, dass dieses Wissen in zweifacher
Hinsicht falsch ist. Es ist falsch, weil Stereotype häufig nicht auf eigenen Erfahrungen beruhen, und falsch, weil wir glauben, etwas über die kulturellen Charakteris-
tiken von Menschen in einer bestimmten Kultur zu wissen.

29   Sie werden vermutlich keine Schwierigkeiten haben, einen Japaner zu charakterisieren, obwohl sie wissen, dass es mehr als hundert Millionen Japaner gibt. Ebenso
verfügen Sie über Wissen über typische Russen, Amerikaner oder Araber. Auch
Ausländer haben stereotypes Wissen über uns Deutsche. Wir werden häufig als
tüchtig, gewissenhaft verlässlich, aber auch als gehorsam, humorlos und brutal beschrieben. Treffen diese Charakterisierungen auch auf Sie zu? Bei Verhandlungen
erwarten Sie vermutlich, nicht mit Stereotypen über Deutsche und Deutschland
konfrontiert zu werden, sondern Sie möchten auf über Deutschland gut informierte
Verhandlungspartner treffen. International tätige Verhandler sollten sich daher in
Verhandlungen bewusst machen, ob sie Kulturstereotype benutzen, um die Mitglieder einer Kulturgruppe oder ganze Kulturen zu beschreiben. Scheitern Verhandlungen, dann ob angebliche kulturelle Eigenheiten der anderen Partei zur Erklärung
herangezogen, die meist nicht mehr als kulturelle Stereotype sind, und nicht die tatsächlichen Ursachen, weil Stereotype ausreichende und scheinbar schlüssige Erklärungen darstellen. Eine Möglichkeit, den negativen Einfluss kultureller Stereotype
auf Verhandlungen deutlich zu machen, besteht in der Durchführung von Ver-
handlungssimulationen. Diese und andere Trainingsmöglichkeiten für interkulturelle Verhandlungen werden in Rdnr. 49 ff. vorgestellt.

III. Globale vs. spezifische Unterschiede zwischen
Verhandlungskulturen

30   Wie in Tabelle 2 (Rdnr. 33) beispielhaft deutlich wird, variieren die Verhandlungsstile in verschiedenen Ländern beträchtlich z. B. im Hinblick auf
– die Zeit und Art der Vorbereitung,
– die relative Bedeutung von Aufgabenorientierung und Personorientierung,
– die relative Bedeutung von allgemeinen Prinzipien und speziellen Details und

– die Anzahl von Personen am Verhandlungstisch und den Grad ihres Einflusses (*Adler*, 1997).

1. Globale Unterschiede zwischen Verhandlungskulturen

Um sich auf die Verhandlungsstile in anderen Ländern/Kulturen effektiv vorzube-   31
reiten, ist es wünschenswert, sich zuvor detaillierte Kenntnisse über den jeweiligen Verhandlungsstil der Verhandlungspartner zu verschaffen. Häufig existieren solche Erfahrungen nicht oder es fehlt die Zeit, sich ein solches Wissen anzueignen. Es ist allerdings möglich, sich zunächst an der zentralen Kulturdimension **Kollektivismus/Individualismus** zu orientieren, um nicht ganz unvorbereitet in eine interkulturelle Verhandlung gehen zu müssen. In einem zweiten Schritt ist es jedoch empfehlenswert, sich **spezifisch auf die Verhandlungskultur** der anderen Seite vorzubereiten (s. Rdnr. 49 ff.). *Triandis*, *Brislin* und *Hui* (1988) geben folgende Hinweise, die Verhandler aus individualistisch orientierten Kulturen (individualistisch orientierte Verhandlungspartner; IVP) im Umgang mit Verhandlungspartnern aus kollektivistisch orientierten Kulturen (kollektivistisch orientierte Verhandlungspartner; KVP) berücksichtigen sollten:

– Beachten Sie, zu welcher Gruppe sich Ihr KVP zugehörig fühlt, weil für ihn Gruppennormen und Gruppenwerte wichtiger sind als für einen IVP; für einen KVP definiert seine **Bezugsgruppe** (in-group) in viel höherem Maße seine soziale Rolle und Verpflichtung, als dies für Sie gilt.
– Beachten Sie die Meinungen der Vorgesetzten des KVP, weil diese einen großen Einfluss auf den KVP haben können.
– Sollte Ihr KVP seine Gruppenmitgliedschaft wechseln, dann seien Sie nicht überrascht, wenn sich auch seine „Persönlichkeit" ändert und diese gleichsam die neue Gruppenmitgliedschaft reflektiert.
– Ein KVP fühlt sich möglicherweise in **hierarchisch** verordneten Positionen wohler als Sie.
– Ein KVP fühlt sich möglicherweise in **kompetitiven** Situationen unwohler als Sie.
– Betonen Sie die Bedeutung von **Harmonie und Kooperationswillen;** vermeiden Sie Konfrontationen und helfen Sie ihrem KVP ggf. sein Gesicht zu wahren. Sollte Kritik unvermeidlich sein, so äußern Sie diese nicht öffentlich.
– In kollektivistisch orientierten Kulturen wird selten direkt „Nein" gesagt oder Kritik geübt. Ablehnung erfolgt in subtiler Weise, um das Gesicht der anderen Person zu wahren.
– Kultivieren Sie langfristige Beziehungen. Zeigen Sie Geduld. Nehmen Sie sich Zeit zum Plaudern. Viele KVP möchten nicht sofort mit den geschäftlichen Details beginnen, sondern wollen Sie zunächst kennen lernen. Sie werden vermutlich mehr Zeit brauchen, als Sie geplant haben.
– Wenn der KVP aus Asien kommt, gibt er sich vermutlich außerordentlich bescheiden. Eine häufig gewählte Einleitung von KVP beginnt mit „Diese Darstellung ist nicht ausreichend. Wir haben nur begrenzte Informationen. Entschuldigen Sie unsere unwürdigen Bemühungen". Sollten Sie selbst einen Vortrag halten, ist es empfehlenswert, ebenso bescheiden zu beginnen.
– KVP neigen stärker dazu, **Statusunterschiede** zu respektieren. Status orientiert sich in ihren Kulturen an Alter, Geschlecht, Familienname, Geburtsort etc. In anderen

Worten: Status hängt nicht notwendigerweise von Leistung ab, sondern orientiert sich an den genannten Attributen. In kollektivistisch orientierten Kulturen haben Statussymbole möglicherweise eine größere Bedeutung als in individualistisch orientierten Kulturen. Üben Sie keine Zurückhaltung beim Zeigen ihrer **Statussymbole**. Ihre gesellschaftliche Position oder Rolle sollte deutlich sein. Ebenso kann die Erwähnung Ihres Alters bedeutsam sein, weil höheres Alter mehr Respekt gebietet. KVP tendieren dazu, horizontale Beziehungen in vertikale umzuwandeln, in denen sie sich wohler fühlen. Sie (IVP) sollten die Verhaltensweisen lernen, die mit über- bzw. untergeordneten Positionen einhergehen. Entscheidungsträger in kollektivistisch orientierten Kulturen verfügen oft über mehr Macht, sind aber weniger rechenschaftspflichtig als in individualistisch orientierten Kulturen.

– Rechnen Sie mit einer größeren Formalität als in Ihrer Kultur üblich, wenn Sie KVP zum ersten Mal treffen. Das Verhalten der KVP wird vermutlich nicht besonders warm, sondern eher zuvorkommend und formal sein. Bemühen Sie sich, von jemandem vorgestellt zu werden, der Respekt genießt.

– **Geschenke** sind wichtig. Sie sollten großzügig sein, ohne jedoch auf unmittelbare Gegenleistungen oder Gegenbeweise zu warten. Geschenke erleichtern es Ihnen, als Gruppenmitglied akzeptiert zu werden, wenn Sie sich korrekt verhalten. Sie bekommen dann möglicherweise mehr zurück als Sie erwarten.

– Warten Sie, bis Ihr KVP Ihnen Einblick in seine persönlichen Angelegenheiten gewährt. Seien Sie bereit, dann auch selbst persönliche Informationen preiszugeben. Vermeiden Sie andererseits Hinweise auf Ihr persönliches Leben, wenn dies sehr verschieden ist vom Leben Ihres KVP. Seien Sie auch darauf vorbereitet, über Ihr Alter und Ihr Einkommen befragt zu werden. Vermeiden Sie Diskussionen über sexuelle Themen oder Gespräche, die das Ehrgefühl Ihrer eigenen Bezugsgruppe oder der des KVP verletzen könnten.

– Vermeiden Sie voreilige Schlussfolgerungen, wenn der KVP einen scheinbar fremdartigen Vorschlag macht. Warten Sie ab, bis Sie mehr Informationen bekommen.

– Entwickeln Sie ein Gespür dafür, ob ein bestimmtes Verhalten in der anderen Kultur illegal oder unmoralisch ist. In der anderen Kultur gibt es möglicherweise andere Toleranzschwellen als bei Ihnen. Ob man beispielsweise einem Beamten für die Verlängerung einer Genehmigung Geld zusteckt, hängt u. a. davon ab, ob dieser Beamte solche Zuwendungen als Teil seines Gehaltes betrachtet oder nicht.

– Vergessen Sie nicht, dass der KVP möglicherweise weitere Verpflichtungen hat, von denen Sie nichts ahnen. Es kann unangemessen sein, von KVP den gleichen Arbeitseifer zu erwarten, den Sie zeigen. Wenn es einen Konflikt zwischen Arbeit und sozialen Beziehungen gibt, dann sind letztere für KVP wichtiger als die Arbeit. Dies ist kulturbedingt und kein Zeichen von Desinteresse.

– Wenn Sie akzeptiert sind, können Erwartungen an Sie gestellt werden, die Kosten Ihrerseits erfordern. Es wird möglicherweise erwartet, zu den Gruppenzielen beizutragen, und Opfer zu bringen, eventuell sogar, illegale Aktivitäten zu unterstützen.

32 Hier muss noch einmal betont werden, dass das Denken und Verhalten von Menschen innerhalb einer Kultur ebensolche Variationen aufweist wie zwischen Kulturen. Daher können die oben genannten Hinweise nur als eine allgemeine Orientierung gelten und dürfen nicht wörtlich verstanden werden.

2. Spezifische Unterschiede zwischen Verhandlungskulturen

Wie in Tabelle 2 ersichtlich, können **Verhandlungsstile** und **Verhandlungspräfe-** 33
renzen zwischen verschiedenen Ländern beträchtlich variieren. Daher sollte man
sich in einem zweiten Schritt mit den spezifischen Besonderheiten bzw. kulturellen
Unterschieden zwischen einzelnen Ländern und deren Verhandlungskulturen vertraut machen, um besser für eine interkulturelle Verhandlung vorbereitet zu sein.

Japan	Nordamerika/Europa	Lateinamerika
Emotionale Sensibilität sehr wichtig	Emotionale Sensibilität nicht besonders wichtig	Emotionale Sensibilität wichtig
Gefühle werden versteckt	Direktes oder unpersönliches Vorgehen	Starke Betonung von Gefühlen
Subtile Machtspiele; Versöhnung	Auseinandersetzung; seltener Versöhnung	Starke Machtspiele; Ausnutzung von Schwächen
Loyalität dem Vorgesetzten gegenüber; Vorgesetzter sorgt für seine Untergebenen	Keine Verpflichtung dem Vorgesetzten gegenüber; falls erforderlich, werden Beziehungen von beiden Seiten abgebrochen	Loyalität dem Vorgesetzten gegenüber (häufig ein Familienmitglied)
Gruppenentscheidung durch Konsens	Entscheidung wird durch Teamarbeit erleichtert	Entscheidungen werden von einzelnen Person getroffen
Es ist äußerst wichtig, das Gesicht zu wahren; Entscheidungen werden häufig getroffen, um einem anderen aus einer Verlegenheit zu helfen	Entscheidungen werden auf einer Kosten-Nutzen-Basis getroffen; es ist nicht immer wichtig, das Gesicht zu wahren	Es ist äußerst wichtig, das Gesicht zu wahren; Entscheidungen dienen häufig dazu, die Ehre und Würde eines anderen nicht zu verletzen
Entscheidungsträger wird offensichtlich durch Eigeninteressen beeinflusst	Entscheidungsträger wird durch Eigeninteressen beeinflusst	Es wird erwartet und stillschweigend geduldet, dass der Entscheidungsträger seine eigenen Interessen wahrnimmt
Nicht konfliktorientiert; gelassen, wenn im Recht	Konfliktorientiert, wenn im Recht oder Unrecht, dabei jedoch nicht persönlich werdend	Leidenschaftliche Konfliktorientierung, ob im Recht oder Unrecht
Schriftliches muss akkurat und gültig sein	Die Beweiskraft schriftlicher Belege wird hoch bewertet	Schriftliche Belege werden als hinderlich für das Verständnis allgemein gültiger Grundsätze angesehen und kaum geduldet
Schrittweise Annäherung an die Entscheidung	Methodisch strukturierte Entscheidung	Impulsive und spontane Entscheidung
Oberstes Ziel ist das Wohl der Gruppe	Gewinn oder Vorteil des Einzelnen ist oberstes Ziel	Was der Gruppe nützt, nützt auch dem Einzelnen
Ein positives emotionales soziales Umfeld für den Entscheidungsprozess schaffen; Entscheidungsträger kennen lernen	Entscheidungsprozess verläuft unpersönlich; Engagement und Interessenkonflikte werden vermieden	Persönliche Gesichtspunkte sind für eine gute Entscheidung wichtig

Tabelle 2: Verhandlungsstile aus interkultureller Perspektive (Nach *Adler*, 1997)

3. Die fünf Komponenten einer interkulturellen Verhandlungssituation

34   Um die vielfältigen Einflüsse von Kultur auf eine Verhandlungssituation zu erkennen, ist es nützlich, die grundlegenden Elemente einer Verhandlungssituation zu
kennen. Folgende Komponenten werden in der Literatur[12] unterschieden: (a) **Akteure**, (b) **Struktur**, (c) **Strategie**, (d) **Prozess** und (e) **Ergebnis**. Erfolgreiche Verhandler wissen, in welcher Weise diese Komponenten von kulturellen Faktoren
beeinflusst werden und wie sie gezielt darauf einwirken können.

35   **a) Akteure.** Individuen als Mitglieder von Verhandlungsteams oder von Organisationen sind die Akteure bei Verhandlungen. Sie repräsentieren nationale, ethnische, professionelle oder organisatorische Funktionen oder Rollen. Sie beeinflussen
den Prozess einer Verhandlung und damit deren Erfolg oder Misserfolg. Erfolgreiche Verhandler richten ihre **Strategien** und **Taktiken** an den **Strukturen** und den beteiligten **Personen** der Verhandlung aus. Die Beantwortung der folgenden Fragen
vor einer Verhandlung kann dabei hilfreich sein, um den Einfluss von kulturellen
Besonderheiten auf das Verhalten der Akteure deutlich zu machen: Wer sind die **bestimmenden Personen** in einem Verhandlungsteam und wie wurden sie ausgewählt?
Welche Rolle spielt **Hierarchie** im anderen Verhandlungsteam? Ist die Verhand-
lungsorientierung der Akteure eher auf Konfrontation oder auf Harmonie ausgerichtet? Welche Qualitäten sollte ein erfolgreicher Verhandler haben? Nach *Adler*
(1997) hängt die Beantwortung dieser Fragen von dem kulturellen Hintergrund der
Befragten ab. Tabelle 3 zeigt die Antworten, die amerikanische/europäische, japanische, chinesische und brasilianische Manager zu diesen Fragen gaben. Amerikanische bzw. europäische Manager glauben, dass erfolgreiches Verhandeln Ergebnis
von geschickter **Planung** und **Vorbereitung** ist. Auch brasilianische Verhandler sind
dieser Meinung, wobei sie jedoch in ihrer Fähigkeitshierarchie statt Integrität die
Kompetenz zur kompetitiven Orientierung erwähnen. Für Japaner, die sich in ihren
Überzeugungen beträchtlich von Amerikanern und Brasilianern unterscheiden, stehen **interpersonale** statt **rationale** Kompetenzen im Vordergrund. Japaner betonen,
im Unterschied zu Amerikanern, sowohl **Emotionalität** als auch die Fähigkeit des
Zuhörens, während Amerikaner nur verbale Kompetenz nennen. Für Chinesen sollte der Verhandler eine interessante Person sein; er sollte ferner Durchsetzungsfähigkeit besitzen und in der Lage sein, Achtung und Vertrauen zu gewinnen. Verhandler sollten sich auf das zu erwartende Fähigkeitsprofil in einer bestimmten Kultur
einstellen, um erfolgreich zu sein.

Bei ihren Urteilen müssen insbesondere die Verhandlungsteilnehmer aus individualistisch orientierten Kulturen darauf achten, Handlungsverlauf und Ergebnis
nicht allein den beteiligten Akteuren zuzuschreiben. Obwohl Menschen dazu neigen, die Ursachen für ein Verhalten eher den Eigenschaften von Akteuren zuzuschreiben (*Bierbrauer*, 1996), wird Verhalten zu einem nicht geringen Maß von
den situativen Kontexten bestimmt, wozu auch Kultur und Verhandlungsbedingungen gehören. Daher sollten sich Verhandlungsteilnehmer davor hüten, den Erfolg
oder Misserfolg einer Verhandlung vorschnell den beteiligten Personen zuzuschreiben.

---

[12] *Adler*, 1997; *Faure/Sjöstedt*, 1993.

Amerikanische/ Europäische Manager	Japanische Manager	Chinesische Manager (Taiwan)	Brasilianische Manager
Gutes Vorbereitungs- und Planungsgeschick	Hingabe an Job	Durchhalte- und Durchsetzungsver- mögen	Gutes Vorbereitungs- und Planungsgeschick
Fähigkeit, unter Zeit- druck zu denken und zu handeln	Macht erkennen und nutzen	Achtung und Ver- trauen gewinnen	Fähigkeit, unter Zeit- druck zu denken und zu handeln
Urteilsvermögen und Intelligenz	Achtung und Ver- trauen gewinnen	Gutes Vorbereitungs- und Planungsgeschick	Urteilsvermögen und Intelligenz
Verbale Kompetenz	Integrität	Produktkenntnisse	Verbale Kompetenz
Produktkenntnisse	Die Kunst zuzuhören	Interessante Person	Produktkenntnisse
Macht erkennen und nutzen	Weite Perspektive	Urteilsvermögen und Intelligenz	Macht erkennen und nutzen
Integrität	Verbale Kompetenz		Kompetitive Orientierung

Tabelle 3: Wichtige Kompetenzen und Eigenschaften für Verhandler (nach *Adler,* 1997)

b) Struktur. Die **strukturelle Dimension** bezieht sich auf die unveränderlichen äu- 36
ßerlichen Kontextbedingungen einer Verhandlung. Typische Elemente sind nach
Adler (1997) Örtlichkeit, Sitzordnung, Teilnehmer sowie Transparenz, Zeitrahmen
und Statusunterschiede. Um sich erfolgreich auf Verhandlungen vorzubereiten, gilt
der Grundsatz: Welche Wirkung hat ein bestimmtes strukturelles Arrangement in
den Augen des anderen Verhandlungsteams?
– **Örtlichkeit.** Sollte man sich im Land bzw. Büro des anderen Verhandlungsteams
  treffen oder an einem neutralen Ort? Ein Treffen im eignen Land vermindert
  Kosten und erhöht die Kontrolle über eine Vielzahl von anderen Faktoren. Diese
  Bedingungen sind gleichzeitig die Nachteile für das andere Verhandlungsteam.
  Oft wird deshalb ein neutraler Verhandlungsort, etwa geographisch zwischen
  den beiden Herkunftsländern, gewählt, wobei die Kosten für Unterkunft etc. ei-
  nen gewissen Druck auf den zeitlichen Verhandlungsrahmen ausüben können.
– **Sitzordnung.** Bei der traditionellen Sitzordnung nehmen die Teilnehmer üblicherweise einander gegenüber Platz, was eine Konkurrenzatmosphäre erzeugen
  kann. Als Alternative schlägt *Adler* (1997) vor, die Verhandlungsteams an der
  gleichen Tischfront Platz nehmen zu lassen und – wie in Japan bevorzugt – die
  Verhandlungsprobleme schriftlich auf der gegenüberliegenden Wand zu fixieren.
– **Teilnehmer.** Wer sollte an den Verhandlungen teilnehmen? Eine hohe Teilnehmerzahl kann die Verhandlungen teuer und unübersichtlicher machen. Sollte
  man andererseits gerade bei interkulturellen Verhandlungen nicht speziell ge-
  schulte Beobachter teilnehmen lassen, um beispielsweise die nichtverbalen Verhaltensweisen des anderen Verhandlungsteams zu beobachten? Sollten Presse und
  Gewerkschaftsvertreter anwesend sein? Der Einfluss von **Regierung, Gewerkschaften** und **öffentlicher Meinung** kann in unterschiedlichen Ländern sehr variieren.
– **Zeitrahmen.** Die Vorstellungen darüber, wie lange Verhandlungen dauern sollen,
  können in verschiedenen Kulturen beträchtlich variieren. Ganz allgemein gilt,
  dass westliche Verhandler einen geringeren Zeitrahmen einplanen und daher bei

Zeitknappheit eher zu **Konzessionen** neigen. Sind sich Verhandlungsteams dieser Sachlage bewusst, können sie ggf. Verhandlungen in die Länge ziehen, um dann bei dem Verhandlungsteam, das in Zeitnot ist, eher eine Konzession in ihrem Sinne zu erreichen.

– **Statusunterschiede.** Amerikanische Verhandler tendieren eher zu einem **informellen Verhalten,** wobei Statusunterschiede nicht so deutlich zutage treten wie im sozialen Verhalten von Verhandlern aus anderen Kulturen oder Ländern. Das Benutzen von Vornamen ist beispielsweise auch bei deutschen Verhandlern nicht üblich. Asiaten tendieren dazu, gleich zu Beginn ihre Geschäftskarten auszuteilen, um ihre Position innerhalb ihrer Organisation deutlich zu machen. Einen jungen, wenn auch brillanten Verhandler in eine Verhandlung mit älteren und statushöheren Asiaten zu schicken, kann als eine Beleidigung für letztere empfunden werden.

37   c) **Strategie.** Die Strategie bezieht sich auf die Art und Weise, wie bestimmte Ziele erreicht werden sollen. Strategische Entscheidungen werden von Worten gesteuert und sind somit kulturbedingt. Wie soll z. B. eine Einigung erzielt werden? Soll man sich zunächst auf grundlegende Verhandlungsprinzipien einigen und danach die inhaltliche Fragen abhandeln oder sich pragmatisch den einzelnen Problemen annähern? Als erste Annäherung an strategische Überlegungen können die im **Harvard International Negotiation Project**[13] genannten vier Stufen des sachorientierten Verhandeln dienen:

1. **Menschen** und **Probleme** getrennt behandeln.
2. Auf **Interessen** konzentrieren, nicht auf Positionen.
3. Auf der Anwendung **neutraler Beurteilungskriterien** bestehen.
4. Entwickeln von **Optionen** zum beiderseitigen Vorteil.

38   Interkulturelle Verhandlungen machen das Erreichen dieser Ziele nicht einfacher. *Adler* (1997) weist darauf hin, dass die Stufen 1, 2 und 3 des Harvard Konzepts im Kontext internationaler Verhandlungen eine andere Zugehensweise erfordern. Ziel 4 dagegen ist möglicherweise einfacher zu erreichen, wenn man aus den bestehenden kulturellen Unterschieden Synergien und Optionen für gemeinsame Interessen schöpft.

39   Jede Verhandlung beginnt mit der Herstellung positiver Sozialbeziehungen zwischen den Parteien, um eine Atmosphäre des Vertrauens und Respekts zu erzeugen. Die „westliche Strategie", Menschen und Probleme getrennt voneinander zu behandeln, soll vermeiden helfen, Personen und Probleme zu vermengen. Wie bereits erwähnt, erzeugt das enge Beziehungsgefüge in kollektivistisch orientierten Kulturen andere Abhängigkeitsmuster als dies in individualistischen Kulturen der Fall ist. Daher kann die Trennung von Person und Verhandlungsgegenstand in kollektivistisch orientierten Kulturen nur in Grenzen durchgehalten werden. Andererseits können die inhärent größeren Unterschiede bei interkulturellen Verhandlungen auch als Potential genutzt werden. Zur Illustration erwähnt *Adler* (1997) das Problem von Feiertagsregelungen bei multi-kulturellen Belegschaften. Orientieren sich beispielsweise alle Beschäftigten an christlichen Feiertagen, dann wollen die meisten an Weihnachten Urlaub machen. Sind jedoch auch Juden und Moslems unter der Belegschaft, werden diese vermutlich andere Feiertage wählen als Weih-

---

[13] *Fisher/Ury/Patton*, 1997.

nachten. Auf diese Weise können interkulturelle Unterschiede als Ressourcen für gemeinsame Interessen genutzt werden. Im Hinblick auf das Konzessionsverhalten sollte man darauf gefasst sein, dass in vielen nicht-westlichen Kulturen, speziell in Asien, zunächst das ganze Verhandlungspaket mit allen strittigen Verhandlungspunkten diskutiert wird, bevor über Konzessionen verhandelt wird. Westliches Verhandeln verläuft dagegen häufig sequentiell, d. h. einzelne Ziele werden nacheinander verhandelt und ggf. mit Konzessionen erreicht. Im Hinblick auf die Frage, mit welchen Anfangsangeboten man beginnen sollte, wird berichtet (*Adler*, 1997), dass chinesische und russische Verhandler häufig mit **extremen Forderungen** (bzw. Angeboten) beginnen. Im Allgemeinen gilt, dass Verhandlungsergebnisse für diejenige Partei befriedigender ausfallen, die mit extremeren Forderungen beginnt. Diese dürfen freilich nicht so extrem sein, dass die Glaubwürdigkeit schwindet. Zur strategischen Vorbereitung gehört auch die Entwicklung von Plänen über mögliche Alternativen, falls die Verhandlung scheitern sollte, mit anderen Worten, was sind die besten verbliebenen Alternativen zu einer Verhandlungslösung im Sinne des Konzepts von *Fisher*, *Ury* und *Patton* (1997)?

d) **Prozess.** Nach *Faure* und *Rubin* (1993) stellt der **Kommunikationsprozess** zwi- 40 schen den beteiligten Parteien das eigentliche Verhandlungsgeschehen dar. Dieser wird in höchstem Maße von den kulturellen Orientierungen der Beteiligten bestimmt. Wie wird beispielsweise von den Parteien an den Verhandlungsgegenstand herangegangen? Direkt ohne Umschweife oder eher indirekt über Umwege und vertrauensbildende Gespräche? Inwieweit ist es üblich und legitim, Tricks einzusetzen, zu bluffen oder gar zu bestechen?

Nach *Adler* (1997) durchlaufen formale Verhandlungen vier Stufen: (1) Aufbau interpersonaler Beziehungen, (2) Austausch aufgabenorientierter Interessen, (3) Konzessionen und Vereinbarungen sowie (4) Überredung und Gebrauch von Taktiken.

(1) *Aufbau interpersonaler Beziehungen.* Diese Phase ist, wie bereits erwähnt, 41 wichtig, um die **Verhandlungsatmosphäre** entspannt und vertrauensvoll zu gestalten. Westliche Verhandler tendieren dazu, gleich zum Geschäftlichen zu kommen, weil ihre meist rechtliche Orientierung einen aufgabenzentrierten Zugang fördert. Sie konzentrieren sich häufig zu sehr auf das Ziel eines schriftlich formulierten Vertrages und vernachlässigen die langfristigen Orientierungen ihrer nicht-westlichen Verhandlungspartner.

(2) *Austausch aufgabenorientierter Interessen.* Natürlich gilt auch für interkultu- 42 relle Verhandlungen das Prinzip der Optimierung der jeweiligen Interessen. Manchmal ist jedoch die Identifizierung von aufgabenorientierten Interessen bei Verhandlungspartnern aus nicht-westlichen Kulturen wegen anderer Sozialbindungen schwierig.

(3) *Konzessionen und Vereinbarungen.* Wie bereits im Abschnitt „Strategien" 43 erwähnt, müssen sich Verhandler bei ihren strategischen Vorbereitungen Gedanken über mögliche Konzessionen und ihre Zeitpunkte machen. Man sollte darauf achten, dass Konzessionen nicht als Zeichen von Schwäche missverstanden werden. Leider fehlen die Forschungsergebnisse, um systematische Angaben zu diesem Thema zu machen.

44 (4) *Überredung und Gebrauch von Taktiken.* Überredung und der evtl. Gebrauch von Taktiken können in allen Phasen des Verhandlungsprozesses eine Rolle spielen. *Adler* (1997) unterscheidet verbale Taktiken, wie Drohungen oder normative Appelle, und nichtverbale Taktiken wie Pausen oder Berühren.

45 – **Verbale Taktiken.** Wie Tabelle 4 zeigt, variiert der Gebrauch von verbalen Taktiken erheblich zwischen verschiedenen Kulturen. Es wurde beispielsweise beobachtet, dass Verhandler aus Brasilien neun Mal häufiger „Nein" sagen als Amerikaner und ca. fünfzehn Mal öfter als Japaner. Brasilianer machen eingangs größere Konzessionen als Amerikaner, die wiederum höhere Anfangskonzessionen machen als Japaner.

Durchschnittliche Häufigkeit, mit der verschiedene Taktiken in einer halbstündigen Verkaufsverhandlung angewendet werden:

Verhalten (Taktik)	Japan	USA	Brasilien
Versprechen	7	8	3
Drohung	4	4	2
Empfehlung	7	4	5
Warnung	2	1	1
Belohnung	1	2	2
Strafe	1	3	3
normativer Appell	4	2	1
Verpflichtung	15	13	8
Selbstdarstellung	34	36	39
Frage	20	20	22
Befehl	8	6	14
„Nein" (pro 30 Minuten)	5.7	9.0	83.4
Anfangskonzessionen	6.5	7.1	9.4

Tabelle 4: Interkulturelle Unterschiede in verbalen Verhandlungsfertigkeiten
(nach *Adler*, 1997)

46 – **Nichtverbale Taktiken.** Neben den verbalen Äußerungen besitzen auch die nichtverbalen Äußerungen in Verhandlungen Informationsgehalt. Ihre Qualität ist stark durch den kulturellen Hintergrund der Akteure bedingt. Nichtverbales Verhalten bezieht sich auf Stimmlage, Gesichtsausdruck, körperliche Gesten, Körperdistanz, Schweigen usw. Wie in Tabelle 5 (*Adler*, 1997) ersichtlich ist, variieren Japaner, Amerikaner und Brasilianer z. T. beträchtlich etwa im Hinblick auf Schweigeperioden und Unterbrechungen (ins Wort fallen).

– **Schweigeperioden.** Japaner benutzen Schweigeperioden am häufigsten, dagegen zeigten Brasilianer dieses Verhalten in dem Beobachtungszeitraum gar nicht. Während Japaner diese Phasen möglicherweise nutzen, um über ein Angebot nachzudenken, interpretieren Amerikaner das Schweigen als eine Ablehnung und sind dann ggf. bereit, Konzessionen zu machen.

– **Ins Wort fallen.** Wie in Tabelle 5 deutlich wird, fallen Brasilianer anderen Rednern doppelt so häufig ins Wort als Japaner oder Amerikaner. Sie tendieren darüber hinaus dazu, gleichzeitig zu sprechen. Dagegen gilt es insbesondere in Japan als grob unhöflich und respektlos, Personen beim Reden zu unterbrechen oder ihnen auch bei kurzen Redepausen ins Wort zu fallen.

Verhalten (Taktik)	Japaner	Amerikaner	Brasilianer
Schweigeperioden (Anzahl der Perioden, die länger als 10 Sek. dauern, pro 30 Min.)	5.5	3.5	0
Sich gegenseitig ins Wort fallen (Anzahl pro 10 Min.)	12.6	10.3	28.6
Ins Gesicht schauen (Anzahl der Minuten pro 10 Min.)	1.3	3.3	5.2
Berühren (ohne Händeschütteln; pro 30 Min.)	0	0	4.7

Tabelle 5: Interkulturelle Unterschiede in nichtverbalen Verhandlungsfertigkeiten
(nach *Adler*, 1997)

- **Ins Gesicht schauen.** Augenkontakt ist die häufigste Form des direkten ins Gesicht Schauens. Verwirrung kann entstehen, wenn im Vergleich zum eigenen kulturellen Standard zu wenig oder zu oft ins Gesicht geschaut wird und dieses Verhalten als geringe oder hohe Distanz interpretiert wird. Beispielsweise schauten Brasilianer in dem gewählten Beobachtungszeitraum den anderen Verhandlungsteilnehmern viermal häufiger ins Gesicht als Japaner und eineinhalb mal häufiger als Amerikaner (s. Tabelle 5).
- **Berühren.** Auch die Häufigkeit körperlicher Berührungen variiert. Tabelle 5 zeigt, dass Brasilianer sich fünf Mal häufiger körperlich berühren als Japaner oder Amerikaner, bei denen dieses Verhalten im Beobachtungszeitraum gar nicht vorkam (*Adler*, 1997).
- **Schmutzige Tricks.** Selbstverständlich sind interkulturelle Verhandlungen nicht frei vom Gebrauch schmutziger Tricks zur Verschaffung von Vorteilen. *Fisher*, *Ury* und *Patton* (1997) haben die Taktiken der psychologischen Kriegsführung ausführlich beschrieben und angeführt, was man dagegen tun kann. Bei interkulturellen Verhandlungen ist es jedoch wichtig zu erkennen, ob ein bestimmtes Verhalten, das in meiner Kultur als ein Trick gesehen wird, in einer anderen Kultur ein typisches und akzeptiertes Verhalten darstellt. Wenn beispielsweise in einigen Kulturen Lügen als verzeihlich gelten, wird dies in anderen Kulturen möglicherweise nicht toleriert. Humor oder Witze können zur Herstellung einer entspannten Atmosphäre durchaus üblich sein, sie können aber auch von Beteiligten aus anderen Kulturen völlig missverstanden werden oder sogar beleidigend sein.

e) **Ergebnis.** Das Ergebnis einer Verhandlung ist nach *Faure* und *Rubin* (1993) 47 das Produkt von **Akteuren, Struktur, Strategie** und **Prozess**. Kulturelle Besonderheiten spielen auch für die Bedeutung eines erzielten Ergebnisses eine Rolle. In westlichen Kulturen wird üblicherweise ein Ergebnis in Form eines formellen Vertrages festgelegt, in dem genau die Pflichten und Rechte der Vertragsparteien geregelt sind. In nicht-westlichen Kulturen haben schriftliche Verträge weder faktisch noch symbolisch diese Bedeutung. Verträge bedeuten in diesen Kulturen manchmal nicht das Ende einer Verhandlung, sondern stehen am Anfang für weitere Beziehungen zwischen den Vertragsparteien.

48   **Fairness** ist neben den formalen Inhalten eines Abschlusses eine weitere Dimension einer abgeschlossenen Verhandlung, deren Bedeutung häufig übersehen wird. Einige Forschungsergebnisses zeigen, dass Mitglieder von kollektivistisch orientierten Kulturen präferieren, Ergebnisaufteilungen nach dem Gleichheitsprinzip vorzunehmen, während in individualistischen Kulturen eher eine beitragsgerechte Ergebnisaufteilung (equity) bevorzugt wird (*Leung*, 1997).

IV. Interkulturelle Trainingsmethoden

49   Es gibt mannigfaltige Möglichkeiten, sich mit anderen Kulturen vertraut zu machen: Lesen, Reisen und Informationen durch Medien sind wohl die häufigsten und kurzweiligsten Aktivitäten. Sie bringen aber nicht immer wohlinformierte „Experten" hervor. Bei meinen Reisen habe ich nicht selten Menschen getroffen, die es sich leisten konnten viel umherzureisen, um andere Kulturen und Länder kennen zu lernen, und dennoch viele Stereotype über andere Kulturen pflegten. Stereotype sind sehr zäh und schwer zu ändern; wir lieben sie geradezu.

50   Um Manager und Diplomaten, zu deren wichtigsten Tätigkeiten im weitesten Sinne das Verhandeln zählt, für ihre Aufgaben in anderen Ländern bzw. für das Verhandeln mit ausländischen Partnern vorzubereiten, sollten sie spezielle Trainingsprogramme für das jeweilige Land bzw. die jeweilige Kultur durchlaufen, mit der sie in Kontakt treten werden. Ist dies aus zeitlichen oder anderen Gründen nicht möglich, so sollten sie wenigstens einige unspezifische Ratschläge beherzigen.

51   *Kealey* (1989) listet einige Fertigkeiten bzw. Fähigkeiten auf, die wichtig für gelingende interkulturelle Interaktionen sind:
– **Anrede-** und **Begrüßungsrituale.** In vermutlich allen Kulturen – so auch bei uns – wird es besonders geschätzt, wenn ausländische Besucher Anstrengungen unternehmen, die lokale Sprache zu lernen. Selbst wenn man nur sehr begrenzte Kenntnisse der jeweiligen Sprache hat, ist es vorteilhaft, Begrüßungsformeln und freundliche Anmerkungen in der lokalen Sprache zu kennen.
– Wissen über die lokalen **nichtverbalen Kommunikationsmuster.** Implizite Botschaften, die durch nichtverbale Äußerungen signalisiert werden, sind wichtig, um Peinlichkeiten oder Tabuverletzungen zu vermeiden.
– **Faktenwissen** über die lokale Kultur. Dies bezieht sich auf „harte" Fakten des anderen Landes, wie beispielsweise politische Struktur, Rechtssystem oder Steuerwesen, aber auch auf Kenntnisse über „weiche" Aspekte, wie Verhandlungstaktiken, Organisationsformen oder Führungsstile.
– **Toleranz** und **Offenheit** für die lokale Kultur, deren Mentalitäten und Gebräuche. Wenn fremdländische Besucher oder Geschäftsleute sich nicht bemühen, Sensibilität für kulturelle Unterschiede und Respekt für andere Sitten zu entwickeln, oder dazu tendieren, Andersartigkeit zu kritisieren, dann werden ihnen fremde Kulturen verschlossen bleiben. Deshalb ist es beispielsweise auch wichtig, die lokalen Gewohnheiten zu kennen, fremde Rituale zu respektieren und, wenn erlaubt, daran teilzunehmen.

– Die Zusammenarbeit etwa mit den Einstellungen „wir sind wir" und „wir können alles besser" zu beginnen, ist im globalen Wettbewerb ein Garant für Misserfolg. Hinter Ihrer Verhandlungsdelegation steht schon die nächste.

Als weitere Prädiktoren für Erfolg bei interkulturellen Einsätzen nennen *Martin* und *Hammer* (1989) die folgenden Kompetenzen: 52

– **Kulturelle Flexibilität** (Fähigkeit, Gewohnheiten und Herausforderungen der eigenen Kultur gegen die Praktiken der Gastkultur zu substituieren)
– **Soziale Orientierung** (Fähigkeit, neue interkulturelle Kontakte zu knüpfen)
– **Bereitschaft, zu kommunizieren** (Gebrauch der lokalen Sprache ohne Angst, Fehler zu machen)
– Fähigkeit zur **Regelung von Konflikten**
– **Geduld** (Fähigkeit, Urteile aufzuschieben)
– **Interkulturelle Sensibilität** (Bereitschaft, die Ursachen für fremde Gewohnheiten zu ergründen)
– Entwicklung von **Toleranz** für Unterschiede zwischen Menschen bzw. Interesse an diesen Unterschieden
– **Sinn für Humor** (Fähigkeit, zu lachen, wenn etwas schief läuft).

Die folgenden Trainingsmethoden sind geeignet, um sich gezielt auf interkulturelle Verhandlungssituationen vorzubereiten und Wissen und Verhaltenskompetenzen im Umgang mit Menschen aus anderen Kulturen zu erwerben:[14]   53

– **Rollenspiele** sind eine verbreitete Trainingsmethode, in deren Verlauf zwei oder mehrere Teilnehmer die Funktionen von anderen Personen übernehmen, um bestimmte Kompetenzen einzuüben oder Sensibilität für andere Kulturen, Situationen oder Aufgaben zu erwerben.
– **Simulationsspiele** sind Aktivitäten, die umfangreicher als Rollenspiele sind und in deren Verlauf eine gesamte Verhandlung z. B. mit Unterstützung von Computern simuliert wird.
– **Kritische Episoden** enthalten kurze Beschreibungen von Situationen, in denen es wegen des mangelnden Wissens über die Praktiken in anderen Kulturen bzw. Ländern zu Missverständnissen oder Konflikten kommt. Die Gründe dafür werden nicht erklärt, sondern sollen von den Teilnehmern selbst entdeckt werden.
– **Kultur-Assimilator.** Mit Hilfe dieses Verfahrens werden Teilnehmer aus einer Kultur für die geltenden Überzeugungen, Verhaltensweisen, Werthaltungen, Normen, Einstellungen und Interpretationsweisen einer anderen Kultur sensibilisiert. Der Kultur-Assimilator basiert auf kritischen Episoden (s. o.). Nach der Darstellung einer solchen Episode werden mögliche Gründe für die entstandenen Missverständnisse aufgelistet. Nach Expertenmeinung ist nur einer der angegebenen Gründe die angemessene Erklärung. Die Teilnehmer müssen diesen Grund durch Ursachenzuschreibung (Attributionen) erschließen.[15]
– **Fallstudien** dienen dazu, eine realistische Situation mit allen notwendigen Details durchzuspielen. Anschließend analysieren die Teilnehmer die Situation und entwickeln mögliche Lösungen.

---

[14] *Brislin/Yoshida*, 1994 a; 1994 b.
[15] *Thomas/Schenk*, im Druck.

§ 12 Die Suche nach kreativen Lösungen

Dr. Ivo Greiter

Übersicht

Schrifttum: *Beer,* Die Kunst, Menschen für sich zu gewinnen, 1991; *Bellow/Moulton,* Negotiation, 1981; *Birkenbihl,* Psychologisch richtig verhandeln, 1982; *Blessing,* Streitbeilegung durch „ADR" und „proaktive" Verhandlungsführung, 1996; *Cava,* Dealing with Difficult People, 1995; *Finch,* To Negotiate a Better Deal, 1998; *Fisher/Brown,* Gute Beziehungen – Die Kunst der Konfliktvermeidung, Konfliktlösung und Kooperation, 1992; *Fisher/Ury/Patton,* Das Harvard-Konzept, 1993; *Fisher/Ury,* Getting to YES, 1981; *Goossens,* Konferenz – Verhandlung – Meeting, 1988; *Gottwald,* Streitbeilegung ohne Urteil, 1981; *Gottwald,* Verhandeln als juristische Fertigkeit, Österr. Juristenzeitung 1985, S. 681; *Gray,* Solving Problems in Cross-Cultural Negotiation and Dispute Resolution: America, Japan and China, 1993;

Greiter, Bürgernähe in der Praxis – Der Schlüssel zum politischen Erfolg, 1989; *ders.*, Kreativität in der Praxis, 1990; *ders.*, Kreativität bei Verhandlungen und im Alltag, Hinweise für Rechtsanwälte, Unternehmer, Wirtschaftstreuhänder, Mediatoren, Richter, Politiker, 2001; *Haft*, Juristische Rhetorik, 1985; *ders.*, Verhandeln, die Alternative zum Rechtsstreit, 1992; *ders.*, Verhandeln statt Prozessieren, in: Dokumentation zur Feier 100 Jahre Rechtsanwaltskanzlei 1897–1997 der Kanzlei Greiter, Pegger, Kofler & Partner in Innsbruck, 1998; *Hartig*, Modernes Verhandeln, 1995; *Heussen*, Handbuch Vertragsverhandlung und Vertragsmanagement, 1997; *Holz*, Methoden fairer und unfairer Verhandlungsführung, 1981; *Klinge*, Verhandlung und Konfliktlösung, 1992; *Koch*, Negotiator's Factomatic, 1988; *Kolb/Miltner*, Kreativität- Frei für neue Ideen und Lösungen; *Le Boeuf*, Kreative Kraft: Imagination und Inspiration, 1988; *Le Poole*, Never take NO for an answer, 1991; *Macioszek*, Chruschtschows dritter Schuh, 1995; *Mantel/Fischer*, Reden-Mitsprechen-Verhandeln, 1997; *Martin*, Manipulating Meetings, 1994; *Meins*, Die Vertragsverhandlung, 1990; *Mohler*, Die 100 Gesetze erfolgreicher Verhandlung, 1983; *Nierenberg*, Verhandlungstraining, 1972; *Picker*, Mediation Practice Guide, 1998; *Ponschab/Schweizer*, Kooperation statt Konfrontation – Neue Wege anwaltlichen Verhandeins, 1997; *Pruitt*, Negotiation Behavior, 1981; *Raiffa*, The Art and Science of Negotiation, 1982; *Reineke*, Das Verhandlungsbrevier, 1985; *Ross*, Ask for the Moon and Get It! 1987; *Ruede-Wissmann*, Satanische Verhandlungskunst und wie man sich dagegen wehrt, 1995; *Sellnow*, Kreative Lösungssuche in der Mediation, 2000; *Silkenat/Aresty*, The ABA Guide to International Business Negotiations, A Comparison of Cross-Cultural Issues and Successful Approaches, 1994; *Sunzi*, Die Kunst des Krieges, 1983; *Ury*, Schwierige Verhandlungen, 1992; *Vogelauer*, Coaching-Praxis, 1998; *Watzlawick*, Münchhausens Zopf oder Psychotherapie und Wirklichkeit, 1988; *Watzlawick/Beavin/Jackson*, Menschliche Kommunikation, 1974; *Watzlawick/Weakland/Fisch*, Lösungen, 1974; *Williams*, Legal Negotiation and Settlement, 1983; *Younger*, The Art of Cross-Examination, 1976; *Zielke*, Geben und nehmen, 1980; *Zielke*, Grundlagen und Techniken der Verhandlungskunst, 1992.

I. Einleitung

Bislang gibt es **keine gesetzliche Definition** des Begriffs Mediation und der formellen Arbeitsweise eines Mediators. Vielleicht ist dies der Grund, dass Mediation in einzelnen Ländern und von einzelnen Personen oft völlig verschieden gesehen wird. So wird unter Mediation verstanden 1

– das gemeinsame Gespräch des Mediators mit den Parteien ohne Einzelgespräche zwischen dem Mediator und einer Partei
– das gemeinsame Gespräch des Mediators mit den Parteien mit Einzelgesprächen zwischen dem Mediator und einer Partei
– nur Einzelgespräche des Mediators mit jeweils einer Partei, erst bei Vorliegen eines Ergebnisses erfolgt ein gemeinsames Gespräch
– der Mediator bringt keine eigenen Vorschläge ein
– der Mediator hilft mit eigenen Vorschlägen nur dann weiter, wenn Parteien aus eigenem nicht mehr weiterkommen
– primär der Mediator erarbeitet Vorschläge und unterbreitet sie den Parteien
– der Mediator zwingt seine Vorschläge den Parteien auf.

Die letzte Interpretation habe ich beim Kongress der amerikanischen Anwaltsor- 2 ganisation, der American Bar Association (ABA), im Jahre 2000 in New York kennengelernt. Ein Anwalt erzählte in kleinem Kreis, er habe eine kontinuierlich wachsende Anwaltspraxis mit dem Schwerpunkt Mediation. Er höre sich das Problem der Parteien an, dann entscheide er, wie der Konflikt zu lösen sei und die Parteien gingen wieder glücklich nach Hause.

Die Differenzen zwischen den einzelnen Auffassungen über Mediation liegen also im Wesentlichen auf den beiden folgenden Ebenen:
– Das Führen von Einzelgesprächen des Mediators mit nur einer Partei: fallweise, nie, fast ausschließlich.
– Das Erstatten eigener Vorschläge durch den Mediator: fallweise, nie, fast ausschließlich.

3   Aber unabhängig vom Verständnis der Aufgaben eines Mediators, sind alle Mediatoren bemüht, durch geschicktes Fragen oder durch Einbringen eigener Denkanstöße den Parteien Lösungen zu ermöglichen, die häufig vom Üblichen abweichen.

Ziel dieses Beitrages ist es, dem Mediator Anregungen für Ideen, Beispiele, Anekdoten, Metaphern und Fragestellungen zu geben, damit die Parteien auch mit seiner Hilfe zu kreativen Lösungen finden.

II. Wie kann Kreativität eingeübt werden?

4   Wie findet nun der Mediator kreative Lösungen und Anregungen. Schwerpunktmäßig gibt es vor allem die folgenden **drei Möglichkeiten**:

1. Der Mediator ist selbst ein „Kreativer"

5   Es gibt Mediatoren, die ausgesprochen kreative Menschen sind, die über eine natürliche kreative Begabung verfügen. Sie können bei jedem Problem aus einem mit kreativen Ideen voll gefüllten Topf schöpfen.

Diese begnadeten Mediatoren werden über die folgenden Ausführungen in diesem Beitrag nur milde lächeln können: fällt ihnen doch von selbst zu, was andere sich mühsam erarbeiten und erdenken müssen.

2. Der Mediator, der von anderen lernt

6   Fast täglich hören oder lesen wir von kreativen Lösungen, die andere gefunden haben. Auch wir selbst erleben und sehen oft kreative Lösungen, die andere gefunden haben.

Meist sind wir beeindruckt von der Einfachheit der gefundenen Lösung, freuen uns daran und vergessen sie wieder.

Wenn wir jedoch alle beobachteten kreativen Lösungen anderer sammeln und auswerten, dann können wir jederzeit Anregungen daraus schöpfen für das uns oder den Parteien sich gerade stellende Problem.

7   Voraussetzung hiezu ist also einmal das Sammeln der Beispiele aus dem Verhalten anderer, dazu kommt aber noch die **Analyse**: wie ist der andere zu dieser Lösung gekommen, wie hätte er dazu kommen können.

Zum leichteren Einstieg in die kreativen Lösungen anderer sind unter Rdnr. 12 ff. einige Beispiele für Kreativität, auch bei Verhandlungen, angeführt.

3. Der Mediator übt selber

Wir lernen am meisten, wenn wir üben und uns selber plagen, kreative Lösungen 8
zu erarbeiten. Das eigene Üben ist zwar mühsam, mit Arbeit und Schweiß verbunden, bringt aber am meisten Fortschritt beim Weiterentwickeln der eigenen Kreativität. Wie kann dieses Üben praktisch vor sich gehen?

Wenn Sie aufmerksam leben, können sie in den Medien täglich von Problemen lesen, mit denen sich Politiker, Unternehmer, Vertreter der Religionsgemeinschaften, öffentliche Funktionäre, Interessenvertreter, Führungskräfte, Künstler und viele andere herumschlagen müssen. Auch rund um Ihr direktes, berufliches und privates Umfeld werden Sie zahlreiche Probleme finden, die es zu lösen gilt.

Und darin liegt Ihre Chance zum Üben: überlegen Sie sich, wie Sie die jeweiligen 9
Probleme lösen würden oder wie Sie sie gelöst hätten. Schon allein durch das Nachdenken über Lösungen wird Ihre kreative Fähigkeit eingeübt.

Für viele, die nicht von Natur aus begabte kreative Problemlöser sind, ist der Einstieg in die Problemlösung schwierig. Deshalb werden im folgenden Hilfen geboten, wie ein leichterer Einstieg möglich ist. Dies erfolgt auf zwei Ebenen: durch Denkanstöße, die in Form von Fragen gekleidet sind (Rdnr. 10 f.) und durch Beispiele, bei denen die Problemlösung auf kreativem Wege erfolgt ist. Diese sind in Rdnr. 12 ff. enthalten.[1]

III. 77 Denkanstöße, um auf kreative Lösungen zu kommen

Viele der folgenden Denkanstöße passen nicht auf das konkrete Problem, mit 10
dem Sie als Mediator, zu tun haben. Das macht überhaupt nichts. Gehen Sie einfach die **Frageliste** durch und überlegen Sie bei jeder Frage eine halbe Minute lang, ob Sie aus der Fragestellung eine Idee für die Lösung des konkreten Problems entwickeln können. Mit „es" ist also alles, was mit dem Problembereich zusammenhängt gemeint, die Situation, der jeweilige Gegenstand, der Mensch, die Beziehung, etc. gemeint.

Vielleicht hilft es weiter, wenn ich …   11
1. das Gegenteil mache,
2. nach dem Hauptanliegen des Gesprächspartners frage,
3. akzeptiere, dass das Ergebnis als Arbeit des Gesprächspartners bekannt gegeben wird,
4. etwas vom Gesprächspartner will, von dem er genug hat,
5. den Gesprächspartner besuchen fahre,
6. es billiger abgebe,
7. den anderen um etwas bitte, zu was er überhaupt nicht verpflichtet ist,
8. dem anderen einen neuen Namen oder Titel gebe,
9. freiwillig eine zusätzliche Leistung erbringe,
10. prüfe, ob das Problem mit viel Geld gelöst werden kann,
11. es verschenke statt verkaufe,

---

[1] Die Denkanstöße und Beispiele sind meinem Buch „Kreativität bei Verhandlungen und im Alltag", erschienen 2001 in den Verlagen Manz/Wien und Dr. Otto Schmidt/Köln, entnommen.

12. prüfe, ob Gewaltanwendung zum Ziel führt,
13. den Gesprächspartner zwei gleich gute Lösungen zusammenstellen lasse, von denen ich eine auswählen kann,
14. die Entscheidung einem Dritten aber innerhalb eines Rahmens übertrage,
15. den Gesprächspartner frage, was er an meiner Stelle tun würde,
16. etwas dazunehme,
17. jeden den Wert seiner Sache selbst festlegen lasse,
18. es von rückwärts ansehe,
19. die Ängste des Gesprächspartners ernst nehme,
20. dem Gesprächspartner Teile der Ausführung übertrage,
21. auf die Hobbys des Gesprächspartners eingehe,
22. nachdenke, ob sich deshalb ein Konflikt rentiert,
23. schweige,
24. übertreibe,
25. einzelnen Worten eine andere Bedeutung gebe,
26. die Kritik auf jemand anderen beziehe,
27. es anders färbe,
28. den Wert vorher vermindere,
29. dem Gesprächspartner mitteile, dass ich kein Geld habe, um höher zu gehen,
30. den Namen des Gesprächspartners irgendwo verewige,
31. nach den Erfahrungen des Gesprächspartners in derartigen Situationen frage,
32. die normalen Orte der handelnden Personen tausche,
33. die Entscheidung an jemanden Dritten delegiere,
34. anrege, dass das Ergebnis erwürfelt wird,
35. jemanden mehrere gebe,
36. es dem anderen abkaufe,
37. prüfe, ob ich durch dauerndes Wiederholen etwas erreiche,
38. so handle, dass die Eitelkeit des anderen befriedigt wird,
39. dem anderen meine Position überlasse,
40. etwas mache, was Kinder machen,
41. zeige, welche Nachteile die Gesprächspartner unter der von ihnen vorgeschlagenen Situation haben würden,
42. Bilder bringe,
43. das Problem mit Humor löse,
44. den Gesprächspartner erst essen und trinken lasse, wenn das Problem gelöst ist,
45. es kleiner mache,
46. versuche, mit einem anderen Gesprächspartner auf der Gegenseite weiter zu verhandeln,
47. dem Gesprächspartner einen Gutschein gebe,
48. nach den Interessen der Verhandlungspartner frage,
49. es leichter mache,
50. den Kreis der Betroffenen erweitere,
51. statt auf die Tatsachen auf die dahinterliegenden Ideen achte,
52. prüfe, ob ein anderer zeitlicher Ablauf möglich ist,
53. meine Forderung nachträglich erhöhe,
54. meine Schwäche als Stärke darstelle,
55. eine möglichst vollständige Liste aller Fakten schriftlich zusammenstelle,

56. das Problem lächerlich mache,
57. prüfe, ob ich einzelne Bestandteile verändern kann,
58. den Schaden durch ein Geschenk ausgleiche,
59. es breiter mache,
60. alles in möglichst einzelne individuelle Schritte zerlege,
61. durch dauerndes Zusenden lästig werde,
62. mehrere Redner Kurzvorträge halten lasse,
63. den Gesprächspartner dort abhole, wo er ist,
64. Lösungen aus der Natur heranziehe,
65. versuche, alle Dinge in meiner Sichtweite in eine Beziehung zum Problem zu stellen,
66. das mache, wovor ich Angst habe,
67. den Ort der Gespräche verlege,
68. prüfe, welche Mittel ich benötigen würde, um die Situation so zu ändern, dass sie mir passt,
69. mögliche zukünftige Entwicklungen als bereits fest gegeben betrachte,
70. prüfe, ob ich die vorhandene Bezeichnung einseitig ändern kann,
71. ein neues Problem aus einer Nebensächlichkeit mache,
72. mehrere Lösungen oder Denkanstöße miteinander kopple,
73. eine Ersatzlösung suche für das, wie es jetzt ist,
74. einen neuen Bezugspunkt hineinbringe,
75. den eigenen Fehler in den Vordergrund stelle,
76. das Gegenteil von dem tue, was man von mir erwartet,
77. überlege, was geschieht, wenn ich gar nichts mache.

IV. 33 Beispiele für kreative Lösungen von Problemen und bei Verhandlungen

Besonders eindrucksvoll und einfach lernen Sie aus **Fällen,** in denen Probleme bereits kreativ gelöst wurden. Sie können sich überlegen, wie der Betroffene auf diese Lösung kam. Sie können prüfen, ob auch Sie darauf gekommen wären oder welchen Weg Sie hätten gehen müssen, um auf die Lösung zu kommen. Manchmal sind kreative Lösungen so einfach, dass sie uns kaum mehr als kreative Lösungen bewusst sind, weil sie sich so in unserem alltäglichen Denken festgesetzt haben. Darunter fallen z. B. die folgenden Modelle: 12
– einer teilt, der andere wählt
– man trifft sich in der Mitte
– um das höchste Anbot zu ermitteln, wird etwas versteigert
– man überträgt die Entscheidung einer dritten Person als Schiedsrichter
– man lässt den Zufall entscheiden, würfelt also oder lost.
Je mehr Beispiele Ihnen bewusst sind, desto leichter ist es für Sie, aus den darin enthaltenen Anregungen eigene Lösungen zu erarbeiten.
Nun die Beispiele für kreative Problemlösungen:

1. Der Richter erwürfelt das Urteil[2]

13   Nach jahrelangem Prozessieren um die Höhe des Anspruches hätten sich beide beteiligten Unternehmer über alle Ansprüche in Höhe von über 1 Million DM geeinigt, wenn nicht läppische 10 500 DM die Einigung gehindert hätten. Für beide, den Kläger und den Beklagten, war es nicht möglich nachzugeben oder einem Kompromiss zuzustimmen. Jedes Nachgeben hätte den totalen Gesichtsverlust bedeutet und zwar für jeden. Stundenlange Vergleichsbemühungen des Richters, man solle doch nicht wegen dieses minimalen Betrages den Prozess noch Jahre mit Beweisaufnahmen, Schriftsätzen und Sachverständigengutachten weiterführen und die Einigung bei den Millionenbeträgen wieder aufs Spiel setzen, waren umsonst.

Da machte der Richter den Vorschlag, den Betrag von 10.500 DM durch sieben zu dividieren und dann zu würfeln. Der Kläger sollte vom Beklagten den Betrag erhalten, der sich ergibt, wenn man die gewürfelte Augenzahl mit 1/7 des strittigen Betrages, also mit 1.500 DM multipliziert. Die Parteien und ihre Anwälte waren nach kurzem Erstaunen einverstanden.

Der Richter würfelte einen Fünfer, der Kläger erhielt 7.500 DM vom Beklagten und der Prozess konnte auf dieser Basis endgültig verglichen werden.

Auch dafür, warum der strittige Betrag gerade durch sieben und nicht etwa durch sechs dividiert werden musste, gab es die Erklärung.

Beim Dividieren durch sechs würde der Beklagte auch in seinem besten Fall 1/6 verlieren, obwohl der Kläger in seinem besten Fall alles gewinnen konnte. Beim Dividieren durch sieben erhält der Kläger zwar noch immer mindestens 1/7, der Beklagte muss aber höchstens 6/7 zahlen. Damit war das Risiko und die Chance für beide gleich hoch.

Lösungsweg: Dadurch, dass beide Parteien einverstanden waren, die Aufteilung der strittigen 10.500 DM dem Richter und seinem Würfel anzuvertrauen, verlor niemand das Gesicht und wurde eine für alle wirtschaftlich sehr günstige Lösung gefunden **(Denkanstoß 34).**

2. Das amputierte Bein der Tante[3]

14   In einem Fernsehinterview berichtete der deutsche Bankier *Hermann J. Abs* (1901–1994) über seine Verhandlungen mit den Gläubigerländern wegen der deutschen Vorkriegsschulden. *Abs* war deutscher Delegationsleiter für die in London 1951–1953 stattfindenden Verhandlungen im Rahmen des Londoner Schuldenabkommens. Es ging um die Summe von 13,5 Milliarden DM.

---

[2] Mitgeteilt von *Eckart Stevens-Bartol,* Landessozialgericht München, im Rahmen der Verhandlungs- und Mediationstage des Dr. Otto Schmidt Verlages am 6. Dezember 1997 in Köln.
[3] Fernsehinterview mit *Hermann J. Abs* aus Anlass seines 80. Geburtstages am 24. Juli 1981; Brockhaus Enzyklopädie 1996, 13. Band, Seite 549.

Die Standpunkte beider Verhandlungsdelegationen waren unterschiedlich:

Die deutschen Juristen legten dar, dass die Bundesrepublik Deutschland (BRD) nicht nur Rechtsnachfolgerin des Deutschen Reiches sei, sondern geradezu ident sei mit dem Deutschen Reich. Deshalb sei auch keine neue Verpflichtungserklärung der BRD erforderlich. Würde man nämlich die BRD nur als Nachfolgestaat des Deutschen Reiches sehen, so würde auch Ostdeutschland, also die Deutsche Demokratische Republik (DDR) als Nachfolgestaat des Deutschen Reiches betrachtet werden können, was man in der BRD unbedingt verhindern wollte. Da aber rund 40 % des Landes an den Osten (DDR) verloren gingen, müsste, so argumentierte *Abs,* die Zahlungsverpflichtung entsprechend reduziert werden.

Die juristischen Vertreter der Gläubigerländer sahen das anders:

Wenn die BRD ident ist mit dem Deutschen Reich, dann haftet die BRD in voller Höhe für alle Vorkriegsschulden. Eine einvernehmliche Lösung war nicht in Sicht.

Da erzählte *Abs* eine Geschichte aus seiner Familie. Seine 90-jährige Tante, der mit 82 Jahren ein Bein amputiert worden war, lag im Sterben. Der Priester kam, um ihr die Krankenölung zu erteilen.

Als der Priester fertig war und sich von ihr verabschiedet hatte, rief sie dem Gehenden noch nach: „Hochwürden, wenn sie meinem Sohn dann die Rechnung schicken, müssen Sie das Bein abziehen!"

Und die BRD, so *Abs,* sei eben das Deutsche Reich, aber ohne Bein.

Mit diesem Beispiel gelang *Abs* der Durchbruch und die Gläubigerländer akzeptierten, dass sie die Zahlungsverpflichtungen der BRD reduzieren mussten.

Von den Vorkriegsschulden des Deutschen Reiches von 13,5 Milliarden DM wurden dann der BRD tatsächlich 6,2 Milliarden DM erlassen.

Lösungsweg: Indem *Abs* mit seiner Tante ein zwar makaberes aber plastisches Beispiel brachte, wie vorzugehen sei, gelang ihm durch die Anschaulichkeit und wohl auch durch das erzielte Gelächter der Durchbruch bei den Verhandlungen **(Denkanstöße 42, 43, 74).**

3. Mehrere Kinder teilen sich die Erbschaft[4]

Ein anfangs kompliziert scheinendes Verfahren zur Aufteilung einer Erbschaft 15 unter vier Kindern wurde vor einiger Zeit in Österreich angewandt: Jeder der Werte und Gegenstände wurde unter den vier Geschwistern sozusagen „versteigert". Das „Höchstgebot" zu dem eines der Kinder eine Sache erworben hatte, wurde in dessen Spalte in einer Liste eingetragen. Dann wurde die Summe aller Beträge ermittelt und durch vier dividiert. Dies ergab den Wert, den jedes Kind aus der Erbschaft erhält. Bei unserem Beispiel mussten die, die am meisten ersteigert hatten, noch einen Betrag an die anderen bar ausgleichen, damit sie nicht begünstigt wurden.

---

[4] Mitgeteilt von Mag. *Johannes Greiter,* Birgitz bei Innsbruck, am 9. September 2000.

Gegenstand	Kind 1	Kind 2	Kind 3	Kind 4
Bild	50.000			
antiker Schreibtisch		110.000		
Briefmarkensammlung			250.000	
Ferienhäuschen				500.000
Auto	330.000			
Geschirr		40.000		
Firmenbeteiligung		200.000		
Werkzeugkasten			800	
Summe 1,480.800	380.000	350.000	250.800	500.000
: 4 = 370.200	- 370.200	- 370.200	- 370.200	- 370.200
zu viel/zu wenig erhalten	zuviel 9.800	zuwenig - 20.200	zuwenig - 119.400	zuviel + 129.800
Summe der Ausgleichszahlungen: 139.600	zahlt noch 9.800	erhält noch 20.200	erhält noch 119.400	zahlt noch 129.800
Bargeld 400.000	+ 100.000	+ 100.000	+ 100.000	+ 100.000

Abbildung 1: Beispiel für Ermittlung

Zuletzt wurde das verfügbare Bargeld von Schilling 400.000 auf alle Geschwister aufgeteilt. So kann auch eine komplexe Verlassenschaft zur Zufriedenheit aller abgewickelt werden.

Lösungsweg: Die Lösung wird hier dadurch gefunden, dass jeder den Wert der Sache, den sie für ihn hat, selber festlegen kann und die anderen nicht nur daran gebunden sind, sondern auch davon profitieren: wird der Wert sehr hoch angesetzt, sind sie über den „Versteigerungserlös" mitbeteiligt, wird der Wert sehr niedrig angesetzt, haben sie die Möglichkeit beim „Mitbieten" günstig zu einer Sache zu kommen, wenn niemand anderer bereit ist, mehr dafür zu „bieten". Dadurch, dass alle die Möglichkeit haben, mitzubieten, sind auch alle an der Lösung beteiligt und kann jeder die Verteilung jedes einzelnen Stückes beeinflussen, wenn er bereit ist, entsprechend viel zu „bezahlen". Durch die Einbindung aller wird eine Problemlösung auf breiter Basis erreicht **(Denkanstoß 17)**.

4. Zwei Töchter als Erben[5]

16   Als die seit Jahren verwitwete Mutter starb, erbten die zwei Töchter eine große Zahl von Vermögensstücken. Eine Aufteilung schien extrem schwierig zu sein. Der Hausanwalt der Familie schlug schließlich folgendes vor:

Zuerst sollten alle Gegenstände dermaßen aufgeteilt werden, dass jeweils alle gleichartigen Stücke auf einen Stoß kommen sollten. Also alle Teppiche auf einen Stoß, alle Bilder auf einen Stoß, alle Möbel symbolisch auf einen Stoß etc.

---

[5] Mündliche Mitteilung von RA *Dr. Max Urbanek,* St. Pölten, am 7. Oktober 2000.

Dann sollte eine Tochter jeden Stoß in zwei gleiche Teile teilen. Wenn wie zB. bei den Teppichen nur zwei Teppiche da waren und einer aus ihrer Sicht einen Wert von 50.000 Schilling und der andere einen Wert von 10.000 Schilling hatte, so sollte sie den Differenzwert von 40.000 Schilling auf ein Blatt Papier schreiben und dieses Papier beim billigeren Teppich dazulegen.

Nach Durchführung der Aufteilung gäbe es dann zahlreiche Stöße, alle in zwei gleich gewichtige Teile geteilt. Alle Gegenstände wären also etwa gleichgewichtig aufgeteilt und zwar bis zum Geschirr und zur Briefmarkensammlung.

Die andere Tochter sollte sich dann bei jedem Doppel-Stoß für einen der Stöße entscheiden. Der auf dem Blatt Papier geschriebene Differenzbetrag sollte dann am Ende bar ausgeglichen werden.

Die Töchter nahmen den Vorschlag an, man einigte sich, wer die Stöße halbieren sollte und die andere Tochter wählte dann. Innerhalb kürzester Zeit war die Verlassenschaft aufgeteilt.

Hätte man sich nicht geeinigt, wer die Stöße aufzuteilen hätte, so hätte man dies auslosen können oder abwechselnd einmal die eine und dann die andere Tochter aufteilen lassen können.

Am Ende der Aufteilung stellte sich heraus, dass einzelne Stücke von den Töchtern noch freiwillig getauscht wurden, sodass letztlich alles zur Zufriedenheit erledigt werden konnte.

Lösungsweg: Der Lösungsweg folgt dem alten Muster, der eine teilt, der andere wählt **(Denkanstoß 13)**.

5. Der Bankier und das Hitlerbild[6]

Der schon legendäre deutsche Bankier *Hermann J. Abs* berichtete in einem Interview anlässlich seines 80. Geburtstages über die Probleme, die er im Bankhaus Delbrück Schickler & Co. mit den Nazis hatte. In der Bank gab es, schon lange nach der Machtergreifung durch *Adolf Hitler* (1933), noch immer kein Hitlerbild.

Im Jahr 1937 bekam *Abs* Besuch von zwei Ortsgruppenleitern. Sie machten ihn dafür verantwortlich, dass noch immer kein Hitlerbild in der Bank aufgehängt worden sei.

Abs nahm sich Zeit, und der erste Ortsgruppenleiter begann, sein Anliegen vorzutragen. Er begann in üblicher Weise: Es sei ihnen gemeldet worden, dass das Bankhaus Delbrück Schickler & Co. in eigenartiger Weise gegen Hitler demonstriere. So gebe es zB. nicht einmal ein Bild des Führers in der Bank. Als er geendet hatte, fragte *Abs* den Zweiten, was er vorzubringen habe. Dieser hatte nichts hinzuzufügen.

Darauf sagte *Abs:* „Meine Herren, darf ich Sie bitten, mit mir zu kommen." Dann gingen sie zusammen in den Sitzungssaal, und *Abs* zeigte ihnen die eine Stirnwand im Sitzungssaal. „Erkennen Sie das Porträt, meine Herren?" fragte *Abs*. „Na ja, das ist *Friedrich der Große*." „Richtig geraten! Es ist ein Geschenk *Fried-*

---

[6] Fernsehinterview wie Fussnote 3; *Manfred Pohl*, „Hermann J. Abs, eine Bildbiographie", Verlag v. Hase & Koehler, Mainz 1981, S. 32.

richs des Großen an *Gebrüder Schickler* nach dem Schlesischen Krieg." Die Gruppe ging zur gegenüberliegenden Stirnwand, wo ein weiteres Bild hing. *Abs* stellte die Frage: „Wen stellt dieses Bild dar?" Die Ortsgruppenleiter antworteten: „Kaiser *Wilhelm* natürlich!" Daraufhin sagte *Abs*: „Schauen Sie sich mal den Rahmen an, das ist der gleiche Rahmen. Der eine ist alt, der andere ist kopiert und neueren Datums, ein Geschenk Kaiser *Wilhelms* zum 200-jährigen Jubiläum des Bankhauses Gebrüder Schickler im Jahr 1912. Aber nun, meine Herren, treten Sie bitte zurück. Der wichtigste Platz der Bank ist hier über dem Kamin. Wie Sie sehen, hängt da nichts. Das ist der Platz, wo das Porträt des Führers hinkommt, wenn *Adolf Hitler* uns die Ehre antut, uns sein Porträt zu schenken. Aber ein gekauftes Bild, meine Herren, das werden Sie verstehen, können wir nicht aufhängen. Einen würdigeren Platz haben wir nicht im Hause."

Das hat auch den beiden Herren eingeleuchtet und sie sind gegangen. Das Bankhaus *Delbrück Schickler & Co.* hatte zunächst seine Ruhe.

> **Lösungsweg:** *Abs* fügte einem Problem ein neues Problem hinzu. Indem er den Sachverhalt auf die Frage reduzierte, kauft die Bank das Bild oder lässt sie es sich schenken, machte er aus einer Nebensächlichkeit ein Problem, für dessen Lösung er nicht mehr als zuständig angesehen wurde **(Denkanstöße 71, 74).**

6. Die Bauverhandlung und das Würstl[7]

18   Der langjährige Bürgermeister von Hall in Tirol, Rechtsanwalt *Dr. Josef Posch*, war nicht nur durch seine weltanschaulich gefestigte Überzeugung, seine Rechtschaffenheit und seine klaren, direkten Worte weit über Hall hinaus bekannt und geschätzt. Er war auch bekannt dafür, dass er immer dann, wenn etwas nicht mehr weiterging, mit manchmal unkonventionellen Methoden zu Lösungen kam. Sein langjähriger Wegbegleiter, der Bezirkshauptmann von Innsbruck-Land, Hofrat *Dr. Günter Sterzinger*, berichtet darüber:

Als im Zuge einer Bauverhandlung ein in Hall nicht unbekannter Bürger einfach nicht und nicht die nötige Unterschrift unter das Verhandlungsprotokoll leisten wollte und sich die Mittagsstunde näherte, ließ *Josef Posch* Würstl mit Senf auffahren.

Genau in dem Augenblick, als der schon ermattete und hungrige Bürger mit Genuss sein Würstl in den Senf tauchte und es zum Mund führen wollte, gebot ihm Josef Posch mit einem energischen Griff zum Unterarm Einhalt, deutete auf das Verhandlungsprotokoll und sagte: „Zuerst unterschreibst Du!"

Der in seinem schon auf das Würstl und den Hunger abgestimmten Seelenleben so jäh gestörte Bürger sah sich einer Interessensabwägung zwischen Bedürfnissen des Körpers und des Geistes ausgesetzt und entschied sich für die Lust an Gaumenfreuden und unterschrieb.

Damit hatte *Dr. Posch* durch seinen genialen Einfall die Sache zugunsten des Projektes entschieden.

---

[7] *Gerald Aichner:* Josef Posch – Mein Hall, Beitrag von *Hofrat Dr. Günter Sterzinger*, S. 29.

Lösungsweg: Durch Anbieten und gleichzeitiges Vorenthalten des Würstls verlagerte der Bürgermeister die Diskussion auf eine völlig andere Ebene und brachte damit Bewegung in die Angelegenheit und die Unterschrift zu Papier **(Denkanstoß 44)**.

7. Die Brücke[8]

Talleyrand, dank dessen Verhandlungskunst Frankreich aus dem Wiener Kongress als wahrer Sieger hervorging, und zwar ohne Sanktionen oder Reparationsleistungen, ging auch mit seiner Methode, die Brücke „Pont de Jéna" in Paris zu retten, in die Geschichte ein. 19

1815 siegten *Wellington* und *Blücher* bei Waterloo über *Napoleon.* In der Folge besetzten die alliierten Armeen Paris. Der Preuße *Blücher* wollte die Brücke „Pont de Jéna" in die Luft sprengen, da sie der Erinnerung an die Schlacht von Jena gewidmet war, die die Preußen 1806 gegen *Napoleon* verloren hatten.

Talleyrand konnte *Blücher* durch die simple Maßnahme der Umbenennung der Brücke in „Pont de l'Ecole militaire" davon abbringen, die Brücke zu sprengen.

Wie *Talleyrand* später selbst bemerkte, war das „eine Benennung, die die primitive Eitelkeit der Preußen befriedigte und als Wortspiel eine vielleicht noch gezieltere Anspielung war, als der ursprüngliche Name Jéna".

Lösungsweg: *Talleyrand* beseitigte den formellen äußeren Anlass für die geplante Sprengung der Brücke durch eine Umbenennung. Damit war auch die „Provokation" beseitigt **(Denkanstöße 8, 70)**.

8. Kreiskys Erfolge[9]

Bruno Kreiskys politische Erfolge wurden einmal von einem weisen Mann mit folgendem Witz erklärt: 20

Zum armen Milchmann *Tevje* kommt der Heiratsvermittler: „Ich habe eine Kandidatin für deinen Sohn." *Tevje:* „Der Bub ist erst 20 Jahre alt. Der soll zuerst was lernen." Heiratsvermittler: „Schon. Aber wenn die Kandidatin die Tochter vom *Rothschild* ist?" *Tevje:* „Das ist etwas anderes!" Der Heiratsvermittler ruft *Rothschild* an: „Ich habe einen Bräutigam für Ihre Tochter. Den Sohn vom Milchmann *Tevje.*" *Rothschild:* „Der ist kein Kandidat für meine Tochter." Heiratsvermittler: „Aber wenn er Vizepräsident der Weltbank wird?" *Rothschild:* „Das ist etwas anderes!" Der Heiratsvermittler ruft den Präsidenten der Weltbank, *Robert McNamara,* an: „Ich hätte einen Vizepräsidenten für Sie." *McNamara:* „Ich hab' schon so viele. Ich brauch' keinen mehr." Heiratsvermittler: „Aber wenn er ein Schwiegersohn vom Rothschild ist?" *McNamara:* „Das ist etwas anderes!"

---

[8] *Paul Watzlawick, John H. Weakland, Richard Fisch,* „Lösungen", Verlag Hans Huber, Bern-Stuttgart-Wien 1974, S. 130.
[9] Präsent, ca. 1980.

Lösungsweg: Erst dadurch, dass der Heiratsvermittler mögliche zukünftige Entwicklungen und Ergebnisse als fixe Tatsachen in sein Konzept einbaute, ermöglichte er deren Entstehen **(Denkanstoß 69)**.

9. Der unwiderstehliche Verhandler[10]

21   *H.-Georg Macioszek* beschreibt in seinem Buch „Chruschtschows dritter Schuh" ein Verfahren, das sich im übertragenen Sinn auch am Verhandlungstisch als wahres Zaubermittel bewährt hat:

Stellen Sie sich vor, Sie treffen nach längerer Zeit einen alten Bekannten wieder. Sie begrüßen ihn und stellen ihm sofort eine Frage, die mit „wie" oder „warum" beginnt, zB.: „Wie geht es Dir geschäftlich?" Sobald sein Redefluss zu versiegen droht, stellen Sie ihm eine weitere Frage und so fort. Sie geben ihm Gelegenheit, sich über seinen Beruf, seine Hobbys, seine Familie, seine ehrenamtlichen Tätigkeiten und die politische Lage zu äußern. Nachdem Sie ihm zehn derartige offene Fragen gestellt haben, wird eine halbe Stunde vergangen sein, vielleicht sogar eine ganze. Sie entschuldigen sich jetzt mit einem wichtigen Termin und verabschieden sich. Im Weggehen danken Sie ihm für das interessante Gespräch. Er wird Ihren Dank erwidern und vor lauter Freude nicht bemerken, dass Sie weniger ein Gespräch genossen als einen Monolog erlitten haben. Er zumindest fühlt sich ausgezeichnet. Dank Ihrer Uneigennützigkeit konnte er eine Neigung ausleben, die zwar nicht in allen, aber doch in vielen Gesellschaften zu beobachten ist: Ein schier grenzenloses Mitteilungsbedürfnis. Jeder will selbst reden und am liebsten über sich selbst. Das ist die einfache Wahrheit, aus der Ihnen für den Umgang mit anderen ein entscheidender Vorteil erwachsen kann. Einzige Bedingung ist, dass Sie es fertig bringen, sich selbst zu zügeln. So kann allein aus dem interessierten Zuhören eine persönliche Beziehung zum Gesprächspartner entstehen, die alle zukünftigen Verhandlungen erheblich erleichtert.

Lösungsweg: Dadurch, dass ich zuhöre und den Verhandlungspartner motiviere, zu erzählen, wie es ihm geht, gewinne ich nicht nur seine Sympathie, sondern auch sein Wohlwollen, mir in den Verhandlungen entgegenzukommen **(Denkanstöße 38, 63)**.

10. Der Zeitungsverkäufer in Wien

22   In einem Wiener Kaffeehaus beobachtete ich eines Abends einen besonders geschickten „Kurier"-Verkäufer. Die Verkäufer anderer Zeitungen gingen regelmäßig von Tisch zu Tisch, zeigten die Zeitung und warteten auf die Entscheidung des Gastes, ob er kaufen wollte oder nicht. Der von mir beobachtete „Kurier"-Verkäufer ging aber schnellen Schrittes durch das ganze Kaffeehaus und legte jeweils ein Exemplar der Abendausgabe seiner Zeitung auf jeden der kleinen Tische, an denen Gäste saßen. Der Großteil der Gäste griff nach der Zeitung und warf zumindest ei-

---

[10] *Dr. H.-Georg Macioszek:* „Chruschtschows dritter Schuh", S. 63.

nen Blick auf die Texte der Titelseite. Manche schlugen die Zeitung auch auf und überflogen den Innenteil.

Als der Verkäufer seine erste Runde beendet hatte, und dann das zweite Mal zu den Tischen kam, um die Zeitungen wieder einzusammeln, kauften ihm zahlreiche Gäste ein Exemplar ab. Vielleicht war es durch das Anlesen eines Artikels wirkliches Interesse, vielleicht war es auch nur das Gefühl, durch das begonnene Lesen in der Zeitung gegenüber dem Verkäufer verpflichtet zu sein. Was auch immer die Motive waren, dieser Verkäufer verkaufte meiner Schätzung nach mindestens das Dreifache dessen, was die anderen Verkäufer an sonstigen Abenden los wurde.

> **Lösungsweg:** Indem dieser Verkäufer seinen potentiellen Kunden ein bisschen des Lesegenusses schenkte, weckte er in ihnen Interesse und machte sie sich gleichzeitig auch etwas verpflichtet. Dadurch konnte er sie leichter zum Kaufentschluss bringen **(Denkanstoß 9)**.

11. Der junge Senator in Moskau

In seinem Buch „Schwierige Verhandlungen" ging *William L. Ury*[11] auch auf die 23 Kunst des Umfunktionierens ein. Mit Umfunktionieren ist gemeint, das Augenmerk von den Positionen abzuziehen und auf das Problem zu richten. Er brachte hiezu das folgende Beispiel:

1979 stand der Rüstungskontrollvertrag SALT II im amerikanischen Senat zur Ratifikation an. Um die nötige Zwei-Drittel-Mehrheit zu erhalten, wollten die Senatsführer einen Nachtrag anfügen, aber das bedurfte natürlich der sowjetischen Zustimmung. Ein junger amerikanischer Senator, *Josef Biden,* wollte damals nach Moskau reisen; deshalb ersuchte ihn die Senatsführung, diese Frage gegenüber dem sowjetischen Außenminister *Andrej Gromyko* anzuschneiden. Es war ein ungleiches Paar: Ein Senatsneuling hatte es mit einem hartgesottenen Diplomaten von unvergleichlicher Erfahrung zu tun. *Gromyko* eröffnete die Diskussion mit einem einstündigen, eloquenten Vortrag darüber, dass die Sowjets beim Wettrüsten immer den Amerikanern hinterhergelaufen seien. Er schloß mit einer eindrucksvollen Argumentation, dass SALT II faktisch die Amerikaner mehr begünstige als die Sowjets und dass der Senat den Vertrag daher in der vorliegenden Form ratifizieren sollte – ohne den Nachtrag. Die sowjetische Position war ein unzweideutiges Nein. *Gromyko* wandte sich dann *Biden* in der Erwartung zu, dessen Position und seine Argumente zu hören. Aber *Biden* nahm keine Gegenposition ein. Er trug auch keine Argumente vor. Er sagte bloß langsam und ernst: „Mr. Gromyko, Sie haben sehr überzeugend gesprochen. Ich stimme vielem zu, was Sie sagen. Wenn ich jedoch zu meinen Kollegen im Senat zurückkehre und ihnen berichte, was Sie mir eben gesagt haben, dann wird das manche von ihnen wie Senator *Goldwater* oder Senator *Helms* nicht überzeugen, und ich fürchte, ihre Bedenken werden auch andere beeindrucken."

Biden legte nun deren Besorgnisse dar und fügte hinzu: „Sie haben mehr Erfahrung in diesen Dingen als jeder andere: Was würden Sie mir raten, wie ich auf ihre

---

[11] *William L. Ury:* „Schwierige Verhandlungen", S. 93 f.

Einwände antworten könnte?" *Gromyko* konnte der Versuchung nicht widerstehen, dem unerfahrenen jungen Amerikaner Ratschläge zu geben. Er verbrachte die verbleibenden zweieinhalb Stunden damit, ihm Anweisungen zu geben, was er seinen skeptischen Kollegen im Senat sagen sollte. *Biden* brachte nacheinander die Argumente vor, mit denen er es zu tun haben würde, und *Gromyko* setzte sich mit jedem einzelnen auseinander. Am Ende vermochte er vielleicht zum ersten Mal wirklich zu würdigen, weshalb der Nachtrag geeignet war, unsichere Senatsmitglieder zu überzeugen, und gab ihm seine Zustimmung.

Lösungsweg: Statt die Argumente *Gromykos* zurückzuweisen, deutete *Biden* sie zu einem Plädoyer um, das *Gromyko* würde halten müssen, um *Bidens* skeptische Kollegen in Amerika zu überzeugen. Indem er *Gromyko* um Rat ersuchte, machte *Biden* das Problem zum Problem *Gromykos*, der schließlich aus seinen eigenen Begründungen erkennen musste, dass der Nachtrag notwendig war **(Denkanstöße 5, 15).**

12. Die Bewältigung des Glykolwein-Debakels[12]

24   Die unselige Glykolwein-Affäre in Österreich und deren ungeschickte Bewältigung durch die Behörden reduzierten die österreichischen Weinexporte von 20 Millionen Schilling im Jahr 1984 auf 3,5 Millionen Schilling im Jahr 1986, also auf rund ein Sechstel.

Wie einfach so ein Debakel abzuwenden gewesen wäre, ist aus einem Bericht über das Verhalten der Italiener zu entnehmen: Obwohl mindestens 25 Menschen aus ihrem letzten Chianti-Rausch nicht mehr aufwachten, nutzten die Italiener den Skandal zu ihrem Vorteil. Sie kauften jede Flasche zum eineinhalbfachen Verkaufspreis zurück und erzielten damit einen echten Imagegewinn. Ohne einen einzigen Zivilprozess!

Anders lief es jedoch beim Bemühen, den österreichischen Glykolwein zurückzugeben: „Mit den Österreichern hingegen", so heißt es im Bericht weiter, „haben sich die Amerikaner um jede Flasche streiten müssen."

Ein deutscher Weinhändler zum Beispiel erhielt erst nach einem 11 Jahre dauernden Zivilprozess den Betrag von Schilling 15 Millionen als Schadenersatz gegen die Republik Österreich zugesprochen. Die Haftung der Republik wurde darauf gestützt, dass sie für jene Exporte hafte, die vom 20. März bis 3. Juli 1985 mit staatlichen Gütesiegeln nach Deutschland gingen.

Lösungsweg: Die Italiener haben das Gegenteil gemacht, indem sie durch Zurückkaufen des verdorbenen Weines zu einem überhöhten Preis den Verlust noch größer machten. So konnte das Image der Italiener fast ohne Schaden erhalten bleiben, während das Image des österreichischen Weines, obwohl es keinen einzigen Toten gegeben hatte, zutiefst geschädigt wurde **(Denkanstöße 9, 58).**

---

[12] Trend, Juni 1987, Seite 189; Kurier, 24. März 1997, S. 14

13. Das Schmerzensgeld

Bei Unfällen mit Verletzten stellt sich dem beauftragten Rechtsanwalt immer 25 auch die Aufgabe, die Höhe des von der gegnerischen Versicherung zu zahlenden Schmerzensgeldes auszuhandeln. Dabei geht es bei der Versicherung weitgehend auch um Ermessensentscheidungen.

In einem Fall hatte der Anwalt 500.000 Schilling geltend gemacht, etwas überhöht, damit in den Verhandlungen mit der Versicherung noch Spielraum blieb.

Die Versicherung war als Ergebnis langwieriger und mühsamer Verhandlungsgespräche endlich bereit, 380.000 zu zahlen, aber keinesfalls mehr. Wenn der Anwalt bzw. sein Mandant mit diesem Betrag nicht einverstanden sei, möge er doch prozessieren. Der Anwalt wußte, dass es fraglich war, ob er bei Gericht überhaupt die 380.000 zugesprochen erhielt oder weniger. Ganz abgesehen von der Dauer, der Mühsal und dem Risiko eines Gerichtsverfahrens mit Zeugen, Beweisaufnahmen, Schriftsätzen, Sachverständigenkosten, etc.

Der Anwalt und sein Klient waren sich einig: Wir wollen keinen Prozess.

Bevor der Anwalt nun der Versicherung sein Einverständnis übermittelte, versuchte er es ein letztes Mal. Er rief den Sachbearbeiter an und wollte noch eine Erhöhung. Die Versicherung war aber nicht bereit. Da machte der Anwalt dem Sachbearbeiter den folgenden Vorschlag: Er würde zu jedem Betrag, der zwischen 380.000 und 500.000 liege, abschließen. Der Sachbearbeiter möge den Betrag nennen, der Anwalt stimmt vorbehaltlos bereits jetzt zu. Diese Verdrehung der Situation löste den Sachbearbeiter der Versicherung aus seiner Fixierung. Die Aussage, 380.000 und nicht mehr, galt nicht mehr so unveränderlich, weil der Sachbearbeiter jetzt plötzlich selbst die Macht zur Entscheidung hatte. Und nach kurzer Überlegung sagte er: „Also gut: 410.000" und damit wurde der Akt erledigt. Der Klient bekam um 30.000 mehr als er sonst bekommen hätte.

> **Lösungsweg:** Durch den Rollentausch, der den Sachbearbeiter mächtig und stark machte, konnte er jetzt auch leichter ohne Gesichtsverluste noch etwas dazugeben **(Denkanstöße 14, 39, 76).**

14. Der Gutschein[13]

In einem Vortrag in Innsbruck hat Univ.-Prof. *Dr. Fritjof Haft* das Beispiel des 26 Pulloverkaufes gebracht:

Meine Frau kauft gelegentlich Kleidungsstücke ein. Dabei spielen Regeln eine Rolle, die ich noch nie durchschaut habe, Regeln in Bezug auf Farbe, Schnitt und auf das, was gerade modern ist, und was nicht.

Gelegentlich, sehr selten, kommt es vor, dass sie einen Pullover nach Hause trägt. Schon auf dem Heimweg kommen ihr Zweifel. War es denn das Richtige? Zuhause

---

[13] Vortrag von Univ.-Prof. *Dr. Fritjof Haft:* „Verhandeln statt prozessieren" in Dokumentation zur Feier 100 Jahre Rechtsanwaltskanzlei 1897–1997 der Kanzlei Greiter, Pegger, Kofler & Partner in Innsbruck, S. 49.

verdichten sich die Zweifel und die Frage erhebt sich: Kann man den Kauf wieder rückgängig machen?

Der Pullover ist leuchtend gelb und wir befinden uns in einer Saison, in der nach mir unerfindlichen Gesetzen blau getragen wird. Also, ein gelber Pullover ist zu blauer Zeit im Haus. Nun entschließt sich meine Frau, es mit dem Rückgängigmachen zu probieren. Sie geht in das Geschäft. Es ist ein eher kleineres Geschäft. Der Pulloververkauf ist dort der einzige Monatsumsatz gewesen. Eine sehr verhärtete Haltung erwartet meine Frau. Sie sagt, sie hätte den Pullover gern wieder zurückgegeben.

Nun wird nicht etwa die Komplexität des Interessenkonflikts analysiert, sondern es werden Geschichten erzählt. Der Inhaber des Ladens führt aus, zwar trügen im Augenblick tatsächlich viele Damen blau, aber die blaue Saison sei im Grunde schon vorbei, die nächste Saison werde gelb sein, und meine Frau sei ihrer Zeit voraus, was das Modischste sei was man sich überhaupt vorstellen könne.

Der Handel, der mit solchen Konflikten ständig lebt, hat dafür längst eine Lösung gefunden, die in keinem Gesetzbuch steht, die auch dort nie stehen kann, die aber allen Beteiligten hilft, nämlich den Gutschein. Die Ware wird zurückgenommen, der Kunde bekommt einen Gutschein und kann damit immer wieder mal im Laden vorbeischauen, um zu sehen, ob etwas Neues da ist. Damit wird auch den Interessen des Handels gedient. Diese Interessen gehen dahin, Umsatz zu machen und zufriedene Kunden zu haben, die wiederkommen.

Meine Frau kommt gerne wieder. Ich würde als Händler alles tun, um meine Frau als Kundin zu bewahren.

> **Lösungsweg:** Dadurch, dass statt der nicht durchsetzbaren Aufhebung des Kaufvertrages eine Alternative gefunden wurde, nämlich der Gutschein, ist beiden Beteiligten gedient: Der Verkäufer hat den gesicherten Umsatz und der Käufer hat sein Geld nicht verloren für etwas, was er nicht mehr haben will **(Denkanstoß 47)**.

15. Die drei Stimmzettel

27   In seinem erfrischenden Buch „Der Maulkorb", schildert *Heinrich Spoerl*[14] die folgende Geschichte aus einer kleinen Stadt:

Über Nacht hatte jemand dem Denkmal des Landesherrn einen Maulkorb angeschnallt, einen richtiggehenden, großen, ledernen Maulkorb.

Große Aufregung: Die Polizei sperrt den Platz, der Maulkorb wird abgenommen, ein abgesprungener Mantelknopf wird gefunden und sichergestellt. Polizeiverwaltung, Staatsanwaltschaft, Kriminalinspektion, Oberstaatsanwaltschaft, Justizministerium, Regierungspräsident, Ministerium des Inneren, Hofmarschallamt, alle sind in irgendeiner Form eingeschaltet, um den Täter zu finden. Staatsanwalt *v. Treskow* wird beauftragt, die Untersuchungen zu führen und zu koordinieren. Und, ohne dass es der Herr Staatsanwalt selbst merkt, zieht sich das Netz um ihn

---

[14] *Heinrich Spoerl:* „Der Maulkorb", Paul Neff Verlag, Berlin, 1936, S. 138 f.

selbst immer mehr zusammen: er war der nächtliche, stockbetrunkene Täter, der den Maulkorb angebracht hatte.

Da meldet sich ein Zeuge, der Maler *Rabanus*, der den Täter in der Nacht beobachtet hatte und der sich gleichzeitig für Trude, das bildhübsche Töchterchen des Staatsanwaltes interessiert. Als er seine Aussage machen sollte und dabei direkt auf den von ihm als Täter beobachteten Staatsanwalt *v. Treskow* trifft, zögert er, die Wahrheit zu sagen. Ein anonymer Erpresserbrief an die Familie des Staatsanwaltes wird dem Maler *Rabanus* zugeschrieben.

Die Ehefrau des Staatsanwaltes weiß zwischenzeitlich durch Indizien, dass ihr Mann der Täter ist. In ihrer Not beruft sie den Familienrat ein, ihr Mann darf natürlich nichts davon erfahren.

Frau *v. Treskow* erstattete Bericht. Die Maulkorbsache und der ehrenvolle Auftrag ihres Gatten, die Untersuchung zu leiten, war allen bekannt, es hatte in den Zeitungen gestanden, und ihr Gatte Herbert war auf dem besten Wege, das Prunkstück der Familie zu werden. Aber dann kam der große Haken: Der Herr Staatsanwalt sein eigener Täter; der Staatsanwalt, der im Begriff steht, sich selbst beim Wickel zu fassen.

„Er weiß natürlich nichts, darf auch nichts wissen. Ich habe bisher alles von ihm ferngehalten, die Hausdurchsuchung unterbrochen, den Knopf angenäht, den zu Hause fehlenden Maulkorb ersetzt, den Brief unterschlagen."

Leider hat die Sache einen Haken: *Rabanus*, der Augenzeuge.

Beschluss: Kaufen. Wieviel wird nötig sein? Man greift zu den Scheckbüchern.

Frau *v. Treskow* schüttelt den Kopf: Dieser *Rabanus* sieht nicht nach Kaufen aus.

Beschluss: Man wird ihm ein Pöstchen verschaffen: Sie sehen sich gegenseitig an. Es sind lauter Leute mit langem Arm und ausgezeichneten Verbindungen, es wird eine Kleinigkeit sein. Was kann der Mann? Hat er hohe Ansprüche?

Die Sache liegt noch ganz anders. Hier ist der Drohbrief; er hat auch schon Besuch gemacht, ist mir nichts dir nichts ins Haus gefallen mit Redensarten und Andeutungen: Er will die Trude!

Die Versammelten sind empört. Aber die Alternative ist klar und eindeutig: Trude oder die Katastrophe. Das arme, arme Kind. Auf keinen Fall darf es geopfert werden. Schon der Gedanke ist ein Verbrechen.

Einstimmig ist man dieser Ansicht.

Immerhin solle man auch die Meinung der anderen achten. Es wäre angebracht, darüber abzustimmen, wegen der Wichtigkeit des Falles. Natürlich geheime Abstimmung.

Frage: Soll Trude geopfert werden? Ein Kreuz bedeutet ja. Elisabeth sammelt die Zettel in einer Chinavase, schüttelt und öffnet mit zitternder Hand.

Der Erste: Ja. – Allgemeine Entrüstung.

Der Zweite: Ja. – Zweite Entrüstung.

Der Dritte: Ja. – Dritte Entrüstung.

Weiter ja und weiter Entrüstung. Bis zum letzten Ja und zur letzten Entrüstung.

Das hat man von der geheimen Abstimmung!

An diese Möglichkeit hat niemand gedacht. Jeder hat auf ein paar Neinstimmen der anderen gehofft, hinter die man sich hätte verstecken können. Eine einzige Neinstimme hätte genügt, um jeden zu decken. Jetzt fühlen sich alle entlarvt, sehen sich gegenseitig vorwurfsvoll an und sind auf einmal sehr, sehr kleinlaut.

Einer der Familienangehörigen überlegte dann für ähnliche Situationen, wie man es machen müsste, damit zwar das Ergebnis nach wie vor klar sei, aber es trotzdem unmöglich sein würde, den einzelnen hinsichtlich seines Abstimmungsverhaltens festzunageln.

Und er kam zur Lösung, dass jeder drei Stimmzettel erhalten sollte. So könnte er zwei mit „ja" und eine mit „nein" abgeben und das Geheimnis der Abstimmung würde auf Dauer gewahrt bleiben.

> **Lösungsweg:** Üblicherweise hat bei einer Abstimmung jemand nur eine Stimme. Wenn sein Stimmrecht verdreifacht wird, ihm also drei Stimmzettel zur Verfügung gestellt werden, so kann das oben angestrebte Ziel der Wahrung des Abstimmungs- geheimnisses auch bei eindeutiger Mehrheitsmeinung erreicht werden **(Denk- anstoß 35).**

16. Punkte statt Prozent

28   Große US-Management-Beratungsfirmen verteilen den Ertrag unter ihren Part- nern oft nicht nach Prozenten sondern nach Punkten. So hat zB. ein langjähriger Partner 1.000 Punkte und die neu dazugekommenen, am Erfolg beteiligten Partner erhalten anfangs 200 Punkte. Diese Punktezahl wird dann jährlich entsprechend den getroffenen Vereinbarungen angehoben.

Natürlich könnte man dasselbe mit einer Prozentrechnung machen. Das Punkte- system hat jedoch zwei Vorteile:

Wenn ein Partner neu dazukommt oder die Punktezahl bei bisherigen Partnern erhöht wird, muss optisch und psychologisch keiner der bisherigen Partner auch nur einen seiner Punkte abgeben. Natürlich erhalten alle bisherigen Partner durch die weiter vergebenen Punkte weniger, weil der innere Wert eines Punktes geringer wird. Dies ist aber nicht so unangenehm, wie wenn einer zB. von 3,4456 % auf 3,2923 Prozent reduziert wird.

Ein zweiter Vorteil liegt darin, dass das Rechnen mit Punkten, von denen ein Teil gleich bleibt, einfacher ist, als das jeweils neue Ermitteln und Auf- oder Abrunden aller neuen Prozentsätze, wenn auch nur bei einem einzigen Berater eine Änderung stattfindet.

> **Lösungsweg:** Durch die Hereinnahme einer neuen Bezugsgröße wird die Ertrags- beteiligung und deren Ermittlung sowie deren Änderung erheblich erleichtert **(Denkanstoß 74).**

17. Jetzt geht es nur noch um den Preis[15]

29   Ein französischer Adeliger traf bei einer Soiree eine sehr schöne, verheiratete Dame der Gesellschaft und sprach sie an: „Madame, würden Sie für 1 Million Franc mit mir schlafen?"

---

[15] *Friedrich Holz:* „Methoden fairer und unfairer Verhandlungsführung", S. 19.

Sie überlegte und meinte dann: „Ja!"

Darauf fragte der Graf: „Wie wäre es dann mit 100 Franc?"

„Aber hören Sie mal, ich bin doch keine Prostituierte!" reagierte die Dame empört.

Worauf der Graf entgegnete: „Madame, ich denke, darüber sind wir uns bereits einig, jetzt geht es nur noch um den Preis!"

Die gleiche Taktik empfiehlt sich manchmal, wenn es um den Verkauf zB. eines Hauses geht und der Verkäufer sagt, er würde auf keinen Fall verkaufen. Die daraufhin gestellte Frage, ob er das Haus, das einen Verkehrswert von zB. 8 Millionen hat, um 100 Millionen verkaufen würde, wird meistens mit „ja" beantwortet. Und damit sind die Preisverhandlungen mit dem bisher völlig unwilligen Verkäufer eröffnet.

> **Lösungsweg:** Indem ich die Frage stelle, was wäre wenn, werden Barrieren, die sonst unüberbrückbar erscheinen, überwunden und beginnt oft ein Verhandlungsgespräch. Wohl kaum oben beim ersten Beispiel, eher aber beim Hausverkauf **(Denkanstoß 10)**.

18. Die Eitelkeit des Abteilungsleiters

Welche Bedeutung die Eitelkeit für einzelne Menschen hat, berichtete *Wolf Ruede-*   30
Wissmann[16] in seinem Buch über Verhandlungskunst.

Er zeigt auf, wie sich die Zusammenarbeit innerhalb einer Bau-Arbeitsgemeinschaft (ARGE) zweier Firmen schwierig gestaltete. Dabei waren mehrere schlüsselfertige Bauten zu erstellen:

Vor allem die Abrechnungen innerhalb der ARGE gestalteten sich deshalb als außerordentlich schwierig, weil es einen 35 Jahre alten, entscheidungsbefugten Abteilungsleiter der anderen Firma gab, der nahezu alle Abrechnungsvorschläge torpedierte und blockierte. Er war ein ungenießbarer Zeitgenosse, kleinlich, pedantisch, rechthaberisch, stets auf Prestige bedacht, und alles musste ihm erst vorgelegt werden. Unsere internen Verhandlungen hatten sich festgefahren, es drohte ein Streit zwischen den beiden Firmen.

Ich trug diese Situation meinem Geschäftsführer vor, schilderte kurz den Sachverhalt und gab eine Charakterbeschreibung des Abteilungsleiters. Unser Geschäftsführer war ein ruhiger, freundlicher „Herr um die 60" – im positiven Sinne: eine Vaterfigur.

Nachdem ich unseren Verhandlungsspielraum aufgezeigt hatte, wurde absprachegemäß der Abteilungsleiter „mit viel Tamtam" zu einem Gespräch unter vier Augen eingeladen. Beim Empfang: „Oh, Herr Müller, nett, Sie einmal kennenzulernen. Sie werden bereits von Herrn Dr. Schubert erwartet. Ich darf Sie gleich zu ihm begleiten", also keine übliche Wartezeit. Chef laut zur Sekretärin: „Frau Lehmann, bitte in den nächsten Stunden keine Störung, keine Gespräche durchstellen, wir möchten ungestört sein! Ach, äh', Frau Lehmann, Herr Dr. Wegener soll sich so-

---

[16] *Wolf Ruede-Wissmann:* „Satanische Verhandlungskunst und wie man sich dagegen wehrt", S. 239.

lange um die russische Handelsdelegation kümmern!" Der Chef verstand es ausgezeichnet, der Eitelkeit des Abteilungsleiters zu schmeicheln und mit ihm nun von Mensch zu Mensch zu reden.

Am Ende des Gespräches ließ er mich rufen und empfing mich im Beisein des Abteilungsleiters mit den salbungsvollen Worten: „Wir haben Herrn Müller sehr zu danken. Er hat sich kooperativ und außerordentlich problemlösungsorientiert bereit erklärt ...!" usw. Der Fall war „gelaufen". Zu unseren Gunsten.

> **Lösungsweg:** Dadurch, dass der Geschäftsführer aus Erfahrung wusste, wie er der Eitelkeit seines Verhandlungspartners schmeicheln konnte, gelang es ihm, diesen so wichtig zu machen, dass dieser in der Sache selbst nachgeben konnte (**Denkanstöße 38, 63**).

19. Die Feuersbrunst auf der Insel

31   Stellen Sie sich die folgende Situation vor: Sie sind allein auf einer langgezogenen Insel. Auf der Ostseite der Insel bricht ein Feuer aus. Zu dieser Jahreszeit weht der Wind bekanntermaßen monatelang von Ost nach West. Wenn nichts geschieht, werden Sie in zwei Wochen verbrannt sein, weil sich dann das Feuer über die ganze Insel ausgebreitet haben wird. Sie können nicht schwimmen, können sich nicht eingraben, auch ein Rettungsboot ist nicht vorhanden. Was können Sie tun, um nicht zu verbrennen?

Sie nehmen sich mit einigen Zweigen Feuer vom brennenden Ostteil der Insel und zünden damit ein neues Feuer an, etwa ein Drittel vom Westende der Insel entfernt. Das neu gelegte Feuer im Westteil wird, durch den Wind begünstigt, bis zum westlichen Ende der Insel alles niederbrennen.

Sobald der Westteil der Insel abgebrannt ist, können Sie sich beruhigt in den Westteil retten, da das vom Osten kommende Feuer auf dem bereits verbrannten Westteil keine Nahrung mehr findet.

> **Lösungsweg:** Dies ist ein fast klassisches Beispiel für die Wirksamkeit der Anwendung des Gegenteils. Üblicherweise versucht man, ein Feuer zu löschen. Das Gegenteil davon würde heißen, dass man ein Feuer anzündet. Und beim Überprüfen, ob Anzünden hier der richtige Weg ist, kann mit einiger Kombinationsgabe fast unvermeidbar die richtige Lösung gefunden werden (**Denkanstoß 1**).

20. Lebensunwertes Leben[17]

32   Kardinal *Clemens August Graf von Galen*, der Bischof von Münster, war einer der wenigen, die den Mut hatten, öffentlich in Predigten gegen das NS-Regime aufzutreten.

---

[17] *Heinrich Portmann*, Kardinal von Galen, Verlag Aschendorf, Münster, Westf. 1948, S. 357.

Von seinen Predigten in der Lambertikirche zu Münster ist vor allem die vom 3. August 1941 in die Geschichte eingegangen. Er führte aus, dass der Kriegsgegner versuche, die Städte zu zerstören und dass die Volksgemeinschaft zusammenhalten müsse. Nun habe er gehört, dass Kranke nach dem Gutachten einer Kommission lebensunwerte, unproduktive Volksgenossen seien: „Wenn man die unproduktiven Menschen töten darf, dann wehe den Invaliden, die im Produktionsprozess ihre Kraft, ihre gesunden Knochen eingesetzt, geopfert und eingebüßt haben! Wenn man die unproduktiven Mitmenschen gewaltsam beseitigen darf, dann wehe unseren braven Soldaten, die als Schwerkriegsverletzte, als Krüppel, als Invaliden in die Heimat zurückkehren! Wenn einmal zugegeben wird, dass Menschen das Recht haben, „unproduktive" Mitmenschen zu töten – und wenn es jetzt zunächst auch nur arme, wehrlose Geisteskranke trifft –, dann ist grundsätzlich der Mord an allen unproduktiven Menschen, also an den unheilbar Kranken, den Invaliden der Arbeit und des Krieges, dann ist der Mord an uns allen, wenn wir alt und altersschwach und damit unproduktiv werden, freigegeben."

> **Lösungsweg:** Der Bischof **verlagerte das Problem** von den Geisteskranken auf die Gesamtheit der Bevölkerung und zeigte auf, was jedem einzelnen droht, wenn diese Politik des NS-Regimes nicht bekämpft wird. Er **erweiterte das Problem** so, dass sich alle Menschen als persönlich Betroffene fühlen mussten. Der Erfolg seiner Reden war so stark, dass das NS-Euthanasieprogramm bald danach eingestellt werden musste **(Denkanstoß 50)**.

21. Ihre Frau ist also nur 10 cm groß[18]

Aus Spanien wird folgende Geschichte erzählt: 33
Pablo Picasso wurde eines Tages während einer Zugfahrt in Nordspanien von einem Reisenden angesprochen, der sich darüber aufregte, dass seine kubistischen Frauenbilder so wenig mit der Wirklichkeit zu tun hätten.
„Wie würden Sie denn Ihre Frau zeichnen?" fragte der weltberühmte Maler amüsiert.
„Ich würde meine Frau genau so wiedergeben, wie ich sie sehe!" antwortete der Reisende nach einigem Überlegen.
„Genau das habe ich auch gemacht", erwiderte *Picasso*.
„Aber Meister, Sie wollen doch nicht behaupten, dass Ihre Frau zwei Gesichter und vier Augen hat!" erwiderte der Mann erstaunt.
„Doch, genau das habe ich gesehen. Wie sehen Sie denn Ihre Frau?"
Der Reisende griff in sein Portefeuille und holte eine Fotografie seiner Frau heraus und hielt sie *Picasso* unter die Augen:
„Meister, genau so würde ich sie zeichnen, wenn ich zeichnen könnte, denn genau so sieht sie aus!"
„Tatsächlich," antwortete *Picasso,* „Ihre Frau ist also in Wirklichkeit nur 10 cm groß?"

---

[18] *Reiner Ponschab/Adrian Schweizer:* „Kooperation statt Konfrontation, Neue Wege anwaltlichen Verhandelns", S. 69.

Lösungsweg: Dadurch, dass eine skurrile Schlussfolgerung gezogen wird, bekommt die Argumentation Picassos ein ganz anderes Gewicht (**Denkanstöße 24, 43, 45, 56, 74**).

22. Die Präsentation für British Rail[19]

34   Den Kunden immer mit etwas Unerwartetem überraschen, lautet die Devise von *Beatrix Kerbler,* der Saatchi & Saatchi-Österreich-Chefin. Sie lehnt glatte, durchgestylte Kunden-Präsentationen grundsätzlich ab, ohne Emotionen gehe dabei gar nichts: Die Londoner Agentur hatte eine Präsentation für die Eisenbahn British Rail. Die Kunden kamen und wurden in ein kleines Zimmer geführt, die Sessel waren schmutzig, es war kalt. Als sie sich aufregen wollten, kamen die Mitarbeiter des Werbeunternehmens hinein und sagten: „Genau so geht es Ihren Kunden."
Saatchi & Saatchi bekam den Auftrag.

Lösungsweg: Die Agentur hat die Mitarbeiter von British Rail hart und deutlich die Situation in deren Zügen erleben lassen. Sicher auch dadurch, dass die Agentur dem potentiellen Kunden die Realität in den Zügen vor Augen gehalten hat, hat sie den Auftrag erhalten (Denkanstöße 42, 63).

23. Die Bank für Lebensmittel[20]

35   Für jeden ist es beklemmend zu lesen, dass irgendwo in der Welt wieder Überschüsse an Lebensmitteln vernichtet werden mussten, während anderswo Menschen an Hunger starben. In Mexico-City hat man nun einen Ausweg gefunden. Mit großem Erfolg arbeitet dort seit 1994 eine „Bank für Lebensmittel" gegen den Hunger. 500 Lebensmittelanbieter liefern regelmäßig ihre Überschüsse unentgeltlich an diese „Bank". Dort können Organisationen zum Schutz von Straßenkindern, Waisenhäuser, Altersheime und Zusammenschlüsse von Familien Lebensmittel gegen Entrichtung einer geringen Gebühr abholen. Die Verwendung der Lebensmittel wird von den ehrenamtlichen Initiatoren der Bank streng kontrolliert, um einen Weiterverkauf zu verhindern.
Nach Angabe der Initiatoren profitieren wöchentlich rund 40.000 Menschen von dieser Bank.

Lösungsweg: Die Lösung liegt in einer Kombination von verschenken und billiger abgeben. Das Verschenken an den Endverbraucher hätte das Marktgefüge zerstört, das kontrollierte, stark verbilligte Abgeben durch die „Bank für Lebensmittel" kam denen zugute, die sich diese Lebensmittel sonst nicht leisten hätten können (**Denkanstöße 6, 72**).

---

[19] Kurier, 12. Februar 2000, Seite 57, *Daniela Davidovits:* „Mit Kreativität zu den Kunden".
[20] Publik Forum, 22. November 1996.

24. Reagans Alter[21]

Wenn es gelingt, die eigene Schwäche als Stärke herauszustellen, ist dies ein Hö- 36
hepunkt der Verhandlungskunst.

Ein besonderes Beispiel stammt aus der zweiten Fernsehdebatte zwischen *Ronald Reagan* (* 1911) und *Walter Mondale* im Jahre 1984, vor der Wiederwahl Reagans. Reagan hatte in der ersten Debatte einen schlechten Eindruck gemacht. Er hatte Fakten durcheinander gebracht und erhebliche Konzentrationsschwächen gezeigt. Seine Berater fürchteten, Mondale würde Reagans fortgeschrittenes Alter zum Hauptangriffspunkt machen. Sie suchten angestrengt nach einer Abwehr, fanden aber keine. Reagan selbst hatte die rettende Idee, die ihm einen Lacherfolg und wahrscheinlich die zweite Präsidentschaft einbrachte. Er sagte: „ Ich werde die Jugend und Unerfahrenheit meines Gegners nicht zum Wahlkampfthema machen."

Lösungsweg: Dadurch, dass *Reagan* die Unerfahrenheit und Jugend seines Gegner hervorhob, schaffte er es, seine Schwäche als Stärke darzustellen (**Denkanstöße 54, 74**).

25. Sigmund Freud und die Gestapo[22]

Die Nazis hatten im März 1938 dem 82-jährigen, schwer krebskranken *Sigmund* 37
Freud nach einer schikanösen Hausdurchsuchung die Ausreiseerlaubnis aus Österreich nur unter einer Bedingung versprochen.

Er musste eine Erklärung unterzeichnen, wonach er

„von den deutschen Behörden und im Besonderen von der Gestapo mit der meinem wissenschaftlichen Ruf gebührenden Achtung und Rücksicht behandelt wurde, dass ich meiner Tätigkeit ganz meinen Wünschen entsprechend frei nachgehen konnte und nicht den geringsten Grund zu einer Beschwerde habe."

Im Hinblick auf die brutale Verfolgung der Wiener Juden wollte *Freud* nicht zulassen, dass aus seiner Unterschrift Kapital für die Nazipropaganda geschlagen werden könnte.

Als der Gestapobeamte das Dokument zur Unterschrift vorlegte, fragte *Freud*, ob er noch einen Satz hinzufügen dürfte.

Offensichtlich im Vollgefühl seiner Machtposition stimmte der Beamte zu, und Freud schrieb: „Ich kann die Gestapo jedermann wärmstens empfehlen."

Lösungsweg: Durch diese Ergänzung war es *Freud* gelungen, die Erklärung so zu übertreiben, dass der darin enthaltene Sarkasmus die ganze Erklärung für Propagandazwecke unbrauchbar machte. Die Gestapobeamten hingegen konnten, nachdem sie Freud zum Lob gezwungen hatten, nicht gut weiteres spontanes Lob ablehnen (**Denkanstöße 9, 24, 74**).

---

[21] *Dr. H.-Georg Macioszek:* „Chruschtschows dritter Schuh", S. 34.
[22] *Paul Watzlawick, Janet H. Beavin, Don D. Jackson*, „Menschliche Kommunikation", Verlag Hans Huber, Bern-Stuttgart-Wien 1974, Seite 190; Kurier, 31. August 1999, S. 33.

26. Der Geburtstag des Schuhputzers

38 „97, 98, 99, 100. Senor, Sie bekommen heute die Schuhe gratis geputzt. Ich habe nämlich heute Geburtstag und da putze ich jedem 100. Passanten die Schuhe ohne Bezahlung", rief der 8-jährige Schuhputzer in Guatemala dem Europäer zu. Der ließ sich erfreut die Schuhe putzen. Natürlich gab es dann ein Extra-Trinkgeld, das erheblich über dem Preis für das Putzen der Schuhe lag. Wie oft putzt einem denn auch ein Geburtstagskind die Schuhe! Der Europäer bedankte sich, das Geburtstagskind strahlte, alle waren glücklich …

Im Weggehen hörte der Europäer aus der Entfernung noch den kleinen Schuhputzer rufen: „97, 98, 99, 100".

Lösungsweg: Der Schuhputzer erhöhte sein Einkommen auf drei kreativen Wegen: Er verschenkte etwas, wofür man sonst zahlen muss, er gab dem Europäer das Gefühl der 100., also jemand besonders wichtiger zu sein und er erreichte höchstwahrscheinlich die volle Auslastung seiner Arbeitszeit dadurch, dass er nur die letzten Ziffern (97, 98, 99, 100) durchzählte, um das Besondere am jeweiligen Passanten zu definieren (**Denkanstöße 38, 74**).

27. Das Ei des Columbus[23]

39 Angeblich hat das Ei des Columbus mit *Columbus* historisch nichts zu tun. Es ging um folgendes:

1421 gab es eine Versammlung von Architekten aus vielen Ländern, die nach Florenz berufen worden waren, um zu beraten, wie man den unvollendeten Bau des Domes Santa Maria del fiore mit einer Kuppel abschließen könnte.

Jeder Baumeister hatte eingehend seine Meinung entwickelt und ein Modell gezeigt. Nur der Baumeister *Filippo Brunelleschi* wollte kein Modell vorstellen.

Aber er machte den inländischen und ausländischen Meistern den Vorschlag, dass derjenige, welcher ein Ei der Länge nach fest auf eine Marmorplatte stellen könne, die Kuppel bauen solle, da sich hierin dessen Talent zeigen würde.

Nachdem man also ein Ei genommen hatte, versuchten alle Baumeister, es aufrecht stehen zu lassen, aber keinem gelang es. Als man nun *Brunelleschi* aufforderte, das Ei aufrecht hinzustellen, nahm er es mit Grazie, stieß es mit dem schmalen Ende auf die Marmorplatte und brachte es so zum Stehen.

Als die Künstler riefen, dass sie es so auch hätten machen können, antwortete Brunelleschi lachend, sie würden es auch verstanden haben, die Kuppel zu wölben, wenn sie sein Modell oder seine Zeichnung gesehen hätten. Und so wurde beschlossen, dass er beauftragt werden sollte, den Bau zu leiten.

Diese Erzählung wurde später mit *Columbus* in Zusammenhang gebracht, deshalb auch die Bezeichnung „Ei des Columbus".

---

[23] *Georg Büchmann*, „Geflügelte Worte und Zitatenschatz", verbesserte Neuausgabe, S. 180.

Lösungsweg: *Brunelleschi* mag sich überlegt haben, ob es hilft, wenn er das Ei beschädigt bzw. Gewalt anwendet. So kam er auf die Lösung **(Denkanstoß 12)**.

28. Die Liste der Arbeitsplätze[24]

Ein junger Mann auf Arbeitssuche sprach bei einem großen Kaufhaus vor, wo 40 man ihm sagte, dass es schon zu viele Bewerber vor ihm gäbe.

Unverzagt sah er sich das Kaufhaus genau an und rief dann den Personalchef an. „Ich suche eine Arbeitsstelle und habe gerade mehrere Stunden im Kaufhaus verbracht und nach Möglichkeiten gesucht, wo ich mitarbeiten kann", sagte er. „Nun habe ich eine Liste mit zehn potentiellen Arbeitsplätzen zusammengestellt, von denen ich glaube, dass ich Ihnen dort sofort nützlich sein könnte. Kann ich zu Ihnen kommen und Ihnen die Liste zeigen?"

Wenig später wurde er in diesem Kaufhaus angestellt.

Lösungsweg: Der Bewerber versetzte sich in die Lage des Gesprächspartners und stellte für diesen etwas zusammen, was für ihn besonders interessant war, nämlich die zusätzlichen Einsatzorte für Personal. Damit machte er so großen Eindruck, dass er genommen wurde **(Denkanstöße 5, 9, 63)**.

29. Die strickende Großmutter und Klein-Eva[25]

Klein-Eva spielt im Wohnzimmer und läuft der strickenden Großmutter immer 41 wieder in den Wollfaden. Es gibt Streit und vom ständigen Ermahnen genervt schlägt der Vater vor, *Klein-Eva* in den Laufstall zu stecken, damit die Großmutter in Ruhe stricken kann. Darauf schlägt die Mutter vor, doch lieber die Oma in den Laufstall zu setzen, wo sie genauso ungestört stricken, *Klein-Eva* jedoch weiterhin im Zimmer herumtoben kann.

Lösungsweg: Dadurch, dass der normale Ort der handelnden Personen getauscht wird, wird eine überraschend einfache Lösung gefunden **(Denkanstöße 32, 48)**.

30. 30 Ideen in 30 Minuten[26]

Fallweise leiden Kongresse und Seminare daran, dass man als Teilnehmer außer 42 interessanten persönlichen und beruflichen Kontakten keine konkreten neuen Ideen mit nach Hause nehmen kann.

---

[24] *Michael Le Boeuf,* „Kreative Kraft: Imagination und Inspiration", Moderne Verlagsgesellschaft, München 1988, S. 12.
[25] *Reinhard Sellnow* ZKM 2000, 101.
[26] Wochenpresse, Wien ca. 1980.

Um diesen Mangel zu beseitigen, wurde schon vor Jahren in den USA die Idee geboren, gute Ideen in Kurzfassung vorzutragen. Die „Wochenpresse" berichtete 1980 darüber wie folgt: In den USA findet man jetzt häufig bei Jahreskonferenzen von Vereinigungen den Programmpunkt „30 Ideen in 30 Minuten".

Meist ist es der Rahmen für ein gemeinsames Essen, manchmal aber auch der Auflockerungsteil nach langen Referaten. Referenten sind fünf oder sechs der Experten, die ohnehin das Tagungsprogramm gestalten. Sie wechseln sich im Rhythmus von einer Minute ab. In dieser Zeit müssen sie eine Idee vortragen, die sich in der Praxis leicht verwirklichen lässt.

Oft werden diese sehr lebhaften 30 Minuten als Höhepunkt der Veranstaltung angesehen, besonders von denen, die der Ansicht sind, dass sich eine Tagung schon dann lohnt, wenn man eine oder zwei neue Ideen mitbringt.

Lösungsweg: Hier entschied man sich, mehrere kurze Reden halten zu lassen und die Zeit hierfür radikal auf 1 Minute zu begrenzen. Das waren sicher die ausschlaggebenden Gründe, weshalb dieser Programmpunkt jeweils so ein Erfolg wurde **(Denkanstoß 62).**

31. Produktivität[27]

43   Es war in den frühen fünfziger Jahren: Einer staunenden österreichischen Gewerkschaftsdelegation wurde in den USA die größte Baumaschine mit dem Hinweis vorgestellt, dass ein Fahrer mit diesem Ungetüm die Arbeit verrichten könne, die früher 100 Mann mit Spaten erfordert hatte. Sinnierend meinte ein österreichischer Bauarbeiterfunktionär: „Wenn ich aber denke, dass man hier statt dem einen Baggerführer 100 Leute mit Spaten beschäftigen könnte!" Worauf der Amerikaner eiskalt entgegnete: „Ja, oder 1.000 mit Kaffeelöffel."

Lösungsweg: Eine Aussage wurde durch extreme Übertreibung wertlos gemacht und damit die ganze Argumentation entkräftet. Augenfälliger konnte der Begriff Produktivität nicht demonstriert werden **(Denkanstöße 24, 42, 56, 74).**

32. Die Altbürgerfeier[28]

44   In fast allen Städten gibt es sogenannte „Jungbürgerfeiern". Die 18-jährigen jungen Leute werden von ihrer Stadtgemeinde zu einer Feier eingeladen und bei dieser Feier in das öffentliche und politische Leben eingeführt.

Trotz vieler Bemühungen um eine attraktive Gestaltung, kommen selten mehr als die Hälfte der eingeladenen Jugendlichen.

Aus der Überlegung, wie man älteren Mitbürgern für das, was sie im Laufe ihres Berufslebens für die Gemeinschaft geleistet haben, von öffentlicher Hand danken

---

[27] Wochenpresse, Wien ca. 1979.
[28] *Ivo Greiter:* „Bürgernähe in der Praxis – Der Schlüssel zum politischen Erfolg"; 2. Auflage, 1989, Seite 154; Innsbrucker Journal, November 1987, S. 9.

könne, entstand 1987 in Innsbruck als bisher einziger Stadt in Österreich und wahrscheinlich auch in Europa die sogenannte „Altbürgerfeier".

Ziel dieser Feier ist es, den Mitbürgern, die 68 Jahre alt geworden sind, anlässlich eines Empfanges für das zu danken, was sie seit ihrem 18. Lebensjahr, also während eines halben Jahrhunderts, für die Gemeinschaft getan haben.

Bis zum Ende des Jahres 2000 wurde die Altbürgerfeier in Innsbruck bereits 19 mal durchgeführt. Sie war jedes Mal ein voller Erfolg und hatte ein hervorragendes Echo. 600–700 Personen füllten bei jeder Feier die festliche Dogana.

Lösungsweg: Gedanklich ausgehend von der Jungbürgerfeier wurde das Gegenteil, die Altbürgerfeier, konzipiert und durchgeführt **(Denkanstoß 1).**

33. Dann könnten wir die Motoren abstellen[29]

Der bekannte amerikanische Kaugummihersteller *Wrigley*, dessen Kaugummi- 45 marke weltweit zu den bekanntesten gehört, wurde auf einer Flugreise von einem Reporter interviewt.

Der Reporter stellte ihm die Frage, weshalb er immer noch so viel Werbung betreibe, obwohl seine Kaugummimarke ja weltweit bereits bestens bekannt sei.

Wrigley fragte ihn, ob das Flugzeug schon die normale Flughöhe erreicht habe. Der Reporter antwortete: „Ja, ich glaube schon."

Wrigley: „Dann könnten wir ja eigentlich die Motoren abstellen. Genauso ist es mit der Werbung."

Lösungsweg: Dadurch, dass *Wrigley* ein sehr plastisches Beispiel dafür brachte, weshalb man bei einem gut und erfolgreich beworbenen Produkt nicht die Werbung einstellen kann, überzeugte er ohne viel theoretische Ausführungen **(Denkanstöße 42, 65, 74).**

---

[29] Mitteilung von Dipl.-Kfm. *Hannes Hess*, DEZ-Innsbruck, im Oktober 2000.

§ 13 Die Organisation von Mediationsverhandlungen[1]

Dr. Benno Heussen

Übersicht

Schrifttum: *Heussen* (Hrsg.), Handbuch Vertragsgestaltung und Vertragsmanagement, 2. Aufl. 2002.

I. Die Verhandlung: Das Zentrum des Verfahrens

1   Im Zentrum der Mediation steht die Verhandlung, die den Konflikt bereinigen soll. Zwar arbeitet man schon an Modellen für die Online-Schlichtung[2], all das funktioniert aber noch nicht zufrieden- stellend: Die persönliche Anwesenheit der Parteien in einem definierten Raum innerhalb fester Zeitgrenzen führt zu einer eigenen Qualität der Verhandlung, die auf absehbare Zeit nicht ersetzbar ist.

---

[1] Ich danke Herrn Rechtsanwalt *Dieter Lüer* für viele wertvolle Hinweise aus seiner langjährigen Erfahrung.
[2] www.cybercourt.de; eingehend dazu § 50.

Die Verhandlung muss von dem Mediator, den Parteien und ihren Anwälten 2
und weiteren Beteiligten **inhaltlich** sorgfältig vorbereitet werden, denn es gibt oft
nur **diese** eine **Chance**, zum Ergebnis zu kommen. Genauso wichtig sind aber die
Fragen der **Organisation** der Verhandlung, und zwar umso mehr, wenn international
verhandelt wird. Inhalt, Zweck und Stil der Mediation erfordern auch hier die
Berücksichtigung von Besonderheiten, wenn die Verhandlung erfolgreich enden
soll.

II. Neutraler Service

Diese Besonderheit sieht man sofort, wenn man die Mediation mit dem Schieds- 3
verfahren oder dem Schlichtungsverfahren vergleicht: Der Schiedsrichter hat den
Auftrag, den Streit mit **väterlicher Autorität** notfalls auch gegen den Willen der Parteien zu entscheiden, und der Schlichter handelt wie ein wohlmeinender Onkel, der
gute Ratschläge verteilt, die aber nicht angenommen werden müssen. Ganz anders
der Mediator: Er soll das von den Parteien selbst geschaffene Chaos in **formale
Strukturen** bringen, die es den Parteien ermöglichen, Abstand zu ihrer Sache zu gewinnen, die Perspektive der Gegenseite einzunehmen und so ihre Probleme selbständig zu lösen. Dabei setzt der Mediator eher **mütterliche Instinkte** ein und bietet
den Parteien Trost und Stütze, ohne sich über Recht und Unrecht zu äußern. Er
muss wie die Mutter den Kindern nach dem Boxkampf auf dem Schulhof die But-
terbrote schmieren, die Wunden verbinden etc. Seine Unbefangenheit und Neutralität muss dabei für beide Seiten stets erkennbar ausgewogen bleiben. Diese Grund-
auffassung muss sich in allen organisatorischen Details widerspiegeln, die er beeinflussen kann.

Der Mediator muss sich dabei bewusst sein, dass seine Tätigkeit einen Service für 4
die Parteien darstellt, auf den sie – nicht zuletzt wegen seines Honorars – einen Anspruch haben. Dabei gilt folgende Grundregel: Der Mediator sollte
– in allen **inhaltlichen** Fragen eher **passiv**
– in allen **Organisationsfragen** eher **aktiv**
vorgehen. Je erfolgreicher er sich um die Organisationsfragen kümmert, umso weniger müssen die Parteien das tun. Jede Unterlassungssünde hingegen führt dazu,
dass die Parteien sich um Details (zum Beispiel die Besorgung eines Dolmetschers)
selber kümmern und damit in die **Verhandlungsregie** eingreifen. Dann aber können
Ungleichgewichte entstehen, die der Verhandlung schaden. Auch wenn der Mediator nicht wie ein Schiedsrichter Punkte vergibt, ist es doch eine seiner Aufgaben, für
die **Gleichartigkeit** der **Verhandlungsbedingungen** zu sorgen. Er betreibt nicht selten
etwas ähnliches wie eine Heiratskapelle oder ein Blitz-Scheidungsinstitut in Las Vegas: Er muss die Parteien nicht verkuppeln oder scheiden, er muss nicht den Ehevertrag oder die Scheidungsvereinbarung schreiben, ja nicht einmal Geburtsurkunden
oder Ringe besorgen – wohl aber ist es sein Job, für die weiße Limousine oder den
Friedensrichter zu sorgen, rechtzeitig nach der Musikauswahl zu fragen, damit
nicht statt des Ave Maria von *Schubert* Heavy Metal erdröhnt und Taschentücher
bereitzuhalten, wenn die Schwiegermütter schluchzen. Und das muss alles sehr
schnell gehen.

5   Wie der Mediator seine Aufgabe im konkreten Fall wahrnimmt, ist unter anderem eine **Stilfrage**, in der sich zum Beispiel US-amerikanische Mediatoren von europäischen unterscheiden. Die Amerikaner sehen sich eher in der Geburtshelferrol-
le, die Europäer hingegen wollen gelegentlich auch inhaltliche Eingriffe in die
Willensbildung der Parteien zulassen. Die Grenzen zwischen beiden Verhaltensmo-
dellen sind fließend und der Mediator tut gut daran, wenn er frühzeitig mit den
Parteien abspricht, ob sie von ihm eher ein aktives oder ein passives Verhalten erwarten. Die Beteiligten müssen wissen, dass eine chemisch-reine Distanz zu den
Parteien nicht möglich ist, denn der Mediator beeinflusst bereits durch seine bloße
(gegebenenfalls schweigende) Anwesenheit das, was sich am Verhandlungstisch abspielt.

III. Planung der Verhandlung

6   Wenn man die Aufgabe des Mediators darin sieht, formale Strukturen in die
Verhandlung zu bringen, dann gehört in erster Linie dazu, die äußeren Bedingung-
en zu planen, unter denen eine erfolgreiche Verhandlung stattfinden kann. In diesem formellen Bereich ist er zur **Verhandlungsregie** nicht nur befugt, sondern beauftragt. Er sollte das bei der Übernahme des Mandats deutlich machen. Zweckmäßig
geschieht das in einem förmlichen Vertrag, den er mit den Parteien schließt (siehe
Rdnr. 63 ff.). In diesem **Vertrag** sollten sein **Auftrag** und dessen **Abwicklung**
einschließlich der **Kostenübernahme** etc. geklärt werden. Der Mediator wird sich
auf Grund seiner Berufserfahrung eine Meinung darüber gebildet haben, welche
Rolle er in dem Verfahren übernehmen muss, um Erfolg zu haben. Er sollte den Auftrag nicht übernehmen, ohne vorher die **Mediationsvereinbarung** daraufhin überprüft zu haben, ob sie ihm diese Rolle gestattet oder nicht. Häufig werden die
Parteien über einzelne Fragen, die die organisatorischen Rechte und Pflichten des
Mediators betreffen, nicht nachgedacht haben. Vor Übernahme des Auftrags besteht Gelegenheit, das zu korrigieren und, wenn die Parteien mit diesen Korrekturen nicht einverstanden sind, den Auftrag abzulehnen: Denn wenn der Mediator
seinen Auftrag so versteht, dass er sich auch um die Organisation nicht zu kümmern hat, wird er oft kein Ergebnis erreichen. Ich gehe im Folgenden davon aus,
dass die Parteien bereit sind, ihm die organisatorische Verhandlungsregie zu übertragen und darauf vertrauen, dass er dabei sein Bestes tut. Ich bin mir gleichzeitig der Gefahr bewusst, dass ein Mediator, der diesen Auftrag übernimmt, dazu
neigen wird, auch inhaltliche Ideen zu entwickeln, zu denen er besser Distanz hält.
Seine Erfahrung wird ihn die Grenze zwischen beiden Aufgaben unterscheiden lehren.

7   Der Mediator könnte es den Parteien natürlich auch überlassen, die Verhandlung
selbst zu planen und ihn nur dazu einzuladen. In der Regel dürfte das ein Fehler
sein, denn dieses Vorgehen setzt komplizierte Abstimmungen unter ihnen voraus,
zu denen sie meist nicht fähig sind, während sie sich streiten.

8   Die Planung der Verhandlung muss sich an der **Mediationsvereinbarung** in der
Fassung richten, die sie gegebenenfalls im Rahmen der Beauftragung des Mediators
gefunden hat.

1. Zeit

Wenn die Mediationsvereinbarung den Zeitrahmen nicht regelt, muss er vor Ein- 9
leitung des Verfahrens **verbindlich festgelegt** werden. Die Parteien müssen wissen,
wieviel Zeit das Verfahren in Anspruch nehmen wird und wann sie es beenden
können. Dieser Zeitrahmen sollte – jedenfalls für die erste Verhandlungsrunde – einen **Tag**, vielleicht zwei Tage betragen. Man kann sich vor allem dann, wenn die
Parteien längere Reisewege haben, noch einen **Reservetag** einplanen. Erzielt man
aber nach spätestens zwei bis drei Tagen kein Ergebnis, das mindestens eine zweite
Verhandlungsrunde rechtfertigt, dürfte die Mediation ihr Ziel verfehlt haben. Es
kann durchaus die Situation eintreten, dass eine Partei der Meinung ist, weiteres
Verhandeln sei sinnlos, die andere hingegen nicht. Der Mediationsvertrag muss
dem **Mediator** die Möglichkeit geben, **einseitig festzustellen,** dass bei Überschreiten
des zuvor vereinbarten Zeitrahmens die Verhandlung gescheitert ist. Nur so entsteht der notwendige Einigungsdruck.

Schon bei der Zeitplanung zeigt sich, dass ausgewogene Bedingungen oft nur er- 10
reichbar sind, wenn man organisatorische Nachteile einer Seite berücksichtigt: Sind
zum Beispiel Dolmetscher tätig, so muss die Seite, die den Dolmetscher braucht,
längere interne Beratungszeiten zugebilligt erhalten als die andere Seite.

2. Ort und Raum

Die Mediation kann 11
– am Sitz einer der beiden Parteien,
– am Sitz des Mediators,
– an dem Ort, an dem sich Gegenstände befinden oder
– an einem völlig neutralen Ort (auch grenzüberschreitend)
stattfinden. Ist der Ort in der Mediationsvereinbarung nicht geregelt, muss er vor
Beginn des Verfahrens vereinbart werden. Dabei muss man sich nicht auf einen Ort
festlegen, sondern kann für einzelne Verhandlungsrunden oder für die Feststellung
von Tatsachen unterschiedlicher Orte wählen.

Am Ort selbst muss es genügend Räume geben: Neben dem Verhandlungsraum 12
muss mindestens ein weiterer Raum zur Verfügung stehen, in den eine der Parteien
ausweichen kann.

Wenn der Mediator selbst über ein Büro mit zwei Konferenzzimmern verfügt, ist 13
das ideal, weil die Parteien sich damit unter seine Obhut begeben und der Mediator
über alle organisatorischen Möglichkeiten selbst verfügt. Das wird aber oft nicht
der Fall sein. Vielleicht ist es ohnehin besser, in einem Hotel mit mehreren Konferenzräumen zu tagen, weil dann alle Beteiligten auch private Ruheräume vorfinden,
in die sie ausweichen können, ohne lange Wege zu haben.

Die Konzentration auf einen Verhandlungsort mit mehreren Räumen hat nicht 14
nur organisatorische Wirkung: Konzentration ist für jede Verhandlung gut, wie
man zum Beispiel am Konklave, der Papstwahl sehen kann oder an der Isolierung
der Jury, wie sie in amerikanischen Strafprozessen üblich ist. Ein konzentrierter
Raum, in dem jeder noch genügend Bewegungsfreiheit für seine privaten Runden
hat, führt auch zur Konzentrierung des Gesprächs und schafft ein Binnenklima, das
der Mediation förderlich ist.

15   Eine bequeme Unterbringungsmöglichkeit ist vor allem dann von Bedeutung, wenn eine Partei zu einem Ort reist, an dem die andere nicht im Hotel wohnen muss. Die Partei, die zu einem Verhandlungsort geht, der für sie fremd ist, hat immer einen erheblichen taktischen Nachteil. Es gibt eine lebendige Diskussion über die Frage, ob der Mediator durch seine organisatorischen Maßnahmen solche Nachteile aktiv ausgleichen darf oder nicht. Er muss aber wissen:

> „In welcher verschiedenen Lage befinden sich während der zwölf Stunden Rast, die einem Tagwerk zu folgen pflegen, der Verteidiger in seiner ausgesuchten ihm wohlbekannten zubereiteten Stellung, und der Angreifende in seinem Marschlager, in welches er wie ein Blinder hineingetappt ist; oder, während der längeren Rast, die eine neue Einrichtung der Versorgung, das Abwarten von Verstärkungen usw. erfordern kann, wo der Verteidiger in der Nähe seiner Festungen und Vorräte und der Angreifende wie der Vogel auf dem Aste ist."[3]

3. Personen

16   Man muss frühzeitig klären, welche Personen an der Verhandlung teilnehmen sollen und welche Funktionen sie haben. Es ist ein Planungsfehler, wenn zu einer Mediationsverhandlung die eine Seite überraschend mit ihren Anwälten erscheint, die andere jedoch nicht. Der Mediator muss vorher wissen, in welcher Besetzung die Parteien auftreten und die andere Seite darauf vorbereiten.

17   **a) Einschaltung von Anwälten.** Falls Parteien nicht durch Anwälte vertreten sind und selbst verhandeln wollen, sollte der Mediator (möglichst schon bei Übernahme seines Auftrags) darauf dringen, dass für anwaltliche Vertretung gesorgt wird. Ist eine Partei nicht anwaltlich vertreten oder sind es gar beide Parteien nicht, kann der Mediator kaum vermeiden, nach seiner Rechtsansicht gefragt zu werden. Das bringt ihn stets in sehr problematische Situationen, die den Erfolg der Mediation gefährden. Es gibt zwischenzeitlich genügend mediationserfahrene Anwälte, die man in einem solchen Verfahren einschalten kann. Wenn die Parteien unbedingt ohne Anwälte verhandeln wollen, muss man ihnen vorher sagen, dass der Mediator (jedenfalls bis zur Sittenwidrigkeitsgrenze) rechtliche Irrtümer nicht korrigieren darf. Eine andere Möglichkeit ist, den Parteien einen Schlichtungsspruch vorzuschlagen, der im Gegensatz zur Mediation eine inhaltlich Bewertung des Schlichters enthalten darf.

18   **b) Persönlich betroffene Parteien.** Man kann keine allgemeinen Regeln darüber aufstellen, ob man den Parteien, die persönlich betroffen sind, empfehlen soll, an der Mediationsverhandlung teilzunehmen. Die dabei stets auftauchenden Emotionen können dem Ergebnis förderlich sein oder es verhindern.

19   **c) Anwesenheit von Dritten.** Wenn Sachverständige oder sonstige Fachleute wie Übersetzer etc. an der Verhandlung teilnehmen, kann der Mediator das selbst regeln. Manchmal wollen die Parteien aber Dritte mitbringen, die schlichten helfen wollen. Das kann bei besten Absichten schief gehen. Noch schwieriger wird es, wenn Dritte sich in eine Verhandlung drängen, die eigene Interessen am Ausgang der Sache haben, eine Partei sich dagegen aber aus den unterschiedlichsten Gründen nicht wehren kann (zum Beispiel Anwesenheit von Aufsichtsräten). Der Mediator

---

[3] *Carl von Clausewitz,* „Vom Kriege" cit. n. „Kriegstheorie und Kriegsgeschichte" 1993, S. 308.

muss dafür sorgen, dass er die Anwesenheit solcher Personen steuern kann und tut das am besten im Rahmen der Übernahme des Auftrags.

d) **Zahl der Teilnehmer.** Auch die Zahl der Teilnehmer, die auf jeder Seite auftreten werden, muss vorher geklärt sein. Es kann den Erfolg der Verhandlung in Frage stellen, wenn auf einer Seite zum Beispiel fünf bis sechs Personen auftauchen, auf der anderen Seite aber nur eine oder zwei. Das Übergewicht der Präsenz kann nur schwer wettgemacht werden. Vor allem wenn man mit asiatischen Parteien verhandelt, ist es selbstverständlich, dass alle, die auf die Entscheidung Einfluss haben, an solchen Verhandlungen teilnehmen. Für die andere Seite kann ein solches Übergewicht erdrückend wirken. Aus der Sicht der asiatischen Partei wiederum wirkt eine zu geringe Besetzung der Gegenseite als Affront, weil man annimmt, dass die andere Seite die Verhandlung nicht ernst nimmt, auch wenn nur wenige, aber hochrangige Teilnehmer auftauchen. 20

4. Vollmachten und Genehmigungen

Der Mediator muss bei seiner Planung darauf achten, dass alle Teilnehmer, die 21 zu der Konferenz kommen, **Vollmachten** haben, einen Vergleich abzuschließen. Die entscheidenden Personen müssen an den Verhandlungstisch. Viele Parteien neigen hier zu Machtspielen und schicken nur Untergebene, die erst zu Beginn der Verhandlung (wenn überhaupt) enthüllen, dass sie gar nicht zur Entscheidung befugt sind. Das ist grobe Zeitverschwendung, die die andere Seite zurecht übel nimmt. An ihr kann die Verhandlung scheitern.

Allerdings wird man es hinnehmen müssen, dass entscheidungsbefugte Verhand- 22 ler für das Endergebnis der Vereinbarung eine **Genehmigung** brauchen. Man kann nie verhindern, dass in der Entscheidungshierarchie einer Partei Aufsichtsräte, Gesellschafter, Gremien von Investoren etc. sich die Entscheidung über einen Vergleich vorbehalten. Wenn die Verhandelnden aber Abschlussvollmacht (unter Genehmigungsvorbehalt) haben, müssen sie sich für die Genehmigung des Ergebnisses aktiv einsetzen, weil sie sonst ihr Gesicht verlieren. Mindestens dafür muss gesorgt sein. Noch besser ist es, wenn man die Bedingungen, unter denen eine Genehmigung erteilt wird, vorher klärt, indem zum Beispiel ein allein entscheidungsbefugter Aufsichtsratsvorsitzender oder eine Person mit ähnlichen Vollmachten die Genehmigung ad hoc erteilen kann.

5. Interkulturelle Probleme

Es gibt noch eine Reihe anderer interkultureller Probleme, die der Mediator bei 23 seiner Planung berücksichtigen muss[4]. Sind die Parteien unterschiedlicher Nationalität, spielt die Verhandlungssprache eine große Rolle. Verhandeln zum Beispiel Italiener mit Franzosen, wird man kaum erwarten dürfen, dass die Verhandlungssprache italienisch wird und wenn beide sich zum Beispiel auf Englisch einigen, kann das auch dann zu Katastrophen führen, wenn beide Teile sich zuvor gegenseitig versichern, die Sprache zu beherrschen. Diese Probleme steigern sich, wenn in der Muttersprache einer Partei verhandelt wird, die für die andere eine Fremdspra-

---

[4] Dazu eingehend § 11.

che ist. Auch können plötzlich Übertragungsschwierigkeiten entstehen, die eine Seite dazu zwingen, Dolmetscher einzusetzen. Es verzögert die Verhandlung unerträglich, wenn der Mediator an solche Dinge nicht vorher gedacht hat und spontan keinen Organisationsvorschlag machen kann.

24   Interkulturelle Probleme reichen bis zu den merkwürdigsten Details. Dazu gehört zum Beispiel das Essen, die Getränke, das Auftreten weiblicher Manager, das für Araber schwer zu akzeptieren sein kann, warme Büfetts, bei denen das Schweinefleisch nicht offen deklariert ist, oder das Angebot von Alkohol für Moslems etc. Der Mediator muss sich Gedanken machen, welche Partei hier eine Betreuung benötigt, um ihr Chancengleichheit gegenüber der anderen Seite zu verschaffen.

6. Organisatorische Details

25   Aber auch unter Parteien, die die gleiche Sprache sprechen und aus dem gleichen Kulturkreis kommen, sind organisatorische Details zu beachten. Deutsch-Schweizer oder Österreicher sehen in einer Verhandlung andere Strukturen als Deutsche und haben andere Erwartungshaltungen. Das gilt sogar für Verhandlungen zwischen Berlinern und Bayern, Rheinländern und Schwaben etc., denn immer noch ist Deutschland das Land der Stämme und nicht der Klassen. Man sollte sich als Mediator also Gedanken darüber machen, ob die Leute nur Kaffee oder auch Tee brauchen, ob „Bahlsens Konferenzgebäck" die wahre Lösung ist, und ob man nicht auch Obst am Zahnstocher (wie bei Bertelsmann üblich) servieren sollte etc.[5]

7. Technische Planung

26   a) Hardware. Während man früher für Verhandlungen allenfalls eine Papiertafel benötigte, auf der jemand gelegentlich etwas aufzeichnete oder hinschrieb, muss man heute damit rechnen, dass die Parteien ihre Laptops mitbringen und erwarten Internetzugänge, Netzanschlüsse und einen Beamer vorzufinden, mit dem sie Charts an die Wand werfen können etc. Gibt es ihn nicht, kann es natürlich ein Gruppenerlebnis werden, wenn beide Seiten sich eng um einen Computer scharen müssen, um die jeweilige Position der anderen Seite graphisch nachvollziehen zu können. Damit sollte man aber nicht unbedingt rechnen. Besser ist es, mit den Parteien vorher zu klären, ob sie Overhead-Projektoren, Beamer, Flipcharts oder andere Hilfsmittel benötigen, um ihre Position zu verdeutlichen. Selbst wenn das nicht der Fall ist, muss der Mediator im eigenen Interesse besorgt sein, zeichnerische Darstellungsmöglichkeiten zu haben, um den Parteien, die darüber vielleicht nicht verfügen und sich keine Gedanken gemacht haben, die jeweiligen Positionen sichtbar zu machen. Zur technischen Organisation kann es auch gehören, die Vorkehrungen für eine Telefon- oder Videokonferenz zu treffen. Das kann sehr nützlich werden, wenn Teilnehmer mit „schwachen Vollmachten" am Tisch sitzen.

27   b) Software. Der Erfolg einer Mediation hängt nahezu ausschließlich davon ab, dass die Parteien Sachverhalte, die sie bisher nur auf ihre Weise sehen, auch aus der Sicht der Gegenseite zu verstehen beginnen. Meinungen können bekanntlich kaum

---

[5] Eine Checkliste dieser Fragen findet sich bei *Heussen (Hrsg.)*, Vertragsverhandlung und Vertragsmanagement, 2. Aufl. 2002, Teil 1.

verändert werden, wohl aber kann es gelingen, Tatsachen neu zu interpretieren. Kurz: Gelegentlich gelingt es, Emotionen durch Zahlenverständnis zu ersetzen. *Eidenmüller* hat in seinen Arbeiten zur Prozessrisikoanalyse[6] nachgewiesen, wie solche rechnerischen Verfahren ablaufen können und die dort vorgeschlagenen Entscheidungsbäume lassen sich ohne weiteres auch als Softwareprogramme denken, die entsprechende Entscheidungshilfen anbieten oder vorbereiten. Daneben gibt es Programme wie „*Click'n Settle*" oder „*Smart Settle*", die eine Partei dabei unterstützen, sich für ihre Entscheidung professionell vorzubereiten (Übersicht www.oneaccordinc.com). Der Mediator kann die Parteien auf derartige Möglichkeiten hinweisen oder selbst solche Programme einsetzen, um sich ein Bild von der Situation zu machen.

c) **Technische Absicherung der Vertraulichkeit.** Auch die Vertraulichkeit kann 28 man technisch unterstützen oder gefährden. Ich gehe in wichtige Verhandlungen grundsätzlich mit einem Pilotenkoffer mit Zahlenschloss, der es mir ermöglicht, mit einfachen Handgriffen, die nicht auffällig sind, meine vertraulichen Unterlagen verschwinden zu lassen und gegen unbefugte Einsicht zu sichern. Auch kann man lernen, seine Computer bis auf die Passwortebene herunterzufahren. Oft wird aber in der Hitze des Gefechts zum Beispiel vergessen, Zeichnungen oder Mitschriften auf einer Tafel in einem Raum, den eine Partei benutzt hat, wieder zu entfernen, bevor die andere Partei in dem gleichen Raum weiterverhandelt. Die stete Sorge für die Wahrung der Vertraulichkeit in der Sphäre **beider** Parteien, ist eine Aufgabe, der der Mediator sich widmen muss.

8. Tagesordnung

Es gibt keine erfolgreichen Konferenzen ohne eine minimale Tagesordnung. Sie 29 muss mindestens fünf Themenkreise berücksichtigen, nämlich
– Beginn und Ende der Konferenz
– die Themen der Verhandlung
– die Verantwortung für die jeweilige Darstellung
– die Pausen
– die Einschaltung Dritter (Sachverständiger etc.)
Spätestens hier muss der Mediator sich entscheiden, wie tief er in die Inhalte der 30 Verhandlung einsteigen will oder ob er besser daran tut, nur das formale Gerüst anzubieten, das die Parteien dann mit Inhalten füllen werden.

9. Sitzordnung

Eine der wichtigsten Fragen, mit der er sich beschäftigen muss, ist die Sitzord- 31 nung. Auch ohne sich mit fernöstlichen Techniken, wie etwa Feng-Shui zu beschäftigen, wissen auch Europäer oder Amerikaner, dass es in jedem Raum, in dem verhandelt wird, eine **Position** gibt, die man als „mächtig" bezeichnen kann. Jeder von uns kennt sie: Es ist der Platz mit dem Gesicht zur Tür und mit dem Rücken zum Fenster. Wer das nicht glaubt, muss nur versuchen, sich an den Platz zu setzen, der der Tür am nächsten ist und die ihn zwingt, dem Eingang den Rücken zuzuwenden.

---

[6] Zuletzt ZZP 2000 (Bd. 113), 5.

Er wird bei jedem Geräusch aufschrecken, sich umdrehen und fragen, wer ihn jetzt bedrohen will. Sitzt man gegenüber dem Fenster, ist es auch schwer, in den Gesichtern der Gegenübersitzenden zu lesen, die mit dem Rücken zum Fenster sitzen (auch wenn die Innenbeleuchtung eingeschaltet ist). Auf diesem „schwächsten“ Platz darf daher weder der Mediator noch eine der Parteien sitzen. Es ist kein Zufall, dass in einem leeren Restaurant die Leute sich zunächst auf die Plätze setzen, bei denen sie den Raum im Blick und die Wand im Rücken haben. Der oben beschriebene „mächtigste“ Platz hat in manchen Kulturen eine allen bekannte, geradezu magische Bedeutung. In Japan heißt er „tokonoma“ und ist dem Hausgott gewidmet, der dort thront. Niemand darf in seiner Fluchtlinie sitzen, außer dem Ehrengast. Das ist der Mediator. Er verstärkt seine regelnde Macht durch diesen Platz und wenn er sich anderswo hinsetzt, gefährdet er seinen Erfolg. Auch deshalb muss der Mediator möglichst als **erster** im Sitzungszimmer sein, damit er diesen Platz **ohne Diskussion** besetzen kann.

10. Sonstige Services

32   Man muss darüber hinaus frühzeitig ermitteln, ob man schon während der Verhandlung oder wenigstens *stand-by* weitere Services braucht, und zwar
– Dolmetscher/Übersetzer
– Schreibdienst
– Kopierservice
– e-mail- und Datenbankanschlüsse.

33   Amerikanische Parteien zum Beispiel halten es für selbstverständlich, dass alle Konferenzräume über Internetanschlüsse verfügen, an denen sie ihre Computer einloggen können. Bei uns ist das aber keinesfalls selbstverständlich. Fehlen sie, ist die Übertragung nur über Funktelefone möglich und damit ergibt sich ein Vertraulichkeitsproblem. Immer wieder erlebt man, dass zum Beispiel Hotels keinen Kopierservice anbieten oder nur zu unverständlichen Preisen. Der Mediator klärt diese Dinge im eigenen Interesse im Vorhinein, sonst bleiben die Kosten auf ihm hängen.

IV. Die Verhandlung

1. Start und Landung

34   Der Erfolg einer Verhandlung ist ganz entscheidend davon abhängig, dass es einen guten Start und eine gute Landung gibt. Das ist wie beim Fliegen. In der Mitte können zwar Turbulenzen und andere Schwierigkeiten auftauchen, aber wirklich kritisch wird es vor allem am Anfang und am Schluss. Der Mediator muss daher besorgt sein, dass zu Beginn der Verhandlung organisatorisch nichts schief geht und die Verhandlung einen guten Anfang nimmt. Am sichersten kann er sich fühlen, wenn er selbst geraume Zeit vor Beginn am Ort anwesend ist und sich gut vorbereitet hat. Kommt er vielleicht zu spät oder vermittelt er sonst den Parteien das Gefühl, dass er nicht so recht weiß, was er hier soll, wird er schwerlich Erfolg haben.

2. Begrüßung

Ist der Mediator wie empfohlen als erster am Platz, kann er als „Gastgeber" die 35
Parteien begrüßen und bei der gegenseitigen Vorstellung mithelfen. Auch damit verstärkt er seine Stellung.

Er sollte diese Position dazu nutzen, die Verhandlung mit einer Vorstellungsrun- 36
de einzuläuten, in der er sich selbst, seinen Erfahrungshintergrund, die Bedingungen
der Verhandlung und andere Details vorstellt und dann die Parteien bittet, gleiches
zu tun. Nicht immer kennen die Personen sich, die jetzt in der entscheidenden Runde am Tisch sitzen. Der Mediator muss helfen, die Schwierigkeiten des Anfangs zu
überbrücken. In Hamburg habe ich es einmal erlebt, dass ein Notar, der eine
schwierige Verhandlung zu begleiten hatte, in dieser Situation den Anwesenden
persönlich den Tee eingoß. Diesen Eindruck habe ich nie vergessen.

Gleich zu Beginn sollte der Mediator auch alle technischen Vorkehrungen erläu- 37
tern, mitteilen, wieviel Räume zur Verfügung stehen, und so früh wie möglich klären, ob Einzelgespräche gewünscht werden. Manche Partei traut sich nicht, diese
Forderung angesichts der vielleicht ablehnenden anderen Partei zu stellen, bietet der
Mediator das aber an, wird sie davon Gebrauch machen.

3. Telefonsperre

In den Zeiten der Funktelefone muss man leider den Anwesenden ausdrücklich 38
sagen, sie mögen – ähnlich wie im Flugzeug – ihre Funktelefone ausschalten. Die
wenigsten denken daran, obgleich es nichts Provozierenderes gibt, als ein Telefon,
das bei einem Teilnehmer, oder gar dem Mediator selbst läutet und allen anderen
damit signalisiert: Es gibt Wichtigeres als diese Verhandlung! Es mag durchaus sein,
dass eine der Parteien einen wichtigen Anruf erwartet oder dass sich im Laufe der
Verhandlung ergibt, dass Außenstehende zu Zwischenergebnissen ihre Genehmigung erteilen oder ihre Meinung sagen sollen. Das kann über das Raumtelefon geschehen, dessen Funktion zu diesem Zweck vorher erläutert werden sollte, und
wenn ein solcher Anruf kommt, ist man gut beraten, eine kleine Unterbrechung
einzulegen, die der anderen Seite die Möglichkeit einer Reaktion bietet.

4. Absicherung der Vertraulichkeit

Die Parteien werden in der Regel dafür sorgen, dass die ihnen wichtige Vertrau- 39
lichkeit auch in der Verhandlung gewahrt bleibt. Aber auch der Mediator muss
darauf achten. Ich bin einmal zu einer Schiedsgerichtsverhandlung gegangen, bei
der die Anonymität der Verhandlung für alle Parteien sehr wichtig war, um dann in
der Hotellobby festzustellen, dass dort auf eine großen Tafel angeschrieben stand:
„Schiedsgericht Berninger/Höllriegel Raum 27". Der Mediator muss dafür sorgen,
dass das Hotel auf solchen Tafeln, die manchmal erforderlich sind, um den Raum
zu finden, nur den Namen des Mediators oder ein zuvor mit den Parteien vereinbartes Stichwort benutzt.

Verlässt eine Partei den Verhandlungsraum, um sich in einem anderen Raum zu 40
beraten, muss der Mediator dafür sorgen, dass auch er selbst den Raum verläßt, um
sich nicht dem Verdacht auszusetzen, ungewünschte vertrauliche Mitteilungen von

der anderen Seite zu erhalten oder sie abwehren zu müssen. Dabei muss er darauf achten, seine eigenen Unterlagen mitzunehmen, oder wenigstens in seinem Aktenkoffer (mit Zahlenschloss) unauffällig zu verwahren. Sonst läuft er Gefahr, dass eine Seite seine vertraulichen Notizen liest.

41   Verlassen alle Parteien das Zimmer, muss der Mediator dafür sorgen, dass der Raum abgeschlossen wird, wenn sich dort noch Unterlagen befinden.

5. Statements und Verhandlungsverlauf

42   Es ist meist empfehlenswert, zu Beginn der Verhandlungsrunde die Parteien dazu aufzufordern, ihre jeweilige Position in einem Statement darzulegen. Der Mediator kann an diesen Statements erkennen, inwieweit er die Positionen der Parteien verstanden hat und was er gegebenenfalls zum gemeinsamen Verständnis beitragen kann. Auf keinen Fall darf er Aussagen korrigieren oder sonst irgendwie beeinflussen. Das gilt sowohl für Tatsachen- als auch für Rechtsausführungen. Der entscheidende Unterschied zwischen einem Mediationsverfahren und dem Schlichtungs oder Schiedsverfahren besteht darin, dass die Parteien verstehen: Es ist **meine** Aufgabe, mit der **Gegenseite** zu sprechen, es ist nicht der Mediator, mit dem ich sprechen sollte, denn er hat nichts zu entscheiden.

43   Seine Aufgabe besteht während der Verhandlung nur darin,
– durch seine bloße **Anwesenheit** bewusst zu machen, dass ein **Konflikt** ein Ereignis ist, das stets auch **Dritte** betrifft,
– durch geeignete Techniken darauf hinzuwirken, dass die Parteien sich ihrer Positionen selbst **bewusst** werden,
– den **Zeitrahmen**, der zur Verfügung steht, **einzuhalten,**
– an geeigneten Stellen zu **unterbrechen** und den Parteien die Möglichkeit zu geben, sich **intern** zu **beraten** oder neue Entschlüsse zu fassen.

44   Ob er dies eher aktiv oder passiv tut, ob er selbst Charts zeichnet, um Positionen zu verdeutlichen, oder das unterlässt, ob er Checklisten mit den wesentlichen Verhandlungspunkten vorbereitet oder nicht: Das sind diffizile Fragen, die vom Selbstverständnis des Mediators und von den Wünschen der Parteien abhängen. Hier kann man nichts verallgemeinern.

6. Pausen

45   Wie oft habe ich an Konferenzen teilgenommen, bei denen sich niemand Gedanken über notwendige Pausen gemacht hat. Die meisten Manager sind stählern genug, um ein bis zwei Stunden stillzusitzen, dann aber schleicht der eine oder andere sich doch aus dem Raum, um sich eine Zigarette zu genehmigen oder auf die Toilette zu gehen. Gern wird dabei das Handy offen als Banner herumgeschwenkt, um darzutun, dass man eigentlich nur dringend telefonieren muss (was meist dann zusätzlich geschieht). Spätestens nach eineinhalb Stunden braucht jeder Mensch eine Pause von mindestens einer Viertelstunde, die man auch dazu nutzen muss, den Raum durchzulüften. Nicht nur die wenigen verbliebenen Raucher brauchen diese Unterbrechungen, denn die Luft wird schlecht, die Konzentration lässt nach, das Aggressionspotential steigt – und all das tut der Verhandlung nicht gut.

Auch an **gezielte Pausen** muss der Mediator denken, die er mittendrin zum Bei- 46
spiel vorschlägt, um aufkommende schlechte Stimmung zu glätten und jeder Partei
interne Besprechungen zu ermöglichen. Wenn diese häufig genug vorkommen, kann
man auf weitere Pausen verzichten. Man muss auch die Situation sehen, in der eine
Unterbrechung schädlich ist, weil die Parteien kurz vor dem Ende einer Übereinkunft stehen. Nur dann ist es gerechtfertigt, durch Verweigerung von Pausen die
Einigungsbereitschaft aufrecht zu erhalten.

7. Protokoll

Es ist den Parteien überlassen, für eigene Zwecke Protokolle zu schreiben. In je- 47
dem Fall muss der Mediator sein **eigenes Protokoll** fertigen, das mindestens die
formalen Abläufe der Verhandlung und die **Ergebnisse** wiedergibt. Das dient zum
einen seinem eigenen Überblick, ist aber auch aus Gründen der Haftung geraten,
die der Mediator selbst dann beachten muss, wenn die Parteien ihm eine umfassende Haftungsbefreiung erteilt haben.

Es ist stets schwierig, ein **Inhaltsprotokoll** zu schreiben, während man die Ver- 48
handlung überwacht. Auch ein ganz passiv agierender Mediator schuldet den Parteien volle Aufmerksamkeit, und zwar auch dann, wenn diese ihn in hitzigen Situationen völlig ignorieren. Seine Leistung besteht in der kundigen Abschätzung von
Stimmungslagen, dem Nachvollziehen der sich gelegentlich chaotisch hin- und her-
bewegenden Argumentationen und der behutsamen Interpretation der jeweiligen
Positionen. Der einfachste Weg wäre es, einen Mitarbeiter oder eine Sekretärin zu
bitten, das Protokoll zu schreiben. Das kann aber neue Schwierigkeiten auslösen:
Zur Mediation kommt es oft nur, weil beide Parteien nur der Person des Mediators
Vertrauen schenken, sie übertragen dieses Vertrauen aber nicht ohne weiteres auf
seine Mitarbeiter. Auch die Vertraulichkeitsfrage spielt hier eine große Rolle. Es
kann sogar schwierig werden, wenn der Mediator sich Notizen macht, deren Inhalt
er den Parteien nicht mitteilt. Man sollte die eigenen Überlegungen an der Tafel
verdeutlichen und mit den Parteien darüber sprechen.

Wenn das Protokoll nur für den Mediator bestimmt ist, hat es naturgemäß einen 49
anderen Inhalt, als wenn die Parteien es später erhalten sollen.

8. Entspannte Situationen

Nach langen und ermüdenden Verhandlungen gibt es Abendessen, Aufenthalt in 50
der Bar, oder ähnliche Situationen. Der Mediator darf an ihnen nicht teilnehmen,
sollte aber daran denken, dass es der Verhandlung nützlich sein kann, wenn die
Parteien sich in entspannter Atmosphäre außerhalb der Verhandlungssituation begegnen. Das sind die Erlebnisse, die zum Beispiel Deutsche und Franzosen beim
Weihnachtsfest 1917 an der Front in *Verdun* davon überzeugt haben, dass der
Friede nicht mehr fern sein kann. Natürlich nutzt manche Partei solche Situationen
zu ihrem Vorteil aus. Das ist aber keine Sache, um die der Mediator sich kümmern
darf oder sollte. Das Risiko, dass in solchen Situationen sich Vorteile und Nachteile
verschieben, ist im wahrsten Sinne des Wortes nicht „sein Bier".

V. Inhalt des Vergleichsvertrags

51   Verläuft die Verhandlung erfolgreich, endet sie in einem **Vergleich** zwischen den Parteien.

52   Der Mediator darf den Inhalt des Vergleichs nicht beeinflussen, denn seine Aufgabe besteht nur darin, sich der „Hebammen-Technik" zu bedienen: Er muss den Vergleich zur Welt bringen. Nur sehr geschickt verhandelnden Parteien wird er es aber überlassen können, den Weg dorthin ganz allein zu finden. Auch ein guter Bergsteiger ist dankbar, wenn er an kritischen Stellen des Felsens eingehauene Haken oder sogar eine Grifffleine findet. Welche Hilfestellungen der Mediator hier anbieten darf, ist schwer und nur situationsbedingt zu entscheiden, denn stets muss er befürchten, dabei den Eindruck zu erwecken, als unterstütze er eine der Parteien bei ihren Bemühungen.

53   Andererseits sollte er die Parteien nicht sehenden Auges in rechtlich unwirksame Vergleiche laufen lassen. Auch das ist einer der Gründe dafür, dass Mediatoren juristisch ausgebildet sein oder sich wenigstens juristischen Beistands versichern sollten. Solcher Beistand darf aber nicht von den Parteien kommen! Der Mediator muss sich auf **Fragen** beschränken. Zwei Beispiele:

– Geht es um **grenzüberschreitende Verhandlungen,** spielt die Rechtswahl stets eine Rolle und sie kann vom Ort der Vergleichsverhandlung bestimmt sein. Wenn die Parteien sich bei der Festlegung der Textfassung über die **Rechtswahl** ersichtlich keine Gedanken machen, muss der Mediator diesen Punkt ansprechen und beide Seiten anregen, eine eindeutige Rechtswahl zu treffen.

– Verhandeln die Parteien etwa über **Grundstücke** oder **gesellschafts-rechtliche Änderungen,** wird der Vergleich häufig nur dann wirksam sein, wenn er notariell beurkundet wird. Der Mediator kann die notariellen Aufgaben zwar nicht übernehmen, muss aber dafür sorgen, dass die Parteien sich dessen bewusst sind. Gegebenenfalls wird er bereits bei der Planung dafür sorgen, dass ein **Notar** erreichbar ist.

– In jedem Fall muss der Mediator klären, ob die Parteien am Ende einen förmlichen Anwaltsvergleich (§ 796a ZPO) schließen wollen, damit sie darauf achten können, dass die Formalitäten erfüllt werden.

54   All diese Probleme kann man am leichtesten dadurch lösen, dass man den Parteien die **formelle Struktur** des Vergleichs in Form einer Checkliste vorgibt, die die typischen regelungsbedürftigen Punkte umfasst, ohne inhaltliche Vorschläge zu machen. Der Mediator muss sie auf alle Fälle vermeiden, denn nach der alten Regel: *„Wer schreibt, der bleibt",* würde er mit eigenen Formeln und Vorschlägen das Ergebnis der Verhandlung unzulässig beeinflussen.

55   Bei aller Zurückhaltung muss er sich aber klar sein, dass er von den Parteien den Auftrag erhalten hatte, einen rechtswirksamen Vergleich zu ermöglichen. In der Praxis bedeutet das: Am Ende der erfolgreichen Verhandlung muss ein **unterschriebener Text** stehen, der **rechtswirksam** ist!

56   Statt dessen stößt man immer wieder auf die Ansicht, es genüge, am Ende der Verhandlung die Punkte aufzulisten, auf die man sich „geeinigt" hat. Wer sich damit begnügt, wird häufig genug feststellen müssen, dass die Ansichten sich schon anderntags ändern, denn das Ergebnis einer Mediation löst bei vielen anderntags die „Vertragsreue" aus, die geschlossene Verträge nicht selten begleitet. Auch das

ist einer der Gründe, warum man sich vorher Gedanken über Vollmachten und Genehmigungen machen muss.

Es genügt also selten, sich über die Einigung nur allgemein zu unterhalten, denn   57
der Teufel steckt im Detail, er steckt in den **Formulierungen** und er steckt in den möglichen Interpretationen. Man muss sich immer vergegenwärtigen, dass jeder Einigungstext Gegenstand späterer streitiger Auseinandersetzungen oder gar Prozesse werden kann, und zwar vor allem dann, wenn darüber Personen entscheiden, die nicht am Verhandlungstisch gesessen haben.

VI. Design des Vergleichsvertrages

Im Ergebnis ist daher dazu zu raten, die kritischen Punkte, die vor oder während   58
der Verhandlung sichtbar werden, in einer bestimmten Struktur aufzulisten, und den Parteien eine Checkliste anzubieten, an der sie sich mit ihren Textformulierungen orientieren können. Die nachfolgende Checkliste ist in erster Linie für die **internen Prüfzwecke** des Mediators bestimmt. Der Mediator kann den hier vorgeschlagenen sechsteiligen Aufbau aber auch den Parteien als Strukturvorschlag für die Vergleichsvereinbarung empfehlen.[7]

Die Aushändigung einer Checkliste an beide Parteien hat darüber hinaus den   59
psychologischen Vorteil, dass die Parteien leichter einen Weg zur **„Ein-Text-Technik"** finden. Sie besteht darin, dass beide Seiten gemeinsam daran arbeiten, einen Text zu finden und nicht eine Seite ihn entwirft, woraufhin die andere Seite den Entwurf kritisieren muss. Der Austausch von Argumenten, die Abänderung von Formulierungen etc. führt zu einem gemeinsamen kreativen Schaffensprozess, der auch der inhaltlichen Einigung förderlich ist.

Die Aufnahme einer bestimmten Frage oder eines Themas in die Checkliste be-   60
deutet nicht, dass der Mediator rechtlich verpflichtet sei, sich über eine **inhaltlich richtige** Lösung Gedanken zu machen. Es ist stets das Risiko der Parteien, dass eine Vergleichsvereinbarung inhaltlich nicht das wiedergibt, was sie vereinbart haben. Deshalb muss der Mediator sorgfältig abwägen, ob er zum Beispiel die **Vollstreckbarkeit** bestimmter in der Vergleichsvereinbarung niedergelegter Ansprüche prüft oder die Parteien auf Mängel hinweist. Die Liste hat lediglich den Zweck, dem Mediator eine Hilfestellung bei der Überwachung derjenigen Punkte zu geben, die die Parteien selbst als relevant erkannt haben. Viele der nachfolgend angesprochenen Punkte sind in der Checkliste von *Imbeck*[7] im Einzelnen kommentiert.

1. Vorfragen

– Haben sich alle Personen identifiziert, die verhandeln, oder sind sie der Gegensei-   61
  te jeweils bekannt?
– Hat jede Seite die Vollmachten des Verhandlungspartners gesehen oder überprüft?
– Ist der Vertrag nach der getroffenen Rechtswahl notariell zu beurkunden oder sonst qualifiziert formbedürftig?

---

[7] Zu diesem Aufbau und anderen Fragen des Vertragsdesign im Detail *Imbeck* in Heussen (Hrsg.), „Handbuch Vertragsverhandlung und Vertragsmanagement", 2. Aufl. 2002 Teil 3.

2. Checkliste

62   I. Vertragliche Grundlagen

In diesen Abschnitt gehören alle Themen, die die Geschäftsgrundlage des Vertrages beschreiben oder darstellen. Hier wird der Rahmen für den Austausch von Leistungen definiert, die in der Regel den Inhalt einer Vergleichsvereinbarung darstellen.

1. Sind alle Parteibezeichnungen korrekt und vollständig?

2. Sind die Begriffe im Vertrag konsistent verwendet und/oder definiert?

3. Ist der sachliche Geltungsbereich, auf den die Parteien sich geeinigt haben, für einen Dritten ohne weiteres nachvollziehbar und eindeutig?

4. Ist der räumliche Geltungsbereich, auf den die Parteien sich geeinigt haben, für jeden Dritten ohne weiteres nachvollziehbar und eindeutig?

5. Ist der Streitgegenstand so definiert, dass andere mögliche Streitigkeiten zwischen den Parteien entweder in die Einigung formell richtig einbezogen oder ausgegrenzt werden? (Für die Bestandskraft des Vergleichs und etwa anhängiger anderer Verfahren ist das von entscheidender Bedeutung!)

6. Müssen die Parteien sich Teilquittungen oder Generalquittungen erteilen?

II. Inhalt der Leistungen

In diesen Abschnitt gehört die Beschreibung der Leistung, die die eine Partei der anderen verspricht sowie die Beschreibung der Gegenleistung und die Bedingungen, unter denen beide Leistungen erfolgen sollen.

1. Ist die Leistung des einen Vertragspartners (in der Regel eine Sachleistung) hinreichend klar beschrieben?

☐ Leistungsart
☐ Leistungsmodalitäten
☐ Leistungsvorbehalte
☐ Mitwirkungspflichten
☐ Leistungen Dritter
☐ Leistungszeit

2. Ist die Leistung des anderen Vertragspartners (in der Regel Geldleistung) hinreichend klar definiert?

☐ Vergütung

☐ Festpreis
☐ Preisrahmen
☐ Vergütung nach Aufwand
☐ Preisgleitklauseln
☐ Variable Preisklauseln
☐ Wertsicherungsklauseln
☐ Umsatzsteuer

☐ Zahlungsmodalitäten
  ☐ Fälligkeit
  ☐ Abschlagszahlung
  ☐ Boni/Skonti/Rabatte
  ☐ Aufrechnung
  ☐ Zurückbehaltung
☐ Mitwirkungspflichten

3. Verzugsregelungen

III. Sicherung der Leistungen

In diesem Abschnitt finden sich alle Klauseln, die den Leistungsaustausch oder die Qualität der Leistungen absichern sollen.

1. Sicherung der Sachleistung
   ☐ Gewährleistung
   ☐ Garantien
   ☐ Rügepflichten und Fristen
   ☐ Qualitätssicherungsvereinbarung
   ☐ Bürgschaft
   ☐ Anwartschaftsrechte

2. Sicherung der Geldleistung
   ☐ Wahl des Zahlungsmittels
   ☐ Eigentumsvorbehalt
   ☐ Kreditsicherheiten
   ☐ Sicherung des Zahlungsflusses
   ☐ Drittsicherheiten
     ☐ Bürgschaft
     ☐ Schuldbeitritt
     ☐ Garantie

3. Allgemeine Leistungssicherung
   ☐ Versicherungen
   ☐ Informationsrechte und Pflichten
   ☐ Konkurrenz- und Geheimnisschutz

4. Allgemeine Haftungsvereinbarung
   ☐ Haftung aus CIC
   ☐ Verschuldensregelung
   ☐ Haftungsausschluss und Haftungsbegrenzung
   ☐ Regelung der Haftungsfolgen
   ☐ Verjährungsregelung

IV. Vertragsdurchführung

Während die vorherigen Kapitel systematisch die Detailaspekte des jeweiligen Themas beschreiben, wird in diesem Kapitel historisch vom Beginn bis zum Ende der Abwicklung des Vergleichs gezeigt, was zu dem jeweiligen Zeitpunkt geschehen soll. Ist ein bestimmtes Thema (zum Beispiel die Zahlungsfälligkeit) in einem früheren Kapitel schon geregelt, wird hier auf die entsprechende Regelung verwiesen.

1. Beginn des Vertrages

2. Laufzeit

3. Management der Durchführung

4. Vertragsanpassung/Vertragsänderung

5. Abnahme und Übergabe von Leistungen

6. Besondere Nebenpflichten

7. Abwicklung und nachvertragliche Pflichten
   ☐ Abfindungen
   ☐ Herausgabepflichten
   ☐ Aufbewahrungspflichten
   ☐ Unterlassungspflichten

V. Allgemeine Bestimmungen

Dieser Abschnitt umfasst allgemeine, meist auf rechtliche Themen konzentrierte Vereinbarungen.

1. Rechtswahl

2. Erfüllungsort und Gerichtsstand

3. Schriftform

4. Salvatorische Klauseln

5. Schiedsregelungen
   ☐ Schiedsgutachten
   ☐ Schiedsgerichte
   ☐ Schlichtungsverfahren

6. Kosten/Steuern

7. Rangfolge von Regelungen
   ☐ Individuelle Änderungen nach Vertragsschluss
   ☐ Die Vergleichsvereinbarung
   ☐ Gesetzliche Regelungen

8. Vertretung, Vollmachten, Rechtshandlungen
   ☐ Bei Einzelpersonen
   ☐ Bei Mehrheiten von Vertragspartnern
   ☐ Zustellung von Willenserklärungen

9. Genehmigungen
   ☐ Aufsichtsrat
   ☐ Andere Gremien

10. Verhältnis zu anderen Verträgen

11. Übertragung von Rechten und Pflichten aus der Vergleichsvereinbarung

12. Drittbegünstigung
   ☐ Schutzpflichten zugunsten Dritter
   ☐ Abtretung von Ansprüchen
   ☐ Konzernklauseln

13. Einfluss Dritter auf den Vertrag
- [ ] Öffentlich-rechtliche Beschränkungen (Kartellrecht)
- [ ] Privatrechtliche Beschränkungen
- [ ] Vorkaufsrechte

14. Haftungsrisiken aus dem Leistungsaustausch
- [ ] Firmenfortführung
- [ ] Steuerliche Haftung
- [ ] Haftung beim Erwerb von Geschäftsanteilen

15. Externe Effekte des Vertragsinhalts
- [ ] Gesetzes- und Vertragsumgehung
- [ ] Steuerrechtliche Folgen

VI. Anlagen

Dieser Abschnitt beschreibt die Anlagen zur Vergleichsvereinbarung. Eine guten Regel folgend sollten hierher alle technisch/finanziell/wirtschaftlichen Regelungen ausgegliedert werden, so dass der Haupttext kurz gehalten werden kann und auf diese Anlagen verweist. Dazu gehören zum Beispiel:

- [ ] Leistungsbeschreibungen
- [ ] Vergütungsregelungen
- [ ] Bürgschaften und Garantien
- [ ] Versicherungsnachweise
- [ ] Vollmachten und Genehmigungen
- [ ] Projektmanagementvereinbarungen etc.
- [ ] Sind alle Anlagen vorhanden, die der Vertrag erwähnt?
- [ ] Sind die als Anlagen vorgesehenen Dokumente von beiden Seiten klar identifiziert?

VII. Der Vertrag mit dem Mediator

Das Rechtsverhältnis, das zwischen dem Mediator und den Vertragsparteien 63 besteht, sollte ebenfalls schriftlich niedergelegt werde. Es ist in der Regel ein Dienstleistungsvertrag über „höhere Dienste" (§ 627 BGB). In der Praxis scheint es nicht sehr oft vorzukommen, dass ein solcher Vertrag schriftlich ausgefertigt wird, es ist aber in jedem Fall zu empfehlen, vor allem dann, wenn ein Mediationsverfahren Auslandsbezug hat: Dann kann bereits die Frage, nach welchem Recht sich der Vertrag zwischen dem Mediator und den Parteien bestimmt, zu Schwierigkeiten führen. Der Vertrag mit dem Mediator ist gedanklich streng von der **Mediationsvereinbarung** zu unterscheiden, die das Verfahren selbst regelt. Sie kann vollkommen anderen Bedingungen unterliegen, auch einer anderen Rechtswahl.

Die nachfolgende Checkliste zeigt deshalb nur die Punkte, an die man beim Vertrag mit dem Mediator denken muss.

1. Checkliste

64   Präambel

Verbindung des Mediatorenvertrags zum Mediationsvertrag und zum Konflikt kurz beschreiben.

1. Auftrag und Honorar

     1.1 Auftrag (Wenn das Mediationsverfahren in ein anderes Verfahren übergehen soll – zum Beispiel Schiedsverfahren – ist dies hier ebenfalls zu beschreiben).

     1.2 Änderungen des Auftrags (Ist einseitig durch die Auftraggeber nur möglich, wenn Honoraranpassungen erfolgen. Bei Stundenhonoraren unproblematisch).

     1.3 Unabhängigkeit (Aktiver Hinweis des Mediators auf mögliche Interessenkonflikte und Rechtsfolgen hierzu).

     1.4 Honorar
        ☐ BRAGO
        ☐ Pauschalsumme
        ☐ Stundenhonorar
        ☐ Variable Honorarlösungen (ausführlich *Lachmann* Handbuch für die Schiedsgerichtspraxis S. 326 ff.)

     1.5. Spesen/Auslagen/Reisekosten/Mehrwertsteuer
        In der Regel nach BRAGO

     1.6. Fälligkeit
        ☐ Vorschuss auf Honorare
        ☐ Zeitnachweise
        ☐ Art der Abrechnung
        ☐ Kontoadresse

     1.7 Dienstrechtliche Genehmigung für Richter nach dem Richtergesetz

2. Sicherung des Verfahrens

     2.1 Verschwiegenheit

     2.2 Sprache des Verfahrens

     2.3 Haftung des Mediators

3. Durchführung des Verfahrens

     3.1 Übernahme des Verfahrens
        ☐ Durch eine Institution (zum Beispiel DGRI, gwmk)
        ☐ Übernahme durch den Mediator

     3.2 Verfahrenskosten
        ☐ Festsetzung
        ☐ Vorschuss
        ☐ Informationspflichten gegenüber den Parteien
        ☐ Rechte einer Partei für die andere Vorschuss zu leisten und Ausgleich von den staatlichen Gerichten zu fordern

     3.3 Wegfall des Mediators
        ☐ Tod/Krankheit
        ☐ Interessenkonflikte

3.4 Kündigung durch die Auftraggeber
☐ Ordentliche Kündigung jederzeit

3.5 Kündigung durch den Mediator

3.6 Ende des Vertrages

3.7 Aktenaufbewahrungspflicht
☐ In der Regel drei Jahre
☐ Kopien gegen Kostenerstattung für jede Partei

4. Allgemeine Bestimmungen

4.1 Rechtswahl
(Wenn nicht Deutsches Recht: Komplexe IPR-Probleme beachten s. *Lachmann* Handbuch für die Schiedsgerichtspraxis S. 312 f.)

4.2 Mediationsort/Gerichtsstand

4.3 Schriftform

4.4 Salvatorische Klausel

4.5 Rangfolge

2. Vertragsmuster

Im konkreten Vertrag sind oft nicht alle Punkte relevant, die diese Checkliste 65 enthält. Das nachfolgende Muster zeigt mögliche Formulierungsvorschläge für einen typischen Fall. Wie bei Mustern üblich, sind sie nur von relativem Wert, weil die jeweiligen Szenarien von Fall zu Fall unterschiedlich sein werden.

Muster

Vertrag mit dem Mediator

1. XXX
(Vorname/Name/Firma/Straße/PLZ/Ort/gesetzliche Vertretung)
– im Folgenden: XXX –
(oder: Mediator)

YYY
(Vorname/Name/Firma/Straße/PLZ/Ort/gesetzliche Vertretung)
– im Folgenden: YYY –

und
ZZZ
(Vorname/Name/Firma/Straße/PLZ/Ort)
– im Folgenden: ZZZ –
– im Folgenden beide gemeinsam: Auftraggeber –
schließen folgende Mediatorenvereinbarung:

1. Präambel
Die Auftraggeber haben am . . . . . . eine Mediatorenvereinbarung abgeschlossen, um eine Auseinandersetzung zwischen ihnen zu beenden, die aus dem Projekt PPP entstanden ist.

Mit dem vorliegenden Vertrag regeln die Auftraggeber ihr Rechtsverhältnis mit dem in der Mediatorenvereinbarung ernannten Mediator.

2. Auftrag und Honorar

2.1 Auftrag

Die Auftraggeber beauftragen ZZZ, als Mediator (gegebenenfalls: nach der Mediationsordnung von . . . . . . (z. B. gwmk)) tätig zu werden.

Sollte diese Mediationsordnung später geändert werden, ist das Verfahren nach der zum Zeitpunkt des Wirksamwerdens dieser Mediatorenvereinbarung gültigen Fassung durchzuführen, wenn die Parteien nicht einvernehmlich etwas anderes vereinbaren.[8]

2.2 Änderungen des Auftrags

Die Auftraggeber können den Inhalt des Auftrags während des Verfahrens einvernehmlich neu bestimmen.[9]

2.3 Unabhängigkeit

ZZZ versichert, dass er weder mit XXX noch mit PPP innerhalb der Letzten zwei Jahre durch Mandate beruflich verbunden war, durch geschäftliche, insbesondere finanzielle Interessen nicht mit ihnen verbunden und nach seiner Kenntnis weder mit deren Geschäftsführern, Gesellschaftern oder sonst den Parteien nahe stehende Dritte verwandt oder verschwägert ist.

Sollte sich im Laufe des Verfahrens für ihn ein Anhaltspunkt dafür ergeben, dass auf Grund beruflicher oder persönlicher Beziehungen zu einem der Verfahrensbeteiligten bei einem der Auftraggeber die Besorgnis der Befangenheit entstehen könnte, wird ZZZ die Auftraggeber darauf hinweisen.

In einem solchen Fall gibt es vier Möglichkeiten:

- Beide Parteien halten ZZZ nicht für befangen, erklären dies und setzen das Verfahren fort.
- Beide Parteien halten ihn für befangen und vereinbaren die Kündigung des Mediatorenvertrages. Sie setzen aber das Mediationsverfahren mit einem neu gewählten Mediator fort.
- Nur eine Partei hält ihn für befangen, die andere aber nicht: In diesem Fall endet das Mediationsverfahren durch die jederzeit mögliche einseitige Kündigung der Mediationsvereinbarung.
- ZZZ legt das Amt von sich aus nieder: Dann entscheiden die Parteien unverzüglich, ob sie auch das Mediationsverfahren beenden oder mit einem anderen Mediator fortsetzen wollen.

2.4 Honorar

ZZZ erhält als Honorar für seine Tätigkeit eine Stundenvergütung in Höhe von € . . . . . .[10]

---

[8] Man kann natürlich auch die umgekehrte Regelung treffen und das Verfahren nach der bei Vertragsschluss vorhandenen Mediationsordnung organisieren. Wenn die Parteien sichergehen wollen, dass sie nicht in eine unbekannte Mediationsordnung hineinlaufen, ist die vorgeschlagene Fassung die bessere.

[9] Diese Klausel kann der Mediator nur akzeptieren, wenn sein Honorar im Stundensatz berechnet wird oder sich sonst flexibel nach dem Umfang des Verfahrens richtet. Hat er ein festes Honorar vereinbart, kann es nicht im Belieben der Parteien stehen, seinen Auftragsumfang jeweils neu zu definieren.

[10] Bei erheblichem wirtschaftlichem Interesse beider Seiten sollten die Parteien sich in der Lage sehen, dem Mediator ein Erfolgshonorar für den Fall anzubieten, dass es zu einer wirksamen Ver-

Reisekosten, Spesen und Auslagen werden nach der Bundesrechtsanwaltsgebührenordnung erstattet.

Auf die Honoraransprüche übernehmen die Auftraggeber zusätzlich die jeweilige gesetzliche Umsatzsteuer.

Die Zahlung erfolgt kostenfrei an folgende Zahlungsadresse:
Kontoinhaber:
Kontonummer:
BLZ:
Die Auftraggeber übernehmen dieses Honorar und alle mit dem Verfahren verbundenen Kosten als Gesamtschuldner je zur Hälfte.

2.5 Fälligkeit

ZZZ erhält vierzehn Tage nach Unterschrift unter diese Vereinbarung von beiden Auftraggebern einen Vorschuss in Höhe von je € . . . . Danach rechnet er seine Tätigkeit zum Ende eines jeden Monats ab und legt den Auftraggebern hierzu seine Zeitaufzeichnungen vor.

3. Sicherung des Verfahrens

3.1 Verschwiegenheit

ZZZ verpflichtet sich zur Verschwiegenheit nach den Maßstäben der anwaltlichen Berufsordnung.[11]

3.2 Haftung

ZZZ haftet für seine Tätigkeit nach den Maßstäben, nach denen der gesetzliche Richter nach dem Deutschen Richtergesetz haften würde.[12]

4. Durchführung des Verfahrens

4.1 Übernahme des Verfahrens

Der Mediator übernimmt das Verfahren, sobald der vereinbarte Kostenvorschuss bei ihm eingegangen ist und betreibt das Verfahren zügig.[13]

---

gleichsvereinbarung kommt. Angesichts des im Verhältnis zu jedem Schlichtungs-, Schieds- oder Prozessverfahren geringen Zeit- und Kostenaufwandes ist das kein unbilliges Verlangen. Allerdings ist zu bedenken, dass Anwälte sich dem Verbot eines Erfolgshonorars gegenüber sehen. Dieses Verbot wird aber in jüngerer Zeit sowohl verfassungs- als auch europarechtlich angegriffen, und zwar unter dem Gesichtspunkt eines generellen Kartellverbots, das sich gegen die anwaltliche Gebührenordnung richtet. Im Erfahrungsaustausch berichten Mediatoren, dass die Parteien den nachträglichen Wunsch, bei einer erfolgreichen Mediation einen Honorarzuschlag zu erhalten, sehr reserviert und undankbar gegenüberstehen.

[11] Diese Regel muss nur bei Mediatoren aufgestellt werden ,die nicht als Anwälte ohnehin zur Verschwiegenheit verpflichtet sind.

[12] Diese Haftungsregelung wird von den Auftraggebern vielleicht als zu weit und vom Mediator immer noch als zu eng betrachtet werden. Man findet sowohl völlig Haftungsbefreiungen (außer für Vorsatz), als auch differenziertere individuelle Haftungsregeln. Die hier vorgeschlagene dürfte in der Regel für beide Parteien akzeptabel sein.

[13] Es gibt kein besseres Indiz dafür, ob die Parteien das Mediationsverfahren wirklich wollen, als ihr Verhalten in finanziellen Dingen. Schon das Auswahlverfahren belastet den Mediator zeitlich mit dem Risiko, dass es nicht zum Verfahren kommt. Auch die Reaktion auf einen vorgelegten Entwurf des Vertrages mit dem Mediator zeigt, ob die Parteien das Verfahren wirklich aktiv betreiben wollen. Die letzte Hürde ist dann die Zahlung des Vorschusses, ohne die der Mediator nicht tätig sein sollte.

4.2 Verfahrenskosten

Der Mediator ist berechtigt, sowohl im eigenen Namen für Rechnung der Auftraggeber, als auch in deren Namen alle organisatorischen Maßnahmen zu veranlassen, die er für nötig hält, um das Verfahren zu betreiben. Soweit ZZZ Verfahrenskosten veranlasst (zum Beispiel Zustellungen, Zeugenladungen, Raummiete etc.), ist vorher den Parteien Gelegenheit zur Äußerung über kostensparende Maßnahmen zu geben, soweit die Maßnahmen nicht nach der Mediationsordnung veranlasst sind.

Auf solche Kosten leisten die Auftraggeber nach Abschluss dieses Vertrages einen Vorschuss in Höhe von je € . . . . . ., der auf die oben angegebene Zahlungsadresse zu treuen Händen zu leisten und von ZZZ zu gegebener Zeit abzurechnen ist. ZZZ kann weitere angemessene Vorschüsse auch für Kosten anfordern, die er gegebenenfalls verauslagen will.

4.3 Wegfall des Mediators/Schiedsrichters

Fällt ZZZ aus persönlichen Gründen aus, die nicht auf einer Kündigung beruhen (Krankheit etc.), endet das Mediationsverfahren an dem Tage, an dem der Mediator mitteilt, dass er das Verfahren nicht mehr weiterbetreiben kann oder am Ende einer Frist, die eine Partei zu dieser Erklärung gesetzt hat, es sei denn, beide Parteien einigen sich spätestens einen Monat nach diesem Zeitpunkt auf einen anderen Mediator.[14]

4.4 Kündigung durch die Auftraggeber

Die Auftraggeber können diese Vereinbarung einvernehmlich jederzeit ohne Angabe von Gründen kündigen. Diese Regelung trifft den Fall, dass die Parteien den Mediator ablehnen, ein Mediationsverfahren mit einem anderen Mediator aber fortsetzen wollen.

4.5 Kündigung durch ZZZ

ZZZ kann diese Vereinbarung kündigen, wenn
- die Parteien ihm im Falle einer Besorgnis der Befangenheit nicht unverzüglich und einvernehmlich ihr Vertrauen aussprechen,
- sonst ein wichtiger Grund der Art vorliegt, der einen Schiedsrichter zur Kündigung des Schiedsrichtervertrages berechtigt.[15]

4.6 Ende des Vertrages

Dieser Vertrag endet ohne Kündigung, wenn
- die Parteien sich außergerichtlich einigen,
- das Mediationsverfahren, gleich aus welchem Grunde, endet.

4.7 Aufbewahrungspflicht für Akten, elektronische Dokumente und Datenträger

ZZZ wird die bei ihm entstehenden Akten, elektronischen Dokumente und Datenträger für einen Zeitraum von drei Jahren nach Ende des Verfahrens aufbewahren. Jede Partei hat jederzeit das Recht, einen vollständigen Satz Kopien derjenigen Dokumente, die sie selbst oder die andere Seite dem Mediator übergeben haben sowie

---

[14] Da der Erfolg der Mediation wesentlich von der Person des Mediators abhängt, muss man dafür Sorge tragen, dass die Auswahl dieser Person von beiden Parteien gleichwertig beeinflusst werden kann.

[15] Man kann auch vorsehen, dass der Mediator seinerseits ohne Angaben von Gründen das Verfahren beenden kann. Das ist relativ unproblematisch, wenn er ein Zeithonorar vereinbart hat, kann aber zu großen Schwierigkeiten führen, wenn er im Festpreis oder nach der BRAGO abrechnet. In jedem Fall muss die Verbindung zwischen dem Honorar und den Kündigungsrechten gesehen werden.

eines etwa abgeschlossenen Vergleichs gegen Kostenerstattung nach BRAGO zu verlangen, wobei in dieser Höhe Vorschuss zu leisten ist.[16] Persönliche Aufzeichnungen des Mediators oder vertraulich übergebene Dokumente dürfen nicht vervielfältigt oder herausgegeben werden.

5. Allgemeine Bestimmungen

5.1 Diese Vereinbarung unterliegt deutschem Recht.[17]

5.2 Mediationsort/Gerichtsstand

Die Mediationsverhandlung ist in ...... durchzuführen. Sind Gegenstände oder Orte zu besichtigen, ist der Mediator berechtigt, auch dort eine Verhandlung anzuberaumen.[18]

5.3 Schriftform

Änderungen und/oder Ergänzungen dieses Vertrages bedürfen der Schriftform, wobei diese Vereinbarung nur schriftlich abbedungen werden kann.

5.4 Salvatorische Klausel

Sollte diese Vereinbarung ganz oder teilweise rechtsunwirksam sein oder werden, sind die Parteien verpflichtet, einer von der jeweils anderen Seite vorgeschlagenen, Treu und Glauben entsprechenden rechtswirksamen Änderung der Klausel zuzustimmen.

5.5 Rangfolge

Bei der Auslegung dieses Vertrages gilt folgende Rangfolge:
• Individuelle einvernehmliche Änderungen nach Unterzeichnung
• Dieser Vertrag
• Die Mediationsvereinbarung vom ......
• Die gesetzlichen Vorschriften

......
Ort, Datum
XXX durch:

......
Ort, Datum
YYY durch:

......
(Vorname, Name)

......
(Vorname, Name)

......
ZZZ

---

[16] Hier ist zu berücksichtigen, dass die Akten des Mediators einen anderen Inhalt haben, als diejenigen der Parteien. Es gehören insbesondere die internen Aufzeichnungen des Mediators dazu, die er möglicherweise benötigt, um sich gegen Haftungsansprüche zu verteidigen. Deshalb können die Parteien allenfalls Kopien verlangen, nicht aber Originale. Die Frist kann man länger oder kürzer bemessen. Auch an die Datenträger oder elektronische Dokumente muss gedacht werden.

[17] Der Vertrag mit dem Mediator folgt nicht notwendig der Rechtswahl, die die Parteien in der Mediationsvereinbarung getroffen haben. Schon deshalb ist es gefährlich, in der Mediationsvereinbarung gleichzeitig das Rechtsverhältnis zum Mediator zu regeln, denn möglicherweise können die Parteien über das im Verhältnis zum Mediator anzuwendende Recht nach nationalen Rechtsordnungen nicht selbst bestimmen. Hier kann es zu schwierigen Kollisionsfragen im IPR-Bereich kommen. Solche Fragen sind sorgfältig zu prüfen, wenn es um einen Vertrag mit internationalem Bezug geht.

[18] Die Auswahl des Ortes ist nicht nur taktisch von großer Bedeutung, sondern hat auch auf entstehende Kosten Einfluss. Geht es zum Beispiel um eine Industrieanlage im Ausland, kann es zweckmäßig sein, (auch) dort zu verhandeln, weil die Chance besteht, im unmittelbaren Anschluss an eine Besichtigung zum Ergebnis zu kommen. Hat der Mediator hier kein Bestimmungsrecht, leidet das Verfahren darunter.

3. Kosten und Steuern

66   Bei den Verhandlungen mit den Parteien über seinen Auftrag muss der Mediator sich darüber Gedanken machen, welche **Kosten** die Organisation der Mediation auslöst. Soweit es um seinen eigenen Aufwand geht, wird dieser sich, abgesehen von Reisekosten, in Grenzen halten, geht es aber um die Verhandlung, also um das Anmieten von Konferenzräumen, Dolmetschern, Sekretärinnen etc., können diese Risiken sich für ihn anders entwickeln. Besonders bei Parteien aus dem Ausland ist die Rückerstattung schwierig, man muss sich also um angemessene Vorschüsse kümmern. Schon der Umgang der Parteien mit dieser Frage zeigt, ob sie am Auftrag, den der Mediator erfüllen soll, wirklich interessiert sind oder nicht.

67   Werden Fremdkosten ausgelöst, die nicht durch Vorschüsse abgedeckt sind, sollte der Mediator wenigstens darauf achten, dass er zum Beispiel einen Konferenzraum nicht im eigenen Namen, sondern im Namen der Parteien bestellt. Will er den Risiken des § 164 BGB ausweichen, braucht er dazu allerdings eine **Vollmacht** in seinem Vertrag. Auch deshalb ist es zu empfehlen, einen Vertrag über den Auftrag des Mediators rechtzeitig schriftlich abzuschließen, statt wie üblich den Auftrag nur mündlich oder per Briefwechsel zu erteilen, der allenfalls das Honorar regelt. Oft wird der Mediator nämlich aus Gründen der Vertraulichkeit die Parteien auch bei der Bestellung von Konferenzräumen etc. nicht nennen wollen und zieht sich dann selbst das entsprechende Kostenrisiko zu.

68   Ein ähnliches Problem zeigt sich bei der **Umsatzsteuer.** Lautet die Rechnung auf den Namen des Mediators, muss er seiner eigenen Rechnung auf Auslagenerstattung nochmals die Mehrwertsteuer auf alle Drittleistungen hinzufügen, so dass dieser Posten sich praktisch verdoppelt. Parteien, die keinen Vorsteuerabzug geltend machen können, beanstanden das gelegentlich zu Unrecht.

§ 14 Erfolgreiche Kommunikation

Peter Dörrenbächer

Übersicht

Schrifttum: *Bandler/Grinder,* Metasprache und Psychotherapie, Die Struktur der Magie I, 9. Aufl. 1998; *dies.,* Kommunikation und Veränderung, Die Struktur der Magie II, 7. Aufl. 1998; *dies.,* Reframing, 7. Aufl. 2000; *Breidenbach/Gläßer,* Befähigung zum Schlichteramt? ZKM 2001, 11 ff.; *Charvet,* Wort sei Dank, Von der Anwendung und Wirkung effektiver Sprachmuster, 1998; *Chomsky,* Reflexionen über Sprache, Suhrkamp 1973; *ders.,* Sprache und Geist, Suhrkamp 1973; *ders.,* Strukturen der Syntax, Den Haag (Mouton) 1973; *Dilts,* Die Magie der Sprache, Sleight of mouth, 2001; *Falk,* Kunst oder soziale Kompetenz: Lässt sich Mediation lernen?, ZKM 2000, 109 ff.; *Haft,* Verhandlung und Mediation, Die Alternative zum Rechtsstreit, 2. Aufl. 2000; *Henkel,* Elemente der Mediation im arbeitsgerichtlichen Verfahren, NZA 2000, 929, 931; *Korzybski,* Science and Sanity, New York 1941; *Laborde,* Mehr sehen, mehr hören, mehr fühlen, Praxiskurs Kommunikation, 1997; *Malik,* Strategie des Managements komplexer Systeme, Ein Beitrag zur Management-Kybernetik evolutionärer Systeme, 6. Aufl. 2000; *Marshall,* Gewaltfreie Kommunikation: Neue Wege in der Mediation und im Umgang mit Konflikten, 2001. *Patera/Gamm,* Soziale Kernkompetenzen in der Mediation, ZKM 2000, 247 ff.; *Ponschab,* Kooperatives Verhandeln, „Das Friedlinger Modell", DACH-Schriftenreihe 12, S. 71 bis 88; *Ponschab/Schweizer,* Kooperation statt Konfrontation, 1996; *Proksch,* Spezifische Fragen in der Mediation: Funktionen, Formen, Wert, Einsatz von Fragen, ZKM 2001, 32 ff.; *Schweizer,* „Sie irren sich Herr Kollege!" oder: Warum Anwälte nicht verhandeln können, DACH-Schriftenreihe 12, S. 1 bis 42; *Sellnow,* Kreative Lösungssuche in der Mediation, ZKM 2000, 100 ff.; *Streckhardt,* Sprache als Werkzeug der Mediation, ZKM 2001, 112 ff. *Walker,* Abenteuer Kommunikation, 1998; *Watzlawick/Beavin/Jackson,* Menschliche Kommunikation, Bern/Stuttgart/Wien 1974; *Watzlawick/Weakland/Fischer,* Lösungen, 6. Aufl. 2001; *Weiss,* Beziehungsmanagement – eine Schlüsselkompetenz im Offenen Verhandeln nach dem *Harvard-Konzept,* DACH-Schriftenreihe 12, S. 43 bis 70.

I. Einleitung

1   „*Pablo*" soll *Dona Maria* desöfteren zu ihrem Söhnchen gesagt haben, „solltest Du einmal zum Militär gehen, so wirst Du eines Tages ein General sein. Wird aus Dir aber ein Priester, so wirst Du einmal Papst…". 70 Jahre später erzählte *Picasso* seinen Gästen diese Geschichte gern und ließ sie gewöhnlich mit dem Satz enden: „Ich aber wurde Maler und bin *Picasso* geworden." – Sie fragen sich vielleicht jetzt, was diese Geschichte mit dem Beitrag „Erfolgreiche Kommunikation in der Mediation" zu tun hat. Ich möchte Sie dabei unterstützen, **Ihre** eigenen Verhandlungs- und Kommunikationsmuster zu verfeinern und mehr Flexibilität zu erlangen.[1]

2   Idealtypisch soll bekanntermaßen die Ermittlung der **Interessen** hinter den **Positionen** den „Kuchen" der Lösungsmöglichkeiten vergrößern und ein Ergebnis finden lassen, das den **Interessen** aller Beteiligten gleichermaßen Rechnung trägt, d. h. jeder das Stück „Kuchen" bekommt, das er haben will. Diese Vorgehensweise wird üblicherweise als **Win-Win-Situation** bzw. **Win-Win-Strategie** bezeichnet. Die Frage, die Sie sich jetzt vielleicht stellen ist, **wie genau** man dieses hohe Ziel erreichen kann, und **was genau** man tun muss, und vor allem **wie genau** man erkennen kann, dass man auf dem richtigen Weg ist. Bisher wird Mediation vielfach dadurch gelehrt, dass man den Lernenden Definitionen und eine Reihe deskriptiver Beispiele zur Veranschaulichung der verschiedenen Phasen präsentiert. Dabei bleibt es den Lernenden selbst überlassen, intuitiv so zu kommunizieren, dass sich alle Beteiligten gut verstanden fühlen und es möglich ist, die **Interessen** hinter den **Positionen** zu erkennen und eine **Gewinner-Gewinner-Situation** herzustellen. Welcher sprachlichen Muster und Strukturen es hierzu bedarf, wird in der Regel nicht näher erläutert. Ich möchte Ihnen die hierzu erforderlichen **linguistischen Fertigkeiten** vorstellen. Es sollen Werkzeuge zur Strukturierungsunterstützung in der Kommunikation,

---

[1] Vgl. zum Thema „Kommunikationskompetenz" *Haft* in: *Schweizer/Ponschab,* Vorb. Seite V ff.; *Patera/Gamm* ZKM 2000, 247, 249; *Falk* ZKM 2000, 19 ff.; *Weiss,* S. 43 bis 70.

aus der Praxis für die Praxis und so konkret wie möglich, geliefert werden. Ich werde Ihnen auch zeigen, wie Sie sicherstellen, dass diese Werkzeuge genau dann verfügbar sind, wenn Sie diese brauchen. Der Schwerpunkt soll dabei auf der kunstvollen Verwendung der Sprache liegen. Sammeln Sie zunächst einige Erfahrungen mit den vorgestellten Ansätzen. Einige Menschen lernen schnell, andere nehmen sich mehr Zeit. Wie schnell oder langsam sie lernen, hat keinen Einfluss darauf, wie effektiv Sie diese Fähigkeit später, wenn Sie es verstanden haben, einmal anwenden werden.

Früher beging ich den Fehler, die **erste Mediations-Sitzung** mit der **Frage** einzulei- 3
ten: „Was ist das Problem, was bringt sie hier her?" – Unweigerlich sagte der Mann bei einer Familienmediation: „Das Problem ist meine Frau!" – worauf diese regelmäßig explodierte: „Nein, das Problem bist du!" – und innerhalb von 2 Minuten waren die beiden in einem noch schlechteren Zustand, als bevor sie zu mir kamen. Heute frage ich nicht mehr: „Was ist das Problem, was führt sie hier her?" – sondern ich wende mich z.B. an den Mann und sage: „Wenn ihre Frau nicht hier wäre und ich würde sie fragen, wie sieht ihre Frau das Problem? Wie würden sie mir das erklären und definieren?" – und ich bitte die Frau währenddessen still zu sein und zu sehen, wie gut, wie schlecht, wie vollkommen, wie unvollkommen ihr Mann ihre Sicht des Problems darstellen kann. Und dann ist es die Aufgabe der Frau, die vermeintliche Sicht ihres Mannes darzulegen. Dies hat eine wirklich positive Wirkung auf die Kommunikation. Menschen gehen nämlich vielfach von der überaus gefährlichen Annahme aus, genau zu wissen, was der andere denkt und vorhat. Bei der beschriebenen Vorgehensweise stellt sich dann plötzlich heraus, dass man nicht Recht hatte und nicht in allen Fällen, aber in vielen Fällen kommt es vor, dass der Eine oder der Andere fast fassungslos sagt: „Aber ich hatte ja keine Ahnung, dass du denkst, dass ich das denke!" – Und Sie werden zugeben, das ist schon ein wesentlicher Schritt hin auf eine Lösung. Es stellt gleichzeitig die kunstvolle Einführung einer essenziellen **Spielregel für die Mediation** dar, wonach man Einvernehmen darüber erzielt, den Anderen ausreden zu lassen und zuzuhören. Sie fragen sich vielleicht jetzt, weshalb ich Ihnen diese Technik so losgelöst bereits zu Beginn des Beitrages vorstelle. Ich möchte Sie bereits jetzt darauf hinweisen, dass es mir darum geht, die **Strukturen** der Kommunikation in der Mediation und Verhandlung, die hinter dieser Vorgehensweise liegen aufzudecken und Sie damit in die Lage versetzen, Ihren **eigenen** Kommunikationsstil weiter zu entwickeln. Es geht mir nicht um das Auswendiglernen von einzelnen Beispielen oder Techniken. Betrachten Sie bitte die angebotenen Beispiele nicht als Musterbeispiele zum Auswendiglernen, sondern als Ermutigung, sich selbst täglich mehr und mehr in der Kunst der erfolgreichen Kommunikation und Konfliktlösung zu üben. Mit diesen Gedanken im Hinterkopf bitte ich Sie, den Beitrag und die Art der Darstellung zu verstehen.

Trotz der großen Bedeutung der Kommunikation denken wir selten über sie nach. Reden, als eine unter vielen Möglichkeiten der Kommunikation, gleicht dem Atmen. Wir tun es schon so lange, wie wir uns zurückerinnern können, aber wir wissen nicht, **wie genau** wir es tun. Vielleicht kommt uns manchmal der Verdacht, dass wir besser kommunizieren könnten, aber wir wissen nicht, wo wir anfangen sollen. Sie verfügen bereits über alle Fähigkeiten, die Sie benötigen, um mit der Arbeit zu beginnen. Natürlich sind diese bei einigen Menschen weiter entwickelt, als bei anderen. Doch ganz gleich, wie gut Ihre Kommunikationsfähigkeit bereits entwickelt ist, Sie werden hier viele Verfeinerungsmöglichkeiten kennen lernen.

4   Noch etwas Wichtiges, das Sie in diesem Zusammenhang lernen können. Um in der Mediation oder allgemein beim Verhandeln erfolgreich zu sein, genügt es nicht nur viel über Mediation und Kommunikation zu **wissen**. Man muss es auch **tun**. Der Unterschied zwischen einem Buch und wirklicher Erfahrung kann kaum überschätzt werden. Bücher sind sequenziell, Interaktionen im wirklichen Leben sind es nicht. Man verwendet nicht nur einzelne Konfliktlösungs-Werkzeuge, sondern man verwendet sie alle. Es gibt in jeder Situation eine Myriade von Lösungen, wie man sich verhalten kann, und wenn man darauf angewiesen ist Mediation nur nach vorgegebenen formatierten Mustern zu gestalten, ist man kein echter Mediator, sondern ein Moderator mit ein paar Moderationstechniken.[2] Um bestimmte sprachliche Muster wirklich zu verstehen und kreativ in der Mediationssitzung anwenden zu können, müssen wir die dahinter liegende **Struktur** und die entsprechenden Grundüberzeugungen[3] kennen. Andernfalls tun wir nichts weiter, als die Beispiele nachzuahmen, die man uns gegeben hat und plappern Worte nach. Zwar lernen Kinder so ihre Muttersprache, doch hat diese Verfahrensweise ihre Grenzen. Mit dieser Grundhaltung machen wir uns frei von allen Patentrezepten aus „Kommunikations-Kochbüchern". Entscheidendes Kriterium bleibt immer die eigene Erfahrung und die ganz spezielle Kommunikationssituation. Erfahrungen können wir aber nur gewinnen, wenn wir ausprobieren. Hierzu will Ihnen der Beitrag Mut machen und die entsprechenden Strategien aufzeigen. Erinnern Sie sich aber bitte daran, dass keine Methode Anspruch darauf erheben kann, automatisch und in allen Fällen zum Erfolg zu führen. Zwischen Theorie und Praxis besteht immer ein ernüchternder Unterschied.[4]

5   Der erste Schritt zur erfolgreichen Kommunikation in der Mediation ist es, die Komplexität der Informationsverarbeitung für die Konfliktpartner zu vermindern.[5] Sie haben sicherlich selbst festgestellt, dass es eine Unmenge an Unterschieden gibt, die im Rahmen eines Konfliktes zwischen zwei oder mehreren Personen gemacht werden können. Die Vielfalt an Komplexität steigt noch an, indem die Konfliktpartner in derselben Situation **unterschiedliche Unterschiede** machen. Man sollte sich auch darüber klar sein, dass die für eine erfolgreiche Mediation erforderlichen Fähigkeiten an sich unterschiedlich geartet sind und sich durch unterschiedliche Komplexitätsebenen auszeichnen. Beispielsweise gehören zu der Fähigkeit ein Buch zu schreiben, die Fähigkeiten, die mit dem Vokabular, der Grammatik und der Rechtschreibung in der Sprache in der man schreibt zusammenhängen. Ebenso die Kenntnisse über den Gegenstand, über den man das Buch schreibt. Diese werden oft als Unterfertigkeiten bezeichnet. Auch die erfolgreiche Kommunikation in der Mediation setzt sich aus verschiedenen Unterfertigkeiten zusammen. Im Rahmen dieses Beitrages geht es um die Vermittlung von komplexen **linguistischen Fertigkeiten**. Dabei spielen auch die Prinzipien der Psychologie und der Computerprogrammierung eine Rolle.[6]

---

[2] Kritisch hierzu: *Falk* ZKM 2000, 109 ff.
[3] Zu den Grundüberzeugungen beim kooperativen Verhandeln vgl. *Ponschab/Schweizer,* S. 66 ff.
[4] *Watzlawick/Weakland/Fischer,* S. 140.
[5] Vgl. zum Thema Komplexitätsreduzierung durch Strukturdenken ausf. *Haft,* S. 69 bis 100.
[6] Vgl. zu diesem Ansatz auch *Haft,* S. 34 ff.; *Malik,* S. 352 ff.

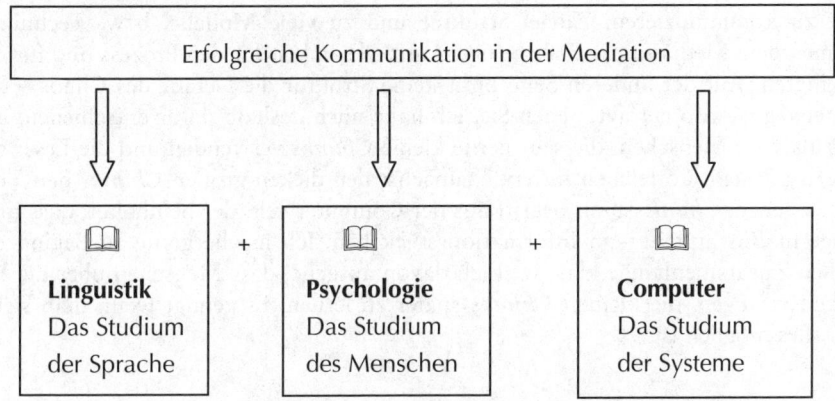

Abbildung: Bausteine erfolgreicher Kommunikation

Freuen Sie sich also auf die positiven Veränderungen, die Sie durch die Arbeit mit **6**
diesem Beitrag erzielen werden. Ich empfehle Ihnen, den Beitrag wie ein Lehrbuch
zu behandeln und mehrfach zu lesen. Je genauer Sie die vorgestellten Ansätze verstehen, desto effektiver werden Sie natürlich die spezifischen Techniken anwenden
können. Die umfassende Auswirkung dieses Wissens wird sein, Ihnen eine klare,
explizite **Strategie für Ihre Mediationsarbeit** zu liefern. Explizit soll dabei bedeuten,
dass der Kommunikationsprozess schrittweise beschrieben wird. Damit ist zugleich
die Erlernbarkeit der vorgestellten Modelle gewährleistet. Erinnern Sie sich daran,
dass das, was Sie im Moment tun, nämlich dieses Buch durchzuarbeiten und zu lesen, Sie fähiger und effektiver in der Mediation werden lässt, als Sie jemals gedacht
haben. Sie werden erkennen, dass der Beitrag die Kommunikation im Mediationskontext aus dem Bereich von Zufallstreffern herauslöst, und die unendlichen
Vielfältigkeiten der Sprache in ein Set voraussagbarer und systematischer Hand-
lungsschritte ordnet. Dies erinnert mich an eine alte Geschichte über einen jungen
Mann, der die Straße hinunterläuft, einen Geigenkasten unter dem Arm haltend.
In seiner Hektik hält er einen alten Mann an und fragt: „Wie komme ich zur
Carnegie-Hall?" Der alte Mann schaut den ungeduldigen jungen Mann an und
erwidert nüchtern: „Üben, üben, üben ...!" – Dies gilt auch für die Kommunikation in der Mediation. Bedenken Sie bitte immer, dass jedes Schema nur eine Krücke
und kein Ersatz für Flexibiliät im Verhalten, Sinneswahrnehmung und das Wissen, welches Ziel man erreichen will, ist. Gefordert ist immer ein erfahrungsorien-
tiertes Lernen mit einer permanenten Reflexion der eigenen Wahrnehmung, sog.
Reflexionskompetenz.[7] Wenn man Zeit und Anstrengung darauf verwendet, die
vorgestellten Muster explizit anzuwenden, solange, bis sie so glatt und eingeübt
sind, dass sie so automatisch funktionieren, wie das Händeschütteln oder das Autofahren, wird sich genau dies als automatisches Ergebnis einstellen. Sie werden feststellen, dass Sie genau die Veränderungen erreicht haben, auf die Sie hinaus wollten.

Kommen wir wieder auf unser Thema zurück. Wir haben noch ein Stück Arbeit **7**
vor uns, die wir erledigen wollen, um Sie in die Lage zu versetzen noch erfolgrei-

---

[7] Vgl. *Schweizer*, S. 1 bis 42; *Patera/Gamm* ZKM 2000, 247, 249.

cher zu kommunizieren. **Zuviel Struktur und zu viele Modelle,** bzw. Techniken nehmen dem Mediator die Energie und Aufmerksamkeit für den Prozess und für die Beteiligten. Auf der anderen Seite birgt keine Struktur die Gefahr des Chaos – der Mittelweg ist also gefragt. Sehen Sie, ich habe mich deshalb dafür entschieden, anders als viele Menschen, die sehr gerne kleine *Chunks* verwenden und die Leser geradezu mit dem Löffelchen füttern,[8] zunächst den dicken großen *Chunks* den Vorzug zu geben. *Chunk* ist ein Begriff aus der Computerwelt, der beinhaltet, dass man Dinge in *Bits* aufteilt – in Informationsstückchen. Ich mache gerne zu Beginn die großen Zusammenhänge klar, weil ich davon ausgehe, dass Menschen über die Fähigkeit verfügen, die kleinen *Chunks* später zu lernen. Es genügt wenn man sieht, was alles möglich ist.

II. Womit genau beschäftigt sich dieser Beitrag?

1. Die natürliche Sprache als zentrales Werkzeug des Mediators

8   Die Gabe des Sprechens und eine wohlgeordnete Sprache sind für alle bekannten Gruppen von Menschen charakteristisch. Man kann getrost annehmen, dass von allen Aspekten der Kultur, die Sprache als erste eine hochperfektionierte Form erhielt und dass ihre stetige Verbesserung eine entscheidende Voraussetzung für die Entwicklung der Kultur als Ganzes darstellt. Die natürliche Sprache stellt vielleicht das am gründlichsten studierte und am besten verstandene System der Verständigung von Menschen dar. Am Beispiel der Sprachsysteme der Menschen soll daher gezeigt werden, wie Menschen ihre Erfahrungen sprachlich repräsentieren und strukturieren und wie diese Sprachsysteme mittels strukturierter Kommunikation hinterfragt werden können. Das **Strukturdenken** eröffnet dabei auch den Weg zur Kreativität, da es das **Positionsdenken,** den größten Feind der Kreativität überwindet.[9] Es geht darum zu zeigen, wie Sie durch eine komplexitätsreduzierende strukturierte Sprache die Interessen hinter den Positionen und zukunftsorientierte Sichtweisen der Konfliktpartner herausarbeiten und aufdecken können. Die vorgestellten Ansätze stellen gewissermaßen einen virtuellen Werkzeugkoffer zur Verfügung, den Sie im Rahmen der Mediation benutzen können. Bedingt durch den zukunfts- und lösungsorientierten Ansatz der Mediation, muss der Mediator, anders als zum Beispiel der Richter, der von seiner Ausbildung her in seinem Werkzeugkoffer nur den „Streitentscheidungshammer"[10] hat, über einen reichhaltigen Koffer mit Spezialwerkzeugen verfügen, die es ihm erlauben, ohne Entscheidungsmacht in der Sache, die Konfliktpartner zu einer zukunftsorientierten Lösung zu bringen bzw. die **Interessen hinter den Positionen** herauszufiltern. Das zentrale Werkzeug des Mediators ist dabei die natürliche Sprache und **linguistische Fertigkeiten** im Umgang mit derselben.[11]

---

[8] Vgl. z. B. *Walz:* Eine Basisstrategie zur vorprozessualen Mediation, in: MittBayNot 2000, Sonderheft zu Ausgabe 4, S. 32 ff.
[9] *Haft,* S. 100 bis 107.
[10] *Henkel* NZA 2000, 929, 931.
[11] *Streckhardt* ZKM 2001, 112 ff.

2. Komplexitätsverminderer in der Kommunikation

Wegen der vielen unterschiedlichen Unterschiede, die gemacht werden können,   9
ist bei der Kommunikation, wie allgemein beim Verhandeln, eine ungeheure Komplexität zu bewältigen. Fraglich ist, ob unsere Sprache hierzu überhaupt geeignet ist. Die natürliche Sprache taugt in erster Linie zum Geschichtenerzählen und ist prinzipiell ungeeignet zur Bewältigung von Komplexität. Wir benötigen dafür eine spezielle **Struktursprache**. Diese ist aber nur unzureichend ausgebildet.[12] Es stellt sich daher die Frage, **wie genau** man diese Komplexität reduzieren kann und welche **Komplexitätsverminderer** eingesetzt werden können. Dabei gilt es, die beiden häufigsten Fehler zu vermeiden, nämlich erstens entweder zu versuchen, die Lösungsstrategie ebenso komplex zu gestalten, wie das Problem oder die Komplexität in Einzelteile zu zerlegen und auf diese Weise zu glauben, zu einem Verständnis zu kommen. Schon *Goethe* lässt *Faust* sagen: „Dann hast du Teile in der Hand, es fehlt dir leider nur das geistige Band". – Damit haben wir den Begriff des **Komplexitätsverminderers** eingeführt. Dieser besteht darin, dass man in das System etwas einführt, das die Komplexität des Systems nicht zerstört, sondern kontrollierbar macht.[13] Es gibt eine sehr schöne Geschichte des berühmten Mathematikers *Gaus*, der schon als kleiner Junge Beweise seiner mathematischen Genialität gab. Der Lehrer der Volksschulklasse, in welche der 7-jährige *Gaus* ging, soll sich einmal eine Stunde Ruhe haben verschaffen wollen indem er der Klasse den Auftrag gab, alle Zahlen von 1 bis 100 zu addieren. Wären Sie in der Klasse gewesen, so hätten Sie vielleicht die folgende Lösungsstrategie angewendet: „$1 + 2 = 3 + 3 = 6 + 4 = 10 + \ldots$". Diese sequentielle Vorgehensweise nimmt jedoch relativ viel Zeit in Anspruch. – Der kleine *Gaus* stand nach 2 Minuten vor dem Lehrer mit dem Resultat: „5050!" – Wie hat er das gemacht? – Weil er ein Genie war, hat er einen Komplexitätsverminderer gefunden indem er sich sagte: „Ich stehe hier vor einer Zahlenreihe, deren erste und letzte Zahl ($1 + 100$) zusammen 101 ergibt. Die zweite und vorletzte Zahl ($2 + 99$) ergibt 101, die Dritte und Drittletzte ($3 + 98$) ergibt 101 usw. Ich habe es also mit 50 Zahlen zu tun, die alle 101 betragen. 50 mal 101 = 5050." – Das ist Genialität, denn dieser Komplexitätsverminderer zerstört die Komplexität nicht, sondern macht sie kontrollierbar. **Systemtheoretisch** kann man die Einführung eines Komplexitätsverminderers als das Einführen eines neuen Faktors begreifen, der bisher nicht vorhanden war, der aber sehr wohl eine wesentliche Wirkung haben kann. Auch der Mediator mit seinen Werkzeugen hat im übertragenen Sinne die Funktion, als unabhängige Variable, die in das konfligierende System eingeführt wird, und die bisher nicht vorhanden war, eine Win-Win-Situation herbeizuführen. Es handelt sich um das Bemühen, von der **Konfrontation zur Kooperation** zu kommen.[14] Dies hat zwar auch mit Ethik zu tun, ist aber in erster Linie pragmatisch als reine **betriebswirtschaftliche Notwendigkeit** zu verstehen. Sie dient dazu, die Konfliktpartner darin zu unterstützen, Lösungen zu finden. Ziel des Beitrages ist es, Ihnen mit dem **Präzisionsmodell der Sprache** einen solchen Komplexitätsverminderer, der als neuer Faktor eingeführt werden soll, vorzustellen und diesen auf die spezifischen Belange im Mediationskontext anzupassen.

---

[12] *Haft*, S. 54 bis 59.
[13] Ausf. zum systemtheoretischen Ansatz: *Malik*, Strategie des Managements komplexer Systeme.
[14] Vgl. ausf. *Ponschab/Schweizer*, S. 61 ff.

3. Zum besseren Verständnis

10   Obwohl wir alle wissen, dass die gesprochene Sprache nur einen Teil der Kommunikation und der Interventionsmöglichkeiten abdeckt, biete ich Ihnen in meinem Beitrag **ausschließlich sprachliche Interventionsmuster** an. Dies ist insofern artifiziell, als das gesprochene Wort in der Praxis lediglich „ein" Werkzeug von mehreren ist und es auch die sog. nonverbale oder körpersprachliche Ausdrucksform gibt. Ich beabsichtige durch die Reduktion der Konfliktlösung auf die natürliche Sprache, Ihnen die möglicherweise gesteigerte Wirksamkeit von sprachlichen Interventionen vor Augen zu führen. Ich möchte Sie jedoch daran erinnern, dass die natürliche Sprache nur „eine" Möglichkeit ist zu kommunizieren. Bedenken Sie bitte auch: Kommunikation bedeutet nicht zwangsläufig, dass man selbst reden muss. Man kann auf eine Art **Zuhören**, die mehr wert ist, als das Gefälligste, was man sagen kann. Aus der Tatsache, dass man zwei Ohren hat, aber nur einen Mund, kann man erschließen, wie wichtig das Zuhören ist. Menschen lernen nicht ohne Grund zuerst zu hören. Dann lernen sie sprechen. Kinder hören und verstehen viel mehr, als sie sprachlich produzieren können. Dieser Mechanismus lebt in jedem Menschen.

III. Grundlagen erfolgreicher Kommunikation

11   Wir wollen uns jetzt mit einigen Grundlagen befassen, besonders im Hinblick auf diejenigen unter Ihnen, die sich bisher noch nicht mit dem Gebiet der professionellen Kommunikation beschäftigt haben. Was diejenigen von Ihnen angeht, die sich bereits damit beschäftigt haben – sie können diesen Abschnitt natürlich überspringen –, doch dann werden Sie nie erfahren, was Sie verpasst haben, denn die Art und Weise wie besonders erfolgreiche Menschen lernen, besteht darin, maßlos neugierig zu sein in Bezug auf das, was andere machen, und zwar besonders die Leute, die dort den meisten Erfolg haben. Zusätzlich zu dem obigen Hintergrund will ich Ihnen jetzt noch vier weitere Informationen geben.

1. Prämissen

12   a) **Das Prinzip der begrenzten Speicherkapazität.** Eine der entscheidenden Prämissen für erfolgreiche Kommunikation in der Mediation basiert auf der Schwäche des Menschen, viele Informationen gleichzeitig zu verarbeiten. Hinzu kommt noch die zusätzliche Herausforderung des **Handlings der eigenen Antworten.** Das Zuhören und die gleichzeitige Formulierung von Antworten hat für die Kommunikation in der Mediation erhebliche Auswirkungen. Im Konfliktfall steigt die Menge der zu verarbeitenden Informationen an, d.h. es ist kaum noch „Speicherplatz" fürs Zuhören vorhanden, für die Aufnahme neuer Informationen. Als Nebeneffekt fühlt sich dadurch niemand richtig verstanden, was wiederum zur Konfliktverhärtung führt. – Warum ist das so? – Einige Tatsachen hierzu wurden in dem Schlüsselbegriff „**die magische sieben plus minus zwei**" zusammengefasst.[15] Danach kann sich der

---

[15] Vgl. hierzu im Einzelnen: *Miller G.A.,* The Magical Number Seven plus or minus two, Psychological Review 1963, S. 81 ff.

Mensch maximal sieben verschiedener Wörter, Zahlen, Begriffe, Geräusche, Eindrücke oder Gedanken gleichzeitig bewusst sein, wenn er sich anstrengt. Der Mensch muss also selektieren, da sein Gehirn sonst augenblicklich zusammenbrechen würde. Die Selektion erfolgt über das Interesse.[16] In Analogie zum Computer könnte man sagen, dass das die Zahl 7+/-2 die Kapazität des Arbeitsspeichers beschreibt und die Gesamtheit der Erfahrungen die Kapazität der Festplatte. Aufgrund dieser Tatsache unterliegt die Informationsflut einem Vereinfachungsprozess. Die Wiedergewinnung dieser Informationen stellt den Boden für eine Gewinner-Gewinner-Lösung dar.

b) **Prinzip des regelgeleiteten Sprachverhaltens.** Stellen Sie sich doch einfach einmal vor, alles, was wir mit Satzstrukturen und dem Erzählen von Geschichten machen können, resultiert aus der Tatsache, dass sie alle nur aus den sechsundzwanzig Buchstaben des Alphabets gebildet werden. Das ist alles. Nicht mehr als 26 Buchstaben sind imstande, die Kombinationen zu ergeben, die für die Hervorbringung von spezifischen Bedeutungen erforderlich sind. Die Möglichkeiten sind endlos. Um beim Beispiel menschlicher Sprachen zu bleiben: Die Zahl möglicher Sätze in jeder menschlichen Sprache (z.B. Deutsch, Englisch, Italienisch etc.) ist unbegrenzt und überaus komplex. Mit anderen Worten, die Zahl verbaler Beschreibungen menschlicher Erfahrungen ist grenzenlos. Die Aussage, dass unser Sprachverhalten komplex ist, verneint aber nicht, dass es eine Struktur besitzt und regelgeleitet ist. 13

Wenn Menschen reden, diskutieren, schreiben sind sie sich normalerweise des **Prozesses der Wortwahl** für die Darstellung der Erfahrung nicht bewusst. Wir sind uns fasst nie dessen bewusst, in welcher Weise wir die Worte, die wir aussuchen ordnen und strukturieren. Sprache füllt unsere Welt so aus, dass wir uns durch sie hindurchbewegen, wie ein Fisch durchs Wasser schwimmt. Obwohl wir uns der Art, in der wir unsere Kommunikation formen, kaum oder gar nicht bewusst sind, ist unser Sprachgebrauch sehr strukturiert. Wenn Sie zum Beispiel irgendeinen Satz in diesem Buch auswählen und die Wortreihenfolge verändern, ergibt sich eine unsinnige Wortfolge. Durch die Zerstörung der Satzstruktur ergibt sich kein Sinn mehr; es wird kein Modell irgendeiner Erfahrung mehr dargestellt. Nehmen wir diesen letzten Satz als Demonstrationsbeispiel. **Ursprüngliche Fassung:** „Durch die Zerstörung der Satzstruktur ergibt sich kein Sinn mehr; es wird kein Modell irgendeiner Erfahrung mehr dargestellt." **Nach Umkehrung der Wortreihenfolge:** „Dargestellt mehr Erfahrung irgendeiner Modell kein wird es mehr Sinn kein sich ergibt Satzstruktur der Zerstörung die durch." Mit anderen Worten, wenn wir kommunizieren, ist unser Verhalten regelgeleitet. Obwohl wir uns normalerweise nicht der Struktur im Repräsentations- und Kommunikationsprozess bewusst sind, kann diese Struktur, die Struktur der Sprache, im Sinne geordneter Muster verstanden werden. Zwischenmenschliche Kommunikation würde weitgehend zusammenbrechen, träten die Regeln der Grammatik außer Kraft. Selbst für die einfachsten, alltäglichen Gespräche sind wir darauf angewiesen, dass die Regeln der Grammatik eingehalten werden. Die **Vorstellung vom regelgeleiteten Verhalten** des Menschen ist somit der Schlüssel zum Verständnis des menschlichen Sprachgebrauchs. Diese Regeln sagen uns, wie wir einen Satz aufbauen sollen und wann er vollständig ist. Die Regeln werden vor allem durch die Grammatik bestimmt. Auch wenn wir uns mit 14

---

[16] *Einmahl* NJW 2001, 469, 471.

der Grammatik unserer Muttersprache nie bewusst beschäftigt haben, so haben wir doch ein intuitives Verständnis dieser Regeln. Beispielsweise kann jeder, der Deutsch sprechen kann, durchgängig entscheiden, welche Wortgruppierungen wohlgeformte Sätze darstellen, d. h. grammatikalisch richtig sind. Diese Information ist unbewusst allen Menschen zugänglich, auch wenn Sie die dahinter liegenden Regeln der jeweiligen Grammatik nicht kennen. Die folgenden drei Sätze sind Beispiele dafür, wie ein Satz wohlgeformt sein kann und wie nicht.

Beispiele:
1. Selbst Mediatoren haben Sprachprobleme.
2. Selbst Mediatoren haben blaue Fantasien.
3. Selbst Mediator hat Sprachprobleme.

Der erste Satz ist ein normaler Satz der deutschen Sprache. Der zweite Satz klingt zwar syntaktisch wohlgeformt, hat aber keinen Inhalt, ist also semantisch fehlgeformt. Der dritte Satz ist syntaktisch und grammatisch fehlgeformt.

15   **c) Prozess oder Inhalt?** Die meisten Menschen sind so mit dem Inhalt ihrer Kommunikation beschäftigt, dass sie den Ablauf und den Prozess der Kommunikation nicht wahrnehmen. Um die Konfliktpartner im Rahmen der Mediation optimal unterstützen zu können, muss also der Prozess, der hinter dem Inhalt abläuft, bewusst wahrgenommen und vom Mediator erkannt werden. Dennoch ist auch der Inhalt wichtig und wir müssen verstehen, was die Konfliktpartner sagen wollen, damit diese sich gegenseitig verstehen können. Die **gleichen Wörter** haben für verschiedene Menschen **unterschiedliche Bedeutungen** und deshalb entstehen viele Kommunikationsprobleme. Wenn Sie sich vorstellen, dass jeder Mensch eine geheimnisvolle eigene Sprache spricht, die zwar wie Ihre Eigene klingt, in der die Wörter jedoch völlig andere Bedeutungen haben, dann haben Sie einen riesigen Schritt in Richtung Kommunikation gemacht. Jeder von uns hat eine individuelle Sprache, die auf unseren individuellen Erfahrungen basiert. Die Individualsprachen klingen zwar gleich, doch die Bedeutungen, die jeder Einzelne von uns den Lauten und Wörtern gibt, sind nicht zwangsläufig identisch.

2. Modelle der Komplexitätsverminderung

16   **a) Die individuelle Bedeutung von Worten – das Gesetz der Individualität.** Nicht selten werden wir Opfer einer semantischen Falle, die darin besteht, dass wir glauben, dass mit identischen Bezeichnungen auch identische Gegenstände gemeint seien. Wir leben jedoch in einer Welt, in der es unzählige Objekte und Menschen gibt. Wörter sind eine grundlegende Methode Erfahrungen zu kodieren oder zu repräsentieren. Sprachsysteme repräsentieren die Gesamtheit der Erfahrungen eines jeden Menschen, so wie eine Speisekarte das repräsentiert, was die Küche des Hauses zu bieten hat. Die Wörter der Speisekarte sind Symbole für die Speisen, die man bestellen kann. Gewöhnlich ist es nur der Schizophrene, der die Speisekarte statt der Mahlzeit verspeist, und sich hinterher über den schlechten Geschmack beschwert.[17] Die Wörter, die wir verwenden sind lediglich Symbole bzw. Etiketten für Erfahrungen.[18] Mit unserer Erfahrung eines Sonnenuntergangs, eines Streiks oder

---

[17] *Watzlawick/Weakland/Fischer,* S. 27.
[18] *Laborde,* S. 46.

eines Urlaubs ist immer unsere persönliche Wahrnehmung derartiger Ereignisse und damit die **individuelle Bedeutung der gebrauchten Worte** gemeint. Wenn eine Person über eine Erfahrung spricht, die sie gemacht hat, kommuniziert sie nur einen winzigen Teil des tatsächlichen Ereignisses. Sie muss den weitaus größten Teil dessen, was sie erlebt hat streichen, um in der Lage zu sein, diese Erfahrung innerhalb eines akzeptablen Zeitraums mitzuteilen. Um z.B. jemandem davon zu erzählen, wie Sie dieses Buch gelesen haben, werden Sie das Meiste von dem, was Sie gelesen haben, eliminieren müssen. Sie werden vielleicht sagen: *„Es war gut!"* und mit dem Kopf nicken und so alle die Dinge auslassen, über die Sie im Zusammenhang mit diesem Buch nachgedacht haben, und auch nicht erwähnen, ob Sie sich zu der Zeit, als Sie das Buch gelesen haben, körperlich wohl gefühlt haben. Denken Sie jetzt vielleicht an all die Gelegenheiten bei Verhandlungen, als Sie nicht verstanden haben wovon jemand geredet hat, weil er die für Ihr Verständnis nötigen Elemente ausgelassen hatte.

Diese Aussagen sind nur scheinbar trivial. Daraus kann man folgern, dass Menschen nicht direkt auf die Welt einwirken, sondern zwangsläufig mittels ihrer Wahrnehmung oder ihres Modells von der Welt auf diese einwirken. Bildhaft gesprochen könnte man auch sagen, dass Menschen sich verschiedene Landkarten vom gleichen Territorium machen. Dabei treffen die Menschen nur eine Auswahl anhand der subjektiv empfundenen Wahlmöglichkeiten. Dies ermöglicht jedem von uns, ein anderes Modell der Welt zu unterhalten und doch in derselben realen Welt zu leben. Ein Konflikt ist nach diesem Verständnis also dadurch gekennzeichnet, dass die involvierten Personen an ihren Beschreibungen ihrer subjektiven „Konflikt-Landschaft" bzw. „Konflikt-Landkarte" festhalten, nach dem Motto: „Ich habe Recht!". Die Grundlage unseres Sprachverständnisses ist danach das Prinzip **„Die Landkarte ist nicht das Gebiet",** und der Name nicht das durch ihn bezeichnete Ding, das erstmals von dem Begründer der allgemeinen *Semantik, Alfred Korzybski* (1879–1950) in seinem grundlegenden Werk *Science and Sanity* formuliert wurde.[19] Es weist auf den grundlegenden Unterschied zwischen unseren Beschreibungen der Welt (den Landkarten) und der Welt selbst hin. Dies hängt damit zusammen, dass das Erkennen der Realität ein schwierigeres Problem ist als allgemein angenommen wird, primär deshalb, weil Gehirne die Fähigkeit besitzen **verschiedene Realitäten zu konstruieren,** die jeweils in sich konsistent sein können, so dass es unter gewissen Voraussetzungen unmöglich wird zu erkennen, welche Konstruktion die Bessere ist. Hier wird die Frage besonders wichtig, welche Prämissen zu welchen Realitätskonstruktionen geführt haben.[20] Hierzu folgende Geschichte: Unter den während des Krieges in England stationierten amerikanischen Soldaten war die Meinung weit verbreitet, die englischen Mädchen seien sexuell überaus leicht zugänglich. Merkwürdigerweise behaupteten die Mädchen ihrerseits, die amerikanischen Soldaten seien übertrieben stürmisch. Eine Untersuchung führte zu einer interessanten Lösung dieses Widerspruchs. Es stellte sich heraus, dass das Paarungsverhalten – vom Kennenlernen der Partner bis zum Geschlechtsverkehr – in England wie in Amerika ungefähr 30 verschiedene Verhaltensformen durchläuft, dass aber die Reihenfolge dieser Verhaltensformen in den beiden Kulturbereichen verschieden ist.

---

[19] *Ponschab/Schweizer,* S. 67 ff.; *Malik* S. 20.
[20] *Malik,* S. 20.

Während zum Beispiel das Küssen in Amerika relativ früh kommt, etwa auf Stufe 5, tritt es im typischen Paarungsverhalten der Engländer relativ spät auf, etwa auf Stufe 25. Praktisch bedeutet dies, dass eine Engländerin, die von ihrem Soldaten geküsst wurde, sich nicht nur um einen Großteil des für sie intuitiv „richtigen" Paarungsverhaltens (Stufe 5 bis 24) betrogen fühlte, sondern zu entscheiden hatte, ob sie die Beziehung an diesem Punkt abbrechen oder sich dem Partner sexuell hingeben sollte. Entschied sie sich für die letztere Alternative, so fand sich der Amerikaner einem Verhalten gegenüber, das für ihn durchaus nicht in dieses Frühstadium der Beziehung passte und nur als schamlos zu bezeichnen war.[21] – Das Beispiel zeigt, dass bestimmte Phänomene bzw. Sichtweisen unerklärlich bleiben, so lange sie nicht in ein bestimmtes Weltbild eingeordnet werden bzw. nicht erkannt wird, dass die Landkarte nicht das Gebiet ist. *Korzybskis* so verstandenes **Gesetz der Individualität** beinhaltet weiter, dass keine zwei Personen, Situationen oder Prozessphasen einander in allen Einzelheiten gleichen. Er konstatiert, dass wir über wesentlich weniger Worte und Konzepte als einzigartige Erfahrungen verfügen. Natürliche Sprachen machen eine klare Unterscheidung zwischen Element und Klasse oft nicht ganz einfach.[22] Das Wort „Katze" beispielsweise wird normalerweise auf Millionen von unterschiedlichen individuellen Tieren angewendet. Außerdem auf das gleiche Tier zu verschiedenen Zeiten in seinem Leben, auf unsere geistigen Bilder, auf Illustrationen und Fotografien, metaphorisch auf ein menschliches Wesen („eine läufige Katze"). Wenn also jemand den Begriff „Katze" benutzt, ist nicht immer klar, ob damit ein vierbeiniges Tier oder eine Beschreibung oder sonst etwas gemeint ist. *Korzybskis* Unterscheidung zwischen Landkarte und Gebiet beinhaltet, dass unsere geistigen Modelle der Welt, also keineswegs die Wirklichkeit selbst, für unser Handeln ausschlaggebend sind. *Korzybskis* Ziel war, Menschen zur Verzögerung ihrer unmittelbaren Reaktion zu veranlassen und dazu, zunächst nach den einzigartigen Charakteristika einer Situation und nach alternativen Deutungsmöglichkeiten zu suchen.

18   Übertragen auf den **Mediationskontext** kann man hieraus ableiten, dass es Aufgabe des Mediators ist, den Kommunikationsprozess zu verlangsamen und Möglichkeiten anzubieten, damit die Konfliktpartner ihre Prämissen reflektieren können und ihre Landkarten über die Wirklichkeit erweitern und bereichern können. Des Weiteren kann daraus gefolgert werden, dass es keine einzig und allein „richtige" Landkarte der Welt gibt, sondern nur subjektive Sichtweisen. Einfach ausgedrückt könnte man sagen: Es gibt keine objektive Wirklichkeit, sondern nur subjektive Wahrnehmungen und Vorstellungen.[23] Im Sinne einer erfolgreichen Kommunikation und Konfliktlösung hat es sich daher als nützlich erwiesen, den Konfliktpartnern zu helfen, umfassendere Perspektiven zu entwickeln und Raum zu schaffen für neue, ergänzende Informationen.[24]

19   **b) Das Transformationsmodell der Sprache.** Während man zu reden beginnt, trifft man eine Reihe von Transformationen zur Form in der man seine Erfahrungen kommunizieren will. Sprachbildung erscheint danach intuitiv, da wir uns der Wort-

---

[21] *Watzlawick/Beavin/Jackson*, S. 19 f.
[22] *Watzlawick/Weakland/Fischer*, S. 27.
[23] *Ponschab/Schweizer*, S. 67 bis 72; *Risse* NJW 2000, 1614, 1615 f.
[24] *Sellnow* ZKM 2000, 101 ff.

bildung, ebenso wie der Regeln nicht bewusst zu sein scheinen. Wann immer jemand über seine Erfahrungen spricht, wird er eine Menge Informationen über die reale Erfahrung auslassen. Wir können mit wenigen Worten komplexe Erfahrungen zusammenfassen. Glücklicherweise gibt es eine Gruppe von Akademikern, welche die Entdeckung und explizite Darlegung der **Muster und Strukturen von Sprache** zum Gegenstand ihrer Disziplin – der Transformationsgrammatik, einem Zweig der Linguistik – gemacht haben. Es handelt sich um *Linguisten*, die als Transformationsgrammatiker bekannt wurden. Sie haben es dabei vorgezogen, nicht die Ausdrucksweisen selbst, sondern die Regeln zur Bildung dieser Ausdrucksweisen *(Syntax)* zu untersuchen.[25] Vergleichbare Ansätze gibt es auch auf dem Gebiet der juristischen Begründungslehre[26] und der sprachlich-grammatikalischen Auslegung im Rahmen der juristischen Methodenlehre. Transformationsgrammatiker machen die vereinfachte Annahme, dass die Regeln zur Bildung dieser vielseitigen Ausdrucksweisen unabhängig vom Inhalt untersucht werden können. Dieser Beitrag fußt auf diesen Vorannahmen.[27] Wichtig sind dabei nicht die technischen Details oder die Terminologie, sondern vielmehr die Tatsache, dass Intuitionen, die jedem Menschen verfügbar sind, einer systematischen und regelgeleiteten Darstellung zugänglich sind.

c) **Oberflächen- und Tiefenstruktur der Sprache.** „Ach könntest du das wieder   20
ausdrücken, könntest Du dem Papiere das einhauchen, was so voll, so warm in dir lebt, dass es würde der Spiegel deiner Seele, wie deine Seele ist der Spiegel des unendlichen Gottes!"[28] – Eine der grundlegenden Vorannahmen des Transformationsmodells betrifft die Unterscheidung von Oberflächen- und Tiefenstruktur in der Kommunikation.[29] Ein anderer Ansatz besteht darin, zwischen objektsprachlichen Aussagen und Meta-Sprache zu differenzieren.[30] Die **Oberflächenstruktur** eines Satzes ist immer das, was man hört bzw. liest. Bezogen auf den Computer könnte man es mit dem Arbeitsspeicher vergleichen. Die **Tiefenstruktur** eines Satzes ist die vollständige sprachliche Repräsentation einer Erfahrung, sozusagen der Erfahrungshintergrund eines Ereignisses. In Analogie zum Computer könnte man es mit der Festplatte vergleichen, auf der sämtliche Daten gespeichert sind. Die Oberflächenstruktur ist demnach also ein reduziertes Abbild der Tiefenstruktur. Dies liegt daran, dass bei der Transformation von der Oberflächenstruktur zur Tiefenstruktur notwendigerweise ein Teil der Information verloren geht. Dies ist kein Nachteil an sich, sondern etwas, was zum Wesen der Sprache gehört. Worte geben immer nur eine Skizze dessen, was tatsächlich geschehen ist. Darin liegt auch einer der großen Vorteile von Worten.

d) **Tilgung, Generalisierung, Verzerrung.** Wenn Menschen ihr sinnesspezifisches   21
Erleben in Sprache darstellen, kann man also Umformungen dieser Erfahrungen im

---

[25] *Chomsky*, Strukturen der Syntax, Kapitel 2, 3, 5, 6, 8 und die Zusammenfassung; Strukturen der Syntax-Theorie, Kapitel 1 und 2; Sprache und Geist; wegen weiterer nützlicher Literatur zur *Transformationsgrammatik* vgl. *Bandler/Grinder*, Metasprache und Psychotherapie, S. 214 bis 216 mit m.w.N.
[26] *Koch/Rüßmann*, Juristische Begründungslehre, 1982.
[27] Ausf. *Bandler/Grinder*, Metasprache und Psychotherapie, S. 49 bis 61.
[28] *Goethe*, Die Leiden des jungen Werthers, Brief vom 10. Mai.
[29] Vgl. zu diesem Ansatz bei der Informationsverarbeitung auch: *Haft*, S. 34 f., der eine Analogie zum Computer mit *Hard-* und *Software* vorschlägt, wobei *Software* als die natürliche Sprache verstanden wird.
[30] *Malik*, S. 352 ff.; *Watzlawick/Weakland/Fischer*, S. 26.

Sinne einer Reduzierung von Komplexität durch einen Vereinfachungsprozess feststellen. Hierfür sind drei Gestaltungsprozesse verantwortlich: **Tilgung, Generalisierung, Verzerrung.** Die Kenntnis dieser Prozesse kann die Kommunikation mit anderen Menschen deutlich erleichtern. – **Tilgung** ist die Fähigkeit seine Aufmerksamkeit ganz auf eine Sache zu fokussieren und alles Andere auszublenden. Tilgung erfüllt die Funktion, Aufgaben konzentriert erledigen zu können und keiner Reizüberflutung zum Opfer zu fallen. Die Kehrseite besteht allerdings darin, dass zugrundeliegende Interessen nicht bemerkt oder geleugnet werden, weil immer nur die Positionen im Blickwinkel der Betrachtungen stehen. – **Generalisierung** steht für die Fähigkeit, ein Phänomen bzw. ein einziges Ereignis auf alle analogen Phänomene zu übertragen, d.h. eine Einzelerfahrung wird zum Stellvertreter für alle zukünftigen ähnlichen Erfahrungen. Generalisierung dient dem Wiedererkennen und der Bedeutungszuordnung, z.B. genügt es eine Automarke fahren zu können, um auch andere Autos fahren zu können, genügt einmaliges Verbrennen am Herd für das dauerhafte Wissen: *„Finger weg vom heißen Herd".* – **Verzerrung** oder Verfremdung/Verdrehung meint die Art und Weise, wie wir sensorische Informationen verändern oder uminterpretieren, d.h. die Fähigkeit, etwas Vorhandenes mittels Überlegungen, Fantasien oder Wünschen so umzugestalten, dass ein neuer Inhalt, Ausdruck oder eine neue Bedeutung entstehen. Verzerrung dient der Konstruktion neuer Bedeutungen oder Funktionen, z.B. bei Erfindungen. Sind Sie schon einmal in eine neue Wohnung gezogen und haben sich in dem noch leeren Wohnzimmer vorgestellt, wie es mit Ihren Möbeln aussehen würde? Nun, dafür mussten Sie halluzinieren, da Ihre Möbel nicht wirklich in dem Zimmer waren. Sie haben die Wirklichkeit also verzerrt. **Nominalisierungen** sind eine besondere Art der Verzerrung in natürlichen Sprachsystemen. Es geht dabei um **zu Hauptwörtern gemachte Verben.** Diese haben den Nachteil, dass sie in der Kommunikation von dem Zuhörer zunächst mühsam wieder in ein Bild umgesetzt werden müssen. Die meisten Menschen machen sich jedoch nicht die Mühe, diese Begriffe in etwas Anschauliches zu übersetzen, was leicht zu Missverständnissen in der Kommunikation führt. Alle drei Gestaltungsprozesse erfüllen demnach bestimmte Funktionen, die wertvoll sind, aber auch zu einschneidenden Einschränkungen in der Wahrnehmung führen können.

22   **e) Nutzen für die Mediation.** Dies ist natürlich für sich genommen ein sehr anspruchsvolles Thema und in dieser Form für den Einsatz im Mediationskontext auch nicht geeignet, da man damit immer noch nicht weiß, **was genau** man machen soll. Ich möchte an dieser Stelle auch keineswegs den Versuch unternehmen, eine ausgearbeitete Theorie der menschlichen Wahrnehmung zu entwickeln oder nachzuzeichnen. Meine Überlegungen beruhen schlicht auf der durch das Transformationsmodell herausgearbeiteten Prämisse, wonach es bei dem Prozess der menschlichen Wahrnehmung um die selektive Filterung von Daten vergleichbar einem Computer geht. Da der Verstand also keinen Zugang zu der ganzen Datenmenge über die Welt hat, kann er die Realität weder spiegeln noch konstruieren. Der Verstand ist daher am ehesten vergleichbar einem Filmcutter, der mit den Primärdaten umgeht und sie auswählt. Es handelt sich um das durch vielfältige psychologische Forschungen bestätigte Phänomen der sog. **selektiven Wahrnehmung.** Mit Hilfe des **Präzisionsmodells der Sprache** können die getilgten Daten wieder gelesen werden, kann die Landkarte der Konfliktpartner erweitert werden.

3. Das Transformationsmodell in der Mediation

Einige von Ihnen werden jetzt vielleicht denken: Mag ja ganz nett sein, aber was   23
hat das mit Mediation zu tun? – Bei der Mediation geht es darum, die Interessen
hinter den Positionen zu erforschen. Die Konfliktpartner sollen ihre langfristigen
Ziele erkennen, und sich bewusst werden, welche Möglichkeiten sie selbst haben
um die Zukunft zu gestalten, statt die Vergangenheit zu bewältigen. Übertragen auf
den **Mediationskontext** kann man die Oberflächenstrukturen im Sinne einer Mo-
dellbildung als Positionen und die Tiefenstrukturen als die dahinterliegenden Interessen begreifen. Darin liegt die Vorannahme, dass keine verbale Beschreibung
einer Position die dahinterliegenden Interessen vollkommen und genau zum Ausdruck bringt, d.h. ein Teil der Information geht bei der Transformation von Interesse zu Position notwendigerweise verloren oder wird verzerrt. Aufgabe des Mediators ist es danach, dieses verlorene Material wiederzugewinnen.

Oberflächenstruktur	=	Positionen

Tiefenstruktur	=	Interessen

Weiter kann aus den Forschungen der Transformationsgrammatiker abgeleitet   24
werden, dass die Technik der Wiedergewinnung der vollständigen sprachlichen
Repräsentation von Interessen funktioniert und gelernt werden kann, denn es existiert eine genaue Repräsentation (die Tiefenstruktur), mit der die Oberflächenstruktur, das sprachliche Geäußerte, der äußere Tatbestand der Erklärung verglichen
werden kann. Es geht im Wesentlichen um einen Prozess des Vergleichens. Dies ist
vergleichbar mit dem Subsumtionsvorgang, d.h. der Unterordnung eines Sachverhaltes unter einen Rechtssatz. Dort wandert der Blick des Juristen zwischen Sachverhalt und Rechtssatz vergleichend hin und her. Eine Position ist so gesehen die
Umwandlung von Primärdaten über bestimmte Interessen zu einer weniger komplexen Position. Ziel der Kommunikation in der Mediation ist es, diese getilgten Informationen über die eigenen Interessen wieder den Konfliktpartner zugänglich zu
machen. Erforderlich ist daher ein Werkzeug mit Hilfe dessen man an der Oberflächenstruktur der Sprache der Konfliktpartner arbeiten kann. Es handelt sich um das
Präzisionsmodell der Sprache. Dieses kann größtenteils auf das in der Transformationsgrammatik und dem Bereich der Therapie entwickelte, formale Modell der unvollständigen Repräsentation von Tiefenstrukturen durch Sprache zurückgeführt
werden.[31] Da sich diese Modelle jedoch nicht explizit auf den Mediationskontext
beziehen, sind nicht alle Teile brauchbar um ein formales strukturiertes Modell der
Kommunikation in der Mediation zu entwickeln und zu beschreiben. Ich habe also
die vorgenannten Modelle angepasst, indem nur die für unsere Belange relevanten
Teile ausgewählt wurden und sie zu einem System zusammengestellt, das für den
Kontext der Mediation angemessen ist. Es ist meine Absicht, Ihnen zunächst ein

---

[31] *Bandler/Grinder*, Metasprache und Psychotherapie, S. 43 ff.

allgemeines Bild von dem zu geben, was im Präzisionsmodell der Sprache überhaupt verfügbar ist und wie es funktioniert. Sodann werden Beispiele geliefert und ich möchte Ihnen Genaueres zeigen und schrittweise, anhand von konkreten Beispielen verdeutlichen, wie die Techniken des Präzisionsmodells im Mediationskontext eingesetzt werden können. Zunächst möchte ich Ihnen nahe legen, die Erörterungen durchzulesen und sich einen groben Überblick zu verschaffen.

IV. Das Präzisionsmodell der Sprache – von Positionen zu Interessen

1. Allgemeines

25   Wenn wir mit Aussagen der Konfliktpartner konfrontiert werden haben wir genau zwei Möglichkeiten sie zu verstehen. Entweder fragen wir solange nach, bis der Sprecher alle seine Tilgungen, Generalisierungen und Verzerrungen erläutert hat, oder wir füllen diese Lücken selbst mit unseren eigenen Erfahrungen und Vorstellungen. Dies birgt natürlich die Gefahr großer Missverständnisse in sich. Wenn es Ihnen gelingt, dass die Konfliktpartner ganz präzise sagen, was sie stört, und wenn Sie herausfinden, was sie statt dessen möchten, dann können Sie eine echte Gewinner-Gewinner-Situation herstellen und die Positionen hinter den Interessen herausfinden. Hierzu müssen Sie **präzise Fragen** formulieren, da Sie nur so präzise Auskünfte erhalten.[32]

2. Das Meta-Modell der Sprache

26   Wenn wir über Sprache sprechen wollen, wie Linguisten und Semantiker das tun, benötigen wir eine sog. Metasprache.[33] Grundlage des Präzisionsmodells der Sprache ist das sog. Meta-Modell.[34] Dabei handelt es sich um eine Weiterentwicklung des Transformationsmodells, welches unter dem Namen Meta-Modell der Sprache bekannt geworden ist. Es wurde von dem Mathematiker und Psychologen *Dr. Richard Bandler* und dem Linguisten *John Grinder* auf der Basis der allgemeinen Semantik *Alfred Korzybskis* und der Transformationsgrammatik *Noam Chomskys* ursprünglich zur erfolgreichen Kommunikation im Therapiekontext entwickelt.[35] Ziel war es, besser zu verstehen, was der Gesprächspartner eigentlich meint. Die Erklärungen von *Korzybski* und *Chomsky* erwiesen sich als so komplex, dass sie in ihrer ursprünglichen Form kaum von praktischem Nutzen waren.[36] Ihre Nutzung ermöglichte erst *Bandlers* und *Grinders* Meta-Modell. Diese hatten Anfang der 70er-Jahre damit begonnen, die sprachlichen Fertigkeiten einiger weltbekannter Therapeuten, wie *Milton H. Erickson, Fritz Perls* und *Virginia Satir, Gregory Bateson* und *Moshe Feldenkrais* zu modellieren. Aufgrund dessen konnten sie die

---

[32] Eine andere Art die Positionen hinter den Interessen zu erforschen, bietet das Modell der logischen Ebenen, *Ponschab*, S. 76 m. w. N.
[33] *Watzlawick/Weakland/Fischer*, S. 26.
[34] Vgl. zum Begriff *Meta-Ebene: Malik* S. 21, 57 ff., 63, 357 f., 454, 481.
[35] *Bandler/Grinder*, Metasprache und Psychotherapie; *Ponschab/Schweizer*, S. 133.
[36] *Laborde*, S. 90 f.

sprachlichen Fertigkeiten dieser Menschen herausarbeiten und in bestimmte Muster formalisieren und damit verständlich und erlernbar machen.[37] Dabei gingen sie von der Annahme aus, dass es wohl am Schwierigsten sei, anderen Menschen therapeutische Heilung zu vermitteln. Wem es gelingt, Patienten vom Vorteil eines gesunden Lebens zu überzeugen, so ihre Schlussfolgerung, der müsse ein wirkliches Kommunikationsgenie sein. Durch exakte Beobachtung kamen sie zu ganz neuen Erkenntnissen über bestimmte Muster verbaler und nonverbaler Kommunikation. Sie ermöglichten es diese Muster zu reproduzieren und lernbar zu machen. Die dabei modellierten Fragen versetzen nahezu jeden Menschen in die Lage, Fragen zu stellen, wie sie sonst nur ein erfahrener Therapeut hätte stellen können.[38] *„Beim Lesen dieses Buches habe ich sehr viele Dinge gelernt, die ich getan habe, ohne von ihnen zu wissen"*, schreibt *Milton H. Erickson*.[39] Ausgehend hiervon wurden spezifische Fragen entwickelt, die als Meta-Modell-Fragen bekannt wurden. Diese grundsätzlichen Arbeiten ziehen sich daher auch durch die gesamte Darstellung der Möglichkeiten erfolgreicher Kommunikation, wobei es nicht um den therapeutischen Einsatz geht, sondern darum, **wie genau** diese Modelle im Mediationskontext angewandt werden können. Das Meta-Modell wurde so konzipiert, dass es universell auf alle kommunikativen Prozesse angewendet werden kann.[40] Es ist nicht auf klinische Fälle beschränkt, sondern auf menschliche Interaktionen im Allgemeinen anwendbar. Der entscheidende Vorteil des Meta-Modells ist insbesondere, dass es die bei der Kommunikation in der Mediation vorhandene Komplexität nicht einfach nivelliert, indem das Ganze verkürzt und vereinfacht wird, sondern die Komplexität als solche erhalten wird. Das Meta-Modell ist ein hoch wirksames Instrument, um die **Oberflächenstruktur der Positionen** systematisch zu untersuchen und die fehlende Information durch gezielte Fragen zu ergänzen. Es handelt sich um eine **Fragetechnik zur Informationssammlung**. Es geht in diesem Beitrag nicht darum, dass jeder Mediator Fragen stellen sollte, wie ein erfahrener Therapeut, sondern, dass Sie ihre Fähigkeit erhöhen, im Rahmen des Mediationskontextes noch besser kommunizieren zu können.

a) **Meta-Modell-Fragen.** Die typischen Meta-Modell fragen lauten: 27
- Was genau?
- Wie genau?
- Woher wissen Sie das? Was veranlasst Sie zu glauben, dass...?
- Was hindert Sie daran?/Was hält Sie davon ab?
- Im Vergleich wozu?

b) **Gefahr des Meta-Modells.** Die Gefahr des Meta-Modells besteht darin, nicht 28 zu wissen, wann es sinnvoll ist, mit der Anwendung des Meta-Modells aufzuhören. Wenn man die falschen Fragen oder die richtigen Fragen zum falschen Zeitpunkt stellt, wird man zum sog. „Meta-Monster" und erzeugt Widerstand, da die Fragen als unpassend und penetrant empfunden werden können. Es gilt ein Gespür dafür zu entwickeln, wo Nachfragen im Sinne eines größeren gegenseitigen Verständnis-

---

[37] *Bandler/Grinder*, Metasprache und Psychotherapie; Kommunikation und Veränderung; Reframing, S. 148 f.; Neue Wege der Kurzzeittherapie, 9. Aufl. 1991; *Bandler*, Veränderung des subjektiven Erlebens; „Bitte verändern Sie sich ... jetzt", 3. Aufl. 1998.
[38] *Dilts*, S. 11.
[39] *Milton H. Erickson*, in *Bandler/Grinder*, Metasprache und Psychotherapie, Vorwort.
[40] *Walker*, S. 41.

ses sind und wo sie zum überflüssigen und indiskreten Ausfragen entgleisen. Es geht nicht darum wahllos irgendwelche Fragen zu stellen, sondern darum **gezielt Informationen zu sammeln.** Wenn Sie alle Kommunikationstechniken noch so gut beherrschen, aber nicht in der Lage sind, sicher und zuverlässig Informationen zu sammeln, sind Sie wie ein Chirurg, der ein sehr scharfes Skalpell hat, aber nicht genau weiß, wo er eigentlich schneiden soll. Ich empfehle Ihnen, nicht bei jeder festgestellten Meta-Modell-Verletzung automatisch eine entsprechende Frage zu stellen, sondern dass Sie nur dann eine Meta-Modell-Frage stellen, wenn Ihnen selbst die Aussage auf Grund des Gesagten noch nicht klar genug oder widersprüchlich erscheint. Ansonsten wird das Ganze zu einer sinnlosen Ausfragerei und dem Anhäufen von irrelevanten Informationen. Die Fragen wirken beliebig und die Konfliktpartner spüren sehr schnell, dass die Fragerei plan- und richtungslos ist.

V. Mit Präzisionsfragen zu den Interessen hinter den Positionen

1. Tilgungen

29   a) **Unspezifische Substantive. Beschreibung:** Menschen neigen dazu, um den heißen Brei herum zu reden. Dazu eignen sich Hauptwörter ausgezeichnet. Besonders **unspezifische Hauptwörter** wie „Liebe, Anstand, Ehrgeiz, Gerechtigkeit, Zuverlässigkeit, Depression, Selbstverwirklichung, Toleranz, Härte" etc. Diese Worte repräsentieren etwas, was ursprünglich sinnlich konkret war, und jetzt nur noch als Symbol eines einst realen Ereignisses kommuniziert wird.
Beispiel: Unspezifisch: „Meine Bereitschaft zur Mitarbeit an diesem Projekt ist grenzenlos!" – **Spezifisch:** „Ich bin bereit für das Projekt jeden Abend mindestens 3 Stunden länger im Büro zu bleiben."
Erkennungsworte: Wenn man ein Hauptwort nicht in eine Schubkarre legen kann ist es unspezifisch (**Schubkarrentest**)
Präzisionsfragen: „Wer genau?" – „Was genau?" – „Welche genau?" – „Was passiert, wenn …"
Vorgehensweise: Stufe 1: Hören Sie auf die Oberflächenstrukturen der Konfliktpartner und identifizieren Sie die Substantive. **Stufe 2:** Fragen Sie sich, ob das durch das Substantiv innerhalb des Satzes dargestellte Bild klar genug ist, so dass Sie sich das Beschriebene tatsächlich zweifelsfrei vorstellen können. Wenn nicht fragen Sie: „Was genau …?"

30   b) **Unspezifische Verben. Beschreibung:** In einem Satz werden Verben verwendet, die kein klares Bild des Vorganges beschreiben.
Beispiel: „Ihr Abteilungsleiter hat mich verletzt"– „Wie genau hat der Mitarbeiter Sie verletzt?"
Erkennungsworte: „tun, erinnern, erleben, denken, bewegen, verstehen, wahrnehmen, lernen, wissen, merken"
Praxistipp: Das dargestellte Bild ist nicht klar genug, als dass man sich den tatsächlichen Ablauf der beschriebenen Ereignisse vorstellen könnte.
Präzisionsfragen: „Wie genau?" – „Inwiefern?" – „In welcher Weise?"

Vorgehensweise: Stufe 1: Hören Sie auf die Oberflächenstrukturen der Konfliktpartner und identifizieren Sie die Prozessworte bzw. *Verben*. **Stufe 2:** Fragen Sie sich, ob das durch das Verb innerhalb des Satzes dargestellte Bild klar genug ist, so dass Sie sich den tatsächlichen Ablauf der beschriebenen Ereignisse vorstellen können. Wenn nicht fragen Sie: „Wie genau ...?"

c) Unvollständige Vergleiche. Beschreibung: Es fehlt, worauf sich der Vergleich **31** bzw. die Steigerungsform bezieht. Man unterscheidet **drei Arten.** Positivvergleiche: Zwei Eigenschaften werden auf der gleichen Stufe miteinander verglichen, ohne dass der Vergleichsmaßstab genannt wird, z.B. „klein, so klein wie ...". Komparativvergleiche: Es werden Unterschiede beschrieben, z.B. „klein, kleiner als ...", „wichtiger als ...". Superlativvergleiche: Es werden Höchststufen beschrieben, z.B. „der kleinste Unterschied, am Kleinsten, das wichtigste Element ..."
Beispiel: „Das ist eine bessere Lösung." – „Diese Alternative ist viel schlechter als unsere Rechtsposition." – „Der wichtigste Punkt für uns ist Qualität."
Erkennungsworte: Jeder Satz, in dem Worte wie „am Besten", „besser", „schlechter" oder „am Schlechtesten", „wichtiger", „am Wichtigsten" ... verwendet werden.
Präzisionsfragen: „Für wen/was?" – „Durch wen/was?" – „Auf wen/was?" – „Worüber?" – „... im Vergleich wozu?" – „... welcher Hinsicht?" – „...verglichen mit was?" – „Am Schlechtesten in Bezug auf was?" – „...verglichen mit was?"

d) Unvollständige Bewertungen (verlorener Performativ). Beschreibung: Sind eng **32** mit Vergleichen verknüpft. Eine Bewertung wird ausgesprochen, ohne die bewertende Instanz zu nennen. Meist kombiniert mit einem Adverb oder Vergleich. Man kann sie daher auch als Modaladverbien, d.h. Adverbien, die einschätzen oder beurteilen bezeichnen.
Beispiel: „Es ist offensichtlich, dass die abgerechneten Überstunden zu Unrecht aufgeschrieben wurden." – „Mercedes sind die besten Autos der Welt."
Erkennungsworte: „offensichtlich", „zweifellos", „augenscheinlich", „es versteht sich von selbst, dass ...". Geklärt werden diese Bewertungen mit der Frage, wer die Bewertung macht und auf welcher Basis sie getroffen wird.
Präzisionsfragen: „Wer sagt das?" – „Für wen ist das offensichtlich?" – „Gemessen woran?" – „Auf welcher Basis erfolgt die Bewertung?"
Vorgehensweise: Stufe 1: Horchen Sie bei den Oberflächenstrukturen der Konfliktpartner auf entsprechende Adverbien. **Stufe 2:** Fragen Sie: „Wer sagt das?"

2. Generalisierungen

a) Modaloperatoren der Möglichkeit. Beschreibung: Modaloperatoren sind Ver- **33** ben, die ein anderes Verb näher bestimmen. Modaloperatoren enthalten häufig eine Einschränkung. Situationen werden als unausweichlich, zwanghaft oder grundsätzlich ausgeschlossen dargestellt, ohne dass jedoch die konkrete Erfahrung mitgeteilt wird. Die Konfliktpartner sind der Meinung, dass sie keine Wahl hätten.
Beispiel: „Ich kann nicht darüber reden." – „kann nicht" ist der Modaloperator, „reden" das näher bestimmte Verb. – „Es ist unmöglich, 50 Jahre einfach so zu ändern."
Erkennungsworte: „kann nicht" – „unmöglich" – „außerstande sein" – „unfähig"

Präzisionsfragen: „Was genau hindert Sie daran?" – „Was genau hält Sie davon ab?" – „Was hemmt Sie?" – „Was würde passieren, wenn Sie es täten?"
Was zu tun ist: Stufe 1: Hören Sie den Konfliktpartnern zu; untersuchen Sie die Oberflächenstruktur auf die Erkennungsworte. **Stufe 2:** Fragen Sie: „Was hindert Sie daran, was hält Sie davon ab?"

34   b) **Modaloperatoren der Notwendigkeit. Beschreibung:** Der Sprecher gibt vor, keine Wahlmöglichkeiten zu haben, ohne die Erfahrung mitzuteilen, die ihn zu dieser Annahme geführt hat.
Beispiel: „Ich muss in dieser Sache auf unserer Forderung bestehen."
„Ich kann bei dieser Position keine Kompromisse eingehen."
„Ich darf nicht über unser Limit von 10.000,– Euro hinausgehen."
Erkennungsworte: „muss, müssen" – „notwendig" – „darf nicht" – „sollte" –
Präzisionsfragen: „Sonst passiert was?" – „Was würde passieren, wenn ...?" –
Was zu tun ist: Stufe 1: Hören Sie den Konfliktpartnern zu; untersuchen Sie die Oberflächenstruktur auf Erkennungsworte (Modaloperatoren). **Stufe 2:** Fragen Sie: „Was würden passieren, wenn ...?" – „Was hindert Sie ... ?"

35   c) **Verallgemeinerungen (universelle Quantifizierungen). Beschreibung:** Einzelerfahrungen werden so verallgemeinert, dass es keine Ausnahme zu geben scheint. Aus einem oder wenigen Beispielen wird auf eine allgemeingültige Regel geschlossen. So wird z. B. von einer Erfahrung auf alle Erfahrungen geschlossen, von einer Person auf alle Menschen. Indem man die Aufmerksamkeit der Konfliktpartner auf diesen Punkt lenkt, gibt man ihnen im Sinne der Mediation die Möglichkeit, selbstverantwortlich über Alternativen nachzudenken.
Beispiele: „Ich mache immer alles falsch!" – „Du kommst immer zu spät!" – „Dir ist alles andere wichtiger, als ich!" – „Alle Mitarbeiter beschweren sich über Sie!" – „Ihnen kann man überhaupt nichts recht machen!" – „Jedermann erzählt mir, man sollte im Winter kein Cabrio kaufen."
Erkennungsworte: „niemand" – „alle" – „immer" – „jede/jedes" – „keiner" – „nie" – „alles" – „nichts"
Präzisionsfragen: „Ist es immer, grundsätzlich ohne Ausnahme ..." – „Können Sie sich Umstände vorstellen unter unter denen ...?" – „Haben Sie jemals, vielleicht auch nur ein einziges Mal in Ihrem Leben die Erfahrung gemacht ...?" – „Möchten Sie damit sagen, dass überhaupt niemand jemals ...?" – „Sie sagen also, dass alle ...?" – „Wollen Sie damit sagen, dass immer alles ...?"
Was zu tun ist: Stufe 1: Achten Sie bei dem Gesagten auf allgemeine Formulierungen wie: „Leute, niemand, keiner, alle, alles, jeder, immer, nie" usw.
Stufe 2: Universalquantifikatoren kann man hinterfragen, indem man sie besonders betont und so auf die Verallgemeinerung aufmerksam macht. Bewährt haben sich die **Übertreibung**, welche die Absurdität der Aussage verdeutlichen soll und das Erinnern an **Gegenbeispiele** oder Beispiele für die generalisierte Einzelerfahrung (**Beispielfragen**).
So könnte es aussehen: „Alle Unternehmer sind Egoisten!" – „**Alle**? Sie meinen wirklich **alle**? Sie sagen also, dass sich **alle** Unternehmer **immer** und **überall** und **ohne** Ausnahme wie Egoisten verhalten. (Übertreibung) – Haben Sie jemals auch nur **einen** Unternehmer getroffen, der sich auch nur in **einer** einzigen Situation **nicht** wie ein Egoist verhalten hat? Können Sie sich vielleicht an eine **einzige** Situ-

ation in ihrem gesamten Leben erinnern, in der sich ein Unternehmer **nicht** egoistisch verhalten hat? (**Gegenbeispiel**) – Wer genau hat sich Ihnen gegenüber wie ein Egoist benommen?" (**Konkrete Einzelerfahrung**)

3. Verzerrungen

a) **Komplexe Äquivalenz. Beschreibung:** Hierunter versteht man die unzulässige   36
Gleichsetzung unterschiedlicher Sachverhalte. Etwas Überprüfbares wird so mit einer Interpretation verknüpft, als ob das eine automatisch das andere bedeuten würde (a=b bzw. x=y)
Beispiele: „Er interessiert sich nicht mehr so für das Geschäft wie früher, da er immer zu spät kommt." – „Du liebst mich nicht mehr, da du mir keine Blumen mehr mitbringst."
Erkennungsworte: „da" – „weil"
Präzisionsfragen: „Wieso bedeutet, das eine das andere?" – „Woher wissen Sie das?" – „Wenn Sie …?"
Praxistipp: Die Aussage auf die Person selbst beziehen und nachfragen, ob bei ihr das gleiche Verhalten die unterstellte Bedeutung hat, z.B.: „Wenn **Sie** zu spät ins Geschäft kommen, bedeutet dies dann immer, dass sie sich nicht mehr für das Geschäft interessieren?" – „Bringen **Sie** immer Blumen mit, wenn Sie jemanden lieben?"

b) **Vorannahmen. Beschreibung:** Vorannahmen sind Grundüberzeugungen, Ein-   37
stellungen und Erwartungen aus der persönlichen Erfahrung des Sprechers. Linguistisch betrachtet, tauchen diese Grundannahmen als *Präsuppositionen* in den *Oberflächenstrukturen* der Konfliktpartner auf.
Beispiele: „Warum lächelst Du nicht öfter mit mir?" – „Was führt Sie zu der Annahme, dass es für den anderen Gründe gäbe, öfter zu lächeln?" –
„Wenn Sie bei unseren Mitarbeitergesprächen so vereinnahmend sein müssen, möchte ich lieber nichts mit Ihnen zu tun haben?" – „Was führt Sie zu der Annahme, dass Herr … bei Mitarbeitergesprächen vereinnahmend ist. Wie genau macht er das?"
Erkennungsworte: „Warum" – „weil" – „wenn" – „falls" – „sich bewusst sein" – „erkennen" – „ignorieren"
Präzisionsfragen: „Was führt Sie zu der Annahme, dass…?" – „Wieso glauben Sie, dass …?"

c) **Ursache und Wirkung. Beschreibung:** Behaupteter Kausalzusammenhang zwi-   38
schen einem Ereignis und einer Gefühlsreaktion. Diese Klasse semantisch fehlgeformter Oberflächenstrukturen zeigt an, dass Menschen, die sich so ausdrücken, der Meinung sind, der andere habe ganz bestimmte Gefühle oder Zustände in ihm bewirkt und man habe keine Wahl, als in der beschriebenen Weise zu reagieren, z.B. ärgerlich oder depressiv oder wütend zu sein. Damit schiebt man die Verantwortung für das eigene Erleben und die eigenen Gefühle einem anderen zu und nimmt sich damit gleichzeitig die Möglichkeit zur Veränderung des angeblich von einem Dritten ausgehenden Erlebens. Die Aufgabe des Mediators an diesem Punkt ist, den Konfliktpartnern durch gezielte Fragen zu helfen, wieder Verantwortung und Wahlmöglichkeiten für ihre Reaktionen zu erlangen. Damit wird das **Prinzip**

der **Selbstverantwortung** der Parteien in der Mediation angesprochen. Nicht der Andere und auch nicht der Mediator ist für die Gefühle und die Lösung der Angelegenheit verantwortlich, sondern ausschließlich die Konfliktpartner selbst.[41]

Beispiel: „Du machst mich depressiv." – „Ich bin froh, weil sie gegangen ist." – „Ich möchte nicht wütend werden, aber sie reizt mich dazu?" – „Ich bin verletzt, da Sie mich nicht beachtet."

Erkennungsworte: „weil" – „aber" – „da"

Präzisionsfragen: „Wie genau verursacht das eine das andere?" – „Was müsste passieren, dass dies nicht durch das andere verursacht wird?" – „Was daran bewirkt diese Reaktion?" – „Wie genau macht das jemand?"

Praxistipp: Paraphrasierungstest:[42] Um den Paraphrasierungstest anzuwenden, stellen Sie das Verb dieser Oberflächenstruktur an das Ende der neuen Oberflächenstruktur, und setzen Sie das Verb „bewirken" oder „verursachen" an seine Stelle, dann wird das Verb „fühlen" oder „erfahren" angefügt. Beispiel: „Das Verhalten von Frau Meier beleidigt mich." – „Frau Meier bewirkt also, dass sie sich beleidigt fühlen?"

39   **d) Gedankenlesen. Beschreibung:** Semantisch fehlgeformte Mutmaßung darüber, was ein anderer denkt bzw. fühlt, oder Zuschreibung, was er über einen selbst wissen müsste.[43]

Beispiel: „Ich weiß, was sie über mich denkt." – „Alle hassen mich." – „Ich weiß, dass sie unglücklich ist."

Präzisionsfragen: „Woher wissen Sie das?"

40   **e) Nominalisierungen. Erklärung:** Nominalisierungen sind Verben, die zu Hauptwörtern umgewandelt wurden. Es sind Wörter, die einen Prozess beschreiben, indem sie ihn in ein abgeschlossenes Ereignis umformen. Was haben z.B. Worte wie „Aufmerksamkeit, Behauptung, Ursache, Fähigkeiten, Erfahrungen" gemeinsam? – Es sind Substantive, richtig. Doch wir können sie nicht in unserer äußeren Umgebung antreffen. Haben Sie jemals eine „Aufmerksamkeit" oder eine „Erfahrung" gesehen? Sie ist keine Person, kein Ort und auch keine Sache. Das kommt daher, dass diese Worte ursprünglich als Verben benutzt wurden, die den Prozess des Aufmerksam sein und des Erfahrens beschreiben. Sie müssen erst in einen Prozess zurückverwandelt werden. Wenn jemand z.B. sagt: „Ich will Erfolg haben bei der Mediation", dann müssen Sie ihn fragen: „Was hindert Sie daran, erfolgreich zu sein?" Der konkrete Inhalt und die **Selbsterreichbarkeit** gehen bei Nominalisierungen also verloren. Durch die Rückführung in einen Prozess bemerken die Konfliktpartner vielleicht, dass es Möglichkeiten gibt und dass das Ereignis ein von ihnen selbst, d.h. eigenverantwortlich veränderbarer Prozess ist. Die Komplexität wird also nicht zerstört, sondern lediglich strukturiert.

Beispiele: „Ich glaube nicht an eine Lösung des Problems." – „Was hindert Sie daran, sich von dem Problem zu lösen?" – „Ich habe keine Hoffnung mehr." – „Worauf haben Sie aufgehört zu hoffen?"

---

[41] Vgl. *Marshall*, S. 63-77.
[42] *Bandler/Grinder*, Metasprache und Psychotherapie, S. 122 f.
[43] *Bandler/Grinder*, Metasprache und Psychotherapie, S. 130 bis 134; Kommunikation und Veränderung, S. 114 bis 132.

Was zu tun ist? Prüfen Sie, ob das von dem Substantiv Bezeichnete in eine Schubkarre gelegt werden kann (sog. **Schubkarrentest**). Kann das Wort sinnvoll im Zusammenhang mit dem Wort „andauernd" benutzt werden? Ich kann z.B. ein „Auto" in eine Schubkarre legen, aber eine „Entscheidung" oder eine „Fähigkeit" kann ich nicht in eine Schubkarre legen. Ich kann sinnvollerweise von einer „andauernden Entscheidung" reden, aber nicht von einem „andauernden Auto".

Präzisionsfragen: Geklärt werden Nominalisierungen, indem man sie in ein Verb verwandelt und nach der fehlenden Information etwa wie folgt fragt: **„Wer oder was tut etwas?"** – **„Wie genau, in welcher Weise?"**

4. Praxistipp: „Weichmacher"

Einige Menschen sind nach dem ersten Einsatz der Präzisionsfragen verunsichert. **41** In der Regel wird das Gelernte zuerst in der Familie und im Freundes- und Bekanntenkreis eingesetzt, manchmal mit dem Resultat, dass Einige verärgert sind, die Fragen als penetrant und aufdringlich empfinden und man zu keinem Kaffeekränzchen mehr eingeladen wird. Halten Sie sofort inne, wenn Sie merken, dass einer der Konfliktpartner wütend wird, – es sei denn, Sie sind bereit sich mit seiner Wut auseinander zu setzen. Wenn das Ihr Ziel ist, sind die Präzisionsfragen das ideale Werkzeug. Ansonsten sollten sie **„Weichmacher-Formulierungen" (reflektierende Fragen)** hinzufügen wie:
– „Ich frage mich, was im Einzelnen Sie mit … meinen?"
– „Ich bin neugierig auf …"
– „Wären Sie bereit, mir zu erklären, wie genau …?"
– „Ich überlege mir gerade, was genau …?"
– „Ich bin mir nicht ganz sicher, wie ich Sie verstehen kann, wenn Sie sagen …, was genau meinen Sie damit?"
Diese Fragen können ungezwungen, wie ein Bestandteil einer Unterhaltung wirken. Kündigen Sie ausdrücklich an, wenn Sie Fragen stellen wollen oder Vorschläge machen wollen, z.B.: „Ich möchte Ihnen einen Vorschlag machen." oder: „Ich möchte Sie etwas fragen."

VI. Lernformat

Sie fragen sich jetzt vielleicht, **wie genau** Sie erreichen können, sich bei der Medi- **42** ation im Einzelnen an all die vorgestellten verschiedenen Präzisionsfragen zu erinnern. Wenn Sie Tennis spielen, wissen Sie, wenn der Ball kommt, was Sie tun müssen, ohne zu überlegen. Dieses Wissen (Reflex) scheint irgendwo in Ihrem Körper gespeichert zu sein. Eine Möglichkeit ist, die neuerworbenen Informationen über die Präzisionsfragen in ihren Fingern der Hand zu lokalisieren. Ihre Finger können dann für Sie das Denken erledigen, ohne dass Sie den Kopf damit belasten. **Automatische Reaktionen** werden Ihren Geist freihalten für andere Dinge, während Sie kommunizieren. Die adäquate Frage wird Ihnen dann automatisch einfallen. Anhand der unspezifischen Substantive möchte ich das Verfahren kurz exemplarisch vorstellen.[44] Dabei handelt es sich um den Prozess des sog. beschleunigten syntonischen Lernens.[45] Dieses basiert auf der Entdeckung, dass Menschen am Besten lernen, wenn die drei Hauptsinne Sehen-Hören-Fühlen mit einbezogen werden.

43   **Schritt 1 – Erkennen:** Heben Sie Ihren linken Zeigefinger an, während Sie sich vorstellen, dass das Wort „Substantiv" auf diesem Finger geschrieben steht. Sagen Sie gleichzeitig laut „Substantiv".

     Schritt 2 – Reaktion: Heben Sie den Zeigefinger der rechten Hand, während Sie die Frage „Was genau?" aussprechen und sich gleichzeitig vorstellen, dass auf diesem Zeigefinger das Wort „Was genau?" geschrieben steht.

     Schritt 3 – Erkennen/Reaktion: Legen Sie nun beide Hände nebeneinander vor sich auf den Tisch so dass die Finger zueinander zeigen. Heben Sie den Zeigefinger der linken Hand, stellen Sie sich vor, dass auf diesem Finger „Substantiv" geschrieben steht, und wiederholen Sie dann die bereits beschriebene Sequenz, zuerst laut „Substantiv" auszusprechen und dann den rechten Zeigefinger zu heben und zu sagen: „Was genau?", während Sie sich vorstellen, dass auf dem Zeigefinger „Was genau?" geschrieben steht. Meist reicht es, dies ein einziges Mal zu tun, um die Reiz-Reaktion-Verbindung in ihrem Gehirn herzustellen. Ansonsten reichen mit großer Wahrscheinlichkeit drei Wiederholungen.

44   Wenn Sie dies wirklich automatisiert haben, entsteht folgende Sequenz des Geschehens: Ihr linker Zeigefinger zuckt, weil jemand in der Kommunikation ein unspezifisches Substantiv benutzt hat. Dann zuckt Ihr rechter Zeigefinger, und augenblicklich kommt die Frage: **„Was genau meinen Sie mit …?"** Nehmen wir beispielsweise an, einer der Konfliktpartner im Rahmen einer Mediation im Arbeitsrecht sagt: „Ich möchte eine andere Aufgabe." Wenn Sie die soeben beschriebene Sequenz erlernt haben, werden Ihre Finger reagieren, und Sie werden fragen: **„Welche Aufgabe genau?"** Ob Sie die Frage unmittelbar nach dem Auftauchen des unspezifischen Substantivs stellen oder ob Sie damit bis zu einem günstigeren Augenblick warten, hängt von den Umständen ab. Ihr gesunder Menschenverstand wird Ihnen sagen, wann der richtige Augenblick gekommen ist.

---

[44] Ausf. mit explizitem Modell für die wichtigsten *Meta-Modell-Fragen: Laborda,* S. 89 bis 109.
[45] *Laborde,* S. 91 ff.; 127.

3. Kapitel. Die Durchführung der Mediation

§ 15 Rolle und Aufgabe des Mediators – Prinzipien der Mediation

Stefan Kracht

Übersicht

Schrifttum: *Aristoteles,* Nikomachische Ethik, Übersetzung von Franz Dirlmeier, Stuttgart 1969; *Auferkorte/Michaelis,* Kurs Kommunikation – Grundlage Mediativer Verfahren KE 2, FernUniversität Hagen 1999; *Besemer,* Mediation in der Praxis: Erfahrungen aus den USA, Karlsruhe 1996; *Breidenbach,* Mediation – Struktur, Chancen und Vermittlung im Konflikt, München 1995; *Cormick,* The „Theory" and Practice of Environmental Mediation; *Dulabaum,* Mediation: Das ABC – Die Kunst in Konflikten erfolgreich zu vermitteln, Weinheim und Basel 1998; *Eidenmüller,* Verhandlungsmanagement durch Mediation, in Henssler/Koch, Mediation in der Anwaltspraxis, Bonn 2000; *Gaßner/Holznagel/Lahl,* Mediation, Bonn 1992; *Günther/Hoffer,* Mediation im Zivilrecht, in Henssler/Koch, Mediation in der Anwaltspraxis, Bonn 2000; *Hehn,* Nicht gleich vor den Richter – Mediation und rechtsförmige Konfliktregelung, Bochum 1996; *Hehn/Rüssel,* Der Mediator – Kein Schlichter oder (Schieds-) Richter, ZKM 2001, S. 62 ff.; *Henssler,* Anwaltliches Berufsrecht und Mediation, in: Breidenbach/Henssler (Hrsg.), Mediation für Juristen Köln 1997, S. 75 ff.; *ders.,* Kurs Rechtliche und berufsrechtliche Grundlagen und Grenzen der Mediation, FernUniversität Hagen 1999; *Kleinknecht/Meyer-Goßner,* Strafprozessordnung, München 1999; *Mähler/Mähler,* Mediation in der Praxis, in: Duss-von Werdt/Mähler/Mähler, Mediation: Die andere Scheidung, Stuttgart 1995, S. 129 ff.; *Maurer,* Allgemeines Verwaltungsrecht, 12. Auflage, München 1999; *Montada/Kals,* Mediation, Lehrbuch für Psychologen und Juristen, 1. Auflage, Weinheim 2001; *Netzig/Petzold,* Täter-Opfer-Ausgleich, in: Breidenbach/Henssler (Hrsg.), Mediation für Juristen Köln 1997, S. 206 ff.; *Prütting,* Verfahrensrecht und Mediation, in: Breidenbach/Henssler (Hrsg.), Mediation für Juristen Köln 1997, S. 57 ff.; *Rüssel,* Das Gesetz zur Förderung der außergerichtlichen Streitbeilegung – Der Weg zu einer neuen Streitkultur?, NJW 2000, S. 2800 ff.; *Runkel,* Mediation – ein Weg aus der Sackgasse des Umweltkonflikts, in: Studienbrief Umweltmediation – Eine Interdisziplinäre Einführung, Förderverein Umweltmediation e. V., Zur Implementierung der Umweltmediation in Deutschland, Bonn 2000, S. 21 ff.; *v. Schlieffen,* Anforderungen an einen Mediator, ZKM 2000, S. 52 ff.; *Schmitt,* Der Hüter der Verfassung, Tübingen 1931; *Sünderhauf,* Mediation bei der außergerichtlichen Lösung von Umweltkonflikten in Deutschland, Berlin 1997; *Susskind/Cruikshank,* Breaking the Impasse. Consensual Approches to Resolving Public Disputes, New York 1987; *Weber,* Die protestantische Ethik I, hrsg. v. Johannes Winckelmann, Tübingen 1984; *Zilleßen,* Mediation (Hrsg.): Kooperatives Konfliktmanagement in der Umweltpolitik, Opladen 1998; *Zöller,* Zivilprozessordnung, Köln 1999.

Vorbemerkung

1 Betrachtet man die Beteiligten eines Mediationsverfahrens, so kann man wohl behaupten, es handele sich um eine **Expertenrunde.** Die Parteien sind die Experten des Konflikts, denn sie kennen ihren Konflikt am besten. Der Mediator ist der Experte für das Verfahren, denn hier kennt er sich am besten aus. Was die Parteien zu Experten macht, ist bei dieser Aussage klar – was aber macht den Mediator zum Experten? Der Mediator wird dadurch zum Fachmann, dass er seine Rolle und Aufgabe versteht und beides bestmöglich ausfüllt. Das richtige Rollenverständnis und die richtige Aufgabenerfüllung machen also einen Großteil guter Mediationsarbeit aus. Dabei ist hervorzuheben: Beide Begriffe stehen im engen Zusammenhang mit den Prinzipien der Mediation. Die unterschiedlichen Prinzipien kreieren und gestalten die Aufgaben und Funktion des Mediators. Zentral ist hier sicherlich die Neutralität oder Allparteilichkeit des Mediators. Dabei kann man die Neutralität sowohl als Prinzip der Mediation auffassen als auch zur Rolle des Mediators zählen. Dabei empfiehlt es sich, pragmatisch vorzugehen und die Neutralität dort anzusprechen, wo sie am besten greifbar wird. Aus diesem Grunde werden Sie in diesem Beitrag das Neutralitätsgebot in einem eigenen Abschnitt finden und die übrigen vier von der Person des Mediators relativ losgelösten Prinzipien in einem eigenen Abschnitt.

2 Die **Rolle des Mediators** hat neben diesen Einordnungsproblemen noch eine andere Dimension, nämlich die Frage der ethischen Einstellung oder auch der Haltung des Mediators. Was ist das Angemessene, das ich als Mediator tun soll und vielleicht muss? Wie fülle ich meine Rolle optimal aus und bewältige meine Aufgaben bestmöglich? Dabei geht es nicht darum, welche einzelne Technik oder Interven-

tionsmöglichkeit ich in einer bestimmten Situation einsetze, sondern darum, mit welchem Selbstverständnis der Mediator bestimmte Instrumente nutzt. Feste Normen oder abstrakte Oberbegriffe, aus denen man hier das richtige Tun in der einzelnen Situation genau bestimmen kann, gibt es nicht. Vielmehr eröffnet die richtige Haltung dem Mediator einen **Korridor**, in dem er sich bewegen kann.

Was aber macht die ethisch richtige Haltung aus und woran soll man sich orientieren?   3

Greifen wir zur Beantwortung dieser Frage zurück auf einen Experten in Sachen Ethos: *Aristoteles*. Nach *Aristoteles* bedeutet **Ethos** Charakter, Haltung, Habitus. Wer über die richtige Grundhaltung verfügt, ist auch in der Lage, in den verschiedenen Situationen das jeweils Angemessene zu tun, also richtig zu handeln. Wer richtig handelt, stellt damit zugleich auch seine innere und äußere Balance her. Aber: Ethos im Sinne der richtigen Grundhaltung wird einem nicht in die Wiege gelegt, sondern muss im Laufe der Zeit erworben werden. Dabei umfasst der Begriff der Haltung zwei Hauptaspekte: Zum einen das Wissen. Über die Wissensvermittlung kann man den verstandesmäßigen Teil der Tugend erwerben. Mit dem richtigen Wissen wird man aber noch lange nicht zum richtigen Handeln befähigt.

Um dies zu erreichen, muss noch ein zweiter Faktor hinzutreten: In der Praxis   4 bewährt sich erst der, der auch die **ethische Tugend** entwickelt hat. Die ethische Tugend beruht hauptsächlich auf Einübung und Gewöhnung. Wir werden tapfer, indem wir tapfer handeln, und gerecht, indem wir gerecht handeln.[1] Statt fester Regeln empfiehlt es sich nach Aristoteles, selbständig sein individuelles Berufsethos[2] zu erarbeiten. Dies bedeutet ständiges Üben mit dem Ziel, in der beruflichen Praxis eine noch größere Perfektion zu erreichen.

In diesem Sinne ist die Haltung des Mediators und daraus fließend sein **Berufs-   5 ethos** bei der Frage seiner Rolle und Aufgabe entscheidend. Wichtig ist hier festzuhalten, dass dieses Ethos unabhängig von dem Grundberuf des jeweiligen Mediators zu sehen ist. In meiner Rolle als Mediator bin ich nicht Anwalt, Psychologe, Pädagoge, Steuerberater etc. Ich werde kein guter Mediator, indem ich auf die in den Standesregeln dieser Berufe fixierten Vorschriften zurückgreife.

Genauso wenig ist es sinnvoll, wenn der Mediator versucht, bestimmte Ideolo-   6 gien oder Wertesysteme in die Mediation einzubringen. Der Mediator hat nicht die Aufgabe, bestimmte Ideen zu verwirklichen. Er sollte sich darauf beschränken, die Mitte der jeweiligen Situation in Bezug auf sich, die Parteien und das weitere Umfeld zu finden. Ein gutes Korsett hierfür ist sicherlich für jeden Mediator der **Verfahrensrahmen**, den er in jedem Verfahren als guten Freund wird schätzen lernen. Dieser Rahmen wird ihm zu Beginn seiner Tätigkeit Stütze und Hilfe geben, und zu einem gewissen Teil seine noch mangelnde Erfahrung kompensieren. Mit zunehmender Erfahrung wird er aber seine Haltung Stück um Stück ausbauen und mit jedem Verfahren ein Stück besser die Rolle des Mediators ausfüllen können.

Unter dem Blickwinkel einer so verstandenen Berufsethik, fällt es dann leichter   7 **wichtige Fragen** zu klären wie z.B.: Was bedeutet eigentlich Neutralität? Was ist Selbstverantwortlichkeit, Vertraulichkeit oder Freiwilligkeit? Alle diese Begriffe ha-

---

[1] *Aristoteles*, NE II, 1 (1103 a).
[2] Zum Begriff Berufsethik: *Weber*, Die protestantische Ethik I, S. 155 ff.

ben zwar einen rechtlich harten Kern, können aber in vielen Zweifelsfällen nur durch die entsprechende Haltung richtig ausgefüllt werden.

8   Wenn man die **Berufsethik** des Mediators so versteht, dürfte gewährleistet sein, dass man die aufgestellten Regeln und Grundsätze nicht verabsolutiert, sondern nur als das versteht, was sie sein können: Eine Hilfe für die praktische Anwendung, ein Maßstab für die reflektierende Kontrolle (Supervision) und ein Medium für die professionelle Kommunikation über die Berufspflichten eines Mediators. In diesem Lichte sollte man die Rolle des Mediators betrachten und in konkreten Situationen seine Haltung danach ausrichten.

I. Der Mediator – Der neutrale Dritte

9   Zu den **Grundlagen** eines Mediationsverfahrens gehört die **Neutralität** des Mediators. Er ist der neutrale Dritte, der das Verfahren garantiert.[3] Die Neutralität des Mediators ist im Allgemeinen in der Mediationsvereinbarung festgeschrieben und somit justiziabel. Wie alle Regeln im Mediationsverfahren hat der Begriff der Neutralität einen rechtlich harten Kern, den eine Hülle umgibt: die Maximen des Berufsethos. Als Kern wird hier der Teil verstanden, der justiziabel ist, also innerhalb eines Gerichtsverfahrens überprüft werden kann.

10   Für die Rolle des Mediators und seine Aufgaben ist die Neutralität von **fundamentaler Bedeutung**. Innerhalb des Mediationsverfahrens hat der Mediator – anders als der Richter – keine vom Staat zugewiesene Autorität. Die Hauptquelle seiner Autorität ist die Neutralität.[4] Sobald eine Partei das Gefühl hat, benachteiligt worden zu sein, verliert der Mediator einen Teil seines Ansehens. Schlimmstenfalls kann dies dazu führen, dass sich Beteiligte aus dem Verfahren zurückziehen und sich der bestehende Konflikt dadurch noch verschärft. Doch selbst wenn eine Partei trotz bestehender Bedenken gegen den Mediator im Verfahren bleibt, ist die dauerhafte Befriedungswirkung – eine der Hauptintentionen des Mediationsverfahrens– und damit der Erfolg gefährdet. Die Dauerhaftigkeit des Ergebnisses kann nur erreicht werden, wenn keine der Parteien das Gefühl hat, ungerecht behandelt worden zu sein.

11   Daraus folgt auch ein zweiter wichtiger Aspekt: Betrachtet man den harten Kern des Neutralitätsbegriffs, so werden dadurch nur offenbare Regelverstöße erfasst. Die Gebote des Berufsethos gehen jedoch noch sehr viel weiter. Der Mediator muss auch **jeden Anschein vermeiden**, der seine Neutralität in Frage stellen könnte. Eine Gefährdung seiner Autorität tritt nämlich schon dann ein, wenn die Parteien Zweifel an der Neutralität des Mediators hegen, obwohl rein objektiv dazu gar kein Anlass besteht.

12   Wenn also eine der Parteien mit dem Ergebnis nicht einverstanden ist und eine dauerhafte Befriedung nicht erreicht wurde, könnte die Schuld daran beim Mediator gesucht werden. Dies führt im ungünstigsten Falle zu einer Regressforderung

---

[3] H.M. vgl. z.B. *Breidenbach*, Mediation, S. 145; *Prütting*, in: Mediation für Juristen, S. 69, *Zilleßen*, Mediation, S. 25; *Dulabaum*, Mediation, S. 124; *Hehn*, Nicht gleich vor den Richter, S. 18; *Besemer*, Mediation in der Praxis, S. 10; *Montada/Kals*, S. 38
[4] *Breidenbach*, a.a.O., S. 145; *Prütting*, a.a.O., S. 57ff.

gegen den Mediator mit der Begründung, dass sich der Mediator in dem Verfahren nicht neutral verhalten hat und es dadurch zu dem nachteiligen Ergebnis gekommen ist. Der Streit würde dann auf der Ebene Mediator/Partei weiter fortgesetzt. Um hier Klarheit zu schaffen, ist die genaue Beschreibung des Begriffs der Neutralität unumgänglich. Der Mediator sollte darauf achten, dass auch den Parteien das richtige **Neutralitätsverständnis vermittelt** wird, um Regressen vorzubeugen.

Das Gebot der Neutralität betrifft in erster Linie den **Mediator selbst**. Der Begriff 13 ist stark personen- und persönlichkeitsorientiert. Daher ist hier der Mediator besonders in seiner ganzen Professionalität gefordert.

1. Der Begriff der Neutralität im rechtlichen Rahmen

Betrachtet man den Begriff der Neutralität in seiner rechtlichen Ausprägung, so 14 kann man folgendes konstatieren: Wie bereits dargestellt, besteht im Grundsatz allgemein Einigkeit, dass der Mediator neutral sein muss.[5] Allerdings wird die Neutralität oftmals nur stillschweigend vorausgesetzt und nicht näher begründet.[6] Darüber hinaus bleibt oftmals unklar, was unter der Neutralität genau zu verstehen ist. Andere sehen bestimmte, in der Person des Mediators liegende Umstände als Risiko für die Neutralität des Mediators an, verzichten aber auf eine nähere Begriffsbestimmung.[7] Entsprechend führt *Breidenbach* aus:

„Der Grundsatz der Neutralität ist so einfach wie aussageschwach.“[8]

Im Hinblick auf die gegebene Justiziabilität ist dieser Zustand aber nicht tolerabel. Der Mediator braucht eine justizsichere Bandbreite, in der er sich ohne Angst vor möglichen Regressen bewegen kann. 15

Versucht man eine **Definition der Neutralität** in ihrer gesamten Dimension, so 16 muss man sich vergegenwärtigen, dass es sich bei dem Begriff der Neutralität – wie bei vielen Rechtsbegriffen – um einen gewachsenen Begriff handelt, der nicht auf dem Reißbrett des Gesetzgebers entwickelt wurde.

Im Mediationsverfahren ist der Ausgangspunkt der Neutralitätspflicht die dem 17 Verfahren zu Grunde liegende **Vereinbarung**. Ihr zufolge muss sich der Mediator neutral verhalten. Die Neutralitätspflicht des Mediators hat dabei zwei Komponenten:

Die erste Komponente bezieht sich auf die **Verfahrensentscheidungen** des Media- 18 tors. Dagegen könnte man einwenden, dass der Mediator nichts zu entscheiden habe, schließlich habe er auch keine Entscheidungskompetenz in der Sache. Diese Sichtweise hat aber nur die Entscheidung über den Streitgegenstand selbst im Blick. Auch ein Mediator muss im Mediationsverfahren Entscheidungen treffen. Er entscheidet zwar nicht über den Streitgegenstand selbst, wohl aber über Verfahrensfragen.

Zur Beurteilung der Frage, ob sich solche (Verfahrens-)Entscheidungen als neu- 19 tral darstellen, ist der Entscheidungsmaßstab ausschlaggebend. Schon *Carl Schmitt*

---

[5] Vgl. *Sünderhauf*, S. 48; *Montada/Kals*, S. 38.
[6] *Besemer*, Mediation in der Praxis, S. 10.
[7] *Prütting*, in: Mediation für Juristen, S. 70.
[8] *Breidenbach*, Mediation, S. 170.

erkannte den Zusammenhang von Neutralität und Entscheidung.[9] Nur wenn eine Entscheidung erfolgt ist, stellt sich überhaupt die Frage, ob sie unter Wahrung der Neutralität zustande gekommen ist. Dabei ist der Begriff der Entscheidung so weit zu fassen, dass auch eine Nicht-Entscheidung einer Sache eine Entscheidung darstellt.

20   Dazu ein **Beispiel:**

> Stellen Sie sich vor, in einer Mediation bittet eine der Parteien den Mediator schriftlich um eine Rechtsauskunft. Um seine Neutralität nicht zu gefährden, ignoriert dieser die Anfrage. Auch hier ist eine Entscheidung getroffen worden, obwohl der Mediator diese gerade vermeiden wollte. Die „abgewiesene" Partei wird darauf entsprechend reagieren.

21   Bei einer so verstandenen weiten Auslegung des Begriffs Entscheidung ist der Entscheidungsmaßstab ausschlaggebend für die Beurteilung der Frage nach der Neutralität.

22   Der Mediator, der Verfahrensentscheidungen fällt, sollte sich nur in dem von den Parteien vorgegebenen Rahmen der Mediationsvereinbarung halten. Dies bedeutet, dass er als Entscheidungsmaßstab – ähnlich wie der Richter das Gesetz – nur die in der Mediationsvereinbarung festgelegten Regeln heranziehen sollte. Dass die Entscheidung dann für einen der Betroffenen vielleicht negative Folgen auslöst und für den anderen positive Auswirkungen hat, ist keine Frage der Neutralität des Mediators.

23   Der Begriff der Neutralität im Bereich eines Mediationsverfahrens ist damit also keine „relative Neutralität"[10], wie von manchen vertreten. Diese Begriffsbestimmung basiert auf der Annahme, dass jeder Eingriff ins Verfahren – und zwar bezogen auf den Inhalt der Verhandlungen – die Neutralität des Mediators gefährdet. Nach dem gerade herausgearbeiteten Ergebnis muss aber nur der **Entscheidungsmaßstab** eingehalten werden, um die Neutralität zu gewährleisten. Insoweit darf der Mediator durchaus intervenieren, ohne seine Neutralität zu gefährden. Demnach kann ein Mediator – wie auch ein Richter – nicht relativ neutral sein.

24   Unter diesem Gesichtspunkt ist auch der von manchen Autoren vertretene Begriff der **Allparteilichkeit** zu sehen.[11] Das Hauptargument seiner Vertreter besteht darin, dass der Mediator in bestimmten Verfahrenslagen Partei für eine Seite, in anderen Situationen Partei für die andere Seite ergreifen muss, und deshalb nicht neutral sein könne. Nach der gerade dargelegten Struktur der Neutralität ist dieses Argument nicht schlüssig. Wenn der Mediator zugunsten einer Partei eingreift, sich dies aber im Rahmen der Vereinbarung bewegt und demnach der richtige Entscheidungsmaßstab angelegt wurde, bleibt der Mediator neutral. Materiell entspricht er dem Neutralitätsbegriff, wie er von fast allen Autoren vertreten wird. Um hier Begriffsverwirrungen vorzubeugen, sollte der rechtlich klarere Begriff der Neutralität verwendet werden.

25   Neben die **Verfahrensneutralität** tritt als zweite Komponente ein Element, welches sich an objektivierbaren, persönlichen Merkmalen des Mediators orientiert. Dieses Merkmal umfasst in erster Linie die Unabhängigkeit von den beteiligten Parteien. Zum Teil wird vertreten, dass die persönliche Unabhängigkeit des Mediators

---

[9] *Schmitt,* S. 111 ff.
[10] So aber *Sünderhauf,* S. 219.
[11] Vgl. z. B. *Dulabaum,* Mediation, S. 19, *Runkel,* Studienbrief Umweltmediation, S. 26.

von den beteiligten Parteien nicht zur Neutralität zählen würde.[12] Diese Ansicht verkürzt jedoch das Neutralitätsgebot zu stark. Durch die persönliche Abhängigkeit des Entscheiders zu einer Partei wird auch sein Wertemaßstab zwangsläufig tangiert.

Beispiel: Wolf, ein Schulkind von 8 Jahren, besucht die Grundschule. Nach einer Auseinandersetzung mit seiner Klassenlehrerin muss er zum Schulrektor. Dieser ist zufällig sein Opa. Bei der Entscheidung über die zu verhängende Strafe kann der Rektor nicht mehr neutral urteilen. Vielleicht bestraft er seinen Enkel zu hart, um nicht in den Verdacht der Vetternwirtschaft zu kommen oder – genau entgegengesetzt – zu weich, weil er zu viel Verständnis zeigt. Diese Frage wird er wahrscheinlich selbst nicht beantworten können und sollte daher einen anderen diese Frage entscheiden lassen.[13]   26

An diesem Beispiel sieht man, dass es eine Vermutung dafür gibt, dass Entscheidungen, die parteiisch wirken, es häufig tatsächlich sind. Dies hat auch der Gesetzgeber im Bereich der Gesetzgebung zur Neutralität des Richters erkannt. Deshalb wird bei Befangenheitsanträgen auf die Sicht des Betroffenen abgestellt, und es kommt nicht darauf an, ob der Richter tatsächlich befangen ist oder nicht.[14] Selbst wenn der Richter versucht, Verständnis für den Zweifel des Betroffenen an seiner möglichen Befangenheit zu zeigen, führt dies zu seiner Ablehnung.[15] Dies alles hat nur einen Grund: Bereits durch die Möglichkeit der Befangenheit kann eine Beeinträchtigung des Verfahrens gegeben sein. Deshalb ist die Unabhängigkeit des Richters von den Parteien Teil seiner Neutralität. Erklärend sei noch angemerkt, dass mit der Unabhängigkeit des Richters in der Regel seine Freiheit gegenüber Weisungen des Staates verstanden wird und nicht die Stellung des Richters zu den Parteien. Darum erscheint die Verwendung des Begriffs der Unabhängigkeit für den Mediator, der in der Regel nicht im Staatsdienst steht, gerechtfertigt.   27

Neben der persönlichen Unabhängigkeit darf der Mediator auch **keinen** zu großen **Bindungen** in Bezug auf den Streitgegenstand unterliegen.[16] Hinzu tritt eine Gleichbehandlungspflicht der Parteien, wenn es um „Leistungen" des Mediators geht. Hierbei wären die Weitergabe von Informationen an beide Parteien gleichermaßen sowie die Partizipation aller Parteien am Fachwissen des Mediators zu nennen.   28

Beispiel:[17] Stellen Sie sich vor, in einem Familienmediationsverfahren verhandeln die Parteien über die Höhe des Unterhaltsanspruches. Die Ehefrau, in solchen Dingen unerfahren, bittet den Mediator, ihre Ansprüche auszurechnen. Wenn der (anwaltliche) Mediator dies tut und, da es sich um die Berechnung der Frau handelt, alle streitigen Punkte zugunsten der Frau auslegt, wäre er nicht mehr neutral. Der Ehemann würde ihn als parteilich wahrnehmen. Geht der Mediator aber so vor, dass er danach die Ansprüche aus der parteilichen Sicht des Ehemannes ausrechnet, ändert sich dieser Eindruck. Es wird klar, dass der Mediator dadurch für *beide* die rechtliche Sachlage transparent macht, ohne eine Partei zu bevorzugen.   29

---

[12] So aber *Sünderhauf*, S. 48. Sie geht davon aus, dass die Unabhängigkeit Voraussetzung der Neutralität ist und nicht inhaltlicher Bestandteil.
[13] Im Originalfall hat der Rektor selbst entschieden, mit der Konsequenz, dass sich der Enkel als zu hart bestraft fühlte.
[14] *Kleinknecht/Meyer-Goßner*, StPO, § 24 Rdnr. 6.
[15] *Kleinknecht/Meyer-Goßner*, StPO, § 24 Rdnr. 6.
[16] *Montada/Kals*, S. 38.
[17] Im Beispiel wird davon ausgegangen, dass der Mediator zugleich auch Anwalt ist.

30   Die **Neutralität** des Mediators besteht also aus **zwei Komponenten:**
Zum einen aus seiner Neutralität im Verfahren selbst, mithin der Neutralität seiner Verfahrensentscheidungen. Diese sollten sich durch Indifferenz gegenüber den Parteiinteressen auszeichnen.[18]

31   Zum anderen aus der Neutralität des Mediators als Person. Er darf nicht in Abhängigkeit zu einer Partei stehen, sollte auch nicht – wie der Richter – eine zu starke Nähebeziehung zu einer Partei haben und finanziell unabhängig sein.

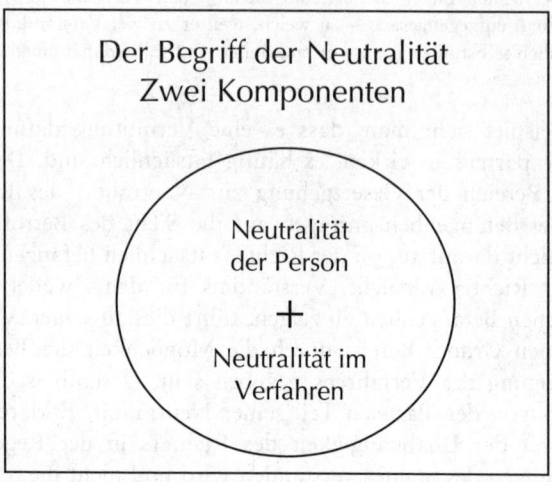

Abbildung 1: Der Neutralitätsbegriff

2. Die Gewährleistung der Neutralität des Mediators

32   Es bleibt die Frage zu klären, wie die Neutralität, welche der Mediator üben sollte, gewährleistet werden kann. Dies kann zum einen durch das Auswahlverfahren der Parteien und zum anderen durch den Mediator selbst geschehen.

33   **a) Sicherstellung der Neutralität durch das Auswahlverfahren.** Geht man vom optimalen Fall aus, sollten sich die Parteien selbständig zu einem Mediationsverfahren entschließen. Entsprechend sollten sich die Parteien im Vorfeld auf einen Mediator einigen und dann an diesen herantreten. In Verfahren mit nur wenigen beteiligten Parteien erscheint eine Auswahl unter Neutralitätsgesichtspunkten noch möglich; anders ist es aber bei Großverfahren, z.B. im öffentlichen Bereich.[19] In diesen Fällen ist es unumgänglich, dass sich die Parteien auf ein förmliches Verfahren einigen, in dem der Mediator nach vorher festgelegten Kriterien ausgewählt wird. Dabei muss ein absoluter Grundsatz im Auswahlverfahren beachtet werden: Sobald auch nur eine Partei den Mediator für nicht neutral hält, muss dieser ausscheiden.

34   Das Auswahlverfahren sollte alle Kriterien enthalten, die auch nur von einer Partei verlangt werden. Insoweit sollte also immer Einstimmigkeit erzielt werden. **Kriterien** für ein solches Auswahlverfahren könnten sein:

---

[18] Vgl. zur Problematik des Anwaltsmediators im Hinblick auf einen möglichen Parteiverrat den Kurs *Henssler*, Mediation für Juristen, S. 75 ff., eingehend dazu in dem Kurs „Rechtliche und berufsrechtliche Grundlagen und Grenzen der Mediation".
[19] Zu Mediationsverfahren im öffentlichen Bereich allgemein vgl. § 46.

– der Ausschluss von Personen, die hauptsächlich Interessenvertreter bestimmter gesellschaftlicher Gruppierungen waren (Hausanwalt des Haus- und Grundstückseigentümerverbandes, wenn es z. B. um eine Mietstreitigkeit geht), etc.
– der Ausschluss von Personen, die eine besondere Nähebeziehung zu einer der Parteien haben,
– der Ausschluss von Personen, die bereits in der Öffentlichkeit bestimmte Meinungen vertreten haben, die auch Gegenstand des Verfahrens sein könnten.

Diese Kriterien sollen nur beispielhaft veranschaulichen, wie ein solches Auswahlverfahren gestaltet sein könnte. Denkbar sind auch jegliche andere Kriterien, wenn sie von allen akzeptiert werden. **35**

b) Sicherstellung der Neutralität durch den Mediator selbst. Leider ist aber die vorhergehende Einigung der Parteien die Ausnahme. Im Moment ist der Regelfall eher so, dass eine Partei einen Mediator anspricht oder erst durch ihn von der Möglichkeit eines Mediationsverfahrens Kenntnis erhält.[20] In der Regel tritt dann der Mediator an die anderen beteiligten Parteien heran und informiert diese über den Mediationswunsch. Insoweit wird damit schon eine bestimmte Vorauswahl des Mediators getroffen. In diesem Fall ist es unabdingbar, dass der Mediator vor Einleitung des Mediationsverfahrens den Fall ausgiebig unter Neutralitätsgesichtspunkten prüft. Erst nachdem diese Neutralitätsprüfung positiv ausgefallen ist, sollte er das eigentliche Verfahren einleiten. In Fällen, in denen er seine Neutralität beeinträchtigende Gesichtspunkte feststellt, sollte er das Verfahren nicht durchführen. Dies gilt natürlich auch, wenn der Mediator nach den wie unter Rdnr. 34 beschriebenen Kriterien ausgewählt wurde, er aber bei seiner Prüfung auf Ausschlussgründe stößt. Würde er das Verfahren trotzdem annehmen, gefährdet er nicht nur den Erfolg der Mediation, sondern setzt sich möglicherweise auch Regressforderungen aus. **36**

aa) Ausschlussgründe in Anlehnung an den Richter. Gründe, das Verfahren nicht durchzuführen, liegen aus der Sicht des Mediators vor Beginn des Verfahrens – ähnlich wie beim Richter – in seiner Person. Liegen Gründe vor, die einen gesetzlichen Ausschlussgrund für einen Richter darstellen oder eine Ablehnung des Richters wegen Besorgnis der Befangenheit rechtfertigen würden, liegt in der Regel auch eine Kollision mit der Neutralitätspflicht des Mediators vor. Zwar ist der Mediator dann nicht kraft Gesetzes von dem Verfahren ausgeschlossen, sollte aber das Verfahren trotzdem nicht annehmen. Die wichtigsten Ausschlussgründe im Einzelnen: **37**

Einer der wichtigsten Ausschlussgründe ist die **Verwandtschaft** zwischen dem Mediator und einer Partei. In diesem Zusammenhang gelten die gleichen Regeln, welche zum Ausschluss des Richters im Gerichtsverfahren führen.[21] **38**

Allerdings muss bei diesem Ausschlussgrund ein wesentlicher Unterschied beachtet werden. Verwandtschaftliche Ausschlussgründe gelten uneingeschränkt, wenn der Mediator nur mit einer Partei verwandt ist. In Ausnahmefällen, in denen der Mediator mit beiden bzw. allen Parteien verwandt ist, kann eine Wahrung seiner Neutralität dennoch gewährleistet sein.

Beispiel: Die Tante und der Onkel von Herrn Brein streiten sich nach ihrer Trennung um einzelne Vermögensgegenstände. In diesem Fall kann es sinnvoll sein, ein Mediationsverfahren mit dem Nef- **39**

---

[20] Vgl. nur *Hehn,* Nicht gleich vor den Richter, S. 22.
[21] Vgl. dazu § 41 Nr. 3 ZPO.

fen als Mediator durchzuführen, wenn beide einverstanden sind. Eine Einschränkung durch die verwandtschaftlichen Verhältnisse wäre hier nicht von vornherein anzunehmen.

In diesen Fällen kommt es mithin auf die Akzeptanz des Mediators durch die Parteien an.

40   Die **anderen gesetzlichen Ausschlussgründe** gelten uneingeschränkt, so dass in diesen Fällen der Mediator das Verfahren ablehnen sollte.[22] Wichtig ist in diesem Zusammenhang, dass dann auch ein Einverständnis der Parteien eine neutrale Verfahrensführung durch den Mediator nicht sicherstellen kann. Unterbewusst wird sich dieser Faktor durch das ganze Verfahren ziehen und letztendlich die Mediation erschweren. **Konkrete Gründe** ein Verfahren abzulehnen sind also:
– Eine persönliche Nähebeziehung zu einer der Parteien.
– Die Vertretung einer der Parteien in derselben Sache.
– Die Mitwirkung in derselben Sache als Sachverständiger oder Zeuge.
– Ein eigenes Interesse am Ausgang des Verfahrens.

41   *bb) Zusätzliche Ausschlussgründe des Mediators.* Weitere Ausschlussgründe im Mediationsverfahren gehen weit über die gesetzlichen Regelungen für den Richter hinaus.

42   (1) *Vorvertretung von Parteien.* Der Richter darf nur dann nicht in einem Fall entscheiden, wenn er mit **derselben** Sache schon vorher befasst war. War er mit einer der Parteien schon einmal vorher in einer **anderen** Sache befasst, ist dies in der Regel für den vorliegenden Fall bedeutungslos.

Zur Verdeutlichung folgendes **Beispiel:** Der Richter Weise war früher als Familienrichter tätig. In dieser Eigenschaft hat er den Unternehmer Sachs zu Unterhaltszahlungen an dessen Ehefrau verurteilt. Nunmehr ist Weise als allgemeiner Zivilrichter eingesetzt. Wird nun Sachs von seinem Schneider auf Bezahlung einer Anzugsrechnung verklagt, ist Weise durch seine frühere Tätigkeit nicht ausgeschlossen. Vielmehr darf er diesen Prozess führen.

43   Ähnliche Bestimmungen enthalten § 45 Abs. 1 Nr. 3 und Abs. 2 Nr. 1 BRAO für Anwälte. Entsprechend ihrem Sinn und Zweck erfassen sie nur die nicht einseitige parteiliche Vertretung des Rechtsanwalts, so z. B. wenn der Anwalt als Konkursverwalter tätig wird. Insoweit wird vertreten, dass man die Tätigkeit als Mediator unter „ähnliche Funktionen" der benannten Vorschriften fassen kann.[23] Daraus kann man dann ein Verbot der Mediation für den Fall der einseitigen rechtsanwaltlichen Vorbefassung in der gleichen Sache ableiten.[24]

44   **Weitergehende Ausschlussgründe** lassen sich aus dieser berufsrechtlichen Vorschrift jedoch **nicht** ableiten, insbesondere nicht ein Übernahmeverbot für den Fall einer Vortätigkeit für eine der Konfliktparteien in einer anderen Sache.[25] Die Annahme eines solchen Ausschlussgrundes würde vielmehr einen Verstoß gegen die in Art. 12 Abs. 1 S. 2 GG garantierte Berufsausübungsfreiheit darstellen, die nur durch Gesetz oder auf Grund eines Gesetzes eingeschränkt werden darf. Die Voraussetzungen für eine solche ausdrückliche Einschränkung erfüllt § 45 BRAO gerade nicht, denn der Wortlaut stellt die äußerste Grenze der Auslegung dar, über die man wegen des Gesetzesvorbehalts nicht hinausgehen darf.

---

[22] Vgl. dazu die Kommentierung bei *Zöller/Vollkommer,* ZPO, § 41 Rdnr. 1 ff.
[23] *Henssler,* Mediation für Juristen, S. 80 f.
[24] *Henssler,* a. a. O. S. 81.
[25] *Henssler,* ebd. S. 81.

Natürlich könnte man nun im Umkehrschluss behaupten, was nicht verboten ist, **45** ist erlaubt.[26] Diese Argumentation geht aber ins Leere. Zwar ist nach dem anwaltlichen Berufsrecht die Vorbefassung mit einer Partei kein Ausschlussgrund, dieses ist im Falle einer Mediation aber auch gar nicht maßgeblich. Zum einen ergibt sich dies daraus, dass das Berufsrecht der Anwälte z. B. für Psychologen gar nicht einschlägig ist und man somit möglicherweise **unterschiedliche** Regelungen für den **gleichen** Mediationsfall hätte. Zum anderen ergibt sich das Verbot der Vorvertretung eines der Beteiligten nicht aus dem Berufsrecht der bestehenden Berufsgruppen, sondern direkt aus der neutralen Stellung des Mediators. Nach der Mediationsvereinbarung muss der Mediator neutral sein. Abgesehen davon kann der Pflichtenkreis, der seinem Berufsethos entspricht, weiter sein, als seine rein rechtliche Beschränkung.[27] Er hat somit alle in seiner Person liegenden möglichen Gefährdungen auszuschließen.

Im Mediationsverfahren kann aber bereits eine Neutralitätsgefährdung durch die **46** Vorvertretung **einer Partei** in einer anderen Sache vorliegen.

Zur Verdeutlichung auch hier ein **Beispiel:** Der Firmenchef Reich hat ein mittelständisches Unternehmen. Seit Jahren arbeitet er mit dem Anwalt Schlau zusammen, der für ihn alle geschäftlichen Rechtsstreitigkeiten ausficht. Nun ist Reich in seine Midlife-Krise geraten und hat sich einer – im Vergleich zu seiner Ehefrau – deutlich jüngeren Dame zugewandt. Er trägt dem Schlau an, seine Scheidung von seiner Ehefrau Isolde zu mediieren.

Natürlich ist der Schlau kein Angestellter des Reich, sondern als Anwalt ein unabhängiges Organ der Rechtspflege. Trotzdem muss man an seiner Neutralität zweifeln, geht es doch für ihn um die Aufrechterhaltung seiner Geschäftsbeziehung zu Reich. Auch wenn man darauf abstellt, dass eine Scheidung eher dem nicht-geschäftlichen Bereich zuzuordnen sein wird, wirkt sie sich doch darauf aus. Darum sollte in diesem Fall der Anwalt die Mediation ablehnen, um die Geschäftsbeziehungsinteressen aus dem Verfahren herauszuhalten.

Allerdings ist dieser Problembereich ausgesprochen komplex. Insbesondere stellt **47** sich die Frage, wann sich eine Geschäftsbeziehung so stark verdichtet hat, dass die Neutralität gefährdet erscheint. Reicht eine einmalige Vorvertretung oder sollte man auf die zukünftigen Vertretungen abstellen? Natürlich kann man versuchen, diese Frage anhand von konkreten Beispielen aufzulösen und nach tauglichen Unterscheidungskriterien suchen. Eines wird man dadurch aber nicht erreichen: eine allgemein gültige Formel.

Beispiel: Nehmen wir an, wir hätten als Abgrenzungskriterium die Anzahl – also eine objektiv **48** nachvollziehbare Größe für Vorvertretungen – als Unterscheidungsmerkmal angesetzt. Dabei soll *eine* Vorvertretung unschädlich, ab *zwei* Vorvertretungen aber eine Mediation als ausgeschlossen angesehen werden. Rechtsanwalt Schlau hat seinen Mandanten Buss einmal in einer Bußgeldsache wegen Falschparkens (Bußgeldhöhe 5,– €) vertreten und einmal wegen einer Frage in steuerlicher Hinsicht beraten. Er dürfte nun nicht mehr als Mediator für den Buss arbeiten. Rechtsanwalt Mork hat seinen Mandanten Pfiffig in einem über drei Jahre laufenden Streit vertreten, bei dem es um Schadensersatz aus Softwarerechten ging (Streithöhe 25 Millionen €). Er dürfte nun noch als Mediator für den Pfiffig tätig werden.

---

[26] Vgl. zu den berufsrechtlichen Bestimmungen *Henssler,* „Rechtliche und berufsrechtliche Grundlagen und Grenzen der Mediation", a.a.O.
[27] Daraus resultiert die unterschiedliche Beurteilung dieser Problematik unter dem Gesichtspunkt des Berufsrechts. Vgl. dazu ausführlich *Henssler,* „Rechtliche und berufsrechtliche Grundlagen und Grenzen der Mediation" (a.a.O.) und die dortige wichtige Unterscheidung zwischen den einzelnen Berufsgruppen.

49   Hier wird klar, dass eine einheitlich brauchbare Formel bei der Vorvertretung nicht gefunden werden kann. Man kann die Intensität der persönlichen Einflüsse nicht objektivieren. Daher kann man in diesem Bereich nur zu einer pragmatischen Lösung kommen. Diese lässt sich auf folgenden Nenner bringen:

Hat der Mediator eine der Parteien (einzeln) bereits einmal vertreten, kommt eine Tätigkeit als Mediator nicht mehr in Betracht. Dies gilt nicht, wenn er bereits mit einer oder beiden Parteien vorher im Rahmen eines Mediationsverfahrens befasst war. In diesem Fall hat er die Partei ja nicht parteilich vertreten. Nach dem Mediationsverfahren steht einer weiteren Vertretung einer der Parteien nichts im Wege, da dann das Mediationsverfahren bereits abgeschlossen ist.

50   Will man dieser strengen Lösung nicht folgen, bleibt nur die Möglichkeit, dass der Mediator sich selbst überprüft und beim geringsten **Anschein** von Parteilichkeit das Verfahren nicht annimmt. Allerdings muss er sich dann darüber im Klaren sein, dass seine Prüfung später eventuell durch ein Gericht nachvollzogen wird, und dass dieses Gerichtsverfahren zu einem anderen Ergebnis kommen kann. Um also einen Regress sicher auszuschließen, ist die Ablehnung des Falles bei nur einer Vorvertretung die einzige Möglichkeit.

51   Sicherlich kann man dagegen einwenden, dass die Regelung für einen Anwalt weniger rigoros ist und er nach einer parteilichen Vorbefassung dies auch nicht in seiner parteilichen Tätigkeit tun muss. Hier kann er, wie der Richter, durchaus nach Abschluss des Mandats den früheren Gegner in einer anderen Sache vertreten. Allerdings nimmt er in dieser Tätigkeit auch nur die Interessen einer Partei wahr und nicht die aller am Verfahren Beteiligten. Um also die Neutralität sicherzustellen, muss der Mediator bei einer Vorbefassung das Mandat ablehnen.

52   Daher ist die Neutralität des Mediators als Person von ihm selbst jeweils genau zu prüfen und generelle Beurteilungen sind möglichst zu vermeiden.

Noch komplexer wird die Situation, wenn man an den Fall denkt, in dem der Mediator bereits **beide Parteien** in anderen Sachen **vorvertreten** hat. Dabei sind unterschiedliche Konstellationen denkbar.

53   **Beispiel:** Die Eheleute Lustig kommen zum Anwalt Schlau zu einer Scheidungsmediation. Schlau hat den Ehemann und die Ehefrau bereits in einer anderen Sache vertreten. Der Ehemann hatte einen Verkehrsunfall mit dem Auto, welches aber auf den Namen seiner Frau zugelassen war. Der Schlau hat den Ehemann als Fahrer und die Frau als Halterin im nachfolgenden Schadensersatzprozess vertreten. Darf er nun eine Mediation durchführen?

54   Hier ist man leicht versucht, ähnlich wie bei gleichrangigen Verwandtschaftsverhältnissen zu argumentieren. Allerdings stellt sich auch hier wieder die grundsätzliche Frage nach dem Grad der Verfestigung einer Geschäftsbeziehung und die daran zu stellenden Anforderungen. Auch hier ist der Fall denkbar, dass eine der Parteien ein sehr „wertvoller" Mandant war, während der andere nur ein „kleiner Fisch" ist.

55   Insoweit gilt also auch hier die Regel:

Eine Vorvertretung sollte zur Ablehnung des Mandats führen.

56   (2) *Zusammentreffen von Mediation und laufendem parteilichen Mandat.* Eine weitere denkbare Konstellation ist das Zusammentreffen eines Mediationsmandats mit einem laufenden Mandat. In diesem Fall ist eine Übernahme des Mediations-

mandats aus den gleichen Gründen ausgeschlossen. Hier tritt noch eine besondere Verschärfung der gerade angesprochenen Probleme auf, da in diesem Fall der Mediator eine der Parteien parteilich vertritt. Um also hier Interessenkollisionen mit dem laufenden Anwaltsmandat zu vermeiden, sollte die Mediation ebenfalls abgelehnt werden.

(3) *Ausschlussgründe im laufenden Mediationsverfahren.* Zu diesen eher objekti- 57
ven Ausschlussgründen, die bereits vor Verfahrensbeginn geprüft werden können, treten die Gründe hinzu, die sich während eines Verfahrens ergeben können. Immer, wenn der Mediator seine Neutralität durch neue Entwicklungen im Zusammenhang mit dem jeweiligen Verfahren gefährdet sieht, sollte er zurücktreten. Einer dieser im Verfahren auftretenden Gründe kann das Gerechtigkeitsempfinden des Mediators sein.

Beispiel: In einem Mediationsverfahren eröffnet Herr Fuchs in einem vertraulichen Einzelgespräch 58
dem Mediator, dass er die andere Partei – Herrn Meier – wie folgt ausbooten möchte: Herr Meier solle ihm ein Grundstück verkaufen, welches in Kürze zu Bauland werden wird. Dadurch werde der Preis von zurzeit 10 € auf gut 250 € pro qm steigen, wovon Herr Meier aber nichts wisse. Dies liege daran, dass Herr Meier nicht aus dieser Gegend sei und sich deshalb nicht so gut mit den lokalen Gegebenheiten auskenne. Bei einer Grundstücksgröße von 5.000 qm lohne sich dies für ihn sehr. Aus diesem Grunde habe er auch Herrn Meier so in die Enge getrieben, damit ihm jetzt der Verkauf des Grundstücks als Rettung aus seiner finanziellen Misere als die einzig mögliche Problemlösung erscheint.

Versetzen Sie sich in die Situation des Mediators. Wie Sie im Folgenden noch se- 59
hen werden, unterliegt der Mediator auch insoweit der Vertraulichkeitsmaxime. Er darf also der anderen Partei diese Information nicht weitergeben. Deshalb steht er vor einem **Dilemma:** Wenn er innerhalb des Verfahrens versucht, den Verkauf des Grundstücks zu verhindern, kollidiert dies mit dem Neutralitätsprinzip. Verhindert er dies nicht, kollidiert das u. U. unverträglich mit seinem Gerechtigkeitsempfinden. Zwar würde sich der Kauf nach rechtlichen Maßstäben vielleicht noch nicht einmal wegen Wuchers als sittenwidrig darstellen oder wäre wegen Arglist anfechtbar. Auf das Gerechtigkeitsempfinden des Mediators – der in einer bestimmten Bandbreite ein aus seiner Sicht ungerechtes Ergebnis tolerieren könnte – hat das aber keinen Einfluss. Gerechtigkeit muss sich nicht immer mit der positivierten Rechtslage decken. Andererseits darf man nicht jede ungute Gefühlsregung eines Mediators als Verletzung seines Gerechtigkeitsgefühls ansehen. Das Ergebnis einer Mediation muss nicht dem Wunsch des Mediators entsprechen. Aber irgendwann ist die Grenze überschritten und das Ergebnis so unerträglich, dass es der Mediator einfach nicht mehr mit seinem Gewissen vereinbaren kann.

Was kann der Mediator zur **Lösung** eines solchen Dilemmas unternehmen? Die 60
einzige Möglichkeit ist in diesem Fall eine Beendigung des Mediationsverfahrens. Begründen kann er dies unter Wahrung der Vertraulichkeit mit dem Hinweis auf seine gefährdete Neutralität.

Eine **Parallele** dazu gibt es im **Notariatsrecht.** Auch die Neutralität des Notars 61
ist nicht absolut und völlig wertefrei. Entsprechend muss auch der Notar seine Amtstätigkeit verweigern, wenn es um unredliche Geschäfte geht. Nun kann man natürlich sagen, dass der Notar als Beliehener[28] dem Wertmaßstab des Staates

---

[28] Beliehene sind Privatpersonen, die mit der hoheitlichen Wahrnehmung bestimmter Verwaltungsaufgaben im eigenen Namen betraut sind; vgl. *Maurer,* Allgemeines Verwaltungsrecht, § 23 Rdnr. 56.

unterliegt. Im Bereich des Privatrechts gilt dies dann nur in den engen Grenzen, die das Gesetz verbietet (Strafrecht) oder zivilrechtlich missbilligt (Wucher, Sittenwidrigkeit).

62 Im Anschluss daran könnte man vertreten, dass die Neutralität des Mediators in diesem Rahmen vollständig und ohne Einschränkung gewährleistet sein müsste. Dies würde bedeuten, dass der Mediator ohne Einflussmöglichkeit auch Verträge zu Lasten Dritter oder zu Lasten einer der Parteien akzeptieren müsste. Dagegen spricht aber die Einstellung des Mediators selbst. In einer solchen Situation kann er das Verfahren nicht mehr unbefangen zu Ende führen, weil er selbst voreingenommen ist. Darüber hinaus sollte ein solches Ergebnis nicht auch noch dadurch „legitimiert" werden, dass es am Ende eines Mediationsverfahrens steht.

63 Von manchen Autoren wird diese „Gerechtigkeitskontrolle" sogar als ureigenste Aufgabe des Mediators angesehen, die Teil der Mediationvereinbarung sein sollte.[29] Diese von vielen Autoren Fairnesskontrolle genannte Aufgabe kann man nicht losgelöst von der Maxime der Selbstverantwortlichkeit sehen. Wenn also die Parteien zu einem Ergebnis kommen *wollen,* welches innerhalb der geltenden Rechtsordnung liegt, aber offensichtlich ungerecht ist, bleibt dies in der Verantwortung der Parteien. Sicherlich muss der Mediator versuchen, bestehende Machtungleichgewichte auszugleichen und die Parteien umfänglich zu informieren. Trotzdem ist der Fairnessgedanke nur über die Neutralität und die Informiertheit der Parteien sicherzustellen, wenn man nicht die Mediation völlig in die Verantwortlichkeit des Mediators geben wollte. Nimmt man den Gedanken der Fairness als Aufgabe des Mediators in die Mediationsvereinbarung auf, haftet der Mediator auch für das faire Ergebnis. Er müsste dann auf das inhaltliche Geschehen während des Verfahrens direkten Einfluss nehmen und die Parteien in die eine oder andere Richtung lenken, um ein seiner Meinung nach gerechtes Ergebnis sicherzustellen. Die Konsequenzen hieraus sind unüberschaubar: Können die Parteien dann den Mediator für ein unfaires Ergebnis in Regress nehmen? Durch eine solche Sichtweise gibt man die Verantwortung für das Ergebnis wieder an einen Dritten, in diesem Fall den Mediator, ab.

Darum kann die Fairnesskontrolle in Bezug auf das Ergebnis nicht Aufgabe des Mediators sein.

64 Etwas anderes gilt in Bezug auf das **Verfahren.** Innerhalb des Verfahrens muss der Mediator auf den fairen Umgang der Parteien achten. Dies bezieht sich aber nur auf die Umgangsformen der Parteien, wie z.B. ausreden lassen, keine Beleidigungen oder Handgreiflichkeiten.[30] Diese Art der Fairness ist aber im Bereich der Mediation Voraussetzung für die Verhandlungen selbst, hat auf das Ergebnis keine Auswirkungen und ist insoweit im Bereich der Neutralität unproblematisch.

Ein weiterer Ausschlussgrund während des Verfahrens kann ein eklatanter Verstoß gegen die Grundsätze des Verfahrens selbst sein. Durch die persönliche Betroffenheit des Mediators ist seine Neutralität gefährdet.

---

[29] Vgl. z.B. die Richtlinien der BAFM II. 3. (2), abgedruckt bei § 58 Rdnr. 43 und in: *Duss-von Werdt/Mähler/Mähler,* Mediation: Die andere Scheidung, S. 120, die die Fairnesskontrolle dem Mediator auferlegen; *Sünderhauf,* S. 241, die zwar die Fairness auch auf das Verfahren selbst bezieht, jedoch auch z.B. Verträge zu Lasten Dritter hierunter fasst. Insoweit nimmt sie auch eine Fairnesskontrolle des Ergebnisses vor.
[30] So auch *Dulabaum,* Mediation, S. 59.

Beispiel: Stellen Sie sich vor, Sie sind in einem Mediationsverfahren mit zwei Eheleuten. Nach einer 65 Sitzung bittet Sie die Frau um ein vertrauliches Einzelgespräch. In diesem Gespräch eröffnet Ihnen die Frau, dass sie dem gemeinsamen Sorgerecht nicht zustimmen könne, weil ihr Mann ihre Tochter sexuell belästigt habe. Im weiteren Verlauf des Verfahrens entpuppt sich diese Behauptung als Lüge, mit der die Frau versuchte, Sie gegen ihren Mann einzunehmen.

Versetzen Sie sich in die Situation des Mediators. Es ist fast unmöglich für ihn, 66 nach diesem Vorfall der Frau gegenüber neutral zu sein. Er wird jede ihrer Äußerungen auf ihren Wahrheitsgehalt hin untersuchen und ist dadurch voreingenommen. In dieser Situation kann er nur durch den Rückzug aus dem Verfahren die drohende Parteilichkeit abwenden.

Ein weiterer Aspekt, der die Neutralität des Mediators gefährdet, liegt im **persönlichen Bereich**. Jeder ist sich bewusst, dass er in einem Mediationsverfahren eine Partei vielleicht besser leiden kann als die andere. Dies ist normal und kann durch den Mediator in der Regel kompensiert werden. Kritisch wird die Situation erst dort, wo die persönliche Aversion des Mediators so stark ist, dass er sich dadurch beeinflussen lässt. Auch dann sollte der Mediator das Verfahren beenden. Er sollte dabei seine Gründe offen legen und damit den Parteien den Weg zu einem anderen Mediator eröffnen.

Abschließend noch eine Bemerkung zu den während des Verfahrens auftreten- 68 den Gefährdungen der Neutralität des Mediators: In allen angesprochenen Fällen sollte sich der Mediator sehr genau selbst prüfen. Erst wenn er z.B. nach der Reflexion seiner Situation mit einem Kollegen zu dem Ergebnis kommt, dass der Abbruch des Verfahrens wirklich absolut notwendig ist, sollte er diesen Schritt vollziehen.

Diese Bedachtsamkeit muss von sich fordern, wer auch die Interessen der Partei- 69 en sieht. Sicher ist ihr vorrangiges Interesse auf einen neutralen Mediator gerichtet, aber natürlich ist den Parteien auch ein möglichst schnelles Verfahren wichtig. Darum ist der Rückzug des Mediators auch für die Parteien eine Belastung und sollte deshalb auf die wirklich notwendigen Fälle beschränkt werden.

II. Die Garantie des Verfahrensrahmens

Mediation ist im Unterschied zu anderen Streitbewältigungsverfahren stark dar- 70 auf angewiesen, dass der **Verfahrensrahmen eingehalten** wird. Die Vorteile der Mediation ergeben sich gerade daraus, dass der Mediator nicht die Aufgaben des Entscheiders übernimmt, sondern den Konflikt mit Hilfe eines strukturierten Verfahrens einer Lösung zuführt. Aufgrund dieser Relation ist es für den Mediator besonders wichtig, darauf zu achten, dass der Verfahrensrahmen gewährleistet ist. Mit dem Verfahrensrahmen steht und fällt der Erfolg der Mediation. Damit ist aber nicht gemeint, dass der Verfahrensrahmen sklavisch abzuarbeiten wäre. Es kommt also nicht so sehr darauf an, dass z.B. die einzelnen Phasen nacheinander durchlaufen werden. Wichtiger ist hier, dass sich der Mediator immer darüber im Klaren ist, an welchem Punkt des Verfahrens man sich gerade befindet, und welches der nächste Schritt ist, der der Konfliktbewältigung im konkreten Fall zuträglich ist. Geht der Mediator so vor, kann er bei Schwierigkeiten ruhig wieder einen Schritt zurückgehen, um das Problem von einer anderen Seite anzugehen. Die Garantie des

Verfahrensrahmens bedeutet also maximale Flexibilität bei der Konfliktbearbeitung bei gleichzeitiger Garantie einer sinnvollen Struktur.

1. Vertragliche Grundlagen

71   Verwendet man den Begriff der vertraglichen Grundlagen in der Mediation, muss man unterscheiden zwischen den Vertragsbestimmungen, die das Mediationsverfahren selbst statuieren (Mediationsvertrag) und den vertraglichen Vereinbarungen, die am Ende einer Mediation stehen. Für die Garantie des Verfahrensrahmens durch den Mediator ist nur der **Mediationsvertrag** wichtig. Dieser wird zwischen dem Mediator und den beteiligten Parteien geschlossen. Er ist quasi das **Grundgesetz der Mediation.**

72   Die Aufgaben des Mediators beim Abschluss des Mediationsvertrages sind vielfältig. So muss er auf die **inhaltliche Ausgestaltung** des Vertrages achten; er sollte die Grundregeln enthalten, die in jeder Mediation eine Rolle spielen und die sicherstellen, dass die Struktur des Verfahrens den Erfolg fördert. Dazu gehören in jedem Fall: eine Bestimmung über die Neutralität/Allparteilichkeit[31] des Mediators und über die Prinzipien der Mediation. Darüber hinaus sollte natürlich auch eine Beschreibung darüber enthalten sein, was eigentlich unter Mediation verstanden wird, wie das Verfahren beendet wird und was mit evtl. vorhandenen anderen anhängigen Verfahren, wie z. B. Gerichtsverfahren während der Mediation zu geschehen hat.

73   Neben dieser inhaltlichen Kontrolle muss der Mediator auch darauf achten, dass den Parteien bewusst ist, was sie in diesem Vertrag vereinbaren und wie dieser Vertrag dann zur Grundlage des weiteren Verfahrens wird. Der Mediator muss sich bei den Parteien versichern, dass diese alle wichtigen Punkte verstanden haben. Wird er dieser Aufgabe gerecht, legt er damit die Basis für ein vertrauensvolles Verhältnis zu und zwischen den Parteien.

74   Eine weitere Regelung, die in jedem Vertrag enthalten sein sollte, ist eine Bestimmung über die **Kosten** der Mediation.[32] Transparenz in diesem Bereich ist als vertrauensbildende Maßnahme für das weitere Verfahren anzusehen und sollte aus diesem Grunde so formuliert sein, dass die Parteien die Kosten für sich selbst klar erkennen können. So könnte man zum Beispiel eine Vereinbarung auf eine bestimmte Anzahl von Sitzungen beschränken, wobei für jede Sitzung ein bestimmter Zeitrahmen angesetzt und für jede Stunde ein entsprechendes Honorar gewährt wird. Ist die Anzahl der Sitzungen erreicht, muss eine Honorarfolgevereinbarung geschlossen werden. Die Aufgabe des Mediators in diesem Zusammenhang ist es dann, Feedback von den Parteien einzuholen und mit ihnen zu erarbeiten, ob eine Weiterführung des Mediationsverfahrens für sie – unter Berücksichtigung des bisherigen Verlaufs – sinnvoll erscheint.

75   In diesem Zusammenhang ist auch ein besonderes Augenmerk auf die Rolle des Mediators zu legen. Während der Mediator im Rahmen des gesamten Mediationsverfahrens als neutraler Dritter auftritt, ist er bei diesen Verhandlungen selbstbetroffene Partei. Er handelt mit den Parteien um sein Honorar und muss deshalb auch entsprechend seine Rolle definieren. Wichtig ist hier, dass er diese Rolle

---

[31] Zum Begriff der Allparteilichkeit vgl. auch Rdnr. 14 ff.
[32] Dazu eingehend unter § 32.

offen legt und den Parteien klarmacht, dass er in dieser Frage nicht neutraler Dritter sein kann. Dies beugt einem Rollenkonflikt vor und fördert die Autorität des Mediators.

2. Vereinbaren von Verfahrensregeln

Das Vereinbaren von Verfahrensregeln ist eine der **wichtigsten Aufgaben** des 76 Mediators vor dem eigentlichen Abschluss der vertraglichen Vereinbarung. Es zählt thematisch eigentlich zum Thema der vertraglichen Grundlagen, weil diese Regeln auch in den Mediationsvertrag aufgenommen werden sollten. Da es sich aber um die Grundlage des Umgangs miteinander und damit um eine Kernfrage der Mediation handelt, wird dieser Punkt hier gesondert aufgeführt. Verfahrensregeln sind nötig, um überhaupt eine sinnvolle Kommunikation (wieder) zu ermöglichen. Die Parteien müssen aber auf der anderen Seite diese Regeln auch als ihre eigenen Regeln akzeptieren, weil nur so eine Beachtung auf Dauer erreicht werden kann. Darum ist es wichtig, dass die Verfahrensregeln auch im Mediationsvertrag festgelegt werden. Da diesen Vertrag alle am Verfahren Beteiligten schließen, wird so eine größtmögliche Verbindlichkeit gesichert.

Inhaltlich können sich Verfahrensregeln darauf beziehen, dass die Parteien sich 77 gegenseitig aussprechen lassen, Beleidigungen unterlassen und die jeweils andere Seite ernst nehmen müssen. Verfahrensregeln können sich aber auch darauf beziehen, dass zum Beispiel der Status Quo während des Mediationsverfahrens nicht geändert wird, dass ohne Absprache innerhalb der Mediation keine äußeren Veränderungen vorgenommen werden etc. Wichtigste Aufgabe des Mediators in diesem Bereich ist es, den Parteien klar zu machen, dass die Verfahrensregeln für den geordneten Ablauf der Mediation unverzichtbar sind und dass der Mediator nur bei der Akzeptanz der Parteien die nötige Autorität hat, das Verfahren entsprechend durchzuführen. Der Mediator schafft also hier die Grundlage seiner Verfahrensautorität, er gibt dadurch schon viel für seine spätere Rolle als Mediator vor.

3. Beachtung der Verfahrensregeln

Trotz der Vereinbarung von Verfahrensregeln und ihre Aufnahme in den Media- 78 tionsvertrag wird es in einem Mediationsverfahren immer wieder zu einer Missachtung der Verfahrensregeln kommen. Dies kann dadurch passieren, dass die Parteien bewusst die Verfahrensregeln aushebeln wollen oder aber im Eifer des Gefechtes die Vereinbarung einfach vergessen. Aufgabe des Mediators ist es in einem solchen Fall, das Mediationsverfahren wieder in konstruktive Bahnen zurückzulenken. Dies kann er auf unterschiedliche Art und Weise erreichen. Zum einen kann er die Parteien auf ihren Verstoß gegen die von ihnen selbst erstellten Verfahrensregeln hinweisen. Eine andere Möglichkeit besteht darin, die Parteien zu fragen, ob die vereinbarten Verfahrensregeln angepasst werden müssen, weil sie offensichtlich nicht mehr dem Willen der Parteien entsprechen. In der Regel wird dies ausreichen, um die Parteien wieder in eine sachliche Diskussion zurückzuführen. Sollte allerdings der Mediator in der konkreten Situation einen Emotionsüberhang feststellen, kann es auch von Vorteil sein, diesen Emotionen einmal freien Lauf zu lassen. Der Mediator kann dann, nachdem die Emotionen verpufft sind, die Gesprächsführung wieder an sich ziehen und die Parteien beispielsweise fragen, ob sie glauben, dass sie auf diese Art und Weise eine konstruktive Lösung des Konfliktes erreichen können.

79   Die Aufgabe des Mediators liegt damit darin, durch geschickte Intervention die Parteien wieder in innovative Verhandlungen zurückzulenken. Die Missachtung oder Verletzung von Verfahrensregeln durch die Parteien betrifft den Mediator stark in seinem Rollenverständnis.

80   Dies liegt darin begründet, dass es ja gerade seine Aufgabe ist, den Verfahrensrahmen sicherzustellen. Interveniert nun der Mediator, gefährdet er allerdings auch immer seine Neutralität. Aus diesem Grunde sind die angerissenen Interventionsmöglichkeiten immer darauf ausgerichtet, die neutrale Position des Mediators nicht zu gefährden. Durch den Bezug auf die von den Parteien selbst aufgestellten Regeln kann der Mediator dem Anschein der Parteilichkeit begegnen. Er arbeitet dann nicht in einem von ihm aufgestellten Regelrahmen, sondern schützt nur den Regelrahmen der Parteien.

4. Kontrolle des Verfahrensabschlusses

81   Am **Ende** des Mediationsverfahrens steht in der Regel eine **vertragliche Vereinbarung.** In dieser vertraglichen Vereinbarung wird festgehalten, wie der Konflikt beendet wurde und wie die Parteien in Zukunft weiter miteinander umgehen werden. Aufgabe des Mediators kann es hier sein, den Blick der Parteien auf Folgeregelungen und Vereinbarungen, wie in Zukunft in Konfliktfällen verfahren werden soll, zu lenken.

82   Noch wichtiger ist aber die Aufgabe des Mediators, in diesem Verfahrensabschnitt darauf hin zu wirken, dass die Parteien die Abschlussvereinbarung vor der endgültigen Unterzeichnung einer **rechtlichen Kontrolle** unterziehen.

83   Schwierig ist die Rechtskontrolle immer dann, wenn der **Mediator zugleich** auch **Anwalt** ist. Hier hat er das Problem eines klassischen Rollenkonflikts, weil die Parteien in solchen Situationen dazu neigen, in ihm nicht den Mediator, sondern den Anwalt zu sehen. Natürlich ist es klar, dass eine rein parteiliche einseitige Rechtsberatung auch nicht durch den Anwaltsmediator erfolgen kann. Hier ist es sicher besser, wenn der Anwaltsmediator darauf hin wirkt, dass die Parteien mit dem Vertragsentwurf aus der Mediation zu parteilich beratenden Anwälten gehen (sofern nicht diese schon an der Mediation teilgenommen haben) und das gefundene Ergebnis auf die rechtliche Haltbarkeit hin überprüfen lassen. Ist dies geschehen, kann die eigentliche Vertragsunterzeichnung erfolgen. Ist der Mediator nicht zugleich Anwalt, stellt sich das Problem des Rollenkonflikts nicht; es gilt im Übrigen aber das Gleiche.

84   Wird der Mediator in diesem Verfahrensschritt seiner Rolle nicht gerecht, ist zweifelhaft, ob das Ergebnis der Mediation dauerhaft Bestand haben wird. Sollte eine der Parteien im Nachhinein bemerken, dass sie vielleicht rechtliche Aspekte der Lösung überhaupt nicht gesehen hat, wird sie versuchen, das für sie dann ungerecht erscheinende Ergebnis zu korrigieren. Als Beispiel diene hier die Ehefrau in einer Familienmediation, die ohne zu wissen, dass ihr überhaupt Unterhalt zustehen könnte, auf nacheheliche Unterhalt verzichtet. Wenn sie bei späterer Gelegenheit von diesem Rechtsanspruch Kenntnis erhält, wird sie sich ungerecht behandelt füh-

len. Oft werden dann „Unterlegene" anfangen, über andere Möglichkeiten (z.B. Besuchsregelung der Kinder) dieses für sie ungerechtfertigte Ergebnis zu bekämpfen. Die wichtige Aufgabe des Mediators liegt also auch hier darin, für Transparenz und Informiertheit bei den Parteien zu sorgen.

5. Technische Aufgaben

Wie in jedem strukturierten Verfahren muss in der Mediation der Mediator auch 85 einige technische Aufgaben übernehmen. Dazu gehört das Schaffen einer adäquaten **Verhandlungsatmosphäre**.[33] So muss der Raum bzw. der Ort der Verhandlung unter Beachtung dieser Prämisse festgelegt werden. Sicherlich ist die optimale Konfiguration von Fall zu Fall unterschiedlich, trotzdem gibt es einige Regeln, die immer beachtet werden sollten.

Der gewählte Ort sollte in der Regel „**neutrales Terrain**" sein. Den Parteien wird 86 dadurch der Eintritt erleichtert und es muss sich keiner überwinden, in „die Höhle des Löwen" zu gehen. In der Regel ist daher die Praxis des Mediators der geeignete Ort. Geht es um größere Gruppen, sollte diesem Grundsatz dadurch Rechnung getragen werden, dass man adäquate Räume extern verfügbar macht (z.B. einen Seminarraum in einem Hotel oder eine Stadthalle).

Zweite wichtige Aufgabe in Bezug auf die Verhandlungsatmosphäre ist die **rich-** 87 **tige Sitzanordnung/Raumgestaltung**. Wichtig ist in diesem Zusammenhang, dass bei kleineren Personenzahlen alle Parteien sich und den Mediator sehen können und natürlich umgekehrt. Auch muss auf eine gewisse Großzügigkeit des Raumes geachtet werden, um kreative Lösungen zu fördern. Dabei sollte das Ambiente der Räume auf die jeweilige Zielgruppe zugeschnitten werden. Anzustreben ist, dass sich die Parteien wohlfühlen.

Ein weiterer wichtiger Punkt ist die **geographische Entfernung** zwischen dem 88 Verhandlungsort und den jeweiligen Wohnorten oder Firmensitzen der Parteien. Neben den Problemen, die unterschiedlich lange Anreisezeiten schaffen, sind hier auch evtl. vorhandene Ablenkungsfaktoren zu beachten. Bei den Anreisezeiten muss unbedingt darauf geachtet werden, dass die Verhandlungsfähigkeit nicht beeinträchtigt wird. Insbesondere spielt dies eine Rolle bei Anreisen über Zeitzonen (Jetlag). Gerade bei Wirtschaftsmediationen ist es oft sinnvoll, einen abgeschiedenen Ort zu wählen, bei dem keine Ablenkung oder Störung durch das Tagesgeschäft zu befürchten ist.[34]

Weitere technische Aufgaben sind darüber hinaus das Bereitstellen des richtigen 89 **Equipments** wie z.B. Flip Chart, Notebook, Pinnwand, Moderatorenkoffer etc. Findet die Sitzung in den Räumen des Mediators statt, dürfen natürlich auch Erfrischungen nicht fehlen. Der Mediator achtet auch darauf, dass die Sitzungen in vernünftigen zeitlichen Abständen stattfinden, wenn eine Mediation über einen längeren Zeitraum durchgeführt wird. Bei größeren Gruppen sorgt er für den Informationsaustausch.

Bei den Sitzungen selbst muss der Mediator auf folgendes achten: Die **Zeitdauer** 90 einzelner Sitzungen sollte 1,5–2 Stunden nicht überschreiten. Bei kleinen Gruppengrößen, wie. z.B. in der Familienmediation, sollte danach auch die jeweilige

---

[33] Vgl. dazu § 1 Rdnr. 29ff., § 13 Rdnr. 6ff.
[34] So wählte ein Mediator in einem Verfahren in der Schweiz eine Berghütte als Verhandlungsort.

Sitzung enden. Bei größeren Gruppen, z.B. im Bereich der Wirtschaftmediation, sollte auf jeden Fall nach jeweils 1,5 Stunden eine Verhandlungspause eingelegt werden.

6. Unterstützung der Verhandlung

91   Betrachtete man die Mediation aus konflikttheoretischer Sicht, so ist der Mediator selbst nicht am Konflikt beteiligt. Seine Hauptaufgabe liegt auch nicht darin, den Konflikt zu lösen, sondern darin, die Kommunikation zu fördern bzw. wiederherzustellen. Dabei steht ihm eine ganze Anzahl von unterschiedlichen Techniken[35] zur Verfügung. Im Folgenden werden einige grundlegende Techniken aufgezeigt.

92   Eine der Basistechniken ist das **aktive Zuhören**.[36] Hier signalisiert der Zuhörer dem Sprecher, dass er ihn versteht und ernst nimmt. Dies geschieht weniger durch Worte, sondern auf nonverbaler Ebene z.B. durch Nicken, Handbewegungen etc. Dadurch wird eine positive Atmosphäre erzeugt, die die Kommunikation fördert und die Parteien animiert, alle Probleme offen anzusprechen. Diese Technik wird in praktisch jeder Phase der Mediation angewendet.

93   Eine weitere Basistechnik ist das **Spiegeln**[37] einer Aussage durch den Mediator. Der Mediator fasst dabei das Gesagte mit eigenen Worten nochmals zusammen. „Habe ich richtig verstanden: Sie möchten ….“ Dadurch wird eine bessere Aufnahme der Information durch die anderen Parteien erreicht, aber auch die Aussage selbst schärfer fokussiert. Der Sprecher erhält sofort eine Rückmeldung, wie seine Aussage verstanden wurde und kann reagieren. Durch die Wiederholung eines neutralen Dritten wird vermieden, dass die Parteien einander nicht zuhören und dadurch aneinander vorbei reden.

94   Neben diesen beiden Basistechniken sollte der Mediator auch **andere Werkzeuge**, wie z.B. Fragetechniken, Reframing etc. beherrschen und sinnvoll einsetzen. Allgemeinverbindliche Regeln kann es aber wegen der Komplexität der Einzelfälle nicht geben.[38]

7. Agent of reality

95   In bestimmten Situationen – insbesondere wenn sich die Wahrnehmungen oder Einschätzungen einer oder beider Parteien – oft emotional bedingt – zu verzerren beginnen, kann es die Aufgabe des Mediators sein, den Part eines Agent of reality zu übernehmen.[39] Aufgabe des Mediators ist es in diesem Fall, durch gezieltes Nachfragen die Parteien aus dieser Situation hinauszuführen, und ihnen dadurch wieder zu einer realitätsnäheren Einschätzung zu verhelfen.

96   Beispiel: In einer Wirtschaftmediation ist eine der beiden Parteien von der anderen tief enttäuscht. Durch ihren Anwalt wird sie darin bestärkt, dass sie im Recht ist und die Gegenpartei sich in allen Belangen ins Unrecht gesetzt hat. In der Mediation wird diese Partei nur schwer dazu zu bewegen sein, ihre – juristisch untermauerte – Position zu überwinden. Hier ist der Mediator als Agent of

---

[35] Vgl. zu Techniken i.ü. §§ 12, 14.
[36] Vgl. dazu *Eidenmüller*, in: Henssler/Koch, Mediation in der Anwaltspraxis, § 2 Rn. 71 m.w.N.
[37] Vgl. dazu *Auferkorte/Michaelis*, Kommunikation – Grundlage Mediativer Verfahren KE 2.
[38] Vgl. dazu *Auferkorte/Michaelis*, a.a.O.
[39] Vgl. dazu: *Eidenmüller*, in: Henssler/Koch, Mediation in der Anwaltspraxis, § 2 Rn. 69.

reality gefordert. Durch Hinterfragen der Position, insbesondere der Risiken, die in einem Rechts-streit auf diese Partei zukommen können, kann er den Blick auf die tatsächliche Situation zurück-lenken. Dadurch ermöglicht er es der Partei, die eigene Position zu überdenken und sich offener auf andere Sichtweisen einzulassen.

Als Agent of reality sorgt der Mediator also dafür, dass die Parteien die tatsäch- 97 lichen Gegebenheiten wahrnehmen und in ihre Überlegungen mit einbeziehen. Dadurch wird sichergestellt, dass sich kein Mediationsteilnehmer im Eifer des Ge-fechtes zu Entscheidungen hinreißen lässt, die er später in weniger emotionaler Si-tuation bereuen könnte.

III. Der Mediator – Garant für die Prinzipien der Mediation

Ein Mediationsverfahren folgt bestimmten Prinzipien.[40] Neben der Verfahrens- 98 struktur bietet die Einhaltung dieser Grundsätze die Gewähr dafür, dass am Ende der Mediation die Parteien dauerhaft befriedet sind. Es ist Aufgabe des Mediators dafür zu sorgen, dass die **Prinzipien** in jeder Verfahrensphase **beachtet** werden. Die Bedeutung der einzelnen Maximen ist von Phase zu Phase sehr unterschiedlich. Bei Nichtbeachtung besteht die Gefahr, dass sich eine Partei benachteiligt fühlt oder sogar tatsächlich benachteiligt wird. Die Prinzipien sollten in der zugrunde liegen-den Mediationsvereinbarung enthalten sein und werden dadurch auch justiziabel. Aus der Sicht des Mediators als Verfahrensgarant stellt sich daher auch hier die Frage der Haftung. Die Prinzipien im Einzelnen:

1. Das Prinzip der Freiwilligkeit

Die Freiwilligkeit des Verfahrens setzt voraus, dass die Parteien ohne äußeren 99 Zwang bereit sind, das Verfahren durchzuführen. Ohne diese Voraussetzung ist es unmöglich, dass sich alle Beteiligten frei und unbefangen auf das Mediationsverfah-ren einlassen. Sinn und Zweck dieses Verfahrenskriteriums ist es, zwischen den Par-teien eine möglichst offene Verhandlungsatmosphäre zu schaffen. Es soll ihnen eine Verhandlung ohne jeglichen Druck von außen ermöglicht werden. Dabei stellt die Freiwilligkeit auch sicher, dass jede beteiligte Partei jederzeit aus dem Verfahren aussteigen kann, ohne dass dies mit einem Nachteil für sie verbunden wäre. Es ist Aufgabe des Mediators, die tatsächliche Freiwilligkeit der Parteien festzustellen. Erst wenn er sicher sein kann, dass keine der Parteien unter Zwang verhandelt, ist der Boden für eine erfolgreiche Mediation bereitet.

Wie kann man aber erkennen, dass keine Freiwilligkeit vorliegt?

Faktische Unfreiwilligkeit liegt immer dann vor, wenn eine der Parteien so stark 100 ist, dass sie die Bedingungen der Verhandlungen diktieren kann. Insoweit sind hier die Fälle von Machtungleichgewicht in Verbindung mit der Durchsetzung der Me-diation auf Grund des Willens des Stärkeren einschlägig.

Anders ist die Situation da, wo Mediationsverfahren schon **gesetzlich geregelt** 101 sind. Ein solches Beispiel ist der Täter-Opfer-Ausgleich im Strafverfahren gem.

---

[40] Einhellige Meinung, vgl. statt vieler: Richtlinien der BAFM II. 3, abgedruckt bei § 58 Rdnr. 43 und in: *Duss-von Werdt/Mähler/Mähler*, Mediation: Die andere Scheidung S. 120.

§ 46 a StGB.[41] Danach kann bei Durchlaufen des Verfahrens die Strafe nach § 49 Abs. 1 StGB gemildert oder sogar ganz von Strafe abgesehen werden. Innerhalb des Verfahrens muss sich der Täter bemühen, einen Ausgleich mit dem Opfer zu suchen und seine Tat ganz oder zum überwiegenden Teil wiedergutzumachen, § 46 a Nr. 1 StGB. Nach § 46 a Nr. 2 StGB reicht es auch aus, wenn er den Schaden wiedergutgemacht hat und ihm dies erhebliche persönliche Leistungen oder persönlichen Verzicht abfordert. Auch hier muss der Mediator auf den Grundsatz der Freiwilligkeit achten, da sonst die Befriedungswirkung des Verfahrens nicht erreicht werden kann.[42] Wichtig ist hier, dass der Mediator den Parteien deutlich macht, dass sie jederzeit das Verfahren verlassen können.

2. Das Prinzip der Selbstverantwortlichkeit

102   Das Prinzip der **Selbstverantwortlichkeit** verdeutlicht, dass der Mediator kein Schiedsrichter oder Schlichter ist,[43] wie beispielsweise im Tarifvertragsrecht. Seine Aufgabe ist allein die Unterstützung der Verhandlung, die Lösung des Problems müssen die Parteien **selbst** erarbeiten. Der Mediator ist hierzu nicht befugt. Welche Befugnisse ein Mediator konkret hat, war in der Literatur lange Zeit umstritten.

103   **a) Die Lehre von der passiven Mediation.** Zu Beginn der Entwicklung der Mediation in den USA wurde im Bundesstaat Washington ein Verfahren von den beiden Vätern der Mediation, *McCarthy* und *Cormick*, durchgeführt. Es ging um ein Staudammprojekt am Snoqualmie River[44], mit dem den Frühjahrsüberschwemmungen Einhalt geboten werden sollte. Nach einem Jahr wurde dieses Verfahren erfolgreich abgeschlossen. Die beiden Mediatoren entwickelten daraus einige Verfahrensgrundsätze, die man heute gemeinhin als die **Lehre von der passiven Mediation** bezeichnet.[45] Danach war die Aufgabe des Mediators in erster Linie die eines Kommunikators oder Verfahrenswalters. Er muss jegliche Verantwortung für das Mediationsergebnis ablehnen und wird auch nicht selbst aktiv, wenn es darum geht, die am Konflikt betroffenen Parteien zu finden. Der Mediator versucht also z. B. nicht, die Beteiligten/Betroffenen eines Großverfahrens festzustellen. Auch muss sich der Mediator jeder inhaltlichen Einflussnahme auf das Verhandlungsergebnis enthalten. Dies bedeutet, dass er nicht intervenieren darf, wenn einer Partei ein Nachteil entstehen würde, sie dies aber nicht bemerkt. Darüber hinaus darf der Mediator das Verfahren auf keinen Fall lenken oder einen eigenen Vorschlag in die Verhandlung einbringen.

---

[41] Vgl. dazu § 49.

[42] *Netzig/Petzold,* in: Mediation für Juristen, S. 207. Insoweit ist die Bestimmung des § 10 Abs. 1 Nr. 7 JGG problematisch, die es erlaubt, einen straffällig gewordenen Jugendlichen zum Täter-Opfer-Ausgleich zu verurteilen. Es wird (zurecht) vertreten, dass eine solche Weisung vom Gericht nur dann ausgesprochen werden darf, wenn die Bereitschaft, ein solches Verfahren zu durchlaufen, schon vorher beim Täter erkennbar ist. Dies hat seinen guten Grund: Wie sonst soll ein Verfahren, welches entscheidend auf dem Prinzip der Selbstverantwortlichkeit der Parteien basiert, durchgeführt werden? Es wäre von vornherein zum Scheitern verurteilt.

[43] Zum Unterschied zwischen Mediation, Schlichtung und Schiedsverfahren vgl. *Rüssel* NJW 2000, 2800 ff. und § 33 sowie *Hehn/Rüssel* ZKM 2001, 62 ff.

[44] Obwohl diese Mediation erfolgreich war, wurde der Damm nie gebaut. Die meisten Landnutzungsvereinbarungen wurden trotzdem umgesetzt.

[45] *Cormick,* The „Theory" and Practice of Environmental Mediation, S. 24 ff.

b) **Die Lehre von der aktiven Mediation.** Die Lehre von der Passivität des Media- 104
tors wurde schnell Gegenstand wissenschaftlicher Auseinandersetzungen. Namentlich *Susskind* kritisierte, dass ein Konsens um jeden Preis nicht hinnehmbar sei und
man folglich den Erfolg einer Mediation nicht nur an der Einigung messen könne,
unabhängig von ihrem Inhalt. Entsprechend müsse der Mediator eine aktive Rolle
spielen. Dies zeigte sich zum einen daran, dass es z. B. zu seinen Aufgaben zählt,
möglichst alle am Verfahren Interessierten auch am Verfahren zu beteiligen, zum
anderen darin, dass er auch inhaltliche Vorschläge in das Verfahren einbringen
darf.[46] Der Mediator geht also deutlich über die Rolle und Aufgaben hinaus, die
ihm nach der Lehre von der passiven Mediation zugewiesen wird. Durch seine größere Aktivität hat er die Möglichkeit, Machtungleichgewichte besser auszugleichen
und kann damit das Verfahren viel besser steuern. Deswegen geht man in der deutschen Literatur in der Regel zu Recht vom **Modell der aktiven Mediation** aus.[47]

c) **Hauptunterschiede zwischen der passiven und aktiven Mediation:** Ein Problem 105
im Spannungsfeld „passive-aktive Mediation" unter dem Gesichtspunkt der Selbstverantwortlichkeit ist die Frage, ob es dem Mediator erlaubt sein sollte, einen
eigenen inhaltlichen Vorschlag zu machen oder nicht. Verfechter der ablehnenden
Haltung führen hier immer an, dass Lösungsvorschläge nicht nur das Selbstverant-
wortlichkeitsprinzip, sondern auch die Neutralität des Mediators gefährden würden.[48]

Dieses Argument betrifft also die Frage der **Neutralität.** Wenn sich der Mediator 106
mit eigenen Vorschlägen in das Verfahren einmische, würde er nicht als neutral gelten können. Diese Argumentation geht jedoch fehl. Sie verkennt, dass die Feststellung der Neutralität immer im Zusammenhang mit einer Entscheidung zu sehen
ist.[49] Ausschlaggebend für die Neutralität ist dabei der angewandte **Entscheidungsmaßstab.** Geht man aber von einer Entscheidung aus, könnte der Mediator nach
dieser Argumentation nie neutral sein. Immer wenn er zuungunsten einer Partei
entscheiden würde, wäre er nicht mehr neutral. Dies bezöge sich auch auf Entscheidungen in Verfahrensfragen. Darum kann ein Mediator sehr wohl auch inhaltlich
mitarbeiten, ohne seine Neutralität zu gefährden.[50] Er muss nur darauf achten, dass
sein Vorschlag von den Parteien auch als der eines neutralen Dritten akzeptiert
wird. Dies kann er dadurch gewährleisten, dass er den Parteien die dem Vorschlag
zugrunde liegenden Motive offen legt und alle Vor- und Nachteile für alle Parteien
darstellt. Entscheidend ist hier das **wie** und nicht, **ob** überhaupt ein Vorschlag gemacht werden darf.

Das eigentliche Problem bei einem eigenen inhaltlichen Vorschlag des Mediators 107
ist also nicht die Gefährdung seiner Neutralität, sondern das Spannungsverhältnis
zur **Selbstverantwortlichkeit der Parteien.** Aufgabe des Mediators ist hier darauf zu

---

[46] Vgl. zu dieser neuen Theorie: *Susskind/Cruikshank*, Breaking the Impasse.
[47] Vgl. hierzu z. B. *Mähler/Mähler*, in: Duss-von Werdt/Mähler/Mähler, Mediation: Die andere
Scheidung, S. 133.
[48] Insbesondere die Vertreter der passiven Mediation sehen dies so, vgl. hierzu die Darstellung des
Meinungsbildes bei *Gaßner/Holznagel/Lahl*, Mediation, S. 21 ff. (23); aber auch Vertreter der aktiven Mediation sind dieser Meinung; vgl. *Sünderhauf*, S. 68. Sie sieht die inhaltliche Mitwirkung des
Mediators auf die Überprüfung der rechtlichen und tatsächlichen Umsetzbarkeit des gefundenen
Ergebnisses beschränkt.
[49] Vgl. oben Rdnr. 14 ff.
[50] Vgl. oben Rdnr. 36 ff.

achten, dass den Parteien genug Freiraum bleibt, den Vorschlag ohne Druck und aus freien Stücken zu überdenken. Wenn sich die Beteiligten diesen nach gründlicher Prüfung zu eigen machen, liegt nach hier vertretener Auffassung kein Verstoß gegen den Grundsatz der Selbstverantwortlichkeit vor.

108   Der zweite Problemkomplex zwischen aktiver und passiver Mediation liegt im Bereich des rechtlich Möglichen.

109   Stellen Sie sich vor, Sie haben eine Mediation zwischen Mieter und Vermieter. Beide einigen sich letztlich bewusst auf eine Wuchermiete, weil der Mieter unter allen Umständen in der Wohnung bleiben möchte.[51]

110   Natürlich wäre auch bei diesem Ergebnis das Prinzip der Selbstverantwortlichkeit gewahrt, und nach der Lehre von der passiven Mediation läge dieses Ergebnis außerhalb der Verantwortlichkeit des Mediators. Allerdings bewegen sich die beiden Parteien im Mediationsverfahren nicht innerhalb des rechtlichen Rahmens. Entsprechend könnte diese Vereinbarung für den Vermieter wertlos sein, wenn der Mieter später einmal die Mietzahlung verweigert. Sie merken: hier muss der Mediator eingreifen. Nach dem Rollenverständnis des aktiven Mediators ist es seine Aufgabe, für den rechtlichen Bestand des Ergebnisses Verantwortung zu übernehmen.[52] Natürlich könnte man sich nun entsprechend der Lehre von der passiven Mediation auf den Standpunkt stellen, dass dies ein Verstoß gegen den Grundsatz der Selbstverantwortlichkeit sei. Eine Kontrolle des Ergebnisses hat ja tatsächlich stattgefunden. Allerdings geht es nicht darum, dass der Mediator ein rechtlich nicht haltbares Ergebnis verhindert. Seine Aufgabe ist es vielmehr, die Parteien zu informieren, auf kritische Punkte hinzuweisen und zu warnen.[53] Hauptpunkt ist dabei, den Parteien zu vermitteln, dass eine rechtliche Überprüfung des Ergebnisses sinnvoll ist. Sind die Parteien einverstanden, kann der Mediator (wenn er selbst Anwalt ist) das Ergebnis rechtlich prüfen. Besser ist es aber in jedem Fall, wenn der Mediator darauf hinwirkt, dass die Parteien ihr Ergebnis vor dem endgültigen Abschluss von ihren Anwälten aus juristischer Sicht prüfen lassen. Dringt der Mediator mit seinen Hinweisen nicht zu den Parteien durch, bleibt ihm in extremen Fällen als letzte Möglichkeit nur der Ausstieg aus dem Verfahren.

111   Geht der Mediator entsprechend vor, wird die Selbstverantwortlichkeit der Parteien nicht tangiert. Wollen die Parteien über die Grenzen des rechtlich Möglichen hinausgehen, ist es das Recht selbst und nicht der Mediator, der den Grundsatz der Eigenverantwortlichkeit beschränkt. Wenn sich die Parteien nach einem Hinweis durch den Mediator für ein anderes Ergebnis entscheiden, liegt dies in ihrer eigenen Entscheidungskompetenz, solange kein Druck auf den Entscheidungsvorgang selbst ausgeübt wird.

112   Eine andere Frage, die auch den Bereich der Selbstverantwortlichkeit berührt, ist die der **Fairness des Ergebnisses**.[54] Denn denkbar sind auch Fälle, in denen das Ergebnis rechtlich nicht zu beanstanden ist, es sich aber aus der Sicht einer Partei im

---

[51] Anm.: Eine solche Vereinbarung wäre gemäß § 138 Abs. 2 BGB nichtig, und damit rechtlich unhaltbar.

[52] Vgl. zu diesem Problemkomplex: *v. Schlieffen* ZKM 2000, 53 f.

[53] Für den Fall, dass der Mediator zugleich Anwalt ist, muss er über die rechtlichen Grenzen selbst aufklären, andere Mediatoren sollten den Parteien das Aufsuchen eines Anwalts nahe legen.

[54] Vgl. die Richtlinien der BAFM IV. 1, abgedruckt § 58 Rdnr. 43 und in: *Duss-von Werdt/Mähler/ Mähler*, Mediation: Die andere Scheidung, S. 122.

Nachhinein als sehr ungerecht darstellt. Damit ist letztlich die Frage der Gerechtigkeit des gefundenen Ergebnisses gemeint. Allerdings ist es unmöglich, eine allgemein gültige Faustregel für diesen Problemkomplex aufzustellen.

Einziges **Korrektiv** ist hier der aktive Mediator. Es ist auch hier seine Aufgabe, 113
auf das Gerechtigkeitsproblem hinzuweisen. Entschließen sich die Parteien dennoch
– unter Kenntnis aller Umstände und nach einem erfolgten Abgleich mit ihren im
Verlauf des Verfahrens erarbeiteten Interessen – für ein aus der Sicht des Mediators
„ungerechtes" Ergebnis, ist dies letztlich Ausdruck der Selbstverantwortlichkeit.
Sollte der Mediator feststellen, dass diese Lösung sein Gerechtigkeitsempfinden
überschreitet, und zwar in einem aus seiner Sicht nicht mehr zu vertretendem Maße, muss er – im Extremfall – das Verfahren abbrechen. Dies schon deshalb, weil
sonst seine Neutralität gefährdet ist und dadurch der Zweck des Verfahrens nicht
mehr erreicht werden kann.

3. Der Grundsatz der Informiertheit

Der Grundsatz der **Informiertheit** der Parteien bedeutet im Wesentlichen, dass 114
alle Parteien über die entscheidungserheblichen Tatsachen und die Rechtslage umfassend informiert sein müssen, umso eine Akzeptanz der Entscheidung für die Zukunft zu gewährleisten. Würde eine Mediationsvereinbarung auf Grund einer
Falschinformation geschlossen, so wäre für die Zukunft eine Befriedung der Partei-
en nicht sichergestellt.

Man denke in diesem Zusammenhang wieder an den Fall, in dem eine Ehefrau 115
auf ihren Unterhalt verzichtet, weil sie glaubt, dass ihr sowieso keine Unterstützung
zusteht. Sollte sie in Zukunft von dem ursprünglichen Anspruch Kenntnis erhalten,
kann man sich die Folgen für das Ergebnis der Vereinbarung und das Verhältnis
zwischen den beiden Eheleuten vorstellen.

Aufgabe des Mediators ist es hier, den **Informationsfluss** zwischen den Parteien 116
aufrechtzuerhalten bzw. die Informationsdefizite offenzulegen oder abzubauen. Der
Grundsatz der Informiertheit steht in einem Spannungsverhältnis zur Neutralität des
Mediators. Darum muss bei der Weitergabe von Informationen oder Auskünften
immer auch auf die Wahrung der Neutralität geachtet werden. Kritisch ist dies immer
dann, wenn die Parteien am Fachwissen des Mediators partizipieren wollen.[55]

Beispiel: Sie sind in einer Sitzung als Mediator tätig. Nach der ersten Sitzung sind sich die Parteien 117
noch nicht ganz klar darüber, was eigentlich im Einzelnen alles auszuhandeln ist. Der Mann, der
bislang den Haushalt geführt hat und nur eine Halbtagsstelle inne hatte, möchte an sich nicht über
nachehelichen Unterhalt sprechen, weil er der Meinung ist, dass er als Mann sowieso keinen Anspruch darauf hat. Wenn nun der Mediator eingreift und den Parteien eröffnet, dass sehr wohl ein
Anspruch auf nachehelichen Unterhalt auch von Ehemännern mit Einkommen besteht, kann dies
sofort von der Frau als Parteinahme für den Mann missverstanden werden. Dies kann nur dadurch
vermieden werden, dass der Mediator auf den Grundsatz der Informiertheit zurückgreift, um dadurch seine Entscheidung transparent zu machen.[56] Am einfachsten gelingt dies immer, wenn der
Mediator in einer anderen Situation Fachwissen einbringen kann, das nun für die Frau günstig ist.
In diesem Fall wird den Parteien die Neutralität des Mediators besonders plastisch.

---

[55] Dies gilt insbesondere für den Anwaltsmediator, da er in der Regel auch Rechtskenntnisse weitergeben muss.
[56] Dies gilt für den Anwaltsmediator. Der nichtanwaltliche Mediator sollte darauf hinwirken, dass
die Parteien sich von einem Anwalt beraten lassen.

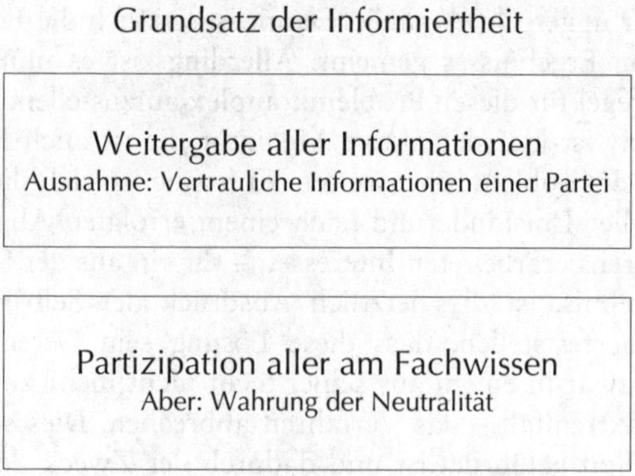

Grundsatz der Informiertheit

Weitergabe aller Informationen
Ausnahme: Vertrauliche Informationen einer Partei

Partizipation aller am Fachwissen
Aber: Wahrung der Neutralität

Abbildung 2: Grundsatz der Informiertheit

118   Schwierig ist der Umgang mit Informationen im Mediationsverfahren, die dem Mediator vertraulich gegeben werden, die er also nicht weitergeben darf. Ob und inwieweit diese Informationen genutzt werden können, wird gleich im Verfahrensgrundsatz der Vertraulichkeit besprochen.

119   Zum Verfahrensgrundsatz der Informiertheit gehören neben den Fachauskünften auch die für den Fall relevanten **tatsächlichen Fakten**. Insoweit ist es Aufgabe des Mediators dafür zu sorgen, das alle Parteien alle Informationen bekommen. Dabei kann es sich um Sachverständigengutachten, Berechnungen oder anderes handeln. Allerdings kollidiert er mit dem Grundsatz der Vertraulichkeit, wenn eine Partei ihm eine derartige Information im Vertrauen auf seine Diskretion gegeben hat. In diesem Fall kann er seine Kenntnis zwar für die Mediation fruchtbar machen, jedoch nicht an die anderen Parteien weitergeben. Nun könnte man sagen, dies sei ein Widerspruch in sich. Denn was nützen die Informationen, wenn der Mediator sie nicht an die beteiligten Parteien weitergeben darf? Hier gilt folgender Grundsatz: Besser eine Information nur an den Mediator als gar keine Information.

4. Der Grundsatz der Vertraulichkeit

120   Ein weiteres grundlegendes Prinzip des Mediationsverfahrens ist die Vertraulichkeit.[57] Wichtigster Zweck der Vertraulichkeitsmaxime ist es, zu verhindern, dass in einem nachfolgenden streitigen Prozess (bei Scheitern der Mediation) Informationen, die im Rahmen des Mediationsverfahrens der anderen Partei offenbart worden sind, nunmehr gegen die offenbarende Partei verwandt werden können. Hier ist es Aufgabe des Mediators, das Vertrauen der Parteien zu ihm, aber auch in das Verfahren herzustellen. Schafft er dies nicht, besteht die Gefahr, dass die Parteien schon im Mediationsverfahren – mit Blick auf das sich daran möglicherweise anschließende Gerichtsverfahren – Informationen vorenthalten, was einer Lösung des Konfliktes im Wege stehen könnte.

121   Der Mediator muss darauf achten, dass alle am Verfahren Beteiligten sich **vor Beginn** im Rahmen der gesetzlichen Möglichkeiten zur Vertraulichkeit **verpflichten**.

---

[57] Vgl. dazu ausführlich § 27.

Problematisch sind in diesem Zusammenhang **Einzelgespräche** mit den Parteien. Um einen möglichst umfassenden Einblick in die verschiedenen Interessenssphären der Parteien zu bekommen, muss es auch möglich sein, dass der Mediator Informationen einer Partei erhält, welche die andere Partei nicht erfahren soll. Probates Mittel hierzu ist das Führen von Einzelgesprächen.[58] Im Fall von Einzelgesprächen trifft das Gebot der Vertraulichkeit den Mediator doppelt. Er ist zum einen verpflichtet, gegenüber der Außenwelt über das Mediationsverfahren Stillschweigen zu bewahren. Zum anderen darf er aber auch Informationen, die ihm eine Partei als vertraulich weitergibt, nicht gegenüber den anderen beteiligten Parteien offenbaren. Oftmals versetzen diese Informationen, von denen die jeweils andere Partei nichts erfahren hat, den Mediator in die Lage, den Fall erfolgreich abzuschließen, – möglicherweise auch im Wege der sogenannten *shuttle diplomacy*.[59]

Bei vertraulichen Einzelgesprächen besteht die **Gefahr einer Neutralitätsgefähr-** **122** **dung** des Mediators. Darum darf er solche Gespräche nur führen, wenn **alle** Parteien damit einverstanden sind. Es gehört zu den Aufgaben des Mediators, dieses Einverständnis bereits zu Beginn des Verfahrens ausdrücklich einzuholen. Eine weitere Gefahr von Einzelgesprächen liegt in einem möglichen Missbrauch dieser durch die Parteien selbst. Diese Gefahr wird dann aktuell, wenn eine Partei versucht, die Einzelgespräche einseitig zu ihrem Vorteil zu nutzen, indem sie versucht, den Mediator für sich einzunehmen. Dies könnte sie beispielsweise dadurch tun, dass sie den Fall nicht offen und ehrlich aus ihrer Sicht schildert, sondern versucht, durch geschickte Manipulation der mitgeteilten Tatsachen den Mediator zu beeinflussen. Allerdings gilt hier an sich nichts grundsätzlich anderes als bei den gemeinsamen Verhandlungsrunden. Auch hier ist es Aufgabe des Mediators, solch manipulative Taktiken zu erkennen und für alle erkennbar offenzulegen. Hinzu kommt, dass ein Beeinflussungsversuch des Mediators durch Tatsachen, die nicht der Wahrheit entsprechen, auch Konsequenzen hat.[60] Die Geringste ist die Missbilligung durch den Mediator. Weiterreichend droht das Scheitern des ganzen Verfahrens, welches dann auch für die betroffene Partei je nach Vereinbarung die unliebsame Kostenfolge auslösen kann. Insoweit ist die Gefahr einer falschen Darstellung von Tatsachen kein spezifisches Problem des vertraulichen Einzelgesprächs.

a) **Sicherung der Vertraulichkeit.** Die Sicherung der Vertraulichkeit ist eine der **123** Hauptaufgaben des Mediators. Hierbei muss er zwei unterschiedliche Fallkonstellationen unterscheiden. So ist die Situation in einem Verfahren mit nur zwei Parteien und einem Mediator völlig anders zu beurteilen, als in einem Großverfahren mit 4 Mediatoren und 30 Beteiligten. Entsprechend unterschiedlich ist die Aufgabenstellung des Mediators.

Grundlage der Vertraulichkeit wie des gesamten Mediationsverfahrens ist die **124** **Mediationsvereinbarung.** In ihr sollte festgelegt sein, dass die Parteien sich im Rahmen der Gesetze zur Vertraulichkeit verpflichten.[61]

---

[58] Vgl. Hierzu *Günther/Hoffer,* in: Henssler/Koch, § 11 Rdnr. 87.
[59] Shuttle diplomacy bedeutet, dass der Mediator zwischen den Parteien hin und her pendelt. Dies hat den Vorteil, dass die Informationen bei der jeweiligen Partei emotional gefiltert ankommen und die Parteien jeweils mit dem Mediator allein sprechen können.
[60] Vgl. hierzu schon den oben geschilderten Fall eines erfundenen Kindesmissbrauchs.
[61] Viele Berufsgruppen sind schon nach ihrem Berufsrecht zur Verschwiegenheit verpflichtet. Vgl. dazu § 27 und § 30 Rdnr. 10 ff.

125   Befolgt ein Mediator die Vertraulichkeitsmaxime, besteht freilich noch keine Garantie, dass vertrauliche Informationen nicht nach außen dringen. Das eingeschränkte Vertrauen in die Verschwiegenheit des Mediators kann Gefahren hervorrufen. So können Informationen, die eigentlich vertraulich sein sollten, trotzdem die Beweislage in einem evtl. nachfolgenden Gerichtsverfahren verändern. Neben der späteren Aussage des Mediators als Zeuge sind Aufzeichnungen aller Art über den Verlauf des Verfahrens Gefahrenquellen. Der Mediator kann dem dadurch entgegen wirken, dass entweder erst gar keine gemeinsamen Protokolle geführt werden, oder falls doch, diese nach Abschluss des Verfahrens vernichtet oder wenigstens anonymisiert werden.[62] Von diesen gemeinsamen Protokollen zu unterscheiden sind die Protokolle, die der Mediator aus berufsrechtlichen Gründen führen muss, um z. B. später seinen Vergütungsanspruch nachweisen zu können. Hier gibt es zum Teil Protokollpflichten, die teilweise aber durch Beschlagnahme-Verbote für spätere Gerichtsverfahren ungefährlich sind.[63]

126   *aa) Schutz vor Gefährdung der Vertraulichkeit durch Zeugenaussagen des Mediators.* Gemäß § 383 Abs. 1 Nr. 6 ZPO besteht für Personen, denen kraft ihres Amtes, Standes oder Gewerbes Tatsachen anvertraut sind, im Zivilprozess ein Aussageverweigerungsrecht. Hierzu zählen Ärzte, Rechtsanwälte oder auch Sozialarbeiter und Drogenberater.[64] Diese Regelung ist das Spiegelbild der Verschwiegenheitspflicht der dort angegebenen Berufsgruppen. Grundsätzlich gilt demnach, dass in den Berufen, bei deren Ausübung man Kenntnis über schutzwürdige Geheimnisse Dritter erhält, ein Aussageverweigerungsrecht anzunehmen ist.

127   Geht man von diesen Vorgaben aus, fällt ein Mediator ebenfalls unter § 383 Abs. 1 Nr. 6 ZPO. Auch er kommt bei der Ausübung seines Berufes zwangsläufig mit schutzwürdigen Geheimnissen Dritter in Kontakt. Entsprechend kann der Mediator, der Mediationen beruflich durchführt, im Zivilrecht die Aussage nach § 383 ZPO verweigern.

128   Im Strafrecht ist diese Möglichkeit nicht immer gegeben. Gemäß § 53 StPO gibt es auch dort ein Zeugnisverweigerungsrecht für Berufsgeheimnisträger. Allerdings ist die Aufzählung abschließend und der Kreis sehr viel enger. Auch hier haben Anwälte und Ärzte sowie Drogenberater ein Zeugnisverweigerungsrecht. Für alle anderen Berufsgruppen gilt dies aber nicht.

129   Dies bedeutet für den Mediator, dass er nur ein **Zeugnisverweigerungsrecht** geltend machen kann, wenn sich die Mediation als Ausübung eines Berufes darstellt, der ein Zeugnisverweigerungsrecht gewährt. Entsprechend kann sich der Anwalt auf § 18 BerufsO berufen[65], denn danach ist Mediation anwaltliche Tätigkeit. Bei anderen Berufsgruppen ist insoweit eine spätere Hinzuziehung als Zeuge im Bereich des Strafrechts nicht ausgeschlossen. Der Mediator muss die Parteien auf diese Rechtslage hinweisen, um so die Gefahren, die sich daraus ergeben könnten, transparent zu machen.

130   *bb) Schutz vor Gefährdungen durch die Information selbst.* Allerdings ist nicht zu verhindern, dass eine Partei bei einer Mediation eine Information erlangt, die für

---

[62] A. A. *Sünderhauf*, S. 243.
[63] Dies gilt insbes. für Rechtsanwälte und Ärzte.
[64] *Zöller/Greger*, ZPO, § 383, Rn 18 ff.
[65] Berufsordnung der Rechtsanwälte, BRAK-Mitt. 1996, 241 ff., i. d. F. vom 1. 11. 2001, BRAK-Mitt. 2001, 177.

sie vorteilhaft ist und von der sie ohne das Verfahren niemals Kenntnis erhalten hätte. Hier stellt sich die Frage, wie der Mediator den Schutz der Information als solcher sicherstellen kann.

Stellen Sie sich vor, in einem Mediationsverfahren geht es um die Zahlung von 131 offen stehenden Schulden. Im Laufe der Verhandlungen einigt man sich grundsätzlich über die Zahlungen und verschiedene Umschuldungsmodalitäten. Letztlich fehlt zum Abschluss nur noch eine Sicherheit des Schuldners. Wenn dieser nun offenbart, dass er ein Grundstück im Ausland besitzt, welches der anderen Partei bislang nicht bekannt war, stellt sich für die Zukunft folgendes Problem: Auch wenn die Mediation fehlschlägt, kann der Gläubiger in das nun bekannte Grundstück vollstrecken. Daran ändert auch ein Zeugnisverweigerungsrecht des Mediators oder das Fehlen von Aufzeichnungen nichts.

Dieses Problem kann nur durch die **Vereinbarung von Sanktionen** für den Fall 132 eines Verstoßes gegen das Vertraulichkeitsgebot erfolgreich gelöst werden. Aufgabe des Mediators ist es hier, den Parteien diese Möglichkeiten zur Verfahrensbegleitung aufzuzeigen. Konkret bedeutet dies, dass die Parteien eine Vertragsstrafe für den Fall vereinbaren, dass sich eine der Parteien nicht an die Vertraulichkeitsmaxime hält und einseitig Vorteile aus einer vertraulich erhaltenen Information zieht. Diese Strafe sollte – jeweils bezogen auf den Einzelfall – so hoch sein, dass sie einen durch den Bruch der Vertraulichkeit eventuell entstehenden Schaden aufwiegt.

Der Mediator wird die Vertraulichkeit nicht sicherstellen können, wenn er dem 133 Prinzip der Gegenseitigkeit folgt: *Schadest du mir, schade ich dir.*[66]

Eine Anwendbarkeit dieses Grundsatzes setzt immer voraus, dass es auf beiden 134 Seiten vertrauliche Informationen gibt. Außerdem wird dadurch nicht verhindert, dass eine der Parteien immer die Erste sein muss, die sich „outet", was zu der unangenehmen Situation führen kann, dass die andere Partei damit bereits alles weiß, um ihre Position außerhalb des Mediationsverfahrens durchzusetzen. Darum ist die Vereinbarung einer Sanktion sinnvoller.

b) Der Vertraulichkeitsgrundsatz bei Großverfahren. Eine besondere Dimension 135 hat die Vertraulichkeitsmaxime bei Großverfahren.[67] Durch die Vielzahl der Teilnehmer ist es unumgänglich, dass der Mediator das Verfahren strukturiert und den Fortgang des Verfahrens protokolliert.

Die Vertraulichkeit ist aber auch in diesen Verfahren als Verfahrensmerkmal un- 136 bedingt zu beachten. Insoweit gilt hier nichts grundsätzlich anderes als bei kleineren Verfahren.

Diese Grundsätze gelten auch im Bereich von **Umweltmediationen.**[68] Insbesonde- 137 re dann, wenn der Vorhabensträger ein Privater ist, wird das Verfahren nur dann erfolgreich abgeschlossen werden können, wenn die Vertraulichkeitsgrundsätze Beachtung finden und der Mediator ihre Beachtung garantiert. Dies gilt gerade in den

---

[66] So aber *Mähler/Mähler*, in: Duss-von Werdt/Mähler/Mähler, Mediation: Die andere Scheidung, S. 132.

[67] Hierbei kann offen bleiben, ab welcher Teilnehmerzahl man von einem Großverfahren sprechen kann. Man muss dabei von Fall zu Fall entscheiden und die Schlussfolgerungen immer dann anwenden, wenn ein behandeltes Problem auftritt. Dies kann auch schon bei relativ wenigen Teilnehmern der Fall sein.

[68] A.A. *Sünderhauf*, S. 272, die sogar ein Protokoll mit Blick auf ein folgendes Gerichtsverfahren befürwortet (S. 243) und allen Parteien Zugang zu allen Informationen geben will. Zur Umweltmediation vgl. § 46.

Fällen, in denen es um Betriebsgeheimnisse des betroffenen Privaten geht. Nur wenn hier sichergestellt ist, dass kein Unbefugter davon Kenntnis erhält, wird der Vorhabensträger alle Fakten offenbaren.

138   Es bedarf also **besonderer Maßnahmen**, um hier die Vertraulichkeit zu sichern. Eine Maßnahme ist die Verkleinerung der Anzahl der direkten Verhandlungsteilnehmer, die der Mediator dadurch erreichen kann, dass die betroffenen Parteien jeweils nur einen Vertrauensmann in die Verhandlungen entsenden. Dieser muss sich verpflichten, die Vertraulichkeit zu wahren, wenn der Vorhabensträger dies verlangt. Hierdurch bleibt die Offenheit des Verfahrens gewährleistet. Wenn dieser Vertrauensperson Dinge offenbart werden, die für sie unvertretbar erscheinen, bleibt ihr immer noch der Rückzug aus dem Verfahren. In diesem Fall wäre dann zwar die Mediation gescheitert, dies wäre aber auch dann der Fall gewesen, wenn diese Informationen allen Parteien zur Verfügung gestanden hätte.[69] Durch die Entsendung von Vertrauenspersonen wird zudem vermieden, dass vertrauliche Informationen nur den Mediatoren in Einzelgesprächen offenbart werden.

139   Eine **Ausnahme** gibt es allerdings in dem Bereich von Großverfahren, bei denen die öffentliche Hand der Vorhabensträger ist. In diesen Fällen geht es regelmäßig um hoheitliche oder mittelbar hoheitliche Aufgaben. Da dort in der Regel keine vertraulichen Betriebsgeheimnisse von Interesse sind, müssen auch keine besonderen Maßnahmen zur Sicherung der Vertraulichkeit ergriffen werden. Hier ist eine Beeinträchtigung der Verhandlungen durch die Gefährdung der Vertraulichkeit nicht zu erwarten.

---

[69] Dabei sind zwei Konstellationen denkbar: Diese Information wäre so brisant gewesen, dass sich entweder sowieso (fast) alle Parteien aus dem Verfahren zurückgezogen hätten oder aber zumindest die Parteien, die in unserem Fall zu Vertrauenspersonen gewählt wurden.

§ 16 Die Phasen und Schritte der Mediation als Kommunikationsprozess

Stefan Kessen/Dr. Markus Troja

Übersicht

Schrifttum: *Auer-Rizzi, Werner* (1998), Entscheidungsprozesse in Gruppen, Kognitive und soziale Verzerrungstendenzen, Wiesbaden; *Bazerman, Max H./Neale, Margaret A.* (1992), Negotiating Rationally, New York, Toronto; *Breslin, J. William/Rubin, Jeffrey Z.* (eds.) (1993), Negotiation Theory and Practice, Program on Negotiation at Harvard Law School, 2nd ed. Cambridge, Mass; *Bush, Robert A. Baruch/Folger, Joseph P.* (1994), The Promise of Mediation, Responding to Conflict through Empowerment and Recognition, San Francisco; *Fietkau, Joachim* (2000), Die Psychologie der Mediation, Berlin; *Folger, Joseph P./Jones, Tricia S.*, (eds.) (1994), New Directions in Mediation, Communication Research and Perspectives, London; *Goldberg, Stephan B./Sander, Frank E./Rogers, Nancy H.* (1992), Dispute Resolution, Negotiation, Mediation, and Other Processes, Boston, Toronto, London; *Hall, Lavinia* (ed.) (1993), Negotiation, Strategies for Mutual Gain, The Basis Seminar of the Program on Negotiation at Harvard Law School, Newbury Park, Cal. 1993; *Haynes, John M.* (1994), The Fundamentals of Family Mediation. New York; *Kahneman, D./Slovic, P./Tversky, A.* (eds.) (1982), Judgment Under Uncertainty, Heuristics and Biases, Cambridge; *Kessen, Stefan* (2000), Wirtschaftsmediation – neue Handlungsmöglichkeiten durch Perspektivenwechsel, In: Geißler, Peter/Rückert, Klaus (Hrsg.), Mediation – die neue Streitkultur, Kooperatives Konfliktmanagement in der Praxis, Gießen, 97–114; *Kessen, Stefan/Zilleßen, Horst* (1999), Leitbilder der Mediation, In: Förderverein Umweltmediation (Hrsg.), Studienbrief Umweltmediation, Eine interdisziplinäre Einführung, Bonn, 43–59; *Kressel, Kenneth/Pruitt, Dean G.* (eds.) (1989), Mediation Research, The Process and Effectiveness of Third-Party Intervention, San Francisco; *Kolb, Deborah M. and Associates* (1994), When Talk Works, Profiles of Mediators. San Francisco; *Lax, David A./Sebenius, James K.* (1986), The Manager as Negotiator. Bargaining for Cooperation and Competitive Gain. New York, London; *Lewicki, Roy J./Saunders, David M./ Minton, John W.* (1997), Essentials of Negotiation. Boston, Mass; *Moore, Christopher* (1986), The Mediation Process, Practical Strategies for Resolving Conflict. San Francisco; *Proksch, Roland* (2000): Curriculum einer Mediationsausbildung. Lehrbrief 6 (in Fortsetzungen), In: ZKM 2/2000–5/2000; *Pruitt, Dean G.* (1983), Achieving Integrative Agreements, In: Bazerman/Lewicki, 35–50; *Ripke, Lis* (1999), Charakteristika eines guten Abschlussvertrags, Perspektiven und Prinzipien der Mediation, In: KON:SENS 1999, 341–343; *Sellnow, Reinhard* (2000), Kreative Lösungssuche in der Mediation, In: ZKM 2000, 100–105; *ders.* (1997), Die mit den Problemen spielen . . . Ratgeber zur kreativen Problemlösung, Bonn; *Simon, H. A.* (1955), A Behavioral Model of Rational Choice, In: The Quarterly Journal of Economics 69/1955, 99–118; *Slaikeu, Karl A.* (1996), When Push Comes to Shove, A Practical Guide to Mediating Disputes. San Francisco; *Straus, David* (1993), Facilitated Collaborative Problem Solving and Process Management. In: Hall, 28–40; *Susskind, Lawrence/Cruikshank, Jeffrey* (1987), Breaking the Impasse, Consensual Approaches to Resolving Public Disputes, New York; *Trachte-Huber, E. W.* (1995), Negotiation: Strategies for Law & Business, Dallas; *Troja, Markus* (1998), Politische Legitimität und Mediation, In: Zilleßen, Horst (Hrsg.): Mediation. Kooperatives Konfliktmanagement in der Umweltpolitik, Opladen, Wiesbaden, 77–107; *Troja, Markus/Kessen, Stefan* (1999), Mediation als Kommunikationsprozess, KON:SENS 1999, 335–340; *Watzlawick, Paul/Beavin, Janet H./Jackson, Don D.* (1996), Menschliche Kommunikation. Formen, Störungen, Paradoxien, 9. unveränd. Aufl., Bern u. a.; *Wiedemann, Peter/Kessen, Stefan* (1997), Mediation. Wenn Reden nicht nur Reden ist, In: Organisationsentwicklung 4/1997, 52–65.

I. Mediation als Kommunikationsprozess

1   Die Potentiale von Mediation basieren auf der **Verbindung zweier Elemente:** der Veränderung von Konflikt- und Kommunikationsmustern und der Strukturierung der Konfliktkommunikation durch die vorgegebenen Phasen und Schritte eines Mediationsverfahrens[1]. Die Durchbrechung eskalationsfördernder Konflikt- und Kommunikationsmuster durch die Mediatorin ermöglicht neue Sichtweisen eines miteinander Redens und bietet die Chance auf kooperative Konfliktregelungen durch Veränderungsprozesse und das Entdecken neuer Optionen. Dabei ist es oftmals zwingend, die Kommunikation der Beteiligten zu strukturieren, damit ein effektiver und effizienter Austausch über die jeweiligen Bedürfnisse und Interessen möglich wird. Im Alltag zeichnen sich Konfliktgespräche häufig dadurch aus, dass eine Person bereits konkrete Lösungen vorschlägt, während die andere noch nicht einmal genau weiß, worum es eigentlich geht. Die prozessuale Steuerung des Ablaufs eines Mediationsverfahrens durch die Mediatoren ermöglicht eine strukturierte und problembezogene Auseinandersetzung. Dabei sind Inhalt und Form der Mediationsphasen stets variabel, fallspezifisch und werden von den Konfliktparteien selbst bestimmt.

2   Durch alle Phasen eines Mediationsverfahrens hinweg berücksichtigen Mediatoren die drei Ebenen, die für eine erfolgreiche und effektive Konfliktregelung bedeutsam sind: die **Sachebene** (mit einem **Problem**, welches durch Fakten, Positionen, Interessen und Wahrnehmungen geprägt ist und welches nach Möglichkeit durch die Konfliktbeteiligten gelöst oder geregelt werden soll), die **Beziehungs-**

---

[1] *Troja/Kessen* 1999; *Kessen* 2000.

oder **emotionale Ebene** (geprägt durch **Personen,** die in einer bestimmten Beziehung zu einander stehen, die unterschiedliche Persönlichkeiten sind, die sich verschieden verhalten und sich hinsichtlich ihrer Emotionen, Sprache, Fähigkeiten u.v.m. unterscheiden) und die **Verfahrensebene** (gekennzeichnet durch einen **Prozess,** der durch bestimmte Systematiken und Strukturen den Ablauf der Interaktionen zwischen Konfliktbeteiligten festlegt und gleichzeitig den verschiedenen Interaktionsstilen und Interessen Raum gibt, die den strukturellen Ablauf des Verfahrens betreffen).

Alle drei Ebenen sind in jeder Phase der Mediation präsent und müssen durch die 3 Mediatoren im Auge behalten werden, wobei in einzelnen Momenten der Mediation jeweils die eine oder andere Ebene in den Vordergrund tritt.

II. Die Phasen einer Mediation

1. Überblick und Checkliste zu den Phasen eines Mediationsverfahrens

Wie viele Phasen eine Mediation umfasst, wird in der Literatur außerordentlich 4 vielfältig beantwortet. Unabhängig von der konkreten Zahl scheint der Ablauf jedoch bei allen Modellen sehr ähnlich zu sein. Wir untergliedern ein Mediationsverfahren in **sechs Phasen:**

1. **Vorbereitung und Mediationsvertrag.** Die Mediation kann nur stattfinden, wenn 5 sich alle Beteiligten darauf einlassen wollen und die jeweiligen Erwartungen an das Verfahren geklärt sind. Die Konfliktbeteiligten schließen einen Vertrag mit den Mediatoren, in dem Aufgaben und Kosten vereinbart werden.
2. **Informations- und Themensammlung.** Die Beteiligten formulieren, worum es 6 ihnen geht und welche Themen sie im Mediationsverfahren besprechen möchten.
3. **Interessenklärung.** Die entscheidende Phase in der Mediation ist dann die der In- 7 teressenklärung. Die vielen unterschiedlichen Interessen und Bedürfnisse, die hinter den Positionen stehen, eröffnen den Raum für neue Lösungsmöglichkeiten und bilden die Grundlage für zukunftsfähige Regelungen, die von allen Beteiligten getragen werden können.
4. **Kreative Suche nach Lösungsoptionen.** Gemeinsam entwickeln die Konfliktbetei- 8 ligten eine Vielzahl von Ideen, die für das zu lösende Problem hilfreich sein können. Dabei kommen regelmäßig auch ganz neue und für alle Seiten vorteilhafte Optionen heraus.
5. **Bewertung und Auswahl der Optionen.** Die unterschiedlichen Ideen werden nun 9 gemeinsam bewertet. Am Ende stehen realisierbare Vorschläge, mit denen alle leben können und die den Interessen möglichst weitgehend gerecht werden.
6. **Vereinbarung und Umsetzung.** Die Lösungen werden in einem Abschlusspapier 10 oder Vertrag zusammengefasst. Häufig ist das Ergebnis eines Mediationsverfahrens nicht nur ein konkreter Lösungsvorschlag, das Verfahren trägt oft zur Verbesserung der Beziehungen zwischen den Beteiligten bei.

Prozessschritt	Inhalte	Worauf ist besonders zu achten?
Phase 1: Vorbereitung und Mediationsvertrag ☹ ↔ ☹	Konfliktanalyse: ☐ Informationen aufbereiten und Sachlage analysieren ☐ Zu beteiligende Personen und Gruppen identifizieren ☐ Erwartungen an die Mediation erfragen ☐ Konflikteskalation analysieren ☐ Entwurf eines detaillierten Prozessdesigns und -verlaufs Klärung organisatorischer und verfahrensrelevanter Fragen (insb. bei Vielparteienkonflikten): ☐ Verhandlungsmandate klären ☐ Einigung auf Interessenrepräsentation und Gruppengröße ☐ Organisation des Verfahrens (u. a. Ort, Zeit) Klärung des Mediationsprozesses: ☐ Ziel der Mediation klären ☐ Rolle und Haltung des Mediators klären ☐ Verfahrensregeln ☐ Einigung über den Einsatz von Gutachtern und Experten Mediationsvertrag (innerer und äußerer Auftrag) mit allen Beteiligten abschließen	☐ Auf Vollständigkeit des Teilnehmerkreises achten ☐ Falleignung prüfen; Rolle und Haltung des Mediators ☐ Eskalationsstufe erkennen ☐ Ggf. Vorgespräche mit allen Konfliktbeteiligten (v. a. bei Vielparteienkonflikten) ☐ Evtl. Vortreffen der Mediationsrunde zur Klärung der Verfahrensorganisation ☐ Für die Mediation geeignete und für alle Beteiligten akzeptable Räumlichkeiten suchen ☐ Vertrauenbildendes Auftreten des Mediators ☐ Die Erwartungen an die Mediation müssen klar ausgesprochen und einheitlich sein und mit den Prinzipien der Mediation in Einklang zu bringen sein ☐ Die Beteiligten für ihre Bereitschaft zur Mediation und ihr gemeinsames Kommen wertschätzen ☐ Eine angenehme Atmosphäre schaffen (äußerlich z. B. durch Blumen und helle Räume, innerlich z. B. durch Wertschätzung und Empathie) ☐ Geeignete Sitzmöglichkeiten vorbereiten (Abstände und Lage der Stühle zueinander; mit oder ohne Tische, etc.) ☐ Positive Grundstimmung ermöglichen ☐ Identifikation der Beteiligten mit dem Mediationsverfahren ☐ Vorrangige Haltung: Wertschätzung und Empathie

Prozessschritt	Inhalte	Worauf ist besonders zu achten?
Phase 2: Informations- und Themensammlung „Worum geht es genau?" ☹☺ ↔ ☺☹	☐ Bestandsaufnahme und Informationsausgleich ☐ Bisherige und anstehende Planungen und Entscheidungen offenlegen ☐ Transparenz schaffen ☐ Respekt und Akzeptanz schaffen ☐ Positionen in Themen umformulieren ☐ Relevante Themen auflisten und strukturieren ☐ Themen von den Konfliktbeteiligten gewichten lassen	☐ Zusammenfassen der unterschiedlichen Positionen, Sichtweisen und Anliegen zu Themen ☐ Vollständigkeit der Themen ☐ Visualisierung der Themen im Dialog mit den Konfliktbeteiligten ☐ Für alle Beteiligten akzeptable, d. h. nicht bewertende und möglichst konkrete Formulierungen finden ☐ Emotionen Raum lassen ☐ Den Konfliktbeteiligten vergegenwärtigen, dass die Bearbeitung aller Themen für die Regelung des Konflikts notwendig ist ☐ Vorrangige Techniken: Aktives Zuhören und Paraphrasieren; Visualisieren
Phase 3: Interessenklärung ☺ ↔ ☺	☐ Interessen und Bedürfnisse hinter den Positionen erkennen ☐ Die tatsächlichen Bedürfnisse und Interessen der Konfliktbeteiligten herausarbeiten ☐ Die Konfliktbeteiligten darin unterstützen, ihre Bedürfnisse und Interessen zu erkennen und zu artikulieren (Empowerment) . . . ☐ . . . und die Bedürfnisse und Interessen der anderen anzuerkennen (Recognition) ☐ Konsense und Dissense verdeutlichen ☐ Vollständigkeit der gesammelten Interessen überprüfen	☐ Möglichst vollständig Bedürfnisse und Interessen herausarbeiten und visualisieren ☐ Bis zu den tatsächlichen Bedürfnissen und Interessen vordringen; nicht zu früh aufhören nachzufragen ☐ Allen Konfliktbeteiligten ausreichend Raum und Zeit geben ☐ Respektvoll neugierig sein ☐ Verstehen erzeugen durch permanentes Zusammenfassen und umformulieren ☐ Konfliktbeteiligte zum Perspektivenwechsel anregen ☐ Raum für Gefühle/ Emotionen geben ☐ Überwindung von Blockadesituationen bspw. durch lösungsorientiertes Fragen ☐ Eventuell erste Lösungsansätze aufnehmen, aber zurückstellen

Prozessschritt	Inhalte	Worauf ist besonders zu achten?
		☐ Annäherung der Konflikt-beteiligten unterstützen ☐ Vorrangige Techniken: Fragetechniken; Aktives Zuhören und Para-phrasieren; Visualisieren
Phase 4: Kreative Ideen-suche/Optionen bilden „Was wäre alles denkbar?" 😐😊 ↔ 😊😐	☐ Sammlung von Ideen ☐ Auf- und Entdeckung neuer Optionen auf der Grundlage der Interessen ☐ Erweiterung des Verhandlungsspielraums	☐ Kreative Atmosphäre schaffen ☐ Auf die Beteiligten zuge-schnittener Einsatz von Kreativitätstechniken ☐ Beim Auftauchen neuer Konfliktthemen oder unbearbeiteter Interessen in Phase 2 oder 3 zurückkehren ☐ Nach einer ersten Lösungsoption versuchen, weitere zu finden ☐ Vorrangige Techniken: Kreativitätstechniken
Phase 5: Bewertung und Auswahl von Optionen „Wie können wir es angehen?" 😊 ↔ 😊	☐ Neue Argumente und Einsichten durch Perspektivenwechsel ☐ Integratives Verhandeln ☐ Bewertung und Auswahl von Lösungsoptionen ☐ Gemeinsame Bewer-tungsmaßstäbe entwickeln ☐ Für alle akzeptable Rege-lungen bzw. Lösungen entwickeln durch Interessenvermittlung bzw. -ausgleich ☐ Realisierbarkeit der angedachten Lösungen prüfen	☐ Lösungen müssen die Inte-ressen und Bedürfnisse aller Konfliktbeteiligter berücksichtigen ☐ Prüfkriterien anlegen (rechtlich, technisch, wirt-schaftlich, psychologisch, ökologisch, sozial, . . .) ☐ Ggf. Integrative Verhand-lungstechniken anwenden (Kuchen erweitern, Paketlösungen, Kompen-sationen, Bridging) ☐ Ggf. PMI (Plus-Minus-Interessant) und andere Bewertungstabellen bzw. Matrizen einsetzen ☐ Bewertungskriterien müssen für alle Konflikt-beteiligte argumentativ nachvollziehbar und akzeptabel sein ☐ Ggf. einen Aktionsplan für die nächsten Schritte aufstellen: Wer, macht was, wie, bis wann

Prozessschritt	Inhalte	Worauf ist besonders zu achten?
Phase 6: Vereinbarung und Umsetzung Dokumentation, Implementation und kontinuierliche Anpassung der Ergebnisse ☺ & ☺	☐ Mediationsvereinbarung mit folgenden Inhalten formulieren: Informationen zu den Konfliktbeteiligten, Informationen über den Ablauf der Mediation und Namen der Mediatoren, Ergebnis der Mediation, ggf. offen gebliebene Fragen, rechtliche Rahmenbedingungen und nächste Schritte, abschließende Bemerkungen, Datum und Unterschriften ☐ Ggf. rechtliche Prüfung und notarielle Beurkundung ☐ Klärung der Umsetzung ☐ Ggf. Nachfolgetreffen vereinbaren ☐ Ggf. die Möglichkeit von Nachverhandlungen festlegen (Mediationsklausel) ☐ Etablierung langfristig kooperativer Beziehungen ☐ Abschlussritual durchführen	☐ Mindestens die wesentlichen Eckpunkte der Vereinbarung müssen durch die Konfliktbeteiligten formuliert werden ☐ Ein-Text-Verfahren anstreben ☐ Vereinbarung SMART (specific, measurable, achievable, realistic, timed) formulieren ☐ Die einzelnen Elemente einer Vereinbarung auf ihre Nachhaltigkeit und Realisierbarkeit hin abklopfen ☐ Verlässlichkeit für vereinbarte Schritte herstellen ☐ Langfristig kooperative Beziehungen zwischen den Beteiligten etablieren ☐ Die geleistete gemeinsame Arbeit der Beteiligten würdigen ☐ Das Mediationsverfahren angemessen abschließen

2. Phase 1: Vorbereitung und Mediationsvertrag

Die verschiedenen Felder der Mediation unterscheiden sich zum Teil beträchtlich 11 hinsichtlich der Intensität der Vorbereitungsphase. Während in der Familienmediation üblicherweise die Vorbereitungsphase bereits am gemeinsamen Mediationstisch stattfindet, sind in der Wirtschaftsmediation vorhergehende Informationsgespräche mit den kontaktaufnehmenden Personen (Geschäftsführer, Personalchefs, Betriebsräte u.a.) üblich und im öffentlichen Bereich Vorgespräche mit den zahlreichen Konfliktbeteiligten unabdingbar. In den letztgenannten Mediationsfeldern ist ferner zu beachten, dass die Konfliktbeteiligten selbst als „de facto" Auftraggeber für die Mediation (innerer Auftrag) meist nicht identisch mit den „de iure" (zahlenden) Auftraggebern (äußerer Auftrag)[2] sind.[3] Bei komplexen Verfahren mit einer Viel-

[2] Im Bereich der Familienmediation existiert die Unterscheidung zwischen innerem und äußerem Auftrag nicht, da die Konfliktbeteiligten am Tisch auch immer die Initiatoren und Finanzierer des Verfahrens sind.
[3] Dieses gilt auch für die meisten Mediationsverfahren im öffentlichen Bereich. Bei einem unserer jüngsten Mediationen zum Neubau einer zweigleisigen Hochleistungsbahntrasse im Gasteiner Tal im Salzburger Land, welches im Juni 2001 mit der gemeinsamen Unterzeichnung einer vertraglichen Vereinbarung endete, haben wir dahingehend jedoch Neuland in der Mediation betreten. In diesem Verfahren wurde der Vertrag mit dem Mediationsteam von allen Konfliktbeteiligten unterzeichnet. In ihm sind ebenfalls die Kosten des Verfahrens anteilig nach einem bestimmten Schlüssel auf die

zahl von Konfliktbeteiligten basiert eine erfolgreiche Mediation auf einer guten Vorbereitung. Dazu gehört eine gründliche Analyse der zu beteiligenden **Personen und Gruppen**, der jeweiligen **Erwartungen**, des **Konfliktstatus** und eines geeigneten **Prozessverlaufs**. In zahlreichen Einzelgesprächen mit den Konfliktparteien sammelt das Mediationsteam Informationen über die jeweilige Sichtweise der Situation, welche Themen als relevant genannt werden, welche anderen Personen oder Gruppen in den Konflikt involviert sind (und entsprechend berücksichtigt werden sollten), mit wem das Team noch sprechen sollte, welchen Verlauf der Konflikt bisher genommen hat und welche Optionen diskutiert worden sind. Anhand dieser Informationen kann das Mediationsteam eine erste Einschätzung darüber vornehmen, ob der vorliegende Konflikt überhaupt durch Mediation geregelt werden kann, oder ob andere Konfliktregelungsansätze vielversprechender erscheinen oder mehr den Wünschen der Beteiligten entsprechen.

12   Insbesondere die Frage nach dem Konfliktstatus, die Identifikation der zu beteiligenden Personen und ihrer jeweiligen Entscheidungskompetenzen und Mandate sowie deren Erwartungen an ein Mediationsverfahren stehen im Mittelpunkt der Vorgespräche, da die Zusammensetzung der Mediationsrunde deren Handlungsfähigkeit und die Umsetzungsmöglichkeiten der Ergebnisse maßgeblich beeinflusst. In allen Vorgesprächen begibt sich der Mediator jedoch auf eine Gratwanderung zwischen notwendigen Rahmeninformationen und einer Vorprägung durch die jeweiligen Sichtweisen der Konfliktbeteiligten. Insofern sollte die Auswertung der ersten Gespräche vorrangig der Gestaltung eines geeigneten Verfahrensablaufs dienen, wobei alle inhaltlichen Aspekte von den Beteiligten im Beisein aller in den gemeinsamen Sitzungen bearbeitet werden müssen.

13   Dies gilt insbesondere dann, wenn die Mediatorin im Falle eines **Zwei-Personen-Konflikts** von einer der beiden Parteien angefragt wird. Hier schließt sich zudem die Frage an, ob dann die Mediatorin selbst versuchen sollte, die andere Partei für die Mediation zu gewinnen. Aus unserer Sicht sollte sie dieses nur in Ausnahmefällen in die Hand nehmen, da es sowohl was die Eigenverantwortlichkeit der Beteiligten (eines der wesentlichen Prinzipien der Mediation) betrifft, als auch hinsichtlich der Akzeptanz des Verfahrens besser ist, wenn die Entscheidung zur Mediation bei beiden Konfliktbeteiligten aus eigenem Antrieb erfolgt.

14   In der **ersten gemeinsamen Sitzung** liegt die **Hauptaufgabe** des Mediators darin, eine gute und von einer positiven Grundstimmung geprägte Atmosphäre zu schaffen. Ein erster Schritt dahin ist sicherlich, die Konfliktbeteiligten für ihren gemeinsamen Entschluss, den Konflikt durch Mediation regeln zu wollen wertzuschätzen („Es ist Ihnen sicherlich nicht leicht gefallen, heute in die Mediation zu kommen. Die Entscheidung, Ihren Konflikt hier gemeinsam zu regeln, ist bereits ein wichtiger Schritt und erster Erfolg."). In dieser frühen Phase der Mediation ist es besonders wichtig, dass die Mediatorin durch ihre Körpersprache und Worte den Konfliktbeteiligten vermittelt, dass sie an deren Erwartungen interessiert ist und deren Bedenken versteht und beachtet. Über die Beherrschung verschiedener Kommunikationstechniken hinaus sollte die Mediatorin somit über eine kommunikative Kompetenz verfügen, die sich vor allem in einer an den Bedürfnissen der Beteiligten orientierten

---

verschiedenen Konfliktbeteiligten aufgeteilt, wobei auch jene Konfliktparteien den Vertrag unterzeichnet haben, die ausdrücklich von der Finanzierung der Mediation ausgenommen waren.

Gesprächsführung äußert. Oftmals ist das gar nicht so einfach, da eine professionelle Gesprächsführung ein von Empathie und Wertschätzung getragenes Gesprächsverhalten erfordert, das sich von den vertrauten und einstudierten Mustern der Alltagskommunikation wie Bagatellisieren („Das ist glaube ich nicht so schlimm. Hauptsache Ihnen geht es sonst gut."), Bewerten („Na, da machen Sie es sich ein bisschen einfach, ihm die Schuld zu geben."), Sich-Identifizieren („Das kenne ich. Ich habe die Erfahrung gemacht . . .") u. v. m. unterscheidet.

Insbesondere bei Konflikten mit **mehreren Beteiligten** ist das erste gemeinsame 15 Zusammentreffen in der Mediationsrunde bedeutsam für die weitere Gesprächskultur. So ist es zunächst wichtig, dass jede/r einzelne frühzeitig die Gelegenheit zur Beteiligung erhält. Bevor die Konfliktpartner in gewohnter Weise zu streiten beginnen, kann der Mediator vielfältige Fragen und Techniken einsetzen, welche die tradierten und mitunter gegenseitig gepflegten Konflikte und Kommunikationsmuster durchbrechen (hier sind Fragen nach dem individuellen Zukunftsvorstellungen, nach persönlichen Dingen, nach gegenseitiger Wertschätzung, aber auch Kartenabfragen, Gruppenarbeiten, Traumreisen u. v. m. denk- und einsetzbar).

Durch das Aufgreifen der Erwartungen der Parteien und das positive Umformu- 16 lieren von Vorwürfen und Bedenken kann der Mediator der vorherrschenden und vergangenheitsorientierten Problemperspektive eine **zukunftsorientierte Lösungsperspektive** entgegenstellen. In dieser lassen sich häufig bereits Übereinstimmungen in den Erwartungen der Beteiligten feststellen. Das Hervorheben und die Betonung dieser Gemeinsamkeiten hat einen positiven Einfluss auf das Gesprächsklima.

Um die wachsende Bereitschaft zur konstruktiven Mitarbeit der Parteien zu för- 17 dern, konzentriert die Mediatorin die Beteiligten in dieser Phase in hohem Maße auf sich selbst und schränkt die gegenseitigen Angriffe und Vorwürfe dadurch ein. Für das Herstellen von Sicherheit und einer geschützten Atmosphäre sind permanenter Blickkontakt, eine Aufmerksamkeit signalisierende Körpersprache und die ausgewogene Zuwendung zu den einzelnen Konfliktpartnern wesentlich.

Anhand der Erwartungen und ersten Schilderungen der Konfliktbeteiligten kann 18 der Mediator am Beispiel des konkreten Falles sowohl das Verfahren der Mediation wie deren wichtige Prinzipien erläutern, sowie nach Bedarf von den Beteiligten gemeinsame Verhaltensregeln für den Umgang miteinander entwickeln lassen.

Diese erste Phase eines Mediationsverfahrens endet zumeist mit der gemeinsamen 19 **Unterzeichnung des Mediationsvertrages.** Dies kann bereits während der ersten Sitzung geschehen oder zu Beginn der zweiten, nachdem die Beteiligten den Vertragsentwurf zuhause studiert und ihn unterschrieben zur nächsten Sitzung mitgebracht haben.

3. Phase 2: Informations- und Themensammlung

In dieser Phase der Mediation stellen die **Beteiligten** dar, wie sie die Dinge sehen 20 und welche Aspekte in der Mediation geregelt werden müssen. Eine Herausforderung für die Mediatorin besteht darin, die Sichtweise einer Konfliktpartei nicht als Rahmen für die Darstellung der anderen Konfliktpartei zu verwenden („Was sagen Sie denn dazu?" oder „Wie sehen Sie das?"). Sie muss vielmehr im Geiste wieder einen Schritt zurück gehen und sich von dem gleichen Ausgangspunkt wie bei der ersten Partei nun einer zweiten Schilderung zuwenden. Dabei kann sie auch diese

Person darin unterstützen, den Konflikt aus ihrer ursprünglichen, eigenen Sicht zu schildern und eben nicht als Antwort auf die Darstellung zuvor („Schildern Sie doch bitte mal von Anfang an, was für Sie das Problem ist!"). Ansonsten hat sie die gebotene Allparteilichkeit bereits in doppelter Hinsicht verlassen: gegenüber der zweiten Konfliktpartei, die nun in dem vorgezeichneten Rahmen argumentieren muss und gegenüber dem Konfliktgegenstand, der eventuell voreilig begrenzt wird.

21   Eine weitere Grundqualifikation des Mediators, die speziell in dieser Phase zum Tragen kommt, ist die Fähigkeit, Beschwerden, Angriffe und Schuldzuweisungen in Problembeschreibungen, Anliegen und Bedürfnisse umzuwandeln. Der Mediator fokussiert die Beteiligten wiederum auf sich, greift die einzelnen Äußerungen auf und findet eine Formulierung, in der sich sowohl der Betreffende wiederfindet als auch keine der anderen Parteien einen Angriff auf die eigene Person sieht.

22   Nachdem die Beteiligten sich so über Problemsichten ausgetauscht haben, filtern sie mit Hilfe des Mediators jene Themen heraus, die in der Mediation bearbeitet werden sollen. Mitunter ist es hilfreich, den Parteien am Ende der Vorbereitungsphase die Hausaufgabe mitzugeben, jene Aspekte und Themen aufzulisten, die sie in der Mediation besprechen wollen.

23   Die Hauptaufgabe des Mediators besteht in dieser Phase darin, die unterschiedlichen Positionen, Sichtweisen und Anliegen der Beteiligten zu bewertungsfreien Themen **umzuformulieren** und sie nach Rücksprache mit den Konfliktbeteiligten zu **visualisieren**.[4]

Position: „Ich bin nicht bereit, dass ich ständig Überstunden machen muss, wenn mir XY kurz vor Feierabend plötzlich wieder irgendwelche Aufgaben auf den Tisch legt. Da gibt es auch noch andere Kollegen."
Themen: „Umgang mit kurzfristig anfallenden Arbeiten in der Abteilung" und/oder „Aufteilung der Arbeiten zwischen den Mitarbeiterinnen und Mitarbeitern".

---

24   Die Erstellung einer gemeinsamen Themenliste sowie die Einigung über die Reihenfolge der Bearbeitung ist ein weiteres sichtbares Ergebnis der Zusammenarbeit zwischen den Konfliktbeteiligten.

25   Ein zweiter wichtiger Aspekt dieser Mediationsphase betrifft die Sammlung aller für die Klärung des Konflikts relevanten **Informationen**. Mitunter ist es für die Beteiligten erforderlich oder zumindest empfehlenswert, eine parteiliche Rechtsberatung in Anspruch zu nehmen, um die für eine eigenverantwortliche Konfliktlösung erforderliche Informiertheit über die BATNA (Best Alternative To a Negotiated Agreement) (andere Wege, Fristen, etc.) herzustellen.

4. Phase 3: Interessenklärung

26   Diese Phase stellt das **Herzstück der Mediation** dar. Die zentrale Aufgabe der Mediatorin besteht darin, die Beteiligten von den sich gegenseitig ausschließenden

---

[4] Der Mediator kann die einzelnen Themen entweder direkt den Konfliktbeteiligten zuordnen (was den Vorteil hat, dass diese sich mit ihren Anliegen unmittelbar auf der Pinnwand oder dem Flipchart wiederfinden) oder eine gemeinsame Themenliste erstellen (was den Vorteil hat, dass jedem vor Augen geführt wird, dass auch die nicht von ihm selbst eingebrachten und als weniger wichtig eingestuften Themen relevant für eine gemeinsame Konfliktregelung sind).

Ansprüchen und den bezogenen Positionen wegzubewegen und die tiefer liegenden Interessen und Bedürfnisse zu ermitteln. Da Positionen häufig nur aus einem „Ja" vs. „Nein" oder „Ich bin dafür" vs. „Ich bin dagegen" bestehen, ist es oft sehr schwierig und meist sogar unmöglich, auf dieser Basis zu einer gemeinsamen Vereinbarung zu gelangen, die Vorteile für alle Konfliktbeteiligten beinhaltet oder die zumindest für alle akzeptabel ist. Eine wesentliche Hilfestellung durch die Mediatoren besteht darin, die Konfliktparteien darin zu unterstützen (zu befähigen), ihre eigenen Bedürfnisse und Interessen zu erkennen und für die anderen Beteiligten nachvollziehbar zu formulieren. In einem zweiten Schritt fördern die Mediatoren die gegenseitige Anerkennung der verschiedenen Bedürfnisse und Interessen[5]. In diesem wechselseitigen und sich wiederholenden Prozess werden die Verfahrensteilnehmer einerseits befähigt, ihre eigenen Konflikte selbstverantwortlich zu regeln und gewinnen dadurch an Selbsterkenntnis und Selbstbewusstsein (Empowerment). Darüber hinaus wird ihnen eine Möglichkeit geschaffen, sich gegenüber Andersdenkenden zu öffnen, deren Situation nachzuvollziehen und deren Einstellungen zu akzeptieren und zu respektieren (Recognition). Das Interesse an den Sichtweisen der jeweils anderen Konfliktparteien eröffnet oftmals völlig neue Perspektiven hinsichtlich einer gemeinsamen Konfliktregelung.

Empowerment bedeutet aber keineswegs, ein Machtgleichgewicht oder eine Neu- 27 verteilung von Macht zu erzielen, um die schwächeren Parteien zu schützen oder zu stärken. Empowerment bezieht sich immer auf alle Parteien. Der Mediator unterstützt sie in den kommunikativen Möglichkeiten und Mitteln, die in einer bestimmten Situation notwendig sind, um ihren Interessen, Bedürfnissen und Wünschen Ausdruck zu verleihen und dabei von den anderen Konfliktbeteiligten verstanden zu werden.

Recognition zielt weder auf eine Form des harmonischen Ausgleichs noch auf 28 eine Variante der Schlichtung. Die Wahrnehmung anderer Perspektiven als Bestandteile des gleichen Konflikts eröffnet den Konfliktparteien hingegen ein größeres Spektrum effizienter Handlungsoptionen für sich selbst und alle anderen Beteiligten.

Wichtige **Kommunikationstechniken**[6] für den Mediator in dieser Phase sind Ak- 29 tives Zuhören und Paraphrasieren sowie unterschiedliche Fragetechniken. Da diese Ansätze in allen Phasen der Mediation von zentraler Bedeutung sind, wollen wir sie im folgenden etwas ausführlicher darstellen.

a) Aktives Zuhören und Paraphrasieren. Das Aktive Zuhören und Paraphrasieren 30 ist die wahrscheinlich wichtigste und am meisten eingesetzte Kommunikationstechnik in der Mediation. Über das reine Spiegeln hinaus bedeutet Paraphrasieren, das von einer anderen Person Gesagte mit eigenen Worten zu wiederholen und dabei die mitgehörten Interessen und Bedürfnisse hervorzuheben. Die Fähigkeit, Aussagen der Konfliktparteien umzuformulieren, ist essentiell für einen Mediator. Das Paraphrasieren ist dazu da, eine Aussage einer Konfliktpartei so zu reformulieren, dass das Gesagte für den Sprecher selbst, den Mediator und insbesondere für die anderen Beteiligten transparent wird und gleichzeitig der Konflikt in eine konstruktive Richtung gelenkt wird.

---

[5] *Bush/Folger* 1994.
[6] Vgl. dazu auch § 14.

Funktionen des Paraphrasierens

– Das Tempo eines Konfliktgesprächs wird reguliert, so dass ein Schlagabtausch, der nichts klärt, verhindert wird.

– Da nur das Wesentliche paraphrasiert wird, konzentriert sich die Diskussion auf die wichtigen Fragen und nicht auf ablenkendes Beiwerk.

– Durch Konkretisierungen werden Pauschalurteile und unterschiedliche Interpretationen des eigentlich Gemeinten verhindert; es wird nicht um den heißen Brei herum geredet, sondern die Dinge werden beim Namen genannt, damit sie geklärt werden können.

– Der Mediator muss sich so auf das konzentrieren, was den Konfliktparteien selbst wichtig ist, so dass die Probleme immer deutlicher werden, auch für die Person selbst (Selbstklärung).

– Der Ärger und die Frustration einer Konfliktpartei sinkt, wenn sie spürt, dass ihr zugehört und sie verstanden wird.

– Die Probleme und Sichtweisen werden auch den anderen Konfliktparteien deutlicher; ein Schritt zur Förderung von gegenseitigem Verstehen ist getan.

– Der Kommunikationsstil wird kooperativer, indem der Mediator (oder andere Teilnehmer) Aggression und Emotionsgeladenheit von Beiträgen entschärft.

---

31   Um diese Ziele zu erreichen, helfen einige **Grundregeln,** die nicht nur beim direkten Paraphrasieren angewandt werden, sondern auch beim Feedback geben, bei Zusammenfassungen, Nachfragen und in anderen Kommunikationssituationen hilfreich sind.

Regeln des Paraphrasierens

– Ihre Körpersprache sollte interessiertes Zuhören signalisieren (Blickkontakt, zugewandte Körperhaltung,...);

– sprechen Sie sowohl sachliche wie emotionale Aussagen, Bedürfnisse und Interessen an;

– achten Sie beim Paraphrasieren auf die Seiten einer Nachricht (Sachebene, Beziehungsebene, Selbstoffenbarung, Appell), die nicht explizit zum Ausdruck kommen (Klarheit über das tatsächlich Gemeinte schaffen);

– betonen Sie die positiven Botschaften und die als lösbar genannten Probleme, soweit damit nicht die Intention des Sprechers verfälscht wird;

– konzentrieren Sie sich auf den Sprecher;

– zeigen Sie mit Ihrer Wortwahl, dass Sie zuhören und verstehen, nicht dass Sie zustimmen oder widersprechen („Wenn ich Sie richtig verstehe, fühlen Sie sich ...... weil ....."/„Ich höre, dass Sie ......"/„Für Sie sieht es so aus, dass ......" usw.);

– sprechen Sie nicht in Form von „Man ......", „Wir ......", „Jeder ......", „Der normale Mensch ......", sondern beziehen Sie die Aussagen auf den Sprecher: „Sie/Du ......" bzw. Ihre Beiträge auf sich: „Ich habe nicht verstanden, wie ......"„Für mich klang an, dass ......";

– vermeiden Sie Bewertungen des Gesagten oder Urteile; wiederholen Sie statt dessen beschreibend;

– formulieren Sie Ihre Paraphrase als Angebot, der ein Konfliktbeteiligter zustimmen oder sie auch ablehnen kann.

Beispiele: Geschäftsführer: „Die (Softwarefirma) wussten schon bei der Vertragsunterzeichnung, dass das Computersystem bei uns nicht funktionieren kann. Und jetzt weigern sie sich auch noch, die Sache in Ordnung zu bringen. Wie würden Sie (Mediator) denn mit einer solchen Bande von Halsabschneidern arbeiten?" – Mediator: „Ich höre, Sie sind wütend, weil das Problem Ihrer Meinung nach schon vorher bekannt sein musste. Und Sie wünschen sich, dass das Computersystem bei Ihnen läuft."

Angestellte: „Er (Abteilungsleiter) weiß einfach nicht, wie er als Führungspersönlichkeit zu arbeiten hat. Ständig beschäftigt er sich nur mit dem Klein-Klein, erzählt mir jede Kleinigkeit, die ich tun soll, als ob ich überhaupt keine Ahnung hätte. Wer weiß, wenn er nicht ständig auf der Matte stehen würde, könnte ich vielleicht auch mal meine Arbeit erledigen." – Mediator: „Wenn ich Sie richtig verstehe, fühlen Sie sich zu sehr kontrolliert und möchten selbständiger und eigenverantwortlicher arbeiten."

b) Zusammenfassungen. In allen Phasen der Mediation fasst der Mediator immer 32 wieder das Gesagte und das Geschehen zusammen, um auf diese Weise den Prozess zu steuern, aber auch um die bisher erreichten Klärungen auf der Sach- und Beziehungsebene zu verdeutlichen. Kleinere Zusammenfassungen finden durch das Paraphrasieren immer wieder zwischendurch statt. Wenn die Parteien ihre jeweiligen Sichtweisen des Konflikts geschildert haben, erleichtert es das weitere Vorgehen, wenn der Mediator die zentralen Informationen zusammenfasst und ggf. bereits generelle Kategorien zur Diskussion stellt („Für mich hat es sich so angehört, als wenn Sie alle genannten Aspekte in vier Bereiche unterteilen könnten . . ."). Wenn inhaltlich ein Abschnitt abgeschlossen ist, fasst der Mediator ebenfalls die wichtigsten Ergebnisse zusammen. Der Mediator ordnet in seinen Zusammenfassungen die Beiträge der Konfliktparteien. Wenn die Diskussion abschweift, kann er in der Zusammenfassung das Wesentliche herausstreichen und den roten Faden wieder aufnehmen. **Insbesondere** am **Ende** einer Mediationssitzung sollte das Erreichte nochmals rekapituliert werden.

Zusammenfassungen erleichtern den Parteien den **Überblick.** Sie fühlen sich nicht 33 so schnell von den Informationen erschlagen und überfordert und erhalten ein Hilfsmittel, um sich die verschiedenen Aspekte besser merken zu können. Zusammenfassungen erleichtern den Konfliktparteien so das Verständnis des Geschehens, lassen Bezüge erkennen und machen die nächsten Schritte deutlich.

Um diese Ziele zu erreichen, müssen sich Zusammenfassungen vor allem durch 34 eine klare Struktur auszeichnen. Das wichtigste Hilfsmittel dafür ist die **Gliederung.** Der Mediator kann zunächst die Grobstruktur nennen, und dann Unterpunkte zusammenfassen („Wenn ich es richtig verstanden habe, müssen Sie vier Fragen behandeln: Zwei haben mit den finanziellen Problemen zu tun und zwei mit der Organisation. Welche finanziellen Probleme müssen berücksichtigt werden? Erstens . . . . . .", oder: „Es geht also offenbar um zwei Probleme: erstens . . . . . ., zweitens . . . . . . Beim ersten Punkt, ..., war Partei A wichtig . . . . . . und B wollte . . . . . . Beim zweiten Punkt, ..., wurde deutlich, dass möglichst bald . . . . . . getan werden sollte.").

Nach jeder Zusammenfassung sollte sich der Mediator rückversichern, ob er die 35 Sache aus Sicht der Beteiligten richtig getroffen hat, ob sie der Zusammenfassung zustimmen. Danach kann dies als gemeinsames Ergebnis bewertet und vom Mediator auch als positiver Schritt gekennzeichnet werden.

c) Trennung von Sach- und Beziehungsebene. Die zwischenmenschliche Kommu- 36 nikation weist zwei grundsätzliche Ebenen auf: eine inhaltliche bzw. sachliche und die Ebene der Beziehung zwischen den Interaktionspartnern[7]. Daher muss die Bearbeitung von Konflikten diese beiden Ebenen beachten:

– Auf der **Sachebene** geht es um die Blockade bzw. Beeinträchtigung der Interessendurchsetzung, die sich durch die konfligierenden Anliegen und Verhaltensweisen ergibt.

– Auf der **Beziehungsebene** wird das gestörte persönliche Verhältnis zwischen den Konfliktparteien berücksichtigt, das meistens dadurch beeinträchtigt ist, dass sich die Konfliktparteien wechselseitig als Verursacher bzw. Verstärker einer Störung wahrnehmen.

37   Die Mediatorin muss daher dafür sorgen, dass im Mediationsverfahren die **Gefühlsebene** nicht ausgeblendet wird, sondern eine solide Basis für die Arbeit an den Problemen liefert. Ist die Beziehungsebene gestört, sinkt grundsätzlich die Zuhörbereitschaft. Die Bewertung des Inhaltes einer Nachricht wird auf Seiten des Zuhörers davon beeinflusst, wie er den Sprecher empfindet, ob er ihn mag und respektiert oder nicht. Die Sprache hat großen Einfluss darauf, ob der Sender als unparteiisch, fair, kooperativ oder konfrontativ eingeschätzt wird. Störungen auf der Beziehungsebene führen daher leicht dazu, dass Vorschläge der Gegenpartei abgelehnt oder gar nicht richtig zur Kenntnis genommen werden. Hinzu kommt, dass in Konflikten Aussagen auf der Sach- und Beziehungsebene häufig durcheinander gehen. Konfliktparteien streiten sich um eine Sache, thematisieren explizit oder zwischen den Zeilen aber ständig auch Probleme in ihrer Beziehung zueinander. Sind diese beiden Ebenen heillos miteinander verflochten, so erscheinen Ergebnisse bei der Auseinandersetzung in der Sache unmöglich. Konfliktparteien können diese Ebenen nicht mehr selbständig entflechten, wenn sie häufiger oder seit längerer Zeit einen Konflikt miteinander haben.

38   Das ist die Stunde der Mediatorin. In manchen Fällen können bei Konflikten gute Beziehungen zur Klärung eines Sachproblems genutzt werden, es besteht aber die Gefahr, dass der Sachkonflikt auf die Beziehungsebene ausstrahlt. In anderen Fällen werden Konflikte auf der Beziehungsebene zusätzlich auf der Sachebene ausgetragen. Sind diese beiden aber so verflochten, dass sie sich ständig gegenseitig blockieren, muss die Mediatorin die Konfliktparteien dabei unterstützen, die beiden Ebenen zu entflechten. Wenn deutlich wird, dass Probleme auf beiden Ebenen vorliegen, kann sie mit den Parteien zunächst die Konflikte auf der Beziehungsebene angehen. Erst wenn hier genügend Empathie geschaffen ist, können die Parteien – auf der Grundlage des neu geschaffenen Vertrauens und Respekts voreinander – die Sachkonflikte erfolgreich regeln. Dabei ist die Mediatorin keine Therapeutin, wenn es um die Bearbeitung der Beziehungsprobleme geht, und auch kein Rechtsberater oder Fachexperte bei den Sachproblemen. Durch gezieltes Nachfragen und Aufforderungen strukturiert sie das Konfliktgespräch und sorgt für ein **systematisches Vorgehen**: Die Mediatorin versucht, das Gehörte zur Sachebene zusammenzufassen (Schritt 1: Problemdefinition auf der Sachebene). Danach werden die Gefühle und Beziehungen beschrieben und genau definiert, so dass sich jede Konfliktpartei aussprechen kann und auch die Sichtweise der anderen hört (Schritt 2: Problemdefinition auf der Beziehungsebene). Danach lässt die Mediatorin die Konfliktparteien schildern, wie sie sich die Beziehung wünschen, was sie sich als

---

[7] *Watzlawick/Beavin/Jackson* 1996.

schön und angenehm vorstellen (Schritt 3: Ideensuche auf der Beziehungsebene). Das gleiche kann dann auf der Sachebene geschehen: Nach der Bestandsaufnahme und Einigung darüber, was genau das Problem ist, überlegen die Konfliktparteien kreativ neue Lösungswege, wobei die geklärte Beziehung den nötigen Freiraum und die Unbefangenheit für diesen Schritt ermöglichen (Schritt 4: Ideensuche auf der Sachebene). Erst im letzten Schritt planen die Konfliktparteien dann die konkreten Umsetzungsmöglichkeiten, was sie selbst und was der andere tun könnte (Schritt 5: Umsetzung auf der Beziehungs- und Sachebene). Diese Entflechtung von Sach- und Beziehungsebene[8] beschreibt nicht das Vorgehen in der Mediation insgesamt, sondern ist hilfreich bei der Auflösung schwieriger Gesprächssituationen, die in allen Phasen immer wieder auftauchen können.

d) **Fragetechniken.** Eine weitere wichtige Vorgehensweise der Mediatorin ist 39 es, respektvoll neugierig zu sein. Mit ihren Fragen kann die Mediatorin den Gang der Konfliktmittlung entscheidend beeinflussen. Schlecht formulierte Fragen, die den Parteien uninteressant, sinnlos oder gar manipulativ erscheinen, verschlechtern nicht nur insgesamt die Stimmung des Verfahrens, sondern verhindern zudem, dass der Mediator zu wichtigen Informationen vorzudringen vermag. Hingegen sind gute Fragen generell verständlich (in der Sprache der Konfliktparteien formuliert), offen (sie engen den Spielraum möglicher Antworten nicht unnötig ein) und interessant (sie sprechen sowohl kognitive als auch affektive Seiten an).

Fragen lassen sich grundsätzlich in zwei Typen einteilen: **offene und geschlossene** 40 **Fragen.** Mit Hilfe offener Fragen (die nicht mit „Ja" oder „Nein" zu beantworten sind) versucht der Mediator, soviel wie möglich an Informationen über den Konflikt, über die jeweilige Wahrnehmung der einzelnen Konfliktparteien und deren Interessen zu sammeln.

aa) Fragearten. Es lassen sich lassen sich u. a. folgende **Fragearten** unterscheiden 41 (u. a. *Haynes* 1994), für die wir nur als Gedankenanregung jeweils ein **Beispiel** geben:
- **Öffnende Fragen:** um einen Vermittlungsprozess zu beginnen (z. B. „Können Sie mal beschreiben, wie Sie das erleben?")
- **Informationsfragen:** um Fakten und Meinungen festzustellen (z. B. „Wieviel Zeit investieren Sie denn im Schnitt dafür?")
- **Klärungsfragen:** um Generelles zu spezifizieren (z. B. „Was meinen Sie konkret mit Nachlässigkeit bei wichtigen Sachen? Können Sie mal Beispiele nennen, damit das deutlich wird?")
- **Beurteilungsfragen:** um Gründe für eine Position zu klären (z. B. „Warum ist Ihnen das besonders wichtig?"/„Wozu brauchen Sie das?")
- **Teilnehmende Fragen:** um Eindrücke von Einstellungen und Wünschen zu bekommen (z. B. „Was macht Sie bei der Sache denn so unsicher?").
- **Zukunftsfragen:** „Wie würde es in fünf Jahren aussehen, wenn sich nichts ändert?"; „Woran würden Sie merken, dass sich Ihr Kollege mehr um das Problem kümmert?"; „Was werden Sie tun, wenn Sie das hier gelöst haben?"
- **Fragen nach Ausnahmen:** „Gab/gibt es auch Situationen, in denen es besser läuft?"; „Wie sah/sieht das dann genau aus, was lief/läuft da anders?"

---

[8] In Anlehnung an ein Lehrvideo von *Friedemann Schulz von Thun.*

- **Wunderfragen:** „Stellen Sie sich vor, über Nacht wäre ein Wunder geschehen und das Problem wäre verschwunden, Sie wissen zwar nicht wie, aber alles wäre gelöst. Was wäre das erste Zeichen dafür, dass solch ein Wunder geschehen wäre?"; „Stellen Sie sich vor, Sie hätten alle Macht und alles Geld dieser Welt, wie sähe das Ganze in Ihrer Wunschvorstellung aus?"
- **Hypothesefragen:** um Ideen in eine Diskussion einzubringen (z. B. „Wäre es aus Ihrer Sicht denkbar, die Aufgabe eventuell komplett abzugeben?")
- **Leitende Fragen:** um eine Idee zu suggerieren (z. B. „Und das wünschen Sie sich nicht nur privat, sondern auch beruflich von Ihm?")
- **Operationalisierungsfragen:** um Optionen weiter auszuarbeiten (z. B. „Für was könnte das beschriebene ‚Wunder' stehen?"/„Wie könnte man sich dem annähern?")
- **Konzentrierende Fragen:** um eine Diskussion auf die wesentlichen Aspekte zurückzuführen (z. B. „Was sind für Sie also einmal aufgezählt die wesentlichen Punkte?")
- **Alternativfragen:** um Alternativen zu vergleichen (z. B. „Und was waren die Probleme bei der anderen Variante?")
- **Schlussfragen:** um einen Punkt abzuschließen (z. B. „Haben wir dann alles, was wir für diesen Punkt brauchen?")
- **Evaluationsfragen:** um den weiteren Prozess und die Zukunft abzufragen (z. B. „Was sind für Sie bei diesem Punkt die entscheidenden Vorteile?")
- **Skalafragen:** um die subjektive Bewertung bestimmter Situationen abzufragen und um zu fragen, was Konfliktparteien selbst zu einer positiven Veränderung beitragen können, z. B. „Auf einer Skala von 0 bis 10–0 bedeutet ...... (schlechtest vorstellbare Situation oder Ausgangspunkt o. ä.), 10 bedeutet (beste vorstellbare Situation, angestrebtes Ziel erreicht o. ä.) – wo sehen Sie sich im Moment?" ...... „Was könnten Sie tun/was wäre notwendig, damit Sie 2 Punkte höher kommen?"
- **Verschlimmerungsfragen:** „Was müsste passieren, was könnten Sie/Partei B tun, damit sich das Problem noch verschlimmert?"
- **Frage entsprechend der Umkehrmethode:** „Was müsste passieren, was könnten Sie/Partei B tun, damit es auf keinen Fall einen Schritt weiter geht/eine Lösung gibt?" ..... „Nehmen wir mal den ersten der aufgezählten Negativpunkte, wie könnte denn das Gegenteil aussehen?"
- **Tragfähigkeitsfragen:** um die rechtlichen, technischen, wirtschaftlichen, sozialen etc. Realisierungschancen und die Realitätstauglichkeit der Lösungsoptionen zu prüfen (z. B. „Ist eine solche Lösung arbeitsrechtlich erlaubt und im Sinne des Betriebsrates; können Sie das der Belegschaft vermitteln?")
- **Zirkuläre Fragen:** um einen Perspektivenwechsel anzuregen (z. B. „Was glauben Sie, A, wie wirkt Ihre Forderung/Position bzw. Ihr Verhalten auf B; wie wird B reagieren?"/„Was denken Sie, wie würde die Situation/Ihr Verhalten auf einen Aussenstehenden, der Sie beide beobachtet, wirken?").

42   *bb) Insbesondere: Lösungsorientiertes Fragen.*[9] Aus der systemischen Beratung und Therapie stammt die Technik des lösungsorientierten Fragens. Dabei geht es nach der Identifikation eines Problems oder einer Blockade (innerlich oder gegen-

---

[9] Die Darstellung lösungsorientierter Fragetechniken folgt einer unveröffentlichten Darstellung von Dr. *Joseph Rieforth* und *Bernd Kuhlmann*, denen wir an dieser Stelle für die Anregungen danken.

seitig) darum, zunächst die Zielvorstellungen einer Person herauszuarbeiten (Lösungsraum). Danach sollen geschickt gestellte Fragen dazu führen, dass sich die betreffende Person die in ihr selbst vorhandenen oder durch sie aktivierbaren Möglichkeiten zur Verbesserung der Situation und zur Problemlösung bewusst macht und nutzt (Ressourcenraum). Der Frager führt die Konfliktpartei vom Problem- über den Lösungs- zum Ressourcenraum.

An dieser Stelle müssen wir vor einer Begriffsverwirrung warnen. Beim Einsatz 43 lösungsorientierter Fragetechniken in der Mediation geht es nicht um die Lösung des Konfliktes. „Lösung" meint hier vielmehr die „Auflösung" einer Blockade innerhalb einer Mediationsphase bzw. in einzelnen schwierigen Gesprächssituationen. Mit Hilfe lösungsorientierter Fragen kann der Mediator den Konfliktparteien aus einer resignierten oder destruktiven Haltung heraus helfen, indem den Parteien ihre eigenen Handlungsmöglichkeiten deutlich werden.

Die „Mutterfragen" beim lösungsorientierten Fragen: 44

1. Problem: „Was genau ist das Problem?"
2. Lösung: „Was wollen Sie erreichen?"; „Was wünschen Sie sich?"
3. Ressource: „Was brauchen Sie, ...?"; „Was können Sie tun, um ......?"

e) Konflikträume und zeitliche Dimensionen   45

Ausgangssatz: „Das Betriebsklima ist so schlecht, dass ich dauernd frustriert bin."

Problem-raum	– Wenn das Problem früher aufgetreten ist, wie stellte es sich dann dar? – Wie war es, als das Betriebsklima früher schon mal schlecht war? – Was wissen Sie über das (schlechte) Betriebsklima vergangener Zeit? – Welches Problem mit dem Betriebsklima gab es in der Vergangenheit?	– Was genau ist im Moment so schwierig? – Warum ist das Problem so, wie Sie es darstellen? – Was belastet Sie genau? – Was genau macht das Betriebsklima so schlecht? – Wo liegen Ihre Probleme bezüglich des Betriebsklimas?	– Wie wird die Situation für Sie in einem Jahr sein, wenn sich nichts daran ändert?
Lösungs-raum	– Was wollten Sie damals verändern/erreichen? – Was haben Sie sich damals hinsichtlich des Betriebsklimas gewünscht?	– Was wollen Sie im Moment verändern/erreichen? Was ist Ihr Ziel? – Angenommen, dass Problem ist gelöst, wie wäre es dann? – Was ist für Sie ein gutes Betriebsklima? – Wie werden Sie sich fühlen, wenn das Betriebsklima zukünftig angenehm ist?	– Was stellen Sie sich vor, wie sollte die Situation in Zukunft sein? – Was werden Sie sich dann wünschen? – Wie werden Sie sich dann ein gutes Betriebsklima vorstellen?

	Vergangenheit	Gegenwart	Zukunft
Ressourcen-raum	– Was haben sie früher gegen das Problem getan? – Wodurch verbesserte sich damals das Betriebsklima? – Was war damals hilfreich gewesen? – Was hat Ihnen damals geholfen?	– Was muss passieren, damit diese Verbesserung des Betriebsklimas eintreten kann? – Was wäre jetzt hilfreich für Sie? Was brauchen Sie, um das zu erreichen? – Was können Sie (oder die/der andere/n) tun/beitragen? – Woran werden Sie merken, dass sich das Betriebsklima verbessert hat?	– Was wird ihnen auch in Zukunft helfen, Ihr Ziel zu erreichen? – Was können Sie in Zukunft tun, um die Situation zu verbessern? – Was wird dann hilfreich sein? – Was können Sie (oder die/der andere/n) dann dazu tun/beitragen?

Das obige Schema lässt sich durch unterschiedliche Wahrnehmungsperspektiven (WP) erweitern. Fragen zu Problem, Interessen, Lösung und Ressource können in allen drei Zeitdimensionen so gestellt werden, dass die Konfliktparteien unterschiedliche WP einnehmen.

46   **1. WP** (wie im Schema): Fragen, die dazu führen, dass eine Konfliktpartei A sich mit ihrem Konflikt oder eine andere Partei(en) aus ihrer Sicht schildert.

$$A \longleftarrow \longrightarrow B$$

47   **2. WP:** Fragen, die Konfliktpartei A auffordern, sich „in die Schuhe" von B zu stellen und zu überlegen, wie das eigene Verhalten von A auf B wirkt, was B wahrnimmt. („Wenn Sie jetzt B wären, was glauben Sie, wie erlebt B Sie im Büro?" . . . . . . „Woran würde B erkennen, dass Sie . . . . . .?"). Entsprechend können alle Fragen umformuliert werden.

$$A: \quad B \longleftarrow \longrightarrow A$$

In der 2. (und 3.) WP taucht das **zirkuläre Fragen** auf („Reden über die Konfliktparteien in deren Beisein"). Die Partei A wird gefragt, was Partei B ihrer Meinung nach tun, denken, oder fühlen wird, wenn A etwas macht. Das führt bei B dazu, die eigene Perspektive zu verlassen und die Perspektive von A einzunehmen. (Bsp: „Nehmen wir an, Sie (A) kommen jetzt dem Wunsch Ihres Mannes (B) nach und lassen die Kinder auch über Nacht bei ihm zu Besuch bleiben. Wie wird das Ihrer Meinung nach auf ihn wirken, wie wird er reagieren?")

48   **3. WP:** Eine Partei A wird gefragt, wie ein Außenstehender die Partei selbst und B in ihrem Konflikt wohl erleben wird, was dem Außenstehenden auffällt. Partei A wird dadurch dazu gebracht, sich im Zusammenspiel mit B quasi von außen zu beobachten („Dezentrierung der eigenen Wahrnehmung")

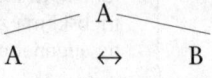

$$\begin{array}{ccc} & A & \\ A & \longleftrightarrow & B \end{array}$$

5. Phase 4: Kreative Ideensuche/Optionen bilden

a) **Überblick.** Die einzelnen Interessen und Bedürfnisse der Konfliktbeteiligten 49
dienen nun als Basis für eine kreative Suche nach möglichen Lösungsoptionen. Da
es keinen optimalen Weg zu einer Lösung gibt, werden die Handlungsoptionen
möglichst weit gefasst. Mittels verschiedener Kreativitätstechniken[10] sind gewohnte
Denkmuster zu überwinden und die verschiedenen Probleme aus unterschiedlicher
Perspektive heraus zu betrachten.

Als **Kreativitätstechniken** sind jene systematischen oder strukturierten Techniken 50
zu verstehen, die das kreative Potential einer Gruppe oder einer Person fördern.
Ziel dieser Techniken ist die Entwicklung einer möglichst großen Anzahl von Ideen.
Es ist dagegen nicht die Aufgabe von Kreativitätstechniken, eine Bewertung oder
Auswahl der Lösungsansätze vorzunehmen. Daher bildet die Phase einer kreativen
Ideensuche auch nie das Ende eines Prozesses. Mit Kreativitätstechniken sollen
Denkblockaden und gewohnte Denkmuster überwunden werden.

Bei den Grundlagen für einen kreativen Prozess sind insbesondere das **kreative** 51
Umfeld sowie die beteiligten bzw. zu beteiligenden Personen zu beachten. So sind
z.B. kreativitätshemmende Einflussfaktoren (z.B. Auffassungs-, emotionale –, kulturelle –, soziale und organisatorische –, intellektuelle –, Ausdrucks- und Phantasie-
sperren) bei den einzelnen Beteiligten bei der Wahl der jeweiligen Kreativitätstechnik zu bedenken.

Kreativitätstechniken lassen sich grob unterteilen in: 52
– Intuitive Methoden
– Systematisch-analytische Methoden.

Die **Überwindung gewohnter Denkmuster** ist einer der wesentlichen Grundge- 53
danken der intuitiven Methoden. Spontan sollen möglichst unterschiedlichste und
ungewöhnliche Ideen entstehen. Diese Methoden lassen sich noch weiter unterteilen, je nachdem, ob Assoziationen, Analogiebildungen oder die Suche in problem-
fremden Bereichen im Vordergrund der einzelnen Methoden stehen.

Zu den **intuitiven Methoden** gehört u.a. das **Brainstorming** (mit seinen zahlrei- 54
chen Variationen), das **Brainwriting**, die **Kartenabfrage**, die **Bionik** („Was wir aus
der Natur lernen können") und die **Synektik** (mit zahlreichen Variationen; gemeinsam ist allen synektischen Methoden, problemfremde Reizwörter, Bilder oder Analogien zu benutzen und auf das Problem zu übertragen). Ebenfalls zu diesem Bereich zählen jene Kreativitätstechniken, die das spielerische Erarbeiten von neuen
Ansätzen in den Vordergrund stellen (Rollenspiele, Szenarien, Theaterspiele, etc.)
(vgl. hierzu *Sellnow* 1997).

Leitgedanke der systematisch-analytischen Methoden ist es, ein Problem in eine 55
Vielzahl unabhängiger Teilprobleme zu zerlegen, um diese jeweils für sich zu bearbeiten. Durch Kombination unterschiedlicher Teillösungen bzw. durch neue Struk-
turierungen, Variationen und Verknüpfungen wird eine Gesamtlösung zusammengefügt. Im Vordergrund steht hier eine systematische Erarbeitung von Ideen.

Zu den **systematisch-analytischen Methoden** gehört der **Morphologische Kasten** 56
(mehrdimensionales Verfahren zur strukturellen und funktionalen Bearbeitung von
Problemen; hierbei wird ein Problem in seine Komponenten zerlegt, um alle mögli-

---

[10] Dazu auch § 12.

chen Lösungen in geordneter Form zu erhalten; Ziel ist die systematische Gesamterfassung eines Problems; sehr aufwändige und komplexe Methode); die Sequentielle Morphologie (quasi eine Weiterentwicklung des morphologischen Kastens, welche die Entscheidungsphase mit in den kreativen Prozess einbaut); die **Morphologische Matrix** (mit der Beschränkung auf zwei Parameter; etwas übersichtlicher als der morphologische Kasten; zeigt relativ schnell bereits bekannte Ideen und den Raum für etwaige neue auf); der Relevanzbaum, u. v. m.

57   Die systematisch-analytischen Methoden sind hier allerdings nur der Vollständigkeit aufgeführt. In einer Mediation sind sie auf Grund ihrer Komplexität und Projektbezogenheit nur sehr eingeschränkt anwendbar.

58   Bei der Anwendung von Kreativitätstechniken gelten grundsätzlich folgende **Regeln:**
– Ideen nicht bewerten
– Quantität geht vor Qualität
– Ideen freien Lauf lassen
– Ideen aufgreifen und weiterentwickeln.

59   Der **kreative Prozess** sollte einen möglichst **breiten Raum** einnehmen können, denn es braucht immer eine gewisse Zeit, bis die Teilnehmer einer Mediation anfangen, herkömmliche Denkmuster und Positionen zu überwinden und neue Wege auszuprobieren. Die Teilnehmer an einer Mediation sollten sich die Möglichkeiten einer kreativen Suche nach unterschiedlichen Optionen und Handlungsvarianten so lange offenhalten, wie neue Ideen gefunden werden. Konsequenterweise dürfen die einzelnen Varianten zu diesem Zeitpunkt noch keiner Bewertung unterliegen, zumal man so der Versuchung entgehen kann, die erstbeste plausibel klingende Lösung als Verhandlungsergebnis anzunehmen.

> Meist beschränkt sich die kreative Ideensuche in Mediationsverfahren auf ein kurzes Sammeln von möglichen Optionen, da die meisten, v. a. mehr spielerischen Kreativitätstechniken scheinbar nicht zum Bild einer Konfliktsituation passen. Nach unserer Erfahrung können aber die unterschiedlichsten Techniken in bestimmten Situationen sehr hilfreich sein, eine größere Bandbreite an möglichen und denkbaren Optionen zu erzeugen. Dabei kommt es insbesondere darauf an, dass die Mediatorin die Beteiligten nicht mit ihnen völlig fremden Experimenten überfällt, sondern dass sich eine solche Vorgehensweise nachvollziehbar aus den erarbeiteten Interessen ableiten lässt.

60   b) **Einzelne Techniken.** *aa) Kartenabfrage.* Die **Kartenabfrage** ist eine beliebte Moderationstechnik und in der Mediation besonders bei Vielparteienkonflikten anwendbar. Bei der Kartenabfrage wird an einer Pinnwand eine Frage visualisiert. Die Mediatorin erläutert diese Frage bei Bedarf, aber kurz und ohne mögliche Antworten bereits vorwegzunehmen. Die Teilnehmer erhalten von der Mediatorin Karten und Stifte und schreiben ihre Antworten darauf (s. dazu auch Grundregeln der Visualisierung). Mitunter ist es sinnvoll, die Anzahl der Karten pro Person zu begrenzen. Die Mediatorin sammelt die Karten ein, wobei sie diese deutlich sichtbar für alle mischt, so dass nicht mehr festzustellen ist, von wem welche Karte stammt. Allerdings sind nachher einige Karten erläuterungsbedürftig, so dass der Schreiber sie erläutern muss. Sollte die Anonymität dennoch gewahrt werden, muss die Mediato-

rin allgemein in die Runde fragen, was mit dem Inhalt einer Karte wohl gemeint sein könnte.

Die Mediatorin bereitet eine Pinnwand vor, indem sie nebeneinander unbeschrif- **61** tete ovale Karten aufhängt. Nun zeigt sie die erste Karte aus dem Teilnehmerkreis, liest sie laut vor und hängt sie unter das erste Oval. Bei der zweiten Karte fragt sie die Teilnehmer, ob sie inhaltlich zur ersten passen würde. Wenn ja, hängt sie die Karte unter die erste, wenn nicht, dann unter das zweite Oval. Diese Strukturierung nennt man Clustern. So wird mit allen Karten verfahren. Die Moderatorin hält sich weitgehend heraus und überlässt den Teilnehmern das Strukturieren. Dabei ist es **62** wichtig, dass sich die gesamte Gruppe einig ist, was einige Zeit in Anspruch nehmen kann, wenn nicht der erste Zurufer die Rubrik bestimmt. Bei anhaltener Uneinigkeit kann eine Karte auch verdoppelt und in zwei Rubriken aufgehängt werden. Es können auch Karten ergänzt werden, wenn den Teilnehmern noch etwas wichtiges einfällt. Sind alle Karten angepinnt, müssen für die einzelnen Cluster Oberbegriffe gefunden werden, die dann von der Mediatorin auf die ovalen Karten geschrieben werden.

Insgesamt ist diese Methode relativ zeitaufwändig, aber bei Vielparteienkonflik- **63** ten hat es sich herausgestellt, dass es gerade zu Beginn einer Mediation wichtig sein kann, dass sich die Beteiligten als „Gruppe" finden. Durch das Heraushalten der Mediatorin aus Strukturierungsvorschlägen dokumentiert sie der Gruppe deutlich, dass diese selbst für den Fortgang des Prozesses verantwortlich ist.

Eine **Variante** der Kartenabfrage ist die **Zurufabfrage**. Dabei werden der Media- **64** torin die Antworten auf eine Frage aus der Gruppe zugerufen, und sie schreibt sie auf die Pinnwand oder Flipchart. Das geht deutlich schneller, ist aber nicht anonym. Das Strukturieren ist hier schwieriger, aber die Beteiligten können sich gegenseitig anregen (ähnlich dem Brainstorming). Insgesamt ist diese Variante spontaner, da kaum Zeit für ein gründliches Nachdenken bleibt.

bb) Brainstorming. Bei schwierigen Konflikten kommen die Beteiligten häufig auf **65** dem Weg des einfachen Gedankenaustauschs und logischen Denkens nicht weiter; sie versuchen vergeblich, Probleme mit den gewohnten Denkmustern zu lösen. Das **Brainstorming** ist die wohl bekannteste Kreativitätstechnik und nicht zuletzt deswegen gut anwendbar. Im Rahmen eines Mediationsverfahrens fordert der Mediator die Parteien beim Brainstorming auf, möglichst viele Ideen für Lösungsmöglichkeiten eines einzelnen Problems zu produzieren. Er muss dabei für einen Rahmen sorgen, in dem kreative Reserven mobilisiert werden und schöpferisches Denken entstehen kann. Der Mediator schreibt die Ideen, die ihm von den Parteien zugerufen werden, ohne jede Sortierung schnell auf eine Wandzeitung oder einen Flipchart[11].

Es sind zahlreiche **Varianten** des Brainstorming denkbar, je nachdem, auf welche Vorgaben sich die Teilnehmer einigen oder welche Vorgehensweise der Mediator wählt. Hinzu kommen verwandte Methoden, die das Brainstorming in anderer Form umsetzen:

cc) Methode 635: Bei dieser schriftlichen Form des Brainstorming (**Brainwriting**) **66** schreiben 6 Personen 5 Minuten lang je 3 Lösungsideen auf ein Blatt, das bei jedem

---

[11] Beim Brainstorming eignen sich keine Pinnwandkarten, da deren Beschriftung zu lange dauern würde.

Teilnehmer in 6 mal 3 Kästchen eingeteilt ist. Nach 5 Minuten reichen sie das Blatt an den Nachbarn zur Linken weiter. Wenn alle Blätter einmal herumgegangen sind, hat jeder Teilnehmer 6 mal 3 Ideen aufgeschrieben, die sich zum Teil gegenseitig angeregt haben und aneinander anknüpfen.

Bei einer weniger formalisierten Form schreiben die Teilnehmer einfach einen Wunsch auf einen Zettel, reichen ihn an den linken Nachbarn weiter und erhalten selbst den Zettel des Nachbarn zur Rechten. Nun wird der zweite Wunsch aufgeschrieben. Die Zettel laufen solange um, bis sie voll sind bzw. keine weiteren Ideen mehr hinzukommen.

67   *dd) Decision Center:* Wenn Hierarchieprobleme sehr hemmend zu wirken drohen, ist eine anonymisierte Version des Brainstorming hilfreich. Eine mögliche Form ist bei vernetzten Computern möglich. Über einen gewissen Zeitraum können Ideen und Vorschläge zu einem Problem in einer für alle zugänglichen Datei abgelegt werden. Am Ende werden die Vorschläge zusammengestellt und können ohne Kenntnis der Autoren diskutiert werden.

68   *ee) Assoziationen, Konfrontationen.* Die vielfachen Varianten dieser Techniken zielen auf die Veränderung von Denkmustern und sind auf Grund ihrer leichten Umsetzung und Nachvollziehbarkeit gut in der Mediation einzusetzen.

Beispiel für Assoziationen: Um zu einer bestimmten Fragestellung Optionen zu bilden, lassen sich die Beteiligten von willkürlich gefundenen Worten (z. B. aus einem Buch) leiten.

Beispiel für Konfrontationen: Hier wird die Fragestellung umgedreht: „Was müssen Sie tun, um das gewünschte xy garantiert zu verfehlen/nicht zu erreichen?" Da es oft leichter ist, etwas zu zerstören und sich ein negatives Szenario vorzustellen, entstehen viele Ideen. Aus dieser Sammlung lassen sich mittels Umkehrung in Positives häufig viele Anregungen entnehmen, wie tatsächlich mit dem Problem umgegangen werden kann.

69   *ff) Analogien: Bionik/Bisoziation.* Bei dieser Kreativitätstechnik wird die Fragestellung oder das Problem in einen völlig anderen Bereich verlagert (sehr beliebt und erfolgreich ist hier das Feld der „Natur", aber auch Technik, Sport oder ähnliches). Zunächst geht es darum, in diesem neuen Gebiet eine analoge Fragestellung zu entwickeln, um anschließend Lösungsoptionen zu sammeln, wie dieses Problem in diesem Feld gelöst wird. Abschließend soll eine Übertragung der gefundenen Optionen auf das Ursprungsproblem erfolgen.

Ein **Beispiel**: Ausgangsfragestellung: „Was kann man als Mediatorin beim Fehlen oder Fernbleiben wichtiger Konfliktparteien tun?" Eine mögliche Verlagerung auf die Tierwelt kann die Frage zufolge haben: „Was tun Tiere beim Fehlen von Wasser?" Die zu dieser Frage gefundenen Optionen und Lösungsansätze werden schließlich auf die ursprüngliche Frage übertragen, indem für diese Frage analoge Optionen gebildet werden.

6. Phase 5: Bewertung und Auswahl von Optionen

70   In dieser Phase muss die Mediation sicherstellen, dass
– die Interessen und Bedürfnisse aller Konfliktbeteiligten berücksichtigt werden,
– den Beteiligten ausreichend Zeit eingeräumt wird, eine mögliche Lösung als annehmbar zu überprüfen,

– keine Konfliktpartei einen Gesichtsverlust durch ein bestimmtes Ergebnis befürchten muss.

In dieser Phase der Mediation spielen **Entscheidungen** eine wichtige Rolle. Die 71 individuellen Entscheidungen der einzelnen Konfliktparteien sowie die gemeinsamen Entscheidungen basieren weitgehend auf den Interpretationen über die verfügbaren Informationen. Allerdings nimmt der Einzelne diese auch nur selektiv wahr, so dass die eigentlich verfügbaren Informationen nicht gleich denen sind, über die verfügt wird[12]. Eine Mediatorin muss (allerdings zu jeder Phase eines Mediationsverfahrens) beachten, dass die tatsächlich vorhandenen Informationen und Argumente bei den anstehenden Entscheidungen der Konfliktparteien berücksichtigt werden und alle möglichen Alternativen überprüft worden sind. Menschen neigen zudem dazu, nicht alle potentiellen Alternativen einer Entscheidung zu prüfen, sondern nur so lange zu suchen, bis eine Variante einer minimalen Menge an Anforderungen entspricht[13].

Bei der Bewertung und der Auswahl von Lösungsoptionen stehen die grundlegen- 72 den Ansätze des **Verhandelns** und Argumentierens im Zentrum der Mediation.

Unter entscheidungstheoretischen Aspekten sind zwei Verhandlungsansätze bei Konflikten zu unterscheiden: distributives und integratives Verhandeln.

Distributives Verhandeln konzentriert sich auf die Verteilung einzelner Mittel und 73 Ressourcen. Spieltheoretisch betrachtet handelt es um ein Nullsummenspiel: Was der eine gewinnt, verliert der andere. Die Folge ist ein kompetitives Streiten um den größten Anteil von dem Kuchen. Unter Annahme eines solchen „begrenzten Kuchens" bleibt kein Spielraum für kooperative Strategien zur gemeinsamen Nutzenerweiterung. Obwohl sich die meisten Konflikte wesentlich komplexer darstellen – so sind in der Regel mehrere Themen und Interessen im Widerstreit, die zudem für die einzelnen Konfliktparteien einen unterschiedlichen Stellenwert besitzen –, ist ein kompetitives Verhalten typisch für eine Gesellschaft, die Straus treffend als „based on win-lose decision making"[14] bezeichnet. Viele Menschen gehen irrtümlicherweise auch in jenen Fällen von einer Win-Lose Situation aus, die nicht zwangsläufig eine sein muss. Das Auffinden kreativer Problemlösungen für kooperative (im Idealfall) Win-Win Lösungen ist häufig deshalb so schwer, weil solche Lösungsansätze oft außerhalb eines angenommenen Verhandlungsrahmens liegen. Diese irrtümlichen Annahmen über begrenzte Verhandlungsspielräume kennzeichnen *Bazerman/Neale*[15] als „the most critical barrier to creative problem solving".

Ansätze **integrativen Verhandelns** zielen darauf ab, die verschiedenen beteiligten 74 Interessen der Parteien durch kreative Lösungen auf neue Weise zufriedenzustellen[16]. *Pruitt* (1983) identifiziert die nachstehenden Ansätze als Strategien integrativen Verhandelns:

– **Erweiterung des „Kuchens":** Das Einbringen zusätzlicher Verhandlungsgegenstände vergrößert den „Kuchen" und damit den Verhandlungsspielraum und die Anzahl möglicher Optionen.

---

[12] Vgl. ausführlich zu diesem Thema *Fietkau* 2000.
[13] *Simon* 1955.
[14] *Straus* 1993: 29.
[15] 1992: 18.
[16] Vgl. *Wiedemann/Kessen* 1997.

- **Unspezifische Kompensationen:** Diese sehen vor, dass eine Partei ihre Interessen durchsetzt und die andere dafür eine Ersatzleistung erhält, die in keinem unmittelbaren Zusammenhang mit dem Konfliktfall steht.
- **„Logrolling":** In komplexen Verhandlungssituationen, bei denen verschiedene Themen abzuhandeln sind, bedeutet „Logrolling", dass die Parteien jeweils bei einem für sie nachrangigen Thema zugunsten eines besseren Ergebnisses bei einem für sie wichtigeren Thema nachgeben.
- **Finanzielle Kompensationen:** Durch finanzielle Kompensationen können die Kosten (oder allgemeiner: die Nachteile) eines Kompromisses, den eine Partei eingeht, reduziert werden.
- Verbinden von Themen (**„Bridging"**): „Bridging" beinhaltet die Entwicklung völlig neuer Optionen, die allen Beteiligten neue Möglichkeiten eröffnen, ihre eigentlichen Interessen zufriedenzustellen. Dazu werden die relevanten Konfliktthemen anhand der zugrundeliegenden Interessen umformuliert und in einen anderen, gemeinsamen Rahmen gestellt.

75   Die **Grenzen** von Verhandlungslösungen liegen in einigen praktischen Umsetzungsproblemen sowie einer grundsätzlichen Schwäche. Diese liegt in der Verteilungsproblematik von Win-Win-Ergebnissen. So kann eine Lösung zu absoluten Gewinnen für beide Konfliktbeteiligten führen, aber der relative Gewinn kann sehr unterschiedlich sein. Das Dilemma besteht dann darin, dass die Parteien zwar zu einer kooperativen Lösungssuche gelangen können, der Streit um die Lokalisierung einer Lösung ist damit aber nicht gelöst, sondern trägt weiterhin Züge eines Nullsummenspiels. Die Verteilung zusätzlicher Gewinne und Nutzen kann zu einem **Problem** für die Verhandlung werden, wenn
- der relative Gewinn Auswirkungen auf weitere Verhandlungen hat (bspw. wenn die Einigung Ausgangspunkt für weitere Verhandlungen ist) und damit die strukturelle Position der relativ benachteiligten Partei geschwächt wird, oder
- die jeweiligen Interessen der Konfliktparteien in einem interdependenten Verhältnis zueinander stehen (bspw. wenn es das verfolgte Interesse einer Partei ist, die Befriedigung der Interessen der anderen Partei zu minimieren).

76   Der Kuchen ist zwar erweitert worden, aber nun muss dennoch geteilt werden; allerdings auf einer höheren Ebene, was eine Einigung auf Grund des gemeinsamen Kommunikationshintergrunds und der bereits erzielten Kooperationserfolge wahrscheinlicher werden lässt.[17] Darüber hinaus ist die Verteilung von Gewinnen leichter als eine Umverteilung bei reinen Nullsummenspielen. Dennoch zeigt die Unterscheidung von absoluten und relativen Gewinnen, dass mit Blick auf die strukturellen Positionen der Akteure Fragen einer gerechten Verteilung auch bei der Etablierung eines kooperativen Verhandlungsstils ein virulentes Problem bleiben. Die Lösung solcher Verteilungsfragen erfordert offensichtlich einen Diskurs über das, was als fair bzw. gerecht verstanden wird. Zur Lösung des Problems kann der Maßstab für Gerechtigkeit bei Verteilungsfragen nicht selbst Verhandlungsgegenstand sein, sondern muss Fragen des Tauschs und der strategischen Wahl übergeordnet sein. Hierfür scheint Verhandlung im Sinne von Bargaining oder Negotiation kein leistungsfähiger Kommunikationsmodus zu sein. Mediationsverfahren müssen daher Formen der Interaktion einbeziehen, die sich als Diskurs bezeichnen lassen. Da-

---

[17] *Troja* 1998: 94.

rüber hinaus sind Win-Win-Lösungen letztlich oft keine Verhandlungslösungen, sondern werden nur im Nachhinein als solche gedeutet. Der kommunikative Koordinationsmechanismus beruht möglicherweise viel stärker auf argumentativem Diskurs.

Die **Diskurstheorie** geht im Unterschied zum verhandlungstheoretischen Ansatz 77 davon aus, dass durch Kommunikation moralische Argumente das Eigennutzkalkül erweitern und dass zweitens ein diskursiv angelegtes Entscheidungsverfahren nicht nur die Restriktionen verändert, sondern dass sich auch die Präferenzen und Interessen der Beteiligten selbst ändern. Die Kraft von Argumenten ist erfahrbar und Grundlage für soziale Lernprozesse. Der Mechanismus, der zu dieser Veränderung und Neubewertung von Zielen und Interessen führt, ist der kommunikative Gebrauch der Sprache. Neben die ökonomische Rationalität der Verhandlung tritt die kommunikative Rationalität des argumentativen Diskurses.

Möglich wird damit ein **Konsens** im Sinne bewusster Zustimmung aus Überzeu- 78 gung, weil Geltungsansprüche verständlich werden, Argumente wirken können und weil sich Interessen verändern und Situationen neu bewertet werden. Eine größere Stabilität und Nachhaltigkeit versprechen somit Lösungsoptionen, die durch die Kraft des Arguments gefunden worden sind und sich nicht auf Grund mathematischer Berechnungsschemata ergeben haben.

7. Phase 6: Vereinbarung und Umsetzung

Im Mittelpunkt der letzten Phase eines Mediationsverfahrens steht die gemeinsa- 79 me Vereinbarung. Diese dient der **Absicherung** der zuvor getroffenen Entscheidung. Meistens erfolgt diese **schriftlich,** so dass die Beteiligten ihre gefundene Konfliktregelung mit allen Teilaspekten auch schwarz auf weiß überprüfen können und das Ergebnis verbindlich wird. Die Unterschrift der Beteiligten unter ihre gemeinsame Vereinbarung hat zudem einen beträchtlichen symbolischen Wert und steigert dadurch die Akzeptanz, Wertschätzung und Nachhaltigkeit der Lösung.

Grundsätzlich kann eine Übereinkunft die Form eines rechtlich verbindlichen Ver- 80 trages oder einer gemeinsamen Erklärung haben. Ein **rechtlich verbindlicher Vertrag** ist gebräuchlicher, wenn es um justiziable Rechte und Verantwortlichkeiten der Parteien geht und garantiert in stärkerem Maße die Umsetzung durch diesen Rechtsbezug. Diese Form der Einigung muss in eine notariell beurkundete bzw. rechtsübliche Form gebracht werden. Die Konfliktbeteiligten sollten in diesem Fall ausreichend Gelegenheit haben, den Text von ihrer jeweiligen Rechtsberatung erstellen bzw. prüfen zu lassen, um unberücksichtigte Folgen zu vermeiden. (Die Nähe zum üblichen außergerichtlichen Vergleich ist hier deutlich, sie beschränkt sich aber auf diese letzte Phase des Verfahrens). Eine informellere **gemeinsame Erklärung** ist angebracht, wenn es um nicht justiziable Vereinbarungen wie die Ausgestaltung von persönlichen Beziehungen geht oder die Parteien eine formlosere Einigung anstreben.

In dieser Phase des Mediationsverfahrens geht es direkt und unmittelbar nur um 81 die Beilegung eines Konfliktes, indem eine für alle akzeptable Lösung formuliert wird. Indirekt und mittelbar ergeben sich aus der Einigung und deren Umsetzung aber Impulse für den zukünftigen Umgang miteinander und mit anderen Konflikten.

82   a) **Wer formuliert die Vereinbarung?** Wir beziehen uns im folgenden auf eine Übereinkunft, die auf das bereits dargestellte **Ein-Text-Verfahren** aufbaut, da sich diese Vorgehensweise in unserer eigenen Praxis bewährt hat. Bei diesem Verfahren wird ein einheitlicher Text entworfen, an dem weiter gearbeitet wird, um unvereinbare Abschlusspapierentwürfe der Konfliktbeteiligten zu vermeiden.
      Folgende Möglichkeiten des Verfassens von Mediationsvereinbarungen sind denkbar:

83   – **Entwurf der Mediatorin/des Mediators:** Nach wie vor ist diese Version am verbreitetsten in der Mediationspraxis. In diesem Fall fasst der Mediator die von den Konfliktparteien gefundenen Ergebnisse zusammen. Mögliche **Nachteile** hierbei sind: die Parteien identifizieren sich weniger stark mit einem Dokument, das sie nicht selbst geschrieben haben; die Sprache ist evtl. nicht die der Konfliktparteien, so dass unterschiedliche Interpretationen möglich sind; der Mediator lässt möglicherweise eigene oder gar falsche Interpretationen einfließen; Parteien werten Punkte, mit denen sie nicht einverstanden sind, vielleicht als Parteinahme des Mediators. Die **Vorteile** bestehen aber darin, dass endlose Streitereien über Formulierungsdetails abgekürzt werden und die Abstimmung leichter und schneller geht.
      Der Mediator muss mit Blick auf die geschilderten Risiken dieses Vorgehens darauf achten, dass der Entwurf auf den Zwischenergebnissen und Protokollen der Sitzungen beruht, die wichtigen Interessen und Bedürfnisse der Parteien zur Grundlage hat und die von ihnen gefundenen Lösungsmöglichkeiten festhält. Der Mediator kann ggf. den Textentwurf zunächst mit den einzelnen Parteien separat besprechen und dann mit einer modifizierten Fassung in die Abschlussverhandlungen über die Übereinkunft gehen.

84   – **Gemeinsam in der oder den letzten Sitzung(en):** Dieses Vorgehen kostet etwas mehr Zeit, dennoch können die Konfliktbeteiligten mit prozesshafter Unterstützung seitens der Mediatorin (hier ist vor allem eine gute Moderationsleistung gefragt) eine Vereinbarung formulieren, die in ihrer Sprache abgefasst ist und zudem formellen Kriterien entspricht. Damit wird eine deutlich höhere Identifikation der Beteiligten mit ihrer Lösung im Mediationsverfahrens erzielt. Spielen Rechtsfragen eine wichtige Rolle in einem solchen Vertrag, ist es jedoch zwingend, diesen juristisch bearbeiten zu lassen, um ihn rechtlich wasserdicht zu machen. Ist von vornherein klar, dass der Vertrag am Ende des Mediationsprozesses von Juristen oder Rechtsabteilungen überprüft wird, empfiehlt es sich, diese Personen rechtzeitig über die Mediation zu informieren und nach Möglichkeit für diese zu gewinnen.

85   – **Vorschlag/Entwurf einer Partei:** Diese Vorgehensweise ist in der Regel wenig Erfolg versprechend, da eine Seite in der Regel nicht in der Lage sein wird, eine Vereinbarung zu formulieren, die ausgewogen ihre eigenen Bedürfnisse und die der anderen abdeckt. In Vielparteienkonflikten können sich hingegen kleine Untergruppen bilden, die zu einzelnen Punkten einen Entwurf formulieren, der dann von allen Beteiligten diskutiert und ggf. verändert wird.

86   **b) Inhalt einer Vereinbarung.** Eine Vereinbarung sollte folgende Punkte beinhalten[18]:

---

[18] *Ripke* 1999.

- **Informationen zu den Konfliktbeteiligten:** Name und je nach Mediationsfeld Adresse, Familienstand, Angaben zu Kindern, Einkommen, Organisation, Funktion im Unternehmen, . . .
- **Informationen über die Mediation:** Namen der Mediatoren, zeitliche und inhaltliche Struktur der Mediation, bearbeitete Themen, Hintergründe der Mediation, Grundlagen der Entscheidung, Rahmenbedingungen, Darstellung der wesentlichen Interessen, . . .
- **Ergebnis der Mediation**
- **Offen gebliebene und ungelöste Fragen** (ggf.)
- **Rechtliche Rahmenbedingungen und nächste Schritte:** Rechtlicher Status der Vereinbarung, Beschreibung der nächsten juristischen Schritte (z.B. Notar, Anwalt, Gericht), Aktionsplan (Wer macht was, wie, bis wann?), Termine /Fristen, ggf. Vertragsstrafen, . . .
- **Abschließende Bemerkungen:** Einigung auf Regeln, wie vorzugehen ist, wenn sich die Rahmenbedingungen für die gefundenen Lösungen ändern (In diesem Fall aber auch grundsätzlich können in der Schlussübereinkunft Nachfolgetreffen mit oder ohne den Mediator vereinbart werden, in denen die bisherige Umsetzung bewertet und evtl. nachverhandelt wird); Wertschätzung für die Leistung der Beteiligten seitens des Mediators, . . .
- **Datum und Unterschriften.**

c) Wie sollte eine Übereinkunft formuliert werden? In der Mediationsvereinba-   87
rung geht es in erster Linie darum, die gefundene Lösung konkret festzuschreiben:
„Ein Mediationsvertrag sollte den Fokus auf das Ergebnis legen und sich nicht auf
die Haltung beschränken" (*Ripke* 1999: 341). Die beiden Mediatorinnen *Barbara
Filner* und *Liz O'Brien* haben deshalb vorgeschlagen, eine Vereinbarung SMART
zu formulieren:

S	pecific
M	easurable
A	chievable
R	ealistic
T	imed.

Specific (spezifisch): Die Vereinbarung sollte eine klare Aufgabenbeschreibung für   88
die Beteiligten beinhalten: *Wer - tut was - wie - wann*/in welcher Zeit – und wie
soll dies *überprüft* werden. Die Übereinkunft sollte so formuliert sein, dass unterschiedliche Interpretationen oder Missverständnisse verhindert werden.

Measurable (messbar): Die Vereinbarung sollte nachprüfbar und handlungsorien-   89
tiert formuliert sein und genaue Zeitangaben, Daten und Deadlines beinhalten.
Messbare Zielindikatoren dienen der Überprüfung der Umsetzung; Quantifizierbares sollte beziffert werden.

Achievable (erreichbar, annehmbar und ausgewogen): Die Vereinbarung muss für   90
alle Konfliktbeteiligten annehmbar und in allen Punkten umsetzbar sein. Zudem
sollten die Handlungen einer Person nicht von denen einer anderen abhängig gemacht werden (nicht „A macht . . . . . ., wenn B . . . . . .", sondern „A macht
. . . . . . und B erklärt sich bereit, ..."). Die Konfliktparteien sollten kritisch
prüfen, ob sie im Alltag und auf Dauer in der Lage sein werden, die in der Vereinbarung formulierten Anforderungen auch tatsächlich zu erfüllen.

91 **Realistic (realitätsnah):** Die Vereinbarung sollte alle Hindernisse für eine Umsetzung angemessen berücksichtigen. Die Übereinkunft sollte sich nur auf die Konfliktparteien beziehen und Handlungen bezeichnen, die diese kontrollieren und
garantieren können. Kriterien zur Überprüfung der Realitätsnähe können zeitlicher, finanzieller, rechtlicher, technischer und psychologischer Natur sein.

92 **Timed (terminiert):** Die Vereinbarung sollte die einzelnen Zeitspannen zur Erfüllung
bestimmter Vertragsbestimmungen genau benennen, damit auch klar zu erkennen ist, wann eine solche Vereinbarung als umgesetzt angesehen werden kann.

93   Generell sollte der sprachliche Gesamtton der Vereinbarung **positiv** sein. Die
Übereinkunft ist schließlich eine Bestätigung dafür, dass die Konfliktparteien willens und in der Lage waren, kooperativ zusammen zu arbeiten. Die Beteiligten formulieren positiv, was sie in Zukunft tun werden (nicht: „A wird nicht weiter
......", sondern: „A wird ...... tun"; nicht: „B wird verpflichtet, ... und
muss......", sondern: „B erklärt sich bereit...... und will außerdem......").

94   Weiterhin sollte eine Vereinbarung Juristensprache, Bürokratendeutsch oder wissenschaftlich-technischen Jargon vermeiden. Die Übereinkunft sollte die Sprache
der Konfliktparteien benutzen und **für alle leicht verständlich** sein.

95   Nach der Verabschiedung einer Übereinkunft gratuliert der Mediator den Konfliktparteien dazu, dass sie selbst ihre eigene Lösung für den Konflikt gefunden haben. Er weist sie auf den Fortschritt in ihren sachlichen und emotionalen Beziehungen hin, die sie im Zuge der Mediation erreicht haben und wünscht ihnen – mit
Blick auf die gemachte Erfahrung konstruktiver Zusammenarbeit – alles Gute für
die Umsetzung. Schließlich sollte auch die Zeit für einen angemessenen Abschluss in
Anerkennung der gemeinsamen Leistungen sein. Je nach Thematik und Mediationsfeld kann ein besiegelnder Handschlag, das Anstossen mit einem Glas Sekt, eine
kleine oder grosse Feier oder auch eine würdevolle Verabschiedung am Ende der
gemeinsamen Sitzungen stehen.

§ 17 Gerichtsnahe Mediation

Prof. Dr. Walther Gottwald

Übersicht

Schrifttum: *Bender,* Das staatliche Schiedsgericht – ein Ausweg aus der Krise des Zivilprozesses? DRiZ 1976, S. 195; *Barendrecht/Kamminga et al.,* Mediation en verwijzing voor de rechter (Syllabus voor de doorverwijzingscursus), Landelijk Projectbureau Mediation voor de Rechtelijke Macht, 2000; *Birner,* Die Umsetzung der Multi-Door-Courthouse-Idee in Washington, D.C., in: *Gottwald et al.,* AKR-Handbuch, unter 3.3.3.2; *Blankenburg/Gottwald/ Strempel* (Hrsg.), Alternativen in der Ziviljustiz – Berichte, Analysen, Perspektiven, 1982; *Blankenburg/Klausa/Rottleuthner* (Hrsg.), Alternative Rechtsformen und Alternativen zum Recht, Jahrbuch für Rechtssoziologie und Rechtstheorie Bd. 6, 1980; *Bramley/Gouge,* The Civil Justice Reforms One Year On – Freshfields Assess Their Progress. London: Butterworths, 2000; *Brett/Barsness/Goldberg,* The Effectiveness of Mediation: An Independent Analysis of Cases Handled by Four Major Service Providers, Negotiation Journal 1996, S. 259; *Brown/Marriott,* ADR Principles and Practices. London: Sweet & Maxwell, 1999; *Clift,* Mediation in the United Kingdom, www.hdt.co.uk, Juli 2000; *Duve,* Gerichtsverbundene Streitbeilegung in den USA, in: *Gottwald et al.,* AKR-Handbuch, unter 3.3.3.3; *Duve,* Mediation und Vergleich im Prozess – Eine Darstellung am Beispiel des Special Master in den USA, 1999; *Genn,* Evaluation Report of the Central London County Court Pilot Mediation Scheme, No. 5/98. London: Lord Chancellor's Department, 1998; *Golann,* Mediating Legal Disputes – Effective Strategies for Lawyers and Mediators. Aspen: Aspen Law & Business, 1996; *Gottwald,* Streitbeilegung ohne Urteil. Vermittelnde Konfliktregelung alltäglicher Streitigkeiten in den Vereinigten Staaten aus rechtsvergleichender Sicht, 1981; *ders.,* Modelle der freiwilligen Streitschlichtung unter besonderer Berücksichtigung der Mediation, WM 1998, S. 1257; *ders.,* Mediation in den USA – ein Wegweiser, in: *Koch/Henssler* (Hrsg.), Handbuch der Mediation, 1999, S. 185; *ders.,* Alternative Streitbehandlungsformen: Erprobungsspielräume für gerichtsverbundene Modellversuche, Anwaltsblatt 2000, S. 265; *Gottwald/Strempel/Beckedorff/Linke* (Hrsg.), Außergerichtliche Konfliktregelung für Rechtsanwälte und Notare: AKR-Handbuch, Stand April 2000; *Grainger/Fealy/Spencer,* The Civil Procedure Rules in Action. London: Cavendish, 2000; *Mackie/Miles/Marsh/Allen,* The ADR Practice Guide – Commercial Dispute Resolution. London: Butterworths, 2000; *McEwen/Milburn,* Explaining a Paradox of Mediation, Negotiation Journal 1993, S. 23; *Pel,* Mediation naast rechtspraak: Uitvoering landelijk project Mediation Rechterlijke Macht, in: Justitiele verkenningen Nr. 9 „Mediation", herausg. vom Ministerie van Justitie, Wetenschappelijk Onderzoek – en Documentatiecentrum, 2000, S. 25; *Riskin,* Understanding Mediators' Orientations, Strategies and Techniques: A Grid for the Perplexed, Harvard Negotiation Law Review 1996, S. 7; *Sander,* Konflikt und Regelungsform, in: *Gottwald et al.,* AKR-Handbuch, unter 4.5; *Sander/Duve,* Das Multi-Door Courthouse, in: *Gottwald et al.,* AKR-Handbuch, unter 3.3.3.1; *Stoecker,* Die obligatorische Streitschlichtung nach § 15a EGZPO im Vergleich zur Mediationspraxis in den USA, ZKM 2000, 105; *Stulberg,* Facilitative Versus Evaluative Mediator Orientations: Piercing the „Grid" Lock, Florida State University Law Review 1997, S. 4; *Väth,* Vorgerichtliche Streitschlichtung durch Schiedspersonen, ZMK 2000, 150.

I. Zur Einführung: zwei Alltagsfälle

1. Eine Verkehrssicherungspflichtverletzung vor dem Middlesex Multi-Door Courthouse in Cambridge/Massachusetts

1 Die Klägerin, eine Mitarbeiterin der Gesundheitsbehörde von Cambridge, hat einen Unfall erlitten. Sie hat das Haus des Beklagten besucht, um zu prüfen, ob dessen Hund in Quarantäne muss. Auf dem Zugang zum Haus hat sie sich den Fußknöchel verdreht und ist schwer gestürzt. Sie ist zurzeit arbeitsunfähig. Schuld daran ist ihrer Meinung nach eine schadhafte Platte auf dem Zugangsweg zum Haus. Dafür will sie vom Beklagten und der mitverklagten Haftpflichtversicherung Schadensersatz. Die Beklagten behaupten, die Klägerin sei nicht über die schad-

hafte Platte auf dem Zugangsweg, sondern den Bordstein der Straße gestürzt, bestreiten die Kausalität des Sturzes für die Unfallfolgen und wenden sich gegen die Höhe der Schadensersatzforderung.

Offenkundig ein ganz normaler Fall, wie er sich tagtäglich überall in der Welt 2
und vor jedem Gericht abspielen könnte, ein *„slip-and-fall-case"*, wie die Amerikaner diese Nullachtfünfzehn-Fälle nennen. Das Besondere ist jedoch der Ablauf: Bevor die Parteien das eigentliche Gerichtsverfahren beginnen können, müssen sie eine Abteilung des Cambridge Superior Court – das ist ein erstinstanzliches Gericht des Staates Massachusetts – aufsuchen, die sich „Multi-Door-Courthouse" nennt. In einem etwa halbstündigen, informellen Gespräch mit den Anwälten der Parteien erfragt die Mitarbeiterin des Programms – selbst Anwältin und Mitbegründerin des Programms –, was geschehen ist. Sie rät den Anwälten zu einer Mediation und schlägt ihnen auch gleich einen Mediator vor. Damit sind die Anwälte einverstanden, und kurze Zeit darauf kommt es zu der Mediationssitzung.

Die Klägerin erscheint zur Sitzung an Krücken, zusammen mit ihrem Anwalt. Für die Haftpflicht- 3
versicherung ist die Abteilungsleiterin mit der Anwältin der Versicherung anwesend. Die Sitzung beginnt damit, dass der Mediator – ein pensionierter Richter, der früher an diesem Gericht tätig war – sich vorstellt, das Verfahren und seine Grundregeln erklärt und die Parteien den Mediationsvertrag unterschreiben lässt. Beide Parteien geben ihm zwei Seiten Information sowie fein säuberlich geordnet Unterlagen zum Fall. Der Mediator bittet jede Seite, den Sachverhalt aus ihrer Sicht mitzuteilen. Zunächst kommt der Klägervertreter zu Wort und danach die Klägerin. Entrüstet, manchmal den Tränen nahe, aber ohne Unterbrechung durch Mediator oder Gegenseite schildert sie den Vorfall ausführlich, gefolgt von der Darstellung der Beklagten, auch sie ohne Unterbrechung durch die Klägerseite. Nun stellt der Mediator jeder Partei einige Zusatzfragen zum Hergang, zum Gesundheitszustand der Klägerin, etwaigen Leistungen ihrer Arbeitgeberin und erkundigt sich danach, ob denn bereits Termin vor Gericht anberaumt ist. Er bittet die Beklagtenseite, ihn mit der Klägerin und ihrem Anwalt allein zu lassen und in einem Nebenraum Platz zu nehmen. In dem Gespräch mit der Klägerseite geht man in Ruhe die Fotos und Sachverständigengutachten durch, der Mediator fragt, ob es bereits Verhandlungen gegeben habe und welchen Betrag sich die Klägerin vorstellt. Ihr Anwalt nennt einen Betrag von 300.000 $. Jetzt folgt ein vertrauliches Gespräch mit der Beklagtenseite, die weniger den Unfall, als psychische Probleme der Klägerin nach einem jahrelangen Scheidungsverfahren für die Arbeitsunfähigkeit der Klägerin verantwortlich machen will. Der Mediator fragt nach der Regulierungshöchstgrenze der Versicherung in derartigen Fällen und erfährt, dass diese Grenze bei 500.000 $ liege, man sei allerdings nicht bereit, mehr als 60.000 $ zu bezahlen. Danach beginnt der eigentliche Verhandlungstanz. In mehreren vertraulichen Einzelgesprächen mit den Parteien sucht der Mediator die Erwartungen der Parteien einander anzunähern, die mit 300.000 $ bei der Klägerin und 60.000 $ bei der Versicherung weit auseinander liegen. Angebote jeder Seite überbringt der Mediator der anderen und lässt ihr ausreichend Zeit zu einem Gegenangebot. Um die Konzessionsbereitschaft zu stärken, dienen dem Mediator immer wieder Hinweise auf die Stärken und Schwächen jeder Partei, vor allem aber auch Hinweise darauf, wie die Geschworenen den Fall entscheiden könnten. Auffallend ist, dass er jeder Seite ein wenig Recht, aber auch ein wenig Unrecht gibt. Schließlich gelangen die Parteien zu einem Vergleich. Darin verpflichtet sich die Haftpflichtversicherung, an die Klägerin 180.000 $ zu bezahlen. Der Mediator hält diese Einigung mit wenigen Sätzen handschriftlich fest und übergibt das Protokoll der Geschäftsstelle. Die Parteien verabschieden sich freundlich voneinander und bedanken sich beim Mediator, der Fall ist abgeschlossen. Gedauert hat das Ganze etwa drei Stunden, an Kosten für das Mediationsverfahren sind 50 $ Verwaltungsgebühren entstanden sowie für jede angefangene Stunde 150 $ an Honorar für den Mediator. Diese Kosten teilen sich die Parteien, so dass jede von ihnen 250 $ zu tragen hat.

2. Ein Verkehrsunfall vor der Multi-Door-Dispute Resolution Division in Washington D. C.

4 Ortswechsel nach Washington D. C. zum Superior Court, dem erstinstanzlichen Gericht dieses Staates. In einem ganz ähnlichen Programm – dort „Multi-Door Dispute Resolution Division" genannt –, ist gerade Sitzungstermin des Gerichts für Fälle mit geringen Streitwerten (Small Claims). Der Saal ist gerammelt voll. Viele Fälle, die eine Mitarbeiterin des Gerichts aufruft, sind einseitig und es ergehen Versäumnisurteile – das Ganze erinnert an geschäftige Vormittagssitzungen an deutschen Amtsgerichten. Aber jetzt der Unterschied: Sofern ein Fall streitig ist, schlägt die Mitarbeiterin des Gerichts den Parteien vor, doch Mediation zu versuchen. Die Mediatoren des „Small Claims Mediation Program" halten sich im Gericht in einem anderen Raum bereit. Wenn Mediation misslingt, können die Parteien noch an demselben Vormittag zum Commissioner – in etwa einem Amtsrichter vergleichbar – zurück, der ihren Streit sogleich verhandelt und entscheidet. Mediatoren sind fest angestellte Mitarbeiter des Gerichts, aber auch ehrenamtliche Mediatoren, die eine 40-stündige Schulung erhalten haben und sich einer fortwährenden Supervision durch die Projektmitarbeiter unterziehen.

5 Begleiten wir die Parteien wiederum in einem Alltagsfall zu einem Mediator. Der Mediator sitzt mit den Parteien in einem kleinen, schmucklosen Nebenraum des Gerichts. Sie schildern ihm ihren Fall, einen kleinen Verkehrsunfall mit Blechschaden. Mit der Unterstützung des Mediators und vom Ablauf her ganz ähnlich wie im vorigen Fall gelangen sie in etwa 40 Minuten zu einer Einigung, die wiederum schriftlich festgehalten und dann vom Gericht mit einer Vollstreckungsklausel versehen wird. An Kosten sind den Parteien hier nur die Gerichtsgebühren entstanden, die sie sich teilen.

II. Verschiedene Wege der Streitbehandlung statt Einbahnstraße zum richterlichen Urteil: Der Blick auf andere Rechtsordnungen

6 Diese beiden Beispiele zeigen: Das Rechtssystem der USA hat seine Angebote zur Streitbehandlung über die bloße Streitentscheidung hinaus erweitert auf Mediation. Doch gibt es vielfältige weitere Angebote einer Streitbehandlung ohne richterliches Urteil. Sie alle laufen unter dem Oberbegriff **„Alternative Dispute Resolution"** (ADR). Diese Erweiterung der Konfliktbehandlungsangebote ist nicht auf die USA beschränkt, sondern zeigt sich auch in Australien und Kanada. Inzwischen hat sie auch auf Europa übergegriffen.

7 Mediation im Nahbereich des Gerichts – hier mit **gerichtsverbundener** oder etwas einfacher **gerichtsnaher Mediation** bezeichnet – spielt dabei eine praktisch bedeutsame Rolle. Diese gerichtsnahe Mediation soll der Blick auf die USA und zwei Nachbarländer in Europa beispielhaft verdeutlichen (Rdnr. 8 ff.), bevor ähnliche Ansätze in Deutschland betrachtet (Rdnr. 24 ff.) und einige zentrale Fragen einer Integration von Mediation in die Produktpalette der Gerichte gestellt werden (Rdnr. 44 ff.). Den Abschluss des Beitrages bildet wiederum ein Beispiel, das anhand einer – unterbliebenen – gerichtsnahen Mediation die Lücke im Streitbehandlungsangebot der Justiz aufzeigen will (Rdnr. 67 ff.).

1. USA

8 Der erste Blick geht über den Atlantik auf die USA, da auf ihren Erfahrungen ähnliche Ansätze in anderen Ländern häufig aufbauen. Überlastungserscheinungen in der Justiz, aber auch der Ruf nach Verfahrensangeboten, die den jeweiligen Konflikt „besser" als die richterliche Entscheidung behandeln, haben in der Justizpraxis

der USA zu einem umfassenden Feldversuch mit verschiedenen Verfahrensangeboten geführt, zu einer wahren Technologie des Konfliktmanagements.

a) **Das Spektrum an gerichtsnaher ADR.** Ausgehend von bestimmten Situationen 9 oder Problemen hat man sich Methoden erdacht, um die Konfliktbehandlung zu optimieren. Während ADR ursprünglich die Abkürzung für „Alternative Dispute Resolution" war, verstehen heute viele unter dieser Bezeichnung eher „Appropriate Dispute Resolution", also auf Deutsch in etwa **„Adäquate Konfliktbehandlung".** Ganz verschiedene Verfahren fallen unter diesen Begriff, unter anderem Arbitration, Mediation, Early Neutral Evaluation, Summary Jury Trial und vieles mehr.[1] Häufig werden die Verfahren einfallsreich miteinander kombiniert, wie z.B. Mediation mit Arbitration oder umgekehrt.[2]

Ausgetüftelt und eingeführt haben diese Verfahren zuweilen der Gesetzgeber, 10 vor allem aber die in der Ausgestaltung ihrer Verfahren sehr viel freieren amerikanischen Gerichte selbst. Man kann sich den Freiraum der amerikanischen Gerichte, für ihren Gerichtsbereich eigene Regeln einzuführen, gar nicht groß genug vorstellen.[3] Für unser zentralistisches Rechtsverständnis ist das zunächst etwas verwirrend, hat aber eine ungeheure Vielfalt praxisbezogener Experimente ermöglicht.

b) **Konflikt und Regelungsform in der gerichtsnahen ADR: Die „Multidoor-** 11 **Courthouse" – bzw. „Multi-Option-Justice" – Idee.** Bei dieser Vielfalt an Angeboten lautet die nahe liegende und zentrale Frage: Wie gelangt der Konflikt an das für ihn passende Verfahren, **wie finden sich also Fall und Forum?** Oft weisen die jeweiligen Verfahrensregeln die Fälle nach von vornherein feststehenden Fallkategorien einem bestimmten ADR-Verfahren zu. So müssen z.B. in New Jersey die Parteien in allen Streitigkeiten rund um das Auto vor einem Gerichtsverfahren ein Schiedsverfahren (Arbitration) durchführen. In Kalifornien müssen alle Streitigkeiten in Fragen des Sorge- und Besuchsrechts ein Mediationsverfahren durchlaufen, bevor sie vor Gericht gelangen können.[4] An Gerichten in Connecticut müssen die Parteien in Familiensachen und in kleineren Mietstreitigkeiten vor einer streitigen Gerichtsverhandlung ebenfalls erst Mediation versuchen.[5] Es gibt jedoch auch die gewissermaßen handverlesene Auswahl in den **„Multi-Door-Courthouses",** die auf eine Idee des Harvard-Professors *Frank E. Sander* zurückgehen.[6] Die beiden Beispiele zu Beginn des Beitrages stammen aus diesem Bereich. In diesen Justizzentren gibt es bildlich gesprochen nicht nur die Tür zum Gerichtssaal und damit zum streitigen Gerichtsverfahren. Je nach Art des Falles haben die Parteien vielmehr die Auswahl zwischen mehreren Türen, die zu verschiedenen Verfahrenstypen führen. Bei dieser Auswahl helfen ihnen in den Multi-Door-Courthouses Mitarbeiter des Gerichts, die in „Türweisungstechniken", also im Fallmanagement, besonders geschult und erfahren sind. Sie analysieren („screenen") den Fall, geben einen Überblick über die verschiedenen Streitbeilegungsmöglichkeiten und beraten die Beteiligten über das weitere Vorgehen. Um soweit wie möglich zu gewährleisten, dass der Fall das passende Forum findet, stehen ausgefeilte Kriterienkataloge zur Verfü-

---

[1] Vgl. ausführlich *Duve,* AKR-Handbuch, unter 3.3.3.3.
[2] Vgl. *Duve,* Mediation und Vergleich im Prozess, S. 348 f.
[3] Vgl. den Überblick in *Gottwald,* Mediation in den USA, S. 185.
[4] *Sander/Duve,* AKR-Handbuch, unter 3.3.3.1.
[5] *Stoecker* ZKM 2000, 105.
[6] *Sander,* AKR-Handbuch, unter 4.5.

gung.[7] Das praktisch bedeutsamste dieser Multi-Door-Courthouses ist in Washington D. C. und hat sich dort seinen festen Platz im Gerichtssystem erobert.[8]

12   Die Idee, Fall und Forum besser aufeinander abzustimmen, Optionen zu schaffen, hat sich unter dem Begriff **„Multi-Option-Justice"** geradezu verselbständigt und ist deshalb nicht auf diese Multi-Door-Courthouses beschränkt. So verstehen sich inzwischen auch Richter zunehmend nicht nur als bloße Fallentscheider, sondern eher als **Fallmanager,** zu deren Aufgaben auch der Hinweis auf das adäquate Verfahren gehört. Sie können als Weichensteller die Fälle je nach Eigenart auf verschiedene Gleise – „Tracks" – bringen und schlagen den Parteien dazu auch während eines schon laufenden Verfahrens in geeigneten Fällen z.B. vor, doch erst einmal Mediation zu versuchen und erst bei einem Scheitern wieder zu ihnen zurück zu kehren. Das ist die **gerichtsnahe Mediation,** die im Amerikanischen mit „Court-Connected Mediation", also gerichtsverbundener Mediation, bezeichnet wird.

13   **c) Bisherige Erfahrungen mit Mediation in den USA.** Gesetzgeber und Richterschaft haben sich von ADR und speziell von Mediation vor allem drei Dinge erwartet: Dass sie ökonomischer, zeitsparender und für die Beteiligten zufrieden stellender ist als die gerichtliche Streitentscheidung. Detaillierte Forschungsberichte des *Rand Institute for Civil Justice* haben diese hohen Erwartungen bisher nicht bestätigt. ADR hat danach in den Bundesgerichten – und ähnlich sind die Erfahrungen in den einzelstaatlichen Gerichten – bisher nicht zu einer signifikanten Reduktion der Kosten von Rechtsstreitigkeiten und der Verfahrensdauern beigetragen. Eine Untersuchung des *Federal Judicial Center* – das ist u.a. die Forschungsabteilung der Bundesrichter – gelangt in dieser Hinsicht zu etwas positiveren Resultaten. Allerdings schätzen nach beiden Untersuchungen die meisten Verfahrensbeteiligten ihre Erfahrungen mit ADR, vor allem mit Mediation, sehr positiv ein.[9] Sie empfinden Mediation als zufrieden stellender als streitige Gerichtsverfahren. ADR – so das übereinstimmende Fazit der Forscher – ist in den USA kein Patentrezept gegen hohe Kosten und lange Verfahrensdauern, **erhöht jedoch das Gefühl von Verfahrensfairness.** Darin liegt ihr eigentlicher Nutzen. Ungeachtet der nicht eindeutigen Entlastungswirkung hat sich der Bundesgesetzgeber entschlossen, die gerichtsverbundene alternative Streitbehandlung im „Alternative Dispute Resolution Act" von 1998 für die Bundesgerichte, die Federal Courts, noch zu verstärken.[10]

2. England und Wales

14   Der zweite Blick geht über den Ärmelkanal nach England. Reformüberlegungen zum Zivilprozess durch die sog. **Woolf-Kommission** – benannt nach ihrem Vorsitzenden, dem Richter am Court of Appeal *Lord Woolf* – haben zu erheblichen Änderungen im Zivilverfahrensrecht in England und Wales geführt. Im Gegensatz zu früher verlangen die neuen **Civil Procedure Rules** (CPR)[11], gültig seit April 1999,

---

[7] Vgl. z. B. die von *Sander,* AKR-Handbuch, unter 4.5., entwickelten Kriterien.
[8] *Birner,* AKR-Handbuch, unter 3.3.3.2.
[9] Vgl. zu diesen Untersuchungen und ihren Ergebnissen im Einzelnen mit Quellennachweis *Gottwald,* Mediation in den USA, S. 185, 201 ff.
[10] 105th Congress H. R. 3528, Sec. 4.
[11] Vgl. dazu *Grainger/Fealy/Spencer,* The Civil Procedure Rules in Action.

vom Richter heute ein **aktives Fallmanagement**.[12] Dazu gehört u. a. auch der Einsatz von gerichtsnaher ADR.[13] Die neuen Prozessregeln bieten während des Verfahrens damit auch Türen zur Mediation. Bereits zuvor hatte es Pilotversuche mit gerichtsverbundener Mediation gegeben, und zwar am Central London County Court – das entspricht in etwa unserem Amtsgericht –, aber auch am Court of Appeal, also dem Berufungsgericht in London. Das Pilotprojekt am County Court ist sehr gründlich wissenschaftlich begleitet und insgesamt positiv bewertet worden.[14]

CPR 26.4 bestimmt, dass die Parteien eine Aussetzung des Verfahrens für den 15 Versuch beantragen können, den Fall durch ein alternatives Konfliktbehandlungsforum beizulegen.[15] Doch ist die Möglichkeit dazu nicht auf die Parteien beschränkt. Auch das Gericht kann – wenn es den Fall für geeignet hält – eine Aussetzung vorschlagen und die Zeit der Aussetzung auch soweit wie notwendig verlängern. Das Gericht kann diese Aussetzung sogar gegen den Willen der Parteien beschließen und es kann die Parteien in dieser Phase auch an einen Mediator verweisen.

Um die Bereitschaft der Parteien zu stärken, ADR und damit auch Mediation 16 ernsthaft zu versuchen, hat das Gericht ein **Ermessen bei der Verteilung der Kosten**. Während die Gerichte früher das Prinzip „to the victor the spoils" anwandten, also dem Prozesssieger einen wesentlichen Teil seiner Kosten und Auslagen zusprachen, modifiziert CPR 44 5(3)(a)(ii) dieses Prinzip. Danach hat das Gericht bei der Kostenverteilung nicht nur das Ausmaß an Sieg oder Verlust zu betrachten, sondern auch „the efforts made, if any, before and during the proceedings in order to try to resolve the dispute". Gesichtspunkte sind damit also auch, ob die eine oder andere Partei es ohne vernünftigen Grund versäumt hat, ADR und damit auch Mediation anzurufen oder auf Anregung des Richters durchzuführen.[16]

---

[12] CPR 1.2 und vor allem 1.4.
[13] Speziell zu ADR: *Brown/Marriott,* ADR Principles and Practices; *Mackie/Miles/Marsh/Allen,* The ADR Practice Guide – Commercial Dispute Resolution. Zu den Erfahrungen im ersten Jahr nach Inkrafttreten der neuen Civil Procedure Rules vgl. *Bramley/Gouge,* The Civil Justice Reforms One Year On – Freshfields Assess Their Progress, S. 5 ff.
[14] *Genn,* Evaluation Report of the Central London County Court Pilot Mediation Scheme. Hervorzuheben ist allerdings, dass nach dem Bericht nur 5% der Parteien, die sich für einen Mediationsversuch hätten entscheiden können, auch tatsächlich diesen Versuch unternommen haben.
[15] CPR 26.4 lautet:
„(1) A party may, when filing the completed allocation questionnaire, make a written request for the proceedings to be stayed while the parties try to settle the case by alternative dispute resolution or other means.
(2) Where (a) all parties request a stay under paragraph (1); or (b) the court, of its own initiative, considers that such a stay would be appropriate, the court will direct that the proceedings be stayed for one month.
(3) The court may extend the stay until such date or for such specified period as it considers appropriate.
(4) Where the court stays the proceedings under this rule, the claimant must tell the court if a settlement is reached.
(5) If the claimant does not tell the court by the end of the period of the stay that a settlement has been reached, the court will give such directions as to the management of the case as it considers appropriate."
[16] *Brown/Marriott,* ADR Principles and Practices, Rdnr. 3–034. CPR 44.5(3) lautet:
„(3) The court must also have regard to (a) the conduct of all the parties, including in particular (i) conduct before, as well as during, the proceedings; and (ii) the efforts made, if any, before and during the proceedings in order to try to resolve the dispute."

17   Dieses Ermessen bei der Kostenverteilung ist ganz offensichtlich eine mächtige „Waffe" in der Hand des Richters, den Einsatz von ADR zu fördern. Es verwundert daher auch nicht, dass nach ersten Erfahrungsberichten die gerichtsverbundene Mediation seither erheblich an Gewicht gewinnt. Das *Center for Dispute Resolution* in London (CEDR), das auf dem Gebiet der Mediation Pionierarbeit leistet und offenbar schon über erstes Zahlenmaterial verfügt, verzeichnet für das Jahr 2000 insgesamt einen Zuwachs an Mediationsverfahren von mehr als 100% gegenüber dem Vorjahr, im Bereich der wirtschaftsrechtlichen Fälle sogar um 140%. Als Faktoren für diese Zunahme nennt CEDR vor allem auch „judicial pressure" auf Grund der neuen CPR. Diese Zahl macht klar, dass die englischen Richter – auch wenn das Verfahren streng genommen freiwillig ist – auf Grund ihrer Autorität und der Möglichkeit, die „Kostenkeule zu schwingen", in einem erheblichen Umfang den Gebrauch der gerichtsverbundenen Mediation forcieren können und dies wohl bereits auch tun.[17]

3. Holland

18   Nachdem der Blick zunächst weiter in die Ferne schweifte, folgt jetzt ein Ausflug zu unserem unmittelbaren Nachbarn Holland. Sein Rechtssystem gilt als pragmatisch. Es steht von den hier einbezogenen Rechtssystemen dem deutschen System am nächsten.

19   In Holland begann im April 1997 mit Zustimmung des Justizministeriums ein Experiment mit gerichtsnaher Mediation im Rahmen des geltenden Rechts. Es geht auf die Initiative einer Richterin am Verwaltungsgericht (Rechtbank) Zwolle zurück und orientiert sich an der Multi-Door-Courthouse-Idee. In Fällen, die bereits beim Verwaltungsgericht anhängig sind und welche die Richter für geeignet halten, wird im Einverständnis der Parteien eine Mediation versucht. Sofern die Mediation scheitert, geht der Fall an den Richter zurück, der ihn der Mediation zugewiesen hat. Er muss dann das bisher ruhende Verfahren fortführen.

20   Mediatorin war zu Beginn des Projektes in Zwolle allein diese Richterin. Auf Grund des Erfolges des Projektes sind inzwischen drei weitere Mediatoren hinzugekommen, die jedoch keine Richter sind, sondern aus anderen Berufen wie der Anwaltschaft oder dem öffentlichen Sektor kommen. Ähnlich wie die amerikanischen Richter mit den Clerks haben die holländischen Richter Gerichtssekretäre, die ihnen bei ihrer richterlichen Arbeit zur Seite stehen, also eine Art Richterassistenz. Sie unterstützen das Mediationsprojekt in Zwolle vor allem im Bereich der Organisation.

21   Inzwischen wird gerichtsverbundene Mediation noch an vier weiteren Gerichten ausprobiert und nennt sich „gerichtsnahe Mediation".[18] Um ein möglichst breites Einsatzspektrum von Mediation zu testen, bezieht das Gesamtprojekt ganz verschiedene Gerichte und verschiedene Streitigkeiten ein. Am Verwaltungsgericht (Rechtbank) Amsterdam Verwaltungsstreitsachen, am Gericht (Rechtbank) in Utrecht Zivilsachen, vor allem auch Arzthaftungssachen und Handelssachen mit hohen Streitwerten sowie Familiensachen; in Arnhem (Rechtbank) Zivil- und

---

[17] *Clift*, Mediation in the United Kingdom, www.hdt.co.uk.
[18] Vgl. dazu den Bericht von *Pel*, Mediation naasst rechtspraak: Uitvoering landelijk project Mediation Rechterlijke Macht. Richterin *Pel* ist die Projektleiterin für das Gesamtprojekt.

Familiensachen und schließlich in Assen (Rechtbank und Kantonrechter) Zivil- und Familiensachen sowie arbeitsrechtliche Streitigkeiten. Innerhalb des auf zwei Jahre angelegten Gesamtprojektes sollen 1000 Fälle in der gerichtsnahen Mediation erprobt und von der Forschungsabteilung des Justizministeriums begleitet und evaluiert werden. Erst danach soll die Entscheidung fallen, ob gerichtsnahe Mediation in die Produktpalette der Justiz aufgenommen wird.

Interessant an dem niederländischen Projekt sind folgende **Aspekte:**   22
– Die gerichtsnahe Mediation erfasst nahezu das Gesamtspektrum der Fälle, die in die Justiz gelangen können. Ausgenommen sind nur Strafsachen. Nach den Erfahrungen in Zwolle scheinen auch gerade verwaltungsrechtliche Streitigkeiten für Mediation geeignet zu sein. Das ist insofern kontraintuitiv, als man hier auf den ersten Blick annehmen könnte, Parteien wie staatliche Behörden würden sich nicht auf Mediationen einlassen, sondern auf Entscheidungen durch den Richter pochen. Interessant ist ferner, dass sich ein Projekt auch mit Arzthaftungsfällen und Handelssachen mit hohen Streitwerten befasst.
– Anders als in England stehen nicht gesetzliche Änderungen am Beginn des Projektes. Niemand muss also den berüchtigten Schuss des Gesetzgebers ins Dunkle befürchten. Der Modellversuch orientiert sich vielmehr ganz pragmatisch an den Gestaltungsspielräumen der geltenden Prozessordnungen.
– Anders als in England agieren nicht nur außenstehende Dritte wie etwa Anwaltsmediatoren oder pensionierte Richter, sondern auch aktive Richter desselben Gerichts als Mediatoren.
– Ähnlich den Zuweisungskriterien in den Multi-Door Courthouses der USA[19] haben die Projektverantwortlichen sog. **Verweisungsindikatoren** entwickelt, die eine Hilfe dafür geben sollen, ob sich der Fall für die gerichtsnahe Mediation eignet oder nicht.

Die **ersten Erfahrungen** in den Projekten sind **sehr ermutigend.** Die Zahl der   23 Verweisungen zur Mediation hat die Erwartungen der Organisatoren bei weitem übertroffen, und auch die Anzahl der in Mediation getroffenen Vereinbarungen liegt zwischen 40 und 50%.[20] Da sich die Parteien in Konflikten, die bereits vor Gericht sind, schon auf Rechtspositionen festgelegt haben, ist dieser Prozentsatz erstaunlich hoch.

---

[19] *Sander,* AKR-Handbuch, unter 4.5.
[20] Im Jahr 2000 wurden an allen Gerichten des Projekts 231 Fälle der Mediation zugewiesen. Bei dieser Zahl ist zu berücksichtigen, dass zwei Gerichte erst im April bzw. März, zwei im Juli und eines im Oktober 2000 im Rahmen des Gesamtprojektes starteten. 97 Fälle davon sind abgeschlossen und in 55% davon kam es zu einer Mediationsvereinbarung (Auskunft der Projektleiterin *Pel* vom Februar 2001). Richterin *Pach,* die Initiatorin des Projektes in Zwolle, berichtet, dass nach dem Stand 10. 1. 01 die Verwaltungsrichter in Zwolle im Jahr 2000 in 66 Fällen Mediation angeboten haben, davon kam es in 35 Verfahren zur Mediation, 22 davon sind einvernehmlich abgeschlossen, der Rest ist noch offen. Richterin *Pach* geht bei den mit einer Mediationsvereinbarung abgeschlossenen Fällen von einem Zeitgewinn von 6 Monaten aus. Auf die Frage, ob die Parteien ein zweites Mal Mediation ausprobieren würden, antworteten nach ihren Erhebungen bis auf zwei Ausnahmen alle mit Ja, selbst in den Fällen, in denen keine einvernehmliche Lösung erreicht werden konnte (Auskunft Richterin *Pach* von August 2000 sowie Februar 2001). Vgl. zu Zwolle ferner den Erfahrungsbericht für die Jahre 1997 bis 1998 in der Broschüre „Zwolle Rechtbank experimenteert met bemiddeling (Mediation)", herausgegeben von der Rechtbank Zwolle, 2000.

III. Ansätze gerichtsnaher Mediation in Deutschland

24   In Deutschland wird eine breite Diskussion über „Alternativen in der Ziviljustiz"
schon seit der zweiten Hälfte der 70-er Jahre geführt.[21] Seither liegen auch Vorschläge zur gerichtsnahen Mediation auf dem Tisch, die allerdings folgenlos blieben.[22] Erst in letzter Zeit hat sich die Rechtspolitik des Themas angenommen,
durch Einführung der sog. obligatorischen Streitschlichtung und Stärkung des
Schlichtungsgedankens in den Reformvorschlägen zum Zivilverfahrensrecht. Auch
in die Justizpraxis ist durch Experimente einzelner Gerichte Bewegung gekommen.
Der Beitrag geht zunächst auf die gesetzlichen Änderungen ein und stellt im Anschluss Modelle aus der Justizpraxis zur gerichtsnahen Mediation vor.

1. Vorschaltung der Mediation vor das Gerichtsverfahren: Experimente der Bundesländer mit der „obligatorischen Streitschlichtung"

25   a) Regelungsgehalt und landesrechtliche Umsetzung. Ende 1999 führte der Gesetzgeber § 15a EGZPO ein.[23] Nach dieser Vorschrift können die einzelnen Bundesländer bestimmen, dass die Erhebung einer Klage erst zulässig sein soll, nachdem vor einer durch die Landesregierung eingerichteten oder anerkannten
Gütestelle versucht worden ist, die Streitigkeit einvernehmlich beizulegen. Das ist
durch eine Bescheinigung der Gütestelle zu belegen. Diese Bescheinigung hat der
Kläger später mit seiner Klage bei Gericht einzureichen. Ab Klageerhebung gilt für
das weitere Verfahren unverändert wie bisher die Zivilprozessordnung. Da die Partei, welche die Schlichtung vorschlägt, die Gegenpartei nicht zur Teilnahme zwingen kann, wird die Bescheinigung über den Versuch einer außergerichtlichen Einigung auch dann ausgestellt, wenn innerhalb einer Frist von drei Monaten das
beantragte Einigungsverfahren nicht durchgeführt worden ist.

26   Die Regelung gilt für vermögensrechtliche Streitigkeiten vor dem Amtsgericht bis
zu einem Streitwert von 750 €, für Nachbarschaftsstreitigkeiten sowie für Streitigkeiten aus Ehrverletzungen. Sie gilt nicht für Konflikte, die sich nach Meinung des
Gesetzgebers wegen ihrer materiell-rechtlichen oder verfahrensrechtlichen Komplexität nicht dafür eignen wie z.B. vollstreckungsrechtliche Maßnahmen,
familienrechtliche Angelegenheiten oder Fälle, in denen das Beschleunigungsinteresse
höher ist als das Schlichtungsinteresse wie z.B. Urkunden- und Wechselprozesse.
Ausgenommen von der obligatorischen Streitschlichtung sind nach § 15a Abs. 2
Nr. 5 EGZPO auch Fälle, in denen der Anspruch im Mahnverfahren geltend gemacht worden ist.

27   Diese sog. Öffnungsklausel ist ein bemerkenswerter Schritt, es den einzelnen
Ländern freizustellen, ob sie diese Streitschlichtung ausprobieren und wie sie die
Verfahrensmodalitäten innerhalb des vom Gesetzgeber vorgegebenen Rahmens
ausgestalten wollen. Das Gesetz lässt ihnen Spielraum vor allem dazu, wen sie als

---

[21] Vgl. die Beiträge in *Blankenburg/Klausa/Rottleuthner* (Hrsg.), Alternative Rechtsformen und Alternativen zum Recht; *Blankenburg/Gottwald/Strempel* (Hrsg.), Alternativen in der Ziviljustiz.
[22] Vgl. *Gottwald,* Streitbeilegung ohne Urteil, insbes. S. 266 ff.
[23] Gesetz zur Förderung der außergerichtlichen Streitbeilegung v. 15. 12. 1999 (BGBl I, S. 2400);
dazu ausführlich § 33.

Schlichter einsetzen wollen, ob und welche Ausbildung die Schlichter haben sollen und wie sie vergütet werden. In der Vielfalt der Verfahren soll sich Erfahrung ansammeln, das „beste" Verfahren soll sich durch Versuch und Irrtum herausbilden und Modell stehen. Bewährt sich die Streitschlichtung, könnte sie auf andere Fälle, vor allem auch auf höhere Streitwerte, erweitert werden.

Man kann Zweifel haben, ob diese Streitschlichtung in die Reichweite dieses Bei- 28
trages fällt. Der Gesetzgeber hat nicht definiert, was er unter „Schlichtung" versteht oder gar, ob und worin Unterschiede zur Mediation bestehen. Er hat auch sehr gut daran getan. Über ein grobes definitorisches Raster von Mediation ist man sich einig: In der Mediation unterstützt ein neutraler Dritter die Parteien in ihren eigenen Bemühungen um eine einvernehmliche Regelung, trifft aber im Gegensatz zum Richter oder Schiedsrichter keine bindende Entscheidung. Darüber hinaus gibt es so viele Spielarten der Mediation, dass jede weitere definitorische Eingrenzung nur einengt. Da der Dritte nach der Vorstellung des Gesetzgebers keine Entscheidungsgewalt hat und damit weder Schiedsrichter noch Richter ist, lässt die Öffnungsklausel ausreichend Raum für Formen der Mediation.

Baden-Württemberg, Bayern, Brandenburg, Hessen und Nordrhein-Westfalen 29
haben im Zeitpunkt der Abfassung des vorliegenden Beitrages dieses Angebot zur vorgeschalteten Streitschlichtung landesrechtlich umgesetzt.[24] Berlin, Sachsen-Anhalt, das Saarland sowie Schleswig-Holstein haben entsprechende Gesetzesvorhaben eingeleitet. Eine Reihe weiterer Länder hat noch keinen endgültigen Beschluss getroffen, ob und wie sie § 15 a EGZPO landesrechtlich umsetzen wollen bzw. hat sich ausdrücklich gegen eine Umsetzung entschieden. Dazu gehören Bremen, Hamburg, Mecklenburg-Vorpommern, Niedersachsen, Rheinland-Pfalz, Sachsen und Thüringen. Hauptgrund für die abwartende Haltung ist, dass man die Erfahrungen der anderen Länder erst einmal auswerten möchte. Als Grund dafür wird jedoch auch genannt, dass die vom Gesetz eröffnete Möglichkeit, die Streitschlichtung durch das Mahnverfahren zu umgehen, die Erreichung der Ziele des Gesetzes – raschere und kostengünstigere Konfliktbehandlung, dauerhafter Rechtsfrieden sowie Justizentlastung – als zweifelhaft erscheinen lassen.

Um dem Experimentiercharakter Rechnung zu tragen, haben die Länder, die § 15 a EGZPO bereits landesrechtlich umgesetzt haben, **Zeitgesetze** geschaffen und begrenzen die Geltungsdauer der Landesgesetze bis zum Jahresablauf 2005. Eine Ausnahme macht Baden-Württemberg, das keine derartigen zeitlichen Grenzen gesetzt hat.

b) **Inhaltliche Ausgestaltung.** Es würde den Rahmen dieses Beitrages sprengen, 30
auf die inhaltliche Ausgestaltung, welche die landesrechtliche Umsetzung von § 15 a EGZPO in den einzelnen Ländern erfahren hat bzw. erfahren soll, im Detail einzugehen. Im Wesentlichen lassen sich zwei Modelle unterscheiden:

---

[24] **Baden-Württemberg:** Gesetz zur obligatorischen außergerichtlichen Streitschlichtung und zur Änderung anderer Gesetze v. 28. 6. 2000 (GBl. S. 470); **Bayern:** Bayerisches Schlichtungsgesetz v. 25. 4. 2000 (GVBl. S. 268); **Brandenburg:** Gesetz zur Fortentwicklung des Schlichtungsrechts im Land Brandenburg v. 5. 10. 2000 (GVBl. S. 134); **Hessen:** Hessisches Gesetz zur Ausführung des § 15 a des Gesetzes betreffend die Einführung der Zivilprozessordnung v. 13. 2. 2001 (GVBl. S. 98); **Nordrhein-Westfalen:** Gütestellen- und Schlichtungsgesetz v. 9. 5. 2000 (GVBl S. 476); dazu eingehend § 33.

- **Schiedsamtsmodell:** Die Streitschlichtung wird schwerpunktmäßig auf Schieds-
frauen und Schiedsmänner übertragen, wie vor allem in Hessen, Nordrhein-
Westfalen oder Schleswig-Holstein. Das hängt damit zusammen, dass diese
Länder über ein flächendeckendes Netz an Schiedsleuten verfügen, wie z. B.
Nordrhein-Westfallen mit 1.200 Schiedsleuten, die bisher in zivilrechtlichen
Angelegenheiten bei weitem nicht ausgelastet waren. Da sie ehrenamtlich tätig
sind, erhofft man sich von ihnen eine äußerst kostengünstige Schlichtungstätigkeit.[25] An diesem Schiedsamtsmodell orientieren sich neue Bundesländer wie
Brandenburg und Sachsen-Anhalt. Doch wird dieses Schiedsamtsmodell nirgends
lupenrein durchgeführt. Das Erfordernis eines Einigungsversuches vor diesen
Schiedsleuten entfällt z. B. in Hessen, wenn die Parteien einvernehmlich versucht
haben, ihren Streit vor einer sonstigen Gütestelle, die Streitbeilegung betreibt,
beizulegen. Die Aufgaben der sonstigen Gütestellen können auch von den Mitgliedern der Rechtsanwalts- und Notarkammern wahrgenommen werden.[26]
Ähnliche Regelungen treffen andere Länder, die das Schiedsamtsmodell vorsehen.
Letzlich handelt es sich bei diesem Modell damit um eine Art **duales Modell,** bei
dem die Parteien zwischen den öffentlich-rechtlichen Schiedsleuten einerseits und
Rechtsanwälten sowie Notaren andererseits wählen können.
- **Anwaltsmodell:** Streitschlichter sind hier in erster Linie Rechtsanwälte und No-
tare, wie vor allem in Baden-Württemberg und Bayern. Diese Länder verfügen
bisher über keine Laienschiedspersonen bzw. haben ähnliche Institutionen – wie
Baden-Württemberg den Friedensrichter – vor vielen Jahren abgeschafft. Der
Landesjustizverwaltung steht jedoch das Recht zu, weitere Gütestellen einzurich-
ten, so dass sich der Antragssteller auch dorthin wenden kann.

31   Auffällig ist, dass kein Landesgesetz bzw. Gesetzentwurf sich näher dazu äußert,
welche **Ausbildung** Schlichter haben müssen bzw. welche **Qualitätsstandards** an
ihre Arbeit zu richten sind. Offen bleibt in den Gesetzen bzw. Gesetzentwürfen
auch, was der jeweilige Landesgesetzgeber mit „Streitschlichtung" eigentlich meint.
Wiederkehrende Grundprizipien zum Verfahren sind jedoch, dass die Schlichter mit
den Parteien persönlich den Konflikt und mögliche Lösungsvorschläge erörtern und
dass Einzelgespräche mit ihnen möglich sein sollen.[27] Diese Offenheit lässt ausreichenden Spielraum für Mediation.

32   c) **Erste Erfahrungen.** Das Gesetz ist von Rechtspolitikern aller Parteien in seltener Einmütigkeit begrüßt worden, hat jedoch in der Wissenschaft von Anfang
an herbe Kritik erfahren. Kritikpunkte sind u. a., dass sich eine obligatorische Vorschaltung nicht mit der für eine einvernehmliche Streitbeilegung notwendigen Freiwilligkeit vereinbaren lässt. Kritisiert wird ferner, dass durch die unterschiedlichen
Verfahrensausgestaltungen in den einzelnen Bundesländern eine ‚neue Unübersicht-
lichkeit' in der Konfliktbehandlung in Deutschland entstehen könnte, weil jedes
Bundesland sein eigenes Konfliktbiotop bastelt. Ebenfalls befürchtet wird, dass
die obligatorische Streitschlichtung als eine Art Versuchsballon für das eigentliche Verfahren ausgenützt werden könnte, weil Parteien in diesem notwendigerweise durch stärkere Offenheit und größeren Informationsfluss gekennzeichneten

---

[25] Vgl. zu den Kosten *Väth* ZKM 2000, 150.
[26] § 3 Hessisches Gesetz zur Ausführung von § 15 a EGZPO.
[27] Vgl. z. B. Art. 10 Bayerisches Schlichtungsgesetz.

Verfahren versuchen könnten, ihre Position für das nachfolgende Gerichtsverfahren zu verbessern. Vor allem aber wurde von Anfang an kritisiert, dass auf Grund der Herausnahme von Ansprüchen, denen ein Mahnverfahren vorausgegangen ist, Sabotageakte und Untertunnelungsstrategien bereitstehen, die das Verfahren letztlich leerlaufen lassen. Alles in allem lautet die pessimistische Erwartung in der Justizpraxis, es habe der Berg gekreißt und ein Mäuslein geboren.

Erste Erfahrungen lassen offen, ob in vermögensrechtlichen Verfahren tatsächlich 33 auf das Mahnverfahren ausgewichen wird. So sind z. B. in Baden-Württemberg seit Inkrafttreten des Gesetzes Anfang Oktober 2000 zwar relativ wenige Anträge auf Durchführung der Schlichtung eingegangen. Interessant ist jedoch, dass die Hälfte davon vermögensrechtliche Streitigkeiten betrifft[28], also eben nicht vorrangig Nachbarschaftsstreitigkeiten oder Ehrverletzungen. Auch in anderen Ländern lässt sich bis jetzt anhand der Anzahl der Mahnverfahren eine Flucht in dieses Verfahren nicht konstatieren.[29]

Es ist jedoch verfehlt, über Erfolg oder Misserfolg dieses gesetzgeberischen Vor- 34 stoßes zu grübeln, da die meisten Gesetze erst so kurze Zeit in Kraft sind.[30] Über das Schicksal der jeweiligen landesrechtlichen Vorstellungen entscheiden wird die Wirklichkeit, und von daher ist es unerlässlich, dass die Gesetze evaluiert und vor allem ihre Ergebnisse miteinander verglichen werden.[31]

d) Mediation unter einem oder mehreren Dächern: Der Unterschied zu Modellen 35 **in den USA.** Interessant ist allerdings schon heute der Vergleich mit den USA. Auch im Small Claims Mediation Program in der Multi-Door Dispute Resolution Division in Washington D. C. geht es wie in der obligatorischen Streitschlichtung – vom Streitwert her gesehen – eher um Bagatellfälle. Noch ähnlicher ist die obligatorische Vorschaltung von Mediation in Connecticut.[32] Doch gibt es einen wesentlichen Unterschied, der für die Weiterentwicklung bedeutsam sein könnte. In Beispiel zwei der Einführung dieses Beitrages ebenso wie in der obligatorisch vorgeschalteten Mediation in Connecticut sind Mediation und gerichtliche Streitbehandlung **unter einem Dach**.[33] Die Mediatoren führen Mediation im Gerichtsgebäude durch. Schlägt der Mediationsversuch fehl, so müssen die Parteien für das andere Forum lediglich den Raum wechseln und können in unmittelbarem Anschluss daran die gerichtliche Entscheidung erlangen. Diese Kombination erspart den Parteien umständliche Wege und Zeit und verdeutlicht auch, dass es sich um Angebote der Justiz handelt.

---

[28] 500 Anträge für das ganze Land (für Stuttgart und Karlsruhe liegen allerdings noch keine Zahlen vor) gingen bis Ende Januar 2001 ein, davon betrafen 50% vermögensrechtliche Streitigkeiten, 34% Nachbarschaftsstreitigkeiten und 18% Ehrverletzungen (Auskunft von Herrn *Taxis* vom Landesjustizministerium Baden-Württemberg vom Februar 2001). Die Einigungsquoten sind noch nicht bekannt.

[29] Auskunft Frau *von Geldern* vom Bayerischen und Herr *Schmitt* vom Nordrhein-Westfälischen Landesjustizministerium vom Februar 2001.

[30] In Bayern seit 1. 9. 2000, in Baden-Württemberg und Nordrhein-Westfalen seit 1. 10. 2000, in Brandenburg seit 1. 1. 2001, in Hessen seit 7. 2. 2001.

[31] Baden-Württemberg, Bayern und Nordrhein-Westfalen wollen die Vorhaben durch externe Forscher evaluieren lassen, Brandenburg und Hessen wollen eine Fragebogenerhebung durch die Landesjustizverwaltungen durchführen. Die Forschungsfragen sollen weitgehend mit dem Bundesjustizministerium abgestimmt sein, um ein möglichst einheitliches Raster zu gewinnen.

[32] *Stoecker* ZMK 2000, 105.

[33] Darauf weist *Stoecker* ZKM 2000, 105, 107 f., zutreffend hin.

36   Dagegen gehen nach § 15 a EGZPO und seiner landesrechtlichen Umsetzung die Streitschlichtung und das gerichtliche Verfahren **getrennte Wege:** Es gibt keine Türen zur Streitschlichtung und -entscheidung in demselben Gebäude, sondern zunächst muss die Partei das Schlichtungsgebäude aufsuchen und muss dann später – falls Schlichtung misslungen ist – zum Gerichtsgebäude. Das ist umständlich und kostet Zeit. Die für die Multi-Door-Courthouse-Idee **typische Verzahnung der Verfahrensangebote** fehlt. Nicht die Produktpalette der Justiz ist erweitert, sondern die Anzahl der notwendigen verfahrensrechtlichen Schritte. In dieser Ausgestaltung könnte Mediation von den Beteiligten weniger als Angebot, denn als **Hürde auf dem Weg zum Recht** empfunden werden oder gar als Hinterausgang aus dem Rechtssystem.

2. Türen zur Mediation innerhalb des Verfahrens

37   **a) Türen zur Mediation auf Grund des Zivilprozessreformgesetzes (ZPO-RG).** Im Zuge der umfassenden Reform des Zivilverfahrens beabsichtigt der Gesetzgeber, auch den Schlichtungsgedanken zu stärken, weil er – ohne allerdings auf rechtstatsächliche Untersuchungen zurückgreifen zu können – eine ungenügende Streitschlichtungskultur in Deutschland diagnostiziert.[34] Abhilfe verspricht sich der Gesetzgeber davon, dass er ähnlich wie in der Arbeitsgerichtsbarkeit eine **Güteverhandlung** nun auch im Zivilverfahren vorsieht (§ 278 Abs. 2–4 ZPO-RG). Bedeutsam ist im Zusammenhang dieses Beitrages § 278 Abs. 5 ZPO-RG. Er lautet:

„Das Gericht kann die Parteien für die Güteverhandlung vor einen beauftragten oder ersuchten Richter verweisen. In geeigneten Fällen kann das Gericht den Parteien eine außergerichtliche Streitschlichtung vorschlagen. Entscheiden sich die Parteien hierzu, gilt § 251 entsprechend."

Die Begründung zum Entwurf stellt klar, dass damit dem Gericht in geeigneten Fällen die Möglichkeit eröffnet sein soll, Mediation vorzuschlagen.[35] Der Gesetzgeber hat hiermit einen Vorschlag aufgenommen, der bereits zuvor in der Rechtspolitik unter Anlehnung an die amerikanischen Modelle gemacht wurde.[36] Diese Vorschrift ist zum 1. Januar 2002 in Kraft getreten. Dadurch steht in Zukunft von der gesetzlichen Ausgangslage her der gerichtsverbundenen Mediation nichts mehr im Weg.

38   **b) Türen zur Mediation in Experimenten innerhalb des bereits geltenden Rechts.** Unabhängig von den gesetzlichen Reformüberlegungen zur gerichtsverbundenen Mediation haben sich auch bei uns erste Pilotprojekte zur gerichtsverbundenen Mediation herausgebildet. Sie nutzen die bestehenden Gestaltungsspielräume und lehnen sich an amerikanische oder holländische Modelle an. Der Beitrag spricht zwei derartige Projekte an, doch ist davon auszugehen, dass es inzwischen in der Justizpraxis weit mehr derartiger Projekte „von unten" gibt, die allerdings manchmal über den lokalen Bereich hinaus unbekannt sind.

39   *aa) Zivilrechtliche Streitigkeiten: Der Stuttgarter Modellversuch.* Anfang 2000 hat ein **Modellversuch** mit gerichtsverbundener Mediation des Justizministeriums

---

[34] BT-Drucks. 14/6036, S. 14.
[35] Gesetzentwurf der Bundesregierung v. 24. 11. 2000, BT-Drucks. 14/4722, S. 83.
[36] *Gottwald* WM 1998, 1257, 1264.

Baden-Württemberg in Zusammenarbeit mit der Rechtsanwaltskammer und dem AnwaltVerein Stuttgart im Stuttgarter Raum begonnen.[37] Je fünf Zivilrichter am Amts- und Landgericht durchforsten Akten nach Fällen, die sich für Mediation eignen; der Streitwert spielt keine Rolle. Im ersten Verhandlungstermin weist der Richter die Beteiligten auf die Möglichkeit hin, in ihrem Fall Mediation auszuprobieren und erörtert die Vorteile. Sind die Parteien mit einem Mediationsversuch einverstanden, bekommen sie eine Liste mit den Adressen von ca. 20 derzeit im Raum Stuttgart tätigen Mediatoren. Darunter sind nicht nur Rechtsanwälte, sondern auch Psychologen und Sozialwissenschaftler. Während der auf zwei Jahre angelegten Pilotphase ist das Einführungsgespräch im Büro des Mediators kostenlos, jede weitere Stunde schlägt bei Fällen am Landgericht mit 150,– € und bei amtsgerichtlichen Fällen mit 100,– € zu Buche. Kommt es zu einer Einigung, wird die Gerichtsgebühr erlassen. Der Modellversuch wird von der Universität Tübingen wissenschaftlich begleitet.

Offizielle Erfahrungsberichte zu diesem Pilotprojekt gibt es bisher nicht. Die Ansprechpartnerin des Projekts am Amtsgericht Stuttgart berichtet zwar von einer „positiven Resonanz des Modellversuchs in Fachkreisen und der Fachpresse". Die Zahl der Fälle, in denen die fünf Richter am Amtsgericht Mediation angeregt und die Parteien zumindest den Versuch einer Mediation unternommen haben, scheint allerdings hinter den Erwartungen zurück geblieben zu sein; dasselbe gilt für das Landgericht.[38] **40**

In Stuttgart führt man die bisher eher **geringe Resonanz** auf das Angebot auf eine **41** Reihe von **Gründen** zurück:
- Kosten: Keine Prozesskostenhilfe für die Mediation und keine Kostenerstattung durch die Rechtsschutzversicherung, falls Mediation fehlschlage;
- Mediationsanregung kommt zu spät: Der Konflikt sei in dem Stadium, in dem er zu Gericht komme, zu weit fortgeschritten, so dass Mediation nicht mehr als sinnvoll empfunden werde;
- Zeitverlust: Da der Ausgang der Mediation unsicher sei, empfänden die Beteiligten Mediation als unnötigen Zeitverlust und strebten deshalb lieber gleich die gerichtliche Regelung an;
- mangelnde Vertrautheit der Anwalt- und Richterschaft mit Mediation, und damit zusammenhängend vor allem eine

---

[37] Die Informationen hierüber verdanke ich dem früheren Präsidenten des Amtsgerichts Stuttgart *Netzer* sowie dem Präsidenten des Landgerichts Stuttgart *Schedler* und Richterin am Amtsgericht Stuttgart *Pientka*.

[38] Danach wurden bis Mitte 2000 beim Amtsgericht 16 Fälle erfasst, in denen die Richter Mediation vorschlugen. In nur zwei Fällen, beides Familiensachen, ließen sich die Parteien auf Mediation ein. Darauf richtete man beim Amtsgericht eine Beratungsstelle für die außergerichtliche Konfliktbeilegung ein. Dort können sich die Bürger an fünf Tagen der Woche halbtags von einem Mediator über Mediation und die Möglichkeit beraten lassen, ihren aktuellen Konflikt mit dieser Methode zu behandeln. Zu einer nennenswerten Erhöhung der Fallzahlen scheint das jedoch nicht geführt zu haben, so dass man die Beratung inzwischen auf einen halben Tag in der Woche reduziert hat. Insgesamt sind am Amtsgericht 25 richterliche Mediationsvorschläge für das Jahr 2000 erfasst, wobei bisher nicht bekannt ist, was daraus geworden ist (Auskunft von Richterin am Amtsgericht Stuttgart *Pientka* vom September 2000 sowie Januar 2001).
Beim Landgericht wurden im Jahr 2000 nur 14 Fälle erfasst, in denen die Richter – in allen Fällen erfolglos – Mediation anregten (Auskunft von Herrn *Taxis* vom Landesjustizministerium Baden-Württemberg vom Februar 2001).

– mangelnde Bereitschaft der Anwaltschaft, ihren Mandanten Mediation zu empfehlen.

42   *bb) Verwaltungsrechtliche Streitigkeiten: Mediation an den Verwaltungsgerichten
Berlin und Freiburg.* Begonnen mit der gerichtsverbundenen Mediation in Verwal-
tungsstreitigkeiten hat im Anschluss an eine Tagung an der Richterakademie in
Trier, auf der die holländische Projektinitiatorin über das Projekt in Zwolle berichtete, ein Berliner Verwaltungsrichter mit Zustimmung des Verwaltungsgerichtsprä-
sidenten. In Anlehnung an das holländische Projekt, werden ihm die Fälle von seinen richterlichen Kollegen zur Mediation zugewiesen. Er führt dann die Mediation
durch, nach den ersten Erfahrungen selbst in verwickelten Fällen erfolgreich.[39]

43   Inzwischen plant ein weiteres Verwaltungsgericht in Baden-Württemberg die gerichtsverbundene Mediation. Das Modell lehnt sich ebenso an das holländische
Modell in Zwolle an, trägt den Titel „Mediation und Verwaltungsprozess" und
wird ebenfalls vom Justizministerium Baden-Württemberg unterstützt. Mediator ist
nach den Planungen ähnlich wie in Holland und Berlin ein Richter, dem die Kollegen im Einverständnis der Parteien Fälle zuweisen und der als „Mediationsbeauf-
tragter" tätig wird. Dieser Mediationsbeauftragte wird, bevor er seine Mediationstätigkeit beginnt, eine Mediationsausbildung erhalten und wird während dieser
Zeit sowie für seine Mediationstätigkeit zu 25% von seinen übrigen richterlichen
Aufgaben entlastet.[40]

IV. Zentrale Fragen einer Integration von Mediation in die Produktpalette der Justiz

44   Nach dieser **Momentaufnahme** – mehr kann der Beitrag auf Grund der kontinuierlichen Entwicklung auf diesem Gebiet nicht sein – spricht der folgende Abschnitt einige zentrale und wiederkehrende Fragen der gerichtsnahen Mediation
an.

1. Gerichtsnahe Mediation: Strohfeuer oder konvergierender Trend in vergleichbaren Rechtssystemen?

45   So mancher mag die Überlegungen und Experimente zur gerichtsnahen Mediation
auf den ersten Blick für eine – in erster Linie amerikanische – Modeerscheinung
halten, eine Art Strohfeuer. Dagegen spricht die Ausbreitung auch in anderen Ländern wie England und Holland sowie in weiteren Länder wie z. B. Australien und
Kanada, auf die hier nicht näher eingegangen wurde. Auch in unserem Nachbarland Frankreich sowie in Bemühungen der EU wird dieser Trend deutlich. Ein kurzer Abstecher muss an dieser Stelle genügen.

46   In **Frankreich** hat der „Nouveau Code de Procédure Civile" von 1996 in Titel VI
„La Médiation" die gerichtsverbundene Mediation eingeführt (Art. 131-1 bis
Art. 131-15). Danach kann der Richter im Einverständnis der Parteien einen Drit-

---

[39] Auskunft von Vors. Richter am Verwaltungsgericht Berlin *Ortloff* vom Juni 2000; vgl. auch § 29.
[40] Auskunft von Präsident des Verwaltungsgerichts Freiburg *von Bargen* vom Januar 2001.

ten zum Zwecke eines Einigungsversuches bestimmen. Für die Dauer des Mediationsversuches kann er das Verfahren für drei Monate aussetzen; dieser Zeitraum kann auf Antrag des Mediators um weitere drei Monate verlängert werden. Anders als die neue Zivilprozessordnung in England oder das Zivilprozessreformgesetz in Deutschland regelt der Code de Procédure Civile Einzelheiten der Mediation, so etwa die Qualifikation und das Honorar des Mediators, den groben Ablauf und vor allem die Vertraulichkeit der Mediation.

Auch in der **Europäischen Union** ist Mediation zum Thema geworden. Auf der 47
Konferenz in Tampere hat der Europäische Rat im Oktober 1999 neue Perspektiven für die Justizsysteme der EU entworfen, u. a. auch im Hinblick auf die außergerichtliche Beilegung von Streitigkeiten. Im Zusammenhang mit dem Grotius-Programm zur Erleichterung der justiziellen Zusammenarbeit in Europa hat die Europäische Kommission das **Projekt MARC 2000** (Mode Alternatifs de Règlement des Conflits = ADR 2000) entwickelt, um ADR europaweit zu fördern.[41] In der ersten Phase dieses Projektes geht es um eine Erfassung dessen, was Verfahren wie Conciliation – nur unvollkommen mit „Schlichtung" übersetzt –, Mediation und Arbitration in wirtschaftsrechtlichen Streitigkeiten bedeuten sowie um ihren Bekanntheitsgrad bei Anwälten und vor allem Richtern in den 15 Mitgliedsstaaten.[42] Diese Bestandsaufnahme soll auch das Verhältnis zwischen staatlicher Justiz und Conciliation bzw. Mediation näher beleuchten. Ziel ist es, vor allem die Richter besser mit derartigen Verfahren vertraut zu machen, da das Projekt davon ausgeht, dass die Richter „among the privileged prescribers" von Conciliation und Mediation sind[43], dass sie also vorrangig wirtschaftsrechtliche Konflikte diesen Verfahren zuweisen könnten.

In der zweiten Phase soll es darum gehen, auf der Grundlage dieser Bestands- 48
aufnahme Empfehlungen zur verfahrensmäßigen Ausgestaltung von Conciliation und Mediation in wirtschaftsrechtlichen Streitigkeiten zu geben; für den Bereich der Konsumentenstreitigkeiten hat die Kommission bereits früher derartige Standards formuliert.[44] Zusätzlich sollen Standards für die Ausbildung zum Conciliator und Mediator empfohlen werden. Schließlich sollen in der dritten Phase Anwälte sowie Richter aus den Mitgliedstaaten für Konfliktbehandlungsformen wie Conciliation und Mediation sensibilisiert werden, damit sie derartige Verfahren in der Praxis auch „vorschreiben" (prescribe). [45]

Auch an diesen Ansätzen zeigt sich unübersehbar der konvergierende Trend zu 49
Formen der Mediation. In Zeiten eines grenzüberschreitenden Waren- und Dienst-

---

[41] Siehe Europäische Kommission unter www.europa.eu.int/comm/justice home/project/grotius_de. htm mit weiteren Hinweisen.

[42] Federführend für das Projekt ist das Centre de Médiation et d'Arbitrage (CMAP) in Paris, das sich die Bestandaufnahme bei den 15 Ländern mit dem Brussels Business Mediation Centre (BBMC), UNIONCAMERE in Italien und dem Center for Dispute Resolution (CEDR) in England aufteilt.

[43] Das Projekt formuliert: „If this inventory should demonstrate that lawyers and judges are still relatively unfamiliar with mediation or conciliation, it will be necessary to ensure that judges are better informed on this issue. They are, in fact, **among the privileged prescribers** oft these dispute settlement schemes" (Projektbericht, bei den Unterlagen des Verf., S. 3).

[44] Empfehlung 98/257 CE.

[45] Die Projektbeschreibung benutzt den Ausdruck „prescribe". Das lässt offen, ob damit an eine obligatorische Verweisung an Mediation gedacht ist oder nur eine Zuweisung im Einverständnis aller Beteiligten.

leistungsverkehrs verspricht man sich offensichtlich von Mediation ein weitgehend **rechtsordnungsunabhängiges Angebot** der Konfliktbehandlung. Deutlich wird zugleich ein nahezu universeller Trend zu Formen der Mediation im Nahbereich der Justiz, der zwar in manchen Details verschieden, im Großen und Ganzen jedoch in allen Ländern sehr ähnlich angelegt ist. Das lässt erwarten, dass Formen der gerichtsnahen Mediation auf längere Sicht tatsächlich zu einer qualitativen Erweiterung der justiziellen Angebotspalette führen können.

2. Information über Mediation: Was wissen Richter, Anwälte und Parteien über den Zusatznutzen von Mediation?

50   In das Verfahren integrierte Mediation wird dann akzeptiert, wenn sie gegenüber anwaltlichen Verhandlungen ohne Drittunterstützung, gegenüber der richterlichen Streitentscheidung, vor allem aber auch gegenüber konventionellen Schlichtungsbemühungen wie den Vergleichsverhandlungen vor dem Richter einen zusätzlichen Nutzen, einen **Mehrwert** hat. Dieser spezifische Mehrwert ist an anderer Stelle ausführlich beschrieben. [46] Über diesen Zusatznutzen müssen sich Richter und Rechtsanwälte im Klaren sein und sie müssen diese Vorteile den Parteien vermitteln können und vor allem auch wollen.

51   Ein Faktor dafür, dass Mediation innerhalb des Verfahrens in Deutschland wie z. B. in Stuttgart bisher noch eher zurückhaltend angenommen wird, liegt vermutlich darin: Ihre Vorteile sind den Anwälten und ihren Parteien sowie den Richtern zu wenig bewusst, das Vertrauen in dieses Verfahren ist damit zu gering. Das ist eine Annahme, von der auch MARC 2000 ausgeht. Aus ähnlichen Projekten in den USA und England ist bekannt, dass Anwälte sich nicht leicht damit tun, ihren Mandanten Mediation zu empfehlen. Stetig wiederkehrende Einwände gegen Mediation sind etwa folgende:
– „Der Fall ist noch nicht reif für Mediation.“
– „Warum sollen wir Mediation bemühen, wir werden doch ganz klar gewinnen.“
– „Mediation mag ja ganz schön und gut sein, im vorliegenden Fall aber geht es um's Prinzip.“

52   Vielleicht geht es manchmal auch weniger um's Prinzip als um's Geld, also die Sorge, in der Mediation weniger als in einem Gerichtsverfahren zu verdienen. Alle diese Einwände lassen sich bis zu einem gewissen Grad entkräften, wie der Blick auf die USA zeigt.[47] Nicht so leicht überwinden lässt sich die Furcht, durch Mediation werde dem Anwalt die Sache aus der Hand genommen, wie sich aus der Untersuchung zur gerichtsverbundenen Mediation am Central London County Court in England ergibt.[48]

53   Aber auch die Richter als „Türweiser“ bzw. „Weichensteller“ müssen sich über die **Vorteile von Mediation** im Klaren sein. Ein wichtiger Faktor für die eher zurückhaltende Aufnahme von Mediation im Stuttgarter Modellprojekt könnte sein, dass der Richterschaft die strukturellen Unterschiede zwischen Mediation sowie herkömmlicher Schlichtung und richterlichen Vergleichsverhandlungen nicht bewusst sind. Dazu kommt, dass sich auch die Richterschaft nicht leicht damit tun

---

[46] *Gottwald* AnwBl. 2000, 265, 268 f.
[47] *Gottwald,* Mediation in den USA, S. 185, 212 ff.
[48] *Genn,* Evaluation Report of the Central London County Court Pilot Mediation Scheme.

mag, den Konflikt an die Mediation und damit aus der Hand zu geben.[49] Richter sehen die Vergleichstätigkeit – mit der sie Mediation oft gleichsetzen – als ihr ureigenstes Feld an. Sie sehen sich im Grunde genommen als die geborenen Mediatoren („das haben wir doch schon immer so gemacht!"), obwohl sie dann mangels Ausbildung auf diesem Gebiet geradezu als Meister vom Himmel gefallen sein müssten. Vergleiche sind für viele Richter auch befriedigender als die gerichtliche Entscheidung, ersparen ihnen die Mühe, Urteile schreiben zu müssen und bewahren sie vor der unliebsamen Folge, in der nächsten Instanz abgeändert oder aufgehoben zu werden. Das Zivilprozessreformgesetz will diese Vergleichstätigkeit des Richters durch die Vorschaltung des Güteversuches und die Aufforderung, dass der Richter in jedem Stadium des Verfahrens auf einen Vergleich hinarbeiten soll bzw. sogar muss, noch erheblich stärken.[50]

Wird die Streitbehandlung auf außenstehende Mediatoren verlagert, so fürchtet 54 die Richterschaft offensichtlich eine Art Schmälerung ihres beruflichen Tätigkeitspektrums und vor allem ihres Macht- und Kontrollbereiches, obwohl sie auf der anderen Seite unablässig eine Überlastung der Justiz beklagt. Solange aber die Richter selbst Mediation nur halbherzig empfehlen, kann es niemanden verwundern, dass diese Option auch von den Parteien und ihren Anwälten nur halbherzig erwogen wird.

3. Qualitätssicherung für das neue Produkt – ein kontinuierlicher Lernprozess

a) **Mediationseignung: Wie finden sich Fall und Forum?** Wie bereits erwähnt, ist 55 in den USA schon früh darüber nachgedacht worden, wie sich Fall und Forum finden. Vor allem der Vater der Multi-Door Courthouse-Idee *Frank E. Sander* hat den wahrhaft heldenhaften Versuch unternommen, Eignungskriterien für die verschiedenen Formen von ADR aufzustellen.[51] In Anlehnung daran hat das Projekt in Holland „**Türverweisungsindikatoren und -kontraindikatoren"** entwickelt.[52] Richter und andere potentielle „Türweiser" wie die Gerichtssekretäre werden in einem Dreitageskurs auf ihre Aufgaben vorbereitet und dafür wurde eigenes Kursmaterial geschaffen.[53] Sie lernen während des Kursus Mediation kennen und üben, was sie den Anwälten und ihren Parteien über das Verfahren sagen können. Ferner sollen sie in diesem Kurs herauszufinden lernen, in welchen Fällen Mediation angebracht ist.

Diese ausführliche Schulung ist im Modellprojekt Stuttgart unterblieben. Eine 56 kurze Aufklärung genügt nicht. Fertigkeiten und Kenntnisse in der Fallverweisung können den Fallmanagern bei ihrer Arbeit sehr behilflich sein und die Qualität und Akzeptanz gerichtsnaher Mediation stärken. Freilich darf man nicht die Hoffnung hegen, man könne auf Grund von Türverweisungsindikatoren wirklich jedem Konflikt sogleich ansehen, wohin er gehört. Konflikte sind soziale Konstrukte, die sich

---

[49] In diesem Sinn äußerte sich auch die Ansprechpartnerin des Projektes am Amtsgericht in Stuttgart im Gespräch am 19. 1. 2001 mit dem Verf.
[50] Vgl. § 278 ZPO-RG, BT-Drucks. 14/6036, S. 14.
[51] *Sander*, AKR-Handbuch, unter 4.5.
[52] „Doorverwijzingsindicaties" bzw. „Contra-indicaties", vgl. zu den Kriterien im Einzelnen *Pel*, Mediation naasst rechtspraak: Uitvoering landelijk project Mediation Rechterlijke Macht, S. 32.
[53] *Barendrecht/Kamminga et al.*, Mediation en verwijzing voor de rechter (Syllabus voor de doorverwijzingscursus).

laufend ändern und anpassen. Doch sind Faustregeln besser als das Stochern im Nebel. Ein kontinuierlicher Lernprozess auf Grund von Modellprojekten wie in Holland lässt für die Zukunft systematisches und wertvolles Erfahrungswissen zu den Zuweisungskriterien erwarten.

57   b) Wer soll Mediator sein? Auswahl, Ausbildung und Supervision von Mediatoren. In den holländischen Projekten sind die Mediatoren zum Teil Richterinnen bzw. Richter, aber auch andere Berufsgruppen. Insgesamt sind zurzeit etwas mehr als die Hälfte Juristen, die übrigen kommen u. a. aus steuerberatenden Berufen, der Unternehmensberatung, dem medizinischen Sektor oder dem Bausektor. Ähnlich ist die Situation in den USA. In England übernehmen Richter generell keine Rollen als Mediatoren. Im Stuttgarter Modellprojekt sind die Mediatoren Anwälte oder Angehörige anderer Berufsgruppen, während das Berliner Modell auf Richter setzt.

58   Es ist zu erwarten, dass sich Richter nicht gern die Rolle als Mediatoren – vielleicht schon im Hinblick auf spätere Aktivitäten nach der Pensionierung – aus der Hand nehmen lassen. Ob aktive Richter allerdings Mediatoren sein sollten, dazu gehen die Meinungen weit auseinander. Auch von daher ist das Projekt in Holland interessant, verschiedene Berufsgruppen wie Richter, Anwälte und Angehörige anderer Berufsgruppen als Mediatoren einzusetzen und zu untersuchen, ob und wie sich die Unterschiede auf das Mediationsgeschehen auswirken.

59   Über einen Punkt sind sich jedoch alle im Klaren: Die Mediatoren benötigen eine intensive Ausbildung, Coaching und eine fortlaufende Supervision. Auch hier bietet Holland das Vorbild: Diese Ausbildung organisiert das Projekt für die als Mediatoren beteiligten Richter, und sie wird vom Niederländischen Institut für Mediation (Nederlands Mediation Institut ausgeführt. Auch von den übrigen Mediatoren wird eine Ausbildung nach den Richtlinien dieses Instituts verlangt, vor allem eine Mediationserfahrung von mindestens fünf bis 10 Fällen.

60   c) Was ist in der gerichtsnahen Mediation anders als sonst? Auffällig ist, dass trotz des weltweiten Trends zur gerichtsnahen Mediation das Wissen über ihre spezifischen Eigenheiten noch recht bescheiden ist, mit anderen Worten: Gibt es eine spezifische Art des Vorgehens des Mediators, die sich in ihr besonders empfiehlt? Vielfach wird suggeriert, Mediation sei ein in sich gefestigtes, klar strukturiertes Verfahren. Bei näherem Hinsehen lassen sich vielfältige Arten von Mediation unterscheiden. Unter dem Begriff Mediator-Orientierung diskutiert man z. B. seit einiger Zeit in den USA und inzwischen auch bei uns: Darf der Mediator die eigenen Verhandlungsbemühungen der Konfliktbeteiligten nur moderieren – die Amerikaner nennen das facilitative mediation – oder darf er auch beurteilend und bewertend tätig sein – im Amerikanischen evaluative mediation?[54] Wer als Mediator beurteilend und bewertend tätig wird, trifft Voraussagen über die Stärken und Schwächen der Positionen der Parteien sowie über den voraussichtlichen Ausgang eines Gerichtsverfahrens. Er liefert den Parteien Kompromissvorschläge, die sich entweder eng an der Sach- oder Rechtslage orientieren oder aber auch die Interessen einbeziehen. Je nach dieser Reichweite spricht man von enger oder umfassender Beur-

---

[54] Vgl. dazu einerseits *Riskin*, Understanding Mediators' Orientations, Strategies and Techniques: A Grid for the Perplexed, Harvard Negotiation Law Review 1996, S. 7, andererseits *Stulberg*, Facilitative Versus Evaluative Mediator Orientations: Piercing the „Grid" Lock, Florida State University Law Review 1997, S. 4.

teilung. Nicht selten übt der Mediator dieser Orientierung auch mehr oder weniger offenen Einigungsdruck auf die Parteien aus. Das erste Beispiel in der Einführung zu diesem Beitrag ist eine solche enge Beurteilung – vielleicht nicht untypisch für Mediationen durch pensionierte Richter und Anwälte.

Ein Mediator, der sich eher als **Moderator** versteht, unterbreitet den Parteien 61 nicht seine eigenen Vorschläge. Sein Ziel ist es, dass die Parteien selbst zu einer übereinstimmenden Einschätzung und Einigung gelangen. Deshalb stellt der moderierende Mediator in erster Linie Fragen zur Sach- und Rechtslage bzw. zu den zugrunde liegenden Interessen und unterstützt die Parteien darin, Vorschläge auszutauschen. Man spricht hier je nach Reichweite der Mediation von enger oder umfassender Moderation. Es überrascht nicht, dass diese Auffassung vor allem von Angehörigen der sozialen Berufe wie von Sozialpädagogen, Sozialarbeitern und Psychologen vertreten wird, während Anwälte, pensionierte Richter oder Professoren an Law Schools, die als Mediatoren tätig werden, sich eher der ersten Orientierung verpflichtet fühlen und vom Mediator nicht nur Mediationsfertigkeiten, sondern ebenso profunde Rechtskenntnisse des jeweiligen Gebiets verlangen, auf dem sich der Konflikt und die Mediation abspielen. Sie besetzen das Feld inzwischen auch mit dem Begriff ‚legal mediation‘, also rechtsorientierte Mediation.[55]

Welche Orientierung ist in der gerichtsnahen Mediation zweckmäßig, in Streitig- 62 keiten also, die bereits verrechtlicht sind? Diese Frage zeigt beispielhaft, wie wichtig es ist, aus den Erfahrungen mit Projekten wie in Holland zu lernen und dieses Wissen zwischen den an solchen Projekten Beteiligten auszutauschen. Gerichtsnahe Mediation ist daher auch eine **erstrangige Chance für einen interkulturellen Lernprozess** im Bereich der Konfliktbehandlungsmethoden.

4. Mediations„verstärker": Zweckmäßig oder eher kontraproduktiv?

a) **Zwang zur Information über das Verfahrensangebot Mediation?** Erfahrungen 63 mit ADR in den USA zeigen deutlich: Dort, wo Mediationsverfahren freiwillig sind, werden sie nicht ausreichend in Anspruch genommen. Idealistische Befürworter der Mediation mögen diese Wirklichkeit hassen, aber die Wirklichkeit ist nun einmal – um es mit *Woody Allen* zu sagen – die einzige Gegend, in der man ein gutes Steak bekommen kann. Zahlreiche Programme in den USA sehen deshalb vor, dass die Parteien sich zunächst über ADR informieren oder sogar einen Mediationsversuch unternehmen müssen, bevor sie sich an den Richter wenden können.

Mit dem Grundgedanken der Mediation als privatautonomem Verfahren steht 64 das entgegen so mancher Einsicht am Kaminfeuer nicht in Widerspruch. Forschungsergebnisse aus den USA zeigen nämlich, dass es zu unterscheiden gilt zwischen einem **Zwang zur Anrufung von Mediationsverfahren** und einem **Zwang innerhalb des Mediationsverfahrens**. In den USA empfanden Beteiligte Mediation auch in den Fällen als fair und zufrieden stellend, in denen sie das Verfahren nicht spontan und freiwillig aufgesucht hatten, sondern gesetzliche Vorschriften oder Gerichtsregeln sie dorthin verwiesen. Auch die Anzahl der Einigungen unterschied sich nicht danach, ob die Beteiligten freiwillig oder unfreiwillig Mediation aufgesucht

---

[55] *Golann*, Mediating Legal Disputes, S. 4.

hatten.[56] Zwang zum Verfahren – oder in anderen Worten: Informationszwang über Mediation als potentielles Verfahren – hat nach diesen Untersuchungen keinen Einfluss auf die erlebte Verfahrensgerechtigkeit bzw. die Anzahl der Einigungen, solange die Beteiligten die Entscheidung darüber behalten, ob sie sich einigen wollen und zu welchen Bedingungen, also die Vertragsfreiheit und die Freiheit im Verfahren. Nicht um eine ‚Zwangsschlichtung‘ geht es damit bei der obligatorischen Information oder Vorschaltung von Mediation, sondern um die schlichte Frage: Darf der Rechtsstaat es seinen Bürgern zumuten, sich in Konflikten zunächst über geeignete Verfahrensmöglichkeiten zu informieren und mit dem Gebrauch der Gerichte sparsam umzugehen, darf er also einen **Zwang zur Information** ausüben? Von daher begegnet § 15a EGZPO auch keinen Bedenken.

65   **b) Einigungsdruck durch Kostenanreize bzw. -nachteile?** Gerichtsverbundene Mediation wie im Stuttgarter Modell kann von den Parteien nach der gegenwärtigen und auch künftigen Rechtslage nicht verlangen, zuvor Mediation auszuprobieren. Dieses Angebot ist freiwillig. Um trotzdem Anreize für die Annahme dieses Angebots zu schaffen, erlässt das Stuttgarter Modell während der Modellphase den Parteien die Gerichtsgebühr, sofern es zu einer Mediationsvereinbarung kommt. Nach den Zahlen zu urteilen, hat sich das allein nicht als besonders starker Impuls erwiesen. Viel weiter geht das Englische Modell: Es belastet die Parteien mit Kosten, sofern sie nicht plausibel machen, welche Versuche mit alternativen Streitbehandlungsformen sie unternommen haben und warum sie trotz redlicher Bemühungen gescheitert sind.

66   Nach deutschem Prozess- und Kostenrecht ist das nicht möglich. Der Nutzen dieses Systems ist auch mehr als fraglich. Denn hier wird nicht nur ein Zwang zur Information über das Verfahren ausgeübt, sondern dazu hin noch ein **Zwang zu Einigungsbemühungen,** da sich die Partei, die sich einer Mediationsvereinbarung versperrt hat, nun mit Behauptungen der Gegenpartei auseinandersetzen muss, sie habe die Mediation blockiert. Wie will der Richter das – ohne gegen das Prinzip der Vertraulichkeit in der Mediation zu verstoßen – aufklären? Zumindest in unserem Rechtssystem könnte sich der Streit über die Kostenfrage auf einen Nebenkriegsschauplatz verlagern und damit das Gerichtssystem kaum entlasten. Es sollte daher erst einmal mehr Wissen darüber vorliegen, wie sich das Kostenanreizsystem in England auswirkt, bevor vorschnell nach ähnlichen Ansätzen bei uns gerufen wird.

V. Revision statt Mediation: Zum Abschluss ein Beispiel für eine vertane Chance

67   Es erscheint zunächst paradox, dass in Streitigkeiten, die bereits vor Gericht sind und in denen der Konflikt der Parteien schon verrechtlicht ist, eine Entrechtlichung in der Mediation gelingen soll. Merkwürdig mutet es auch an, dass Parteien zusätzlich zu den Kosten eines gerichtlichen Verfahrens noch die Kosten einer Mediation riskieren wollen. Und doch zeigen Versuche in vielen Ländern, dass man diesen Weg für erfolgversprechend hält oder ihn zumindest in Modellversuchen ausloten

---

[56] Dazu *McEwen/Milburn,* Explaining a Paradox of Mediation, Negotiation Journal 1993, S. 23; *Brett/Barsness/Goldberg,* The Effectiveness of Mediation, Negotiation Journal 1996, S. 259.

will. Dass Mediation innerhalb des Verfahrens auch eine wirkliche Lücke im justiziellen Angebot füllen könnte, soll zum Abschluss ein **Beispiel** aus der Gerichts-
praxis verdeutlichen, die „fehlgeschlagene Baufinanzierung":

Verschiedene Bauherren kaufen von einem Bauträger Eigentumswohnungen. Den Kauf finanzieren 68
sie über eine Bank. Der Bauträger wird insolvent, und nun klagt praktisch jeder gegen jeden: Die
Bank möchte die Darlehen zurück, die Käufer wollen festgestellt wissen, dass die Bank die Darlehen
nicht zurückverlangen kann, weil die Kaufverträge mangels notarieller Beurkundung der Baube-
schreibungen nichtig seien und sie diese Nichtigkeit der Bank entgegenhalten könnten. Außerdem
verklagen die Bauherren den Notar wegen der fehlenden Beurkundung auf Schadensersatz, der wiederum einwendet, es habe sich ohnehin zum Teil um Schwarzgeldkäufe gehandelt. Der Insolvenzverwalter will von den Käufern die Löschung der auf den Grundstücken zugunsten der Käufer las-
tenden Auflassungsvormerkungen, um die Insolvenzmasse zu mehren, und schließlich klagen auch
noch einige Käufer gegen den Insolvenzverwalter auf Rückzahlung der Darlehenssummen.
Ca. 25 Verfahren mit hohen Streitwerten laufen in der ersten Instanz, die sich schließlich in der Berufung vor dem Oberlandesgericht wegen der Spezialzuständigkeiten auf verschiedene Senate verteilen und damit fast zu einem eigenen Beschäftigungsprogramm für diese Senate werden. Umfangreiche und zeitaufwändige Vergleichsgespräche der Senate scheitern, es kommt zu dicken
zweitinstanzlichen Urteilen, gegen die Revisionen eingelegt sind. Ein ungeheuerer Prozessaufwand,
ein frustrierendes Erlebnis für die Parteien der Prozesse, aber auch für die Richter!

Hätte sich dieser Falldschungel vermeiden lassen, sofern ein auf diesem Sektor er- 69
fahrener und in Mediationsmethoden ausgebildeter Wirtschaftsmediator eingeschaltet worden wäre? Das weiß natürlich niemand. Aber Mediation statt Revision wäre
zumindest den Versuch wert gewesen. Der Mediator hätte die verzwickte Vergangenheit auf sich beruhen lassen. Weniger vom Zeitdruck gejagt als die Richter,
nicht mit der Doppelrolle belastet, entscheiden zu müssen, falls Vergleichsgespräche
scheitern, hätte der Mediator auf Grund des in der Mediation größeren Informati-
onsflusses einen Blick hinter die Rechtspositionen auf die Interessen der Beteiligten
werfen, dadurch typische Einigungshindernisse überwinden und Gewinnmöglich-
keiten für sie ausfindig machen können. Der Schlüssel dazu wäre seine Befugnis zu
vertraulichen Einzelgesprächen mit den Parteien und ihren Anwälten gewesen, ein
Vorgehen, das den Richtern versagt ist. Auch Mediation, gleich im ersten Termin
vom Gericht vorgeschlagen, wäre sicherlich nicht billig gewesen, hätte aber mit
großer Wahrscheinlichkeit – gemessen an dem jetzt entstandenen Kosten- und Zeitaufwand und dem frustrierenden Ergebnis – immer noch geringere Transaktionskosten nach sich gezogen.

Dass es nach fehlgeschlagenen Verhandlungen zwischen den Parteien und nach 70
vergeblichen gerichtlichen Vergleichsversuchen nicht wenigstens zu diesem Versuch
einer Mediation kam, das ist die **Lücke im Produktangebot der Justiz.** Man fragt
sich freilich: Kann und muss es sich die Justiz leisten, diese Lücke mit Formen gerichtsnaher Mediation zu füllen? Das scheint mir aber die falsche Frage. Die eigentliche Frage lautet vielmehr: Kann Justiz es sich auf Dauer leisten, auf derartige Angebote und damit eine Erweiterung ihrer Produktpalette zu verzichten? Der Blick
auf andere Rechtsordnungen zeigt, dass es sich mindestens lohnt, das Terrain in
wohlüberlegten Modellversuchen sorgfältig und ohne Hast zu erkunden.

§ 18 Integrierte Mediation

Arthur Trossen

Übersicht

Schrifttum: Allgemeines: *Ewig, Eugen,* Mediationsguide 2000; *Hehn, Marcus,* Nicht gleich vor den Richter, Bochum 1996; Das große illustrierte Wörterbuch der deutschen Sprache, Wörterbuch, 1995, Centrale für Mediation, Köln 1. Auflage.

Fachzeitschriften: KON:SENS, Zeitschrift für Mediation, Konfliktmanagement, Vertragsgestaltung, Jahrgänge 1999–2000; ZKM Zeitschrift für Konfliktmanagement, Centrale für Mediation, Köln, Jahrgänge 2000 ff.; Mitteilungsblatt, Mitteilungsblatt der Arbeitsgemeinschaft Mediation des Anwaltsvereins; Mediationsreport, Monatlich erscheinender Newsletter der Centrale für Mediation, Köln; ANWALT, monatliche Beilage zur NJW; Landtagsdrucksache, Landtag Rheinland-Pfalz.

Internetfundstellen: www.jung.jura-uni-sb.de/mediatio.htm; www.bild.de; www.rechtsanwalt-eder.de/html/mediation.html; www.baden-wuerttemberg.de; www.ilr.cornell.edu/alliance/court-annexed%20mediation.htm; www. Integrierte-mediation.de; www.WIN-Management.de

I. Einleitung

Die Mediation[1] befindet sich an einem Scheideweg. Ist es ihr primäres Ziel, die   **1** Streitkultur in Deutschland zu verbessern (ideologischer Ansatz) oder will sie eine neue Dienstleistung anbieten (merkantiler Ansatz)?

Der folgende Beitrag zeigt einen Ausweg aus diesem scheinbaren Gegensatz. Die **integrierte Mediation** kann nämlich beide Anforderungen erfüllen.

1. Grunderfahrung

Mit der juristischen Methodik kann zwar der Rechtsfrieden hergestellt werden.   **2** Selten jedoch gelingt eine (dauerhafte) Problemlösung. Diese lässt sich in den meisten Fällen erst dann herstellen, wenn die hinter dem Konflikt liegenden Parteipersönlichkeiten einbezogen werden. Gern sehen sich die Berater schon auf Grund der eigenen Lebenserfahrung hierzu als kompetent an. Auf die Phänomene der Mediation angesprochen erklären sie deshalb: „Das machen wir doch schon seit Jahr und Tag[2]“. Eine gewisse psychologische Beratungskompetenz besitzt eben jeder – oder etwa nicht?

2. Die Nachfrage

Tatsächlich deutet der Trend darauf hin, dass die Mediation neben der anwalt-   **3** lichen Beratung nur in seltenen Fällen zum Zuge kommt. Allenthalben klagen die

---

[1] Die nachfolgenden Ausführungen betreffen – auch wenn dies nicht weiter explizit erwähnt wird, die Anwendung in Familiensachen.
[2] Siehe auch *Hehn* KON:SENS 1999, 359.

Mediatoren über Nachfrage[3]. Ein nicht ganz verständliches Phänomen, wenn man bedenkt, dass die Kritik an der Effizienz konventioneller Verfahren immer lauter wird[4]. Das **Bedürfnis** nach einer alternativen Konfliktregelung ist **evident**. Die Nachfrage nach lösungsorientierten Vorgehensweisen erscheint jedoch verhalten. Warum? Einen Anhaltspunkt geben die nachfolgenden Ausführungen. Sie lassen erkennen, dass die integrierend vernetzten Formen der Mediation unserer Nachfragesituation am besten gerecht werden[5].

II. Die „reine" Mediation

1. Warum überhaupt Mediation?

4   Die juristisch tradierte Denkweise orientiert sich an der Vergangenheitsbewältigung. Regelungen und Entscheidungen folgen dem Gesichtspunkt der Vorwerfbarkeit und der Billigkeit. Sie folgen nicht notwendigerweise dem Gesichtspunkt des individuellen Interesses an einem zukunftsorientierten Neubeginn. Dementsprechend sind die juristischen Beratungs- und Verfahrensstrategien ausgestaltet. Die Auseinandersetzung wird durch Schuldzuweisungen geprägt. Ihr Ziel ist die Zerschlagung des Gegners. Obwohl die Flucht in juristische Abstraktionen sensiblen, individuellen Lösungen oft entgegen wirkt, steigt die Nachfrage nach Gerichtsverfahren kontinuierlich an. Der Sieg steht über dem Gewinn. Offenbar müssen die Streitparteien erst am eigenen Leib erfahren, wie viel persönliche Energie der Kampf um Sieg und Niederlage tatsächlich verzehrt. Erst mit dieser Erfahrung werden die Rufe, einen Rosenkrieg zu vermeiden, lauter. Hier kommt die Mediation gerade recht. Immerhin bietet sie eine interessenorientierte Problemlösung an.

2. Was ist „reine" Mediation?

5   Obwohl es inzwischen eine genaue Definition des Begriffs „Mediation" gibt, kommt es immer wieder zu semantischen Differenzen. Mediation hat für die Einen den ideologischen Anspruch, die gesellschaftliche Streitkultur zu verbessern. Andere sehen die Mediation als ein eigenständig konsumierbares Verfahren[6] an, das alternativ zum Gerichtsverfahren anzubieten ist. Bestritten ist die Ansicht, bei der Mediation handele es sich „lediglich" um eine Methodik, bei der rhetorische Techniken[7] und psychologische Strategien zur Anwendung kommen.

Im vorliegenden Beitrag geht es nicht um den ideologischen Aspekt der Mediation, sondern um die Darstellung ihrer **Alltagstauglichkeit** und der sich daraus ergebenden Konsequenzen.

---

[3] Siehe auch *Fuchs* KON:SENS 1999, 350 (Mediation als Nachfragemarkt).
[4] *Becker* wird von *www.bild.de* (Bild Online) am 17.3.01 wie folgt zitiert: „Es (die Scheidung) war so schmerzhaft und belastend wie nie zuvor. In dieser Situation gibt es nur Verlierer ...".
[5] *Griesebach (von Schlieffen,)* Mitteilungsblatt der Arbeitsgemeinschaft Mediation des Anwaltsvereins 1/01.
[6] *Mähler* KON:SENS 1999, 200.
[7] *Klaus Griesebach (von Schlieffen)*, Mitteilungsblatt der Arbeitsgemeinschaft Mediation des Anwaltsvereins 1/01.

Mediation wird inzwischen überwiegend für den Bereich der „Familienmedia- 6
tion" an folgender **Definition** ausgerichtet:

„Mediation ist ein freiwilliger Prozess, in dem Konfliktpartner mit Hilfe eines neutralen Dritten ohne inhaltliche Entscheidungsbefugnis gemeinsame, aufeinanderbezogene, nach Möglichkeit wertschöpfende Entscheidungen treffen, die von dem wachsenden Verständnis von sich selbst, dem anderen und ihrer Sicht der Realität aufbauen"[8].

Diese Definition beschreibt den Begriff „Mediation" aus einer absoluten Sicht, 7
ohne auf die zuvor erwähnten, semantischen Abweichungen einzugehen. Um der
relativen Bedeutung des Begriffs „Mediation" gerecht zu werden, bedarf es deshalb
einer weiteren Differenzierung. Aus diesem Grund verwende ich den Begriff „reine"
Mediation synonym für das konservative Verständnis von Mediation, welcher dieselbe als ein eigenständiges Verfahren beschreibt. Diese „reine" Form der Mediation grenzt sich gegenüber Mischformen wie der „integrierten" Mediation[9] ab.

3. Die Definitionsmerkmale der „reinen" Familienmediation

Zur Feststellung, ob und inwieweit sich die „reine" Mediation z.B. von der 8
„integrierten" Mediation abgrenzt, bedürfen die Definitionsmerkmale der „reinen"
Familienmediation einer praxisbezogenen Analyse. Diese Analyse soll Rückschlüsse
auf die Einsatzmöglichkeiten, die Grenzen und die Gestaltungsformen des „reinen"
Mediationsverfahrens[10] ermöglichen. Erst wenn die sich aus der Definition ergebende Dienstleistung den konkreten Bedürfnissen der Nachfrage entspricht, kann
eine positive Prognose für die Konsumierbarkeit der „reinen" Mediation und somit
auch für deren Vermarktung getroffen werden. Geht sie indes an den Bedürfnissen
des Marktes vorbei, wird der Bedarf für andere Dienstleistungen, wie z.B. die
„integrierte" Mediation evident.
- Definitionsmerkmal: „Prozess". Die Definition beschreibt Mediation als einen 9
  Prozess. Der Begriff „Prozess" kommt von procedere und bedeutet „Verlauf, Fortgang"[11]. Somit ist die Mediation ein Vorgang, der zu seiner Abwicklung einen
  gewissen Zeitaufwand erfordert.
  Prozesse werden über Abläufe, nicht über methodische Inhalte, definiert. Konsequenterweise enthält die Definition auch keine Angaben über die Methoden, die
  innerhalb der Mediation zur Anwendung kommen. Der Prozess Mediation wird
  in Phasen[12] unterteilt. Wann diese Phasen wie zur Anwendung kommen bleibt
  frei gestellt. Weder deren örtliche noch deren zeitliche Komponenten sind Bestandteil der Definition geworden.
- Definitionsmerkmal: „Konfliktpartner". Die Medianten werden als „Partner" 10
  bezeichnet. Der Begriff lässt Gemeinsamkeit assoziieren, obwohl im Konflikt die
  Gegnerschaft nahe liegt. Zweifellos wird nicht die streitgenossenschaftliche Verbundenheit der Konfliktparteien vorausgesetzt. Der Begriff „Partner" wird von
  Teilhaber abgeleitet[13]. Er schließt die Gegnerschaft zwar nicht aus, deutet

---

[8] *Mähler* KON:SENS 1999, 200.
[9] Siehe Rdnr. 74 ff.
[10] Gemeint ist das Verfahren der „reinen" Mediation.
[11] „Das große illustrierte Wörterbuch der deutschen Sprache".
[12] *Ewig*, MediationsGuide 2000, Seite VIII.
[13] „Das große illustrierte Wörterbuch der deutschen Sprache".

aber auf eine gemeinsame Zielsetzung hin. Die Verwendung des Begriffs „Konfliktpartner" qualifiziert deren Beteiligung dahingehend, dass die Konfliktüberwindung als gemeinsame Zielvorgabe mit einem dementsprechendem Machtverzicht[14] vorausgesetzt wird. Mediation wird somit bei einer hohen Streitbereitschaft von vorneherein ausgeschlossen.

11 – **Definitionsmerkmal: „freiwillige Teilnahme".** „Freiwillige Teilnahme" ist eine Verfahrensvoraussetzung[15]. Formal bedeutet sie, dass der Mediant juristisch nicht zur Teilnahme gezwungen werden kann. Die Freiwilligkeit soll die Bereitschaft der Medianten sicherstellen, sich Problemen zu stellen und eigene Lösungen finden zu wollen. Konsequenter Weise ist eine Mediation ausgeschlossen, wenn der Mediant durch Ausübung psychischen Druckes zur Teilnahme gezwungen wird oder wenn die Freiwilligkeit im Laufe des Mediationsverfahrens wegfällt.

12 – **Definitionsmerkmal: „Hilfe".** Hilfe bezeichnet ein Tätigwerden, welches darauf ausgerichtet ist, jemanden zu unterstützen.

13 – **Definitionsmerkmal: „Dritter".** Die Bedeutung des Definitionsmerkmales liegt in seiner unmittelbaren Konsequenz. Die Streitparteien benötigen eine externe Instanz, die den Streit schlichten kann. Sie selbst sind hierzu nicht im Stande. Sofern der Mediant innerhalb der „reinen" Mediation eine Beratung wünscht, benötigt er zusätzlich einen Interessenvertreter[16]. Die Mediation repliziert somit das bewährte Modell:

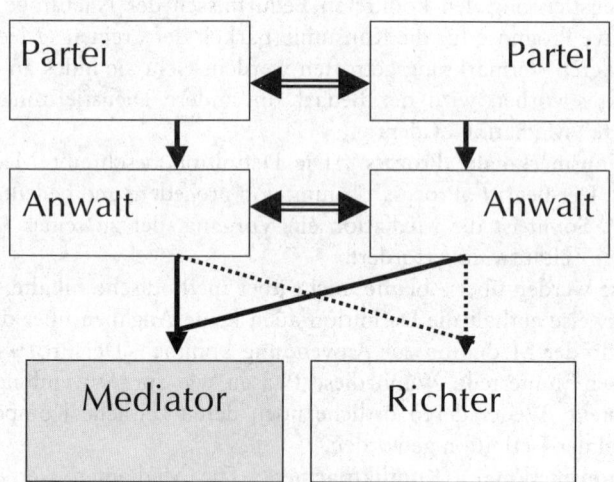

Abbildung 1: Konstallation Mediationsverfahren

14 – **Definitionsmerkmal: „Ohne inhaltliche Entscheidungsbefugnis".** Die Medianten sollen nicht durch die Autorität eines Dritten unter einen Entscheidungsdruck geraten. Das Definitionsmerkmal ist formal angesetzt. Es begrenzt sich auf diejenigen Fälle, in denen der Dritte von Berufs wegen Entscheidungs**befugnisse** besitzt.

---

[14] *Fuchs* KON:SENS 1999, 350.
[15] *Proksch* KON:SENS 1998, 118.
[16] Vgl. § 21.

Dies sind in erster Linie der Richter und der Schiedsmann. Hintergrund ist die Befürchtung, diese Personen könnten vertrauliche Informationen des Medianten für eine spätere Entscheidung missbrauchen. Ob aber im konkreten Fall von der Entscheidungsbefugnis tatsächlich Gebrauch gemacht wird, oder ob ein derartiger Missbrauch konkret zu befürchten ist, bleibt nach der vorliegenden Definition unbeachtlich.

Sicherlich gelingt die Mediation nur in einem vertrauensvollen Umfeld. Nur dort kann ein ungehinderter und unbeeinflusster Informationsaustausch gewährleistet werden. Andere Definitionen[17] ernennen deshalb nicht die fehlende Entscheidungsbefugnis, sondern den ungehinderten Informationsaustausch zum entscheidendes Merkmal der Mediation. Sie verzichten darauf festzulegen, wie dieser Zustand formal herzustellen ist.

– **Definitionsmerkmal: „Neutralität".** Neutralität bildet ein weiteres Kriterium für   **15** eine Vertrauensbasis. Wir unterscheiden eine geborene und eine erkorene Neutralität. In der geborenen Neutralität ist der Dritte von Berufs wegen neutral. Diese Situation trifft zum Beispiel auf den Richter zu. Die erkorene Neutralität muss erst durch Proklamation und Interaktion erworben werden. In dieser Situation befindet sich der Anwalt.

– **Definitionsmerkmal: „wertschöpfende Entscheidung".** Das Ergebnis des Prozes- **16** ses soll eine Entscheidung sein, die zugleich wertschöpfend ist. Dieses Ziel wird zwar angestrebt. Seine Erreichung ist jedoch nicht zwingend. Die Definition macht die Mediation nicht von einem Ergebnis abhängig. Mediation liegt demzufolge auch dann vor, wenn **keine** wertschöpfende Entscheidung zustande kommt.

III. Auswirkungen der Definition

Die zuvor erläuterte Definition ordnet die „reine" Mediation als ein konkurrie- **17** rendes Verfahren mit ethischem Alleinstellungsanspruch ein. Sie kennzeichnet die „reine" Mediation als eine Dienstleistung, die dem Markt nur sehr eingeschänkt zur Verfügung stehen kann. Diese These soll durch die nachfolgenden Ausführungen belegt werden.

1. Konkurrenz

Definitionsgemäß präsentiert sich die Mediation als ein selbständiges Konfliktlö- **18** sungsverfahren. Als solches kann sie natürlich eigenständige Honorierungen auslösen. Die Möglichkeit einer eigenständig abzurechnenden Dienstleistung suggeriert ein neues Produkt mit entsprechenden Marktvorteilen. Leider verlangt der Markt zur Identifikation von Produkten und Dienstleistungen die Festschreibung von sogenannten Alleinstellungsmerkmalen[18]. Die Alleinstellungsmerkmale repräsentieren den besonderen Nutzen, den die Dienstleistung in Abgrenzung zu anderen, gleichartigen Dienstleistungen für den Interessenten hat.

---

[17] *Altmayer,* www.jung.jura-uni-sb.de/mediatio.htm.
[18] Unique selling propositions, kurz USP's genannt.

19   Damit sich die Mediation vorteilhaft gegenüber den Mitbewerbern[19] abgrenzen kann, lässt sie sich auf eine unselige Konkurrenz zu diesen ein[20]. Restriktive **Ausgrenzungen** im Verhältnis zur Justiz, dem Schiedsverfahren, der anwaltlichen Beratung, usw. sind eine Folge:
- Der Schlichter ist kein Mediator.
- Ein Anwalt, der bereits als Interessenvertreter beauftragt war, kann keine Mediation (mehr) durchführen.[21]
- Ein Richter kann kein Mediator sein.
- Der Mediator kann keine Interessenvertretung durchführen.
- Der Psychologe darf keine juristische Beratung anbringen.
- Der Schiedsmann kann weder das eine noch das andere. Neuerdings entwickelt sich die Mediation sogar zur Rechtsberatung[22].

20   Der Konkurrenzgedanke bringt nicht nur Ausgrenzungen. Er provoziert auch die **Abwertung** der Konkurrenten. Hier ein repräsentatives Beispiel für die Werbebotschaften einiger Mediatoren:

„Eine Alternative zum Richterspruch? ... Die wichtigsten Vorteile eines Mediationsverfahrens: Zeit- und Kostenersparnis ... echte Interessenwahrnehmung durch kreative Lösungen ... jährliche Kosteneinsparungen ... mit 75% des Budgets für Prozesskosten ...“[23].

Es war auch schon zu hören, dass Mediatoren behaupten, Mediation sei besser als die justizförmigen Verfahren. Derartige Werbebotschaften sind unlauter. Sie bauen auf nicht genannte Voraussetzungen auf. Tatsächlich hat das Mediationsverfahren gegenüber dem monopolistischen Gerichtsverfahren **keine** guten Marktchancen. Öffentliche Erläuterungen[24] der Justiz über das Mediationsverfahren bringen deren überlegene Unvermeidbarkeit im Gegenzug wie folgt zum Ausdruck:

„... Die gerichtliche Geltendmachung des Anspruches nach einer erfolglosen Mediation wird durch die Mediation nicht ausgeschlossen ...“[25]

Wir lernen also, dass die Justiz die eigenen Verfahren als die wirksameren anzupreisen weiß.

2. Überschneidungen

21   Grundsätzlich gibt es **große Ähnlichkeiten** zwischen der Mediation und den konkurrierenden Verfahren. Besonders ähnelt die Konstellation des Gerichtsverfahrens[26]. Allerdings herrscht dort eine andere Zielsetzung vor. Während das Gerichtsverfahren auf die Herstellung des Rechtsfriedens ausgerichtet ist, setzt die Media-

---

[19] Im Sinne des Marketings ist unter „Mitbewerber" all das zu verstehen, das die Nachfrage nach der Mediation einschränken könnte. Also sind gemeint: Die anwaltliche Beratung, das Gerichtsverfahren, das Schiedsverfahren, das Schlichtungsverfahren, die Moderation, die Negotiation usw.
[20] Siehe Rdnr. 39.
[21] Vgl. dazu § 15 Rdnr. 42 ff.
[22] LG Rostock ZKM 2000, 235. Zu der Vereinbarkeit der Mediation mit dem Rechtsberatungsgesetz vgl. § 26 Rdnr. 34 ff.
[23] Zitat aus http://www.rechtsanwalt-eder-de/html/mediation.html im März 2001.
[24] Zitat aus der Internetseite des Justizministeriums Baden-Württemberg am 25. 4. 2001 www.baden-wuerttemberg.de.
[25] Zitat aus der Internetseite des Justizministeriums Baden Württemberg zum Modellversuch „außergerichtliche Konfliktbeilegung am Landgericht und Amtsgericht Stuttgart" am 25. 4. 2001.
[26] Siehe Abbildung 1: Konstallation Mediationsverfahren (Rdnr. 13).

tion auf eine „wertschöpfende" Problemlösung. Es fällt auf, dass einige der zuvor erläuterten Definitionsmerkmale bereits in anderen Verfahren verwirklicht sind. Andere könnten dort problemlos reproduziert werden. Derartige Überschneidungen wirken wie ein gemeinsamer Nenner. Der Überschneidungsgrad gibt Aufschluss darüber, wie gut oder schlecht sich die Mediation von diesen Verfahren abzugrenzen vermag. Bei einer 100%-igen Überschneidung kann davon ausgegangen werden, dass die „reine" Mediation auch innerhalb der anderen Verfahren abgewickelt werden könnte. Bei einer hohen Übereinstimmung wird es der Mediation schwer fallen, ihre Alleinstellungsmerkmale herauszuarbeiten.

Im Nachfolgenden soll der **Überschneidungsgrad** zwischen der „reinen" Mediation und beispielsweise dem Gerichtsverfahren aufgezeigt werden. Ich beginne mit den in anderen Verfahren bereits verwirklichten Definitionsmerkmalen:

- **Prozess.** Die konventionellen Verfahren sind – wie die „reine" Mediation als ein 22 Prozess definiert (z. B. Zivilprozessverfahren). Die Verfahrensordnungen sind dementsprechend prozess- nicht methodenbeschreibend.
- **Neutralität.** Der Richter besitzt eine geborene Neutralität, die unter anderem 23 durch seine finanzielle Unabhängigkeit[27] garantiert wird. Ganz anders ist die Situation beim Anwalt. Seine berufliche Basisidentität[28] ist die individuelle, von Parteiweisungen abhängige Interessenvertretung. Der Anwalt muss seine Neutralität im Einzelfall erst unter Beweis stellen. Er muss also eine spezifische Voraussetzung im Einzelfall erst herbeiführen, ehe er mediieren kann.

3. Anpassungsmöglichkeiten

Eine Überschneidung von Definitionsmerkmalen der „reinen" Mediation und 24 denen anderer Verfahren ist auch anzunehmen, wenn einzelne Mediationsmerkmale zwar nicht regelmäßig vorliegen, aber temporär entstehen. Auch in diesem Fall ist davon auszugehen, dass ihre kurzfristige Existenz einem zeitgleichen Zusammentreffen aller Merkmale nicht im Wege steht. Die Situation ist in der Mediations-Praxis bekannt. Auch hier kommt es selten vor, dass alle definierten Kriterien bereits zu Beginn einer Mediationssitzung vollständig erfüllt sind. Der Mediator wird seine Kompetenzen als Wettbewerbsteilnehmer im Zweifel dazu nutzen, Merkmale, wie z. B. die Freiwilligkeit der Teilnahme[29] herzustellen, indem er die letzten Zweifel beim Medianten argumentativ ausräumt. Er wird dessen Eigenverantwortung einfordern, indem er auf die negativ dargestellten Konsequenzen einer fremdbestimmten Regelung – wie etwa einem gerichtlichen Urteil – hinweist. Nichts anderes passiert in den konventionellen Verfahren. Auch hier können einzelne Anforderungen der Mediation im Laufe des Verfahrens hergestellt werden. Unter diesem Aspekt werden nachfolgend die **restlichen Definitionsmerkmale** dargestellt.

- **Freiwilligkeit.** Das Element der Freiwilligkeit wird dem Gerichtsverfahren zwar 25 abgesprochen, weil die Partei juristisch zur Teilnahme gezwungen ist[30]. Die formale Betrachtung schließt nicht aus, dass die Partei ungeachtet der juristischen

---

[27] Gemeint ist die finanzielle Unabhängigkeit von den Parteien.
[28] Siehe Rdnr. 33.
[29] Siehe Rdnr. 11.
[30] Z. B. § 141 ZPO.

Pflicht ein eigenes Interesse an der Teilnahme hat und diese auch will. In diesem Fall ist Freiwilligkeit zu bejahen. So wie die (innere) Freiwilligkeit bei der Mediation im Laufe des Verfahrens entfallen kann, so kann sie im Laufe eines Gerichtsverfahrens oder einer Beratung herbeigeführt werden[31].

26 – **Konsensbereitschaft.** Bei hoher Streitbereitschaft der Parteien ist eine Mediation nicht möglich. Eine Einschränkung, die in anderen Verfahren kein Hindernis darstellt. Der Berater hat als Interessenvertreter einen größeren Einfluss auf den Mandanten und kann ihn unterweisen. Im Gerichtsverfahren kann die Einigungsbereitschaft der Parteien bei geschickten Verhandlungen ebenfalls hergestellt werden.

27 – **Eigenverantwortung.** Der Anwalt hat als Interessenvertreter die Möglichkeit, die Eigenverantwortung der Partei im Rahmen seiner Beratung zu fördern oder auch zu unterdrücken.
Im Gerichtsverfahren ist die Eigenverantwortung zwar keine Verfahrensvoraussetzung. Erfahrungen im „Altenkirchener Modell[32]" belegen jedoch, dass sie relativ leicht herzustellen ist[33].

28 – **Keine inhaltliche Entscheidungsbefugnis.** Eine Mediation ist nur möglich, wenn eine Vertrauensbasis zum Mediator besteht. Obwohl der Anwaltsmediator keine geborene Neutralität besitzt, wird es ihm gestattet, diese zum Zweck der Mediation im Einzelfall herzustellen. Eine derartige Flexibilität gestattet das Definitionsmerkmal „keine inhaltliche Entscheidungsbefugnis" den Richtern nicht. Dieses Merkmal ist an einer Formalie ausgerichtet, die von vornherein ausschließt, dass die Mediation von (erkennenden) Richtern und Schiedsleuten betrieben wird.

29 Es hat den Anschein, als hätten die Definitionsgeber weniger darauf geachtet, den repressalienbefreiten Informationsaustausch sicherzustellen, als zu verhindern, dass Berufsfremde in den neu entstehenden Markt eindringen. Mediatoren wissen, dass der freie Informationsaustausch schon dann eingeschränkt wird, wenn mit der Beratung eine inhaltliche Beeinflussung einhergeht. Bereits die Autorität des Mediators kann die Parteien manipulieren. Derartige Manipulationen werden jedoch mit der vorliegenden Definition nicht ausgeschlossen. Ganz anders ist die Situation in den USA. Hier wird dem erkennenden Richter praktische Mediation ermöglicht[34]. Auch der deutsche Richter verfügt durchaus über gute Möglichkeiten, eine Vertrauensbasis zu den Parteien herzustellen auf deren Basis unabhängige Äußerungen möglich sind. Diese These wird durch die Erfahrungen im „Altenkirchener Modell[35]" gestützt.

30 – **Wertschöpfung.** Das deutlichste Abgrenzungskriterium der Mediation zu anderen Verfahren ist die Wertschöpfung. Die Art der Wertschöpfung definiert die Mittel. Die Individualität erzwingt ein Eingehen auf Wünsche und Interessen der Parteien. Letzten Endes sind wertschöpfende Lösungen auch im Gericht möglich. Sie helfen, vernichtende Entscheidungen und Rechtsmittel zu vermeiden.

---

[31] Weitere Ausführugen unter Rdnr. 106.
[32] Siehe Rdnr. 67.
[33] Weitere Ausführungen unter siehe Rdnr. 106.
[34] Siehe Rdnr. 72.
[35] Siehe Rdnr. 67.

4. Zusammenfassung und Konsequenzen

Mediation wird als ein **eigenständiger Prozess** definiert, der sich von tradierten 31
Verfahren isoliert und zu diesen in Konkurrenz begibt. Die Definition enthält formale Hindernisse, die eine flexible Anwendung der Mediation in anderen Verfahren nicht gestattet. So ist eine Mediation durch den Interessenvertreter ebenso wenig möglich, wie durch den erkennenden Richter, obwohl es sich in beiden Fällen um die Monopolisten handelt, die der Rechtssuchende primär frequentiert. Weiterhin entsteht ein Definitionsbedarf für diejenigen Fälle, in denen der Richter oder der Interessenvertreter über mediative Techniken zu einer interessengerechten Lösung gelangt.

IV. Einsatzbereiche und Verbreitung der Mediation

Die Entwicklung der Mediation steckt noch in den Kinderschuhen. Sie vollzieht 32
sich in mehreren Ausbaustufen. Die erste Ausbaustufe will „Mediation" in ihrer reinen Form anwenden[36]. Der Preis für diesen hohen Anspruch ist eine mangelnde Kompatibilität mit den vorherrschenden Streitinstanzen, nämlich der Rechtsanwaltschaft und der Justiz. Um diese These zu untermauern, gehe ich im Folgenden auf die Verbreitungschancen der Mediation ein.

1. Mediation als Anwaltssache

Zu Beginn eines Konfliktes steht der Beratungsbedarf. Das Beratungsmonopol 33
liegt – nicht nur aus juristischer Sichtweise[37] – beim Anwalt. **Er** ist die erste Anlaufstelle **nicht** der Mediator. Die Beratung entspricht dem typischen Dienstleistungsauftrag des Interessenvertreters und damit dem anwaltlichen Selbstverständnis. Die Rolle des Mediators ist für Anwälte keine natürlich gewachsene Rolle. Die „reine" Mediation ist definitionsgemäß innerhalb einer Beratung nicht möglich[38]. Demzufolge ist Mediation auch keine Anwaltssache[39].

Es gibt Anhaltspunkte dafür, dass viele Anwälte die Mediation nicht als Selbstzweck, sondern eher als ein Instrument der **Mandantenakquisition** ansehen. Ein Indiz sind die Ausbildungszahlen. Ein in Mediation geschulter Anwalt dokumentiert seine gesteigerte Verhandlungskompetenz, indem er Kenntnisse über eine qualifiziertere Beratung und Mandatsführung vorweist. Eine Fähigkeit, die er in seiner juristischen Ausbildung nicht gelernt hat.

Schließlich entdecken Anwälte die Mediation als Mittel zur Abwendung von **Mandatskollisionen**, wenn der eine Mandant gegen einen anderen Mandanten desselben Anwaltes vorgehen will. Hier kann der Anwalt durch das Angebot einer Mediation verhindern, dass er einen oder gar beide Mandanten zum Mitbewerber schicken muss[40].

---

[36] *Trossen* KON:SENS 1998, 111, *Kempf* KON:SENS 1999, 168 [170].
[37] RBerG § 1; dazu § 26 Rdnr. 34 ff.
[38] BRAO § 3.
[39] Der Begriff „Anwalt" bedeutet im mittelhochdeutschen „anwalte" = Bevollmächtigter.
[40] ANWALT 4/2001, 16.

2. Mediation als eine Angelegenheit der Gerichte

34   Dass Mediation eine Angelegenheit der Gerichte sei, ist auf den ersten Blick völlig absurd. Dennoch hat der **Gesetzgeber** die gütliche Einigung als einen wesentlichen **Auftrag des Gerichtes** formuliert[41]. Der Staat hat durchaus ein Interesse, einvernehmliche Lösungen zu fördern. Sie bedingen eine größere Zufriedenheit mit der Justiz. Auch könnte die Justiz die steigende Nachfrage durch die Anwendung mediativer Techniken ohne Qualitätseinbußen bedienen.

35   Trotz des staatlichen Interesses an einvernehmlichen Lösungen, setzt die Justiz schwerpunktmäßig auf die Vorstellung, der Rechtsfrieden könne lediglich durch Subsumtion hergestellt werden. Hier fehlt es an alternativen Erfahrungen und dem Bewusstsein für die eigene Kompetenz. Konsequenterweise kennt die Richterausbildung auch keine Schulung in Verhandlungsführung und Psychologie. Der Richter hat nicht gelernt, wie er eine gütliche Einigung herbeiführen kann.

36   Welchen Stellenwert Vergleichsverhandlungen aus der Sicht der Justizverwaltung haben, wird bei der Umsetzung des § 279 Abs. 2 ZPO deutlich. Die Pensenstatistik verbucht die Vergleichsverhandlung als sogenannte „AR" – Sache[42]. Das Jahrespensum von „AR"-Sachen liegt bei 1800 Verfahren pro Jahr. Der Richter müsste also 1800 Vergleichsverhandlungen im Jahr durchführen, um ein volles Arbeitspensum für „AR"-Sachen zu absolvieren. Der verfügbare zeitliche Rahmen für die Sachbearbeitung eines einzelnen Verfahrens beträgt somit maximal 54 Minuten einschließlich der Vorbereitungs- und Abarbeitungszeit[43].

3. Mediation als Alternative zum Gerichtsverfahren?

37   Mediation kann dann eine **Alternative** zu einem Gerichtsverfahren darstellen, wenn sie die gleichen Eigenschaften hat wie dieses und das gleiche Ergebnis herbeizuführen vermag. Dies ist indes nicht der Fall. Das monopolistische Gerichtsverfahren hat gegenüber der Mediation unerreichte Vorzüge. Dies sind die finanzielle Unabhängigkeit des entscheidenden Organs, die Maßgeblichkeit des staatlich anerkannten Orientierungspunktes als „Hüter der Werte", die Fähigkeit, Verhandlungen auch bei ablehnender Haltung der gegnerischen Partei herbeiführen zu können. Diese gesellschaftspolitisch notwendigen Eigenschaften können von der Mediation nicht aufgefangen werden. Die Mediation kann deshalb „lediglich" eine sinnvolle Ergänzung[44] zum Gerichtsverfahren darstellen.

4. Zusammenfassung und Konsequenzen

38   Mediation wird weder als eine (originäre) Angelegenheit der Anwälte noch der Gerichte wahrgenommen. Sie stellt auch keine Alternative zu den Gerichtsverfahren dar. Der zuvor festgestellte, hohe Deckungsgrad zwischen der „reinen" Mediation und dem Gerichtsverfahren begünstigt jedoch einen **komplementären Einsatz**.

---

[41] § 279 ZPO.
[42] AR ist das Registerzeichen für „Allgemeine Rechtssache".
[43] Bei 205 Arbeitstagen/Jahr mit 8 Stunden/Tag betrüge der geschätzte Zeitaufwand für 1 Sache $205 \times 8 = 1640$ Arbeitsstunden/1800 Sachen = 0,91 Stunden.
[44] *Griesebach (von Schlieffen),* Mitteilungsblatt der Arbeitsgemeinschaft Mediation des Anwaltvereins 1/01, vgl. auch *Hehn,* „Nicht gleich vor den Richter", S. 158.

V. Mediation als Produkt

Immer mehr Anwälte ergänzen ihren Briefkopf um die ungeschützte Bezeichnung 39
„Mediator". Die Nachfrage nach angewandter Mediation bleibt jedoch aus. Warum? Die Nachfrage hängt entscheidend davon ab, wie sich die „reine" Mediation[45]
präsentiert und wie ihre **Produkttauglichkeit** einzuschätzen ist. Wir beurteilen diese
Frage aus zwei unterschiedlichen Perspektiven: Die Nachfrage durch den Betroffenen und die Nachfrage durch den Anwalt.

1. Nachfrage durch den Betroffenen

Die „reine" Mediation ist ein sogenanntes **low interest-Produkt**. An einem sol- 40
chen Produkt hat der Kunde grundsätzlich kein Interesse. Ein Interesse entsteht nur
innerhalb der konkreten Nachfragesituation, also im Konfliktfall. Aber auch im
Konfliktfall sind die Nachfragemöglichkeiten eingeschränkt. Ursache ist zum einen
die Bedürfnislage des Betroffenen, zum anderen die Art und Weise der Produktgestaltung.

a) Die Bedürfnislage. Jeder Konflikt verläuft in einem zeitlich gestreckten Pro- 41
zess. Dabei entwickelt er sich dynamisch. Mit seiner Entwicklung gehen emotionale
Höhen und Tiefen einher. Diese sind ausschlaggebend für die Bedürfnislage, in welcher der Betroffene Rat und Tat nachfragt. Die Nachfrage reicht von der unverbindlichen Information bis hin zum konkreten (juristischen oder wirtschaftlichen)
Vernichtungsschlag.

Wir unterteilen den Konfliktverlauf grob in **4 Phasen**. Jede Phase bedingt einen
anderen Informations-, Beratungs- und Handlungsbedarf.

Phase 1	Phase 2	Phase 3	Phase 4
Konfliktanlass	Konfliktkonstitution	Konflikteskalation	Abwicklung
Beginn der Krise			
Informationsbedarf	Beratungsbedarf	Handlungsbedarf	Regelungsbedarf
		Vernichtungsbedarf	Koordinationsbedarf

Abbildung 2: Konfliktverlaufsskala

– **Phase 1: Wohin wenn es in der Ehe kriselt?** In der ersten Phase besteht ledig- 42
lich ein einfacher, umfassender Informationsbedarf. Dem Betroffenen geht es
darum, sich eine Meinung über die ihn betreffende Situation und deren mögliche Konsequenzen zu bilden, damit er rechtzeitig Auswege erkennen und wahrnehmen kann. Es ist noch kein Fall für eine Mediation, auch noch nicht für
eine Beratung. Es sei denn, diese könnte sich auf Konfliktvermeidungsstrategien beziehen. Der Anwalt wird noch nicht einbezogen, weil das Aufsuchen des
Anwaltes in gewisser Weise schon ein Konflikteingeständnis und eine Entschei-

---

[45] Mediation wird hier im zuvor definierten Sinn verstanden. Vgl. Rdnr. 5.

dung für einen rechtlichen Handlungsbedarf – etwa dem zur Scheidung – manifestiert[46].

43   – **Phase 2: Die Beratung.** Angenommen, der Betroffene hat erkannt, dass er sich in einem Konflikt befindet. Die Erstinformationen haben das Konfliktpotential offen gelegt. Jetzt geht es darum, die Informationen zu einer Entscheidung zu bündeln. Es besteht ein akuter Beratungsbedarf aber noch kein (erkannter) Bedarf für eine Mediation.

44   – **Phase 3: Die Vertretung.** Der Konflikt eskaliert. Oft stehen gegensätzliche Positionen einander gegenüber und es scheint nur noch das Durchsetzen oder Aufgeben der eigenen Interessen möglich. Strategisch sollte in dieser Situation besonders darauf geachtet werden, Eskalation zu vermeiden. Genau das Gegenteil geschieht jedoch in der Praxis. Auf dem emotionalen Höhepunkt erwartet der Klient geradezu, dass der Anwalt sich als verbündeter Streithelfer präsentiert. Seine emotionale Grundhaltung ist jetzt ausschlaggebend für die Wahl des Beraters. Eine direkte Nachfrage nach Mediation könnte sich nur einstellen, wenn er den Gang zum Anwalt oder zum Gericht als unvorteilhaft einstuft.

45   – **Phase 4: Die Abwicklung.** Abwicklung bedeutet: Umsetzen von Entscheidungen. Die Mediation hat bereits mit der Herbeiführung der Entscheidung geendet. Ab hier beginnt wieder die Interessenvertretung.

46   **b) Produktgestaltung.** Gewünscht wird, dass der Konfliktbetroffene die Mediation als Dienstleistung einer außergerichtlichen Streitregulierung gezielt nachfragt. Hiervon verspricht sich die Justiz eine Entlastung und die Anwaltschaft eine steigende Nachfrage. Damit die gewünschte Nachfrage eintreffen kann, muss die „reine" Mediation beim Kunden als ein assoziierbares Produkt vorgestellt werden können.

47   **c) Produktidentität.** Voraussetzung einer Nachfrage ist die klare Möglichkeit zur Produktidentifikation. Diese kann nicht auf eine akademische Definition, sondern einzig und allein darauf zurückgeführt werden, wie der Konfliktbetroffene das Produkt (im vorliegenden Fall die Dienstleistung) wahrnimmt und versteht. Mithin entscheiden seine Vorstellungen von der Dienstleistung über die Nachfragesituation. Was assoziiert der Kunde, wenn er „Mediation" hört? Er denkt an Meditation und stellt sich eine Konfliktbereinigung in eher mystischen Varianten vor. Der Begriff „Mediation" löst in der Bevölkerung keine originären Assoziationen aus. Er kommt in der Alltagssprache nicht vor, so dass der Konfliktbetroffene auch keine Analogien finden kann – außer der zur anwaltlichen Beratung und zum Gerichtsverfahren.

48   **d) Kenntnis vom Produkt.** Damit die Mediation nachgefragt wird, muss sie schnell und korrekt wahrgenommen werden können. Je prägnanter die Unterscheidungskriterien sind, desto klarer ist das Produkt zu identifizieren. Beachten Sie bitte, dass die Aufmerksamkeit des Kunden auf Mediation zu einem Zeitpunkt zu wecken ist, in dem er sich hierfür grundsätzlich **nicht** interessiert. Die Strategien der Mediationsvereine und Verbände sowie der Justiz, den Gedanken der Mediation in die Öffentlichkeit zu tragen, sind dementsprechend teuer und ineffizient.

---

[46] Ähnlich verhält es sich mit dem Arztbesuch. Man geht nicht zum Arzt, um sich gesundschreiben zu lassen.

e) Produktnutzen. Aus der Sicht des Konfliktbetroffenen besteht nur dann ein 49
Anreiz, etwas neues zu probieren, wenn er sich hiervon einen konkreten Nutzen
(Vorteil) versprechen kann. Dieser Nutzen wird ihm jedoch nach den Beschreibun-
gen der Mediatoren zu unkonkret vermittelt. Der Betroffene hat keine assoziierbare
Vorstellung von dem möglichen Erfolg und dem sich daraus ergebenden Vorteil.
Garantien – wie z. B. die sichere Beendigung des Verfahrens – können nicht abgege-
ben werden. Der Nutzen wird nicht positiv, sondern negativ, beispielsweise durch
Abgrenzung zum Gerichtsverfahren, vermittelt.

f) Positionierung im Markt. Der Anwalt besitzt das Beratungsmonopol. Er hat es 50
in der Hand, seinen Mandanten in Richtung zur Mediation zu motivieren. Warum
aber sollte er das tun? Kaum hat er einen Mandanten individuell beraten (auf die
Rechtslage hingewiesen und die Ergebnisse berechnet) verliert er seine Neutralität.
Er selbst darf die Mediation nicht (mehr) ableisten[47]. Er muss den Mandanten zum
Konkurrenten schicken und das Risiko eingehen, dass der Mitbewerber den Medianten als neuen Mandanten bindet.

2. Nachfrage durch den Anwalt

Für den **Anwalt** ist die Ausbildung in der Mediation ein **high-interest-Produkt.** 51
Hier gibt es eine hohe Nachfrage. Dem Anwalt gefällt die neu zu erlernende Verhandlungskompetenz. Darüber hinaus verspricht er sich als Mediator eine bessere
Nachfrage.
Im Grunde ist die Mediation in ihrer reinen Form, durch Anwälte praktiziert,
eine den Anwaltsmarkt kannibalisierende Dienstleistung. Unterstellt, die Mediation
entwickelte sich in Deutschland mit großem Erfolg. Dann wird die Hälfte der Anwälte arbeitslos werden. Konsequenterweise wird mit zunehmender Verbreitung ein
proportional zunehmender Teil der Anwaltschaft Mediation als eine Bedrohung
ablehnen.

3. Zusammenfassung und Konsequenzen

Der Markt zeigt, dass die Form der „reinen" Mediation nicht gut angenommen 52
wird. Die Hauptursache führe ich auf die mangelnde Produktidentität zurück. Weil
Mediation ein low-interest-Produkt ist, lassen sich allein durch werbliche Maßnahmen keine zufrieden stellenden Absatzmöglichkeiten herstellen.

VI. Andere Verfahren

Der Konflikt bietet genügend Stoff für einen neuen, eigenen Markt. Derzeit fin- 53
den wir noch unsystematische Ansätze vor, die sich grob in Verfahren der Konfliktvermeidung, der Konfliktlösung und der Konfliktbewältigung aufteilen lassen. Ein
Blick auf diese Verfahren lässt erkennen, inwieweit sie zur Deckung des konfliktbezogenen Dienstleistungsbedarfs beitragen können.

---

[47] Es sei darauf hingewiesen, dass sich die interessenorientierte Beratung und die Durchführung eines Mediationsverfahrens definitionsgemäß und gesetzlich gegenseitig ausschließen (vgl. §§ 18, 44
BerufsO).

1. Verfahren der Konfliktvermeidung

54   Die Verfahren der Konfliktvermeidung stehen unter der Domäne der Psychologen. Offensichtlich liegen diese Strategien außerhalb des juristischen Denkansatzes. Im unternehmerischen Bereich sind beispielsweise das Coaching und die Outplacementberatung zu erwähnen. Im familiären Bereich ist es die Partnerberatung. Diese Dienstleistungen kommen in Betracht, solange die Krise noch nicht als ein streitbarer Konflikt erkannt ist.

2. Verfahren der Konfliktlösung

55   Neben der neu aufgekommenen „reinen" Mediation gibt es weitere Konfliktlösungsverfahren, wie z. B. die Negotiation, die Faciliation, die Arbitration, das Schlichtungsverfahren und die Schiedsgerichtsbarkeit. *Marcus Hehn* definiert[48] die einzelnen Varianten der **alternate dispute resolution** wie folgt: „... Während bei der **Negotiation** die Beteiligten unter sich bleiben und in Verhandlungen miteinander treten, werden sie bei der **Faciliation** durch einen Dritten (Moderator) unterstützt, der verfahrensorientiert arbeitet, somit Rahmenbedingungen für die Verhandlungen schafft (Ort, Zeit, Finanzierung ...), ohne inhaltlich in das Verfahren einzugreifen. Bei der **Mediation** übernimmt der neutrale Dritte zusätzliche Verantwortung für den Inhalt des Verhandlungsprozesses, indem er Anregungen und Lösungsmöglichkeiten einbringt und regelungsbedürftige Aspekte aufzeigt, also die Verhandlungen aktiv mitgestaltet und so inhaltliche Verantwortung für das Ergebnis mit trägt, ohne jedoch die Autorität für eine Entscheidung zu besitzen. Wenn ein neutraler Dritter die Autorität zur Entscheidung besitzt und am Ende des Verhandlungsprozesses ein Urteil bezüglich des Konflikts fällt, welches aber von den Beteiligten nicht zwingend akzeptiert werden muss, so handelt es sich schließlich um die vierte Form der ADR-Verfahren, die **nonbinding-arbitration**, bei welcher der Dritte als neutraler Schiedsrichter fungiert.

56   Die Besonderheit des Schiedsverfahrens[49] besteht darin, dass sich die Parteien zuvor in einem Vertrag für den Fall eines Streites der Entscheidung durch ein Schiedsgericht unterworfen haben. Ähnlich agieren die Schlichtungsstellen. Im Gegensatz zur Schiedsgerichtsbarkeit können diese jedoch „lediglich" auf eine vergleichsweise Erledigung des Streits hinwirken. Eine Nachfrage nach derartigen Verfahren ist jedoch ebenfalls äußerst gering[50].

3. Verfahren der Konfliktbewältigung

57   Dieser Bereich soll hier nur der Vollständigkeit halber aufgeführt werden, damit auch die Therapien zur Geltung kommen. Gemeint sind die Fälle, in denen der Betroffene von konfliktbedingten Depressionen oder anderen Defekten zu befreien ist.

---

[48] *Hehn,* „Nicht gleich vor den Richter", S. 104.
[49] Schiedsverfahrens-Neuregelungsgesetz vom 22. Dezember 1997, BGBl. I S. 3224.
[50] Dazu § 33; Siehe auch Landtag Rheinland-Pfalz, Drucksache 13/6636 vom 24. 1. 2001.

4. Das Verhältnis der jeweiligen Verfahren zueinander

Die Vielfalt an Konfliktlösungsverfahren, Berater- und Klientenpersönlichkeiten 58
legen differenzierte Angebote nahe. Der Konfliktbetroffene sollte unter der Band-
breite von Möglichkeiten die für ihn passende herausfinden können. Dies könnte zu
einer Situation wie in den **USA** führen. Dort haben sich verwirrend viele **Mischfor-
men und Kombinationen** herausgebildet, z. B.:
- Arbitration,
- Binding Arbitration,
- Non-binding Arbitration,
- „Baseball" or „Final-Offer" Arbitration,
- „Bounded" or „High-Low" Arbitration,
- Incentive Arbitration,
- Confidential Listener,
- Fact-finding,
- In neutral fact-finding,
- With expert fact-finding,
- In joint fact-finding, Mediation,
- Med-Arb,
- Co-Med-Arb,
- Minitrial,
- Multi-Party Coordinated Defense,
- Multi-Step,
- wise man procedure,
- Negotiated Rule-Making,
- Ombudsperson,
- Partnering,
- Predispute ADR Contract Clause,
- Two-Track Approach,
- court annexed mediation.

5. Die Verfahren als verselbständigte Einheiten

Auffällig ist, dass alle beschriebenen Verfahren eine mehr oder weniger in sich 59
abgeschlossene Streitbehandlung darstellen. Ein Phänomen, das die Nachfrage weiterhin erschwert. Scheitert das Verfahren, findet der Streit in aller Regel auf einer
höheren Eskalationsebene seine Fortsetzung[51]. Gegebenenfalls kommt ein anderes
Verfahren zur Anwendung. So ist es denkbar, dass nach dem Scheitern die **Nego-
tion** durch die **Faciliation**, diese durch die **Mediation** und diese wiederum durch ein
Gerichtsverfahren vollendet wird. Aus dieser Perspektive betrachtet wäre es wünschenswert, wenn sich alle Verfahren als Teil einer umfassenderen Konfliktregulierung verstehen könnten.

6. Zusammenfassung und Konsequenzen

Beachten Sie bitte, dass – wirtschaftlich gesehen – alle bisher erwähnten Verfah- 60
ren eine **Konkurrenz** zur Mediation darstellen. Das Konkurrenzverhältnis resultiert

---

[51] *Kempf*, KON:SENS 1999, 40; *Trossen* KON:SENS 1998, 111.

aus dem Umstand, dass grundsätzlich alle Verfahren geeignet sind, die Nachfrage von der „reinen" Mediation abzulenken. Dies gilt besonders auch für die konfliktvermeidenden Verfahren und Strategien. Hat der Betroffene einen Konflikt bereits im Vorfeld vermieden, bedarf es keiner Mediation mehr.

61   Die Summe der Möglichkeiten zur Konfliktlösung verursacht auf der Angebotsseite eine gesteigerte Abgrenzungshysterie[52] und dementsprechende Verwirrung beim Konsumenten. Auf der Nachfrageseite stehen die Krise und der Konflikt im Vordergrund. Es bietet sich die These an, dass die einzelnen Verfahren, wie z. B. das Schiedsverfahren, die Mediation oder das Gerichtsverfahren nur Teile eines umfassenderen Prozesses der Konfliktüberwindung sind. Die Bestandteile dieses Prozesses reichen von den konfliktvermeidenden Verfahren über die konfliktlösenden Verfahren bis hin zu den Verfahren zur Konfliktbewältigung. Alle Verfahren könnten als sich ergänzende Möglichkeiten verstanden werden. Der Fokus wendet sich von dem einzelnen Verfahren ab auf ein strategisches Gesamtergebnis hin.

VII. Gerichtsnahe Mediation

62   Auf eine fortschreitende Entwicklung bezogen, stellt sich die Mediation bisher in 2 von 3 Ausbaustufen dar. Während die 1. Ausbaustufe die „reine" Mediation als ein isoliertes Verfahren anwendet, betrachtet die 2. Ausbaustufe die „reine" Mediation als eine Alternative zum Gerichtsverfahren. Aktuell gibt es erste zaghafte Versuche zur 2. Ausbaustufe. Beachtlich sind 2 grundsätzlich zu unterscheidende Perspektiven: Zum einen die Beteiligung der Justiz am Mediationsverfahren, zum anderen die Beteiligung der Mediation am Justizverfahren.

1. Beteiligung der Justiz am Mediationsverfahren

63   Es gibt keine Erkenntnisse darüber, ob und inwieweit Verweise aus einem Mediationsverfahren heraus an das Gericht stattgefunden hätten. Dies ist deshalb besonders markant, weil ein Zusammenwirken zwischen Mediation und Gerichtsverfahren durchaus sinnvoll erscheint. So könnten die Mediatoren den Richter um Terminierung ersuchen, um nach dessen Intervention die außergerichtlichen Verhandlungen fortzusetzen[53]. Nach Abschluss der Mediation bedarf es in keinem Fall einer expliziten Verweisung an das Gericht, weil die Justiz immer das formale Ende eines Konfliktes darzustellen vermag.

2. Beteiligung der Mediation am Justizverfahren

64   Seitens der Mediation sind zwei unterschiedliche Beteiligungsformen denkbar. Die Beteiligung im Wege der Kooperation und die Beteiligung in Form der Verfahrensabgabe.

---

[52] *Trossen* KON:SENS 1998, 111; *Kempf* KON:SENS 1999, 168 [170].
[53] Vgl. Rdnr. 74.

3. Die Beteiligung im Wege der Kooperation

Informelle Kooperationen zwischen Anwälten und Gerichten sind bekannt. Sie 65
sind bisher jedoch nur dann anzutreffen, wenn die Initiatoren ein entsprechendes
persönliches Engagement aufgebracht haben.

a) **Arbeitskreis „Trennung und Scheidung".** Einem solchen Engagement verdankt 66
der Arbeitskreis „Trennung und Scheidung" seine Existenz. Die Tätigkeit dieses
Arbeitskreises geht über den eigentlichen Mediationsansatz hinaus. Neben dem regelmäßigen, intensiven Erfahrungsaustausch widmet sich der Arbeitskreis heute
verstärkt einem eigenen Arbeitsprogramm, zu dem die interdisziplinäre Fortbildung
sowie die Durchführung externer Fortbildungsveranstaltungen gehört.

b) **Altenkirchener Modell.** Dieses Modell wird seit dem Jahre 1997 vom Famili- 67
engericht Altenkirchen praktiziert. Das Altenkirchener Modell verkörpert sowohl
die Ursprünge als auch den Gedanken der integrierten Mediation[54] in Deutschland.
Kennzeichnend ist eine ganzheitliche Betrachtung der „Streitsysteme". Das Modell
zielt auf eine koordinierte Zusammenarbeit aller Personen und Institutionen, die
zur Konfliktlösung beitragen können, bzw. auf den Konfliktverlauf Einfluss nehmen. In diesem Punkt steht das Modell in Übereinstimmung mit der Vorgehensweise des Arbeitskreises „Trennung und Scheidung"[55]. Auch mit dem 1991 in Regensburg durchgeführten „Modellprojekt einer gerichtsnahen Beratung" unter dem
Titel „Familienberatung bei Trennung und Scheidung am Amtsgericht" (FATS)[56]
ergeben sich deutle Übereinstimmungen.

c) **Die Beteiligung im Wege des Verweises bzw. der Abgabe.** Es gibt Versuche, 68
den Rechtssuchenden von vornherein in ein Schlichtungsverfahren zu leiten. Der
durch das Gesetz zur Förderung der außergerichtlichen Streitbeilegung vom 15. Dezember 1999 eingeführte § 15 a EGZPO schafft für den Landesgesetzgeber die
Möglichkeit, für bestimmte bürgerliche Rechtsstreitigkeiten ein vorgerichtliches
Schlichtungsverfahren einzuführen (Öffnungsklausel). Danach können die Länder
die Klageerhebung in Sachen mit einem Gegenstandswert bis zu 750,– € sowie in
bestimmten Nachbarrechtssachen und bei Streitigkeiten über Ehrverletzungen
von der vorherigen Durchführung eines Einigungsversuchs bei einer durch die
Landesjustizverwaltung eingerichteten oder anerkannten Gütestelle abhängig machen.[57]

d) **Baden Württemberg.** Seit Januar 2000 läuft ein Modellversuch des Justizmi- 69
nisteriums Baden-Württemberg in Zusammenarbeit mit der Rechtsanwaltskammer
Stuttgart bei dem Landgericht und dem Amtsgericht Stuttgart. In Fällen, die bereits
bei Gericht anhängig sind, und die sich für Mediation eignen, soll mit Zustimmung
der Parteien versucht werden, eine Mediation zu vermitteln.

e) **Multidoor courthouse.** Das Konzept des mehrtürigen Gerichtsgebäudes (Multi- 70
Door-Courthouse) hat Frank Sander vor etwa 20 Jahren in den USA vorgestellt. Es
beinhaltet ein vielfältiges Spektrum von Streitbeilegungsverfahren, die in das Ge-

---

[54] Vgl. Rdnr. 74.
[55] Es findet Kooperation statt.
[56] Sieh hierzu: *Buchholtz-Graf* ... „Familienberatung bei Trennung und Scheidung: eine Studie
über Erfolg und Nutzen gerichtsnaher Hilfen", *Lambertus*, Freiburg im Breisgau 1998.
[57] Dazu § 33.

richtssystem integriert sind. Das herkömmliche streitige Verfahren stellt lediglich eine unter vielen Möglichkeiten dar. Das Gericht hat demgemäß nicht nur eine Tür', die in den Gerichtssaal führt, sondern viele Türen, durch welche die Parteien zu dem geeigneten Verfahren gelangen können. Die Zuweisung zu dem jeweiligen Verfahren (Screening) erfolgt gewöhnlich durch den Richter oder in vorgerichtlichen Verhandlungen.

71   f) **Kölner Projekt.** Das Mediationsprojekt wurde vom Kölner Anwaltverein initiiert. An bestimmten Tagen ist das Mediationsbüro, das sich im Gerichtsgebäude des Amts- und Landgerichts in Köln befindet, mit einem oder zwei Mediatoren besetzt. Vor dem Start des Projekts am 5. Februar 2001 wurden die Richter des Landgerichts und Amtsgerichts über die Einrichtung des Büros informiert. Die Richter sollen nun, wenn sie einen Fall für die Mediation als geeignet erachten, die Parteien über die Möglichkeit zur Durchführung einer Mediation informieren und eine solche anregen. Besteht Interesse, so können die Parteien sofort zum Mediationsbüro gehen.

4. Das amerikanische Vorbild

72   Die Amerikaner sind etwas experimentierfreudiger, wenn es darum geht, Justiz und Mediation in eine kombinierte Anwendung zu bringen. Hier wird die Anwendung alternativer Konfliktlösungen, wie z.B. die Mediation, wesentlich pragmatischer beurteilt. Dies belegen die verschiedenen Mischformen und Variationen, in denen alternative Konfliktlösungsverfahren angewendet werden[58]. Die „court annexed mediation" ist weniger formalistisch. Das Definitionselement „keine inhaltliche Entscheidungsbefugnis" wird hier beispielsweise wie folgt formuliert:

„The mediator … does not issue a decision"[59].

Nach der amerikanischen Variante kommt es nicht auf die theoretische Befugnis zur Entscheidung an, sondern allein auf das Fakt, dass keine Entscheidung getroffen wird. Dies ist bei jedem gelungenen Vergleich der Fall. Tatsächlich gibt es Fälle, wo der Richter selbst aktiv Mediation betreibt. Das ICR[60] führt aus:

„… Judges, magistrate judges, or court ADR professionals also serve as mediators in some court programs."[61]

5. Zusammenfassung und Konsequenzen

73   Während die erste Ausbaustufe durch den Alleinstellungsanspruch gekennzeichnet war, wird die 2. Ausbaustufe durch deren Einseitigkeit markiert. Hier bewirkt der Versuch der Durchsetzung eines reinen, von Mischformen befreiten Mediations-

---

[58] Siehe Rdnr. 72.
[59] Cornell Institute on Conflict Resolution, Cornell Institute on Conflict Resolution, 621 Catherwood Library Tower, Ithaca, NY 14853-3901, Phone: 607-255-5378, Fax: 607-255-6973; www.ilr.cornell.edu/alliance/courtannexed%20mediation.htm..
[60] Cornell Institute on Conflict Resolution, www.ilr.cornell.edu/alliance/court-annexed%20mediation.htm.
[61] Siehe www.ilr.cornell.edu/allaince/court-annexed%20mediation.htm.

verfahrens, mangelndes Verständnis und fehlende Akzeptanz gegenüber den „unvollkommenen" Varianten. Somit droht ein konfrontatives Gefälle zwischen dem Gerichtsverfahren und der Mediation.[62]

VIII. Integrierte Mediation

Die „integrierte Mediation"[63] stellt die 3. Ausbaustufe in der Entwicklung der **74** Mediation dar. Sie repräsentiert die Metaebene des Konfliktes und ermöglicht eine Verzahnung der jeweiligen Konfliktlösungsverfahren einschließlich der Beratungen. Eine Gesamtstrategie bildet den Ausgangspunkt für das integrierte Konzept. Im Mittelpunkt der Betrachtungen steht das konfliktbezogene Ergebnis. Mediation ist methodisch immer dann verfügbar, wenn sich ein entsprechendes Bedürfnis darstellt. Sie bildet den übergreifenden Annex aller Verfahren. Ihre Anwendung erfolgt zunächst als Methode (add on) nicht zwingend in der Form eines isolierten Mediationsverfahrens als „reine" Mediation (stand alone).

1. Historie

Entstanden war der Begriff 1998 in einer Zeit, als die Mediation darauf angewie- **75** sen war, sich von anderen Verfahren abzugrenzen[64]. Die „reine" Mediation war damit befasst, in Deutschland eine eigene Identität zu finden, die sich schließlich in der Definition[65] niederschlägt. Der formale Abgrenzungsbedarf begünstigte die Definition anderer Formen mediativer Konfliktbewältigung, wie zum Beispiel die „integrierte" Mediation. Sie hat sich im sogenannten **„Altenkirchener Modell"**[66] verwirklicht.

2. Warum integrierte Mediation?

Die Nachfrage sucht leichtgängige, leicht verständliche und qualifizierte Mög- **76** lichkeiten einer Konfliktlösung ohne intellektuelle Hürden und restriktive Einsatzvoraussetzungen. Weil die „reine" Mediation insoweit nur sehr eingeschränkt zur Verfügung steht[67], verbleibt ein ungedecktes Bedürfnis nach einer variantenreichen, anpassungsfähigen Vorgehensweise.

Diesem Anspruch wird die integrierte Mediation gerecht. Im Gegensatz zur **77** „reinen" Mediation ist sie innerhalb eines Gerichtsverfahrens, innerhalb anderer Konfliktlösungsverfahren und überall dort sinnvoll einzusetzen, wo eine Konfliktberührung besteht. Ihr Ziel ist es, eine gleichberechtigte Kooperation der unterschiedlichen Konfliktlösungsstrategien zu gewährleisten. Der Verfahrensverlauf kann arbeitsteilig, nach den jeweiligen Bedürfnissen und Kompetenzen der einzelnen Instanzen organisiert werden.

---

[62] *Kempf/Trossen* Mediationsreport Heft 1/2001, S. 2.
[63] *Trossen* ZKM 2001, 159 ff.
[64] *Kempf* KON:SENS 1999, 40.
[65] Vgl. Rdnr. 5.
[66] *Kempf/Trossen* Mediationsreport 1/2000, S. 2.
[67] Vgl. Rdnr. 39 ff.

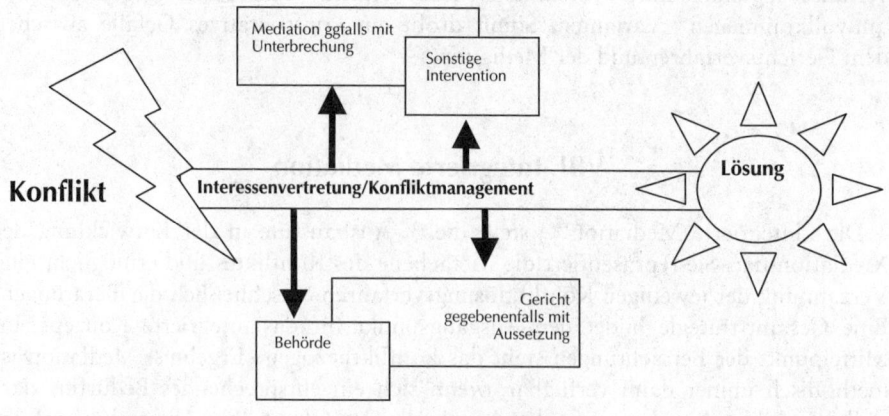

Abbildung 3: Gesamtstrategie

Im Vordergrund steht die **Lösung des Konfliktes,** die als das Ergebnis der kausalen Beiträge jedes Beteiligten verstanden wird. Kombination und Kooperation steigern die Verhandlungsqualität, wodurch die Chance auf vorzeitige Erledigung verbessert wird. Gleichzeitig werden neue Gelegenheiten zur Überleitung in den außergerichtlichen Bereich geschaffen. Oft ergibt sich erst nach dem Anhängigwerden eines Gerichtsverfahrens der Raum für mediative Ansätze. Deren praktische Anwendung im Gericht macht den Parteien Mediation begreifbar, was wiederum der Nachfrage nach der „reinen" Mediation als stand-alone-Variante entgegen kommt.

3. Definition: „Integrierte Mediation"

78   Integrierte Mediation bezeichnet ein übergeordnetes Konfliktmanagement, das unter bedürfnisorientierter Anwendung mediativer Methoden gegebenenfalls nach Kombination verschiedener Konfliktlösungsverfahren ein strategisches Ziel verfolgt, auf dessen Herbeiführung sich alle Konflikt- und Verfahrensbeteiligten verständigt haben.

4. Prinzipien der integrierten Mediation

79   Alle Prinzipien der Mediation sind beachtlich[68]. Im Gegensatz zur reinen Mediation können die Merkmale jedoch zu beliebigen Zeiten auftreten oder erst innerhalb anderer Verfahren (virtuell) herbeigeführt werden. Zu diesem Zweck kommt es maßgeblich darauf an, dass sich jedes Verfahren und jeder Verfahrensbeteiligte als strategischer Bestandteil eines übergeordneten Prozesses versteht. In dieser Rolle ergibt das funktionale Zusammenwirken eine Bedingung, unter der ein interessengerechter Erfolg möglich wird.

80   a) **Abweichungen.** Eingangs wurde festgelegt, dass eine (dauerhafte) Problemlösung nur dann gelingt, wenn die hinter dem Konflikt liegende Parteipersönlichkeit

---

[68] *Altmayer,* http://jung.jura.uni-sb.de/mediatio.htm.

beachtet wird. Tatsächlich kommt es aber nicht nur auf die Persönlichkeit der betroffenen Partei(en), sondern auch auf die Persönlichkeit **aller** am Konfliktlösungsverfahren beteiligter Personen an. Die durch den aversiven Berater herbeige-
führte Verunsicherung einer Partei genügt, um sie von konsensualen Strategien
fernzuhalten.

Die integrierte Mediation sieht die Verfahrensbeteiligten in einem systemischen   81
Ansatz als dramatische Bestandteile eines komplexen psycho-sozialen Prozesses.
Wir finden eine Situation vor, wie sie in der Elektrophysik bekannt ist. Sie ist mit
einem Stromkreislauf vergleichbar. Jede Veränderung an Bestandteilen des Strom-
kreislaufes, sei es der Batterie als Stromquelle, des Kabels als Transmitter, der
Lampe als Verbraucher, wirkt sich auf das Ergebnis aus. Sie müssen nur die Eigenschaft eines der im Stromkreis eingebundenen Elemente geringfügig verändern,
schon gibt es Auswirkungen auf das Gesamtsystem.

Die integrierte Mediation nutzt die Kenntnis dieser Zusammenhänge und ihrer   82
Wirkung im Konfliktverfahren zum Aufbau einer kooperativen Strategie in streitigen Situationen. Alle Beteiligten behalten ihre vertraute Identität. Ihre Rollen werden konservativ definiert. Der Anwalt bleibt Interessenvertreter. Auch der Richter
kann weiterhin in dieser Rolle auftreten.

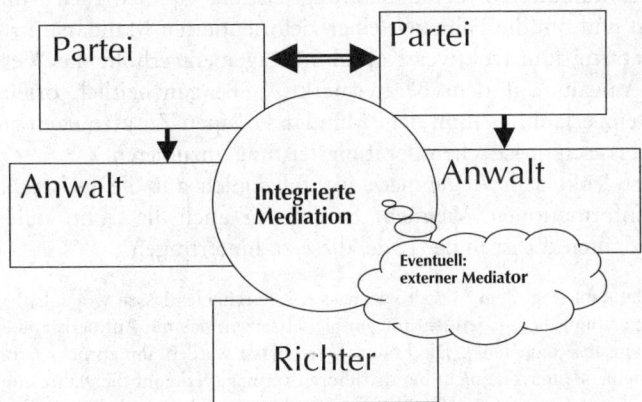

Abbildung 4: Konstellation des Verfahrens bei integrierter Mediation

Die Funktionalität innerhalb der Rollen ändert sich lediglich insoweit, als
die Verantwortung für eine konstruktive Lösung nicht mehr von einer einzelnen
Person, sondern von der Gruppe, dem Streitsystem insgesamt wahrgenommen
wird. Stellt es sich jetzt heraus, dass eine mediative Vorgehensweise innerhalb
dieses Verfahres zwar gewollt, aber etwa aus zeitlichen Gründen nicht durchführ-
bar ist, wird ein externer Mediator hinzugezogen.

Damit Kooperationen im vorbeschriebenen Sinne möglich werden, sind die Trans-   83
parenz der Maßnahmen und die Offenlegung der Einzelstrategien das wichtigste
Verfahrensprinzip.

b) **Screening.** Leider führen die Marktbedingungen dazu, dass der von einer kon-   84
fliktbetroffenen Partei aufgesuchte Berater vornehmlich die ihm am profitabelsten
erscheinenden Verfahren empfiehlt. Der Konfliktbetroffene hat sich somit bereits

mit der Auswahl des Beraters unbewusst für den Weg der Konfliktvermeidung einerseits oder den der Konflikteskalation andererseits entschieden. Sogar die Auswahl des konkreten Verfahrens wurde in diesem Moment unbewusst festgelegt. Dies ist in den seltensten Fällen eine Mediation.

85 Wendet sich der Konfliktbetroffene an einen Berater, der die Strategien der integrierten Mediation beherrscht, steuert sich die Auswahl des geeignetsten Verfahrens aus der Zieldefinition heraus. Innerhalb der Konfliktphase 1 (also außerhalb der Beratung)[69], wird die Zuleitung in die geeignete Konfliktvermeidungs-, Konfliktlösungs- oder Konfliktbewältigungsinstanz durch unabhängige Instanzen[70] wahr genommen.

5. Umsetzung

86 Die „integrierte" Mediation ist nicht nur das Ergebnis theoretischer Überlegungen, sondern ein erprobtes Modell. Wie die nachfolgende Beschreibung ergibt, kann „integrierte" Mediation überall dort ansetzen, wo eine Konfliktbehandlung stattfindet. Also beim Berater, beim Gericht, beim Jugendamt, usw.

87 a) Beratung. Die integrierte Mediation erlaubt es dem Anwalt, weiterhin als Interessenvertreter aufzutreten. Seine Beratungsleistung ist „lediglich" um mediative Kompetenzen und um die Fähigkeit einer zielorientierten Mandatsführung[71] ausgeprägt. Ein derartig konstruktives Konfliktmanagement erhöht die Wettbewerbsfähigkeit des Anwalts auf dem Beratermarkt. Seine ganzheitlich orientierte Beratungskompetenz erlaubt es ihm, dem Mandanten einen Zusatznutzen zur sonst nur möglichen, klassisch juristischen Beratungsleistung anzubieten.

88 Der Berater lenkt sein Augenmerk nicht lediglich auf die juristisch relevanten Sachverhaltsinformationen. Vielmehr beachtet er auch die emotionale Befindlichkeit des Mandanten. Er ist in der Lage, diese zu hinterfragen.

Beispiel: Der Mandant trägt dem Anwalt vor, dass er sich scheiden lassen wolle. Unbewusst möchte er aus der Verzweiflung heraus jedoch nur ein Signal setzen, das die Aufmerksamkeit seiner Frau auf seine hoffnungslose Lage lenkt. Die Frau soll veranlasst werden, ihn zurückzuerobern. Der Anwalt, der diese feinen Untertöne nicht herauszuhören vermag, verkennt die wahre emotionale Lage und droht, bei einer juristischen Vorgehensweise, den Konflikt zur Eskalation zu bringen. Es kommt zum „Scheidungsunfall".

89 Der Berater versucht schon im frühen Stadium auszuloten, mit welchen Lösungsansätzen sich der Mandant identifizieren könnte. Stellt sich heraus, dass es dem Mandanten ausschließlich auf die Vernichtung des Gegners ankommt, kann der Anwalt sich zunächst nur im „klassischen" Stil bewegen. Aber auch hier ist Zurückhaltung geboten, denn der Berater weiß, dass sich die Einschätzung des Mandanten im weiteren Konfliktverlauf wieder ändern kann. Eskalationen sollten also auch jetzt vermieden werden. Kommen andere Lösungen in Betracht, ermittelt der Berater, welche Erfolgskriterien der Mandant mit den Lösungen verbindet. Hierzu ein

---

[69] Siehe Rdnr. 42.
[70] Weiterführende Informationen sind über den gemeinnützigen Verein „integrierte Mediation e. V www.Integrierte-mediation.de abzufragen
[71] Weiterführende Informationen unter www.WIN-Management.de.

Beispiel: Der Mandant möchte geschieden werden. Allerdings definiert er nicht die Scheidung als solche zum Erfolgskriterium, sondern die sich daraus ergebenden Wirkungen. So verlangt er von dem Anwalt, dass die Scheidung nur mit Mitteln zu verwirklichen sei, die den Respekt des anderen Ehegatten erhalten.

Wenn die Erfolgskriterien bekannt sind, versucht der Berater im Dialog heraus- 90 zufinden, welche die für den Mandanten optimale Vorgehensweise ist. Dabei geht er auf die Befindlichkeit des Gegners ein und versucht, diese einzuschätzen. Diese Art der Beratungsleistung determiniert nicht nur die Vorgehensweise des Beraters. Sie weckt auch beim Mandanten Verständnis dafür, wenn wider Erwarten statt der demontierenden Äußerungen gegenüber dem Gegner, konstruktive, nicht unbedingt der Wut des Mandanten entsprechende Formulierungen gewählt werden. Das daraus resultierende Verständnis des Mandanten eröffnet dem Anwalt ein größeres Handlungsrepertoire.

b) **Anspruchstellung.** Meist wird der erste Kontakt zur Gegenseite durch den an- 91 spruchsstellenden Schriftsatz ausgelöst. Der mediativ begabte Anwalt wird besonders in diesem Schriftsatz **Polemik vermeiden**. Er weiß, dass der Schriftsatz aus der Sicht des Gegners einen Richtung weisenden Schritt auf dem Weg der parteilichen Konfliktregulierung darstellt. Um zu vermeiden, dass der Gegner die Einschaltung des Anwaltes als einen Akt der Vernichtung ansieht, geht der Anwalt auf die emotionalen Befindlichkeiten beider Parteien ein. Die juristischen Begründungen sind in dieser Phase eher noch nachrangig. Wichtiger ist es zu erkennen, wie der Gegner zum Konflikt eingestellt ist und welche Strategien er verfolgen will. Will er die Kooperation oder will er die Vernichtung?

Wenn der Gegner oder der Gegenanwalt eine kompatible Strategie verfolgen, 92 kann es zu **persönlichen Verhandlungen** kommen, die auch als 4-Augengespräch bezeichnet werden. Diese Gespräche eignen sich gut zur weiterführenden Anspruchsbegründung. Die persönlichen Verhandlungen haben immer den Vorteil, dass der Berater die unmittelbare Reaktion der Gegenseite auf seine Argumentation wahrnehmen und entsprechend einschätzen kann. So erkennt er an den Reaktionen der Gegenseite wie diese emotionell gewichtet und wo sie zu verletzen ist. Im Gegensatz zu einem juristischen Schriftsatz kann er nicht nur auf die formale Streitposition reagieren. Er kann auch die emotionellen Bedürfnisse beider Parteien einschätzen und in seinen Strategien berücksichtigen. Dies eröffnet dem Berater ein größeres Spektrum an Handlungsoptionen.

Kommen die Parteien in dem 4-Augengespräch nicht weiter, muss der Berater 93 seine Vorgehensweise ändern. **Eskalation**[72] ist angesagt. Es ist ganz im Sinne der integrierten Mediation, dass der Berater mehrere zur Auswahl stehende Verfahren kennt. In Betracht kommen die Intervention beim Jugendamt, die Beratung durch den psychologischen Dienst, das Schiedsverfahren, die Mediation, das Gerichtsverfahren usw. Der Berater betrachtet alle Verfahren als gleichwertige Optionen einer einheitlichen Konfliktlösung. Kein Verfahren ist besser oder schlechter. Allenfalls passender oder unpassender. Auf dieser Basis bespricht der Anwalt mit dem Mandanten, welches Verfahren im konkreten Fall am besten zur verabredeten Konfliktstrategie passt. Anschließend stimmt er die genaue Vorgehensweise ab und erläutert

---

[72] Eskalation versteht sich **nicht** im Sinne einer Ausweitung des emotionalen Konfliktes, sondern als das sich Einlassen auf den nächsten Schritt im Konfliktlösungsverfahren.

die einzelnen Schritte. Die Entscheidung wird einschließlich der Motive und Anlässe der Gegenseite gegenüber offen gelegt.

94   Oft hilft es dem Anwalt, wenn ein neutraler Dritter einfach nur betätigt, dass die Einschätzungen des Beraters zutreffend sind. Das Bedürfnis nach derartigen Orientierungshilfen ist z. B. im Steuerverfahren bekannt. Hier gibt die „verbindliche Auskunft[73]" des Finanzamtes allen Beteiligten die Möglichkeit, sich auf Bewertungen zu verständigen, die für spätere Entscheidungen vorbestimmend sein können. Dass eine solche Option auch in einem Konfliktfall Erleicherung schafft, hat sich im Rahmen des „Altenkirchener Modells" herausgestellt. Hier haben die Anwälte des Öfteren bei Gericht angefragt, ob es dem Richter möglich sei, einen Termin anzuberaumen, um die außergerichtlichen Verhandlungen zu unterstützen. Ziel dieser Interventionen war es, die Einschätzungen des Gerichts sozusagen wie Claims in die außergerichtlichen Verhandlungen einzuplanen und Teilerledigungen anzustreben. Zu diesem Zweck würde es völlig ausreichen, wenn der Richter beispielsweise in einer Art „parteiöffentliche Sprechstunde" seine Einschätzungen zur Rechtslage wiedergibt und die Strukturen offen legt, unter denen er üblicherweise zu entscheiden pflegt.

95   Während eines laufenden (oder ruhenden) Verfahrens ist es für den Richter völlig unproblematisch, derartige Termine anzuberaumen. Schwierigkeiten ergeben sich jedoch, wenn kein Verfahren anhängig ist. Im „Altenkirchener Modell" hat sich § 118 ZPO als hilfreiche „Krücke" erwiesen. Der Erörterungstermin nach § 118 ZPO verursacht (noch) keine Prozesskosten. Voraussetzung ist allerdings die finanzielle Bedürftigkeit der antragstellenden Partei. Leider bedarf es auch eines schriftlichen Sachvortrages in Form eines Klageentwurfes. Es genügt, wenn der Klageentwurf kurz auf den Sachstand und das strittige Problem eingeht. Weil diese Intervention in ihrer strategischen Bedeutung nicht darauf abzielt den Gegner zu vernichten, sondern die gerichtliche Hilfe in Anspruch zu nehmen, wird der Berater in seinem Schriftsatz jegliche Polemik vermeiden.

96   Leider sieht das geltende Recht keine expliziten Möglichkeiten vor, das **Gericht** ausserhalb einer förmlichen Klage zur **Klärung von Einzelfragen** anzurufen. Dies ist zu bedauern, denn eine solche Intervention wäre für alle Beteiligten vorteilhaft. Insbesondere die Mediatoren könnten von einer solchen Möglichkeit profitieren. Ebenso wie die Berater hätten sie die Möglichkeit, einzelne strittige Punkte vorab zu „erledigen", ohne hierfür eine aufwändige Klage erheben zu müssen. Erfahrungsgemäß würde der Berater innerhalb einer Klage den gesamten Streitstoff einbringen. Er würde alles vortragen, was den Klageantrag auch nur im Geringsten stützen könnte. Seine Strategie zielt darauf ab, den abstrakten Rechtsanspruch zu stützen, nicht darauf, Rücksicht auf den Gegner zu nehmen. Die Strategie des Anwaltes verringert zwar sein Klagerisiko. Sie erhöht aber den Arbeitsaufwand des Gerichts nicht unbeträchtlich. In solchen Fällen würde die klageverhindernde Wirkung der vorbeschriebenen Intervention zu einer Justizentlastung führen. Es ist allerdings dem Gesetzgeber vorbehalten, die entsprechenden Schritte zu unternehmen.

97   c) **Gerichtsverfahren.** Auch das Gericht behält seine Basisidentität als neutrale Schieds- und Schlichtungsstelle bei. Im Gegensatz zum konventionellen Verfahren

---

[73] BMF-Schreiben vom 24.6.87, BStBl. I S. 474.

wird die destruktive Gegnerschaft in ein konstruktives Verhandeln überführt. Der Richter ist in der Lage, Konfliktbedürfnisse der Parteien zu erkennen und in einem, mit den Beratern abgestimmten, Konfliktmanagement zu bewältigen. Die Anwendung mediativer Techniken vermittelt den Parteien eigene Erfahrungen mit der Mediation, wodurch die Nachfrage der Mediation als stand-alone-Dienstleistung gefördert wird.

Das Gericht stellt seine Kompetenz als Streithelfer – nicht als Entscheider – in   98
den Vordergrund. Die Verurteilung ist die *„ultima ratio"*. Sie kommt erst zum Tragen, wenn der Güteauftrag[74] gescheitert ist. Mit diesem Arbeitsschwerpunkt verliert die Justiz das Image, ein Damoklesschwert zu sein, mit dem die Anwälte düstere Drohungen verbinden, wie etwa:

„Wenn Du meinen Vorstellungen nicht entsprichst, dann gehen wir vor Gericht".

Mit einer Erwartungshaltung, die das Gericht als „Helfer" in einer Konfliktbewältigung einplanen lässt, verliert diese Drohung jegliche Substanz und verwandelt sich statt dessen zu einer weiteren Chance innerhalb der kooperativen Konfliktlösung[75].

Bereits das schriftliche (Vor-)Verfahren ist Bestandteil der emotionalen Kommu-   99
nikation. Der **erste Schriftsatzaustausch** ist mit dem „Kennen lernen" zu vergleichen. Hier kann jeder der Beteiligten dazu beitragen, dass zumindest keine destruktiven Strategien Platz greifen. Falls doch, sollte dies transparent gemacht werden. Polemische Äußerungen belasten den Richter mit unnötiger Arbeit und treiben den Streit in unkontrollierbare Sphären. Der mediativ begabte Anwalt wird es ohnehin vermeiden, seine Schriftsätze mit Polemik zu spiken. Tut er es dennoch, soll das Gericht durch entsprechende Hinweise nicht nur die rechtlichen, sondern auch die emotionalen Belange der Parteien schützen, die Polemik transparent machen und gegebenenfalls untersagen. Wenn den Parteien deutlich wird, dass Polemik beim Gericht zu negativen Eindrücken führt, werden sich die Beteiligten zurückhalten.

Die Achtung des Gegners, die Missachtung polemischer Ansätze, die Transparenz   100
der Motive usw. sind Tugenden, die bereits im schriftlichen Verfahren einzufordern sind. Für den eventuell erforderlich werdenden Tadel ist der Richter prädestiniert. Allerdings obliegt ihm nach dem Modell der „integrierten Mediation" nicht die alleinige Kontrollfunktion. Die Einhaltung der Tugenden kann vielmehr virtuell von jedem eingefordert werden, der dem Streitsystem[76] zugeordnet ist. Entscheidend ist lediglich, dass das Streitsystem diese Tugenden für sich als maßgeblich definiert hat.

d) Vorbereitung der Verhandlung. Die Erfahrungen im „Altenkirchener Modell"   101
bestätigen, dass der Richter eine Arbeitserleichterung erfährt, wenn er seine Strategien und Vorstellungen transparent macht – und zwar so, dass dies auch von den Parteien wahrgenommen und verstanden wird. Je unklarer seine Hinweise, desto diffuser sind die darauf folgenden Anträge. Dies gilt in sachlicher ebenso wie in

---

[74] § 279 ZPO.
[75] Diese Funktionalität war bereits mit dem oben beschriebenen Interventionstermin zum Ausdruck gekommen war.
[76] Unter Streitsystem wird die eingeschliffene, örtlich prägende Verhandlungsweise verstanden, wie sie sich im „Altenkirchener Modell" oder im „Arbeitskreis Trennung und Scheidung" in Cochem herausgebildet hat.

emotionaler Hinsicht. Hochkarätige, schwer nachvollziehbare, juristische Interaktionen mögen manchem Richter zwar das Gefühl der fachlichen Überlegenheit vermitteln. In der Sache bringen sie ihn jedoch nicht weiter. Wenn die Bedeutung solcher Hinweise für das weitere Verfahren nicht verstanden wird, verunsichern sie. Der Richter entfernt sich vom parteigerechten Ergebnis und erschwert das Procedere, indem er die emotionale Akzeptanz seiner Vorgehensweise verhindert oder unpassende Gegenmassnahmen provoziert. Ein Rechtsmittel oder ein erschwertes Folgeverfahren sind zu erwarten.

102   Oft sehen sich die Richter als „Opfer" der anwaltlichen Anträge. Diese Einschätzung ist falsch. Denn auch hier wirkt sich das Verhalten des Richters prägend auf das darauf folgende Geschehen aus. Hierzu ein **Beispiel** aus dem Erfahrungswissen des „Altenkirchener Modells":

In einer Familiensache rühmte sich der Anwalt eines erhöhten Unterhaltsanspruches, den er auch begründete. Der Gegenanwalt reagierte unmittelbar. Man hielt sich abwechselnd BGH und OLG vor und stritt um Rechtsfragen. Beide Parteien waren anwesend. Sie konnten den Streit nicht überblicken. Besonders seine Auswirkungen waren ihnen nicht transparent. Sie bemerkten nur, dass die Juristen sich vortrefflich streiten konnten. Der Richter mischte sich nicht in den Streit der Anwälte ein und kommentierte diesen auch nicht. Statt dessen rechnete er den jeweiligen Vortrag mit seinem Computer nach und überprüfte die wirtschaftlichen Auswirkungen. Er kam zu dem unbestrittenen Ergebnis, dass der Streit sich mit weniger als 5,– € auswirken würde. In Anbetracht der übrigen Streitpositionen ein völlig zu vernachlässigender Wert. Dementsprechend reagierten die Anwälte: „Für 5,– € streiten wir nicht". Die Parteien haben gelernt, dass die Intensität des Streitens in keinem Verhältnis zum Effekt steht. Im weiteren Verlauf der Sitzung hat man versucht, den Streit auf ein Ergebnis zu beziehen bevor es zum Rechtsdisput kommt. Ein wesentlicher Schritt in ein lösungsorientiertes Konfliktverfahren.

Derartige Interventionen des Richters haben eine große Wirkung, wenn sie konstruktiv sind und nicht dazu missbraucht werden, den Berater bloß zu stellen. Sie bewirken eine offene oder verdeckte kommunikative Reaktion und könnten im weitest gehenden Fall dazu führen, dass prozessuale Maßnahmen (Anträge!) besprochen werden, ehe sie gestellt werden. Der Richter wächst aus der Rolle des „Opfers" anwaltlicher Anträge zum Organisator eines Konfliktprozesses.

103   Die **Vorladung der Parteien** wird durch §§ 279, 141 ZPO ermöglicht. Sie sollte immer erfolgen. Nicht um die Parteien zu schikanieren, sondern um die Interaktion zwischen Partei, Berater, Gegenpartei und Gegenberater auf einer verbalen Ebene herzustellen. Die Vorladung darf kein leeres Prinzip sein. Sie ist für sich gesehen ein kommunikativer Akt. Sie verdeutlicht, welche Rolle der Richter den Parteien und den Anwälten beimisst. Es ist ein unbedingter Vorteil des Gerichts, dass die Parteien den richterlichen „Einladungen" meist zu folgen pflegen.

104   Auch **Dritte** sollten die Gelegenheit haben, an der Verhandlung teilzunehmen, wenn sie zu dem Konflikt in kausaler Beziehung stehen. Wenn der Richter beispielsweise in einer Umgangsregelungsstreitigkeit erkennt, dass die eigentliche Konfliktursache nicht zwischen den Parteien sondern etwa zwischen den jeweils neuen Lebensgefährten der Parteien begründet ist, sollte er diese ebenfalls einladen oder darauf hinwirken, dass die Parteien diese Personen im Termin vorstellen.

105   Im Gegensatz zur Mediation stellt sich die **Prozesskommunikation** aus schriftlichen und mündlichen Vorgaben her. Auch die Aktenverfügung – bzw. ihre nach außen in Erscheinung tretende Form – stellt eine Kommunikation dar. Diese Kommunikation wendet sich sowohl an die Parteien, als auch an die Anwälte.

Ein **Urteil** mit vielen Schreibfehlern wirkt diletantisch. Es verwundert nicht, dass 105 a
ein solches Urteil eher ein Rechtsmittel provoziert als ein fehlerfreies. Ein Anschreiben des Gerichts mit handschriftlichen Korrekturen wirkt despektierlich[77]. Es ist
nachvollziehbar, wenn die Parteien ihrer Beibringungspflicht ebenso nachlässig genügen. Ein belehrender Hinweis kann überheblich wirken. Kein Wunder, wenn der
Berater dem Richter bei der nächsten Gelegenheit zeigt, was er alles kann. Diesen
Zusammenhang erkennend, ist der Richter in seinen schriftsätzlichen Äußerungen –
ebenso wie die Berater – gehalten, ihre emotionale Wirkung zu überprüfen und in
die strategische Prozessplanung einzubeziehen. Gerade weil sich die Parteien ganz
maßgeblich auf die Verhandlungsführung des Gerichts einstellen, muss der Richter
das vorleben, was er von den Parteien erwartet. Erwartet er Transparenz, kann er
selbst nicht verschlossen sein. Verlangt er gegenseitige Rücksichtnahme, darf er
selbst nicht rücksichtslos sein. Wenn der Richter die kommunikative Bedeutung der
prozesslenkenden Maßnahmen korrekt einzusetzen vermag, gelingt es ihm, ein Pro-
zessklima zu schaffen, in welchem mediative Methoden ohne weiteres erfolgreich
einzusetzen sind.

  e) **Verhandlung.** Die mündliche Verhandlung bildet das **Kernstück** des Prozesses. 106
Sie lebt von der präsenzbedingten Unmittelbarkeit und der persönlichen Wirkung
aller Beteiligten. Bereits die Körper- und Verhaltenssprache der sich im Raum
(Gerichtssaal) bewegenden Parteien geben dem Richter – ebenso wie den anwesenden Beratern – wichtige Anhaltspunkte über die Konfliktlage und deren Behandlung. Umgekehrt sendet auch der Richter emotionale Botschaften an alle Beteiligten. So führt das Verhandeln in einem neutralen Zimmer mit neutraler Kleidung zu
einem völlig anderen Klima, als die klassische Gerichtsverhandlung im holzgetäfel-
ten Sitzungssaal mit erhöhter Sitzposition des Gerichts, Robe, Urkundsbeamten und
Wachtmeister. Kein Familienrichter würde heute noch in einem solchen Klima eine
Kindesanhörung durchführen. Man weiß längst, dass die Kinder in einer solchen
Umgebung Angst haben. Dass eine Anhörung hier keinen Sinn hat und das Gegenteil von dem bewirkt, was man erreichen will, nämlich die ungezwungene, von
Angst befreite Äußerung des Kindes. Was aber lässt uns annehmen, dass die Erwachsenen anders empfinden? Erwachsene haben sich des Gefühls der Ängstlich-
keit ganz sicher nicht entledigt. Sie haben es nur zu verbergen gelernt. Warum aber
mutet man den Erwachsenen zu, was den Kindern erspart wird? Bei Vernehmungen, in Strafsachen und anderen Verfahren ist die Angst sicherlich ein Gefühl, mit
dem der Richter gut arbeiten kann. In Familiensachen ist ein solches ängstliches
Klima ganz sicher unangebracht. Hier ist es hilfreich, wenn die Verhandlung eher
den Charakter einer Diskussion erhält, innerhalb derer sich die Parteien frei und
unbefangen äußern können.

  Im Sinne einer „integrierten“ Mediation vereinbart der Richter zu Beginn jeder 107
Sitzung mit allen Beteiligten, also den Anwälten, den Parteien und gegebenenfalls
dem Jugendamt, das **Ziel** der gemeinsamen Vorgehensweise und nach Möglichkeit
die Erfolgskriterien zur Messung der Zielerreichung. Mit dieser Intervention kann
er an die Strategien anknüpfen, die die mediativen Berater zu Beginn ihrer Beratung
festgelegt haben. Es ist durchaus sinnvoll, zu hinterfragen warum die Berater das

---

[77] Die emotionale Botschaft könnte wie folgt übersetzt werden: „Die machen sich noch nicht einmal
die Mühe, eine Reinschrift anzufertigen. So wenig bin ich denen Wert".

Ziel einer außergerichtlichen Einigung bis hierher nicht erreichen konnten und welche Rolle das Gericht spielen kann, damit sie das Ziel dennoch erreichen. Führt diese Erörterung zu keinem übereinstimmenden Ergebnis oder lautet das Ergebnis, dass die Parteien ein obsiegendes Urteil erwarten, verfährt der Richter konventionell. Der Güteversuch im Sinne des § 279 ZPO ist damit als gescheitert anzusehen. Ergibt es sich, dass die Parteien „lediglich" einen Vergleichsvorschlag des Gerichts abfragen wollen, kann sich der Richter auch hierauf einstellen und entsprechend verfahren. Das Gleiche gilt, wenn er den Auftrag erhält, die Parteiinteressen auszuloten, um so eine Basis herzustellen, auf der ein konstruktives Ergebnis möglich ist. Auch hierzu ist der Richter grundsätzlich in der Lage.

108   Der Richter wird stets die Möglichkeit eines **Parteiengespräches** wahrnehmen. Er kann dies in der „Parteiöffentlichkeit" oder – mit dem Einverständnis aller Parteien – sogar in der Form eines 4-Augengespäches organisieren.

Das unmittelbare Gespräch mit den Parteien ist von eklatanter Wichtigkeit, wenn lösungsorientierte Strategien eingeschlagen werden. Nach den Erfahrungen im „Altenkirchener Modell" werden die Erfolgschancen umso größer, je ungezwungener der Richter mit den Parteien reden kann. Voraussetzung ist, dass die Anwälte diesen Vorstoß unterstützen und sich während der Anhörung freiwillig zurücknehmen. Die autoritäre Zurückweisung anwaltlicher „Einmischung" würde zu Konfrontationen führen und Ablehnung provozieren. Dies ist zu vermeiden. Der Richter kann die Akzeptanz der Anwälte leicht herstellen, indem er ihre Funktion als Berater unterstützt und gegenüber den Parteien exponiert. Hierzu ein

Beispiel: Der Richter erklärt den Parteien einen Lösungsansatz. Er verstärkt die Bedeutung der Beraterrolle, indem er den Parteien vermittelt, dass die Anwälte in einer folgenden kurzen Unterbrechung die Ausführungen gegenüber den Mandaten verdeutlichen werden. Die emotionale Botschaft dieser Äußerung lautet: „Ich halte Deinen Berater für so kompetent, dass nur er weitergeben kann, was ich weiß". Der Berater wird in der anschließenden Beratung kaum gegen den Lösungsansatz argumentieren, weil er dann dem Mandanten gegenüber möglicherweise die emotionale Botschaft sendet, den Ansatz nicht verstanden zu haben.
Gelingt es, den Berater derart herauszustellen, haben die Anwälte sogar ein großes Interesse an dem richterlichen Parteiengespräch. Schließlich ist der Richter in dieser Situation die einzige an der Konfliktregulierung beteiligte Person, die eine Vergleichsbereitschaft der Parteien direkt fördern kann. Der bis dahin geratene Konfliktverlauf beweist, dass dies den Parteivertretern noch nicht gelungen war!

109   Gelingt es dem Richter, im Verhandlungstermin Gespräche mit den Parteien herzustellen, kann er die bis dahin eventuell fehlende Freiwilligkeit ebenso leicht herstellen wie die fehlende Eigenverantwortung. Der Richter hat – im Gegensatz zum Mediator – vielfältige Möglichkeiten. Hierzu ein **Beispiel** aus dem „Altenkirchener Modell":

Zu Beginn eines hoch streitigen Sorgerechtsverfahrens fragte der Richter die Parteien im Wege des Rollenspiels: „Wie würden Sie Ihren Fall entscheiden, wenn Sie der erkennende Richter wären?" Die Parteien waren bei der Frage gehalten, sich in die Rolle des neutralen Entscheiders zu versetzen und ihr Problem aus der Metabene zu betrachten. Sie antworteten übereinstimmend: „Ich möchte nicht in Ihrer Haut stecken". Der Richter bestätigte den Eindruck und sagte: „Wenn Sie schon nicht wissen, wie Sie Ihren Konflikt regeln können, wie soll dann ich Ihr Problem lösen?" Die Parteien haben erkannt, dass sie selbst den Konflikt angehen müssen. Nach weiteren 25 Minuten war ein konstruktiver Vergleich herbeigeführt. Das Verfahren war erledigt. Der Richter sah dieses Paar vor Gericht nicht wieder.

Die **direkte Parteibefragung** ist ein ganz wesentliches Hilfsmittel, um das Gericht 110
vor Vergleichsvorschlägen zu bewahren, die sich lediglich aus dem arithmetischen
Mittel zwischen Klageforderung und Beklagtenerwiderung errechnen. Wenn es
schon zu Vergleichsvorschlägen kommt, sollten diese so gut auf die Situation der
Parteien passen, dass sie den Weg zu konstruktiven Lösungen ebnen. Konstruktive
Lösungen fördern die Akzeptanz einer interessenorientierten Verhandlungsweise,
sobald deren Nutzen für die Beteiligten transparent wird.

Falls die Berater die emotionelle Bedeutung ihrer Vorgehensweise nicht erkennen, 111
übernimmt der Richter die Verantwortung hierüber. Es liegt nun an ihm, die Rolle
der Berater und der Partei einzuschätzen, um sich eine dazu passende Verhandlungsstrategie auszudenken. Es ist wichtig, dass der Richter emotionale Belange ansprechen kann und Motive hinterfragt. Dies ist erfahrungsgemäß auch in der Situation der Parteiöffentlichkeit problemlos möglich, solange die Würde der Beteiligten
geachtet und respektiert wird. Nach den Erfahrungen im „Altenkirchener Modell"
sind die Parteien sogar dankbar, wenn sie Gelegenheit erhalten, ihre Emotionen in
einem geschützten Rahmen anzusprechen. Der Richter kann einen solchen Rahmen
sehr leicht herstellen. Kraft seiner Autorität kann er dafür einstehen, dass jedes
Wort der Partei Gewichtung und Beachtung findet. Er hat die Möglichkeit, die
schwache Partei zu unterstützen und bei Bedarf gegen die übermächtige Gegenpartei zu beschützen. Er kann eine Waffengleichheit herstellen, ohne sie vorauszusetzen
zu müssen.

Das Gelingen des Termins hängt wesentlich davon ab, dass eine Verhandlungssi- 112
tuation geschaffen wird, bei der alle Beteiligten Gehör finden. So vermittelt sich das
Gefühl der Gleichwertigkeit aller Funktionen und Rollen. Erst dieses Selbstverständnis verhindert, dass die Richter, Parteivertreter oder das Jugendamt kontroverse Strategien anwenden, die eher aus der erlebten Missachtung als aus sachlichen
Gründen motiviert sind.

Der Respekt vor den Parteien und die Achtung ihres Konfliktes sind ganz we- 113
sentliche Instrumentarien, um das erforderliche **Vertrauen** herzustellen. Wie in der
„reinen" Mediation ist das Vertrauen auch hier notwendig, damit sich die Parteien
in der Gerichtssituation offenbaren. Ist ein Anwalt involviert, kann er vermitteln,
soweit die Parteien Bedenken haben, sich auf die Vorgehensweise des Gerichts einzulassen. Nach meiner Auffassung kann der Richter auch unter Hinweis auf den
Beibringungsgrundsatz mit den Parteien abstimmen, welche Informationen als
Sachvortrag gelten dürfen und welche nicht. Natürlich hat er auch psychologische
Möglichkeiten zu vermitteln, dass eine autoritäre Entscheidung nicht in erster Linie
angestrebt wird.

Im „Altenkirchener Modell" konnte dieses allseitige Vertrauen auf Grund der
langjährigen Zusammenarbeit zwischen den Anwälten und dem Richter gut hergestellt werden. Interessanterweise entstand hier aber auch nie der Eindruck, dass die
Parteien aus Angst vor der Entscheidungsgewalt des Richters Äußerungen zurückgehalten hätten.

Der Richter bedient sich – ebenso wie die Anwälte und Berater – der psychologi- 114
schen Kommunikationstechniken, wie Rückfrage, Reframing, Rollenspiel, usw.
Bemerkt er, dass die Parteien dieser Art der Verhandlungsführung folgen, versucht
er selbst im Zusammenwirken mit den Beratern ein lösungsorientiertes Ergebnis zu
erzielen. Natürlich besteht in der Atmosphäre des Gerichts nur ein enger zeitlicher

Rahmen, sich auf die Parteien einzulassen. Die Grenzen derartigen Verhandelns sind relativ schnell erreicht. Hier ergibt sich eine gute Chance für außergerichtliche Angebote, wie z.B. die „reine" Mediation. Wenn es sich abzeichnet, dass die Parteien eine außergerichtliche Kommunikation oder ein Schlichtungsverfahren wünschen, zieht sich das Gericht zurück. Das Gerichtsverfahren bleibt im Einvernehmen mit den Parteien unbearbeitet und wird zum Ruhen gebracht.

115   **Ruht** das Verfahren, ist es wichtig, dass es jederzeit nach Wunsch der Parteien wieder aufgerufen werden kann. Verweigert der Richter die Terminierung mit dem Hinweis auf seine Überlastung, reduziert er die Bereitschaft der Parteivertreter in einem späteren Verfahren, der Anordnung des Ruhens des Verfahrens zuzustimmen.

116   **f) Externe Mediation oder sonstige Verfahren.** Der Richter versteht es, sich zurückzunehmen, sobald seine Interventionen den Fortgang der Verhandlung (Vergleichsgespräche) schaden könnten. Er unterstützt deshalb die außergerichtliche Beratung oder den Wechsel in andere Verfahren, wie zum Beispiel in die „reine" Mediation. Ein solcher Verfahrenswechsel ist jederzeit – auch im Sinne einer Interimslösung oder eines kollusiven Vorgehens – angezeigt, wenn es sich für die Gesamtstrategie als sinnvoll erweist.

117   Spürt der Richter das Interesse der Parteien an einer konstruktiven, eigenverantwortlichen Lösung, kann er die im Termin erarbeiteten Ansätze herausstellen und den Parteien anbieten, die so begonnene Konfliktstrategie **außerhalb des Gerichtsverfahrens** fortzusetzen. Jeder hat Verständnis dafür, dass dem Richter nur ein relativ kleines Zeitfenster zur Verfügung steht, das er nicht überschreiten kann. Die Parteien haben durch die „Anmediation" allerdings eine eigene Erfahrung dafür, wo und wie sie ihre individuelle Lösung zu finden haben. War im Rahmen des „Altenkirchener Modells" absehbar, dass eine „reine" Mediation in Betracht kommen kann, wurde auch schon der Mediator zur Sitzung eingeladen. Dies geschah natürlich auf freiwilliger Basis und nach Abstimmung mit den Parteien und den Parteivertretern auch wegen der Auswahl des Mediators[78]. Bei dieser Vorgehensweise hatten die Parteien nicht nur eine konkrete Vorstellung von der Mediation, sondern auch von der Person des Mediators, dem sie sich anvertrauen sollten. Der Mediator wurde in die Lage versetzt, den Stand der Gerichtsverhandlung aufzunehmen und dort fortzusetzen, wo der Richter abbrechen musste. Der Vorgang kann mit einem Hineinbegleiten in die „reine" Mediation verglichen werden.

118   Soweit im Prozess ein streitiger Sachverhalt hinsichtlich Sorge – oder Umgangsfragen zu regeln war, bestand die Gelegenheit zur Einholung eines psychologischen **Gutachtens.** Im Rahmen des „Altenkirchener Modells" wurde in dem an Psychologen gerichteten Gutachtenauftrag die Mediation als zulässige Explorationsmethode ausgewiesen.

119   **g) Lösung/Entscheidung.** Der Gedanke, dass das Gerichtsverfahren zur Herbeiführung eines konstruktiven Ergebnisses dienen kann, verändert auch die konventionelle Einstellung des Richters zum Vergleich. Der nach der integrierten Mediation tätige Richter lehnt die Protokollierung von Vereinbarungen ab, bei denen Zweifel hinsichtlich der inneren Bereitschaft und der Ernsthaftigkeit der Parteien

---

[78] Dies war solange unproblematisch, wie es nur einen Mediator im Bezirk gegeben hat. Bei einer Angebotskonkurrenz muss natürlich durch die Partei eine Auswahl getroffen werden.

bestehen. Bevor er einen Vergleich protokolliert vergewissert er sich deshalb, ob und inwieweit die Parteien auch „dahinter stehen". Mit dieser Vorgehensweise drückt er aus, welch hohen Stellenwert der Vergleich für ihn und die Parteien hat.

Am Ende der Sitzung erfolgt ein sogenannter **Review**. Was war gut, was war 120 schlecht. Wenn es zum Urteil kommt, setzt sich der Richter in der Urteilsbegründung nicht nur mit den Rechtsfragen auseinander. Er versucht den Parteien Hinweise zu geben, wie sie den Konflikt beilegen können.

So wie das Reviewgespräch dem Richter und den anderen Beteiligten eine kurz- 121 fristige Rückmeldung gibt, sucht er nach Möglichkeiten, auch eine langfristige Rückmeldung zu erhalten.

6. Mediative Chancen in konventionellen Verfahren

Die vorbeschriebene Umsetzung beweist, dass schon in den konventionellen Ver- 122 fahren mediative Ansätze möglich sind, ohne dass es einer Gesetzesänderung bedarf. Oft genügen wenige Maßnahmen zur Verbesserung des Verhandlungsklimas, um erste Schritte in diese Richtung einzuleiten. Die Effizienz der „integrierten Mediation" innerhalb der Gerichtsverfahren wird derzeit im Bezirk des OLG Koblenz unter dem Präsidenten, Herrn *Dr. Bamberger*, nach dem Vorbild des „Altenkirchener Modells" erprobt. Aktuell werden mehrere Familienrichter angeworben, die sich dem **Modellprojekt** stellen sollen. Im nächsten Schritt erfolgt eine Schulung der Richter ebenso wie der Anwälte des Bezirks. Auch soll für die Juristen eine Supervision eingerichtet werden.

Ziel des Projektes ist die Verifikation der These, dass die Einführung der integ- 123 rierten Mediation zu einer Entlastung der Justiz führt. In der Umsetzung versuchen die Initiatoren[79] stabile und prägende Streitsysteme herzustellen, wie sie diese im „Altenkirchener Modell" oder im Arbeitskreis „Trennung und Scheidung" in Cochem vorgefunden haben. Das Projekt ist auf mindestes 3 Jahre angelegt. Es wird wissenschaftlich begleitet.

IX. Ausblick

In unserer komplizierten Kultur ist der Konfliktbetroffene selbst immer weniger 124 in der Lage, seine Konflikte in einem positiven Sinn zu lösen. Die Idee der **Mediation** hat deshalb grundsätzlich **gute Verbreitungschancen**. Voraussetzung ist allerdings ein Umdenken sowohl auf der Seite der Anbieter wie auch auf der Seite der Konsumenten. Entgegen dem Eindruck, den die Verfahrensvorschriften hinterlassen, ist ein Gerichtsprozess kein abstraktes, unsensibles Abhandeln von Rechtsfragen. Es handelt sich um ein hoch kommunikatives Ereignis, das es erfordert, unser Wissen über Kommunikation hierauf zur Anwendung zu bringen. Hier bestehen Defizite, die dringend aufzuarbeiten sind. Für eine wirksame Justizentlastung genügt nicht die bloße Veränderung von Verfahrensvorschriften. So lange die Prozessbeteiligten davon ausgehen, dass ihre Gewinnchancen nur über konträre Strategien, nämlich durch die Vernichtung des jeweiligen Gegners realisierbar sind,

---

[79] Initiatoren dieses Projektes sind *Arthur Trossen* und *Eberhard Kempf*.

werden sie in den Prozessordnungen immer Mittel und Wege finden, dilatorische, bedrohliche, zerstreuende oder zurückweisende Strategien zu verwirklichen. Erst wenn den Beteiligten klar wird, dass sie (auch im Gerichtsprozess) durch eine gemeinsame, zielorientierte Strategie schneller und besser zum Erfolg gelangen, wird es zu einer deutlich messbaren Verfahrensstraffung kommen. Dass gemeinsame Prozessstrategien für Kläger, Beklagter, Antragsteller und Antragsgegner möglich sind, können wir nicht (allein) durch Werbung oder theoretische Wissensvermittlung, sondern nur durch Schritt für Schritt – Erfahrungen, wie sie die „integrierte Mediation" ermöglicht, vermitteln[80].

---

[80] Zur Förderung der Idee „integrierte Mediation" wurde der gemeinnützige Verein *„integrierte Mediation e. V."* mit Sitz in Altenkirchen, Im Mühlberg 39, 57610 Altenkirchen, *www.integrierte-mediation.de* gegründet.

§ 19 Vermarktung der Mediation

Dr. Armin Krauter/Dieter W. Lüer/Lis Ripke

Übersicht

Schrifttum: *Alexander,* Wirtschaftsmediation in Theorie und Praxis, Frankfurt/Main, 1999; *Arrow, K. u.a.* (Hrsg.), Barriers to Conflict Resolution, Cambridge, 1999; Avenarius, Public Relations, 2. Aufl., 2000; *Bleemer u.a.* (Hrsg.), Into the 21ˢᵗ Century, New York 2001; CPR, Building ADR into the Corporate Law Department, New York, 1997; CPR, Building ADR into the Law Firm, New York, 1997; *Ertel,* Turning Negotiation into a Corporate Capability, in Harvard Business Review on Negotiation and Conflict Resolution, Boston, 2000, S. 101 ff.; *Hartung/Römermann* (Hrsg.), Marketing und Management – Handbuch für Rechtsanwälte, München, 1999; *Henssler/Kilian,* Das Mediationsmandat, ZAP Zeitschrift für die Anwaltspraxis 2001, S. 601 ff.; *Hommerich,* Marketing für Mediation, AnwBl. 2001, 258 ff.; *Kotler/Bliemel,* Marketing Management, 9. Aufl., Stuttgart, 1999; *Krämer,* Anwaltliches Marketing, in Büchting/Heussen (Hrsg.), Beck'sches Rechtsanwalts-Handbuch, 7. Aufl.,

München, 2001, S. 1803 ff.; *Krämer/Mauer/Braun,* Erfolgreiche Anwaltswerbung, Köln, 1999; *Mähler/Mähler,* Mediation, in Büchting/Heussen (Hrsg.), Beck'sches Rechtsanwalts-Handbuch, 7. Aufl., München, 2001, S. 1185 ff.; *Meffert,* Marketing, 8. Aufl., Wiesbaden, 1998; MittBayNot, Ausgabe. 4, Sonderheft 7/8, 2000; *Neuenhahn,* Consultant, 6, 2000; *ders.,* Wirtschaftsmediation – ein alternatives Konfliktlösungsverfahren, VIK-Mitteilungen, 2001, S. 5 ff.; OLG Hamm, OLG-Report, Hamm, 1999; *Risse,* BMWA NewsLetter, Nr. 1/2, 2000; *Schiefer/Hocke,* Marketing für Rechtsanwälte, Essen, 1990; *Spörer,* Anwaltliche Entscheidung zur Mediation, in Henssler/Koch, Mediation in der Anwaltspraxis, Bonn, 2000, S. 226 ff.; *Stückemann,* Inhouse-Mediation, ANWALT, 4/2001, S. 16 ff..

I. Einleitung

1. Das Marketing-Konzept

1   Es gibt eine Fülle von **Definitionen** des Marketing, die sich im Laufe der Jahre erheblich gewandelt haben.[1] Für unser Verständnis sollen Marketing und Vermarkten in der „Kunst des Findens, Entwickelns und Nutzens von Chancen" durch die Schaffung und Befriedigung von Wünschen und Bedürfnissen von Individuen und Organisationen bestehen[2]. Marketing ist mehr als nur Werbung und Absatzförderung oder die Zusammenstellung eines Marketing-Mix, sondern die Ausrichtung aller vorhandenen Ressourcen eines Anbieters eines Produktes oder einer Leistung auf das Ziel der Befriedigung der Bedürfnisse der Nutzer dieses Angebotes. Stets wird dabei vorausgesetzt, dass Anbieter und Nutzer Teilnehmer eines freien, durch Wettbewerb geprägten Marktes sind.

2. Der Gegenstand des Marketings

2   Als Gegenstand von Marketing-Anstrengungen kommen nicht nur **Güter** sondern ausdrücklich auch **Dienstleistungen** und sogar **Ideen** in Betracht.[3] Das Ziel, einen Gewinn zu erwirtschaften, steht nicht im Zentrum des Marketing-Begriffes, was aus dem Umstand folgt, dass Marketingleistungen auch von non-Profit-Organisationen erbracht werden, wenn sie mit ihrem Angebot die Bedürfnisse ihrer Nutzer erfüllen können[4].

3. Mediation als Gegenstand des Marketing

3   a) **Mediation und andere Konfliktbeilegungsmethoden.** Mediation ist eine alternative Methode der Konfliktbeilegung. Die Dienstleistung Mediation steht mit dieser Vorgabe nicht nur mit staatlichen und privaten (Schieds-)Gerichten im Wettbe-

---

[1] Zur Entwicklung des Marketingbegriffes s. *Meffert,* Marketing, 8. Aufl., Wiesbaden, 1998, S. 9.
[2] *Kotler/Bliemel,* Marketing Management, 9. Aufl., Stuttgart, 1999, S. 9 u. 45 Anm. 11.
[3] Vgl. u. a. die Definition der American Marketing Association von 1985 zit. nach *Kotler/Bliemel* aaO. S. 45; zum Marketing von Dienstleistungen insbes. bei den rechtsberatenden Berufen s. *Bruhn,* Besonderheiten des Dienstleistungsmarketing m. w. N. in *Hartung/Römermann* (Hrsg.), Marketing und Management, München, 1999. Zum Marketing der Mediation s. *Henssler/Kilian,* Das Mediationsmandat, ZAP, 2001, 601 ff. und *Hommerich,* Marketing für Mediation, AnwBl. 2001, 258 ff.
[4] S. a. *Kotler/Bliemel,* a. a. O. S. 42.

werb sondern auch mit anderen Institutionen, wie etwa Schlichtungsstellen, Ombudsmännern[5] und Verbänden.[6]

Dieser Wettbewerb weist insoweit Besonderheiten auf, als vor allem der staatlichen Justiz in unserer Rechtsordnung eine Sonderstellung zukommt. Dabei ist jedoch zu beachten, dass trotz einer solchen scheinbaren Frontstellung unsere Rechtsordnung der Privatautonomie einen weiten Gestaltungsraum einräumt. Das Gewaltmonopol der Justiz stellt grundsätzlich keine Monopolisierung der Kompetenz, Konflikte zu entscheiden, dar. Soweit sich die Beteiligten im Rahmen der von der Rechtsordnung gezogenen Grenzen bewegen, dürfen sie ihre eigenen Angelegenheiten und damit auch die mit Dritten entstandenen Konflikte nach den eigenen Vorstellungen, d.h. soweit hierüber Einvernehmen erzielt wird, regeln. 4

Richtigerweise ist auch festzustellen, dass die **Verfahren** der sog. Alternativen Konfliktbeilegung und die justizförmigen Prozesse nicht in einem sich ausschließenden Verhältnis stehen können, sondern sich vielmehr **ergänzen**. Mediation und andere Methoden der kooperativen Konfliktbearbeitung unterscheiden sich wegen der Alternativen bei den Verfahrensweisen von der urteilenden Gewalt der Gerichte. Die auf freiwilliger Mitwirkung beruhende Konfliktbeilegung kann jedoch aus einer Vielfalt von guten Gründen nicht auf den Rückgriff auf den hoheitlichen Zwang der Justiz verzichten. 5

Betrachtet man die Bedeutung der unterschiedlichen Verfahren der Konfliktbeilegung auf diesem Markt, auf dem verschiedene Produkte und Anbieter von Dienstleistungen mit einander konkurrieren, stößt man – trotz der z.T. unvollständigen statistischen Daten – auf ein unverkennbares **Übergewicht der staatlichen Einrichtungen** gegenüber allen auf privater Initiative beruhenden Institutionen zur Rechtsbefriedung. Für die Mediationsbewegung in Deutschland ergibt sich dabei das folgende Bild: 6

Rund 2,7 Mio Zivilprozessen und weiteren 1,2 Mio. Verfahren, die bei Arbeits-, Sozial-, Verwaltungs- und Finanzgerichten 1997/98 anhängig gemacht wurden,[7] stehen schätzungsweise 2.000 bis 2.500 Mediationsverfahren[8] gegenüber, die zivil- oder öffentlichrechtliche Streitigkeiten, d.h. ohne Berücksichtigung von Täter/Opfer-Ausgleich oder Schuldmediation, zum Gegenstand haben. 7

Wie marginal die Bedeutung von Mediation für das deutsche Wirtschaftsleben ist, macht auch der Versuch einer Aufteilung des Mediationsmarktes in seine einzelnen Segmente deutlich: nach Geschäftsvorfällen dominiert eindeutig die Familien- und Scheidungsmediation, von der man annehmen kann, dass sie rd. 90% aller Mediationsfälle in Deutschland ausmacht. Die verbleibenden 10% verteilen sich in dieser Reihenfolge auf innerbetriebliche und arbeitsrechtliche Konflikte, Streitfälle typisch wirtschaftsrechtlichen Inhalts, Auseinandersetzungen bei Unternehmensnachfolge und solche mit erbrechtlichem Einschlag, sowie eine geringe Zahl 8

[5] Das Bundesjustizministerium hat auf Grund der Empfehlung 98/257/EG betreffend die „Grundsätze für aussergerichtliche Beilegung von Verbraucherstreitigkeiten" für die Kommission über tausend 1998 in Deutschland bestehende Schieds- und Schlichtungseinrichtungen erfasst (AZ.: 3003/2-8d-9–5–1-R11074/98).
[6] So sieht die Neufassung aus dem Jahre 2000 der Satzung des Bayerischen Brauerbundes als Aufgabe dieses Verbandes die Durchführung von Mediations- und Schlichtungsverfahren vor.
[7] Zu diesen Zahlen aus der Justiz, Stand 30. 9. 2000, s. http://www.bmj.bund.de/inhalt.htm).
[8] Schätzung des Verf.

von Umweltmediationen und anderen Verfahren aus dem Bereich des öffentlich Rechts.

9   Selbst dort, wo die Akzeptanz von Mediation – auch dank der Entwicklung, die Sozialeinrichtungen und psychologische Dienste in den vergangenen Jahren genommen haben – noch am stärksten ausgeprägt ist, bleibt ihre **Verbreitung** sehr **begrenzt**. Bei jährlich rd. 190.000 Ehescheidungen[9] wurden nur etwas mehr als 2.000 Familien-Mediationsverfahren durchgeführt – d. h. nur etwa 1% aller Paare nutzen, wenn sie sich trennen, einen Weg, der anerkanntermaßen geeignet ist, die Scheidungsfolgen frei von eskalierenden Konflikten zu bewältigen.

Mag die Zahl der Mediationsverfahren bei Konflikten aus dem Bereich der Wirtschaft in Deutschland auch gering sein, so hat doch das Jahr 2000 einige spektakuläre Fälle gebracht, bei denen deutsche Mediatoren Auseinandersetzungen zwischen Großunternehmen mit Streitwerten von mehreren hundert Millionen DM erfolgreich beilegen konnten.[10]

10   Noch etwas anderes fällt bei der Betrachtung des Marktes der Dienstleistungen „Konflikterledigung" auf: rd. 20.000 Richtern an allen öffentlichen Gerichten und ca. 500 potentiellen Schiedsrichtern, die sich für private Schiedsverfahren zur Verfügung halten, stehen – bei rasch wachsender Tendenz – etwa **2.500 bis 3.000 Mediatoren** gegenüber. Über 50 Einrichtungen – mit den unterschiedlichsten Ausbildungsinhalten – schulen derzeit Mediatoren, für die es kein **einheitliches oder gar gesetzlich geregeltes Berufsbild** gibt. Hinzu tritt, dass die Anbieter der Dienstleistung „Mediation" über einen sehr unterschiedlichen Hintergrund an Erziehung und Erfahrung verfügen: neben Psychologen, Sozialarbeitern, die in der Familienmediation tätig sind, stehen Unternehmensberater, Personaltrainer, Handelspädagogen u. ä. Berufsträger, die vollberuflich oder zeitweilig Mediation als Dienstleistung öffentlich anbieten.

11   Daneben stehen **Anwälte**, die eine Mediationsausbildung genossen haben und – z. T. angeregt durch die öffentliche Diskussion – darauf hoffen, ihr Tätigkeitsfeld durch das Angebot der aktiven Mediation erweitern zu können. Lediglich einige große, vor allem international ausgerichtete Kanzleien sehen in der Mediation nicht nur ein Feld, in dem mit Mediation vertraute Mitarbeiter sich als Mediatoren anbieten, sondern eine Chance, Mandanten eine Alternative aufzuzeigen, wie Konflikte interessengerecht und ohne den Gang vor Gerichte gelöst werden können. Das aber bedeutet nicht nur Mediatorendienste anzubieten, sondern auch fachgerecht Mandanten in Mediationen beratend zu begleiten.

---

[9] Lt. Statistischem Jahrbuch, 2000, S. 77 belief sich die Zahl der Scheidungen in Deutschland im Jahre 1998 auf 192.416.
[10] Vgl. *Neuenhahn*, Consultant, 6, 2000, S. 42 ff.; *ders.*, Wirtschaftsmediation – ein alternatives Konfliktlösungsverfahren VIK-Mitteilungen, 2001, S. 5 ff.; s. auch die Mitteilung gem. § 15 WpHG vom 10. 11. 2000 der AGIV AG, Frankfurt, über den erfolgreichen Abschluss einer Mediation zur Beilegung eines vor dem LG Frankfurt/Main anhängigen Rechtsstreites mit der HBG Hollandsche Beton Groep nv., Rijswijk, im Zusammenhang mit dem Verkauf einer Beteiligung an der Wayss & Freytag AG aus dem Jahre 1996.
Dass auch anerkannte Einrichtungen, die neue und alternative Wege der Konfliktbeilegung im Wirtschaftsverkehr eröffnen, Schwierigkeiten bei der Akzeptanz ihres Angebotes haben, zeigt etwa die Entwicklung der Zahl der Schiedsverfahren bei der International Chamber of Commerce, Paris. Von 1950 bis 2000 hat sich die Zahl der von dieser weltweit anerkannten Einrichtung betreuten Verfahren von ca. 25 auf 500 erhöht (vgl. http://www.iccwbo.org/court/english/news_archives/2001/statistics.asp).

Es erscheint nicht übertrieben, wenn man feststellt, dass in Deutschland tenden- **12** ziell ein **Überangebot an Mediatoren** besteht. Dieser Trend wird in den kommenden Jahren wegen eines weiterhin sehr umfangreichen Angebots und einer entsprechenden Nachfrage an Mediatorenausbildung anhalten. Vor diesem Hintergrund stellt sich die Frage nach einem **erfolgreichen Marketing** der Mediation und vor allem der Mediatoren mit besonderer Schärfe. Nur wenn es gelingt, die Nachfrage nach Mediationsleistungen deutlich zu steigern, wird sich möglicherweise ein verschärfter Wettbewerb von immer mehr Mediatoren um eine fortgesetzt geringe Zahl von Mediationsverfahren vermeiden lassen. Es mag zwar zutreffen, dass ein Angebot sich die nötige Nachfrage schafft, dies allein dürfte jedoch nicht ausreichen, um das Marktpotential zu erschließen. Es besteht darüber hinaus die Gefahr, dass vor dem Hintergrund eines stark fraktionierten Angebotes und einer wenig strukturierten Nachfrage das Produkt Mediation selbst unter dem Druck des Wettbewerbs Schaden nimmt.

Damit ist der Entwicklungsstand der Mediationsbewegung in Deutschland heute, etwas mehr als zehn Jahre nach den ersten Anfängen, deutlich beschrieben: dieser Markt ist noch nicht aufbereitet![11]

b) Die Zielgruppen für das Produkt Mediation. Wer sind die Nutzer von Media- **13** tion und wer sollten die Adressaten des Marketings für das Produkt Mediation sein? Selbstverständlich sind Nutzer des Produktes „Mediation" die Beteiligten an einem Konflikt, die statt des gewohnten Weges zur Streiterledigung durch eine gerichtliche Entscheidung das Wagnis auf sich nehmen, in eigener Verantwortung – und nur durch einen neutralen Dritten bei der Durchführung des Verhandlungsprozesses unterstützt – einen möglichst interessengerechten Vergleich mit dem Gegner auszuhandeln.

Damit ist jedoch die Frage nach den Adressaten der Marketinganstrengungen **14** noch nicht ausreichend beantwortet, weil es darum gehen muss, die Personen zu erreichen, die über die Art und Weise, wie Konflikte zu lösen sind, entscheiden. Dies sind neben den **Betroffenen** selbst alle diejenigen, die direkt und auch indirekt auf deren Entscheidung Einfluss nehmen. Dazu zählen die **Berater jeder Art** – und nicht zuletzt die **Anwälte** – der Konfliktparteien, aber auch Meinungsführer in Politik und Gesellschaft und in einem gewissen Umfang auch die Justiz selbst, wenn sie sich für Kooperationen mit Vertretern der alternativen Methoden der Konfliktbeilegung entscheidet[12]. Soweit **Unternehmen** in Betracht kommen, sind Adressaten von Marketingbemühungen für Mediation nicht nur die Inhaber, Geschäftsführer

---

[11] Ein Vergleich mit den Verhältnissen in den USA scheitert nicht nur an dem Fehlen von umfassenden Statistiken, sondern vor allem an den völlig anderen Grundlagen des US-amerikanischen Rechtssystems.
Interessant ist aber ein Blick auf Großbritannien, wo bei etwa 2 Mio Zivilprozessen p. a. schätzungsweise 1000 Mediationen in kommerziellen Streitigkeiten durchgeführt werden. Nach einer Pressemitteilung von CEDR, London, vom 13. 6. 2000, ist die 1998/1999 beobachtete erhebliche Zunahme von weit über 100% der Wirtschaftsmediationen nur z. T. auf die Woolfe'sche Prozessrechtsreform zurückzuführen.
Schätzungen zu den Verhältnissen in Frankreich erlauben, trotz einer (nicht obligatorisch) vorgeschriebenen Mediation als Vorbedingung für ein Zivilverfahren die Annahme, dass die Zahl der Mediationen in etwa derjenigen für Deutschland entspricht.
[12] Dies wäre in der Tat möglich, wenn Gerichte Verhandlungen zwischen den Parteien aktiv fördern würden, wie dies z. B. in den USA und UK der Fall ist; s. a. *Alexander*, Wirtschaftsmediation in Theorie und Praxis, Frankfurt/M., 1999, S. 287 ff.

und Vorstände, sondern auch Funktionsträger des mittleren Managements, insbesondere der Rechts- und Personalabteilungen.

15   Dabei sind zwei Phasen des Marketingprozesses zu unterscheiden. Die erste stellt die Vermittlung von Wissen über die Mediation dar und die Einführung der Überzeugung, dass alternative Methoden der Konfliktbearbeitung zur Lösung von Problemen Vorteile eröffnen. Davon zu trennen ist der Vorgang, der im konkreten Konfliktfall zu einer Entscheidung für die Mediation und auch für einen bestimmten Mediator führt.

4. Das Marketing des Mediators

16   Während das Marketing von Mediation und Mediator in der ersten Phase der allgemeinen Überzeugungsarbeit von der Idee der Mediation und den Qualitäten eines bestimmten Mediators keine Besonderheiten gegenüber der Vermarktung von Ideen, Dienstleistungen und Dienstleistern aufweist, stellt sich in der zweiten Phase des Marketings, bei der Einwirkung auf die konkrete Entscheidung für die Mediation und für eine bestimmte Person als Mediator ein grundsätzliches Problem.

17   Kann und darf sich ein Mediator in einer solchen Situation selbst vermarkten? Unproblematisch erscheint der Fall, in dem die Parteien oder ihre Berater oder ein sonstiger Dritter an einen Mediator mit der Bitte herantreten, in einem Konflikt als Neutraler tätig zu werden[13]. Darf aber ein Mediator etwa mit dem Wissen über einen konkreten Konflikt an eine Partei herantreten und sich als neutraler Dritter ins Spiel bringen?

Kann er erwarten, dass er von der anderen Partei als unabhängiger Dritter akzeptiert wird, wenn er „im Auftrage" einer Partei ein Verfahren anregt, über dessen Erfolgsaussichten berät und sich selbst als Mediator vorschlägt? Mit dem Bild des zu strikter Neutralität verpflichteten, die gebührende Distanz zu den Konfliktparteien wahrenden Mediators sind diese und ähnliche Vorgehensweisen schwerlich zu vereinbaren. Jedes Verhalten, das als ein agressives Selbstvermarkten des Mediators in Erscheinung tritt, ist mit professionell betriebener, seriöser Mediation nicht vereinbar und wird langfristig auch dem Ruf des Verfahrens der Mediation abträglich sein.

18   Unter diesem Gesichtspunkt sollte das Marketing des Mediators grundsätzlich darauf ausgerichtet sein, Parteien, Berater und sonstige Beteiligte zu veranlassen, sich im Konfliktfall an ihn zu wenden.

Bei einem solchen eher „indirekten" Marketing, bei dem es auf den Aufbau von Ansehen und Imagepflege sowie dem Bestehen vor den kritischen Augen der Entscheidungsträger ankommt, ist der Mediator in hohem Maße auf die verschiedensten Formen von Vermittlung durch Dritte angewiesen.

5. Das Marketing der Anbieter von mediationsnahen Dienstleistungen

19   Neben solchen Personen, die selbst ihre Dienste als Mediatoren anbieten, stehen eine Reihe von **Organisationen**, die im weiteren Sinne am Markt für Mediation mitwirken. Berufsverbände von Mediatoren vertreten in erster Linie deren Interessen in der Öffentlichkeit; sie bieten darüber hinaus weitere Dienste an, wie z.B.

---

[13] Zum Fall der sog. Inhouse-Mediation d.h. der Fall, bei dem zwei Mandanten der gleichen Kanzlei einen Rechtsstreit austragen wollen, s. OLG Hamm, OLG-Report Hamm 1999, S. 129ff., sowie *Stückemann*, ANWALT 4/2001, 16ff.

Aus- und Fortbildung und unterstützen Dritte bei der Suche von Mediatoren.[14] Daneben stehen über 50 Anbieter von Ausbildungsleistungen für Mediatoren[15], sowie einige Institutionen, die es sich zum Ziel gesetzt haben, den Gebrauch von Mediation zur alternativen Konfliktlösung zu fördern, indem sie Mediationsverfahren administrieren, organisieren oder Verfahrensordnungen und ähnliche Regelwerke bereitstellen und an der Vermittlung von Mediatoren mitwirken[16].

II. Das Marketing von Mediation und die Aufbereitung des Mediationsmarktes

1. Standortbestimmung

Die Fakten weisen darauf hin, dass die **Erschließung eines Marktes** für Media- 20 tion in Deutschland kaum begonnen hat, und dass man in Teilbereichen, wie etwa der Wirtschaftsmediation, noch nicht einmal von einem Markt sprechen kann. Selbst wenn zutrifft, dass „nichts auf der Welt so mächtig ist, wie eine Idee, deren Zeit gekommen ist"[17], so braucht auch die beste Idee, soll sie sich entfalten, ihre Geburtshelfer und Zieheltern. Alle, die von der Gültigkeit der Konzepte von ADR und Mediation überzeugt sind, dürfen nicht übersehen, dass die, die für alternative Methoden der Konfliktbeilegung zu gewinnen wären, nämlich vor allem die beratenden und juristischen Berufe einerseits und die Konfliktbefangenen andererseits nur mit Mühe vom Einsatz neuer Methoden in der Konfliktbeilegung zu überzeugen sind. Die Gründe sind offenkundig, konservatives und von Interessen geprägtes Denken bei der einen Gruppe, während die andere in ihrer vom Konflikt geprägten Situation Experimenten und Risiken im Allgemeinen abhold sein dürfte.

Mediation ist eine klar abgrenzbare Dienstleistung und ein **eigenständiges Pro-** 21 **dukt,** das seinen Platz als Einrichtung der privaten Konflikterledigung neben den Verfahren vor den öffentlichen Gerichten und privaten Schiedsgerichten beanspruchen kann[18]. Der Umstand, dass außer im Bereich der Familienmediation – und dies auch nur in begrenztem Umfange – alternative Methoden der Konfliktbeilegung in Deutschland bis vor kurzer Zeit kaum Anwendung gefunden haben, spricht nicht gegen die Nützlichkeit von Mediation im hiesigen Umfeld. Die Brauchbarkeit der ADR ist nicht nur in den USA oder Grossbritannien[19] erwiesen – so sehr auch das

---

[14] Beispiele aus Deutschland: BAFM Bundes-Arbeitsgemeinschaft für Familienmediation, BMWA Bundesverband Mediation in Wirtschaft und Arbeitswelt e. V., IGUM Interessengemeinschaft Umweltmediation. Zu den Ausbildungsinstitutionen vgl. § 59.

[15] Neben den der BAFM angeschlossenen Ausbildungseinrichtungen u. a. FernUniversität Hagen, Heidelberger Institut für Mediation. Dazu §§ 52, 56.

[16] Z. B. CPR Institute for Dispute Resolution, New York, CEDR Centre for Dispute Resolution, London, CRC Centre de Résolution des Couflits, Paris, oder gwmk, Gesellschaft für Wirtschaftsmediation und Konfliktmanagement, München, und DIS Deutsche Institution für Schiedsgerichtsbarkeit, Bonn, die seit 2001 ebenfalls Schlichtungs-/Mediationsverfahren anbietet.
Hierher gehört auch die Centrale für Mediation, Köln, die insoweit eine Sonderstellung inne hat, als sie u. a. die Organisation von Veranstaltungen zum Themenkreis Mediation übernimmt.

[17] *Victor Hugo* zit. nach Harenberg's Lexikon der Sprichwörter und Zitate, 1997.

[18] Vgl. auch *Risse*, BMWA NewsLetter Nr. 1/2, 2000, S. 9 ff.).

[19] S. z. B. *R. Bleemer* u. a. (Hrsg.) Into the 21st Century, New York, 2001; *K. Arrow* u. a. (Hrsg.) Barriers to Conflict Resolution, Cambrigde, 1999 mit Beiträgen zur Anwendung von ADR in verschiedenen Sachgebieten.

Argument der anderen sozialen und rechtlichen Gegebenheiten zu relativieren veranlasst –, sondern sie leitet sich aus einer Reihe von Gründen her, die aus ihrer nachweisbaren Eignung zur Herstellung von Rechtsfrieden und Akzeptanz der erzielbaren Lösungen (dies gerade in kritischen Feldern wie der Scheidungsmediation) und zur Steigerung der Effizienz bei Kosten und Zeitaufwand folgen. Einen weiteren Vorteil bietet dieses private Verfahren zur Konfliktbeilegung insoweit, als es geeignet ist, die öffentlichen Gerichte von einem notorisch hohen Geschäftsanfall zu entlasten. [20]

22   Auch die **Europäische Union** hat die Nützlichkeit der ADR-Verfahren anerkannt und etwa im Rahmen des Art. 17 der e-commerce-Richtlinie die Mitgliedsstaaten angehalten, Einrichtungen der nicht staatlichen Alternativen Konfliktbeilegung zu fördern.

Es dürfte also schwerfallen, vor diesem Hintergrund ein bestehendes Potential an Nachfrage nach Mediation zu bestreiten.

Daraus ergibt sich für diejenigen, die die Vorteile in den Methoden der Mediation erkennen, das sich selbst auferlegte Ziel, die Nachfrage nach Mediation zu fördern – eine Aufgabe, die der Vermarkter der „Idee der Mediation" herausfordern müsste.

2. Die Erschließung des Marktes der Mediation

23   Wenn es das Ziel der Markterschließung ist, die Aufmerksamkeit für das Produkt zu erregen, das Interesse daran zu wecken, Akzeptanz für und den Wunsch nach dem Produkt zu erzeugen, um es schließlich selbst einzusetzen und zu verwenden, dann stellt sich die Frage, wie dies mit den Methoden des Marketings erreicht werden kann.

24   a) **Träger des Marketing.** Diese Aufgabe können und sollten alle diejenigen übernehmen, die an der Verbreitung des Produktes Mediation interessiert sind: ausübende und künftige **Mediatoren, Anwälte** aber auch Personen, **Organisationen** und **Unternehmen**, die sich Vorteile von der systematischen Nutzung von Mediation versprechen. Dies schließt die Verantwortlichen in der Politik, in der öffentlichen Verwaltung und bei den Gerichten ebenso ein, wie private Unternehmen oder Träger von sozialen Einrichtungen, soweit sie Entscheidungen darüber beeinflussen können, ob ein Konflikt ausschließlich durch Gerichte oder aber in selbstverantworteter Weise durch die Parteien selbst gelöst werden soll.

25   b) **Zielgruppen und Adressaten.** Die Zielgruppe, auf die sich die Massnahmen zur Markterschließung erstrecken sollten, ist leicht zu beschreiben, aber schwer zu fassen. Es ist dies das **breite Publikum**, dem das Wissen über Mediation fehlt und das sich deswegen in Konflikten an die traditionell als ausschließlich zuständig angesehenen Gerichte wendet. Hier hat es darum zu gehen, in der Presse und den Organen der öffentlichen Meinungsbildung das Potential an Chancen, das die Alternative Konfliktbeilegung bietet, zu thematisieren. Es muss darum gehen, diejenigen zu erreichen, die in der Gesellschaft, in der Politik, der öffentlichen Verwaltung, der

---

[20] Das am 1. 1. 2000 in Kraft getretene Gesetz zur Förderung der außergerichtlichen Streitbeilegung und die darin enthaltene Öffnungsklausel des § 15 EGZPO kann nur einen ersten Schritt zum Ausbau der Alternativen Konfliktbeilegung darstellen. Dazu § 33.

Justiz, in den Unternehmen und sozialen Organisationen Multiplikatoren bei der Meinungsbildung sind. Hierzu sind die Massenmedien ebenso wie Foren politischer und wissenschaftlicher Kommunikation zu nutzen.

Schließlich muss sich die Arbeit zur Markterschließung für die Mediation denen 26 zuwenden, die für sich selbst verantwortlich oder als Berater von Einzelpersonen, von gesellschaftlich oder wirtschaftlich tätigen Organisationen, Unternehmen, privaten und auch öffentlichen Körperschaften in konkreten Fällen auf Entscheidungen zur Konfliktbeilegung Einfluss nehmen. Auf diesem Feld geht es neben der Nutzung der verschiedenen öffentlichen Medien auch um Überzeugungsarbeit, die auf Beziehungen zu Personen zurückgreift, die als wichtige Entscheidungsträger und öffentliche Meinungsmacher wahrgenommen werden.

Es geht also bei dieser Phase der Markterschließung in erster Linie um **Public** 27 **Relation-Arbeit**, aber auch darum, konkret die Vorzüge der Alternativen zu den traditionellen Konfliktlösungsverfahren aufzuzeigen. Es interessiert den Nutzer letztlich wenig, wie ein Verfahren in der Theorie wirken sollte, sondern dass es zu einer Lösung seines Problems wirksam beiträgt. Am effektivsten ist es dabei, exemplarische Fälle, die die Vorteile der Mediation erkennen lassen, darzustellen. Hierbei ist allerdings zu beachten, dass das Gebot des vertraulichen Umgangs mit den Informationen zu Mediationsverfahren einer publizistischen Verwertung Grenzen zieht.

c) **Widerstände gegen Alternative Konfliktbeilegung.** Vor allem bei Angehörigen 28 der Justiz und Anwälten, mit einer vielfach stark auf Konfrontation ausgerichteten beruflichen Schulung und Erfahrung, fehlt es an Wissen und Vertrautheit mit den Methoden der alternativen Konfliktbeilegung.

Wissen über Mediation ist die erste Voraussetzung dafür, dass sie verantwor- 29 tungsbewusst die Vorteile und Risiken einer Mediation prüfen und deren Einsatz im Interesse ihrer Mandanten empfehlen. Entsprechendes gilt auch für andere beratende Berufe, wie z.B. für Wirtschaftsprüfer, Steuer-, Unternehmensberater – etwa im Bereich der Wirtschaftsmediation – und für Familienberater, Verhaltenstrainer, Psychologen und Psychotherapeuten für Gruppen- und Familienkonflikte. Gleiches gilt für Politiker, Vertreter von Interessengruppen und Öffentlichkeitsarbeiter im Zusammenhang mit Umweltmediation und öffentlichen Planungsvorhaben usw.

Wenn fehlendes Wissen über ADR ein, wenn nicht überhaupt das entscheidende 30 Hindernis für den verbreiteten Einsatz von Mediation ist, dann ist **Unsicherheit** bei der konkreten Begegnung mit den Methoden der Alternativen Konfliktbeilegung die Folge. Vielfach wird für Mediation undifferenziert mit den Argumenten geworben, dieses Verfahren sei kostengünstig, schnell abzuwickeln, schone belastete Beziehungen, schaffe über die Konfliktlösung hinaus „Mehrwert", sei in der Mehrzahl aller Verfahren erfolgreich, mache langwierige Vollstreckungsverfahren überflüssig usw. ... Diese im Einzelfall durchaus zutreffenden Charakteristika erwecken einerseits hochgespannte und auch überzogene Erwartungen und lösen andererseits nicht gerechtfertigte Beunruhigungen aus. Vereinfachende Schlagworte und allzu vordergründig vorgetragene Argumente können sich leicht als Hindernisse für eine erfolgreiche Verbreitung der Mediation erweisen. Nur wer die Vorteile der Mediation für die Konfliktlösung und deren evidente Nachteile im konkreten Fall gegeneinander abzuwägen vermag, kann erfolgreich Kritikern begegnen. Hierzu ist das Verständnis der Voraussetzungen und Wirkungsmechanismen der Mediation erforderlich, die es zu kommunizieren gilt[21].

31   **d) Maßnahmen und Instrumente.** Die Erschließung des Marktes für Mediation muss das Ergebnis der verschiedensten Aktivitäten sein, die auf die Zielgruppen einwirken, um sie dazu zu bewegen, im Konfliktfalle den Einsatz alternativer Methoden zu erwägen. Hierzu sind zunächst alle **Methoden der Öffentlichkeitsarbeit** geeignet, die das Produkt der Mediation in seinen verschiedenen Ausprägungen – Familien-, Wirtschafts-, Umwelt- etc. Mediation – den betroffenen Zielgruppen in der ihnen angemessenen Form vermitteln können[22].

Für die breitere Öffentlichkeit kommen die verschiedenen **Printmedien** ebenso in Betracht wie **Rundfunk** und **Fernsehen.** Neben einschlägigen Artikeln, die über Mediation unterrichten, eignen sich auch Pressemitteilungen über Ereignisse, die für Mediation relevant sein können. Wichtig ist vor allem eine Informationspolitik, die die Öffentlichkeit regelmäßig über Alternative Konfliktbeilegung und deren praktische Konsequenzen unterrichtet. Hilfreich ist es in diesem Zusammenhang, Journalisten zu gewinnen, die Themen im Zusammenhang mit Mediation aufgreifen und in ihren Beiträgen in der Presse bearbeiten.

Veranstaltungen, Tagungen und Kongresse über Themen der Alternativen Konfliktbeilegung sollen über Medienberichterstattung in die Öffentlichkeit hinein wirken. Dabei haben Kongresse, die für oder von Mediatoren veranstaltet werden, über die Abstrahlung auf die Öffentlichkeit hinaus, die Funktion, Selbstbild und eigene Positionen zu formulieren und zu festigen – was im Ergebnis der Öffentlichkeitsarbeit für die Mediation zugute kommt.

32   Neben der **Veröffentlichung** von Beiträgen in der Fach- und Spezialpresse sind Vortragsveranstaltungen vor den verschiedensten interessierten Gruppen aus Politik, Sozial- und Wirtschaftsleben ein weiteres Element für die Förderung der Mediation, vor allem dann, wenn derartige Veranstaltungen Meinungsträger in der Öffentlichkeit erreichen oder sich an Personen richten, die einen „Multiplikationsgrad" aufweisen.

33   **Anzeigenwerbung** in den verschiedensten Medien, einschließlich des Internet, kommen vor allem dort in Frage, wo die Werbenden ihre Produkte, wie Leistungen als Mediator oder von Mediationsdienstleistern einem größeren Publikum bekannt machen.

34   **Zwei Grundsätze** sollte die Öffentlichkeitsarbeit zur Verbreitung der Mediation beachten:
   – Die Methoden und Techniken, die Mediatoren einsetzen, und die Besonderheiten des Verfahrens mögen für viele sehr interessant sein; das Publikum lässt sich aber am ehesten gewinnen, wenn es über die Brauchbarkeit der Mediation zur Lösung eigener Probleme erfährt;
   – Mediation ist ein Produkt, für das wie für ein Markenprodukt geworben werden kann; Mediation hat jedoch ein Umfeld, das durch Konflikt und allgemein als

---

[21] Vgl. *Risse,* a.a.O. S. 11; für einen sachgerechten und kritisch reflektierten Einsatz von Mediation wäre die verstärkte Einführung von Mediation und Verhandlungstechnik in das Rechtsstudium an den Universitäten gewiss hilfreich.
[22] Zu Öffentlichkeitsarbeit im Allgemeinen vgl. *Avenarius,* Public Relations, 2. Aufl. 2000, S. 85 ff.

bedrohlich Empfundenes gekennzeichnet ist und in dem sich die Wettbewerber der Mediation im Rechtswesen als ernste und starke Autoritäten darstellen. Werbung für Mediation sollte diesen Umstand beachten und Effekte vermeiden, die Mediation in den Augen der Öffentlichkeit abwerten könnten. Mediation ist eben nicht „billig zu haben", ist nicht „justitia light" und nur für solche geeignet, die „einem anständigen Krach ausweichen wollen".

Es wäre durchaus zweckdienlich, wenn nicht viele Einzelne oder Gruppen, mit 35 z. T. sehr verschiedenen Interessen und dem ihnen jeweils eigenen Selbstverständnis, für die ADR-Bewegung sprächen, sondern darüber hinaus ein repräsentatives Organ für die Mediationsbewegung öffentlich auftreten könnte[23].

Die Konsequenz der jetzigen Lage ist ein vielgestaltiges, uneinheitliches Bild 36 von Anstrengungen, in die Öffentlichkeit hineinzuwirken, das zwar wegen seiner Vielfalt anregend ist, aber durchaus Schwächen in der PR-Arbeit erkennen lässt.[24]

e) **Stand der Markterschliessung.** Trotz dieser Schwächen der PR-Arbeit für die 37 „Idee Mediation" lassen sich doch Erfolge sehen, auf die alle Interessierten in der Zukunft zurückgreifen können. Eine Fülle von Artikeln in der Tagespresse, von Vorträgen vor den unterschiedlichsten Foren und Publikationen in der Fachpresse mit den unterschiedlichsten Schwerpunkten sind in den vergangenen Jahren erschienen U. a. haben die Anstrengungen des Deutschen AnwaltVereins und seiner Arbeitsgemeinschaft „Mediation" sowie des Ausschusses „Außergerichtliche Konfliktbeilegung", auf die politische Diskussion zur Reform der Justiz Einfluss zu nehmen, dazu geführt, dass seit dem Jahre 2000 über die Öffnungsklausel des § 15 a EGZPO die Ländergesetzgeber vorsehen können, dass Zivilprozessen Schlichtungsverfahren vorzuschalten sind und Gütestellen für freiwillige Schlichtung eingerichtet werden können[25].

Dieser Erfolg für die außergerichtliche Konfliktbeilegung ist jedoch nicht ver- 38 gleichbar mit dem Schub, den ADR in Großbritannien erhielt, als die Woolfe'sche Prozessrecht-Reform von 1998/99 die Gerichte anhielt, Parteien vor Aufnahme eines Zivilrechtsstreits auf die außergerichtliche Mediation zu verweisen.

Die Bemühungen um die Verbreitung von Mediation auf dem Kongress der Uni- 39 versität Tübingen im Jahre 1997, der unter dem Leitmotiv „Konfliktlösung ohne gerichtliche Entscheidung durch Verhandeln und Mediation" stand, können auch als Anlass für den seit 1999 laufenden Pilotversuch des baden-württembergischen Justizministeriums im LG-Gerichtsbezirk Stuttgart gelten, die Prozessparteien im Verlaufe von Zivilverfahren aufzufordern, Mediatoren zu einer Konfliktlösung einzuschalten[26].

---

[23] Erste Versuche zu einer Koordination von Öffentlichkeitsarbeit unternimmt seit Anfang 2001 die DGM Deutsche Gesellschaft für Mediation, Hagen.

[24] Typisch ist der Umstand, dass eine Vielzahl von Zeitschriften existieren, deren Verteilerkreis oft sehr begrenzt ist. Vorteilhaft heben sich von der Vielzahl von Vereinen und Gesellschaften Einrichtungen wie Centrale für Mediation, als clearing Stelle für Informationen ab oder die wenigen Träger von regelmäßigen Veranstaltungen, die auch bundesweit Beachtung finden, wie z.B. BAFM, Centrum für Verhandlungen und Mediation, Münster, oder gwmk, München.

[25] Stellvertretend für andere Bundesländer vgl. zur obligatorischen Schlichtung in Bayern MittBayNot, Ausgabe 4, Sonderheft 7/8, 2000. Eingehend § 33.

[26] Zu Ansätzen für eine umfassende PR-Arbeit zugunsten der Alternativen Konfliktbeilegung s. a. *Alexander*, aaO.

40   Alles in allem wird man feststellen müssen, dass trotz erfreulicher Einzelerfolge der Durchbruch noch nicht gelungen ist: noch ist Mediation kein allgemeiner anerkannter Bestandteil des deutschen Rechtslebens.

Dabei ist auch hier kritisch zu bemerken, dass die Öffentlichkeit am ehesten dann bereit ist, Innovationen zu akzeptieren, wenn diese die Lösung von evidenten und dringenden Problemen versprechen, nicht aber schon dann, wenn ihr nur eine „gute" Lösung mehr angeboten wird.

3. Sonstige Ansätze für ein Marketing von Mediation

41   Neben der Öffentlichkeitsarbeit zur Verbreitung des Konzepts der alternativen Konfliktbeilegung lassen sich ausgewählte Zielgruppen auch auf andere Weise erreichen, um Mediation zu vermarkten.

So haben sich vor allem in den USA und Grossbritannien Vermarktungsstrategien für Wirtschaftsmediation als erfolgreich erwiesen, die sich an Anwaltskanzleien und Unternehmen wenden.

Träger solcher Marketing-Aktionen können dabei Mediatoren, aber auch – aus eigener Initiative – Anwälte und andere Einrichtungen, wie Anbieter mediationsnaher Leistungen, sein.

42   Als einfachste Form dieses indirekten Marketings von Mediation kann die **Überzeugungsarbeit des Anwalts** bei der Vertragsgestaltung gelten, der in allen Fällen, die sich dafür eignen, die Vertragsparteien und deren Rechtsvertreter dazu veranlasst, in einen Vertrag eine Nachverhandlungs- und Mediationsklausel aufzunehmen. Sind derartige Verabredungen erst einmal zum Standard bestimmter Vertragstypen geworden, ist regelmäßig vor einem Gang zu den Gerichten der Versuch einer gütlichen Einigung mit Hilfe eines neutralen Dritten geboten. Angesichts der hohen Erfolgsrate, die die Mediation auszeichnet, verspricht dieses Vorgehen in – einer zugegebenermaßen nicht notwendig nahen – Zukunft eine beträchtliche, sich selbst ausweitende Verbreitung von Mediation.

43   Weit anspruchsvoller sind dagegen Programme, die das Ziel haben, in **Anwaltskanzleien** Arbeitsgruppen für Mediation und Alternative Konfliktbeilegung einzuführen. Dies bietet sich etwa bei Kanzleien an, die über eigenständige Abteilungen für Prozessführung verfügen, reicht aber sehr viel weiter als eine bloße Erweiterung des Personals oder der vorhandenen Kompetenzen, weil es sich hierbei um einen Prozess handelt, der eine grundlegende Veränderung der Unternehmenskultur der Kanzlei zum Gegenstand haben dürfte. Geht es doch darum, das Selbstverständnis der Anwälte so umzugestalten, dass an die Stelle des tradierten Bildes vom Anwalt als Wortführer in einer konfrontativen Auseinandersetzung im Idealfall das Muster eines Beistandes im Konflikt tritt. Selbstverständlich können die Partner einer Kanzlei den Entschluss zu einer solchen Änderung aus eigenem Antrieb und mit eigenen Mitteln durchsetzen. Es bietet sich jedoch an, auch entsprechende Angebote für die Beratung und Unterstützung bei der Durchführung eines solchen Prozesses durch Dritte zu prüfen. Vor allem einige der Mediationsdienstleister sind im Stande, Konzepte zu entwickeln und für die Umsetzung Hilfestellung zu bieten[27].

---

[27] Einblick in derartige Programme im US-amerikanischen Kontext bietet die Veröffentlichung der CPR, Building ADR into the Law Firm, New York, 1997.

Ähnlich stellen sich Programme dar, die dem Ziel dienen, in **Unternehmen** und 44
deren Rechtsabteilungen eine Mediationskultur aufzubauen. Der einfachste Weg
dahin besteht in Vorträgen, workshops oder Einführungsveranstaltungen zu Mediationsverfahren, die von Mediatoren oder den bereits erwähnten Mediationsdienstleistern in Unternehmen durchgeführt werden.

Weiter greifen in diesem Zusammenhang allerdings Aktionen, die in Unterneh- 45
men generelle Massnahmen und Handlungsanweisungen vorsehen, wie bestimmte,
vorhersehbare Konflikte oder Typen von Auseinandersetzungen mit Hilfe von
Mediation aufgelöst werden können. So haben etwa CPR in den USA und CEDR in
Großbritannien in einem viel umfassenderen Masse als etwa die gwmk in Deutschland im Hinblick auf die mit dem Jahrtausendwechsel befürchteten Risiken und
damit verbundenen Rechtsstreitigkeiten seit 1998 Unternehmen veranlasst, sich
ihren Kunden gegenüber zu verpflichten, in einem Schadenfall vor der Einschaltung
von Gerichten durch eine Mediation eine einvernehmliche Regelung zu versuchen.
Andere Beispiele für die erfolgreiche Einwerbung von Mediationsleistungen stellen
Abkommen dar, die von CEDR in England im Jahr 2001 mit ESSO – zur Mediation von Konflikten zwischen dem Unternehmen und seinen Tankstellenpächtern –
und einem britischen Eisenbahnbetreiber – zur Konfliktbeilegung im Zusammenhang mit der Bewertung von Grundstücken, die für den Bau von Eisenbahnstrecken
enteignet wurden – abgeschlossen wurden.

Es liegt auf der Hand, dass für derartige Abkommen über die systematische
Betreuung von einer möglichen Vielzahl von Streitigkeiten als Vertragspartner
weniger einzelne Mediatoren in Betracht kommen, als Organisationen, die entsprechende Leistungen anbieten und auch einheitliche Standards gewährleisten können.

In den USA bietet CPR ähnlich wie für Anwaltskanzleien auch für Unternehmen 46
und die Mitarbeiter der Rechtsabteilungen **Programme zur Einführung** von ADR-
Techniken an[28]. Dabei wird diese Aktivität von CPR, das in den 70-er Jahren von
großen US-amerikanischen Industrieunternehmen gegründet wurde, nicht nur durch
das Interesse von amerikanischen und ausländischen Unternehmen gestützt, die in
den USA fürchten müssen, bei Prozessen vor US-Gerichten extreme Belastungen zu
erfahren, sondern auch durch die in der amerikanischen Wirtschaft verbreitete Erkenntnis, dass die in den Unternehmen vorhandene und systematisch genutzte
Kompetenz bei der Konfliktbewältigung nicht nur eine Kostenentlastung bewirkt,
sondern auch eine rationale und im Kern strategisch ausgerichtete Grundlage für
Entscheidungen bietet, wie ein Unternehmen auf Konflikte und Rechtsstreitigkeiten
reagieren soll.

III. Das Marketing des Mediators

1. Einleitung

Es stehen heute Mediatorinnen und Mediatoren der unterschiedlichsten Speziali- 47
sierung bereit, um Auseinandersetzungen zwischen Personen, Institutionen und in-

---

[28] Vgl.CPR, Building ADR into the Corporate Law Department, New York, 1997, sowie *Ertel*,
Turning Negotiation into a Corporate Capability, in Harvard Business Review on Negotiation and
Conflict Resolution, Boston, 2000, S. 101 ff.

nerhalb von Organisationen und Unternehmen aufzugreifen und in systematischer, kontrollierter und juristisch abgesicherter Weise zu lösen.

48   Hier soll es um die Frage gehen, wie Mediatoren ihren Markt, ihre Marktsegmente und ihre Kunden entdecken und bearbeiten können. Diese Fragestellung setzt allerdings voraus, dass sich Mediatoren als Angehörige eines Berufstandes verstehen, der nicht nur ideelle Ziele verfolgt, sondern auch **wirtschaftlich denken** und handeln muss. Dies bedeutet, im Wettbewerb nicht nur zwischen den Institutionen sondern auch mit anderen Anbietern von Mediation aktiv, selbstverantwortlich und unternehmerisch zu handeln. Die individuelle Zuversicht, nach einer soliden Ausbildung und als Angehörige eines jungen Berufsstandes mit sinnvollen, gesellschaftlich anerkannten, häufig auch an sozialen Themen ausgerichteten Kompetenzen, werde die notwendige Anzahl von Mandaten für eine gesicherte wirtschaftliche Zukunft ganz selbstverständlich den Weg in die Praxis der Mediatorin und des Mediators finden, muss allerdings der Erkenntnis geopfert werden, dass eigene offensive Aktivitäten zu entfalten sind. Ein gutes Angebot kann sich seinen Markt schaffen – aber auch gute Angebote müssen ihren Markt finden und vermarktet werden.

2. Vier Phasen eines Marketingkonzeptes

49   Die Gewinnung von Kunden, in den beratenden Berufen regelmäßig auch Mandanten genannt, gehört zur Hauptaufgabe von Mediatorinnen und Mediatoren, um im Wettbewerb bestehen und die wirtschaftliche Existenz absichern zu können. Marketing bedeutet in diesem Zusammenhang nichts weniger als einen Denk- und Handlungsrahmen zur Gewinnung von Marktkenntnissen und von Kunden, mit dem Ziel, die Bedürfnisse dieser Mandanten zu deren Zufriedenheit und besser als die Mitbewerber zu erfüllen. Für die Praxis wird eine schrittweise Erarbeitung eines geschlossenen Marketingkonzepts unter Verwendung eines Vier-Phasen-Modelles vorgeschlagen. Diese vier Phasen gliedern sich wie folgt:
– Diagnose
– Geschäftstätigkeits- und Strategiebestimmung
– Maßnahmenplanung
– Durchführung und Kontrolle.

50   **a) Diagnose.** Vor jeder Konzeptentwicklung muss eine umfassende Analyse des eigenen Standorts, seiner Stärken und Schwächen, und des eigenen Umfeldes stehen. Mediatoren, die sich als Selbständige ihr Aufgabenfeld professionell erschließen wollen, können nicht umhin, sich als „Unternehmer" zu verstehen. Für ihr Unternehmen gilt es:
– das Selbstbild zu klären (Abb. 1),
– die potentiellen Marktsegmente zu analysieren (Abb. 2 bis 4),
– das Wettbewerbsumfeld zu identifizieren,
– die gegenwärtigen Probleme zu benennen (Abb. 5),
– die zukünftigen Trends abzuschätzen (Abb. 6).

Eigenes Unternehmen

☐ Zu hohes, idealistisches Selbstverständnis

☐ Ruf als „esoterische", unprofessionelle Berufsgruppe

☐ Nichtverständnis der eigenen Arbeit als Produktionsprozess

☐ Nichterkennen der Notwendigkeit aktiver Vermarktung

☐ Betriebswirtschaftliches Marketingkonzept

☐ Betriebswirtschaftliches Denken und Handeln

Abbildung 1: Klärung des Selbstbilds

Märkte des Unternehmens I

◆ Privates/soziales Umfeld

☐ Nachbarschaftsstreitigkeiten
☐ Familien-, Scheidungs- und arbeitsrechtliche Konflikte
☐ Innerbetriebliche Konflikte zwischen Arbeitnehmern
☐ Arzt-Patienten-Verhältnis: Kunstfehler
☐ Täter-Opfer-Ausgleich

Märkte des Unternehmens II

◆ Business-to-Business Bereich

☐ Internationale/interkulturelle Geschäftsbeziehungen
☐ Kunden-Lieferanten-Beziehungen
☐ Unternehmensnachfolge
☐ Fusionen
☐ Gesellschafterstreitigkeiten
☐ Franchising

Märkte des Unternehmens III

◆ Öffentlicher/staatlicher Bereich

◆ Durchsetzung kommunaler/staatlicher Maßnahmen:
   ☐ Stadtentwicklung
   ☐ Verkehrsplanung
   ☐ Subventionsabbau (Montan, Agrar, ...)
   ☐ Kernenergie, Braunkohlentagebau, Müllverwertung

Abbildung 2–4: Analyse der potentiellen Marktsegmente

Krauter/Lüer/Ripke   491

Gegenwärtig wirksame Probleme

☐ Werbung für Anwälte

☐ Geringer Bekanntheitsgrad der Mediation in Bevölkerung und Wirtschaft

☐ Geringe Produktdifferenzierung gegenüber Konkurrenten

☐ Mangel an bekannten Referenzen/positiven Fallbeispielen

☐ Unzureichende Öffentlichkeitsarbeit bezüglich der Rechtssicherheit in der Mediation

---

Abbildung 5: gegenwärtige Probleme

Zukunftstrends

☐ Zunahme internationaler, juristisch nicht vollständig abgesicherter Geschäftsbeziehungen

☐ Stetiges Ansteigen von Prozesskosten

☐ Immer längere Prozessdauer

☐ Wachsender Bedarf an einvernehmlicher, schneller Konfliktlösung

☐ Zunahme von Schadensersatzansprüchen

Abbildung 6: Zukunftstrends

51   Die Aufbereitung des Wettbewerbsumfeldes erfordert Zeit und Sorgfalt. Als Analyseinstrument hat sich dabei die **Portofoliotechnik** bewährt. In Quadranten werden nach Größe und Bedeutung die Konkurrenz- (Abb. 7) und Marktfelder (Abb. 8) eingetragen. Damit gewinnt das Unternehmen einen Begriff von seinen Wettbewerbern, der Anzahl und der wirtschaftlichen Bedeutung von einzelnen Marktfeldern.

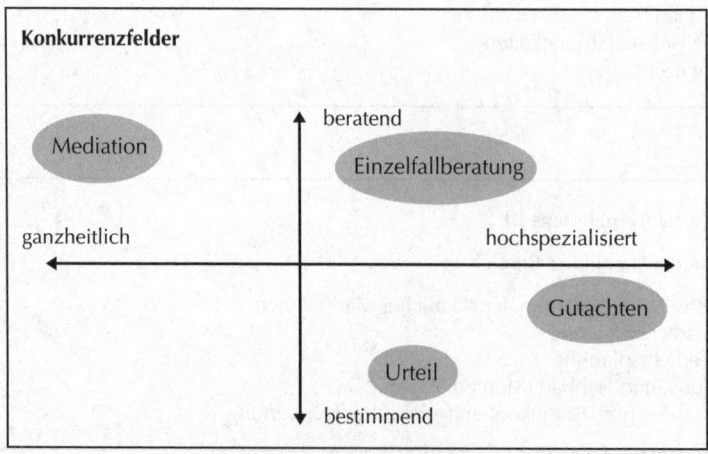

Abbildung 7: Konkurrenzfelder

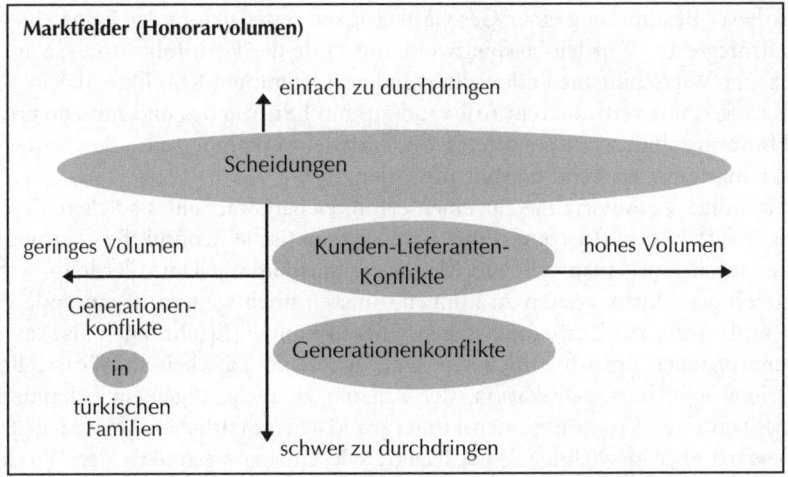

Abbildung 8: Marktfelder

In einem nächsten Diagnose-Schritt werden **Stärken und Schwächen** des eigenen 52
Unternehmens und seines Produktes in Bezug auf die Wettbewerber (z. B. im Kon-
kurrenzfeld „Konfliktbearbeitung" oder „Anbieter von ADR-Leistungen") und die
Positionierung in Marktfeldern erarbeitet.

Die Stärken und Schwächen gilt es zu formulieren. Aus diesen Aussagen lassen
sich Handlungsprogramme ableiten, um die Stärken zu nutzen und Schwächen
nicht zu Nachteilen ausschlagen zu lassen. Hat man dabei die Vorteile des Produktes Mediation als eine Stärke im Wettbewerbsumfeld erkannt und festgelegt, gewinnt man eine Basis für Kundenansprache und Werbeaussagen für dieses Produkt
und seine Spezialisierungen. So lässt sich auch klären, was das eigene Angebot von
dem der Wettbewerber unterscheidet und nach welchen Leitlinien bei der Bearbeitung potentieller Marktfelder vorzugehen ist.

b) **Geschäftstätigkeits- und Strategiebestimmung.** Im Rahmen der Diagnose war 53
neben der Stellung des eigenen Unternehmens im Wettbewerb und der Einordnung
der eigenen Beratungsleistung auch das Marktfeld nach Volumen, Segmenten und
Zielgruppen sowie die Konkurrenzfelder mit einem Leistungsbild der Wettbewerber
zu ermitteln. Auf der Grundlage dieser Informationen kann nun
– der Rahmen für die künftige Geschäftstätigkeit bestimmt und
– eine Marketingstrategie zur Durchsetzung der gesetzten Ziele formuliert werden.

Abgeleitet aus der vorangegangenen Diagnose von Kompetenz, Markt und Wett- 54
bewerbsumfeld sowie individuellen Erwartungen ist der Rahmen für die Geschäfts-
tätigkeit zu definieren: Dies könnte sich beispielhaft folgendermaßen darstellen:
– Einrichtung eines selbständigen Mediations-/Beratungsbüros
– Partnerschaft in einem professionellen Netzwerk
– Komplementäre Partnerschaften mit Mediatoren angrenzender Spezialisierungen
sowie mit Rechtsanwälten und Beratungszentren
– Begrenzung auf ein regionales Einzugsgebiet
– Spezialisierung auf Wirtschaftsmediation, z. B. Kunden-/Lieferanten-Konflikte
– Konzept eines professionellen Marktauftritts.

Krauter/Lüer/Ripke

55   Aus dieser Bestimmung einer Geschäftstätigkeit leitet sich in der Folge eine **Marketingstrategie** ab. Wurden beispielsweise mit Hilfe der Portofolio-Analyse aus dem Bereich der Wirtschaftsmediation die Kunden-/Lieferanten-Konflikte als ein ausreichend großes, mit vertretbarem Aufwand zu durchdringendes und mit entsprechendem Honorarvolumen ausgestattetes Geschäftsfeld erkannt, sollte dies zum Fokus eines Mediations-und Beratungsbüros werden.

56   Notwendige Voraussetzung für einen erfolgreichen Start eines solchen Geschäfts ist der Erwerb des Rüstzeugs für eine systematische Konfliktbearbeitung und -lösung durch eine entsprechende Mediatorenausbildung. Um allerdings wirklich erfolgreich am Markt agieren zu können, müssen noch weitere, ergänzende Fähigkeiten und Mittel zur Verfügung stehen. Hierzu können Erfahrungen als Anwalt in Wirtschaftssachen ebenso zählen wie eine gehobene Tätigkeit in Wirtschaft und Industrie. Fachliche Qualifikation, der Zugang zu nicht allgemein bekannten Informationen und Wissen über den Hintergrund wirtschaftlicher Abläufe stellen im Wettbewerb ebenso wichtige Vorteile dar, wie ein bei Vertretern der Wirtschaft, deren Justitiaren und der Anwaltschaft erworbenes Ansehen.

57   Nachdem das Ziel definiert, die Organisationsform – z.B. der Selbständigkeit – gewählt und die persönlichen und inhaltlichen Kompetenzen für ein identifiziertes Marktfeld vorhanden sind, kann im Laufe der Zeit ein **professionelles Netzwerk** aufgebaut werden. Zu einem solchen Beziehungsgeflecht könnten beispielhaft neben Wirtschaftsanwälten Patentanwälte, Steuerberater, Wirtschaftsprüfer, beratende Ingenieure, Planungsgesellschaften usw. gehören. Wegen der oben[29] aufgezeigten Besonderheiten des Vermarktens der eigenen Person besitzt ein solches Netzwerk für den Mediator besonderes Gewicht. Er bleibt darauf angewiesen, dass diejenigen, die in Konflikten über das Verfahren und die Person des neutralen Dritten entscheiden, an ihn herantreten oder ihn als geeignet für die Mitwirkung in einer Mediation anerkennen. Auch die Zusammenarbeit mit einer Mediations-Dienstleistungs- oder Mediatoren-Organisation, die Konfliktparteien Vorschläge von qualifizierten Mediatoren unterbreitet, kann sich in diesem Zusammenhang anbieten.

58   Ein solches Netz von Partnerschaften lässt sich, sofern der Mediator die in seine Tätigkeit gesetzten Erwartungen erfüllt, im Laufe der Entwicklung eines spezialisierten Büros entfalten, wobei die Zusammenarbeit auch auf einer Gegenseitigkeit beruhen kann, mit der man sich wechselseitig bei Aufträgen und Mandaten empfiehlt und weiterreicht. Hierbei hat allerdings der Mediator stets im Auge zu behalten, dass er nicht in eine auch nur vermeintliche Abhängigkeit gerät, die ihn aus dem Blickwinkel einer im Konflikt befangenen Partei in seiner neutralen Haltung kompromittieren könnte.

59   Im Rahmen derartiger Partnerschaften oder über Berufsverbände von Mediatoren könnten auch Vereinbarungen über Honorare und Provisionen ausgearbeitet werden. Aus den genannten Gründen können sich allerdings Provisionen für die Vermittlung von Mandaten an den Mediator als problematisch darstellen.

60   Parallel zu den geschilderten Aktivitäten wird das Marktfeld in
– Marktsegmente (Abb. 9) und
– Zielgruppen (Abb. 10)
aufgeteilt.

---

[29] S. Rdnr. 3 ff. zum Marketing des Mediators.

☐ Anspruch oder „Vision" des Mediationsbüros

☐ Marktsegmentierung

z. B. Familien:
☐ Paarkonflikte: Ehepaare, Lebensgemeinschaften
☐ Konflikte in Familienunternehmen
☐ Generationenkonflikte
☐ Erbschaftskonflikte

Abbildung 9: Ziel-, Zielgruppen- und Leistungspotentialbestimmung

---

☐ Anwälte
☐ Wirtschaftliche Gruppen:
Unternehmungen, Kommunen/Verwaltungen
☐ Soziale Gruppen:
Nachbarn, Familie, Ehepartner
Bürgerinitiativen
☐ Berufsgruppen:
Geschäftsführer, Selbständige
☐ Sonstige Gruppierungen:
Kassenrechtliche Verbände
Handelskammern
Umweltschutzverbände

Abbildung 10: Ausarbeitung und Identifikation potentieller Zielgruppen

Das Marktfeld Kunden/Lieferanten-Konflikte lässt sich zu einer konkreten Bear- 61
beitung und zur Ansprache der ausgewählten Zielgruppe weiter unterteilen und in
einzelne Segmente gliedern. Diese Differenzierung ist kein Selbstzweck, sondern
dient der gedanklichen Auseinandersetzung mit der eigenen Kompetenz, dem eigenen Angebot, den eigenen Zielen und dem Markt. Diese Differenzierung erlaubt
auch die Gestaltung des Angebotes, die zielgruppengerechte Formulierung von Aussagen zu dem Angebot des Mediators, seiner Werbebotschaften und seiner Ansprache der konkreten Nutzer seiner Dienstleistung. Auch hier ist zu betonen, dass unter Nutzer alle die zu verstehen sind, die im Konfliktfalle über den Einsatz des
Verfahrens der Mediation und die Auswahl eines bestimmten Mediators zu entscheiden haben. Dabei sollte der Mediator, wenn er potentielle Nutzer konkret in
seinen Werbungsaktionen anspricht, im Auge behalten, dass er, will er ein Mandat
als neutraler Dritter in einem künftigen Konflikt erlangen, auch für den Konfliktgegner akzeptabel sein muss. Das Ziel seiner Darstellung muss es daher sein, seine
auf die Zielgruppe bezogene Fachkompetenz zusammen mit seiner Qualifikation als
Mediator zu vermitteln. Dies dürfte ihm am ehesten gelingen, wenn er in seinen
Aussagen die für eine Zielgruppe typischen Problemfelder anspricht und die Eignung mediativer Techniken zur Problemlösung aufzeigt.

Da der Markt nicht zu den Mediatoren kommt, müssen die Mediatoren in den 62
Markt gehen. Wenn sie den Markt professionell bearbeiten wollen, müssen ihre
Marketingstrategien zusätzlich zu den allgemeinen Anforderungen, die die Ver-

marktung von Dienstleistungen stellt, die Besonderheiten ihres Berufes in Betracht ziehen. Richtig ist, dass Mediatoren sich als Teil einer Beratungs- und Dienstleistungsbranche verstehen müssen, in der sie sich aktiv und nach kaufmännischen Gesichtspunkten Markt und Wettbewerb zu stellen haben.

Bei dem Beispiel von Lieferanten-/Kunden-Konflikten lassen sich folgende, von einander unterschiedene **Marktsegmente** denken:

Marktsegmente	Regional	National	International
Investitionsgüter (Automobile, Elektrotechnik, Energie, Maschinenbau, Software, Computer etc.)			×
Konsumgüter (Nahrungsmittel, Haushaltsgeräte, Sport + Freizeit etc.)			×
Transport – Fluggesellschaften			×
– Öffentlicher Fernverkehr		×	
– Öffentlicher Nahverkehr	×		
– Speditionen	×	×	×
– Taxi-Unternehmen	×		
– Mietwagen		×	×
Medien – öffentliches Fernsehen		×	
– privates Fernsehen		×	
– Rundfunk	×	×	
– Tageszeitungen	×	×	
– Verlage		×	×
– etc.			
Großhandel (Handelsketten, Großmärkte, Baumärkte, Gartenmärkte, etc.)	×	×	×
Einzelhandel (Lebensmittel, Buchhandel, Reisebüro etc.)	×	×	
Tourismus (Reiseveranstalter, Reisebüroketten)	×	×	×
Hotel- und Gaststätten (Hotelketten, Hotels, Restaurants, Diskotheken etc.)	×	×	

Abbildung 11: Marktsegmente

63   An diesem Beispiel wird schnell deutlich, dass sich die Geschäftsprozesse und damit die fachlichen Inhalte, die beteiligten Interessenten und deren Mentalitäten sehr deutlich unterscheiden werden. Es macht im Zuschnitt des Mediationsangebo-

tes, im Aufbau von Werbebroschüren, im Internet-Auftritt, in den Formulierungen in Briefen und Mails und damit in der gesamten Kundenansprache, einschließlich der Kommunikation mit den in den jeweiligen Feldern tätigen Anwälten und Beratern, einen **großen Unterschied,** ob ein Streit über ein zu lautes Hotelzimmer zwischen Reiseveranstalter und einem verstimmten last-minute-Bucher beizulegen ist oder ob die Auftragsabwicklung zwischen internationalen Konzernen unter dem Druck hoher Konventionalstrafen Probleme aufwirft, die einer schnellen und beziehungserhaltenden Lösung zuzuführen sind.

Mediatoren ist daher zu raten, sich auf einige Marktsegmente zu konzentrieren, sich auf die dort vorherrschenden Probleme und Mentalitäten einzustellen und damit einen zielgruppengerechten Marktauftritt zu planen. Mediation als Modell einer Konfliktlösung ist den Verantwortlichen eines Weltunternehmens anders zu präsentieren als dem Einzelhändler in der nächsten Kleinstadt. Beide Marktsegmente können aber gleichermaßen attraktiv sein. Um sie angemessen bearbeiten zu können, sind nun die Zielgruppen innerhalb der gewählten Marktsegmente zu definieren (Abb. 12).

Marktsegment	Zielgruppe
Investitionsgüter	Geschäftsleitung Einkaufsleiter Verkaufsleiter Leiter der Rechtsabteilung und Justitiare
Konsumgüter	Geschäftsleitung Einkaufsleiter Verkaufsleiter Produktmanager Leiter der Rechtsabteilung und Justitiare Marketingleiter
Tourismus	Geschäftsleitung Länderverantwortliche Produktmanager Hotel- und Gaststättenmanager Vorsitzende von Interessenverbänden Reisebüroinhaber Versicherer

Abbildung 12: Zielgruppendefinition

Die systematische Aufgliederung eines Marktsegmentes in einzelne Zielgruppen soll am **Beispiel** von Familienkonflikten in Unternehmen verdeutlicht werden (Abb. 13–15): 64

Natürliche Person
♦ Ehe-/Familienstreit
  ☐ Ehestreit
  ☐ Generationenkonflikt
  ☐ Erbschaftskonflikt
  ☐ Familienunternehmenskonflikt

Abbildung 13: Beispiel: Konflikte-Feingliederung

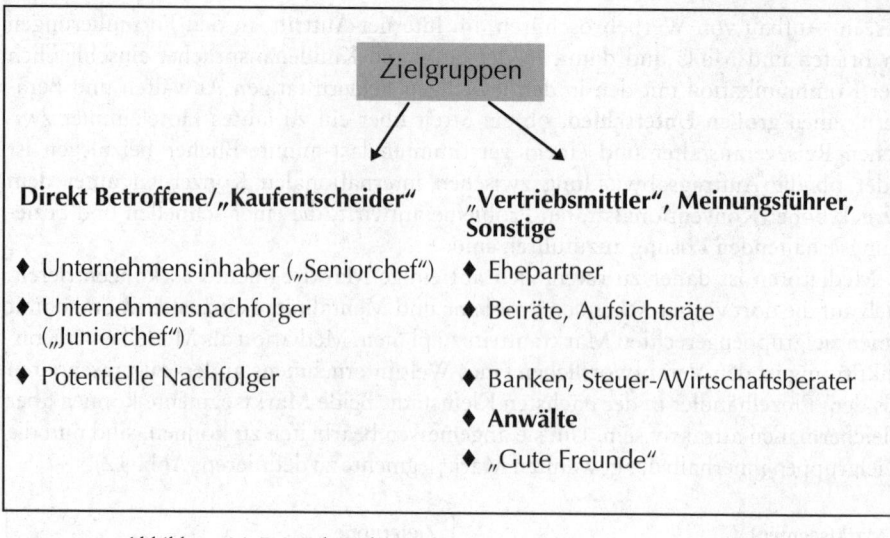

Abbildung 14: Beispiel: Zielgruppen zu Familienunternehmenskonflikten

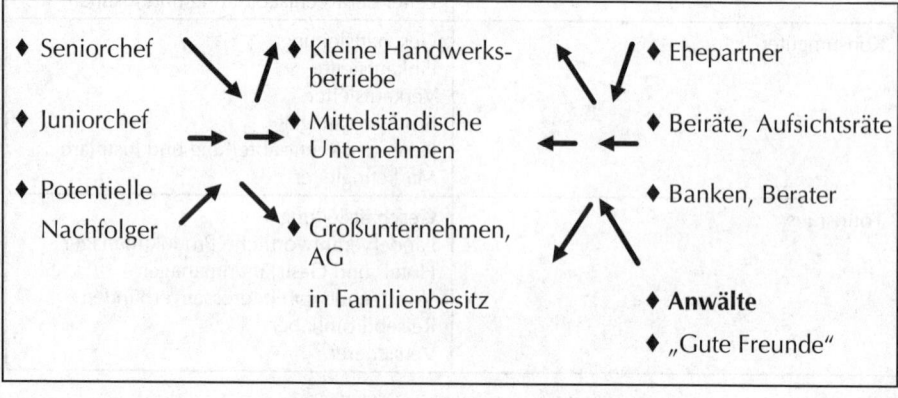

Abbildung 15: Beispiel: Zielgruppen-Feingliederung

65   Mit den bisherigen Schritten haben Mediatorinnen und Mediatoren
– ihre Kompetenzen festgelegt
– ihre persönlichen und geschäftlichen Ziele geklärt
– über die Organisationform entschieden
– den geographischen Arbeitsraum bestimmt
– den Markt analysiert
– die Marktsegmente für eine Konzentration der Ressourcen definiert
– die Zielgruppen für eine Marktbearbeitung ausgewählt

66   Dieser Klärungsprozess ist wesentlicher Bestandteil der Ausarbeitung eines Marketing konzepts (Abb. 16 u. 17).

♦ Geografische Positionierung:
   ☐ Lokal
   ☐ National
   ☐ International

♦ Produktbereich:
   ☐ Konzentration, Monoprodukt-Strategie
   ☐ Differenzierung, Multi-Produkt-Strategie
   ☐ Diversifikation, Multi-Markt-Strategie

♦ Absatzstrategien:
   ☐ Direkter Absatz: Einzelbüro
   ☐ Großhandel: Arbeit im Rahmen eines Institutes oder mit Mediationsdienstleister
   ☐ Einzelhandel: Arbeit mit RA-Büros, Familienberatungsstellen etc.

Abb. 16: Marketingstrategie: Suche nach potentiell geeigneten Strategien I

♦ Leadership-Strategien:
   ☐ Qualitätsführung
   ☐ Image-Führung (Renommee)
   ☐ Serviceführung
   ☐ Kostenführung

♦ Marktverhaltensstrategien:
   ☐ Vorreiter
   ☐ Mitstreiter
   ☐ Mitläufer

♦ Kooperationsstrategien:
   ☐ „Joint Ventures" auf spezifischen Gebieten wie
      Marketing, Großprojekte etc.
      Gebietseinteilung

Abb. 17: Marketingstrategie: Suche nach potentiell geeigneten Strategien II

Nach diesen Abbildungen sind u. a. nun noch Fragen nach **Konzentration, Diffe-** 67
renzierung oder **Diversifikation** offen. Hier erscheint eine frühe Festlegung kritisch,
da erst durch die mit der Zeit gewonnene Erfahrung und entsprechend der individuellen Neigung eine Festlegung erfolgen kann. Als Raster sollte man die in diesen
Schaubildern genannten Kriterien im Bewusstsein behalten oder als Merkposten „in
der Schublade" bewahren, um eine Verzettelung von Aktivitäten und Ressourcen zu
vermeiden.

Es macht sicher wenig Sinn, sich gleichzeitig sowohl in der Familien- als auch in 68
der Wirtschaftsmediation zu versuchen. Zwar ist die Methode der Mediation universell und prinzipiell überall einsetzbar, aber die Markterschließung und der
Marktzugang – und dies sollte aus diesen Ausführungen deutlich geworden sein –
unterscheiden sich doch sehr wesentlich.

c) Maßnahmenplanung. Die Maßnahmenplanung orientiert sich an der Verbin- 69
dung von vier zentralen Bereichen:

- Angebot des Produktes „Mediationsleistung"
- Preise und Konditionen
- Distribution
- Werbung und Verkaufsförderung.

70   Die Produkt-Angebote ergeben sich aus den Überlegungen zu Markt, Marktsegmenten, Zielgruppen und Wettbewerbern. Bleibt man bei dem Beispiel der
Konfliktbearbeitung zwischen Kunden und Lieferanten, werden Mediatoren, die
sich auf diesem Betätigungsfeld spezialisieren wollen, die anerkannten Methoden
der Mediation selbstverständlich beibehalten, aber dem Marktauftritt entsprechend ausformulieren. Den Erwartungen der Zielgruppe gemäß wird Mediation
als zeit- und kostensparende Möglichkeit anzubieten sein, um Streitfälle unter
Wahrung der bestehenden Geschäftsbeziehungen zu bereinigen. Dabei sind die
wichtigen Schritte zur Einbeziehung der jeweiligen Interessen und Sichtweisen
herauszustellen, aber im Gegensatz zur Familienmediation werden hier vor allem
die sachlichen und weniger die psychologischen Aspekte des Konfliktes betont.
Neben Anwälten und Unternehmensjuristen werden kaufmännische und technische Fachleute an dem Verfahren und der Abfassung der Schlussdokumente mitwirken.

Nach der Beschreibung des Produktes schließt sich als nächster Schritt dessen
Präsentation an. Genügt zur Werbung für Mediation und Mediatoren in Familien-
Beratungsstellen noch die Hinterlegung eines Prospektblattes, wird der werbende
Mediator bei großen Unternehmen und deren Beratern aufwändigere Methoden
anwenden müssen. Hier sind vielmehr informative Darstellungen zum Produkt und
zur Person des Mediators in professionell gestalteten Foldern, Referenzen, die Vorstellung von Teams und einzelner Arbeitsschritte, von Zeithorizonten, Richtpreisen
und Allgemeinen Geschäftsbedingungen gefragt. Die Gestaltung von Geschäftspa-
pieren und ein durchgängiges Layout, das eine Corporate Identity widerspiegelt,
sind weitere, selbstverständliche Elemente der „Verpackung" des Produktes. Dabei
darf niemand erwarten, dass dieser Aufwand sich unmittelbar und sofort in konkrete Aufträge umsetzen lässt.

71   Große, und nicht nur aus der Sicht des Mediators sogar entscheidende Bedeutung
kommt der **Preisgestaltung** zu (Abb. 18). Für die Festlegung der Preise ist es wichtig, das Wettbewerbsumfeld zu kennen und die Preisniveaus sowie die Konditionengestaltung der Konkurrenz zu recherchieren. So liegt es nahe, sich für die Beratungsleistung bei Kunden-/Lieferanten-Konflikten am anwaltlichen Umfeld und an
den Honoraren von Unternehmensberatern zu orientieren. In Gesprächen mit
Mandanten und deren Vertretern ist zu prüfen, ob mit aufwandsbezogenen Honoraren oder mit Pauschalvereinbarungen für bestimmte Leistungen ein Vertragsabschluss zu erreichen ist (Abb. 19).

72   In einer frühen Phase der Markterschließung und vor einem diffusen Bild, das der
Wettbewerb bietet, ist es denkbar, dass sich die Mediation auf Marktpreise wird
einlassen müssen. Dann wird es allerdings notwendig werden, nach der Etablierung
des Beratungsangebotes die **eigenen Preisvorstellungen** durchzusetzen. Nur die Erfahrung kann lehren, welche Preisdifferenzierungen zur Marktdurchdringung angebracht sind. Dazu sollte das Leistungsspektrum in einzelne Bereiche aufgeteilt und
mit Einzelpreisen versehen werden. Als Beispiel sei das Angebot einer Präsentation
oder eines workshops an einem Einführungstag zu einem vergleichsweise niedrigen

Honorar erwähnt. Während dieser Einführungsveranstaltung können dann konkrete Anregungen und Hilfestellungen für bestehende Fragen und Problem so präsentiert werden, dass Lösungskonzepte oder, wenn es die Verhältnisse erlauben, regelrechte Angebote, versehen mit entsprechenden Preisen, vorgelegt werden können.

♦ Objekte
  ☐ Einzel- und Verbundpreise
  ☐ Preisliste vs. Individualpreisgestaltung
    Orientierung am Streitwert
    Festsatz
    Stunden-/Tagessatz
  ☐ Preisniveau

Abb. 18: Preis- und Konditionengestaltung

♦ Rahmenbedingungen
  ☐ Kostensituation
  ☐ Marktsituation
  ☐ Gesetzliche Rahmenbedingungen/Standesregelungen

♦ Konditionen
  ☐ Wertstellungstermin
  ☐ Rabatt, Skonto, Bonus
    Im Rahmen der Familienmediation z. B. bedingt kostenfreie Nachbetreuung;
    Sonderpreisliste für Unternehmen mit regelmäßiger Beauftragung

Abbildung 19: Honorarvereinbarung

Nachdem die Produkt- und Preisgestaltung den Marktverhältnissen angepasst 73 wurde und die graphische und werbliche Aufbereitung der Unterlagen dem Segment und der Zielgruppe angemessen ist, kann nunmehr die äußerst kritische Frage nach der **Distribution des Mediationsangebotes** überdacht und geplant werden. Auch hier ist wieder von den definierten und ausgewählten Marktsegmenten und Zielgruppen auszugehen. In diesem Zusammenhang sind u. a. folgende Entscheidungen zu treffen:
– die Wahl des Standorts des Büros:
– Lage, Verkehrsanbindung, Repräsentativität
– Auswahl von Partnern einer Bürogemeinschaft oder Eigenständigkeit
– komplementäre Berufe, Expertise, persönliches Profil, Zugang zu Märkten und Kunden
– Gestaltung eines Partner-Netzwerkes
– Komplementäre Kompetenz, Zugang zu Märkten und Kunden, Erreichbarkeit
– Bewertung des Erklärungsbedarfs für Beratungs-/Mediationsleistungen

- hoher oder niederer Akquisitionsaufwand, Anspruchsniveau bei schriftlichen und persönlichen Präsentationen
- Suche nach Kooperationspartnern und -formen für Vertriebsaktivitäten und ggf. Abschluss von Vereinbarungen
- Vertriebsvermittler definieren, Anreizsysteme für Vermittler schaffen.

74   Für den Vertrieb des Produktes „Mediation" bei Kunden-/Lieferanten-Konflikten wird unter den hier aufgeführten Punkten die Suche und die Auswahl von **Vertriebsmittlern** eine sehr wichtige Aufgabe sein. Unter Vertriebsmittlern sind Personen, Unternehmen oder Organisationen zu verstehen, die in der Regel in einem engen aufgabenbezogenen Kontakt zu dem ausgewählten Marktsegment und zu den relevanten Zielgruppen stehen.

75   Sie können, müssen aber nicht notwendigerweise ein eigenes wirtschaftliches Interesse daran haben, Mediation als ergänzendes Produkt in ihre eigene Angebotspalette aufzunehmen oder Mediation als Lösung für Probleme anzubieten, die sie mit den eigenen Mitteln nicht bearbeiten können oder – wie z. B. Anwälte als Parteivertreter – nicht anbieten dürfen.

76   Die Art der Honorierung einer solchen Vermittlertätigkeit ist unter Beachtung von Kriterien, die durch die Umstände geprägt sind, festzulegen.

77   **Geschäfte „auf Gegenseitigkeit"** sind eine einfache und einsichtige Variante. Der Wirtschaftsanwalt vermittelt die anstehende Scheidung nicht mehr dem auf Scheidungsrecht spezialisierten Kollegen, sondern verweist an den Mediator. Der Mediator wird im Gegenzug Wirtschaftssachen, mit denen er bei der Familienmediation konfrontiert ist, nicht mehr nur zur Kenntnis nehmen, sondern aktiv an den Wirtschaftsanwalt vermitteln. Vor allem Mediatoren, die sich durch den erfolgreichen Abschluss von Verfahren in ihrem eigenen Kompetenzfeld ein Renommé aufgebaut haben, werden aus diesen Vermittlungen Vorteile ziehen können. In ihrem Interesse liegt es auch, sich der Möglichkeit zu vergewissern, zufriedene Mediationsparteien und deren Berater als Referenzen und damit als weitere Vertriebsmittler zu gewinnen.

78   Durch die Honorierung der erfolgreichen Vermittlung von Aufträgen ist sicher ein höheres Maß an Verbindlichkeit zu erreichen. Auch lassen sich möglicherweise mit einer solchen Vergütungsmethode Vermittler gewinnen, mit denen der Mediator nicht in einem direkten beruflichen Kontakt steht und mit denen auch keine Geschäfte auf Gegenseitigkeit möglich sind. Wenn ein Mediator mit dieser in vielen Branchen üblichen und keineswegs anrüchigen Art der Vergütung für die Vermittlung von Mandaten, die im Allgemeinen in einem Prozentsatz aus dem vermittelten Honorarvolumen bestehen wird, arbeiten will, sollte er allerdings unbedingt darauf achten, dass seine Unabhängigkeit gegenüber den Konfliktparteien gewahrt bleibt und er sich nicht dem Anschein einer Befangenheit aussetzt.

79   Ein weiterer Weg, als Mediator Mandate zu erhalten besteht darin, sich einer **Organisation** anzuschließen, die Konfliktparteien und deren Beratern auf Anforderung geeignete Mediatoren vorschlägt. In diesen Fällen unterwerfen sich die Mediatoren den Regeln und Standards (wie z. B. Verfahrensregeln, ethischen Standards), die derartige Organisationen und Mediationsdienstleister aufstellen[30].

---

[30] Siehe Rdnr. 86 ff.

Zur Anregung werden hier beispielhaft weitere **mögliche Vertriebsmittler** für die 80
Mediation von Kunden-/Lieferanten-Konflikten aufgeführt:

- Industrie- und Handelskammern und die bei ihnen eingerichteten Schiedsgerichte
  bzw. Schlichtungsstellen
- Richter an Wirtschaftskammern der Gerichte
- Steuerberater und Wirtschaftsprüfer (werden auf Fälle aufmerksam und haben
  anders als Wirtschaftsanwälte keine eigenen wirtschaftlichen Interessen)
- Strafverteidiger (zur Interessenlage s. a. Steuerberater und Wirtschaftsprüfer)
- Technische Überwachungsvereine (TÜV, Dekra etc.)
- Verbraucherberatungsstellen
- Versicherer (wegen Sach- und Betriebshaftpflichtversicherungen) und Versiche-
  rungsmakler.

Durch eigene Anstrengungen, durch erfolgreiche Arbeit als Mediator und mit 81
der Hilfe von Vertriebsmittlern kann das Produkt „Mediation" über verschiedene
Vertriebskanäle an den Markt und zu den Kunden, den Endnutzern, gebracht werden.

An dieser Stelle haben **Werbung** und **Verkaufsförderung** ihren berechtigten 82
Platz.[31] Mediatorinnen und Mediatoren, die sich traditionell aus den Anwalts- und
Sozialberufen rekrutieren, haben aus standesrechtlichen und häufig auch grundsätzlichen Erwägungen wenig Neigung, Werbung in eigener Sache zu betreiben. Eine erfolgreiche Marktdurchdringung, eine erfolgreiche Distribution und schließlich
auch eine erfolgreiche wirtschaftliche Tätigkeit in der Mediation wird allerdings
ohne Werbung und ohne die Verbreitung ihrer zentralen Botschaft nicht auskommen. Aber auch hier gilt: die Zielgruppe bestimmt die Mittel und Form des Marketings!

♦ Werbung und Verkaufsförderung
  ☐ Corporate Identity
  ☐ Absatzwerbung
    Werbeziele
    Werbebudget
    Werbebotschaft
    Werbemittel und Werbeträgerselektion
    Zeitplan
    Werbeerfolgskontrolle

♦ Organisations- und Personalentwicklung

Abbildung 20: Werbung und Verkaufsförderung

---

[31] Zur Werbung des Anwalts s. *Krämer*, Anwaltliches Marketing in Büchting/Heussen (Hrsg.)
Beck'sches Rechtsanwaltshandbuch 2001/2002, München, 2001, S. 1812 ff.; *Krämer/Mauer/Braun*,
Erfolgreiche Anwaltswerbung, Köln, 1999; *Schiefer/Hocke*, Marketing für Rechtsanwälte, Essen,
1990.

♦ Werbeziele
  ☐ Generelle Werbeziele
    Marktanteil erweitern, Absatz sichern
  ☐ Spezielle Werbeziele
    Bekanntmachung bei bestimmten Zielgruppen
    Erhöhung des Bekanntheitsgrades
    Beeinflussung des Images
    Umsatzsteigerung bei allgemeiner Absatzdepression

Abbildung 21: Werbeziele

♦ Werbemittel und Werbeträgerselektion
  ☐ Werbemittel
  ☐ Leserbriefe
  ☐ Zeitungs-/Zeitschriftenartikel
  ☐ Vorträge
  ☐ Interviews, Fernsehauftritte
  ☐ Direktanschreiben (unter Beachtung rechtlicher Vorschriften) – Abb. 23
  ☐ Flyer
  ☐ Internet-Präsenz
  ☐ Anzeigen (im Rahmen der zulässigen Möglichkeiten)

Abbildung 22: Werbemittel

83   Der Unternehmer und Mediator mit einem speziellen Beratungsprodukt aus den vielfältigen Anwendungsfeldern der Mediation besorgt die Herausarbeitung aller Merkmale, die das Produkt „Mediation von Kunden-/Lieferanten-Konflikten" von anderen Methoden der Konfliktlösung unterscheiden und ihm einen besonderen, erklärbaren und wiedererkennbaren Status verschaffen. Diese Merkmale einer Alleinstellung im Wettbewerbsumfeld, diese „unique selling proposition" sind zielgruppengerecht zu kommunizieren. Argumente und Aufmachung für den kooperierenden Wirtschaftsprüfer oder Strafverteidiger und für den Vorsitzenden einer Wirtschaftskammer müssen andere sein als der ausliegende flyer in der Verbraucherberatungsstelle oder regelmäßige, persönlich adressierte Rundschreiben an Versicherungsmakler am Ort.

84   e) Durchsetzung und Kontrolle. Ein praxiserprobtes, einfaches und nicht aufwändiges Instrument zur Durchsetzung, Kontrolle und Anpassung von geplanten Maßnahmen ist eine entsprechende Planungsunterlage. Gerade Angehörige selbständiger Berufe oder auch Unternehmensgründer drohen vom Tagesgeschäft überwältigt zu werden. Daher ist dringend zu empfehlen, mit Hilfe einfacher Listen oder Übersichten im PC einen Überblick bei der Planung zu sichern (Abb. 24–26).

85   Die einmal gefundene und formulierte Marketingkonzeption muss durchgesetzt und ihr Erfolg laufend kontrolliert werden. Anpassungen an veränderte Gegebenheiten oder neue Erkenntnisse sind an der Tagesordnung und müssen berücksichtigt werden. Damit beginnt dann der Kreislauf von Planung, Durchsetzung und Kontrolle von neuem.

Beispiel: Produktinformation

Mediation

SBC
SALIENT BUSINESS CONSULTING

Wenn Sie Probleme haben, mit ihrem chinesischen Partner Entscheidungen zu treffen, wenn Ihre chinesischen Angestellten nicht auf westliche Managementmethoden ansprechen, wenn die Redensart "Im selben Bett schlafen, aber verschiedene Träume haben" auf ihre JV-Situation zutrifft,...

...dann hilft Ihnen SBC dabei, auf dem Weg der Mediation einen für beide Seiten zufriedenstellenden Weg der Zusammenarbeit zu finden.

Durch ein gemischtes Team aus chinesischen und europäischen Spezialisten bietet SBC von seiner Warte als Außenstehender eine Brücke zur Überwindung kultureller Unterschiede.

Schritt 1:

Nach Identifizierung des konkreten Problemfelds werden Konzept und Regeln der Mediation erläutert und mit den Bedürfnissen der Konfliktpartner verglichen. Hierbei werden die Bereiche der Übereinstimmung und des Dissenses herausgearbeitet.

Schritt 2:

Jede Partei bekommt die Gelegenheit, umfassend ihren Standpunkt darzulegen. Gemeinsam mit den betroffenen Personen analysiert SBC die Konfliktursachen und erarbeitet Grundlagen der Entscheidung, wobei von den verschiedenen Positionen ausgehend die jeweiligen Bedürfnisse im Zentrum der Betrachtung liegen. Als Vorbereitung auf Schritt 3 kann SBC auf Wunsch zusätzlich ein Gutachten erstellen.

Schritt 3:

Die SBC-Mediatoren helfen durch ihren neutralen Standpunkt, ihr Wissen um kulturelle Unterschiede und gesetzliche Hintergründe beiden Parteien dabei, die Sichtweise des anderen zu verstehen und so den Konflikt aktiv zu lösen. Es werden verschiedene Lösungsansätze entwickelt und von den Konfliktpartnern anhand objektiver Kriterien bewertet. Auf dem Weg des Konsenses wird schließlich die für alle vorteilhafteste Möglichkeit gewählt.

Schritt 4:

Die abschließende Vereinbarung wird in einem verbindlichen Vertrag festgehalten.

Die Mediation wird von einem interdisziplinär kooperierenden Team geleitet: ein Experte für den Prozeß der Mediation, sowie Experten für die jeweiligen Fachgebiete.

Vorteile der Mediation gegenüber einem förmlichen Gerichtsverfahren:

- Erweiterung des Entscheidungsspielraums
- Schnelligkeit
- Vertraulichkeit
- Kostenersparnis bei hohen Streitwerten
- Erhalt der geschäftlichen Beziehungen
- Leichtere Umsetzung wegen erhöhter Akzeptanz der Entscheidung

Kosten

SBC berechnet für seine Mediatoren ein Stundenhonorar von je USD 300 netto. Für die Mediationssitzungen werden in der Regel mindestens 4 Zeitstunden bereitgestellt.

Wird von Konfliktpartnern ein Gutachten gewünscht, so berechnet sich der Preis nach Art und Umfang des beizulegenden Konflikts. Sobald die konkreten Merkmale Ihres Auftrages bekannt sind, fertigt SBC Ihnen einen Kostenvoranschlag an.

Allgemeine Bedingungen

Sämtliche Gebühren unterliegen der deutschen Mehrwertsteuer (16%) oder der chinesischen Business Tax (5,55%).

Dieses Angebot basiert auf den Allgemeinen Geschäftsbedingungen von SBC (vgl. Anlage).

Den Kunden von SBC oder den mit diesen verbundenen Unternehmen ist es zu keiner Zeit gestattet, Beschäftigte von SBC einzustellen, es sei denn hierzu liegt die Einwilligung der Geschäftsleitung von SBC vor.

A snowball can start an avalanche   27. September 1999

Dr. Armin Krauter, SBC Salient Business Consulting Co., Ltd., Bergstrasse 29a, 69120 Heidelberg, Germany
Tel +49-6221-64103 Fax +49-6221-64105
E-mail Krauter.Consulting@t-online.de Internet www.china.de

Abbildung 23: Beispiel eines Direktanschreibens

♦ Zeitplan
  ☐ Berücksichtigung von Laufzeiten, fixen Terminen

♦ Personalplan
  ☐ Erfassung der notwendigen Personalressourcen

♦ Finanzmittelplan

♦ Aufstellung eines „Aktivitätenplanes"
  ☐ Zusammenfassung der Teilpläne

Abbildung 24: Ressourcenplan

Element	Thema	Bemerkung	Person	Termin	Dauer
Mailing	Brief an regionale Verbraucher-beratungen	Texten, Briefing	ak	15. 1. 2002	3 Wo
Besuch	Vorstellung bei Anwaltskammer	Präsentation und Preisliste erstellen	cr, Grafikbüro	28. 2. 2002 20. 1. 2002	–

Abbildung 25: Aktivitätenplan

☐ Kontinuierliche Überprüfung der Ergebnisse

☐ Vergleich mit Planung und Planungsverlauf

☐ Bei Abweichung Überprüfung des Systems „von unten nach oben", also von Kontrolle
  der Umsetzung über die Wahl der Strategie bis hin zum Überdenken der Ziele

Abbildung 26: Maßnahmenanpassung

IV. Das Marketing der Anbieter von Mediationsdienstleistungen

1. Die Anbieter von Mediationsdienstleistungen

86   Die vielfältigen Funktionen, die Dienstleister im Bereich der Mediation übernehmen, wurden oben bereits dargestellt[32]. Soweit diese Organisationen nicht
nur verbandsinterne Aufgaben wahrnehmen, wirken auch sie an den Abläufen
auf den Märkten der Alternativen Konfliktbearbeitung und Mediation, bei der
Marktaufbereitung und der Vermarktung ihrer Produkte und Dienstleistungen
mit.

87   a) Der Marketingprozess. Für die Marktbearbeitung und das Marketing-
Management des Mediationsdienstleisters gelten die gleichen Grundsätze wie für
den Mediator und die Vermarktung von dessen Angebot.

---

[32] Siehe Rdnr. 16 ff

Auch der Dienstleister, ob er nun Mediationsausbildung anbietet, Beratungsauf-
gaben übernimmt, Mediationsverfahren administriert oder Regelwerke und Plattformen hierfür bereitstellt, muss, will er professionell handeln können, auf der
Grundlage einer Standortbestimmung seine Strategie erarbeiten, die die Basis für
die Planung aller von ihm zu ergreifenden Maßnahmen darstellt. Damit setzt er einen Regelkreis in Gang, der von einer Erfolgskontrolle zu einer Bekräftigung einmal getroffener strategischer Entscheidungen oder zu deren Korrektur führt.

b) Besonderheiten des Dienstleistungsmarketing. Eine Besonderheit kann sich 88
daraus ergeben, dass ein großer Teil dieser Dienstleistungsanbieter nicht als Einzelperson auftritt, sondern als juristische Person, wie z. B. ein Verein. In diesen Fällen
hat die Strategieentwicklung die Bedürfnisse der Mitglieder und „stakeholder" einzubeziehen.

Auch der Umstand, dass eine Organisation als „non for profit" definiert wird, o- 89
der ein Verein gemeinnützige Zwecke verfolgt, wirft – sofern er die steuerrechtlichen Voraussetzungen erfüllen kann – keine grundsätzlichen Probleme hinsichtlich
seiner Marketing-Politik auf[33]; sogar für die Überlegungen zur Preispolitik gelten
für den professionell und erfolgreichen gemeinnützigen Verein die gleichen Überlegungen hinsichtlich der erforderlichen Deckungsbeiträge wie für den unternehmerisch tätigen Mediator.

2. Die Produktauswahl und Zielgruppen

Während Anbieter, die sich darauf beschränken, die beträchtliche Nachfrage 90
nach Aus- und Fortbildung zu befriedigen, ein relativ klares Bild von der Zielgruppe haben, der sie sich zuwenden, müssen andere Anbieter ihre Märkte sorgfältig
auswählen. Dienstleistungsanbieter, die sich z. B. in der Wirtschaftsmediation positionieren wollen, stehen vor der Wahl, ob sie bei Konflikten zwischen deutschen
Parteien oder auch bei solchen mit Beteiligten aus verschiedenen Ländern Unterstützung leisten und dazu entsprechendes *know how*, Kontakte zu ausländischen
Mediatoren und deren Organisationen usw. aufbauen wollen oder sich auf Konflikte im eigenen Lande beschränken wollen. Ebenso werden sie sich zu entscheiden
haben, ob ihr Angebot für Streitigkeiten zwischen Kaufleuten, zwischen Herstellern
und Konsumenten oder auch für unternehmensinterne Konfliktbearbeitungen bereit
stehen soll. Danach wiederum bestimmt sich die Ausrichtung auf die Zielgruppen
des Marketing. Diese werden aus unterschiedlichen Motiven heraus Mediatoren
einerseits und ausgewählte Nutzergruppen sowie deren Berater andererseits umfassen.

Eine weitere Entscheidung, die aus der Analyse der eigenen Position und des Um- 91
feldes zu folgen hat, betrifft die Dienstleistungsprodukte und den **Produktmix**. Das
Angebot kann von der reinen Vermittlung von Adressen von Mediatoren bis hin
zur Bereitstellung von Auswahllisten von qualifizierten Mediatoren und ganzen Regelwerken und sonstigen organisatorischen Unterstützungen für die Vorbereitung
und Durchführung von Schlichtungsverfahren reichen. Die sachkundige, fachlich
und wissenschaftlich untermauerte Ausarbeitung von Mustern und Formularen,

---

[33] Vgl. zu Marketing im „Non-Profit Sector" *Kotler/Bliemel*, a. a. O., S. 42 und 46 Anm. 31
m. w. N.

Mediationsklauseln, -vereinbarungen, -verfahrensordnungen und Mediatorenverträgen stellt eine sehr nützliche Dienstleistung dar.

92   Ein weiteres Angebot besteht in der Übernahme einer Vermittlerrolle vor Abschluss einer Mediationsvereinbarung zwischen den Konfliktparteien.

Anders als eine der Parteien oder deren Vertreter kann der Mediationsdienstleister als neutraler Dritter – auf Anregung einer Partei – an die andere Seite herantreten und objektiv über die Eignung einer Mediation zur Konfliktbeilegung und die Chancen eines solchen Verfahrens unterrichten. Da ihm gegenüber die Akzeptanz im Allgemeinen größer ist, kann der Dienstleister in aller Regel besser als die Parteien selbst oder ein noch um sein Mandat werbender Mediator diese Aufklärungs- und Überzeugungsarbeit leisten.

3. Marketingstrategien

93   Auf welches Marktsegment, welche Zielgruppe und welche Produkte ein Dienstleister seine Aktivitäten auch ausrichtet, er wird dabei stets im Auge behalten müssen, welchen Kundennutzen er erzeugt und wie er sich gegenüber seinen Wettbewerbern vorteilhaft abheben kann.

Auch wenn das Produkt Mediation, wie gezeigt, einzigartig erscheint, braucht es Unterstützung, um sich am Markt der Rechtsuchenden durchzusetzen. Dienstleister, die ihre Unterstützung anbieten, haben dann die besten Erfolgsaussichten, wenn sie den Verfahrensbeteiligten vermitteln, dass die von ihnen begleiteten Mediationen professionell und unter Beachtung hoher sachlich und rechtlich gebotener Standards und dies zu angemessenen Kosten durchgeführt werden.

4. Umsetzung und Maßnahmen des Marketings

94   Auch bei der Durchführung des Marketingkonzepts ergeben sich keine wesentlichen Unterschiede zu der durch Mediatoren zu beachtenden Methodik im Marketingprozess. Alle Aktionen zur Markterschließung im Allgemeinen ebenso wie diejenigen zur konkreten Vermarktung von mediationsnahen Dienstleistungen haben sich in Form und Inhalt an den Erwartungen der Zielgruppe zu orientieren. Dies gilt sowohl für das Medium, über das die Ansprache des potentiellen oder direkt interessierten Kunden und Mandanten erfolgt, wie für die Auswahl und Zusammenarbeit mit Geschäftsvermittlern. Auf die besondere Rolle, die Vereinsmitgliedern oder Gesellschaftern von Dienstleistern zukommt wurde bereits hingewiesen.

V. Zusammenfassung und Ausblick

95   Mediation in Deutschland steht noch am Anfang einer vielversprechenden Entwicklung. Die Potentiale der Mediation sind bei weitem noch nicht ausgeschöpft – dies gilt sowohl für den Zugewinn an Qualität der Lösungen in einzelnen Konflikten als auch für die Zahl von Konflikten, die sich Jahr für Jahr über Mediationen einvernehmlich und Interessen wahrend lösen ließen.

96   Die erste Aufgabe, die vor denen liegt, die Mediation als Instrument für die Konfliktbeilegung und für die Gewinnung von Rechtsfrieden in unserer Gesellschaft

akzeptiert sehen möchten, ist die Öffnung und **Erschließung der Potentiale** der Mediation in allen Kreisen der Gesellschaft, allen voran bei Sozial-, Familien- und Rechtspolitikern, der Justiz und ganz besonders der Anwaltschaft.

Der weitere Schritt, der sich daran anschließen muss, ist eine **Professionalisierung** des Angebotes von Mediatoren und anderer medationsnaher Dienstleistungen. Dabei ist die Einhaltung hoher Leistungsstandards und Anforderungen an die gebotene Qualität die Gewähr dafür, dass der Mehrwert an Nutzen aus der Mediation in der Öffentlichkeit Anerkennung findet: ein Gewinn, der der Leistung des Mediators zu danken ist, weil er den Streitenden geholfen hat, aus der Konfrontation heraus zu finden.

§ 20 Ökonomische Aspekte der Mediation

Bernhard Winterstetter

Übersicht

I. Bedeutung von Wirtschaftlichkeitsüberlegungen

1   Bei der Entscheidung für eine Mediation müssen alle Parteien gleichermaßen davon überzeugt sein, dass der vorgesehene Weg Erfolg versprechend und vorteilhaft ist. Sofern nur eine Partei das Mediationsverfahren für ungeeignet erachtet, wird der Weg in die Mediation ausgeschlossen oder zumindest erschwert sein.

2   Eine ablehnende Haltung gegenüber dem Mediationsverfahren erfährt man überraschenderweise häufig bei Konflikten zwischen Wirtschaftsunternehmen, die hier als Beispiel für die Notwendigkeit von Wirtschaftlichkeitsberechnungen angeführt werden sollen. Gerade bei Unternehmen erscheint das verwunderlich, da man doch allgemein der Wirtschaft unterstellt, rational zu handeln.

3   Gründe dafür mögen unter anderem aus der Organisationsstruktur von Unternehmen resultieren, aber auch im menschlich/psychologischen Bereich liegen. Folgende mutmaßliche Hauptursachen sind zu erwähnen:

– **Unterschätzung des sich aus einer Mediation ergebenden Mehrwertes:** Das Ma-　4
nagement oder die Verantwortlichen in der Rechtsabteilung sowie die Berater
größerer Wirtschaftsunternehmen sind in Verhandlungsführung und Verhandlungstechnik meist sehr gut ausgebildet. Die Möglichkeit einer weiteren Verbesserung der Ergebnisse durch Mediation wird daher oft nicht für möglich
gehalten. Die Vorteile, die dafür sprechen, einen Mediator als unparteiischen Ge-
sprächsführer bei schwierigen Verhandlungen einzusetzen, werden deshalb in der
Regel stark unterbewertet.

– **Überbewertung des Nachteils, der sich aus dem Verzicht auf Durchsetzung der**　5
Maximalforderungen ergibt: Sicherlich ist eine Mediation nur dann sinnvoll,
wenn die Parteien bereit sind, eine wirtschaftlich sinnvolle Lösung anzustreben.
Beharren alle Parteien auf all ihren Maximalforderungen, wird eine Mediation
mit Sicherheit scheitern. Der Schaden einer Mediation wird also oftmals darin
gesehen, dass man während einer Mediation vermeintliche und auch im Rechtssinne tatsächlich vorhandene Positionen zurückzunehmen hat (wobei beim Scheitern der Mediation diese Positionen in einem nachfolgenden Gerichtsverfahren
durchaus wieder eingebracht werden können). Eine neutrale Bewertung, die insbesondere die Wahrscheinlichkeiten berücksichtigt, mit der mögliche Forderungen durchgesetzt werden können, erscheint bei einer Entscheidung für oder gegen
Mediation durchaus hilfreich.

– **Überschätzung des sich möglicherweise aus einer Mediation ergebenden takti-**　6
schen Verhandlungsnachteils: Oft befürchtet man auch, dass man während der
Mediation Informationen preiszugeben hat, die bei einer evtl. folgenden gerichtlichen Auseinandersetzung zu einem taktischen Nachteil führen können. Eine
Bewertung des tatsächlich vorliegenden Verlustes wird meist nicht vorgenommen.

– **Bewertung des Schadens aus einem möglichen Ansehensverlust:** Auch Meinungs-　7
verschiedenheiten im Geschäftsleben sind mit Emotionen verbunden. Der ehemalige Geschäftspartner wird hier schnell zum „Gegner“, dem man unfaires oder
sogar „unethisches“ Verhalten unterstellt. Vorgesetzte, Untergebene und Kollegen erwarten „angemessene Revanche“ und werden aus ihrer emotionalen Perspektive einem rein vernunftgesteuertem Vorgehen nicht applaudieren. Man hat
in vorangegangenen Verhandlungsrunden maximale Positionen vertreten und
sieht bei einer Mediation die Gefahr, die vorher hart vertretenen Auffassungen
neu bewerten zu müssen. Eine neutrale Bewertung der Vorteilhaftigkeit einer
Mediation kann hier von entscheidender Bedeutung sein.

– **Interne Akzeptanzhürden:** In einer größeren Organisation ist in der Regel ein　8
Entscheidungsträger für ein Projekt verpflichtet, einer vorgesetzten Person oder
einem vorgesetzten Gremium zu berichten. Die Entscheidung für eine Mediation
ist somit in der Regel gegenüber Vorgesetzten zu rechtfertigen. Gerade im
deutschsprachigen Raum ist die Mediation noch weitgehend unbekannt und ein
Entscheidungsträger kann deshalb nicht auf positive Erfahrungen zurückgreifen.
Eine Bewertung der Mediation aus betriebswirtschaftlicher Perspektive erscheint
daher notwendig.

Die hier für ein Wirtschaftsunternehmen angeführten Ursachen für die Ableh-　9
nung der Mediation lassen sich auch auf den privaten oder den öffentlich-rechtlichen Bereich übertragen.

II. Theoretische Ausgestaltung der Wirtschaftlichkeitsrechnung

10 Es wird davon ausgegangen, dass wir uns im System der **Marktwirtschaft** befinden. Privatpersonen und Unternehmen verfolgen zwar in der Marktwirtschaft regelmäßig nicht nur ein einzelnes Ziel, sondern ein ganzes Bündel von Zielen gleichzeitig. Hierunter fällt neben dem Streben nach Einkommen und möglichst hohem Gewinn auch die Maximierung von persönlichem Ansehen sowie die Optimierung von ökonomischer Macht und Marktanteilen. Inhaltlich lassen sich die Ziele in monetäre und nicht-monetäre Interessen einteilen.

11 Betriebswirtschaftliche Rechnungen orientieren sich immer an rein **monetären Zielen**. Vorteils- und Nachteils-Komponenten einer Handlungsalternative werden deshalb nur berücksichtigt, wenn sie sich in monetären Größen ausdrücken lassen.

12 Für den Vergleich von Handlungsalternativen, die unterschiedliche Zahlungsströme in der Zukunft auslösen, bietet sich als rechnerisches Verfahren die **Barwertmethode** an. Der Barwert ist dabei die Summe der auf den Zeitpunkt Null abgezinsten Aus- und Einzahlungen. Durch die Abzinsung gehen weiter in der Zukunft liegende Ein- oder Auszahlungen mit einem geringeren Wert in die Berechnung ein.

13 Der Barwert bestimmt sich nach der **Formel**:

$$B = \sum_{t=0}^{T} \frac{N_t}{(1 + r)^t}$$

Dabei ist:

B = Barwert (im internationalen Bereich auch PV = present value bezeichnet)

N_t = Der sogenannte Nettonutzen einer Zeitperiode; der Nettonutzen ist dabei definiert als der Saldo aller relevanten Ein- und Auszahlungen dieser Periode.

t = Zählindex der Periode; die Periode kann in verschiedenen Zeiteinheiten ausgedrückt werden (normalerweise entweder Jahre oder Monate); der Zählindex gibt vor, die wievielte Periode betroffen ist (also zum Beispiel Jahr 1, Jahr 2). Je kleiner die Zeitraumeinheit, desto genauer wird die Barwertberechnung ausfallen.

T = Der gesamte zeitliche Planungshorizont, der der Betrachtung unterliegt. T ist der Zählindex der letzten betrachteten Periode (z. B. 4 Jahre oder 48 Monate). N_T ist der letzte Nettonutzen, der aufsummiert werden soll.

r = Der Diskontierungszinssatz; dieser sollte dem beim Entscheidungsträger maßgebenden Alternativzinssatz entsprechen. Bei einem Zahlungsmittelüberschuss wird dieser Alternativzinssatz dem Anlagezinssatz entsprechen; bei einer Zahlungsmittelunterdeckung dem Refinanzierungssatz. Bei Unternehmen wird dieser Zinssatz den Renditeerwartungen der Kapitalgeber entsprechen. In der Theorie der Unternehmensbewertung wird eine solche Erwartung durch den Kapitalkostensatz WACC (weighted average capital cost), einem Durchschnittssatz zwischen der Renditeerwartung der Eigenkapitalgeber und der Renditeerwartung der Fremdkapitalgeber, ausgedrückt. In der Praxis findet man Diskontierungszinssätze zwischen 10% und 25%, bezogen auf das Jahr.

Wir unterstellen, dass ein rationaler Entscheidungsträger eine Handlungsalterna- 14
tive dann als vorteilhaft ansehen wird, wenn der Barwert der erwarteten zukünftigen monetären Ein- und Auszahlungen maximiert wird.

III. Feststellung der relevanten Daten

1. Handlungsalternativen des Entscheidungsträgers

Um den wirtschaftlichen Vorteil oder Nachteil eines Mediationsverfahrens be- 15
rechnen zu können, ist zunächst festzustellen, mit welchen Handlungsalternativen
man das Mediationsverfahren vergleichen muss. Hierzu sind folgende Fälle zu unterscheiden:
- **Konflikt mit Rechtswegalternative:** Die Parteien befinden sich im Konflikt und 16
  eine Partei hat vermeintlich oder tatsächlich ausreichende gesetzliche oder vertragliche Anspruchsgrundlagen, um ihre Interessen mit Hilfe des Rechtsweges
  durchsetzen zu können. Dieser Fall betrifft all die typischen Konflikt-Konstella-
  tionen, die normalerweise vor Gericht ausgetragen werden. Die sofortige Be-
  schreitung des Rechtswegs ist daher die Alternative zur Mediation.
- **Konflikt ohne Rechtswegalternative:** Die Parteien haben unterschiedliche Inte- 17
  ressenslagen, können jedoch ihre Wünsche oder Ziele nicht auf dem Rechts-
  wege geltend machen. Dies ist beispielsweise der Fall, wenn Verhandlungen
  gescheitert sind, und zwar zu einem Zeitpunkt, an dem man noch gar kein
  Schuldverhältnis begründet hat. Bei Beginn der Verhandlungen glaubten die
  Parteien noch auf Grund objektiver Kriterien, ein Ergebnis erzielen zu können, aus dem beide Parteien gleichermaßen Vorteile ziehen könnten; während
  der Verhandlung hat man sich jedoch so stark ineinander „verbissen", dass
  für eine Einigung kein Raum mehr ist. Die Alternative zur Mediation besteht
  also lediglich darin, die Verhandlungen vorläufig oder dauerhaft abzubrechen.

2. Feststellung der erwarteten zukünftigen Ein- und Auszahlungen mit der Zu-ordnung zu den voraussichtlichen Zahlungsterminen

Die Feststellung der erwarteten zukünftigen Ein- oder Auszahlungen und die 18
Zuordnung zu den voraussichtlichen Zahlungsterminen muss für jede der denkbaren Handlungsalternativen vorgenommen werden. Die Ermittlung der einzelnen
Beträge und Zahlungszeitpunkte ist jedoch in der Praxis nicht immer ganz einfach.

Zunächst sollte man sich um eine sorgfältige Strukturierung der einzelnen 19
Handlungsalternativen bemühen und dabei feststellen, welche Zahlungsvorgänge
durch eine bestimmte Alternative ausgelöst werden. Bei der Strukturierung der
Handlungsalternative „Mediation" darf dabei nicht vergessen werden, dass Mediation als ein nur „vorgeschaltetes" Verfahren bezeichnet werden muss. Ist die Mediation nicht erfolgreich, so bleibt möglicherweise die Option auf eine gerichtliche
Auseinandersetzung.

20   Eine mögliche Struktur zur Feststellung der Zahlungsströme ist folgende:

21   **a) Zahlungseingänge oder Zahlungsausgänge auf Grund der Hauptsache.** Beispiele:
– (Teilweiser) Zahlungseingang einer bestrittenen Forderung, evtl. in Raten
– Leistung von Schadensersatz
– Leistung von Zahlungen auf Grund Rückabwicklung von Verträgen
– Einigung über einen Grundstückskaufvertrag
– Jeweils zuzüglich eventueller Zinsen

22   **b) Externe Kosten des Verfahrens.** Beispiele:
– Rechtsanwaltskosten
– Gerichtskosten
– Kosten für das Mediationsverfahren
– Gutachterkosten

23   **c) Interne Kosten des Verfahrens.** Beispiele:
– Kosten für den Zeitaufwand von Entscheidungsträgern bzw. deren Vorgesetzten
– Kosten der internen Rechtsabteilung
– Opportunitätskosten (Opportunitätskosten bezeichnen die entgangenen Gewinne, die man hätte erzielen können, wenn man den entsprechenden Zeitaufwand für andere Projekte eingesetzt hätte)

24   **d) Mehrwerte, die nur auf Grund der Handlungsalternative entstehen können.** Beispiele:
– Mehrwert auf Grund der bei einer Mediation angestrebten Vergrößerung des Kuchens (die Vergrößerung des Kuchens wird durch die „win-win-negotiation" während der „Brainstorming-Phase" der Mediation besprochen)
– Mehrwert, der auf Grund des Ausnutzens einer Überlegenheit in einem Klageverfahren entstehen kann

25   **e) Schäden, die nur auf Grund der Handlungsalternative entstehen können.** Beispiele:
– Schäden, die dadurch entstehen können, dass man während einer Mediation Informationen preis gibt, deren Kenntnis beim Gegner im Falle einer Nichteinigung und einem anschließenden Klageverfahren zu einer deutlich verschlechterten Situation der eigenen Partei führt (z. B. Bekanntgabe des Verhandlungsziels).
– Vertrauensschaden, der durch einen vor Gericht ausgetragenen Streit entsteht; darunter fällt oftmals der Wegfall einer vorher jahrelang gut funktionierenden Geschäftsbeziehung.

26   Bei Feststellung der den Alternativen voraussichtlich zu Grunde liegenden Zahlungsströme und -zeitpunkte werden sich natürlicherweise Unsicherheiten und Risiken ergeben, die die Zuverlässigkeit der später berechneten Ergebnisse in Frage stellen. Die prinzipielle Ursache dieses Risikos ist die Unvollständigkeit und Unvollkommenheit der zum Entscheidungszeitpunkt verfügbaren Informationen über die erwarteten Auswirkungen.

27   Die Unsicherheit bei der Ermittlung dieser Daten darf jedoch nicht dazu führen, das hier vorgeschlagene mathematische Verfahren von vornherein abzulehnen. Eine intuitive Entscheidung hat dieselben Unsicherheiten zu bewältigen. Durch eine weniger präzise Fragestellung nach den voraussichtlichen Ergebnissen wird das Problem der Unsicherheit nur weniger deutlich.

Die Tatsache, dass Entscheidungen unter Unsicherheit getroffen werden müssen, 28
hat die Entscheidungstheoretiker schon seit langem dazu veranlasst, sich gründlich
mit diesem Problem auseinanderzusetzen. Im Folgenden sollen zwei Lösungsansätze
kurz vorgestellt werden.

Einerseits hilft die Ermittlung von Erwartungswerten, das Problem zu meistern. 29
Vereinfacht dargestellt ist der Erwartungswert die Summe aller möglichen Ergebnisse, jeweils multipliziert mit der Wahrscheinlichkeit ihres Eintritts. Geht man zum
Beispiel davon aus, dass eine Zahlung mit einer Wahrscheinlichkeit von 10% €
10.000, mit einer Wahrscheinlichkeit von 40% € 20.000 und mit einer Wahrscheinlichkeit von 50% € 14.000 beträgt, so beträgt der Erwartungswert € 16.000
(€ 1.000 + € 8.000 + € 7.000).

Andererseits kann man dem Unsicherheitsrisiko auch Rechnung tragen, indem 30
man alternative Szenarien betrachtet. Aus den ermittelten Barwerten kann man bei
einer Abschätzung der Eintrittswahrscheinlichkeiten für die unterschiedlichen Szenarien einen einheitlichen Erwartungs-Barwert ausrechnen.

3. Festlegung des Diskontierungssatzes

Der Diskontierungssatz ist auf Grund des finanzwirtschaftlichen Umfeldes festzu- 31
stellen. Die Fragestellung lautet hierbei:
– Bei Zahlungsmittelüberschuss: Zu welchem Zinssatz kann ich überschüssige
  Zahlungsmittel anlegen?
– Bei Zahlungsmittelunterdeckung: Zu welchem Zinssatz kann ich weitere Mittel
  aufnehmen?

IV. Beispiel

1. Sachverhalt

Die „Lieferant" Mechanische Bauteilefabrik GmbH (LMBG) hat vor ca. 12 Mo- 32
naten von einem ihrer Kunden, der K-Maschinenfabrik AG (KMA), ein Unternehmen für einen Kaufpreis von T€ 11.000 erworben. Der Grund für den Verkauf bei KMA war angabegemäß die Absicht, sich wieder mehr auf das Kerngeschäft konzentrieren zu wollen. LMBG hat mit dem Erwerb eine Verbreiterung
ihrer Produktpalette angestrebt. Die bei Erwerb von KMA vorgelegten Unterlagen versprachen positive Jahresergebnisse, und zwar in einer Höhe, die nach
Ansicht der Geschäftsführung von LMBG den Kaufpreis als angemessen rechtfertigt.

Nach zwölf Monaten stellt sich nun heraus, dass die erwarteten positiven Jahres- 33
ergebnisse nicht erreicht werden können. Vielmehr werden für das laufende Jahr
und für mehrere zukünftige Geschäftsjahre Verluste erwartet. LMBG ist nun der
Auffassung, dass ein angemessener Kaufpreis maximal T€ 1.000 hätte betragen
dürfen. Man verlangt von KMA eine Kaufpreisminderung in Höhe von T€ 10.000.
Der Vorstand von KMA bestreitet diese Forderung, denn die Ertragsschwäche wäre
bei sachgerechter Beurteilung der Unterlagen bereits zum Kaufzeitpunkt klar erkennbar gewesen.

34   Die bisherigen Verhandlungen haben zu keinem Ergebnis geführt.

35   Beide Parteien waren in ihren Gesprächen nicht bereit, von ihren Maximalpositionen abzurücken. LMBG verlangt T€ 10.000 Kaufpreisminderung und droht mit dem Vorwurf der vorsätzlichen Täuschung. KMA behauptet hingegen, jegliche rechtliche Anspruchsgrundlage als nicht gegeben anzusehen.

36   Die Anwälte von LMBG schätzen die Erfolgswahrscheinlichkeiten einer Klage „als gut" ein. Man ist sich zu 80% sicher, mindestens T€ 5.000 Kaufpreisminderung durchsetzen zu können. Man ist außerdem der Auffassung, dass KMA an einer schnellen Erledigung der Sache interessiert sein müsste, da KMA eine Kapitalerhöhung an der Börse anstrebt. Eine ungewisse Verbindlichkeit in dieser Größenordnung würde den Kurs sicherlich negativ beeinflussen.

2. Handlungsalternativen

37   In der Geschäftsführung von LMBG werden derzeit folgende Alternativen diskutiert:
      – Wiederaufnahme der Verhandlungen
      – Mediation
      – Sofortige Klageeinreichung

38   Die Wiederaufnahme der Verhandlungen ohne Einschaltung eines Mediators wird als wenig aussichtsreich erachtet. Man ist nach dem letzten Gespräch mit hohen Emotionen auseinander gegangen. Dabei hatte man leider das notwendige konstruktive Verhandlungsklima auf Grund gegenseitigen unfairen Verhaltens nachhaltig zerstört.

39   Offen ist nun die Frage, ob man eine Mediation versuchen oder sofort Klage einreichen soll. Gegen das Mediationsverfahren spricht zunächst die Auffassung der Geschäftsführung, die auf Grund der bestehenden emotionalen Haltung nicht bereit ist, von der Maximalforderung Abstand zu nehmen. Man vermutet, dass der Eintritt in ein Mediationsverfahren nur dann sinnvoll ist, wenn man intern bereit ist, auf 50% der maximalen Forderung zu verzichten.

40   Um eine objektive Entscheidungsgrundlage herbeizuführen, soll nun eine Wirtschaftlichkeitsberechnung vorgenommen werden. Dabei soll der erwartete Barwert eines sofortigen Klageverfahrens dem erwarteten Barwert eines Mediationsverfahrens gegenübergestellt werden.

3. Diskontierungszinsfuß

41   Der maßgebende Diskontierungszinsfuß beträgt 13%. LMBG ist abhängig von Fremdfinanzierung und der Zinsfuß von 13% entspricht den durchschnittlichen Einkommenserwartungen der Eigenkapital- und Fremdkapitalgeber der LMBG.

4. Erwarteter Barwert bei sofortiger Klageerhebung

42   Die voraussichtlichen Ein- und Auszahlungen eines Klageverfahrens sind in folgender Tabelle (Tabelle 1) dargestellt:

Erwartete Ein- und Auszahlungen bei sofortiger Klageerhebung	Jahr 1 T€	Jahr 2 T€	Jahr 3 T€	Jahr 4 T€	Summe T€
Zahlung aus Hauptsache					
Maximal erwartete Kaufpreisminderung	0	0	0	10.000	10.000
Zinsen	0	0	0	1.700	1.700
Kostenersatz	0	0	0	300	300
	0	0	0	12.000	12.000
Externe Kosten des Verfahrens					
Rechtsanwaltskosten/Gerichtskosten	–240	–10	–10	–240	–500
Gutachten	–150	0	0	0	–150
	–390	–10	–10	–240	–650
Interne Kosten des Verfahrens					
Interner Zeitaufwand	–120	–5	–5	–120	–250
Opportunitätskosten	–240	–10	–10	–240	–500
	–360	–15	–15	–360	–750
Mehrwert der Handlungsalternative					
nicht vorhanden	0	0	0	0	0
Schaden aus der Handlungsalternative					
Mindergewinn Wegfall Kunde	–130	–130	–130	–1.000	–1.390

Tabelle 1: Feststellung der erwarteten Ein- und Auszahlungen bei sofortiger Klageerhebung

Die einzelnen Beträge wurden den Jahren zugeordnet, in denen die Zahlun- 43
gen voraussichtlich stattfinden werden. Bei einer erfolgreichen Durchsetzung der
Klage erwartet man den Zahlungszugang der Kaufpreisminderung nebst Zinsen und Kostenersatz im Jahr 4 nach Klageerhebung. Man geht weiterhin davon aus, dass für Rechtsanwälte, Gerichtskosten und Gutachten ein Betrag von
insgesamt T€ 650 mit einer Verteilung auf die Jahre 1–4 gem. Tabelle 1 anfallen wird. Die internen Kosten wurden mit 50% der Rechtsanwaltskosten/Ge-
richtskosten kalkuliert, die Opportunitätskosten mit 200% des internen Zeitaufwands.

Auf Grund der Geschäftsbeziehung mit KMA hat man in den vergangenen Jahren 44
jeweils Produkte verkaufen können, die jährlich zu einem Gewinn von T€ 130
führten. Bei Klageerhebung fällt voraussichtlich dieser Umsatz und damit der Gewinn nicht mehr an. Der Verlust dieser für LMBG wesentlichen Geschäftsbeziehung wird im letzten Jahr des Betrachtungszeitraums bei Zugrundelegung eines
Zinssatzes von 13% mit T€ 1.000 bewertet.

Die Barwertberechnung selbst ist nun aus Tabelle 2 ersichtlich. Dabei wurde vom 45
„besten Fall" ausgegangen, in dem sich die Kaufpreisminderung zu 100% durchsetzen lässt. Bei der Berechnung wurde der Diskontierungszinsfuß von 13% unterstellt. Der Barwert dieser Alternative beträgt T€ 5.371.

Sofortige Klageerhebung Bester Fall		Jahr 1 T€	Jahr 2 T€	Jahr 3 T€	Jahr 4 T€	Summe T€
Zahlung aus Hauptsache		0	0	0	12.000	12.000
Externe Kosten des Verfahrens		–390	–10	–10	–240	–650
Interne Kosten des Verfahrens		–360	–15	–15	–360	–750
Mehrwert der Handlungsalternative		0	0	0	0	0
Schaden aus der Handlungsalternative		–130	–130	–130	–1.000	–1.390
Summe der Ein-/Auszahlungen (Nutzen)	(N)	–880	–155	–155	10.400	9.210
Diskontierung mit Zins	(r)	13,0%	13,0%	13,0%	13,0%	
Periode	(t)	1	2	3	4	
Barwert (Summe der diskontierten Nutzen)	(B)	–779	–121	–107	6.379	5.371

Tabelle 2: Berechnung des Barwerts der Alternative: Vorgehensweise ohne Mediation;
Bester Fall

46   Um dem Unsicherheitsrisiko Rechnung zu tragen, wird im Folgenden noch der
Barwert zweier **alternativer Szenarien** berechnet. Bei dem „mittleren Fall" (Tabelle 3) geht man davon aus, dass man von den Gerichten als Kaufpreisminderung
nur die Hälfte des eingeklagten Betrages zugesprochen bekommt. Beim „schlechten
Fall" (Tabelle 4) berücksichtigt man die Alternative einer völligen Abweisung durch
das Gericht.

Sofortige Klageerhebung Mittlerer Fall		Jahr 1 T€	Jahr 2 T€	Jahr 3 T€	Jahr 4 T€	Summe T€
Zahlung aus Hauptsache		0	0	0	6.000	6.000
Externe Kosten des Verfahrens		– 390	– 10	– 10	– 240	– 650
Interne Kosten des Verfahrens		– 360	– 15	– 15	– 360	– 750
Mehrwert der Handlungsalternative		0	0	0	0	0
Schaden aus der Handlungsalternative		– 130	– 130	– 130	– 1000	– 1.390
Summe der Ein-/Auszahlungen (Nutzen)	(N)	– 880	– 155	– 155	4.400	3.210
Diskontierung mit Zins	(r)	13,0%	13,0%	13,0%	13,0%	
Periode	(t)	1	2	3	4	
Barwert (Summe der diskontierten Nutzen)	(B)	– 779	–121	–107	2.699	1.691

Tabelle 3: Berechnung des Barwerts der Alternative: Vorgehensweise ohne Mediation;
Mittlerer Fall

Sofortige Klageerhebung Schlechter Fall		Jahr 1 T€	Jahr 2 T€	Jahr 3 T€	Jahr 4 T€	Summe T€
Zahlung aus Hauptsache		0	0	0	0	0
Externe Kosten des Verfahrens		–390	–10	–10	–240	–650
Interne Kosten des Verfahrens		–360	–15	–15	–360	–750
Mehrwert der Handlungsalternative		0	0	0	0	0
Schaden aus der Handlungsalternative		–130	–130	–130	–1.000	–1.390
Summe der Ein-/Auszahlungen (Nutzen)	(N)	–880	–155	–155	–1.600	–2.790
Diskontierung mit Zins	(r)	13,0%	13,0%	13,0%	13,0%	
Periode	(t)	1	2	3	4	
Barwert (Summe der diskontierten Nutzen)	(B)	–779	–121	–107	–981	–1.989

Tabelle 4: Berechnung des Barwerts der Alternative: Vorgehensweise ohne Mediation; Schlechter Fall

Die Erwartungswerte der beiden Alternativszenarien betragen T€ 1.691 **47** (mittlerer Fall) und T€ -1.989 (schlechter Fall).

Die Anwälte von LMBG wurden nach den voraussichtlichen Erfolgswahrschein- **48** lichkeiten der Klage gefragt und antworteten wie folgt:
– der Anspruch auf Kaufpreisminderung wird zu 100% anerkannt: 40%
– der Anspruch auf Kaufpreisminderung wird zu 50% anerkannt: 40%
– der Anspruch auf Kaufpreisminderung wird abgelehnt: 20%

Aus diesen Informationen lässt sich ein Erwartungswert der Alternative „so- **49** fortige Klageerhebung" berechnen. Der Erwartungswert beträgt T€ 2.427 (Tabelle 5).

Erwartungswertberechnung bei sofortiger Klageerhebung	Barwert T€	Wahrschein- lichkeit	T€	
Barwert „Bester Fall"	5.371	40%	2.148	
Barwert „Mittlerer Fall"	1.691	40%	676	
Barwert „Schlechter Fall"	–1.989	20%	–398	
Erwartungswert		100%	2.427	

Tabelle 5: Berechnung des Barwerts des Erwartungswertes der Alternative: Vorgehensweise ohne Mediation

5. Erwarteter Barwert bei Mediation

Es soll nun der entsprechende Wert für die Alternative „Mediation" ermittelt **50** werden. Dazu wurden die erwarteten Ein- und Auszahlungen für diese Handlungsalternative geschätzt (siehe Tabelle 6 bei Rdnr. 54).

Im vorliegenden Fall erwartet man eine **Einigung** im Mediationsverfahren nur **51** dann, wenn man bereit ist, auf mindestens 50% der maximalen Forderung zu verzichten. Deshalb wurde als maximal erwartete Kaufpreisminderung ein Betrag von T€ 5.000 angesetzt.

Die Kosten des Mediationsverfahrens schätzt man auf T€ 50, die damit verbun- **52** denen Rechtsanwaltskosten auf T€ 150. Die internen Kosten wurden hier wie im

Klagefall mit 50% der Rechtsanwaltskosten/Gerichtskosten kalkuliert, die Opportunitätskosten mit 200% des internen Zeitaufwands.

53   Gleichzeitig ist bekannt, dass KMA in naher Zukunft sowohl einen Sonderauftrag als auch einen langfristigen Fertigungsauftrag an einen Fabrikanten für mechanische Bauteile vergeben wird. LMBG kommt auf Grund ihrer technischen Qualifikation durchaus als Auftragnehmer in Frage. Man kann sich hier vorstellen, dass die während einer Mediation diskutierte „Kuchenerweiterung" dazu führen könnte, dass diese Aufträge der LMBG zugute kommen. Dieser Sonderauftrag und die laufenden Aufträge würden bei LMBG voraussichtlich zu einer Gewinnerhöhung von T€ 380 in den nächsten vier Jahren führen. Die Verteilung dieser Gewinnerhöhung auf die nächsten vier Jahre ist aus Tabelle 6 ersichtlich.

54   Für den Fall des **Scheiterns** der Mediation erwartet man externe und interne Kosten für das dann folgende Gerichtsverfahren in der gleichen Höhe wie man sie bei sofortiger Klageerhebung angenommen hat. Auch wurde der Schaden, der durch den Wegfall der Kunden-Lieferanten-Beziehungen entsteht, entsprechend bewertet. Man vermutet allerdings noch einen weiteren Nachteil aus dem vorgeschalteten Mediationsverfahren. Der Schaden würde voraussichtlich auf Grund von während des Mediationsverfahrens preisgegebenen Informationen entstehen, die somit in die Verteidigungsstrategie von KMA übernommen werden können. Der Schaden wird mit T€ 500 bewertet.

Erwartete Ein- und Auszahlungen bei Mediation	Jahr 1 T€	Jahr 2 T€	Jahr 3 T€	Jahr 4 T€	Summe T€
Zahlung aus Hauptsache					
Maximal erwartete Kaufpreisminderung	5.000	0	0	0	5.000
Externe Kosten des Verfahrens					
Mediationsverfahren	–50	0	0	0	–50
Rechtsanwaltskosten	–150	0	0	0	–150
	–200	0	0	0	–200
Interne Kosten des Verfahrens					
Interner Zeitaufwand	–75	0	0	0	–75
Opportunitätskosten	–150	0	0	0	–150
	–225	0	0	0	–225
Mehrwert der Handlungsalternative					
Zusatzaufträge	200	60	60	60	380
Nur bei Scheitern der Mediation					
Kosten des Gerichtsverfahrens					
Rechtsanwaltskosten/Gerichtskosten	–240	–10	–10	–240	–500
Gutachten	–150	0	0	0	–150
Interner Zeitaufwand	–120	–5	–5	–120	–250
Opportunitätskosten	–240	–10	–10	–240	–500
	–750	–25	–25	–600	–1.400
Schaden aus der Handlungsalternative					
Mindergewinn Wegfall Kunde	–130	–130	–130	–1.000	–1.390
Offenlegung von Informationen	0	0	0	–500	–500
	–130	–130	–130	–1.500	–1.890

Tabelle 6: Feststellung der erwarteten Ein- und Auszahlungen bei Mediation

Der Barwert des „besten Mediationsfalls" wurde in Tabelle 7 berechnet. Dabei   55
wurde davon ausgegangen, das der in Tabelle 6 definierte maximale denkbare Verhandlungserfolg erzielt werden kann. Der Barwert beträgt T€ 4.351.

Mediation Bester Fall		Jahr 1 T€	Jahr 2 T€	Jahr 3 T€	Jahr 4 T€	Summe T€
Zahlung aus Hauptsache		5.000	0	0	0	5.000
Externe Kosten des Verfahrens		–200	0	0	0	–200
Interne Kosten des Verfahrens		–225	0	0	0	–225
Mehrwert der Handlungsalternative		200	60	60	60	380
Summe der Ein-/Auszahlungen (Nutzen)	(N)	4.775	60	60	60	4.955
Diskontierung mit Zins	(r)	13,0%	13,0%	13,0%	13,0%	
Periode	(t)	1	2	3	4	
Barwert (Summe der diskontierten Nutzen)	(B)	4.226	47	42	37	4.351

Tabelle 7: Berechnung des Barwerts der Alternative: Vorgehensweise mit Mediation; Bester Fall

Um auch bei der Alternative „Mediation" verschiedene Szenarien zu beleuch-   56
ten, wurde weiterhin ein Verhandlungsziel formuliert, bei dem man sich nahezu
sicher ist, dass KMA einwilligen wird. Als Zielgröße wurde eine Wahrscheinlichkeit von 80% vorgegeben. Bei diesem sogenannten „mittleren Fall" geht man
davon aus, dass man lediglich T€ 2.500 als Kaufpreisminderung vereinbaren
kann. Der Barwert dieser Alternative wurde in Tabelle 8 berechnet und beträgt
T€ 2.139.

Mediation Mittlerer Fall		Jahr 1 T€	Jahr 2 T€	Jahr 3 T€	Jahr 4 T€	Summe T€
Zahlung aus Hauptsache		2.500	0	0	0	2.500
Externe Kosten des Verfahrens		–200	0	0	0	–200
Interne Kosten des Verfahrens		–225	0	0	0	–225
Mehrwert der Handlungsalternative		200	60	60	60	380
Summe der Ein-/Auszahlungen (Nutzen)	(N)	2.275	60	60	60	2.455
Diskontierung mit Zins	(r)	13,0%	13,0%	13,0%	13,0%	
Periode	(t)	1	2	3	4	
Barwert (Summe der diskontierten Nutzen)	(B)	2.013	47	42	37	2.139

Tabelle 8: Berechnung des Barwerts der Alternative: Vorgehensweise mit Mediation;
Mittlerer Fall

Der Vollständigkeit halber muss nun auch der Fall des Scheiterns der Media-   57
tionsverhandlung berücksichtigt werden. Dieser sogenannte „schlechte Fall" wurde
in Tabelle 9 abgebildet. Der Barwert des „schlechten Falls" beträgt T€ 1.744.

Mediation Schlechter Fall		Jahr 1 T€	Jahr 2 T€	Jahr 3 T€	Jahr 4 T€	Summe T€
Zahlung aus Hauptsache		0	0	0	7.200	7.200
Externe Kosten der Mediation		–200	0	0	0	–200
Interne Kosten der Mediation		–225	0	0	0	–225
Kosten des Gerichtsverfahrens		–750	–25	–25	–600	–1.400
Schaden aus der Handlungsalternative		–130	-130	–130	–1.500	–1.890
Summe der Ein-/Auszahlungen (Nutzen)	(N)	–1.305	–155	–155	5.100	3.485
Diskontierung mit Zins	(r)	13,0%	13,0%	13,0%	13,0%	
Periode	(t)	1	2	3	4	
Barwert (Summe der diskontierten Nutzen)	(B)	–1.155	–121	–107	3.128	1.744

Tabelle 9: Berechnung des Barwerts der Alternative: Vorgehensweise ohne Mediation; Schlechter Fall

58   Nach Einschätzung aller Beteiligten sind die **Wahrscheinlichkeiten** bei der Mediation hinsichtlich der formulierten Szenarien wie folgt:
– Bester Fall: 40%
– Mittlerer Fall: 40%
– Schlechter Fall: 20%

59   Der auf Grund dieser Daten ermittelte **Erwartungswert** der Mediation ergibt sich aus Tabelle 10 und beträgt T€ 2.945.

Erwartungswertberechnung bei Mediation	Barwert T€	Wahrschein- lichkeit	T€
Barwert „Bester Fall"	4.351	40%	1.740
Barwert „Mittlerer Fall"	2.139	40%	856
Barwert „Schlechter Fall"	1.744	20%	349
Erwartungswert		100%	2.945

Tabelle 10: Berechnung des Barwerts des Erwartungswertes der Alternative: Vorgehensweise mit Mediation

6. Ergebnis des Beispielfalls

60   Die Ergebnisse in den Barwertberechnungen wurden in Tabelle 11 zusammengefasst.

Ergebnis	Wahrschein- lichkeit	bei sofortiger Klage- erhebung T€	bei Mediation T€
Barwert „Bester Fall"	40%	5.371	4.351
Barwert „Mittlerer Fall"	40%	1.691	2.139
Barwert „Schlechter Fall"	20%	–1.989	1.744
Erwartungswert	100%	2.427	2.945

Tabelle 11: Gegenüberstellung der berechneten Barwerte

Der Erwartungswert der Alternative „Mediation" in Höhe von T€ 2.945 liegt in 61
unserem Beispiel um rund T€ 500 über dem Erwartungswert der Alternative
„sofortige Klageerhebung" in Höhe von T€ 2.427. Dieses Ergebnis spricht eindeutig dafür, sich für die Alternative „Mediation" zu entscheiden.

Das Beispiel zeigt aber auch, dass der Barwert des „besten Falls" bei der Alterna- 62
tive „sofortige Klageerhebung" deutlich höher liegt, gleichzeitig sind im „mittleren
und im schlechteren Fall" jedoch sehr viel niedrigere Ergebnisse zu erwarten. Die
Streuung der möglichen Ergebnisse ist somit sehr viel höher als bei der Alternative
„Mediation".

Im Normalfall wird man sich bei Würdigung dieser Ergebnisse klar **für die Medi-** 63
ation entscheiden. Nur ein risikofreudiger Entscheidungsträger, der auf den weniger
wahrscheinlichen Fall des optimalen Ergebnisses spekuliert, wird für die sofortige
Klageerhebung plädieren.

V. Zusammenfassende Würdigung

Das **Ergebnis** des obigen Beispielfalls kann in allgemeiner Form auf die 64
Mehrzahl aller Konfliktfälle **übertragen** werden, bei denen eine Entscheidung zu
Gunsten „Mediation" oder zu Gunsten „sofortige Klageerhebung" getroffen wer-
den muss.

Dabei wird unterstellt, dass sich die möglichen Barwerte der Handlungsalternati- 65
ven und ihre Wahrscheinlichkeit gemäß der Gaußschen Normalverteilung verhalten. Die *Gauß*-Verteilung geht davon aus, dass sich die verschiedenen zufälligen
Ausprägungen eines Phänomens (hier Barwerte) symmetrisch um den Erwartungswert herum gruppieren. Sie ist daher eingipflig und nähert sich auf beiden Seiten
des Wahrscheinlichkeits-Maximums je nach Ausprägung der Varianz mehr oder
weniger schnell einer Wahrscheinlichkeit von 0.

Aus unserem Beispiel haben sich folgende Ausprägungen für Erwartungswert und 66
Varianz ergeben:

	Erwartungswert	Varianz
Klageverfahren	niedrig	hoch
Mediation	hoch	niedrig

Tabelle 12: Erwartungsgrund und Varianz

Diese Ausprägungen sind typisch für viele Konfliktfälle. Was das im Einzelnen 67
bedeutet, kann man am besten anhand einer Grafik erläutern. In Abbildung 1 werden daher die möglichen Barwerte der Handlungsalternativen in Abhängigkeit von
ihrer Eintrittswahrscheinlichkeit mit Hilfe der *Gaußschen* Normalverteilung abgebildet:

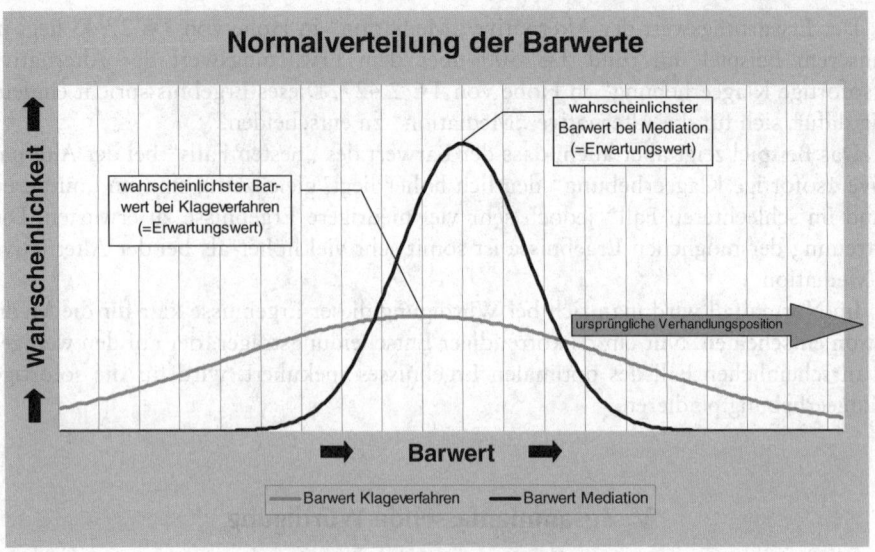

Abbildung 1: Verteilung der Barwerte

68   Bei der **Mediation** liegt der **Erwartungswert höher** als beim Klageverfahren. Das liegt daran, dass man hier wesentliche Vorteile gegenüber dem Klageverfahren erzielen kann. Vorteilhaft ist einerseits, dass in der so genannten Brainstorming-Phase der Mediation die Kuchenerweiterung angestrebt wird. Auch vermeidet man in der Mediation das Zerwürfnis zwischen den Parteien und kann damit einen Schaden vermeiden, der z. B. durch den totalen Abbruch von Geschäftsbeziehungen entstehen kann. Weiterhin ist es vorteilhaft, dass die Mediation normalerweise eine sehr viel schnellere Abwicklung des Konfliktes zufolge hat. Damit werden alle mit dem Konflikt zusammenhängenden externen und internen Kosten minimiert.

69   Die **Varianz**, die die Streuung der möglichen erwarteten Barwerte ausdrückt, liegt **bei der Mediation niedriger** als beim Klageverfahren. Dieses Resultat ist nicht überraschend, da ja bei der Mediation nach einem wirtschaftlich ausgewogenen Ergebnis gesucht wird, das beide Parteien akzeptieren können. Die höhere Varianz beim Klageverfahren ergibt sich aus der Tatsache, dass im Klageverfahren die Entscheidung über das Ergebnis an Dritte übertragen wird. Die Parteien selbst haben keine wirkliche Kontrolle über das Ergebnis und müssen insbesondere nicht darauf achten, ob der Verhandlungspartner es für akzeptabel hält. Die höhere Streuung der Ergebnisse ist damit erklärlich.

70   Für Mediation spricht also der höhere Erwartungswert und die niedrigere Varianz, d. h. die geringere Unsicherheit hinsichtlich der Höhe des voraussichtlichen Ergebnisses. Aus einer reinen Barwert- und Risikoanalyse muss daher die Entscheidung in einer typischen Konfliktsituation zu Gunsten der Mediation und gegen die sofortige Klageerhebung ausfallen.

71   Ein Entscheidungsträger wird jedoch immer wieder versucht sein, sich für die sofortige Klageerhebung auszusprechen. Ein Grund hierfür ist, dass es in Konfliktfällen gemeinhin sehr schwer fällt, von ursprünglichen Verhandlungspositionen Abstand zu nehmen. Die Barwerte dieser Verhandlungspositionen liegen normaler-

weise weit über den realistischen Erwartungswerten und zwar in einem Bereich, bei dem eine tragfähige Wahrscheinlichkeit für das Erreichen eines solch hohen Wertes nur noch bei der Alternative „sofortige Klageerhebung" zu finden ist (Abbildung 1, Rdnr. 67).

Wer sich für die **sofortige Klageerhebung** entscheidet, sollte sich jedoch im Klaren darüber sein, dass er dann trotz geringer Wahrscheinlichkeiten auf das Erreichen eines maximalen Ergebnisses spekuliert und dafür auch im Vergleich zu einem voraussichtlichen Ergebnis aus einer Mediation **hohe Verlustwahrscheinlichkeiten in Kauf nimmt**. Auf Grund des höheren Erwartungswertes der Mediation sind die relativen Gewinnchancen sogar kleiner als die Verlustchancen.   72

Ein rationaler Entscheidungsträger wird daher versuchen, Risiken zu minimieren und riskante Spekulationen auf höhere Ergebnisse zu vermeiden. Er wird sich in dem beschriebenen typischen Konfliktfall klar für **die Mediation** aussprechen.   73

4. Kapitel. Mediation und klassische Berufsbilder

§ 21 Der Rechtsanwalt als Mediator

Dr. Hans Friedrichsmeier

Übersicht

Schrifttum: *Haft, Fritjof,* Verhandeln und Mediation – Die Alternative zum Rechtsstreit, 2. Aufl., 2000; *Hennig, Claudius/Knödler, Uwe,* Problemschüler – Problemfamilien, 5. Aufl. 1998; *Henssler, Martin/Koch, Ludwig,* Mediation in der Anwaltspraxis, 1999; *Jellouschek, Hans,* Die Kunst, als Paar zu leben, 1992; *Langenfeld, Gerrit,* Handbuch der Eheverträge und

Scheidungsvereinbarungen, 3. Aufl. 1996; *Mähler, Hans Georg/Mähler, Gisela/Duss-von Werth, Josef*, Faire Scheidung durch Mediation; *Proksch, Roland;* Kooperative Vermittlung (Mediation) in streitigen Familiensachen, 1998; *Wilde, Jörg*, Trennung, Scheidung und das Finanzamt, 1998; *Willms-Fass, Antje/Symalla, Thomas*, Wege aus der Eskalation, 1999; *Wolf, Doris*, Wenn der Partner geht, 1985; *Wolfram-Korn, Margit/Schmarsli, Peter*, Außergerichtliche Streitschlichtung in Deutschland – dargestellt anhand des Streitschlichtungsgesetzes Baden-Württembergs, 2001.

I. Die Entwicklung des anwaltlichen Berufsrechts

1. Vom Parteivertreter zum Mediator

1   Das **Rollenverständnis des Anwalts** bei der Berufsausübung wird geprägt durch vermittelte Vorbilder (auch in den Medien) und die Lehrinhalte der juristischen Ausbildung. Das von den Medien vorgegebene Bild des Anwalts als Kämpfer für Parteiinteressen überwiegt, beratende Rechtsplanung für die zukünftige Lebensgestaltung wird wenig dargestellt, und ist im allgemeinen Verständnis eher dem Steuer-, Wirtschafts- oder Finanzberater oder aber den sozialberatenden Berufen, auch im Bereich der Öffentlichen Hand, zugeordnet.

2   In der juristischen Ausbildung wird primär **kontradiktorisches Denken** vermittelt, der Konflikt wird durch Ansprüche, Einwendungen und Einreden einer Regelung zugeführt, das Verfahren wird durch Verordnungen gesteuert. Das Recht ist Instrumentarium zum Streit und vermittelt Regeln über Sieg und Niederlage, Gewinn oder Verlust eines Rechtsstreits. Beratende oder rechtsgestaltende Tätigkeit wird nicht oder nur ansatzweise erlernt, obwohl erkennbar nicht nur für Juristen ein guter Vertrag Streit vermeidet und Handlungsmuster für die Zukunft geben kann.

3   Auch die **beratende Tätigkeit** des Anwalts ist im klassischen Denken von einseitiger Parteinahme geprägt: Wie gestaltet sich ein für den Mandanten günstiger Vertrag, um im Konfliktfall möglichst dessen Position durchsetzen zu können. Rechtsgestaltung für mehrere Personen gerät sofort zum Konflikt zwischen möglichen widerstreitenden Interessen der Einzelnen, und eine Kollision dieser Interessen hat standesrechtlich gemäß § 43 a Abs. 4 BRAO die sofortige Niederlegung des Mandats zur Folge. Nur selten wagen Anwälte den Exkurs in multipersonale Rechtsbeziehungen, so etwa bei beratender Tätigkeit im Bereich des Gesellschaftsrechts, bei der Gestaltung von Ehe- und Erbverträgen, weil dort der gemeinsame Zweck von den Beteiligten vordergründig über den Individualinteressen liegend definiert wird.

4   Die vom Anwalt so erlernte und auch erfahrene Streitkultur sichert zugleich scheinbar seine **wirtschaftliche Existenz**. Wo viel Streit juristisch ausgetragen wird, fallen Mandate an, und bei einem hohen Streitwert ist das Honorar entsprechend der Gebührenstaffelung der BRAGO höher. Ein Streit durch mehrere Instanzen lässt Gebühren für einen Konflikt mehrfach zum Anfall bringen. Streit lohnt sich also. Dagegen steht die Erfahrung, dass Konflikte den Mandanten wirtschaftlich und psychisch belasten, ihn an seiner Weiterentwicklung hindern, und auch auf sein Umfeld – Familie, Verwandte, Geschäftspartner – wirken. Konfliktlösung ist deshalb für den Mandanten die Chance zur gesellschaftlichen Weiterentwicklung.

Konfliktlösung wird im klassischen juristischen Streitmodell einem **Entschei-** 5 **der** zugewiesen: Der (Schieds-)Richter fällt sein Urteil, die Entscheidung des Verwaltungsbeamten wird bestandskräftig und damit bindend. Die Konfliktlösung wird damit von der eigenen Entscheidung abgekoppelt und fremdbestimmt. So lag der Gedanke, als Anwalt Konfliktlotse für mehrere Personen zu sein, fern der traditionellen Berufsgestaltung und wurde zunächst vielfach als standeswidrig und nahe am Parteiverrat angesiedelt. Es ist dem *Harvard-Negociation-Project* zu verdanken, dass nicht nur in der Politik, sondern auch in anderen rechtlich gestalteten Bereichen ein Mediator bei der Beilegung des Streits behilflich sein kann, und der Rechtsanwalt als besonders rechtskundig hier zugleich sein Wissen um rechtliche Gestaltungsmöglichkeiten hin zu einem Rechtsfrieden einzubringen vermag.

2. Die Verankerung der anwaltlichen Mediation im Recht

Die **internationale Entwicklung** und Expansion mediativer Verfahren, insbe- 6 sondere in den USA[1], hat dazu geführt, dass auch im Recht die an der Eigenverantwortung orientierte Vermittlung im Konflikt der fremdgestalteten Konfliktlösung durch den Entscheider (Richter) gleich- oder vorangestellt wird. So wird in einigen Staaten der Versuch einer Mediation als Zugangsvoraussetzung für den sich anschließenden Streitprozess ausgestaltet, oder aber dem Richter die Handlungskompetenz eingeräumt, sich eines Falles erst dann anzunehmen, wenn eine Mediation zwischen den Konfliktparteien nicht erfolgreich war. Damit ist zugleich das Thema angeschnitten, ob Mediation zwangsweise verordnet werden kann, oder der Zugang grundsätzlich freiwillig zu erfolgen hat (siehe hierzu unten Rdnr. 32).

In der Empfehlung des Ministerrats der Europäischen Union (E 98/1) ist al- 7 len Ländern der Union nahegelegt, **Einrichtungen für Mediation** zu schaffen[2]. In der Bundesrepublik Deutschland ist der Grundgedanke einer Schlichtung des Konflikts mit Hilfe Dritter in mehrere Streitschlichtungsgesetze der Länder Baden-Württemberg, Bayern, Brandenburg und Nordrhein-Westfalen eingeflossen,[3] wobei hier der Weg gewählt wurde, den Versuch der Schlichtung als Zulässigkeitsvoraussetzung für ein nachfolgendes Gerichtsverfahren zu normieren. Baden-Württemberg hat primär die Anwaltschaft als zur Schlichtung besonders berufen angesehen und es wird sich zeigen, ob dieses Modell im Ländervergleich sich durchsetzt. Vorerst sind die Streitschlichtungsverfahren auf Fälle mit geringem Streitwert begrenzt, wobei Kostengründe zur Entlastung der Justiz sicher eine Rolle gespielt haben. Eine ähnliche Entwicklung gibt es in einigen Staaten der USA: bei „small claim courts" kann der Richter in geeigneten Fällen die Parteien zunächst an den „mediator" verweisen, der den Versuch einer Einigung unternimmt.

In der **Berufsordnung** der Rechtsanwälte ist Mediation als anwaltliche Tätigkeit 8 seit dem Jahr 1999 in § 18 erstmals explizit aufgeführt. Damit ist wohl die Diskussion über die Zuordnung der Mediation im Anwaltsrecht beendet. Der Anwalt ist

---

[1] Hierzu ausführlich *Gottwald*, in *Henssler/Koch*, S. 185 ff.
[2] Veröffentlicht in KON:SENS 1998, 55 ff.
[3] Siehe § 33.

nach qualifizierter Ausbildung, die dem Standard einer Fachanwaltsausbildung vergleichbar sein sollte, berechtigt, den Zusatz Mediator zu führen.[4]

9   Im **Insolvenzrecht** wird nach der neuen Insolvenzordnung dem vermittelnden Einigungsversuch zwischen Schuldner und Gläubigern eine besondere Bedeutung zugemessen[5]. Die Komplexität der rechtlichen Gestaltung lässt hier die anwaltlich begleitete Vermittlung in vielen Fällen angezeigt erscheinen, wenngleich in diesen Fällen die Bezahlung des anwaltlichen Honorars oft ein Problem sein dürfte.

10   Weitere gesetzliche Regelungen sind angezeigt, um dem Rechtsgedanken anwaltlich begleiteter Mediation zur Verankerung im Recht zu verhelfen. So könnte ein Familiengericht in die Lage versetzt werden, analog § 619 a ZPO ein Verfahren auch dann auszusetzen, wenn eine Mediation zwischen den Parteien aussichtsreich erscheint. Im Regelungsbereich der §§ 239 ff. ZPO könnte eine Vorschrift installiert werden, die es dem Richter ermöglicht, das Verfahren für eine bestimmte Zeit auszusetzen, wenn eine Mediation geeignet erscheint, den Konflikt strukturell zu lösen.

II. Die Weiterbildung des Anwalts zum Mediator

1. Vom Anspruchsdenken zum Interessenausgleich

11   Mit der Fortbildung des Anwalts zum Mediator wird für diesen ein **Umdenken** erforderlich: war er bisher gewohnt, auf Fragen von Mandanten juristisch fundierte Lösungsvorschläge zu unterbreiten, so soll er nun im Idealfall zwar Katalysator für eigenständige Lösungsmuster der Medianten sein, nicht jedoch diese durch eigene Vorgaben gestalten. Diesen Lernprozess kann nur eine qualifizierte Ausbildung des Anwalts in Verbindung mit Supervision bewirken. Die Konfliktregelung in der Mediation wird an Interessen der Medianten, nicht an den (Rechts-)Positionen orientiert. Auch dies erfordert eine Abstraktion vom gewohnten juristischen Denken. Deshalb muss der Anwalt zunächst lernen, mit gezielten Fragen die Interessen der Parteien zu erfragen, also den Konflikt zu verstehen. Diese Interessen können, müssen jedoch nicht unbedingt vom geltenden Recht gedeckt sein (Beispiel: das enterbte, aber pflichtteilsberechtigte Kind des Erblassers hat an einem Nachlassgegenstand ein besonderes Affektionsinteresse).

12   Der juristisch durchsetzbare Anspruch kann den **tatsächlichen Interessen** gegenläufig sein.

Beispiel: Das Nachbarrecht kann verfeindeten Nachbarn zwar den Rückschnitt einer Hecke im Grenzverlauf gewähren, nicht jedoch den beiderseitigen Wunsch nach Abgrenzung und Distanz zum anderen durch höheren Wuchs der Hecke.

Der Anwalt als Mediator wird lernen müssen, andere als die vom Recht zugelassenen Perspektiven in den Grenzen der Vertragsfreiheit zuzulassen und auch in den Mediationsprozess als Idee einzuführen.

13   Die Sicht auf gemeinsame Interessen öffnet Zukunftsperspektiven und „win-win-Lösungen". In der Ausbildung zum Mediator hat der Anwalt geeignete Fragestel-

---

[4] Empfehlung der BRAK-Arbeitsgruppe Mediation; ebenso AGH NRW AnwBl. 2000, 693 ff. mit Anm. *Kilian;* AGH BW, BRAK-Mitt. 2001, 232.
[5] Weiterführend *Kassing,* in *Henssler/Koch,* S. 557; vgl. auch § 41.

lungen zu lernen, die es den Konfliktparteien ermöglichen, den Blick zukünftigen Gestaltungsmustern zuzuwenden.

2. Die Integration psychosozialer Kenntnisse

Mediation ist zugleich **psychosoziale** Intervention des Anwalts. Ohne entspre- 14
chende Ausbildung im psychosozialen Bereich erfordert die Anwaltsmediation Grundkenntnisse und Aufgeschlossenheit für Kommunikationsstruktur und Interaktion der an der Mediation beteiligten Personen[6]. Im Familien- und Erbrecht sind Grundkenntnisse der Systemik innerfamiliärer Prozesse hilfreich. Rollenspiele in der Mediationsausbildung, aber auch weiterführende Literatur[7] geben dem Anwalt das für den Mediationsprozess notwendige Instrumentarium. Fragetechniken (offene Fragen stellen) und Kommunikationsregeln („Ich"- statt „Du-Botschaften") sind für den Anwalt in der Regel nicht bereits in der juristischen Ausbildung vermittelt.

Anwaltliche Mediation bedarf nach allgemeiner Auffassung der (kollegialen) Su- 15
pervision, nicht nur zur Fortbildung, auch als Kontrolle der eigenen Interaktion des Anwalts. Dies sollte auch bei der Gestaltung des Mediationsvertrags (Rdnr. 78) bereits berücksichtigt werden, da die Grenzziehung zur anwaltlichen Schweigeverpflichtung in der Supervision bei konkreter Fallanalyse schwierig sein kann.

Hilfreich kann die direkte Integration psychosozialer Erkenntnisse in Form der 16
Co-Mediation sein (Rdnr. 59 ff.). Aber auch dort, wo der Anwalt allein Mediator ist, mag die Einbeziehung von Therapeuten, Kinder- und Jugendpsychologen usw. zu einzelnen Themen in der Mediation zur Konfliktlösung beitragen.

3. Verhandlungsführung[8]

Das äußere Setting der Mediationsverhandlung des Anwalts sollte dem inneren 17
Verlauf der Mediation entsprechen. Da der Mediator keinerlei Entscheidungskompetenz hat, kann eine Verhandlungsführung am „runden Tisch" ein äußeres Symbol gleichwertigen Verhandelns sein. Das bei Anwälten übliche Gespräch am (vielleicht noch mit Akten, Telefon und Computer belegten) Schreibtisch schafft dagegen eine Barriere, die einer Öffnung der Medianten hinderlich sein kann.

Sinnvoll ist die **Ausstattung der Kanzlei** mit Tafel, Flipchart oder Overhead- 18
Projektor zur Visualisierung des Verhandlungsfortschritts, insbesondere bei komplexen Regelungen und Berechnungen, etwa im Unterhaltsrecht, oder zur graphischen Darstellung einer Erbauseinandersetzung. Auf dem gewählten Medium können die Beteiligten zugleich Merkposten für weitere Gedanken festhalten, die in der momentanen Struktur des Gesprächs sich nicht unterbringen lassen. So entsteht Gewissheit, dass diese Gedanken später wieder aufgegriffen werden.

In der klassischen anwaltlichen Beratung wird der Anwalt lediglich das Ergebnis 19
der Beratung festhalten. In der Mediationsverhandlung hat sich jedoch die **Protokollierung** des Verhandlungsverlaufs zur Dokumentation als sinnvoll erwiesen. Die Protokolle helfen bei einem *„roll back"*, den Gang der Verhandlung, Zwischener-

---

[6] Für die Dynamik in der Paarbeziehung etwa *Jellouschek, Hans,* oder *Wolf, Doris*; bei Problemfamilien *Hennig/Knödler,* a. a. O.
[7] Siehe etwa *Willms-Fass/Symalla*; *Haft, Fritjof,* a. a. O.
[8] Vgl. dazu das 2. Kapitel.

gebnisse, die für den weiteren Verhandlungsverlauf wichtig waren, nochmals nach-zuvollziehen. Das Protokoll fixiert bei vereinbartem Zeithonorar den zeitlichen Verlauf und hält für weitere Sitzungen die „Hausaufgaben" fest (Beibringung von Unterlagen, Vornahme von Schätzungen, Einholung amtlicher Auskünfte u. a.). Die Offenheit des Verhandelns und das Gebot der Gleichwertigkeit aller an der Ver-handlung Beteiligter gebietet, dass die Medianten eine der Anwaltsakte entspre-chende eigene Aktenführung haben, so dass alle schriftlichen Informationen allseits ausgetauscht werden sollten.

20   Die **Gesprächsführung** des Anwalts kann mehr als im themenzentrierten Man-dantengespräch Raum für Persönliches geben, um die Interessenebene zu erfahren und den „Konflikt hinter dem Konflikt" er erkennen.

Beispiel: „Wie haben Sie sich nach der letzten Sitzung gefühlt?" „Wie haben die Berechnungen aus der letzten Sitzung auf Sie gewirkt?".

Da der Mediator für den Verhandlungsverlauf die Verantwortung übernimmt, kann zugleich die Einübung von Kommunikationsregeln notwendig sein, um ein strukturiertes Gespräch aufzubauen.

Beispiel: Einübung des „Ausreden-lassen"; Repetition „Was habe ich von dem Gehörten verstan-den".

21   Besonders schwierig ist es nach vielen Erfahrungen aus anwaltlicher Mediation, die Verantwortung für den Inhalt der Verhandlung bei den Medianten zu belassen. Diese bestimmen die Themen in der Mediation, die Reihenfolge ihrer Behandlung und den zeitlichen Verlauf der Mediation (in den Grenzen des anwaltlichen Ter-minkalenders). Erst am Ende der Mediation wird der Anwalt bei der Gestaltung der Abschlussvereinbarung die Verantwortung für diese juristische Vertragsgestaltung übernehmen und dann direktiv vorgehen.

22   Mediation ist anders als klassische anwaltliche Tätigkeit nicht erfolgsorientiert, sondern am **Verhandlungsverlauf** ausgerichtet. Dies kann für zeitlich gestaffelte Lösungen, Zwischenvereinbarungen und andere an der Zeit orientierte Konflikt-strategien nutzbar gemacht werden („Umgangsregelungen im Kindschaftsrecht"; „Zusammenarbeit im Gesellschafts- und Arbeitsrecht ausprobieren können"). Bei zeitlich gestaffelten Lösungen ist jedoch ein besonderes Augenmerk auf Rechts-nachteile durch Zeitablauf (Verjährung, Verzug, Verwirkung) zu richten, und ggf. in einer Zwischenvereinbarung zu regeln.

23   Während der Anwalt im Mandantengespräch typischerweise „Vordenker" ist, wird er in der Mediation besonderen Wert auf gemeinsames **„brain-storming"** legen und dabei die Eigenverantwortung der Medianten für zukünftige Gestaltungen stärken.

Beispiel: „Was kann der Mediant selbst tun, um den Kuchen zu vergrößern?" „Gibt es ‚win-win'-Lösungen', etwa unter Einbeziehung steuerlicher Gestaltungen?".

III. Mediative Elemente in anwaltlicher Tätigkeit

1. Verhandlungsführung mit mediativen Elementen

Selbstverständlich können die in der Mediationsausbildung des Anwalts erlernten 24
Techniken der Gesprächsführung auch in klassische Verhandlungskonstellationen
einfließen.

In der **außergerichtlichen Verhandlung,** insbesondere im Vierersetting (zwei An- 25
wälte mit ihrer Partei) kann das Gespräch von den Anwälten auf einen konstruktiven Inhalt zentriert werden.

Beispiel: Können wir im gemeinsamen Gespräch versuchen, eine trennungs- oder scheidungserleich-
ternde Vereinbarung, einen Nachbarvertrag, einen Erb- oder Gesellschaftsauseinandersetzungsver-
trag zu erarbeiten?.

Vorabreden können dabei behilflich sein (Offenlegung von Einkünften, Bilanzen
etc., Schätzung von Wertobjekten, soweit streitig) und wiederum ist zu beachten,
dass Zeitablauf durch Verhandlung nicht zu Rechtsnachteilen der Partei führen darf
(hilfreich etwa: Verzicht auf die Einrede der Verjährung für einen definierten Zeitraum).

In der **gerichtlichen Verhandlung** übernimmt der Richter zwar die Verhandlungs- 26
führung, ist jedoch in aller Regel im Rahmen von Vergleichsverhandlungen dankbar, wenn die ihm oft verschlossen gebliebene Interessenlage von den Anwälten
eingeführt wird, Verhandlungsspielräume transparent gemacht werden, oder der
„Konflikt hinter dem Konflikt" aufgedeckt und zum konstruktiven Element gemacht wird.

2. Schiedsrichterliche Tätigkeit

Die fehlende Entscheidungskompetenz ist das wesentlichste trennende Merkmal 27
zwischen Anwaltsmediator und dem Anwalt als Schiedsrichter. Dieser kann jedoch
bei einer an den Interessen der Schiedsparteien ausgerichteten Verhandlungsführung
einen Vertrauensbonus für seinen zukünften Schiedsspruch erarbeiten, der zu einer
höheren Akzeptanz der späteren Entscheidung führen kann. Auch könnte das Ziel
einer schiedsrichterlichen Verhandlung letztendlich sein, die Entscheidung durch einen gewillkürten Akt (Vertrag, Vergleich) der Schiedsparteien zu ersetzen. Der Anwaltsmediator als Schiedsrichter hat hier in seiner Mediationsausbildung besondere
Verhandlungskompetenz erworben, außerdem auf Grund seiner Grundausbildung
die Möglichkeit, das Recht als möglichen Entscheidungsmaßstab und die Kreativität möglicher Rechtsgestaltung einzuführen und rechtsverbindliche Lösungen zu
gestalten.

3. Der Anwalt als Schlichter

Güteverfahren haben bei uns zwar eine lange Tradition, haben sich im Ergebnis 28
aber bis heute nicht durchgesetzt.[9] Das Schlichtungsverfahren nähert sich der Me-

---

[9] Siehe hierzu *Röhl, Klaus F.*: Erfahrungen mit Güteverfahren, DRiZ 1983, 90 ff.; *Weiß, Werner*:
Schlichtung von Streitigkeiten im Gerichtsverfahren und außerhalb des Gerichtsverfahrens- Chancen zur Entlastung der Gerichte, FS für Walter Rolland, S. 395 ff.

diation insoweit an, als dem Schlichter zwar die Verhandlungskompetenz, nicht jedoch die Entscheidungskompetenz zugewiesen wird. Anders als in der Mediation
bestimmt der Schlichter im Rahmen seiner vorgegebenen Verfahrensordnung
Raum, Inhalt und Zeit der Verhandlung; ihm steht frei, im autoritären, am richterlichen Verhandlungsmodell ausgerichteten Stil den Verlauf der Verhandlung zu gestalten oder aber gemeinsam mit den Parteien des Schlichtungsverfahrens eine interessengerechte Lösung zu erarbeiten. Als Anwaltsschlichter wird er in aller Regel
das Recht als Maßstab möglichen Handelns der Parteien einführen.

29   a) **Obligatorische Schlichtungsverfahren.** Die Bundesländer Baden-Württemberg,
Bayern, Brandenburg und Nordrhein-Westfalen haben im Jahr 2000 jeweils von der
Möglichkeit des § 15 EGZPO Gebrauch gemacht[10] und Schlichtungsgesetze für den
Bereich kleinerer Streitwerte im Zivilverfahren erlassen.[11] Das Land Baden-
Württemberg hat dabei bewusst die schlichtende Tätigkeit primär der Anwaltschaft
zugewiesen, nur ausnahmsweise sollen andere Personen als Schlichter tätig sein[12].
Erste Analysen des Tübinger Rechtsanwalts-Instituts für Ausbildung und Streit-
schlichtung (TRIAS e. V.) zeigen, dass die Anwaltschaft nur zögernd dieses neue
Verfahren annimmt und wenn möglich mit einem vorgeschalteten Mahnverfahren
umgeht.

30   Die Schlichtungsgesetze geben dem Anwalt im Verfahren weiten **Verhandlungsspielraum,** die engen Vorschriften der ZPO (etwa zum Strengbeweis) sind bewusst
nicht aufgenommen, so dass es dem Schlichter möglich ist, das Verfahren mediativ
auszugestalten. Jedoch sind die vorgegebenen Honorare für die anwaltliche Schlichtung so gering ausgestaltet, dass jede zeitintensive Verhandlung und Recherche im
Rahmen einer freien Beweisaufnahme einem ehrenamtlichen Engagement nahe-
kommt. Es wird sich erweisen, ob die Anwaltschaft auf Dauer bereit ist, die auch in
anderen Bereichen (etwa zur Pflichtverteidigung) vertretene „Opfertheorie" des
Anwalts als Organ der Rechtspflege durch unwirtschaftliche Tätigkeit zu nähren.
Immerhin könnten die bislang vorhandenen Streitschlichtungsgesetze den Weg zur
vermehrten Arbeit des Anwalts mit mediativen Elementen ebnen.

31   b) **Freiwillige Schlichtungsverfahren.** Die **Öffnungsklausel** des § 15 EGZPO
ermöglicht nunmehr auch die Einrichtung anerkannter Gütestellen zur außergerichtlichen Streitschlichtung. Erste Gütestellen sowohl im Bereich einzelner Anwaltskanzleien als auch von Vereinigungen der Anwaltschaft[13] werden derzeit eingerichtet.

32   Die **Vorteile** freiwilliger Streitschlichtungsverfahren für die Anwaltschaft liegen
auf der Hand: Durch Gestaltung entsprechender Verfahrensordnungen ist die
Schaffung vollstreckbarer Titel gem. § 794 a ZPO möglich. Das Honorar des
Schlichters kann an wirtschaftlichen Erfordernissen einer Kanzlei ausgerichtet werden. Mediative Elemente können in die Verhandlung eingebracht, oder im Schlich-

---

[10] *Baumbach/Lauterbach/Albers,* ZPO, 59. Aufl. 2001, § 15 a EGZPO S. 2336; vgl. auch § 33.
[11] Bd. Wrttbg. SchlG vom 28. 6. 2000, GBl. 2000, 470; BaySchlG vom 25. 4. 2000,
BayGVBl. 2000. 268; Bbg.SchlG vom 5. 10. 2000, BbgGVBl. 2000, 134; GüSchlG NRW vom 9. 5.
2000.GVBl.NRW 2000, 476. Dazu § 33.
[12] Näher hierzu *Heck, Wolfgang,* Obligatorische Streitschlichtung in Baden-Württemberg,
AnwBl. 2000, 596.
[13] Z. B. die Gütestelle des Tübinger Rechtsanwalts-Instituts für Ausbildung und Streitschlichtung
e. V. (TRIAS e. V); Schlichtungsstelle des Mannheimer Anwaltvereins e. V.

tungsvertrag kann Mediation vereinbart werden. Besondere Sachkompetenz des beauftragten Anwaltsschlichters (etwa als Fachanwalt oder mit ausgewiesener Spezialisierung) kann ebenso genutzt werden wie die Möglichkeit, durch Einbeziehung Dritter (sowohl möglicher weiterer Beteiligter im Konflikt als auch besonders sachkundige Personen) eine besonders und allseits verantwortete Lösung im Konflikt zu finden.

IV. Die anwaltliche Mediation

1. Mandat und Mediationsvereinbarung

In aller Regel setzt die Übernahme eines Mandats zur Mediation die anwaltli-   33
che **Beratung über Mediation** voraus. Hier klärt der Anwalt zunächst ab, ob Mediation ein für die Konfliktparteien geeignetes Verfahren ist oder ob es andere, einfachere, kostengünstigere oder bessere Wege gibt (etwa wenn die Regelungen bereits klar sind und nur notarieller Beurkundung bedürfen). Auch verschafft er sich einen ersten Eindruck, ob die Medianten für Mediation geeignet sind (so kann etwa eine psychische Erkrankung mit nicht möglicher Selbstbestimmung eine Contraindikation für Mediation sein). Die Verfahrensprinzipen, die der Anwalt in der Mediation anwendet,[14] sollten erläutert werden, ebenso das vom Anwalt begehrte Honorar. Auch die Medianten sollen sich einen ersten Eindruck verschaffen, ob der Mediator zu ihnen passt, oder ob persönliche oder sachliche Vorbehalte die Wahl eines anderen Mediators angezeigt erscheinen lassen. Es hat sich bewährt, die Entscheidung zur Mediation nach der ersten Beratung nochmals zu „überschlafen", also nicht sofort am Ende des Beratungsgesprächs zu treffen und mit der Mediation selbst erst in der nächsten Sitzung zu beginnen. Bei diesem ersten Beratungsgespräch können bereits die in der Mediation gewünschten Themen gesammelt werden, Termine für den Fortgang der Mediation abgestimmt werden, und die für die Themen notwendige Informationsbeschaffung organisiert werden.

Sollten nach dem ersten Beratungsgespräch sich die Beteiligten gegen die Durch-   34
führung der Mediation entscheiden, wird das Erstgespräch in aller Regel als anwaltliche **Erstberatung** über die Durchführung einer Mediation **nach § 20 BRAGO** abzurechnen sein, da noch keine wirksame Gebührenvereinbarung zustande gekommen ist.

Die Entscheidung zur Mediation muss bei einem vereinbarten **Zeithonorar** wegen   35
§ 3 Abs. 1 BRAGO schriftlich fixiert werden[15], aber auch für die vereinbarten Verfahrensprinzipien bietet sich die Schriftform zur Beweisfunktion an. Ein mögliches Muster einer Mediationsvereinbarung ist bei Rdnr. 78 abgedruckt. Bewusst wurde auf einen ausführlichen, mit allgemeinen Geschäftsbedingungen ausgestatteten Vertrag verzichtet, um nicht bereits zu Beginn einer Mediation die Kommunikation im Schwerpunkt zu verrechtlichen.

---

[14] Dazu § 15.
[15] Zu Honorarfragen vgl. Rdnr. 53 ff. und § 32.

2. Die Einführung des Rechts in der Mediation

36   In der Mediationsausbildung wird dem Juristen in besonderem Maße verdeutlicht, dass positivistisches Denken zur Einengung des Blicks auf die Interessenebene führt und die Vielfalt möglicher Vertragsgestaltung einengt. In der anwaltlichen Mediation ist deshalb vom Mediator eine besondere Sorgfalt erforderlich, an welcher Stelle der Mediation, mit welcher Intensität und mit welchem gesellschaftspolitischen Hintergrund das Recht eingeführt wird.

37   Wenn man der hier vertretenen Auffassung folgt, dass der Mediator nicht nur für die Kommunikation, sondern auch für den Inhalt der Verhandlung mit verantwortlich ist, so muss dieser schon zu Beginn der Mediation prüfen, ob durch die Zeitabfolge der Mediation Rechtsveränderungen entstehen können und auf mögliche Rechtswahrung hinweisen.

Beispiel: Ist der notwendige Kindesunterhalt vorläufig gesichert?; muss eine vorläufige Entnahme aus dem Gesellschaftsvermögen zwischen streitenden Gesellschaftern zum Lebensunterhalt geregelt werden?

38   In der Phase der Informationsbeschaffung müssen rechtliche Hinweise erfolgen, um alle Informationen für die spätere Entscheidung zur Verfügung zu haben.

Beispiel: Bei Unterhaltsfragen im Familienrecht sind alle Einkommensarten zu berücksichtigen.

39   Auch bei der Diskussion um interessenorientierte Lösungsmuster kann eine **Einführung des Rechts** zur Struktur notwendig sein, da das Recht der Vertragsfreiheit Grenzen setzt. So kann eine angedachte Option gegen gesetzliche Gebote (z. B. Steuergesetze) verstoßen und nach § 134 BGB nichtig oder nach § 138 BGB sittenwidrig sein, oder ohne notarielle Beurkundung nach § 128 BGB unwirksam sein (z. B. ein Grundstücksgeschäft nach § 313 BGB, ein Ehevertrag gemäß § 1410 BGB). Der frühe Hinweis des Mediators auf diese gesetzlichen Schranken öffnet den Blick auf andere, gesetzlich mögliche Gestaltungen.

40   Haben die Medianten eine für sie sinngebende rechtliche Gestaltung gefunden, so wird der Anwaltsmediator an dieser Stelle das Recht als Entscheidungsspiegel einführen. Die Medianten sollen in Kenntnis des Rechts sich bewusst für die angedachte Lösung entscheiden, oder die Lösung verändert sich nochmals unter Beachtung der vom Gesetzgeber und der Rechtsprechung entwickelten Kriterien.

41   Schließlich hat der Anwaltsmediator bei der juristischen Vertragsgestaltung des Abschlussvertrags alle Hinweise, Belehrungen etc. zu erteilen, die auch im Hinblick auf seine Haftung als Rechtsanwalt geboten und erforderlich sind.[16]

42   Damit zeigt sich, dass das Recht in jeder Phase der Mediation, jedenfalls bei umfassender rechtlicher Gestaltungsnotwendigkeit, seinen Platz hat und dennoch nicht prägend, sondern den Interessen dienend eingeführt und angewendet werden sollte. Zugleich wird deutlich, dass anwaltliche Mediation damit gegenüber nichtanwaltlichen Mediationen oder nur von beratenden Anwälten begleiteten Mediationen effektiver und konzentrierter gestaltet werden kann.

---

[16] Siehe hierzu *Brieske*, in *Henssler/Koch*, S. 271 ff.; vgl. auch § 31.

3. Interdisziplinäre Zusammenarbeit

Häufig bedarf es in der Mediation der Klärung von Anknüpfungstatsachen, die 43
der Anwaltsmediator nicht auf Grund eigener Fachkunde zu bewerten vermag.
In der Mediation werden dann die einzuschaltenden besonders sachverständigen Personen ausgehandelt, einschließlich der Beauftragung, der Verfahrensgestaltung des Beauftragten, seiner Honorierung und der Einbringung des Ergebnisses
in die Mediation. Sofern der Mediator selbst den Auftrag erhält, im Namen der
Medianten einen Dritten, besonders Sachkundigen zu beauftragen, sollte diese Vertretungsbefugnis auch in der Beauftragung deutlich werden. Dieses Verfahren bewährt sich insbesondere, wenn einzelne, **abzugrenzende Fragen** geklärt werden
müssen.

Beispiel: Rentengutachten, Steuerfragen[17], bautechnische Fragestellungen, Bewertungen von Grundstücken, Vermaßungen im Nachbarstreit.

Zugleich wird in der Mediation abgeklärt, ob diese bis zur Sachklärung unterbrochen wird, oder mit einer variablen Arbeitshypothese weitermediiert wird.

Bei komplexen Fragestellungen, die Rückfragen und Interpretationen möglich er- 44
scheinen lassen, mag es geboten sein, die beauftragten Dritten in den Mediationsprozess, etwa für eine ganz konkrete Sitzungsfolge, einzubeziehen, um seinen
Sachverstand in die unmittelbare Kommunikation einzubinden, auch um beim
fachlichen „brain-storming" seine Ideen kreativ einzubringen.

Beispiel: der beauftragte Wirtschaftsprüfer bei Fragen der Veränderung der Gesellschaftsstruktur.

Hier sollte der Anwaltsmediator Gesprächsführung, Rollenverteilung sowie Ziel
und Zweck der Mediation mit dem Beauftragten absprechen, um den Mediationsprozess nicht zu stören.

Bei „verklammerten" Problemen bietet sich die vollständige Einbeziehung des 45
sachkundigen Dritten in den Mediationsverlauf an (**Co- Mediation[18]**). Voraussetzung hierfür ist eigene Mediationsausbildung des Sachkundigen, damit dieser den
konstruktiven und interessenorientierten Prozess unterstützt und begleitet. Die Zusammenarbeit der Co-Mediatoren sollte durch mündliche oder schriftliche Koope-
rationsverträge zweifelsfrei geregelt sein, damit nicht ein Konfliktpotential zwischen
den Co-Mediatoren (etwa über Kompetenz- oder Abrechnungsfragen) den eigentlichen Mediationsprozess überlagert. Im Kooperationsvertrag wird die Form der Abrechnung, Mehrwertsteuerverpflichtung, die Leistung räumlicher, personeller und
sächlicher Mittel, Dokumentationspflichten und die Form des Auftretens im Außenverhältnis gegenüber Medianten geregelt, wobei dies beim Anwalt unter Beachtung der Sozietätsbeschränkung des § 59 a BRAO zu geschehen hat, also auf seine
Mediationstätigkeit zu begrenzen ist.

4. Von der Notwendigkeit parteilicher Beratung in der Mediation

In dem Muster eines Mediationsvertrags (Rdnr. 78) ist die dringende Empfehlung 46
aufgenommen, trotz anwaltlicher Mediation sich spätestens vor der Abschlussver-

---

[17] Hilfreich für die Familienmediation hier *Wilde, Jörg,* a. a. O.
[18] Vgl. dazu auch § 23.

einbarung nochmals in anwaltliche Beratung zu begeben. Dies wird von den Medianten in der Mediation häufig hinterfragt, sowohl vor Unterzeichnung der Vereinbarung, als auch vor Zeichnung des konstituierenden Vertrags. Der Anwaltsmediator wird häufig gerade deshalb gewählt, weil man sich verspricht, damit klassische Anwaltskosten zu vermeiden.

47   Der Anwaltsmediator kann den Unterschied zwischen einer neutralen Einführung des Rechts in der Mediation und einseitiger parteilicher anwaltlicher Beratung durch ein **Rollenspiel** in der Mediation deutlich machen: er schlüpft in die Rolle des jeweils beratenden Anwalts und zeigt damit die Spannweite möglicher rechtlicher Argumentation. Diese Rollenübernahme zeigt den Medianten plastischer als die am Beispiel orientierte verbale Erklärung, dass auch das Recht wertend und interpretierend ausgestaltet ist. Die parteiliche Beratung eines anderen Anwalts ist deshalb ein Spiegel, an der die in der Mediation erarbeitete Lösung nochmals reflektiert werden kann. Wer in Kenntnis der durch den beratenden Anwalt formulierten Rechtsposition sich für die in der Mediation erarbeitete Lösung entscheidet, hat eine selbst verantwortete Entscheidung getroffen.

48   Die anwaltliche Beratung vor der Abschlussvereinbarung kann auch zu nochmaligen Rückfragen, Korrekturen oder Ergänzungen der bisher in der Mediation angedachten Lösung führen. Dennoch ist sie eine notwendige „Nagelprobe", der sich auch der Anwaltsmediator stellen kann. Sie entlastet ihn zugleich bei späteren Haftungsfragen, wenn Zweifel an der Richtigkeit der Abschlussvereinbarung entstehen. Die Zweifel an der Höhe zusätzlicher anwaltlicher Gebühren lassen sich in der Regel durch Hinweis auf die Erstberatungsgebühr des § 20 BRAGO entkräften.

5. Vertragsgestaltung unter anwaltlicher Begleitung

49   Der Abschlussvertrag ist die **juristische Umsetzung** der Lösung des Konflikts der Medianten. Der Mediator „mutiert" hier wieder zum Anwalt in seiner Rolle als Vertragsgestalter, er übernimmt für diesen Teil der Mediation die Verantwortung für die Gestaltung.

50   Es bietet sich an, die Entstehungsgeschichte als Geschäftsgrundlage dieses Vertrags in einer **Präambel** darzustellen, auch um die Intentionen des Vertrags für künftige Konfliktfälle bei fortdauernden tatsächlichen und rechtlichen Verbindungen deutlich zu machen.

Beispiel: „Präambel: Wir haben die nachfolgende Vereinbarung im Rahmen eines Mediationsverfahrens vereinbart. Sollte im Zusammenhang mit diesem Vertrag zu einem späteren Zeitpunkt zwischen uns Uneinigkeit bestehen, verpflichten wir uns bereits zum jetzigen Zeitpunkt, eine Klärung zwischen uns, notfalls mit Hilfe einer weiteren Mediation, herbeizuführen, um eine gütliche Einigung ohne gerichtliche Hilfe zu gewährleisten."

Zwar hat eine solche Klausel nur deklaratorischen Charakter, sie bewährt sich jedoch bei der Frage zukünftiger Konfliktlösungsmuster.

51   Die **Protokolle** der Mediation geben weitere Hinweise auf die Geschäftsgrundlage der Vereinbarung. So kann sich aus einem Protokoll die Basis der Unterhaltsberechnung, der Gesellschaftsauseinandersetzung, des Nachbarvertrags etc. ergeben. Dennoch wird angeraten, die Grundlagen des Vertrags im Vertragswerk selbst

transparent zu machen, auch für mögliche spätere Abänderungen, etwa bei Vertragskorrektur oder im Rahmen des § 323 ZPO[19].

Die Abschlussvereinbarung sollte möglichst vollständig für denkbar künftige   52
Konfliktfälle gestaltet werden, und deshalb auch beinhalten:
– Salvatorische Klausel
– Schieds-, Schlichtungs- und Gerichtsstandsvereinbarungen
– Kostenregelungen
Die Formulierung der Abschlussvereinbarung erfordert zusätzlichen Zeitaufwand, der bei einem vereinbarten Stundenhonorar zu berücksichtigen ist (Rdnr. 58).

6. Das Anwaltshonorar[20]

a) **Gesetzliche Honorare in der Mediation.** Sofern keine Honorarvereinbarung   53
zwischen Anwalt und Medianten geschlossen wurde, ist der Anwalt an die gesetzlichen Gebühren der BRAGO gebunden. Die noch gelegentlich vertretene Rechtsauffassung, die BRAGO sei nicht anwendbar[21], ist in Anbetracht der klaren Integration von Mediation in die anwaltliche Tätigkeit nicht mehr haltbar[22]. Damit ist die BRAGO nicht nur bei der Erstberatung über Chancen und Risiken der Mediation (Rdnr. 33) zu berücksichtigen, sondern auch bei der weiteren Abrechnung nach Durchführung der Mediation.

Die gesetzliche Honorierung des Anwaltsmediators ist mit vielfachen **Unklarhei-**   54
ten beschwert:
– Wie hoch ist der Streitwert zu bemessen bei komplexen Lösungen?
– Welcher Gebührenrahmen wird gewählt?
– Ist ein Vergleich (§ 23 BRAGO) vermittelt?
– Wie ist die Verteilung des Honorars unter den Auftraggebern vereinbart
  (Gesamtschuld)?
Um diese Abrechnungsfragen zu vermeiden, wird in aller Regel eine Abrechnung nach Honorarvereinbarung zu empfehlen sein.

b) **Die Honorarvereinbarung.** Die nach § 3 BRAGO mögliche **Gebührenverein-**   55
barung des Mediators mit den Medianten vermeidet Unklarheiten in der Abrechnung des Anwalts und führt zur Transparenz in der Frage der Abrechnung der Mediation. Es hat sich bewährt, ein Zeithonorar zu vereinbaren, das zugleich eine Einschätzung über Leistung des Anwalts (in Zeit) und Gegenleistung der Medianten (in Geld) vermittelt. Die tatsächlich vom Anwalt investierte Zeit sollte nachprüfbar festgehalten werden (etwa in den Protokollen der Mediation.

Beispiel: „Unter Bezugnahme auf unsere gemeinsame Mediationssitzung am . . . . . . in der Zeit zwischen . . . . . . und . . . . . . Uhr . . . .

Bei einem vereinbarten **Zeithonorar** ist zu empfehlen, die Zeit von Vor- und   56
Nacharbeit des Anwalts (Berechnungen, Formulierung der Protokolle, Sichtung der eingereichten Unterlagen) pauschal in die Höhe des Stundenhonorars einzuarbeiten,

---

[19] Zur juristischen Gestaltung bei Eheverträgen und Scheidungsvereinbarungen ausführlich *Langenfeld,Gerrit*, a. a. O.
[20] Zu Honorar- und Kostenfragen vgl. eingehend § 32.
[21] Vgl. *Henssler*, in *Henssler/Koch*, S. 103 Rdnr. 35.
[22] OLG Hamm MDR 1999, 836; siehe hierzu auch *Krämer* ZKM 2000, 222 ff.

damit der Mediationsprozess von Honorarfragen nicht zusätzlich beeinträchtigt wird (etwa: War die Ausarbeitung des Abschlussvertrags mit einem Zeitaufwand von 3 Stunden anwaltlicher Tätigkeit adäquat? Ist das Zeitprotokoll des Anwalts angemessen?). Nachdem jede Mediationssitzung vor- und nachgearbeitet werden sollte und in den wesentlichen Zügen zu protokollieren ist, wird bei einem eingearbeiteten Anwalt nach der Erfahrung des Autors etwa auf jede Zeitstunde in der Sitzung ca. ½ Zeitstunde Vor- und Nacharbeit anfallen. Das so vereinbarte Zeithonorar hat für die Medianten den großen Vorteil jederzeitiger Überprüfbarkeit durch die eigene Uhr.

57   Das Zeithonorar der Mediation kann mit einer **Vertrags- oder Vergleichsgebühr** analog oder gemäß § 23 BRAGO kombiniert werden, um dem zusätzlichen Aufwand des Anwalts bei Vertragsgestaltung, aber auch im Erfolg einer Gestaltung gütlicher Regelungen gerecht zu werden. Das Honorar ist Gesamtschuld gemäß § 420 BGB, wie von § 6 Abs. 3 BRAGO ausdrücklich normiert.

58   Eine ökonomische anwaltliche Tätigkeit ist deshalb auch unter Einbeziehung der vereinbarten Gebühr für den Abschlussvertrag kaum unter 100,– € Zeitstunde zuzüglich MWSt. möglich. Es empfiehlt sich, dies in der Erstberatung transparent zu machen. Eine an den Einkommens- und Vermögensverhältnissen der Medianten orientierte Honorargestaltung hat sich in der Praxis bewährt und entspricht dem Gedanken des § 12 BRAGO.

V. Erfahrungen aus der anwaltlichen Mediationspraxis

1. Anwaltliche Familienmediation mit Co-Mediation

59   In der BRD hat sich die anwaltliche Mediation mittlerweile im Familienrecht fest **etabliert**, da die rechtlichen Verklammerungen bei Trennung und Scheidung zwischen Kindes- und Ehegattenunterhalt, Sorge- und Umgangsrechten, Vermögensauseinandersetzung, Wohnung und Hausrat im Streitfall zu einer fast endlosen Kette von Gerichtsverfahren führen können. Steuerliche und erbrechtliche Fragen erschweren zusätzlich den Abschied der Partner voneinander. Die Familienmediation kann hier in ganz besonderem Maß zu zukunftsorientierten Lösungen führen[23]. Zu dieser Entwicklung hat die Änderung des Kindschaftsrechts mit der gemeinsamen elterlichen Sorge als Regelfall erheblich beigetragen, die gemeinsam in der Mediation gefundene Lösung spiegelt die weitere gemeinsame Verantwortung für die ehelichen Kinder wider.

60   In der Familienmediation hat der Mediator zugleich die besondere Rolle als Anwalt des Kindes, er kann im Gespräch die mögliche Position des Kindes erfragen oder auch als Phantasie einbringen. Ist die Sichtweise der Medianten hier unterschiedlich, kann es in geeigneten Fällen angezeigt sein, das Kind oder die Kinder in eine bestimmte Phase der Mediation unmittelbar einzubeziehen.

61   Die Paardynamik beeinflusst in jeder Phase den Mediationsverlauf, deshalb ist eine Co-Mediation unter Einbeziehung eines Paar- und Familientherapeuten, ggf. mit besonderer kinderpsychologischer Zusatzausbildung eine ideale Kombination

---

[23] Die Gestaltung familienrechtlicher Mediation wird sehr anschaulich dargestellt in *Mähler/Mähler/Duss-von Werth*; vgl. auch § 34.

zum anwaltlichen Fachwissen. Ist das Mediatorenpaar gemischtgeschlechtlich, so ist in der Mediation zugleich ein Gleichgewicht der Geschlechter vorhanden, nach der Erfahrung des Autors ein Faktor von hoher, häufig übersehener Bedeutung.[24]

Im **Erstgespräch** ist ein Augenmerk auf den Standort des Paares besonders wich- 62 tig. Möglicherweise ist Mediation noch verfrüht und zunächst eine Empfehlung zur Paartherapie auszusprechen, wenn sich zeigt, dass der Trennungswunsch noch nicht von beiden klar formuliert werden kann, oder die Paardynamik so massiv ist, dass sie das Finden gemeinsamer Wege blockiert. Gelegentlich missbraucht ein Partner die Mediation in der Hoffnung, durch diese den anderen noch an der Beziehung festzuhalten; dieser wird sich jeder entklammernden Regelung verwehren, die Mediation wird scheitern. Auch mag es sein, dass einer der Medianten auf Grund vorhergegangener Trennung so tief in einer reaktiv depressiven Krise ist, dass er in diesem Stadium nicht fähig ist, zukünftige Lösungen selbst zu verantworten. Auch in anderen Fällen kann Mediation kontraindiziert sein. Hat ein sich trennendes Paar die inhaltlichen Konflikte schon konstruktiv diskutiert, so kann die anwaltliche Beratung über die Gestaltung einer scheidungserleichternden Vereinbarung effektiver und kostengünstiger sein.

Nach Erfahrungen, insbesondere auch aus den USA, wo Familienmediation be- 63 reits weit verbreitet ist, könnte in der Bundesrepublik etwa jede fünfte Trennung und Scheidung mit Mediation zu sinnvolleren rechtsgestaltenden Lösungen geführt werden, und nach eigenen Erhebungen können mehr als 80% der begonnenen Mediationen auch erfolgreich zu einem Ende geführt werden, das beide Medianten befriedet. Geht man davon aus, dass auch Folgestreitigkeiten nach Abschluss der Mediation seltener sind, könnte bei flächendeckend angebotener Mediation eine Entlastung der Familiengerichte um etwa 40% erfolgen, da die verklammerten, durch Mediation gelösten Fälle erfahrungsgemäß diejenigen sind, welche die Gerichte in besonderem Maße belasten.

2. Anwaltliche Mediationen in anderen Rechtsgebieten

a) **Nachbarrecht.** Im Nachbarrecht hat die befriedende Funktion von Mediation 64 eine besondere Bedeutung deshalb, weil auf Grund von Eigentumsverhältnissen trennende Maßnahmen nur in Teilbereichen möglich sind (etwa durch eine Vereinbarung zur Errichtung einer Grenzmauer). Der Konflikt unter Nachbarn hat sich meist in einer langjährigen, vielleicht schleichenden Eskalation verschärft, bevor der Weg zum Anwalt gewählt wird.[25] Der Mediator hat deshalb ein besonderes Augenmerk auf die Entstehung des Konflikts zu richten.

Der Nachbarstreit bedarf häufig einer zweifelsfreien Ermittlung der Grenzsituati- 65 on oder technischer Klärungen, so dass es in diesen Fällen angeraten ist, sich durch einen Augenschein vor Ort kundig zu machen oder aber Sachverständige (Geometer, Architekten, Gartensachverständige) mit der Ermittlung von Anknüpfungstatsachen zu beauftragen, sofern diese nicht durch eigene Sachkunde zu ermitteln sind. Bei einem Konflikt wegen baulicher oder gärtnerischer Gestaltung im Grenzbereich mag es sinnvoll sein, die Mediation zumindest in Teilen an Ort und Stelle durchzuführen. Der Mediator sollte Grundstückspläne zur Verfügung haben,

---

[24] Siehe auch § 23.
[25] Vgl. dazu § 1.

damit vereinbarte Lösungen auch zeichnerisch dargestellt und als Anlage zum Protokoll fixiert werden können. Im Zweifel können amtliche Auszüge aus Plänen bei den Vermessungsämtern beschafft werden.

66   **b) Erbrecht.**[26] Die erbrechtliche Mediation des Anwalts ist ähnlich wie die nachbarrechtliche Mediation vielfach durch **langjährige Konflikte** unter den Beteiligten belastet, wobei die innerfamiliäre Konfliktbildung häufig so komplex ist, dass es dem Anwalt nicht gelingen wird, den „Konflikt hinter dem Konflikt" herauszuarbeiten und für die Medianten nutzbar zu machen. Vielmehr kann hier der trennende Aspekt durch baldige Erbauseinandersetzung besonders hervorgehoben werden.

67   Entsprechend der **Größe der Erbengemeinschaft** ist es möglich, dass eine Vielzahl von Personen zu beteiligen ist, die zum Teil nach Verwandschaftsgrad und Nähe zum Erblasser sehr unterschiedliche Interessen haben. Hier mag es bei großen Erbengemeinschaften sinnvoll sein, in der Mediation Interessengruppen zu strukturieren, die durch einen jeweils gewählten Sprecher die Interessen einzelner Gruppen formulieren.

68   Bei Uneinigkeit über die Verteilung von Sachen kann die vom Mediator mit der Erbengemeinschaft vereinbarte und durchgeführte interne **Versteigerung** zu einer schnellen und effizienten Lösung führen, das Interesse des Einzelnen wird damit materiell bewertet und der Erbengemeinschaft zur Auseinandersetzung teilbar in Geld zugeführt. Der anwaltliche Mediator kann in seiner Funktion von den Erben als Treuhänder wie ein Testamentsverwalter eingesetzt werden mit dem Ziel, die vereinbarte Auseinandersetzung zu realisieren. Hier kann auf die anwaltlichen Pflichten des Anwalts als Testamentsvollstrecker verwiesen werden (Führung von Treuhandkonten, Honorarfragen etc.).

69   **c) Gesellschafts- und Vereinsrecht.** Vereinigungen natürlicher Personen zu einem wirtschaftlichen oder ideellen Zweck sind meist durch dauernde persönliche Beziehungen geprägt, im Konfliktfall können diese persönlichen Bindungen die wirtschaftlich gebotene Entscheidung überlagern. In Familiengesellschaften ist dieses persönliche Moment besonders ausgeprägt und häufig auch mit Fragen der Rechtsnachfolge und Erbfolge verbunden.

70   Die vom Anwalt geleitete Mediation der Gesellschaft hat in besonderer Wiese die **wirtschaftlichen Belange** der Beteiligten zu berücksichtigen, bei der gemeinsamen betrieblichen Analyse kann wichtig sein, den Steuerberater/Wirtschaftsprüfer der Gesellschaft in Teile der Mediation einzubeziehen, oder zumindest das vorläufige Ergebnis vor Zeichnung der Abschlussvereinbarung zur Prüfung vorzulegen.

71   Besondere Aufmerksamkeit ist bei dieser Form der Mediation auch dem **zeitlichen Ablauf** zu widmen. So kann besondere Eile geboten sein, etwa wenn Insolvenz droht, und die Missachtung baldiger Anzeige kann strafrechtliche Konsequenzen nach sich ziehen. Umgekehrt können durch Zwischenvereinbarungen neue Formen gesellschaftlicher Kooperation auch ausprobiert werden, bevor eine endgültige Gesellschaftsform festgelegt wird. Bei der Liquidation einer Gesellschaft kann der anwaltliche Mediator bei Zustimmung aller Gesellschafter die Rolle des Liquidators übernehmen, insbesondere dann, wenn die vorangegangene Mediation hier eine be-

---

[26] Eingehend zur Mediation im Erbrecht § 35.

sonderen Sach- und Vertrauenskompetenz geschaffen hat. Auch für diese Fälle müssen gesonderte Honorarvereinbarungen getroffen werden.

Bei Mediationen mit Vereinen ist die **Kenntnis der aktuellen Satzung** und rechtlichen Struktur des Vereins notwendig, damit alle Entscheidungsträger in das Verfahren eingebunden sind. Hier kann der demokratischen Struktur eines Idealvereins Rechnung getragen werden, indem etwa der Mediator unmittelbar in einer Mitgliederversammlung zwischen Vorstandsmitgliedern vermittelte Lösungen einbringt und den Verlauf der Mediation für die weitere Vereinsarbeit darstellt. 72

3. Ausstattung und Führung einer Mediationskanzlei[27]

Neben der üblichen Ausstattung einer Anwaltskanzlei sollte die Verhandlung der Beteiligten in einem äußeren Rahmen erfolgen, der die Gleichwertigkeit aller an der Verhandlung Beteiligten unterstreicht. Symbol ist hierfür häufig der **runde Tisch,** an den sich alle ohne vorherige Platzfestlegung setzen können, auch sich gruppieren können, falls hierzu ein Bedürfnis besteht. Es sollte ausreichend Platz sein, damit jeder für sich die individuelle Distanz (durch Näher- oder Wegrücken des Stuhls) finden kann, um Verhandeln und Kommunikation auch auszuhalten. Behält der Anwalt sein klassisches Besprechungssetting bei (am Schreibtisch, der evtl. mit Akten, Bildschirm etc. belegt ist, die Medianten auf der anderen Seite des Tisches), so läuft er Gefahr, bereits durch diese Äußerlichkeit eine Barriere geschaffen zu haben, die eine gleichwertige Kommunikation nicht aufkommen lässt. 73

Gerade bei komplexen Problemanalysen kann es wichtig sein, Berechnungen, Optionen, Ideen im „brain storming" auch zu visualisieren. Hier sind **Tafel, Flipchart oder Overheadprojektor** geeignete technische Hilfsmittel, die auch von den Medianten (etwa zur Strukturierung von Gedanken) genutzt werden können. 74

Während in der anwaltlichen Beratung häufig das Ergebnis niedergelegt wird, sollte der prozeßhafte Verlauf der Mediation durch **Protokolle** in den wichtigsten Gedanken festgehalten werden. Nicht nur die Medianten können sich zur Vorbereitung der nächsten Sitzung daran orientieren, auch dem Anwalt wird das Protokoll helfen, an das Ergebnis der letzten Sitzung anknüpfen zu können. Ist die Abschlussvereinbarung entwickelt, empfiehlt es sich, diese im Entwurf den Medianten zu übersenden, damit diese, ggf. mit Hilfe beratender Anwälte, nochmals den gesamten Vertrag prüfen und überdenken können. Das Ergebnis ist eine allseits bedachte und verantwortete Entscheidung, welche die Mühen der Protokollierung und auch der gewünschten vertraglichen Korrekturen rechtfertigt. 75

VI. Zusammenfassung

Der ausgebildete **Anwaltsmediator** kann in der Mediation auf Grund seiner Rechtskenntnisse nicht nur die Verantwortung für das Verfahren selbst, sondern auch für die Inhalte und die Gestaltung der Abschlussvereinbarung übernehmen. Durch die anzustrebende interdisziplinäre Kooperation, in der Idealform in Co-Mediation ist die inhaltliche Gestaltung von Konfliktverarbeitung und zukunftsori- 76

---

[27] Vgl. hierzu auch § 13.

entierter Lösungsfindung anderen, auch traditionellen Formen der Konfliktregelung überlegen. Mediation ist originär anwaltliche Aufgabe, das anwaltliche Berufsrecht ist ohne Einschränkung anwendbar, jedoch sollte dem prozesshaften Verlauf von Mediation durch die Vereinbarung eines Zeithonorars Rechnung getragen werden.

77 Im Verfahren der **Familienmediation** hat sich anwaltliche Mediation allen gerichtlichen Verfahren durch die Schaffung komplexer trennungserleichternder Vereinbarungen als überlegenes Konzept erwiesen, bei ausreichender Nachfrage wird in diesem Bereich eine erhebliche Entlastung der Justiz erfolgen. In anderen Rechtsgebieten kann Mediation neue, dem Rechtsfrieden dienliche Kommunikationsmuster schaffen, die der Rolle des Anwalts als Organ der Rechtspflege gerecht werden, und staatliche Intervention auf das notwendige Maß reduziert. In der Organisation seiner Kanzlei, aber auch in der Einbindung mediativer Elemente in die sonstige anwaltliche Tätigkeit, hat der Anwalt dieser neuen Form der Streitvermittlung Rechnung zu tragen.

VII. Anhang: Muster einer Mediationsvereinbarung

(Familienrechtliche Co-Mediation)

78

Mediationsvereinbarung

zwischen den Eheleuten

1.......

und

2.......

und den Mediatoren

1. Dipl. soz. päd. ......
2. Rechtsanwalt ....

Die Mediatoren werden mit den Eheleuten ...... eine Trennungs- und Scheidungsberatung nach den Regeln der Mediation durchführen. Das Verfahren folgt den Richtlinien der Bundesarbeitsgemeinschaft für Familienmediation. Ziel des Verfahrens ist, die Eheleute ...... zu einer von ihnen selbst verantworteten Entscheidung über alle von ihnen thematisierten Rechtsfolgen von Trennung und Scheidung zu führen.

Für dieses Verfahren vereinbaren die Unterzeichner eine umfassende und wechselseitige volle Information unter Offenlegung aller Fakten und versichern die Vertraulichkeit des Gesprächs. Die Eheleute werden weder während noch nach Abschluss der Mediation die Mediatoren als Zeugen in einem Gerichtsverfahren benennen. Zu keinem Zeitpunkt wird eine Außenvertretung durch Rechtsanwalt ...... erfolgen. Spätestens vor Abschluss eines das Verfahren beendenden Vertrags wird eine Außenberatung durch Rechtsanwälte dringend empfohlen. Während der Durchführung der Mediation sollen gerichtliche Verfahren nicht anhängig gemacht werden, oder nicht weiter betrieben werden, um den Mediationsprozess nicht zu stören. Die Eheleute sind ausdrücklich damit einverstanden, dass Supervision der Mediatoren stattfindet, und der Mediationsverlauf in anonymisierter Form der Supervision zugänglich gemacht wird. Sie stimmen auch einer wissenschaftlichen Auswertung in anonymisierter Form zu.

Als Honorar wird, beginnend ab der ersten Sitzung am ......, € ...... (Euro ......) je Zeitstunde der gemeinsamen Sitzung vereinbart. Hinzu kommt die gesetzliche Mehrwertsteuer, derzeit 16%. Vom Stundenhonorar ist lediglich die Zeit der gemeinsamen Besprechung umfasst. Vor- und Nacharbeiten der Mediatoren werden nicht berechnet. Für den Fall, dass es zum Abschluss eines das Verfahren beendenden Vertrags kommt, und dieser von Rechtsanwalt ...... mit gestaltet wird, vereinbaren die Eheleute und Rechtsanwalt ...... in Abweichung von der BRAGO außerdem eine am Geschäftswert der Vereinbarung orientierte volle Gebühr nach der Gebührentabelle des § 11 BRAGO. Über die Höhe dieser Gebühr wird Rechtsanwalt ...... Sie vorher informieren, damit Sie entscheiden können, ob eine derartige Vereinbarung anwaltlich formuliert und verantwortet sein soll. Das Honorar, für das die Eheleute gesamtschuldnerisch eintreten, ist jeweils nach einer Mediationssitzung, die Vertragsgebühr nach anwaltlicher Gestaltung des Abschlussvertrags zur Zahlung fällig.

......, den ......

gez. ......   gez. ......   gez. ......   gez. ......
(Ehefrau)   (Ehemann)   (Mediatorin)   (Mediator)

§ 22 Der Psychologe als Mediator

Eberhard Kempf

Übersicht

Schrifttum: *Fischer/Ury/Patton,* Das Harvard-Konzept, 1996; *Petzold/Mathias* (Hrsg.), Rollenentwicklung und Identität, 1982.

Vorbemerkung

1997 gab der Austausch mit befreundeten Rechtsanwälten den Anstoß zur Grün- 1
dung einer **Praxis für Mediation** in Hachenburg im Westerwald. Ich selbst bin
Diplom-Psychologe und habe u. a. viele Jahre auf dem Gebiet der Familientherapie
gearbeitet, in der Beratung, in der Ausbildung von Therapeuten, in der Supervision
und der Beratung sozialer Organisationen und Firmen usw.

Als ich mich entschloss, die Praxis zu gründen, war ich gespannt, wie hilfreich 2
meine Erfahrungen für die Aufgaben eines Mediators sein würden. Heute
weiss ich: Sie waren sehr hilfreich. Aber ebenso spannend waren die neu gewonnenen Erfahrungen. Mein berufliches Selbstverständnis ist dabei das des Psychologen geblieben, auf dieser Basis habe ich die **Rolle** des Mediators eingenommen.
Das hat immer eine enge Zusammenarbeit mit Rechtsanwälten impliziert, aus
der teilweise feste Kooperationen erwachsen sind. Etwa die Hälfte der Tätigkeit
in meiner Praxis ist mit der Durchführung von Mediationsfällen ausgefüllt. In erster
Linie handelt es sich um Scheidungs- und Trennungsfälle, etliche davon haben von
der Thematik her große Überschneidungen mit der „Wirtschaftsmediation" aufge-
wiesen. Es waren u. a. komplizierte Verflechtungen von Besitzverhältnissen an Firmen und Immobilien bei ehelichen Trennungen zu berücksichtigen, Firmenwerte zu
ermitteln, steuerliche Folgen abzuschätzen, u. s. w. Auch mit anderen Berufsvertre-
tern (Steuerberater, Wirtschaftsprüfer, Notare, Immobiliensachverständige etc.)
war daher immer wieder Austausch und Kooperation erforderlich.

In einigen Fällen hat es sich explizit um **Wirtschaftsmediation** gehandelt, beispiels- 3
weise um eine Mediation mit den zerstrittenen Geschäftsführern zweier kooperierender Unternehmen. Streitanlass war hier die (Weiter-)Führung des gemeinsam gegründeten Drittunternehmens.

Die Zusammenarbeit mit den umliegenden **Gerichten,** für die ich psychologische 4
Gutachten in Familienangelegenheiten erstelle, hat sich in Sachen Mediation zu ei-
nem außerordentlich interessanten Erfahrungsgebiet entwickelt. Insbesondere mit
Herrn A. *Trossen,* Richter am Amtsgericht Altenkirchen, hat sich eine spannende
Kooperation entwickelt, bei der es um die Integration von Mediation in förmliche
Verfahren[1] im Bereich des Familienrechts geht. In den gemeinsamen Erfahrungen –
inzwischen als „Altenkirchener Modell" bezeichnet – sehen wir vielversprechende
Ansätze für eine „Integrierte Mediation" (§ 18), mit der sich auf kreative und ver-
fahrenskonforme Weise Mediation zur Effektivierung der gerichtlichen Verfahren
einsetzen lässt. Inzwischen hat sich das Justizministerium in Rheinland-Pfalz entschlossen, ein Projekt zu dieser Form der Integrierten Mediation zur Erprobung des
Ansatzes durchzuführen.

Dieser Beitrag stellt in verdichteter Form einige **Erfahrungen und Überlegungen** 5
vor, die sich den Jahren des Betreibens der Praxis angesammelt haben. Das in der
Praxis gewachsene **Kooperationsmodell** hat sich als außerordentlich effektiv und
hilfreich erwiesen, und zwar für die „Konfliktparteien". Die Frage nach dem Verhältnis der beteiligten Fachleute untereinander war selten explizit gestellt. Sie hat
sich in der Praxis weitgehend von selbst beantwortet. Es ist daher sehr spannend,
die gewonnenen Erfahrungen an dieser Stelle einmal zu reflektieren und damit auch

---

[1] Vgl. dazu § 18.

eine Antwort auf die dahinter liegende Frage zu versuchen: wie ist das Verhältnis der einzelnen Fachgebiete zueinander.

I. Mediation ist Kommunikation

6   Mediation hat außerordentlich viel mit Kommunikation zu tun: zum einen stellt Mediation selbst eine **kommunikative** Vorgehensweise dar, mit der ein Streit, ein Interessenkonflikt, ein Widerspruch zwischen zwei oder mehreren Personen gelöst werden soll. Kommunikation ist hier das wesentliche **Werkzeug** der Mediation, um einen Konsens herzustellen. Zum zweiten ist Kommunikation entscheidend an der Entstehung und Aufrechterhaltung von Konflikten beteiligt. In diesem Sinne ist sie selbst eine wesentliche **Ursache** des zu lösenden Konfliktes.

7   Ganz gleich, ob der Ursache- oder der Wirkungsaspekt im Vordergrund steht, in jedem Falle dürfte es unstreitig sein, dass menschliche Kommunikation als Gegenstand des wissenschaftlichen Interesses weitgehend in das Fachgebiet der Psychologie fällt. Für diesen Beitrag stellt sich somit die Frage nach dem Verhältnis der Mediation zur Psychologie.

8   Mediation hat sich insbesondere hierzulande sehr stark im Kontext des juristischen Bedeutungsgehaltes von Konflikten entwickelt. Dies mag teilweise daran liegen, dass sich überwiegend Personen juristischer Profession für die Mediation engagiert und dabei unzweifelhaft große Verdienste erworben haben. Ein anderer Aspekt mag in der gesellschaftlichen Bedeutung des Systems rechtlicher Normen und der damit in Verbindung stehenden, exklusiven Rolle der Rechtsanwälte und ihres Rechtsberatungsmonopols liegen. Der oft zitierte Satz: „Mediation ist Anwaltssache"[2] ist somit richtig und falsch zugleich. Sofern er die Tatsache anspricht, dass Konflikte fast immer Fragen rechtlicher Normen berühren, ist er völlig korrekt. Wird dieser Satz hingegen im Sinne der Reklamation einer **alleinigen** Zuständigkeit von Juristen für die Mediation interpretiert, so erweist man ihr damit einen „Bärendienst". Es wäre der Tod der Mediation. Der Satz: „Das Sein bestimmt das Bewusstsein" scheint hier in der Art zu wirken, dass die Tatsache einer monopolistischen Stellung (das „Sein") das Bewusstsein erzeugt, dies müsse auch in der Mediation so sein. Vollständig formuliert müsste der zitierte Satz daher lauten: Mediation ist (fast) immer auch Anwaltssache. Aber eben nur: **auch!** In diesem Beitrag geht es also auch um das Verhältnis der Psychologie zum Recht innerhalb der Mediation.

9   In der praktischen Arbeit haben sich weitere Kooperationen mit anderen Fachdisziplinen entwickelt. Es geht daher auch um die Kommunikation in dem Netzwerk der Experten, um Mediation zum Erfolg zu führen. Zunächst soll aber einmal die Frage nach der theoretischen Bedeutung der Psychologie im Konfliktfalle beleuchtet und dann anhand der praktischen Erfahrungen veranschaulicht werden.

II. Kommunikation – eine Domäne der Psychologie

10   Nach Ansicht eines der großen Theoretiker der Kommunikationswissenschaften, *Paul Watzlawick,* ist „...... Kommunikation ganz offensichtlich eine Conditio

---

[2] „Streitschlichtung – Anwaltssache, hier: Mediation". So lautete der Titel eines Beitrages in der NJW anlässlich des Anwaltstages am 10. 5. 1997, dessen Leitthema die gleich lautende Überschrift trug.

sine qua non menschlichen Lebens und gesellschaftlicher Ordnung."[3] Allerdings wird sie nur selten in dieser umfassenden Bedeutung begriffen. Das zeigt sich alleine daran, dass Kommunikation im Alltagsverständnis überwiegend mit **verbalem** Austausch (in Wort oder Schrift) gleichgesetzt wird. Schon im unmittelbaren Zusammenhang mit dem gesprochenen Wort ergeben sich erweiterte Bedeutungen: Tonfall, Lautstärke oder Schnelligkeit der Sprache, begleitendes Lachen oder Seufzen, all dies sind zusätzliche „Botschaften" an das Gegenüber in Form von „paraverbalem" Verhalten. Es ist manchmal bewusst, in der Regel jedoch läuft es unbewusst ab. Mimik und Körperhaltung als „nonverbale" Ausdrucksmittel erweitern zusätzlich die **unmittelbare** Kommunikation.

Der Rahmen muss jedoch *noch* weiter gefasst werden: **jedes Verhalten** im zwischenmenschlichen Kontext stellt eine Kommunikation dar. Man kann nicht **nicht** kommunizieren, so lautet ein Paradoxon der Kommunikationstheorie. Selbst die Verweigerung einer Antwort beinhaltet eine Information. Stellen Sie sich beispielsweise einen Menschen vor, der den „Kontakt" zu einem anderen abbricht. Indem er diesen **nicht** mehr anspricht, besucht, sich nicht mehr bei ihm meldet etc., sendet er mit diesem Verhalten dennoch eine Botschaft: „Ich will mit Dir nichts mehr zu tun haben!" Eine Botschaft senden *ist* jedoch eine Kommunikation!! Denken Sie nur an die unterschiedliche Wirkung, die entsteht, wenn ein Konfliktpartner sein Anliegen statt in einem eigenen Brief in Form eines anwaltlichen Schriftsatzes vortragen lässt! **11**

Wird eine „Botschaft" von ihrem „Empfänger" beantwortet, so wird daraus bereits eine **Interaktion.** Aus solchen einzelnen Interaktionen erwachsen schließlich Strukturen, sogenannte Interaktions**muster,** die sehr redundant werden können. Denn von nun an werden alle weiteren Einzelkommunikationen in bereits vorhandene Strukturen eingeordnet, das heißt, sie finden auf dem Hintergrund eines gewachsenen Vorverständnisses statt. Untersuchungen in länger bestehenden ehelichen Beziehungen haben gezeigt, dass im Durchschnitt der verbale Austausch unter Ehepartnern auf weit unter 10 Minuten pro Tag absinkt. Positiv gesehen bedeutet dies: mit so wenig verbaler Kommunikation kann eine Beziehung aufrecht erhalten werden, sie ist also extrem effektiv. Allerdings hat dieses Phänomen auch eine negative Seite: je „eingefahrener" die Interaktionsmuster sind, desto schwerer fällt es den Beteiligten, aus ihnen wieder auszubrechen und das Verhalten des anderen ohne die tausend Vorannahmen zu bewerten, die sich im Laufe der Zeit gebildet haben. Insbesondere in Konfliktfällen werden diese Interaktionsmuster zu regelrechten Fallen, denen die Betroffenen ohne fremde Hilfe kaum noch entkommen können. Wer einmal erlebt hat, wie „verbissen" zwei Konfliktparteien sich bekämpfen und dabei um scheinbar (für den Außenstehenden) belanglose Dinge streiten können, der weiß, wie unglaublich wirksam ein einziges Wort, eine kleine Geste, selbst eine kaum wahrnehmbare Mimik als Auslöser für eine heftige Reaktion beim Gegenüber sein kann. Diese Tatsache ist einem wesentlichen Element der Kommunikation geschuldet: ihrem Doppelcharakter. In den Worten der Kommunikationstheorie ausgedrückt bedeutet dies: Jede Kommunikation besitzt einen **Inhalts-** und einen **Beziehungs**aspekt! **12**

---

[3] *Watzlawick, P., J. H. Beavin, D. D. Jackson,* Menschliche Kommunikation, Bern, Huber (1969).

1. Der Inhalts- und der Beziehungsaspekt der Kommunikation

13   Nicht alle Aspekte der Kommunikation können an dieser Stelle erwähnt, geschweige denn, behandelt werden. Eine ganz besonders wichtige Funktion hat aber die Doppelbedeutung, welche die Kommunikation in jeder zwischenmenschlichen Beziehung erlangt. Jede Botschaft, jede Mitteilung enthält eine **offensichtliche** Information, die wahr oder unwahr, richtig oder falsch, sinnvoll oder unsinnig usw., sein kann. Darüber hinaus enthält aber jede Mitteilung über den inhaltlichen Aspekt hinaus eine zumeist nicht offensichtliche, deshalb aber nicht weniger wirksame Mitteilung: nämlich darüber, wie der Absender seine Beziehung zum Empfänger sieht. Dieser **Beziehungsaspekt** kann solange nebensächlich und unbeachtet bleiben, als er beim Empfänger nicht auf Widerspruch stößt. Tut er dies jedoch, so zeigt sich sofort die Brisanz des Beziehungsaspektes. Aus dem Stand heraus können sich Auseinandersetzungen entwickeln, die oft unterschwellig ablaufen, den Betroffenen oft noch nicht einmal bewusst werden oder gar im Falle des Ansprechens verleugnet werden.

14   Ein einfaches **Beispiel** hierzu:

Jemand, der eine andere Person gerade kennenlernt, redet (oder schreibt) diese mit „Du" an. Der Empfänger kann nun diese Anrede als „Angebot" für eine vertrauliche Beziehung betrachten. Vielleicht wundert er sich über diese schnelle „Vertraulichkeit" oder hält sie gar für etwas unangebracht. Solange jedoch eine positive Grundhaltung zum „Sender" besteht, wird daraus selten ein Problem. Besteht allerdings beim Empfänger eine negative Haltung, so kann er in dieser „Beziehungsdefinition" eine Grenzüberschreitung erblicken, sogar eine Herabwürdigung seiner Person, fehlenden Respekt usw. Der „Beziehungsaspekt" der Botschaft löst nun eine negative Empfindung aus, die weder bewusstseinsfähig noch unmittelbar handlungsrelevant werden muss. Aber so kann bereits eine grundlegende „Voreinstellung" beim Empfänger geschaffen werden, sozusagen eine Brille, durch welche nun auch die nächsten Mitteilungen betrachtete werden.

Oder nehmen Sie den Satz: „Bring' mir mal ,ne Flasche Bier mit", die ein vor dem Fernsehapparat sitzender Mann seiner Frau in der Küche zuruft. Handelt es sich hier um die Selbstverständlichkeit einer Bitte, die man sich gegenseitig erfüllen würde? Sagt der Satz somit etwas über die Gleichberechtigung der Beziehung aus? Oder handelt es sich um einen Befehl aus „chauvinistischer Grundhaltung", die den Mann zum Herren und die Frau zur Magd definiert? Stimmt sie der Definition zu (und kommt der Aufforderung nach)? Widerspricht sie (Hol Dir doch Dein Bier selber!)? Versucht sie, sich ohne Auseinandersetzung der Definition zu entziehen (indem sie die Aufforderung überhört)?

15   Jede noch so einfache „Botschaft" enthält **implizit** eine Aussage über die Beziehung – mit Worten, aber auch mit para- oder nonverbalen Phänomenen. „Der Ton macht die Musik", sagt der Volksmund. Hinter einem scheinbar neutralen Inhalt (dem Sachinhalt) kann sich Vielerlei verbergen: ein Appell, eine Aufforderung, eine Bestätigung oder Abwertung, eine Anspielung und vieles mehr. Solange bei zwei kommunizierenden Menschen Einverständnis bezüglich der vom Anderen vorgeschlagenen Beziehungsdefinition herrscht (richtiger ausgedrückt: damit, wie sie **verstanden** worden ist), so gibt es kein Problem. Kritisch wird es jedoch, wenn dieses Einverständnis nicht (mehr) vorhanden ist!

2. Ursache und Wirkung in der Kommunikation

16   Neben der elementaren Bedeutung, die dem Inhalts- und dem Beziehungsaspektes bei der Unterhaltung von Streitsituationen zukommt, spielen sogenannte „Interpunktionsmuster" eine zentrale Rolle. Wie oben dargestellt, entsteht aus vielen einzelnen

Kommunikationseinheiten eine ganze Kette von Interaktionen, die schließlich zu typischen Mustern innerhalb einer Beziehung wachsen. „Interpunktion" bedeutet, dass die typische (und in vielen Erfahrungsbereichen auch durchaus richtige) menschliche Denkweise in Kategorien von Ursache und Wirkung auch auf die zwischenmenschliche Beziehung angewendet wird. So wird beispielsweise in einer Abfolge aufeinander bezogener Ereignisse **ein** Verhalten des einen (Person A) aus der Sicht des anderen (Person B) als „Ursache" und somit als Auslöser der eigenen Reaktion betrachtet. Person A sieht jedoch ihrerseits das Verhalten von Person B, welches **vor** dem fragwürdigen Ereignis stattgefunden hat, als „Ursache", welche lediglich das eigene Verhalten als **„Reaktion"** hervorgerufen hat! Hier öffnet sich die Tür für einen endlosen Streit, bei dem immer über Inhalte geredet wird, nämlich über das jeweilige Verhalten des anderen. In Wirklichkeit geht es jedoch um eine „Machtfrage": wessen Definition von Ursache/Wirkung ist richtig? Es geht also um ein Beziehungsproblem!

Diese typische Eigenart der menschlichen Kommunikation kann zu einem endlosen „Spiel" perfektioniert werden. Dieses Spiel kann möglicherweise durch die Entscheidung eines **Dritten** beendet werden, wessen Definition der beiden über Ursache und Wirkung richtig sei. Diese Entscheidung kann aber wegen der in Wahrheit kreisförmigen Natur des zugrunde liegenden Kommunikationsablaufes nur willkürlich sein.   17

Das hier beschriebene „Interaktions**muster**" ist strukturell identisch mit vielen gerichtlich ausgetragenen Konflikten: durch die **Interpunktion** der Ereignisse wird ein Definitionsstreit über Ursache- und Wirkungscharakter des **jeweiligen rechtlichen Schrittes** ausgetragen und gegebenenfalls durch richterlichen Entscheid (vorläufig) beendet. Wenn jedoch die dahinter liegende Beziehungsproblematik nicht gelöst wurde, kann das Streitergebnis entweder nicht dauerhaft sein, oder dort, wo es rechtlich als endgültig betrachtet werden muss, nur Unzufriedenheit bei mindestens einer der Parteien auslösen.   18

Die Psychologie stellt eine ganze Palette von **„Werkzeugen"** zur Verfügung, um die eigentlichen Ursachen von Konflikten zu diagnostizieren und zu beheben. Die Mediation wäre gut beraten, sich so viele als möglich zunutze zu machen.   19

Alleine das Gebiet der Kommunikation ist viel umfassender, als es an dieser Stelle dargestellt werden kann. Es gibt viele weitere Erkenntnisse, die fundamentale Bedeutung für den Umgang und für die Lösungsmöglichkeiten in Konfliktfällen haben. Die Erkenntnis beispielsweise, dass die „objektive Wirklichkeit" gegenüber dem „subjektiv **konstruierten** Bild der Wirklichkeit" – wenn überhaupt – eine eher untergeordnete Bedeutung hat, impliziert eine völlig neue Einordnung sogenannter „Tatsachenbehauptungen". „Vergangenheit" existiert zwar **objektiv**, aber menschliche Erinnerung ist ein subjektiver Prozess, in dem ein individuelles Bild der Vergangenheit entsteht, welches vollkommen verschieden sein kann von dem Bild eines Menschen, der (scheinbar) die gleiche Vergangenheit erlebt hat.   20

3. Die Kommunikation im Konflikt

Konflikte sind in gewisser Weise **Sonderfälle der Kommunikation**, bei denen die Sensibilität für die wechselseitigen Definitionen der Beziehung extrem gesteigert ist. Zwei Parteien tun sich erfahrungsgemäß selbst bei größter **inhaltlicher** Differenz nicht   21 besonders schwer in Auseinandersetzungen, solange eine von beiden akzeptierte, positive Beziehungsdefinition vorliegt. Sobald jedoch hierüber ein Dissens vorliegt, können selbst unbedeutende (für den „Aussenstehenden") **inhaltliche** Differenzen schnell zu einem elementaren Problem werden.

22   Zur gezielten **Auflösung** von Konflikten bedarf es also eines umfangreichen Wissens **über** Kommunikation, es sind analytische und diagnostische Fähigkeiten erforderlich. Die eigenen kommunikativen Fähigkeiten stellen einen ebenso wichtigen Faktor dar, d. h., es ist sowohl kommunikative als auch „metakommunikative" Kompetenz gefragt. Kenntnissen über Kommunikations**stile** und die darin enthaltenen Beziehungsdefinitionen sind erforderlich, es müssen Rückschlüsse auf dahinter verborgene Ängste, Bedürfnisse oder Selbstwertkonzepte gezogen werden können und es bedarf vieler Erfahrungen, diese Kenntnisse in eskalierenden Streitsituationen in Souveränität und Führungsqualität zu verwandeln.

23   So bedeutsam die Kommunikation für eine gelingende Konfliktlösung sein mag, sie ist in gewisser Weise ein Phänomen „an der Oberfläche". Hinter dieser Ebene liegen weitere Bedeutungen, die für den Verlauf von Auseinandersetzungen originäre Bedeutung haben. Auf die Bedeutung von „Kommunikations**stilen**" als Ausdruck der Bezichungs**qualität** wurde bereits hingewiesen. In der sogenannten „Scheidungsmediation", aber nicht nur dort, liegen hinter oberflächlich als „Positionenstreit" erscheinende Streitthemen verletzte Gefühle, Kampf um Beziehungsdefinitionen und letztlich gar um den Erhalt der Identität der Betroffenen. Trennung bedeutet Krise, Auflösung und Neudefinition von Beziehung. Sie geht einher mit gewollter oder ungewollter Distanzierung, mit Trennungsschmerz und Trauer, mit Gefühlen des Verlassenwerdens, mit Zukunftsängsten usw. Trennungsprozesse zu verstehen und Hilfe anbieten zu können erfordert somit Kompetenzen, die weit über rein kommunikative Fähigkeiten hinaus gehen.

III. Konflikte in Scheidungsfällen
– mehr als ein Kommunikationsproblem

24   Es scheint, als sei in Trennungs- und Scheidungskonflikten ein besonderer „Leidensdruck" vorhanden, der nach alternativen Lösungen verlangt. In der „Familienmediation" dürfte dies augenblicklich der am weitesten entwickelte Bereich sein in puncto Nachfrage und Anzahl der real durchgeführten Fälle.

Eine Scheidung oder Trennung von einem Lebenspartner bedeutet für die meisten Betroffen eine elementare Lebenskrise. Schon vor über 30 Jahren haben *Homes* und *Rahe*[4] im Rahmen der sogenannten Live-Event-Forschung untersucht, welche Lebensereignisse von den Betroffenen als die schwierigsten und am stärksten belastenden wahrgenommen wurden. In einer Rangreihe der 20 schwierigsten Lebensereignissen rangierte die Scheidung auf dem zweiten Platz, gleich hinter dem Verlust eines Ehepartners durch dessen Tod. Dies betrifft nicht alleine diejenigen, die von ihrem Partner mit der Trennung konfrontiert werden. Die Erfahrungen aus vielen Gesprächsgruppen und therapeutischen Studien belegen, dass auch Partner, die sich selbst zur Trennung entschlossen haben, oft große Mühe haben, diesen Weg durchzustehen, sie erschrecken, wenn die vielschichtigen Folgen bewusst werden.

---

[4] *Holmes, T. H., Rahe, P. H.* (1967), The social readjustment rating scale, Journal of Psychosomatic Research 11: 213–218.

Warum aber ruft eine Scheidung oder Trennung zumeist derartige substantielle 25
Krisen hervor? Warum wird oft so hartnäckig gestritten um Dinge, die für den außen stehenden Beobachter schwer oder gar nicht mehr nachvollziehbar sind? Mit
der Differenzierung zwischen Interessen und Positionen geht die Mediation hier auf
die Spurensuche nach den verborgenen Motiven, die für die Form und die Aufrechterhaltung einer Konfliktdynamik verantwortlich sind. In der Psychologie findet sich eine Vielzahl von Erklärungen für das Verständnis von Konflikten und es
existieren zahlreiche Konzepte, damit umzugehen.

1. Trennung und Scheidung als Persönlichkeits- und Lebenskrise

„Und wenn Du gehst, dann geht auch ein Teil von mir . . ." Diese Textzeile aus 26
einem Schlager von *Peter Maffay* lässt erahnen, welche Tragweite das **subjektive**
Erleben einer Trennung annehmen kann. Besonders der von der Trennungsabsicht
des anderen überraschte Partner erlebt dies oft als Schock und als Katastrophe. Das
gesamte psychische Gleichgewicht gerät ins Wanken und die Gefühle beginnen,
Achterbahn zu fahren. Bei beiden Betroffenen wird ein elementarer und intensiver
Prozess ausgelöst, der viel an innerer Verarbeitung und Neuorientierung im Leben
erfordert.

Zwar sind die **Reaktionen** auf Trennungssituationen nicht bei allen Menschen 27
gleich – sie sind eben so individuell, wie sich Menschen voneinander unterscheiden
– aber es lässt sich aus theoretischer Sicht begründen, warum Trennung und Scheidung – im Regelfall – den Charakter einschneidender Lebenskrisen annimmt.

2. Der Partner als Erweiterung der eigenen Persönlichkeit

Die Psyche eines Menschen lässt sich theoretisch als ein im Normalfall stabiles, 28
eigenständiges „System" auffassen. Dazu gehört die **Gesamtheit** aller Fähigkeiten
und Kenntnisse eines Menschen, alle Wünsche, alle Motive, alle unbewussten und
bewussten Triebfedern seines Handelns. Die psychische Grundausstattung, das gesamte Persönlichkeitspotential, ist bei allen Menschen erheblich größer, als das,
was der Betreffende in seinem Leben davon gebraucht. Die Persönlichkeit eines
Menschen, das, was er (oder womit er sich) in seiner Umwelt **darstellt,** ist immer
nur eine Teilmenge der insgesamt zur Verfügung stehenden Möglichkeiten. Es hängt
von vielen Faktoren ab, als was ein Mensch sich nach außen darstellt und was von
den Mitmenschen dann als seine Persönlichkeit, sein Charakter etc., wahrgenommen wird. Zum Beispiel von den familiären Hintergründen, von über Generationen
gewachsenen Lebenserfahrungen und -einstellungen, von gesellschaftlichen Förder-
und Entfaltungsbedingungen usw.

Ein konkretes **Beispiel:** 29
Jeder Mann trägt prinzipiell Gefühle und Reaktionsweisen in sich, die in unserer Gesellschaft als
typisch weiblich angesehen werden (gilt natürlich umgekehrt auch für Frauen). Wenn nun das in
der Gesellschaft geltende „Männlichkeitsbild" dazu führt, dass das männliche Ansehen und die Akzeptanz in Gesellschaft darunter leidet, wenn er auch diese weiblichen Seiten seiner Persönlichkeit
zeigt, dann wird ein Mann von diesen Fähigkeiten, die theoretisch sein Leben bereichern könnten,
wenig Gebrauch machen. Die Sozialwissenschaften haben eingehend untersucht, wie auf diese Weise spezifische Geschlechterrollen geformt werden.

In einer Partnerschaft – ob mit oder ohne Trauschein – wächst kontinuierlich ein neues *System* heran, in dem jeder der Beteiligten sich selbst vollständiger erleben kann. Nun können viele Anteile, die im „Keller der Persönlichkeit" verborgen waren, durch den Partner in das alltägliche Leben integriert werden, der somit zu einer Art Ergänzung der eigenen Persönlichkeit wird. Es wird ein gemeinsames „Selbst" gebildet. Je weiter dieser Prozess entwickelt wurde, je schwerer wiegt dann der Verlust eines Partners, er kommt einem (schweren) Eingriff in die eigene Persönlichkeit gleich! Je stärker zwei Partner in der beschriebenen Weise aufeinander bezogen waren, desto schwerer fällt es ihnen bei der Trennung, einander loszulassen und die formalen Scheidungsregelungen werden leicht zu einem Streitarsenal, um die Beziehung in irgendeiner Weise aufrecht zu erhalten, selbst um den Preis ständiger Frustration und wechselseitiger Kränkung.

30   **a) Partner*wahl* – ein Keim für spätere Konflikte?!** „Liebe auf den ersten Blick" ist für die meisten Menschen eine wunderbare Erfahrung. Unter informationstheoretischen Gesichtspunkten lässt sich dieser Vorgang sehr nüchtern interpretieren: dieser magische Moment mit oftmals folgenschweren Konsequenzen kann als ein Vorgang des **Informationsaustausches** aufgefasst werden. In Bruchteilen von Sekunden werden unglaublich große „Datenmengen" ausgetauscht. Dieser kurze Blick in das Herz (oder die „Seele"?) eines anderen Menschen kommt einem Blick auf das gesamte „psychische Inventar", auf seine verborgene „seelische Struktur" gleich. Dabei wecken offenbar in besonderer Weise die „Bausteine der Psyche" das Interesse, die auch im eigenen Baukasten vorkommen, dort jedoch ein Schattendasein führen und weitgehend ungenutzt bleiben. Wenn sich nun eine Partnerschaft entwickelt, so ist garantiert, dass der erwählte Partner das eigene Selbst vervollständigen kann. In der Partnerschaft entsteht quasi eine Erweiterung des ursprünglichen „Bauwerkes" der eigenen Persönlichkeit, es entsteht ein neues, größeres Ganzes. Diese Prozesse laufen weitgehend jenseits unseres Bewusstseins ab, aber dennoch – oder gerade deshalb – mit großer Macht. In diesem Prinzip sind auch die Widersprüche angelegt, aus denen sich später der Stoff für Streit, Konflikte, und Ablehnung des anderen entwickeln. Hier liegt oft schon der Grundstein für die spätere Trennungsdynamik und das Konfliktverhalten.

31 Ein **Beispiel** dazu:

Ein Partner hat als Lebensdevise für sich die „Tugend der Sparsamkeit" gewählt. Eigene Impulse, auch einmal spontan verschwenderisch sein zu können, stellen die verdrängte Kehrseite des Sparsamkeitsideals mit seinen einschränkenden Folgen dar. Ein Partner, der nun freigiebiger und weniger sparsam ist, kann schnell in der Sicht des anderen zu einem „unverantwortlichen Verschwender" mutieren. Obwohl auch der „Sparsame" (der schnell von seinem Gegenüber als „geizig" gesehen werden kann) ebenfalls Wünsche nach mehr „Freizügigkeit" in sich trägt, die aber unbewusst und abgewertet sind, wird der Partner durch dessen gelebte Freizügigkeit zu einer Projektionsfläche: die eigenen Impulse werden beim Partner gesehen und *dort* als negative Charaktereigenschaften identifiziert.

Hier wird also deutlich: selbst dann, wenn sich eine solche negative (Streit-)Dynamik entwickelt, bleibt der andere dennoch ein wichtiges „Mittel", das eigene Selbst zu vervollständigen. Auf diese Weise wächst im Laufe der Zeit ein Beziehungssystem heran es werden Beziehungsmuster und *-rituale* herausgebildet. Wenn dann einer der Partner geht, dann zerbricht damit ein gemeinsames System. Dann geht mit dem Partner zwangsläufig auch ein Teil des eigenen *Selbst*. Auch dann, wenn beide zuvor mit der Beziehung gehadert haben und sie als belastend empfunden haben. Loriot[5] hat auf exzellente Weise viele tragisch-komische „Szenen einer Ehe" beschrieben, die aus der geschilderten Dynamik hervorgehen. Aber ganz gleich wie kurios auch immer derartige Beziehungsmuster anmuten können: wenn sie plötzlich wegfallen, ist es für beide Beteiligten ein schwerer Verlust.

---

[5] *Loriot*, „Szenen einer Ehe", Kleines Diogenes Taschenbuch 1997, Diogenes Verlag Zürich.

b) Die Überwindung des Partnerverlustes. Trennung bzw. Scheidung bedeutet al- 32
so immer einen tiefen Einschnitt in die eigene Psyche, sie bedeutet einen herben
Verlust und kann besonders den weniger Vorbereiteten mit einem Schlag zu einem
„halben Menschen" machen. Die oft schwerwiegenden emotionalen, psychischen
und (psycho-)somatischen Folgen erfordern Zeit zur Überwindung und Heilung.
Um sich auf das eigene Selbst zurück zu besinnen, sich wieder alleine als vollständigen Menschen erleben zu können und schließlich wieder die Bereitschaft zu entwickeln, sich auf eine neue Partnerschaft einzulassen. Es erfordert einen Prozess, sich
mit der Trennung abzufinden, ihre Endgültigkeit zu begreifen, Gefühle der Trauer
und des Schmerzes, die sich gerne lang anhaltend hinter Wut und Rachegedanken
gegenüber dem (Ex-)Partner verbergen, zuzulassen, zu überwinden und sich mit
dem Schicksal auszusöhnen. Die Erfahrungen aus der gelebten Partnerschaft bleiben
für immer ein unauslöschlicher Bestandteil der eigenen Biographie. Der häufig ge-
startete Versuch, eine komplette Lebensphase weitgehend emotional und gedanklich auszumerzen, kommt dem Versuch einer psychischen Teilamputation gleich
und zieht zwangsläufig starke Beeinträchtigungen des zukünftigen Lebens und neuer Partnerschaften nach sich.

c) Partnerverlust führt zu Identitätsverlust. Die Rolle des Partners für die Ent- 33
wicklung der eigenen Identität wurde bereits angedeutet. Die Folgen des Verlustes
reichen jedoch noch viel weiter. Ohne hier auf verschiedene Konzepte und Theorien
zur Identität eingehen zu wollen, seien hier exemplarisch die fünf als bedeutsam erwähnten Faktoren (nach *H. Petzold*)[6] erwähnt. Er nennt **fünf „Säulen der Identität":**
– Die „Leiblichkeit" (Körperlichkeit), der Körper als Ort der (Selbst-) Wahrnehmung und des Erlebens der Begegnung mit der Umwelt; Trennungsfolgen reichen
  oft tief bis in diese körperliche Ebene und verursachen nicht selten reale somati-
  sche Beschwerden.
– **Das Soziale Netzwerk** – hierzu gehören die Familie, die Herkunftsfamilie des
  Partners, Freundes- und Bekanntenkreis usw. Die Trennung führt in aller Regel
  zu einem Auseinanderbrechen des sozialen Netzwerkes, das bestenfalls rudimentär bestehen bleibt.
– **Arbeit und Leistung** – die emotionalen Trennungsfolgen wirken sich fast immer
  auf die Arbeits- und Leistungsfähigkeit aus; durch die Folgen einer Trennung werden zudem die materiellen Lebensbedingungen oft deutlich schlechter. Es stellt
  sich häufig die Frage, ob und wofür sich Arbeits- und Leistungsbereitschaft überhaupt noch lohnt und welchen Sinn sie noch macht.
– **Materielle Sicherheit** – besonders in Form eines gewachsenen Lebensstandards –
  verschafft Identifikationsmöglichkeiten und korreliert mit sozialem Status und
  Schichtzugehörigkeit. Oft gerät die gesamte soziale Absicherung in Gefahr. Der
  Halbteilungsgrundsatz bei den gerichtlich durchgeführten, materiellen Scheidungs-
  folgenregelungen trägt nicht selten zu einer „Zerschlagung" der einzelnen wirtschaftlichen Lebensgrundlagen bei. Allein die Tatsache, dass Familien – selbst
  solche, die zuvor sehr gut situiert waren, plötzlich zwei Haushalte finanzieren
  müssen und in steuerlicher Hinsicht regelrecht „bestraft" werden, führt in vielen
  Fällen zu einschneidenden finanziellen Einbußen.

---

[6] *Petzold, H.*, Vorüberlegungen und Konzepte zu einer integrativen Persönlichkeitstheorie (1981), in
Petzold/Mathias, a. a. O.

– **Werte** – im Sinne von Weltanschauung, persönlichen Überzeugungen, moralischen Vorstellungen, tragen entscheidend zu persönlicher Stabilität und zu einem
Gefühl der Zugehörigkeit zu einem größeren sozialen Kontext bei. Das persönliche Wertesystem wird bei vielen Menschen, die eine Trennung oder Scheidung
erleben, erheblich in Mitleidenschaft gezogen oder bricht sogar vorübergehend
zusammen.

34   Die individuellen Folgen einer Trennung für die Persönlichkeit der Betroffenen
können an dieser Stelle nur sehr bruchstückhaft angedeutet werden. Das Gesagte
mag jedoch ausreichen, um zu erahnen, wie einschneidend und substantiell diese
Folgen tatsächlich sein können: Trennung bzw. Scheidung nimmt oft den Charakter
eines „Totalangriffes" auf die gesamte Persönlichkeit an!

3. Trennungsfolgen für das „System" Familie

35   In den Sozialwissenschaften stellt heute die Systemtheorie eine unverzichtbare
Grundlage für das Verständnis **sozialer** Systeme dar und damit auch für das Verständnis der Familie. In der Psychologie und hier besonders in der Familientherapie
haben die vergangenen Jahrzehnte sehr viel Aufschluss darüber erbracht, wie
Familien (als System) funktionieren, wie man sie verstehen und beschreiben und
Veränderungen initiieren kann. Es hat sich gezeigt, dass Verhaltensweisen eines
einzelnen Mitgliedes immer auch einen Bezug zu dem familiären Gesamtsystem
aufweisen. So konnte man allmählich ein völlig neues Verständnis für viele Sachverhalte entwickeln, beispielsweise für „Symptome", die einzelne Familienmitglieder „tragen".

36   Wenn **Kinder** vorhanden sind, so wird durch eine Scheidung immer noch eine
weitere Dimension berührt. Kinder sind die biologischen und sozialen Träger der
familiären Identität. Sie sind damit auch Existenzerhalter der individuellen Identitäten ihrer Eltern und deren Ursprungsfamilien. Dieser Aspekt bleibt von einer
Trennung unberührt. Wenn also eine Familie auseinanderbricht, so bedeutet dies
keineswegs deren Ende, sondern ihre Fortsetzung mit anderen Mitteln und nach
anderen Regeln. Es ist ein weit verbreiteter Irrtum geworden, die Trennung oder
Scheidung der Eltern sei gleichbedeutend mit dem Ende dieser Familie. Der zunehmende Bedeutungsverlust der Familie – auch als materielle Erwerbs- und Versor-
gungsgemeinschaft – begünstigt diesen Irrglauben und verstellt den Blick darauf,
wie tief die Bedeutung der Familie in uns verwurzelt ist und mit welcher Macht sie
weiter wirkt. Die Mitglieder einer Familie bleiben auch nach einer Trennung im Inneren immer miteinander verbunden, auch dann, wenn Kontakte zueinander abgebrochen werden.

37   In unserer Gesellschaft gibt es bisher nur wenig Erfahrungen im Umgang mit der
erforderlichen „Neugestaltung" familiärer Systeme nach einer Trennung der Eltern.
Es fehlt noch an erprobten Modellen. Gerade hier besteht ein extrem hoher Bedarf
an Information und Hilfestellung, die Jugendämter wissen hier ebenso „ein Lied
davon zu singen" wie die Gerichte, die mit Streitfällen um elterliche Sorge und Umgangsregelungen belastet werden. In anderen Ländern existieren teilweise weiter entwickelte Formen einer familiären Organisation nach einer Trennung der Eltern. Hierzulande wird die Trennung immer noch in erster Linie als Katastrophe angesehen,
besonders wenn Kinder betroffen sind. Dabei können durchaus positive Aspekte

hervortreten: Vater und Mutter, die bis dahin von den Kindern überwiegend in deren gesellschaftlich definierten „Rollen" erlebt wurden, können nun eher in ihrer ganzen Persönlichkeit wahrgenommen werden, und oftmals wirkt die Trennung stimulierend für eine Neugestaltung der Beziehungen zwischen Eltern und Kindern. Eine „wegen der Kinder" aufrecht erhaltene, zerrüttete Beziehung kann für diese viel belastender sein, als die Trennung der Eltern. Neue Partner und Lebenssituationen können durchaus spannend und anregend sein. Im Grundsatz gilt immer: wenn die Eltern die Trennung verarbeitet haben und damit „klar kommen", dann haben die Kinder kaum Probleme damit.

4. Verarbeitung von Trennung braucht Zeit

Trennung oder Scheidung ruft Emotionen und Reaktionen von immenser Tragweite hervor. Die Krise hat sich zwar in aller Regel lange vor ihrem Ausbruch angebahnt, sie erreicht allenfalls einen (vorläufigen) Höhepunkt und ist selbst bei der gerichtlich ausgesprochenen Scheidung meistens noch weit von einer endgültigen Verarbeitung entfernt. Es scheint Paare zu geben, die in der negativen Dynamik des Streites noch für lange Zeit – manchmal sogar lebenslänglich – gebunden bleiben. Diese Erfahrung steht in krassem Widerspruch zu der Illusion, eine **Lösung** ließe sich auf rechtlichem Wege herstellen. Die Dauer und die Verbissenheit vieler gerichtlicher Auseinandersetzungen zeigt einen Mangel an wirklicher Verarbeitung der psychischen Trennungsfolgen an. **38**

Auch wenn in der Mediation eine klare Abgrenzung gegenüber jedweder **therapeutischer** Intervention befürwortet wird, so scheint dennoch die Kompetenz zur Diagnose und Intervention bei den psychischen Dimensionen einer Trennung auch für den Prozess der Mediation sehr nützlich, wenn nicht unabdingbar zu sein. Es kommt oft einer „Sisyphusarbeit" gleich, wenn eine **„sachlich"** und **rechtlich** durchaus richtige Lösung zum falschen Zeitpunkt (bezogen auf die Trennungsdynamik) vorgeschlagen wird. **39**

IV. Zwischenbilanz

Zusammenfassend kann also gesagt werden: der Prozess einer Trennung ist nicht nur außerordentlich vielschichtig, er verursacht dabei auch eine in der Regel viel tiefer gehende, persönliche Krise, als dies auf den ersten Blick zu erkennen ist. Dieses krisenhafte Geschehen ist weitgehend an der gesamten Konfliktdynamik beteiligt. Ohne fachliche ausreichende Kompetenz wird schnell auf die **Strategie der Selektion** zurückgegriffen: da, wo ein „hohes Konfliktpotential" gesehen wird, werden die Betroffenen als „nicht geeignet für eine Mediation" klassifiziert und ausgeschlossen. Die Mediation läuft hier Gefahr, einen sehr großen Teil des objektiven Bedarfs zu ignorieren und die eigene Bedeutung unnötigerweise zu schmälern. **40**

Die Psychologie hat zu vielen Aspekten der Konfliktbehandlung eine breite Palette analytischer und diagnostischer Instrumente anzubieten, aber auch sehr pragmatische und praktische Handlungskonzepte. Je mehr die Mediation darauf zurückgreift, umso eher wird sie sich entwickeln.

V. Die Psychologie in der Mediation am Beispiel „Harvard-Konzept"

41   Viele der oben beschriebenen Phänomene finden in der Mediation durchaus Beachtung. Das Harvard-Konzept[7] kann heute als eine wichtige, konsensfähige Grundlage innerhalb der Mediation betrachtet werden. Hierin wird beispielsweise auch
das Phänomen der Doppelbedeutung der Kommunikation angesprochen. Man versucht hier eine **„Trennung zwischen Personen und Problemen"**, um zu einer „rein
sachlichen" Problemlösung" zu kommen. Allerdings stellt sich dabei die Frage, wo
dann die „persönliche" Ebene bleibt und ob damit nicht ein „Kernproblem" ausgeschlossen wird, ohne dessen Behandlung es zu keiner wirklichen Lösung kommen
kann. Wenn diese Trennung als eleganter Trick benutzt werden soll, eine erforderliche Beziehungsklärung auszublenden, dann verschafft sich dieses Problem schnell
wieder Zutritt durch die Hintertür. Die Teilnehmerin einer Familienmediation zitierte unlängst eine Rechtsanwältin, die sie zur Überprüfung von Vereinbarungen
aufgesucht hatte. Obwohl diese angegeben hatte, auch selbst Mediation durchzuführen, hatte sie geäußert: „Wenn es erst ums Geld geht, ist es sowieso mit der Mediation vorbei." Dieser Eindruck muss natürlich zwangsläufig entstehen, wenn der
eigentliche Kern des Problems ungenügend erkannt und deshalb nicht berücksichtigt wurde.

42   Um kein Missverständnis aufkommen zu lassen: das Beispiel bedeutet keine Kritik am Harvard-Konzept; es scheint jedoch innerhalb der Mediation oftmals der Eindruck zu bestehen, man brauche sich lediglich ein wenig kommunikative Kompetenz
anzueignen, und schon habe man den Zauberstab zu wundersamen, harmonischen
und friedlichen Konfliktlösungen in der Tasche. Hier wird durch den fehlenden Tief-
gang den Kritikern der Mediation in die Hände gearbeitet, unter anderem auch denen, die als Anwälte der Überzeugung sind, dass sie „das alles sowieso schon immer
so machen."

43   Gerade in der Familienmediation gilt: in allen Trennungsprozessen muss es naturgemäß dazu kommen, dass die vorhandenen Beziehungen aufgelöst und verändert
werden. Nur im Idealfall geschieht dies synchron und mit wechselseitigem Einverständnis. In aller Regel beginnt einer der Beteiligten, **seine** veränderte Beziehungsdefinition zu offenbaren bzw. „vorzuschlagen". Oftmals löst dies bei dem anderen
Widerstand aus, Angst, Unsicherheit, Enttäuschung usw. Wenn vor diesem Hintergrund nun inhaltliche Fragen zu lösen sind – und die stehen durch das Vorhaben
der Trennung mehr denn je an, so ist für die Eskalation der Auseinandersetzung
Tür und Tor geöffnet. Ein verlassener Partner kann zum Beispiel ohne Mühe viele
„juristische Hebel" in Bewegung setzen, um der „Definition des Verlassenden" zu
widersprechen. Im Kern handelt es sich dann um ein vorrangiges Beziehungsproblem. Ausgetragen werden kann es aber über eine ganze Palette von „Scheidungs-
folgesachen". Hier liegt die große Gefahr der **Verrechtlichung** von **psychischen**
Scheidungsfolgen! Es dürfte ein nicht zu unterschätzendes „Streitpotential" darin
liegen, mit dem die Gerichte überlastet werden, weil man Lösungen dort sucht, wo
sie eigentlich nicht zu finden sind!

---

[7] Siehe hierzu: *Roger Fisher, Wiliam Ury, Bruce Patton*, „Das Harvard-Konzept", Campus Verlag
1996.

Dazu folgende kleine Anekdote: **Der Betrunkene unter der Laterne.** Der Wächter eines Stadtparks 44 traf des Nachts auf einen Betrunkenen und beobachtete, wie dieser auf allen Vieren unter einer Laterne herum kroch und etwas zu suchen schien. Der Wächter sprach ihn nach einer Weile an und fragte ihn, was er dort suche. Der Betrunkene schaute kurz hoch und lallte: „Meinen Schlüssel!" Nachdem der Wächter eine Weile dem ergebnislosen Treiben zugeschaut hatte, fragte er: „Sind Sie denn sicher, dass Sie den Schlüssel hier verloren haben?" Der Betrunkene schüttelte den Kopf, deutete auf ein entferntes Gebüsch und sagte: „Nein, den ‚hab ich da hinten verloren!" Darauf fragte der Wächter den Betrunkenen ganz erstaunt, warum er denn dann gerade hier den Schlüssel suche und erhielt zur Antwort: „Weil hier mehr Licht ist!"

Nach genau diesem Motto wird oft der Schlüssel zur Lösung eines Konfliktes dort 45 gesucht, wo die Suche im „**Lichte des Rechtssystems**" am einfachsten erscheint. Es ist zweifellos ein Verdienst der Mediation, die Interessen der Konfliktparteien **hinter** ihren Positionen zu beleuchten und damit die Quelle der Konfliktdynamik an der richtigen Stelle zu suchen. Im Prinzip hat man erkannt, dass es sehr vorteilhaft sein kann, sich auch der Erfahrungen aus anderen Wissenschaftsgebieten wie der Konfliktforschung oder der Psychologie zu bedienen. Allerdings steht die Klärung der Frage noch aus, wie diese „Interdisziplinarität" organisiert werden soll: ob als („Schmalspur"-) Zusatzausbildung für Juristen, als neues Berufsbild (für welche Basisprofession?) oder in Form einer „konzertierten Aktion" verschiedener Berufsvertreter?

1. Die Rolle des Mediators

In der Mediation herrscht eine weitgehende Übereinstimmung über ihre grund- 46 sätzlichen Charakteristika und damit über die Rolle des Mediators:
– Die **Neutralität** bzw. die **Allparteilichkeit** des Mediators wird als eine der wichtigsten Voraussetzungen für den Mediationsprozess gefordert.
– Die **Eigenverantwortlichkeit** der am Konflikt beteiligten Parteien für die Vereinbarungen und Entscheidungen wird hervorgehoben (dies steht im Zusammenhang mit der Forderung nach der Freiwilligkeit der Teilnahme am Verfahren). Sozusagen als „Kehrseite" der geforderten Eigenverantwortlichkeit der Parteien wird die Forderung nach fehlender Entscheidungskompetenz des Mediators postuliert.
– Als drittes wesentliches Kennzeichen einer Mediation wird das „**interessengerechte Verhandeln**" anstelle eines an Positionen orientierten Durchsetzungskampfes genannt.
Diese Kriterien erscheinen einfach und einleuchtend. In der Praxis zeigt sich al- 47 lerdings, dass die Interpretation der Begriffe und somit auch die Auffassung, was unter Mediation zu verstehen sei, sehr unterschiedlich sein kann. Besonders bei Rechtsanwälten ist häufig der Satz zu hören: „Das machen wir doch sowieso schon „ (gemeint ist die Behandlung eines Konfliktes im Sinne der Mediation). Natürlich müsse man auf einen emotional aufgewühlten Mandanten besänftigend einwirken und nach einer „vernünftigen" Lösung suchen, auch „mal mit dem Kollegen auf der anderen Seite reden", aber das tue man doch sowieso schon immer. Die Erfahrung habe einen schließlich ruhiger gemacht, man sei ja „kein junger Heißsporn" mehr etc.
Hier tritt also ein eher oberflächliches Verständnis von Mediation zu Tage. In ei- 48 nem anderen Extrem wird von vielen Mediatoren eine sehr strenge, an den formalen

Definitionen orientierte Auffassung von Mediation vertreten. Danach kann beispielsweise das durchaus an den **inhaltlichen** Zielen der Mediation orientierte Vorgehen eines Familienrichters nicht als Mediation gelten, weil es die formale Forderung nach fehlender Entscheidungsbefugnis verletzt: der Richter hat schließlich eine **Entscheidungsbefugnis.** Auf der anderen Seite wird aber gerade als Eigenschaft des Mediators gefordert: „Er muss über Autorität und Durchsetzungsvermögen verfügen, . . .“[8] Mindestens die erste Eigenschaft und auch die Neutralität dürfte Richtern bereits qua Rolle zugeschrieben werden.

49   Hier ist also offensichtlich eine tiefere Auseinandersetzung mit den Bedeutungen der verwendeten Begriffe erforderlich. Welche Konzepte stehen hinter den Begriffen wie **Neutralität, Eigenverantwortlichkeit** und **Interessen,** wie werden sie aus der Sicht der Mediatoren verstanden? Warum sind diese Elemente so wichtig, um in einer Konfliktsituation zu einem (für den Mandanten/den Medianten) guten und stabilen Ergebnis zu gelangen?

50   Auch in der Psychologie spielen die Begriffe Neutralität, Eigenverantwortlichkeit, Interessen etc. eine wichtige Rolle. In jahrzehntelanger Erfahrung sind besonders im kommunikativen und therapeutischen Bereich theoretisch fundierte Konzepte gewachsen, die durchaus für die Mediation von Nutzen sein können.

2. Neutralität – ein theoretischer Eckpfeiler der Mediation[9]

51   Die Forderung nach der Neutralität des Mediators stellt einen wichtigen Grundpfeiler in der Mediation dar. Sie steht in gewisser Weise im Widerspruch zum tradierten Selbstverständnis und dem gesetzlichen Auftrag zur Parteilichkeit des Rechts**vertreters.** Einem Anwalt, der einerseits als Garant betrachtet wird, für seinen Mandanten das bestmögliche Ergebnis durchzusetzen, ihm zum „Sieg“ zu verhelfen, wird nur bedingt Vertrauen entgegen gebracht werden können, wenn er einmal als „Gladiator“ und ein anderes Mal als Mediator fungiert. Auch dem Rechtsanwalt selbst wird hier ein nur schwer zu bewältigender „Spagat“ abgefordert. Da hilft auch die Interpretation, langfristig sei das **beiden** Parteiinteressen dienende Ergebnis eben das bestmögliche Ergebnis für einen Mandanten, nicht unbedingt weiter. Es stellt sich die Frage, ob es sinnvoll ist, den Widerspruch zwischen einer neutralen und parteiischen Funktion **in einer Person** organisieren zu wollen. Die Erfahrungen in der **Praxis für Mediation** haben einen deutlichen Hinweis darauf gegeben, dass ein beteiligter Rechtsanwalt völlig problemlos von den Konfliktparteien als **gemeinsamer** Rechtsberater akzeptiert wird, und genauso problemlos wurde er in der Rolle als **Parteivertreter einer Seite** akzeptiert, der seine Beratung „öffentlich“, also im Beisein der anderen Seite durchführte. Auf diese Weise muss nach unserer Erfahrung und Auffassung nicht einmal die spätere Vertretung eines Mandanten im Scheidungsverfahren ausgeschlossen werden. Ein prinzipieller Ausweg aus dem Dilemma der „Rollenkonfusion“ zwischen Neutralität und Parteilichkeit könnte also darin bestehen, die „Neutralität“ als Merkmal des Verfahrens anstatt als Eigenschaft einer Person zu definieren. Natürlich **kann** beides zusammenfallen. Es ist aber nicht zwingend.

---

[8] *Marcus Hehn,* „Nicht gleich vor den Richter . . .“, Universitätsverlag Dr. N. Brockmeyer, 1996.
[9] Dazu § 15 Rdnr. 9 ff.

3. Konzepte der Neutralität in der Psychologie

In der Psychologie ist die Auseinandersetzung mit der Rolle und dem Einfluss auf 52
die Klienten fast so alt wie die Psychologie selbst. Bereits Sigmund Freud beschäftigte sich in seiner psychoanalytischen Theorie mit sogenannten „Übertragungsphäno-
menen": wenn der Psychologe zur Projektionsfläche unbewusster Bilder, Wünsche
und Gefühle des Klienten wird. Das „Gegenstück" dazu bildet die „Gegenübertragung", dabei handelt es sich um die unbewussten Bilder, die der **Psychologe** auf die
Person des **Klienten** projiziert. Einem ausgebildeten Psychoanalytiker wurde und
wird bis heute eine jahrelange „Lehranalyse" abverlangt, um diese Phänomene erkennen und handhaben zu können.

Die o. g. Übertragungsphänomene haben in der Psychologie große praktische Be- 53
deutung für die gesamte Gestaltung des Kontextes von Gesprächen. In der therapeutischen Arbeit mit Familien hat man gelernt, wie wichtig bereits der allererste Kontakt
für den ganzen, weiteren Verlauf der Zusammenarbeit und letztlich für den Erfolg einer Therapie sein kann. Von Anfang an versuchen beispielsweise Familienmitglieder
(zumeist unbewusst), Koalitionen zu bilden, Therapeuten für (verdeckte) Bündnisse
zu vereinnahmen oder ihnen widersprüchliche Aufträge (offene und verdeckte) zu erteilen u. v. m. Beispielsweise kann eine Familie auf der **Inhaltsebene** den Auftrag formulieren, der Therapeut solle das **Symptom** ihres Kindes „wegmachen", deshalb habe man ihn schließlich aufgesucht. Ein Symptom trägt jedoch immer auch den
Charakter der bestmöglichen **Lösung**, die das familiäre System für ein tiefer liegendes
Problem gefunden hat. Der zweite, unbewusste Teil des „Auftrages" lautet daher:
„. . . aber nimm uns bloß nicht die **Funktion** des Symptoms weg!" Für diesen zweiten
Teil hat aber die Familie aus der aktuellen Sicht gar keine andere Vorstellung als die,
das Symptom zu erhalten. Die widersprüchliche Gesamtbotschaft lautet daher umgangssprachlich formuliert: „Wasch mich, aber mach mir den Pelz nicht nass!"

Es braucht nicht allzu viel Phantasie, um die Analogien solcher „Beziehungs- und 54
Definitionskämpfe" in anderen Gesprächssituationen – etwa einem anwaltlichen
Erstgespräch oder einem Anhörungstermin bei Gericht – zu entdecken. Als Faustregel gilt: je konfliktträchtiger eine Situation ist, desto stärker ist die Wirkung der
verdeckten und verschobenen Ebene des „Beziehungskampfes". Psychologen lernen,
in diesem „Tretminenfeld" widersprüchlicher An- und Aufforderung eine Position
der Distanz und der Neutralität bei einem gleichzeitigen Maximum an Emphatie
und Akzeptanz gegenüber den einzelnen Personen einzunehmen. Es handelt sich
quasi um eine Erfolgs**bedingung** für einen positiven Veränderungsprozess bei den
„Mandanten" der Psychologen. Die permanente Auseinandersetzung mit der eigenen Person in Ausbildung, Praxis und sogenannter „Supervision" ist dort ein selbst-
verständlicher Bestandteil der professionellen Erfahrungsbildung.

4. Das Verhältnis von Mediation und Psychologie

Mediation hat – wie oben dargelegt – sehr, sehr viel mit Kommunikation und der 55
Gestaltung zwischenmenschlicher Beziehungen zu tun.

Unter den Psychologen sind am ehesten „Profis" in Sachen Kommunikation (im 56
oben dargestellten, wissenschaftlichen Sinne) zu finden. Selbstverständlich entwickeln auch Personen, die in anderen Zusammenhängen viel mit Kommunikation zu

tun haben, wertvolle Kompetenzen. Ganz abgesehen von den „natürlichen" Fähig-keiten im zwischenmenschlichen Umgang, die vielen Menschen zu eigen sind. Aber: ein talentierter Laie wird zwar durchaus in der Lage sein, die eine oder andere Ver-letzung oder Krankheit selbst erfolgreich zu behandeln, zuweilen sogar kompeten-ter, als es ein Arzt getan hätte. Kaum jemand wird aber deshalb den Sinn und den Nutzen der medizinischen Ausbildung in Frage stellen.

57   Neben fundierten Theorien und pragmatischen Konzepten der **Neutralität** exis-tieren solche in der Psychologie auch für die anderen „Eckpfeiler", die in der Medi-ation postuliert werden. Ob **interessengerechtes Verhandeln** oder Stärkung der **Ei-genverantwortlichkeit** eines Klienten gefragt ist – der Erfahrungsschatz zahlreicher psychologischer „Schulen" bietet hier sehr wirksame Werkzeuge für die Konflikt-behandlung an, für die Analyse und die Diagnose und generell für die Initiierung von Veränderungen in Systemen, also auch in **Konfliktsystemen.**

58   Die Mediation kann sich diese reichen Erfahrungen zunutze machen. Sie sollte für die weitere Entwicklung darauf bedacht sein, einen wesentlichen Kernpunkt ih-rer Daseinsberechtigung nicht auf Laienniveau zu organisieren, sondern als profes-sionelles Werkzeug zu integrieren.

VI. Aus der Praxis für Mediation

59   Die Nachfrage nach Mediation ist etwa vier Jahre nach der Praxisgründung noch immer von sehr unterschiedlichen Motiven und Zugangswegen gekennzeichnet. Nach meiner Schätzung kommen derzeit nur maximal ein Drittel aller Nachfragen-den mit der (mehr oder weniger) konkreten Absicht und Vorstellung, eine Schei-dung und deren Folgen zu regeln. Überwiegend steht eine zu belastend gewordene Situation im Vordergrund, eine Eskalation des Streites mit dem Partner oder die Unfähigkeit, mit ihm noch zu kommunizieren, Kinder, die in einen Konflikt hinein-gezogen worden sind, Ängste und Unsicherheiten, wie es weiter gehen soll oder das diffuse Gefühl, dass man „endlich mal die Dinge klären müsse", wobei oftmals so gut wie keine Kenntnisse darüber bestehen, was zu dieser Klärung getan werden kann oder muss. Im Vorfeld ist also zumeist eine genaue **Klärung der Situation** er-forderlich. Die Motive, Ängste, oder Zukunftsvorstellungen sind den Hilfesuchen-den oft nur an der Oberfläche bewusst.

1. „Betriebsunfall Scheidung"

60   Es hat inzwischen viele Fälle gegeben, in denen kooperierende Anwälte aus einer Intuition heraus Mandanten, die „wegen einer Scheidung" zu ihnen gekommen sind, nach einer Erstberatung an die Praxis für Mediation weiter verwiesen haben. Bei vielen hat sich gezeigt, dass die „Drohung mit der Scheidung" oftmals nur ein verzweifeltes Signal des einen Partners an den anderen war. Es war ein Ausdruck eigener Ohnmacht und Resignation, vor allem aber der Tatsache, dass man keinen anderen Ausweg mehr sah, die Beziehung zur eigenen Zufriedenheit verändern zu können. Der Schritt, einen Anwalt aufzusuchen, ist in diesen Fällen eine Botschaft, ein verschärfter Appell an den anderen, die Intention richtet sich aber auf den **Er-halt** der Beziehung. Wenn diese Situation in der ersten anwaltlichen Beratung ver-

kannt wird und ein erster „Schriftsatz" die „andere Partei" erreicht, kommt eine kaum noch aufzuhaltende Eigendynamik in Gang, an deren (vorläufigem) Ende ein Paar vor dem Scheidungsrichter steht, ohne, dass auch nur einer von beiden es wirklich gewollt hat. In der Praxis hat es einige Fälle gegeben, in denen nach wenigen gemeinsamen Sitzungen mit dem Ziel der Beziehungsklärung und der Partnerschaftsberatung ein Paar zufrieden und glücklich die Ehe fortgesetzt hat. Diese Erfolge waren für die Betroffenen dem glücklichen Umstand zu verdanken, dass sie an einen Anwalt geraten sind, der eine gute Intuition für die wahre Konfliktursache hatte, der die Souveränität besaß, Grenzen seiner eigenen Kompetenz einzugestehen und an die richtigere Stelle weiter zu vermitteln.

Im beschriebenen Fall war zwar eine Scheidung die ursprüngliche „Lösungsidee",   **61** sie wurde aber durch die richtige Erkenntnis der Konfliktsituation verhindert. Der umgekehrte Fall kommt allerdings genauso vor, wie das folgende **Beispiel** zeigt:

2. Familienmediation: Trennung *trotz* Erhaltungswunsch[10]

Herr K suchte im Dezember 1998 die Praxis für Mediation zu einer Erstberatung   **62** auf. Er gab an, dass seine Ehefrau seit einiger Zeit eine Beziehung zu einem anderen Mann habe. Sie könne sich weder entscheiden, die andere Beziehung aufzugeben, noch ihn zu verlassen. Die Liaison seiner Frau habe keinerlei realistische Zukunftsperspektive, er habe zwar durchaus Verständnis für die Ambivalenz seiner Frau, wolle aber in jedem Falle den Erhalt der Ehe erreichen, aus diesem Grunde suche er das gemeinsame Gespräch mit seiner Frau in der Praxis für Mediation.

Der erste Beratungsschritt bestand darin, den „Auftrag" zu klären. Expressis verbis lautete dieser: „Ich möchte Hilfe haben". Faktisch lautete er: „Machen Sie etwas, damit sich meine Frau für mich und für die Fortsetzung der Ehe entscheidet". Dieser zweite Teil des Auftrages war logischerweise unannehmbar, hätte jedoch, wenn er unkommentiert geblieben wäre, zu späterer Enttäuschung (dem Ende der Täuschung, der Auftrag könne angenommen und eingelöst werden,) geführt. So wurde am Ende der Auftrag dahingehend modifiziert, die Ehefrau zu gemeinsamen Gesprächen einzuladen, um herauszufinden, ob noch eine realistische Basis für die Fortsetzung der Ehe bestehe.

Obwohl der Unterschied in der Auftragsformulierung auf den ersten Blick vielleicht nur graduell erscheint, für den Fortgang der Beratung hat er entscheidende, qualitative Bedeutung. Die so angesprochene Ehefrau war trotz einer gewissen Skepsis zum gemeinsamen Gespräch bereit. Darin zeigte sich zunächst, dass sie erstens keine Möglichkeit erkennen konnte, eine richtige Entscheidung zu treffen, und dass sie sich zweitens durch die eindeutige Formulierung der Zielvorstellung ihres Mannes unter Druck gesetzt fühlte, obwohl sie sein Verhalten als verständnisvoll und tolerant qualifizierte. Ein Aspekt der Beziehungsstruktur war durch eine gewisse Überlegenheit des Mannes (im Sinne des „väterlichen Freundes") gekennzeichnet. Dies gab Frau K das positive Gefühl, beschützt zu sein und Verantwortung abgeben zu können, aber sie fühlte sich dadurch auch klein und unterlegen und dies reichte bis zu Zweifeln an der Berechtigung eigener Gefühle und Vorstellungen.

Als nächster Beratungsschritt wurde daher ein Einzelgespräch mit Frau K vorgeschlagen, um die bestehende Ambivalenz unbeeinträchtigt von dem Gefühl der

---

[10] Eingehend zur Familienmediation §§ 34, 58.

Kontrolle durch den Ehemann bearbeiten zu können. Parallel dazu war es sehr wichtig, auch Herrn K das Einzelgespräch anzubieten; obwohl offensichtlich bei ihm keinerlei Ambivalenz bestand, war dies erstens aus Gründen der „Gesprächssymmetrie" erforderlich, zweitens, um die eigenen Anteile an der entstandenen Situation zu thematisieren und bewusstseinsfähig werden zu lassen.

Nach erfolgter „Ambivalenzklärung" mit Frau K, die eine Entscheidung zugunsten der Trennung ergeben hatte, wurden im nächsten gemeinsamen Gespräch die Konsequenzen besprochen, das Bedürfnis nach Unterstützung ermittelt und das weitere Vorgehen abgestimmt. In der Folge kamen Herr und Frau K sowohl zu gemeinsamen Sitzungen, z.B., um ein Gespräch mit den Kindern vorzubereiten, die unmittelbar anstehenden Fragen zu besprechen und Lösungsvorstellungen zu entwickeln (wer sollte im Haus bleiben, wo sollten die Kinder leben etc.). Beide nahmen auch weiterhin Einzelgespräche in Anspruch. Für Herrn K stand am Anfang die Verarbeitung der Trennungsentscheidung seiner Frau im Vordergrund, die mindestens ein halbes Jahr Zeit bis zur wirkliche Akzeptanz benötigte. Danach standen gelegentlich Fragen der weiteren beruflichen Entwicklung, neuer Interimsbekanntschaften oder der Entwicklung seines Verhältnisses zu den Kindern auf der Tagesordnung. Für Frau K ging es zunächst ebenfalls um die Verarbeitung der Trennung, und um die neue Partnerschaft, die sich tatsächlich als nicht dauerhaft erwies. Oftmals ging es aber auch hier um Fragen des Umgangs mit den Kindern.

Herr K war schließlich ausgezogen und bewohnte nun eine eigene Wohnung. Erst im Oktober des Folgejahres, also 10 Monate nach dem Erstkontakt, war die Entwicklung für beide soweit vorangeschritten, dass sie auf den Vorschlag der Einbeziehung eines mit der Praxis für Mediation kooperierenden Anwaltes zurückgriffen. Dieser wurde – nach eingehender Diskussion, ob er in der Rolle des Rechtsberaters oder des Vertreters einer der beiden Parteien agieren solle – als Rechtsbeistand von Frau K beauftragt. Dies erschien auf der Ebene des Beratungssystems als die beste Lösung, um ein Gesamtgleichgewicht herzustellen, was sich in der Folge bestätigte. Beide Ehepartner hatten zu dem beteiligten Anwalt über die ganze Zeit ein vertrauensvolles Verhältnis. In dieser Konstellation wurde nun der Entwurf ein Trennungsvereinbarung ausgearbeitet, deren Eckwerte (Unterhaltsleistungen, Übernahme der Verpflichtungen für das Haus etc.) auch ohne notarielle Bestätigung des Vertrages eingehalten wurden.

Anschließend folgte ein weiteres Jahr, in dem die Bestrebungen, hinsichtlich der rechtlichen Regelungen zu einem Abschluss zu kommen und die Scheidung einzureichen, weitgehend in „Vergessenheit" gerieten. Herr und Frau K kamen in größeren Abständen immer dann (teils alleine, teils zusammen), wenn Probleme in der Entwicklung der neuen Partnerschaften eintraten, wenn Stress zwischen beiden entstand oder sich Komplikationen mit den Kindern ergeben hatten. Nicht selten war das Gefahrenmoment für eine Eskalation recht groß. Aber beide hatten an dem Prinzip festgehalten, immer erst das gemeinsame Gespräch zu suchen und dies erforderlichenfalls in der Praxis für Mediation zu tun, wenn die Gefahr bestand, dass sich ein Streitthema zu verselbständigen drohte.

Die größte Gefahr einer Eskalation entstand an der Stelle, als die neuen Beziehungen erstmals in ihrer emotionalen Bedeutung ein größeres Gewicht einzunehmen begannen, als das der immer noch sehr wichtigen Ursprungsbeziehung. Erst jetzt konnte definitive Einigkeit über die Verwendung des gemeinsamen Hauses hergestellt werden. An dieser Stelle kam u.a. die Kooperation mit einer Bank vor Ort zum Tragen, die eigens ein an den individuellen Bedürfnissen der Eheleute orientiertes Finanzierungskonzept vorlegte. Aus der Sicht des Bankberaters ist durch dieses Angebot sogar ein neues „Bankprodukt" entstanden.

Herr F drängte nun auch auf eine Neuregelung für die Frage des Ehegattenunterhaltes. Er wollte inzwischen eine einmalige Abfindung zahlen – ein Ausdruck für den Wunsch und die gewachsene Bereitschaft, nun auch emotional mit der Beziehung abzuschließen. Mit zunehmendem Bedeutungsverlust der ehelichen Beziehung wurde die psychische Verarbeitung der Tatsache, weiterhin regelmäßig Geld zahlen zu sollen, aber kein emotionales Äquivalent mehr zu erhalten, immer schwieriger. Zudem spielte die Erfahrung (für beide) eine Rolle, dass trotz eines weit überdurchschnittlichen Nettofamilieneinkommens die finanziell zur Verfügung stehenden Mittel sehr knapp geworden waren und sich der ursprüngliche Lebensstandard nicht aufrecht erhalten ließ. Umso wichtiger wurde hier die Klärung von Zukunftsvorstellungen von Frau K, die zumindest in absehbarer Zeit eine Verbesserung der materiellen Gesamtsituation greifbarer werden ließ. Dem allerdings wirkten die Auswirkungen der bevorstehenden getrennten, steuerlichen Veranlagung drastisch entgegen. Hier wäre es für den Gesetzgeber m.E. mehr als an der Zeit, über diese „staatliche Strafaktion für Eheauflösungen" nachzudenken!

In dem Trennungsprozess war erst an dieser Stelle der weitere Einbezug der **anwaltlichen** Betreuung indiziert, um nun den Ehevertragsentwurf zu modifizieren und den Scheidungsantrag zu stellen.

Für alle Beteiligten war dies ein spannender und lehrreicher Prozess. Ich selbst lerne immer mehr über die „juristische Denkweise" und die psychologischen Interpretationen, die in rechtlicher Hinsicht unbedarfte Personen den einzelnen rechtlichen Verfahren zuordnen. Für den Anwalt entsteht daraus ebenfalls eine ganz neue Sichtweise, ein wesentlich tieferes Verständnis für die psychische Dynamik eines Trennungsprozesses und eine Fülle von Anregungen für den Umgang mit Scheidungsmandaten, selbst da, wo sie nicht in einer Kooperation mit der Praxis für Mediation abgewickelt werden. Das Wichtigste an dieser „konzertierten Aktion" kam jedoch in einer Aussage von Frau K anlässlich einer Fernsehreportage eines lokalen TV-Senders zum Ausdruck, als sie sagte: „Durch die Zusammenarbeit hier haben wir es jedes Mal, wenn die Gefahr einer Eskalation drohte, geschafft, eine Lösung zu finden". Obwohl Frau K erspart geblieben war, die streitige „Alternative" als Vergleichsmöglichkeit kennengelernt zu haben, war ihre Aussage von einem sichtlichen Ausdruck der Erleichterung unterstrichen. Die weiter (und neu) bestehende Gesprächsebene mit Herrn K und der relativ problemlose Verarbeitungsprozess, den die Kinder bewältigt haben, sind ein valides Kriterium zur Bestätigung ihrer Aussage.

3. Zwischen Familien- und Wirtschaftsmediation[11]

„Ich hätte niemals die Schwelle einer Anwaltspraxis überschritten", so sagte mir 63 Frau H einmal, nachdem die Mediation schon lange im Gange war. Sie hatte Kontakt zur Praxis für Mediation aufgenommen und viel später einmal eingestanden, sie habe am Anfang Mediation mit „Medi*t*ation" verwechselt. Frau H lebte bereits

---

[11] Vgl. zur Wirtschaftsmediation §§ 38, 39.

seit etwa zwei Jahren getrennt von ihrem Ehemann, sie war eine neue Beziehung eingegangen und lebte mit ihrem Lebenspartner zusammen in einem eigenen Haus. Die Ehe war weit über 20 Jahre zuvor geschlossen worden, und zwar ohne den geringsten Gedanken an die Möglichkeit eines Ehevertrages. Durch die gut laufende Firma des Ehemannes hatte sich ein privates Vermögen in zweistelliger Millionenhöhe gebildet. Zu Beginn der 90er Jahre waren Millionenbeträge in Investitionen in Immobilien in den Neuen Bundesländern geflossen. Die Besitzverhältnisse waren unter steuerlichen Gesichtspunkten optimiert auf Herrn und Frau H sowie auf weitere Firmen und diverse, wechselseitige Firmenbeteiligungen aufgeteilt worden. Frau H hatte sich in der Zeit der Ehe ohne feste berufliche Definition in der Firma nützlich gemacht. Im Vergleich zu der neuen Beziehung hatte sie zum Ehemann noch immer eine emotional tiefere Bedeutung. Ca. ein Jahr lang fand eine psychologische Einzelberatung in Sachen der Lebensplanung und des Umgangs mit den Beziehungen statt. Erst dann, nach einem persönlichen Wachstums- und Emanzipationsprozess, entwickelte sich der Wunsch nach einer Klärung aller mit der Trennung verbundenen Fragen. Insbesondere das Gefühl weiterer völliger Abhängigkeit vom Ehemann und Ängste um die eigene persönliche und wirtschaftliche Zukunft wurden zu Antriebsfaktoren für diesen Prozess, zumal trotz der emotionalen Distanz zum Ehemann alle wirtschaftlichen Verflechtungen beibehalten und sogar immer neue hergestellt worden waren, deren Risiken angesichts der Entwicklung der Investitionen im Osten immer größer zu werden schienen. Auf Wunsch von Frau H wurde ihr Mann daher zu einem Gespräch eingeladen. Herr H ging auf den Vorschlag einer Klärung aller mit der Trennung verbundenen Fragen im Wege der Mediation ein. Nun wurde sofort ein mit der Praxis kooperierender Anwalt zum Gespräch hinzugezogen, hier in der Rolle des Rechtsberaters, also ohne Parteienmandat. Im späteren Verlauf wurden weitere Experten hinzugezogen, einer zur Schätzung des Firmenwertes, Sachverständige für die Immobilien und in der Endphase der Vertragsgestaltung der Steuerberater des Unternehmens des Ehemannes. Der gesamte Ablauf des Trennungsprozesses gestaltete sich äußerst kompliziert, da ein Auseinander dividieren aller Besitzverhältnisse, wie es im Falle der Scheidung bei Gericht unvermeidlich geworden wäre, aus steuerlichen Gründen in den wirtschaftlichen Ruin geführt hätte. Aus diesem Grunde wurde also von den Eheleuten die Beibehaltung der Ehe und die Ausarbeitung eines Ehevertrages beschlossen, der unter der Prämisse der Herstellung einer maximalen Unabhängigkeit und größtmöglicher, individueller Absicherung, besonders für Frau H, ausgearbeitet wurde. Es wurde ein Lehrstück für die Verflechtung materieller Vertragspositionen mit den emotionalen Veränderungsprozessen in der Beziehung. Eine der gefährlichsten „Klippen" im ganzen Mediationsprozess bestand darin, dass Herr H seine emotionalen Widerstände gegen eine Einbeziehung des Firmenwertes in die Gesamtbetrachtung – später ging es um die **Höhe** des Wertes – verarbeiten musste. Herr H hatte die Firma in über zwanzig Ehejahren immer als **seine** Firma angesehen und entsprechend gehandelt. All dies spielte sich zudem vor dem Hintergrund sich dramatisch zuspitzender Veränderungen der materiellen Werte der Investitionen ab. Aber trotz aller dieser Probleme waren sich am Ende alle Beteiligten darüber einig, dass die gefundene Lösung nur durch die Mediation möglich geworden war. Wobei ausdrücklich betont werden muss: es war nicht die Leistung eines einzelnen „Mediators", sondern die koordinierte Leistung *aller* Fachleute, die im Sinne der Mediation zusammengear-

beitet haben. Die Rollen aller Beteiligten, die Kompetenzen und die Aufgabenverteilung waren immer transparent und klar voneinander abgegrenzt. Ein gutes Modell für interdisziplinäre Zusammenarbeit!

4. Eine Wirtschaftsmediation

Der Geschäftsführer eines großen, weltweit auf dem Feld des Umweltschutz operie- **64**
renden Unternehmens aus dem norddeutschen Raum wurde durch die Internetseiten
auf die Praxis für Mediation aufmerksam und erkundigte sich nach der Möglichkeit
einer Mediation für sich und den Geschäftsführer eines kooperierenden Unternehmens. Da dieses seinen Sitz in nicht allzu großer Entfernung von Hachenburg hatte
und dort ohnehin mindestens zweimal im Monat Arbeitstreffen stattfanden, war die
Durchführung einer Mediation vor Ort kein Problem. Eine Problemanalyse sollte
zu einer Entscheidung über die spätere Einbeziehung weiterer Stabsmitarbeiter aus
beiden Unternehmen führen, am Anfang war jedoch der Teilnehmerkreis auf die
beiden Geschäftsführer begrenzt.

In der ersten Sitzung breiteten diese beiden Repräsentanten einen großen „Fli- **65**
ckenteppich" vorhandener Probleme aus: Jeder versuchte, auf der **Inhaltsebene** so
viele Informationen wie möglich aufzutürmen, um die Fehler und Versäumnisse der
„anderen Seite" lückenlos zu dokumentieren. Hier war bereits ein gefährlicher Prozess wechselseitiger Verletzungen und Herabwürdigungen weit vorangeschritten,
der in den Formen und Mitteln den Auseinandersetzungen zwischen streitenden E-
hepaaren in Nichts nachstand. Es wurde schnell deutlich, dass die „Firmenherkunft"
der beiden Geschäftsführer so unterschiedlich war, wie er nur sein konnte und diese
Rollen außer dem Titel wenig gemeinsame Merkmale aufwiesen. Während der eine
der Beiden eine große Aktiengesellschaft zu führen hatte und in ein kompliziertes
Geflecht von Regeln, hierarchischen Strukturen, von Weisungen und Rechenschafts-
verpflichtungen eingebunden war, hatte sich der andere in einer Gruppe von
„Freaks" einer kleinen, elitären und ambitionierten Softwareschmiede von den anderen „breit schlagen" lassen, die **Rolle** des Geschäftsführers zu spielen. In dieser
Gruppe galten vollkommen andere Regeln für die persönliche Haftung, die Erwartungen der anderen Firmenmitglieder, die alle auch Mitbesitzer waren und einem
unausgesprochenen Gesetz der völligen Gleichheit folgten, was wiederum zu einer
völlig anderen Entscheidungskultur führte usw. Vor dem Hintergrund dieser
„strukturellen Welten", die zwischen beiden Firmen**kulturen** lagen, wurde schnell
deutlich, warum sich an so vielen Punkten **inhaltliche** Streitpunkte zwangsläufig entzünden mussten. In der späteren Diskussion um die Möglichkeiten, gerade die **Unterschiedlichkeit** der beiden Firmenkulturen produktiv zu nutzen, entstand eine richtiggehend euphorische Phase, die wechselseitige, persönliche Wertschätzung wurde
wieder entdeckt und es wurden Pläne für ein neues, gemeinsam zu gründendes Unternehmen weiterentwickelt. Als ebenso realistische Alternative wurde die Option
entwickelt, die vertraglichen Verpflichtungen **einvernehmlich** zu lösen, ohne also
den Wust von wechselseitig ausgesprochenen Drohungen mit wirtschaftsrechtlichen
Maßnahmen in die Tat umzusetzen.

Die Geschäftsführer entschlossen sich letztlich, dass das Spannungsfeld der bei- **66**
den Unternehmenskulturen auf Dauer zu groß sei und bereits zu viele Mitarbeiter
in beiden Firmen zu weit in eine negative Richtung abgeglitten seien, als dass der

Aufwand für einen Neustart noch vertretbar sei. Am Ende stand so die Auflösung der Kooperation. Die reale Gefahr der Existenzvernichtung des kleineren Unternehmens war jedoch ebenso gebannt wie die der **persönlichen** Vernichtung der beruflichen Existenz des anderen Geschäftsführers.

67   Ohne die Erfahrungen, die ich in vielen Jahren meiner Tätigkeit als Psychologe gewonnen habe, wäre dieser Konflikt m. E. nicht zu lösen gewesen. Die eigentlichen Streitpunkte lagen nicht in den vielen **inhaltlich** angesammelten Problemen, von denen jedes wiederum eine große Anzahl **rechtlich** relevanter Gesichtspunkte enthielt. Die inhaltlichen Probleme konnten ohne weiteres als logische Folge eines strukturellen Problems abgeleitet und verstanden werden, das in den nicht kommunizierten, unterschiedlichen Firmenkulturen und den ebenso verschiedenen, tabuisierten Rollen der beiden Geschäftsführer wurzelte. Jedes verfrühte Aufgreifen der rechtlichen Problematik auch nur eines der geschilderten Eingangskonflikte um Einhaltung von Lieferterminen, Gewährleistungen, Akzeptanz von gelieferten Leistungen und Gegenleistungen, hätte vermutlich irreparablen Schaden nach sich gezogen, weil der Blick auf die wahren Konfliktursachen verbaut worden wäre.

5. Integrierte Mediation: die Kooperation mit dem Familiengericht[12]

68   Neben den Mediationsfällen, die sich aus der direkten Nachfrage ergeben und weitgehend außerhalb der gerichtlichen Verfahren abgespielt haben, hat sich in der Praxis für Mediation in der Zusammenarbeit mit den Gerichten ein weiteres, interessantes Erfahrungsfeld eröffnet. Die gutachterliche Tätigkeit im Bereich des Familienrechtes trägt deutliche, mediative Züge und es entwickelte sich eine Reihe spannender „Experimente" mit dem Ziel, die Mediation in die förmlichen Rechtsverfahren zu integrieren.

69   Dazu ein **Beispiel:**

Vor Gericht stritt das Ehepaar M erbittert im Rahmen einer Scheidungsfolgesache um das Besuchsrecht sowie um Unterhalt. Streitpunkte waren in erster Linie die Häufigkeit der Besuche der gemeinsamen Tochter beim Vater, in zweiter Linie die Forderungen der Frau nach Unterhaltsleistungen des Mannes für das Kind und für sie selbst.

Der Streit wurde bereits mehrere Jahre ausgetragen und der angewachsene Aktenstapel machte für den Versand bereits Kartongröße erforderlich. Richter und Anwälte zeigten sich von der Redundanz der Termine und dem Gefühl, trotz der von den Parteien gezeigten „tiefgründigen" Diskussionsbereitschaft" auf der Stelle zu treten, sichtlich entnervt.

Als erster Schritt wurde vom zuständigen Richter beschlossen, einen Mediator als Sachverständigen zum Anhörungstermin zu laden. Dies erfolgte nach Absprache und mit Zustimmung der vertretenden Anwälte. Hierin zeigte sich sicher eine Besonderheit des zuständigen Amtsgerichtes, das sich unter dem amtierenden Familienrichter, Herrn Trossen, in der Anwaltschaft bereits den Ruf erarbeitet hatte, sehr intensiv nach einvernehmlichen Lösungen zu suchen.

Im ersten „Explorationstermin" vor Gericht deutete sich ein „Muster" zwischen den Ehepartnern an: Es hatte sich folgendes „Spiel" entwickelt: Frau M suchte sich vor Kontakten mit dem Mann zu schützen, da die emotionale Trennung noch nicht erfolgt war und sie somit Distanz benötigte. Herr M „benutzte" die Begegnungen anlässlich der Besuchskontakte immer wieder dazu, sie in lange Diskussionen zu verwickeln. Als Mittel zur Distanzierung wählte Frau M daher die Reduzierung der Besuchskontakte der Tochter, da hierbei immer wieder emotional aufwühlende Begegnungen entstanden waren.

---

[12] Vgl. zur integrierten Mediation eingehend § 18.

Herr M versuchte im Gegenzug, durch Zahlungsverweigerungen (oder Herbeiführung von Zahlungsunfähigkeit) Frau M zu zwingen, auf ihn zuzugehen (wenn auch mit dem hierfür untauglichen Schritt der Anrufung des Gerichtes).

Im Ergebnis beschlossen alle Beteiligten, zunächst einige (Mediations-) Sitzungen des Paares mit dem Mediator in dessen Praxis (im Rahmen „gutachterlicher Beweisaufnahme") durchzuführen. Die Eheleute gewannen schnell Einsicht in das vermutete „Muster", das Paar hatte die Beziehung nicht gelöst, geschweige denn die Trennung verarbeitet. Die emotionalen Verstrickungen bestanden unvermindert fort. Da aber der direkte „Austausch" zwischen den Beiden nicht mehr möglich war, hatten Sie einen Ausweg gefunden: sie hatten das „System" so erweitert (unter Einbezug der Anwälte und des Gerichtes), dass das Gleichgewicht wieder hergestellt war. Diese „Lösung" hätte durchaus auf Jahre (und viele, viele Gerichtstermine) hinaus weiterbestehen können.

Innerhalb der Mediation zeigte das Paar durchaus „kognitive" Einsicht in die beschriebenen „Muster", dennoch wurde außerhalb der Mediation keine Bereitschaft erkennbar, die gewählten Strategien zu verändern (Im Kopf war es klar, aber der „Bauch sträubte sich"). Dem Gericht wurde mit Einverständnis der Beteiligten ein kurzer Zwischenbericht erstattet. Es hatte zu diesem Zeitpunkt den Anschein, als sei die Mediation gescheitert.

Das Gericht gab nunmehr ein förmliches Gutachtens zur Frage der Besuchsrechtsregelung in Auftrag. Die Betroffenen hatten keinerlei Einwände dagegen, dass der „Mediator" mit dieser Aufgabe betraut wurde. Die „Vorarbeit" führte zu einer deutlichen Einsparung bei Aufwand und Kosten der Gutachtenerstellung.

Als die beschriebenen Interaktionsmuster des Paares nun „öffentlich" geworden waren und das tabuisierte „Spiel" damit aufgedeckt war, änderte sich plötzlich die Bereitschaft, zu gemeinsamen Lösungen zu finden. Auf dieser Grundlage wurden dann auch tatsächlich für beide Seiten annehmbare Regelungen vereinbart.

Zwei Jahre nach Vorlage des Gutachtens konnte festgestellt werden: eine erneute Anrufung des Gerichtes hatte nicht mehr stattgefunden. Der Anwalt der einen Partei stellte seinerzeit fest: „Es ist seltsam, aber irgendwie hat sich etwas verändert. Herr M hat sich zwar noch ab und zu gemeldet, aber es scheint kein Druck mehr dazusein. Bisher waren auch keine weiteren Schritte nötig! Mir scheint, als hätten sich die Beiden arrangiert."

Im geschilderten Fall hatte sich gezeigt, dass durch die „konzertierte Aktion" vor 70 Gericht nicht nur ein „Rechtsfrieden" hergestellt werden konnte. Offensichtlich war in der Dynamik des Paares eine **Veränderung** eingetreten.

Das **Gutachten** diente in erster Linie dem Zweck, die dem Streit zugrunde liegen- 71 de emotionale Dynamik offen zu legen (auf der Grundlage des „Handwerkzeuges" der Familientherapie). Diese Enttabuisierung ist eine quasi therapeutische Intervention, die verhindert, dass die Betroffenen „einfach so weiter machen können", wie bisher.

Der Faktor **Zeit** spielt in der Konfliktdynamik immer eine große Rolle. Es dauert 72 oft lange, bis die Betroffenen von der kognitiven Einsicht auch zu deren emotionaler Umsetzung gelangen. Für Emotionen gelten andere Regeln als für Kognitionen.

Wenn diese Kenntnisse vermehrt in gerichtlichen Verfahren berücksichtigt wer- 73 den, kann schon durch die zeitliche Ablaufplanung ein Teil der Konfliktdynamik ausgeschaltet werden.

Integrierte Mediation bedeutet das Zusammenwirken aller am Konflikt beteilig- 74 ten Personen im gerichtlichen Verfahren. Es hat sich gezeigt, dass Mediation vollständig und harmonisch in den normalen Ablauf gerichtlicher Auseinandersetzungen eingebunden werden kann, wenn erstens der Richter eine klare Entscheidung für ein „mediatives Vorgehen" trifft und es zweitens von den Rechtsvertretern eindeutig unterstützt wird. Die vorhandenen Verfahrensvorschriften haben sich als ausreichend erwiesen, um nachhaltige, integrierte Mediationserfolge sicherzustellen. Es wird nun Sache der Justiz sein, die Mediation als generelles Instrument eines modernen, gerichtlichen Konfliktmanagements zu etablieren. Die Erfahrung wird dann gegebenenfalls eine Adaption der Verfahrensvorschriften und gesetzlicher Grundlagen nach sich ziehen.

75   Auf jeden Fall hat die Erfahrung gezeigt: ganz gleich, ob im Bereich der gerichtlichen Verfahren oder außerhalb, die Dynamik, von der Konfliktverläufe gesteuert werden, hat sehr viel mit psychologischen Faktoren zu tun. In den Konzepten, der Ausbildung oder der Literatur zur Mediation spiegelt sich dies nicht immer wieder. Als Psychologe sehe ich Mediation als strategisches Konzept einer effektiveren Konfliktlösung, die aus Gründen der gesellschaftlichen Entwicklung objektiv notwendig wird. In allen Fällen, die in den vergangenen Jahren in der Praxis für Mediation bearbeitet wurden, hat sich die Zusammenarbeit des Psychologen mit Rechtsanwälten, Richtern, Steuerberatern und anderen Fachleuten als Erfolgsmodell erwiesen.

VII. Schlussbetrachtung

76   Meine **Erfahrungen** als Psychologe in einer Praxis für Mediation waren **sehr positiv** hinsichtlich der Erfahrungen in der Kooperation mit anderen Fachdisziplinen, auch und besonders mit den Rechtsanwälten. Die Psychologie hat immer eine wichtige Rolle gespielt und ich bin mir nicht einmal sicher, ob ich diese Rolle nicht unterschätze. Ich würde mir wünschen, dass sich meine Berufskollegen in ähnlicher Weise in der Mediation engagieren, wie dies der Berufsstand der Rechtsanwälte bereits getan hat. Falsch wäre es, die Mediation einseitig den Interessen eines Berufszweiges unterzuordnen. Sie kann ihre Effektivität nur in der Multiprofessionalität entwickeln, anderenfalls wird die Zahl der „mediationsfähigen" Fälle gegenüber den als „nicht mediationsfähig" deklarierten bedeutungslos bleiben. Mediation sollte ferner von allzu dogmatischen Restriktionen befreit werden. Es macht wenig Sinn, kleine, elitäre Zirkel zu entwickeln, die sich einer „reinen Lehre der Mediation" verschreiben. Die Nachfrage wird letztlich über den Erfolg der Mediation entscheiden und auch darüber, ob die Sprache und das objektive Bedürfnis der Nachfrager richtig getroffen wurden. Bis heute – auch dies ist eine Erfahrung der vergangenen Jahre – lässt dies zu wünschen übrig.

77   Die **Rechtsanwälte** mögen mir verzeihen – ich halte sie für die am wenigsten geeigneten für die „Rolle" eines Mediators. Ihre historisch gewachsene Rolle in der Gesellschaft spricht viel zu sehr dagegen. Diejenigen, mit denen ich zusammengearbeitet habe, haben nie den Wunsch verspürt, sich als „Mediatoren" zu definieren, sie wollten stets das sein und bleiben, was sie sind: gute Rechtsanwälte! Als Psychologe bin ich für eine Mediatorenrolle erheblich weniger durch ein gesellschaftliches Rollenbild gehandikapt, hier wirken vielleicht andere Klischees kontraproduktiv, insbesondere für den Zugang von Nachfragenden, nicht aber in der tatsächlichen Arbeit. Mir geht es jedoch ähnlich, wie den Anwälten, mit denen ich zusammenarbeite: ich finde meinen Job hoch interessant und will meine berufliche Identität als Psychologe überhaupt nicht aufgeben. Mediation: ja! Die Rolle des Mediators: nur wenn es Sinn macht! Inzwischen sehe ich mich als Koordinator in Sachen Konfliktmanagement.

§ 23 Die Zusammenarbeit von Rechtsanwälten und Psychologen

Hanspeter Bernhardt/Bianca Winograd

Übersicht

Schrifttum: *Andersen,* The Reflecting Team: Dialogue and Meta-Dialogue in Clinical Work, *Family Process* 1987; *Bastine, Weinmann-Lutz & Wetzel,* Unterstützung von Familien in Scheidung durch Familien-Mediation, 1999; *Bernhardt & Riedel,* Unausgeglichene Scheidungsmotivation im Erstgespräch einer Mediation, ZKM 2000; *Büchting & Heussen* (Hrsg.), Beck'sches Rechtsanwaltshandbuch, 7. Aufl., 2001; *Bowen,* Family Therapy in Clinical Practice, 1978; *Brown & Samis,* The Application of Structural Family Therapy in Developing the Binuclear Family, *Mediation Quarterly* no. 15, 1987; *Coogler,* Structured Mediation in Divorce Settlement: A Handbook for Marital Mediators, 1978; *Deutsch,* Konfliktregelung: Konstruktive und destruktive Prozesse, 1973; *Diez,* Mediationsanaloge Supervision in den verschiedenen Feldern der Mediation, *ZKM* 2000; *Donohue,* Communication, Marital Dispute, and Divorce Mediation, 1991; *Duss-von Werdt, Mähler & Mähler* (Hrsg.), Mediation: Die andere Scheidung: Ein interdisziplinärer Überblick, 1995; *Fitzpatrick & Winke,* You Always Hurt the One You Love: Strategies and Tactics in Interpersonal Conflict. *Communication Quarterly* 1979; *Folberg,* Divorce Mediation, Promises and Pitfalls, *Advocate* 1983; *Folberg & Milne* (Eds.), Divorce Mediation: Theory and Practice, 1998; *Grebe,* Structured Mediation and Its Variants: What Makes It Unique, in: Folberg & Milne (Eds.), 1988; *Gold,* Lawyer and Therapist Team Mediation, in: Folberg & Milne (Eds.), 1988; *Haynes,* Divorce Mediation: A Practical Guide for Therapists and Counselors, 1981; *Henssler & Kilian,* Die interprofessionelle Zusammenarbeit bei der Mediation, *ZKM* 2000; *Johnston & Campbell,* Impasses to the Resolution of Custody and Visitation Disputes, *American Journal of Orthopsychiatry,* 1985; *Kelly &.Gigy,* Divorce Mediation: Characteristics of Clients and Outcomes, in: Kressel & Pruitt (Eds.), 1989; *Kramp,* Mandatierte Anwälte in der Mediation, *Familien-Notruf München Jahresbericht,* 1999; *Kressel,* The Process of Divorce: How Professionals and Couples Negotiate Settlements, 1985; *Kressel, Jaffee, Tuchman, Watson & Deutsch,* A Typology of Divorcing Couples: Implications for Mediation and the Divorce Process, *Family Process,* 1980; *Kressel & Pruitt* (Eds.), Mediation Research: The Process and Effectiveness of Third-Party Intervention, 1989; *Kruk,* Postdivorce Parenting. Parenting Disputes in Divorce: Facilitating the Development of Parenting Plans through Parent Education and Therapeutic Family Mediation, in: Kruk (Ed.), 1997; *Kruk* (Ed.), Mediation and Conflict Resolution in Social Work and the Human Services, 1997; *Mähler & Mähler,* Anwälte in der Trennungs- und Scheidungsmediation, *Mitteilungsblatt der ARGE Familienrecht im DAV,* 1994; *Mähler & Mähler,* Zur Institutionalisierung von Mediation, in: Duss-von Werdt, Mähler & Mähler (Hrsg.), 1995; *Mähler & Mähler,* Licht und Schatten: Zum Umgang mit dem Gesetzesrecht in der Mediation, *FPR* 1997 a; *Mähler & Mähler,* Rechtsberatung in der Mediation bei Trennung und Scheidung, *FPR* 1997 b; *Mähler & Mähler,* Mediation, in: Büchting & Heussen (Hrsg.), 2001; *Maida,* Components of Bowen's Family Theory and Divorce Mediation, *Mediation Quarterly* no. 12, 1986; *Mathis,* Couples from Hell: Undifferentiated Spouses in Divorce Mediation, *Mediation Quarterly* 1998; *Mathis & Yingling,* Family Modes: A Measure of Family Interaction and Organization, *Family and Conciliation Courts Review* 1998; *Mathis & Yingling,* Family Functioning Level and Divorce Mediation Outcome, *Mediation Quarterly* 1990; *Olson, Sprenkle & Russell* (Eds.), Cicumplex Model: Systemic Assessment and Treatment of Families, 1989; *Rudd,* Communication Effects on Divorce Mediation: How Participants' Argumentativeness, Verbal Aggression, and Compliance-Gaining Strategy Choice Mediate Outcome Satisfaction, *Mediation Quarterly* 1996; *Salius & Maruzo,* Mediation of Child-Custody and Visitation Disputes in a Court Setting, in: Folberg & Milne (Eds.), 1988; Schlussbericht des BRAK-Ausschusses Mediation, *BRAK-Mitteilungen* 1996; *Slaikeu,* When Push Comes to Shove: A Practical Guide to Mediating Disputes, 1996; *Tjersland,* Evaluation of Mediation and Parental Cooperation Based on Observations and Interviews with the Clients of a Mediation Project, *Mediation Quarterly* 1999; *Walsh & Olson,* Utility of the Circumplex Model with Severly Dysfunctional Family Systems, in: Olson, Sprenkle & Russell (Eds.), 1989; *Wiseman & Fiske,* A Lawyer-Therapist Team as Mediator in a Marital Crisis, *Social Work* 1980.

I. Einleitung

1   Unsere Absicht, uns **zur interdisziplinären Kooperation von Mediatoren** unterschiedlicher Herkunftsberufe – namentlich von Rechtsanwälten und Psychologen – sachkundig äußern zu wollen, ist nicht ganz unproblematisch, weil national und international einschlägige wissenschaftliche Untersuchungen fehlen. Zur tatsächlichen Verbreitung, Indikation und Effektivität interdisziplinärer Co-Mediation liegen

keine bzw. nur unzureichende Informationen vor. In diese Lücke sind einige bemerkenswerte Plädoyers zugunsten der Co-Mediation bei Trennung und Scheidung gestoßen, obwohl sie zur Begründung nicht viel mehr als die Auffassung ins Feld führen können, die Mitglieder der genannten Berufsgruppen seien am besten geeignet, den psychologischen und juristischen Implikationen von Trennung und Scheidung Rechnung zu tragen. Was liegt näher als die Schlussfolgerung, dass die verschiedenen Berufsgruppen ihre Kräfte bündeln? Diese Auffassung muss sich jedoch vor allem gegenüber Argumenten behaupten können, die die umfangreichere personelle Ausstattung – zwei Personen statt einer – und den damit verbundenen Mehraufwand an Zeit und Kosten problematisieren.

Die **Mediationsforschung** in Deutschland und im deutschsprachigen Ausland **2** (Österreich, Schweiz) steckt noch in den Kinderschuhen, sodass es nicht weiter verwunderlich ist, dass auch das Thema der Co-Mediation keine spezielle Beachtung gefunden hat. Fragestellungen, ob und in welchen Fällen interdisziplinäre Co-Mediation erfolgreicher ist als Einzel-Mediation, sind wissenschaftlich bis dato unbeantwortet. Die wenigen Veröffentlichungen zum Thema, die es in der deutschsprachigen Literatur gibt, können sich allenfalls auf mehr oder weniger umfangreiche Arbeitserfahrungen berufen, denen zugute gehalten werden muss, dass sie das ansonsten unerforschte Feld sondieren.

Unser Beitrag zum Thema beruht vor allem auf der Rezeption ausgewählter ame- **3** rikanischer und deutscher Literatur sowie auf unseren Arbeitserfahrungen, die verschiedenen **Quellen** entstammen: aus der Praxis unserer eigenen Mediationen und Co-Mediationen, aus der Supervision der Arbeit von Kollegen, die uns konsultiert haben, aus kollegialen Fallbesprechungen sowie aus den schriftlichen Falldokumentationen, die die Ausbildungskandidaten im Rahmen des Anerkennungsverfahrens zum Mediator (BAFM) vorlegen. Auch wenn unser Beitrag das Niveau unsystematischer Beobachtungen mangels einschlägiger Forschung nicht erweitern wird, haben wir uns bemüht, die real existierenden Formen der interdisziplinären Zusammenarbeit und ihre Besonderheiten zu beschreiben und verschiedene praktisch relevante Aspekte der interdisziplinären Co-Mediation inklusive ihrer Indikation zu diskutieren. Interdisziplinäre Co-Mediation bei Trennung und Scheidung kommt unserer Auffassung vor allem in den Fällen in Betracht, in denen sich die klassische Vorgehensweise mit einem Einzel-Mediator als ungenügend erwiesen hat und wenig erfolgreich ist.[1]

Das traditionelle Konzept von **Trennungs- und Scheidungsmediation**, das unseren **4** Überlegungen zugrunde liegt, stützt sich auf die triviale Voraussetzung und das anspruchsvolle Ziel des Verfahrens, nämlich Trennung und Scheidung im Sinne des Auftrags der Klienten als ein kollaboratives Unternehmen zu verstehen. Zentrale Inhalte des mediativen Arbeitsprozesses sind unserer Auffassung nach folgende **Elemente:**
1. die Einführung kooperativer und aufgabenorientierter Arbeitsbedingungen;
2. die Exploration der individuellen Lebenspläne der Beteiligten im Anschluss an Trennung und Scheidung;
3. ihre Prüfung im Licht der real zur Verfügung stehenden bzw. erweiterten Ressourcen;

---

[1] Vgl. *Mathis* 1998.

4. die Entwicklung einer als fair erlebten Kompatibilität dieser Lebenspläne und

5. der Entwurf persönlicher, wirtschaftlicher und rechtlicher Beziehungen in Gegenwart und Zukunft nach Maßgabe der vom Paar bzw. von den Eltern intendierten Abhängigkeit bzw. Autonomie.

II. Formen der interdisziplinären Zusammenarbeit

5   Trennungs- und Scheidungsmediation wird national und international von Mediatoren mit unterschiedlichen Herkunftsberufen praktiziert – hierzulande vor allem von Mediatoren mit **juristischem** Grundberuf (Anwälte, Notare) bzw. mit **psychosozialem** Grundberuf (Sozialpädagogen, Psychologen, Pädagogen, usw.). Untereinander praktizieren sie verschiedene Formen der interdisziplinären Zusammenarbeit. Wir nennen hier zunächst einige der empirisch verbreiteten Kooperationen in der Übersicht.

1. Team-Mediation

6   Mediatoren der unterschiedlichen Herkunftsberufe (und zumeist auch unterschiedlichen Geschlechts) arbeiten innerhalb einer **Team-Mediation** zusammen. In vielen Fällen treten sie nach außen als sog. **verfestigte Kooperation** auf.

7   Es werden unseres Wissens vor allem **drei Formen** der Zusammenarbeit mit unterschiedlicher empirischer Verbreitung praktiziert:

1. das **Modell einer generellen Co-Mediation,** wenn die Mediatoren gemeinsam mit einem Scheidungspaar innerhalb einer Mediation zusammenarbeiten;
2. das **Modell einer sequentiellen Co-Mediation,** wenn die Mediatoren einzeln, d. h. – je nach Gegenstand der Mediation – nacheinander mit dem Paar zusammenarbeiten;
3. das **Modell einer temporären Co-Mediation,** wenn in einer zeitlich und thematisch begrenzten Phase der Mediation vorübergehend ein zweiter Mediator hinzugezogen wird.

8   **a) Generelle Co-Mediation.** Hier arbeitet das interdisziplinär und zumeist auch gegengeschlechtlich zusammengesetzte Mediatoren-Team von Anfang an in der Mediation zusammen. Beide Mediatoren sind in jeder Sitzung unabhängig von deren Schwerpunkt anwesend und gestalten kooperativ den Arbeitsprozess. Letzteres geschieht naturwüchsig oder in einer abgesprochenen Arbeitsteilung.

9   Den statistischen Angaben des Heidelberger Forschungsprojekts[2] kann entnommen werden, dass sich in dieser Stichprobe das Team eines männlichen psychosozialen Mitarbeiters und einer weiblichen Juristin durchgesetzt hat, die ihre Dienstleistungen in der Regel im Rahmen von Beratungsstellen anbieten. Nur ein einziges niedergelassenes, freiberuflich arbeitendes Mediatoren-Team – übrigens in der Zusammensetzung psychosoziale Mediatorin und juristischer Mediator – hat sich an der genannten Studie beteiligt. Auch wenn die geschilderten Verhältnisse keinen repräsentativen Wert haben, können wir auf Grund unserer Kenntnisse der Szene sagen, dass die statistische Häufigkeit von Co-Mediatoren-Teams in freiberuflichen

---

[2] *Bastine, Weinmann-Lutz & Wetzel* 1999.

Kontexten offenbar gering ist und nur sporadisch, d. h. fallbezogen, zustande kommt. Genaue Daten stehen nicht zu Verfügung.

Vermutlich reflektiert das mäßige Vorkommen von interdisziplinären Teams in 10 freiberuflichen Kontexten die Tatsache, dass Co-Mediatoren hier in der Regel mit einem geringeren Honorar (für jeden der Mediatoren) kalkulieren müssen, wenn ihre Dienstleistungen auch für Jedermann erschwinglich sein sollen. Die genannte Einschränkung macht die freiberufliche Zusammenarbeit, die ohnehin beim Setting der Co-Mediation mit einem zusätzlichen Aufwand verbunden ist (Fahrwege, Telefonate, Vor- und Nachbesprechungen) wirtschaftlich wenig attraktiv. Wir selbst können uns aus diesen Gründen, jedoch wegen des Erfahrungsgewinns höchstens zwei laufende Co-Mediationen erlauben.

b) **Sequentielle Team-Mediation.** Das Setting ist ursprünglich von juristischen 11 Mediatoren eingeführt worden, die sich von der Mediation strittiger Kinderfragen überfordert gesehen, die sog. materiellen Scheidungsfolgen mit den Ehepartnern ausgehandelt und anschließend den Fall im Rahmen einer Übergabe an einen psychosozialen Mediator delegiert haben. Wir kennen das Arrangement lediglich aus Fallbesprechungen und Supervisionen, nicht aus eigener Erfahrung. Auch in der Literatur ist es unseres Wissens noch nicht beschrieben worden. Wir betrachten dieses Modell wegen der damit verbundenen Komplikationen und Fragmentierungen, die nur schwer zu handhaben sind, nicht unbedingt als Methode der Wahl, jedoch in Einzelfällen, wenn ein integratives Setting nicht in Frage kommen kann, als eine denkbare Option.

Eine der typischen Fragmentierungen wollen wir zur Illustration ausdrücklich nen- 12 nen. Die Diskussionen der Eltern, wie sie die Betreuung und Versorgung der Kinder arbeitsteilig organisieren wollen und mit wem die Kinder hauptsächlich zusammenleben werden, lassen sich in der Regel nur schwer von den Überlegungen trennen, wie die Finanzierung des Lebensunterhalts für alle Familienmitglieder, die in zwei verschiedenen Haushalten leben, gesichert werden kann.

Darüber hinaus kann eine der prozeduralen Stärken des mediativen Verfahrens ver- 13 loren gehen. Um angesichts komplexer Fragestellungen arbeitsfähig zu bleiben, kann prinzipiell nur ein Thema nach dem anderen behandelt und entschieden werden, sodass jede einzelne getroffene Vereinbarung nur vorläufigen Charakter hat. Bei der Diskussion der Gesamtlösung werden deshalb frühere Festlegungen, die unter dem genannten Vorbehalt zustande gekommen sind, noch einmal überprüft und gegebenenfalls korrigiert. Dieses für das Konflikt- und Sachmanagement sinnvolle Prozedere ist innerhalb eines sequentiellen Settings nur dann möglich, wenn es für die Diskussion der Gesamtlösung aufgehoben und mindestens eine gemeinsame Sitzung mit beiden Mediatoren arrangiert wird.

c) **Temporäre Co-Mediation.** Weiterreichende Bedeutung kommt einem Setting zu, 14 das durch die inhaltlich und zeitlich begrenzte Beteiligung eines zweiten Mediators charakterisiert ist. Es kommt vor allen Dingen dann in Frage, wenn in der Mediation mit einem psychosozialen Mediator eine juristisch bindende Fassung der Ergebnisse mediativ erarbeitet und hergestellt werden soll. Psychosoziale Mediatoren sind für diesen Teil des Arbeitsprozesses nicht ausgebildet (und dazu auch nicht befugt).

Das Manko, das sich an dieser Stelle für psychosoziale Mediatoren ergibt, kann 15 einerseits durch eine enge Zusammenarbeit mit einem juristischen Experten (Rechtsanwalt, Notar) und andererseits durch die Beteiligung eines juristischen Mediators behoben werden. Im Setting der temporären Co-Mediation werden sich dann auch psychosoziale Mediatoren an den Diskussionen über die Inhalte des Vertrags und über deren Bedeutung für die Klienten beteiligen können.

16   Wir wissen jedoch, dass für den temporär beteiligten Co-Mediator, wenn er zu einem fortgeschrittenen Zeitpunkt hinzugezogen wird, mit verschiedenen **Integrationsproblemen** zu rechnen ist. In der Regel sind Anpassungsschwierigkeiten aller Beteiligten zu erwarten, sodass die Rolle des Gast-Mediators häufig nicht über die eines Beraters oder Sachverständigen hinausgeht.[3] Darüber hinaus ist in der Regel mit ernsthaften Komplikationen zu rechnen, wenn die Beteiligung des Co-Mediators stärker auf Grund von ungelösten und unbesprochenen Schwierigkeiten in den Arbeitsbeziehungen und nicht auf Grund fachlicher Erweiterungen oder Ergänzungen zustande kommt. Hier wird dem Co-Mediator in der Regel die Rolle eines „Retters" zugewiesen, von der sich alle Teilnehmer der Arbeitsgruppe (die Konfliktparteien und beide Mediatoren) nur schwer lösen können. Hier besteht regelmäßig die Aufgabe, die implizite Delegation der Konfliktlösung zu begrenzen und die aktive Partizipation der Konfliktparteien wiederherzustellen.

17   **d) Team-Mediation als Training für Ausbildungskandidaten.** Als besondere Form der Team-Mediation kann die Zusammenarbeit eines erfahrenen Mediators mit einem Ausbildungskandidaten betrachtet werden (Senior-Junior-Modell), in der beide Mediatoren im Hinblick auf ihre praktischen Mediationserfahrungen nicht gleichberechtigt auftreten. Absicht dieses Arrangements ist es vielmehr, den Ausbildungskandidaten sukzessive, d. h. mit wachsender Beteiligung in die Praxis der Mediation einzuführen. In der Regel beobachtet der Co-Mediator zunächst lediglich den Prozess und steht dem federführenden Mediator als Diskussionspartner in den Vor- und Nachbesprechungen zur Verfügung, wenn die Auswertungen der Sitzungen und die weiteren Planungen besprochen werden. Es ist notwendig, dass die Parteien über dieses Setting aufgeklärt werden, sodass sie sich orientieren können und die Lücke, die durch die Zurückhaltung eines der Mediatoren entsteht, nicht mit (beunruhigenden) Phantasien füllen müssen.

18   Trotz der notwendigen Transparenz in den Rollen, die die Mediatoren bei diesem Arrangement einnehmen, lässt sich das Phänomen nicht vollständig ausräumen, dass die Klienten auch dem reservierten Mediator eine **Rolle** zuschreiben. Wir konnten beobachten, dass der Klient mit der gleichen Geschlechtszugehörigkeit wie der Co-Mediator primär Blickkontakt zu diesem aufnimmt und – verallgemeinernd interpretiert – hier Verständnis und Unterstützung für die eigenen Auffassungen sucht. Befürworter der Co-Mediation können darin ein strukturelles Defizit der Einzel-Mediation erkennen, wenn sie kritisch anmerken, dass beide Geschlechter im Team der Mediatoren repräsentiert sein sollen, um der Erwartung des Paares gerecht werden zu können, in seinen traditionellen, an die Geschlechtszugehörigkeit gebundenen Rollen und in den davon geprägten Sichtweisen und Konflikten auch auf einer tieferen Ebene verstanden zu werden. Nahezu alle Autoren, die über einschlägige Erfahrungen berichten, äußern sich ausgesprochen positiv zum Senior-Junior-Modell und zur damit verbundenen Qualifikation des Berufsanfängers.

---

[3] Vgl. *Gold* 1988.

e) **Team-Mediation von Berufsanfängern.** Ebenfalls verbreitet ist die Zusammen-   19
arbeit von zwei Ausbildungskandidaten, die noch während ihrer Ausbildung oder
unmittelbar im Anschluss daran ihre ersten Fälle gemeinsam bestreiten, bis sie sich
sicherer fühlen. In der Regel sind die Mediatoren hier noch bereit, für ein reduziertes Honorar zu arbeiten.

Nach unseren Beobachtungen stellt sich in diesen Fällen relativ regelmäßig eine   20
typische Arbeitsteilung zwischen den Mediatoren her, die an ihren Grundberufen
orientiert ist. Wir glauben jedoch, dass dieser Effekt Ausdruck einer primären Unerfahrenheit und damit vorübergehend ist. Bei diesen ersten Schritten kommt die
Identifikation mit dem Herkunftsberuf stärker zum Tragen und wird zusätzlich
durch Stereotypien in der Wahrnehmung von Zuständigkeiten geprägt. Beide Mediatoren stimmen gewissermaßen darin überein, dass der juristische Mediator – vereinfacht gesagt – bei den Debatten um die Verteilung von Einkommen und Vermögen bzw. der psychosoziale Mediator bei den Diskussionen um das Schicksal der
Kinder und für die Interventionen in emotionalisierten Situationen zuständig ist. Es
ist selbstverständlich, dass sich eine Identifikation mit der Rolle des Mediators erst
mit zunehmenden Arbeitserfahrungen ausbilden kann.

2. Kollegiale Fallsupervision und Konsultation

Mediatoren mit psychosozialem Grundberuf ziehen einen Kollegen mit **juristi-**   21
schem Herkunftsberuf zur Fallbesprechung – ohne Anwesenheit der Klienten – zu
Rate und umgekehrt. Diese Formen der Supervision bzw. Konsultation kommen
vor allen Dingen bei rechtlich bzw. bei paar- und familiendynamisch komplexen Fallkonstellationen oder bei Blockaden des Mediationsprozesses in Betracht. In der Regel
werden in der Supervision der Arbeitsprozess der Mediation, die Rolle des Mediators und dessen Konfliktmanagement reflektiert. Hierzu werden Arbeitshypothesen
und Ideen (Optionen) für die weitere Strukturierung der Vorgehensweise entwickelt. Zweck der Übung ist es, die Sicht- und Handlungsweisen des Mediators konkret und fallbezogen zu erweitern. Auch in der mediationsanalogen Supervision[4]
richten sich die Interventionen (wie in der Mediation) vor allem auf Struktur und
Prozess sowie auf das kommunikative und interaktive Verhalten des Mediators,
wenn dessen Arbeitsfähigkeit und Neutralität wiederhergestellt werden sollen. In
unserem Verständnis von Mediation und ihrer Supervision kommen zwar bedeu-
tungserweiternde Interventionen, die das Verständnis für die Beteiligten vertiefen
können, in Betracht, klassische therapeutische Techniken jedoch nicht. Alle Eingri-
fe und Maßnahmen müssen sich daran messen lassen, ob sie in den Dienst der Mediation gestellt werden können.

In der **Praxis** ist darüber hinaus noch ein weiteres Arrangement verbreitet, das   22
relativ häufig von psychosozialen Mediatoren angewendet wird. Diese konsultieren
in verschiedenen Phasen der Mediation und außerhalb des Settings einen juristisch
ausgebildeten Mediator, um sich in den Eigenheiten juristischer Sachverhalte und
Interpretationen zu qualifizieren. In der Regel ist dies der Fall, wenn die Klienten
mit unterschiedlichen Berechnungen des Ehegatten-Unterhalts oder des Zugewinns
von ihren Beratungsanwälten in die Mediation zurückkehren, um nun eine persön-

---

[4] Vgl. *Diez* 2000.

liche und gemeinsame Lösung auszuhandeln. Hier ist es unabdingbar, dass auch der psychosoziale Mediator zumindest über ein ausreichendes juristisches Hintergrundwissen verfügt und die Logik der unterschiedlichen Berechnungen versteht, um als Mediator kompetent tätig sein zu können.

III. Der Prozess der Zusammenarbeit

1. Vorfeld und Zustandekommen

23   Nach unseren unsystematischen Beobachtungen schließen sich Mediatoren der unterschiedlichen Herkunftsberufe auf der Basis persönlicher und beruflicher Bekanntschaften zusammen, die sie zumeist bereits in ihren Mediationsausbildungen bzw. in regionalen Arbeitskreisen geschlossen haben. Einigen Quellen ist zu entnehmen, dass diese Kooperationen offenbar sporadisch, d.h. fallbezogen, eingegangen werden. Welche Fälle als Anlass genommen werden, zusammenzuarbeiten, bleibt zumeist vage. In der Regel ist lapidar von „komplexen Fällen" die Rede.

24   Absicht regionaler und überregionaler Verzeichnisse von Mediatoren ist die Annonce der eigenen Dienstleistung, sodass die Schlussfolgerung erlaubt ist, dass mit dem Hinweis auf interdisziplinäre Kooperationen die Erwartung verbunden ist, sich attraktiver auf dem Markt platzieren zu können.[5] Psychosoziale Mediatoren signalisieren, dass die Mediation bei ihnen auch juristisch relevante Themen umfasst, während Anwaltsmediatoren entsprechend zu erkennen geben, dass auch in ihren Mediationen die persönlichen und familiären Anliegen zum Tragen kommen. Offenbar soll hier stereotypen Festlegungen beim Publikum, die auf Grund der Herkunftsberufe zustande kommen können, entgegengewirkt werden. In den meisten Fällen ist mit der Option auf ein **interdisziplinäres Setting** gleichzeitig der Hinweis auf ein **heterosexuell zusammengesetztes Team** verbunden. Offensichtlich sollen hiermit Vorbehalte und Empfindlichkeiten der Klientel, die mit der Geschlechtszugehörigkeit des Mediators verbunden werden können, ausgeräumt werden.

25   Wir selbst arbeiten als Supervisoren in der Ausbildung von Familien-Mediatoren zusammen. Für unsere Kooperation als Mediatoren sind wir ursprünglich von dem Interesse geleitet gewesen, die Arbeitsweise des Kollegen bzw. der Kollegin real kennen zulernen. Wir wollen auf eigene Arbeitserfahrungen zurückgreifen können, um uns für die Supervision von Co-Mediationen mit einem soliden eigenen Erfahrungswissen qualifiziert zu fühlen.

2. Anmeldung, Vorgespräch und Indikation

26   Wenn die Absicht besteht die Mediation als Co-Mediation zu veranstalten, muss in der Regel bereits bei der telefonischen Anmeldung über deren Indikation entschieden werden. Jedoch können im ersten Telefonat die dazu notwendigen Informationen in der Regel nicht ausreichend erhoben werden, sodass zumeist ein Vorgespräch mit beiden Parteien notwendig ist. Das **Vorgespräch** in der Mediation hat – neben vielen anderen Funktionen – auch die Aufgabe, dass alle Beteiligten sich

---

[5] Zur Vermarktung der Mediation vgl. § 19.

ausreichend orientieren und herausfinden können, ob eine Mediation der Trennungs- und Scheidungsfolgen oder ob Alternativen in Frage kommen. Insbesondere kann sich auch der Mediator einen ersten Eindruck von der aktuellen partnerschaftlichen bzw. familiären Situation sowie von den Sichtweisen, Motivationen und Erwartungen jedes der beiden Partner verschaffen. Für die **fallbezogene Indikation** einer Co-Mediation können Merkmale des Falls, denen eine prognostische Aussage über zu erwartende Komplikationen (inklusive Erfolglosigkeit und Abbruch) beigemessen wird, herangezogen werden.

a) Fallbezogene Indikation. In den folgenden Profilen haben wir Kriterien zusammengefasst, die aus verschiedenen empirischen Untersuchungen zur Prognose von Mediationsverläufen,[6] aus Zusammenfassungen von (amerikanischen) Projekten zur Team-Mediation[7] und aus unseren eigenen Arbeitserfahrungen stammen. Wir haben dabei diejenigen Fallkonstellationen zu erfassen versucht, bei denen normalerweise mit erheblichen Schwierigkeiten im Verlauf des Arbeitsprozesses (inklusive Abbrüchen) gerechnet werden muss, in der Regel anspruchsvolle strategische und prozedurale Interventionen getroffen werden müssen und/oder von den Parteien im Schnitt ein relativ geringes Maß an Kooperation erreicht wird. Wir sind der Auffassung, dass in diesen Fällen klassische Einzel-Mediationen wegen der damit verbundenen Überforderungen in der Regel untauglich sind und die Ressourcen einer Team-Mediation größere Erfolgsaussichten versprechen. Trotz unserer Orientierung an Forschungsergebnissen und Projekterfahrungen gibt es bis dato keine eindeutigen indikatorischen Anhaltspunkte für die Anwendung des Team-Modells.   27

– **Hohes Konfliktniveau.** Es wird angenommen, dass sog. verstrickte (enmeshed) Paare, die sowohl die äußere als auch die innere Ablösung bisher vermieden haben, innerhalb des Team-Settings besser auf die Aufgabenorientierung des Medikationsverfahrens fokussiert werden können und ihre Paardynamik leichter von der Regelung der Trennungs- und Scheidungsfolgen unterscheiden können. In der Regel kann das dafür notwendige zusätzliche Konfliktmanagement besser von zwei Mediatoren geleistet werden. Hieraus ergeben sich unmittelbar Konsequenzen für die Arbeitsteilung der Mediatoren (Prozessmanagement und Aufgabenorientierung).   28

– **Machtungleichgewicht.** Es wird angenommen, dass das Mediatoren-Team besser für eine Ausgewogenheit in der Repräsentanz beider Partner innerhalb des Verfahrens sorgen kann, wenn die Unterschiede zwischen ihnen auf Grund von Stärken oder Schwächen gravierend sind. Das sog. Machtungleichgewicht kann in der Verfügung über ökonomisches Wissen, über die finanziellen Ressourcen, über den Kontakt zu den Kindern, über kommunikative und Verhandlungsfähigkeiten, über die dominierende Rolle in der Paarbeziehung, usw. zum Ausdruck kommen. Das Team-Setting erlaubt es, dass ein Mediator einen Ehepartner dabei unterstützen kann, seine Interessen zu artikulieren und zu vertreten, ohne dass die Allparteilichkeit des Teams in Frage steht.   29

– **Komplexe berufliche und wirtschaftliche Verhältnisse.** Es wird angenommen, dass das Mediatoren-Team die Auseinandersetzung der wirtschaftlichen Verhältnisse   30

---

[6] *Kressel, Jaffee, Tuchman, Watson & Deutsch* 1980; *Johnston & Campbell* 1985, *Kelly & Gigy* 1989, *Mathis* 1998, *Tjersland* 1999.
[7] *Gold* 1988, *Salius & Maruzo* 1988.

sowie die damit verbundenen psycho- und paardynamischen Konflikte besser handhaben kann, wenn die Trennung der Ehe gleichzeitig mit der Auflösung einer geschäftlichen und beruflichen Partnerschaft verbunden ist. Zwar umfasst jede Scheidung innere und äußere Ablösungen. Jedoch können durch die Zusammenarbeit
und die Beteiligung des Paares in und an einer gemeinsamen Firma, durch komplizierte Beteiligungen an einem umfangreichen Immobilienbesitz oder durch die
Kooperation des Paares in einer beruflichen Partnerschaft, usw. besonders komplexe Verhältnisse geschaffen worden sein. Mit deren Auflösung sind in der Regel heftige Gefühle, disparate Auffassungen (was wem zusteht) und/oder unterschiedliche Sachkenntnisse verbunden. In diesen Fällen kann meistens von der
Gleichzeitigkeit einer Scheidungsmediation und einer Wirtschaftsmediation gesprochen werden.

31 – **Einseitiger Trennungsentschluss und unausgeglichene Motivation zur Mediation.** Es wird angenommen, dass ein Mediatoren-Team das Verständnis für das
Anliegen jedes der beiden Partner leichter aufbringen kann, wenn der Entschluss
zur Trennung einseitig getroffen wurde bzw. wenn ein Partner nur „notge-
drungen" an der Mediation teilnimmt. Das Paar ist über die Zukunft der Partnerschaft bzw. über Trennung und Scheidung noch zu keiner Übereinkunft gekommen.[8] Obwohl zumindest akute oder Übergangsregelungen notwendig sind,
liegt eine unterschiedliche emotionale Bereitschaft dazu vor. Die Interessenlage
und die Bedürfnisse des Paares erscheinen inkompatibel, sodass eine Einzel-
Mediation selten zustande kommt. Das Verständnis für die Erlebens- und Sichtweise jedes der beiden Partner erhöht die Chance, einen gemeinsamen Ver-
handlungsnenner zu finden. Ein einzelner Mediator steht regelmäßig in der
Gefahr, von beiden Parteien unweigerlich als Bündnispartner der aktiven Partei
betrachtet und deshalb vom reaktiven Partner abgelehnt zu werden. Die zwischen
den Partnern ausgeglichene bzw. unausgeglichene Scheidungsmotivation ist ein
relativ zuverlässiger prognostischer Faktor für Erfolg bzw. Misserfolg der Mediation.

32 – **Mandatierung eines Rechtsanwalts und laufendes gerichtliches Verfahren.** Es wird
angenommen, dass der Verlust von Vertrauen und der Zusammenbruch der Kommunikation leichter innerhalb einer Team-Mediation aufgefangen werden kann,
wenn die Mediation nach Einleitung des gerichtlichen Scheidungsverfahrens und
der Mandatierung eines Rechtsanwalts durch mindestens einen Partner zustande
gekommen ist. Anwaltliche Schriftsätze und gerichtliche Beschlüsse in Einzelfragen (z.B. Aufenthaltsbestimmung für das Kind) sowie längere gerichtsnotorische
Auseinandersetzungen können Feindbilder hervorrufen, die nur schwer revidiert
werden können. Die Teilnahme an der Mediation kann nicht nur auf gut gemeinten Absichten der Parteien beruhen, sondern auch davon motiviert sein, ein negatives Ergebnis im Gerichtsverfahren zu vermeiden. Diese Paare müssen nicht nur
Feindbilder aufgeben, sondern sich bereit finden, das gerichtliche Verfahren ruhen
zu lassen und die Delegation der Problemlösung sowie die Phantasie zurücknehmen, im juristischen System Recht zu bekommen. Gleichzeitig ist es notwendig,
ein Minimum an Vertrauen und Kooperation im Kontext der zur Debatte stehenden Streitfragen aufzubauen. Außerdem müssen die Parteien die Bedeutung

---

[8] Vgl. *Bernhardt & Riedel* 2000.

bzw. Implikationen von anwaltlich geltend gemachten Forderungen und Positionen sowie die von gerichtlichen Beschlüssen verstehen lernen.

– **Traumatisch erlebte Trennungen und außereheliche Beziehungen.** Es wird ange- 33 nommen, dass mit traumatischen Trennungserfahrungen leichter innerhalb einer Team-Mediation umgegangen werden kann. Als traumatische Trennung werden hier Erfahrungen der folgenden Art verstanden werden: plötzlich bzw. nach diskreten Vorbereitungen verlassen worden zu sein, zugunsten einer vorher verheimlichten außerehelichen Beziehung im Stich gelassen worden zu sein, usw. Diese Erfahrungen beinhalten für die meisten Menschen überwältigende Gefühle der Kränkung, der Wut, der Schuld und des Verrats, die sie überfordern. Traumatische Trennungen lösen in der Regel eine Neudefinition des Bildes vom Partner aus, indem das bei der Trennung gezeigte Verhalten nun der Persönlichkeit des Partners zugeschrieben wird. Zwei Mediatoren können das in diesen Fällen notwendige Verständnis und die Anerkennung von Verletzungen leichter mit der notwendigen aufgaben- und zukunftsorientierten Haltung in Einklang bringen.

Zusammenfassend kann gesagt werden, dass es keine speziellen, jedoch verschie- 34 dene ernst zu nehmende Hinweise dafür gibt, dass das Setting der Co-Mediation insbesondere für Paare mit wenig oder verstrickter Kommunikation zwischen den Partnern favorisiert werden kann, die sich in einer emotional überfordernden Situation für mindestens einen der Partner befinden und in komplexen beruflichen und ökonomischen Verhältnissen leben, die durch die Scheidung ebenfalls in Frage gestellt werden und neu organisiert werden müssen.

Im Einklang mit *Kressels* provisorischen Forschungen[9] und einer Reihe von 35 Nachfolgeuntersuchungen anderer Autoren[10] kommt nach unserer Auffassung die klassische Einzel-Mediation insbesondere den Paaren zugute, die dem offen-direkten *(direct)* bzw. dem gelockerten *(disengaged)* Scheidungsmuster zugeordnet werden können und die inzwischen zur Scheidung und zur Regelung ihrer Trennungs- und Scheidungsfolgen bereit sind. Der mehr oder weniger gemeinsam getragene Entschluss zur Trennung ist erst nach längeren Diskussionen über das Für und Wider *(direct)* oder durch die anhaltende Abnahme von Interesse und Intimität während der Ehe *(disenganged)* zustande gekommen. Die zumindest ansatzweise eingeleitete „psychische Scheidung" kann in vielen Fällen äußerlich an der Fortsetzung von Kontakt und (konflikthafter) Kommunikation, an einschlägigen Aktivitäten zur Realisierung und an der Dauer der räumlichen Distanzierung abgelesen werden. Der mediative Arbeitsprozess verläuft auch in diesen Fällen weder problemlos noch konfliktfrei. Jedoch entsprechen Arbeitsbedingungen, Vorgehensweise und Ziel der Mediation den genannten Konflikt- und Scheidungsmustern dieser Klientel.

Telefonat und Vorgespräch können dafür genutzt werden, herauszufinden, ob 36 das Setting der Co-Mediation in Betracht kommt. Dazu ist eine Minimum an Exploration und Diagnostik notwendig, die auch den pragmatischen Ansprüchen der Praxis Rechnung trägt. Elaborierte Instrumente[11] kommen unserer Auffassung nach dafür nicht in Frage.

---

[9] *Kressel, Jaffee, Tuchman, Watson & Deutsch* 1980.
[10] Vgl. *Mathis & Yingling* 1990.
[11] *Mathis & Yingling* 1998.

37   Wir glauben jedoch, dass die folgenden Informationen[12] in den meisten Fällen relativ unproblematisch erhoben werden können:
  – Dauer der Trennung und die Wechselseitigkeit des Scheidungsentschlusses
  – Ausmaß der Zerrüttung von Kommunikation und Vertrauen
  – Gemeinsame Beratung oder Therapie des Paares bzw. eines einzelnen Partners
  – Alter der Kinder und strittige Kinderfragen
  – Gemeinsame Firma oder berufliche Zusammenarbeit
  – Art und Umfang von Vermögen und Immobilien
  – Mandatierung eines Rechtsanwalts, Einleitung des Scheidungsverfahrens, bestehende oder anhängig gemachte gerichtliche Beschlüsse

38   In der Regel werden die einschlägigen diagnostischen Informationen von den Parteien ohnehin bei der Erhebung der wichtigsten Familien- und Sozialdaten bzw. bei der Darstellung der aktuellen familiären Situation von selbst geliefert. Unsere ablehnende Einstellung gegenüber elaborierten Techniken beruht auf der Arbeitserfahrung, dass wichtige, für die Indikation relevante Fragen vor bzw. zu Beginn einer Mediation zwar ausreichend geklärt werden müssen, um Missverständnisse und Fehlerwartungen aufdecken zu können, umfangreichere Bemühungen des Mediators jedoch lediglich abschreckend wirken und bei den Klienten vor allem den Eindruck hinterlassen können, das Verfahren stelle hohe, kaum erfüllbare Anforderungen und sie selbst seien dafür nicht geeignet.

39   **b) Indikation auf Grund von Einschränkungen des Mediators.** Als Kriterium für den Vorschlag bzw. die Wahl des Team-Settings kann aber auch die persönliche Reaktion des Mediators auf die Parteien und deren Situation in Frage kommen. Maßgeblich sind in diesem Fall die zu erwartenden Einschränkungen der Neutralität und Allparteilichkeit. Eine **Co-Mediation** kann für den Mediator **in Betracht** kommen
  – wenn der Mediator glaubt, dass ihn die Konstellation an die eigene Ehe bzw. eigene Scheidung erinnert
  – wenn der Mediator auf Grund seiner Arbeitserfahrungen weiß, dass das Verhalten eines Ehepartners bzw. die Kommunikation und Interaktion der Ehepartner für ihn persönlich schwierig zu handhaben sind.

40   Außerdem können **fehlende Qualifikationen** und unzureichende Kompetenzen (sowie die Restriktionen des Rechtsberatungsgesetzes) als Kriterium für die Wahl des interdisziplinären Settings in Frage kommen
  – wenn strittige Kinderfragen im Mittelpunkt der elterlichen Auseinandersetzungen stehen (juristische Mediatoren)
  – wenn die Parteien in der Mediation eine vertragliche Regelung ihrer persönlichen, wirtschaftlichen und juristischen Beziehungen vorbereiten wollen (psychosoziale Mediatoren)
  – wenn die Mediatoren sich in der Ausbildung befinden bzw. unmittelbar nach ihrer Ausbildung über keine ausreichenden Arbeitserfahrungen und Routinen verfügen.

41   Die Kompetenzdebatte, die in der deutschen Mediationsszene geführt wird, ist bis dato als Kritik an psychosozialen Mediatoren geführt worden, die sich zutrauen, finanzielle und wirtschaftliche Angelegenheiten in der Trennungs- und Scheidungsmediation zu verhandeln. Wir haben den Eindruck, dass die Tätigkeit von juristi-

---

[12] Vgl. *Gold* 1988.

schen Mediatoren, die in der Trennungs- und Scheidungsmediation interpersonelle Angelegenheiten verhandeln, noch nicht ausreichend kritisch diskutiert wird. Auch dafür sind eine adäquate Ausbildung und einschlägige Berufserfahrungen im Umgang mit dem psycho- und paardynamischen Geschehen in Trennungs- und Scheidungskontexten von Nutzen. Eine von beiden Seiten geführte Kompetenzdebatte kann die Modelle interdisziplinärer Team-Mediation attraktiver machen, als sie das gegenwärtig offenbar sind. Die unverstellte Wahrnehmung und Anerkennung eigener und fremder fachlicher Kompetenzen, die die verschiedenen Berufsgruppen in ihren Herkunftsberufen erworben haben, macht die Co-Mediation für psychosoziale und juristische Mediatoren, wenn sie sich am Anfang ihrer Mediationspraxis befinden, in unseren Augen geradezu verbindlich.

c) Indikation auf Grund der Zahl der Mediationsteilnehmer. Gewöhnlich nimmt   42
an der Trennungs- und Scheidungsmediation lediglich das erwachsene Paar teil – in einigen Fällen und vor allem bei psychosozialen Mediatoren vorübergehend auch ihre Kinder. Die Einschaltung und Anwesenheit externer Fachleute (Jurist, Steuerberater, Kinderpsychologe, usw.) in der Mediation ist in der Regel ebenfalls eine vorübergehende Intervention. Vereinzelt werden jedoch auch Mediationen beschrieben,[13] in denen die Klienten und ihre Parteienvertreter ständig zusammen an den Sitzungen teilnehmen. Dies ist vor allem dann der Fall, wenn beide Klienten bereits vor Beginn der Mediation von einem Rechtsanwalt vertreten wurden, die sog. Vierer-Verhandlungen stagniert haben und deren Fortsetzung als Mediation gestaltet werden soll.

Es ist nahe liegend, dass die Zahl der Mediationsteilnehmer, die eine Mehrzahl   43
an Beziehungen stiftet, die antagonistische Haltung aller Beteiligten (einschließlich der jeweiligen strategischen Absprachen, die unveröffentlicht bleiben) und das berufliche Verhalten der Mandatsträger sowie die Kränkung und Scham aller Beteiligten, eine weitere Person zu Hilfe holen zu müssen, eine besondere und unübersichtliche Dynamik konstellieren, die eine interdisziplinäre Team-Mediation als Setting der Wahl in Betracht kommen lassen. Zusätzlich sind eine spezielle Strukturierung Sitzung, die den besonderen Arbeitsbedingungen Rechnung trägt, und ein ausreichender Zeitrahmen sinnvolle Maßnahmen.

d) Indikation auf Grund der Wünsche der Klienten. In der Regel haben die Klienten   44
bereits selbst eine Indikation vorgenommen, wenn sie sich bei einem psychosozialen bzw. bei einem juristischen Mediator, bei einer Frau bzw. einem Mann angemeldet haben oder – in seltenen Fällen – nach einem interdisziplinär bzw. heterosexuell zusammengesetzten Mediatoren-Team fragen. Bei Trennung und Scheidung steht nach unseren Erfahrungen der Wunsch nach einem heterosexuell besetzten Team häufig stärker im Vordergrund als nach der interdisziplinären Ausstattung. So können Frauen die Anwesenheit einer weiblichen Mediatorin und Männer die eines männlichen Mediators wünschen, um sich nicht von Anfang an benachteiligt zu erleben. In der Regel sind die Empfindlichkeiten gegenüber dem anderen Geschlecht in der Trennungskrise erhöht.

In der **Praxis** muss vor allem als Komplikation gerechnet werden, dass sich die   45
Klienten zunächst an einen einzelnen Mediator gewandt haben, jedoch für diesen im Vorgespräch deutlich wird, dass in diesem Fall sinnvollerweise eine Co-Me-

---

[13] Vgl. *Kramp* 1999.

diation in Betracht kommt. Hier sehen wir es als Aufgabe des Mediators, die Parteien im Rahmen des Vorgesprächs über die verschiedenen Optionen eines erweiterten Settings aufzuklären und mit ihnen zu diskutieren: Generelle, sequentielle und temporäre Team-Mediation inklusive der damit verbundenen Kosten. Es ist selbstverständlich, dass die Entscheidung über das Setting nur zusammen mit dem Paar getroffen werden kann, ohne dass jedoch die professionelle Verantwortung des Mediators dabei verloren gehen kann. Auch Handwerker und Chirurgen brauchen ein wirksames Handwerkszeug, um hilfreich sein zu können. In der Regel können die Klienten einem Team-Setting dann zustimmen, wenn eine akzeptable Lösung für die Finanzierung des Settings gefunden werden kann.

46   Es gibt lediglich vorläufige und vage Hinweise[14] darauf, dass die durchschnittlichen Gesamtkosten des Team-Settings lediglich um zirka 30 Prozent höher ausfallen als die durchschnittlichen Gesamtkosten einer Einzel-Mediation. In den Fällen, in denen für die Klienten eine Mediation vor allem deshalb in Frage kommt, um die Scheidungskosten zu reduzieren, wirkt der höhere Honorarsatz pro Stunde jedoch immer abschreckend. Auch *Folberg* (1983) ist der Meinung, dass der Team-Ansatz ein besserer, jedoch kein billigerer Service ist.

3. Kompetenzen und Arbeitsteilung im interdisziplinären Team

47   *Coogler,* der in den USA als „Vater" der strukturierten Scheidungsmediation betrachtet wird, hat eine Ausbildung als Psychologe und als Jurist absolviert. In deutschsprachigen Veröffentlichungen wird relativ regelmäßig darauf hingewiesen, dass interdisziplinäre Kooperationen den psychologischen und rechtlichen Aspekten von Trennung und Scheidung am besten gerecht werden könnten. Wir stehen dieser Begründung insoweit kritisch gegenüber, als sie lediglich die **Qualifizierung der Mediatoren durch ihre Herkunftsberufe** betont. Im Übrigen können unserer Meinung nach für die Zusammenarbeit eines Pädagogen und eines Steuerberaters ähnlich überzeugende und im Einzelfall bessere Argumente herangezogen werden.

48   Nach unserer Auffassung sind die **zentralen Dienstleistungen des Mediators** weder klassische psychologische noch klassische anwaltliche Tätigkeiten. Der Erwerb mediativer Kompetenzen in Ausbildung und Berufspraxis geht vielmehr mit einer Lockerung der Identifikation mit der gewohnten beruflichen Rolle einher. Die Identifikation mit der konventionellen psychologischen und anwaltlichen Rolle innerhalb der Mediation ist unserer Auffassung nach in der Regel kontraproduktiv und wird dem Verfahren nicht gerecht. Die Definition der Mediation als anwaltlicher Tätigkeit in der Berufsordnung der Rechtsanwälte ist in diesem Sinne missverständlich und hat zumindest in deutschen Juristen-Szene – pointiert formuliert – zu der Auffassung geführt, Mediation sei eine elaboriertere Form der anwaltlichen Verhandlung und damit nichts wesentlich Neues. *Mähler und Mähler* (1995) ist es zu verdanken, dieses Vorurteil frühzeitig korrigiert zu haben. Auch in der Therapeutenszene ist eine vergleichbare Einstellung verbreitet, in der die Unterschiede zwischen Therapie und Mediation verleugnet werden und eine spezielle Zusatzausbildung zum Familien-Mediator als überflüssig betrachtet wird.

---

[14] Vgl. *Gold* 1988.

Die Herkunftsberufe der Mediatoren – Anwalt oder Psychologe –, die damit ver- 49
bundene berufliche Sozialisation sowie die hier erworbenen Kompetenzen spielen
nur für Teilaspekte der Mediation und hier auch nur eingeschränkt bzw. modifiziert eine Rolle. Darüber hinaus werden sie mit einer wesentlich anderen, für die
Mediation charakteristischen Haltung in deren Dienst gestellt.

Die **Kompetenzen des Anwaltsmediators,**[15] die ihn für seine antagonistisch ange- 50
legte Rolle innerhalb des juristischen Systems qualifizieren, sind in der Mediation
kontraproduktiv, d.h. konfliktverschärfend. Die Regeln und die Prozedur der Mediation sind in ihrem Wesen die normative Fassung von direkt, kooperativ, rational
und fair geführten Verhandlungen, in denen die Interessen der Beteiligten geschützt
und der Konflikt limitiert, kontrolliert und gelöst werden soll.[16] Die fehlende inhaltliche Entscheidungsbefugnis des Mediators[17] soll die Delegation der Konfliktlösung an ihn sowie die eskalierende Rolle des Schiedsrichters, die Anwendung fremder normativer Regeln und die Gewinner-Verlierer-Dynamik außer Kraft setzen.

Zu den Kompetenzen des Anwaltsmediators, die ihm in der Mediation zugute 51
kommen können, zählen vor allem seine Fähigkeiten, die für die Gestaltung des Arbeitsprozesses und für die Realitätsprüfung seiner Inhalte nützlich sind (z. B. Daten-
erhebung, Strukturierung des Prozesses, Fokussierung auf die Aufgaben, Rechtsaufklärung, usw.). Darüber hinaus kann der Anwaltsmediator von seinen beruflichen
Fähigkeiten beim Entwurf des Memorandums bzw. eines Vertrags profitieren.

Der Anwaltsmediator läuft jedoch Gefahr, mit seiner mangelnden Distanz zum 52
Gesetzesrecht zu kämpfen. Dieses Manko kann sich in der Mediation in verschiedenen Fallen äußern. Wir nennen hier einige ausgewählte Beispiele: die Gewohnheit, das Gesetzesrecht als Unterordnungsnorm zu verstehen und auf die Situation
der Parteien anzuwenden; die Bereitschaft, sich mit einer Partei zu identifizieren,
wenn deren Position den gesetzlichen Gerechtigkeitsvorstellungen entspricht; die
Neigung, eine Delegation der Konfliktlösung anzunehmen und die richtige Antwort
parat zu haben; die Eigenart, persönliche Anliegen als nicht entscheidungserheblich
zu betrachten, usw. Nach unseren Beobachtungen haben Anwaltsmediatoren in der
Regel zusätzlich eine Scheu, den Parteien zu nahe zu treten und ausreichend indis-
kret zu sein, sodass sie für die Erhebung sog. weicher Daten, d.h. der jeweils persönlichen Bedeutungen von Positionen, unerfahren sind.

Zu den **Kompetenzen des psychosozialen Mediators**[18] zählen vor allem seine Fä- 53
higkeiten, die für die Gestaltung eines kooperativen Kommunikationsprozesses
und im Umgang mit der interferierenden Psycho- und Paardynamik nützlich sind
(aktives Zuhören, Umgang mit emotionalisierten Situationen und Blockaden, be-
deutungserweiternde Explorationstechniken, usw.). Darüber hinaus kommt die berufliche Sozialisation des psychosoziale Mediators vor allem bei der differenzierten
Beachtung der Psycho-, Paar- und Familiendynamik, der Trennungs- und Krisen-
reaktionen und der entwicklungspsychologischen Bedürfnisse der Kinder zum Tragen.

Der psychosoziale Mediator steht andererseits regelmäßig in der Gefahr, den Re- 54
spekt vor der Autonomie und Selbstverantwortung der Parteien hinsichtlich der In-

---

[15] Dazu § 21.
[16] Vgl. *Deutsch* 1976.
[17] Vgl. dazu § 15.
[18] Dazu § 22.

halte der Mediation auch auf den Prozess auszudehnen und damit regressive und damit konfliktverschärfende Tendenzen bei den Parteien zu fördern und die Aufgabenorientierung der Mediation aus den Augen zu verlieren. Anders als Anwaltsmediatoren sind psychosoziale Mediatoren von der Bedeutung der normativen Struktur des Verfahrens nicht von vornherein überzeugt, sodass sie diesen Teil ihrer Rolle innerlich zunächst nicht ausreichend besetzen. Auch dieses Manko macht sich in der Mediation in verschiedenen Formen bemerkbar, von der wir ebenfalls einige ausgewählte Beispiele nennen: die Darstellung der Geschichte des Konflikts wird zu lange ausgedehnt; emotionale Themen werden zu tief exploriert; die Diskussion einer Einzelfrage wird zu lange zugelassen; die Formulierung des Memorandums und die Konsultation von Außenanwälten wird den Parteien überlassen, usw. Darüber hinaus stehen psychosoziale Mediatoren andererseits in der Gefahr, die Kinder vor ihren Eltern schützen oder diese vom (idealisierten) Gemeinsamen Sorgerecht überzeugen zu wollen.

55   Der **Unterschied zwischen Anwaltsmediatoren und psychosozialen Mediatoren** liegt in der hier diskutierten Perspektive in der Überbesetzung der gesetzlichen Normen, sodass die Kraft des Mediationsverfahrens nicht zum Tragen kommen kann, bzw. in der Unterbesetzung der Regeln der Mediation – mit dem Ergebnis, dass die Kraft des Mediationsverfahrens sich ebenfalls nicht entwickeln kann. Dort wird das Gefäß nicht vollständig geöffnet, während hier ein Gefäß benutzt wird, das ein Leck hat.

56   Obwohl es in der internationalen Mediationsszene bemerkenswerte Unterschiede in den Auffassungen über die Rolle und die **Kompetenzen des Mediators** gibt, beschreiben nahezu alle Schulrichtungen die Trennungs- und Scheidungsmediation als einen einzigartigen Arbeitsprozess, in dem die Ehepartner zusammen mit einer neutralen und speziell ausgebildeten dritten Person die Trennungs- und Scheidungsfolgen im Sinne ihrer persönlichen Fairnessvorstellungen aushandeln. Als zentrale Tätigkeit des Mediators werden in der Regel dessen Bemühungen verstanden, für eine kooperative und lösungsorientierte Arbeitsbeziehung zwischen den Parteien zu sorgen und diese, wenn sie den Parteien zwischenzeitlich verloren geht, wiederherzustellen. Innerhalb dieser generellen Definition[19] werden in der Regel zwei prinzipielle Bereiche unterschieden. Die Interventionen des Mediators richten sich sowohl auf die Einführung und Einhaltung eines konstruktiven Verhandlungsklimas (Entwicklung der Kooperation) als auch auf die Erarbeitung und Bearbeitung der wesentlichen Verhandlungsthemen (Entwicklung der Lösung).

57   Hinsichtlich des **Verhandlungsklimas** werden zu den wesentlichen Funktionen des Mediators in der Regel folgende **Aufgaben** gezählt:
1. Unterstützung einer präzisen und respektvollen Kommunikation zwischen den Parteien;
2. Management von Wut und Feindseligkeit der Parteien, sodass diese innerhalb tolerierbarer und handhabbarer Grenzen verbleiben;
3. Förderung des Vertrauens der Parteien in den Arbeitsprozess und in ihre Fähigkeiten, diesen Prozess für die Realisierung ihrer eigenen bedeutsamen Interessen zu nutzen;
4. Erinnerung der Parteien an die Bedürfnisse und Perspektiven ihrer Kinder;

---

[19] Vgl. *Kressel* 1985.

5. Implementierung eines konstruktiven Verhandlungsstils – und zwar vor allem in Form der Wertschätzung der eigenen und der fremden Bedürfnisse sowie in Form der Anerkennung der Notwendigkeit eines Tauschhandels (quid pro quo).

Auf der **inhaltlichen** Ebene werden zu den wesentlichen Aktivitäten des Mediators in der Regel folgende **Aufgaben**[20] gezählt: 58

1. Entwicklung einer strukturierenden Agenda;
2. Erhebung aller relevanten Daten und Informationen und Herstellung von Transparenz;
3. Aufklärung über juristische, ökonomische und psychologische Sachverhalte;
4. Hilfestellung für jede der Parteien, ihre bedeutsamen und weniger bedeutsamen Ziele identifizieren und unterscheiden zu können;
5. Unterstützung der Parteien bei der Entwicklung von (möglichst vielen) Optionen;
6. Einwirkung auf die Parteien, sich in Richtung einer Einigung zu bewegen;
7. Übersetzung der gefundenen Einigungen in ein schriftliches Protokoll (Memorandum) und ggf. in einen Vertrag.

Wir sind der Auffassung, dass die **Aufgaben** in der Mediation für Mediatoren beider Herkunftsberufe prinzipiell **gleich** sind, jedoch ihre Perspektiven, mit denen sie wahrnehmen, analysieren und reagieren auf Grund ihrer beruflichen Sozialisation ursprünglich verschieden sind. Die Mitglieder eines interdisziplinären Teams müssen deshalb erst lernen, sich als Mediatoren zu verstehen und hier eine kooperative Arbeitsbeziehung zu entwickeln. Sie müssen Erfahrungen damit sammeln, das Territorium zu teilen (und hier nicht zu konkurrieren), das ihnen bei der Kontrolle des Prozesses und der Förderung der Verhandlungen zur Verfügung steht. Die in der Literatur veröffentlichen Konzepte der interdisziplinären Co-Mediation[21] betonen stark die Ressorts der Team-Mitglieder, die ihnen auf Grund der Orientierung an den Herkunftsberufen zufallen, weniger die Arbeitsteilung der Mediatoren.   59

Zu Beginn einer Zusammenarbeit kann es durchaus hilfreich sein, dass die Co-Mediatoren die gleiche **Mediationsausbildung** absolviert haben. Jedenfalls sollten sie in ihrem Verständnis der Mediation und der Rolle des Mediators nicht prinzipiell voneinander abweichen. Es kann sinnvoll sein, wenn ihnen zunächst ein gemeinsam geteiltes Verständnis des Ablaufs, der Prozeduren, Strategien und Interventionen zur Verfügung steht.   60

Die fachlichen Kompetenzen, die sie auf Grund ihrer Herkunftsberufe mitbringen, können ihnen in der Regel supportiv zu Hilfe kommen. Ihre Identität als Mediatoren entwickeln die Team-Mitglieder jedoch aus den gemeinsam geteilten und reflektierten Arbeitserfahrungen und aus dem Vertrauen in den strukturierten Prozess der Mediation. Aus unserer Sicht müssen der jeweilige Gegenstand der Mediation und der Herkunftsberuf nicht unbedingt die Arbeitsteilung definieren.   61

Die folgenden **Modelle der Arbeitsteilung** können in der Team-Mediation unterschieden werden, die dort naturwüchsig oder per Absprache zur Anwendung kommen. Es wird dabei nicht danach differenziert, ob diese Modelle im Verlauf einer Mediation vorübergehend oder längerfristiger praktiziert werden: 62

---

[20] Zu den Aufgaben des Mediators im allgemeinen § 15.
[21] *Gold* 1988, *Wiseman & Fiske* 1980.

63 – Arbeitsteilungen, die sich an den **konventionellen Berufsbildern** orientieren und auf den Kompetenzen und Erfahrungen beruhen, die die Co-Mediatoren aus ihren Herkunftsberufen als Mitgift einbringen: So kann die Federführung bei der Erhebung von Daten zu den Einkommens- oder Vermögensverhältnissen vom Anwaltsmediator übernommen werden, während der psychosoziale Mediator eine aktive Rolle bei der Erhebung der zwischen den Partnern unausgeglichenen Trennungsmotivation oder bei der Exploration von Bedeutungen der individuellen Diskussionsbeiträge spielt.

64 – Arbeitsteilungen, die sich an den **Geschlechtsrollen** orientieren: So kann es die weibliche Mediatorin übernehmen, die Beweggründe der Ehefrau zu explorieren, Ehegatten-Unterhalt zu beanspruchen und sich dies in einer konflikthaften Höhe und/oder für eine strittige Dauer vorzustellen, während der männliche Mediator die Beweggründe des Ehemanns für die provozierende Position explorieren kann, keinen Unterhalt für die Ehefrau zahlen zu wollen. Gleichzeitig kann es der gegengeschlechtlich Mediator übernehmen, die Bereitschaft bzw. die Überforderung des anderen Ehegatten im Auge zu haben, die als bedrohlich erlebte Artikulation von Interessen und Bedürfnissen tolerieren zu können, und im Bedarfsfall zur Regulierung des Spannungsniveaus zu intervenieren. Eine vergleichbare Arbeitsteilung kann bei der Diskussion zum Lebensmittelpunkt der Kinder bzw. dem Umfang von Kontaktregelungen zwischen Kindern und abwesendem Elternteil in Betracht kommen. Auch beim Ausgleich von Machtungleichgewichten kann ein strategischer Einsatz der Geschlechtsrollen-Zugehörigkeit in Frage kommen, wenn ein submissiver Ehepartner bei der Artikulation von eigenen Interessen unterstützt werden soll.

65 – Arbeitsteilungen, die sich an den **Aufgaben und Prozeduren des Mediationsverfahrens** orientieren: So kann sich bei sog. verstrickten Paaren die primäre Aufmerksamkeit eines der Mediatoren auf das Management einer konstruktiven Kommunikation richten, während der Co-Mediator den Part übernimmt, die Diskussion auf die vereinbarten Aufgaben zu fokussieren (vgl. Rdnr. 47 ff.).

66 – Arbeitsteilungen, die sich an den **Fachkenntnissen** orientieren, die die Mediatoren in ihren jeweiligen Herkunftsberufen erworben haben: So kann es der psychosoziale Mediator übernehmen, die Eltern über bewährte Betreuungs- und Versorgungsmodelle zu informieren oder sie über entwicklungspsychologische und altersgemäße Bedürfnisse und Empfindlichkeiten von Kindern aufzuklären. Entsprechend kann der Anwaltsmediator die Aufgabe erledigen, die Parteien über die juristischen Implikationen verschiedener Sorgerechts- und Umgangsmodelle zu informieren. In beiden skizzierten Fällen ist zu erwarten, dass die Aufklärung durch den jeweiligen Fachmann differenzierter ausfällt als umgekehrt.

67 – Arbeitsteilungen, die sich an den **Befugnissen** orientieren, zu denen die Mediatoren vor dem Hintergrund des Rechtsberatungsgesetzes berechtigt sind: So kann lediglich der Anwaltsmediator die Aufgabe der fallbezogenen Rechtsaufklärung übernehmen oder den Entwurf eines Vertrags ausarbeiten. Ein psychosozialer Mediator kann hier eine beobachtende und unterstützende Rolle einnehmen, indem er seine Aufmerksamkeit darauf richtet, ob die juristische Logik verständlich kommuniziert und von den Parteien verstanden wird.

68 – Arbeitsteilungen, die sich an den **Berufserfahrungen als Mediator** orientieren und auf der Intention beruhen, dass ein Ausbildungskandidat bzw. Berufsanfänger

(Junior) in der Zusammenarbeit mit einem erfahrenen Mediator (Senior) in die Berufspraxis eingeführt wird: So können in der Anfangsphase der Zusammenarbeit für die Teilnahme des Co-Mediators am Arbeitsprozess Anleihen beim Modell des „reflektierenden Teams"[22] gemacht werden. Wesentliche Aspekte diese Modells sind – kurzgefasst – folgende Merkmale: Der Co-Mediator nimmt primär eine beobachtende Rolle ein, seine Eindrücke werden mindestens einmal in der Sitzung vom federführenden Mediator abgefragt und in einer abgesprochenen Form veröffentlicht. Zu dieser Form gehört, dass sich der Co-Mediator mit seiner Antwort nur an den federführenden Mediator wenden, während dieser Antwort keinen Blickkontakt zu den Klienten aufnehmen und ausschließlich positive und wertschätzende Eindrücke schildern kann. Für die Formulierung eigener Ideen kommt lediglich eine bestimmten Frageform („Ich frage mich, was passieren würde, wenn ...") in Betracht. Darüber hinausgehende Anmerkungen des Co-Mediators werden in die Auswertungen der Nachbesprechung (ohne Anwesenheit der Klienten) verlegt. Mit dieser Struktur sollen vor unerwünschte Komplikationen in den Arbeitsbeziehungen vermieden und die Ressource des Ausbildungskandidaten genutzt werden.

– Arbeitsteilungen, die sich an **persönlichen Einschränkungen der Mediatoren** orientieren: So können Beschwerden oder Projektionen der Klienten, die sich gegen einen Mediator richten und dessen mangelnde Neutralität kritisieren, vom Co-Mediator, der persönlich nicht involviert ist, aufgegriffen werden, sodass die Angelegenheit geklärt und ausgeräumt werden kann. Der angegriffene Mediator gerät leichter in die Gefahr, defensiv zu reagieren. Auch wenn auf Grund der Ehe- und Trennungsgeschichte eines der Mediatoren persönliche Vorurteile gegen die Vorstellungen eines Klienten bestehen, wenn dieser exaltierte Positionen zur Verteilung der Finanzen oder zum Zugang zu den Kindern vertritt, kann es der unabhängigere Co-Mediator mit einer größeren inneren Freiheit übernehmen, diese Positionen und die dahinterliegenden Interessen zu explorieren. Auch hier steht dem Mediatoren-Team die Ressource zur Verfügung, den Einfluss persönlicher und beruflicher Vorurteile zu minimieren und auszubalancieren.   69

4. Psychologische und therapeutische Interventionen

Das klassische Modell der strukturierten Trennungs- und Scheidungsmediation[23] ist ein aufgaben-, interessen- und ergebnisorientiertes Verfahren. Der Beziehungskonflikt des Paares wird innerhalb dieser Vorgehensweise explizit nicht beeinflusst. Üblicherweise wird Paaren, für die eine Mediation nicht in Frage kommt, weil sie von den damit verbundenen Aufgaben überfordert sind, eine externe psychologische Beratung empfohlen, in der sie sich individuell oder gemeinsam um eine „psychische Scheidung" bemühen können. Mediation einerseits und Psycho- bzw. Paartherapie andererseits sollen unabhängige Veranstaltungen bleiben, sodass Verfahrens- und Rollenkonfusionen vermieden werden können.   70

Auch am Beginn einer klassischen Mediation ist ein **Minimum an diagnostischer Erhebung** notwendig. Üblicherweise werden im Rahmen des Arbeitsbündnisses zumindest die freiwillige Teilnahme beider Partner, die Fähigkeit, sich innerhalb des   71

---

[22] *Andersen* 1987.
[23] *Coogler* 1978.

Verfahrens selbst zu vertreten, und die Entscheidung für die Mediation inklusive Alternativen (BATNA) geprüft und diskutiert. Darüber hinaus werden den Ungleichgewichten in der Verfügung über Ressourcen Aufmerksamkeit geschenkt. Fällt die Bilanz ungünstig aus, kann mit dem Paar diskutiert werden, vor oder anstelle einer Mediation eine Scheidungsberatung in Anspruch zu nehmen.

72   Als Variante dieser Vorgehensweise kommt für uns auch eine Co-Mediation in Betracht, für die ein Mediator mit psychotherapeutischem Grundberuf hinzugezogen wird – in der Absicht, zusätzlich zur klassischen Strukturierung des Arbeitsprozesses Einfluss auf die zu erwartenden dysfunktionalen Interaktionen des Paares während des Arbeitsprozesses nehmen zu können. Damit wird jedoch die Abgrenzung der Mediation gegenüber therapeutischen Veranstaltungen in Frage gestellt.

73   In der amerikanischen Mediationsszene wird seit längerem (und in polarisierten ideologischen Positionen) eine Diskussion über Alternativen des klassischen Modells geführt, die unter dem Begriff **„therapeutische Familien-Mediation"**[24] zusammengefasst werden können. Tatsächlich verstoßen einige der dort eingenommenen Positionen gegen die Abstinenz des klassischen Modells. Unsere eigene Position in dieser Debatte haben wir – nach einer Anregung von *Kressel* (1985) – **„prozesstherapeutische Interventionen"** genannt, um deutlich zu machen, dass wir damit lediglich therapeutische Eingriffe meinen, die im Dienst der ursprünglichen Absicht stehen, den Fortgang der Verhandlungen in der Mediation zu unterstützen. *Kressel* schreibt zur Erläuterung: „Ich definiere alle Bemühungen des Mediators als therapeutisch, die die Kommunikation, das Problemlösungsverhalten und das Konfliktmanagement der Partner explorieren, verstehen und verändern, wenn diese offensichtlich mit einem konstruktiven Verhandlungsprozess interferieren".[25] Alle weitergehenden therapeutischen Ambitionen im Rahmen der Mediation sehen wir nicht im Einklang mit dem Mandat des Mediators, den Parteien bei der Herstellung einer Vereinbarung über die Regelung der Trennungs- und Scheidungsfolgen zu assistieren.

74   Jedoch setzt auch die Wahrnehmung prozesstherapeutischer Aufgaben in der Mediation diagnostische und intervenierende Fähigkeiten voraus, die die Komplexität der Aufgaben des Mediators erhöhen. Wir nennen hier einige **Risiken**, die mit prozesstherapeutischen Interventionen verbunden sein können:
   – Klienten, die eine Mediation als Alternative zum juristischen Prozess wählen, können von detaillierteren diagnostischen Bemühungen des Mediators irritiert werden und die vermeintlich hohen Anforderungen fürchten, die eine Mediation an sie stellt.
   – Klienten können ausdrücklich deshalb eine Mediation gewählt haben, weil eine psychotherapeutische Veranstaltung für sie nicht in Frage kommt und sie eine Psychopathologisierung ihrer Person und ihrer Situation ablehnen.
   – Prozesstherapeutische Techniken können „Widerstände" der Klienten ausräumen, in denen verborgene Interessen der Parteien zum Ausdruck kommen, die jedoch exploriert und in einer befriedigenden Vereinbarung berücksichtigt werden sollten.

---

[24] *Kruk* 1997.
[25] *Kressel* 1985, 268.

– Prozesstherapeutische Interventionen können das Selbstwertgefühl der Parteien verletzen – insbesondere in einem gemeinsamen Setting, in dem die Gegenwart des Partners die persönlichen Empfindlichkeiten erhöht.

– Prozesstherapeutische Interventionen können intermittierende Einzelsitzungen notwendig machen und werfen damit eine Reihe von Komplikationen auf, die nur schwer zu handhaben und in ihrer Wirkung schwer abschätzbar sind. So kann der Mediator allein durch die Einführung von Einzelsitzungen seine Vertrauenswürdigkeit und Neutralität aufs Spiel setzen, paranoische Befürchtungen bei den Klienten auslösen oder tatsächlich zum Geheimnisträger werden.

– Prozesstherapeutische Interventionen können zu einer Konsolidierung der dysfunktionalen Kommunikations- und Interaktionsmuster auf Seiten der Klienten führen.

– Die diagnostischen Möglichkeiten sind bis dato ebenso wenig entwickelt wie die Kompatibilität von klassischen und therapeutischen Techniken.

Da die Diagnostik und der Einsatz prozesstherapeutischer Interventionen sowohl 75 eine adäquate Ausbildung als auch einschlägige Erfahrungen im Umgang mit der Psychodynamik beider Klienten und der Paardynamik ihrer Beziehung voraussetzt, sind die **Anforderungen** an die Kompetenz des Mediators hoch. Die prozesstherapeutischen Interventionen sollen gleichzeitig in den Dienst der aufgaben- und lösungsorientierten Mediation gestellt werden. Wir sind der Auffassung, dass diese Komplexität die Zusammenarbeit von zwei Mediatoren und eine Arbeitsteilung notwendig macht.

a) **Prozesstherapeutische Interventionen im Vorgespräch.** Bereits im Vorgespräch, 76 d.h. vor der Mediation, können prozesstherapeutische Interventionen in Frage kommen. In Anlehnung und in Ergänzung von *Kressel* (1985) nennen wir hier einige ausgewählte Beispiele:

– Im Vorgespräch einer Mediation werden die Motive und Erwartungen der Klien- 77 ten, kooperativ eine Regelung der Trennungs- und Scheidungsfolgen aushandeln zu wollen, ausführlich besprochen – einschließlich der Vorteile, die sich die Klienten davon versprechen, und des Werts, den sie für die Klienten haben. Diese Diskussion enthält vor allen Dingen auch die affirmative Klärung von Vorbehalten und Bedenken, indem diese ernst genommen werden und ihnen nachgegangen wird, sowie die Klärung von Alternativen.

– Es können die Diskussionen des Paares und Einigungsprozesse exploriert werden, 78 die im Vorfeld der Mediation stattgefunden haben. Dafür bieten sich in der Regel folgende Themen an: die Entscheidung des Paares, die Ehe zu beenden, die Entscheidung des Paares, eine Mediation in Betracht zu ziehen und die Entscheidung des Paares über bereits erzielte inhaltliche Vereinbarungen im Vorfeld der Mediation. Hier erfährt der Mediator, welche Methode der Konfliktlösung für das Paar in Frage gekommen ist. Es besteht die Annahme, dass die Methoden des Paares im Vorfeld der Mediation die gleichen sein werden wie in der Mediation. Mit dieser Exploration werden die Klienten bereits hier implizit auf die Bedeutung aufmerksam gemacht, die ihre Kommunikations- und Interaktionsdynamik für den Prozess der gemeinsamen Konflikt- und Problemlösung hat.

– Das Paar kann darüber aufgeklärt werden, welche seiner Erwartungen für die 79 Mediation realistisch sind und welche nicht. Daran kann sich eine Diskussion anschließen, wie es selbst glaubt, für die Mediation dysfunktionale Kommunikations- und Interaktionsmuster unterbrechen zu können, um eine Arbeitshaltung einnehmen und aufrechterhalten zu können und welche Rolle der Mediator hierbei spielen soll. Der Mediator klärt das Paar über Fehlerwartungen an die Mediation auf und über die Möglichkeiten und Grenzen der Mediation, die kein Allheilmittel ist.

80 – Das Vorgespräch endet nicht in einem Arbeitskontrakt, sondern der Mediator legt dem Paar eine Bedenkzeit nahe. Zwischen Vorgespräch und Beginn der Mediation wird ein zeitliches Intervall ohne festen Termin gelegt, sodass eine „Neuanmeldung", d.h. eine neu getroffene Wahl, notwendig wird. Hiermit wird ein hohes Maß an psychologischer Verpflichtung eingeführt, bevor eine Mediation zustande kommt.

81 – Den Klienten wird schriftliches Material mit auf den Weg gegeben, in dem der Mediationsprozess beschrieben wird, sodass auch hiermit die Orientierung der Klienten und eine informierte Entscheidung gefördert werden kann.

82 **b) Prozesstherapeutische Interventionen in der Mediation.** Die Anwendung prozesstherapeutischer Interventionen macht unserer Auffassung nach eine (vorübergehende) Wahrnehmungseinstellung und Arbeitshaltung bei den Mediatoren und bei ihren Klienten notwendig, die mit dem Aufgabenfokus der klassischen Vorgehensweise nicht oder nur schwer zu vereinbaren sind. Deshalb ist eine Unterbrechung des Arbeitsprozesses notwendig, die transparent gemacht werden muss:

83 – Innerhalb der Mediation können dysfunktionale Kommunikations- und Interaktionsmuster damit behandelt werden, dass eine Meta-Ebene für die Diskussion eingeführt wird. Das kann dadurch geschehen, dass der psychotherapeutisch ausgebildete Mediator eine Beobachtungs- und Reflexionsebene einführt, indem er die Interaktionen des Paares beschreibt, die die Verhandlungen behindern, und mit den Partnern diskutiert, wie diese Muster unterbrochen, umgangen und verändert werden können (conflict containment). Die Intention ist dabei lediglich, dass die Klienten das dysfunktionale Muster wahrnehmen und vermeiden können.[26] Es ist nicht die Absicht, Einsichten in die Psycho- und Paardynamik zu vermitteln.

84 – Prozesstherapeutische Interventionen können hinsichtlich der Einzelpersonen und hinsichtlich des Paares in Frage kommen und entweder im gemeinsamen Setting oder in Einzelsitzungen angewendet werden. Die gemeinsame Sitzung hat den Vorteil, dass die Partner die wechselseitigen Empfindlichkeiten erkennen und verstehen lernen. Sie hat den Nachteil, dass die Abwehr in Gegenwart des Partners erhöht sein kann.

85 – Die in der Mediation angemessene Form der Einführung prozesstherapeutischer Interventionen ist nach unserer Auffassung lediglich die nicht-pathologisierende Beschreibung des dysfunktionalen Musters, des Anteils beider Partner daran und der Konsequenzen für den Arbeitsprozess.

86 – Die prozesstherapeutische Intervention hat ihre Grenzen dann, wenn die Partner zu einer konstruktiven Verhandlung in der Lage sind bzw. um festzustellen, dass die Arbeit in der Mediation beendet wird, weil die Blockade schwerwiegend ist und von den Klienten nicht aufgehoben werden kann.

---

[26] Vgl. *Haynes* 1981.

In der Literatur werden weitere Interventionsmöglichkeiten beschrieben: Generell 87 werden ein strukturierendes Kommunikations- und Interaktions-Management und pädagogische Informationen über die Auswirkung von dysfunktionalen Verhaltensweisen auf die Mediation und ihren Erfolg empfohlen.[27] Die nützliche Rolle des aktiven Mediators,[28] um den Arbeitsprozess zu strukturieren und zu führen, wird ebenso betont wie der hilfreiche Einsatz von Maßnahmen zum Ausgleich von Machtungleichgewichten.[29]

Hinsichtlich destruktiver Kommunikationsmuster, die im Rahmen der Mediation 88 nicht substantiell verändert werden können, wird dem Mediator nahegelegt, eine **einfache und offene Sprache** der Klienten zu unterstützen, mit der realistische Informationen ausgetauscht werden und wechselseitiger Respekt ausgedrückt werden können. Außerdem wird dem Mediator nahegelegt, die Klienten dabei zu unterstützen, direkte Fragen, Wünsche oder Forderungen zu äußern, ohne gleichzeitig Anklagen, Drohungen oder andere aversive Stimulationen einzusetzen. Die Methoden aversiver Stimulationen können nach den Beobachtungen von *Rudd* (1966) Weinen, Wutausbrüche, Lächerlich machen, Jammern, Schmollen oder Schweigen sein. Mediatoren wird in diesen Fällen empfohlen, Verständnis und Empathie fördernde Techniken einzusetzen – beispielsweise die wechselseitige Bestätigung des Verständnisses der anderen Sichtweise bzw. des anderen Standpunkts, sodass das Vorliegen von Differenzen ohne weitere argumentative Debatten festgestellt werden kann.[30] Andere Autoren empfehlen zirkuläre Fragestellungen, wenn die Klienten in einem linearen Muster von Ursache und Wirkung denken und sich wechselseitig beschuldigen.[31] Zirkuläre Fragestellungen sollen die Ehepartner dazu anregen, die Konflikte als eigene und nicht als die des anderen wahrzunehmen. Die Einführung von klaren Kommunikationsregeln mit Grenzen und Konsequenzen sowohl innerhalb der Mediationssitzungen als auch in den Zwischenzeiten sollen helfen, Grenzen, Regeln und Rollen für die Dauer der Zusammenarbeit zu stabilisieren.[32] Um Triangulierungen des Mediators in hoch-emotionalisierten Konflikten vorzubeugen, wird diesem – solange er noch nicht selbst in den Konflikt involviert ist – nahegelegt, einen nicht-ängstlichen emotionalen Kontakt zu jedem Ehepartner als einem Individuum aufzunehmen und sich nicht an das Paar als Dyade zu wenden. Dabei soll er jedoch nicht den Kontakt zum anderen Partner verlieren und eine ruhige, objektive und unbeeindruckbare Haltung an den Tag legen.[33]

c) Konsequenzen für die interdisziplinäre Co-Mediation. Viele, vor allem Media- 90 toren mit juristischem Grundberuf, verfügen über keine entsprechende Ausbildung und Erfahrung im Umgang mit dem psycho- und paardynamischen Geschehen in der Mediation von hochstrittigen Paaren (insbesondere des verstrickten Typus) bzw. in hochemotionalisierten Situationen, die in dieser Zusammenarbeit entstehen können. Hier besteht ein Mangel an Fähigkeiten, der durch die Zusammenarbeit mit einem entsprechend geschulten Co-Mediator behoben werden kann. Aber auch der

---

[27] Vgl. *Mathis* 1998.
[28] *Donohue* 1991.
[29] *Maida* 1986, *Brown & Samis* 1987.
[30] Vgl. *Fitzpatrick & Winke* 1979.
[31] *Brown & Samis* 1987.
[32] Vgl. *Walsh & Olson* 1989.
[33] Vgl. *Bowen* 1978.

psychosoziale Einzel-Mediator ist in den einschlägigen Fällen offenbar überfordert, wenn man die Untersuchungen von *Mathis* (1999) berücksichtigt, der von „Paaren aus der Hölle" spricht und damit eine Klientel meint, die in langwierige und intensiv geführte Verhandlungen verstrickt bleibt, zu keinem Ende kommen kann und selten eine Vereinbarung zustande bringt. Die hohe Rate der Erfolglosigkeit liegt nach seinen Untersuchungen bei zirka 75 Prozent, d. h. dem Dreifachen der ansonsten üblichen und – nach internationalen Erfahrungen – durchschnittlichen Rate.[34] Wir glauben, dass in diesen Fällen auch der psychosoziale Mediator von den Ressourcen der interdisziplinären Team-Mediation profitieren kann, wenn der Anwaltsmediator für eine Struktur des Arbeitsprozesses sorgen und die Grenzen des Rechts in die regressiven Diskussionen einführen kann. *Mähler & Mähler* (1996) haben in einem anderen Zusammenhang auf die Funktion des Gesetzesrechts als „Leitplanke" hingewiesen.

5. Rechtsinformation, Rechtsberatung, Vertragsgestaltung

91   In der Mediation streben die Klienten bei der Regelung ihrer Trennungs- und Scheidungsfolgen eine faire Einigung an. In den meisten Fällen wollen sie diese Einigung anschließend in einer rechtlich bindenden Weise vertraglich abschließen. Dabei vertreten sich die Parteien selbst und nehmen aktiv am Arbeitsprozess teil. Rechtsanwälte werden in der Regel mit Beratung beauftragt, nicht zur Vertretung.

92   Ob Rechtsinformation und **Rechtsberatung** im konkreten Fall erforderlich sind, wird u. a. durch den Gegenstand der jeweiligen Konflikte bestimmt. Die Kenntnis der Rechtslage und der rechtlichen Gestaltungsmöglichkeiten und ihrer Grenzen ist dann erforderlich, wenn für den (Lebens-)Bereich der zu lösenden Konflikte wie im Fall von Trennung und Scheidung weitgehende gesetzliche Regelungen existieren. Weder die Verhandlungen der Konfliktparteien in der Mediation noch das angestrebte Ziel einer rechtsverbindlichen Einigung bewegen sich in diesem Fall im rechtsfreien Raum. Aber auch die Absicht der Konfliktparteien, ihre Konflikte rechtsverbindlich zu regeln und eine schriftliche Vereinbarung abzuschließen, legt eine Rechtsinformation und Rechtsberatung nahe. Die Kenntnis der den gesetzlichen Regelungen zugrunde liegenden Vorstellungen und Wertungen eines fairen Interessenausgleichs kann darüber hinaus wertvolle Hinweise für die Willensbildung der Konfliktparteien bieten.[35]

93   Die **Zusammenarbeit mit Rechtsanwälten** ist daher auch im Falle einer Mediation sowohl für die rechtliche Informiertheit der Parteien als auch für die Vertragsgestaltung erforderlich. Diese Zusammenarbeit kann – je nach Absicht und Notwendigkeit – verschiedene Formen annehmen: als interdisziplinäre Co-Mediation, als Konsultation von beratenden Außenanwälten oder als Konsultation eines juristischen Sachverständigen innerhalb und außerhalb der Mediation.

94   a) **Allgemeine Rechtsinformation.** Psychosoziale und juristische Mediatoren sind dazu berechtigt und verpflichtet, allgemeine Rechtsinformationen zu erteilen – nicht zuletzt auch deshalb, damit die Parteien nicht aus Unkenntnis Rechtsnachteile erleiden. In der Regel ist es notwendig, dass der Mediator die Parteien darauf auf-

---

[34] *Mathis & Yingling* 1990.
[35] *Mähler & Mähler* 2001.

merksam macht, rechtswahrende Maßnahmen zu bedenken und sich über Formvorschriften und Fristen kundig zu machen. Bei einer Mediation, die lege artis
durchgeführt wird, ist die Verpflichtung der Parteien obligatorisch, zu ihrem eigenen Schutz eine parteiliche Rechtsberatung außerhalb der Mediation in Anspruch
nehmen – ganz unabhängig davon, ob der Mediator einen juristischen oder einen
psychosozialen Grundberuf hat oder selbst Rechtsanwalt oder Notar ist.

Zu den allgemeinen Rechtsinformationen gehört es, die Konfliktparteien darüber 95
aufzuklären, dass ihre Vertragsfreiheit durch zwingende gesetzliche Bestimmungen
eingeschränkt sein kann: Beispielsweise bedürfen güterrechtliche Vereinbarungen
der notariellen Form, für die Zukunft kann auf Kindesunterhalt oder Ehegatten-
trennungsunterhalt nicht rechtswirksam verzichtet werden, usw. Die Parteien sollten auch wissen, dass sie rechtlichen Schutz in Anspruch nehmen können, wenn sie
sich gegen Risiken absichern wollen, die mit der persönlichen und außergerichtlichen Regelung ihrer Angelegenheiten in der Mediation verbunden sein können: In
vielen Fällen kann die vorsorgliche Sicherung von Unterhaltsansprüchen in Form
einer verzugsbegründenden Geltendmachung Freiräume schaffen, sodass Zeit für
die Verhandlungen in der Mediation gewonnen werden kann.

b) Rechtsberatung. Mediationsklienten, die selbstverantwortlich Entscheidungen 96
treffen wollen, profitieren in der Regel auch von einer fallbezogenen aufklärenden
Rechtsberatung. So kann eine Beratung über unterhaltsrechtliche Folgen bei fehlender verzugsbegründender Geltendmachung oder bei Überzahlungen darüber aufklären, ob es sich hierbei um dispositive oder um zwingende gesetzliche Vorschriften
handelt und ob und, wenn ja, welche abweichenden Vereinbarungen getroffen werden können (z.B. pactum de non petendo). Diese Beratung soll die Parteien mit den
notwendigen konkreten und speziellen Informationen ausstatten, die ihnen eine
sachkundige Entscheidung darüber erlaubt, ob sie der Rechtslage entsprechend handeln und die zur Rechtswahrung erforderlichen Schritte unternehmen wollen oder
ob sie im Einklang mit ihren persönlichen Interessen abweichende Vereinbarungen
treffen wollen.

Zu einer solchen Beratung sind innerhalb der Mediation nur Mediatoren berech- 97
tigt, die im Grundberuf **Rechtsanwalt oder Notar** sind. Bei deren Rechtsberatung
handelt es sich nicht um eine parteiliche Rechtsberatung, sondern um eine „aufklärende Beratung über die Rechtslage mit Darlegung von Interpretationsspielräumen, Risikoabwägung einschließlich Prozessprognosen sowie der Beschreibung
zwingender und disponibler Normen".[36] Psychosoziale oder juristische Mediatoren, die nicht zur Rechtsberatung befugt sind (z.B. Richter) müssen ihre Klienten durch Rechtsanwälte und Notare aufklären lassen, die diese Dienstleistung
extern oder innerhalb der Mediation in einer dafür eigens reservierten Sitzung
erbringen.

c) Co-Mediation. In der interdisziplinären Co-Mediation, in der ein Rechtsan- 98
walt oder ein Notar als Mediator beteiligt ist, übernimmt dieser die aufklärende
Rechtsberatung, da er über die notwendigen Fachkenntnisse verfügt und zur Rechtsberatung befugt ist. In unserer Praxis hat es sich gezeigt, dass es sinnvoll ist, diese
Rechtsberatung in gemeinsam geführten Gesprächen, d.h. zusammen mit dem psychosozialen Mediator, zu erteilen.

---

[36] *Mähler & Mähler* 2001, C 8 Rdnr. 54.

99   Die Bedeutung der Rechtslage für jede der Konfliktparteien und für deren Kooperation miteinander stellt aus unserer Sicht einen der zentralen Gegenstände der
Mediation dar, der auf diese Weise gemeinsam bearbeitet werden kann. Gleichzeitig wird mit diesem Arrangement eine Verrechtlichung der Diskussion vermieden. Da die Logik des Gesetzesrechts in der Regel sowohl von der Logik der individuellen Interessen als auch von der Logik der gemeinsam geteilten Interessen der
Klienten abweicht, soll dem Ziel, eine interessengeleitete Lösung zu finden, Rechnung getragen werden. Die rechtlichen Gestaltungsmöglichkeiten sollen genutzt
werden, ohne dass eine reine Unterordnung unter die Vorschriften des Gesetzes zustande kommt.

100   Zusätzlich kann der Co-Mediator die Aufgabe übernehmen, zu kontrollieren,
ob der rechtliche Informationsgehalt von den Parteien verstanden worden ist. Indem er nicht aktiv an der Rechtsberatung teilnimmt, sondern in einer beobachtenden Rolle fungiert, fällt es ihm leichter, Missverständnisse und Schieflagen zu
erkennen.

101   Aus unserer Sicht ist die aufklärende, jedoch fallbezogene Rechtsberatung nicht
vom Ganzen der Mediation trennbar. Vielmehr stellt sie neben der Ermittlung der
persönlichen Interessen und Bedürfnisse der Parteien einen wesentlichen Teil des
Prozesses der Willensbildung dar, in welchem auch die individuellen Gerechtigkeitsvorstellungen entwickelt werden, die für eine als fair betrachtete Vereinbarung maßgeblich sein sollen.

102   Hierzu werden auch andere Auffassungen vertreten und praktiziert – inklusive
der Modelle, in denen Rechtsinformation und Rechtberatung vollständig außerhalb
der Mediation stattfinden. Wenn die Klienten sowohl die fallbezogenen Rechtsinformationen als auch die parteiliche Rechtsberatung ausschließlich von ihren Außenanwälten erhalten, dann wird die Bedeutung dieser Aufklärung für die Klienten
anschließend in der Mediation rekonstruiert. Eine direkte Zusammenarbeit mit den
Außenanwälten findet in der Regel nicht statt. Jedoch ist es in bestimmten Fällen
denkbar und sinnvoll, die Außenanwälte zur Klärung rechtlicher Fragestellungen
und zur Aufklärung der Konsequenzen im Falle einer Nichteinigung (Erfolgsaussichten, Dauer und Kosten einer streitigen gerichtlichen Auseinandersetzung) zu einer
oder mehreren Mediationssitzungen hinzuzuziehen und eine transparente Diskussion
in Gang zu setzen. Im Gegensatz zum gerichtlichen Verfahren, das auf Grund seines
antagonistischen Charakters an dieser Stelle eine konfliktverschärfende Wirkung hat,
dient die Transparenz in der Mediation der Konfliktreduktion und der Vertrauensbildung.

103   **d) Außenanwälte.** Die aufklärende, nicht parteiliche Rechtsberatung in der Mediation kann die Konsultation von Außenanwälten und die parteiliche Rechtsberatung der Klienten nicht ersetzen. Jede der Konfliktparteien sollte sich spätestens vor
Abschluss einer rechtswirksamen Vereinbarung durch einen Außenanwalt parteilich
beraten lassen.[37] Es ist sinnvoll, dass die Außenanwälte während der Dauer des Mediationsverfahrens ausdrücklich einen Beratungs-, jedoch keinen Vertretungsauftrag
erhalten. Ein Vertretungsauftrag zur Durchführung eines Scheidungsverfahrens kann
sich jedoch nach Abschluss der Mediation anschließen.

---

[37] Vgl. *Richtlinien der BAFM für Mediation in Familienkonflikten*, Ziff. V 1., *Schlussbericht des
BRAK-Ausschusses*, BRAK-Mitt. 1996, 187.

Aufgabe der Außenanwälte während der Dauer des Mediationsverfahren ist es, **104** ihre Mandanten über deren Rechte und Ansprüche (einschließlich der Interpretationsspielräume) sowie über die zur Wahrung dieser Ansprüche erforderlichen Vorgehensweisen aufzuklären. Außerdem können sie über rechtliche Gestaltungsmöglichkeiten und -grenzen informieren. Sie können kritisch hinterfragen, ob das Mediationsverfahren den Interessen ihrer Mandanten besser entspricht als die herkömmliche justizielle Auseinandersetzung. Es ist wünschenswert, wenn die Außenanwälte ihre Mandanten mit Argumenten für deren Verhandlungen in der Mediation ausstatten und ihnen damit den Rücken stärken. Die Konsultation des parteilich beratenden Außenanwalts hat nach unserer Auffassung auch eine Kontrollfunktion gegenüber dem privaten Forum der Mediation und gegenüber dem Mediator. Klienten, die Zweifel an der Neutralität des Mediators haben, können diese Bedenken sowie angemessene Konsequenzen mit ihrem Anwalt besprechen.

Es hat sich bewährt, den Gang zum Außenanwalt im Rahmen der Mediations- **105** gespräche **vorzubereiten**. Hier können die konkreten Fragestellungen an die Außenanwälte definiert werden – beispielsweise die Berechnung von Unterhaltsansprüchen oder von Ansprüchen auf Zugewinnausgleich – und die dafür relevanten Daten und Fakten gemeinsam erhoben werden (z. B. die Höhe von Einnahmen, Belastungen, Vermögen, Verbindlichkeiten, usw.). Dabei ist es sinnvoll, die erhobenen Daten und die Fragestellungen zur Vorlage an die jeweiligen Außenanwälte schriftlich zu fixieren, um sicherzustellen, dass beide Außenanwälte bei ihrer Rechtsberatung von den gleichen Informationen ausgehen.

Nach Rückkehr der Konfliktparteien in die Mediation müssen in der Regel die **106** unterschiedlichen juristischen Interpretationen besprochen und eine **Einigung** auf eine gemeinsame Linie hergestellt werden. Mehr noch: Darüber hinaus können neue inhaltliche Interessen und Fairnessvorstellungen der Klienten deutlich werden, die vorher in der Mediation noch nicht zum Tragen gekommen sind, jedoch jetzt berücksichtigt werden sollen. Unserer Auffassung nach dient es sowohl dem Vertrauen der Klienten in den Mediationsprozess als auch der Qualität und der Haltbarkeit von Vereinbarungen, wenn die Mediatoren diesen Veränderungen besondere Aufmerksamkeit schenken und sie nicht lediglich als Störfaktoren begreifen. Vielmehr sind hier einerseits ermunternde und unterstützende Haltungen der Mediatoren und andererseits ausbalancierende Interventionen gefragt, wenn die Artikulation von neuen Gesichtspunkten einer Partei den Unmut der anderen Partei auslöst. Es ist sinnvoll, die Klienten vor der Konsultation der Außenanwälte auf diese Dynamik vorzubereiten und die daraus resultierenden Veränderungen in den Positionen zu normalisieren.

Ob und in welchen Fällen es notwendig ist, beide Außenanwälte zu einer oder **107** mehreren Sitzungen hinzuzuziehen, hängt von der jeweiligen **Fallgestaltung** ab. Generell kann man sagen, dass diese Teilnahme bei komplexen rechtlichen und steuerrechtlichen Fragestellungen in Betracht kommen kann, wie sie bei der Auflösung eines Familienunternehmens anlässlich einer Scheidung auftreten können. Außerdem kann es in der Praxis vorkommen, dass trotz bester Vorbereitung sowohl die Rechtslage als auch die Grundlagen der unterschiedlichen rechtlichen Beurteilungen der Außenanwälte in einem Ausmaß unklar bleiben, dass diese Fragen in der Mediation am besten zusammen mit den Klienten und ihren Anwälten diskutiert werden.

Auch die von den Außenanwälten vorgeschlagenen Gestaltungsmöglichkeiten mit ihren jeweiligen Konsequenzen können der Anlass sein, in einer Sitzung mit allen Beteiligten über divergierende und kooperative Interessen der Parteien zu diskutieren und deren zukünftige Gestaltung zu verhandeln.

108   e) **Juristische Sachverständige.** Im Rahmen einer Mediation kann es sinnvoll werden, einen juristischen Sachverständigen hinzuzuziehen, der weder parteilichen Rechtsrat für eine der Konfliktparteien erteilt noch als Co-Mediator tätig ist. Vielmehr gibt er zu einer oder mehreren Rechtsfragen sachverständige Auskunft. Diese Intervention bietet sich an, wenn trotz parteilicher Rechtsberatung Rechtsfragen unklar und strittig geblieben sind. Der juristische Sachverständige kann beispielsweise dazu eingeladen werden, eine sachverständige Stellungnahme zur Einschätzung der Höhe des unterhaltsrechtlich relevanten Einkommens eines selbständig oder freiberuflich tätigen Ehegatten abzugeben. In der Praxis kann es in diesen Fällen sinnvoll sein, den Experten im vollen Einverständnis mit beiden Parteien auszuwählen und bereits vorab festzulegen, ob dessen Stellungnahme verbindlich sein soll, sodass die Streitfrage dann abschließend in der Mediation verhandelt werden kann und nicht den Wunsch nach weiterer Expertisen auslöst.

109   f) **Memorandum.** Das vorläufige Ergebnis der Mediation wird vom Mediator (unabhängig von seinem Grundberuf) üblicherweise im Form eines Memorandums festgehalten, das den Status einer Absichtserklärung hat und keine rechtsverbindliche Einigung darstellt. Daher weist es in der Regel auch die Überschrift „Memorandum" auf und enthält keine Unterschriften der Parteien. Die im Memorandum verwendete Sprache („wir beabsichtigen ..., haben vor ..., wollen ...," usw.) entspricht diesem Status. Hier wird in den Worten der Konfliktparteien ihr vorläufiger Einigungsvorschlag formuliert. Um eine spätere juristische Vertragsgestaltung, die den Absichten der Parteien möglichst gerecht wird, ist es sinnvoll, nicht nur die inhaltlichen Ergebnisse der Mediation differenziert und inklusive der Datenbasis, sondern – vor allem bei unkonventionellen Lösungen – auch die Beweggründe der Parteien darzustellen, weshalb sie dieses und kein anderes Ergebnis persönlich als fair betrachten.

110   Die Ausarbeitung des Memorandums ist Teil des Mediationsprozesses, bei dem innerhalb einer interdisziplinären Co-Mediation beide Mediatoren weiterhin zusammenwirken. Grundlage des Memorandums sind die sukzessiv erarbeiteten Zwischenvereinbarungen, die nunmehr im Licht der abzuschließenden Gesamtvereinbarung diskutiert, überprüft und angepasst werden, bis sie dem beiderseitigen Willen der Konfliktparteien vollständig entsprechen und von ihnen autorisiert werden. Die Formulierung des Memorandum erfolgt zusammen mit den Parteien in der Mediationssitzung selbst und wird ihnen in schriftlicher Form zur Verfügung gestellt, sodass eine Prüfung und Überprüfung durch ihre jeweiligen Außenanwälte möglich ist. Erst dann kann der juristische Vertragsentwurf auf der Grundlage des Memorandums ausgehandelt werden.

111   g) **Vertragsentwurf.** Den Klienten steht es frei, wen sie mit dem Entwurf der abzuschließenden Vereinbarung beauftragen wollen. Der Vertragsentwurf kann sowohl vom Anwaltsmediator erstellt werden, wenn ihn die Parteien hierzu entsprechend gesondert beauftragen, als auch von einem Notar oder von den beiden

Außenanwälten. Die Rechtsberatung des Anwaltsmediators umfasst auch die von *Mähler & Mähler* (2001) sog. Willensbildungsberatung und die Beratung bei der Vertragsgestaltung.

Unserer Auffassung nach sollte der **Anwaltsmediator** sowohl im Falle einer Ein- 112 zel-Mediation, als auch bei interdisziplinärer Co-Mediation die **Transformation** des Memorandums **in einen juristischen Vertragstext** vornehmen. Er hat die Klienten und ihre bedeutungsvollen Anliegen während der Mediation kennen gelernt und kann die mit der vertraglichen Fassung verbundenen Verrechtlichungen (einschließlich eventuell notwendiger Erweiterungen, eventueller Brüche und Verluste) den Klienten verständlich kommunizieren. Einen Rollenkonflikt können wir hier nicht erkennen. Entweder wird die Mediation nach Abfassung des Memorandums beendet oder aber erst nach der mediativ gestalteten Entwicklung eines Vertragsentwurfs. Wird die Mediation nach Fertigung des Memorandums beendet, muss sie um eine anwaltliche bzw. notarielle Dienstleistung – nämlich der Erstellung des abzuschließenden Vertrages – ergänzt werden, was der vorausgegangen Mediation aus den bereits genannten Gründen eher schaden als nützen kann. Psychosoziale Mediatoren sind für diesen Teil des Arbeitsprozesses nicht bzw. nur unvollständig ausgebildet.

Ihnen steht jedoch die Zusammenarbeit mit einem juristischen Experten (Anwalt, 113 Notar) offen, der sinnvoller weise nicht nur Jurist ist, sondern gleichzeitig etwas vom Wesen der Mediation versteht. Nach unseren Erfahrungen ist es auch für psychosoziale Mediatoren nicht nützlich, die Klienten ohne diese Begleitung ins juristische System zu entlassen. Nach einer Unterscheidung von *Mähler & Mähler* (1996) ist es nämlich nicht unbedingt zu erwarten, dass dann das Recht dazu verwendet wird, die Lebensverhältnisse der Klienten gemäß den von ihnen in der Mediation erarbeiteten Interessen und Bedürfnissen zu gestalten. Im Setting der temporären Co-Mediation jedoch werden sich auch psychosoziale Mediatoren an den Diskussionen über die Inhalte des Vertrags und über deren Bedeutung für die Klienten beteiligen können.

Die fallbezogene Rechtsberatung zur Vertragsgestaltung enthält neben der Um- 114 formulierung des Memorandums in eine rechtswirksame Form auch die Beratung über die Konsequenzen des Vertrags, über die Abwägung von Risiken (z. B. der Nichterfüllung), über Formvorschriften, u. a. Auch diese Gespräche können in einer interdisziplinären Co-Mediation von beiden Mediatoren geführt werden. Neu auftretende Gesichtspunkte oder Konflikte werden mediiert. Federführend für den inhaltlichen Teil der Arbeit ist qua Fachkompetenz der Anwaltsmediator. Im Übrigen richtet sich die Arbeitsteilung der Mediatoren aber nach den jeweiligen Anforderungen im konkreten Fall.

Erst nach Prüfung des Vertragsentwurfes durch die Außenanwälte und erst nach 115 etwa noch notwendigen Korrekturen wird der **Vertrag beurkundet**. Die Außenanwälte stellen sicher, dass der abzuschließende Vertrag eine solide Grundlage hat. Auch wenn das Ergebnis einer Mediation davon abweicht, was ein Gericht in dem jeweiligen Fall entschieden hätte, so haben die Parteien ihre persönlichen Gerechtigkeitsvorstellungen in einem selbstverantworteten Verfahren festgelegt und damit ihre zukünftigen Rechte und Pflichten verbindlich geregelt.

IV. Besonderheiten in der Co-Mediation

1. Berufs- und Geschlechtsrollen

116   Neben der interdisziplinären Zusammenarbeit, die auch die Kooperation von zwei Frauen bzw. zwei Männern mit unterschiedlichen Grundberufen denkbar erscheinen lässt, kann das Team einer Co-Mediation mit einem gegengeschlechtlichen Paar, einer Frau und einem Mann, besetzt werden. Zumindest für die USA, für Österreich und Deutschland sind solche heterosexuell zusammengesetzte Teams dokumentiert. In den USA ist die Zusammenarbeit eines Mediatoren-Paars ohnehin der interdisziplinären Kooperationen vorausgegangen und als Reaktion auf entsprechende Wünsche der Klientel eingeführt worden.

117   Der speziellen **Kombination von Berufs- und Geschlechtsrollen** (Anwalt/Psychologin bzw. Anwältin/Psychologe) kann eine zusätzliche Bedeutung beigemessen werden, wenn die Zusammenstellung des Teams als Intervention betrachtet wird. Anzumerken ist jedoch, dass dabei nicht nur die Absichten der Mediatoren, sondern auch deren Wirkung in Rechnung gestellt werden müssen. Diese Wirkung wird jedoch nur über die Bedeutungen, Erwartungen und Zuschreibungen der Klienten verständlich, die diese mit den Geschlechts- und Berufsrollen verbinden.

118   Bis dato ist die Wirkung und Wirksamkeit des gegengeschlechtlichen Mediatoren-Teams nicht untersucht. Die folgenden Anhaltspunkte liegen uns aus der Auswertung eines Rollenspiels vor, an der einer der Autoren in der Mediationsausbildung teilgenommen hat: Das **psychosoziale Berufsbild** entspricht in den Augen des Publikums eher dem weiblich-mütterlichen Rollenverständnis, während das **anwaltliche Berufsbild** eher dem männlich-väterlichen Rollenverständnis entspricht. Beiden Fällen liegen Wahrnehmungsstereotypien zugrunde.

119   Eine psychosoziale Mediatorin weckt eher die Erwartung nach verdoppelter weiblicher und mütterlicher Kompetenz (Verständnis für innere Anliegen, für psychische Verletzungen und für emotionale Themen, Geduld, Einfühlungsvermögen, weibliches Vorbild). Es bestehen vor allem von Frauen geäußerte Befürchtungen, in der psychosozialen Mediatorin eine Rivalin vorzufinden, die zur Beraterin des Ehemanns und damit parteilich werden könnte.

120   Ein **Anwaltsmediator** weckt eher die Erwartung nach verdoppelter männlicher und väterlicher Kompetenz (Verantwortungsgefühl, väterlicher Schutz, Überlegenheit, Sachkompetenz, Gerechtigkeit, Effektivität, Ausdauer, elegante Lösungen). Hier werden von Männern Befürchtungen hinsichtlich einer drohenden Männerrivalität geäußert. Frauen äußern zusätzlich die Befürchtung, auf eine Person mit mangelndem Verständnis und emotionaler Unsicherheit zu treffen. Männer erwarten dagegen eine Vermeidung von überflüssigen „Gefühlsduseleien".

121   Eine **Anwaltsmediatorin** und ein **psychosozialer Mediator** durchkreuzen bereits als Einzelpersonen die stereotypen Erwartungen an die Berufs- und Geschlechtsrollen. Im Team-Setting wird der speziellen Kombination von **Anwaltsmediatorin und psychosozialem Mediator** deshalb die höchste Kompetenz zugeschrieben. Dabei geht die Klientel gewissermaßen von einer vierfachen Besetzung dieser Kompetenzen aus, wenn die Anwaltsmediatorin weiblich-mütterliche und Sachkompetenzen verkörpern soll, während der psychosoziale Mediator männlich-väterliche und emotionale Kom-

petenzen in sich vereinigen soll. Diese Zusammensetzung wird auf Grund der genannten Zuschreibungen eindeutig favorisiert. Die Kombination von **psychosozialer Mediatorin und Anwaltsmediator** erfüllt zwar ebenfalls die Erwartungen der Klientel nach umfassend abgedeckten geschlechts- und berufsbezogenen Kompetenzen, lässt aber auch Befürchtungen aufkommen, einer Übermacht gegenüber zu stehen, wenn die Suche nach elterlichen Objekten im Vordergrund der Projektionen steht. Offenbar ist mit der Festlegung auf Rollenklischees in jeder Kombination zu rechnen.

Auch *Grebe* (1988) vertritt eine eher kritische Auffassung zur Team-Mediation. 122
Sie steht gleichgeschlechtlichen Teams (Frau/Frau, Mann/Mann) ablehnend gegenüber, weil diese eine Verletzung der Grundsätze der Mediation implizierten und den Klienten mit dem abweichenden Geschlecht in der Regel überforderten. Drei Männer und eine Frau bzw. drei Frauen und ein Mann sind in ihren Augen gravierende Schieflagen des Settings, die vermieden werden sollen.

Bei **gegengeschlechtlichen Teams** sieht Grebe die Gefahr, dass diese Konstel- 123
lation die Klienten zu einem Bündnis mit dem Mediator des gleichen Geschlechts einlade. Sie vermutet, dass bereits in dem ausdrücklich geäußerten Wunsch der Klienten, von einem gegengeschlechtlichen Team behandelt zu werden, stereotype Wahrnehmungen der Geschlechtsrollen zum Ausdruck kommen. Zwar könne ein Ehepartner vorübergehend Unterstützung dafür brauchen, seine eigenen (abweichenden) Auffassungen zu äußern und zu vertreten, jedoch sei ein längeres Bündnis mit einem der Mediatoren kontraproduktiv und untergrabe das Ziel der Selbstverantwortung.

Aufgrund der positiven Bilanz ihrer praktischen Erfahrungen haben amerikanische 124
Autoren,[38] die das Konzept des gegengeschlechtlichen Teams (in einem gerichtsnahen Setting in Connecticut) mehrere Jahre lang praktiziert haben, eine Reihe von Argumenten ins Feld geführt, in denen der Nutzen beider Merkmale (Team von zwei Personen, Frau/Mann) diskutiert wird. Sie äußern die Überzeugung, dass die Geschlechter-Balance des Mediatoren-Teams den Klischees, die mit der Wahrnehmung der Geschlechtsrollen verbunden sein können, und möglichen **Triangulierungen** ein Korrektiv entgegensetze. In einem Setting, das mit einem gegengeschlechtlichen Team besetzt ist, bestehe die Gelegenheit, dass die Klienten von Mediatoren beider Geschlechter sowohl verstanden als auch von ihnen konfrontiert werden können. Der solo arbeitende Mediator könne sich in kritischen Situationen leichter an der Herstellung eines Ungleichgewichts beteiligen, sodass sich eine Partei ausgeschlossen und benachteiligt fühlen könne. Dieses Ungleichgewicht könne bestehende Machtkämpfe verstärken. Im Gegensatz dazu können gegengeschlechtliche Co-Mediatoren die Beziehung des Paares leichter im Gleichgewicht halten und auch leichter für eine objektive und neutrale Arbeitsatmosphäre sorgen.

Triangulierungen sind bei einem Mediatoren-Team zwar ebenfalls möglich, jedoch 125
kann die damit verbundene Parteinahme im Einzelsetting vom betroffenen Mediator eher übersehen werden, wenn er seine eigenen Einstellungen und Problemdefinitionen als selbstverständlich, d. h. als ich-synton, erlebt. Im Team-Setting fallen sie in der Regel leichter auf und können deshalb schneller korrigiert werden. Allein durch die Anwesenheit eines zweiten Mediators werden sie bereits relativiert. Man

---

[38] *Salius & Maruzo* 1988.

kann sagen, dass das Team-Setting und die damit verbunden Vor- und Nachbespre-chungen gleichzeitig eine laufende Peer-Supervision darstellen.

126   Unabhängig davon sind zusätzlich Absprachen unter den Mediatoren möglich, wer welche Interventionen übernimmt, sodass die Unterstützung der Klienten bei der Artikulation von Interessen oder bei der Anerkennung von Verdiensten bewusst einsetzbar ist. Die Entscheidung, welches Mitglied des Mediatoren-Teams diese Auf-gabe übernimmt, kann strategisch getroffen werden. Wir bevorzugen hierbei eine Vorgehensweise, die die Optionen der Mediatoren erweitert, sodass die wertschät-zende Intervention vorzugsweise von dem Mediator übernommen wird, der vorher durch eine eher kritische Einstellung gegenüber dem Adressaten festgelegt schien. Diese Entscheidung kann jedoch sinnvoll nur im Kontext der Differenzierungen des Einzelfalls getroffen werden.

127   Der gleiche Vorbehalt gilt gegenüber konfrontierenden Interventionen. Hier lässt sich ebenfalls nur generell sagen, dass diese in der Regel effektiver zu sein scheinen, wenn sie vom Mediator des gleichen Geschlechts eingeführt werden. So können hartnäckig aufrechterhaltene, konfliktträchtige Positionen leichter vom Mediator des gleichen Geschlechts exploriert werden, ohne dass dessen Neutralität sogleich in Frage steht.[39] Strittige Kinderfragen oder Unterhaltszahlungen (Höhe und Dauer) sind eng mit tief verwurzelten Überzeugungen über die Rolle von Frauen und Män-nern verbunden. Hier können Frauen in der Regel besser von Frauen und Männer in der Regel besser von Männern verstanden, exploriert und konfrontiert werden, ohne deren Abwehr übermäßig zu provozieren und deshalb abgelehnt zu werden – zumal dann, wenn diese Arbeit, die leicht als Angriff missverstanden werden kann, im Schutz eines gemischtgeschlechtlichen Team-Settings vonstatten geht.

128   Auch wir betrachten Allianzen zwischen Klient und Mediator auf der Grundlage von Stereotypien, die mit der Geschlechtszugehörigkeit verbunden sind, als eine schädliche Entwicklung für den Prozess der Mediation. Ob sich dieser unerwünsch-te Effekt jedoch tatsächlich einstellt, hängt vor allem auch von einem entsprechen-den Beitrag des Mediators bzw. der Mediatoren ab. Das mit zwei gegengeschlecht-lichen Mediatoren ausgestattete Arrangement kann allerdings für einige Klienten den Eintritt in die Mediation erleichtern – nicht zuletzt für Paare, bei denen ein Partner dem Mediationsverfahren skeptisch gegenübersteht. Bedenken gegenüber einer Me-diation werden in den Diskussionen des Paares, die im Vorfeld geführt werden, er-fahrungsgemäß leicht externalisiert und an bestimmte Merkmale der Mediation und ihrer Ausstattung geknüpft. Diese Vorbehalte können insbesondere den Grundberuf oder das Geschlecht eines Einzel-Mediators problematisieren. Hier kann das in Aus-sicht genommene Team-Setting Polarisierungen zwischen den Partnern hinsichtlich der Auswahl des Mediators aufheben und dem Wunsch nach einer Balance entgegen-kommen.

2. Vor- und Nachbesprechung

129   Die Vor- und Nachbesprechungen in der Team-Mediation dienen der Professio-nalisierung der Arbeit. Sie sind zur Auswertung der Arbeit der vorangegangenen Sitzung und zur Vorbereitung auf die nächste Sitzung üblich und notwendig.

---

[39] Vgl. *Gold* 1988.

Zur systematischen Auswertung verwenden wir eine von uns modifizierte Fassung eines Erhebungsbogens,[40] mit dem die neuen Informationen sukzessive erfasst werden können. Wir nennen hier eine **Auswahl von Informationen**, die es festzuhalten lohnt: 130

1. Relevante Daten und Fakten;
2. Individuelle Interessen;
3. Potentielle gemeinsame Interessen;
4. Individuelle Empfindlichkeiten (einschließlich der „größten Sorge");
5. Individuelle Optionen;
6. Individuelle Pendenzen.

Darüber hinaus wird in der Nachbesprechung das **Stundenprotokoll** angefertigt, das den Parteien als Zusammenfassung der wesentlichen Gesprächsinhalte zugesandt wird. Dem Protokoll werden in der Regel eine Abschrift der Flip-Chart-Aufzeichnungen und eine Liste der Pendenzen beigefügt, die den Parteien als Erinnerung an die von ihnen noch zu erledigenden Aufgaben dienen soll. 131

Zu den wesentlichen Inhalten der **Nachbesprechung** gehören die in der Sitzung aufgetretene Blockaden. Es können Arbeitshypothesen zu deren Verständnis und Vorgehensweisen zu ihrer Lockerung diskutiert werden. Es ist sinnvoll, hier bereits Ideen zur weiteren Arbeitsstrategie zu entwickeln, ohne dass sich die Mediatoren bereits festlegen müssen. Die definitiven Absprachen reservieren wir in der Regel für die Vorbesprechung der nächsten Sitzung, um eine gewisse Distanz zu den unmittelbaren Eindrücken einzuführen. 132

Außerdem können hier Differenzen in der jeweiligen Interpretation der Parteien, besondere Sympathien oder Antipathien und Spannungen in der Zusammenarbeit der Mediatoren besprochen werden. Bedenkenswert ist, dass hier nicht nur Idiosynkrasien der Mediatoren zu Tage kommen, sondern im Spiegel des Mediatoren-Teams auch die Dynamik des Falls. 133

In den jeweiligen **Vorbesprechungen** (der nächsten Sitzung) können die Ergänzungen zusammengetragen werden, die sich für beide Mediatoren inzwischen ergeben haben, und die Grundzüge der Arbeitsstrategie und die Arbeitsteilung der Mediatoren abgesprochen werden. Wenn es in der zur Verfügung stehenden Zeit zu keiner Einigung zwischen den Mediatoren kommt, können die Meinungsverschiedenheiten – nicht immer, aber speziell im Fall von Blockaden des Arbeitsprozesses – in einer angemessenen, d.h. produktiven, Form mit den Parteien diskutiert werden. 134

Hier favorisiert einer der Autoren folgende (invariante) Vorgehensweise: Kurze Darstellung der unterschiedlichen Überlegungen der Co-Mediatoren als reflexiver Input, der mit dem entscheidenden Zusatz versehen wird, dass die Mediatoren inzwischen beide Auffassungen verworfen und sich entschlossen haben, die Parteien selber zu fragen, was ihnen helfen könnte, den aktuellen Stillstand zu überwinden und in Richtung ihres ursprünglich kooperativen Ziels vorwärts zu kommen. 135

Insgesamt betrachten wir die Vor- und Nachbesprechungen als eine Gelegenheit zur Reflexion der eigenen Arbeit und den regelmäßigen Austausch der unterschiedlichen Sichtweisen der beteiligten Mediatoren als eine prozessbegleitende kollegiale Fallsupervision. 136

---

[40] Conflict grid, *Slaikeu* 1996.

3. Kosten und Abrechnung[41]

137   **Co-Mediationen** sind auf Grund der personellen Ausstattung – zwei Personen statt einer – mit **höheren Kosten** für die Klienten verbunden. Es ist üblich, die Mediationssitzungen, die Formulierung des Memorandums und die damit zusammenhängenden weiteren Arbeiten (Herstellung der Sitzungsprotokolle, ggf. Studium von Akten, Gutachten, usw.) nach Zeitaufwand abzurechnen. Ob darüber hinaus eine Abrechnung der Vor- und Nachbesprechungen und der Fahrzeiten eines der Mediatoren zu den Praxisräumen des anderen Mediators in Betracht kommt, hängt von den Umständen des Einzelfalls ab und ist jedoch in der Trennungs- und Scheidungsmediation eher die Ausnahme.

138   Wenn der Anwaltsmediator zusätzlich mit der Erstellung eines **Vertrages** beauftragt wird, wird in der Regel mit den Klienten die Berechung einer Abschlussgebühr vereinbart, die zumeist einer **Vergleichsgebühr nach der BRAGO** entspricht. Die Höhe dieser Gebühr wird mit den Klienten besprochen. Diese können ohnehin entscheiden, ob sie diese Dienstleistung innerhalb der Mediation in Anspruch nehmen oder sie sich anderweitig besorgen.

139   Sinnvoll ist außerdem die Vereinbarung eines **Ausfallhonorars** für den Fall, dass verabredete Termine nicht wahrgenommen und nicht mindestens 24 Stunden vorher abgesagt werden. Wir rechnen in diesen Fällen eine Zeitstunde ab.

140   Aus berufsrechtlichen Gründen, die den Anwaltsmediator betreffen, müssen beide Mediatoren des interdisziplinären Teams den Klienten **eigene Rechnungen** stellen. Angesichts der Gesamtkosten, die für die Klienten anfallen, stellt sich die Frage, ob die Mediatoren ihre jeweils üblichen Stundensätze in Rechnung stellen können (Anwaltsmediator durchschnittlich 150,– €, psychosozialer Mediator durchschnittlich 75,– €) oder aber hiervon Abstriche machen müssen. Obwohl dies in jedem Einzelfall entschieden werden kann, werden in der realen Praxis der interdisziplinären Team-Mediation unseres Wissens dann Einschränkungen gemacht, wenn die Klienten auf Grund ihrer wirtschaftlichen Verhältnisse ansonsten überfordert wären.

141   Allerdings betrachten wir eine unterschiedliche Honorierung der Mediatoren, wenn sie in einem Team zusammenarbeiten, als ein Problem, da dadurch nach innen und nach außen die paritätische Zusammenarbeit konterkariert wird. Deshalb ist es wünschenswert, wenn Interdisziplinär tätige Familienmediatoren dazu bereit sind, die Höhe ihrer Honorare anzupassen. Anwaltsmediatoren werden jedoch ihre höheren Bürokosten als Argument in die Debatte werfen.

142   Nach unseren Erfahrungen empfiehlt sich als Zahlungsform die **Barzahlung** vor oder nach jeder Sitzung. Diese Zahlungsweise trägt zur Kostentransparenz bei und verhindert das Auflaufen höherer Beträge, was bei Trennung und Scheidung und der damit einhergehenden persönlichen und wirtschaftlichen Krisensituation problemstiftend sein kann.

143   Aus der Sicht der Mediatoren ist die interdisziplinäre Team-Mediation in einer nennenswerten Zahl von Fällen wirtschaftlich nicht besonders lukrativ, wenn die in der Einzel-Mediation üblichen Stundensätze nicht abgerechnet werden können. Auch unter diesen Voraussetzungen kann sie jedoch in Frage kommen, wenn die Mediatoren andere Gewinne verbuchen können. Dazu zählen wir den kostenlosen

---

[41] Zu den Honorar- und Kostenfragen der Mediation vgl. eingehend § 32.

Einblick in die Arbeitsweise der anderen Profession und der anderen Person. Wir betrachten die laufende kollegiale Fallsupervision, die in den Vor- und Nachbesprechungen der Co-Mediation zustande kommt, ebenfalls als einen geldwerten Vorteil. Persönlich und beruflich bedingte Unsicherheiten können abgebaut werden und kommen den Mitgliedern des Teams in ihren Einzel-Mediationen zu gute. Nicht zuletzt können Vorurteile, die auch die Mediatoren der verschiedenen Herkunftsberufe gegeneinander hegen, durch realen Kontakt und reale Arbeitserfahrungen korrigiert werden.

4. Haftpflicht

Anwälte sind zum Abschluss einer Berufshaftpflichtversicherung verpflichtet. Als   144
Teil anwaltlicher Tätigkeit ist die Mediation ein mitversichertes Risiko.[42] Für Mediatoren mit anderen als anwaltlichen Herkunftsberufen empfiehlt sich der Abschluss einer eigenen Haftpflichtversicherung. Bei Bestehen einer verfestigten Kooperation von Anwaltsmediatoren und psychosozialen Mediatoren empfehlen *Henssler & Kilian* (2000), die Notwendigkeit einer solchen Berufshaftpflichtversicherung – soweit möglich – auf alle Kooperationsmitglieder zu erstrecken.

V. Berufsrechtliche Fragen

Die berufsrechtliche Dimension der Mediation wird in diesem Handbuch an ande-   145
rer Stelle eingehend dargestellt,[43] weshalb hier nur auf die **Besonderheiten der interdisziplinären Co-Mediation** eingegangen werden soll.

Bei der Kooperation von Mediatoren mit juristischem und psychologischen Grund-   146
beruf ergeben sich folgende Besonderheiten:[44]

– Die Bildung einer Sozietät oder Bürogemeinschaft zur gemeinsamen Berufsausübung ist nach derzeitiger Rechtslage unzulässig, §§ 30 BO, 59 a BRAO, ebenso wie die Bildung einer Berufsausübungsgesellschaft.
– Die Bildung einer verfestigten Kooperation ist zulässig, §§ 8 BerufsO, 43 b BRAO.
– Die Werbung mit der verfestigten Kooperation, z. B. die Angabe auf dem Briefkopf des Anwaltsmediators ist zulässig, sofern der Eindruck einer (unzulässigen) Vergesellschaftung vermieden wird und eine vertragliche Vereinbarung zwischen den Kooperationsmitgliedern vorliegt.
– Der Mediationsvertrag mit den Parteien und die Rechnungsstellung hat durch jeden Mediator gesondert zu erfolgen.
– Die nichtanwaltlichen Kooperationspartner sind gehalten, die anwaltlichen Berufspflichten (nach BRAO und BerufsO) zu beachten. Bei Verstößen hiergegen kann der Anwaltsmediator zur Beendigung der Kooperation aufgefordert werden. Die nichtanwaltlichen Kooperationspartner unterliegen nicht dem anwaltlichen Disziplinarwesen.

---

[42] Mitt. ARGE FamR 6/1996.
[43] Vgl. § 26.
[44] Vgl. *Henssler & Kilian* 2000.

– Gemeinsame Werbung der Kooperationspartner ist für den Anwaltsmediator nur im Rahmen seiner berufsrechtlichen Schranken zulässig.

147   Das **RBerG** bezweckt den Schutz der Rechtssuchenden und der Rechtsordnung als solche vor unqualifiziertem Rechtsrat und reglementiert die Berufsausübung der Anwälte und damit auch der Anwaltsmediatoren durch sanktionierbare Verpflichtungen, z. B. zur Verschwiegenheit und zur Unterhaltung einer Berufshaftpflichtversicherung.

148   Im Kontext der interprofessionellen Co-Mediation von Anwälten und Angehörigen psychosozialer Berufe ergibt sich jedoch ein Widerspruch zwischen der nach den Bestimmungen des RBerG einzuhaltenden äußeren Form der Zusammenarbeit (je ein Mediationsvertrag zwischen den Klienten und dem einzelnen Kooperationspartner, jeweils eine eigene Rechnung seitens der Kooperationspartner, Verbot der Bürogemeinschaft, Sozietät, usw.) und dem Angebot der Co-Mediation. Diese bietet nicht zwei verschiedene und voneinander trennbare Dienstleitungen der beiden Professionen nebeneinander an, sondern eine auf dem Synergieeffekt beruhende einheitliche Leistung eines interprofessionellen Teams. Gerade diese, der interprofessionellen Co-Mediation innewohnenden Synergiepotentiale, sollen ausgeschöpft werden und werden vom Publikum nachgefragt. Es ist daher wünschenswert, das anwaltliche Berufsrecht vor diesem Hintergrund neu zu diskutieren.

VI. Schlussbemerkung

149   Wenn Trennungs- und Scheidungsmediation lege artis praktiziert werden soll, ist die Konsultation externer Rechtsanwälte ein integraler Bestandteil des Verfahrens – unabhängig davon, ob der Mediator einen psychosozialen oder juristischen Grundberuf hat. Darüber hinaus kann die interdisziplinäre Zusammenarbeit in Form einer Co-Mediation in den Fällen in Betracht kommen, in denen die Einzel-Mediation wenig erfolgreich ist.

150   Die Kooperation von Mediatoren mit psychologischem und anwaltlichem Grundberuf im Rahmen der Co-Mediation hat vor allem historische Gründe. Die Ambitionen der genannten Berufsgruppen, die Fixierungen ihrer konventionellen Berufsbilder zu überwinden, sind von (selbst-)kritischen Haltungen gegenüber ihren traditionellen Rolle und dem Wunsch nach Erweiterung ihrer Dienstleistungen motiviert, um auf entsprechende Erwartungen der Klientel reagieren zu können. Die Zusammenarbeit von Rechtsanwälten und Psychologen in einem Mediatoren-Team kann nur partiell mit der Struktur und den Aufgaben der Trennungs- und Scheidungsmediation begründet werden. Die professionellen Ressourcen, die den Mitgliedern anderer Berufsgruppen zur Verfügung stehen, qualifizieren diese genauso gut oder genauso schlecht, wie dies bei Rechtsanwälten und Psychologen der Fall ist. Trennungs- und Scheidungsmediation braucht unserer Auffassung nach primär Mediatoren, die – relativ unabhängig von ihren Herkunftsberufen – ihre Identität aus ihrer neuen Rolle beziehen.

§ 24 Die Vertragsmediation der Notare

Dr. Robert Walz

Übersicht

Schrifttum: *Bernhard* in *Brambring/Jerschke,* Beck´sches Notar-Handbuch, 3. Aufl. 2000, Teil F; *Eidenmüller,* Vertrags- und Verfahrensrecht der Wirtschaftsmediation, 2001; *Golan,* Mediating Legal Disputes, 1996; *Grziwotz,* Erfolgreiche Verhandlungsführung und Konfliktmanagement durch Notare, 2001; *Haug,* Die Amtshaftung des Notars, 2. Aufl. 1997; *Keim,* Das notarielle Beurkundungsverfahren, 1990; *Langenfeld,* Vertragsgestaltung, 2. Aufl. 1997; *Schippel* in *Schippel* (Hrsg.) BNotO, 7. Aufl. 2000, § 14; *Schneeweiß* MittBayNot 2000, S. 520 ff.; *von Schlieffen/Wegmann* (Hrsg.), Mediation für Notare, 2000; *Selbherr* MittBayNot 2000, S. 520 ff.; *Sorge* MittBayNot 2000, S. 407 ff.; *Susskind* (Hrsg.), The Consensus Building Handbook, 1999; *Thomann/Schulz von Thun* Klärungshilfe, 1992, S. 226 ff.; *Walz* MittBayNot 2000 (SoH), S. 32 ff.; 2000 S. 405 ff.; 2001 S. 51 ff.

Vorbemerkung

1   Notare bilden die einzige juristische Berufsgruppe, die traditionell als unparteiliche Berater tätig wird.[1] Notarielle Berufsausübung kann zu einem nicht geringen Teil als **mediative Tätigkeit** beschrieben werden. Auch für Mediatoren aus anderen Berufssparten mag daher von Interesse sein, was Notare im Laufe der historischen Entwicklung an praktischen Fähigkeiten und berufsrechtlichen Vorgaben entwickelten. Umgekehrt zeigt die Lebhaftigkeit, mit der Notare die Literatur zum Thema Mediation rezipieren, dass sie ohne Berührungsängste willens sind, ihre verhandlungstechnischen Fähigkeiten und Vorgehensweisen zu verbessern.[2]

2   Dank der Vielfalt des Berufsfeldes der Notare stellt nun nicht jede Beratung oder Beurkundung eine Mediation dar; bestimmte mediative Anteile finden sich aber doch in ganz vielen Bereichen notarieller Berufsausübung. Notare sind nach dem Gesetz **nicht** ausdrücklich zu einer vermittelnden Tätigkeit **verpflichtet.** Im Beurkundungs- und Standesrecht ist hiervon nicht die Rede.[3] Jedoch kann eine solche vermittelnde Tätigkeit aus praktischen Gründen gar nicht vermieden werden. Notare sollen nicht nur unparteiisch zwischen den Beteiligten stehen (§ 14 Abs. 1 Satz 2, Abs. 3 Satz 2 BNotO), sondern vor allem den **gemeinsamen Willen** der Beteiligten erforschen (§ 17 Abs. 1 Satz 1 BeurkG). Kaum ein Notar kommt dabei ohne vermittelnde Tätigkeit aus. Immer dann, wenn Interessengegensätze vorliegen, muss verhandelt und vermittelt werden.

---

[1] Hauptaufgabe bildete seit jeher die Streitvermeidung und Vermittlung bei Konflikten; vgl. *Keim* MittBayNot 1994, S. 2 f.; *Wilke* MittBayNot 1998, S. 1 ff.; vgl. bereits die Reichsnotariatsordnung aus dem Jahre 1512 in: *Grziwotz,* Kaiserliche Notariatsordnung von 1512, 1995, S. 24 ff. mit Erläuterungen S. 58 f.

[2] *Bülow* MittBayNot 2000, 407 ff.; *Grziwotz,* Erfolgreiche Verhandlungsführung und Konfliktmanagement durch Notare, 2001; *Selbherr* MittBayNot 2000, 520 ff.; *Schneeweiß* MittBayNot 2000, 520 ff.; *Sorge* MittBayNot 2000, 407 ff.; *von Schlieffen/Wegmann* (Hrsg.), Mediation für Notare, 2002; *Wagner* BauR 1998, 235; *ders.* DNotZ 2000, 13 ff.; *Walz* MittBayNot 2000 (SoH), 32 ff.; 2000, 405 ff.; 2001, 51 ff.; *Wilke* MittBayNot 1998, 1 ff.

[3] Siehe Rdnr. 121 zu Ausnahmen.

Nun soll dem Leser nicht die berechtigte Freude darüber verdorben werden, dass 3
mit Mediation ein noch recht neues und überdies aus Amerika stammendes Verfahren endlich auch im deutschen Rechtsraum Anerkennung findet. Gleichwohl soll
hier die notarielle Berufsausübung in der Terminologie der Mediation beschrieben
und so untersucht werden, was im Einzelnen den Notar von anderen Mediatoren
unterscheidet. Auf der Basis der **prototypischen Tätigkeit** der Notare soll so eine
weitere Möglichkeit von Mediation beschrieben werden: **Vertragsmediation.** Es
wird sich zeigen, dass für Vertragsmediatoren andere Regeln und Vorgehensweisen
gelten als für Konfliktmediatoren und insbesondere auch für den Notar als Konfliktmediator.

Zunächst aber sei für juristisch nicht vorgebildete Leser an einigen alltäglichen 4
Beispielen erläutert, wie Notare seit jeher die typischen Hauptaufgaben des Mediators übernehmen – traditionell ohne sich dem Begriff Mediation bewusst zu sein:

– Eine typische Funktion des Mediators bildet etwa die **Erleichterung der Gesprächsführung.**[4] In
 vielen Beurkundungen kommt es zu Stockungen, weil die Beteiligten über eine bestimmte Frage
 nicht hinweg kommen. Beim Kaufvertrag mag es etwa um die Altlastenhaftung oder um die Frage des Räumungstermins gehen. Der Notar als Mediator erleichtert dann die Gesprächsführung,
 indem er darauf achtet, dass sich die Diskussion der Beteiligten nicht festfährt. Er steuert und
 dämpft die Entwicklung von Konflikten, auf dass sich die Fronten nicht verhärten mögen. Dabei
 kennzeichnet und gegebenenfalls wiederholt er mögliche Einigungen zwischen den Beteiligten.
– Mediatoren fungieren auch als **Übersetzer und Übermittler von Information.**[5] Bei Beurkundungen wird vielfach heftig diskutiert, etwa dann wenn es um familienrechtliche Probleme und Erbfragen geht. Nicht selten drängt sich dann der Eindruck auf, die Beteiligten redeten aneinander
 vorbei. Die Anwesenden sprechen zwar miteinander, jedoch verstehen sie nur sehr eingeschränkt,
 was die andere Seite sagt. Hier übermittelt und gegebenenfalls übersetzt der Notar Information
 so, dass die Parteien eine theoretisch mögliche Einigung auch wirklich auszuhandeln vermögen.
– Eine wichtige Aufgabe des Mediators besteht darin, **Interessen von Positionen zu unterscheiden.**[6]
 Er versucht, die Parteien anzuhalten, nicht nur zu feilschen, sondern intelligent über kreative und
 interessengerechte Lösungen nachzudenken. Auch diese Funktion betrifft notarielles Tagesgeschäft. Genannt sei die regelmäßig wiederkehrende Besprechung, in der ein Ehepartner kategorisch und ohne sich auf Diskussionen einlassen zu wollen, die Vereinbarung der Gütertrennung
 verlangt. Wenn der Notar dann nachfragt, weshalb denn die Gütertrennung gewünscht sei, wird
 nicht selten die Auskunft verweigert. Der betreffende Ehegatte fürchtet, ihm solle sein Ziel – die
 Gütertrennung – ausgeredet werden. Erst nach geduldiger Nachfrage und Werbung um Vertrauen stellt sich dann heraus, dass dem anderen Ehegatten Überschuldung und Insolvenz droht. Die
 Gütertrennung soll also vereinbart werden, um die Haftung für die Verbindlichkeiten des insolvenzgefährdeten Ehepartners zu vermeiden. Die Vereinbarung der Gütertrennung stellt hier die
 Position des einen Ehegatten dar. Erst die Nachfrage nach den dahinter stehenden Interessen,
 kann die richtige Lösung deutlich werden lassen. Tatsächlich wäre die Gütertrennung hier die falsche Gestaltung, nachdem zwischen Gütertrennung und Zugewinngemeinschaft kein Unterschied
 besteht, soweit es um die Schuldenhaftung geht. Jeweils haftet der Ehegatte nur, wenn er selbst
 Vertragspartner wurde, etwa weil er Darlehensverträge oder Bürgschaften unterzeichnete. Auf
 diese Weise hält der Notar die Beteiligten an, ihre Interessen von Positionen zu unterscheiden,
 umso eine optimale Lösung herbeizuführen.
– Auch als Agent der Realität wirkt der Notar fast in jeder Beurkundung. Wenn etwa ein Verkäufer vor dem Notar die Vorauszahlung des gesamten Kaufpreises verlangt, wird der Notar erläutern, dass dies zwar möglich sei, der Käufer damit aber erhebliche Risiken eingehe und eine ausgeglichene Vertragsregelung typischerweise anders aussehe. In der Mediationsliteratur wird diese

---

[4] Siehe *Goodpaster*, A Guide to Negotiation and Mediation, 1997, S. 210 f.
[5] Siehe *Golan*, Mediating Legal Disputes, 1996, S. 218 ff.
[6] Siehe *Golan*, Mediating Legal Disputes, 1996, S. 163 ff.

Vorgehensweise als **Realitätstest** bezeichnet.[7] Der Mediator nähert die Positionen der Parteien aneinander an und führt überzogene Forderungen auf ein realistisches Maß zurück.

5   Wenn mit den vorstehenden Beispielen[8] gezeigt ist, dass Notare seit langer Zeit die Hauptaufgaben des Mediators wie selbstverständlich erledigen, so soll damit nicht unterstellt werden, Notare seien bereits dort angelangt, wo heutige Mediatoren erst hinzugelangen wünschen. Vielmehr muss es für Notare wie für andere Mediatoren stets in erster Linie um die Frage nach dem Wie der Berufsaufübung gehen. Das Bemühen, die eigenen Fähigkeiten zu verbessern, muss im Vordergrund stehen.

I. Zur Abgrenzung der Vertrags- von der Konfliktmediation

6   Notare werden mediativ tätig; gleichwohl entspricht das äußere Bild ihrer Tätigkeit nicht unbedingt dem, was viele mit dem Wort Mediation verbinden. Es handelt sich offensichtlich um eine **spezielle Form** mediativer Tätigkeit, die hier aus sogleich darzulegenden Gründen mit dem Begriff Vertragsmediation bezeichnet wird[9]. Davon unterschieden wird der Bereich der Konfliktmediation. Während es bei ersterem um dasjenige – wenig besprochene – mediative Tätigwerden geht, das auf das Aushandeln eines Vertragsschlusses zielt, betrifft der zuletzt genannte Begriff das – vielfach erörterte – Eingreifen des Mediators als Vermittler in eskalierenden Konflikten. Dabei wird unter Abschnitt III. noch zu zeigen sein, dass Notare vielfach auch als Konfliktmediatoren fungieren. Das Hauptaugenmerk des Lesers soll aber zunächst auf die spezifischen Eigenarten der Vertragsmediation gelenkt werden.

1. Kommunikation in Konfliktsituationen

7   Mediation wird vielfach auf ein Verfahren zur Konfliktlösung reduziert. Danach wird Mediation etwa als ein „… freiwilliges Konfliktbearbeitungsverfahren, in dem Konfliktpartner … eine gemeinsamem aufeinanderbezogene Entscheidung treffen"[10], bezeichnet. Es finden sich zahlreiche Versuche, einen engen Begriff davon zu definieren, was unter Mediation zu verstehen ist. Regelmäßig liegt ein bestimmtes Konzept zu der Frage zugrunde, wie Mediation richtigerweise durchzuführen ist. Die Definition enthält dann nicht selten weitere Elemente, die die Herangeschwei-

[7] Siehe *Golan*, Mediating Legal Disputes, 1996, S. 50 ff. und S. 227 ff.
[8] Auch für die sonstigen Funktionen des Mediators lassen sich mühelos Beispiele nennen. So entwickeln Notare für und mit den Parteien regelmäßig eine Mehrzahl vertraglicher Gestaltungsmöglichkeiten (Optionen) und sorgen dafür, dass die Parteien ihre Erörterungen nicht nur an Positionen, sondern objektiven Standards festmachen, was nicht selten bereits dadurch geschieht, dass der Notar Auskunft darüber gibt, welche Vertragsgestaltungen aus welchen Gründen in der Rechtspraxis üblich oder unüblich sind.
[9] Die Begriffsbildung geht auf eine gesprächsweise Anregung von *Prof. Frank E. A. Sander* zurück, dem hierfür herzlich gedankt sei; vgl. auch die Unterscheidung zwischen „deal making negotiation" („DMN") und „dispute settlement negotiation" („DSN") in: *Goldberg/Sander/Rogers*, Dispute Resolution, 2. Aufl. 1992, S. 66 ff.
[10] *Mähler/Mähler*, Mediation – Eine interessengerechte Konfliktregelung, in *Breidenbach/Henssler*, Mediation für Juristen, 1997, S. 13, 15.

se des jeweiligen Mediators kennzeichnen[11]. Mit solchen **definitorischen Verengungen** sollte richtigerweise vorsichtig umgegangen werden. Die berechtigte Diskussion darüber, wie der optimale Mediator vorgeht, darf nicht auf die begriffliche Ebene verlagert werden.[12] Eine solche Diskussionsstruktur führt regelmäßig dazu, dass die zugrundeliegenden Wertungen verdeckt bleiben. Tatsächlich kann von Mediation immer dann gesprochen werden, wenn **Verhandlungen zwischen mehreren Parteien** stattfinden, die **von einem neutralen, vermittelnden Dritten unterstützt** werden[13]. Der Begriff erscheint offen für eine Vielzahl von Konzepten.

Zwischenmenschliche Konflikte[14] spielen allerdings in einer Vielzahl von Mediationen eine Rolle. Im Bereich des Zivilrechts geht es dabei häufig um Bestehen und Umfang von Ansprüchen. Der Mediator benötigt dann vielfach eine spezielle Herangehensweise, da eine Einigung infolge des Konfliktes erschwert ist. Misstrauen nimmt angesichts des Konfliktes typischerweise zu Lasten des gegenseitigen Vertrauens zu. Die Lösung des zugrundeliegenden Problems wird nicht mehr als gemeinsame Aufgabe empfunden. Emotionen treten unproduktiv in den Vordergrund, was vielfach zu einer einseitig verzerrten und eindimensionalen Wahrnehmung der Situation führt. Zuletzt verändert sich nicht selten die Kommunikation dahingehend, dass die offene und aufrichtige Diskussion in den Hintergrund tritt und stattdessen dem Gegenüber gedroht wird.[15] Bei Verhandlungen zwischen getrennt lebenden Ehegatten gleitet bisweilen jedes Gespräch in den bekannten Teufelskreis gegenseitiger Vorwürfe ab.[16] Wenn einer der Ehegatten einen vernünftigen, d. h. sachorientierten Vorschlag macht, antwortet der andere, „mit dir kann man ja sowieso nicht reden", worauf wiederum der andere Ehegatte antwortet, „du mit deinen ewigen Vorwürfen machst mich wahnsinnig". Statt über die Sache selbst zu reden, schaukeln sich Ursache und Wirkung immer weiter auf, nicht selten bemüht sich jede Seite vor allem darum, das Selbstwertgefühl des anderen herabzusetzen.

Viele Konfliktsituationen unterscheiden sich also von anderen Verhandlungssituationen dadurch, dass die vorstehenden Kommunikations- und Wahrnehmungsprobleme auftreten.[17] Als **Konfliktmediation** soll hier nun diejenige Mediation be-

8

9

---

[11] Siehe etwa *Mähler/Mähler*, Mediation – Eine interessengerechte Konfliktregelung, in *Breidenbach/Henssler*, Mediation für Juristen, 1997, S. 13, 15: „Außergerichtliches, freiwilliges Konfliktbearbeitungsverfahren, in dem Konfliktpartner mit Unterstützung eines neutralen Dritten ohne inhaltliche Entscheidungsbefugnis (den Mediator/die Mediatorin) gemeinsame, aufeinanderbezogene Entscheidungen treffen. Diese schließen nach Möglichkeit die Interessen der Beteiligten ein, sind auf Wertschöpfung ausgerichtet und fußen auf dem Verständnis von sich selbst, dem Anderen und ihrer jeweiligen Sicht der Realität."
[12] Vgl. *Riskin,* Understanding Mediators´ Orientations, Stategies, and Techniques: A Grid for the Perplexed, Harvard Negotiation Law Journal 1996, S. 7, 13 zu der Neigung – auch – der amerikanischen Literatur, den Begriff Mediation exklusiv für das jeweils eigene Konzept zu vereinnahmen.
[13] *Goldberg/Sander/Rogers,* Dispute Resolution, 2. Aufl. 1992, S. 103: „Mediation is negotiation carried out with the assistance of a third party." Siehe auch *Haft,* Verhandlung und Mediation, 2. Aufl. 2000, S. 244.
[14] Konflikt bedeutet Zusammenstoß, Streit, Zwiespalt; siehe Duden Etymologie, 2. Aufl. 1997, S. 371; zwischenmenschlicher Konflikt meint das Gegeneinanderstehen unterschiedlicher Strebungen zweier oder mehrerer Personen; siehe *Crisand,* Methodik der Konfliktlösung, 2. Aufl. 1999, S. 13 und 17.
[15] Siehe *Crisand,* Methodik der Konfliktlösung, 2. Aufl. 1999, S. 18 f.
[16] Vgl. *Thomann/Schulz von Thun* Klärungshilfe, 1992, S. 226 ff.
[17] Konflikte sind keineswegs immer unproduktiv, sondern erfüllen auch wichtige soziale Funktionen; vgl. *Schwarz* Konfliktmanagement, 5. Aufl. 2001, S. 16 ff.

zeichnet werden, in der die vorstehenden Problemstellungen eine wesentliche Rolle spielen. Wenn Parteien unter Zuhilfenahme eines neutralen Dritten verhandeln, ohne dass die vorgenannten Aspekte eine wesentliche Rolle spielen und es gleichwohl um das Aushandeln einer vertraglichen Einigung geht, so soll hier von **Vertragsmediation** gesprochen werden. Die Aufgabe des Mediators verändert sich dann nahe liegender Weise. Es geht nicht darum, den Parteien über Kommunikationsstörungen und Wahrnehmungsprobleme hinwegzuhelfen, vielmehr ist es die Aufgabe des Mediators, in sonstiger Weise auf das Erreichen einer optimalen Lösung hinzuwirken.

2. Interessengleichklang und Interessengegensatz

10   Mediation beschäftigt sich nicht notwendig mit Konfliktlösung, vielmehr geht es im Kern um **Interessengegensätze.** Die Parteien verfügen über unterschiedliche Interessen, die sie mit Hilfe eines neutralen Dritten koordinieren wollen. Der Mediator erforscht, inwieweit Interessen übereinstimmen oder nicht übereinstimmen, aber doch immerhin Gegenstand eines Austauschgeschäftes werden können.[18]

11   Für Notare kann daher in einem ersten Schritt festgestellt werden, dass sie immer dann mediativ tätig werden, wenn sie Interessengegensätze mehrerer Beteiligter koordinieren. Liegen Interessengegensätze nicht vor, so liegt auch keine mediative Tätigkeit vor.

Als **Beispiel** sei etwa der Fall genannt, dass der Alleingesellschafter einer GmbH ein Grundstück an sich selbst verkauft. Hier liegt regelmäßig kein Interessengegensatz vor. Auch die Beurkundung eines Erbscheinsantrages durch den Alleinerben dürfte frei von Interessengegensätzen sein. Anders verhält es sich aber bereits dann, wenn sich eine Mehrzahl von antragstellenden Erben auf die Interpretation eines privatschriftlichen Testamentes einigt. Dass hier zwischen Interessengegensätzen vermittelt werden muss, liegt auf der Hand.

3. Einordnung in ein Phasenmodell der Mediation

12   Im Phasenmodell der Mediation[19] weist **Konfliktmediation** einen besonderen **Schwerpunkt** im Bereich der ersten Phasen auf. Der Konfliktmediator übernimmt vielfach die Aufgabe, den Beteiligten das Konzept der Mediation näher zu bringen, er wirbt um Vertrauen für diese Art der Konfliktlösung. Parteien, die sich kämpferisch gegenüberstehen und schlecht oder gar nicht kommunizieren, sollen motiviert werden, miteinander kooperieren zu wollen. Streitende, eventuell auch – scheinbar – irrational agierende Parteien werden überzeugt, aus Effizienz-, Kosten- und sonstigen Gründen die beiderseitigen Interessen zu koordinieren, also miteinander ein Geschäft zu machen. Der ideale Konfliktmediator lässt aus kämpfenden Gegnern Partner eines für beide Seiten interessengerechten Austausch- oder sonstigen Geschäftes werden[20].

13   Vielfach wird es der neutrale Dritte auch übernehmen, den Beteiligten eine neue, beziehungsschonende Form der Kommunikation nahe zu bringen. In bereits eska-

---

[18] Vgl. *Lax/Sebenius*, The Manager as Negotiator, 1986, S. 88 ff. und *Mnookin/Peppet/Tulumello*, Beyond Winning, 2000, S. 13 ff. sowie *Kapfer* MittBayNot 2001, 558 ff. zu der Frage, wie Kooperationsgewinne entstehen.
[19] Siehe etwa *Haft*, Verhandlung und Mediation, 2. Aufl. 2000, S. 246 ff.
[20] Wobei es selbstverständlich nicht nur um finanzielle Interessen geht.

lierten Konflikten müssen die Beteiligten nicht selten erst zu einer **Änderung ihres Kommunikationsverhaltens** gelangen, bevor interessengerechte Lösungen erarbeitet werden können.[21] Insgesamt geht es für den Konfliktmediator zunächst und nicht selten entscheidend darum, die Emotionen und verhandlungstechnischen Schwächen der Parteien aufzufangen und auszugleichen.

Dieses Einwirken des Mediators während der ersten Phasen der Mediation spielt im Bereich der **Vertragsmediation** eine geringere Rolle. Die Parteien wenden sich etwa an den Notar als Vertragsmediator in der Regel bereits mit dem Willen, ein für beide Seiten nutzbringendes Geschäft abschließen zu wollen. Sie haben sich möglicherweise bereits über einzelne Vertragsbedingungen, wie etwa den Kaufpreis, geeinigt. Überzeugungsarbeit dahingehend, dass es für alle Beteiligte besser sei, eine vertragliche Einigung anzustreben, erübrigt sich. Auch empfinden die Beteiligten regelmäßig ihre Kommunikation als nicht problematisch und würden es daher ablehnen, insoweit zu einer Verhaltensänderung veranlasst zu werden. Ein empfundener Problemdruck ist nicht gegeben. **14**

Die **mediative Aufgabe** besteht vielmehr darin, die Beteiligten im Prozess der Einigung und in der Phase des Vollzuges dieser Einigung vermittelnd zu begleiten und insbesondere die vertragliche Einigung ihrem Inhalt nach optimal, d. h. möglichst interessengerecht auszugestalten. Dabei werden vielfach Interessengegensätze, die die Beteiligten infolge fehlender Rechtskenntnisse und mangelnder praktischer Erfahrungen mit einem bestimmten Vertragstyp bislang nicht wahrnahmen, erst durch den Notar offengelegt und sodann mit den Beteiligten erörtert. **15**

Vertragsmediation findet daher ihrem Schwerpunkt nach in der zweiten Hälfte des Gesamtprozesses statt. An die Phase der Interessenermittlung und -koordinierung schließt sich die eigentliche vertragliche Einigung sowie die Vollzugsphase an. **16**

4. Das Beurkundungsverfahren: auch eine Form der Vertragsmediation

Das Beurkundungsverfahren kann – auch – als eine **spezielle Form der Vertragsmediation** beschreiben werden[22]. Im Vordergrund steht dabei der Interessengegensatz, nicht der Konflikt. Die Praxis zeigt allerdings, dass aus dem als Vertragsmediator tätigen Notar jederzeit ein Konfliktmediator werden kann. Verhandlungssituationen verändern sich vielfach innerhalb weniger Augenblicke. Aus rational auf einen Geschäftsabschluss hinarbeitenden Partnern können innerhalb kurzer Zeit schlecht kommunizierende, einen Konflikt austragende Gegner werden. Hier gilt es dann, diejenigen Vorgehensweisen in Anwendung zu bringen, die den Konfliktmediator kennzeichnen. Der Notar agiert also **situationsabhängig** entweder als Vertrags- oder als Konfliktmediator. Im Blick auf die Vielzahl der durch Notare abgewickelten Vorgänge und die größere Zeitintensität der Konfliktmediation darf dankbar angemerkt werden, dass nach wie vor die Mehrzahl der Fälle dem Bereich der Vertragsmediation zuordnen ist. **17**

---

[21] Dabei mag es nicht selten auch um Wertvermittlung gehen; vgl. *Thomann/Schulz von Thun* Klärungshilfe, 1992, S. 300 ff.

[22] Anders *Grziwotz*, Erfolgreiche Verhandlungsführung und Konfliktmanagement durch Notare, 2001, S. 95 f. der Mediation ausschließlich als Form des Konfliktmanagements begreift und deshalb folgerichtig der Vertragsgestaltung durch den Notar als Neutralen die mediative Komponente weitgehend abspricht. Richtig erscheint, nicht jede Vertragsgestaltung mit Mediation gleichzusetzen, entscheidend ist jeweils, ob der Notar eine vermittelnde Tätigkeit entfaltet.

18   Nachstehend wird zunächst unter Rdnr. 19 ff. eingehend der Bereich der Vertragsmediation erörtert, nachdem es hier um die spezifisch Notare betreffenden Fragestellungen geht. Unter Rdnr. 114 ff. folgen knappe Ausführungen dazu, in welchen Bereichen Notare häufig als Konfliktmediatoren agieren.

II. Vertragsmediation

19   Wie betreiben Notare Vertragsmediation und wie sollten sie Vertragsmediation betreiben? Dazu werden zunächst einige der rechtlichen und sonstigen **Rahmenbedingungen** geschildert, soweit diese auf die Verhandlungsführung Einfluss haben. Sodann erst soll es um die eigentlichen **verhandlungstechnischen Vorgehensweisen** gehen.

1. Graduelle Ergebnisverantwortung

20   Notare sind zu einem gewissen Grad für das Ergebnis der Verhandlungen verantwortlich, die unter ihrer Mithilfe stattfinden. Konfliktmediatoren lehnen demgegenüber Ergebnisverantwortung nicht selten ab und können insbesondere in dem **Mediatorvertrag** – also dem Vertrag zwischen den Parteien und dem Mediator – festlegen, dass sie keinen Rechtsrat erteilen und an der Formulierung des Vertrages über die Einigung nicht mitwirken. Mangels gesetzlicher Regelungen wird sich das Maß der Verantwortlichkeit dann nach diesem Mediatorvertrag, ersatzweise danach richten, wie der jeweilige Mediator seine Aufgabe den Parteien gegenüber in seinem **Eröffnungsstatement** beschrieben hat.[23] Die Pflicht zur rechtlichen Beratung, etwa hinsichtlich der Verpflichtung zur Prüfung der Wirksamkeit der Vergleichsvereinbarung, wird sich dann auf eine Evidenzkontrolle beschränken[24].

21   Demgegenüber treffen den Vertragsmediator weitgehende Verpflichtungen hinsichtlich des die Einigung enthaltenden Vertrages. Seine Aufgabe besteht nicht zuletzt gerade darin, diesen **inhaltlich zu gestalten.** Die wichtigsten für Notare gesetzlich geregelten Punkte sollen hier kurz dargestellt werden. Nachfolgend unter 2. geht es dann um die weitergehende, nur faktische Praktikabilitätsverantwortung der Notare.

22   **a) § 17 Abs. 1 BeurkG versus Vertragsfreiheit.** Jede inhaltliche Verantwortung des Mediators steht in einem **Spannungsverhältnis** zum Prinzip der Vertragsfreiheit und der Eigenverantwortlichkeit der Beteiligten. Deutlich wird dies etwa anhand § 17 Abs. 1 S. 2 BeurkG. Nach dieser Vorschrift muss der Notar unerfahrene und ungewandte Beteiligte schützen. Das Verhalten des Notars muss also unterschiedlich ausfallen, je nachdem wie die rechtlichen und wirtschaftlichen Kenntnisse so-

[23] Siehe zum Ganzen *Eidenmüller,* Vertrags- und Verfahrensrecht der Wirtschaftsmediation, 2001, S. 35 ff.
[24] Siehe *Eidenmüller,* Vertrags- und Verfahrensrecht der Wirtschaftsmediation, 2001, S. 36; anders wohl *Risse*, Die Rolle des Rechts in der Wirtschaftsmediation, BB Beilage 9 zu Heft 27/1999, S. 1, 6: „Nehmen an dem Mediationsverfahren ausnahmsweise keine Anwälte teil, muss der Mediator die juristischen Aspekte darlegen." Zu weitgehend OLG Hamm MDR 1999, 836 (zu § 20 BRAGO): „… ist verpflichtet, … beide Parteien über ihre jeweiligen Rechte und Pflichten zu informieren."

wie die verhandlungstechnischen Möglichkeiten eines Beteiligten beschaffen sind. Einem erfahrenen Geschäftsmann gegenüber mag regelmäßig keine Schutzverpflichtung bestehen. Einen in Vertragsdingen und Verhandlungssituationen unerfahrenen Arbeiter muss der Notar vor Übervorteilung schützen. Dazu wird der Notar dann gewissermaßen parteilich auf die Verhandlungen und den Inhalt des Vertrages einwirken.

Diese Vorgabe, nämlich parteilich einzuwirken, widerspricht zunächst dem Prinzip der Vertragsfreiheit. In dem sich ergebenden Spannungsverhältnis muss der Notar agieren, wobei letztlich dem Prinzip der **Vertragsfreiheit das höhere Gewicht** zukommt. Jeder Beteiligte – und zwar auch der unerfahrene und ungewandte – darf beliebige Verträge abschließen, solange diese nicht unerlaubte Zwecke verfolgen[25] oder der Vertrag gegen ein Gesetz verstößt. Dies vorausgesetzt können und dürfen Notare daher den Abschluss bedenklicher Verträge nicht immer verhindern.[26] Ihre Aufgabe besteht darin, dafür zu sorgen, dass der unerfahrene Beteiligte weiß, was er tut. Ob ein Vertrag dann tatsächlich vereinbart wird, obliegt letztlich der Eigenverantwortung des jeweiligen Beteiligten.[27] Ein rechtliches Verbot, sich durch Verträge übervorteilen zu lassen, besteht auch für unerfahrene und ungewandte Beteiligte nicht.[28] 23

b) **Belehrungs- und Prüfungspflicht aus Urkundentätigkeit.** Neben der Pflicht zur **Erforschung des Willens** der Beteiligten und zur **Klärung des Sachverhaltes** steht die Pflicht zur **Belehrung über die rechtliche Tragweite** des Geschäfts[29]. Die Anforderungen hieran steigerten sich zunehmend[30]. Dabei bildete die Rechtsprechung folgende Unterscheidung heraus: Zunächst gilt eine – hier zunächst erörterte – eher eng auszulegende, regelmäßige Belehrungsverpflichtung aus Urkundstätigkeit (§ 17 BeurkG). Daneben entwickelte die Rechtsprechung eine erweiterte Warnungs- und Hinweispflicht aus allgemeiner Betreuungsverpflichtung, welche auch betreuende Belehrungsverpflichtung genannt wird.[31] Die Darstellung erfolgt hier nur in Form eines Überblicks. Der nicht-juristische Leser fühle sich angesichts des terminologischen Aufwands frei, die folgenden Absätze zu überspringen und mit Rdnr. 28 ff.) fortzufahren. 24

Die erstgenannte Belehrung gemäß § 17 BeurkG, also über die **rechtliche Tragweite** des Rechtsgeschäfts, muss der Notar stets vornehmen, und zwar insbesondere auch gegen den Willen der Vertragsteile. Zur dieser rechtlichen Tragweite gehört zunächst die Frage, ob die Rechtsordnung den mit der Willenserklärung beabsichtigten rechtlichen Erfolg überhaupt eintreten lässt.[32] Zudem muss der Notar die 25

---

[25] Dann aber muss der Notar die Beurkundung verweigern; vgl. § 4 BeurkG, § 14 Abs. 2 BNotO.

[26] Aus Gründen des Selbstschutzes wird der Notar dann nicht selten seine Zweifel in der Niederschrift vermerken oder in Form einer Aktennotiz dokumentieren.

[27] Siehe auch *Keim*, Das notarielle Beurkundungsverfahren, 1990, S. 37.

[28] Siehe *Langenfeld* Vertragsgestaltung, 2. Aufl. 1997, Rdnr. 422 und 438 f.

[29] § 17 BeurkG.

[30] Siehe *Bernhard* in *Brambring/Jerschke*, Beck'sches Notar-Handbuch, 3. Aufl. 2000, Teil F Rdnr. 50.

[31] Siehe *Reithmann* in *Reithmann/Albrecht/Basty*, Handbuch der notariellen Vertragsgestaltung, 7. Aufl. 1995, Rdnr. 135, 175 und 177 sowie *Haug*, Die Amtshaftung des Notars, 2. Aufl. 1997, Rdnr. 410 ff.

[32] Siehe *Reithmann* in *Reithmann/Albrecht/Basty*, Handbuch der notariellen Vertragsgestaltung, 7. Aufl. 1995, Rdnr. 137.

Geschäftsfähigkeit[33], die etwaige Vertretungsberechtigung, insbesondere auch den Umfang und die Wirksamkeit von Vollmachten[34], sowie die Verfügungsbefugnis[35] prüfen und das Grundbuch einsehen[36]. Er ist verpflichtet, über Genehmigungserfordernisse[37] sowie gesetzliche Vorkaufsrechte[38] zu belehren und muss sicherstellen, dass im Regelfall die materiell Beteiligten an der Beurkundung auch teilnehmen[39]. Hinsichtlich der steuerlichen Folgen des Rechtsgeschäfts besteht im Grundsatz keine Belehrungspflicht[40].

26   c) **Betreuende Belehrungsverpflichtung.** Die erweiterte oder auch „betreuende Belehrungsverpflichtung"[41] basiert auf der Vertrauensstellung des Notars als unabhängigem und unparteiischem Betreuer im Sinne der §§ 1, 14 BNotO. Sie bezieht sich somit nicht nur auf die Urkundstätigkeit.[42] Sie greift dann, wenn einem Beteiligten ein Schaden droht, dessen er sich nicht bewusst ist, und sich diese Umstände aus der rechtlichen Gestaltung des Vertrages und seiner beabsichtigten Durchführung ergeben.[43] Diese abstrakte Begründung lässt den **Umfang der erweiterten Belehrungsverpflichtung** allerdings nur erahnen. Konkrete Pflichten sind aus der vielfach hierzu ergangenen Rechtsprechung zu entnehmen.[44] Als typisches Beispiel seien etwa die umfassenden Verpflichtungen des Notars in den Fällen ungesicherter Vorausleistungen einer Vertragspartei genannt. Um die erweiterte Belehrungsverpflichtung zu erfüllen, muss der Notar nicht nur warnen, sondern auch Wege aufzeigen, wie die fraglichen Gefahren zu vermeiden sind[45]. Über die wirtschaftliche Bedeutung des Rechtsgeschäfts muss im Grundsatz nicht aufgeklärt werden. Kennt der Notar jedoch wirtschaftliche Risiken, die einzelne Beteiligte erkennbar übersehen, so muss er gleichwohl auch insoweit warnen[46].

27   Der Notar kann auch außerhalb der vom BeurkG vorgegebenen Tätigkeiten beraten und belehren. Die Rechtsgrundlage hierfür bildet § 24 BNotO. Danach kann der Notar auch „die **sonstige Betreuung** auf dem Gebiet der vorsorgenden Rechts-

---

[33] §§ 11, 28 BeurkG.
[34] §§ 17, 12 BeurkG.
[35] § 17 BeurkG.
[36] § 21 BeurkG.
[37] § 18 BeurkG.
[38] § 20 BeurkG.
[39] § 17 II a BeurkG; siehe auch nachstehend unter Rdnr. 96.
[40] Siehe etwa BGH DNotZ 1979, S. 228, 1981, S. 775, 1985, S. 635.
[41] BGH DNotZ 1987, S. 157 und BGH DNotZ 1989, S. 45. Nach *Reithmann* in *Reithmann/Albrecht/Basty*, Handbuch der notariellen Vertragsgestaltung, 7. Aufl. 1995, Rdnr. 176 und 171 lautet der vollständige Terminus: „erweiterte Belehrungsverpflichtung aus allgemeiner Betreuungsverpflichtung"; denn die **allgemeine** Betreuungsverpflichtung steht unabhängig neben der Verpflichtungen aus **spezieller** Betreuungstätigkeit im Sinne des § 24 BNotO (siehe sogleich), zu der der Notar nicht verpflichtet ist.
[42] Siehe *Haug*, Die Amtshaftung des Notars, 2. Aufl. 1997, Rdnr. 533.
[43] Siehe etwa BGH DNotZ 1987, 157; BGH WM 1988, 392; BGH MDR 1968, 1002, 1003.
[44] Siehe für einen Überblick *Bernhard* in *Brambring/Jerschke*, Beck'sches Notar-Handbuch, 3. Aufl. 2000, Teil F Rdnr. 120 ff. sowie eingehend *Haug*, Die Amtshaftung des Notars, 2. Aufl. 1997, Rdnr. 533 ff.
[45] Siehe etwa BGH DNotZ 1963, 308; BGH DNotZ 1969, 173; BGH DNotZ 1971, 591; BGH DNotZ 1973, 240; BGH DNotZ 1989, 58. *Reithmann* in *Reithmann/Albrecht/Basty*, Handbuch der notariellen Vertragsgestaltung, 7. Aufl. 1995, Rdnr. 180 ff. spricht daher zutreffend von einer Warnungs- und Hinweispflicht.
[46] Vgl. etwa BGH DNotZ 1996, 118 und allgemein *Haug*, Die Amtshaftung des Notars, 2. Aufl. 1997, Rdnr. 547 ff.

pflege" übernehmen.[47] Der Pflichtenmaßstab richtet sich dann nach dem jeweiligen Auftrag. Die betreuende Belehrungsverpflichtung gilt jedoch auch in diesem Fall. Als Beispiel sei etwa die planende Beratung im Gegensatz zur gestaltenden Beratung genannt. Während die gestaltende, also insbesondere vertragsgestaltende Beratung zur Beurkundung gehört, unterfällt die planende Beratung dem Bereich des § 24 BNotO. Der Pflichtenmaßstab wird dann durch den Beratungsauftrag begrenzt.[48]

d) **Inhaltskontrolle.** Die vorstehenden Verpflichtungen sichern auch die sehr weitgehende Einhaltung gesetzlicher Vorschriften, die bestimmte Vertragsinhalte verbieten oder negativ sanktionieren. Zu nennen sind etwa die **verbraucherschützenden Vorschriften** über allgemeine Geschäftsbedingungen (§§ 305 ff. BGB), über Verbraucherverträge (§§ 355 ff. BGB), aber auch diejenigen der Makler und Bauträgerverordnung (MaBV). Stellen sich Regelungen, die die Beteiligten wünschen, als bedenklich dar – etwa weil die Vereinbarkeit einer bestimmten Klausel mit dem AGBG noch nicht geklärt ist – so trifft den Notar die bereits angesprochene Belehrungsverpflichtung[49]. Verfolgt eine bestimmte Regelung unerlaubte Zwecke[50] oder verstößt sie gegen ein Gesetz, so muss der Notar die Beurkundung ablehnen. Die Beurkundungspflicht gewährleistet damit, dass sich insbesondere die Verbraucherschutzgesetzgebung in der Vertragspraxis durchsetzt, und stellt so Vertragsgerechtigkeit sicher. 28

e) **Notarhaftung.** In der Gesamtschau aller vorgenannten Belehrungs- und Betreuungsverpflichtungen ergibt sich ein höchst **umfassender Schutz** der Beteiligten, soweit es um die rechtlichen Aspekte des Geschäfts geht. 29

Sollte der Notar gegen eine der vorgenannten Amtspflichten verstoßen, so haftet er für etwaige Schäden der Beteiligten unbeschränkt mit seinem gesamten Vermögen (§ 19 BNotO). Der Umfang der genannten Pflichten sowie die dazu ergangene Haftungsrechtsprechung rechtfertigen die Aussage, dass die Beurkundung durch den Notar auch eine **faktische Versicherungswirkung** entfaltet[51]. Die Beteiligten sind weitgehend vor vermeidbaren Schäden geschützt, die ihnen durch Vertragsgestaltung und Abwicklung entstehen können, solange sie auf Risiken nicht eingehend hingewiesen wurden und der Notar ihnen keine alternativen Gestaltungen vorschlug.[52]

f) **Rechtssicherheit als wirtschaftlicher Faktor.** Einigungen kommen dann zustande, wenn jeder Beteiligte den Vertragsschluss für die günstigste ihm zur Verfügung stehende Alternative hält. Es findet also eine Abwägung statt, in der die Chancen und Risiken einer Nicht-Einigung mit den Chancen und Risiken der Einigung verglichen werden. Die durch die Beurkundungspflicht garantierte Rechtssicherheit geht in diese Abwägung als positiver Faktor ein[53]. Insbesondere bei Rechtsgeschäf- 30

---

[47] § 24 BNotO verpflichtet den Notar allerdings nicht zur Übernahme; siehe *Reithmann* in *Reithmann/Albrecht/Basty*, Handbuch der notariellen Vertragsgestaltung, 7. Aufl. 1995, Rdnr. 171.
[48] Siehe *Reithmann* in *Reithmann/Albrecht/Basty*, Handbuch der notariellen Vertragsgestaltung, 7. Aufl. 1995, Rdnr. 172 f.
[49] Siehe *Reithmann* in *Reithmann/Albrecht/Basty*, Handbuch der notariellen Vertragsgestaltung, 7. Aufl. 1995, Rdnr. 138.
[50] Vgl. § 4 BeurkG, § 14 Abs. 2 BNotO.
[51] Siehe *Vollrath* MittBayNot 2001, 1, 4.
[52] Siehe die eingehenden Ausführungen bei *Haug*, Die Amtshaftung des Notars, 2. Aufl. 1997, Rdnr. 400 ff.
[53] Die anfallenden Kosten wiederum gehen als negativer Faktor in diese Abwägung ein.

ten zwischen Personen, die einander nicht bekannt sind, darf vermutet werden, dass der rechtsgeschäftliche Verkehr hierdurch erleichtert wird. Einigungen scheitern daher weniger häufig an den **Abwägungsfaktoren des Durchführungs- und des Übervorteilungsrisikos.** Auf diese Weise wird Kooperation dort gefördert, wo Beurkundungspflicht besteht.[54]

2. Praktikabilitätsverantwortung

31   Die soeben erörterten rechtlichen Vorgaben entfalten positive Auswirkungen auf das Verhandlungsgeschehen. Ein weitergehender Aspekt resultiert aus der nun zu erörternden Praktikabilitätsverantwortung der Notars.

32   a) **Verhaltensanreize von Konfliktmediatoren.** Auch der Mediator hat Interessen und richtet sein Verhalten – jedenfalls auch – nach diesen aus. Dafür wie sich Menschen letztlich verhalten, sind vielfach diejenigen **Verhaltensanreize** maßgeblich, die sich aus der zugrunde liegenden Intereressenlage ableiten lassen. Ein Blick auf die Interessenlage des Mediators kann daher Hinweise darauf geben, welche Ziele der Mediator – sei dies bewusst oder unbewusst – verfolgen wird. Die Frage soll hier nur erörtert werden, soweit sie den Unterschied zwischen Konflikt- und Vertragsmediation betrifft.

33   Konfliktmediatoren übernehmen es vielfach nicht, den ausgehandelten Vertrag zu formulieren. Auch mit dem Vollzug der vertraglichen Einigung sind sie in aller Regel nicht befasst. Die Parteien werden vielmehr auf dem Weg hin zur Einigung begleitet und angeleitet. Dementsprechend geht das hauptsächliche Eigeninteresse des Konfliktmediators dahin, diese **Einigung zu erzielen.** Anhand dieser Leistung beurteilt das Publikum die Leistung des Mediators, mögen auch statistisch ausgewertete Settlement Rates hierzulande – anders als in den USA[55] – eine nur geringe Rolle spielen[56]. Diese Herangehensweise erscheint auch folgerichtig, nachdem Konfliktmediatoren in den ersten Phasen des Gesamtprozesses tätig werden und eine inhaltliche Verantwortung gerade nicht übernehmen[57].

34   b) **Verhaltensanreize von Vertragsmediatoren.** Notare als Vertragsmediatoren hingegen werden in den späteren Phasen des Gesamtprozesses tätig. Unter anderem ermitteln sie die Interessen, welche für die vertragliche Einigung und deren Formulierung relevant sind, formulieren den Vertrag und übernehmen dessen Vollzug. Kommt es später zu Problemen oder Rechtsstreitigkeiten, etwa im Rahmen des Vollzuges oder über die Auslegung des Vertragstextes, so droht nicht nur die Haftung des Notars, vielmehr muss der Notar bereits im weiten Vorfeld haftungsträchtiger Sachverhalte mit zusätzlichem Aufwand und Verlust von Kundenbeziehungen

---

[54] Dass diese Vorteile die Kostennachteile überwiegen, wird in der Rechtspraxis gelegentlich – insbesondere von anwaltlichen Kollegen – bestritten. Die natürliche Konkurrenz der verschiedenen Berufsträger um das Volumen des Rechtsberatungsmarktes sollte jedoch nicht den Blick auf besonderen Wert der **unparteilichen** Betreuung verstellen. Hinzu kommt, dass Notargebühren regelmäßig erheblich günstiger als vergleichbare Rechtsanwaltsgebühren sind, und zwar selbst dann, wenn nur eine Vertragsseite anwaltlich beraten ist.

[55] Siehe *Sander*, The Obsession with Settlement Rates, Negotiation Journal 1995, S. 201 ff.

[56] Immerhin wird die Performance der verschiedenen Berufsgruppen hinsichtlich ihrer Tätigkeit als Schlichter nach dem BaySchlG durch das Bayerische Staatsministerium der Justiz statistisch ausgewertet.

[57] Siehe auch Rdnr. 20 ff.

rechnen. Hieraus folgt ein unmittelbares Eigeninteresse dahingehend, dass der jeweilige Vertrag nicht nur einen vollzugsfähigen, sondern auch einen **praktikablen Interessenausgleich** zwischen den Beteiligten bildet. Notare übernehmen daher für die bei ihnen abgeschlossenen Verträge eine faktische, rechtlich nicht normierte Gesamtverantwortung.

Die Leistung des einzelnen Notars wird vom Publikum anhand seiner **Prozess- 35 und Befriedungsqualität** beurteilt. Die sich in der Urkunde ausdrückende Gestaltungsqualität kann das Publikum regelmäßig nicht wahrnehmen. Der Mandant bemerkt zunächst, inwieweit die Betreuung reibungslos und zügig voranschreitet, sodann aber, ob der Vertrag zu Streit führt und ob er Schäden erleidet, inwieweit der Vertrag also seine Befriedungsfunktion erfüllt.[58] Die juristische Qualität der Urkunde wird nur selten eigenständig beurteilt. Der Notar unterliegt daher einem Verhaltensanreiz, nur solche Verträge zu beurkunden, die die Interessen aller Beteiligter ausreichend berücksichtigen und auch zukünftig keine Konflikte entstehen lassen. Der Autor etwa kann aus eigener Praxis berichten, dass er nahezu täglich mit der Auslegung oft Jahrzehnte alter Urkunden, die durch Amtsvorgänger im Ruhestand beurkundet wurden, konfrontiert wird. Das Publikum erwartet hier – zu Recht übrigens – eine sich nicht selten über Jahrzehnte erstreckende Nachsorge und macht den Notar für auftretende Probleme und spät entdeckte Regelungslücken ohne weiteres verantwortlich.

Insgesamt wird deutlich, dass für Notare – jenseits des rechtlich normierten – der 36 Verhaltensanreiz besteht, eine faktische **Gesamtverantwortung** für die von ihnen beurkundeten Vorgänge zu übernehmen.

3. Neutralität und Rollenverständnis

Mediatoren leiten und moderieren Verhandlungen. Auf welche Weise sie dies 37 tun, wird jedoch ganz unterschiedlich beantwortet. Letztlich geht es jeweils darum, wie die **Neutralität** des Verhandlungsleiters zu verstehen ist. Was bedeuten Neutralität und Unparteilichkeit?[59]

Neutralität oder – wie es im Beurkundungsgesetz heißt – **Unparteilichkeit**[60] 38 bilden Begriffe, die in der Mediations- und auch in der berufsrechtlichen Notarliteratur nur pauschal definiert werden. Inwieweit etwa der Notar Einfluss nehmen soll und darf, wird wenig erörtert. Festgestellt wird, er dürfe „niemanden bevorzugen und niemanden benachteiligen; keine Bindung, keine Zu- oder Abneigung, keine Voreingenommenheit, keine Rücksicht auf eigene Vor- oder Nachteile sollen seine Tätigkeit bestimmen."[61] Er habe „die berechtigten Belange aller Beteiligten in gleicher Weise zu wahren, ohne einem von ihnen stärker rechtlich [?] zugeordnet werden zu können als dem anderen."[62] Die auf Einzelfälle konzentrierte Haftungsrechtsprechung dazu, wann Notare ihre Pflicht

---

[58] Siehe *Vollrath* MittBayNot 2001, 1, 3.
[59] Vgl. insgesamt auch *Sorge* MittBayNot 2001, 50 ff.
[60] Siehe §§ 1,13 Abs. 1, 14 Abs. 1, 28 BNotO; der Notar wird nach § 13 I BNotO auf die Unparteilichkeit vereidigt.
[61] *Schippel* in *Schippel* (Hrsg.) BNotO, 7. Aufl. 2000, § 14 Rdnr. 35.
[62] *Sandkühler* in *Lerch/Sandkühler* Bundesnotarordnung, 4. Aufl. 2000, § 14 Rdnr. 42; siehe *Rossak*, Die Unabhängigkeit und Neutralität des Notar, Diss. Augsburg 1986, S. 327 ff. m. w. N.

zur Unparteilichkeit verletzen, scheint nicht ganz frei von Widersprüchen zu sein[63].

39   Allerdings findet sich eine ganze Reihe von Rechtsvorschriften, die den Gefahren einer Neutralitätspflichtverletzung vorbeugen wollen. Bezogen auf die **innere Neutralität** sind neben der Eignung als Persönlichkeit[64], die Pflicht Gebühren zu erheben[65] und das Verbot, Gebührenvereinbarungen zu treffen[66] sowie die Nichtausübung des Notaramtes im Falle der Befangenheit[67] zu nennen. Dem **Schutz der äußeren Neutralität**[68] dienen Vorschriften, wonach bereits der Anschein eines Pflichtverstoßes zu vermeiden ist[69], Nebentätigkeiten nicht oder nur mit Genehmigung ausgeübt werden dürfen[70], die Tätigkeit in bestimmten, typisierten Fällen ganz zu unterlassen ist[71], Werbung weitgehend untersagt ist[72] und im Falle einer wirtschaftlichen Schieflage des Notars dieser mit der Amtsenthebung rechnen muss[73]. Diese Rechtsvorschriften werden durch Richtlinien der Notarkammern konkretisiert und näher bestimmt[74].

40   Mag – auch in der Mediationsliteratur – eine eingehende Vorgabe zur inhaltlichen Ausgestaltung der Unparteilichkeit fehlen, so kann Neutralität jedenfalls nicht bedeuten, dass der Mediator überhaupt keinen Einfluss nimmt; schließlich erschiene der Mediator ansonsten weitgehend überflüssig. Beeinflusst der Mediator danach das Verhandlungsgeschehen, so wird die Frage, bis zu welchem Punkt solche **Interventionen** reichen dürfen, in der Mediationsliteratur ganz unterschiedlich beantwortet. Dies hängt insbesondere damit zusammen, dass die Aufgabe des Mediators von den Vertretern unterschiedlicher Mediationsstile verschieden beschrieben wird. Hierauf ist sogleich näher einzugehen.

41   Im Ergebnis geht es um das **Rollenverständnis des Mediators.** Der Mediator wird nur da Einfluss nehmen, wo ihm sein Rollenverständnis entsprechende Vorgaben macht. Bei den Notaren etwa ist das Rollenverständnis zunächst geprägt durch die schon erwähnten Regelungen des Beurkundungs- und Standesrechtes. Im Übrigen hängt der Grad seiner Einflussnahme davon ab, wie weit er sich als Moderator und Verhandlungsleiter versteht. Die sich allgemein für Mediatoren stellende Frage nach dem Mediationsstil stellt sich auch für Notare.

42   a) **Einigung über das Rollenverständnis.** Der Mediator wird zunächst unter den Beteiligten Einigung darüber herstellen, wie seine Aufgabe zu verstehen ist. Man kann von einem – untechnischen – Verhandlungsvertrag sprechen, der festlegt, wie die Rolle des Mediators zu verstehen ist[75]. Soweit der **Mediatorvertrag** nichts

---

[63] Siehe *Hang,* Die Amtshaftung des Notars, 2. Aufl. 1997, Rdnr. 420 ff. sowie nachstehend unter Rdnr. 56.
[64] § 6 Abs. 1 S. 1 BNotO.
[65] § 17 BNotO.
[66] § 140 KostO.
[67] § 16 Abs. 2 BNotO.
[68] Siehe *Sorge* MittBayNot 2001, 50 ff. zur Unterscheidung zwischen innerer und äußerer Neutralität.
[69] § 14 Abs. 3 S. 2 BNotO.
[70] §§ 14 Abs. 4 und 5, 8 BNotO.
[71] § 16 Abs. 1, 28 BNotO, §§ 3, 6 BeurkG.
[72] § 29 BNotO.
[73] § 50 Abs. 1 Ziff. 8 BNotO.
[74] Siehe §§ 78 Abs. 1 Nr. 5, 67 Abs. 2 BNotO.
[75] Vgl. zum Begriff *Haft,* Verhandlung und Mediation, 2. Aufl. 2000, S. 124.

regelt, wird der Mediator in seinem **Eröffnungsstatement** erläutern, wie er seine Rolle und damit seine spezielle Art der Neutralität versteht.[76] Die Beteiligten, welche hier zugestimmt haben, wissen dann, worauf sie sich einlassen. Sollte eine Partei mit dem Rollenverständnis des Mediators nicht einverstanden sein, so steht ihr frei, diesen abzulehnen und das Verfahren zu beenden.

Das Rollenverständnis des Mediators wird nicht stets explizit erläutert werden **43** müssen. Ist den Beteiligten die Art und Weise des Vorgehens des Mediators und dessen Rollenverständnis bekannt, so erübrigen sich entsprechende Erläuterungen und Gespräche. Etwa im Fall der Notare ist den Beteiligten, d.h. der Bevölkerung, dessen Aufgabe in der Regel einigermaßen bewusst. Das **Rollenverständnis der Notare** ist gewissermaßen Teil der Rechtskultur und bedarf deswegen nur im geringeren Maße der Erläuterung. Gleichwohl sollten auch Notare die allgemeine Regel der Gesprächsführung beherzigen, wonach möglichst wenig vorausgesetzt und nichts als selbstverständlich genommen werden sollte.

In der **Praxis** empfiehlt es sich für den Notar, vor einer jeden Beurkundung **44** zumindest mit einem Satz seine Neutralität zu erwähnen und insbesondere zu erläutern, ob er bereits mit dem einem oder anderen Beteiligten beruflich oder auch privat zu tun hatte.[77] Die Offenlegung solcher Verbindungen verhindert Misstrauen, das entstehen kann, wenn Umstände dieser Art zu einem späteren Zeitpunkt bekannt werden. Auch empfiehlt sich vor der eigentlichen Beurkundung die Klarstellung, dass der vorbereitete Vertrag lediglich einen unverbindlichen und abänderbaren Entwurf darstellt. Die erste Phase der eigentlichen Beurkundung sollte – soweit erforderlich – die Rolle des Notars und den Verfahrensablauf klären.

b) Facilitative, Evaluative und Transformative Approach. Die Mediationslitera- **45** tur diskutiert – bezogen auf das Thema der Konfliktmediation – kontrovers, ob ein Mediator Einschätzungen zur Rechtslage und zu den Erfolgsaussichten einer etwaigen Klage abgeben darf. Es kann zwischen dem „**Evaluative Approach**" und dem „**Facilitative Approach**" unterschieden werden. Nach dem erstgenannten Ansatz geht es – auch – darum, den Parteien die Stärken und Schwächen ihrer Position mit deutlichen Worten nahe zu bringen. Der dem zweitgenannten Ansatz folgende Mediator wirkt insoweit allenfalls auf indirektem Wege, nämlich durch entsprechende Fragen, und sieht sich in erster Linie als Moderator eines Verhandlungs- und Kommunikationsprozesses, auf dessen Inhalt er wenig Einfluss nimmt.[78] Ein dritter Ansatz versteht Mediation als einen Prozess, der darauf abzielt, die kommunikativen Fähigkeiten der Parteien zu verbessern (**Transformative Approach**).[79] Nicht die Einigung als Lösung eines konkreten Konfliktes, sondern das quasi erzieherische Einwirken auf die Parteien steht im Vordergrund. Die Konfliktparteien sollen lernen, generell und über den Einzelfall hinaus Konflikte effizient und beziehungsschonend zu bearbeiten.

---

[76] Siehe *Eidenmüller*, Vertrags- und Verfahrensrecht der Wirtschaftsmediation, 2001, S. 35 f.
[77] Die eng verwandte Frage der Vorbefassung muss gemäß § 3 Abs. 1 Nr. 7 BeurkG ohnehin geklärt werden.
[78] Vgl. zur amerikanischen Diskussion Riskin, Understanding Mediators' Orientations, Stategies, and Techniques: A Grid for the Perplexed, Harvard Negotiation Law Review, 1996, S. 7 ff.
[79] Siehe *Bush/Folger,* The Promise of Mediation: Responding to Conflict through Empowerment and Recognition, 1994.

46   Für Vertragsmediatoren wird vor diesem Hintergrund eine deutlich **evaluative Ausrichtung** erkennbar. Der Vertragsmediator soll gerade Verantwortung für den Vertrag übernehmen. Naheliegenderweise wird er auch zur Rechtslage Stellung nehmen müssen. Kommunikationsstörungen stehen nicht im Vordergrund.

47   In Konfliktsituationen demgegenüber kann Evaluation durch den Mediator eine schädliche **Eigendynamik** entwickeln. Teilt der Mediator seine Einschätzung zur Rechtslage mit oder äußert er sich gar zu den Erfolgsaussichten einer Klage, gefährdet er nicht selten seine Stellung als neutraler Vermittler. Diejenige Partei, zu deren Nachteil die Evaluation ausfiel, wird dem Mediator vielfach Parteilichkeit unterstellen.[80]

48   c) **Vertrauensvorschuss und Einflussnahme.** Soweit es um kontrovers diskutierte Einzelpunkte geht, kann die Evaluation jedoch auch für den Vertragsmediator problematisch werden. Für die Praxis empfiehlt sich die für die Konfliktmediation bewährte Vorgehensweise, wonach eine Evaluation möglichst spät im Verhandlungsprozess stattfinden sollte, wenn ein Vertrauensverhältnis zum Mediator entstanden ist.[81] Evaluation dient dann eher als Notbehelf, wenn andere Bemühungen um Einigung ohne Erfolg blieben. Hieraus leitet sich eine generelle **Regel** ab: Der Mediator muss in seiner Einflussnahme dann relativ zurückhaltend bleiben, wenn ihm die Parteien keinen oder einen nur geringen Vertrauensvorschuss entgegenbringen. Je größer sich der anfängliche Vertrauensvorschuss darstellt, desto größer kann die Einflussnahme bereits zu Beginn des Verhandlungsgeschehens ausfallen.

49   Notare dürfen bei vielen Menschen auf einen erheblichen **Vertrauensvorschuss** zählen. Auch eine starke Evaluation, und zwar gleich zu Beginn des Verfahrens, erscheint den Beteiligten regelmäßig als nicht bedenklich. Diese Tatsache stellt ein Privileg dar, das dem einzelnen Notar die tägliche Berufsausübung erheblich erleichtert. Es versteht sich von selbst, dass die Qualität und Seriosität der notariellen Dienstleistung dauerhaft hohen Anforderungen gerecht werden muss, um dieses Privileg zu bewahren. Insbesondere in ländlichen Notariaten reicht der Vertauensvorschuss nicht selten so weit, dass die Parteien geradezu verlangen, der Notar möge als patriarchalischer Berater beider Parteien die Einigung über einzelne Vertragsbestimmungen festlegen und bekannt geben was „richtig ist". Im landwirtschaftlichen Bereich etwa begegnet einem immer wieder die Frage, welche Abfindung für die sog. weichenden Erben denn angemessen sei.[82] In städtischen Ballungsräumen hingegen werden Notare tendenziell nüchterner gesehen. Zumindest zu Beginn der Mandantenbeziehung empfiehlt sich dann ein geringeres Maß an Einflussnahme. Fast jeder Notar aber kann von der Erfahrung berichten, täglich nach dem „Üblichen" gefragt zu werden und gelegentlich auch danach, welche Erbeinsetzung in einer bestimmten Situation die richtige sei.

---

[80] Siehe im Einzelnen *Walz* MittBayNot 2000 (Sonderheft), 32, 34 f.

[81] Siehe *Golan*, Mediating Legal Disputes, 1996, S. 51 f. und 74.

[82] Im Rahmen der Hofübergabe an ein Kind erhalten die weichenden Erben – also die Geschwister des Hofübernehmers – traditionell eine bestimmte bare Abfindung, und zwar im Gegenzug gegen die Vereinbarung eines Pflichtteilsverzichtes. Das Thema stellt sich meist als heikel dar, nachdem innerhalb der Familie ungern über Beträge gefeilscht wird und objektive Standards selten zur Verfügung stehen. Der Notar soll dann Auskunft geben, was angemessen ist. Die meisten Kollegen üben hier jedoch Zurückhaltung, und zwar deshalb, weil eine einmal genannte Zahl nicht selten unverändert vereinbart wird, gleichwohl der Notar die tatsächlichen wirtschaftlichen Verhältnisse nicht vollständig kennt.

d) Unparteilichkeit und Neutralität des Notars. Was Unparteilichkeit des Notars 50
konkret bedeutet, wird im Folgenden anhand eines Beispiels erläutert. Damit soll
dem einzelnen Notar ein **inneres Prüfungsschema** vorgestellt werden, das allerdings
im Blick auf das bisherige Ausbleiben einer eingehenderen Diskussion als erste Annäherung zu verstehen ist.

aa) Beispiel. Ein Ehepaar beabsichtigt, eine Eigentumswohnung von einer nicht 51
der Makler- und Bauträgerverordnung unterliegenden Privatperson zu erwerben. Es
handelt sich um einen Altbau, der hinsichtlich des Gemeinschaftseigentums bereits
eingehend renoviert wurde. Einige Restarbeiten sind allerdings noch durchzuführen.
Ein Kaufpreisrückbehalt wurde gleichwohl vorerst nicht vereinbart. In der Beurkundung kommen dem Käuferehepaar nach einem Hinweis des Notars Bedenken.
Der Ehemann fordert daher die Aufnahme einer Klausel über einen Kaufpreisrückbehalt, und zwar in Höhe von 10%. Der Verkäufer erklärt sich grundsätzlich einverstanden, allerdings lediglich mit einem Rückbehalt in Höhe von 5%. Daraufhin
schaltet sich der Notar ein und schlägt einen Rückbehalt in Höhe von nur 3% des
Kaufpreises vor. Hat er damit seine Pflicht zur Unparteilichkeit verletzt? Wie wäre
es, wenn der Notar einen Rückbehalt von 6% vorgeschlagen hätte?

bb) Überblick. Unparteilichkeit kennzeichnet zunächst eine wie auch immer be- 52
schaffene **Zurückhaltung** des neutralen Dritten, der die Verhandlungen und Belange
zwar fördert, jedoch nicht im Interesse nur einer der Parteien. Andererseits liegt auf
der Hand, dass der Dritte in die Verhandlungen eingreift, in der positiven Einwirkung auf das Verhandlungsgeschehen liegt ja gerade seine Aufgabe.

Unparteilichkeit bzw. der inhaltgleiche Begriff der Neutralität[83] können zunächst 53
so beschrieben werden, dass alles erlaubt ist, was nicht als parteiliche Einflussnahme verboten erscheint. Unparteilichkeit bedeutet die **Abwesenheit von Parteilichkeit.**[84] So wird der Praktiker vielfach vorgehen, der diejenigen Dinge unterlässt,
die zum Schutz der äußeren Neutralität verboten sind und im Übrigen auf sein natürliches, auf dem Gefühl innerer Neutralität beruhendes Verhalten vertraut.[85] Innere Neutralität stellt eine **charakterliche Qualität** dar[86], die rechtlicher Regelung
und einer Prüfung von außen nur eingeschränkt zugänglich ist.[87]

Diese untadelige Herangehensweise soll hier zugunsten einer anderen zurückge- 54
stellt werden. Den Maßstab für seine Unparteilichkeit kann der Einzelne nämlich
auch so bestimmen, dass er als neutraler Dritter Einflussnahme zu unterlassen hat,
es sei denn, er kann diese **positiv rechtfertigen.**[88] Dabei wird auch dieser Ansatz insofern zu nur vagen Ergebnissen führen, als die anzusprechenden Kategorien allge-

---

[83] Neutralität meint unparteiliche Haltung; vgl. Duden Fremdwörterbuch, 4. Aufl. 1982, S. 523.
[84] Siehe *Rossak*, Die Unabhängigkeit und Neutralität des Notar, Diss. Augsburg 1986, S. 319.
[85] Siehe Rdnr. 37 ff., insb. den Text bei Fn. 64 bis 74, zu den rechtlichen Rahmenbedingungen, die
die innere und äußere Neutralität des Notars gewährleisten sollen.
[86] So *Rossak*, Die Unabhängigkeit und Neutralität des Notar, Diss. Augsburg 1986, S. 334 ff., nach
dem das Nichtvorhandensein einer auf Benachteiligung oder Bevorzugung gerichteten inneren Einstellung (Parteilichkeit) maßgeblich ist.
[87] So auch *Sorge* MittBayNot 2000, 50.
[88] Diese Herangehensweise wird erst dadurch möglich, dass die Aufgabe des Notars als vermittelnder Verhandlungshelfer eigenständig wahrgenommen und in verhandlungstechnischer Terminologie
beschrieben wird. Ohne diesen Aspekt muss es bei dem zuerst genannten Ansatz bleiben; denn auf
der Basis nur des Berufs- und Beurkundungsrechts können etliche Eingriffe des Notars in das Verhandlungsgeschehen nicht ohne weiteres erklärt werden.

meiner Art sind, so dass im Einzelfall unterschiedliche Meinungen vielfach vertret-bar bleiben. Wie ein Verhandlungsleiter einwirkt, hängt nicht zuletzt von seiner subjektiven Einschätzung der Verhandlungssituation ab. Um diese zu beurteilen, bedarf es des intuitiven Erfassens der stattfindenden sozialen Interaktion, das auch im Zusammenhang mit der Fähigkeit der Empathie steht. Es ergibt sich von selbst, dass Eingriffe in das Verhandlungsgeschehen, die aus solch subjektiven, nicht ohne weiteres verifizierbaren Wahrnehmungen resultieren, überwiegend nicht justiziabel sind.[89]

55   Soweit es um die Beeinflussung des Verhandlungsgeschehens durch Notare geht, können zwei Aspekte unterschieden werden: Zum einen finden sich Vorgaben im **Berufs- und Beurkundungsrecht,** zum anderen fungiert der Notar als **vermittelnder Verhandlungshelfer.** Letztere Aufgabe lässt sich durchaus im Recht verankern. Wenn der Notar gemäß § 17 Abs. 1 S. 1 BeurkG den Willen der Beteiligten er-forscht, muss er hierzu zwingend auch vermittelnd, also als Verhandlungshelfer tä-tig werden dürfen. Als Organ der vorsorgenden Rechtspflege (§ 1, 24 BNotO) darf der Notar beraten und Dienstleistungen erbringen. Beratung und Dienstleistung für mehrere Personen setzen aber eine vermittelnde Tätigkeit voraus.

56   *cc) Berufs- und beurkundungsrechtliche Eingriffspflichten.* Eine Pflicht, in das Verhandlungsgeschehen einzugreifen, ergibt sich zunächst aus § 17 Abs. 1 S. 2 BeurkG, wonach der Notar darauf achten muss, dass **unerfahrene und ungewand-te Beteiligte** nicht benachteiligt werden. Sollte der Verkäufer des Beispielsfalles unter diese Kategorie fallen und hätte der Notar Hinweise, dass ein Kaufpreis-rückbehalt von 5% (und allemal ein solcher in Höhe von 10%) überhöht wäre, so wäre er verpflichtet und damit auch berechtigt gewesen, in dieser Weise ein-zugreifen.

57   Aus den oben genannten **Prüfungs- und Belehrungspflichten**[90] hingegen lässt sich in dem genannten Beispielsfall keine Verpflichtung zu einem vermittelnden Vor-schlag ableiten. Rechtliche oder sonstige Risiken des Verkäufers standen nicht in Frage, allenfalls drohte dem Verkäufer der wirtschaftliche Nachteil, den Kaufpreis teilweise später zu erhalten.

58   *dd) Der Notar als Berater und Dienstleister.* Der Notar hat als Organ der vor-sorgenden Rechtspflege umfassende **Beratungs- und Betreuungsfunktionen,** die in dem von der Haftungsrechtsprechung geprägten Pflichtenkatalog nicht voll zum Ausdruck kommen. Verfehlt wäre die Annahme, dem Notar seien Eingriffe in das Verhandlungsgeschehen deshalb untersagt, weil er zu diesen aus der Perspektive seiner Prüfungs- und Belehrungsgebote nicht verpflichtet sei[91]. Beratung und Betreuung findet nicht zwischen den Koordinaten Gebot und Verbot statt, vielmehr weitegehend auch in einem **Freiraum,** der nach Maßgabe der Interessen der Beteilig-ten auszufüllen ist. Der Notar darf beraten und umfassend Dienstleistungen erbrin-

---

[89] So auch *Bohrer,* Das Berufsrecht der Notare, 1991, Rdnr. 96: „Die Anforderungen an das Unpar-teilichkeitsgebot sind jedoch insofern inhaltlich offen, als sie … vielfach … auch durch kaum fass-bare emotionale Beziehungen der handelnden Personen konkretisiert werden."
[90] Siehe Rdnr. 24 ff.
[91] Genau diese Annahme scheint jedoch der Haftungsrechtsprechung zum Gebot der Unparteilich-keit zugrunde zu liegen; siehe oben Fn. 52 und unten Fn. 96. Verfehlt wäre es, würden die Gerichte die Lebenswirklichkeit des Notarberufes nur anhand bereits ergangener Haftungsrechtsprechung wahrnehmen.

gen, solange er nicht gegen gesetzliche Vorschriften, insbesondere das (strenge) Berufs- und Standesrecht der Notare verstößt[92].

Damit ist nicht notwendig der Bereich der sonstigen Betreuung nach § 24 BNotO 59 angesprochen. Insbesondere bedarf es für eine vermittelnde Tätigkeit im Sinne einer Verhandlungshilfe **keines Auftrages** von Seiten der Beteiligten. Wie der Notar den gemeinsamen Willens der Beteiligten ermittelt, kann ihm nicht vorgeschrieben sein. Natürliches Mittel hierzu bildet seit jeher die mediative Verhandlungshilfe, mögen auch bislang viele Notare ihr diesbezügliches Wirken einem nicht näher erörterten Bereich der Kommunikation bzw. des sozialen Kontakts zuordnen. Die **Ermittlung des gemeinsamen Willens** kann vielfach nicht vom **Prozess der Willensbildung** unterschieden werden. Die Beteiligten äußern ihren jeweiligen Willen im Prozess des Verhandelns und passen sich, wenn Differenzen bestehen, verhandelnd einander an, bis sie eine Einigung erreichen.[93] Selbst die Ermittlung des Sachverhaltes bedarf vielfach vermittelnden Eingreifens; denn die Beteiligten verfügen nicht selten über unterschiedliche Wahrnehmungen darüber, wie der zugrunde liegende Sachverhalt beschaffen ist.[94] Der Notar als Vertragsmediator begleitet und steuert diesen Prozess der Willensbildung und Sachverhaltsermittlung. Auf diese Weise ermittelt er den Inhalt der Einigung. Auch Richter, die Vergleichsverhandlungen fördern, gehen so vor, ohne dass Zweifel an deren Unparteilichkeit ins Blickfeld rücken würden.

Die **Rechtsprechung** zur Frage der Unparteilichkeit wird vielfach als widersprüchlich beschrieben[95]. Vergleichbares Verhalten scheint danach zugleich unterlassen (als pflichtwidrig aufgedrängte Belehrung, die die wirtschaftlichen Interessen einer Seite verletzt) und vorgenommen werden zu müssen (als Belehrung, zu der der Notar verpflichtet ist)[96]. Sollte dem die unausgesprochene Annahme zugrunde liegen, dem Notar sei im Blick auf seine Unparteilichkeit all dasjenige verboten, zu dem er nicht verpflichtet sei, so ließe dies eine lebensfremde Auffassung vom Notarberuf erkennen.

---

[92] Siehe etwa § 14 Abs. 3 und Abs. 4 BNotO (sowie die eingehenden Richtlinien hierzu nach § 67 Abs. 2 BNotO), wonach der Notar sich durch sein Verhalten innerhalb und außerhalb seines Amtes dem Notaramt würdig zeigen muss und ihm Vermittlungtätigkeit, die Hingabe von Krediten und die Übernahme sonstiger Gewährleistungen verboten sind.

[93] *Langenfeld* Vertragsgestaltung, 2. Aufl. 1997, Rdnr. 122 spricht von einem Interaktionsprozess.

[94] Als Beispiel sei eine Erbauseinandersetzung mit der Erfüllung eines Vorausvermächtnisses über „das Geldvermögen" genannt. Der Erbe sah nur Bar- und Sparvermögen, der Vorausvermächtnisnehmer auch Wertpapier und Aktienvermögen als vom Vorausvermächtnis umfasst an. Die Beteiligten erinnerten sich der interpretierenden Äußerungen des Erblassers unterschiedlich und jeweils zum eigenen Vorteil. Solange sich die Beteiligten nicht über diese Sachverhaltsfrage, wie nämlich der Erblasserwille beschaffen war, einigten, konnte ein gemeinsamer Wille nicht gebildet werden.

[95] Siehe *Haug*, Die Amtshaftung des Notars, 2. Aufl. 1997, Rdnr. 420 ff.

[96] Vgl. etwa einerseits BGH DNotZ 1987, 157, 159: „...darf nicht von sich aus zugunsten eines Beteiligten Sicherungen vorschlagen, die im Widerspruch zu dem erkennbare Willen eines anderen Beteiligten stehen.... Das liefe darauf hinaus, von dem geplanten Rechtsgeschäft abzuraten; wenn Beteiligte mit entgegengesetzten Interessen vorhanden sind, verstieße dies ebenfalls gegen die Pflicht zur Unparteilichkeit. In solchen Fällen kann der Notar nur ... warnen." und andererseits BGH NJW 1995, S. 522, 524: „... muss der Notar über die notwendigen Belehrungen hinaus den Beteiligten auch eigene Vorschläge für die erforderlichen Regelungen unterbreiten, wenn aus den ihm erkennbare Umständen Bedarf dafür besteht" (im konkreten Fall wäre der Vorschlag darauf hinausgelaufen, dass der andere Beteiligte des Falles lediglich ein halb so großes Grundstück schenkungsweise erworben hätte, die Interessen der Beteiligten waren also offensichtlich nicht identisch, jedoch fehlte es wohl an dem „erkennbaren Widerspruch zum Willen des anderen Beteiligten").

61   Dem Notar kann im Übrigen auch nicht verwehrt werden, am Verhandlungsprozess nicht teilzunehmen, nachdem er zu vermittelnder Tätigkeit **nicht verpflichtet** ist. Die Beteiligten müssen dann außerhalb des Beurkundungsverfahrens abschießend verhandeln und so ihre Willensbildung beenden.[97] An der Berechtigung zur mediativen Verhandlungshilfe kann jedoch kein Zweifel bestehen.

62   Im Beispielsfall hätte der Notar etwa darauf hinweisen dürfen, das die Makler- und Bauträgerverordnung eine Schlussrate von 3,5% vorsieht. Informationen über die Rechtslage können nicht in Konflikt mit dem Gebot der Unparteilichkeit geraten. Zur Beratung und Betreuung gehört selbstverständlich auch das schlichte Äußern der eigenen fachlichen Meinung, die typischerweise aus der Berufserfahrung gespeist und daher auch für Mandanten von Interesse ist.[98] Fragt also ein Mandant den Notar, welche Erbeinsetzung der Notar denn empfehlen würde, so ist es dem Notar nicht versagt, sich hierzu zu äußern. Auch wenn der Notar von mehreren Beteiligten um einen Vertragsentwurf gebeten wird, darf er diesen ohne weiteres erstellen, wobei ein solcher Entwurf eine fachliche **Meinungsäußerung** dazu darstellt, wie eine ausgeglichene Vertragsgestaltung aussehen kann. Der verlangte Zustand innerer Neutralität[99] lässt es hinnehmbar erscheinen, dass hier unvermeidlich Wertungen des Notars einfließen.

63   Würde man daraus schließen, der Notar dürfe in jeder Situation seine Meinung sagen, so wäre die Pflicht zur Unparteilichkeit weitgehend entwertet. Der Notar muss vielmehr unterscheiden: Tritt in einer bestimmten Verhandlungssituation ein **Interessengegensatz** mehrerer Beteiligter zu Tage (und ist dieser auch nicht durch eine überlegene Lösung überbrückbar), so muss er in seinen Äußerungen darauf Rücksicht nehmen, wie diese Einfluss auf die Verhandlungssituation nehmen können. Ab diesem Zeitpunkt **konkretisiert sich die Pflicht zur Unparteilichkeit** zu einem höheren Maß an Zurückhaltung.[100] Verhandeln etwa zwei erfahrene Geschäftsleute über die Frage, wer die künftigen Erschließungskosten für das Kaufgrundstück trägt, so ist dem Notar eine Einflussnahme weitgehend versagt. Insbesondere darf der Notar nicht seine Meinung dazu äußern, wie er sich an Stelle der einen oder anderen Person verhalten würde. Anders beurteilte es sich aber, wenn beide Vertragsteile den Notar um seine gewissermaßen gutachtliche Meinung bitten würden. Zu deren Äußerung wäre der Notar sicher nicht verpflichtet und im Regelfall wird er gut beraten sein, sich nicht zu äußern. Ein Verbot, auf Bitten aller Beteiligten eine Meinung zu äußern, besteht aber nicht. Da der Auftrag hierzu von allen Beteiligten ausgeht, steht das Gebot der Unparteilichkeit nicht entgegen.

---

[97] Die in der älteren Praxis gelegentlich anzutreffende Herangehensweise, die Beurkundung dann zu unterbrechen oder gar abzubrechen, wenn es zu Verhandlungen kommt, stellt sich daher als rechtlich unbedenklich dar, kann jedoch unter dem Aspekt der kundenfreundlichen Dienstleistung nicht gutgeheißen werden. Pflichtverletzungen mögen dann vorliegen, wenn der Notar seiner Verpflichtung zur Sachverhaltsaufklärung nicht nachkommt oder den Willen der Beteiligten ungenügend ermittelt.

[98] Siehe dazu sogleich Rdnr. 83 ff.

[99] In aller Regel begründen sich die Wertungen des Notars zu Fragen der Streitvermeidung und Familienplanung aus dessen Berufserfahrung. Im Bereich der Vertragsgestaltung lassen sich diese Wertungen vor allem auf der Basis der Vertragstypenlehre erklären; siehe sogleich Rdnr. 83 ff.

[100] Dieser Gedanke klingt auch in BGH DNotZ 1987, S. 157, 159 an, wo auf die Begriffe „Widerspruch zu dem erkennbare Willen eines anderen Beteiligten" und „entgegengesetzte Interessen" abgestellt wird. Die dort benutzte Abgrenzung beschränkt den Handlungsspielraum des Notars gleichwohl zu weitgehend; vgl. auch *Langenfeld* Vertragsgestaltung, 2. Aufl. 1997, Rdnr. 169.

Im vorliegenden Beispielsfall lag offensichtlich ein nicht überbrückbarer Interes-   **64**
sengegensatz vor. Der Notar wurde auch nicht um seine gutachtliche Meinung gebeten, so dass ein Verstoß gegen das Gebot der Unparteilichkeit durchaus möglich
erscheint.

ee) Der Notar als Verhandlungshelfer. Der Notar ist zu einer Tätigkeit als   **65**
Verhandlungshelfer nicht verpflichtet, wohl aber – wie bereits oben dargestellt –
berechtigt. Insbesondere zwei Arten von mediativen Eingriffen in das Verhandlungsgeschehen interessieren hier: das **Vorbringen eigener Lösungsvorschläge,** sowohl zur Überbrückung von Interessengegensätzen als auch als Möglichkeit, Kompromisse herbeizuführen, und der **Realitätstest** als Versuch, die Seiten einander
anzunähern.

Erkennt der Notar, dass der Interessengegensatz einer **überlegenen Lösung** zuge-   **66**
führt werden kann, so muss und darf er einen entsprechenden Vorschlag einbringen. Zum einen entfällt hierdurch der Interessengegensatz und zum anderen stellt es
ein selbstverständliches Element der Beratungsfunktion des Notars dar, den Beteiligten das Erzielen von Kooperationsgewinnen zu ermöglichen.

Der Notar als Vermittler darf aber auch einen distributiven Vorschlag machen,   **67**
der einen **Kompromiss** zwischen zwei Positionen anstrebt, und zwar auch dann,
wenn er hierfür keine anderen Gründe nennen kann als den, dass ein Kompromiss
die Einigung ermöglichen würde. Ein Teil des in der Realität anzutreffenden Verhandlungsgeschehens besteht darin, dass potenzielle Vertragspartner um Zahlen
und Einzelpunkte feilschen, ohne sich mit Standards und Inhalten zu beschäftigen.[101] Ringen also zwei Beteiligte um die Kostentragung, so darf der Notar letzte
Differenzen dadurch überbrücken, dass er eine hälftige Teilung oder einen sonstigen Zahlenkompromiss vorschlägt. Auch kann er Paketlösungen anbieten, etwa
dahingehend, dass die Kostentragung der einen Vertragsseite gegen ein Zugeständnis der anderen Seite getauscht wird. Die Parteien vermeiden es aus verhandlungs-
taktischen Gründen nicht selten, selbst einen Kompromiss vorzuschlagen, so dass
diese Aufgabe vom neutralen Dritten als Verhandlungshelfer übernommen werden
muss.

Im Beispielsfall konnte der Vorschlag des Notars („3%") den Interessengegensatz   **68**
weder überbrücken noch handelte es sich um einen Vorschlag zur Kompromissfindung. Denn ein Kompromiss muss sich stets zwischen den Positionen der Parteien
ansiedeln, die hier mit 5% bzw. 10% eine andere Spanne abdecken.

Die Aufgabe des Mediators wird auch dahingehend beschrieben, dieser habe die   **69**
Positionen der Parteien durch einen **Realitätstest** einander anzunähern. Damit ist
gemeint, der neutrale Dritte solle die Position und die Argumente einer jeden Seite
evaluieren und sodann überzogene Forderungen als solche bezeichnen. Indem er auf
diese Weise den Forderungen der Beteiligten die Spitze nimmt, nähert er die
Verhandlungspositionen beider Seiten einander an.[102] Juristen kennen diese Vorgehensweise besonders gut von – übrigens auch unparteilichen – Richtern, die Prozessparteien so zu Vergleichen bewegen wollen[103]. Ob Mediatoren die Rechtslage
evaluieren sollen, wird von Vertretern der verschiedenen Mediationsstile zwar un-

---

[101] Vgl. zu dieser und anderen Verhandlungsstrategien *Walz* MittBayNot 2000, 405 ff.
[102] Siehe eingehend *Golan*, Mediating Legal Disputes, 1996, 50 ff. und 228 ff.
[103] Vgl. im Einzelnen *Walz* MittBayNot 2000, 32, 35.

terschiedlich beantwortet[104]. Nachdem weiter oben aber bereits festgestellt wurde, dass Vertragsmediatoren evaluative Mediation betreiben, wird deutlich, dass dem Notar als Vertragsmediator der Realitätstest durchaus erlaubt ist.

70   Der Realitätstest kann jedoch nur bedeuten, dass die Position einer Vertragsseite derjenigen **der anderen Seite angenähert** wird. Vorliegend wirkte der Notar jedoch auf andere Weise ein, indem er eine Zahl nannte, die außerhalb des derzeitigen Verhandlungsspielraumes der Beteiligten lag. Als Ergebnis wird deutlich, dass der Eingriff des Notars auch unter dem Aspekt der mediativen Verhandlungshilfe nicht zu rechtfertigen ist. Zulässig wäre allerdings der Vorschlag gewesen, sich auf eine Zahl von 6% zu einigen. Dies hätte als Kompromissvorschlag wie auch als Realitätstest in die Verhandlungen eingeführt werden dürfen, letzteres falls dem Notar die Zahl von 10% auf Grund bestimmter Kenntnisse überhöht erschienen wäre oder er den Eindruck gewonnen hätte, der Käufer habe die Zahl von 10% lediglich genannt, um hoch zu ankern[105].

71 · **e) Verhandlungstechnisches Leitbild?** Das Strukturieren des Verhandlungsablaufes bildet ein wichtiges Element der Verhandlungsführung durch den Notar. Notare wie auch sonstige Mediatoren sollten sich gleichwohl keinem bestimmten verhandlungstechnischen Leitbild in dem Sinne verschreiben, dass sie dieses zwingend durchzusetzen versuchen. Verfehlt wäre es etwa, die Beteiligten im Sinne des sogenannten Harvard-Konzeptes pauschal zu einem **Offenbaren ihrer Interessen** gegenüber dem Verhandlungspartner zu bewegen. Es muss den Beteiligten selbst überlassen bleiben, wie sie ihre Interessen bestmöglich zu verwirklichen wünschen. Ein mediativ tätig werdender Verhandlungsleiter sollte den Beteiligten insbesondere dort, wo seine Dienstleistung gesetzlich erzwungen ist, kein bestimmtes verhandlungstechnisches Konzept vorschreiben. Denn zum einen liegen einem jeden verhandlungstechnischen Ansatz bestimmte weltanschauliche Annahmen zugrunde und zum anderen hat **jede Verhandlungsstrategie sowohl Vor- als auch Nachteile**[106]. Ein wortungewandter Landwirt etwa, der mit einem eloquenten Immobileninvestor verhandelt, wäre möglicherweise schlecht beraten, würde er sich im Sinne einer kooperativen Verhandlungsführung auf ein sehr weitgehendes Offenbaren der jeweiligen Interessen einlassen. Das unnachgiebige Beharren auf seiner Position in Gestalt eines bestimmten Quadratmeterpreises mag die für ihn günstigere Verhandlungsstrategie darstellen. Jedenfalls kann es nicht die Aufgabe des neutralen Dritten sein, hier eine Entscheidung zu treffen.

72   Vor dem Notar treffen Angehörige sozialer Schichten aufeinander, deren Ausbildungsgrad und Alter im Einzelfall stark differieren. Hierin findet sich ein tendenzieller Unterschied etwa zur Scheidungsmediation oder Wirtschaftsmediation, bei denen in der Regel intellektuell einigermaßen gleichwertige Partner miteinander verhandeln. Der Notar fungiert daher nicht selten als **ausgleichender Faktor und Übersetzer,** wenn unterschiedliche Sprechgewohnheiten und Verhandlungsstile aufeinander treffen. Die umfassende Erfahrung der meisten Notare im Kontakt mit fast allen Bevölkerungsgruppen erleichtert Einigungen, wenn kulturelle und soziale Unterschiede die Kommunikation erschweren und unnötiges Misstrauen auslösen.

---

[104] Siehe oben Rdnr. 45.
[105] Vgl. zu dieser verbreiteten Verhandlungsstrategie *Walz* MittBayNot 2000, 405 ff.
[106] Vgl. *Walz* MittBayNot 2000, 405 ff.

Menschen mit unterschiedlichsten persönlichen Hintergründen auf ein gemeinsames Verhandlungskonzept festzulegen, begegnet Schwierigkeiten und wirkt sich auf die Chancengleichheit im Verhandlungsgeschehen aus. Das Beurkundungsverfahren stellt nicht zuletzt einen Kunstgriff des Gesetzgebers zum Schutz der Vertragsfreiheit bei schwierigen Rechtgeschäften dar[107]. Auch die Mediationsdiskussion beruht auf der Idee, dass die Beteiligten eigenverantwortlich eine Lösung entwickeln. Für eine paternalistische Art der Verhandlungsführung bleibt daher kein Raum.[108]

4. Single-Text-Procedure

Dem Erstellen und Verwalten eines neutralen Vertragsentwurfs kommt in der Vertragsmediation zentrale Bedeutung zu. Insbesondere in Verhandlungen, bei denen auf beiden Seiten Rechtsanwälte beteiligt sind, kommt es häufig zu einem Ringen über das **Vertragsverwaltungsmonopol**. Wer formuliert den Vertrag und wer ist befugt, Änderungen einzufügen? Gelegentlich scheitern Verhandlungen ohne Mediator bereits an diesem Punkt. 73

In der verhandlungstechnischen Literatur hat sich der Begriff Single-Text-Procedure eingebürgert[109]. Damit ist gemeint, dass der Vertragsentwurf durch einen Neutralen erstellt und verwaltet wird.[110] Auch bei internationalen Verhandlungen hat sich diese Vorgehensweise bewährt; als Beispiel sei die Camp David Verhandlungen genannt.[111] 74

a) **Neutraler Entwurf.** Danach wird zunächst ein Entwurf durch den neutralen Dritten erstellt. Dieser Entwurf wird dann durch den Neutralen verwaltet, der Änderungen nur einfügt, wenn beide Parteien dem zustimmen. Der neutrale Entwurf stellt also gewissermaßen den **Ausgangspunkt der Verhandlungen** dar. Damit wird zum einen der Tendenz der Beteiligten entgegengewirkt, in vielen Einzelpunkten hoch zu ankern, also eine Position zu nennen, die tatsächlich nicht realistisch ist, um diese dann gegen Leistungen der anderen Seite einzutauschen. Auch wird Streit über das Formulierungsmonopol hinsichtlich des Vertrages entbehrlich.[112] Zudem dürfen die Beteiligten dem Vertragstext erhöhtes Vertrauen entgegenbringen. Die Tatsache, dass der Ausgangsentwurf von neutraler Seite stammt, lässt insbesondere diejenigen Vertragsklauseln als grundsätzlich unbedenklich erscheinen, die nicht 75

---

[107] Siehe *Bernhard* in *Brambring/Jerschke*, Beck'sches Notar-Handbuch, 3. Aufl. 2000, Teil F Rdnr. 19.

[108] Siehe im Einzelnen *Walz*, Zum verhandlungstechnischen Leitbild der Notare, in *von Schlieffen/Wegmann*, Mediation für Notare, 2002.

[109] Siehe *Susskind* in *Susskind* (Hrsg.), The Consensus Building Handbook, 1999, S. 11.

[110] Siehe *Carpenter* in *Susskind* (Hrsg.), The Consensus Building Handbook, 1999, S. 78, und *Elliot* ebendort S. 222 f.

[111] Siehe *Fisher/Ury/Patton*, Das Harvard-Konzept, 18. Aufl. 2000, S. 168.

[112] Siehe etwa *Ritterhausen/Teichmann*, Anwaltliche Vertragsgestaltung, 2000, Rdnr. 66, die ausführen, es gelte, die Entwurfsregie zu erringen, um auf diese Weise auch die Gesprächsführung dominieren zu können („wer schreibt, der bleibt"). Parteilich ausgerichtete Vertragsgestaltung müsse danach aus strategischen Gründen die Entwurfserstellung möglichst vor die Verhandlungsphase stellen (siehe *Ritterhausen/Teichmann*, Anwaltliche Vertragsgestaltung, 2000, Rdnr. 96 und 98). Siehe *Mnookin/Peppet/Tulumello*, Beyond Winning, 2000, S. 11 ff. dazu, dass durch solche distributiven Taktiken Kooperationsgewinne ungenutzt bleiben können sowie zu einer auch für Anwälte und deren Mandanten effizienten alternativen Herangehensweise (S. 173 ff.).

Gegenstand ausdrücklicher Verhandlungen wurden. In einer Zeit zunehmender Komplexität rechtlicher Verhältnisse stellt dies einen nicht zu unterschätzenden Vorteil dar.

76   In der Vertragsmediation durch Notare erleichtert dieses Verfahren die Einigung zwischen den Beteiligten.[113] Es ist kein Zufall, dass jedenfalls im Bereich des Nur-Notariats Transaktionen auch in Millionenhöhe regelmäßig ohne Beteiligung weiterer Juristen ausgehandelt und abgewickelt werden.

77   Gelegentlich allerdings legt eine Vertragspartei dem Notar einen sogenannten **Fremdentwurf** vor, also einen Entwurf, der von einer Seite bzw. deren rechtlichen Berater erstellt wurde. Den meisten Notaren ist wenig unangenehmer als die Beurkundung solcher Fremdentwürfe. Denn der jeweilige Notar ist selbstverständlich zur Prüfung des Vertrages verpflichtet, er muss diesen gewissermaßen vereinnahmen und für gut befinden oder aber seine Bedenken erschöpfend darstellen. Der Haftungs- und Pflichtenmaßstab bleibt in jeder Hinsicht unverändert. Untiefen und versteckt liegende Gefährdungen solcher Verträge werden häufig erst bei genauer Kenntnis des zugrundeliegenden Lebenssachverhaltes deutlich.[114] Über diese verfügt der Notar vielfach nicht, so dass er den Vertrag auf gewissermaßen abstrakter Ebene beurteilen muss. Der beauftragte Notar kann nicht auf die Qualitäten eines bewährten und von ihm als ausgeglichen empfundenen Vertragsmusters vertrauen; die Vorteile des Single-Text-Procedures bleiben ungenutzt.[115] Vielfach wird der Notar im Rahmen der Beurkundung dann bekannt geben, welche abweichenden Regelungen sein eigenes Vertragsmuster enthält und wie er als Neutraler den Vertrag erstellt hätte.[116]

78   **b) Die Entstehungsgeschichte des Vertragstextes.** Vor diesem Hintergrund wird deutlich, dass die Entstehungsgeschichte des Vertragstextes für die Beteiligten erhebliche Bedeutung aufweist. Wie der erste Entwurf entstand, vermittelt wesentliche Informationen über seine Qualität, insbesondere ob dem Vertrag die besondere **Qualität der Erstellung durch einen neutralen Berater** zukommt.

79   Für die Praxis ergeben sich hieraus einige **praktische Anforderungen.** Zunächst sollte den Beteiligten zu Beginn der Beurkundung die Entstehungsgeschichte des Vertragstextes immer dann bekannt gegeben werden, wenn es hier zu irgendwelchen Besonderheiten kam, die das **Prädikat der neutralen Erstellung** in Frage stellen können.

---

[113] Unrichtig daher *Langenfeld* Vertragsgestaltung, 2. Aufl. 1997, Rdnr. 192 der dem Vertragsentwurf lediglich Informationsfunktion zuschreibt.

[114] Ob etwa eine bestimmte Erschließungskostenregelung für die andere Vertragspartei erhebliche finanzielle Nachteile mit sich bringt oder ob diese Regelung insofern zufällig ist, als sie unkritisch einem Vertragsmuster entnommen wurde, kann der Neutrale nicht ohne weiteres beurteilen, zumal er den tatsächlichen Zustand des Grundstücks nicht kennt. Den Versicherungen des parteilichen Erstellers des Entwurfes – soweit dieser überhaupt greifbar ist – kann naheliegender Weise nicht ohne weiteres Glauben geschenkt werden.

[115] Zudem sind solche Fremdentwürfe vielfach nicht vollzugstauglich und beinhalten Auslassungen, die angesichts der Fehleranfälligkeit menschlicher Arbeitsleistung nicht immer erkannt werden. In jedem Fall vervielfacht sich der Arbeitsaufwand. Nicht selten werden Fremdentwürfe aus Gebührengründen übersandt, so dass keine Einwendungen gegen erhebliche Eingriffe oder eine Neufassung des Vertrages durch den Notar bestehen.

[116] Die Aushändigung eines zusätzlichen neutralen Vertragsentwurfes des Notars, um den Beteiligten eine gewisse Eigenkotrolle zu ermöglichen, kann sich durchaus empfehlen; diese Vorgehensweise stößt aber bisweilen auf Widerstand derjenigen Juristen, die den Erstentwurf erstellten.

Gibt ein Beteiligter im Vorfeld **einseitig den Wunsch nach einer Vertragsände-** 80
rung bekannt, so sollte entweder die andere Seite vorab hierzu befragt werden –
etwa wenn es um potenziell wichtige Klauseln geht – oder aber die andere Seite
durch erneute Übersendung des Vertragsentwurfes unter Hinweis auf die geänderten Passagen informiert werden. Die zuletzt genannte pragmatische Lösung dürfte
heute bereits zum Standard notarieller Dienstleistung gehören. Die traditionelle
Praxis unterschied hier nicht immer ausreichend genug. Vielfach wurden Klauseln
auf einseitigen Wunsch einer Vertragsseite durch Sachbearbeiter in Verträge übernommen, ohne dass die andere Vertragsseite hierüber informiert wurde.[117]

Bei diesem Verfahren wird es wohl auch bleiben müssen, soweit es um **redaktio-** 81
nelle Änderungen von geringer Bedeutung geht. Spätestens in der Beurkundung sollte der Notar dann aber darauf hinweisen, auf wessen Wunsch eine bestimmte Klausel eingefügt wurde.

In bestimmten Bereichen werden oft verwendete **Musterverträgen von einer Ver-** 82
tragsseite vorgelegt. Insbesondere Behörden und auch große Bauträgergesellschaften
bestehen bisweilen auf Verwendung eines Standardvertrages. Hier wird der Notar
den Vertrag prüfen und im Rahmen der Beurkundung auf die Tatsache hinweisen,
dass es sich um einen Fremdentwurf handelt. Bei sich wiederholenden Beurkundungen unter Verwendung eines solchen Vertragstextes wird der Notar allerdings typischerweise vor der ersten Beurkundung etwa mit dem Bauträger in Verhandlung
treten und die Einzelheiten des Vertrages absprechen, was fast immer auf nicht unerhebliche Änderungen hinausläuft. Auf diese Weise wird der Vertrag in der Regel
eine Form erhalten, auf Grund derer der Notar den Vertragstext als ausgewogen
und neutral vereinnahmen kann. Mit überregionalen Verwendern von Formularen,
wie etwa Banken, Sparkassen und neuerdings auch im Bereich des Baugewerbes,
übernehmen es auch die Standesorganisationen der Notare, insbesondere die Notarkammern, Musterverträge auszuhandeln, umso eine ausgeglichene Vertragsgestaltung zu gewährleisten.

5. Vertragstypik und Vertragsgestaltung

Vertragsmediatoren betreiben auch **Vertragsgestaltung**, ohne dass hier eine ge- 83
naue Abgrenzung wünschenswert wäre. Sachverhalterforschung, Willensermittlung
und Vertragsgestaltung bilden einen einheitlichen dynamischen Prozess, den der
Vertragsmediator moderiert und vollzieht. Dabei wurde bereits erläutert, dass unvermeidlich auch Wertungen des Neutralen auf diesen Vorgang Einfluss nehmen.
Solche Wertungen entstammen jedoch aus der Berufserfahrung etwa des Notars
sowie aus dessen vertragsgestaltenden Fähigkeiten und Erfahrungen, wonach bestimmte Vertragstypen oder typisierte Teilregelungen einen interessengerechten
Ausgleich für bestimmte Interessenlagen bilden. Diese Wertungen des Neutralen
dürfen daher fachlich genannt werden; sie stehen nicht im Widerspruch zum Gebot
der Unparteilichkeit.[118]

---

[117] Den Notar trifft keine Belehrungspflicht darüber, dass die protokollierte Urkunde Änderungen
erfuhr, die in einem früheren Vertragsentwurf noch nicht enthalten waren; siehe OLG Frankfurt
DNotI-Report 2000, 129.
[118] Andere Wertungen hingegen muss der Neutrale gewissermaßen ausblenden und in Abzug bringen. Dies führt zu der Überlegung, dass Neutralität ein gewisses Maß an Selbstkenntnis, eine gewis-

84   Die **Vertragstypenlehre** stellt in diesem Zusammenhang die methodische Erklärung des Phänomens dar, dass sich neutrale Vertragsgestalter in aller Regel an bestimmten, wiederholt eingesetzten Vertragstypen und -mustern orientieren.[119] In
diesen Vertragsmustern legt der neutrale Vertragsjurist sein typologisch erworbenes
Erfahrungswissen darüber nieder, was eine ausgeglichene, interessengerechte und
praktikable Vertragsgestaltung ausmacht. Sie geben ihm Maßstab und Richtung
nicht nur für den eigentlichen Vertragstext, sondern auch für die Evaluation und
Beeinflussung des Verhandlungsgeschehens. Dabei muss er zuerst im Wege der Vergleichung entscheiden, welchem Sachverhaltstypus eine Interessenlage am ehesten
zugeordnet werden kann, um dann aus dem einschlägigen Muster den im Einzelfall
passenden Vertrag zu entwickeln.

85   Der **Vertragstypus** und das daraus abgeleitete Vertragsmuster bedeuten für den
neutralen Juristen ein Zweifaches: Zum einen stellen diese eine **Know-how-
Ressource** dar; typische Gefahren, Interessengegensätze, Vollzugs- und Praktibilitätsprobleme sind hier geregelt und vielfach auch überwunden, was den Beteiligten
Rechtssicherheit und Kooperationsgewinn verschafft. Zum anderen sind diese Interessengegensätze und Probleme keiner nur einseitigen, sondern einer **ausgeglichenen
Lösung** zugeführt; das jeweilige Muster bemüht sich, die Interessen beider Seiten so
zu berücksichtigen, dass keiner einseitig Risiken und Nachteile aufgebürdet sind.

86   Zweifler wenden ein, dieses in pauschale Muster eingearbeitete Erfahrungswissen
treffe in vielen Einzelfällen nicht den Kern der Sache, da kaum eine Interessenkonstellation der anderen gleiche[120]. Mag aber die Realität auch vielgestaltig sein, so
steht doch fest, dass Verhandlungen und Vertragsgestaltungsprozess an einem
Punkt beginnen müssen und der Neutrale seiner Einflussnahme eine Richtung
zugrunde legen muss. Zudem besteht die Kunst des Vertragsgestalters eben gerade
darin, die verallgemeinerungsfähigen Aspekte heraus zu filtern und sein **System an
Mustertexten** so aufzufächern, zu differenzieren und zu aktualisieren, dass es die
große Vielzahl der Interessenlagen erfasst. Jeder abweichende Fall bringt neues Erfahrungswissen, abschließende Perfektion bildet allenfalls ein Arbeitsziel.

87   Für den Neutralen bildet seine **eigene Vertragstypik** auf diese Weise diejenige
Richtungsweisung, an der er eine Vielzahl seiner vertragsmediativen Interventionen
wie auch seine Vertragsgestaltung orientiert. Allerdings überfordert man den neutralen Juristen mit dem Anspruch, er müsse seine eigene oder – strenger noch – eine
objektivierte Vertragstypik durchsetzen.[121] Der Neutrale, der sich bemüht, einen
bestimmten, ihm vorschwebenden Interessenausgleich zu erzwingen, wird schnell
selbst zur Partei und gefährdet so seine Stellung als Neutraler. Auch offenbaren die

---

se Fähigkeit zur Interpretation der eigenen inneren Situation voraussetzt. So mag die von Scheidungsverfahren und Unterhaltsverzicht selbst arg gebeutelte Notarin Unterhaltsregelungen intuitiv
ablehnender gegenüberstehen, als ihr dies die Erkenntnisse der Vertragstypik ansonsten vorgeben
würden. Ihr eigenes Schicksal mag ja einen Ausnahmefall darstellen. Nur wenn sie ihre eigene Betroffenheit und deren Einwirkung auf ihren Gefühlshaushalt interpretieren und in Abzug bringen
kann, wird sie unparteilich agieren.
[119] Siehe hierzu insgesamt die richtungsweisende Darstellung von *Langenfeld* Vertragsgestaltung,
2. Aufl. 1997.
[120] Vgl. etwa *Rehbinder* Vertragsgestaltung, 2. Aufl. 1993, S. 52, der den Wert typologischen Denkens relativiert.
[121] So klingt dies teilweise bei *Langenfeld* Vertragsgestaltung, 2. Aufl. 1997, Rdnr. 57 ff. und 101
an, siehe aber auch Rdnr. 436 ff.

Beteiligten dem Neutralen und sich gegenseitig vielfach und aus verschiedensten Gründen nur ausgewählte Interessen, wozu sie wohl ohne weiteres berechtigt sind[122]. Es findet sich keine Vorschrift, die zu einer erschöpfenden Information etwa des Notars verpflichtet. Damit können es **nur die Beteiligten** sein, die die Interessengerechtigkeit einer Einigung abschließend beurteilen. Auch geht es um die Interessen und damit Wertungen der Beteiligten, nicht die des Neutralen. Vielfach müssen daher auch die fachlichen Wertungen des Neutralen und auch diejenigen der Juristenzunft[123] zurückstehen. Eine wohlmeinend-patriachalische Verhandlungsführung, die versucht, den Beteiligten Inhalte vorzuschreiben – soweit sich diese das überhaupt gefallen lassen –, passt schlecht zur Idee der Vertragsfreiheit und damit der Eigenverantwortlichkeit der Beteiligten. In einer Zeit auseinanderdriftender Wertvorstellungen und dementsprechend hoher Eigenverantwortlichkeit des Einzelnen kann die Qualität und Interessengerechtigkeit einer Einigung vielfach nur anhand des Verfahrens beurteilt werden, in dem die Einigung erzielt wurde. Die Ergebnisverantwortung des Neutralen kann daher nur eine graduelle sein. **Verfahrensgarantien auf dem Weg** zur Einigung stehen im Vordergrund. Dem Beurkundungsverfahren kommt auf diese Weise neue Bedeutung zu.

Der **Vertragstypus** bildet damit überall dort den **Ausgangspunkt** des Vertragsmediators, wo kein konkretes Verhandlungsergebnis vorliegt. Hinter Verhandlungsergebnissen, die trotz Belehrung und Beratung durch den Notar und unter Bedingungen der verfahrensmäßigen Fairness zustande kamen und aufrecht erhalten werden[124], muss der Vertragstypus zurücktreten. Indem der Neutrale die so getroffene Entscheidung der Beteiligten über seine eigenen – fachlichen wie privaten – Wertungen setzt, achtet er deren Vertragsfreiheit. 88

6. Beurkundung als settlement event

Der eigentlichen Beurkundungsverhandlung gehen regelmäßig **Verhandlungen** über Einzelpunkte voraus. Sodann kommt es zur **Verlesung des Vertragstextes** durch den Notar[125]. Dieser Vorgang dient zum einen als Anknüpfung für die Aufklärungs- und Belehrungspflichten. Zum anderen soll damit die genaue Kenntnis der Beteiligten von allen Details ihrer Erklärungen und die Selbstkontrolle des Notars gewährleistet werden.[126] 89

---

[122] In einer jeden Verhandlung müssen die Beteiligten entscheiden, ob und inwieweit sie ihrem Gegenüber Informationen über ihre Interessenlage offenbaren, wobei mit der einen wie der anderen Vorgehensweise Risiken und Chancen verbunden sind. Wer Interessen übermittelt, erhöht die Chancen zur Erzielung von Kooperationsgewinnen (creating value), geht aber das Risiko ein, ausgebeutet zu werden; wer mit verdeckten Karten spielt, erhöht häufig seine Chancen, die andere Seite zu Konzessionen zu bewegen (claiming value), verschlechtert aber die gemeinsamen Chancen zur Erzielung von Kooperationsgewinnen; siehe *Walz* MittBayNot 2000, 405 f. Auch führen vielfach Intimitätsempfinden, Peinlichkeitsgefühle und Sorge und den eigenen Ruf dazu, dass Interessen weder der anderen Seite noch dem Neutralen offenbart werden.
[123] Vgl. den von *Langenfeld* Vertragsgestaltung, 2. Aufl. 1997, Rdnr. 80 angesprochenen „Konsens der Fachleute".
[124] Diese soll etwa durch den Beurkundungszwang und die darauf folgenden Eingriffspflichten der Notare (wie z. B. diejenige zum Schutz der unerfahrenen Vertragspartei gemäß § 17 Abs. 1 BeurkG) gewährleistet werden.
[125] Bzw. jedenfalls in Gegenwart des Notars; vgl. § 13 Abs. 1 S. 1 BeurkG.
[126] Siehe *Bernhard* in *Brambring/Jerschke*, Beck´sches Notar-Handbuch, 3. Aufl. 2000, Teil F Rdnr. 203 a ff; *Keim*, Das notarielle Beurkundungsverfahren, 1990, S. 134.

90   a) **Psychologische Wirkung.** Über diesen Aspekt hinaus, fungiert die eigentliche Beurkundung in Form der Verlesung des Textes aber auch als Settlement Event, von dem bestimmte **psychologische Wirkungen** ausgehen:

91   Zum einen entsteht durch diese Formalisierung des Vertragsschlusses eine **Atmosphäre des Jetzt oder Nie.** Der Akt des Vorlesens und die Tatsache, dass hierzu alle Beteiligten erscheinen, motiviert jeden Einzelnen noch offene Punkte abschließend zu entscheiden. Alle Erschienen müssen sich auf die Lösung noch offener Fragen und den Vertragsinhalt konzentrieren. Der Vertragstext fungiert als Checkliste, die abgearbeitet wird, um über alle offenen oder nur scheinbar geklärten Punkte tatsächliche Einigung zu erzielen. Die Atmosphäre des Jetzt oder Nie zwingt die Verhandlungspartner auch, illusionäre Forderungen aufzugeben und erforderlichenfalls schmerzliche Kompromisse einzugehen. Dass alle Beteiligten erscheinen, vermittelt jeder Seite die Erkenntnis, dass auch die andere Seite ernsthaft einen Vertragsschluss wünscht und dementsprechend offene Punkte einer Lösung zugeführt werden können. Der hieraus ableitbare Optimismus erlaubt jeder Seite, taktisches Verhalten zu reduzieren und abschließenden Kompromissen näher zu treten.[127]

92   Der Formalisierung des Vertragsschlusses kommt noch eine weitere, in die Zukunft weisende Wirkung zu: Die symbolische Bekräftigung des Vertragsschlusses, etwa durch Händeschütteln, Halten einer Rede, Herausgabe einer gemeinsamen Presseerklärung, Ausbringen eines Trinkspruches im Rahmen einer feierlichen Veranstaltung oder eben Verlesung des Vertragstextes durch eine Urkundsperson, zielt von jeher auf einen bestimmten psychologischen Effekt. Durch die **äußerlich sichtbare, Verbindlichkeit symbolisierende Handlung** soll das subjektive Gefühl der Beteiligten dafür, dass eine nicht umkehrbare Entscheidung getroffen wurde, bestärkt bzw. erzeugt werden.[128] Auf diese Weise wird gewissermaßen das Selbstbild der Beteiligten dahingehend geformt, dass diese für sich selbst anerkennen, sich verbindlich geeinigt zu haben.[129] Damit soll das Bestreiten der Einigung im Falle der Vertragsreue verhindert und der Wille der Parteien, die Vereinbarung auch durchzuführen, bestärkt werden. Bereits in archaischen Kulturen dienten öffentliche Erklärungen und rituelle Feste anlässlich schwieriger Vertragschlüsse dazu, die Erinnerung der Gemeinschaft an den Inhalt der Einigung zu sichern und zu gewährleisten, dass die Gemeinschaft deren Durchführung erforderlichenfalls erzwingt[130].

93   b) **Rechtssicherheit durch Verlesung.** Beurkundungserfordernisse unterscheiden nicht zwischen Einigungen, die einer symbolischen Handlung bedürfen und solchen, bei denen dies nicht der Fall ist. Die Zwecke der Beurkundungserfordernisse erschöpfen sich schließlich auch keineswegs in den vorstehend genannten Wirkungen.[131] Es werden daher durch Notare auch viele Verträge verlesen, die bereits im Vorfeld ein-

---

[127] Siehe *Golan*, Mediating Legal Disputes, 1996, S. 43 f. und S. 154 ff.
[128] Siehe auch *Golan*, Mediating Legal Disputes, 1996, S. 338 f.
[129] Vgl. *Cialdini*, Influence – The Psychology of Persuasion, 1993, S. 57 ff. dazu, in welchem Ausmaß Handlungen des Einzelnen dessen Selbstbild formen.
[130] Siehe *Shell*, Bargaining for Advantage, 1999, S. 20 m. w. N.
[131] Die vielfachen sonstigen, den jeweiligen materiellrechtlichen Vorschriften zugrundliegenden Beurkundungszwecke, wie etwa Überlegungssicherung (Warnfunktion), Beweissicherung (im Parteiinteresse wie im öffentlichen, insbesondere auch fiskalischen Interesse), Beratungs- und Belehrungssicherung (betreffend Wirksamkeit, innere Vertragsgerechtigkeit und Verbraucherschutz) werden hier nicht erörtert; siehe nur *Bernhard* in *Brambring/Jerschke*, Beck'sches Notar-Handbuch, 3. Aufl. 2000, Teil F Rdnr. 9 ff.

gehend geklärt wurden und bei denen die Vertragsschließenden auch ohne Beurkundung willens wären, den Vertragsschluss zu achten und durchzuführen. Die Beteiligten empfinden daher die Verlesung bisweilen als Formalie. Selbst in diesen Fällen hat das Verlesen positive Funktionen. Es stellt nicht zuletzt eine **abschließende Endkontrolle** dar, die Vollzugs- und aus der Sicht des Notars auch Haftungsprobleme vermeidet. Alle Beteiligten werden gezwungen, den Vertragstext in jedem Punkt auf seine Richtigkeit hin durchzugehen. Eine von vielen Notaren geteilte Erkenntnis geht dahin, dass es nahezu unmöglich ist, einen langen Vertragstext mit derjenigen Gründlichkeit still kontrollzulesen, die im Rahmen der Beurkundung erreicht wird. Auch stellt es eine Erfahrungstatsache dar, dass kaum eine Urkunde ohne gewisse Änderungen innerhalb der Beurkundungsverhandlung unterschrieben werden kann.

c) **Von der Scheineinigung zum Vertragsschluss.** Das Einschalten des Notars und 94 insbesondere das Verlesen und Durcharbeiten des als Checkliste fungierenden Vertrages, dienen nicht zuletzt dazu, die Beteiligten vor einer Scheineinigung zu schützten. Notare erforschen den gemeinsamen Willen der Beteiligten (§ 17 Abs. 1 Satz 1 BeurkG), wozu zunächst zu ermitteln ist, ob und inwieweit ein solcher überhaupt besteht. Etwa die Vertragspartner von Grundstückskaufverträgen glauben vielfach bereits dann eine Einigung erzielt zu haben, wenn die Verhandlungen hinsichtlich des Kaufpreises beendet sind. Die tatsächliche **Vielzahl der Problemquellen und relevanter Sachverhaltsfragen** ist den Beteiligten nicht bekannt. Durch das Beurkundungserfordernis werden die Parteien gezwungen, gemeinsam mit dem Notar die noch offenen Punkte zu verhandeln. Auf diese Weise gelangen die Beteiligten von der Scheineinigung zum Vertragsschluss.

Hierin kann auch eine gewisse Gefahr liegen, wenn Nichtjuristen als Mediatoren 95 tätig werden. Diese vermögen nicht selten besser als die Mehrzahl der Juristen, die Beteiligten emotional zu einem Gleichklang, also einem Einigsein zu bringen. Die Frage, ob damit die Vielzahl möglicher Rechtsprobleme gelöst wird, bleibt aber offen. Es wäre sicherlich problematisch, wenn die Beteiligten die letzte Mediationssitzung mit dem allerbesten Gefühl verlassen würden, gleichwohl aber vergessen wurde zu klären, wem denn nun eigentlich das Kindergeld zustehen solle: dem unterhaltspflichtigen Ehemann oder der erziehenden Ehefrau.[132]

d) **Entwertung der Beurkundung durch Vertretung und Genehmigung.** Die vielfa- 96 chen, durchwegs positiven Funktionen der Beurkundung erfahren allerdings eine Entwertung, wenn wesentliche **Beteiligte an der Verhandlung nicht teilnehmen.** Wenn Behörden gelegentlich Vertreter zur Beurkundung entsenden, die mit der Sache selbst nicht befasst sind, oder Beteiligte durch andere Vertragsteile vertreten werden, entfallen einige der nutzbringenden Wirkungen des Beurkundungsverfahrens. Gleiches gilt für Vertragsschlüsse vorbehaltlich Genehmigung bei denen ein Beteiligter, gelegentlich auch ein Notarangestellter, als Vertreter ohne Vertretungsmacht handelt.

Diesen **Gefährdungen** des Beurkundungsverfahrens und seiner Zwecke muss der 97 Notar in seiner täglichen Praxis entgegenwirken. Kompromisse mit **anderen berechtigten Belangen** können und sollen allerdings nicht vermieden werden. Immerhin verbietet § 17 Abs. 2a BeurkG dem Notar planmäßige und systematische Gestal-

---

[132] Siehe auch OLG Rostock DStR 2001, 1399f., wonach Mediation Rechtsberatung darstellt, wenn der Mediator an der Formulierung des Vergleiches mitwirkt.

tungen, bei denen materiell Beteiligte von der Beurkundungsverhandlung ferngehalten werden[133]. Solche Gestaltungen sind zwar im Einzelfall zulässig. Voraussetzung ist allerdings das Vorliegen eines sachlichen Bedürfnisses sowie die Beachtung der weiteren Pflichten des § 17 BeurkG. Im Regelfall muss der Notar dafür sorgen, dass der jeweilige Beteiligte tatsächlich an der Beurkundung teilnimmt. Ansonsten drohen Haftung und dienstaufsichtliche Rüge. In der Praxis handelt es sich hierbei um eine im individuellen Einzelfall zu entscheidende Frage. Der Integrität des Notars kommt nicht unwesentliche Bedeutung zu.

98   **e) Einzelheiten der Verhandlungsführung.** Welche Vorgehensweisen sich für die **Verhandlungsführung** innerhalb der eigentlichen Beurkundungsverhandlung empfehlen, erörtert die notarspezifische Literatur nur wenig. Einige verhandlungstechnische Aspekte sollen hier aufgezeigt werden.

99   *aa) Kontakt, Situationsklärung, Aktivieren der Beteiligten.* Die **Grundregeln der Beurkundungsverhandlung** sollten vorab besprochen werden. Auf diese Weise entsteht Kontakt, die Situation erfährt eine Klärung.[134] Der Notar sollte insoweit möglichst keine Vorkenntnisse unterstellen und auch scheinbar Selbstverständliches erläutern. So empfiehlt sich der Hinweis auf die Tatsache, dass der Urkundentext zur Disposition steht, also verhandelbar ist. Die Beteiligten sollten aufgefordert werden, sich bei Unklarheiten, Zweifeln über die Interessengerechtigkeit des Vertrages oder hinsichtlich irgendwelcher anderer Umstände zu Wort zu melden und den Notar zu unterbrechen. Um den Beteiligten die Scheu vor scheinbar öffentlicher Äußerung zu nehmen, hat es sich als günstig erwiesen, jede Person vor Beginn der Beurkundung zu Wort kommen zu lassen, sie gewissermaßen zu **aktivieren.** Auf diese Weise kann der vielfach anzutreffenden Befangenheit der Beteiligten auf Grund der ungewohnten sozialen Situation – deren Regeln ihnen scheinbar nicht bekannt sind – entgegengewirkt werden.

100   *bb) Zeitpunkt der Problemerörterung.* In fast jeder Beurkundung gilt es **offene Punkte** zu verhandeln. Im Rahmen von Kaufverträgen mag es beispielsweise um Fragen wie Gewährleistung, Fertigstellungstermine oder auch Kaufpreiselemente gehen, bei Eheverträgen werden Dinge wie Unterhaltshöhe, Einzelheiten des Zugewinnausgleichs, Zuordnung der Eigentumsverhältnisse erörtert, Gesellschaftsverträge führen zu unterschiedlichen Meinungen über Abfindungsregelungen, Anteilsverhältnisse und qualifizierte Mehrheiten. Die Vielfalt der verhandelten Aspekte entspricht der Vielfalt der Realität.

101   Der Notar als Vertragsmediator leitet und moderiert die Verhandlung. Regelmäßig erheben die Beteiligten keine Einwände, wenn er die Reihenfolge der Erörterungen vorgibt. Welche verhandlungstechnischen Regeln gelten nun für den **Zeitpunkt der Problemerörterung?** Der Notar würde seine vertragsmediative Aufgabe sicher verfehlen, überließe er die Zeitstruktur des Verhandlungsgeschehens dem Zufall oder einzelnen Beteiligten.

---

[133] Gemeint sind insbesondere die planmäßige und systematische Beurkundung 1. in vollmachtloser Vertretung, 2. durch Verwendung isolierter Vollmachten und bevollmächtigte Mitarbeiter, 3. durch Aufspaltung in Angebot und Annahme sowie 4. durch Auslagerung in Verweisungsurkunden nach § 13 a BeurkG; siehe *Winkler* MittBayNot 1999, 1, 12 ff. Die Richtlinien der Notarkammern legen die insoweit bestehenden Verpflichtungen der Notare näher fest; siehe etwa Abschnitt II. der Richtlinien der Landesnotarkammer Bayern nach § 67 Abs. 2 BNotO.
[134] Vgl. auch *Thomann/Schulz von Thun* Klärungshilfe, 1992, S. 35 f.

Zunächst muss das **Verhältnis zum Notar als neutralen Dritten** stets vorrangig   102
behandelt werden. Zweifeln beispielsweise einzelne Beteiligte an der Unparteilichkeit des Notars oder stellen sie dessen Qualifikation in Frage, so muss dieser Aspekt
vorweg geklärt werden. Erst wenn solche Widerstände gegen den Notar oder auch
gegen die Beurkundungssituation – etwa in Form von Zweifeln am Beurkundungserfordernis – bereinigt sind, sollte das allgemeine Verhandlungsgeschehen eröffnet
werden.[135] Das Vertrauensverhältnis zum Verhandlungsleiter bildet eine Grundvor-
aussetzung für erfolgreiche Mediation.

Im Übrigen muss der Mediator im Einzelfall über seine Vorgehensweise ent-   103
scheiden. Folgende allgemeine verhandlungstechnische **Richtungsweisung** sollte er
dabei beachten:
- Wenn es – wie fast immer – um eine Mehrzahl von Einzelpunkten geht, so kann
  entweder mit Punkten von geringerer Bedeutung oder solchen von hauptsäch-
  licher Bedeutung begonnen werden. Stellt der Mediator eher unwesentliche **Teil-
  fragen an den Anfang,** so vermittelt dies dem Verhandlungsteam frühzeitig ein
  Gefühl des Vorwärtskommens und relativen Erfolges; dies wird die Motivation
  zur Teilnahme an dem Verfahren stärken. Die Vorgehensweise mit kleinen
  Schritten zu Beginn kann sich in der Konfliktmediation dann empfehlen, wenn
  die Beteiligten dem Verfahren der Mediation nur geringes Vertrauen entgegenbringen. Das Voranstellen der Kernprobleme mag den Erfolg der Mediation dann
  tendenziell gefährden.
- Wer hingegen **mit Hauptpunkten beginnt,** sichert die Möglichkeit, untergeordnete Punkte später als Tauschmasse einsetzen zu können. Denn typischerweise
  begegnet es Problemen, wenn Themen, die bereits abschließend verhandelt waren, erneut zum Verhandlungsgegenstand erklärt werden. Eine allgemeine Regel
  könnte daher lauten, Hauptpunkte sollten immer dann vorangestellt werden,
  wenn die Parteien ausreichend auf das Mediationsverfahren vertrauen. Auf diese
  Weise, wird die Kompromissfindung erleichtert.[136]

Dem Verfahren der Beurkundung wird typischerweise **kaum Misstrauen** entge-   104
gengebracht. Dementsprechend können gewichtige Fragen vorab diskutieren werden. Wenn beispielsweise Geschwister im Rahmen einer Erbauseinandersetzung
darüber verhandeln, wer welches Grundstück erhalten soll, so ist das vorab zu klären. Eine genauere Erörterung des Vertragsinhaltes zu diesem Zeitpunkt würde eher
ablenken. Gleiches gilt, wenn wesentliche steuerliche Fragen problematisch sind
oder ein Beteiligter überhaupt offen lässt, ob er den Vertrag abschließen will.

Fragen von untergeordneter Bedeutung hingegen, über die es voraussichtlich zu   105
einer Einigung kommen wird, spricht der Notar besser im Zusammenhang mit
der Verlesung des Vertragstextes an. Der Vertrag fungiert – auch – als **Checkliste.**
Das Zuhören fokussiert die Gesprächsführung, indem es gewährleistet, dass die
Beteiligten an problematischen Punkten wissen, um was es geht. Offene Punkte
werden an derjenigen Stelle erörtert, an der sie im Vertrag tatsächlich eine Rolle
spielen.

Bisweilen kommt es zu Beginn der Sitzung oder während des Verlesens zu emo-   106
tionsgeladenen, insbesondere aggressiven **Interventionen einer Vertragspartei,** die

---

[135] Vgl. allgemein zum Umgang des Notar mit Widerständen: *Schneeweiß* MittBayNot 2000, 524 ff.
[136] Siehe *Golan*, Mediating Legal Disputes, 1996, S. 73 f.

zur Eskalation führen können. Hier kann es sich dann empfehlen, die Diskussion auszusetzen und den Parteien bekannt zu geben, man komme hierauf noch einmal gegen Ende der Beurkundung zurück. In der Regel haben sich die Gemüter gegen Ende der Beurkundung beruhigt, dem vernünftigen Verhandlungsgespräch steht dann weniger entgegen.[137] Auch empfiehlt es sich, weniger wichtige Punkte, etwa wie Fragen nach Notar-, Rechtsanwalts- und Gerichtskosten zwar während des Verlesens anzusprechen, jedoch zu diesem Zeitpunkt keine hartnäckigen, sich festfahrenden Verhandlungen zuzulassen. Gegen Ende der Beurkundung erkennen die Beteiligten regelmäßig deutlicher, dass über die große Mehrzahl der Fragen Einigkeit besteht. Einzelpunkte werden besser in den **Gesamtzusammenhang** eingeordnet. Hinzu kommt, dass im Verlauf des weiteren Verlesens regelmäßig noch weitere Punkte kritisch diskutiert und zurückgestellt wurden, so dass diese Punkte nicht selten gegeneinander eingetauscht werden können. Der Verkäufer mag beispielsweise eine bestimmte Erschließungskostenregelung akzeptieren, wenn ihm der Käufer zubilligt, er könne den Zeitpunkt seines Auszuges weitgehend frei bestimmen. Verschiebt man Detailfragen nach hinten, so entstehen nicht selten **Kompromissmöglichkeiten.**

107   *cc) Konzentration der Beteiligten auf die Hauptsache.* Hinsichtlich der Verhandlungsführung muss der Notar darauf achten, dass sich die Beteiligten auf die Hauptsache konzentrieren. Es würde wenig Sinn geben, alle Rechtsfragen eines Vertrages gleichmäßig intensiv zu erläutern. Die **Aufnahmekapazität** der Beteiligten ist ganz unterschiedlich beschaffen und – jedenfalls was juristische Sachverhalte betrifft – vielfach auf ein bestimmtes Maß beschränkt. Der Notar wird zunächst vorsichtig erahnen, wie viel er glaubt der einen oder anderen Person zumuten zu können. Sodann muss er eine Gewichtung vornehmen und entscheiden, welche Hauptfragen des jeweiligen Vertragswerkes für die Beteiligten von vorrangiger Bedeutung sind. Verfehlt wäre es etwa, einen hoch komplizierten, aber letztlich unbedenklichen Grundbuchstand oder eine komplizierte, mit dem Steuerberater bereits erörterte Steuerrechtslage zu erklären, wenn die Beteiligten nach dieser Erklärung voraussichtlich zu weiterer Konzentration nur noch eingeschränkt in der Lage sind. Solche Beurteilungen sind dabei keinesfalls als Abwertung der jeweiligen Menschen zu verstehen. Nahezu jedermann kann auf neuen und ungewohnten Gebieten innerhalb einer bestimmten Zeitspanne lediglich eine beschränkte Menge an Informationen aufnehmen. Das Maß dieser Fähigkeit variiert im Blick auf Alter, Ausbildungsstand, sprachliche Fähigkeiten und gesundheitlichen Zustand ganz erheblich. Dementsprechend muss eine nutzbringende Verhandlungsführung die Beteiligten auf die wesentlichen Fragen konzentrieren und unwesentlichen Fragen explizit als solche kennzeichnen und gegebenenfalls vernachlässigen.

108   *dd) Emotionalisierung/Deemotionalisierung.* Zuletzt empfiehlt es sich, die Beteiligten zwar zu aktivieren, ohne sie aber in Angst und Schrecken zu versetzen. Die intellektuelle Leistungsfähigkeit des Menschen, die bei einem geringen Angstniveau ansteigt, fällt angesichts eines hohen Angstniveau erheblich ab. Beteiligten, die sich der Tragweite und der Risiken eines bestimmten Geschäfts nicht bewusst sind, müssen diese Aspekte im Wege der Belehrung verdeutlicht werden. Sie werden insoweit emotionalisiert, als sie der Notar warnt, was oftmals zu geringfügigen

---

[137] Siehe auch sogleich unter Rdnr. 108.

Angstgefühlen führen wird. Im Blick auf tatsächlich bestehende Risiken erscheint dies gerechtfertigt.

Die von vielen erfolgreichen Psychologen eingesetzte Gesprächsführungstechnik **109** des **aktiven** oder gar drastifizierenden **Zuhörens** scheint für Vertragsmediatoren weniger geeignet zu sein. Hierbei erreicht der Gesprächsleiter dadurch eine Selbstklärung des Klienten, dass er im Wege der Einfühlung das emotionell Wichtige aus den Äußerungen des Klienten herausfiltert und in seiner eigenen Sprache – eventuell auch drastifiziert – zurückspiegelt.[138] Damit wird die emotionelle Befindlichkeit eines Beteiligten intensiviert, um auf diese Weise Entscheidungen, verbesserte Kommunikation und – langfristig – positive Persönlichkeitsveränderungen herbeizuführen. In Beurkundungen werden jedoch weitgehende wirtschaftliche Entscheidungen in relativ kurzer Zeit getroffen. Angesichts dessen kann es nicht darum gehen, die Beteiligten zu emotionalisieren.

Der Schutz der Beteiligten vor übereilten, kurzfristigen Impulsen und Emotionen **110** folgenden Entscheidungen verlangt vielmehr häufiger nach einer Deemotionalisierung. Statt den Emotionsgehalt von Äußerungen zu spiegeln, muss im Gegenteil vielfach der **rechtliche und wirtschaftliche Sachgehalt** dieser Äußerungen herausgefiltert und zum Gesprächsthema gemacht werden. Das Zuhören ist ebenfalls aktiv, allerdings mit umgekehrter Wirkung. Das Augenmerk der Beteiligten wird auf die rechtlichen und wirtschaftlichen Aspekte gelenkt, die Sachebene, nicht die Emotionsebene muss im Vordergrund stehen. Genannt sei etwa der Fall, in dem ein gekränktes und emotionell aufgewühltes Mitglied einer Erbengemeinschaft spontan anbietet, auf sein Erbteil zu verzichten. Die restliche Familie bestehe aus gierigen Erbschleichern, er selbst aber sei ganz anders beschaffen. Hier muss der Notar dem Beteiligten klar machen, dass es nicht um eine momentane Gefühlslage geht, sondern um langfristig wirkende und lebensstrategisch wichtige finanzielle Entscheidungen. Gegebenenfalls wird er auf eine Verschiebung der endgültigen Entscheidung drängen, um ein Überdenken zu ermöglichen.

Die emotionsverstärkende Gesprächsführungstechnik mag für den Bereich der **111** Konfliktmediation eine gewisse Berechtigung aufweisen, jedenfalls wenn diese einen transformativen, auf verbesserte Kommunikationsformen ausgerichteten Ansatz[139] verfolgt. In der notariellen Vertragsmediation kann sie nur im Ausnahmefall zu Einsatz kommen. Denn dort wird nicht in einer graduellen Spielsituation neues Verhalten eingeübt, vielmehr **in begrenzter Zeit** eine in aller Regel **verbindliche Entscheidung** getroffen.

7. Formale Führung durch Notare

„Mit dem gesetzlichen Beurkundungszwang vertraut der Gesetzgeber dem Notar **112** die *formale Führung* im Rahmen komplexer Vertragsverhandlungen an."[140] Das Zustandekommen von Vertragsschlüssen wird auf diese Weise einer **Struktur** unterworfen, die vielfach positiv einwirkt und den Interessen der Beteiligten entgegenkommt. Neben dem Schutz unerfahrener Beteiligter und der Beachtung gesetzlicher

---

[138] Siehe *Thomann/Schulz von Thun* Klärungshilfe, 1992, S. 78 ff.
[139] Siehe oben Rdnr. 45.
[140] *Schneeweiß*, MittBayNot 2000 (Sonderheft), 79 (Hervorhebung im Original); vgl. *Haft*, Verhandlung und Mediation, 2. Aufl. 2000, S. 73 ff. zum Begriff der formalen Führung im Allgemeinen.

Vorgaben stehen nicht zuletzt umfassende Rechtssicherheit, Praktikabilität, die Vorteile neutraler Vertragsgestaltung, subjektive Verbindlichkeit der Einigung durch Formalisierung des Vertragsschlusses, mediative Verhandlungshilfe und damit insgesamt – volkswirtschaftlich wie individuell – effiziente, weil neutrale Dienstleistung. Alle diese Element formen das Bild der notariellen Vertragsmediation.

113   Nun spricht nicht jeder notarielle Vorgang alle der vorgenannten Aspekte an. Notarielle Tätigkeit erstreckt sich über eine **enorme Bandbreite.** Eher formale Vorgänge, zum Beispiel Beglaubigungen, stehen neben beratungs- und mediationsintensiven Aufgaben, wie etwa Erbauseinandersetzungen und Scheidungsvereinbarungen. Wenn der Notar eine Aktiengesellschaft auf ihrem juristisch und formal kompliziertem Weg an die Börse begleitet, so betreibt er möglicherweise eher Projektmanagement als Mediation. Anders verhält sich dies etwa im Rahmen der vorweggenommenen Erbfolge, bei der Unternehmensauseinandersetzung oder Erbengemeinschaftsauseinandersetzung und auch beim Unternehmenskauf, jedenfalls im handwerklichen und mittelständischen Bereich, in dem Großkanzleien nicht tätig werden, und nicht zuletzt im weiten Bereich des Grundstücksrechts. Vertragsmediation bildet eine der Kompetenzen des Notars, mag hier bislang auch eine eher intuitive, auf Erfahrung basierende Herangehensweise dominieren.

III. Konfliktmediation

1. Notare als Konfliktmediatoren

114   Soweit es um die Konfliktmediation geht, gelten für Notare die gleichen **Verhandlungsstrategien wie für andere Mediatoren.** Das Wie der Mediation bleibt sowohl im Bereich der freiwilligen als auch im Bereich der obligatorischen Mediation dem Mediator überlassen. Dieser lässt sich von seinen verhandlungstechnischen Möglichkeiten und Erfahrungen leiten, um eine effektive, Erfolg versprechende Vorgehensweise zu ermitteln.

115   Dabei wird es nicht selten zu einem **äußeren Ablauf** kommen, der etwa wie folgt beschrieben werden kann[141]: Der Mediator organisiert ein gemeinsames Treffen aller Beteiligten und beginnt dieses mit einem relativ formalisierten Eröffnungsstatement, in dem er die Situation, seinen Mediationsstil und den Zeitplan erläutert. Nachdem Konflikte regelmäßig eine nicht unwesentliche Rolle spielen, wird er deutlich machen, dass es nicht darum geht, wer in der Vergangenheit welche Dinge getan hat, also gewissermaßen die Schuld an der jetzigen Situation trägt. Die Parteien sollen in die Zukunft blicken und im Team kreativ nach Lösungen suchen, die einen interessengerechten oder doch wenigstens akzeptablen Ausgleich bilden. Hieran schließen sich nicht selten Statements der Beteiligten bzw. deren Rechtsanwälte an, innerhalb derer die Beteiligen ihrem Unmut Platz machen können und zugleich alle Beteiligten – einschließlich des Mediators – den Sachverhalt und die unterschiedlichen Sichtweisen besser kennen lernen. Nach Fragen des

---

[141] Siehe zur Vorgehensweise im Einzelnen etwa *Walz* MittBayNot 2000 (Sonderheft), 32 ff., vgl. auch *Grziwotz*, Erfolgreiche Verhandlungsführung und Konfliktmanagement durch Notare, 2001, S. 84 ff.

Mediators kommt es sodann zu gemeinsamen Verhandlungen, danach – oder auch sogleich – möglicherweise zu getrenntem Verhandeln des Mediators mit beteiligten Parteien[142]. Insgesamt geht es stets auch um **Konfliktmanagement durch den Mediator.**[143]

Wie der Mediator im Einzelnen vorgeht, hängt dabei nicht nur von seinem Mediationsstil, sondern auch davon ab, worauf sich der Konflikt bezieht. Wirtschaftsmediation wird anders betrieben werden als Scheidungsmediation, Nachbarschaftsstreitigkeiten verlangen eine andere Herangehensweise als Konfliktlösungen im Enteignungs- und Städtebaurecht. Nachfolgend werden einige Bereiche aufgezeigt, innerhalb derer Notare typischerweise als Konfliktmediatoren tätig werden. Es kann sich jedoch die Qualität fast einer jeden Verhandlungssituation innerhalb weniger Augenblick hin zum Konflikt verändern.   116

2. Konfliktmediation im Urkundenvollzug

Auch gute Urkunden führen gelegentlich zu Streit unter den Beteiligten, was oftmals den Vollzug des fraglichen Vertrages behindert. In aller Regel wird dann zunächst der Notar um eine **Auslegung** gebeten. Das Problem liegt allerdings vielfach nicht im Bereich Vertragsgestaltung, sondern auf der **Ebene des Sachverhaltes,** den die Parteien unterschiedlich wahrnehmen. Betrifft der Streit die Gewährleistung, so kann der Notar keine Auskunft darüber geben, ob die Holztreppe nun fehlerhaft erstellt wurde oder nicht.   117

Einige wenige, beliebig herausgegriffene Beispiele vermittelnden Eingreifens im Bereich des Urkundenvollzuges seien hier genannt: So kann es zu Abwicklungsproblemen und Konflikten kommen, wenn **Zwangssicherungshypotheken,** die nach Beurkundung des Kaufvertrages im Grundbuch eingetragen wurden, den lastenfreien Eigentumserwerb des Käufers gefährden. Gleiches gilt, wenn **Grundpfandrechte über die Höhe des Kaufpreises hinaus valutieren** und infolgedessen die Lastenfreistellung zu misslingen droht. Jeweils sind Verhandlungen unter den Beteiligten unter Einbeziehung der Grundpfandgläubiger erforderlich, die nicht selten vom Notar geleitet werden. Auch misslingt dem Käufer gelegentlich die **Kaufpreisfinanzierung,** so dass es zur Rückabwicklung des Vertrages kommt. Über Kostenfragen, Schadensersatz und dergleichen wird dann – meist vor dem Notar und nicht selten konfliktgeladen – eingehend verhandelt. Soll etwa die Teilungserklärung nach dem Wohnungseigentumsgesetz auf Wunsch eines späteren Käufers geändert werden, so ist nicht selten die Mitwirkung der vorherigen Erwerber erforderlich. Auch hierüber kann es zu kontroversen Verhandlungen kommen.   118

In vielen Fällen wird der Notar versuchen, bereits am Telefon oder in Einzelgesprächen eine gütliche Lösung herbeizuführen. In allen schwierigen Fällen versprechen **Verhandlungen vor dem Notar** mehr Erfolg. Eine Einigung wird dann nicht selten in einer Nachtragsurkunde niedergelegt.[144]   119

---

[142] Ob dies eine empfehlenswerte Vorgehensweise darstellt ist allerdings umstritten; vgl. im Einzelnen *Schwarzmann/Walz,* Das Bayerische Schlichtungsgesetz, 2000, S. 160.
[143] Siehe auch *Grziwotz,* Erfolgreiche Verhandlungsführung und Konfliktmanagement durch Notare, 2001, S. 22 ff.
[144] Der Notar darf als Mediator hinsichtlich seiner eigenen Urkunde tätig werde; siehe *Rieger* in *von Schlieffen/Wegmann* (Hrsg.), Mediation für Notare, 2002, Punkt C.I.2.b)bb).

3. Konfliktmediation im Erbrecht, insbesondere vorweggenommene Erbfolge und Erbauseinandersetzung

120   Wenn es um die **Vererbung des elterlichen Vermögens** geht, reagieren viele Menschen empfindlich. Neben den finanziellen Erwägungen geht es auch um die echte oder vermeintliche Zurücksetzung einzelner Familienmitglieder, die zur Konfliktentstehung beiträgt.

121   Durch **vorweggenommene Erbfolge,** also durch einverständliche Vereinbarungen noch zu Lebzeiten der Eltern, oftmals unter Vereinbarung von Pflichtteilsverzichten, kann der Konflikt meist gelöst werden. Die ganze Bandbreite der möglichen Gestaltungen und der erforderlichen Überlegungen soll hier auch nicht skizziert werden, nachdem eine Vielzahl monographischer Darstellungen vorliegt.[145]

122   **Weitere Bereiche,** in denen es regelmäßig zu Konflikten kommt, bilden beispielsweise die Erbauseinandersetzung[146], Streitigkeiten zwischen Altenteilern und Übernehmern nach bereits erfolgter vorweggenommener Erbfolge, Probleme hinsichtlich der Bindungswirkung von Erbverträgen und gemeinschaftlichen Testamenten sowie die Befürchtung, Kinder aus erster Ehe könnten nach dem Tod des erstversterbenden Elternteils zugunsten eines neuen Partners benachteiligt werden.[147]

4. Familienrecht: Konfliktmediation zwischen verheirateten und unverheirateten Paaren

123   Zu konfliktträchtigen Verhandlungen kommt es auch im Zusammenhang mit Eheverträgen, Scheidungsvereinbarungen, ehebedingten Zuwendungen, anlässlich derer vielfach Rückforderungsrechte vereinbart werden, sowie im Zusammenhang mit Vereinbarungen über die Rechtslage im Falle der Trennung nichtehelicher Lebensgemeinschaften.[148] Vor allem dann, wenn **gemeinsame Kinder** auch künftig eine Zusammenarbeit der getrennt lebenden Partner erforderlich machen, bedarf es der hohen Kunst der Konflikt- und Familienmediation. Die meisten Notare verfügen insoweit über eine ausreichend kritische Selbsteinschätzung, was ihre Fähigkeit angeht, eine der Familientherapie wenigstens nahe stehende Form von Familienmediation anbieten zu können, die die Kommunikation der getrennten Partner auf eine neue Basis stellen könnte.[149] Nicht wenige Notare werden sich auf ihre **Kernkompetenz der Vertragsgestaltung und rechtlichen Beratung** konzentrieren und ihre mediativen Bemühungen auf diese Sachfragen eingrenzen.

5. Konfliktmediation im Gesellschaftsrecht

124   Insbesondere personalistisch ausgestaltete Kapitalgesellschaften und sonstige Familienunternehmen bedürfen bisweilen der Konfliktmediation. Im Zusammenhang

---

[145] Siehe etwa *Spiegelberger* Vermögensnachfolge, 1994; *Baumann/Esch/Schulze zur Wiesche,* Handbuch der Vermögensnachfolge, 6. Aufl. 2000.

[146] Insbesondere in der besonderen Form des Nachlassvermittlungsverfahrens nach §§ 86 ff. FGG (Art. 38 BayAGGVG).

[147] Siehe *Grziwotz,* Erfolgreiche Verhandlungsführung und Konfliktmanagement durch Notare, 2001, S. 155 ff. zu verschiedenen Beispielen entsprechender Konfliktsituationen.

[148] Siehe *Grziwotz,* Erfolgreiche Verhandlungsführung und Konfliktmanagement durch Notare, 2001, S. 128 ff. zu Praxisbeispielen.

[149] Vgl. hierzu *Friedman,* A Guide to Divorce Mediation, 1993, S. 279 ff.

damit stehen Problem aus dem Bereich der Unternehmensnachfolge. Solche personalistisch strukturierten Unternehmen werden oftmals allein vom Notar rechtlich betreut, und zwar von der Gründung über den Generationenwechsel bis hin zur Liquidation.[150] Die **besondere Kompetenz** der Notare auf diesem Feld und das sich häufig über Jahrzehnte erstreckende Betreuungsverhältnis führen vielfach zum Notar als Vermittler, ohne dass die Beteiligten sich des Begriffes Mediation bedienen würden. Streitigkeiten resultieren etwa aus Pattsituationen zwischen Gesellschaftern, den Interessengegensätzen zwischen Mehrheits- und Minderheitsgesellschaftern, Bestrebungen eines Gesellschafters seine vinkulierten Gesellschaftsanteile zu veräußern sowie aus bevorstehenden oder bereits fehlgeschlagenen Nachfolgeplanungen.

6. Konfliktmediation im Grundstücks-, Nachbar- und Wohnungseigentumsrecht

Notare verfügen über eine besondere **Sachnähe zum Grundstücks- und Nachbarrecht.** Dabei geht es seltener um klassische Fragen des Nachbarrechts, wie etwa den Grenzbaum[151] oder ins Nachbargrundstück eindringende Wurzeln, als vielmehr häufiger um die Auslegung älterer Grunddienstbarkeiten, Probleme der Erschließung von Grundstücken durch Wegerechte, Notwegerechte, Fragen baurechtlicher Art und nicht zuletzt Streitigkeiten innerhalb von Wohnungseigentumsgemeinschaften, etwa darüber, ob bestimmte Um- oder Ausbauten der Zustimmung der Eigentümerversammlung bedürfen.   125

7. Notare als Schlichter nach § 15 a EGZPO, Vermittlungsverfahren nach dem Sachenrechtsbereinigungsgesetz

Zuletzt fungieren die Notare einiger Bundesländer auch als Schlichter im Bereich der landesrechtlichen obligatorischen Streitschlichtung gemäß § 15 a EGZPO und nehmen als Regulatoren der Sachenrechtsbereinigung richterliche Aufgabe wahr[152].   126

Etwa das Bayerische Schlichtungsgesetz favorisiert das Notar-Modell und erklärt alle bayerischen Notare für zuständig zur Durchführung von **Schlichtungsverfahren.** Insoweit gelten wenige verhandlungstechnische Besonderheiten gegenüber den allgemeinen Regeln zur Durchführung von Konfliktmediationen, wie sie an anderer Stelle dargestellt sind.[153] Als verhandlungstechnische Besonderheit des Schlichtungsverfahrens mag allenfalls angemerkt werden, dass vielen Schlichtern an einer zeiteffizienten Verhandlungs- und Mediationsstrategie gelegen sein wird, die gleichwohl interessengerechte und erfolgreiche Einigungsbemühungen erlaubt. In besonders kontroversen und emotionsgeladenen Schlichtungen kann es sich daher empfehlen, schneller als üblich auch getrennt mit den Parteien zu verhandeln.[154]   127

---

[150] Meist werden nur Steuerberater und Notar beratend tätig; siehe *Grziwotz*, Erfolgreiche Verhandlungsführung und Konfliktmanagement durch Notare, 2001, S. 168.
[151] Siehe § 923 BGB.
[152] Siehe §§ 87 ff. SachRBerG.
[153] Siehe im Einzelnen *Schwarzmann/Walz*, Das Bayerische Schlichtungsgesetz, 2000. Dazu § 33.
[154] Siehe *Schwarzmann/Walz*, Das Bayerische Schlichtungsgesetz, 2000, S. 159 ff. oder *Walz* MittBayNot 2000 (Sonderheft), 32, 34.

128   Das **Sachenrechtsbereinigungsgesetz** weist den Notaren komplexe und anspruchsvolle Aufgaben zu. Hintergrund sind diejenigen rechtlichen Probleme, die
sich in den neuen Bundesländern insbesondere durch die Nutzung fremder Grundstück ergaben.[155]

IV. Fazit

129   Vertragsmediation bildet eine **eigenständige Form von Mediation,** für die **besondere Regeln** gelten. Derzeit stellen Notare die wohl einzige Berufsgruppe dar, die in
dieser Weise neutral und vermittelnd Vertragsgestaltung betreibt. Der Begriff der
Vertragsmediation beinhaltet jedoch keine Beschränkung auf das Berufsfeld der
Notare. Es erscheint keineswegs ausgeschlossen, dass Verträge, die keiner Beurkundungspflicht unterliegen, von anderen neutralen Vertragsjuristen entworfen und
vermittelnd betreut werden. Bei unvoreingenommener Betrachtung verwundert es
eher, dass komplizierte Vertragswerke, wie etwa Unternehmenskäufe, Auseinander-
setzungs- und Joint-Venture-Vereinbarungen vielfach von den Juristen einer Partei
und nicht durch einen neutralen Juristen erarbeitet werden. Das Sicherungsinteresse
der jeweils anderen Vertragspartei erzwingt einen erheblichen juristischen Prü-
fungsaufwand und erhöht auf diese Weise die Kosten der Rechtsberatung. Vor diesem Hintergrund wird deutlich, dass die Rechtspraxis den besonderen Wert neutraler Rechtsberatung und Vertragsgestaltung nach wie vor nicht voll erkennt.

---

[155] Siehe *Vossius* SachenRBerG, 2. Aufl. 1996.

§ 25 Notariat und Mediation
– institutioneller Rahmen[1]

Dr. Klaus-R. Wagner

Übersicht

Schrifttum: *Ahlers,* Zur Gestaltung von Vereinbarungen für das schiedsrichterliche Verfahren, AnwBl. 1999, 308; *Allmayer-Beck/Auer,* Wirtschaftsmediation im Wohnungseigentum, ZKM 2000, 9; *Arndt/Lerch/Sandkühler,* Bundesnotarordnung, 4. Aufl. 2000; *Baumbach/ Lauterbach/Albers/Hartmann,* ZPO, 58. Aufl. 2000; *Bietz,* Zur Praxis von Schieds- und Schlichtungsverfahren – unter besonderer Berücksichtigung des SGH-Statuts deutscher Notare, ZNotP 2000, 344; *Birnstiel,* Empfehlungen des Schlichtungsausschusses der Landesnotarkammer Bayern zur Handhabung des obligatorischen Schlichtungsverfahrens gemäß

---

[1] Es handelt sich um die auszugsweise Wiedergabe eines Gutachtens, das der Autor im Auftrag der Bundesnotarkammer als deutscher Berichterstatter für den am 01. – 7. 10. 2001 in Athen stattfindenden Weltkongress des lateinischen Notariats (U. I. N. L.) erstattet hat (siehe DNotZ 2000, 511, 512). Das Gutachten trägt den Titel „Beratung und Mediation als Beitrag des Notariats zur Streitverhütung".

§ 15 a EGZPO i. V. m. dem Bayerischen Schlichtungsgesetz, MittBayNot 2000, Sonderheft „Schlichtung und Mediation", Seite 8, 14; *Böhm*, Obligatorische Streitschlichtung in Nordrhein-Westfalen, AnwBl. 2000, 596; *Bohrer*, Das Berufsrecht der Notare, 1991; *Brambring/ Jerschke* (Hrsg.), Beck´sches Notar-Handbuch, 3. Aufl. 2000; *Breidenbach/Henssler*, Mediation für Juristen, 1997; *Büchner/Groner/Häusler/Lörcher/v. Pappenheim/Schröder-Frerkes/ Vötz/Wagner/Winkler/Winograd*, [kurz: *Büchner*], Außergerichtliche Streitbeilegung, 1998; *Buchholz-Graf*, Gerichtsnahe Beratung für Trennungs- und Scheidungsfamilien, ZMK 2000, 118; *Casper/Risse*, Mediation von Beschlussmängelstreitigkeiten, ZIP 2000, 437; *Drasch*, Notariat und Niederlassungs-/Dienstleistungsfreiheit, MittBayNot 2000, 280; *Duve*, Mediation und Vergleich im Prozess, 1999; *Eyer*, Marketing für Wirtschaftsmediation – Ein Erfahrungsbericht, mediations-report 3/2000, Seite 2; *Ewig*, MediationsGuide 2000; *ders.*, Dem Psychologen der Mediator – den Rechtsanwälten nur der Schwerpunkt? ZKM 2000, 85; *Frikell*, Außergerichtliche Streitbeilegung in Bausachen, ZKM 2000, 158; *Ganter*, Die Rechtsprechung des Bundesgerichtshofes zur Notarhaftung seit 1996, WM 2000, 641; *Göttlich/ Mümmler, fortgeführt von Assenmacher/Mathias*, KostO, 13. Aufl. 1997; *Gottwald/Strempel/ Beckedorff/Linke*, Außergerichtliche Konfliktregelung für Rechtsanwälte und Notare, Stand: 04/2000; *Haft*, Verhandlung und Mediation, 2. Aufl. 2000; *Hartmann*, KostO, 27. Aufl. 1997; *Heck*, Obligatorische Streitschlichtung in Baden-Württemberg, AnwBl. 2000, 596; *Heßler*, Das Bayerische Schlichtungsgesetz: Einführung und Erwartung an dessen Umsetzung, MittBayNot 2000, Sonderheft „Schlichtung und Mediation", S. 2; *Heinz*, Europa – Chance oder Bedrohung für unser Notariat? AnwBl. 2000, 562; *Hellge*, Europäische Perspektiven für nationale Notariate, ZNotP 2000, 306; *Henssler/Kilian*, Die interprofessionelle Zusammenarbeit in der Mediation, ZKM 2000, 55; *Henssler/Koch*, Mediation in der Anwaltspraxis, 2000; *Heussen*, Handbuch Vertragsverhandlung und Vertragsmanagement, 1997; *Von Heymann/Wagner/Rösler*, MaBV für Notare und Kreditinstitute, 2000; *Hönig/Köster*, Möglichkeiten und Grenzen kooperativer Planung: Ein Tagungsbericht, BauR 2000, 1391; *Hoffmann-Riem*, Notare im Dienst am Rechtsstaat – Amtsausübung zwischen Privileg und Verantwortung –, ZNotP 1999, 345; *Jaeger*, Die freien Berufe und die verfassungsrechtliche Berufsfreiheit, AnwBl 2000, 475; *Jost*, Zwangsvollstreckungsnovelle und notarielle Schlichtung, ZNotP 1999, 276; *Karliczek*, Zur obligatorischen Streitschlichtung in Zivilsachen, ZKM 2000, 111; *Kempf/Trossen*, Integration der Mediation in förmliche Familiengerichtsverfahren, ZMK 2000, 166; *Kleine-Cosack*, Erosion des Rechtsberatungsmonopols, BB 30/ 2000, „Die erste Seite"; *Kniffka/Koeble*, Kompendium des Baurechts, 2000; *Kopp*, Die Bemühungen der Rechtsanwälte um die außergerichtliche Streitschlichtung, ZMK 2000, 87; *Korintenberg/Lappe/Bengel/Reimann*, KostO, 13. Aufl. 1995; *Lachmann*, Handbuch für die Schiedsgerichtspraxis, 1998; *Lachmann*, Schiedsgerichtsbarkeit aus der Sicht der Wirtschaft, AnwBl 1999, 241; *Lachmann/Lachmann*, Schiedsvereinbarung im Praxistest, BB 2000, 1633; *Lörcher*, Mediation: Rechtskraft über Schiedsspruch mit vereinbartem Wortlaut? DB 1999, 789; *Niethammer*, Anmerkungen zum Mediationsverfahren Frankfurter Flughafen, ZKM 2000, 136; *Ponschab*, Mediation im Unternehmen, AnwBl 2000, 650: *Ponschab/Schweizer*, Kooperation statt Konfrontation – Neue Wege anwaltlichen Verhandelns, 1997; *Raeschke-Kessler/Berger*, Recht und Praxis des Schiedsverfahrens, 3. Aufl. 1999; *Rieger/Mihm*, Der Notar als Mediator, (zur Veröffentlichung vorgesehen); *Risse*, Beilegung von Erbstreitigkeiten durch Mediationsverfahren, ZEV 1999, 205; *ders.*, Die Rolle des Rechts in der Wirtschaftsmediation, BB 1999, Beilage 9, Seite 1; *ders.*, Wirtschaftsmediation im nationalen und internationalen Handelsverkehr, WM 1999, 1864; *ders.*, Wirtschaftsmediation, NJW 2000, 1614; *Römermann*, Praxisprobleme mit der Bezeichnung „Mediator" für Rechtsanwälte, ZKM 2000, 83; *Schiffer*, Mediative Elemente in modernen Schiedsverfahren, JurBüro 2000, 188 und 235; *Schippel*, BNotO, 7. Aufl. 2000; *von Schlieffen*, Anforderungen an einen Mediator, ZKM 2000, 52; *Schmidt*, Mediationsvereinbarung des Anwaltsmediators, ZKM 2000, 71; *Schwachtgen*, Auf dem Weg zur Weltumspannenden Authentizität – Ein Berufsstand als Garant der Rechtssicherheit wirtschaftlicher Entwicklung, DNotZ 1999, 268; *Steinbrück*, Wirtschaftsmediation und außergerichtliche Konfliktlösung, GmbHR 1999, R 165; *ders.*, Wirtschaftsmediation und außergerichtliche Konfliktlösung, AnwBl. 1999, 574; *Stoecker*, Die obligatorische Streitschlichtung nach § 15 a EGZPO im Vergleich zur Mediationspraxis in den USA, ZKM 2000, 105; *Stumpp,* Die Sicherung der Unabhängigkeit des Mediators, ZKM 2000, 34; *Trittmann,* Die Auswirkungen des Schiedsverfahrens-Neuregelungsgesetzes auf gesellschaftsrechtliche Streitigkeiten, ZGR 1999, 340; *Väth,* Vorgerichtliche Streitschlichtung durch Schiedspersonen, ZMK 2000, 150; *Wagner,* Entlastung der Rechtspflege durch notarielle Tätigkeit – Bestandsaufnahme und Perspektiven, DNotZ 2000, 34*; *Wagner,* Alternative Streitvermeidung: Notarielle Beurkundung, Betreuung und Schlichtung, BB 1997, 53; *Wagner,* Möglichkeiten des Notars zur Vermeidung und Schlichtung von Streitigkeiten, ZNotP 1998, Beilage 1 zu Heft 1; *Wagner,* Möglichkeiten des Notars zur Vermeidung und Schlichtung von Baustreitigkeiten, BauR 1998, 235; *Wagner,* Der Notar als Schiedsrichter kraft Amtes bei der Bereinigung von Baustreitigkeiten, ZNotP 1999, 22 = FS Vygen, 1999, S. 441; *Wagner,* Neue Aufgaben für das Notariat, notar eins'99, S. 17; *Wagner,* Alternative Streitbeilegung in Deutschland durch Notare – Ein Zwischenbericht, ZNotP 2000, 18; *Wagner,* Notaramt im Spannungsfeld zwischen Dienstleistung und öffentlichem Amt, ZNotP 2000, 214; *ders.,* Der Notar als Schiedsrichter, DNotZ 2000, 421; *ders.,* Unparteiische notarielle Beratung, ZNotP 2001, 216; *Wegmann,* Der Schlichtungsgedanke im Statut des SGH, notar vier'99, S. 122; *Wegmann,* Erbengemeinschaften im Unternehmensbereich, ZKM 2000, 154; *Wiedermann,* Das „Modell Co-Mediation" in Österreich, ZKM 2000, 22; *Wolfsteiner,* Der Schlichtungs- und Schiedsgerichtshof deutscher Notare (SGH), notar vier'99, S. 115; *Zieher,* Praktische Erfahrungen mit Umweltmediation in Österreich, ZKM 2000, 113.

I. Einleitung

Die Anzahl gerichtlicher Auseinandersetzungen hat in Deutschland in den „alten" Bundesländern zwar seit 1992 abgenommen, in den „neuen" Bundesländern dagegen erheblich zugenommen.[2] Das Führen von Prozessen wird erleichtert durch Rechtsschutzversicherungen[3] und Prozessfinanzierungsgesellschaften. Als Folge verlängern sich die Verfahrensdauer der Gerichtsverfahren vor staatlichen Gerichten und oft steht in Anbetracht dessen nicht mehr die Lösung des Streitproblems im Vordergrund, sondern die Bewältigung der damit verbundenen Folgelasten (Gerichtskosten, Anwaltskosten, Zinsen, bilanzielle Rückstellungsnotwendigkeiten etc.). Hinzu kommen rechtliche Auseinandersetzungen, die auch ohne gerichtliche Auseinandersetzungen stattfinden (z. B. Zurückbehaltungsrechte, Aufrechnungen, das Einfordern von Zusatzsicherheiten bei Androhung der Infragestellung von Geschäftskontakten etc.) und bei denen es nicht immer opportun ist, Gerichte anzurufen. Es gibt mithin viele Gründe, sich darüber Gedanken zu machen, mit welchen Mitteln präventiv versucht werden kann, rechtliche – nicht nur gerichtliche – Auseinandersetzungen zu vermeiden. **1**

Dies führt zu folgenden **zentralen Fragen:** **2**
– Welche präventiven Möglichkeiten bestehen, um rechtliche/gerichtliche Auseinandersetzungen zu vermeiden?
– Wer steht dazu zeitnah, unabhängig, unparteiisch und kostengünstig zur Verfügung?

---

[2] Zur Statistik *Strempel* in: Gottwald/Strempel/Beckedorff/Linke, Außergerichtliche Konfliktregelung für Rechtsanwälte und Notare, 2.2.1 Seite 2; *Kirchof* BRAK-Mitt. 2000, 14, 15.
[3] *Riehl* in: Gottwald/Strempel/Beckedorff/Linke, Außergerichtliche Konfliktregelung für Rechtsanwälte und Notare, 2.1.5.

– Wie können diese Möglichkeiten und Institutionen öffentlichkeitswirksam werden?

3   Aber Streit hat eine Ursache, nämlich vorhandene Interessengegensätze, die kumulieren. Will man Streit vermeiden, so ist es lohnenswert, sich auch der Vorstufe dazu anzunehmen. Diese ist bereits dann gegeben, wenn Interessengegensätze vorhanden sind, die noch nicht zum Streit geführt haben müssen.

4   Es wird daher im Folgenden aufzuzeigen sein wie der Berufsstand der **Notare** zum Interessenausgleich von Beteiligten durch **Streitvermeidung** einerseits und **Streitbeilegung** andererseits beitragen kann und was dieserhalb schon unternommen wurde.

II. Notarielle Mediation als Bestandteil notarieller Beratung

5   Die Möglichkeit der (Auf-) Lösung von Interessengegensätzen – ob mit oder ohne Konflikte – ist nicht auf die Mediation begrenzt. Die notarielle Mediation ist vielmehr Bestandteil der notariellen Beratung und wie diese Amtstätigkeit (§ 24 Abs. 1 Satz 1 BNotO).

1. Notarielle Beratung

6   Es ist zwischen parteiischer und unparteiischer Beratung zu unterscheiden, wodurch zugleich der Unterschied zwischen anwaltlicher und notarieller Beratung deutlich wird. Der **Rechtsanwalt** ist unter anderem Berater seines Mandanten, damit also **parteiischer** Berater (§ 1 Abs. 3 BerufsO). Er darf die andere Partei in derselben Rechtssache nicht ebenfalls beraten (§ 3 BerufsO). Der **Notar** dagegen „ist nicht Vertreter einer Partei, sondern … **unparteiischer** Betreuer der Beteiligten" (Plural – § 14 Abs. 1 Satz 2 BNotO). Zu seiner Amtstätigkeit gehört die unparteiische „Beratung der Beteiligten" (§ 24 Abs. 1 Satz 1 BNotO). Ein Anwaltsnotar muss folglich rechtzeitig vor Beginn seiner Beratungstätigkeit gegenüber den Beteiligten klarstellen, ob er als Rechtsanwalt oder als Notar tätig wird.[4]

7   Es ist folglich zulässig, dass Personen oder Unternehmen sich in Anbetracht ihrer gegensätzlichen Interessen zwecks Konfliktvermeidung gemeinsam von dem zur Unparteilichkeit verpflichteten **Notar** beraten lassen. Würden sich dagegen Personen oder Unternehmen in Anbetracht ihrer gegensätzlichen Interessen zwecks Konfliktvermeidung gemeinsam vom Rechtsanwalt eines der Beteiligten beraten lassen, dann würde dieser wegen widerstreitender Interessen gegen seine Berufspflichten verstoßen (§ 3 BerufsO).

8   Während parteiische Beratung folglich einer Seite gegenüber erbracht wird, eignet sich unparteiische Beratung dazu, sie auch Beteiligten gegenüber erbracht zu werden, die gegensätzliche Interessen haben. Notare als von Amts wegen unparteiische Personen sind daher befugt, Personen oder Unternehmen mit gegensätzlichen Interessen unparteiisch zu beraten. Daher ist in den §§ 14 Abs. 1 Satz 2, 24 Abs. 1 Satz 1 BNotO auch im Plural von der unparteiischen Beratung der Beteiligten die Rede.

---

[4] Richtlinienempfehlung der BNotK I. 3.

Unparteiische Beratung eignet sich dazu, im Vorfeld von Konflikten erbracht zu 9
werden, etwa wenn Beteiligte mit gegensätzlichen Interessen sich von einem Notar
aufzeigen lassen würden, wie die Rechtslage objektiv ist bzw. wie ihre Chancen-
und Risikolage ist.[5]

Sie kann mündlich oder schriftlich z. B. als Gutachten erfolgen und sie kann sogar mit einer Konzeption oder einem Vertragsentwurf/-abschluss enden.[6] Unparteiische Beratung eignet sich folglich sowohl zur Streit**vermeidung** wie auch zur außergerichtlichen und sogar zur gerichtlichen Streit**beilegung**.

Notarielle Beratung ist daher in hohem Maße geeignet, **streitvermeidend** und
streitbeilegend zu wirken.

2. Zur Begrifflichkeit der Mediation

Hierbei kann es sich um einen Marketingbegriff, Oberbegriff oder Sachbegriff 10
handeln.

a) **Marketingbegriff.** Außerhalb von Fachkreisen, z. B. in den Medien, wird der 11
Begriff der Mediation als Schlagwort für jede Art außergerichtlicher Streit**beilegung**
verwandt. Dort ist allerdings das Thema der Streit**vermeidung** nicht sonderlich präsent, so dass damit der Begriff der Mediation nicht in Verbindung gebracht wird.

b) **Oberbegriff.** Soweit Mediation als Synonym für jede Art außergerichtliche 12
Streitbeilegung verwandt wird, handelt es sich um einen Oberbegriff. Dazu können
neben der Mediation als Sachbegriff gehören die Beratung,[7] kooperative Verhand-
lung/Vermittlung,[8] Schlichtung,[9] notarielle Urkunde[10] und die vertragliche Konfliktbewältigung sowie der Vergleich.[11] Der Oberbegriff umfasst folglich unterschiedliche Komplexe, die einerseits die Streit**vermeidung** und andererseits die Streit**beilegung** betreffen.

c) **Sachbegriff.** Für die Mediation als Sachbegriff gibt es eine Vielzahl von Defini- 13
tionen. Im Grunde zeichnet sie sich dadurch aus, dass eine neutrale Person bei
Zwei- oder Mehrparteienkonflikten vermittelnd eingeschaltet wird, ohne dass ihr
eine Entscheidungsbefugnis zusteht. Es handelt sich folglich um ein

„außergerichtliches, freiwilliges Konfliktbearbeitungsverfahren, in dem Konfliktpartner mit Unterstützung eines neutralen Dritten ohne inhaltliche Entscheidungsbefugnis (des Mediators) gemeinsame, aufeinander bezogene Entscheidungen treffen. Diese schließen nach Möglichkeit die Interessen der Beteiligten ein, sind auf Wertschöpfung ausgerichtet und fußen auf dem Verständnis von
sich selbst, dem Anderen und ihrer jeweiligen Sicht der Realität".[12]

Damit ist aber nur die **Konfliktmediation** angesprochen, die den Interessenausgleich anlässlich eines bereits entstandenen Konfliktes zum Gegenstand hat. Als
„neutraler Dritter" eignet sich auch der von Amts wegen unparteiische **Notar.**

---

[5] *Wagner* ZNotP 2000, 214, 217; *Wagner* ZNotP 2001, 216, 217.
[6] *Wagner* ZNotP 2000, 214, 217.
[7] *Wagner* ZNotP 1998, Beilage 1 S. 8.
[8] *Wagner* ZNotP 1998, Beilage 1 S. 9.
[9] *Wagner* ZNotP 1998, Beilage 1 S. 10.
[10] *Wagner* ZNotP 1998, Beilage 1 S. 12.
[11] *Wagner* ZNotP 1998, Beilage 1 S. 12.
[12] *Mähler/Mähler* in: Breidenbach/Henssler, Mediation für Juristen, S. 13, 15.

14   Statt dessen ist aber auch vorstellbar, dass Beteiligte auf Grund eines Interessengegensatzes einen **Interessenausgleich** suchen, ohne dass bereits eine Konfliktsituation oder Streit entstanden ist:
– Oben wurde bereits aufgezeigt, dass unter Umständen bereits eine unparteiische
Beratung der Beteiligten durch den Notar geeignet sein kann, dass diese dann zu
einem von ihnen selbst vereinbarten Interessenausgleich finden.
– Eine andere Möglichkeit ist, bereits auf Grund eines vorhandenen Interessengegensatzes – ohne Konfliktsituation – unter Mitwirkung eines Notars eine Mediation durchzuführen, deren Ziel es ist, den von den Beteiligten vereinbarten Interessenausgleich in einer notariellen Urkunde festzuhalten. Man nennt dies **Vertragsmediation.**[13]

15   Schließt die notarielle Mediation (Konflikt- oder Vertragsmediation) durch eine
notariell beurkundete Abschlussvereinbarung ab, so hat die Mediation nicht die notarielle Urkunde zum Ziel, sondern den Interessenausgleich der Beteiligten, einerlei
ob dieser später in einer beurkundeten oder privatschriftlichen Abschlussvereinbarung niedergelegt wird oder auch nicht. Die notarielle Urkunde ist mithin nicht
Ausgangspunkt vorgerichtlicher Konfliktbewältigung, sondern die notarielle
Betreuung bzw. Beratung gemäß § 24 Abs. 1 Satz 1 BNotO.[14] Rechtsgrundlage
der notariellen Mediation ist damit nicht das BeurkG sondern § 24 Abs. 1 Satz 1
BNotO. Das BeurkG ist als Rechtsgrundlage der notariellen Mediation nur insoweit einschlägig, wie die Abschlussvereinbarung notariell beurkundet wird, so dass
sich notarielle Beratungs- und Belehrungspflichten gemäß § 17 Abs. 1 und 2
BeurkG auch nur auf diesen **Beurkundungs**vorgang beziehen.

3. Wesentliche Elemente

16   Die streitvermeidende und die streitbeilegende Beratung sowie die auf Grund Interessengegensatzes einen Interessenausgleich anstrebende Mediation (einerlei ob
als Ober- oder Sachbegriff) werden bestimmt durch
– die **Unparteilichkeit** des Beratenden bzw. des Mediators,
– die **Ergebnisoffenheit** des **Vorganges** der Beratung und Mediation und
– die **Hilfestellung** für die **Meinungsbildung** der Beteiligten, die auf Grund ihres Interessengegensatzes einen Interessenausgleich anstreben.
Alle drei Komponenten sind der notariellen Mediation bereits aus berufsrechtlichen Gründen eigen.

4. Praktische Bedeutung

17   Notarielle Beratung wird nach herkömmlichem Rechtsverständnis als eine solche
verstanden, die in erster Linie im Zusammenhang mit einer notariellen Betreuung
oder einer notariellen Beurkundung erfolgt (§ 24 Abs. 1 Satz 1 BNotO oder § 17
Abs. 1 und 2 BeurkG). Noch nicht so sehr gesehen werden die Möglichkeiten einer
umgekehrten Reihenfolge, nämlich einer eigenständigen unparteiischen notariellen

---

[13] Dieser Begriff geht auf *Walz* anlässlich eines Vortrages vor dem Ausschuss für außergerichtliche
Streitbeilegung der BNotK am 28. 8. 2000 zurück, vgl. dazu auch den gleichnamigen Beitrag in
§ 24.
[14] *Wagner* DNotZ 1998, 34, 93.

Beratung (mündlich oder schriftlich), an die sich als Ergebnis eine notarielle Beurkundung anschließen kann, wenngleich nicht muss.[15] Ein solcher Wandel wird begleitet von der Beantwortung der Frage, ob das gegenüber dem Rechtspublikum zu vermittelnde Berufsbild notarieller Tätigkeit ausschließlich das der Amtstätigkeit sein soll oder auch durch Dienstleistung geprägt werden soll.[16] In letzterem Falle ist es nur natürlich, das Rechtspublikum über das Spektrum notarieller Dienstleistung zu informieren und darauf aufmerksam zu machen, dass präventive Streitvermeidung und Streitbeilegung durch **Notare** viele – noch darzustellende – Vorzüge gegenüber Angeboten anderer Berufssparten einerseits und staatlichen Angeboten andererseits aufweisen. Die Rechtsprechung des Bundesverfassungsgerichtes[17] zur Zulässigkeit öffentlichkeitswirksamer Informationen durch Notare (ob mit oder ohne Werbewirksamkeit) sowie die darauf abgestimmte Gesetzeslage (§ 29 Abs. 1 BNotO und VII. 1.1 der Richtlinienempfehlung der BNotK) tragen dem Rechnung.

Der notarielle Berufsstand in Deutschland hat sich durch die Bundesnotarkam- **18** mer (BNotK) dieser Thematik inzwischen angenommen, zumal damit für Notare ein neues berufliches Betätigungsfeld vorhanden ist.[18] Auf dem Deutschen Notartag 1998[19] befasste sich der Eröffnungsvortrag mit der „Entlastung der Rechtspflege durch notarielle Tätigkeit – Bestandsaufnahme und Perspektiven".[20] Für die außergerichtliche Streitbeilegung durch Notare hat die BNotK Notaren eine Verfahrensordnung, die sogenannte „Güteordnung", an die Hand gegeben.[21] Und für Schiedsgerichtsverfahren durch Notare als Schiedsrichter hat sie eine „Empfehlung für eine Schiedsvereinbarung mit Verfahrens- und Vergütungsvereinbarung" veröffentlicht,[22] welches durch eine Einigungsphase eingeleitet wird.[23] Auch der Deutsche Notarverein – eine Interessenvertretung von Nur-Notaren in Deutschland – hat sich diese Themas angenommen und über eine dafür gegründete privatrechtlich organisierte GmbH die Einrichtung eines „Schlichtungs- und Schiedsgerichtshofes deutscher Notare (SGH)" initiiert.[24]

Der **Notar** kann in Deutschland bei präventiver Streitvermeidung und präventiver **19** Streitbeilegung in **unterschiedlicher Funktion** tätig werden.
– Der Notar kann in seiner amtlichen Funktion als Notar tätig werden.
– Er kann zwar als Notar in zuvor beschriebener Funktion tätig werden, dabei zugleich aber als eine von der jeweiligen Landesjustizverwaltung anerkannte Gütestelle (§ 794 Abs. 1 Nr. 1 ZPO), wenn er von einer für ihn zuständigen Landesjustizverwaltung auf seinen Antrag für die von ihm genannten Rechtsgebiete eine Anerkennung als Gütestelle erhalten hat. In Bayern sind auf Grund des Bay-

---

[15] Dazu *Wagner* DNotZ 1998, 34, 94 f.; *Wagner* ZNotP 2000, 214, 217.
[16] *Wagner* ZNotP 2000, 214.
[17] BVerfG DNotZ 1998, 69; siehe auch *Jaeger* AnwBl. 2000, 475.
[18] *Wagner* in: *Büchner*, Außergerichtliche Streitbeilegung, Seite LVI.
[19] 10.–13. 6. 1998 in Münster.
[20] *Wagner* DNotZ 1998, 34.
[21] BNotK DNotZ 2000, 1; dazu *Wagner* ZNotP 2000, 18.
[22] BNotK DNotZ 2000, 401; dazu *Wagner* DNotZ 2000, 421.
[23] Empfehlung der BNotK für eine Schiedsvereinbarung mit Verfahrens- und Vergütungsvereinbarung, DNotZ 2000, 401, dort I. § 6 (a. a. O. Seite 405).
[24] Dazu: Statut in: notar vier´99, 124; *Wolfsteiner* notar vier´99, 115; *Wegmann* notar vier´99, 122.

erischen Schlichtungsgesetzes alle Notare kraft Gesetzes für alle Rechtsgebiete staatlich anerkannte Gütestellen.[25]

20 Mit der Funktion des Notars als einer von der Landesjustizverwaltung oder kraft Gesetzes anerkannten Gütestelle verbindet das Gesetz folgende **Vorteile:**

– Gemäß § 794 Abs. 1 Nr. 1 ZPO können vor dem Notar in dieser Funktion zwischen Parteien und Dritten Vergleiche (nicht notwendigerweise in beurkundeter Form) zur Beilegung eines Rechtsstreites oder eines Teiles des Streitgegenstandes geschlossen werden, die zur Zwangsvollstreckung geeignet sind.[26] Es handelt sich folglich um eine besondere Form der außergerichtlichen Streitbeilegung mittels eines vollstreckbaren Titels des Notars als Gütestelle während eines Rechtsstreites. Dem kann notarielle Beratung oder **Mediation** – quasi parallel zum Rechtsstreit – vorausgehen.

– Bei einem Notar als von der Landesjustizverwaltung oder kraft Gesetzes anerkannten Gütestelle im Sinne des § 794 Abs. 1 Nr. 1 ZPO kann verjährungsunterbrechend ein Güteantrag gestellt werden (§ 209 Abs. 2 Ziff. 1a. BGB). Diese Verjährungsunterbrechung dauert bis zur Beendigung des damit eingeleiteten Güteverfahrens oder dessen Überleitung in ein sich unmittelbar anschließendes Streitverfahren bis zu dessen Ende an (§ 212a BGB). Von einem solchen Güteverfahren geht die Güteordnung der Bundesnotarkammer aus.[27] Inhaltlich kann ein solches Güteverfahren alle Komponenten zum Gegenstand haben, die zuvor bei der **Mediation** als **Oberbegriff** beschrieben wurden.

– Zum 1. 1. 2000 ist § 15a EGZPO in Kraft getreten.[28] Damit ermächtigt(e) der Bundesgesetzgeber die Landesgesetzgeber, bei Streitigkeiten bis zu einem Streitwert von 750,– € und Nachbarrechtsstreitigkeiten zu bestimmen, dass die Erhebung der Klage zu den Zivilgerichten erst dann zulässig ist, wenn zuvor versucht wurde, die Streitigkeit vor einer Gütestelle einvernehmlich beizulegen.

Die Landesgesetzgeber sind dabei, von dieser Möglichkeit durch entsprechende Landesgesetze als Ausführungsgesetze Gebrauch zu machen.[29] Auch Notare werden dabei als Gütestellen vorgesehen. In welcher Weise die einvernehmliche Beilegung vor einer solchen Gütestelle versucht werden kann, ist nicht vorgeschrieben, so dass auch hier inhaltlich ein solches Güteverfahren alle Komponenten zum Gegenstand haben kann, die zuvor bei der Mediation als Oberbegriff beschrieben wurden.

21 Es wird mithin deutlich, dass präventive Streit**vermeidung** durch Notare z.B. durch darauf gerichtete Beratung der Beteiligten zulässig ist, das öffentliche Bewusstsein – auch bei Notaren selbst – um diese Möglichkeiten derzeit aber nicht sehr ausgeprägt sind. Für die präventive Streit**beilegung** zwecks Vermeidung gerichtlicher Auseinandersetzungen oder parallel zwecks Beilegung derselben (die

---

[25] *Birnstiel* MittBayNot 2000, Sonderheft „Schlichtung und Mediation", Seite 8, 14; *Heßler* MittBayNot 2000, Sonderheft „Schlichtung und Mediation", Seite 2, 4.
[26] Über § 794 Abs. 1 Nr. 5 ZPO hinaus, der notarielle Beurkundung erfordert, kann sich ein solcher Vergleich auch auf die Abgabe von Willenserklärungen richten und sich auf den Bestand von Mietverhältnissen über Wohnraum beziehen.
[27] BNotK DNotZ 2000, 1.
[28] Dazu *Karliczek* ZKM 2000, 111; *Stoecker* ZKM 2000, 105; vgl. auch § 33.
[29] Baden-Württemberg: „Gesetz zu obligatorischen außergerichtlichen Streitschlichtung ..." vom 28. 6. 2000, GBl. vom 30. 6. 2000, 470; Nordrhein-Westfalen: AG § 15a EGZPO vom 9. 5. 2000, GVBl. vom 6. 6. 2000, 476. Vgl. dazu § 33.

Prävention bezieht sich dann darauf, eine gerichtliche **Entscheidung** zu vermeiden) sind gesetzliche Grundlagen bereits seit langer Zeit vorhanden, sie wurden bisher aber – auch vom notariellen Berufsstand – kaum genutzt. Präventive Streitvermeidung und Streitbeilegung durch Notare als kostengünstigere, schnellere und befriedendere Möglichkeit im Vergleich zu staatlicher Gerichtsbarkeit ist in Deutschland derzeit sowohl beim Rechtspublikum wie auch beim notariellen Berufsstand selbst eine noch nicht ausreichend erkannte Alternative. Die **Bundesnotarkammer** und der **Deutsche Notarverein** sind derzeit dabei, dem in folgender Weise gegenzusteuern:

Mit der von der Bundesnotarkammer erarbeiteten **Güteordnung**[30] und der **Emp-** **22** **fehlung für eine Schiedsvereinbarung mit Verfahrens- und Vergütungsvereinbarung für notarielle ad-hoc-Schiedsgerichte**[31] sowie dem vom Deutschen Notarverein installierten „Schlichtungs- und Schiedsgerichtshof deutscher Notare"[32] – jeweils mit einer eingebauten voranzustellenden Einigungsphase – sind dem notariellen Berufsstand die Instrumente an die Hand gegeben worden, unter Berücksichtigung des eigenen Berufsrechts und notwendigen Verfahrensrechts präventive Streit**vermeidung** und Streit**beilegung** durchführen zu können. Dem schließt sich eine Ausbildung interessierter oder – wie in Bayern – dazu verpflichteter Notare an, womit die vorgenannten inhaltlichen Anforderungen an notarielle Beratung und Mediation (als Oberbegriff und damit unter Einschluss der Mediation als Sachbegriff) mit den dazu zur Verfügung gestellten Instrumenten vernetzt werden.

Abgeschlossen wird dies durch eine entsprechende Öffentlichkeitsarbeit (beruf- **23** standsbezogenes Marketing), womit der Öffentlichkeit verdeutlicht werden soll, welche Möglichkeiten der notarielle Berufsstand als Alternative zu gerichtlichen Auseinandersetzungen auf den Gebieten der
– präventiven Streitvermeidung,
– präventiven Streitbeilegung *und*
– notariellen Schiedsgerichtsbarkeit
anbietet.

III. Der Beitrag des Notariats zur Lösung von Interessengegensätzen und Konflikten

Gemäß § 8 Abs. 4 BNotO ist es **Notaren** gestattet, als **Schiedsrichter** tätig zu sein. **24** Es handelt sich dabei um keine Amtstätigkeit, sondern um eine genehmigungsfreie Nebentätigkeit.[33]

In Anbetracht immer längerer Verfahrensdauer zivilgerichtlicher Verfahren vor **25** deutschen staatlichen Gerichten hat sich die Bundesnotarkammer neben den Themen **Streitvermeidung** und **Streitbeilegung** auch des Themas der **Streiterledigung** angenommen. Sie hat für Notare eine Empfehlung für eine Schiedsvereinbarung mit

---

[30] BNotK DNotZ 2000, 1.
[31] BNotK DNotZ 2000, 421.
[32] Notar vier´99.
[33] *Baumann* in: Eylmann/Vaasen, BNotO und BeurkG, 2000, § 8 BNotO Rdnr. 23; *Reithmann* in: Schippel, BNotO, 7. Aufl. 2000, § 24 Rdnr. 21; *Wagner* ZNotP 2000, 18, 21 (dass man dies auch anders sehen könnte, siehe *Wagner* a. a. O. Seite 21 f.); *Wagner* DNotZ 2000, 412, 422.

Verfahrens- und Vergütungsvereinbarung ausgesprochen.[34] In die gleiche Richtung zielt der vom Deutschen Notarverein initiierte „Schlichtungs- und Schiedsgerichtshof deutscher Notare (SGH)". Damit hält der notarielle Berufsstand in Deutschland als Alternative zur staatlichen Gerichtsbarkeit von der Streitvermeidung über die Streitbeilegung bis zur Streitentscheidung folgendes Angebot bereit:

1. Streitvermeidung und notarielle Beratung/Urkunde

26   Zum Zwecke der **Streitvermeidung** können Parteien vorab unter Einschaltung durch einen von Amts wegen unparteiischen, sachkundigen und von ihnen gemeinsam ausgewählten Notars sich mit dessen Hilfe beraten lassen und/oder vorab in notariell beurkundeten Verträgen, Satzungen und sonstigen Vereinbarung eines Risikominimierung vornehmen. Letzteres erfolgt durch notarielle Klärung des Sachverhaltes und des Willens der Beteiligten nebst Wiedergabe des Willens der Beteiligten in eindeutiger Weise, durch auftragsgerechte, zweckmäßige und rechtlich zuverlässige Gestaltung von Vereinbarungen, durch umfassende, ausgewogene und interessengerechte Vertragsgestaltung und durch die Beweisfunktion der Urkunde.

2. Streitvermeidung/-beilegung und notarielle Güteordnung

27   Zum Zwecke der **Streitbeilegung** können Parteien vorab in notariell beurkundeten Verträgen, Satzungen und sonstigen Vereinbarungen, aber auch ad hoc unter Einschaltung eines sachkundigen, von ihnen gemeinsam ausgewählten, Notars mit dessen Hilfe festlegen lassen, welche Streitlösungsmechanismen für den Fall auftretender Konflikte greifen sollen und wer diese „managen" soll.

Die Parteien können sich mit notarieller Hilfe einer vorab vereinbarten außer-/vorgerichtlichen Streitbeilegung „unterwerfen", wozu mit der notariellen Güteordnung zudem eine Verfahrensordnung an die Hand gegeben wird.[35] Vergleiche bzw. Abschlussvereinbarungen in außergerichtlichen Streitbeilegungs- oder in Schiedsgerichtsverfahren können notariell beurkundet werden und zwecks Absicherung des Vereinbarten mit einer notariellen Zwangsvollstreckungsunterwerfungsklausel versehen werden.

3. Streitentscheidung und notarielles Schiedsgericht

28   Zum Zwecke der **Streitentscheidung** können Parteien vorab in notariell beurkundeten Verträgen, Satzungen und sonstigen Vereinbarungen unter Ausschluss der staatlichen Gerichtsbarkeit unter Einschaltung eines sachkundigen, von ihnen gemeinsam ausgewählten, Notars mit dessen Hilfe festlegen lassen, wie Konflikte durch ein notarielles Schiedsgericht beigelegt werden, wenn die vorgenannten Schritte nicht ausreichten, eine Streitentscheidung zu vermeiden. Mit der von der BNotK vorgeschlagenen Schiedsvereinbarung, Verfahrens- und Kostenvereinbarung einerseits und dem Pendant des SGH andererseits ist den Beteiligten die Organisation eines Schiedsgerichtsverfahrens abgenommen worden.

---

[34] BNotK DNotZ 2000, 401; dazu *Wagner* DNotZ 2000, 421.
[35] BNotK DNotZ 2000, 1.

Beteiligte eines anstehenden Schiedsgerichtsverfahrens können auf die dargestellte 29
Weise sicherstellen, dass ein oder mehrere notarielle Schiedsrichter, die auf dem
streitgegenständlichen Gebiet kompetent sind, ihren Fall entscheiden, ohne auf
eigenen anwaltlichen Beistand verzichten zu müssen. Es erfolgen keine Einengungen
durch Zuständigkeitsfragen und statt vor einzuleitenden Gerichtsverfahren vor
staatlichen Gerichten u. U. teure Gutachter bemühen zu müssen, kann bei solchen
Schiedsgerichtsverfahren der Betreffende statt als Gutachter als Schiedsrichter mit
eingeschaltet werden.

Neben die Kompetenzsicherung des Schiedsrichters bzw. Schiedsgerichtes tritt 30
der Vorteil der Vertraulichkeit von Schiedsgerichtsverhandlungen. Denn: Im Gegensatz zur Öffentlichkeit mündlicher Verhandlungen in Gerichtsverfahren der
staatlichen Gerichtsbarkeit ist in notariellen Schiedsgerichtsverfahren die Öffentlichkeit ausgeschlossen. Ferner werden im Gegensatz zu staatlicher Gerichtsbarkeit
lange sowie zeitaufwändige und teure Instanzenzüge vermieden.

Diese Empfehlung der Bundesnotarkammer geht von einem notariellen Ein- 31
Personen-Schiedsgericht als ad hoc-Schiedsgericht aus. Parallel dazu hat der Deutsche Notarverein über seine Service-Gesellschaft DNotV GmbH einen Schlichtungs-
und Schiedsgerichtshof (SGH) als institutionelles Schiedsgericht eingerichtet, mit
einer zur Empfehlung der Bundesnotarkammer vergleichbaren Verfahrens- und
Vergütungsordnung.[36]

Neben notarieller Beratung und **Mediation** (als **Sachbegriff**) einerseits und nota- 32
rieller Schiedsgerichtsbarkeit andererseits stehen als andere (auch) durch Notare
praktizierbare außergerichtliche Verfahren für die Lösung von Konflikten die zur
Verfügung, die oben[37] schon unter dem Begriff der Mediation als Oberbegriff genannt wurden:

Kooperative(s) Verhandlung/Vermittlung,[38] Schlichtung,[39] notarielle Urkunde[40]
und die vertragliche Konfliktbewältigung bzw. der Vergleich.[41]

IV. Nationale Entwicklungen, die Streitbeilegungen notwendig machen

In § 278 ZPO n. F.[42] ist vorgesehen, dass der mündlichen Verhandlung vor Zivil- 33
gerichten stets zum Zwecke der gütlichen Beilegung des Rechtsstreites eine **Güteverhandlung** vorauszugehen hat, ausgenommen solche Fälle, in denen bereits ein
Einigungsversuch vor einer außergerichtlichen Gütestelle stattgefunden hat oder in
denen eine streiterledigende Einigung erkennbar aussichtslos erscheint. Vergleichbares ist in § 6 der Empfehlung der **BNotK** für eine Schiedsvereinbarung mit Ver-
fahrens- und Vergütungsvereinbarung[43] und § 21 des Statuts des Schlichtungs- und

---

[36] S. o. Rdnr. 22.
[37] S. o. Rdnr. 12.
[38] *Wagner* ZNotP 1998, Anlage 1 Seite 9.
[39] *Wagner* ZNotP 1998, Anlage 1 Seite 10.
[40] *Wagner* ZNotP 1998, Anlage 1 Seite 12.
[41] *Wagner* ZNotP 1998, Anlage 1 Seite 12.
[42] Eingeführt durch das ZPO-RG vom 27. 7. 2001 (BGBl. I S. 1887).
[43] BNotK DNotZ 2000, 401, 405.

Schiedsgerichtshofs deutscher Notare (SGH)[44] vorgesehen. Wenn folglich eine Güteverhandlung zum einleitenden Bestandteil von Gerichtsverfahren gehört, dann
liegt es nahe, nicht nur die **Entscheidung** eines staatlichen Gerichts oder eines notariellen Schiedsgerichts zu vermeiden, sondern bereits dessen **Anrufung**. Dies kann
dadurch geschehen, dass man bereits vor Anrufung eines Gerichts eine außergerichtliche Streitbeilegung anstrebt. Dafür hat die **BNotK** Notaren eine Verfahrensgrundlage an die Hand gegeben, die Güteordnung.[45] In welche Weise diese
außergerichtliche Streitbeilegung durch Notare angegangen werden kann, wurde an
anderer Stelle ausgeführt.[46]

34   Während das zuvor Dargelegte verdeutlicht, warum es zwecks Vermeidung der
Anrufung von Gerichten oder der Entscheidung durch Gerichte **verfahrensrechtlich**
sinnvoll oder notwendig sein kein, Güteverhandlungen durchzuführen, sind in der
Rechtsprechung des BGH erste Fälle entschieden worden, wonach die Verpflichtung zu Verhandlungen **materiellrechtliche** Pflicht ist, ehe z.B. Vertragskündigun-
gen ausgesprochen werden dürfen. So hat z.B. der für das Baurecht zuständige VII.
Zivilsenat des BGH in seiner Entscheidung vom 23. 5. 1996[47] folgende richtungsweisende Aussage getätigt:

> „Der Bauvertrag als Langzeitvertrag bedarf einer Kooperation beider Vertragspartner. Dazu gehö-
> ren Informations-, Mitwirkungs- und Rügeobliegenheiten und -pflichten."

35   Diese Aussage betraf den Bauvertrag generell, also auch den Bauträgervertrag, sie
war nicht auf einen Bauvertrag begrenzt, bei dem die VOB/B vereinbart war.[48]
Diese Aussage hat der BGH jüngst bestätigt, als er anlässlich eines Bauvertrages, bei
dem die VOB/B vereinbart war, ausführte:

> „Nach der Rechtsprechung des Bundesgerichtshofs sind die Vertragsparteien eines VOB/B-
> Vertrages während der Vertragsdurchführung zur Kooperation verpflichtet. Aus dem **Koopera-
> tionsverhältnis** ergeben sich Obliegenheiten und Pflichten zur Mitwirkung und gegenseitigen Infor-
> mation (BGH, Urteil vom 23. Mai 1996 – VII ZR 245/94, BGHZ 133, 44, 47).
> Die **Kooperationspflichten** sollen unter anderem gewährleisten, dass in Fällen, in denen nach der
> Vorstellung einer oder beider Parteien die vertraglich vorgesehene Vertragsdurchführung oder der
> Inhalt des Vertrages an die geänderten tatsächlichen Umstände angepasst werden muss, entstandene
> Meinungsverschiedenheiten oder Konflikte nach Möglichkeit einvernehmlich beigelegt werden
> (*Nicklisch/Weick*, VOB, 2. Aufl., § 2 Rdn. 6). Ihren Ausdruck haben sie in der VOB/B insbesondere
> in den Regelungen des § 2 Nr. 5 und Nr. 6 gefunden. Danach soll über eine Vergütung für geänder-
> te oder zusätzliche Leistungen eine Einigung vor der Ausführung getroffen werden. Diese Regelun-
> gen sollen die Parteien anhalten, die kritischen Vergütungsfragen frühzeitig und einvernehmlich zu
> lösen und dadurch spätere Konflikte zu vermeiden.
> Entstehen während der Vertragsdurchführung Meinungsverschiedenheiten über die Notwendig-
> keit oder die Art und Weise einer Anpassung, ist jede Partei grundsätzlich gehalten, im Wege der
> **Verhandlung** eine Klärung und eine einvernehmliche Lösung zu versuchen. Die Verpflichtung obliegt
> einer Partei ausnahmsweise dann nicht, wenn die andere Partei in der konkreten Konfliktlage ihre
> Bereitschaft, eine einvernehmliche Lösung herbeizuführen, nachhaltig und endgültig verweigert."[49]

---

[44] Notar'vier 99, 124, 128.
[45] BNotK 2000, 1.
[46] *Wagner* ZNotP 1998, Beilage 1; *Wagner* DNotZ 1998, 34, 76 ff.; *Wagner* ZNotP 1999, 22;
Wagner ZNotP 2000, 18.
[47] BGHZ 133, 44, 47.
[48] *Kniffka/Koeble*, Kompendium des Baurechts, 6. Teil Rdnr. 329 sprechen die Kooperationspflicht
beim BGB-Werkvertrag an.
[49] BGH NJW 2000, 807, 808.

Der BGH tätigt mit der Aussage zum **Kooperationsverhältnis** der Bauvertragspar- 36
teien und der daraus folgenden **Verhandlungspflicht** eine materiellrechtliche Pflicht
der Vertragsparteien, wollen sie nicht Rechtsnachteile vermeiden. Dies setzt mithin
erheblich früher an, als die wirtschaftliche Streitbeilegung im vorgerichtlichen Bereich (z.B. auf der Grundlage der GüteO) oder der Einleitung eines gerichtlichen
Verfahrens mittels einer Güteverhandlung. Um dieser materiellrechtlichen Verhandlungspflicht genügen zu können, sind folgende Komplexe bedeutsam, an denen
Notare z.B. bei einem Bauträgervertrag beurkundend und betreuend mitwirken
können; denn auf diese materiellrechtliche Verhandlungspflicht bezieht sich bei der
Beurkundung eines Bauträgervertrages die Belehrungspflicht des Notars (§ 17
BeurkG), die er in der Urkunde vermerken sollte:[50]
– Bereits im Bauträgervertrag sollten die „Spielregeln" beschrieben werden, wie die
  Vertragsparteien mit auftretenden Interessengegensätzen (ob mit oder ohne Kon-
  flikt) umgehen sollen, um zu einem Interessenausgleich zu gelangen.
– Sind diese „Spielregeln" im Bauträgervertrag nicht geregelt worden, weil die
  Vertragsparteien sich trotz entsprechender Belehrung durch den Notar (§ 17
  BeurkG)[51] darauf nicht verständigen konnten, sollten die Vertragsparteien jeden-
  falls zumindest eine sog. „**Mediationsklausel**" vorsehen.
– Und sollten die Vertragsparteien sich trotz entsprechender Belehrung durch den
  Notar auch darauf nicht verständigen können,[52] sollten sie jedenfalls dann, wenn
  Interessengegensätze auftreten und zum Konflikt auftreten können, sich der oben
  zitierten Rechtsprechung des BGH bewusst sein.
– Schließlich ist es auch unabhängig davon, dass die vom BGH judizierten Pflichten
  in der einen oder anderen Weise Bestandteil des Bauträgervertrages – und sei es
  nur als notarieller Belehrungshinweis – sein sollten, sinnvoll, dass die Vertragsparteien sich auf eine unabhängige und unparteiische Person einigen, die ihnen
  als **Moderator** für solche Verhandlungen zur Verfügung steht. Auch dazu eignet
  sich der Notar besonders, der der Amtspflicht zur Unabhängigkeit und Unparteilichkeit unterliegt (§ 14 Abs. 1 Satz1 BNotO).
Im zuvor Angesprochenen handelte es sich um einen „Bauvertrag als Langzeit- 37
vertrag", der auf Grund der von der Rechtsprechung judizierten **Kooperationspflicht** streitbeilegende Verhandlungspflichten der Vertragsparteien postulierte. Es
ist nahe liegend, dass Vergleichbares von der Rechtsprechung auch für andere
Langzeitverträge entschieden werden könnte (z.B. Gesellschaftsverträge[53]). Dann
aber ist vorgerichtliche Verhandlung und der Versuch einer Streitbeilegung nicht
nur eine wirtschaftlich sinnvolle Angelegenheit auf freiwilliger Ebene, sondern eine
materiell-rechtlich zwingende Pflicht, wollen Vertragsparteien nicht Rechtsnachteile
erleiden. Der notarielle Berufstand kann/muss sich dann auf folgende Weise einbringen:

---

[50] Siehe schon *Wagner* BB 1997, 1997, 53, 55 f.; *Wagner* In: FS für Vygen, 1999, Seite 441 =
ZNotP 1999, 22; *Wagner* ZNotP 2000, 214, 218.
[51] Der Notar sollte zu seiner eigenen Sicherheit diese Belehrung gerade dann in der Urkunde vermerken.
[52] Der Notar sollte zu seiner eigenen Sicherheit diese Belehrung gerade dann in der Urkunde vermerken.
[53] Die Kooperationspflicht im Gesellschaftsrecht findet sich als Treuepflichtverletzung dort, wo z.B.
bei einer Beschlussfassung ein Gesellschafter missbräuchlich einer Zustimmung verweigert: BGHZ
88, 320; BGH WM 1991, 1951; BGHZ 129, 136.

– Dort, wo Verträge auf Grund gesetzlicher Vorgaben beurkundet werden müssen oder auf Grund freiwilliger Entscheidung der Beteiligten beurkundet werden, muss der Notar dieser Rechtsentwicklung in der inhaltlichen Ausgestaltung des von ihm Beurkundeten entsprechen. Und es empfiehlt sich dann, bereits in der notariellen Urkunde vorzusehen, wie die Beteiligten bei auftretenden Interessengegensätzen/Konflikten mit diesen umgehen sollen und wer für sie als unparteiischer Ansprechpartner zur Verfügung stehen soll.

– Der Notar kann ferner für die Durchführung streitvermeidender/streitbeilegender Verhandlungen der Beteiligten in der noch darzustellenden Weise als unabhängige und unparteiische Amtsperson zur Verfügung stehen.

– Und der Notar kann alsdann auch für die Beurkundung einer Abschlussvereinbarung zur Verfügung stehen, die das Ergebnis dieser streitvermeidenden/streitbeilegenden Verhandlungen festhält und sichert.

V. Notarielle Mediation

38   Soweit hier von Mediation die Rede ist, ist die **Mediation** als **Sachbegriff**[54] gemeint.[55]

1. Rechtlicher Ausgangspunkt

39   Der deutsche Gesetzgeber verwendet bislang weder den Begriff der Mediation noch den des Mediators. In der Berufsordnung der Rechtsanwälte (dort § 18 Abs. 1) ist von dem Rechtsanwalt als Mediator die Rede. Eine Definition wird allerdings nicht gegeben. Die gesetzlichen Regelungen zum notariellen Berufsrecht kennen bislang den Begriff des Mediators nicht. Der Notar als Mediator hat ungeachtet dessen folgende (gesetzliche) **Regelungen** zu beachten:

– Das notarielle **Berufsrecht** wie es sich aus der BNotO, der auf ihrer Grundlage ergangenen Verordnungen, denen als Satzungen der Notarkammern beschlossenen und genehmigten **Berufsrichtlinien** (§ 67 Abs. 2 BNotO) und – soweit einschlägig – dem BeurkG ergibt.[56]

– Soweit der Notar als Mediator in seiner Funktion als von der Landesjustizverwaltung oder kraft Gesetzes anerkannte **Gütestelle** tätig wird,[57] hat er zusätzlich dort landesgesetzliche Regelungen zu beachten, wo dazu landesgesetzliche Vorgaben vorhanden sind.

– Als unverbindliche Empfehlung sollte er zudem von der GüteO der Bundesnotarkammer Gebrauch machen.[58]

40   Wird der **Notar** als **Mediator** tätig, wird er, da es sich insoweit um **Amtstätigkeit** handelt (§ 24 Abs. 1 Satz 1 BNotO), zu den Beteiligten im Rahmen eines öffentlich-rechtlichen Verfahrensrechtsverhältnisses tätig.[59]

---

[54] Zur Definition s. o. Rdnr. 13.
[55] Zur Mediation als Marketingbegriff s. o. Rdnr. 11 und zur Mediation als Oberbegriff s. o. Rdnr. 12.
[56] *Rieger/Mihm*, Der Notar als Mediator.
[57] S. o. Rdnr. 19.
[58] Siehe DNotZ 2000, 1.
[59] *Bohrer*, Das Berufsrecht der Notare, Rdnr. 25; *Rieger/Mihm*, Der Notar als Mediator.

Unabhängig von denen nachfolgend skizzierten Kriterien einer Mediation hat da- 41
her der Notar als Mediator von Amts wegen folgende **Berufspflichten** zu beachten,
die auf Grund des öffentlich-rechtlichen Verfahrensverhältnisses keiner privatrecht-
lichen Disposition unterliegen:
- Unabhängigkeit (§ 14 Abs. 1 Satz 2 BNotO);
- Unparteilichkeit (§ 14 Abs. 1 Satz 2 BNotO);
- Integrität/Redlichkeit (§ 14 Abs. 2 und 3 BNotO);
- Vertraulichkeit (§ 18 BNotO).

Die Mediation unter Einschaltung eines Notars als Mediator wird sich insbeson- 42
dere bei der Familien-Mediation, im Wirtschaftsrecht und bei Neuverhandlungen
zivilrechtlicher Verträge anbieten. Sie kann aber auch darüber hinaus gehen, wenn
man etwa auch an Konfliktbewältigungen im Erbrecht[60] und Verbraucherschutzrecht[61] denkt. Bezüglich letzterem ist im Auge zu behalten, dass die Europäische
Kommission im März 2000 ein Arbeitspapier veröffentlicht hat, das den Rahmen
für die Einrichtung eines Europäischen Netzes für die außergerichtliche Beilegung
verbraucherrechtlicher Streitigkeiten vorgeben soll.[62]

Kernelemente dieses „Extra-Judical Network-EEJ-NET" sollen sein: 43
- Es sollen Clearingstellen als zentrale nationale Einrichtungen in jedem Mitglied-
staat eingerichtet werden.
- Die Clearingstellen sollen sowohl nationale Anlaufstellen für die einheimischen
Verbraucher sein als auch europäische Anlaufstellen von Clearingstellen anderer
Mitgliedstaaten. Zudem sollen sie Informations- und Beratungsstellen in Sachen
Verbraucherschutzrecht sein.
- Und über die Clearingstellen sollen die Beschwerden privater Verbraucher an die
außergerichtliche Streitbeilegungsstelle weitergeleitet, die für ein Unternehmen
zuständig ist, bei dem gekauft wurde.[63]

Der notarielle Berufsstand wird sich eine Meinung dazu bilden müssen, ob und in 44
welcher Weise er sich auch für das Thema Verbraucherschutzrecht interessieren
und bei dem zuvor Beschriebenen dann einbringen möchte.

2. Definition

Bei der Mediation kann es sich um eine Konfliktmediation oder eine Vertrags- 45
mediation handeln.[64]

Bei der **Konfliktmediation** handelt es sich um ein

„außergerichtliches, freiwilliges Konfliktbearbeitungsverfahren, in dem Konfliktpartner mit Unterstützung eines neutralen Dritten ohne inhaltliche Entscheidungsbefugnis (des Mediators) gemeinsame, aufeinander bezogene Entscheidungen treffen. Diese schließen nach Möglichkeit die Interessen der Beteiligten ein, sind auf Wertschöpfung ausgerichtet und fußen auf dem Verständnis von
sich selbst, dem Anderen und ihrer jeweiligen Sicht der Realität".[65]

---

[60] *Risse* ZEV 1999, 205; dazu § 35.
[61] So eines der Themen der am 20. 9. 2000 in Brüssel stattgefundenen Tagung der Europäischen
Rechtsakademie über zukünftige Herausforderungen an das Europäische Notariat: „Notariat und
Verbraucherschutz".
[62] Mediations-report 4/2000, Seite 1; Dokumentation in WM 2000, 1170.
[63] Siehe Dokumentation WM 2000, 1170.
[64] S. o. Rdnr. 13 f.; eingehend § 24 Rdnr. 19 ff., 114 ff.
[65] *Mähler/Mähler* in: Breidenbach/Henssler, Mediation für Juristen, Seite 13, 15.

Bei der **Vertragsmediation**[66] handelt es sich um ein

außergerichtliches, freiwilliges Verfahren, das, ohne Vorliegen eines Konfliktes, bei einem vorhandenen Interessengegensatz einen Interessenausgleich zu erreichen sucht, der in einem Vertrag fixiert werden soll. Das Verfahren folgt vergleichbaren Grundsätzen wie bei der Konfliktmediation.

46   Die **Konfliktmediation** geht von Interessengegensätzen mit Konflikt aus und hat den Interessenausgleich zum Ziel, der nicht notwendigerweise in einer schriftlichen oder notariell beurkundeten Abschlussvereinbarung fixiert werden muss (Streitbeilegung). Die **Vertragsmediation** geht dagegen von vorhandenen Interessengegensätzen ohne bereits eingetretenen Konfliktfall aus und hat den Interessenausgleich zum Ziel, der in einer privatschriftlichen oder notariell beurkundeten Abschlussvereinbarung geregelt wird.

47   Dabei ist zwischen (1) der Erarbeitung einer interessengerechten Lösung durch die Beteiligten selbst – unter Moderation des Mediators –, (2) dem Abgleich dieser Lösung an rechtlichen Gegebenheiten und (3) der vertraglichen Umsetzung dieser Lösung in einer Schlussvereinbarung zu unterscheiden. Ersteres hat das **Verhandlungsmanagement** der Mediators zum Gegenstand und ist folglich in der Regel keine Rechtsberatung, das zu (2) und (3) skizzierte dagegen betrifft den Komplex des rechtlichen Abgleiches, der vertraglichen Gestaltung und der Sicherung des Vereinbarten und zählt mithin sehr wohl zur **unparteiische Rechtsberatung**.

48   Während allgemein die Auffassung vertreten wird, ein Mediator trage keine **Ergebnisverantwortung**,[67] muss man dies aus berufsrechtlichen Gründen dort, wo ein **Notar als Mediator** tätig ist, relativieren: Keine Ergebnisverantwortung hat der Notar als Mediator dort, wo die Beteiligten unter seiner Moderation eine eigene ihren Interessen gerecht werdende (wirtschaftliche) Lösung finden. Anders ist dies jedoch dort, wo der Notar als Mediator gebeten wird, diese Lösung in eine **Schlussvereinbarung** umzusetzen, einerlei ob in beurkundeter oder in privatschriftlicher Form. Denn im Rahmen der Beurkundung einer Schlussvereinbarung hat der Notar die Beteiligten über die Tragweite des Vereinbarten zu belehren und darauf zu achten, dass keine Benachteiligung eines Beteiligten stattfindet (§ 17 Abs. 1 BeurkG) wie er auch darauf zu achten hat, dass das Vereinbarte rechtlich wirksam ist (§ 17 Abs. 2 BeurkG). Und beim Abfassen einer privatschriftlichen Schlussvereinbarung hat er, da seine Rolle als Mediator Amtstätigkeit ist (§ 24 Abs. 1 Satz 1 BNotO), vergleichbare Pflichten.[68]

49   Diese **rechtliche Ergebnisverantwortung** des Notars als Mediator beginnt bereits im Vorfeld des zu Vereinbarenden und ergibt sich aus den Hinweis- und Warnpflichten des Notars auf Grund der ihm obliegenden „erweiterten Betreuungspflichten" (§ 14 Abs. 1 Satz 2 BNotO),[69] wovon ihn die Beteiligten nicht entbinden können.[70]

50   Dies schlägt sich in folgenden Punkten nieder:
      – Er hat darauf zu achten, dass das zu Vereinbarende nicht nur einen fairen Interessenausgleich darstellt, sondern auch, dass es auf der Grundlage der geltenden

---

[66] Vgl. § 24 Rdnr. 19 ff.
[67] *Von Schlieffen* ZKM 2000, 52: „… die Autonomie der Parteien soll gewahrt bleiben. Autonom ist, wer sich selbst sein Gesetz … gibt. In der Mediation sind deshalb die Parteien … in ihrer Gesamtheit der Gesetzgeber für ihre eigene Angelegenheit."
[68] *Rieger/Mihm*, Der Notar als Mediator; *Schippel* in: Schippel, BNotO, § 1 Rdnr. 5.
[69] *Rieger/Mihm*, Der Notar als Mediator.
[70] *Rieger/Mihm*, Der Notar als Mediator.

Gesetze und Rechtsprechung rechtswirksam ist (**Rechtswirksamkeit**). Denn der Notar darf an der Beurkundung einer unwirksamen Vereinbarung nicht mitwirken[71] und muss bei Zweifeln an der Wirksamkeit darauf hinweisen sowie seine Zweifel in der Urkunde vermerken (§ 17 Abs. 2 Satz 2 BeurkG).

– Er hat ferner darauf zu achten, dass das zu Vereinbarende auch umsetzbar ist (**Praktikabilität**).

– Und er hat schließlich darauf zu achten, dass das zu Vereinbarende auch die Beteiligten sicherstellt. Dazu gehört die Einbindung eines notariellen vollstreckbaren Titels (**Vollziehbarkeit**).

Diese rechtliche Ergebnisverantwortung des Notars als Mediator mit den entsprechenden Warn- und Hinweispflichten setzt folglich bereits ein, nachdem die Beteiligten unter seiner Moderation einen (wirtschaftlichen) Interessenausgleich gefunden haben und bevor es an den Abschluss einer privatschriftlichen Vereinbarung oder die Beurkundung der **Schlussvereinbarung** geht, in der das Vereinbarte fixiert werden soll.[72] Die rechtliche Willensbildung der Beteiligten sollte mithin nicht erst bei der Beurkundung der Abschlussvereinbarung beginnen, da durchaus auf Grund rechtlicher Gegebenheiten ein zusätzlicher Einigungsbedarf der Beteiligten bestehen kann.[73] Wollte man dies anders sehen, müsste der Notar in Anbetracht von § 17 Abs. 1 und 2 BeurkG die Beteiligten anlässlich der Beurkundung über Wirksamkeitsfragen belehren und darauf achten, dass keine Benachteiligung eines Beteiligten stattfindet, was dann zum Scheitern der Vereinbarung führen kann. Ferner müsste der Notar sich von den Beteiligten vorhalten lassen, warum sie darauf nicht schon vorher aufmerksam gemacht wurden, um auf solche Fragen ihren Einigungsbedarf ebenfalls zu erstrecken. Folglich ist es auch Aufgabe des Notars als Mediator, darauf hinzuwirken, dass der von den Beteiligten gefundene Konsens sich für den Fall seiner vertraglichen Umsetzung an vorgenannten Eckpunkten messen lassen kann. Erst dann können die Beteiligten nämlich ermessen, was zusätzlich einer Einigung durch sie bedarf, wenn diese Eckpunkte berücksichtigt werden und bevor es zur Abschlussvereinbarung kommt. Auch hat der Notar im Vorfeld der Abschlussvereinbarung die Beteiligten auf die **Sicherungsmöglichkeiten** hinzuweisen, denn auch darauf muss sich die Einigung der Beteiligten beziehen.[74]   51

Denn Einigung ist kein Selbstzweck, sondern wird begleitet durch die Wirksamkeit, Umsetzbarkeit, und Sicherung des Vereinbarten.

Erst wenn diese weiteren Stufen der Mediation unter Mitwirkung des Notars durchlaufen sind, kann sich dem die Beurkundung der Abschlussvereinbarung durch den Notar oder der Abschluss einer privatschriftlichen Abschlussvereinbarung unter Mitwirkung des Notars anschließen, der auch der Notar des Mediationsverfahrens sein kann,[75] nicht aber sein muss. Und sollten in dem Beurkundungsstadium die Beteiligten trotz entsprechender Belehrung des Notars auf Regelungen bestehen, die für den Notar Zweifel an deren Wirksamkeit begründen, so ist   52

---

[71] BGH WM 2000, 1600.

[72] A. A. *Rieger/Mihm*, Der Notar als Mediator.

[73] Dass Rechtsinformationen zu zusätzlichen Spannungen führen können und deshalb in den Einigungsprozess mit einbezogen werden müssen, beschreibt auch *Wiedermann* ZKM 2000, 22, 24.

[74] *Jost* ZNotP 2000, 276, 281.

[75] *Rieger/Mihm*, Der Notar als Mediator.

der Notar gehalten, seine Belehrung und die dazu abgegebenen Erklärungen der Beteiligten in der Urkunde zu vermerken (§ 17 Abs. 2 Satz 2 BeurkG).

53   Getrennt von zuvor beschriebener Frage der **rechtlichen Ergebnisverantwortung** des in einer Mediation tätigen Notars ist die Frage zu sehen, ob und wann der Notar als Mediator die Pflicht hat, an der **Sachverhaltserforschung** mitzuwirken. Das OLG Hamm[76] vertritt für die Mediation durch einen Rechtsanwalt folgende Auffassung:

> „Der als Mediator tätige Rechtsanwalt hat auf Grund seiner Verpflichtung zur Neutralität lediglich den von beiden Parteien unterbreiteten Sachverhalt zu würdigen, nicht aber, wie ein einseitiger Interessenvertreter, einen von den Vertragsparteien ausdrücklich nicht mitgeteilten, einer Partei jedoch möglicherweise günstigen Sachverhalt zu erforschen. Der Mediator ist auch nicht verpflichtet, von sich aus besondere Umstände zu ermitteln, die die Gefahr eines einer Partei drohenden Schadens begründen können."[77]

54   Dem kann aus Gründen des notariellen Berufsrechts für den Notar als Mediator nur bedingt gefolgt werden. Da die Ausübung einer Mediation durch einen Notar Amtstätigkeit ist (§ 24 Abs. 1 Satz 1 BNotO), hat er, wenn er den Mediationsauftrag annimmt, die Amtspflicht zu zweckmäßiger und sachkundiger Beratung.[78] Für den Fall der Beurkundung der Abschlussvereinbarung hat der Notar gemäß § 17 Abs. 1 Satz 1 BeurkG die gesetzliche Pflicht,
– den Willen der Beteiligten zu erforschen und
– den Sachverhalt zu klären (nicht zu erforschen).

55   Da eine **Mediation** aber zu einem Ergebnis führen soll, das in der Regel Gegenstand einer **Abschlussvereinbarung** sein soll, die auch – bei Aufnahme eines Vollstreckungstitels gemäß § 794 Abs. 1 Nr. 5 ZPO – zu beurkunden ist, bietet es sich an, die später zwingende **Klärung** des **Sachverhaltes** vorzuziehen. Daher bietet es sich an, seitens des Notars bereits mit Beginn der Mediation zwar nicht den Sachverhalt zu erforschen, wohl aber ihn mit den Beteiligten zu klären. Dafür spricht nicht nur das notarielle Berufsrecht, sondern auch der Umstand, dass ja erst dann für den Notar als Mediator einsichtig wird, weshalb es zu Interessengegensätzen zwischen den Beteiligten gekommen ist.

56   Auch wenn die Tätigkeit des Notars als Mediator Amtstätigkeit ist, empfiehlt sich der Abschluss einer **Mediationsvereinbarung** zwischen den Beteiligten und dem Notar als Mediator.[79] Die Rechtsbeziehungen der Beteiligten der Mediationsvereinbarung untereinander ist privatrechtlicher Art. Die Rechtsbeziehungen zwischen Notar als Mediator und den Beteiligten ist, da seine nach § 24 Abs. 1 Satz 1 BNotO einzuordnende Tätigkeit Amtstätigkeit ist, dagegen öffentlichrechtlicher Art.[80]

3. Auswirkungen notarieller Mediation auf den notariellen Berufsstand

57   Indem sich Notare des Themas der Mediation annehmen, hat dies auch für den notariellen Berufsstand positive Auswirkungen, wenn er

---

[76] OLG Hamm OLGR 1999, 129.
[77] JURIS-Orientierungssatz.
[78] *Ganter* WM 2000, 641, 645.
[79] Zum Vergleich einer Langfassung einer Mediationsvereinbarung ohne GüteO eines Anwaltsmediators siehe *Schmidt* ZKM 2000, 71.
[80] Analog BGHZ 138, 180, 181.

– dieses Thema nicht auf die **Mediation** als **Sachbegriff**[81] eingrenzt,
– in der Öffentlichkeit die **Mediation** als **Marketingbegriff**[82] für den notariellen Berufsstand positioniert und
– das notarielle Leistungsangebot auf die **Mediation** als **Oberbegriff**[83] ausweitet.

Der notarielle Berufsstand sieht daher in der Mediation ein interessantes zukunftsorientiertes Betätigungsfeld. Er ist daher dabei, sich verstärkt auch für die staatliche Anerkennung als Gütestelle im Sinne des § 794 Abs. 1 Nr. 1 ZPO einzusetzen (unabhängig von dem oben dargestellten Thema des § 15a EGZPO[84]), um folgendem in der Öffentlichkeit vorherrschenden Eindruck entgegenwirken: Notare wären nur für Beurkundungen zuständig und dies auch nur dort, wo das Gesetz es vorschreibe. Dieses öffentlichkeitswirksame Vorurteil ist zwar sachlich falsch – wie alle Vorurteile –, aber es besteht. Es ist auch müßig, der Öffentlichkeit die wirkliche Rechtslage beschreiben zu wollen, was Notare alles dürfen und tun, es würde an dem Vorurteil nichts ändern. 58

Statt dessen kann vorgenanntem Vorurteil auf einem Feld begegnet werden, auf dem sich in der Öffentlichkeit Frustration breit macht, um damit zugleich den Nutzen notarieller Tätigkeit auch dort zu verdeutlichen, wo es nicht um Beurkundung geht und das Gesetz nicht notarielles Tätigwerden vorschreibt. 59

Gemeint ist, der Frustration der Öffentlichkeit gegenüber staatlicher Gerichtsbarkeit[85] eine Alternative gegenüber zu stellen, die den Nutzen des Rechtsuchenden und damit ihn als Subjekt im Auge hat. So kann verdeutlicht werden, auf welchen Gebieten der notarielle Berufstand Personen und Unternehmen nützlich sein kann. 60

Eine Gegenüberstellung des staatlichen Justizangebotes vor dem Hintergrund der Themen der **Streitvermeidung** und **Streitbeilegung** macht den Nutzen transparenter: 61

---

[81] S. o. Rdnr. 13 ff.
[82] S. o. Rdnr. 11.
[83] S. o. Rdnr. 12.
[84] S. o. Rdnr. 20.
[85] Wie weit die Justiz inzwischen abgehoben und fern von der Realität in einem Elfenbeinturm lebt, wird deutlich, wenn man sich folgende Aussagen der Richterin am Bundesverfassungsgericht *Jaeger* in AnwBl. 2000, 475 vor Augen hält: „Nur 2% der Verfassungsbeschwerden [von im Durchschnitt über 4500 pro Jahr] haben Erfolg. … Trotz der geringen Erfolgsquote ist das Bundesverfassungsgericht eine in allen Kreisen der Bevölkerung, bei den Fachleuten und den Laien anerkannte und geschätzte Einrichtung." Man ist geneigt, den Vergleich zuzulassen, Lottospielen sei beliebt, auch wenn die Erfolgsquote auf den Hauptgewinn nur sehr gering ist. Die Wirklichkeit sieht anders aus und an dieser Frustration nimmt das BVerfG mit seiner geringen Erfolgsquote ebenfalls teil, zumal das BVerfG in der Wirklichkeit – wie jeder Praktiker weiß – sich bei Nichtannahmeentscheidungen nicht einmal an seiner veröffentlichten Rechtsprechung orientiert. Beispiele an Treffern, die sich auf alle in der Datenbank erfassten Entscheidungen beziehen (in der JURIS Datenbank Stand: 4. 7. 2001) zeigen die Rechtswirklichkeit:
Rüge der Versagung rechtlichen Gehörs (Grundrecht gemäß Art. 103 Abs. 1 GG, 6 Abs. 1 EMRK): 3.159 Treffer
Rüge der Befangenheit (Grundrecht unparteiischen/gesetzlichen Richter gemäß Art. 101 Abs. 1 Satz 2 GG, 6 Abs. 1 Satz 1 EMRK): 3595 Treffer
Rüge unfairen bzw. willkürlichen Verfahrens (Grundrecht auf faires Verfahren gemäß Art. 3 Abs. 1 GG, 6 Abs. 1 EMRK): 1904 Treffer
Die Öffentlichkeit ist frustriert über diese Lebenswirklichkeit staatlicher Gerichte: Keine Gewährleistung von Unparteilichkeit, Abschneiden des rechtlichen Gehörs und vielfältiger Verstoß gegen den Grundsatz eines fairen Verfahrens. Es ist kein Grund, darauf stolz zu sein, die Messlatten rechtlicher Beurteilung für dieses Empfinden so hoch zu legen, dass vor dem BVerfG eine Erfolgsquote alleine für diese 3 Grundrechte weit unter 2% herauskommt.

Leistungen	Notare	staatliche Gerichte
Unparteiische Beratung als Amtstätigkeit	+	–
Unparteiische Betreuung als Amtstätigkeit	+	–
Kostengünstige unparteiische Beratung/Betreuung	+	–
Interessengegensatz/Interessenausgleich ohne Konflikt	+	–
Interessengegensatz/Interessenausgleich mit Konflikt	+	+/–
Schlichtungsvorschlag ohne Entscheidungskompetenz	+	–
Kooperative Verhandlung/Vermittlung	+	–
Vertragliche Konfliktbewältigung	+	–
Vorschaltung eines Güteverfahrens	+	+
Gemeinsame Bestimmung des Richters/Gerichts	+	–
Keine Zuständigkeitszwänge	+	–
Kostengünstiges Gerichtsverfahren	+	–
Frei vereinbarer Instanzenzug	+	–
Spezialisierte(r) Richter	+	+/–
Keine Zulassungszwänge für Rechtsanwälte	+	+/–
Vertraulichkeit der gerichtlichen Verhandlung	+	–
Kurze Verfahrensdauer	+	–
Vergleich rechtlicher Ansprüche	+	+
Gerichtliche Entscheidung	+	+
Vollstreckungstitel	+	+
Unparteiische Vertragsgestaltung	+	–
Unparteiische Vertragsverwaltung	+	–

62   **Notarielle Mediation** als Marketingbegriff, Oberbegriff und Sachbegriff stellt mithin ein **Dienstleistungsangebot** des notariellen Berufsstandes im weiteren Sinne dar, das als zweites Standbein neben der notariellen Beurkundung derzeit ausgebaut wird.

63   Damit wird ferner der **Nutzen** für das Rechtspublikum und nicht wie bei staatlichen Gerichten, hoheitliches Tätigwerden[86] in den Vordergrund gestellt. Überall dort, wo unabhängige und unparteiische Betreuung im Zusammenhang mit rechtlichen Gegebenheiten bedeutsam sind, kann sich der notarielle Berufsstand positionieren und unter Betonung von Unabhängigkeit und Unparteilichkeit der Notare von der Beratung über Moderation, Vermittlung, Schlichtung, Mediation, Vertragsgestaltung nebst Beurkundung bis zur Schiedsgerichtsbarkeit alles aus einer Hand anbieten.

64   Dies hat zudem Folgewirkungen
– für ein größeres Verständnis des Rechtspublikums betreffend den Nutzen notarieller Beurkundungen und
– für eine Erweiterung des Urkundsaufkommens.

65   Der notarielle Berufsstand erhält dadurch die Möglichkeit, bezüglich der beurkundenden Tätigkeit des Notars mehr als bisher den Nutzen derselben für Beteiligte zu verdeutlichen, einerlei ob für die notarielle Beurkundung eine gesetzliche Notwendigkeit besteht oder nicht. Denn dass eine notarielle Beurkundung nicht nur einen wirksamen sondern auch einen ausgewogenen Vertrag zum Gegenstand hat und der Notar dabei Aufklärungs-, Belehrungs-, Hinweis- und Warnpflichten gegenüber den Beteiligten hat, ist zwar im notariellen Berufsstand bekannt. Der da-

---

[86] *Wagner* ZNotP 2000, 214.

raus sich ergebende Nutzen ist aber dem Rechtspublikum weitgehend unbekannt, weshalb dieses derzeit nur dann beim Notar beurkunden lässt, wenn das Gesetz dies erfordert, nicht weil es als nützlich erkannt wird, auch wenn das Gesetz es nicht erfordert.

Wird der Nutzen notarieller Beurkundung auch außerhalb gesetzlicher Vorgaben 66 vom Rechtspublikum erkannt, dann wächst die Bereitschaft, von der notariellen Beurkundung auch dann Gebrauch zu machen, wenn kein gesetzlich vorgeschriebener Beurkundungszwang besteht.

4. Auswirkungen der notariellen Mediation auf andere Berufssparten

Die notarielle Mediation als Oberbegriff[87] ist eine **Alternative zur (staatlichen)** 67 **Gerichtsbarkeit**, indem ihr Ziel ist, Gerichtsverfahren vor staatlichen Gerichten oder Schiedsgerichten zu vermeiden. Sie nimmt folglich beispielsweise Rechtsanwälten nichts, motiviert diese aber zu einem umdenken. Die Mehrzahl der Rechtsanwälte sehen sich selbst als Prozessanwälte, was dadurch unterstützt wird, dass das Rechtspublikum über Rechtsschutzversicherungen, Prozessfinanzierer und eine verstärkt über Prozesse berichtende Medienberichterstattung geradezu motiviert wird, das eigene Recht per Gerichtsverfahren durchzusetzen. Als neuester Trend anwaltlicher Betätigungsmöglichkeiten breitet sich in Deutschland das sogenannte Sammelklageverfahren aus, das durch Unterstützung von Prozessfinanzierern Kläger nichts kostet. Während bislang Geschädigte sich einen Anwalt zwecks Durchsetzung eigener Rechte suchten, suchen bei von Anwälten initiierten Sammelklagen diese sich „Geschädigte".

Rechtsstreitigkeiten vor staatlichen Gerichten sind jedoch in Anbetracht der Unkalkulierbarkeit ihres Ausganges und auf Grund einer immer längeren Verfahrensdauer **betriebswirtschaftlich** für die Beteiligten und inzwischen auch für deren Rechtsanwälte **kein erstrebenswertes Ziel mehr.**[88] Folglich gehen auch (seriöse) Rechtsanwälte immer mehr dazu über, den Rechtsstreit nicht anzustreben, sondern ihn zu vermeiden und eine vor-/außergerichtliche Lösung zu suchen, ganz abgesehen davon, dass der Rechtsanwalt für einen außergerichtlichen Vergleich gemäß § 23 Abs. 1 Satz 1 BRAGO eine höhere Vergütung erhält, als wenn es vor Gericht zu einem Vergleich kommt (§ 23 Abs. 1 Satz 3 BRAGO). Nicht immer gelingt es dabei **Rechtsanwälten** als **parteiische Interessenvertreter** ihrer Mandanten, im Verhandeln mit der jeweils anderen Seite einen Vergleich über rechtliche Ansprüche oder einen Interessenausgleich herbeizuführen, so dass in solchen Fällen eine unabhängige und **unparteiische** Institution hilfreich sein kann. In diesen Fällen stehen Notare dafür in dem bisher beschriebenen Umfang zur Verfügung, wobei besagte Rechtsanwälte ihre Funktion als parteiische Interessenvertreter ihrer Mandanten beibehalten. Notare und Rechtsanwälte konkurrieren in diesem Bereich der Mediation als Oberbegriff[89] mithin nicht.

Ein **Konkurrenzverhältnis** kann sich nur dort ergeben, wo Rechtsanwälte nicht 69 parteiische Interessenvertreter ihrer Mandanten sind, sondern statt dessen unparteiisch als Vermittler, Schlichter oder Mediator tätig werden wie dies § 18 BerufsO

---

[87] S. o. Rdnr. 12.
[88] Dies belegt die Analyse in § 20.
[89] S. o. Rdnr. 12.

zulässt. Dieses Konkurrenzverhältnis ist jedoch aus folgenden Gründen zu relativieren:

– In den Fällen, in denen Rechtsanwälte unparteiisch tätig werden, dürfen sie nicht parteiisch als Interessenvertreter von Mandanten tätig werden. Rechtsanwälte werden sich folglich nur dort für unparteiische Tätigkeit zur Verfügung stellen, wo sie glauben, außerhalb ihres Mandantenkreises zusätzlich ein diesbezügliches Geschäftsfeld aufbauen zu können. Wer aber würde Rechtsanwälten bei unparteiischer Tätigkeit Fälle zuführen? Andere Rechtsanwälte kaum. Dies hat etwa die fehlende Akzeptanz des von der Rechtsanwaltskammer Frankfurt eingerichteten Schiedsgerichtes gezeigt, das durch Rechtsanwälte besetzt ist, indem Rechtsanwälte ungern eigene Mandanten und Mandate mit anderen Rechtsanwälten in Verbindung bringen. Also können Rechtsanwälte bezüglich einer unparteiischen Tätigkeit in erster Linie auf solche Fälle hoffen, bei denen Konfliktparteien ohne anwaltlichen Beistand Hilfe erwarten. Und dies werden wohl in erster Linie solche Fälle sein, die § 15a EGZPO unterfallen.[90]

– Ein weiterer Konkurrenzsituation zu unparteiisch tätig werdenden Rechtsanwälten kann dort entstehen, wo Rechtsanwälte als Vermittler, Schlichter oder Mediatoren wegen besonderer Kompetenz auf den (Rechts-)Gebieten angesprochen werden sollten, auf denen sich der Konflikt abspielt.

70   Überall dort jedoch, wo Rechtsanwälte unparteiisch als Vermittler, Schlichter oder Mediatoren tätig waren, würden sie naturgemäß nicht im Namen und mit Vollmacht für sie vertretene Parteien handeln können. Sie könnten folglich als unparteiisch tätige Rechtsanwälte als Abschlussvereinbarung keinen Anwaltsvergleich gemäß § 796a Abs. 1 ZPO abschließen können. Soll mithin eine Abschlussvereinbarung der Beteiligten vollstreckbar sein, so könnten entweder nur die die Beteiligten parteiisch vertretenden Rechtsanwälte miteinander einen für vollstreckbar zu erklärenden Anwaltsvergleich abschließen oder aber eine solche Abschlussvereinbarung mit Vollstreckungstitel wäre bei einem Notar zu beurkunden (§ 794 Abs. 1 Nr. 5 ZPO).

71   Anders wäre dies dort, wo Rechtsanwälte **unparteiisch** als Vermittler, Schlichter oder Mediatoren tätig würden **und** dies in der Funktion als von der Landesjustizverwaltung anerkannte Gütestelle im Sinne des § 794 Abs. 1 Nr. 1 ZPO erfolgen würde, wenn und soweit sie als solche Gütestelle auf Antrag anerkannt worden wären. In einem solchen Fall wäre der unparteiisch tätige Rechtsanwalt in der Lage, eine privatschriftliche Abschlussvereinbarung mit einem Vollstreckungstitel gemäß § 794 Abs. 1 Nr. 1 ZPO zu verfassen.

72   Während im öffentlichen Meinungsbild die Unparteilichkeit mit dem Notaramt in Verbindung gebracht wird, wird mit der anwaltlichen Tätigkeit die parteiische Interessenvertretung verknüpft. Der anwaltliche Berufsstand wird mithin zunächst einmal der öffentlichen Meinung verständlich machen müssen, dass Rechtsanwälte auch unparteiisch tätig sein können, wann dies der Fall ist und wie die Abgrenzung zur parteiischen Interessenvertretung vorgenommen wird.

73   Soweit **andere Berufssparten** sich der Mediation annehmen (z. B. (Sozial-)Pädagogen, Psychologen, Psychotherapeuten, Unternehmensberater, Lehrer etc.[91]), können

---

[90] Streitwert bis 750,– € und Nachbarrechtsstreitigkeiten.
[91] Nachweise bei *Ewig*, MediationsGuide, 2000.

diese in der 1. Stufe der Mediation tätig sein, wenn es um die Moderation des Verhandelns zwecks Erreichens eines Interessenausgleiches geht. Wegen des Rechtsberatungsgesetzes ist es diesen aber nicht gestattet, Rechtsberatung zu betreiben. Sie dürfen daher weder an einer Rechtsberatung zwecks eines rechtlichen Abgleichs des gefundenen Ergebnisses mitwirken noch bei der Vertragsgestaltung der Abschlussvereinbarung behilflich sein. Sollte folglich eine Mediation den rechtlichen Abgleich des gefundenen Ergebnisses durch eine **unparteiische** Person erfordern und/oder sollte die Gestaltung einer privatschriftlichen Abschlussvereinbarung oder die Beurkundung einer solchen durch eine unparteiische Person notwendig machen, so besteht für diese Komplexe keine Konkurrenzsituation zum Notar, sondern diese Berufssparten und der Notar würden sich bei einer Mediation ergänzen können. Dies gilt auch umgekehrt, wenn die Mediation im 1. Teil eine spezielle Verhandlungstechnik und Kenntnis aus den Bereichen erfordert, die die zuvor genannten Berufssparten auszeichnen, so dass dann der Notar empfehlen kann, solche Personen in den 1. Teil der Mediation einzubeziehen, während er für die unparteiische Rechtsberatung und Vertragsgestaltung/Beurkundung „zuständig" wird.

Solches Zusammenwirken eines Notars als Mediator mit einer Person aus einer **74** anderen Berufssparte ist denn auch weniger unter dem Gesichtspunkt der Konkurrenz, als vielmehr unter dem der **„interprofessionellen Zusammenarbeit"** zu sehen.[92] Sie ist berufsrechtlich unbedenklich, so lange der Notar für seinen Part seine berufsrechtlichen Vorgaben beachtet und in diesem Zusammenhang keine unzulässigen Gebührenabsprachen trifft (§ 17 BNotO).

5. Die Besonderheiten der notariellen Mediation, Verfahren, Gebühren, Verhältnis zu anderen notariellen Tätigkeiten

a) Besonderheiten der notariellen Mediation – Verfahren. Da der notarielle Be- **75** rufsstand in Deutschland erst beginnt, sich für das Thema der notariellen Mediation zu interessieren, gibt es hierzu noch keine abgesicherten Erkenntnisse. Es können daher an dieser Stelle nur Entwicklungen beschrieben werden, wie man unter Berücksichtigung des notariellen Berufsrecht die Fragen der notariellen Mediation angeht.

Die Güteordnung (GüteO)[93] ist einem Mediationsverfahren mit einem Notar als **76** Mediator **freiwillig** zu Grunde zu legen, wenn
– das Verfahren schriftlich eingeleitet wird (§ 2 Abs. 1 GüteO) **und**
– alle Beteiligten damit einverstanden sind (§ 1 Abs. 3 Nr. 1 GüteO).

Die Güteordnung oder eine vergleichbare Verfahrensordnung ist in einem Media- **77** tionsverfahren mit einem Notar **zwingend** zu Grunde zu legen, wenn
– das Verfahren schriftlich eingeleitet wird (§ 2 Abs. 1 GüteO),
– der Notar als Mediator in seiner Funktion als anerkannte Gütestelle i.S. des § 794 Abs. 1 Nr. 1 ZPO tätig wird **und**
– die Landesjustizverwaltung oder der Landesgesetzgeber für die Anerkennung als Gütestelle die GüteO oder eine vergleichbare Verfahrensordnung zur Voraussetzung gemacht hat.

---

[92] *Henssler/Kilian* ZKM 2000, 55; *Wagner* ZNotP 2000, 214, 222 f.
[93] BNotK DNotZ 2000, 1.

78   Die Ziele der notariellen Mediation sind in jedem Fall das Herbeiführen eines Interessenausgleiches der Beteiligten. Aber Ausgangspunkt ist nicht zwingend der Konflikt, sondern der Interessengegensatz, der entweder noch nicht zum Konflikt geführt hat oder bereits konfliktträchtig geworden ist. Im ersteren Fall ist Streitvermeidung und im letzteren Fall Streitbeilegung angesagt. Für den Fall, dass ein Interessengegensatz ohne Konflikt gegeben ist, wird oftmals beim Notar die sogenannte **Vertragsmediation** eingesetzt werden, während man bei einem Interessengegensatz mit Konflikt von einer **Konfliktmediation** spricht.

79   *aa) Vertragsmediation.* Interessengegensätze – ohne Konfliktsituation – werden per Vertrag zum Interessenausgleich geführt.[94]

80   *bb) Konfliktmediation.* Definition:

> „Außergerichtliches, freiwilliges Konfliktbearbeitungsverfahren, in dem Konfliktpartner mit Unterstützung eines neutralen Dritten ohne inhaltliche Entscheidungsbefugnis (des Mediators) gemeinsame, aufeinander bezogene Entscheidungen treffen. Diese schließen nach Möglichkeit die Interessen der Beteiligten ein, sind auf Wertschöpfung ausgerichtet und fußen auf dem Verständnis von sich selbst, dem Anderen und ihrer jeweiligen Sicht der Realität".[95]

81   **b) Notarielle Mediation: Inhalte und Berufsrecht.** *aa) Ziele der Mediation.* Festlegung der Ziele mit den Beteiligten:
 – Herstellen einer sogenannten „win-win-Situation", aus der heraus sich jeder der Beteiligten einen Vorteil verspricht incl. Rechtsberatung und Sicherung, oder
 – Erreichen einer Kompromisslösung oder
 – weniger (nur/jedenfalls Zwischenergebnisse).

82   *bb) Verfahrensgrundlage[96]:* **Güteordnung (GüteO)**

83   *cc) Berufsrechtliche Grundsätze bei notarieller Mediation.*
 – Unabhängigkeit (§ 14 Abs. 1 Satz 2 BNotO),
 – Unparteilichkeit (§ 14 Abs. 1 Satz 2 BNotO),
 – Integrität/Redlichkeit (§ 14 Abs. 2 und 3 BNotO),
 – Vertraulichkeit (§ 18 BNotO).

84   *dd) Allgemeine Mediations-Grundsätze.*
 – Freiwilligkeit der Beteiligten,
 – Neutralität des Mediators,
 – Eigenverantwortlichkeit der Beteiligten,
 – Informiertheit der Beteiligten,
 – Vertraulichkeit des Verfahrens

---

[94] Wird der Notar von den beteiligten Parteien als Moderator im Rahmen einer *Mediation* eingeschaltet, so wird dies in aller Regel zum Zwecke des Interessenausgleiches eines bereits vorhandenen Interessengegensatzes – nicht notwendig eines Konfliktes – erfolgen. In diesem Falle soll der Notar auf Grund seiner Erfahrung, Kompetenz und dessen Fähigkeiten zum Ausgleich die Moderation im Rahmen der Mediation so durchführen, dass die Beteiligten selbst unter dessen Anleitung eine eigene Lösung finden.
Bei der Vertragsmediation kann nach dem Willen der Beteiligten auch die sonst streitige Frage entfallen, welche Partei „ihren" Vertrag bzw. ihr Vertragsmuster durchsetzt. Das „Formulierungsmonopol" und „Vertragsverwaltungsmonopol" kann auf den Notar als neutrale Person verlagert werden.
[95] *Mähler/Mähler* in: Breidenbach/Henssler, Mediation für Juristen, 1997, S. 13, 15.
[96] Zur Grundstruktur eines Mediationsverfahrens außerhalb notarieller Mediation siehe *Casper/ Risse* ZIP 2000, 437, 438 ff.; *Risse* ZEV 1999, 205, 206 ff.

ee) Besonderheiten notarieller Mediation: 3 – Stufen – Modell.

(1) Verhandlungsmanagement:[97] Amtstätigkeit (= „Beratung" i. S. d. § 24 BNotO[98], 85 aber keine Rechtsberatung. Klärung des Sachverhaltes.[99]

(2) Rechtsberatung bezüglich des von den Beteiligten gefundenen Ergebnisses[100] Be- 86 teiligte und Notar klären, inwieweit bei dem von den Beteiligten gefundenen Ergebnis ein zusätzlicher Einigungsbedarfs auf Grund **rechtlicher** Besonderheiten erforderlich ist (notarielle Warn- und Hinweispflichten = § 24 Abs. 1 Satz 1 BNotO „Beratung")

= Ergebnisverantwortung des Notars für die **rechtliche Umsetzbarkeit** des gefundenen **Einigungsergebnisses** des Notars

(3) Notarielle Vertragsgestaltung der Abschlussvereinbarung = Ergebnisverantwor- 87 tung des Notars für die

a) rechtliche Wirksamkeit des Vereinbarten;

b) Praktikabilität des Vereinbarten;

c) Sicherung des Vereinbarten (Vollzugsverantwortung) mittels
  – Privatschriftliche Vereinbarung ohne Vollstreckungstitel;
  – Privatschriftliche Vereinbarung mit Vollstreckungstitel, wenn Notar zugleich Gütestelle (§ 794 Abs. 1 Nr. 1 ZPO);
  – Notarielle Urkunde mit Vollstreckungstitel;
    Wenn Notar als Gütestelle tätig ist im Rahmen des § 794 Abs. 1 Nr. 1 ZPO.
    Wenn Notar nicht als Gütestelle tätig ist, auf Grund des § 794 Abs. 1 Nr. 5 ZPO.
  – Zusätzliche Sicherungsmöglichkeiten durch Vereinbarung für den Fall von späteren Auseinandersetzungen im Hinblick auf das Vereinbarte:
    Ausschluss des ordentlichen Rechtsweges und Vereinbarung eines notariellen ad-hoc-Schiedsgerichtes[101] (ggf. mit Vereinbarung des SGH als Berufungsinstanz) *oder*
    Ausschluss des ordentlichen Rechtsweges und Vereinbarung des SGH als institutionelles Schiedsgericht.

c) Ablauf notarieller Mediation. Vorstellbar wäre folgender Ablauf notarieller 88 Mediation:

aa) Vorbereitungsphase. Klärung, in welcher Funktion der Notar Mediator sein 89 soll:
– Notar als Mediator oder
– Notar als Mediator in der Funktion als (von der Justizverwaltung) anerkannte Gütestelle.[102]

---

[97] Die Beteiligten wollen im Verhandlungswege ihr eigenes Ergebnis finden.
[98] *Reithmann* in Schippel, BNotO, 7. Aufl. 2000, § 24 Rdnr. 21.
[99] S. o. Rdnr. 53–55.
[100] Der Notar hat darauf zu achten, dass das zu Vereinbarende nicht nur einen fairen Interessenausgleich darstellt, sondern dass es auf der Grundlage der geltenden Gesetze und Rechtsprechung auch rechtswirksam ist.
Er hat ferner darauf zu achten, dass das zu Vereinbarende auch umsetzbar ist.
Und er hat schließlich darauf zu achten, dass das zu Vereinbarende auch sicherstellt, dass das Umsetzbare auch umgesetzt wird, wozu die Einbindung eines notariellen vollstreckbaren Titels gehört.
[101] BNotK DNotZ 2000, 401.

Ermittlung aller relevanten Beteiligten und Klärung der Ziele und „Machbarkeit" einer Mediation.

Abschluss einer Mediationsvereinbarung zwischen den Beteiligten untereinander sowie mit dem Notar als Mediator.

90   *bb) Einleitungsphase.*

(a) Einführung nebst Bestimmung und Erläuterung des Verfahrensablaufes der Mediation durch den Notar[103] gegenüber den Beteiligten.

(b) Darstellung der Chancen, Risiken und Ziele einer Mediation.[104]

91   *cc) Informationsphase.*

(c) Sachliche Darstellung der Statements durch die Beteiligten.[105]

(d) Klärung des Sachverhaltes durch den Mediator.

92   *dd) Interessenphase.*

(e) Klärung der Interessen und Präferenzen der Beteiligten.[106]

(f) Skizzierung denkbarer kreativer Lösungen durch den Notar als Mediator.[107]

93   *ee) Verhandlungsphase.*

(g) gemeinsame Verhandlungsrunde der Beteiligten und des Notars als Mediator.[108]

(h) Je nach Situation getrenntes Verhandeln des Notars als Mediator mit den Beteiligten („shuttle Diplomatie")[109] mit folgenden Zwecken:

   – Klärung der jeweils wirklichen Interessenlage eines jeden Beteiligten;
   – Herstellen des Realitätsbezuges von Sachverhalt und Interessenlage;
   – Herstellen einer Kompromissbereitschaft der Beteiligten und Ausloten deren „Einigungsschwellen";[110]

---

[102] In Bayern sind alle Notare kraft Gesetzes Gütestelle, außerhalb Bayerns nur dort, wo die jeweilige Landesjustizverwaltung auf Antrag eines Notars ihn auf Antrag für bestimmte Rechtsgebiete als Gütestelle zugelassen hat.

[103] Es ist z. B. mit den Beteiligten zu klären, ob der Notar als Mediator in getrennten Sitzungen mit Beteiligten jeweils einzeln sprechen darf, um sich eine Vorstellung von den jeweiligen Interessen der Beteiligten zu machen, ohne das ihm dort mitgeteilte weitergeben zu dürfen. Dazu gehört auch, als Notar zu verdeutlichen, wann und inwieweit er interveniert (zunächst nur Gesprächslenkung durch Fragen des Mediators, dann ggf. durch Hinweise etc.).

[104] Zukunftsorientierung und Interessenausgleich nicht Vergangenheitsorientierung und Befinden über rechtliche Anspruchsgrundlagen. Die Beteiligten müssen nicht den Mediator sondern den jeweils anderen Beteiligten überzeugen.

[105] Diese können, nicht müssen, schriftlich vorbereitet sein. Diese können die Beteiligten durch sie begleitende Anwälte vortragen lassen. Empfehlenswert ist, dass zunächst die Beteiligten selbst ihre Sicht der Dinge, auch unabhängig von rechtlichen Erwägungen, darstellen.

[106] Dies kann auch in der Weise geschehen, dass der Notar als Mediator solches in getrennten Sitzungen mit dem jeweiligen Beteiligten alleine unternimmt. Voraussetzung ist, dass der Notar diese Verfahrensweise vorab mit den Beteiligten einvernehmlich abgestimmt hat und diesen gegenüber verdeutlicht hat, dass er die dabei gewonnenen Erkenntnisse ohne Zustimmung des jeweiligen Beteiligten nicht dem jeweils anderen Beteiligten offenbart.

[107] Ziel der Mediation ist weniger die Aufklärung eines in der Vergangenheit liegenden Sachverhaltes als vielmehr die Frage, wie sich eine von Interessengegensätzen (mit oder ohne Konflikt) geprägte Situation für die Zukunft verbessern lässt. Dazu können es sich die Beteiligten mitunter ersparen, den Sachverhalt aufzuklären, was für die Gesichtswahrung hilfreich sein kann. Statt dessen werden Lösungsmöglichkeiten und deren Alternativen für die Zukunft skizziert.

[108] Diese dient der Wiederherstellung der Kommunikation der Beteiligten.

[109] Beachtung des Grundsatzes der Vertraulichkeit dieser Einzelsitzungen.

[110] Hierzu gehört eine Verbesserung des gegenseitigen Verständnisses, indem auch die jeweilige Sichtweise der anderen Seite vermittelt werden kann.

- Verlustvermeidung und Klärung, wie für jeden der Beteiligten eine win-win-Situation aussehen könnte.[111]
(i) gemeinsame Verhandlungsrunde der Beteiligten und des Notars als Mediator.

ff) Rechtsberatung.   94
(j) Abklärung des Verhandlungsergebnisses an Rechtlichen Gegebenheiten und Einigung auch darüber.

gg) Einigungsphase.   95
(k) Rechtliche Gestaltung der Einigung (Abschlussvereinbarung) mittels
  – notarieller Urkunde oder
  – privatschriftlicher Vereinbarung

hh) Sicherungsphase.[112]   96
(l) Sicherung des vereinbarten durch notarielle Vollstreckungstitel[113]
  – gemäß § 794 Abs. 1 Nr. 5 ZPO[114] oder
  – gemäß § 794 Abs. 1 Nr. 1 ZPO.[115]
  – Sicherung des Vereinbarten gegen neue Interessengegensätze/Konflikte durch
  – Mediationsklausel,[116]
  – Schiedsgerichtsklausel.
(m) Falls keine Einigung möglich ist, Klärung, ob gerichtliche Auseinandersetzung vor dem staatlichen Gericht oder notariellen Schiedsgericht gewünscht ist (ad-hoc-Schiedsgericht oder institutionelles Schiedsgericht [SGH])

d) Gebühren. Soweit Notare der von ihnen durchgeführten Mediation im Einver- 97
ständnis der Beteiligten die Güteordnung zugrunde legen, regelt sich die Vergütung des Notars gegenüber den Beteiligten nach § 9 Abs. 1 GüteO.[117] Die Kostentragungspflichten der Beteiligten für das Mediationsverfahren untereinander ist in § 9 Abs. 2 und 3 GüteO geregelt.

---

[111] Dazu gehört zunächst, seitens des Mediators zu verdeutlichen, dass das Ergebnis nicht in einer Alles-oder-Nichts-Lösung liegen kann.
[112] Vollzugsverantwortung im Sinne von Vollziehbarkeit des Vereinbarten als Praktikabilitätsverantwortung des Notars.
[113] Dies übersieht *Lörcher* DB 1999, 789, wenn er meint, die Sicherung einer Abschlussvereinbarung mit einem Vollstreckungstitel erfordere, ein staatliches Gericht oder ein Schiedsgericht anzurufen. Den notariellen Vollstreckungstitel zu übersehen und statt dessen Mandanten auf Gerichtsverfahren zu verweisen, dürfte eher als anwaltlicher „Kunstfehler" einzuordnen sein.
[114] Zu den Belehrungspflichten des Notars gemäß § 17 BeurkG im Verfahren der Vollstreckungsunterwerfung siehe *Jost* ZNotP 1999, 276, 282.
[115] Dies nur, wenn der Notar für das die Mediation betreffende Rechtsgebiet als Gütestelle staatlich anerkannt ist und er in der Funktion als Gütestelle die Mediation durchgeführt hat.
[116] In Anlehnung an einen Vorschlag von *Casper/Risse* ZIP 2000, 437, 444 könnte eine vertragliche Mediationsklausel wie folgt aussehen:
Die Beteiligten ... verpflichten sich, zur gütlichen Beilegung von Streitigkeiten im Zusammenhang mit ... ein Mediationsverfahren durchzuführen. Das Mediationsverfahren richtet sich nach der Güteordnung (DNotZ 2000, 1). Die Beteiligten werden an den Mediationssitzungen teilnehmen oder einen bevollmächtigten Vertreter entsenden.
Für die Dauer des Mediationsverfahrens ist die Erhebung einer Klage unzulässig, ausgenommen, sie ist zu Zwecken der Verjährungsunterbrechung geboten. Die Erhebung einer Klage ist im Übrigen erst dann zulässig, wenn einer der Beteiligten des Mediationsverfahrens für gescheitert erklärt oder wenn seit Eingang des Antrages auf Durchführung der Mediation ... Wochen vergangen sind, ohne dass eine Abschlussvereinbarung geschlossen wurde.
Zur Mediationsklausel siehe ferner *Risse* ZEV 1999, 205, 209.
[117] Dort wird von einer entsprechenden Anwendbarkeit der §§ 148, 116 KostO ausgegangen.

98   e) **Notarielle Mediation im Verhältnis zu anderen notariellen Tätigkeiten.** Beurkundet ein Notar, so muss er den Willen der Beteiligten erforschen und den Sachverhalt klären. (§ 17 Abs. 1 Satz 1 BeurkG). Die Erforschung des Willens der Beteiligten und die Klärung des Sachverhaltes sind dabei vorbereitende Hilfstätigkeiten.[118] Dabei darf der Notar in der Regel von den tatsächlichen Angaben der Beteiligten ausgehen, ohne eigene Nachforschungen anstellen zu müssen, es sei denn, er erkennt, dass die Beteiligten etwas missverstehen, Aspekte nicht berücksichtigen, worauf es für das Geschäft ankommt, den Sachverhalt unzutreffend erfassen oder damit eine unzutreffende rechtliche Einordnung vornehmen.[119]

99   Der Notar hat bei der Beurkundung auch über die rechtliche Tragweite zu belehren (§ 17 Abs. 1 Satz 1 BeurkG).[120] Dazu gehört zwar auch die Belehrung über die unmittelbaren **Rechtsfolgen** des Geschäfts,[121] jedoch **nicht** über die **wirtschaftlichen Folgen** des Geschäfts.[122]

100   Und schließlich hat der Notar bei der Beurkundung dafür zu sorgen, dass die Erklärung der Beteiligten unzweideutig und klar in der Urkunde wiedergegeben werden (§ 17 Abs. 1 Satz 1 BeurkG), Irrtümer und Zweifel vermieden werden sowie unerfahrene und ungewandte Beteiligte nicht benachteiligt (§ 17 Abs. 1 Satz 2 BeurkG). Auch soll der Notar darauf hinwirken, dass eine wirksame Urkunde erstellt wird. Zweifelt der Notar an der Wirksamkeit eines Geschäftes, so hat er die Beteiligten darauf hinzuweisen und, sofern diese auf der Beurkundung des Geschäfts bestehen, seine Belehrung in der Urkunde zu vermerken (§ 17 Abs. 2 BeurkG).

101   Diese Grundsätze hat der Notar auch dann zu beachten, wenn er im Rahmen einer **Mediation** eine **Abschlussvereinbarung** beurkundet.

102   Wie bereits dargestellt, ist die Durchführung einer Mediation durch einen Notar Amtstätigkeit gemäß § 24 Abs. 1 Satz 1 BNotO, sie ist aber nicht Bestandteil des Beurkundungsverfahrens, auch dann nicht, wenn die Mediation durch eine beurkundete Abschlussvereinbarung abgeschlossen wird. Der Notar als Mediator hat daher für die Mediation gemäß § 24 Abs. 1 Satz 1 BNotO die schon dargestellten eigenständigen Betreuungs- und Beratungspflichten.

103   Bezogen auf die einer notariell beurkundeten Abschlussvereinbarung vorausgehende Mediation handelt es sich folglich nicht um vorbereitende Hilfstätigkeiten der Beurkundung der Abschlussvereinbarung. Betreuungs- und Beratungspflichten des Notars als Mediator während des Mediationsverfahrens resultieren daher nicht aus § 17 Abs. 1 und 2 BeurkG.

VI. Fazit

104   1. Notarielle Tätigkeit (Beratung, Betreuung, Beurkundung, Schiedsrichtertätigkeit) ist **Dienstleistung**.
   2. Streitentscheidung durch staatliche Gerichte kann vermieden werden, wenn sich auf Wunsch der Beteiligten ein Notar der Vorstufen dazu annimmt. Dazu sind

---

[118] *Ganter* WM 2000, 641, 642.
[119] *Ganter* WM 2000, 641, 642.
[120] *Ganter* WM 2000, 641, 643.
[121] *Ganter* WM 2000, 641, 644.
[122] *Ganter* DNotZ 1998, 851, 856; *ders.* WM 2000, 641, 645.

Interessengegensätze (mit oder ohne Konflikt) zu einem **Interessenausgleich** zu bringen. Dies kann geschehen auf Wunsch der Beteiligten
– in einem vorgerichtlichen Stadium,
– auf zusätzlichen Vorschlag des staatlichen Gerichts auch noch während des Gerichtsverfahrens und
– in der in einem schiedsgerichtlichen Verfahren eingeleiteten Einigungsphase.
Auch ein notarielles Schiedsgericht ist geeignet, Streitentscheidungen durch staatliche Gerichte zu vermeiden.

3. Notare als von Amts wegen unparteiische Personen sind befugt, Personen oder Unternehmen mit gegensätzlichen Interessen unparteiisch zu beraten. Daher ist in den §§ 14 Abs. 1 Satz 2 und 24 Abs. 1 Satz 1 BNotO auch im Plural von der unparteiischen Beratung der Beteiligten die Rede. Unparteiische Beratung eignet sich im Vorfeld von Konflikten dazu, erbracht zu werden, etwa wenn Beteiligte mit gegensätzlichen Interessen sich von einem Notar aufzeigen lassen würden, wie die Rechtslage objektiv ist oder wie ihre Chancen- und Risikolage ist. Sie kann mündlich oder schriftlich z.B. als Gutachten erfolgen und sie kann sogar mit einer Konzeption oder einem Vertragsentwurf/-abschluss enden. **Unparteiische Beratung** eignet sich folglich sowohl zur **Streitvermeidung** wie auch zur außergerichtlichen und sogar zur gerichtlichen **Streitbeilegung.**

4. **Mediation** kann **Marketingbegriff** (für jede Art außergerichtlicher Lösung von Interessengegensätze), **Oberbegriff** (für Beratung, kooperative Verhandlung/ Vermittlung, Schlichtung, vertragliche Interessengegensatzbewältigung, Vergleich, Mediation) und **Sachbegriff** (für Vertrags- und Konfliktmediation) sein.

5. Notarielle Mediation als Oberbegriff und notarielle Schiedsgerichtsbarkeit können nicht nur eine Alternative zu staatlicher Gerichtsbarkeit sein, sondern auch Gegenstand eines **Kooperationsmodells** mit der staatlichen Gerichtsbarkeit sein.

6. Den Fällen notarieller Beratung, kooperativen Verhandelns, der Schlichtung und der Mediation liegt als Sachverhalt zugrunde, dass ad hoc präventiv Streit vermieden oder beigelegt werden soll und Streitlösungsmechanismen nicht zuvor vertraglich vereinbart waren.
Streitvermeidung – nicht Streitbeilegung – kann aber auch dadurch ermöglicht werden, dass Vertragsparteien bereits in ihren Verträgen mit regeln wie sie für den Fall anstehender oder eingetretener Konflikte mit denselben umzugehen haben und wer als unparteiischer Dritter dabei Berater, Moderator, Mediator oder gar Schiedsrichter sein soll, wer diesen unparteiischen Dritten bestimmen soll, was dies kosten darf und wer solche Kosten tragen soll.

7. Die notarielle Mediation als Oberbegriff ist kein Bestandteil des notariellen Beurkundungsverfahrens, sondern eine **eigenständige Amtstätigkeit** notarieller Beratung/Betreuung. Dies gilt selbst dann, wenn als Bestandteil der notariellen Mediation als Oberbegriff eine Abschlussvereinbarung notariell zu beurkunden ist. Die Besonderheiten notarieller Beurkundung (z.B. § 17 Abs. 1 und 2 BeurkG) beziehen sich dann nur auf die Beurkundung der Abschlussvereinbarung selbst.

8. Notarielle Mediation als Oberbegriff und notarielle Schiedsgerichtsbarkeit erfordern ein **Marketing** nach Innen (gegenüber Notaren) und nach Außen (gegenüber dem Rechtspublikum).

9. Notarielle Mediation als Oberbegriff kann vom Notar wahrgenommen werden, er kann sie aber auch **ablehnen**. Er kann sie überall in Deutschland ausüben, er muss sie nicht an seinem Amtssitz ausüben. Er darf sie nicht – da Amtstätigkeit – im Ausland ausüben. Eine notariell zu beurkundende Abschlussvereinbarung muss der Notar auf Wunsch der Beteiligten beurkunden (§ 15 BNotO), er darf sie nicht ablehnen. Die Beurkundung muss er an seinem Amtssitz durchführen (§ 10a BNotO). Notarielle schiedsrichterliche Tätigkeit kann der Notar – da keine Amtstätigkeit – auch im Ausland ausüben.

10. Der Notar hat bei der Mediation als Oberbegriff – nicht erst/nur bei der von ihm beurkundeten Abschlussvereinbarung –, da Amtstätigkeit, eine **rechtliche** Ergebnisverantwortung, von der ihn Beteiligte nicht entbinden können. Dazu zählen die rechtliche Wirksamkeit, Umsetzbarkeit und Sicherbarkeit des zu Vereinbarenden und die Verhinderung, dass Beteiligte unangemessen benachteiligt werden.

5. Kapitel.
Rechtliche Rahmenbedingungen der Mediation

§ 26 Rechtsgrundlagen der Mediation

Prof. Dr. Burkhard Heß/Dr. Daniel Sharma***

---

* Prof. Dr. *Heß* hat im Schwerpunkt bearbeitet: Rdnr. 1–32; 40–51; 61–71.
** Dr. *Scharma* hat im Schwerpunkt bearbeitet: Rdnr. 33–39; 52–60.

Schrifttum: *Arndt/Lerch/Sandkühler,* Bundesnotarordnung, 4. Auflage 2000; *Berger,* Das neue Schiedsverfahren in der Praxis – Analyse und aktuelle Entwicklungen, RIW 2001, 7; *BRAK-Ausschuss-Mediation,* BRAK-Mitt. 1996, 187; *Breidenbach,* Mediation, 1995; *ders.,* Mediation – Komplementäre Konfliktbewältigung durch Verhandlung, in: ders./Henssler (Hrsg.), Mediation für Juristen, 1997; *Dombeck,* Vorsicht Haftungsfalle, BRAK-Mitt. 2001, 98; *Brieske,* Haftungs- und Honorarfragen in der Mediation, in: Henssler/Koch (Hrsg.), Mediation in der Anwaltspraxis, 2000, S. 271; *Casper/Risse,* Mediation von Beschlussmängel-streitigkeiten, ZIP 2000, 437; *Duve,* Rechtsberatung durch Mediatoren im Spiegel der Rechtsprechung, BB 2001, 692; *ders.,* Eignungskriterien für die Mediation, in: Hensler/Koch (Hrsg.), Mediation in der Anwaltspraxis, 2000, S. 127; *ders.,* Mediation und Vergleich im Prozess, 1999; *Eidenmüller,* Verhandlungsmanagement durch Mediation, in Hensler/Koch (Hrsg.), Mediation in der Anwaltspraxis, 2000, S. 39; *ders.,* Vertrags- und verfahrensrechtliche Grundlagen der Mediation – Möglichkeiten und Grenzen privatautonomen Konfliktmanagements, in: Breidenbach (Hrsg.), Konsensuale Streitbeilegung, 2001, S. 45; *Enders,* Der Anwalt als Mediator und sein Vergütungsanspruch, JurBüro 1998, S. 57; *Ewig,* Mediation aus der Sicht der Anwaltschaft, BRAK-Mitt. 1996, 147; *Kleine-Cosack,* Vom Rechtsberatungsmonopol zum freien Wettbewerb, NJW 2000, 1593; *Feurich/Braun,* Bundesrechtsanwaltsordnung, 5. Auflage 2000; *Gottwald,* Mediation und gerichtlicher Vergleich: Unterschiede und Gemeinsamkeiten, FS Ishihawa (2001), S. 137; *Groth/v. Bubnof,* Gibt es „gerichtsfeste" Vertraulichkeit bei der Mediation, NJW 2001, 338; *Grunewald,* Rechtsberatung und Streitschlichtung im Internet – (k)ein Fall für das Rechtsberatungsgesetz, BB 2001, 1111; *Hager,* Konflikt und Konsens, 2001, S. 55; *Heß,* Der Binnenmarktprozess, JZ 1998, 1021; *ders.,* Die Anerkennung eines Class Action Settlement in Deutschland, JZ 2000, 373; *Henckel,* Prozessrecht und materielles Recht, 1972; *Hensler/Kilian,* Anwaltliches Berufsrecht und Mediation, FuR 2001, 104; *Hensler/Koch,* (Hrsg.), Mediation in der Anwaltspraxis, 2000; *Hensler/Schwackenberg,* Der Rechtsanwalt als Mediator, MDR 1997, 409; *Kilger,* Wirtschaftsmediation, NJW 2000, 1614; *Koch,* Vertragsgestaltung in der Mediation, in: Hensler/Koch (Hrsg.), Mediation in der Anwaltspraxis, 2000, S. 245; *Lackner,* Strafgesetzbuch, 23. Auflage 1999; *G. Lörcher,* Mediation: Rechtskraft über Schiedsspruch mit vereinbartem Wortlaut – Notizen zur Vollstreckbarkeit im Ausland, RPS 14. 12. 2000, S. 2, Beilage 12 zu BB 2000; *G. Lörcher/H. Lörcher/T. Lörcher,* Das Schiedsverfahren – national/international – nach deutschem Recht, 2. Auflage 2001; *Hans-Georg Mähler/Gisela Mähler,* Missbrauch von in der Mediation erlangten Informationen, ZKM 2001, 4; *Mankowski,* Der Schiedsspruch mit vereinbartem Wortlaut, ZZP 114 (2001), 37; *ders.,* Das Herkunftslandprinzip als Internationales Privatrecht der e-commerce-Richtlinie, ZvglRWiss 100 (2001) 137; *Mansel,* Die geplante Reform des Verjährungsrechts, in: Ernst/Zimmermann, Zivilrechtswissenschaft und Schuldrechtsreform, S. 333; *ders.,* Neuregelung des Verjährungsrechts, NJW 2002, 89 ff.; *Münchner Kommentar zum Bürgerlichen Gesetzbuch,* 4. Auflage 2000; *Münchner Kommentar zur Zivilprozessordnung,* 2. Auflage 2000/2001; *Newmark/Hill,* Can a Mediated Settlement Become an Enforceable Arbitration Award?, Arbitration International 2000, 81; *Palandt,* Bürgerliches Gesetzbuch, 60. Auflage 2001; *Prütting,* Verfahrensrecht und Mediation, in: Breidenbach/Hensler, Mediation für Juristen 1997, S. 57; *ders.,* Mediation und gerichtliches Verfahren – ein nur scheinbar überraschender Vergleich, Beilage 9 zu BB 1999, 7; *ders.,* Vertraulichkeit in der Schiedsgerichtsbarkeit und in der Mediation, FS Böckstiegel 2001, 629; *ders.,* Anmerkung zu BGH, Urteil vom 23. 11. 1983, ZZP 99 (1986), S. 90 (Ausschluss der Klagbarkeit); *Rinsche,* Die Haftung des Rechtsanwalts und des Notars, 6. Auflage 1998, S. 359; *Risse,* Wirtschaftsmediation im nationalen und internationalen Handelsverkehr, WM 1999, 1864; *Schack,* Internationales Zivilverfahrensrecht,

3. Aufl. 2002; *Schütze*, Schiedsgericht und Schiedsverfahren, 2. Aufl. 1998; *Sorge*, Die Neutralität des Verhandlungsleiters, MittBayNot 2001, S. 50; *Siehr*, Die Rechtslage der Minderjährigen im internationalen Recht und die Entwicklung in diesem Bereich, FamRZ 1996, 1047; *Stein/Jonas*, Kommentar zur Zivilprozessordnung, 21. Auflage 1993; *Stubbe*, Wirtschaftsmediation und Claim Management, BB 2001, 685; *M. Vollkommer*, Festschrift für Schwab, 1990, S. 519; *Walter*, Anmerkung zu BGH, Urteil vom 14. 9. 2000, ZZP 114 (2001), 97; *ders.*, Dogmatik der unterschiedlichen Verfahren zur Streitbeilegung, ZZP 103 (1990), 141; *ders.*, Sicherung der Vertraulichkeit von Mediationsverfahren durch Vertrag, NJW 2001, 1398; *ders.*, Prozessverträge, 1998; *Wolf*, Institutionelle Handelsschiedsgerichtsbarkeit, 1991; *Zöller*, Zivilprozessordnung, 23. Aufl. 2002; *Zuck*, Wer darf in Rechtsfragen beraten?, BRAK-Mitt. 2001, 105.

I. Einführung: Mediation und Recht

Mediation und Recht sind **kein Gegensatz.** Zwar bestehen Eigenart und Vorteil **1** der Mediation gerade in der Überwindung einer schlichten rechtlichen Konfliktbetrachtung, der Loslösung vom „formalen" juristischen „Anspruchs-" bzw. „Positionendenken" zur Ermöglichung einer selbstbestimmten Verhandlungslösung. Jedoch muss eine sachadäquate Streitbehandlung[1] auch rechtliche Fragestellungen einbeziehen. Denn zum einen ist das Ergebnis der Mediation (die Einigung der Parteien) in der sog. „Abschlussvereinbarung" rechtlich zu fixieren, (vgl. unten Rdnr. 51). Zum anderen muss die Durchführung des Verfahrens selbst rechtlich abgesichert werden – sowohl im Verhältnis zwischen den Parteien („Medianten"), als auch im Verhältnis zu konkurrierenden Verfahren, sei es vor staatlichen Zivilgerichten oder sei es vor Schiedsgerichten. Spätestens seit der Vereinnahmung der Mediation durch Juristen (bzw. Rechtsanwälte) mit Hilfe des Rechtsberatungsgesetzes (Rdnr. 36 ff.), ist die „Verrechtlichung" der Mediation unübersehbar. Die Verrechtlichung bzw. „Prozessualisierung" der Mediation[2] hat aber auch Vorteile: Sie verbessert die Qualität der Mediationsverfahren und damit die Akzeptanz dieser Form der Konfliktbewältigung bei den potentiellen Nutzern[3].

In der **Rechtspraxis** werden Mediationsverfahren auf freiwilliger Basis[4] vor allem **2** bei Familienstreitigkeiten (einschließlich erbrechtlicher Auseinandersetzungen), in der Wirtschaftsmediation und bei Verbraucherstreitigkeiten durchgeführt. Eine umfassende, gesetzliche Regelung fehlt[5]. **Gesetzliche Normierungen** sind nur ansatz-

---

[1] Zum Begriff *Breidenbach*, Mediation (1995), S. 1 ff.
[2] Dazu unten Rdnr. 17.
[3] Dazu *Eidenmüller*, Vertrags- und verfahrensrechtliche Grundlagen der Mediation – Möglichkeiten und Grenzen privatautonomen Konfliktmanagements, in: Breidenbach (Hrsg.), Konsensuale Streitbeilegung (2001), S. 45, 47 ff.
[4] Gesetzlich vorgeschriebene Mediationsverfahren, die nicht auf freiwilliger Mitwirkung der Parteien beruhen (beispielsweise nach § 15a EGZPO), bleiben als Schlichtungsverfahren hier ausgeklammert, desgleichen Mediationsverfahren im Verwaltungs- und im Strafrecht. Vgl. dazu aber §§ 33, 44, 48, 49.
[5] Dafür gibt es mehrere Gründe: Zum einen spricht die „informelle" Durchführung der Mediation gegen eine gesetzliche Regelung, zum anderen beruhen die unterschiedlichen Anwendungsbereiche auf heterogenen Grundsätzen: In der Familien- und Wirtschaftsmediation geht es zumeist um die Anpassung bzw. Neustrukturierung von Dauerrechtsverhältnissen, die Verbrauchermediation will hingegen primär den Zugang der Verbraucher zum Recht (access to justice) verbessern und Gerichtskosten vermeiden, dazu *Hager*, Konflikt und Konsens (2001), S. 55 ff.

weise vorhanden: § 52a FGG eröffnet für Streitigkeiten über das Umgangsrecht (§ 1684 BGB) die Möglichkeit einer gerichtlichen bzw. außergerichtlichen Mediation[6]. Sie wird in Bezug auf die Vermittlungtätigkeit des Jugendamts durch Art. 17 SGB VIII ergänzt. Für die Durchführung des außergerichtlichen Mediationsverfahrens selbst fehlen gesetzliche Regelungen. Dasselbe gilt für die Wirtschaftsmediation, die ausschließlich auf vertraglicher Grundlage beruht. Für die Verbrauchermediation schreibt die Empfehlung 2000/310/EG der EG-Kommission wesentliche Verfahrensstandards fest[7], jedoch entfaltet die Empfehlung nach Art. 249 Abs. 5 EG keine Bindungswirkung, sie verpflichtet die Mitgliedstaaten nicht zum Erlass innerstaatlicher Umsetzungsregelungen. Dasselbe gilt für die in Art. 17 E-Commerce-RL (2000/31/EG) festgelegte Verpflichtung zur Förderung der außergerichtlichen Streitbeilegung im Zusammenhang mit der kommerziellen Nutzung des Internet[8].

3   Angesichts dieses gesetzlichen Regelungszustands betrifft die Frage nach den Rechtsgrundlagen der Mediation vertraglich vereinbarte Mediationsverfahren. Hier sind systematisch folgende **drei Regelungsebenen** zu unterscheiden:

4   – Zunächst **die (Rechts-)Beziehung zwischen den Parteien,** die im Mediationsverfahren neu verhandelt und gegebenenfalls angepasst werden soll (Mediationsgegenstand). Ist die Mediation erfolgreich, so wird die erzielte Einigung in einer Abschlussvereinbarung festgelegt, die einen bürgerlichrechtlichen Vergleich beinhaltet (§ 779 BGB). Häufig wird der Mediationsvergleich tituliert, um eine Zwangsvollstreckung zu ermöglichen (§§ 794 Abs. 1 Nr. 1 und 5; 796a–c ZPO). Als weitere Option bietet sich, vor allem für internationale Mediationsverfahren, eine Titulierung als Schiedsspruch mit vereinbartem Wortlaut an, § 1053 Abs. 1 2 ZPO.

5   – Grundlage der Mediation ist eine **Mediationsklausel oder Mediationsvereinbarung,** die die Parteien zur Durchführung der Mediation verpflichtet. Sie strukturiert das Verfahren in seinen Grundzügen und verpflichtet die Parteien zur Kooperation im Mediationsverfahren und zur Geheimhaltung der offenbarten Informationen, insbesondere in einem späteren Gerichtsverfahren. Aufgrund der Mediationsklausel sind parallele Gerichtsverfahren für die Dauer des Mediationsverfahrens ausgeschlossen.

6   – Mit **dem Mediator** schließen die Parteien einen gesonderten **Geschäftsbesorgungsvertrag** ab (§§ 675, 611 BGB), der die Leistungen und Pflichten des Mediators, sowie Honorar- und Haftungsfragen regelt[9]. Anstelle eines Mediatorvertrages mit dem Mediator selbst kann auch ein – typengemischter – Mediationsorganisationsvertrag mit einem professionellen Dienstanbieter vereinbart werden (unten Rdnr. 27).

---

[6] Allerdings auf gerichtliche Anordnung, so dass die Übergänge zum Schlichtungsverfahren hier fließend sind.
[7] Empfehlung der Kommission 2000/310/EG vom 4. 4. 2001 über die Grundsätze für an der einvernehmlichen Beilegung von Verbraucherstreitigkeiten beteiligte außergerichtlichen Einrichtungen, abgedruckt unten bei Rdnr. 72.
[8] ABl. EG L Nr. 178 vom 17. 7. 2000, S. 1 ff. (näher hierzu unten Rdnr. 69 f.).
[9] Die unterschiedlichen Vertragsbeziehungen können in einer Vertragsurkunde enthalten sein. Dennoch sind die Regelungsebenen deutlich zu trennen, undeutlich *Koch,* Vertragsgestaltung in der Mediation, in: Henssler/Koch, Mediation (1999), S. 245 ff.

Von der **Regelungsstruktur** entsprechen die Rechtsgrundlagen des Mediationsver- 7
fahrens den Rechtsbeziehungen in der Schiedsgerichtsbarkeit[10]: Hier wie dort lassen
sich das streitige Rechtsverhältnis unterscheiden, das im Mediationsvergleich bzw.
Schiedsspruch oder Schiedsvergleich geregelt wird, die Mediations- bzw. die
Schiedsvereinbarung sowie der Mediator- bzw. Schiedsrichtervertrag. Desgleichen
kennen sowohl das Mediations- als auch das Schiedsverfahren spezielle Prozessregeln und Verfahrensgrundsätze, die den Verfahrensablauf strukturieren und ein
sachgerechtes Ergebnis der Mediation gewährleisten. Trotz dieser strukturellen
Ähnlichkeiten werden Mediation und streitige Gerichtsverfahren (dasselbe gilt für
Schiedsverfahren) überwiegend nach unterschiedlichen Verfahrensgrundsätzen
durchgeführt (dazu unten Rdnr. 40).

II. Die Mediationsvereinbarung

1. Begriff und Funktion

Mediationsvereinbarung ist die vertragliche Abrede zwischen zwei oder mehr 8
Personen („Medianten") über die Durchführung einer Mediation im Hinblick auf
eine bestimmte Konfliktsituation. Eine derartige Vereinbarung kann selbstständig
(als sog. Mediationsabrede) oder aber auch im Wege einer unselbstständigen Ver-
tragsklausel (Mediationsklausel) abgeschlossen werden[11]. Die Vereinbarung kann
vor oder ad hoc nach Entstehung des Konflikts vereinbart werden, Schrift- bzw.
Textform ist (zu Dokumentationszwecken) anzuraten. Die Mediationsvereinbarung
bildet die Grundlage des Mediationsverfahrens, sie steckt insbesondere den Rahmen
des dem Mediator eingeräumten Verfahrensermessens ab.

2. Inhalt

Da es kein gesetzlich definiertes Leitbild der Mediation gibt, ist bei der Formulie- 9
rung der Mediationsvereinbarung festzulegen, welche Form der Streitbeilegung intendiert wird: Das Spektrum reicht von der reinen Unterstützung der Medianten bei
den Verhandlungen i.S.e. (durchaus subtilen) Ermöglichung von Kommunikation
(„Moderationsmodell"), über eine Bewertung des Tatsachenvortrags, von technischen Problemen oder gar von Rechtsfragen durch den Mediator („evaluative Mediation") bis hin zur Ausarbeitung eines – unverbindlichen – Entscheidungsvor-
schlags (Schlichtung)[12]. Möglich ist auch die Kombination der Mediation mit einer
Begutachtung durch Sachverständige. Die Vielgestaltigkeit der Mediation erfordert
eine entsprechende vertragsmäßige Vorsorge der Parteien. Diese kann auch abge-
stuft erfolgen. Es ist nämlich auch möglich, die Mediation dem Grundsatz nach zu

---

[10] *Prütting,* Mediation und gerichtliches Verfahren – ein nur scheinbar überraschender Vergleich,
Beilage 9 zu BB 1999, 7, 11 ff.
[11] *Eidenmüller,* Möglichkeiten und Grenzen privatautonomen Konfliktmanagements, in: Breidenbach (Hrsg.), Konsensuale Streitbeilegung, S. 45, 51.
[12] Zu den unterschiedlichen Formen der Mediation und ihrer Kombination in der Rechtspraxis vgl.
statt vieler *Stubbe* BB 2001, 685 ff. Sehr viel enger im Hinblick auf die Befugnis des Mediators zur
Formulierung von Entscheidungsvorschlägen hingegen *Eidenmüller,* in: Henssler/Koch, Mediation
in der Anwaltspraxis (2000), § 2 Rdnr. 25 ff., der diese Form der Konfliktbeilegung als „Schlichtung" bezeichnet und von der Mediation begrifflich sondern will. Angesichts der unterschiedlichen
Erscheinungsformen und des fehlenden Leitbildes der Mediation erscheint diese Abgrenzung wenig
sachdienlich.

vereinbaren und ihre Durchführung zu Beginn des Verfahrens gemeinsam mit dem Mediator festzulegen.

10   Die Mediationsvereinbarung enthält folgende **Regelungsschwerpunkte:**
– Regelungen zum Verhandlungstypus und zum Ablauf des Mediationsverfahrens (Rdnr. 11).
– Regelungen über das Verhältnis des Mediationsverfahrens zu Prozessen vor Zivil- oder Schiedsgerichten (Rdnr. 12, 13).
– Regelungen im Hinblick auf das streitige Rechtsverhältnis, den Mediationsgegenstand (Rdnr. 14).

11   Die Mediationsvereinbarung fixiert zunächst den Verhandlungsgegenstand, legt den Verfahrenstypus fest und regelt den eigentlichen Verfahrensablauf: Sie definiert insbesondere die Rolle des Mediators, die Form seiner Verfahrensleitung, die Mündlichkeit des Verfahrens, die Zulassung von Einzelgesprächen (insbesondere in der Familien- und Wirtschaftsmediation), die Verpflichtung der Parteien zur persönlichen Teilnahme, und bei juristischen Personen die Entscheidungskompetenz von vertretungsbefugten Organen[13], die Teilnahmebefugnis von Rechtsanwälten, die eventuelle Formulierung eines Schlichterspruchs durch den Mediator und enthält die Festlegung eines Zeitplans. Diese **verfahrensmäßigen Festlegungen** sind dispositiv, je nach Anlass und Zeitpunkt der Auseinandersetzung ist eine ausführliche oder lediglich grundsätzliche Regelung geboten. Auch der Verweis auf die Mediationsordnung einer professionellen Schlichtungsinstitution ist ohne weiteres zulässig, desgleichen die Vereinbarung, dass die Ausgestaltung des Verfahrensablaufs dem Ermessen des Mediators anheim gestellt wird. Ferner sollten die Parteien ein Verfahren zur Auswahl des Mediators vereinbaren.

12   Weiterer Regelungsschwerpunkt ist das **Verhältnis der Mediation zu einer** parallelen oder späteren **Rechtsverfolgung vor staatlichen Zivil- oder vor Schiedsgerichten:** Zum einen wird für die Dauer der Mediation die Anrufung der staatlichen (Zivil-)Gerichte ausgeschlossen. Im Zivilprozess kann jede Partei gegen die Klage der anderen Seite den Vorrang der Mediation im Wege einer dilatorischen Prozesseinrede geltend machen[14]. Ergänzend ist die Verpflichtung aufzunehmen, im Fall eines Parallelprozesses der Aussetzung des Verfahrens (§ 251 ZPO) für die Dauer der Mediation zuzustimmen. Zum anderen sind Absprachen zur Sicherung der Vertraulichkeit aufzunehmen (dazu § 27 Rdnr. 19 ff.), insbesondere Beweismittelbeschränkungen für ein späteres Gerichtsverfahren[15]. Derartige Abreden sind im Zivilprozess auf Einrede der Partei zu beachten mit der Folge, dass die entsprechenden Beweismittel nicht verwertet werden dürfen. Sie gehen über die begrenzten gesetzlichen Zeugnisverweigerungsrechte weit hinaus[16].

---

[13] Andernfalls droht die Gefahr, dass trotz erfolgreicher Mediation die erzielte Einigung nicht von den zuständigen Leitungsorganen gebilligt wird.
[14] *Eidenmüller,* in: Breidenbach (Hrsg.), Konsensuale Streitbeilegung, S. 45, 55 ff.; BGH NJW 1977, 2263 f.; NJW 1984, 669 f. (zu materiellrechtlichen Schlichtungsklauseln).
[15] Dazu *Wagner* NJW 2001, 1398 ff.; a. A. (Beweisverwertungsverbote nur i. R. d. gesetzlichen zugelassenen Verweigerungsrechte) *Prütting,* Vertraulichkeit in der Schiedsgerichtsbarkeit und in der Mediation, FS Böckstiegel (2001), 629, 638 f.
[16] Dazu *Wagner,* Prozessverträge, S. 424 ff.; *ders.* NJW 2001, 1398 ff. – zu den kollisionsrechtlichen Fragestellungen vgl. unten Rdnr. 62; angesichts der amtswegigen Beweisaufnahme in den anderen Verfahrensordnungen (insbesondere im Straf- und Verwaltungsprozess) gelten dort andere Regelungen und geringere Dispositionsmöglichkeiten der Parteien, dazu § 27 Rdnr. 36–38.

Es ist in vielen Fällen sinnvoll, die **Mediationsvereinbarung mit einer Schiedsver-** 13
einbarung zu kombinieren. Eine derartige Verbindung ist in doppelter Hinsicht
nützlich: Sollte zum einen das Mediationsverfahren Erfolg haben, so kann das Er-
gebnis – gerade in internationalen Fällen – in einen Schiedsspruch mit vereinbartem
Wortlaut überführt werden[17], der der Rechtskraft fähig ist und nach dem UN-
Übereinkommen vom 10. 6. 1958 quasi weltweit vollstreckt werden kann[18]. Sollte
zum anderen die Mediation fehlschlagen, so gewährleistet ein „nachgeschaltetes"
Schiedsverfahren die Vertraulichkeit zwischen den Parteien, insbesondere auch im
Hinblick auf eine eventuelle Preisgabe vertraulicher Informationen während des
Mediationsverfahrens.

Schließlich sind in die Mediationsvereinbarung auch **Regelungen zum materiellen** 14
Recht aufzunehmen: Im Hinblick auf das streitige Rechtsverhältnis empfehlen sich
Abreden zur Verjährung (§ 202 BGB)[19]. Nach der Neuregelung des Verjährungsrechts im Zusammenhang mit der Schuldrechtsmodernisierung wird die Verjährung
durch Verhandlungen zwischen den Parteien über den streitigen Anspruch gehemmt
(§ 203 BGB)[20]. Die gesetzliche Neuregelung erleichtert damit die Durchführung der
Mediation nachhaltig, dennoch ist eine entsprechende Klarstellung in der Mediationsvereinbarung anzuraten. Für die Dauer des Mediationsverfahrens kann zudem
eine Stundung der streitbefindlichen Forderungen verabredet werden mit der Folge,
dass eventuelle Verzugsansprüche des Gläubigers (§§ 280, 286 BGB) ausgeschlossen
sind. Auch die Aufrechnungsbefugnis kann für die Dauer des Mediationsverfahrens
ausgeschlossen werden (§ 390 S. 1 BGB)[21].

Für ein inländisches Mediationsverfahren ist eine Vereinbarung über die Rechts- 15
grundlage einer eventuellen Einigung (nämlich auf Grund von Recht oder Billigkeit)
entbehrlich[22]. Denn Kennzeichen der Mediation ist gerade ihre Loslösung
vom rechtlichen Umfeld im Sinne einer Interessenbehandlung. Eine Mediationsklausel darf daher die Verhandlungen der Parteien nicht auf eine rechtlich/
juristische Argumentation begrenzen. Daher ist eine Einigung losgelöst von Rechtsgrundsätzen, d. h. auf Grund von „Billigkeit" regelmäßig von der Mediationsabrede
mit umfasst. Lediglich die erzielte Einigung, d. h. der Mediationsvergleich (§§ 305,
779 BGB), sollte im „Abschlussprotokoll" mit einem vollstreckungsfähigen Inhalt formuliert werden, um eventuell eine zwangsweise Durchsetzung zu garantieren[23].

---

[17] Dazu § 28 Rdnr. 26 ff. – mit teilweise abweichender Ansicht.
[18] Dazu § 28 Rdnr. 27.
[19] Zumindest nach der bis zum 31. 12. 2001 geltenden Rechtslage, hemmten Verhandlungen zwischen den Parteien die Verjährung nicht dazu *Eidenmüller,* in: Breidenbach (Hrsg.), Konsensuale
Streitbeilegung, S. 45, 69 ff.
[20] Dazu *Mansel,* in: Ernst/Zimmermann, Zivilrechtswissenschaft und Schuldrechtsreform, S. 333,
397 f. Die Vorschrift ist seit 1. 1. 2002 in Kraft, Art. 229 §§ 5 f. EGBGB, zum Übergangsrecht *Heß,*
NJW 2002, 253, 256 ff.
[21] Eine derartige Regelung enthält eine Abweichung vom dispositiven Gesetzesrecht, wonach eine
Begründung materieller Gegenrechte für die Dauer des Mediationsverfahrens regelmäßig nicht intendiert ist, vgl. *Wagner,* Prozessverträge, S. 425 f.
[22] Anders *Gottwald,* Mediation und gerichtlicher Vergleich: Unterschiede und Gemeinsamkeiten, FS
Ishihawa (2001) S. 137, 151 f.
[23] Dagegen ist in internationalen Mediationsverfahren die Bestimmung der Grundlage des möglichen Konsenses durchaus anzuraten: Hier sollte insbesondere das anwendbare materielle Sachrecht
im Voraus festgelegt werden, dazu unten bei Rdnr. 61.

3. Rechtsnatur

16   Sie ist strittig: Die h. M. beurteilt die prozessuale bzw. materielle Rechtsnatur einer vertraglichen Abrede nach ihren jeweiligen Rechtswirkungen[24]. Da die Mediationsvereinbarung teils materiellrechtliche, teils prozessuale Schwerpunkte hat, sind die einzelnen Abreden (Vertragsklauseln) jeweils gesondert zu beurteilen[25]. Die **herrschende Meinung,** die vor allem *Eidenmüller* ausführlich begründet hat, verortet den Schwerpunkt der **Mediationsvereinbarung im materiellen Recht**[26]. Diese Einordnung beruht auf der Prämisse, dass das Prozessrecht die Rechtsbeziehungen privater Parteien im Verfahren vor den staatlichen Rechtspflegeorganen, zumindest aber vor einem entscheidungsbefugten Dritten regelt[27]. Sieht man die Dinge so, dann liegt der Schwerpunkt der Mediationsvereinbarung sicherlich im materiellen Recht. Es geht um die Verpflichtung der Parteien zur Nach- bzw. Neuverhandlung ihrer Rechtsbeziehungen. Nur soweit es um die Abgrenzung bzw. Absicherung des Mediationsverfahrens und seiner Vertraulichkeit im Verhältnis zur staatlichen Gerichtsbarkeit geht (entsprechendes gilt für die Schiedsgerichtsbarkeit), sollen prozessuale Abreden vorliegen[28].

17   **Diese Einordnung ist jedoch zu hinterfragen:** Denn der Mediationsvertrag enthält nicht nur eine schlichte „Neuverhandlungsklausel", sondern beinhaltet im Kern prozessuale Abreden. Die Parteien legen nämlich, ähnlich wie bei einem Schiedsvertrag, eine Ordnung, d. h. ein Verfahren fest, das im Streitfall zu einem angemessenen Interessenausgleich führen soll. Der wesentliche Unterschied zwischen der Mediation und dem gerichtlichen Verfahren besteht freilich darin, dass letzteres auf eine autoritative Entscheidung eines Rechtsstreits durch eine von den Streitparteien unabhängige Instanz ausgerichtet ist[29], während die Mediation eine „schlichte" Unterstützung der Parteien bei der Erzielung eines Verhandlungsergebnisses durch den Mediator kennzeichnet („Selbstbestimmung" anstelle von „Fremdbestimmung")[30]. Jedoch greift diese idealtypische Betrachtung zu kurz. Sie verkennt zum einen die inzwischen sehr viel komplexeren Strukturen der Mediation selbst, die durch präzise Verfahrensvorgaben, Verhaltensanordnungen und häufig sogar Formerfordernisse (Schriftlichkeit, Mündlichkeit, Anwesenheitspflichten) und Fristsetzungen prozessual strukturiert sind[31]. Darüber hinaus wird der Gerechtigkeitswert prozessualer Vorschriften unterschätzt, der gerade darin besteht, die Selbstbestimmung der Parteien im Verfahren zu garantieren, eine hinreichende – aber auch parteiautonom bestimmte – Tatsachenfeststellung zu ermöglichen, um auf dieser selbstbestimmten und gesicherten Grundlage ein richtiges Ergebnis (sei es ein Urteil oder einen Vergleich) zu erzielen[32]. Gerade in letzterem Fall werden die Ge-

---

[24] Allgemeine Ansicht, vgl. *Wagner,* Prozessverträge (1998), S. 33 ff.

[25] So die inzwischen h. M., *Eidenmüller,* in: Breidenbach (Hrsg.), Konsensuale Streitbeilegung, S. 45, 52 ff.; *Wagner,* Prozessverträge (1998), S. 39 ff.

[26] *Eidenmüller,* in: Breidenbach (Hrsg.), Konsensuale Streitbeilegung, S. 53.

[27] *Wagner,* Prozessverträge, S. 13; *Henckel,* Prozessrecht und materielles Recht (1972), S. 21, 24 f.

[28] So *Eidenmüller,* in: Breidenbach (Hrsg.), Konsensuale Streitbeilegung, S. 45, 53.

[29] So treffend *Wagner,* Prozessverträge, S. 13.

[30] So deutlich *Eidenmüller,* in: Breidenbach (Hrsg.), Konsensuale Streitbeilegung, S. 53 f.

[31] Die „Verrechtlichung" der Mediation bedeutet also in der Sache nichts anderes als ihre verfahrensmäßige Ausformung, d. h. ihre „Prozessualisierung".

[32] Zutreffend *Hager,* Konflikt und Konsens (2001), S. 84.

meinsamkeiten zwischen Mediation und Gerichts- bzw. Schiedsverfahren deutlich[33].

Auch bei der Mediation sollte daher das vereinbarte Verfahren von dem eigentli- **18** chen Verfahrensgegenstand geschieden und die vereinbarten Verfahrensregelungen prozessual eingeordnet (qualifiziert) werden[34]. Das bedeutet freilich nicht die unbesehene Übertragung allgemeiner Verfahrensgarantien auf die Mediation – vielmehr ist jeweils im Einzelfall zu fragen, ob die auf das „dreipolige Verhältnis" richterlicher Streitentscheidungen zugeschnittene Regelung auch für das „zweipolige Streitbeilegungsmodel" der Mediation anwendbar ist. Dabei gilt: Je deutlicher dem Mediator eine eigenständige Rechtsstellung eingeräumt wird, desto eher erscheint eine Anwendung allgemeiner prozessualer Verfahrens- und „Gerechtigkeitsgarantien" auf die Mediation geboten (dazu unten Rdnr. 41).

Mediationsvereinbarungen enthalten also **überwiegend prozessuale Abreden.** **19** Dies gilt nicht nur für die Regelungen, welche unmittelbar das Verhältnis zur staatlichen oder Schiedsgerichtsbarkeit betreffen, sondern auch für die Verfahrensfestlegung im Verhältnis zwischen den Medianten. Diese grundsätzlich prozessuale Einordnung schließt hingegen nicht aus, dass die Mediationsvereinbarung auch den Schutz- und Kontrollmechanismen des materiellen Rechts unterliegt[35]. Dies gilt vor allem für die ergänzende Vertragsauslegung nach §§ 133, 157 BGB[36] und für die Inhaltskontrolle formularmäßiger Absprachen nach §§ 307 ff. BGB. Materiellrechtliche und prozessuale Abreden sind im Sinne des § 139 BGB dergestalt miteinander verbunden, dass im Zweifel die Unwirksamkeit der einen Abrede auch die der anderen nach sich zieht[37].

4. Wirksamkeit

Grundsätzlich gelten die **allgemeinen Grenzen der privatautonomen Dispositi-** **20** **onsbefugnis** auch für die Mediationsvereinbarung, also insbesondere die §§ 134, 138 BGB. Besondere Probleme stellen sich im Hinblick auf unverzichtbare Rechte: Hier ist ein dauerhafter Ausschluss der Klagbarkeit unzulässig. Da jedoch die Mediation nur zu einem zeitweiligen Ausschluss des gerichtlichen Rechtsschutzes führt, liegt kein unzulässiger Klageverzicht vor[38]. Allerdings ist darauf zu achten, dass die Durchführung des Mediationsverfahrens die Einhaltung von prozessualen Ausschlussfristen nicht faktisch unmöglich macht[39]. Im Regelfall wird man aber in einer derartigen Konstellation von einer Hemmung der Ausschlussfrist (analog § 203 BGB) ausgehen können. Andernfalls ist davon auszugehen, dass die Mediationsabrede eine parallele Erhebung einer Klage nicht ausschließt, der Prozess aber nach § 251 ZPO für die Dauer des Mediationsverfahrens auszusetzen ist.

---

[33] Dazu instruktiv *Gottwald*, Mediation und gerichtlicher Vergleich, Unterschiede und Gemeinsamkeiten, FS Ishikawa (2001), S. 137, 148 ff.
[34] So auch im Ansatz *Eidenmüller*, in: Breidenbach (Hrsg.), Konsensuale Streitbeilegung, S. 53, Fn. 27 im Hinblick auf die Trennung zwischen der Mediationsvereinbarung und dem Hauptvertrag.
[35] Ohnehin sollte der Gegensatz zwischen materiellem Recht und Prozessrecht nicht überbewertet werden, so zutreffend *Wagner*, Prozessverträge, S. 60 ff.
[36] Dazu *Eidenmüller*, in: Breidenbach (Hrsg.), Konsensuale Streitbeilegung, S. 45, 63.
[37] Dazu *Wagner*, Prozessverträge, S. 45 f.; im Ergebnis auch *Eidenmüller*, in: Breidenbach (Hrsg.), Konsensuale Streitbeilegung, S. 45, 54.
[38] Dazu *Eidenmüller*, in: Breidenbach (Hrsg.), Konsensuale Streitbeilegung, S. 45, 56 ff.
[39] So *Eidenmüller*, aaO. zu § 4 KSchG.

21   Mediationsklauseln in allgemeinen Geschäftsbedingungen[40], mit Verbrauchern (§ 13 BGB)[41] oder in Satzungsbestimmungen[42], unterliegen der **richterlichen Inhaltskontrolle**. Bezugsmaßstab ist dabei die unangemessene Benachteiligung der Vertragspartei (vgl. § 307 BGB). Sie ist in der Regel dann ausgeschlossen, wenn das Mediationsverfahren selbst elementaren Fairnessanforderungen genügt[43]. Hier zeigt sich erneut der prozessuale Bezugsmaßstab für die Inhaltskontrolle. Speziell bei der Mediation mit Verbrauchern stellt sich die Frage, ob eine formularmäßige Mediationsklausel überraschend im Sinne von § 305 c BGB ist. Dies wäre zu bejahen, wenn eine Mediationsklausel objektiv ungewöhnlich ist und den Verbraucher subjektiv überrumpelt. Von einer objektiven Ungewöhnlichkeit einer Mediationsklausel kann aber heute weder im unternehmerischen Geschäftsverkehr noch im Verhältnis zu Verbrauchern ausgegangen werden. Vielmehr setzt der Gesetzgeber, wie nicht zuletzt Art. 17 der E-Commerce-RL[44] zeigt, zunehmend auf außergerichtliche Schlichtung und Mediation. Allerdings ist für die Kautelarpraxis ein schrifttechnisch abgehobener Hinweis auf die Mediationsklausel anzuraten[45].

22   Wie bei einer Schiedsklausel führt auch bei der Mediation die Unwirksamkeit des Hauptvertrages nicht zur Unwirksamkeit der Mediationsvereinbarung: Hier wie dort ist es gerade Sinn und Zweck der Abrede, den Parteien eine verfahrensmäßige Handhabe zur Bewältigung der notleidenden Vertragsbeziehung zu eröffnen. Auch § 139 BGB ist im Verhältnis von Hauptvertrag und Mediationsklausel nicht anzuwenden[46].

5. Beendigung

23   Aus der „strukturellen Freiwilligkeit" der Mediation leitet eine verbreitete Ansicht das Recht zur jederzeitigen Beendigung (d.h. Kündigung) des Mediationsvertrages ab[47]. Die **Kündigung** hat zur Folge, dass gerichtlicher oder schiedsgerichtlicher Rechtsschutz (bei Vorliegen einer entsprechenden Schiedsklausel) in Anspruch genommen werden kann. Jedoch erscheint die Annahme eines jederzeitigen, unmotivierten Kündigungsrechts (das gegebenenfalls im Wege der ergänzenden Vertragsauslegung ungeschriebener Bestandteil der Mediationsvereinbarung wäre) verfehlt. Vielmehr enthält die Mediationsvereinbarung (ähnlich wie ein Schiedsvertrag) die Verpflichtung der Parteien zur vertragstreuen Mitwirkung am Mediationsverfahren. Wird diese vertragliche Rechtspflicht schuldhaft verletzt, ergeben sich Schadensersatzansprüche aus §§ 280 ff. BGB[48]. Dies ist vor allem von Bedeutung, wenn eine Partei das Mediationsverfahren zur Ausforschung missbraucht[49].

---

[40] Dazu V. *Wagner*, Beil. 2 zu BB 2001, 30 ff.

[41] Dazu insbesondere § 310 Abs. 3 BGB.

[42] Dazu *Casper/Risse* ZIP 2000, 437 ff.

[43] Unzutreffend V. *Wagner*, Beil. 2 zu BB 2001, 30, 31, der wegen der „Freiwilligkeit" der Mediation eine Inhaltskontrolle nach § 9 ABGB generell verneint. Wie hier *Eidenmüller*, in: Breidenbach (Hrsg.), Konsensuale Streitbeilegung, S. 45, 58 ff.; *Wagner*, Prozessverträge, S. 45 ff. (in Bezug auf dilatorische Klageverzichtsklauseln in privaten Schlichtungsverfahren).

[44] Oben Fn. 2.

[45] So auch V. *Wagner*, Beil. 2 zu BB 2001, 30, 31.

[46] Dazu G. *Wagner*, Prozessverträge, S. 326 ff.; *Eidenmüller*, in: Breidenbach (Hrsg.), Konsensuale Streitbeilegung, S. 45, 53, Fn. 27; ebenso BGHZ 69, 260, 263 f. zur Schiedsvereinbarung.

[47] So *Eidenmüller*, in: Breidenbach (Hrsg.), Konsensuale Streitbeilegung, S. 45, 52 ff.

[48] *Ders.* S. 45 ff., der zu Recht darauf hinweist, dass eine Sanktionierung der Verletzung der Mitwirkungspflicht in der Praxis regelmäßig fehlschlagen wird.

[49] Hierzu und zu anderen Risiken in der Mediation *Risse* NJW 2000, 1613, 1619 f.

Obstruiert eine Partei das Mediationsverfahren, so hat die andere ein **außeror-** 24
dentliches (sofortiges) **Kündigungsrecht.** Denn anders als im gerichtlichen/schieds-
gerichtlichen Verfahren steht der anderen Partei keine Möglichkeit zur einseitigen
Durchführung des Mediationsverfahrens offen[50]. Ein außerordentliches Kündigungsrecht ist zudem auch für den Fall zu bejahen, dass eine Partei entgegen einer
im Voraus getroffenen Kostentragungsregelung ihren Kostenanteil für das Mediationsverfahren nicht vorschießt. Denn es ist – vergleichbar wie im Schiedsverfahren –
der Gegenpartei nicht zuzumuten, einseitig das Verfahren vorzufinanzieren[51]. Gerät
eine Partei in Vermögensverfall und ist sie ihrerseits zur Vorfinanzierung des Mediationsverfahrens verpflichtet, so kann sie – falls die Gegenseite die Vorfinanzierung
nicht übernimmt – die Mediationsvereinbarung kündigen und staatlichen Gerichts-
schutz in Anspruch nehmen[52]. Schließlich ist ein außerordentliches Kündigungsrecht auch für den Fall einzuräumen, dass eine Partei in Vermögensverfall gerät und
die Gegenseite auf eine rasche Titulierung ihrer Forderung angewiesen ist[53]. Generell endet der Mediationsvertrag mit dem Abschluss des Mediationsverfahrens
(sofern die Mediation für ein Einzelverfahren vereinbart wurde), nachwirkende
Vertragspflichten betreffen insbesondere die Vertraulichkeit zwischen den Parteien.

III. Die Rechtsstellung des Mediators

1. Der Mediationsvertrag mit den Parteien

a) **Rechtsnatur und Vertragsparteien.** Die Vertragsparteien schließen gemeinsam 25
mit dem Mediator einen gesonderten **Dienstvertrag mit Geschäftsbesorgungscha-**
rakter ab (§§ 675, 611 BGB), der die Leistung des Mediators beschreibt, insbesondere seine Funktion und das Verfahrensermessen, seine Verschwiegenheitspflicht
für spätere Gerichtsverfahren regelt und die im Gegenzug geschuldete Vergütung
festlegt. Die Konfliktparteien sind im Hinblick auf die geschuldete Leistung Ge-
samtgläubiger (§ 432 BGB), sie schulden ihrerseits die Vergütung als Gesamtschuldner (§§ 421, 427 BGB). Bei der Ausübung von Gestaltungsrechten (insbesondere Kündigungsrechten, §§ 626 f. BGB) ist von einer gegenseitigen Ermächtigung
der Konfliktparteien zur alleinigen Ausübung der Gestaltungsrechte auszugehen[54].
Folglich ist jeder Mediant berechtigt, die Kündigung einseitig zu erklären. Der Abschluss des Vertrages unterliegt keinen besonderen Formvorschriften. Aus Doku-
mentations- und Beweisgründen sind selbstverständlich Schrift- oder Textform zu
empfehlen.

Der Mediatorvertrag ist **ausnahmsweise** ein Geschäftsbesorgungsvertrag mit 26
Werkvertragscharakter (§§ 675, 631 ff. BGB), wenn der Schwerpunkt der Mediatorentätigkeit die Erstellung einer Expertise sein soll (insbesondere bei der Einschal-

---

[50] Anders das Versäumnisverfahren, §§ 331 ff. ZPO.
[51] Dazu zuletzt *Walter* ZZP 114 (2001), 97, 103.
[52] *Schütze,* Schiedsgericht und Schiedsverfahren, Rdnr. 127 ff.; *Wagner,* Prozessverträge, S. 426.
[53] Dies soll sich aus dem Rechtsgedanken des § 321 BGB ergeben. Allerdings ist die Inanspruchnahme des einstweiligen Rechtsschutzes (unter Berücksichtigung der Rückschlagsperre des § 88
InsO) vorrangig, vgl. unten Rdnr. 60.
[54] *Koch,* in: Henssler/Koch, Mediation in der Anwaltspraxis (2000), § 8 Rdnr. 18; *Eidenmüller,* in:
Breidenbach (Hrsg.), Konsensuale Streitbeilegung, S. 45, 91 f.

tung von Ingenieuren, Architekten oder auch von Wirtschaftsprüfern). Dagegen begründet die Verpflichtung des Mediators, bei erfolgreicher Mediation das Abschlussmemorandum zu formulieren und zu überprüfen, keinen Werkvertrag. Denn insofern handelt es sich nur um nicht vertragsprägende Nebenpflichten[55].

27   Bei sogenannten **institutionellen Mediationsverfahren** wird der Vertrag zwischen den Parteien und der Mediationsinstitution abgeschlossen[56]. In diesem Vertrag verpflichtet sich die Mediationsinstitution zur Stellung der Verfahrensordnung, häufig auch zur Bereitstellung technischer Infrastruktur[57], bisweilen wird eine Liste von Mediatoren bereitgehalten, aus der die Parteien die Mediatorin/den Mediator benennen können[58]. Unmittelbare Vertragsbeziehungen zwischen den Parteien und den Mediatoren (nach §§ 675, 611 BGB) werden regelmäßig nicht begründet. Derartige Vertragsbeziehungen bestehen lediglich zwischen der Mediationsinstitution und den Mediatoren[59]. Der dort abgeschlossene Geschäftsbesorgungsvertrag hat allerdings im Verhältnis zu den Medianten drittschützenden Charakter[60]. Für ein (eventuelles) Fehlverhalten des Mediators haftet der Mediationsträger den Medianten auf Grund des Organisationsvertrags nach § 278 BGB[61]. Scheitert die Durchführung des Mediationsverfahrens an der fehlenden Infrastruktur der Mediationsinstitution (beispielsweise bei der Online-Mediation), so haftet diese als „Dienstleister" nach §§ 280, 281, 283 BGB.

28   Werden **mehrere Mediatoren** (insbesondere aus unterschiedlichen Berufsgruppen) tätig, so schließen die Parteien in der Regel mit jedem Mediator einen gesonderten Vertrag ab. Die Notwendigkeit eines gesonderten Vertragsabschlusses ergibt sich für den Anwaltsmediator aus § 27 BerufsO[62]. Danach ist es dem Anwalt untersagt, Dritte am Ertrag seiner Tätigkeit zu beteiligen. In den Mediatorenverträgen sind die Co-Mediatoren untereinander von der Verschwiegenheitspflicht zu entbinden, zugleich ist die Zusammenarbeit in einer speziellen Klausel festzulegen. Aus der Sicht der Parteien bietet sich beim Einsatz von Mediationsteams[63] die Zwischenschaltung einer Mediationsinstitution an, mit der die Vertragsparteien einen einheitlichen Mediationsdienstleistungsvertrag abschließen können.

---

[55] Dasselbe gilt für die Einordnung des Schiedsrichtervertrages als Geschäftsbesorgungsvertrag mit Dienstleistungscharakter, dazu *Stein/Jonas/Schlosser*, Vor § 1025 ZPO, Rdnr. 7; *Zöller/Geimer* (22. Auflage 2001), § 1035 ZPO, Rdnr. 23 f.; *Schütze*, Schiedsgericht und Schiedsverfahren (2. Aufl. 1999), Rdnr. 66.

[56] Sogenannter Mediationsdienstleistungsvertrag, vgl. § 50 Rdnr. 76 f. Die bloße Bezugnahme auf eine „Mediationsordnung" reicht freilich im Regelfall für einen konkludenten Abschluss des Mediationsvertrages mit der Mediationsorganisation nicht aus, anders *Wolf*, Institutionelle Handelsschiedsgerichtsbarkeit (1991), S. 84 ff., zur vergleichbaren Situation in der Schiedsgerichtsbarkeit.

[57] Insbesondere im Bereich der Online-Mediation, zur Verfügungstellung entsprechender „chatrooms", bzw. zur Bereitstellung entsprechender Websites, die die Durchführung des Online-Mediationsverfahrens unterstützen.

[58] Ausnahmsweise kann die Mediationsinstitution auch von sich aus einen Mediator vorschlagen, wenn sich die Parteien nicht auf eine Person verständigen sollten.

[59] Auch insofern handelt es sich um einen Geschäftsbesorgungsvertrag nach §§ 675, 611 BGB.

[60] Zur Berufshaftung nach den Grundsätzen des Vertrages mit Schutzwirkung für Dritte, vgl. MünchKommBGB/*Gottwald* (4. Auflage 2001), §§ 328 BGB, Rdnr. 97 ff., 113 ff.

[61] Zur vergleichbaren Situation in der Schiedsgerichtsbarkeit vgl. *Wolf*, Institutionelle Schiedsgerichtsbarkeit (1991), S. 77 ff.

[62] *Henssler*, in: ders./Koch, Mediation in der Anwaltspraxis (2000), § 3 Rdnr. 19.

[63] Zu den Vorteilen *Eidenmüller*, in: Henssler/Koch, Mediation in der Anwaltspraxis, § 2 Rdnr. 91.

b) Pflichten des Mediators. Sie werden primär durch die Leistungsbeschreibung 29
des Mediatorenvertrages festgelegt, ergänzend gilt die Mediationsvereinbarung[64],
sowie das Berufsrecht bzw. Berufsbild des Mediators (dazu unten Rdnr. 34 ff.). Das
Pflichtenprogramm ergibt sich schließlich aus den allgemeinen Verfahrensgrundsätzen in der Mediation (dazu unten Rdnr. 41 ff.).

Der Mediatorenvertrag fixiert regelmäßig das Rollenverständnis des Mediators 30
(dazu bereits oben Rdnr. 9). Insbesondere ist zu regeln, ob der Mediator als schlichter „Moderator" die Mediationsverhandlungen lediglich unterstützen soll oder
ihm weitergehende Beratungs- und Evaluationsbefugnisse eingeräumt sind. In den
üblichen Formularverträgen wird ausdrücklich festgelegt, dass der Mediator nicht
zur „Entscheidung" in der Sache selbst befugt ist (auch hier ist eine gegenteilige
Abrede ohne weiteres zulässig). Jedoch ist ihm regelmäßig ein weitreichendes Ermessen zur Verfahrensgestaltung eingeräumt – denn der Mediator ist „Herr des
Mediationsverfahrens"[65]. Dennoch ist er uneingeschränkt an die in der Mediationsvereinbarung zwischen den Parteien festgelegten Verfahrensabläufe gebunden. Das
bedeutet auch, dass die Medianten jederzeit einvernehmlich das Verfahren ändern
können[66].

Auch die berufliche Stellung des Mediators ermöglicht eine nähere Bestimmung 31
des Leistungs- und Pflichtenprogramms: Von rechtskundigen Mediatoren wird
– unabhängig von einer anwaltlichen Vertretung der Parteien – die Überprüfung der
Rechtswirksamkeit einer gefundenen Vereinbarung regelmäßig erwartet[67]; anderes
gilt allerdings für rechtsunkundige Mediatoren, denen die Besorgung von Rechtsangelegenheiten gesetzlich untersagt ist (Art. 1 § 1 RBerG, unten Rdnr. 36). Die Mediationstätigkeit des Notars umfasst die Informations-, Beratungs- und Prüfungs-
pflichten des § 17 Abs. 1 S. 2 BeurkG[68].

Zu den Pflichten des Mediators gehört schließlich die Einhaltung der essentiellen 32
Verfahrensgrundsätze der Mediation (unten Rdnr. 41), d. h. insbesondere die Wahrung der Neutralität, die Unterstützung der Parteien bei der Sachverhaltsaufklärung, die Ermöglichung eines adäquaten Austausches der jeweiligen Interessen-
standpunkte, die Auslotung von Einigungsoptionen, sowie der Ausgleich von
Verhandlungsungleichgewichten zur Wahrung der prozessualen Waffengleichheit[69].
In der Regel enthalten Mediatorenverträge eine explizite Auflistung der einzuhaltenden Verfahrensgrundsätze; sie werden als individuelle Rechtspflichten des
Mediators ausformuliert. Fehlt eine entsprechende Auflistung, so ist sie im Wege

---

[64] Häufig trennt die Praxis nicht hinreichend zwischen Mediationsvereinbarung und Mediatorenvertrag, dazu *Koch,* in: Henssler/Koch, Mediation in der Anwaltspraxis, § 8 Rdnr. 4 ff.
[65] Über die Konkretisierung seiner Ermessensausübung sollte der Mediator die Parteien zu Beginn
des Mediationsverfahrens ausführlich informieren, *Eidenmüller,* in: Henssler/Koch, Mediation in
der Anwaltspraxis, § 2 Rdnr. 58 ff.
[66] Eine strukturelle Verfahrensänderung berechtigt den Mediator freilich nach §§ 675, 671 BGB zur
Kündigung, wenn er sich außer Stande sieht, die Mediation auf der geänderten Verfahrensbasis
fortzuführen.
[67] Anders *Eidenmüller,* in: Breidenbach (Hrsg.), Konsensuale Streitbeilegung, S. 45, 74, für den Fall
anwaltlicher Vertretung.
[68] Dazu § 24 Rdnr. 18 ff.
[69] Der Sache nach im Wesentlichen ähnlich *Eidenmüller,* in: Breidenbach (Hrsg.), Konsensuale
Streitbeilegung, S. 45, 75, der aber – von anderer Prämisse ausgehend (unten Rdnr. 47, Fn. 124) –
allgemeine Verfahrensgarantien generell nicht auf die Mediation anwenden will, sondern statt dessen (abgehoben) auf den „Zweck" der Mediation abstellt.

der ergänzenden Vertragsauslegung nach §§ 133, 157 BGB als Bestandteil des Mediatorenvertrages anzusehen[70].

33   **c) Die Haftung des Mediators**[71]. Grundsätzlich gelten die allgemeinen Regeln. Gehaftet wird also für Vorsatz und (jede) Fahrlässigkeit (§ 276 BGB) nach den Grundsätzen über die positive Vertragsverletzung nach §§ 280, 281 BGB. Eine deliktische Haftung ist wegen der Notwendigkeit, absolute Rechtsgüter zu verletzen, unwahrscheinlich, wenngleich nicht ausgeschlossen[72], ebenso wie die Haftung gegenüber Dritten[73]. Haftungstatbestände können nicht nur in der Phase der Vertragsanbahnung und im Verfahren selbst entstehen, sondern auch nach Beendigung des Mediationsverfahrens, durch Verletzung nachvertraglicher Sorgfaltspflichten. Anspruchsberechtigt ist der jeweils Geschädigte, bei der Verletzung unteilbarer Leistungspflichten ist von Mitgläubigerschaft (§ 432 BGB) auszugehen. Nach § 51a II BRAO besteht Gesamtschuldnerschaft der Sozietätsmitglieder, falls die Haftung nicht auf den Mediator beschränkt wurde. Haftungsausschlüsse sind für **Anwaltsmediatoren** grundsätzlich zulässig, § 51a Abs. 1 BRAO, formularmäßige Ausschlüsse richten sich nach § 309 Nr. 7b, § 307, § 310 Abs. 3 BGB. Das Haftungsprivileg des Richters nach § 839 Abs. 2 BGB ist zugunsten des Mediators nicht anwendbar, da dieser keine bindenden Entscheidungen trifft. Da für den anwaltlichen Mediator die Mediation nach § 18 BerufsO mit zum Berufsbild gehört, sind eventuelle Haftungsansprüche von der Berufshaftpflichtversicherung (§ 51 BRAO) mit abgedeckt. Die Verjährung richtet sich nach allgemeinen Vorschriften (Regelverjährung: 3 Jahre nach § 195 BGB), Ansprüche gegen den Anwalt verjähren gleichfalls (nach § 51b BRAO) in 3 Jahren.

Für **Notare** gehört die Mediation zur *„sonstigen Betreuung der Beteiligten auf dem Gebiete vorsorgender Rechtspflege"* gemäß § 24 Abs. 1 Satz 1 BNotO, mit der Folge der Haftung nach § 19 BNotO. **Anwaltsnotare** nehmen in der Mediation nicht einseitig die Interessen einer Partei wahr, sondern sind neutral[74]. Ihre Haftung ergibt sich daher jedenfalls dann aus § 19 BNotO, wenn sie am Ende des Verfahrens eine originär-notarielle Tätigkeit durchführen, zum Beispiel die Beurkundung des Memorandums, vgl. § 24 Abs. 2 BNotO. Das Subsidiaritätsprinzip der Notarhaftung gilt dann nicht, § 19 Abs. 1 Satz 2 BNotO. Eine Haftungsbeschränkung ist auf Grund des öffentlich-rechtlichen Charakters der Rechtsbeziehungen zum Notar abzulehnen[75]. Die Verjährungsfrist für Ansprüche gegen den Notar beträgt nach §§ 19 Abs. 1 Satz 3 BNotO, § 852 BGB drei Jahre.

2. Berufsrechtliche Fragen

34   **a) Anwälte und Notare als Mediatoren.** Das Berufsbild des Rechtsanwalts umfasst die Tätigkeit als Mediator, vgl. § 3 Abs. 1 BRAO. Rechtsanwälte sind daher nicht nur berechtigt[76], als Mediator zu wirken, sondern unterliegen auch stets dem

---

[70] Zur entsprechenden Situation bei der Mediationsvereinbarung vgl. oben Rdnr. 19.
[71] Dazu eingehend § 31.
[72] Verletzung des eingerichteten Gewerbebetriebs, § 823 Abs. 1 BGB; sowie Haftung aus § 826 BGB.
[73] Zu denkbaren Haftungskonstellationen *Brieske*, Haftungs- und Honorarfragen in der Mediation, in: Henssler/Koch (Hrsg.), Mediation in der Anwaltspraxis (2000), S. 271, 274 ff.
[74] Vgl. BGH NJW 1997, 661, 662.
[75] Vgl. auch *Rinsche*, Die Haftung des Rechtsanwalts und des Notars, 6. Auflage (1998), S. 359.
[76] Zu den Beschränkungen des RBerG vgl. sogleich Rdnr. 36.

anwaltlichen Berufsrecht, § 18 BerufsO. Von besonderer Bedeutung für die Mediation ist die Pflicht zur **Verschwiegenheit**, § 43 a Abs. 2 BRAO, § 2 BerufsO[77]. Im Rahmen von Co-Mediationen ist auf eine Entbindung der Co-Mediatoren von der Verschwiegenheitspflicht zu achten, da andernfalls § 203 StGB eingreifen kann. Darüber hinaus kann es aber auch sinnvoll sein, die Möglichkeit der Entbindung von der Verschwiegenheitspflicht, die gemeinsam durch alle Beteiligten möglich ist, auszuschließen, um in einem späteren gerichtlichen Verfahren die Ausübung von Druck auf einzelne Beteiligte zu vermeiden. Dazu könnte es kommen, wenn eine Partei den Mediator von der Verschwiegenheitspflicht befreit, und die andere sich dadurch zum gleichen Schritt genötigt sieht[78]. In Gerichtsverfahren sind Anwaltsmediatoren gemäß § 383 Abs. 1 Nr. 6 ZPO, § 53 Abs. 1 Nr. 3 StPO zeugnisverweigerungsberechtigt. Von Bedeutung ist auch das Verbot der Vertretung widerstreitender Interessen, § 43 a Abs. 4 BRAO, § 3 BerufsO. Es verbietet dem Rechtsanwalt, nach einem Mediationsverfahren in derselben Sache für eine Partei anwaltlich tätig zu werden[79]. Die Tätigkeit als Mediator im Anschluss an eine anwaltliche Vertretung in derselben Sache ist, mit Ausnahme von § 45 BRAO, bei allseitigem Einverständnis zulässig, ebenso die Parallelvertretung einer Partei in einer anderen Sache[80]. Entscheidend ist die Zustimmung aller Beteiligten. Der Anwaltsmediator begeht keinen Parteiverrat, § 356 StGB, da er die Parteien nicht pflichtwidrig berät[81]. Die **Werbemöglichkeiten** für in der Mediation tätige Rechtsanwälte sind umstritten. Grundsätzlich findet § 43 b BRAO auch hier Anwendung und wird durch §§ 6 ff. BerufsO konkretisiert. Die Benennung der Mediation als Interessenschwerpunkt ist zunächst unproblematisch, § 7 Abs. 1 BerufsO, ebenso wie diejenige als Tätigkeitsschwerpunkt bei Vorliegen der Voraussetzungen des § 7 Abs. 2 BerufsO. Die bisher bekannt gewordene Rechtsprechung hat die Führung des Titels „Mediator" unter Hinweis auf die durch den Anwalt durchlaufene Ausbildung (z. B. „BAFM") als zulässig erachtet[82]. Die Praxis der Rechtsanwaltskammern hierzu ist jedoch uneinheitlich. Rechtsanwälte dürfen mit Angehörigen solcher Berufe, die nicht in § 59 a Abs. 1 BRAO genannt sind, keine Sozietät oder Bürogemeinschaft (§ 59 a Abs. 4 BRAO) eingehen. Lediglich Kooperationen sollen zulässig sein[83].

Die Zulässigkeit der Mediation durch **Notare** ergibt sich aus § 24 Abs. 1 Satz 1   35 BNotO. Sie fällt in den Bereich der vorsorgenden Rechtspflege, da sie vorhandene Streitigkeiten durch Vermittlung lösen soll[84]. Gemäß Art. 1 § 3 Nr. 2 RBerG ist es dem Notar erlaubt, Rechtsberatung zu leisten. Seine Neutralitätspflicht folgt aus § 14 Abs. 1 Satz 2 BNotO[85], die Verschwiegenheitspflicht aus § 18 BNotO. Die Vertreterversammlung der Bundesnotarkammer hat mittlerweile eine Güteordnung für die Schlichtung durch Notare herausgegeben, die zwischen freiwilliger und ob-

---

[77] Dazu eingehend § 27.
[78] *Henssler/Kilian,* FuR 2001, 104, 106.
[79] *Feuerich/Braun,* Bundesrechtsanwaltsordnung (5. Auflage, 2000), § 43 a BRAO Rdnr. 65.
[80] *Feuerich/Braun,* a. a. O. § 18 BerufsO Rdnr. 4.
[81] *Lackner/Kühl,* § 356 StGB Rdnr. 7.
[82] AGH Nordrhein-Westfalen, AnwBl. 2000, 693 f.; AGH Baden-Württemberg, BRAK-Mitt. 2001, 232; vgl. auch § 6 BerufsO.
[83] Näher hierzu *Henssler/Kilian* FuR 2001, 104, 109.
[84] *Arndt/Lerch/Sandkühler-Sandkühler,* BNotO, § 24 Rdnr. 23.
[85] Vgl. zur Neutralität des Notarmediators *Sorge* MittBayNot 2001, S. 50, 51 ff.

ligatorischen Verfahren (v. a. im Zusammenhang mit § 794 Abs. 1 Nr. 1 ZPO) unterscheidet[86]. Bei *Anwalts*notaren kann sich ein Abgrenzungsproblem ergeben, wenn nicht klar ist, ob sie einen Konflikt in ihrer Eigenschaft als Rechtsanwalt oder als Notar mediieren. Soll der Mediator – was regelmäßig der Fall sein dürfte – am Ende eine notarielle Handlung vornehmen, etwa das Memorandum beurkunden, so ist auch hinsichtlich der Mediation von notarieller Tätigkeit auszugehen. Damit einher geht auch die Belehrungspflicht nach § 17 Abs. 1 BeurkG. Im Übrigen handelt der Anwaltsnotar als Rechtsanwalt, § 24 Abs. 2 BNotO. Dies kann nicht nur haftungsrechtlich von Bedeutung sein. Den Notar trifft auch auf Grund von § 14 BNotO eine größere Verantwortung für Ergebnisgerechtigkeit, als den nichtnotariellen Mediator. Mehr als andere Mediatoren[87] muss der Notar den Willen der Parteien erforschen sowie den Sachverhalt umfassend klären, § 17 Abs. 1 BeurkG.

36   **b) „Nichtjuristen" als Mediatoren.** Mediation ist erlaubnispflichtige **Rechtsberatung i. S. d. Rechtsberatungsgesetzes:** Kennzeichen der Mediation ist zum einen die Weckung und Stärkung der Selbstbestimmung und Eigenverantwortung der verhandelnden Parteien mit pädagogisch/therapeutischen Mitteln. Vom Ergebnis her zielt die Mediation jedoch auf die Neubegründung bzw. Neuformulierung der wechselseitigen Rechte und Pflichten der Konfliktparteien ab. Die professionelle Unterstützung bei der Neuformulierung der Rechtsbeziehungen ist eine typische Rechtsberatungstätigkeit, die das Rechtsberatungsgesetz – ein ordnungspolitisch angreifbares Instrument – grundsätzlich verbietet[88]. Aus diesem Grunde können Mediatoren, die nicht als Rechtsanwälte bzw. Notare zugelassen sind, nur in Kooperation mit Anwaltsmediatoren tätig werden[89]. Ausgenommen sind lediglich erlaubte Tätigkeiten nach dem Rechtsberatungsgesetz, nämlich die Mediationstätigkeiten von Zwangsverwaltern, Insolvenzverwaltern oder Nachlasspflegern (§ 3 Nr. 6 RBerG), oder Mediation von Verbraucherverbänden (§ 3 Nr. 8 RBerG). Das Anwaltsmonopol bei der Mediation, das durch das Rechtsberatungsgesetz erreicht wird, haben neuere Urteile wiederholt bestätigt[90]. Ausgenommen bleibt lediglich eine rein unterstützende Hilfestellung der Medianten bei der Durchführung ihrer Verhandlungen, im Sinne einer reinen therapeutisch-pädagogischen Moderation.

37   In der Literatur wird daher erwogen, die Ausnahmeregelung des Art. 1 § 2 RBerG auf den nichtanwaltlichen Mediator anzuwenden[91]: Art. 1 § 2 RBerG nimmt die Erstattung wissenschaftlicher Gutachten und die Schiedsrichtertätigkeit vom Verbot des Art. 1 RBerG aus. Insofern wird erwogen, die Tätigkeit des Mediators, quasi als ein „minus" im Vergleich zur entscheidenden Tätigkeit des Schiedsrichters gleichfalls von dem Rechtsberatungsmonopol der Anwaltschaft auszunehmen. Freilich widerspricht diese Argumentation dem Selbstverständnis der Mediation, die eigentlich als eine eigenständige Form der Konfliktlösung konzipiert ist und mit rich-

---

[86] Empfehlung der Vertreterversammlung der Bundesnotarkammer vom 8. Oktober 1999, DNotZ 2000, S. 1.
[87] Nach der durchaus anzweifelbaren Ansicht des OLG Hamm, Urteil vom 20. Oktober 1998, 28 U 79/97, trifft den anwaltlichen Mediator keine eigenständige Sachverhaltserforschungspflicht.
[88] Zutreffend *Kleine-Cosack* NJW 2000, 1593 ff.; a. A. *Dombeck* BRAK-Mitt. 2001, 98 ff.
[89] Dazu *Henssler/Kilian* FuR 2001, 104 ff.
[90] LG Rostock BB 2001, 698; OLG Rostock vom 20. Juni 2001 2 U 58/00; LG Hamburg, NJW-RR 2000, 1514; OLG Hamm, 20. 10. 1998 (nicht veröffentlicht).
[91] Dafür *Duve* BB 2001, 692 f.

terlicher Streitentscheidung wenig gemein hat. Aus diesem Grund erscheint eine analoge Anwendung des Ausnahmetatbestands des Art. 1 § 2 RBerG wenig überzeugend[92].

Letztlich ist an dieser Stelle die rechtspolitische Frage zu stellen, ob das Regelungsanliegen des RBerG noch zeitgemäß ist. Das RBerG dient dem Schutz der Rechtspflege und zugleich dem Verbraucherschutz: Es soll verhindern, dass Rechtssuchende auf Grund unprofessioneller Beratung ihre Rechte verlieren. In der Sache geht es aber um einen (überzogenen) „Schutz der Menschen vor sich selbst". Wer nichtprofessionelle Rechtsberatung in Anspruch nimmt, geht gewisse Risiken ein; wer unzutreffend und unprofessionelle Dienstleistungen anbietet, haftet nach allgemeinem Zivilrecht. Es erscheint also völlig unangebracht, den Berufsstand der Anwaltschaft gegen (vielleicht als unheilsam empfundene) Konkurrenz abzuschirmen. Der Mediation, die von ihrem Selbstverständnis mehr sein will als anwaltliche Beratung und Vermittlung, schadet das Rechtsberatungsmonopol der Anwaltschaft nachhaltig. Zur Frage, ob Art. 3 der E-Commerce-Richtlinie (RL 2000/31/EG)[93] eine Anwendung des Rechtsberatungsgesetzes auf die grenzüberschreitende Online-Mediationen[94] ausschließt, vgl. unten Rdnr. 70 f.

3. Honorarfragen

Beim Honorar des Mediators ist zwischen anwaltlichen und nichtanwaltlichen Mediatoren zu unterscheiden. Wenn auch in den meisten Fällen Honorarvereinbarungen getroffen werden, ist in Zweifelsfällen bei Rechtsanwälten die **Anwendung der BRAGO strittig**[95]. Nach Ansicht des OLG Hamm ist die Tätigkeit als Mediator eine originär-anwaltliche Tätigkeit. § 20 BRAGO ist daher anzuwenden[96]. Stimmen in der Literatur wollen hingegen die Tätigkeit als Mediator unter § 1 Abs. 2 BRAGO fassen und damit vom Anwendungsbereich der BRAGO ausnehmen[97]. Als Abrechnungsgrundlagen werden neben § 20 BRAGO auch §§ 118, 2, 23 BRAGO genannt. Aufgrund der unklaren Rechtslage empfiehlt es sich, eine Honorarvereinbarung abzuschließen, die den Anforderungen des § 3 BRAGO genügt, also schriftlich oder textförmlich in separatem Dokument fixiert wird. Gemäß § 49 b Abs. 2 BRAO ist auch in der Mediation ein Erfolgshonorar unzulässig, weil es sich um eine anwaltliche Tätigkeit handelt, § 18 BerufsO. Bei der Verwendung von Formularen sind die §§ 305 ff. BGB zu beachten, ggf. auch § 310 Abs. 3 BGB. Arbeitet der Anwaltsmediator eine Abschlussvereinbarung aus, so ist umstritten, ob er eine Vergleichsgebühr nach § 23 BRAGO abrechnen kann[98]. Die Medianten haften für das Honorar im Zweifel als Gesamtschuldner, §§ 421, 427 BGB.

---

[92] Ebenso *Grunewald*, BB 2001, 1111, 1113; *Henssler/Kilian*, FuR 2001, 104.
[93] ABl. EG L 178/1 vom 17. 7. 2000.
[94] Dazu § 50.
[95] *Enders* JurBüro 1998, 57 ff.; *ders.* JurBüro 1998, 113 ff. Zu Honorarfragen vgl. eingehend § 32.
[96] OLG Hamm, Urteil vom 20. Oktober 1998, 28 U 79/97.
[97] *Brieske*, Haftungs- und Honorarfragen in der Mediation, in: Henssler/Koch (Hrsg.), Mediation in der Anwaltspraxis (2000), § 9 Rdnr. 73 ff.
[98] Dafür *Ewig* BRAK-Mitt. 1996, 147, 148; mit Recht a.A. *Henssler/Schwackenberg* MDR 1997, 409, 412; *Koch*, Vertragsgestaltungen in der Mediation, in: Henssler/Koch (Hrsg.), Mediation in der Anwaltspraxis (2000), § 8 Rdnr. 31.

IV. Das Mediationsverfahren

1. Das Mediationsverfahren als „Konfliktlösungsverfahren sui generis"

40   Vom Selbstverständnis und Anspruch her versteht sich die Mediation als ein eigenständiges Konfliktlösungsverfahren, das anderen Verfahrensgrundsätzen unterliegt als die richterliche Streitentscheidung, oder auch eine Streitschlichtung durch einen Dritten[99]. Denn anders als bei einer autoritativen Streitentscheidung, bei der die Parteien während des Konfliktlösungsverfahrens den Dritten zu „überzeugen" versuchen, versteht sich die Mediation als schlichte „Unterstützung" der Parteien bei der selbstverantworteten Herbeiführung einer einvernehmlichen Lösung (Moderationsmodell)[100]. Die fehlende Entscheidungsbefugnis des Mediators macht die „bipolare Struktur" des Mediationsverfahrens aus. Die fehlende Sachentscheidungskompetenz des Mediators bedeutet freilich nicht dessen „Machtlosigkeit". Dieser ist vielmehr für die Durchführung des Mediationsverfahrens i. S. e. „Verfahrensleitung" verantwortlich[101]. Auch sind die Einwirkungsmöglichkeiten des Mediators bei der Herbeiführung des Einvernehmens zwischen den Parteien höchst vielfältig und subtil[102]. Insbesondere bei einer „bewertenden Mediation" werden die Übergänge zur „Schlichtung" fließend[103].

41   Die Betonung der unterschiedlichen Strukturen von richterlicher Streitentscheidung (als dreipoliges Verfahren) und Mediation (als – idealtypisch – zweipoliges Verfahren) ist sicherlich auch von dem Grundanliegen der Mediation(sbewegung) bestimmt, sich vom strengen „Formalismus" des Prozessrechts zu lösen, eine Bevormundung durch den entscheidenden Richter zu vermeiden und zu einer umfassenden, selbstbestimmten und interessengerechten Streitbehandlung zu kommen (dazu bereits oben Rdnr. 1). Jedoch haben sich auch für die Mediation inzwischen gewisse Verfahrensstrukturen herausgebildet[104], zudem gibt es standardisierte Verfahrens- und Verhaltensanforderungen, deren Einhaltung der Mediator den Parteien gegenüber schuldet[105]. Sie erweisen sich keineswegs als ein Fremdkörper in der Mediation, sondern beruhen auf der schlichten Erkenntnis, dass „Verfahrensgerechtigkeit Ergebnisgerechtigkeit (oder Ergebnisrichtigkeit) produziert"[106].

---

[99] Dazu *Breidenbach,* Mediation-Komplementäre Konfliktbewältigung durch Vermittlung in: ders./ Henssler (Hrsg.), Mediation für Juristen (1997), S. 3 ff.; *Hager,* Konflikt und Konsens (2001), S. 76 ff.

[100] Dazu *Duve,* Eignungskriterien für die Mediation, in: Henssler/Koch, Mediation in der Anwaltspraxis (2000), § 4, Rdnr. 7 ff.

[101] So zutreffend *Hager,* Konflikt und Konsens (2001), S. 76.

[102] Dazu statt vieler *Eidenmüller,* Verhandlungsmanagement durch Mediation, in: Henssler/Koch, Mediation in der Anwaltspraxis, § 2, Rdnr. 69 ff.

[103] So zutreffend *Stubbe* BB 2001, 685 ff.; a. A. *Eidenmüller* (oben Fn. 11), Rdnr. 25.

[104] Dazu beispielsweise *Kilger,* NJW 2000, 1614 ff.; *Hager,* Konflikt und Konsens, S. 76 ff.; *Prütting,* Verfahrensrecht und Mediation, in: Breidenbach/Henssler, Mediation für Juristen (1997), S. 57, 67 ff.

[105] So beispielsweise *Eidenmüller,* in: Breidenbach (Hrsg.), Konsensuale Streitbeilegung, S. 45, 75 ff., der freilich diese Verhaltenspflichten unspezifiziert aus dem „Zweck der Mediation" (= Natur der Sache?) herleiten will.

[106] Zutreffend: *Hager,* Konflikt und Konsens, S. 82.

Diese **Verhaltensstandards** wurden zunächst von US-amerikanischen Berufsorga- 42
nisationen im Bereich der ADR entwickelt und ausformuliert[107]. Sie finden sich
heute in den entsprechenden Empfehlungen deutscher Berufsverbände. Normativen
Charakter haben Empfehlungen der EG-Kommission zur Mediation in Umwelt-
und Verbraucherstreitigkeiten[108], die nicht als „Qualitätskriterien", sondern als
Verfahrensgrundsätze formuliert werden, nicht. Nach Art. 249 Abs. 5 EG ist eine
derartige Empfehlung der Kommission an die Mitgliedsstaaten gerichtet und unverbindlich. Sie hat aber durchaus Leitbildcharakter für die Ausformung entsprechender außergerichtlicher Streitbeilegungsverfahren. Allerdings erscheint eine Verallgemeinerung dieser Empfehlungen insofern möglich, als sie nicht auf die
spezifischen Bedürfnisse von Verbraucherstreitigkeiten zugeschnitten sind, dazu unten Rdnr. 59. „Privaten" Verhaltensstandards sind sie von ihrer Legitimation her
überlegen.

Diese „**Verobjektivierung**" der Verhaltensstandards führt zur Herausbildung ei- 43
genständiger Verfahrensgrundsätze der Mediation[109]. Die damit verbundene Entwicklung hin zu einer eigenständigen „Verfahrensgerechtigkeit" ist sichtbares Zeichen für die prozessuale Struktur der Mediation (dazu bereits oben Rdnr. 17) als
ein Verfahren zur Konfliktlösung. Untersucht man den Inhalt der Verhaltensstandards näher, so überrascht die strukturelle Ähnlichkeit zu allgemeinen Verfahrensgarantien im streitigen Gerichtsverfahren: Unparteilichkeit, Neutralität des Mediators, Transparenz (d. h. Festlegung des Ablaufs der Mediation), prozessuale
Fairness und Effizienz – diese Grundsätze sind für das gerichtliche Verfahren gleichermaßen selbstverständlich[110]. Diese Parallelität ist keineswegs überraschend.
Zum einen sollen die aufgezeigten, allgemeinen Verfahrensgrundsätze im Zivilprozess die Selbstverantwortung der Parteien, hinreichende Sachaufklärung und richterliche Neutralität garantieren. Darum geht es aber auch in der Mediation. Zum
anderen bestehen auch in der Mediation typische Gefährdungssituationen, die aus
der Einschaltung einer dritten Person in das Verfahren resultieren (Unparteilichkeit,
Neutralität). Daraus folgt, dass bei gerichtlicher Streitbeilegung und Mediation
durchaus identische Verfahrensgrundsätze anwendbar sein können, soweit beide
auf identischen Grundvoraussetzungen beruhen. Allerdings kann – wegen der
grundsätzlich zweipoligen Verfahrensstruktur der Mediation – eine unbesehene
Übertragung der allgemeinen Verfahrensgrundsätze nicht in Betracht kommen. Dies
gilt insbesondere für die besonders strittige Frage, ob und inwieweit in der Mediation der Grundsatz des rechtlichen Gehörs Anwendung finden muss. Umgekehrt gilt
freilich auch, dass nur die Einhaltung wesentlicher Verfahrensgarantien in der Mediation ein „sachgerechtes" Verhandlungsergebnis garantiert.

Darüber hinaus kann die Einhaltung der Verfahrensregeln im erzielten Mediati- 44
onsvergleich auch im Verhältnis zu nachfolgenden gerichtlichen Kontrollen ab-

---

[107] Vgl. The Standards of Conduct for Mediators, approved in 1994 by the American Arbitration
Association, the SPDR and the American Bar Associatin Section on Dispute, abgedruckt in:
Murray/Rau/Sherman, Process of Dispute Resolution: The Role of Lawyers, 2nd. ed 1996, S. 833.
[108] Empfehlung der EG-Kommission vom 4. 4. 2001 über die Grundsätze für an der einvernehmlichen Beilegung von Verbraucherrechtsstreitigkeiten beteiligte außergerichtliche Einrichtungen, K
(2001), 1016, ABl. L 109/56 ff. (vom 19. 4. 2001).
[109] So bereits *Prütting*, in: Breidenbach/Henssler, Mediation für Juristen (1997), S. 57, 69 f.
[110] So auch *Prütting*, Mediation und gerichtliches Verfahren – Ein nur scheinbar überraschender
Vergleich, Beil. 9, BB 1999, 7 ff.; *Walter* ZZP 103 (1990), 141, 156 f.

schirmen: Von der Verbrauchermediation abgesehen[111], unterliegt der Mediationsvergleich als „ausgehandelter" Vertrag nicht der richterlichen Inhaltskontrolle; er
ist als Vergleich i. S. d. § 779 BGB nur eingeschränkt aufhebbar[112]. Wird der Mediationsvergleich als Anwaltsvergleich (§ 796a ZPO) oder notarielle Urkunde
(§ 794 Abs. 1 Nr. 5 ZPO) tituliert, so wird die Prozessführungslast zwischen Gläubiger und Schuldner der titulierten Forderung umgekehrt (vgl. §§ 797, 795, 767
ZPO). Eine derartige Verschiebung der Prozessführungslast legitimiert sich aus der
Richtigkeitsgewähr des Mediationsvergleichs, die ihrerseits auf der spezifischen
Verfahrensgerechtigkeit der durchgeführten Mediation beruht.

2. Einzelne Verfahrensgrundsätze

45   a) **Neutralität des Mediators.** Da der Mediator als „Dritter" die Verhandlungen
der Medianten fördert, sind seine **Unabhängigkeit und Unparteilichkeit wesentlicher Verfahrensgrundsatz.** Grundsätzlich gelten hier dieselben Maßstäbe wie in der
Schiedsgerichtsbarkeit[113]. Das bedeutet zunächst, dass der Mediator nicht „berufs-
oder interessenmäßig" im Lager einer Partei stehen darf. Deshalb schließt nicht nur
ein Anstellungsverhältnis bei einer Partei den Mediator von der Amtsausübung
aus[114], sondern auch ein vergleichbares Näheverhältnis[115]. Relevant ist dies auch bei
der Bestellung eines Rechtsanwalts als Mediator, dessen Kanzlei mit einer Partei in
einer dauernden Geschäftsbeziehung steht. Zwar können hier kanzleiinterne
„chinese walls" die Neutralität des Mediators grundsätzlich gewährleisten. Es besteht aber zumindest die Rechtspflicht des Mediators, die Parteien über das Näheverhältnis zu informieren[116]. Unterbleibt diese Information und verzichtet die Partei
nicht auf die korrespondierende Rüge der Befangenheit, so leidet der Mediationsvergleich an einem wesentlichen Verfahrensfehler, der analog §§ 1053 Abs. 1 2,
796a Abs. 3 ZPO zu seiner Unwirksamkeit führt[117]. Wie bereits aufgezeigt, ist die
Unparteilichkeit des Mediators aber auch „dispositiv" mit der Folge, dass jeder
Mediant auch nach Abschluss des Mediationsvergleichs auf die Geltendmachung
der Unwirksamkeit verzichten kann.

46   **Neutralität** ist – dies ist die weitaus schwierigere Konstellation – auch im laufenden Verfahren zu wahren. Das bedeutet nicht nur die Vermeidung jeglicher persönlicher Voreingenommenheit, sondern vor allem die Pflicht des Mediators zu unpar-
teilicher Verhandlungsführung, insbesondere zur Gleichbehandlung der Parteien[118].
Die Gleichbehandlung der Parteien schließt selbstverständlich Einzelgespräche mit
den Parteien nicht aus, jedoch sollten derartige Gespräche tunlichst mit beiden Seiten gleichermaßen geführt werden. Ein unmittelbares Spannungsverhältnis besteht

---

[111] Vgl. § 310 Abs. 3 BGB.
[112] Vgl. MünchKomm/*Pecher*, § 779 Rdnr. 45.
[113] So zutreffend *Prütting*, Beil. 9 zu BB 1999, S. 7, 11.
[114] Dazu *Schütze*, Schiedsgericht und Schiedsverfahren (2. Aufl. 1998), Rdnr. 35.
[115] Beispielsweise eine Tätigkeit als Syndikusanwalt einer Partei.
[116] So auch die ausdrückliche Regelung des § 1036 Abs. 2 ZPO zur Offenbarung von möglichen
Ablehnungsgründen durch den Schiedsrichter, *Schütze*, Schiedsgericht und Schiedsverfahren (1998),
Rdnr. 38.
[117] Wegen der prozessualen Rechtsnatur der Mediation erscheint diesbezüglich die Anwendung des
– sehr viel engeren – § 123 Abs. 2 BGB nicht ausreichend. Grundsätzlich anders *Eidenmüller*, in:
Breidenbach (Hrsg.), Konsensuale Streitbeilegung, S. 45, 79 f.
[118] So zutreffend *Hager*, Konflikt und Konsens, S. 80.

zwischen der Neutralität und der Verpflichtung des Mediators, ein unangemessenes Verhandlungsergebnis zu vermeiden oder gar erhebliche Strukturdefizite bzw. ein Verhandlungsungleichgewicht zwischen den Parteien auszugleichen. Hier gilt grundsätzlich nichts anderes als bei der richterlichen Streitbeilegung[119]: Die Neutralität des Mediators wird nicht dadurch berührt, dass er auf rechtliche Bedenken hinweist und die unterlegene Partei zur Wahrnehmung privatautonomer Befugnisse anhält[120]. Dagegen sind einseitige Hinweise zur Zweckmäßigkeit oder wirtschaftlichen Gerechtigkeit des Mediationsergebnisses zu unterlassen.

b) **Gewährleistung rechtlichen Gehörs.** Die grundsätzliche Streitfrage im Hinblick 47 auf die Anwendung allgemeiner Verfahrensgrundsätze auf die Mediation betrifft das rechtliche Gehör (Art. 103 GG, Art. 6 EMRK, § 1042 ZPO). Die herrschende Literatur verneint die Anwendung dieses Grundsatzes auf die Mediation mit der Erwägung, dass die Gehörsgewährung nur für die Streitentscheidung Anwendung finde, folglich deren Zweck auf die Förderung von Vertragsverhandlungen zwischen den Parteien im Rahmen der Mediation nicht zutreffe[121]. Ein weiterer – eher pragmatischer Gesichtspunkt – betrifft die vertraulichen Einzelgespräche des Mediators mit den Parteien: Da ein solches Vorgehen mit der Gewährleistung des rechtlichen Gehörs, das auf vollständige Offenlegung der Tatsachen im Verhältnis zwischen Gericht und Parteien abzielt, unvereinbar ist[122], wären derartige Einzelgespräche unzulässig[123].

Die Diskussion um die Anwendbarkeit des rechtlichen Gehörs – immerhin das 48 „prozessuale Urrecht der Menschen"[124] – muss vom Inhalt und Zweck der Gehörsgewährung her geführt werden: Sinn und Zweck der Gehörsgewährung ist es, den Parteien die Verfahrensherrschaft zu sichern, in dem sie über den gesamten Verfahrenshergang informiert werden. Die Parteien sollen Subjekte des Verfahrens sein, nicht zu bloßen Objekten degradiert werden[125]. Unterteilt wird das rechtliche Gehör herkömmlich in das Recht der Parteien, zum gesamten Prozessstoff Stellung zu nehmen, und in die korrespondierende Verpflichtung des Gerichts, diesen Vortrag zur Kenntnis zu nehmen und ihn in den wesentlichen Punkten auch sachlich zu verbescheiden[126]. Soweit der Grundsatz des rechtlichen Gehörs sicherstellen soll, dass das Gericht auf Grund eines offenen Rechtsgesprächs mit den Parteien eine Entscheidung erlässt, die den Parteivortrag inhaltlich „verbescheidet", kann der Grundsatz des rechtlichen Gehörs für die Tätigkeit des Mediators nicht gelten. Schon aus diesem Grund scheidet eine unbesehene Übertragung des Gehörsgrundsatzes auf die Mediation aus. Anderes gilt freilich für die Verpflichtung des Gerichts

---

[119] Zur richterlichen Hinweispflicht nach § 139 ZPO vgl. BGH NJW 1998, 612 (Hinweis auf die eingetretene Verjährung ist zulässig), nicht aber auf eine Aufrechnung, BGH NJW 1999, 2890, 2892, ausführlich *Zöller/Vollkommer*, § 42 ZPO (22. Auflage 2001), Rdnr. 26 f.
[120] Unentschieden *Eidenmüller*, in: Breidenbach (Hrsg.), Konsensuale Streitbeilegung, S. 45, 75.
[121] So ausdrücklich *Eidenmüller*, in: Breidenbach (Hrsg.), Konsensuale Streitbeilegung, S. 45, 76 („Der Zweck der Gewährleistung rechtlichen Gehörs trifft auf ein Mediationsverfahren offensichtlich nicht zu").
[122] In der Sache geht es dabei vor allem um die Parteiöffentlichkeit, vgl. § 357 ZPO für die Beweisaufnahme.
[123] Dazu differenziert *Eidenmüller*, in: Breidenbach (Hrsg.), Konsensuale Streitbeilegung, S. 35, 77.
[124] So plastisch BVerfGE 55, 6; *Zöller/Geimer*, § 1042 ZPO, Rdnr. 3 m. w. N.
[125] *Stein/Jonas/Leipold*, vor § 128 ZPO Rdnr. 11.
[126] Überblick etwa bei *Zöller/Greger*, Vor § 128 ZPO, Rdnr. 3–8 a.

bzw. des Mediators, das Vorbringen der Parteien zur Kenntnis zu nehmen und durch eine sachadäquate Verfahrenshandhabung dafür zu sorgen, dass die Parteien Herren des Mediationsverfahrens bleiben. Insofern sind die Gewährleistungen des rechtlichen Gehörs ohne weiteres im Mediationsverfahren anzuwenden[127]. Auch vertrauliche Einzelgespräche mit den Parteien sind keineswegs ausgeschlossen, insbesondere wenn sie mögliche Einigungsalternativen ausloten sollen. Jedoch verpflichtet der Grundsatz des rechtlichen Gehörs den Mediator dazu, wesentliche, beilegungsfördernde Ergebnisse der anderen Partei mitzuteilen[128]. Eine „Überrumpelung" der Parteien durch den Mediator ist ausgeschlossen[129]. Die Autonomie der Parteien bei der Durchführung des Verfahrens gewährleistet also auch in der Mediation die Beachtung der wesentlichen Ausformungen des Grundsatzes des rechtlichen Gehörs[130].

49   Die Herleitung dieser prozessualen Verhaltenspflichten, nämlich ihre Verortung beim Grundsatz rechtlichen Gehörs oder beim allgemeinen Grundsatz der prozessualen Fairness, ist streitig. Für die Praxis ist diese Frage letztlich „uninteressant"[131]. Auch das Bundesverfassungsgericht ergänzt die Verpflichtung zur Gewährung rechtlichen Gehörs bei Personen, die nicht Richter i. S. d. Art. 92 ff. GG sind, durch den allgemeinen rechtsstaatlichen Grundsatz eines fairen Verfahrens[132]. Im Ergebnis ist festzuhalten, dass zumindest auf Grund der Verpflichtung zur Wahrung prozessualer Fairness jedes Mediationsverfahren grundsätzlichen rechtsstaatlichen Verfahrensanforderungen genügen muss, die in weiten Bereichen der Gewährleistung rechtlichen Gehörs entsprechen.

50   c) **Waffengleichheit der Parteien.** Nach diesem Grundsatz soll das staatliche Gericht, entsprechendes gilt für ein Schiedsgericht, nicht nur die formelle Gleichheit der prozessualen Rechtspositionen der Parteien wahren, sondern sich dafür einsetzen, dass der neutrale Dritte die materielle Gleichwertigkeit im Sinne einer prozessualen Chancengleichheit verwirklicht[133]. Auch in der Mediation kann es zu asymmetrischen Beziehungen und strukturellen Ungleichgewichtslagen kommen. Allerdings ergibt sich aus dem verfahrensmäßigen Leitbild der Mediation, dass der Mediator zwar grundsätzlich verpflichtet ist, Ungleichgewichte auszugleichen, er allerdings hier weniger direkt agieren sollte (indem er explizit der schwächeren Partei zur Seite tritt), sondern sich grundsätzlich darauf beschränken kann, Ausgleichsprozesse anzustoßen oder zu fördern[134]. Gelingt dieser Ausgleich nicht, so sollte der Mediator – mangels „fairer" Einigungsmöglichkeiten zwischen den Parteien die Mediation seinerseits beenden[135].

---

[127] Dies räumt auch *Eidenmüller*, in: Breidenbach (Hrsg.), Konsensuale Streitbeilegung, S. 45, 76, ein, der freilich diese Verpflichtung allein aus dem materiellrechtlichen Vertrag zwischen Parteien und Mediator und dem Zweck der Mediation ableiten will.
[128] Hierüber sollte auch zwischen den Beteiligten Einverständnis bestehen.
[129] So *Schütze*, Schiedsgericht und Schiedsverfahren, Rdnr. 137 (zur Schiedsgerichtsbarkeit).
[130] Zu diesem Verfahrensgrundsatz vgl. *Hager*, Konflikt und Konsens, S. 80 ff., der nicht auf die prozessualen Verfahrensgrundsätze abstellt.
[131] Für eine Herleitung aus dem prozessualen Fairnessgebot Mitteilung der EG-Kommission 2001/310/EG vom 4. 4. 2001: „Abschnitt D. Fairness".
[132] BVerfG JZ 2000, 785 ff., dazu *Heß/G. Vollkommer* JZ 2000, 785 ff. Überblick bei *Zöller/Vollkommer*, Einleitung ZPO, Rdnr. 102.
[133] Grundlegend *M. Vollkommer*, FS Schwab (1990), S. 519 ff.
[134] So zutreffend *Hager*, Konflikt und Konsens, S. 83.
[135] Zutreffend § 50 Rdnr. 75.

d) **Wahrung der Parteiherrschaft.** Ebenso wie im Zivil- und Schiedsverfahren gilt 51
auch für die Mediation, dass die Parteien Herren des Verfahrens sind. Sie entscheiden über die Einleitung, den Gegenstand und die Beendigung der Mediation. Schon aus dem grundsätzlichen Rollenverständnis des Mediators ergibt sich, dass die Parteien in der selbstständigen Geltendmachung ihrer Interessen bei der Konfliktbewältigung lediglich zu unterstützen sind. Hieraus folgt ganz zwanglos die Anwendbarkeit der allgemein bekannten Dispositionsmaxime, insbesondere auch die Verpflichtung des Mediators, jede eigenverantwortliche Problembewältigung der Parteien zu unterstützen. Obwohl dieser Grundsatz für die Mediation an sich eine Selbstverständlichkeit sein sollte, werden immer wieder erhebliche Missbräuche vermeldet[136]. Kern der Dispositionsfreiheit ist das Recht der Partei, jederzeit das Verfahren zu beenden und den Rechtsweg zu den ordentlichen Gerichten zu beschreiten bzw. ein Schiedsverfahren einzuleiten[137].

V. Die Sicherung des Mediationsergebnisses

1. Die Abschlussvereinbarung (§ 779 BGB)

Bei der Abschlussvereinbarung, oft als „Memorandum" bezeichnet, handelt es 52
sich regelmäßig um einen materiell-rechtlichen Vergleich im Sinne des § 779 Abs. 1 BGB. Voraussetzung ist ein gegenseitiges Nachgeben beider Parteien, dabei ist bereits jedes ganz geringfügige Abrücken einer Partei von einer Position ausreichend[138]. Er kann grundsätzlich formfrei abgeschlossen werden, es sei denn, es wurde Schrift- oder Textform vereinbart, § 127 BGB, oder der Vergleich enthält formbedürftige Rechtsgeschäfte[139]. Dann bedarf er der entsprechend dem vereinbarten Rechtsgeschäft erforderlichen Form, etwa §§ 313, 623, 766 BGB[140]. Das vereinbarte, neue Rechtsverhältnis muss sich im Rahmen der Dispositionsbefugnis der Parteien halten (§§ 134, 138 BGB). Die Anfechtbarkeit des Vergleichs richtet sich nach den allgemeinen Regeln, §§ 119 ff. BGB, massiver Druck von Seiten des Mediators führt nur unter den erschwerten Voraussetzungen des § 123 Abs. 2 BGB zur Anfechtung. Teilnichtigkeit hat im Zweifel Gesamtnichtigkeit zur Folge, § 139 BGB.

2. Die Titulierung der Abschlussvereinbarung

Von entscheidender Bedeutung ist die **Sicherstellung der vollstreckungsmäßigen** 53
Durchsetzbarkeit der in der Abschlussvereinbarung niedergelegten Rechte. Ab-

---

[136] Beispiele bei *Duve*, Mediation und Vergleich im Prozess (1999), S. 161, 206; *Breidenbach*, Mediation (1995), S. 237 ff.
[137] So auch ausdrücklich Empfehlung 2001/310/EG über die einvernehmliche Beilegung von Verbraucherrechtsstreitigkeiten vom 4. 4. 2001, ABl. EG L Nr. 109 vom 19. 4. 2001, S. 56, 60, abgedruckt unten bei Rdnr. 72.
[138] BGHZ 39, 60, 62 f.
[139] *Palandt/Sprau*, § 779 Rdnr. 2.
[140] Der Begriff Sachverhalt (§ 779 I BGB) betrifft nach h.M. nicht nur Tatsachen, sondern auch rechtliche Verhältnisse, die die Parteien zugrundegelegt haben, vgl. *Palandt/Sprau*, § 779, Rdnr. 14.

schlussvereinbarungen sollten daher regelmäßig tituliert werden[141]. Hierfür stehen verschiedene Optionen zur Verfügung: der Anwaltsvergleich (§ 796a ZPO vollstreckbar nach § 794 Abs. 1 Nr. 4b ZPO), notarielle Urkunde (vollstreckbar nach § 794 Abs. 1 Nr. 5 ZPO) oder ein Schiedsspruch mit vereinbartem Wortlaut (§ 1053 Abs. 1 Satz 2 ZPO). Zur internationalen Durchsetzung vgl. unten Rdnr. 68.

54   Materiell-rechtliche Einwendungen sind im Wege der **Vollstreckungsgegenklage** geltend zu machen, §§ 795 Satz 1, 794 Abs. 1 Nr. 5, 767 ZPO. Die Rechtswirksamkeit des Vergleichs ist neben einem möglichen *Ordre-Public*-Verstoß bei der Vollstreckbarerklärung eines Anwaltsvergleichs zu prüfen, § 796a Abs. 3 ZPO. Bei der notariellen Urkunde hat der Notar gemäß § 17 Abs. 2 BeurkG auf materiell-rechtliche Einwendungen hinzuweisen, wenn er an der Gültigkeit des Geschäfts zweifelt. Bei Erlass und Vollstreckbarerklärung eines Schiedsspruchs mit vereinbartem Wortlaut sind eventuelle Einwendungen nur beachtlich, wenn sie gleichzeitig einen *Ordre-Public*-Verstoß darstellen, §§ 1053 Abs. 1 Satz 2, 1053 Abs. 4 Satz 2, 1060 Abs. 2 Satz 1 i. V. m. 1059 Abs. 2 Nr. 2b) ZPO[142]. Eine Anerkennung und Vollstreckung des Schiedsspruchs kann nur aus einem der in Art. V UNÜ genannten Gründe versagt werden, die auch als Aufhebungsgründe für deutsche Schiedsverfahren in § 1059 Abs. 2 ZPO Eingang gefunden haben. Da ein Schiedsspruch gemäß § 1055 ZPO die Wirkung eines rechtskräftigen gerichtlichen Urteils entfaltet, kann diese nur unter engen Voraussetzungen durch eine Aufhebungsklage nach § 1059 ZPO beseitigt werden[143].

VI. Mediation und Gerichtsverfahren

1. Ausschluss bzw. Aussetzung paralleler Gerichtsverfahren

55   Mit dem Abschluss der Mediationsvereinbarung vereinbaren die Parteien, auf die gerichtliche Geltendmachung der mediationsgegenständlichen Ansprüche zu verzichten, solange das Mediationsverfahren durchgeführt wird. Von einem solchen **dilatorischen Klageverzicht** ist auch dann auszugehen, wenn er nicht ausdrücklich in der Mediationsklausel oder in der Mediationsvereinbarung enthalten ist. Die Auslegung der Mediationsvereinbarung führt zwingend zum Ausschluss der Klagbarkeit, da die parallele Anrufung eines Gerichts das Mediationsverfahren zum Scheitern bringen würde. Solche Prozessverträge hält die Rechtsprechung für zulässig, solange sie nicht gegen gesetzliche Verbote (§ 134 BGB) oder gegen die guten Sitten verstoßen (§§ 138 BGB), und wenn die Parteien über den Gegenstand des Prozessvertrags disponieren können[144]. Durch den Ausschluss der Klagbarkeit dürfen unverzichtbare Rechte der Parteien jedoch nicht vereitelt werden. Bei Formularverträgen sind verbraucherschützende Vorschriften zu beachten, § 307 BGB, sowie

---

[141] *Prütting*, Mediation und gerichtliches Verfahren – ein nur scheinbar überraschender Vergleich, BB 1999, S. 8, 11 sieht es nicht als Sinn und Zweck einer außergerichtlichen Konfliktbereinigung an, vollstreckbare Entscheidungen zu treffen. Indes ist die Vollstreckbarkeit eine wesentliche, vertrauensbildende Maßnahme in der Mediation.

[142] Zum Inhalt des ordre public nach § 1053 ZPO und zur weitergehenden Prüfungsbefugnis des Schiedsgerichts: *Mankowski* ZZP 2001, S. 37, 41 ff.

[143] Hierzu *Berger* RIW 2001, S. 7, 15 ff.

[144] BGHZ 109, 19, 28 f.; vgl. auch *Prütting* ZZP 99 (1986), S. 93, 96 m. w. N.

§ 310 Abs. 3 BGB, falls die Vereinbarung zwischen einem Unternehmer (§ 14 BGB) und einem Verbraucher (§ 13 BGB) abgeschlossen wurde[145].

Erhebt eine Partei in Verletzung des Prozessvertrags trotzdem **Klage,** so ist diese   56 auf Einrede der anderen Partei als **unzulässig** abzuweisen[146]. Die Einrede muss spätestens bei der Verhandlung zur Hauptsache geltend gemacht werden, § 282 Abs. 3 ZPO[147]. Eine Klage ist jedoch zulässig, wenn der dilatorische Klageverzicht von der anderen Partei erkennbar treuwidrig ausgenützt wird, etwa um eine „Karenzfrist gegenüber der Klage" eingeräumt zu bekommen[148], oder wenn die andere Partei ihre Mitwirkungspflicht verletzt. In letzterem Fall muss nicht zunächst Klage auf Erfüllung der Mitwirkungspflicht erhoben werden, sondern es kann unmittelbar der materielle Anspruch eingeklagt werden[149].

Einigen sich die Parteien nach Rechtshängigkeit einer Klage auf die Durchfüh-   57 rung eines Mediationsverfahrens, so kann das gerichtliche Verfahren nicht weiterlaufen, ohne die Erfolgsaussichten der Mediation zu gefährden. Der Rechtsstreit ist daher gemäß § 251 ZPO auszusetzen[150]. Durch den Verfahrensstillstand endet gemäß § 211 Abs. 2 BGB a.F. auch die Unterbrechung der Verjährung[151]. Zum 1. Januar 2002 ist die neue Regelung des § 278 Abs. 5 Sätze 2, 3 ZPO in Kraft getreten[152]. Danach kann das Gericht den Parteien in geeigneten Fällen eine außergerichtliche Streitschlichtung vorschlagen, hierunter fällt auch die Mediation[153]. Wenn sich die Parteien zur Durchführung eines Mediationsverfahrens entschließen, gilt § 251 ZPO entsprechend. Danach sind übereinstimmend Anträge der Parteien und Zweckdienlichkeit des Verfahrensstillstands erforderlich, letztere ist jedoch bei der Durchführung eines Mediationsverfahrens regelmäßig gegeben[154]. In § 251 ZPO ist die dreimonatige Sperrfrist für die Wiederaufnahme des Verfahrens (§ 251 Abs. 2 ZPO) nicht mehr vorgesehen[155].

2. Verjährungsfragen

Von zentraler Bedeutung für die Medianten ist die Verjährung der mediationsge-   58 genständlichen Forderungen. Die Rechtslage vor dem 1. 1. 2002 war unbefriedigend. Eine Verjährungsunterbrechung gemäß § 209 Abs. 2 Nr. 1a BGB a.F. kam

---

[145] Ausführlich mit beispielhaften Konstellationen: *Eidenmüller*, in: Breidenbach (Hrsg.) Konsensuale Streitbeilegung, S. 55 ff.
[146] Vgl. für eine Schlichtungsklausel BGH NJW 1999, S. 647, 648; weitergehend BGH ZZP 99 (1986), 90, 93.
[147] So OLG Oldenburg MDR 1987, 414; für die Einrede der Schiedsvereinbarung findet sich hingegen in § 1032 Abs. 1 ZPO eine abweichende Sonderregelung, vgl. BGH BB 2001, 1327.
[148] Vgl. BGH NJW 1977, S. 2263, 2264.
[149] BGH NJW 1999, S. 647, 648.
[150] Vgl. *Stein/Jonas/Roth*, vor § 239 Rdnr. 18.
[151] *Zöller/Greger*, § 251 Rdnr. 1; die bisher angenommene Hemmung des neuen Verjährungsbeginns durch die Sperrfrist des § 251 Abs. 2 ZPO, vgl. BGH BB 1968, 268, 269, kann nach der neuen Rechtslage nicht mehr gelten. Nunmehr wird möglicherweise § 204 Abs. 2 – Hemmungsende – einschlägig sein.
[152] Für am 1. Januar 2002 bereits anhängige Verfahren soll es bei der alten Rechtslage bleiben, vgl. § 26 Nr. 2 EGZPO.
[153] Vgl. Begründung zum Regierungsentwurf eines Gesetzes zur Reform des Zivilprozesses, S. 216.
[154] *Stein/Jonas/Roth*, § 251 Rdnr. 4 ff.
[155] Die bisher angenommene Hemmung des neuen Verjährungsbeginns durch die Sperrfrist des § 251 Abs. 2 ZPO, vgl. BGH BB 1968, S. 268, 269, kann nach der neuen Rechtslage nicht mehr gelten.

nicht in Betracht, weil es sich bei Mediationsverfahren regelmäßig nicht um Güteverhandlungen im Sinne des § 794 Abs. 1 Nr. 1 ZPO handelte. Die Vereinbarung
gesetzlich nicht geregelter Hemmungs- oder Unterbrechungsgründe war nach § 225
Satz 1 BGB a. F. ausgeschlossen[156]. Sachgemäß erschien eine analoge Anwendung
der Hemmungsvorschrift des § 202 Abs. 1 BGB a. F. (Leistungsverweigerungsrecht),
die freilich unmittelbar nur auf materiell-rechtliche Gegenrechte anwendbar war[157].

59   Die **Schuldrechtsreform** reformiert das Verjährungsrecht grundlegend.[158] Nach
§ 204 Abs. 1 Nr. 4 BGB wird die Verjährung gehemmt, sobald der Antrag einer
Partei auf einen Güteversuch bei einer Gütestelle (§ 15 a Abs. 1 EGZPO) bekannt-
gegeben wurde, oder bei einer sonstigen Gütestelle, die Streitbeilegungen betreibt
(§ 15 a Abs. 3 Satz 1 EGZPO), einvernehmlich eingereicht wurde. Nach § 204
Abs. 2 Satz 1 BGB endet die Hemmung sechs Monate nach der Erledigung des eingeleiteten Verfahrens. Ob die Mediation unter diese Vorschrift gefasst werden
kann, ist fraglich. Dagegen spricht, dass sie wohl kein Substitut für die durch § 15 a
EGZPO und Landesrecht vorgeschriebene, obligatorische Schlichtung darstellt[159].
Jedenfalls fällt aber der Versuch, einen gerichtlichen Streit durch Mediation zu
vermeiden, unter den **Hemmungstatbestand des § 203 Satz 1 BGB**. Hierdurch wird
die bisherige deliktsrechtliche Regelung aus § 852 Abs. 2 BGB als allgemeine Regel
übernommen. Die Verjährung des streitigen Anspruchs ist für die Dauer der Verhandlungen zwischen den Parteien gehemmt. Denn in einem Mediationsverfahren
verhandeln die Parteien selbstverantwortlich, mit der Hilfe des Mediators. § 203
Satz 2 BGB ordnet eine Ablaufhemmung an. Die Verjährung des Anspruchs tritt
frühestens zwei Monate nach dem Ende der Verhandlungen ein. So kann auch der
überraschende Abbruch der Mediation durch den Schuldner nicht die unmittelbare
Verjährung des Anspruchs zur Folge haben. Der Gesetzgeber hat darauf verzichtet,
Beginn und Ende der Verhandlungen zu definieren, da viele Verhandlungsweisen
denkbar sind[160]. Bei der Mediation kann unterschieden werden: Besteht eine Mediationsklausel, so beginnt die Verhandlung im Sinne des § 203 Satz 1 BGB mit der
Einleitung des Mediationsverfahrens, d. h. der Aufforderung einer Partei zur Einleitung desselben. Gibt es keine Mediationsklausel, handelt es sich um eine *ad-hoc*-
Mediation, so beginnt das Verfahren mit Abschluss der Mediationsvereinbarung,
bzw. der Verhandlung über dieselbe. Damit sind auch bereits Verhandlungen über
Details der Mediationsvereinbarung geeignet, die Verjährung zu hemmen, soweit
sie nicht echte Bedingungen für die Durchführung der Mediation darstellen. Dies
macht Sinn, um auch die Gegenseite zu einem Mediationsverfahren zu motivieren.
Der Gläubiger muss nicht die Verjährung seines potentiellen Anspruchs fürchten.
Die Verhandlungen sind beendet, wenn der Mediator das Verfahren für beendet erklärt, oder eine der Parteien das Mediationsverfahren endgültig verlässt. Ein

---

[156] Zwar fällt etwa die Stundung nicht unter das Erschwernisverbot, sie wird aber von den Parteien
regelmäßig nicht mit der Mediationsvereinbarung intendiert sein, ähnlich *Palandt-Heinrichs*, § 202
Rdnr. 4, für die Frage, ob mit dem Ruhen des Verfahrens auch eine Stundung vereinbart wird.
[157] MünchKomm *Grothe*, § 202 BGB Rdnr. 5 f.
[158] Zur Neuregelung ausführlich *Mansel* NJW 2002, 89 ff.
[159] *Eidenmüller*, in: Breidenbach (Hrsg.), Konsensuale Streitbeilegung, S. 70 Fn. 59, verweist auf die
Dauerhaftigkeit der Tätigkeit des Mediators als Abgrenzungskriterium; wichtig ist die Unterscheidung zwischen § 203 BGB und § 204 BGB für die Bemessung der Ablaufhemmung nach Ende des
Mediationsverfahrens.
[160] *Mansel* NJW 2002, 89, 98.

„Einschlafen" des Mediationsverfahrens ist zwar schwerlich vorstellbar. Äußert sich aber eine Partei in einer Verhandlungspause nicht rechtzeitig zu ihrem Vorhaben, die Mediation nicht weiterzuführen, so verletzt sie eine ihr nach der Mediationsvereinbarung obliegende Pflicht, das Mediationsverfahren nicht treuwidrig zur Vorteilserlangung auszunützen. Die gesetzliche Neuregelung ermöglicht zudem Verjährungsabreden, § 202 BGB n. F.

3. Mediation und einstweiliger Rechtsschutz

Der von den Parteien vereinbarte dilatorische Klageverzicht schließt Maßnahmen 60 des einstweiligen Rechtsschutzes grundsätzlich nicht aus. Zwar bringt es ein dilatorischer Klageverzicht immer mit sich, dass die gerichtliche Geltendmachung eines Anspruchs erschwert wird. Es würde aber dem Zweck der Mediation, allseits positive Ergebnisse zu erzielen, widersprechen, wenn vorläufige Maßnahmen trotz der Gefahr einer Anspruchsvereitelung nicht beantragt und erlassen werden dürften. Grundsätzlich sind daher alle Maßnahmen des einstweiligen Rechtsschutzes zulässig. Etwas anderes gilt nur, wenn die Parteien ausdrücklich auf die Sicherung von Ansprüchen im einstweiligen Rechtsschutzverfahren verzichtet haben. Insoweit können sie über ihr Sicherungsrecht disponieren[161]. Eine formularmäßige Ausschlussklausel vor Entstehung des Anspruchs dürfte allerdings regelmäßig an § 307 BGB scheitern. Ein individualvertraglicher Ausschluss ist zwischen Kaufleuten und Unternehmern (§ 14 BGB) grundsätzlich zulässig, nicht hingegen gegenüber Verbrauchern (§ 13 BGB). Ist jedoch wegen der Ausschlussklausel die Vereitelung des gesamten Anspruchs zu befürchten, so bleiben Maßnahmen des einstweiligen Rechtsschutzes zulässig. Insoweit gilt die verfassungsrechtliche Garantie effektiven Rechtsschutzes.

VII. Kollisionsrechtliche Fragestellungen

1. Einführung

Mediationsverfahren mit **Auslandsberührung** führen zu erheblicher rechtlicher 61 **Verkomplizierung.** Dies liegt vor allem daran, dass für die grenzüberschreitende Mediation – anders als für die internationale Schiedsgerichtsbarkeit – keine internationalen Übereinkommen oder sonstige Regelungsinstrumente bestehen, die ein einheitliches Rechtsregime vorsehen[162]. Die fehlende Standardisierung der Mediationsverfahren und Vertragstypen weltweit führt zu **Rechtsunsicherheit,** da auch die kollisionsrechtliche Anknüpfung nicht immer eindeutig zuzuordnen ist[163]. Dennoch lassen sich – wie im Verhältnis zur internationalen Schieds- und Verbandsgerichtsbarkeit – auch für die grenzüberschreitende Mediation die wesentlichen Anknüpfungsfragen klären. Allerdings sind die unterschiedlichen Rechtsverhältnisse (das streitige Rechtsverhältnis, die Mediationsvereinbarung, der Mediatorenvertrag so-

---

[161] *Stein/Jonas/Grunsky,* vor § 916 ZPO Rdnr. 21.
[162] Zu den neueren Entwicklungen im europäischen Gemeinschaftsrecht vgl. Rdnr. 69.
[163] Aus diesem Grund erscheint die von *Risse* WM 1999, 1864, 1870 ff., geäußerte Ansicht, dass Mediationsverfahren Zivilprozesse in den USA vermeiden können, nicht unbedenklich. Zu befürchten ist eine nachhaltige „Amerikanisierung" der Streitbeilegung. Aus diesem Grund erscheint für den Rechtsverkehr der Abschluss einer Schiedsklausel grundsätzlich vorzugswürdig.

wie der Mediationsvergleich, vgl. oben Rdnr. 3 ff.) jeweils gesondert anzuknüpfen. Der Kautelarpraxis ist speziell in internationalen Mediationsverfahren die Kombination von Mediations- und Schiedsverfahren dringend anzuraten (vgl. sogleich unten im Text)[164].

2. Anknüpfung der Mediationsvereinbarung

62   Hier sind **zwei Regelungskomplexe zu unterscheiden:** Soweit es um die „Abschirmung" des Mediationsverfahrens von parallelen Gerichtsverfahren geht, richten sich die Zulässigkeit und die Wirkungen **prozessualer Abreden** (insbesondere dilatorische Klageverzichte, Beweismittelbeschränkungen) nach der **lex fori** (dem nationalen Zivilprozessrecht) des jeweils entscheidenden staatlichen Gerichtes. Dies ergibt sich aus dem allgemeinen prozessualen Grundsatz, dass staatliche Gerichte ihr jeweiliges nationales Verfahrensrecht anwenden[165]. Die damit verbundene Rechtszersplitterung und Rechtsunsicherheit lässt sich durch die Kombination der Mediationsvereinbarung mit einer Schiedsklausel reduzieren. Für das Schiedsverfahren gilt nämlich regelmäßig das UN-Übereinkommen zur internationalen Schiedsgerichtsbarkeit vom 10. 6. 1958[166]. Das Mediationsverfahren erscheint dann sozusagen als ein vorgeschaltetes Verfahren zur Schiedsgerichtsbarkeit mit der Folge, dass Parteien sich vor den staatlichen Gerichten auf die Einrede der Schiedsgerichtsbarkeit nach Art. II UNÜ berufen können[167]. Der Mediationsvergleich kann im nachfolgenden Schiedsverfahren als Schiedsspruch mit vereinbartem Wortlaut (§ 1053 Abs. 2 ZPO) tituliert werden mit der Folge einer (fast weltweiten) Vollstreckbarkeit nach Art. V UNÜ. Eine entsprechende Absicherung der Vertraulichkeit der Mediation lässt sich hingegen – mangels internationaler Regelungsinstrumente – nicht erreichen. Hier bleibt es bei der Maßgeblichkeit des jeweiligen nationalen Prozessrechts des angegangenen staatlichen Gerichts, das über die Zulässigkeit entsprechender Beweismittelverträge entscheidet[168].

63   Die h. M. knüpft die **Mediationsvereinbarung** – entsprechend ihrer materiellrechtlichen Qualifikation – als schuldrechtliche Abrede zwischen den Streitparteien nach **Art. 27 ff. EGBGB** an. Danach können die Parteien das für das Mediationsverfahren anwendbare Recht wählen (Art. 27 EGBGB). Eine derartige Rechtswahlklausel – auch für das auf den Mediationsgegenstand selbst anzuwendende Recht – ist auf jeden Fall in die internationale Mediationsvereinbarung aufzunehmen. Alternativ kommt aber auch eine akzessorische Anknüpfung an das streitige Rechtsverhältnis (Hauptvertrag) in Betracht, das Gegenstand der Mediation ist (Art. 28 Abs. 1, Abs. 5 EGBGB)[169]. *Eidenmüller* bejaht eine konkludente Wahl

---

[164] Zur Problematik vgl. auch *Eidenmüller,* in: Breidenbach (Hrsg.), Konsensuale Streitbeilegung, S. 45, 87 ff.

[165] Dazu *Schack,* Internationales Zivilverfahrensrecht (2. Aufl. 1996), Rdnr. 40 f.

[166] BGBl. 1961 II, 122, zurzeit für 124 Staaten in Kraft.

[167] Ähnlich *Eidenmüller,* in: Breidenbach (Hrsg.), Konsensuale Streitbeilegung, S. 45, 91 f.; zu eng hingegen *Berger* RIW 2001, 7, 10 ff.

[168] Bei transnationalen Verträgen ist eine sorgsame Prüfung der in Betracht kommenden nationalen Verfahrensrechte dringend anzuraten.

[169] Bei materiell-rechtlicher Qualifikation erscheint die Mediationsabrede als kollisionsrechtlich unselbstständiger Annex des Hauptvertrags. Eine akzessorische Anknüpfung liegt insbesondere dann nahe, wenn für den Hauptvertrag eine Rechtswahl vorgenommen wurde.

deutschen Rechts, wenn das Mediationsverfahren in Deutschland stattfindet[170]. Dann werden freilich die Übergänge zu einer prozessualen Qualifikation
fließend:

Geht man von einer (überwiegend) **prozessualen Rechtsnatur der Mediationsver-** 64
einbarung aus (oben Rdnr. 16 ff.), so ist grundsätzlich **§ 1025 Abs. 1 ZPO** anwendbar: Inländische Mediationsverfahren unterliegen dem Ort ihrer Durchführung, also inländischem Recht[171]. Das Zustandekommen der Mediationsvereinbarung nach
materiellem Recht, richtet sich hingegen nach Art. 27 ff., 31 EGBGB. Auch bei einer
prozessualen Qualifikation besteht also grundsätzliche Rechtswahlfreiheit der Parteien[172]. Für das auf das Verfahren anwendbare Sachrecht ergibt sich die (zusätzliche) Wahlfreiheit der Parteien aus einer Analogie zu § 1042 Abs. 3 ZPO[173]. Danach kann von zwingenden Verfahrensgrundsätzen (vgl. oben Rdnr. 43) nicht de-
rogiert werden. Für die Anknüpfung an den Ort des Mediationsverfahrens spricht
vor allem der damit verbundene Gleichlauf zur anwendbaren lex fori im Hinblick
auf die Titulierung des Mediationsvergleichs[174].

Bei der **Familienmediation** richten sich die Zulässigkeit und die Anknüpfung 65
nach den gemeinschaftsrechtlichen[175] und völkerrechtlichen Instrumenten[176], die
Anknüpfung des Mediationsgegenstands und der Mediationsbefugnis der Parteien
richtet sich nach den Art. 13 ff. EGBGB. Auch hier kommt die prozessuale Qualifikation zu sachgerechten Ergebnissen (oben Rdnr. 16).

3. Anknüpfung des Mediatorvertrages

Als schuldrechtlicher Vertrag ist der Mediatorvertrag nach **Art. 27 ff. EGBGB** 66
anzuknüpfen. Maßgeblich sind danach zunächst die ausdrückliche Rechtswahl
(Art. 27 EGBGB). Fehlt eine Rechtswahl, so ist akzessorisch an das Statut der
Mediationsvereinbarung anzuknüpfen (Art. 28 Abs. 1, Abs. 2 EGBGB). Ausnahmsweise kann ein anderes Statut ausschlaggebend sein, beispielsweise um eine Honorarvereinbarung mit dem Mediator zu effektuieren. Ein Vertrag mit einer Mediationsinstitution (oben Rdnr. 27) ist im Zweifel nach Art. 28 Abs. 2 EGBGB an den
Sitz der Mediationsinstitution anzuknüpfen. Die Zulässigkeit und Wirksamkeit spezifischer prozessualer Abreden zur Sicherung der Vertraulichkeit der Mediation
richten sich hingegen – wie beim Mediationsvertrag – nach der lex fori des jeweils
angegangenen staatlichen Gerichts oder des Schiedsgerichts.

---

[170] *Eidenmüller*, in: Breidenbach (Hrsg.), Konsensuale Streitbeilegung, S. 45, 88.
[171] Dazu *Zöller/Geimer*, § 1043 ZPO, Rdnr. 1, der darauf verweist, dass der „Tagungsort" (§ 1043
Abs. 2 ZPO) mit dem Ort des Schieds- bzw. Mediationsverfahrens nicht übereinstimmen muss.
[172] Über die Ortswahl bleibt also das anwendbare Recht „steuerbar".
[173] Insofern geht es nach richtigem Verständnis der Vorschrift weniger um eine partei- denn um eine
privatautonome Rechtswahl.
[174] Ähnliche Erwägungen gelten auch für die Schiedsgerichtsbarkeit, die ein explizites Anerken-
nungsverfahren für den Schiedsspruch vorsieht, §§ 1043, 1060 ZPO, dazu *Zöller/Geimer*, § 1025
ZPO, Rdnr. 8 m. w. N.; *Stein/Jonas/Schlosser*, Anhang § 1044 ZPO, Rdnr. 24 – anders *Eidenmüller*, in: Breidenbach (Hrsg.), Konsensuale Streitbeilegung, S. 45, 89, der im Regelfall eine akzessorische Anknüpfung an das Statut des Hauptvertrages befürwortet.
[175] Vgl. insbesondere Art. 13 Abs. 3 VO 1347/00/EG, danach sind vertragliche Titel in Scheidungs-
und Sorgesachen grundsätzlich anerkennungsfähig.
[176] Insbesondere das Haager Kindesschutzübereinkommen vom 19. 10. 1996, dazu *Siehr* FamRZ
1996, 1047 ff.

4. Kollisionsrecht des Mediationsvergleichs

67   Auch beim Mediationsvergleich sind – wegen seiner Doppelnatur – materiell-rechtliche und kollisionsrechtliche Anknüpfung zu unterscheiden: Die materiell-rechtliche Anknüpfung richtet sich nach dem Statut der Rechtsbeziehung in der Hauptsache, bei vertraglichen Angelegenheiten gelten die Art. 27 ff. EGBGB, in der Familienmediation die Art. 13 ff., 19 ff. EGBGB. Die Titulierung des Vergleichs ist hingegen prozessual zu qualifizieren, sie richtet sich nach dem Ort des Mediations-verfahrens (analog §§ 1025, 1043, 1060 ZPO). Das hat zur Folge, dass bei Media-tionsverfahren in Deutschland eine Titulierung nach deutschem Prozessrecht mög-lich ist.

68   Die internationale Durchsetzung des Titels richtet sich nach den jeweiligen ge-meinschaftsrechtlichen und völkerrechtlichen Instrumenten: Vollstreckbare Urkun-den können nach Art. 13 Abs. 3 VO 1347/00/EG[177], sowie nach Art. 57 VO 44/01/ EG anerkannt und vollstreckt werden[178]. Allerdings fallen Anwaltsvergleiche (§§ 796 a ff. ZPO) nicht unter den Begriff der vollstreckbaren Urkunde nach Art. 57 VO 44/01/EG, da diese nicht vom Anwalt, sondern vom Gericht für vollstreckbar erklärt werden (vgl. § 794 Abs. 1 Nr. 4 b) ZPO)[179]. Außerhalb des europäischen Justizraums ist eine Vollstreckung notarieller Urkunden und Prozessvergleiche hin-gegen schwierig[180]. Aus diesem Grunde empfiehlt sich eine Kombination des Medi-ations- mit einem nachfolgenden Schiedsverfahren, in dem der Mediationsvergleich als Schiedsspruch mit vereinbartem Wortlaut (§ 1053 Abs. 1 2 ZPO) protokolliert wird. Allerdings ist es nach herrschender Meinung ausgeschlossen, dass der Medi-ator im Anschluss an das erfolgreiche Mediationsverfahren als Schiedsrichter zur Protokollierung tätig wird[181]. Ein derartiger Schiedsspruch kann in allen Vertrags-staaten des UNÜ vollstreckt werden[182].

5. E-Commerce-Richtlinie und Mediation

69   Es ist absehbar, dass die Umsetzung der Richtlinie 2000/31/EG[183] zu gesetzgebe-rischer Aktivität auf gemeinschaftsrechtlicher und innerstaatlicher Ebene führen

---

[177] Sog. Brüssel II–VO zur Anerkennung und Vollstreckung von Ehescheidungs- und Sorgerechts-entscheidungen, ABl. EG L 160, vom 30. 6. 2000, S. 19 ff.
[178] Sog. Brüssel I–VO, ABl. EG L 12, vom 16. 1. 2001, S. 1 ff.
[179] MünchKomm ZPO/*Gottwald* (2. Aufl. 2001), Art. 50 EuGVÜ, Rdnr. 10; EuGHE 1999, I-3715, 3730 ff. (zum vollstreckbaren Schuldanerkenntnis dänischen Rechts).
[180] Zur Anerkennung ausländischer Prozessvergleiche in Deutschland vgl. *Heß* JZ 2000, 373 ff.
[181] Zu überzeugen vermag dies freilich nicht. Zwar spricht gegen eine sukzessive Tätigkeit als Schiedsrichter § 1036 ZPO, der eine Ablehnung des Schiedsrichters bei Vorbefassung ermöglicht (vgl. auch § 41 Nr. 5 und 6, die dem Wortlaut nach nicht die Tätigkeit als Mediator umfassen). Richtigerweise wird man in dieser Vorbefassung keinen Ablehnungsgrund sehen können – zumal die Ablehnung nach § 1036 ZPO disponibel ist. Zu eng daher insbesondere *Berger* RIW 2001, 7, 15 ff. *Berger* bejaht zudem einen Verstoß gegen den Wortlaut des § 1053 Abs. 1 ZPO, weil in einem derartigen Fall kein „Schiedsverfahren" durchgeführt wird. Allerdings enthält § 1053 Abs. 1 2 ZPO keinerlei Vorgaben im Hinblick auf den Zeitpunkt, an dem ein Schiedsspruch mit vereinbartem Wortlaut frühestens abgeschlossen werden kann. Es erscheint daher durchaus denkbar, dass sich die Funktion des Schiedsgerichts auf eine bloße Registrierung der Einigung (verbunden mit der in-haltlichen Kontrolle) anhand der Kriterien des § 1053 Abs. 1 2 (ordre public) begrenzt, so zutref-fend *Mankowski* ZZP 114 (2001), 37, 41 f.
[182] Dazu § 28 Rdnr. 27.
[183] ABl. EG L 178 vom 17. 7. 2000, S. 1 ff.

wird. Art. 17 RL will die außergerichtliche Beilegung von Streitigkeiten fördern, freilich ohne die Mitgliedsstaaten zur Schaffung entsprechender Verfahren zu verpflichten[184]. Auf gemeinschaftsrechtlicher Ebene hat die Kommission eine Empfehlung zu den allgemeinen Verfahrensgrundsätzen bei außergerichtlicher Streitbeilegung in Verbrauchersachen verabschiedet[185]. Eine entsprechende Empfehlung für die Mediation in Handelssachen ist zu erwarten. Eigenen kollisionsrechtlichen Gehalt entfalten derartige Empfehlungen nicht. Vielmehr bleiben die Privat- und Verfahrensrechte der Mitgliedstaaten anwendbar.

Fraglich ist hingegen, ob Art. 3 der **E-Commerce-RL** als **spezielle Kollisionsnorm** 70 **für die online-Mediation** auf das sog. Recht des „Herkunftslandes" verweist[186]: Nach richtiger Lesart dieser Vorschrift kann ein Mediationsverfahren, das von außerhalb des Geltungsbereichs des Rechtsberatungsgesetzes (d. h. außerhalb der Bundesrepublik Deutschland) für inländische Adressaten angeboten wird, im Inland nicht untersagt werden. Zwar dürfen nach Art. 3 Abs. 4 auch im Bestimmungsland Schutzmaßnahmen ergriffen werden, jedoch nur für eng begrenzte Zwecksetzungen, insbesondere zur Verfolgung von Straftaten, zum Schutz der öffentlichen Gesundheit, zum Schutz nationaler Sicherheits- und Verteidigungsinteressen, sowie zum Verbraucher- und Anlegerschutz. Die eng formulierte Vorbehaltsklausel vermag jedoch die Anwendung des Rechtsberatungsgesetzes nicht zu legitimieren[187]: Das Verbot nicht anwaltlicher Mediation müsste primär dem Schutz der inländischen Verbraucher dienen, ein Schutz, der auf andere Art und Weise nicht gesichert werden kann[188]. In diesem Zusammenhang wird häufig darauf verwiesen, dass der EuGH Art. 1 § 1 RBerG im Hinblick auf das Verbot einer grenzüberschreitenden Inkassotätigkeit für zulässig erachtet hat[189]. Das Urteil erging jedoch zur allgemeinen Dienstleistungsfreiheit nach Art. 49 EG, also in einem nicht harmonisierten Bereich[190]. Der Vorbehalt des Art. 3 Abs. 4 E-Commerce-RL ist im Vergleich zu den Vorbehaltsklauseln zur Dienstleistungsfreiheit (Art. 55, 45 f. EG) deutlich enger abgefasst[191]. Vor diesem Hintergrund erscheint es durchaus denkbar, dass das Totalverbot der nicht-anwaltlichen Mediation, das Art. 1 § 1 RBerG für das deutsche Inland aufstellt, zumindest dann im Hinblick auf die Gewährleistung von Verbraucherschutz unverhältnismäßig erscheint, wenn die vereinbarten Mediationsverfahren den gemeinschaftsrecht-

---

[184] Art. 17 lautet: (1) Die Mitgliedsstaaten stellen sicher, dass ihre Rechtsvorschriften bei Streitigkeiten zwischen einem Anbieter eines Dienstes der Informationsgesellschaft und einem Nutzer des Dienstes die Anspruchnahme der nach innerstaatlichem Recht verfügbaren Verfahren zur außergerichtlichen Beilegung, auch auf geeignetem elektronischem Wege nicht erschweren.
(2) Die Mitgliedsstaaten ermutigen Einrichtungen zur außergerichtlichen Beilegung von Streitigkeiten, insbesondere in Fragen des Verbraucherrechts, so vorzugehen, dass angemessene Verfahrensgarantien für die Beteiligten gegeben sind ...
[185] Empfehlung 2000/310/EG, abgedruckt unten bei Rdnr. 72.
[186] Dazu ausführlich *Mankowski* ZvglRWiss 100 (2001), 137 ff. (im Ergebnis zu Recht bejahend).
[187] *Grunewald* BB 2001, 1111 ff.
[188] So insbesondere *Dombeck* BRAK-Mitt. 2001, 98, 100 ff.
[189] EuGH, Rs. C-3/95 – *Reisebüro Broede/Sander*, Slg. 1996, I 6511, dazu *Heß* JZ 1998, 1021, 1023 f.
[190] Der Rechtsstreit betraf das grenzüberschreitende Inkasso, eine Vereinheitlichung dieses Gewerbes durch die Gemeinschaft steht bislang aus.
[191] Ursache hierfür ist die Harmonisierungswirkung der Richtlinie, die gleichwertige Schutzniveaus in den Mitgliedstaaten herbeiführt. Ergänzende Schutzmaßnahmen der Mitgliedstaaten sind demgemäss weitestgehend ausgeschlossen.

lichen Grundsätzen zur Objektivität und Wirksamkeit der Mediation entsprechen[192].

71   Sieht man die Dinge so, dann richtet sich die Zulässigkeit einer grenzüberschreitenden online-Mediation, insbesondere einer solchen, die von ausländischen Dienstanbietern organisiert wird, ausschließlich nach dem Recht des ausländischen Anbieters[193]. Eine Untersagung nach dem Rechtsberatungsgesetz ist ausgeschlossen. Es erscheint wahrscheinlich, dass sich der Europäische Gerichtshof dieser Rechtsansicht anschließen wird[194].

VIII. Anhang

72   **Empfehlung der Kommission über die Grundsätze für an der einvernehmlichen Beilegung von Verbraucherrechtsstreitigkeiten beteiligte außergerichtliche Einrichtungen**

Vom 4. April 2001

(2001/310/EG)

DIE KOMMISSION DER EUROPÄISCHEN GEMEINSCHAFTEN —

gestützt auf den Vertrag zur Gründung der Europäischen Gemeinschaft, insbesondere auf Artikel 211, in Erwägung nachstehender Gründe:

(1) Im Interesse eines hohen Verbraucherschutzniveaus und zur Stärkung des Vertrauens der Verbraucher sollte die Gemeinschaft diesen einen einfachen und effektiven Zugang zum Rechtsschutz sichern und die frühzeitige Beilegung von verbraucherrechtlichen Streitigkeiten fördern und erleichtern.

(2) Angesichts der fortwährenden Entstehung neuer Formen des Handels, die auch für die Verbraucher von Bedeutung sind – wie beispielsweise des elektronischen Handels – und der voraussichtlichen Zunahme der grenzübergreifenden Geschäfte ist besonders auf die Stärkung des Vertrauens der Verbraucher zu achten, was insbesondere dadurch geschehen kann, dass ihnen ein einfacher Zugang zu praktikablen, effektiven und kostengünstigen Möglichkeiten der Rechtsdurchsetzung – einschließlich elektronischer Verfahren – gewährleistet wird. Im e-Europe-Aktionsplan, den der Europäische Rat auf seiner Tagung vom 19.–20. Juni 2000 in Feira verabschiedet hat, wird anerkannt, dass der elektronische Geschäftsverkehr in der EU nur dann in vollem Umfang genutzt werden kann, wenn das Vertrauen der Verbraucher in Zusammenarbeit mit Verbrauchergruppen, der Industrie und den Mitgliedstaaten durch Förderung ihres Zugangs zu alternativen Modellen der Streitbeilegung gestärkt wird.

(3) Am 30. März 1998 verabschiedete die Kommission die Empfehlung 98/257/EG betreffend die Grundsätze für Einrichtungen, die für die außergerichtliche Beilegung von Verbraucherrechtsstreitigkeiten zuständig sind. Diese Empfehlung bezog sich jedoch nur auf Verfahren, die unabhängig von ihrer Bezeichnung durch die aktive Intervention eines Dritten, der eine Lösung vorschlägt oder vorschreibt, zu einer Beilegung der Streitigkeit führen, nicht aber auf Verfahren, bei denen lediglich versucht wird, die Parteien zusammenzubringen und sie zu veranlassen, eine einvernehmliche Lösung zu finden.

---

[192] Dazu die Empfehlung der Kommission 2000/210/EG vom 4. 4. 2001 über die Grundsätze für an der einvernehmlichen Beilegung von Verbraucherstreitigkeiten beteiligte außergerichtliche Einrichtungen, abgedruckt unten bei Rdnr. 72.
[193] Hierfür spricht auch Art. 17 RL, der den Mitgliedstaaten eine Behinderung außergerichtlicher Streitbelegungsmechanismen ausdrücklich untersagt.
[194] Zutreffend *Grunewald* BB 2001, 1111 f.; a. A. beispielsweise *Zuck* BRAK-Mitt. 2001, 105, 109.

(4) In seiner Entschließung vom 25. Mai 2000 über ein gemeinschaftsweites Netz einzelstaatlicher Einrichtungen für die außergerichtliche Beilegung von Verbraucherrechtsstreitigkeiten hat der Rat darauf hingewiesen, dass alternative Streitbeilegungsverfahren, die nicht in den Anwendungsbereich dieser Empfehlung fallen, eine nützliche Rolle für die Verbraucher spielen, und die Kommission aufgefordert, in enger Zusammenarbeit mit den Mitgliedstaaten gemeinsame Kriterien für die Beurteilung dieser außergerichtlichen Einrichtungen zu entwickeln, die unter anderem die Qualität, die Fairness und die Wirksamkeit dieser Einrichtungen sicherstellen sollen. In der Entschließung heißt es insbesondere, dass die Mitgliedstaaten derartige Kriterien anwenden sollten, damit solche Einrichtungen oder Modelle in das Netzwerk aufgenommen werden könnten, auf das im Arbeitspapier der Kommission zur Schaffung eines Europäischen Netzes für die außergerichtliche Streitbeilegung (EEJ-Net) Bezug genommen wird.

(5) Nach Artikel 17 der Richtlinie 2000/31/EG des Europäischen Parlaments und des Rates vom 8. Juni 2000 über bestimmte rechtliche Aspekte der Dienste der Informationsgesellschaft, insbesondere des elektronischen Geschäftsverkehrs, im Binnenmarkt sollen die Mitgliedstaaten sicherstellen, dass ihre Rechtsvorschriften die Inanspruchnahme der Verfahren zur außergerichtlichen Streitbeilegung, die das nationale Recht vorsieht, nicht erschweren.

(6) Der elektronische Geschäftsverkehr erleichtert den Abschluss von Geschäften zwischen Gewerbetreibenden und Verbrauchern über die staatlichen Grenzen hinweg. Bei solchen Geschäften geht es oft nur um geringe Beträge, so dass Streitigkeiten darüber unkompliziert, schnell und ohne hohe Kosten beigelegt werden müssen. Die neuen Technologien können zur Entwicklung elektronischer Systeme der Streitbeilegung beitragen und damit eine Möglichkeit der wirksamen Beilegung von Streitfällen über staatliche Grenzen hinweg bieten, ohne dass ein persönliches Zusammentreffen der Parteien erforderlich wäre. Solche Modelle sollten daher durch Ausarbeitung einschlägiger Grundsätze gefördert werden, die einheitliche und verlässliche Standards festlegen und so bei den Rechtssuchenden Vertrauen schaffen.

(7) Der Rat hat die Kommission in seinen Schlussfolgerungen vom 29. Mai 2000 aufgefordert, ein Grünbuch über alternative Verfahren zur Streitbeilegung im Zivil- und Handelsrecht auszuarbeiten und darin eine Bestandsaufnahme und Prüfung der gegenwärtigen Situation vorzunehmen, sowie eine umfassende Anhörung einzuleiten.

(8) Das Europäische Parlament hat sich in seiner Stellungnahme zum Vorschlag für eine Verordnung über die Zuständigkeit und die Anerkennung und Vollstreckung von Entscheidungen in Zivil- und Handelssachen wegen des mit einer gerichtlichen Klage verbundenen hohen Kosten- und Zeitaufwands für einen umfassenden Rückgriff auf die außergerichtliche Streitbeilegung bei Verbrauchergeschäften ausgesprochen, und zwar insbesondere in Fällen, in denen die Parteien in verschiedenen Mitgliedstaaten wohnen. Der Rat und die Kommission haben in ihrer Erklärung zur Annahme dieser Verordnung hervogehoben, dass es im Allgemeinen im Interesse der Verbraucher und der Unternehmen sei, Streitigkeiten vor der Anrufung eines Gerichts gütlich beizulegen, und nochmals darauf hingewiesen, wie wichtig es sei, sich weiterhin auf Gemeinschaftsebene mit alternativen Methoden der Streitbeilegung zu befassen.

(9) Die in dieser Empfehlung beschriebenen Grundsätze lassen die in der Empfehlung 98/257/EG aufgestellten Grundsätze unberührt, die in solchen außergerichtlichen Verfahren beachtet werden sollen, die unabhängig von ihrer Bezeichnung durch die aktive Intervention eines Dritten, der den Parteien eine Problemlösung – in aller Regel durch eine verbindliche oder unverbindliche formelle Entscheidung – vorschlägt oder vorschreibt, zu einer Beilegung der Streitigkeit führen. Die Grundsätze der vorliegenden Empfehlung sollten unabhängig von der Bezeichnung des betreffenden Streitbeilegungsverfahrens immer dann beachtet werden, wenn die Beilegung einer verbraucherrechtlichen Streitigkeit dadurch gefördert wird, dass ein Dritter die Parteien zusammenbringt und ihnen hilft, eine einvernehmliche Lösung zu finden, indem er diesen z.B. formlose Anregungen gibt und ihnen darlegt, welche Beilegungsmöglichkeiten zur Wahl stehen. Die Grundsätze gelten nur für Verfahren zur Beilegung verbraucherrechtlicher Streitigkeiten, die als Alternative zur gerichtlichen Streitbeilegung gedacht sind. Sie gelten somit nicht für solche Modelle, die vom Unternehmen selbst betrieben werden oder bei denen ein Dritter diese Aufgabe für das Unternehmen wahrnimmt, da dies in der Regel im Rahmen der üblichen Diskussionen zwischen den Parteien geschieht, die ge-

führt werden, bevor ein echter Streitfall entsteht, der zur Anrufung einer unabhängigen Einrichtung für die außergerichtliche Streitbeilegung oder eines Gerichts führen könnte.

(10) Im Rahmen dieser Streitbeilegungsverfahren muss die Unparteilichkeit gewährleistet sein, damit alle Parteien davon überzeugt sind, dass es sich um ein faires Verfahren handelt. Unabhängig davon, ob eine Einzelperson oder mehrere Personen für das Verfahren verantwortlich sind, sollten angemessene Maßnahmen getroffen werden, damit gewährleistet ist, dass diese unparteilich sind und die Parteien angemessen informieren, so dass die Parteien von ihrer Unparteilichkeit und Kompetenz überzeugt sind und in voller Kenntnis der Sachlage entscheiden können, ob sie sich an dem Verfahren beteiligen wollen.

(11) Damit der Zugang beider Parteien zu den von ihnen benötigten Informationen gewährleistet ist, muss für die Transparenz des Verfahrens gesorgt sein. Die einvernehmliche Lösung, die die Parteien vereinbaren, sollte von der Einrichtung, die das Verfahren durchführt, festgehalten und den Parteien zur Verfügung gestellt werden, damit es nicht später zu Unklarheiten oder Missverständnissen kommt.

(12) Sollen diese Verfahren bei der Beilegung grenzübergreifender Streitfälle effektiver werden, so müssen sie leicht zugänglich und für beide Parteien unabhängig davon verfügbar sein, wo sich diese aufhalten. Deshalb sollten insbesondere elektronische Verfahren gefördert werden, die dies erleichtern.

(13) Derartige Verfahren können nur dann eine realistische Alternative zum Beschreiten des Rechtswegs sein, wenn sie so ausgestaltet sind, dass die damit verbundenen Probleme (Kosten, Dauer, komplizierter Ablauf und Vertretung) gelöst werden können. Zur Sicherung ihrer Effizienz sind Maßnahmen erforderlich, die vertretbare oder gar keine Kosten, einen leichteren Zugang, Effizienz, die Überwachung des Verfahrensfortgangs und die ständige Information der Parteien gewährleisten können.

(14) Gemäß Artikel 6 der Europäischen Menschenrechtskonvention ist das Recht auf gerichtliches Gehör ein Grundrecht. Wenn das Gemeinschaftsrecht den freien Waren- und Dienstleistungsverkehr im gemeinsamen Markt gewährleistet, so ist diesen Freiheiten der Grundsatz inhärent, dass die Wirtschaftsteilnehmer, also auch die Verbraucher, die Gerichte eines Mitgliedstaats ebenso wie die eigenen Staatsangehörigen dieses Staates anrufen können, wenn aus ihrer wirtschaftlichen Tätigkeit ein Rechtsstreit entsteht. Außergerichtliche Verfahren zur Beilegung von Verbraucherrechtsstreitigkeiten sollen gerichtliche Verfahren nicht ersetzen. Infolgedessen darf dem Verbraucher, der auf ein außergerichtliches Verfahren zurückgreift, nicht das Recht auf Anrufung der Gerichte verweigert werden, es sei denn, er hat erst nach Entstehung eines konkreten Rechtsstreits in voller Kenntnis der Sachlage ausdrücklich darauf verzichtet.

(15) Ein faires Verfahren sollte dadurch gewährleistet werden, dass den Parteien erlaubt wird, alle erforderlichen und sachdienlichen Angaben zu machen. Je nach Ausgestaltung des Verfahrens sollten die Angaben, die von den Parteien gemacht werden, vertraulich behandelt werden, es sei denn, sie erklären sich ausdrücklich mit einer anderen Verfahrensweise einverstanden, oder es wird ein kontradiktorisches Verfahren durchgeführt, dessen Fairness jederzeit durch angemessene Maßnahmen sichergestellt sein sollte. Es sollten Maßnahmen vorgesehen werden, die eine Mitwirkung der Parteien am Verfahren fördern und die Feststellung ermöglichen, inwieweit sie mitwirken, was insbesondere dadurch geschehen kann, dass sie aufgefordert werden, etwaige für eine faire Streitbeilegung erforderliche Angaben zu machen.

(16) Bevor die Parteien einem angeregten Lösungsvorschlag zur Beilegung ihrer Streitigkeit zustimmen sollten sie eine hinreichend lange Bedenkzeit erhalten, um über die Einzelheiten sowie etwaige Bedingungen nachzudenken.

(17) Wenn sowohl die Fairness und Flexibilität dieser Verfahren als auch die freie Wahl der Verbraucher in Kenntnis aller Umstände gesichert sein sollen, müssen die Verbraucher klare und verständliche Informationen erhalten, so dass sie überlegen können, ob sie einer angeregten Lösung zustimmen, ob sie sich beraten lassen oder andere Möglichkeiten erwägen wollen.

(18) Die Kommission wird die Informationen, die sie von den Mitgliedstaaten im Hinblick auf die Anwendung derartiger Grundsätze durch außergerichtliche Einrichtungen erhält, die für die Beilegung von in den Anwendungsbereich dieser Empfehlung fallenden verbraucherrechtlichen

Streitigkeiten zuständig sind, in das Europäische Netz für die außergerichtliche Streitbeilegung (EEJ-Net) aufnehmen.

(19) Schließlich ist unter diesen Umständen die Aufstellung von Grundsätzen für Einrichtungen, die Verfahren zur Beilegung verbraucherrechtlicher Streitigkeiten durchführen, auf die nicht die Grundsätze der Empfehlung 98/257/EG anwendbar sind, erforderlich, um in einem wesentlichen Bereich die von den Mitgliedstaaten ergriffenen Initiativen zu unterstützen und zu ergänzen, damit in Übereinstimmung mit Artikel 153 des Vertrags ein hohes Verbraucherschutzniveau erreicht werden kann. Diese Maßnahme geht nicht über das Maß dessen hinaus, was zur Gewährleistung des reibungslosen Ablaufs der Verfahren zur Beilegung verbraucherrechtlicher Streitigkeiten erforderlich ist. Sie ist deshalb mit dem Subsidiaritätsprinzip vereinbar –

EMPFIEHLT:

Die Einhaltung der nachfolgenden, in Teil II aufgeführten Grundsätze seitens aller bereits existierenden oder in Zukunft zu schaffenden Einrichtungen, die außergerichtliche Verfahren zur Beilegung von Verbraucherrechtsstreitigkeiten durchführen, die in den in Teil I definierten Anwendungsbereich dieser Empfehlung fallen:

I. Anwendungsbereich

1. Diese Empfehlung gilt für unabhängige Einrichtungen, die Verfahren zur außergerichtlichen Beilegung von Verbraucherrechtsstreitigkeiten durchführen, bei denen – unabhängig von ihrer Bezeichnung – versucht wird, eine Streitigkeit dadurch zu beenden, dass die Parteien zusammengebracht und dazu veranlasst werden, im gegenseitigen Einvernehmen eine Lösung zu finden.
2. Sie gilt nicht für Verbraucherbeschwerdeverfahren, die von Unternehmen betrieben werden und bei denen das Unternehmen unmittelbar mit dem Verbraucher verhandelt, oder für Verfahren, die von oder im Auftrag eines Unternehmens durchgeführt werden.

II. Grundsätze

A. Unparteilichkeit

Die Unparteilichkeit der Personen, die das Verfahren durchführen, sollte dadurch gewährleistet sein, dass
a) sie für eine bestimmte Zeit berufen werden und nicht ohne triftigen Grund ihres Amtes enthoben werden können;
b) ein vermeintlicher oder tatsächlicher Interessenkonflikt zwischen diesen Personen und einer der Parteien ausgeschlossen ist;
c) sie beide Parteien vor Beginn des Verfahrens über ihre Unparteilichkeit und Kompetenz informieren.

B. Transparenz

1. Die Transparenz des Verfahrens sollte gewährleistet sein.
2. Die Informationen über die einschlägigen Kontaktadressen, über den Zugang zum Verfahren und über dessen Funktionsweise, sollten den Parteien frühzeitig in verständlicher Sprache zugänglich sein, so dass sie diese bereits vor Einleitung eines Verfahrens abrufen und aufbewahren können.
3. Insbesondere sollten Informationen zugänglich gemacht werden über:
a) den Ablauf des Verfahrens, die Art der Streitigkeiten, die in diesem Verfahren beigelegt werden können, und sämtliche Einschränkungen hinsichtlich der Durchführbarkeit dieses Verfahrens;
b) die Vorschriften über die Voraussetzungen, die die Parteien erfüllen müssen, und die sonstigen Verfahrensvorschriften, insbesondere solche, die den Ablauf des Verfahrens und die Sprachen betreffen, in denen das Verfahren durchgeführt wird;
c) die Kosten, die gegebenenfalls von den Parteien zu tragen sind;
d) den Zeitplan für den Verfahrensablauf, insbesondere wenn die Dauer des Verfahrens von der Art des Rechtsstreits abhängt;

e) möglicherweise anwendbare materiellrechtliche Vorschriften (Rechtsvorschriften, anerkannte Industrie-Praxis, Billigkeitsgrundsätze, Verhaltenskodizes);

f) die Art des Beitrags, den dieses Verfahren zur Streitbeilegung leisten kann;

g) die Rechtswirkung einer einvernehmlichen Lösung für die Beilegung des Rechtsstreits.

4. Eine von den Parteien vereinbarte Lösung für die Beilegung der Streitigkeit sollte auf einem dauerhaften Datenträger unter klarer Bezeichnung der Bedingungen und Gründe, auf denen sie beruht, protokolliert werden. Dieses Protokoll sollte beiden Parteien zur Verfügung gestellt werden.

5. Angaben zur Erfolgsbilanz des Verfahrens sollten öffentlich zugänglich sein. Dazu gehören die Angaben zu

a) Anzahl und Art der eingegangenen Beschwerden sowie Ausgang der Verfahren;

b) Dauer des Verfahrens bis zu dem Zeitpunkt, zu dem der Beschwerde abgeholfen wird;

c) Probleme, die häufig Anlass zu Beschwerden geben;

d) Grad der Einhaltung einvernehmlicher Lösungen, sofern bekannt.

C. Effizienz

1. Die Effizienz des Verfahrens sollte gewährleistet sein.

2. Das Verfahren sollte für beide Parteien, z. B. auf elektronischem Weg, leicht zugänglich sein, und zwar unabhängig von deren Aufenthaltsort.

3. Das Verfahren sollte für Verbraucher entweder unentgeltlich sein oder es sollten nur moderate, dem Streitwert angemessene Kosten anfallen.

4. Die Parteien sollten das Verfahren in Anspruch nehmen können, ohne zur Einschaltung eines Prozessbevollmächtigten verpflichtet zu sein. Sie sollten jedoch nicht daran gehindert sein, sich in jedem Stadium des Verfahrens oder im gesamten Verfahren eines Dritten als Vertreter oder Beistand zu bedienen.

5. Das in einem Streitfall eingeleitete Verfahren sollte baldmöglichst und innerhalb einer der Art der Streitigkeit angemessenen Frist zum Abschluss kommen. Die für das Verfahren zuständige Einrichtung sollte regelmäßig den Fortgang überprüfen, damit eine zügige und angemessene Abwicklung der Streitigkeit der Parteien sichergestellt ist.

6. Das Verhalten der Parteien sollte einer Überwachung der für das Verfahren zuständigen Einrichtung unterliegen, damit gewährleistet ist, dass sie sich ernsthaft um eine ordnungsgemäße, faire und zeitige Lösung der Streitigkeit bemühen. Lässt das Verhalten einer Partie zu wünschen übrig, so sollten beide Parteien darüber informiert werden, damit sie prüfen können, ob sie das Verfahren der Streitbeilegung fortführen wollen. Einrichtung unterliegen, damit gewährleistet ist, dass sie sich ernsthaft um eine ordnungsgemäße.

D. Fairness

1. Die Fairness des Verfahrens sollte gewährleistet sein. Insbesondere sollten

a) die Parteien über ihr Recht informiert werden, sich nicht an dem Verfahren zu beteiligen oder sich jederzeit und in jedem Verfahrensabschnitt aus dem Verfahren zurückzuziehen und den Rechtsweg zu beschreiten oder sich zur Streitbeilegung an andere außergerichtliche Stellen zu wenden, wenn sie mit den Ergebnissen oder den Ablauf des Verfahrens nicht zufrieden sind;

b) beide Parteien alle für ihren Fall relevanten Argumente, Angaben oder Beweismittel frei, ungehindert und auf vertraulicher Basis der zuständigen Einrichtung unterbreiten können, es sei denn, die Parteien haben sich mit der Weitergabe dieser Informationen an die andere Partei einverstanden erklärt; werden von einem Dritten Lösungen zur Beilegung der Streitigkeit vorgeschlagen, so sollten beide Parteien Gelegenheit haben, ihren Standpunkt darzulegen, sowie sich zu sämtlichen Argumenten, Angaben oder Beweismitteln, die von der anderen Partei vorgelegt wurden, zu äußern;

c) beide Parteien dazu ermutigt werden, im Verfahren uneingeschränkt zusammenzuarbeiten, indem sie insbesondere sämtliche für eine faire Lösung des Rechtsstreits erforderlichen Angaben machen;

d) die Parteien, bevor sie einer angeregten Lösung zur Beilegung der Streitigkeit zustimmen, eine angemessene Bedenkzeit erhalten, um diese Lösung zu prüfen.

2. Bevor der Verbraucher einer angeregten Lösung zustimmt, sollte er in klarer und verständlicher Sprache über Folgendes informiert werden:

a) Es steht ihm frei, der angeregten Lösung zuzustimmen oder sie abzulehnen.

b) Die angeregte Lösung könnte für ihn ungünstiger sein als eine gerichtliche Entscheidung, die auf Grund der geltenden Rechtsvorschriften ergeht.

c) Er hat das Recht, sich von einem unabhängigen Dritten beraten zu lassen, bevor er der angeregten Lösung zustimmt oder sie ablehnt.

d) Er hat auch nach Durchführung dieses Verfahrens das Recht, sich mit seiner Beschwerde an eine andere, in den Anwendungsbereich der Empfehlung 98/257/EG fallende Stelle für die außergerichtliche Streitbeilegung zu wenden oder in seinem eigenen Land den Rechtsweg zu beschreiten.

e) Die Rechtswirkung einer einvernehmlichen Lösung.

DIESE EMPFEHLUNG:

richtet sich an die Mitgliedstaaten, soweit sie im Zusammenhang mit solchen Verfahren, die die Beilegung von Verbraucherstreitigkeiten erleichtern sollen, davon betroffen sind, sowie an alle natürlichen oder juristischen Personen, die für die Einführung oder die Durchführung solcher Verfahren verantwortlich sind.

§ 27 Sicherung der Vertraulichkeit

Dr. Christoph Hartmann

Übersicht

Schrifttum: *Arndt/Lerch/Sandkühler,* Bundesnotarordnung, 4. Aufl. 2000; *Baumbach/Lauterbach/Albers/ Hartmann,* Zivilprozeßordnung, 59. Aufl. 2001; *BRAK-Ausschuss Mediation,* BRAK-Mitteilungen 1996, S. 187; *Breidenbach/Henssler,* Mediation für Juristen, 1997; *Eyermann,* Verwaltungsgerichtsordnung, 10. Aufl. 1998; *Eidenmüller,* Vertrags- und Verfahrensrecht der Wirtschaftsmediation, 2001; *Eylmann/Vaasen,* Bundesnotarordnung, Beurkundungsgesetz, 2000; *Fisher/Ury/Patton,* Das Harvard-Konzept, 17. Aufl. 1998; *Groth/v. Bubnoff,* Gibt es „gerichtsfeste" Vertraulichkeit bei der Mediation, NJW 2001, 338 ff.; *Haft,* Verhandeln, 1992; *Hartung/Holl,* Anwaltliche Berufsordnung, 1997; *Henssler/Koch,* Mediation in der Anwaltspraxis, 2000; *Karlsruher Kommentar* zur Strafprozessordnung, 4. Aufl. 1999; *Köbler,* Juristisches Wörterbuch, 9. Aufl. 1999; *Köbler/Pohl,* Deutsch-Deutsches Rechtswörterbuch, 1991; *Leipziger Kommentar* zum Strafgesetzbuch, 11. Aufl. 2001, Berlin, New York; *Löwe-Rosenberg,* Die Strafprozessordnung und das Gerichtsverfassungsgesetz, Großkommentar, Erster Band, 25. Aufl. 1999; *Hans-Georg Mähler/Gisela Mähler,* Missbrauch von in der Mediation erlangten Informationen, ZKM 2001, 4 ff.; *Münchener Kommentar* zur Zivilprozessordnung, Bd. 1 §§ 1–354 und Bd. 2 §§ 355–802, 2. Aufl. 2000; *Musielak,* Zivilprozessordnung, 2. Aufl. 2000; *Nomos,* Kommentar zum Strafgesetzbuch, 1. Aufl. 1999; *Palandt,* Bürgerliches Gesetzbuch, 60. Aufl. 2001; *Pfeiffer,* Strafprozessordnung und Gerichtsverfassungsgesetz, 3. Aufl. 2001; *Redeker/v. Oertzen,* Verwaltungsgerichtsordnung, 13 Aufl. 2000; *Risse,* Wirtschaftsmediation, NJW 2000, 1614 ff.; *Schippel,* Bundesnotarordnung, 7. Aufl. 2000; *Schönke/Schröder,* Strafgesetzbuch, 25. Aufl. 1997; *Stein/Jonas,* Kommentar zur Zivilprozessordnung, Bd. 2, 21. Aufl. 1994 und Bd. 4/1, 21. Aufl. 1999; *Wagner,* Prozessverträge, 1998; *Wieczorek,* Zivilprozessordnung und Nebengesetze, 2. Aufl. 1976; *Zöller,* Zivilprozessordnung, 22. Aufl. 2001.

I. Funktion der Vertraulichkeit[1]

Die **Ausgangslage** in der Mediation lässt sich so beschreiben: Die Parteien eines 1 Konfliktes verharren auf konträren Positionen und sind selbst nicht in der Lage, eine Lösung zu erzielen. In dieser Situation kann der Mediator helfen. Er nutzt in der Mediation eine besondere Form des Verhandlungsmanagements[2] und setzt dabei Erkenntnisse des Harvard-Konzeptes[3] ein. Er führt die Parteien im Rahmen eines formalisierten Verfahrens von ihren Positionen zu einer interessenorientierten Lösung.[4] Dabei sind kommunikationswissenschaftliche und verhandlungspsychologische Kenntnisse sowie der Einsatz entsprechender Instrumente und Techniken nötig.[5] Bei der Durchführung der Mediation sind weiter verschiedene Verfahrensgrundsätze[6] zu beachten. Dies sind u. a. das Prinzip der Selbstverantwortlichkeit, der Grundsatz der Informiertheit und der Grundsatz der Vertraulichkeit. Das Prinzip der Selbstverantwortlichkeit sieht vor, dass die Parteien selbst die Lösung ihres Problems erarbeiten. Die Basis hierfür ermöglicht der Grundsatz der Informiertheit, wonach die Parteien über alle entscheidungserheblichen Tatsachen und die Rechtslage Kenntnis haben müssen. In Kenntnis dieser Informationen können die Parteien die interessenorientierte Lösung erarbeiten.

Der Erfolg der Mediation hängt jedoch entscheidend davon ab, ob die Parteien in 2 der Lage sind, ihre regelungsbedürftigen Interessen und die damit in Zusammenhang stehenden Informationen offen mitzuteilen.[7] Ohne eine **offene Kommunikation** über die konfliktbezogenen Interessen der Parteien, gegebenenfalls in Einzelgesprächen, ist ein Erfolg der Mediation nur schwer denkbar. Es ist deshalb ein elementares Anliegen der Mediation, die Offenheit störende Faktoren auszuschließen. Die Befürchtung, dass eine der Parteien Informationen aus der Mediation zu eigenen Zwecken und zum Nachteil der sich öffnenden Partei nutzen könnte, würde Offenheit unmöglich machen. An dieser Stelle hat der eingangs zitierte **Grundsatz der Vertraulichkeit** seine zentrale Bedeutung. Die Gewährung von Vertraulichkeit soll verhindern, dass in der Mediation erlangte Informationen später gegen den Informanten benutzt werden. Dabei wird von der Literatur regelmäßig an die Nutzung in einem späteren Gerichtsverfahren gedacht.[8] Nur beiläufig wird erwähnt,

---

[1] Vgl. dazu auch § 15 Rdnr. 120 ff.
[2] *Eidenmüller* in Henssler/Koch § 2 Rdnr. 1.
[3] Vgl. hierzu *Fisher/Ury/Patton* S. 37 ff.
[4] *Risse* NJW 2000, 1614.
[5] Vgl. dazu §§ 14, 16.
[6] Dazu § 15 Rdnr. 70 ff.
[7] *Eidenmüller* S. 24.
[8] *Eidenmüller* S. 24, 27; *Groth/v. Bubnoff* NJW 2001, 338, 339; *Koch* in Henssler/Koch § 8 Rdnr. 10; *Mähler/Mähler* ZKM 2001, 4.

dass auch im außergerichtlichen Bereich durch den Missbrauch von Vertraulichkeit große Schäden drohen können.[9] Zu denken ist hier an die Nutzung von Geschäftsideen und Geschäftsgeheimnissen, aber auch an die Abwerbung wichtiger Know-How-Träger.

3   Wird unter den Parteien Vertraulichkeit gewährt, hat dies für den gesamten Einigungsprozess weitreichende, positive Auswirkungen. Ein offenes und vertrauliches Verhandlungsklima schafft Verständnis für die Position und die Interessen der jeweils anderen Partei und es entstehen wechselseitig psychische Schutzzonen.[10] Die Offenlegung von Tatsachen schafft gemeinsame Überzeugungen, die Grundlage einer als gerecht empfundenen Lösung sein können.[11] Damit ist erkennbar, dass die Vertraulichkeit einerseits Mediation erst ermöglicht, andererseits das Verfahren aber auch fördert. Zu Recht kann die Wahrung der Vertraulichkeit damit als Achillesferse der Mediation bezeichnet werden.[12]

II. Begriffsdefinition

4   Ausgangspunkt für die weiteren Darlegungen muss eine **Definition** der Vertraulichkeit vor dem oben geschilderten, funktionalen Hintergrund sein. „Vertrauen" ist die sichere Erwartung des Eintretens eines bestimmten Umstandes.[13] Zu fragen ist daher, welche **Erwartungen** die Beteiligten des Mediationsverfahrens typischerweise haben. Hier ist an den Zweck der Mediation und die oben dargestellten Grundsätze anzuknüpfen. Der Mediator fordert von den Medianten die Offenlegung der konfliktrelevanten Interessen und Tatsachen. Die Medianten treten dann gegenüber der jeweils anderen Partei mit Informationen in Vorleistungen. Dies geschieht in der Erwartung, damit im weiteren Verfahren eine Lösung des Konfliktes zu erreichen. Wird die Lösung nicht erreicht, erwarten die Medianten, dass die Vorleistung in einem anschließenden Gerichtsverfahren nicht gegen sie genutzt wird. Auf diese Vorstellung dürfte sich die Erwartung der Mediationsbeteiligten beschränken, da die Mediation allgemein als Alternative zu einem gerichtlichen Verfahren gesehen wird. Außergerichtliche Sachverhalte, etwa die Ausnutzung erlangter Informationen zu gewerblichen Zwecken, werden die Parteien weniger in ihre Erwartungen der Vertraulichkeit einbeziehen. Hierzu können sich die Parteien herkömmlicher Geheimhaltungsvereinbarungen bedienen. Damit konzentrieren sich die im Mediationsverfahren typischen Erwartung der Parteien darauf, bei Scheitern des Mediationsverfahrens in einem anschließenden Gerichtsverfahren nicht schlechter zu stehen, als sie stünden, wenn das Mediationsverfahren gar nicht durchgeführt worden wäre. Diese Erwartung muss der Grundsatz der Vertraulichkeit sichern. Vertraulichkeit bewirkt also, dass offenbarte Informationen und Tatsachen, soweit sie nicht bekannt waren oder anderweitig beschaffbar sind, bei Scheitern der Mediation von allen Beteiligten geheimzuhalten sind.[14]

---

[9] *Eidenmüller* S. 29 für den Fall des Scheiterns einer Unternehmenssanierung durch Indiskretion.
[10] *Mähler/Mähler* ZKM 2001, 4, 6.
[11] *Groth/v. Bubnoff* NJW 2001, 338.
[12] *Mähler/Mähler* ZKM 2001, 4.
[13] *Köbler/Pohl*, Stichwort Vertrauen; *Köbler*, Stichwort Vertrauen.
[14] Diese Gesichtspunkte werden auch bei *Eidenmüller* S. 27 f. erwähnt.

Bezogen auf die einzelnen Beteiligten definiert sich Vertraulichkeit also dahinge- 5
hend, dass zunächst vom Mediator **Stillschweigen** gegenüber Dritten über die im
Mediationsverfahren erlangten Informationen erwartet wird. Der **Mediator** soll
diese Informationen allein zur Durchführung des Mediationsverfahrens nutzen.
Außerhalb des Verfahrens hat jede Nutzung und Mitteilung hierüber zu unterbleiben. Im Verhältnis der **Parteien** zueinander wird gegenseitig die Geheimhaltung vertraulicher Informationen erwartet. Auf eine Nutzung dieser Informationen in einem
etwaigen Gerichtsverfahren wird verzichtet. Eine gesteigerte Vertraulichkeit ist mit
der Durchführung von **Einzelgesprächen** verbunden. Hier erwartet die jeweils in
das Gespräch einbezogene Partei absolutes Stillschweigen des Mediators auch gegenüber der anderen Partei. Der Mediator darf dieses Stillschweigen nur mit aus-
drücklichem Einverständnis der Partei des Einzelgespräches brechen. Dieses Verständnis ergibt sich aus dem Vorgang selbst. Im Einzelgespräch wird die jeweils
andere Partei bewusst ausgegrenzt und damit aktiv von der offenbarten Information fern gehalten. Damit wird der Geheimhaltungswille zumindest konkludent ausgedrückt.

Wie wirkt sich dies nun in der Anwendung aus? Welche Informationen sind ver- 6
traulich zu behandeln? Manche meinen pauschal, der Inhalt des Mediationsverfahrens dürfe nicht Gegenstand eines späteren Gerichtsverfahrens sein.[15] Ausgeführt
wird auch, dass die Mediation nicht dazu missbraucht werden soll, zur Vorbereitung eines Gerichtsverfahrens lediglich Informationen einzuholen.[16] Diese Wertungen sind zu allgemein. Der Vertraulichkeit zwischen den Parteien unterliegen nur
diejenigen Informationen, an denen die jeweilige Partei ein berechtigtes und er-
kennbares Geheimhaltungsinteresse hat und auch nur insoweit, als die Informationen der anderen Partei nicht bereits bekannt sind oder von dieser auf anderem, zu-
lässigem Weg beschafft werden können. Allein dem Mediator im Einzelgespräch
offenbarte Informationen unterliegen in vollem Umfang der Vertraulichkeit.

Die vorstehend dargelegten Ausführungen haben grundsätzliche Gültigkeit im 7
Mediationsverfahren, gleich ob es sich um Mediation mit Familien- oder Betriebs-
angehörigen, um Wirtschaftsmediation oder Mediation im Verwaltungsbereich
handelt. Allein bei **öffentlichen Planungsvorhaben** dürfte der Grundsatz der Vertraulichkeit im Verhältnis der Parteien zueinander eine geringere Bedeutung haben.
Werden solche Planungsvorhaben mediiert, dient die Mediation zumeist der Pla-
nungsvorbereitung und findet unter Teilnahme vieler Interessengruppen, Ministe-
rien und sonstiger Behörden, der Industrie- und Handelskammer und privater
Betreiber statt. In diesen Fällen stehen die jeweiligen Gruppierungen oftmals im
Licht der Öffentlichkeit. Vertraulichkeit wird hier von den Parteien gegenseitig nur
eingeschränkt erwartet und durch berechtigte Interessen der Öffentlichkeit beschränkt. Mediationsverfahren finden in diesem Bereich zumindest teilweise unter
Beobachtung durch die Öffentlichkeit statt und was öffentlich bekannt ist, unterfällt grundsätzlich nicht dem Vertraulichkeitsgebot. Hier erstreckt sich der Grundsatz der Vertraulichkeit auf diejenigen Informationen, die ausdrücklich unter dem
Vorbehalt der Vertraulichkeit mitgeteilt werden.[17] Im Verhältnis zwischen den Par-

---

[15] *Groth/v. Bubnoff* NJW 2001, 338, 339.
[16] *Risse* NJW 2000, 1614, 1620; *Groth/v. Bubnoff* NJW 2001, 338, 339.
[17] *Preussner* in Henssler/Koch § 12 Rdnr. 56 beschränkt Vertraulichkeit auf die Verfahrensdurch-
führung unter Ausschluss der Öffentlichkeit.

teien und dem Mediator gilt grundsätzlich die uneingeschränkte Vertraulichkeit, erst Recht für Informationen, die in Einzelgesprächen offenbart wurden.

8   Zu behandeln sind auch die Erwartungen der Parteien bei Einsatz eines Mediatorenteams. Die sog. **Co-Mediation** kommt bei komplexeren Sachverhalten zum Einsatz sowie immer dann, wenn die Fähigkeiten von Mediatoren unterschiedlicher Grundberufe genutzt werden sollen. Ersteres findet regelmäßig in der Umweltmediation statt. Letzteres kann in der Familien- oder Erbmediation sinnvoll sein, wenn die Mediation beispielsweise durch einen Psychologen und einen Rechtsanwalt erfolgt. In der Co-Mediation ist selbstverständlich, dass die vorstehenden Ausführungen zur Vertraulichkeit in vollem Umfang für das Verhältnis zwischen den Parteien untereinander und das Verhältnis zwischen Parteien und Mediatoren Gültigkeit haben. Allein stellt sich die Frage, ob im Verhältnis der Mediatoren zueinander Vertraulichkeit erwartet wird. Dies ist eindeutig zu verneinen. Die Mediatoren müssen berechtigt sein, sämtliche Informationen, auch aus Einzelgesprächen, miteinander auszutauschen. Anders wäre der Zweck ihrer gemeinsamen Beauftragung nicht erreichbar. Die Parteien erwarten nämlich aus dieser gemeinsamen Tätigkeit erhebliche Synergieeffekte und bessere Chancen einer Einigung. Dies ist nur bei ungehindertem Austausch der Mediatoren untereinander möglich. Damit gilt der Grundsatz der Vertraulichkeit im Innenverhältnis der Co-Mediatoren zueinander nicht.

III. Rechtsgrundlagen der Vertraulichkeit

9   Gesetzliche Bestimmungen zur Mediation im Allgemeinen und zum Grundsatz der Vertraulichkeit im Besonderen fehlen. Es existieren nur vereinzelt Bestimmungen, die die Vertraulichkeit wahren helfen. Diese sind im Berufsrecht verschiedener Grundberufe zu finden, aus denen sich Mediatoren rekrutieren. Zur Wahrung der Vertraulichkeit im Verhältnis der Parteien zueinander fehlen gesetzliche Bestimmungen zur Gänze. Nachfolgend werden zunächst die die Mediatoren betreffenden gesetzlichen Bestimmungen, geordnet nach Berufsgruppen, behandelt. Im Anschluss daran werden die Möglichkeiten der vertraglichen Vereinbarungen dargestellt.

1. Gesetzliche Bestimmungen

10   a) **Rechtsanwälte und Notare.** § 18 BerufsO, erlassen auf Grund der Ermächtigungsnorm des § 59 b Abs. 2 Nr. 5 a BRAO, regelt, dass der **Rechtsanwalt** im Rahmen seiner Berufstätigkeit als Mediator tätig sein darf und dann den Regeln seines Berufsrechtes unterliegt. Dort ist vorgesehen, dass der Rechtsanwalt bei Ausübung seines Berufes zur Verschwiegenheit verpflichtet ist (§ 43 a Abs. 2 BRAO). Er hat qua Berufsrecht die Pflicht zur Geheimhaltung aller im Zusammenhang mit der Mediation erlangter Informationen und Erkenntnisse.[18] Diese Pflicht gilt gegenüber jedermann, auch gegenüber Rechtsanwälten der Parteien, die nicht am Mediationsverfahren teilnehmen.[19] Hiervon ausgenommen sind lediglich offenkundige oder bedeutungslose Tatsachen (s. a. § 43 a Abs. 2 S. 3 BRAO). Der **Notar** ist gem.

---

[18] *Hartung/Holl* § 18 BerufsO Rdnr. 34; *Henssler* in Henssler/Koch § 3 Rdnr. 29.
[19] *Hartung/Holl* § 18 BerufsO Rdnr. 34.

§ 24 Abs. 1 Satz 1 BNotO zur „vorsorgenden Rechtspflege" berufen. Hierzu wird auch die Bereinigung vorhandener Streitigkeiten gezählt.[20] Dabei kann sich der Notar des Mediationsverfahrens bedienen, sodass auch hier die entsprechende Tätigkeit vom Berufsrecht erfasst wird.[21] Dieses sieht in § 18 Abs. 1 BNotO eine Pflicht zur Verschwiegenheit hinsichtlich sämtlicher im Rahmen der Berufsausübung bekannt gewordener Angelegenheiten vor. Damit ist grundsätzlich gewährleistet, dass der Rechtsanwalt und der Notar als Mediator zur Wahrung der Vertraulichkeit verpflichtet sind. Eingeschränkt wird die Verschwiegenheitspflicht in beiden Fällen durch § 138 StGB, der bei geplanten Straftaten schwerwiegender Art eine Anzeigepflicht vorsieht.

b) Diplompsychologen.[22] Rechtsgrundlage für die Tätigkeit der Diplompsychologen sind das **Psychotherapeutengesetz** (PsychThG) und das **Heilpraktikergesetz** (HPG). Gegenstand des PsychThG ist gem. § 1 Abs. 1 die heilkundliche Psychotherapie. Hierzu gehören Tätigkeiten zur Feststellung, Heilung oder Linderung von Störungen mit Krankheitswert (§ 1 Abs. 3 PsychThG). Ausdrücklich nicht unter das PsychThG fallen „Tätigkeiten, die die Aufarbeitung und Überwindung sozialer Konflikte" zum Gegenstand haben (§ 1 Abs. 3 PsychThG). Damit ist das PsychThG für die Ausübung von Mediation nicht einschlägig. Das Gleiche gilt für das HPG, welches in § 1 Abs. 1 als Gegenstand des Gesetzes die Feststellung, Heilung oder Linderung von Krankheiten nennt.   **11**

Die **Schweigepflicht** der Diplompsychologen wird in den „Ethischen Richtlinien der Deutschen Gesellschaft für Psychologie e. V. (DGPs) und des Berufsverbandes Deutscher Psychologinnen und Psychologen e. V. (BDP), Abschnitt B.III.1. Abs. 1 behandelt.[23] Diese Richtlinien haben als vereinsrechtliche Regelung jedoch keinen allgemein rechtsverbindlichen Charakter. Zudem wird dort auch keine originäre Schweigepflicht begründet, sondern lediglich auf § 203 StGB[24] verwiesen. Demnach kann sich eine die Vertraulichkeit sichernde Verschwiegenheitspflicht der Diplompsychologen allenfalls aus § 203 Abs. 1 Nr. 2 StGB ergeben. Der Anwendungsbereich dieser Norm erfasst zunächst nur den Berufspsychologen. Psychologen, die nicht zur Erzielung von Einkünften tätig werden, fallen damit nicht unter § 203 Abs. 1 Nr. 2 StGB.[25] Weiter ist erforderlich, dass die geheimhaltungsbedürftigen Tatsachen dem Psychologen in seiner Eigenschaft als Berufspsychologe anvertraut werden müssen. Damit muss die Funktion als Berufspsychologe bei Erlangung der Kenntnis von den Geheimnissen ausgeübt werden.[26] In der Kommentierung wird zu Recht gefordert, der Berufspsychologe müsse auf einem der anerkannten Hauptanwendungsgebiete der Psychologie tätig sein.[27] Es stellt sich also die Frage, ob die Mediation grundsätzlich zu den Hauptanwendungsgebieten der Psychologie gehört. Im Studiengang Diplompsychologie wird regelmäßig Allgemeine Psychologie ge-   **12**

---

[20] *Arndt/Lerch/Sandkühler* § 24 Rdnr. 23; *Eylmann/Vaasen* § 1 Rdnr. 16; *Schippel* § 1 Rdnr. 5.
[21] *Eylmann/Vaasen* § 1 Rdnr. 16; *Henssler* in Henssler/Koch § 3 Rdnr. 47; vgl. zum Notar als Mediator §§ 24, 25.
[22] Zum Psychologen als Mediator vgl. § 22.
[23] Erhältlich bei dem Berufsverband Deutscher Psychologinnen und Psychologen e. V., Bonn oder über www.bdp-verband.org.
[24] Vgl. dazu auch § 30 Rdnr. 3 ff.
[25] *LK-Schünemann* § 203 Rdnr. 62.
[26] *LK-Schünemann* § 203 Rdnr. 35, 38; *Schönke-Schröder/Lenckner* § 203 Rdnr. 12.
[27] *LK-Schünemann* § 203 Rdnr. 62; *Jung* in Nomos § 203 Rdnr. 8.

lehrt. Hierzu gehört die Wissensvermittlung zu den Themen Wahrnehmung, Kognition, Sprache, Motivation, Emotion und Problemlösung, die zu den Grundlagen der Mediation zu zählen sind.[28] Weiter gehört neben der Diagnostik und der Psychotherapie auch die Beratung zu den typischen Tätigkeitsfeldern der Berufspsychologen.[29] Letzteres gilt grundsätzlich für alle Lebensbereiche, auch für die Bereiche Wirtschaft und Verwaltung. Damit wird regelmäßig davon auszugehen sein, dass der für eine Mediation in Anspruch genommene Berufspsychologe gerade in dieser Eigenschaft tätig wird. Für den Berufspsychologen ergibt sich damit aus § 203 Abs. 1 Nr. 2 StGB eine Schweigepflicht hinsichtlich sämtlicher, in der Mediation erfahrener vertraulicher Informationen.

13   **c) Diplompädagogen.** Gesetzliche Regelungen zur Mediationstätigkeit der Diplompädagogen existieren nicht. Der Berufsverband Deutscher Diplom-Pädagogen und Diplom-Pädagoginnen e. V. (BDDP) sieht in seiner „Berufsordnung für Pädagogen" (BOPäd) die Vermittlung als natürlichen Bestandteil des Berufsbildes an (§ 1 S. 3 BOPäd). Weiter definiert er in § 9 3. SpStr BOPäd eine Fachgebietsbezeichnung „Forensische Pädagogik und Mediation". In § 22 Abs. 1 BOPäd wird zudem eine **Verschwiegenheitspflicht** statuiert. Zu beachten ist aber, dass die BOPäd als vereinsrechtliche Regelung nur Wirkung für die Mitglieder des Verbandes, aber keine allgemeine Verbindlichkeit hat. Damit sind die dort geregelten Pflichten **nicht** geeignet, die Vertraulichkeit in der Mediation zu sichern. In § 203 Abs. 1 StGB sind unter Nr. 5 allein die Sozialpädagogen erwähnt. Aufgrund des strafrechtlichen Analogie-Verbotes ist es unzulässig, die Diplompädagogen unter diese Vorschrift zu subsumieren.[30] Gesetzliche Vorschriften zur Wahrung der Verschwiegenheit in der Mediation tätiger Diplompädagogen fehlen also.

14   **d) Sozialarbeiter und Sozialpädagogen.** Auch für Sozialarbeiter und Sozialpädagogen fehlen gesetzliche Regelungen zur Mediationstätigkeit. Eine Verschwiegenheitspflicht enthalten Nr. 3.6–3.9 der geplanten Berufsordnung des Deutschen Berufsverbandes für Sozialarbeit, Sozialpädagogen und Heilpädagogik e. V. (DBSH). Auch hier fehlt jedoch die Allgemeinverbindlichkeit dieser Regelungen. **Schweigepflichten** können sich damit allein aus § 203 Abs. 1 Nr. 5 StGB ergeben. Auch hier gilt, was für Diplompsychologen bereits dargelegt wurde. Etwaige Geheimnisse müssen dem Sozialarbeiter oder -pädagogen in seiner beruflichen Eigenschaft und in Ausübung entsprechender beruflicher Tätigkeit anvertraut werden. Ob dies bei einer Mediationstätigkeit grundsätzlich zu bejahen ist, erscheint fraglich. Zwar dürfte eine beratende Tätigkeit und damit auch die Mediation zum Berufsbild gehören.[31] In typisch sozialberatenden Bereichen wird deshalb eine Verschwiegenheitspflicht gem. § 203 Abs. 1 Nr. 5 StGB zu bejahen sein. Ausgesprochen fraglich erscheint aber, bei der Mediationstätigkeit eines Sozialarbeiters oder -pädagogen im Rahmen einer Wirtschafts- oder Umweltmediation davon auszugehen, dass die Parteien diesem in seiner Eigenschaft als Sozialarbeiter oder -pädagoge etwaige Geheimnisse anvertrauen. In diesen Fällen ist die Anwendung des § 203 Abs. 1 Nr. 5

---

[28] Vgl. hierzu beispielhaft die Beschreibungen zum Studiengang Psychologie der Universitäten Heidelberg (www.uni-heidelberg.de) und Tübingen (www.uni-tuebingen.de).
[29] Vgl. Präambel der Ethischen Richtlinien der DGPs und des BDP.
[30] *Henssler* in Henssler/Koch § 3 Rdnr. 74.
[31] *LK-Schünemann* § 203 Rdnr. 37.

StGB zu verneinen, da sich die Tätigkeit des Sozialarbeiters oder -pädagogen dann nicht mehr mit seinem Berufsbild deckt. Von Fall zu Fall ergibt sich also ein **unterschiedliches Pflichtenbild** des Sozialarbeiters oder -pädagogen.

e) Ehe-, Erziehungs-, Jugend- oder Suchtberater. Gesetzliche Regelungen für Ehe-, **15** Erziehungs-, Jugend- oder Suchtberater existieren weder im Hinblick auf eine Mediationstätigkeit, noch bezüglich einer Verschwiegenheitspflicht. Letztere kann sich allenfalls aus § 203 Abs. 1 Nr. 4 StGB ergeben. Die berufliche Qualifikation dieser Berater ist nicht entscheidend, der Tatbestand des § 203 Abs. 1 Nr. 4 StGB knüpft allein an den Tätigkeitsbereich an.[32] Die strafrechtliche Verschwiegenheitspflicht wird also nur dann statuiert, wenn der jeweilige Berater in Ehe-, Erziehungs-, Jugend- oder Suchtfragen tätig wird und dies auch nur dann, wenn die Tätigkeit in einer von einer Behörde oder Körperschaft, Anstalt oder Stiftung des öffentlichen Rechts anerkannten Einrichtung stattfindet.[33] Für die Mediationstätigkeit eines solchen Beraters hat dies zur Folge, dass § 203 Abs. 1 Nr. 4 StGB nur dann eine Verschwiegenheitspflicht statuiert, wenn die Mediationstätigkeit im Rahmen einer der genannten Beratungsstellen stattfindet. Wird der Mediator in diesen Fällen außerhalb der anerkannten Beratungsstelle tätig, greift § 203 Abs. 1 Nr. 4 StGB nicht ein. Die Vertraulichkeit ist dann durch diese Norm nicht gesichert.

f) Steuerberater, vereidigte Buch- und Wirtschaftsprüfer. Gegenstand der **Steuer- 16 beratertätigkeit** ist die Beratung natürlicher und juristischer Personen in steuerlichen Angelegenheiten. Die Wirtschafts- und vereidigten Buchprüfer sind für die **Prüfung von Buchhaltung und Jahresabschlüssen** zuständig. Gem. § 203 Abs. 1 Nr. 3 StGB sind auch Steuerberater, Wirtschafts- und vereidigte Buchprüfer zur Verschwiegenheit verpflichtet. Dies allerdings nur für diejenigen, geheimhaltungsbedürftigen Tatsachen, die ihnen in Ausübung ihrer beruflichen Tätigkeit anvertraut werden. Hierzu zählt die Tätigkeit als Mediator nicht, sodass die Vertraulichkeit bei diesen Berufsträgern nicht gewährleistet ist.

g) Sonstige Berufe. Als Mediatoren kommen Angehörige weiterer Berufe in Be- **17** tracht. In der Praxis können dies Richter, Lehrer, Hochschulprofessoren, Amtsträger und Mitarbeiter aus dem öffentlichen Dienst sein. Für alle gilt, dass Mediation nicht zu ihren angestammten beruflichen Tätigkeiten gehört und insoweit spezialgesetzliche Geheimhaltungspflichten fehlen. Geheimnisse werden ihnen bei Durchführung einer Mediation nicht in ihrer jeweiligen beruflichen Eigenschaft anvertraut, sodass eine Anwendung des § 203 Abs. 2 StGB zu verneinen ist.[34] Ebenso wenig existieren gesetzliche Schweigepflichten für zahlreiche Berufe, die in § 203 StGB nicht erwähnt sind, wie beispielsweise Betriebswirte, Unternehmensberater, Mitarbeiter von Banken und Versicherungen, sonstige Finanzdienstleister, Makler, Umweltberater und andere.

h) Zusammenfassung. Festzuhalten ist also, dass vorhandene gesetzliche Rege- **18** lungen die Vertraulichkeit in der Mediation nur in wenigen Fällen sichern. Sie befassen sich nur mit ausgewählten Berufsgruppen und betreffen allenfalls die Schweigepflicht des Mediators, nicht aber diejenige der Parteien. Zu bejahen ist ohne Ausnahme nur die Schweigepflicht der Rechtsanwälte, Notare und Psycholo-

---

[32] *LK-Schünemann* § 203 Rdnr. 67.
[33] *LK-Schünemann* § 203 Rdnr. 67.
[34] *Eidenmüller* S. 25 für den Hochschullehrer.

gen. Eine Schweigepflicht für Sozialarbeiter und Sozialpädagogen sowie der Ehe-, Erziehungs-, Jugend- und Drogenberater besteht nur bei Mediationen mit inhaltlichem Bezug zu ihren angestammten Tätigkeiten. Im Übrigen besteht kein gesetzlicher Schutz der Vertraulichkeit.

2. Vertragliche Vereinbarungen zur Vertraulichkeit

19 a) **Allgemeines.** Mit Abschluss des Mediationsvertrages[35] vereinbaren die Parteien gemeinsam mit dem Mediator, dass unter seiner Teilnahme ein Mediationsverfahren zur Erarbeitung einer Konfliktlösung durchgeführt wird. Dabei wird der Mediator in fremdem Interesse, in selbständiger Funktion und in der Regel mit Auswirkung auf das Vermögen der Medianten tätig. Damit stellt sich der Mediationsvertrag im Hinblick auf die Rechte und Pflichten des Mediators als dreiseitiger Dienstvertrag mit Geschäftsbesorgungscharakter gem. §§ 611, 657 BGB dar. Hat die Mediation keine Auswirkung auf das Vermögen der Medianten, ist der Mediationsvertrag als Auftrag zu qualifizieren.

20 b) **Stillschweigende Vereinbarungen.** Besonders dann, wenn es keinen schriftlichen oder keinen insoweit ausformulierten Mediationsvertrag gibt, stellt sich die Frage, ob und in welchem Umfang Vertraulichkeit von den Parteien und dem Mediator vereinbart wurde. Dabei gibt es zunächst den sicherlich seltenen Fall, dass über Vertraulichkeit nicht ausdrücklich gesprochen wird. Öfter dürfte es vorkommen, dass der Mediator in der schulmäßig durchgeführten Phase 1 der Mediation die Parteien auf die Vertraulichkeit der Verhandlungen hinweist. Es wird von den Umständen des Einzelfalles abhängen, wie weit dieses Thema im Einzelnen mit den Parteien erörtert wird. Jedenfalls werden die Parteien regelmäßig unter der Führung des Mediators in der ersten Phase der Mediation eine Verhandlungsvereinbarung zur Wahrung der Vertraulichkeit treffen.[36] Damit stellt sich die Frage, welche Inhalte die Parteien zur Vertraulichkeit regelmässig vereinbaren. Soweit über Vertraulichkeit nicht gesprochen wurde, kann diese stillschweigend vereinbart sein. In Theorie und Praxis ist der Grundsatz der Vertraulichkeit unbestreitbar ein tragender Grundsatz der Mediation. Indem die Parteien sich des Mediationsverfahrens bedienen, erklären sie zugleich, dies in Übereinstimmung mit diesen tragenden Grundsätzen zu tun. Damit liegt regelmäßig eine stillschweigende Vereinbarung der Vertraulichkeit vor. Wenn die Vertraulichkeit in Phase 1 der Mediation erörtert und Gegenstand einer Verfahrensabsprache wird, so liegt sogar eine ausdrückliche Vereinbarung vor. Aber was ist in diesen Fällen der konkludenten oder pauschalen Absprache von Vertraulichkeit tatsächlich vereinbart? Wie oben dargelegt, ist „Vertrauen" als die sichere Erwartung des Eintretens bestimmter Umstände zu verstehen. Fehlt eine nähere Definition der Parteien, so ist diese ausfüllungsbedürtige Absprache gem. §§ 133, 157 BGB auszulegen. Die Auslegung hat sich dabei an den Begleitumständen sowie an dem hypothetischen oder konkludenten Willen der Parteien zu orientieren. Die typischen Erwartungen der Parteien wurden im Rahmen der oben vorgenommenen Begriffsdefinition dargestellt.[37]

---

[35] Dazu § 26 Rdnr. 25 ff.
[36] Zu Verhandlungsverträgen vgl. *Haft* S. 123 f., zu deren Vorbereitung § 13.
[37] Vgl. Rdnr. 4 bis 6.

Danach entsprechen dem zumindest hypothetischen Willen der Parteien drei Re- 21
gelungen:
– Sie wollen durch das Mediationsverfahren nicht schlechter stehen, als sie stünden, wenn das Verfahren gar nicht durchgeführt worden wäre. Die Parteien vereinbaren also, auf die Nutzung in der Mediation erlangter Informationen in einer
späteren Gerichtsverhandlung zu verzichten, soweit diese Informationen nicht
bereits ohne Mediationsverfahren beschaffbar und beweisbar sind.[38]
– Ferner erwarten die Parteien, dass der Mediator in der Mediation erlangte
Kenntnisse gegenüber Dritten geheimhält.[39]
– In Einzelgesprächen erlangte Informationen darf der Mediator ohne ausdrückliche Genehmigung auch nicht der anderen Partei des Mediationsverfahrens offenbaren.
Dieses Ergebnis der Auslegung ist durch Sinn und Zweck der Mediation gedeckt. 22
Die Mediation soll der eigenverantwortlichen und selbständigen Lösung von Konflikten dienen. Die Wahrung der Vertraulichkeit im Sinne vorstehender Definition
ist hierzu eine funktional erforderliche Grundlage. In einem durch Misstrauen und
Taktik geprägten Umfeld ist Mediation nicht praktizierbar. Das Mediationsverfahren darf zudem nicht zur Vorbereitung eines Gerichtsverfahrens missbraucht werden. Diese Auslegung entspricht aber auch der typischen Interessenlage der Partei-
en. Diese wollen durch das Mediationsverfahren taktische Vorteile nicht verlieren.
Das Gerichtsverfahren soll regelmäßig eine Alternative zur Mediation bleiben. Dem
entspricht die Geheimhaltung der vertraulichen Informationen im oben beschriebenen Umfang.

c) **Mögliche Regelungen.** Zu unterscheiden sind Vertraulichkeitsvereinbarungen 23
im Rechtsverhältnis zwischen den Parteien und dem Mediator und solchen Vereinbarungen im Rechtsverhältnis der Medianten untereinander. Nicht zu empfehlen ist
es, pauschal sowohl den Parteien, als auch dem Mediator die gleichen Verschwiegenheitspflichten aufzuerlegen.[40] Es liegen hier zwei unterschiedliche zu regelnde
Sachverhalte vor. Grundsätzlich wird der Pflichtenkreis für den Mediator weiter,
als für die Parteien zu ziehen sein. Dies schon deshalb, da die Parteien mit eigener,
der Mediator aber mit fremden Sachen umgeht. Zudem ist für die Parteien die
Grenze zwischen bekannten und unbekannten Tatsachen anders zu ziehen, als für
den Mediator. Schließlich obliegt die Geheimhaltung der Dispositionsbefugnis der
Parteien. Der Mediator ist insoweit weisungsabhängig.

Im **Verhältnis zum Mediator** wird oft vereinbart, dass dieser Dritten gegenüber 24
zu **absolutem Stillschweigen hinsichtlich sämtlicher Angelegenheiten der Mediation,**
insbesondere dort erlangter Informationen, verpflichtet ist.[41] Diese Pflicht muss
auch nach Beendigung der Mediation fortbestehen. Dritter ist dabei jeder, der nicht
am Mediationsverfahren beteiligt war, also auch ein später angerufenes Gericht.

---

[38] Diese Beschränkung auf nicht beweisbare Informationen wird auch von *Eidenmüller* S. 26 empfohlen.
[39] *Eidenmüller* S. 26, Fn. 80.
[40] So z.B. *Groth/v. Bubnoff* NJW 2001, 338, 340, die allen Beteiligten „strikte Vertraulichkeit" auferlegen; nach *Eidenmüller* S. 26 wird oft Stillschweigen über sämtliche Angelegenheiten vereinbart.
[41] Vgl. z.B. Art. 4 Abs. 1 der „gwmk-Regeln für das Verhalten von Mediatoren" der Gesellschaft
für Wirtschaftsmediation und Konfliktmanagement e.V. (gwmk), München, www.gwmk.org, hier
abgedruckt bei Rdnr. 63; *Koch* in Henssler/Koch § 8, Anlage I „Muster einer Mediationsvereinbarung", Nr. 4 Satz 2.

Grundsätzlich ist diese weitgehende Regelung berechtigt, da der Mediator allein im Auftrag und Interesse der Parteien als deren Dienstleister tätig wird und die Mediation ein Gerichtsverfahren nicht präkludieren soll. Eingeschränkt sollte diese Pflicht aber im Hinblick auf den Abschluss und den Umfang einer Vertraulichkeitsabrede der Parteien sein. Wie oben dargelegt, kann eine solche Abrede mündlich in der Phase 1 der Mediation erfolgen. Auch im weiteren Verfahren können besondere Vertraulichkeitsabreden getroffen werden. Hierzu sollte der Mediator also aussagen können. Weiter sollte der Mediator auch zu der Tatsache aussagen, dass eine Mediation stattfand und diese mit einer konkreten Vereinbarung abgeschlossen wurde.[42] Die Parteien sollten dem Mediator insoweit eine Pflicht zur Aussage auferlegen, der er auf Anfordern einer Partei nachzukommen hat. Zugleich sollten sie ihn insoweit von einer etwaigen gesetzlichen Schweigepflicht entbinden. Eine weitere Einschränkung der allumfassenden Schweigepflicht stellen gesetzliche Aussagepflichten des Mediators dar. Solche können sich beispielsweise aus § 138 StGB oder aus prozessualen Vorschriften ergeben.[43] Klarstellend wirkt eine Einschränkung der Schweigepflicht, soweit die Parteien den Mediator aus einer Pflichtverletzung heraus auf Schadensersatz in Anspruch nehmen wollen. Sinnvoll ist den Mediator für den Fall zu entbinden, dass die Parteien untereinander wegen eines Verstoßes gegen die Mediationsvereinbarung streiten.[44] Weiter wird dem Mediator häufig in Vereinbarungen auferlegt, über sämtliche in Einzelgesprächen erlangten Informationen auch der anderen Mediationspartei gegenüber Stillschweigen zu bewahren.[45] Diese Regelung entspricht regelmäßig der oben angenommenen stillschweigenden Vereinbarung, die die Parteien bei Abhaltung von Einzelgesprächen eingehen. Oft wird ergänzend vereinbart, dass der Mediator nicht in Schieds- oder Gerichtsverfahren als Zeuge oder Sachverständiger benannt werden darf und er selbst zur Wahrnehmung bestehender gesetzlicher Aussageverweigerungsrechte verpflichtet ist.[46] Die zuletzt aufgeführte Pflicht ergibt sich im Zweifel aber auch aus der grundsätzlichen Verschwiegenheitspflicht des Mediators. Ausdruck dieser Pflicht ist es, bestehende Aussageverweigerungsrechte wahrzunehmen.

25   Eine Umgehung der Vertraulichkeitsverpflichtung des Mediators wäre es, wenn die Parteien Beweis durch **Vorlage von** in der Mediation durch den Mediator erstellter **Unterlagen** und Urkunden führen könnten. Insoweit bieten sich beispielsweise Protokolle oder Flip-Charts an. Um solche Umgehungsversuche zu unterbinden, sollte dem Mediator untersagt werden, solche Unterlagen ohne Zustimmung beider Parteien vorzulegen. Damit korrelierend sollten sich die Parteien auferlegen, sich in Beweisangeboten nicht auf solche Unterlagen zu beziehen.[47] Ergänzend kann auch vereinbart werden, dass sämtliche Unterlagen des Mediators nach Abschluss der Mediation vernichtet werden.[48]

---

[42] *Eidenmüller* S. 26.
[43] Zu den Aussagepflichten und etwaigen Zeugnisverweigerungsrechten im Zivil- und Strafprozess sowie im Verwaltungsverfahren vgl. unten Rdnr. 39 ff.
[44] *Eidenmüller* S. 26, 42.
[45] *Eidenmüller* S. 26; Art. 4 Abs. 2 der „*gwmk*-Regeln für das Verhalten von Mediatoren".
[46] *Eidenmüller* S. 26; *Groth/v. Bubnoff* NJW 2001, 338, 340; *Koch* in Henssler/Koch § 8 Anlage I, Nr. 4 Satz 2; *Mähler/Mähler* ZKM 2001, 4; vgl. auch § 4 Abs. 3 des Mediationsvertrages und § 6 Abs. 4 der Verfahrensordnung der gwmk, hier abgedruckt bei Rdnr. 61 f.
[47] Vgl. z. B. § 4 Abs. 3 des Mediationsvertrages der *gwmk*.
[48] Vgl. § 4 Abs. 4 des Mediationsvertrages der *gwmk*.

Dem Mediator ist ferner aufzuerlegen, dass er die in der Mediation erlangten In- 26
formationen ohne Zustimmung beider Parteien **nicht zu** eigenen, insbesondere
Werbezwecken verwertet. Zu Schulungs- oder zu wissenschaftlichen Zwecken darf
der Mediator nur anonymisierte, verallgemeinerte und entfremdete Darstellungen
verwenden.[49] Der konkrete Mediationsfall darf objektiv nicht identifizierbar sein.
Weiter sollte der Mediator die Mediationsparteien unverzüglich und vollumfänglich
unterrichten, sobald er eine Ladung zur Aussage als Zeuge oder Sachverständiger
zu Vorgängen erhält, die mit einer Mediation in Zusammenhang stehen.[50] Zu regeln sind auch die Verschwiegenheitspflichten in das Mediationsverfahren einbezo-
gener Dritter, z. B. Sachverständiger. Hier ist zu empfehlen, diesen die gleichen
Pflichten aufzuerlegen, wie dem Mediator.[51]

Nach der eingangs ausgesprochenen Empfehlung sollten die **Verschwiegenheits-** 27
pflichten der Parteien zueinander separat geregelt werden. Hier ist sicher verfehlt,
wie es in der Praxis teilweise geschieht, sämtliche in der Mediation ausgetauschten
Informationen der Vertraulichkeit zu unterwerfen. Richtigerweise wäre dann seitens der „schwachen" Partei mit einer „Flucht in die Mediation" zu rechnen, um
ungünstige Umstände für ein späteres Gerichtsverfahren zu verbrauchen.[52] Die gegenteilige Reaktion wäre seitens der „starken" Partei denkbar. Diese könnte vor
dem Mediationsverfahren zurückschrecken, da sie sich das Gerichtsverfahren nicht
verbauen will. Nicht der Verschwiegenheitspflicht unterliegen diejenigen Informationen, die vorher bekannt waren, öffentlich bekannt sind und auch ohne Mediation
beschaffbar sind. Die Verschwiegenheitspflicht sollte auf diejenigen Informationen,
Äußerungen, Tatsachen und Umstände begrenzt werden, die erstmals und allein
durch das Mediationsverfahren der jeweiligen Partei bekannt wurden bzw. werden
konnten. Zu erfassen sind dabei alle Informationen, die sich auf Äußerungen und
Vorgänge vor oder während des Mediationsverfahrens beziehen.[53] In der konkreten
Ausgestaltung sollten die Parteien sich verpflichten, **Dritten gegenüber Stillschwei-**
gen über diese Informationen zu bewahren und auf die **Nutzung** dieser Informationen in einem nachfolgenden **Schieds- oder Gerichtsverfahren** zu **verzichten.** Letzteres bedeutet, dass die jeweilige Partei den eigenen gerichtlichen Sachvortrag
entsprechend beschränkt. Die Verschwiegenheitspflichten sollten zeitlich unbegrenzt vereinbart werden. Die Parteien sollten auch darauf verzichten, in der Mediation erlangte Beweismittel zu nutzen. Dies bezieht sich einmal auf Urkunden, andererseits aber auch auf die Benennung von Teilnehmern der Mediation als Zeugen,
insbesondere, soweit es sich um den Mediator, die Parteien selbst, Angestellte der
Parteien oder sonstige Dritte handelt. Es sollte vereinbart werden, dass hiervon nur
bei gegenseitigem Einverständnis abgewichen werden darf. **Ziel solcher Abreden** ist
regelmäßig, in einem nachfolgenden Schieds- oder Gerichtsverfahren den **Vortrag**
und die **Beweismittel zu beschränken.**[54] Abredewidriger Sachvortrag soll unerheblich, abredewidrige Beweisanträge sollen unzulässig sein.[55] Solche Beschränkungen

---

[49] Vgl. Art. 4 Abs. 5 und 7 der „gwmk-Regeln für das Verhalten von Mediatoren".
[50] So geregelt in Art. 4 Abs. 4 der „gwmk-Regeln für das Verhalten von Mediatoren", vgl. Rdnr. 63.
[51] So z. B. § 4 Abs. 2 Mediationsvertrag der gwmk, vgl. Rdnr. 61.
[52] *Eidenmüller* S. 26.
[53] *Groth/v. Bubnoff* NJW 2001, 338, 340.
[54] *Eidenmüller* S. 27.
[55] *Eidenmüller* S. 27.

sind auch bei dem abgestuften Mediations- mit anschließendem Schiedsverfahren[56] in letzterem zu beachten.[57]

28   In der Praxis kann es zu Abgrenzungsproblemen im Hinblick darauf kommen, ob Informationen bereits bekannt, auf anderem Weg beschaffbar oder geheimzuhalten sind. Zur Vermeidung solcher Probleme sollten die Parteien bereits in der Vertraulichkeitsvereinbarung vorsehen, dass **vor der Offenbarung konkreter Informationen** ein entsprechender **Hinweis auf deren Geheimhaltungsbedürftigkeit** erfolgt. Die jeweils andere Partei sollte dann verpflichtet sein, einen sofortigen Einspruch gegen die Geheimhaltungsbedürftigkeit zu erheben und zugleich Nachweise zur eigenen Kenntnis zu benennen und notfalls vorzulegen. Eine solche Regelung zwingt die Parteien dazu, Geheimhaltungsbedürftiges konkret zu definieren. Bei Zweifeln werden die Parteien im Übrigen entsprechende Informationen nur im Einzelgespräch dem Mediator gegenüber offenbaren. Dort genießen diese Informationen umfassenden Schutz.

29   Zu klären ist das Verhältnis zwischen Vertraulichkeit und gesetzlichen, aber auch vertraglichen **Auskunftsansprüchen**. Dies gilt beispielsweise für das Familienrecht und die gem. §§ 1379, 1580, 1605 BGB bestehenden Auskunftsrechte, aber auch für die gesellschaftsrechtlichen Auskunfts- und Kontrollrechte gem. §§ 118, 166, 338 HGB, 131 AktG, 51 a GmbHG und andere Auskunftsrechte, gleich aus welchem Rechtsgebiet. Hier wird teilweise der Standpunkt vertreten, dass die Vertraulichkeit durch entsprechende Auskunftsrechte eingeschränkt wird.[58] Soweit die Auskunftsrechte reichen, soll sich die entsprechende Partei dann wohl auch auf Informationen aus der Mediation berufen können. Begründet wird dies damit, dass Auskunftsrechte dem Schutz des Schwachen dienen und sonst zudem bestehende Auskunftsrechte in einem nachfolgenden Gerichtsverfahren ausgeschlossen wären.[59] Dem ist nicht zu folgen. Der Vertraulichkeitsabrede kann kein konkludenter Verzicht auf bestehende Rechtspositionen und damit auch kein Verzicht auf bestehende Auskunftsrechte entnommen werden. Damit können bestehende Auskunftsrechte in einem nachfolgenden Gerichtsverfahren in vollem Umfang geltend gemacht werden. Damit gibt es aber auch keine Verschlechterung des Schutzes Informationsbedürftiger. Grundsätzlich gibt es also kein Bedürfnis, den Grundsatz der Vertraulichkeit für den Geltungsbereich von Auskunftsansprüchen auszusetzen. Zum Schutz bestehender Auskunftsansprüche muss man im Gegenteil davon ausgehen, dass im Rahmen des Mediationsverfahrens erteilte Auskünfte auf Grund der Vertraulichkeit außerhalb der Mediation und insbesondere in einem Gerichtsverfahren nicht verwertbar sind und damit auch nicht zum Erlöschen der Auskunftsansprüche führen. Der Auskunftsverpflichtete kann sich also nicht darauf berufen, er habe bereits im Mediationsverfahren Auskunft erteilt und sei deshalb in einem förmlichen Verfahren nicht mehr zur Auskunft verpflichtet. Jeder andere Standpunkt würde zu einer erheblichen Benachteiligung des Auskunftsberechtigten führen. Soweit Zeugnisverweigerungsrechte bestehen, könnte er sich zum Beweis der erteilten Auskunft nicht auf den Mediator berufen. Die auskunftspflichtige Partei könnte sich auf ein Bestreiten verlegen und auf das Erlöschen des Auskunftsanspruches verweisen. Da-

---

[56] Zu der Vollstreckung von Mediationsergebnissen in Schiedssprüchen vgl. § 28 Rdnr. 26 ff.
[57] *Eidenmüller* S. 28.
[58] *Mähler/Mähler* ZKM 2001, 6.
[59] *Mähler/Mähler* ZKM 2001, 6.

mit wäre dann der vormals gegebene Auskunftsanspruch ausgehebelt. Im Übrigen wären erhebliche Abgrenzungsprobleme denkbar. In der Praxis ließe sich oftmals nicht klar abgrenzen, welche Informationen vom Auskunftsanspruch und welche vom Vertraulichkeitsgrundsatz erfasst werden. Es muss deshalb dabei bleiben, dass die Vertraulichkeit auch insoweit zu wahren ist, als gesetzliche oder vertragliche Auskunftsansprüche reichen.

Oben wurde bereits dargelegt,[60] dass der Grundsatz der Vertraulichkeit nicht den **30** **Schutz von Betriebs- und Geschäftsgeheimnissen** gewährleistet. Soweit Unternehmen an Mediationsverfahren beteiligt sind, dies ist in der Wirtschaftsmediation der Fall, kann aber auch bei öffentlich-rechtlichen Sachverhalten zutreffen, ist also dringend anzuraten, die im Geschäftsleben beispielsweise bei Unternehmensveräußerungen üblichen Geheimhaltungsvereinbarungen abzuschließen bzw. in die Vertraulichkeitsvereinbarung einzuarbeiten. Bei Mediationen im öffentlichen Recht besteht häufig das Bedürfnis, das Ergebnis, u. U. aber auch weitere Details der Öffentlichkeit mitzuteilen. Hier sollten sich die Parteien schon in der Vertraulichkeitsvereinbarung verpflichten, **Pressemitteilungen** oder ähnliches inhaltlich miteinander abzustimmen. Auch in der Wirtschaftsmediation kann eine solche Verpflichtung sinnvoll sein, wenn der mediationsgegenständliche Streit im Licht der Öffentlichkeit steht. Nachfolgend wird darzulegen sein, inwieweit vertragliche Beweismittelbeschränkungen die Gerichte binden. Soweit dies nicht der Fall ist, verbleibt der benachteiligten Partei nur die Geltendmachung von Schadensersatzansprüchen mit dem Risiko, sämtliche Tatbestandsvoraussetzungen beweisen zu müssen. Dies kann im Einzelfall große Schwierigkeiten bereiten, da letztlich auch der Eintritt und die Höhe des Schadens bewiesen werden muss. Hier ist die Vereinbarung einer **Vertragsstrafe** für jeden Fall des Verstoßes gegen die Vertraulichkeitsvereinbarung anzuraten.

IV. Gerichtsfestigkeit der Vertraulichkeit

Das Interesse der Beteiligten und die denkbaren Regelungsinhalte einer Vertrau- **31** lichkeitsvereinbarung zielen darauf ab, den Sachvortrag und die Beweismittel für ein etwaiges Gerichtsverfahren zu beschränken. Dies soll durch eine Ausgrenzung des vertraulichen und mediationsgegenständlichen Sachverhaltes sowie einen Verzicht auf in der Mediation gewonnene Beweismittel (vornehmlich Zeugen-, Sachverständigen- und Urkundsbeweise) und die Begründung von Aussageverweigerungspflichten erreicht werden. Nachfolgend wird dargelegt, inwieweit dies prozessrechtlich zulässig ist.

1. Beschränkung des Sachvortrages und der Beweismittelangebote durch Vereinbarung

a) Zivilprozess. Es entspricht h. M., dass die Parteien sich im Zivilprozess durch **32** sog. Prozessverträge zur Vornahme oder Unterlassung von Prozesshandlungen ver-

---

[60] Rdnr. 4.

pflichten können.[61] Dies ergibt sich aus dem **Dispositionsgrundsatz** und der **Verhandlungsmaxime**, teilweise auch Beibringungsgrundsatz genannt.[62] Soweit ein bestimmtes Tun oder Unterlassen im Belieben der Parteien steht, können hierzu Vereinbarungen getroffen werden. Zu den Prozesshandlungen gehören u. a. das Vorbringen von Angriffs- oder Verteidigungsmitteln sowie die Beweisführung durch Beweisantritt.[63] Damit ist grundsätzlich zulässig, auf das Angriffsmittel eines bestimmten Sachvortrages oder die Benennung bestimmter Beweismittel, seien es Zeugen-, Sachverständigen- oder Urkundenbeweise, zu verzichten, auch soweit diese Prozesshandlungen erst durch die Mediation ermöglicht werden. Dementsprechende Vereinbarungen in der Vertraulichkeitsabrede sind also als grundsätzlich zulässiger Prozessvertrag zu qualifizieren. Beschränkt wird die Gestaltungsfreiheit durch gesetzliche Verbote, die prozessuale Wahrheitspflicht, die guten Sitten, Treu und Glauben sowie nicht disponible Interessen der Rechtspflege.[64] Deshalb haben Vertraulichkeitsvereinbarungen beispielsweise dort ihre Grenze, wo deren Einhaltung den Versuch eines Prozessbetruges darstellen würde.

33   Im Rahmen der geschilderten Grenzen hat der hier beschriebene **Prozessvertrag** in Gestalt der Vertraulichkeitsabrede nach h. M. keinen direkten Verfügungscharakter, wirkt also nicht unmittelbar gestaltend auf die Prozessrechtslage ein. Zum Unterlassen bestimmter Handlungen verpflichtende Prozessverträge geben dem jeweils Benachteiligten lediglich eine **Einrede**.[65] Der Verstoß gegen den geschlossenen Prozessvertrag ist zugleich ein Verstoß gegen Treu und Glauben führt dazu, dass der jeweilige Sachvortrag oder das Beweisangebot unzulässig sind.[66] Damit sind Sachvortrag oder entsprechende Beweisangebote, die unter Verstoß gegen die Vertraulichkeitsabrede erfolgen, unerheblich und bei einer etwaigen Gerichtsentscheidung nicht zu berücksichtigen.[67] Allerdings ist die Vertraulichkeitsabrede als Prozessvertrag selbst allen Einwendungen ausgesetzt, die gegen ihre Wirksamkeit erhoben werden können.[68] Hierzu gehören sämtliche denkbaren Einwendungen und Einreden, wie etwa zum rechtswirksamen Abschluss der Vertraulichkeitsvereinbarung, zur Anfechtbarkeit oder auch zur Unwirksamkeit auf Grund Gesetzesverstoßes.

34   Grundsätzlich führt die Vertraulichkeitsabrede in der hier zugrunde gelegten Ausgestaltung also dazu, dass erst in der Mediation bekannt gewordene Tatsachen und Beweismittel in einem Gerichtsverfahren unberücksichtigt bleiben. Kein einziger Teilnehmer der Mediation, gleich mit welcher Funktion, kann als Zeuge vernommen werden. Dieses Ergebnis wird von einer verbreiteten Auffassung allerdings wieder in Frage gestellt, da es möglich sein soll, dass der Richter gem. §§ 142 bis 144, 273 Abs. 2 Nr. 1, 4 ZPO von Amts wegen Beweis erhebt.[69] Dieser Auffassung

---

[61] *MünchKommZPO-Lüke* Einleitung Rdnr. 285; *Musielak* Einl. Rdnr. 67; *Stein/Jonas/Leipold* Vor § 128 Rdnr. 237; *Zöller/Greger* Vor § 128 Rdnr. 26, 32.
[62] *Stein/Jonas/Leipold* Vor § 128 Rdnr. 236.
[63] *MünchKommZPO-Lüke* Einleitung Rdnr. 265, 267, 268.
[64] *Stein/Jonas/Leipold* Vor § 128 Rdnr. 237; *Zöller/Greger*, ZPO, Vor § 128 Rdnr. 32.
[65] *MünchKommZPO-Lüke*, Einleitung Rdnr. 289, Vor § 253 Rdnr. 13; *Stein/Jonas/Leipold* Vor § 128 Rdnr. 247; *Zöller/Greger* Vor § 128 Rdnr. 33.
[66] *Stein/Jonas/Leipold* Vor § 128 Rdnr. 247.
[67] So auch *Eidenmüller* S. 27; *Wagner* S. 685.
[68] *Stein/Jonas/Leipold* Vor § 128 Rdnr. 247.
[69] *MünchKommZPO-Prütting* § 286 Rdnr. 159; *Musielak/Foerste* § 286 Rdnr. 16; *Stein/Jonas/Leipold* § 286 Rdnr. 133.

ist nicht zu folgen. Die Maßnahmen nach §§ 142 bis 144 ZPO stehen zwar im pflichtgemäßen Ermessen des Gerichts. Dabei hat das Gericht aber zu beachten, dass im Fall der Vertraulichkeitsabrede die Parteien sich zur Passivität verpflichtet haben.[70] Hinzu kommt, dass der Bruch der Vertraulichkeit durch eine Partei als treuwidrige Handlung anzusehen ist. Die Beweisanordnung gem. § 144 ZPO ist ermessensfehlerhaft, wo ein entsprechender Beweisantrag zurückzuweisen ist,[71] wie im Fall der wirksamen Vertraulichkeitsabrede. Da grundsätzlich die Verhandlungsmaxime dominiert und es im Belieben der Parteien steht, Beweismittel in das Verfahren einzuführen,[72] reduziert sich das Ermessen des Gerichts auf Null mit der Folge, dass von Amts wegen keine Beweise erhoben werden dürfen. Dieses Ergebnis steht im Einklang mit Sinn und Zweck der zitierten Normen. Diese dienen allein der zügigen Erledigung des Rechtsstreits und sollen verhindern, dass das Gericht auf Beweisanträge der Parteien warten muss. Eine Beschränkung der Privatautonomie lässt sich den Vorschriften demgegenüber nicht entnehmen.[73] Etwas anderes ergibt sich auch nicht aus § 273 ZPO. Auch diese Vorschrift ist auf die Beschleunigung des Verfahrens ausgerichtet. Die Verhandlungsmaxime setzt dem Gericht insoweit klare Grenzen und verhindert, dass aus § 273 ZPO eine Amtsermittlung abgeleitet werden kann.[74] Maßnahmen nach § 273 ZPO müssen den Parteivortrag beachten. Dazu gehört aber auch der in der Vertraulichkeitsabrede enthaltene Prozessvertrag, der die Beweisaufnahme für bestimmte Fälle ausschließt. Maßnahmen nach § 273 ZPO dürfen die Verhandlungsmaxime nicht außer Kraft setzen.[75] Die **Beweisaufnahme von Amts** wegen ist damit **unzulässig**.[76]

Vereinzelt ist angesprochen worden, ob Prozessverträge der Parteien als **Beweisvereitelung** anzusehen sind, mit der Folge, dass das Gericht sich an diese Prozessverträge nicht halten muss.[77] Beweisvereitelung setzt jedoch voraus, dass die beweisbelastete Partei missbilligenswert in der Beweisführung behindert wird.[78] Ein solches Verhalten liegt nicht vor, wenn verständliche Gründe einer Partei bestehen.[79] Im Zusammenhang mit der Mediation ist die Berufung auf den Grundsatz der Vertraulichkeit als verständliches Verhalten und damit als billigenswert zu bewerten. Eine Beweisvereitelung liegt auch deshalb nicht vor, da die beweisbelastete Partei im Rahmen ihrer Dispositionsbefugnis selbst auf bestimmte Beweismittel verzichten kann. Demzufolge wird bei der Vereinbarung der prozessrechtlich relevanten Vertraulichkeitsabrede nur von der Privatautonomie Gebrauch gemacht. Eine Beweisvereitelung liegt nicht vor. Ebenso wenig kann dann die Nichtentbindung von aus der Vertraulichkeitsabrede resultierender Schweigepflichten als Beweisvereitelung angesehen werden.[80]

35

---

[70] So auch *MünchKommZPO-Peters* §§ 142–144 Rdnr. 4.
[71] *Zöller/Greger* § 144 Rdnr. 2.
[72] *Wagner* S. 686.
[73] *Wagner* S. 689.
[74] *Zöller/Greger* § 273 Rdnr. 3.
[75] *MünchKommZPO-Prütting* § 273 Rdnr. 2; *Zöller/Greger* § 273 Rdnr. 3.
[76] So auch *Baumbach/Lauterbach/Albers/Hartmann* Einf. § 284 Rdnr. 33.
[77] *Mähler/Mähler* ZKM 2001, 4, 8.
[78] *Musielak/Foerste* § 286 Rdnr. 62 f.
[79] *Zöller* § 286 Rdnr. 14.
[80] So wohl auch *BRAK-Ausschuss Mediation*, BRAK-Mitt. 1996, 187 und *Mähler/Mähler* ZKM 2001, 8, die vorsorglich eine entsprechende Regelung für die Vertraulichkeitsabrede empfehlen.

36   **b) Verwaltungs- und Strafprozess.** Im Verwaltungsprozess gilt gem. § 86 Abs. 1 Satz 1 VwGO der **Amtsermittlungsgrundsatz.** Zwar ist das Gericht nach dieser Vorschrift zugleich gehalten, den Parteivortrag heranzuziehen. § 86 Abs. 1 Satz 2 VwGO sieht aber weiter ausdrücklich vor, dass das Gericht nicht an das Vorbringen und die Beweisanträge der Parteien und damit ebenso wenig an deren Prozessverträge gebunden ist.[81] Der Amtsermittlungsgrundsatz betrifft die Erforschung des Sachverhaltes und gilt insoweit uneingeschränkt. Hieraus ergibt sich das Gebot der vollständigen und objektiven Sachaufklärung und das Verbot der Auswahl und Selektion von Beweismitteln.[82]

37   Im Strafprozess gilt ebenfalls der Amtsermittlungsgrundsatz.[83] Gem. § 244 Abs. 2 StPO erstreckt das Gericht die Beweisaufnahme von Amts wegen auf alle entscheidungserheblichen Tatsachen und Beweismittel.[84] Vereinbarungen der Mediationsbeteiligten untereinander sind im Verhältnis zwischen Angeklagtem und Staat unerheblich. Prozessleitende Vereinbarungen können als sog. „Deal" nur zwischen Angeklagtem und Gericht geschlossen werden.

38   Damit gilt sowohl für den Verwaltungs-, als auch für den Strafprozess, dass Vertraulichkeitsvereinbarungen der Parteien, auch unter Einschluss des Mediators, unbeachtlich sind. Mithin können die Verwaltungs- und Strafgerichte Zugriff auf in der Mediation vorgelegte Urkunden nehmen und die Beteiligten der Mediation als Zeugen vernehmen. Die Zeugenvernehmung ist nur dort eingeschränkt, wo gesetzliche Zeugnisverweigerungsrechte bestehen.[85]

2. Zeugnisverweigerungsrechte

39   Soweit auf Grund der Vertraulichkeitsabrede Verschwiegenheitspflichten bestehen, ist es Ausdruck dieser Pflicht, von bestehenden Zeugnisverweigerungsrechten Gebrauch zu machen. Wesentlich für die Sicherung der Vertraulichkeit in der Mediation ist dann die Frage, ob und in welchem Umfang **Zeugnisverweigerungsrechte** bestehen, wenn ein Mediationsbeteiligter, insbesondere der Mediator, als Zeuge vernommen werden soll. Diese Fragestellung ist in den Fällen wichtig, wenn das Gericht entgegen einer prozessvertraglichen Beweismittelbeschränkung dennoch Beweis erhebt oder entsprechende beschränkende Vereinbarungen fehlen bzw. unwirksam sind. In der nachfolgenden Darstellung werden mögliche Zeugnisverweigerungsrechte für jeden Rechtsweg und die einzelnen Mediationsbeteiligten getrennt untersucht.

40   **a) Zivilprozess.** Ausgangspunkt ist zunächst, dass jede Person im Prozess einer allgemeinen öffentlichrechtlichen Zeugnispflicht unterliegt, die die Pflicht zum Erscheinen (§§ 380, 382 ZPO) und zur wahrheitsgemäßen Aussage (§§ 393 ff., 376, 390 ZPO) umfasst.[86] **Zeugnisverweigerungsrechte** sind daher **Ausnahmeregelungen,** die die Zivilprozessordnung abschließend in den §§ 383 bis 385 ZPO regelt.[87]

---

[81] *Redeker/v. Oertzen* § 86 Rdnr. 7; *Eyermann/Geiger* § 86 Rdnr. 1.
[82] BVerwG NVwZ 1990, 878; *Redeker/v. Oertzen* § 86 Rdnr. 7.
[83] *KK-Pfeiffer* Einleitung Rdnr. 7.
[84] *KK-Herdegen* § 244 Rdnr. 19.
[85] Vgl. Rdnr. 48 ff.
[86] *Stein/Jonas/Chr.Berger* Vor § 373 Rdnr. 31.
[87] *Stein/Jonas/Chr.Berger,* Vor § 373 Rdnr. 31.

Zeugnisverweigerungsrechte werden zugelassen, da den betroffenen Personen eine unerwünschte Konfliktlage erspart werden soll.[88] Der öffentlichrechtliche Charakter der Zeugnispflicht bewirkt zugleich, dass außerhalb des Regelungsbereiches dieser Normen durch vertragliche Vereinbarung keine Aussageverweigerungsrechte begründet werden können.[89] Für das öffentlichrechtliche Rechtsverhältnis fehlt den Parteien die Dispositionsbefugnis. Eine Vertraulichkeitsregelung dergestalt, dass einzelnen Beteiligten der Mediation ein Zeugnisverweigerungsrecht zugestanden wird, ist unwirksam. Zu prüfen ist damit, ob auf Grund der Funktion einzelner Beteiligter diesen ein Zeugnisverweigerungsrecht zusteht und inwieweit gesetzliche Aussageverweigerungsrechte durch Vereinbarungen ausgefüllt werden können.

aa) Zeugnisverweigerungsrechte aus persönlichen Gründen. Aus persönlichen 41 Gründen gibt § 383 Abs. 1 ZPO verschiedenen Personen Zeugnisverweigerungsrechte. Einschlägig ist für die Mediation allein **§ 383 Abs. 1 Nr. 6 ZPO.** Diese Norm gibt denjenigen ein Zeugnisverweigerungsrecht, denen Kraft Amtes oder Gewerbes geheimhaltungsbedürftige Tatsachen anvertraut werden. Als Ausübende eines Amtes kommen Beamte oder andere Personen des öffentlichen Dienstes in Betracht.[90] Gewerbetreibende i. S. d. Norm sind alle Personen, deren Tätigkeit auf Erwerb gerichtet ist, auch Freiberufler, unabhängig davon, ob sie im Haupt- oder Nebenberuf tätig sind.[91] Diesen Personen müssen Tatsachen anvertraut werden, d. h. die Tatsachen müssen in der Erwartung der Geheimhaltung übermittelt werden. Hierbei genügt es, wenn das Verlangen nach Geheimhaltung sich stillschweigend ergibt.[92] Ferner kommt hinzu, dass durch das ausgeübte Amt bzw. Gewerbe eine Vertrauensstellung begründet sein muss und den Zeugnisverweigerungsberechtigten eine Schweigepflicht trifft.[93]

Qualifiziert im Sinne dieser Norm kann **nur der Mediator** sein, die Parteien 42 scheiden insoweit aus, da sie in der Mediation funktional weder ein Amt, noch ein Gewerbe ausüben. Zudem ist es allein der Mediator, der auf Grund seiner Funktionen regelmäßig eine besondere Vertrauensstellung einnimmt. Für den Mediator ist zunächst entscheidend, in welcher beruflichen Funktion er als Mediator tätig wird. Mangels Amt oder Gewerbe können sich den Berufstätigen gegenüber Schülermediatoren oder ehrenamtlich tätige Mediatoren, soweit sie nicht zugleich ein öffentliches Amt bekleiden, nicht auf § 383 Abs. 1 Nr. 6 ZPO berufen. Hier besteht also eine Regelungslücke. Nachfolgend wird dargelegt, welche der als Mediatoren beteiligten Berufsgruppen, soweit sie ein Amt oder Gewerbe ausüben, sich auf § 383 Abs. 1 Nr. 6 ZPO stützen können.

Oben[94] wurde bereits erwähnt, dass **Rechtsanwälte** gem. § 43 a Abs. 2 BRAO 43 und **Notare** gem. § 18 Abs. 1 BNotO zur Verschwiegenheit verpflichtet sind und zwar auch dann, wenn sie als Mediatoren tätig werden. Beiden werden auf Grund

---

[88] *MünchKommZPO-Damrau* § 383 Rdnr. 1; *Stein/Jonas/Chr. Berger* § 383 Rdnr. 1.
[89] *Baumbach/Lauterbach/Albers/Hartmann* Einf §§ 383 bis 389 Rdnr. 2; *Mähler/Mähler* ZKM 2001, 7; *Zölker* § 383 ZPO Rdnr. 3.
[90] *Stein/Jonas/Chr.Berger* § 383 Rdnr. 71.
[91] *Stein/Jonas/Roth* § 183 Rdnr. 3; *Stein/Jonas/Chr. Berger* § 383 Rdnr. 85; *Wieczorek* § 383 Rdnr. C III d.
[92] *MünchKommZPO-Damrau* § 383 Rdnr. 33; *Stein/Jonas/Chr. Berger* § 383 Rdnr. 90; *Musielak-Huber* § 383 Rdnr. 4.
[93] *Stein/Jonas/Chr. Berger* § 383 Rdnr. 35, 71.
[94] Vgl. Rdnr. 10.

ihrer Vertrauensstellung in der Mediation und in Geheimhaltungsabsicht Tatsachen anvertraut. Damit ist eindeutig, dass Rechtsanwälte und Notare sich auf das Zeugnisverweigerungsrecht des § 383 Abs. 1 Nr. 6 ZPO berufen können[95] und dies auf Grund der mit den Parteien geschlossenen Vertraulichkeitsvereinbarung auch müssen.

44   In Rdnr. 11 f. sowie Rdnr. 14 f. wurde nachgewiesen, dass die **Diplompsychologen** in allen Fällen und **Sozialarbeiter, Sozialpädagogen, Ehe-, Erziehungs-, Jugend- und Suchtberater** im Bereich ihres angestammten Aufgaben- und Tätigkeitsfeldes gem. § 203 Abs. 1 Nr. 2, 4 und 5 StGB zur Verschwiegenheit verpflichtet sind. Zugleich wurde dargelegt, dass die Mediation als Instrument zur Bewältigung der anstehenden Aufgaben dieser Berufsangehörigen dazugehört. Auch hier wird man regelmäßig davon auszugehen haben, dass die Parteien dem jeweiligen Mediator auf Grund besonderer Vertrauensstellung geheimhaltungsbedürftige Tatsachen anvertrauen. Grundsätzlich besteht damit auf Grund der Verschwiegenheitspflicht gem. § 203 Abs. 1 StGB für die hier angesprochenen Mediatoren auch das Aussageverweigerungsrecht des § 383 Abs. 1 Nr. 6 ZPO.

45   In der Literatur wird teilweise in diesem Zusammenhang die Auffassung vertreten, man könne allgemein nicht davon ausgehen, dass jeder nach § 203 Abs. 1 StGB zur Verschwiegenheit Verpflichtete sich auch auf § 383 Abs. 1 Nr. 6 ZPO berufen könne.[96] Diese Auffassung verfängt vorliegend jedoch nicht. **§ 203 Abs. 1 StGB** ist zweifellos eine „gesetzliche Vorschrift" im Sinne von § 383 Abs. 1 Nr. 6 ZPO. Dementsprechend wird von der h. M. auch nicht in Frage gestellt, dass § 203 Abs. 1 StGB die von § 383 Abs. 1 Nr. 6 ZPO geforderte Verschwiegenheitspflicht begründen kann.[97] Es muss ausreichen, wenn im Übrigen die von § 383 Abs. 1 Nr. 6 ZPO vorausgesetzten Tatbestandsmerkmale erfüllt sind. Dies ist bei einer Mediation der hier aufgezählten Berufsgruppen der Fall. Ihnen werden auf Grund ihres Amtes oder Gewerbes Tatsachen in Geheimhaltungsabsicht anvertraut. Da die Mediation zur Berufstätigkeit dieser Berufsgruppen gehört, sind sie zudem gem. § 203 Abs. 1 StGB zur Verschwiegenheit verpflichtet. Damit sind die Voraussetzungen für ein Zeugnisverweigerungsrecht gem. § 383 Abs. 1 Nr. 6 ZPO erfüllt.

46   Für die **Mediatoren anderer Berufsgruppen** oder soweit die Sozialarbeiter, Sozialpädagogen, Ehe-, Erziehungs-, Jugend- und Suchtberater außerhalb des Bereiches ihrer angestammten Aufgabenbereiche tätig werden, stellt sich die Frage, ob sich die von § 383 Abs. 1 Nr. 6 ZPO geforderte **Schweigepflicht** sich **aus der Natur** der offenbarten Tatsachen ergibt. Dies wird allgemein bejaht, soweit die **Verkehrssitte** und berechtigte Erwartungen der Parteien von einer Vertrauensstellung und Geheimhaltungspflicht der von § 383 Abs. 1 Nr. 6 ZPO erfassten Person ausgehen.[98] Von der h. M. werden entsprechend wirksame Geheimhaltungspflichten u. a. für Betriebs- und Personalräte, Bankiers, Inhaber und Angestellte von Auskunfteien

---

[95] Für die Rechtsanwälte: *Eidenmüller* S. 24; *Groth/v. Bubnoff* NJW 2001, 338, 339; *Mähler/Mähler* ZKM 2001, 4, 7 für Anwälte und Notare.
[96] So ohne weitere Begründung *Eidenmüller* S. 24 m. H. a. die pauschale Feststellung von *Zöller/Greger* § 383 Rdnr. 20.
[97] *MünchKommZPO-Damrau* § 383 Rdnr. 31, 37; *Musielak/Huber* § 383 Rdnr. 6; *Stein/Jonas/Chr. Berger* § 383 Rdnr. 75 (u. a. für Steuerberater und Gehilfen), 79 (für Heilberufe).
[98] *MünchKommZPO-Damrau* § 383 Rdnr. 39; *Stein/Jonas/Chr. Berger* § 383 Rdnr. 85.

und Inkassobüros, Detektive, Dolmetscher, Übersetzer sowie Mitarbeiter von Interessenverbänden angenommen.[99] Angesichts dieser vielfältigen Kasuistik wird davon auszugehen sein, dass auch der Mediator grundsätzlich in den Anwendungsbereich des § 383 Abs. 1 Nr. 6 ZPO mit einzubeziehen ist. Fester Bestandteil der Mediation ist der Grundsatz der Vertraulichkeit. Hierzu gehört auch eine besondere Vertrauensstellung und die Schweigepflicht des Mediators.[100] Hinzu kommt, dass die Mediatoren den Grundsatz der Vertraulichkeit auch in der Praxis befolgen. In sämtlichen Ausbildungsgängen und in den Regelwerken der Mediationsverbände ist die Vertraulichkeit verankert.[101] Zudem erwarten die Parteien auch eine vertrauliche Behandlung dem Mediator gegenüber offenbarter Tatsachen.[102] Damit ist von einer ausreichenden Festigkeit der Vertraulichkeit innerhalb der beteiligten Verkehrskreise auszugehen. Die besondere Vertrauensstellung und die Schweigepflicht des Mediators entsprechen der Verkehrssitte.[103] Demgegenüber nicht vertretbar ist es, den Begriff der „Natur" des § 383 Abs. 1 Nr. 6 ZPO durch vertragliche Vereinbarungen der Mediationsbeteiligten auszufüllen und damit ein Zeugnisverweigerungsrecht schaffen zu wollen.[104] Oben wurde dargelegt, dass dieser Begriff sich an der Verkehrssitte und damit an allgemeingültigen Anschauungen orientiert. Eine solche Allgemeingültigkeit kann jedoch nicht durch individuelle Vereinbarungen erzeugt werden. Damit kann schon begrifflich durch eine Mediationsvereinbarung kein Zeugnisverweigerungsrecht gem. § 383 Abs. 1 Nr. 6 ZPO „geschaffen" werden. Hinzu kommt, dass die Zeugnispflicht ein zwischen dem Staat und dem Zeugen bestehendes öffentlichrechtliches Prozessrechtsverhältnis darstellt. In dieses können die Mediationsbeteiligten nicht eingreifen, da sie nicht Beteiligte dieses Rechtsverhältnisses sind. Davon zu unterscheiden ist die Dispositionsbefugnis der Parteien, die ihnen freistellt, bestimmte Beweisanträge zu stellen. Zu beachten ist § 385 Abs. 2 ZPO. Danach entfällt das Zeugnisverweigerungsrecht des § 383 Abs. 1 Nr. 6 ZPO, wenn die Parteien gemeinsam den Mediator von seiner Schweigepflicht entbunden haben.

bb) Zeugnisverweigerung aus sachlichen Gründen. Teilweise wird der Standpunkt vertreten, der Mediator könne sich auf das Zeugnisverweigerungsrecht des § 384 Nr. 2 ZPO berufen, da es ihm zur beruflichen **Unehre** gereichen könne, im Streit der Mediationsparteien auszusagen.[105] Dem ist allerdings entgegen zu halten, dass § 384 Nr. 2 ZPO nur auf den Inhalt der Aussage, nicht aber auf die Tatsache, dass überhaupt ausgesagt wird, abzielt. Der Inhalt der Aussage muss also dem Aus- 47

---

[99] *Baumbach/Lauterbach/Albers/Hartmann* § 383 Rdnr. 13 ff.; *MünchKommZPO-Damrau* § 383 Rdnr. 39; *Musielak/Huber* § 383 Rdnr. 6; *Stein/Jonas/Chr. Berger* § 383 Rdnr. 87.

[100] Vgl. § 31 Rdnr. 5, 21.

[101] So z. B. im Weiterbildenden Studium Mediation der FernUniversität Hagen, in § 6 der Verfahrensordnung der Gesellschaft für Wirtschaftsmediation und Konfliktmanagement e. V. (gwmk), Anhang Nr. 2 und in den Richtlinien der Bundes-Arbeitsgemeinschaft für Familien-Mediation (BAFM), Nr. II 5, II/1, nachzulesen bei *Breidenbach/Henssler* S. 123, 125.

[102] Vgl. § 31 Rdnr. 21.

[103] So auch *Eidenmüller* S. 25; *Mähler/Mähler* ZKM 2001, 4, 7; a. A. *Groth/v. Bubnoff* NJW 2001, 338, 340 unter Hinweis auf BVerfG NJW 1972, 2214, 2216, wobei aber verkannt wird, dass die Entscheidung des BVerfG zu § 53 Abs. 1 Nr. 3 StPO erging und für den Zivilprozess nicht verwertbar ist.

[104] So *Groth/v. Bubnoff* NJW 2001, 338, 340 f.

[105] *Henssler/Koch* § 8 Rdnr. 39 für Diplompsychologen und Diplompädagogen sowie der Entwurf einer Mediationsvereinbarung, Anlage II, Nr. 2.

sagenden zur Unehre gereichen,[106] was bei einer Aussage eines Mediators nicht grundsätzlich angenommen werden kann. Ebenso wenig kann sich der Mediator darauf berufen, er könne sich **bei einer Aussage** gem. § 203 Abs. 1 StGB **strafbar machen** und sei deshalb gem. § 384 Nr. 2 ZPO zur Zeugnisverweigerung berechtigt. § 384 Nr. 2 ZPO setzt voraus, dass die Gefahr einer Strafverfolgung sich aus Aufdeckung einer vor der Aussage begangenen Straftat ergibt.[107] Die vorstehenden Ausführungen treffen auch auf etwaige Zeugen der Parteien zu. Damit kann sich weder der Mediator, noch der Zeuge einer Partei auf § 384 Nr. 2 ZPO berufen.

48   **b) Verwaltungsprozess.** § 98 VwGO verweist auf die Regelungen der ZPO und damit auch auf die §§ 383, 384 ZPO. Nach h. M. sind diese Normen auch im Verwaltungsprozess uneingeschränkt anwendbar,[108] so dass sich hier die **gleichen Zeugnisverweigerungsrechte** ergeben, wie im Zivilprozess.[109]

49   **c) Strafprozess.** Im Strafprozess geht es um die Durchsetzung des **staatlichen Strafanspruches**, der auf dem Prinzip der Rechtsstaatlichkeit und der Gleichbehandlung aller in Strafverfahren Beschuldigten aufbaut.[110] Nach dem Legalitätsprinzip ist die Staatsanwaltschaft zur Verfolgung von Straftaten verpflichtet.[111] Der weiter geltende **Ermittlungsgrundsatz** soll bewirken, dass zur Sicherung der Gerechtigkeit der wahre Sachverhalt aufgeklärt wird. Um dies zu erreichen ermittelt das Gericht den Sachverhalt selbst und ohne Bindung an die Anträge und Erklärungen der Prozessbeteiligten.[112] Diese Grundsätze des Strafverfahrensrechtes sind zu beachten, wenn nachfolgend etwaige Zeugnisverweigerungsrechte gem. §§ 52 ff. StPO untersucht werden.[113] Vorweg lässt sich aus diesen Grundsätzen bereits schlussfolgern, dass **vertragliche Vereinbarungen** der Mediationsbeteiligten im Strafprozess **unerheblich** sind.

50   Für den Strafprozess mit Bezug zu einer Mediation ist § 53 Abs. 1 Nr. 3 StPO relevant. Die Norm stellt darauf ab, dass den dort genannten Geheimnisträgern Informationen „in ihrer Eigenschaft" als ganz bestimmte Berufsangehörige übermittelt werden. Damit kann für den Fall der vorangegangenen oder parallel verlaufenden Mediation nur dann ein Zeugnisverweigerungsrecht im Strafprozess bestehen, wenn die Mediation zum Berufsbild des Grundberufes des Mediators gehört. Dies ist für **Rechtsanwälte** und **Notare** zu bejahen, da diese Berufe gem. § 59 b Abs. 2 Nr. 5 a BRAO ausdrücklich zur Mediation bzw. gem. § 24 Abs. 1 Satz 1 BNotO zur vorsorgenden Rechtspflege zugelassen sind.[114]

51   Für die in § 53 Abs. 1 Nr. 3 StPO genannten Berufe der **Patentanwälte, Wirtschaftsprüfer, vereidigten Buchprüfer, Steuerberater, Steuerbevollmächtigten, Ärzte,**

---

[106] OLG Hamm FamRZ 1999, 939, 940; *MünchKommZPO-Damrau* § 384 Rdnr. 8; *Musielak/Huber* § 384 Rdnr. 4; *Stein/Jonas/Chr. Berger* § 384 Rdnr. 7, Fn. 12.
[107] *Eidenmüller* a. a. O., S. 26; *Musielak/Huber* § 384 Rdnr. 4; *Stein/Jonas/Chr. Berger* § 384 Rdnr. 11.
[108] *Redeker/v. Oertzen* § 98 Rdnr. 6; *Eyermann/Geiger* § 98 Rdnr. 9.
[109] So auch *Groth/v. Bubnoff* NJW 2001, 338, 341, allerdings begründet auf ein vertraglich vereinbartes Zeugnisverweigerungsrecht. Zur Bewertung dieser Auffassung vgl. Fn. 96.
[110] *KK-Pfeiffer* Einleitung Rdnr. 1.
[111] *KK-Pfeiffer* Einleitung Rdnr. 5.
[112] *KK-Pfeiffer* Einleitung Rdnr. 7.
[113] Zum Zeugnisverweigerungsrecht im Strafprozess vgl. zudem § 30 Rdnr. 53 ff.
[114] Vgl. Rdnr. 10.

Zahnärzte, Apotheker und Hebammen kann sich kein Zeugnisverweigerungsrecht ergeben, da die Mediation nicht zu deren Berufsfeld gehört.[115] Zur Zeugnisverweigerung berechtigt sind ferner gem. § 53 Abs. 1 Nr. 3 StPO psychologische **Psychotherapeuten** sowie Kinder- und Jugendlichenpsychotherapeuten. Auch diese müssen Geheimnisse in ihrer Eigenschaft als Therapeuten erfahren. Gem. § 1 Abs. 3 PsychThG gehören zur Therapeutentätigkeit allein die Feststellung, Heilung oder Linderung von Störungen mit Krankheitswert, nicht jedoch die Aufarbeitung und Überwindung sozialer Konflikte.[116] Damit steht fest, dass die Mediation nicht zu den therapeutischen Tätigkeiten zu zählen ist, mithin der Therapeut sich in seiner Eigenschaft als Mediator nicht auf § 53 Abs. 1 Nr. 3 StPO berufen kann.

Alle weiteren, in § 53 Abs. 1 Nr. 3 StPO nicht genannten Berufsträger können **52** kein Zeugnisverweigerungsrecht in Anspruch nehmen, soweit sie Mediation ausüben. Dies gilt für Diplompsychologen, Diplompädagogen, Sozialarbeiter, Sozialpädagogen, Ehe-, Erziehungs-, Jugend- oder Suchtberater und alle sonstigen Berufsträger. Eine **Erweiterung** des § 53 Abs. 1 Nr. 3 StPO **auf nicht genannte Berufsgruppen** verbietet sich nach h. M., da der staatliche Strafanspruch und das Allgemeininteresse an der Aufklärung von Straftaten, das Legalitätsprinzip, der Ermittlungsgrundsatz und die funktionierende Rechtspflege Vorrang haben.[117] Etwas anderes ergibt sich auch nicht daraus, dass die vorstehend aufgeführten Berufsträger nach hiesiger Auffassung gem. § 203 Abs. 1 Nr. 2, 4 und 5 StGB zur Verschwiegenheit über Mediationsangelegenheiten verpflichtet sind.[118] Nach h. M. geht § 53 Abs. 1 StPO grundsätzlich § 203 StGB vor.[119] Der Gesetzgeber hat durch den enger ausgestalteten Katalog der Berufsträger in § 53 Abs. 1 StPO bewusst davon abgesehen, jedem Berufsträger des § 203 Abs. 1 StGB ein Zeugnisverweigerungsrecht zuzugestehen. Damit sind die in § 53 Abs. 1 StPO nicht Genannten zur Aussage verpflichtet. Eine Strafbarkeit gem. § 203 Abs. 1 StGB tritt nicht ein, da der jeweilige Berufsträger in diesen Fällen nicht „unbefugt" aussagt.[120] Im Zusammenhang mit § 203 Abs. 1 StGB ist **§ 55 StPO** nicht anwendbar. Diese Norm setzt voraus, dass eine Verfolgungsgefahr wegen einer früheren Tat droht. Sie greift jedoch nicht ein, wenn die strafbare Handlung erst durch die Aussage in der Hauptverhandlung begangen wird, wie dies bei einem Geheimnisbruch der Fall sein könnte.[121] Unabhängig davon besteht aber bei der Aussage eines durch § 53 Abs. 1 Nr. 3 StPO nicht geschützten Mediators keine Gefahr einer Strafbarkeit, da, wie soeben geschildert, das Tatbestandsmerkmal „unbefugt" entfällt.

Der Mediator kann sich gegebenenfalls auf das Zeugnisverweigerungsrecht der in **53** **§ 53 Abs. 1 Nr. 3 a und 3 b StPO** genannten Berufsträger berufen, wenn er diesen angehört. Die Regelungen stellen auf den Schwangerschaftskonflikt und auf Fragen der Betäubungsmittelabhängigkeit ab. Das Zeugnisverweigerungsrecht umfasst da-

---

[115] Vgl. Rdnr. 16, 17.
[116] Vgl. Rdnr. 11; dies übersehen *Groth/v. Bubnoff* NJW 2001, 338, 339.
[117] BVerfGE 44, 353, 378; BVerfG NJW 1972, 2214; BVerfG NJW 1996, 1987; *KK-Senge* § 53 Rdnr. 2; *Dahs* in Grosskomm § 53 Rdnr. 3, 4.
[118] Vgl. Rdnr. 12, 14, 15.
[119] *KK-Senge* § 53 Rdnr. 3, 4; *Dahs* in Grosskomm § 53 Rdnr. 7; *Pfeiffer* § 53 Rdnr. 2.
[120] *KK-Senge* § 53 Rdnr. 3, 4; *Dahs* in Grosskomm § 53 Rdnr. 7; *Pfeiffer* § 53 Rdnr. 2.; dies übersehen *Mähler/Mähler* ZKM 2001, 4, 9, die eine Strafbarkeit der Psychologen, Sozialarbeiter und Eheberater annehmen.
[121] *KK-Senge* § 55 Rdnr. 9; *Dahs* in Grosskomm § 55 Rdnr. 12.

bei alle Gespräche mit sämtlichen Beteiligten, auch mit Familienangehörigen.[122] Hierbei kann auch Mediation eingesetzt werden.

54 Zu beachten ist, dass die nach § 53 Abs. 1 Nr. 3 bis 3 b StPO Zeugnisverweigerungsberechtigten gem. Abs. 2 zur Aussage verpflichtet sind, wenn sie von der Verpflichtung zur Verschwiegenheit entbunden werden. Nachdem in der Mediation regelmäßig mehrere Träger des Geheimhaltungsinteresses vorhanden sind, ist zur wirksamen Entbindung die Zustimmung aller Beteiligter erforderlich.[123]

55 Im **Ergebnis** sind im Strafprozess damit nur Rechtsanwälte und Notare sowie in engen Grenzen Schwangerschafts- und Drogenberater zur Zeugnisverweigerung berechtigt. Damit besteht bei allen übrigen Berufsträger regelmäßig die Gefahr, dass der Mediator bei dem Verdacht eines Prozessbetruges oder einer anderen Straftat im Strafverfahren als Zeuge vernommen werden kann. Mit dem **unbegründeten Vorwurf des Prozessbetruges** kann damit u. U. auch der Schutz im Zivilprozess ausgehebelt werden. Allerdings wird zu beachten sein, dass der Zivilprozess mit seinen Erkenntnissen und Wertungen grundsätzlich vom Strafprozess unabhängig ist. Zudem dürfte sich in diesen Fällen aus der Vertraulichkeitsabrede ein Verwertungsverbot hinsichtlich der Strafakten ergeben.

IV. Rechtsfolgen bei Bruch der Vertraulichkeit

56 Als **typische Fälle** des Bruchs der Vertraulichkeit kommen u. a. in Betracht:
– Im Zivilprozess werden entgegen der entsprechenden Vertraulichkeitsabrede Zeugen (nicht der Mediator), die Gegenpartei oder Urkunden als Beweismittel zu mediationsrelevanten Sachverhalten benannt.
– Im Zivilprozess benennt eine der Mediationsparteien den Mediator als Zeugen.

Die prozessrechtlichen Folgen des Bruchs der Vertraulichkeit wurden bereits dargelegt.[124] Prozessvortrag und Beweismittelanträge, die gegen die Vertraulichkeitsabrede verstoßen, sind unbeachtlich. Dem **Gericht ist untersagt**, entsprechenden Vortrag und entsprechende **Beweise zu erheben und zu verwerten.** In den vorgenannten Fällen wird es regelmäßig nicht zu einem Schaden kommen, wenn das Gericht den angebotenen Beweis im Primärprozess nicht erhebt oder nicht verwertet.[125] Kommt es jedoch zu einer Beweiserhebung und -verwertung verstoßen die jeweilige Partei oder der Mediator gegen die geschlossene Vertraulichkeitsabrede. Dieser Pflichtenverstoß kann materiellrechtliche Folgen haben und zur Verwirkung einer **Vertragsstrafe** und zu **Schadensersatzansprüchen aus § 280 BGB** führen.[126]

57 Allerdings ist regelmäßig zu prüfen, ob diesen Ansprüchen die **Rechtskraft des Primärprozesses** entgegensteht.[127] Betroffen von der Rechtskraftwirkung sind nur die Parteien des Primärprozesses, die regelmäßig mit den Parteien der Mediation

---

[122] *KK-Dahs* § 53 Rdnr. 38, 40.
[123] *KK-Senge* § 53 Rdnr. 47; *Dahs* in Grosskomm § 53 Rdnr. 71.
[124] Vgl. Rdnr. 33, 34.
[125] *Eidenmüller* S. 29.
[126] Vgl. *Eidenmüller* S. 28; *Wagner* S. 255.
[127] *Wagner* S. 260.

identisch sein werden. Das Rechtsverhältnis der Parteien zum Mediator wird von der Rechtskraftwirkung also nicht erfasst. Zur Rechtskraftwirkung ist wie folgt zu unterscheiden: Hat die unterlegene Partei die Vertraulichkeitsabrede in dem Primärprozess gar nicht einredeweise eingeführt, so steht einer späteren Geltendmachung im Sekundärprozess die Verwirkung entgegen.[128] Scheitert die unterlegene Partei an der Beweisbarkeit der Vertraulichkeitsabrede, steht die Rechtskraft des Primärprozesses einer Sekundärklage auf Schadensersatz entgegen, soweit der Streitgegenstand sich in beiden Verfahren deckt.[129] Gleiches muss gelten, wenn die Vertraulichkeitsabrede zwar als Einrede geltend gemacht wird, das angerufene Gericht des Primärprozesses diese Einrede jedoch falsch bewertet. Hier muss die unterlegene Partei Rechtsmittel einlegen. Wird die Entscheidung rechtskräftig, steht der Sekundärklage ebenfalls die Rechtskraft entgegen.

Die Rechtskraft mit einem Anspruch **gem. § 826 BGB** zu **durchbrechen** wird nur 58 in engen Ausnahmefällen gelingen. Voraussetzung werden die Unrichtigkeit des Urteils, das Erschleichen des Titels und besondere Umstände sein, die die Sittenwidrigkeit der Ausnutzung des Urteils ausmachen.[130] Stimmt das Urteil letztlich mit der materiellen Rechtslage überein, kommt § 826 BGB nicht in Betracht. Erschleicht sich der Urteilsbegünstigte jedoch mit der Behauptung, man habe keine Vertraulichkeit vereinbart und keinesfalls auf bestimmte Zeugen verzichtet, ein materiell-rechtlich unzutreffendes Urteil, wird ausnahmsweise der Anspruch gem. § 826 BGB zu bejahen sein. In diesen Fällen liegt ein massiver Missbrauch der Vertraulichkeit vor, der als sittenwidrig zu charakterisieren ist.

Zu unterscheiden sind weiter die Fälle, in denen der unterlegenen Partei ein 59 **Schaden außerhalb des Streitgegenstandes** des Primärprozesses entsteht. Dies kann beispielsweise die Verwertung in der Mediation erlangter Geschäftsgeheimnisse betreffen, wenn der Schutz der Geschäftsgeheimnisse vereinbart wurde. Ebenso wenig von der Rechtskraft des Primärprozesses erfasst werden etwaige Ansprüche gegen Dritte, wie etwa Ansprüche gegenüber dem Mediator oder hinzugezogene Sachverständige. Hier bestehen Schadensersatzansprüche nach allgemeinen Grundsätzen. Greifen Schadensersatzansprüche, so ist der Geschädigte so zu stellen, wie er stünde, wenn der Verstoß gegen die Vertraulichkeit nicht begangen worden wäre.

VI. Anhang

Mit freundlicher Genehmigung der Gesellschaft für Wirtschaftsmediation und 60 Konfliktmanagement e. V. in München werden nachfolgend deren Mediatonsvertrag, die Verfahrensordnung und die gwmk-Regeln für das Verhalten von Mediatoren abgedruckt. Diese Texte geben einen exemplarischen Überblick darüber, wie die Rechtsbeziehungen zwischen den Parteien und dem Mediator geregelt werden können. Sie enthalten auch zahlreiche Regelungen zur Sicherung der Vertraulichkeit, auf die zuvor verwiesen wurde.

---

[128] *Wagner* S. 261.
[129] *Wagner* S. 261.
[130] *Wagner* S. 262.

61 1. Mediationsvertrag der Gesellschaft für Wirtschaftsmediation und Konfliktmanagement e. V. (gwmk)

§ 1 Die Absicht der Parteien

Die Parteien vereinbaren hiermit, ein Mediationsverfahren durchzuführen. Sie werden für die Dauer des Verfahrens offen und fair miteinander verhandeln. Beide Parteien streben eine faire und schnelle Beilegung ihres Konfliktes an.

§ 2 Der Mediator

(1) Der Mediator ist zu Unparteilichkeit und Neutralität verpflichtet. Er ist insbesondere nicht befugt, eine der Parteien in der Rechtsangelegenheit, die Gegenstand des Mediationsverfahrens ist, anwaltlich zu vertreten oder zu beraten. Dazu gehören insbesondere Hinweise über persönliche Rechtsvorteile oder Nachteile sowie Fristen. Dies gilt auch für den Fall des Scheiterns des Mediationsverfahrens.

(2) Der Mediator informiert die Parteien in ausreichendem Maße über den Ablauf des Verfahrens und über ihre Rechte und Pflichten. Der Mediator hat die Beilegung des Streitfalles zwischen den Parteien in jeder Art und Weise, die er für angemessen hält, zu fördern. Zu diesem Zweck kann er unverbindlich Vorschläge oder Alternativen zur Lösung des Streitfalls entwickeln und den Parteien gemeinsam oder einzeln vorlegen. Er ist jedoch nicht befugt, den Streitfall insgesamt oder Teile des Streitfalls in rechtlich bindender Weise zu entscheiden.

§ 3 Ablauf des Verfahrens

(1) Soweit die Parteien keine Vereinbarung zur Durchführung des Mediationsverfahrens getroffen haben, bestimmt der Mediator unter Berücksichtigung dieser Verfahrungsregeln sowie im Übrigen nach eigenem Ermessen die Art und Weise, in der das Mediationsverfahren durchgeführt wird. Er wird dabei auf die Belange und Wünsche der Parteien Rücksicht nehmen.

(2) Mediator und Parteien achten auf eine beschleunigte und zügige Durchführung des Verfahrens und fördern ein solches.

(3) Der Mediator hat umgehend nach Annahme seiner Bestellung, ggf. nach vorheriger Beratung mit den Parteien, einen Zeitplan für den Ablauf des Mediationsverfahrens festzulegen.

(4) Die Parteien legen alle Unterlagen und Sachverhalte, die für die Lösung des Konflikts von Belang sind, der jeweils anderen Partei und dem Mediator ohne Einschränkungen offen. Jede Partei kann jedoch bis zu einer Einigung im Mediationsverfahren Ergänzungen des Sachverhaltes vortragen oder weitere Unterlagen vorlegen. Der Mediator kann jederzeit anregen, dass eine Partei zusätzliche Informationen oder Schriftstücke zur Verfügung stellt.

§ 4 Vertraulichkeit des Verfahrens

(1) Alle im Mediationsverfahren offenbarten Informationen sind vertraulich zu behandeln. Alle am Mediationsverfahren beteiligten Personen haben gegenüber Dritten über das Mediationsverfahren, dessen Angelegenheiten und die daraus erlangten Informationen Stillschweigen zu bewahren. Dies gilt auch über die Beendigung des Verfahrens hinaus.

(2) Personen, die am Mediationsverfahren teilnehmen (z. B. Sachverständige), werden eine entsprechende Verpflichtungserklärung abgeben, sofern dies von auch nur einer Partei gewünscht wird.

(3) Soweit gesetzlich zulässig, ist der Mediator nicht befugt, in einem späteren Schieds- oder Gerichtsverfahren als Zeuge oder Sachverständiger auszusagen, soweit dies das Mediationsverfahren betrifft. Die Parteien verpflichten sich, ihn weder als Zeugen oder Sachverständigen zu benennen, noch von ihm Aufzeichnungen oder Dokumente heraus zu verlangen.

(4) Ein gemeinsames Protokoll über die Durchführung des Mediationsverfahrens wird nicht erstellt. Der Mediator führt allenfalls Aufzeichnungen zu seinem persönlichen Gebrauch, die nach dem Abschluss der Mediation grundsätzlich vernichtet werden.

§ 5 Beendigung des Verfahrens
Das Mediationsverfahren wird beendet:
a) durch Unterzeichnung einer Vereinbarung zwischen den Parteien über den Konflikt insgesamt oder über einzelne Bestandteile des Konflikts, sofern eine Gesamteinigung nicht erzielt werden kann;
b) durch die Erklärung einer Partei, das Mediationsverfahren beenden zu wollen;
c) durch die Erklärung des Mediators, die Mediation nicht fortführen zu wollen. Diese Entscheidung ist gegenüber den Parteien zu begründen.

§ 6 Verzicht auf die Einrede der Verjährung
Die Parteien verzichten gegenseitig bei gleichzeitiger Annahme des Verzichts auf die Einrede der Verjährung in Bezug auf alle Ansprüche, die Gegenstand des Mediationsverfahrens sind. Dieser Verzicht entfaltet Wirkung von der Unterzeichnung dieses Vertrages an bis zu sechs Monate nach dem Zeitpunkt der Beendigung des Mediationsverfahrens.

§ 7 Kosten des Verfahrens
(1) Die Kosten des Verfahrens bestehen aus dem Honorar des Mediators, seinen Auslagen sowie allen sonstigen Kosten (z. B. für Sachverständige, behördliche Auskünfte etc.) je nach deren Anfall.

(2) Das Honorar des Mediators bemisst sich nach Zeitaufwand. Der Stundensatz des Mediators beträgt € _____

(3) Sofern nicht die Parteien und der Mediator etwas anderes schriftlich vereinbart haben, haben die Parteien die Kosten als Gesamtschuldner je zur Hälfte zu tragen.

2. Verfahrensordnung der gwmk 62

§ 1 Anwendungsbereich
Ist zwischen den Parteien die Durchführung eines Mediationsverfahrens nach den Regeln der gwmk vereinbart, so gelten die nachstehenden Regeln in der Fassung, die zu Beginn des Mediationsverfahrens gilt. Sie werden den Parteien vor Beginn des Verfahrens vom Mediator zur Verfügung gestellt. Die Parteien können jederzeit schriftlich abweichende Regelungen vereinbaren.

§ 2 Beginn des Mediationsverfahrens
(1) Das Mediationsverfahren wird durch einen schriftlichen Antrag einer Partei (Mediationsantrag) bei der Geschäftsstelle der gwmk, Elsenheimer Str. 31, 80687 München eingeleitet. Gleichzeitig mit der Antragstellung ist eine Abschrift des Mediationsantrags samt Anlagen der anderen Partei zuzusenden.

(2) Der Mediationsantrag hat folgende Angaben zu enthalten:

a) die Namen, bei juristischen Personen auch die gesetzlichen Vertreter, Anschriften, Telefon- und Telefaxnummer sowie sonstige Kommunikationsmöglichkeiten der Parteien sowie des Vertreters der Partei, die den Mediationsantrag gestellt hat;

b) eine Abschrift der Vereinbarung über die Durchführung eines Mediationsverfahrens

c) eine kurze Darstellung des Gegenstands der Streitigkeit.

(3) Das Mediationsverfahren beginnt an dem Tag, an dem der Mediationsantrag bei der gwmk eingeht.

(4) Die gwmk hat die Parteien unverzüglich vom Eingang des Mediationsantrags sowie vom Beginn des Mediationsverfahrens in Kenntnis zu setzen; gleichzeitig fordert sie die Gebühr nach § 8 an.

§ 3 Bestellung des Mediators

(1) Sofern die Parteien sich nicht selbst über die Person des Mediators oder ein anderes Verfahren zur Ernennung des Mediators einigen, übersendet die gwmk beiden Parteien eine Liste mit Vorschlägen von mindestens 3 Mediatoren, die ihr für den Streitfall geeignet erscheinen. Verständigen sich die Parteien nicht binnen 2 Wochen nach Absendung der Liste auf einen Mediator, bestimmt die gwmk auf Antrag einer Partei einen Mediator, der nicht in der den Parteien zugesandten Vorschlagsliste der gwmk genannt sein darf. Die gwmk teilt die Bestellung des Mediators den Parteien sowie dem Mediator unverzüglich mit.

(2) Bei ihren Vorschlägen stellt die gwmk sicher, dass die gemeinsamen Wünsche der Parteien bei der Auswahl des Mediators berücksichtigt werden und dass die vorgeschlagenen Mediatoren bereit und in der Lage sind, das Verfahren durchzuführen.

(3) Der bestellte Mediator erklärt unverzüglich gegenüber der gwmk und den Parteien, dass er die Bestellung annimmt.

§ 4 Pflichten des Mediators

(1) Der Mediator ist zu Unparteilichkeit und Neutralität verpflichtet. Er ist insbesondere nicht befugt, eine der Parteien in der Rechtsangelegenheit, die Gegenstand des Mediationsverfahrens ist, anwaltlich oder auf andere Weise zu vertreten oder zu beraten. Dies gilt auch für den Fall der Erfolglosigkeit des Mediationsverfahrens.

(2) Als Mediator ist ausgeschlossen, wer eine der Parteien vor Beginn des Verfahrens in derselben Angelegenheit beraten oder vertreten hat.

(3) Der Mediator informiert die Parteien über den Ablauf des Verfahrens und über ihre Rechte und Pflichten.

(4) Der Mediator hat die Beilegung des Streitfalls zwischen den Parteien in jeder Art und Weise, die er für angemessen hält, zu fördern. Zu diesem Zweck kann er bei Zustimmung der Parteien unverbindliche Vorschläge oder Alternativen zur Lösung des Streitfalls entwickeln und den Parteien gemeinsam oder einzeln vorlegen. Er ist nicht befugt, den Streitfall insgesamt oder Teile des Streitfalls zu entscheiden.

§ 5 Durchführung des Mediationsverfahrens

(1) Soweit die Parteien keine Vereinbarungen zur Durchführung des Mediationsverfahrens getroffen haben oder treffen, bestimmt der Mediator unter Berücksichtigung dieser Verfahrensregeln sowie im Übrigen nach eigenem Ermessen die Art und Weise, in der das Mediationsverfahren durchgeführt wird.

Hartmann

(2) Mediator und Parteien achten auf eine beschleunigte Durchführung des Verfahrens.

(3) Der Mediator hat unverzüglich nach Annahme seiner Bestellung, gegebenenfalls nach Beratung mit den Parteien, einen Zeitplan für den Ablauf des Mediationsverfahrens festzulegen.

(4) Jede Partei kann bis zu einer Einigung im Mediationsverfahren Ergänzungen des Sachverhalts vortragen oder weitere Unterlagen vorlegen. Der Mediator kann jederzeit anregen, dass eine Partei zusätzliche Informationen oder Schriftstücke zur Verfügung stellt.

§ 6 Vertraulichkeit, Einzelgespräche

(1) Soweit nicht ausdrücklich anders vereinbart, haben die Parteien, ihre Vertreter sowie der Mediator gegenüber Dritten alle Angelegenheiten des Mediationsverfahrens, sowohl während als auch nach Beendigung des Verfahrens, vertraulich zu behandeln.
Parteien, die auf Grund eines besonderen Rechtsverhältnisses verpflichtet sind, Dritte über Angelegenheiten des Mediationsverfahrens zu informieren, haben dies der anderen Seite vor Beginn der Mediation mitzuteilen.
Sofern die Parteien nichts anderes verabreden, wird der Mediator Dritte (z. B. Sachverständige, Zeugen, Co-Mediatoren, Personen in Ausbildung u. s. w.) mit Einverständnis der Parteien zu dem Verfahren nur hinzuziehen, wenn sich diese in der gleichen Weise wie die Parteien selbst zur Vertraulichkeit verpflichten. Auf Verlangen einer Partei haben diese Personen die Verpflichtung zur Vertraulichkeit schriftlich gemäß nachfolgendem Absatz 5 abzugeben.

(2) Soweit die Parteien damit einverstanden sind, kann der Mediator während oder außerhalb gemeinsamer Sitzungen Gespräche mit nur jeweils einer Partei (Einzelgespräche) führen. Soweit die jeweilige Partei dies wünscht, hat er Inhalte solcher Einzelgespräche auch gegenüber der anderen Partei vertraulich zu behandeln. Dasselbe gilt für sonstige Informationen oder Unterlagen, die ihm von einer Partei mit der Maßgabe übermittelt worden sind, diese vertraulich zu behandeln.

(3) Soweit der Mediator in einem späteren Gerichtsverfahren als Zeuge oder Sachverständiger im Hinblick auf das Mediationsverfahrens benannt wird, hat er bestehende Aussageverweigerungsrechte in Anspruch zu nehmen, soweit er nicht ausdrücklich von den Parteien von seiner Verschwiegenheitspflicht entbunden wird.

(4) Die Parteien verpflichten sich, den Mediator in einem nachfolgenden Schiedsgerichts- oder Gerichtsverfahren nicht als Zeugen für Tatsachen zu benennen, die ihm während des Mediationsverfahrens offenbart wurden.

(5) Jede Partei kann den Abschluss einer schriftlichen Vereinbarung über die Vertraulichkeit des Mediationsverfahrens und dessen Angelegenheiten unter Einschluss einer Abrede über Vertragsstrafen verlangen.

§ 7 Beendigung des Mediationsverfahrens

(1) Das Mediationsverfahren wird beendet
a) durch Unterzeichnung einer Schlussvereinbarung über den Streitfall insgesamt oder über einzelne Bestandteile des Streitfalls, sofern eine der Parteien der Auffassung ist, dass über die restlichen Bestandteile des Streitfalls eine Einigung nicht erzielt werden kann;

b) durch die schriftliche Erklärung einer am Verfahren beteiligten Partei, mit sofortiger Wirkung das Mediationsverfahren beenden zu wollen;

c) durch die Erklärung des Mediators, dass er aus bestimmten von ihm anzugebenden Gründen das Mediationsverfahren als gescheitert betrachtet, weil er es für
unwahrscheinlich hält, dass seine weiteren Bemühungen zu einer Beilegung des
Streitfalls führen werden;

d) wenn eine Partei binnen einer Frist von zwei Wochen nach der zweiten schriftlichen Mahnung des Mediators einen von diesem geforderten Kostenvorschuss
ganz oder teilweise nicht leistet und der Mediator auf Grund dessen das Mediationsverfahren als beendet erklärt (nachfolgend § 9 (2)).

(2) Wird eine Einigung zwischen den Parteien während einer gemeinsamen Sitzung
erzielt, ist diese Einigung noch im Verlauf der Sitzung zumindest in den Grundzügen festzuhalten und von den Parteien zu unterzeichnen. Im Anschluss daran ist sie
von den Parteien, gegebenenfalls unter Mithilfe des Mediators, innerhalb angemessener Frist zu formulieren. Im Übrigen gilt eine Vereinbarung erst mit ihrer schriftlichen Niederlegung und Unterzeichnung durch sämtliche Parteien als zustande gekommen.

(3) Nach Beendigung des Mediationsverfahrens hat der Mediator die gwmk unverzüglich in schriftlicher Form von der Beendigung, der Art und Weise sowie dem
Zeitpunkt der Beendigung zu benachrichtigen. Gleichzeitig hat der Mediator den
Parteien eine Abschrift der an die gwmk gerichteten Benachrichtigung zu übersenden.

(4) Die gwmk hat die Benachrichtigung des Mediators vertraulich zu behandeln und
darf ohne schriftliche Zustimmung der Parteien Dritten weder die Durchführung
noch das Ergebnis des Mediationsverfahrens offen legen.

(5) Die gwmk ist berechtigt, Informationen über das Mediationsverfahren in statistische Gesamtdaten, die sie über ihre Tätigkeit veröffentlicht, unter der Voraussetzung aufzunehmen, dass solche Informationen weder die Identität der Parteien offen legen noch eine Identifizierung der Einzelheiten des Streitfalls erlauben.

(6) Kommt eine Einigung nicht zustande, stellt der Mediator auf Antrag mindestens
einer Partei ein Zeugnis über den erfolglosen Mediationsversuch aus.

§ 8 Gebühren der gwmk

(1) Mit dem Mediationsantrag ist eine Verfahrensgebühr an die gwmk zu zahlen.
Die Höhe der Gebühr wird gemäß der Gebührentabelle festgelegt, die am Tag des
Eingangs des Mediationsantrags anwendbar ist.

(2) Die Gebühr wird nicht zurückerstattet, auch nicht bei Erfolglosigkeit des Mediationsverfahrens.

(3) Die gwmk bestellt erst dann einen Mediator, wenn die Gebühr gezahlt worden
ist.

(4) Wird die Gebühr nicht binnen einer Frist von zwei Wochen nach der zweiten
schriftlichen Mahnung der gwmk bezahlt, so gilt der Mediationsantrag als zurückgenommen.

§ 9 Honorar des Mediators

(1) Sofern die Parteien und der Mediator nichts Abweichendes vereinbaren, berechnet der Mediator die Höhe seiner Gebühren auf der Grundlage der Gebührentabelle
der gwmk. Die Höhe des Streitwerts, der Schwierigkeitsgrad der Streitsache sowie
alle anderen relevanten Umstände des Streitfalls sind zu berücksichtigen.

(2) Der Mediator kann die Aufnahme oder Fortsetzung seiner Tätigkeit, insbesondere die Abhaltung von Sitzungen von der Zahlung angemessener Vorschüsse in jeweils gleicher Höhe durch die Parteien abhängig machen. Versäumt eine Partei binnen einer Frist von zwei Wochen nach der zweiten schriftlichen Mahnung des Mediators, den verlangten Vorschuss zu leisten, kann der Mediator das Mediationsverfahren als beendet erklären.

(3) Der Mediator rechnet seine Tätigkeit gemäß Abs. 1 ab. Widerspricht eine der Parteien der Abrechnung des Mediators innerhalb von zwei Wochen nach Zugang, legt die gwmk die Höhe des Honorars des Mediators nach Beratung mit dem Mediator und den Parteien nach Maßgabe vorgenannter Grundsätze verbindlich fest.

(4) Nach Beendigung des Mediationsverfahrens hat der Mediator den Parteien eine Abrechnung aller geleisteten Kostenvorschüsse zu übermitteln und den Parteien jeden nicht verbrauchten Vorschussbetrag zurückzuerstatten oder die Zahlung eines von den Parteien noch geschuldeten Betrages zu verlangen.

§ 10 Kosten

Sofern die Parteien nichts Abweichendes vereinbart haben, haben sie die Gebühr der gwmk, das Honorar einschließlich Auslagen des Mediators sowie alle mit der Beauftragung von Sachverständigen verbundenen Kosten zu gleichen Teilen zu tragen.

§ 11 Haftungsausschluss

(1) Die gwmk haftet nicht für das Verhalten des Mediators. Für eigenes Handeln haften die gwmk und ihre Erfüllungsgehilfen dann nicht, wenn fahrlässiges Handeln vorliegt.

(2) Der Mediator haftet nicht für fahrlässiges Handeln. Ist der Mediator Rechtsanwalt, ist dessen Haftung insoweit begrenzt, dass er im Falle einfacher Fahrlässigkeit in Höhe von maximal € 1 Mio. haftet.

(3) Der Mediator haftet auch dann nicht für rechtliche Einschätzungen und Beurteilungen der Parteien, wenn diese erkennbar deren Entscheidungen zugrunde gelegt wurden. Dagegen haftet der Mediator wie ein staatlicher Richter, falls er auf ausdrücklichen Wunsch der Parteien seine Rechtsauffassung darlegt und diese zur Grundlage einer Vereinbarung zwischen den Parteien gemacht wird.

§ 12 Hemmung von Verjährungsfristen

Durch ihr Einverständnis mit dem Mediationsverfahren verzichten die Parteien gegenseitig bei gleichzeitiger gegenseitiger Annahme des Verzichts auf die Einrede der Verjährung in der Weise, dass der Lauf gesetzlicher und vertraglicher Verjährungsfristen in Bezug auf den Streitfall gehemmt wird, welcher Gegenstand des Mediationsverfahrens ist. Die Hemmung gilt vom Zeitpunkt des Beginns des Mediationsverfahrens an bis einen Monat nach dem Zeitpunkt der Beendigung des Mediationsverfahrens.

§ 13 Aussetzung von Rechtsstreitigkeiten

Die Parteien vereinbaren das Ruhen laufender gerichtlicher oder schiedsgerichtlicher Verfahren. Sie verpflichten sich, bis zum Zeitpunkt der Beendigung des Mediationsverfahrens in der Hauptsache kein gerichtliches oder schiedsgerichtliches Verfahren in Angelegenheiten, die Gegenstand des Mediationsverfahrens sind, einzuleiten. Ausgenommen hiervon sind gerichtliche Eilverfahren.

63 **3. gwmk-Regeln für das Verhalten von Mediatoren**

Präambel

Ein Mediator, der in einer Mediation nach der gwmk-Verfahrensordnung tätig wird, verpflichtet sich, die folgenden Regeln in jeder Verfahrenslage zu beachten.

Weder die Parteien noch Dritte können aus diesen Regeln Ansprüche ableiten, die über die Haftung hinausgehen, der ein Richter nach zur Zeit des Verfahrens geltendem deutschen Recht unterliegt.

Ansprüche gegen die gwmk auf der Grundlage dieser Richtlinien sind ausgeschlossen.

Art. 1 Wesen der Mediation

Mediation ist ein nicht förmliches und in seinem Ablauf durch die Parteien selbst bestimmtes Verfahren, in dem ein unabhängiger, neutraler Dritter (Mediator) die an einem Konflikt beteiligten Parteien, die aus freiem Entschluss an diesem Verfahren teilnehmen, bei der Suche nach einer für alle Beteiligte zufrieden stellenden Lösung unterstützt.

Art. 2 Allgemeine Pflichten des Mediators

(1) Der Mediator hat die Parteien vor Beginn des Verfahrens über die Charakteristika der Mediation und seine persönliche Auffassung von den Aufgaben des Mediators im vorliegenden Verfahren zu unterrichten.

(2) Der Mediator wird bei den Beteiligten keine unzutreffenden Erwartungen an das Ergebnis der Mediation wecken.

Art. 3 Unabhängigkeit und Unparteilichkeit des Mediators

(1) Der Mediator ist gegenüber den Parteien und den am Verfahren Beteiligten zu strengster Unparteilichkeit verpflichtet. Die Übernahme des Amtes als Mediator enthält die Erklärung, gegenüber den Parteien in jeder Hinsicht unabhängig zu sein. Der Mediator verpflichtet sich, während des gesamten Verfahrens seine Unabhängigkeit und Unparteilichkeit zu wahren.

(2) Der Mediator hat sich jederzeit so zu verhalten, dass er keinen Anlass zur Annahme einer Befangenheit bietet. Er darf sich insbesondere nicht auf eine Bewertung von Tatsachen und Rechtsfragen oder vorzeitig auf ein bestimmtes Ergebnis festlegen.

(3) Er darf auch keine Geschenke oder sonstigen Vorteile von einer Partei, deren Vertreter oder einer Person, die direkt oder indirekt an dem Gegenstand des Mediationsverfahrens interessiert ist, entgegennehmen.

(4) Der Mediator ist zu Beginn und während der Dauer des Mediationsverfahrens verpflichtet, alle Umstände offen zu legen, die Bindungen zu einer der Parteien oder zum Gegenstand der Auseinandersetzung darstellen, die aus Sicht einer Partei geeignet sein könnten, die Vermutung der Befangenheit des Mediators zu begründen.

(5) Hat der Mediator den Parteien Umstände dieser Art mitzuteilen, darf er solange in dem Mediationsverfahren nicht tätig werden, als die Parteien ihm nicht ausdrücklich ihr Einverständnis mit dem Beginn oder der Fortführung des Verfahrens erklärt haben. Er ist von der weiteren Mitwirkung an dem Mediationsverfahren ausgeschlossen, wenn eine der Parteien, ihn unverzüglich nach der Mitteilung oder dem Bekanntwerden solcher Tatsachen als Mediator ablehnt.

Hartmann

Art. 4 Vertraulichkeit

(1) Der Mediator hat alle Angelegenheiten des Verfahrens streng vertraulich zu behandeln. Soweit nicht eine der in diesen Verhaltensregeln genannten Ausnahmen vorliegt, darf der Mediator keine Informationen über das Verfahren und seine Angelegenheiten ohne Zustimmung der beteiligten Parteien an Dritte weitergeben, soweit nicht zwingende gesetzliche Vorschriften oder gerichtliche Entscheidungen dies vorschreiben.

(2) Der Mediator darf Informationen, die er in einer Einzelsitzung mit nur einer der am Verfahren beteiligten Parteien erfahren hat, einer anderen Partei oder Dritten nur mit der ausdrücklichen Zustimmung des Informationsgebers zugänglich machen. Dabei muss der Mediator klären, ob, in welchem Umfang und wem gegenüber er von den Informationen Gebrauch machen darf.

(3) Er darf Informationen, die er im Rahmen eines Mediationsverfahrens oder im Zusammenhang damit erlangt hat, nicht zu seinem persönlichen Vorteil nutzen oder in sonstiger Weise verwerten.

(4) Soweit ein Mediator durch die Entscheidung eines Gerichts oder in ähnlicher Weise nach Abschluss eines Mediationsverfahrens verpflichtet wird, als Zeuge über den Gegenstand oder andere Einzelheiten der Mediation auszusagen, hat er die Parteien des Mediationsverfahrens umgehend und umfassend davon zu unterrichten. Er hat sich auf gegebene Aussageverweigerungsrechte zu berufen, soweit nicht alle Parteien seiner Vernehmung als Zeuge zustimmen.

(5) Der Mediator ist verpflichtet, alles Material aus einem Mediationsverfahren dergestalt zu verwahren, dass der Schutz der Vertraulichkeit nachhaltig gewahrt bleibt. Soweit dieses zu Zwecken der Schulung oder der wissenschaftlichen Forschung benutzt werden soll, ist es angemessen und ausreichend zu anonymisieren.

(6) Der Mediator soll die Parteien veranlassen, sich zu verpflichten, Informationen, die im Mediationsverfahren erstmals bekannt geworden sind, nicht ohne Zustimmung der anderen Partei gegenüber einem Dritten zu offenbaren oder in einem Gerichtsverfahren zu benennen.

(7) Eine publizistische Auswertung eines Mediationsverfahrens ist dem Mediator nur gestattet, wenn die am Verfahren Beteiligten ihm dies ausdrücklich gestatten oder wenn die Einzelheiten des Mediationsverfahrens der allgemeinen Öffentlichkeit bereits zugänglich gemacht wurden.

Art. 5 Vertraulichkeit zwischen den Parteien

(1) Vor Eintritt in das Mediationsverfahren hat der Mediator mit den Parteien zu klären, ob und in welchem Umfange das Mediationsverfahren und seine Einzelheiten gegenüber Dritten vertraulich zu behandeln sind. Er hat die Parteien darauf hinzuweisen, dass es ihnen selbst obliegt, dafür zu sorgen, dass Dritte, die in das Mediationsverfahren einbezogen werden, gleichfalls einer Verpflichtung zur Wahrung der Vertraulichkeit zu unterwerfen sind.

(2) Soweit die Parteien nichts anderes vereinbaren, gilt strenge Vertraulichkeit bezüglich aller Angelegenheiten des Mediationsverfahrens, sowohl für die Parteien, den Mediator als auch für alle Dritte, die zu dem Verfahren herangezogen werden. Entsprechendes gilt auch für alle Informationen, die erst durch oder während der Mediation bekannt geworden sind.

(3) Der Mediator soll darauf hinweisen, dass die Parteien die Einhaltung der Vertraulichkeit in schriftlicher Form, u. U. verbunden mit einer angemessenen Vertragsstrafe, vereinbaren.

Art. 6 Verzicht auf Zeugenstellung des Mediators

Der Mediator hat von den beteiligten Parteien eine Erklärung einzuholen, wonach sie – soweit rechtlich wirksam – darauf verzichten, ihn in seiner Eigenschaft als Mediator in der Zukunft als Beweismittel in Verfahren jeder Art zu benennen oder die Vorlage von Dokumenten aus der Mediation in derartigen Verfahren zu verlangen.

Art. 7 Mediationsverfahren mit Parteien, die unterschiedlichen Nationen, Kulturen etc. angehören.

(1) Der Mediator hat sein Verhalten auf kulturelle oder ähnliche Verschiedenheiten zwischen den Beteiligten einzurichten, wenn sich diese auf das laufende Verfahren auswirken könnten.

(2) Kommt der Mediator zu dem Ergebnis, dass wegen der Zugehörigkeit von Parteien zu anderen Kulturen, Nationen oder aus ähnlichen Gründen Probleme in der Kommunikation zwischen den Beteiligten auftreten, soll er die Hinzuziehung einer geeigneten, weiteren Person zu seiner Unterstützung empfehlen.

Art. 8 Weiterer Mediator

Ein Mediator darf an einem Mediationsverfahren, in dem bereits ein anderer Mediator tätig und dessen Mediatorenauftrag noch nicht beendet ist, nur mitwirken, wenn der tätige Mediator einwilligt.

Art. 9 Hinzuziehung von Co-Mediatoren

Der Mediator soll in Fällen, die besondere Fähigkeiten oder Erfahrungen erfordern oder außergewöhnliche Schwierigkeiten aufweisen, den Beteiligten die Heranziehung eines Co-Mediators vorschlagen.

Art. 10 Verfahrensvorbereitung und -leitung

(1) Der Mediator hat vor Beginn des Verfahrens unter anderem die folgenden verfahrensleitenden Aufgaben wahrzunehmen:
– Er hat die Eignung des Konfliktes für eine Mediation zu prüfen.
– Er hat die Mediation und deren Durchführung angemessen vorzubereiten.
– Er hat den Ablauf der Mediation zu strukturieren und zu gewährleisten, dass das Verfahren ordnungsgemäß abgewickelt werden kann.
– Er soll darauf hinwirken, dass die Parteien an der Mediation teilnehmen oder durch Personen vertreten sind, die die Befugnis besitzen, verbindlich über die Gegenstände zu entscheiden, die den Inhalt der Mediation bilden.

(2) Der Mediator hat die Parteien zu Beginn des Verfahrens auf Folgendes hinzuweisen:
– Die Beteiligten sind berechtigt, den Ablauf und alle Einzelheiten des Verfahrens selbst zu bestimmen.
– Jede Partei kann jederzeit aus dem Verfahren ausscheiden, es beenden oder in Übereinstimmung mit der anderen Partei oder den anderen Parteien das Verfahren unterbrechen oder ähnliche Regelungen treffen.

(3) Am Beginn der Mediation soll der Mediatior das Ziel der Mediation und die Besonderheiten eines Mediationsverfahrens, insbesondere die Bedeutung von Einzelgesprächen erläutern.

Art. 11 Verzicht auf Gerichtsverfahren

Der Mediator hat vor Eintritt in das Verfahren bei den Parteien darauf hinzuwirken, dass sie, soweit rechtlich zulässig, bis zum Abschluss der Mediation das Ruhen von anhängigen gerichtlichen oder schiedsgerichtlichen Verfahren über den Gegenstand des Mediationsverfahrens vereinbaren und sich verpflichten, auf die Einleitung von gerichtlichen oder schiedsgerichtlichen Prozessen in dieser Sache zu verzichten. Ausgenommen sind gerichtliche Eilverfahren, die jederzeit zulässig bleiben.

Art. 12 Aufklärung des Sachverhalts

Der Mediator hat die Parteien zu Beginn des Verfahrens darauf hinzuweisen, dass das Ergebnis des Mediationsverfahrens davon abhängig sein kann, in welchem Umfang alle wesentlichen Informationen von den Parteien in das Verfahren eingebracht werden.

Art. 13 Rechtliche Beratung und Vertretung

Der Mediator hat die Parteien bereits vor Eintritt in das Mediationsverfahren und gegebenenfalls während des Fortgangs darauf hinzuweisen, dass sie das Recht haben, rechtlichen und fachlichen Rat einzuholen und in der Mediation Rechtskundige oder andere Fachleute mitwirken zu lassen.

Art. 14 Die Kosten des Verfahrens

Der Mediator hat die Parteien über die Kosten des Mediationsverfahrens zu informieren und Höhe und Verteilung der Kosten schriftlich zu vereinbaren.

Art. 15 Mitwirkung bei der Konfliktlösung

Der Mediator wird während des Verfahrens
- die Parteien unterstützen, jegliche Einigungshindernisse zu überwinden;
- die Kommunikation zwischen den Parteien fördern und Störungen, die einer Kommunikation im Wege stehen, ausräumen;
- darauf hinwirken, dass die Parteien Unterschiede in Größe, Bedeutung, Macht, Einfluss oder ähnliche Faktoren, die sich im Verhältnis zwischen den Parteien auswirken, nicht unangemessen einsetzen;
- darauf hinwirken, dass die Parteien ihre Interessen definieren und interessenbezogene Verhandlungen zwischen den Parteien fördern;
- die Parteien und ihre Berater dabei unterstützen, die streitigen Sachverhalte in sachlicher und rechtlicher Hinsicht realistisch einzuschätzen;
- die Parteien bei der Suche und der Bewertung von Lösungsoptionen unterstützen und darauf hinwirken, dass die Beteiligten die tatsächlichen und rechtlichen Folgen von Lösungsoptionen in ihre Überlegungen einbeziehen.
- keinen Versuch unternehmen, den Parteien seine Rechtsauffassung aufzuzwingen. Sofern er sich zur Sache äußert, hat er sich darauf zu beschränken, den beteiligten Parteien insoweit seinen Standpunkt darzulegen und Folgerungen aufzuzeigen.

Art. 16 Beendigung der Mediation

Der Mediator hat das Verfahren zu beenden, wenn
- die Parteien eine vollständige Einigung erzielt haben oder übereinstimmend die Beendigung des Verfahrens feststellen;
- die Parteien eine teilweise Erledigung des Streites erzielt haben und eine Fortsetzung hinsichtlich des verbleibenden Streitstoffes nicht dienlich oder nicht erwünscht ist;
- ein weiterer Termin nicht angebracht erscheint oder die Parteien sich zur Fortsetzung des Rechtsstreites vor einem Gericht oder Schiedsgericht entschlossen haben;

– der Mediator nach eingehender Erörterung mit den Parteien zu dem Ergebnis gelangt, dass zwischen den Parteien ein interessengerechtes, faires Verhandlungsergebnis endgültig nicht erzielt werden kann;
– die von den Parteien angestrebte Übereinkunft rechts- oder sittenwidrig wäre.

Art. 17 Aufgaben des Mediators bei Verfahrensabschluss

Der Mediator sorgt dafür, dass die Parteien erzielte Übereinkommen umgehend und
gegebenenfalls unter Heranziehung der rechtlichen Berater der Parteien schriftlich
unter Berücksichtigung der gesetzlich gebotenen Form niederlegen.

Art. 18 gwmk Verfahrensordnung

Der Mediator wird stets darauf hinwirken, dass die Parteien für ihre Mediation die
gwmk-Verfahrensordnung vereinbaren. Er wird alle zusätzlichen Pflichten des Mediators, die sich für ihn aus der gwmk-Verfahrensordnung ergeben, auch dann erfüllen, wenn diese nicht dem Verfahren zugrunde gelegt ist.

§ 28 Durchsetzbarkeit von Mediationsergebnissen

Dr. Gino Lörcher

Übersicht

Schrifttum: *Berger,* Das neue Schiedsverfahrensrecht in der Praxis – Analyse und aktuelle Entwicklungen, RIW 2001, 7; *Eidenmüller,* Vertrags- und Verfahrensrecht der Wirtschaftsmediation, 2001; *Geimer,* Notarielle Vollstreckbarerklärung von Anwaltsvergleichen – Betrachtungen zu § 1044 b ZPO –, DNotZ 1991, 266; *B. und U. Huchel,* § 1044 b ZPO: der Anwaltsvergleich, MDR 1993, 939; *Hünerwadel,* Der außergerichtliche Vergleich, 1989; *Lebek/Latinovic,* Der Anwaltsvergleich als Räumungstitel, NZM 1999, 14; *G. Lörcher,* Mediation: Rechtskraft über Schiedsspruch mit vereinbartem Wortlaut?, DB 1999, 789; *ders.,* Schiedsspruch mit vereinbartem Wortlaut – Notizen zur Vollstreckbarkeit im Ausland, RPS 14. 12. 2000, S. 2, Beilage 12 zu BB 2000; *ders.,* Enforceability of Agreed Awards in Foreign Jurisdictions, Arbitration International 2001, 275; *G. Lörcher/H. Lörcher/T. Lörcher,* Das Schiedsverfahren – national/international – nach deutschem Recht, 2. Aufl. 2001; *Mankowski,* Der Schiedsspruch mit vereinbartem Wortlaut, ZZP 2001, 37; *Münzberg,* Einwendungen gegenüber vollstreckbaren Anwaltsvergleichen, NJW 1999, 1357; *Nerlich,* Außergerichtliche Streitbeilegung mittels Anwaltsvergleichs, MDR 1997, 416; *Newmark/Hill,* Can a Mediated Settlement Become an Enforceable Arbitration Award?, Arbitration International 2000, 81; *Nicklisch,* Schiedsgerichtsverfahren mit integrierter Schlichtung, RIW 1998, 169; *Prütting,* Verfahrensrecht und Mediation in: *Henssler/Breidenbach,* Mediation für Juristen, 1997, 57; *Schmeel,* Die „Nebenprodukte" des Schiedsverfahrens-Neuregelungsgesetzes, MDR 1998, 889; *Schnitzler,* Der Anwaltsvergleich in der familienrechtlichen Praxis, FamRZ 1993, 1150; *Trittmann/Merz,* Die Durchsetzbarkeit des Anwaltvergleiches gemäß §§ 796 a ff. ZPO im Rahmen des EuGVÜ/LugÜ, IPRax 2001, 178; *Voit/Geweke,* Der vollstreckbare Anwaltsvergleich in Arbeitssachen nach der Einfügung der §§ 796 a–796 c ZPO durch das Schiedsverfahrens-Neuregelungsgesetz, NZA 1998, 400; *Wagner,* Möglichkeiten des Notars zur Vermeidung und Schlichtung von Streitigkeiten, ZNotP 1998, Beilage 1; *Ziege,* Der vollstreckbare außergerichtliche Vergleich nach § 1044 b ZPO (Anwaltsvergleich), NJW 1991, 1580.

I. Mediationsergebnis: Rechtliche Wirkung

1   Rechtlich relevant ist ein Mediationsergebnis nur, wenn sein **Inhalt** bestimmbar ist und wenn es für die Beteiligten Rechte und/oder Pflichten begründen soll. Das ist dort der Fall, wo die beteiligten Parteien – mit Unterstützung durch den Mediator – zu einer **Einigung** darüber gekommen sind, durch welche Absprachen der Streit beigelegt wird bzw. was zwischen ihnen bezüglich des Gegenstandes ihres Streits in Zukunft gelten soll. Es muss also eine bindende Vereinbarung zwischen den Parteien zustande gekommen sein. Juristisch gesehen stellt diese Vereinbarung einen **Vertrag** im Sinne von § 305 ff. BGB – regelmäßig einen **Vergleich** (§ 779 BGB) – dar. Durch ihn wird der Streit zwischen den Parteien im Wege gegenseitigen Nachgebens beseitigt und es werden Rechte und Pflichten der Parteien rechtswirksam geändert beziehungsweise neu begründet.

2   Für die **inhaltliche Gestaltung** des Mediationsvergleichs haben die Beteiligten weitesten Spielraum. Das ist ein Ausfluss des unserem Rechtssystem zugrunde liegenden Prinzips der Selbstbestimmung[1], also des Rechts auf die freie Entfaltung der Persönlichkeit, wie es von Artikel 2 Abs. 1 GG garantiert ist. Damit ist die **Privatautonomie** geschützt, das heißt die Möglichkeit für jeden, in freier Entscheidung seine Rechtsverhältnisse selbst zu prägen und zu gestalten.[2] Schranken für die Privatautonomie bestehen dort, wo der Gesetzgeber eine Schutzbedürftigkeit einzelner Personen ausgemacht hat, so bei typischen Ungleichgewichtslagen, beispielsweise im Arbeitsrecht und bei Wohnungsmietverträgen, aber auch bei der Auferlegung Allgemeiner Geschäftsbedingungen, und ganz allgemein dann, wenn Zweifel an ausreichender autonomer Willensbetätigung bestehen.[3]

3   Soweit das Gesetz für die Vereinbarung zwischen den Parteien nicht (ausnahmsweise) eine besondere **Form** vorschreibt, wie z.B. für die Übertragung eines Grundstücks[4], ist eine solche Vereinbarung auch formlos gültig, also u.a. aufgrund einer nur mündlich erfolgten Einigung. Es muss jedoch dringend empfohlen werden, die getroffene Vereinbarung schriftlich zu fixieren, zum einen, damit die Parteien auch für sich selbst Klarheit über ihren präzisen Inhalt schaffen, zum anderen, damit sie im Verhältnis zwischen sich ebenso wie gegenüber Dritten einen genauen Nachweis über die getroffenen Vereinbarungen in Händen halten.

II. Erfüllung als Normalfall

4   Verträge werden tagtäglich in immens großer Zahl geschlossen, oft ohne dass den Beteiligten der **Abschluss eines Vertrages** bewusst ist. So liegt dem Austausch eines Brötchens gegen Geld beim Bäcker jedes Mal ein Kaufvertrag zugrunde, der über den Austausch hinaus nicht dokumentiert ist. Eine weitergehende Dokumentation ist auch nicht erforderlich, da der Vertrag durch den Austausch beiderseits erfüllt

---

[1] BVerfGE 81, 254; vgl. beispielsweise auch BGH NJW 2000, 1313.
[2] *Flume*, Rechtsgeschäft und Privatautonomie, § 1, 1; weitere Einzelheiten bei *Breidenbach* Mediation S. 204 ff.
[3] Einzelheiten bei *Breidenbach* Mediation S. 297 ff.
[4] Vgl. § 925 BGB.

ist. Der Inhalt anderer Verträge ist oft sehr viel komplizierter; er enthält häufig auch Rechte und Pflichten der Beteiligten für die Zukunft. Die Vertragserfüllung findet hier in mehreren, zeitlich abgestuften Schritten statt.

Es ist eine Erfahrungstatsache, dass die übergroße Zahl aller Verträge von den Parteien auch erfüllt wird. Ist der Vertrag das Ergebnis einer **Mediation,** so stehen die **Chancen** einer absprachegemäßen **Erfüllung** der Vereinbarung besonders gut. Die Parteien haben einen Streit hinter sich, in der Regel mit unangenehmen Begleiterscheinungen, und Zweck der Mediation war es ja gerade, diesen Streit für die Zukunft auszuräumen. Das Ergebnis ist den Parteien auch nicht von außen auferlegt; vielmehr haben diese das Ergebnis einvernehmlich, unter Ausgleich ihrer divergierenden Interessen, gefunden und fixiert. Deshalb ist bei den Beteiligten in einer solchen Situation häufig eine besondere Bereitschaft zu finden, den gefundenen Vergleich umzusetzen. Das ist einer der Vorteile einer Mediation[5]. 5

Immerhin, die Gewissheit einer genauen und vollständigen Erfüllung der Vereinbarungen besteht nicht, es sei denn, die Parteien hätten in dieser Hinsicht besondere Vorkehrungen getroffen. Die Gründe für eine **unterbliebene oder unvollkommene Vertragserfüllung** können, auch abgesehen von der Böswilligkeit einer beteiligten Partei, außerordentlich vielfältig sein. Hier sei nur auf die Unklarheit oder Kompliziertheit der vertraglichen Absprachen als mögliche Ursachen hingewiesen oder auch auf ein Ungleichgewicht in den getroffenen Vereinbarungen, so dass eine Partei sich von der anderen übervorteilt fühlt. Kommt eine Partei ihren vertraglichen Verpflichtungen nicht nach, so erhebt sich für die übrigen Beteiligten die Frage, wie sie ihre **Rechte** aus dem Vertrag **durchsetzen** können. 6

III. Schwierigkeiten bei der Umsetzung der Vereinbarung

1. Zurückbehaltungsrecht

Der erste Gedanke, wenn es um die Durchsetzung vertraglicher Rechte geht, gilt häufig der Einleitung eines Verfahrens vor den staatlichen Gerichten. Darauf wird nachstehend[6] einzugehen sein. Ein solches Verfahren ist aber meist nicht das beste Instrument, um rasch zu einem Erfolg zu kommen. Ein einfacheres und häufig wirksames Mittel ist die Ausübung des gesetzlichen Zurückbehaltungsrechts[7]. 7

Ist eine Partei aus einem Mediationsvergleich verpflichtet und hat sie gleichzeitig einen **fälligen Anspruch** gegen die andere Partei, so kann sie die geschuldete Leistung verweigern, bis die fällige Gegenleistung bewirkt wird (es sei denn, aus dem Mediationsvergleich ergäbe sich etwas anderes). Gegenstand des Zurückbehaltungsrechts kann grundsätzlich jede Leistung sein, so dass auch die Vornahme von Handlungen verweigert werden kann ebenso wie die Erfüllung von Duldungspflichten und von Unterlassungspflichten. Zu beachten ist, dass auch der Anspruch des Zurückhaltenden voll wirksam und fällig sein muss[8]. 8

---

[5] *Moore,* The Mediation Process, 2. Aufl. 1996, S. 309 f.
[6] S. Rdnr. 11 ff.
[7] Vgl. § 273 f. BGB. Daneben kommen Sonderregelungen in Frage, so z. B. die Vorschriften über das kaufmännische Zurückbehaltungsrecht in den §§ 369 bis 372 HGB.
[8] Zu Einzelheiten der Rechtsprechung vgl. beispielsweise *Heinrichs* in Palandt, Bürgerliches Gesetzbuch, § 273 f.

9   Nur in ganz wenigen Fällen ist das Zurückbehaltungsrecht gesetzlich ausgeschlossen, z. B. für die Vollmachtsurkunde nach dem Erlöschen der Vollmacht[9] oder
für Unterlagen, die dem Handelsvertreter zur Verfügung gestellt worden waren,
soweit nicht fällige Ansprüche auf Provision und Aufwendungsersatz geltend gemacht werden[10]. Auch aus der besonderen Natur des Schuldverhältnisses oder aus
dem Inhalt des Anspruchs kann sich ein Ausschluss des Zurückbehaltungsrechts ergeben. Das kann beispielsweise gelten für Arbeits- und Geschäftspapiere, für Buch-
haltungs- oder Krankenunterlagen, gegenüber einem Anspruch auf Unterhalt, auf
Auskunft oder Rechenschaftslegung, und ebenso gegenüber dem Räumungsan-
spruch nach Beendigung der nichtehelichen Lebensgemeinschaft.

10   Wird das Zurückbehaltungsbehaltungsrecht ausgeübt, so ist die ausübende Partei
nur noch zur **Leistung Zug um Zug** gegen Erhalt der Gegenleistung verpflichtet[11].
Andererseits kann die Gegenpartei die **Ausübung** des Zurückbehaltungsrechts
durch Sicherheitsleistung **abwenden.**[12]

2. Durchsetzung im Verfahren vor dem staatlichen Gericht

11   Für Ansprüche, die sich aus dem Vergleich ergeben, kann im Streitfall in der Regel auch das **staatliche Gericht** angerufen werden. Auch hierin unterscheidet sich
der Mediationsvergleich nicht von anderen Verträgen. Wer ein solches gerichtliches
Verfahren beginnt, muss sich aber im Klaren sein, dass ihn – unabhängig von der
Rechtslage – ein erheblicher **Aufwand** an Zeit, Ausdauer und psychischer Kraft erwartet und dass ihn auch das **Kostenrisiko** voll treffen kann. Zwar gilt nach deutschem Recht der Grundsatz, dass jede Partei die Verfahrenskosten in dem Umfang
zu tragen hat, wie sie unterliegt, aber die bloße Tatsache des Streits ist doch in aller
Regel ein Hinweis darauf, dass für ein Obsiegen die Gewissheit nicht gegeben ist.
Dazu kommt, dass dem Kläger die Herrschaft des Verfahrens deshalb rasch entglei-
tet, weil seinen prozessualen Rechten immer entsprechende prozessuale Gegenrechte des Beklagten gegenüberstehen, Das gilt nicht zuletzt für die Dauer des Verfahrens. Entscheidet sich eine Seite für einen Antrag auf Mahnbescheid[13] als schnellen
Weg zur Realisierung einer Geldforderung, so kann die Gegenseite durch Einlegung
des Widerspruchs[14] erreichen, dass das Mahnverfahren in ein ordentliches Verfahren übergeht. Obsiegt der Kläger in der ersten Instanz in vollem Umfang, so kann
er in den meisten Fällen nicht verhindern, dass sein Gegner in die nächste Instanz
geht, womit sich – unter umgekehrten Vorzeichen – die Belastungen wiederholen,
die der Kläger in der ersten Instanz auf sich nehmen musste.

12   Bei Ansprüchen aus Mediationsvergleichen wird es sich meistens um Ansprüche
handeln, welche in die Zuständigkeit der Zivilgerichte[15] oder der Arbeitsgerichte
fallen. Dann sind im einen Fall die Vorschriften der Zivilprozessordnung, im anderen Fall diejenigen des Arbeitsgerichtsgesetzes anwendbar. In vielen hier interessie-

---

[9] § 175 BGB.
[10] § 88a Abs. 2 HGB.
[11] *Heinrichs* in Palandt, Bürgerliches Gesetzbuch, § 273 Rdnr. 2.
[12] Dabei ist die Sicherheitsleistung durch Bürgen ausgeschlossen (§ 273 Abs. 3 BGB).
[13] §§ 688 ff. ZPO.
[14] §§ 694 ff. ZPO.
[15] Also des Amtsgerichts, des Landgerichts usw.

renden Fällen, so bei arbeitsrechtlichen Streitigkeiten[16] oder, in weitem Umfang, im Verfahren vor dem Amtsgericht, ist die Vertretung der Parteien durch einen Rechtsanwalt als Bevollmächtigten nicht vorgeschrieben. Nur selten wird aber ein streitiger Fall so einfach gelagert sein, dass man einer Partei empfehlen kann, auf **anwaltliche Hilfe** zu verzichten und das Verfahren selbst zu führen (auch wenn der Gesetzgeber ursprünglich genau das beabsichtigte). Nach dem Gesetz ebenso wie in der praktischen Handhabung sind die Verfahren heute so weit ausdifferenziert, dass der Laie Außenseiter bleibt und gegenüber der anwaltlich vertretenen Partei im Normalfall benachteiligt ist. Das fängt an bei der Beurteilung, welches Gericht zuständig ist, das gilt für die Abschätzung der Aussichten eines streitigen Verfahrens, und es erstreckt sich über die Einzelheiten der Schriftsatzerstellung oder Handhabung von Beweisregeln bis hin in den Bereich der Verfahrenstaktik, wo die prozessrechtlichen Feinheiten wiederum entscheidend werden können. Deshalb soll hier auch gar nicht erst der Versuch gemacht werden, prozessrechtliche Einzelheiten, beispielsweise anhand der mehr als tausend Paragraphen der Zivilprozessordnung, zu erläutern.

In den Fällen, in denen Streitigkeiten aus einem Mediationsvergleich die Durch- **13** führung eines Verfahrens vor den staatlichen Gerichten erforderlich machen, wird das Ziel regelmäßig sein, die **Vollstreckbarkeit** oder wenigstens die vorläufige Vollstreckbarkeit der Ansprüche zu erlangen. Die **Zwangsvollstreckung** erfolgt aufgrund einer mit der Vollstreckungsklausel versehenen Ausfertigung des Urteils[17]. Diese Vollstreckungsklausel wird erteilt entweder, wenn die Entscheidung rechtskräftig geworden ist, oder – bei einer nicht rechtskräftigen Entscheidung –, wenn sie für vorläufig vollstreckbar erklärt ist. Im letzteren Fall läuft das ursprüngliche Verfahren parallel zum Vollstreckungsverfahren weiter, kann also zu einem Ergebnis führen, das von der Zwischenentscheidung abweicht. Das enthält Risiken für beide Parteien; der Gesetzgeber hat eine – zwangsläufig grobe – Interessenabwägung dadurch realisiert, dass er bei den noch nicht rechtskräftigen Urteilen unterscheidet zwischen solchen, die ohne Sicherheitsleistung für vorläufig vollstreckbar zu erklären sind, und solchen, die nur gegen Sicherheit vorläufig vollstreckbar erklärt werden.[18]

Für die **Praxis der Mediationsvergleiche** ist von besonderer Bedeutung, dass Ur- **14** teile z. B. im Urkundenprozess ebenso wie in Wohnraum- und bestimmten Unterhalts- und Rentenstreitigkeiten und Urteile auf Wiedereinräumung des Besitzes **ohne Sicherheit** für **vorläufig vollstreckbar** zu erklären sind, und ebenso andere Urteile in vermögensrechtlichen Streitigkeiten, wenn der Gegenstand der Verurteilung in der Hauptsache 1250,– € nicht übersteigt. Auch Urteile der Oberlandesgerichte in vermögensrechtlichen Streitigkeiten sind ohne Sicherheitsleistung vorläufig vollstreckbar.[19] **Andere** als die in § 708 ZPO aufgeführten **Urteile** sind in der Regel **gegen** eine der Höhe nach zu bestimmende **Sicherheit** für vorläufig für vollstreckbar zu erklären;[20] eine Ausnahme gilt, auf Antrag des Gläubigers, wenn er die Sicherheit nicht oder nur unter erheblichen Schwierigkeiten leisten kann.[21]

---

[16] S. § 11 ArbGG.
[17] § 724 ZPO.
[18] §§ 708 ff. ZPO.
[19] § 708 ZPO.
[20] § 709 ZPO.
[21] § 710 ZPO.

Neben Urteilen können sich in einem Verfahren vor den staatlichen Gerichten auch andere Entscheidungen oder Urkunden ergeben, welche vollstreckbar sind.[22] Hier sei insbesondere auf den **Prozessvergleich** verwiesen,[23] oder auch auf bestimmte gerichtliche Beschlüsse zur Festsetzung von Unterhaltsleistungen.[24]

15   Mit dem Vollstreckungstitel ist der Weg zur Zwangsvollstreckung eröffnet, also zu der mit den Machtmitteln des Staates erzwungenen Befriedigung eines Anspruchs.[25] Fazit bleibt aber, dass das Verfahren vor den staatlichen Gerichten langwierig und dass sein Ausgang oft ungewiss ist.[26]

IV. Besondere Vorkehrungen schon beim Abschluss des Mediationsvergleichs

16   Angesichts der Komplikationen, die sich bei der Durchsetzung des Mediationsergebnisses vor den staatlichen Gerichten ergeben können, ist zu prüfen, welche Vorkehrungen schon beim Abschluss des Mediationsvergleichs es erlauben, mit einiger Gewissheit **der Notwendigkeit eines Gerichtsverfahrens auszuweichen.**

1. Weitere Mediation

17   Der Mediationsvergleich ist, wie schon ausgeführt, ein Vertrag, welcher zwischen den beteiligten Parteien Rechte und/oder Pflichten begründet. Streitigkeiten hieraus können wiederum mit Hilfe dritter Personen oder Institutionen beigelegt werden. Die Beteiligten können und sollten in ihrem **Mediationsvergleich** dafür **Vorkehrungen** treffen, insbesondere wenn der Vergleich kompliziert ist und in die Zukunft reicht. Eine technisch einfache Lösung ist es, die Fortführung oder das Wiederaufleben der ursprünglichen Mediationsvereinbarung zu vereinbaren; im Ergebnis wird dann allerdings nur ein Vergleich durch einen anderen ersetzt werden, der ebenfalls nicht direkt vollstreckbar ist.

2. Sicherheiten

18   Es ist möglich, ein Mediationsergebnis durch Sicherheiten so zu bewehren, dass im Falle der Nichteinhaltung des Vergleichs die verletzte Partei **auf die Sicherheit zurückgreifen** kann. Hier ist beispielsweise an eine Bürgschaft[27] oder eine Bankgarantie[28] zu denken, an die Hinterlegung eines Barbetrags bei einem neutralen Dritten, oder auch an eine Verfallklausel oder eine Vertragsstrafe[29] gemäß

---

[22] § 794 ZPO.
[23] § 794 Abs. 1 Nr. 1 ZPO.
[24] § 794 Abs. 1 Nr. 2a und 2b ZPO.
[25] *Hartmann* in Baumbach/Lauterbach/Albers/Hartmann, ZPO, Grundz. § 704, Rdnr. 1, mit Verweisung auf LG Frankfurt/Main, MDR 1988, 504.
[26] Auch dem Gesetzgeber ist das Problem akut bewusst, wie beispielsweise am nordrhein-westfälischen Gütestellen- und Schlichtungsgesetz vom 9. Mai 2000 abzulesen ist. Dazu § 33.
[27] §§ 765 ff. BGB.
[28] §§ 349 f. HGB.
[29] Nicht bei Wohnraum: § 550a BGB a.F.

den Vorschriften der §§ 339 ff. BGB.[30] Das sind scharfe Instrumente (insbesondere in Form der Bankgarantie auf erste Anforderung). Entscheiden die Parteien sich für eine solche Lösung, sollten die Einzelheiten so geregelt werden, dass einerseits das auslösende Ereignis und andererseits die Rechtsfolge (also z.B. der im konkreten Fall auszukehrende Betrag) eindeutig bestimmbar sind.

3. Anwaltsvergleich

Das Anliegen, auf Grund eines Vergleichs rasch zu einem vollstreckbaren Titel zu **19** kommen, wurde vom Gesetzgeber schon früh gesehen und beispielsweise in § 1044 a ZPO a.F. mit dem schiedsrichterlichen Vergleich realisiert. Einige Bedeutung hat hier der Anwaltsvergleich erlangt.[31] Er erlaubt es, ohne Durchführung eines gerichtlichen Verfahrens die **Vollstreckbarerklärung** zu erlangen, wenn der Schuldner sich in dem Vergleich der sofortigen Zwangsvollstreckung unterworfen hat und der Vergleich unter Angabe des Tages seines Zustandekommens beim zuständigen Amtsgericht niedergelegt wurde.[32] Voraussetzung dabei ist, dass der Vergleich von Rechtsanwälten im Namen und mit Vollmacht der von ihnen vertretenen Parteien abgeschlossen wurde.[33]

Wenn der Vergleich unwirksam ist oder wenn seine Anerkennung gegen **20** die öffentliche Ordnung verstoßen würde, ist die Vollstreckbarkeit ausgeschlossen.[34] Diese letzteren Vorbehalte machen klar, warum die Unterschrift der bevollmächtigten **Rechtsanwälte** unter dem Vergleich gesetzlich vorgeschrieben ist: den Anwälten obliegt in dieser Hinsicht eine **Prüfungspflicht;** jeder von ihnen übernimmt mit seiner **Unterschrift** die Verantwortung für den Abschluss und den Inhalt des Vergleichs.[35] Andererseits war nach dem bisherigen Recht nicht erforderlich, dass der unterzeichnende Rechtsanwalt an dem **Zustandekommen** des Vergleichs mitgewirkt hatte;[36] das muss auch nach neuem Recht gelten.

Es ist möglich und empfehlenswert, das für die Vollstreckbarerklärung **zustän-** **21** **dige Gericht** im anwaltlichen Mediationsvergleich ausdrücklich zu bestimmen; ist das nicht geschehen, so sind die Vorschriften in § 796 a Abs. 1 ZPO und in § 796 b Abs. 1 ZPO zu beachten. Für die Praxis ist wichtig, dass die Entscheidung über den Antrag auf Vollstreckbarerklärung nach Anhören des Gegners durch einfachen Beschluss ergehen kann und dass eine Anfechtung dieses Beschlusses nicht möglich ist.[37]

Bezüglich der **Form** des Anwaltsvergleichs sei angemerkt, dass regelmäßig die **22** Schriftform einzuhalten ist. Aus dem Erfordernis der Niederlegung bei Gericht oder bei einem Notar wird man auch nach neuem Recht schließen müssen, dass damit die gesetzliche Schriftform gemeint ist: die Unterschriften müssen sich auf *einer* Ur-

---

[30] Vgl. *Moore,* The Mediation Process, 2. Aufl. 1996, S. 314 f.
[31] Früher in § 1044 b ZPO a.F., jetzt in §§ 796 a ff. ZPO.
[32] Ausnahmen ergeben sich aus § 796 a Abs. 2 und 3 ZPO.
[33] § 796 a Abs. 1 ZPO.
[34] § 796 a Abs. 3 ZPO.
[35] OLG Hamm NJW-RR 1996, 1275, unter Verweisung auf *Zöller/Geimer,* 19. Aufl., § 1044 b ZPO a.F., Rdnr. 16.
[36] Vgl. OLG Hamm NJW-RR 1996, 1275.
[37] § 796 b Abs. 2 ZPO; s. auch *Lebek/Latinovic* NZM 1999, 14.

kunde befinden; ein Briefwechsel genügt nicht.[38] Allerdings kann das Gesetz auch strengere Vorschriften zur Form vorgeben, z. B. im Zusammenhang mit Grundstücksübertragungen.[39]

23   Noch einfacher ist die Handhabung, wenn der Anwaltsvergleich einem **Notar,** der seinen Amtssitz im Bezirk eines nach § 796a Abs. 1 ZPO zuständigen Gerichts hat, in **Verwahrung** gegeben und von ihm **für vollstreckbar erklärt** wird.[40] Bedingung hierfür ist es, dass die Parteien einer solchen Handhabung zugestimmt haben. Der Notar hat zu prüfen, ob die Voraussetzungen für die Vollstreckbarerklärung vorliegen. Ist das nicht der Fall, muss er die Vollstreckbarerklärung ablehnen und die Ablehnung auch begründen; eine solche Ablehnung kann gerichtlich angefochten werden.[41]

24   Die Parteien eines Mediationsvergleiches haben es also in der Hand, durch entsprechende Vorkehrungen die Vollstreckbarkeit ihres Vergleichs auf einfache Weise und auch mit relativ geringem Kostenaufwand – ohne zwischengeschaltetes gerichtliches Verfahren – sicherzustellen. Das gilt jedoch **nur für das Inland. In anderen Staaten** wird eine solche Wirkung des deutschen Anwaltsvergleichs **nicht anerkannt,** auch nicht über internationale Vollstreckungsabkommen.[42]

Außerdem muss darauf hingewiesen werden, dass die **Geltung** des Anwaltsvergleichs für den Bereich der **Arbeitsgerichtsbarkeit zweifelhaft** ist. Das Landesarbeitsgericht Düsseldorf hat die Anwendbarkeit jedenfalls für das alte Recht (nach § 1044 ZPO a. F.) verneint.[43] *Voit/Geweke* halten nach neuem Recht[44] den Anwaltsvergleich auch in Arbeitssachen mit beachtlichen Gründen für vollstreckbar.[45] Solange die Frage nicht höchstrichterlich entschieden ist, liegt hier jedoch für die Vergleichsparteien ein Risiko.

4. Vollstreckbare Urkunde

25   Für die Partei, die nicht anwaltlich unterstützt ist, dürfte für den Mediationsvergleich eine weitere Form von besonderem Interesse sein: nach § 794 Nr. 5 ZPO findet die Zwangsvollstreckung auch statt aus **notariellen Urkunden,** in denen der Schuldner sich der **sofortigen Zwangsvollstreckung** unterworfen hat. Ausgeschlossen sind Ansprüche, die sich auf die Abgabe einer Willenserklärung richten oder die den Bestand eines Mietverhältnisses über Wohnraum betreffen. Wegen der Einzel-

---

[38] Vgl. *Ziege* NJW 1991, 1580, 1581 zum alten Recht.

[39] S. § 925 BGB. Für eine Verpflichtung zur Grundstücksübertragung ist gemäß § 313 BGB notarielle Beurkundung erforderlich, vgl. zum alten Recht *Geimer* DNotZ 91, 266, 275; *Ziege* NJW 1991, 1580, 1581. Notarielle Urkunden haben den Vorteil, dass sie im Anwendungsbereich des EG-Übereinkommens über die gerichtliche Zuständigkeit und die Vollstreckung gerichtlicher Entscheidungen in Zivil- und Handelssachen nach Art. 50 (s. z. B. *Baumbach/Lauterbach/Albert/Hartmann,* Zivilprozessordnung, Schlussanhang V C 1) auch außerhalb Deutschlands vollstreckbar sind vgl. *Eidenmüller,* S. 46, m. w. N. Anders als *Eidenmüller* sind *Trittmann/Merz* (IPRax 2001, 178) der Auffassung, dass auch der gerichtliche oder notariell vollstreckbar erklärte Anwaltsvergleich i. S. v. Art. 50 EuGVÜ/LugVÜ in einem anderen Vertragsstaat vollstreckbar ist.

[40] § 796c ZPO; *Schnitzler* FamRZ 1993, 1150, 1152, zum alten Recht.

[41] § 796c iVm §§ 796a, 796b ZPO.

[42] Vgl. *Eidenmüller,* a. a. O (Fn. 39).

[43] AnwBl. 1998, 352.

[44] § 796a bis 796c ZPO.

[45] NZA 1998, 400 ff.

heiten der Urkunde im konkreten Fall empfiehlt sich eine Erörterung mit dem örtlichen Notar.

Hinzuweisen ist in diesem Zusammenhang auch auf die Möglichkeit, einen Vergleich vor einer anerkannten Gütestelle abzuschließen, wie sie an manchen Orten eingerichtet ist.[46]

V. Vollstreckbarkeit mit Hilfe eines Schiedsspruchs mit vereinbartem Wortlaut?

1. Rechtsnatur des Schiedsspruchs

Anders als der aus dem Mediationsverfahren resultierende Vergleich ist der **vom**   26
Schiedsgericht erlassene Schiedsspruch durch den Gesetzgeber in der Weise privilegiert, dass er im Verhältnis zwischen den Parteien Rechtskraft erhält.[47] Ein Schiedsspruch kann daher für **vollstreckbar** erklärt werden.[48] Von besonderem Interesse ist hier der per 1. Januar 1998 durch das Schiedsverfahrens-Neuregelungsgesetz eingeführte „Schiedsspruch mit vereinbartem Wortlaut" , der den bisherigen Schiedsvergleich nach § 1044a ZPO a. F. ersetzt.[49] Er ergeht auf Antrag der Parteien, wenn es während des schiedsrichterlichen Verfahrens zum Vergleich über die Streitigkeit gekommen ist, sofern der Inhalt des Vergleichs nicht gegen die öffentliche Ordnung (ordre public) verstößt.[50]

Über die Rechtskraft hinaus bietet ein Schiedsspruch den weiteren Vorteil, dass   27
er regelmäßig auch im **Ausland** vollstreckt werden kann, und zwar nicht nur in Anwendung der jeweils einschlägigen nationalen Regelungen, sondern auch auf Grund des New Yorker Übereinkommens über die Anerkennung und Vollstreckung ausländischer Schiedssprüche vom 10. Juni 1958.[51] Das New Yorker Übereinkommen ist von weit über 100 Staaten ratifiziert.[52] Grundsätzlich sind Schiedssprüche also nahezu weltweit auf Grund international einheitlicher Normen vollstreckbar (womit sich ein Schiedsspruch übrigens regelmäßig auch als praktikabler erweist als die Urteile nationaler Gerichte).

Kann die Lösung darin liegen, mit der Mediation ein Schiedsverfahren mit dem   28
Ziel zu verbinden, dass als Ergebnis ein Schiedsspruch mit vereinbartem Wortlaut erlassen wird? Ist damit die Vollstreckbarkeit im Ausland sichergestellt? Diese Problemstellung wirft eine Reihe von Fragen auf.[53] Dabei spielen die Besonderheiten des Schiedsverfahrens eine zentrale Rolle.

---

[46] Vgl. § 794 Abs. 1 Nr. 1 ZPO; weitere Einzelheiten bei *Prütting* in Breidenbach/Henssler, Mediation für Juristen, S. 66 f.
[47] § 1055 ZPO.
[48] § 1060 f. ZPO.
[49] Amtliche Begründung, BT-Drucks. 13/5274 vom 12. 7. 1996, S. 54, zu § 1053 ZPO. Für eine umfassende Darstellung des Schiedsspruchs mit vereinbartem Wortlaut *Mankowski* ZZP 2001, 37.
[50] § 1053 Abs. 1 ZPO. Vgl. zum *ordre public Mankowski* ZZP 2001, 43 ff.
[51] Abgedruckt beispielsweise in *Baumbach/Lauterbach/Albers/Hartmann,* ZPO, als Schlussanhang VI.A.I.
[52] S. die Aufstellung bei *Lörcher/Lörcher,* Schiedsverfahren, Anlage zu Anhang 3.
[53] S. *G. Lörcher* DB 1999, 789 f.; der vorliegende Beitrag dient auch der Korrektur und weiteren Präzisierung der dort gemachten Ausführungen.

2. Die Situation nach deutschem Recht

29   Hier soll zuerst auf Erwägungen nach deutschem Recht eingegangen werden. Entscheidend ist, dass für einen **Schiedsspruch bestimmte gesetzliche Voraussetzungen zwingend** eingehalten werden müssen. Ihre Respektierung in der Mediation ist nicht sichergestellt, braucht es auch nicht zu sein, da die Mediation – gesetzlich nicht geregelt – ihrem Wesen nach frei von vorgegebenen Verfahrenszwängen sein soll.[54] Die Beachtung von Grundregeln des Schiedsverfahrens *während der Mediation* als Voraussetzung für einen wirksamen Schiedsspruch mit vereinbartem Wortlaut entzieht sich im Übrigen weitgehend der Nachprüfung; der *Verfasser* gibt deshalb diesen von ihm anfänglich in die Diskussion gebrachten Ansatz[55] auf. Die Antwort muss vielmehr in der Einhaltung der zwingenden Regeln im Rahmen des Schiedsverfahrens selbst liegen, wie noch detaillierter zu zeigen sein wird.

30   Hier sei noch einmal daran erinnert, dass der Vergleich der Parteien „während des schiedsrichterlichen Verfahrens über die Streitigkeit" zustande gekommen sein muss.[56] „Vergleich über eine Streitigkeit während des Verfahrens" setzt voraus, dass ein Schiedsverfahren stattfindet; das setzt weiter voraus, dass zuvor eine Schiedsvereinbarung abgeschlossen und dass ein Schiedsrichter bestellt war. Und schließlich setzt das nach dem Gesetzeswortlaut voraus, dass zu Beginn des Schiedsverfahrens die Streitigkeit noch nicht erledigt war,[57] dass während der Mediation also jedenfalls ein **abschließender** Vergleich zwischen den Parteien noch nicht vereinbart war. Es dürfte allerdings ausreichen, dass zwischen den Parteien die Höhe oder die Aufteilung der Kosten noch streitig ist.

31   Wenn der Gesetzgeber den Schiedsspruch mit Rechtskraft ausstattet, so hebt er das Schiedsverfahren – ein privat organisiertes Verfahren[58] – von allen anderen privat organisierten Verfahren der Streiterledigung ab. Das Schiedsgericht übt eine Tätigkeit aus, der normalerweise hoheitlicher Charakter zukommt. Die Rechtfertigung für diese Privilegierung des Schiedsverfahrens ist seine Justizförmigkeit, geregelt in der Zivilprozessordnung mit einer Reihe von Mindestvoraussetzungen, welche gleichzeitig verfahrensmäßige Garantien für die Beteiligten darstellen. Das Erfordernis in § 1053 Abs. 1 ZPO, dass „sich die Parteien während des schiedsrichterlichen Verfahrens über die Streitigkeit" vergleichen, ist deshalb nicht nur formal zu sehen.

Der besondere Charakter des Schiedsverfahrens zeigt sich auch an anderen gesetzlichen Erfordernissen wie den Formvorschriften für die Schiedsvereinbarung,[59] dem weitgehenden Ausschluss staatlicher Gerichte, soweit eine gültige Schiedsvereinbarung vorliegt,[60] den detaillierten Bestimmungen über die Bestellung und ebenso die Ablehnung eines Schiedsrichters,[61] aber auch an den Befugnissen des Schieds-

---

[54] *Berger* RIW 2001, 7, 16; vgl. *Eidenmüller*, S. 39.
[55] Vgl. Fn. 53.
[56] § 1053 Abs. 1 ZPO. Vgl. auch – für das englische Recht – *Newmark/Hill*, Arbitration International 2000, 81 ff., die sich insbesondere mit dem dort zitierten Art. 12 Rules of the Mediation Institute of the Stockholm Chamber of Commerce befassen.
[57] Vgl. *Berger* RIW 2001, 7, 16; zweifelnd *Eidenmüller*, S. 49, der diese Auslegung als „sehr formalistisch" bezeichnet.
[58] BGHZ 65, 59, 61.
[59] § 1031 ZPO.
[60] § 1026, 1031 ZPO.
[61] § 1034 ff. ZPO.

gerichts, vorläufige oder sichernde Maßnahmen anzuordnen.[62] Besonders deutlich wird die Schutzfunktion der gesetzlichen Regelung an dem „Grundgesetz" für das Schiedsverfahren, wonach die **Parteien gleich zu behandeln** sind und **jeder Partei rechtliches Gehör zu gewähren** ist.[63]

Soweit die anwendbaren Vorschriften nicht in zulässiger Weise abbedungen sind,   32 dürfen den Parteien ab Eintritt in das Schiedsverfahren die gesetzlich vorgesehenen Wahl- und Gestaltungsmöglichkeiten nicht abgeschnitten werden; auch kann die einzelne Partei – anders als während der Mediation – nicht mehr nach Belieben über den Fortgang des Verfahrens disponieren. Schon aus diesem Grunde sind der Beginn des Schiedsverfahrens und die Funktion des Schiedsrichters klar zu dokumentieren.

Zwingende Vorschriften darf der **Schiedsrichter** nicht missachten. Nur unter diesen Voraussetzungen kann er einen Schiedsspruch mit vereinbartem Wortlaut erlassen. **Dieser Schiedsspruch** kann vom staatlichen Gericht unmittelbar für **vollstreckbar erklärt** werden; er hat zwischen den Parteien **Rechtskraft.**

Aus praktischer Sicht ist anzumerken, dass ein Vergleich, wenn einmal zustande gekommen, in aller Regel Bestand haben wird. Seine spätere Anfechtung durch eine der Parteien ist wenig wahrscheinlich; immerhin lehrt die Erfahrung, dass auch mit dieser Möglichkeit gerechnet werden sollte.

3. Vollstreckbarkeit im Ausland?

Anders als unsere Zivilprozessordnung kannten andere Regelwerke diese Form   33 des Schiedsspruchs schon seit längerem. Fälle, in denen die Vollstreckbarerklärung solcher Sprüche insbesondere wegen Fehlens einer Begründung verweigert wurde, sind aber nicht bekannt. Die **Vollstreckbarkeit** von Schiedssprüchen mit vereinbartem Wortlaut **im Ausland** dürfte also regelmäßig unproblematisch sein. Immerhin können sich auch hier **Fragen** ergeben.[64]

Vereinzelte Entscheidungen staatlicher Gerichte im Ausland geben Hinweise, die für eine Kombination von Mediation und Schiedsspruch mit vereinbartem Wortlaut bedeutsam werden können.[65]

Von erheblichem Interesse in diesem Zusammenhang ist eine neue Entscheidung des *US Court of Appeals for the Seventh Circuit.*[66] Das Gericht kam sogar bezüg-

---

[62] § 1041 ZPO.
[63] § 1042 Abs. 1 ZPO.
[64] Die Vollstreckbarkeit allgemein bejahend: *Derains/Schwartz,* A Guide to the New ICC Rules of Arbitration, The Hague etc. 1998, S. 288; s. auch *Berger,* International Economic Arbitration, Deventer etc. 1993; S. 582; *Braguglio,* L'arbitrato estero, Padova 1999, S. 89; *Craig/Park/Paulsson,* International Chamber of Commerce Arbitration; 2. Aufl., New York etc. 1990, Rdnr. 19.02; *Schäfer/Verbist/Imhoos,* Die ICC Schiedsgerichtsordnung in der Praxis, Bonn 2000, S. 167 f. Zurückhaltender: *Fouchard/Gaillard/Goldman,* On International Commercial Arbitration, The Hague etc., Rdnr. 1366; *Redfern/Hunter,* Law and Practice of International Commercial Arbitration, 3. Aufl., London 1999, Rdnr. 8–40; *Sanders,* Quo Vadis Arbitration?, The Hague etc., 1999, S. 378; *St. John Sutton/Kendall/Gill* in: Russell on Arbitration, 21. Aufl., 1997, Rdnr. 6–023.
[65] Einzelheiten dazu bei *G. Lörcher,* Recht und Praxis der Schiedsgerichtsbarkeit, Beilage 12 zu BB 2000, S. 3 ff.; *ders.,* Enforceability of Agreed Awards in Foreign Jurisdictions, Arbitration International, 2001, 275, 278 f.
[66] Im Fall *Publicis Communication ./. True North Communications Inc., 206 F. 3 d 725,* s. Bericht von *Lamm* und *Hellbeck,* in: International Arbitration Law Review, Vol. 3, Issue 4 (Oktober 2000), und in: LCIA News, Vol. 6, Issue 1 vom Februar 2001, auf S. 9.

lich einer vom Schiedsgericht als „Order" bezeichneten Entscheidung zum Ergeb-
nis, da diese im konkreten Fall endgültig („final") war, könne sie – im Hinblick auf
Art. V.1.e. des New Yorker Übereinkommens von 1958 – als internationaler
Schiedsspruch („international arbitral award") bestätigt werden. Es ist davon aus-
zugehen, dass für einen in Deutschland erlassenen Schiedsspruch mit vereinbartem
Wortlaut angesichts seiner Endgültigkeit dieselben Schlüsse gezogen würden.

Auch auf die *Sperry*-Entscheidung des *US Supreme Court* kann hier hingewiesen
werden. Dort hatte der oberste Gerichtshof der Vereinigten Staaten einen Schiedsspruch mit vereinbartem Wortlaut des *Iran-United States Claims Tribunal* als
weltweit vollstreckbaren Schiedsspruch anerkannt.[67]

Andererseits hat das letztgenannte Tribunal jeweils genau geprüft, ob ihm nach
dem zugrunde liegenden Abkommen im konkreten Fall die Zuständigkeit für einen
solchen Schiedsspruch zustand und dementsprechend den Erlass mehrfach abgelehnt.[68]

34   Nach der in manchen Quellen vertretenen Auffassung könnte die Vollstreckbarkeit daran scheitern, dass zwar nicht bei Beginn des Verfahrens, wohl aber **bei Erlass des Schiedsspruchs** der Streit der Parteien durch den Abschluss eines Vergleichs
bereits erledigt war.[69] (Das ist genau der Fall des Schiedsspruchs mit vereinbartem
Wortlaut: der Schiedsrichter entscheidet in diesem Fall nicht den Streit der Parteien,
sondern beschränkt sich auf die Dokumentation des von den Parteien vereinbarten
Ergebnisses, nachdem er die Vereinbarkeit des Parteienvergleichs mit der – deutschen – öffentlichen Ordnung geprüft hat.)[70] So sind in Österreich Schiedssprüche,
die lediglich den Inhalt einer Parteienvereinbarung festhalten, nach dem New Yorker Übereinkommen von 1958 nicht vollstreckbar. Vollstreckbar sind vielmehr nur
Entscheidungen über Ansprüche zwischen den Parteien, die auf einem Parteienan-
trag beruhen, die also Verpflichtungen zur Leistung, Duldung, oder Unterlassung
betreffen; eine Entscheidung über streitige Verfahrenskosten ist jedoch ausreichend.[71]

35   Weiter kann die Vollstreckbarkeit des Schiedsspruchs mit vereinbartem Wortlaut
scheitern, wenn das kontradiktorische Prinzip nicht eingehalten wurde,[72] wenn einer Partei also das rechtliche Gehör nicht gewährt worden war.

Zweifel könnten sich schließlich aus der sehr restriktiven Fassung von § 1053
Abs. 1 ZPO ergeben, wonach ein Hindernis für den Vergleich in Form eines
Schiedsspruchs mit vereinbartem Wortlaut (nur) dann besteht, wenn sein Inhalt
gegen die öffentliche Ordnung verstößt. Angesichts der Regel/Ausnahme-Fassung

---

[67] *United States v. Sperry Corporation et al.* 493 US 52, 110 S Ct 387, 107 L Ed. 2 d 290
(28 November 1989).
[68] *Baker/Davis,* The UNCITRAL Arbitration Rules in Practice, Deventer etc. S. 184 ff.
[69] UNCITRAL Working Group on Arbitration, Thirty-second session, Vienna, 20–31 March 2000,
paragraph 36. Vgl. Cour de Cassation (Frankreich), Société Guilliet et autre c/ Consorts Gillet et
autres, Revue de l'Arbitrage 1984, S. 361 f. S. auch *Bernardini,* L'arbitrato commerciale internazio-
nale, S. 217; *Fouchard/Gaillard/Goldman,* On International Commercial Arbitration, Rdnr. 1366.
[70] Dabei gilt im internationalen Verfahren der enge Begriff der internationalen öffentlichen Ordnung, s. *Berger* RIW 2001, 7, 15.
[71] So briefliche Mitteilung von *Hempel* vom 10. März 2000. Vgl. dazu auch OGH (Österreich),
JBl. 1958, 629, wonach ein Schiedsvergleich (!) nur vollstreckbar ist, wenn darin zumindest eine
Vertragspartei eine Verpflichtung übernimmt.
[72] S. Supreme Court of New York, *Lowell v. Manhattan and Bronx Surface Transit Operation
Authority,* 163 Misc. 2 d 676, 622 N.Y. S. 2 d 200, 1994, N.Y. Misc. Decision (31 October 1994).

des Gesetzestextes ist eine weitergehende Prüfung des Vergleichs durch den Schiedsrichter und das Ausüben eines Ermessens durch ihn ausgeschlossen.[73] Das steht
jedoch im Gegensatz zu einer verschiedentlich vertretenen Auffassung, wonach
der Schiedsrichter ein weitergehendes Prüfungs- und Ablehnungsrecht haben
muss.[74]

4. Konsequenzen für die Praxis

Das Schiedsverfahren setzt eine **Schiedsvereinbarung** voraus. Sie kann schon zu-   36
sammen mit der Mediationsvereinbarung abgeschlossen werden, erfordert dann
aber Umsicht bei der Abfassung. Bezüglich des *Schiedsverfahrens* ist dabei die **Form**
des § 1031 ZPO einzuhalten (nur wenn eine schiedsgerichtliche Verhandlung stattfindet, wird durch die rügelose Einlassung der Parteien zur Hauptsache der Mangel
der Form geheilt).[75]

Weiter sind die **Erfordernisse zur Einleitung des Schiedsverfahrens** einzuhalten.[76]
Das bedeutet unter anderem, dass der dem Beklagten zu übermittelnde Antrag auf
Vorlage der Streitigkeit beim Schiedsgericht bzw. die Schiedsklage die zur Schlüs-
sigkeit erforderlichen Angaben enthalten muss.[77] Soweit die Parteien in der Mediation noch keinerlei verbindliche Vereinbarungen getroffen haben, werden die klä-
gerischen Ansprüche auf das ursprüngliche Ziel ausgerichtet sein.[78] Sind dagegen
während der Mediation streitige Teilbereiche schon durch rechtsgültige Vereinbarungen erledigt, können sie dem Schiedsrichter nicht mehr zur Entscheidung vorgelegt werden. Ihre Einbeziehung in einen während des Schiedsverfahrens erzielten
Gesamtvergleich muss jedoch möglich sein, wenn zwischen den Parteien über einen
solchen Einschluss Einigkeit besteht und den Formerfordernissen von § 1031 ZPO
dabei Genüge getan ist.[79]

Es muss mindestens ein **Schiedsrichter** bestellt sein oder bestellt werden. Da nach   37
der in Deutschland vorherrschenden Anschauung die Förderung einer Streitlösung
durch Vergleich als ein *nobile officium* des Schiedsrichters gilt,[80] ist es zulässig, den
Mediator zum Schiedsrichter zu bestellen;[81] Voraussetzung dafür ist, dass an seiner
Unparteilichkeit und Unabhängigkeit keine berechtigten Zweifel bestehen[82] (die Bestellung eines Dritten kann allerdings im konkreten Fall die weniger problematische
Lösung sein[83]).

---

[73] Ausführlicher bei G. Lörcher, in: Recht und Praxis der Schiedsgerichtsbarkeit 14. 12. 2000,
S. 3/4; s. auch *Berger*, RIW 2001, 7, 15.
[74] Canon V. D, *Code of Ethics for Arbitrators in Commercial Disputes*, American Arbitration Association, 1977; *Berger*, International Economic Arbitration, S. 583 f. m. w. N.
[75] § 1031 Abs. 6 ZPO.
[76] Also mindestens die Erfordernisse gemäß § 1044 ZPO.
[77] Amtliche Begründung zum Schiedsverfahrens-Neuregelungsgesetz, BT-Drucks. 13/5274, S. 48.
[78] Vgl. *Eidenmüller*, S. 48/49.
[79] Einzelheiten bei *Mankowski* ZZP 2001, 63.
[80] Vgl. § 279 ZPO; s. a. *Lörcher/Lörcher*, Schiedsverfahren, Rdnr. 323 ff.; *Nicklisch* RIW 1998,
169 ff.
[81] *Eidenmüller*, S. 48/49.
[82] § 1035 Abs. 5 Satz 1 und § 1036 Abs. 1 Satz 2 ZPO; vgl. *Newmark/Hill*, S. 81 ff.
[83] Das gilt in besonderem Maße, wenn die Vollstreckung in einem Staat beabsichtigt ist, wo die Beteiligung des Schiedsgerichts an Vergleichsbemühungen als ein Indiz für Befangenheit angesehen
wird. Vgl. für England *Reid*, Med-Arb; Stillborn in England? in: LCIA News, Vol. 6, Issue 3 vom
August 2001, auf S. 12 f.

In diesem Zusammenhang sind die Vorschriften über die Ablehnung von Schiedsrichtern von Bedeutung: hat eine Partei berechtigte Zweifel an der Unparteilichkeit oder Unabhängigkeit eines Schiedsrichters, so kann sie ihn ablehnen. Das gilt im Schiedsverfahren auch für den schon von Anfang an als Schiedsrichter vorgesehenen Mediator für den Fall, dass sich der Ablehnungsgrund erst während der Mediation ergeben hat.[84] Andererseits besteht angesichts dieser Rechte der Verfahrensparteien kein Anlass für ein Erfordernis, dass vor Beginn des Schiedsverfahrens ein schon früher als Schiedsrichter benannter Mediator von den Parteien noch einmal bestätigt werden muss, wie *Newmark/Hill* dies – im Rahmen englischen Verfahrensrechts – vorschlagen.[85]

38   Im Übrigen ist jeder Schiedsrichter an das „Grundgesetz" des Schiedsverfahrens gebunden, wonach er die Parteien des Schiedsverfahrens nicht nur gleich behandeln, sondern ihnen auch **rechtliches Gehör** gewähren muss.

Begehrt eine Partei, streitig vortragen zu können, so muss diesem Begehren also Rechnung getragen werden; auch durch gegenteilige Absprachen kann sie hieran nicht gehindert werden. Die Gegenpartei hat das Recht, dazu Stellung zu nehmen. Der Schiedsrichter muss das Vorbringen beider Parteien zur Kenntnis nehmen und bei seiner Entscheidung angemessen berücksichtigen. Immerhin kann er die Parteien auch in einer solchen Situation dadurch unterstützen, dass er das rasche Erreichen eines Vergleichs fördert.

Kommt es nicht zum Vergleich, hat der Schiedsrichter über die noch streitigen Ansprüche aufgrund kontradiktorischen Verfahrens durch begründeten Schiedsspruch zu entscheiden,[86] wofür er nach § 1046 Abs. 1 ZPO weiteren Vortrag der Parteien – über den Antrag gemäß § 1044 ZPO hinaus – verlangen wird.

39   Erlässt der Schiedsrichter einen Schiedsspruch mit vereinbartem Wortlaut, ist seine **Prüfungspflicht** auf das Vorliegen eines Vergleichs und auf die Einhaltung des *ordre public* beschränkt.[87] Kommt es dagegen nicht zu einem Schiedsspruch mit vereinbartem Wortlaut, so ist der Schiedsrichter bei seiner streitigen Sachentscheidung an das anwendbare materielle Recht gebunden (es sei denn, er ist ausdrücklich zu einer Billigkeitsentscheidung *ex aequo et bono* ermächtigt).[88]

40   Der Schiedsrichter kann, wenn die Parteien nichts anderes vereinbart haben, während des Schiedsverfahrens auf Antrag einer Partei **vorläufige oder sichernde** Maßnahmen anordnen, die er in Bezug auf den Streitgegenstand für erforderlich hält.[89] Dabei bleibt die Befugnis des staatlichen Gerichts unberührt, auch während des anhängigen Schiedsverfahrens seinerseits Maßnahmen des einstweiligen Rechtsschutzes zu erlassen.[90] Andererseits kann sich im Falle einer Klageerhebung vor dem staatlichen Gericht die beklagte Partei auf die Schiedseinrede gemäß § 1032 ZPO berufen.

41   Bei einer **Kombination von Mediation und Schiedsverfahren** sind also entscheidende Unterschiede zwischen den beiden Verfahrensarten von vornherein zu be-

---

[84] § 1036 Abs. 2 Satz 2 ZPO.
[85] *Newmark/Hill*, S. 84.
[86] So auch *Eidenmüller*, S. 80.
[87] § 1053 Abs. 1 Satz 2 ZPO, s. dazu *Mankowski* ZZP 2001, 41 ff. und *Lörcher* RPS 14. 12. 2000, S. 3 f.
[88] § 1051 Abs. 3 ZPO; s. *Berger* RIW 2000, 1, 10; *Lörcher/Lörcher*, Schiedsverfahren, Rdnr. 225.
[89] § 1041 Abs. 1 ZPO, wobei die Absätze 2 bis 4 von § 1041 ZPO ebenfalls zu beachten sind.
[90] § 1041 Abs. 2 ZPO; Amtliche Begründung zum Schiedsverfahrens-Neuregelungsgesetz, BT-Drucks. 13/5274 zu § 1041, S. 45.

denken. Ob und wie sie sich konkret auswirken, muss im Einzelfall abgewartet werden. Für den angestrebten Abschluss des Schiedsverfahrens durch einen Schiedsspruch mit vereinbartem Wortlaut ist es bei diesen Gegebenheiten entscheidend, dass die Parteien sich gegeneinander loyal verhalten und auch während des Schiedsverfahrens aktiv auf einen Vergleich hinarbeiten. Zieht sich eine Partei dagegen auf die Ausgangslage, die bei Beginn der Mediation bestand, zurück oder auf eine rechtlich-streitige Position, so haben die Parteien – möglicherweise unverhofft – das kontradiktorische Schiedsverfahren vor sich, in welchem dem Schiedsgericht die Entscheidung des (verbleibenden) Streits der Parteien nach den allgemeinen Regeln und auf Grund des anwendbaren materiellen Rechts obliegt.

Der Schiedsspruch mit vereinbartem Wortlaut braucht nicht begründet zu werden. Für den so erlassenen Spruch kann in Deutschland, wie für jeden anderen Schiedsspruch, die **Vollstreckbarerklärung** erlangt werden (soweit nicht eine der Parteien die – eng begrenzten – Möglichkeiten eines Aufhebungsantrags gemäß § 1059 ZPO nutzt). Die Wahrscheinlichkeit, dass ein solcher Schiedsspruch im Ausland auf Vollstreckungshindernisse stoßen wird, ist ebenfalls gering, wie die Praxis in den einzelnen Ländern zeigt.[91]

5. Fazit

Als Fazit ist festzuhalten: Die **Kombination** der **Mediation** mit einem **Schiedsverfahren** in der Absicht, zu einem Vergleich und zu einem Schiedsspruch mit vereinbartem Wortlaut zu gelangen, ist bei sachkundiger Handhabung ein **gangbarer Weg**, wenn beide Parteien das ernsthaft wollen und wenn alle Beteiligten die gesetzlichen Vorgaben respektieren. Es wäre aber ein Fehler, das Schiedsverfahren als bloße Formalität anzusehen, mit welcher schon in der Mediationsphase ein bestimmtes vollstreckbares Ergebnis garantiert ist. Fehlt es nach Beginn des Schiedsverfahrens am Vergleichswillen auch nur einer Partei, so ist bezüglich der streitigen Ansprüche ein regelgerechtes, durch das kontradiktorische Prinzip gekennzeichnetes Schiedsverfahren durchzuführen, mit Schriftsätzen, Beweiserhebung und mit der Entscheidung des Streits durch einen Dritten.

Das einzuschlagende Verfahren ist auch bei Einvernehmen der Parteien nicht ganz einfach. Die erörterte Lösung erfordert eine durchdachte, sorgfältige Verfahrensgestaltung, um dem Risiko einer späteren Aufhebung oder Nichtanerkennung vorzubeugen. Sinnvoll wird eine Kombination von Mediation und Schiedsverfahren z. B. im Rechtsverhältnis zwischen Wirtschaftsunternehmen sein. Auch bei Streitigkeiten mit starkem Auslandsbezug, bei denen die Vollstreckbarkeit des resultierenden Vergleichs in einem anderen Staat im Vordergrund steht, kann sie sich empfehlen; in diesem Fall sollte jedoch die Rechtslage auch in dem betreffenden Land vorab geprüft werden.

---

[91] Dem entspricht die Erwartung des deutschen Gesetzgebers, dass der Schiedsspruch mit vereinbartem Wortlaut „aufgrund der internationalen Konventionen und nahezu aller nationalen Rechtsordnungen auch ohne weiteres für vollstreckbar erklärt werden" kann, vgl. Amtliche Begründung, BT-Drucks. 13/5274, S. 54 und S. 55.

§ 29 Mediation und Verwaltungsprozess

Prof. Dr. Karsten-Michael Ortloff

Übersicht

Schrifttum: *Alm-Merk,* Das Verhältnis zwischen Exekutive und der Verwaltungsgerichtsbarkeit sowie zu Inhalt und Grenzen der Mediation im Verwaltungs- und Verwaltungsgerichtsverfahren, NdsVBl 1997, 245; *Battis/Krautzberger/Löhr,* Baugesetzbuch, Kommentar, 7. Aufl., 1999; *Bauer,* Verwaltungsrechtliche und verwaltungswissenschaftliche Aspekte der Gestaltung von Kooperationsverträgen bei Public Private Partnership, DÖV 1998, 89; *Benz,* Kooperative Verwaltung, 1991; *Bierbrauer,* Gender und Verfahrensgerechtigkeit, in Bierbrauer/Gottwald/Birnbreier-Stahlberger (Hrsg.), Verfahrensgerechtigkeit, 1995, S. 21; *ders.,* Legitimität und Verfahrensgerechtigkeit in ethnopluralen Gesellschaften, in Dieter u. a., Gerechtigkeit, 2000, S. 63; *Bierbrauer/Klinger,* Akzeptanz von Entscheidungen durch faire Verfahren, in Haft/Hof/Wesche, Bausteine zu einer Verhaltenstheorie des Rechts, 2001, S. 349; *Birk,* Die neuen städtebaulichen Verträge, 3. Aufl., 1999; *Breidenbach,* Mediation. Struktur, Chancen und Risiken von Vermittlung im Konflikt, 1995; *Breidenbach/Henssler* (Hrsg.), Mediation für Juristen, 1997; *Breidenbach/Coester-Waltjen/Heß/Nelle/Wolf* (Hrsg.), Konsensuale Streitbeilegung, 2001; *Breidenbach/Gläßler,* „Befähigung zum Schlichteramt", ZKM 2001, 11; *Brüning,* Der Verhandlungsmittler – eine neue Figur bei der Privatisierung kommunaler Aufgaben, NWVBl 1997, 286; *Dieter/Montada/Schulze* (Hrsg.), Gerechtigkeit im Konfliktmanagement und in der Mediation, 2000; *Dolderer,* Der Vergleich vor dem Verwaltungsgericht, in Festschrift für Maurer, 2001, S. 609; *Dose,* Die verhandelnde Verwaltung, 1997; *Dose/Holznagel* (Hrsg.), Kooperatives Recht, 1995; *Duve,* Mediation und Vergleich im Prozess. Eine Darstellung am Beispiel des Special Master in den USA, 1999; *ders.,* Chance für Mediation? ZPO-Reform wird zu eng angelegt, Anwalt 2001, 16; *ders.,* Rechtsberatung durch Mediatoren im Spiegel der Rechtsprechung, BB 2001, 692; *Eidenmüller,* Vertrags- und verfahrensrechtliche Grundfragen der Mediation: Möglichkeiten und Grenzen privatautonomen Konfliktmanagements, in Breidenbach u. a., Konsensuale Streitbeilegung, 2001, S. 45; *Eisenlohr,* Der Prozessvergleich in der Praxis der Verwaltungsgerichtsbarkeit, 1998; *Erbguth/Witte,* Biete Planung, suche Grundstück – zu den Möglichkeiten und Grenzen städtebaulicher Verträge, DVBl 1999, 435; *Ferz,* Mediation und Verwaltungsrecht in Österreich, ZKM 2001, 24; *Fisher/Ury/Patton,* Das Harvard-Konzept. Sachgerecht verhandeln – erfolgreich verhandeln, 17. Aufl., 1998; *Franke,* Der gerichtliche Vergleich im Verwaltungsprozess, 1996; *Förderverein Umweltmediation e. V.* (Hrsg.), Standards für Umweltmediation, Das Projekt, 1999, Heft 2, S. 9; *Gottwald, W.,* Streitschlichtung und Mediation, Betr.Justiz 1999, 117 = BlnAnwBl 2000, 22 u. 92; *Gottwald, W./Haft,* Verhandeln und Vergleichen als juristische Fertigkeiten, 2. Aufl. 1993; *Gottwald, W./Treuer,* Vergleichspraxis. Tips für Anwälte und Richter, 1991; *Hadlich/Rennhack,* Mediation im öffentlichen Baurecht – Chancen einer neuen Planungskultur, LKV 1999, 9; *Haft,* Einführung in das juristische Lernen, 6. Aufl., 1997; *ders.,* Verhandlung und Mediation. Die Alternative zum Rechtsstreit, 2. Aufl., 2000; *Hay,* Zur konsensualen Streitbeendigung in Zivil- und Handelssachen in den USA, in Breidenbach u. a., Konsensuale Streitbeilegung, 2001, S. 101; *Henssler/Koch* (Hrsg.), Mediation in der Anwaltspraxis, 2000; *Hof/Schulte* (Hrsg.), Wirkungsforschung zum Recht III. Folgen von Gerichtsentscheidungen, 2001; *Hoffmann-Riem,* Konfliktmittler in Verwaltungsverhandlungen, 1989; *ders.,* Von der Antragsbindung zum konsentierten Optionenermessen, DVBl 1994, 605; *ders.,* Modernisierung von Recht und Justiz, 2001; *Hoffmann-Riem/Schmidt-Aßmann* (Hrsg.), Konfliktbewältigung durch Verhandlungen, 2 Bde., 1990; *Holznagel,* Mediation im Verwaltungsrecht, in Breidenbach/Henssler (Hrsg.), Mediation für Juristen, 1997, S. 147; *ders.,* Die Einschaltung Dritter in Verwaltungsverfahren, in Ziekow (Hrsg.), Beschleunigung von Planungs- und Genehmigungsverfahren, 1998, S. 279; *von Hoyningen-*

Huene, Außergerichtliche Konfliktbehandlung in den Niederlanden und Deutschland, 2000; *Karpe,* Mediation für standortbezogene Umweltkonflikte. Grundidee, Einsatzfelder und Erfolgschancen eines alternativen Konfliktregelungsverfahrens, ZfU 1999, 189; *Klinge,* Verhandlung und Konfliktlösung, 1992; *Koch,* Aktuelle Fragen des Berufsrechts für Anwaltmediatioren, ZKM 2001, 89; *Köberle/Gloede/Hennen,* Diskursive Verständigung? Mediation und Partizipation in Technikkontroversen, 1997; *Kutscheidt,* Die Neufassung der TA Lärm, NVwZ 1999, 577; *Lamb,* Kooperative Gesetzeskonkretisierung, 1995; *Larenz,* Methodenlehre der Rechtswissenschaft, 6. Aufl. 1991; *Loosen,* Pragmatischer Interessenausgleich versus verfahrensförmige Rechtsverwirklichung – Ein Beitrag zur Mediation im Verwaltungsrecht – Diss. jur. Hagen, 1999; *Maaß,* Mediation im immissionsschutzrechtlichen Widerspruchsverfahren?, VerwArch 1997, 701; *Mähler/Mähler,* Kriterien für Gerechtigkeit in der Mediation, in Dieter u. a., Gerechtigkeit, 2000, S. 9; *dies.,* Mediation, in Büchting/Heussen (Hrsg.), Beck'sches Rechtsanwalts-Handbuch, 6. Aufl. 2001, S. 1185; *Maunz/Dürig,* Grundgesetz, Kommentar, Stand 1996; *Maurer,* Allgemeines Verwaltungsrecht, 13. Aufl., 2000; *Maurer/ Bartscher,* Der Verwaltungsvertrag im Spiegel der Rechtsprechung, 2. Aufl., 1997; *Monßen,* Mediation – nur noch Anwaltssache?, AnwBl 2001, 169 = BetrJustiz 2001, 4; *Montada,* Gerechtigkeit und Rechtsgefühl in der Mediation, in Dieter u. a., Gerechtigkeit, 2000, S. 37; *Nelle/Hacke,* Obligatorische Mediation: Selbstwiderspruch oder Reforminstrument?, ZKM 2001, 56; *Oerder,* Praktische Probleme der Städtebaulichen Verträge nach § 11 BauGB, BauR 1998, 22; *Ortloff,* Rechtspsychologie und Verwaltungsgerichtsbarkeit: Das Rechtsgespräch in der mündlichen Verhandlung, in Bierbrauer/Gottwald/Birnbreier-Stahlberger (Hrsg.), Verfahrensgerechtigkeit. Rechtspsychologische Forschungsbeiträge für die Justizpraxis, 1995, S. 233 = NVwZ 1995, 28; *ders.,* Lernt verhandeln! – ein Seminar in Garmisch-Partenkirchen, NJW 1995, 1410; *ders.,* § 104 VwGO (mündliche Verhandlung), § 106 VwGO (Vergleich), in Schoch/Schmidt-Aßmann/Pietzner, VwGO, Kommentar, Stand 1996; *ders.,* Richterauftrag und Mediation, in Breidenbach/Henssler (Hrsg.), Mediation für Juristen, 1997, S. 111; *ders.,* Der Entscheider. Über die Doppelrolle des Richters in „streitiger" und „vergleichender" Gerichtsverhandlung, in Schmidt/Schmidt (Hrsg.), Juristen im Spiegel, 1998, S. 204; *ders.,* Bauordnungsrecht, Nachbarschutz, Rechtsschutz, in Finkelnburg/Ortloff, Öffentliches Baurecht, Bd. II, 4. Aufl., 1998; *ders.,* Vorbemerkung § 81 VwGO, in Schoch/Schmidt-Aßmann/Pietzner, VwGO, Kommentar, Stand 2000 = „Das Bild des deutschen Verwaltungsrichters" in chinesischer Übersetzung von Lasars-Wu, Judicial Weekly, Nrn. 999–1003, 2000, Taipei, Taiwan; *ders.,* Folgen gerichtlicher „Nichtentscheidungen", in Hof/Schulte, Wirkungsforschung, 2001, S. 343; *Pach,* Mediation in ambtenarenzaken – Rechtbank Zwolle experimenteert met „multidoorcourthouse", Tijdschrift voor Mediation 1998, 55; *Ponschab/Schweizer,* Kooperation statt Konfrontation. Neue Wege anwaltlichen Verhandelns, 1997; *Preussner,* Bericht über den Workshop Streitschlichtung im öffentlichen Recht, AnwBl. 1997, 601; *Ramsauer,* Mediation im Umweltrecht, in Breidenbach/Henssler (Hrsg.), Mediation für Juristen, 1997, S. 161; *Reidt,* § 4 b BauGB – Die Einschaltung Dritter in die Bauleitplanung, NVwZ 1998, 592; *ders.,* Rechtsfolgen bei nichtigen städtebaulichen Verträgen, NVwZ 1999, 149; *Riese,* Vom richtenden Verwaltungsbeamten zum verwaltenden Richter?, in Beil. III zu NVwZ H. 2/2001, S. 41; *Rossen,* Vollzug und Verhandlung. Die Modernisierung des Verwaltungsvollzugs, 1999; *ders.,* Gesetzesvollzug durch Verhandlung. Kann der Verwaltungsrichter von der Verwaltung lernen?, NVwZ 2001, 361; *Rüssel,* Das Gesetz zur Förderung der außergerichtlichen Streitbeilegung – der Weg zu einer neuen Streitkultur?, NJW 2000, 2800; *Schlette,* Die Verwaltung als Vertragspartner. Empirie und Dogmatik verwaltungsrechtlicher Vereinbarungen zwischen Behörde und Bürger, 2000; *von Schlieffen,* Anforderungen an einen Mediator, ZKM 2000, 52; *Schmidt-Aßmann,* Die Kontrolldichte der Verwaltungsgerichte: Verfassungsgerichtliche Vorgaben und Perspektiven, DVBl 1997, 281; *ders.,* Das allgemeine Verwaltungsrecht als Ordnungsidee. Grundlagen und Aufgaben der verwaltungsrechtlichen Systembildung, 1998; *Schmidt-Eichstaedt,* Der Dritte im Baugesetzbuch, BauR 1998, 899; *Schneider, J.-P.,* Kooperative Verwaltungsverfahren, VerwArch 1996, 38; *Schulte, M.,* Schlichtes Verwaltungshandeln, 1994; *Schulze-Fielitz,* Kooperatives Recht im Spannungsfeld von Rechtsstaatsprinzip und Verfahrensökonomie, DVBl 1994, 657; *Spannowsky,* Grenzen des Verwaltungshandelns durch Verträge und Absprachen, 1994; *Stadler*, Außergerichtliche obligatorische Streitschlichtung – Chancen oder Illusion? NJW 1998, 2479; *Stelkens/Bonk/ Sachs*, Verwaltungsverfahrensgesetz, Kommentar, 5. Aufl., 1998; *Stich*, Die heutige Bedeutung vertraglicher Regelungen zwischen Gemeinden und Investoren für die städtebauliche Entwicklung, DVBl 1997, 317; *Stüer/Rude*, Neue Aufgabenfelder für Rechtsanwälte? – Mediation im öffentlichen Baurecht, DVBl 1998, 630; *Stürner*, Formen der konsensualen Prozessbeendigung in den europäischen Zivilprozessrechten, in Breidenbach u. a., Konsensuale Streitbeilegung, 2001, S. 5; *Wagner/Engelhardt*, Mediation im Umwelt- und Planungsrecht als Alternative zur behördlichen oder gerichtlichen Streitbeilegung, NVwZ 2001, 370; *Wassermann*, Neue Streitkultur?, NJW 1998, 1685; *Weyreuther*, Einflussnahme durch Anhörung, in Festschrift für Sendler, 1991, S. 183; *ders.*, Probleme juristischer Kommunikation, DÖV 1997, 177; *Würtenberger*, Die Akzeptanz von Verwaltungsentscheidungen, 1996; *ders.*, Die Akzeptanz von Gerichtsentscheidungen, in Hof/Schulte, Wirkungsforschung, 2001, S. 201; *Zilleßen* (Hrsg.), Mediation. Kooperatives Konfliktmanagement in der Umweltpolitik, 1998.

I. Einleitung[1]

1. Wandel des Verwaltungsrechts – Auswirkungen auf den Verwaltungsprozess

Das Verwaltungsrecht ist in einem Wandel begriffen. Das überkommene Verständnis der die Verwaltung steuernden Rechtsnormen legt den Schwerpunkt des Gesetzesvollzugs auf das Verwaltungsverfahren und die behördliche Entscheidung durch Verwaltungsakt. Dabei unterscheidet das materielle Recht zwischen unbestimmten Rechtsbegriffen, unbestimmten Rechtsbegriffen mit Beurteilungsermächtigung und Ermessen – jeweils unter dem Gesichtspunkt verwaltungsgerichtlicher Kontrollkompetenz. Diese justizförmige Sicht ist einerseits durch Art. 19 Abs. 4 GG geboten, andererseits wird sie offensichtlich modernen Anforderungen an die öffentliche Verwaltung nicht (mehr) gerecht[2]. Neues erfasst die **Verwaltung** und das Verwaltungsrecht. Neben der Europäisierung durch den Einfluss des EU-Rechts kommt vor allem der Verfahrensprivatisierung eine zentrale Bedeutung zu, also der Veränderung der behördlichen Verhaltensformen[3]. Das Handlungssystem der Verwaltung wird vielfältiger und erweitert sich um den Bereich konsensualen Handelns. Treffend kennzeichnet der Titel „Vollzug und Verhandlung. Die Modernisierung des Verwaltungsvollzugs"[4] diesen Wandel. Neue Formen der Kooperation zwischen Bürger[5] und Verwaltung[6] sowie ein sich änderndes Verständnis bisheriger 1

---

[1] Dieser Beitrag baut auf dem Skript des *Verf.* „Grundlagen der Mediation im Verwaltungsrecht", FernUniversität Hagen, Weiterbildendes Studium Mediation, 1999, auf, dessen zahlreiche praktische Beispiele jedoch aus Platzgründen nicht einbezogen werden können. Die Überlegungen zur gerichtsverbundenen Mediation gehen auch zurück auf meinen Lüneburger Kollegen *Walther Gottwald* und sind nachhaltig beeinflusst worden durch meine niederländische Kollegin *Manja Pach*, die mehr als nur den Anstoß zu einer neuen Entwicklung in Deutschland gegeben hat. Mein Verständnis für Verhandeln und Mediation verdanke ich vor allen dem Osnabrücker Sozialpsychologen *Günter Bierbrauer*.
[2] Zur Akzeptanzkrise und den Folgerungen *Würtenberger*, Die Akzeptanz von Verwaltungsentscheidungen, 1996.
[3] Grundlegend *Schmidt-Aßmann*, Das allgemeine Verwaltungsrecht, 1998.
[4] *Rossen*, 1999.
[5] Wie auch anderen Rechtspersonen wie Körperschaften und Anstalten des öffentlichen Rechts.
[6] *Benz*, Kooperative Verwaltung, 1991; *Dose*, Die verhandelnde Verwaltung, 1997.

verwaltungsrechtlicher Programme[7] fordern Innovationen auf allen Seiten. Hierzu kann die aus der Verhandlungspsychologie stammende Mediation einen wichtigen Beitrag leisten.[8] Das Verhandeln stellt eine Form des Diskurses dar, der in der Regel nicht ergebnisoffen, sondern ziel- und interessenorientiert geführt wird (**verwaltungsrechtliches Diskursmodell**).

2　　Diese Veränderungen wirken sich auch auf den **Verwaltungsprozess** aus.[9] Richterliche Kontrolle der Verwaltung durch Entscheidung von Streitigkeiten vor allem zwischen dem Bürger und der Verwaltung muss auf neue Verhaltensformen reagieren. Dabei spielt das „Verhandeln" als eine Form diskursiver Kommunikation eine wesentliche Rolle. Wo immer die Exekutive beim Vollzug der Gesetze einen Norminhalt oder ein normgesteuertes Verhalten aushandelt oder verhandelt, stellt sich für die Judikative die Frage nach dem Umfang richterlicher Kontrolle und nach einer ebenfalls diskursiven (ergebnisoffenen) Gesetzesinterpretation und -anwendung (**verwaltungsprozessuales Diskursmodell**). Zugleich erweitert sich der Blick auf die richterlichen Möglichkeiten konsensualer Konfliktbeilegung anstelle autoritativer Streitentscheidung. Daher lohnt die Beschäftigung mit den Einsatzfeldern der **Mediation** im Bereich der Verwaltung, um für den Verwaltungsprozess zu lernen.[10]

2. Konflikte

3　　**a) Konflikte als Voraussetzung von Mediation.** Mediation als Instrumentarium der Konfliktmittlung setzt Konflikte voraus. Konflikte kennzeichnen einen Interessengegensatz und lassen einen Konsens scheitern. Sie können daher gelöst werden, wenn ein Konsens über die konfligierenden Interessen herbeigeführt wird. Interessengegensätze, die sich als einander ausschließende Positionen darstellen, können objektiver Art sein. Sie können aber auch ihre Ursache in den Beziehungen der Parteien haben, also auf Kommunikationsstörungen beruhen. Kommunikation – verbale (schriftliche und mündliche) wie nonverbale – findet in allen normativ geregelten Lebensbereichen statt. Denn die Auseinandersetzung mit Rechtsnormen und um deren Inhalt und Anwendung ist entweder Kommunikation zwischen Juristen, zwischen Juristen und juristischen Laien oder zwischen juristischen Laien. Solche Auseinandersetzungen drohen aus den verschiedensten Gründen zu scheitern, die vor allem im Verstehen und im Verständnis dessen liegen, was die Rechtsnorm regelt[11]. Die Fähigkeit zum Verstehen, also zum Begreifen der Norm, und das vor allem durch die jeweiligen Interessen des Normanwenders geprägte Verständnis

---

[7] „Die überkommene Folgenorientierung muss auf eine Handlungsorientierung umgestellt werden", *Schmidt-Aßmann,* Das allgemeine Verwaltungsrecht, 1998, S. 253.

[8] *Loosen,* Pragmatischer Interessenausgleich versus verfahrensförmige Rechtsverwirklichung – Ein Beitrag zur Mediation im Verwaltungsrecht –, Diss. jur. Hagen, 1999, untersucht vor allem die „vorabklärende Mediation unter Verwaltungsbeteiligung", die „Mediation ohne Verwaltungsbeteiligung" und die „Mediation ‚als' Verwaltungsverfahren", stellt also maßgeblich auf das Verfahren ab und bringt zahlreiche Beispiele.

[9] S. schon *Alm-Merk,* NdsVBl 1997, 245.

[10] Zutreffend weist *Rossen-Stadtfeld,* NVwZ 2001, 361 (369 f.) darauf hin, dass es dabei nicht darum geht, das Gericht als Vertragspartner des Bürgers oder der Verwaltung zu sehen.

[11] Niederschmetternd ist der Befund *Weyreuthers:* „Juristische Kommunikation scheitert mindestens so häufig an Disziplinlosigkeiten des Hörenden wie an Mängeln der Mitteilungsfähigkeit (oder -bereitschaft) dessen, der sich äußert." (DÖV 1997, 177, 184).

der Rechtsfolgen für einen konkreten Sachverhalt sind bei den Beteiligten so unterschiedlich, dass es großer Anstrengungen für ein gemeinsames Ergebnis bedarf.

b) Verwaltungsrechtliche Konflikte. Konflikte im Geltungsbereich verwaltungs- 4 rechtlicher Normen haben eine ihrer Ursachen in den erwähnten allgemeinen Schwierigkeiten des Umgangs mit Rechtsnormen. Hinzu kommt jedoch eine Fülle weiterer Probleme: Die Gesetzgebung erscheint auf diesem Rechtsgebiet besonders hektisch; denn ständig ist auf allen Ebenen des Bundes-, Landes- und Kommunalrechts ein wirklicher oder vermeintlicher Handlungsbedarf durch neues oder geändertes Recht zu befriedigen. Die mangelnde Qualität jedenfalls derjenigen Normen, die nicht „ausgereift" sind, führt naturgemäß zu Interpretations- und Anwendungsunsicherheiten bei der Verwaltung und den verwalteten Bürgern wie auch später im verwaltungsgerichtlichen Prozess. Aber auch das bewusste Offenhalten von Lösungen in der Gesetzgebung durch Verwenden generalklauselartiger unbestimmter Rechtsbegriffe, das Einräumen behördlichen Ermessens zur flexiblen Reaktion auf die Besonderheiten des Einzelfalles und das gelegentliche Verlagern der Verantwortung für Inhalt und Umfang von Rechtsnormen auf die Rechtsprechung[12] verursachen Unsicherheit. Schließlich lässt sich die Einheit der Rechtsordnung[13] als System durch die Gesetzgeber des Bundes und der sechzehn Bundesländer sowie durch die kommunalen Satzungsgeber, die unterschiedlichste Ziele, Zwecke und Absichten verfolgen, nur schwer erreichen; die Feinabstimmung ist letztlich – also nach einer langen Phase der Unsicherheit – der Rechtsprechung überlassen.

Die aufgezeigten Ursachen für Unsicherheiten und damit für Konflikte ließen sich ergänzen. Zahllose Verwaltungsverfahren sind davon betroffen. Die Vielzahl und Vielseitigkeit der verwaltungsgerichtlichen Streitigkeiten[14] belegt das Konfliktpotential.

3. Negotiation und Mediation

Ein Blick ist geboten auf das, was hier unter Verhandeln und Vermitteln[15] ver- 5 standen wird.

a) Negotiation (Verhandeln). Versuchen zwei Beteiligte, Parteien, Partner oder 6 Gegner, über einen (Verhandlungs-, Streit-)Gegenstand zu einer Einigung zu gelangen, dann verhandeln sie miteinander. Sie tun dies grundsätzlich autonom, also selbstbestimmt und mit unsicherem Ergebnis. Bipolares **Verhandeln**[16] – bildet das Grundmuster, an das Mediation anknüpft. Zahlreiche Varianten, vor allem die Mehrpoligkeit der Verhandlungsbeziehungen, reichern dieses Muster an.

In der Regel bezieht jeder eine (Ausgangs-)Position, die er zugleich als sein optimales Ergebnis 7 begreift; dem Sieg dieser Position soll die Niederlage der „gegnerischen" Position entsprechen. Die-

---

[12] So bedurfte es etwa zur drittschützenden Wirkung von Normen des öffentlichen Baurechts der vom BVerwG entwickelten Schutznormtheorie, weil „der Gesetzgeber" sich bewusst zurückhält, vgl. *Ortloff* in Finkelnburg/Ortloff, Öffentliches Baurecht, Bd. II, 1998, S. 209 ff.

[13] Zum aus dem Rechtsstaatsprinzip folgenden Grundsatz der Widerspruchslosigkeit der Rechtsordnung *BVerfGE* 98, 106 (119).

[14] Allein beim Verwaltungsgericht Berlin (115 Richter) waren Anfang 2001 rund 30 000 Verfahren anhängig.

[15] Grundlegend für das Verwaltungsrecht: *Hoffmann-Riem*, Konfliktmittler in Verwaltungsverhandlungen, 1989; *Hoffmann-Riem/Schmidt-Aßmann*, Konfliktbewältigung durch Verhandlungen, 1990.

[16] *Breidenbach*, Mediation, 1995, S. 29.

ses Nullsummenspiel beruht nach den Erkenntnissen der Verhandlungspsychologie auf einem intuitiven, kompetitiven Verhandlungsstil.[17] Ein gegenseitiges Annähern durch Nachgeben stellt sich als Kompromiss zwischen beiden Positionen dar; dieser ist das typische Ergebnis solcher Verhandlungen.

Allerdings können sich Verhandlungspartner auch kooperativ verhalten, indem sie rational[18] vorgehen. Sie erkennen, dass hinter den Positionen zahlreiche Interessen stehen (können), die es zu ermitteln und zum Ausgleich zu bringen gilt. Dabei entspricht dem Gewinn des einen der Gewinn des anderen. Nicht einen Kompromiss, sondern einen Konsens über die wechselseitige Interessenoptimierung streben beide Seiten an.

8   Kombinationen und Variationen beider Verhandlungsstile, die selten in ihrer Reinform vorkommen, machen das Verhandlungsgeschehen vielfältig. Juristen werden ausgebildet, um in Positionen (Ansprüchen) zu denken und dabei die Vergangenheit abzuarbeiten; lernen sie dagegen in Interessen und damit zukunftsorientiert zu denken[19], können sie optimal verhandeln.[20]

9   Da Verhandlungen nahezu immer in rechtlich normierten Lebensbereichen stattfinden, bilden Gesetze einen wichtigen objektiven Handlungsmaßstab[21]. Jedenfalls aber gibt es rechtliche Grenzen dafür, wie man etwas aushandelt und welches Ergebnis man erzielt[22].

Verhandlungen können zu einem positiven Ergebnis, also in der Regel zu einem Vertrag, führen. Sie können auch scheitern; einen gerichtlich durchsetzbaren Anspruch auf Vertragsschluss gibt es grundsätzlich nicht[23]. Schließlich können sie wegen unüberwindbar erscheinender gegensätzlicher Positionen auch von vorneherein vom Scheitern bedroht sein.

10   **b) Mediation (Vermitteln).** Die „klassische" Mediation setzt beim Scheitern der Vertragsverhandlungen ein. Solche Verhandlungen sind grundsätzlich darauf angelegt, zu einem Konsens über den Verhandlungsgegenstand zu gelangen.

11   **Scheitert die Verhandlung,** bedürfen beide Seiten der Hilfe, um die Verhandlungen wieder in Gang zu bringen. Haben die Verhandlungspartner dies erkannt[24], können sie sich auf einen neutralen Dritten einigen. Dessen Hauptaufgabe besteht darin, ihnen zu einem erneuten autonomen Verhandeln zu verhelfen und sie hierbei vermittelnd zu unterstützen – ohne selbst Entscheidungsmacht innezuhaben.[25]

---

[17] *Haft,* Verhandlung und Mediation, 2000, S. 20 ff.; *Fisher/Ury/Patton,* Das Harvard-Konzept, 1998; *Ponschab/Schweizer,* Kooperation, 1997.

[18] *Haft,* Verhandlung und Mediation, 2000, S. 20 ff.

[19] *Haft,* Einführung, 1997, S. 261 ff.

[20] Im Übrigen kann man die Fertigkeit des Verhandelns lernen, *Ortloff* NJW 1995, 1410.

[21] Im Privatrecht gelten etwa die schuldrechtlichen Normen des BGB nur subsidiär, da die Parteien eigene Regeln aufstellen und sich hiernach verhalten können. Im Verwaltungsrecht trifft dies wegen der Gesetzesbindung der Verwaltung nicht zu.

[22] Grundsätze wie Treu und Glauben (§ 242 BGB), Nichtigkeit eines Rechtsgeschäfts wegen Sittenwidrigkeit (§ 138 BGB) gelten im Privatrecht ebenso wie im Verwaltungsrecht.

[23] Wohl aber können sich aus Vertragsverhandlungen Verhaltenspflichten und (Ersatz-)Ansprüche ergeben, die vor allem aus culpa in contrahendo (jetzt: § 280 BGB) folgen.

[24] In der Regel wird ein solcher Bedarf nicht bei „Einmalgeschäften", sondern innerhalb „sozialer Dauerbeziehungen" gegeben sein.

[25] *Breidenbach,* Mediation, 1995, S. 4 ff., S. 137; *Duve,* Mediation, 1999, S. 80 ff.; *Haft,* Verhandlung und Mediation, 2000, S. 243 ff.; *Hoffmann-Riem,* Modernisierung, 2001, S. 68 ff.; zur Bedeutung der Mediation für das Gerechtigkeitsempfinden *Mähler/Mähler* und *Montada* in Dieter u. a., Gerechtigkeit, 2000, S. 9 u. 37. Wird ein neutraler Dritter mit Entscheidungsmacht – etwa der Richter – vor oder anstelle der Streitentscheidung vermittelnd tätig, handelt er zwar nicht als Mediator, aber nach den Kriterien der Mediation, also *mediativ.*

Doch auch schon vor dem Scheitern der Verhandlungen, nämlich in einer **vom** 12 **Scheitern bedrohten Verhandlungsphase,** kommt Mediation in Betracht. Dies mag für die auf Konsens angelegten Verhandlungen gelten, soll hier aber nicht vertieft werden.[26] Denn es gibt gerade im Verwaltungsrecht Verhandlungssituationen, in denen die Beteiligten von vorneherein auf Konfrontationskurs gehen; insbesondere in multippolaren Verhandlungen bei der Planung oder Zulassung umweltrelevanter Großvorhaben wird dies etwa in Erörterungsterminen deutlich. Mediation – mehr als bloße Moderation der Gespräche – kann hier frühzeitig helfen.

Verfahren und Inhalt der Mediation entsprechen im Prinzip den Kriterien der ra- 13 tionalen Verhandlungsführung: Der Dritte bringt dabei keine eigenen Interessen in's Spiel, sondern konzentriert sich auf diejenigen der Verhandlungspartner und aktiviert deren Fähigkeiten, miteinander und nicht gegeneinander zu verhandeln. Er kann mit seinen Fertigkeiten beiden Seiten zu einem Konsens und damit zu einer Konfliktlösung verhelfen. Allerdings kann die Mediation auch scheitern, der Konflikt bleibt.

II. Verhandeln im Verwaltungsrecht

Versteht man unter **Verhandeln** in dem oben angedeuteten weiten Sinne das Aus- 14 handeln einer Lösung, dann wird deutlich, dass Verhandeln nicht nur auf das Abschließen eines Vertrages – eines zwei- oder mehrseitigen Rechtsgeschäfts – beschränkt ist. Bei dieser Sichtweise lassen sich im Verwaltungsrecht verschiedene Formen des Verhandelns feststellen.

1. Vertrag

Im Verwaltungsrecht hat sich seit Inkrafttreten des Verwaltungsverfahrens- 15 gesetzes (VwVfG) des Bundes im Jahre 1976 die zuvor nach allgemeinen verwaltungsrechtlichen Grundsätzen gebildete Lehre von den verschiedenen Formen des Verwaltungshandelns verfestigt. Neben den Verwaltungsakt als hoheitliche Entscheidung – rechtliche Regelung eines Einzelfalls durch die Behörde (vgl. § 35 VwVfG) – tritt der öffentlich-rechtliche Vertrag, durch den ein Rechtsverhältnis auf dem Gebiet des öffentlichen Rechts begründet, geändert oder aufgehoben werden kann (vgl. § 54 Satz 1 VwVfG). Allgemeine Regelungen hierzu enthalten die §§ 54–61 VwVfG, die gemäß § 62 VwVfG durch die Vorschriften des BGB ergänzt werden.[27]

Kooperatives Verwaltungshandeln in der Form des verwaltungsrechtlichen Ver- 16 trages kann also, ohne dass es einer besonderen Zulassung in dem jeweiligen Fachgesetz bedarf, zu rechtlich verbindlichen Problemlösungen führen. Damit ist der Verwaltungsvertrag grundsätzlich in allen Gebieten des materiellen Rechts einsetz-

---

[26] Bei diesen lässt sich allerdings der Begriff des „Scheiterns" weit auslegen mit der Folge, dass die klassische Mediation schon in einem früheren Stadium einsetzen kann.
[27] Zu den umfangreichen Rechtsproblemen öffentlich-rechtlicher Verträge s. die Kommentare zum VwVfG und aus der Fülle der Literatur *Schlette*, Die Verwaltung als Vertragspartner, 2000; *Spannowsky*, Grenzen des Verwaltungshandelns, 1994.

bar.[28] Er kann sogar anstelle einseitig-hoheitlicher Entscheidung durch Verwaltungsakt abgeschlossen werden (vgl. § 54 Satz i. V. m. §§ 55, 56 VwVfG)[29].

17   Darüberhinaus finden sich in neueren Fachgesetzen ausdrückliche Normierungen des Verwaltungsvertrages[30]. Im Baugesetzbuch ist der Vertrag – nach einer Experimentierphase[31] – seit 1998 als städtebaulicher Vertrag verankert, wobei dessen mögliche Inhalte nur beispielhaft aufgeführt sind[32].

18   Nach Vertragsschluss können sich zahlreiche Streitigkeiten ergeben, die der gerichtlichen Klärung bedürfen[33]. Vor Abschluss eines verwaltungsrechtlichen Vertrages verhandeln die Partner – etwa Bürger und Verwaltung/Gemeinde – miteinander mit dem Ziel eines Konsenses.

2. Normgebung

19   Gesetzgebung erscheint auf den ersten Blick nicht als Beispiel für Verhandlungen. Doch bei dem hier verwendeten weiten Begriff des Verhandelns muss auch dieser Bereich öffentlich-rechtlicher Tätigkeit einbezogen werden[34]. Für die Ebene des Verwaltungsrechts bezeichnet das Schlagwort vom „kooperativen Recht"[35] nicht nur die Rechtsanwendung, sondern auch die Rechtsetzung[36].

20   a) Rechtsverordnungen. Materielle Gesetze können auf Grund einer Ermächtigung im förmlichen Gesetz – nach den Kriterien des Art. 80 GG[37] – von der Exekutive erlassen werden[38]. Interessengeprägte Aushandlungsprozesse finden im Vorfeld fast immer statt. Denn Rechtsverordnungen entstehen im politischen Raum und geben zumeist nicht nur den einseitig dekretierten Willen der Exekutive im Rahmen der gesetzlichen Ermächtigung wieder, sondern den Ausgleich verschiedenster Interessen. Also **verhandeln** die künftigen „Normunterworfenen" mit der Verwaltung über ihre Interessen und deren optimale Berücksichtigung. Ziel dieser Verhandlungen ist natürlich nicht der Abschluss eines Vertrages, wohl aber das Erreichen einer weitgehend akzeptablen und daher im Rechtsleben akzeptierten Norm.[39]

21   b) Satzungen. Gemeinden oder andere Körperschaften und Anstalten des öffentlichen Rechts[40] regeln Angelegenheiten der örtlichen Gemeinschaft bzw. der Mitglie-

---

[28] Zu Verträgen unter dem Schlagwort „Public Private Partnership" *Bauer* DÖV 1998, 89.

[29] *Maurer*, Allgemeines Verwaltungsrecht, 2000, § 14 Rdnr. 13.

[30] Hinweise bei *Bonk* in Stelkens/Bonk/Sachs, VwVfG, 1998, § 54 Rdnr. 123 ff.

[31] Seit dem 3. 10. 1990 bis Ende 1997 galt das Institut zeitlich befristet und zunächst nur in den neuen Ländern.

[32] § 11 BauGB; vgl auch § 12 Abs. 1 Satz 1 (Durchführungsvertrag zum „Vorhaben- und Erschließungsplan"); § 124 BauGB (Erschließungsvertrag); s. hierzu die Kommentare, zuletzt *Battis/ Krautzberger/Löhr*, 1999. Aus der umfangreichen Literatur, die sich überwiegend mit Fragen der Rechtmäßigkeit städtebaulicher Verträge befasst, etwa: *Birk*, Verträge, 1999; *Erbguth/Witte* DVBl. 1999, 435; *Oerder* BauR 1998, 22; *Reidt* NVwZ 1999, 149; *Stich* DVBl 1997, 317.

[33] *Maurer/Bartscher*, Der Verwaltungsvertrag, 1997.

[34] Die parlamentarische Gesetzgebung, mit der sich die Gesetzgebungslehre beschäftigt, bleibt hier außen vor. Doch wie sonst wenn nicht als ein Aushandeln von Interessen stellt sich diese dar?

[35] *Dose/Holznagel*, Kooperatives Recht, 1995; *Schulze-Fielitz*, DVBl 1994, 657.

[36] Zum Folgenden, der exekutiven Normsetzung *Rossen*, Vollzug und Verhandlung, 1999, S. 31 ff.

[37] *Maunz* in Maunz/Dürig, GG, Stand 1996, Art. 80.

[38] *Maurer*, Allgemeines Verwaltungsrecht, 2000, § 4 Rdnr. 10 ff., § 13 Rdnr. 1 ff.

[39] Oder aber das Unterlassen der Normsetzung.

[40] *Maurer*, Allgemeines Verwaltungsrecht, 2000, § 4 Rdnr. 14 ff.

der des Satzungsgebers durch Satzungen. Diese sind häufig das konsensuale Ergebnis zumeist multipolarer Interessengegensätze[41]. Der Konsens muss zumindest innerhalb des Entscheidungsgremiums hergestellt werden, sollte aber zwecks Akzeptanz bei den Betroffenen auch mit diesen erreicht werden.

Besondere Bedeutung kommt dem Interessenausgleich in der kommunalen Bauleitplanung[42] zu:[43] „Bei der Aufstellung der Bauleitpläne sind die öffentlichen und privaten Belange gegeneinander und untereinander gerecht abzuwägen" (§ 1 Abs. 6 BauGB). Wenn man den Begriff „Belang" als Synonym für den Begriff „Interesse" versteht, wird deutlich, dass die planerische Abwägung etwas mit Interessenausgleich zu tun hat. Interessen zu ermitteln, einzubringen, zu gewichten und schließlich zu bewerten bedeutet aber nichts anderes als **Verhandeln**. In dieses Verhandeln werden die betroffenen Bürger, die Träger öffentlicher Belange und gegebenenfalls Nachbarstaaten durch Verfahrensbeteiligung einbezogen (§§ 3 bis 4 a BauGB). Vor allem den Bürgern „ist Gelegenheit zur Äußerung und Erörterung zu geben" (§ 3 Abs. 1 Satz 1 BauGB). Weil die Gemeinde den erforderlichen Aufwand nicht immer leisten kann, bestätigt § 4 b BauGB[44] seit 1998 die bereits zuvor zulässige Einschaltung eines Dritten.[45]   **22**

c) **Verwaltungsvorschriften.** Es gibt die unterschiedlichsten Arten behördlicher   **23** Verwaltungsvorschriften.[46] Hier geht es nur um solche mit verbindlicher Außenwirkung.[47] Abgesehen von den ermessensregelnden Vorschriften, die nur über den Gleichheitssatz auch ermessensbindend sind, spielen die sogenannten normkonkretisierenden[48] Verwaltungsvorschriften im Bereich des Umwelt- und Technikrechts wohl die wichtigste Rolle. Denn sie binden nicht nur die Verwaltung, sondern auch und sogar die Gerichte. Die Verwaltung wird durch ein Gesetz ermächtigt,[49] Standards von Wissenschaft und Technik nicht nur sachverständig[50], sondern auch wertend festzulegen. Daher liegt es nahe, dass in das Verfahren der Vorschriftengebung etwa während der „Anhörung der beteiligten Kreise" (§§ 48, 51 BImSchG) unter-

---

[41] Die Juristen haben sich mit diesen Normen bislang hauptsächlich unter dem Aspekt der Nichtigkeit oder der Normenkontrolle des § 47 VwGO befasst, also mit dem tatsächlich erreichten Ergebnis unter rechtlichen Kriterien. Nicht aber steht im Blick das Zustandekommen insoweit, als es um das zutreffende Ermitteln der Interessen für das „richtige" Ergebnis geht.

[42] Dies gilt für die unverbindlichen Bauleitpläne (Flächennutzungspläne) wegen ihrer Vorwirkungen auf die verbindlichen Bauleitpläne (Bebauungspläne) ebenso wie für letztere, die nicht etwa Verwaltungsakte in Form der Allgemeinverfügung, sondern gem. § 10 Abs. 1 BauGB Satzungen der Gemeinde sind.

[43] Denn die verbindliche Bauleitplanung bestimmt den Inhalt des Eigentums im Sinne des Art. 14 Abs. 1 Satz 2 GG, indem sie die verschiedensten Grundstücksnutzungen regelt und damit Eigentum – zugunsten des einen und zulasten des anderen – verteilt.

[44] „Die Gemeinde kann insbesondere zur Beschleunigung des Bauleitplanverfahrens die Vorbereitung und Durchführung von Verfahrensschritten nach den §§ 3 bis 4a einem Dritten übertragen."

[45] *Brüning* NWVBl 1997, 286; *Reidt* NVwZ 1998, 592; *Schmidt-Eichstaedt* BauR 1998, 899.

[46] *Maurer*, Allgemeines Verwaltungsrecht, 2000, § 24 Rdnr. 1 ff.

[47] *Maurer*, a. a. O., Rdnr. 20 ff.

[48] Vgl. BVerwGE 72, 300 = NVwZ 1986, 208 mit Anm. *Sellner*, NVwZ 1986, 616 und *Rengeling* DVBl. 1986, 265.
Davon zu unterscheiden sind die norminterpretierenden Vorschriften, die praktisch nur den Charakter eines intern verbindlichen Kommentars haben.

[49] Etwa durch § 48 BImSchG.

[50] Früher verstand man diese Vorschriften als „antizipierte Sachverständigengutachten", die durch Gegengutachten widerlegt werden konnten, vgl. BVerwGE 55, 250.

schiedliche Interessen einfließen und das Ergebnis „ausgehandelt"[51] wird; man **verhandelt** also.

24 Dies wird am **Beispiel** des Lärms, der ein unerschöpfliches Konfliktpotential darstellt, deutlich: „Schädliche Umwelteinwirkungen" durch „Geräusche", so die unbestimmten Rechtsbegriffe des § 3 Abs. 1 und 2 BImSchG, können durch eine auf § 48 BImSchG gestützte Verwaltungsvorschrift konkretisiert werden. Dabei spielen (sachverständig ermittelte) naturwissenschaftliche Erkenntnisse nicht die ausschlaggebende Rolle, sondern die (wertend festgelegte) sozialverträgliche Adäquanz der noch zumutbaren Immissionen. Für den Industrie- und Gewerbelärm legt die als Technische Anleitung bezeichnete, seit November 1998 geltende neue Verwaltungsvorschrift „TA Lärm"[52] u. a. Grenzwerte, Messverfahren und zahlreiche Zurechenbarkeitskriterien fest. Im langwierigen Verfahren der Neufassung prallten die Interessengegensätze heftig aufeinander[53] – also haben die Verbände, Kommissionen, Ämter, Sachverständigen und Betroffenen mit der für den Erlass der Verwaltungsvorschrift zuständigen Bundesregierung **verhandelt**.

3. Verwaltungsverfahren

25 Auch das – förmliche oder nichtförmliche, aber formgebundene – Verwaltungsverfahren vermittelt zunächst nicht den Eindruck, in ihm werde verhandelt. Denn das rechtlich verbindliche Regeln eines Sachverhalts auf Grund einschlägiger Rechtsnormen steht im Vordergrund. Gleichwohl lassen sich zahlreiche Formen für einen „Vollzug durch **Verhandlung**"[54] feststellen; dies gilt für bipolare Beziehungen zwischen Bürger und Verwaltung ebenso wie für multilaterale Interessenverflechtungen[55].

26 **a) Diskursive Rechtsanwendung.** Mit dem Schlagwort der diskursiven Rechtsanwendung wird dieser Verhandlungsansatz verdeutlicht. Ausgangspunkt der Überlegungen ist die Erkenntnis, dass zwar noch immer der Blick in's Gesetz die Rechtsfindung erleichtert. Denn behördliches Verhalten und Entscheiden wird durch die Gesetze programmiert. Dieses Programm jedoch ist generell-abstrakt formuliert und erfordert – beim Vollzug öffentlich-rechtlicher Gesetze, Rechtsverordnungen und Satzungen durch die Exekutive – nach dem Auffinden der einschlägigen Norm in der Regel deren Interpretation und sodann deren Anwendung auf den vorgegebenen oder ermittelten Sachverhalt. Die reine Lehre der „Dogmatiker und Subsumtionsjuristen" stellt darauf ab, dass vor allem die Norminterpretation nach den Kriterien juristischer Methodik gewissermaßen durch eine gedankliche Leistung das Ergebnis ableitet[56]; diese Leistung lässt sich als Binnen-Vorgang im Denken des Einzelnen bezeichnen, bei dem dieser alle Argumente einbezieht, ordnet und sodann logisch und juristisch „zwingend" durchdenkt[57].

27 Demgegenüber sieht die **Wirklichkeit** anders aus. Schon der alte Spruch, dass zwei Juristen immer mindestens drei Meinungen haben, belegt dies. Der Meinungsstreit also belebt nicht nur die Juristerei, sondern bildet das Zentrum des Gesche-

[51] *Köberle/Gloede/Hennen*, Diskursive Verständigung?, 1997.
[52] Zur Entstehung sowie zum Geltungsbereich statt vieler *Kutscheidt* NVwZ 1999, 577.
[53] *Kutscheidt* NVwZ 1999, 577.
[54] Vgl. *Rossen-Stadtfeld* NVwZ 2001, 361.
[55] *Schneider, J.-P.* VerwArch 1996, 38.
[56] Zur Auslegung der Gesetze *Larenz*, Methodenlehre, 1991, S. 312 ff.
[57] Besonders deutlich wird dies bei der Interpretation unbestimmter Rechtsbegriffe: Weil theoretisch nur ein Ergebnis richtig sein kann, das gerichtlich voll nachprüfbar ist, ist es im Gesetz so angelegt, dass man es nur noch lege artis zu finden braucht.

hens von Norminterpretation und -anwendung. Mit anderen Worten: Diskursive Kommunikation[58] – sei es schriftliche, sei es mündliche – ist erforderlich, nicht aber das stumme, bloße Denken des Einzelnen. Das bedeutet, dass etwa innerhalb der Behörde zwei oder mehrere Mitarbeiter den Fall diskutieren und so die Meinung des Verantwortlichen sich bilden lassen. Wichtiger für den vorliegenden Zusammenhang ist das Gespräch zwischen Behördenmitarbeiter und betroffenem Bürger über den Fall und dabei über die einschlägigen Rechtsnormen. Dieses Gespräch, der Meinungsaustausch oder -streit, stellt eine Kommunikation dar, in der diskursiv ein Ergebnis erzielt werden soll. Ein solches „Aushandeln" der Norminterpretation wie auch der Normanwendung ist nicht etwa unzulässig. Die Ansicht, über den Inhalt einer Norm könne die Verwaltung nicht „mit sich handeln lassen", verkennt den Kommunikationsprozess. Es geht nicht darum, – wie auf dem Basar – einen Kompromiss unter voluntativen Gesichtspunkten zu schließen, sondern um Folgendes: In Rede und Gegenrede lassen sich Argumente finden und fortlaufend verfeinern, um die Norm (richtig) zu verstehen und sodann den Sachverhalt unter diese so verstandene Norm zu subsumieren. Ohne Zweifel verfolgen Verwaltung und Bürger dabei jeweils auch Interessen, die übereinstimmen oder differieren können. Im Diskurs lässt sich klären, inwieweit die Norm diese Interessen akzeptiert. Der Versuch eines Interessenausgleichs ist aber ein Vorgang des **Verhandelns.**

aa) Unbestimmte Rechtsbegriffe. Gerichtlich voll nachprüfbare unbestimmte **28** Rechtsbegriffe sind häufig nicht aus sich heraus eindeutig. Vor allem generalklauselartige Begriffe, die das Gesetz aus Gründen der möglichst allgemeinen Regelung verwendet, bedürfen der Auslegung. Da die Normanwender zumeist unterschiedliche Vorstellungen über den – zutreffenden oder gewünschten – Norminhalt haben, lässt sich hierüber verhandeln. Häufig kennt der Behördenmitarbeiter nur einen eingeschränkten Norminhalt unter einem bestimmten Schlagwort, während der Bürger den Regelungsgehalt bislang anders verstanden hat. Zur Klärung dient die **Verhandlung** hierüber.

bb) Unbestimmte Rechtsbegriffe mit Beurteilungsspielraum. Räumen unbestimm- **29** te Rechtsbegriffe der Behörde eine Beurteilungsermächtigung ein,[59] dann ist dieser Spielraum zwar gerichtlich nur eingeschränkt nachprüfbar, doch ist nur ein Ergebnis richtig und rechtmäßig. Verlangt wird die Berücksichtigung aller maßgeblichen Belange (= Interessen) durch die Behörde. Die Auseinandersetzung hierüber mit dem Bürger[60] ist nichts anderes als **Verhandeln.**

cc) Ermessen. Wenn eine Norm der Behörde etwa als „Kann"-Vorschrift ein Er- **30** messen – gerichtlich nur eingeschränkt nachprüfbar, zwei oder mehrere Handlungsalternativen sind möglich – eröffnet, sollen alle maßgeblichen Belange (= Interessen) in die Abwägung eingestellt werden, wobei die Behörde (anders als beim Beurteilungsspielraum) grundsätzlich Entscheidungsalternativen hat. Im Diskurs mit dem Betroffenen **verhandelt** sie nicht nur über die Beachtlichkeit der jeweiligen Interessen, sondern auch über die Zweckmäßigkeit der Abwägung.

---

[58] Oder: Kooperative Gesetzeskonkretisierung, so der Titel der Arbeit von *Lamb, 1995. Schmidt-Aßmann* DVBl. 1997, 281 (289).
[59] *Maurer*, Allgemeines Verwaltungsrecht, 2000, § 7 Rdnr. 20 ff.
[60] Sicherlich gibt es auch Fallgestaltungen, in denen nicht verhandelt werden kann, etwa im Bereich des Prüfungsrechts bei der Bewertung einer Prüfungsleistung.

31   **b) Verfahren auf Antrag.** Wird ein Verwaltungsverfahren nur auf Antrag eingeleitet, beantragt also der Bürger eine behördliche Entscheidung, dann soll diese seinen
Interessen dienen. Da der begehrte Verwaltungsakt, eine Genehmigung, Erlaubnis,
Bewilligung oder ähnliches, von einer Rechtsnorm generell-abstrakt vorgesehen sein
muss, spielen die oben genannten Kriterien der diskursiven Rechtsanwendung je
nach der Normstruktur eine Rolle. Dies gilt sowohl für materiellrechtliche Normen,
die den Entscheidungsinhalt bestimmen, als auch für Vorschriften über das Verfahren. Antragsteller und entscheidende Behörde – gegebenenfalls weitere Verfahrensbeteiligte und andere Behörden – mit je unterschiedlichen Interessen[61] **verhandeln**
also miteinander.[62]

32   Das durchschnittliche Verwaltungsverfahren (vgl. §§ 9, 10 VwVfG) ist als
schriftliches Verfahren ausgestaltet, ohne dass es weitere Formvorschriften gäbe
(nichtförmliches Verwaltungsverfahren). Zwar fehlen ausdrücklich normierte Hinweise auf Verhandlungssituationen; gleichwohl gibt es diese wie etwa im Rahmen
einer Anhörung nach § 28 VwVfG.

33   In **förmlichen Verwaltungsverfahren** im Sinne des § 63 Abs. 1 VwVfG[63] ist den
Beteiligten nicht nur „Gelegenheit zu geben, sich vor der Entscheidung zu äußern"
(§ 66 Abs. 1 VwVfG); die Behörde entscheidet sogar grundsätzlich nach mündlicher
Verhandlung (§ 67 Abs. 1 Satz 1 VwVfG), in der dem Verhandlungsleiter (§ 68
VwVfG) eine wichtige Rolle zukommt.

34   Bei **investiven Genehmigungsverfahren**[64] sehen die §§ 71 a ff. VwVfG seit 1996
gesetzliche Instrumente zur Verfahrensbeschleunigung vor, die sich als „Elemente
des informellen, dialogischen und kooperativen Verfahrens"[65] bezeichnen lassen.
Hierzu gehören vor allem die Erörterung künftiger Verfahrensschritte (§ 71 c
Abs. 2 VwVfG) und die Antragskonferenz, eine von der Behörde einzuberufende
„Besprechung mit allen beteiligten Stellen und dem Antragsteller" (§ 71 e VwVfG).
Damit hat sich die Erkenntnis durchgesetzt, dass Verhandlungen u. a. auch der Ver-
fahrensbeschleunigung dienen.

35   Interessant ist der Vorschlag, in ein künftiges Umweltgesetzbuch eine Vorschrift über einen Interessenausgleich im Verfahren der gebundenen Vorhabengenehmigung aufzunehmen.[66] Das „Hin-

---

[61] *Hoffmann-Riem,* DVBl. 1994, 605, macht dies am Beispiel des immissionsschutzrechtlichen Genehmigungsverfahrens deutlich.
[62] *Schlette,* Die Verwaltung als Vertragspartner, 2000, S. 189 ff., hält entgegen der allgemeinen Ansicht den „ausgehandelten" Verwaltungsakt für einen Formenmissbrauch; in Wahrheit werde ein
Vertrag geschlossen.
[63] Beispiele bei *Sachs* in Stelkens/Bonk/Sachs, VwVfG, 1998, § 63 Rdnr. 10 ff.: Etwa Verfahren vor
Ausschüssen oder sonstigen Kollegialorganen (z. B. §§ 12 ff. GjS; §§ 73 ff. TKG), Genehmigungsverfahren (z. B. §§ 10 ff. BImSchG; §§ 7 ff. AtomG; §§ 11 ff. GenTG).
[64] Zum weiten Anwendungsbereich bei Genehmigungen, Erlaubnissen, Bewilligungen und Konzessionen *Bonk* in Stelkens/Bonk/Sachs, VwVfG, 1998, § 71 a Rdnr. 40 ff.
[65] *Bonk* in Stelkens/Bonk/Sachs, VwVfG, 1998, § 71 a Rdnr. 5.
[66] „§ 89 Interessenausgleich
(1) Im Verfahren, das die Entscheidung vorbereitet, soll auf einen Ausgleich zwischen den beteiligten Interessen hingewirkt und eine einvernehmliche Lösung angestrebt werden.
(2) Die Genehmigungsbehörde kann hierzu die Durchführung einzelner Abschnitte des Verfahrens,
insbesondere des Erörterungstermins, einem Verfahrensmittler, einer anderen Behörde oder einer
anderen Stelle übertragen.
..." *Bundesministerium für Umwelt, Naturschutz und Reaktorsicherheit* (Hrsg.), Umweltgesetzbuch (UGB-KomE), Entwurf der Unabhängigen Sachverständigenkommission ... („Sendler-
Kommission"), 1998, S. 141. S. auch § 54 Abs. 4 des sogenannten Professorenentwurfs eines UGB.

wirken" auf einen Interessenausgleich und das „Anstreben" einer einvernehmlichen Lösung geschieht durch **Verhandeln**. Die Einschaltung eines Dritten, als mittlergestütztes Verhandeln oder als Mediation zu verstehen, kann zur Verbesserung der Verhandlung beitragen.[67]

In **Planfeststellungsverfahren**[68] findet nach §§ 72 ff. VwVfG ein ausführlich gere- 36
geltes Anhörungsverfahren mit einem Erörterungstermin statt (§ 73 VwVfG). Die Betroffenen **verhandeln** also miteinander oder – bei umweltrelevanten Großvorhaben – häufig auch gegeneinander.

c) Verfahren von Amts wegen. Die Behörde wird ohne Antrag zumeist dann tä- 37
tig, wenn sie von ihren Eingriffsbefugnissen Gebrauch machen und etwa gegen einen illegalen Zustand oder ein illegales Verhalten einschreiten will. Solche Rechtsnormen – der „polizeilichen Generalklausel" nachgebildet – räumen der Behörde ein Ermessen ein, ob und gegebenenfalls wie sie vorgeht, wenn die durch unbestimmte Rechtsbegriffe gekennzeichneten Voraussetzungen hierfür vorliegen. Das Verfahrensrecht gibt einen deutlichen Hinweis auf die kommunikative Komponente der Entscheidungsfindung: Gemäß § 28 Abs. 1 VwVfG ist der Betroffene „anzuhören"; ihm ist also Gelegenheit zu geben, „sich zu den für die Entscheidung erheblichen Tatsachen zu äußern." Der Anzuhörende wie auch der Anhörende kommunizieren miteinander, nehmen aufeinander Einfluss[69], verhandeln also.[70]

4. Schlichtes Verwaltungshandeln

Auch außerhalb rechtlich normierter Verfahrensabläufe handelt die Verwaltung. 38
Sie tut dies „schlicht" auf unterschiedliche Weise[71]. Mit *Schmidt-Aßmann*[72] werden im folgenden Realakte und informales Handeln unterschieden.

Als behördliche **Realakte** bezeichnet man ein Tun der Verwaltung, das – im Ge- 39
gensatz zum Verwaltungsakt – nicht auf einen Rechtserfolg, sondern auf einen tatsächlichen Erfolg gerichtet ist.[73] Soweit dieses Handeln dem Verwaltungsrecht zuzuordnen ist, kann es sich auf Bürger oder andere Rechtspersonen auswirken. Der dabei entstehende Kontakt kann sich als eine **Verhandlung**ssituation darstellen, weil verschiedene Interessen aufeinanderstoßen.

Informales Verwaltungshandeln findet im Vorfeld konkreter Verhandlungen über 40
den Abschluss eines Verwaltungsvertrages, des Antrags auf Einleitung eines Verwaltungsverfahrens wie auch des von Amts wegen betriebenen Verfahrens statt. Vielfältige Kontakte zwischen Behörde und künftigem Vertragspartner bzw. Antragsteller oder Betroffenem kennzeichnen dieses Verhalten. Anfragen, sondierende Gespräche, unverbindliche Absichtserklärungen und Auskünfte und vieles mehr geschieht ganz zwanglos, noch ohne den formalen rechtlichen Rahmen[74], also infor-

---

[67] *Holznagel*, Die Einschaltung Dritter, 1998.
[68] Beispiele für bundes- und landesrechtlich geregelte Verfahren bei *Bonk* in Stelkens/Bonk/Sachs, VwVfG, 1998, § 72 Rdnr. 26 ff.
[69] *Weyreuther*, Einflussnahme durch Anhörung, in FS Sendler 1991, S. 183.
[70] In den Fällen des zulässigen Absehens von der Anhörung (§ 28 Abs. 2 VwVfG) allerdings soll die Behörde den Adressaten ihrer Entscheidung gewissermaßen überraschen dürfen; damit findet zuvor kein Verhandeln statt.
[71] *Schulte*, Schlichtes Verwaltungshandeln, 1994.
[72] Das allgemeine Verwaltungsrecht, 1998, S. 269 ff.
[73] *Maurer*, Allgemeines Verwaltungsrecht, 2000, § 15 Rdnr. 1.
[74] S. jedoch inzwischen §§ 71 a ff. VwVfG, Rdnr. 34.

mal. Informelle Kooperation oder „informal-konsensuales Handeln"[75] stellt sich als (Vor-)**Verhandeln** dar.

III. Mediation im Verwaltungrecht

1. Nach gescheiterter Verhandlung

41   „Klassische" Mediation setzt erst an, wenn die Verhandlung gescheitert ist. Denn grundsätzlich bedürfen autonome Verhandlungspartner nicht schon der Hilfe bei ihrem (ersten) Versuch, zu einem Konsens zu gelangen. Für die vielfältigen Formen des Verhandelns im Verwaltungsrecht bilden sich Muster unterschiedlichen Scheiterns.

42   a) **Vertrag.** Verhandlungen über den Abschluss eines verwaltungsrechtlichen Vertrages sind typischerweise darauf gerichtet, zu einer Vereinbarung zu kommen. Gelingt dies nicht, ist die Verhandlung gescheitert; gerichtlich durchsetzbar ist das Verhandlungsziel „Vertrag" grundsätzlich nicht. Die „Waffengleichheit" der Verhandlungspartner gibt in der Regel keinem von beiden die Macht, notfalls einseitig – mit den Mitteln staatlicher Gewalt – gegen den anderen vorzugehen. Dies entspricht der Verhandlungssituation im Zivilrecht.

43   Allerdings enthält das Verwaltungsverfahrensrecht eine Einschränkung dieses Grundsatzes: Gemäß § 54 Satz 2 VwVfG darf die Behörde insbesondere in den Fällen einen öffentlich-rechtlichen Vertrag abschließen, in denen sie durch Verwaltungsakt entscheiden könnte. Das bedeutet umgekehrt, dass sie im Falle des Scheiterns des Vertrages einen Verwaltungsakt erlassen, also einseitig hoheitlich den „Verhandlungsgegenstand" regeln darf. Gleichwohl kann sich die Behörde auch in dieser Situation auf eine Mediation mit dem Ziel des Vertragsschlusses einlassen.

44   Eine – wichtige – Folge des Scheiterns der Vertragsverhandlung ist also die Freiheit der Verhandlungspartner, sich auf einen **Mediator** zu verständigen und mit dessen Hilfe erneut durch Verhandlungen einen Konsens anzustreben. Rechtlichen Beschränkungen unterliegt die Behörde insoweit nicht.

45   b) **Normgebung.** Anders als beim Vertrag – aber ähnlich wie bei dem den Verwaltungsakt ersetzenden Vertrag (§ 54 Satz 2 VwVfG) – führt das Scheitern der Aushandlungsbemühungen in der Rechtsetzung nicht zu einem „Patt". Vielmehr ist der Normgeber kraft seiner Kompetenz befugt, das von ihm für richtig und rechtmäßig Befundene zu regeln. Gleichwohl kann er sich auf ein Mediationsverfahren einlassen, um die Erkenntnisgrundlagen seiner Normsetzung wie auch die Akzeptanz der künftigen Norm zu verbessern.

46   Verhandlungen über den Inhalt künftiger **Rechtsverordnungen** scheitern, wenn sich Gegensätze als unüberwindbar herausstellen und der von der Exekutive angestrebte Regelungsinhalt als einseitig empfunden wird. Je nach dem „Willen des Verordnungsgebers" vor allem wegen zu erwartender Akzeptanzprobleme und je nach dem Partizipationsbedürfnis der Betroffenen kann es sinnvoll sein, einen **Mediator** mit der Interessenvermittlung zu beauftragen, um einen – gänzlichen oder teilweisen – Konsens auszuhandeln.

---

[75] *Schmidt-Aßmann*, Das allgemeine Verwaltungsrecht, 1998, S. 272.

Auch bei der Aufstellung von **Satzungen** können die Verhandlungen zunächst 47 scheitern und sodann mit Hilfe eines Mediators wiederaufgenommen werden. Nichts anderes gilt im Bauleitplanverfahren für unverbindliche Flächennutzungspläne und verbindliche Bebauungspläne. Der Gemeinde bleibt es unbenommen, nach einem Scheitern – also bei unüberwindlich scheinenden Gegensätzen – mit den Bürgern eine Konfliktlösung durch Vermittlung eines **Mediators** zu versuchen.[76] Sie kann dies schon in einem frühen Verfahrensstadium tun, wenn sie das (drohende) Scheitern in einem Erörterungstermin erkennt. Seit 1998 bestätigt § 4 b BauGB die Möglichkeit der Übertragung einzelner Verfahrensschritte „insbesondere" zur Verfahrensbeschleunigung, aber auch zur Durchführung eines Erörterungstermins unter der Leitung eines Mediators.[77] Diese ausdrücklich zugelassene partielle Verfahrensprivatisierung lenkt den Blick auf die Möglichkeiten der Mediation.[78] Naturgemäß sind die Übergänge zwischen mittlergestützter Verhandlung und Mediation fließend; sie bedürfen auch keiner genauen Festlegung.

Das Verfahren zum Erlass – bindender – **Verwaltungsvorschriften** dürfte das am 48 wenigsten gesetzlich geregelte Normgebungsverfahren sein. Auch hier können Verhandlungen mit den Betroffenen das Ergebnis mangelnder Übereinstimmung haben, also scheitern. Nach dem Scheitern oder auch schon zuvor kann ein **Mediator** eingeschaltet werden, um mit dessen Unterstützung zu einer sachgerechten Interessenermittlung wie auch -bewertung zu gelangen, die sodann den Inhalt der Verwaltungsvorschrift bestimmt.

c) **Verwaltungsverfahren.** Überlegungen zur Mediation im Zusammenhang mit 49 Verwaltungsverfahren müssen davon ausgehen, dass unter der Geltung von Art. 19 Abs. 4 GG der gerichtliche Rechtsschutz das Instrument zur Klärung von Streitfragen bildet. Nutzt der im Streit unterlegene Bürger dieses Instrumentarium nicht, wird der Verwaltungsakt unanfechtbar mit den sich daraus ergebenden Folgen.

aa) Parallel zum Rechtsschutzverfahren. In der Regel lässt sich das zweipolige 50 Verwaltungsverfahren, das sich zwischen Bürger und Behörde abspielt, als ein auf einen Konsens gerichtetes Verfahren verstehen. Denn es geht aus der Sicht des Bürgers entweder um die begehrte Genehmigung oder um das Verhindern der Eingriffsverfügung, worüber jeweils verhandelt wird. Aus dieser Sicht ist die Versagung der Genehmigung oder der Erlass des belastenden Verwaltungsakts als ein Scheitern der Verhandlung zu verstehen. Dieses Scheitern kann zwar mit Rechtsbehelfen – Widerspruch und Verpflichtungs- bzw. Anfechtungsklage – „bekämpft", also im Streit der autoritären Entscheidung eines Dritten zugeführt werden. Wegen der gesetzlichen Fristen empfiehlt sich dies auch, um die Bestandskraft des Ausgangsverwaltungsakts zu vermeiden.

Parallel[79] zum Rechtsschutz (Widerspruchsverfahren als gerichtliches Vorverfahren und verwaltungsgerichtliches Klageverfahren) jedoch eröffnen sich Möglichkeiten einer Mediation. Denn aus verschiedenen Gründen bietet es sich an, während 51

---

[76] *Hadlich/Rennhack,* LKV 1999, 9, betonen, dass „sich – neben der Konfliktverhinderung durch Moderation – die Konfliktmittlung durch Mediation auf Grund der regelmäßig komplexen Planungsinhalte" gerade in der Bauleitplanung anbietet.

[77] "Die Gemeinde kann insbesondere zur Beschleunigung des Bauleitplanverfahrens die Vorbereitung und Durchführung von Verfahrensschritten nach den §§ 3 bis 4 a einem Dritten übertragen."

[78] *Battis* in Battis/Krautzberger/Löhr, BauGB, 1999, § 4 b Rdnr. 1 ff.

[79] Hiervon sind mediative Elemente innerhalb der Rechtsschutzverfahren zu unterscheiden.

des anhängigen Rechtsschutzverfahrens, in dem gegensätzliche Positionen vertreten werden, ein erneutes Verhandeln miteinander zu versuchen, um den Streit, oder besser den Konflikt, in den der Streit eingebunden ist, zu lösen. Vor allem die zeitliche Dimension von Widerspruchs- und Klageverfahren, der finanzielle Aufwand insbesondere für Gerichts- und Anwaltskosten, die sonstigen mit solchen Verfahren verbundenen Schwierigkeiten und schließlich das gegenseitige Interesse an „guten Kontakten" rechtfertigen ein Mediationsverfahren. Wenn man in diesem dazu kommt, den Streitgegenstand auf den Konfliktgegenstand zu erweitern, also die Positionen in Interessen aufzulösen, hat man die Chance, doch noch zu dem ursprünglich angestrebten Konsens zu gelangen.

52 (1) *Verfahren auf Antrag.* Im nichtförmlichen Verwaltungsverfahren bietet es sich an, über die beantragte und versagte Genehmigung erneut zu verhandeln. Bisweilen bewirken geringe Veränderungen des Genehmigungsgegenstandes Wunder; beide Seiten, die im Streit „blind" sind, können durch Anregungen des **Mediators** eher auf solche Modifikationen aufmerksam werden als durch eigene Kraft. In förmlichen Verwaltungsverfahren, in investen Genehmigungsverfahren und auch in Planfeststellungsverfahren gilt nichts anderes. Solange die Versagung der beantragten Entscheidung noch angefochten ist, lässt sich mit Hilfe des **Mediators** erneut der Versuch unternehmen, zu einem Konsens zu gelangen und das Rechtsschutzverfahren außergerichtlich zu erledigen.

53 (2) *Verfahren von Amts wegen.* Kann der im Verfahren Angehörte keinen Einfluss zu seinen Gunsten auf das Verwaltungsverfahren nehmen, ist also sein Verhandeln mit der Behörde gescheitert und ergeht ein ihn belastender Verwaltungsakt, so gibt es zahlreiche Möglichkeiten einer außergerichtlichen Streitbeilegung mit Hilfe des **Mediators.**

54 *bb) Innerhalb des Rechtsschutzverfahrens.* Auch innerhalb des Rechtsschutzverfahrens bieten sich Möglichkeiten einer konsensualen Konfliktlösung. Da jedoch die den Streit entscheidende Stelle – die Widerspruchsbehörde oder das Verwaltungsgericht – zugleich mit Entscheidungsmacht versehen ist, erfüllt sie ein wesentliches Kriterium der **Mediation nicht.**

55 *cc) Nach Abschluss des Rechtsschutzverfahrens.* Ist das Rechtsschutzverfahren abgeschlossen – sei es bereits nach Ablauf der Widerspruchs- oder Klagefrist, sei es durch rechtskräftiges Urteil –, so ist die Versagung der begehrten Genehmigung, Erlaubnis usw. oder die angefochtene Eingriffsverfügung unanfechtbar. Die Folgen dieser Bestandskraft werden durch §§ 48 ff. VwVfG geregelt. Grundsätzlich braucht sich die Behörde auf eine erneute Diskussion ihrer unanfechtbaren Regelung nicht einzulassen.

Allerdings kann auf Antrag des Betroffenen ein neues Verwaltungsverfahren mit demselben Genehmigungsbegehren[80] oder mit dem Ziel des Wiederaufgreifens des abgeschlossenen Verfahrens in Gang gesetzt werden (§ 51 VwVfG). Von Amts wegen kann die Behörde ein Verfahren zur Rücknahme oder zum Widerruf des unanfechtbaren Verwaltungsakts durchführen (§§ 48, 49 VwVfG). Innerhalb solcher Verfahren können sich Verhandlungssituationen ergeben. Parallel zum Verfahren kann ein **Mediator** eingesetzt werden.

56 d) **Schlichtes Verwaltungshandeln.** Wann immer Betroffene oder sonst Interessierte mit der Verwaltung über ein tatsächliches Verwaltungsverhalten (Realakt) verhandeln, kommt beim Scheitern der Verhandlung eine **Mediation** in Betracht.

---

[80] Zum wiederholten Bauantrag *Ortloff* in Finkelnburg/Ortloff, Öffentliches Baurecht, Bd. II, 1998, S. 107.

Informales Verwaltungshandeln kennzeichnet das Verhalten vor Beginn der eigentlichen Verwaltungsvertragsverhandlungen oder der Durchführung des Verwaltungsverfahrens. Scheitert eine solche Vor-Verhandlung, wird in der Regel kein Bedürfnis für ein erneutes Vor-Verhandeln unter Leitung eines Dritten bestehen. Möglich ist allerdings auch hier eine **Mediation**.

2. Während vom Scheitern bedrohter Verhandlung

a) **Umweltmediation.** Im Verwaltungsrecht gibt es Verhandlungssituationen, die 57 von vorneherein auf eine Konfrontation angelegt sind, weil es zumindest einer Seite nicht um die Erzielung eines Konsenses mit der Verwaltung geht, sondern um die Verhinderung eines von dieser beabsichtigten Vorhabens. Anders als bei den bislang beschriebenen Verhandlungen erscheinen die Positionen – Vorhaben ja/Vorhaben nein – deswegen unüberwindbar, weil die Vorhabengegner das Projekt häufig aus den verschiedensten Gründen strikt ablehnen. Umweltrelevante Großvorhaben wie Atomkraftwerke, Flughäfen, Bergbau, Staudämme, Autobahn- und Eisenbahntrassen oder Abfalldeponien können nur in einem multipolaren Interessengeflecht realisiert werden.[81] Je nach Rechtsgrundlage bedarf es einer verwaltungsbehördlichen Normgebung[82] durch Rechtsverordnung oder Satzung bzw. Planung oder aber eines Genehmigungs- oder Planfeststellungsverfahrens. Die im Verwaltungsverfahren möglichen oder sogar gebotenen Verhandlungen mit der Behörde über einen Interessenausgleich sind also vom Scheitern bedroht. Um diesen Ausgleich etwa in Erörterungsterminen jedenfalls zu versuchen, hat sich frühzeitig ein mittlergestütztes Verhandeln unter dem Schlagwort der **Umweltmediation**[83] entwickelt, das nicht erst das Scheitern als Voraussetzung der „klassischen" Mediation abwartet, sondern dieses Scheitern zu meiden oder jedenfalls die Folgen des Scheiterns zu minimieren versucht.

Umweltmediationsverfahren „sind freiwillige, strukturierte Verfahren, in denen die von einem Vor- 58 haben betroffenen Bürger und Institutionen unter Hinzuziehung allparteilicher Dritter (Mediatoren) versuchen, selbstbestimmte und von allen Beteiligten getragene Lösungen oder Regelungen für Konflikte zu erarbeiten."[84]

b) **Normgebung (Planung) und multipolare Verwaltungsverfahren.** Die unter 59 Rdnr. 19 ff. und Rdnr. 31 ff. aufgeführten Verfahrensarten dienen auch der Ansiedlung umweltrelevanter Großvorhaben; sie werden durch die einschlägigen

---

[81] *Holznagel,* Mediation im Verwaltungsrecht, in Breidenbach/Henssler, Mediation für Juristen, 1997, S. 147.
[82] Die Trassenfestlegung für die ICE-Strecke bei Stendal durch Bundesgesetz bildet die Ausnahme, BVerfGE 95, 1.
[83] Aus der Fülle der Literatur *Karpe* ZfU 1999, 189; *Ramsauer,* Mediation im Umweltrecht, in Breidenbach/Henssler, Mediation für Juristen, 1997, S. 161; *Wagner/Engelhardt* NVwZ 2001, 370; *Zilleßen,* Mediation, 1998. Zur Umweltmediation in Österreich *Ferz* ZKM 2001, 24. Vgl. auch § 46.
[84] *Förderverein Umweltmediation,* Standards für Umweltmediation, 1999, Teil I, Vorbemerkung. „Umeltmediationsverfahren weisen typischereise folgende Merkmale auf: Vielparteienkonflikte, Arbeit mit großen Gruppen, Interessenvertretung vielfach durch Repräsentanten mit unterschiedlichen Mandaten, Komplexität der Konfliktthemen und -gegenstände, Entscheidungskompetenzen meist im politisch-administrativen Bereich, Konfliktaustragung im öffentlichen Bereich, interpersonelle und interorganisatorische Konflikte, ideologisch und weltanschaulich geprägte Wertkonflikte, vielfältige und divergierende Intressenebenen, Macht- und Ressourcenungleichgewichte, komplexe wissenschaftlich-technische Fragen mit hoher Unsicherheit, unsicherer Ausgang eines möglichen Rechtsstreits." (a. a. O., Teil I Nr. 1; der Text ist hier aus Platzgründen redaktionell verändert wiedergegeben.)

Fachgesetze ergänzt. Die innerhalb des Normgebungs- bzw. Verwaltungsverfahrens erforderlichen oder möglichen Verfahrensschritte unter Einschaltung eines Dritten lassen sich als **mittlergestützte Verhandlungen** oder auch als **Mediation** verstehen, weil das Verhandeln ohne Hilfe des Dritten von vorneherein vom Scheitern bedroht ist.

3. Voraussetzung: Dritter ohne Entscheidungsmacht

60   Wesentliches Kriterium der Mediation ist neben der Neutralität[85] des Mediators vor allem, dass diesem **keine Entscheidungsmacht** zusteht. Dies ist für die Mediation in anderen Rechtsgebieten eine Selbstverständlichkeit.

61   Für das Verwaltungsrecht mit seinem umfassenden Rechtsschutzsystem hat diese Voraussetzung von Mediation eine besondere Bedeutung: Wer auch immer im Laufe der verwaltungsrechtlichen Verhandlungen an diesen teilnimmt oder sie als Dritter leitet, erfüllt nicht die Voraussetzungen eines Mediators, wenn er in der Sache entscheidungsbefugt ist: Behördliche Teilnehmer an Vertragsverhandlungen, im Normgebungsverfahren der Verwaltung Tätige, Bearbeiter des behördlichen Verwaltungsverfahrens und des Widerspruchsverfahrens sowie Verwaltungsrichter.

4. Rechtliche Schranken der Mediation

62   a) **Bindung der Verwaltung an Gesetz und Recht.** Die Verwaltung ist an Gesetz und Recht gebunden, Art. 20 Abs. 3 GG. Sie wird in ihrem Verhalten in erster Linie durch Rechtsnormen gesteuert. Rechtswidriges Verwaltungshandeln ist einerseits zu vermeiden, andererseits akzeptiert die Rechtsordnung um der Rechtssicherheit willen rechtswidrige Entscheidungen (§ 43 Abs. 2 VwVfG). Nichtige Verwaltungsakte sind jedoch unwirksam (§ 43 Abs. 3, § 44 VwVfG). Ebenso sind nichtige Verwaltungsverträge (§ 59 VwVfG) und nichtige untergesetzliche Rechtsnormen (vgl. § 47 Abs. 5 S. 2 VwGO und §§ 214 ff. BauGB) unwirksam.

63   Ergeben sich hieraus auch Konsequenzen für die Mediation und für das Ergebnis der Konfliktlösung? Darf also der Mediator etwa „sehenden Auges" die Beteiligten ein rechtswidriges Ergebnis aushandeln lassen und sich darauf zurückziehen, dass die Grenze zur Nichtigkeit ja nicht erreicht sei? Muß er also lediglich darauf achten, dass die Schwelle zur Nichtigkeit nicht überschritten wird? Oder ist von ihm zu fordern, dass er strikt auf die Rechtmäßigkeit dessen achtet, was die Verhandelnden vereinbaren?

64   Diese m. E. nicht leicht zu beantwortenden Fragen können hier nur gestellt, nicht aber vertiefend behandelt werden. Jedenfalls darf man nicht übersehen, dass es häufig äußerst schwierig ist, ein Verhalten oder eine Entscheidung eindeutig als rechtmäßig oder rechtswidrig zu bewerten; daher dürfte viel dafür sprechen, auf eine vertretbare Argumentation für die Rechtmäßigkeit abzustellen, auf die der Mediator zu achten hat. Im Übrigen entbindet die Mediation die Beteiligten nicht von ihrer Verpflichtung, sich rechtmäßig zu verhalten[86] – die Exekutive ist durch Art. 20 Abs. 3 GG an Gesetz und Recht gebunden, nicht aber der Mediator.

---

[85] Unparteilichkeit, auch „Allparteilichkeit", Unbefangenheit usw.
[86] Dabei sind die Bindungen sicherlich unterschiedlich, weil etwa der Bürger im Rahmen der Privatautonomie handelnd „freier" ist als die Verwaltung. *Eidenmüller*, Vertrags- und verfahrensrechtli-

b) Tätigkeit des Mediators als Rechtsberatung? Das Rechtsberatungsgesetz **65** (RBerG) schreibt eine Erlaubnispflicht für die geschäftsmäßige Rechtsberatung vor.[87] Die „Übernahme der Tätigkeit als Schiedsrichter" wird gem. § 2 RBerG von der Erlaubnispflicht ausgenommen; nicht berührt ist die Berufstätigkeit u. a. der Rechtsanwälte (§ 3 Abs. 1 RBerG). Ob Mediation als Rechtsberatung zu verstehen ist, ist umstritten.[88] M. E. hat sich der Mediator jeglicher Einmischung in die Rechtsansichten der Verhandlungspartner zu enthalten, die den Mediator nicht um Rechtsrat bitten und für die Rechtmäßigkeit ihres Verhalten selbst verantwortlich sind; daher berät er diese auch nicht.

IV. Mediative Elemente im Verwaltungsrecht

Trotz aller Klärungs- und Definitionsversuche lässt sich unter dem Begriff **66** „Mediation" vielerlei verstehen. Eines der rundum akzeptierten Kriterien ist jedoch die fehlende Entscheidungsmacht des Dritten. Sobald dieser den Beteiligten einen verbindlichen Einigungsvorschlag – etwa als Schlichter oder als Schiedsmann – zu unterbreiten befugt ist, verlässt er die Rolle des Mediators. Dies gilt erst recht, wenn er den Streit der Beteiligten verbindlich zu entscheiden hat – also vor allem als Richter. Gleichwohl können auch diese Dritten sich der Mittel des Mediators bedienen, um eine freiwillige Einigung herbeizuführen; sie verhalten sich dabei **mediativ.** Solche mediativen Elemente lassen sich auch im Verwaltungsrecht zur Streitbeilegung einsetzen.

1. Voraussetzung: Dritter mit Entscheidungsmacht

Verfahren haben im Verwaltungsrecht unterschiedliche Funktionen. Das eigentli- **67** che – förmliche oder nichtförmliche – Verwaltungsverfahren endet nach dem Verwaltungsverfahrensgesetz mit dem Abschluss des Verwaltungsvertrages oder mit der Entscheidung durch Verwaltungsakt. An diesen kann sich – vor der gerichtlichen Anfechtungs- oder Verpflichtungsklage – gemäß §§ 68 ff. VwGO ein gerichtliches Vorverfahren als Widerspruchsverfahren anschließen; da die prozessrechtlichen Bestimmungen über das Widerspruchsverfahren gemäß § 79 VwVfG durch die Vorschriften des Verwaltungsverfahrensgesetzes (lediglich) ergänzt werden, ist es also nicht als Verwaltungsverfahren zu verstehen.[89] Schließlich folgt das verwaltungsgerichtliche Klageverfahren.

Bereits im Verwaltungsverfahren kann ein Dritter zur Entscheidung berufen sein, im Rechtsschutz- **68** verfahren entscheidet entweder die Widerspruchsbehörde oder das Gericht.

---

che Grundlagen der Mediation: Möglichkeiten und Grenzen privatautonomen Konfliktmanagements, in Breidenbach u. a., Konsensuale Streitbeilegung, 2001, S. 45.

[87] „Die Besorgung fremder Rechtsangelegenheiten, einschließlich der Rechtsberatung ..., darf geschäftsmäßig – ohne Unterschied zwischen haupt- und nebenberuflicher oder entgeltlicher und unentgeltlicher Tätigkeit – nur von Personen betrieben werden", denen die entsprechende Erlaubnis erteilt worden ist (§ 1 Abs. 1 S. 1 RBerG).

[88] Zur Ansicht mancher Rechtsanwälte s. Rdnr. 89. Eingehend § 26 Rdnr. 34 ff.

[89] Diese strittige Ansicht bedarf hier keiner Vertiefung, vgl. *Stelkens/Kallerhoff* in Stelkens/Bonk/Sachs, VwVfG, 1998,§ 79 Rdnr. 2 ff.

2. Innerhalb des Verwaltungsverfahrens

69   Im Verwaltungsverfahren entscheidet die Behörde grundsätzlich „in eigener Sache", ist also nicht „Dritter". Dies ergibt sich aus der Funktion des Verwaltungsverfahrens ebenso wie aus § 13 VwVfG: Danach ist die Behörde nicht Verfahrensbeteiligter, sondern Trägerin des Verfahrens.[90]

70   Denkbar ist jedoch die Organisation eines „kontradiktorischen" oder „adversarischen" Verfahrens, in dem etwa der Investor oder Vorhabenträger im Verfahren vor der entscheidungsbefugten Behörde einer anderen Behörde gegenübersteht. Auch Verfahren vor Ausschüssen im Sinne des § 88 VwVfG können in dieser Weise ablaufen. Ein besonderes, dem Gerichtsverfahren ähnliches Verwaltungsverfahren findet vor den Kartellbehörden gemäß §§ 51 ff. GWB statt. In einem solchen Verfahren kann die „dritte" Behörde sich **mediativer Elemente** bedienen, um vor einer Entscheidung zu einer gütlichen Beilegung zu gelangen.

3. Innerhalb des Rechtsschutzverfahrens

71   a) **Widerspruchsverfahren.** Nach §§ 68 ff. VwGO soll grundsätzlich die nächsthöhere Behörde über den Widerspruch entscheiden (§ 73 Abs. 1 Satz 2 Nr. 1 VwGO); den zahlreichen Durchbrechungen dieses Grundsatzes braucht hier nicht nachgegangen zu werden. Denn wichtig ist im vorliegenden Zusammenhang: Wenn eine andere als die Ausgangsbehörde entscheidungsbefugt ist, findet gewissermaßen ein kontradiktorisches Verfahren zwischen dem Adressaten des Verwaltungsakts und der Ausgangsbehörde vor der Widerspruchsbehörde statt. Dabei darf die Widerspruchsbehörde auf eine gütliche Beilegung des Streits um den Verwaltungsakt hinwirken. Anders als für den gerichtlichen Prozess[91] ist dies zwar nicht ausdrücklich geregelt; einen vernünftigen Grund, daraus ein „Vergleichs-Verbot" herzuleiten, gibt es jedoch nicht. Also kann die Widerspruchsbehörde **mediativ** handeln[92], nicht nur ähnlich wie der Verwaltungsrichter, sondern in einem wichtigen Bereich weitergehend: Soweit die maßgebliche Norm ein Ermessen einräumt, ist neben der Rechtmäßigkeit auch die Zeckmäßigkeit des angefochtenen Verwaltungsakts zu überprüfen (§ 68 Abs. 1 Satz 1 VwGO), was dem Gericht untersagt ist (§ 114 VwGO). Die eigenen Zweckmäßigkeitsüberlegungen der Widerspruchsbehörde erleichtern die Erörterungen über eine Konfliktlösung.

72   b) **Verwaltungsprozess.** Im verwaltungsgerichtlichen Verfahren hat der Richter anstelle der Streitentscheidung die Möglichkeit der Konfliktbeilegung; dabei handelt er **mediativ.**[93]

V. Herkömmliche Aufgaben des Richters im Verwaltungsprozess

1. Die Doppelrolle des Richters

73   Im Verwaltungsprozess wird das Gericht angerufen, um einen Streit in einer öffentlich-rechtlichen Streitigkeit nichtverfassungsrechtlicher Art (§ 40 VwGO) zu entscheiden.

---

[90] *Bonk* in Stelkens/Bonk/Sachs, VwVfG, 1998, § 13 Rdnr. 18 f.
[91] § 173 VwGO i. V. m. § 279 ZPO.
[92] *Maaß* VerwArch 1997, 701.
[93] S. Rdnr. 77.

Hierfür bietet das Prozessrecht verschiedene Klagearten – wie vor allem Anfechtungs-, Verpflich- **74** tungs-, Feststellungs- und Leistungsklage – an. In solchen **Hauptsacheverfahren** entscheidet das Gericht in der Regel auf Grund mündlicher Verhandlung durch Urteil. „Das Gericht" ist in erster Instanz entweder die Kammer, der Einzelrichter oder der Berichterstatter. Zur Vorbereitung der mündlichen Verhandlung stehen dem Berichterstatter zahlreiche Möglichkeiten zur Verfügung, insbesondere der Termin zur gütlichen Beilegung des Rechtsstreits und zur Entgegennahme eines Vergleichs (§ 87 Abs. 1 Satz 2 Nr. 1 VwGO). In der mündlichen Verhandlung findet ein Rechtsgespräch statt (§ 104 VwGO). Das Verfahren kann durch Urteil, durch Vergleich (§ 106 VwGO) durch Rücknahme der Klage (§ 92 VwGO) oder durch übereinstimmende Hauptsacheerledigungserklärungen (§ 161 Abs. 2 VwGO) beendet werden. Aus Gründen der Eilbedürftigkeit gibt es außerdem die Verfahren des **vorläufigen Rechtsschutzes** nach §§ 80 bis 80 b VwGO sowie nach § 123 VwGO, die zwar grundsätzlich ohne mündliche Verhandlung durch Beschluss entschieden werden, für die aber die für das Hauptsacheverfahren genannten Regeln entsprechend gelten. Schließlich bietet das Prozessrecht **Vollstreckungsverfahren** (§§ 167 ff. VwGO) an. Neben diesen erstinstanzlichen Verfahren vor dem Verwaltungsgericht regelt die Verwaltungsgerichtsordnung die Verfahren vor den Oberverwaltungsgerichten und dem Bundesverwaltungsgericht.

Wie das Gericht die Lösung einer solchen Streitigkeit herbeiführt, ergibt sich aus **75** den Normen der VwGO und der ZPO. Dabei geht es um die autoritative Streitentscheidung durch den Richter sowie um die konsensuale Streitbeilegung mit richterlicher oder auch ohne richterliche Hilfe.[94] Für erstere regeln mindestens tausend Normen detailliert das Vorgehen, während letztere im Wesentlichen in § 106 VwGO und in § 279 ZPO gesetzlich verankert ist. Verwaltungsgerichtliche „Rechtsprechung" kennzeichnet also das Bild des Richters grundsätzlich in einer Doppelrolle. Diese gesetzliche Doppelrolle fordert vom Richter eine Entscheidung über den Streitgegenstand, ermöglicht ihm aber zuvor den Versuch einer gütlichen Beilegung des Rechtsstreits und dabei die Erweiterung des Streitgegenstandes auf den Konfliktgegenstand.[95]

a) Pflicht zur Streitentscheidung. Über den ihm vorgelegten Streit entscheidet der **76** Richter, über nicht mehr und nicht weniger. Also muss der **Streitgegenstand** genau festgelegt werden, über den die Prozessparteien vor Gericht verhandeln und über den sodann das Urteil gefällt werden soll. Dabei geht es zunächst um das Begehren des Klägers, also um dessen freie Bestimmung des gewünschten richterlichen Entscheidungsumfangs, und sodann um die Ermittlung des entscheidungserheblichen Sachverhalts, an der Kläger, Beklagter und Gericht mitwirken (müssen). Diese Sachverhaltsfeststellung ist nur **normbezogen** möglich: Die gesetzliche Anspruchsgrundlage, also die materielle Rechtsnorm, die dem Klagebegehren zum Erfolg verhelfen soll, muss gefunden werden; sie steuert die Maßgeblichkeit des den Anspruch des Klägers stützenden Sachverhalts und grenzt damit den Umfang derjenigen Tatsachen ein, die – entweder unstreitig oder aufklärungsbedürftig – für die richterliche Entscheidung von Bedeutung sind. Mit anderen Worten: Der Streitgegenstand ergibt sich aus der zur Verfügung stehenden abstrakten gesetzlichen Regelung, die eine Entscheidung zugunsten des Klägers ermöglicht, sowie aus den von dieser Norm geforderten Tatsachen. Fehlt eine das Klagebegehren stützende Rechtsnorm,

---

[94] *Ortloff*, Richterauftrag und Mediation, in Breidenbach/Henssler, Mediation für Juristen, 1997, S. 111.
[95] Zur Doppelrolle des Richters *Ortloff*, Der Entscheider, in Schmidt/Schmidt, Juristen im Spiegel, 1998, S. 204. Zum Richterbild der VwGO *Ortloff*, Vorbemerkung § 81, in Schoch/Schmidt-Aßmann/Pietzner, VwGO, Stand 2000; *Riese*, Beil. II zu NVwZ H. 2/2001, S. 41.

gibt es auch keinen Streitgegenstand – obwohl der Streit in der Realität vorhanden ist.[96] Diese Beschränkung auf den Streitgegenstand macht deutlich, dass häufig aus einer Fülle von Tatsachen, die die Auseinandersetzung zwischen Kläger und Beklagtem im Sinne des Konfliktgegenstandes kennzeichnen, die allein maßgeblichen herausgearbeitet werden und die übrigen unbeachtet bleiben müssen. Nur über einen Ausschnitt aus dem Konflikt, nämlich über den Streitgegenstand, darf und muss der Richter entscheiden.

77   b) **Möglichkeit der Konfliktschlichtung.** Die Pflicht des Entscheidens steuert jedoch nicht ausschließlich das richterliche Verhalten. Denn der Richter darf – und sollte sogar – einen Konsens herbeizuführen versuchen. Dieser Erkenntnis stehen zumeist rund tausend Paragraphen der VwGO und der ZPO über das streitige Procedere entgegen und vernebeln den Blick auf nur eine Vorschrift, nämlich § 278 **ZPO:** „Das Gericht soll in jeder Lage des Verfahrens auf eine gütliche Beilegung des Rechtsstreits oder einzelner Streitpunkte bedacht sein." (Abs. 1).[97] Diese prozessuale Öffnungsklausel für die Erweiterung des Streitgegenstandes auf den **Konfliktgegenstand** ermöglicht eine richterliche Konfliktbehandlung; sie steht prozessrechtlich gleichwertig neben den übrigen Normen über die Streitbehandlung, obwohl das Quantitätsverhältnis von 1:1000 auch einen Qualitätsunterschied zu signalisieren scheint. Aus der Sicht der Verhandlungspsychologie kommt dieser Norm sogar ein höherer Wert zu: Der mit richterlicher Hilfe erzielte **Konsens** macht die Streitentscheidung überflüssig, die ja nur wegen des zunächst gescheiterten Konsenses vom Richter erbeten worden war. Daher lässt sich nichts gegen die These sagen, das den Streit entscheidende **Urteil** sei lediglich ein **Konsenssurrogat** – eine Sichtweise, die das übliche richterliche Verständnis von der besonderen Bedeutung des im Namen des Volkes verkündeten Urteils nur auf den ersten Blick strapaziert. Denn was ist eigentlich so Schlimmes daran, sich die dienende (Service-)Funktion des Urteils als eines Ersatzes für den gescheiterten Konsens vor Augen zu führen, da doch genau zu diesem Zweck der Kläger das Gericht anruft![98] Die Konfliktbehandlung durch den Richter orientiert sich nicht nur an den einschlägigen Rechtsnormen, sondern auch und vor allem an den **Interessen** der Beteiligten und ist gerichtet auf einen Interessenausgleich. Dieses richterliche Verhalten lässt sich als **mediativ** bezeichnen.[99]

2. Grundlage: Das Rechtsgespräch

78   a) **Bedeutung des Rechtsgesprächs.** Das Rechtsgespräch bildet gem. § 104 VwGO den Kern der mündlichen Verhandlung.[100] Sein Verständnis ergibt sich aus rechtlichen und außerrechtlichen Kriterien. Zu den rechtlichen Kriterien gehört die **Defi-**

---

[96] Was also die Gesetze nicht als einen möglichen Streit vorhergesehen haben, darf der Richter auch nicht entscheiden. Wichtiger aber ist: Was das einschlägige Gesetz an Tatsächlichem als für die Streitentscheidung unerheblich ansieht, darf der Richter nicht in seine Entscheidung einfließen lassen. S. auch *Hoffmann-Riem*, Modernisierung, 2001, S. 63 ff.
[97] § 106 ergänzt diese Norm, lässt also aktives richterliches Vergleichen zu und ermöglicht dem Richter nicht nur, passiv einen von den Beteiligten ausgehandelten Vergleich entgegenzunehmen. Zur Ausweitung auf den Problem- bzw. Konfliktbewältigungsgegenstand *Hoffmann-Riem*, Fußn. 96 S. 59, 65 ff.
[98] Häufig wird er darauf hoffen, durch richerliche Hilfe einen Konsens zu erreichen; er kann sogar aus taktischen Gründen Klage erheben, um zu einem guten Vergleich zu kommen.
[99] S. Rdnr. 72.
[100] *Ortloff*, § 104 VwGO Rdnr. 9 ff., in Schoch/Schmidt-Aßmann/Pietzner, VwGO, Stand 1996.

nition als jede mündliche Äußerung des Gerichts (des Richters) in einem förmlichen Termin zu tatsächlichen und/oder rechtlichen Fragen der Streitsache, um den Beteiligten Gelegenheit zur Stellungnahme zu geben. Die **Funktionen** des Rechtsgesprächs sind aus der Sicht des Gesetzes, des Richters, des (klagenden) Bürgers, der (beklagten) Verwaltung, des Rechtsanwalts und der Öffentlichkeit unterschiedlich zu sehen. In der mündlichen Verhandlung hat der Vorsitzende die **Pflicht** zum Rechtsgespräch bezüglich aller noch nicht behandelten Sach- und Rechtsfragen, die entscheidungserheblich sind; darüber hinaus liegt die **Last,** die Streitsache umfassend zu erörtern, im richterlichen Ermessen. Pflicht und Last bestimmen also im Einzelfall den **Umfang** des Rechtsgesprächs, dessen rechtliche **Schranken** allein in der Besorgnis der Befangenheit liegen.

b) **Technik des Rechtsgesprächs.** Zahlreiche außerrechtliche Kriterien sind für 79 das Rechtsgespräch von Bedeutung. Als Form der **Kommunikation** dient die „Verhandlung". Streitiges (normbezogenes) Verhandeln und Vergleichendes (voluntatives) Verhandeln finden statt in einem **Trialog** zwischen Richter, Kläger und Beklagtem. Als Mittel dieser Kommunikation dient die Sprache, und zwar die allgemeine Verkehrssprache ergänzt durch juristische Fachausdrücke. Der Erfolg des Rechtsgesprächs ist vor allem davon abhängig, wie verständlich der Richter spricht. Hierbei sind **rechts- und sozialpsychologische Erkenntnisse** hilfreich, insbesondere diejenigen der Verhandlungspsychologie[101] und Mediation.[102] Ausgehend von der Komplexität des Verhandlungsstoffs einerseits und der beschränkten menschlichen Verarbeitungskapazität andererseits muss das Gespräch strukturiert werden. Hierfür bieten sich als Gliederungselemente Zeit- und Sachstrukturen an; die Kenntnis unterschiedlicher Personenstrukturen (kompetitiv oder kooperativ orientierte Menschen) und die strikte Trennung zwischen der Sach- und der Beziehungsebene erleichtern – oder ermöglichen sogar erst – die Gesprächsführung. Als Konsequenz ergibt sich für die Technik des Rechtsgesprächs ein theoretisch fundiertes und in der Praxis bewährtes **Drei Phasen-Modell:**

1. Phase: Der Richter arbeitet den Sach- und Streitstand normbezogen auf und weist gegebenenfalls auf offene Fagen hin.
2. Phase: Er macht seine derzeitige Entscheidungstendenz deutlich und bietet eine Entscheidung oder den Versuch der gütlichen Beilegung an.
3. Phase: Je nach Reaktion der Beteiligten richtet sich die Gesprächsführung auf den Streitgegenstand (normativ gesteuert) oder auf den Konfliktgegenstand (voluntativ gesteuert) bis zu einem prozessualen Ergebnis.[103]

c) **Diskursive Kommunikation.** Form und Inhalt der Kommunikation zwischen 80 Richtern und Prozessbeteiligten sowie zwischen den (berufs- und laien-)richterlichen Kollegen lassen sich als diskursiv bezeichnen. Der **Diskurs** wird hier verstan-

---

[101] Statt vieler *Fisher/Ury/Patton,* Das Harvard-Konzept, 1998; *Gottwald, W./Haft,* Verhandeln und Vergleichen, 1993; *Gottwald, W./Treuer,* Vergleichspraxis, 1991; *Haft,* Verhandlung und Mediation, 2000; *Klinge,* Verhandlung und Konfliktlösung, 1992.
[102] S. vor allem *Breidenbach,* Mediation, 1995.
[103] Streitentscheidung (Urteil, Beschluss) oder gütliche Beilegung (Prozessvergleich, außergerichtlicher Vergleich, vergleichsähnliche Erklärungen). Zu letzteren *Ortloff,* § 106 VwGO Rdnr. 27 ff., 68 ff., 82 ff., in Schoch/Schmidt-Aßmann/Pietzner, VwGO, Stand 1996. S. auch *Dolderer,* Der Vergleich vor dem Verwaltungsgericht, in FS Maurer, 2001, S. 609.; *Eisenlohr,* Der Prozessvergleich in der Praxis der Verwaltungsgerichtsbarkeit, 1998, mit rechtstatsächlichen Untersuchungen; *Franke,* Der gerichtliche Vergleich im Verwaltungsprozess, 1996, mit dogmatischen Überlegungen.

den als Rede und Gegenrede auf dem Weg zur Meinungsbildung, und zwar zur Bildung der eigenen Meinung wie auch der des anderen – und nicht als das Austauschen vorgefertigter Ansichten ohne Eingehen auf die Gegenmeinung. Juristischer Diskurs kann unterschiedlichste Funktionen haben: Er kann interessenorientiert der Durchsetzung der eigenen Position dienen,[104] er kann interessenorientiert auf ein gemeinsames Ziel gerichtet sein,[105] er kann aber auch losgelöst von (eigenen) Interessen in dem Sinne „ergebnisoffen" geführt werden, dass die normgerechte Lösung eines Streits – des Widerstreits jeweils fremder Positionen – angestrebt wird. **Ergebnisoffener Diskurs** ist die Aufgabe des Richters vor der **normativ gesteuerten** Streitentscheidung. Denn es ist ohne weiteres einsichtig, dass der Richter im rechtlichen Dialog mit den Verfahrensbeteiligten wie auch mit seinen Kollegen keine eigenen Interessen verfolgen darf,[106] sondern dass es ihm um die dem Gesetz entsprechende Lösung des Streitfalles gehen muss; dagegen instrumentalisieren der klagende Bürger, der Anwalt als Parteivertreter und der Behördenvertreter das Gesetz, um das angestrebte Ziel zu erreichen. Darüber hinaus eignet sich diese Diskursform auch für das mediative Gespräch des Richters, um den Beteiligten zu einem **voluntativ gesteuerten** Interessenausgleich als Lösung ihres Konflikts zu verhelfen. Mit den Beteiligten wie auch mit den Kollegen sollte der Richter also nur im Sinne dieses ergebnisoffenen Diskurses kommunizieren. Ergebnisoffene Meinungsbildung statt interessengelenkten Streitgesprächs – auf diese Formel lässt sich die Forderung an die richterliche „Streitkultur"[107] bringen.

VI. Neue richterliche Aufgabe: Mediation?

81   Der Wandel im Bereich der Exekutive – Tendenz zu kooperativem Verhalten und konsensualer Konfliktlösung – fordert zum Nachdenken über verwaltungsrichterliches Verhalten auf. Dabei geht es nicht um einen Abschied vom Rechtsschutz, denn der streitentscheidende Richter ist verfassungsrechtlich garantiert (Art. 103 Abs. 1, Art. 19 Abs. 4 GG) und bleibt unangefochten. Allerdings muss sich dieser Richter fragen lassen, wie er effektiven Rechtsschutz gewährleisten will, wenn er wegen der großen Zahl der Streitsachen lange Terminsstände hat und einen „zeitnahen" Rechtsschutz nicht oder nur noch selten bieten kann. Hinzu kommt die Gefahr der „Privatisierung des Rechtsschutzes": Sofern die Parteien es sich leisten können, führen sie außergerichtliche Schieds- oder Schlichtungsverfahren durch, weil sie schnellen gerichtlichen Rechtsschutz nicht erreichen können. Bedeutsame Streitsachen gehen damit am Richter vorbei und entziehen sich der Rechtsprechung, auch wenn sie für die Rechtsentwicklung interessante Rechtsfragen aufwerfen. Was also kann der Richter tun, um dem gegenzusteuern? Kann Mediation weiterhelfen?

---

[104] Z. B. beim Streit zwischen Bauherrn und Behörde über die versagte Baugenehmigung.
[105] Z. B. beim Aushandeln einer Rechtsverordnung oder Verwaltungsvorschrift zwischen Behörde und betroffenen Verbänden.
[106] Allerdings dürfte die These belegbar sein (was hier nicht geleistet werden kann), dass nicht nur in der verfassungsgerichtlichen, sondern auch in der fachgerichtlichen Rechtsprechung „voluntative Elemente" die Entscheidungs „findung" steuern und diese damit von gewollten Ergebnissen abhängig machen. Ob ein solcher Wille als eigenes richterliches Interesse zu werten ist und ob darunter der idealtypische ergebnisoffene Diskurs leidet, mag hier als Frage stehen bleiben.
[107] Vgl. *Wassermann* NJW 1998, 1685.

1. Reformbestrebungen in Deutschland

Für den **Zivilprozess** haben inzwischen die Gesetzgeber von Bund und Ländern 82
Interesse an einer Stärkung des Elements der konsensualen Streitlösung gezeigt. Die
bundesrechtliche Öffnungklausel des § 15 a EGZPO ermöglicht den Ländern die
Einführung eines obligatorischen Schlichtungsverfahrens vor Klageerhebung.[108]
Außerdem soll für das Klageverfahren ein früher Gütetermin vor dem streitentscheidungsbefugten Richter zur Pflicht gemacht werden. Ob eine solche Regelung
über § 173 VwGO auch für den **Verwaltungsprozess** gelten wird, bleibt abzuwarten; jedenfalls gibt es für diesen bislang keine eigenständigen Reformüberlegungen.
Problematisch erscheint die gesetzlich verordnete Pflicht zum Versuch einer gütlichen Einigung allemal, wenn man die Freiwilligkeit als eines der wichtigsten Er-
folgsmerkmale von Mediation erkennt.[109]

2. Gerichtsverbundene Mediation in anderen Rechtsordnungen

Mehr als ein kurzer Hinweis auf andere Rechtsordnungen ist im Rahmen dieses 83
Beitrags nicht möglich.[110] In den **USA** hat sich ein vielfältiges Angebot der Gerichte
entwickelt, Streitigkeiten einer gütlichen Beilegung zuzuführen; zahlreiche Anregungen lassen sich für den deutschen Zvilprozess finden.[111] In den **Niederlanden**
praktizieren die Verwaltungsgerichte bereits eine gerichtsverbundene Mediation,
der das nachfolgend aufgezeigte Modell nachempfunden ist.[112]

3. Modell einer gerichtsverbundenen Mediation im deutschen Verwaltungs-
prozess[113]

Nach dem geltenden Prozessrecht ließe sich das nachfolgend umrissene Modell
einer Tätigkeit des Verwaltungsrichters[114] als Mediator denken.

a) Das Modell. Ein Richter des Verwaltungsgerichts mit der Qualifikation eines 84
Mediators steht den übrigen Richtern als Mediator zur Verfügung – allerdings nur
in solchen Streitsachen, in denen er nach der Geschäftsverteilung nicht an der
Streitentscheidung mitwirkt.[115] Als nicht streitentscheidungsbefugter Dritter nimmt

---

[108] Hierzu unter dem Gesichtspunkt der Konfliktbehandlung *Breidenbach/Gläßler* ZKM 2001, 11;
Nelle/Hacke ZKM 2001, 56; *Rüssel* NJW 2000, 2800. S. auch *von Hoyningen-Huene*, Außergerichtliche Konfliktbehandlung in den Niederlanden und Deutschland, 2000. Eingehend § 33.
[109] *Duve* ANWALT 2001, 16, hält die ZPO-Reform für zu eng angelegt; s. auch *Stadler* NJW 1998,
2479.
[110] *Stürner*, Formen der konsensualen Prozessbeendigung in den europäischen Zivilprozessrechten,
in Breidenbach u. a., Konsensuale Streitbeilegung, 2001, S. 5.
[111] *Duve*, Mediation und Vergleich im Prozess, 1999; *Gottwald, W.*, Betr.Justiz 1999, 117 =
BlnAnwBl. 2000, 22 u. 92; *Hay*, Zur konsensualen Streitbeilegung in Zivil- und Handelssachen in
den USA, in Breidenbach u. a., Konsensuale Streitbeilegung, 2001, S. 101.
[112] *Pach*, Tijdschrift voor Mediation, 1998, 55.
[113] *Von Bargen* hat auf dem 13. Deutschen Verwaltungsrichtertag in München (Mai 2001) angekündigt, dass am VG Freiburg ein Richter nach einer entsprechenden Ausbildung als Mediator tätig
werden soll. *Verf.* ist am VG Berlin in einer Experimentierphase bemüht, Erfahrungen zu sammeln.
Zur Forderung nach Pilotprojekten und justitiellem Wettbewerb *Hoffmann-Riem*, Modernisierung,
2001, S. 58.
[114] Die Überlegungen lassen sich auf andere Gerichtszweige übertragen.
[115] Also kommt er als Mediator nicht in Betracht in Fällen der Kammer, der er angehört, und den
Kammern, in denen er als Vertreter in Anspruch genommen wird.

er keine Rechtsprechungsaufgaben wahr. Die Richter des Gerichts sind darüber informiert, welche Fälle typischerweise für eine Mediation geeignet erscheinen. In einer solchen Streitsache fragt der Berichterstatter – sicherlich nach Abstimmung mit den übrigen Kammerkollegen – bei den Prozessbeteiligten an, ob sie an einer Mediation interessiert sind. Ist das so, dann geben diese schriftlich zur Streitakte ihr Einverständnis, dass in einem – nichtförmlichen – Zwischenverfahren die Streitakte nebst Beiakten dem Mediator vorgelegt wird und dieser Akteneinsichtsrecht erhält. Der Berichterstatter verfügt die Abgabe der Akten an den Mediator. Dessen Schreiben sowie sonstige Schriftstücke des Mediationsverfahrens gelangen nicht zur Streitakte; sie sind Teil des Zwischenverfahrens. Der Mediator sichert den Beteiligten Vertraulichkeit zu und gibt Hinweise auf das Verfahren. Hierzu gehört insbesondere die Information, dass nach geltendem Recht Gerichtsgebühren für dieses Zwischenverfahren nicht anfallen, dass außergerichtliche Kosten von den Beteiligten selbst zu tragen sind und dass er selbst unentgeltlich tätig wird. Er verständigt sich mit den Beteiligten auf einen Mediationstermin. Zu dessen Vorbereitung liest er die Akten, um den Streitgegenstand zu kennen; eine juristische Aufarbeitung ist nicht nur unnötig, sondern fehlerhaft und kontraproduktiv, weil es der Mediation gerade nicht um eine normativ gesteuerte, sondern um eine interessenorientierte Lösung geht.[116] Im Mediationstermin findet das statt, was auch außergerichtlich unter der Mithilfe eines nichtrichterlichen Mediators geschehen würde. Der richterliche Mediator ist insbesondere darauf bedacht, die Beteiligten dazu zu bringen, nicht ihn von der Richtigkeit ihrer Position im Streit überzeugen zu wollen, sondern miteinander über ihre Interessen und deren Ausgleich zu reden. Dies erreicht er, indem er sich weitestgehend zurücknimmt, weder auf Rechtsfragen eingeht noch juristischen Rat erteilt[117] und keine Lösungsvorschläge präsentiert. Gelingt ihm die Hilfe zu einer Einigung, kann er diese in einem privatschriftlichen Protokoll[118] festhalten; sinnvoll ist dabei die Ankündigung der Prozessbeteiligten, wie sie den Rechtsstreit beenden wollen.[119] Misslingt die Mediation, gibt der Mediator die Streitakte nebst Beiakten der zuständigen Kammer mit einem Hinweis auf das erfolglose Ende des Zwischenverfahrens zurück, ohne über dessen Inhalt zu berichten.

85   **b) Rechtliche Zulässigkeit.** Rechtliche Bedenken de lege lata sind nicht ersichtlich. Neben seinen richterlichen Funktionen darf der Richter Aufgaben der Gerichtsverwaltung übernehmen (§ 4 Abs. 2 DRiG). Richterliche oder besser gerichtsverbundene Mediation lässt sich als eine solche Aufgabe verstehen; hierfür kann das Präsidium den Mediator sogar teilweise von seiner richterlichen Tätigkeit freistellen. Der Mediator enthält sich jeglicher rechtlicher Beurteilung des Falles; eine (unzulässige) Rechtsberatung findet nicht statt.[120]

---

[116] Der Mediator braucht sich also nicht in das ihm fremde Rechtsgebiet einzuarbeiten; rechtliche Hinweise der zuständigen Richter sind überflüssig. Das macht zugleich deutlich, dass der Mediator seinen richterlichen Kollegen nicht „in's Handwerk pfuscht".
[117] Er verblüfft die Beteiligten mit Formulierungen wie etwa „Mich brauchen Sie nicht zu überzeugen. Ich verstehe von den Rechtsfragen ohnehin nichts." Denn als streitentscheidungsbefugter Richter dürfte er sich so nicht äußern!
[118] § 105 VwGO gilt nur für das richterliche Protokoll.
[119] Rücknahme der Klage, Erklärungen über die Hauptsacheerledigung, Prozessvergleich, jeweils vor der zuständigen Kammer.
[120] S. Rdnr. 65, 89. Der Mediator übernimmt keine Verantwortung für das Ergebnis, *Hoffmann-Riem,* Modernisierung 2001, S. 73 f.

c) **Typischerweise geeignete Fälle.** Während die richterliche Entscheidung einen 86
Streit beendet, also in der Regel die Vergangenheit bewältigt, geht es der Konfliktlösung auch um die Gestaltung der Zukunft. Von daher eignen sich solche Fälle –
neben einer mediativen Behandlung durch den streitentscheidungsbefugten Richter
– für eine Mediation, die durch künftige Beziehungen der Beteiligten gekennzeichnet sind. Dazu gehören (soziale) Dauerbeziehungen zwischen Kläger und Behörde
etwa im Beamten-, Subventions- und Sozialhilferecht oder zwischen Kläger und
Beigeladenem im bau- und umweltrechtlichen Nachbarstreit; aber auch gelegentlich
sich wiederholende Kontakte zwischen Kläger und Behörde wie im Bau-, Gewerbe-
und Gaststättenrecht. Zahlreiche weitere Rechtsgebiete des Verwaltungsrechts sind
einschlägig. Seltener sind die Fälle, in denen das Gesetz die behördliche Entscheidung von einer einvernehmlichen Regelung der Betroffen abhängig macht wie
etwa im Vermögenszuordnungsrecht[121] und damit die konsensuale Verständigung
Dritter als Grundlage des Verwaltungsakts anerkennt. Darüber hinaus sind besonders „verfahrene" Klageverfahren mediationsgeeignet, in denen zwar verbittert um
Rechtspositionen gestritten wird, es aber in Wahrheit um andere Interessen geht.
Schließlich lässt sich die Behauptung wagen: Überall dort, wo vorgerichtlich unter
dem Regime verwaltungsrechtlicher Normen verhandelt wurde – und diese Verhandlungen gescheitert sind –, kommt eine gerichtsverbundene Mediation in Betracht.

d) **Bewertung des Modells.** Die beispielhaft aufgeführten Fälle für eine gerichts- 87
verbundene **Mediation** sind ebenso typischerweise geeignet für eine **mediative Behandlung** durch den streitentscheidungsbefugten Richter. Der Einwand gegen diese
Arten der Behandlung von Streitfällen lautet vor allem, als Richter habe man schon
immer Vergleiche erzielt, mit Begriffen wie „mediativ" und „Mediation" werde
nichts Neues geboten, vielmehr werde „alter Wein in neue Schläuche" gegossen.
Diese – hergebrachte und häufig vernommene – Ansicht verkennt schon, dass die
der Doppelrolle des Richters entsprechende Möglichkeit konsensualer Streitbeilegung jedenfalls im deutschen Verwaltungsprozess überwiegend intuitiv[122] und nicht
rational[123] wahrgenommen wird.[124] Außerdem wird der strukturelle Unterschied
zwischen mediativem Verhalten und Mediation nicht beachtet: Der streitentscheidungsbefugte Richter hat letztlich die Entscheidungsmacht über den Rechtsstreit,
auch wenn er die konsensuale Lösung des Streits durch die Prozessbeteiligten anbietet. Der nicht streitentscheidungsbefugte Mediator dagegen steht ausschließlich für
die konsensuale Lösung zur Verfügung; das Prinzip der Freiwilligkeit prägt die Mediation und eröffnet möglicherweise andere Verhaltensweisen der Beteiligten, um
die eigenen und fremden Interessen zu ermitteln und auszugleichen. Erkenntnisse
aus anderen Rechtsordnungen und vor allem die noch zu sammelnden Erfahrungen

---

[121] § 2 Abs. 1 S. 6 des Vermögenszuordnungsgesetzes: „Bei vorheriger Einigung der Beteiligten,
die ... auch von den in § 1 genannten Bestimmungen abweichen darf, ergeht ein dieser Absprache
entsprechender Bescheid."
[122] An tradiertem Wissen das eigene Verhalten orientierend, ohne auf die Erkenntnisse anderer Disziplinen zurückzugreifen. Diese Aussage wertet das Verhalten nicht, das häufig („Naturtalent") erfolgreich ist.
[123] Nach den Erkenntnissen der Verhandlungspsychologie.
[124] Diese Feststellung lässt sich allerdings mangels sozialwissenschaftlicher Untersuchungen nicht
belegen; sie beruht auf den Wahrnehmungen des *Verf.*

deutscher verwaltungsrichterlicher Mediatoren werden eine Bewertung des hier vorgestellten Modells gerichtsverbundener Mediation zulassen.[125]

4. Rechtspolitische Überlegungen

88   Für wertende Analysen gerichtsverbundener Mediation ist es mangels eines Erfahrungswissens also noch zu früh. Gleichwohl sollen einige Gedanken aufgezeigt werden, die eine rechtspolitische Diskussion anregen könnten.

89   **a) Mediation bislang Anwaltsinteresse.** „Mediator" ist bislang keine geschützte Berufsbezeichnung. Als Mediatoren bieten sich verschiedene Berufsgruppen an.[126] Rechtsanwälte haben die Bedeutung der Mediation erkannt.[127] Familien- und Wirtschaftsmediation durch Anwälte haben sich inzwischen etabliert; auch für weitere Rechtsgebiete wird der Einsatz von Mediation praktiziert und debattiert.[128] In einzelnen Materien des Verwaltungsrechts – etwa des Bau- und Umweltrechts – befassen sich bereits Anwälte mit der Mediation.[129] Rechtsanwälte sind z. T. der Ansicht, Mediation im juristischen Umfeld sei Rechtsberatung und dürfe daher nach dem Rechtsberatungsgesetz nicht von „jedermann" ausgeübt werden.[130]

90   **b) Interesse der Justiz.** Alle Gerichtszweige haben Interesse an einer Steigerung der Effektivität und Effizienz des Rechtsschutzes. Sie werden darin durch Gesetzesänderungen unterstützt. Mediation ist derzeit, soweit ersichtlich, noch nicht in das Blickfeld geraten. Gleichwohl könnte eine Ergänzung des Rechtsschutzangebotes durch eine gerichtsverbundenen Mediation den Interessen der Justiz dienen und sogar zu einer kostengünstigeren Erledigung von Streitsachen führen. Die Ausbildung von Richtern zu Mediatoren[131] verbessert deren kommunikative Kompetenz mit positiven Auswirkungen auch auf die herkömmliche Doppelrolle des Richters; denn unabhängig von einer Tätigkeit als Mediatior werden diese Richter auch ihr mediatives Verhalten rational steuern und damit effektiver einsetzen.

91   **c) Interesse der Prozessbeteiligten.** Rechtsschutz bedeutet für alle Prozessbeteiligten, in einem konkreten Rechtsstreit möglichst schnell zu einem gerechten Ergebnis zu gelangen. Die Akzeptanz richterlichen Verhaltens hängt unter anderem von einem fairen Verfahren ab.[132] Das Angebot konsensualer Konfliktlösung dürfte fast

---

[125] Immerhin läßt sich die These wagen, daß der Einsatz eines richterlichen Mediators zu einer kostengünstigeren Erledigung eines Rechtsstreits als bei einer Streitentscheidung durch die Kammer führen kann, wenn man betriebswirtschaftlich denkt und die „Mannstunden" berechnet.

[126] S. etwa das Mediatorenverzeichnis der *Centrale für Mediation,* Verlag Dr. Otto Schmidt, Köln, in das sich jeder Mediator aufnehmen lassen kann.

[127] Zu den Anforderungen an einen anwaltlichen Mediator *von Schlieffen* ZKM 2000, 52.

[128] So etwa auf dem Deutschen Anwaltstag in Bremen, Mai 2001. S. die Beiträge in *Henssler/Koch,* Mediation in der Anwaltspraxis, 2000; *Mähler/Mähler,* Mediation, in Beck'sches Rechtsanwalts-Handbuch, 2001, S. 1185.

[129] *Preussner* AnwBl. 1997, 601; *Stüer/Rude* DVBl. 1998, 630.

[130] Zu dieser Diskussion *Duve* BB 2001, 692; *Koch* ZKM 2001, 89; *Monßen* AnwBl. 2001, 169 = Betr.Justiz 2001, 4.

[131] Am VG Freiburg wird derzeit ein Richter als Mediator auf Kosten des Gerichts ausgebildet, so *von Bargen* auf dem 13. Deutschen Verwaltungsrichtertag in München (Mai 2001).

[132] Zu der sozialwissenschaftlichen Erkenntnis des Zusammenhangs von fairem Verfahren und Akzeptanz des Verfahrens(ergebnisses) *Bierbrauer,* Gender und Verfahrensgerechtigkeit, in Bierbrauer u. a., Verfahrensgerechtigkeit, 1995, S. 21; *ders.,* Legitimität und Verfahrensgerechtigkeit, in Dieter u. a., Gerechtigkeit, 2000, S. 63; *Bierbrauer/Klinger,* Akzeptanz von Entscheidungen durch faire

immer als fair empfunden werden. Daher könnte neben dem richterlichen mediativen Verhalten die gerichtsverbundene Mediation für alle Beteiligten interessant sein. Dies setzt allerdings Kenntnis und Verständnis konsensualer Konfliktlösungsmethoden voraus und verlangt – insbesondere auf Seiten der Verwaltung, aber auch bei den Prozessanwälten – die Bereitschaft, sich von einem normgesteuerten auf ein interessenorientiertes Verhalten umzustellen. Zusätzlicher „Service" des Verwaltungsgerichts steigert also dessen Akzeptanz.

d) Interesse der Verwaltungsrichter. Verwaltungsrichter sollten sich dem Wandel   92
der behördlichen Verhaltensformen und damit des Verwaltungsrechts nicht verschließen. Je mehr das Aushandeln und Verhandeln von Norminhalten wie auch von normgesteuerten Ergebnissen in das Blickfeld gerät und das bisherige Verständnis von Norminterpretation und Subsumtion des Sachverhalts unter die Norm beeinflusst, desto deutlicher wird das Postulat der Fertigkeit diskursiver Kommunikation auch für den Richter.[133] Diese Fertigkeit, als eine besondere kommunikative oder soziale Kompetenz verstanden, lässt sich für mediatives Verhalten oder Mediation einsetzen, wodurch das richterliche Eingehen auf die hinter den Streitpositionen stehenden Interessen der Beteiligten verbessert werden kann. Einen besseren Umgang mit den „Menschen vor Gericht" anzustreben und damit neben der Effektivität auch die Akzeptanz richterlicher Arbeit zu erhöhen, müsste im Interesse gerade auch der Verwaltungsrichter liegen.

e) Handlungsbedarf des Gesetzgebers? Das mediative Verhalten gehört zu der   93
sich auch aus § 279 ZPO ergebenden traditionellen Doppelrolle des (Verwaltungs-) Richters und bedarf keiner zusätzlichen Regelungen. Das hier vorgestellte Modell einer gerichtsverbundenen Mediation ist ebenfalls mit dem geltenden Recht vereinbar und bedarf daher keiner Umsetzung de lege ferenda. Allerdings sollte das gerichtliche und anwaltliche Gebührenrecht ergänzt werden, um auch die richterliche Mediation und die Mitwirkung an dieser entsprechend abrechnen zu können.

Verfahren, in Haft/Hof/Wesche (Hrsg.), Bausteine zu einer Verhaltenstheorie des Rechts, 2001, S. 349. Zur Akzeptanz richterlichen Verhaltens *Ortloff*, Folgen gerichtlicher „Nichtentscheidungen", in Hof/Schulte, Wirkungsforschung, 2001, S. 343, und *Würtenberger*, Die Akzeptanz von Gerichtsentscheidungen, a. a. O. S. 201.
[133] S. Rdnr. 80.

§ 30 Strafrecht und Strafprozess

Dr. Jörg Eisele

Übersicht

Schrifttum: *Alexander*, Wirtschaftsmediation in Theorie und Praxis, 1999; *Arzt/Weber*, Strafrecht Besonderer Teil, 2000; *Baumann/Pfohl*, § 356 StGB, Sicherheit des Mandanten oder Kostentreibung? – BayObLG NJW 1981, 832, JuS 1983, 24; *Breidenbach/Henssler*, Mediation für Juristen, 1997; *Dingfelder/Friedrich*, Parteiverrat und Standesrecht, 1987; *Duve/Zürn*, Gemeinsame Gespräche oder Einzelgespräche – Vom Nutzen des Beichtstuhlverfahrens in der Mediation –, ZKM 2001, 108 ff.; *Ewig* (Hrsg.), Mediationsguide, 2000; *Feuerich/Braun*, Bundesrechtsanwaltsordnung, 5. Aufl. 2000; *Geppert*, Der strafrechtliche Parteiverrat, 1961; *Glenewinkel*, Mediation als außergerichtliches Konfliktlösungsmodell: am Beispiel der Trennungs- und Scheidungsmediation in der Bundesrepublik Deutschland, 1999; *Groth/v. Bubnoff*, Gibt es „gerichtsfeste" Vertraulichkeit der Mediation?, NJW 2001, 338 ff.; *Groß*, Vermittlungsauftrag, Vorgespräch, Grenze zum Parteiverrat – Fragen des Berufsrechts in der familienrechtlichen Praxis –, FPR 2000, 136; *Haffke*, Legalität von Mediation im deutschen Rechtsraum, in Duss-von Werdt/Mähler/Mähler (Hrsg.): Die andere Scheidung. Ein interdisziplinärer Überblick, 1995; *Haft,* Strafrecht Besonderer Teil, 7. Auflage, 1998; *Hartung/Holl,* Anwaltliche Berufsordnung, 1997; *Henssler,* Anwaltliches Berufsrecht und Mediation, AnwBl. 1997, 129; *Henssler/Koch,* Mediation in der Anwaltspraxis, 2000; *Henssler/Prütting,* Bundesrechtsanwaltsordnung, 1997; Karlsruher Kommentar zur Strafprozessordnung, 4. Aufl. 1999; *Kleinknecht/Meyer-Goßner,* Strafprozessordnung, 45. Aufl. 2001; *Lackner/ Kühl,* Strafgesetzbuch mit Erläuterungen, 24. Aufl. 2001; Leipziger Kommentar zum StGB (LK), §§ 201 bis 206, 11. Aufl. 2001; §§ 303 bis 358, 10. Aufl. 1988; *Löwe-Rosenberg,* Die Strafprozessordnung und das Gerichtsverfassungsgesetz, Einleitung und §§ 1 bis 71, 25. Aufl. 1999; *H.-G. Mähler/G. Mähler,* Missbrauch von in der Mediation erlangten Informationen, ZKM 2001, 4; *dies.,* Streitschlichtung – Anwaltssache, hier: Mediation, NJW 1997, 1262; *T. Meyer,* Die strafrechtliche Verantwortung von Juristen im Mediationsverfahren, AnwBl. 2000, 80; Nomos Kommentar zum Strafgesetzbuch (NK), 8. Lieferung, Stand Oktober 2000; *Pfeiffer,* Strafprozessordnung, 3. Aufl. 2001; *Ponschab,* Anwaltliche Schlichtung – Privatisierung der Justiz, Interessenwahrnehmung oder Parteiverrat?, AnwBl. 1993, 430; *Rogall,* Die Verletzung von Privatgeheimnissen (§ 203 StGB), NStZ 1983, 1; *Schönke/Schröder/Lenckner,* Strafgesetzbuch, Kommentar, 26. Aufl. 2001; *Schulz,* Der Rechtsanwalt als Mediator, AnwBl. 1994, 273; *Sternberg-Lieben,* Die objektiven Schranken der Einwilligung im Strafrecht, 1997; *Strempel,* Anwaltliche Schlichtung – Privatisierung der Justiz, Interessenwahrnehmung oder Parteiverrat, AnwBl. 1993, 435; Systematischer Kommentar zum StGB (SK), Besonderer Teil, 5./6. Aufl., Stand April 2000; *Tröndle/Fischer,* Strafgesetzbuch und Nebengesetze, 50. Aufl. 2001.

I. Einleitung

Die **Vertraulichkeit** im Mediationsverfahren und die **Neutralität** des Mediators 1 gelten als grundlegende **Säulen der Mediation**[1]. Beide Säulen erfahren – unbeschadet berufsrechtlicher Pflichten – durch strafrechtliche Vorschriften eine erhebliche Absicherung: Der Schutz von Privatgeheimnissen wird primär durch § 203 StGB, die Neutralität von anwaltlichen Mediatoren durch die Vorschrift über Parteiverrat (§ 356 StGB) gewährleistet. Der Beitrag beschäftigt sich demgemäß mit den strafrechtlichen Grenzen, die für Mediatoren und Parteivertreter im Mediationsverfahren bestehen. Bislang wurde die Frage nach der strafrechtlichen Verantwortlichkeit der am Mediationsverfahren beteiligten Personen noch keiner eingehenderen Untersuchung unterzogen. Darüber hinaus wird auch auf das strafprozessuale Zeugnisverweigerungsrecht (§ 53 StPO) sowie auf das Beschlagnahmeverbot (§ 97 StPO) einzugehen sein. Beide Vorschriften stehen im Zusammenhang mit dem Geheimnisschutz i. S. d. § 203 StGB und wollen für bestimmte Berufsgruppen eine Umgehung der Verschwiegenheitspflicht auf prozessualer Ebene verhindern. Ausgeklammert werden dagegen die Mediation im strafrechtlichen Ermittlungsverfahren und die Mediation beim Täter-Opfer-Ausgleich, die eine gesonderte Darstellung erfahren[2].

---

[1] Vgl. die Richtlinien der Bundesarbeitsgemeinschaft für Familien-Mediation (BAFM), II. 3. (2) und (5) und die Richtlinien für Mediation in Wirtschaft und Arbeitswelt, Bundesverband Mediation in Wirtschaft und Arbeitswelt (BMWA), II. 3. b), e), jeweils abgedr. bei *Ewig,* Mediationsguide, S. 321 ff. und S. 337 ff.; *Günther/Hoffer,* in Henssler/Koch, § 11 Rdnr. 126 ff. Zur Sicherung der Vertraulichkeit vgl. § 27.

[2] Vgl. §§ 48 und 49.

II. Strafrechtliche Grenzen der Mediation

2   Die strafrechtlichen Grenzen für das Mediationsverfahren werden – wie bereits erwähnt – in erster Linie durch § 203 StGB (Verletzung von Privatgeheimnissen) sowie § 356 StGB (Parteiverrat) gezogen. Daneben sind aber auch § 204 StGB (Verwertung fremder Geheimnisse), § 353 b StGB (Verletzung des Dienstgeheimnisses und einer besonderen Geheimhaltungspflicht) und § 138 StGB (Nichtanzeige geplanter Straftaten) zu berücksichtigen.

1. § 203 StGB – Verletzung von Privatgeheimnissen

3   a) **Bedeutung des Geheimnisschutzes für das Mediationsverfahren.** Im Mittelpunkt der Frage nach der strafrechtlichen Verantwortlichkeit der am Mediationsverfahren Beteiligten steht der Geheimnisschutz. Diesem Bereich kommt deshalb eine besondere Bedeutung zu, weil die **Vertraulichkeit** zu den wichtigsten Säulen des Mediationsverfahrens gehört[3]. Diesbezüglich kann exemplarisch der Schlussbericht des BRAK-Ausschusses genannt werden, der darauf hinweist, dass eine erfolgreiche Mediation nur möglich ist, wenn die Parteien bereit sind, alle für den Rechtsstreit erheblichen Tatsachen offen zu legen, damit eine gewissenhafte und keine Partei benachteiligende Sachverhaltsaufklärung stattfinden kann[4]. Dabei werden freilich Fakten preisgegeben, die im streitigen Verfahren nicht oder nicht ohne weiteres mitgeteilt würden. Gelangen solche geheim zu haltenden Tatsachen zur Kenntnis der Gegenpartei, so besteht nicht nur die Gefahr, dass das Mediationsverfahren selbst scheitert, sondern auch dass ein nachfolgender Rechtsstreit für den Geheimnisträger verloren geht bzw. dieser einen sonstigen Rechtsnachteil erleidet. Ist dagegen die Vertraulichkeit gesichert, so bietet das Mediationsverfahren im Hinblick auf den Geheimnisschutz gegenüber öffentlichen Gerichtsverfahren erhebliche Vorteile. Denn das Geheimnis wird nicht nur vor einer Offenbarung gegenüber der Öffentlichkeit im Gerichtssaal gewahrt, sondern kann im Einzelfall sogar vor der Gegenpartei geheim gehalten werden, wenn dieses nur in einem Einzelgespräch dem Mediator anvertraut wird[5].

4   Der Schutz vor einer **Offenbarung** von Geheimnissen wird strafrechtlich durch § 203 StGB, vor einer **Verwertung** solcher Geheimnisse durch § 204 StGB gewährleistet. Die Frage, inwieweit die Beteiligten in die Weitergabe von Geheimnissen einwilligen können[6], ist komplizierter, als es auf den ersten Blick den Anschein haben mag, da im Mediationsverfahren Geheimnisse verschiedener Personen betroffen sein können. So kann es sich beispielsweise um eine geheimhaltungsbedürftige Tatsache beider Parteien – bei der Familienmediation ein Geheimnis der Ehepartner – handeln. Darüber hinaus können aber auch Geheimnisse von dritten Personen, die

---

[3] Vgl. z. B. die Richtlinien der Bundesarbeitsgemeinschaft für Familien-Mediation, II. 3. (2) und (5) sowie die Richtlinien des Bundesverbandes Mediation in Wirtschaft und Arbeitswelt, II. 3. b), e); *Günther/Hoffer*, in Henssler/Koch, § 11 Rdnr. 126 ff. Zur Sicherung der Vertraulichkeit vgl. § 27.
[4] Vgl. Ziff. 4 des Schlussberichts des BRAK-Ausschusses; *Groth/v. Bubnoff* NJW 2001, 338, 339; *Günther/Hoffer*, in Henssler/Koch, § 11 Rdnr. 126 ff.
[5] Siehe *Günther/Hoffer*, in Henssler/Koch, § 11 Rdnr. 126; grundlegend zum Nutzen von Einzelgesprächen *Duve/Zürn* ZKM 2001, 108 ff.
[6] Dazu näher unten Rdnr. 19 ff.

am Mediationsverfahren gar nicht beteiligt sind, betroffen sein. Dies ist beispielsweise im Rahmen einer Wirtschaftsmediation der Fall, wenn Geheimnisse von Geschäftspartnern oder kooperierenden Unternehmen dem Mediator anvertraut werden. Zu pauschal ist daher die Ansicht, die eine Entbindung von der Verschwiegenheitspflicht durch beide Parteien gemeinsam verlangt[7]. Denn soweit im Einzelfall nur das Geheimnis eines am Mediationsverfahren Beteiligten betroffen ist, genügt es, wenn dieser Beteiligte in die Offenbarung einwilligt. Es muss demnach hinsichtlich des jeweils mitgeteilten Geheimnisses lediglich die Einwilligung des Dispositionsbefugten vorliegen. Eine davon zu trennende Frage ist es freilich, in welchem Umfang die Parteien zweckmäßigerweise vor Beginn des Mediationsverfahrens eine Einwilligung in die Offenbarung von Geheimnissen erteilen[8].

b) Geschütztes Rechtsgut. Die Lösung einzelner Problemkreise im Rahmen des **5** § 203 StGB, insbesondere die Frage, wer in die Weitergabe von Geheimnissen einwilligen kann, hängt im Wesentlichen von dem von der Vorschrift geschützten Rechtsgut ab. § 203 StGB schützt zunächst das **Individualinteresse des Geheimnisträgers** an der Geheimhaltung bestimmter Tatsachen. Dieses Geheimhaltungsinteresse hat verfassungsrechtlich seine Absicherung im allgemeinen Persönlichkeitsrecht (Art. 2 Abs. 1 GG i.V.m. Art. 1 Abs. 1 GG), das auch das Recht auf informationelle Selbstbestimmung umfasst, gefunden[9]. Die Strafandrohung für das unbefugte Offenbaren von Geheimnissen durch Angehörige der von § 203 StGB genannten Berufsgruppen rechtfertigt sich vor allem dadurch, dass der Betroffene bei solchen Personen Rat und Hilfe sucht, diese aber nur sinnvoll gewährt werden können, wenn die hierzu notwendigen Informationen offen gelegt werden[10].

Umstritten ist aber, ob das **Vertrauen der Allgemeinheit in die Verschwiegenheit 6** der von § 203 StGB genannten Berufsgruppen neben dem Individualinteresse des Geheimnisträgers[11] oder gar in erster Linie[12] geschützt wird[13]. Die Befürworter der letzteren Auffassung begründen dies damit, dass diese Berufsgruppen im Interesse der Allgemeinheit liegende Aufgaben erfüllen und eine funktionierende Aufgabenwahrnehmung nur bei einem vertrauensvollen Verhältnis zu dem Geheimnisträger möglich ist[14]. Das bloße Individualinteresse an der Geheimhaltung bestimmter Tatsachen bestünde dagegen gegenüber jedermann und nicht nur gegenüber den in § 203 StGB genannten Personen. Würde man lediglich das Individualinteresse des Geheimnisträgers als Schutzgut ansehen, so ließe sich die Beschränkung des Täterkreises nicht erklären. Dem kann jedoch entgegengehalten werden, dass die Beschränkung des Täterkreises auf die in § 203 StGB genannten Berufsgruppen nicht in erster Linie auf dem Allgemeininteresse an der Verschwiegenheit beruht, sondern darauf, dass der jeweilige Geheimnisträger als Individuum den Angehörigen solcher

---

[7] Vgl. z.B. *Henssler*, in Henssler/Koch, § 3 Rdnr. 70.
[8] Zu den strafrechtlich relevanten Konstellationen unten Rdnr. 17 f.
[9] Siehe KG NJW 1992, 2771; LK-*Schünemann* § 203 Rdnr. 3; *Schönke/Schröder/Lenckner* § 203 Rdnr. 3; *Tröndle/Fischer* § 203 Rdnr. 1b.
[10] So LK-*Schünemann* § 203 Rdnr. 3; SK-*Samson* § 203 Rdnr. 4; vgl. auch BVerfGE 33, 367, 377.
[11] *Lackner/Kühl* § 203 Rdnr. 1; *Maurach/Schroeder/Maiwald*, Strafrecht Besonderer Teil 1, 8. Aufl. 1995, § 29 Rdnr. 4.
[12] *Schönke/Schröder/Lenckner* § 203 Rdnr. 3.
[13] Zum Streitstand vgl. die umfassende Darstellung bei LK-*Schünemann* § 203 Rdnr. 14 ff.
[14] OLG Celle MDR 1952, 376, 377; *Haffke* GA 1973, S. 65, 67; *Schönke/Schröder/Lenckner* § 203 Rdnr. 3.

Berufsgruppen besonderes Vertrauen entgegenbringt[15]. Dann steht aber letztlich doch das Individualinteresse im Vordergrund, das auf Grund des Vertrauensverhältnisses eines besonderen Schutzes bedarf[16]. Die Schutzwürdigkeit folgt damit aus dem **Geheimhaltungsinteresse** des Geheimnisträgers verbunden mit dem **Anvertrauen** des Geheimnisses an eine von § 203 StGB genannte Person. Der Schutz der individuellen Geheimhaltungsinteressen dient daher allenfalls mittelbar dem öffentlichen Interesse am Funktionieren des Gesundheitswesens, der Rechtspflege usw.[17]. Dies wird im Übrigen dadurch bestätigt, dass der Geheimnisträger über das Geheimnis disponieren kann, was bei einem vorrangigen Schutz der Allgemeinheit gerade nicht der Fall wäre[18]. In Konsequenz dessen regelt § 53 Abs. 2 StPO ausdrücklich, dass Angehörige der in § 53 Abs. 1 Nr. 2 bis 3b StPO genannten Berufsgruppen das Zeugnis im Strafprozess dann nicht verweigern können, wenn sie von der Verpflichtung zur Verschwiegenheit entbunden sind[19].

7　　c) **Täterkreis.** Als geheimhaltungspflichtige Personen und damit taugliche Täter kommen nur Angehörige der in § 203 StGB genannten Berufsgruppen in Betracht. Es handelt sich damit um ein **echtes Sonderdelikt**[20]. Ohne einer der von § 203 StGB genannten Berufsgruppen anzugehören, unterfällt einer der am Mediationsverfahren Beteiligten nicht der Verschwiegenheitspflicht, da der Täterkreis insoweit abschließend ist[21]. Solche Personen, wie z. B. ein nicht schweigepflichtiger Co-Mediator, können daher allenfalls Teilnehmer einer Straftat des zur Geheimhaltung Verpflichteten sein. Nach h. M. ist die Angehörigkeit zu einer der Berufsgruppen strafbegründendes persönliches Merkmal i. S. d. § 28 Abs. 1 StGB, die Strafe des nicht selbst schweigepflichtigen Teilnehmers daher gemäß § 49 Abs. 1 StGB obligatorisch zu mildern[22].

8　　Für den Bereich der Mediation sind als **taugliche Täter** vor allem die Angehörigen folgender Berufsgruppen hervorzuheben:
– Berufspsychologen mit staatlich anerkannter wissenschaftlicher Abschlussprüfung (§ 203 Abs. 1 Nr. 2 StGB). Der Täter muss zumindest auf einem der Hauptanwendungsgebiete der Psychologie tätig sein und eine staatlich anerkannte wissenschaftliche Abschlussprüfung einer Universität oder gleichrangigen Hochschule mit der Graduierung als Diplompsychologe oder eine Promotion im Hauptfach Psychologie vorweisen[23].

---

[15] Ob die Auswahl der in § 203 StGB genannten Berufsgruppen rechtspolitisch geglückt ist, ist eine andere Frage; vgl. *Maurach/Schroeder/Maiwald*, Strafrecht Besonderer Teil 1, 8. Aufl. 1995, § 29 Rdnr. 4; SK-*Samson* § 203 Rdnr. 4.

[16] BGHZ 115, 123, 125; BGH NJW 1990, 510, 511 f.; BayObLG NJW 1987, 1492, 1493; *Arzt/ Weber* § 8 Rdnr. 29; *Haft* BT, S. 76; LK-*Schünemann* § 203 Rdnr. 14, mit viktimodogmatischer Begründung; *Rogall* NStZ 1983, 1, 3 f.

[17] Vgl. *Arzt/Weber* § 8 Rdnr. 29; NK-*Jung* § 203 Rdnr. 3; SK-*Samson* § 203 Rdnr. 4.

[18] Zur mangelnden Dispositionsbefugnis bei Rechtsgütern der Allgemeinheit *Baumann/Weber/ Mitsch*, Strafrecht Allgemeiner Teil, 10. Aufl. 1995, § 17 Rdnr. 99; *Haft*, Strafrecht Allgemeiner Teil, 8. Aufl. 1998, S. 107; *Kühl*, Strafrecht Allgemeiner Teil, 3. Aufl. 2000, § 9 Rdnr. 27.

[19] Vgl. BGH NJW 1990, 510, 511 f.

[20] BGHSt 4, 355, 359; *Haft* BT, S. 77; *Tröndle/Fischer* § 203 Rdnr. 1b.

[21] BT-Drucks. 7/550, S. 238; LK-*Schünemann* § 203 Rdnr. 63; NK-*Jung* § 203 Rdnr. 8.

[22] *Arzt/Weber* § 8 Rdnr. 35; *Lackner/Kühl* § 203 Rdnr. 2. Gegen eine Anwendbarkeit des § 28 Abs. 1 StGB *Schönke/Schröder/Lenckner* § 203 Rdnr. 73.

[23] *Lackner/Kühl* § 203 Rdnr. 3; LK-*Schünemann* § 203 Rdnr. 62; *Tröndle/Fischer* § 203 Rdnr. 15. A. A. NK-*Jung* § 203 Rdnr. 8, der nicht verlangt, dass es sich um ein Hauptanwendungsfeld der Psychologie handelt.

– Rechtsanwälte, Patentanwälte, Verteidiger (§ 203 Abs. 1 Nr. 3 StGB) und Notare (§ 203 Abs. 1 Nr. 3, Abs. 2 Nr. 1 StGB). Gemäß § 42 EuRAG sind auch Anwälte aus EG-Staaten schweigepflichtig[24]. Verteidiger müssen gemäß §§ 138, 139, 142 StPO nicht zwingend Rechtsanwälte sein. Demnach kommen auch Rechtslehrer an deutschen Hochschulen oder bei Übertragung der Verteidigung Rechtsreferendare als Täter in Betracht[25]. Seit dem im Jahre 1998 eingefügten § 203 Abs. 3 S. 1 StGB[26] können zudem Rechtsbeistände und Prozessagenten i. S. d. § 157 ZPO taugliche Täter sein, wenn sie nach § 209 BRAO Mitglied der Rechtsanwaltskammer geworden sind[27].
– Im Hinblick auf die in § 17 Abs. 2 SGB VIII normierte Kinder- und Jugendhilfe bei Trennung oder Scheidung der Eltern, die dem Bereich der Mediation zugeordnet wird[28], können unter den in § 203 Abs. 1 Nr. 4 StGB genannten Voraussetzungen insbesondere Ehe- und Familienberater taugliche Täter sein[29].
– Staatlich anerkannte Sozialarbeiter und Sozialpädagogen (§ 203 Abs. 1 Nr. 5 StGB), nicht aber Diplompädagogen[30]. Eine staatliche Anerkennung liegt bei abgeschlossener Hochschul- und Fachhochschulausbildung vor[31].
– Amtsträger oder für den öffentlichen Dienst besonders Verpflichtete (§ 203 Abs. 2 StGB)[32]. Diese können beispielsweise als Staatsanwälte oder Richter bei einer Mediation im strafrechtlichen Ermittlungsverfahren oder als Beamte bei einer Mediation im Verwaltungsverfahren beteiligt sein.
– Um eine Umgehung der Schweigepflicht zu verhindern, bezieht das Gesetz in § 203 Abs. 3 S. 2 StGB berufsmäßige Gehilfen mit ein. Gehilfe ist dabei, wer die in § 203 Abs. 1 StGB genannten Personen in ihrer Funktion unterstützt, wie z. B. das Kanzleipersonal des Rechtsanwalts[33].

d) Der Begriff des „fremden Geheimnisses". Unter **Geheimnissen** werden solche Tatsachen verstanden, die nur einem beschränkten Personenkreis bekannt sind und an deren Geheimhaltung derjenige, den sie betreffen (Geheimnisträger), ein von seinem Standpunkt aus sachlich begründetes Interesse hat oder bei eigener Kenntnis von der Tatsache haben würde[34]. Grundsätzlich werden von § 203 StGB Tatsachen

9

---

[24] Vgl. BGBl. I 2000, S. 182. § 42 Abs. 1 EuRAG lautet: „Für die Anwendung der Vorschriften des Strafgesetzbuches über die Straflosigkeit der Nichtanzeige geplanter Straftaten (§ 139 Abs. 3 Satz 2), Verletzung von Privatgeheimnissen (§ 203 Abs. 1 Nr. 3, Abs. 3 bis 5, §§ 204, 205), Gebührenüberhebung (§ 352) und Parteiverrat (§ 356) stehen europäische Rechtsanwälte den Rechtsanwälten und Anwälten gleich."
[25] *Kohlhaas* GA 1958, 65, 66; LK-*Schünemann* § 203 Rdnr. 65. Daher insoweit hinsichtlich Hochschullehrer unzutreffend *Groth/v. Bubnoff* NJW 2001, 338, 339.
[26] Vgl. BGBl. I 1998, S. 2585; zur Begründung der Gleichstellung mit Rechtsanwälten BT-Drucks. 13/4184, S. 41.
[27] LK-*Schünemann* § 203 Rdnr. 63.
[28] Dazu näher *Haffke*, in Duss-von Werdt, S. 81 ff., 105; ferner *Ewig* BRAK-Mitt. 1996, 147, 148; *Riehle* ZfJ 2001, 13.
[29] Vgl. *Schönke/Schröder/Lenckner* § 203 Rdnr. 38; *Tröndle/Fischer* § 203 Rdnr. 17.
[30] *Henssler*, in Henssler/Koch § 3 Rdnr. 74.
[31] Dazu NK-*Jung* § 203 Rdnr. 8; SK-*Samson* § 203 Rdnr. 9; *Tröndle/Fischer* § 203 Rdnr. 19.
[32] Näher hierzu *Lackner/Kühl* § 203 Rdnr. 7 ff.; *Schönke/Schröder/Lenckner* § 203 Rdnr. 58 ff.; SK-*Samson* § 203 Rdnr. 18 ff.
[33] BGH NJW 2915, 2916; *Lackner/Kühl* § 203 Rdnr. 11 b; LK-*Schünemann* § 203 Rdnr. 77; *Schönke/Schröder/Lenckner* § 203 Rdnr. 64.
[34] *Arzt/Weber* § 8 Rdnr. 32; *Lackner/Kühl* § 203 Rdnr 14; LK-*Schünemann* § 203 Rdnr. 19; *Schönke/Schröder/Lenckner* § 203 Rdnr. 5.

jedweder Art – unabhängig von dem Lebensbereich, auf den sie sich beziehen – er-fasst[35]. Das Gesetz nennt mit zum persönlichen Lebensbereich gehörenden Geheim-nissen und Betriebs- oder Geschäftsgeheimnissen lediglich nicht abschließend zu verstehende Bereiche. Für den Bereich der Wirtschaftsmediation ist darauf hinzu-weisen, dass zu den Betriebs- und Geschäftsgeheimnissen auch das Know-how eines Unternehmens gehört[36].

10   Wann noch von einem **beschränkten Personenkreis** (Geheimsein der Tatsache), d. h. der Kenntnis von wenigen Personen, gesprochen werden kann, lässt sich im Einzelfall nur schwer bestimmen[37]. Erforderlich ist jedenfalls, dass der Personen-kreis noch überschaubar bzw. bestimmt oder bestimmbar ist[38]. Ein Tatsache ist so-lange noch als Geheimnis anzusehen, wie sie nur als Gerücht kursiert, ohne „bestä-tigt" zu sein[39]. Für den Bereich der Mediation ist insbesondere zu berücksichtigen, dass dasjenige, was Gegenstand einer öffentlichen Gerichtsverhandlung war, unab-hängig von der etwaigen Anwesenheit von Zuhörern nicht mehr geheim ist[40]. Bei nichtöffentlicher Verhandlung ist nicht mehr geheim, was in den öffentlich verkün-deten Urteilsgründen enthalten ist[41]. Patente sind regelmäßig offenkundig und damit kein Geheimnis[42]. Auch technische Neuerungen stellen spätestens nach Marktein-führung kein Geheimnis mehr dar, früher können sie ihren Geheimnischarakter be-reits verlieren, wenn sie in einem Zulassungsverfahren offen gelegt wurden[43].

11   Der Geheimnisträger muss an der Geheimhaltung darüber hinaus ein **sachlich begründetes Interesse** besitzen[44]. Dies setzt jedoch nicht voraus, dass die Geheim-haltung bei objektiver Betrachtung als sachgerecht anzusehen ist und ein vernünfti-ger Dritter die Ansicht des Geheimnisträgers teilen würde. Ausgeschlossen werden soll mit diesem zusätzlichen Kriterium lediglich Willkür und Launenhaftigkeit des Betroffenen. Bloße „Geheimniskrämerei" mit Bagatellen wird von § 203 StGB nicht geschützt[45]. Faktisch können damit im Bereich der Mediation alle Tatsachen, die in der rechtlichen Auseinandersetzung von Bedeutung sein können, als Geheimnis in Betracht kommen.

12   **Fremd** ist ein Geheimnis, wenn es sich auf eine andere natürliche oder juristische Person[46] bezieht. Unerheblich ist dabei, ob derjenige, der das Geheimnis einem Me-diator oder einem Parteivertreter im Mediationsverfahren anvertraut, selbst Ge-heimnisträger ist, oder ob es sich um ein Geheimnis eines unbeteiligten Dritten

---

[35] *Lackner/Kühl* § 203 Rdnr 14; LK-*Schünemann* § 203 Rdnr. 20; *Schönke/Schröder/Lenckner* § 203 Rdnr. 9.
[36] BGHZ 17, 41, 53; RGZ 65, 333, 335; LK-*Schünemann* § 203 Rdnr. 21.
[37] Vgl. *Haft* BT, S. 78.
[38] BGHZ 40, 288, 292; BGHSt 10, 108, 109 – zum Dienstgeheimnis i. S. d. § 353 b StPO; *Schön-ke/Schröder/Lenckner* § 203 Rdnr. 5; SK-*Samson* § 203 Rdnr. 26; *Rogall* NStZ 1983, 1, 5.
[39] RGSt 26, 5, 7; RGSt 74, 110, 111; LK-*Schünemann* § 203 Rdnr. 22; *Schönke/Schröder/Lenckner* § 203 Rdnr. 5
[40] Vgl. BGHZ 122, 115, 118; OLG Schleswig NJW 1985, 1090, 1091; *Haft* BT, S. 78; LK-*Schünemann* § 203 Rdnr. 23; *Rogall* NStZ 1983, 1, 6, Fn. 102; *Schönke/Schröder/Lenckner* § 203 Rdnr. 5
[41] LK-*Schünemann* § 203 Rdnr. 23.
[42] RGSt 31, 90, 91; LK-*Schünemann* § 203 Rdnr. 23.
[43] *Bullinger* NJW 1978, 2121, 2124; LK-*Schünemann* § 203 Rdnr. 23.
[44] Dazu näher NK-*Jung* § 203 Rdnr. 4; *Schönke/Schröder/Lenckner* § 203 Rdnr. 7.
[45] OLG Schleswig NJW 1985, 1090, 1091; *Haft* BT, S. 78; LK-*Schünemann* § 203 Rdnr. 27; *Schönke/Schröder/Lenckner* § 203 Rdnr. 7; *Tröndle/Fischer* § 203 Rdnr. 5.
[46] Zu juristischen Personen näher LK-*Schünemann* § 203 Rdnr. 31.

handelt[47]. Keine Rolle spielt es insoweit auch, ob ein isoliertes Drittgeheimnis, das nur einen Dritten betrifft, oder ein verknüpftes Drittgeheimnis, das mit einem Geheimnis der am Mediationsverfahren beteiligten Partei in unmittelbarem Zusammenhang steht, gegeben ist[48]. Aus diesem Grund kann eine Strafbarkeit gemäß § 203 StGB beispielsweise auch in Fällen in Betracht kommen, in denen der Mediator ein ihm im Einzelgespräch anvertrautes Geheimnis, das den Ehegatten der Partei betrifft und das für den Rechtsstreit von Bedeutung ist, an die Gegenpartei mitteilt. Zu beachten ist ferner, dass gemäß § 203 Abs. 4 StGB auch Geheimnisse von Verstorbenen erfasst werden.

Gemäß § 203 Abs. 2 S. 2 StGB stehen im Bereich der öffentlichen Verwaltung   13 Einzelangaben über persönliche oder sachliche Verhältnisse den Geheimnissen gleich, was insbesondere für die Mediation im Verwaltungsverfahren von Bedeutung sein kann. Die Vorschrift enthält damit eine umfassende Regelung des Datenschutzrechts[49]. Hinzuweisen ist in diesem Zusammenhang auch auf weitere Strafbestimmungen in den Datenschutzgesetzen des Bundes und der einzelnen Länder[50].

e) **Anvertrauen des Geheimnisses.** Dem Täter muss das Geheimnis in seiner Ei- 14 genschaft als Angehöriger der Berufsgruppe, d.h. **in innerem Zusammenhang mit der Ausübung des Berufs** anvertraut oder sonst bekannt geworden sein. Anvertraut ist ein Geheimnis, wenn der Angehörige der Berufsgruppe derart eingeweiht wird, dass sich ausdrücklich oder aus den Umständen ergibt, dass eine Pflicht zur Verschwiegenheit bestehen soll[51]. Der Schweigepflichtige muss bei der Erlangung des Geheimnisses in der von § 203 StGB vorausgesetzten Funktion tätig geworden sein[52]. Entscheidend ist damit, ob die Tätigkeit dem Berufsbild entspricht. Für die diesbezügliche Beurteilung können mitunter auch die jeweiligen Berufsordnungen Anhaltspunkte bieten. So zeigt beispielsweise § 18 der Berufsordnung für Rechtsanwälte, dass die Mediation zum Berufsbild der Anwälte gehört. Zu beachten ist in diesem Zusammenhang auch, dass bereits die Vertragsanbahnung mit dem Mandanten zur Berufstätigkeit gehört[53]. Beim Vorgespräch zur Sprache kommende Geheimnisse sind daher ebenfalls anvertraut i.S.d. § 203 StGB. Eine Kenntniserlangung als Privatperson ist dagegen nicht ausreichend. Kein anvertrautes Geheimnis liegt daher beispielsweise vor, wenn der Mandant beim Mittagessen mit privatem Charakter in Anwesenheit seines Anwalts und anderer Beteiligter des Mediationsverfahrens die geheim zu haltende Tatsache mitteilt[54].

f) **Offenbaren des Geheimnisses.** Von besonderer Bedeutung ist die Frage, wann 15 der Täter ein Geheimnis i.S.d. § 203 StGB offenbart. Unter **Offenbaren** wird jede

---

[47] LK-*Schünemann* § 203 Rdnr. 32; A.A. *Arzt/Weber* § 8 Rdnr. 33 – nur der Anvertrauende ist Geheimnisträger, nicht aber der an der Geheimhaltung nur mittelbar interessierte Dritte. Zur Frage, wer bei Drittgeheimnissen zur Entbindung von der Verschwiegenheitspflicht dispositionsbefugt ist, vgl. unten Rdnr. 13.
[48] Zur Unterscheidung von isolierten und verknüpften Drittgeheimnissen vgl. LK-*Schünemann* § 203 Rdnr. 39.
[49] *Haft* BT, S. 78; *Lackner/Kühl* § 203 Rdnr. 15; *Schönke/Schröder/Lenckner* § 203 Rdnr. 47ff. Kritisch zur Weite dieser Vorschrift *Arzt/Weber* § 8 Rdnr. 40f.
[50] Vgl. z.B. § 43 BDSG.
[51] *Tröndle/Fischer* § 203 Rdnr. 7.
[52] LK-*Schünemann* § 203 Rdnr. 38; *Schönke/Schröder/Lenckner* § 203 Rdnr. 13.
[53] BGHSt 33, 148, 151; BGHSt 45, 363, 366; *Rogall* NStZ 1985, 374.
[54] Vgl. hierzu OLG Bamberg StV 1984, 499f.

Mitteilung an einen Dritten verstanden, der das Geheimnis noch nicht oder nicht sicher kennt[55]. Auf die Form der Mitteilung kommt es nicht an, so dass auch das Gewähren von Akteneinsicht bereits die Voraussetzungen des Tatbestandes erfüllen kann[56]. Der Tatbestand ist auch dann verwirklicht, wenn das Geheimnis an eine andere i. S. d. § 203 StGB schweigepflichtige Person weitergegeben wird[57]. Dies ist gerade für das Mediationsverfahren von Bedeutung, da hier oftmals verschiedene schweigepflichtige Personen, wie z. B. Rechtsanwälte und Berufspsychologen, zusammenarbeiten. Damit kann die unbefugte Mitteilung eines Geheimnisses durch den Rechtsanwalt einer Partei an den Mediator selbst dann strafbar sein, wenn die Gegenpartei von dem Geheimnis keine Kenntnis und keinen Vorteil erlangt.

16   Im Folgenden soll auf praktisch besonders **bedeutsame Konstellationen der Mediation** hingewiesen werden, bei denen die Weitergabe von geheim zu haltenden Informationen eine Strafbarkeit begründen kann, soweit das Offenbaren unbefugt geschieht, d. h. keine Einwilligung des Geheimnisträgers vorliegt. Eine strafbewehrte Offenbarung kommt vor allem durch den Parteivertreter und den Mediator in Betracht. Dagegen spielt die Weitergabe eines Geheimnisses durch die Gegenpartei – sofern es ihr zur Kenntnis gelangt ist – praktisch keine Rolle, da diese regelmäßig schon nicht dem von § 203 StGB genannten Täterkreis angehört. Für die Praxis empfiehlt es sich, bei der Vertragsgestaltung diese Konstellationen hinsichtlich einer etwaigen vertraglichen Entbindung von der Schweigepflicht mit in die Überlegungen einzubeziehen.

17   *aa) Offenbaren des Geheimnisses durch den Parteivertreter:*
– Der Rechtsanwalt einer Partei oder ein anderer von der Partei hinzugezogener Angehöriger einer der von § 203 StGB genannten Berufsgruppen offenbart das Geheimnis gegenüber dem **Mediator.**
– Der Rechtsanwalt einer Partei oder ein anderer von der Partei hinzugezogener Angehöriger einer der von § 203 StGB genannten Berufsgruppen offenbart das Geheimnis gegenüber der **Gegenpartei,** deren Rechtsanwalt oder einer anderen von der Gegenpartei hinzugezogenen Person.

18   *bb) Offenbaren des Geheimnisses durch den Mediator:*
– Der Mediator offenbart ein im Einzelgespräch erlangtes Geheimnis gegenüber der **Gegenpartei,** deren Rechtsanwalt oder einer anderen von der Gegenpartei hinzugezogenen Person. Ein solches Offenbaren gegenüber der Gegenpartei kann insbesondere in Fällen in Betracht kommen, in denen der Mediator bei Scheitern der Mediation pflichtwidrig die Gegenpartei im weiteren Verfahren oder einem nachfolgenden Rechtsstreit vertritt. In einem solchen ist das Offenbaren regelmäßig auch unbefugt, weil eine diesbezügliche Einwilligung in die Weitergabe nicht gegeben sein wird. Zudem wird hier eine Strafbarkeit wegen Parteiverrats gemäß § 356 StGB vorliegen[58].

---

[55] BGHSt 27, 120, 121; BGH NJW 1995, 2915, 2916; BayObLG NJW 1995, 1623; *Lackner/ Kühl* § 203 Rdnr. 17; LK-*Schünemann* § 203 Rdnr. 41; *Schönke/Schröder/Lenckner* § 203 Rdnr. 19.
[56] *Lackner/Kühl* § 203 Rdnr. 17; LK-*Schünemann* § 203 Rdnr. 41. Enger beim Offenbaren durch Unterlassen *Schönke/Schröder/Lenckner* § 203 Rdnr. 20.
[57] BGHZ 116, 268, 272; BayObLG NJW 1995, 1623. Dazu, dass in diesen Fällen regelmäßig auch keine Einwilligung anzunehmen ist, vgl. Rdnr. 19.
[58] Vgl. auch BGHSt 34, 190 ff., wonach das anvertraute Geheimnis nicht gegen den Mandanten verwendet werden darf. Dazu auch unten Rdnr. 46.

– Der Mediator offenbart ein im Einzelgespräch von einer Partei anvertrautes Geheimnis gegenüber dem **Rechtsanwalt des Geheimnisträgers,** der beim Einzelgespräch nicht zugegen war und von dem Geheimnis bislang keine Kenntnis hatte und diese auch nicht erlangen sollte, was im Einzelfall freilich sorgfältig zu prüfen ist[59]. Entsprechendes gilt, wenn der Anwalt zu Beginn des Mediationsverfahrens noch nicht beteiligt war und erst später von der Partei hinzugezogen wurde[60].

– Der Mediator offenbart ein im Einzelgespräch erlangtes Geheimnis gegenüber einem **Co-Mediator,** der an diesem Gespräch nicht beteiligt war. Diese Konstellation ist beispielsweise von Interesse, wenn die Mediation zunächst von einem Rechtsanwalt durchgeführt wird, später sich aber das Hinzuziehen eines Psychologen als unerlässlich erweist. Insoweit ist von besonderer Bedeutung, dass gerade bei der Co-Mediation die Unterrichtung der Mediatoren untereinander über den Stand des Verfahrens unverzichtbar ist[61].

– Der Mediator offenbart das Geheimnis gegenüber am Mediationsverfahren **unbeteiligten Dritten,** z. B. wenn er später als Zeuge vor Gericht aussagt[62].

– Der Mediator lässt das Geheimnis in einen von ihm erarbeiteten **Lösungsvorschlag**[63] einfließen und legt diesen gegenüber den anderen Beteiligten offen. Diese Konstellation unterscheidet sich von den zuvor genannten Fällen dadurch, dass die geheim zu haltende Tatsache vom Mediator nicht als solche mitgeteilt, sondern lediglich für den Lösungsvorschlag verwertet wird[64]. Die geheim zu haltende Tatsache wird an die anderen Beteiligten also nur mittelbar über den Lösungsvorschlag offenbart. Entscheidend für die Frage, ob im Vorlegen eines Lösungsvorschlags ein Offenbaren i. S. d. § 203 StGB zu sehen ist, ist demnach, ob das Geheimnis auch noch nach Aufnahme in den Lösungsvorschlag zur Kenntnis der anderen Beteiligten gelangt oder ob es in dem Lösungsvorschlag als solches nicht mehr zu erkennen ist.

g) Unbefugtes Offenbaren. Das Offenbaren eines Geheimnisses ist jedoch nur 19 strafbar, wenn es **unbefugt** ist. Dies setzt voraus, dass die Weitergabe ohne Zustimmung des Verfügungsberechtigten und ohne Recht zur Mitteilung erfolgt[65]. Eine Befugnis zum Offenbaren auf Grund einer mutmaßlichen Einwilligung des Geheimnisträgers besteht aber nicht bereits deshalb, weil derjenige, dem das Geheimnis mitgeteilt wird, ebenfalls zur Verschwiegenheit verpflichtet ist[66]. Daher handelt beispielsweise der zur Verschwiegenheit verpflichtete Mediator unbefugt, wenn er ein Geheimnis an einen ebenfalls zur Geheimhaltung verpflichteten Co-Mediator ohne Zustimmung weitergibt.

---

[59] Vgl. auch *Henssler*, in Henssler/Koch, § 3 Rdnr. 70; *Duve/Zürn*, ZKM 2001, 105 ff.

[60] Vgl. zum Erfordernis der Zusammenarbeit von Anwälten und Angehörigen psychosozialer Berufe auch Ziff. 5 des Schlussberichts des BRAK-Ausschusses. Zur Zusammenarbeit zwischen Rechtsanwälten und Psychologen siehe § 23.

[61] *Koch*, in Henssler/Koch, § 8 Rdnr. 44.

[62] Vgl. dazu auch *Hartung/Holl* § 18 BerufsO Rdnr. 35. Zu der Frage, in welchen Fällen im Strafprozess ein Zeugnisverweigerungsrecht gegeben ist, vgl. unten Rdnr. 35.

[63] Vgl. Ziff. 4 des Schlussberichts des BRAK-Ausschusses, wonach der Mediator beispielsweise scheidungsvertragliche Gestaltungsvorschläge machen kann.

[64] Vgl. auch *Meyer* AnwBl. 2000, 80 (82), der in diesen Fällen pauschal eine Strafbarkeit ablehnt.

[65] Siehe *Schönke/Schröder/Lenckner* § 203 Rdnr. 21.

[66] BayObLG NJW 1995, 1623; LK-*Schünemann* § 203 Rdnr. 106; *Schönke/Schröder/Lenckner* § 203 Rdnr. 28.

20   Die dogmatische Einordnung des Merkmals „unbefugt" ist streitig. Weil das Offenbaren eines Geheimnisses nach der hier vertretenen Konzeption des Individualschutzes stets die Interessen des Geheimnisträgers berührt und daher für die Begründung von Unrecht ausreichend ist, liegt in der Zustimmung zur Weitergabe des Geheimnisses richtigerweise kein tatbestandsausschließendes Einverständnis[67], sondern eine **rechtfertigende Einwilligung**, die erst die Rechtswidrigkeit des Handelns entfallen lässt[68]. So wird bei einer nur beschränkten Erlaubnis zur Weitergabe eines Geheimnisses, z. B. nur an eine ganz bestimmte Person in einer bestimmten Situation, nicht auf das Rechtsgut schlechthin verzichtet[69]. Demnach entfällt nicht schon der Eingriff in das geschützte Rechtsgut, sondern lediglich die Rechtswidrigkeit des Handelns.

21   *aa) Rechtfertigende Einwilligung.* Was die **Einwilligungserklärung** anbelangt, so muss diese vor dem Offenbaren des Geheimnisses ausdrücklich oder konkludent nach außen erklärt worden sein. Im Rahmen der beruflichen Notwendigkeit der Mitteilung an Mitarbeiter, wie z. B. das Diktat des Rechtsanwalts an die Rechtsanwaltsfachangestellte, wird die Einwilligung i. d. R. stillschweigend erteilt sein[70].

Im Mittelpunkt der Rechtfertigungsproblematik steht die Frage, wer zur Erteilung der Einwilligung befugt ist. Regelmäßig ist **Einwilligungsberechtigter** der Geheimnisträger, der als Vertragspartner des Schweigepflichtigen die Tatsache anvertraut[71]. Bei Geheimnissen juristischer Personen wird die Einwilligung durch die zur Vertretung befugte Person erteilt[72]. Ob andere Personen an der Geheimhaltung interessiert sind, ist unerheblich, sofern diese nicht selbst zugleich Träger des Geheimnisses sind. Damit kann grundsätzlich jede Partei in das Offenbaren eines Geheimnisses durch den Mediator oder den Anwalt als Parteivertreter einwilligen, soweit es sich um ein eigenes anvertrautes Geheimnis handelt.

22   Bei **Geheimnissen mehrerer Personen**, die das Geheimnis gemeinsam anvertraut haben, müssen alle Geheimnisträger in das Offenbaren einwilligen. Im Gegensatz zur Stellung des Strafantrags i. S. d. § 205 StGB i. V. m. § 77 Abs. 4 StGB genügt die Erklärung eines Betroffenen nicht, da dieser nicht über das der höchstpersönlichen Sphäre eines anderen zuzuordnende Geheimnis disponieren kann[73]. Damit bedarf es beispielsweise bei einem gemeinsamen Geheimnis von Eheleuten im Rahmen der Familienmediation der Zustimmung beider Seiten, wenn der Rechtsanwalt als Mediator das Geheimnis an einen später hinzugezogenen Psychologen mitteilen will[74].

23   Soweit es sich um ein **Drittgeheimnis** handelt, dessen Träger das Geheimnis nicht selbst anvertraut, gelten folgende Leitlinien: Der Geheimnisträger, der selbst in einem Rechtsverhältnis zu einem Angehörigen der in § 203 StGB genannten Berufsgruppen steht, bleibt auch dann über das Geheimnis alleine verfügungsberechtigt, wenn eine andere Person das Geheimnis dem Schweigepflichtigen anvertraut, je-

---

[67] So OLG Köln NJW 1962, 686, mit Anm. *Bindokat*; NK-*Jung* § 203 Rdnr. 21; *Schönke/Schröder/Lenckner* § 203 Rdnr. 21 ff.
[68] Wie hier *Arzt/Weber* § 8 Rdnr. 32; *Lackner/Kühl* vor § 201 Rdnr. 2; *Rogall* NStZ 1983, 1, 6; SK-*Samson* § 203 Rdnr. 37 f.; *Tröndle/Fischer* § 203 Rdnr. 27.
[69] LK-*Schünemann* § 203 Rdnr. 94.
[70] BGH NJW 1995, 2915, 2916; *Lackner/Kühl* § 203 Rdnr. 18; NK-*Jung* § 203 Rdnr. 23;
[71] *Lackner/Kühl* § 203 Rdnr. 18; LK-*Schünemann* § 203 Rdnr. 97; *Schönke/Schröder/Lenckner* § 203 Rdnr. 22; *Tröndle/Fischer* § 203 Rdnr. 28.
[72] LK-*Schünemann* § 203 Rdnr. 100; *Schönke/Schröder/Lenckner* § 203 Rdnr. 23.
[73] LK-*Schünemann* § 203 Rdnr. 98; *Sternberg-Lieben*, S. 89.
[74] Zu dieser Konstellation schon oben Rdnr. 18.

doch ein innerer Zusammenhang zwischen der Beauftragung des Schweigepflichtigen durch den Geheimnisträger und dem Anvertrauen durch den Dritten besteht[75]. Ein solcher Fall liegt beispielsweise vor, wenn der Ehemann einen Rechtsanwalt beauftragt und die Ehefrau diesem auf Nachfrage ergänzende Informationen als Geheimnis des Ehemannes zukommen lässt. Die Schutzwürdigkeit des Geheimnisses beruht hier auf dem vom Geheimnisträger selbst begründeten Vertrauensverhältnis, so dass dieser dispositionsbefugt ist.

Der notwendige innere Zusammenhang würde dagegen fehlen, wenn derjenige, 24 der das Drittgeheimnis mitteilt, unabhängig vom Geheimnisträger selbst Mandant des Rechtsanwalts ist und im Rahmen dieses Rechtsverhältnisses die geheimhaltungsbedürftige Tatsache anvertraut. Erst recht gilt dies für den Regelfall des Drittgeheimnisses, bei dem der Geheimnisträger in keinerlei Rechtsverhältnis zum Schweigepflichtigen steht. Für den Bereich der Mediation ist diesbezüglich an Konstellationen zu denken, in denen ein Verfahrensbeteiligter dem Mediator ein ihm bekanntes Geschäftsgeheimnis eines nicht beteiligten Dritten, mit dem er vertragliche Beziehungen pflegt, anvertraut. Der Ansicht der h. M., die nur den Geheimnisträger als verfügungsberechtigt ansieht[76], ist insoweit nicht zu folgen[77]. Denn die Schutzwürdigkeit des Geheimnisses beruht nicht allein auf dem Geheimhaltungsinteresse des Geheimnisträgers, sondern auch auf dem Anvertrauensakt[78]. Nicht jedes Geheimnis ist geschützt, sondern nur ein **anvertrautes Geheimnis**. Käme es nämlich nur auf den Geheimnisschutz an, dann müsste der Gesetzgeber alle Geheimnisse in gleicher Weise – unabhängig von dem Bestehen eines Vertrauensverhältnisses i. S. d. § 203 StGB – schützen. Für die hier vertretene Lösung spricht ferner, dass der anvertrauende Dritte, der selbst nicht geheimhaltungspflichtig ist, das Geheimnis ohnehin an andere Personen mitteilen könnte, ohne dass der Geheimnisträger in diesem Fall strafrechtlich überhaupt geschützt wäre. Mit anderen Worten: Indem der Geheimnisträger das Geheimnis an einen nicht zur Geheimhaltung Verpflichteten offenbart, ermöglicht er dem Dritten die Disposition darüber und begibt sich insoweit seines Schutzes[79]. Daher ist der Anvertrauende befugt, die Einwilligung zur Offenbarung zu erklären. Daneben bleibt aber auch der Geheimnisträger selbst zur Einwilligung befugt. Ist dieser mit der Preisgabe des Geheimnisses einverstanden, so verbleibt nur der „Bruch des Vertrauensverhältnisses" zwischen dem Anvertrauenden und dem Schweigepflichtigen, worin jedoch kein strafwürdiges Unrecht zu sehen ist[80]. Die eben geschilderten Grundsätze gelten auch, wenn das Geheimnis „sonst bekannt geworden" ist. In diesen Fällen kann der Vertragspartner des Geheimnisverpflichteten ebenfalls neben dem Geheimnisträger einwilligen.

---

[75] *Schönke/Schröder/Lenckner* § 203 Rdnr. 23, freilich unter Zugrundelegung der Ansicht, dass § 203 StGB allgemeinen Interessen dient.
[76] OLG Hamburg NJW 1962, 689, 691; *Lackner/Kühl* § 203 Rdnr. 18; *Sternberg-Lieben*, S. 89 f.; *Tröndle/Fischer* § 203 Rdnr. 28. Siehe auch *Arzt/Weber* § 8 Rdnr. 33, wonach der anvertrauende Dritte letztlich als Geheimnisträger gegenüber dem Geheimnisverpflichteten anzusehen sein soll.
[77] So auch LK-*Schünemann* § 203 Rdnr. 99; *Schönke/Schröder/Lenckner* § 203 Rdnr. 23, trotz der abweichenden Ansicht, dass § 203 StGB allgemeinen Interessen dient.
[78] Siehe oben Rdnr. 4 zum geschützten Rechtsgut. Wie hier *Krauß* ZStW 97 (1985) S. 81, 113 f.
[79] So zutreffend LK-*Schünemann* § 203 Rdnr. 99. Dagegen *Sternberg-Lieben*, S. 90, Fn. 58.
[80] Vgl. OLG Köln 1993, 412; LK-*Schünemann* § 203 Rdnr. 99; *Schönke/Schröder/Lenckner* § 203 Rdnr. 23. A. A. – nur Einwilligung durch den Anvertrauenden – NK-*Jung* § 203 Rdnr. 21; SK-*Samson* § 203 Rdnr. 39.

25   **Zusammenfassend** ist festzuhalten, dass nach der hier vertretenen Konzeption eine Einwilligung der am Mediationsverfahren beteiligten Partei, die ein Drittgeheimnis dem Rechtsanwalt als Parteivertreter oder dem Mediator anvertraut, ausreichend ist. Das in den Grenzen der erteilten Einwilligung erfolgte Offenbaren des
Geheimnisses ist dann nicht unbefugt. Angesichts der Komplexität der Problematik
und der streitigen Rechtslage empfiehlt sich freilich für die Praxis die Einbeziehung
des nicht am Mediationsverfahren beteiligten Geheimnisträgers, wenn ersichtlich
ist, dass ein ihm zustehendes Geheimnis offenbart wird.

26   Zu beachten ist ferner, dass rechtsgutsbezogene Fehlvorstellungen, Täuschungen
und Drohungen zur **Unwirksamkeit der Einwilligung** führen[81]. Der Einwilligende
muss sich demnach der Bedeutung und Tragweite seiner Entscheidung bewusst sein,
so dass im Einzelfall eine sachgerechte Aufklärung über die mitzuteilenden Tatsachen stattzufinden hat[82]. Die Einwilligung ist ungeachtet einer etwaigen schriftlichen Fixierung in der Praxis **formlos** möglich[83]. Im Einzelfall genügen jedoch pauschale und formelhafte Wendungen in Formularverträgen diesen Anforderungen
nicht[84]. Für die Praxis ist deshalb ratsam, den Umfang der Entbindung von der Verschwiegenheitspflicht unter Berücksichtigung der oben genannten strafrechtlich relevanten Konstellationen näher zu konkretisieren[85]. Solche ausdrücklich oder konkludent vereinbarten Grenzen der Einwilligung[86] – z. B. Beschränkung der Befugnis
zur Weitergabe auf bestimmte Inhalte oder auf bestimmte Personen – sind dann im
Mediationsverfahren im Auge zu behalten. Das dem Anwalt mitgeteilte Geheimnis
darf beispielsweise regelmäßig nur in der jeweiligen Angelegenheit offenbart und
keinesfalls gegen den Mandanten selbst verwendet werden[87]. Die in einem Gerichts-
oder Verwaltungsverfahren erteilte Entbindung von der Geheimhaltungspflicht, die
das Zeugnisverweigerungsrecht entfallen lässt, gilt grundsätzlich nur für dieses Verfahren[88]. Wird demnach im Anschluss an ein solches Verfahren ein Mediationsverfahren durchgeführt, so bedarf es einer erneuten Einwilligung, wenn der ehemalige
Zeuge nun als Parteivertreter oder Mediator tätig wird und dabei eine Mitteilung
des Geheimnisses in Betracht kommt[89]. Letztlich ist auch zu berücksichtigen, dass
die Einwilligung grundsätzlich jederzeit widerrufen werden kann[90].

27   *bb) Weitere Offenbarungsbefugnisse.* Kein unbefugtes Offenbaren liegt ferner
vor, wenn beispielsweise eine Anzeigepflicht gemäß § 138 StGB gegeben ist[91] oder

---

[81] Siehe LK-*Schünemann* § 203 Rdnr. 97. Auch diejenigen, die von einem tatbestandsausschließen-
den Einverständnis ausgehen, wenden hinsichtlich der Wirksamkeit die zur rechtfertigenden Einwilligung entwickelten Regeln an; vgl. *Schönke/Schröder/Lenckner* § 203 Rdnr. 24.
[82] Siehe *Krauß* ZStW 97 (1985) S. 81, 114; *Schönke/Schröder/Lenckner* § 203 Rdnr. 24.
[83] LK-*Schünemann* § 203 Rdnr. 91; *Schönke/Schröder/Lenckner* § 203 Rdnr. 24 a.
[84] *Ayasse* VersR 1987, 536, 538; *Hollmann* NJW 1978, 2332; *Schönke/Schröder/Lenckner* § 203
Rdnr. 24.
[85] Siehe oben Rdnr. 17 f.
[86] OLG Hamburg NJW 1992, 689, 690; LK-*Schünemann* § 203 Rdnr. 108; *Schönke/Schröder/
Lenckner* § 203 Rdnr. 24 c.
[87] BGHSt 34, 190, 192; LK-*Schünemann* § 203 Rdnr. 109.
[88] LK-*Schünemann* § 203 Rdnr. 109.
[89] Wurde die Tatsache jedoch bereits im Gerichtsverfahren offenbart, so entfällt der Geheimnischarakter; dazu bereits oben Rdnr. 9.
[90] OLG Hamburg NJW 1992, 689, 691; LK-*Schünemann* § 203 Rdnr. 105; SK-*Samson* § 203
Rdnr. 40.
[91] Dazu unten Rdnr. 33.

sonstige gesetzliche Offenbarungspflichten bestehen[92]. Ist der Schweigepflichtige mangels Zeugnisverweigerungsrechts im Prozess zur Aussage verpflichtet[93], so ist die Preisgabe des Geheimnisses gerechtfertigt[94]. Soweit dagegen zugunsten des zur Verschwiegenheit Verpflichteten im Prozess ein Zeugnisverweigerungsrecht besteht, muss er hiervon Gebrauch machen, will er sich nicht durch seine Aussage gemäß § 203 StGB strafbar machen[95]. Nur in eng umgrenzten Ausnahmefällen kann eine Aussage des zur Geheimhaltung Verpflichteten trotz Zeugnisverweigerungsrechts nach § 34 StGB gerechtfertigt sein. Dies setzt allerdings voraus, dass dadurch eine erhebliche Gefahr für die Wahrheitsfindung abgewendet wird und das Interesse an der Wahrheitsfindung das Interesse an der Geheimhaltung wesentlich überwiegt[96]. Wird der Schweigepflichtige von der Schweigepflicht entbunden (vgl. § 53 Abs. 2 StPO), so liegt die bereits angesprochene rechtfertigende Einwilligung vor[97].

h) **Subjektiver Tatbestand.** Der subjektive Tatbestand verlangt Vorsatz, wobei 28 dolus eventualis genügt[98]. Ein Irrtum über die tatsächlichen Voraussetzungen einer (in Wirklichkeit nicht vorliegenden) Befugnis zur Offenbarung begründet einen gemäß § 16 Abs. 1 S. 1 (analog) zur Straflosigkeit führenden Erlaubnistatbestandsirrtum[99]. Ein – i.d.R. vermeidbarer und daher keine Straflosigkeit begründender – Verbotsirrtum gemäß § 17 StGB liegt dagegen vor, wenn der Täter trotz Kenntnis aller Umstände (z.B. dem fehlenden Einverständnis des Geheimnisträgers) irrig davon ausgeht, dass er von Rechts wegen zur Offenbarung befugt sei[100].

i) **Strafantrag gemäß § 205 StGB.** Gemäß § 205 StGB werden Straftaten nach 29 § 203 StGB und § 204 StGB nur auf Antrag verfolgt. Seiner Natur nach ist der Strafantrag **Prozessvoraussetzung,** d.h. also weder Tatbestandsmerkmal noch Strafbarkeitsbedingung[101]. Fehlt der Antrag, so liegt zwar eine Straftat vor, jedoch ist das Verfahren einzustellen (§§ 206 a, 260 Abs. 3 StPO). Antragsberechtigt ist grundsätzlich der Verletzte, § 77 Abs. 1 StGB, d.h. derjenige, in dessen Rechtssphäre die Tat unmittelbar eingreift. **Streitig** ist, ob bei Drittgeheimnissen nur der Geheimnisträger oder daneben auch der Anvertrauende den Antrag stellen kann. Zu folgen ist der h.M., die lediglich den Geheimnisträger als antragsbefugt ansieht[102].

---

[92] Siehe die Übersicht bei LK-*Schünemann* § 203 Rdnr. 120 ff.; ferner *Schönke/Schröder/Lenckner* § 203 Rdnr. 29.
[93] Näher zum Zeugnisverweigerungsrecht Rdnr. 53 ff.
[94] OLG Köln VRS 84 (1993), 101, 102; *Hecker* JR 1999, 428, 430; *Lackner/Kühl* § 203 Rdnr. 24; LK-*Schünemann* § 203 Rdnr. 128; *Schönke/Schröder/Lenckner* § 203 Rdnr. 29; SK-*Samson* § 203 Rdnr. 49.
[95] BGHSt 9, 59, 61; *Lackner/Kühl* § 203 Rdnr. 24; LK-*Schünemann* § 203 Rdnr. 128; NK-*Jung* § 203 Rdnr. 35; *Schönke/Schröder/Lenckner* § 203 Rdnr. 29.
[96] Dazu *Arzt/Weber* § 8 Rdnr. 35, Fn. 54; LK-*Schünemann* § 203 Rdnr. 132 ff.
[97] LK-*Schünemann* § 203 Rdnr. 91; *Welp*, FS Gallas, 1973, S. 391, 400.
[98] Vgl. nur LK-*Schünemann* § 203 Rdnr. 78; *Schönke/Schröder/Lenckner* § 203 Rdnr. 71.
[99] Vgl. LK-*Schünemann* § 203 Rdnr. 78; *Tröndle/Fischer* § 203 Rdnr. 34. Zu den strittigen Folgen des Erlaubnistatbestandsirrtums vgl. *Baumann/Weber/Mitsch*, Strafrecht Allgemeiner Teil, 10. Aufl. 1995, § 21 Rdnr. 29 ff.; *Haft*, Strafrecht Allgemeiner Teil, 8. Aufl. 1998, S. 257 f.; *Kühl*, Strafrecht Allgemeiner Teil, 3. Aufl. 2000, § 13 Rdnr. 67 ff.
[100] Siehe *Schönke/Schröder/Lenckner* § 203 Rdnr. 71; *Tröndle/Fischer* § 203 Rdnr. 34.
[101] Näher zum Strafantrag *Haft/Eisele*, in Ergänzbares Lexikon des Rechts, Stand November 2000, Stichwort „Strafantrag, Ermächtigung und Strafverlangen", S. 1 ff.
[102] *Lackner/Kühl* § 205 Rdnr. 2; LK-*Schünemann* § 205 Rdnr. 6; *Tröndle/Fischer* § 205 Rdnr. 4. A.A. *Schönke/Schröder/Lenckner* § 205 Rdnr. 5, wonach der Geheimnisträger und der Anvertrauende antragsberechtigt sein sollen; NK-*Jung* § 205 Rdnr. 1, der nur dem Anvertrauenden das Antragsrecht einräumt.

Darin kann kein Widerspruch zu den bei der Einwilligung aufgestellten Grundsätzen erblickt werden, weil der bloße Vertrauensbruch strafrechtlich gerade nicht geschützt ist[103]. Ferner muss es allein in der Hand des Geheimnisträgers liegen, ob das Geheimnis, das sein Recht auf informationelle Selbstbestimmung betrifft, im nachfolgenden Strafverfahren erneut erörtert und in der Hauptverhandlung der Öffentlichkeit mitgeteilt wird. § 77 Abs. 2 StGB trifft eine ausdrückliche Regelung für Fälle, in denen mehrere Personen antragsberechtigt sind. Demnach kann jede Person den Antrag selbstständig stellen, was vor allem dann relevant ist, wenn es sich um ein Geheimnis mehrerer Personen – z. B. der Ehegatten im Rahmen der Familienmediation – handelt[104].

2. § 204 StGB – Verwertung fremder Geheimnisse

30   § 204 StGB sanktioniert die **Verwertung fremder Geheimnisse,** für die nach § 203 StGB eine Verpflichtung zur Geheimhaltung besteht. § 204 StGB stellt ebenso wie § 203 StGB ein Sonderdelikt dar[105]. Hinsichtlich der Auslegung der einzelnen Merkmale kann auf die Ausführungen zu § 203 StGB verwiesen werden[106]. Erwähnenswert ist hier der Fall, dass der Mediator ein im Einzelgespräch erlangtes Geheimnis bei der Lösung des Konflikts „verwertet", indem er es in einen Lösungsvorschlag einfließen lässt. § 204 StGB ist in solchen Konstellationen regelmäßig zu verneinen, da das „Verwerten" i. S. d. Vorschrift eine wirtschaftliche Ausnutzung des Geheimnisses zur Gewinnerzielung für den Täter oder einen Dritten auf Kosten des Geheimnisträgers voraussetzt[107]. Von § 204 StGB erfasst wird dagegen beispielsweise der Fall, dass ein Patentanwalt die ihm im Mediationsverfahren bekannt gewordene Erfindung eines anderen wirtschaftlich ausnutzt[108].

31   Ergänzend ist in diesem Zusammenhang noch auf die Strafvorschrift des § 18 UWG hinzuweisen. Danach ist die unbefugte Verwertung oder Mitteilung von im geschäftlichen Verkehr anvertrauten Vorlagen oder Vorschriften technischer Art zu Zwecken des Wettbewerbs oder aus Eigennutz mit Strafe bewehrt. Der Begriff des geschäftlichen Verkehrs erfasst auch Konstellationen, in denen Rechts- oder Patentanwälten zur Ausübung ihrer Tätigkeit solche Unterlagen anvertraut sind[109].

3. § 353 b StGB – Verletzung des Dienstgeheimnisses und einer besonderen Geheimhaltungspflicht

32   Bei einem Geheimnisverrat durch einen **Amtsträger,** z. B. im Rahmen einer Mediation im strafrechtlichen Ermittlungsverfahren, ist eine Strafbarkeit gemäß § 353 b StGB in Betracht zu ziehen. Geschütztes Rechtsgut ist vor allem das Ver-

---

[103] Dazu oben Rdnr. 23.
[104] Zu dieser Konstellation oben Rdnr. 21.
[105] *Schönke/Schröder/Lenckner* § 204 Rdnr. 1; *Tröndle/Fischer* § 204 Rdnr. 1.
[106] Vgl. oben Rdnr. 9 ff.
[107] *Lackner/Kühl* § 204 Rdnr. 4; *Schönke/Schröder/Lenckner* § 204 Rdnr. 5/6. Soweit die Verwertung bereits durch Offenbaren des Geheimnisses erfolgt, z. B. beim Verrat gegen Geld, ist § 203 Abs. 5 StGB einschlägig.
[108] *Schönke/Schröder/Lenckner* § 204 Rdnr. 5/6; *Tröndle/Fischer* § 204 Rdnr. 3.
[109] *Diemer,* in Erbs/Kohlhaas, Strafrechtliche Nebengesetze, Loseblatt, Stand März 2000, § 18 UWG Rdnr. 5; *Niemeyer,* in Müller-Gugenberger/Bieneck (Hrsg.), Wirtschaftsstrafrecht, 3. Aufl. 2000, § 33 Rdnr. 161 ff.

trauen der Allgemeinheit in die Verschwiegenheit amtlicher und anderer Stellen sowie die von der Vorschrift genannten wichtigen öffentlichen Interessen[110]. Der entscheidende Unterschied zu § 203 Abs. 1 und Abs. 2 StGB liegt darin, dass der Täter durch die Tat zusätzlich wichtige öffentliche Interessen gefährden muss[111]. Eine solche Gefährdung soll nach der Rechtsprechung bereits darin liegen, dass der Geheimnisbruch aufgedeckt und allgemein bekannt wird und so mittelbar das Vertrauen der Bevölkerung in das Ansehen und die Verschwiegenheit erschüttert wird[112]. Ferner soll der Tatbestand verwirklicht sein, wenn durch die Preisgabe des Geheimnisses fremde Einwirkungen auf den Gang eines strafrechtlichen Ermittlungsverfahrens ermöglicht werden, weil dadurch eine wesentliche Voraussetzung für die sachgemäße Arbeit der Ermittlungsbehörde beseitigt wird[113]. Die Unbefugtheit des Offenbarens entfällt auch bei einer Einwilligung des Geheimnisträgers nicht, weil dieser nicht über das betroffene Rechtsgut der Allgemeinheit disponieren kann[114]. Im Einzelfall kann es jedoch bei Privatgeheimnissen auf Grund der Einwilligung an der Gefährdung eines öffentlichen Interesses fehlen[115].

4. § 138 StGB – Nichtanzeige geplanter Straftaten

Im Zusammenhang mit § 203 StGB wird in der Literatur bisweilen die Nichtan- 33
zeige geplanter Straftaten gemäß § 138 StGB auch für das Mediationsverfahren erörtert[116]. Freilich dürfte die Vorschrift im Rahmen eines Mediationsverfahrens angesichts der enumerativ normierten Katalogtaten, wie z.B. Totschlag, **kaum** je **praktische Bedeutung** erlangen. Ansonsten ist zu beachten, dass trotz der in § 203 StGB geregelten Schweigepflicht grundsätzlich die Anzeigepflicht desjenigen, der von einer in § 138 StGB genannten Straftat glaubhaft erfährt, unberührt bleibt. Kommt der Beteiligte seiner Anzeigepflicht nach und offenbart dadurch ein Geheimnis, so verwirklicht er zwar den Straftatbestand des § 203 StGB, jedoch ist sein Handeln dann nicht unbefugt und damit auch nicht rechtswidrig im Sinne dieser Vorschrift[117]. Jedoch besteht eine solche Anzeigepflicht nicht generell für die am Mediationsverfahren Beteiligten[118]. Insoweit ist für Rechtsanwälte und Verteidiger die Freistellung von der Anzeigepflicht nach § 139 Abs. 3 S. 2 StGB zu beachten[119], wenn diese sich ernsthaft bemühen, den Täter von der Tat abzuhalten oder den Erfolg abzuwenden. Die Freistellung von der Anzeigepflicht greift allerdings dann nicht ein, wenn es sich um eine der enumerativ genannten besonders schwere Straftaten, wie z.B. Totschlag oder Mord, handelt.

---

[110] Streitig, vgl. näher *Lackner/Kühl* § 353 b Rdnr. 1; *Schönke/Schröder/Lenckner/Perron* § 353 b Rdnr. 1.
[111] *Schönke/Schröder/Lenckner/Perron* § 353 b Rdnr. 1; *Tröndle/Fischer* § 353 b Rdnr. 1.
[112] BGHSt 11, 401, 404; OLG Köln NJW 1988, 2490, 2491 f.; BayObLG NStZ 1999, 568, 569. Dagegen mit Recht *Schönke/Schröder/Lenckner/Perron* § 353 b Rdnr. 2.
[113] BGHSt 10, 276, 277; *Tröndle/Fischer* § 353 b Rdnr. 13.
[114] *Lackner/Kühl* § 353 b Rdnr. 13; *Schönke/Schröder/Lenckner/Perron* § 353 b Rdnr. 21. A.A. wohl *Tröndle/Fischer* § 353 b Rdnr. 12.
[115] Vgl. *Amelung*, FS Dünnebier, 1982, S. 487, 513; *Lackner/Kühl* § 353 b Rdnr. 13.
[116] *Henssler*, in Henssler/Koch, § 3 Rdnr. 29.
[117] *Lackner/Kühl* § 203 Rdnr. 22; *Schönke/Schröder/Cramer/Sternberg-Lieben* § 138 Rdnr. 23; *Tröndle/Fischer* § 203 Rdnr. 29.
[118] Nicht ganz eindeutig *Henssler*, in Henssler/Koch, § 3 Rdnr. 29.
[119] Die Freistellung stellt nach h.M. einen Rechtfertigungsgrund dar. Vgl. zur dogmatischen Einordnung *Lackner/Kühl* § 139 Rdnr. 2.

5. § 356 StGB – Parteiverrat

34   Der Tatbestand des § 356 StGB ist für das Mediationsverfahren deshalb zu beachten, weil der Rechtsanwalt als Mediator im Rahmen seiner Tätigkeit im Interesse beider Seiten vermittelt, das pflichtwidrige Dienen für beide Parteien in derselben Rechtssache aber gerade das Charakteristikum des Parteiverrats darstellt. Ein Parteiverrat ist auch nicht – wie bisweilen in der Literatur vertreten wird[120] – schon deshalb ausgeschlossen, weil § 18 der Berufsordnung für Rechtsanwälte die Mediation der anwaltlichen Tätigkeit zuordnet[121] und damit von ihrer Zulässigkeit ausgeht[122]. Zu Recht weist *Henssler*[123] darauf hin, dass die von der Satzungsversammlung der BRAK beschlossene Berufsordnung in der Normenhierarchie sowohl unter der BRAO als auch dem Strafgesetzbuch als formelle Gesetze steht. Sie kann daher weder § 43a BRAO[124] noch § 356 StGB modifizieren. Die Mediation ist damit lediglich in den von § 356 StGB gesetzten Grenzen zulässig, so dass die strafrechtliche Verantwortlichkeit wegen Parteiverrats nicht unterschätzt werden sollte[125]. Andererseits führt § 356 StGB auch nicht zu einem grundsätzlichen Betätigungsverbot für anwaltliche Mediatoren. Ob im Rahmen einer Mediation ein Parteiverrat gegeben ist, kann letztlich nur unter Berücksichtigung aller Umstände des jeweiligen Einzelfalls beurteilt werden.

35   **a) Geschütztes Rechtsgut.** Der Tatbestand des Parteiverrats schützt in erster Linie das **Vertrauen in die Integrität und Zuverlässigkeit** des Berufsstandes der Anwalt- und Beistandschaft[126]. Das Rechtsgut bedarf deshalb des strafrechtlichen Schutzes, weil Anwälte und Rechtsbeistände zentrale Aufgaben der Rechtspflege erfüllen und die Rechtsuchenden zur Wahrung ihrer Interessen nicht nur faktisch weitgehend darauf angewiesen, sondern häufig sogar gesetzlich verpflichtet sind, sich zur Durchsetzung ihrer Rechte eines Anwalts zu bedienen[127]. Es handelt sich im Falle des Absatzes 1, der bereits ein **Tätigwerden** eines Anwalts oder Rechtsbeistands für beide Parteien in derselben Rechtssache sanktioniert, um ein abstraktes Gefährdungsdelikt[128]. Dieses setzt daher nicht voraus, dass durch das Tätigwerden die Interessen der jeweiligen Partei tatsächlich beeinträchtigt werden. Im Falle des Absatzes 2, der einen qualifizierten Fall des Parteiverrats normiert, ist Voraussetzung, dass der Anwalt oder Beistand im Einvernehmen mit der anderen Partei zum Nachteil seiner Partei handelt, wobei der Eintritt eines Schadens auch hier nicht erforderlich ist[129].

---

[120] *Mähler/Mähler* NJW 1997, 1262, 1265; *dies.,* in Breidenbach/Henssler, S. 16 Fn. 14.

[121] Dazu, dass § 18 BerufsO nicht ausschlaggebend ist, vgl. *Henssler,* in Henssler/Koch, § 3 Rdnr. 6f., der freilich die Mediation zu den täteruntauglichen Funktionen zählt; vgl. ferner *Henssler* AnwBl. 1997, 129. Dazu auch unten Rdnr. 46.

[122] Vgl. dazu z. B. *Feuerich/Braun* § 18 BO Rdnr. 1.

[123] *Henssler,* in Henssler/Koch, § 3 Rdnr. 6.

[124] Zur berufsrechtlichen Pflicht nach § 43a Abs. 4 BRAO vgl. *Feuerich/Braun* § 43a BRAO Rdnr. 54ff.; *Eylmann,* in Henssler/Prütting, § 43a Rdnr. 106ff.

[125] *Glenewinkel* S. 317.

[126] Vgl. – ungeachtet leichter Differenzierungen – BGHSt 15, 332, 336; *Geppert* S. 30f.; *Lackner/ Kühl* § 356 Rdnr. 1; *Schönke/Schröder/Cramer* § 356 Rdnr. 1; *SK-Rudolphi* § 356 Rdnr. 3; *Tröndle/ Fischer* § 356 Rdnr. 1; ähnl. auch *NK-Kuhlen* § 356 Rdnr. 6; vgl. ferner *LK-Hübner* § 356 Rdnr. 1 ff., der von einem Rechtspflegedelikt ausgeht.

[127] Vgl. *Schönke/Schröder/Cramer* § 356 Rdnr. 1; *SK-Rudolphi* § 356 Rdnr. 3.

[128] *NK-Kuhlen* § 356 Rdnr. 6; *SK-Rudolphi* § 356 Rdnr. 5; *Tröndle/Fischer* § 356 Rdnr. 1.

[129] *Lackner/Kühl* § 356 Rdnr. 11; *NK-Kuhlen* § 356 Rdnr. 6; *Tröndle/Fischer* § 356 Rdnr. 1.

b) Täterkreis. Tauglicher Täter kann nur ein Anwalt oder ein anderer Rechtsbei- 36
stand sein, dem die Rechtsangelegenheit in dieser Eigenschaft anvertraut wurde. Es
handelt sich damit – wie bei § 203 StGB – um ein echtes Sonderdelikt, so dass auf
Teilnehmer § 28 I StGB anzuwenden ist[130]. Zum Täterkreis gehören der zugelassene
Rechts- und Patentanwalt, der Anwaltsnotar und der Notarsanwalt sowie der als
Rechtsanwalt zugelassene Syndikus eines privaten oder öffentlichen Unternehmens,
wenn er als unabhängiges Organ der Rechtspflege tätig wird[131]. Erfasst werden gemäß § 42 EuRAG auch Anwälte aus EG-Staaten[132]. Der Anwalt muss seinen Beruf
als **unabhängiger Sachwalter von Parteiinteressen** ausüben, was bei einem Anwalt
als Insolvenzverwalter[133], Testamentsvollstrecker[134], Vormund[135], Makler[136] oder
Syndikus im Bereich der weisungsgebundenen Tätigkeit[137] nicht der Fall sein soll.
Anknüpfungspunkt für die Strafbarkeit ist nämlich nicht die bloße Angehörigkeit
zum Anwaltsstand, sondern nur eine bestimmte unzulässige Handlungsweise[138].
Andererseits ist darauf hinzuweisen, dass entgegen missverständlichen Stellungnahmen in der Literatur die eben genannten Funktionen nicht per se täteruntaugli-
che Funktionen[139] sind. So kommt mit dem BGH eine Strafbarkeit des Rechtsanwalts, der als Insolvenzverwalter tätig wird, zwar nicht in Betracht, wenn er eine
wirtschaftlich verwaltende Tätigkeit ausübt, jedoch kann dies im Falle spezifisch
rechtsberatender Tätigkeit im Rahmen der Insolvenzverwaltung durchaus anders zu
beurteilen sein[140]. Zu den Rechtsbeiständen gehören alle Personen, die in vom Staat
anerkannter Weise Rechtsbeistand leisten oder vor einer Rechtspflegebehörde kraft
gesetzlicher Normierung oder kraft Zulassung im Einzelfall auftreten, wenn sie
ebenfalls unabhängige Sachwalter von Parteiinteressen sind. Daher werden auch
Rechtsbeistände nach dem Rechtsberatungsgesetz und Prozessagenten nach § 157
ZPO erfasst[141].

c) Anvertraute Angelegenheit. Es muss sich stets um eine „in dieser Eigenschaft", 37
d.h. als Anwalt oder Rechtsbeistand, anvertraute Angelegenheit handeln. Anvertrauen bedeutet die Übertragung der Wahrnehmung der Interessen auf Grund der
beruflichen Eigenschaft[142]. Unerheblich ist, ob dem Anwalt Tatsachen oder i.S.d.

---

[130] *Baumann/Pfohl* JuS 1983, 24; *Tröndle/Fischer* § 356 Rdnr. 1; *Schönke/Schröder/Cramer* § 356
Rdnr. 4
[131] Dazu *Lackner/Kühl* § 356 Rdnr. 2; LK-*Hübner* § 356 Rdnr. 12 ff.; *Schönke/Schröder/Cramer*
§ 356 Rdnr. 5.
[132] Dazu bereits oben Rdnr. 7.
[133] BGHSt 13, 231, 232; hierzu *Dingfelder/Friedrich* S. 12; *Geppert* S. 43 ff.
[134] *Dingfelder/Friedrich* S. 23 f.; LK-*Hübner* § 356 Rdnr. 31.
[135] BGHSt 24, 191.
[136] *Dingfelder/Friedrich* S. 27 und S. 82; LK-*Hübner* § 356 Rdnr. 31.
[137] Insoweit ist der Syndikus nicht als unabhängiger Sachwalter tätig geworden. § 356 setzt jedoch
voraus, dass er beiden Parteien als unabhängiges Organ der Rechtspflege gedient hat; vgl. OLG
Stuttgart NJW 1968, 1975, 1975; *Dingfelder/Friedrich* S. 12.
[138] BGHSt 20, 41, 42 f.; BGHSt 24, 191; *Schönke/Schröder/Cramer* § 356 Rdnr. 4; weiter *Geppert*
S. 43.
[139] So aber *Henssler*, in Breidenbach/Henssler, S. 81.
[140] Siehe auch *Dingfelder/Friedrich* S. 19.
[141] *Baumann/Pfohl* JuS 1983, 24, 25; *Dingfelder/Friedrich* S. 13 ff.; *Lackner/Kühl* § 356 Rdnr. 2.
A. A. *Tröndle/Fischer* § 356 Rdnr. 2, der Rechtsberater und Prozessagenten nicht als taugliche Täter
einstuft.
[142] BGHSt 24, 191; *Lackner/Kühl* § 356 Rdnr. 3; NK-*Kuhlen* § 203 Rdnr. 1; *Tröndle/Fischer* § 356
Rdnr. 3.

§ 203 StGB schützenswerte Geheimnisse mitgeteilt werden[143]. Die dem Anwalt einer Sozietät anvertraute Sache ist regelmäßig der Sozietät insgesamt anvertraut[144]. Im Einzelfall kann allerdings nach dem Willen des Mandanten eine Rechtssache auch nur einem Mitglied einer Sozietät anvertraut sein[145]. Zu beachten ist, dass es für die Anwendbarkeit des Tatbestandes genügt, dass nur eine Partei die Angelegenheit anvertraut hat, der Anwalt aber tatsächlich im Interesse beider Parteien tätig geworden ist[146].

38   d) Dieselbe Rechtssache. Unter einer Rechtssache i. S. d. § 356 StGB sind alle Angelegenheiten – unabhängig von einem bestimmten Rechtsgebiet – zu verstehen, die nach Rechtsgrundsätzen zu entscheiden sind, und bei denen mehrere Beteiligte, die widerstreitende Interessen verfolgen, vorkommen können [147]. Für die Frage, ob dieselbe Rechtssache gegeben ist, entscheidet der Interessenkreis, den der Auftraggeber dem Anwalt anvertraut[148]. Maßgeblich für die Beurteilung sind alle Tatsachen und Interessen, die sachlich-rechtlich in Betracht kommen können[149]. Die Sachidentität ist nicht auf einen Rechtsstreit in seinem formellen Ablauf beschränkt, sondern umfasst die gesamte streitige Angelegenheit in materieller Beziehung[150]. Unerheblich ist, ob es sich um ein oder mehrere Verfahren handelt[151]. Daher kann Parteiverrat beispielsweise auch bei Scheidung und Folgesachen vorliegen[152] oder bei einem Strafverfahren und einer damit in Zusammenhang stehenden Schadensersatzklage[153].

Dieselbe Rechtssache liegt im Bereich der Mediation beispielsweise vor, wenn der Anwalt eine der Parteien nach erfolgreichem Abschluss der Mediation bei der Durchführung der getroffenen Vereinbarung weiterberät. Andererseits kann aber auch die gleichzeitige anwaltliche Tätigkeit für einen der Beteiligen in einer anderen, nicht mit der Mediation in Zusammenhang stehenden Sache zulässig sein[154]. Abgesehen von der strafrechtlichen Relevanz ist ein solches Tätigwerden – wie im letztgenannten Fall geschildert – für die Praxis nicht empfehlenswert, weil der Anwalt nicht die für die Mediation notwendige Neutralität wahrt und damit zugleich das Vertrauen der anderen Partei in seine Person gefährdet[155].

39   e) Beiden Parteien dienen. Partei ist jeder, der an der Rechtssache rechtlich beteiligt und nicht nur tatsächlich interessiert ist[156]. Für die Stellung als Partei ist es be-

---

[143] Siehe BGHSt 18, 192, 193; *Schönke/Schröder/Cramer* § 356 Rdnr. 8; *Lackner/Kühl* § 356 Rdnr. 3.

[144] OLG Stuttgart NJW 1986, 948 f.; *Dingfelder/Friedrich* S. 62; *Tröndle/Fischer* § 356 Rdnr. 3.

[145] BGHSt 40, 188, 189; NK-*Kuhlen* § 203 Rdnr. 17.

[146] BGHSt 20, 41; BGH NStZ 1985, 74.

[147] BGHSt 18, 192; OLG Düsseldorf NStZ-RR 1996, 298; *Lackner/Kühl* § 356 Rdnr. 5; *Schönke/ Schröder/Cramer* § 356 Rdnr. 7.

[148] BGHSt 5, 301, 306 f.; *Schönke/Schröder/Cramer* § 356 Rdnr. 12; SK-*Samson* § 356 Rdnr. 16.

[149] BGH NStZ 1981, 479; OLG Düsseldorf NStZ-RR 1996, 298, 299; NK-*Kuhlen* § 356 Rdnr. 28; *Schönke/Schröder/Cramer* § 356 Rdnr. 11.

[150] *Dingfelder/Friedrich* S. 35; *Geppert* S. 61; *Tröndle/Fischer* § 356 Rdnr. 5.

[151] BGHSt 18, 192.

[152] BGHSt 17, 305; BGHSt 18, 192.

[153] BGH GA 61, 203; BayObLG NJW 1995, 606. Siehe *Dingfelder/Friedrich* S. 37 ff., mit zahlreichen Beispielen aus der Rechtsprechung.

[154] Siehe *Feuerich/Braun* § 18 BO Rdnr. 4.

[155] Vgl. auch *Feuerich/Braun* § 18 BO Rdnr. 1, die fordern, dass der Anwalt sich dabei „größte Zurückhaltung" auferlegt.

[156] Vgl. *Dingfelder/Friedrich* S. 44 f.; *Lackner/Kühl* § 356 Rdnr. 4; *Schönke/Schröder/Cramer* § 356 Rdnr. 13.

reits ausreichend, dass eine rechtliche Beratung stattgefunden hat. Ob letztlich ein Prozess stattfindet, ist unerheblich[157].

Unter „Dienen" ist jede berufliche Tätigkeit rechtlicher oder tatsächlicher Art zu verstehen, durch die das Interesse der Partei gefördert werden soll. Ein Dienen kann auch durch den Einsatz von Mitarbeitern oder Hilfskräften gegeben sein[158]. Der Anwalt muss, damit die Handlung tatbestandsmäßig ist, **beiden Parteien** dienen. Nicht erforderlich ist, dass er beiden Parteien gleichzeitig dient. Dient er zunächst der einen Partei und anschließend der anderen Partei, so kann das zweite Dienen den Tatbestand erfüllen[159]. Der Anwalt dient in seiner **Funktion als Mediator** auf Grund seiner neutralen Stellung als Vermittler[160] regelmäßig beiden Parteien, da trotz der unterschiedlichen Ausgangsinteressen in der Sache selbst ein übergeordnetes gemeinsames Interesse der Einigung, für das er tätig wird, vorliegt[161]. Dagegen liegt beim Anwalt, der als **Parteivertreter** nur auf einer Seite tätig wird, ein Dienen für beide Parteien grundsätzlich nicht vor. Dies gilt auch dann, wenn er mit Zustimmung seines Mandanten der Gegenpartei günstige Informationen mitteilt, die diese in einem späteren Gerichtsverfahren zu ihren Gunsten verwerten kann[162]. Auch die mangelbehaftete Tätigkeit für eine Partei ist kein gleichzeitiges Dienen für die andere Partei, selbst wenn diese dadurch indirekt Vorteile erhält[163].

    f) **Die Pflichtwidrigkeit des Dienens.** Ein pflichtwidriges Dienen des Anwalts liegt   **40** vor, wenn er der anwaltlichen Berufspflicht des § 43 a Abs. 4 BRAO zuwider tätig wird, d.h. eine andere Partei in derselben Rechtssache bereits im **entgegengesetzten Interesse** beraten oder vertreten hat. Das entgegengesetzte Interesse ist als ungeschriebenes Merkmal Inhalt des Tatbestandes des Parteiverrates[164]. Für die Verwirklichung des Tatbestandes ist es ausreichend, wenn das entgegengesetzte Interesse erst im Verlaufe einer Rechtsangelegenheit eintritt[165].

    Umstritten ist, ob und inwieweit der die Pflichtwidrigkeit des Handelns begrün-   **41** dende Interessengegensatz durch die Parteien aufgehoben werden kann. Dies wird zumeist davon abhängig gemacht, ob der Interessengegensatz objektiv oder subjektiv nach dem Parteiwillen zu bestimmen ist[166]. Richtigerweise stehen sich jedoch die

---

[157] *Geppert* S. 51 f.; *Lackner/Kühl* § 356 Rdnr. 4.
[158] *Lackner/Kühl* § 356 Rdnr. 6; LK-*Hübner* § 356 Rdnr. 33.
[159] OLG Stuttgart NJW 1986, 948; *Lackner/Kühl* § 356 Rdnr. 6.
[160] Zur neutralen Stellung vgl. OLG Hamm MDR 1999, 836; ferner Ziff. 3 des Schlussberichtes des BRAK-Ausschusses – „wird der RA für alle und gegen keine der Parteien tätig"; vgl. ferner *Alexander*, Wirtschaftsmediation in Theorie und Praxis, Diss. Tübingen, 1999, S. 170.
[161] Dazu unten Rdnr. 44.
[162] *Meyer* AnwBl. 2000, 80, 81.
[163] Siehe *Dingfelder/Friedrich* S. 60.
[164] BGHSt 5, 284, 287; BGHSt 7, 17, 22; BGHSt 15, 332, 336; BGHSt 18, 192, 200; BGH NStZ 1982, 465; *Dingfelder/Friedrich* S. 66 f. und S. 75 f.; *Geppert* S. 87; *Lackner/Kühl* § 356 Rdnr. 7; LK-*Hübner* § 356 Rdnr. 76; NK-*Kuhlen* § 356 Rdnr. 38. Vgl. auch *Geppert* S. 127 f., wonach die Pflichtwidrigkeit nur ein Hinweis auf die Rechtswidrigkeit sein soll.
[165] BGHSt 18, 192, 193; BayObLG NJW 1989, 2903; *Lackner/Kühl* § 356 Rdnr. 7; LK-*Hübner* § 356 Rdnr. 96.
[166] So auch BGHSt 5, 284, 287; BGHSt 15, 332, 335 f.; BGH NStZ 1985, 74; OLG Zweibrücken NStZ 1995, 35 f., m. Anm. *Dahs* NStZ 1995, 16, 17. *Dingfelder/Friedrich* S. 73 ff.; *Geppert* S. 99. A. A. subjektive Bestimmung BGHSt 5, 301, 307; LK-*Hübner* § 356 Rdnr. 81, soweit dies nicht dem Allgemeininteresse widerspricht. Teilweise wird auch danach differenziert, ob dem Streit eine „disponible Rechtssache" zugrunde liegt, so dass nur eine subjektive Beurteilung maßgebend sein soll, oder nicht, so dass auf Maßstäbe anzulegen sein sollen, so *Schönke/Schröder/ Cramer* § 356

objektive und subjektive Beurteilung nicht als striktes Gegensatzpaar gegenüber[167]. Zwar wird man im Ausgangspunkt für eine objektive Sichtweise streiten müssen, weil § 356 StGB in erster Linie das Vertrauen in die Integrität der Rechtspflege schützt, das unabhängig vom subjektiven Willen der Parteien ist. Die bloße Zustimmung durch die Parteien kann daher die Pflichtwidrigkeit des Handelns nicht per se entfallen lassen[168]. Auch vermögen Fehleinschätzungen der Parteien an der Pflichtwidrigkeit des Handelns grundsätzlich nichts zu ändern[169]. Aus diesem Grunde ist – mangels Disponibilität des Rechtsguts – auch eine rechtfertigende Einwilligung des Auftraggebers in pflichtwidrige Handlungen abzulehnen[170]. Andererseits kann die Zustimmung beider Parteien im Rahmen der objektiven Gesamtbetrachtung, ob eine Pflichtwidrigkeit gegeben ist, Berücksichtigung finden[171]. Insbesondere bestimmen die Parteien mit ihren (subjektiven) Zielsetzungen den Gegenstand und Umfang der anvertrauten Rechtssache und beeinflussen daher – innerhalb der rechtlichen Grenzen und ihrer Dispositionsbefugnis in der jeweiligen Rechtssache[172] – zumindest indirekt das Auftreten eines Interessengegensatzes[173].

42   Angesichts dessen, dass eine pauschale Beurteilung der Frage des Interessengegensatzes kaum möglich ist, soll nachfolgend hinsichtlich der Mediation auf die praktisch **bedeutsamsten Fallgruppen** eingegangen werden. Vorab soll diesbezüglich noch darauf hingewiesen werden, dass die Pflichtenbindung nicht bereits mit dem Erlöschen des Auftrages endet. Mit anderen Worten: Parteiverrat ist auch noch nach Beendigung des Mandats möglich, weil die Angelegenheit dem Anwalt weiter anvertraut bleibt[174]. Auch ist es für eine etwaige Strafbarkeit nach § 356 StGB unerheblich, welche der Parteien, für die der Anwalt tätig geworden ist, er an die Gegenpartei verrät[175].

43   *aa) Tätigkeit nur als Parteivertreter.* Eine Strafbarkeit wegen Parteiverrats scheidet von vornherein aus, wenn der Anwalt **nur eine Seite als Parteivertreter** im Mediationsverfahren vertritt. Unerheblich ist insoweit, ob der Anwalt für dieselbe Partei in derselben Sache zusätzlich in einem etwaigen Gerichtsverfahren tätig wird. Auf die Frage der Pflichtwidrigkeit kommt es in diesem Zusammenhang nicht an, weil der Anwalt nicht beiden Parteien dient. Anderes – Parteiverrat – gilt dann,

Rdnr. 18; *Meyer* AnwBl. 2000, 80, 81. Vgl. hierzu näher die ausführliche Darstellung bei NK-*Kuhlen* § 356 Rdnr. 42 ff.
[167] Vgl. auch SK-*Rudolphi* § 356 Rdnr. 27.
[168] Vgl. BGHSt 4, 80, 82 f.; BGHSt 18, 192, 198; *Baumann/Pfohl* JuS 1983, 24, 27; NK-*Kuhlen* § 356 Rdnr. 42.
[169] Ähnl. *Dingfelder/Friedrich* S. 74, wonach der Interessenwiderstreit nicht auf Grund der falschen subjektiven Ansicht des Mandanten entfallen können soll.
[170] *Dingfelder/Friedrich* S. 77 f.; *Lackner/Kühl* § 356 Rdnr. 9.
[171] Vgl. BGHSt 15, 332 335 ff.; *Dahs* NStZ 1991, 561, 564 f.; *Dingfelder/Friedrich* S. 74.
[172] Eine davon zu trennende Frage ist es, dass die rechtlichen Grenzen des jeweiligen Rechtsgebiets hinsichtlich der Wirksamkeit einer getroffenen Mediationsvereinbarung zu beachten sind. Daher muss, wenn im Wege der Mediation eine Einstellung des Strafverfahrens gemäß §§ 153 ff. StPO vereinbart wird, dies selbstverständlich im Einklang mit den Vorschriften der Strafprozessordnung erfolgen. Zum Verzicht auf die Fahrerlaubnis als Instrument zur Beendigung von Strafverfahren gemäß §§ 153 ff. StPO, zur Bindungswirkung solcher Absprachen für die Beteiligten und zur Einbeziehung anderer zuständiger Stellen vgl. *Eisele* NZV 1999, 232 ff.
[173] Siehe BGHSt 7, 17, 20; BGHSt 15, 332, 334; ausführlich hierzu NK-*Kuhlen* § 356 Rdnr. 48.
[174] BGHSt 4, 80, 83; BGHSt 18, 192, 193; *Dingfelder/Friedrich* S. 87; *Schönke/Schröder/Cramer* § 356 Rdnr. 8.
[175] BGHSt 20, 41, 42.

wenn der Anwalt zunächst die eine Seite berät oder im Prozess vertritt, anschließend aber für die Gegenpartei im Mediationsverfahren tätig wird.

bb) Tätigkeit als Mediator im Mediationsverfahren. Der Mediator handelt im   44
Rahmen des Mediationsverfahrens regelmäßig nicht pflichtwidrig, da beide Parteien ein gemeinsames Interesse an der Lösung des Konflikts und der Vermeidung eines Gerichtsverfahrens besitzen. Es besteht – trotz der unterschiedlichen Ausgangsinteressen in der Sache selbst – ein gemeinsames Interesse an der Einigung, für das der Mediator ausschließlich tätig wird[176]. Dies gilt auch, wenn es der Einigungszweck erforderlich macht, dass die Parteien jeweils Ansprüche zugunsten der Gegenpartei aufgeben[177]. Der Mediator wird für beide und gegen keine der Parteien tätig, wenn er zur Vermeidung von Rechtsstreitigkeiten und zur Wahrung des Parteifriedens handelt[178]. Entscheidend ist, dass der im Ausgangspunkt bestehende Interessenwiderstreit nicht in die dem Anwalt als Mediator anvertraute Rechtsangelegenheit miteinbezogen wird, wenn er **lediglich zur Vermittlung beauftragt** wird[179]. Hier gewinnt also die oben angesprochene subjektive Zielsetzung der Parteien im Rahmen der objektiven Beurteilung, ob ein pflichtwidriges Tätigwerden vorliegt, an Bedeutung. Der Anwalt muss diese Voraussetzungen im jeweiligen Einzelfall freilich sorgfältig prüfen[180]. Dass der Mediator durch seine Beteiligung am Mediationsverfahren keinen Parteiverrat begeht, bestätigt im Übrigen auch ein Blick auf das von § 356 StGB geschützte Rechtsgut. Der Mediator, der zur außergerichtlichen Konfliktbeilegung und damit zur Vermeidung eines gerichtlichen Verfahrens beiträgt, beeinträchtigt nicht das Vertrauen in die Integrität und Zuverlässigkeit des Berufsstandes der Anwalt- und Beistandschaft, sondern trägt zur Wahrung und Förderung dieses Vertrauens bei.

Dies gilt auch für den am häufigsten diskutierten Fall der **einverständlichen**   45
Scheidung i. S. d. § 630 ZPO[181]. Das ohnehin kaum zutreffende Argument, dass auf Grund der Struktur des Scheidungsverfahrens im Hinblick auf das Allgemeininteresse an der Eheerhaltung ein unauflösbarer Interessengegensatz zwischen den Ehepartnern gegeben sei[182], vermag jedenfalls für das Mediationsverfahren nicht zu überzeugen[183]. Denn in allen Streitigkeiten, in denen ein Mediationsverfahren durchgeführt wird, liegt im Ausgangspunkt ein Interessenskonflikt zwischen den Parteien zugrunde. Dieser wird aber im Hinblick auf die Tätigkeit des Mediators

---

[176] Vgl. Ziff. 3 des Schlussberichtes des BRAK-Ausschusses; *Alexander,* Wirtschaftsmediation in Theorie und Praxis, Diss. Tübingen, 1999, S. 170; *Ewig* BRAK-Mitt. 1996, 147; *Eylmann,* in Henssler/Prütting, § 43a Rdnr. 148; *Feuerich/Braun* § 43a BRAO Rdnr. 65 und § 18 BO Rdnr. 3; *Henssler* AnwBl. 1997, 129, 131; *ders.,* in Breidenbach/Henssler, S. 81; *Jessnitzer/Blum-berg,* Bundesrechtsanwaltsordnung, 9. Aufl. 2000, § 43a Rdnr. 4; *Mähler/Mähler* NJW 1997, 1262, 1265; *Meyer* AnwBl. 2000, 80, 82; NK-*Jung* § 356 Rdnr. 50; *Ponschab* AnwBl. 1993, 430, 434; *Strempel* AnwBl. 1993, 434, 435.
[177] Vgl. RG JW 1929, 3168, 3169, für Vergleichsverhandlungen.
[178] RGSt 14, 364, 379 – „nützliche und zur Verhinderung und Beseitigung von Prozessen dienliche Tätigkeit des Anwalts"; RG JW 1929, 3168, 3169; *Geppert* S. 94 f.; *Haffke,* in Duss-von Werdt, S. 96; *Meyer* AnwBl. 2000, 80, 82.
[179] Siehe RG JW 1929, 3168, 3169; BGHSt 5, 307 f.; *Geppert* S. 90 f.
[180] Vgl. Ziff. 3 des Schlussberichtes des BRAK-Ausschusses.
[181] Dazu *Glenewinkel* S. 318 ff.; *Haffke,* in Duss-von Werdt, S. 97; vgl. ferner *Baumann/Pfohl* JuS 1983, 24, 27 f.
[182] Vgl. z. B. BGHSt 4, 80, 83; *Dingfelder/Friedrich* S. 72; LK-*Hübner,* 10. Aufl., § 365 Rdnr. 83.
[183] Eingehend *Haffke,* in Duss-von Werdt, S. 96 ff.

durch das vorrangige gemeinsame Ziel einer außergerichtlichen Konfliktbeilegung überlagert. Daran ändert auch der Umstand nichts, dass sich beide Parteien bei Scheitern der Mediation möglicherweise in einem Rechtsstreit gegenüberstehen[184].

Daher gilt es bei der einverständlichen Scheidung – wie auch bei anderen Streitgegenständen –, zwischen einem möglicherweise anhängigen gerichtlichen Verfahren und der außergerichtlichen Konfliktbeilegung strikt zu trennen[185]. Für die hier zu behandelnde Mediation bedeutet dies, dass kein pflichtwidriges Handeln vorliegt, solange der Anwalt als Mediator tätig wird, ohne für eine Seite Partei zu ergreifen. Ein Parteiverrat kann in diesen Fällen allenfalls gegeben sein, wenn der Mediator in derselben Sache für eine der Parteien parallel[186] oder nachfolgend[187] in einem gerichtlichen Verfahren als Parteivertreter tätig wird.

46   *cc) Parteivertretung nach zuvor erfolgter Tätigkeit als Mediator. (1) Nachfolgende Vertretung im gerichtlichen Verfahren.* Bei **einem Scheitern der Mediation** handelt der Anwalt, der zuvor als Mediator tätig war, pflichtwidrig, wenn er nunmehr eine Partei im nachfolgenden Rechtsstreit in dieser Angelegenheit vertritt[188]. Dafür spricht, dass der Anwalt, der vertrauliche Informationen im Rahmen der Mediation erhalten hat – ungeachtet einer etwaigen Strafbarkeit gemäß § 203 StGB –, diese nicht in einem nachfolgenden Rechtsstreit zugunsten einer Partei verwerten kann, ohne dass dadurch das Vertrauen in die Integrität und Zuverlässigkeit des Berufsstandes und damit das Schutzgut beeinträchtigt würde. Der Anwalt ist im Rahmen der Mediation zunächst für beide Parteien tätig geworden[189], indem er sich in deren Interesse um eine Vermittlung bemüht hat. Wird er nun für eine Partei im Sinne ihres Ausgangsinteresses bei der Rechtsdurchsetzung tätig, so dient er einem gegenläufigen Interesse. Dasselbe gilt, wenn die Mediation zwar nicht scheitert, jedoch auf Grundlage der zunächst getroffenen Vereinbarung eine **neue Streitigkeit** in derselben Angelegenheit entsteht[190]. Daher ist es letztlich zu pauschal, wenn die Mediation im Schrifttum mitunter zu den täteruntauglichen Funktionen des Anwalts gezählt wird[191]. Denn ansonsten wäre die Tätigkeit eines Anwalts als Mediator im

---

[184] *Glenewinkel* S. 320; *Haffke*, in Duss-von Werdt, S. 97 f.
[185] *Glenewinkel* S. 319; *Schulz* AnwBl. 1994, 273, 274.
[186] *Dingfelder/Friedrich* S. 70, wonach der Anwalt während der Vergleichsverhandlungen nicht die eine Partei gegen die andere verklagen darf; NK-*Jung* § 356 Rdnr. 50.
[187] Dazu sogleich unten Rdnr. 30.
[188] Vgl. RGSt 45, 305 ff.; BGHSt 18, 192, 198; Ziff. 3 des Schlussberichtes des BRAK-Ausschusses; *Dingfelder/Friedrich* S. 69 f.; *Eylmann*, in Henssler/Prütting, § 43 a Rdnr. 148; *Feuerich/Braun* § 43 a BRAO Rdnr. 65 und § 18 BO Rdnr. 3; *Glenewinkel* S. 322; *Groß* FPR 2000, 136, 138; *Haffke*, in Duss-von Werdt, S. 101; *Lackner/Kühl* § 356 Rdnr. 7; LK-*Hübner* § 365 Rdnr. 86; *Meyer* AnwBl 2000, 80, 82; NK-*Kuhlen* § 356 Rdnr. 50; *Ponschab* AnwBl. 1993, 430, 434; SK-*Rudolphi* § 356 Rdnr. 28; *Strempel* AnwBl. 1993, 434, 435 f. LG Hamburg AnwBl. 1980, 120 (121). A. A. BGH AnwBl. 1955, 69, 70; dem folgend *Schönke/Schröder/Cramer* § 356 Rdnr. 15, weil der Anwalt bei der Vermittlung nicht einer Partei gedient habe. Entsprechend verbieten z. B. die Richtlinien für Mediation in Wirtschaft und Arbeitswelt, Bundesverband Mediation in Wirtschaft und Arbeitswelt (BMWA), III. 1., nach gescheiterter oder beendeter Mediation die Vertretung einer Partei; nach § 4 Abs. 1 der Verfahrensordnung der Gesellschaft für Wirtschaftsmediation und Konfliktmanagement (gwmk) ist unabhängig vom Erfolg der Mediation der Mediator nicht befugt, eine der Parteien zu beraten oder zu vertreten.
[189] RGSt 45, 305, 306 f., wo ebenfalls betont wird, dass der Anwalt im Rahmen von Ausgleichsbemühungen für beide Seiten tätig wird, so dass er anschließend keine Partei mehr vertreten darf.
[190] Vgl. *Dingfelder/Friedrich* S. 69 f.; LK-*Hübner* § 365 Rdnr. 86.
[191] Siehe *Henssler* AnwBl. 1997, 129, 131; *ders.*, in Breidenbach/Henssler, S. 81; *ders.*, in Henssler/Koch, § 3 Rdnr. 7. Vgl. hierzu die zutreffende Kritik von NK-*Kuhlen* § 356 Rdnr. 50.

Rahmen des § 356 StGB überhaupt nicht zu beachten, so dass auch das spätere Tätigwerden für eine Partei im Hinblick auf die zuvor erfolgte Mediation kein pflichtwidriges Verhalten und damit eine Strafbarkeit begründen könnte[192]. Insoweit ist aber zu beachten, dass das erste Dienen zwar nicht Tathandlung, jedoch dennoch Tatbestandsvoraussetzung ist[193].

(2) *Parteivertretung bei der Durchführung einer im Rahmen der Mediation geschlossenen Vereinbarung.* Umstritten ist die Frage der Pflichtwidrigkeit für den Fall, dass der Mediator nach erfolgreicher Mediation die Parteien bei der Durchführung der getroffenen Vereinbarung weiterberät[194]. Solange der Anwalt **beide Parteien** bei der Durchführung der getroffenen Vereinbarung im beiderseitigen Interesse berät, um den Erfolg der Mediation zu sichern, steht weiter das gemeinsame Interesse an der Bereinigung des Konflikts und der Vermeidung eines Gerichtsverfahrens im Vordergrund. Der Anwalt handelt daher in diesem Fall nicht pflichtwidrig. Auf denselben Standpunkt kann man sich stellen, wenn er zwar nur eine Partei zum Zwecke der erfolgreichen Durchführung der Mediationsvereinbarung berät, dies jedoch auch im Interesse der anderen Partei liegt oder diese damit gar einverstanden ist, um einen Rechtsstreit zu vermeiden[195]. Allerdings gilt es zu berücksichtigen, dass bei der Abwicklung einer Mediationsvereinbarung alte Streitpunkte oder neue Interessengegensätze zu Tage treten können[196]. Insoweit ist zu beachten, dass sich der Mediator nach der Rechtsprechung des BGH auch dann in die Gefahr einer Strafbarkeit wegen Parteiverrats begibt, wenn der Interessengegensatz erst nach Tätigkeitsübernahme zu Tage tritt[197]. Dies gilt umso mehr in Konstellationen, in denen ein parallel geführtes gerichtliches Verfahren noch beendet werden muss, weil dieses weiterhin vom Interessengegensatz – durch die jeweilige Antragstellung im Verfahren konkretisiert – geprägt ist[198]. Auf Grund dieses strafrechtlichen Haftungsrisikos empfiehlt es sich für den Mediator, nach Abschluss einer Mediationsvereinbarung in der Rechtssache nicht weiter tätig zu werden und die Beratung anderen Anwälten als Parteivertretern zu überlassen[199]. 47

dd) Tätigkeit als Mediator nach bereits erfolgter Parteivertretung. Schwierigkeiten bereitet auch der Fall, dass der Anwalt bereits Parteivertreter einer Seite war, dann aber anschließend als Mediator tätig wird. Im Hinblick auf das von § 356 StGB geschützte Rechtsgut könnten jedenfalls deshalb zunächst Bedenken bestehen, weil der Anwalt im Rahmen des Mandats als Parteivertreter möglicherweise vertrauliche Informationen erhalten hat, die er im Rahmen der Mediation in einen Lö- 48

---

[192] NK-*Kuhlen* § 356 Rdnr. 50.
[193] BGH NStZ 1985, 74; *Feuerich/Braun* § 43a BRAO Rdnr. 66.
[194] Zumeist wird ein Tätigwerden nach abgeschlossener Mediation als pflichtwidrig angesehen, ohne freilich die hier vorgenommene Differenzierung zwischen erfolgreicher und erfolgloser Mediation vorzunehmen; vgl. die Nachweise in Fn. 188. Wie hier *Glenewinkel* S. 324.
[195] So *Haffke*, in Duss-von Werdt, S. 101, der der Ansicht ist, dass die Interessen der Parteien offensichtlich gleich gerichtet sind.
[196] *Glenewinkel* S. 324.
[197] BGHSt 18, 192, 193; *Glenewinkel* S. 324. Siehe ferner *Dingfelder/Friedrich* S. 66.
[198] Daher endet der Interessengegensatz auch nicht zwingend mit Abschluss eines Vergleichs; vgl. RGSt 60, 302, 304; *Dingfelder/Friedrich* S. 68.
[199] Vgl. auch die Richtlinien des Bundesverbandes Mediation in Wirtschaft und Arbeitswelt, III. 1; ferner § 4 Abs. 1 der Verfahrensordnung der Gesellschaft für Wirtschaftsmediation und Konfliktmanagement (gwmk), abgedruckt bei § 27 Rdnr. 62.

sungsvorschlag einfließen lassen und damit die Gegenpartei begünstigen kann[200]. Im Hinblick auf § 203 StGB ist ferner darauf hinzuweisen, dass bereits der Umstand, dass der Rechtsanwalt zuvor ein Mandat für eine Partei geführt hat, als Geheimnis der Verschwiegenheitspflicht unterliegen kann, so dass der Anwalt in einem solchen Fall ohne Entbindung von der Schweigepflicht die am Mediationsverfahren Beteiligten nicht über die Vorbefassung mit der Rechtssache aufklären kann[201].

49   Teilweise wird dieser Konstellation jedoch bereits deshalb strafrechtliche Relevanz abgesprochen, weil die **Mediation** eine gegenüber der anwaltlichen Tätigkeit **eigenständige Tätigkeit** darstelle und nicht mit dieser gleichgesetzt werden dürfe[202]. Diese Argumentation begegnet jedoch deshalb Bedenken, weil sie in die Richtung der oben als zu pauschal kritisierten täteruntauglichen Funktion des Mediators abzielt[203] und damit den unterschiedlichen Konstellationen, die im Rahmen der Mediation auftreten können, nicht gerecht wird. Andererseits ist nicht zu verkennen, dass sich der ursprüngliche Auftraggeber mit der Vermittlung durch den Anwalt einverstanden erklärt und somit den ursprünglichen Auftragsgegenstand modifiziert hat. Der Anwalt, der später als Mediator tätig wird, handelt daher weiterhin im Interesse seines Mandanten, der nunmehr das Ziel einer einvernehmlichen Lösung des Konflikts verfolgt. Ein solches Verhalten ist nicht als pflichtwidrig zu werten, solange der Anwalt im Konflikt lediglich vermittelt und nicht für den ursprünglichen Mandanten Partei ergreift[204]. Dies stellt auch keinen Wertungswiderspruch zu dem oben gefundenen Ergebnis dar, dass die Parteivertretung nach erfolgter Mediation einen Parteiverrat begründet. Denn dort wurde der Anknüpfungspunkt für die Strafbarkeit in dem Tätigwerden als Parteivertreter im Interesse einer der Parteien gesehen, während in der hier erörterten Konstellation nur die Mediation selbst als Anknüpfungspunkt in Betracht kommt, da der Anwalt erst zu diesem Zeitpunkt für beide Seiten tätig geworden ist. Die hier vertretene Ansicht dürfte auch im Einklang mit der sonstigen höchstrichterlichen Rechtsprechung zu § 356 StGB stehen. Nach einer Entscheidung des OLG Düsseldorf[205] soll beispielsweise kein Parteiverrat gegeben sein, wenn der Rechtsanwalt zunächst einseitig für Mitgesellschafter einer OHG tätig wird, die in einem Interessengegensatz zu einem anderen Gesellschafter stehen, dann später aber die OHG, d.h. alle Gesellschafter, in derselben Angelegenheit auf Grund eines einstimmigen Gesellschafterbeschlusses mit gleichlaufendem Interesse gegenüber einem Dritten vertritt. Ein anwaltliches Tätigwerden, das nur gleichlaufenden Interessen dient, kann damit nicht strafbegründend wirken. Obwohl demnach eine Strafbarkeit wegen Parteiverrats in diesen Konstellationen

---

[200] Für eine Pflichtwidrigkeit – jedoch jeweils ohne nähere Begründung – Ziff. 3 des Schlussberichtes des BRAK-Ausschusses; *Groß* FPR 2000, 136, 138; *Schulz* AnwBl. 1994, 273, 274.
[201] Siehe auch *Hartung/Holl* § 18 BerufsO Rdnr. 30.
[202] *Glenewinkel* S. 317 f.; *Feuerich/Braun* § 18 BO Rdnr. 4 halten eine Übernahme der Mediation trotz anwaltlicher Vorbefassung für eine Partei mit § 43 a BRAO für vereinbar, wenn diesbezüglich ein allseitiges Einverständnis vorliegt; kritisch im Hinblick auf die Berufspflichten *Hartung/Holl* § 18 BerufsO Rdnr. 30 ff.
[203] Vgl. oben Rdnr. 36.
[204] Vgl. auch RG JW 1929, 3168, 3169, wonach Parteiverrat ausscheiden soll, wenn der Anwalt mit Zustimmung des ursprünglichen Auftraggebers zum Zwecke der Herbeiführung eines gerechten Ausgleichs beide Parteien berät; vgl. ferner RGSt 45, 305, 309. BGHSt 18, 192, 198: Keine Pflichtwidrigkeit, wenn der Anwalt bei seinem zweiten Auftrag nur gleich gerichtete Belange der Beteiligten vertritt; ferner SK-*Rudolphi* § 356 Rdnr. 28.
[205] OLG Düsseldorf NStZ-RR 1996, 298.

grundsätzlich zu verneinen ist, empfiehlt sich eine Übernahme der Mediatorentätigkeit nach bereits übernommener Parteivertretung nicht. Denn die Neutralität des
Anwalts, der bereits für eine Partei tätig wurde und dessen Position vertreten hat,
kann leicht in Zweifel gezogen werden, so dass das notwendige Vertrauen für eine
erfolgreiche Mediation letztlich fehlen kann[206].

Eine Strafbarkeit des Mediators wegen Parteiverrats kommt bei nachfolgender 50
Mediatorentätigkeit jedoch dann in Betracht, wenn das ursprüngliche Mandat für
die Partei trotz des Mediationsverfahrens in einem Gerichtsverfahren parallel fortgeführt wird[207]. Selbst bei Ruhen des Verfahrens liegt weiterhin eine Prozessgegner-
schaft vor, so dass die gegenläufigen Interessen fortbestehen.

g) Subjektiver Tatbestand. Der Vorsatz muss sich auf alle Merkmale des objekti- 51
ven Tatbestandes beziehen. Er muss insbesondere die Merkmale umfassen, die den
Interessengegensatz begründen. Ansonsten liegt ein Tatbestandsirrtum i. S. d. § 16
Abs. 1 S. 1 StGB vor, der den Vorsatz entfallen lässt[208]. Hält der Anwalt trotz
Kenntnis dieser Umstände sein Handeln lediglich nicht für pflichtwidrig, so unter-
liegt er einem Verbotsirrtum gemäß § 17 StGB[209].

III. Strafprozessuale Fragen

Die nachfolgend behandelten strafprozessualen Fragen stehen in engem Zusam- 52
menhang mit der in § 203 StGB normierten Schweigepflicht. Das **Zeugnisverweigerungsrecht** ist mit § 203 StPO verknüpft, weil die in § 53 StPO genannten Personen
die Geheimnisse auch im Strafprozess nicht preisgeben müssen. Das in § 97 StPO
normierte **Beschlagnahmeverbot** soll zudem eine Umgehung des Zeugnisverweigerungsrechts durch Beschlagnahme von Unterlagen verhindern. Für das Mediationsverfahren erlangen § 53 StPO und § 97 StPO dadurch Bedeutung, dass auf Grund
des vertraulichen Charakters des Verfahrens im Einzelfall Tatsachen offenbar werden können, die möglicherweise auf die Straftat einer Partei hindeuten. Relevant ist
dies beispielsweise bei der Mediation im strafrechtlichen Ermittlungsverfahren,
wenn der Beschuldigte dem Mediator gegenüber ein Geständnis ablegt. Freilich ist
die Bedeutung des strafprozessualen Zeugnisverweigerungsrechts und Beschlagnahmeverbots keineswegs darauf beschränkt. Bei der Familienmediation ist z. B. an
das Bekanntwerden eines Betruges gemäß § 263 StGB zu denken, wenn eine Partei
im Vorfeld unzutreffende Angaben über das Einkommen gemacht hat, um geringere
Unterhaltsleistungen erbringen zu müssen. Ferner dürfte in diesem Bereich die Verletzung der Unterhaltspflicht, die strafrechtlich in § 170 StGB pönalisiert ist, praktische Bedeutung haben. Bei der Mediation im Insolvenzverfahren können Umstände

---

[206] Vgl. auch die Richtlinien der Bundesarbeitsgemeinschaft für Familien-Mediation (BAFM), III. 1.
– „als Mediator ungeeignet"; ferner die Richtlinien des Bundesverbandes Mediation in Wirtschaft
und Arbeitswelt, III. 1. – „darf als Mediator im Mediationsverfahren nicht tätig werden"; § 4
Abs. 2 der Verfahrensordnung der Gesellschaft für Wirtschaftsmediation und Konfliktmanagement
(gwmk), wonach als Mediator ausgeschlossen ist, wer eine Partei zuvor in derselben Angelegenheit beraten oder vertreten hat; siehe ferner *Hartung/Holl* § 18 BerufsO Rdnr. 31.
[207] Siehe NK-*Jung* § 356 Rdnr. 50.
[208] BGHSt 15, 332, 338 ff.
[209] Näher *Dingfelder/Friedrich* S. 90; *Lackner/Kühl* § 356 Rdnr. 8.

offenbart werden, die einen Schluss auf Insolvenzstraftaten nach §§ 283 ff. StGB oder das Vorenthalten und Veruntreuen von Arbeitsentgelt nach § 266 a StGB zulassen. Letztlich ist in ganz unterschiedlichen Anwendungsgebieten der Mediation an das Bekanntwerden von Tatsachen zu denken, die auf eine Steuerhinterziehung gemäß § 370 AO hindeuten.

1. § 53 StPO – Zeugnisverweigerungsrecht aus beruflichen Gründen

53   Die Vorschrift des § 53 StPO dient dem **Schutz des Vertrauensverhältnisses** zwischen dem Berufsangehörigen und demjenigen, der dessen Sachkunde in Anspruch nimmt[210]. Der Rat- und Hilfesuchende soll sich an einer rückhaltlosen Offenbarung nicht dadurch gehindert fühlen, dass die Vertrauensperson das Anvertraute ggf. in einem Prozess preisgeben muss[211]. Die Vorschrift ergänzt daher für bestimmte Berufgruppen die in § 203 StGB normierte Verschwiegenheitpflicht. Um eine Umgehung des Zeugnisverweigerungsrechts der in § 53 StPO genannten Berufe durch Vernehmung von Hilfspersonen zu verhindern, bezieht § 53 a StPO – wie § 203 Abs. 3 StGB – diese in das Zeugnisverweigerungsrecht mit ein[212].

54   **a) Erfasster Personenkreis.** Nicht allen Berufsgruppen, die in der Praxis Mediation betreiben, steht ein gesetzliches Zeugnisverweigerungsrecht gemäß § 53 StPO zu. Nicht einmal alle nach § 203 StGB zur Verschwiegenheit Verpflichteten können sich auf ein Zeugnisverweigerungsrecht berufen[213]. So steht beispielsweise Berufspsychologen, Sozialarbeitern und Eheberatern ein solches nicht zu. Umgekehrt können manche Berufsgruppen – wie Geistliche oder Journalisten – das Zeugnis verweigern, obwohl sie nicht den in § 203 StGB genannten Berufsgruppen angehören. Die in beiden Vorschriften genannten Berufsgruppen entsprechen sich demnach nicht[214]. Soweit sich zur Verschwiegenheit Verpflichtete auf kein Zeugnisverweigerungsrecht berufen können, müssen sie ihrer Aussagepflicht nachkommen, können jedoch gerechtfertigt sein[215].

55   Die Vorschrift ist im Hinblick auf das Erfordernis, eine funktionsfähige Rechtspflege zu gewährleisten, **restriktiv auszulegen.** Abgesehen von eng umgrenzten Ausnahmefällen ist eine analoge Anwendung auf andere als die genannten Berufsangehörigen nicht möglich[216]. Die Rechtsprechung hat daher Sozialpädagogen[217] und

---

[210] BGHSt 9, 59, 61; OLG Oldenburg NJW 1982, 2615; BVerfGE 38, 312, 323; *Kleinknecht/ Meyer-Goßner* § 53 Rdnr. 1; LR-*Dahs* § 53 Rdnr. 1. Vgl. dazu *Rengier*, Die Zeugnisverweigerungsrechte im geltenden und künftigen Strafverfahrensrecht, 1979, S. 12 ff. Für den Zivilprozess vgl. vor allem § 383 Abs. 1 Nr. 6 ZPO; dazu näher *Groth/v. Bubnoff* NJW 2001, 338, 339 ff.

[211] LR-*Dahs* § 53 Rdnr. 1; *Pfeiffer* § 53 Rdnr. 1.

[212] KK-*Senge* § 53 a Rdnr. 1; *Kleinknecht/Meyer-Goßner* § 53 a Rdnr. 1.

[213] Zu den von § 203 StGB erfassten Berufsgruppen oben Rdnr. 7. Dazu auch *H.-G. Mähler/ G. Mähler* ZKM 2001, 4, 10.

[214] Vgl. KK-*Senge* § 53 Rdnr. 3. In anderen Gerichtsverfahren entspricht dagegen der Schweigepflicht nach § 203 StGB ein Zeugnisverweigerungsrecht. Siehe § 383 Abs. 1 Nr. 6 ZPO, auf den §§ 46 Abs. 2 S. 1 ArbGG, 98 VwGO, 118 Abs. 1 SGG verweisen; ferner § 84 FGO i. V. m. § 102 AO; vgl. LK-*Schünemann* § 203 Rdnr. 9

[215] Dazu oben Rdnr. 27.

[216] BVerfGE 33, 367, 378; BVerfGE 38, 312, 321; *Groth/v. Bubnoff* NJW 2001, 338, 339. Zum Streitstand KK-*Senge* § 53 Rdnr. 3; LR-*Dahs* § 53 Rdnr. 3

[217] BVerfGE 33, 367, 376 ff.; BVerfG NStZ 1988, 418. Vgl. näher *Rengier*, Die Zeugnisverweigerungsrechte im geltenden und künftigen Strafverfahrensrecht, 1979, S. 125 ff.

Schiedsmännern[218] ein Zeugnisverweigerungsrecht nicht zugebilligt. Von den Psychologen sind lediglich die Psychotherapeuten als zeugnisverweigerungsberechtigte Personen in § 53 Abs. 1 Nr. 3 StPO genannt. Bei der Mediation wird der Psychologe allerdings nicht als Psychotherapeut tätig[219]. Gemäß § 1 Abs. 3 S. 1 PsychthG ist Psychotherapie jede mittels wissenschaftlich anerkannter psychotherapeutischer Verfahren vorgenommene Tätigkeit zur Feststellung, Heilung oder Linderung von Störungen mit Krankheitswert, bei denen Psychotherapie indiziert ist. § 1 Abs. 3 S. 2 PsychthG nimmt psychologische Tätigkeiten, die die Aufarbeitung und Überwindung sozialer Konflikte oder sonstige Zwecke außerhalb der Heilkunde zum Gegenstand haben, hiervon ausdrücklich aus[220].

Da damit für die von der Vorschrift nicht genannten Berufsgruppen eine Zeug-   56
nispflicht besteht, ist es auch wenig hilfreich, wenn es in den Berufsethischen Prinzipien des Deutschen Berufsverbandes für Sozialarbeit, Sozialpädagogik und Heilpädagogik e.V. (DBSH)[221] vom November 1997 in Ziffer 3.9. heißt: „Diejenigen Mitglieder des DBSH, für die kein Zeugnisverweigerungsrecht besteht, bemühen sich um die Befreiung von der gesetzlichen Zeugnispflicht, wenn ihre Aussagen das Vertrauensverhältnis zu Klientel gefährden und dem keine ernstliche Gefährdung Dritter entgegensteht." Im Übrigen vermag auch eine **vertraglich vereinbarte Schweigepflicht** ein Zeugnisverweigerungsrecht der am Mediationsverfahren Beteiligten nicht zu begründen. Die gesetzliche Aussagepflicht geht insoweit der vertraglichen Schweigepflicht vor[222]. Ungenau sind daher beispielsweise die Richtlinien der Bundesarbeitsgemeinschaft für Familien-Mediation, wonach sich der Mediator nicht als Zeuge zur Verfügung stellen soll[223]. Dagegen enthält § 6 Abs. 3 der Verfahrensordnung der Gesellschaft für Wirtschaftsmediation und Konfliktmanagement (gwmk) die zutreffende Regelung, dass der Mediator **bestehende Zeugnisverweigerungsrechte** in Anspruch zu nehmen hat, soweit er nicht ausdrücklich von den Parteien von seiner Verschwiegenheitspflicht entbunden wird. Für das Mediationsverfahren bedeutet dies, dass beispielsweise bei einer Co-Mediation durch einen Rechtsanwalt und einen Psychologen dem Letztgenannten im Strafprozess kein Zeugnisverweigerungsrecht zusteht und daher insgesamt ein geringeres Maß an Vertraulichkeit gewährt werden kann. Ferner ist stets zu bedenken, dass auch die Gegenpartei – falls in deren Anwesenheit das Geheimnis anvertraut wurde – als Zeuge vernommen werden kann, weil sich diese regelmäßig ebenfalls auf kein Zeugnisverweigerungsrecht berufen kann.

b) Einzelfragen, insb. Entbindung von der Schweigepflicht. Entsprechend dem   57
Schutzzweck der Vorschrift ist der **Umfang des Zeugnisverweigerungsrechts** auf die im Rahmen der Berufsausübung anvertrauten oder bekannt gewordenen Tatsachen

---

[218] BVerwGE 18, 58, 62.
[219] Vgl. auch *Henssler*, in Henssler/Koch, § 3 Rdnr. 70, Fn. 117.
[220] Übersehen von *Groth/v. Bubnoff* NJW 2001, 338, 339.
[221] Der DBSH ist als privatrechtlicher Verein organisiert.
[222] Siehe *Groth/v. Bubnoff* NJW 2001, 338, 341; *Henssler*, in Henssler/Koch, § 3 Rdnr. 70; ferner *Koch*, in Henssler/Koch, § 8 Rdnr. 39; *H.-G. Mähler/G. Mähler* ZKM 2001, 4, 9. Durch vertragliche Vereinbarung kann allenfalls die Entbindung von einem bestehenden Zeugnisverweigerungsrecht ausgeschlossen werden.
[223] Vgl. die Richtlinien der Bundesarbeitsgemeinschaft für Familien-Mediation (BAFM), III. 1; ähnl. die Richtlinien des Bundesverbandes Mediation in Wirtschaft und Arbeitswelt (BMWA), III. 1.

begrenzt[224]. In Übereinstimmung mit § 203 StGB spielt es ferner keine Rolle, ob der Beschuldigte oder ein Dritter das Geheimnis anvertraut hat[225]. Das Zeugnisverweigerungsrecht endet nicht mit Erledigung des Auftrags[226] und dauert entsprechend der Regelung des § 203 Abs. 4 StGB auch nach dem Tod des von der Offenbarung Betroffenen fort[227].

58   Der Zeuge muss sich regelmäßig auf ein bestehendes Zeugnisverweigerungsrecht berufen, solange er nicht gemäß § 53 Absatz 2 StPO von der Schweigepflicht entbunden wird. Andernfalls macht er sich gemäß § 203 StGB strafbar, sofern nicht ausnahmsweise andere Rechtfertigungsgründe – wie beispielsweise § 34 StGB – eingreifen[228]. Soweit der Beschuldigte selbst zur Entbindung befugt ist, kann die Benennung des Schweigepflichtigen als Zeuge regelmäßig als die hierzu erforderliche Entbindung gewertet werden[229]. Sind – wie beispielsweise bei der Familienmediation – Geheimnisse verschiedener Personen betroffen, so muss jeder der Betroffenen den Berufsgeheimnisträger von seiner Schweigepflicht entbinden[230]. Für den Bereich der Wirtschaftsmediation ist darauf hinzuweisen, dass die Entbindung für eine GmbH durch den vertretungsberechtigten Geschäftsführer[231], für Aktiengesellschaften durch den Vorstand[232] zu erfolgen hat.

59   c) Beweisverwertungsverbot bei Verstößen. Sagt der Zeuge trotz Bestehen eines Zeugnisverweigerungsrechts aus, so macht er sich zwar – wenn er zur Verschwiegenheit verpflichtet ist – nach § 203 StGB strafbar, ein Beweisverwertungsverbot folgt hieraus jedoch nicht[233]. Einer diesbezüglichen Revision des Angeklagten wäre kein Erfolg beschieden. Anderes gilt ausnahmsweise dann, wenn das Gericht den Zeugen unrichtig belehrt oder den unzutreffenden Hinweis gibt, dass eine Entbindung erfolgt sei, in Wahrheit aber eine entsprechende Erklärung nicht existiert[234]. Verweigert der Zeuge zu Unrecht – weil beispielsweise wie für Sozialpädagogen kein Zeugnisverweigerungsrecht besteht – die Aussage und schweigt, so kann der Beschuldigte die Revision nicht darauf stützen[235].

2. § 97 StPO – der Beschlagnahme nicht unterliegende Gegenstände

60   Das Beschlagnahmeverbot ist in engem Zusammenhang mit dem Zeugnisverweigerungsrecht zu sehen, da es eine Umgehung der §§ 52 ff. StPO dadurch verhindern will, dass Aufzeichnungen beschlagnahmt und im Strafverfahren verwertet werden[236]. Es dient daher ebenfalls dem für das Mediationsverfahren wichtigen Schutz

---

[224] *Kleinknecht/Meyer-Goßner* § 53 Rdnr. 7; LR-*Dahs* § 53 Rdnr. 16.
[225] *Kleinknecht/Meyer-Goßner* § 53 Rdnr. 7; LR-*Dahs* § 53 Rdnr. 16.
[226] LG Düsseldorf NJW 1958, 1152; LR-*Dahs* § 53 Rdnr. 16.
[227] OLG Düsseldorf NJW 1959, 821; *Kleinknecht/Meyer-Goßner* § 53 Rdnr. 10; LR-*Dahs* § 53 Rdnr. 16.
[228] Dazu bereits Rdnr. 27.
[229] KK-*Senge* § 53 Rdnr. 50; LR-*Dahs* § 53 Rdnr. 73.
[230] OLG Celle wistra 1986, 83; KK-*Senge* § 53 Rdnr. 47; *Kleinknecht/Meyer-Goßner* § 53 Rdnr. 46.
[231] OLG Celle wistra 1986, 83.
[232] *Kleinknecht/Meyer-Goßner* § 53 Rdnr. 46
[233] BGHSt 9, 59, 62; LR-*Dahs* § 53 Rdnr. 77; *Pfeiffer* § 53 Rdnr. 5.
[234] Siehe BGHSt 42, 73, 78; KK-*Senge* § 53 Rdnr. 47
[235] KK-*Senge* § 53 Rdnr. 55; LR-*Dahs* § 53 Rdnr. 77; *Pfeiffer* § 53 Rdnr. 5.
[236] BVerfGE 20, 162, 188; BVerfGE 32, 373, 384 f.; BGHSt 38, 144, 145; KK-*Senge* § 97 Rdnr. 1; *Kleinknecht/Meyer-Goßner* § 97 Rdnr. 1.

der Vertraulichkeit. Das Beschlagnahmeverbot entfaltet darüber hinaus bereits Auswirkungen auf eine etwaige Durchsuchung nach § 103 StPO, weil sich die Anordnung und Durchführung der Durchsuchung nicht auf beschlagnahmefreie Gegenstände erstrecken darf[237]. Entsprechende Maßnahmen sind rechtswidrig und können mit Rechtsmitteln angegriffen werden[238].

a) Erfasster Personenkreis. Das Beschlagnahmeverbot erstreckt sich – soweit hier 61 von Interesse – auf die in § 53 Abs. 1 Nr. 1 bis 3b genannten Personen.

b) Anwendungsbereich. Zu beachten ist, dass lediglich das Verhältnis zwischen 62 dem Zeugnisverweigerungsberechtigten (z.B. dem Mediator) und dem Beschuldigten im Strafverfahren (z.B. einer Partei des Mediationsverfahrens) geschützt ist. Erfasst werden nur schriftliche Mitteilungen zwischen dem Beschuldigten und den genannten zeugnisverweigerungsberechtigten Personen (Nr. 1), Aufzeichnungen von zeugnisverweigerungsberechtigten Personen i.S.d. § 53 Abs. 1 Nr. 1 bis 3b StPO über die ihnen Beschuldigten anvertrauten Mitteilungen oder über andere Umstände, auf die sich das Zeugnisverweigerungsrecht bezieht (Nr. 2), sowie andere Gegenstände, auf die sich das Zeugnisverweigerungsrecht erstreckt (Nr. 3). Zu beachten ist, dass gemäß § 97 Abs. 2 S. 1 StPO Gegenstände nur dann beschlagnahmefrei sind, wenn sie im Gewahrsam des Zeugnisverweigerungsberechtigten stehen. Für Aufzeichnungen aus dem Mediationsverfahren bedeutet dies, dass diese beim Beschuldigten selbst, aber auch bei dessen Gegenpartei aus dem Mediationsverfahren beschlagnahmt werden können. Das Beschlagnahmeverbot entfällt nach h.M., wenn der Beschuldigte den Zeugnisverweigerungsberechtigten von der Schweigepflicht entbunden hat[239].

c) Aufzeichnungspflichten. Die Problematik der Beschlagnahme von Unterlagen 63 aus dem Mediationsverfahren ist mit der Frage verbunden, inwieweit nach den jeweiligen Berufsordnungen eine **Aufzeichnungspflicht und Aktenaufbewahrungspflicht** für die Beteiligten besteht.

aa) Aufzeichnungspflicht, Aufbewahrungspflicht und korrespondierendes Be- 64 *schlagnahmeverbot.* Den **Anwalt** trifft gemäß § 50 Abs. 1 BRAO die Verpflichtung zur Führung von Handakten, die ein geordnetes Bild über die von ihm entfaltete Tätigkeit geben. Nach § 50 Abs. 2 BRAO sind die Aufzeichnungen grundsätzlich auf die Dauer von fünf Jahren nach Beendigung des Auftrags aufzubewahren. Die Aufzeichnungspflicht umfasst auch Gesprächsnotizen, so dass der als Mediator tätige Anwalt die wesentlichen Schritte der Mediation aufzuzeichnen hat und die entsprechenden Notizen verwahren muss[240]. Solche Protokolle der Mediationssitzungen sind gemäß §§ 97 Abs. 1 Nr. 2, 53 Abs. 1 Nr. 3 StPO jedoch grundsätzlich beschlagnahmefrei. Die Aufzeichnungs- und Aufbewahrungspflicht beeinträchtigt auf Grund des Beschlagnahmeverbots die Vertraulichkeit nicht.

bb) Aufzeichnungspflicht, Aufbewahrungspflicht ohne korrespondierendes Be- 65 *schlagnahmeverbot.* (1) *Psychologen.* Gemäß D. I. 6. Nr. 1 der Berufsordnung des

---

[237] *Kleinknecht/Meyer-Goßner* § 97 Rdnr. 1.
[238] Zur Systematik von Rechtsmitteln gegen Zwangsmaßnahmen vgl. *Eisele* StV 1999, 298 ff.
[239] BGHSt 38, 144, 145; *Kleinknecht/Meyer-Goßner* § 97 Rdnr. 24.
[240] *Feuerich/Braun* § 50 BRAO Rdnr. 7; *Henssler*, in Henssler/Koch, § 3 Rdnr. 32.

Berufsverbands Deutscher Psychologinnen und Psychologen e. V. (BDP) i. d. F. v. 29. September 1998[241] sind Psychologen verpflichtet, über Beratungen und Behandlungen aussagefähige Aufzeichnungen zu erstellen und diese fünf Jahre aufzubewahren[242]. Die Regelungen der Berufsordnung finden allerdings nur Anwendung auf Mitglieder des als privatrechtlichen Verein organisierten BDP, wobei die Mitgliedschaft freiwillig ist[243]. Für Nichtmitglieder besteht daher keine Aufzeichnungs- und Aufbewahrungspflicht. Ein korrespondierendes Beschlagnahmeverbot besteht für Mitglieder des BDP – anders als für Anwälte – nicht, da Psychologen nicht in § 97 Abs. 1 StPO i. V. m. § 53 Abs. 1 Nr. 1 bis 3 b genannt sind[244]. Etwaige Kooperationspartner eines Anwalts können daher ein geringeres Maß an Vertraulichkeit bieten, da insoweit die Möglichkeit besteht, dass Aufzeichnungen aus dem Mediationsverfahren beschlagnahmt werden[245].

66   (2) *Diplom-Pädagogen.* Der Berufsverband Deutscher Diplom-Pädagogen und Diplom-Pädagoginnen e. V. (BDDP), der – anders als die Rechtsanwaltkammer – ebenfalls keine öffentlich-rechtliche Kammer, sondern ein privatrechtlich organisierter Verein ist, sieht in § 21 Abs. 1 der Berufsordnung ebenfalls eine Aufzeichnungspflicht vor. Entsprechende Aufzeichnungen sind gemäß § 24 Abs. 3 fünf Jahre lang aufzubewahren. Die Berufsordnung erstreckt sich jedoch wie bei Psychologen nur auf die Mitglieder des Berufsverbandes, wobei die Mitgliedschaft wiederum freiwillig ist[246]. Ebenso wenig wie für Psychologen besteht ein Beschlagnahmeverbot.

67   (3) *Sozialpädagogen*[247]. Nach Ziffer 2.9. der Berufsethischen Prinzipien des Deutschen Berufsverbandes für Sozialarbeit, Sozialpädagogik und Heilpädagogik e. V. (DBSH) haben die Mitglieder die in Ausübung ihres Berufs gewonnenen Erkenntnisse und getroffenen Maßnahmen zu dokumentieren. Ein korrespondierendes Beschlagnahmeverbot besteht jedoch auch hier nicht.

68   *cc) Keine Aufzeichnungspflicht, keine Aufbewahrungspflicht und kein Beschlagnahmeverbot.* Für Nichtmitglieder der Berufsverbände der Psychologen, Diplom-Pädagogen und Sozialpädagogen bestehen weder Aufzeichnungs- noch Aufbewahrungspflichten. Soweit im Rahmen eines Mediationsverfahrens Aufzeichnungen erstellt werden, können diese beschlagnahmt werden, da auch insoweit kein Beschlagnahmeverbot gemäß § 97 StPO besteht.

69   **d) Beweisverwertungsverbot bei Verstößen.** Ein Verstoß gegen das Beschlagnahmeverbot hat ein Beweisverwertungsverbot zur Folge[248]. Der Angeklagte kann daher die Revision darauf stützen, dass ein Beweisgegenstand verwertet worden ist, obwohl er unter Verstoß gegen das Beschlagnahmeverbot gewonnen wurde[249].

---

[241] Abrufbar unter *http://www.dgps.de/gesellschaft/mitteilungen/ethikrichtlinien.html* (Stand April 2001).
[242] Bei heilkundlichen Tätigkeiten besteht eine Aufbewahrungsfrist von zehn Jahren.
[243] *Henssler*, in Henssler/Koch, § 3 Rdnr. 69.
[244] Dazu bereits oben Rdnr. 54.
[245] *Breidenbach/Henssler,* Mediation, S. 87; *Henssler,* in Henssler/Koch, § 3 Rdnr. 32.
[246] Hierzu auch *Henssler,* in Henssler/Koch, § 3 Rdnr. 74.
[247] *Henssler,* in Henssler/Koch, § 3 Rdnr. 77.
[248] BGHSt 18, 227; BGH NStZ 1998, 309, 310; *Kleinknecht/Meyer-Goßner* § 97 Rdnr. 46.
[249] BGHSt 18, 227; *Pfeiffer* § 97 Rdnr. 12.

IV. Zusammenfassung

Für fast alle Berufsgruppen, die am Mediationsverfahren beteiligt sind, besteht 70
eine durch § 203 StGB strafbewehrte Verschwiegenheitspflicht. Der Schweigepflicht
kommt deshalb eine besondere Bedeutung zu, weil sie die für das Mediationsverfahren unerlässliche Vertraulichkeit absichert. Soweit anvertraute Geheimnisse im
Rahmen der Mediation offenbart werden sollen, ist der Mediator bzw. der Parteivertreter nach sachgerechter Aufklärung der Parteien von der Schweigepflicht zu
entbinden. Hierbei ist zu beachten, dass die Einwilligung ggf. durch mehrere Geheimnisträger gemeinsam erteilt werden muss. Strafprozessual sieht § 53 StPO ein
Zeugnisverweigerungsrecht für zur Verschwiegenheit verpflichtete Personen und
§ 97 StPO ein Beschlagnahmeverbot vor, um eine Aushöhlung der Schweigepflicht
im Strafprozess zu verhindern. Sowohl das Zeugnisverweigerungsrecht als auch das
Beschlagnahmeverbot beziehen jedoch nicht alle nach § 203 StGB schweigepflichtigen Berufsgruppen mit ein. So können sich beispielsweise Psychologen, Diplompädagogen und Sozialpädagogen auf kein Zeugnisverweigerungsrecht berufen. Ferner
können bei ihnen, selbst wenn nach den jeweiligen Berufsordnungen Aufzeichnungspflichten für ihre Tätigkeiten bestehen, Unterlagen aus dem Mediationsverfahren beschlagnahmt werden. Ein größeres Maß an Vertraulichkeit können dagegen Rechtsanwälte bieten, da sie sich nicht nur auf ein Zeugnisverweigerungsrecht
berufen können, sondern auch korrespondierend zu der berufsrechtlichen Aufzeichnungspflicht ein Beschlagnahmeverbot für solche Unterlagen besteht.

Anwälte und Rechtsbeistände haben zudem jeweils sorgfältig zu prüfen, ob sie im 71
Rahmen der Mediation nicht pflichtwidrig beiden Parteien dienen und sich damit
eines Parteiverrats gemäß § 356 StGB schuldig machen. Soweit der Anwalt lediglich
als Mediator tätig wird, ist das Tätigwerden für beide Parteien nicht als pflichtwidrig anzusehen, da er nicht für entgegengesetzte Interessen tätig wird. Insoweit steht
nämlich das gemeinsame Interesse der Parteien an einer einvernehmlichen Lösung
des Konflikts im Vordergrund. Dasselbe gilt grundsätzlich dann, wenn der Anwalt
– nachdem er bereits als Parteivertreter für eine Seite tätig wurde – von den Parteien
mit der Vermittlung beauftragt wurde. Ein Parteiverrat liegt dagegen vor, wenn der
Anwalt bei Bestehen eines Interessengegensatzes im Anschluss an seine Tätigkeit als
Mediator einer Seite als Parteivertreter dient oder wenn er trotz seiner vermittelnden Tätigkeit im Mediationsverfahren in einem parallel geführten Prozess als Parteivertreter tätig wird. Für die Praxis empfiehlt es sich unabhängig von der Frage
nach der strafrechtlichen Relevanz, zwischen der Rolle als Mediator und Parteivertreter strikt zu trennen und in derselben Rechtssache – gerade auch im Hinblick auf
die notwendige Neutralität des Mediators – nur in einer Funktion tätig zu werden.

§ 31 Haftung

Prof. Dr. Hanns Prütting

Schrifttum: *Breidenbach/Henssler,* Mediation für Juristen, 1997; *Eckart/Dendorfer,* Der Mediator zwischen Vertraulichkeit und Zeugnispflicht – Schutz durch Prozessvertrag, MDR 2001, 786; *Eidenmüller,* Vertrags- und Verfahrensrecht der Wirtschaftsmediation, 2001; *Ewig,* Mediation aus der Sicht der Anwaltschaft, BRAK-Mitt. 1996, 147; *Feuerich/Braun,* BRAO, 5. Aufl. 2000; *Hartung/Holl,* Anwaltliche Berufsordnung, 1997; *Henssler/Koch,* Mediation, 2000; *Henssler/Prütting,* BRAO, 1997; *Meyer,* Die strafrechtliche Verantwortung von Juristen in Mediationsverfahren, AnwBl. 2000, 80; *Prütting,* Vertraulichkeit in der Schiedsgerichtsbarkeit und in der Mediation, Liber amicorum Karl-Heinz Böckstiegel, 2001, S. 629; *ders.,* Verfahrensrecht und Mediation, in: Breidenbach/Henssler, Mediation für Juristen, 1997, S. 57; *Wagner,* Sicherung der Vertraulichkeit von Mediationsverfahren durch Vertrag, NJW 2001, 1398.

I. Zivilrechtliche Haftung in der Mediation

1   Für die zivilrechtliche Haftung im Rahmen einer Mediation sind **zwei unterschiedliche Bereiche** zu trennen. Zum einen kann das Verhältnis der streitenden Parteien haftungsrechtliche Fallkonstellationen im Zusammenhang mit der Mediationsvereinbarung auslösen. Zum anderen kann das Verhältnis zwischen dem Mediator und jeder einzelnen Konfliktpartei zum Ausgangspunkt haftungsrechtlicher Verantwortung werden.

2   Auch wenn Parteien einer Mediation in der Praxis vor Beginn eines Mediationsverfahrens oft nur ein Dokument unterschreiben, handelt es sich hierbei um **zwei** rechtlich voneinander sauber zu unterscheidende **Verträge:** Die Mediationsvereinbarung und den Mediatorvertrag.

3   Während der Mediatorvertrag das Verhältnis der Konfliktparteien zu dem Mediator betrifft, regelt die Mediationsvereinbarung das Verhältnis zweier oder mehrerer Konfliktparteien zueinander.

1. Mediationsvereinbarung

Die Mediationsvereinbarung zwischen den Konfliktparteien löst je nach festge-   4
legtem Konfliktgegenstand unterschiedliche Verantwortlichkeiten aus.[1]

Inhaltlich wollen die Konfliktparteien durch die Mediationsvereinbarung zu-   5
nächst eine **Verhandlungsvereinbarung** schließen. So wird beispielsweise vereinbart,
dass in der Mediation ein konstruktiver Versuch bezüglich einer gütlichen Einigung
unternommen wird und hierzu vertrauensvoll Informationen und etwaige Beweismittel offengelegt werden sollen.[2] Soweit enthält die Mediationsvereinbarung materiell-rechtliche Abreden, welche zusammen ein Dauerschuldverhältnis mit atypi-
schem Inhalt (§ 305 BGB) bilden.

Eine Mediationsvereinbarung enthält regelmäßig vor allem **zwei Grundpflichten,**   6
deren Verletzung haftungsrechtlich relevant sein kann: Zum einen die Mitwirkungspflicht eines jeden Konfliktbeteiligten an einer mediativen Konfliktlösung und
zum anderen die Pflicht, die im Rahmen der Konfliktlösung erhaltenen Informationen vertraulich zu behandeln (Vertraulichkeitspflicht).

a) Mitwirkungspflicht. So ist zunächst denkbar, dass sich jemand in einer Media-   7
tionsvereinbarung zur Durchführung eines Mediationsverfahrens verpflichtet, sich
dann jedoch dazu entschließt, seine Rechte gerichtlich durchzusetzen.

In diesem Zusammenhang ist zu beachten, dass die in der Mediationsvereinba-   8
rung verankerte Pflicht zur Mitwirkung an der Mediation in der Regel eine prozess-
und eine materiellrechtliche Komponente enthält.

Sinn und Zweck eines Mediationsverfahrens ist die außergerichtliche Streitbeile-   9
gung. Aufgrund dessen erscheint es selbstverständlich, dass ein laufendes Mediationsverfahren nicht durch Gerichtsverfahren und damit auch schon durch die Erhebung einer Klage gestört wird. Auch wenn die Mediationsvereinbarung eine
ausdrückliche Klausel nicht enthält, ergibt eine Auslegung der Vereinbarung regelmäßig, dass die Parteien bis zur Beendigung des Mediationsverfahrens einen **dilatorischen Klageverzicht** vereinbart haben.[3] Kündigt eine Konfliktpartei während des
laufenden Mediationsverfahrens die Fortsetzung einer außergerichtlichen Konfliktlösung durch Klageerhebung auf, wird ihr auf Grund des dilatorischen Klageverzichts auch der gerichtliche Beistand verwehrt, weil die abredewidrig erhobene Klage durch das Prozessgericht als unzulässig abgewiesen werden muss. Anders dürfte
es nur dann aussehen, wenn nicht die Partei, die ihre Rechte gerichtlich durchsetzen
will, ihre Mitwirkung am Mediationsverfahren verweigert, sondern diejenige, gegen
die Rechte durchgesetzt werden sollen. In diesen Fällen muss eine Klage zulässig
sein. Es erscheint dann sachgerecht, der beklagten Partei aus Gründen des venire
contra factum proprium nach den Grundsätzen von Treu und Glauben eine Berufung auf den vereinbarten dilatorischen Klageverzicht zu verweigern.

Neben der prozessrechtlichen Abrede enthält die Mediationsvereinbarung aber   10
auch wesensimmanent eine materiell-rechtliche **Mitwirkungspflicht der Konfliktparteien.** Deren Verletzung kann nach den allgemeinen vertragsrechtlichen Regeln
(Verzug, Unmöglichkeit, Pflichtverletzung) zu Schadensersatzansprüchen führen.

---

[1] *Eidenmüller,* Vertrags- und Verfahrensrecht der Wirtschaftsmediation, 2001, S. 8.
[2] *Eidenmüller* (Fn. 1), S. 9.
[3] Vgl. hierzu *Eidenmüller* (Fn. 1), S. 12 ff.

Problematisch ist in diesen Fällen jedoch stets die Bemessung des durch die Pflicht-verletzung entstandenen Schadens, zumal die prozeßrechtliche Abrede des dilatori-schen Klageverzichts regelmäßig ausreichenden Schutz verschafft. Die Pflicht zur Mitwirkung am Mediationsverfahren begründet nämlich noch keine Pflicht zur Ei-nigung. Aus diesem Grund wird der Einwand, bei einer Mitwirkung der anderen Partei wäre es zu einem erfolgreichen Abschluss des Mediationsverfahrens gekom-men, regelmäßig ins Leere gehen. Ein Schadensersatzanspruch kann daher nur dann in Betracht kommen, wenn einer Partei dadurch ein Schaden entstanden ist, dass eine Partei die Teilnahme am Mediationsverfahren verweigert hat. Solche Fallkons-tellationen dürften aber angesichts der obigen Ausführungen nur in Ausnahmefällen vorstellbar sein.

11 **b) Vertraulichkeit.** Als zweiten – haftungsrechtlich relevanten – zentralen Punkt enthält eine Mediationsvereinbarung grundsätzlich Regelungen über die Frage der Vertraulichkeit eines Mediationsverfahrens (vgl. dazu § 27). Ein Mediationsverfah-ren kann nur dann zum Erfolg führen, wenn sich die Konfliktparteien in aller Of-fenheit dem Mediator anvertrauen. Scheitert das Mediationsverfahren jedoch, be-steht die Gefahr, dass sich eine solche Offenheit nun zu Lasten der sich offenbarenden Partei auswirkt. Es liegt daher im Interesse der Konfliktparteien, wenn sowohl der Mediator als auch die anderen am Verfahren mitwirkenden Par-teien einer Verschwiegenheitpflicht unterworfen werden. Vor allem dann, wenn dem gescheiterten Mediationsverfahren ein kontradiktorisches Verfahren folgt, hat jede Partei ein Interesse daran, dass sein Gegenüber die Informationen, die es ohne die Mediation nicht erlangt hätte, im Gerichtsverfahren nicht verwerten darf[4].

12 Die h.M. folgert aus der Dispositionsmaxime, die im Zivilprozess gilt, dass auch vertragliche Abreden über Beweisverwertungsverbote grundsätzlich zivilprozessual wirken, wenn sich eine Partei darauf beruft, es sei denn, dass Gesetzesrecht die Ein-schränkung der freien Disposition über Rechte einschränkt oder verbietet.[5]

13 Aufgrund dieser bei Verletzung der Vertraulichkeitspflicht vereinbarten prozess-rechtlichen Sanktionen wird ein Rückgriff auf einen materiell-rechtlichen Schadens-ersatzanspruch meist nicht nötig sein. Dennoch gibt es Fälle, in denen eine Partei einen Schaden erleidet, weil die andere sich nicht an die vereinbarte Vertraulichkeit gehalten hat, und ein solcher auch nicht durch Mittel des Prozessrechts verhindert werden kann. Hierbei wird es sich regelmäßig um Sachverhalte handeln, in denen die Partei, die das Vertraulichkeitsgebot verletzt, Schäden außerhalb eines Gerichts-verfahrens verursacht. Die Mediationsvereinbarung, die der Sicherung der Vertrau-lichkeit dient, stellt dann eine wirksame Haftungsgrundlage dar.

2. Mediatorvertrag

14 Neben der Mediationsvereinbarung zwischen den Konfliktparteien können Haf-tungsfragen auch im Verhältnis der Konfliktparteien zum Mediator auftreten. Die-ses Rechtsverhältnis bezeichnet man im Allgemeinen als Mediatorvertrag. Dieses

---

[4] Vgl. *Prütting*, in: Liber amicorum Karl-Heinz Böckstiegel, 2001, S. 629 ff., 637 (m.w.N.); beach-te nunmehr insbesondere auch *Wagner* NJW 2001, 1398; *Eckart/Dendorfer* MDR 2001, 786.
[5] *Eidenmüller* (Fn. 1), S. 27 m.w.N.; dies ist allerdings sehr problematisch, vgl. *Prütting* (Fn. 4), S. 637f.

Vertragsverhältnis begründet eine Reihe von Pflichten und Nebenpflichten, deren Verletzung eine Schadensersatzpflicht begründen kann.

Jedenfalls bei einer entgeltlichen Mediation lässt sich der Mediatorvertrag ohne 15 weiteres als Dienstvertrag mit Geschäftsbesorgungscharakter qualifizieren, §§ 611, 675 BGB[6]. Fehlt der für eine Geschäftsbesorgung im Sinne des § 675 Abs. 1 BGB erforderliche Vermögensbezug, so liegt jedenfalls bei einer entgeltlichen Tätigkeit ein Dienstvertrag im Sinne des § 611 BGB vor und ansonsten ein Auftrag gemäß § 662 BGB.[7]

Die **Haftung** des Mediators ist **vom Gesetzgeber nicht geregelt** worden. Die 16 Schadensersatzpflicht des Mediators kann sich daher nur aus allgemeinen Rechtsgrundsätzen ergeben. Eine spezielle Anspruchsgrundlage für die Haftung des Mediators gibt es folglich nicht.

Theoretisch kann eine Haftung des Mediators wegen Verzugs (§ 286 BGB) oder 17 wegen Nichterfüllung des Vertrages (§§ 280, 281, 283 BGB) in Betracht kommen, die freilich in der Praxis wohl kaum vorkommen dürfte.

In der Praxis wird sich eine Haftung des Mediators in der Regel aus der Verlet- 18 zung von Nebenpflichten oder allgemeinen Sorgfaltspflichten ergeben.

Als **Anspruchsgrundlage** für Ansprüche der am Mediationsvertrag Beteiligten 19 kommt dann wohl am häufigsten die **positive Vertragsverletzung** in Betracht, soweit der Vertrag abgeschlossen ist [(§§ 311 Abs. 2 BGB)].[8] Pflichtverletzungen bei Vertragsabschluss können eine Haftung aus culpa in contrahendo begründen [(§§ 280, 281, 283 BGB)]. Letztlich können auch nachvertragliche Pflichtverletzungen eine Haftung auslösen.

Ausgangspunkt der Frage, welche Pflichten den Mediator treffen, wird regelmä- 20 ßig der Mediatorvertrag sowie einschlägige berufsrechtliche Regelungen mit haftungsbegründenden Norminhalten wie z. B. § 44 S. 2 BRAO sein. Für nichtanwaltliche Mediatoren dürfte es in der Regel allein auf die Haftung aus dem Mediationsvertrag ankommen.

a) **Pflichten des anwaltlichen Mediators.** Die sich aus dem Mediatorvertrag und 21 dem anwaltlichen Berufsrecht ergebenden Pflichten lassen sich in drei Zeitabschnitte einteilen. Es gibt vorvertragliche Pflichten, Pflichten, die während der Mediation bestehen sowie Pflichten, die nachwirken.

Vorvertraglich hat der Mediator zunächst unverzüglich zu erklären, dass er ge- 22 mäß § 44 S. 1 BRAO den Auftrag nicht annehmen will.[9] Bei § 44 BRAO handelt es sich um einen Sonderfall der Haftung aus Verschulden bei Vertragsschluss.[10] Unterlässt der Mediator also diese Erklärung, so haftet er nach § 44 S. 2 BRAO für den Schaden, der aus einer schuldhaften Verzögerung dieser Erklärung entsteht. Ein solcher Schaden kann z. B. dann in Betracht kommen, wenn wegen der Untätigkeit des anwaltlichen Mediators eine Verjährungsfrist zum Nachteil einer Konfliktpartei abläuft. Grundsätzlich hat also der anwaltliche Mediator die Freiheit zu wählen, ob er einen Mediationsauftrag annehmen möchte. Darüber hinaus gibt es aber auch sach-

---

[6] *Henssler/Koch-Koch*, Mediation, 2000, § 8 Rdnr. 14; *Palandt-Sprau*, BGB, 61. Aufl. 2002, § 675 Rdnr. 24; *Palandt-Putzo*, BGB, Einf. § 611 Rdnr. 21.
[7] *Eidenmüller* (Fn. 1), S. 32.
[8] *Henssler/Koch-Brieske* (Fn. 6), § 9 Rdnr. 4.
[9] *Henssler/Koch-Brieske* (Fn. 6), § 9 Rdnr. 11.
[10] *Rinsche*, Die Haftung des Rechtsanwalts und des Notars, 6. Aufl. 1998 Rdnr. II 33.

liche Gründe dafür, einen Mediationsauftrag ablehnen zu müssen. Ein Mediationsmandat kann nur dort angenommen werden, wo die Parteien und der Gegenstand für eine Mediation geeignet sind, wo also ein mediationstauglicher Vorgang vorliegt.[11]

23   Problematisch ist, ob der Rechtsanwalt als Mediator in Fällen tätig werden darf, in denen er bereits in derselben Sache (§ 43 a Abs. 4 BRAO) anwaltlich tätig war, etwa durch anwaltliche Beratung oder Vertretung eines der Beteiligten im Vorfeld der Mediationsabrede (vgl. dazu auch § 15).

24   Teilweise erachtet man ein solch striktes **Neutralitätsgebot** für nicht erforderlich.[12] Vielmehr wird zur Wahrung der Neutralität in diesem Fall als ausreichend angesehen, wenn der Rechtsanwalt sämtlichen an der Mediation Beteiligten eine etwaige Vorbefassung offen legt. Die Konfliktparteien könnten dann immer noch frei entscheiden, ob eine solche Vorbefassung Anlass zu Zweifeln an der Unabhängigkeit und Neutralität des Mediators gibt und die Mediation aus diesen Gründen scheitern muss.

25   Dagegen spricht aber zunächst, dass eine solche Offenbarung hinsichtlich anwaltlicher Vorbefassung Probleme mit der Verschwiegenheitsverpflichtung des Anwalts aufwerfen kann. Denn bereits die Tatsache, für eine bestimmte Person ein Mandat geführt zu haben, unterliegt an sich schon der Verschwiegenheitsverpflichtung.[13] Problematisch sind hier auch solche Fälle, in denen der Mediator über Kenntnisse über eine Partei verfügt, die er der anderen Partei nicht bekannt gibt. Offenbart er diese Kenntnisse nicht, so könnte die andere Partei später geltend machen, dass sie sich in Kenntnis der Informationen anders verhalten hätte und ihr ein Schaden durch die Vorenthaltung der Information entstanden sei.[14]

26   Es ist daher festzuhalten, dass ein Rechtsanwalt keinen Mediationsauftrag übernehmen darf, soweit er zuvor in der gleichen rechtlichen Angelegenheit für einen der Beteiligten befasst war.[15]

27   Vor Vertragsschluss muss des Weiteren von einem anwaltlichen Mediator wegen seiner Rechtskenntnis erwartet werden können, dass er die Parteien auf etwaige gesetzliche **Ausschlussfristen hinweist,** wie z.B. § 4 KSchG.[16] Für den Fall, dass die Mediation scheitert, könnten die Konfliktparteien ihm ansonsten beispielsweise vorwerfen, dass sie Beweismittel für den späteren Prozess verloren haben. Hier vertrauen sie gerade auf die Rechtskenntnisse des anwaltlichen Mediators. Hieraus folgt auch die Pflicht, den Mediationsvertrag sorgfältig zu formulieren, die Konfliktparteien über mögliche Risiken zu belehren und Ziele zu formulieren.

28   **Während des Mediationsverfahrens** hat der Mediator insbesondere die Pflicht, die Verschwiegenheit zu wahren. Die Pflicht zur Verschwiegenheit trifft den als Mediator tätig werdenden Rechtsanwalt nach § 43 Abs. 2 BRAO in vollem Umfang.[17] Sie verbietet es, jedwede Information weiterzugeben, die ihm in Ausübung der Mediation bekanntgeworden ist. Diese Verpflichtung dient in erster Linie auch

---

[11] *Henssler/Koch-Brieske* (Fn. 6), § 9 Rdnr. 12.
[12] Materialien der Satzungsversammlung (SV-Mat) 41/96, S. 7 f.; im Einzelnen verarbeitet in *Hartung/Holl,* Anwaltliche Berufsordnung, 1997, zu § 18 BerufsO.
[13] *Hartung/Holl-Holl,* Anwaltliche Berufsordnung, § 18 Rdnr. 30.
[14] *Henssler/Koch-Brieske* (Fn. 6), § 9 Rdnr. 18.
[15] *Ewig* BRAK-Mitt. 1996, 148.
[16] *Henssler/Koch-Brieske* (Fn. 6), § 9 Rdnr. 19.
[17] *Hartung/Holl-Holl* (Fn. 13), § 18 Rdnr. 34. Vgl. auch § 27 Rdnr. 10.

einer Vermeidung der sonst erheblichen Gefahr vor übergroßer Zurückhaltung gegenüber mediativen Ansätzen aus Angst vor zweckentfremdender Verwertung im Falle des Scheiterns, also im späteren Prozess. Dieser Problematik der Beweisverwertung wird nur dann Rechnung getragen, sofern der Mediator gegenüber beiden Konfliktparteien zur Verschwiegenheit verpflichtet ist oder aber von beiden Parteien von dieser Verpflichtung entbunden wird.[18] Eine Entbindung des Mediators von der Verschwiegenheitspflicht nur durch eine Partei ist nicht möglich.[19]

Hier bleibt aber dennoch das Problem der **Beweisvereitelung.** So könnte der Be-   29
teiligte, der zur Entbindung von der Verschwiegenheitspflicht bereit ist, dem anderen Beteiligten, der hierzu nicht bereit ist, im späteren Verfahren den Vorwurf der versuchten Beweisvereitelung machen.[20] So wird es teilweise als zulässig erachtet, dass die Konfliktparteien gemeinsam den Mediator von seiner Verschwiegenheitspflicht entbinden.[21] Dagegen spricht aber, dass Vorwürfe unter den Beteiligten über behauptete Beweisvereitelungen so nicht wirksam verhindert werden können. Die Parteien müssten sich vielmehr im Mediationsvertrag verpflichten, den Mediator auch nicht gemeinsam von der Verschwiegenheitsverpflichtung entbinden zu können.[22] Dadurch können Vorwürfe zwischen den Beteiligten über behauptete Beweisvereitelungen verhindert werden und der mediativ tätige Rechtsanwalt braucht sich auch keinen Zweifeln an seiner Neutralität ausgesetzt zu sehen.

Während des Mediationsverfahrens hat der Mediator dafür Sorge zu tragen, dass   30
die Konfliktparteien eigenverantwortlich und **zügig** zu einer Lösung des Konfliktes gelangen.[23] Verzögert der Mediator die Erledigung, haftet er, soweit die Parteien dadurch eine Nachteil erleiden. Ein Nachteil kann hier beispielsweise darin liegen, dass für die Parteien Fristen ablaufen oder sonstige Rechtsnachteile durch Zeitverlust entstehen.[24]

Auch während der Mediation verbinden die Konfliktparteien mit der beruflichen   31
Qualifikation des Mediators bestimmte **Erwartungen,** welche bei einem Anwaltsmediator an seine Rechtskundigkeit anknüpfen. So erwarten sie rechtlich wirksame Lösungsvorschläge und die Erfassung regelungsbedürftiger rechtlicher Aspekte.

Darauf hat der Mediator zügig hinzuarbeiten, insbesondere auch ohne seine   32
Überparteilichkeit zu verlieren.

Ein **Erfolg** der Mediation wird gerade **nicht geschuldet.** Es ist also möglich, dass   33
der Mediator den Willen einer Konfliktpartei falsch eingeschätzt hat, und sie nicht das erforderliche Maß an Autonomie oder Einigungswillen mitbringt. In einem solchen Fall muss der Mediator die Mediation unverzüglich abbrechen, damit ihm eine Pflichtverletzung nicht vorgeworfen werden kann.

Wird die Mediation mit einem Vertragsabschluss beendet, so hat der Mediator   34
die Konfliktparteien mit allen Informationen zu versorgen, die mit dem Vertragsabschluss verbunden sind, wie z.B. die Formbedürftigkeit des Vertrages. Im Zweifel hängen die Pflichten des anwaltlichen Mediators davon ab, ob er den Vertrag selbst

---

[18] *Schneider,* in: Breidenbach/Henssler, Mediation für Juristen, 1997, S. 171 ff., 180.
[19] *Hartung/Holl-Holl* (Fn. 13), § 18 Rdnr. 35.
[20] *Hartung/Holl-Holl* (Fn. 13), § 18 Rdnr. 35.
[21] SV-Mat. 41/96, S. 10 (vgl. Fn. 12) .
[22] Vgl. BRAK-Mitt. 1996, 187 (BRAK-Ausschuss).
[23] *Schöbel* JuS 2000, 372 (374).
[24] *Henssler/Koch-Brieske* (Fn. 6), § 9 Rdnr. 28.

aufsetzt. Tut er dies, so treffen ihn dann auch die gleichen Pflichten wie einen Rechtsanwalt oder Notar, der rechtsgestaltend tätig wird.[25]

35   Eine weitere Pflicht ist das **Verbot der Wahrnehmung widerstreitender Interessen.**[26] Zwar ist dem Rechtsanwalt nicht verwehrt, Parteien mit unterschiedlichen Ausgangsinteressen zu beraten, wenn die Beratung als solche im übergeordneten Interesse einer von beiden Konfliktparteien gewollten außergerichtlichen Einigung gewährt wird. In diesem Fall steht die Beratung nämlich nicht im entgegengesetzten Interesse der jeweils anderen Partei. Die Mediation als solche ist also kein Verstoß gegen das Verbot der Wahrnehmung widerstreitender Interessen.

36   Zweifelhaft ist es dagegen, ob der als Mediator tätige Rechtsanwalt gehindert ist, während der Dauer des Mediationsverfahrens weitere Mandate eines der Beteiligten anzunehmen. Teilweise wird die Übernahme weiterer Mandate als unproblematisch erachtet, soweit die übrigen an der Mediation Beteiligten darüber unterrichtet werden und diese keine Einwände erheben.[27] Dagegen lässt sich aber einwenden, dass der als Mediator Tätige sich dadurch in eine gefährliche Nähe zum Verstoß gegen das Verbot der Wahrnehmung widerstreitender Interessen begibt.[28] Sämtliche Beteiligte an der Mediation beauftragen den Mediator gemeinschaftlich, so dass mit dem Auftraggeber für das weitere Mandat also keine Identität besteht. Der Rechtsanwalt könnte mithin durch die Bearbeitung des Mandats Wissen erwerben, das Einfluss auf den Fortgang der Mediation hat.[29] Außerdem besteht die Gefahr, dass ein wirtschaftlich potenter Mediationsbeteiligter versucht, den Rechtsanwalt durch ein interessantes Angebot an sich zu binden und der Rechtsanwalt sich dadurch der Gefahr einseitiger Interessenwahrnehmung aussetzt. Daher muss sich der Mediator größtmöglich zurückhaltend verhalten und das Mediationsmandat schon bei entfernt möglich erscheinender Besorgnis mangelnder Neutralität beenden.[30]

37   Wie oben erwähnt treffen den anwaltlichen Mediator auch nach Abschluss des Mediationsverfahrens **nachvertragliche Pflichten.**

38   Der Rechtsanwalt unterliegt gemäß § 43a Abs. 2 BRAO der Schweige- und Treuepflicht. Auch der anwaltliche Mediator hat **Verschwiegenheit und Vertraulichkeit** zu wahren, wobei wohl die Pflicht der Verschwiegenheit eine größere Rolle spielen wird.[31] Das hängt insbesondere damit zusammen, dass die Mediation häufig in kleinen Gruppen, die von engeren Beziehungen geprägt sind, stattfindet. Auch wenn die Mediation öffentlich stattfindet, hat der Mediator aber darüber zu schweigen, was ihm von den Konfliktparteien anvertraut worden ist.

39   Es besteht Einigkeit darüber, dass spätere anwaltliche Tätigkeit in Sachen, die Gegenstand der Mediation waren, in jeder Hinsicht ausgeschlossen ist.[32] Der Rechtsanwalt, der als Mediator im Parteiinteresse aller Beteiligten tätig war, kann nicht zu einem späteren Zeitpunkt als Rechtsanwalt einen der Beteiligten gegenüber einem anderen vertreten, weil er sonst gegen das berufsrechtliche Verbot des § 43a

---

[25] *Henssler/Koch-Brieske,* § 9 Rdnr. 45.
[26] *Feuerich/Braun,* § 18 BORA Rdnr. 2f.; *Hartung/Holl-Holl,* § 18 Rdnr. 37, 39, 40.
[27] SV-Mat. 41/96, S. 9 (vgl. Fn. 12).
[28] *Hartung/Holl-Holl* (Fn. 13), § 18 Rdnr. 39.
[29] *Hartung/Holl-Holl* (Fn. 13), § 18 Rdnr. 39.
[30] *Hartung/Holl-Holl* (Fn. 13), § 18 Rdnr. 39; BRAK-Ausschuss Mediation, BRAK-Mitt. 1996, 187.
[31] *Henssler/Koch-Brieske* (Fn. 6), § 9 Rdnr. 47.
[32] SV-Mat. 41/96, S. 9 (vgl. Fn. 12); BRAK-Ausschuss Mediation, BRAK-Mitt. 1996, 187; *Ewig,* BRAK-Mitt. 1996, 148.

Abs. 4 BRAO verstoßen würde. Sinn und Zweck dieser Regelung ist der Schutz des Vertrauensverhältnisses während der Mediation. Dagegen ist er aber nicht gehindert, einen oder mehrere seiner Auftraggeber nach Abschluss der Mediation in anderen Rechtsangelegenheiten zu vertreten.[33]

b) Pflichten des nichtanwaltlichen Mediators. Ausgangspunkt für die Beantwor- **40** tung dieser Frage wird auch hier der Mediatorvertrag mit den einschlägigen berufsrechtlichen Regelungen sein. Das gilt z. B. so auch für **Notare.**[34] Der Mediatorvertrag legt die Kardinalpflichten des Mediators fest.

Als Pflichten werden durch den Mediatorvertrag beispielsweise festgehalten, dass **41** der Mediator als neutraler Vermittler die Konfliktparteien unterstützt, dass er das Verfahren nach seinem Ermessen gestalten kann und die Konfliktparteien dabei zu einer eigenverantwortlichen Lösung führt.

Eine **Pflicht zur Rechtsprüfung** hat der nichtanwaltliche Mediator **gerade nicht.** **42** Meist darf er nach dem Rechtsberatungsgesetz schon gar keinen rechtlichen Rat erteilen[35] oder die Konfliktparteien sind selbst rechtlich hinreichend beraten.

Aus dem Zweck der Mediation ergeben sich aber auch für den nicht anwaltlichen **43** Mediator **generelle Pflichten.** An erster Stelle stehen die konkrete mediative Bemühung und die Neutralitätspflicht, die während des gesamten Mediationsverfahrens zu wahren sind. Im vorvertraglichen Stadium muss der Mediator daher auch den Parteien alle Umstände offen legen, die gegen seine Neutralität sprechen könnten. Hierzu gehören etwa auch vergangene Geschäftsbeziehungen zu einer der Konfliktparteien.

Daneben trifft ihn in der vorvertraglichen Phase die Verpflichtung, einen Media- **44** tionsauftrag nur anzunehmen und diesen fortzuführen, wenn es nach seinem Kenntnisstand überhaupt zu einer Einigung kommen kann.

Darüber hinaus hat der Mediator nach h. M. den **Sachverhalt zu erforschen.**[36] **45** Lediglich das OLG Hamm[37] ist der Auffassung, dass der Mediator nicht den Sachverhalt zu erforschen, sondern sich allein auf die Würdigung eines ihm unterbreiteten Sachverhalts zu beschränken habe.

Die Verletzung dieser Pflichten kann eine Haftung nach allgemein geltenden Vor- **46** schriften auslösen, wobei spezielle berufsrechtliche Tatbestände daneben treten können, wie schon oben für den anwaltlichen Mediator erläutert wurde.

c) Haftungsfolgen und Schaden. Wie oben bereits erwähnt, bedarf es einer ver- **47** werfbaren Pflichtverletzung, um eine Haftung auszulösen. Aber nicht jede Pflichtverletzung führt automatisch einen Haftungsfall herbei. Erforderlich ist vielmehr, dass durch die Pflichtverletzung ein Schaden entstanden ist. Ein Schaden ist jedenfalls dann gegeben, wenn die Konfliktpartei durch die Vertragsverletzung des Mediators schlechter gestellt ist als sie stünde, wenn diese gar nicht stattgefunden hätte. Der Mediator hat aber nur den Vermögensschaden nach § 251 BGB zu ersetzen. Die **Darlegungs- und Beweislast** trägt hier grundsätzlich der jeweilige Anspruchsteller, also der ehemalige Mandant des Mediators.

---

[33] *Hartung/Holl-Holl* (a.a.O.), § 18 Rdnr. 40.
[34] *Eidenmüller* (Fn. 1), S. 34; zum Notar als Mediator vgl. §§ 24, 25.
[35] Vgl. *Henssler,* in: Breidenbach/Henssler, Mediation für Juristen, 1997, S. 75 ff., 82; dazu § 26 Rdnr. 36 ff.
[36] *Eidenmüller* (Fn. 1), S. 38.
[37] OLG Hamm MDR 1999, 836.

48   Steht also eine Pflichtverletzung fest, so hat die Konfliktpartei zunächst darzulegen und zu beweisen, dass sie sich bei ordnungsgemäßem Verhalten des Mediators
anders verhalten hätte. Hier wird es besonders schwierig sein, dem Mediator Fehler
im Mediationsverfahren selbst, also im Kernbereich der Mediation, nachzuweisen.
Dieser Bereich ist bezüglich Haftungsfragen noch unerforscht. Für das Vorliegen
von Pflichtverletzungen gibt es noch keine allgemein gültigen Regeln. Es müsste
insbesondere genau dargelegt werden können, wie im Einzelnen der Mediator eine
solche Pflicht verletzt haben könnte und welcher Schaden darauf beruhen soll.[38]

49   d) Verjährung. Wie oben dargelegt, werden auf den Mediatorvertrag grundsätzlich die allgemeinen Rechtsgrundsätze angewandt, aber ergänzt durch besondere
Regeln des Berufsrechts.

50   Soweit keine spezielle Verjährungsfrist einschlägig ist, verjähren Schadensersatzansprüche gemäß § 195 BGB in drei Jahren. Anders als früher beginnt die Verjährung aber erst mit Kenntnis von den anspruchsbegründenden Tatsachen oder bei
grob fahrlässiger Unkenntnis (§ 199 Abs. 1 BGB). Abkürzungen der Verjährungsfrist sind mit Ausnahme der in § 202 Abs. 1 BGB geregelten Fallkonstellation zulässig. Allerdings ist bei der Verwendung von AGB § 307 BGB zu beachten. Fraglich ist, ob die allgemeinen Rechtsgrundsätze auch Anwendung finden, soweit ein
anwaltlicher Mediator tätig ist.

51   Bei einem Vertrag, in dem ein Rechtsanwalt als Mediator tätig wird, hat man
früher (also vor dem In-Kraft-Treten der Schuldrechtsreform am 1. 1. 2002) diese
Regelung als unangemessen erachtet. Denn die allgemeine Verjährungsfrist betrug
früher 30 Jahre. Nunmehr ist die dreijährige Frist des § 195 BGB mit § 51 b BRAO
äußerlich harmonisiert. Allerdings ist § 51 b BRAO durch die Schuldrechtsreform
unverändert geblieben. Zu beachten ist ferner, dass die Frist des § 51 b BRAO mit
dem Entstehen des Anspruchs, spätestens jedoch mit der Beendigung des Mandats
beginnt.[39] Daher stellt sich auch heute weiterhin die schwierige Frage, ob man für
die Verjährung § 195 BGB oder § 51 b BRAO heranzieht. Vorzugswürdig ist die
Lösung, die Haftung des Rechtsanwalts auf Schadensersatz durch § 51 b BRAO als
lex specialis zu beschränken. Freilich gilt zu beachten, dass die Vorschrift des § 51 b
BRAO grundsätzlich nur für vertragliche Schadensersatzansprüche des Mandanten
gegen seinen Anwalt gilt, die sich aus der Berufsausübung ergeben.[40]

52   Die Regelung des § 51 b BRAO ist also auf die Tätigkeiten beschränkt, welche
üblicherweise in das Berufsbild eines Rechtsanwalts fallen. So hat die Rechtsprechung diese Verjährungsvorschrift bei den Testamentvollstreckern und anderen Be-
rufstätigkeiten, wie sie in § 1 Abs. 2 BRAGO aufgeführt worden sind, die aber
trotzdem von einem Rechtsanwalt ausgeübt werden, nicht angewandt.[41] § 51 b
BRAO wäre also anwendbar, wenn die Mediation nicht von Tätigkeiten, die unter
§ 1 Abs. 2 BRAGO fallen, erfasst wird.

53   Für die Anwendbarkeit der Dreijahresfrist könnte möglicherweise § 18 BerufsO
sprechen, da diese Norm die Regeln des anwaltlichen Berufsrechts auch auf die
Mediation ausdehnt. Bei § 18 BerufsO handelt es sich aber lediglich um eine be-

---

[38] Henssler/Koch-Brieske (Fn. 6), § 9 Rdnr. 31 f.
[39] Henssler/Koch-Brieske (Fn. 6), § 9 Rdnr. 55.
[40] Feuerich/Braun (Fn. 26), § 51 b Rdnr. 4.
[41] BGH VersR 1968, 792; BGH NJW 1994, 1405; BGH NJW 1993, 199.

rufsrechtliche Norm ohne Drittwirkung, d. h., sie hat nur Auswirkungen im Verhältnis zu demjenigen, der dem Berufsrecht unterworfen ist und kann nicht die Rechte Dritter beschränken.[42] Eine spezielle rechtliche Grundlage ist somit nicht gegeben. Somit kommt nur eine **analoge Anwendung des § 51b BRAO** in Betracht.

Für die analoge Anwendung des § 51b BRAO spricht, dass die im § 1 Abs. 2 **54** BRAGO aufgeführten Tätigkeiten, die mit der Mediation vergleichbar sind, speziellen gesetzlichen Regelungen unterliegen, die auch von der Regelung wie § 51b BRAO ausgehen.[43] So ist beispielsweise in § 62 InsO eine dem § 51b BRAO nachempfundene Verjährungsregelung für den Insolvenzverwalter geschaffen worden, die eine dreijährige Verjährungsfrist nach Aufhebung des Insolvenzverfahrens anordnet. Eine ebenso lange Frist gilt gemäß § 19 Abs. 1 S. 3 BNotO auch in Bezug auf die Haftung des Notars. Auch für die Haftung des Schiedsrichters wird eine Frist von drei Jahren angenommen. Im Übrigen können die weiteren in § 1 Abs. 2 BRAGO aufgeführten Tätigkeiten auch deswegen nicht mit der Mediation verglichen werden, weil der Mediator auf Grund eines autonomen Vertrages und nicht auf Grund staatlicher Bestellung tätig wird.[44]

Sieht man andererseits die Mediation als berufsfremde Tätigkeit im Sinne von § 1 **55** Abs. 2 BRAGO an, dann ist sie nicht der Verjährungsfrist des § 51b BRAO unterworfen. Zur Begründung wird angeführt, dass der Mediator, anders als der Rechtsanwalt in kontradiktorischen Verfahren, nicht nur einer Partei gegenüber verantwortlich ist, sondern allen Beteiligten gegenüber. Mit gleicher Begründung seien auch die Tätigkeiten der Insolvenzverwalter, Vergleichsverwalter, Kreditmittler oder Testamentsvollstrecker von der besonderen Verjährung ausgenommen.[45] Gegen die Anwendbarkeit von § 51b BRAO spreche auch, dass § 1 Abs. 2 BRAGO gerade keine abschließende Auflistung darstelle. Es handele sich vielmehr um eine abschließende Aufzählung, die klarstelle, welche Tätigkeiten anwaltliche und welche nicht anwaltliche seien.

Die Argumente gegen die Anwendbarkeit des § 51b BRAO vermögen nicht zu **56** überzeugen. Wie oben dargestellt, existieren für die in § 1 Abs. 2 BRAGO genannten Berufsgruppen eigene Verjährungsfristen, die sich gerade an § 51b BRAO orientieren. Entscheidend ist, dass der BGH die Verjährung des § 51b BRAO für anwendbar erachtet, wenn es sich um eine Tätigkeit handelt, die nicht unwesentliche rechtsberatende Elemente enthält.[46] Vergleicht man die Tätigkeit des Rechtsanwalts als Mediator mit der allgemeinen Tätigkeit als Anwalt, so erscheint auch der anwaltliche Mediator vom Schutzzweck des § 51b BRAO erfasst zu sein. Wie oben beschrieben, finden sich in der Mediation sehr viele Elemente und Pflichten wieder, die auch in der allgemeinen Tätigkeit des Rechtsanwalts wiederzufinden sind. Auch die vom BGH vorausgesetzte rechtsberatende Tätigkeit ist in der mediativen Tätigkeit des Rechtsanwalts enthalten. Beachtet man, dass in den meisten Fällen gerade auch deshalb ein Rechtsanwalt als Mediator beauftragt wird, weil auf dessen Rechtskunde vertraut wird, so ist dies ein weiteres Argument für die analoge

---

[42] *Hennsler/Koch-Brieske* (Fn. 6), § 9 Rdnr. 56.
[43] *Hennsler/Koch-Brieske* (Fn. 6), § 9 Rdnr. 58; *Hennsler/Koch-Koch,* § 8 Rdnr. 19.
[44] *Hennsler/Koch-Brieske* (Fn. 6), § 9 Rdnr. 58.
[45] *Feuerich/Braun,* BRAO § 51b Rdnr. 11.
[46] BGH NJW 1985, 1161 f.; BGH NJW 1994, 1405 f.; BGH NJW 1993, 199 f.

Anwendbarkeit des § 51 b BRAO. Für Schadensersatzansprüche der Konfliktparteien gegen den **Mediator** gilt also die spezielle Verjährungsfrist von **drei Jahren**, die – um Missverständnisse auszuschließen – sinnvollerweise im Mediatorvertrag vereinbart werden kann.

57   Soweit aber ein Mediator tätig wird, der nicht zugleich Rechtsanwalt ist, sind die Verjährungsfristen der anderen Berufe zu beachten.

58   **e) Haftungsbeschränkungen.** In einigen Mediationsfällen, wie z.B. im Wirtschaftsrecht, kann das Haftungsrisiko für den Mediator sehr hoch sein.

59   Hier kommen vertragliche und gesetzliche Haftungsbeschränkungen in Betracht. Zu den gesetzlichen Haftungsbeschränkungen zählen die Haftungsbeschränkungen auf Grund der Rechtsformwahl der Anwaltssozietät (Anwalts-GmbH, PartGG etc.), die hier nicht vertieft werden sollen.

Interessanter sind die individuellen vertraglichen, auf das konkrete Mediationsmandat abstellenden Haftungsausschlüsse.

60   *aa) Allgemeine individuelle Beschränkungen.* Die einfachste Möglichkeit, die Haftung des Mediators zu beschränken, ist die Begrenzung des Aufgabenbereichs.[47] Für Aufgaben, die nicht Gegenstand des Vertrags geworden sind, hat er auch nicht zu haften. Diese vertragliche Haftungsbeschränkungen muss für die Parteien als solche eindeutig erkennbar sein.[48] Es sollte daher aus dem Mediatorvertrag eindeutig hervorgehen, zu welcher Aufgabenerfüllung der Mediator sich verpflichtet.

61   Aufgrund der Anwendbarkeit des Rechts der AGB sind bei Haftungsbeschränkungen insbesondere §§ 307, 310 Abs. 3 BGB zu beachten. Hier ist der sichere Weg der Haftungsbegrenzung eine den Anforderungen des § 310 Abs. 2 BGB genügende Individualvereinbarung.

62   *bb) Veranlassung der Hinzuziehung von Parteianwälten.* Eine weitere Haftungsbeschränkung erreicht der Mediator dadurch, den Konfliktparteien anzuraten, sich anwaltlich vertreten zu lassen. Das hat zur Folge, dass seine Pflichten, während des Verfahrens für die Parteien rechtsberatend tätig zu werden, eingeschränkt werden.[49] Beschränkungen können sich insbesondere auf rechtliche Hinweise und die Erläuterungen rechtlicher Voraussetzungen beziehen.[50]

63   *cc) Besondere anwaltliche Haftungsbeschränkungsmöglichkeiten.* Sinn und Zweck der Einführung individueller Haftungsbegrenzungen durch § 51 a BRAO ist, dass das hohe, möglicherweise existenzgefährdende Haftungsrisiko des Rechtsanwalts in vertretbaren Grenzen gehalten wird.[51] Die Vereinbarung ist zwischen dem Rechtsanwalt und seinem Auftraggeber entweder für den Einzelfall oder aber im Wege vorformulierter Vertragsbedingungen zu treffen. Die Haftungsbegrenzung fällt in den beiden oben beschriebenen Begrenzungsvarianten unterschiedlich aus. Bei Individualvereinbarungen, die für den konkreten Einzelfall ausgehandelt werden, kann der Rechtsanwalt seine Haftung gemäß § 51 a Abs. 1 Nr. 1 BRAO auf die Mindestversicherungssumme seiner Berufshaftpflichtversicherung, die im Falle

---

[47] *Henssler/Koch-Brieske* (Fn. 6), § 9 Rdnr. 61.
[48] *Henssler/Koch-Brieske* (Fn. 6), § 9 Rdnr. 61.
[49] *Henssler/Koch-Brieske* (Fn. 6), § 9 Rdnr. 62.
[50] *Henssler/Koch-Brieske* (Fn. 6), § 9 Rdnr. 62.
[51] *Feuerich/Braun*, BRAO § 51 a Rdnr. 1.

der Haftung für fehlerhafte Mediation Deckungsschutz gibt[52], nämlich auf
250.000,– € begrenzen. Nichtanwälte haben sich darum zu kümmern, dass ihre
Haftpflichtversicherung den gleichen Deckungsschutz gewährt.

Im Falle von vorformulierten Vertragsbedingungen darf der Rechtsanwalt seine 64
Haftung gemäß § 51 a Abs. 1 Nr. 2 BRAO für Fälle einfacher Fahrlässigkeit auf
den vierfachen Betrag der Mindestversicherungssumme beschränken, sofern er insoweit im Rahmen seiner Vermögenshaftpflichtversicherung diesen Versicherungsschutz vereinbart hat.

dd) Beschränkung der Verjährungsfrist. Mit Ausnahme der Haftung für Vorsatz 65
kann die Verjährung im voraus durch Rechtsgeschäft erleichtert werden (§ 202
Abs. 1 BGB).

Allerdings hat der BGH in Bezug auf die Steuerberater, die mit § 68 StBerG eine 66
mit § 51b BRAO vergleichbare Regelung in ihrem Berufsrecht verankert haben, zu
Recht ausgesprochen[53], dass eine derartige Vereinbarung die Interessen des Mandanten unangemessen i.S. des § 307 BGB verkürze.[54] Das Urteil des BGH bezog
sich freilich auf eine vorformulierte Vereinbarung. Ob diese Grundsätze auch bei
individualvertraglich ausgehandelten Vereinbarungen gelten, ist umstritten.[55]

Nach richtigem Verständnis des Gerechtigkeitsgehalts von § 51b BRAO und der 67
Leitbildfunktion dieser besonderen gesetzlichen Regelung wird man annehmen
müssen, dass die Norm auch insoweit zwingend ist und einer einzelvertraglichen
Veränderung nicht offen steht.[56]

3. Gesetzliche Haftung

In Betracht kommt auch eine Haftung nach Deliktsrecht. Fälle des § 823 Abs. 1 68
BGB sind allerdings kaum vorstellbar.

Näher liegt eine Haftung nach § 823 Abs. 2 BGB wegen **Verletzung eines Schutz-** 69
gesetzes. Der Begriff des Schutzgesetzes wird in diesem Zusammenhang restriktiv
interpretiert.[57] Es ist daher fraglich, ob die Verletzung von Berufspflichten gleichzeitig eine Verletzung eines Schutzgesetzes beinhaltet. Dabei werden an das Vorliegen eines Schutzgesetzes unterschiedliche Anforderungen gestellt.

Teilweise wird darauf abgestellt, ob eine Norm, also die Berufspflicht, auch den 70
Schutz Dritter bezwecken soll,[58] also dem Schutz eines bestimmten Individualinte-
resses dient. Nach einer anderen Definition sollen Bestimmungen Schutzgesetze
sein, bei denen sich aus ihrem Umfeld ergibt, dass ihr Schutzzweck gerade durch
privatrechtliche Schadensersatzansprüche erreicht werden soll.[59]

Jedenfalls im beruflichen Bereich verletzt der Rechtsanwalt mit einer vorsätzlich 71
begangenen Straftat regelmäßig zugleich Berufspflichten. So verletzen Straftatbestände wie Beleidigung, Unterschlagung, Veruntreuung, Parteiverrat und Betrug zu

---

[52] *Henssler/Koch-Koch* (Fn. 6), § 8 Rdnr. 50 mit Hinweis auf die Einvernahme zwischen DAV/
BRAK und den Vermögenshaftpflichtversicherern in: BRAK-Mitt. 1997, S. 160.
[53] *Henssler/Prütting-Prütting*, BRAO, 1997, § 51b Rdnr. 59.
[54] BGHZ 97, 21 = NJW 1986, 1171.
[55] Zweifelnd zumindestens: *Borgmann/Haug*, Anwaltshaftung, 3. Aufl. 1995, § 48 Rdnr. 32.
[56] *Henssler/Prütting-Prütting* (Fn. 53), BRAO, § 51b Rdnr. 60.
[57] *Grunewald*, AnwBl 2000, 209 (212).
[58] *Palandt-Thomas*, BGB (Fn. 6), § 823 Rdnr. 141.
[59] MünchKomm-*Mertens*, BGB, 3. Aufl. 1997, § 823 Rdnr. 163.

Lasten des Mandanten die Grundpflichten des Rechtsanwalts nach § 43a BRAO. Nichts anderes gilt auch für den Mediator, so dass die Verletzung eines Schutzgesetzes nach § 823 Abs. 2 BGB durchaus in Betracht kommen kann.

72   Darüber hinaus kommt auch eine Haftung nach § 826 BGB in Betracht. Als sittenwidriges Verhalten ist auch hier wieder an die Verletzung von Berufspflichten zu denken. Für Wirtschaftsprüfer hat der BGH ein vorsätzliches, sittenwidriges Verhalten im Sinne des § 826 BGB jedenfalls dann angenommen, wenn jemand seine Berufspflichten in einem solchen Maße grob fahrlässig und leichtfertig verletzt, dass sein Verhalten als bedenken- und gewissenlos zu bezeichnen ist.[60] Derartige Extremfälle sind aber allenfalls in Ausnahmefällen vorstellbar.

II. Grundlagen strafrechtlicher Verantwortlichkeit

73   Möglicherweise kommt eine Verantwortlichkeit des Mediators auch auf Grund eines Verstoßes gegen strafrechtliche Normen in Betracht[61]. Ebenso wie der Rechtsanwalt kann der Mediator gerade im beruflichen Bereich Straftatbestände wie Beleidigung, Unterschlagung, Veruntreuung, Betrug zu Lasten der Konfliktparteien, Nötigung, Erpressung, Bestechung, Hehlerei, Hausfriedensbruch und Konkursdelikte verwirklichen.

74   Wie für einen Rechtsanwalt könnte für den Mediator das strafrechtliche Verbot des **Parteiverrats** (§ 356 StGB) in Betracht kommen. Der Tatbestand des Parteiverrats schützt neben der Treuepflicht gegenüber dem Auftraggeber vornehmlich das Vertrauen in die Integrität der Rechtspflege, insbesondere der Rechtsbeistandschaft.[62] Bei § 356 StGB handelt es sich um ein Sonderdelikt. Täter kann ein Rechtsanwalt sein oder ein anderer Rechtsbeistand, dem in dieser Eigenschaft, d.h. in seiner Eigenschaft als Organ der Rechtspflege Angelegenheiten anvertraut sind.[63] Der nichtanwaltliche Mediator scheidet daher von vorneherein als Täter i.S. von § 356 StGB aus, da für ihn die Verwirklichung dieses Tatbestandes wegen der täteruntauglichen Funktion nicht in Betracht kommt.

75   Aber auch für den anwaltlichen Mediator ist dieser Tatbestand nicht einschlägig. Das strafrechtliche Verbot des Parteiverrats schützt den Kernbereich des berufsrechtlichen Verbots der Wahrnehmung widerstreitender Interessen, wirkt aber für den anwaltlichen Mediator nicht im Sinne eines Betätigungsverbots.[64] Täter kann eben nur derjenige sein, der erstens Anwalt ist und dem zweitens in dieser Eigenschaft Rechtsangelegenheiten anvertraut sind.[65] Die generelle Zugehörigkeit zum Anwaltsstand ist also nicht ausreichend; es ist vielmehr eine unzulässige Handlungsweise des Rechtsanwalts in eben dieser Eigenschaft erforderlich. Ebenso wie ein Anwalt bei seiner Tätigkeit als Insolvenzverwalter[66] oder Vormund[67], bei der er

---

[60] BGH WM 1986, 904.
[61] Vgl. zuletzt *Meyer* AnwBl. 2000, 80; dazu eingehend § 30.
[62] *Lackner/Kühl-Lackner*, StGB, 3. Aufl., 1999, § 356 Rdnr. 1. Dazu § 30 Rdnr. 34ff.
[63] *Tröndle/Fischer*, StGB, 30. Aufl., 2001, § 356 Rdnr. 1.
[64] *Henssler/Koch-Henssler* (Fn. 6), § 3 Rdnr. 7.
[65] *Schönke/Schröder-Cramer*, StGB, 26. Aufl., 2001, § 356 Rdnr. 4.
[66] BGHSt 13, 231.
[67] BGHSt 24, 191.

unter der Aufsicht des Insolvenz- oder Nachlassgerichts ein ihm übertragenes Amt ausübt, nicht als tauglicher Täter in Betracht kommt, scheidet der Mediator aus. Auch der Mediator wird nicht nach außen als Sachwalter von Parteiinteressen tätig. Es fehlt vielmehr die einseitige Bindung an die rechtlichen Belange einer Person oder Personengruppe, das besondere Vertrauensverhältnis zu ihr und die daraus folgende Treuepflicht. Das Interesse der Beteiligten der Mediation ist gerade nicht entgegengesetzt, sondern gleichgerichtet.

Ein weiterer näher in Betracht zu ziehender strafrechtliche Tatbestand ist § 203 **76** Abs. 1 Nr. 3 StGB bei **Verletzung eines Privatgeheimnisses.** Alles was Gegenstand des Mediationsverfahrens geworden ist, unterliegt einem strengen Vertraulichkeitsgebot. So verpflichten sich alle Beteiligten, also auch der Mediator, im Rahmen der gesetzlichen Möglichkeiten, keine Informationen aus dem Mediationsverfahren ohne ausdrückliche Zustimmung aller Beteiligten weiterzugeben. Diese Vorschrift dient somit vornehmlich dem Schutz des Einzelnen. § 203 Abs. 1 Nr. 3 StGB könnte dann in Betracht zu ziehen sein, wenn der Mediator ein Privatgeheimnis verletzt. Mediation setzt Verschwiegenheit, Vertraulichkeit und Vertrauen voraus.[68] Der Rechtsanwalt ist sowohl berufsrechtlich zur Verschwiegenheit verpflichtet als auch gesetzlich zur Zeugnisverweigerung berechtigt. Daher ist § 203 StGB auch einschlägig. § 203 Abs. 1 Nr. 3 StGB lässt sich also bei Verstößen gegen die Verschwiegenheitspflicht des anwaltlichen Mediators durchaus in Betracht ziehen.

Der Grundsatz der Vertraulichkeit gilt aber auch für den nichtanwaltlichen **77** Mediator. Wird beispielsweise ein Psychologe als Mediator tätig, so ist der Psychologe nach Ziffer VI 1 der Berufsordnung des Berufsverbands der Psychologen zum Schweigen verpflichtet. So erfasst § 203 Abs. 1 StGB in der Nr. 2 Psychologen, in der Nr. 4 Familienberater und in der Nr. 5 Sozialarbeiter.

---

[68] *Henssler/Koch-Koch* (Fn. 6) § 1 Rdnr. 11.

§ 32 Honorar- und Kostenfragen

Dr. Peter M. Horst

Übersicht

Schrifttum: *Duve,* Rechtsberatung durch Mediatoren im Spiegel der Rechtsprechung, BB 2001, 692 ff.; *Gerold/Schmidt/v. Eicken/Madert,* Bundesgebührenordnung für Rechtsanwälte, Kommentar, 14. Auflage 1999; *Grziwotz,* Erfolgreiche Verhandlungsführung und Konfliktmanagement für Notare, CfM-Schrift, 2001; *Hansens,* Der Vergütungsanspruch des Rechtsanwalts als Mediator, ZAP 2000, Nr. 3; *Hartung/Holl,* Anwaltliche Berufsordnung, 1997; *Palandt,* BGB, 60. Auflage; *Schumann/Geißinger,* Kommentar zur BRAGO; *Göttlich/Mümmler/Rehberg/Xanke,* Bundesgebührenordnung für Rechtsanwälte, 19. Auflage 1997.

Vorbemerkung

1   Die Mediation wird von den Befürwortern dieses relativ neuen Verfahrens als kostengünstig und effizient gepriesen. Als eigenständiges Verfahren, das bisher auch nicht gesetzlich vorgeschrieben oder detailliert geregelt ist, muss sich die Mediation für ihre Akzeptanz an strikt **wirtschaftlichen Parametern** messen lassen.

Dies gilt insbesondere bei der Kosten- und Honorargestaltung. Auch hier gibt es 2 (noch) keine klare gesetzliche Regelung. Die schon vorhandenen und praktizierenden Mediatoren stammen aus den verschiedensten Fachrichtungen – Juristen, Psychologen, Theologen, Ingenieure, ... Teilweise gehören sie Berufsgruppen an, die hinsichtlich ihrer Honorargestaltung strikten gesetzlichen und berufsrechtlichen Vorgaben unterliegen, wie Notare oder Rechtsanwälte.

Nachfolgend sollen die Kosten der Mediation unter Berücksichtigung der ver- 3 schiedenen **Honorarmodelle** aufgezeigt werden. Es gilt ferner zu prüfen, ob die – gegebenenfalls zusätzlichen – Kosten einer Mediation in einem angemessenen Verhältnis zu dem tatsächlichen oder zumindest potentiellen Nutzen der Mediation liegen. Hierbei sind als **Kostenpositionen** zu unterscheiden:
– die allgemeinen Verfahrenskosten einer Organisation, die das Mediationsverfahren vorbereitet,
– die Honorare des Mediators,
– die Kosten, die durch zusätzliche Anwaltsberatung der Parteien entstehen können, und
– die internen Kosten der Parteien.

Im Folgenden wird versucht, die Basis für eine **Kosten-/Nutzen-Betrachtung** ins- 4 besondere der externen Kosten zu legen. Dabei werden folgende unterschiedliche Gegenstandswerte als Ausgangswerte bzw. Werte, über die eine vergleichsweise Einigung zustande kommt, zugrundegelegt:

| Gegenstandswert (€) | 1.500 € | 50.000 € | 250.000 € |
| Vergleichsgegenstandswert (€) | 2.250 € | 75.000 € | 375.000 € |

Tabelle 1: Gegenstandswert für Beispielsrechnungen

I. Allgemeine Verfahrenskosten

Grundsätzlich bedarf die Durchführung eines Mediationsverfahrens keiner be- 5 sonderen Verfahrensorganisation oder externer Regularien. Die Parteien können sich unmittelbar an einen Mediator wenden, der dann auch die Verfahrensorganisation und -leitung übernimmt.

In der **Praxis** hat es sich aber bewährt, wenn eine **neutrale Institution** die Ab- 6 wicklung der verfahrensvorbereitenden und -begleitenden Tätigkeiten übernimmt. Dies beinhaltet z. B. insbesondere Vorschläge für geeignete Mediatoren, die Erstellung von Mustervereinbarungen, die Kontrolle der Einhaltung von Verhaltensregeln und Ethik-Codes für Mediatoren etc. Die Gebühren für die Durchführung eines Mediationsverfahrens unter Mitwirkung einer hierauf spezialisierten Institution[1] richten sich dann nach den Honorargrundsätzen dieser Organisationen.

1. gwmk Gesellschaft für Wirtschaftsmediation und Konfliktmanagement e. V.

Die gwmk Gesellschaft für Wirtschaftsmediation und Konfliktmanagement e. V. 7 in München (http://www.gwmk.org) führt Mediationsverfahren durch nach einer

---

[1] Zu den Institutionen im Bereich der Mediation in Deutschland vgl. § 59.

eigenen **Verfahrensordnung.** Für die Durchführung dieser Verfahren wird der Gebührenwert berechnet aus dem Gegenstandswert der Angelegenheit. Die Gebühren betragen hierfür:

Verfahrensgebühr der gwmk e.V. Gegenstandswert		**Gebühr**
von	bis	
1 €	10.000 €	100 €
10.001 €	25.000 €	200 €
25.001 €	50.000 €	275 €
50.001 €	250.000 €	500 €
250.001 €	500.000 €	625 €
	500.000 €	750 €

Tabelle 2: Übersicht über Verfahrensgebühren der gwmk

8   Daraus ergeben sich für die exemplarisch behandelten Gegenstandswerte folgende Verfahrensgebühren:

Gegenstandswerte	1.500 €	50.000 €	250.000 €
Verfahrensgebühr gwmk	100 €	275 €	500 €

Tabelle 3: Gebühren der gwmk bei Beispielsgegenstandswerten

2. D.I.S. Deutsche Institution für Schiedsgerichtsbarkeit e.V.

9   Die Deutsche Institution für Schiedsgerichtsbarkeit e.V. (DIS) (http://www.dis-arb.de) ist ein eingetragener Verein mit ca. 550 Mitgliedern aus dem In- und Ausland. Zweck des Vereins ist die Förderung der deutschen und internationalen Schiedsgerichtsbarkeit. Die DIS gibt mehrere Publikationen zur deutschen und internationalen Schiedsgerichtsbarkeit, darunter die DIS Schriftenreihen, eine halbjährliche Beilage heraus und veranstaltet Konferenzen zu schiedsgerichtlichen Themen und Seminare zur Aus- und Fortbildung für Juristen und andere interessierte Personen. Ferner bietet die DIS ein **administriertes Schiedsgerichtsverfahren** nach der DIS-Schiedsgerichtsordnung an. Mediationsverfahren werden bisher nicht ausdrücklich angeboten.

3. IHK Industrie- und Handelskammern

10   Die örtlichen Industrie- und Handelskammern haben in der Regel **Schlichtungsstellen** für kaufmännische Angelegenheiten eingerichtet. Die Festsetzung von Gebühren hierfür obliegt der Hoheit der jeweiligen IHK.

II. Honorarbemessung des Mediators

11   Die Bemessungsgrundlagen für das Mediatorenhonorar hängen nach deutschem Recht wesentlich davon ab, welcher **Berufsgruppe** der Mediator angehört.

Nach einer Entscheidung des Landgerichts Rostock vom 11. 8. 2000[2] ist Mediation in der Regel als **Rechtsberatung** anzusehen. Nach einer Entscheidung des OLG Hamm vom 20. Oktober 1998[3] findet hingegen die Bundesgebührenordnung für Rechtsanwälte auf die Tätigkeit der Mediation Anwendung, wenn die Parteien keine andere Abrede getroffen haben. § 1 Abs. 2 BRAGO stehe dem nicht entgegen, da es sich bei der Mediation um eine „originär anwaltliche Tätigkeit" handele, heißt es in dem Urteil. Dies sei nicht mit den dort genannten von der BRAGO ausgeschlossenen Tätigkeiten – etwa als Testamentsvollstrecker, Vormund oder Betreuer – vergleichbar. Dem Urteil zufolge kann der als Mediator tätig gewordene Rechtsanwalt deshalb eine Beratungsgebühr gemäß § 20 BRAGO berechnen. Das Urteil nimmt Bezug auf den Schlussbericht des BRAK-Ausschusses Mediation[4].

Nach diesen Entscheidungen herrscht bei nicht-anwaltlichen Mediatoren insbesondere aus dem psycho-sozialen Bereich erhebliche **Verunsicherung**, ob sie ihren Beruf so weiter ausüben können[5].   **12**

Ob diese Rechtsprechung generell Bestand haben wird, bleibt abzuwarten. Auch vor dem Hintergrund dieser Rechtsprechung können nicht-anwaltliche Mediatoren weiterhin ihre besonderen Kompetenzen in Co-Mediationen mit Rechtsanwälten oder Notaren einbringen.

Es werden deshalb nachfolgend sowohl berufsgruppenunabhängige, gängige Methoden der Honorargestaltung als auch die Liquidationsgrundlagen nach den für Rechtsanwälte (Bundesgebührenordnung für Rechtsanwälte – BRAGO) bzw. Notare geltenden Vorschriften dargestellt.   **13**

1. Zeitaufwand als Bemessungsgrundlage

Mediationsverfahren erfordern **Zeit.** Zeitdruck wird von den Parteien oft als Einigungsdruck empfunden und kann dann eher kontraproduktiv wirken. Der benötigte Zeitaufwand ist im Vorhinein nur schwer abschätzbar. Es gelingt in manchen Fällen in einer halbtägigen Sitzung eine Einigung herbeizuführen und zu dokumentieren. Bei schwierigeren Verfahren oder bei Beteiligung großer Organisationen mit daraus resultierendem internem Abstimmungs- und ggfs. zusätzlichem Informationsbedarf kann eine Mediation aber auch zahlreiche ganztägige Termine in Anspruch nehmen.   **14**

Aus diesem Grund ist ein vorab auf einem voraussichtlich anfallenden Zeitaufwand kalkuliertes Pauschalhonorar bei Mediationen nicht üblich und auch nicht anzuraten. Ein Verfahren, das auf Seiten des Mediators von Anfang an unter Zeit- und damit wirtschaftlichem Druck steht, ist sicher nicht zielführend für einen Einigungsprozess.   **15**

Gängige **Praxis** ist es daher, den Mediator in Abhängigkeit von der aufzuwendenden Zeit – für Vorbereitung und Durchführung der Mediation – zu entlohnen. Die hierbei zu veranschlagenden Sätze korrelieren mit denen für beratende anwaltliche Tätigkeit in ähnlichen Angelegenheiten. Die **gwmk** schlägt z. B. Honorarsätze zwischen 150 €/h und 300 €/h vor, bzw. Tageshonorare zwischen minimal 1.000 € und maximal 2.000 €.   **16**

---

[2] LG Rostock BB 2001, 698; vgl. auch OLG Rostock ZKM 2001, 192.
[3] AZ 28 U 79/97 – n.v.
[4] BRAK-Mitt. 1996, 187.
[5] Vgl. hierzu ausführlich *Duve* BB 2001, 692 ff. Vgl. auch § 26 Rdnr. 36 ff. und § 34 Rdnr. 72 ff.

17   Auf die Zeithonorare werden von den Mediatoren vor Beginn der Mediation regelmäßig **Vorschüsse** gefordert, üblicherweise in Höhe eines Tagessatzes zuzüglich
eines pauschalierten Betrages für die Vorbereitung der Mediationssitzung mit Studium etwaiger vorbereitender Schriftsätze der Parteien etc.

18   Die zeitbezogene Berechnung von Honoraren entspricht auch der bei anderen
bisher in der Praxis mit Mediation befassten Berufsgruppen, wie z. B. **Psychologen**.
Auch hier können die zugrundezulegenden Honorarsätze stark differieren.

2. Gebührenrechtliche Aspekte nach BRAGO

19   Mediation ist eine typische Anwaltstätigkeit gemäß § 18 BerufsO[6]. Somit gelten
für die Honorierung der Tätigkeit eines Anwaltes als Mediator („**Anwaltsmediator**") auch die Regelungen der **BRAGO**. Ein Ausschluss der Anwendbarkeit
der BRAGO gemäß dem enumerativen Katalog des § 1 Abs. 2 BRAGO ist nicht
gegeben[7]. Die Tätigkeit eines Mediators ist auch keine zu den Katalogtätigkeiten
des § 1 Abs. 2 „Ähnliche Tätigkeit". Die Ausschlüsse des § 1 Abs. 2 BRAGO beziehen sich in der Regel auf Tätigkeiten, in denen der Rechtsanwalt kraft eines
sonstigen Amtes fremde Vermögensinteressen wahrzunehmen verpflichtet ist, z. B.
als Vormund, Betreuer, Pfleger, Verfahrenspfleger, Testamentsvollstrecker, Insolvenzverwalter, Sachwalter, Mitglied des Gläubigerausschusses, Nachlassverwalter,
Zwangsverwalter, Treuhänder. Mit diesen Tätigkeiten und der damit verbundener
Stellung ist die Mediation nicht vergleichbar. Der Mediator ist nicht Sachwalter einer Vermögensmasse, sondern er ist gehalten, durch neutrale Vermittlung eine eigenverantwortliche Einigung der mit einander in Interessenkonflikt befindlichen
Parteien zu fördern.

20   Auch mit der Tätigkeit als Schiedsrichter ist die Mediation nicht vergleichbar.
Ein Mediator kann den Streitfall nicht entscheiden und damit einer für die Parteien
verbindlichen Regelung zuführen. Nur wenn im Rahmen eines Mediationsverfahrens die Parteien dem Mediator mit dessen Zustimmung diese Stellung zuweisen,
liegt – ausnahmsweise – ein Schiedsgericht vor.

21   Somit müssen gemäß § 1 Abs. 1 BRAGO auf die Tätigkeit des Anwaltsmediators
auch die Grundsätze der BRAGO angewendet werden[8].

22   **a) Neutralität des Mediators und Auftragsverhältnis.** Der Mediator ist zu strikter
Neutralität gegenüber den konfligierenden Parteien verpflichtet. Seine Tätigkeit unterscheidet sich somit grundlegend von der des Rechtsanwaltes als Parteivertreter.
Dennoch wird der Mediator anwaltlich tätig und hat deshalb die aus der Anwaltstätigkeit herrührenden Beschränkungen zu beachten. Anders als bei der einseitigen
Interessenwahrnehmung für nur einen Auftraggeber hat die Mediation zum Ziel,
die gleichgerichteten Interessen der Beteiligten zu einer gemeinsam erarbeiteten und
einvernehmlichen Regelung zusammenzuführen[9]. Hierbei hat der Mediator den Beteiligten die zu einer gemeinsamen Entscheidung führenden Wege aufzuzeigen. Aufgabe des Mediators ist es also, den ihm von den Beteiligten unterbreiteten Sachverhalt zu würdigen und sie über ihre jeweiligen Rechte und Pflichten umfassend zu

---

[6] Vgl. z. B. *Hartung/Holl* § 18 BerufsO Rdnr. 17.
[7] Vgl. auch OLG Hamm vom 20. Oktober 1998, AZ 28 U 79/97 – n. v.
[8] Vgl. *Gerold/Schmidt/v. Eicken/Madert* § 23 Anm. 2 a.
[9] *Hartung/Holl*, a.a.O., Rdnr. 19.

informieren, ohne Rücksicht darauf, ob dies die Einigung letztlich erschwert oder erleichtert[10]. Damit ist der Mediator gerade **nicht Vertreter** einer Partei[11].

b) Ratsgebühr, § 20 BRAGO. Die Beratung der Beteiligten gehört zum typischen **23** Tätigkeitsbereich eines Mediators. Hierfür entsteht deshalb nach Ansicht des OLG Hamm für den als Mediator tätigen Rechtsanwalt lediglich eine Ratsgebühr gem. § 20 Abs. 1 S. 1 BRAGO[12]. Diese erreicht bei Angelegenheiten, die nach dem Gegenstandswert abgerechnet werden, eine Höhe von einem Zehntel bis zehn Zehnteln der vollen Gebühr.

Konsequenz der Anwendung des § 20 auf die Mediation wäre auch: Endet die **24** Anwaltstätigkeit als Mediator bereits nach dem ersten Vermittlungsgespräch, so könnte der Rechtsanwalt auch bei Tätigkeiten, die sich nach dem Gegenstandswert berechnen, keine höhere Ratsgebühr als 180,– € verlangen[13].

Die Einstufung der Mediatorentätigkeit als bloße Ratserteilung ist indes **abzu- 25 lehnen.** Die Durchführung einer Mediation unterfällt nicht dem Gebührentatbestand des § 20 BRAGO. Diese Vorschrift regelt Fälle, in denen der Auftrag des Rechtsanwaltes auf die bloße Rats- oder Auskunftserteilung beschränkt ist. Dies ist bei der Durchführung einer Mediation nicht der Fall. Der Mediator wird von beiden Parteien beauftragt, eine einvernehmliche Lösung herbeizuführen. Dies geht weit über die bloße Erteilung eines Rates oder einer Auskunft hinaus. Die Parteien wollen ja von dem Mediator gerade nicht (nur) dessen Ansicht über die dem Konflikt zugrunde liegende Rechtslage hören. Sie begehren vielmehr die aktive Vermittlung zwischen ihren Interessen und die Mitarbeit an einer gemeinsamen, einvernehmlichen Lösung. Diese Tätigkeit geht weit über eine Ratserteilung hinaus[14].

c) Geschäftsgebühr, § 118 Abs. 1 BRAGO. Nach § 118 Abs. 1 BRAGO kann ein **26** Rechtsanwalt für das Betreiben eines sonstigen Geschäftes eine 5/10 bis eine volle Gebühr berechnen (Geschäftsgebühr). Diese Bestimmung gilt auch für die Mediation als „sonstiges Geschäft". Die Tatsache, dass der Rechtsanwalt von beiden konfligierenden Parteien beauftragt wird, hindert die Anwendbarkeit des § 118 BRAGO nicht[15].

Dieser Gebührentatbestand setzt voraus, dass der Anwaltsmediator im Sinne des **27** „**Betreibens**" des Geschäftes der Mediation tätig geworden ist, einschließlich der Information. Diese Gebühr fällt also bereits an, sobald der Rechtsanwalt mit der konkreten Vorbereitung des Mediationstermines inhaltlich und nicht nur organisatorisch begonnen hat. Die allgemeine, zielgerichtete Beschäftigung mit dem zu mediierenden Sachverhalt, z.B. in Form des Studiums der Unterlagen oder der von den Konfliktparteien vorbereiteten Schriftsätze, hat den Anfall der Gebühr zur Folge. Das Stattfinden oder auch nur die Terminierung eines Mediationstermins ist nicht Voraussetzung.

---

[10] OLG Hamm MDR 1999, 836 unter Hinweis auf den Schlussbericht des BRAK-Ausschusses Mediation, BRAK-Mitt. 1996, 187.
[11] Vgl. auch *Hansens* ZAP 2000, Nr. 3, http://www.zap-verlag.de/online-dienste/anwaltsmagazin/2000_03. html# Der Gebührentip: Der Vergütungsanspruch des Rechtsanwalts als Mediator.
[12] OLG Hamm, a.a.O.
[13] Vgl. OLG Hamm, a.a.O.; *Göttlich/Mümmler,* ‚Mediation' 2.1.
[14] A.A. *Hansens,* a.a.O.
[15] *Gerold/Schmidt/v. Eicken/Madert* § 23 Anm. 2 a; so auch *Hansens,* a.a.O., der zuindest eine analoge Anwendung für möglich hält.

28   Die eigentliche Mediationsverhandlung löst einen eigenständigen Gebührenanspruch gemäß § 118 Abs. 1 Ziff. 2 BRAGO (Besprechungsgebühr) aus (Rdnr. 33).

29   Eine solche Gebührenbemessung, unabhängig davon, ob eine Mediationsverhandlung überhaupt stattfindet, könnte insbesondere bei hohen Gegenstandswerten und einer wirtschaftlichen Betrachtung in die Kritik geraten. Gegenstand und Ziel der Tätigkeit eines Mediators ist es, zwischen konfligierenden Parteien eine einvernehmliche Regelung des Konfliktes herbeizuführen. Die „eigentliche" Tätigkeit des Mediators beginnt also aus Sicht der Auftraggeber wohl erst dann, wenn der Mediator auch mediativ tätig werden konnte – sprich in gemeinsamen Gesprächen – auch vergebliche – Vermittlungsbemühungen entwickelt hat.

30   Wenn ein erteilter Mediationsauftrag von den Parteien vor Beginn dieser Gespräche gekündigt wird, also bevor der Mediator mit der eigentlichen Tätigkeit – Vermittlung in Gesprächen – beginnen konnte, wird die Berechnung einer – in diesen Fällen wohl regelmäßig auf eine 5/10-Mindestgebühr zu begrenzenden – Geschäftsgebühr nur für die vorbereitenden Tätigkeiten bei hohen Gegenstandswerten u. U. nicht als gerechtfertigt angesehen werden.

31   In einem solchen Fall kann es daher wohl sinnvoll sein, die bis zu diesem Zeitpunkt angefallenen Tätigkeiten des Mediators mit einem – im Vergleich zum Honorar nach § 118 Abs. 1 Ziff. 1 BRAGO geringeren – **Pauschalhonorar** zu berechnen, das den bis zum Zeitpunkt der Kündigung des Auftrags entstandenen zeitlichen Aufwand angemessen deckt. Bei der Bemessung der Höhe der Stundensätze können die mit der bisherigen Tätigkeit verbundenen tatsächlichen Umstände (Schwierigkeit der Angelegenheit, Erfordernis und Durchführung besonderer eigener Recherchen des Anwaltsmediators vor Beginn der Verhandlungen etc.) berücksichtigt werden. Die Höhe dieses Honorars kann auch mit der eigentlich geltenden gesetzlichen Honorarregelung des § 118 Abs. 1 BRAGO zusätzlich begründet werden. Diese Regelung sollte vorab bereits in einer Honorarvereinbarung mit berücksichtigt werden.

32   Die Geschäftsgebühr ist gem. § 6 **Abs. 1 BRAGO** erhöht um 3/10 der Ausgangsgebühr bei zwei konfligierenden Parteien bzw. um jeweils weitere 3/10 der Ausgangsgebühr für darüber hinausgehende, zusätzliche Parteien der Mediation, da der Mediator ja im Auftrag beider bzw. aller Konfliktparteien tätig wird. Die Erhöhung ist insgesamt begrenzt auf maximal zwei Ausgangsgebühren.

33   **d) Besprechungsgebühr, § 118 Abs. 1 Ziff. 2 BRAGO.** Findet ein Mediationstermin statt und wird die zu mediierende Angelegenheit vom Mediator mit den Parteien bzw. einer Partei verhandelt so entsteht eine zusätzliche Besprechungsgebühr gem. § 118 Abs. 1 Ziff. 2 BRAGO. Die Gebühr fällt an, wenn der Anwaltsmediator bei mündlichen Verhandlungen oder Besprechungen über tatsächliche oder rechtliche Fragen der Parteien miteinander mitwirkt. Dies kann mündlich oder auch fernmündlich geschehen. Gespräche zur organisatorischen Vorbereitung eines ersten Mediationstermins lösen die Gebühr nicht aus. Informatorische Nachfragen des Anwaltsmediators bei einer oder mehreren Parteien zur Klärung des Sachverhaltes führen gemäß § 118 Abs. 1 Ziff. 2 letzter Halbsatz ebenfalls nicht zum Anfall der Besprechungsgebühr. Allerdings könnte im Einzelfall die Gebühr auch vor einem gemeinsamen Mediationstermin anfallen, wenn der Mediator im Vorfeld bereits

mit den Parteien den Sachverhalt tatsächlich und/oder rechtlich erörtert. Dies kann auch fernmündlich geschehen[16].

Wegen der Besonderheit des Mediationsverfahrens, bei dem die Einigung der Par- 34 teien im Mittelpunkt steht, wird darüber hinaus zu fordern sein, dass im Rahmen der Gespräche auch konkrete Einigungsmöglichkeiten erörtert werden. Lediglich die wechselseitige Darlegung der kontroversen Positionen dürfte die Gebühr in diesem speziellen Fall nicht auslösen.

Die Besprechungsgebühr fällt **nur einmal** an, unabhängig davon, wie viele Medi- 35 ationstermine tatsächlich stattfinden (§ 13 Abs. 2 Satz 1 BRAGO).

Auch bei der Besprechungsgebühr besteht ein **Gebührenrahmen** von einer halben 36 bis zu einer vollen Gebühr; eine Erhöhung bei mehreren Auftraggebern findet nicht statt. Bei der **Bemessung** der Höhe der Gebühr innerhalb des Gebührenrahmens von 5/10 bis 10/10 wird neben der Bedeutung der Angelegenheit vor allem der mit den Besprechungen verbundene Zeitaufwand, insbesondere also die Dauer und Anzahl der Mediationsverhandlungen, zu berücksichtigen sein.

e) Festsetzung der Rahmengebühren. Der Gebührenrahmen für die Geschäftsge- 37 bühr nach § 118 Abs. 1 Ziff. 1 BRAGO und die Besprechungsgebühr nach § 118 Abs. 1 Ziff. 2 BRAGO beträgt eine halbe bis zu einer vollen Gebühr. Anders als im gerichtlichen Verfahren, bei dem die Berechnung der vollen Gebühr für den jeweiligen Rechtszug vorgeschrieben ist, muss der Anwalt bei der Durchführung einer Mediation das Honorar innerhalb des Gebührenrahmens nach den Bemessungsrichtlinien des § 12 BRAGO nach billigem Ermessen angemessen festsetzen. Bemessungsaspekte sind dabei insbesondere und kumulativ
– die Bedeutung der Angelegenheit für die Auftraggeber und
– Umfang und
– Schwierigkeit der anwaltlichen Tätigkeit, sowie
– die wirtschaftliche Leistungsfähigkeit der Parteien, also deren Einkommens- und Vermögensverhältnisse.

Die **Bedeutung der Angelegenheit** bemisst sich danach, welche Auswirkungen die 38 Angelegenheit für die Auftraggeber hat, d.h. was ihr jeweiliges persönliches, ideelles, wirtschaftliches Interesse am Ausgang der Angelegenheit im Hinblick auf den von ihnen erhofften Erfolg ist[17]. Bei einer Mediation muss hierbei wohl die Bedeutung für alle Parteien kumulativ berücksichtigt werden.

Der **Umfang der Tätigkeit** des Anwaltsmediators ist gem. § 12 BRAGO bei der 39 Gebührenbemessung ebenfalls zu berücksichtigen. Hierbei ist der zeitliche Aufwand zu betrachten, den der Anwaltsmediator auf die Sache verwenden muss. Wenn zur Deckung der Kosten des Anwaltsmediators eine volle Gebühr erforderlich ist, so ist diese schon aus diesem Grunde gerechtfertigt. Es empfiehlt sich also den zeitlichen Umfang aller mit einer Mediation verbundenen Tätigkeiten zu dokumentieren.

Eine **Mindestgebühr** kommt allerdings nur für ganz einfache Sachen von gerin- 40 gem Umfang in Betracht, und vor allem dann, wenn die wirtschaftlichen Verhältnisse der Auftraggeber ungünstig sind[18].

---

[16] Vgl. *Gerold/Schmidt/v. Eicken/Madert* § 118 Anm. 8.
[17] *Gerold/Schmidt/v. Eicken/Madert* § 12 Anm. 10; *Schuhmann/Geißinger*, BRAGO, Anm. A 20 zu § 12.
[18] *Gerold/Schmidt/v. Eicken/Madert* § 12 Anm. 10; *Schuhmann/Geißinger*, BRAGO, Anm. A 20 zu § 12.

41   Die **Höchstgebühr** kann schon dann angebracht sein, wenn nur ein einzelner die Höchstgebühr rechtfertigender Umstand – z.B. Umfang und Schwierigkeit der Angelegenheit – vorliegt, auch wenn z.B. die wirtschaftlichen Verhältnisse der Auftraggeber nur durchschnittlich sind.

42   Andererseits können extrem schlechte wirtschaftliche Verhältnisse für sich allein Anlass geben, eine erheblich unter der Mittelgebühr liegende Gebühr festzusetzen[19].

43   **f) Kostenrisiko für die Durchführung einer Mediation.** Damit ergibt sich für die Durchführung eines Mediationsverfahrens – unabhängig von dessen Ausgang – nach der BRAGO folgender Honorarrahmen für den Anwaltsmediator bei den beispielhaft gewählten Gebührenstreitwerten. Bei der Berechnung wird der Einfachheit halber davon ausgegangen, dass lediglich zwei konfligierende Parteien an dem Mediationsverfahren beteiligt sind.

Gegenstandswert (€)		1.500 €	50.000 €	250.000 €
Volle Gebühr nach BRAGO 2002 (€)		105 €	1.046 €	2.052 €
Geschäftsgebühr, § 118 I 1 BRAGO	max.	105 €	1.046 €	2.052 €
Geschäftsgebühr, § 118 I 1 BRAGO	Ø	79 €	785 €	1.539 €
Geschäftsgebühr, § 118 I 1 BRAGO	min.	53 €	523 €	1.026 €
Anzahl der Parteien		2	2	2
Erhöhungsgebühr § 118 I 1, 6 I BRAGO	max.	32 €	314 €	616 €
Erhöhungsgebühr § 118 I 1, 6 I BRAGO	Ø	79 €	235 €	462 €
Erhöhungsgebühr § 118 I 1, 6 I BRAGO	min.	16 €	157 €	308 €
Besprechungsgebühr § 118 I 2 BRAGO	max.	105 €	1.046 €	2.052 €
Besprechungsgebühr § 118 I 2 BRAGO	Ø	79 €	785 €	1.539 €
Besprechungsgebühr § 118 I 2 BRAGO	min.	53 €	523 €	1.026 €
Gebühren nach BRAGO gesamt	max.	242 €	2.406 €	4.720 €
Gebühren nach BRAGO gesamt	Ø	236 €	1.804 €	3.540 €
Gebühren nach BRAGO gesamt	min.	121 €	1.203 €	2.360 €
jeweils zuzüglich MWSt. und Auslagen				

Tabelle 4: Kostenrisiko nach BRAGO bei Beispielsgegenstandswerten

---

[19] *Gerold/Schmidt/v. Eicken/Madert* § 12 Anm. 10.

Die Darstellung zeigt, dass jedenfalls bei geringen Gegenstandswerten die Hono- 44
rarberechnung nach **BRAGO** in vielen Fällen **nicht** zu einer **angemessenen Honorierung des Anwaltsmediators** führen dürfte. Die mit einer Mediation verbundenen
Tätigkeiten und ein hierfür benötigter ungefährer Zeitaufwand wird nachfolgend
pauschal dargestellt:

Tätigkeit	Wer?*	Zeitaufwand ca. mind.	viel
Erstinformation durch Auftraggeger	M	0,50	1,00
Terminabstimmung	S	0,50	1,00
Studium Unterlagen/vorbereitende Schriftsätze	M	1,00	3,00
Erster Mediationstermin	M	3,00	8,00
Organisatorische Begleitung Termin	S	3,00	8,00
Gesamt Mediator	M	4,50	12,00
Gesamt Sekretariat	S	3,50	9,00
* Mediator (M)/Sekretariat (S)			

Tabelle 5: Zeitaufwand beispielhaft für ein Mediationsverfahren

Daraus ergibt sich, nur bezogen auf die Tätigkeit des Mediators, in den vorge- 45
nannten Beispielsfällen ein **zeitbezogenes Honorar** wie folgt:

Gegenstandswert (€)		1.500 €	50.000 €	250.000 €
Gebühren BRAGO ges.	max.	242 €	2.406 €	4.720 €
	Ø	236 €	1.804 €	3.540 €
	min.	121 €	1.203 €	2.360 €
Honorarsatz bei geringem Zeitaufwand	max.	53,67 €/h	534,62 €/h	1.048,80 €/h
5 h	Ø	52,50 €/h	400,97 €/h	786,60 €/h
	min.	26,83 €/h	267,31 €/h	524,40 €/h
Honorarsatz bei großem Zeitaufwand	max.	20,13 €/h	200,48 €/h	393,30 €/h
12 h	Ø	19,69 €/h	150,36 €/h	294,98 €/h
	min.	10,06 €/h	100,24 €/h	196,65 €/h

Tabelle 6: Mediatorenhonorar nach BRAGO bezogen auf Zeitaufwand

Bei einem isolierten Gegenstandswert von 1.500 € ist bei einem minimalen Zeit- 46
aufwand von 5 € und bei Berechnung von jeweils der Mittelgebühr gerade einmal
ein Honorarsatz von 53 €/h je Stunde Mediatorentätigkeit zu erzielen; bei einer
aufwändigeren Mediation mit einem Zeitaufwand des Mediators von insgesamt
12 Stunden und ansonsten gleichen Voraussetzungen ergibt sich ein Honorarsatz
von sogar nur 20 €/h. Dass solche Honorarsätze für eine anspruchsvolle Tätigkeit
nicht auskömmlich sind, versteht sich.

g) Vergleichsgebühr, § 23 BRAGO. Wenn die Mediation zum Erfolg, also 47
zu einer Einigung führt, und der Mediator an einem Vergleichsschluss im Sinne
des § 779 BGB mitwirkt, fällt darüber hinaus eine Vergleichsgebühr (§ 23 BRAGO)
an.

48   Ein Vergleich ist nach der **Legaldefinition in § 779 BGB** ein Vertrag, durch den der Streit oder die Ungewissheit der Parteien im Wege gegenseitigen Nachgebens beseitigt wird. Diese Voraussetzungen dürften in den meisten Fällen bei einer gelungenen Mediation vorliegen, wenn das Ergebnis der Mediation auch in eine rechtsverbindliche, vertragliche Form gebracht wird.

49   Allerdings kann nach einer Ansicht in der Literatur nicht jede gelungene Mediation als Vergleich im Sinne des § 779 BGB angesehen werden[20]. So kann es dann zu keinem Vergleichsschluss kommen, wenn es von Anfang an an einem Streit oder einer Ungewissheit über ein Rechtsverhältnis fehlt. Dabei ist dieses dem Vergleichsschluss zugrundeliegende Ausgangsrechtsverhältnis grundsätzlich weit zu fassen. Es erfordert aber zumindest, dass sich die Rechtsbeziehungen zwischen den Parteien schon so verdichtet und konkretisiert haben, dass der eine Teil auf die Entschließungsfreiheit des anderen Teils einwirken kann. Dies ist nach den für den Fall geltenden Rechtsvorschriften zu beurteilen[21]. Schließlich genügt es auch, wenn eine Partei das Vorliegen eines Rechtsverhältnisses behauptet[22].

50   Denkbar wäre aber beispielsweise, dass Parteien trotz tatsächlich oder nach übereinstimmender Vorstellung der Parteien eindeutiger Rechtslage einen Mediator aufsuchen, um über einen tatsächlichen Streitpunkt eine einvernehmliche Regelung herbeizuführen. Exemplarisch sei auf mögliche Konfliktsituationen in schnell wachsenden Unternehmen der New Economy hingewiesen[23].

51   Es kann bei einer schnellen Unternehmensentwicklung leicht zu Unstimmigkeiten zwischen tätigen Gesellschaftern über die jeweiligen Fähigkeiten und Eignung für die Funktionen, die sie übernommen haben, sowie über den jeweiligen Beitrag zur Wertentwicklung des Unternehmens, kommen. Im Zuge solcher Diskussionen kommt es regelmäßig auch zu Disputen über die „Gerechtigkeit" einer ursprünglich einmal gewählten Anteilsverteilung. Die vertraglichen Grundlagen – Satzung, Gesellschaftsvertrag, Bestellung, Anstellungsvertrag – geben für eine Funktionsänderung und eine „Umverteilung" häufig nichts her. Ein Rekurs auf einen Wegfall der Geschäftsgrundlage erscheint wenig aussichtsreich. Dies ist auch allen Beteiligten bewusst. Trotzdem kann eine entsprechende Regelung zum Erhalt der Motivation der Leistungsträger und damit für Bestand des Unternehmens und dessen weitere Entwicklung sehr sinnvoll sein. Bei einer entsprechenden Fallkonstellation könnte es aber am „Vergleich" im Sinne des § 779 BGB fehlen.

52   Ein weiteres Beispiel sind Ehekrisen in einem Stadium, in dem es noch nicht um Rechtspositionen geht. Auch hier könnte es auch im Falle der Einigung an dem Merkmal „Streit bzw. Ungewissheit über ein Rechtsverhältnis" fehlen[24].

53   Ergebnis von Mediationsverhandlungen können ja auch bloße Vorsätze und Absichtserklärungen sein, mit dem Tenor, dass die Parteien „es noch einmal miteinander versuchen" wollen. Fehlt es aber an dem Willen, den Konflikt durch einen Vertrag, also durch rechtlich bindende Willenserklärungen, beizulegen, so liegt ebenfalls kein Vergleichsabschluss vor, so dass die Berechnung einer Vergleichsgebühr nach § 23 BRAGO ausscheidet. Kommt eine bindende vertragliche Regelung

---

[20] Vgl. *Gerold/Schmidt/v. Eicken/Madert* § 23 Anm. 2 a.
[21] *Palandt/Thomas*, § 779 BGB, Anm. 5.
[22] Vgl. *Gerold/Schmidt/v. Eicken/Madert* § 23 Anm. 8.
[23] Vgl. hierzu auch § 40.
[24] *Gerold/Schmidt/v. Eicken/Madert* § 23 Anm. 2 a.

nur hinsichtlich einzelner Streitpunkte zustande, so ist die Vergleichsgebühr lediglich hinsichtlich dieser Teil-Streitgegenstände zu berechnen.

Schließlich muss der Mediator bei dem Vergleichsabschluss „**mitgewirkt**" haben, 54 z.B. durch konkrete Vergleichstextformulierung bzw. durch Führung der Verhandlungen. Die „Mitwirkung" des Mediators muss für den Vergleichsabschluss „ursächlich" gewesen sein, d.h. zumindest mitursächlich. Die Ursächlichkeit bei einer Mediation liegt regelmäßig in der originären Tätigkeit des Mediators, d.h. der Führung der Mediationsverhandlungen.

Im Einzelfall kann der Anspruch auf die Vergleichsgebühr nach § 23 BRAGO 55 auch entstehen, wenn die im Mediationsverfahren geführten Vergleichsverhandlungen mit einem konkreten Vergleichsvorschlag im Mediationsverfahren zunächst scheitern, die Parteien den gleichen Vergleich aber ohne den Mediator später doch noch abschließen[25].

Der für die Berechnung einer angefallenen Vergleichsgebühr zugrunde liegende 56 Gegenstandswert ergibt sich aus dem Gesamtwert aller Angelegenheiten, die mit dem Mediationsergebnis vergleichsweise mit geregelt werden. Er kann deshalb den Ausgangsgegenstandswert, z.B. der Ausgangsforderung – übersteigen. Hierauf ist bei der Abrechnung besonderes Augenmerk zu legen. Häufig wird bei Mediationsverfahren der Umfang der zu behandelnden Streitpunkte im Laufe des Verfahrens ausgeweitet. Dies ist in der folgenden Tabelle bereits berücksichtigt.

Ausgangsgegenstandswert (€)	1.500 €	50.000 €	250.000 €
Vergleichsgegenstandswert (€)	2.250 €	75.000 €	375.000 €
Vergleichsgebühr auf Ausgangsgegenstandswert § 23 I BRAGO	158 €	1.569 €	3.078 €
Vergleichsgebühr auf Vergleichsgegenstandswert § 23 I BRAGO	242 €	1.800 €	3.786 €
zuzüglich MWSt. und Auslagen			

Tabelle 7: Vergleichsgegenstand nach BRAGO

f) **§ 32 RVG-E.** Die vom Bundesjustizminister eingesetzte Expertenkommission 57 „BRAGO-Strukturreform" hat am 29. August 2001 einen Entwurf eines Gesetzes über die Vergütung der Rechtsanwälte (**Rechtsanwaltsvergütungsgesetz – RVG-E**) vorgelegt, in dem die Vergütung für Mediation erstmals konkret gesetzlich geregelt werden soll. Danach soll die Mediation so behandelt werden wie die Beratung. Die dort vorgeschlagene Vorschrift lautet:

§ 32 Beratung, Gutachten und Mediation

(1) Für einen mündlichen oder schriftlichen Rat oder eine Auskunft (Beratung), die nicht mit einer anderen gebührenpflichtigen Tätigkeit zusammenhängen, für die Ausarbeitung eines schriftlichen Gutachtens und für die Tätigkeit als Mediator soll der Rechtsanwalt auf eine Gebührenvereinbarung hinwirken, soweit in Teil 2 Abschnitt 1 des Vergütungsverzeichnisses keine Gebühren bestimmt sind.

---

[25] *Gerold/Schmidt/v. Eicken/Madert* § 23 Anm. 31.

Wenn keine Vereinbarung getroffen worden ist, bestimmt sich die Gebühr nach den Vorschriften des bürgerlichen Rechts; für ein erstes Beratungsgespräch beträgt die Gebühr höchstens 100 Euro.

(2) Wenn nichts anderes vereinbart ist, ist die Gebühr für die Beratung auf eine Gebühr, die der Rechtsanwalt für eine sonstige Tätigkeit erhält, die mit der Beratung zusammenhängt, anzurechnen.

58   Die Kommission stellt in der Begründung aber letztlich zwei unterschiedliche Vergütungsmodelle zur Diskussion, nämlich das der rein privatautonomen Regelung der Vergütungsfrage im Mediationsangelegenheiten (Modell 1) und das der Rahmengebühr (Modell 2).

59   In **Modell 1** hat klare Priorität für die individuelle Honorarvereinbarung zwischen den Parteien. Nur wenn eine solche fehlt, bestimmen sich „die Gebühren nach den Vorschriften des bürgerlichen Rechts". Eine Bestimmung der Angemessenheit muss dann im Einzelfall erfolgen.

60   Die Kommission erkennt dabei an, dass im außergerichtlichen Bereich Gebührenvereinbarungen ohnehin zunehmen. Bei einer – auf den Einzelfall zugeschnittenen – Vereinbarung sei für den Auftraggeber (nicht zuletzt den Verbraucher) transparent, was er dem Anwalt für dessen Tätigkeit schuldet, sodass auch späterer Streit über die Höhe vermieden werden könne. Der Gesetzgeber solle nur dann Honorare ausdrücklich regeln, wenn dies im Hinblick auf die Prozesskostenerstattung und zur Sicherstellung einer ordnungsgemäß funktionierenden Rechtspflege erforderlich ist. Die Regelung sei „ein Appell an den Anwalt, der dazu führen solle, dass Gebührenvereinbarungen in diesem Bereich zur Regel werden", und der dem Anwalt den Einstieg zu einem Gespräch über die Gebührenvereinbarung erleichtern soll. Die Begründung für Modell 1 liest sich denn auch wie ein Aufruf an die Anwälte, bei der Honorarfrage ihre Rolle als Wirtschaftssubjekt aktiv zu spielen.

61   **Modell 2** folgt demgegenüber eher der herkömmlichen Gebührengestaltung und sieht entsprechend dem geltenden Recht als Vergütung für außergerichtliche Beratung eine Rahmengebühr von 1/10 bis 10/10 und für die Ausarbeitung eines schriftlichen Gutachtens eine Gebühr von 10/10 bis 20/10 vor (vgl. Anmerkung zu § 32 des Entwurfs).

62   Für eine solche Regelung spricht nach Auffassung der Vertreter der Kommission, dass wertabhängige Rahmengebühren systemgerecht seien. Für den Fall, dass keine Honorarvereinbarung geschlossen wurde, beschränken sie den Streit über die Höhe des Vergütungsanspruches auf den Wert und den vorgegebenen Rahmen. Eine solche Regelung erspart dem Rechtsanwalt, bereits bei Beginn der Tätigkeit Verhandlungen über das Honorar aufnehmen zu müssen. Vielfach werden bei Beginn der Beratung die maßgeblichen Kriterien für eine Gebührenvereinbarung nicht feststehen. Es steht eine gesetzliche Rahmengebühr als Auffangvergütung zur Verfügung. Schliesslich bestünde auch im Beratungsbereich die Möglichkeit einer Kostenerstattung durch Dritte (Verzug, Schadenersatz). Die Erstattung einer geregelten Vergütung sei dabei unproblematischer als die einer vereinbarten Vergütung. Insoweit sei eine Zunahme gerichtlicher Gebührenstreitigkeiten denkbar.

63   Die Existenz der beiden, einander ausschließenden, Modelle zeigt beispielhaft eine **tiefe Unsicherheit in der Anwaltschaft** bei der Verhandlung mit Mandanten über eine angemessene Honorierung ihrer Leistung. Anwälte waren unter dem

Schutz der BRAGO nie gezwungen, den Nutzen ihrer Tätigkeit gegenüber dem Mandanten zu argumentieren und eine daraus resultierendes Honorarvorstellung zu „verkaufen".

Die Vertreter des Modells 1 erwarten, dass Rechtsanwälte zukünftig bei Bera- 64 tungsmandaten vorher Vergütungsabreden treffen und dass dies die Bearbeitung des Mandats nicht erschwert und die Kosten für den Mandanten bekannt sind.

Die Vertreter des Modells 2 gehen davon aus, dass nur selten Vergütungsabreden getroffen werden und dass es das Mandatsverhältnis belastet, wenn vorher über das Honorar gesprochen wird.

Von der Richtigkeit der einen oder anderen Prognose hängt die Entscheidung über die Modelle ab.

Gleichwohl wird im außergerichtlichen Bereich allgemein und bei der Mediation 65 im Besonderen die Bedeutung der Honorarvereinbarung zunehmen. Bei den Honorarverhandlungen können die Anwälte ja als ein Argument den Vergleich mit der Gebührenbemessung in einem gerichtlichen Verfahren heranziehen.

Bei der Mediation könnte eine solche Regelung dazu führen, dass der reine Medi- 66 ationsaufwand über ein zeitbezogenes Honorar vergütet wird, während die Mitwirkung des Anwaltsmediators an einer vergleichsweisen Mediationsvereinbarung dann zusätzlich eine – zu vereinbarende – Gebühr auslöst.

3. Gebührenbemessung bei Notarmediatoren

Auch die Notare haben das Tätigkeitsfeld der Mediation für sich entdeckt[26]. So 67 wurde auch ein **Schlichtungs- und Schiedsgerichtshof** deutscher Notare (SGH) beim Deutschen Notarverband in Berlin eingerichtet[27]. Die im Statut[28] vorgesehene Schiedsgerichts- und Schlichtungsordnung ist vorrangig auf die Durchführung von in ein Schiedsverfahren integrierten Schlichtungsansätzen ausgerichtet. In Ausnahmefällen können nach §§ 18,19 des Statutes auch isolierte Schlichtungsverfahren durchgeführt werden.

Bei Durchführung einer Mediation durch einen Notar sind die Gebühren grund- 68 sätzlich nach der **Kostenordnung** zu bemessen. Diese enthält bisher keine ausdrückliche Gebührenposition für Mediation. Bei den Notarkassen wird derzeit an der Präzisierung der Gebührenvorschriften gearbeitet.

Der Bundesnotarverband hat in das Statut eine Gebührenregelung (§§ 7 ff.) auf- 69 genommen. Gebühren bestimmen sich danach nach dem Gegenstandswert.

Gegenstandswert		Gebühr	
bis 5.000 €		15,0%	mind. 500 €
über 5.000 €	bis 50.000 €	150 €	je angefangene 2.500 €
über 50.000 €	bis 5.000.000 €	100 €	je angefangene 5.000 €
über 5.000.000 €		500 €	je angefangene 500.000 €

Tabelle 8: Gebührenregelung in der Schiedsgerichts- und Schlichtungsordnung des
Bundesnotarverbandes

[26] Vgl. z.B. *Grziwotz*, Erfolgreiche Verhandlungsführung und Konfliktmanagement für Notare, CfM-Schrift, 2001; vgl. ausführlich §§ 24, 25.
[27] http://www.tpp24.net/dnotv/pdf/dnotv_sgh_001.html
[28] http://www.tpp24.net/dnotv/pdf/dnotv_sgh_statut.html

70   Wird der volle Spruchkörper in irgendeiner Phase des Verfahrens tätig, so beträgt die Gebühr das Dreifache der vorstehend festgesetzten Sätze.

71   Die **Gebühren** werden anteilig **fällig** wie folgt:

Verfahrensstadium	Gebühr	Fälligkeit
Einleitung des Verfahrens § 8	10,0%	fällig bei Antragseingang
Schlichtung, §§ 9, 18	30,0%	Antragsannahme durch Sekretariat
Schiedsspruch mit vereinbartem Wortlaut	0,0%	
Schlichtung, §§ 9 Ziff. 1, 21	30,0%	Antragsannahme durch Sekretariat
Streitiges Schiedsverfahren	40,0%	bei Feststellung des Scheiterns der Schlichtungs bzw. Eingang des Antrags beim Sekretariat
Schiedsspruch mit vereinbartem Wortlaut	0,0%	
andere Schiedssprüche	20,0%	

Tabelle 9: Fälligkeit der Gebühren nach der Schiedsgerichts- und Schlichtungsordnung des Bundesnotarverbandes

72   Die vorgenannten Kosten beinhalten **nicht** die **Kosten einer Beurkundung** des Schlichtungsergebnisses.

73   In den Beispielsfällen würde sich somit folgende Situation ergeben:

Gegenstandswert	1.5000 €	50.000 €	250.000 €
Volle Gebühr bei Einzelschiedsrichter	500 €	3.450 €	7.450 €
Volle Gebühr bei Spruchkörper	1.500 €	10.350 €	22.350 €
Einzelschlichter			
Einleitung des Verfahrens	50,00 €	345,00 €	745,00 €
Schlichtungsverfahren	150,00 €	1.035,00 €	2.235,00 €
Gesamt	200,00 €	1.380,00 €	2.980,00 €
Spruchkörper			
Einleitung des Verfahrens	150,00 €	1.035,00 €	2.235,00 €
Schlichtungsverfahren	450,00 €	3.105,00 €	6.705,00 €
Gesamt	600,00 €	4.140,00 €	8.940,00 €

Tabelle 10: Gebühren für Beispielswerte nach der Schiedsgerichts- und Schlichtungsverordnung des Bundesnotarverbandes

74   Auch beim Vergleich dieser Honorarsätze mit einer Abschätzung des sich ergebenden zeitbezogenen Honorars zeigt sich, dass ein wirtschaftlicher Erfolg für einen Notarmediator nur bei einer **Mischkalkulation** aus hohen und niedrigen Gegenstandswerten eintreten kann.

Gegenstandswert in €		1.500 €	50.000 €	250.000 €
Gebühren Einzelschlichter	max.	200 €	1.380 €	2.980 €
Honorarsatz bei geringem Zeitaufwand	max.	44,44 €/h	306,67 €/h	662,22 €/h
Honorarsatz bei großem Zeitaufwand	max.	16,67 €/h	115,00 €/h	248,33 €/h

Tabelle 11: Schlichtungshonorar BNotV bezogen auf den Zeitaufwand

4. Bemessung des Honorars am Erfolg der Mediation?

Ein zusätzlicher Aspekt zur Honorarbemessung könnte auch der Nutzen sein, der 75 aus einer erfolgreichen Mediation für die Parteien erwächst.

Die rechtsanwaltliche Praxis zeigt, dass Mandanten in den letzten Jahren immer 76 stärker darauf zu dringen versuchen, den im Prozess oder bei Verhandlungen tätigen Anwalt und auch den Mediator mit in ihr „wirtschaftliches Boot" zu holen. Die **Impulse** für ein solches Verhalten stammen insbesondere **aus den USA,** wo Erfolgsbeteiligungen für Kläageranwälte bis zu einem Drittel der eingeklagten Beträge erreichen können, im Gegenzug aber auch die Anwälte das gesamte wirtschaftliche Risiko der Prozessführung tragen. Allerdings scheint seit Einführung von Prozessfinanzierungsmodellen durch Prozessfinanzierungsinstitute auch in Deutschland mit Erfolgsbeteiligung des Prozessfinanzierers die Motivation von Mandanten, Erfolgsbeteiligungen vorzuschlagen, nachgelassen zu haben. Wer wirklich das wirtschaftliche Risiko eines aussichtsreichen Rechtsstreites durch einen Dritten nicht tragen will, dem stehen mit den verschiedenen Prozessfinanzierungsinstituten hierfür Wege offen.

Auch im Bereich der Durchführung von Mediationsverfahren wären aus Sicht der 77 Mandanten erfolgsbezogene Honorierungsmodelle denkbar und auf den ersten Blick wirtschaftlich auch reizvoll. Aus Mandantensicht könnte ein erfolgsgewohnter Mediator im Vertrauen auf die eigene Fähigkeit, tragfähige Kompromissvorschläge mit den Parteien herauszuarbeiten das wirtschaftliche Risiko des Scheiterns der Mediation zu übernehmen und im Falle eines Mediationserfolges und dem Abschluss einer den Streitfall abschließenden Vereinbarung dafür ein erfolgsbezogenes Honorar erhalten, das die Risikoübernahme entsprechend kompensiert. Als Bemessungsfaktor käme ein prozentualer Anteil an der Streit- und Vergleichssumme in Betracht. Auch eine Beteiligung an dem durch die Erledigung in einem frühen Stadium für alle Parteien eingetretenen Kostenvorteil im Vergleich zu einer Durchführung eines streitigen Verfahrens über mehrere Instanzen, insbesondere also eingesparte Gerichts- und Anwaltskosten im streitigen Verfahren und ggfs. auch ersparte interne Kosten für die Prozessvorbereitung und -begleitung wäre denkbar.

Die Vereinbarung eines vom Erfolg der Tätigkeit des **Anwaltes** abhängigen Ho- 78 norares oder einer sog. „quota litis" wurde indes nach der ständigen Rechtsprechung von Reichsgericht und Bundesgerichtshof als sittenwidrig und damit nichtig angesehen. In § 49 b Abs. 2 der BRAO ist nun ein **gesetzliches Verbot** einer solchen Vereinbarung mit der Rechtsfolge des § 134 BGB fixiert.

Gesetzlich geregelte Ausnahmen vom Verbot einer erfolgsabhängigen Vergütung 79 sind die gerichtliche und außergerichtliche Vergleichsgebühr (§ 23 BRAGO), im Bereich verwaltungsrechtlicher Streitigkeiten die Erledigungsgebühr (§ 24 BRAGO), im strafprozessualen Bereich die Erledigungsgebühr des § 84 Abs. 2 BRAGO und im sozialrechtlichen Bereich die Erhöhungsgebühr des § 116 Abs. 3 BRAGO.

Damit verbietet sich für einen als Mediator tätigen Anwalt ein Honorar, das vom 80 Erfolg der Mediation abhängt, schon aus rechtlichen Gründen.

Andere Berufsgruppen, die faktisch ebenfalls als Mediatoren tätig sind, unterlie- 81 gen solchen gesetzlichen Regelungen **nicht.**

Im Interesse des Erhaltes der absolut notwendigen Neutralität des Mediators 82 sollte aber auch seine Tätigkeit mit dem Ausgang des Mediationsverfahrens nicht in einem ursächlichen Zusammenhang stehen. Es ist deshalb sehr zweifelhaft, ob die Vereinbarung eines erfolgsbezogenen Honorars mit dem Wesen der Mediation überhaupt vereinbar ist.

5. Kombinierte Honorargestaltung aus Zeithonorar und BRAGO

83   Angesichts der geschilderten Unsicherheiten – Anwendbarkeit der BRAGO im Bereich der Mediation generell, zugrundeliegende Gebührentatbestände nach § 20 oder § 118 BRAGO, Schwierigkeiten bei der Bemessung von Gegenstandswerten – kann nur **dringend empfohlen** werden, neben einer Mediationsvereinbarung eine gesonderte **Honorarvereinbarung** mit den Beteiligten zu treffen. Weil zweifelhaft ist, ob für den Rechtsanwalt als Mediator die BRAGO anwendbar ist, sollte diese Honorarvereinbarung vorsorglich die Formvorschriften des § 3 Abs. 1 BRAGO erfüllen.

84   Gegenstand der Vereinbarung können bestimmte Gebühren sein, wobei der Rechtsanwalt nicht an die in der BRAGO vorgesehenen Gebührenvorschriften gebunden ist. So kann der Rechtsanwalt als sogenannte Grundgebühr eine „Tätigkeitsgebühr", vereinbaren, die die gesamte Beratungs- und Vermittlungstätigkeit des Rechtsanwalts abdeckt. Daneben kommt die Vereinbarung einer an der Vergleichsgebühr orientierten „Erfolgsgebühr" in Betracht. Zur Vermeidung von Streitigkeiten sollte der Rechtsanwalt feste Gebührensätze und einen bestimmten Gegenstandswert vereinbaren. Auch die Vereinbarung von betragsmäß bestimmten Gebüren kommt in Betracht[29].

85   In der **Praxis** dürfte sich vordem Hintergrund der bei geringeren Gegenstandswerten wenig attraktiven Honorargestaltung nach BRAGO die zusätzliche Vereinbarung eines zeitbezogenen Honorares durchsetzen. Anwaltsmediatoren werden vermutlich eine **Vereinbarung mit Meistbegünstigung** wählen, d.h. dass alternativ zur Gebührenbemessung nach BRAGO ein Zeithonorar vereinbart wird, wobei am Ende der Mediation die Honorarvariante abgerechnet wird, die für den Anwaltsmediator günstiger ist.

6. Kostenerstattung für Kosten der Mediation

86   a) **Kostenerstattung durch den Gegner bei fehlgeschlagener Mediation?** Nach Ansicht des OLG München[30] gehören die Rechtsanwaltskosten (nicht die Verfahrenskosten, da es hierzu gesetzlich geregelte Ausnahmen gibt, vgl. z. B. § 91 Abs. 3 ZPO) eines freiwilligen Verfahrens zur gütlichen Beilegung eines Konflikts (im vorliegenden Fall ging es um ein Verfahren vor einer Einigungsstelle gemäß § 27a UWG) **nicht** zu den **Kosten eines Rechtsstreits** und sind folglich auch nicht von der unterlegenen Partei im Rahmen eines Kostenfestsetzungsverfahrens zu erstatten. Rechtsanwaltskosten sind nach Ansicht des erkennenden Senats in Übereinstimmung mit der Rechtsprechung nur erstattungsfähig, wenn das Güteverfahren gesetzlich vorgeschrieben ist. Dies gilt jedenfalls de lata für freiwillig durchgeführte Mediationen.

---

[29] Vgl. auch *Hansens,* a. a. O.
[30] AZ 11 W 3203/98 – n.v.

Nach der Reform der Zivilprozessordnung zum 1. 1. 2002 haben die Gerichte im   **87**
Rahmen des § 278 ZPO die Möglichkeit, im Einvernehmen mit den Parteien eine
außergerichtliche Streitschlichtung anzuregen und den Rechtsstreit für die Dauer
des Verfahrens auszusetzen. In diesem Falle sind die angefallenen Kosten als Kosten
des Rechtsstreites bei der Kostenfestsetzung zu berücksichtigen.

b) Kostenerstattung durch Rechtsschutzversicherung. Wegen der mit der Durch-   **88**
führung einer Mediation verbundenen Chance, eine streitige Angelegenheit vergleichsweise und kostengünstig beizulegen, tendiert die Praxis der Rechtsschutzversicherer auch zu einer Übernahme dieser Kosten. Vor Beginn der Mediation sollte
dies im Einzelfall aber mit einer **Deckungsanfrage** beim Versicherer geklärt werden.

c) Außergewöhnliche Aufwendungen. Eine Familienmediation soll die selbstbe-   **89**
stimmte und einvernehmliche Regelung psychosozialer und rechtlicher Probleme,
insbesondere bei Trennung und Scheidung von Ehegatten, ermöglichen. In diesem
Verfahren werden die Scheidungsfolgeregelungen vorab in einem außergerichtlichen
Vergleich durch die Ehegatten gemeinsam vereinbart. Das Ergebnis wird in Form
einer Scheidungsfolgenvereinbarung festgehalten und in der Regel notariell beurkundet. Auf dieser Grundlage kann die gerichtliche Ehescheidung durchgeführt
werden. Anwaltliche Auseinandersetzungen im Scheidungsverfahren vor Gericht
können daher mit Hilfe der Mediation vermieden werden. Die Kosten eines Mediationsverfahrens sind nach einem Erlass des Niedersächsischen Finanzministeriums[31]
als Ehescheidungskosten und damit als außergewöhnliche Belastung **steuerlich anzuerkennen,** wenn das Ergebnis der Mediation in einem notariell beglaubigten Vertrag festgehalten und die Ehe nach dem Mediationsverfahren tatsächlich geschieden
wird.

III. Wirtschaftlichkeitsbetrachtung einer Mediation

Um auch wirtschaftliche Vorteile einer Mediation zu erfassen, bietet sich der   **90**
Vergleich der Kosten einer Mediation mit der Durchführung eines herkömmlichen
Gerichtsverfahrens an, in dem entweder in der Ersten oder zweiten Instanz ein Ver-
gleich geschlossen wird.[32]

Die folgende **Beispielsrechnung** geht davon aus, dass Rechtsstreite mit den für die Beispielsrechnun-   **91**
gen gewählten Gegenstandswerten und jeweils einem um 50% erhöhten Vergleichswert in der ersten oder zweiten Gerichtsinstanz verglichen oder alternativ ohne Gerichtsverfahren durch das Mediationsverfahren beigelegt werden. Für die Mediation wird ein Zeithonorar von 225 €/h und ein
Zeitaufwand von 5 Stunden veranschlagt; mindestens werden die Gebühren nach BRAGO
(Mittelgebühr) in Rechnung gestellt.
Die Parteien sind in der Mediation Basiskonstellation während des Mediationsverfahrens nicht anwaltlich vertreten.
Für den Fall der anwaltlichen Vertretung wird in allen Fällen – Mediation und Gerichtsverfah-
ren – unterstellt, dass auch die Rechtsanwälte als Parteivertreter nicht ausschließlich nach den ge-
setzlichen Gebühren fakturieren, sondern mindestens ein in der Höhe dem Mediator vergleichbares
Zeithonorar in Rechnung stellen.

---

[31] AZ: S 2284–264–35.
[32] Vgl. dazu auch die Vergleichsberechnung bei § 20 Rdnr. 32 ff.

Es wird ferner unterstellt, dass sowohl in der ersten Instanz als ggfs. auch in der zweiten Instanz zur Klärung der tatsächlichen Situation vor Vergleichsabschluss eine Beweisaufnahme durchgeführt wird.

92 Die Übersicht zeigt, dass eine **Mediation ohne Rechtsanwälte** als Parteivertreter in allen Fällen **deutlich kostengünstiger** ist als ein Vergleichsabschluss vor Gericht.

93 Bei höheren Streitwerten ergibt sich sogar noch dann ein Kostenvorteil der Mediation, wenn die Parteien auch im Mediationsverfahren von Rechtsanwälten beraten werden.

Gegenstandswert	1.500 €	50.000 €	250.000 €
Mediation o. RA als Parteivertreter	1.225 €	3.644 €	7.364 €
Mediation mit RA als Parteivertreter	5.625 €	10.107 €	20.592 €
Vergleich bei Gericht 1. Instanz	4.565 €	9.132 €	19.116 €
Vergleich bei Gericht 2. Instanz	entfällt	19.379 €	41.904 €

Tabelle 12: Gesamtkostenvergleich nach BRAGO bzw. Zeithonorar eines Vergleichsschlusses
in den jeweiligen Verfahrensstadien

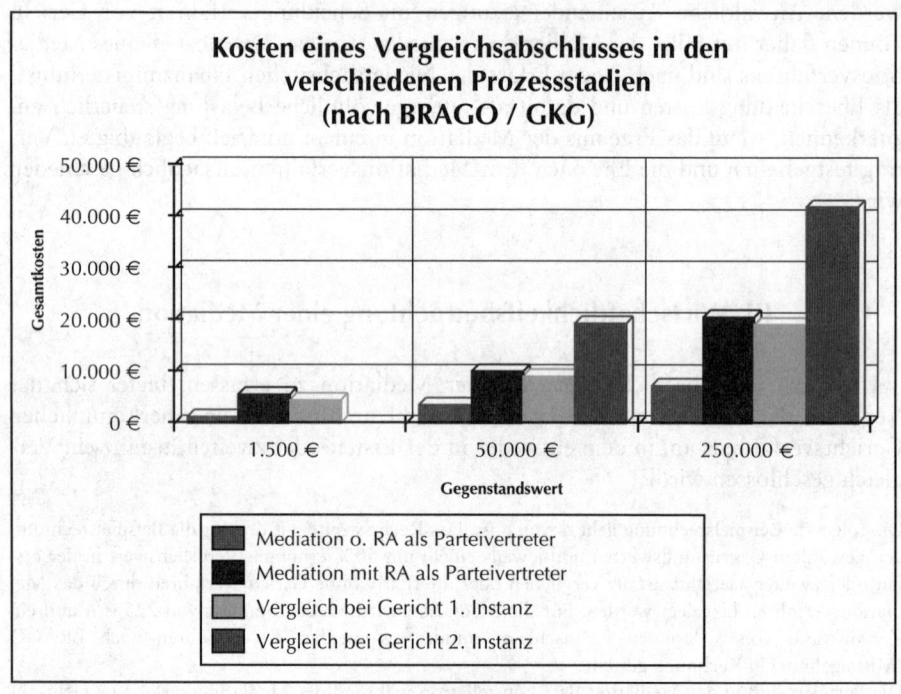

Tabelle 13: Gesamtkostenvergleich nach BRAGO bzw. Zeithonorar eines Vergleichsschlusses
in den jeweiligen Verfahrensstadien

Anmerkung: Tabelle 13 greift auf die Zahlen der Tabelle 12 zu.

Gegenstandswert (€)			1.500 €	50. 000 €	250. 000 €
Vergleichswert (€)			2.250 €	75. 000 €	375. 000 €
Volle Gebühr BRAGO für Gegenstandswert			105 €	1.046 €	2.052 €
Volle Gebühr BRAGO für Vergleichswert			161 €	1.200 €	2.524 €
Volle Gebühr nach § 11 GKG			65 €	456 €	1.756 €
Anz. RAe	Var	Gebühr/ Basis			
Mediation Basis					
Verfahrensgebühr (z. B. gwmk)			100.00 €	275.00 €	500.00 €
Zeithonorar Mediator: Meistbegünstigung	5 h	225 €/h	1.125,00 €	1.125,00 €	1.125,00 €
1 Geschäftsgebühr Mediatior, § 118 I 1 BRAGO		7,5 €/0	78.75 €	784,50 €	1.539,00 €
1 Besprechungsgeb. Mediator, § 118 I 2 BRAGO		7,5 €/0	78.75 €	784,50 €	1.539,00 €
1 Vergleichsgebühr Mediator § 23 BRAGO		15,0 €/0	241,50 €	1.800,00 €	3.786,00 €
Gesamtkosten Mediation Basis			1.225,00 €	3.644,00 €	7.364,00 €
Mediation mit Beratung der Parteien durch Anwälte					
2 Geschäftsgebühr, § 118 I 1 BRAGO		7,5 €/0	157,50 €	1.569,00 €	3.078,00 €
2 Besprechungsgebühr § 118 I 1 BRAGO		7,5 €/0	157,50 €	1.569,00 €	3.078,00 €
2 Vergleichsgebühr § 23 I BRAGO		15,0 €/0	483,00 €	3.600,00 €	7.572,00 €
Zeithonorar Mediator; Meistbegünstigung	5 h	225 €/h	1.125,00 €	1.125 ,00 €	1.125,00 €
Zeithonorar der Anwälte					
2 Parteivertreter; Meistbegünstigung	10 h	225 €/h	4.500,00 €	4.500,00 €	4.500,00 €
Gesamtkosten Mediation mit RA als Parteivertreter			5.625,00 €	10.107,00 €	20.592,00 €
Gericht, 1. Instanz					
1 Gerichtsgebühren § 11 GKG		30,0 €/h	195,00 €	1.368,00 €	5.268,00 €
2 Prozessgebühr § 31 I 1 BRAGO		10,0 €/0	210,00 €	2.092,00 €	4.104,00 €
2 Verhandlungsgebühr § 31 I 2 BRAGO		10,0 €/0	210,00 €	2.092,00 €	4.104,00 €
2 Beweisgebühr § 31 I 3 BRAGO		10,0 €/0	210,00 €	2.092,00 €	4.104,00 €
2 Vergleichsgebühr § 23 I BRAGO		10,0 €/0	322,00 €	2.400,00 €	5.048,00 €
2 Zeithonorar Parteivertreter RAe	10 h	225 €/0	4.500,00 €	4.500,00 €	4.500,00 €
Ermäßigung Gerichtsgebühren w/ Vergleich, § 11 GKG	1	20,0 €/h	130,00 €	912,00 €	3.512,00 €
Gesamtkosten bei Vergleich 1. Instanz			4.565,00 €	9.132,00 €	19.116,00 €
Gericht, 2. Instanz		entfällt			
Gerichtsgebühren § 11 GKG		30,0 €/h		1.368,00 €	5.268,00 €
2 Prozessgebühr § 31 I 1 BRAGO	2	13,0 €/0		2.719,60 €	5.335,20 €
2 Verhandlungsgebühr § 31 I 2 BRAGO	0	13,0 €/0		2.719,60 €	5.335,20 €
2 Beweisgebühr § 31 I 3 BRAGO	0	13,0 €/0		2.719,60 €	5.335,20 €
2 Vergleichsgebühr § 23 I BRAGO	0	13,0 €/0		3.120,00 €	6.562,40 €
2 Zeithonorar Parteivertreter RAe	10 h	225 €/0		4.500,00 €	4.500,00 €
Ermäßigung Gerichtsgebühren w/ Vergleich, § 11 GKG	1	20,0 €/0		912,00 €	3.512,00 €
Kosten der 1. Instanz				7.644,00 €	17.580,00 €
Gesamtkosten bei Vergleich 2. Instanz				19.378,80 €	41.904,00 €

Tabelle 14: Übersicht über sämtliche Gebühren nach BRAGO für Beispielswerte

IV. Fazit

Es wird deutlich, dass in vielen Fällen die **Mediation** einen **deutlichen Kostenvor-** 94 **teil** gegenüber der herkömmlichen Streitbeilegungsmethode – dem gerichtlichen Vergleich – hat. Systematisch bietet sie den Vorteil, dass ein Mediator im Mediationsverfahren auf Grund der intensiven Beschäftigung mit und Konzentration auf die Thematik einer einvernehmlichen Lösung häufig kreativere Lösungen mit den Parteien entwickeln kann als ein Gericht.

Damit sind gute Voraussetzungen für die Etablierung der Mediation als alterna- 95 tives Streitbeilegungsverfahren auf breiter Front gegeben!

Horst

§ 33 Vorgerichtliche Güte- und Schlichtungsverfahren

Ulrike Rüssel

Übersicht

Schrifttum: *Baruch Bush/Folger,* The Promise of Mediation, San Francisco 1994, S. 2; *Breidenbach,* Mediation, Köln 1995; *Duve/Ponschab,* Wann empfehlen sich Mediation, Schlichtung oder Schiedsverfahren, KON:SENS 5/1999, S. 263 ff.; *Grimm/Grimm,* Deutsches Wörterbuch, 8. Band, Leipzig 1893; *Grimm/Grimm,* Deutsches Wörterbuch, 9. Band, Leipzig 1899; *Hehn,* Nicht gleich vor den Richter, Bochum 1996; *Hehn/Rüssel,* Der Mediator – kein Schlichter oder (Schieds-)Richter, ZKM 2001, S. 62 ff.; *Heßler,* Das Bayerische Schlichtungsgesetz: Einführung und Erwartungen an dessen Umsetzung, in: Schlichtung und Mediation, Mitteilungen des Bayerischen Notarvereins, der Notarkasse und der Landesnotarkammer Bayern – MittBayNot, Sonderheft zu Ausgabe 4, 2000, S. 3.; *Jansen,* Das Güteverfahren vor dem Schiedsmann – ein alternatives Vermittlungsverfahren in zivilrechtlichen Streitigkeiten? in: K. F. Röhl (Hrsg.), Das Güteverfahren vor dem Schiedsmann – Soziologische und kommunikationswissenschaftliche Untersuchung, Köln 1987, S. 10 f.; *Kluge,* Etymologisches Wörterbuch, 23. Auflage, Berlin/New York 1999; *Korn/Schmarsli,* Außergerichtliche Streitschlichtung in Deutschland, dargestellt anhand des Schlichtungsgesetzes Baden-Württembergs, 2001; *Kracht,* Das Ethos des Mediators, 1999; *Krämer,* Die Honorarvereinbarung des Anwaltmediators, ZKM 2000, S. 276; *Moore,* The Mediation Process, 2. Aufl., San Francisco 1996; *Prütting,* Verfahrensrecht und Mediation, in: Breidenbach/Henssler (Hrsg.), Mediation für Juristen, 1997; *Schmidt-von Rhein,* Zivilprozess und außergerichtliche Streitschlichtung, ZKM 5/2000, S. 201 ff.; *Zietsch/Roschmann,* Die Regelungen des vorprozessualen Güteverfahrens, Beilage zu NJW 2001, Heft 51, 3 ff.; *Zilleßen,* Mediation als kooperatives Konfliktmanagement in: H. Zilleßen (Hrsg.), Mediation, Wiesbaden 1998.

Vorbemerkung

Außergerichtliche Streitbeilegung in Deutschland wird seit jeher betrieben: **1** Rechtsanwälte vergleichen gut ⅔ aller Fälle, bevor diese vor Gericht landen, Wirtschaftsstreitigkeiten werden vor Schiedsstellen beigelegt und auch die verschiedenen Interessenverbände (z. B. Verbraucher-Zentralen, Mieterbund, IHK und Handwerkskammern) tragen dazu bei, dass nicht jede Streitigkeit direkt bei Gericht landet.[1] Auch **inner**gerichtliche Streitbeilegung ist allgemein bekannt: Streitbeilegung gemäß dem Gütegedanken des § 278 ZPO, nach dem der Richter in jeder Lage des Verfahrens auf eine gütliche Einigung hinwirken soll, vor dem Richter geschlossene Vergleiche oder eine Aussetzung des Verfahrens für eine außergerichtliche Einigung nach § 52 Abs. 2 FGG bei Streitigkeiten, die die Person eines Kindes betreffen.

Vorgerichtliche Streitbeilegung, d. h. eine solche, die zwingend vor einem gerichtlichen Verfahren durchgeführt werden muss, ist hingegen – abgesehen von arbeitsgerichtlichen Güteterminen, wenn man sie denn zu den vorgerichtlichen Streitbeilegungsverfahren zählen möchte – noch weitgehend unerprobt.[2] Zwar wurde im Zivilverfahrensrecht im Jahre 1924 mit § 495 a ZPO schon einmal eine Vorschrift eingeführt, die dem gerichtlichen Verfahren zwingend einen in das Gerichtsverfahren integrierten Sühneversuch vorschaltete, doch wurde diese Vorschrift wegen Erfolglosigkeit vom Gesetzgeber 1950 wieder abgeschafft.[3] Trotz dieser Negativverfahrung hat der Deutsche Bundestag am 9. 9. 1999 in seiner 53. Sitzung den von den Fraktionen der SPD und BÜNDNIS 90/DIE GRÜNEN zum wiederholten Male[4] eingebrachten Entwurf eines Gesetzes zur Förderung der außergerichtlichen Streit-

---

[1] Vgl. zur außergerichtlichen Streitbeilegung auch die Möglichkeit, bei Streitigkeiten über Wettbewerbsverstöße oder Kreditgeschäften außergerichtliche Einigungsstellen vor der Einleitung eines Gerichtsverfahrens anzurufen (§§ 27 a UWG, 13 RabattG a. F., 29 AGBG a. F.).

[2] Erste Schritte in diese Richtung geht auch der Ende 1998 geänderte § 305 Abs. 1 Nr. 1 InsO, nach dem vor der Einleitung eines Verbraucherinsolvenzverfahrens ein gescheiterter außergerichtlicher Einigungsversuch mit den Gläubigern vorgeschrieben ist.

[3] Vgl. dazu *Prütting,* Mediation für Juristen, S. 64. Hier findet sich auch der Hinweis, dass bereits seit 1898 im Scheidungsrecht § 608 ZPO galt, der einen zwingenden Sühneversuch vor dem Vorsitzenden des zuständigen Gerichts vorsah. Auch diese Vorschrift wurde wegen Erfolglosigkeit 1976 außer Kraft gesetzt.

[4] Eine erste Vorlage des in dem hier interessierenden Teil weitgehend unveränderten Gesetzesentwurfs erfolgte bereits 1996 (BT-Drucks. 13/6398), der sich allerdings auf Grund des Ablaufs der 13. Legislaturperiode und der Diskontinuität des Bundestages erledigte. In die Beratungen des 14. Deutschen Bundestages hielt der Gesetzesentwurf bereits im Dezember 1998 auf Betreiben der CDU/CSU Einzug (BT-Drucks. 14/163).

beilegung[5] einstimmig angenommen.[6] Dieser Beschluss zeichnete das Ende des langen Weges dieses Gesetzes, das bereits in ähnlicher Fassung am 4. 12. 1996 zur Beschlussfassung vorgelegen hatte,[7] damals jedoch an den Stimmen der damaligen Regierungspartei gescheitert war.[8]

2   **Ziel** des zum 1. 1. 2000 in Kraft getretenen Bundesgesetzes ist es zum einen, die Justiz durch „die Verlagerung der Konfliktregelung von den Gerichten auf alternative Streitschlichtungsstellen"[9] zu entlasten. Zum anderen sollen Konflikte rascher und kostengünstiger bereinigt werden. Nicht zuletzt bietet dieser Ansatz nach Ansicht des Gesetzgebers die Möglichkeit, im Schlichtungsverfahren konsensuale Lösungen herbeizuführen, die eher zu einem dauerhaften Rechtsfrieden beitragen als gerichtliche Entscheidungen.[10] Ob und wie die einzelnen Länder dieses Gesetz ausführen, bleibt ihnen nach dem Bundesgesetz selbst überlassen[11].

Ziel und Inhalt dieses Beitrags ist es, in einer Bestandsaufnahme das Bundesgesetz sowie die ausführenden Landesgesetze Baden-Württembergs, Bayerns, Brandenburgs, Hessens und Nordrhein-Westfalens[12] vorzustellen, miteinander zu vergleichen, um schließlich die Vor- und Nachteile der jeweils gewählten Streibeilegungsform einander gegenüberzustellen und zu überprüfen, ob sie zur Erreichung des oben genannten Ziels tauglich sind.

I. Bestandsaufnahme

1. Gesetz zur Förderung der außergerichtlichen Streitbeilegung

3   Kernpunkt des Gesetzes zur Förderung der außergerichtlichen Streitbeilegung ist die in Artikel 1 vorgesehene Einführung des § 15a EGZPO.

4   **a) Anwendungsbereich.** Nach § 15a Abs. 1 EGZPO kann durch Landesgesetz bestimmt werden, dass die Erhebung einer Klage
– in vermögensrechtlichen Streitigkeiten bis zu 750,– €[13] (vgl. Abs. 1 Nr. 1),
– in nachbarrechtlichen Streitigkeiten insbesondere gemäß §§ 906[14], 910, 911, 923 BGB (vgl. Abs. 1 Nr. 2) und

---

[5] BT-Drucks. 14/980.
[6] Vgl. Protokoll der 53. Sitzung vom 9. 9. 1999. Gesetz wurde der Entwurf am 15. 12. 1999, BGBl. I, S. 2400.
[7] BT-Drucks. 13/6398
[8] Zur Entstehungsgeschichte des Bundesgesetzes vgl. *Strempel,* § 5 Rechtspolitische Aspekte der Mediation, Rn. 89 ff.
[9] Allgemeiner Teil der Begründung zum Gesetzesentwurf, BT-Drucks. 14/980.
[10] Vgl. den Allgemeinen Teil der Begründung zum Gesetzesentwurf, BT-Drucks. 14/980.
[11] Nach § 15a Abs. 1 S. 1 EGZPO „kann (durch Landesgesetz) bestimmt werden, dass die Erhebung der Klage erst zulässig ist, nachdem von einer durch die Landesjustizverwaltung eingerichteten oder anerkannten Gütestelle versucht worden ist, die Streitigkeit einvernehmlich beizulegen . . .".
[12] Diese Länder wurden ausgewählt, weil sie bereits zum Zeitpunkt der Erstellung dieses Beitrags die entsprechenden Ausführungsgesetze verabschiedet hatten.
[13] Dieser Wert wurde gewählt, weil man zum einen die „gerichtlichen Ressourcen den wichtigeren Streitigkeiten vorbehalten", zum anderen „die rechtssuchenden Bürger im niedrigeren Streitwertbereich deutlich auf die eigenverantwortliche Regelung von Streitigkeiten verweisen" wollte, so *Heßler* MittBayNot, Sonderheft zu Ausgabe 4, 2000, S. 3.
[14] Streitigkeiten wegen der in § 906 BGB geregelten Immissionen fallen nach der Begründung des Gesetzesentwurfs nicht unter diese Vorschrift, sofern sie von einem gewerblichen Betrieb ausgehen; vgl. BT-Drucks. 14/980, Begründung zu Absatz 1.

– in Streitigkeiten über Ansprüche wegen Verletzungen der persönlichen Ehre, die nicht in Presse oder Rundfunk begangen worden sind (Abs. 1 Nr. 3),
erst zulässig ist, nachdem von einer durch die Landesjustizverwaltung eingerichteten oder anerkannten Gütestelle versucht worden ist, die Streitigkeit einvernehmlich beizulegen.

Nach § 15a Abs. 2 S. 2 EGZPO ist das obligatorische Vorverfahren aber selbst 5 bei Vorliegen einer von Abs. 1 erfassten Streitigkeit insbesondere aus zwei Gründen nicht durchzuführen: Wenn die Parteien **nicht in demselben Bundesland** wohnen[15] oder aber, wenn der streitige Anspruch vor Klageerhebung bereits im **Mahnverfah-**

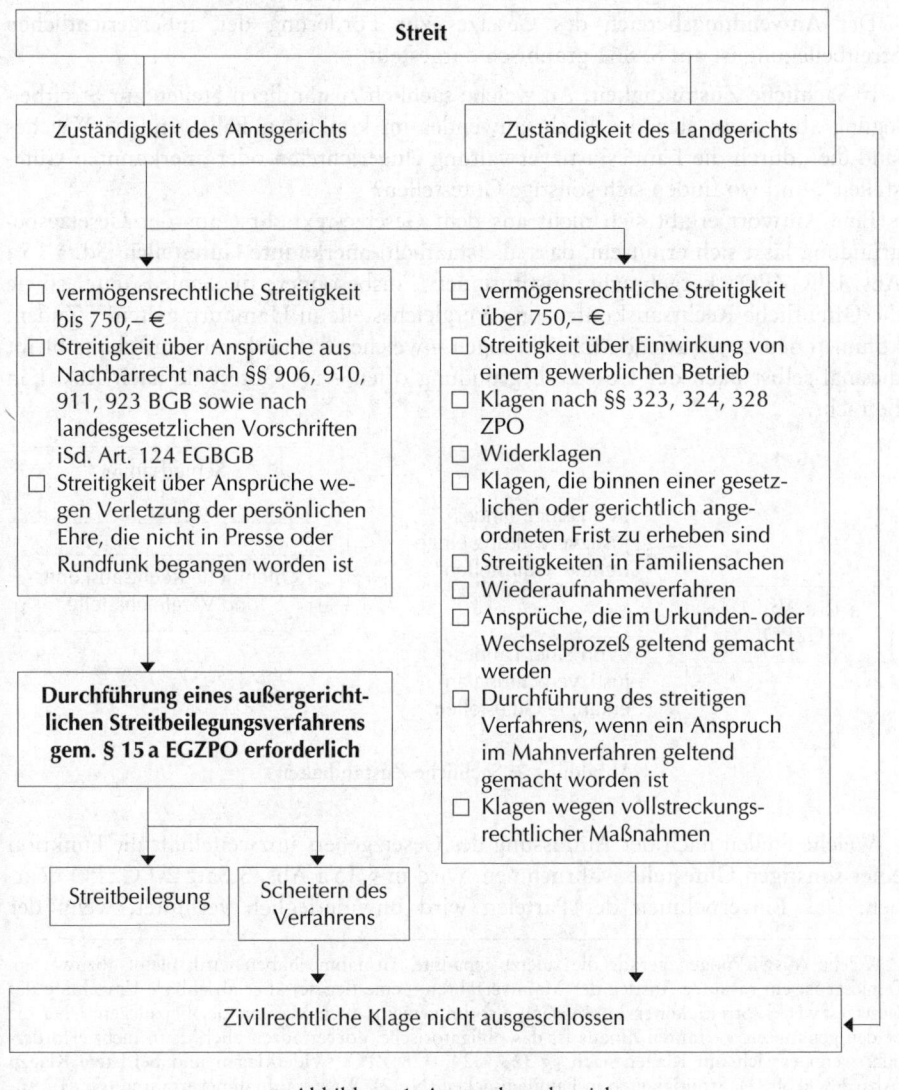

Abbildung 1: Anwendungsbereich

---

[15] Oder dort ihren Sitz oder eine Niederlassung haben.

ren geltend gemacht worden war (Abs. 2 S. 1 Nr. 5).[16] Es ist zu erwarten, dass sich die Anzahl der Mahnverfahren – bereits wegen der wesentlich einfacheren Handhabbarkeit – deutlich erhöhen wird und damit die Voraussetzungen für das obligatorische Streitbeilegungsverfahren insbesondere in vermögensrechtlichen Streitigkeiten umgangen werden.

Eine **weitere Ausnahme** von dem Erfordernis des Einigungsversuchs vor einer staatlich anerkannten Gütestelle macht das Gesetz in § 15 a Abs. 3 S. 1 EGZPO. Nach dieser Vorschrift entfällt das Erfordernis eines Einigungsversuches dann, wenn die Parteien vor einer sonstigen Gütestelle, die Streitbeilegung betreibt, einvernehmlich einen Einigungsversuch unternommen haben.

Der **Anwendungsbereich** des Gesetzes zur Förderung der außergerichtlichen Streitbeilegung ist auf S. 861 graphisch dargestellt.

6   **b) Sachliche Zuständigkeit.** An welche sachlich zuständigen Stellen zur Streitbeilegung aber kann sich der Rechtsanwender im konkreten Fall wenden? Welches sind die „durch die Landesjustizverwaltung eingerichteten oder anerkannten Gütestellen", und wo finden sich sonstige Gütestellen?

Eine Antwort ergibt sich nicht aus dem Gesetzestext. Erst aus der Gesetzesbegründung lässt sich ermitteln, dass als (staatlich) **anerkannte Gütestellen** iSd. § 15 a Abs. 1 EGZPO „hergebrachte Institutionen", insbesondere die Schiedsämter sowie die Öffentliche Rechtsauskunfts- und Vergleichsstelle in Hamburg gelten[17]. Zudem kommen neu zu schaffende Einrichtungen – welcher Art und welchen Inhalts bleibt diesmal selbst nach der Gesetzesbegründung offen – als Gütestelle nach Abs. 1 in Betracht.

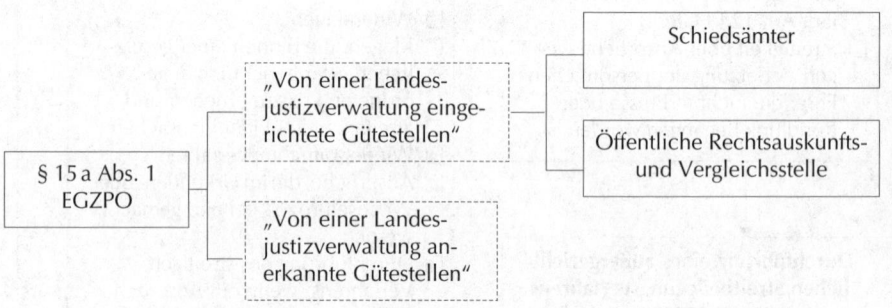

Abbildung 2: Sachliche Zuständigkeit

7   Welche Stellen nach der Auffassung des Gesetzgebers unzweifelhaft die Funktion einer **sonstigen Gütestelle** wahrnehmen, wird in § 15 a Abs. 3 Satz 2 EGZPO deutlich: Das Einvernehmen der Parteien wird unwiderleglich vermutet, wenn der

---

[16] Welche Auswirkungen gerade die zuletzt genannte Ausnahme haben wird, bleibt abzuwarten. Denkbar ist ein rasanter Anstieg der Mahnverfahren – eine (legale) aber absehbare Umgehung des Gesetzeszwecks, Streitigkeiten konsensual, also im gemeinsamen Miteinander beizulegen. Über die beiden genannten Verfahren hinaus ist das obligatorische Vorverfahren auch dann nicht erforderlich, wenn es sich um Klagen nach §§ 323, 324, 328 ZPO, Widerklagen und befristete Klagen (Abs. 2 S. 1 Nr. 1), Streitigkeiten in Familiensachen (Nr. 2), Wiederaufnahmeverfahren (Nr. 3), Ansprüche, die im Urkunden- oder Wechselprozess geltend gemacht werden (Nr. 4), Klagen wegen vollstreckungsrechtlicher Maßnahmen insbesondere nach dem 8. Buch der ZPO (Nr. 6) handelt.
[17] BT-Drucks. 14/980, Begründung zu Absatz 1.

Verbraucher eine branchengebundene Gütestelle, eine Gütestelle der Industrie- und Handelskammer, der Handwerkskammer oder der Innung angerufen hat[18]. Will der Rechtsuchende andere sonstige Gütestellen in Anspruch nehmen – darunter auch die „als Schlichter, Vermittler oder Mediator tätigen Rechtsanwälte oder die als Schlichter tätigen Notare"[19] – muss diese von beiden Beteiligten einvernehmlich angerufen werden. Weitere Anforderungen an das Verfahren vor einer sonstigen Gütestelle – auch inhaltlicher Art – schreibt § 15a EGZPO nicht fest. Diese überlässt er vielmehr den Landesgesetzgebern.

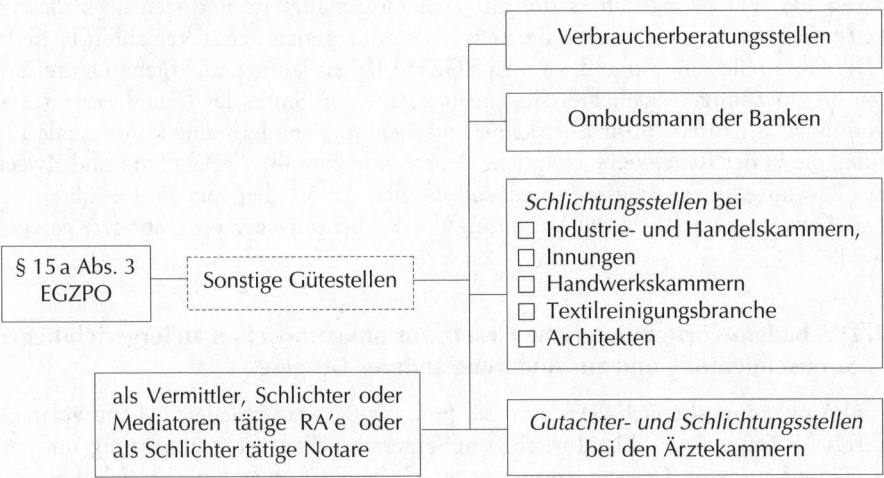

Abbildung 3: Sonstige Gütestellen

c) **Änderung der BRAGO.** Durch Art. 2 des Gesetzes zur Förderung der außergerichtlichen Streitbeilegung erfolgte zudem eine Änderung des § 65 BRAGO, der das Verfahren vor einer Güte- oder Schlichtungsstelle für Parteien und Rechtsanwälte attraktiver gestalten soll. Danach erhält der Rechtsanwalt für die Mitwirkung bei einer Einigung der Parteien vor einer Güte-, Schlichtungs- oder gesetzlich eingerichteten Einigungsstelle nicht mehr nur eine volle, sondern eine fünfzehn Zehntel Gebühr, die nunmehr – im Gegensatz zur bisherigen Regelung bei der Mitwirkung bei einer Einigung vor einer anderen Stelle – auf die Prozessgebühr für einen nachfolgenden Rechtsstreit angerechnet wird.[20] In der Gesetzesbegründung stellt der Gesetzgeber zudem klar, dass die fünfzehn Zehntel Gebühr anders als die Vergleichsgebühr eben auch dann anfällt, wenn „kein gegenseitiges Nachgeben vorliegt, weil der Antragsgegner den geltend gemachten Anspruch in vollem Umfang anerkennt oder weil der Antragsteller auf den Anspruch verzichtet."[21]

---

[18] Nach der Gesetzesbegründung werden u.a. die Verbraucherberatungsstellen, der Ombudsmann der Banken, die Schlichtungsstellen des Kraftfahrzeughandwerks oder der Textilreinigungsbranche, die Schlichtungsstellen der Industrie- und Handels- sowie der Handwerkskammern etc. erfasst; BT-Drucks. 14/980, Begründung zu Absatz 3.

[19] BT-Drucks. 14/980, Begründung zu Absatz 3.

[20] Ob diese Regelung für die Rechtsanwälte tatsächlich eine positive Veränderung darstellt, ist nach Ansicht der Verfasserin fraglich. Vermeidet es nicht lediglich eine zusätzliche finanzielle Belastung der Parteien?

[21] BT-Drucks. 14/980, Begründung zu Artikel 2, vorletzter Absatz.

9   **d) Änderung des Beratungshilfegesetzes.** Artikel 3 des Gesetzes zur Förderung der außergerichtlichen Streitbeilegung schließlich sieht eine Änderung des § 1 Abs. 1 des Beratungshilfegesetzes vor. Danach wird Beratungshilfe bei Vorliegen der Voraussetzungen nicht mehr nur bei „Hilfe für die Wahrnehmung von Rechten außerhalb eines gerichtlichen Verfahrens", sondern auch „im obligatorischen Güteverfahren nach § 15 a des Gesetzes betreffend die Einführung der Zivilprozessordnung" gewährt.

Mit dieser Ergänzung stellt der Gesetzgeber klar, dass er das Verfahren nach § 15 a EGZPO – obgleich es obligatorisch ausgestaltet ist und sich als Zulässigkeitsvoraussetzung für Klagen darstellt – als außergerichtliches Verfahren begreift. „Die Gütestellen im Sinne des § 15 a EGZPO haben keine gerichtliche Organisation; die dort tätigen Schlichter sind nicht Richter im Sinne des Grundgesetzes; der von ihnen getroffene Spruch ist keine Entscheidung, sondern eine konsensuale Lösung, die in der Regel keine rechtliche Beurteilung enthält."[22] Dem Sinn und Zweck des Beratungshilfegesetzes entsprechend werden davon aber nur die Gebühren des Parteianwalts erfasst, da die Vergütung der Schlichtungsperson gesondert geregelt wird.[23]

2. Das baden-württembergische Gesetz zur obligatorischen außergerichtlichen Streitschlichtung und zur Änderung anderer Gesetze

10   **a) Anwendungsbereich.** Das am 28. Juni 2000 verabschiedete baden-württembergische Gesetz zur obligatorischen außergerichtlichen Streitschlichtung und zur Änderung anderer Gesetze entspricht von seinem Anwendungsbereich her (§ 1 SchlG BW) genau den Regelungen des Bundesgesetzes.

11   **b) Sachliche Zuständigkeit.** Sachlich und örtlich zuständig ist grundsätzlich die Gütestelle, die nach § 2 Abs. 1 S. 1 SchlG bei jedem Amtsgericht eingerichtet wird und auf die sich die Parteien gem. § 2 Abs. 2 S. 1 SchlG geeinigt haben. Besetzt werden die Gütestellen von dem Urkundsbeamten der Geschäftsstelle des Amtsgerichts und einer Schlichtungsperson. Der Urkundsbeamte der Geschäftsstelle ist nach § 4 Abs. 3 SchlG u. a. zuständig für die Entgegennahme des Antrags (Nr. 1) und dessen Registrierung (Nr. 2), aber auch für die Bestimmung der Schlichtungsperson (Nr. 3)[24]. Die übrigen Aufgaben der Gütestelle – insbesondere die Übersendung des Antrags an die Gegenpartei, die Ladung der Parteien, die Durchführung der Schlichtungsverhandlung und deren Protokollierung sowie die Ausstellung der Bescheinigung etc. – werden nach § 4 Abs. 4 SchlG von der Schlichtungsperson wahrgenommen.

Zur Schlichtungsperson bestimmt werden dabei gem. § 3 Abs. 2 SchlG „Rechtsanwältinnen und Rechtsanwälte, die in der von der für den Bezirk zuständigen Rechtsanwaltskammer für die jeweilige Gütestelle erstellten Schlichtungspersonenliste eingetragen sind." Bereits hier sei angemerkt, dass in Baden-Württemberg Per-

---

[22] BT-Drucks. 14/980, Begründung zu Artikel 3. Wie aber kann ein von einem Schlichter, einer Einzelperson, getroffener Spruch, eine Entscheidung, eine konsensuale Lösung sein? Dazu unten mehr.
[23] *Krämer* ZKM 2000, 276.
[24] Darüber hinaus hat er der Schlichtungsperson ihre Bestimmung und den Tag des Antragseingangs mitzuteilen (§ 4 Abs. 3 Nr. 4 SchlG), die Vollstreckungsklausel zu erteilen (Nr. 5), Zahlungen anzuordnen (Nr. 6) und das Protokoll aufzubewahren (Nr. 7).

sonen anderer Profession als der des Rechtsanwalts nur dann auf die Liste der Schlichtungspersonen aufgenommen werden, wenn sich keine hinreichende Zahl von Anwälten zur Tätigkeit als Schlichtungsperson bereit erklärt hat. Nur dann kann gem. § 3 Abs. 4 SchlG der Präsident oder Direktor des Amtsgerichts die Liste durch weitere geeignete Personen ergänzen, die bereit sind, als Schlichtungsperson tätig zu werden. Weitere Möglichkeiten der Einbeziehung von Nicht-Anwälten sieht das Schlichtungsgesetz nicht vor. Selbst eine Einigung der Parteien auf eine Schlichtungsperson ist nach dem Wortlaut des § 6 Abs. 2 SchlG nur im Rahmen der auf der Liste eingetragenen Schlichtungspersonen möglich.

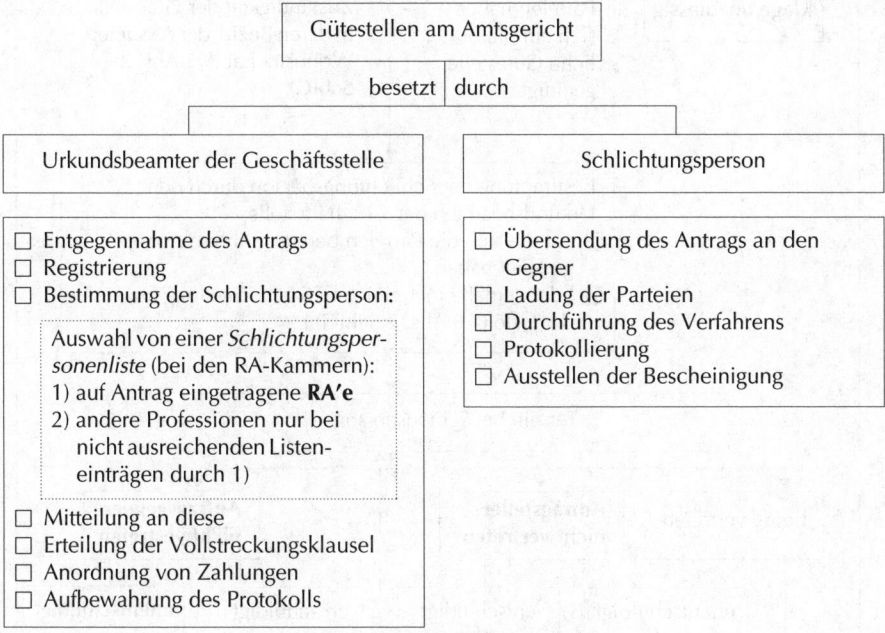

Abbildung 4: Besetzung der Gütestellen

Durch den vorrangigen Einsatz von Rechtsanwälten will Baden-Württemberg den Erfolg des Verfahrens sicherstellen. Denn nach der Ansicht des Justizministers Baden-Württembergs, *Ulrich Goll,* sind „nach der Ausbildung, dem Ansehen und der Anzahl . . . die Rechtsanwälte hervorragend geeignet, um die Durchführung der Schlichtung kompetent und flächendeckend zu gewährleisten."[25] Er versteht das Schlichtungsverfahren als eine kostengünstige Möglichkeit, Rechtsstreite durch die Zuhilfenahme eines neutralen und sachverständigen Schlichters, der den Fall auch rechtlich beurteilen könne, einvernehmlich zu beenden.[26]

---

[25] Mitteilung des Justizministeriums Baden-Württemberg vom 29. 6. 2000: „Schlichtungsgesetz passiert den Landtag" auf der Homepage des Justizministeriums (http://www.baden-wuerttemberg.de/s. . .?id=5039& template=jm_presse_detail, login vom 3. 7. 2000).
[26] A. a. O.

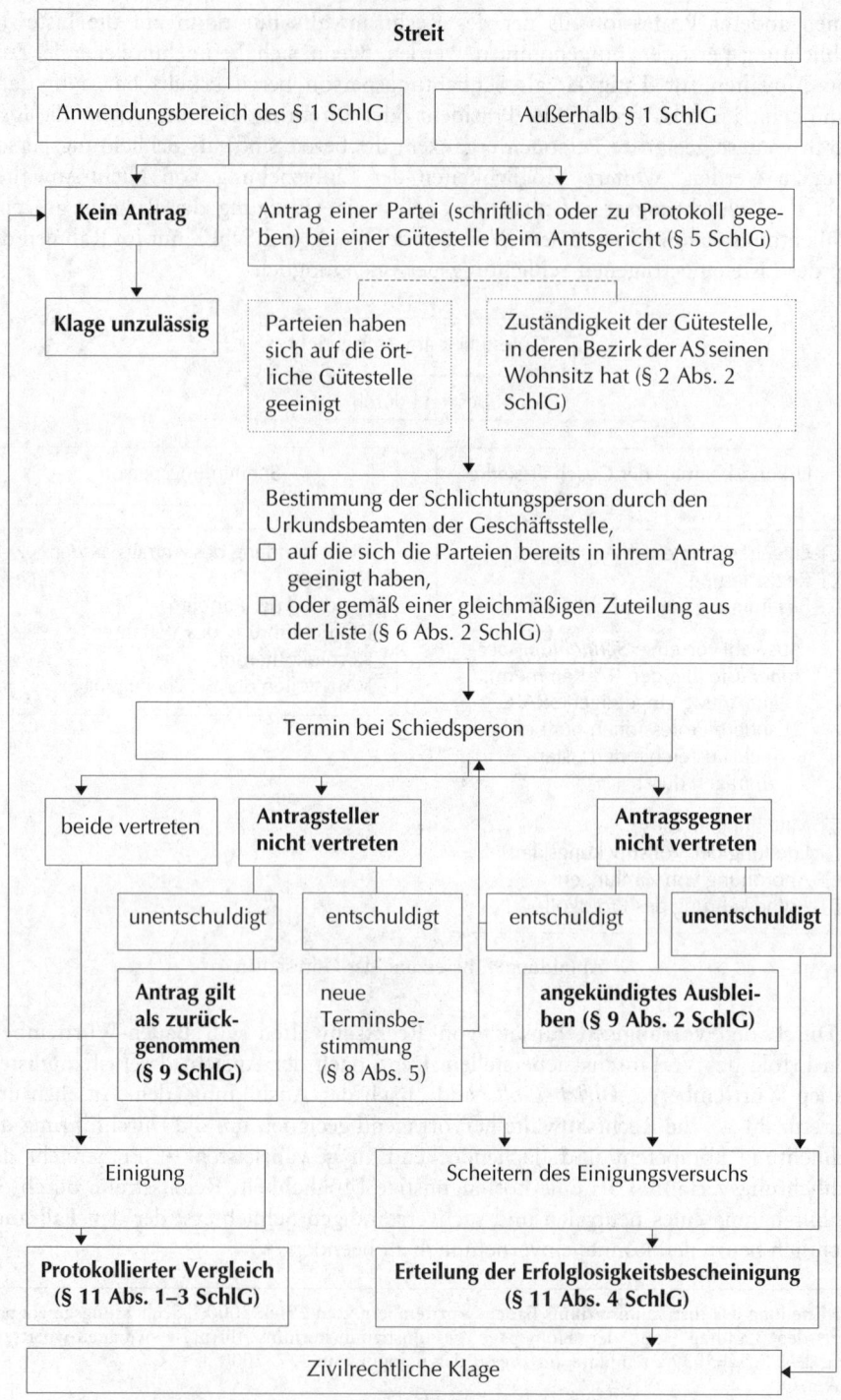

Abbildung 5: Das baden-württembergische Gesetz zur obligatorischen
außergerichtlichen Streitschlichtung

c) **Verfahrensinhalt.** Der baden-württembergische Gesetzgeber hat die vom Bun- **12**
desgesetzgeber eingeräumte Möglichkeit zur Regelung eines Schlichtungsverfahrens
genutzt und in das Gesetz einen eigenen Abschnitt eingebracht (Dritter Abschnitt:
Verfahren §§ 5–12 SchlG).

Eingeleitet wird das Verfahren auf Antrag einer Partei – schriftlich oder zu Protokoll – unter Beifügung der für die Zustellung erforderlichen Anzahl von Abschriften (§ 5 SchlG). Ort und Zeit der Schlichtungsverhandlung werden durch die (zuvor
vom Urkundsbeamten der Geschäftsstelle ausgewählte) Schlichtungsperson bestimmt, die Parteien werden schriftlich unter Einhaltung von Zustellungsvorschrif-
ten geladen – wobei sie sofort auf die Folgen des Ausbleibens ihres Erscheinens hingewiesen werden (§ 7 SchlG).

Die Schlichtungsverhandlung selbst ist nicht öffentlich „in der Regel in einem
Termin" durchzuführen (§ 10 SchlG). Dabei haben die Parteien an dem anberaumten Termin selbst zu erscheinen, es sei denn, eine Partei entsendet einen Vertreter,
„der zur Aufklärung des Tatbestandes in der Lage und zu einem Vergleichsabschluss ausdrücklich ermächtigt ist." (§ 8 Abs. 1 i. V. m. Abs. 2 SchlG).

Das Verfahren wird entweder mit einer nach den Vorschriften des § 11 SchlG
protokollierten Einigung oder aber mit einem Vermerk über das Scheitern des Verfahrens beendet.

d) **Kosten.** Zu den Kosten des Verfahrens sowie dem Kostenschuldner wird auf **13**
Rdnr. 46 verwiesen. Als Besonderheit des SchlG BW soll aber auf die Regelung
des § 17 Abs. 1 S. 2 SchlG hingewiesen werden, nach der Kostenschuldner in den
Fällen, in denen der eigentliche Kostenschuldner Hilfe zum Lebensunterhalt nach
dem Bundessozialhilfegesetz bezieht, die Landeskasse ist. Baden-Württemberg
tritt damit dem Vorurteil entgegen, außergerichtliche Streitbeilegung privilegiere die
Wohlhabenden und belaste die übrigen nur mit zusätzlichen Kosten.

**3. Das bayerische Gesetz zur obligatorischen außergerichtlichen Streitschlich-
tung in Zivilsachen und zur Änderung gerichtsverfassungsrechtlicher Vorschriften (Bayerisches Schlichtungsgesetz – BaySchlG)**

a) **Anwendungsbereich.** Wie auch das baden-württembergische Gesetz weicht das **14**
bayerische Schlichtungsgesetz – in Kraft getreten am 1. Mai 2000[27] – nicht vom
Anwendungsbereich des Bundesgesetzes ab. Auch hier gilt in vermögensrechtlichen
Streitigkeiten eine Streitwertgrenze von 750,– € und müssen die auch in § 15a
Abs. 1 EGZPO aufgezählten Nachbarschaftsstreitigkeiten und Ehrverletzungen ei-
ner vorgerichtlichen Streitschlichtung zugeführt werden.

In Abweichung zu den bundesgesetzlichen Vorschriften, nach denen das Erfor-
dernis eines Einigungsversuchs dann entfällt, wenn die Parteien „nicht in demselben
Land wohnen oder ihren Sitz oder eine Niederlassung haben" (§ 15a Abs. 2 S. 2
EGZPO), ist ein Schlichtungsversuch nach Art. 1 des BaySchlG gemäß Art. 2 S. 1
BaySchlG nur erforderlich, „wenn die Parteien ihren Wohnsitz, Sitz oder ihre Nie-
derlassung **im selben Landgerichtsbezirk** haben".[28]

---

[27] Zur Entwicklung des Gesetzes in Bayern vgl. *Heßler* (Fn. 13), S. 2 f.
[28] Diese Einschränkung beruht zum einen darauf, dass das Schlichtungsverfahren von dem persönlichen Gespräch der Parteien mit dem Schlichter leben, und zugleich nicht mit zu hohen Kosten (z. B.
Reisekosten) belastet werden soll, so: *Heßler* (Fn. 13), III. 3., S. 5.

15　b) **Sachliche Zuständigkeit.** Auch in Bayern wird unterschieden zwischen obligatorischer Schlichtung und sonstigen Gütestellen. Für einen obligatorischen Schlichtungsversuch zuständig ist quasi von Amts wegen jeder Notar und jeder Rechtsanwalt, sofern er sich gegenüber der Rechtsanwaltskammer verpflichtet hat, Schlichtung als dauerhafte Aufgabe zu betreiben (Art. 5 BaySchlG). Als sonstige Gütestellen kommt daneben auch jede dauerhaft eingerichtete Schlichtungsstelle der Kammern, Innungen, Berufsverbände sowie jede ähnliche Institution nach § 15 a Abs. 3 EGZPO in Betracht. Voraussetzung für die Zuständigkeit dieser Schlichtungsstellen ist nach dem Gesetzeswortlaut das Einvernehmen der Parteien (Art. 3 Abs. 1 BaySchlG), das bei der Anrufung einer branchengebundenen Schlichtungsstelle oder einer solchen der Industrie- und Handelskammer, der Handwerkskammer oder der Innung unwiderleglich vermutet wird. Fehlt dieses, ist der örtlich zuständige Rechtsanwalt oder Notar, an den sich die antragstellende Partei gewandt hat, die (obligatorisch) zuständige Schlichtungsstelle (Art. 3 Abs. 1 S. 3 i. V. m. Art. 5 und Art. 6 BaySchlG). Den Regelungen des Bundesgesetzes graphisch zugeordnet lässt sich der von Bayern eingeschlagene Weg wie vorhergehend darstellen und verdeutlichen[29]:

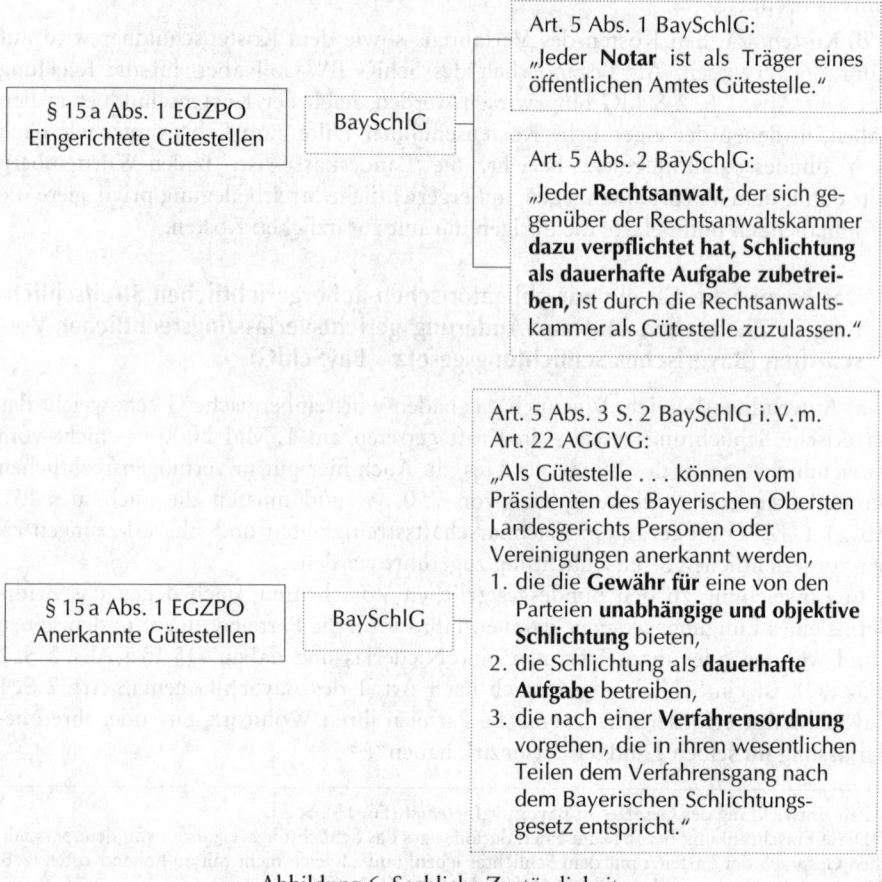

Abbildung 6: Sachliche Zuständigkeit

Bayern stützt sich demnach wie Baden-Württemberg in erster Linie auf **juristisch vorgebildete** Personen, da abzusehen ist, dass der Kreis der Rechtsanwälte und Notare derjenige sein wird, der die Aufgabe der vorgerichtlichen Streitbeilegung vorrangig übernehmen wird.[30]

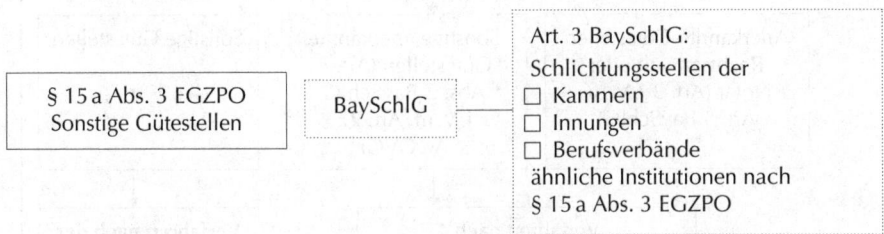

Abbildung 7: Sonstige Gütestellen

c) Verfahrensinhalt. Das (obligatorische) Schlichtungsverfahren wird gem. Art. 9   **16** BaySchlG auf Antrag eingeleitet. Nach Einzahlung des Vorschusses bestimmt der Schlichter – soweit er dies für erforderlich hält – einen Schlichtungstermin, zu dem er die Parteien persönlich lädt. Erscheint ihm der Fall geeignet, kann er von diesem Termin absehen und schriftlich verfahren (Art. 10 Abs. 1 S. 5 BaySchlG). Im Verlauf eines Termins erörtert der Schlichter „mit den Parteien mündlich die Streitsache und die Konfliktlösungsvorschläge der Parteien." Dabei kann er im Einvernehmen mit den Parteien auch Einzelgespräche führen und auf der Grundlage der Schlichtungsverhandlung den Parteien einen Vorschlag zur Konfliktbeilegung unterbreiten (Art. 10 Abs. 1 S. 3 und 4 BaySchlG).

Auch das bayerische Schlichtungsgesetz sieht grundsätzlich die Erscheinungspflicht der Parteien vor, bietet aber die Möglichkeit der Vertretung, soweit der Vertreter „zur Aufklärung des Sachverhalts in der Lage und zu einem unbedingten Vergleichsabschluss schriftlich ermächtigt ist, und der Schlichter dem Fernbleiben der Partei zustimmt." (Art. 11 Abs. 2 BaySchlG). Das Verfahren endet entweder mit einer bestimmten Erfordernissen genügenden Einigung (Art. 12 BaySchlG) oder aber mit der Erteilung eines Zeugnisses über das Scheitern des Verfahrens (Art. 4 BaySchlG).[31]

d) Kosten. Zur Gewährleistung der Rechtsweggarantie unterstützt auch Bayern   **17** bedürftige Kostenschuldner: Nach Art. 15 Abs. 1 BaySchlG ist eine Partei, die die Voraussetzungen für die Gewährung von Beratungshilfe erfüllt, von der Verpflich-

---

[29] Anregungen für die Formulierung einer diesen Anforderungen entsprechenden Verfahrensordnung können der im Anhang zu diesem Beitrag abgedruckten (allerdings auf nordrhein-westfälische Anforderungen zugeschnittenen) Verfahrensordnung entnommen werden. Nachdenklich stimmt indes eine von *Heßler* (Fn. 13), S. 5 formulierte Bedingung: „Insbesondere müssen die anerkannten Gütestellen einen Standard in den Rechtskenntnissen aufweisen, der demjenigen der Rechtsanwälte und Notare entspricht."

[30] Gegenüber der Einschaltung juristischer Laien im Bereich der obligatorischen Schlichtung herrschte in Bayern von vornherein Skepsis, so: *Heßler* (Fn. 13), S. 3.

[31] Die Formulare zur Durchführung eines Schlichtungsverfahrens finden sich ebenfalls in den Mitteilungen des Bayerischen Notarvereins, der Notarkasse und der Landesnotarkammer Bayern – MittBayNot, Sonderheft zu Ausgabe 4, 2000, S. 16 ff.

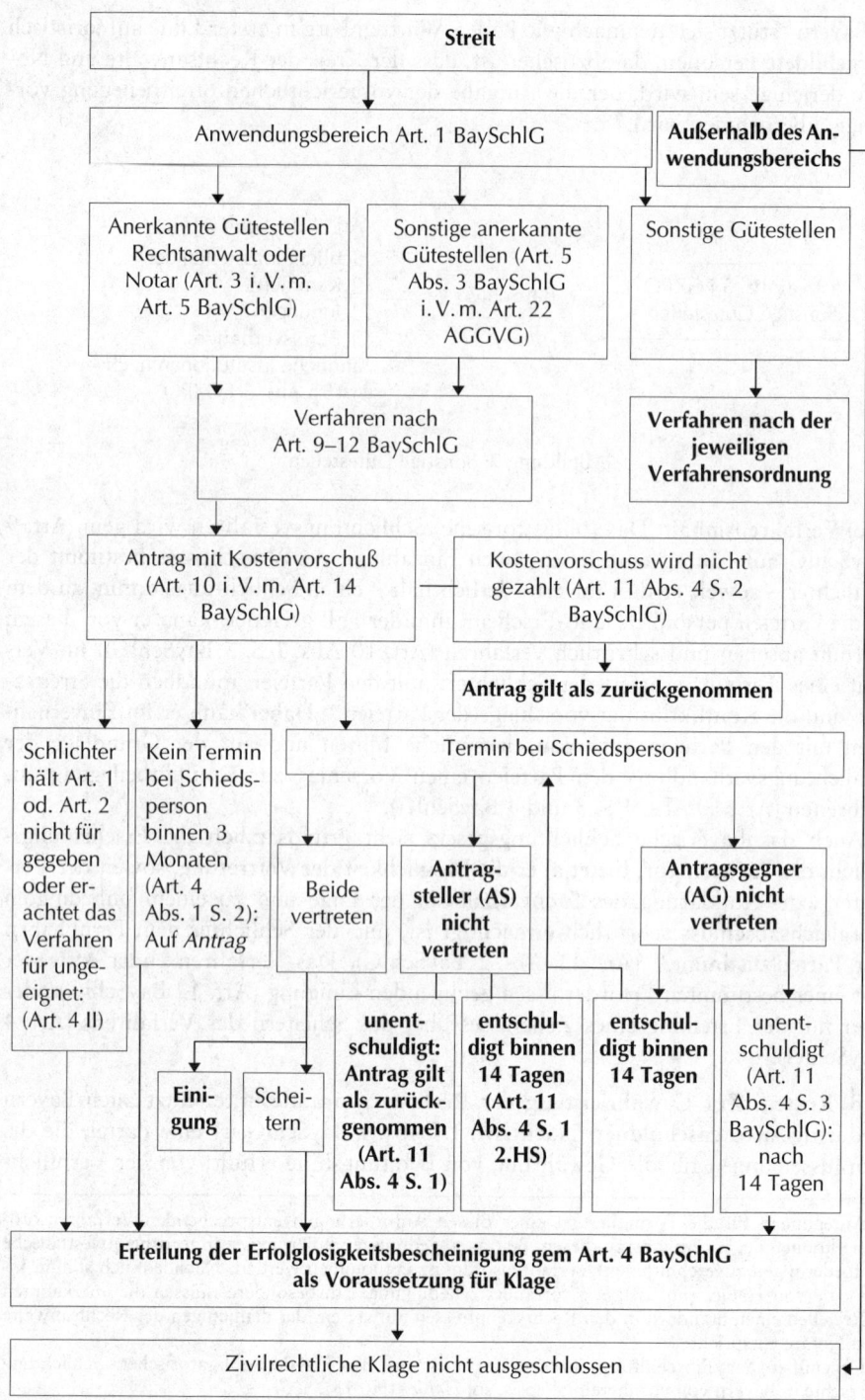

Abbildung 8: Bayerisches Schlichtungsgesetz – BaySchlG

tung zur Zahlung der Vergütung befreit. Die dem Schlichter zustehende Vergütung zahlt in diesem Fall die Staatskasse (Art. 15 Abs. 3 BaySchlG). Wird der Gegner in einem nachfolgenden Prozess zur Kostenerstattung verurteilt, geht dieser Anspruch auf die Staatskasse über (Art. 16 Abs. 1 BaySchlG).

4. Das Brandenburgische Schlichtungsgesetz (BbgSchlG)[32]

a) **Anwendungsbereich.** Das brandenburgische Schlichtungsgesetz hat bis auf we- **18** nige Auslassungen den Wortlaut des § 15a EGZPO übernommen. Auf die zu § 15a EGZPO erfolgten Ausführungen zu Anwendungsbereich, Struktur und Aufbau des Verfahrens kann hier entsprechend verwiesen werden. Allerdings gilt auch in Brandenburg die bereits für Bayern festgestellte Ausnahme vom räumlichen Anwendungsbereich: Auch das BbgSchlG sieht in seinem § 2 vor, dass ein Schlichtungsversuch nur dann erforderlich ist, wenn die Parteien in demselben Landgerichtsbezirk wohnen oder ihren Sitz oder eine Niederlassung haben.

b) **Zuständigkeit.** Ähnlich dem Bundesgesetz bestimmt § 3 BbgSchlG, dass das **19** Schlichtungsverfahren durch die nach dem Schiedsstellengesetz eingerichteten Schiedsstellen (Ziff. 1) oder weitere[33] (anerkannte) Gütestellen im Sinne des § 794 Abs. 1 Nr. 1 ZPO (Ziff. 2) durchgeführt wird.

Als Gütestelle anerkannt wird auf Antrag an das für Justiz zuständige Ministerium bzw. für kammerangehörige Notare an den Präsidenten der Notarkammer des Landes Brandenburg, wer die persönlichen Voraussetzungen (§ 3 BbgGüteStG) erfüllt[34] und eine Schlichtungsordnung (§ 4 BbgGüteStG) sowie eine Haftpflichtversicherung (§ 5 BbgGüteStG) vorlegt. Einen Vorschlag für eine entsprechende Schlichtungsordnung findet sich im Anhang zu diesem Beitrag.

c) **Verfahrensinhalt.** Wird das Verfahren vor den Schiedsstellen durchgeführt, gel- **20** ten die Vorschriften des Schiedsstellengesetzes (§ 4 Abs. 1 BbgSchlG)[35]. Werden hingegen die anerkannten Gütestellen tätig, gelten die jeweiligen Verfahrensordnungen (§ 4 Abs. 2 BbgSchlG).

---

[32] Vom 5. Oktober 2000, GVBl. I/00, S. 134.

[33] Gem. § 1 des Brandenburgischen Gütestellengesetzes sind auch die nach dem Schiedsstellengesetz in den Gemeinden eingerichteten Schiedsstellen Gütestellen iSd. § 794 Abs. 1 Nr. 1 ZPO.

[34] Natürliche Personen, wenn sie nach ihrer Persönlichkeit und ihren Fähigkeiten Gewähr für eine von den Parteien unabhängige und objektive Schlichtung bieten; juristische Personen, wenn die von ihnen bestellten Schlichtungspersonen diese Voraussetzungen erfüllen und ihr Amt unabhängig und ohne Bindung an Weisungen ausüben.

[35] §§ 13–31 des Gesetzes über die Schiedsstellen in den Gemeinden (Schiedsstellengesetz (SchG)), in der Fassung der Bekanntmachung vom 21. November 2000, GVBl. I/00, S. 158. Danach hat eine der am Rechtsstreit beteiligten Personen einen schriftlichen Antrag (§ 21 SchG) an die Schiedsstelle zu stellen, in deren Bereich der Antragsgegner wohnt (§§ 14, 15 SchG). Eine örtlich unzuständige Schiedsstelle kann schriftlich vereinbart werden (§ 15 Abs. 2 SchG). Die Schiedsperson bestimmt unter Beachtung bestimmter Fristen Ort und Zeit der Verhandlung (§ 22 SchG) und lädt die Parteien formell. Die Parteien haben persönlich zu erscheinen (§ 23 SchG), die Verhandlung – mündlich und nicht öffentlich – ist möglichst ohne Unterbrechung zu Ende zu führen. Die Streitsache wird durch die Beteiligten persönlich erörtert, Vergleichsvorschläge durch die Schiedsperson können gemacht werden (§ 24 SchG). Vertretung ist grds. unzulässig, es sei denn, es liegt gesetzliche Vertretung vor oder die bevollmächtigte Person ist zur Aufklärung des Sachverhalts in der Lage und zu einem Vergleichsabschluss ermächtigt (§ 25 SchG). Zeugen und Sachverständige können gehört werden. Das Ergebnis ist in einem Protokoll festzuhalten (§§ 28–30 SchG).

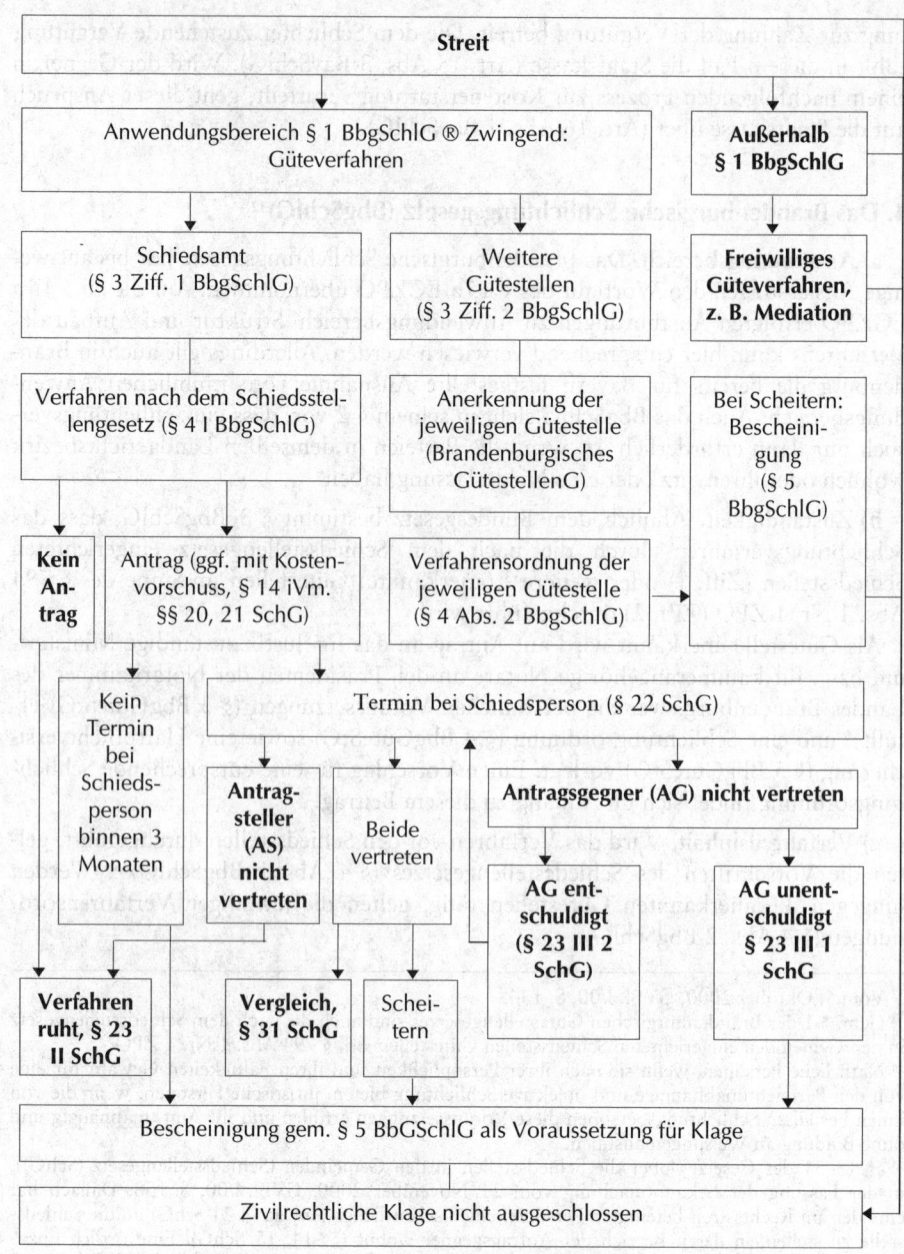

Abbildung 9: Das Brandenburgische Schlichtungsgesetz

21   **d) Kosten.** Die Kosten für ein vor einer Schiedsstelle durchgeführtes Verfahren betragen bis zum 31. Dezember 2001 10,– €, erhöhen sich bei Vergleichsabschluss auf 20,– €, maximal aber – unter Berücksichtigung der Verhältnisse des Kostenschuldners und des Umfangs und der Schwierigkeit des Falls – 40,– €. Die Kosten für Verfahren vor sonstigen anerkannten Gütestellen bestimmen diese selbst.

5. Das hessische Gesetz zur Regelung der außergerichtlichen Streitschlichtung und das nordrhein-westfälische Gütestellen- und Schlichtungsgesetz (GüSchlG)

Der nordrhein-westfälische Gesetzgeber hat zur Ausführung des Gesetzes zu **22** § 15a EGZPO (AG § 15a EGZPO) am 13. 4. 2000 ein „Gesetz über die Anerkennung von Gütestellen im Sinne des § 794 Abs. 1 Nr. 1 ZPO und die obligatorische außergerichtliche Streitschlichtung (Gütestellen- und Schlichtungsgesetz – GüSchlG)" erlassen.[36]

Das Gesetz ist bis zum 31. 12. 2005 befristet. Dadurch soll deutlich gemacht werden, dass es sich um einen Versuch handelt, auf diesem Weg die außergerichtliche Streitbeilegung zu stärken.

Auch Hessen hat sich mit dem Gesetz zur Regelung der außergerichtlichen Streit- **23** schlichtung vom 6. Februar 2001[37] zur Umsetzung des Bundesgesetzes entschlossen. Beide Gesetze sind nahezu wortgleich und werden entsprechend gemeinsam am Beispiel des nordrhein-westfälischen Gesetzes vorgestellt. Nur soweit Unterschiede bestehen, wird auch auf die hessische Regelung eingegangen.

a) **Anwendungsbereich.** Abweichend von der bundesgesetzlichen Regelung müs- **24** sen in Nordrhein-Westfalen Verfahren in vermögensrechtlichen Streitigkeiten, deren Streitwert die Grenze von schon 600,– €[38] überschreitet, vor Klageerhebung dem Versuch der einvernehmlichen Streitbeilegung zugeführt werden (§ 10 Abs. 1 Nr. 1 GüSchlG, § 1 HSchlG). In diesen Fällen spricht der Landesgesetzgeber von der sog. obligatorischen Streitschlichtung. Im Übrigen entspricht der Anwendungsbereich des nordrhein-westfälischen Gesetzes sowohl sachlich wie räumlich[39] dem des Bundesgesetzes. Der hessische Gesetzgeber hat darüber hinaus in § 4 HSchlG eine örtliche Zuständigkeit eingeführt, nach der das Schlichtungsverfahren bei der Gütestelle einzuleiten ist, in deren Bezirk die Gegenpartei wohnt. Bei Streitigkeiten über Ansprüche aus Miet- und Pachtverhältnissen über Räume ist die Gütestelle ausschließlich zuständig, in deren Bezirk sich die Räume befinden.

b) **Sachliche Zuständigkeit.** Im Rahmen der sachlichen Zuständigkeit wird unter- **25** schieden zwischen dem Schiedsamt (§ 12 Abs. 1 i.V.m. § 1 Abs. 1 GüSchlG NW, § 3 Abs. 1 HSchlG iVm. § 1 HSchAG), einer anderen durch die Landesjustizverwaltung anerkannten (§ 12 Abs. 1 GüSchlG, § 3 Abs. 1 HSchlG) bzw. „weiteren" Gütestelle (§ 2 GüSchlG) und den sonstigen Gütestellen (§ 12 Abs. 2 GüSchlG, § 3 Abs. 2 HSchlG).

Um als **anerkannte Gütestelle** zu gelten, ist ein schriftlicher Antrag an den Präsidenten des Oberlandesgerichts zu stellen, in dessen Bezirk die Gütestelle ihren Sitz hat.[40] Die Anerkennung – für die eine Gebühr iHv. 125,– € erhoben wird[41] – erfolgt dann, wenn die persönlichen[42] und sachlichen[43] Voraussetzungen vorliegen.

---

[36] Artikel 1 des AG § 15a EGZPO, GVBl. NRW 2000, S. 476.
[37] GVBl. I, S. 98.
[38] Die hessische Regelung geht wie das Bundesgesetz von 750,– € aus.
[39] § 11 GüSchlG, § 2 HSchlG: Die Parteien müssen in demselben Landgerichtsbezirk wohnen oder ihren Sitz oder eine Niederlassung haben (entspricht § 15a Abs. 2 S. 2 EGZPO).
[40] § 8 Abs. 1 GüSchlG NW; für Hessen: Gesetz zur Einrichtung und Anerkennung von Gütestellen durch die Landesjustizverwaltung vom 6. Februar 2001 (hier abgekürzt durch HGüStG), GVBl. I, S. 98f. Ein Vorschlag für eine entsprechende Verfahrens- und Kostenordnung findet sich im Anhang (Rdnr. 47).   *(Fußnoten 41, 42, 43 Seite 874)*

26   Als **sonstige Gütestellen** gelten in Nordrhein-Westfalen insbesondere die branchengebundenen Güte- und Schlichtungsstellen. In Hessen wird klargestellt, dass
die Aufgaben der sonstigen Gütestellen auch von den Mitgliedern der Rechtsan-
walts- und Notarkammern wahrgenommen werden kann (§ 3 Abs. 2 S. 2 HSchlG).
Das Verfahren vor diesen Stellen, das von beiden Parteien nur einvernehmlich
durchgeführt werden kann, bezeichnet der nordrhein-westfälische Gesetzgeber in
seiner Gesetzesbegründung[44], der hessische als Quasidefinition im Gesetzestext[45],
als „**fakultative Streitschlichtung**".
      Von dieser Bezeichnung jedoch darf man sich nicht irreführen lassen: Dem Be-
troffenen wird nicht freigestellt, ob er sich überhaupt auf ein Schlichtungsverfahren
einlässt, bevor er Klage erhebt. Die Inanspruchnahme der Streitschlichtung selbst
bleibt obligatorisch. Fakultativ ist lediglich die Wahl der Stelle, die die „Schlichtungsverhandlungen" durchführen soll. Dabei ist zu beachten, dass bei der Wahl
des Verfahrens vor einer Schiedsperson nur der Kläger tätig werden kann und das
Verfahren dann gemäß dem in jeweiliger Fassung geltenden Schiedsamtsgesetz
(SchAG) seinen Lauf nehmen wird, während die Durchführung des Verfahrens vor
einer anderen Gütestelle nur von beiden Parteien gemeinsam angestrengt werden
kann.

27   Bereits hier also erfolgt eine richtungsweisende Führung durch die Landesgesetzgeber, die davon ausgehen, dass die Schlichtung durch eine Schiedsperson für die
von ihm bezeichneten Fälle die geeignete Form der außergerichtlichen Streitschlichtung ist, auch wenn eine Streitschlichtung in anderer Form durch andere Personen
möglich ist und erfahrungsgemäß vielleicht sinnvoller wäre.[46] Der Entscheidung der
Streitenden für eine „sonstige/andere/weitere" Gütestelle wird durch das gesetzlich
vorgesehene Verfahren jedoch ein Stein in den Weg gelegt, dessen Größe sich noch
herausstellen wird: Warum sich mit dem Gegner bereits vor dem eigentlichen
Rechtsstreit einigen (und sei es nur auf eine Gütestelle), wenn es doch den einfacheren Weg vor den Schiedsmann gibt?

28   **c) Verfahrensinhalt.** Anders als die Gesetze in Baden-Württemberg und Bayern
enthält weder das nordrhein-westfälische Gütestellen- und Schlichtungsgesetz noch
das hessische Gesetz zur Regelung der außergerichtlichen Streitschlichtung aus-

---

[41] § 8 Abs. 3 GüSchlG NW/§ 8 HGüStG.
[42] § 3 GüSchlG NW/§ 3 HGüStG: Schlichtungspersonen müssen
1.) ihrer Persönlichkeit und Fähigkeit nach für das Amt geeignet sein (§ 3 Abs. 1 GüSchlG NW/§ 3
  Abs. 1 HGüStG)
2.) die Fähigkeit zur Bekleidung öffentlicher Ämter besitzen (§ 3 Abs. 2 a) GüSchlG NW/§ 3 Abs. 2
  Ziff. 1 HGüStG)
3.) nicht unter Betreuung stehen (§ 3 Abs. 2 b) GüSchlG NW/§ 3 Abs. 2 Ziff. 2 HGüStG)
4.) nicht durch sonstige gerichtliche Anordnungen in der Verfügung über ihr Vermögen beschränkt
  sein (§ 3 Abs. 2 c) GüSchlG/§ 3 Abs. 2 Ziff. 3 HGüStG)
Bei der Anerkennung von juristischen Personen muss zudem gewährleistet sein, dass die Schlichtungsperson im Rahmen ihrer Schlichtungstätigkeit unabhängig und an Weisungen nicht gebunden
ist. Darüber hinaus muss in diesem Fall die Bestellung als Schlichtungsperson für einen Zeitraum
von mindestens drei Jahren erfolgen. Eine Abbestellung der Schlichtungsperson ist nur dann möglich, wenn Tatsachen vorliegen, die eine unabhängige Erledigung der Schlichtertätigkeit nicht mehr
erwarten lässt (§ 3 Abs. 3 S. 4 GüSchlG/§ 3 Abs. 3 S. 4 HGüStG).
[43] Vgl. dazu die im Anhang (Rdnr. 47) abgedruckte Verfahrens- und Kostenordnung.
[44] Begründung A. Allgemeiner Teil, S. 24.
[45] § 3 Abs. 2 S. 1 HSchlG a. E.
[46] LT-Drucks. NRW 12/4864, Vorblatt, S. 13.

drückliche Verfahrensregelungen[47]. Diese überlässt es vielmehr der jeweiligen Gütestelle. Der nordrhein-westfälische Gesetzgeber schafft allerdings in den §§ 3–8 GüSchlG, der hessische in dem Gesetz zur Einrichtung und Anerkennung von Güte-

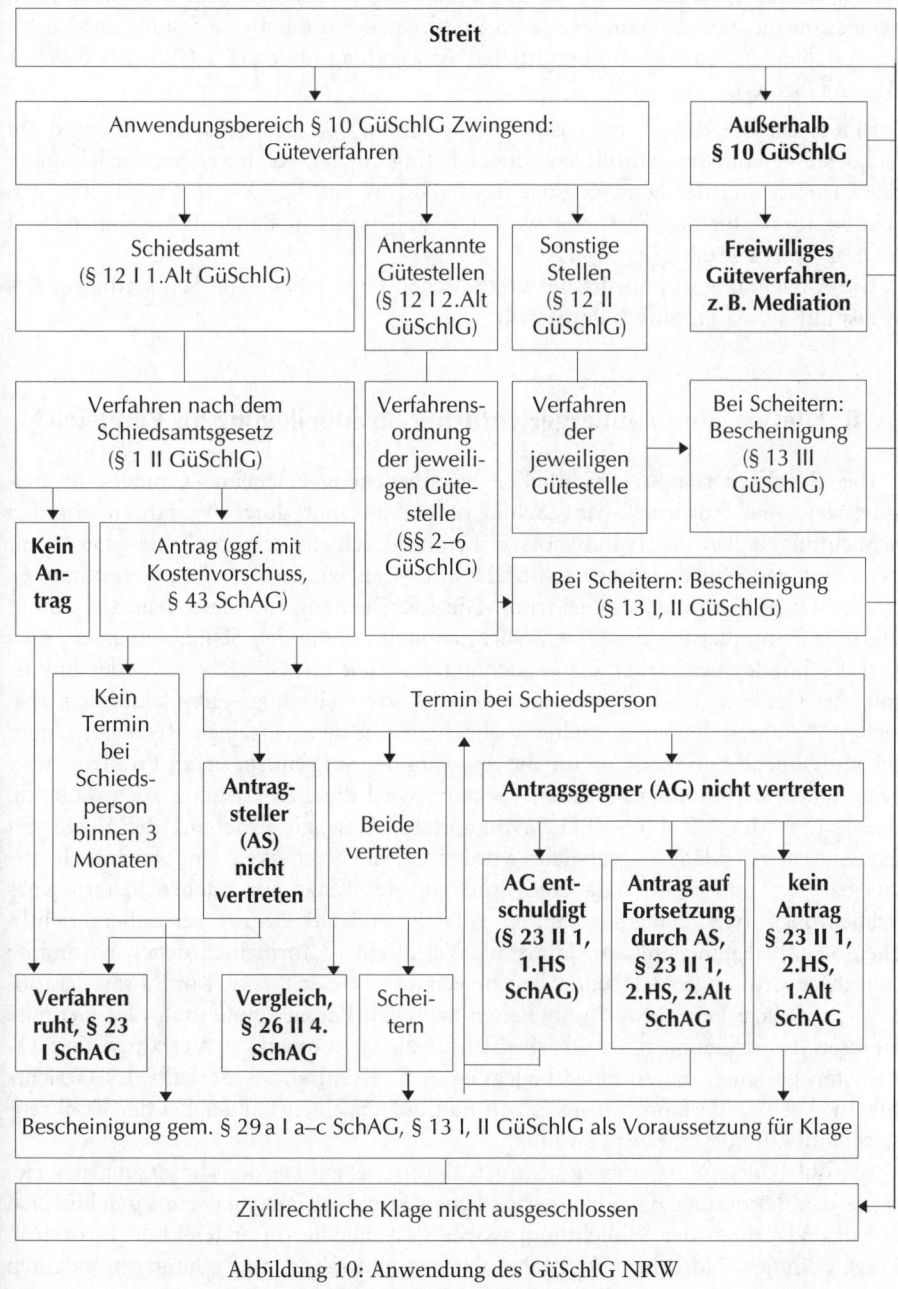

Abbildung 10: Anwendung des GüSchlG NRW

---

[47] Die einzige Verfahrensregelung ist die Bestimmung der Zuständigkeiten und der Gestaltung der Erfolglosigkeitsbescheinigung (§ 13 GüSchlG NW, § 5 HSchlG).

stellen durch die Landesregierung lediglich Rahmenbedingungen bzw. Mindeststandards, die diese Ordnungen zu erfüllen haben. Ein Beispiel für eine mögliche Verfahrens- und Kostenordnung, die den gesetzgeberischen Anforderungen genügt, finden Sie als Abschluss dieses Beitrags. Als Vorbilder hierfür galten die jeweiligen Schiedsamtsgesetze der Länder, deren Regelungen auf die als Gütestelle zur Verfügung stehenden Schiedsleute unmittelbar Anwendung finden (§ 1 GüSchlG NW/§ 1 Abs. 2 HSchlG).

29   d) **Kosten.** Die Kosten für ein Schiedsverfahren betragen grds. 10,– €; wird ein Vergleich geschlossen, erhöht sich dieser Betrag auf 20,– €, unter Berücksichtigung der Parteien und der Schwierigkeit des Falles bis auf 37,50 € (§ 45 SchAG). Zuschüsse für bedürftige Personen werden – anders als in Baden-Württemberg und Bayern – nicht gezahlt.

Die Anwendung des nordrhein-westfälischen Gütestellen- und Schlichtungsgesetzes ist auf S. 875 graphisch dargestellt[48].

II. Die Verfahren außergerichtlicher Streitbeilegung im Vergleich

30   Der **Begriff** der außergerichtlichen Streit**beilegung** erscheint – anders als beispielsweise ein Ausdruck wie „Schlichtung", bekannt durch Verfahren vor den Schlichtungsstellen des Handwerks o.ä., oder „Schiedsverfahren", der sofort mit dem Amt des Schiedsrichters assoziiert wird – als ein noch nicht mit bestimmten Vorstellungen verbundenes Neutrum. Die Entscheidung für diese neutrale, allumfassende Formulierung der Gesetzesbezeichnung könnte den Schluss zulassen, dass sich der Bundesgesetzgeber zur Erreichung der Ziele des Gesetzes – wie der Entlastung der Gerichte durch eigenverantwortliche Streitbeilegung – gerade auf kein spezielles Verfahren festlegen wollte. Vielmehr bleibt dem einzelnen Rechtsanwender die individuelle Entscheidung für die Auswahl des auf sein spezielles Problem zugeschnittenen Verfahrens überlassen. Gestützt wird diese Überlegung auch dadurch, dass § 15 a Abs. 1 S. 1 EGZPO davon spricht, dass „die Erhebung der Klage erst zulässig ist, nachdem . . . versucht worden ist, die Streitigkeit einvernehmlich beizulegen . . ." und nicht, dass „die Erhebung der Klage erst nach Scheitern eines Schlichtungs- bzw. Schiedsverfahrens zulässig ist." Der Begriff der außergerichtlichen Streitbeilegung umfasst damit alle Verfahren – „formelle", denen bestimmte Verfahrensordnungen zugrunde liegen, genauso wie schlichte Konfliktmoderationen –, die dazu beitragen, Streitigkeiten zwischen Parteien außerhalb der Gerichte zu lösen. Er ist demnach als Oberbegriff für die Gesamtheit der Verfahren und Tätigkeiten geeignet, die zu einer Beilegung eines Konfliktes außerhalb des Gerichts führen. Welche Verfahrensform haben nun die einzelnen Länder bei der Konkretisierung des Bundesgesetzes gewählt?

31   Sowohl Baden-Württemberg als auch Bayern setzen bei der Umsetzung des Gesetzes zur Förderung der außergerichtlichen Streitbeilegung nahezu ausschließlich auf das Verfahren der **Schlichtung**, wobei als Schlichter in erster Linie Juristen in Frage kommen. Nordrhein-Westfalen, Hessen und Brandenburg hingegen möchten

---

[48] Die graphische Umsetzung der Systematik des nordrhein-westfälischen Gesetzes erfolgte durch Prof. Dr. *Katharina Gräfin von Schlieffen.*

die Ausführung des Gesetzes zunächst den Schiedsleuten überlassen, bevor – zumindest in Nordrhein-Westfalen und Hessen – fachlich besetzte Schlichtungsstellen und ganz zuletzt andere Stellen in Anspruch genommen werden sollen.[49]

Allen Gesetzen gemeinsam ist der **Experimentiercharakter,** die Entdeckerfreude daran, herauszufinden, ob die jeweilige Umsetzung zur Erreichung der Ziele des Gesetzes geeignet ist. Und jedes Gesetz nimmt für sich in Anspruch, das zum Wohle des Bürgers geeignete Modell anzubieten.

Welches Verfahren aber ist tatsächlich geeignet? Was verbirgt sich überhaupt hinter den Begriffen „Schlichtung" oder „Schiedsverfahren"? Können diese Verfahren überhaupt zur Förderung der außergerichtlichen Streitbeilegung beitragen? Diesen Fragen widmet sich der folgende Teil.[50]

1. Schlichtung

Etymologisch betrachtet bedeutete Schlichten im Mittelhochdeutschen etwas 32 durch Bearbeitung glätten, ordnen, zierlich anordnen, streicheln, besänftigen, durch Streicheln beruhigen.[51] In neuerer Sprache bezeichnet Schlichtung die Tätigkeit des Ausgleichens, Vermittelns, zur Sühne, zu einem Übereinkommen, zur Entscheidung bringen[52]. Häufig wird es aber auch gebraucht im Zusammenhang mit Versöhnen, etwas mit einander ins reine bringen.[53] Daraus ergibt sich, dass es Ziel einer Schlichtung ist, die **Aussöhnung** der Parteien herbeizuführen, zur **Aufrechterhaltung oder Wiederherstellung des Beziehungsaspekts** der Streitparteien beizutragen.

Schaut man über die etymologische Geschichte des Begriffs der Schlichtung hin- 33 aus auf die uns bekannten Anwendungsbereiche von Schlichtungsverfahren, finden die wohl bekanntesten Schlichtungsverhandlungen statt nach dem Scheitern der jährlichen Tarifverhandlungen für die Beschäftigten des öffentlichen Dienstes zwischen der Bundesrepublik Deutschland auf der einen und ÖTV und DAG auf der anderen Seite.[54] Schlichtungsstellen sind uns auch aus dem Handwerk, dem Bankgewerbe bekannt, sie existieren bei den Kirchen, in Sportvereinen oder Skatclubs. Wachsender Bedeutung erfreuen sich auch die Schlichtungsstellen im Bereich des privaten Baurechts.[55] Einzug gehalten hat das Schlichtungsverfahren zudem in Verordnungen, die zur Umsetzung europarechtlicher Richtlinien erlassen werden. Als Beispiel sei hier nur auf § 20 der Verordnung über die Vergabe öffentlicher Aufträge genannt, die der Umsetzung der Richtlinie 97/52/EG in deutsches Recht dient.

---

[49] Vgl. LT-Drucks. NRW 12/4864, Vorblatt, S. 13. Die tatsächliche Umsetzung erfolgt jedoch anders: Ein Gespräch mit einer als sonstigen Gütestelle eingetragenen Anwalts-Mediatorin im Dezember 2000 ergab, dass diejenigen, die sich Hilfe suchend an die Gerichte wenden, zunächst an die auf den vorliegenden Listen als sonstige Gütestellen eingetragenen Personen überwiesen werden.
[50] Zu dieser Themenstellung vgl. auch *Hehn/Rüssel* ZKM 2001, 62 ff.
[51] Vgl. dazu *Grimm/Grimm,* Deutsches Wörterbuch, 9. Band, Leipzig 1899, S. 669, Anmerkung 7) zu „schlichten".
[52] Vgl. dazu Deutsches Wörterbuch (Fn. 49), S. 670, Anm. 8) zu „schlichten".
[53] Deutsches Wörterbuch (Fn. 49), S. 672, Anm. 8) zu „schlichten,": „ein feind, wann er mit wohlthaten begabet und geschlichtet wird, kann dein freund werden".
[54] Besondere Beachtung in letzter Zeit fanden auch die Schlichtungsverhandlungen zwischen der Lufthansa AG und der Pilotenvereinigung Cockpit. Vgl. dazu (und den Möglichkeiten einer Mediation) auch *Duve* in: FAZ vom 28. 5. 2001.
[55] Vgl. dazu u. a. *Duve/Ponschab,* KON:SENS 1999, 263 ff (265); *Schmidt-von Rhein* ZKM 2000, 201 ff.

34   Alle diese Schlichtungsstellen handeln nach einer **geschriebenen Schlichtungsordnung** und halten ein formelles Verfahren ein – selbst die Schlichtungsverhandlungen in Tarifstreitigkeiten[56]. Auch das **Ziel**, durch die Bereitstellung eines Schlichtungsverfahrens einer Eskalation der Konflikte vorzubeugen und letztlich ihren guten Ruf in der Öffentlichkeit zu wahren, ist ein gemeinsames.[57] Dementsprechend bemühen sich diese Stellen, die mit sachverständigen Angehörigen der entsprechenden Gruppe besetzt sind, den jeweils betroffenen Betrieben und Kunden Lösungen anzubieten, die alle zufrieden stellen. Nahezu alle eingesehenen Verfahrensordnungen sehen dabei vor, dass der Schlichter den Parteien einen Vergleichsvorschlag unterbreitet, auf den sich die Parteien einlassen können, aber nicht müssen[58] – es sei denn, das Verfahren ist bereits durch die bloße fachgerechte Aufklärung beigelegt worden.

35   **Zusammenfassend** bleibt festzuhalten, dass Schlichtungsverfahren den Parteien die Möglichkeit bieten, unter Beteiligung eines Fachmanns „auf der Grundlage von dessen neutraler und unabhängiger Einschätzung des Sachverhalts und der Rechtslage"[59] schnell zu einer sachlichen Einigung zu gelangen. Dementsprechend eignet sich dieses Verfahren besonders für Sachkonflikte, die zwischen den Parteien anlässlich eines Mangels oder einer mangelhaften Leistung entstanden sind, der sich durch sachverständige Beurteilung schneller und mit vermutlich höherer Akzeptanz durch die Parteien als vor Gericht klären lässt. Dabei spielt zwar die Aufrechterhaltung der Beziehungen der Parteien immer noch eine Rolle, ist aber für die Beilegung des Konflikts nicht entscheidend und wird nicht in den Mittelpunkt des Verfahrens gerückt.

Zudem darf nicht übersehen werden, dass in Schlichtungsverhandlungen – wie im Gerichtsverfahren – nur über einen konkreten Streitgegenstand, einen in der Vergangenheit liegenden Vorfall verhandelt und entschieden wird.

Geht man von diesem Verständnis aus, erklären sich auch die Regelungen des § 8 Abs. 2 SchlG Baden-Württemberg und Art. 11 Abs. 2 BaySchlG, nach denen eine Anwesenheitspflicht der Parteien nicht zwingend erforderlich ist. Für die endgültige Beilegung von Streitigkeiten, in denen der Beziehungsaspekt der Parteien zueinander bei der Entstehung und damit auch bei der Lösung des Streites eine entscheidende Rolle spielt, sind diese Regelungen hingegen weniger geeignet.

2. Schiedsverfahren

36   Der Begriff des Schiedsverfahrens selbst taucht in etymologischen Wörterbüchern nicht auf – wohl aber der Wortstamm des „schied", der Scheidung, Entscheidung und Aussöhnung, aber auch Schlichtung eines Streites bedeutet.[60] Auch das Schiedsgericht ist dort zu finden, beschrieben als „gericht zur gütlichen scheidung,

---

[56] Diese Vereinbarung findet sich im Internet unter der Adresse http://www.oetv-hamburg.de/ tarif/schlichtung.htm (login vom 15. November 2000).
[57] Vgl. z.B. die Serviceseiten der Handwerkskammern Konstanz (www.hwk-konstanz.de/service/ schlichten. html (login vom 14. November 2000) und Hamburg (www.hwk-hamburg.de/HWK/ handwerk/schlichtung. htm (login vom 10. November 2000)).
[58] Vgl. z.B. § 7 Abs. 1 der Vereinbarung über ein Schlichtungsverfahren im Falle des Scheiterns von Tarifverhandlungen (Fn. 5): „Die Schlichtungskommission hat ihre Beratungen mit dem Ziel zu führen, zu einer einstimmigen Einigungsempfehlung zu kommen."
[59] *Duve/Ponschab* KON:SENS 1999, 265.
[60] Vgl. dazu *Grimm/Grimm*, Deutsches Wörterbuch, 8. Band, Leipzig 1893, S. 2675, „Schied".

schlichtung von streitigkeiten" sowie der Schiedsmannn, den die *Gebrüder Grimm* beschreiben als einen, „der einen streit schlichtet, zum gütlichen austrag bringt, besonders der unter zustimmung beider parteien damit betraute". Als Beispiel zitiert werden dabei aber der „schidmann dem beyde partheien die sach vertrawen und zurichten übergeben, *arbiter*" sowie der schidman, der zwüschen zweyen spänen oder zwytrachten fryden findt, und dadurch fründtschaft macht, darumb das er beden partyen gnäm ist"[61]. Besonders bemerkenswert an diesen Beschreibungen ist, dass der Schiedsmann dabei derjenige ist, der den „fryden findt", dem die Sache „zurichten übergeben wird", der damit bereits dieser Beschreibung nach eine weitaus aktivere Rolle übernimmt als der Schlichter. Die Parteien selbst sind an der Beilegung ihres Streits nur als Statisten beteiligt.

Neuhochdeutsch steht der Begriff des Schiedsrichters für den mittelhochdeutschen Begriff des schid(e)man. Zu mittelhochdeutsch schi(e)t „Entscheidung", also „der Mann (Richter), der die Entscheidung fällt".[62] Auch im Neuhochdeutschen steht damit eindeutig die Tätigkeit des Schiedsrichters, nicht die der Parteien, im Vordergrund. Weiterhin beachtenswert ist dabei, dass diese Tätigkeit – anders als bei der Schlichtung – nicht zwingend zu einem weiteren Miteinander der Parteien, sondern auch zu einer Scheidung, einer Trennung führen kann.

Entsprechend ist auch die Funktion des Schiedsrichters im Sport besetzt. Er wacht – stark vereinfacht – über die Einhaltung der Spielregeln und bestimmt bei einer Verletzung deren Folgen. Auch hier haben sich die Spieler dem Spruch des Richters zu beugen.

Im Rechtsleben müssen wir unterschieden zwischen **Schiedsverfahren** auf der einen und **Verfahren vor Schiedsleuten** auf der anderen Seite. Schiedsverfahren kennen wir insbesondere aus dem Bereich der Beilegung internationaler Wirtschaftsstreitigkeiten und der Zivilprozessordnung, Verfahren vor Schiedsleuten aus der Schiedsamtstradition mancher Bundesländer. Wie die Schlichtungsverhandlungen folgen auch diese Verfahren formellen Regelungen – den Vorschriften zum schiedsrichterlichen Verfahren nach §§ 1025 ff. ZPO bzw. den Schiedsamtsgesetzen der Länder. 37

In beiden Verfahren regeln die entsprechenden Vorschriften im Unterschied zu den Schlichtungsordnungen nicht nur wesentliche Punkte wie z.B. die Zusammensetzung der Schlichtungskommission und deren Verfahren, sondern schreiben das gesamte Verfahren – von der Kontaktaufnahme durch eine der Parteien bis zur Umsetzung der Entscheidung – bis ins Detail vor. 38

Ein weiterer wesentlicher Unterschied ergibt sich zumindest für das Schiedsverfahren aus einer Betrachtung der **Entscheidungsbefugnis** des Dritten: Im zivilprozessualen Schiedsverfahren wird dem Dritten die Entscheidungsbefugnis ausdrücklich übertragen. Dabei unterwerfen sich die Parteien diesem eventuellen „Schiedsspruch" bereits von Beginn des Verfahrens an[63]. In Schlichtungsverhandlungen hingegen steht eine Bindung an das Ergebnis – selbst wenn der Schlichter einen Vorschlag unterbreiten darf – nicht von vornherein fest. 39

Die **Vorteile des Schiedsverfahrens** resultieren zum einen daraus, dass sich die Parteien ihr Schiedsgericht selbst zusammenstellen können und dementsprechend

---

[61] *Grimm/Grimm*, Deutsches Wörterbuch, 8. Band, Leipzig 1893, S. 2679, „Schiedsmann".
[62] *Kluge*, Etymologisches Wörterbuch, „Schiedsrichter".
[63] So hat nach § 1055 ZPO der Schiedsspruch unter den Parteien die Wirkungen eines rechtskräftigen gerichtlichen Urteils.

wissen, wer ihre Streitigkeit letztlich möglicherweise entscheiden wird. Zum anderen sind schiedsrichterliche Urteile nicht anfechtbar – der Zeitraum des Verfahrens und seine Kosten entsprechend vorhersehbar.

40   Nach den das Verfahren vor Schiedsleuten regelnden Schiedsamtsgesetzen verfügt der Schiedsmann (zwar formell betrachtet) über keine Entscheidungsbefugnis. Rein faktisch aber ruft dieses einem Gerichtsverfahren sehr ähnliche Verfahren bei den beteiligten Parteien die Vorstellung hervor, dass die Schiedsperson eine dem Richter rangmäßig fast gleichzustellende Respektsperson ist, der letztlich Entscheidungsautorität zukommt. Dementsprechend beugen sich die Parteien häufig dem Vorschlag des Schiedsmanns.[64] Anders als im Schiedsverfahren besteht hier aber keine Vorabbindung der Parteien.

41   Die **Vorteile des Verfahrens vor Schiedsleuten** sind folgende: Die Parteien können ihre Sichtweise in nahezu privater Atmosphäre entspannter als in einem Gerichtssaal vortragen und aktiv in die Erörterung der Sach- und möglicherweise auch der Rechtslage einbezogen werden. Die Schiedspersonen können sich stärker als ein Richter an den offensichtlichen Bedürfnissen der Parteien orientieren. Zu bedenken ist jedoch, dass Schiedsverfahren ähnlich dem Gerichtsverfahren stark formalisiert ablaufen – von der Initiierung (auf „Antrag" einer Partei) über die Vorbereitung („Ladung" der anderen Partei) und die Durchführung der „Verhandlung" inklusive möglicher „Beweisaufnahme" bis hin zum Abschluss, einem vollstreckbaren „Vergleich". Diese Ähnlichkeit mit einem Gerichtsverfahren birgt die Gefahr in sich, dass sich die Parteien eingeschüchtert fühlen. Zudem liegt der Schwerpunkt der Fortbildung zur Schiedsperson bislang deutlich auf der Vermittlung juristischer Inhalte. Entsprechend dieser Ausbildung konzentriert sich – wie auch im Schiedsverfahren – die gesamte Verhandlungsführung auf die rechtliche Betrachtung des in der Vergangenheit liegenden Sachverhalts. Der Schiedsmann wie auch das Schiedsgericht beschränkt sich dementsprechend in der Regel, auf eine Lösung dieses in der Vergangenheit liegenden Problems hinzuwirken.[65] Auch hier besteht die Gefahr, dass die tatsächlichen Interessen der Parteien und deren weiterer zukünftiger Umgang miteinander vernachlässigt werden.

Schiedsverfahren eignen sich demnach insbesondere für Streitigkeiten, in denen die Parteien außergerichtlich die autoritäre Entscheidung eines Dritten für ein in der Vergangenheit liegendes, juristisch leicht zu lösendes Problem fordern. Die Aufrechterhaltung der gegenseitigen Beziehungen sollte dabei nicht im Vordergrund stehen. Verfahren vor Schiedsleuten sind für solche Fälle besonders geeignet, in denen ebenfalls ein Vorschlag eines Dritten zur Lösung eines Problems gewünscht wird.

---

[64] Ausdrücklich sei hier aber darauf hingewiesen, dass letztlich nur ein Vergleich der Parteien in Rechtskraft erwachsen kann. Erforderlich ist damit zwingend die Erklärung des Einverständnisses durch die Parteien.

[65] Diese Befürchtung wird bestätigt durch eine empirische Studie aus dem Jahre 1987, in der festgestellt wurde, dass der zwischen den Parteien geschlossene Vergleich zumeist auf einen Vorschlag der Schiedsperson zurückgeht. Da das Verfahren vor Schiedsleuten seit 1987 nicht an Bedeutung gewonnen hat, besteht an der Fortgeltung dieser Ergebnisse kein Zweifel; vgl. *Jansen,* Das Güteverfahren vor dem Schiedsmann – ein alternatives Vermittlungsverfahren in zivilrechtlichen Streitigkeiten?, S. 10 f.

3. Mediation

Die Mediation ist ein weiteres Verfahren zur außergerichtlichen Streitbeilegung. **42** Mediation ist ein freiwilliges, strukturiertes Verfahren, in dem die streitenden Parteien durch die Vermittlung eines neutralen Dritten – des Mediators – dazu angeregt werden sollen, selbstbestimmte und von allen Beteiligten akzeptierte Problemlösungen für die Zukunft zu erarbeiten[66].

Mediationsverfahren eignen sich zur dauerhaften, schnelleren und günstigeren **43** Lösung von Konflikten und zur Entlastung der Gerichte insbesondere dann, wenn die Parteien in einer dauerhaften Beziehung zueinander stehen, die es aufrechtzuerhalten gilt. Schlichtungs- und Schiedsverfahren sind hingegen sicherlich die sinnvolleren und erfolgsversprechenderen Alternativen, wenn es sich um Einmalkonflikte (z. B. Auseinandersetzung aus einem Autounfall). Das gleiche gilt für Fälle, in denen eine der Parteien eine Präzedenzentscheidung benötigt, oder um jeden Preis die autoritäre Entscheidung eines Dritten fordert und sich deshalb nicht auf das Verfahren einlässt. Ungeeignet für Mediation erscheinen schließlich Konstellationen, in denen unausgleichbare Machtungleichgewichte bestehen.

Werden die Parteien dazu gezwungen, vor Klageerhebung ein Verfahren außerge- **44** richtlicher Streitbeilegung zu betreiben, könnte eines der Grundprinzipien der Mediation, das der **Freiwilligkeit** in Frage gestellt sein. Freiwilligkeit meint, dass sich sowohl die Parteien als auch der Mediator aus eigenem Willen für die Durchführung eines Mediationsverfahrens entscheiden und dieses auch jederzeit wieder beenden können.[67] Sinn und Zweck dieses Verfahrensprinzips ist es, zwischen den Parteien eine möglichst offene Verhandlungsatmosphäre zu schaffen.[68] Sieht man die Mediation als eines von mehreren Verfahren außergerichtlicher Streitbeilegung, basiert die Entscheidung des Betroffenen gerade für dieses Verfahren durchaus auf einem freiwilligen Willensentschluss, so dass man Freiwilligkeit im engeren Sinne durchaus bejahen könnte. Anzumerken bleibt darüber hinaus, dass die Konkurrenz zum Gerichtsverfahren unabhängig davon besteht, ob eine Mediation als Voraussetzung eines Klageverfahrens oder aber völlig freiwillig betrieben wird.

Zu bedenken ist indes, dass die Bereitschaft der Parteien, das Verfahren ohne äußeren Zwang durchzuführen, trotz allem eingeschränkt ist. Damit ist es grundsätzlich unmöglich, dass sich alle Beteiligten frei und unbefangen auf das Mediationsverfahren einlassen. In dieser Situation eine vertrauensvolle Kommunikationsatmosphäre aufzubauen, stellt einen Mediator vor eine anspruchsvolle Aufgabe.

Dieser Schwierigkeit werden indes nicht ausschließlich Mediatoren begegnen. **45** Parteien, die für sich bereits den Entschluss gefasst haben, vor Gericht zu ziehen und ihren Streit durch den Richter entscheiden zu lassen, werden das vorgeschaltete Verfahren – gleichgültig ob Schieds-, Schlichtungs- oder sonstiges Verfahren zur außergerichtlichen Streibeilegung – ausschließlich als Stolperstein und lästiges Übel begreifen. Sie werden also ihre gesamte Energie darauf verwenden, das Verfahren so schnell wie möglich zu beenden. Der Erfolg des Verfahrens dürfte demnach ge-

---

[66] Vgl. zur Definition von Mediation auch: *Baruch Bush/Folger,* The Promise of Mediation, S. 2; *Breidenbach,* Mediation, S. 4; *Hehn,* Nicht gleich vor den Richter, S. 17; *Moore,* The Mediation Process, S. 15 ff.; *Zilleßen,* Mediation als kooperatives Konfliktmanagement, S. 17.
[67] Vgl. dazu § 15; auch § 4 Rdnr. 97.
[68] Vgl. dazu *Kracht,* Das Ethos des Mediators, S. 67.

ring sein – sofern es nicht gelingt, die Selbstverantwortung der Parteien anzusprechen und ihnen vor Augen zu führen, dass sie allein Experten ihres Streits sind und
selbst am besten wissen, welche Entscheidung ihren Streit auf Dauer beenden kann.

III. Anhang

1. Gegenüberstellung der verschiedenen Ausführungsgesetze

46

	Baden-Württemberg	Bayern	Brandenburg	Hessen	Nordrhein-Westfalen
Titel des Gesetzes	Gesetz zur obligatorischen außergerichtlichen Streitschlichtung (Schlichtungsgesetz – SchlG)	Bayerisches Gesetz zur obligatorischen außergerichtlichen Streitschlichtung in Zivilsachen (Bayerisches Schlichtungsgesetz – BaySchlG)	Gesetz zur Einführung einer obligatorischen außergerichtlichen Streitschlichtung im Land Brandenburg (Brandenburgisches Schlichtungsgesetz – BbgSchlG)	Gesetz zur Regelung der außergerichtlichen Streitschlichtung	Gesetz über die Anerkennung von Gütestellen im Sinne des § 794 Abs. 1 Nr. 1 der Zivilprozessordnung und die obligatorische außergerichtliche Streitschlichtung in Nordrhein-Westfalen (Gütestellen- und Schlichtungsgesetz – GüSchlG NRW)
Streitwertgrenze	750,– € (Art. 1 I Nr. 1)	750,– € (Art. 1 Ziffer 1)	750,– € (§ 1 Abs. 1 Ziff. 1)	750,– € (§ 1 Abs. 1 Ziff. 1)	600,– € (§ 10 I)
Zuständige Schlichtungsstellen	Die *Gütestelle am Amtsgericht* XY, besetzt vom Urkundsbeamten der Geschäftsstelle und der Schlichtungsperson: *Rechtsanwälte* der zuständigen RA-Kammer (Art. 3 I i. V. m. II)	• *Rechtsanwälte* • *Notare* • jede dauerhaft eingerichtete *Schlichtungsstelle* der Kammern, Innungen, Berufsverbände • *ähnliche Institutionen* iSd.	• die nach dem Schiedsstellengesetz eingerichteten Schiedsstellen • weitere Gütestellen iSd. § 794 Abs. 1 Nr. 1 ZPO (§ 3 BbgSchlG)	„obligatorisch" • Schiedsamt • andere durch die Landesjustizverwaltung eingerichtete oder *anerkannte Gütestellen* (§ 3 I)	„obligatorisch" • *Schiedspersonen* • andere durch die Landesjustizverwaltung *anerkannte Gütestellen* (§ 12 I)

	Baden-Württemberg	Bayern	Brandenburg	Hessen	Nordrhein-Westfalen
	bei mangelnder Anzahl eingetragener Rechtsanwälte Ergänzung um *weitere bereite Personen* (Art. 3 Abs. 4)	§ 15 a III EGZPO (Art. 3 I)		„fakultativ" bei einvernehmlicher Beilegung vor einer *sonstigen Gütestelle* (§ 3 II)	„fakultativ" bei einvernehmlicher Beilegung vor einer *sonstigen Gütestelle* (§ 12 II)
Voraussetzung der Anerkennung als weitere Schlichtungsstelle	§ 22 AGGVG BW Antrag an Präsidenten des LG, in dessen Bezirk die Gütestelle ihren Sitz hat Gewähr für eine von den Parteien unabhängige und objektive und qualifizierte Schlichtung Schlichtung als dauerhafte Aufgabe Vorgehen nach einer Verfahrensordnung, die in ihren wesentlichen Teilen dem Verfahrensgang nach dem Schlichtungsgesetz entspricht	Art. 22 AG GVG Bay Antrag an Präsidenten des Bayerischen OLG Gewähr für eine von den Parteien unabhängige und objektive Schlichtung Schlichtung als dauerhafte Aufgabe Vorgehen nach einer Verfahrensordnung, die in ihren wesentlichen Teilen dem Verfahrensgang nach dem Bayerischen Schlichtungsgesetz entspricht	Brandenburgisches Gütestellengesetz – BbgGüteStG: Antrag an das für Justiz zuständige Ministerium für kammerangehörige Notare an den Präsidenten der Notarkammer (§ 8) Eignung nach Persönlichkeit und Fähigkeit (§ 3) Bestehen einer Schlichtungs- und Kostenordnung (§ 4) Existenz einer Haftpflichtversicherung (§ 5) Gewährleistung ordnungsgemäßer Aktenführung (§ 6) Kosten: 100,– € (§ 8 II)	Gesetz zur Einrichtung und Anerkennung von Gütestellen durch die Landesjustizverwaltung Antrag an das OLG Eignung nach Persönlichkeit und Fähigkeit (§ 3) Bestehen einer Schlichtungsordnung (§ 4) und Haftpflichtversicherung (§ 5) Gewährleistung ordnungsgemäßer Aktenführung (§ 6) Kosten: 125,– € (§ 8 III)	§§ 3–6 GüSchlG Antrag an Präsidenten des OLG, in dessen Bezirk die Gütestelle ihren Sitz hat Eignung nach Persönlichkeit und Fähigkeit Gewähr für Unabhängigkeit und keine Weisungsgebundenheit Bestellung für mindestens 3 Jahre (§ 3) Bestehen einer Schlichtungs- und Kostenordnung (§ 4) Existenz einer Haftpflichtversicherung (§ 5) Gewährleistung ordnungsgemäßer Aktenführung (§ 6) Kosten: 125,– € (§ 8 III)

	Baden-Württemberg	Bayern	Brandenburg	Hessen	Nordrhein-Westfalen
Kosten	**80 €** (150,– DM)[69] bei Beendigung des Verfahrens nach Terminsbestimmung und Ladung der Parteien *ohne Durchführung einer Schlichtungsverhandlung* **100 €** (200,– DM), sofern nach einer Schlichtungsverhandlung eine *Einigung nicht erzielt worden ist* **130 €** (250,– DM), sofern eine *Einigung zustande gekommen* ist (§ 15)	**50 €** (bzw. 100,– DM)[70] bei Beendigung des Verfahrens *ohne Schlichtungsgespräch* **100 €** (bzw. 200,– DM), wenn ein *Schlichtungsgespräch durchgeführt* wurde **+ 20 €** (40,– DM) für *Post- und Telekommunikationsdienstleistungen* (Art. 13 I) **+ 50 €** bei Mithilfe beim Vollzug der Vereinbarung im Auftrag beider Konfliktparteien	*Verfahren vor einer Schiedsstelle:* **10 €** (20,– DM) **20 €** (40,– DM) bei Vergleichsschluss maximal **40 €** (80,– DM) je nach Schwierigkeit des Falles (§ 42 SchG) + Schreibauslagen (§ 43 SchG) *Verfahren vor einer anerkannten Gütestelle:* einschließlich Auslagen und Umsatzsteuer **nicht mehr als 200 €**	bei der „obligatorischen" Streitschlichtung *vor einer Schiedsperson* mindestens **10,– €**, mindestens **20,– €**, wenn ein Vergleich zustande kommt höchstens **37,50 €** unter Berücksichtigung er Verhältnisse der Person, die verpflichtet ist, die Kosten zu tragen, und des Umfangs und der chwierigkeit des Falles. (§ 41 SchAG) *bei der „fakultativen" Streitschlichtung vor einer anerkannten Gütestelle:* je nach **Kostenordnung**	bei der „obligatorischen" Streitschlichtung *vor einer Schiedsperson* grds. **10,– € 20,– €,** wenn ein Vergleich geschlossen wird, **37,50 €** unter Berücksichtigung der Parteien und der Schwierigkeit des Falles (§ 45 SchAG) + Auslagen (§ 46 SchAG) *bei der „fakultativen" Streitschlichtung vor einer anerkannten Gütestelle:* je nach **Kostenordnung**
Kostenschuldner	Antragsteller (§ 17 I) Ausnahme: Landeskasse bei Bedürftigkeit (§ 17 I 2)	Vorschuss vom Antragsteller (Art. 14 I) Verrechnung durch Vereinbarung	*Verfahren vor einer Schiedsstelle:* der Veranlasser (§ 39 I SchG)	*bei Schiedspersonen* Der, der die Tätigkeit des Schiedsamts veranlasst hat (§ 38 I	*bei Schiedspersonen* Der, der die Tätigkeit des Schiedsamts veranlasst hat (§ 42 I

[69] Die jeweils in Klammern angegebenen DM-Beträge galten bis zum 31. Dezember 2001, vgl. § 22 SchlG BW.

[70] Die jeweils in Klammern angegebenen DM-Beträge galten bis zum 31. Dezember 2001, vgl. Art. 22 BaySchlG.

	Baden-Württemberg	Bayern	Brandenburg	Hessen	Nordrhein-Westfalen
	Antragsgegner bei unentschuldigtem Fernbleiben (§ 17 II Nr. 1) der, der die Kostenschuld in der Vereinbarung übernommen hat (§ 17 II Nr. 2)	Staatskasse bei Bedürftigkeit (Art. 15) Aufwendungen trägt jede Partei selbst (Art. 17)	bei Abschluss eines Vergleichs ohne Regelung zur Kostentragung beide zur Hälfte (§ 39 III SchG) *vor anerkannten Gütestellen:* je nach Schlichtungs- und Kostenordnung	SchAG) Der, der die Kostenschuld vertraglich übernommen hat (§ 38 II Nr. 2 SchAG) *vor anerkannten Gütestellen:* je nach Schlichtungs- und Kostenordnung	SchAG) Der, der die Kostenschuld vertraglich übernommen hat (§ 42 II Nr. 2 SchAG) Bei Vergleich ohne Kostenregelung je 1/2 (§ 42 III SchAG) *vor anerkannten Gütestellen:* je nach Schlichtungs- und Kostenordnung
Verfahrensprinzipien	Unparteilichkeit Unabhängigkeit Mündlichkeit (§ 10 I S. 2) Nichtöffentlichkeit Vertraulichkeit (Verpflichtung zur Verschwiegenheit) (§ 6 I)	allgemeine Berufspflichten Unparteilichkeit Unabhängigkeit Mündlichkeit (Art. 10 I) Nichtöffentlichkeit Vertraulichkeit (gesichert durch ein Zeugnisverweigerungsrecht der Schlichter) Verbot der „Nochmal" vertretung im gerichtlichen Verfahren (Art. 8 II) freigestellte Beweisaufnahme	*Verfahren vor einer Schiedsstelle:* Unparteilichkeit (§ 17 SchG) Mündlichkeit + Nichtöffentlichkeit (§ 24 I SchG) freigestellte Beweisaufnahme (§ 27 SchG) *vor anerkannten Gütestellen:* je nach Schlichtungs- und Kostenordnung	*Verfahren vor Schiedspersonen:* Unparteilichkeit Unabhängigkeit (§ 16 SchAG) Mündlichkeit + Nichtöffentlichkeit (§ 22 SchAG) *vor anerkannten Gütestellen:* je nach Schlichtungsordnung	*Verfahren vor Schiedspersonen:* Unparteilichkeit Unabhängigkeit (§ 16 SchAG) Mündlichkeit + Nichtöffentlichkeit (§ 24 SchAG) Verschwiegenheit (§ 10 SchAG) *vor anerkannten Gütestellen:* je nach Schlichtungsordnung

	Baden-Württemberg	Bayern	Brandenburg	Hessen	Nordrhein-Westfalen
Verfahrensablauf	Antrag (§ 5) Terminsbestimmung durch den Schlichter, Ladung der Parteien (§ 7) mündliche Schlichtungsverhandlung (§ 10) bei Einigung Feststellung zu Protokoll (§ 11)	Antrag Terminsbestimmung durch den Schlichter, Ladung der Parteien mündliche Erörterung der Streitsache und der Lösungsvorschläge der Parteien Einzelgespräche möglich Möglichkeit der Unterbreitung eines Vorschlags zur Konfliktbeilegung durch den Schlichter (Art. 10 I) Zeugen und Sachverständige können gehört werden	*Verfahren vor einer Schiedsstelle*: Antrag (§§ 20, 21 SchG) Terminsbestimmung durch den Schlichter, Ladung der Parteien (§ 22) mündliche Erörterung der Streitsache und der Lösungsvorschläge der Parteien (§ 24 SchG) Möglichkeit der Unterbreitung eines Vorschlags zur Konfliktbeilegung durch den Schlichter (§ 24 II) Zeugen und Sachverständige können gehört werden (§ 27)	*Verfahren vor Schiedspersonen* Antrag (§ 14 SchAG) Terminsbestimmung durch die Schiedsperson, förmliche Ladung der Parteien (§ 17 SchAG) mündliche Erörterung der Streitsache und der Vorstellungen von einer einvernehmlichen Regelung § 22 II SchAG) Möglichkeit der Unterbreitung eines eigenen Vorschlags zur Streitbeilegung durch die Schiedsperson (§ 22 II 2 SchAG) Beweiserhebung möglich (§ 23 SchAG) Protokollpflicht, Pflicht zur Genehmigung und Gegenzeichnung (§§ 24 ff. SchAG)	*Verfahren vor Schiedspersonen* Antrag (§ 20 SchAG) Terminsbestimmung durch die Schiedsperson, förmliche Ladung der Parteien (§ 21 SchAG) mündliche Erörterung der Streitsache und der Vorstellungen von einer einvernehmlichen Regelung (§ 24 II SchAG) Möglichkeit der Unterbreitung eines eigenen Vorschlags zur Streitbeilegung durch die Schiedsperson (§ 24 II 3 SchAG) Beweiserhebung möglich (§ 25 SchAG) Protokollpflicht, Pflicht zur Genehmigung und Gegenzeichnung (§§ 26 ff. SchAG)
Ausstellung der Erfolglosigkeitsbescheinigung	bei *Scheitern* des Einigungsversuchs	bei erfolglosem Schlichtungsversuch	bei Beendigung der Güteverhandlung	bei erfolglosem Schlichtungsversuch	bei erfolglosem Schlichtungsversuch

	Baden-Württemberg	Bayern	Brandenburg	Hessen	Nordrhein-Westfalen
	Schlichtungsverfahren nicht binnen drei Monaten durchgeführt (§ 4 IV Nr. 5)	Durchführung des Verfahrens innerhalb von drei Monaten nicht möglich Schlichter erachtet die Angelegenheit von vornherein für ungeeignet (Art. 4 I, II)	wegen unentschuldigtem Fernbleiben der gegnerischen Partei Scheitern der Verhandlungen Einigungsverfahren nicht binnen drei Monaten durchgeführt (§ 5 SchlG)	Schlichtungsverfahren nicht binnen einer Frist von drei Monaten durchgeführt (§ 5 I)	Schlichtungsverfahren nicht binnen einer Frist von drei Monaten durchgeführt (§ 13 I)
Anwesenheitspflicht der Parteien	grds. (+), aber Möglichkeit der Vertretung, wenn Vertreter zur Aufklärung des Sachverhalts in der Lage und zum Vergleichsabschluss ermächtigt ist. (§ 8 II)	grds. (+), aber Möglichkeit der Vertretung, wenn Vertreter zur Aufklärung des Sachverhalts in der Lage und zu einem unbedingten Vergleichsabschluss schriftlich ermächtigt ist und der Schlichter dem Fernbleiben der Partei zustimmt. (Art. 11 II)	*Verfahren vor einer Schiedsstelle* grds. (+), aber Möglichkeit der Vertretung, wenn ein Fall gesetzlicher Vertretung vorliegt Vertreter zur Aufklärung des Sachverhalts in der Lage und zu einem unbedingten Vergleichsabschluss ermächtigt ist (§ 25 SchG)	*Verfahren vor Schiedspersonen* grds. (+), (§ 18 SchAG), aber Möglichkeit der Vertretung (§ 20 SchAG) *Verfahren vor einer anerkannten Gütestelle:* entsprechend der vorliegenden Schlichtungsordnung	*Verfahren vor Schiedspersonen* grds. Möglichkeit der Vertretung (§ 22 II iVm. I SchAG) *Verfahren vor einer anerkannten Gütestelle:* entsprechend der vorliegenden Schlichtungsordnung
Dauer des Verfahrens	in einem Termin (§ 10 I S. 2)	zügig (Art 8 I S. 4; Art. 10)	*Verfahren vor einer Schiedsstelle* möglichst ohne Unterbrechung (§ 24 I 2)	*Verfahren vor Schiedspersonen* möglichst in einem Termin (§ 22 I 1 SchAG)	*Verfahren vor Schiedspersonen* möglichst in einem Termin (§ 24 I 2 SchAG)

2. Vorschlag für eine Schlichtungs- und Kostenordnung zur Anerkennung als Gütestelle

47

§ 1 Grundsätze des Schlichtungsverfahrens

(1) Das Schlichtungsverfahren dient der außergerichtlichen Beilegung von Konflikten mit Hilfe eines Dritten. Dieser versucht, gemeinsam mit den Konfliktparteien eine an ihren eigenen Interessen orientierte Vereinbarung herbeizuführen.

(2) Die Schlichtungsperson ist unabhängig und neutral.

(3) Das Verfahren ist nicht öffentlich. Die Beteiligten sind zur Vertraulichkeit verpflichtet, soweit davon nicht im allseitigen Einverständnis Befreiung erteilt ist.

§ 2 Bestellung von Schlichtungspersonen
– gilt nur bei der Eintragung einer juristischen Person –

(1) Die XY-GmbH (oder eine sonstige juristische Person) bestellt nur solche Personen als Schlichtungspersonen, die
– ihrer Persönlichkeit und Fähigkeit nach für das Amt geeignet sind,
– die Fähigkeit zur Bekleidung öffentlicher Ämter besitzen,
– nicht unter Betreuung stehen und
– nicht durch sonstige gerichtliche Anordnungen in der Verfügung über ihr Vermögen beschränkt sind.

(2) Die Bestellung als Schlichtungsperson erfolgt für einen Zeitraum von mindestens drei Jahren. Eine Abbestellung ist nur möglich, wenn Tatsachen vorliegen, die eine unabhängige Erledigung der Schlichtungstätigkeit nicht mehr erwarten lässt.

§ 3 Ausübung der Schlichtungstätigkeit

(1) Die Schlichtungsperson ist im Rahmen ihrer Schlichtungstätigkeit unabhängig und an Weisungen nicht gebunden. Sie trägt für eine zügige Erledigung der Schlichtungsverfahren Sorge.

(2) Die Schlichtungstätigkeit wird nicht ausgeübt,

a) in Angelegenheiten, in denen die Schlichtungsperson selbst Partei ist oder bei denen sie zu einer Partei in dem Verhältnis einer Mitberechtigten, Mitverpflichteten oder Regresspflichtigen steht;

b) in Angelegenheiten ihres Ehegatten oder Verlobten, auch wenn die Ehe oder das Verlöbnis nicht mehr besteht;

c) in Angelegenheiten einer Person, mit der sie in gerader Linie verwandt, verschwägert, in der Seitenlinie bis zum dritten Grade verwandt oder bis zum zweiten Grade verschwägert ist, auch wenn die Ehe, durch die die Schwägerschaft begründet ist, nicht mehr besteht;

d) in Angelegenheiten, in denen sie oder eine Person, mit der sie zur gemeinsamen Berufsausübung verbunden ist oder mit der die gemeinsame Geschäftsräume hat, als Prozessbevollmächtigte oder Beistand einer Partei bestellt oder als gesetzliche Vertreterin einer Partei aufzutreten berechtigt ist oder war;

e) in Angelegenheiten einer Person, bei der sie gegen Entgelt beschäftigt oder bei der sie als Mitglied des Vorstandes, des Aufsichtsrates oder eines gleichartigen Organs tätig ist oder war;

f) in Angelegenheiten, in denen sie eine der Parteien vor Beginn des Verfahrens im Zusammenhang mit dem Verfahrensgegenstand beraten oder vertreten hat.

(3) Wer als Schlichtungsperson tätig war, kann in derselben Sache keine der Parteien im gerichtlichen Verfahren vertreten.

§ 4 Zeugnisverweigerungsrecht

Vorbehaltlich entgegenstehender gesetzlicher Regelungen steht den Schlichtungspersonen hinsichtlich der Tatsachen, die Gegenstand des Schlichtungsverfahrens
sind, ein Zeugnisverweigerungsrecht zu.

§ 5 Gang des Schlichtungsverfahrens

(1) Sobald der Schlichtungsperson der Antrag der Parteien vorliegt, bestimmt er einen Schlichtungstermin, zu dem er die Parteien persönlich lädt.

(2) Die Parteien haben in dem anberaumten Termin persönlich zu erscheinen.

(3) Die Schlichtungsperson erörtert mit den Parteien mündlich die Streitsache. Dabei wird den Parteien in umfassendem Maße Gelegenheit gegeben, selbst Tatsachen
und Rechtsansichten vorzubringen und sich zu dem Vortrag der jeweils anderen
Partei zu äußern. Erörtert werden auch die Konfliktlösungsvorschläge der Parteien.

(4) Zur Aufklärung der Interessenlage kann die Schlichtungsperson auch Einzelgespräche führen.

(5) Die Schlichtungsperson lädt keine Zeugen und Sachverständigen. Diese können
auf Kosten der Parteien nur im Einvernehmen der anderen Parteien von diesen in
das Verfahren einbezogen werden, wenn dadurch der Abschluss des Schlichtungsverfahrens nicht unverhältnismäßig verzögert wird.

(6) Im Übrigen bestimmt die Schlichtungsperson das zur Beilegung der Streitsache
zweckmäßige Verfahren nach seinem Ermessen.

§ 6 Beendigung des Verfahrens

Das Verfahren endet mit einer Einigung der Parteien auf ein Ergebnis. Vor einer Einigung ist das Verfahren als beendet anzusehen, wenn eine der Parteien das Verfahren verlässt und eine weitere Mitwirkung am Verfahren verweigert.

§ 7 Aktenführung

(7) Über jeden Fall wird eine Handakte angelegt. In diesen Akten ist – von den Parteien unterschrieben – zu dokumentieren,
– das Datum, an dem der Güteantrag bei der Gütestelle angebracht wurde,
– welche Verfahrenshandlungen die Parteien und die Gütestelle vorgenommen haben,
– das Datum der Beendigung des Güteverfahrens und
– der Inhalt des zwischen den Parteien geschlossenen Vergleichs.

(2) Die Akten werden auf die Dauer von mindestens 5 Jahren nach der Beendigung
des Verfahrens aufbewahrt.

(3) Den Parteien wird jederzeit die Gelegenheit dazu gegeben, innerhalb des in
Abs. 2 garantierten Zeitraums gegen Erstattung der hierdurch entstehenden Kosten
beglaubigte Ablichtungen der Handakten und Ausfertigungen etwa geschlossener
Vergleiche zu verlangen.

§ 8 Kosten

(1) Die Schlichtungspersonen erheben für ihre Tätigkeit eine Vergütung (Gebühren
und Auslagen) nur nach dieser Schlichtungsordnung. Sie erhalten Ersatz der auf die
Vergütung entfallenden Umsatzsteuer, sofern diese nicht nach § 19 Abs. 1 des Um-
satzsteuergesetzes unerhoben bleibt.

(2) Die Gebühr für das Schlichtungsverfahren beträgt
. . . . . Euro, wenn das Verfahren ohne Schlichtungsgespräch endet,
. . . . . Euro, wenn ein Schlichtungsgespräch durchgeführt wird

(3) Werden die Schlichtungspersonen im Rahmen des Vollzugs der Vereinbarung zur Konfliktbewältigung im Auftrag beider Parteien tätig, entsteht eine weitere Gebühr iHv. . . . . Euro.

(4) Mit der Gebühr werden die allgemeinen Geschäftsunkosten der Schlichtungsperson abgegolten. Für Post- und Telekommunikationsdienstleistungen sowie Schreibauslagen können die Schlichtungspersonen einen Pauschalbetrag von . . . . Euro fordern.

§ 9 Kostenschuldner

Die Kostentragungspflicht regeln die Parteien einvernehmlich. Kommt es bzgl. der Kostenfrage zu keiner Einigung, tragen die Parteien die Kosten des Verfahrens als Gesamtschuldner.

6. Kapitel.
Die Arbeitsgebiete der Mediation

§ 34 Familienmediation

Dr. Hans-Georg Mähler/Dr. Gisela Mähler

Übersicht

Schrifttum: Zur Familienmediation: *Amthor/Proksch/Sievering* (Hrsg.), Kindschaftsrecht 2000 und Mediation, *Ev. Akademie Arnoldshain*, 1993; Berufskonferenz für Erziehungsberatung (Hrsg.) Scheidungsmediation 1995; *Breidenbach* Mediation 1995 S. 259 ff.; *Bono-Hörler*, Familienmediation im Bereiche von Ehetrennung und Ehescheidung, 1999; *Bundesministerium für Umwelt, Jugend und Familie* (Österreich), Familienberatung bei Gericht, Mediation, Kinderbegleitung bei Trennung der Eltern, 1997; *Diez/Krabbe/Thomsen*, Familienmediation und Kinder, 2002; *Duss-von Werdt/Mähler/Mähler* (Hrsg.), Mediation: Die andere Scheidung, 1995; *Ev. Akademie Bad Boll* (Hrsg.), Mediation in Familiensachen, Protokolldienst 30/1993; *Familie, Partnerschaft, Recht* (FPR), Heft 1/1996, Heft 6/1997; *Fischer* in Henssler/Koch (Hrsg.) Mediation 2000 S. 309 ff.; *Friedmann*, Die Scheidungsmediation, 1996; *Groner/Winograd* in Büchner u. a., Außergerichtliche Streitbeilegung, 1998, S. 281 ff.; *Haynes/Bastine/Link/Mecke*, Scheidung ohne Verlierer, 1993, Neuauflage in Vorbereitung; *Hoefnagels*, Zusammen heiraten, zusammen scheiden 1994; *Hohmann/Morawe*, Praxis der Familienmediation, 2001; *Kleindienst-Passweg/Wiedermann* (Hrsg.), Handbuch Mediation bes. Reg 3, 4 sowie Reg 7, Kap 2 und Reg 9 Kap 2, 3; *Krabbe* (Hrsg.) Scheidung ohne Richter, 3. Aufl., 1995; *Mähler/Mähler/Duss-von Werdt*, Faire Scheidung durch Mediation, 1994; *Mähler/Mähler* in Breidenbach/Henssler, Mediation für Juristen, 1997, S. 13 ff., 121 ff.; *Proksch*, Mediation – Vermittlung in familiären Konflikten 1998; Kooperative Vermittlung (Mediation) in streitigen Familiensachen, 1998; Lehrbriefe in KON:SENS und ZKM; *Sozialministerium Baden-Württemberg* (Hrsg.), Abschlussbericht zur Forschung: Unterstützung von Familien in Scheidung durch Familien-Mediation (Bastine/Weinmann-Lutz/Wetzel), 1999; *Stierlin/Duss-von Werdt* (Hrsg.) Familiendynamik, Heft 4/1992; *Weinmann-Lutz*, Kooperation und Konfliktlösung bei Scheidungspaaren in Mediation, 2001.
Aktualisierte Literatur zur Mediation allgemein, zur Familienmediation, zur Wirtschaftsmediation, zur Mediation im öffentlich-rechtlichen Bereich, zur außergerichtlichen Konfliktregelung, zur Verhandlungsführung und zum Konfliktmanagement bei *Mähler/Mähler* Mediation C 8 in der jeweils neuesten Ausgabe des Beck'schen Rechtsanwalts-Handbuches, herausgegeben von Büchting und Heussen, zuletzt Ausgabe 2001/2002.

I. Einleitung: Warum Familienmediation?

1   In der Bundesrepublik wird jede zweite oder dritte Ehe geschieden. Das sind ca. **190.000 Scheidungen jährlich.** Betroffen davon sind mehr als 1,5 Mio Kinder und Jugendliche. Hinzu kommen die statistisch nicht erfassten Trennungen nicht verheirateter Paare und die davon betroffenen Kinder.

2   Konflikte bei Trennung und Scheidung sind **existentiell.** Sie berühren die polare Grundspannung von Mann und Frau, aktivieren Erinnerungen an Trennungssituationen und Verlassenheit aus der eigenen Lebensgeschichte, stellen Fragen an Verlässlichkeit und Urvertrauen, sind verbunden mit dem Verlust sozialer Bezüge und produzieren materielle Zukunftsängste. Insgesamt ist die eigene Identität angefragt.

Dies alles wird enorm verstärkt, wenn Kinder aus der Beziehung hervorgegangen sind.

Ein Lebensabschnitt geht zu Ende. Zugleich sind **neue Perspektiven** zu entwi- 3 ckeln: z. B. wie künftig die Kinder betreut werden, wer was zahlt, was mit dem bisherigen gemeinsamen Zuhause geschieht und wie das angesparte Vermögen und die Rentenanwartschaften geteilt werden können.

Viele Paare und Familien brauchen Unterstützung, wenn eine so grundlegende 4 Neuordnung ihrer Verhältnisse auf persönlichem, wirtschaftlichem und sozialem Feld ansteht. Wer hilft?

Herkömmlicherweise werden Paaren in der Trennungs-/Scheidungsphase zwei Angebote gemacht:
– auf der persönlichen Ebene: Aufarbeitung der Krise in Beratung und Therapie
– auf der sachlichen Ebene: rechtliche Regelung über Anwälte und Gericht.
Beides reicht vielen heute nicht mehr. Sie wollen etwas Drittes, nämlich **persönlich eine sachliche Verständigung erarbeiten**. Für diese Gruppe bietet sich **Mediation** an.

Familienmediation bei Trennung und Scheidung hat sich in den angelsachsoni- 5 schen Ländern in den siebziger Jahren des vergangenen Jahrhunderts entwickelt. In der Bundesrepublik finden sich erste systematische Ansätze Ende der achtziger Jahre (näher § 58 Rdnr. 1–8). Was waren, was sind die Gründe?

1. Soziale Veränderungen

Zunächst ist ein tiefgreifender Wandel in der Auffassung von Ehe und Familie 6 während der letzten etwa dreißig Jahre feststellbar. Er ist eingebettet in eine gesamtgesellschaftliche Entwicklung, in der Pluralismus und Differenz – im Gegensatz zu einer einheitlichen Weltsicht – als legitim und verteidigungswert angesehen werden. Dementsprechend wird das Familienleben zunehmend weniger von rechtlichen oder allgemeingültigen sozio-kulturellen Normen geprägt als vielmehr als private Angelegenheit angesehen. Das bezieht sich nicht nur auf die Partnerwahl, das Ob, Wann und die Zahl der Kinder, die Aufteilung der Rollen für Beruf, Familie und Haushalt, sondern auch auf die Scheidung als solche und die mit der Scheidung verbundenen Folgen. Verknüpft ist damit der Abschied von einem patriarchalischen Beziehungsgefälle und ein neues, auf Ebenbürtigkeit beruhendes Verständnis von Mann und Frau im Verhältnis zueinander[1]. Die Privatisierung im familiären Bereich als Mikrokosmos korrespondiert mit einer Fortschreibung des Staatsbildes vom obrigkeitlichen Eingriffstaat hin zu einem kooperativen Gewährleistungsstaat im makrokosmischen Feld[2]. Dem entspricht die Tendenz, das staatliche Eingriffsrecht zu-

---

[1] *Lüscher, Schultheis, Wehrspaun* (Hrsg.), Die „postmoderne" Familie, 1990; *Nave-Herz/Markefka* (Hrsg.), Handbuch der Familien- und Jugendforschung, Bd. I: Familienforschung, 1989; *Staatsinstitut für Familienforschung an der Universität Bamberg (ifb)*, ifb-Familienreport Bayern 2000, 2001.
[2] Zur Entwicklung des Staatsverständnisses und daraus folgender Steuerungsmechanismen siehe *Hoffmann-Riem*, Modernisierung von Recht und Justiz, 2001, S. 24, 25, mit einer Vielzahl weiterer Literaturhinweise aus dem Staatsrecht, den Politikwissenschaften und der Soziologie, insbesondere Kapitel 1, S. 15 ff., 63 ff.; *Zilleßen*, Mediation, 1998; *Troja*, Umweltmanagement und Demokratie, zur Legitimation kooperativer Konfliktregelungsverfahren in der Umweltpolitik, 2001; aus der älteren Literatur s. z. B. *Hesse*, Verhandlungslösungen und kooperativer Staat, in Hoffman-Riem/ Schmidt-Assmann (Hrsg.), Konfliktbewältigung durch Verhandlungen, 1990, Bd. I, S. 97 ff.;

rückzudrängen und Raum für persönliche rechtliche Gestaltung zu schaffen. Damit ändert sich auch das Rechtsbewusstsein: die Disponibilität der Normen wird bewusster. Norm und die Befolgung der Norm verlieren ihren Gleichklang. Normen werden vielmehr verstanden als Bereitstellung eines Rahmens, als ein Angebot für möglichst spezifische Eigenlösungen[3].

2. Änderungen rechtlicher Rahmenbedingungen

7   Vor diesem Hintergrund ist die **Scheidungsreform im Jahre 1977** zu sehen. Die Abschaffung des Schuldprinzips, die Einführung des Zerrüttungsprinzips und die Abkopplung der Scheidungsfolgen von den Scheidungsvoraussetzungen verdeutlichen den Verzicht des Staates auf die Bewertung der Beziehung durch hoheitliche Zuschreibung von Schuld und fördert die private Lösung der Scheidungsfolgen nunmehr auch gesetzlich als **„einverständliche Scheidung"** (§ 630 ZPO). In diese Richtung wies auch die Entscheidung des Bundesverfassungsgerichtes zum **gemeinsamen Sorgerecht** aus dem Jahre 1982. Hierin betont das Gericht, niemandem liege das Wohl ihrer Kinder mehr am Herzen als den Eltern. Sie könnten deshalb am besten entscheiden, wie für die Kinder zu sorgen sei. Seien die Eltern hierzu gewillt und fähig, habe sich der Staat in seinem Wächteramt zurückzuhalten. Diese Entscheidung hat ihren Niederschlag im Kinder- und Jugendlichenhilfegesetz (SGB VIII) des Jahres 1991 gefunden, in dem die Träger der öffentlichen Jugendhilfe, namentlich die Jugendämter, die Eltern befähigen sollen, ein „Konzept zur einvernehmlichen Wahrnehmung ihrer elterlichen Sorge" zu entwickeln (§ 17 Abs. 2 SGB VIII). Sie hat ferner Frucht getragen in dem Kindschaftsreformgesetz, das am 1. Juli 1998 in Kraft getreten ist. Nach diesem Gesetz bleiben die Eltern Inhaber der gemeinsamen elterlichen Sorge, wenn sie nicht im Zusammenhang mit der Scheidung einen Antrag auf Übertragung des alleinigen Sorgerechtes stellen (§ 1671 BGB; zur Kritik dieses Gesetzes siehe Rdnr. 55).

8   Mediation ist in ihrer Betonung der Selbstverantwortung und Partizipation eine Methode, die von ihrer Struktur, dem phasengegliederten Ablauf und ihrer Zielrichtung die anderen Verfahrensformen überlegene Kompetenz in sich birgt, den Übergang von einer normativ verordneten Drittentscheidung in eine persönlich verantwortete, wechselbezügliche, gemeinsame Entscheidung der Beteiligten aufzufangen, zu begründen und weiter zu entwickeln.

3. Praktische Erwägungen

9   Dass Familienmediation sich unter den Formen der Mediation zeitlich – in der Bundesrepublik wie in vielen anderen westlichen Demokratien – mit als erste entwickelt hat, liegt an verschiedenen **Faktoren**[4]:

Schuppert, Konfliktmittlung bei Verhandlungen und Verwaltungsverfahren, in Hoffman-Riem/Schmidt-Aßmann, Bd. II, S. 29 ff.
[2] *Zilleßen* Mediation 1998, S. 10, 11.
[3] *Schwenzer*, Vom Status zur Realbeziehung, 1987; s. auch *Blasius*, Ehescheidung in Deutschland 1794–1945, 1987; *Duss-von Werdt*, in Duss-von Werdt/Mähler/Mähler (Hrsg.), Mediation: die andere Scheidung, S. 24 ff. und „Was weiß das Recht von Ehe und Familie" in FAMPRA (Schweiz) 2000, S. 41 ff.
[4] S. auch *H.-G. Mähler/Lack-Strecker*, Aspekte zur Qualitätssicherung und zum Qualitätsmanagement in der Familienmediation in Petermann, Pietsch (Hrsg.): Mediation als Kooperation, Seite 175 ff.

– Die Eltern bleiben über ihre **Kinder** verbunden. Vielfach geht es den Eltern darum, dass ihre Kinder so wenig wie möglich unter der Trennung leiden. Dies setzt ein kooperatives Verhalten auch nach oder trotz der Trennung voraus. Mediation ist hiefür das Verfahren mit der höchsten prozeduralen Kompetenz.

– Das traditionelle rechtliche Verfahren zeichnet sich durch **Delegationen** aus: Die Konfliktpartner geben ihre Vertretung an Anwälte, die Entscheidung an den Richter, den Maßstab für die Entscheidung an das Gesetz ab. Sie sind damit nicht mehr Herr des Verfahrens. Manche befürchten, dass sie sich durch die Eigendynamik des Verfahrens in Situationen wiederfinden, die von ihren herkömmlichen Absichten und Vorstellungen abweichen. Sie fürchten, dass die mit Hilfe des Gesetzes notwendig pauschalierten Ergebnisse von dem abweichen, was sie eigentlich wollen. Diesen Personen liegt daran, die **Entscheidung selbst** in der Hand zu behalten, sich nicht automatisch den Gesetzen zu unterwerfen, sondern sich – über einen Vertrag – ihr eigenes Gesetz zu geben und eine maßgeschneiderte, ihren konkreten Bedürfnissen angemessene, alle Möglichkeiten ausschöpfende Regelung zu erarbeiten. Sie streben eine von allen Beteiligten mitgetragene Verständigung an, weil sie mit gutem Grund hoffen, dass dies eher zu einer Befriedigung führt als die Abgabe der Entscheidung an den Richter. Die Konfliktpartner stehen allerdings vor einem Dilemma: Sie sehen sich allein nicht in der Lage, sie brauchen Hilfe, sei es, um überhaupt (wieder) ins Gespräch zu kommen, sei es, um gekonnt miteinander zu verhandeln, sei es, weil sie auf – auch rechtlich durchdachte – Erfahrungswerte für die rechtsverbindliche Gestaltung zurückgreifen wollen. Diese Hilfe bietet Mediation an; Mediation ist damit ein Weg, entsprechend den Zielen der Konfliktpartner die Schwelle zwischen Wollen und Nichtkönnen zu überwinden.

– Trennung und Scheidung bringen häufig tiefgreifende **Verletzungen und Kränkungen** mit sich. Werden diese im Trennungsprozess ausagiert, besteht die Gefahr, nicht nur die des Partners, sondern auch die eigene Vergangenheit abzuwerten. Vielen Ehepartnern liegt jedoch daran, in Würde und Respekt voneinander zu scheiden. Mediation öffnet hierfür eine Tür.

– Ein weiterer Grund für die Etablierung von Familienmediation mag darin gesehen werden, dass Mediation bei Trennung und Scheidung thematisch eingegrenzt ist, hauptsächlich auf die Sorge für die Kinder, die Haushaltsfinanzierung, die Überlegung, wo jeder zukünftig sein Zuhause findet, die Vermögensauseinandersetzung, die Altersvorsorge. Wenngleich jeder Fall gesondert gelagert ist und damit die Themen variieren mögen, gibt es doch **typische Regelungsinhalte,** die ein Raster für die Vorgehensweise zur Verfügung stellen.

– Im Zusammenhang hiermit steht das **begrenzte berufliche Feld,** in dem Familienmediation angesiedelt ist. Herkömmlicherweise sind mit Trennung und Scheidung Anwälte, Richter, Angehörige der psychosozialen Berufsgruppe in Jugendämtern und Beratungsstellen sowie Sachverständige befasst. Die Berufsgruppen sind einander durch das traditionelle rechtliche Verfahren bekannt. Es ist ein übersichtliches professionelles Feld. Wer immer sich mit familienbezogenen Konflikten beschäftigt, findet es letztendlich befruchtend für seinen Herkunftsberuf, die Sichtweisen der anderen Berufe kennenzulernen. So kann er seinem eigenen Mandanten/Klienten am besten dienen. Es ist eine vielfach anzutreffende Erfahrung, dass namentlich auch die Einsichten aus der Mediation die Wahrnehmung und Handlungsformen im Ursprungsberuf in entscheidender Weise bereichern.

4. Vorreiterstellung der Familienmediation

10   Familienmediation bei Trennung und Scheidung erfordert wegen seiner existentiellen Konflikte und den lebensgestaltenden Entscheidungen in besonderem Maße, den Prozess so zu strukturieren, dass die Konfliktpartner fähig werden, den vergangenheitsorientierten, emotional aufgeladenen, schuldzuweisenden Bereich ihrer Beziehung soweit einzugrenzen, dass sie die Bereitschaft gewinnen, zukunftsorientiert für sich und ihre sachlichen Interessen einzutreten und im Verständnis auch der Interessen des Konfliktpartners und ihrer jeweiligen Sicht der Realität wechselbezüglich zu gemeinsamen, wertschöpfenden Lösungen zu gelangen. Dies ist für den Mediator/die Mediatorin die beste Schule, auch auf anderen Konfliktfeldern mediativ tätig zu werden. Hier, etwa bei Konflikten im Wirtschaftsbereich, entspricht es weniger den Gepflogenheiten, die emotionalen Konfliktmuster explizit anzusprechen. Sie sind häufig nichtsdestoweniger implizit genauso wirksam, jedenfalls beim Streit unter Personen, die miteinander professionell verbunden sind, z.B. bei Gesellschaftern. Familienmediation ist von dorther betrachtet eine Methode, den Eisberg unter der Wasseroberfläche besser wahrzunehmen und sich damit zu befähigen, mit dessen Eigenheiten besser umzugehen (s. § 58 Rdnr. 37). Dementsprechend hat die Ausbildung in Familienmediation eine besondere Bedeutung (näher § 58).

II. Familienmediation als Bindeglied zwischen den bisherigen Konfliktbearbeitungsmethoden

1. Konfliktbearbeitung bei Trennung und Scheidung

11   Mediation als eine Methode, die nicht nur ergebnisorientiert eine rechtsgestaltende und verbindliche Einigung anstrebt, sondern gleichzeitig im Streit um den Konsens soweit die inter- und intrapsychische Situation der Konfliktpartner aufgreift, als diese notwendigerweise zu einem konsensualen Verfahren gehören, wäre bei Konflikten von Trennung und Scheidung nicht verständlich, wenn nicht gleichzeitig die Entwicklung des psychosozialen Beratungsfeldes mit in die Betrachtung einbezogen würde. **Beratung bei Trennung und Scheidung** hat sich zunächst auf Fragestellungen beschränkt, wie den Ehepartnern geholfen werden kann, ihre Ehe zu retten und ihre Beziehung zu vertiefen. Die Beratung der Ehepartner hörte in der Regel auf, wenn es zur Trennung kam. Weitergeführt wurde die Beratung allenfalls mit den Einzelnen, um sie in ihrem Trennungsschmerz und Trauerprozess zu begleiten. Das wurde anders, als ins Bewusstsein trat, dass die Paare gerade in der Trennungssituation Hilfe brauchten, und zwar vor allem der Kinder wegen. Wenn es denn richtig ist, wie die Familienforschung[5] belegte, und wie das BVerfG in seiner Entscheidung vom 3. November 1982[6] zum gemeinsamen Sorgerecht auch in das

---

[5] Z.B. *Wallerstein/Blakeslee*, Gewinner und Verlierer, 1989, S. 327 ff.
[6] BVerfGE 61, 358, 374.

rechtliche Bewusstsein hob, dass den Kindern am ehesten gedient ist, wenn die Eltern lernen, trotz Trennung als Paar im Interesse der Kinder miteinander zu kooperieren, wenn auf der anderen Seite offensichtlich war, dass die Eltern dies vielfach, auch wenn sie es wollten, nicht konnten, bot sich an, Paare in der Trennung genau hierin zu unterstützen. So bildeten sich in München (Familiennotruf), in Berlin (Zusammenwirken im Familienkonflikt), in Münster (Trialog) und anderen Städten Anfang der 80er Jahre des vergangenen Jahrhunderts Trennungsberatungsstellen, die sich dies zum Ziel setzten und sich auch in einer Bundes-Arbeitsgemeinschaft (BAG) vernetzten. Dabei stellte sich heraus, dass es sinnvoll ist, die **Aufmerksamkeit in der Beratung** auf folgende Felder zu lenken:[7]

– zunächst auf die Frage, ob sich die Paare wirklich trennen wollen, ob also die zumindest von einem Partner angestrebte Veränderung sich nicht doch eher in die Beziehung integrieren lässt, oder ob der Vollzug der Trennung wirklich notwendig ist (**Ambivalenzberatung**)
– wenn äußere Trennung angesagt ist:
  – auf die Begleitung der Ehepartner in der **Auflösung ihrer ehelichen Projektionen**
  – auf die Begleitung der Partner in ihrer **Trennungs- und Trauerarbeit**
  – und schließlich, nicht zuletzt, auf die Begleitung der Eltern in dem Bemühen, trotz Trennung als Paar, bezogen auf ihre Kinder, kooperieren zu lernen, und dies zur Grundlage für eine abzuschließende **Elternvereinbarung** zu machen. Dieser Punkt war die eigentliche Triebkraft für die Installierung der Trennungsberatung und hat, in der weiteren Entwicklung zu § 17 Abs. 2 SGB VIII geführt, wonach die Eltern „im Falle der Trennung oder Scheidung … unter angemessener Beteiligung des betroffenen Kindes oder Jugendlichen bei der Entwicklung eines einvernehmlichen Konzeptes für die Wahrnehmung der elterlichen Sorge zu unterstützen" sind.

Die institutionellen Formen der Konfliktbearbeitung bei Trennung und Scheidung 12 sind auf der folgenden Seite in einer Übersicht zusammengefasst.

2. Mediation als Brücke zwischen dem rechtlichen Delegationssystem und intra- und interpsychischer Beratung

Aus der Abbildung wird ersichtlich, dass Mediation in der Mitte zwischen 13 dem rechtlichen Delegationssystem einerseits und der intra- und interpsychischen Bearbeitung der Konflikte bei Trennung und Scheidung andererseits angesiedelt ist.

Es wird deutlich, dass es letztlich um eine **interessengerechte Vereinbarung** 14 geht. Interesse heißt, wörtlich übersetzt: Dazwischensein. In diesem Sinne geht es also um eine Regelung, die zwischen der rechtlichen Delegation als „Kampf um das Recht" und der inter- und intrapsychischen Beratung angesiedelt ist. Im „Streit um den Konsens", ausgehend vom eigentlich Gewollten, dem jeweiligen Interesse, wird die anstehende Lösung – unter Vermittlung des unbeteiligten Dritten – erarbeitet.

---

[7] *Bernhardt*, Trennungs- und Scheidungsberatung, in Krabbe, Scheidung ohne Richter, 1991, S. 42 ff.

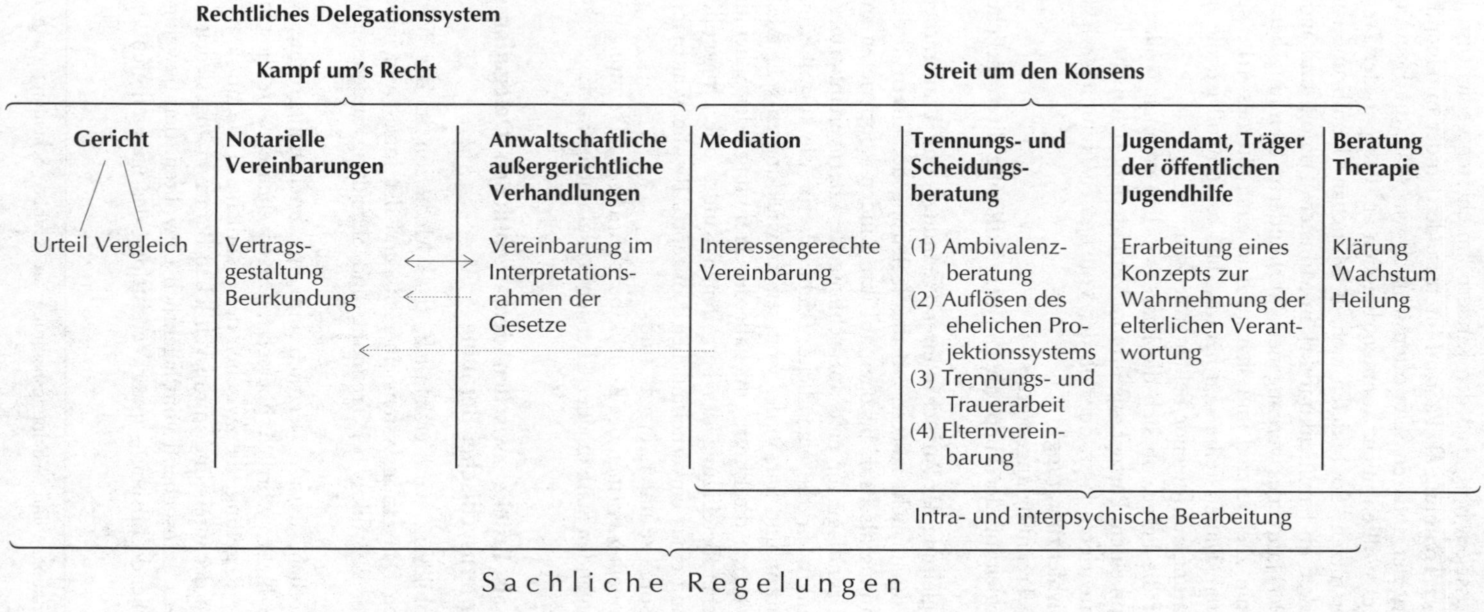

| | Rechtliches Delegationssystem | | | Streit um den Konsens | | | |
	Kampf um's Recht						
	Gericht	**Notarielle Vereinbarungen**	**Anwaltschaftliche außergerichtliche Verhandlungen**	**Mediation**	**Trennungs- und Scheidungsberatung**	**Jugendamt, Träger der öffentlichen Jugendhilfe**	**Beratung Therapie**
	Urteil Vergleich	Vertragsgestaltung Beurkundung	Vereinbarung im Interpretationsrahmen der Gesetze	Interessengerechte Vereinbarung	(1) Ambivalenzberatung (2) Auflösen des ehelichen Projektionssystems (3) Trennungs- und Trauerarbeit (4) Elternvereinbarung	Erarbeitung eines Konzepts zur Wahrnehmung der elterlichen Verantwortung	Klärung Wachstum Heilung
	Sachliche Regelungen				Intra- und interpsychische Bearbeitung		

Abbildung 1: Institutionelle Formen der Konfliktbearbeitung bei Trennung und Scheidung

Mähler/Mähler

3. Paradigmawechsel: vom rechtlichem Delegationssystem zur Mediation

Kuhn[8] zitiert *Butterfield*, um einen klassischen Fall von Neuorientierung einer   15
Wissenschaft durch **Paradigmawechsel** zu beschreiben. Es sei, wie wenn man einen
Stock am anderen Ende aufhebe, ein Prozess, bei dem „das gleiche Paket Daten wie
vorher behandelt wird, die Daten aber in ein neues System gegenseitiger Beziehungen gestellt werden, indem man ihnen einen anderen Rahmen gibt". Im rechtlichen
Delegationssystem und in der Mediation stehen die gleichen Daten zur Verfügung,
sie stehen jedoch in anderen Rahmenbedingungen und werden anders verwandt.

Das Rechtssystem dient dazu, Konfliktregulierung durch Machtausübung einzu-   16
grenzen und auf eine neue Ebene zu heben. Deshalb statt des Maßstabes überlegener Stärke bzw. überlegener Waffensysteme die Delegation an das objektivierende
Kriterium des materiellen Rechtes, deshalb statt gegnerschaftlicher/feindlicher Auseinandersetzung die Delegation der Entscheidung an den Richter, deshalb statt einer kämpferischen „strategischen Kriegsführung" die Delegation an die formalisie-
renden Normen des Verfahrensrechtes, deshalb die Vertretung durch einen
Fürsprecher, den Anwalt, der sich im Recht auskennt und durch den Waffengleichheit hergestellt wird, deshalb statt Sieg, Unterdrückung und Niederwerfung: das Urteil. Um dem Machtsystem überlegen zu sein, muss sich das Rechtssystem als stärker erweisen, ihm wohnt deshalb ein Mindestmaß an **struktureller Gewalt**[9] inne.
Gleichzeitig ist es angelegt als „**Kampf um das Recht**"[10]. Recht ergibt sich aus Rede
und Widerrede, aus der Dynamik positioneller Ansprüche und Einwendungen. Man
kann diese Entwicklung nicht hoch genug einschätzen, weil das Recht die Konfliktlösung aus Willkür und Macht in die Grenzen weist (wenn es nicht selbst aus
Machtaspekten missbraucht wird, wie wir aus unserer Geschichte gelernt haben).
Gleichzeitig trägt es freilich in seiner Struktur als Kampf ums Recht nach wie vor
viele Elemente des Kampfes in sich.

Mediation ist demgegenüber als **Konsensverfahren gewaltfrei**. Dies ist ein Aspekt,   17
der in sich enorm gerechtigkeitsstiftend ist. Der Paradigmawechsel ist jedoch nur
möglich, weil Mediation auf dem Gesetzessystem aufbaut: im Falle der Nichteinigung in der Mediation werden die Konfliktpartner durch das Gesetzesrecht als Netz
aufgefangen, sie sind eben nicht Macht und Willkür ausgesetzt. Gleichzeitig birgt
die Mediation Elemente der Konfliktlösung in sich, die im Gesetzessystem nicht zuhause sind.

Für die Familienmediation ist das grundlegend. Verschiedenheit wird nicht elimi-   18
niert, die unterschiedenen Interessen bilden in ihrer gegenseitigen Akzeptanz vielmehr die Grundlage für die Entscheidungsfindung. Ziel ist nicht die vergangen-
heitsorientierte Kategorisierung nach richtig und falsch, die in die Unterwerfung
unter ein Urteil mündet. Die Trennung der Ehepartner wird damit nicht nach Recht
und Unrecht kategorisiert, sondern als solche zur Grundlage der Entscheidungsfindung gemacht. Trennung ist Auflösung von Verbundenheit und führt von ihrer Natur her zur Unterschiedlichkeit. Die Akzeptanz der Unterschiedlichkeit öffnet neue

---

[8] In: Die Struktur wissenschaftlicher Revolutionen, 1973, S. 98.
[9] *Galtung*, Frieden mit friedlichen Mitteln, 1998, S. 344 ff.
[10] So der programmatische Vortrag, den *Ihering* 1882 hielt und der – in Wandlungen – noch heute
die Grundlage juristischer Methodik prägt. S. *Ihering*, Der Kampf ums Recht[7], 1989, in der Reihe
Deutsches Rechtsdenken, herausgegeben von *E. Wolf*.

Entscheidungsräume. Die Konfliktpartner erarbeiten selbstverantwortlich in Kenntnis aller bedeutungserheblichen Umstände – einschließlich des Rechtes – im Rahmen des Möglichen und in der Differenzierung von Notwendigem und Wünschenswertem gemeinsam Lösungen für die Zukunft, die das eigene Interesse soweit wie möglich beinhalten, alle Ressourcen ausschöpfen und Synergien bündeln, um so zu wertschöpfenden Lösungen zu gelangen. Dies ist nur möglich, und gleichzeitig – idealtypisch – das Ziel, wenn die Konfliktpartner sich letztlich, ohne ihre Interessen aufzugeben, als Problemlösegemeinschaft verstehen, die gemeinsam Konflikte haben, die es gemeinsam zu lösen gilt.

4. Unterschiede zwischen anwaltschaftlichen Verhandlungen und Mediation

19   In der Differenzierung der Konfliktbearbeitungssysteme wird den Befürwortern der Mediation vorgehalten, sie differenzierten nicht genügend. Eigentlich sei nicht zwischen hochstreitigen Prozessen vor Gericht und der Mediation zu unterscheiden, sondern zwischen **anwaltschaftlichen Verhandlungen** mit dem Ziel einer Vertragsgestaltung und der Mediation[11]. In der Tat sind die anwaltschaftlichen Verhandlungen zwischen der gerichtlichen Entscheidung und der Mediation angesiedelt. Anwaltschaftliche Verhandlungen werden in der Regel als „Kampf um das Recht" geführt: als ob ein Richter heimlich dabei säße. Sie können freilich auch als „Streit um den Konsens" geführt werden, so als ob heimlich ein Mediator dabei säße. Im letzteren Falle braucht es hierzu allerdings fortlaufend **Verhandlungsverträge**[12]. Verhandlungsverträge leiten, ähnlich der Stufenfolge in der Mediation, jeweils neue Phasen ein. Wie in der Mediation müsste auch hier ein doppeltes Ziel angesteuert werden, nämlich einerseits mehr zu kooperativen Verhandlungen zu gelangen, um andererseits den Kuchen auf der Interessenbasis vergrößern zu können, bevor er geteilt wird. Abgesehen davon, dass dies – noch – nicht zum herkömmlichen Knowhow von Anwälten gehört, stehen dem allerdings mehr **Hürden** im Weg als in der Mediation. Wir greifen drei heraus:[13]

– Die Anwälte stehen sich als Fürsprecher ihrer jeweiligen Parteien gegenüber. In diesem **dualen System** mit einer linearen Logik (wenn . . ., dann) ist der Übergang zu kooperativen Verhandlungen mit einem systemischen Ansatz und vernetztem Denken schwerer als in einem **triadischen System**, in dem der Dritte kraft seiner inhaltlichen Entscheidungsabstinenz das Verfahren entsprechend vorstrukturieren kann und eine Kommunikationsbrücke bildet.

– **Anwälte** sind von ihrem Selbstverständnis und von Haus aus dem **Gesetz verpflichtet.** Um den Schutzraum des Gesetzes zu verlassen und das Risiko einzugehen, den Interessenraum mit einem breiteren Spektrum an Lösungsoptionen zu betreten, in dem möglicherweise rechtliche Positionen aufgeweicht werden, bedarf es eines gegenseitigen Abgleichens der Risiken. Beharrte auch nur einer der beiden Anwälte auf dem Gesetzesstatus, ist es für den anderen praktisch sehr schwer, kooperativ die Interessenebene zu betreten, weil er sich einseitig Risiken auslieferte. Denn es gilt in der Verhandlung die Gesetzmäßigkeit, dass der kom-

---

[11] *Bergschneider* FamRZ 2000, 77 ff.; *Schulz* FamRZ 2000, 860 ff.
[12] *Haft*, Verhandeln und Mediation², 2000, S. 123 ff., der zurecht das Strukturdenken bei „rationalen Verhandlungen" betont.
[13] *Mähler/Mähler* NJW 1997, 1262 ff.

petitive Verhandler dem kooperativen überlegen ist. Dass kooperatives, interessegerechtes Verhandeln beiden Parteien nützt, weil so am ehesten win-win Lösungen erzielt werden können, bedarf gemeinsamer Einsicht.

– Die Anwälte müssen in ihren Verhandlungen darauf achten, sich für das gerichtliche Verfahren (rechts-)positionsfähig zu halten, was die Chancen, den Gesetzesraum zu verlassen und den Interessenraum zu betreten, mindert.

Der **Mediator verkörpert den Mediationsprozess.** Er steht für die Verfahrens- 20 struktur. Indem er in sich die Brücke zwischen beiden Konfliktpartnern bildet, beide in ihrer unterschiedlichen Interessenlage und Ausgangssituation und ihrer jeweils verschiedenen Sicht der Realität zu verstehen versucht, macht er eher ein gegenseitiges Verständnis der Konfliktpartner untereinander als Eingangstür für synergetische Lösungen möglich. Es wäre freilich reizvoll, **mediative Elemente** in anwaltschaftliche Verhandlungen[14] zu übertragen oder in richterlichen Vergleichsverhandlungen[15] zu nutzen. Hierin liegt ein Potential, das im professionellen Alltag noch längst nicht ausgeschöpft ist. In beiden Feldern könnte noch viel von der Mediation gelernt werden.

5. Unterschiede zwischen Beratung/Therapie und Mediation

Es soll hier nicht in eine differenzierende Betrachtung von Beratung und Therapie 21 eingetreten werden. Es können auch nicht die besonderen Aspekte der Familienberatung durchleuchtet werden[16]. Natürlich beschränkt sich Beratung grundsätzlich nicht nur auf den intrapsychischen Teil, sondern kann situations- und kontextbezogen auch die konkrete Ergebniserzielung mit einbeziehen. Mediation geht hier strukturell allerdings einen erheblichen Schritt weiter. Mediation hat Anfang und Ende. Sie ist abgeschlossen, wenn eine Vereinbarung vorliegt. In der Mediation geht es einerseits darum, endgültige Lösungen herbeizuführen, auf der anderen Seite Beziehungen, zum Beispiel das Verhältnis zu den Kindern, zu reorganisieren. Insgesamt geht es deshalb nicht um Klärung, Wachstum, Heilung, sondern fokussiert um die Erzielung einer Verständigung mit konkreten Regelungsinhalten. Bei Konflikten anlässlich Trennung und Scheidung besteht die Besonderheit, dass die Kernaspekte gleichzeitig – i.d.R. dispositiv – gesetzlich geregelt sind. Die Trennungsberatungsstellen sowie die Jugendämter und Träger der öffentlichen Jugendhilfe sind über § 17 SGB VIII nunmehr (genügend?) trainiert, Eltern darin zu unterstützen, **Elternvereinbarungen** zu treffen. Insofern können sie in vollem Umfang die **Methodik der Mediation** anwenden. Welchen enormen Vorteil dies mit sich bringt, ist durch die Forschungen von *Proksch* belegt[17]. Das Kindeswohl ist allerdings nur ein Teilaspekt der typischen Regelung bei Trennung und Scheidung und oft auch abhängig von anderen Fragestellungen. Die Konkretisierung, wo sich die Kinder aufhalten, von wem sie innerhalb welcher Zeiträume betreut werden, hängt besonders von der Ar-

---

[14] *Mähler/Mähler*, Mediation und interessegerechte Verhandlungen als Ausdruck einer neuen Streitkultur, in Mitt. der ARGE Familienrecht im DAV 1996, S. 3 ff.; s. auch § 57.

[15] Z.B. *Ortloff* in Breidenbach/Henssler (Hrsg.), Mediation für Juristen, 1997, S. 111 ff.

[16] S. hierzu *Haid-Loh, Lindemann, Märtens*, Familienberatung im Spiegel der Forschung, Bezug über Evangelisches Zentralinstitut Berlin, Berlin, 1995.

[17] Praxiserprobung von Vermittlung (Mediation) in streitigen Familiensachen, Schriftenreihe des Bundesministeriums für Familien, Senioren, Frauen und Jugend, 1998.

beits- und Einkommenssituation und von der Haushaltsfinanzierung ab. Dieser innere Sachzusammenhang macht es jedenfalls sehr sinnvoll, den Blick aufs Ganze nicht aus den Augen zu verlieren und im Rahmen der Mediationsstruktur auf allen Feldern der anstehenden Regelungen einen verständigungs- und ergebnisorientierten Prozess zu begleiten. Gerade dieser Aspekt ist für viele Angehörige aus dem psychosozialen Raum gleichzeitig sehr attraktiv und ein Grund, Mediation zu erlernen.

III. Konfliktdynamische Besonderheiten bei der Familienmediation

22   *Glasl*[18] hat sehr einleuchtend die **Stufen der Konflikteskalation** beschrieben. Die einzelnen Stufen (Verhärtung, Debatte, Taten, Images/Koalitionen, Gesichtsverlust, Prostrategien, begrenzte Vernichtungsschläge, Zersplitterung, gemeinsam in den Abgrund) werden erreicht, indem die gegenseitigen Drohungen und ihre jeweilige Umsetzung in Handlungen eskalieren. Von dorther ist das Talionsprinzip von so großer Bedeutung, weil es die Eskalation in Grenzen halten will (nur: Auge um Auge, Zahn um Zahn). Mediation bietet eine Struktur der **Deeskalation** an. Sie beginnt häufig aus der Einsicht, dass der „Gegner" nicht überwindbar ist, dass die Durchsetzung der eigenen Interessen auf Kosten des anderen aussichtslos ist, und dass durch eine Konflikteskalation zum eigenen Nachteil viel mehr Schaden angerichtet wird als notwendig. Die Konfliktpartner kommen also nicht als Freunde in die Mediation, sondern in der Regel als Gegner, allerdings mit dem zentralen Ansatz: den Konflikt nicht abzugeben, ihn nicht zu delegieren, sondern ihn selbst auszutragen und zu lösen. Hierbei sind bei der Familienmediation besondere Schwierigkeiten zu bewältigen, die sich gleichzeitig als Chancen begreifen lassen:

1. Trennungsdynamik als Verschärfung des Verhandlungsdilemmas

23   Mediation steht, wie jede Form der Konfliktaustragung, vor einem **Verhandlungsdilemma**: dass nämlich jeder Angst hat, der Andere würde ihn austricksen und über den Tisch ziehen. Die Struktur der Mediation ist darauf ausgelegt, dieses Verhandlungsdilemma zu überwinden. Das Ziel ist darauf ausgerichtet, dass sich die Konfliktpartner auf ihre eigenen Interessen besinnen und diese zur Grundlage einer wechselbezüglichen Einigung machen. Das Verhandlungsdilemma wird in der Mediation bei Trennung und Scheidung durch die Trennungsdynamik erheblich verschärft. Die Trennungsdynamik hat einen nicht zu unterschätzenden Einfluss auf die in der Mediation zu lösenden Problemfelder (Kinder, Haushaltsfinanzierung, Vermögensauseinandersetzung usw.). Sie hat einen innerpsychischen Aspekt einerseits und hat Einfluss auf das Verhalten der Konfliktpartner untereinander andererseits. Der intrapsychische Aspekt findet sich unterschiedlich beim Verlassenen und Verlassenden. Der/die Verlassene erlebt das Ende der Beziehung ähnlich einem Sterbeprozess. Es treten ähnliche Phänomene auf, wie sie *Elisabeth Kübler-Ross* im Rahmen ihrer Sterbeforschung aufgedeckt hat und die namentlich von *Verena Kast* ereignishaft für den Trennungsprozess beschrieben wurden[19].

---

[18] Konfliktmanagement, ³1992, S. 218, 219.
[19] Grundlegend in Trauern, Phasen und Chancen des psychischen Prozesses, 1982; zum Trennungsgeschehen ist eine Vielzahl von Beiträgen erschienen. Wir greifen einige heraus: *Wolf,* Wenn der

2. Intrapsychische Trennungsdynamik und ihre Auswirkungen

Zumindest derjenige, der verlassen wird, erlebt das Ende der Beziehung als Ster- 24
beprozess. Deshalb treten ähnliche Phänomene auf, wie sie *Elisabeth Kübler-Ross*
im Rahmen ihrer Sterbeforschung aufgedeckt hat und die namentlich von *Verena
Kast* ereignishaft für den Trennungprozess beschrieben wurden. Der Verlassene erlebt das Ereignis in vier unterschiedlichen Phasen:
- der Phase des Nichtwahrhabenwollens
- der Phase des emotionalen Chaos
- der Phase der Akzeptanz und
- der Phase des Neuanfangs.

Es liegt auf der Hand, dass dieser innerpsychische Weg nicht leicht ist und der 25
Verlassene in jeder einzelnen Phase steckenbleiben kann. Wir Anwälte kennen dies
– auch wenn die Ehe längst geschieden ist – in den nicht enden wollenden Aufträgen zur Prozessführung zum Unterhaltsrecht und zum Umgangsrecht.

Für den Mediationsprozess hat die Kenntnis dieser innerpsychischen Entwick- 26
lungsstufen **mehrfache Bedeutung:**
- Es macht keinen Sinn, langfristige Lösungen treffen zu wollen, wenn einer der
  beiden Konfliktpartner sich in der „Phase des emotionalen Chaos befindet". Sinn
  macht es, in dieser Phase dringliche Entscheidungen herauszukristallisieren: Sie
  beziehen sich meist auf die Haushaltsfinanzierung und die Betreuung der Kinder
  während der Trennung. Um sich dann Zeit zu lassen, um mittel- und langfristige
  Lösungen anzupeilen.
- Der/die Verlassene und der/die Verlassende(r) sind emotional an verschiedenen
  Standorten. Der Verlassene möchte an der Beziehung festhalten und setzt die
  Hoffnung in die Mediation und an den Mediator, die Beziehung zu retten. Der
  Verlassende will eine Regelung der Trennungsfolgen. Für den Mediator stellt sich
  damit die Frage, ob er selbst in die Ambivalenzberatung (Rdnr. 11) eintreten soll,
  selbst wenn er es kann. Uns erscheint es, im Anschluss an *John Haynes* in seinen
  Trainingskursen[20], sinnvoll, die Ambivalenzberatung an Dritte zu verweisen und
  die Mediation gegebenenfalls dann wieder aufzunehmen, wenn klar ist, dass beide die Trennung bzw. Regelung der Trennungsfolgen wollen. Bietet der Mediator
  selbst die Ambivalenzberatung an, steht er in der Gefahr, von dem Verlassenen
  den Vorwurf zu hören, er habe sich nicht in genügendem Maße für die Rettung
  der Ehe eingesetzt, weil er persönlich an der Mediation interessiert sei und diese
  nur stattfinden könne, wenn es endgültig zur Trennung komme. Der Mediator
  hat dann Mühe, die Glaubwürdigkeit in seine Neutralität wieder herzustellen.
  Allerdings ist in der Mediation exakt zu fragen, ob während der Zeit der Ambivalenz und des Zweifelns regelungsbedürftige Umstände zu klären sind. Auch
  dies betrifft namentlich die Kinder und die Haushaltsfinanzierung.

Partner geht 1985; *Petri,* Verlassen und Verlassen werden 1992; *Weiß,* Trennung vom Ehepartner
1980; *Viorst,* Mut zur Trennung 1988[4], Schultz (Hrsg.) Trennung 1984; *Willms-Faß/Symalla,* Wege
aus der Eskalation, 1999.
[20] Anders noch in Divorse Mediation, Springer Publishing Company, New York, 1981, Seite 10.

3. Die interpsychische Trennungsdynamik und ihre Auswirkungen

27   Die interpsychische Trennungsdynamik hat zwei Kernelemente, die gleichzeitig subjektiv (Un-)Gerechtigkeitsempfindungen auslösen: Der/die Verlassene empfindet die Trennung als Loyalitätsbruch. Der Verlassende versucht, diese Vorwurfshaltung und seine eigenen Schuldgefühle zu kompensieren, indem er eine **Bilanz der Beziehung aufmacht:** Eigentlich habe nicht er die Beziehung verlassen, die Beziehung sei vielmehr schon längst zu Ende gewesen, als er diesen Schritt vollzogen habe. Die Schuldzuweisung und die Schuldgefühle aus dem Loyalitätsbruch sind am stärksten unmittelbar nach der Trennung spürbar. Je mehr Zeit vergeht, umso eher gewinnt die Bilanzierung an Gewicht. Damit ändert sich mit der Zeit auch das **subjektive Gerechtigkeitsempfinden der Konfliktpartner.** Mittel- und langfristige Lösungen lassen sich deshalb nur dann erzielen, wenn alle Aspekte mit einbezogen sind und, soweit dies möglich und notwendig ist, auch – als Formen der Eigen- und Beziehungsgerechtigkeit – bewusst in die Reflexion eingebracht werden.[21]

4. Die Spannung zwischen endgültiger Regelung und Reorganisation

28   Bei Trennung und Scheidung gibt es typische Regelungsinhalte. Sie sind auf der folgenden Seite abgebildet.

29   Wie aus dem Überblick hervorgeht, sind viele Regelungen auf **Endgültigkeit** angelegt, namentlich zur Wohnung und zum Vermögen. Andere Regelungsinhalte müssen **reorganisiert** werden. Das betrifft in Sonderheit die Betreuung der Kinder und die Hauhaltsfinanzierung. Die Gesamtschau kann den Blick frei machen für energetische Gesamtzusammenhänge. Vermögen kann betrachtet werden als familiär überkommenes oder durch Arbeit angesammeltes Vermögen. Als Energieform kann es unterschiedliche Aggregatzustände haben, als Sparvermögen beispielsweise ist es flüssig, als Immobilienbesitz starr, kann aber verflüssigt werden. Immer ist es angesammelt, so dass Gerechtigkeitsmaßstäbe namentlich aus der Vergangenheit stammen unter dem Aspekt, wie das Vermögen gebildet worden ist. Daneben kann aber ein anderer Gesichtspunkt von zentraler Bedeutung werden, der bei der rechtlichen Fragmentierung kein Zuteilungsaspekt, sondern allenfalls Reflex ist, nämlich: wie Vermögen **verwandt** werden kann, um Zukunft zu gestalten. Engpässe aus der rechtlichen Fragmentierung, die zur reinen Wertaufteilung und in der Regel sogar zur Wertverminderung führen, lassen sich so überwinden. Beispiel: Gesetzlich hat der Unterhaltsberechtigte einen umso höheren Anspruch, je weniger Einkommen er erzielt. Es ist also vorteilhaft, nicht arbeiten zu können. Umgekehrt vermindert es die Leistungsfähigkeit des Unterhaltsberechtigten und damit die Höhe seiner Unterhaltsverpflichtung, wenn er ebenfalls sein Einkommen möglichst gering hält. Gesetzlicherseits animiert dies beide Seiten, möglichst wenig zu verdienen. In der Mediation kann das umgekehrte Ziel bewusst gemacht werden: wie über die Aktivierung oder Qualifizierung der Arbeitskraft mehr Einkommen erzielt werden kann. Hierfür kann gleichzeitig das Vermögen eingesetzt werden, z.B. um eine Weiterbildung zu finanzieren. Damit wird unter Ausschöpfung der Ressource Ver-

---

[21] Näher *Mähler/Mähler*, Gerechtigkeit in der Mediation, in *Dieter, Montada, Schulze* (Hrsg.) Gerechtigkeit im Konfliktmanagement und in der Mediation, 2000, S. 9 ff., 27 f.

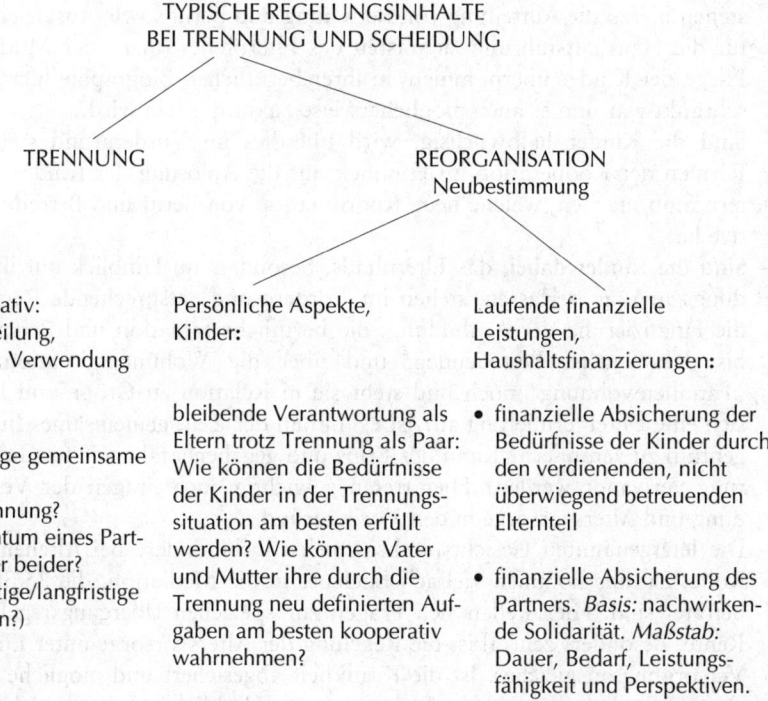

TYPISCHE REGELUNGSINHALTE
BEI TRENNUNG UND SCHEIDUNG

TRENNUNG   REORGANISATION
                            Neubestimmung

Das ist alternativ: Teilung, Zuteilung, Versilberung, Verwendung	Persönliche Aspekte, Kinder:	Laufende finanzielle Leistungen, Haushaltsfinanzierungen:
z. B.	bleibende Verantwortung als Eltern trotz Trennung als Paar: Wie können die Bedürfnisse der Kinder in der Trennungs-situation am besten erfüllt werden? Wie können Vater und Mutter ihre durch die Trennung neu definierten Auf-gaben am besten kooperativ wahrnehmen?	• finanzielle Absicherung der Bedürfnisse der Kinder durch den verdienenden, nicht überwiegend betreuenden Elternteil
• das bisherige gemeinsame Zuhause – Mietwohnung? – im Eigentum eines Part-ners oder beider? (kurzfristige/langfristige Lösungen?)		• finanzielle Absicherung des Partners. *Basis:* nachwirken-de Solidarität. *Maßstab:* Dauer, Bedarf, Leistungs-fähigkeit und Perspektiven. *Gründe z. B.:*
• Hausrat		– wegen überwiegender Betreuung der Kinder
• Vermögen – statisches – dynamisches (mit dem Beruf eines Partners verbunden)		– zu Ausbildungszwecken, – wegen Krankheit, Alter, Erwerbslosigkeit – als Ausgleich, weil ein Ehepartner durch die Erziehung der Kinder in seiner zukünftigen beruflichen Karriere benachteiligt ist . . . .
• Rentenanwartschaften, Versicherungen		
• weitere konkrete, von den Parteien eingebrachte Inhalte einschließlich Symbolwerte		

Abbildung 2: Typische Regelungsinhalte

mögen und der Ressource Arbeitsfähigkeit sowie der synergetischen Abstimmung von Zeiteinsatz in Bezug auf die Kinder die Einkommenssituation und Betreuungs-situation insgesamt verbessert. Allen geht es besser, auch den Kindern, weil wert-schöpfende Ergebnisse gewonnen werden.

5. Typische Lebenslagen

Schließlich: die typischen Regelungsinhalte gewinnen ein unterschiedliches Ge- 30
wicht, je nachdem, welche realtypische Lebenslage vorgefunden wird.
– **Sind die Kinder klein** und brauchen viel Betreuung, wird es vor allen Dingen darum gehen, wer auszieht, wer die Kinder hauptsächlich betreut, wo die Kinder zu
  Hause sind, wie die Eltern miteinander kooperieren können; korrespondierend

stehen hierzu die Aufteilung von Betreuung und Beruf sowie Ausgleichszahlungen für die Haushaltsführung zugunsten des Elternteiles (meist der Mutter), der die Pflege der Kinder übernommen, in ihrer beruflichen Biographie hierdurch eingeschränkt war und es auch möglicherweise zukünftig sein wird.

– **Sind die Kinder halbwüchsig**, wird überdies im Vordergrund stehen, welche Formen der Kooperation im Hinblick auf die Ablösung der Kinder von den Eltern Sinn machen, welche neue Koordination von Beruf und Betreuung Perspektive hat.

– **Sind die Kinder dabei, das Elternhaus**, besonders im Hinblick auf ihren Ausbildungsgang, **zu verlassen**, stehen im Vordergrund entsprechende Regelungen für die Finanzierung der Ausbildung, die berufliche Situation und Perspektiven des bis dahin meist Betreuenden, und über die Wohnungssituation. Passt die „Familienwohnung" noch und steht sie in Relation zu Größe und Preis? Bietet sich eine Untervermietung an? Ist es nun an der Zeit, gemeinsames Immobilieneigentum zu veräußern? Kann der Erlös und gegebenenfalls wie für die Lebensführung verwandt werden? Hier treten gewichtig auch Fragen der Vermögensbildung und Altersvorsorge in den Vordergrund.

– Die letztgenannten Gesichtspunkte spielen insbesondere bei **Altehen** eine große Rolle. Zu uns kommen vielfach Eheleute in die Mediation, die 25/30 Jahre verheiratet sind. Hier stellen sich Fragen zur speziellen Übergangsregelung bis zur Rente. Besonders zentral ist die Regelung der Altersvorsorge unter Einschluss des Versorgungsausgleiches. Ist die Krankheit abgesichert und mögliche Pflegesituationen? Sind ehevertragliche Regelungen im Hinblick auf die versicherungsrechtliche Altersversorgung sinnvoller als die Scheidung? Wie kann das Vermögen eingesetzt werden? Inwieweit können die Kinder einbezogen werden zur Finanzierung im Hinblick auf das von ihnen zu erwartende Erbe?

IV. Besonderheiten in der methodischen Grundlegung

31   Die existentielle Bedrohung der Medianden und die damit verbundene Öffnung für existentielle Fragen macht deutlich, was Mediation leisten kann – und was nicht. In der Familienmediation werden in besonderer Weise die Grundlagen der Mediation deutlich. Ohne Kenntnis dieser Strukturen fällt es der Mediatorin schwer, die häufig enormen Spannungen auszuhalten. Unsere Motivation, Mediation anzubieten, liegt im tieferen darin, Geburtshelfer zu sein, aus der Erfahrung heraus, dass auch scheinbar aussichtslose Situationen gelöst werden können. Die Grundelemente[22], die dies erleichtern, sollen im Folgenden beleuchtet werden:

1. Akzeptanz der Unterschiedlichkeit

32   **Das Gesetzessystem** stellt objektivierte Kriterien zur Verfügung, wie ein Konflikt gelöst werden kann. Das Recht unterscheidet nach richtig und falsch. Der Richter teilt Ansprüche zu oder weist sie ab. Das Gesetzessystem fußt deshalb auf dem

---

[22] *Mähler/Mähler* in Breidenbach/Henssler, Mediation für Juristen, 1997, S. 13 ff.

Grundsatz von Entweder/Oder, indem über Ja/Nein-Entscheidungsbäume das endgültige Resultat gefunden wird. Entweder/Oder in einem System von Richtig und Falsch bedingt die Eliminierung von Unterschieden. **Zentral anders** die **Mediation:**

Sie lässt den Maßstab objektivierender Zuschreibung außen vor und bezieht sich 33 auf die subjektive Wirklichkeit der Konfliktpartner. Sie fragt nicht danach, welche Sichtweise richtig oder falsch ist. Sie nimmt beide Sichtweisen als subjektive Wirklichkeit an. Beispiele: Beide Ehepartner erklären, die Kinder sollten so wenig wie möglich unter der Trennung leiden. Beide sind aber unterschiedlicher Auffassung darüber, bei wem die Kinder ihren gewöhnlichen Aufenthalt haben sollten. Oder: Der eine Ehepartner will die ihnen gemeinsam gehörende bisherige Ehewohnung verkaufen, der andere will sie als zukünftigen Wohnsitz behalten. Oder: Ein Ehepartner meint, er brauche zum Lebensunterhalt DM 3.000,–. Der Andere sieht dies nicht als wirklichen Bedarf und vertritt die Auffassung, hierdurch den neuen Lebenspartner finanzieren zu müssen. Diese Dissonanzen sind für den Mediator schwer auszuhalten, weil die subjektiven Sichtweisen eben häufig am Anfang divergieren und in einem großen Spannungsverhältnis stehen. Wie jedermann möchte natürlich auch der Mediator die **Dissonanz** in sich auflösen und ist geneigt, Lösungen anzubieten, namentlich in der Phase II, der Themensammlung und Bestandsaufnahme, wenn die Konflikte offen zutage treten. Dem Mediator wird es umso leichter fallen, die Dissonanz auszuhalten, je mehr er für jeden der Konfliktpartner in sich Platz macht und sich davor hütet, diese beiden inneren Räume miteinander zu vermischen, so wie er sich davor hütet, die beiden Räume mit seinem eigenen inneren Raum zu vermengen. In dem Mediator entsteht so das **Spiegelbild eines Dreiecks**, wobei der Mediator sich mit den beiden Konfliktpartnern jeweils in einer Dyade bewegt. Hält der Mediator die Dissonanz aus, hat das Auswirkungen auf den Prozess: Gehen doch die Medianden eingangs meist davon aus, dass der Mediator nur Einen verstehen kann, und ringen doch die Medianden deshalb so sehr auch um die Gunst des Mediators, damit er ihnen zur Seite tritt und den anderen davon überzeugt, dass dessen Auffassung falsch und die eigene richtig ist.

Gelingt es so der Mediatorin, wirklich mit jedem der beiden Konfliktpartner in 34 Kontakt zu treten und beide dort aufzunehmen, wo sie sich befinden, gelingt es dem Mediator, eine Kommunikationsstruktur zu installieren, die es ihm möglich macht, jeden Medianden auch wirklich zu verstehen, gelingt es dem Mediator, beiden Medianden zu verdeutlichen, dass sein Verstehen nicht automatisch die Übernahme ihrer Meinung bedeutet, dass vielmehr eine Differenzierung besteht zwischen wirklichem Verständnis und einer Zurückhaltung in der Beurteilung von Richtig und Falsch, dann kann die gegeneinander gerichtete Spannung der Konfliktpartner an Kraft verlieren und die Fragestellung dominant werden: **Was will ich denn für mich** (nicht: gegen den anderen), bezogen auf meine Lebensperspektive, **für die Zukunft, wirklich.** In der Folge wird es darum gehen, diese Interessen zu ermitteln, auszumalen, ihr Energiepotential zu erkunden und ihnen Konturen zu geben.

Die **Akzeptanz der Unterschiedlichkeit** durch die Mediatorin mag so den Kon- 35 fliktpartnern die Kraft geben, sich in ihrer Unterschiedlichkeit zu respektieren. Ist dies gelungen, ist der Weg freier, die herausgeschälten Interessen miteinander in Verbindung zu bringen, sie zu verknüpfen und unter Ausschöpfung vorhandener Ressourcen und Synergieeffekte zu einem Ergebnis zu bündeln.

36   Die Akzeptanz der Unterschiedlichkeit und nicht deren Eliminierung bildet – wie aus den vorausgehenden Ausführungen deutlich geworden sein mag – die **Basis der Mediation als Konsensverfahren**. Der **Erfolg** der Mediation hängt nicht zuletzt davon ab, inwieweit es dem Mediator gelingt, unter Ausnutzung des triadischen Systems, einen **zuwendenden Kontakt** zu beiden Konfliktpartnern herzustellen, das Gegeneinander soweit aufzulösen, dass jeder fähig wird, zunächst an sich und für sich zu denken und nicht daran, wie dem anderen Schaden zugefügt werden kann.

2. Interessen statt Positionen

37   In dem vorausgehenden Abschnitt wurde, wie selbstverständlich, von den Interessen der Konfliktpartner gesprochen. Es ist an der Zeit, diesen Interessenbegriff näher zu präzisieren. Es ist das Verdienst des Harvard-Konzeptes, den Unterschied zwischen **Interesse und Position** herausgearbeitet zu haben[23]. Position meint in diesem Sinne einen fest umrissenen Standpunkt. Im Recht sind wir gewohnt, positionell zu denken. Eine Klage ist nur zulässig, wenn der Streitgegenstand genügend bestimmt ist. Der Streitgegenstand wird durch einen bestimmten Auftrag definiert. Zu dem Interesse gelange ich, wenn ich nach dem Wozu und Warum des darin enthaltenen Anspruches frage. Wenn beispielsweise ein Konfliktpartner die Position vertritt, das gemeinsame Haus dürfe nicht verkauft werden, könnte das darunter liegende Interesse sein, dass in dieser unsicheren Zeit das Zuhause erhalten bleibt und die Kinder ihren Beziehungsraum zu ihrer Schule und den Freunden nicht verlieren. Er/Sie selbst fühlt sich auch zu unsicher und hat vielleicht gegenwärtig zu wenig Kraft, um sich ein neues Zuhause zu schaffen. Nimmt der andere Ehepartner die Position ein, das Haus sofort zu verkaufen, kann sein Interesse darin liegen, den Vermögenswert, der im Haus liegt, zu verwenden, um das eigene Leben wie überhaupt die Gesamtsituation finanziell bewältigen zu können. Auf der Positionsebene ist die Lösung nur in einem Entweder/Oder vorgezeichnet. Eine Partei gewinnt, der andere verliert auf der ganzen Linie. Das Herausschälen der Interessen birgt in sich die Möglichkeit, die ineinander verschränkten Positionen doch einer Lösung zuzuführen: Indem sich beispielsweise die Konfliktpartner darin einigen, das Haus dann zu verkaufen, wenn die Kinder groß genug sind, um die Trennungssituation bewältigen zu können oder wenn sich eine neue Arbeitssituation ergibt. Oder dem Ehepartner, der nicht mehr im Haus wohnt und eher daran interessiert ist, die Immobilie zu versilbern, wird damit geholfen, zwischenzeitlich ein Darlehen aufzunehmen, das über eine Grundschuld abgesichert wird usw. Interessen machen also mehrere Optionen möglich, wie zunächst unvereinbar erscheinende Positionen doch einer Lösung zugeführt werden können, die den jeweils eigentlichen Interessen der Konfliktpartner am Besten entspricht.

3. Der Verständigungsprozess zwischen den Konfliktpartnern

38   Mediation vollzieht sich in der Dynamik einer stufenmäßigen Abfolge des Prozesses. Vielfach werden fünf Stufen unterschieden: Arbeitsbündnis/Ermittlung der Konfliktzonen und Themenbereiche mit Bestandsaufnahme/Konfliktbearbeitung/

---

[23] *Fisher, Jury, Patton*, Das Harvard-Konzept[16], 1997, S. 21 ff., S. 68 ff.

Einigung/Implementierung und vertragliche Ausgestaltung. Diese Stufen sind zeitlich logisch aufeinander aufgebaut. In der Praxis der Mediation vollzieht sich der
Weg freilich mehr nach den Prinzipien der Echternacher Prozession: zwei Schritt
vor, einen zurück.

Die **zeitlich logische Reihenfolge** steht gleichzeitig in einer Spannung zur **Logik
der Verständigung** zwischen den Konfliktpartnern. Hier kann man auf der einen
Seite einen Wechsel auf der Handlungsebene, auf der anderen Seite einen Wechsel
in der Einstellung der Konfliktpartner sehen.

Die **Einstellungsebene** hat **drei Stufen:**   39
– Eingangs stehen sich die Konfliktpartner häufig als **Gegner** gegenüber. Sie sind
  voneinander abhängig. Ihr Verhalten ist reaktiv aufeinander bezogen.
– In der Phase III der Mediation, ihrem „Herzstück", geht es darum, die Wahr-
  nehmung zu erweitern und den **Blick** von dem „Gegner" hinzuwenden **auf sich
  selbst**: was braucht jeder für sich (nicht: wie kann jeder dem anderen schaden).
  Diese Einstellung ist verbunden mit Lockerung der reaktiven Verstrickung der
  Konfliktpartner und einer Hinführung zu mehr Unabhängigkeit bzw. proaktivem
  Verhalten.
– Idealtypisch mündet die Mediation dann in die **Wechselbezüglichkeit** sowohl auf
  der Beziehungs- als auch auf der Ergebnisebene: es bleibt nicht bei der Interessen-
  formulierung, was für jeden dienlich ist. Die Interessen werden darüber hinaus
  miteinander verknüpft. Das gelingt am Besten, wenn sich die Konfliktpartner,
  sind einmal die eigentlichen Interessen formuliert, als Problemlösegemeinschaft
  verstehen, die danach suchen, ihre Interessen unter ein Dach zu bringen, mögliche Lösungsoptionen kreativ zu entwickeln und zu evaluieren. Gelingt dies, ist
  über die Stufen des reaktiven und proaktiven Verhaltens ein integratives Verhalten erreicht, das gekennzeichnet ist durch den Respekt voreinander, der Dialog
  möglich macht, durch Kooperation, die Verhandlung möglich macht und durch
  wertschöpfende Ergebnisse, die Gestaltung möglich machen.

4. Konfliktregelung durch Erweiterung und Vertiefung der Wahrnehmung im Perspektivwechsel

Mediation durchläuft damit auf der Wahrnehmungsebene unterschiedliche Pha-   40
sen im Perspektivwechsel, die sich interessanterweise gleichfalls in der Entwicklung
vom Kind zum Erwachsenen zeigen[24]. Die Mediation wäre zum Scheitern verurteilt,
wenn die Konfliktpartner auf dem Standpunkt beharrten, dass nur eine Auffassung
gelten kann (**Stufe 1**; Konfliktregelung durch Macht). Sie würde ein verkümmertes
Dasein führen, wenn die Perspektive Richtig/Falsch dominant bliebe. Richtig/Falsch
anerkennt zwei Auffassungen, die aber nach dem Prinzip von Entweder/Oder kategorisiert werden (**Stufe 2**; Lösung durch das Gesetzessystem). Wechselbezügliche
Lösungsmöglichkeiten entstehen dann, wenn die Unterschiedlichkeit akzeptiert und
sogar respektiert wird, weil dann im beschriebenen Sinne die Interessen zusammengeführt werden können und eine Verständigungslösung mit dem Ziel wertschöp-
fender Ergebnisse ermöglicht wird (**Stufe 3**). Erst in dieser Stufe werden echte Kon-

---

[24] Näher: *Edelstein* im Anschluss an *Piaget*, in Protokolle der Evangelischen Akademie Bad Boll zur
Tagung: Schätze und Abgründe der Mediation, im Juni 2000, steht zur Veröffentlichung an.

senslösungen möglich. **Eine vierte Stufe** ist dann gewonnen, wenn der Gesamtprozess in seinen einzelnen Perspektiven reflektiert werden kann und selbst Gegenstand der Mediation wird. Dann können sich die Konfliktpartner gewissermaßen von außen in ihrem System sehen, in dem sie miteinander verflochten sind. Das gibt ihnen am ehesten die Möglichkeit, ihre Anteile in der Verkettung und Verflechtung zu erkennen, sich zu entschulden und die beste Perspektive für beide ins Blickfeld zu nehmen.

41   Dieser Perspektivwechsel zur vertieften und erweiterten Wahrnehmung der eigenen Situation und der Situation des Anderen macht gleichzeitig den **evolutionären Quantensprung** sichtbar, der Mediation kennzeichnet. Das Recht verharrt auf der Ebene 2, muss es auch, damit letztendlich eine wertende Drittentscheidung stehen und der Konflikt so „erledigt" werden kann. Die vertiefte und erweiterte Wahrnehmung auf der Basis der Akzeptanz der Unterschiedlichkeit macht win-win Lösungen möglich. Das Muster von Gewinnern und Verlierern auf der Basis von Entweder/oder verliert seine Dominanz. Darüber hinaus öffnet sie in der Stufe 4 den Blick für systemische Zusammenhänge. Sie betritt damit eine Ebene, die qualitativ eine neue Sichtweise eröffnet. Mediation steht damit in Verwandtschaft mit den seit Ende der vierziger Jahre des vergangenen Jahrhunderts erblühenden Systemwissenschaften, wie Kybernetik, Informationstheorie, Kommunikationstheorie, Spieltheorie, allgemeine Systemtheorie, Chaostheorie und, philosophisch, Denkweisen des Konstruktivismus[25]. Es führt hier zu weit, die Rückkopplungseffekte dieser Verwandtschaften auf die Mediation zu markieren. In der geschichtlichen Betrachtung der Mediation als evolutionärem Quantensprung der Konfliktlösung wird dies gewiss einmal ein zentraler Punkt sein.

5. Der Mediator als Dritter

42   Die vorausgehenden Ausführungen weisen gleichzeitig auf eine Besonderheit der Mediation hin: dass die Mediatorin nämlich notwendiger Bestandteil des Entwicklungsprozesses in der Mediation ist. Sie verkörpert die Struktur. Die Akzeptanz der Unterschiedlichkeit wird in ihr erlebbar. Ihr Wissen, dass am Ende des Tunnels Licht entdeckt werden kann, ihr Vermögen, Dissonanzen auszuhalten, ihr Mut zur Begleitung, auch wenn die Situation aussichtslos erscheint, macht es für die Konfliktpartner möglich, die Schwellen zu überschreiten, die letztendlich zu einer Verständigung und Lösung führen. *De Bono*[26] betont einen weiteren Aspekt für die Notwendigkeit der Einschaltung des Dritten:

> „**Zweck der dritten Partei** ist es, einen zweidimensionalen Kampf in eine dreidimensionale Erkundung umzuwandeln, die zum Entwurf einer Lösung führt."

43   *De Bono* sieht – zurecht – den Dritten als integralen Bestandteil des Entwurfsdenkens. Und dies aus zwei Gründen:
– „Weil die Parteien auf Grund der Tradition, des Trainings und der Selbstgefälligkeit in der argumentierenden Art des Denkens feststecken; weil sie einfach nicht über die Fertigkeit und die Erfahrung in lateralem Denken und im Entwurfsidiom verfügen";

---

[25] S. Vorwort von *Stierlen* zur systemischen Betrachtungsweise in der Familientherapie in Von Schlippe, Schweizer, Lehrbuch der systemischen Therapie und Beratung[3], 1997.
[26] (Konflikte, Neue Lösungsmodelle und Strategien, 1985, S. 173).

– weil die an einem Konflikt beteiligten Parteien auch beim besten Willen bestimmte Denkoperationen nicht ausführen können, da diese nicht mit ihrer Stellung im
Konflikt in Einklang zu bringen wären. Die Struktur der Situation verhindert
dies"[27].

Mediation ist – von diesem Ansatz her – nicht nur eine konsequente Weiterent- **44**
wicklung von (gescheiterten) Verhandlungen (so aber Kapitel 2 in der Gliederung
dieses Buches), sondern **lebt von dem Dritten**. An die Mediatorin ist die Aufgabe
gestellt, einen **Beziehungsraum der Toleranz** zu kreieren. Die Psychoanalytikerin
Thea Bauriedl[28] spricht von der Toleranz als Herz der Revolution für mehr
Menschlichkeit. Wörtlich: „Zum Glück hat das Wort „Menschlichkeit" immer
noch eine sehr positive Bedeutung, nämlich die des Mitgefühls, der Toleranz und
der Hilfeleistung. Eine Revolution, die mehr Menschlichkeit einführen will, muss zu
allererst „Räume der Toleranz" schaffen, in denen sich eine Neustrukturierung bisher gewalttätiger Beziehungsstrukturen entwickeln kann." Die empathische Toleranz des Mediators kann deshalb, als Spiegelbild und Brücke, die Toleranz der
Konfliktpartner wenn nicht schaffen, so doch entscheidend fördern: und damit zur
Akzeptanz der Unterschiedlichkeit beitragen.

Mit diesen Ausführungen soll natürlich nicht in Frage gestellt werden, dass auch **45**
in unmittelbaren **Verhandlungen konsensuale Ergebnisse** erzielt werden können. Es
gibt jedoch gravierende Unterschiede: wenn bei solchen Verhandlungen in der Vorstellung virtuell ein **Richter** dabei sitzt, werden die Verhandlungen im Entwe-
der/Oder-Stil verlaufen und derjenige obsiegen, der potentiell am ehesten nachweisen kann, dass im Falle der Nichteinigung der Richter so und nicht anders
entscheiden würde. Wenn sich demgegenüber beide Konfliktpartner vorstellen, ein
unparteiischer, nicht entscheidungsbefugter **Dritter** säße mit am Tisch, der eine
Struktur vorgibt, so kann dies zur Überwindung der im dualen System angelegten
Schwellen hin zu einem triadischen Entwurfsdenken führen.

6. Zusammenfassung

Die methodischen Grundelemente sind nicht isoliert zu betrachten. Sie gewinnen **46**
ihre Kraft durch ihre Verbundenheit. Das Fundament bildet die Akzeptanz der Unterschiedlichkeit. Weil Unterschiedlichkeit, können Lösungen erarbeitet werden, die
die Unterschiedlichkeit betonen: und damit das notgedrungene Gegeneinander im
Entweder/Oder auflösen zu einem wechselbezüglichen Miteinander. Die Wechselbezüglichkeit wird ermöglicht, indem der Aggregatzustand des inhaltlichen Wollens
zwischenzeitig durch Interessenbildung hinter den Positionen „flüssiger" gemacht
wird; so werden Optionen gewonnen, die – evaluiert – die beste Lösung ergeben.
Eingebunden ist dies durch den Rhythmus des Verständigungsprozesses der Konfliktpartner: Aus dem Gegeneinander zur Rückbesinnung auf sich selbst und von
dort zum wechselbezüglichen Miteinander, was der wachsenden Perspektivität auf
der Wahrnehmungsebene entspricht. Auf dieser Basis werden unter Ausnutzung
von Ressourcen einschließlich des Rechtes und Bündelung von Synergie wertschöpfende Konsensgewinne erwirtschaftet, die zu einer erhöhten Akzeptanz – weil

---

[27] Seite 174.
[28] Wege aus der Gewalt³, 1993, S. 158.

selbstverantwortet gewollt und nicht von außen vorgegeben – und damit zu einem größeren Rechtsfrieden führen.

47   Dieser Prozess bedarf der Steuerung. Sie wird konstituiert durch ein **triadisches System**. Der Mediator – als Dritter – verkörpert die Mediation. Er ist für die Struktur, nicht für das Ergebnis, verantwortlich. Er führt über Kontakt und Verstehen. **Neutralität** bedeutet deshalb nicht – wie beim Richter, der ohne Ansehen der Person entscheiden muss – emotionale Abstinenz, sondern emotionale Zuwendung, die durch Beid- bzw. Allparteilichkeit gekennzeichnet ist. Die Neutralität ist nicht gewahrt, wenn der Mediator nicht fähig ist, beide in gleicher Weise zu verstehen, wenn er z. B. hieran durch Vorurteile oder durch Kontaktbarrieren blockiert ist. Diese innere Balance macht das Amt des Mediators nicht leicht. Dissonanzen aushalten, mit sich selbst immer wieder ins Reine kommen, sich jeweils bewusst sein, in welcher Phase sich der Prozess befindet, um von hier aus – über den verstehenden Kontakt zu den Konfliktpartnern – im Blick auf das Gesamtziel den nächsten Schritt zu planen und auszuführen, qualifiziert ihn in seiner Professionalität.

48   Wenn denn Mediation ein außergerichtliches Konfliktbearbeitungsverfahren ist, in dem ein neutraler Dritter ohne inhaltliche Entscheidungsbefugnis, eben der Mediator/die Mediatorin, die Konfliktpartner darin unterstützt, eigenverantwortlich Regelungen zu entwickeln, so definieren wir die Eigenverantwortlichkeit als einen freiwilligen Prozess, in dem die Konfliktpartner nach Wegen suchen, gemeinsame Entscheidungen zu treffen, die – und hierauf kommt es uns an – vertiefend auf dem Verständnis von sich selbst, dem Anderen und ihrer Sicht der Realität aufbauen. So können wertschöpfende Ergebnisse erzielt werden, bei denen nach Möglichkeit alle Konfliktparteien gewinnen. Das führt zurück auf die Akzeptanz der Unterschiedlichkeit und die daraus folgende Dynamik im interessegerechten Verständigungsprozess.

49   Dieser Ansatz ist für uns typisch in der Familienmediation und schöpft nach unserer Auffassung die Dimensionen der Mediation in ihrer Tiefe und Weite aus. Im Anklang an *Friedman* und *Himmelstein* nennen wir unseren Ansatz **Mediation der Verständigung**. Das Verständnis von sich selbst, des Anderen und der Realität kann, wenn sie denn gelingt, zu einer neuen Verständigung der Konfliktpartner, im doppelten Sinne des Wortes, untereinander führen.

50   Anders wird in der Wirtschaftsmediation häufig das hauptsächliche Ziel in einer kostensparenden, zeiteffektiven Regelung gesehen. Kennzeichnend hierfür sind häufig Einzelgespräche[29]. Das führt eher zu Kompromiss- denn zu Verständigungslösungen. Mediation gewinnt hierdurch einen anderen Charakter.

51   *Breidenbach* hat in seinem grundlegenden Werk zur Mediation[30] die Mediationsziele fünf Projekten zugeordnet, dem Service-Delivery-Project, dem Access-to-Justice-Project, dem Reconciliation-Project, dem Social-Transformation-Project und dem Individual-Autonomy-Project. In diesen Projekten ist unser Modell nicht voll wiedergespiegelt. Am ehesten kann es angesiedelt werden zwischen dem dritten und fünften Projekt, wobei uns der prozessuale Aspekt des Verstehens und damit der Verständigung wichtiger ist als der Focus der Versöhnung an sich. Versöhnung

---

[29] Zu den Chancen und Gefahren von Einzelgesprächen in den einzelnen Phasen der Mediation s. *Duve/Zirn* in ZKM 2001, S. 108 ff. und weiteren Literaturhinweisen zum Thema.
[30] *Breidenbach,* Mediation 1995, 212 ff.; Kurzfassung in *Breidenbach/Gläßer* KON:SENS 1999, 207 ff.; s. auch *Bush* und *Folger,* The Promise of Mediation, Jossey-Boss Inc. San Francisco 1994.

kann – direkt – ebenso wenig bezweckt werden wie Glück, Zufriedenheit oder Spontaneität. Man kann aber Bedingungen setzen, damit dieser Zustand eher eintreten kann.

V. Insbesondere: Kinder in der Familienmediation

1. Nutzen der Mediation für die Kinder

Gerade wegen der Kinder[31] ist es von zentraler Bedeutung, dass die Eltern mehr   52 Verständnis füreinander gewinnen und insbesondere in die Lage versetzt werden, ihre Konflikte auf der **Paarebene** von denen auf der **Elternebene** zu differenzieren. Die Beziehung zu den Kindern läuft über Kontakt und Verständigung. Wenn hier Störungen im Verständnis der Eltern untereinander – als Vater und Mutter – überlagert werden durch Konflikte aus der Paarebene, schadet dies den Kindern. Kinder werden allzu leicht als schwächstes Glied in der Kette missbraucht, um Konflikte auf der Paarebene auszutragen. Hier ist der Mediator in besonderer Weise aufgerufen, die Eltern zu befähigen, für ihre Kinder, trotz Trennung als Paar, dazusein. Das wird umso eher gelingen, je besser **Kindeswohl und Elternwohl** miteinander koordiniert werden. Werden die Konfliktpartner vom Mediator in ihrer konkreten Situation auf der Paarebene, als Mann und Frau, ernst genommen, und in ihren Kränkungen, Verletzungen, ihrem Schmerz und in den daraus resultierenden Aggressionen anerkannt, vergrößert sich paradoxerweise die Chance, dass sich jeder zurückbesinnt auf die Verantwortung, die er als Elternteil den Kindern gegenüber hat. Für die Kinder ist es schlimm – und unvermeidlich –, dass sie das gemeinsame Zuhause verlieren. Wenn den Eltern daran liegt, dass die Kinder unter der Trennung so wenig wie möglich leiden – und das ist i.d.R. das Ziel aller Eltern – kann Mediation ihnen eine Hilfestellung zur konstruktiven Bewältigung ihrer Situation geben. **Mediation nutzt den Kindern und Eltern durch**[32]
– die Stärkung der Verantwortung der Eltern trotz Trennung als Paar
– den Abbau von Ängsten (Verlust der Kinder) zugunsten einer klaren Betreuungsregelung (Zuwachs an Kontakt)
– die Besinnung auf die Bedeutung, die die beiden Eltern als Mutter und Vater für die Kinder haben
– die Hinwendung zu den für die Kinder entscheidenden Zukunftsperspektiven

---

[31] Die Literatur über Kinder bei Trennung und Scheidung füllt eine Bibliothek. Wie nennen beispielhaft *Wallerstein/Blakeslee*, Gewinner und Verlierer 1989; *Furstenberg/Cherlin*, Geteilte Familien 1991; *Figdor*, Scheidungskinder – Wege der Hilfe, 1998; *Menne/Schilling/Weber* (Hrsg.), Kinder im Scheidungskonflikt, 1993; *Brauns-Hermann/Busch/Dinse*, Ein Kind hat das Recht auf beide Eltern, 1997; *Bernhardt/Haase/Kloster-Harz/Tauche*, Wir bleiben Eltern trotz Scheidung, 1995; *Münder/Mutke/Schone*, Kindeswohl zwischen Jugendhilfe und Justiz, 2001; *Zitelmann*, Kindeswohl und Kindeswille im Spannungsfeld von Pädagogik und Recht, 2001; die Zwischenergebnisse der Forschung zum Kindschaftsreformgesetz durch *Proksch* sind im Internet veröffentlicht unter der Homepage des BMJ, Link Gesetzgebungsvorhaben, www.bmj.bund.de/ggv/ggv-ihtm#FORSCHUNGSVORHABEN; die Reform ist inzwischen auch auf Tagungen diskutiert worden, s. Verein für Kommunalwissenschaften (Hrsg.), Die Reform des Kindschaftsrechts – eine Reform für Kinder? Berlin, 2000; zu Mediation und Kinder s. *Diez/Krabbe*, Kind-Prax 1998, 174 ff. und ZKM 2001, 219 ff. sowie *Diez/Krabbe/Thomsen*, Familienmediation und Kinder, 2002.
[32] *Mähler/Mähler/Duss-von Werdt*, Faire Scheidung durch Mediation, 1994, S. 19 ff.

– die Einübung von Kooperation
– die Förderung bislang eher verborgener familiärer Fähigkeiten und Ressourcen
– und nicht zuletzt durch den versöhnlichen Charakter von Mediation.

53   **Zentrale Fragen bei der Regelung der Betreuung** für die Kinder heißen:
Wie können die Bedürfnisse der Kinder in der Trennungssituation am besten erfüllt werden? Wie können Vater und Mutter die durch die Trennung neu definierten Aufgaben in der Wahrung ihrer elterlichen Verantwortung am besten kooperativ wahrnehmen? Hierbei geht es in erster Linie um die Regelung der Betreuungszeiten (während der Wochentage, der Wochenenden, besonderer Fest- und Feiertage, der Ferien usw.), um Anschaffungen, Taschengeld, Telefonzeiten, Erziehungsfragen, um die religiöse Erziehung, um den Abschluss einer Ausbildungsversicherung oder die Einrichtung eines Kinderkontos – auf dem beispielsweise das Kindergeld und Beiträge von Großeltern oder Verwandten gesammelt werden können, um besondere Anschaffungen zu machen – sowie um den Umgang der Kinder mit anderen Personen, beispielsweise den Großeltern, Geschwistern, Freunden usw.

54   Die **Kinder** können auf Wunsch der Eltern je nach Alter mit in die **Mediationsgespräche einbezogen** werden, wobei die Mediatoren allerdings genau darauf zu achten haben, dass hierdurch die Verantwortungsbereiche der Eltern nicht auf die Kinder verlagert werden. Den Kindern dürfen keine Lasten auf die Schultern gelegt werden, für die die Eltern gerade zu stehen haben, beispielsweise bei der Frage, bei wem die Kinder am liebsten wohnen würden. Haben die Eltern ihrerseits Klarheit gewonnen, empfiehlt es sich, die Kinder mit einzubeziehen, damit deren Wünsche eingeflochten werden können in das Gewebe, das die Eltern aus ihrer Verantwortung heraus gefunden haben.

1. Rückschritt durch die Kindschaftsrechtsreform

55   Die am 1. Juli 1998 in Kraft getretene **Kindschaftsrechtsreform** hat viel positive Resonanz gefunden. In vieler Hinsicht ist sie in der Tat begrüßenswert. In einem grundlegenden Punkt ist sie, aus unserer Sicht, ein Rückschritt und zwar deshalb, weil sie das Kooperationsmodell des Bundesverfassungsgerichtes zur Ausübung der elterlichen Verantwortung verkümmern lässt. Bekanntlich hat das Bundesverfassungsgericht in seiner Entscheidung vom 3. November 1982 die gesetzliche Regelung des § 1671 Abs. 4 a.F. BGB, wonach die elterliche Sorge im Scheidungsfalle einem Elternteil allein zu übertragen war, für verfassungswidrig erklärt und damit den Raum für die Ausgestaltung des gemeinsamen elterlichen Sorgerechtes geöffnet. Das Gericht hat aus Art. 6, Abs. 2, Satz 1 GG abgeleitet,[33]

– dass die Regelungsbefugnis des Gesetzgebers seine Grenze findet, wenn beide Eltern gewillt sind, die gemeinsame Sorge für ihr Kind nach der Ehescheidung weiter zu tragen. Dann bedürfe es keiner Schlichtung widerstreitender Interessen der Eltern durch den Staat.
– dass den Eltern eines gemeinschaftlichen Kindes dessen Wohl am meisten am Herzen liege. Daher könnten sie auch grundsätzlich am besten und ehesten entscheiden, wie für das Kind zu sorgen sei, besser als ein Dritter oder eine Institution. Wenn die Eltern – trotz Trennung als Paar – fähig seien, weiterhin die gemeinsa-

---

[33] BVerfGE 61, 358, 374.

me Verantwortung für ihr Kind zu tragen, dann könne das Familiengericht dies nicht ignorieren, sondern müsse den Vorstellungen der Eltern nachkommen.

Voraussetzung und Folge für die gemeinsame elterliche Sorge war hiernach also **56** die **Kooperationsfähigkeit der Eltern** und die Anforderung an die Eltern, diese Kooperation zu pflegen. § 1687 BGB ist von diesem Bild gravierend abgewichen. Die Definition des gemeinsamen Sorgerechtes beschränkt sich nach dem am 1. 7. 1998 in Kraft getretenen § 1687 BGB, auf „Entscheidungen in Angelegenheiten, deren Regelung für das Kind von erheblicher Bedeutung sind". In Angelegenheiten des täglichen Lebens hat der Elternteil, bei dem sich das Kind mit Einwilligung des anderen Elternteils oder auf Grund einer gerichtlichen Entscheidung gewöhnlich aufhält, die Befugnis zur alleinigen Entscheidung und damit auch Vertretung. Die elterliche Sorge ist damit nicht, wie nach der Entscheidung des Bundesverfassungsgerichtes, in der gemeinsamen Verantwortung beider Eltern verankert, sondern ist ihrem Wesen nach, jedenfalls für Alltagsangelegenheiten, als Alleinsorgerecht ausgestaltet.

Das Missliche ist nun, dass sich § 1687 BGB als Leitbild in den Vordergrund ge- **57** schoben hat. Die Jugendämter und die Träger der Öffentlichen Jugendhilfe gehen bedauerlicherweise häufig genau so unreflektiert vom Leitbild des § 1687 aus wie Richter, Notare und Anwälte. Das **Kooperationsmodell des Bundesverfassungsgerichtes** wird, obwohl es vielen Eltern, die gemeinsam die Sorge für ihre Kinder trotz Trennung als Paar tragen wollen, näher läge, und ihm verfassungsrechtlich und psychologisch zum Wohle der Kinder Vorrang gebührte, nicht praktiziert, weil es **nicht im Bewusstsein ist**[34]. Dem *BRAK-Ausschuss Familienrecht*[35] ist deshalb zuzustimmen, wenn er die Praxis und den Gesetzgeber, unterstützt auch durch Ergebnisse des Zwischenberichtes der Begleitforschung zur Umsetzung der Neuregelung zur Reform des Kindschaftsrechtes durch *Proksch*[36], auffordert, hier Abhilfe zu schaffen:

Den Praktikern ist zunächst nahezulegen, den Eltern überhaupt das Kooperati- **58** onsmodell des BVerfG's vorzustellen, damit sie in die Lage versetzt werden zu wählen. Darüber hinaus sind ihnen vertragliche Formulierungen an Hand zu geben, die dies bewerkstelligen können[37].

Dem Gesetzgeber stände es gut an, die Empfehlungen aus der Praxis bei der In- **59** stallierung der Kindschaftsrechtsreform (etwa des Familiengerichtstages, des Familienrechtsausschusses des DAV, des BRAK-Ausschusses Familienrecht u. a. Verbände) nachzuholen, die Verantwortung der Eltern zu betonen und ein Leitbild für konkrete vertragliche Ausgestaltungen der Betreuungsregelung zu schaffen oder, wie anschließend die **Koalitionsvereinbarung** vorsah[38] „die Notwendigkeit einer einvernehmlichen Sorgevereinbarung festzuschreiben". Mit einer solchen Regelung wäre das Kooperationsmodell des BVerfG's nicht mehr ausgeblendet, sondern rückte – dem Kindeswohl entsprechend – notwendigerweise auch in der Praxis wieder mehr ins Blickfeld.

---

[34] Näher *Wendt*, FPR 1999, 137 ff.
[35] BRAK-Mitt. 2001, 125.
[36] Abrufbar unter homepage des BMJ, unter Punkt Gesetzgebungsvorhaben, www.bmj.bund.de/ ggv/ggv_ihtm#FORSCHUNGSVORHABEN.
[37] Formulierungsbeispiele bei *Reeckmann-Fiedler* in FPR 1999, 146 ff.
[38] KindPrax 1999, 23.

60   Wir haben die Kritik an der Praxis und der Gesetzgebung aufgenommen, weil
      auch in der Mediation vielfach unreflektiert das Leitbild des § 1687 BGB zur Aus-
      gestaltung des Sorgerechtes übernommen wird. Unsere eigene Erfahrung aus der
      Mediation besagt jedoch, dass viele Eltern das Kooperationsmodell des BVerfG's
      vorziehen: wenn sie es denn kennen. Es vermag die elterliche Verantwortung um-
      fassender einzubinden. Es ist deshalb für viele Mediationsverfahren das geeignetere
      Modell.

VI. Familienmediation: Nicht nur bei Trennung und Scheidung

61   Familienmediation wird häufig identifiziert mit Mediation bei Trennung und
      Scheidung. In der Tat sind diese Konfliktfelder von ganz besonderer Brisanz. Fami-
      lienmediation beschränkt sich aber keineswegs hierauf[39]. Das wäre ein viel zu enger
      Blickwinkel. Familienmediation ist überall dort am Platze, wo **familiäre Verhältnis-
      se und Beziehungen neu definiert werden wollen.** So z.B.
      – im Hinblick auf Konflikte in **Stieffamilien**, z.B. bei der Rollenklärung zwischen
        Vater/Mutter und den jeweiligen neuen Lebensgefährten in ihrem Verhältnis zu
        den Kindern oder der Gestaltung des Kontaktes zu dem Elternteil, bei dem die
        Kinder sich nicht gewöhnlich aufhalten.
      – im Hinblick auf besondere Konflikte bei **nichtverheirateten Paaren**, etwa die
        Namensgebung des Kindes, ob eine gemeinsame elterliche Sorge eingerichtet
        werden soll, ob die Übertragung der elterlichen Sorge auf den Vater angemessen
        ist, wie der Kontakt gestaltet werden kann zwischen Kindern und dem Elternteil,
        der weiter entfernt wohnt, wie überhaupt die finanzielle Unterstützung des El-
        ternteils, der die Kinder betreut, sichergestellt werden kann, wie am besten erb-
        rechtliche Fragen gelöst werden.
      – im Hinblick auf **Partnerstreitigkeiten**, z.B. bei der Familienplanung, der Arbeits-
        teilung, bei Konflikten zwischen elterlicher Betreuung und Ausübung des Berufes,
        wegen unterschiedlicher Auffassungen in der Betreuung und Erziehung (Erzie-
        hungsstile).
      – im Hinblick auf Konflikte **zwischen Eltern und Kindern**, in der polaren Spannung
        elterlicher Verantwortung und wachsender Autonomie der Kinder, z.B. in Bezug
        auf Ausbildung und Beruf sowie die Auflösung der häuslichen Gemeinschaft.
      – im Hinblick auf Konflikte zwischen **Eltern und Pflegepersonen** oder zwischen El-
        tern und Adoptiveltern.
      – im Hinblick auf **Konflikte bei Familienübergängen**, z.B. wenn Kinder geboren
        werden, Kinder das Nest verlassen, ein Elternteil wieder in das Berufsleben ein-
        tritt, ein Ehepartner oder beide in Rente gehen, bei erzwungener Arbeitslosigkeit
        usw.
      – im Hinblick auf **Mehrgenerationenkonflikte**, z.B. bei häuslicher Lebensgemein-
        schaft, insbesondere bei der notwendigen Pflege der älteren Generation und da-
        mit etwa zusammenhängender erbrechtlicher Bevorzugung des pflegenden Ge-
        schwisterteils
      – im Hinblick auf **Streitigkeiten in Wohngemeinschaften.**

---

[39] *Diez* ZKM 2001, 27 ff.

– Ein eigenes, herausragendes Feld sind **Konflikte im Erbfall**, die familiär bedingt
sind, das sind also Streitigkeiten unter Erben einerseits und die testamentarische
Auseinandersetzung andererseits besonders bedeutsam sind hierbei Nachfolgeregelungen bei Familienunternehmen und Erbfolgeregelungen in der Landwirt-
schaft.

Mit Ausnahme des letztgenannten Gesichtspunktes werden diese Formen der Fami- 62
lienmediation – weil das Recht keine oder allenfalls eine untergeordnete Rolle spielt
und der Erfahrungsschatz der Juristen auf diesem Sektor geringer ist – vorwiegend
von Angehörigen der psychosozialen Berufsgruppe ausgeübt.

VII. Interdisziplinarität, Interprofessionalität

1. Sozialpsychologischer Ansatz/juristischer Ansatz in der methodischen Grundlegung der Familienmediation

Familienmediation ist ein Bereich, in dem sozialpsychologische und juristische 63
Ansätze miteinander verknüpft sind. Mediation als Konfliktbearbeitungsmethode
ist von ihrem **Wesen her interdisziplinär**[40]. Sie wurde als Methode aus der Not geboren. Sie trat ins Bewusstsein und stellte Handlungskompetenzen für ein strukturiertes Vorgehen in Konfliktsituationen auf der Basis von Selbstverantwortung und
Partizipation zur Verfügung, indem Erkenntnisse aus der Konfliktforschung, der
Verhandlungsforschung, der Kommunikationsforschung, der Friedensforschung,
der Forschung auf Sondergebieten, etwa im Familienbereich und ihrer konvergen-
ten Zusammenschau, sowie Erkenntnissen aus der Praxis verschiedener Beratungs-
und Therapieformen in systemischer Sicht zu einer eigenständigen Methode zusammenfließen konnten. Von juristischer Seite sind insbesondere Beiträge aus der
Kautelarjurisprudenz zu verzeichnen. Im Hinblick darauf, dass die Entwicklung zu
privatautonomen Entscheidungen nicht nur im Familienrecht anzutreffen, sondern
ein allgemeiner Trend ist, hat die Kautelarjurisprudenz enorm an Bedeutung gewonnen. Abgesehen von ihrer methodologischen Durchdringung[41] hat die Kautelarjurisprudenz, auch im Familienrecht, ausgehend von realtypischen Lebensformen,
typische Vertragsgestaltungen durchdacht, die Hilfestellungen geben können auch
bei der interessengerechten Ausformulierung mediativ gewonnener Erkenntnisse. In
den Aufgabenbereich der Juristen fällt darüber hinaus die Überprüfung der Übereinstimmung vertraglicher Abmachungen mit den bestehenden Gesetzen sowie die
Einfügung der Verfahren und Ergebnisse in die gesetzlichen Rahmenbedingungen.

2. Die Rolle des Rechts

Es ist hier nicht der Platz, im Einzelnen auf die Bedeutung des Rechts in der Me- 64
diation einzugehen[42]. Der Kern: Im traditionellen Verfahren **wenden** die Beteiligten

---

[40] Zu der Interdisziplinarität der Mediation vgl. § 3.
[41] Siehe beispielsweise *Langenfeld*, Vertragsgestaltung² 1997; *Rehbinder* Vertragsgestaltung² 1993.
[42] Ausführlich *Mähler/Mähler*: Licht und Schatten. Zum Umgang mit dem Gesetzesrecht in der Mediation, FPR 1996, 16 ff.; Rechtsberatung in der Mediation bei Trennung und Scheidung, FPR
1997, 258 ff. sowie Gerechtigkeit in der Mediation in Dieter, Montada, Schulze (Hrsg.), Gerechtigkeit im Konfliktmanagement und in der Mediation, 2000, S. 9 ff.; s. auch § 5.

das Gesetz **an.** Bei der angestrebten Vereinbarung mit Hilfe der Mediatorin geht es um **Rechtsverwendung.** Das Gesetzesrecht dient also nicht als Maßstab für die Entscheidung. Es kann jedoch für die Vertragsgestaltung nutzbar gemacht werden:

– Es setzt die **Grenzen** für die vertragliche Gestaltung, weil kein Vertrag gegen zwingendes Recht oder gegen die guten Sitten verstoßen darf.
– Es bietet die Möglichkeit, das gefundene Ergebnis mit dem zu vergleichen, was gesetzlich möglich ist (**Fairnesskontrolle**).
– Es markiert im Falle der **Nichteinigung** die Ausstiegsgrenze.
– Das Gesetz kann in seinem Ideenreichtum angefragt werden, also als **Schatzkammer** dienen, um die jeweils eigenen Interessen als Grundlage der gemeinsamen Entscheidungen besser formulieren zu können. Hierbei empfiehlt es sich, auf die den Gesetzen zugrunde liegenden Prinzipien zurückzugreifen.
– Insbesondere sind alle Rechtsnormen daraufhin zu überprüfen, inwieweit sie beiden Parteien **Vorteile** bringen (z.B. Wohngeld, Arbeitsbeschaffungsmaßnahmen, steuerliche Vorteile).
– Jeder muss wissen, auf welche rechtlichen **Ansprüche** er gegebenenfalls **verzichtet** und was er statt dessen gewinnt.
– Schließlich können für die rechtliche Ausgestaltung des Vertrages alle herkömmlichen **Rechtsfiguren** genutzt sowie Erfahrungswerte aus vertragstypischen Formulierungen abgerufen werden.

65 Das Recht wird also in der Mediation nicht ausgeklammert, sondern einbezogen. Wie bei jedem gelungenen evolutionären Prozess bedeutet Differenzierung nicht Ausschluss, sondern Integration der vorausgehenden (Konfliktbearbeitungs)form. Das Verständnis für die Inanspruchnahme von Recht verändert sich infolge der Verantwortungsverlagerung. Die Gesetze werden in ihrem **Angebotscharakter** begriffen, ordnen nicht an, sondern bieten den Rahmen und geben Ideen für die eigenverantwortete Gestaltung. Mediation als Methode nutzt die gesetzlich gewährten Handlungsspielräume aus, um die Vereinbarung möglichst zufrieden stellend für alle Beteiligten zu bearbeiten. Bedenkt man den beschriebenen Funktionswandel, macht es keinen Sinn, in der Mediation von Seiten des Mediators Rechtsberatung im herkömmlichen Sinn zu geben, nämlich einen Rat zu geben, wie man mit Hilfe der Gesetze eine möglichst vorteilhafte Regelung erzielt. Gerade weil die Mediation Gesetze nicht anwendet, sondern instrumentell nutzt, heißt Rechtsberatung in der Mediation in erster Linie fallbezogene **Rechtsaufklärung** mit einem im Kern **dreifachen Ziel:**

– Aufklärende **Beratung über die Rechtslage** mit Darlegung von Interpretationsspielräumen, Risikoabwägungen einschließlich Prozessprognosen in der Differenzierung zwingender und disponibler Normen, um zu überprüfen, ob der Vertrag (un-)wirksam ist, ob er auch unter Berücksichtigung der Gesetzeslage fair ist oder die gerichtliche Auseinandersetzung als Nichteinigungsalternative vorzuziehen ist.
– Rechtsaufklärende Beratung bei der **Willensbildung** der Konfliktpartner, um ihnen den Rücken bei der Interessenvertretung zu stärken, die Weisheit der Gesetze nach ihren Grundlagen, Prinzipien und Zielsetzungen für die Interessenbildung nutzbar und die anderen geschilderten Möglichkeiten für die Rechtsverwendung im Mediationsprozess dienlich zu machen.
– Schließlich die rechtsaufklärende Beratung zur **Vertragsgestaltung,** wie also die Einigung in die spezifische Rechtssprache zu übersetzen ist, mit dem Nachdenken

über die Konsequenzen, der Vertragsrisikoplanung, der Formvorschriften und der Rechtsverbindlichkeit[43].

3. Die Rolle und Bedeutung der Psychologie und der Sozialwissenschaften

Wie ausführlich geschildert (siehe oben Rdnr. 22 ff.), setzt die Ausübung der Me- 66 diation die Wahrnehmung und Berücksichtigung trennungs- und familiendynamischer Vorgänge sowie fundiertes Grundwissen über die sozialen und psychischen Bedingungen von Konfliktverläufen voraus. Daneben sind Kenntnisse der psychologischen und sozialwissenschaftlichen Ansätze, Methoden und Wirkungsweisen Voraussetzung für eine sachgerechte Gesprächs- und Verhandlungsführung. Dieses Grundwissen ist die Basis für die verantwortungsvolle Beurteilung der Möglichkeiten und Grenzen der Mediation, das reflektierte Umgehen mit der Rolle sowie das eigene Handeln als Mediatorin. Diese Sätze finden sich, neben der geschilderten Bedeutung des Rechts, in den **Richtlinien der Bundes-Arbeitsgemeinschaft für Familienmediation (BAFM)**[44]. Die Richtlinien heben darüber hinaus hervor, dass die psychologischen und sozialwissenschaftlichen Kenntnisse, Fähigkeiten und Fertigkeiten insbesondere auch zur Förderung des psychischen, sozialen und gesundheitlichen Wohlergehens der Kinder und Jugendlichen einzusetzen sind.

Ohne psychologische und sozialwissenschaftliche Erkenntnisse wäre Mediation 67 nicht denkbar. Sie haben die Methodik der Mediation (Rdnr. 31 ff.) geformt. Undenkbar auch, dass Mediation in Konfliktfeldern, die zugleich gesetzlich durchgestaltet sind, zu einem Ende geführt werden könnte, ohne dass bei der Willensbildung und Vertragsgestaltung das Recht berücksichtigt würde. **Beide Disziplinen wirken zusammen. Sie konstituieren in ihrem Zusammenwirken die Mediation bei Trennung und Scheidung.**

4. Kooperationsformen zwischen Anwälten und Angehörigen der psycho-sozialen Berufsgruppe

Mediation bezieht ihre Attraktion vor allem auch durch Wertschöpfung. Im Sin- 68 ne der Mediation ist deshalb danach zu fragen, wie die Berufsgruppen untereinander im Interesse der Medianden so zusammenwirken können, dass die **Kompetenzen der Herkunftsberufe** im Mediationsverfahren allen wertschöpfend dient. In der Praxis bei Trennung und Scheidung haben sich unterschiedliche Modelle herauskristallisiert, je nachdem, ob ein Mediator Anwalt ist oder zumindest im Rahmen einer Co-Mediation oder als Sachverständiger mitwirkt, ob die Mediation allein durch einen Angehörigen der psycho-sozialen Berufsgruppe angeboten wird, und ob sich die Mediation durch Angehörige der psycho-sozialen Berufsgruppe allein auf die Sorge für die Kinder bezieht, wie es im Rahmen des § 17 Abs. 3 SGB VIII der Fall sein mag.

Dass das Recht einzuführen ist, unter Berücksichtigung seines Funktionswandels 69 und im Rahmen der methodischen Grundlegung, steht für uns außer Frage.

---

[43] Siehe *Mähler/Mähler*, Mediation, in Beck'sches Rechtsanwaltshandbuch 2001/2002, 2001, C 8, Rdnr. 54 a.

[44] Abgedruckt z. B. in *Breidenbach/Henssler* (Hrsg.), Mediation für Juristen, 1997, S. 123 ff. sowie in § 58 Rdnr. 43.

70   Es soll hier nicht im Einzelnen auf die praktizierten Modelle eingegangen werden. Insoweit sei auf den Beitrag in diesem Handbuch von *Bernhardt* und *Winograd* (§ 23) sowie auf anderweitige Darstellungen verwiesen.[45]

5. Markt, Kooperation und Konkurrenz

71   In der Familienmediation ist es bis jetzt gelungen, die Wertschöpfung durch die Zusammenführung der Kompetenzen beider Berufsgruppen einsichtig zu machen. Wenngleich immer wieder Sprachschwierigkeiten aufgetreten sind, die sich naturgemäß aus den unterschiedlichen Denkgewohnheiten und beruflich internalisierten Wirklichkeitssichten ergeben, ist doch der Vorteil so offensichtlich gewesen, dass der Kooperationsgedanke den Konkurrenzneid in Schach gehalten hat. Das ist ganz und gar nicht natürlich, sondern braucht eine mediative Grundeinstellung, die von der Natur der Sache her in den Führungsgremien der Berufsorganisationen nicht selbstverständlich ist. Je mehr Mediation in den Markt eindringt, umso eher wird zu befürchten sein, dass in der einen oder anderen Berufsgruppe das Konkurrenzdenken überhand nimmt. Solange die Kooperation etwas überwiegt, nutzt die Konkurrenz der Kooperation, weil der Wettbewerb angestachelt wird. Wächst die Konkurrenz überproportional und wird gleich groß oder größer, besteht die Gefahr einer jedenfalls teilweisen Dissoziation.

6. Einschränkung durch das Rechtsberatungsgesetz?

72   Von Mediatoren wird befürchtet, dass die kürzlich ergangenen Urteile des LG Rostock[46] und nachfolgend des OLG Rostock[47] sowie des LG Hamburg[48] die Befugnis der Mediatoren mit psychosozialem beruflichem Hintergrund zur Ausübung von Mediation zum Vorteil der Anwälte über Gebühr einschränken könnte. Die Urteile haben eine lebhafte Diskussion über die Grenzen des Rechtsberatungsgesetzes in Gang gesetzt.

73   Im Rahmen dieses Beitrages kann hierauf nur in beschränktem Maße Stellung genommen werden. Uns erscheinen in diesem Zusammenhang folgende Gesichtspunkte von **zentraler Bedeutung** zu sein:

Nach der Rechtssprechung des Bundesverfassungsgerichtes, vor allen des **Masterpat-Beschlusses**[49], sind Eingriffe in die Freiheit der Berufswahl nur zum Schutz eines besonders wichtigen Gemeinschaftsgutes und unter strikter Beachtung der Grundsätze der Verhältnismäßigkeit statthaft. Konkurrenzschutz der Anwälte, so das Bundesverfassungsgericht, ist als solcher kein Gemeinwohlbelang. Nach der Rechtssprechung des EuGH[50] darf die Ausübung des durch den EG-Vertrag garantierten Niederlassungsrechtes nur in sehr beschränktem Maße behindert werden, insbesondere muss die Einschränkung aus zwingenden Gründen des Allgemeininte-

---

[45] *Mähler/Mähler in Duss-von Werdt/Mähler/Mähler*, Mediation: Die andere Scheidung, 1995, S. 57 ff. und FPR 1997, 262 ff.
[46] ZKM 2000, 235 ff.
[47] ZKM 2001, 192 ff.; s. auch LG Hamburg NJW-RR 2000, 1514, 1515.
[48] NJW RR 2000, 1514, 1515.
[49] NJW 1998, 3481 ff.
[50] BRAK-Mitt. 1996, 42 ff.; hierzu *Lühn* im Protokolldienst 7/01 der Ev. Akademie Bad Boll, S. 59 ff.

resses gerechtfertigt sein. Sie muss geeignet sein, die Verwirklichung des mit ihm verfolgten Zieles zu gewährleisten und sie dürfen nicht über das hinausgehen, was zur Erreichung dieses Zieles erforderlich ist. Ergebnis: Sowohl nach der Rechtssprechung des BVerfG's als auch des EuGH ist der Begriff der Rechtsbesorgung bzw. Rechtsberatung im Sinne des Rechtsberatungsgesetzes eng auszulegen.

Legt man diese Rechtssprechung zugrunde, dürfte das Rechtsberatungsgesetz der Praxis[51] nicht widersprechen. Die Praxis richtet sich nach der **Fachlichkeit**. Die Fachlichkeit bestimmt sich danach, was jeder von seinem Ursprungsberuf her **kann**. Deshalb werden Anwälte lege artis in das Verfahren in unterschiedlicher Funktion herangezogen: Entweder direkt als Mediatoren, als Co-Mediatoren, als Experten oder als die die Parteien persönlich beratenden Anwälte. Zentral ist, aus der Sicht der Mediation, dass die Konfliktpartner wissen, was rechtens ist, bevor es zur rechtsverbindlichen Regelung kommt. Zentral ist, dass für die vertragliche Gestaltung letztendlich Juristen (Anwälte, Notare, Richter) als den hierfür ausgebildeten Fachleuten eingeschaltet werden. Widerspruch muss insbesondere der Rechtssprechung des LG's Rostock entgegengesetzt werden, die in einem obiter dictem erkennen lässt, dass sie es als – für einen Mediator mit psychosozialem Herkunftsberuf bzw. einen Mediator ohne Rechtsgeratungsbefugnis – unerlaubte Rechtsbesorgung ansieht, wenn die Mediatoren mit den Konfliktpartnern austasten, welche Wirkung die Rechtsberatung durch die die Parteien persönlich beratenden Anwälte, hat, sei es, was das Recht emotional auslöst, sei es, was das Recht für die interessengesteuerte Zukunftslösung bedeutet. Das ist von Haus aus keine Rechtsberatung oder -besorgung, sondern genuin Bestandteil mediativer Tätigkeit. Das Recht wird insofern lege artis durch fachkundige Anwälte oder durch Personen mit Rechtsberatungsbefugnis eingeführt. Die Konfliktpartner sind dadurch voll informiert. Es ist nicht zu befürchten, dass sie durch fehlerhafte Rechtsbesorgung Rechtsnachteile erleiden oder Rechtspositionen verlieren[52]. Im Gegenteil gewinnen sie, weil das Gesetz sie nicht in positionellen Standpunkten verharren lässt, sondern in der Mediation über die Akzeptanz interessengerechter Unterschiedlichkeit maßgeschneiderte Lösungen ermöglicht werden, die der gesetzlichen überlegen sind. Der die Bedeutung für die Lebensplanung abwägende Umgang mit dem anderwärts fachkundig und zulässig eingeführten Recht als einem Realfaktor unter anderem mit dem Ziel der Erarbeitung eines Zukunftsentwurfes noch ohne jede Rechtsverbindlichkeit ist selbstverantwortete autonome Lebensgestaltung. Hier ist genau die Schnittstelle, wo sich der Wandel von der autoritativen richterlichen Entscheidung zur Übernahme von eigener Verantwortung vollzieht. Dieser evolutionäre Schritt kann nicht durch eine exzessive Auslegung des Begriffs der Rechtsbesorgung aufgehalten werden. Denn dann würde das Recht nicht mehr der Übernahme der Selbstverantwortung dienen, sondern einen wiederum hierarchischen Überordnungsanspruch stellen. Und genau das ist durch die Mediation in weiterführender Bemühung der Betroffenen zu überwinden. Ist also dafür gesorgt, dass die Rechtsberatung – komplementär – durch Anwälte eingeführt wird, ist die Mediation durch Angehörige der psychosozialen Berufsgruppe auch nicht durch das Rechtsberatungsgesetz eingeschränkt. Das ist respektierte Praxis seit mehr als zehn Jahren. Sie kann weder

---

[51] *Mähler/Mähler* FPR 1997, 262 ff.
[52] So der Sinn des Rechtsberatungsgesetzes, siehe *Dombeck* BRAK-Mitt. 2001, 98 ff.

zurückgedacht noch zurückentwickelt werden. Sie ist Grundlage der Richtlinien der BAFM (Ziff. V 1).

75   Sie entspricht der Auffassung des BRAK-Ausschusses Mediation[53]. Sie wird inkludiert von den Empfehlungen des Ministerkomitees des Europarates (Ziff. X und Erläuterungen Nr. 46). Diese Auffassung wird im Ergebnis auch von z. B. von *Henssler/Kilian*[54], die die Komplementarität im Zusammenwirken der Professionen betonen, sowie *Haffke*[55] geteilt. Insgesamt spricht sich die Literatur ganz überwiegend für die Zulässigkeit der Mediation durch Angehörige der psychosozialen Berufsgruppe aus, so *Strack*[56], *Geier*[57], *Richter-Kaupp/Sparmberg*[58], *Duve*[59], *Monßen*[60], *Neubauer*[61], *Riehle*[62], *Zuck*[63] *und Eckhardt*[64]. Eine Ausnahme macht *Mankowski*[65].

76   Werden durch die zukünftige Rechtssprechung die Zweifel an der Ordnungsgemäßheit der Ausübung von Mediation durch Angehörige der psychosozialen Berufsgruppe und der fachlichen Kooperation mit Anwälten, wie in den vorgestellten Modellen geschildert, nicht eindeutig – und dies ist zu befürchten – ausgeräumt, **ist der Gesetzgeber zur Klarstellung aufgerufen.**

77   Die entsprechende Diskussion hat *Henssler*[66] eröffnet. Er sieht de lege ferenda im Anschluss an die vom Bundesjustizministerium in Auftrag gegebene Sekundäranalyse der Literatur zur außergerichtlichen Streitbeilegung (Prognosanalyse; Ziff. X) un-

---

[53] *Mähler/Mähler* Mediation, Beck'sches Rechtsanwaltshandbuch 2001/2002, 2001, C 8, Rdnr. 54 b.
[54] ZKM 2000, 56.
[55] In *Duss-von Werdt, Mähler/Mähler*, Mediation: die andere Scheidung, S. 92.
[56] Unter Charakterisierung der Mediation als einem von Rechtsbesorgung unterschiedlichen Feld, ZKM 2001, 184 ff.
[57] Die nicht einsieht, weshalb Art. 1 § 1 RberG – Schiedsgerichte betreffend – nicht analog angewandt werden kann und die Art. 1 § 5 RberG bei mediationsadäquater Argumentation für anwendbar hält, ZKM 2001, 100 ff.
[58] Die nach den Zielrichtungen der Mediation differenzieren und in der Mediation nach dem von ihnen praktizierten Modell keine Rechtsbesorgung sehen, ZKM 2001, 38 ff.
[59] Der die Umstände des Einzelfalles betont, kritisch dem Schubladendenken des LG Rostock in der Differenzierung zwischen Mediation „im rechtlichen Rahmen" und einer „spezifisch mediativ geweckte(n) Stärkung ihrer Privatautonomie und eine(r) Konfliktlösung nur auf pädagogisch-therapeutischem Gebiet" gegenübersteht und sich im Hinblick auf Art. 1 § 2 RBerG fragt, ob jedenfalls dann keine Rechtsbesorgung anzunehmen ist, wenn keine abschließende Entscheidung beabsichtigt ist, BB 2001, 693 ff., und der die beschränkte Sichtweise des OLG Rostock zur Mediation kritisiert, BB 2001, 1871, 1872; *Duve/Tochtermann* in ZKM 2001, 284 f. differenzieren, ausgehend vom Tatbestand und Schutzzweck des Rechtsberatungsgesetzes nach dem Gegenstand der Mediation und der Rolle des Mediators. Sie sehen insbesondere als argumentum a maiore ad minus Mediation als erlaubnisfreie Tätigkeit an, gleich der eines Schiedsrichters.
[60] Der im Anschluss an den BGH, DStR 2000, 2049, darauf abstellt, dass Rechtsbesorgung nur vorliegt, wenn das eigene Fachwissen einem Dritten so zur Verfügung gestellt wird, dass dieser zu einer fremdbeeinflussten Änderung seiner Rechtsauffassung oder seines Standpunktes gelangt, was Mediation nicht bezwecke, AnwBl. 2001, 169 ff.
[61] Der in Analogie zu Art. 1 § 2 keine Rechtsbesorgung annimmt, AnwBl. 2001, 243.
[62] Der im Anschluss an *Zuck* Mediation als integrierten „Gesamtrat" sieht, der nicht der Rechtsbesorgung unterfällt und insbesondere das Beratungsprivileg nach §§ 17, 28 KJHG untersucht, ZfJ 2001, 13 ff.
[63] Der eindeutig meint, „Mediation muss auch ohne Anwälte gehen", BRAK-Mitt. 2001, 109.
[64] ZKM 2001, 230 ff., der eine Analogie unter die Rechtsbesorgung fallende Schiedsgebietsgerichtsbarkeit sieht.
[65] EWiR Art. 1 § 1 RBerG 8/2000, 1120; ZKM 2001, 293 ff., der deshalb eine Änderung des Rechtsberatungsgesetzes anempfiehlt.
[66] AnwBl. 2001, 525, 528, 529.

ter Einschränkungen die Möglichkeit, Angehörige der psychosozialen Berufe ebenfalls zur Rechtsberatung zuzulassen. Er bevorzugt jedoch eine Erweiterung des Katalogs des § 59a BRAO und eine Liberalisierung des Rechts der anwaltschaftlichen Kooperationsmöglichkeiten. De lege ferenda sind weitere Überlegungen anzustellen.

In Ländern ohne eine dem Rechtsberatungsgesetz vergleichbaren Regelung[67] **78** bleibt die Wirksamkeit der Vereinbarung in der Regel von der Genehmigung des Familienrichters abhängig. Wir bevorzugen das „Anwaltsmodell", also die Einbeziehung von Anwälten während des Mediationsverfahrens, weil es das Recht im Mediationsprozess dynamisch einbezieht und dieses Modell dem Prinzip der Selbstverantwortung näher steht als das „Richtergenehmigungsmodell".

VIII. Praxisfragen

Die **Zeitdauer** der Mediation richtet sich nach der Partei, die mehr Zeit braucht, **79** um eine Entscheidung zu treffen, weil die Vereinbarung ja nur zustande kommen kann, wenn beide zustimmen. Als Durchschnittswerte haben sich bei der Familienmediation 3–10 Sitzungen à 2 Stunden herauskristallisiert. Sind alle äußeren Daten erhoben, kann es sich empfehlen, auch länger dauernde Sitzungen anzuberaumen, insbesondere wenn es um das Abtasten der Zukunftsperspektiven und die Evaluation der Optionen geht. Abgerechnet wird nach **Zeitaufwand**.

Diese **Kostenstruktur** dient dem Mediationsverfahren, weil es die Parteien selbst **80** in der Hand haben, die Kosten möglichst günstig zu gestalten[68].

Als außergerichtliche Beratungsgebühr können von Anwälten Stundensätze vereinbart werden, die niedriger als die gesetzlichen Gebühren sind (§ 3 Abs. 5 BRAGO). Der Gebührensatz liegt bei Anwälten meist zwischen 100,– € und 250,– €. Freiberufliche Psychotherapeuten berechnen in der Regel etwa so viel, wie eine Therapiestunde kostet, also bis zu DM 100,– €, teilweise bis zu DM 125,– €. Ihre Kosten sind in der Regel auch erheblich niedriger als bei Anwälten, sodass ein ähnliches Nettoeinkommen erzielt wird. Beratungsstellen bieten Mediation vielfach – wie die Beratung selbst – umsonst an, nehmen aber gern Spenden entgegen, die sich bei etwa 2% des Gesamteinkommens (mit Abzug von Kinderfreibeträgen) bewegen. Für die Konfliktpartner bleiben die Kosten in etwa gleich hoch, egal, ob sie von Mediatoren der psychosozialen Berufsgruppe oder von Anwaltsmediatoren begleitet werden, weil die außergerichtliche Beratung in ersteren Fall umfänglicher ist. Ist eine Einigung gefunden, die Willensbildung damit im Wesentlichen abgeschlossen und erhält der Mediator den – gesonderten – **Auftrag, an der Formulierung** (meist im Zusammenwirken mit einem Notar) mitzuwirken, wird häufig eine der Vergleichsgebühr entsprechende **Abschlussgebühr bzw. Einigungsgebühr** vereinbart. Vor Beginn der Mediation oder dem Auftrag zur Vertragsformulierung gibt der Mediator seine jeweils entstehenden Gebühren bekannt, sodass die Konfliktpartner entscheiden können, ob sie den Auftrag erteilen wollen. Hierdurch ist namentlich die **Kostentransparenz** durchgängig gesichert. Auch einseitig beratende Parteian-

---

[67] Hierzu *Lühn*, Rechtsberatungsmonopol der Anwaltschaft in einem zusammenwachsenden Europa, im Protokolldienst der Ev. Akademie Bad Boll, 7/01, S. 50ff.
[68] Zu den Honorar- und Kostenfragen der Mediation vgl. § 32.

wälte rechnen bei reinem Beratungsauftrag erfahrungsgemäß nach Zeit ab. Bei beiden fällt eine Vergleichsgebühr nach § 23 BRAGO an, wenn sie im Rahmen eines Vertretungsauftrages die Gestaltung übernehmen, beispielsweise bei Mediationen durch Angehörige der psychosozialen Berufsgruppe. Im Hinblick auf die Vielzahl der professionellen Beteiligten (Mediator, parteilich beratende Anwälte, Notar) wird zum Teil vermutet, dass die Kosten der Mediation die traditionell anfallenden Kosten bei jeweiliger anwaltschaftlicher Vertretung weit übersteigen. Das Gegenteil ist nach allen vorliegenden praktischen Erfahrungen der Fall. Nicht weil Mediation die billigere Methode ist – warum sollte sie das sein? –, sondern weil es preisgünstiger ist, gezielt auf Verständigung hinzuarbeiten als zu streiten.

81   **Haftungsrechtlich** ist Mediation seit Dezember 1996 als Teil anwaltschaftlicher Tätigkeit nach einem Beschluss der großen Versicherer ausdrücklich mitversichertes Risiko[69]. Es empfiehlt sich eine entsprechende Rückfrage bei der eigenen Versicherung, um Zweifel auszuschließen. Psychosoziale Mediatoren bedürfen des Abschlusses einer eigenen Haftpflichtversicherung.

82   Keine Probleme für die **Werbung** bestehen für Mediatoren der psychosozialen Berufsgruppe. Richtungsweisend für Anwälte ist eine rechtskräftige Entscheidung des AGH Hamm[70], in der festgestellt wird, dass jedenfalls ein Anwalt sich dann als Mediator bezeichnen kann, wenn er eine entsprechende Ausbildung hat, beispielsweise als **Mediator (BAFM)**. In ähnlicher Weise hat der AGH Baden-Württemberg entschieden[71]. Diese Auffassung wird auch von dem BRAK-Ausschuss Mediation geteilt[72]. Manche Rechtsanwaltskammern sind – noch? – anderer Auffassung. Sozietäten und Bürogemeinschaften sind nach der BRAO (§ 59 a Abs. 1 und 3) und dem Partnerschaftsgesetz nur mit wirtschaftsnahen Beratungsberufen möglich. Keine Zweifel bestehen jedoch darüber, dass Rechtsanwälte **verfestigte Kooperationen** mit Angehörigen anderer Berufsgruppen, z. B. mit Psychologen, Therapeuten, Finanzberatern u. a. eingehen können[73].

IX. Forschung

83   Familienmediation ist bisher der einzige Sektor, für den im deutschsprachigen Raum Evaluationsforschung vorliegt. Besonders hervorzuheben ist der Abschlussbericht über die „Unterstützung von Familien in Scheidung durch Familienmediation", der vom Psychologischen Institut der Uni Heidelberg durch *Bastine/Weinmann-Lutz* und *Wetzel* im Auftrag des Sozialministeriums Baden-Württemberg 1999 vorgelegt wurde[74]. Er belegt z. B. eindringlich die hohe Zufriedenheit der Betroffenen mit Mediation und findet (wie Forschungen in den USA) keinen Beleg für die feministische These, dass Frauen in der Mediation von Haus aus benachteiligt werden. Im Hinblick auf die Praxis in Jugendämtern ist auf die Forschungsarbeiten von *Proksch* hinzuweisen. Mit Unterstützung des Bundesministeriums für Familie, Seni-

---

[69] Zu der Haftung des Mediators vgl. § 31.
[70] ZKM 2000, 141 ff.
[71] ZKM 2001, 196 ff. mit Anmerkung von *Ewig*.
[72] BRAK-Mitt. 1999, 25 ff.
[73] Näher *Henssler/Kilian* in ZKM 2000, 55 ff.
[74] Kurzfassung: *Bastine* in KON:SENS 1999, 287 ff.

oren, Frauen und Jugend hat *Proksch* in einem umfassend angelegten Praxisprojekt am Stadtjugendamt Jena[75], aufbauend auf Erfahrungen eines entsprechenden Pilotprojektes am Stadtjugendamt Erlangen 1990/91, Mediation eingeführt, erprobt und evaluiert. Nach diesen Forschungen hat sich erwiesen, dass Familienmediation in Jugendämtern für die Eltern und die Kinder klar entlastend wirkt. Streitigkeiten werden reduziert, Kommunikation und Kooperation deutlich verbessert[76].

Über positive Erfahrungen der gerichtsnahen Beratung und Vermittlung bei **84** Scheidungskonflikten am Amtsgericht Regensburg berichtet *Vergho*[77] und *Vergho* und *Lossen*[78]. Die ausführliche Begleitforschung hierzu ist ebenfalls veröffentlicht[79]. Einen Überblick über empirische Forschungsergebnisse zur Familienmediation im deutschsprachigen Raum geben *Bastine* und *Wetzel* in *Petermann/Pietsch*[80].

X. Institutionalisierung, Entschließung des Ministerkomitees des Europarates, Prognosanalyse

Zu Beginn der Praxis von Mediation brauchte es abgesicherte Klarstellungen, um **85** sie in die bestehende (Rechts-)Ordnung zu integrieren und zu implementieren. Dem diente eine Tagung der Evangelischen Akademie Bad Boll in Zusammenarbeit mit dem Eidos Projekt Mediation im Januar 1992. Hier wurden die Grundlinien markiert, die später, in Fortentwicklung, Ausdruck in den **Richtlinien der Bundes-Arbeitsgemeinschaft für Familienmediation** fanden (**BAFM**), die übrigens im Vorfeld der gleichen Tagung gegründet wurde. **Institutionalisierung, Ausbildung und Qualitätssicherung durch die BAFM** bilden in ihrer Vernetzung die institutionelle Grundlage für das Ansehen und die Ausstrahlung der Familienmediation. Auf sie wird im Rahmen der Ausbildung (§ 58) näher eingegangen werden.

In der Bundesrepublik hat sich Familienmediation entwickelt als Antwort auf die **86** Bedürfnisse der Betroffenen und aus der Einsicht der professionell mit Trennung und Scheidung befassten Berufsgruppen, die attrahiert sind von den Möglichkeiten, die die Mediation als Paradigmawechsel bietet. Familienmediation ist jedoch kein bundesrepublikanisches Einzelprodukt. Sie hat sich weltweit etabliert. Das **Ministerkomitee des Europarates** sieht die Motivation hierfür in seiner Entschließung Nr. 98 (1) vom 5. Februar 1998 zentriert in den

„Forschungsergebnissen über Mediation und die diesbezüglichen Erfahrungen in verschiedenen Ländern, die zeigen, dass die Familienmediation geeignet ist,
– die Kommunikation zwischen den Familienmitgliedern zu verbessern
– Konflikte zwischen den Streitparteien zu verringern
– gütliche Regelungen herbeizuführen
– die Fortsetzung persönlicher Kontakte zwischen Eltern und Kindern zu gewährleisten

---

[75] 1992–1997; Kooperative Vermittlung (Mediation) in streitigen Familiensachen, Schriften des Bundesministeriums für Familie, Senioren, Frauen und Jugend, Band 159, 2, 1998.
[76] Zusammenfassender Bericht in ZKM 2000, 211 ff.
[77] In KindPrax 2000, 71 ff.
[78] In FamRZ 1993, 768 ff.; FamRZ 1995, 781 ff.
[79] *Buchholz-Graf* et al.: Familienberatung bei Trennung und Scheidung – Eine Studie über Erfolg und Nutzen gerichtsnaher Hilfen, 1998.
[80] Mediation als Kooperation, Verlag Otto Müller, Salzburg/Wien, 2000, S. 52 ff.

- die sozialen und wirtschaftlichen Kosten einer Trennung oder Scheidung für die Parteien selbst und für den Staat zu senken
- den Zeitraum, der sonst zur Beilegung eines Konfliktes benötigt wird, zu verkürzen". Deshalb "empfiehlt das Ministerkomitee den Regierungen der Mitgliedsstaaten
    1. die Familienmediation einzuführen oder zu fördern oder gegebenenfalls die bestehende Familienmediation zu verbessern.
    2. alle Maßnahmen zu ergreifen oder zu verstärken, die sie für die Verwirklichung der folgenden Grundsätze zur Förderung und Anwendung der Familienmediation als geeignetem Mittel zur Beilegung von Familienstreitigkeiten als notwendig erachten."

In der Bundesrepublik ist diese Aufforderung des Ministerkomitees noch nicht umgesetzt worden.

87   Das Bundesministerium der Justiz hat bei **Prognos eine Analyse der Literatur zur außergerichtlichen Streitbeilegung** in Auftrag gegeben. Sie ist im Februar 1999 veröffentlicht worden. Im Hinblick auf das Familienrecht verstärkt sie die Einsichten des Ministerkomitees. Im Ergebnis sieht sie folgenden

"Handlungsbedarf für eine gestaltende Rechtspolitik:
- Informationen über Mediationsangebote sollten gefördert werden. Auch Gerichte sollten die Beteiligten so früh wie möglich auf bestehende Möglichkeiten von Vermittlung hinweisen . . . und ihnen gegebenenfalls Mediation nahe legen
- Angebote zur Qualifikation von Mediatorinnen, bzw. von Vermittlungskräften sollten weiter entwickelt werden
- im Bereich der Jugendhilfe sollte Mediation zu einem Standardangebot des Jugendamtes zur Förderung des „Wohles des Kindes" entwickelt werden
- bezüglich der Kosten von Mediation sollte – etwa durch eine gesetzliche Honorarregelung – mehr Transparenz und Einheitlichkeit angestrebt werden. Sinnvoll erscheint auch eine Veränderung der Anreize bei der Prozesskostenhilfe sowie eine Erstattung von Mediationskosten durch die Rechtsschutzversicherungen."

XI. Gesetzliche Absicherung

88   Die Entschließung des Ministerkomitees des Europarates, vor allen Dingen aber die Prognos-Analyse, war für die Verbandskonferenz der BAFM Anlass, mit dem Familienministerium und mit dem Justizministerium Kontakt aufzunehmen, um Vorschläge für eine gestaltende Rechts- und Familienpolitik zu unterbreiten. Es ist an der Zeit, dass der Gesetzgeber Familienmediation stützt, wie überhaupt die Mediation. Die Gesetzgebung hat insofern einen Nachholbedarf, der sich auf folgende Punkte konzentriert:
- **Informationshinweise.** Hier geht es um die Erweiterung von §§ 613, Abs. 1, Satz 2 ZPO, § 17, Abs. 2, SGB VIII, und § 52 SGB. Die am 1. 1. 2002 in Kraft getretene ZPO-Reform macht einen ersten Ansatz, indem sie dem Gericht die Möglichkeit einräumt, den Parteien eine außergerichtliche Streitschlichtung vorzuschlagen (§ 278 Abs. 5 ZPO). Dies reicht jedoch nicht, passt vor allen Dingen nicht für die Scheidung und Folgesachen, weil sich deren Verfahrensordnungen (ZPO, FGG) überschneiden. Hilfreich könnte die verpflichtende Anberaumung eines **frühen ersten Termins** durch den Familienrichter sein, in dem auf die verschiedenen Möglichkeiten außergerichtlicher Streitbeilegung und Unterstützung für die Parteien hingewiesen wird.

– Im Hinblick auf die Mediation sollte das Verfahren **ausgesetzt** werden können (Erweiterung der § 52 Abs. 2 FGG und § 614 ZPO). Bei jeder Aussetzung wie überhaupt mit Beginn jeder Mediation wäre sicherzustellen, dass rechtliche Ansprüche durch Zeitablauf nicht verlustig gehen und die Verjährung, ohne dass Ansprüche wie Unterhalt und Zugewinn als Folgesache ausdrücklich anhänglich gemacht werden, gehemmt wird. § 203 BGB n.F. macht insofern einen Anfang.

– Die **interdisziplinäre Vernetzung und Kooperation** ist zu fördern, insbesondere sind die fachspezifischen Vorschriften, die eine Zusammenarbeit behindern, entsprechend anzugleichen. Dies betrifft etwa § 59a BRAO. Im Rechtsberatungsgesetz ist sicherzustellen, dass die fachliche Zusammenarbeit oder die Ausübung von Mediation nicht behindert wird und damit der Zugang zur Mediation als das in bestimmten Fällen geeignetere außergerichtliche Verfahren nicht erschwert wird. Den Anwälten sollte erlaubt werden, als Mediator zu werben, freilich nur dann, wenn eine geeignete Ausbildung vorliegt[81].

– Darüber hinaus empfiehlt es sich, prozessuale Vorschriften einzuführen, die dem **Schutz der Konfliktparteien, des Mediators und des Verfahrens** dienen, so z.B. der Ausschluss des Mediatiors bei Vorbefasstheit oder Verwandtschaft, bei eigenen wirtschaftlichen Interessen, die die Neutralität in Frage stellen können; das Verbot der anschließenden Beratung bzw. Vertretung einer Partei, die im Zusammenhang mit dem Inhalt des Mediationsverfahrens steht[82]; die Berechtigung und Verpflichtung zur Verschwiegenheit zum Schutz des Verfahrens selbst dann, wenn die Parteien den Mediator von der Verschwiegenheitspflicht entbinden[83]; die strafrechtliche Bewehrung des Verschwiegenheitsgebotes; die institutionelle Erweiterung des Zeugnisverweigerungsrechts und der Zeugnisverweigerungspflicht im Zivilprozess und im Verfahren der freiwilligen Gerichtsbarkeit.

– Nicht zuletzt wird es darum gehen, einen niedrigschwelligen Zugang zur Mediation durch neue **Kostenregelungen** einzuführen. Es gehört zum Standard von Qualitätsanforderungen für ein Verfahren, dass es für die Personen, die es benötigen, erreichbar ist. Hier bestehen erhebliche Defizite. Beratungshilfe und Prozesskostenhilfe reichen nicht aus. Kostenrechtlich ist insofern ein grundsätzliches Umdenken des Gesetzgebers am Platz, in dem Konfliktregelungen im außergerichtlichen Raum eine wesentlich größere Bedeutung beigemessen wird. Zu schaffen ist namentlich eine **Mediationskostenhilfe.**

– Wie in Österreich[84] sollten die **Rechtsschutzversicherungen** den Mut haben, auch für die Familienmediation Rechtsschutz anzubieten. Die Rechtsschutzversicherungen werden freilich umso eher geneigt sein, Mediation abzusichern, wenn Kostenregelungen im außergerichtlichen Raum deutlicher Platz greifen und das Versicherungsrisiko absehbarer ist.

– Die Mediation sollte insbesondere bei den **Förderrichtlinien für Beratungsstellen** eine zentralere Berücksichtigung finden, wie überhaupt zu überlegen ist, wie die Mediation durch Angehörige der psychosozialen Berufsgruppen mit finanziert

---

[81] Insoweit in Übereinstimmung mit der Entscheidung des AGH Hamm ZKM 2000, 141 und des AGH Baden-Württemberg ZKM 2001, 196 ff. mit Anm. von *Ewig* und den Vorschlägen des BRAK-Ausschusses Mediation (BRAK-Mitt. 1999, 25).
[82] De lege lata so bereits das OLG Karlsruhe NJW 2001, 3197.
[83] Hierzu *Mähler/Mähler* ZKM 2001, 4 ff.
[84] Vorreiter ist dort der DAS.

werden kann. Da Mediation für familiäre Konflikte nicht nur eine geeignete Methode ist, sondern in vielen Fällen eine höhere prozedurale Akzeptanz aufweist, steht zur Überlegung an, wie sie gesetzlich als **Hilfe zur Erziehung** (§§ 27 ff. KJHG) verankert werden kann.

XII. Ausstrahlungswirkung der Familienmediation

89   Die Familienmediation ist in ihrer Methodik und Institutionalisierung die am weitesten durchdachte Form der Mediation in der Bundesrepublik. Von dorther hat sie eine **Ausstrahlungswirkung auch auf andere Formen der Mediation** gehabt. Das Verständigungsmodell, das weitgehend in der Familienmediation – und dies weltweit – Anwendung findet, schöpft den Rahmen der Mediation weit mehr aus als beispielsweise Mediationsformen, die überwiegend ergebnisorientiert und beurteilender Natur sind. Aus ihm wird die Kraft verständlich, die in dem evolutionären Entwicklungsschritt hin zur Mediation liegt. Wenn heute Mediation in vieler Munde ist und Hoffnungsträger für eine neue Form der Streitkultur, so liegt dies entscheidend an der durchdachten Methodik der Familienmediation. Von dorther hat **Familienmediation** eine **Führungsrolle** inne, nicht nur geschichtlich, sondern auch methodisch.

90   Die Familienmediation hat freilich nicht nur eine Ausstrahlungswirkung auf andere Formen der Mediation. Sie hat, einmal entdeckt und angewandt, eine **Rückkopplungswirkung** auf die herkömmlichen institutionalisierten Formen der Austragung von Familienkonflikten insgesamt und die in ihr tätigen Berufsgruppen. Es ist eine durchgängige Erfahrung aus der Ausbildung in Familienmediation (näher § 58), dass die Teilnehmer berichten: unabhängig davon, ob sie Mediation in Reinkultur anwendeten, ihre Einstellung und ihre Handlungsspektren im Grundberuf habe sich zentral geändert. Das betrifft nicht nur **Anwälte**, die von sich berichten, sie könnten klarer unterscheiden, welche Fälle vergleichsfähig seien und wo es gelte, Rechtspositionen mit aller Kraft wahrzunehmen und die sich darin gestärkt fühlen, die Interessen ihrer Mandanten in einem breiteren und für die Mandanten sinnvolleren Spektrum wahrnehmen zu können als bisher. Das betrifft ebenso **Richter**, die ihre Vergleichsgespräche neu strukturieren oder **Sozialpädagogen** und **Therapeuten**, die erlernte methodische Elemente als fruchtbringend in ihrer herkömmlichen professionellen Ausübung erfahren. Sie fühlen sich namentlich auch gestärkt, interdisziplinär und interprofessionell einander besser zuzuarbeiten.

91   Mediation erweist sich damit nicht nur als richtungsweisende Methode. Mediatives Denken ist eine Konsequenz der sozialen Veränderungsprozesse. Einmal ins Bewusstsein getreten, hat es unmittelbare Bedeutung für die Handlungskompetenz aller Professionen, die sich mit Konflikten beschäftigen.

§ 35 Mediation im Erbrecht

Dr. Daniel Beisel

Übersicht

Schrifttum: *Beisel/Klumpp,* Der Unternehmenskauf, 4. Auflage, 2002; *Damrau,* Das Behindertentestament mit Vermächtnislösung ZEV 1998, 1 ff.; *Harbauer,* Rechtsschutzversicherung. ARB-Kommentar, 6. Auflage, 1998; *Keidel/Kuntze/Winkler,* Freiwillige Gerichtsbarkeit. Kommentar, 14. Auflage, 1999; *Lange,* Die Rechtsnatur des Testamentsvollstreckers und ihre Grenzen, JuS 1970, 102 ff.; *van de Loo,* Die Letzwillige Verfügung von Eltern behinderter Kinder, NJW 1990, 2852 ff.; *Nieder,* Das Behindertentestament, NJW 1994, 1264 ff.; *ders.,* Handbuch der Testamentsgestaltung, 2. Aufl., 2000; *Palandt* (Hrsg.), Bürgerliches Gesetzbuch, 60. Aufl., 2001; *Pieroth,* Grundgesetzliche Testierfreiheit, sozialhilferechtliches Nachrangprinzip und das sogenannte Behindertentestament, NJW 1993, 173 ff.; *Prölls/ Martin,* Kommentar zum Versicherungsvertragsgesetz, 26. Auflage, 1998; *Sudhoff* (Hrsg.), Unternehmensnachfolge, 4. Aufl., 2000; *Thümmel* (Hrsg.), Erben und Vererben, 1999; *Wiese,* Umwandlungssteuerrechtliche Fragen bei der Trennung von Gesellschaftern, GmbHR 1997, 60 ff.

I. Einleitung

Mit dem **Tod eines Menschen** endet dessen Rechtsfähigkeit, d.h. die Fähigkeit, 1 Träger von Rechten und Pflichten zu sein. Die Vorschriften des Erbrechts in §§ 1922 ff. des Bürgerlichen Gesetzbuchs (BGB) bestimmen

– die Art und Weise des Übergangs des Vermögens des verstorbenen Erblassers auf eine andere rechtsfähige Person, d.h. den oder die Erben; Zweck ist hier zu vermeiden, dass das Privateigentum des Erblassers als Grundlage der eigenverantwortlichen Lebensgestaltung[1], d.h. dessen Vermögen, herrenlos wird, der Fortbestand soll im Wege der Rechtsnachfolge gesichert werden[2];
– wer Erbe geworden ist und damit an die Stelle der verstorbenen Person tritt;
– wie das Vermögen des Erblassers zu verwalten ist;
– wer Ansprüche gegen den Erben als Inhaber des Nachlasses geltend machen kann.

2   Die Kenntnisse von den gesetzlichen Regelungen bzw. über die vielfältigen Gestaltungsmöglichkeiten des deutschen Erbrechts sind in der Bevölkerung sehr häufig nur gering ausgeprägt. Insbesondere wird das Potential, für Generationen bindende Verfügungen treffen zu können, völlig verkannt. Zumeist werden nur kurzfristig wirkende Verfügungen, etwa Testamente einfacherer Art (z.B. Berliner Testament), zu Gunsten der Kinder oder des jeweiligen Ehepartners getroffen.

3   Die gesellschaftliche Tabuisierung des Themas Tod bewirkt, dass es den meisten Menschen heute unangenehm ist, sich mit der Frage „Nach mir" zu beschäftigen. Hierdurch bedingt tritt bei plötzlichen Todesfällen, wie sie z.B. durch einen Unfall, eine Operation oder sogenannte „Managerkrankheiten" eintreten kann, die Situation ein, dass **keine Regelung für den Todesfall** vorliegt, obwohl die familiären, sozialen oder wirtschaftlichen Verhältnisse dies dringend erforderlich gemacht hätten. In der Praxis haben diese „letzten" Fehler nicht selten fatale Auswirkungen. Demgemäss sollte sich jeder Mensch, ungeachtet seiner gesellschaftlichen Stellung oder der Höhe seiner Vermögenswerte, bereits zu Lebzeiten Gedanken über die Regelung seines Nachlasses machen. Durch eine klare Verfügung des Erblassers kann ein Konflikt innerhalb der Erbengemeinschaft vermieden werden. Andererseits ist auch denkbar, dass eine Verfügung eines Erblassers einen Streit der Erben erst provoziert, z.B. dann, wenn sich durch eine solche Verfügung einer der Erben benachteiligt fühlt.

4   Hat ein Erblasser mehrere Verwandte, so liegt hierin bereits ein latentes Konfliktpotential, da sich der eine oder andere potentielle Erbe durch die Verfügung oder auch Nichtverfügung des Erblassers benachteiligt fühlt. Sind mehrere Erben vorhanden, finden sich diese plötzlich in einer Erbengemeinschaft mit Personen wieder, zu denen sie unter Umständen jahrelang keinen Kontakt hatten oder die ihnen sogar verhasst sind. Kaum eine Erbauseinandersetzung geht ohne Konflikte von statten.

5   Insofern bietet das **Erbrecht** ein ideales Einfallstor für das **Betätigungsfeld von Mediatoren**, da hier ein fast unermessliches Konfliktpotential gegeben ist. Die Praxis verweist indes genau in das Gegenteil: Erbrechtliche Mediation ist durchaus selten. Eine aus Anlass dieses Beitrags unternommene Umfrage ergab, dass sich nur sehr wenige Mediatoren im Erbrecht betätigen, nicht jedoch, weil ihnen die notwendige Spezialisierung, sondern der Bedarf auf diesem Gebiet fehlt. Dies hat zum einen sicher seine Ursache darin, dass erbrechtliche Konflikte nicht selten ihre Wurzel in einer tiefliegenden Kommunikationsstörung in der Familie haben, so dass der

---

[1] BVerfGE 83, 201.
[2] BVerfG NJW 1995, 2977.

Kampf um das Erbteil nur ein „Ersatzschlachtfeld" für weit in der Vergangenheit liegende Konflikte ist. Zum anderen ist der „Gang zum Rechtsanwalt" bei einer Mediation auf Grund der Komplexität der rechtlichen Ausgestaltung fast schon vorprogrammiert. Da nicht selten beiderseits schnell „schmutzige Wäsche gewaschen wird", insbesondere in Verbindung mit dem bereits beschriebenen Aufbrechen alter Konflikte, ist die Einigungsbereitschaft der Parteien gering ausgeprägt.

Zweck der Mediation ist die Herbeiführung einer gemeinsamen Basis der Partei- 6 en. Insoweit ist es die Aufgabe des Mediators, den Blick der Parteien in die Zukunft zu richten. Gerade dies macht den Vermittlungsversuch im Bereich des Erbrechts so schwierig, da hier die Streitparteien rückwärtsbezogen agieren, indem sie in ihren Handlungen auf nicht abgeschlossene Konflikte in der Vergangenheit verweisen. Dies ist grundsätzlich auch bei familiären Konflikten in anderen Rechtsgebieten (z.B. im Familienrecht; vgl. dazu § 34) der Fall. Im Unterschied zu den dortigen Fällen aber ist die Herstellung einer wie auch immer gearteten Basis (im Familienrecht z.B. wegen vorhandener gemeinsamer Kinder) nicht unbedingt im Interesse der Parteien, so dass die bereits vorhandenen Konflikte als Katalysator für das Scheitern der Mediation wirken können.

Wie sich zeigen wird, sind **Erbschaftsprozesse** aber in der Regel **langwierig, teuer** 7 (da diesen zumeist hohe Streitwerte diesen zugrundeliegen) und mit **ungewissem Ausgang** versehen. Insofern ist gerade das Erbrecht für das Versuchsfeld der Mediation geradezu prädestiniert. Es bleibt daher Aufgabe aller als Mediatoren tätigen Personen, das Augenmerk der Konfliktparteien auf diese Möglichkeit zu richten. Insofern ist Erbrecht immer noch wie andere Rechtsgebiete auch (z.B. Baurecht), für die außergerichtliche Streitbeilegung ein „undiscovered country".

II. Fehlende Bereitschaft der Parteien zur außergerichtlichen erbrechtlichen Schlichtung

1. Konflikte durch Normen

Nur etwa ein Drittel der Gesamtbevölkerung der Bundesrepublik Deutschland 8 trifft eine **Vorsorge für den Todesfall.** Dies ist umso erstaunlicher, als allein in den Jahren 1999 und 2000 im Bundesgebiet 2,7 Billionen DM vererbt wurden[3]. Im Alltag stellen die vielfältigen, nicht nur rechtlichen Konflikte rund um den Todesfall neben den Sorgen rund um die Scheidung die tiefgreifendsten emotionalen, aber auch wirtschaftlichen Belastungen dar. Es ist in der Praxis (leider) geradezu selten, dass eine Erbengemeinschaft untereinander in allen Punkten einig ist.

Das **deutsche Erbrecht** wirkt hier kaum schlichtend. Im Gegenteil: In den we- 9 sentlichen Grundzügen sind die §§ 1922 ff. BGB seit dem Inkrafttreten des Bürgerlichen Gesetzbuches vom 18. August 1896[4] unverändert. In der juristischen Ausbildung gilt das Erbrecht als die „Krone" juristischer Fachkompetenz des vorletzten Jahrhunderts. Dieser Glanz besitzt zugleich jedoch auch für den einzelnen Bürger einen entscheidenden Nachteil, da sich nämlich ohne juristische Fachkompetenz

---

[3] Quelle: *Thümmel* (Hrsg.), Erben und Vererben, S. 9.
[4] RGBl. S. 195.

diesem das Verständnis des BGB verschließt. Dies wirkt zusammen mit der bereits dargestellten generellen Abneigung, sich dem Tabuthema „Tod" zu widmen, als doppelte Hürde zum Abfassen einer Verfügung von Todes wegen. Im Gegensatz zu den Grundfällen des Familienrechts (Ehegatten- und Kindesunterhalt, Versorgungsausgleich etc.) fehlt es auf diesem Gebiet zumeist bereits an dem Grundverständnis erbrechtlicher Gestaltungsmöglichkeiten, so dass diese von dem jeweiligen Erblasser nicht wahrgenommen werden. Was jedoch einer einzelnen Person zu Lebzeiten verschlossen geblieben ist, wird der Erbengemeinschaft, einer womöglich sich aus einer Vielzahl von unterschiedlichen Lebensaltern, sozialer Herkunft und Verständnis, wirtschaftlichen Verhältnissen bestehenden Personengruppe kaum gelingen. Andererseits verstärkt der Zweck der gesellschaftsrechtlichen Beziehungen der Erbengemeinschaft, nämlich die Auseinandersetzung, das Gefühl der Unterlegenheit des innerhalb oder außerhalb der Erbengemeinschaft Minderbedachten (z.B. Pflichtteilsberechtigten), so dass das Ergebnis der Verteilung häufig als „nicht gerecht" empfunden wird. Damit verstärkt der Gesetzgeber die (etwaig empfundenen) Benachteiligungen bestimmter Personen. Aber auch einer vom Erblasser begünstigten Person werden im Erbfall durch den Gesetzgeber erhebliche Belastungen zugemutet; man denke nur an den Fall des Firmenfortführers, der nun seine übrigen Geschwister in bar abfinden muss.

10   Immerhin hat der Gesetzgeber zu Recht im Jahre 1998 den bloßen Erbersatzanspruch nichtehelicher Kinder aufgehoben[5], und damit den bisher als ungerecht empfundenen Ausschluss nichtehelicher Kinder von der gesetzlichen Erbfolge aufgehoben. Damit wurde ein erhebliches Konfliktpotential beseitigt. Dennoch bieten die Normen der §§ 1922 ff. BGB eine nahezu unendliche **Fülle an Konflikten** zwischen Erbengemeinschaften, Vermächtnisnehmern, Pflichtteilsberechtigten, auflagebeschwerten Erben, Testamentsvollstreckern etc.

2. Erbrechtliche Mediation und Rechtsschutzversicherung

11   In mehreren Untersuchungen wurde bereits gezeigt, dass die Existenz oder Nichtexistenz einer Rechtsschutzversicherung keinerlei Auswirkungen auf die grundsätzliche Vergleichsbereitschaft der Parteien hat. Allerdings ist auch zu beobachten, dass viele rechtsschutzversicherte prozessierende Parteien sich erst einigen, wenn klar ist, dass von ihnen im Prozess nichts mehr erreicht werden kann.

12   Gemäß § 5 Abs. 1 lit. d) ARB 1994 sind die Rechtsschutzversicherer verpflichtet, die Gebühren eines Schlichtungsverfahrens bis zur Höhe der Gebühren, die im Falle der Anrufung eines zuständigen staatlichen Gerichtes erster Instanz entstehen, zu übernehmen. Hierunter fallen auch nach hM auch die **Kosten eines Mediationsverfahrens**[6]. Für das Erbrecht gelten jedoch Besonderheiten. Denn gemäß § 2 lit. k) ARB besteht nur ein Beratungsrechtsschutz für einen Rat oder eine Auskunft eines in Deutschland zugelassenen Rechtsanwalts in erbrechtlichen Angelegenheiten. Der Deckungsschutz geht jedoch nur so weit, wie der Rat oder die Auskunft nicht mit einer anderen gebührenpflichtigen Tätigkeit des Rechtsanwaltes zusammenhängt, HS 2.

---

[5] ErbGleichG vom 16. 12. 1997, BGBl. I S. 2968.
[6] *Harbauer* ARB-Kommentar § 5 Rdnr. 8.

Gemäß § 3 Abs. 2 lit. g) ARB 1994 sind Rechtsschutzfälle aus dem Bereich des 13
Erbrechts (ebenso wie aus dem Bereich des Familienrechts) **vom Deckungsschutz
ausgenommen.** Der Ausschluss setzt also voraus, dass Gegenstand des Streits ein im
Erbrecht wurzelndes, von diesem geregeltes Interesse ist und nicht nur im Rahmen
des Streites über die Anwendung einer erbrechtlichen Bestimmung befunden werden muss[7]. Hierdurch werden spezifisch erbrechtliche Ansprüche aller Art vom Deckungsschutz nicht erfasst[8], insbesondere auch Ansprüche gegen einen Testamentsvollstrecker[9]. So wurde folgerichtig auch der Anspruch auf Aufhebung eines
zwischen den Erben bestehenden, mit Mitteln des Erblassers vor dessen Tod ge-
speisten Gemeinschaftskontos vom Rechtsschutz ausgenommen[10]. Anderes gilt allerdings für Probleme aus dem Bereich des Erbschaftskaufs. Da die §§ 2371 ff. BGB
nur den Formzwang und gewisse Modalitäten festlegen, der Vertrag selbst aber ein
schuldrechtlicher Kauf gemäß §§ 433 ff. BGB ist, der den Käufer nicht zum Erben
macht[11], sind die eigentlichen Regelungen im allgemeinen Schuldrecht zu suchen.
Strittige Fragen aus dem Bereich des Erbschaftskauf können daher – bei Bestehen
der übrigen Voraussetzungen – in den Bereich des Rechtsschutzes fallen[12]. Für solche Fallgestaltungen kommt demnach die Übernahme von Mediationskosten durch
eine Rechtsschutzversicherung gemäß § 5 ARB 1994 in Frage.

Entgegen einem auch unter Juristen weitverbreiteten Irrtum haben auch Rechts- 14
fragen bezüglich einer vom Erblasser zugunsten einer dritten Person abgeschlossenen Rechtsschutzversicherung nichts mit der potentiellen Erbenstellung dieser Person zu tun. Der Anspruch dieser Person richtet sich vielmehr nach den §§ 328 ff.
BGB. Folgerichtig kann daher grundsätzlich für Klagen auf Freigabe einer hinterleg-
ten Lebensversicherungssumme bei strittigen Fragen über die Bezugsberechtigung
Deckungsschutz seitens der Rechtsschutzversicherung in Betracht kommen[13].

Vererbte Ansprüche, d.h. Ansprüche, welche bereits zu Lebzeiten des Erblassers 15
entstanden sind, fallen nicht unter die Ausschlussklausel des § 3 ARB 1994[14].

Da eine Mediation eine nach § 2 lit. k) ARB 1994 vom Versicherungsschutz 16
gedeckte reine Rechtsberatung überschreitet, übernehmen Rechtsschutzversicherungen Mediationsfälle im Bereich des reinen Erbrechts also nicht. Folgerichtig sind
die Kosten einer erbrechtlichen Mediation von den jeweiligen Parteien selbst zu
tragen.

III. Die Vermittlung durch das Nachlassgericht

1. Die Regelung des § 86 FGG

Gemäß § 86 FGG hat das **Nachlassgericht** auf Antrag eines Miterben, eines Er- 17
werbers eines Erbteils oder desjenigen, welchem ein Pfandrecht oder ein Nieß-

---

[7] *Prölls/Martin* VVG-Kommentar § 3 Rdnr. 15.
[8] *Harbauer* § 4 ARB 75 Rdnr. 84; AG Lüdenscheid VersR 1983, 1149; AG Düren ZfS 1980, 74.
[9] *Harbauer* § 4 ARB 75 Rdnr. 84.
[10] AG Oldenburg VersR 1987, 811 und LG Oldenburg ZfS 1987, 178.
[11] *Palandt/Edenhofer* vor § 2371 Rdnr. 1.
[12] *Harbauer* § 4 ARB 75 Rdnr. 84.
[13] OLG Köln r+s 1989, 20.
[14] *Harbauer* § 4 ARB 75 Rdnr. 85.

brauch an einem Erbteil zusteht, die Auseinandersetzung in Ansehung des Nachlasses zwischen den Beteiligten zu vermitteln. Diese Regelung ist nicht nur in der breiten Öffentlichkeit, sondern auch in Juristenkreisen gemeinhin unbekannt, in der täglichen Praxis der freiwilligen Gerichtsbarkeit spielt die Vorschrift so gut wie keine Rolle. Das Nachlassgericht kann gemäß § 86 Abs. 1 FGG auch nur auf Antrag tätig werden. Diese bundesrechtliche Vorschrift wurde allerdings auch ergänzt durch den dem Landesgesetzgeber verbleibenden Vorbehalt einer Vermittlung von Amts wegen, wenn die Erbauseinandersetzung nicht binnen bestimmter Fristen erfolgt ist, §§ 192, 185 Abs. 2 FGG i. V. m. Art. 3 EGBGB. Jedoch haben eine solche Amtsvermittlung nur das Land Baden-Württemberg und der Freistaat Bayern initiiert. Da sich das Amtsverfahren gleichfalls als unpraktikabel erwiesen hat, haben beide Bundesländer die entsprechenden landesrechtlichen Vorschriften inzwischen ersatzlos gestrichen[15].

18   Nach dem Wortlaut des § 86 Abs. 1 FGG hat das Nachlassgericht die Auseinandersetzung zwischen den Miterben in Ansehung des Nachlasses zu **vermitteln**. Dem Nachlassgericht stehen damit keinerlei Entscheidungskompetenzen über sich bei der Auseinandersetzung ergebende Streitpunkte zu. Ein Streit ist somit nicht vor dem Nachlassgericht, sondern vor dem zuständigen Prozessgericht in Form einer Klage zu führen. Voraussetzung hierfür ist jedoch ein von dem jeweiligen Kläger aufzustellender Auseinandersetzungsplan.

19   Demgemäss muss bei einem Scheitern der gütlichen Einigung das **Verfahren** vom Nachlassgericht **ausgesetzt** werden[16]. Das Nachlassgericht ist im Übrigen auch nicht zur Verwaltung des Nachlasses berechtigt[17]. Allerdings kann das Gericht die Durchführung der Auseinandersetzung realiter bewirken, denn es kann die notwendigen Erklärungen vor den jeweils zuständigen Stellen (Notare, Grundbuchamt) abgeben. Das Gericht kann auch die Übertragung von Forderungen oder anderen Rechten anordnen[18]. Es ist jedoch nicht zur Einziehung von Nachlassforderungen oder Befriedigung von Nachlassgläubigern berufen[19].

2. Das Nachlassgericht als Mediationsstelle

20   Wie bereits ausgeführt, hat das Nachlassgericht die Aufgabe, zwischen den beteiligten Erben zu vermitteln. Es genügt auch der Antrag eines Erben. Selbstverständlich müssen jedoch analog zum außergerichtlichen Mediationsverfahren sämtliche anderen Betroffenen mitwirken. Im Unterschied zum Mediationsverfahren gibt es jedoch beim Antragsverfahren nach § 86 FGG auch die üblichen Versäumniswirkungen, wenn beteiligte Erben trotz ordnungsgemäßer Ladung nicht an dem Verfahren mitwirken, §§ 91, 93 FGG.

21   Auch ein **Widerspruch** eines einzelnen Beteiligten gegen die Einleitung des Verfahrens hindert die Einleitung des Verfahrens nicht, wenn er auf Gründe gestützt wird, die sich durch die Vermittlung beseitigen lassen[20]. Anderes gilt jedoch, wenn

---

[15] Vgl. BadWürttLFGG vom 12. 12. 1975 und BayAGGVG v. 23. 6. 1981.
[16] *Keidel/Kuntze/Winkler* § 86 Rdnr. 4.
[17] *Keidel/Kuntze/Winkler* § 86 Rdnr. 4.
[18] *Keidel/Kuntze/Winkler* § 86 Rdnr. 4.
[19] BayObLGZ 30, 270.
[20] *Keidel/Kuntze/Winkler* § 86 Rdnr. 5.

der Miterbe sich grundsätzlich weigert, einer Auseinandersetzung zuzustimmen; dann ist das Verfahren einzustellen[21]. Gleiches gilt, wenn der Widerspruch des Beteiligten auf Rechtsgründe gestützt wird[22].

Im Unterschied zum Mediationsverfahren kommt es damit nicht von vornherein **22** auf die Mitwirkung aller Beteiligten an, diese ist sogar unter Umständen entbehrlich, siehe §§ 91, 93 FGG. Wie bereits ausgeführt, kann das Nachlassgericht auch Streitpunkte nicht entscheiden, dies bleibt den Beteiligten überlassen. Eine Suche nach einem „fairen Ergebnis" nimmt das Nachlassgericht ebenfalls nicht vor. Während das Mediationsverfahren den Beteiligten gerade bei der Suche nach einer Lösung außerhalb der juristischen Auseinandersetzung behilflich ist, erklärt sich das Nachlassgericht bei Auftreten von Streitigkeiten für nicht kompetent und verweist auf den Prozessweg. Diesen zu verhindern bzw. abzukürzen, ist jedoch gerade das Ziel der Mediation. Während die Mediation streitschlichtend tätig wird, kapituliert das Nachlassgericht vor den Streitigkeiten.

Das Antragsverfahren nach § 86 Abs. 1 FGG ist damit **kein Mediationsverfahren** **23** im eigentlichen Sinne, vielmehr ist es eine allerdings viel zu selten genutzte, zeitmäßig kürzere, risikolosere (und auch wesentlich preisgünstigere) Alternative zur Erbauseinandersetzung auf dem Prozesswege.

IV. Konflikte unter Mitgliedern einer Erbengemeinschaft

In den seltensten Fällen wird eine **Auseinandersetzung unter verschiedenen Miterben** **24** konfliktfrei bzw. ohne nennenswerte Störung ablaufen. Dies liegt schon in der Natur der Sache begründet: Wo Menschen unterschiedlicher Weltanschauung, Religiosität, Bildungsstandes, Hautfarbe, Lebensalters etc. zusammentreffen, sind Konflikte programmiert. Allerdings werden Streitigkeiten im täglichen Leben selten so heftig geführt wie dies bei Erbengemeinschaften häufig der Fall ist. Dies liegt darin begründet, dass bei der Auseinandersetzung, insbesondere unter näheren Verwandten (z.B. Geschwistern) teilweise jahrelange, häufig scheinbar bereinigte oder unterschwellig vorhandene Konflikte aufbrechen. In der Erbengemeinschaft werden damit Personen gewissermaßen „zusammengepfercht", welche sich möglicherweise jahrelang nicht gesehen oder gesprochen oder welche gar eine tief verwurzelte Abneigung gegeneinander haben. Die verdrängten Konflikte leben beim Zusammentreffen mit der jeweiligen Person wieder auf, so dass der Streit um die Sache häufig nur „vorgeschoben" ist. Demgemäß wird der Jurist, noch dazu der anwaltliche Vertreter, bei der Erbauseinandersetzung in der Regel fehl am Platze sein. Als Prozessvertreter verschärft der Rechtsanwalt nicht selten die Auseinandersetzung, indem er vor Gericht Persönliches, und damit zumeist rechtlich Irrelevantes, in den Prozess einfließen lässt. Demgemäß sollte die Mediation bei einer Erbauseinandersetzung einer fachlich geschulten Person mit dem (hoffentlich vorhandenen) notwendigen Einfühlungsvermögen, wie z.B. einem Psychologen, vorbehalten sein, welche die notwendige Kompetenz zur Aufarbeitung der vergangenheitsbezogenen Konflikte besitzt. Die vertragliche Seite der Erbauseinanderset-

[21] KG NJW 1965, 1538, 1539; BayObLGZ 1971, 293, 297.
[22] *Keidel/Kuntze/Winkler* § 86 Rdnr. 5.

zung wäre dann Aufgabe der jeweiligen anwaltlichen Vertreter der Parteien (falls vorhanden) oder eines von beiden Parteien zu bestimmenden Dritten.

Folgende **Konfliktfelder** sind bei Streitigkeiten in der Erbengemeinschaft denkbar:

1. Die Erbenstellung

25   Nicht selten geht der Streit um die Wirksamkeit oder Unwirksamkeit eines Testaments oder Erbvertrags. Der Antragsteller bzw. Kläger macht zumeist geltend, er sei (Mit-) Erbe des Verstorbenen auf Grund eines von diesem formgültig errichteten Testaments oder Erbvertrags. Der Streit wird zumeist darüber geführt, ob das Testament tatsächlich formgültig errichtet wurde, ob der Erblasser bei der Abfassung noch im Besitze seiner geistigen Kräfte war oder ob Anfechtungsgründe für das Testament bzw. den Erbvertrag bestehen. Da es nicht selten für die jeweiligen Parteien um „alles oder nichts" geht, d. h. um die Erbenstellung, also das gesamte Erbe, sind hier Mediationsversuche äußerst schwierig.

Fall: Mandant M wurde von seiner Schwester H auf Auflassung eines sich in der Erbmasse befindlichen Grundstücks (bebaut mit einem Haus) verklagt. H machte geltend, ihre Mutter habe 7 Jahre zuvor ein Testament errichtet, in der sie H das Haus zukommen ließ. Dieses Testament war jedoch nur noch in Abschrift vorhanden. M hingegen konnte mehrere Zeugen dafür benennen, dass seine Mutter gesagt habe, sie habe das fragliche Testament zerrissen. Diese Aussagen waren durchaus glaubhaft, zumal die Mutter in den letzten Jahren von ihrem Sohn aufopferungsvoll gepflegt wurde. H fühlte sich von ihrer Mutter und M zurückgesetzt, denn M hatte bereits Jahre zuvor einen Bauplatz von seiner Mutter geschenkt bekommen, auf dem er sein jetziges Wohnhaus baute. Kurz danach wurde die Mutter jedoch eifersüchtig auf die neue Lebenspartnerin von M, weshalb sie vermutlich jenes Testament, das sie später reute, verfasste. Die Mutter lehnte allerdings bis auf eine gewisse Annäherung in jener Zeit der Testamentserrichtung H ab, möglicherweise deswegen, da H's Kind bei seiner Geburt nichtehelich war.

Da M das Haus an einen Bauträger verkaufen und H das Haus selber nutzen wollte, schlug ich H vor, dem M das strittige Haus für den Verkehrswert hälftig abzukaufen und den Rest der Erbmasse zu teilen. Nachdem beide Parteien bereits dem Vergleich zugestimmt hatten, lehnte H den Vergleich schließlich doch nach anwaltschaftlichem Rat mit der Begründung ab, sie werde den Prozess am Ende gewinnen. H verlor den Prozess, das Haus wurde zur Teilung der Erbengemeinschaft versteigert.

Für M ging es hier um seine ganze Erbenstellung, für H indes nur um die hälftige. Gleichwohl war ein Vergleich nicht möglich, da sich alle Parteien (im übrigen auch die verstorbene Erblasserin) zu sehr von ihren Emotionen leiten ließen.

26   **Umgekehrt** war die Konstellation allerdings im folgenden Fall, bei dem eine Partei nicht (mehr) Erbe sein wollte.

Fall: Erblasser L hatte seine Nichte A und den Neffen P, welche zueinander Cousin und Cousine waren, als Kinder angenommen. Dies wohl in Anbetracht der Tatsache, dass er selbst keine Kinder hatte und beide als Erben von ihm eingesetzt werden sollten und er auf diese Weise jenen die sonst fällige Erbschaftssteuer ersparen wollte. Als L starb, hinterließ er kein Testament, so dass A und P hälftig erbten. Das Vermögen bestand im Wesentlichen nur in dem Wohnhaus des L. A hatte L in den letzten Jahren gepflegt und wohnte seither mit ihrem Ehemann in dem Hause des L. Jener hatte A auch ein dingliches Wohnrecht eingeräumt. Später hatte L dem P ein Vorkaufsrecht an seinem Hause eingeräumt und diesem hierfür eine Auflassungsvormerkung eingetragen. A und P stritten sich nach dem Tod des L zunächst mit einem anderen Erbprätendenten gerichtlich über dessen Erbenstellung; dieses Verfahren ging bereits drei Jahre. Kurz vor einem Termin mit ihren Anwälten, vereinbarten A und P privatschriftlich, dass A das Haus erhalten und sie P dessen Hälfte ausbezahlen sollte. Nachdem A diese Summe nicht gezahlt hatte, verklagte sie P auf Zahlung. In zwei Instanzen siegte A weitgehend, da das Gericht ihrem Vortrag folgte, der Vertrag sei gemäß § 313 BGB nichtig. P legte jedoch Revision zum Bundesgerichtshof ein und gewann diese. Der BGH entwickelte hier seine Theorie des „dritten Wegs", P könne auch mittels einer Abschichtung aus der Erbengemeinschaft gegen Zahlung einer bestimmten Summe ausgeschieden sein[23], weshalb § 313 BGB nicht anwendbar sei; wegen der Tatsachenfrage verwies er an das Oberlandesgericht zurück. Hier verlor A, die ihrerseits eingelegte Revision wurde – erwartungsgemäß – nicht angenommen.

Nunmehr versuchte P gegen A zu vollstrecken. Geld war inzwischen bei A aber nicht mehr vorhanden, so dass Pfändungen fruchtlos blieben. Beide Parteien hatten im Laufe des Rechtsstreits weit über DM 100.000,– jeweils für ihre Anwälte ausgegeben. Das sich auf der Bank befindliche Sparbuch der Erbengemeinschaft war seit 10 Jahren wegen des Streits blockiert. Das Ersparte der A war inzwischen von dieser aufgebraucht, A hatte noch nicht einmal mehr Geld für die dringend im Haus vorzunehmenden Reparaturen. Zudem hatte A ein dingliches Wohnrecht an dem Hause, eine Zwangsversteigerung war dem P auf Grund des von seinem Prozessvertreter unsauber gestellten Prozessantrags nicht möglich. Halten wir also fest: Wie zu Beginn des Rechtsstreits wohnte (und wohnt noch heute) A in dem Haus des auf die „Erbengemeinschaft L" im Grundbuch stehenden Hauses, P kann zeitlebens der A seinen Zahlungsanspruch gegen diese nicht realisieren und die Zwangsversteigerung nicht betreiben, darüber hinaus zerfällt das Haus immer mehr, so dass ein später eintretender Erlös für P im Rahmen einer Zwangsversteigerung auch nach dem Ableben der A immer unwahrscheinlicher wird.

Um diese dann eingetretene Situation zu verhindern, schlug ich dagegen beiden Parteien einen gemeinsamen Verkauf des Hauses vor. Da das Haus ohnedies für A wesentlich zu groß war, A nunmehr fortgeschrittenen Alters war und angesichts der für A ungünstigen Prozesssituation, schlug ich vor, dass der Geschäftsmann P den Verkauf organisieren sollte, A aus dem Erlös soviel Geld erhalten sollte, um für sich und ihren Ehemann eine kleine Eigentumswohnung kaufen zu können. Nachdem A und P zunächst dem Vergleich zustimmten, lehnten schließlich beide den von mir mühsam erarbeiteten Vorschlag ab. Dies vornehmlich deshalb, weil P weiterhin darauf bestand, A müsse ihm etwas bezahlen. P wollte die A für die von ihr angeblich begangenen Verfehlungen gewissermaßen bestraft sehen. Auch die angebotene Selbstauskunft, die vorgelegten Einkommensteuerbescheide der A lehnte er als „gefälscht" ab. Schließlich endete die Auseinandersetzung wahrlich in einer handfesten Prügelei beim Oberlandesgericht.

27 Dieser Fall ist geradezu exemplarisch für das **Scheitern einer erbrechtlichen Mediation.** Beide Parteien verdächtigten sich gegenseitig, den jeweils anderen hereinlegen zu wollen, gegenseitige Vorwürfe von Unterschlagungen, sexuellen Belästigungen etc. vergifteten die Atmosphäre. Die Prozessvertreter schafften es nicht, mäßigend auf die Parteien einzuwirken. Am Ende standen beide Parteien mit leeren Händen dar, verdient haben bei diesem Fall – wieder einmal – nur die Anwälte, die Erbmasse jedenfalls war in der Tat „verprozessiert".

28 **Festzuhalten** bleibt, dass in den grundsätzlichen Fragen der Erbenstellung eine Einigung auf große Schwierigkeiten stoßen wird.

2. Die Abwicklung der Erbengemeinschaft

29 Die Errichtung eines Testaments oder der Abschluss eines Erbvertrags werden von Erblassern immer noch viel zu selten ins Auge gefasst. Aber selbst wenn einer dieser Wege eingeschlagen wird, sind Teilungsanordnungen gemäß § 2048 BGB nicht die Regel. Demgemäss stehen die Erben vor der Qual, sich mit den jeweils anderen Miterben ungeachtet bereits bestehender Konflikte einigen zu müssen.

30 a) **Barvermögen.** Handelt es sich bei der Erbmasse überwiegend um Barvermögen, d.h. Wertpapierdepots, Sparbücher, Girokonten, Termineinlagen oder Inha-

---

[23] BGHZ 138, 8 = NJW 1998, 1557.

berschuldverschreibungen, können Konflikte innerhalb einer Erbengemeinschaft relativ unproblematisch durch den zu erstellenden Teilungsplan geklärt werden, indem das Barvermögen entsprechend der auf den jeweiligen Miterben entfallenden Quote geteilt wird.

31 Denkbar ist auch, dass die Bewertung eines beweglichen Gegenstands unter den Mitgliedern einer Erbengemeinschaft subjektiv unterschiedlich vorgenommen werden muss. Hat der Erblasser die Beteiligung an einem Abschreibungsfonds hinterlassen (geschlossene Immobilienfonds oder Filmfonds), kann der Wert einer solchen Beteiligung von dem Erben 1, dem Unternehmer U, höher angesetzt werden, als vom Erben 2, dem arbeitslosen A. Sollte hier ein Ausgleich über das übrige Vermögen nicht möglich sein (ein eher unwahrscheinlicher Fall), kann hier nur ein ratengleicher jährlicher Ausgleich oder ggf. ein Tausch mit einem Vermögensgegenstand des U (!) in gleicher Werthöhe in Betracht kommen, da solche Güter in der Regel unverkäuflich sind, weil ein Markt hierfür nicht oder nur begrenzt existiert.

32 **b) Immobiliarvermögen.** Anders liegt der Fall, wenn Immobiliarvermögen vorhanden ist. Hier wird sich in erster Linie die Frage einer Bewertung der jeweiligen Grundstücke und/oder Gebäude stellen. Erfahrungsgemäß sind Konflikte in der Zukunft bei einer entsprechenden Teilung der Grundstücke vorprogrammiert, es sei denn es handelt sich bei den Grundstücken um mehrere teilbare Wohnungen (Eigentumswohnungen). Je größer die Erbengemeinschaft, umso schwieriger eine spätere Verwaltung des Gesamthandseigentums bzw. des Miteigentums. So treten nicht selten Konflikte in der Erbengemeinschaft bei einer Auswahl unter potentiellen Mietern bzw. (häufig nach Beendigung von Mietverhältnissen) bei der Sanierung oder Renovierung von Objekten auf, da nun die Erben investieren müssen und damit der wirtschaftlich schwächere Erbe unter Druck kommen kann. Demgemäss ist grundsätzlich von einer entsprechenden **quotalen** Teilung des Immobiliarvermögens unter den Erben abzuraten.

33 Anders liegt der Fall, wenn **verschiedene Grundstücke** vorhanden sind. Dann kann natürlich eine Aufteilung so vorgenommen werden, dass Miterbe A das Grundstück 1 und Miterbe B das Grundstück 2 erhält. Allerdings werden die Grundstücke in der Regel nicht denselben Wert besitzen. Über die Frage der Bewertung wird gemeinhin auch der Streit unter den Miterben gehen. Hier können natürlich zur Ermittlung des Verkehrswerts als Vergleichsmaßstab ähnliche in der Umgebung liegende Grundstücke herangezogen werden. Gegebenenfalls kann auch ein öffentlich vereidigter Sachverständiger als Schiedsgutachter tätig werden. Andererseits sagt der Verkehrswert bei Grundstücken nichts über den vermeintlich tatsächlichen Wert aus, der entsprechend der Lage bzw. Struktur der Umgebung erheblich höher oder niedriger sein kann. Ist ein Verkäufermarkt in einer Stadt vorhanden (z.B. München), wird eine Erbengemeinschaft potenziell eine Art Versteigerung unter den Kaufinteressenten abhalten können. Andererseits wird angesichts der Vielzahl von Immobilienangeboten nicht selten bei einem schnellen Verkauf oder gar einer Versteigerung nur die Hälfte des Verkehrswerts einer Immobilie erzielt.

34 Noch komplizierter wird der Fall, wenn ein Miterbe eine sich in der Erbmasse befindliche **Immobilie bewohnt**, z.B. die Ehefrau in der ihrem verstorbenen Ehemann gehörenden Wohnung bzw. Haus. Es ist einer solchen Person häufig emotional schwierig zu vermitteln, dass sich auch für eine mit einer Darlehensvaluta nicht

mehr belastete Wohnung ein entsprechender Mietwert ergibt, welcher der Erbengemeinschaft zusteht. Gehört das Haus bereits zu einem Teil der betroffenen Person, bezahlt sie aus Ihrer Sicht für ihre „eigene" Immobilie einen Mietwert. Stand die Immobilie ausschließlich im Eigentum des Erblassers, so ergibt sich nunmehr für den überlebenden Partner die unangenehme Situation, dass er mit Mietforderungen konfrontiert werden kann, obwohl möglicherweise in der Immobilie ein Teil „Eigenleistung" auch des Überlebenden mitenthalten ist, beispielsweise wenn bestimmte wertvollere Einrichtungsgegenstände wie Küche, Bad etc. vom Überlebenden mitfinanziert wurden. Gemeinhin wird in diesen Fällen der überlebende Partner ein gewisses Interesse an der Erhaltung der Immobilie und insbesondere an der Bewohnung derselben durch ihn selbst haben. Die Abfindung der anderen Erben (z. B. Kinder) kann dann durch andere Vermögensgegenstände der Erbmasse erfolgen; sollten diese wertmäßig nicht ausreichen, kommt eine ratenweise jährliche Abfindung der Miterben in Betracht. Hier kann der überlebende Partner darauf hingewiesen werden, dass er bei Auszug seinerseits aus der Wohnung auch anderswo eine Mietzahlung erbringen müsste. Andererseits kann ein eventueller Verkaufswille der übrigen Erben durch den Hinweis auf die sonst unweigerlich zu erfolgende Zwangsversteigerung bei Weigerung des überlebenden Partners zum Schweigen gebracht werden.

Denkbar bleibt andererseits auch, einen **Erbvertrag** der Miterben mit dem überlebenden Partner abzuschließen, nach dem dieser das Haus zu seinen Lebzeiten übernimmt und die Miterben oder einer von ihnen die Immobilie nach dessen Tod erben. Grundbuchrechtlich kann dies auch durch ein persönliches Wohnrecht oder einen Nießbrauch zugunsten der oder des Miterben für die ausscheidenden Mitglieder der Erbengemeinschaft abgesichert werden. Insoweit wird sowohl das Interesse des Partners an dem Erhalt der Immobilie als auch das Interesse des ausscheidenden Miterben am Erhalt der Immobilie für sein Vermögen (Wiederverheiratung!) gewahrt. Denkbar bleibt natürlich auch der umgekehrte Fall, d. h. die Miterben (Kinder) übernehmen die Immobilie bei Einräumung eines dinglichen Wohnrechts oder Nießbrauchrechts für den Ehegatten, was auch in schenkungssteuerrechtlicher Hinsicht wegen der 10-Jahres-Frist des Erbschaftssteuergesetzes (ErbStG) eine sinnvolle Alternative sein könnte. **35**

3. Die Verwaltung der Erbengemeinschaft

Die Vorschriften des BGB über die Verwaltung der Erbengemeinschaft sind relativ kurz geraten. Gemäß § 2038 BGB steht die Verwaltung des Nachlasses den Erben gemeinschaftlich zu. Beschlüsse sind mit Stimmenmehrheit zu fassen, notwendige Erhaltungsmaßnahmen kann aber jeder Miterbe treffen, die Lasten des Nachlasses trägt jeder Miterbe im Verhältnis seines Erbteils. Die Normen wurden deshalb vom Gesetzgeber relativ kurz gefasst, da die Erbengemeinschaft von vornherein auf Auseinandersetzung gerichtet ist, d. h. die Verwaltung nur eine beschränkte Zeit aktiv sein soll. Doch lässt sich eine schnelle Auseinandersetzung der Parteien nicht immer realisieren. Schwierigkeiten treten immer dann auf, wenn die unterschiedlichen Zielsetzungen der Parteien zu Tage treten. **36**

Fall: Eine Erbengemeinschaft bestand aus den Brüdern A, B und der Schwester C. Das Vermögen der Erbengemeinschaft bestand aus mehreren Grundstücken und einem größeren Wertpapierdepotbestand. Am Ort der Erblasserin ansässig war nur noch A, der zudem unter den Geschwistern die größte Geschäftserfahrung hatte. Die Erbengemeinschaft wollte die Grundstücke verkaufen, die entsprechenden Verhandlungen verliefen jedoch auf Grund der Grundstückslage schwierig. Nunmehr forderte A eine Verwaltervergütung für seine Tätigkeit, insbesondere auch für das Depot, was B und C mit dem Hinweis auf dessen testamentarisch größeren Erbteil ablehnten.

Bei der Mediation traten tiefgreifende familiäre Risse zu Tage. So fühlte sich C von der Erblasserin (ihrer Mutter) bereits seit Jahrzehnten zurückgesetzt, bereits beim Tode ihres Vaters hatte sie auf einen Großteil des ihr zustehenden Erbanteils zugunsten des A verzichtet. B wiederum fühlte sich einerseits der testamentarischen Auflage der Erblasserin verpflichtet, unter den Geschwistern keinen Streit zu führen, andererseits wies er darauf hin, dass die Erblasserin ursprünglich nach ihrem mündlich geäußerten Willen alle Kinder gleichstellen sollte, eventuelle Ungleichheiten sollten durch diese selbst ausgeglichen werden. A wiederum bemerkte, B und C würden ihm allein die Verwaltungstätigkeit aufbürden, zudem wies er auf die finanzielle Absicherung der beiden Geschwister hin. Schließlich wurde ein Kompromiss dahingehend erzielt, dass A die Verwaltertätigkeit für die Grundstücke kostenlos betreibt, soweit sie ein bestimmtes Stundenkontingent nicht überschreitet. Dagegen wurde für das Wertpapierdepot eine geringe Grundgebühr sowie eine gestaffelte Erfolgsbeteiligung, abhängig vom Depotwert, für A vereinbart.

Mit dieser Lösung wurde sowohl dem Interesse des A an einer möglichst schnellen und für ihn erfolgsorientierten Abwicklung der Erbengemeinschaft als auch dem Interesse von B und C zur Wiedergutmachung der von Ihnen empfundenen Ungleichbehandlung Rechnung getragen. Die Beteiligten wurden sich auch innerhalb der Mediationssitzungen darüber klar, dass ein Verkauf der Grundstücke nur bei einer Einigkeit der Erben untereinander gelingen kann. Die Verlinkung verschiedener Zielsetzungen von Erben mit unterschiedlichem Stand, differenter Kultur etc. zu einer Zielvorstellung muss hier das Ziel der Mediation sein.

4. Pflichtteilsrecht

37   Gegenstand der Mediation können ebenfalls Fälle aus dem Pflichtteilsrecht sein. Soweit es sich hierbei um die **Höhe** des Pflichtteilsrechts der Berechtigten handelt, werden häufig Fragen der Bewertung von Unternehmensbeteiligungen oder Grundstücken eine Rolle spielen. Die Frage der Bewertung wird daher zumeist Sache eines Sachverständigen sein. Insoweit darf auf die obigen Ausführungen (Rdnr. 29 ff.) verwiesen werden.

38   Schwer mediabel sind auch die Fälle, in dem der Streit über das grundsätzliche **Bestehen oder Nichtbestehen eines Pflichtteilsanspruchs** geht (z. B. Pflichtteilsergänzungsanspruch nach § 2325 BGB). Hier gelten die obigen Ausführungen zur Erbenstellung sinngemäß. Hinzu kommt nicht selten eine besondere Enttäuschung des Pflichtteilsberechtigten, da er von dem Erblasser nicht bedacht wurde bzw. ausdrücklich von der Erbfolge ausgeschlossen wurde. Der Zorn des Pflichtteilsberechtigten wird sich in diesen Fällen gegen den bevorteilten „Erbschleicher" richten. Ist dieser auch noch ein nächster Verwandter (Bruder, Schwester) treten hier die verdrängten vergangenheitsbezogenen persönlichen Konflikte noch hinzu. All diese Motive erschweren eine Einigung der Beteiligten zusätzlich.

39   Besonders kritisch sind auch die Fälle, in denen die Höhe des Pflichtteils für die Berechtigten feststeht, die Erben bzw. die Erbengemeinschaft sich aber **aus praktischen Gründen** nicht in der Lage sehen/sieht, diese zu erfüllen. Fordert A vom Erben B seinen Pflichtteil und besteht das Vermögen im wesentlichen aus dem Unternehmen U, hängt die Höhe des Pflichtteils im Wesentlichen von der Bewertung des Unternehmens U ab. Da der Pflichtteil immer nur einen Geldanspruch darstellt, könnte B gezwungen sein, das Unternehmen zu verkaufen, um die Geldforderung

von A zu erfüllen, insbesondere dann, wenn das übrige übernommene Vermögen nicht zur Befriedigung des A ausreicht. Hier kommt als Mediationslösung eine ratenweise jährliche Auszahlung des A oder eine Minderheitsbeteiligung des B am Unternehmen U unter Verzicht auf seinen Pflichtteilsanspruch in Betracht. Alternativ kann der A auch durch einen Gegenstand aus dem sonstigen Vermögen des B (z.B. Grundstück) abgefunden werden. Ziel der Mediation sollte jedenfalls der Erhalt des Unternehmens sein, da auch der A ein Interesse an der Werterhaltung seines Pflichtteilsanspruchs, welcher sich ja gerade aus der Bewertung des Unternehmens ergibt, haben muss. Ist kein Unternehmen mehr vorhanden, kann A seinen Geldanspruch auch nicht mehr verwirklichen. Will B mit A jedoch – wie häufig – unternehmerisch nichts zu tun haben, kommt auch die Bestellung eines von A mit Einverständnis des B zu benennenden Treuhänders für die zu übertragenden Anteile am Unternehmen in Betracht. Als Treuhänder kommen insbesondere als Mediatoren arbeitende Steuerberater oder Rechtsanwälte in Betracht, welche sowohl die Interessen der Beteiligten als auch die übergeordneten Interessen des Unternehmens im Blick haben. B kann sich insoweit auch absichern, indem A mit ihm einen Stimmbindungsvertrag abschließt. Hier kann A sich, abgesichert durch eine Vertragsstrafe, verpflichten, in bestimmten Angelegenheit seine Stimme gleich mit der von B abzugeben. Letztlich werden solche Regelungen davon abhängen, ob A ein eigenes wirtschaftliches Interesse an der Unternehmensbeteiligung hat oder nicht.

5. Sonstige Ansprüche

Des weiteren kommen als Gegenstand einer Mediation auch sonstige Streitigkeiten aus dem Bereich des Erbrechts, wie z.B. Streitigkeiten aus Anlass eines **Erbschaftskaufs,** wegen Erbeinsetzungen unter **Bedingungen,** Art und Umfang von **Auflagen, Auslegungsfragen** von Testamenten oder Erbverträgen etc. in Betracht. 40

Eine weitere – Gegenstand eines langwierigen Prozesses – Problematik war folgender: 41

Fall: W war in dritter Ehe mit der C verheiratet und über 90 Jahre alt. Kind der C aus deren erster Ehe war die S. C hatte mit S bereits lange vor der Heirat mit W einen Erbvertrag geschlossen, in der sie die S als Erbin ihres Vermögens einsetzte. W lebte mit C in Gütertrennung und verzichtete in einem notariellen Vertrag mit der C auf Pflichtteilsrechte anlässlich ihres Todes. Dann wurde C pflegebedürftig, W pflegte seine Ehefrau jahrelang aufopferungsvoll, ein Großteil seines Ersparten wurde durch die Pflege aufgebracht. Darüber hinaus bezahlte er eingegangene Kreditverpflichtungen der C zurück. C war ihm für sein Verhalten sehr dankbar und schenkte ihm durch notariellen Vertrag daraufhin ein ihr gehörendes Grundstück, welches den wesentlichen Teil ihres Vermögens darstellte. 3 Jahre später starb C. Nunmehr machte S Ansprüche gegen W gemäß § 2287 BGB wegen beeinträchtigender Schenkung geltend und forderte die Auflassung des fraglichen Grundstücks. W war über den Rechtsstreit außerordentlich empört und betrachtete diesen quasi als „Stroh-halm zum Leben", welcher ihn noch aufrecht hielt. S andererseits war nahezu mittellos und verfügte nunmehr über ein kleines Einkommen. Von der C hatte sie ansonsten kaum nennenswerte Vermögenswerte erhalten. Sie empfand W insoweit als „altersstarrsinnigen Blutsauger", der ihre Familie um die dieser gehörenden Vermögenswerte bringe. Zunächst wurde versucht, die jeweiligen Interessen der Parteien zu klären. Dabei stellte sich heraus, dass S keinerlei Interesse an einem derzeitigen Verkauf des Hauses hatte, etwaig zu erzielende Gelder benötigte sie also nicht. Für W dagegen war das Haus voller lebendiger Erinnerungen an C, die er nach seiner eigenen Beschreibung „wunderbar geliebt" hatte. W fühlte sich zudem nicht mehr in der Lage, in seinem Alter nochmals an einen Umzug zu denken, er fürchtete insbesondere von seinen Kindern, zu denen er relativ wenig Kontakt hatte, geradewegs ins Altersheim abgeschoben zu werden. Da S nur Interesse an der Erhaltung des Vermögenswerts hatte, sie sich momentan mit einer Eigentümerstellung zufrieden geben konnte, wurde unsererseits der Vorschlag gemacht, dass S das Haus als Eigentümerin überschrieben werden sollte, W jedoch zu seinen Lebzeiten ein dingliches Wohnrecht an diesem besitzen sollte. Miete sollte W keine bezahlen, jedoch die noch zu tilgenden Raten aus einer Hypothek für das Haus gegenüber der Bank übernehmen. Nachdem beide diesen Vorschlag abgelehnt hatten, wurde der Rechtsstreit beim Landgericht (und noch einige andere hinzu) fortgesetzt. Nach über einem Jahr und nachdem bereits erkleckliche Summen an die beiden Anwälte bezahlt worden waren, schob man sich gegenseitig die Schuld am Nichtzustandekommen des Vergleichs zu, ohne nochmals den erneuten Versuch einer gütlichen Einigung zu unternehmen. Die Ausgangssituation hatte sich damit wieder einmal nicht geändert.

42   Auch dieser Fall zeigt eindrucksvoll, dass sich die Parteien hier zu sehr von ihren Emotionen leiten ließen, so dass eine Vergleichslösung unmöglich war. Weitergebracht indes hat dies die Parteien nicht.

V. Streitigkeiten von (potentiellen) Erben bzw. Pflichtteilsberechtigten mit dem Erblasser

1. Familiäre Konflikte

43   In der Regel wird ein Mediationsverfahren bzw. die anwaltliche Auseinandersetzung zwischen den Mitgliedern einer Erbengemeinschaft erst nach jahrelangen Querelen gewählt, d. h. gemeinhin erst dann, wenn die Situation insoweit „verfahren" ist. Weitaus seltener, aber bei weitem effektiver ist es, die Möglichkeit eines Mediationsverfahrens bereits **im Vorfeld eines Erbfalls** zu wählen.

44   Hierbei ist zunächst unerlässlich, dass der Erblasser die potenziellen Erben über seine Absichten genauestens informiert. Dies bedeutet allerdings auch, – und dies macht das Verfahren nicht gerade eben leichter – dass der Erblasser seine Erben nicht nur über seine Wünsche bzw. Zielvorstellungen bezüglich der Verteilung bzw. der Quotenregelung informiert, sondern auch eventuelle Enterbungen mitteilt. Dadurch werden häufig die Emotionen unter den Beteiligten erst richtig „angeheizt".

45   Für ernsthafte Gedanken rund um ein Testament oder einen Erbvertrag ist es praktisch nie zu früh. In der Regel suchen Menschen erst in ihrem letzten Lebensabschnitt Informationen rund um das Thema „Vererben". Gleichwohl ist darauf hinzuweisen, dass sich gerade in letzter Zeit verstärkt auch jüngere Menschen Gedanken um die Frage des „Nach mir" machen. So sind an den Verfasser auch bereits 30-jährige Personen mit der Zielsetzung der Abfassung eines Testamente herangetreten. Zumeist werden Schicksalsschläge im Bekannten-, Verwandten- oder Freundeskreis zum Anlass der Beschäftigung mit dem Tabuthema Tod genommen.

46   Wichtig in diesem Zusammenhang ist ein **ungestörtes Vertrauensverhältnis** zum Berater, der von dem Erblasser oder den Erblassern (Ehepaar), möglicherweise auch intime Details wie Vermögensverhältnisse, berufliches Umfeld, ja sogar persönliche Details wie Kinderwunsch etc. erfährt oder gar erfragen muss. Erst dann kann er sich konkrete Gedanken über die Folgen des vom Erblasser gewünschten Ergebnisses machen. Falls sich z.B. im familiären Umfeld des Erblassers oder der Erblasser nunmehr Probleme ergeben, sollte ein Mediationsgespräch mit den potenziellen Erben ins Auge gefasst werden.

Fall: H ist die Tochter von Herrn A, die Ehefrau B ist bereits seit längerem vor geraumer Zeit verstorben. A hat noch eine weitere Tochter, die S, welche bereits verheiratet ist und ein eigenes Haus besitzt. Wichtigster Vermögensgegenstand von A ist dessen Haus, in dem er nun mit seiner Lebensgefährtin L wohnt.

Nachdem diese Ausgangssitutation geklärt war, wurde in ersten Einzelgesprächen die Motivation der Beteiligten eruiert. H befürchtete zum einen, dass A das Haus der L überschreiben könnte, aber auch für den Fall einer späteren Erbengemeinschaft mit S, dass sie, H, sich später um das Haus alleine kümmern müsste, da S hieran kein Interesse zeige. H jedoch wollte nicht alleine die anfallenden Lasten für das Grundstück übernehmen, da S finanziell besser abgesichert ist als sie selbst. A wiederum würde gerne das Haus zur Altersabsicherung verwenden und auch L sicherstellen, die ihr eigenes Haus verkauft hatte, um zu ihm zu ziehen. S wiederum befürchtete, von der ihr intellektuell überlegenen H später übervorteilt zu werden. Alle Beteiligten, einschließlich L, waren sich jedoch insoweit einig, dass das Haus der Familie erhalten werden sollte.

Nach einigen Mediationssitzungen konnte dann folgender Vorschlag unterbreitet werden: A, der bisher als Alleineigentümer eingetragen war, überschreibt im Wege der vorweggenommenen Erbfolge das Haus an S und H gemeinsam. A erhält im Gegenzug ein Nießbrauchsrecht an dem Grundstück, so dass er berechtigt ist, eventuell anfallende Mietzahlungen zu seinen Lebzeiten einzuziehen, § 1030 BGB. In dem Übergabevertrag behält sich A den Widerruf der Schenkung vor, so dass er z.B. für den Fall der Pflegebedürftigkeit berechtigt ist, das Haus zu verkaufen. Im Verhältnis zu H und S übernimmt A alle für das Grundstück anfallenden Lasten. L erhält zu ihren Lebzeiten ein beschränktes unentgeltliches persönliches Wohnrecht (§ 1093 BGB) für einen abtrennbaren Teil des Hauses (Einliegerwohnung) bzw. eine Option auf einen Mietvertrag für einen weiteren Teil des Hauses. Zwischen H und S wird ein Gesellschaftsvertrag geschlossen, der die Rechte und Pflichten der beiden Schwestern genauestens regelt, insbesondere für die H eine Art „Verwaltungsvergütung" prozentual an der Miete orientiert für ihre spätere Tätigkeit festschreibt.

Auf diese Weise konnte der aufgetretene familiäre Konflikt, der sich bereits z.B. in Streitigkeiten über die Bezahlung erst in der Zukunft liegender Öllieferungen (!) äußerte, für alle Beteiligten zufrieden stellend gelöst werden.

Schwierigkeiten bereitet in diesen Fallgestaltungen der Umstand, dass bei derartigen Mediationen nicht nur Probleme innerhalb der (potenziellen) Erbengemeinschaft, sondern auch zwischen den einzelnen Mitgliedern und dem Erblasser vorherrschen. Ein derartiger Konflikt äußerte sich beispielsweise im folgenden   47

Fall: E hatte drei erwachsene Kinder H, B und A. Anlässlich seiner Scheidung von der Mutter M von H, B und A hatte E seinen Kindern ein nicht bebautes Grundstück in der Gemeinde G zum Eigentum übertragen, sich jedoch das Nießbrauchsrecht daran vorbehalten. Das ehemalige Wohnhaus, inzwischen von M alleine mit ihrem neuen Ehemann bewohnt, stand immer noch im Eigentum des E und war mit einem Wohnrecht für M ausgestattet. Nunmehr wurde das bisher im Außenbereich befindliche Grundstück in G plötzlich zum Bauerwartungsland, G forderte von H, B und A horrende Erschließungsbeiträge, welche diese finanziell nicht beitragen konnten. B war deswegen auch schon bereits gepfändet worden. Die Kinder hatten zu E bereits seit über 15 Jahren keinen Kontakt mehr, obwohl dies E, vormaliger Alkoholiker, inzwischen jedoch weitgehend trocken, wünschte. Mit Schrecken dachten H, B und A jedoch an frühere Alkoholexzesse ihres Vaters. Sie hegten des weiteren den Verdacht, dass E nur ein Machtspiel betreiben würde, um nun die Kinder erneut gegen M aufzuhetzen.

Auch hier war allen Beteiligten klar, dass eine Lösung dringend gefunden werden müsste. Gesetzlich war E zur Lastentragung nicht verpflichtet, § 1047 BGB. Andererseits hatte E auch kein Interesse an einer Zwangsversteigerung des Grundstücks, da er dies gewissermaßen als letztes Bindeglied zu seinen Kindern verstand. E hatte dieses Grundstück auch bereits von seinem Vater geerbt, der es wiederum von dessen Vater bekommen hatte. E sah dieses Grundstück daher als „Familienbesitz" an und wollte dies der Familie auch erhalten. In einem längeren Einzelgespräch wurden E schließlich die Sorgen und Nöte seiner Kinder vermittelt. E wiederum verwies darauf, dass er mit dem Wohnhaus praktisch nichts anfangen könne, da M hierin umsonst wohne. Sodann wurden mehrere Gespräche mit den Kindern und auch mit M geführt, um hier Möglichkeiten einer Schlichtung auszuloten. Schließlich wurden alle Parteien zu gemeinsamen Gesprächen zusammengeführt. Dabei wurde sodann folgender Kompromiss ausgearbeitet: E übertrug auch das Wohnhaus seinen Kindern mittels vorweggenommener Erbfolge Eigentum. Da E noch ein weiteres Haus besaß, welches er selbst bewohnte, war hier die Verankerung eines Widerrufs nicht notwendig. E wurde schließlich ein Nießbrauchsrecht an dem Haus eingeräumt, zwischen M und E wurde ein Mietvertrag geschlossen. E schenkte des weiteren den Kindern den notwendigen Erschließungsbeitrag, im Gegenzug verpflichteten sich die Kinder, die bisher von E alleine getragenen, öffentlichen Lasten (z.B. Grundsteuer) nunmehr zu tragen. Zwischen E und den Kindern wurde des weiteren ein „gegenseitiges Umgangsrecht" dergestalt vereinbart, dass die Kinder den E zunächst zu bestimmten Feiertagen (Ostern, Weihnachten) nach Hause einladen würden und die Kinder hierfür hälftig die Kosten der Unterbringung in einem Hotel tragen sollten, so dass eine „vorsichtigere Annäherung auf Distanz" stattfinden sollte.

48   Auch in diesem Fall wurde versucht, sämtlichen Interessen der Beteiligten möglichst gerecht zu werden. Aufgrund des Fehlverhaltens des E musste bei seinen Kindern erst wieder verlorenes Vertrauen aufgebaut werden. Alles Übrige ist eine Frage der Zeit.

2. Besonderheit: Behindertentestament

49   Besonders mediationsbedürftig erscheint eine Situation zu sein, in der die Eltern ein **behindertes Kind** gegenüber den anderen, nichtbehinderten Kindern absichern wollen. Hier ist anwaltliche Beratung im Rahmen einer Mediation nahezu unerlässlich, da eine Vielzahl von Rechtsfragen tangiert wird und die erbrechtliche Gestaltung hier besonders schwierig ist[24]. Wählen die Eltern die Form eines Berliner Testaments, § 2269 BGB, ist zu bedenken, dass hier für das behinderte wie nichtbehinderte Kind ein Pflichtteilsanspruch besteht.

50   Demgemäß sollte schon beim Tod des Erstversterbenden dem Behinderten ein Erbteil oder ein Vermächtnis, welches größer als der Pflichtteil ist, zugewandt werden. Denn wenn – wie in der Regel – das behinderte Kind sozialhilfebedürftig ist, kann gemäß § 90 BSHG der Träger der Sozialhilfe die Ansprüche des Sozialhilfeempfängers, die dieser gegen Dritte, also auch gegen den Nachlass, hat, auf sich überleiten. Bei mehreren Kindern geht das Interesse der Eltern meist dahin, diesen insgesamt den Familienbesitz zu erhalten. Insofern bietet sich an, für das behinderte Kind gesonderte Regelungen zu treffen. Es sollten auch Überlegungen angestellt werden, den nichtbehinderten Kindern Unterhaltsverpflichtungen gegenüber dem behinderten Bruder oder der Schwester aufzuerlegen. Des Weiteren ist zu überlegen, ob für Mehrleistungen, die nicht zum Unterhalt gehören (z.B. die Bezahlung besonderer Therapien), den nichtbehinderten Kindern entsprechende Beträge im Wege des Vorausvermächtnisses zugewandt werden sollten. Auch über einen Betreuer für den Behinderten bei Tod der Eltern muss intensiv nachgedacht werden. Entsprechend muss auch darüber nachgedacht werden, ob für den Erbteil des Behinderten eine Vor- bzw. Nacherbschaft angeordnet werden soll, da hier die Ersatzpflicht des § 92c BSHG gerade nicht greift[25].

51   Des Weiteren sollte unter den Angehörigen ein Konsens hinsichtlich der **Auswahl des Testamentsvollstreckers für** den Behinderten erzielt werden, eventuell kann

---

[24] Vgl. näher hierzu *Nieder* NJW 1994, 1264 ff.; *Pieroth* NJW 1993, 173 ff.; *van de Loo* NJW 1990, 2852 ff.
[25] BGHZ 123, 368; *Damrau* ZEV 1998, 1 ff.

auch ein Miterbe zum Testamentsvollstrecker ernannt werden[26]. Da im Gegensatz zu sonstigen Testamenten beim Behinderten der Testamentsvollstrecker möglicherweise auf Dauer sein Amt ausüben muss, ist eine sorgfältige Auswahl des Testamentsvollstreckers, die auf dem Konsens aller Beteiligten beruht, geradezu unumgänglich. Ansonsten sind hier Streitigkeiten in diesem äußerst sensiblen und für den Behinderten lebenswichtigen Bereich vorprogrammiert.

3. Besonderheit: Unternehmertestament

Zu unterscheiden von den Normalfällen sind weiterhin die Fälle, in denen sich in 52 der „Erbmasse" ein Unternehmen befindet. Hier spielt die **Motivation der Beteiligten** eine besonders tragende Rolle. Der Seniorchef fürchtet gemeinhin um die Zukunft seines Lebenswerks, die treu sorgende Ehefrau, welche unter Umständen im Betrieb unentgeltlich mitgearbeitet hat, um ihre Altersversorgung, der kommende Geschäftsführer oder die zukünftigen Juniorchefs befürchten die ständige Präsenz des „alten Monarchen", welcher den Vorstellungen der jüngeren Generation entgegensteht.

Hier spielen auf beiden bzw. allen Seiten **Emotionen** eine große Rolle. Das gilt 53 vornehmlich dann, wenn der Unternehmer-Erblasser das Unternehmen gegründet oder zumindest lange Zeit geführt und wesentlich entwickelt und ausgebaut hat. Der Erblasser übergibt sozusagen sein Lebenswerk an die nächste Generation. Er gibt damit ein großes Stück seiner Macht ab. Letztlich ist dies für manchen Unternehmer der Abschied vom Patriarchendasein, die Respektsperson tritt von der Bühne der Wirtschaft ab. Die neue Rolle anzunehmen, fällt naturgemäß schwer. Benennen die Übernehmer auch noch Risiken oder Schwachstellen des Unternehmers, versteht dies mancher Unternehmer sofort als persönliche Kritik. Nicht wenige Unternehmer halten sich jedoch für unersetzlich, da sie sich über die Jahre hinweg das Unternehmen quasi „auf den Leib geschneidert haben". Durch die Übergabe des Unternehmens verliert das Unternehmen nicht nur seinen Seniorchef, sondern seinen Mittelpunkt, die Mitarbeiter, die teilweise jahrelang „ihren" Chef gewohnt waren, müssen ihr Verhältnis zum „Neuen" erst noch definieren. Dies und vor allem die Angst vor der danach eintretenden „Arbeitslosigkeit" lässt viele Alt-Unternehmer vor diesem Schritt zaudern.

Exemplarisch ist hier folgender Fall, der sich vor einigen Jahren in der Praxis eines Kollegen im Rahmen einer Mediation abgespielt hatte. 54

Fall: Der mit der E verheiratete Bauunternehmer U hatte drei Söhne A, B und C. Da U sich nunmehr über seinen Ruhestand ernsthafte Gedanken machte, wollte er zusammen mit E ein Testament errichten, vor allem jedoch seine Nachfolge regeln. Alle drei Söhne arbeiteten im Unternehmen bereits seit längerem mit, doch nur B im Rahmen der Geschäftsleitung. A und C erregten den Unwillen des U, da sie sich seiner Ansicht nach mehr um ihre Freizeit als um sein Unternehmen kümmerten. Auch mit B war U unzufrieden. Für den Fall seines Todes sah U Probleme für den Fortbestand seiner Firma, da keiner seiner Söhne für die Unternehmensleitung geeignet war und auch keine näheren Kenntnisse der Aquisitionstätigkeit besaß, die wichtigsten Geschäftsverbindungen jedoch über U liefen. Nach einer ersten Sitzung zusammen mit E wurde eine gemeinsame Sitzung mit den Söhnen empfohlen. Diese fand auch statt, die Problematik konnte jedoch wegen Zeitmangels des U nur angerissen werden. Ein paar Tage später teilte U dem Mediator mit, dass er das Projekt aufschieben wolle, da sich in Folge der ersten Mediationssitzung Krach in der Familie ergeben habe.

---

[26] Hierzu näher BayObLG 76, 67.

Seine Söhne ahnten wohl, dass ihr Vater mit ihnen unzufrieden war. Er wisse, dass er etwas machen müsse, wolle aber im Augenblick noch keine Entscheidung treffen.

Wenige Wochen später fuhr U mit E in den Sommerurlaub nach Österreich. Bei einer Wanderung erlitt U kurz vor einer Mittelstation einen Herzinfarkt. E ließ U zurück und lief talwärts, um Hilfe zu holen. Dabei stürzte sie tödlich ab. Am nächsten Morgen konnte U nur noch tot geborgen werden. Nunmehr konnten sich die Erben nicht einigen, wie sie das Unternehmen fortführen sollten. Die meisten übrigen Angestellten verließen die Firma, weshalb auch einige größere Bauaufträge nicht ausgeführt werden konnten. Ein halbes Jahr später war die Firma insolvent.

55   Um diese „Nulllösung" zu verhindern, hätten hier frühzeitig **Verhandlungen** der Kinder mit dem Erblasser aufgenommen werden müssen. Harmonieren die potenziellen Erben miteinander, kommt eine „Aufspaltung der Führungsebene" in jeweilige Bereiche in Betracht, z.B. Nachfolger 1 übernimmt die Aquisitionsarbeit und Nachfolger 2 die kaufmännische Seite. Dies wird jedoch nur dann gelingen, wenn die Unternehmensnachfolger auch weiterhin vertrauensvoll zusammenarbeiten können[27]. Zumeist gibt es jedoch auch bei den potenziellen Erben Meinungsverschiedenheiten über die Art und Weise der Fortführung des Unternehmens. In solchen Fällen bietet sich gerade – wenn möglich – eine Aufspaltung von Unternehmen an[28]. Hinzu kommt, dass bei der Übertragung von Unternehmen von den Erben nur ein Freibetrag von € 256.000,– (§ 13a Abs. 1 ErbStG) in Anspruch genommen werden kann. Darum sind gerade hier im Rahmen einer Mediation die steuerlichen Konsequenzen von Übertragungen zu beachten.

Fall: Gesellschafter A, 70 Jahre und verheiratet mit E, ist Alleingesellschafter und -geschäftsführer einer GmbH, die sowohl Rollladen als auch Fenster herstellt. Zu dem Betrieb gehört auch ein Grundstück. A hat zwei Söhne B und C, die beide das Unternehmen fortführen möchten, zwischen beiden bestehen jedoch Differenzen, wo in der Zukunft der Schwerpunkt des Unternehmens liegen soll, C ist sich nicht sicher, ob der Fensterbereich für das Unternehmen lukrativ ist, B glaubt hingegen an diesen Erfolg. A muss aus gesundheitlichen Gründen kürzer treten, möchte allerdings weiter im Unternehmen mitreden.

Im Rahmen einer Mediation musste A zunächst davon überzeugt werden, dass die alleinige Geschäftsführung des Unternehmens dem Erfolg von jenem im Wesentlichen entgegensteht. Insbesondere B war im Begriff, das Unternehmen zu verlassen und eine Konkurrenzfirma zu gründen. Dies hätte das Ende der GmbH bedeuten können. In den ersten Sitzungen versuchte der patriarchalisch veranlagte A noch, insbesondere B unter Druck zu setzen; die Mediation drohte zu scheitern. Schließlich sah A jedoch ein, dass bei einem Austritt des B aus der Firma der Fortbestand seines Unternehmens gefährdet gewesen wäre. Allerdings musste ein Ausgleich zwischen B und A gefunden werden: B war bereit, den Fensterbereich weiterzuführen, C den Rollladenbereich.

Es wurde daher der Fensterbereich auf eine neu gegründete GmbH abgespalten. Da es sich bei dem Fensterbereich um einen Teilbetrieb i.S.d. § 15 Abs. 1 S. 2 UmwStG handelte, konnte die Abspaltung gemäß §§ 15 Abs. 1 i.V.m. 11 Abs. 1 UmwStG unter Fortführung der Buchwerte und somit steuerneutral durchgeführt werden. B wurde alleiniger Geschäftsführer der neuen GmbH, A hingegen bestellte C zum Mitgeschäftsführer der alten GmbH, wobei A allerdings nur seine Vertretungsbefugnis gemeinsam mit C ausüben konnte. Sodann übertrug A insgesamt 40% seiner Anteile an beiden Gesellschaften an B und C im Wege der vorweggenommenen Erbfolge und schloss mit beiden Kindern Erbverträge, so dass jedes der Kinder im Erbfall Mehrheitsgesellschafter der jeweils zugeordneten Gesellschaften werden konnte. Später wurde dann noch das Grundstück aus der GmbH herausgenommen und dieses in eine GmbH & Co. KG überführt. Diesbezüglich wurde ein Erbvertrag zwischen A, seiner Ehefrau E sowie B und C dahingehend geschlossen, dass dieses Grundstück im Versterbensfall zunächst auf E, später dann auf B und C übergehen sollte. Zwei

---

[27] Siehe etwa *Wiese* GmbHR 1997, 60.
[28] Vgl. *Sudhoff/Berenbrok* Unternehmensnachfolge 4. Aufl. § 61 Rdnr. 4.

Jahre später gab A seine Geschäftsführertätigkeit auf und erhielt einen Beratervertrag bei beiden Gesellschaften.

In diesem Fall gelang also durch Kooperation aller Seiten die Unternehmensnach- 56 folge, beide Unternehmen sind noch heute erfolgreich am Markt präsent und arbeiten Hand in Hand. Die wenigsten Kunden haben im Übrigen die Aufspaltung des Unternehmens überhaupt bemerkt.

Ähnlich ist die Situation, wenn **Unternehmer keine Erben haben** bzw. die Erben 57 des Unternehmers zwar bereit zur Übernahme der Gesellschafterstellung, nicht jedoch der Geschäftsführung sind. In ersterem Fall kommt vor allem ein „Management-buy out" in Betracht[29], im letzteren Falle sollte die Gesellschaft in eine GmbH & Co. KG umgewandelt werden[30]. Bei derartigen Nachfolgeregelungen spielen jedenfalls weit weniger emotionale Gesichtspunkte eine Rolle als bei den „Familiengesellschaften".

VI. Konflikte mit dem Testamentsvollstrecker

Schließlich können auch Streitigkeiten von Erben oder Pflichtteilsberechtigten mit 58 einem Testamentsvollstrecker Gegenstand einer Mediation sein. Zweck der Einsetzung eines Testamentsvollstreckers ist die Absicht des Erblassers, seine Herrschaft über sein Vermögen nicht mit seinem Tod aufzugeben, sondern jene über den Tod hinaus durch die Person des Testamentsvollstreckers weiter auszuüben. Die Einsetzung eines Testamentsvollstreckers und dessen damit verbundene Vertrauensstellung bedeutet aber auch zugleich einen Vertrauensentzug des Erblassers gegenüber seinen Erben[31]. In der Regel wird der Erblasser eine ihm nahe stehende Person zum Testamentsvollstrecker ernennen. Damit ist jedoch von vornherein ein Konfliktverhältnis zwischen Testamentsvollstrecker und Erben geschaffen. Letztlich projizieren die Erben ihren Unmut über das verlorene Vertrauen des Erblassers auf die Person des Testamentsvollstreckers, der – wie sein Titel schon besagt – den Willen des Erblassers, welcher insoweit gegen die Erben gerichtet ist, verwirklicht. Die Frage, was der wahre Wille des Erblassers ist, ergibt nicht selten einen Streitpunkt.

Fall: Rechtsanwalt S ist als Testamentsvollstrecker nach dem Testament von Erblasser K eingesetzt. S hat seit vielen Jahren Einblick in das Vermögen von K gehabt und ist auch Hausverwalter der dem K gehörenden Häuser. Erbe des K ist H, sein einziger Sohn. Mit seiner geschiedenen Ehefrau I, bei der H lebte, war K verfeindet. Da er nicht wollte, dass I über H Einfluss auf sein Vermögen bekommt und weil er H für unfähig hielt, ordnete er in seinem Testament eine Testamentsvollstreckung an. Nächste Verwandte nach H waren dessen Cousins Z und B. Der Testamentsvollstrecker S leistete an andere im Testament mit Vermächtnissen bedachte Personen mit Einverständnis des H, welches dieser später widerrief, Zahlungen. Zwischen H und S war daher streitig, ob K Abwicklungsvollstreckung (§§ 2203, 2204 BGB) oder Dauertestamentsvollstreckung (§ 2209 S. 1 HS 2 BGB) angeordnet hatte. Des Weiteren verlangte H Schadensersatz für die von S geleisteten Zahlungen.

Nachdem H in erster und zweiter Instanz mit seiner Klage gegen S unterlegen war, wurde ein außergerichtlicher Vergleich im Rahmen einer Mediation durchgeführt. Dabei war zunächst die Schwierigkeit erwartet worden, den bereits in zwei Instanzen erfolgreichen S noch zu einem Ver-

---

[29] Hierzu näher *Beisel/Klumpp* Der Unternehmenskauf 4. Aufl. Rdnr. 690 ff.
[30] Vgl. *Sudhoff/Berenbrok* § 62 Rdnr. 4 ff.
[31] *Lange* JuS 1970, 102; *Nieder* Handbuch der Testamentsgestaltung 2. Aufl. Rdnr. 891.

gleich zu bewegen. Es ergab sich jedoch, dass die Auffassung des OLG, dass es sich hier um eine Dauertestamentsvollstreckung handeln würde, für S gleichsam zum Bumerang wurde, da sich nun weitere Streitigkeiten mit H, besonders aber mit I, abzeichneten (S wollte einen Teil der Häuser des K verkaufen, H nicht). Insoweit waren alle Parteien an einem weiteren zermürbenden Streit nicht interessiert. H wiederum hatte keine Möglichkeit eines Zugriffs auf „sein" Vermögen. Die Absicht von S wiederum war es, den Willen von K, der einen Zugriff von I mittelbar über H verhindern wollte, zu respektieren. Demgemäss wurde nach langen Verhandlungen folgender Kompromiss erzielt: H, dessen Interesse es war, schnell zu Geld zu kommen, verzichtete auf seine Erbenstellung und bekam seinen Pflichtteil ausgezahlt, des Weiteren eines der insgesamt fünf Häuser von S übereignet. Erben waren daher Z und B, denen S das gesamte Vermögen unter Abzug der ihm noch zustehenden Vergütung übergab. Auch seine Verwalterstellung gab S auf. Z und B wiederum übergaben dem H allerdings noch ein weiteres Haus als „Entschädigung" für dessen Verzicht. In einem Erbvertrag wurde die Ehefrau des H als Alleinerbin eingesetzt, so dass I daher keinen Zugriff auf die Häuser hatte.

59   So wurde schließlich nicht nur den Interessen von S und H, sondern vor allem dem Willen (§ 133 BGB) des K Genüge getan und ein in der Tat fairer Kompromiss erzielt.

60   Streit kann allerdings auch z.B. über die **Person des Testamentsvollstreckers** entstehen. Dies kann besonders dann zur Belastung führen, wenn die Erben sich uneinig sind.

Fall: S ist die älteste Tochter von I und hat diese seit einigen Jahren gepflegt. I hat insgesamt fünf Kinder. Als I stirbt, hinterlässt sie ein Testament, in dem sie den Nachlass unter den Kindern gleichmäßig aufteilt. Des Weiteren ist S zur Testamentsvollstreckerin bestellt. Im Nachlass befindet sich noch ein sich im Gebiete der ehemaligen DDR befindliches Grundstück, das zu DDR-Zeiten zwangsenteignet wurde. Die Erben stellen daher einen Antrag auf Rückübertragung nach dem Vermögensgesetz. Schnell streiten sich die Geschwister um relativ geringe Beträge, z.B. um Verfahrenskosten hinsichtlich der Rückübertragung. Zwei Geschwister strengen daher ein Verfahren auf Feststellung der Ungültigkeit des Testaments bzw. der Testamentsvollstreckung an. Im Rahmen einer Mediation wurde versucht, einen außergerichtlichen Vergleich zwischen den Beteiligten herbeizuführen. Doch scheiterte dieses Vorhaben bereits in der ersten Sitzung, da die Beteiligten bereits nach wenigen Minuten in Streit gerieten und ein Beteiligter das Zimmer verließ. Der bereits erarbeitete Vorschlag, die S und eines der anderen Geschwister zur gemeinsamen Testamentsvollstreckung einzusetzen, wurde noch nicht einmal angehört. In der Tat wurde sodann die S als Testamentsvollstreckerin abberufen[32]. Bis zum heutigen Tage (nach 10 Jahren!) ist die Erbauseinandersetzung nicht abgeschlossen.

61   Auch hier wäre eine **Einigung** für die Beteiligten **erheblich günstiger** gewesen, zumal die Rückübertragung des Grundstücks solange nicht gelingen kann, wie die Erbengemeinschaft unter sich uneinig ist. Stattdessen eskalierte der Streit in der Weise, dass die Geschwister untereinander nunmehr völlig zerstritten sind. Letztlich hat dieser Fall nur Verlierer hervorgebracht. Auch dieser Fall ist ein plastisches Beispiel dafür, dass erbrechtliche Mediation in der Praxis erheblichen Schwierigkeiten ausgesetzt ist.

VII. Fazit

62   Streitigkeiten im Erbrecht sind grundsätzlich mediabel, benötigen aber ein **besonderes Fingerspitzengefühl** des Mediators. Wie auch in den übrigen Teilgebieten

---

[32] Vgl. BayObLG Rpfleger 1985, 444; OLG Köln OLGZ 1969, 281.

hängt die Einigungsbereitschaft im Wesentlichen von den beteiligten Personen ab. Allerdings stellen hier Emotionen bzw. persönliche Vorurteile ein manchmal nur schwer zu beseitigendes Hindernis für den Vergleichsversuch dar. In der Regel geht es bei den Erbfällen auch um hohe Beträge für die Beteiligten, so dass hier grundsätzlich die Bereitschaft zur Konfliktlösung groß sein müsste, andererseits sich die beschriebenen Hindernisse allerdings in der Praxis hemmend auswirken. Häufig sind erbrechtliche Streitigkeiten nur Ersatzkriegsschauplatz für wesentlich tiefer liegende und teilweise lange Zeit zurückliegende Verletzungen der Parteien.

Anwaltlicher Beistand ist in Erbangelegenheiten die Regel. Insofern sind **Rechts-**   63 **anwälte** grundsätzlich auch geeignet für eine Mediation. Andererseits erscheinen gerade **Psychologen** geeignet für eine Konfliktlösung bei Streitigkeiten, bei der insbesondere familiäre Konflikte eine große Rolle spielen. In den angestrebten, auszuarbeitenden Vergleich sollten allerdings unbedingt juristisch tätige Personen eingebunden werden. Bei Konflikten, bei denen die Auseinandersetzung rund um ein Unternehmen stattfindet, sollte auch ein **Steuerberater**, ggf. auch ein **Wirtschaftsprüfer**, eingeschaltet werden[33].

Kaum ein Erbrechtsfall läuft ohne Konflikte ab. Insoweit ist das Gebiet Erbrecht   64 ein geradezu **klassisches Gebiet für die Mediation**. Wie bereits erläutert, ist die Anzahl der Mediationen hier relativ gering. Dies liegt sicherlich zum einen an der mangelnden Kenntnis der Möglichkeit einer Mediation in der Bundesrepublik, zum anderen an den angeführten Schwierigkeiten. Allzu schnell wird sowohl von Mandanten als auch von Rechtsanwälten hier der Weg zum Gericht eingeschlagen, sicherlich spielen dabei auch die hohen Streitwerte (gebührenrechtlich) eine Rolle. Ob damit freilich dem Mandanten – selbst bei einem Sieg – geholfen ist, darf im Grundsatz bei Erbrechtsfällen bezweifelt werden, da die häufig weitaus tiefer liegenden Konflikte hierdurch nicht gelöst werden. Dieses „Durchschlagen des gordischen Knotens" ist Aufgabe der Mediation. Ansonsten besteht die Gefahr, dass aus dem „beautiful" ein „open end" der Streitigkeiten wird.

---

[33] Zu der Interdisziplinarität der Mediation vgl. § 3.

§ 36 Mediation im Arbeitsrecht

Prof. Dr. Hanns Prütting

Übersicht

Schrifttum: *Aigner,* Arbeitnehmerfehlverhalten – innerbetriebliche Bewältigung oder Inanspruchnahme von Recht und Gericht, in: Hof/Schulte, Wirkungsforschung zum Recht III, 2001, S. 261; *Budde,* Mediation im Arbeitsrecht, in: Henssler/Koch, Mediation in der Anwaltspraxis, 2000, S. 497; *Henkel,* Elemente der Mediation im arbeitsgerichtlichen Verfahren, dargestellt am Modell des Kündigungsschutzprozesses, NZA 2000, 929; *Kramer,* Die Güteverhandlung, 1999; *Ponschab/Dendorfer,* Mediation in der Arbeitswelt – eine ökonomisch sinnvolle Perspektive, in: Mediation und Recht, Beilage 1 zu Heft 2/2001 der BRAK-Mitt., S. 1; *Prütting,* Schlichtung und Mediation im Arbeitsrecht, in: Festschrift für Hanau, 1999, 743; *Rabe von Pappenheim,* Individualarbeitsrecht, in: Büchner/Groner/Häussler/Lörcher u. a., Außergerichtliche Streitbeilegung, 1998, S. 121; *Stevens-Bartol,* Mediation im Arbeitsrecht, in: Breidenbach/Henssler, Mediation für Juristen, 1997, 141.

I. Einführung

1   Das **Arbeitsrecht** erschließt sich dem Betrachter unter dem Blickwinkel von Mediation und außergerichtlicher Streitbeilegung nicht sogleich. Zu unterschiedlich

und weit verzweigt sind die einzelnen Gebiete des Arbeitsrechts und die verschiedenen Streitbeilegungsinstrumentarien. Deshalb ist es auch nicht möglich, Mediation im Arbeitsrecht vollkommen isoliert zu behandeln. Erst der Blick auf benachbarte Formen der Streitbeilegung zeigt, wo Mediation im Arbeitsrecht chancenreich und sinnvoll ist und wo sie praktisch verdrängt wird.

Der folgende Überblick geht davon aus, dass der Gesamtbereich außer- und vor- **2** gerichtlicher Streitbeilegungsmechanismen in **vier verschiedene Bereiche** eingeteilt werden kann:

– Das **Verhandeln**[1] (negotiation), also die bilaterale oder multilaterale Gesprächs- **3** runde, der Runde Tisch und ähnliche Formen der Beratung, Verhandlung und Erörterung ohne festes Verfahren und ohne eine neutrale Person. Im Arbeitsrecht wäre hier also insbesondere an das direkte Gespräch zwischen Arbeitnehmer und Arbeitgeber oder zwischen zwei streitenden Arbeitnehmern zu denken.

– Das **Vermitteln** (mediation), also insbesondere die Formen echter Mediation so- **4** wie die Verhandlungs- und Versöhnungshilfe, bei der die Streitparteien von einem neutralen Dritten in dem Versuch unterstützt werden, zu einer einvernehmlichen Lösung des Konflikts zu finden. Spezifikum der Mediation ist es dabei, dass der neutrale Dritte keinen Druck auf die Parteien ausübt, keine eigene Entscheidung trifft und auch nicht versucht, die Parteien von eigenen Schlichtungs- oder Vergleichslösungen zu überzeugen.

– Das **Schlichten** (conciliation, settlement), also ein Verfahren, nach dessen Grund- **5** gedanken ein neutraler Dritter mit Autorität versucht, den Streitparteien ein eigenes Schlichtungs- oder Vergleichsergebnis zur Annahme vorzulegen[2]. Schlichtungseinrichtungen, die diesem Grundmodell entsprechen, gibt es heute im deutschen Recht in vielfältiger Weise (Gütestellen, Schieds- und Schlichtungskommissionen, Gutachterstellen). Auch das Arbeitsrecht kennt solche Möglichkeiten. Weiterhin gehört hierher der privatautonome Vergleich. Es spielt dabei keine Rolle, ob der Vergleich im Wege eines vertragsautonomen privaten Vergleichsvertrags gemäß § 779 BGB zustande kommt oder ob ein formalisierter Anwaltsvergleich gemäß § 796 a ZPO geschlossen wird. In der Praxis kommt dem Aufhebungs- und Abwicklungsvergleich bei der Beendigung von Arbeitsverträgen ganz besondere Bedeutung zu[3].

– Das **Richten** (arbitration, litigation), also die Streitbeilegung durch eine echte **6** richterliche Entscheidung. Solche richterliche Entscheidungen können nicht nur durch staatliche Gerichte gefällt werden. In Betracht kommt vielmehr auch eine private Schiedsgerichtsbarkeit, wie sie das 10. Buch der ZPO regelt (§§ 1025 ff. ZPO) und wie sie in engen Grenzen auch im Rahmen des arbeitsgerichtlichen Verfahrens zulässig ist (§§ 101 ff. ArbGG). Der Streitentscheidung durch ein privates Schiedsgericht nahe steht auch die Möglichkeit eines verbindlichen Schiedsgutachtens, das ebenfalls im Arbeitsrecht in Betracht zu ziehen ist[4].

Aber auch innerhalb **staatlicher Gerichtsbarkeit** lassen sich die o. g. vier Bereiche **7** finden und voneinander trennen. Denn selbstverständlich wird auch vor staatlichen

---

[1] Dazu §§ 8–14.
[2] Vgl. § 33.
[3] Vgl. hierzu vor allem *Rabe von Pappenheim*, S. 121, 159 ff.
[4] Vgl. *Ahrens*, Arbeitsgerichtverfahren und Schiedsgutachten, in: Ahrens/Donner/Simon, Arbeit – Umwelt, Joachim Heilmann zum 60. Geburtstag, 2001, S. 105 ff.

Gerichten neben der echten Streitentscheidung (durch Urteile und Beschlüsse auf Grund streitiger Gerichtsverhandlung) schriftlich oder mündlich allein zwischen den Parteien verhandelt. Es gibt weiterhin Formen von Mediation (etwa im Ehe-, Familien- und Kindschaftsrecht, vgl. vor allem § 52 a FGG). Nicht zuletzt ist Streitschlichtung im Rahmen von gerichtlichen Vorverfahren (Gütetermin vor dem Arbeitsgericht; Prozessvergleich; neuartiger gerichtlicher Vergleich gemäß § 278 Abs. 6 ZPO n. F.) durchaus häufig.

8   Nur hingewiesen sei darauf, dass die hier vorgenommene Vierteilung nicht allgemein anerkannt ist. So wird etwa aus amerikanischer Sicht gerne von einer Dreiteilung gesprochen. Unter dem Oberbegriff der „Alternative Dispute Resolution – ADR" werden regelmäßig die drei Säulen arbitration[5], mediation und negotiation genannt[6]. An dieser Dreiteilung ändert sich nichts dadurch, dass verschiedentlich noch ganz spezielle Formen der außergerichtlichen Streitbeilegung zusätzlich dem Dach der ADR unterstellt werden, so etwa die frühe neutrale Bewertung oder das Minitrial.

II. Die unterschiedlichen Instrumentarien im Arbeitsrecht

1. Individualarbeitsrecht

9   a) Berufsbildung. Zur Beilegung von Streitigkeiten bei bestehenden Berufsausbildungsverhältnissen können im Bereich des Handwerks die Handwerksinnungen, im Übrigen die zuständigen Stellen im Sinne des Berufsbildungsgesetzes Ausschüsse bilden (vgl. § 111 Abs. 2 ArbGG). Diese Ausschüsse gab es bereits im Rahmen der Gewerbegerichtsbarkeit von 1890. Das ArbGG hat sie 1926 nach heftigem Streit im damaligen Reichstag bestehen gelassen. Im heutigen System arbeitsrechtlicher Streitigkeiten sind diese Schlichtungsausschüsse ein eigentümlicher Fremdkörper mit sehr komplizierter Ausgestaltung. Die Errichtung der Ausschüsse steht im Ermessen der zuständigen Stellen. Dadurch besteht die Gefahr, dass der verfassungsrechtlich abgesicherte gleichmäßige Zugang zu Gericht verletzt wird. Das Gesetz schreibt im Übrigen nicht genau die Besetzung eines solchen Schlichtungsausschusses vor. Von besonderer Bedeutung ist es, dass die Anrufung des Ausschusses eine zwingende Prozessvoraussetzung darstellt. Entgegen überwiegender Ansicht kommt insoweit auch eine Parteidisposition nicht in Betracht[7]. In der Ausgestaltung seines Verfahrens im Einzelnen ist der Schlichtungsausschuss frei. Allerdings wird er die verfassungsrechtlichen Bindungen jedes Verfahrens zu beachten haben (rechtliches Gehör, Neutralität und Unabhängigkeit). Eine Sachverhaltsermittlung einschließlich der Beweisaufnahme ist möglich. Soweit es vor dem Ausschuss nicht zu einem Vergleich kommt, erlässt er einen Spruch. Dieser wird, sofern beide Seiten ihn anerkennen, rechtskräftig und bildet einen Vollstreckungstitel. Im Übrigen kann der Spruch innerhalb von zwei Wochen angefochten werden.

---

[5] Aus amerikanischer Sicht zu den interessanten Verknüpfungen zwischen arbitration und conciliation vgl. *Sanders*, FS für Otto Sandrock, 2000, S. 823 ff.
[6] Vgl. zu dieser Einteilung zuletzt etwa *Haft*, FS für Söllner, 2000, 391; *Möller/Reitzmann*, FS für Söllner, 2000, 761, 772.
[7] *Germelmann/Matthes/Prütting*, ArbGG, 3. Aufl. 1999, § 111 Rdnr. 20; a. A. BAG, EzA Nr. 6 zu § 15 BBiG.

b) Weitere Einrichtungen. Hinzuweisen ist ferner auf das Seemannsamt als be- 10 sondere Schlichtungsstelle für Seeleute. Es gewährt eine Art vorläufigen Rechtsschutz, bis die Parteien von hoher See in den Geltungsbereich des Grundgesetzes zurückkehren (vgl. § 111 Abs. 1 Satz 2 ArbGG i. V. mit §§ 14–19 SeemannsVO).

Hinzuweisen ist weiter auf die Möglichkeit, bei Ansprüchen eines Arbeitnehmers 11 gegen seinen Arbeitgeber aus dem Arbeitnehmererfindungsgesetz die Schiedsstelle beim Deutschen Patentamt anzurufen.

Außergerichtliche Streitschlichtungsstellen gibt es ferner für kirchliche Arbeit- 12 nehmer.

c) Schiedsgericht und Schiedsgutachten. Die echte private Schiedsgerichtsbarkeit 13 gibt es auch in der Arbeitsgerichtsbarkeit. Allerdings ist nach den §§ 101 ff. ArbGG vorgesehen, dass die Vereinbarung über das Eingreifen der Schiedsgerichtsbarkeit nur dann in Betracht kommt, wenn es sich um bürgerliche Rechtsstreitigkeiten zwischen Tarifvertragsparteien aus Tarifverträgen oder über das Bestehen oder Nichtbestehen von Tarifverträgen handelt. Im Falle von bürgerlichen Rechtsstreitigkeiten aus einem Arbeitsverhältnis, das sich nach einem Tarifvertrag bestimmt, können die Parteien des Tarifvertrags die Arbeitsgerichtsbarkeit im Tarifvertrag durch die ausdrückliche Vereinbarung ausschließen, dass eine schiedsgerichtliche Entscheidung erfolgen soll, soweit der persönliche Geltungsbereich des Tarifvertrags überwiegend Bühnenkünstler, Filmschaffende, Artisten oder Kapitäne und Besatzungsmitglieder nach dem SeemannsG umfasst.

Schließlich kommen zur Abklärung einzelner arbeitsrechtlicher Streitigkeiten 14 auch Schiedsgutachten in Betracht. Allerdings wird allgemein verlangt, dass das Schiedsgutachten noch einer effektiven gerichtlichen Kontrolle unterliegt und dass es nicht über Bestandsstreitigkeiten ergeht[8].

d) Bewertung. Trotz der verschiedenen hier genannten Instrumente zur Streitbei- 15 legung muss bei nüchterner Betrachtung gesagt werden, dass es sich jeweils nur um absolute Randbereiche des Arbeitsrechts handelt. Für die zentralen Streitigkeiten des Individualarbeitsrechts sind die vorstehenden Instrumente ohne größere Bedeutung.

2. Betriebsverfassungsrecht

Die Betriebsverfassung mit dem Dualismus von Arbeitgeber und Betriebsrat ist 16 ein weiterer wichtiger Ansatzpunkt für institutionelle Streitschlichtungsmechanismen. Dabei ist freilich zu unterscheiden, ob es sich im Einzelfall um individualrechtliche Fragen handelt oder ob rein betriebsverfassungsrechtliche und damit kollektive Konflikte Gegenstand der jeweiligen Einrichtung sind. Für individualrechtliche Konflikte kommt nach dem Betriebsverfassungsrecht insbesondere das betriebliche Beschwerderecht in Betracht (§§ 84, 85, 86 BetrVG). Insoweit spricht § 84 BetrVG davon, dass jeder Arbeitnehmer das Recht habe, sich bei den zuständigen Stellen des Betriebs zu beschweren. Im Einzelfalle ist damit ein weiter Spielraum für die jeweils zuständige Stelle gegeben. In der Regel wird es sich um den unmittelbaren Vorgesetzten im Betrieb handeln. In Betracht kann aber auch eine eigenständige betriebliche Beschwerdestelle kommen (vgl. § 86 Satz 2 BetrVG).

---

[8] Im Einzelnen vgl. *Ahrens* (a. a. O.), S. 105, 108 ff.

17   Individualkonflikte werden auch durch die gesetzlich nicht geregelte sog. Betriebsjustiz verarbeitet. Dabei handelt es sich um Einrichtungen, die auf Tarifverträgen oder Betriebsvereinbarungen beruhen und ein betriebsinternes Sanktionssystem schaffen[9].

18   Im Falle rein kollektiver betriebsverfassungsrechtlicher Konflikte hat der Gesetzgeber vor allem die sog. **Einigungsstelle** vorgesehen (§ 76 BetrVG), die der Beilegung von Meinungsverschiedenheiten zwischen Arbeitgeber und Betriebsrat dienen soll. Diese Einigungsstelle ist als alleinige, alle anderen Schlichtungsformen ausschließende Einrichtung betrieblicher Art vom Gesetz vorgesehen. Gebildet werden Einigungsstellen im Betrieb entweder ad hoc oder als ständige Stellen. Die Einigungsstelle besteht laut Gesetz aus der gleichen Zahl von Beisitzern, die vom Arbeitgeber und vom Betriebsrat bestellt werden, ohne dass die konkrete Zahl der Beisitzer bestimmt wäre. Hierzu bedarf es einer Einigung beider Seiten. In der Praxis ist die Zahl von insgesamt vier Beisitzern üblich. Hinzu kommt ein unparteiischer Vorsitzender, auf dessen Person sich beide Seiten einigen müssen. Kommt eine solche Einigung im Einzelfall nicht zustande, so wird der Vorsitzende durch das Arbeitsgericht bestellt. Nicht selten werden Berufsrichter der Arbeitsgerichtsbarkeit in das Amt des unparteiischen Vorsitzenden berufen. Die Einigungsstelle entscheidet auf Grund mündlicher Verhandlung durch Beschluss. Trotz des vom Gesetz benutzten Wortes „Beschluss" ist unstreitig, dass es sich hier nicht um echte Rechtsprechung handelt, sondern um eine Form vorgerichtlicher Schlichtung. Bei der Beschlussfassung hat sich der Vorsitzende zunächst der Stimme zu enthalten (Mediationselement). Kommt bei der Abstimmung eine Mehrheit nicht zustande, so nimmt der Vorsitzende nach weiterer Beratung an der erneuten Beschlussfassung teil. Der Spruch der Einigungsstelle ersetzt die Einigung zwischen Arbeitgeber und Betriebsrat. Letztlich handelt es sich insoweit um eine Art Zwangsschlichtung. Leitlinie für die Entscheidung der Einigungsstelle ist die angemessene Berücksichtigung der Belange des Betriebs und der betroffenen Arbeitnehmer nach billigem Ermessen (vgl. § 76 Abs. 5 BetrVG). Der Spruch der Einigungsstelle kann in vollem Umfang vor den Arbeitsgerichten angefochten und überprüft werden. Dies gilt nicht nur für Rechtsfragen, sondern auch für die Ermessensentscheidung der Einigungsstelle. Allerdings darf das Gericht nicht seine eigene Ermessensentscheidung an die Stelle des Spruchs der Einigungsstelle setzen. Vielmehr wird nur geprüft, ob das Ermessen richtig ausgeübt wurde[10].

19   Insgesamt ist die Konfliktlösung durch die Einigungsstelle im Rahmen der Betriebsverfassung also im Wesentlichen eine Form aus dem Bereich der gerichtlich erzwingbaren Mitbestimmung (vgl. § 98 ArbGG). Es handelt sich der Sache nach um eine obligatorische Schlichtungsstelle. Die Einigungsstelle stellt zugleich die Konsequenz aus dem generellen Verbot von Maßnahmen des Arbeitskampfes innerhalb des Betriebs dar (vgl. hierzu § 74 Abs. 2 BetrVG).

20   Für kollektive Konflikte kann an die Stelle der Einigungsstelle aber auch eine **tarifliche Schlichtungsstelle** treten (§ 76 Abs. 8 BetrVG). Hierbei handelt es sich um ein durch Tarifvertrag vorgesehenes Instrument, das an die Stelle der Einigungs-

---

[9] Vgl. insbesondere *Herschel* BB 1975, 1209; *Kaiser/Metzger-Pregizer*, Betriebsjustiz, 1976; *Schumann*, Gedächtnisschrift für Dietz, 1973, S. 323; *Zöllner* ZZP 83, 365.
[10] Zu den Voraussetzungen der Einigungsstelle und zum gesamten Verfahren vgl. im Einzelnen insbesondere *Hennige*, Das Verfahrensrecht der Einigungsstelle, 1996.

stelle tritt. Durch diese Maßnahme kann allerdings die Zuständigkeit der Einigungsstelle weder erweitert noch beschränkt werden. Wegen der unmittelbaren und zwingenden Wirkung tariflicher Normen verdrängt eine solche tarifliche Schlichtungsstelle die Einigungsstelle. Die Entscheidungen solcher tariflicher Schlichtungsstellen unterliegen in gleichem Umfang der gerichtlichen Überprüfung wie die Beschlüsse der Einigungsstellen.

3. Tarifrecht und Arbeitskampfrecht

Zu unterscheiden von den bisher genannten individualrechtlichen und betriebs- **21** verfassungsrechtlichen Schlichtungseinrichtungen ist der Bereich der Schlichtung im Tarifrecht und im Arbeitskampfrecht. Hierbei geht es um den gesamten Inhalt der Arbeitsverhältnisse einschließlich der jeweiligen Lohnregelung sowie um die Fragen des Abschlusses und der Beendigung von Arbeitsverhältnissen. Streiten sich die Tarifvertragsparteien im Rahmen der ihnen zugewiesenen Tarifautonomie über den Inhalt eines künftigen Tarifvertrags, so steht den Streitparteien als letzter Ausweg der Arbeitskampf offen. Da Arbeitskämpfe aber die Beziehung der Tarifvertragspartner belasten und insgesamt das soziale Klima und den sozialen Frieden bedrohen können, zudem auch erhebliche gesamtwirtschaftliche Schäden hervorrufen, kommt der **Schlichtung in diesem Bereich** zur Lösung von Konflikten und zur Vermeidung oder zur Beendigung von Arbeitskämpfen eine ganz **wesentliche gesamtgesellschaftliche Funktion zu.** Es ist deshalb auch kein Zufall, wenn früher manchmal unter dem Begriff der Schlichtung im Arbeitsrecht allein die Schlichtung von Tarifkonflikten verstanden wurde[11].

Je nach der Rechtsgrundlage gilt es, **zwei verschiedene Arten** tariflicher Schlich- **22** tung zu unterscheiden. Es gibt zum einen die zwischen den Tarifvertragsparteien vereinbarte Schlichtung und andererseits die auf Gesetz beruhende staatliche Schlichtung. Die Tarifvertragsparteien können durch Tarifvertrag ein Schlichtungsverfahren vereinbaren. Diese Form der Schlichtung steht heute in der Praxis vollkommen im Vordergrund. In fast allen größeren Wirtschaftsbereichen und im öffentlichen Dienst gibt es solche vereinbarte Schlichtungsabkommen. Diese Abkommen erfassen etwa zwei Drittel der dem tariflichen Regelungsbereich unterliegenden Arbeitnehmer. Daneben gibt es ein staatliches Schlichtungsrecht. Es ist als Reaktion auf die negativen Erfahrungen mit staatlicher Schlichtung in der Zeit der Weimarer Republik nur in geringem Umfang ausgebaut. Die Grundlage dieses staatlichen Schlichtungsrechts bildet bis heute ein vom Alliierten Kontrollrat erlassenes Gesetz aus dem Jahre 1946 (Kontrollratsgesetz Nr. 35 vom 20. 8. 1946). Dieses Gesetz wird auch heute noch allgemein als geltendes Recht angesehen, da es gemäß Art. 125 GG als Bundesrecht fortgelte[12].

4. Arbeitsgerichtsbarkeit

a) **Grundlagen.** Von den bisher genannten außergerichtlichen Streitbeilegungsme- **23** chanismen für individuelle und kollektive Konflikte sind im Folgenden diejenigen

---

[11] Zur tariflichen Schlichtung vgl. insbesondere *Löwisch,* Arbeitskampf und Schlichtungsrecht, 1997, S. 455 ff.; *Gamillscheg,* Kollektives Arbeitsrecht, Bd. I, 1997, S. 1298 ff.
[12] Diese Auffassung der h. M. ist sehr zweifelhaft, vgl. *Germelmann/Matthes/Prütting,* ArbGG, 3. Aufl. 1999, Einl. Rdnr. 79 a; die Frage kann hier im Einzelnen nicht diskutiert werden.

Mechanismen abzutrennen, die im Rahmen eines Gerichtsverfahrens der Streitbeilegung dienen. Hervorhebung verdient dabei insbesondere der obligatorische Gütetermin vor dem Arbeitsgericht. Er ist im gesamten Bereich des Zivil- und Arbeitsverfahrens erst in der Weimarer Zeit in das Gesetz gelangt. Weder die ursprüngliche CPO von 1877 noch das Gewerbegerichtsgesetz von 1890 kannten einen solchen obligatorischen Gütetermin. Allerdings sah bereits die CPO 1877 eine Norm vor, die vor Gericht eine freiwillige gerichtliche Schlichtung jedenfalls bei den Amtsgerichten ermöglichte (§ 471 CPO). Eine umfassende Neuregelung brachte hier die Verordnung über das Verfahren in bürgerlichen Rechtsstreitigkeiten vom 13. 2. 1924. Im zeitlichen Kontext hierzu wurde auch durch das ArbGG 1926 ein obligatorischer Gütetermin eingeführt. Während allerdings die ZPO im Jahre 1950 das allgemeine Güteverfahren wieder beseitigte und spezielle Vorschriften im Familienrecht im Jahre 1976 aus dem Gesetz eliminierte, hat sich der obligatorische Gütetermin vor den Arbeitsgerichten unverändert erhalten und ist in allerjüngster Zeit sogar ausgebaut worden[13].

24   **b) Die Einzelheiten des Gütetermins vor dem Arbeitsgericht.** Im Einzelnen sieht das Gesetz in § 54 ArbGG vor, dass nach Einreichung der Klage und Anberaumung eines Termins zur mündlichen Verhandlung dieser Termin zwingend mit der Verhandlung vor dem Vorsitzenden zum Zwecke der gütlichen Einigung der Parteien beginnt. Seit 1. 5. 2000 hat das Arbeitsgerichtsbeschleunigungsgesetz zusätzlich die Regelung gebracht, dass diese Güteverhandlung mit Zustimmung der Parteien auf einen weiteren Termin ausgedehnt werden kann (§ 54 Abs. 1 Satz 5 ArbGG). Gleichzeitig ist geregelt worden, dass nach dem Ermessen des Vorsitzenden auch im Beschlussverfahren ein Güteverfahren angesetzt werden kann (vgl. § 80 Abs. 2 Satz 2 ArbGG).

25   Die Güteverhandlung ist ein **besonderer Verfahrensabschnitt** des arbeitsgerichtlichen Verfahrens erster Instanz. Sie ist in Urteilssachen obligatorisch und im Beschlussverfahren vom Ermessen des Vorsitzenden abhängig. Die Güteverhandlung dient nicht allein der friedlichen Streitschlichtung zwischen den Parteien, sondern es erfolgt gleichzeitig eine Vorbereitung der möglichen streitigen Verhandlung. Da die Güteverhandlung Teil eines Termins zur mündlichen Verhandlung im Rahmen des anhängigen arbeitsgerichtlichen Streites ist, gelten auch in diesem Verfahrensabschnitt alle wesentlichen Regelungen des streitigen Verfahrens. Insbesondere ist anerkannt, dass auch das Güteverfahren Teil der rechtsprechenden Tätigkeit des Arbeitsrichters ist. Wesentlicher Inhalt der Güteverhandlung ist die Erörterung des konkreten Streitverhältnisses zwischen Richter und Parteien. Regelmäßig wird der Richter dabei den Parteien die Sach- und Rechtslage im Einzelnen verständlich machen und bereits die Erfolgsaussichten der Klage und der Verteidigungsmittel erörtern. Er wird den Abschluss eines Vergleichs empfehlen, soweit dies sinnvoll erscheint. Dagegen kommt die Durchführung einer echten Beweisaufnahme noch nicht in Betracht.

26   Betrachtet man diese dem arbeitsgerichtlichen Streitverfahren vorgelagerte Güteverhandlung im Überblick, so zeigt sich, dass hier die Schlichtungsfunktion mit der Vorbereitung einer Streitentscheidung vermischt ist. Nicht unberücksichtigt bleiben darf auch die Tatsache, dass das Arbeitsgericht anders als das Amtsgericht nicht mit

---

[13] Umfassend zur historischen Entwicklung und zur Ausgestaltung des Gütetermins vgl. *Kramer,* 1999, 5 ff., 49 ff.

einem alleinentscheidenden Berufsrichter besetzt ist, so dass der Gütetermin durch den Vorsitzenden des Arbeitsgerichts ohne die Beteiligung der ehrenamtlichen Richter auch eine gewisse vereinfachende Funktion aufweist, die am Amtsgericht nicht zu erzielen ist.

c) **Die früheren Schiedsstellen der neuen Bundesländer.** Erwähnung verdient im   27
vorliegenden Zusammenhang eine Besonderheit der Streitschlichtung im Arbeitsrecht aus dem Kontext der Wiedervereinigung. In der früheren DDR gab es eine Arbeitsgerichtsbarkeit, der zwingend sog. Konfliktkommissionen vorgeschaltet waren. Diese wurden zusammen mit weiteren Schiedskommissionen auch als gesellschaftliche Gerichte bezeichnet. In Wahrheit handelte es sich dabei aber nicht um echte Gerichte, sondern um ein nicht richterliches Vorschaltverfahren auf betrieblicher Ebene. Im Laufe des Jahres 1990 haben diese Institutionen ihre Tätigkeit eingestellt. Die Volkskammer hat durch Gesetz vom 29. 6. 1990 über die Errichtung und das Verfahren der Schiedsstellen im Arbeitsrecht eine Neuregelung getroffen, wonach zur Beilegung von Rechtsstreitigkeiten zwischen Arbeitnehmern und Arbeitgebern aus dem Arbeitsverhältnis sog. Schiedsstellen zuständig sind. Diese wurden in Betrieben mit mehr als 50 Arbeitnehmern gebildet. Die Klage vor dem früheren Kreisgericht (und späteren Arbeitsgericht) war erst zulässig, wenn vorher diese Schiedsstelle angerufen worden war. Gegen die Entscheidung der Schiedsstelle war aber in jedem Fall der Einspruch zum Kreisgericht zulässig. Dieses Gesetz über die Schiedsstelle im Arbeitsrecht galt nach dem Einigungsvertrag fort. Allerdings wurde das Gesetz und damit die Einrichtung der Schiedsstellen im Arbeitsrecht insgesamt bereits zum Ende des Jahres 1992 ersatzlos aufgehoben[14]. Der Gesetzgeber ließ sich dabei von der Erwägung leiten, dass es sich bei den Schiedsstellen um eine Rechtstradition handele, die letztlich an die alten Konfliktkommissionen der DDR anknüpfe. Er wertete die Schiedsstellen als vorübergehende Einrichtung bis zum Aufbau einer eigenständigen Arbeitsgerichtsbarkeit in den neuen Bundesländern. Darüber hinaus wollte er mit dem ersatzlosen Wegfall der Schiedsstellen die Einheit der Rechts- und Lebensverhältnisse in der Bundesrepublik Deutschland herstellen. Eine Ausdehnung des Anwendungsbereichs der Schiedsstellen auch auf die alten Bundesländer wurde angesichts der offenkundigen Erfolglosigkeit dieser Einrichtungen nicht erwogen. Auch die Gewerkschaften, die Vereinigungen der Arbeitgeber sowie die Richterschaft haben sich für eine Aufhebung der Schiedsstellen ausgesprochen.

III. Grundfragen der Mediation im Arbeitsrecht

1. Gesetzliche Verankerung

Mediation im Arbeitsrecht und in der gesamten Rechtsentwicklung kann zwei-   28
fellos als Teilaspekt der ADR, also der gesamten außergerichtlichen Streitbeilegung verstanden werden. Anders als die unter Rdnr. 29 aufgezählten Streitbeilegungsmechanismen ist **Mediation** aber **nicht im Gesetz verankert.** Dies liegt in gewisser Weise in der Natur der Sache. Gesetzliche Normen, die ausnahmsweise ein mediatives

---

[14] Durch Gesetz vom 20. 12. 1991 wurden die Schiedsstellen mit Wirkung zum 31. 12. 1992 außer Kraft gesetzt.

Programm enthalten, wie etwa § 52 a FGG, können als seltene Ausnahmen nicht an diesem Grundsatz rütteln.

29 Trotz der fehlenden gesetzlichen Verankerung kann aber gerade in jüngster Zeit festgestellt werden, dass der **Gesetzgeber** großen Wert auf die Stärkung außergerichtlicher und vorgerichtlicher Streitschlichtungsmechanismen legt. Als Beleg hierfür mag es dienen, dass der Gesetzgeber durch das Gesetz zur Förderung der außergerichtlichen Streitbeilegung vom 15. 12. 1999[15] mit § 15 a EGZPO eine Norm geschaffen hat, die vor dem Zugang zu den Amtsgerichten ein obligatorisches Güteverfahren nach dem jeweiligen Landesrecht vorsieht[16]. Zu verweisen ist weiter auf das Gesetz zur Reform des Zivilprozesses vom 27. 7. 2001, durch das mit dem neuen § 278 ZPO eine umfassende Norm zur gütlichen Streitbeilegung, zur Güteverhandlung und zum Vergleich im Zivilverfahren geschaffen worden ist[17]. Der neu geschaffene § 278 ZPO und ebenso § 15 a EGZPO gelten freilich nicht im arbeitsgerichtlichen Verfahren, weil dort mit § 54 und § 57 Abs. 2 ArbGG jeweils spezielle Normen der Sache nach das Gleiche regeln.

2. Mediationstauglichkeit von Konflikten

30 Wenn im Folgenden die Frage gestellt wird, welche arbeitsrechtlichen Konflikte in besonderer Weise für mediatives Vorgehen geeignet erscheinen, so muss auf Grund der bisherigen Darstellung zunächst auf die negativen Ergebnisse verwiesen werden. Denn in den Bereichen, in denen eingespielte und erfolgreiche Verfahren der Streitschlichtung vorhanden sind, vor allem aber in den Bereichen, in denen eine obligatorische Streitbeilegung vom Gesetz vorgesehen ist, dürfte nur **sehr geringer Raum für Mediation** bestehen. Dies gilt vor allem für die unter Rdnr. 16 ff. dargestellten Bereiche aus dem Betriebsverfassungsrecht, dem Tarifrecht, dem Arbeitskampfrecht sowie den besonderen Regelungen im Rahmen der Arbeitsgerichtsbarkeit. Insbesondere der Bereich der kollektiven Konflikte hat gezeigt, dass es im deutschen Arbeitsrecht eine weit gespannte kollektive Streitschlichtung gibt, die allerdings nicht auf die Vermeidung individueller Prozesse abzielt, sondern die kollektive Streitfragen lösen will, die anderenfalls im Wege von Arbeitskampfmaßnahmen gelöst werden müssten[18].

31 Umgekehrt hat die bisherige Betrachtung aber ergeben, dass es im Bereich des Individualarbeitsrechts nur sehr wenige außergerichtliche Streitschlichtungsmöglichkeiten gibt. Deshalb erscheint es nahe liegend, Mediation **in erster Linie** im **Individualarbeitsrecht** in Betracht zu ziehen. Dagegen könnte man einwenden, dass bisher Mediation im Arbeitsrecht insgesamt und damit auch im Individualarbeitsrecht noch keine größeren Erfolge erzielen konnte. Wesentlicher Grund hierfür dürfte es sein, dass gerade das Individualarbeitsrecht im Rahmen von Streitentscheidung und Streitschlichtung besonderes Gewicht auf das gerichtliche Verfahren legt. Der obligatorische Gütetermin in der Arbeitsgerichtsbarkeit ist ein seit langer Zeit bewähr-

---

[15] Gesetz vom 15. 12. 1999, BGBl. I 2400, in Kraft seit 1. 1. 2000, dazu § 33.
[16] Vgl. zur Entwicklung auf der Ebene des Bundesrechts insbesondere *Prütting*, Verhandlungen des 62. Dt. Juristentages, Bd. II/1, München 1998, S. O 11 ff.
[17] Gesetz vom 27. 7. 2001, BGBl. I 1887, in Kraft seit dem 1. 1. 2002.
[18] Weitergehend empfehlen *Ponschab/Dendorfer*, S. 4 ff. und *Budde*, S. 507 ff. auch im kollektiven Bereich die Mediation.

ter und erfolgreicher verfahrensrechtlicher Aspekt, der den Ruf nach außergerichtlicher Streitbeilegung lange Zeit weitgehend verdrängt hat. Der große Erfolg der arbeitsgerichtlichen Güteverhandlung liegt allerdings sicherlich auch in der Tatsache begründet, dass die Streitparteien nicht selten die in dieser Verhandlung zutage tretenden Prozesschancen ihrem weiteren Verhalten zugrunde legen und so häufig einer gütlichen Einigung durch Vergleich oder Klagerücknahme zustimmen. Auch die durch gesetzliche Klagefristen oftmals erzwungene frühzeitige Anrufung des Arbeitsgerichts verstärkt den hier angedeuteten Trend.

Weitere Probleme für eine Mediationstauglichkeit von Konflikten ergeben sich 32 dort, wo der Streit um reine Rechtsfragen und Grundsatzprobleme (**Musterprozess**) geführt wird oder wo sich durch gesetzliche Klagefristen oder tarifliche Ausschlussfristen zeitliche Zwänge ergeben, die einer Mediation weitgehend entgegenstehen, weil es am erforderlichen zeitlichen Spielraum fehlt.

Unter Berücksichtigung dieser Überlegungen liegt es aber dennoch nahe, künftig 33 Mediation im Arbeitsrecht zu fördern und nicht vorschnell einem negativen Ergebnis das Wort zu reden.

3. Arbeitsrechtliche Konfliktpositionen

Wie bereits dargestellt lässt sich die Mediation im Arbeitsrecht in das weite Feld 34 der außergerichtlichen Streitbeilegungsformen einordnen. Andererseits liegt es nahe, dass arbeitsrechtliche Reaktionen und Sanktionen auf Konflikte und Fehlverhalten sich regelmäßig nach dem Umfang und dem Gewicht des einzelnen Konflikts und seinem jeweiligen Entwicklungsstadium richten. Daher kann ein arbeitsrechtlicher Konflikt je nach dem Grad der konkreten Verhärtung der einzelnen Positionen möglicherweise mehrere Stufen durchlaufen. Denkbar wäre insbesondere, dass ein arbeitsrechtlicher Konflikt zunächst mit einem Einzelgespräch zwischen Arbeitgeber und Arbeitnehmer beginnt, dass in weiteren Schritten dritte Personen (z.B. Arbeitskollegen) zugezogen werden, und dass anschließend möglicherweise der Betriebsrat oder spezielle betriebliche Institutionen eingeschaltet werden. Zu denken wäre hier an den Betriebsarzt, den Suchtbeauftragten oder den sozialen Ansprechpartner, soweit solche speziellen Einrichtungen vorhanden sind. Gegenüber solchen internen Maßnahmen stellt es eine neue Qualität dar, wenn eine oder beide Streitparteien den Schritt nach außen tun, indem sie einen Mediator, einen Schlichter oder ein Gericht einschalten.

Schon diese Aufzählung möglicher Eskalationsformen macht deutlich, dass es für 35 arbeitsrechtliche Konflikte **keine generelle Mediationstauglichkeit** geben kann. Neben der mediationstauglichen Thematik ist also auch darauf zu achten, welche Entwicklung ein arbeitsrechtlicher Konflikt im Einzelfall genommen hat. Erst diese zusätzliche Betrachtung lässt Aussagen über die Mediationsgeeignetheit eines Konfliktes zu[19].

4. Vorteile der Mediation im Arbeitsrecht

Die soeben dargestellte Stufenleiter der Eskalation arbeitsrechtlicher Konflikte 36 legt zunächst die Bewertung nahe, dass ein Arbeitgeber daran interessiert sein müss-

---

[19] Vgl. zu den möglichen Reaktionen auf arbeitsrechtliche Konfliktpositionen etwa *Aigner*, S. 261, 263 ff.

te, im Regelfall einen arbeitsrechtlichen Konflikt intern **im Betrieb** beizulegen. Demgegenüber enthält der Schritt nach außen immer auch zugleich die Gefahr einer Verhärtung von Konflikten. Andererseits bedarf es keiner näheren Darlegung, dass aus vielfältigen Gründen eine betriebsinterne Streitbeilegung nur in begrenztem Umfang möglich ist. Hier bietet die Mediation unter den verschiedenen Möglichkeiten der Einschaltung Dritter signifikante Vorteile. Zunächst wird sich ein Mediator in besonderer Weise dem speziellen Konflikt und der damit verbundenen räumlichen und sachlichen Umgebung widmen. Mediation dürfte also im Regelfall eine sehr konkrete Arbeitsplatzbezogenheit aufweisen. In vielen Fällen wird darüber hinaus Mediation deutlich schneller als ein gerichtliches Verfahren sein können. Allgemein wird der Mediation auch ein Kostenvorteil zuerkannt. Dies muss insbesondere dann gelten, wenn man im Falle langwieriger gerichtlicher Auseinandersetzungen neben den unmittelbaren Gerichtskosten und den Anwaltsgebühren auch die indirekten Kosten einrechnet, die durch streitige Arbeitsplatzkonflikte entstehen können (z.B. Unruhe unter den Arbeitnehmern, destruktives Verhalten einer Streitpartei, schwierige Arbeitsplatzverschiebungen bei Durchsetzung von Weiterbeschäftigungsansprüchen usw.). Weiterhin hervorzuheben als Vorteil mediativer Tätigkeit ist die Chance für den Arbeitgeber, Ursachen von Arbeitsplatzkonflikten unmittelbarer und deutlicher zu erkennen. Dies gibt eine bessere Chance für präventives Verhalten. Weiterhin bietet Mediation den Vorteil der Vertraulichkeit. Der Mediator kann neben dem konkreten arbeitsrechtlichen Konflikt auch vielfältige Aspekte des betrieblichen Gesamtsystems berücksichtigen. Er ist hier und im Ergebnis bei seinen Anregungen nicht an zwingende gesetzliche Regeln gebunden, sondern kann dazu beitragen, auch unkonventionelle oder ungewöhnliche Lösungen zu finden. Die in der Mediation zwingende persönliche Beteiligung und Anhörung der Betroffenen führt zu einer relativ schnellen Möglichkeit, in einem noch informellen Rahmen die Streitpunkte und Beschwerden zu thematisieren. Über den Einzelfall hinaus kann Mediation nicht unwesentlich zu einer Klimaverbesserung im Betrieb und generell zu einer besseren Streitkultur beitragen.

37   Diese nicht abschließende Skizze möglicher Vorteile einer Mediation im Arbeitsrecht zeigt, dass sich allgemeine Vorteile außergerichtlicher Streitschlichtung bei der Mediation mit spezifischen mediativen Vorteilen verbinden können. Eine Erfolg versprechende Mediation wird man daher in jedem Falle gerichtlichen Auseinandersetzungen im Arbeitsrecht vorziehen[20].

IV. Fallmaterial zur Mediation

1. Spielräume im Tatbestand?

38   Mediation setzt im Rahmen des konkreten Konfliktes Spielräume voraus, die einen Ansatzpunkt für Vermittlung bieten. Es ist vielfältig beschrieben worden, dass Mediation das Nullsummenspiel des gerichtlichen Verfahrens überwinden will, dass es die Parteien von ihren Positionen wegführen will und anhand der wirklichen Interessen eine zukunftsorientierte Konfliktlösung entwickeln will. Idealtypisch sollte

---

[20] Zu den Vorteilen der Mediation im Arbeitsrecht vgl. insbesondere *Budde*, S. 497, 501, 505 und *Ponschab/Dendorfer*, S. 1 ff.

also ein Ergebnis gefunden werden, das den Interessen aller Beteiligten weitgehend Rechnung trägt (Win-Win-Situation).

Dazu seien nunmehr **zwei Beispiele** aus der jüngeren Rechtsprechung genannt:

a) **Entscheidung des BGH vom 18. 11. 1999.** Nach Auseinandersetzungen innerhalb des Betriebs **39** hatte der Arbeitgeber seinem Arbeitnehmer gekündigt. Der Arbeitnehmer, der daraufhin Kündigungsschutzklage erhoben hatte, hat vor den Arbeitsgerichten seinen Prozess gewonnen. Seine sich an diesen Prozess anschließenden Lohnforderungen gegen das beklagte Unternehmen konnte er aber wegen zwischenzeitlich eingetretenen Zahlungsschwierigkeiten nicht mehr durchsetzen. In der Zwischenzeit ist der beklagte Arbeitgeber insolvent geworden. Nunmehr führt der ehemalige Arbeitnehmer vor dem Zivilgericht einen Regressprozess gegen den früheren Rechtsanwalt des Arbeitgebers. Er hatte sich eventuell bestehende Ansprüche seines früheren Arbeitgebers abtreten lassen und klagte nun gegen den Rechtsanwalt mit der Begründung, dieser habe den Arbeitgeber unrichtig beraten. Bei richtiger Beratung und Prozessführung hätte der Arbeitgeber den Prozess gewinnen müssen. In Wirklichkeit sei seine Entlassung nämlich rechtmäßig gewesen, weil wegen der geringen Zahl von Arbeitnehmern gemäß § 23 KSchG das gesamte Kündigungsschutzgesetz nicht gegolten habe. Der BGH hat in dem genannten Urteil sowohl die Klage für zulässig erachtet als auch den erstaunlichen Argumentationswechsel des Klägers für möglich gehalten. Er hat deshalb die Sache zur Entscheidung über den Einwand aus § 23 KSchG an die Vorinstanz zurück verwiesen[21].

b) **Entscheidung des BAG vom 17. 9. 1998.** Ein Arbeitnehmer war als Kassierer im Automaten- **40** spielsaal einer Spielbank tätig. Dort versorgte er die Gäste mit Münzgeld, wechselte Münzen um und zahlte Gewinne gegen Quittung aus. Die von diesem Arbeitnehmer geführte Kasse ergab mehrere Monate hintereinander größere Fehlbeträge. Im vorliegenden Fall wurde dem Arbeitnehmer ein Fehlbetrag von insgesamt 824,– DM vom Arbeitslohn abgezogen. Grundlage dieses Abzugs war eine Mankoabrede im Arbeitsvertrag gewesen. Das BAG hat im vorliegenden Fall seine Rechtsprechung zur Haftung in Mankofällen fortgeführt[22]. Klargestellt wurde, dass der Schwerpunkt des Verhaltensvorwurfs in der Verletzung von Vermögensinteressen des Arbeitgebers, also in einer Schlechtleistung liegt. Damit richtet sich die Haftung nach den Grundsätzen der positiven Vertragsverletzung. Allerdings ist die Entstehung eines Fehlbetrags in der Kasse auch dann, wenn der Arbeitnehmer zunächst alleinigen Zugang zu dem ihm anvertrauten Geld hat, grundsätzlich dem Gefahren- und Verantwortungsbereich des Arbeitgebers zuzurechnen. Der Arbeitgeber kann nämlich kraft seiner Organisationshoheit auf die tatsächlichen Abläufe beim Zugang zu dem Geld und bei der Abrechnung gestaltend einwirken. Daher trägt nach der Auffassung des BAG auch der Arbeitgeber nach allgemeinen Grundsätzen die Beweislast dafür, dass der Arbeitnehmer es war, der das Manko verursacht hat. Eine Beweislastumkehr lässt das BAG nicht eingreifen. Für eine wirksame Mankoabrede verlangt das BAG neben der Beschränkung auf diejenigen Bereiche, auf die der Arbeitnehmer alleinigen Zugriff hat, auch eine Vereinbarung für einen angemessenen Lohnausgleich im Rahmen einer solchen zulässigen Risikoübernahme.

c) **Bewertung.** Die beiden arbeitsrechtlich orientierten Fälle lassen eine sehr **un-** **41** **terschiedliche Struktur** erkennen. Im **ersten Fallbeispiel** handelt es sich um reine Rechtsfragen. Das gilt vor allem für den zentralen Aspekt, ob ein Kläger vor Gericht eine Argumentation geltend machen kann, die im diametralen Gegensatz zu seiner eigenen im Vorprozess geltend gemachten Position steht. Diese Rechtsfrage hat über den einzelnen Prozess hinausgehende Bedeutung, so dass den Parteien und Dritten letztlich nur mit einer höchstrichterlichen Entscheidung geholfen ist. Es kommt im ersten Fall erschwerend hinzu, dass bezüglich der ursprünglichen Forderungsdurchsetzung des Arbeitnehmers gegen seinen Arbeitgeber eine Insolvenzsituation vorliegt, so dass hier keinerlei Spielräume für eine mediative Lösung erkennbar sind.

---

[21] BGH NJW 2000, 730.
[22] BAG SAE 2000, 1 mit Anm. *Boemke.*

42   Ganz anders gelagert ist der **zweite Fall**. Es geht hierbei nicht nur um die Rechtsfrage, von wem der Kassenfehlbestand letztlich zu tragen ist. Vielmehr ist weit darüber hinaus die Frage von Bedeutung, wie die Arbeitsabläufe zwischen dem Arbeitgeber und seinen Arbeitnehmern, aber auch zwischen den jeweiligen einzelnen Arbeitnehmern abzuwickeln sind. Es ließe sich gut vorstellen, dass ein einvernehmliches Verfahren in solchen Fällen den Arbeitgeber auf entstandene Fehlbeträge ganz oder zum Teil verzichten lässt, wenn ihm dafür von Seiten der Angestellten Organisationsabläufe vorgeschlagen und entwickelt werden, die künftig die Gefahren von Fehlbeständen erheblich reduzieren könnten. Beispielsweise hat im vorliegenden Fall der Arbeitnehmer behauptet, ungeduldige Gäste würden häufig an die Glasscheibe seiner Kasse klopfen und ihn beim Wechselvorgang stören. Ferner müsse er Personenkontrollen übernehmen. Zusätzlich seien Bilder von Personen zu kontrollieren, denen der Zutritt generell zu verwehren sei. Dies alles seien Störungen seiner eigentlichen Aufgabe, für den ordnungsgemäßen Kassenbestand zu sorgen.

43   Es zeigt sich also, dass im zweiten Beispiel Gestaltungsspielräume bestehen könnten, die ein geschickter und phantasievoller Mediator in dem Sinne nutzen könnte, dass letztlich beiden Seiten geholfen ist.

44   **Insgesamt** verdeutlichen die beiden ganz willkürlich ausgewählten Beispiele aus der aktuellen Rechtsprechung, wie unterschiedlich die Möglichkeiten und Chancen für eine Mediation im Arbeitsrecht je nach der konkreten Fallsituation sich darstellen.

2. Begründung eines Arbeitsverhältnisses

45   Arbeitsvertragsrechtliche Probleme können bekanntlich bereits bei der Begründung eines Arbeitsverhältnisses entstehen. Allerdings machen in der Praxis der Arbeitsgerichte solche Streitigkeiten weniger als 10% aller arbeitsgerichtlichen Klagen aus. Im Einzelnen wäre es etwa denkbar, dass ein Bewerber gemäß § 611a BGB Klage vor dem Arbeitsgericht auf Schadensersatz erhebt, weil er eine Diskriminierung wegen des Geschlechts behauptet. In einem solchen Falle ließe sich ein Mediationsverfahren vorstellen, falls die Beweislage sehr unklar ist, so dass der Ausgang eines gerichtlichen Verfahrens für keine Seite abschätzbar wäre. Die Behauptung von Diskriminierungen bei der Beförderung eines Arbeitnehmers wirft ähnliche Fragen auf. So hätte sich beispielsweise der berühmte Bremer Fall „Kalanke" des EuGH[23] im Vorfeld vermutlich viel leichter mediativ lösen lassen.

3. Konflikte innerhalb bestehender Arbeitsverhältnisse

46   Auch innerhalb bestehender Arbeitsverhältnisse sind in ganz unterschiedlicher Weise Konflikte möglich, die in arbeitsgerichtliche Streitigkeiten einmünden können. Zu denken wäre hier in erster Linie an Fehlverhalten von Arbeitnehmern, das in der Praxis häufig zunächst zu einer **Abmahnung** führen wird. Bevor es in solchen Fällen zu weitergehenden Reaktionen, insbesondere zu einer Klage oder zu einer Kündigung kommt, könnte man an eine Konfliktbereinigung durch Mediation denken. Nichts anderes gilt für Fälle, in denen sich innerbetriebliche Auseinanderset-

---

[23] EuGH vom 17.10.1995, Rs C-450/93 (Kalanke gegen Hansestadt Bremen); dazu Vorlagebeschluss des BAG, AP Nr. 193 zu Art. 3 GG.

zungen zwischen verschiedenen Arbeitnehmern ergeben. Ein typisches Beispiel hierfür ist das sog. **Mobbing**. Auch die **sexuelle Belästigung** am Arbeitsplatz ist hier zu erwähnen. Aus der Sicht des Arbeitgebers führen solche Vorgänge unter Umständen zu einer massiven Veränderung von Leistungen einzelner Personen oder des gesamten Betriebsklimas. Soweit im Betrieb ein Betriebsrat vorhanden ist, dient dieser in der Praxis zunächst als zuständige Stelle für eine mögliche Beschwerde. Soweit ein solches Verfahren nicht in Gang gesetzt wird oder ein Betriebsrat nicht vorhanden ist, wäre im Einzelfall eine Klage möglich. Die riesigen Schwierigkeiten einer solchen Klage hat zuletzt wieder ein Beispiel aus der Praxis gezeigt, das vom LAG Thüringen entschieden worden ist[24]. Zu Recht weist diese Entscheidung darauf hin, dass es sich bei dem Begriff Mobbing nicht um einen eigenständigen juristischen Tatbestand handelt, der unter ganz konkrete arbeitsrechtliche Normen subsumiert werden könnte. Mobbing besteht nach seinem Wesen darin, dass über einen längeren Zeitraum eine Fülle einzelner Handlungen vorgenommen werden, die bei jeweils isolierter Betrachtung gerade nicht zu ganz bestimmten gewünschten rechtlichen Konsequenzen führen. Es sind also in einem solchen Fall in ganz besonderer Weise das gesamte Umfeld und die langfristigen Beziehungen der Beteiligten ins Auge zu fassen und zu würdigen. Aufgrund der prozessualen Anforderung, einen bestimmten Klageantrag zu stellen, kann häufig eine solche umfassende Umfeldbetrachtung im gerichtlichen Verfahren nicht geleistet werden. Hier könnte sich in besonderer Weise ein Mediationsverfahren eignen.

4. Beendigung von Arbeitsverhältnissen

Der häufigste und praktisch wichtigste Fall von Streitigkeiten und arbeitsrecht- 47 lichen Klagen tritt bekanntermaßen im Rahmen der Beendigung von Arbeitsverhältnissen auf. So stellen insbesondere die **Kündigungsschutzklagen** vor den Arbeitsgerichten über die Hälfte aller Klageverfahren dar. Hinzu kommen können in einzelnen Fällen auch Klagen auf Erteilung eines Arbeitszeugnisses oder auf Herausgabe von Arbeitspapieren. Die praktische wie rechtliche Besonderheit der Kündigungsschutzklage beruht bekanntlich darauf, dass gemäß § 4 KSchG vom Arbeitnehmer eine Klage binnen drei Wochen nach Zugang der Kündigung erhoben werden muss. Diese allgemein bekannte Ausschlussfrist wird in aller Regel die Chance zu mediativer Tätigkeit verhindern, wenn eine Kündigung einmal ausgesprochen ist. Mediation kann also im Rahmen der Beendigung von Arbeitsverhältnissen nur dort bedeutsam werden, wo sie bereits vor dem Ausspruch einer Kündigung einsetzt.

Andererseits ist es ein typisches Folgeproblem der Kündigungsschutzproblematik, 48 dass der Arbeitgeber im Rahmen von § 1 Abs. 3 KSchG eine **Sozialauswahl** vornehmen muss. Dieser wichtige Gesichtspunkt im Rahmen der betriebsbedingten Kündigung führt notwendigerweise zu schwierigen Abwägungsprozessen. Hat hier der Arbeitgeber im Rahmen von Kündigungen seine Entscheidung getroffen, so liegen festgefügte Positionen vor, die er im Prozess sicherlich verteidigen wird. Für mediatives Einwirken und erneute Abwägungsprozesse bleibt dann im Normalfall kein Spielraum. Umgekehrt ist die Sozialauswahl im Vorfeld von Entscheidungen

---

[24] LAG Thüringen NZA-RR 2001, 347.

geradezu ein klassisches Beispiel, wo weit über die Entscheidung einzelner Rechtsfragen hinaus tatsächliche Spielräume im Umfeld der entstandenen Probleme bestehen. Eine frühzeitige Einbeziehung Betroffener und ein internes mediatives Verfahren könnten hier möglicherweise schwierige prozessuale Konflikte schon im Vorfeld erübrigen.

49 Ähnliches ließe sich möglicherweise auch für den Fall der sog. **Druckkündigung** erwägen. Auch in solchen Fällen geht es bekanntlich weit über die Frage der im Einzelnen ausgesprochenen Kündigung hinaus um eine betriebliche Situation, bei der ein einzelner Arbeitnehmer letztlich nach der Rechtsprechung zulässigerweise die Kündigung erhält, weil eine große Anzahl anderer Arbeitnehmer anderenfalls mit ihrem Ausscheiden aus dem Betrieb drohen. Eine solche Situation ist nur denkbar, wenn es im Vorfeld innerhalb des betrieblichen Klimas zu Vorgängen gekommen ist, die einer personenübergreifenden und umfassenden psychologischen Aufarbeitung bedürfen. Die von der Rechtsprechung zugelassene Notlösung der Druckkündigung ist hier sicherlich ultima ratio zur Lösung des Streits. Im Vorfeld wäre in solchen Fällen möglicherweise ein Mediationsverfahren besonders nahe liegend.

50 Typische Abwicklungsprobleme im Rahmen der Beendigung von Arbeitsverhältnissen können auch auftreten, wenn Klage auf **Erteilung eines Arbeitszeugnisses** oder auf **Herausgabe von Arbeitspapieren** erhoben wird. Bei solchen Streitigkeiten erscheint die Mediation ebenfalls als ein sehr hilfreiches Verfahren. Denn in der Praxis werden hier immer wieder Rechtsstreitigkeiten bekannt, deren Inhalt im Einzelfall sehr wenig verständlich erscheint. Hier liegen möglicherweise „Stellvertreterkriege" vor, deren wahrer Konfliktursprung durch Mediation erkannt und näher behandelt werden kann. Mit einer Klage vor dem Arbeitsgericht wäre dagegen eine über den Streitgegenstand weit hinaus führende Konflikterforschung nicht möglich. Als typisches Beispiel sei das Urteil des BAG vom 21. 9. 1999 genannt[25]. Das Arbeitsverhältnis der Streitparteien war in diesem Fall durch Kündigung beendet worden. Zur Erledigung des sich anschließenden Kündigungsschutzprozesses schlossen die Parteien einen Vergleich, in dem sich der Arbeitgeber unter anderem verpflichtete, dem Arbeitnehmer ein wohlwollendes qualifiziertes Zeugnis zu erteilen. Nach Aufstellung dieses Zeugnisses klagte der Arbeitnehmer auf Berichtigung einzelner Punkte des Zeugnisses. Das korrigierte Zeugnis ging dem früheren Arbeitnehmer sodann per Post zu und war deshalb zweimal gefaltet. Nunmehr kam es zu einem erneuten Rechtsstreit zwischen beiden Parteien darüber, ob das Arbeitszeugnis deshalb nicht ordnungsgemäß sei, weil es zweimal gefaltet war. Dieser Rechtsstreit ging über das Arbeitsgericht und das Landesarbeitsgericht nach zugelassener Revision (!) bis zum BAG, das dem Arbeitgeber die Ordnungsgemäßheit des Zeugnisses bestätigte. Der Fall zeigt sehr deutlich, dass hier der eigentliche Streitpunkt nicht in den Einzelheiten des Zeugnisses liegt, sondern dass ein weit tiefer liegender Konflikt im Rahmen dieser Klagen ausgetragen wurde.

51 Schließlich ist noch darauf hinzuweisen, dass der typische Kündigungsschutzprozess sehr häufig mit einem **Abfindungsvergleich** endet. Es ist zu Recht darauf hingewiesen worden, dass die Abfindung und ihr Aushandeln nicht den klassischen Fall einer justizförmigen Konflikterledigung darstellt, sondern dass darin bereits

---

[25] BAG NJW 2000, 1060 = NZA 2000, 257.

mediative Elemente vorhanden sind[26]. Erweitert man die Überlegungen zum Abfindungsvergleich dahin, dass der Arbeitnehmer im Rahmen der Kündigungsschutzklage regelmäßig um eine Existenzsicherung kämpft, so wird deutlich, dass außerhalb eines justizförmigen Verfahrens durch Mediation dort Lösungen gefunden werden können, wo es möglich erscheint, dem Arbeitnehmer in einem anderen Unternehmen einen Arbeitsplatz zu verschaffen oder ihm bei der Gründung einer selbstständigen Existenz zu helfen, etwa durch Aufhebung eines Wettbewerbsverbots. Auch die Möglichkeit von Einstellungshilfen über Beschäftigungs- und Qualifizierungsgesellschaften (§§ 254 ff. SGB III) könnte in Betracht kommen. Das Beispiel zeigt wiederum, dass sich Spielräume für mediative Einwirkungen selbst dort im Einzelfall finden lassen, wo bei erstem Zusehen solche Möglichkeiten kaum zu erwarten sind.

V. Bewertung

Mediation in arbeitsrechtlichen Konflikten ist in der Vergangenheit eher eine 52 **Ausnahme** gewesen[27]. Das beruht auf einer Reihe unterschiedlicher **Gründe**. Zum einen kann erfolgreiche Mediation im Arbeitsrecht wohl nur von Personen ausgeübt werden, die in rechtlicher Hinsicht vertiefte Fachkenntnisse aufweisen. In Betracht kämen also z. B. insbesondere Fachanwälte für Arbeitsrecht. Zweitens wird nicht selten verkannt, dass Mediation kein Massengeschäft ist, sondern ein zeitaufwändiger und arbeitsaufwändiger Weg zu einem einverständlichen Ergebnis. Mediation bedarf einer sorgfältigen und individuellen Vorbereitung. Sie lohnt sich nicht, wo es um kleine Streitigkeiten und typische Sachverhalte mit pauschalierten Abwicklungsritualen geht. Schließlich muss bedacht werden, dass im Arbeitsrecht nicht selten sehr knappe gesetzliche Klagefristen oder tarifliche Ausschlussfristen bestehen, die in wichtigen Bereichen zu einer schnellen Anrufung der Arbeitsgerichte zwingen. In solchen Fällen bleibt für mediative Verhandlungslösung regelmäßig kaum Spielraum. Hinzuweisen ist ferner auf die eher bescheidenen gerichtlichen Verfahrenskosten im Arbeitsrecht. Die Motivation durch Kostenersparnis hat hier also teilweise nur geringes Gewicht. Außerdem gilt es zu bedenken, dass die Streitfälle im Arbeitsrecht nicht selten dadurch geprägt sind, dass die Gewerkschaften einen eigenständig organisierten Rechtsschutz anbieten. Ein solcher organisierter Rechtsschutz kann in seinem Einfluss in gewisser Weise mit der Wirkung von Rechtsschutzversicherungen verglichen werden. In beiden Fällen ist eine außergerichtliche Streitbeilegung eher selten zu erwarten. Auszugrenzen sind ferner Streitigkeiten, bei denen es um reine Rechtsfragen geht und letztlich wegen des grundsätzlichen Charakters eine höchstrichterliche Entscheidung erstrebt wird (Musterprozess). Auch die Insolvenz einer Seite kann für mediatives Verhalten kontraproduktiv wirken. Letztlich ist im Rahmen mediativer Überlegungen zu beachten, inwieweit verschiedenartige arbeitsrechtliche Streitschlichtungsmechanismen in ihrer konkurrierenden Bedeutung zu beachten sind.

---

[26] *Henkel* NZA 2000, 929, 930.
[27] Zur Bewertung der Mediation im Arbeitsrecht und zur früheren Entwicklung vgl. *Prütting*, FS Hanau, 1999, S. 743, 752; *Stevens-Bartol*, 1997, S. 141 ff.

53   Unter Berücksichtigung solcher einschränkender Aspekte wird man sagen können, dass insbesondere der Bereich des Individualarbeitsrechts dennoch **vielfältige
Möglichkeiten für Mediation** eröffnet. Besondere Chancen liegen darin, dass eine
betriebsinterne Mediation sehr schnell begonnen werden kann, dass sie in einer sehr
konkreten Weise arbeitsplatzbezogen durchgeführt werden kann und dass sie zunächst Vertraulichkeit bietet und eine unmittelbare Anhörung aller beteiligten Arbeitnehmer ermöglicht. Weiterhin bietet sich die Chance, typische Ursachen für Arbeitsplatzkonflikte zu erkennen und möglicherweise künftig auch präventiv zu
agieren. Darüber hinaus können im Einzelfall vom rechtlichen Instrumentarium
abweichende Lösungen gefunden werden und so eine umfassende Abhilfe erzielt
werden.

VI. Ausblick

54   Die Möglichkeiten für echte Mediation im Arbeitsrecht sind zweifellos noch
nicht genügend ausgelotet. Auch wenn das Arbeitsrecht mit spezifischen Hindernissen in diesem Bereich zu kämpfen hat, dürfte sich eine solche nähere Prüfung der
Chancen und Möglichkeiten lohnen. Darüber hinaus ist mit Budde anzustreben,
künftig Mediation als ein Angebot eines umfassenden alternativen betrieblichen
Konfliktbearbeitungsdesigns anzubieten[28]. Zu denken ist daran, dass man zunächst
typische Arbeitsplatzkonflikte analysiert, die bisherigen Lösungswege und deren
Existenz bewertet und situationsbezogene neue Konfliktbearbeitungsverfahren entwirft. Zu Recht wird im deutschen Schrifttum darauf hingewiesen, dass US-
amerikanische Unternehmen in diese Richtung bereits erfolgreich und für alle Seite
zufrieden stellend tätig geworden sind[29].

---

[28] *Budde*, S. 519. Vgl. auch § 39.
[29] *Budde*, S. 519 m. w. N.

§ 37 Mediation im Privaten Baurecht

Steffen Kraus

Übersicht

Schrifttum: *Boysen/Plett*, Bauschlichtung in der Praxis; *Breidenbach/Henssler* (Hrsg.), Mediation für Juristen, 1997; *dies.*, Mediation 1995; *Fischer/Ury/Patton*, Das Harvard-Konzept, 1993; *Haft*, Verhandlung und Mediation, 2. Auflage, 2000; *ders.*, Verhandeln, 1992; *Henssler/Koch*, Mediation in der Anwaltspraxis, 2000; *Ponschab/Schweizer*, Kooperation statt Konfrontation. Neue Wege anwaltlichen Verhandelns, 1997; *Wasilewski*, Streitverhütung durch Rechtsanwälte, 1990.

I. Herkömmliche Konfliktbehandlung „am Bau"

1. Das Bauen als besonders konfliktträchtige Tätigkeit

Wenn im Baurecht besonders viel prozessiert wird, dann liegt dies wohl nicht 1 daran, dass die „Leute vom Bau" im Vergleich zu anderen Bevölkerungsgruppen besonders streitsüchtig wären. Das **Bauen** selbst ist in besonderem Maße **konfliktträchtig**.[1] Das hat verschiedene Gründe.

Da ist zunächst das **Spannungsverhältnis** zwischen Plan und Realität. Kaum ein 2 Bauprojekt wird letztlich so ausgeführt, wie es ursprünglich geplant war. Zusätzliche Leistungen, Leistungsänderungen und Bauablaufstörungen führen zu Nachtragsforderungen des Auftragnehmers. Der Auftraggeber, der seine Finanzierung

---

[1] *Oppler* sagt, Konflikte am Bau lassen sich überhaupt nicht vermeiden, Manuskript für Fernuniversität Hagen, S. 20.

auf den ursprünglichen Vertragspreis abgestellt hatte, muss gegebenenfalls nachfinanzieren und versucht, Nachtragsforderungen abzuwehren. Darüber hinaus argwöhnt der Auftraggeber, Ansprüche auf Mehrvergütung seien überhöht geltend gemacht, weil der Auftragnehmer versuche, seinen „ausgequetschten" Wettbewerbspreis im Nachhinein aufzubessern.[2]

3   Erschwert ist die Situation oft dadurch, dass der Auftraggeber dem **Architekten** zum Vorwurf macht, er habe nicht sorgfältig geplant und ausgeschrieben, was diesen wiederum veranlasst, seinerseits Mehrforderungen des Auftragnehmers bei der Rechnungsprüfung zunächst einmal zu streichen.[3]

4   Die Problematik wird zusätzlich verkompliziert, wenn das Bauwerk technisch schwierig und anspruchsvoll ist, vor allem, wenn **unvorhergesehene Schwierigkeiten** – beispielsweise im Baugrund – auftreten. Die Konflikträchtigkeit wird aber auch dadurch zusätzlich vergrößert, dass regelmäßig mehrere Firmen an einem Bauwerk beteiligt sind. Das führt häufig zu Schnittstellenproblemen, zu gegenseitigen Behinderungen in der Arbeit, zu einem gestörten Bauablauf.[4] Verschärft wird die Situation in denjenigen Fällen, in denen der Auftraggeber sich die Möglichkeiten einer funktionalen Ausschreibung zunutze macht[5] und die Risiken weitgehend entweder offen oder verdeckt auf den Auftragnehmer überwälzt und dieser solche Risiken unbewusst oder auch bewusst[6] nicht einkalkuliert hat.

5   Die genannten Schwierigkeiten spielen sich in aller Regel im Bereich der **Vergütung** ab, führen also zu Streitigkeiten über die Vergütung. Viele Konflikte gibt es jedoch auch wegen Mängeln am Bau. Die Bauleistung ist auch heute noch im wesentlichen Handarbeit, die auf der Baustelle erbracht werden muss. Naturgemäß heftige Auseinandersetzungen entstehen bei „Pfusch am Bau", aber auch bei Mängeln, die sich „im Rahmen" des Üblichen und nur schwer Vermeidbaren halten, sind Konflikte vorprogrammiert.[7]

6   Alle diese Umstände tragen dazu bei, dass das ursprüngliche Einvernehmen auf der Baustelle entsprechend abkühlt, der Verhandlungston härter wird, schließlich die Parteien nur noch über Anwälte korrespondieren und letztendlich – wenn sie nicht große Anstrengungen unternehmen, dies zu vermeiden – vor Gericht landen.

2. Das Dilemma des Bauprozesses

7   Jeder Prozess, nicht nur der **Bauprozess** ist **ineffektiv und unökonomisch** für die Parteien. Das Prozessieren kostet Geld für Anwälte, Gerichte und Sachverständige. Es kostet vor allem auch Zeit, die man besser produktiv einsetzen könnte. Die Aufarbeitung des Prozessstoffes, die Information des Anwalts, nicht nur die eigene Zeit, sondern auch die Zeit des Einsatzes von Mitarbeitern bei dieser aufwändigen Tätigkeit, verursachen Kosten,[8] die zwar selten exakt kalkuliert oder erfasst werden, jedoch erfahrungsgemäß immens hoch sein können.

---

[2] Was auch immer wieder so gehandhabt wird.
[3] Zuweilen gegen die eigene bessere Erkenntnis.
[4] Stichwort: kein Bau ohne Behinderungen.
[5] Stichwort: „ein Stück" Hochhaus.
[6] Um den Auftrag zu erhalten.
[7] Ein tatsächlich völlig mangelfreies Gebäude lässt sich nach Aussagen von Baufachleuten kaum herstellen, zumal dann nicht, wenn eine geforderte Kostenminimierung – wie so häufig – dazu führt, besonders scharf zu kalkulieren (Stichwort: kein Bau ohne Mängel).
[8] Sog. Transaktionskosten.

Ein Prozess kann auch in erheblichem Umfang „Nerven kosten". Da ist zum ei- 8
nen die häufig lange Dauer des Rechtsstreits; die Gerichte sind überlastet, die Justiz
spart an allen Ecken und Enden, streicht vor allem Richterstellen. Nervig ist auf
Dauer zudem, dass der Mandant über Jahre hinweg mental mit dem Prozessstoff
belastet ist und den Kopf nicht frei hat für seine eigentlichen Geschäfte.

Ganz allgemein – wenn auch vergröbernd – können wir sagen, dass ein Prozess in 9
aller Regel keine wirkliche Lösung des Konflikts im eigentlichen Sinne des Wortes
bringen kann, sondern allenfalls eine Entscheidung. Auch insoweit ist einiges an
Negativem zu vermerken:

Gegenüber einer Mediationslösung ist zunächst festzuhalten, dass die Konflikt- 10
parteien die Entscheidung aus der Hand geben; der Richter, also ein Dritter, entscheidet allein. Das bedeutet einen gewissen **Verlust von Autonomie** für die Parteien.

Der Richter urteilt häufig nach dem Grundsatz **„alles oder nichts"**[9]. Dies bedeu- 11
tet in der Regel einen herben Verlust für die unterlegene Partei, die zusätzlich mit
hohen Prozesskosten belastet ist. Für die unterlegene Partei kann das natürlich keine befriedende Lösung bedeuten. So hat eine gerichtliche Entscheidung nicht selten
die Zerstörung wirtschaftlicher Beziehungen zur Folge.

Was Juristen selten bedenken: Der Richter entscheidet **nicht** über den **Gesamt-** 12
komplex des Konfliktes, sondern nur über einen „Ausschnitt" dieses Konfliktes,
den juristisch gefilterten Sachverhalt, auf den die Vielfältigkeit des Lebens reduziert
ist. Das ist zwar erforderlich, um Recht anzuwenden, macht allerdings eine interessengerechte Lösung nahezu unmöglich, weil ein Teil der Lebenswirklichkeit, auf
den es den Parteien ankommt, völlig ausgeblendet wird.[10]

Darüber hinaus gibt es ein besonderes und zusätzliches Dilemma des Bauprozes- 13
ses. Er dauert nicht nur lange Zeit, sondern in den meisten Fällen überlange Zeit.
Das gilt insbesondere für sog. **Punktesachen**[11] und für technisch komplizierte Sachverhalte, die die Einschaltung von möglicherweise mehreren Gutachtern erfordern.
Bauprozesse sind demgemäss besonders kostenintensiv, haben vor allem besonders
hohe Transaktionskosten für die Information des Anwalts und des Gerichts.

Einen wesentlichen Teil des Dilemmas macht der Umstand aus, dass die Parteien 14
zuweilen keine auf Baurecht spezialisierten Richter und/oder inkompetente Sachverständige vorfinden. Ist das Ergebnis eines Rechtsstreits oft unkalkulierbar, wird
dadurch die ganze Sache noch weniger vorsehbar.

Ein weiteres Problem: In Bausachen ist die **Sachverhaltsermittlung** häufig beson- 15
ders schwierig. Das hat einerseits damit zu tun, dass es häufig oder nahezu immer
an einer tauglichen Dokumentation des Baugeschehens fehlt und deshalb die Bau-
abläufe im Gerichtsverfahren kaum rekonstruierbar sind. Andererseits mit dem
Umstand, dass bei Fertigstellung des Baus vieles im wahrsten Sinne des Wortes
„zugebaut" wird und nachträglich nicht mehr zugänglich ist. In erster Linie aber ist
es zurückzuführen auf die Unzulänglichkeit von Zeugenaussagen über Sachverhalte,
die häufig 10 Jahre und länger zurückliegen. Dann sind ehemalige Mitarbeiter zum
Teil nicht mehr greifbar. Selbst wenn Zeugen zur Verfügung stehen, kann man häu-

---

[9] Sehr häufig auch, insbesondere bei komplizierten Fällen, nach dem Motto „50:50".
[10] Vgl. *Ponschab/Schweizer*, Kooperation statt Konfrontation, S. 22.
[11] Wenn beispielsweise eine Vielzahl von Mängeln geltend gemacht wird.

fig als Anwalt und Richter nur darüber staunen, wie konträr Aussagen über ein und denselben Vorgang ausfallen können, je nach „Lager". Drastisch hat dies einmal ein OLG-Richter zum Ausdruck gebracht, der unumwunden einräumte, auf Zeugenaussagen in Bauprozessen überhaupt nichts zu geben: „Zeugen sagen entweder die Unwahrheit oder sind verstorben".

16   Wegen dieser Schwierigkeiten bei der Sachverhaltsermittlung sind auch versierte Richter nicht immer in der Lage, **Bauprozesse** sachgerecht zu entscheiden. Nochmals verschärft wird das Dilemma dadurch, dass zunehmend Bauprozesse wegen ihres Umfangs, wegen technischer Schwierigkeiten, wegen baubetrieblicher Problemstellungen, aber auch wegen Unzulänglichkeiten in unserem Baurecht schlechthin **nicht mehr justitiabel** erscheinen. Man muss sich auch dies eingestehen: Unser Baurecht, sei es nun das BGB-Werkvertragsrecht oder das Recht der VOB/B, kann für viele Baurechtsfälle nur unzulängliche Lösungen liefern, weil es für die Komplexität des Baugeschehens keine ausreichenden Lösungen bereithält.

17   Alle diese Unzulänglichkeiten des Bauprozesses führen dazu, dass die Parteien den **Gang durch die Instanzen** antreten. Andererseits fällt auf, dass in der Berufungsinstanz besonders viele Vergleiche geschlossen werden, wenn die Parteien bereits mit hohen Kosten belastet sind und letztlich entnervt aufgeben. Manche OLG-Senate haben erstaunlich hohe Vergleichsquoten. Das mag zwar zum Teil daran liegen, dass den Parteien mit der Autorität der höheren Instanz – zuweilen erstmalig – die Rechtslage klar vor Augen geführt wird. Immer wieder werden die Parteien aber auch nur mit Horrormeldungen über Kosten und Zeitaufwand davor abgeschreckt, das Verfahren weiterzubetreiben. Gegen einen solchen Vergleichsabschluss beim Berufungsgericht ist an sich nichts einzuwenden, denn in der Mehrzahl der Fälle ist es für die Parteien vielleicht auch besser, den bisher mit harten Bandagen geführten Rechtsstreit durch einen Vergleich zu beenden. Nur werden sich Parteien und Anwälte fragen lassen müssen, ob sie ein solches oder ein ähnliches Ergebnis nicht auch ohne Oberlandesgericht und insbesondere nicht zu einem viel früheren Zeitpunkt hätten erzielen können, als erst verhältnismäßig geringe Kosten entstanden waren, wenn sie nur rechtzeitig eine Mediationslösung zustande gebracht hätten.

II. Eignung der Mediation für den Bereich Baurecht?

18   Wenn wir die Frage der Eignung und Anwendbarkeit der Mediation speziell im Baurecht stellen, dann müssen wir zunächst registrieren, dass es ganz allgemein Anwendungshindernisse gibt, die nicht bauspezifisch sind.

1. Persönliche und sachliche Hindernisse im Allgemeinen

19   Ein Rechtsstreit, insbesondere auch der Bauprozess, lässt sich nicht immer vermeiden. Es gibt eine Reihe von Hindernissen und Barrieren auf dem Wege zu einer Mediationslösung, die entweder in den Personen der Konfliktparteien oder aber auch im Konflikt, den es zu lösen gilt, begründet liegen.

20   Es gibt Parteien – auch oder gerade auch im Bauwesen –, die ausgesprochen gerne prozessieren oder als sogenannte Hoch-Machialvellisten eine besondere Freude

daran finden, unter Einsatz aller denkbaren Mittel, auch von sublimer Manipulationstechnik, zu streiten.

Einem unbeirrbar kompetitiven Vertragspartner lässt sich wohl nur mit kompeti- 21 tiven Mitteln beikommen. *Ponschab/Schweizer*[12] nennen das ein „bedingt koopera- tives Verhalten" gegenüber kompetitiven Menschen. In solchen Situationen sei es notwendig, „die Pistole auf den Tisch zu legen", um so dem anderen zu verstehen zu geben, dass man auch „anders" könne. Kooperationsbereitschaft wird nämlich oft als Schwäche missverstanden, ein Eindruck, den man unbedingt vermeiden soll- te und auch mit einer Klarstellung vermeiden kann. Mancher mag sich an dem Ausdruck „Pistole" stoßen, aber er macht bildhaft deutlich, wie man sich in derar- tiger Lage Respekt verschaffen kann und muss.

Und um sich in dieser Gegenwehr zu schulen, ist es auch erforderlich, sich mit 22 der **kompetitiven Verhandlungsmethode** zu befassen. Wir müssen sie nämlich er- kennen können, um rational richtig zu reagieren. Sie ist zwar bei Drohung und Täuschung häufig leicht zu durchschauen, nicht aber bei den oft sehr viel sublime- ren Methoden der Manipulationstechnik.

Der kompetitive Verhandlungspartner ist häufig „versiert" und beherrscht alle 23 Register, die er auch wechselweise zieht: Er kann drohen, einschüchtern, schmei- cheln, charmant sein, auch aalglatt, wenn es sein soll. Wir sollten uns aber auf ei- nen solchen **„Negotiation Dance"**[13] und ein solch kompetitives Nullsummen-Spiel nicht einlassen, sondern ein Mitmachen ablehnen und an dessen Stelle den Versuch unternehmen, eine bessere, gut strukturierte, rationale und kooperative Vorge- hensweise durchzusetzen.

Auch wenn dies nicht im ganzen gelingt, zeigt die Erfahrung, dass sich selbst 24 ein durch und durch „kompetitiver Typ" nach entsprechender Überzeugungsarbeit häufig doch noch bereit findet, wenigstens Teilaspekte des Gesamtkonfliktes zu verhandeln. Erzielt man Teilergebnisse und kann sich über den Rest nicht einigen, ist schon einiges gewonnen, denn es muss nicht mehr der Gesamtkonflikt in den Prozess hineingetragen werden. Wenn aber auch solches unerreichbar scheint, soll- ten wir die Einigungsversuche abbrechen. Es hat sich immer wieder gezeigt, dass nach einem solchen Abbruch die Parteien am Folgetag doch wieder telefonisch Kontakt aufgenommen und eine gütliche Einigung gesucht haben.

Wie gesagt, können die erwähnten Einigungshindernisse auch in der Sache selbst 25 vorliegen. Ist beispielsweise eine wichtige Rechtsfrage zu klären, in der sich die Par- teien nicht verständigen können, von deren Beurteilung jedoch viel Geld abhängt, mag es von vornherein vorzuziehen sein, eine gerichtliche Klärung herbeizuführen. Vielleicht lassen sich im Übrigen tatsächliche Fragen bereits im Vorfeld klären, so dass für den Prozess nur der rechtliche Teilaspekt übrig bleibt, was dann wenigstens zu einem zügigen Gerichtsverfahren führen kann.

Zuweilen wird auch empfohlen, bei deutlich unterschiedlicher Verhandlungsmacht 26 keine Versuche zur Vereinbarung einer Mediation zu unternehmen, weil dann kei- nerlei Interesse des „Mächtigeren" an einem ausgewogenen Kompromiss in Sicht sei. Ich persönlich würde dies nicht so apodiktisch sagen wollen. Im Wirtschaftsle- ben ist eine solche unterschiedliche Verhandlungsmacht eine häufige Konstellation,

---

[12] A. a. O., S. 112.
[13] Wie ein solches „Gefeilsche" in den USA genannt wird.

in der sich gerade für den geschulten Verhandler noch das eine oder das andere herausholen lässt, zumal dann, wenn mit Hilfe eines Mediators verhandelt wird.[14]

27   Mit Ausnahme der genannten persönlichen und sachlichen Barrieren scheint die **Mediation** generell zur Konfliktlösung geeignet zu sein. Aber wie steht es nun **speziell im Bauwesen?** Viele Baupraktiker, vor allem auch viele Baujuristen, sind skeptisch. Zu Recht?

28   Um eine sog. Konto-Struktur zu ermöglichen, will ich die bauspezifischen Vor- und Nachteile, die Gesichtspunkte, die für und gegen eine Eignung sowie für und gegen die Anwendung eines Mediationsverfahrens sprechen, grob in negativ und positiv aufteilen, um anschließend Bilanz zu ziehen.

2. Negative Anwendungskriterien

29   Wir hatten eingangs das Bauen als besonders **konfliktträchtige Tätigkeit** dargestellt. Hierzu wollen wir uns in Erinnerung rufen: das Spannungsverhältnis zwischen Plan und Realität des Bauens,[15] technische Schwierigkeiten, unvorhergesehene Baugrundprobleme, Schnittstellenprobleme zu anderen Gewerken, Behinderungen durch andere Auftragnehmer bis hin zum gestörten Bauablauf, funktionale Leistungsbeschreibung mit Risikoüberwälzung auf den Auftragnehmer, Mängel oder gar Pfusch am Bau.[16]

30   Des Weiteren hatten wir bereits den häufig unguten Umgangston und die **derbe Sprache am Bau** genannt, ferner die beliebten Drohungen mit Vertragskündigung und Regress, die zu personenbezogenen Emotionen führen können und letztlich hohe Einigungsbarrieren darstellen, bis hin zur puren Aggression, die keine Argumente mehr zulässt. Auch wenn nicht durch persönliche Emotionen verleitet, streitet der Mann vom Bau wohl nicht gerade ungern, wenn ich dies richtig einschätze. Das liegt ja auch bei hohem Konfliktpotential nicht so fern. Aber wir stellen auch fest, dass kompetitives Verhalten im Bauwesen (noch) stark verbreitet ist. Es fehlt immer wieder die prinzipielle Gutwilligkeit, die Voraussetzung einer jeden gütlichen Einigung ist. Der Konflikt artet zuweilen in offene Konfrontation aus, beispielsweise wenn der Auftragnehmer vermutet, der Auftraggeber zahle nur auf ein Urteil hin, nehme also „Justizkredit" in Anspruch, oder verweigere die Abnahme, um die Fälligkeit der Schlusszahlung zeitweise zu verhindern.

31   Wir können beobachten, dass Einigungsversuche schlicht deswegen von den Baubeteiligten gar nicht erst in Angriff genommen werden, weil dies aus ihrer Sicht ein **finanzielles Nachgeben** erfordert, wofür kein Spielraum gesehen wird. Der Auftraggeber befürchtet die Überschreitung des Finanzierungsrahmens,[17] der Auftragnehmer beklagt den „ausgequetschten" Wettbewerbspreis. Man muss ja auch berücksichtigen, dass gerade in Zeiten schlechter Baukonjunktur und bei der Vielzahl der Mitbieter – wie gegenwärtig – ein Auftragnehmer nur dann eine Chance hat, den Zuschlag zu erhalten, wenn er mit ganz geringen Margen kalkuliert. Da lässt sich dann aus seiner Sicht kein großzügiger Kompromiss verkraften.

---

[14] Vgl. *Fisher/Ury/Patton*, S. 243; *Haft*, Verhandeln und Mediation, S. 203.
[15] Mit der Folge von Nachtragsforderungen.
[16] Mancher mag einwenden, all diese Konfliktträchtigkeit verlange geradezu nach einer interessengerechten Verhandlungslösung, sei also zumindest als „neutral" zu registrieren, lassen wir es jedoch bei dieser Einordnung hier.
[17] Mit der Notwendigkeit einer Nachfinanzierung.

Untersuchungen über Entscheidungsverhalten und Abschätzung von Wahrschein- 32
lichkeiten zeigen deutlich, dass die Menschen ihr eigenes Urteilsvermögen generell
überschätzen.[18] Die Parteien neigen dazu, nur ihre eigene Wirklichkeit für die „richtige" zu halten. Bei Verhandlungen führt dies dazu, dass jede Partei tendenziell eine
zu optimistische Sicht von der eventuellen Entscheidung durch das Gericht hat.
Konsequent tendieren die Parteien dazu, in die Durchsetzung ihrer jeweiligen Position zu vertrauen, wenn sie nur nicht nachgeben würden. Je stärker die subjektiven
Einschätzungen über die Erfolgsaussichten so auf jeder Seite bewertet werden und
damit divergieren, umso größer ist die Wahrscheinlichkeit, dass es zu einer gerichtlichen Auseinandersetzung kommen wird.

Das gilt für die rechtliche Einschätzung ganz allgemein, am Bau insbesondere 33
auch für die technische Beurteilung. Oft wird es jeder Partei möglich sein, zur Unterstützung ihrer eigenen Sicht ein Sachverständigengutachten beizubringen. So
wird es noch schwieriger, einen Prozess zu vermeiden. Denn solches führt zu Positionsdenken, was letztlich den Konflikt verschärft.

Zwischen Auftragnehmer und Auftraggeber herrscht häufig prinzipielles **Miss-** 34
trauen. Das kann man am Beispiel von Nachtragsverhandlungen besonders augenfällig feststellen. Der Auftraggeber weiß, dass der Auftragnehmer in der Ausschreibung nur deswegen den Zuschlag erhalten hat, weil er preislich das Äußerste
„getan" hat, um günstiger als alle seine Konkurrenten zu sein. Er vermutet, der
Auftragnehmer werde versuchen, dasjenige, was er preislich nachgegeben hat, über
Nachtragsangebote wieder hereinzuholen, um seine Vergütung aufzubessern. So
mancher Auftraggeber hat sich angewöhnt, vorsorglich entweder Nachtragsforderungen zunächst zu ignorieren, zumindest ihre Prüfung auf die lange Bank zu schie-
ben und – wenn er denn prüft – die Nachtragspreise radikal zusammenzustreichen.
In vorweggenommener Einschätzung eines solchen Verhaltens neigt mancher Auftragnehmer dazu, seine Nachtragspreise „aufzumörteln" in der Erwartung, der Auftraggeber werde ihm ohnehin 50% davon streichen. So dreht sich das gegenseitige
Misstrauen im Kreis. Es wird in die Nachtragsverhandlung hineingetragen und ist a
priori bestens geeignet, den Konflikt zu verschärfen.

Es ist dies eine **stattliche Zahl von negativen Anwendungskriterien**, angesichts 35
derer einen der Mut verlassen könnte, speziell für eine Mediation im Baurecht noch
nach den Vorteilen, nach dem Positiven Ausschau zu halten. Versuchen wir es dennoch.

3. Positive Anwendungskriterien

Das **Baugeschehen** ist in **technischer, baubetrieblicher** und **rechtlicher Hinsicht** 36
immer **vielschichtig** und damit komplex. Auch dann, wenn der Konflikt vordergründig „nur" eine Nachtragsforderung, also einen Teil des Vergütungsanspruchs,
betrifft, geht es zugleich um weitere Fragen, beispielsweise: Bestimmung des Abgel-
tungsbereichs der vertraglichen Vergütung (Pauschalvergütung), Bestimmung der
Nachtragsleistung als geänderte oder Zusatzleistung, Auswirkungen auf den Ter-

---

[18] Untersuchungen haben gezeigt, dass jede Partei tendenziell eine zu optimistische Sicht von einer
eventuellen Entscheidung eines neutralen Dritten hat. Der Überschätzung des eigenen Urteilsvermögens entgegenzuwirken und den Parteien eine realistischere Sicht ihrer Position zu ermöglichen, gilt
als eine der wichtigsten Aufgaben des Mediators (vgl. *Breidenbach*, Mediation, Köln 1995, S. 92 f.).

minplan, Koordinierung mit den Arbeiten anderer Gewerke, Behinderung durch andere Gewerke, etwaige Verstärkung von Personal und Geräten, Ausführungszeit, gegebenenfalls Änderung des Bauzeitenplanes, Prüfung des Nachtragspreises auf der Grundlage der Preisermittlung für die vertragliche Leistung (Angebotskalkulation), Abschlagszahlungen auf die Nachtragsvergütung, Abgeltungsumfang der Nachtragsvergütung,[19] Erweiterung der Handwerkersicherung (§ 648 a BGB), Abstimmung der Ausführung in technischer Hinsicht, Planvorlaufzeiten, Planungsleistungen des Auftraggebers und des Auftragnehmers, aber auch Auswirkungen auf sonstige Vertragsbedingungen des Hauptauftrages.[20] Wir sehen, da gibt es viele offene Fragen zu klären und damit zu verhandeln. Die **Komplexität** spricht doch recht eindeutig für den Vorzug einer Mediationsverhandlung.

37   Die Chance, zu interessengerechten Lösungen zu kommen, ist im Bauwesen ein Wert an sich, wie sich vielleicht schon aus den Ausführungen zur Komplexität ergibt. Vor allen Dingen lässt sich auch eine **Vergrößerung des „Verhandlungskuchens"** bei Konflikten am Bau in aller Regel erzielen. Insbesondere während der Bauzeit kann das Geben und Nehmen – wenn die Vertragspartner gutwillig sind – auf eine Vielzahl von anderen Interessen wirtschaftlicher und technischer Art ausgedehnt werden. Die am Bau Beteiligten sind mit vielerlei gleich- und gegenläufigen Interessen miteinander vertraglich verbunden.

38   Bauverträge weisen in der heutigen Rechtswirklichkeit eine Struktur auf, die sie von den Werkverträgen handwerklichen Zuschnitts, bei denen der einmalige und punktuelle Leistungsaustausch im Vordergrund steht – und wie er noch dem Werkvertragsrecht des BGB zugrunde liegt – wesentlich abhebt. *Nicklisch*[21] hat den Begriff des Bauvertrages als Langzeitvertrag geprägt, der i. d. R. derart komplexer Natur sei, dass nicht alle Einzelheiten der Projektrealisierung schon im Zeitpunkt der Vertragsschlusses festgelegt werden könnten. Die Komplexität der Projekte, so *Nicklisch,* führe dazu, dass der Bauvertrag die Struktur eines **Rahmenvertrages** gewinne, der im Verlauf der Projektausführung auszufüllen und den tatsächlichen Verhältnissen anzupassen sei.

39   Sowohl aus dem Langzeit- aus auch dem Kooperations- und Rahmencharakter des Bauvertrages ergäben sich besondere **Risiken für die Vertragsdurchführung,** was eine differenzierte vertragliche Risikoverteilung zwischen den Parteien und auch vertragsbegleitende Maßnahmen zur Entscheidungsfindung und Konfliktregelung erforderlich mache. Es kommt noch etwas hinzu: Nicht für alle Rechtsprobleme am Bau hat unsere Rechtsordnung eine interessengerechte und adäquate Lösung rechtlicher Art parat. Die Rechtsprechung zum Bauvertragsrecht zeigt deutlich auf, dass wir beispielsweise die Probleme des gestörten Bauablaufs nur schwer in den Griff bekommen. Das kann – man muss es sich eingestehen – unsere heutige Rechtsordnung nicht leisten. Umso mehr sind Lösungen gefragt, die einen Bauprozess vermeiden.

40   Als positiv lässt sich ferner die **Aufrechterhaltung der Geschäftsbeziehung** werten. Für das Bauwesen müssen wir hier allerdings eine Unterscheidung treffen, nämlich für die Zeit der Bauausführung und die Zeit danach. Immer wieder beobachten wir, dass das Emotionspotential auf der einen oder anderen Seite oder auch

---

[19] Insbesondere auch der zeitlichen Komponente, was oft übersehen wird.
[20] U. a. Vertragsstrafenabrede, Skontovereinbarung.
[21] *Nicklisch/Weick,* VOB/B, 3. Aufl., Einleitung Rn. 1 ff.

beiderseits so groß ist, dass auf eine zukünftig gute Geschäftsbeziehung kein Wert gelegt wird. Man möchte nach Abschluss des Bauvorhabens miteinander nichts mehr zu tun haben, eine Absicht, die ein Bauprozess dann allerdings häufig durchkreuzt. Aber auch für diese Einstellung gilt der Satz „Man begegnet sich immer zweimal im Leben". Grundlegend anders ist das Interesse an der Erhaltung der Geschäftsbeziehung während der Bauzeit selbst. Auf Großbaustellen wird allwöchentlich ein Jour Fixe durchgeführt. Da gibt es die Möglichkeit, im Verhandlungswege die Probleme abzuarbeiten, auch wenn die Beobachtung zeigt, dass die Baubeteiligten immer noch viel zu viele Probleme vor sich herschieben, die dann doch wieder im Bauprozess landen. Immerhin besteht regelmäßiger Kommunikationsbedarf während der Bauausführung. Und für diese Zeit sollte keinem Baubeteiligten die Aufrechterhaltung der Geschäftsbeziehung gleichgültig sein, schon um sich nicht von vornherein die Möglichkeit einer späteren Mediation zu verbauen.

Die Erfahrung zeigt ferner, dass viel zu oft eine Einigungschance verkannt wird,   41 nämlich wenn schon kein abschließendes Gesamtergebnis erreichbar scheint, dann doch zumindest **Teilergebnisse** zu erzielen. Angesichts des hohen Konfliktpotentials, des konfrontativen Verhaltens am Bau und der genannten Komplexität des Baugeschehens ist ein Teilergebnis allemal besser als gar kein Ergebnis. Ebenso wie kompetitives Verhalten sehr häufig zum Abbruch der Kommunikation führt, bevor man Verhandlungen – die diese Bezeichnung verdienen – überhaupt ernsthaft versucht hat, so resignieren wir häufig vorschnell, wenn wir meinen, ein Gesamtergebnis lasse sich ohnehin nicht verhandeln. Das ist nicht richtig und zudem ausgesprochen unökonomisch.

Vor allem aber wiegt die Chance schwer, das **Dilemma** des Bauprozesses zu **über-**   42 **winden**. Ein jedes andere pro und contra kann man letztlich wenden und gewichten, wie man mag. Wollen wir uns das oben aufgezeigte Dilemma des Bauprozesses ins Gedächtnis rufen: Eine Gerichtsentscheidung erfolgt häufig nach dem Grundsatz „alles oder nichts", ihr liegt ein juristisch gefilterter Sachverhalt zugrunde, sie hat häufig die Zerstörung wirtschaftlicher Beziehungen zur Folge, sie ist ein sog. Nullsummen-Spiel. Ein Bauprozess dauert in den meisten Fällen überlange Zeit und ist besonders kostenintensiv, sein Ergebnis ist oft unkalkulierbar, die Sachverhaltsermittlung ist häufig besonders schwierig, ein Bauprozess führt auch bei versierten Richtern keineswegs immer zu sachgerechten Entscheidungen. Häufig geben die Parteien in der zweiten Instanz nach vielen Jahren entnervt auf und schließen einen dann schon wegen der inzwischen angefallenen Kosten völlig unbefriedigenden Vergleich. Mit anderen Worten: Das Gericht sollten die Baubeteiligten in ihrem ureigenen Interesse immer meiden, wenn es nur irgend geht.

4. Pro Mediation

In meiner Bilanz gibt das Dilemma des Bauprozesses einen eindeutigen Ausschlag   43 zugunsten einer Mediations-Lösung, und sei im Einzelfall auch von vornherein nur eine Teileinigung bei realistischer Einschätzung möglich.

Die **ADR-Bewegung**[22] in den USA wurde stark begünstigt durch die Besonder-   44 heiten des dortigen Zivilprozesses. Dort waren es nicht nur die fehlende Kostener-

---

[22] Ein Sammelbegriff für außergerichtliche Verfahren der Konfliktbehandlung: „Alternative Dispute Resolution".

stattungspflicht des Unterlegenen und das „pre-trial-discovery", die die ADR-Bewegung ausgelöst haben, sondern vor allem auch der Umstand, dass die Prozesse dort besonders viel Geld verschlingen, von übermäßig langer Dauer sind und schließlich doch zu mehr als 90% verglichen werden. Es gibt also auch ein Dilemma des US-amerikanischen Zivilprozesses, das dem ganz speziellen Dilemma des deutschen Bauprozesses sehr ähnlich ist.

45   So könnte das Dilemma des deutschen Bauprozesses auch bei uns letztlich förderlich sein für eine Entwicklung, die im Bauwesen zunehmend anstelle von Bauprozessen ebenfalls auf Verhandlungen mit Hilfe eines Mediators setzt, um Konflikte zu lösen.

III. Die Tätigkeit des Mediators in einem Baurechtsfall

1. Der Konflikt

46   Unser Fall,[23] wie er sich dem Mediator[24] bei Einleitung des Verfahrens darstellt:

Der Generalunternehmer ist mit der Errichtung eines großen Industriekomplexes in Süddeutschland beauftragt und vergibt einen wesentlichen Teil der Arbeiten an den Nachunternehmer. Nach einem gestörten Bauablauf in einem ersten Bauabschnitt, dessen Ursachen im Einzelnen streitig sind, nimmt der Generalunternehmer Einbehalte von den in einem Zahlungsplan festgelegten Abschlagszahlungen vor, die der Nachunternehmer nur zu einem sehr geringen Teil akzeptiert. Während der Nachunternehmer schließlich die Kündigung des Vertrages androht, fordert der Generalunternehmer den Nachunternehmer zur Verstärkung des Baustellenpersonals auf und droht seinerseits dem Nachunternehmer mit der Kündigung und Vergabe der Gesamtleistung an einen Dritten.

Nach dem Scheitern von zweiseitigen Verhandlungen schalten die Parteien auf Empfehlung ihrer jeweiligen Anwälte einen Mediator ein.

2. Vorbereitung des Verfahrens und Mediationsvertrag

47   Üblicherweise dient die erste Besprechung der Beteiligten der Vorbereitung des Verfahrens und dem Abschluss eines Mediationsvertrages. Zu diesem Zweck treffen sich der Mediator, die Parteien und deren Anwälte, nachdem der Mediator seine grundsätzliche Bereitschaft erklärt und den Anwälten den Entwurf eines Mediationsvertrages zugeleitet hatte.

48   Nach einem **gegenseitigen Kennenlernen** in lockerer Atmosphäre informiert der Mediator ganz allgemein über die Möglichkeiten und Chancen eines Mediationsverfahrens, insbesondere darüber, was ein solches Verfahren zu leisten vermag und was nicht, ferner darüber, dass von den Parteien ein bestimmtes Maß an Kooperationsbereitschaft und Fairness erwartet werden muss, um Aussicht auf Erfolg zu haben.

49   Im Anschluss daran legen auf Anregung des Mediators beide Parteivertreter jeweils aus ihrer Sicht den Fall in den ihnen wesentlich erscheinenden Punkten dar. Daraufhin versuchen die Beteiligten gemeinsam, das **Ziel** der Mediationsverhandlung zu **formulieren.** Sehr bald ergibt sich, dass es wohl für beide Parteien vorrangig

[23] Der Fall ist mit Rücksicht auf die Parteien verfremdet.
[24] Der Begriff wird geschlechtsneutral verwendet, bezieht im Folgenden selbstverständlich auch die Mediatorin mit ein.

ist, eine Kündigung der jeweils anderen Seite zu vermeiden und – schon im Hinblick auf das Renommee des Generalunternehmers beim Bauherrn und die hohen Vertragsstrafen im Vertrag mit diesem – den Termin für die Gesamtfertigstellung zu halten.

Der **Mediator** erläutert sein Rollenverständnis, was je nach Wunsch der Parteien 50 mehr passiv[25] oder mehr aktiv[26] sein kann. Die Parteien wollen dies vorerst offen lassen, was zu der nächsten Frage überleitet, nämlich nach der Rolle der beratenden Rechtsanwälte in diesem Verfahren. Je nachdem, ob sie jeweils zwischen den einzelnen Mediationssitzungen (in großer Runde) zu zweit bilaterale Verhandlungen führen oder nicht, wird sich möglicherweise eine eher aktive oder eher passive Rolle für den Mediator anbieten. In unmittelbarem Zusammenhang damit steht ferner das Neutralitätsverständnis des Mediators, das er darlegt. Schließlich werden der übliche Ablauf eines Mediationsverfahrens erläutert[27] und der Mediationsvertrag, der den Parteien im Entwurf vorliegt, in seinen einzelnen Regelungen erörtert und auch verabschiedet.[28]

Nach allseitiger Unterzeichnung des **Mediationsvertrages** vereinbaren die Betei 51 ligten folgendes:

- Der Generalunternehmer-Anwalt stellt für den Mediator sämtliche Vertragsgrundlagen zusammen, die von Anfang an Geltung haben,
- der Nachunternehmer-Anwalt legt dem Mediator sämtliche Vereinbarungen vor, die von den Parteien nach Vertragsabschluss zusätzlich getroffen worden sind,
- der jeweils andere Anwalt erhält Abschriften dieser Vorlagen zur gegenseitigen Kontrolle auf Vollständigkeit und Richtigkeit,

---

[25] Als Moderator, Katalysator und Verhandlungsmanager.

[26] Aktiv mit eigenen Anregungen an der Suche nach Lösungsmöglichkeiten beteiligt.

[27] Herkömmlich: (1) Eröffnungsphase, (2) Rahmenphase, (3) Themenphase, (4) Informationsphase, (5) Argumentationsphase, (6) Entscheidungsphase oder auch (1) Eröffnung durch den Mediator, (2) Erörterung der Sach- und Rechtslage, (3) Interessenerforschung, (4) Problemlösung, (5) Einigung und rechtliche Gestaltung. Zu den Phasen einer Mediation vgl. § 16.

[28] Diese Vereinbarung hat auszugsweise folgenden Inhalt:
(1) Die Parteien vereinbaren, ein Mediationsverfahren durchzuführen zur Beilegung der zwischen ihnen entstandenen Streitigkeit mit folgender Kurzbeschreibung: ...
(2) Die Parteien sind verpflichtet, während des Mediationsverfahrens erlangte Informationen vertraulich zu behandeln ... Die Parteien verpflichten sich insbesondere, den Mediator in einem etwa nachfolgenden Schiedsgerichts- oder Gerichtsverfahren nicht als Zeugen für Tatsachen zu benennen, die ihm während des Mediationsverfahrens offenbart wurden.
(3) Der Mediator erklärt, dass er keine der Parteien vor Beginn des Verfahrens in der selben Angelegenheit beraten oder vertreten hat. Er bringt mit der Annahme seiner Bestellung zum Ausdruck, über hinreichend Zeit zu verfügen, um das Mediationsverfahren zügig durchzuführen.
(4) Der Mediator ist zur Unparteilichkeit und Neutralität verpflichtet. Er ist insbesondere nicht befugt, ...
(5) Der Mediator hat die Beilegung des Streitfalls zwischen den Parteien in jeder Art und Weise, die er für angemessen hält, zu fördern. Zu diesem Zweck kann er ...
(9) Soweit die Parteien dies ausdrücklich und übereinstimmend wünschen, ist der Mediator befugt, während oder außerhalb gemeinsamer Sitzungen Gespräche mit nur einer Partei oder einem der Anwälte (Einzelgespräche) zu führen. Insoweit die jeweilige Partei dies wünscht, hat er den Inhalt solcher Einzelgespräche auch gegenüber der anderen Partei vertraulich zu behandeln.
(10) Soweit gesetzlich zulässig, ist der Mediator nicht befugt, in einem etwaigen späteren Schiedsgerichts- oder Gerichtsverfahren als Zeuge auszusagen, soweit dies das Mediationsverfahren betrifft. Er hat bestehende Aussageverweigerungsrechte in Anspruch zu nehmen.
(11) Das Mediationsverfahren wird beendet ... a) bis d) ...
Die weiteren Regelungen betreffen Bestimmungen zur Durchführung und Beendigung des Verfahrens, zur Protokollierung einer Einigung, zur Hemmung der Verjährung, zu den Kosten, Honoraren und Vorschüssen für dieses Verfahren und schließlich zur Haftung des Mediators.

– die Parteien geben dem Mediator über ihre jeweiligen Anwälte eine gedrängte Darstellung des Streitfalls aus ihrer Sicht mit den gewichtigen Streitpunkten einschließlich der wesentlichen Korrespondenz hierzu, je nach Wunsch auch mit einer komprimierten Darstellung der Rechtslage,
– der Mediator und die Anwälte verpflichten sich, innerhalb einer Woche einen Terminplan für das Mediationsverfahren unter Berücksichtigung der beiderseits möglichen Termine ihrer Parteien abzustimmen,
– an zukünftigen Mediationssitzungen sollen neben dem Mediator und den jeweiligen Anwälten folgende Damen und Herren teilnehmen als Vertreter des Generalunternehmers ... und als Vertreter des Nachunternehmers ...,
– der Mediator wird heute bereits ermächtigt, mit den beiden Anwälten je nach Bedarf und seinem Ermessen Besprechungen zur Vorbereitung weiterer Mediationssitzungen abzuhalten,
– die nächste Mediationssitzung findet am ... (5 Wochen später) in ... statt. Es ist eine ganztägige Sitzung vorgesehen.

3. Bestandsaufnahme und Analyse des Konflikts

52 Nach Eingang der Vertragsunterlagen und der jeweiligen Schriftsätze der Anwälte beim Mediator dient der **zweite Sitzungstag** einer **Bestandsaufnahme und Analyse.** Der Mediator führt in den Sach- und Streitstand ein und stellt den unstreitigen und den streitigen **Sachverhalt** so dar, wie er sich jetzt für ihn ergibt:

Schon wenige Wochen nach Beginn der Arbeiten[29] kommt es zu vielerlei Behinderungen und Verzögerungen, deren Ursachen jeweils streitig sind. Ein vertraglicher Zwischentermin, der vom Bauherrn gegenüber dem Generalunternehmer mit einer Vertragsstrafe belegt ist, wird nach Auffassung des Generalunternehmers aus Gründen, die ausschließlich vom Nachunternehmer zu vertreten seien, nicht eingehalten. Der Generalunternehmer nimmt Einbehalte in Höhe eines zweistelligen Millionenbetrages vor, u. a. für sog. durchgestellte Pönale,[30] Mängel und verminderten Leistungsstand.[31]

Der Nachunternehmer, der nur einen kleinen Teil dieser Einbehalte akzeptiert, droht die Vertragskündigung nach entsprechender Nachfristsetzung an und rügt die Verletzung von Planungs- und Koordinationspflichten durch den GU. Darüber hinaus legt er zwei Nachtragsangebote über jeweils mehrere Millionen DM für geänderte und zusätzliche Leistungen sowie Mehrkosten aus Behinderungen und Beschleunigungsmaßnahmen vor.

Demgegenüber rügt der Generalunternehmer die schuldhafte Nichteinhaltung einer Reihe von vertraglichen Zwischenfristen und fordert vom Nachunternehmer eine wesentliche Verstärkung des Personals auf der Baustelle.[32]

53 Die Sitzung beginnt erwartungsgemäß in einer gespannten, geradezu knisternden Atmosphäre. Das Risiko, dass die Verhandlungen wiederum abgebrochen werden und endgültig scheitern, scheint in der Luft zu liegen.

54 Nach Darlegung des Sach- und Streitstandes durch den Mediator ergänzen die Parteivertreter die nach ihrer Sicht vom Mediator nicht mitbehandelten Streitpunkte und auch deren rechtliche Einordnung.[33]

---

[29] Auftragsvolumen ist ein hoher zweistelliger Millionenbetrag.
[30] Der Generalunternehmer verlangt Zahlung/Erstattung der Vertragsstrafe, die er an den Bauherrn zu zahlen verpflichtet sei.
[31] Rückstand gegenüber dem nach dem Zahlungsplan vorausgesetzten Stand für die festgelegten Abschlagszahlungen.
[32] Ein ganz normaler Fall? Ja und nein. Gewöhnlich und im Baurecht regelmäßig wiederkehrend sind die typischen Streitpunkte, wie z. B. strittige Nachtragsforderungen, Vertragsstrafe, Mängelrügen etc. Nicht alltäglich sind vielleicht die Größenordnung der gegenseitigen Forderungen und die Heftigkeit, mit der gestritten wird.
[33] An dieser Stelle bewahrheitet sich die Erfahrung, wie schwierig es im Einzelfall sein kann, abgegebene Parteierklärungen oder Sachverhaltsschilderungen wirklich objektiv und – was die Parteien

Es taucht das **erste Verhandlungshindernis** auf. Der Nachunternehmer hatte zwar 55
die Nachfrist mit Kündigungsandrohung bis 2 Tage nach der Mediationssitzung
verlängert, der Generalunternehmer weigert sich jedoch, unter dem Druck der
Kündigungsandrohung weiter zu verhandeln. Der Nachunternehmer sieht, wie er
erklärt, ein Risiko für seine Rechtsposition in der Aufgabe der Kündigungsandrohung und bietet an, die Kündigungsandrohung und die Nachfrist auszusetzen bis
eine Woche nach Beendigung des Mediationsverfahrens. Der Generalunternehmer
seinerseits sieht sich jedoch zu Verhandlungen unter dieser Prämisse weiterhin nicht
in der Lage. Schließlich kommt auf Vermittlung des Mediators eine Verständigung
dahingehend zustande, dass der Nachunternehmer auf die Kündigungsandrohung
im Hinblick auf das Mediationsverfahren verzichtet.

Die Beteiligten versuchen, gemeinsam eine Aufstellung derjenigen Streitpunkte, in 56
denen die Einigung am schwierigsten erscheint, zu erarbeiten. Es sind dies insbesondere die durchgestellte Pönale des Bauherrn, die Zuordnung von Ursachen der
einzelnen Behinderungstatbestände,[34] verbunden hiermit die geltend gemachten
Mehrkosten der Behinderungen und der Beschleunigungsmaßnahmen des Nachunternehmers, die Höhe des Einbehalts wegen geltend gemachter Mängel, die Höhe
des Einbehalts wegen des gegenüber dem Zahlungsplan verminderten Leistungs-
tands und nicht zuletzt die Weigerung des Nachunternehmers, an der Vereinbarung
eines neuen Terminplans mitzuwirken. Als **Agenda** für die weiteren Sitzungen wird
vereinbart: (A) Einbehalte des Generalunternehmers, (B) Nachträge des Nachunternehmers, (C) Wie geht es weiter?

Unter den Einbehalten des Generalunternehmers ist es bereits der erste Verhand- 57
lungspunkt, der das Risiko des Scheiterns des Mediationsverfahrens zutrage treten
lässt, nämlich die durchgestellte Pönale des Bauherrn. Der Nachunternehmer macht
geltend, soweit überhaupt eine Verzögerung gegenüber dem ersten pönalisierten
Zwischentermin entstanden sei, habe er diese nicht verschuldet, der Generalunternehmer habe seinerseits die Vertragsstrafe (noch) nicht an den Bauherrn bezahlt[35],
insbesondere sei die Vertragsstrafenvereinbarung im Vertrag zwischen dem Bauherrn und dem Generalunternehmer wegen Verstoßes gegen § 9 AGB-Gesetz (jetzt:
§ 307 BGB) unwirksam. Der Generalunternehmer wendet ein, die Nichteinhaltung
des Zwischentermines sei ausschließlich vom Nachunternehmer zu vertreten,[36] der
Abzug der Pönale von einer der nächsten Abschlagszahlungen seitens des Bauherrn
stehe unmittelbar bevor, die Vertragsstrafenvereinbarung sei wirksam erfolgt. Eine
Annäherung der Standpunkte beider Parteien lässt sich auch nach einer längeren
Erörterung nicht erzielen. Der Mediator schlägt vor, diesen Streitpunkt zunächst zu
verlassen und sich mit anderen Posten aus dem Komplex „Einbehalte des Generalunternehmers" zu befassen, die eher einer Verhandlungslösung zugänglich erscheinen.

In der Tat gelingt es in den darauf folgenden Stunden, eine Reihe von Teileini- 58
gungen über einzelne Posten der Einbehalte – jeweils unter dem Vorbehalt einer
Gesamteinigung – zu erzielen, die jedoch betragsmäßig bei weitem nicht so sehr ins
Gewicht fallen wie die vorhin genannten, zentralen Streitpunkte.

---

als juristische Laien regelmäßig erwarten – ohne Reduktion auf juristisch relevante Tatbestandsmerkmale irgendwelcher Anspruchsgrundlagen wiederzugeben.
[34] Einerseits zu Lasten des Nachunternehmers und andererseits zu Lasten des Generalunternehmers.
[35] Was nach dem Vertrag Anspruchsvoraussetzung ist.
[36] Nicht von anderen Nachunternehmern des Generalunternehmers oder dessen Planer.

59   Bei den Komplexen „**Mängel**" und „**Verminderter Leistungsstand**" tritt jedoch der Konflikt in seiner vormaligen Heftigkeit wieder voll auf. Der Mediator gewährt den Parteien Auszeiten, versucht im übrigen, durch entsprechende Moderation das Gespräch nicht abbrechen zu lassen und durch entsprechende Fragestellung die Art der Einigungshindernisse herauszufinden,[37] um einen Lösungsansatz möglich zu machen. Denn es muss, wie Breidenbach sagt, die Drittintervention (des Moderators) an den Gründen für das Scheitern einer bilateralen Verhandlungslösung ansetzen.[38]

60   Zunächst spricht der Mediator – sich zögernd vortastend – Hindernisse aus dem Bereich der kognitiven Einigungsbarrieren an.[39] Dabei vermeidet er einerseits einen Monolog, andererseits eine (voreilige) rechtliche Einschätzung. Wie so häufig in Auseinandersetzungen im Bereich des Baurechts scheinen die Parteien nicht in der Lage zu sein, für die Zeit der Verhandlungen des Denken in Rechtspositionen zurückzustellen. Das Geschehen auf Baustellen, insbesondere auf Großbaustellen, ist heute schon so stark „verrechtlicht", dass auch Bautechniker nur noch in Rechtspositionen zu denken scheinen, wie wir es ansonsten nur bei Juristen beobachten können. Das Verharren in Rechtspositionen lässt bekanntermaßen keine wertschöpfenden Lösungen zu.[40] Wie die Diskussion an diesem Tage zeigt, glaubt sich auch jede der beiden Parteien im Besitze der objektiven Wahrheit.[41]

61   Die **Sachverhaltsdarstellungen** sind so **unterschiedlich** und teilweise so **gegensätzlich,** wie sie nur sein können. Gleichwohl ist jede Seite davon überzeugt, dass ihre eigene Darstellung die richtige und insbesondere auch diejenige sein würde, die sich im Falle eines Rechtsstreits beweisen ließe. Dies führt zwangsläufig zu einer Überschätzung des eigenen Urteilsvermögens bezüglich der Rechtslage.[42] Für den Mediator liegt es auf der Hand, dass in diesem Mediationsverfahren viel davon abhängen

---

[37] Die Psychologen unterscheiden im Wesentlichen die kognitiven und die strategischen Einigungsbarrieren (Einigungshindernisse). Sie bezeichnen solche Hindernisse, die ihren Ursprung in unserem eigenen Denken haben und nicht auf berechnete Absichten der Parteien zurückzuführen sind, als kognitive Einigungsbarrieren (zitiert nach *Duve*, Einigungshindernisse und Einigungschancen – Eine Zwischenbilanz der Verhandlungs- und Mediationsforschung in den USA, Referat auf den Kölner Verhandlungs- und Mediationstagen 1997). Diese Einigungshindernisse machen es einer Person schwierig oder gar unmöglich, eine Lösung für sich selbst als positiv zu bewerten, die aus Sicht eines Dritten ihren Interessen entspricht oder entsprechen müsste.
[38] A. a. O., Rdnr. 1650.
[39] In Betracht kommen insbesondere
– das Denken ausschließlich in Rechtspositionen, auch in Verhandlungen (typisch für Juristen),
– das Nichtakzeptieren unterschiedlicher Sichtweisen (man fühlt sich im alleinigen Besitz der Wahrheit),
– die Überschätzung des eigenen Urteilsvermögens (extrem positive Sicht der Rechtslage),
– die Emotionen und das reaktive Kommunikationsmuster (auf der gesamten Bandbreite zwischen Freundschaft und Feindschaft),
– schließlich sonstige Hindernisse dieser Art, wie Verlustangst oder reaktive Abwertung (jeder Vorschlag des anderen wird negativ beurteilt, ferner die Befürchtung, weniger zu kriegen als die andere Seite, und die unterschiedliche Bewertung von Aussicht auf Gewinn und Verlust).
Unter den vorhin genannten strategischen Einigungsbarrieren verstehen die Psychologen in erster Linie die kompetitive Strategie und den Einsatz von Verhandlungsmacht.
[40] *Haft*, a. a. O., S. 68.
[41] Als zentrales Element der Mediation heben insbesondere *Mähler/Mähler* die Abkehr von einem objektivierenden Wahrheitsbegriff zugunsten der Akzeptanz unterschiedlicher Sichtweisen aus dem jeweiligen meist gegenwarts- und zukunftsbezogenen Interessenkontext der beiden Konfliktpartner hervor (in: Mediation für Juristen, Köln 1997, S. 13, 18).
[42] *Breidenbach*, a. a. O., S. 92.

wird, ob es ihm oder den Anwälten gelingen kann, den Parteien eine realistischere Sicht ihrer Rechtsposition zu ermöglichen. Gleichwohl verbietet es dem Mediator der Stand des Verfahrens zum jetzigen Zeitpunkt, auf diesen Punkt einzugehen, zumal noch nicht geklärt ist, ob die Parteien eine aktivere Rolle oder gar eine rechtliche Einschätzung des Mediators wünschen oder nicht.

So versucht der Mediator an diesem Sitzungstage, mit den Parteien insbeson- 62 dere über die Einigungsbarriere „**Emotionen und reaktive Kommunikationsmuster**" ins Gespräch zu kommen. Mehrfach müssen die auf der Baustelle tätigen Personen, insbesondere die Projektleiter, in ihrer Argumentation und Ausdrucksweise „gebremst" werden, um den Gesprächsfaden nicht abreißen zu lassen. Der in hohem Maße streitige Sachverhalt legt nahe, dass sich die Emotionen im Laufe der Bauzeit hochgeschaukelt haben.[43]

Mit Unterstützung des Mediators, der Überlegungen der genannten Art immer 63 wieder zur Sprache bringt, scheint die Verhandlung der Parteien an diesem Sitzungstag – jedenfalls gegen Ende der Sitzung – in Gang zu kommen, wenn auch nur mühsam. Schließlich bekräftigen immerhin die Parteien auf Frage des Mediators noch einmal die Bereitschaft, in diesem Verfahren weiterzumachen und eine Lösung zu suchen, die den Interessen beider Parteien gerecht werden kann. Der Mediator spricht den mit den Anwälten abgestimmten Terminplan an und schlägt vor, zur Vorbereitung der nächsten Sitzung, die dann wieder mit allen Beteiligten stattfinden soll, eine oder gar zwei Besprechungen mit den Anwälten zu führen, umso den Versuch zu unternehmen, strittige Punkte für die nächste Mediationssitzung sowohl im Sachverhalt als auch möglicherweise in der rechtlichen Beurteilung vorzuklären. Dieser Vorschlag wird beiderseits akzeptiert.

Als **Resümee des zweiten Verhandlungstages** können wir festhalten, dass eine 64 gewisse Verbesserung der Kommunikation der Parteien erreicht werden konnte – ein mageres Ergebnis, aber immerhin die vage Aussicht, dass das Verfahren doch noch zu einem positiven Ergebnis oder Teilergebnis führen könnte.

4. Gesonderte Besprechungen mit den Anwälten der Parteien

In jeweils wöchentlichen Abständen finden die verabredeten Gespräche des Me- 65 diators mit den Anwälten statt. Als Gesprächsthemen werden die Überwindung der strategischen Einigungsbarrieren, die weitere Sachaufklärung zu den Einbehalten des Generalunternehmers, auf Wunsch der Anwälte auch deren rechtliche Beurteilung, und die Vorbereitung der Nachtragsverhandlungen vereinbart. Beide Parteivertreter, die zwischenzeitlich zweiseitige Gespräche fortgesetzt hatten, erklären

---

[43] Für den Mediator ist klar, je feindlicher sich die Parteien gegenüberstehen, umso weniger sind sie gewillt, der Position der anderen Seite irgendeine Legitimation zuzugestehen, und umso mehr tendieren sie zu strategischen Manövern und zum Einsatz ihrer Druckmittel. Jedes Angebot, jeder Vorschlag, jede Konzession wird in diesem Lichte wahrgenommen, interpretiert und bewertet. Je negativer die andere Seite belegt ist, umso mehr nimmt man nur noch wahr, was diesen Eindruck bestätigt und umso mehr wertet man ihre Vorschläge nicht nach dem sachlichen Gehalt, sondern entsprechend der Einschätzung ihrer Quelle. Das führt gleichzeitig dazu, dass auch die eigenen Interessen tendenziell nur in jeweiliger Reaktion auf die andere Partei gesehen werden. Dementsprechend sieht der als Verhandlungsführer eingesetzte Mediator in der Überwindung dieser Kooperationshürde, der Auflösung des affektgebundenen, reaktiven Kommunikationsmusters, eine ganz besonders wichtige Aufgabe (*Breidenbach*, a. a. O., S. 89).

übereinstimmend den Wunsch ihrer jeweiligen Mandanten, dass der Mediator eigene Lösungsvorschläge einbringen, aber keine rechtliche Bewertung vornehmen möge.

66   Aus Sicht des Mediators stellt sich insbesondere die **kompetitive Strategie** beider Parteien als Einigungsbarriere dar, während der Einsatz von Verhandlungsmacht nicht zu einem größeren Problem zu werden scheint. Der letztgenannte Umstand ist für ein Vertragsverhältnis Generalunternehmer/Nachunternehmer ungewöhnlich, denn in vielen Fällen dieser Art hat es den Anschein, dass der Generalunternehmer über nahezu unbeschränkte Verhandlungsmacht verfügt und diese auch ohne größere Rücksicht einzusetzen bereit ist. In diesem Verfahren hier zeigt sich sehr bald ein gewisses Gleichgewicht der Kräfte auf Grund der Tatsache, dass beide Parteien jeweils die Kündigung durch die andere zu riskieren haben. Für den Generalunternehmer scheint dies ganz erhebliche Terminprobleme bei Einschaltung eines Ersatzunternehmers zu bedeuten, für den Nachunternehmer das Risiko, falls er einen wichtigen Kündigungsgrund nicht nachweisen kann, auf sehr viel höheren Kosten des Ersatzunternehmers sitzen zu bleiben. Dieses vermutete Machtgleichgewicht bringt eine gewisse Aussicht auf ein doch noch kooperatives Verhandeln der Parteien mit sich.

67   Von beiden Parteivertretern wird zunächst in Zweifel gezogen, dass die jeweils eigene Partei kompetitive Strategien anwende. Ein Gespräch über kompetitives Verhalten bringt schließlich die allseitige Erkenntnis, dass keine der beiden Parteien frei von solchen Strategien sein dürfte.[44]

68   Im Anschluss an diese mehr theoretischen Aspekte erörtert der Mediator mit den beiden Anwälten die Frage, welche **Kooperationsgewinne** in diesem Verfahren hier erzielt werden könnten. Er bittet die Parteien über die Anwälte, ihre jeweiligen Interessen offen zu legen und Kreativität im Hinblick auf Lösungsmöglichkeiten zu entwickeln. Zunächst wird eine Erweiterung der Verhandlungs- und Gestaltungsfelder theoretisch in einem Brainstorming erörtert. Zu diesem Zweck bittet der Mediator beide Anwälte nebeneinander vor einem Flipchart Platz zu nehmen. Zu den eisernen Regeln dieser Methode gehört es, dass alles gesagt werden kann, was einem durch den Kopf schießt[45], und erst anschließend eine Bewertung stattfinden darf. Der Mediator notiert für beide gut sichtbar dasjenige, was beide nennen, muss auch gelegentlich voreilige Kritiken zurückweisen. Nach einer gemeinsamen Bewertung bleiben als **Erfolg versprechende Ansatzpunkte:**
– Einschaltung eines Schiedsgutachters zur Beurteilung der Mangelrügen,
– Neuverhandlung des Vertrages,

---

[44] Kompetitives Verhandeln bedeutet letztlich nichts anderes als „Streitverhalten in Verhandlungen", das von *Haft* (a. a. O., S. 23 ff. und bei §§ 2, 8) als „intuitives Verhandlungsmodell" oder als Modell der „Basarverhandlung" bezeichnet wird. Die meisten Verhandlungen werden – wie hier – nach dem Prinzip Streit geführt. Die Parteien nehmen ihre jeweiligen Positionen ein, also häufig Extrempositionen, die oft nichts anderes als Wunschvorstellungen sind, die wir in die Zukunft projizieren. Diesen Vorstellungen steht ein ganz reales Hindernis im Wege, nämlich in der Person unseres Verhandlungspartners, der eine ganz andere Vorstellung (Wunschvorstellung) von der Zukunft hat, die er uns in seiner eigenen Extremposition mit aller Deutlichkeit vor Augen führt. Der kompetitive Verhandler versucht, ausschließlich die eigene Position durchzusetzen bzw. zu verbessern. Er kalkuliert den Einsatz von Informationen, stellt auch Positionen verkürzt oder unrichtig dar, um besser dazustehen. Angebote der anderen Seite werden von ihm regelmäßig herabgewürdigt, um mehr herauszuschlagen. Eigene Angebote werden als das äußerste Limit bezeichnet, um nicht weiter nachgeben zu müssen.
[45] Vom englischen brainstorm = Geistesblitz.

– Neuverhandlung des Terminplanes,
– Neuverhandlung des Zahlungsplanes,
– Einrichtung eines Jour-Fixe,
– Unterstützung durch einen neutralen Sachverständigen beim Verhandeln der Nachträge,
– Gemeinsame Abwehr von Ansprüchen des Bauherrn,
– Einschaltung von je einem Sachverständigen durch jede Partei, die gemeinsam Einigungsvorschläge unterbreiten,
– Auszahlung von strittigen Beträgen gegen Sicherheitsleistung,
– Erhöhung der Bauhandwerkersicherheitsleistung (§ 648 a BGB),
– Einvernehmliche Vertragsaufhebung.

Anschließend erörtern die Anwälte die **Einbehalte des GU.** Es handelt sich   69
um **23 Einzelposten,** von denen der Einbehalt wegen verminderten Leistungsstands, der Einbehalt wegen Mängeln und die durchgestellte Pönale betragsmäßig
jeweils im Millionenbereich liegen, andere Einzelposten dagegen teilweise
„lediglich" fünfstellige Beträge ausmachen. Die Anwälte können sich über einige
Einzelposten bald verständigen, auch was deren Höhe anbelangt. Aber schon beim
Einbehalt wegen verminderten Leistungsstands zeigen sich völlig unterschiedliche
Auffassungen.

Mehr oder weniger „anverhandelt" wird auch eines der beiden Nachtragsange-   70
bote des Nachunternehmers (mit insgesamt 32 Einzelpositionen).

In der zweiten Besprechung mit den Anwälten werden auch die einzelnen **Positi-**   71
onen des zweiten Nachtragsangebotes erörtert (mit 21 Positionen). Sehr bald stellt
sich heraus, dass der Sachverhalt zu einzelnen Positionen in hohem Maße streitig
ist. Der Generalunternehmer-Anwalt rügt insbesondere, durch Änderungen und
Zusatzleistungen bedingte Mehrkosten seien nicht aus der Auftragskalkulation heraus entwickelt und entsprechend nachgewiesen. Auf Vorschlag des Mediators
können sich die Anwälte wenigstens darauf verständigen, dass die Bautechniker der
beiden Firmen in den kommenden drei Wochen versuchen sollen, die einzelnen
Nachtragspositionen der Höhe nach weiter zu klären, auch wenn vorläufig die Berechtigung dem Grunde nach offen bleiben muss. Die Berechtigung dem Grunde
nach soll dann in der nächsten Mediationssitzung, die wieder mit allen Beteiligten
stattfindet, weiter verhandelt werden.

Die Anwälte und der Mediator vertagen sich in diese Sitzung, die nach dem Ter-   72
minplan in zwei Wochen stattfinden soll.

5. Vier weitere Mediationssitzungen innerhalb von 9 Wochen

Es ist hier nicht der Raum, um den Fortgang der Verhandlungen in diesen weite-   73
ren Sitzungen im Einzelnen darzustellen. Beide Parteien scheinen nach wie vor ihre
Rechtsposition zu überschätzen, auch ist es für den Mediator nicht ganz leicht, die
hinter den Verhandlungspositionen stehenden Interessen ausfindig zu machen, um
zu Kooperationsgewinnen zu gelangen. Immerhin werden mit Blick auf die Komplexität des Streitfalls sowie im Hinblick auf den faktischen Zwang zur weiteren
Zusammenarbeit und zur Termineinhaltung folgende **Themen in die Verhandlun-**
gen eingebracht, die nur mittelbar mit den zunächst gegenseitig geltend gemachten
Ansprüchen zu tun haben und neue Verhandlungsfelder eröffnen können:

– Der Nachunternehmer wird zwei neue Terminpläne aufstellen, einen unter Fortschreibung der ursprünglichen Ausführungszeiten für Teilleistungen und einen „forcierten" unter entsprechender Verstärkung der Belegschaft, Einführung von Nachtschicht und Einsatz von zusätzlichem Baugerät,
– Vorlage eines Beschleunigungsnachtrags für den Forcierungs-Terminplan,
– Aufstellung eines neuen Zahlungsplanes,
– Einschaltung eines von beiden Seiten akzeptierten Sachverständigen als Schiedsgutachter,
– Gründung eines Projektteams, bestehend aus jeweils zwei Vertretern der Parteien und (fakultativ) zusätzlich den jeweiligen Anwälten,
– Gerichtliche Klärung der durchgestellten Pönale.

74   Diese Themen werden teilweise vom Mediator, teilweise von den Anwälten ins Gespräch gebracht und scheinen durchaus Möglichkeiten eines Kooperationsgewinnes zu beinhalten, insbesondere die vom Generalunternehmer signalisierte Bereitschaft, für die Einhaltung des Forcierungs-Terminplanes eine Beschleunigungsvergütung zu zahlen.[46]

75   Zwischendurch handelt der **Mediator** mit den Parteien und ihren Anwälten einen **weiteren Ablaufplan** der Einzelschritte bis hin zur angestrebten Vereinbarung aus. Danach werden Arbeitsgruppen gebildet, die den Forcierungs-Terminplan auch im Detail gemeinsam erörtern und verifizieren, die die Nachträge der Höhe nach weiterverhandeln und dem Gremium nach Möglichkeit einen gemeinsamen Vorschlag unterbreiten sollen, schließlich eine weitere Arbeitsgruppe, die den Auftrag erhält, einen neuen Zahlungsplan – abgestimmt auf den Forcierungs-Terminplan – auszuarbeiten.

76   Die Verhandlungsführer der beiden Parteien sowie deren Anwälte und der Mediator verhandeln gleichzeitig weiter über die Installierung eines **Projektteams,** die Einschaltung eines Sachverständigen als **Schiedsgutachter** und die durchgestellte Pönale. Als schwierig erweisen sich neue Problemstellungen, vor allem, welche Kompetenzen der Schiedsgutachter haben soll. Relativ einfacher scheint es demgegenüber zu sein, die Regelungen für das Projektteam und den Jour-Fixe zu verhandeln sowie die Regeln für die Ausklammerung der durchgestellten Pönale zu verabreden. Da der Nachunternehmer in Sachen Pönale zu keinem Kompromiss bereit ist, andererseits die Nichtigkeit der Vertragsstrafenvereinbarung im sogenannten Bauherrnvertrag mit Nachdruck geltend macht, bietet sich an, diese Rechtsfrage der Entscheidung des ordentlichen Gerichts zu überlassen. Die – vorläufig skizzierte – Vereinbarung hierzu sieht eine Feststellungsklage vor. In diesem Prozess kann der Generalunternehmer dem Bauherrn den Streit verkünden. Es wird festgelegt, dass keine Partei weitere Streitgegenstände in dieses Verfahren einbringen darf, auch keine Gegenrechte irgendwelcher Art geltend machen kann, um es in jenem Prozess bei dieser einen Rechtsfrage nach Möglichkeit zu belassen.

77   Nach zwei Sitzungen haben auch die Arbeitsgruppen ihre Konzepte und Vorschläge fertiggestellt, so dass die beiden letzten Sitzungen, die wieder in beiderseits voller Besetzung stattfinden, insbesondere den Verhandlungen über die Einbehalte des Generalunternehmers, über die Nachtragsforderungen des Nachunternehmers, die Höhe der Beschleunigungsvergütung und den Forcierungs-Terminplan sowie den angepassten Zahlungsplan vorbehalten bleiben.

---

[46] Wenn auch nicht in der geltend gemachten Höhe.

Eine einzige Position aus einem der beiden verhandelten Nachträge bleibt bis zu-　78
letzt offen; darüber können sich die Parteien mangels technischer Aufklärung nicht
verständigen. Alle anderen Streitpunkte und zusätzlich einbezogenen Verhandlungsfelder können schließlich am Ende der 4. Sitzung[47] in eine Vereinbarung einfließen.
Diese Vereinbarung betrifft u. a. Regelungen zur weiteren Projektabwicklung,[48] zu
Einbehalten des Generalunternehmers,[49] zu Nachträgen des Nachunternehmers, zu
den Zahlungen des Generalunternehmers[50] sowie zu sonstigen Punkten.[51]

6. Resümee

Unterziehen wir dieses Mediationsverfahren und sein **Ergebnis** einer kritischen　79
Würdigung, lässt sich wohl folgendes sagen:
- Manches ist **nicht optimal** gelaufen. Insbesondere konnten die Verhandlungsbar-
  rieren „Positionsdenken" und „kompetitive Strategie" nicht oder nicht wesentlich abgebaut werden. Jedoch kam allen Beteiligten das oben angesprochene
  Machtgleichgewicht[52] als glücklicher Umstand zu Hilfe, gleichwohl Verhandlungsgewinne zu erzielen.
- Als solche **Verhandlungsgewinne** lassen sich insbesondere werten die Neuverhandlung des Terminplans (einschließlich Forcierung) und des Zahlungsplans
  sowie eines Teils weiterer Vertragsregelungen, ferner die Installierung eines sog.
  Projektteams und die Vereinbarung von Jour-Fixes, die Beauftragung eines
  Schiedsgutachters, die endgültige Verhandlung und Regelung der Einbehalte
  (mit zwei Ausnahmen), die abschließende Verhandlung der beiden Nachtragsangebote mit einer Vielzahl von Positionen (mit nur einer Ausnahme) sowie des
  Forcierungs-Nachtrages, schließlich die Modifizierung der weiteren Zusammenarbeit.
- Es mag zunächst paradox erscheinen und doch möchte ich es ebenfalls als Verhandlungsgewinn bewerten, dass es möglich war, **die strittige Rechtsfrage der
  durchgestellten Pönale**, über die keine Einigung in Sicht war und die auch zeitweise ein Weiterverhandeln blockierte, **auszuklammern** und einer Entscheidung
  durch das ordentliche Gericht zu überlassen. Denn häufig können wir beobachten, dass die Parteien ernsthafte Verhandlungen erst gar nicht beginnen im Bewusstsein dessen, dass sie sich über einen der Streitpunkte ohnehin nicht einigen
  können.
- Als **größten Verhandlungsgewinn** will ich es jedoch beurteilen, dass es den Parteien gelungen ist, die beiderseits angedrohte **Vertragskündigung** mit einem sich
  daran anschließenden und viele Jahre dauernden Rechtsstreit bei ungewissem
  Ausgang und sehr hohem Risiko für beide Parteien **zu vermeiden**. Erst an dieser
  Alternative, die für beide Seiten ganz offensichtlich nur schwer zu vermeiden
  war, lässt sich der Wert des Verhandlungsergebnisses angemessen würdigen.

---

[47] Also insgesamt gesehen in der 6. Sitzung.
[48] Abgrenzung des Bausolls, Festlegung neuer Termine und Fristen, Einschaltung eines Sachverständigen als Schiedsgutachter, Installierung eines Projektteams und eines Jour-Fixe.
[49] Endgültige Einbehalte, vorläufige Einbehalte wegen Mängeln, Einbehalte wegen durchgestellter
Pönale.
[50] Umstellung des Zahlungsplans, Fälligkeiten der Nachtragsvergütung.
[51] Weiteres Verfahren hinsichtlich der durchgestellten Pönale, weitere Zusammenarbeit etc.
[52] Beiderseitige Kündigungsandrohung, faktischer Zwang zur weiteren Zusammenarbeit.

– Am **Schluss** waren beide Partien relativ zufrieden. So können wir am Ende des Mediationsverfahrens konstatieren, dass es auch im Bereich des Baurechts lohnend sein kann, den ernsthaften Versuch zu unternehmen, eine Verhandlungslösung mit Hilfe einer Mediation zu erzielen.

IV. Ausblick: Der Weg zur Mediation im Baurecht

80   Wie aufgezeigt wurde, **eignet sich** die **Mediation** für den Bereich Baurecht. Insbesondere das Dilemma des Bauprozesses sollte die Baubeteiligten und ihre Anwälte verstärkt nach einer Möglichkeit Ausschau halten lassen, wie ein Konflikt am Bau mit Hilfe eines Mediators beigelegt werden kann. Auf der anderen Seite müssen wir registrieren, dass die Mediation im Bereich Baurecht **in den Anfängen** steckt.

81   Die ARGE Baurecht, Arbeitsgemeinschaft für privates Bau- und Architektenrecht im Deutschen Anwaltverein, hat im Jahre 1998 eine Schlichtungs- und Schiedsordnung für Baustreitigkeiten (SOBau) herausgebracht. Danach wird ein „Schlichtungsverfahren mit mediativen Elementen" durchgeführt.[53] Ferner hat die ARGE Baurecht eine Liste von Schlichtern und Schiedsrichtern herausgegeben.[54] Mediatoren für den Bereich Baurecht empfiehlt auch die gwmk Gesellschaft für Wirtschaftsmediation und Konfliktmanagement e.V.[55]

---

[53] Vgl. *Gessner* in Jahrbuch Baurecht 2001, S. 115, 121.
[54] Auskünfte erteilt der Deutsche Anwaltverein e.V., Littenstr. 11, 10179 Berlin, Tel. 030/726152-0, Fax 030/726152-190, E-mail dav@anwaltverein.de.
[55] gwmk, Brienner Straße 9, 80333 München, Tel. 089/290970, Fax 089/29097200; dazu § 59 Rdnr. 16.

§ 38 Mediation im Wirtschaftsrecht

Dr. Jörg Risse/Christof Wagner

Übersicht

Schrifttum: *Duve, Christian,* Mediation und Vergleich im Prozess, Köln 1999, *ders.,* Alternative Dispute Resolution (ADR) – die außergerichtliche Streitbeilegung in den USA, BB 1998 (Beil. 10, S. 9), *Duve, Christian/Ponschab, Rainer,* Wann empfehlen sich Mediation, Schlichtung oder Schiedsverfahren in wirtschaftsrechtlichen Streitigkeiten, KON:SENS 1999, 263 ff.; *Eidenmüller, Horst,* Vertrags- und Verfahrensrecht der Wirtschaftsmediation, Köln 2001; *ders.,* Prozessrisikoanalyse, ZZP 2000, 5 ff.; *Fisher, Roger/Ury, William/Patton, Bruce,* Das Harvard-Konzept, 18. Aufl. 1999; *Gottwald, Walther,* Modelle freiwilliger Streitschlichtung unter besonderer Berücksichtigung der Mediation, WM 1998, 1257, *Hilber, Marc,* Alternative Konfliktbeilegung: Early Neutral Evaluation und das selbständige Beweisverfahren gemäß §§ 485 ff. ZPO; in BB 2001 (Beil. 2), S. 22 ff.; *Klein, Hans Werner,* Wirtschaftsmediation und Konfliktmanagement, KON:SENS/ZKM 1998, S. 88 ff.; *Koch, Ludwig,* Vertragsgestaltungen in der Mediation, in: Henssler/Koch, Mediation für die Anwaltspraxis, Bonn 2000, S. 245 ff.; *Kovach, Kimberlee,* Mediation, St. Paul 1994; *Neuenhahn, Hans-Uwe,* Streit um 400 Millionen beigelegt, ZKM 2000, 281 f.; *Risse, Jörg,* Undurchführbarkeit der Schiedsvereinbarung bei Mittellosigkeit des Klägers, BB 2001 (Beil. 6), S. 11 f.; *ders.,* Neue Wege der Konfliktbewältigung: Last-Offer-Schiedsverfahren, High/Low-Arbitration und Michigan-Mediation, BB 2001 (Beil. 2), S. 16 ff.; *ders.,* Wirtschaftsmediation, NJW 2000, 1614 ff.; *ders.,* Beilegung von Erbstreitigkeiten durch Mediationsverfahren, ZEV 1999, 205 ff.; *ders.,* Die Rolle des Rechts in der Wirtschaftsmediation, BB 1999 (Beilage 9), S. 1 ff.; *ders.,* Wirtschaftsmediation in nationalen und internationalen Handelsstreitigkeiten; WM 1999, 1864 ff.; *ders.,* Klassisches Verhandeln und Wirtschaftsmediation, in: KON:SENS 1999, 131 ff.; *Schmidt, Frank,* Wirtschaftsmediation – die nicht gesehene Chance, BB 1998 (Beilage 10), S. 6 ff.; *Stubbe, Christian,* Wirtschaftsmediation und Claim Management, BB 2001, 685 ff.; *Weigand, Frank-Bernd,* Alternative Streiterledigung, BB 1996, 2106.

I. Einleitung

1. Mediation im Wirtschaftsleben – ein Widerspruch?

1   Der Vorschlag, Wirtschaftskonflikte durch Mediationsverfahren beizulegen, löst bei Unternehmen und deren Rechtsberatern oft Unverständnis, Befremden oder auch Belustigung aus. Den harten Realitäten des Wirtschaftslebens wird, so der verbreitete Glaube, das konsensorientierte Mediationsverfahren nicht gerecht. Die ablehnende Haltung hat ihre Ursache in einem **falschen Image,** das der Wirtschaftsmediation in Deutschland anhaftet. Die begriffliche Nähe zur „Meditation", mit der die Mediation nun wirklich nichts zu tun hat,[1] erweckt bei vielen den Eindruck einer fernöstlichen Heilslehre. Oberflächlich informierte Beobachter sehen in der Mediation den ideologisch inspirierten Versuch, ein Versöhnungsideal allgemein hoffähig zu machen. Von einem „Palaver" ist die Rede. Die Herkunft der Mediation aus dem Familienrecht (Scheidungsmediation) deuten viele als Anzeichen für eine sozialtherapeutische Grundausrichtung. Dieser Gesamteindruck wird durch die im Zusammenhang mit der Mediation genannte „ADR"[2] oder Alternative Streitbeilegung noch verstärkt: Das „Alternative" suggeriert Ablehnung und Ab-

---

[1] Eine Anekdote aus den Anfangsjahren der Mediation in Deutschland berichtet, zur ersten Vortragsveranstaltung in München seien die meist langhaarigen Zuhörer in fehlgeleiteter Erwartung mit Kissen und Wolldecken gekommen. Darüber mag man schmunzeln, über das der Mediation immer noch anhaftende falsche Image kaum.

[2] ADR ist das englische Akronym für „Alternative Dispute Resolution"; amüsant, aber oft zutreffend, ist die Übersetzung als „Avoiding Desastrous Results".

kehr vom vermeidlichen Gegenmodell „Gerichtsprozess" und dem dort als Entscheidungsstandard dienenden Recht. Mediation soll sich folgerichtig nur „im Schatten des Rechts"[3] bewegen. Das Bild von einem unjuristischen, diffusen und risikobehafteten Verfahren wird so abgerundet. Träfe dieses Image auch nur ansatzweise zu, wäre der Glaube, Wirtschaftskonflikte durch Mediationsverfahren lösen zu können, tatsächlich naiv.

Von der **Realität** qualifiziert durchgeführter Wirtschaftsmediationen ist das skizzierte Image weit entfernt. Der Mediator ist kein weiser alter Mann, der salomonische Lösungen für jede Lebenslage bereit hält. Die Mediation ist ein nüchternes, rationales und rationelles Streitbeilegungsverfahren. Recht und Gesetz haben in der Mediation eine facettenreiche Bedeutung.[4] Die Teilnahme von beratenden Rechtsanwälten ist regelmäßig erforderlich. Das Potenzial der Mediation für Wirtschaftskonflikte zeigt eine einfache Überlegung: Die Vergleichsquote in größeren Schiedsverfahren liegt bei etwa 60%. Diese Vergleiche werden erst nach zermürbend langen und teuren Verfahren abgeschlossen, obwohl sich die Parameter des Konflikts seit seinem Ausbruch nicht geändert haben. Die Parteien und ihre Anwälte müssen sich fragen lassen, warum dieser Vergleich nicht viel früher mit einem Bruchteil der Transaktionskosten zustande kam. Die Mediation versucht dies durch eine Optimierung der Vergleichsverhandlungen zu erreichen und schafft dies in immerhin 70% aller Fälle.[5] Wie erfolgreich die Mediation bei der Lösung von Wirtschaftskonflikten ist, belegen einige Zahlen aus den USA: Im Jahr 1998 haben dort einer empirischen Erhebung zufolge 870 von 1000 Unternehmen an einer Mediation teilgenommen.[6] Nach einer Untersuchung der Unternehmensberatung Deloitte & Touche bezeichnen inzwischen fast 2/3 aller Unternehmen die Mediation als bevorzugte Form der Streitbeilegung.[7] Weltweit beachtete Wirtschaftskonflikte, wie etwa die Auseinandersetzung zwischen dem amerikanischen Justizministerium und dem Software-Giganten Microsoft um einen Machtmissbrauch zur Unterdrückung von Konkurrenten, werden Mediationsverfahren zugeführt. Wenn die Akzeptanz der Mediation in der amerikanischen Wirtschaft so hoch ist, ist unerklärlich, warum die Wirtschaftsmediation für deutsche Unternehmen kein geeigneter Konfliktlösungsmechanismus sein soll.[8]

2. Vergleich mit anderen Anwendungsgebieten

Der gemeinsame Ausgangspunkt aller Mediationsverfahren, egal ob es sich um Wirtschafts-, Familien- oder Umweltmediation handelt, ist die **Optimierung des Verhandlungsprozesses** zwischen den Streitparteien. Die Mediation setzt Erkenntnisse der Verhandlungsforschung in ein Verfahrensmodell um. Streitparteien verhandeln oft ineffektiv und versäumen es, ihre bilateralen Verhandlungen zielführend zu strukturieren. Einigungschancen werden vertan, weil die Parteien in überzogenen Positionen verharren, irrationale Einigungsvorbehalte nicht überwin-

---

[3] So der Titel eines Beitrags von *Wesel* in „Die Zeit" v. 26. 2. 1998, S. 51.
[4] Ausführlich zur Rolle des Rechts: *Risse,* BB 1999 (Beilage 9), 1 ff.
[5] *Schmidt,* S. 6 ff.
[6] F. A. Z. vom 23. 4. 1999, S. 22.
[7] Genaue Zahlen bei *Duve,* Mediation und Vergleich im Prozess, S. 22.
[8] Die Unterschiede im deutschen und amerikanischen Prozessrecht können die unterschiedliche Entwicklung der Wirtschaftsmediation nicht erklären; vgl. dazu *Risse* WM 1999, 1864 (1865).

den, allein in rechtlichen Ansprüchen denken und stereotyp um wechselseitige Konzessionen ringen, statt nach innovativeren Drittlösungen zu suchen. Aus diesem Verhandlungsdilemma zieht die Mediation die Konsequenz, indem sie die Verhandlungen auf der Grundlage eines an der Harvard Law School entwickelten Verhandlungskonzeptes[9] von dem besonders geschulten Mediator moderieren lässt. Mediation stellt sich insofern stets als optimierte Verhandlung dar, bei der der Mediator als Verhandlungscoach die Verhandlungen so strukturiert, dass zunächst verdeckte Einigungsspielräume aufgedeckt werden.[10] Dieses Konzept liegt allen Mediationsformen zugrunde und dementsprechend ähneln sich die Verfahrensabläufe.

4   In Einzelpunkten **unterscheidet** sich die Wirtschaftsmediation erheblich von den Schwesterverfahren der Familienmediation und der Umweltmediation.[11] In der Scheidungsmediation steht meist die zukünftige Parteibeziehung im Mittelpunkt, weil gemeinsame Kinder die Streitparteien noch über Jahre aneinander binden. Bei allem Streit und allen Emotionen muss die Mediation daher eine Ebene für eine weitere Zusammenarbeit schaffen und einen vernünftigen Umgang miteinander ermöglichen. Um dies zu erreichen, müssen auch die emotionalen Elemente des Konflikts gelöst werden. Rechtsprobleme spielen eine relativ geringe Rolle, weil das zwingende und eindeutige deutsche Familienrecht Streitfragen klar entscheidet und kaum Handlungsspielräume eröffnet. Relativ ähnlich ist die Ausgangsposition für die Umweltmediation. Die zugrunde liegenden Konflikte, etwa der Bau eines neuen Großflughafens, sind zukunftsbezogen, die Parteien sind wegen ihrer räumlichen Bindung an das Planungsobjekt dauerhaft aufeinander angewiesen, wegen der persönlichen Betroffenheit kochen die Emotionen hoch, und Rechtsfragen spielen bei der Unbestimmtheit und Weite des deutschen Planungsrechts eine untergeordnete Rolle.

5   Die **Grundkonstellation einer Wirtschaftsmediation** ist anders: Die Streitparteien müssen zukünftig nicht zusammenarbeiten, auch wenn dies eine Option für die Konfliktlösung darstellen mag. Der Auftrag an den Mediator ist schlicht, den konkreten Konflikt einer Lösung zuzuführen, und nicht, die weitere Zusammenarbeit zu ermöglichen oder Kommunikationsebenen wiederherzustellen. In Konflikten zwischen Unternehmen spielen Emotionen oft keine oder nur eine geringe Rolle. Im Vordergrund steht die nüchterne Aufarbeitung der Geschehnisse, die zum gegenwärtigen Konflikt geführt haben. Die rechtliche Beurteilung des Sachverhalts ist für die Einigungssuche bedeutsam, ist doch gerade die unterschiedliche rechtliche Bewertung durch die Parteien der Ausgangspunkt des Streits. Auch wenn „Win-Win"-Lösungen grundsätzlich angestrebt werden, besteht der schließlich geschlossene Vergleich regelmäßig in einem zähneknirschend akzeptierten Kompromiss. Um diesen möglichst schnell zu erreichen, ist der Einsatz von Einzelgesprächen der Parteien mit dem Mediator die Regel. Insgesamt führen diese Charakteristika der Wirtschaftsmediation zu einem nüchterneren und vor allem kürzeren Verfahrensablauf als in anderen Mediationsformen.

---

[9] *Fisher/Ury/Patton*, passim.
[10] *Risse* KON:SENS 1999, 131 (133).
[11] Zur Abgrenzung der Mediation von Schiedsverfahren und Schlichtung vgl. *Ponschab/Duve*, S. 263 ff.; zur Familienmediation vgl. § 34, zur Umweltmediation § 46.

3. Entwicklung in Deutschland

Die Wirtschaftsmediation ist in Deutschland[12] noch **wenig verbreitet,**[13] immerhin 6 aber mehr als eine akademische Modetheorie. Die Treuhandanstalt/BvS hat von durchaus positiven Erfahrungen mit Mediationsverfahren berichtet.[14] Zwei deutsche Energieunternehmen haben kürzlich einen Streit um 200 Mio. € in einer Wirtschaftsmediation beigelegt.[15] Über einzelne Mediationsfälle ist wegen der Vertraulichkeit solcher Verfahren ansonsten wenig bekannt. Im deutschen Wirtschaftsrecht finden sich – wenn auch bisher nur vereinzelt und kaum als solche erkannt – mediative Strukturen, wie etwa § 27 a UWG, § 305 Abs. 1 Nr. 1 InsO oder der Bankenombudsmann belegen. Der neue § 15 a EGZPO, der den Ländern in Bagatellfällen die Einführung einer obligatorischen Schlichtung erlaubt, geht ebenfalls in diese Richtung.[16] In einer immer mehr globalisierten Weltwirtschaft werden international agierende deutsche Unternehmen von ihren asiatischen oder amerikanischen Geschäftspartnern wie selbstverständlich darauf angesprochen werden, das dort längst etablierte Mediationsverfahren zur Streitlösung einzusetzen.[17] Diese Faktoren deuten darauf hin, dass die Wirtschaftsmediation sich auch in Deutschland zu einem anerkannten Streitbeilegungsverfahren entwickeln wird.

II. Eignungskriterien für die Wirtschaftsmediation

Mediation weist **generelle Merkmale** auf, die dieses Verfahren für die Behand- 7 lung und Lösung wirtschaftsrechtlicher Konflikte geeignet machen. Dies können zunächst Zeit- und Kostenvorteile der Mediation gegenüber gerichtlichen oder schiedsgerichtlichen Verfahren sein. Daneben eignet sich Mediation besonders für Unternehmer und Mitglieder der Führungsetagen in Unternehmen, weil deren unternehmerisches Innovationspotential, Kreativität und Phantasie, die gewissermaßen den „Motor" eines Unternehmens am Markt darstellen, in der Mediation zur Konfliktlösung eingesetzt werden können. Umgekehrt können wirtschaftsrechtliche Konflikte Merkmale aufweisen, die die Anwendung von Mediation zur Konfliktbehandlung in Frage stellen oder gar ausschließen. Diese Negativmerkmale im Sinne der Geeignetheit von Mediation können sowohl aus der Eigenart des Konflikts herrühren als auch bei den am Konflikt beteiligten Personen selbst liegen.

Die Parteien und deren Anwälte müssen daher in jedem **Einzelfall prüfen,** ob sich 8 der konkrete wirtschaftsrechtliche Konflikt für eine Mediation eignet. Um diese

---

[12] Ausführlich zur internationalen Verbreitung der Wirtschaftsmediation: *Risse* WM 1999, 1864 ff.
[13] Das lässt sich aus der geringen Zahl von Mediationsanträgen folgern, die bei anerkannten Mediationsinstituten eingehen.
[14] *Klein* KON:SENS 1998, 88 ff.
[15] *Neuenhahn* ZKM 2000, 281.
[16] Der Gesetzgeber will dadurch den Justizetat entlasten. Eine qualifizierte Mediation verlangt aber einen qualifizierten Mediator und der verlangt anwaltsübliche Stundensätze (180–400 €/h). Die Verfahrenskosten der Mediation stehen daher in Bagatellestreitigkeiten außer Verhältnis zum Gegenstandswert. Gleichzeitig erweckt die obligatorische Schlichtung in Bagatellesachen den Eindruck, als sei die Mediation gegenüber dem herkömmlichen Prozess minderwertig; vgl. dazu *Risse,* ZEV 199, 205 (210).
[17] Ausführlich dazu *Risse* WM 1999, 1864 (1870 f.).

Entscheidung zu treffen, erörtert der beratende Anwalt mit seinem Mandanten vorbereitend Vor- und Nachteile des Verfahrens sowie mögliche Risiken im Falle eines Abbruchs der Mediation. Der Mandant/Unternehmer, der sich letztlich auf Anraten seines Anwalts auf eine Mediation eingelassen hat, darf sich später im Falle eines Scheiterns der Mediation nicht unvorbereitet in einer Situation wiederfinden, in der sich ein mediationsspezifisches Risiko[18] verwirklicht hat, über das er zuvor nicht aufgeklärt wurde.

9   Für die Beurteilung der Frage, ob sich ein Wirtschaftskonflikt für eine Mediation eignet oder nicht, kommen die nachfolgenden Eignungs- sowie Ausschlusskriterien in Betracht.

1. Aufwand der Konfliktbehandlung – ein Kostenvergleich

10   Ein Vorteil von Mediation in wirtschaftsrechtlichen Konflikten mit zumeist sehr hohen Streitwerten ist die relative **Kostengünstigkeit** und der geringere Zeitaufwand gegenüber gerichtlichen oder schiedsgerichtlichen Verfahren.

11   Ein **Beispiel aus der Praxis**[19] soll dies verdeutlichen. Gegenübergestellt werden die Kosten eines Rechtsstreits zwischen zwei Firmen, der vier Jahre nach Klageerhebung in 2. Instanz mit einem Vergleich beendet wurde, und die Kosten eines fiktiven Mediationsverfahren zur Beilegung desselben Konflikts. Aus Gründen der Vergleichbarkeit wird unterstellt, dass die Mediation in der Hauptsache zu dem selben Vergleich geführt hätte, wie er vor Gericht geschlossen wurde. Das ist nicht unrealistisch: Wenn die Parteien nach jahrelangem Prozess schließlich doch einen Vergleich schließen, obwohl sich die Parameter des Konflikts seit seinem Ausbruch nicht geändert haben, kann eine inhaltsgleiche Einigung auch in einer Mediation rasch und unkompliziert erreicht werden.

12   Die für einen Kostenvergleich notwendig schematisierende Betrachtung blendet allerdings einen zentralen Vorteil der Mediation aus: Die Stärke der Mediation liegt gerade darin, dass die Parteien im Gegensatz zu einem Gerichtsverfahren in die Mediation Verhandlungsthemen miteinbeziehen und sie für die Konfliktlösung fruchtbar machen können, die nicht Gegenstand des eigentlichen Konflikts sind.[20] Das Gericht bietet hierfür keine Plattform. Gerichtliche Vergleiche gehen in der Regel nicht über den eng begrenzten Horizont hinaus, der durch den Streitgegenstand bestimmt wird. Der gerichtliche Vergleich liegt in der Regel auf einer Linie irgendwo zwischen der ursprünglichen Klageforderung und dem Abweisungsantrag des Beklagten. Die Mediation ist innovativer und sucht bewusst nach dritten Lösungen außerhalb des schematischen juristischen Anspruchsdenkens. Wahrscheinlich hätten die Parteien in dem nachfolgenden Beispielsfall zum gegenseitigen Nutzen eine Einigung gefunden, die jedenfalls partiell vom typischen „Kompromiss" des gerichtlichen Vergleichs abgewichen wäre.

---

[18] Z. B. Verwendung von in der Mediation erlangten Informationen in einem späteren Gerichtsverfahren.

[19] Der Fall ist zur besseren Darstellung vereinfacht und mit Rücksicht auf die Parteien verfremdet.

[20] In diesem Zusammenhang ist häufig von „Kuchenvergrößerung" die Rede: Die Mediation wird zum Anlass genommen, die bestehende Geschäftsbeziehung zu erweitern oder ihr eine neue hinzuzufügen. Der am Ende einer erfolgreichen Wirtschaftsmediation stehende Vertrag hat deshalb sehr oft einen Regelungsgehalt, den die Parteien zu Beginn der Mediation nicht geahnt oder für möglich gehalten haben.

Beispielsfall:[21] Die Parteien stritten um wechselseitige Ansprüche aus dem Bau eines Kraftwerks. **13** Der Auftragnehmer (AN) beanspruchte 25 Mio. € restlichen Werklohn. Der Auftraggeber (AG) verweigerte die Zahlung mit der Begründung, das Kraftwerk erfülle nicht die vertraglich zugesicherten Leistungsparameter und sei zudem zu spät fertiggestellt worden. Allein wegen verspäteter Fertigstellung und der damit entgangenen Möglichkeit, Energie zu produzieren, sei ein Schaden in Höhe von mehr als 20 Mio. € entstanden. Darüber hinaus klagte der AG weitere Gegenansprüche, u. a. diverse Vertragsstrafen, ein. Der Streit war dadurch gekennzeichnet, dass bei beiden Unternehmen große Unsicherheit über technische Fragen der Leistungsfähigkeit des Kraftwerks herrschte. Deshalb war unklar, ob der AG zurecht über einen langen Zeitraum die Abnahme verweigert hatte.

Die Parteien konnten sich in bilateralen Verhandlungen nicht einigen. Deshalb entschloss sich der **14** AN, den restlichen Werklohn einzuklagen. Der AG verteidigte sich vor Gericht mit den skizzierten Gegenansprüchen und leitete darüber hinaus ein selbstständiges Beweisverfahren bezüglich einer Komponente des Kraftwerks ein. In 1. Instanz wurde der AG nach rd. drei Jahren Prozessdauer zur Zahlung von ca. 7 Mio. € verurteilt. Nachdem beide Parteien in die Berufung gegangen waren, einigten sie sich in 2. Instanz ein Jahr später auf Zahlung von rd. 5,25 Mio. €.[22] Mit dem getroffenen Vergleich waren sämtliche streitgegenständlichen Ansprüche abgegolten. Der Vergleich beinhaltete außerdem detaillierte Regelungen, wer welche Verfahrenskosten tragen musste.

a) **Kosten des gerichtlichen Verfahrens.** Da die eingeklagte Vergütungsforderung **15** des AN zwischen den Parteien rechnerisch unstrittig war, musste sich der AG vor Gericht mit Gegenansprüchen (Mängeleinreden, Schadensersatz wegen Verzug, Vertragsstrafen etc.) verteidigen, die zu einer ganzen Reihe von Aufrechnungen, Hilfsaufrechnungen und schließlich zu einer Widerklage führten, die den Streitwert auf rund 60 Mio. € erhöhten. Auf beiden Seiten wurden externe Gutachter eingeschaltet. Jede Partei führte zur Erhärtung ihrer technischen Argumentation umfangreiche Versuche durch. Das vom Gericht in 1. Instanz in Auftrag gegebene Beweisgutachten kostete mehr als 500.000.– €. Die **direkten Kosten** des gerichtlichen Verfahrens 1. und 2. Instanz, einschließlich des parallel durchgeführten selbständigen Beweisverfahrens über die Teilkomponente, beliefen sich bis zum Zeitpunkt des Vergleichsschlusses auf über 2,5 Mio. €.[23]

Hierbei nicht erfasst sind die **Transaktionskosten** (indirekte Kosten), die beiden **16** Unternehmen bis zur Einigung entstanden waren, insbesondere die Kosten für Mitarbeiter, die ganz oder teilweise damit beschäftigt waren, die Anwälte mit Informationen zu versorgen und sich über lange Zeiträume nicht ihren eigentlichen Aufgaben widmen konnten.

Für den AN, der ca. 25 Mio. € eingeklagt hatte und der nach dem Vergleich nur **17** noch 5,25 Mio. € erhielt, erwies sich der Rechtsstreit wirtschaftlich gesehen als unergiebig: Die entstandenen Kosten einschließlich der Transaktionskosten „fraßen" den größten Teil der Vergleichssumme wieder auf. Die abschließende Gesamtkalkulation aus Sicht des AG, der eine Teilforderung in Höhe von 19,75 Mio. € abwehren konnte, ist weniger klar. Immerhin hat aber auch er neben den Ver-

---

[21] Der Konflikt wurde deshalb als Fallbeispiel gewählt, da hier während eines längeren Gerichtsverfahrens technische Fragen und Sachverhaltsfragen nicht geklärt werden konnten und die Parteien am Ende einen Vergleich schlossen, bei dem diese Fragen offen blieben. Gerade solche Fälle eignen sich nicht zuletzt aus Kostengründen für eine Mediation, da von Anfang an in der Absicht auf ein Ziel hin gearbeitet werden kann, Fragen gar nicht erst aufzuklären, wenn deren Klärung voraussichtlich schwierig oder teuer sein würde.
[22] Jeder Konflikt, der vor Gericht mit einem Vergleich endet, hätte sich wegen der Art und Weise seiner Beendigung für eine Mediation geeignet!
[23] Auf eine nähere Aufschlüsselung wird aus Gründen der Überschaubarkeit verzichtet.

fahrenskosten über ca. 4 Jahre hinweg sehr hohe Transaktionskosten aufgewendet.

18   Solche Beispiele, wo den Parteien die Streitaustragungskosten im Verhältnis zum Prozessziel davon galoppieren, werden auf Mediationsseminaren zuweilen makaber mit dem Russland-Feldzug von *Napoleon* verglichen: *Napoleon,* so wird argumentiert, begann seinen Feldzug mit ca. 422.000 Soldaten und kehrte mit ca. 10.000 Soldaten zurück. Die sich verringernde Zahl der Soldaten wird bei dieser Analogie mit dem sich verringernden Geldbetrag gleichgesetzt, der bei einem Rechtsstreit am Ende noch zu verteilen ist: Nach einigen Jahren Prozessdauer sind nicht mehr 422.000,– € zu verteilen, sondern nach Abzug aller Kosten nur noch 10.000,– €.[24] Je später ein Vergleich vor Gericht geschlossen wird, desto ineffizienter wird dieser Vergleich, wobei bereits durch die Anrufung des Gerichts Gebühren entstehen, die unwiederbringlich verloren sind.

19   **b) Kosten der Mediation.**[25] Der Mediator und die Parteianwälte rechnen in einem Mediationsverfahren üblicherweise nach **Zeitaufwand** zu einem bestimmten Stunden- oder Tagessatz ab. Für den Beispielsfall ist die Annahme plausibel, dass die Komplexität dieses Konflikts 5 Mediationssitzungen à 10 Stunden erfordert hätte.[26] Die Kosten des eigentlichen Mediationsverfahrens unter Zugrundelegung eines angemessenen Stundensatzes von 250,– € sowohl für die Parteianwälte als auch für den Mediator hätten sich demnach auf 37.500,– € belaufen (3 × 50 Std. à 250,– €). Im Gegensatz zu den Parteianwälten, die den Konflikt aus den vorangegangenen gescheiterten Verhandlungen bereits kennen, muss sich der Mediator vor Beginn der Mediation in den Konflikt einarbeiten. Dafür fallen weitere 10 Stunden an, so dass sich die **direkten Kosten** der Mediation auf insgesamt 40.000.– € belaufen. Freilich kommen auch hier, vor allem bei einem gut vorbereiteten (!) Mediationsverfahren, Transaktionskosten hinzu, die allerdings schon wegen der kurzen Verfahrensdauer nur einen Bruchteil der vergleichbaren Transaktionskosten eines Gerichtsverfahres betragen.

20   Die Erfahrung zeigt, dass ein gut vorbereiteter Mediator einen Konflikt mittlerer Komplexität in ein bis zwei Tagessitzungen abschließt.[27] Spätestens dann zeigt sich, ob es den Parteien mit Hilfe des Mediators gelingt, den Konflikt zu lösen, oder ob die Entscheidung aus der Hand gegeben und an das Gericht delegiert werden muss. Der Aufwand der Konfliktbehandlung durch Mediation ist gegenüber einem Gerichtsverfahren also ungleich niedriger. Auch wenn die Mediation scheitert, bleiben die dadurch zusätzlich verursachten Kosten überschaubar.

21   Ein Kostenvergleich wäre irreführend, wenn man nicht auch das Scheitern einer Mediation mit ins Kalkül zöge. In diesem Fall sind Mediationskosten letztlich nutzlos aufgewandt worden. Für wirtschaftsrechtliche Konflikte mit hohen Streit-

---

[24] So z.B. *Ponschab,* Seminar Wirtschaftsmediation 15.–18. 7. 1999 in Pullach bei München.
[25] Hier ist noch einmal auf die eingangs getroffene Annahme hinzuweisen, dass ein Mediationsverfahren in der Hauptsache zu demselben Ergebnis geführt hätte: Verzicht auf Ansprüche wegen technischer Vertragsabweichung und Verzuges einerseits und Minderung der Vergütung andererseits. Zu den Kosten der Mediation im Allgemeinen vgl. § 32.
[26] Die Annahme ist zwangsläufig willkürlich, wie auch die Annahmen von *Eidenmüller,* (in: Vertrags- und Verfahrensrecht der Wirtschaftsmediation, a. a. O., Anhang 1, Seite 67) zeigen.
[27] *Eidenmüller* setzt streitwertabhängig 20 Stunden bei einem Streitwert von DM 100.000,–, 30 Stunden bei einem Streitwert von DM 1 Mio. und 40 Stunden bei einem Streitwert von DM 10 Mio. an.

werten lässt sich ohne weiteres der Grundsatz aufstellen, dass sich die Kosten des Versuchs einer Mediation umso eher rechtfertigen, je höher der Streitwert liegt.

Ausgehend von dem Beispielsfall, bei dem eine Werklohnforderung von rund 25 Mio. € und eine Gegenforderung in Höhe von 20 Mio. € streitig war, wird deutlich, dass das Scheitern einer Mediation kostenmäßig irrelevant gewesen wäre. Eine erfolgreiche Mediation hätte sich allein durch die Zinsen finanziert. **22**

c) **Resümee.** Der Beispielsfall hat gezeigt, dass Kostengesichtspunkte regelmäßig für die Streitbeilegung durch Mediation sprechen. Bei Großverfahren lohnt jedenfalls ein Versuch der Mediation, die große Einigungschancen bei in Relation verschwindend geringen Kosten bietet. Es soll nicht der Eindruck entstehen, Mediation bei wirtschaftsrechtlichen Konflikten sei stets kostengünstiger – um nicht zu sagen billiger – als die Streitbehandlung durch ein staatliches Gericht. Bei relativ niedrigen Streitwerten und langwierigen Verhandlungen verliert der Gesichtspunkt der Kostengünstigkeit schnell an Bedeutung oder kehrt sich gar in sein Gegenteil um.[28] Die relative Kostengünstigkeit der Mediation soll aber auch nicht den Eindruck erwecken, Mediation sei ein Verfahren „2. Wahl". Die Qualität eines Mediationsverfahrens steht und fällt mit der Qualität des Mediators und der an dem Verfahren beteiligten Parteianwälte, wobei im Wirtschaftsrecht davon auszugehen ist, dass Parteianwälte jedenfalls bei komplexen Wirtschaftsmediationen unverzichtbar sind. **23**

2. Interessenbezogenheit und Komplexität

Hinter den meisten wirtschaftsrechtlichen Konflikten stecken unternehmerische Ziele und Fragestellungen, die ein Richter bei seiner Entscheidung nicht einmal berücksichtigen, geschweige denn in den Vordergrund rücken darf. In einem **Rechtsstreit** kann das Gericht nur binär im Sinne von „ja/nein" über ein Ereignis in der Vergangenheit und dessen gesetzlich normierte Rechtsfolgen entscheiden. Der Rechtsstreit ist damit eng begrenzt und fokussiert auf die Beantwortung einer oder mehrerer Rechtsfragen. Außerhalb der zur Entscheidung an das Gericht delegierten Rechtsfragen stehende wirtschaftliche Belange und **Interessen der Parteien** bleiben zumeist **unberücksichtigt.** Den Richter kümmert nicht, ob eine für den Prozess gebildete Rückstellung mit einem außerordentlichen Ertrag aufgelöst wird oder der Betriebsfrieden dem Unternehmer eigentlich wichtiger ist als die konkret im Streit stehende Rechtsfrage. Die Parteien haben vor Gericht nicht die Möglichkeit, ihre Interessen adäquat einzubringen. Sie sind vielmehr gezwungen, Rechtspositionen einzunehmen, die für sie nicht unbedingt von Belang sind. Das Recht wird durch die Heranziehung von Anspruchsgrundlagen, welche die verfolgten wirtschaftlichen Ziele oft nicht abdecken, instrumentalisiert, weil kein anderer Weg gesehen wird, die eigentlich angestrebten wirtschaftlichen Zielsetzungen zu erreichen. Die Konfliktbehandlungsstruktur eines gerichtlichen Verfahrens wird der **Komplexität** eines wirtschaftsrechtlichen Konflikts nicht gerecht. **24**

Ein Beispiel aus der Praxis: Eine Bank verlangt vor Gericht Schadensersatz von einem Software-Unternehmen. Dieses hatte Individual-Software programmiert und installiert, die über einen längeren Zeitraum nicht funktionierte und deshalb bei der Bank zu hohen Zusatz-Kosten führte. In **25**

---

[28] Mediation bei wirtschaftsrechtlichen Konflikten empfiehlt sich deshalb in der Regel erst ab Streitwerten oberhalb von € 50.000.–, siehe Rdnr. 47.

diesem Fall kann das Gericht nur prüfen, ob der Anspruch dem Grunde nach und – wenn ja, in welcher Höhe – besteht. Die Anwälte der Bank werden alles versuchen, einen möglichst hohen Betrag vor Gericht durchzusetzen. Die Anwälte des Software-Unternehmens werden naturgemäß versuchen, diesen Anspruch abzuwehren oder auf ein Minimum zu reduzieren. Es entwickelt sich das sog. „Nullsummen"-Spiel:[29] Was der eine bekommt, verliert der andere. Die Behandlung des Konflikts ist wirtschaftlich gesehen auf die Verteilung des strittigen Geldbetrages beschränkt. Dieser Betrag reduziert sich zusätzlich um die Kosten, einschließlich der Transaktionskosten, die die Behandlung des Konflikts durch ein Gericht erfordert.

26   In der **Mediation** können die Parteien hingegen ihre unternehmerische Kreativität und das Innovationspotential der Führungskräfte ohne Fixierung auf wechselseitige Rechtsansprüche einsetzen, um den Konflikt zu lösen. Es können die über rechtliche Ansprüche hinausgehenden **Interessen der Parteien berücksichtigt** werden. Die Mediation bewirkt im Idealfall nicht nur die Beendigung eines Konflikts, sondern ist Ausgangspunkt einer neuen oder erweiterter Geschäftsbeziehungen zwischen den Parteien. So hat etwa die Bank in dem vorstehend geschilderten Fall langfristig ein Interesse daran, dass die Software gepflegt und sich ändernden Verhältnissen angepasst wird. Diese Aufgabe kann an sich nur die mit dem Programm bestens vertraute Software-Firma übernehmen. Die Software-Firma hat ein Interesse daran, nicht durch ein öffentliches Gerichtsverfahren ins Gerede zu kommen. Außerdem will sie weiter Aufträge von der Bank erhalten. Der Konflikt ließe sich dadurch lösen, dass die Software-Firma den von der Bank verlangten Schadensersatz ganz oder zum größten Teil ausgleicht und im Gegenzug einen langfristigen Rahmenvertrag zur Pflege und Anpassung der von ihr installierten Software erhält. Der Gewinn aus dem Rahmenvertrag ermöglicht der Software-Firma auf lange Sicht den gezahlten Schadensersatz zu kompensieren und – was oft noch wichtiger ist – ein imageschädigendes Gerichtsverfahren zu vermeiden. Es entsteht sogar ein Imagegewinn, wenn der Auftrag bzw. die Geschäftsverbindung zur Bank als Referenz angegeben werden kann.

27   Man mag einwenden, dass ein derartiger Vergleich bei geschickten Anwälten, einem entsprechend engagierten Gericht und vernünftigen Parteien auch in einem Rechtsstreit möglich ist. Selbst wenn man dies als richtig unterstellt, wären bis dahin bereits hohe Prozesskosten für das Gericht, die Anwälte und eingeschaltete Gutachter angefallen. In der Regel sind nach einer Inanspruchnahme gerichtlicher Hilfe die Fronten irreparabel verhärtet. Analysiert man vor Gericht geschlossene Vergleiche, die regelmäßig in einem Kompromiss zwischen den ursprünglichen Extremforderungen bestehen, und Mediationsvergleiche, so stellt man fest, dass Letztere in der Regel umfassender sind und Regelungen enthalten, die mit dem ursprünglichen Konflikt scheinbar nichts zu tun haben. Die Einbeziehung von außerhalb des Konflikts stehenden Verhandlungsthemen ermöglicht „**Win-Win**"-Lösungen.

28   Man mag ferner einwenden, dass ein derartiges Ergebnis noch kostengünstiger in bilateralen Verhandlungen erzielt werden könne, weil die Kosten für einen Mediator entfallen. Die Erfahrung zeigt aber, dass bilaterale Verhandlungen häufig scheitern, weil die Parteivertreter sich verpflichtet sehen, einseitig die Interessen ihrer Mandanten wahrzunehmen, was fast automatisch zu einer unproduktiven Konfrontationshaltung führt. Dies verhindert dann die Einbeziehung alternativer Lösungswege, weil diese als Abrücken von der eigenen Rechtsposition und Eingeständnis

---

[29] Siehe *Ponschab/Schweizer*, Kooperation statt Konfrontation, Neue Wege anwaltlichen Verhandelns, S. 88.

von Schwäche aufgefasst werden. Die Parteivertreter scheuen es deshalb oft, in die Erörterung alternativer Lösungsmöglichkeiten einzusteigen. Der Mediator ist im Gegensatz zum Parteianwalt nicht einem solchen Schwächevorwurf ausgesetzt und hat das Ansehen einer unparteiischen Autorität. Der Mediator muss die Parteien von den zuvor in bilateralen Verhandlungen erhärteten Positionen wegführen und ihnen ermöglichen, außerhalb des Konflikts liegende Ressourcen für die Problemlösung wahrzunehmen. Es gilt daher der Satz: Je komplexer ein Konflikt ist, je vielschichtiger die Interessen der am Konflikt Beteiligten sind, desto weniger eignet er sich für eine Behandlung durch das Gericht und desto mehr für eine Mediation.

3. Rechtsunsicherheit

a) **Behandlung des Konflikts durch das Gericht.** Wer kennt nicht das Sprichwort 29 „Auf hoher See und vor Gericht befindet sich man in Gottes Hand"? So banal dieses Sprichwort auch sein mag, es symbolisiert doch treffend das Dilemma, vor dem potentielle Parteien eines Zivilprozesses und deren Anwälte stehen: Der Ausgang eines Prozesses lässt sich nicht vorhersagen. Daran ändert auch eine scheinbar gefestigte Rechtsprechung des BGH zu bestimmten Themen nichts; sie reduziert allenfalls das Risiko, dass die Instanzgerichte in grundlegenden Fragen davon abweichen. Der Ausgang eines Rechtsstreits wird maßgeblich davon beeinflusst, wie der dem Konflikt zugrunde liegende Sachverhalt vom Gericht aufgenommen, interpretiert und bewertet wird. Die individuell-subjektive Sichtweise des Richters, der den Fall von seinem eigenen Fairnessempfinden aus angeht, führt oft zu überraschenden Ergebnissen, für die sich juristisch meist eine zumindest vertretbare Begründung finden lässt – notfalls über die Generalklausel des § 242 BGB (Treu und Glauben).

Anschaulich wird dies am Schicksal zweier Parallelprozesse aus dem Bereich des 30 Wohnungseigentumsrechts. Das Wohnungseigentumsrecht ermöglicht es einzelnen Wohnungseigentümern, identische Klagen wegen Gewährleistungsansprüchen am Gemeinschaftseigentum zu erheben, ohne dass den später eingereichten Klagen eine Rechtshängigkeit entgegen stünde. Die **unterschiedliche Behandlung** durch die Gerichte kann auf diese Weise gut beobachtet werden. Geklagt hatten vor den Landgerichten M und D zwei Wohnungseigentümer auf Vorschuss für Mangelbeseitigung für von ihnen behauptete Mängel am Gemeinschaftseigentum. Beide Landgerichte kamen zu entgegengesetzten Ergebnissen, obwohl in beiden Prozessen die Anwälte sowohl der Klage- als auch der Beklagtenpartei stets umfassend und vollständig in demselben Tenor vorgetragen und dieselben Beweismittel angeboten hatten. Die unterschiedlichen Ergebnisse basierten allein darauf, dass die Gerichte den Vertrag und die Sachverständigengutachten unterschiedlich auslegten und interpretierten.

In der **Mediation** behalten die Parteien die **Ergebnisherrschaft.** Nur Verpflichtun- 31 gen, denen sie ausdrücklich zustimmen, fließen in einen Mediationsvergleich ein. Die Unvorhersehbarkeit der Behandlung eines Konflikts durch die Gerichte spricht deshalb für den Versuch, den Konflikt mit Hilfe eines Mediators zu lösen.

b) Unrealistischer **Optimismus der Parteien.** Untersuchungen über Entschei- 32 dungsverhalten und Abschätzung von Wahrscheinlichkeiten zeigen, dass Parteien ihre Prozesschancen zu optimistisch einschätzen.[30] Parteien tendieren dazu, ihre ei-

---

[30] *Breidenbach*, Mediation, S. 92.

gene Wirklichkeit und ihre Sichtweise als „richtig" anzusehen. Daran ändert auch die anwaltliche Beratung überraschend wenig.[31] Auch Sachverständigengutachten ändern kaum etwas daran, dass Parteien ihre Erfolgsaussichten in einem Rechtsstreit zumeist überschätzen, weil es regelmäßig gelingt, Privatgutachten einzuholen, die die jeweilige Sicht der Partei unterstützen. Eine der wichtigsten Aufgaben des Mediators in der Mediation ist die Hinführung der Parteien zu einer realistischeren Sicht ihrer Position.[32]

33   Mediation in wirtschaftsrechtlichen Konflikten dient somit auch dazu, Parteien vor Schaden infolge überschätzter Erfolgsaussichten zu bewahren.

34   Die Unvorhersehbarkeit gerichtlicher Entscheidungen und der oft allzu große Optimismus der Parteien kumulieren sich zu einer **Rechtsunsicherheit** für die Betroffenen, deren Vermeidung für den Versuch eines Mediationsverfahrens spricht.

4. Bedeutung der Parteibeziehung

35   In wirtschaftsrechtlichen Konflikten streiten die Parteien in der Regel um Geld. Emotionale Elemente und die Parteibeziehung haben einen geringeren Stellenwert als in anderen Anwendungsgebieten, etwa bei der Scheidungsmediation oder beim Täter-Opfer-Ausgleich. Die Parteibeziehung ist aber auch bei wirtschaftsrechtlichen Konflikten ein wichtiger Gesichtspunkt. Dies merken die Parteien spätestens dann, wenn ein Rechtsstreit durch Urteil entschieden wurde: Dann ist die Parteibeziehung zumeist zerstört. Wer meint, im Wirtschaftsleben sei dies nicht weiter schlimm, täuscht sich. Firmen sind oft nicht nur Konkurrenten, sondern langfristig auf **Kooperation** angewiesen. Man denke etwa an Autohersteller und Zulieferindustrie oder an Fluglinien und Reiseveranstalter. Auf einer Mediations-Veranstaltung wurde einmal davon berichtet, dass die Vorstände eines großen Konzerns derart zerstritten waren, dass sie nicht mehr miteinander zu sprechen pflegten und das so führerlose Unternehmen immer mehr abdriftete. Es soll eine Mediation auf Vorstandsebene stattgefunden haben mit dem Ziel, eine Arbeitsatmosphäre zwischen den Vorständen herzustellen, damit die Firma nicht länger steuerungslos blieb. Die Parteibeziehung wird bei gerichtlichen Auseinandersetzungen zumeist nicht nur in den Führungsebenen zerstört, sondern auch auf den darunter liegenden Arbeitsebenen. Betroffen sind vor allem auch Mitarbeiter, die vor Gericht als Zeugen konträr aussagen. Die Parteibeziehung in der Wirtschaftsmediation ist vor allem dann wichtig, wenn emotionale Störungen zu irrationalen wirtschaftlichen Entscheidungen führen. Ein Mediator berichtete von einer Wirtschaftsmediation, bei der sich herausstellte, dass die Gesellschafterin eines mittelständischen Unternehmens wichtige Entscheidungen blockierte, weil der geschäftsführende Gesellschafter sie angeblich nicht grüßte. Darüber mag man lächeln, über die Konsequenzen für das Unternehmen nicht.

36   Der nicht polarisierende Charakter der Mediation gibt den Parteien die Chance, ihre Parteibeziehung zu erhalten. Dies ist ein wesentlicher Pluspunkt der Mediation gegenüber dem Gerichtsprozess. Eine gestörte Parteibeziehung kann durch Media-

---

[31] Von eindeutigen Rechtslagen einmal abgesehen.

[32] BATNA (Best Alternativ To Negotiation Agreement), vgl. *Breidenbach,* a.a.O., S. 93. Eine typische Frage des Mediators an eine Partei bzw. deren Parteivertreter lautet daher oft: „Meinen Sie, dass ein Gericht Ihre Sichtweise uneingeschränkt teilen würde?"

tion wieder hergestellt werden, auch wenn dies trotz eines schließlich erzielten Vergleichs nicht immer gelingt.

5. Fachkunde und Verfügbarkeit des Mediators

Streitparteien haben keinen Einfluss auf die Wahl des Richters, der über ihren 37 Konflikt entscheidet. Den Mediator können sie dagegen nach Fachkunde, zeitlicher Verfügbarkeit und allgemeinem Ansehen frei auswählen.[33] Im Vergleich zu einem Gerichtsverfahren, wo zudem die Terminsituation des Gerichts oft zu Verzögerungen führt, ist dies ein Vorteil der Mediation.

6. Vertraulichkeit

Duve[34] weist zu Recht darauf hin, dass viele Streitparteien öffentliche Aufmerk- 38 samkeit vermeiden möchten. Gesellschaftsrechtliche Streitigkeiten zwischen Gesellschaftern können ebenso wie konzerninterne Schadensereignisse im Falle ihres Bekanntwerdens zu einem Ansehensverlust des Unternehmens und damit zu wirtschaftlichen Nachteilen führen. Dies gilt gleichermaßen bei Konflikten zwischen Unternehmen, da jeder Konflikt per se zu Negativschlagzeilen führt. Es gibt keinen Konflikt, der die Börsennotierung eines Unternehmens in die Höhe treibt. Oft haben die Parteien eines Konflikts auch ein Interesse daran, dass Betriebsgeheimnisse und wirtschaftliche Daten vertraulich bleiben. Die Mediation ist als vertrauliches Verfahren konzipiert, das hinter verschlossenen Türen stattfindet. Von daher gesehen eignet sich dieses Verfahren besonders für wirtschaftsrechtliche Konflikte. Es bleibt allerdings die nachfolgend (Rdnr. 44) zu behandelnde Frage, inwieweit die Vertraulichkeit dauerhaft sichergestellt werden kann.

a) **Verschwiegenheit des Anwalt-Mediators**[35]. Der Anwalt-Mediator ist gemäß 39 § 43a Abs. 2 BRAO i.V. mit § 18 BerufsO zur Verschwiegenheit verpflichtet. In Bezug auf seine Person sind die Medianten vor der Preisgabe all dessen, was sie vertraulich behandelt haben wollen, geschützt. Inzwischen ist auch anerkannt, dass dem Anwalt-Mediator die Zeugnisverweigerungsrechte des § 352 Abs. 1 Nr. 3 StPO und § 383 Abs. 1 Nr. 6 ZPO zustehen und er Geheimnisträger im Sinne von § 203 Abs. 1 Nr. 3 StGB ist[36].

Soweit Einzelgespräche in der Mediation stattfinden (siehe Rdnr. 84), ist der 40 Mediator über Gesprächsinhalte der Einzelsitzung gegenüber der anderen Partei zur Verschwiegenheit verpflichtet, wenn und solange die Partei des Einzelgespräches dies wünscht. Eine entsprechende Regelung sollte in den Mediationsvertrag zwischen dem Mediator und den Medianten aufgenommen werden.

b) **Verschwiegenheitspflicht der Medianten.** Eine ganz andere Frage ist es, inwie- 41 weit sichergestellt ist, dass die Medianten Dritten nichts über die Mediation und die

---

[33] Das soll nicht als Richterschelte verstanden werden. Es liegt vielmehr nahe, dass bei einem schwierigen wirtschaftsrechtlichen Konflikt mit unter Umständen steuerlichen Problemstellungen ein Mediator mit entsprechenden Spezialkenntnissen einem x-beliebigen Gericht vorzuziehen ist.
[34] In: *Henssler/Koch*, Mediation in der Anwaltspraxis, Rdnr. 70 zu § 4.
[35] Eingehend zu der Verschwiegenheitspflicht des Mediators § 27.
[36] *Koch* in: Henssler/Koch, Mediation in der Anwaltspraxis, Rdnr. 27 zu § 8. Zu den strafrechtlichen und strafprozessualen Aspekten der Mediation vgl. § 30.

dort erörterten Sachverhalte erzählen. In den meisten Verfahrensordnungen[37] bzw. Mediationsverträgen finden sich Vertraulichkeitsklauseln, die die Medianten gegenseitig zur Verschwiegenheit verpflichten. Nach den meisten Verfahrensordnungen dürfen die am Verfahren Beteiligten einschließlich des Mediators in einem nachfolgenden Gerichts- oder Schiedsgerichtsverfahren nicht als Zeugen benannt werden.[38] Ein Verstoß der Medianten gegen die Verschwiegenheitspflicht lässt sich mit Strafregelungen im Mediationsvertrag sanktionieren. Vertraulichkeitssichernde Verpflichtungsabreden im Mediationsvertrag sollen die Wirkung einer prozessualen Vortrags- und Beweismittelbeschränkung in einem nachfolgenden Rechtsstreit haben. Sie müssen zumindest dann von dem Gericht beachtet werden, wenn sich im Rechtsstreit ein Beteiligter auf sie beruft.[39] Das bedeutet allerdings nicht, dass die Parteien durch eine Vertraulichkeitsvereinbarung im Mediationsvertrag vollständig geschützt wären. Irgendwie lässt sich die an sich vertrauliche Information doch in den Prozess einführen, und wenn ein Zeuge „ungefragt, überraschend und unvermittelt" hierzu eine Aussage macht. Die Verwertung von in der Mediation erlangten Informationen – sei es in einem nachfolgenden Rechtsstreit oder außerhalb eines solchen – bleibt ein mediationsspezifisches Risiko für die sich offenbarenden Medianten.

42   Da den Parteien eines Mediationsverfahrens daran gelegen ist, dass das, was sie in die Mediation einbringen, vertraulich behandelt wird, werden sie sich allerdings in der Regel an das Verschwiegenheitsgebot halten.

43   Die Vertraulichkeit der Konfliktbehandlung in der Mediation ist – wenngleich sie nicht vollständig zu gewährleisten ist – bei wirtschaftsrechtlichen Konflikten ein Argument für Mediation.

7. Risiken

44   Wie vorstehend ausgeführt, ist die Einhaltung des Vertraulichkeitsgrundsatzes der Mediation insoweit immanent, als jede Partei ein Interesse daran hat, dass der andere Mediant Verschwiegenheit bewahrt und sich deshalb auch ohne rechtlichen Druck daran hält. Gleichwohl ist durch vertragliche Vereinbarungen nicht endgültig zu gewährleisten, dass diese zur Verweigerung des Zeugnisses in einem späteren Gerichtsverfahren berechtigen.[40] Ein Mediationsverfahren kann allerdings nur dann erfolgreich verlaufen, wenn die Medianten im Laufe des Verfahrens ihre Interessen offen legen. *Koch*[41] spricht in diesem Zusammenhang von dem besonderen Fall „des absoluten Vertrauens und der vollen Offenheit zur Aufdeckung aller Fragen, ohne die Mediation nicht leben kann." Für die Wirtschaftsmediation trifft diese Aussage in ihrer Absolutheit nicht zu. Auch wenn die Parteien vieles für sich behalten und anderes nur dem Mediator in Einzelgesprächen mitteilen, kommt es oft zu einer von beiden Seiten akzeptierten Einigung. Richtig ist allerdings, dass mit der Offenheit auch die Chancen für eine Einigung tendenziell steigen.

---

[37] Z. B. § 6 Verfahrensordnung der Gesellschaft für Wirtschaftsmediation und Konfliktmanagement e. V. (gwmk) für das Mediationsverfahren, abgedruckt bei § 27 Rdnr. 62.
[38] A. a. O.
[39] *Eidenmüller*, Vertrags- und Verfahrensrecht der Wirtschaftsmediation, S. 27.
[40] *Koch*, in: Mediation in der Anwaltspraxis, Rdnr. 43 zu § 8.
[41] *Koch*, a. a. O.

In der Wirtschaftsmediation bedeutet dies Folgendes: Je vitaler die offen gelegten 45 Interessen für ein Unternehmen sind, desto größer ist das Risiko einer Mediation für das Unternehmen. Besonders gefährlich, und deshalb von dem Parteianwalt in der Mediation mit Vorsicht zu behandeln, ist die Situation, in dem ein Mediant – etwa um weiter zu kommen – eine wichtige Interessenlage offenbaren muss, ohne dass der Verhandlungspartner zur Preisgabe einer ähnlich wichtigen Information gezwungen ist. Die sog. Interessenerforschung – regelmäßig Phase II oder III einer Mediation – ist Kernstück der Mediation und birgt bei wirtschaftsrechtlichen Konflikten die größten Risiken für die beteiligten Unternehmen. Dabei braucht nach Offenlegung einer wichtigen Interessenlage die andere Partei noch nicht einmal einen Verstoß gegen die Verschwiegenheitspflicht oder gegen ein Verwertungsverbot in einem nachfolgenden Gerichtsverfahren zu begehen. Es reicht zumeist schon eine bestimmte wirtschaftliche Disposition als Reaktion auf das bekannt gewordene Interesse des Verhandlungspartners (z. B. der rasche Erwerb von Sperrminoritäten bei Firmen für deren Kauf sich der Verhandlungspartner interessiert).

8. Ausschlusskriterien

a) **Juristischer Präzedenzfall.** Juristische Präzedenzfälle, wo die grundsätzliche 46 Klärung einer sich immer wieder stellenden Rechtsfrage angestrebt wird, sind für eine Mediation ungeeignet. Sie müssen vom staatlichen Gericht entschieden werden. Die vom Verbraucherverband gestellte Frage, ob ein bestimmtes Verhalten eines Unternehmens am Markt wettbewerbswidrig ist oder nicht, kann kaum Gegenstand einer Mediation sein. Dies müssen letztendlich die Gerichte entscheiden, da die Wettbewerbsregeln für alle Unternehmen gelten.[42] Zwar könnte im Rahmen einer Mediation ein Unternehmen bei entsprechender Gegenleistung ein wettbewerbswidriges Verhalten des anderen Unternehmens akzeptieren. Dies würde dem sich wettbewerbswidrig verhaltenen Unternehmen jedoch nicht viel helfen, da sämtliche an der Mediation nicht beteiligten Unternehmen weiterhin das wettbewerbswidrige Verhalten angreifen könnten.

b) **Kostengesichtspunkte.** Kostengesichtspunkte können nicht nur für, sondern 47 auch gegen eine Mediation sprechen. Richtig ist, dass Mediation als Konfliktbehandlungsmethode umso attraktiver – um nicht zu sagen lukrativer – wird, je höher die Streitwerte sind und je höhere Transaktionskosten im Falle eines gerichtlichen Verfahrens zu erwarten sind. *Eidenmüller* vergleicht die direkten Verfahrenskosten einer erfolgreichen Mediation mit den Kosten eines Gerichtsverfahrens mit Beweisaufnahme in 1. Instanz und einem Urteil mit Begründung in beiden Instanzen.[43] Ergebnis des Kostenvergleichs bei einem Streitwert von DM 100.000,–: Mediation DM 21.750,–, Gerichtsverfahren DM 30.962,50. Es gibt sicherlich keine feste Grenze, ab derer die Mediation einem Gerichtsverfahren aus Kostengründen vorzuziehen ist. Als Faustregel kann jedoch gelten, dass Wirtschaftsmediation unter Be-

---

[42] Sehr wohl kann allerdings Wettbewerbsverhalten eines Unternehmens im Rahmen eines Mediationsverfahrens geändert werden.
[43] Vertrags- und Verfahrensrecht der Wirtschaftsmediation, Anhang 1, S. 68. In seinem Beispiel wird der Mediator nach Zeitaufwand mit einem Stundensatz von DM 450,– vergütet und die Parteianwälte rechnen in der Mediation die Geschäfts- und Besprechungsgebühr jeweils nach BRAGO mit $^{7,5}/_{10}$ ab. Zu der Kostenökonomie der Mediation vgl. § 20.

teilung von Parteianwälten in der Regel erst ab Streitwerten oberhalb von ca.
€ 50.000,– wirtschaftlich sinnvoll ist. Davon ausgenommen sind natürlich die seltenen Fälle, in denen der zugrundeliegende Streitwert niedriger, die Bedeutung der
Sache jedoch für die Parteien sehr hoch ist.

48   c) Geringe Einigungschancen. Jede Mediation, so auch die Wirtschaftsmediation,
setzt voraus, dass
– die Parteien sich einigen möchten (subjektiv) und
– von der Sache her eine Einigung möglich ist (objektiv).

49   Fehlt eine dieser beiden Voraussetzungen, ist dies ein Ausschlussgrund für die
Durchführung einer Mediation.

50   Das Wollen der Parteien setzt die Bereitschaft und das Bewusstsein voraus, gemeinsam am Abschluss eines Vertrages zu arbeiten und in bestimmten Punkten
nachzugeben (Vergleich). Diese Bereitschaft ist in manchen Fällen nur scheinbar gegeben, insbesondere dann, wenn es sich um sehr alte Konflikte, etwa bei Familienunternehmen, handelt. Je älter ein derartiger Konflikt ist, desto schwieriger wird er
sich konsensual lösen lassen. Parteien tun sich in einem solchen Konflikt keinen Gefallen, wenn sie sich zu einem Versuch überreden lassen, jahrelang gewachsene Einigungshindernisse in einer Mediation zu überwinden. Das absehbare Scheitern der
Mediation löst dann nur zusätzliche Frustration aus. Bestimmte Konflikte müssen
entschieden werden, und es gibt viele Konflikte, wo es einen Sieger und einen Verlierer geben muss.

51   Seltener dürften die Fälle sein, in denen eine Einigung von der Sache her unmöglich ist. Ein Beispiel mag die Auseinandersetzung um eine Lizenz sein, die von beiden Parteien benötigt aber nur einmal vergeben wird. Bei genügend Fantasie, Kreativität und Innovation lassen sich aber überraschend oft Kompensationsgeschäfte
zur „Kuchenvergrößerung“ und für „Win-Win“-Lösungen nutzen.

52   d) Eigenart des Konflikts. Manche Konflikte weisen Merkmale auf, die sie von
vornherein für eine Mediation ungeeignet erscheinen lassen. So ist es für eine Partei sinnlos, eine Mediation durchzuführen, wenn ihre Chancen in einem Rechtsstreit
objektiv (!) gut sind.[44]

53   Die Mediation bietet sich aus Rechtsgründen in einigen Konstellationen nicht an:
Man denke etwa an einen Konflikt über die Wirksamkeit oder Unwirksamkeit Allgemeiner Geschäftsbedingungen. Hier besteht ein Interesse der Parteien daran, dass
die Wirksamkeit oder Unwirksamkeit der Bestimmungen rechtskräftig festgestellt
wird, um Sicherheit für die Zukunft zu haben.[45] Schließlich gibt es Konflikte, bei
denen eine oder beide Parteien die Öffentlichkeitswirksamkeit einer Gerichtsverhandlung gerade wollen. Dies kann dann der Fall sein, wenn es einem Unternehmen
darum geht, seinen angeschlagenen Ruf wieder herzustellen, oder wenn es einer
Partei darum geht, durch eine öffentlichkeitswirksame Klage Druck auf die andere
Seite auszuüben.

---

[44] Selbst dann kann aber eine Mediation durchaus sinnvoll sein, etwa wenn ein Unternehmen im
Fall des Unterliegens Insolvenzantrag stellen müsste.
[45] *Duve* (in: Henssler/Koch, Mediation in der Anwaltspraxis, Rdnr. 38 zu § 4) verweist allerdings
auf einen amerikanischen Mediations-Fall, in dem Banken und Verbraucherschützer eine Mediation
durchführten, weil die Banken selbst im Falle ihres Obsiegens in dem AGB-Konflikt weitere Klagen
hätten befürchten müssen.

e) Mangelnde Entscheidungskompetenz. Die Mediation eines wirtschaftsrechtli- 54
chen Konfliktes nimmt oft einen ungewöhnlichen Verlauf und führt häufig zu einem unvorhersehbaren Ergebnis. Oft kommt es auch vor, dass sich die subjektive
Einschätzung der eigenen Rechtspositionen bei den Parteien im Laufe der Mediation ändert. Es ist deshalb erforderlich, dass die Mediation von Anfang bis zum Ende
mit ein- und denselben Beteiligten durchgeführt wird und diese am Ende auch entscheidungsbefugt sind. Es hat wenig Sinn, wenn die Mediation auf mittlerer Mana-
gementebene durchgeführt wird und der Vorstand den mühsam ausgehandelten
Vergleich am Ende ablehnt, weil für ihn nicht nachvollziehbar ist, wie es dazu gekommen ist. Wird während einer Mediation deutlich, dass eine ins Auge gefasste
Lösung die Entscheidungsbefugnisse der Beteiligten übersteigt, ist es besser, die
Mediation zu unterbrechen und mit entscheidungsbefugten Vertretern fortzusetzen.

f) Fehlende Mediationsfähigkeit. Mediation setzt ein Mindestmaß an Verhand- 55
lungsfähigkeiten (Kommunikationsfähigkeit, Sozialkompetenz, Einfühlungsvermögen) bei den Beteiligten voraus, ohne deren Vorhandensein eine Mediation unmöglich ist. Wenn ein Unternehmer jahrzehntelang die (scheinbare) „Erfahrung"
gemacht hat, dass der eigene Vorteil zwangsläufig mit einem Nachteil für den Verhandlungspartner verbunden ist und umgekehrt, eignet er sich nicht für dieses Verfahren. Das kommt häufiger vor als man denkt und macht nicht vor Mitgliedern in
Führungsetagen halt, von denen man annehmen möchte, dass sie entsprechende
Trainingsprogramme absolviert hätten. Viele sogenannte „Trainee"-Programme
haben gerade zum Ziel, dass der solchermaßen Trainierte in die Lage versetzt werden soll, möglichst trickreich die eigenen Interessen unter Ausblendung der Interessen des Geschäftspartners zu verfolgen. Das Herausfinden gemeinsamer Interessen
wird erst gar nicht geübt, geschweige denn das sich Hineinversetzen in die Lage des
Verhandlungspartners. Wirtschaftsmediation ist jedoch kein therapeutisches Mittel,
um falsch Erlerntes zu korrigieren oder Verhaltensänderungen herbeizuführen.[46]
Wirtschaftsmediation dient dazu, Konflikte bestmöglich beizulegen und wirtschaftlichen Schaden abzuwenden. Ausgesprochen kompetitive, ellenbogenorientierte Unternehmer sollte man besser nicht zu einer Mediation überreden.

9. Praktisches Vorgehen bei der Bewertung

Anhand der vorstehenden Eignungs- und Ausschlusskriterien für Mediation kann 56
eine **Checkliste** erstellt werden. Sie gibt Anhaltspunkte dafür, ob sich ein konkreter
wirtschaftsrechtlicher Konflikt für eine Behandlung durch Mediation eignet.

Zunächst sollten zwingende Ausschlussgründe (z.B. Streit über die Wirksamkeit 57
von AGB, fehlende Dispositionsbefugnis der Parteien über den Streit) abgefragt
werden. Liegen keine zwingenden Ausschlussgründe vor, können im Anschluss daran gewichtete Fragen zur Eignung des Konflikts für Mediation beantwortet werden, um auf diese Weise zu dem Ergebnis zu kommen, ob sich der Streit für eine
Mediation eignet oder nicht.

Beispiele: 58
– Geht es nur um die Klärung einer Rechtsfrage? (Gericht)
– Ist es erforderlich, dass der Konflikt schnell beigelegt wird? (Mediation)

---

[46] Wenngleich Erfahrungen, die die Beteiligten bei einer erfolgreichen Mediation machen, dazu führen können.

– Sind bei konventioneller Konfliktbehandlung durch Gericht oder Schiedsgericht hohe Kosten wegen eines hohen Streitwerts zu erwarten? (Mediation)
– Sind die Parteien – etwa nach einem jahrelangen verfestigten Streit – nicht mehr in der Lage, sich eigenverantwortlich zu einigen? (Gericht)
– Ist die Aufrechterhaltung einer Geschäftsbeziehung von Bedeutung und wirtschaftlich von Vorteil? (Mediation)
– Haben die Parteien ein Interesse daran, dass der Konflikt nicht an die Öffentlichkeit kommt? (Mediation)
– Können außerhalb des Konflikts liegende Verhandlungsthemen für die Konfliktlösung eingesetzt werden? (Mediation)
– Muss eine Eilmaßnahme getroffen werden oder steht Verjährung unmittelbar bevor? (Gericht)

59   Die einzelnen Fragen können je nach ihrer Bedeutung unterschiedlich gewichtet werden. Es erscheint sinnvoll, wenn der Anwalt einen entsprechenden Fragenkatalog parat hat und diesen gemeinsam mit seinem Mandanten durchgeht und offen diskutiert. Auf diese Weise kann überprüft werden, ob unterschiedliche Sichtweisen des Konflikts bei Berater und Mandant bestehen. Es kann durchaus sein, dass der Unternehmer eines Familienkonzerns einem Aspekt des Konflikts eine hohe Bedeutung beimisst, die der Anwalt erst beim Durchgehen des Fragenkataloges erkennt.

III. Verfahrenseinleitung

60   Die geringe praktische Bedeutung der Wirtschaftsmediation in Deutschland liegt darin begründet, dass viele Parteien das Verfahren der Mediation nicht kennen. Sie prüfen deshalb erst gar nicht, ob die Mediation ein erfolgversprechender Weg der Konfliktlösung ist. Aber auch wenn eine Partei die Entscheidung für die Durchführung eines Mediationsverfahrens getroffen hat, misslingt häufig der Versuch, das Verfahren einzuleiten. Die verschiedenen Möglichkeiten der Verfahrenseinleitung und die dabei zu beachtenden Fallstricke werden nachfolgend erörtert.

1. Mediationsklauseln in Verträgen

61   Nach Ausbruch eines konkreten Konflikts kann eine Partei die andere nur selten dafür gewinnen, ein Mediationsverfahren durchzuführen. Woran liegt das? Zunächst wird eine Streitpartei aus emotionalen Gründen zögern, nach gescheiterten Verhandlungen eine Mediation, also eine erneute außergerichtliche Verhandlung unter Leitung eines neutralen Dritten, vorzuschlagen. Die Gegenseite könnte, so fürchtet man, diesen Vorschlag als Eingeständnis von Schwäche begreifen. Der Adressat des Mediationsvorschlags vermutet dagegen ein strategisches Motiv: Wenn der Kontrahent ein Mediationsverfahren vorschlägt, dann dürfte dies für ihn günstiger sein als ein Prozess. Wenn es für den Kontrahenten aber günstiger ist, dann ist es für die eigene Position schlechter. Folglich wird der Vorschlag ungeprüft abgelehnt. Hinzu kommt, dass die Mediation noch ein weithin unbekanntes Verfahren mit einem teilweise schlechten Image ist. In der ohnehin emotional anstrengenden Situation des Konflikts sind die Parteien daher nicht bereit, sich mit diesem Verfahrensmodell erstmals zu beschäftigen.

62   Dieses Szenario hat zur Konsequenz, dass die Parteien die Grundlage für ein Mediationsverfahren vor Ausbruch des Konflikts legen sollten, indem sie eine Me-

diationsklausel in ihren Vertrag aufnehmen. Die Mediationsklausel erfüllt im Konfliktfall die wichtige Hinweisfunktion, dass die Mediation als mögliches Streitbeilegungsverfahren zur Verfügung steht. Die Parteien erhalten einen Anstoß, mit ihren
Anwälten die Chancen und Risiken dieses Verfahrens für den konkreten Konflikt
zu erörtern. Da die im Vertrag festgehaltene Idee zur Mediation aus der konfliktfreien Zeit stammt, fürchtet keine Partei einen prozesstaktischen Einsatz durch die
Gegenseite. Der Vorschlag und die Zustimmung zur Mediation können nicht als
Eingeständnis von Schwäche aufgefasst werden, da die Parteien nur ihren vertraglichen Vorgaben folgen. Mediationsklauseln können dabei als verbindliche oder als
unverbindliche Klauseln vereinbart werden.

a) Verbindliche Klauseln. Verbindliche Mediationsklauseln zeichnen sich da-   63
durch aus, dass sie den Streitparteien den Zugang zu den staatlichen Gerichten zunächst versperren. Erst dann, wenn die Mediation gescheitert ist, kann Klage erhoben werden. Ruft eine Partei vor gescheiterten Verhandlungen das Gericht an, weist
das Gericht – auf die Mediationseinrede des Beklagten – die Klage als „derzeit unzulässig" ab. Im Hinblick auf die Rechtsweggarantie nach Art. 19 Abs. 4, 20 GG
kann man sich fragen, ob die Vertragsparteien eine derart einschneidende Regelung
überhaupt wirksam vereinbaren können. Eine einschlägige Judikatur existiert zu
dieser Frage – anders als zu Schlichtungsklauseln[47] – bisher nicht. Im vorrangigen
Interesse eines effektiven Rechtsschutzes müssen, in Anlehnung an § 1033 ZPO, gerichtliche Eilverfahren auch während eines laufenden Mediationsverfahrens zulässig
bleiben. Weiter darf der Zugang zu staatlichen Gerichten oder zu einem Schiedsgericht nicht davon abhängen, ob eine Partei einen Kostenvorschuss für den Mediator
aufbringen kann. Die Sperrfunktion der Mediation muss dann entfallen, weil der
mittellosen Partei andernfalls eine Konfliktentscheidung dauerhaft vorenthalten
würde.[48]

Eine verbindliche Mediationsklausel ist in entsprechender Anwendung von   64
§ 1031 ZPO[49] schriftlich abzufassen, was im Wirtschaftsleben aber ohnehin eine
Selbstverständlichkeit ist. Vereinbaren Privatpersonen eine Mediationsklausel, so
müssen sie diese analog § 1031 Abs. 5 ZPO in einer gesonderten Urkunde niederlegen. Die Parteien sollen gewarnt werden, dass ihnen die Mediationsklausel – wenn
auch nur vorübergehend – den Rechtsweg zu den ordentlichen Gerichten versperrt.
Insoweit sind Mediations- und Schiedsgerichtsklauseln durchaus vergleichbar.
Zwar versperrt Letztere nicht nur vorübergehend, sondern dauerhaft den Weg zu
den Gerichten.[50] Dafür aber endet ein Schiedsverfahren immer mit einer für die Parteien verbindlichen Entscheidung. Zusätzliche Kosten entstehen nicht. Diese zeitliche und finanzielle Sicherheit haben die Parteien eines Mediationsverfahrens nicht.
Scheitert die Mediation, können die Parteien zwar noch die staatlichen Gerichte anrufen. Dies führt aber zu weiteren Prozesskosten und zögert eine Entscheidung des
Streits hinaus. Insofern ist es sachgerecht, die von § 1031 ZPO intendierte Schutzwirkung, eine uninformierte und übereilte Entscheidung des Verbrauchers zu ver-

---

[47] Vgl. nur BGH BB 1999, 129, wonach solche Schlichtungsklauseln zulässig sind.
[48] Zur parallelen Problematik in der Schiedsgerichtsbarkeit vgl. *Risse* BB 2001 (Beil. 6), S. 11 f.
[49] Ob dieses Schriftformerfordernis analog auch auf Mediationsklauseln Anwendung findet, ist
strittig; ablehnend: *Eidenmüller*, Vertrags- und Verfahrensrecht, S. 10.
[50] Deshalb verneint *Eidenmüller*, Vertrags- und Verfahrensrecht, S. 10 f., die analoge Anwendung
von §§ 1029 ff. ZPO.

hindern, auch für die Mediation zu übernehmen. Da die weithin unbekannte Mediationsvereinbarung sicher eine überraschende Klausel i. S. v. § 305 c BGB darstellen würde, dürfen Mediationsklauseln nicht vorformuliert verwendet werden. Im Übrigen hat der Gesetzgeber verbindliche Schlichtungsverfahren in § 15 a EGZPO und § 305 I Nr. 1 InsO anerkannt, so dass gegen die rechtliche Verbindlichkeit von Mediationsklauseln keine Bedenken bestehen.

65   Die Mediationsklausel sollte **festlegen,** wie der Mediator bestimmt wird, wenn sich die Parteien nicht auf eine Person einigen können. Die Parteien sollten auch klarstellen, dass die Klausel verbindlich ist und wie ihre Nichtbeachtung sanktioniert wird.[51] Wichtig ist die Bestimmung, wann die Mediation als gescheitert gilt, so dass der Rechtsweg beschritten werden kann. Die typischen Inhalte einer Schiedsklausel, nämlich der Ort des Verfahrens, das anwendbare Recht und die Verfahrenssprache, spielen dagegen eine untergeordnete Rolle. Regelungsbedürftig ist dagegen der Einfluss eines Mediationsverfahrens auf laufende Verjährungs- oder Ausschlussfristen, da hier eine gesetzliche Regelung fehlt.

66   **Musterklauseln** für Mediationsverfahren sind wegen der Besonderheiten jedes Einzelfalls problematisch. Es ist gerade ein Vorteil der Mediation, dass die Parteien ein maßgeschneidertes Modell der Streitbeilegung für die spezifische Konfliktkonstellation entwerfen können. Eine einfache Mediationsklausel könnte etwa lauten:

> „Streitigkeiten aus oder in Zusammenhang mit diesem Vertrag werden einvernehmlich durch ein Mediationsverfahren beigelegt. Das Mediationsverfahren beginnt mit Zugang des schriftlich an die Gegenseite zu stellenden Mediationsantrags. Können sich die Parteien nicht innerhalb von zwei Wochen nach Zugang dieses Mediationsantrags auf die Person des Mediators einigen, wird dieser vom Präsidenten der IHK Frankfurt am Main nach Aufforderung durch eine Partei bestimmt.
> Das Verfahren ist vertraulich. Eine Beschreitung des Rechtsweges ist erst zulässig, wenn eine Partei oder der Mediator die Mediation nach einer ersten gemeinsamen Verhandlung für gescheitert erklärt hat oder seit der Bestimmung des Mediators ein Monat verstrichen ist (Abschluss der Mediation). Verjährungs- und vertragliche Ausschlussfristen werden mit Zugang des Mediationsantrags bis zum Abschluss der Mediation gehemmt. Ein gerichtliches Eilverfahren bleibt jederzeit zulässig."

67   Einfacher und sicherer ist eine Mediationsklausel, die die Verfahrensordnung einer Mediationsvereinigung in Bezug nimmt:

> „Zur Beilegung von Streitigkeiten aus oder im Zusammenhang mit diesem Vertrag werden die Parteien ein Mediationsverfahren gemäß der Verfahrensordnung der Gesellschaft für Wirtschaftsmediation und Konfliktmanagement e. V., Brienner Straße 9, 80333 München durchführen. Ein gerichtliches Eilverfahren bleibt zulässig."

68   Die Inbezugnahme einer solchen Verfahrensordnung integriert die dort niedergelegten Regeln in die vertragliche Mediationsabrede. Die Parteien können so relativ sicher sein, dass das umfassende Regelwerk für die wichtigsten Eventualfälle eine angemessene und ausgewogene Regelung bereithält.

---

[51] Neben der vorläufigen Versperrung des Rechtswegs kann die Klausel vorsehen, dass eine die Teilnahme verweigernde Partei zwingend die Kosten eines Folgeprozesses trägt.

b) Unverbindliche Klauseln. Die Parteien können in den Vertrag auch eine un- 69
verbindliche Mediationsklausel aufnehmen, die nur empfehlenden Charakter hat.
Solche Klauseln sind überraschend effektiv. Konfliktparteien folgen vertraglichen
Vereinbarungen oft, ohne diese nochmals zu hinterfragen. Die Klausel informiert
über die Existenz dieses alternativen Streitbeilegungsverfahrens. Die Verfahrenseinleitung fällt den Parteien leicht, da sie an die vertragliche Vereinbarung anknüpfen können. Wichtig ist nur, die Unverbindlichkeit der Abrede klar herauszustellen.
Eine solche Klausel könnte etwa lauten:

> „Zur Beilegung von Streitigkeiten aus oder im Zusammenhang mit diesem Vertrag
> sollen die Streitparteien ein Mediationsverfahren nach der Verfahrensordnung der
> Gesellschaft für Wirtschaftsmediation und Konfliktmanagement e. V., Brienner Straße
> 9, 80333 München, durchführen. Diese Klausel verpflichtet die Parteien aber nicht,
> an einem solchen Mediationsverfahren teilzunehmen. Die sofortige Einleitung eines
> gerichtlichen Verfahrens bleibt zulässig."

2. Firmenstatuten

In den **USA** sind viele Firmen dazu übergegangen, ihre grundsätzliche Bereit- 70
schaft zur Mediation öffentlich zu bekunden, indem sie dies in ihren Firmenstate-
ments ausdrücklich festhalten. Parallel dazu weisen sie oft auf eine Mitgliedschaft
in einer anerkannten Mediationsvereinigung wie etwa der **CDR**[52] hin. Dieses cleve-
re Vorgehen erleichtert die spätere Einleitung von Mediationsverfahren erheblich.
Das mediationswillige Unternehmen kann das Verfahren unverfänglich vorschlagen, indem es Rekurs auf das Firmenstatement nimmt. So wird der Eindruck eigener Schwäche vermieden und der Gegenseite das Gefühl genommen, sie solle durch
das ungewöhnliche Verfahren übervorteilt werden. Auch dem Vertragspartner fällt
die Anregung zur Mediation leichter, wenn er die grundsätzliche Mediationsbereitschaft des Unternehmens kennt und sich darauf beziehen kann. Das Unternehmen
wiederum ist durch das eigene Statement nicht gebunden. Es profitiert aber in jedem Fall von einer gewissen Imagewirkung, die von dem veröffentlichten Mediati-
onsstatement ausgeht: Das Unternehmen ist innovativ und verbraucherfreundlich,
da es sich nicht in jedem Konfliktfall hinter der eigenen Rechtsabteilung oder externen Anwälten versteckt.

3. Verfahrenseinleitung ohne Vorbereitung

Die **Einleitung** eines Mediationsverfahrens wird dornenreich und **fehleranfällig,** 71
wenn das Verfahren weder durch eine vertragliche Mediationsabrede noch durch
ein Firmenstatement vorbereitet wird. In der konfliktgeladenen Atmosphäre fällt es
schwer, die Gegenseite davon zu überzeugen, dass die Mediation ein problemadä-
quates Verfahren zur Behandlung des aufgetretenen Konflikts ist. Die Streitparteien
kennen das Verfahren meist nicht und werden sich selbst kaum zu einer Mediation
entschließen. Rechtsanwälte sind allerdings berufsrechtlich bereits heute verpflichtet, dieses Verfahren zur Beilegung von Streitigkeiten in Erwägung zu ziehen, da

---

[52] CDR = Centre for Dispute Resolution, New York.

§ 18 BerufsO Mediation als anwaltliche Tätigkeit definiert. Die Einhaltung dieser Berufspflicht lässt sich allerdings weder überwachen noch durchsetzen.

72   Bei der Verfahrenseinleitung werden **viele Fehler** gemacht. Weil die mediationswillige Partei und ihr Rechtsanwalt vermeiden wollen, dass der Vorschlag als Schwächeeingeständnis verstanden wird, bezeichnen sie die Mediation oft als „letzte Chance zur Vermeidung eines Gerichtsverfahrens". Für den Gegner klingt das mehr nach einer Drohung als nach einem vernünftigen Vorschlag. Umgekehrt darf der Gegner nicht den Eindruck gewinnen, die Mediation werde als strategisches Manöver gegen ihn eingesetzt. Es ist daher ratsam, den Vorschlag von Anwalt zu Anwalt zu unterbreiten, statt die Parteien selbst handeln zu lassen. Die emotionale Distanz zum Konflikt ermöglicht den Anwälten eine nüchternere Prüfung der Chancen und Risiken des Verfahrens. Dem Vorschlag sollten einige, von einer neutralen Stelle erstellte Unterlagen beigefügt sein, die über das Mediationsverfahren informieren. Es erregt Argwohn, wenn die Mediation als das „bessere" Konfliktlösungsverfahren angepriesen wird. Auf der anderen Seite will die Gegenpartei wissen, woher der unerwartete Vorschlag kommt. Sinnvoll ist es, den Mediationswunsch mit guten Vorerfahrungen oder Berichten anderer Unternehmen zu begründen. Ein Verweis auf eine Anregung von Geschäftspartnern oder Freunden macht den Vorschlag ebenfalls nachvollziehbar.

4. Hilfestellung durch eine Mediationsvereinigung

73   Mediationsvereinigungen leisten bei der Einleitung und Administration eines Mediationsverfahrens **wertvolle Hilfestellung**. Wenn eine vertragliche Mediationsklausel Bezug auf eine Verfahrensordnung nimmt, können die Parteien dort detailliert die einzelnen Verfahrensschritte nachlesen und sich für Rückfragen an die Vereinigung wenden. Bei einer schlichten „ad hoc"-Mediationsklausel sind die damit konfrontierten Parteien oft ratlos, wie sie das Mediationsverfahren richtig einleiten und was sie überhaupt als nächstes tun sollen. Für die Betreuung konkreter Mediationsverfahren verlangt die Mediationsvereinigung – ähnlich vergleichbaren Institutionen der Schiedsgerichtsbarkeit – eine Gebühr, die oft vom Streitwert abhängig ist. Bei der Gesellschaft für Wirtschaftsmediation und Konfliktmanagement e. V. (gwmk) in München[53] beträgt die Höchstgebühr derzeit etwa 775,– €.

74   Eine zentrale Aufgabe der Mediationsvereinigung ist die Hilfestellung bei der **Auswahl des Mediators**. Da nur ein Mediator die Verhandlungen leitet, steht das ausgewogene Auswahlverfahren des Schiedsrechts nicht zur Verfügung, wo beide Seiten typischerweise einen Schiedsrichter benennen, die dann in einem zweiten Schritt den Obmann bestimmen. Zudem kennen die Parteien meist keine Personen, die als Mediatoren tätig sind und Erfahrungen im einschlägigen Konfliktbereich haben. Nur im Idealfall können sich die Parteien daher unmittelbar auf eine Person verständigen. Andernfalls muss ein Dritter die Bestimmung vornehmen. So sieht etwa § 3 der Verfahrensordnung der gwmk vor, dass den Streitparteien in einem ersten Schritt eine Liste mit mindestens drei möglichen Mediatoren übersandt wird. Einigen sich die Parteien nicht binnen zwei Wochen auf einen Namen, bestimmt die

---

[53] Adresse: Elsenheimer Str. 31, 80687 München, Internet: www.gwmk.org; dazu auch § 59 Rdnr. 16.

gwmk einen Mediator, der nicht auf der Liste steht. Dies gewährleistet ein ausgewogenes und neutrales Bestellungsverfahren.

5. Weiteres Vorgehen bis zur Mediationsverhandlung

Haben sich die Parteien grundsätzlich auf die Durchführung eines Mediationsverfahrens und auf die Person des Mediators geeinigt, müssen sie zunächst einen Vertrag mit dem Mediator schließen, der als **Mediatorvertrag** bezeichnet wird.[54] Hierbei handelt es sich um einen Dienstvertrag mit Geschäftsbesorgungscharakter. Vertragspartner sind die Konfliktparteien auf der einen und der Mediator auf der anderen Seite. Der Mediatorvertrag übernimmt die gleiche Aufgabe, die der Schiedsrichtervertrag im Schiedswesen erfüllt. Kerninhalte des Vertrags sind die Leistungspflichten des Mediators und das dafür zu zahlende Honorar. Die Leistungspflichten sollten nicht zu detailliert definiert sein, weil dies die späteren Verhandlungen unnötig einengt. Geregelt werden weiterhin: Ort, Zeit und Absage von Verhandlungsterminen, Haftungsbegrenzungen und die Pflicht zur Vertraulichkeit. Die genaue Vertragsgestaltung hängt maßgeblich davon ab, welchen berufsrechtlichen Regelungen der Mediator unterliegt. Für Anwälte gilt die BRAO und grundsätzlich auch die BRAGO, nachdem Mediation als anwaltliche Tätigkeit anerkannt ist.[55] Nichtanwaltliche Mediatoren sollten im Mediatorvertrag aus Haftungsgründen klarstellen, dass keine Rechtsberatung erfolgt, und den Parteien empfehlen, Rechtsrat über Anwälte einzuholen. **75**

Mediation ist eine **mündliche Verhandlung**, die auf den Austausch langer Schriftsätze verzichtet. Viele Parteien haben aber noch nie an einer Wirtschaftsmediation teilgenommen. Für eine vernünftige Vorbereitung müssen die Parteien wissen, was sie erwartet. Daneben sollten einige Verfahrensfragen vorab geklärt werden. Der beauftragte Mediator schreibt deshalb die Parteien mit gleich lautenden Schreiben an, sofern nicht eine Mediationsvereinigung diese Aufgabe übernimmt. In dem Schreiben erläutert der Mediator die Grundzüge des Verfahrens. Das Anschreiben enthält allgemeine Hinweise für die Parteien, wie sie sich auf die Verhandlung vorbereiten sollen. Wichtig ist die Klarstellung, dass die Parteien selbst und nicht deren Anwälte in der Mediation die Hauptrolle spielen. Der Mediator bittet die Parteien, für den Beginn der Verhandlung einen kurzen Vortrag vorzubereiten, wie sie den Konflikt sehen. Auch der Mediator benötigt vorab einige Informationen von den Parteien, um die er in seinem Anschreiben bittet. Hierbei geht es nur um eine grobe Umschreibung des Konflikts, die dem Mediator eine sinnvolle Vorbereitung ermöglicht. Die meisten Mediatoren limitieren diese schriftlichen Vorabinformationen auf wenige Seiten. Die jeweils andere Seite erhält eine Durchschrift. Unabhängig von der inhaltlichen Schilderung erfragt der Mediator von den Parteien einige Angaben, um die Verhandlung organisatorisch vorzubereiten. Wichtig ist vor allem die Anzahl und Identität der teilnehmenden Personen. Unentbehrlich ist ferner die Kenntnis, in welchem Verfahrensstand sich der Konflikt befindet. Der Mediator muss wissen, ob die Mediation vor dem Hintergrund eines bereits laufenden Prozesses stattfindet, da von dieser Frage Hinweispflichten des Mediators abhängen können. **76**

---

[54] Die Terminologie ist uneinheitlich. Wie hier: *Eidenmüller*, Vertrags- und Verfahrensrecht, S. 32 ff. *Koch* nennt solche Verträge dagegen Mediationsvereinbarung, vgl. *Koch*, S. 267.
[55] Zu der berufsrechtlichen Dimension der Mediation vgl. § 26.

Weiter wird der Mediator wissen wollen, ob die Parteien anwaltlich beraten sind und ob Anwälte an der Verhandlung teilnehmen werden. Davon hängt ab, auf welche Weise rechtliche Aspekte des Konfliktes in die Verhandlung eingeführt werden.

IV. Eigenarten des Verfahrensablaufs

77   Die Wirtschaftsmediation unterscheidet sich in ihrer Verfahrenskonzeption nicht von anderen Mediationsformen. Der Verfahrensablauf folgt auch ohne verbindliche Verfahrensordnung im Wesentlichen dem gleichen Muster.[56] Nachfolgend wird die an anderer Stelle dieses Buchs ausführlich erörterte Grundstruktur daher nur kurz skizziert, um darauf aufbauend einige Besonderheiten von Wirtschaftsmediationsverfahren erläutern zu können.

1. Identisches Grundmuster

78   In der **ersten Phase** der Mediation einigen sich die Parteien und der Mediator über das weitere Vorgehen. Gemeinsam legen die Beteiligten den Ablauf des Verfahrens fest, stellen einen Zeitplan auf und einigen sich auf feste Kommunikationsregeln. Das Ergebnis wird oft in einem förmlichen Verhandlungsvertrag festgelegt. Er zeigt den Parteien, dass eine konstruktive Zusammenarbeit – wenn auch zunächst nur in formalen Fragen – trotz des Konflikts und des vorangegangenen Scheiterns bilateraler Verhandlungen möglich ist. Der **nächste Verfahrensabschnitt** beginnt mit den Eröffnungsstatements der Parteien. Der Mediator fasst die parteiseitige Darstellung in relativ kurzen Intervallen immer wieder zusammen, um ein korrektes Verständnis sicherzustellen und um die berichtende Partei zu vollständigem Sachvortrag und ihren daraus abgeleiteten Interessen anzuhalten, die für eine Einigung befriedigt werden müssen. Am Schluss dieser Phase sollte der streitige Sachverhalt, so wie die Parteien ihn subjektiv sehen, feststehen. In der **dritten Mediationsphase** bemühen sich die Beteiligten, strittige Sachverhaltsabschnitte objektiv zu klären und eine rechtliche Einordnung des Konflikts vorzunehmen. Diese Phase – eine Art „Beweisaufnahme" – kann sehr intensiv ausfallen, indem externe Gutachter oder Experten hinzugezogen werden. Sie kann aber auch völlig entfallen. In der **vierten Phase** beginnen die Parteien, nachdem Sachverhalt und Rahmendaten des Konflikts geklärt sind, mit der Verhandlung und Lösungssuche. Spätestens in dieser Phase führt der Mediator vertrauliche Einzelgespräche mit den Parteien, die oft in eine „Shuttle"-Diplomatie des Mediators einmünden. Findet sich ein akzeptabler Kompromiss, schließen die Parteien in der **fünften Mediationsphase** einen Vergleichsvertrag. Andernfalls ist die Mediation gescheitert. Was in dieser Kürze einfach klingt, ist tatsächlich ein komplexes Verfahren, das nach einem professionell geschulten Mediator verlangt.

2. Kompromisse statt Kuchenvergrößerung: Der Streit ums Geld

79   Die Wirtschaftsmediation ist nicht so naiv zu glauben, jeder Konflikt lasse sich, wenn man nur hartnäckig sucht, mit einer „win-win"-Lösungen beilegen, wo beide

---

[56] Ausführlich dazu *Risse* NJW 2000, S. 1614 ff.; zum Ablauf einer Mediation allgemein vgl. § 16.

Seiten dann als strahlende Sieger den Verhandlungssaal verlassen. Die **Realität** sieht meist so aus, dass die Parteien um Geld streiten und ein **Kompromiss** gefunden werden muss. Statt der idealisierten Kuchenvergrößerung geht es von Anfang an um eine akzeptable Kuchenteilung. Die Wirtschaftsmediation hat hier Techniken entwickelt, die eine Kompromissfindung erleichtern.

Lässt sich, wie beim Streit um eine Geldsumme, der Verhandlungskuchen nicht vergrößern, müssen sich die Parteien auf einen **neutralen Aufteilungsmaßstab** einigen. Das Harvard-Verhandlungskonzept, auf dem die Mediation basiert, schlägt vor, die Verhandlung um den Aufteilungsmaßstab von der Aufteilung selbst zu entkoppeln. In einem ersten Schritt verhandeln die Parteien unter Anleitung des Mediators ausschließlich darüber, welcher Teilungsmaßstab verwendet werden soll. Der Teilungsmaßstab wird verbindlich vereinbart. In einem getrennten zweiten Schritt wenden die Parteien diesen Maßstab dann auf den Konfliktfall an und legen den Streit so bei.   80

Beispiele: Streiten die Parteien um den Wert eines in einem Unfall total beschädigten Autos, können Sie vereinbaren, diesen Wert durch einen Blick in den samstäglichen Automarkt der Tageszeitung zu ermitteln. Dort suchen sie alle Anzeigen, die eine bestimmte Autokategorie (Marke, Alter, Laufleistung) betreffen, und ermitteln den durchschnittlichen Angebotspreis. Dieser Preis ist der Wert des Autos vor dem Unfall. Die Parteien einigen sich schriftlich auf diesen Maßstab und setzen ihn am nächsten Samstag um. In einem anderen Fall streiten die Parteien darum, ob eine bestimmte Vertragsstrafenklausel wirksam vereinbart wurde. Die Parteien einigen sich darauf, eine Recherche in einer juristischen Datenbank zu tätigen: Alle BGH- und OLG-Urteile, die in den letzten fünf Jahren zu dieser – nach Stichpunkten definierten – Frage ergangen sind, sollen ausgewertet und in eine prozentuale Quote umgesetzt werden (7 Urteile für Wirksamkeit, 3 dagegen = 70% der Vertragsstrafenforderung ist berechtigt). Dieser Aufteilungsmaßstab wird vereinbart, und erst dann wird die Recherche vorgenommen. In einem dritten Fall haben sich die Vergleichsangebote bis auf 10.000,– € angenähert. Beiden Seiten ist klar, dass es sich um diesen Restbetrag nicht zu streiten lohnt, doch will niemand nachgeben. Der Mediator schlägt vor, den Zufall als Aufteilungsmaßstab entscheiden zu lassen und um die Restsumme zu würfeln. Das wird so verbindlich vereinbart. Zehn Minuten später ist der Konflikt beigelegt.

Eine andere Technik ist das „**Logrolling**". Der Mediator initiiert dabei Tauschgeschäfte zwischen den Parteien, die verschiedene Aspekte eines Lösungspakets unterschiedlich bewerten. Die Parteien fokussieren sich regelmäßig nur auf die zu zahlende Geldsumme. Der Mediator zeigt den Parteien auf, dass der Konflikt komplexer strukturiert ist: Es geht auch um den Zahlungszeitpunkt und die Zahlungsform (Bargeld oder Naturalien). Jetzt werden Tauschgeschäfte möglich. Eine Partei akzeptiert die vorher kategorisch abgelehnte Forderung der Gegenseite über 100.000,– €, wenn sie diese Forderung in drei monatlichen Raten zu je 25.000,– € abstottern kann und die verbleibende Summe in Form von Softwaredienstleistungen, ihrem ureigensten Tätigkeitsfeld, erbringen darf. Die Gegenseite stimmt zähneknirschend zu.   81

In reinen Verteilungskämpfen hat sich das „**Der eine teilt – der andere wählt**"-Verfahren bewährt.   82

Beispiel: In einem Streit zweier gleichberechtigten Gesellschafter finden die Parteien in der Mediation ihre Auffassung bestätigt, dass eine weitere Zusammenarbeit unmöglich ist. Einer der Gesellschafter muss den anderen auskaufen. Der Mediator schlägt vor, dass einer der Gesellschafter in Zusammenarbeit mit seinem Wirtschaftsprüfer den Wert des 50%igen Geschäftsanteils festlegt. Der andere Gesellschafter darf dann aussuchen, ob er zu diesem Preis kaufen oder verkaufen will.

Der Parteien würfeln darum, wer welche Rolle übernimmt. Zwei Wochen später ist der Streit beigelegt, auch wenn die Parteien weiterhin verfeindet bleiben.

83   Die Parteien können sich auch darauf verständigen, dass sie ihren Konflikt auf der Basis der bestehenden **Rechtslage** lösen wollen. Der Entscheidungsmaßstab des Rechts ist für die Parteien meist akzeptabel, weil er auch in einem alternativen Gerichtsverfahren zur Anwendung käme. Die Parteien übernehmen unter Anleitung des Mediators und der beratenden Parteianwälte nun die sonst dem Richter zukommende Aufgabe, den ermittelten Sachverhalt unter eine Rechtsnorm zu subsumieren. Es spricht wenig dafür, dass die von ihren Anwälten und dem Mediator beratenen Parteien dabei zu einem schlechteren Ergebnis gelangen als ein überarbeiteter Richter. Die in Deutschland noch kaum verbreitete Prozessrisikoanalyse ist bei diesem Vorgehen ein entscheidendes Hilfsmittel des Mediators.[57] Dazu werden die streitgegenständlichen Rechtsfragen in einen Entscheidungsbaum umgesetzt, den der Mediator dann mit den Parteien erörtert und in eine Vergleichsquote umrechnet. Der Mediator achtet auch bei der rechtsorientierten Streitlösung darauf, dass außerrechtliche Aspekte in die Verhandlungen einbezogen werden. Oft wird die gesetzlich vorgesehene Rechtsfolge, fast immer eine Geldzahlung, durch eine andere Leistung ersetzt. Die Parteien vereinbaren so Lösungspakete, die kaum noch etwas mit einem alternativen richterlichen Urteil gemein haben.

3. Einzelgespräche in der Mediation

84   Es gibt Mediatoren, die vertrauliche Einzelgespräche mit den Parteien ablehnen oder zumindest als Ausnahme[58] verstehen. Andere Mediatoren halten die Einzelgespräche für unverzichtbar und für ein wesentliches Charakteristikum[59] der Wirtschaftsmediation. Mediatoren, die ihre eigenen Auffassungen und Einschätzungen zur Sach- und Rechtslage in den Konflikt einfließen lassen, neigen dazu, Einzelgespräche[60] zu führen. Mediatoren hingegen, die sich eher als Moderatoren verstehen und die eigene Person weitgehend aus dem Konflikt heraushalten, werden das Instrument der Einzelgespräche weniger oder gar nicht nutzen.

85   Um Wertschöpfungsmöglichkeiten, Chancen und „Win-Win-Lösungen" zu erkennen, ist es hilfreich, dass die Parteien zumindest gegenüber dem Mediator ihre Interessen offen legen. Zu Beginn einer Mediation und in der Phase der Interessenerforschung haben die Medianten in der Regel Hemmungen, ihre Interessen auch der Gegenseite offen zu legen. Später, in der Phase des Brainstormings auf der Suche nach Lösungsmöglichkeiten, zögern die Parteien, noch nicht ausentwickelte Lösungsvorschläge und kreative Ideen im Beisein der Gegenseite vorzubringen. Im Einzelgespräch gegenüber dem Mediator können die Parteien sowohl ihre Interessen vollständig offen legen als auch ihrer Phantasie freien Lauf lassen, da sie den Mediator ganz oder teilweise in Bezug auf den Inhalt der Einzelgespräche zur Verschwiegenheit gegenüber der anderen Seite verpflichten können. Der Mediator erhält auf diese Weise wichtige und vertrauliche Informationen, die es ihm ermögli-

---

[57] *Eidenmüller* ZZP 2000, 5 ff.
[58] *Wacker* AnwBl. 2000, 528.
[59] *Risse* NJW 2000, 1614.
[60] „Beichtstuhlverfahren", s. a. *Duve/Zürn*, ZKM 2001, 108.

chen, die Konfliktbehandlung in eine bestimmte Richtung zu lenken, ohne dass bestimmte Interessen vor Lösung des Konflikts offengelegt werden müssen.

Ein Vorteil der Einzelgespräche besteht darin, dass der Mediator mit der Partei 86
des Einzelgesprächs einen zuvor unterbreiteten Lösungsvorschlag der Gegenseite offen erörtern kann. Derselbe Lösungsvorschlag hätte in einer gemeinsamen Verhandlung von einer Partei vorgebracht womöglich weniger Erfolgsaussichten, weil die Gegenseite in der gemeinsamen Verhandlung darauf mit reaktiver Abwertung kontert, nur weil der Vorschlag vom „Gegner" kommt. Ein weiterer Vorzug der **Shuttle-Diplomatie** ist die Möglichkeit des Mediators, Manipulationsversuche, strategische Manöver, abzufedern und Überrumpelungsversuche zu verhindern. Der Mediator kann in Einzelgesprächen Drohgebärden verhindern, Missverständnissen vorbeugen und Einzelgespräche gezielt zur sog. Climate-Control einsetzen.

Einzelgespräche stellen **hohe Anforderungen an den Mediator** und bergen Risiken 87
für Rückschläge. Der Mediator muss sich genau überlegen, wie er in der anschließenden gemeinsamen Verhandlung mit den im Einzelgespräch erhaltenen Informationen weiter arbeitet. In jedem Fall muss er sich bedingungslos an eine ihm etwa auferlegte Verschwiegenheit halten. Auch dann, wenn die Partei des Einzelgespräches sich nicht zur Verschwiegenheit geäußert hat, muss der Mediator am Ende eines jeden Einzelgespräches erörtern, welche Informationen offen gelegt werden können oder ob der Wunsch besteht, bestimmte Informationen vorerst noch geheim zu halten. Es sollte auch erörtert werden, ob bestimmte Lösungsansätze in die gemeinsame Verhandlung mit eingebracht werden, die Rückschlüsse auf ein dahinter stehendes Interesse erlauben.

Einzelgespräche können den Mediator in **Schwierigkeiten** bringen, wenn eine 88
Partei das Einzelgespräch zur „Beichte" nutzt und etwa Schädigungsabsichten oder sogar strafrechtlich Relevantes offenbart. Dies kann zum Abbruch der Mediation führen, ohne dass dadurch das Problem gelöst wäre. Schließlich ist zu beachten, dass Einzelgespräche immer geeignet sind, bei der Partei, die gerade nicht an dem Einzelgespräch teilnimmt, den Eindruck einer Neutralitätsverletzung hervorzurufen. Der Mediator sollte deshalb sorgfältig darauf achten, mit beiden Parteien möglichst gleich viele und gleich lange Einzelgespräche zu führen, und zwar auch dann, wenn dies inhaltlich nicht notwendig wäre.

Einzelgespräche sind ein wichtiges Verhandlungsinstrument in der Mediation und 89
sollten dort, wo die Parteien sie nicht von vorneherein ablehnen, mit großer Sorgfalt und Überlegung eingesetzt werden.

4. Überwindung von Einigungshindernissen

Wer beginnt, über Einigungshindernisse nachzudenken, ist versucht, sich sofort 90
dem Inhalt des Konflikts und den widerstreitenden Interessen der Parteien zuzuwenden. Neben diesen inhaltlichen Hürden gibt es aber auch typische Einigungsbarrieren, die in der **Sichtweise und Wahrnehmung** der Parteien liegen.

Eine typische Einigungsbarriere stellt das Phänomen der **reaktive Abwehr** dar: Je 91
feindlicher eine Partei die andere sieht, desto weniger ist sie gewillt, der Position der anderen Seite irgendeine Legitimation zuzugestehen.[61] Jedem Vorschlag, den die

---

[61] *Breidenbach*, Mediation, S. 88.

Gegenseite unterbreitet, wird mit Misstrauen begegnet; der Vorschlag ist schon per se weniger „wert", weil er von der Gegenseite kommt. Je negativer die Gegenseite gesehen wird, desto intensiver wird nur noch wahrgenommen, was diesen Eindruck bestätigt. Vorschläge werden nicht mehr nach ihrem Inhalt, sondern nach der Bewertung ihrer Quelle gewertet und beurteilt. Für den an einem Mediationsverfahren beteiligten Parteianwalt ist es deshalb vorteilhaft, den Mediator im Einzelgespräch zu bitten, von sich aus einen Vorschlag zu unterbreiten oder einen Lösungsansatz aufzuzeigen, der seiner Partei als denkbare Lösung oder zumindest als Verhandlungsfortschritt erscheint.

92   Eine typische Folge reaktiver Kommunikationsmuster ist, dass eine Seite den an sich diskutablen Einigungsvorschlag schon allein deshalb ablehnt, weil er für die andere Seite verhältnismäßig mehr Vorteile zu versprechen scheint.[62] Selbst wenn das so ist, kann die hinter dem Vorschlag steckende Idee doch Ausgangspunkt wertvoller Folgeüberlegungen sein. Es liegt auf der Hand, dass dem Mediator hier eine Schlüsselfunktion zukommt. Eine seiner wesentlichsten Aufgaben besteht darin, kompetitives Verhalten und Polarisierungen aufzulösen und **Kooperationsgewinne** aufzuzeigen. Die subjektive Sichtweise der Parteien hat hohe Bedeutung. Das Sprichwort, es komme darauf an, ob man ein Glas als „halb voll" oder „halb leer„ ansieht, hat seine Berechtigung. *Breidenbach*[63] nennt als Beispiel den Arbeitgeber, der einem Arbeitnehmer eine Abfindung zahlen muss und davon ausgeht, dass er bisher noch nie mehr als DM 5.000,– als Abfindung gezahlt hat. Jeder höhere Betrag wird vor dem Hintergrund dieser Überlegung als Verlust empfunden. Berücksichtigt der AG jedoch bei seinen Überlegungen, dass der abfindungsberechtigte Arbeitnehmer eine bisher noch nie erreichte Betriebszugehörigkeit nachweist, kann er DM 8.000,– als realistisch ansehen, so dass jede Einigung unterhalb dieser Grenze einen Kooperationsgewinn darstellt.

93   Die Identifizierung von außerhalb des Streits liegenden Einigungsbarrieren, der Abbau reaktiver Kommunikationsmuster und das Aufdecken von Kooperationsgewinnen ist eine zentrale Aufgabe des Mediators. Wenn eine Wirtschaftsmediation Erfolg haben soll, muss der Mediator letztendlich Einfluss auf die Sichtweise der Parteien nehmen. Die Zahlung eines Betrages X kann sich sowohl als Verlust als auch als Gewinn darstellen. Die Mediation kann den Konflikt selbst nicht verändern, wohl aber die Sichtweise der Parteien. Letzteres führt häufig zur Beilegung des Konflikts.

94   Die außerhalb des Konflikts liegenden Einigungsbarrieren sind vielfältig.[64] Für einen Mediator ist es unerlässlich, sich mit der psychologischen Struktur von Einigungshindernissen zu befassen.

5. Kombination mit Schlichtungsmodellen

95   Gelingt es den Parteien nicht, sich zu einigen, können sie den Mediator als **letzte Alternative** auch um einen **Schlichtungsvorschlag** bitten. Verschiedene Strömungen der Wirtschaftsmediation stehen sich hier gegenüber. Viele wollen den Mediator

---

[62] *Breidenbach*, a. a. O, S. 94.
[63] *Breidenbach*, a. a. O, S. 91.
[64] Einen Überblick mit Beispielen aus der amerikanischen Verhandlungsforschung bietet *Breidenbach*, a. a. O., S. 83 ff.

auf eine reine Verhandlungsleitung beschränken; andere erlauben ihm auch die inhaltliche Stellungnahme bis hin zu einem Schlichtungsspruch.[65] Der Mediator spricht die Möglichkeit eines Schlichtungsspruches zunächst nicht an. Die Parteien konzentrieren sich sonst frühzeitig auf diese Option und bemühen sich zu wenig um eine unmittelbare Einigung. Außerdem richten sie ihren Sachvortrag, den der Mediator für einen Schlichtungsspruch ja würdigen muss, entsprechend aus. Die offene Kommunikation unterbleibt, was wiederum den Mediationserfolg gefährdet. Problematisch ist ein Schlichtungsspruch auch dann, wenn der Mediator Einzelgespräche mit den Parteien geführt hat. Sein in diesen vertraulichen Einzelsitzungen erworbenes Sonderwissen darf er im Schlichtungsspruch nicht berücksichtigen, gleichzeitig aber auch nicht ignorieren, wenn dies offensichtlich zu einem falschen Schlichtungsvorschlag führen würde. Hat der Mediator in der Einzelsitzung erfahren, dass der Bauunternehmer die umstrittenen Baumängel im Prinzip einräumt, kann er den Parteien nicht guten Gewissens einen „Fifty-Fifty"-Kompromiss wegen der schweren Nachweisbarkeit der Baumängel vorschlagen.

Ansonsten bestehen keine Bedenken, dass der **Mediator** am Schluss der Mediation in die **Rolle des Schlichters** schlüpft. Die Parteien haben den Mediator beauftragt, alles in seinen Kräften Stehende zu tun, um eine außergerichtliche Einigung zu erreichen. Der Mediator sollte sich einem entsprechenden Wunsch der Parteien nicht verschließen. Die persönliche Autorität des Mediators, die dieser auch durch seine Verfahrensführung gewonnen hat, führt oft dazu, dass die Parteien dem Schlichtungsvorschlag zustimmen. Außerdem nimmt der Schlichtungsvorschlag den Parteien ein Stück Verantwortungslast ab. Es ist für einen Prokuristen leichter, dem Vorstand seines Unternehmens den Vergleichsabschluss zu erläutern, wenn er sich auf einen gleich lautenden Schlichtungsvorschlag berufen kann. Diese psychologische Komponente trägt zu einer Einigung bei. **96**

Die Parteien können schließlich auch einen **externen Schlichter** zu Rate ziehen, **97** der wegen seiner hohen Fachkompetenz besonderes Ansehen genießt. Oft werden auch nur einzelne Sach- oder Rechtsfragen an einen Schiedsgutachter gerichtet, der diese Fragen dann, je nach Parteivorgaben, verbindlich oder unverbindlich entscheidet.[66] Die Parteien leisten dem externen Schiedsgutachter oder Schlichter wichtige Zuarbeit, indem sie gemeinsam mit dem Mediator den Schiedsauftrag und den zu begutachtenden Sachverhalt einvernehmlich formulieren. Das ermöglicht einen schnellen Schlichtungsspruch und führt oft zu einer raschen Einigung.

V. Andere ADR-Verfahren

Mediation und ADR werden oft inhaltlich gleichgesetzt. Das ist falsch. ADR ist **98** der Oberbegriff für verschiedene Streitbeilegungsverfahren[67] außerhalb des klassischen Zivilprozesses. Die Wirtschaftsmediation ist ein besonders etabliertes ADR-Verfahren. Gemeinsames Merkmal aller ADR-Verfahren ist, dass sie in den Kon-

---

[65] Vgl. dazu *Duve*, Mediation und Vergleich im Prozess, S. 216 ff., unter erläuternder Bezugnahme auf das sog. Riskin-Modell.
[66] Anschaulich zur Verwendung von Schiedsgutachten in Mediationsverfahren *Stubbe* BB 2001, 685 (689 ff.).
[67] Einen Überblick geben *Duve* BB 1998 (Beilage 10), S. 9 (11 ff.); *Weigand* BB 1996, 2106 (2107).

flikt zwischen den Parteien zwar einen neutralen Dritten einschalten, diesem aber im Unterschied zum Prozess keine oder nur eine begrenzte Entscheidungsmacht einräumen. Ausgehend von diesem Charakteristikum haben sich verschiedene Verfahrensmodelle entwickelt, die nachfolgend in ihren Grundzügen vorgestellt werden.

1. Mini-Trial

99   Der Begriff des *Mini-Trial* ist eine Erfindung der New York Times, die so ein 1977 erstmals durchgeführtes Verfahren zur Beilegung einer bedeutenden Patentstreitigkeit titulierte. Mini-Trial bezeichnet ein Verfahren, in dem die Parteien den Konfliktstoff einem Gremium präsentieren, das sich aus hochrangigen Entscheidungsträgern der Streitparteien selbst zusammensetzt.[68] Es ist üblich, dass jede Seite ein bisher an dem Konflikt unbeteiligtes Mitglied der Geschäftsführung in das Tribunal entsendet, das von einem neutralen Dritten geleitet wird. Vom Ablauf her wird versucht, den Prozess gegebenenfalls unter Einbezug einer „Beweisaufnahme" in wenigen Stunden oder Tagen zu simulieren. Nach Abschluss der Präsentationen und einer Art „Beweisaufnahme" moderiert das Tribunal dann Vergleichsverhandlungen zwischen den Parteien. Alternativ kann sich auch das Tribunal zurückziehen und hinter verschlossenen Türen über einen Vergleich verhandeln, den die beiden in das Tribunal entsandten Unternehmensvertreter dann schließen können.

100   Die Idee des *Mini-Trial* gründet auf der Annahme, dass manche Wirtschaftsstreitigkeiten nur deshalb gerichtlich entschieden werden müssen, weil die involvierten Unternehmensorgane aufgegeben und den Konflikt ihren Anwälten übertragen haben. Wenn große Verträge fehlschlagen, sind die unmittelbar betroffenen Personen oft zu nah mit dem Konflikt verbunden, um zu dessen Erledigung effektiv beizutragen. Sie sind gewissermaßen „konfliktblind". Eine Verhandlungslösung in Form eines Forderungsnachlasses bedeutet für diesen Personenkreis das Eingeständnis eigener Fehler. Warum sonst sollte die eigene Forderung unberechtigt sein? Der Manager begreift es als seine Aufgabe, immer neue Geschäfte zu tätigen, und nicht, Konflikte aus innerlich längst abgeschlossenen Projekten zu lösen. Unabhängig davon, ob dieser Manager für den Konflikt eine Mitverantwortung trägt, ist es unwahrscheinlich, dass er seine Karriere durch eine intensive Betreuung des in jeder Hinsicht unerfreulichen Konflikts fördert. Das Abschieben des Konflikts auf die Rechtsabteilungen oder die Anwälte erscheint dann als bequemer Ausweg, zumal mit einem Urteil erst in einigen Jahren zu rechnen ist. Der *Mini-Trial* versucht daher, den Einfluss der konfliktbeteiligten Personen und auch den Einfluss der Juristen auf den Konfliktausgang zu reduzieren. Bildlich gesprochen wird der Konflikt dem Unternehmen zurückübertragen, indem dessen Entscheidungsträger nun über dem Streit zu Gericht sitzen. Der *Mini-Trial* fördert eine realistischere Einschätzung der Prozessaussichten und eine betriebswirtschaftlich sinnvolle Lösung. Den eingeschalteten Einscheidungsträgern wird zugetraut, eine mutige Entscheidung im Sinne eines raschen, klaren Schnittes zu treffen, damit sich alle beteiligten Unternehmen wieder ihrem eigentlichen Geschäft widmen können, das sicher nicht in der langwierigen Austragung von Streitigkeiten besteht. Gleichzeitig wird ein subtiler Einigungsdruck auf die eingeschalteten Unternehmensvertreter ausgeübt: Mit ihrer Einschaltung wird

---

[68] *Kovach*, S. 13.

allgemein die Erwartung verknüpft, dass sie eine Einigung erreichen können. Dieser Erwartung versuchen sie gerecht zu werden, um eigenen Gesichtsverlust zu vermeiden. Dieser Erwartungsdruck wird durch den Rollenwechsel vom parteiischen Unternehmensvertreter zum „unparteiischen" Mitglied des Tribunals noch gesteigert.

2. Modifizierte Schiedsverfahren

Das herkömmliche Schiedsverfahren unterscheidet sich nicht wirklich grundlegend vom Zivilprozess. Der staatlich vorgegebene Richter wird lediglich durch einen privat bestimmten Schiedsrichter ersetzt. Der Streitbeilegungsmechanismus bleibt indes gleich: Der (Schieds-)Richter entscheidet den Konflikt verbindlich, indem er Sachverhalt und Beweise rechtlich würdigt. Auf den ersten Blick besteht ein Antagonismus zwischen der Verhandlungslösung und der Drittentscheidslösung. Entweder die Parteien einigen sich oder ein Richter muss den gesamten Konflikt entscheiden. Eine Verknüpfung von Verhandlungs- und Drittentscheidungslösung scheint unmöglich. Diese polarisierende Vorstellung ist falsch. In zivilen Streitigkeiten steht es den Parteien frei, das Streitbeilegungsverfahren auch abseits der Zivilprozessordnung oder institutionalisierter Schiedsordnungen nach ihren Bedürfnissen zu gestalten. Dazu können sie Elemente der Verhandlungslösung und der Mediation mit der Entscheidungsgewalt eines Richters kombinieren. Zwei relativ bekannte Modelle sind das *Last-Offer-Schiedsverfahren* und die *High/Low Arbitration*. **101**

a) **Last-Offer-Schiedsverfahren.** In *Last-Offer-Schiedsverfahren*[69], auch als *Final-Offer Arbitration* bekannt, unterbreiten die Parteien nach vorangegangener streitiger Verhandlung jeweils ein letztes, verbindliches Vergleichsangebot. Im zweiten Schritt weisen die Parteien das Schiedsgericht an, eines dieser Angebote in einen bindenden Schiedsspruch umzusetzen. Die Richter entscheiden diese Frage danach, welches Angebot im Falle einer ungebundenen Entscheidung näher an dem Schiedsspruch gelegen hätte, den die Schiedsrichter sonst auf Grund der Rechtslage gefällt hätten. Das Schiedsgericht muss sich zwischen beiden Angeboten entscheiden, es darf keine Teilforderung unter Klageabweisung im Übrigen zusprechen. Einfach ausgedrückt, gewinnt also der rechtlich vernünftigere der beiden Vorschläge. Verfahrensrechtlich können die Parteien die Bindung des Schiedsgerichts durch eine unmittelbare Weisung erreichen.[70] **102**

Der **besondere Reiz** des *Last-Offer-Schiedsverfahrens* liegt in dem Effekt, den die bipolare Entscheidungsvorgabe auf die vorausgehenden Verhandlungen ausübt. Beide Parteien wissen, dass nur ein einigermaßen realistischer Einigungsvorschlag Chancen hat, vom Schiedsgericht ausgewählt zu werden. Diese Erkenntnis steuert dem üblichen Prozessverhalten entgegen, die eigene Forderung möglichst hoch anzusetzen, um am Ende über ein teilweise obsiegendes Urteil wenigstens einen Teilerfolg zu erringen. Das *Last-Offer-Schiedsverfahren* gibt den Parteien nun einen Anreiz, ihre tatsächlichen Vergleichsvorstellungen zu offenbaren, weil das irrealistische letzte Angebot an das Schiedsgericht leicht zum völligen Prozessverlust führt. Der Wettlauf auf den „vernünftigeren" Entscheidungsvorschlag entwickelt oft eine sol- **103**

---

[69] Ausführlich dazu *Risse* BB 2001 (Beil. 2), 16 (17 ff.).
[70] Der komplizierte Umweg über einen Prozessvertrag oder eine bedingte Antragsstellung ist prozessrechtlich nicht erforderlich, ausführlich dazu *Risse* BB 2001 (Beil. 2), 16 (17 f.).

che Eigendynamik, dass die Parteien den Konflikt wegen deckungsgleicher „letzter Vorschläge" gütlich beilegen.[71] Die *Last-Offer-Arbitration* ermöglicht es den Parteien zudem, die Annäherung, die sie nach langwierigen Vergleichsgesprächen erreicht haben, als Teilerfolg in das Schiedsverfahren zu übernehmen. Das Schiedsgericht darf keiner Partei mehr zusprechen, als diese in ihrem letzten Vergleichsvorschlag gefordert hat, auch wenn sich dieser Vergleichsvorschlag bereits weit vom ursprünglichen Antrag entfernt hat. Deshalb kann keine Partei mehr verlieren, als wenn sie dem letzten Vergleichsvorschlag der Gegenseite zugestimmt hätte. Dieser fortwirkende Maximal/Minimal-Konsens prägt das Schiedsgerichtsverfahren stärker als der verbleibende Konflikt, so dass der dann gefällte Schiedsspruch die weiteren Parteibeziehungen nur wenig gefährdet.

104   Die Parteien erkaufen die Vorteile des *Last-Offer-Schiedsverfahrens* mit einem **hohen Verlustrisiko**. Das Schiedsgericht darf keine vermittelnde Position zwischen den Anträgen des Klägers und des Beklagten einnehmen. Liegt der Vorschlag der Gegenseite nur ein wenig näher an der Rechtsauffassung des Schiedsgerichts als das eigene Angebot, verliert die Partei als Kläger auch die eigentlich berechtigten Teile ihrer Forderung oder zahlt als Beklagter weit mehr als den eigentlichen Anspruch. Fordert der Kläger in einem Patentstreit zwei Millionen Euro und lautet der letzte Vergleichsvorschlag des Beklagten über 400.000,– €, mag das Schiedsgericht einen Anspruch von 1,3 Mio. € für gegeben halten. Das Angebot des Klägers obsiegt und der Beklagte muss 700.000,– € mehr als den rechtlich bestehenden Anspruch zahlen. Das Synonym *„Flip Flop"-Arbitration* bringt diese „Hopp oder Topp"-Situation prägnant zum Ausdruck. Stehen große Summen bei einer kaum überschaubaren Sach- und einer schwierigen Rechtslage in Frage, ist das Verlustrisiko oft inakzeptabel. Für eine risikoscheue, nervenschwache oder finanziell weniger leistungsstarke Partei stellt das Verfahren somit eine Bedrohung dar: Sie wird einen „letzten Vorschlag" unterbreiten, der deutlich hinter ihren mutmaßlichen Ansprüchen zurückbleibt, nur um sicherzugehen, dass die Schiedsrichter ihr nicht alle Forderungen absprechen. Der erzeugte Druck treibt die Partei in einen für sie unvorteilhaften Vergleich oder einen suboptimalen Schiedsspruch. Sind die Parteien von ungleicher Verhandlungsstärke, droht durch das *Last Offer-Schiedsverfahren* also eine Übervorteilung der schwächeren Partei. In der Praxis geht der Entscheidung für ein *Last-Offer-Schiedsverfahren* daher oft eine Mediation oder ein normales Schiedsverfahren voraus. Die Parameter des weiteren Verfahrens, insbesondere der noch streitige Betrag, sind dann klar, so dass das geschilderte Verfahrensrisiko kalkuliert werden kann.

105   **b) High/Low Arbitration.** Die *High/Low-Arbitration* ähnelt dem *Last-Offer-Schiedsverfahren*, **reduziert das Verfahrensrisiko** für die Parteien aber erheblich. In dieser Spielart des Schiedsverfahrens grenzen die Parteien nur die Bandbreite der möglichen Entscheidung ein, ohne dem Schiedsgericht eine kompromisslose Alternativentscheidung vorzugeben. Die Parteien geben dem Schiedsgericht also einen Entscheidungsspielraum vor, innerhalb dessen sich der Schiedsspruch bewegen muss, auch wenn die Rechtslage an sich eine Überschreitung dieser Rahmenvorgabe gebieten würde. Anders als in der verwandten *Last-Offer-Arbitration* darf das Schiedsgericht einen Mittelweg zwischen den eingenommenen Positionen wählen. In aller Regel steht die Zahlung einer Geldsumme in Streit. Die Parteien einigen sich

---

[71] *Duve* BB 1998 (Beilage 10), 9 (14).

darauf, dass nach dem Urteil des Schiedsgerichts höchstens der Betrag „x" und mindestens der Betrag „y" zu zahlen ist. Dadurch begrenzen beide Seiten ihr Risiko, das sie in einem klassischen Schiedsverfahren mit einem hohen Klagebetrag und einem Antrag auf Klageabweisung tragen müssten.

Mit dem *Last-Offer-Schiedsverfahren* teilt die *High/Low-Arbitration* den **Vorteil,** 106 dass die Parteien das Ergebnis vorangegangener Verhandlungen, nämlich die Annäherung der wechselseitigen Positionen, in das Schiedsverfahren quasi mitnehmen. Die in den Verhandlungen erreichten Konzessionen der Gegenseite, die zum abschließenden Vergleichsangebot führen, bleiben also in jedem Fall erhalten. Indem die Parteien die Entscheidungsmöglichkeiten des Schiedsgerichts begrenzen, schränken sie ihre Prozessrisiken ein. Sie wissen, dass sie nicht vollständig unterliegen werden und können so ihr Risiko kalkulieren. Allerdings geht ihnen damit auch die Chance verloren, ein unerwartet günstiges Urteil zu erhalten. Da vermittelnde Lösungen des Schiedsgerichts möglich bleiben, ist auch der Einigungsdruck geringer als bei der *Last-Offer-Arbitration,* die die Streitparteien zu einer realistischen Sichtweise zwingt. Überzogene Forderungen führen nicht mehr zum vollständigen Prozessverlust, sondern nur zu einer Kostensanktion.

3. Early Neutral Evaluation

In der *Early Neutral Evaluation*[72], kurz „ENE" genannt, bewertet ein **neutraler** 107 **Dritter** frühzeitig, wenn auch nur auf begrenzter Berurteilungsbasis, die Prozessaussichten der Parteien. Die ENE geht zurück auf ein Projekt des *U.S. District Court for the Northern District of California.* Dort trifft sich der neutrale Dritte, üblicherweise ein angesehener Jurist mit besonderem Fachwissen auf dem streitgegenständlichen Gebiet, für etwa zwei Stunden mit den Parteien und deren Anwälten. Er hört sich zunächst wechselseitig die Sachdarstellungen und Rechtsansichten an und versucht dann, durch gezieltes Nachfragen die einzelnen Streitpunkte zu ermitteln. Am Schluss der Anhörung zieht sich der Dritte kurz zurück, um über die rechtliche Beurteilung des Konflikts nachzudenken. Er schreibt seine Einschätzung in Form eines Urteilsspruchs nieder und benennt in Stichworten die wichtigsten Gründe für seine Rechtsansicht. Wenn er den Raum wieder betritt, fragt er die Parteien, ob sie mit ihm Vergleichsgespräche führen wollen, bevor er seine Einschätzung nach bestem Gewissen preisgibt. Viele Fälle werden bereits zu diesem Zeitpunkt, also ohne eine neutrale juristische Bewertung, beigelegt. Andernfalls gibt der Dritte unverblümt seine Einschätzung des mutmaßlichen weiteren Prozessverlaufs und des zu erwartenden Urteils bekannt. Wenn die Parteien sich auch jetzt nicht einigen wollen, unterbreitet er ihnen abschließend Vorschläge, wie der Gerichtsprozess seiner Ansicht nach effizient und rasch durchgeführt werden kann, insbesondere hinsichtlich der Beweisaufnahme.

Die Idee der ENE klingt zu banal, um Erfolg zu haben. Umso mehr überrascht 108 die **Vergleichsquote von 25%,** bevor auch nur die rechtliche Bewertung offen gelegt wird.[73] Warum dieses Verfahren so gut funktioniert, lässt sich anhand der Ver-

---

[72] Engl.: Frühe Neutrale Bewertung; ausführlich zu diesem Verfahren: *Hilber,* S. 22 ff.
[73] Über die Vergleichsquote nach Offenlegung der juristischen Bewertung finden sich keine statistischen Angaben. *Kovach,* S. 10, spricht davon, dass mehr als 1/3 aller Verfahren vergleichsweise beendet wurden.

handlungsforschung recht gut erklären. Es ist ein typisches verhandlungspsychologisches Phänomen, dass beide Parteien ihre Prozessaussichten deutlich überschätzen. Die rechtliche Beratung durch Anwälte ändert an dieser Fehleinschätzung wenig. Deshalb sind sie unfähig, frühzeitig einen bei realistischerer Einschätzung denkbaren Vergleich zu schließen. Im Prozess werden diese überzogenen Erwartungen mehr und mehr relativiert. Die vorläufige Rechtseinschätzung des Richters nimmt dann die letzten Illusionen. Die *Early Neutral Evaluation* reduziert den skizzieren Denkprozess auf einen einzigen Tag. Wenn der Dritte ein angesehener Jurist oder gar selbst ein – pensionierter – Richter ist, hat die Partei wenig Anlass zu glauben, der „echte" Richter garantiere ein vorteilhaftes Ergebnis. Indem der erfahrene Experte auch den weiteren Verfahrensgang mit den Parteien bespricht, zeigt er ihnen, wie langwierig, mühselig, teuer und nervlich aufreibend das Gerichtsverfahren werden wird. Die Einigungsbereitschaft der Parteien steigt dadurch oft bis hin zur Bereitschaft, einen vorher ausgeschlossen Vergleich doch zu schließen. In Konflikten, an denen Unternehmen beteiligt sind, kommt hinzu, dass der entscheidungsbefugte Geschäftsführer seinen Vergleichsentschluss nun gegenüber anderen Unternehmensorganen mit der Bewertung des neutralen Dritten rechtfertigen kann. So sinkt die „Last der Verantwortung", die oft zur Entschlussschwäche führt, weil die Partei die Verantwortung für die Konfliktentscheidung lieber vollständig auf einen Richter delegiert, den man später für seine „Fehlentscheidung" kritisieren kann.

4. Innovative Modelle

109   Das gesamte Konzept der Alternativen Streitbeilegung gründet auf der Idee, Verfahrensformen zu erfinden, welche die Parteien möglichst effektiv bei der außergerichtlichen Konfliktbeilegung unterstützen. Die Parteien können zusammen mit kundigen Anwälten **maßgeschneiderte Verfahrensmodelle** entwickeln, die für einen konkreten Konflikt oder eine bestimmte Konfliktkategorie zielführender sind als der an die starre Verfahrensordnung gebundene Prozess oder die Mediation mit ihrer fehlenden Entscheidungssicherheit. Diese Entwicklung bleibt bei den vorgestellten Verfahrensarten nicht stehen. Leicht realisierbar sind Kombinationsmodelle. Die Parteien können etwa vereinbaren, zunächst eine Mediation durchzuführen, die bei einem Scheitern unmittelbar in ein Schiedsverfahren überführt wird („MedArb-Verfahren"). Die Kombination zwischen einer Mediation und einem Last-Offer-Schiedsverfahren trägt die exotische Bezeichnung „MEDALOA".[74] Interessant ist auch die Idee der „Michigan-Mediation". Dort unterbreitet der Mediatior einen unverbindlichen Einigungsvorschlag. Lehnt eine Partei diesen ab und erreicht in einem anschließenden Prozess kein um 20% besseres Ergebnis, trägt sie die gesamten Kosten des Gerichtsprozesses unabhängig vom Verfahrensausgang. Das Risiko, den Einigungsvorschlag abzulehnen, erzeugt den gewünschten Einigungsdruck. Diese Beispiele zeigen, wie innovativ sich Wirtschaftskonflikte abseits ausgetretener Pfade lösen lassen.

---

[74] *Risse* BB 2001 (Beil. 2), 16 (19).

VI. Ausblick: Aktives Konfliktmanagement

Für Streitparteien im Wirtschaftsleben ist die Erkenntnis wichtig, dass es neben 110
Gerichtsprozess, Schiedsverfahren und bilateraler Verhandlung auch andere Möglichkeiten gibt, einen Konflikt beizulegen. Im Zivilrecht sind die Parteien Herrscher
des Verfahrens, was die freie Verfahrenswahl einschließt. Die Wirtschaftsmediation
kann Konflikte oft rascher, besser und preiswerter lösen als der stereotyp als
Streitlösungsmechanismus gewählte Zivilprozess. Der Versuch einer solchen Streitbeilegung birgt bei hohen Einigungschancen nur geringe Risiken und versperrt den
Weg zu den Gerichten nicht endgültig. Andere innovative ADR-Verfahren haben
nicht nur den Charme des Neuen, sondern stellen praktikable Alternativen dar.
Niemand hindert die Parteien und ihre Anwälte daran, im Wege des Verfahrensde-
signs maßgeschneiderte Lösungsmodelle für den konkreten Konflikt zu entwerfen.
Wirtschaftsunternehmen und deren Berater tun gut daran, die in der alternativen
Streitbeilegung liegenden Chancen zu erkennen.

Niemand kann ernsthaft behaupten, dass die diskutierten ADR-Verfahrensarten 111
„besser" sind als der klassische Zivilprozess oder diesen gar dauerhaft verdrängen
werden. Realistisch betrachtet eignet sich nur ein Bruchteil aller Wirtschaftskonflikte für den Versuch, ADR-Verfahren für eine Streitbeilegung einzusetzen. Worauf es
ankommt, ist die Erkenntnis, dass gescheiterte Verhandlungen nicht zwangsläufig
in einen Gerichtsprozess einmünden müssen. Es ist sachgerecht, aufgetretene Konflikte zu analysieren und dann der Verfahrensform zuzuweisen, die mutmaßlich am
besten zur Konfliktlösung beiträgt. Die entsprechende Analyse von Konflikten und
das anschließende Zusammenbringen mit der geeigneten Streitbeilegungsform bezeichnet man als „Aktives Konfliktmanagement". Zu welchen Einspareffekten und
Effizienzgewinnen ein proaktiver Umgang mit Konflikten führen kann, zeigt das
Beispiel des Unternehmens *Motorola*, das durch eine flexiblere Form der Konfliktbewältigung seine Streitaustragungskosten um 75% senken konnte.[75]

---

[75] *Gottwald* WM 1998, 1257 (1261).

§ 39 ConflictManagementDesign®¹ im Unternehmen

Dr. Reiner Ponschab/Prof. Dr. Renate Dendorfer

Übersicht

¹ CMD ConflictManagementDesign ist markenrechtlich geschützt.

Schrifttum: *Altmann, Gerhard/Fiebiger, Heinrich/Müller, Rolf,* Mediation – Konfliktmanagement für moderne Unternehmen, Weinheim/Basel 1999; *Baumgartner, Irene/Häfele, Walter/Schwarz, Manfred/Sohm, Kuno,* OE-Prozesse – Die Prinzipien systemischer Organisationsentwicklung, 6. Auflage, Bern/Stuttgart/Wien 2000; *Berrisch, Hansjörg,* Arbeitsrecht 2000, 12. Arbeitsrechtliche Jahresarbeitstagung in Köln, FA – Fachanwalt Arbeitsrecht 2000, S. 340; *Breidenbach, Stephan,* Mediation: Struktur, Chancen und Risiken von Vermittlung im Konflikt, Köln 1995; *Breidenbach, Stephan/Henssler, Martin,* Mediation für Juristen, Köln 1997; *Buchanan, David/Huczynski, Andrzej,* Organizational Behaviour – an introductory text, 3rd edition, Hertfordshire 1997; *Budde, Andrea,* Betriebliche Konfliktbearbeitung, Konsens – Zeitschrift für Mediation 1999, S. 31; *Budde, Andrea,* QUAK – Qualifizierung betrieblicher Konfliktlotsen, Vorstellung eines EU-geförderten Modellprojekts, Konsens – Zeitschrift für Mediation 1998, S. 28; *Constantino, Cathy A./Sickles Merchant, Christina,* Designing Conflict Management Systems, San Francisco 1996; *De Dreu, Carsten/Van De Vliert, Evert,* Using Conflict in Organizations, London 1997; *Dendorfer, Renate,* Konfliktprävention und Konfliktbewältigung durch unternehmensinterne Mediation – KonfliktManagementSystem, FA-Spezial zu FA – Fachanwalt Arbeitsrecht 9/2000, S. 12 ff.; *Duve, Christian/Ponschab, Reiner,* Wann empfehlen sich Mediation, Schlichtung oder Schiedsverfahren, KON:SENS – Zeitschrift für Mediation 1999, S. 265; *Eyer, Eckhard/Redmann, Britta,* Wirtschaftsmediation als Alternative zu Stillstand und Einigungsstelle, Personal 1999, S. 619; *Ewig* (Hrsg.), MediationsGuide 2000; Köln 2000; *Fisher, Roger/Ury, William L./Patton, Bruce,* Das Harvard-Konzept – Sachgerecht verhandeln, erfolgreich verhandeln, Frankfurt/New York 2000; *Fitting, Karl/Kaiser, Heinrich/Heither, Friedrich/Engels,Gerd,* Betriebsverfassungsgesetz – Handkommentar, 19. Auflage, München 1998; *Gans, Walter G.,* Verankerung von Mediation in Unternehmen, ZKM 2001, S. 66; *Glasl, Friedrich,* Konfliktmanagement: Ein Handbuch für Führungskräfte, Beraterinnen und Berater, 6. Auflage, Bern/Stuttgart 1999; *Gleason, Sandra E.,* Workplace Dispute Resolution, Michigan 1997; *Goldberg,*

Stephen B./Sander/Frank E. A./Rogers, Nancy H., Dispute Resolution – Negotiation, Mediation, and Other Processes, 2nd edition, Boston/Toronto/London 1992; *Gottwald, Walther/Strempel, Dieter/Beckedorff, Rainer F./Linke, Udo*, Außergerichtliche Konfliktregelung für Rechtsanwälte und Notare (AKR-Handbuch), Loseblattsammlung Stand: April 2000, Neuwied/Kriftel/Berlin; *Gottwald, Walther/Haft, Fritjof* (Hrsg.), Verhandeln und Vergleichen als juristische Fertigkeiten, Tübingen 1993; *Haft, Fritjof,* Verhandlung und Mediation – Die Alternative zum Rechtsstreit, 2. Auflage, München 2000; *Harvard Business Review on Negotiation and Conflict Resolution,* Boston 2000; *Henkel, Wolfram,* Elemente der Mediation im arbeitsgerichtlichen Verfahren, dargestellt am Modell des Kündigungsschutzprozesses, NZA 2000, S. 929; *Henssler, Martin/Koch, Ludwig,* Mediation in der Anwaltspraxis, Köln 2000; *Heussen, Benno,* Handbuch Vertragsverhandlung und Vertragsmanagement, Köln 1997; *Heussen, Benno,* Verhandlungsstil, ZKM 2001, S. 80; *Hugo-Becker, Annegret/Becker, Henning,* Psychologisches Konfliktmanagement, 2. Auflage, München 1996; *Kolb, Deborah M./Bartunek Jean M.,* Hidden Conflict in Organizations – Uncovering Behind-the-Scenes Disputes, London 1992; *Lenz, Cristina/Mueller, Andreas,* Business mediation – Einigung ohne Gericht, Landsberg/Lech 1999; *Lipsky, David, B./Seeber, Renald L., Cornell* University – Institute on Conflict Resolution/Pricewaterhouse Coopers LL.P, The Appropriate Resolution of Corporate Disputes – A Report on the Growing Use of ADR by U. S. Corporations, Ithaca NY 1998; *Mähler, Gisela/Mähler, Hans-Georg,* Mediation in: *Beck'sches Rechtsanwaltshandbuch 1999/2000,* S. 1067; *Monßen, Hans-Georg,* Wann zum Richter – Wann zum Schlichter, FA-Spezial zu Fachanwalt Arbeitsrecht 9/2000, S. 8; *Müller-Wolf, Martin,* Mediation von Konflikten und kritischen Prozessen in der beruflichen Praxis, in: Forschungsprojekt Mediation im Betrieb der Fachhochschule Hamburg 1999, S. 9; *Murray, John S./Rau, Alan Scott/Sherman, Edward F.,* Processes of Dispute Resolution – The Role of Lawyers, New York 1989; *Panse, Winfried/Stegmann, Wolfgang,* Kostenfaktor Angst, 3. Auflage, Landsberg/Lech 1998; *Ponschab, Reiner/Dendorfer, Renate,* Mediation im Unternehmen, Anwaltsblatt 2000, S. 650; *Ponschab, Reiner/Dendorfer, Renate,* Mediation in der Arbeitswelt, Mediation und Recht Betriebsberater Konfliktmanagement, Beilage 2 zu Heft 16 BB, 2001, S. 1 ff.; *Ponschab, Reiner/Schweizer, Adrian,* Kooperation statt Konfrontation – Neue Wege anwaltlichen Verhandelns, Köln 1997; *Raiffa, Howard,* The Art and Science of Negotiation, 14th edition, Harvard 1998; *Redmann, Britta,* Mediation – Erfolgreiche Alternative zur Einigungsstelle?, FA – Fachanwalt Arbeitsrecht 2000, S. 76; *Risse, Jörg,* Wirtschaftsmediation, NJW 2000, S. 1614; *Ross, William H./Conlon, Donald E.,* Hybrid Forms of Third-Party Dispute Resolution: Theoretical Implications of Combining Mediation and Arbitration, Academy of Management Review 2000, S. 416; *Schein, E. H.,* Organisationsentwicklung und die Organisation der Zukunft, Organisationsentwicklung, 3, S. 40; *Schubert, Michael,* Mediation im Arbeitsrecht und in der Betriebsratsarbeit?, AiB 2000, S. 524; *Schwarz, Gerhard,* Konfliktmanagement, 4. Auflage Wiesbaden 1999; *Senge, Peter M.,* The Fifth Discipline, 7th edition, London 1998; *Singer, Linda* Settling Disputes – Conflict Resolution in Business, Families, and the Legal System, 2nd edition, Boulder 1994; *Stacey, Ralph D.,* Strategic Management & Organisational Dynamics, 2nd edition, London 1996; *Stückemann, Wolfgang,* Chance für die Anwaltschaft – Wirtschaftsmediation in der Arbeitswelt, FA Spezial zu FA – Fachanwalt Arbeitsrecht 9/2000, S. 5; *Teubner, Klaus D.,* Mediation als Mittel der Personalentwicklung, in: Forschungsprojekt Mediation im Betrieb der Fachhochschule Hamburg 1999, S. 79; *Ury, William L.,* Schwierige Verhandlungen, New York/München 1992; *Ury, William L./Brett, Jeanne M./Goldberg, Stephen B.,* Konfliktmanagement – Wirksame Strategien für den sachgerechten Interessenausgleich, San Francisco/München 1991.

I. Einleitung

1   Konflikte sind etwas Normales. Sie lassen sich nicht vermeiden. Immer, wenn Menschen die Wirklichkeit unterschiedlich wahrnehmen und dies als Beeinträchti-

gung empfinden, kann sich ein Konflikt entwickeln.[2] Die Kunst des Konfliktmanagements besteht darin, solche Konflikte möglichst zufriedenstellend und möglichst dauerhaft für alle Beteiligten zu lösen.

Nachfolgend wollen wir zunächst einen Überblick über die Arten der Konflikte im Unternehmen sowie die traditionellen Methoden ihrer Bearbeitung geben. Im Anschluss daran stellen wir Ideen für ein betriebliches **ConflictManagementDesign®** vor und entwickeln Vorschläge für die Implementierung eines innerbetrieblichen und unternehmensübergreifenden Konfliktmanagements.

1. Abgrenzung von innerbetrieblichem Konfliktmanagement zu Konfliktmanagement zwischen Unternehmen

Konflikte innerhalb des Unternehmens (interne oder innerbetriebliche Konflikte) und Konflikte zwischen Unternehmen (externe oder unternehmensübergreifende Konflikte) weisen signifikante Unterschiede auf.

Als Ursachen für **unternehmensübergreifende Konflikte** kommen weniger emotionale Gründe als Rechtsfragen in Betracht. Persönliche Beziehungen spielen zu Beginn des Konflikts zumeist eine eher untergeordnete Rolle, da die Parteien nicht ständigen Kontakt haben. Die persönliche Komponente gewinnt jedoch umso mehr an Gewicht, je länger die Beziehung andauert. Fortdauernde Konflikte können, soweit nicht eine Abhängigkeitsbeziehung zwischen den Unternehmen besteht, zum Abbruch der Geschäftsbeziehung führen. Da sich, insbesondere bei internationalen Konflikten[3], oftmals komplexe juristische Fragestellungen ergeben, sind die Parteien in solchen Situationen regelmäßig von Anwälten beraten und vertreten. | 2

Innerbetriebliche Konflikte sind dagegen zumeist beziehungsbetont. Sachprobleme werden begleitet von persönlichen Animositäten und Emotionen.[4] Oftmals handelt es sich um schon seit langem schwelende Konflikte, die eine Kommunikation zwischen den Parteien unmöglich machen. Trotzdem sind die Parteien auf eine weitere Zusammenarbeit innerhalb des Unternehmens angewiesen, sie können ihre „Geschäftsbeziehung" nicht ohne weiteres beenden. Innerbetriebliche Konflikte sind vielfältig. Sie können sich innerhalb bestimmter Organisationseinheiten (z.B. Abteilungen) auf mikro-sozialer Ebene entwickeln, als auch zwischen einzelnen Organisationseinheiten und über Mittelspersonen auf der „meso-sozialen Ebene" ausgetragen werden.[5] | 3

2. Reaktive und proaktive Konfliktbewältigung im Unternehmen

Grundsätzlich gibt es zwei unterschiedliche Arten, mit Konflikten umzugehen, die reaktive und die proaktive.[6] | 4

Reaktive Konfliktbewältigung zeichnet sich dadurch aus, dass Konflikte erst dann bearbeitet werden, wenn sie bereits ein dominantes Stadium erreicht haben, in dem sie nicht mehr ignoriert werden können. Meist erscheint den Konfliktparteien

---

[2] *Glasl*, Konfliktmanagement, S. 14 f.
[3] *Günther/Hoffer* in: Henssler/Koch Mediation, § 11 Rdnr. 398 ff.
[4] *Stückemann*, FA Spezial 9/2000, 5 f.
[5] *Glasl*, Konfliktmanagement, S. 62 f.
[6] *Gleason*, Workplace Dispute Resolution, S. 4 ff.

eine Kooperation zu diesem Zeitpunkt nicht mehr möglich, so dass die Konfliktbewältigung an Dritte delegiert wird[7] oder aber der Konflikt wird ignoriert, sofern das Organisationssystem oder individuelle Personen von einer solchen Strategie profitieren.

5   Bei der **proaktiven Konfliktbewältigung** bemühen sich die Parteien dagegen, Konflikte durch eine vorausschauende Sicht auf eventuelle Konfliktquellen und durch präventives Verhalten für die Zukunft zu bewältigen, oder sie in einem möglichst frühen Stadium zu erkennen, um sie mit adäquaten Methoden zu lösen. Konflikte werden bei dieser Sicht der Dinge auch als Chance wahrgenommen, durch eine kreative Auseinandersetzung der Parteien mit dem Konflikt eine dauerhafte, innovative und weitergehende Lösung zu erreichen.[8]

II. Konfliktbewältigung bei externen Unternehmenskonflikten

1. Typische Konfliktfelder

6   Unternehmensübergreifende Konflikte können in den verschiedensten Bereichen auftreten. Die folgende Aufzählung stellt nur eine Auswahl von häufig auftretenden Konfliktfeldern dar:
– Verhandlungen über bestehende Verträge
– Internationale Handelsverhältnisse
– Auseinandersetzungen in Versicherungsangelegenheiten
– Dauerschuldverhältnisse und Langzeitprojekte
– Leistungsstörungen bei Käufer/Verkäufer-Beziehungen
– EDV-Bereich
– Komplexe Bau- und Anlageprojekte
– Umschuldungen großer Kreditnehmer
– Unternehmensfusionen und Nachfolgeregelungen
– Konflikte in Gründungssituationen.

2. Traditionelle Konfliktbearbeitungsmethoden

7   Bei der „althergebrachten" Methode der Konfliktbearbeitung versucht zunächst das **Management** eine Konfliktlösung durch Verhandlungen. Gelingt das nicht, wird der Fall an die Rechtsabteilung abgegeben. Das bedeutet, dass die Rechtsabteilung häufig mit Konflikten befasst wird, an denen sich schon andere Mitarbeiter versucht haben. Gleichzeitig wird der Konflikt dadurch vom „Entstehungsort" abgezogen, delegiert und somit verdrängt. „Wir konnten den Konflikt nicht lösen, also wollen wir auch nichts mehr damit zu tun haben", lautet oft die Devise.

8   Die **Rechtsabteilung** sieht sich nunmehr mit einem in erster Verhandlungsinstanz misslungenen Fall konfrontiert. Sie wird nun ihrerseits im Regelfall versuchen, durch Verhandlungen zu einer Lösung zu kommen. Aber es ist nicht zu übersehen,

---

[7] *Constantino/Sickles Merchant,* Designing Conflict Management Systems, S. 9.
[8] *Gleason* Workplace Dispute Resolution S. 3; *De Dreu/Van De Vliert,* Using Conflict in Organizations, S. 10 ff. und S. 147 ff.

dass das Verhandlungsterrain bereits durch die negative Vorgeschichte belastet und dadurch schwer begehbar ist.

Ist die Rechtsabteilung bei ihren Verhandlungen nicht erfolgreich, wird sie den 9 nun schon zum absoluten Problemfall gewordenen Konflikt an **externe Rechtsanwälte** abgeben, froh darüber, diesen Fall los zu sein. In welcher Verhandlungsumgebung finden sich nun die externen Berater wieder? Es wimmelt von emotionalen Tretminen, positionellem Abwehrfeuer und argumentativen Schützengräben. Kurz: Der Konflikt ist im Regelfall beträchtlich eskaliert. Natürlich wird jeder Rechtsanwalt auch seinerseits noch nach einer Möglichkeit suchen, um zu einer einvernehmlichen Lösung zu gelangen. Dabei wird er aber mit den Bordmitteln seiner Ausbildung meist nicht weit kommen und sehr bald den Fall dorthin bringen, wohin er ausbildungskonform gehört: Vor den Richter.

Der **Richter** ist das Ende der Kette der Delegation von Verantwortung unterneh- 10 mensübergreifender Konflikte. Dem erstinstanzlichen Richter bleibt dann oft nur die Möglichkeit, die Verantwortung für diesen Fall durch ein schnelles Urteil (weil die Parteien ja ohnehin die Sache „durchstreiten" werden) auf die höheren Instanzen zu verlagern, wo dann mangels weiterer Delegationsmöglichkeit nach Verlust von viel Zeit, Geld und Energie endgültig entschieden wird. Aber ist der Konflikt damit gelöst? Wird die unterlegene Partei den Richterspruch als Emanation höherer Wahrheit akzeptieren? Wer sich häufiger auf Gerichtsfluren aufhält und Parteien beobachtet, die nach einer Urteilsbegründung aus dem Gerichtssaal kommen, weiß um das Gegenteil.

Nach der Entscheidung wird die Delegationskette im „Scheltverfahren" rück- 11 wärts aufgerollt. Die Anwälte der unterliegenden Partei werden die falsche Sicht des Gerichts anklagen, die Rechtsabteilung vermeintliche Fehler der Anwälte herausstellen und das betroffene Management wird sich in der Auffassung bestätigt sehen, dass man Konflikte zur Lösung besser nicht den Juristen überlassen sollte.

Als Alternative zum klassischen Gerichtsprozess werden (vorwiegend zur Wah- 12 rung der Verantwortlichkeit) oft auch **Schiedsverfahren**[9] vereinbart. Dabei handelt es sich aber ebenfalls um die autoritative Entscheidung eines Dritten. Grundlage des Schiedsspruches ist die Rechtslage, eine Berücksichtigung der Interessen der Parteien erfolgt in der Regel nicht.

III. Konfliktbewältigung bei internen Unternehmenskonflikten

Das Spektrum der unternehmensinternen Konflikte reicht von Streitigkeiten im 13 Konzernverbund über Streitigkeiten zwischen Arbeitgeber und Betriebsrat bis hin zu solchen Konfliktsituationen, die im täglichen Miteinander zwischen den Arbeitnehmern oder mit dem Arbeitgeber ausgetragen werden.[10]

Dabei werden unternehmensinterne Konflikte häufig als Fehlfunktionen in der Unternehmensorganisation, als Resultate von Missverständnissen, von fehlender Kommunikation oder von Führungsschwäche angesehen. Diesem – dysfunktionalen – Konfliktansatz liegt die Vorstellung eines durch Führungspersönlichkeit, Loyalität

---

[9] Vgl. dazu § 33.
[10] *Budde* in: Henssler/Koch Mediation, § 15 S. 502 ff.

und Inspiration geprägten Unternehmens zugrunde, in welchem Unternehmensführung und Mitarbeiter eine „Familie" bilden.

14 Tatsächlich werden Unternehmen und Organisationen jedoch von mannigfachen Interessen bestimmt, wobei sowohl Gruppen- als auch Eigeninteressen verfolgt werden.[11] Vor diesem Hintergrund sind Konflikte für Unternehmen und Organisationen funktional und häufig sogar überlebensnotwendig: Ausschließlich stressfreie und harmonische Unternehmenseinheiten werden in Apathie verfallen, notwendige Veränderungsprozesse werden nicht erkannt, Kreativität, Innovation und Produktivität werden rückläufig sein.[12]

1. Konfliktbereiche im Konzernverbund

15 **a) Typische Konfliktfelder im Konzern.** Das Spektrum möglicher Konfliktbereiche im Konzernverbund kann von einfachen Streitigkeiten zwischen konzernverbundenen Unternehmen, über gesellschaftsrechtliche Auseinandersetzungen, bis zu unternehmenspolitischen Differenzen reichen. Häufig entstehen auch Konflikte zwischen der Konzernzentrale und den übrigen Unternehmen des Konzerns: Die „Außenstellen" sind oft der Meinung, der „Wasserkopf" der Konzernzentrale müsste aufgelöst oder zumindest reduziert werden, die Zentrale betrachtet sich hingegen als das Zentrum der Macht, in welchem alle maßgeblichen Entscheidungen für den Konzern getroffen werden.[13]

Als Ursachen für Konflikte im Konzernverbund kommen zudem häufig Umstrukturierungen, sinkende Profitabilität einzelner Unternehmenseinheiten, Umstellung von Produktionsabläufen oder Änderungen in der Unternehmenspolitik in Betracht.

16 **b) Traditionelle Konfliktbearbeitungsmethoden.** Im Unterschied zu den Konflikten zwischen externen Unternehmen wird bei Konflikten im Konzernverbund der Weg in die Öffentlichkeit der Gerichte grundsätzlich nicht in Betracht gezogen. Abhängig vom Organisationsgrad (zentral oder dezentral) und der Gesellschaftsform (Familienunternehmen oder Unternehmen in der Shareholder-Verantwortung) werden solche Konflikte entweder durch Anweisungen der übergeordneten Gesellschaft oder des zur Letztentscheidung aufgerufenen Organs der Holding- oder Muttergesellschaft bearbeitet oder durch die Entscheidung der Gesellschafter gelöst.

2. Konfliktbereiche im Organisationssystem

17 **a) Typische Organisationskonflikte.** Besonders häufig treten **Gruppenkonflikte** auf. Sie entstehen auf Grund unklarer Zuteilung der Verantwortlichkeiten, im Zusammenhang mit Unternehmensfusionen, durch die mangelnde Einbindung der Arbeitnehmer in unternehmerische Entscheidungsprozesse, auf Grund gruppendynamischer Prozesse, auf Grund von Machtausübung des Managements, durch hohe Mitarbeiterfluktuation oder auf Grund fehlender Zielvorgaben für das Gesamtunternehmen.

---

[11] *Buchanan/Huczynski*, Organizational Behaviour, S. 635 ff.; *Gleason*, Workplace Dispute Resolution, S. 2.
[12] *Buchanan/Huczynski*, Organizational Behaviour, S. 638 f.; *Gleason*, Workplace Dispute Resolution, S. 7.
[13] *Schwarz*, Konfliktmanagement, S. 159 ff.

Organisationskonflikte gibt es sowohl auf der **horizontalen Organisationsebene**, so z. B. Konflikte zwischen Abteilungen oder zwischen Mitgliedern der Geschäftsleitung/des Vorstandes,[14] als auch auf der **vertikalen Organisationsachse;** hierzu zählen Konflikte zwischen der Unternehmensleitung und den Gesellschaftern bzw. Inhabern oder der Unternehmensleitung einerseits und den einzelnen untergeordneten Abteilungen (Führungskonflikte[15]) andererseits.

b) Traditionelle Konfliktbearbeitungsmethoden. Das **arbeitsrechtliche Verfahren** **18** stellt für die Bewältigung von Organisationskonflikten keine adäquaten Handlungsmöglichkeiten zur Verfügung. So werden Gruppenkonflikte häufig als Einzelkonflikte mit den jeweiligen Gruppenbeteiligten ausgetragen, auf die dann mit den herkömmlichen Konfliktlösungsmethoden wie Abmahnung, Kündigung und Kündigungsschutzklage reagiert wird.[16] Als Konsequenz daraus kommt der Ursprungskonflikt nach seiner Umwandlung in einen – arbeitsrechtlichen – Individualkonflikt meist überhaupt nicht mehr zur Sprache, bleibt damit unbearbeitet und häufig auch ungelöst.

Insbesondere für die Organisationskonflikte auf der Ebene des Managements ist zudem eine erhebliche Scheu der Unternehmen vor der **Öffentlichkeit** feststellbar. Dabei besteht nicht nur die Befürchtung einer Imageschädigung für das Unternehmen, sondern vielmehr auch eines mit dem Vertrauensverlust einhergehenden Wertverlustes der Gesellschafts- und Aktienanteile. Aus diesem Grunde werden Organisationskonflikte häufig auch als „Privatangelegenheiten" behandelt, verdeckt gehandhabt oder mit anderen Aktivitäten überlagert.[17] Häufig werden externe Berater zur Konfliktbewältigung herangezogen, kostspielige Beratungsmandate erteilt oder Gutachten in Auftrag gegeben.

3. Konfliktbereiche in der Arbeitswelt

Es kann inzwischen als gemeinhin bekannt vorausgesetzt werden, dass Konflikte **19** am Arbeitsplatz zu betrieblichen Spannungen und zu Ängsten führen, die eine Erhöhung des Krankenstandes, sinkende Produktivität, innere Kündigungen sowie die Zerstörung persönlicher Beziehungen, Feindschaften und – letztendlich – die Beendigung des Arbeitsverhältnisses zur Folge haben.[18] Im Hinblick auf diese Konsequenzen ist es für die Unternehmen und für das Management häufig geradezu von existenzieller Bedeutung, Arbeitsplatzkonflikte frühestmöglich in den Griff zu bekommen.[19]

a) Typische Arbeitsplatzkonflikte im Individualbereich. Die Voraussetzungen für **20** Arbeitsplatzkonflikte sind in jedem Unternehmen mannigfach vorhanden: Verschiedenheiten in den Kulturen und in den Werten, persönliche Vorlieben oder Abneigungen, Frustration im Job oder zu Hause, unterschiedliche Persönlichkeiten, geschlechtsspezifische Komponenten oder Statusunterschiede können die Ursachen für Arbeitsplatzkonflikte sein.

---

[14] *Schwarz*, Konfliktmanagement, S. 157 ff.
[15] *Schwarz*, Konfliktmanagement, S. 146 ff.
[16] *Budde* in: Henssler/Koch Mediation, S. 506 m. w. N.
[17] *Kolb/Bartunek*, Hidden Conflict in Organizations, S. 213 ff.
[18] *Panse/Stegmann*, Kostenfaktor Angst, S. 111 ff.; *Gleason*, Workplace Dispute Resolution, S. 3 m. w. N.
[19] *Dendorfer*, FA Spezial zu FA Fachanwalt Arbeitsrecht 9/2000, 12 ff.

21   So sind zunächst **Streitigkeiten im bestehenden Arbeitsverhältnis zwischen Arbeitgeber und Arbeitnehmer oder Vorgesetzten und Mitarbeitern** denkbar, insbesondere wenn es um das Verhalten oder die Leistung des Mitarbeiters geht. Meinungsverschiedenheiten oder Provokationen mit oder gegenüber Vorgesetzten, Fehlverhalten, wie z.B. unentschuldigtes Zuspätkommen, Eigenbeurlaubung oder die ungenehmigte Verlängerung des Urlaubs, aber auch Gefühle der Über- bzw. Unterlegenheit oder die Angst um Macht- oder Positionsverluste sind als Ursachen für derartige Streitigkeiten denkbar. Ungenaue Ziel- und Aufgabenbeschreibungen, unfaire Mitarbeiterbeurteilungen, unrealistische Arbeitsbelastungen oder die Zurückweisung von Mitarbeiterideen haben Konflikte zwischen Arbeitnehmern und Vorgesetzten zur Folge.[20]

22   **Streitigkeiten zwischen Arbeitnehmern** auf Grund gesellschaftlicher oder persönlicher Konflikte, wie die Angriffe auf die Persönlichkeitsrechte durch Mobbing (z.B. Gemeinheiten, systematische Angriffe auf eine Person, Ausgrenzung) oder durch sexuelle Belästigung, können zu einem erheblichen innerbetrieblichen Konfliktpotenzial führen.[21] Angriffe dieser Art veranlassen den betroffenen Arbeitnehmer entweder zum Gegenangriff, womit regelmäßig eine Konflikteskalation verbunden ist, oder zur Aufgabe, d.h. zur Kündigung des Arbeitsverhältnisses.[22] In jedem Fall wird die Vertrauensbasis für das bestehende Arbeitsverhältnis zerstört, häufig greifen derart eskalierte Konflikte auf andere Arbeitnehmer über. Nicht selten kommt es dabei zu unangenehmen öffentlichen Auseinandersetzungen.

23   **Streitigkeiten im Zusammenhang mit der Beendigung eines Arbeitsverhältnisses** sind wohl diejenigen Konflikte, die am häufigsten auch für Dritte offenbar und vor Gericht ausgetragen werden. Ein beredtes Zeichen sind dafür die steigende Anzahl der Kündigungsschutzklagen und die damit einhergehende Überlastung der Arbeitsgerichte.[23]

24   **b) Typische Arbeitsplatzkonflikte im Kollektivbereich.** Bei Konflikten im kollektiven Bereich besteht die Besonderheit, dass eine Konfliktlösung durch eine Beendigung der Arbeitsbeziehung nicht ohne weiteres herbeigeführt werden kann. Betriebsrat und Arbeitgeber können sich nicht einfach trennen und die Tarifvertragsparteien sind auch für die Zukunft gezwungen, miteinander umzugehen, zu verhandeln und Lösungen zu finden.

25   Zu denken ist dabei an **Tarifstreitigkeiten** zwischen Arbeitgeberverbänden und Gewerkschaften oder zwischen einem Unternehmen und einer Gewerkschaft mit dem Ziel, einen Abschluss von Firmen- oder Haustarifverträgen herbeizuführen.[24]

26   Konflikte zwischen **Arbeitgeber und Betriebsrat** entstehen vornehmlich zu Fragen der Festlegung oder Einhaltung der im Betriebsverfassungsgesetz festgelegten Mitbestimmungsrechte durch den Arbeitgeber.[25] Zudem können Streitigkeiten über die Rechte des Betriebsrates bei Ausübung seines Amtes entstehen, so z.B. zu den Fragen der Teilnahme an Schulungen, der Ausstattung mit Arbeitsmitteln, oder der

---

[20] *Gleason*, Workplace Dispute Resolution, S. 3 m.w.N.
[21] *Mähler/Mähler*, Beck'sches Rechtsanwaltshandbuch, S. 1067, 1088; *Hugo-Becker/Becker*, Psychologisches Konfliktmanagement, S. 114 ff.; *Altmann/Fiebiger/Müller*, Mediation, S. 172 f.
[22] *Hugo-Becker/Becker*, Psychologisches Konfliktmanagement, S. 120 ff.
[23] *Budde* in: Henssler/Koch Mediation, § 15 S. 507 m.w.N.
[24] Handelsblatt vom 8. 2. 2000.
[25] *Altmann/Fiebiger/Müller*, Mediation, S. 170 f.

Freistellung für Betriebsratssitzungen. In den Situationen von Betriebsstilllegungen oder Produktionsverlagerungen kommt es häufig zu Auseinandersetzungen über den Abschluss von Interessenausgleich und Sozialplan. Aber auch innovative Strategien, wie Outplacement, Auffang- und Qualifizierungs-Gesellschaften oder Outsourcing tragen Konfliktpotenzial in sich.[26]

Auch **innerhalb eines Einzel-, Gesamt- oder Konzernbetriebsrates** entstehen Kon- 27 flikte. Bei diesen Konflikten wird ebenfalls versucht, eine öffentliche Auseinandersetzung zu vermeiden, die seitens des Arbeitgebers als Schwäche des Betriebsrates ausgelegt und eventuell sogar ausgenutzt werden könnte. Konflikte zwischen **Betriebsrat und Gewerkschaft** sind zudem denkbar, auch diese werden – nach Möglichkeit – verdeckt ausgetragen.

c) Traditionelle Methoden der Konfliktregelung in der Arbeitswelt. Die traditio- 28 nellen Methoden der Konfliktregelung in der Arbeitswelt führen häufig vor die Arbeitsgerichte oder in Schieds- bzw. Einigungsstellenverfahren. Dem gehen regelmäßig zahlreiche Interaktionen, gescheiterte oder nicht geführte Gespräche zwischen den Konfliktbeteiligten sowie sonstige Aktivitäten voraus, die letztendlich zur Konflikteskalation geführt haben.[27]

aa) Organisationsentwicklung. Zur Bewältigung von Konflikten, die auf Grund 29 organisatorischer Veränderungen, wie z.B. auf Grund einer Neustrukturierung, einem EDV-Projekt, einem bevorstehenden Generationswechsel im Familienbetrieb oder bei Überarbeitung von Unternehmensstrategien entstehen können, werden in den Unternehmen immer häufiger Organisationsentwickler eingesetzt.

Unter Organisationsentwicklung (OE) wird im Rahmen systemischer Ansätze ein 30 langfristiges Programm von geplanten Veränderungen einer Organisation verstanden, und zwar mit dem Ziel, diese Veränderungen so zu unterstützen und zu gestalten, dass sie nicht nur als unvorhergesehene Nebenwirkungen technologischer, wirtschaftlicher oder personeller Neuerungen auftreten.[28] Ein solches Programm bezieht die gesamte Organisation, also sowohl Personen als auch Situationen und Prozesse mit ein. Organisationsentwicklung in diesem Sinne ist unmittelbar mit dem Konzept der **lernenden Organisation** verknüpft.[29]

Solche Veränderungen bringen für die Mitarbeiter Unruhe und Verunsicherung, 31 aus diesem Grunde sind OE-Prozesse immer mit betrieblichen Konflikten verbunden. Es geht dabei z.B. um die Verteilung von Aufgaben, Zuständigkeiten, Ressourcen oder aber um persönliche Ressentiments. OE-Prozesse sind ohne Konfliktmanagement daher nicht denkbar.[30]

bb) Vergleiche. Konfliktparteien sind insbesondere bei der Beendigung eines 32 Arbeitsverhältnisses häufig vergleichsbereit.[31] Kündigungsschutzklagen werden überwiegend durch Vergleiche, die entweder außergerichtlich oder in den Güteterminen geschlossen werden, erledigt. Die Parteien werden dabei zumeist von der Überzeugung angetrieben, dass eine Fortsetzung des Arbeitsverhältnisses auf Grund

---

[26] *Altmann/Fiebiger/Müller,* Mediation, S. 171.
[27] *Gleason,* Workplace Dispute Resolution, S. 3 f.
[28] *Baumgartner/Häfele/Schwarz/Sohm,* OE-Prozesse, S. 19; *Schein,* Organisationsentwicklung, S. 40 ff.; *Teubner,* Forschungsprojekt Mediation, S. 83.
[29] *Senge,* The Fifth Discipline, S. 5 ff.
[30] *Teubner,* Forschungsprojekt Mediation, S. 88 ff.
[31] Vgl. *Budde* in: Hensler/Koch, Mediation, § 15 S. 512 f. m.w.N.

der zerrütteten persönlichen Beziehungen „sowieso zu keinem Erfolg mehr führen kann".

33   *cc) Streitentscheidung durch das Arbeitsgericht.* Bei einer arbeitsgerichtlichen Auseinandersetzung hat die gütliche Einigung stets Vorrang vor einer richterlichen Entscheidung, wie sich aus den §§ 54 und 57 Abs. 2 ArbGG ergibt.

Eine **Güteverhandlung** findet jedoch immer erst dann statt, wenn die Fronten schon verhärtet sind und die Parteien nur noch den Ausweg über das Gericht sehen. Die Parteien haben ihren Konflikt beim Richter zur Entscheidung „*abgegeben*". Eine Berücksichtigung des „*gesamten Lebenssachverhalts*" mit oft jahrelanger Konfliktvorgeschichte ist innerhalb des zeitlichen und institutionellen Rahmens einer Güteverhandlung nicht möglich.[32]

Dennoch wird ein großer Teil arbeitsgerichtlicher Streitigkeiten in der Güteverhandlung verglichen. Grund ist dafür in der Regel die lange Zeit bis zur Durchführung eines Kammertermins, weniger der Wunsch, kooperative Konfliktbewältigungsmethoden anzuwenden. Insbesondere bei der Beendigung von Arbeitsverhältnissen ist der Druck groß, eine rasche Klärung herbeizuführen.

Im **Kammertermin** entscheidet das Gericht über Rechtspositionen, die in Form von Anträgen von den Parteien eingebracht werden. Die Ursachen, die zu dem Konflikt geführt haben, werden auch hier weder erforscht, noch bereinigt. Häufig besteht der Prozessgewinn für die obsiegende Partei daher nur auf dem Papier: So setzten in 1984 nur 4% der Arbeitnehmer nach dem Obsiegen in einem Kündigungsschutzprozess ihr Arbeitsverhältnis bei demselben Arbeitgeber auch tatsächlich fort.[33] In der weit überwiegenden Zahl der Fälle hingegen ist das Vertrauensverhältnis derart zerstört, dass eine weitere Zusammenarbeit von beiden Seiten nicht gewünscht oder als unzumutbar angesehen wird.

34   *dd) Streitentscheidung durch die Einigungsstelle.* Für Konflikte zwischen Arbeitgeber und Betriebsrat sieht § 76 BetrVG die Durchführung von **Einigungsstellenverfahren** vor. Die Einigungsstelle besteht nach § 76 Abs. 2 BetrVG „aus einer gleichen Anzahl von Beisitzern, die vom Arbeitgeber und dem Betriebsrat bestellt werden, und einem unparteiischen Vorsitzenden". Im Rahmen eines Einigungsstellenverfahrens kann der Streit umfassend diskutiert und es können Gesichtspunkte mitbehandelt werden, die außerhalb der Grenzen der erzwingbaren Mitbestimmung liegen.

Die Teilnahme am Einigungsstellenverfahren ist erzwingbar, das Ergebnis des Verfahrens ist eine Mehrheitsentscheidung. Der „neutrale Dritte", also der Vorsitzende, ist stimmberechtigt und hat damit letztendlich entscheidenden Einfluss auf das Ergebnis.[34]

35   *ee) Schlichtungsausschüsse nach dem BBiG.* Nach § 111 Abs. 2 ArbGG können „zur Beilegung von Streitigkeiten zwischen Ausbildenden und Auszubildenden aus einem bestehenden Berufsausbildungsverhältnis im Bereich des Handwerks die Handwerksinnung, im Übrigen die zuständigen Stellen i. S. des Berufsbildungsgesetzes, Ausschüsse bilden, denen Arbeitgeber und Arbeitnehmer in gleicher Zahl ange-

---

[32] *Budde* in: Gottwald u. a. AKR-Handbuch, Kap. 5.2.4 S. 2; a. A. *Henkel* NZA 2000, 929, 930 f.
[33] *Budde* in: Henssler/Koch, Mediation, § 15 S. 513 m. w. N.
[34] *Redmann*, FA – Fachanwalt Arbeitsrecht 2000, 76, 77; *Eyer/Redmann*, Personal 1999, 618 f.; *Dendorfer*, FA-Spezial 9/2000, 12, 17 m. w. N.

hören müssen." Die Ausschüsse fällen einen Schlichtungsspruch, der von beiden Parteien anerkannt werden muss.

Der Praxisbezug ist als der eindeutige Vorteil dieser Ausschüsse zu nennen, wodurch kreative Problemlösungen möglich sind. Die Quote der Inanspruchnahme von Schlichtungsausschüssen nach § 111 Abs. 2 ArbGG ist in der Praxis eher gering, für einige Regionen sind solche Ausschüsse gar nicht erst eingerichtet worden. Die Erfolgsquote im Falle der Durchführung eines solchen Schlichtungsverfahrens liegt jedoch bei fast 100%.[35]

ff) Beschwerderecht nach §§ 84, 85 BetrVG. Nach den §§ 84, 85 BetrVG hat je- 36
der Arbeitnehmer das Recht, sich bei den zuständigen Stellen des Betriebs im Falle von Benachteiligungen oder sonstigen Beeinträchtigungen zu beschweren. Erfolgt die Beschwerde beim Betriebsrat, hat dieser die Beschwerde entgegenzunehmen und beim Arbeitgeber auf Abhilfe hinzuwirken. Durch Tarifvertrag oder Betriebsvereinbarung können die Einzelheiten des Beschwerdeverfahrens geregelt werden (§ 86 BetrVG).

Diese Vorschriften sind in der betrieblichen Praxis weitgehend unbekannt und werden von den Betriebspartnern kaum angewandt.[36]

gg) Vermittlung nach § 112 Abs. 2 BetrVG. Der Gesetzgeber hat in § 112 Abs. 2 37
BetrVG eine Vermittlung durch den Präsidenten des Landesarbeitsamtes für die Fälle vorgesehen, in denen ein Interessenausgleich oder ein Sozialplan nicht in zustande kommen. Bleibt der Vermittlungsversuch ergebnislos oder wird der Präsident des Landesarbeitsamtes von keiner der Parteien angerufen, so verbleibt die Möglichkeit der Einigungsstelle.

Der Präsident des Landesarbeitsamtes hat im Rahmen seiner Vermittlungstätigkeit weder beim Interessenausgleich noch beim Sozialplan eine Entscheidungskompetenz, sondern ist allein auf seine Sachkunde und Überzeugungskraft angewiesen.[37] Allerdings droht beim Scheitern letztendlich das Einigungsstellenverfahren, an dem der Präsident des Landesarbeitsamtes auf Ersuchen des Einigungsstellenvorsitzenden sogar teilnehmen kann.

IV. Integrative Konfliktbewältigung durch betriebliches Konfliktmanagement

Die bisherigen Ausführungen zeigen, dass in und zwischen Unternehmen mannig- 38
fache Konfliktsituationen auftreten können. Oft werden auftretende Konflikte jedoch so lange verdrängt, bis sie sich einfach nicht mehr leugnen lassen. Früher oder (meistens) später versuchen die Beteiligten mit den bereits beschriebenen Methoden traditioneller Konfliktlösung des Problems Herr zu werden. Manche Methoden haben jedoch eine gefährliche Eigenschaft: Sie verschärfen den Konflikt. Konflikte tendieren zur Eskalation und die beschriebenen Methoden unterstützen diese Ent-

---

[35] *Budde* in: Gottwald u. a., AKR-Handbuch, Kap. 5.2.4 S. 3 m. w. N.
[36] *Budde* KON:SENS 1999, 32.
[37] *Fitting/Kaiser/Heither/Engels,* BetrVG, §§ 112, 112 a Rdnr. 31; *Stückemann,* FA-Spezial 9/2000, 7.

wicklung. *Glasl*[38] hat die verschiedenen Stufen der Konflikteskalation so beschrieben:

39

Die 9 Stufen der Konflikteskalation		
1.	Verhärtung	Bewußtsein der bestehenden Spannung erzeugt Verkrampfung
2.	Debatte	Polarisation im Denken, Fühlen und Wollen; Schwarz-Weiß-Denken
3.	Taten	Strategie der vollendeten Tatsachen; Diskrepanz verbales – nonverbales Verhalten; „Reden hilft nichts mehr"
4.	Images/Koalitionen	einander in negative Rollen manövrieren und bekämpfen; Werben um Anhänger
5.	Gesichtsverlust	öffentlich und direkt: Gesichtsangriffe; Verteufelung der anderen Seite
6.	Drohstrategien	Akzeleration durch Ultimata; Stress
7.	Begrenzte Vernichtungsschläge	Umkehren der Werte ins Gegenteil: relativ kleinerer eigener Schaden = Gewinn
8.	Zersplitterung	Paralysieren und Desintegrieren des feindlichen Systems
9.	Gemeinsam in den Abgrund	totale Konfrontation; Vernichtung zum Preis der Selbstvernichtung; Hauptsache, der Feind geht (auch) zugrunde

© *Friedrich Glasl* – Konfliktmanagement

Abbildung 1: Die 9 Stufen der Konflikteskalation

40   Traditionelle Konfliktlösungsmethoden haben, soweit sie streitentscheidend sind, folgende gemeinsame Eigenschaften: Sie verstärken bei den Konfliktparteien das Gefühl der Ohnmacht und beenden allenfalls Konflikte, lösen sie aber nicht.

Wie sieht diese Beendigung aus? Oft besteht sie darin, dass Streitparteien vom Konfliktterrain entfernt werden (bei unternehmensinternen Konflikten beispielsweise durch Aufhebungsvertrag oder Versetzung).

Eine andere Möglichkeit ist es, den Parteien von dritter Seite eine Entscheidung an die Hand zu geben, die sie von der Verantwortung für den Konflikt entbindet, sie aber auch fühlen lässt, dass sie die Herrschaft über den Konflikt verloren haben. Die Beendigung des Konflikts besteht dann darin, den Parteien zu sagen, dass sie mit dieser Entscheidung nun leben müssen und weitere Rechtsmittel nicht bestehen.

Aber wird der Konflikt so gelöst? Gelöst im Sinne von Auflösung, Entwirrung und Entkrampfung. Nein, ebenso wenig wie Alexander den Gordischen Knoten gelöst hat. Es wird am Ende etwas durchgeschlagen und die Parteien finden sich oftmals am Ende dieses Prozesses in einer hilflosen Lage wieder.

---

[38] *Glasl*, Konfliktmanagement, S. 218 u. 219.

Die traditionellen Methoden der Konfliktbearbeitung haben einen weiteren Nachteil: Der Fokus dieser Methoden liegt in der Vergangenheit. Die Fragen, die zu entscheiden sind, heißen: Wer ist schuld? Wer hat recht?

Ereignisse in der Vergangenheit können jedoch nicht mehr verändert werden. Man kann sie nur bewerten. Daher sind die zuvor genannten Fragestellungen ein zwangsläufiges Ergebnis.

Lösen lassen sich Konflikte aber nur durch Gestaltung. Gestalten lässt sich nur die Zukunft. Daher wird sich derjenige, der den Konflikt auflösen möchte, im Regelfall die Frage stellen: „Welche Interessen haben die Parteien?" und „Welche Lösung gibt es für das Problem?"[39] Diese zukunftsgerichteten Methoden wollen wir nachfolgend auch **kooperative Konfliktbewältigungsmethoden** nennen. Wenn sie sich erfolgreich anwenden lassen, deeskaliert der Konflikt, die Parteien erhalten die Verantwortung zurück und lösen, oft mit Unterstützung eines neutralen Dritten, den Konflikt selbst.

Wenn wir nochmals einen Blick auf die bei Rdnr. 39 abgedruckte Graphik von *Glasl* werfen, so lässt sich erkennen, dass kooperative Methoden allerdings nur dort eine Chance auf Erfolg haben, wo der Konflikt eine gewisse Grenze der Eskalation noch nicht überschritten hat. Jenseits dieser Grenze, die wohl bei Stufe 5 legen dürfte, wird im Regelfall an der Streitentscheidung nichts vorbeiführen.

Kooperative Methoden sind also umso erfolgreicher, **je eher** sie nach dem Entstehen des Konflikts eingesetzt werden. Besonders für Parteien im Wirtschaftsleben ist die Gestaltung zukünftiger Beziehungen, also die Zukunftsbezogenheit der Konfliktlösung, meist wichtiger als eine juristische Aufarbeitung des Geschehens. Der Wert einer Konfliktlösung für eine Partei bemisst sich daran, wie gut diese ihren Interessen dient, nicht wie weit sie den ursprünglichen Positionen entspricht oder die Rechte der Parteien verwirklicht.[40]

1. Kooperative Konfliktbewältigungsmethoden[41]

a) Verhandlung. Verhandlungen zwischen den Parteien waren schon immer ein   **41** probates Mittel zur Konfliktlösung und sind Teil der täglichen Praxis. Generell lassen sich zwei Arten des Verhandelns unterscheiden:

Zum einen geht es um das kooperative Verhandeln[42], dessen Ziel eine interessengerechte Lösung des Problems ist, zum anderen um positionelles Verhandeln (sogenanntes Feilschen oder Positional Bargaining), bei dem es um die Durchsetzung eigener Positionen geht und das nötige Vertrauenspotenzial zur Offenlegung der hinter den Positionen stehenden Interessen fehlt. Während das kooperative Verhandeln meist zu Ergebnissen führt, die langfristig die Verhandlungsparteien zufrieden stellen, ist das Ergebnis positionellen Verhandelns oft nur ein Kompromiss ein Sich-in-der Mitte-Treffen zwischen unrealistischen Positionen.

---

[39] *Ury/Brett/Goldberg*, Konfliktmanagement, S. 41 f.
[40] *Breidenbach* in: Breidenbach/Henssler, Mediation für Juristen, S. 5.
[41] Zu den Einzelheiten der im Folgenden dargestellten Verfahren vgl. *Ponschab/Breidenbach/Peres* in: Heussen, Handbuch Vertragsverhandlung und Vertragsmanagement, S. 868 ff.; *Constantino/ Sickles*, Merchant Designing Conflict Management Systems, S. 38.
[42] Vgl. dazu grundlegend § 9; *Ponschab/Schweizer*, Kooperation statt Konfrontation.

Verhandlungskompetenz ist keine Gottesgabe. Sie lässt sich erlernen.[43] Oft scheitern Verhandlungen daran, dass die Parteien nicht über ausreichende Verhandlungsfähigkeiten und Verhandlungsfertigkeiten verfügen.

42   **b) Neutraler Experte.** Die Parteien können auch einen neutralen Experten hinzuziehen, dem der Fall von beiden Seiten vorgetragen wird. Der Experte beurteilt dann gegenüber den Parteien deren Ausichten in einem Rechtsstreit. Dies führt häufig dazu, dass die Parteien ihre meist überoptimistische Einschätzung der eigenen Position aufgeben und sich aufeinander zubewegen.

43   **c) Moderation.** Eine weitere Möglichkeit ist die Einbeziehung einer dritten Partei in die Verhandlungen, die sich ausschließlich auf den Prozess zwischen der Parteien konzentriert, um sie einem gemeinsamen Ergebnis näherzubringen. Dieses Verfahren bezeichnet man als Moderation.

44   **d) Schlichtung.** Im Rahmen einer Schlichtung durch eine neutrale Schlichtungsstelle (z. B. der Ärztekammer oder der IHK) werden die Parteien zunächst angehalten, selbst Lösungsvorschläge zu unterbreiten. Führt dies zu keiner Lösung, so kann der Schlichter auf Bitte der Parteien seinen rechtlichen Rat und gegebenenfalls seine Autorität einbringen und einen (nicht rechtsver-bindlichen) Schlichterspruch fällen. Die Parteien werden regelmäßig versuchen, den Schlichter von ihrem Standpunkt zu überzeugen und dabei oft nicht über die Erörterung ihrer rechtlichen Positionen hinauskommen.[44]

45   **e) Mediation.** In der Mediation[45] hat der Mediator keine Entscheidungsmacht. Er beschränkt sich auf eine rein vermittelnde, unterstützende Tätigkeit, er ist unparteilich und neutral. Im Vordergrund steht die eigenverantwortliche Konfliktbewältigung der Parteien.[46] Der Mediator ist also gewissermaßen ein Verhandlungshelfer. Er fördert den Verhandlungsprozess zwischen den Parteien.

46   **Voraussetzung** ist somit für den Mediator, dass er profundes Wissen und Erfahrung über Verhandlungsführung und die Wirkung seiner Interventionen hat. Oft wünschen die Parteien auch einen Mediator, der das nötige Fachwissen für den Verhandlungsgegenstand hat. Wenn der Mediator auch tendenziell immer versuchen wird, die Parteien zu einer kooperativen Verhandlungsführung zu bewegen, kann er durchaus bei positionellen Verhandlungen positiven Einfluss ausüben, beispielsweise dadurch, dass er darauf achtet, dass die Parteien einerseits nicht von völlig unrealistischen Positionen ausgehen, andererseits, dass sie den Prozess des Aufeinander-Zugehens nicht abbrechen.

47   Die Durchführung eines Mediationsverfahrens ist **freiwillig**. Die Parteien entscheiden, ob und wann es durchgeführt wird und können es jederzeit einseitig abbrechen. Das Verfahren ist nicht förmlich und lässt sich flexibel und auf den Einzelfall bezogen gestalten. Wenn alle damit einverstanden sind, hat der Mediator auch die Möglichkeit, mit den Parteien Einzelgespräche zu führen. Das vertrauliche Einzelgespräch mit den Parteien gibt dem Mediator die Gelegenheit, Informationen zu erhalten, die sonst nicht preisgegeben würden, die Stärken und die Schwächen

---

[43] *Haft*, Verhandlung und Mediation, S. 6 ff.; *Gottwald/Haft*, Verhandeln und Vergleichen, S. 11 ff.
[44] *Duve/Ponschab* KON:SENS 1999, 265.
[45] Vgl. dazu für viele: *Risse* NJW 2000, S. 1614 ff.; *Breidenbach*, Mediation, S. 137 ff.; *Günther/Hoffer* in: Henssler/Koch, Mediation, § 11 S. 375 ff.; *Lenz/Mueller*, Business mediation, S. 188 ff.
[46] Vgl. zu den Prinzipien der Mediation § 15.

der Positionen zu besprechen und Angebote der anderen Seite zu diskutieren. Die Trennung der Parteien ist oftmals auch ein probates Mittel, wenn die Stärke der Emotionen es verhindert, dass weiterführende Lösungen in gleichzeitiger Anwesenheit der Parteien erarbeitet werden.

Ziel der Mediation ist, eine verbindliche Vereinbarung zwischen den Parteien zu erreichen, die von ihnen persönlich erarbeitet und verantwortet ist.

Die Mediation kann auch, wenn die Parteien dies wünschen und der Mediator einverstanden ist, in eine **Schlichtung** übergehen, bei der der Mediator den Parteien seine Meinung zu den rechtlichen Aussichten des Konfliktes unterbreitet.

f) Schiedsschlichtung. Bei der Schiedsschlichtung (auch als **Med-Arb-Verfahren**[47] 48 bekannt) wird zunächst eine Mediation mit den Parteien versucht. Scheitert diese, so geht das Verfahren in ein Schiedsverfahren über.

g) Mini-trial. Eine der Entwicklungen der Alternative Dispute Resolution (ADR) 49 ist daneben noch die Durchführung eines **Mini-trial**, auf das jedoch in diesem Rahmen nicht näher eingegangen werden kann.[48]

2. Argumente für den Einsatz kooperativer Konfliktbewältigungsmethoden im Unternehmen

Nicht immer lässt sich der „Kuchen vergrößern", indem andere ungelöste Prob- 50 leme einbezogen oder neue Kooperationsfelder geschaffen werden. Oft geht es auch nicht darum, den Kuchen zu vergrößern, sondern ganz einfach darum, ihn zu verteilen. Auch in diesen Fällen sind Methoden der kooperativen Konfliktlösung besonders geeignet, von allen Parteien akzeptierte Ergebnisse herbeizuführen.

a) Annäherung durch Risikoanalyse. Bei distributiven Konflikten hat jede Partei 51 das Interesse, möglichst viel von dem vorhandenen Kuchen zu bekommen. Wenn jede Partei die Möglichkeit hat, sich „ungezügelt" möglichst große Stücke herauszuschneiden, wird die „Lösung" sehr bald in einer Tortenschlacht enden. Wird dagegen beispielsweise von vornherein ein Mediator eingeschaltet, hat dieser zunächst die Möglichkeit, mit den Parteien in Einzelgesprächen eine **Risikoanalyse** durchzuführen, indem er mit ihnen gemeinsam überprüft, welche Ergebnisse sie denn außerhalb dieses Verhandlungskontextes erreichen könnten.[49] Durch geschickte Fragen wird der Mediator erreichen, dass sich die Parteien dem *„reality testing"* nicht entziehen, sie werden in einem *„tête a tête"* mit dem Mediator im Regelfall eine überoptimistische Einschätzung ihrer Chancen, die außerhalb dieses Verhandlungsumfeldes bestehen (also vor allem bei Gericht), aufgeben und sich dadurch erheblich annähern.

b) Parteiautonomie. Im Gegensatz zur Streitentscheidung durch einen Richter 52 bleiben bei kooperativen Verfahren die **Parteien Herren des Verfahrens**. Sie einigen sich vorab auf den Verfahrensablauf und können die Verhandlungen jederzeit ein-

---

[47] *Ross/Conlon,* Academy of Management Review 2000, S. 416 ff.; *Goldberg/Sander/Rogers,* Dispute Resolution, S. 275.
[48] Vgl. dazu § 38 Rdnr. 99; *Ponschab/Breidenbach/Peres* in: Heussen, Handbuch Vertragsverhandlung und Vertragsmanagement, S. 871 f.; *Günther/Hoffer* in: Henssler/Koch, Mediation, § 11 S. 362 f.
[49] Vgl. *Ury/Brett/Goldberg,* Konfliktmanagement, S. 69 ff.

seitig abbrechen.[50] Die im Verfahrensverlauf entwickelten Lösungen beruhen auf einem **Parteikonsens** und nicht auf der Entscheidung eines Dritten. Im Vordergrund stehen die Interessen der Beteiligten, nicht Rechte oder Rechtsansprüche. Parteien, die sich freiwillig und eigenverantwortlich einigen, sind mit dem Ergebnis meist zufriedener als mit aufgedrängten Lösungen und befolgen daher im Regelfall auch die getroffene Vereinbarung.[51]

Kooperative Methoden fördern und stärken die Fähigkeit zur **privatautonomen Konfliktbewältigung** und zur eigenverantwortlichen Konfliktlösung; Konflikte werden als Normalität wahrgenommen.[52] Letztlich werden so insbesondere in Unternehmen weniger Energien für die Bewältigung von Konflikten gebunden. Die freiwerdenden Kräfte können für die eigentlichen unternehmerischen und organisatorischen Aufgaben eingesetzt werden.

53   c) **Zeit- und Kostenersparnis.** Kooperative Konfliktlösungsmethoden sparen Zeit und Kosten.[53] Oftmals ist ein Tag ausreichend, um zu einer einvernehmlichen Lösung zu gelangen oder aber zu entscheiden, dass der Konflikt vor Gericht ausgetragen werden muss. Letzteres kommt allerdings bei einer freiwilligen Mediation eher selten vor, vielmehr führen solche in durchschnittlich 80% der Fälle zum Erfolg.[54] Unter diesem Gesichtspunkt erscheint das Risiko gering, durch ein vorgeschaltetes Mediationsverfahren zusätzliche Kosten zu verursachen und Zeit zu verlieren, zumal eine erste Aufarbeitung des Konfliktstoffs während der Mediation auch zu einer schnelleren Klärung vor Gericht beitragen kann.

Die **Kosten** eines Mediationsverfahrens sind außerdem zumeist niedriger als die eines Gerichtsverfahrens. Nach einer Studie von *Pricewaterhouse* und der *Cornell University* aus dem Jahre 1998 konnten bei 89,2% der befragten US-Unternehmen erhebliche Kosteneinsparungen durch den gezielten Einsatz außergerichtlicher Konfliktbeilegungsmethoden erzielt werden.[55] Diese Einsparungen werden unter anderem dadurch erreicht, dass sich das Fachpersonal seinen eigentlichen Aufgaben zuwenden kann und nicht, wie bei langjährigen Gerichtsverfahren erforderlich, wertvolle innerbetriebliche Ressourcen durch die Konfliktführung gebunden werden. Des Weiteren können Reibungsverluste vermieden werden.

54   Arbeitsplatzkonflikte führen dazu, dass der **Krankenstand** steigt, hingegen Produktivität und Arbeitsqualität sinken. Schätzungen gehen von Betriebskosten in Höhe von **50 Mrd. €** jährlich aus, die der deutschen Wirtschaft insgesamt durch betrieblich verursachte Spannungen und Ängste entstehen.[56] Die Vermeidung dieser Ängste führt zu den erwähnten Kostenvorteilen für Unternehmen.

55   d) **Interessen- und sachgerechte Lösungen.** Kooperative Methoden ermöglichen eine interessen- und sachgerechte Lösungsfindung unter Berücksichtigung des betrieblichen Gesamtsystems. Im Gegensatz zum Gerichtsverfahren beschränkt sich

---

[50] *Risse* NJW 2000, S. 1615.
[51] *Günther/Hoffer* in: Henssler/Koch, Mediation, § 11 S. 392 f. m. w. N.
[52] *Altmann/Fiebiger/Müller*, Mediation, S. 242.
[53] *Günther/Hoffer* in: Henssler/Koch, Mediation, § 11 S. 393 f. m. w. N.; *Monßen* FA-Spezial 9/2000, 8, 9 f.; *Lenz/Mueller*, Business mediation, S. 93 ff.; *Altmann/Fiebiger/Müller*, Mediaton, S. 232 ff.; *Risse* NJW 2000, 1618.
[54] *Ponschab/Dendorfer*, Mediation und Recht, S. 2.
[55] Cornell University/PricewaterhouseCoopers LL.P The Appropriate Resolution of Corporate Disputes, S. 16 ff.; zu einem Kostenvergleich zwischen Mediations- und Gerichtsverfahren vgl. § 20.
[56] *Panse/Stegemann*, Kostenfaktor Angst, S. 176.

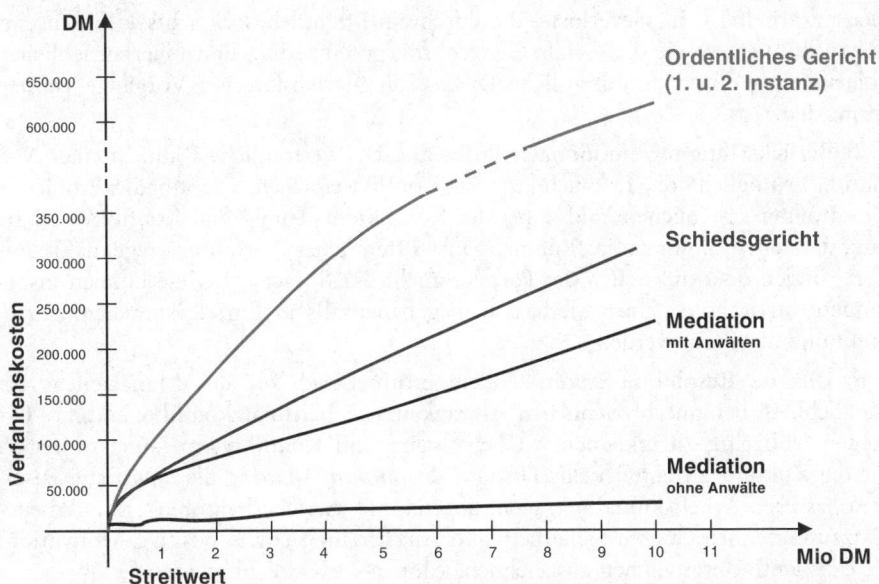

Abbildung 2: Kosten verschiedener Konfliktlösungsverfahren

die Lösungsfindung nicht auf die Herausarbeitung der Rechtslage, sondern erforscht und berücksichtigt Hintergründe und Motive der Parteien.[57] Sie behalten die Kontrolle über den Ausgang der Verhandlungen und werden nicht einem kontradiktorischen Urteil oder Schiedsspruch unterworfen.

Bei unternehmensübergreifenden Konflikten gelingt es, Verständnis für die wirtschaftliche Situation des anderen Unternehmens und die Beweggründe der dahinterstehenden Personen zu entwickeln. Die Gespräche zwischen den Parteien sind nicht problem-, sondern lösungsorientiert. Durch die Berücksichtigung der wahren Interessen der Parteien ist es möglich, **wirtschaftlich sinnvolle Ergebnisse** und eine **Win-Win-Lösung** zu erzielen, die weit über juristische Ansprüche hinausgeht, und zum Teil sogar in der Gründung neuer Geschäftsbeziehungen oder gemeinsamer Projekte enden kann.

e) **Flexibilität und Kreativität.** Der Konfliktlösungsprozess zeichnet sich zudem   56
durch ein hohes Maß an **Flexibilität und Kreativität** aus. So können bei internen Konflikten durch Erforschung der Interessen und der emotionalen Probleme der Parteien Konfliktursachen erkannt, Feindseligkeiten abgebaut und dauerhafte, sachgerechte Lösungen für die Zukunft gefunden werden. Konfliktpotenziale, die sich etwa aus der Struktur des Unternehmens oder der Aufgabenverteilung einzelner Abteilungen ergeben, werden erkannt und beseitigt.[58]

f) **Vertraulichkeit.** Bei der Anwendung kooperativer Methoden ist Vertraulich-   57
keit[59] oberstes Gebot. Die Öffentlichkeit ist ausgeschlossen. Aus diesem Grunde eignen sie sich besonders für Konflikte zwischen Unternehmen und mit Unterneh-

[57] *Ury/Brett/Goldberg,* Konfliktmanagement, S. 41 f., 70 ff.
[58] *Budde* KON:SENS 1999, 35.
[59] Dazu § 27.

mensmitarbeitern. Imageverluste, die durch ein öffentliches Gerichtsverfahren entstehen können, sowie die Gefahr der Konfliktpotenzierung und innerbetrieblichen Polarisierung durch die öffentliche Diskussion betriebsinterner Vorgänge werden vermieden.[60]

58   **g) Berücksichtigung emotionaler Probleme.** Der vertrauliche Rahmen einer Mediation ermöglicht die Erforschung von Konfliktursachen. Emotionale Probleme, die oft einen erheblichen Faktor bei der Konfliktentstehung und Konfliktverschärfung darstellen, kommen im Rahmen eines öffentlichen Verfahrens regelmäßig aus Zeitgründen oder aus Scheu der Parteien nicht zur Sprache.[61] Diese können insbesondere im Rahmen einer Mediation, gegebenenfalls in Einzelgesprächen, aufgedeckt und abgebaut werden.

59   **h) Dispute Resolution Audit.** Zudem eröffnet sich für das Management die Möglichkeit, bei innerbetrieblichen Streitigkeiten **Arbeitsplatzkonflikte** und ihre Ursachen **frühzeitig zu erkennen**, zu bewältigen und Konfliktvermeidungsstrategien für die Zukunft zu entwickeln *(Dispute Resolution Audit)*[62], die langfristig zu einem besseren Arbeitsklima beitragen. Sogenannte „weiche Faktoren", wie Arbeitsplatzzufriedenheit, innere Sicherheit und Angstfreiheit sowie positive Motivation, die exzellente Unternehmen auszeichnen, können verwirklicht werden.[63]

60   **i) Erhaltung langfristiger Verbindungen.** Langfristige Beziehungen können erhalten werden. Kooperative Methoden streben Konsenslösungen zwischen den Konfliktparteien an und tragen dazu bei, den Schaden für eine bestehende Geschäftsbeziehung zu begrenzen, sie auf eine neue Grundlage zu stellen und auszubauen oder aber überhaupt erst zu entwickeln.[64] Insbesondere die Betriebsparteien sind auf eine langfristige Zusammenarbeit angewiesen, sie sitzen sozusagen „im gleichen Boot" und profitieren von einer auf Kooperation ausgerichteten Konfliktlösungsmethode.[65]

61   **j) Verbesserung der Streitkultur des Unternehmens.** Die Streitkultur des Unternehmens wird verbessert. Konflikte innerhalb eines Unternehmens sind etwas Normales und dürfen als solche nicht verdrängt werden. Sie tragen vielmehr die Chance zur Weiterentwicklung in sich und sind aus dieser Sicht nicht nur negativ, sondern für die Fortentwicklung von Unternehmen notwendig und wichtig.[66]

62   **k) Innovation und positive Energien.** Schließlich führen präventiv geleitete und in vernünftigen Bahnen laufende Konflikte zu mehr **Innovation und zu positiven Energien**, die eine Steigerung der Produktivität und der Leistungsfähigkeit der Mitarbeiter zur Folge haben. Präventive Konfliktregelung entspricht dem seit geraumer Zeit feststellbaren Wandel hin zu Mitarbeiterbeteiligung und Mitarbeiterverantwortung im Unternehmen.[67]

---

[60] *Stückemann*, FA-Spezial 9/2000, 5 ff.
[61] *Ponschab/Dendorfer*, Mediation und Recht, S. 6.
[62] *Singer*, Settling Disputes, S. 105 f.
[63] Vgl. *Teubner*, Forschungsprojekt Mediation, S. 90; *De Dreu/Van de Viert*, S. 23, 24.
[64] *Eidenmüller* in: Henssler/Koch, Mediation, § 2 S. 59.
[65] *Stückemann*, FA-Spezial, 5.
[66] *Lenz/Mueller*, Business mediation, S. 77.
[67] *Gleason*, Workplace Dispute Resolution, S. 7 f.

3. Schwierigkeiten beim Einsatz eines Konfliktmanagementsystems im Unternehmen

Der Einsatz eines kooperativen Konfliktmanagementsystems bringt jedoch für 63
das Unternehmen nicht nur Vorteile, sondern ist vielmehr von Schwierigkeiten begleitet, die wir nachfolgend kurz skizzieren wollen.

a) **Einbeziehung des gesamten betrieblichen Systems.** Unternehmen sind komplexe 64
soziale Systeme, die beim Einsatz kooperativer Konfliktlösungssysteme gespiegelt
werden müssen. Daher müssen beispielsweise innerbetriebliche Mediationsverfahren in manchen Beziehungen anderen Anforderungen genügen als unternehmensexterne Mediationen. Bei einer Konfliktlösung muss immer der Gesamtkontext des
Konfliktes berücksichtigt werden.[68] Daher ist die **Einbeziehung des gesamten betrieblichen Systems** erforderlich. Unabdingbar sind diesbezüglich Kenntnisse über
die Strukturen und die Organisation des Unternehmens, was den Einsatz eines externen Mediators erschweren kann.

Des Weiteren müssen bei innerbetrieblichen Konflikten oft Mehrparteienmediationen mit höheren Organisationsanforderungen (z. B. der Ernennung von Stellvertretern für einzelne Mitglieder der teilnehmenden Konfliktparteien) durchgeführt
werden. Kenntnisse im Bereich des Arbeitsrechts als „Vertrautheit mit dem Feld"
sind ebenfalls erforderlich.

b) **Neutralität, Unabhängigkeit und Unparteilichkeit des Konfliktmanagers.** 65
Neutralität, Unabhängigkeit und Unparteilichkeit des Mediators sind unverzichtbare Elemente der Mediation. In der Mediation sind beide Konfliktparteien Auftraggeber des Mediators; er vertritt nicht die Interessen nur eines der Beteiligten. Ein
Mediator kann nicht tätig werden, wenn er eine der Parteien in dem Konflikt beraten oder vertreten hat.[69] Weiterhin besteht das strikte Verbot, in der gleichen Sache
einen der Beteiligten nach der Mediation zu vertreten oder dies während der Mediation zu veranlassen.[70]

Bei einem **Konfliktmanager** aus dem Unternehmen besteht die **Gefahr der Abhängigkeit bzw. fehlenden Neutralität,** wenn dieser aus der gleichen Hierarchiestruktur wie die beteiligten Parteien stammt; gegenüber einem externen Mediator
kann hingegen die Besorgnis der Befangenheit entstehen, solange der Mediator vom
Unternehmen, also vom Arbeitgeber, bezahlt wird.[71]

Es muss daher sichergestellt werden, dass **keine unmittelbare Abhängigkeit** des 66
Mediators vom Auftraggeber oder den Beteiligten besteht und er von diesen als unparteiliche, neutrale Person wahrgenommen und akzeptiert wird. Erreicht werden
kann dies in konzernverbundenen Unternehmen beispielsweise durch den Einsatz
eines konzernangehörigen, aber betriebsfremden Mediators.[72] Oder aber dadurch,
dass dem betriebsinternen Mediator eine arbeitsvertraglich abgesicherte und dem
Betriebsrat vergleichbare, unabhängige Position eingeräumt wird, die es ihm ermöglicht, gegebenenfalls auch Lösungen zu fördern, die nicht unbedingt nur den
vom Management vorgegebenen Unternehmensinteressen entsprechen.

---

[68] *Budde* KON:SENS 1999, 35.
[69] Dazu § 15 Rdnr. 40 ff.
[70] *Koch* in: Hensssler/Koch, Mediation, § 1 S. 30.
[71] *Dendorfer,* FA-Spezial 9/2000, 12, 14; *Singer,* Settling Disputes, S. 99 ff.
[72] *Ponschab/Dendorfer,* Mediation und Recht, S. 7; *Singer,* Settling Disputes, S. 99 ff.

Bei einem externen Mediator wird es vor allem von seiner Mediationsführung abhängen, ob die Zahlung seines Honorars durch das Unternehmen als Kriterium der Abhängigkeit angesehen wird. Der externe Mediator, der auf Dauer in einem Unternehmen tätig sein will, hat neben seiner Kompetenz noch ein maßgebliches Marketinginstrument: Seine bedingungslose Unabhängigkeit. Garantiert er diese, so dürfte der Umstand seiner Bezahlung ebenso wenig eine Rolle spielen, wie bei dem Rechtsanwalt des Betriebsrates, der vom Unternehmen bezahlt wird.

67   c) **Machgefälle.** Innerhalb des Unternehmens bestehen grundsätzlich Machtstrukturen und Machtgefälle, die eine innerbetriebliche Mediation, insbesondere bei hierarchieübergreifenden Konflikten, zum Scheitern bringen können.[73] Gegebenenfalls sind Schutzmaßnahmen des Mediators zugunsten der schwächeren Partei erforderlich. Versucht die eine Seite, ihre Machtposition durchzusetzen, muss der Mediator unter Umständen die Mediation abbrechen.

68   d) **Selbstbestimmungsrecht der Parteien.** Als Folge unterschiedlicher Machtstrukturen kann auch das Selbstbestimmungsrecht der Parteien beeinträchtigt werden. Der Arbeitgeber hat z.B. die Möglichkeit, sein Direktionsrecht auszuüben oder mit einer Kündigung zu drohen. Wird diese als Alternative zur Durchführung eines Mediationsverfahrens in Aussicht gestellt, so fehlt es an der Freiwilligkeit des Verfahrens.

V. Implementierung eines Konfliktmanagements im Unternehmen

69   Trotz der vorstehend geschilderten Schwierigkeiten und Einschränkungen beim Einsatz eines Konfliktmanagementsystems im Unternehmen überwiegen die Vorteile, die ein präventiv wirkendes Konfliktmanagement für das Unternehmen bringt.

Dazu zeigt der Vergleich mit der Entwicklung in den USA das Potenzial des Einsatzes alternativer Streitbeilegungsverfahren. Dort werden verschiedene Methoden der außergerichtlichen Konfliktbeilegung („*Alternative Dispute Resolution*" – ADR) bereits seit den 80er Jahren konsequent in die Unternehmenskultur einbezogen; seit zehn Jahren gehört die Wirtschaftmediation zu einer der Wachstumsbranchen der USA. Für *Labor Disputes* gehen die US-amerikanischen Erfahrungen sogar noch weiter zurück, bereits im Jahre 1947 wurden der *Federal Mediation and Conciliation Sevice (FMCS)* eingerichtet, der bis heute *arbitrators* und *mediators* zur Beilegung von *Labor Disputes* zur Verfügung stellt.[74]

70   Das *Center for Public Resources (CPR)* ist eine der bekanntesten amerikanischen Organisationen, die außergerichtliche Streitbeilegung, insbesondere Mediation anbieten.[75] Fast 4000 US-Unternehmen, davon 600 der größten, haben auf Initiative des CPR dort eine Erklärung hinterlegt, dass sie im Streitfall untereinander immer zunächst die Möglichkeit einer außergerichtlichen Regelung in Betracht ziehen werden.[76] Für viele dieser Unternehmen ist die Anwendung von ADR Teil des geschäftlichen Qualitätsprogramms.

---

[73] *Budde* KON:SENS 1999, 34 f.; *Dendorfer*, FA-Spezial 9/2000, 12, 14 f.
[74] *Murray/Rau/Sherman*, Processes of Dispute Resolution, S. 308.
[75] Vgl. zu amerikanischen und britischen ADR-Anbietern: *Gans* ZKM 2001, 66 f.
[76] *Gans* ZKM 2001, 66, 68.

Auch vor Europa hat diese Entwicklung nicht haltgemacht. Die englische Industrie gründete im Jahre 1990 das *Center for Dispute Resolution (CEDR)*, welches auch die Unterstützung von Gerichten und Anwaltskanzleien genießt.[77] In den Niederlanden besteht seit 1993 das *„Nederlands Dispute Institute"*, dem vor allem große Baufirmen angehören.[78]

An der **deutschen Wirtschaft** ist diese Entwicklung zunächst vorbeigegangen, jedoch zeigen in den letzten Jahren auch deutsche Unternehmen und die sie beratenden Anwälte zunehmendes Interesse an den Methoden außergerichtlicher Konfliktlösung.[79] So wurde im Jahre 1998 die gwmk – Gesellschaft für Wirtschaftsmediation und Konfliktmanagement e. V. gegründet, deren Ziel es ist, neue Methoden des Konfliktmanagements in der Wirtschaft einzuführen.[80] Allein im Jahr 2000 konnten Streitfälle mit einem Wert von 600 Millionen DM im Wege der Mediation beigelegt werden.   **71**

Dem Thema *Arbeitsrecht und Mediation* wurde zudem bei der 12. Arbeitsrechtlichen Jahresarbeitstagung 2000 ein ganzer Nachmittag gewidmet,[81] ebenso beschäftigte sich der Deutsche Anwaltstag 2000 mit *Mediation im Unternehmen.*[82] Schließlich wurde die Diskussion um den Einsatz von Mediation zur Konfliktbewältigung in und zwischen Unternehmen auch beim 7. Syndikusanwaltstag 2000 mit ca. 150 Juristen, unter ihnen Vertreter von Rechtsabteilungen namhafter deutscher Unternehmen, geführt.[83]

Insbesondere große Unternehmen interessieren sich für die Einführung alternativer Konfliktbeilegungsmethoden und den Einsatz von Mediatoren zur internen und externen Konfliktbewältigung. Unternehmen, die internationale Geschäfte betreiben, werden spätestens dann für Mediation sensibilisiert, wenn in Streitfällen auf der Gegenseite US-amerikanische Unternehmen eine Streitbeilegung auf diesem Wege fordern.

Inzwischen bieten verschiedene Institute nicht nur allgemeine Mediationsausbildungen an, vielmehr legt sich der Fokus auch auf die Ausbildung von betrieblichen Mediatoren. Dazu kann beispielhaft auf das, aus Mitteln des Europäischen Sozialfonds (ADAPT) sowie vom Land Nordrhein-Westfalen geförderte Modellprojekt *QUAK* (Qualifizierung betrieblicher Konfliktlotsen) hingewiesen werden.[84]   **72**

Die Implementierung eines Konfliktmanagements kann jedoch nicht von heute auf morgen erfolgen, sondern ist ein komplexer Prozess, der sorgfältiger Vorbereitung bedarf und kontinuierlich vorangetrieben werden muss.[85]

---

[77] *Günther/Hoffer* in: Henssler/Koch, Mediation, S. 369.
[78] *Günther/Hoffer* in: Henssler/Koch, Mediation, S. 369.
[79] Vgl. *Ponschab/Dendorfer*, Mediation und Recht, S. 1.
[80] Vgl. § 59 Rdnr. 15; § 27 Rdnr. 60 ff.
[81] Siehe diverse Beiträge der Verfasser in der FA Spezial – FA Fachanwalt Arbeitsrecht 9/2000; *Berisch*, FA – Fachanwalt Arbeitsrecht 2000, S. 340 ff.
[82] *Ponschab/Dendorfer*, AnwBl. 2000, S. 650 ff.
[83] Die Verfasser waren zu dem Thema „Mediation im und zwischen Unternehmen„ als Referenten von der Arbeitsgemeinschaft der Syndikusanwälte im DAV beim 7. Syndikusanwaltstag 2000 eingesetzt.
[84] QUAK – Qualifizierung Betrieblicher Konfliktlotsen, Dokumentation, Köln 2000; *Budde* KON:SENS 1998, 28; zu weiteren Ausbildungsmöglichkeiten vgl. *Ewig*, MediationsGuide, S. 281 ff.
[85] *Goldberg/Sander/Rogers*, Dispute Resolution, S. 407 ff.

1. Schaffung von Akzeptanz im Unternehmen für variable Konfliktlösungen

73   Die wichtigste Voraussetzung für die Schaffung eines unternehmensübergreifenden Konfliktmanagements ist eine **unternehmensinterne Akzeptanz** von alternativen Konfliktlösungsmethoden. Es bedarf einer Menge an Überzeugungsarbeit und letzten Endes eines Konsenses aller davon betroffenen Abteilungen und Personen.

In dieser Hinsicht kommt der **Unternehmensführung** eine **Vorbildfunktion** zu.[86] Sie muss das Bewusstsein vermitteln, dass der neue Weg der Konfliktbewältigung besser, schneller, kostengünstiger und zufrieden stellender ist, als die althergebrachten Methoden. Entsprechendes Benchmarking zu anderen Unternehmen, die bereits Erfolge mit dem Einsatz gleichwertiger Konfliktmanagementsysteme verzeichnen können, sowie Informationen über die Vorteile kooperativer Konfliktlösungsmethoden können wichtige Hilfestellungen geben.

Bedeutsam ist zudem, dass die betroffenen **Mitarbeiter** in die Entwicklung des unternehmensspezifischen ConflictManagementDesigns® eingebunden werden und es ihnen nicht lediglich von externen Beratern „vorgesetzt" wird. Auf diese Weise kommt es zu einer Identifikation mit dem Projekt und die Wahrscheinlichkeit der tatsächlichen Umsetzung der Ideen ist ungleich größer. Von den in dieser Weise eingebundenen Mitarbeitern sollte zudem regelmäßig ein Feedback eingeholt werden, wodurch der Einzelne sieht, dass er auf den konkreten Verfahrensablauf Einfluss hat und ihn entsprechend seinen Bedürfnissen mitgestalten kann.[87]

74   Bei anderen Unternehmen, mit denen Geschäftsbeziehungen bestehen, kann die Akzeptanz außergerichtlicher Konfliktbewältigungsmethoden etwa dadurch geschaffen werden, dass Informationsmaterial über Mediation einer neutralen Organisation bereitgehalten und weitergegeben wird. Hilfreich kann auch sein, wenn auf eigene Initiative oder durch Einschaltung einer neutralen Organisation eine Vorbereitungssitzung zur Durchführung einer Mediation erfolgt, in der der Mediator die andere Seite über den Ablauf des potenziellen Mediationsverfahrens aufklärt und einen fallspezifischen Verfahrensablauf ausarbeitet. Gute Erfolge können auch bei Parteien, denen Mediationsverfahren unbekannt sind, mit dem Einsatz von Videos erzielt werden, die den Ablauf einer Mediation zeigen.[88]

Die wichtigste Maßnahme zur Einführung und Nutzung eines außergerichtlichen Konfliktmanagements ist jedoch die regelmäßige Vereinbarung entsprechender **Vertragsklauseln,**[89] in denen für den Fall eines Konflikts die entsprechenden Maßnahmen geregelt sind. Sollten sich solche Vertragsklauseln nicht durchsetzen lassen, ist die nachfolgend beschriebene Grundsatzerklärung hilfreich. Durch den Bezug auf Vertragsklauseln als *Policy Statement* des Unternehmens wird der anderen Partei verdeutlicht, dass die vorgeschlagenen Maßnahmen nicht für den konkreten Vertrag als „*Trick*" ausgedacht wurden, um die andere Partei „über den Tisch zu ziehen".

---

[86] *Costantino/Sickles,* Merchant Designing Conflict Management Systems, S. 76 ff.; *Altmann/ Fiebiger/Müller,* Mediation, S. 241.
[87] *Singer,* Settling Disputes, S. 104.
[88] Bei der gwmk Gesellschaft für Wirtschaftsmediation und Konfliktmanagement e. V. in München kann ein Video über die Mediation eines wirtschaftlichen Konfliktes angefordert werden.
[89] Beispiele sind im Anhang (Rdnr. 99) abgedruckt.

2. Grundsatzerklärung *(Self-Commitment)* der Unternehmensführung

Ein weiterer wichtiger Schritt zur Implementierung eines Konfliktmanagement- 75 systems ist die Abgabe einer **Grundsatzerklärung der Unternehmensführung** *(self-commitment)*, mit der sie sich verpflichtet, in Konfliktfällen die Methoden der außergerichtlichen Konfliktbeilegung anzuwenden, und mit der dies zur offiziellen Unternehmenspolitik erklärt wird.[90]

Hinsichtlich unternehmensübergreifender Konflikte ist es in den USA, wie oben bereits dargestellt, üblich, eine diesbezügliche Grundsatzerklärung bei der CPR *(Center of Public Resources)* zu hinterlegen. Dieses „Mediationsangebot" demonstriert deutlich den Willen des Unternehmens, sich bei Konflikten zunächst auf einen außergerichtlichen Einigungsversuch einzulassen. Er sorgt für eine gewisse Selbstdisziplin und überzeugt häufig auch Unternehmen, die die Erklärung bislang nicht unterzeichnet haben, von der Durchführung eines Mediationsverfahrens.[91]

Da die Abgabe einseitiger Verpflichtungserklärungen gegenwärtig noch auf Widerstand stößt, empfiehlt es sich, in alle Verträge eine standardisierte Mediationsklausel aufzunehmen, die die Durchführung eines Mediationsverfahrens im Konfliktfall als notwendige Voraussetzung zur Einleitung eines Gerichtsverfahrens festlegt. Die Aufnahme von Schiedsklauseln ist ja schon seit langem gängige Praxis bei komplexen Vertragswerken.

Eine solche Mediationsklausel beeinträchtigt auch nicht das Element der Freiwilligkeit der Mediation. Sie verlagert lediglich die freiwillige Entscheidung für Mediation auf den Zeitpunkt des Vertragsschlusses vor. Im Übrigen verbleibt jeder Partei in jedem Verfahrensstadium die Freiheit, die Mediation abzubrechen.[92]

3. Anpassung der Corporate Identity

Auch die *Corporate Identity* des Unternehmens muss an die neue Unternehmens- 76 politik angepasst werden und diese quasi als „Charakterzug" des Unternehmens nach außen dokumentieren. Innovation, Kooperation, Verantwortungsbewusstsein für die Menschen und deren Probleme, Effizienz bei der Problemlösung und Offenheit für Veränderungsprozesse sind Attribute, die für eine positive Außenwirkung nutzbar gemacht werden können.[93] Die Nutzung kooperativer Konfliktbeilegungsmethoden kann damit nicht nur Bestandteil eines im Unternehmen vorhandenen *Total Quality Management*-Programmes werden, sondern sich unter dem Stichwort *Total Management Quality* als Teil der *Corporate Identity* etablieren.

4. Motivations- und Informationsmaßnahmen

Alle betroffenen **Abteilungen** müssen umfassend über die Implementierung eines 77 Konfliktmanagements informiert werden. Erfolgt die Entwicklung z.B. durch einen externen Berater, so muss insbesondere die Rechtsabteilung bei der Festlegung seiner Aufgaben einbezogen werden. Ist die Rechtsabteilung selbst die treibende Kraft,

---

[90] *Costantino/Sickles,* Merchant Designing Conflict Management Systems, S. 151.
[91] *Gans* ZKM 2001, 70.
[92] *Risse* NJW 2000, 1614, 1615.
[93] *Costantino/Sickles,* Merchant Designing Conflict Management Systems, S. 195 f.

so benötigt sie die Unterstützung der Unternehmensführung, wozu eine enge Beziehung und Kommunikation mit den Entscheidungsträgern unerlässlich ist.

Auch den Unternehmensangehörigen und dem **Betriebsrat** bzw. der Personalvertretung müssen die Vorteile eines betriebsinternen Konfliktmanagements und die Konsequenzen des neuen Systems für die Behandlung betriebsinterner Konflikte dargelegt werden.[94] Besser noch: Die vom Konfliktmanagementsystem betroffenen Mitarbeiter sollen in die Planung und Implementierung des Programms so weitgehend wie möglich einbezogen werden.[95]

Schließlich sollte das Unternehmen gegenüber den Mitarbeitern und den extern Betroffenen die Bereitschaft zur Unterstützung des neu eingeführten Konfliktmanagementsystems „belohnen". Notwendig ist in diesem Zusammenhang die Vorgabe von Zielen und Werten, deren Erreichung mit monetären, wirtschaftlichen oder ideellen Incentives bedacht werden kann.[96] Auch kann die Bereitschaft der Anwendung neuer Konfliktlösungsverfahren als Element in die Personalbeurteilung eingehen und damit eine Aufwertung erfahren.[97]

Schließlich sollten auch die **Geschäftspartner** über die Möglichkeiten der außergerichtlichen Streitbeilegung informiert und von ihrem Nutzen überzeugt werden.

5. Schaffung der strukturellen und organisatorischen Voraussetzungen

78 Zur Implementierung eines betrieblichen Konfliktmanagements müssen sowohl sachliche, als auch personelle Ressourcen zur Verfügung gestellt werden.

79 **a) Einsatz eines Prozessbegleiters.** Auch wenn die Verantwortung für die Einführung eines Konfliktmanagements bei der Rechts- oder Personalabteilung bzw. bei externen Beratern liegt, ist es doch sinnvoll, einen betriebsinternen Prozessbegleiter zu bestimmen, der das Programm verantwortlich steuert, in dessen Hand die Fäden zusammenlaufen.[98] Auf diese Weise ist die Zuständigkeit klar geregelt, jemand fühlt sich persönlich verantwortlich und steht als Ansprechpartner zur Verfügung.

Dabei sollte es sich um jemanden handeln, der über ein ausreichendes Maß an Kompetenz und Vertrauen innerhalb des Unternehmens verfügt und der selbst die Motivation und insbesondere „Vision" besitzt, das Projekt während seiner Phasen der Implementierung, Entwicklung und Nutzung voran zu bringen

80 **b) Auswahl, Ausbildung und Einsatz von betrieblichen Konfliktmanagern.** Damit die Verfahren kooperativer Konfliktlösung auch tatsächlich angewandt werden können, bedarf es der Vorbereitung und Ausbildung der betroffenen Mitarbeiter.[99] Die Entwicklung der Fähigkeiten und Kenntnisse der kooperativen Konfliktbeilegung kann auf verschiedene Art und Weise erfolgen – erforderlich ist jedenfalls ein angemessenes, unternehmensspezifisches Training. Diesbezüglich bietet sich die Durchführung von Inhouse-Seminaren und Workshops an, die notwendige theoretische und praktische Kenntnisse vermitteln müssen. Hinsichtlich der Etablierung

---

[94] *Costantino/Sickles,* Merchant Designing Conflict Management Systems, S. 49 ff.
[95] *Altmann/Fiebiger/Müller,* Mediation, S. 240.
[96] *Costantino/Sickles,* Merchant Designing Conflict Management Systems, S. 191 ff.
[97] *Altmann/Fiebiger/Müller,* Mediation, S. 241.
[98] *Costantino/Sickles,* Merchant Designing Conflict Management Systems, S. 154.
[99] *Costantino/Sickles,* Merchant Designing Conflict Management Systems, S. 73 f. und S. 134 ff.

und des Einsatzes von Konfliktmanagern, Mediatioren, Konfliktlotsen oder inner-betrieblichen Ombudspersonen sind auch die Mitbestimmungsrechte des Betriebsra-tes zu beachten.[100]

aa) Training der Konfliktprävention. Präventive Konflikterkennung und -be-   81
wältigung bedeutet die Möglichkeit der Konfliktlösung im Vorfeld. Erforderlich ist
dazu eine vorausschauende Sicht auf mögliche Problemfelder.[101] Insbesondere beim
Abschluss von Verträgen bietet sich die beste Möglichkeit der Prävention.[102] Bereits
bei der Vertragsgestaltung sind daher Kenntnisse kooperativer Konfliktlösung und
Verhandlung von Nutzen. Einerseits deshalb, weil die Vertragsverhandlungen inte-
ressenorientierter geführt, andererseits, weil auch bereits zu diesem Zeitpunkt über
die Beilegung möglicherweise entstehender Konflikte gesprochen und Streitbeilegungsklauseln erarbeitet werden können.

Eine neuartige Form der Konfliktprävention bei Vertragsverhandlungen ist die
sogenannte „*Deal Mediation*".[103] Dabei unterstützt ein erfahrener Anwalt, der
„*Deal Mediator*", die Parteien beim Abschluss komplexer Verträge. Er soll von Beginn der Vertragsverhandlungen an Mediationstechniken benutzen und ihnen bei
der Gestaltung möglichst dauerhafter Beziehungen helfen. Dies kann auch so weit
gehen, dass bereits bei Verhandlungsbeginn eine neutrale Person benannt wird, die
spätere Konflikte mediieren soll.

bb) Training der Konfliktbewältigung durch kooperative Methoden. Die aktuelle   82
Konfliktbewältigung erfordert von der Person, die als Mediator tätig sein soll, umfangreiche Fähigkeiten. Sie muss neben kommunikations-psychologischen Kenntnissen und der Vertrautheit mit der Methodik der kooperativen Verhandlung und
Konfliktbewältigung bestimmte persönliche Fähigkeiten aufweisen, so insbesondere
Vertrauenswürdigkeit, Kommunikationsfähigkeit, soziale und emotionale Kompetenz, Lebenserfahrung, Ausstrahlung, positive Autorität und vieles andere.[104] Wichtig ist zudem, dass die Kompetenz des Mediators den Kompetenzen entspricht, die
die Parteien von ihm erwarten.[105]

Bei der Behandlung oftmals komplexer Unternehmenskonflikte sind daneben
auch interdisziplinäre Kenntnisse und das nötige juristische Fachwissen, z.B. im
Arbeits- oder Gesellschaftsrecht erforderlich. Aus diesem Grunde wird die Rolle der
betrieblichen Konfliktmanager bzw. Mediatoren oftmals den Syndikusanwälten
oder den extern beratenden Rechtsanwälten zufallen. Bei innerbetrieblichen Konflikten, bei denen Rechtsfragen eine untergeordnete Rolle spielen, ist dagegen der
Einsatz von Konfliktmanagern mit psychologischer Ausbildung der geeignete Weg.

Nicht selten wird sich als *Best Practise* die Bündelung der notwendigen Fachkompetenz durch den Einsatz von Co-Mediatoren (Einsatz von zwei oder mehreren
Mediatoren) anbieten.

Werden die Inhouse-Seminare von einem externen Trainer durchgeführt, so sollte
ihm ein Mitglied des Unternehmens zur Seite gestellt werden, das mit den Beson-

---

[100] Vgl. dazu LAG Hamburg KON:SENS 1999, 113 ff. mit Anm. *Budde; Schubert* AiB 2000, 527 f.
[101] *Singer*, Settling Disputes, S. 105 f.
[102] *Gans* ZKM 2001, 66, 69.
[103] *Gans* ZKM 2001, 66, 69 f.
[104] *Lenz/Mueller*, Business mediation, S. 120 ff.
[105] *Müller-Wolf*, Forschungsprojekt Mediation, S. 20.

derheiten der Unternehmensstruktur vertraut ist, z. B. der vorstehend erwähnte innerbetriebliche Prozessmanager. Auf diese Weise können Beispiele und Rollenspiele so gestaltet werden, dass sie der betrieblichen Realität und möglichen zukünftigen Konflikten, mit denen die Teilnehmer umgehen müssen, entsprechen.

Hilfreich ist es, wenn außerdem Materialien, wie z. B. Praxishandbücher, Aufsätze und Videokassetten bereitgehalten und gegebenenfalls in einem unternehmensinternen Intranet online zur Verfügung gestellt werden.

83   **c) Neuorganisation der Rechtsabteilung.** Für die Rechtsabteilung ergeben sich durch die Einführung eines betrieblichen Konfliktmanagements verschiedene Konsequenzen.

84   *aa) Wandel im Selbstverständnis.* Die Anwälte der Rechtsabteilung sind nicht mehr nur Syndizi, sondern werden Konfliktmanager. Mit den externen Anwälten des Unternehmens sollte von Anfang an eine Vereinbarung darüber getroffen werden, wie sie sich im Falle eines auftretenden Konfliktes verhalten sollen, um sicherzustellen, dass diese den Unternehmensstandpunkt bezüglich kooperativer Konfliktlösungsmethoden sowohl verstanden haben, als auch zu seiner Verwirklichung beitragen.[106]

85   *bb) Wandel in der Aufgabenstellung.* Hat sich die Arbeit der Rechtsabteilung zuvor nur auf das Prozessmanagement und die rechtliche Beratung beschränkt, so stellt sich nun die Aufgabe der Implementierung und Organisation eines Konfliktmanagementsystems.[107] Dies geht weit über ihre bisher überwiegend reaktive, fallbezogene Tätigkeit hinaus.

86   *cc) Wandel im persönlichen Anforderungsprofil.* Die Arbeit als betrieblicher Konfliktmanager erfordert neben juristischem Fachwissen die oben dargestellten zusätzlichen Fähigkeiten, so zum Beispiel auch eine verstärkte Aufmerksamkeit hinsichtlich der Interessen und Bedürfnisse anderer Parteien. Insoweit müssen sich die Anwälte der Rechtsabteilung um ständige Aus- und Fortbildung bemühen.[108]

87   *dd) Kooperation mit Angehörigen psycho-sozialer Berufe.* Insbesondere bei der Behandlung emotionsbelasteter und innerbetrieblicher Konflikte ist eine interdisziplinäre Zusammenarbeit der betrieblichen Konfliktmanager mit Angehörigen psycho-sozialer Berufe erforderlich.

88   *ee) Neuorganisation.* Vieles spricht dafür, das umfassende Konfliktmanagement in der Rechtsabteilung „anzusiedeln". Da dieses auch interne Konflikte betrifft, wird natürlich auch die Personalabteilung integriert sein müssen, dies insbesondere dann, wenn die gesamten arbeitsrechtlichen Streitigkeiten in der Personalabteilung behandelt werden. In solchen Fällen wäre zu überlegen, ob nicht Rechtsabteilung und die mit Arbeitsrechtsstreitigkeiten befassten Mitarbeiter der Personalabteilung unter Verstärkung durch Betriebspsychologen zu einer Abteilung zusammengefasst werden.

Dass eine solche Abteilung nicht mehr Rechtsabteilung, Legal Services o. ä. heißen kann, liegt auf der Hand. Vielmehr bieten sich Namen wie *Konfliktmanagementabteilung* oder *Dispute Resolution Department* an. In einer solchen Abteilung

---

[106] *Gans* ZKM 2001, 66, 69.
[107] *Gans* ZKM 2001, 66, 67 f.
[108] *Gans* ZKM 2001, 66, 68 f.

könnte das Unternehmen seinen gesamten Sachverstand für kompetente Konfliktlösungen bündeln. Hier wäre die klassische rechtliche Methode, die ja keinesfalls überflüssig wird, ebenso vertreten, wie die interessengerechte Konfliktlösung. Diese Service-Abteilung könnte für alle entstehenden Konflikte innerhalb und außerhalb des Unternehmens eingesetzt werden.

d) Schaffung unternehmensinterner Regeln zur Konfliktbehandlung. Entscheidend für den Erfolg und die tatsächliche Umsetzung des Konfliktmanagements ist die Schaffung betriebsinterner Regeln zur Konfliktbehandlung und zu Prozessabläufen. Diesbezüglich muss ein **betriebliches Handbuch** zur außergerichtlichen Bewältigung von Konflikten erstellt werden, in dem jeder einzelne Schritt des Konfliktbearbeitungsprozesses, von der Wahl und Ausstattung des richtigen Besprechungsraums bis hin zur Entscheidungsfindung, in verständlicher Weise erklärt und geregelt wird. Der Zugang zum Konfliktmanagementsystem muss so einfach wie möglich für alle Konfliktparteien gewährleistet sein.[109] 89

Hilfreich ist es außerdem, eine **Liste neutraler Dritter** für die Durchführung eines Mediationsverfahrens zu führen, die im Einzelfall beauftragt werden können.

Besonders förderlich für die Integration des neuen Konfliktmanagementsystems im Unternehmen ist ein dauernder Austausch zwischen Management, Prozessmanager, Mitarbeiter und Betriebsrat über den Prozess und die Ergebnisse des neuen Programmes.

e) Kostenstelle für Ein- und Fortführung eines Konfliktmanagementsystems. Sowohl die Einführung, als auch die Fortführung eines Konfliktmanagementsystems des hier vorgeschlagenen Inhalts bedeutet, dass zusätzliche Kosten entstehen. Dafür ist die Schaffung eines eigenen Budgets sowie einer eigenen Kostenstelle erforderlich. 90

Durch die kosten- und budgetmäßige Eigenständigkeit wird die Bedeutung eines Konfliktmanagementsystems für die damit befassten Mitarbeiter unterstrichen und es wird vermieden, dass die Akteure unnötige und wiederum konfliktträchtige Diskussionen mit anderen Budgetinhabern führen müssen.

Daneben scheint es auch wichtig, ein **Konfliktcontrolling** einzuführen, das die Kosten externer und interner Konflikte ab einem bestimmten Eskalationsgrad im Unternehmen erfasst. Dadurch lassen sich Kosten traditioneller Konfliktlösungen (einschließlich der durch sie verursachten Transaktionskosten, also der Kosten, die zwangsläufig durch solche Konflikte im Unternehmen entstehen, wie Ausfall von Arbeitszeit durch Vorbereitung oder Begleitung eines Prozesses etc.) besser mit den Kosten der von uns vorgeschlagenen kooperativen Methoden vergleichen. Außerdem entsteht dann für die betroffenen Abteilungen durch die Erfassung und Zuordnung der von ihnen verursachten Kosten zur Konfliktbewältigung der Zwang, die ergriffenen Maßnahmen zu begründen. 91

6. Systematische Bestimmung und Implementierung geeigneter Verfahren

Nicht alle in einem Unternehmen auftretenden Konflikte können gleichermaßen behandelt und gelöst werden, nicht für alle eignet sich die Anwendung von Mediation oder anderer kooperativer Konfliktlösungsmethoden. Der Einsatz verschiede- 92

---

[109] *Singer,* Settling Disputes, S. 104.

ner Methoden muss vielmehr in jedem Einzelfall koordiniert werden und systematisch erfolgen, weil ansonsten nur punktuelle Erfolge bei der Bewältigung von unternehmensbezogenen Konflikten erzielt werden können.[110]

Eine für das Unternehmen und die Konfliktbeteiligten erfolgreiche Bewältigung von Konflikten erfordert somit die Schaffung und den Einsatz eines **Konfliktmanagementsystems**, welches die verfügbaren Methoden systematisch und interaktiv in die Unternehmensorganisation einbezieht, anwendet, evaluiert, kostenmäßig überprüft und immer wieder an veränderte Gegebenheiten anpasst,[111] vergleichbar mit der *performance* eines Musikorchesters: Es wird der Einsatz aller Instrumente benötigt, um im Einklang von Rhythmus und Harmonie ein einheitliches Werk hervorzubringen.

Unser Ansatz konzentriert sich somit nicht auf konkrete Konflikte und deren Lösung, sondern er zielt auf die **Änderung des Systems** im ganzen und auf die **Neuentwicklung von Konfliktstrategien** ab, die für das Unternehmen allgemeingültig sein sollen.

93   **a) Untersuchung vorhandener Konflikte.** Um geeignete Verfahren für die Lösung unternehmensspezifischer Konfliktfelder bestimmen zu können, muss zunächst ein Überblick über die internen und externen Konflikte, mit denen das Unternehmen konfrontiert wird, gewonnen werden.[112] Welche Arten von Konflikten gibt es? Was sind mögliche Ursachen? Wie wurden Konflikte bisher behandelt? Darauf aufbauend kann die Rolle von Konflikten für das Unternehmen und der Grad der Lernbereitschaft des Unternehmens[113] auf Grund bewältigter oder unbewältigter Konflikte ermittelt und eine Strategie zur bestmöglichen Konfliktlösung entwickelt werden.

94   **b) Festlegung geeigneter Konfliktlösungsmethoden (Benchmarking).** Zur Bestimmung der für den Einzelfall geeigneten Konfliktlösungsmethode bietet es sich an, sich mit vergleichbaren Unternehmen, die ebenfalls die Implementierung eines Konfliktmanagementsystems anstreben, auszutauschen. Häufig wird man sich diesbezüglich an US-amerikanischen Unternehmen wenden müssen, da diese bei der Implementierung und Anwendung von ADR im Allgemeinen schon über eine längere Erfahrung verfügen.

95   Insbesondere bei der Behandlung unternehmensübergreifender Konflikte, sollte zunächst ein „*reality testing*" erfolgen. Was sind die Alternativen zu einer kooperativen Konfliktlösung? Welches ist die BATNA (Best Alternative to Negotiated Agreement), welches die WATNA (Worst Alternative to Negotiated Agreement)? Was passiert bestenfalls bzw. im schlechtesten Falle, wenn man sich nicht auf Verhandlungen mit der anderen Partei einlässt oder diese scheitern? Welche Risiken gibt es? Wie lang und wie teuer würde ein Gerichtsstreit werden? Welche Ergebnisse ließen sich in einem Prozess erzielen (Prozessrisikoanalyse)?[114] Was wären mögliche weitere Folgen der Durchführung eines Gerichtsverfahrens?

Auf diese Weise lässt sich abschätzen, ob es dem Unternehmen überhaupt einen Nutzen bringt, den Versuch einer außergerichtlichen Konfliktlösung zu wagen. In

---

[110] *Constantino/Sickles,* Merchant Designing Conflict Management Systems, S. 31 m. w. N.
[111] *Constantino/Sickles,* Merchant Designing Conflict Management Systems, S. 24 ff.
[112] *Constantino/Sickles,* Merchant Designing Conflict Management Systems, S. 26 ff.; *Ury/Brett/ Goldberg,* Konfliktmanagement, S. 140 ff.
[113] Zur *Learning Organization: Senge,* The Fifth Discipline, S. 139 ff.
[114] Dazu insb. § 20.

einigen Fällen ist die Durchführung eines Gerichtsverfahrens sinnvoll oder gar erforderlich, so beispielsweise dann, wenn es sich um die Wahrung von Klagefristen oder die Klärung von Grundsatzfragen (z. B. die Geltung von AGB) handelt. Dagegen empfiehlt sich die Anwendung kooperativer Konfliktlösungsmethoden etwa dann, wenn über die Behandlung rechtlicher Fragen Unsicherheit herrscht und die Entscheidung des Gerichtes daher nicht vorhersehbar, das Prozessrisiko also hoch ist[115], oder das Image des Unternehmens bei Öffentlichkeit des Verfahrens leiden könnte.

Es wurde bereits ausgeführt, dass für manche Konflikte die Durchführung eines Mediationsverfahrens sogar grundsätzlich ungeeignet ist, so zum Beispiel, wenn das Recht zwingend ist, die andere Partei sich nicht auf die Durchführung eines Mediationsverfahrens einlassen will oder zwischen den Parteien unüberwindliche Machtgefälle bestehen, die eine interessenorientierte Lösungsfindung verhindern.[116]

c) **Start eines limitierten Pilotprojektes.** Sobald alle nötigen organisatorischen 96 Voraussetzungen für die Implementierung eines Konfliktmanagements geschaffen wurden, bieten sich grundsätzlich zwei Alternativen des weiteren Vorgehens an: Entweder das Konfliktmanagementsystem wird nun unternehmensweit und dauerhaft eingeführt oder aber man startet anhand eines gerade aktuellen Konfliktes ein limitiertes Pilotprojekt[117]. Letzteres bietet sich unter anderem aus folgenden Gründen an:
– Es können erste Erkenntnisse über die Bereitschaft der Streitparteien, sich auf ein neues Konfliktmanagement einzulassen, gewonnen werden.
– Die Unternehmensangehörigen werden gegebenenfalls eher motiviert sein, sich auf ein „Experiment" einzulassen, von dessen Nutzen sie sich dann selbst überzeugen können, als das Konfliktmanagementsystem als unwiderruflich zu akzeptieren.
– Die Geeignetheit des neuen Systems kann konkret für das Unternehmen in einer Testphase mit relativ geringen Risiken und Kosten geprüft werden. Zuvor nicht erkannte Probleme werden rechtzeitig aufgedeckt und können bei der endgültigen Einführung berücksichtigt werden.

d) **Ergebnis- und Erfolgskontrolle.** Wichtig ist, das neue System einer ständigen 97 Ergebnis- und Erfolgskontrolle zu unterziehen, um festzustellen, ob es auch tatsächlich genutzt wird und funktioniert.[118] Die Kosten der bisherigen Konfliktbearbeitung und ihre Dauer sollten erfasst und denen des neuen Konfliktmanagements gegenübergestellt werden. So kann untersucht werden, ob und inwieweit das Konfliktmanagementsystem die Kosten der Konfliktbehandlung senkt und die Dauer der Konfliktbearbeitung verkürzt. Die Effizienz des Systems lässt sich außerdem noch anhand weiterer Kriterien messen: So zum Beispiel anhand der erzielten Ergebnisse und der Dauerhaftigkeit der gefundenen Lösungen. Außerdem ist entscheidend, ob die Konfliktparteien mit der Verfahrensweise des Konfliktmanagements und den erzielten Lösungen zufrieden sind und eine positive Auswirkung auf ihre

[115] *Günther/Hoffer* in: Henssler/Koch, Mediation, S. 372.
[116] Im Einzelnen *Lenz/Mueller*, Business mediation, S. 108 ff.
[117] *Costantino/Sickles,* Merchant Designing Conflict Management Systems, S. 152 ff.
[118] *Costantino/Sickles,* Merchant Designing Conflict Management Systems, S. 151 und 168 ff.; *Altmann/Fiebiger/Müller,* Mediaton, S. 241 f.

Beziehungen feststellen konnten. Um dies herauszufinden, sollte ein regelmäßiges Feedback seitens der betroffenen Mitarbeiter eingeholt werden, vierteljährliche Berichte über die Ergebnisse des Programms und eine kontinuierliche Kommunikation mit Management und Mitarbeiter sind ebenfalls notwendig.

VI. Schlussbetrachtung

98 Die immer häufiger gestellten Forderungen nach Selbstverantwortung im Unternehmen, nach Leistungsgerechtigkeit und Mitarbeitermotivation oder nach Flexibilisierung in der Arbeitswelt sowie nach Honest Business im Umgang der Unternehmen untereinander erfordern auch ein Umdenken im Bereich der Konfliktbewältigung. Die Schaffung, Einbindung und Durchführung eines unternehmensbezogenen Konfliktmanagements, also ein **ConflictManagementDesign®** der hier vorgestellten Art, kann dazu einen wertvollen Beitrag leisten.

VII. Anhang: Vertragsklauseln zur Vereinbarung der Mediation

99 **Vorschläge für gestufte Streitbeilegungsklauseln**

I. Mediation und Prozess vor staatlichen Gerichten

1. Die Parteien werden sich nach besten Kräften darum bemühen, jede Streitigkeit, die sich aus diesem Vertrag ergibt oder im Zusammenhang mit seiner Durchführung entsteht, in direkten Verhandlungen unter Einbeziehung von Vertretern der Geschäftsführung beizulegen.

2. Gelingt es den Parteien nicht, innerhalb von 60 Tagen nach Beginn der Verhandlungen ihre Meinungsverschiedenheiten beizulegen, werden die Parteien eine Mediation nach der Verfahrensordnung der Gesellschaft für Wirtschaftsmediation und Konfliktmanagement e. V. (gwmk), Brienner Straße 9, 80333 München, durchführen. Dasselbe gilt, wenn die Verhandlungen nicht binnen 30 Tagen nach Zugang der Aufforderung einer Partei zur gütlichen Verhandlung gemäß Ziffer 1 aufgenommen worden sind.

3. Die Parteien werden aus den von der gwmk auf Antrag einer oder sämtlicher Parteien vorgeschlagenen Personen einen Mediator bestimmen. Sollte eine Einigung nicht zustande kommen, so wird die gwmk innerhalb von 30 Tagen ab Antragstellung einen Mediator ernennen. Sollte eine Ernennung nicht innerhalb dieser Frist erfolgt sein oder gelangen die Parteien nicht innerhalb von 60 Tagen seit der Ernennung eines Mediators zu einer einvernehmlichen Lösung, so ist jede Partei dazu berechtigt, nach Ablauf dieser Frist das zuständige Gericht anzurufen.

4. Diese Vereinbarung hindert keine Partei daran, ein gerichtliches Eilverfahren, insbesondere ein Arrest- oder einstweiliges Verfügungsverfahren, durchzuführen.

5. Soweit nichts anderes vereinbart wird, tragen die Parteien die Kosten des/der Mediatoren je zur Hälfte.

II. Mediation und Schiedsverfahren

1. Die Parteien werden sich nach besten Kräften darum bemühen, jede Streitigkeit, die sich aus diesem Vertrag ergibt oder im Zusammenhang mit seiner Durchführung entsteht, in direkten Verhandlungen unter Einbeziehung von Vertretern der Geschäftsführung beizulegen.

2. Gelingt es den Parteien nicht, innerhalb von 60 Tagen nach Beginn der Verhandlungen ihre Meinungsverschiedenheiten beizulegen, werden die Parteien eine Mediation nach der Verfahrensordnung der Gesellschaft für Wirtschaftsmediation und Konfliktmanagement e. V. (gwmk), Brienner Straße 9, 80333 München, durchführen. Dasselbe gilt, wenn die Verhandlungen nicht binnen 30 Tagen nach Zugang der Aufforderung einer Partei zur gütlichen Verhandlung gemäß Ziffer 1 aufgenommen worden sind.

3. Die Parteien werden aus den von der gwmk auf Antrag einer oder sämtlicher Parteien vorgeschlagenen Personen einen Mediator bestimmen. Sollte eine Einigung nicht zustande kommen, so wird die gwmk innerhalb von 30 Tagen ab Antragstellung einen Mediator ernennen. Sollte eine Ernennung nicht innerhalb dieser Frist erfolgen oder gelangen die Parteien nicht innerhalb von 60 Tagen nach Bestellung eines Mediators zu einer einvernehmlichen Lösung, so ist jede Partei berechtigt, nach Ablauf dieser Frist ein Schiedsverfahren einzuleiten.

4. Falls ein Schiedsverfahren stattfindet, finden die Verfahrensvorschriften der Deutschen Institution für Schiedsgerichtsbarkeit e. V. (DIS) Anwendung.

5. Diese Vereinbarung hindert keine Partei daran, ein gerichtliches Eilverfahren, insbesonders ein Arrest- oder einstweilige Verfügungsverfahren, durchzuführen.

6. Die Parteien tragen die Kosten des/der Mediatoren jeweils zur Hälfte.

§ 40 Mediation in der New Economy

Dr. Peter M. Horst

Übersicht

Schrifttum: S. die Angaben zu §§ 38, 39.

Vorbemerkung

1   Geschwindigkeit, Effizienzsteigerung und optimierte Geschäftsprozesse sind wichtige Grundprinzipien für den Erfolg der sogenannten „New Economy". In diesem jungen Zweig der Wirtschaft, insbesondere in den **Branchen** Informationstechnologie, Internet, Biotechnologie, Micromechanik, neue Werkstoffe etc. findet Unternehmensentwicklung in zeitlich sehr komprimierter Form statt. Um die Grundprinzipien auch bei der Konfliktbehandlung zu verwirklichen, ist Wirtschaftsmediation in vielen Fällen ein geeignetes Instrument.

2   Die meisten Unternehmen der sogenannten New Economy gründen ihren Erfolg und ihren Unternehmenswert auf eine Mischung aus neuen, nur teilweise rechtlich schutzfähigen Ideen, effiziente Kommunikation nach innen und in den Markt, neue Technologien und Prozesse sowie schnelle Entscheidungen und motivierte Teams aus engagierten Leuten.

3   In den schnelllebigen Unternehmen findet Wirtschafts- und Unternehmensentwicklung auch im **Zeitraffertempo** statt. Zum einen können junge Unternehmen und Unternehmer sehr schnell und komprimiert mit einer Reihe von potentiell existenzbedrohenden Konflikten konfrontiert werden. Beispielhaft sind Konflikte zwischen Gründern und Venture Capital Gebern über unternehmerische Kernfragen, Konflikte der Gründer und des Managements untereinander über Führungsan-

spruch und Anteilsverteilung, oder Konflikte zwischen mehreren Unternehmen z.B. über Schutzrechtsfragen.

Die **herkömmlichen Instrumente,** um auftretende Konflikte zu bewältigen – Verhandlungen – Klage – Urteil oder Vergleich – Zwangsvollstreckung – erweisen sich hier oft als zu **langwierig** und zu **kompliziert.** Auch ist es typisch für die Situation in Gründerunternehmen, dass Problemstellungen auftreten, an die die Parteien bei Gründung oder dem Abschluss von Kooperationsverträgen nicht gedacht haben, und die über das Rechtsinstitut des „Wegfalls der Geschäftsgrundlage" nur weit suboptimal zu lösen sind. **4**

Hier bietet sich **Wirtschaftsmediation** als flexibles, schnelles Instrument an. Bei Einsatz der Wirtschaftsmediation können auch die „ungeschriebenen Regeln" der jeweiligen Unternehmenskultur berücksichtigt werden. **5**

I. Die New Economy heute

In den letzten fünf Jahren gab es auch in Deutschland einen starken Aufschwung bei **Firmengründungen von Wachstumsunternehmen.** Trendbranchen sind die Informationstechnologie und Life Sciences – Bio- und Gentechnik, aber auch Micromechanik, Medizintechnik, neue Werkstoffe. Technische Innovationen und neue Marken bilden den Nucleus für Unternehmensgründungen. Die neuen Kommunikationsmöglichkeiten insbesondere über das Internet bilden die Basis für innovative Geschäftsmodelle und Marketingstrategien. **6**

Auch der Einbruch der Börsenkurse an der amerikanischen Nasdaq und insbesondere am Neuen Markt ab März 2000 wirkte sich nach einer Untersuchung der *tbg*[1] – Technologie Beteiligungsgesellschaft mbH der Deutschen Ausgleichsbank – nicht wesentlich auf die insgesamt positive Geschäftseinschätzung in diesem Bereich aus. **7**

In vielen jungen Unternehmen kommt es schon recht früh zu **Konflikten** in vielen Bereichen, zu deren Lösung die Wirtschaftsmediation sich besonders gut eignet. **8**

Junge Unternehmen entstehen vielfach aus Hochschulen als Spin-offs traditioneller Unternehmen der sogenannten „Old Economy", und als Gründungen von Einzelpersonen, die bereits über Berufs- und Managementerfahrung verfügen. Teams von Gründern bilden sich häufig adhoc. Plattformen hierfür sind z.B. Gründungsinitiativen von Universitäten und Fachhochschulen, erfolgreiche Businessplanwettbewerbe wie z.B. der etablierte Münchner Businessplanwettbewerb[2] oder startup, die Gründungsinitiative von Sparkassen und der Unternehmensberatung *Mc Kinsey & Co*[3]. Ausgehend von den benötigten Fachkompetenzen (z.B. Technologie, Marketing, Finanzierung, Recht, Organisation . . .) finden sich Personen für die Gründung eines Unternehmens zusammen, die sich bis zu diesem Zeitpunkt oft noch gar nicht kannten. **9**

Unternehmen als Rechtspersonen – von der Personengesellschaft bis hin zur AG – sind schnell gegründet. Mit einem Mantelkauf dauert es vom Gründungsentschluss bis zur fertigen AG oft nur noch einen Tag. **10**

---

[1] Tbg-umfrage 2000, http://www.tbg-bonn.de.
[2] http://www.mbpw.de.
[3] http://www.startup.de.

11   Bei den ersten Klippen, die es zu umschiffen gilt, zeigt sich dann auch, ob ein Team wirklich „rund" ist und auch intern gut funktioniert.

12   Bei diesem Prozess kann Wirtschaftsmediation sehr gut unterstützend wirken.

II. Wer führt wirklich? – Umstrukturierung von Aufgaben und Managementfunktionen

13   Die Verteilung von Managementfunktionen in Jungunternehmen erfolgt häufig zunächst nach dem Prinzip der Verfügbarkeit.

14   Während der **Businessplanung,** die nach strukturierten Mustern erfolgt – wie z. B. dem Handbuch des Münchner Businessplanwettbewerbs – wird auch unternehmerisch noch unerfahrenen Gründungsaspiranten deutlich, welche Funktionsbereiche im Management vertreten sein sollten. Diese werden dann mit Namen von Gründern belegt und damit zugleich Führungs- und Verantwortungsbereiche geschaffen.

15   Leider zeigt sich häufig, dass ursprünglich angemeldeter Führungsanspruch und vorhandenes Leistungsprofil nicht immer übereinstimmen. Dabei müssen Kompetenz- oder Führungsdefizite nicht von Anfang an relevant sein, sondern können sich auch erst nach und nach – bedingt durch ein schnelles Wachstum in neue Stationen der Unternehmensentwicklung und des Managements – einstellen. Dieses auch aus etablierten Unternehmen der sog. „Old Economy" z. B. als sog. „Peter-Prinzip"[4] bekannte Phänomen wirkt sich jedoch bei Startups sehr viel schneller und besonders deutlich und unmittelbar aus.

16   Weniger Überraschungen gibt es dabei in der Regel in dem Bereich, aus dem die **Gründungsidee** ursprünglich stammt. Oft sind die Gründer hervorragende Naturwissenschaftler oder Techniker, die diese fachliche Seite des Unternehmens gut repräsentieren.

17   Schwieriger wird es in den Disziplinen, die an den Hochschulen regelmässig nicht gelehrt werden wie Unternehmensführung oder **strategische Aspekte** und operationale Durchführung in Marketing und Vertrieb. Wenn z. B. der für Vertrieb zuständige Mitgründer noch nie zuvor ein Produkt verkaufen musste, wenn er nicht weiß, wie man Kunden kontaktiert, interessiert, motiviert und schließlich vom Nutzen des Abschlusses überzeugt, und wenn er sich nicht als begabtes „Naturtalent" in diesem Bereich erweist, wird er eine solche, für den Erfolg eines Unternehmens essentielle Aufgabe auf Dauer nicht wahrnehmen können.

18   An einem solchen Beispiel wird deutlich, dass schon bald nach Gründung in Startups der New Economy die Notwendigkeit für personelle Umbildungen im Managementteam gegeben sein kann. Investoren und häufig auch Mitgründer drängen auf Neustrukturierungen im Managementbereich. Denkbare Lösungsalternativen sind die Umverteilung der Geschäftsbereiche unter den übrigen Managern oder die Einstellung von zusätzlichen, erfahrenen Managern für bestimmte, zu optimierende Bereiche, gegebenenfalls auch interimistisch.

19   Besonders häufig sind die Themenbereiche rund um **Vertrieb und Marketing** und der **Finanzbereich** betroffen.

---

[4] Vgl. hierzu z. B. Management-Wissen August 1977 Seite 6–10 (Mitarbeiterführung), http://homepage.de/peter.htm.

Betroffene Beteiligte müssen hierbei **Kompetenzverluste** hinnehmen. Die Aufgabe 20
von Kompetenz in einer Funktion oder die Abgabe einer Funktion und Übernahme
einer anderen mit u. U. geringerer „Bedeutung" im Unternehmen ist für die Betroffenen natürlich schmerzlich. Auch sind die Kompetenzbereiche in der Regel vertraglich vereinbart; Änderungen würden formale Rechtspositionen tangieren und zu
unter Umständen für das Unternehmen langwierigen und potentiell ruinösen gerichtlichen Auseinandersetzungen mit eventuellen Schadensersatzzahlungen führen.

Alternativ sollte deshalb zunächst der Versuch einer **gütlichen Einigung** unter- 21
nommen werden. Im Interesse des Unternehmens und aller daran unmittelbar oder
mittelbar Beteiligten, den sogenannten „stake holder" – Gründer, Geldgeber, Management, Mitarbeiter etc. – gilt es, eine für das Unternehmen optimale Lösung zu
finden.

Hierbei ist ein externer neutraler **Mediator** oft hilfreich. Er kann, insbesondere in 22
den Einzelgesprächen, den sog. caucuses, die Interessen der Beteiligten ausloten. Er
kann beispielsweise herausfinden, ob die geforderte Umbildung der Managements
für die Kapitalgeber tatsächlich eine notwendige Bedingung für eine weitere Finanzierung darstellt. Er wird auch die Motivationslage der betroffenen Ur-Gründer
hinterfragen, und die Meinung der anderen Mitglieder des Managementteams einbeziehen.

Im **Mediationsprozess** gilt es auch, die vorhandenen Stärken und Schwächen 23
der Betroffenen herauszuarbeiten. In vielen Fällen kann schon eine Umstruktu-
rierung von Führungsaufgaben und eine Neuverteilung der Aufgabenbereiche
Abhilfe schaffen. So können in Zusammenarbeit mit allen Beteiligten die Kompe-
tenzprofile und individuellen Stärken und Vorlieben überdacht werden, um danach
eine Neuverteilung vorzunehmen. Die Begleitung eines solchen Prozesses durch
einen externen Mediator ist dabei sicher sinnvoll. Er kann die Diskussionen auf der
sachlichen Ebene halten oder sie dorthin zurückholen, wenn sie zu „emotionalisieren" drohen.

Schließlich kann sich aber auch herausstellen, dass nach Meinung der Mehrzahl 24
der Beteiligten einzelne Mitglieder des Unternehmerteams ihre Funktion überhaupt
nicht mehr wahrnehmen sollen, weil sie den damit verbundenen Aufgaben nicht
gewachsen sind. An diesem Punkt gilt es, die rechtlichen Möglichkeiten für ein
zwangsweises Ausschließen des Betroffenen – ordentliche oder außerordentliche
Kündigung – mit den Beteiligten zu erörtern, und parallel das Potential für einvernehmliche, gestaltende Lösungen auszuloten.

III. Um-Verteilung von Gesellschafts-Anteilen – Performance, Interessen, Wertschöpfung

Häufig wurde bei Gründung eines **Startup-Unternehmens** (zu) wenig darauf ge- 25
achtet, ob die Verteilung der Anteile zwischen den Gründern die künftige Unternehmensentwicklung optimal unterstützt und incentiviert.

Gründungsanteile von Startup-Unternehmen können sehr wertvoll werden, wenn 26
das Unternehmenskonzept erfolgreich umgesetzt wird. Gerade wenn sich junge, unerfahrene Gründer, die sich möglicherweise wechselseitig noch wenig kennen, zu

einer Unternehmensgründung zusammenfinden, tendieren sie dazu, die Verteilung der Anteile „gleichmäßig", d. h. nach Köpfen, vorzunehmen – unabhängig von dem tatsächlichen unternehmerischen und Wertschöpfungspotential des Einzelnen. Eine Gleichverteilung hat in diesem Stadium den Vorteil, dass keine, oft für alle Beteiligten unangenehmen, Diskussionen über die bisherigen und künftig zu erwartenden unternehmerischen Wertschöpfungsbeiträge geführt werden müssen.

27   Allerdings gibt es auch – meist unternehmerisch schon erfahrene oder sehr stark ego-zentrierte – Gründer – die eine offensichtliche **Ungleichverteilung der Anteile** zu ihren Gunsten bei Gründung anstreben. Sie sehen sich eigentlich als Alleinunternehmer. Zwar wollen sie verbal von Anfang an ein „Team" bilden, die Teamstruktur spiegelt sich jedoch in den Gründungsanteilen nur sehr rudimentär wieder. Solche Gründer versuchen, weitere in der Regel sehr viel unerfahrenere „Mitgründer" mit Kleinstbeteiligungen von einem oder wenigen Prozentpunkten mit in die Verantwortung zu bekommen. Funktion, Verantwortung und Arbeitsbelastung in der Gründungsphase einerseits und das wirtschaftliche Erfolgspotential durch die angestrebte positive Wertentwicklung der Gründeranteile andererseits fallen extrem auseinander.

28   Beide Ausgangssituationen können im Laufe der Unternehmensentwicklung zu starken Spannungen und **Auseinandersetzungen zwischen den Gründern** führen. Startup-Unternehmen entwickeln sich nicht linear und oft auch nicht „businessplangemäß". Zeitpläne für technische Entwicklungsarbeiten oder die Markteinführung von neuen Produkten erweisen sich als unhaltbar. Die Kosten einer Markteinführung wurden unterschätzt. Die Kosten vor Erreichen der Gewinnschwelle, die sog. *„cash-burn-rate"* wird höher als geplant. Geld aus einer Finanzierungsrunde reicht kürzer als geplant. . . . . .

29   In solchen Situationen stellt sich oft deutlich heraus, welcher Gründer nicht nur theoretisch – bei der Definition des Unternehmenskonzeptes und der Formulierung des Businessplans – sondern auch praktisch wie stark und nachhaltig zum Unternehmenserfolg beitragen kann. Wenn sich die ursprünglichen Annahmen der Beteiligten über die jeweiligen Anteile am unternehmerischen Erfolg im Laufe der Unternehmensentwicklung nicht bestätigen, sondern es – zumindest nach subjektivem Empfinden einiger – zu Verschiebungen in der Wertschöpfung kommt, wird auch der Ruf nach einer „Neuverteilung" der Anteile laut.

30   Solche Entwicklungen könnten bei Gründung der Gesellschaft zwar ansatzweise in den **Vertragswerken** vorweggenommen und Lösungsmöglichkeiten eingestellt werden. In der Praxis geschieht dies aber **selten**. Die mit der Gründung erworbenen Anteile stehen den jeweiligen Gründern rechtlich dauerhaft zu. Die gesellschaftsrechtlichen Möglichkeiten für ihre Einziehung sind begrenzt. Regelmäßig kommt es bei einer Einziehung von Anteilen auch zu Diskussionen und Rechtsstreiten über die Höhe einer zu zahlenden Einziehungsvergütung.

31   In einem die Gesellschaftssatzung schuldrechtlich ergänzenden **Poolvertrag** kann zwar zwischen den Gründern vereinbart werden, dass für den Fall, dass einzelne Gründer aus dem Unternehmen ausscheiden oder diesem dauerhaft nicht mehr zur Verfügung stehen (können), sie ihre Anteile ganz oder teilweise den übrigen Gesellschaftern übertragen müssen. Auch hier stellt sich aber die Problematik der Höhe des für die Übertragung der Anteile zu zahlenden Preises. Desweiteren können die übrigen Gründer ein solches Angebot mangels liquider Mittel oft nicht annehmen,

da sie sämtliches eigenes vorhandenes Vermögen in die Vorbereitung und Gründung des gemeinsamen Unternehmens gesteckt haben.

Im Übrigen kann eine solche Klausel auch zu erheblichen Interessenkonflikten 32 zwischen den Gründern führen. Wenn sich herausstellt, dass das gemeinsame Unternehmen erfolgreich zu werden verspricht, kann die Gier einzelner Gründer auf die Übernahme von Anteilen anderer, vermeintlich schwächerer, Partner zum Mobbing Einzelner führen mit dem Ziel, einen Grund für das zwangsweise oder „freiwillige" Ausscheiden zu finden.

Deshalb ist bei der Vertragsgestaltung ein genereller Automatismus für Anteils- 33 umverteilungen bei individueller *„underperformance"* nicht zielführend.

Eine sinnvolle Möglichkeit, spätere Diskussionen über die Anteilsverteilung zu 34 strukturieren, liegt aber in einer Kombination eines **Automatismus** – für den Fall des Todes, der Arbeitsunfähigkeit oder des freiwilligen Ausscheidens aus der gewählten Funktion – in Verbindung mit einer bereits bei der Gründung vereinbarten **Mediationsklausel** für den Fall, dass sich die ursprünglichen Erwartungen an die jeweilige Funktionswahrnehmung und den Beitrag zur Unternehmensentwicklung nicht erfüllen.

Ein **Poolvertrag** zwischen Gründungsgesellschaftern einer Aktiengesellschaft ließe 35 sich wie folgt gestalten:

Poolvertrag
zwischen Gründungsgesellschaftern
einer AG

Präambel

Die Parteien haben am . . . . . . zur Urkunde des Notars . . . . . . die . . . . . . Aktiengesellschaft gegründet.
Vom Grundkapital in Höhe von . . . . . ., das aufgeteilt ist in . . . . . . (Namensstück)-Aktien, haben die Parteien folgende Anteile übernommen:
. . . . . .
Das Verhältnis der Übernahme der Anteile spiegelt auch die gemeinsame Einschätzung der Parteien wider hinsichtlich der jeweiligen bisherigen und künftigen Wertschöpfung der einzelnen Gründungsgesellschafter für die Entwicklung des Unternehmens.
Zur wechselseitigen Sicherung ihrer Stellung als Gründungsgesellschafter und zum Erhalt des Einflusses für die Gründungsaktionäre auch bei einer künftigen Ausgabe zusätzlicher Aktien an neue Aktionäre vereinbaren die Gesellschafter folgende wechselseitigen, schuldrechtlichen Rechte und Pflichten:
. . . . . .

§ 1 Nachfolgeklausel
1. Gehen die Aktien einer Vertragspartei von Todes wegen auf einen oder mehrere Dritte als Erben bzw. Vermächtnisnehmer über, so ist der oder sind die Erwerber der Aktien verpflichtet, innerhalb von zwei Monaten ab dem Erbfall den anderen Gründungsgesellschaftern die Aktien des Erblassers zur Übertragung anzubieten.
2. . . . . . . (Detailregelungen)

Horst   1059

§ 2 Veräußerungssperre

1. Binnen einer Frist von (z. B. drei Jahren) . . . . . . ab Gründung der Gesellschaft ist eine Veräußerung von Aktien an Dritte ohne schriftliche Zustimmung aller Gründungsgesellschafter ausgeschlossen. Hiervon unberührt bleiben Aktienübertragungen im Kreis der Gründungsgesellschafter.

2. . . . . . . (Detailregelungen)

§ 3 Ankaufsrecht

1. Den Gründungsgesellschaftern wird ein Ankaufsrecht im Falle der beabsichtigten Übertragung oder Veräußerung von Aktien an Dritte eingeräumt.

3. Das Ankaufsrecht steht den Berechtigten in dem Verhältnis zu, in welchem die von ihnen gehaltenen Anzahlen von Aktien zueinander stehen.

4. Wenn und soweit ein Berechtigter von seinem Ankaufsrecht nicht oder nicht fristgerecht Gebrauch macht, steht dieses den anderen Berechtigten in dem Verhältnis zu, in welchem die Stückzahlen der von ihnen gehaltenen Aktien zueinander stehen.

5. . . . . . . (Detailregelungen)

§ 4 Übertragung bei Ausscheiden

1. Wenn ein Gründer binnen drei Jahren ab Abschluss dieses Vertrages seine Funktionen in der Gesellschaft niederlegt, so sind die übrigen Gesellschafter berechtigt, die Übertragung der Gesellschaftsanteile zu verlangen. Das Gleiche gilt, falls ein Gründer an der Ausübung der ihm übertragenen Funktionen oder der Erfüllung seiner Aufgaben dauerhaft gehindert ist.

2. Das Ankaufsrecht steht den Gesellschaftern im Verhältnis ihrer zum Zeitpunkt des Übernahmeverlangens bestehenden Anteile zu. Die Geltendmachung des Ankaufsrechts kann nur einheitlich erfolgen. Der betroffene Gesellschafter ist von der Stimmabgabe ausgeschlossen.

3. Die Übertragung erfolgt zu folgenden Bedingungen, mindestens aber zu dem auf die Anteile entfallenden Nennbetrag des Grundkapitals:

Ausscheiden bis zu	% vom Wert gem. § . . . . . .
1 Jahr nach Gründung	33,0%
2 Jahre nach Gründung	66,0%
3 Jahre nach Gründung	100,0%

4. . . . . . .

§ 5 Unterschiedliche Wertschöpfungsbeiträge

1. Die Parteien gehen bei der Gründung davon aus, dass die Verteilung der Gründundgsanteile die jeweilige bisherige und künftige Wertschöpfung der jeweiligen Gründer in der von ihnen übernommenen Funktion für die Unternehmensentwicklung näherungsweise widerspiegelt.

2. Wenn sich innerhalb der (Zeitraum) herausstellt, dass nach Auffassung einzelner oder mehrerer Gründer die tatsächlichen Wertschöpfungsbeiträge einzelner Gründer in einem erheblichen Missverhältnis zu ihrem jeweiligen Unternehmensanteil stehen, so werden die Gründer versuchen, in Zusammenarbeit mit den Betroffenen die Ursachen hierfür festzustellen und konkrete Gegenmaßnahmen einzuleiten.

3. Wenn eine Einigung über Gegenmaßnahmen nicht herbeigeführt werden kann, oder sich solche als nicht erfolgreich erweisen, werden die Gründungsaktionäre auf Antrag von mindestens . . . . . . % der Anteile ein Mediationsverfahren über eine eventuelle Umverteilung der Gründungsanteile in Anpassung an die tatsächliche Wertschöpfung durchführen. Bei der Mediation sollen die Unternehmensziele, die Ziele der Parteien, die tatsächliche Unternehmenssituation zum Zeitpunkt des Verfahrens, insbesondere die Übernahme von Funktionen von Gründern durch externe Führungskräfte, die Notwendigkeit, Wertannahmen und Erfolgswahrscheionlichkeit weiterer Finanzierungsrunden, besonders berücksichtigt werden.

4. Zum Mediator wird bereits heute bestimmt:

(Name)

Sollte der Mediator an der Durchführung des Verfahrens gehindert sein, so werden die Parteien sich auf einen anderen Mediator zu einigen versuchen. Kommt binnen . . . . . . Wochen keine Einigung zustande, so wird die Bestimmung eines geeigneten Mediators durch . . . . . . vorgenommen.

§ 6 Wertbestimmung

1. Der Wert der zu übernehmenden Anteile wird, solange diese noch nicht an einer Börse gehandelt werden, von einem Wirtschaftsprüfer, der von der Hauptversammlung mit Mehrheitsentscheidung berufen wird, ermittelt. Kann sich die Hauptversammlung nicht auf einen Wirtschaftsprüfer einigen, so wird dieser vom Präsidenten der für den Sitz der Gesellschaft zuständigen Industrie- und Handelskammer benannt.

2. In den beiden ersten vollen Geschäftsjahren nach der Gründung, und solange die Aktien noch nicht an einer Börse zugelassen und handelbar sind, ist als Wert der sich aus der Bilanz ergebende anteilige Buchwert der Gesellschaft anzusetzen.

3. Wenn die Aktien nach Ablauf der Ersten beiden Geschäftsjahre noch nicht an einer Börse zugelassen sind und gehandelt werden, ist der Wert auf der Grundlage des einschlägigen Wertermittlungsverfahrens für Anteile an nicht börsennotierten Kapitalgesellschaften nach den zum Zeitpunkt der Wertermittlung geltenden Erbschaftssteuerrichtlinien zu ermitteln. Stichtag der Bewertung ist der der Bewertung vorangehende oder mit diesem zusammenfallende letzte Bilanzstichtag. Bei der Bewertung sind die Besonderheiten der Bewertung eines Unternehmens im internet-/e-commerce-Bereich angemessen zu berücksichtigen.

4. Werden die Aktien an einer Börse gehandelt, erfolgt die Übertragung zum jeweiligen Kurswert. Maßgeblicher Stichtag ist in diesem Fall der Tag, an dem das Ankaufsangebot angenommen wird.

5. (Detailregelungen)

6. Die Vertragsparteien haben bei Abschluss dieser Vereinbarung Kenntnis von der höchstrichterlichen Rechtsprechung hinsichtlich der Bewertung von Abfindungs – und Übertragungszahlungen anlässlich des Ausscheidens aus der Gesellschaft gleich welchen Rechtsgrundes. Im Falle der Unwirksamkeit entsprechender Vertragsklauseln wegen der in diesem Punkt schnell wechselnden Rechtsprechung, erfolgt die Festsetzung des Abfindungsguthabens im Wege der geltungserhaltenden Reduktion in Höhe des geringstmöglichen von der Rechtsprechung akzeptierten Wertes.

§ 7 Allgemeine Mediationsklausel

. . . . . .

IV. Besondere Problemfelder

1. Neustrukturierung von Aufgaben

36   Die Wertentwicklung von Gesellschaftsanteilen und damit auch die Anteilsverteilung ist ein wesentliches **Motivationsinstrument** für die handelnden Personen. Diese Motivationswirkung sollen auch die in vielen Unternehmen eingeführten Programme für die Beteiligung von wichtigen Mitarbeitern am Unternehmen – auch bekannt als „Stock Options Programme" – ausnützen.

37   Vor dem Hintergrund, dass jetzt in wirtschaftlich schwierigen Zeiten die Bewertungen der jungen Unternehmen – analog zu den Aktienmärkten – stark zurückgegangen sind, werden die von den Investoren geforderten Anteilspakete für die zur Anschubfinanzierung bis zum *Break Even* Punkt erforderlichen Mittel auch immer größer. Damit werden die nach der Durchfinanzierung bei den Gründern verbleibenden Anteile geringer und der Kampf um diese begehrten Anteile härter.

38   Wenn ein Gründer eine ursprünglich übernommene Funktion wieder abgibt – sei es freiwillig, sei es durch Abberufung durch Aufsichtsrat oder Gesellschafterversammlung – dann ist damit implizit auch die Frage aufgeworfen, ob die ursprünglich bei Gründung übernommenen **Anteile** dem Gründer verbleiben sollen oder **neu „verteilt"** werden können.

39   Mit der Forderung nach Umbildungen im Management gehen häufig Forderungen insbesondere der Investoren, aber auch der übrigen Ur-Gründer, einher, die ursprünglich bei der Unternehmensgründung gewählte Verteilung der Gesellschaftsanteile neu zu verhandeln und umzugestalten.

40   In den meisten Fällen gibt es hierfür keine vertragliche Grundlage. Vertragliche Regelungen in Poolverträgen, die entsprechende Übertragungsverpflichtungen begründen könnten, sind oft zu unbestimmt oder existieren gar nicht.

41   Auch ist eine direkte Umverteilung unter den Gründern psychologisch oft schwer zu vermitteln. Eine Umverteilung bedeutet die offene „Degradierung" des abgebenden und „Beförderung" des/der erwerbenden Gesellschafter.

42   Umverteilungsdiskussionen sollten deshalb vor dem Hintergrund der Zielsetzung für das Unternehmen und den persönlichen Zielen der einzelnen Gesellschafter geführt werden.

43   Wenn ein Gründer – freiwillig oder im Wege der Abberufung – aus einer für das Unternehmen wichtigen Funktion ausscheidet, so muss diese neu besetzt werden. Je nach Unternehmensstadium und Stand des Unternehmens kann dies eine schwere Aufgabe sein. Langfristige Sicherheit und planbare Karriereperspektiven kann ein Startup in der Regel nicht bieten. Ein besonders attraktives Fixgehalt würde die „cash burn rate" in der Anschubphase erhöhen. Externe, geeignete und gute Kandidaten zu gewinnen gelingt deshalb oft nur, wenn auch Anteile am Unternehmen angeboten werden können – direkt oder zumindest in Form von Optionen – mit denen der Kandidat am Unternehmenserfolg mit profitiert.

44   Wenn ein Gründer aus einer wichtigen Funktion ausscheidet, könnte eine Lösung für eine angestrebte Umverteilung beispielsweise sein, dass er im Zuge einer „Nachfolgesicherung" einem externen Kandidaten einen Teil seiner Anteile nach einem zu definierenden Plan, der auch die Erfolgskontrolle beim „Neuen" sicherstellt, sukzessive überträgt.

2. Wertschöpfungsdiskussionen

Ein weiterer sensibler Konfliktpunkt kann sich ergeben, wenn zwar die über- 45
nommenen Funktionen von den Gründern wahrgenommen werden, die damit verbundene Wertschöpfung nach Ansicht der anderen aber die ursprünglich der Anteilsverteilung zugrundeliegenden Erwartungen nicht erfüllt. Es kommt dann leicht
zu Diskussionen mit dem Tenor „Wer ist hier eigentlich für den Unternehmenserfolg verantwortlich?" oder „Wer leistet hier eigentlich wirklich welchen Beitrag?".

In solchen Fällen laufen die Verhandlungen zwischen den Gründern und dem 46
Management schnell in eine verfahrene Situation. Bei betroffenen Personen, die in
die Kritik ihrer Mitgesellschafter geraten, ist oft eine signifikante Differenz zwischen ihrem Eigen- und dem Fremdbild ihrer Umwelt festzustellen.

Verhandlungen um eine „gerechte" Anteilsverteilung führen oft zu **langwierigen** 47
Diskussionen, die sich häufig um historische Beiträge drehen („Wer hatte die
Grundidee?"), Arbeitsbelastung und damit verbundene persönliche Einbußen („Ich
sehe meine Familie/Freunde überhaupt nicht mehr"), mittelbare Beiträge („Wer hat
denn den Kontakt zu . . . . . . hergestellt?") etc.

In einer solchen Phase ist eine **neutrale Mediationsfunktion** besonders wichtig. Es 48
geht um die Verteilung von Anteilen, also von Macht und Werten. Gleichzeitig sind
mit der Diskussion hierum auch wichtige Fragen der persönlichen Wertschätzung
angesprochen. Eine konstruktive Diskussion unter den Betroffenen mit jeweils erheblichem Eigeninteresse ist häufig nicht mehr möglich. Dies kann schnell in einer
Situation der „Klimavergiftung", des wechselseitigen Misstrauens und der Zuweisung von Schuld bis hin zum „Mobbing" führen. Ein neutraler Mediator wird in
einer solchen Situation versuchen, die individuellen Ziele der Beteiligten zu hinterfragen und auf deren Grundlage mit allen für alle akzeptable Lösungsmodelle zu
erarbeiten. Solche können z.B. eine (Teil-)realisierung der bisherigen Wertschöpfung durch teilweisen Verkauf von Anteilen im Rahmen einer weiteren Finanzierungsrunde beinhalten, die dauerhafte Verfügung über Anteile im Rahmen eines
Umstrukturierungsplanes von künftigen Erfolgszielen und Fristen abhängig machen
und vieles mehr. An dieser Stelle ist neben einer genauen Hinterfragung der individuellen Ziele auch die Kreativität der Beteiligten und des Mediators stark gefordert.

V. Investoren: Einfluss, Macht und Bewertung

Die Finanzierung junger Wachstumsunternehmen erfolgt in der Regel überwie- 49
gend mit Eigenkapital. In Deutschland hat sich eine Vielzahl von sogenannten **Ven-**
ture Capital Firmen etabliert[5]. Diese sind zum einen Finanzinvestoren, die auf einen
möglichst lukrativen „exit", also die Veräußerung ihrer Beteiligung an Dritte –
vorzugsweise über einen Börsengang oder neudeutsch IPO für Initial Public Offer-
ing – spekulieren. Daneben gibt es mehr und mehr VC-Firmen, die von etablierten
Unternehmen im Markt gegründet werden, sogenannte corporate ventures. Diese
verfolgen neben dem Exit-Interesse auch oder sogar vorrangig strategische Interes-

---

[5] Vgl. die Mitgliederübersicht des Bundesverbandes Deutscher Kapitalbeteiligungsgesellschaften,
http://www.bvk-ev.de.

sen ihrer Mutterunternehmen. Insbesondere wollen sie Zugang zu neuen, innovativen Technologien *(window on technology)*.

50   Wie in den vergangenen Jahrzehnten bereits in den USA erfolgreich praktiziert engagieren sich jetzt auch in Deutschland zunehmend unternehmerisch erfahrene Privatinvestoren als sogenannte *„Business Angels"* insbesondere in ganz frühen Unternehmensphasen, und unterstützen die Beteiligungsunternehmen auch mit Rat, Tat und Zugang zu ihren etablierten Kontaktnetzwerken. In diesem frühen Stadium ist das Risiko des Scheiterns noch besonders hoch, dafür aber im Erfolgsfalle auch die Gewinnchancen besonders attraktiv. Auch für diese Investoren gibt es Netzwerke wie das überregionale *Business Angels Netzwerk Deutschland BAND e. V.*[6] oder das wohl bisher bekannteste und erfolgreichste lokale Netzwerk die *Munich Business Angels AG*[7].

51   Als Ergänzung stehen auch öffentliche Investoren mit finanziellen Beteiligungsprogrammen zur Verfügung, wie auf Bundesebene z. B. die Technologie Beteiligungs Gesellschaft *tbg*, eine Tochtergesellschaft der Deutschen Ausgleichsbank[8], die Kreditanstalt für Wiederaufbau KfW[9] oder landesbezogene Institutionen wie z. B. die *BayernKapital Risikokapitalbeteiligungs GmbH*[10].

52   Aus der Sicht solcher Venture Capitalisten, also **Investoren,** ist der Drang, möglichst viele Anteile für ihr Geld zu erhalten, grundsätzlich verständlich. Allerdings gilt es gleichzeitig bei den Gründern auch die notwendige und weit über das „normale" Maß hinausgehende Motivation zu erhalten, die für die erfolgreiche Entwicklung eines Gründungsunternehmens erforderlich ist. Arbeitszeiten von 60, 70 oder 80 Wochenstunden sind an der Tagesordnung. Die Orientierung in einem schnellen und permanent wechselnden Umfeld ist für die Gründer häufig sehr schwierig. Neue Informationen erhalten, verarbeiten, bewerten ist ein 24/7-Job – 24 Stunden an 7 Tagen die Woche. Trotz oder eigentlich sogar wegen aller vorhandenen Informationsmöglichkeiten bleiben Defizite und fühlen sich die Manager häufig „überfordert". Die mentale Kraft für solche Leistungen resultiert oft auch aus dem Bewusstsein, mit diesen Anstrengungen etwas „Eigenes" zu schaffen, und langfristig am unternehmerischen Erfolg wesentlich partizipieren zu können.

53   Das sich aus diesen beiden Ziel- und Interessenrichtungen ergebende Konfliktpotential zeigt sich besonders deutlich in Situationen, in denen das Unternehmen auf die Hilfe von Altinvestoren angewiesen ist. Die Situation am Markt für *Venture Capital* Anfang 2002 wurde von einem Szenekenner, *Falk F. Strascheg,* dem Gründer und früheren Inhaber einer der ältesten Venture Capital Gesellschaften am Markt, treffend beschrieben mit „Volle Taschen – volle Hosen". Die Fonds der Kapitalgeber sind von vermögenden privaten und institutionellen Anlegern gut gefüllt, doch die Investitionsbereitschaft für dieses Geld ist sehr gering. Kein Investmentmanager möchte sich dem Risiko aussetzen, jetzt in die „falschen" Unternehmen zu investieren. Diese Haltung wird irgendwann und wahrscheinlich bald wieder von dem Anlagedruck, der von den Renditeerwartungen der hinter den Fonds stehenden Investoren ausgeht, kompensiert werden. Mit Festgeld lässt sich nun einmal

---

[6] http://www.business-angels.de.
[7] http://www.fntev.de/mban_ger/index.html.
[8] http://tbg-bonn.de.
[9] http://www.kfw.de.
[10] http://www.bayernkapital.de.

Horst

keine der Anlageform *Venture Capital* und dem damit verbundenen Kostenaufwand für Fondsmanagement, Beratung, Screening, Due Diligences etc. gerecht werdende Rendite erwirtschaften.

Ab Ende 2000 waren jedoch Situationen nicht selten, bei denen von den Unternehmen angestrebte nächste Finanzierungsrunden mit neuen Investoren wegen deren aktueller Zurückhaltung nicht zustande kamen. Die Altinvestoren stehen dann vor der Entscheidung, auf der Basis von Notfallplänen gekürzte Kostenbudgets mit zusätzlichen finanziellen Mitteln zu sichern, oder ihre Beteiligungsunternehmen in die Insolvenz gehen zu lassen. **54**

Grundsätzlich ist die Bereitschaft von Investoren einer Finanzierungsrunde, sich **55** auch an der nächsten und weiteren zu beteiligen, zu begrüssen. Diese Bereitschaft zeigt, dass der Investor weiterhin an das Engagement glaubt, und auch selbst davon überzeugt ist, dass auch auf der neuen, im Idealfall natürlich höheren, Unternehmensbewertungsbasis ein Engagement noch lohnt. Um jedoch einem Interessenkonflikt zwischen einer intakten „*Equity Story*" einerseits und dem Wunsch nach möglichst grosser individueller Beteiligung des Venture Capitalisten zu begegnen, sollte die als Referenz für die nochmalige Beteiligung der Altinvestoren dienende Unternehmensbewertung regelmässig von einem neuen Investor vorgegeben werden. Fehlt eine solche Referenzmöglichkeit, so gilt es eine „faire" Bewertung in Verhandlungen zwischen den Gründern und den bisherigen Investoren zu finden.

In solchen Situationen sind die Gewichte naturgemäß ungleich verteilt. Die In- **56** vestoren könnten mangels Alternativen und Wettbewerb den Gründern die „Daumenschrauben" anziehen. Intensive Konflikte zwischen Gründern und Investoren sind vorprogrammiert.

Die in der Regel vorhandene Angst von Altinvestoren um ihr bisheriges Geld **57** wird von Gründern aus verständlicher eigener Betroffenheit nicht erkannt oder nicht richtig ernst genommen. Eine aus Angst und allgemeinem Pessimismus geborene Bewertungsvorstellung von Altinvestoren kann von Gründern schnell als „überzogene Gier" oder der Versuch einer „Machtübernahme" verstanden werden. Umgekehrt empfinden Altinvestoren das Bestreben der Gründerunternehmer, möglichst eine intakte „*Equity Story*" zu präsentieren, keine Bewertungsrückschläge hinzunehmen und möglichst wenig Anteile abzugeben, als in der konkreten Situation unangemessen.

Schnell kommen Redewendungen ins Spiel wie „Ein Unternehmen ist das wert, **58** was jemand bereit ist, dafür zu zahlen. Welche anderen Investitionsinteressenten haben Sie denn noch?" Fronten verhärten, das wechselseitige Verständnis droht auf der Strecke zu bleiben.

In solchen Situationen kann ein **neutraler Vermittler** versuchen, die Verhandlun- **59** gen wieder in Gang zu bringen. Seine Aufgabe ist es, die sachliche von der emotionalen Ebene zu trennen und das wechselseitige Verständnis zu fördern.

Auch in diesem Zusammenhang bewähren sich **Einzelgespräche**. Ein Werben **60** um Verständnis für die Positionen der jeweils anderen Seite ist einfacher und auch ungefährlicher, wenn die andere Partei dieses nicht unmittelbar hört und in ihr Verhalten einbauen kann. Auch muss die Partei, die grundsätzlich Verständnis zeigt, dieses Verständnis emotional nicht sofort als Eingeständnis einer Teilniederlage betrachten. Umgekehrt kommen auch keine unmittelbaren Triumphgefühle auf.

61   Beide Positionen – von Gründern und Investoren – sind aus sich heraus verständlich und logisch begründbar. Dennoch macht es aus gemeinsamen Interessen durchaus Sinn, zu versuchen den Bewertungskonflikt im Sinne einer win/win-Situation zu lösen. Die Angst der Investoren vor einem „zu teuren" Einstieg kann z. B. durch eine – zeitlich versetzte – Referenzbewertung Dritter gelindert werden. Es können Wertentwicklungsfaktoren festgeschrieben werden, die das Investment der Investoren in einem bestimmten Zeithorizont mindestens erreichen muss. Es kann festgeschrieben werden, zu welchen Konditionen weitere Finanzierungsrunden mindestens durchgeführt werden sollen. Für den Fall des Nichteintritts dieser Voraussetzungen kann man Nachbewertungsmodalitäten vereinbaren.

VI. Schutz und Verteidigung von Intellectual Property

62   Die Basis vieler Unternehmen in der New Economy bilden Ideen über neue **Geschäftsmodelle**. Geschäftsprozesse werden unter Berücksichtigung der Möglichkeiten der Datenauswertung und Kommunikation über Internet und mobile Kommunikation neu definiert. Unterstützungsmassnahmen für Kundengewinnung und Kundenbindung stehen ebenso im Vordergrund wie die Automatisierung von Bestell- und Abwicklungsprozessen im *e-commerce*.

63   Das deutsche Recht ist im Vergleich zu den Verhältnissen in den USA bei der Gewährung von Schutzrechten für solche Geschäftsprozesse noch deutlich zurückhaltender. In den Vereinigten Staaten können bloße Geschäftsabläufe, sog. Business Models, patentierbar sein. So hat sich z. B. der Internet-Buchversender amazon.com wesentliche Elemente des eigenen Business Models patentieren lassen.

64   Die umfangreichen Möglichkeiten, für Geschäftsprozesse Patentschutz zu erhalten, werden allerdings von vielen kritisch betrachtet, weil sie in umfangreichem Patentschutz mögliche Hemmnisse für die Fortentwicklung und massenhafte Akzeptanz des Internet's sehen[11].

65   Auch die **neuere Rechtsprechung**[12] hat die grundsätzliche Patentierbarkeit von Software zwar anerkannt, den Schutz aber weiterhin auf die Verwendung technischer Mittel als Bestandteil der Problemlösung, d. h. eines entsprechenden Hauptanspruchs, eingeschränkt. Für die Beurteilung der erfinderischen Tätigkeit können nur technische Merkmale herangezogen werden. Diese sind bezüglich des technischen Charakters als Ganzes, d. h. mit allen technischen Merkmalen, zu prüfen[13].

66   Auch in der **Biotechnologie** weitet sich die Diskussion um die generelle oder funktionsbezogene Patentfähigkeit von genetischem Material aus.

67   Vor diesem Hintergrund gewinnen die Diskussionen um Schutzrechte in der New Economy erheblich an Bedeutung.

---

[11] Vgl. z. B. die Übersicht über kritische Artikel bei http://swpat.ffii.org/vreji/minra/lanleen.html.
[12] Vgl. z. B. BGH, Beschluss vom 11. 5. 2000, X ZB 15/98, http://www.jurpc.de/rechtspr/20000137.htm.
[13] Vgl. hierzu ausführlich *Wolfgang Tauchert*, Patentierung von Programmen für Datenverarbeitungsanlagen – neue Rechtsprechung und aktuelle Entwicklungen, JurPC Web-Dok. 40/2001, Abs. 1–58, http://www.jurpc.de/aufsatz/20010040.htm.

1. Wem stehen welche Schutzrechte zu?

Ein potentieller Konfliktpunkt liegt schon in der **Vorgründungsphase,** wenn eine 68 Geschäftsidee langsam an Kontur gewinnt. Zu diesem Zeitpunkt ist oft noch nicht absehbar, ob und in welcher Konstellation mit welchen Rahmenbedingungen es überhaupt zu einer Firmengründung kommen wird.

Wenn in diesem Stadium Erfindungen gemacht werden, sollte deren Schutzfähig- 69 keit sofort geprüft werden. Wenn die Gründer, z.B. aus wirtschaftlichen Gründen oder aus Furcht vor der Offenlegung ihres know-hows, eine Schutzrechtsanmeldung in diesem Stadium (noch) nicht durchführen wollen, sollten sie jedenfalls eine interne Regelung treffen, wer Erfinder/Miterfinder und zu welchen Anteilen ist, wer im Falle einer Schutzrechtsanmeldung als Anmelder auftreten soll, und wem das Schutzrecht rechtlich zustehen soll.

Gibt es solche Vereinbarungen nicht, können später **heftige Diskussionen** darüber 70 entbrennen, wer denn nun eigentlich Erfinder ist. Erstmalig rechtlich zu definieren ist die Erfindereigenschaft bei einer Schutzrechtsanmeldung. Solange diese noch nicht erfolgt ist, können unterschiedliche Auffassungen über Erfindungsbeiträge im Verborgenen herrschen. Insbesondere in Diskussionen über historische Wertschöpfungsbeiträge, z.B. bei Umstrukturierungen im Gesellschafterkreis, treten diese dann zu Tage.

Die Erfinderstellung ist in jungen Unternehmen stark verknüpft mit der wirt- 71 schaftlichen Verwertbarkeit. Erfindungen leben von schneller Realisierung. Das Unternehmen, das auf einen neuen Geschäftsprozess in Verbindung mit einer technischen Neuerung aufbaut, ist dort „first mover". Wenn es gelingt, den Markt von der neuen Geschäftsidee zu begeistern, kann ein Schutzrecht oder auch nur eine Schutzrechtsanmeldung eine Markteintrittsbarriere für Nachahmer darstellen. Wenn dies nicht gelingt, ist häufig auch das Schutzrecht wertlos, insbesondere, wenn die geschützte Funktionalität durch neue technische Entwicklungen ersetzt wird.

Deshalb sollten in jungen technologiegetriebenen Unternehmen in der Grün- 72 dungsphase die Basisideen von allen Initiatoren und Gründern gemeinsam entwickelt und ggf. als Schutzrecht angemeldet werden. Auf diese Weise wird die Idee und ihre Realisierung auf eine breite Basis gestellt.

2. Verteidigung von Schutzrechten bzw. Verfolgung von Schutzrechtsverletzungen gegenüber anderen Unternehmen

Gerade in der New Economy entstehen Geschäftsmodelle häufig mehrfach. Ideen 73 „liegen in der Luft" und werden zeitlich parallel realisiert. Konzepte, die in den USA bereits umgesetzt sind, werden teilweise in Europa kopiert.

Sind mehrere gleichartige Konzepte auf dem Markt präsent, versucht jeder An- 74 bieter naturgemäss seine Marktbedeutung zu vergrössern. In Boomzeiten des *Venture Capital* war hier vor allem Kapital für zusätzliche Marketing-Maßnahmen ein Mittel der Wahl. Nach dem starken Rückgang der Börsenkurse seit Mitte 2000 und dem damit einhergehenden Verfall der Unternehmensbewertungen muss Kapital wieder sparsam eingesetzt werden. Ideen und kreative Intelligenz müssen den Kapitalfaktor kompensieren.

75   Deshalb gewinnen Schutzrechte oder zumindest Schutzrechtsanmeldungen auf Geschäftskonzepte und deren technische Realisierung im Wettbewerb an Bedeutung. Hierbei fallen nicht nur Patente, sondern auch Firmen- und Produktnamen, Marken- und Markenanmeldungen, Internet-domains, etc. ins Gewicht.

76   Eine klassische Strategie in einer solchen Situation ist es, **Schutzrechte der Mitbewerber** rechtlich **anzugreifen.** Wettbewerbsrechtliche Verfahren, Nichtigkeitsklagen gegen Patente, Unterlassungsklagen, Verfügungsverfahren ... Diese Strategie benötigt einen grossen Vorrat an Ressourcen in Form von Manpower, Nerven und Geld für teure Anwälte und Gerichtskosten. Auch können Schutzrechtsanmeldungen, die noch nicht offengelegt sind, in der Regel auch noch nicht rechtlich überprüft werden.

77   Deshalb kann es sinnvoll sein, wenn sich Mitbewerber in einer solchen Situation auf ein **Mediationsverfahren** einlassen mit dem Ziel, eine kooperative Lösung herbeizuführen, bei der beide Partner gewinnen. Der Vorteil einer frühen Anmeldung von Schutzrechten könnte z. B. im Wettbewerb den Nachteil eines „follower" gegen den „first mover", der ein Konzept zuerst realisiert hat, kompensieren helfen.

78   Wenn nur der Imitator kapitalkräftig ist, und bereits Kunden und Marktanteile hat, könnte eine solche Auseinandersetzung den Schutzrechtsinhaber wirtschaftlich überfordern. Diese Situation wird er vermutlich vermeiden wollen. Umgekehrt muss ein Imitator befürchten, dass die Lizenzierung eines für sein Konzept essentiellen Schutzrechts an einen kapitalkräftigen Mitbewerber ihn selbst aus dem Rennen werfen könnte. Also könnte er unter diesem Gesichtspunkt kooperationsbereit sein.

79   Der Mediator muss in einer solchen Situation besonderes Augenmerk darauf legen, das uneingeschränkte **Vertrauen beider Kontrahenten** zu gewinnen. Grundlegende Basis seiner Arbeit ist hier, umfassend über die individuellen Ziele und Strategien sowie die jeweilige Einschätzung der Lage informiert zu sein. Er muss sorgfältigst darauf bedacht sein, dass solche wichtigen Informationen der jeweils anderen Partei nie ohne Zustimmung der informierenden Partei offengelegt werden.

80   Ziel ist es, Potentiale für gemeinsame unternehmensstrategische Konzepte zu entdecken und zu entwickeln. Hierbei spielen neben reinen Sachthemen auch um persönliche Betroffenheiten oft eine große Rolle.

81   Wenn ein Mediator selbst in unternehmensstrategischen Konzepten Begabung und Erfahrung hat, kann er durch geschickte Fragestellungen, aber auch durch eigene Lösungsvorschläge im geeigneten Moment – bei der Gestaltung einer win-/win-Sitaution für die beiden Kontrahenten mitwirken.

§ 41 Mediation im Insolvenzrecht

Uwe Kassing

Übersicht

Schrifttum: *Eidenmüller*, Mediationstechniken bei Unternehmenssanierungen, BB 1998, Beilage 10, S. 25; *Kassing*, Mediation im Insolvenzrecht, in: Henssler/Koch (Hrsg.), Mediation in der Anwaltspraxis, 2000, S. 557 ff.

I. Der insolvenzrechtliche Verteilungskonflikt als Mediationsanlass

Es stellt sich die Frage, ob und inwieweit das „Insolvenzrecht" bzw. die 1 „Insolvenz" eines Schuldners (als natürliche Person oder als Unternehmen) die **Anwendung der Mediation** eröffnet. Die Beantwortung ist nur über die Definition des zugrundeliegenden rechtlichen Handlungsrahmens möglich. Dieser hat sich historisch durch das Inkrafttreten der Insolvenzordnung (InsO)[1] erheblich verändert. Als

---

[1] Insolvenzordnung vom 5. Oktober 1994, BGBl. I S. 2866.

„Insolvenzrecht" bezeichnet man seitdem die Summe aller Rechtsregeln, die in amtlichen, staatlich geordneten Verfahren für die Abwicklung der Vermögens- und Haftungsverhältnisse beim wirtschaftlichen Zusammenbruch eines Schuldners gelten. Dieser Begriff hat sich mit der Insolvenzrechtsreform als Zusammenfassung der Begriffe „Konkursrecht" und „Vergleichsrecht" durchgesetzt[2]. Er beinhaltet die denkbaren Voraussetzungen eines Insolvenzverfahrens, nämlich die „(drohende) Zahlungsunfähigkeit" und die „Überschuldung" (zusätzlich bei juristischen Personen), als definierte Tatbestandsmerkmale eines wirtschaftlichen Zusammenbruchs des Schuldners. In dieser Situation der „Insolvenz" treten die haftungsrechtlichen Folgen privatautonomen Handelns in den Vordergrund. Durch eine Gesamtvollstreckung in einem Insolvenzverfahren sollen die Konflikte zwischen den von einer Insolvenz Betroffenen vermieden werden. An die Stelle der Privatautonomie und der Einzelzwangsvollstreckung tritt das Insolvenzverfahren. Der Schuldner wird durch die Suspendierung seiner Privatautonomie, die Gläubiger durch die verrechtlichten Innenbeziehungen zum Schuldner und Mitgläubigern vor störenden Emotionen, willkürlichen Übergriffen und Pressionen geschützt[3]. Gleichwohl bleibt in der praktischen Abwicklung von Insolvenzverfahren eine emotionale Komponente sowohl aufseiten der (enttäuschten) Gläubiger als auch des (frustrierten) Schuldners zu berücksichtigen, die rationale Entscheidungen blockieren kann.

2   Soweit man das „Insolvenzrecht" funktional als Haftungsrecht und dementsprechend die materiellen und verfahrensrechtlichen Grundsätze der Liquidationsabwicklung im Regelinsolvenzverfahren[4] betrachtet, ist ein **Handlungsrahmen** für die Mediation nicht gegeben. Nach dem Verständnis des Reformgesetzgebers kann sich die Ordnungsaufgabe des Insolvenzrechts aber nicht darauf beschränken, die Insolvenz als bereits eingetretenen Sozialkonflikt zu begreifen und nur die gerechte, justizförmige Verteilung der Schäden und Lasten anzustreben[5]. Die Reform vertraut darauf, dass marktwirtschaftlich rationale Verwertungsentscheidungen, wie sie unter Wettbewerbsbedingungen durch freie Verhandlungen zustandekommen, am ehesten ein Höchstmaß an Wohlfahrt herbeiführen und somit auch im gesamtwirtschaftlichen Interesse liegen[6]. Das Verfahren soll den Beteiligten ermöglichen, die optimale Verwertungsentscheidung **im Verhandlungsprozess** zu entdecken und zu verwirklichen[7]. Auch diejenigen Fälle, in denen eine Verhandlungslösung ohne ein gerichtliches Verfahren nicht zustandekommt, sollen mit dem neuen Insolvenzverfahren gefördert werden[8]. Damit kommt schließlich zum Ausdruck, dass die kodifikatorische Idee der Insolvenzordnung eine marktkonforme Insolvenzabwicklung beinhaltet und daher das Insolvenzverfahren mit der Insolvenzordnung eine Rahmenordnung erhalten sollte, die ein Höchstmaß an Spielraum für kollektives Handeln der Beteiligten ermöglicht. Die Beteiligten sollen sich dabei im weitestmöglichen Umfang **durch Verhandlungen koordinieren**. Das Recht des gesetzlichen Re-

---

[2] So *Häsemeyer*, Insolvenzrecht, 2. Auflage, S. 5.
[3] Vgl. *Häsemeyer* a.a.O., S. 21.
[4] Verstanden als reguläre Abwicklung gemäß §§ 148–173 InsO.
[5] Begründung zum Regierungsentwurf (RegE) gem. BR-Drucks. 1/92, S. 228 in: Das neue Insolvenzrecht: Insolvenzordnung und Einführungsgesetz mit Praxishinweisen; Text- und Dokumentationsband mit Praxishinweisen von *Uhlenbruck*, Herne/Berlin 1994.
[6] A.a.O., S. 230.
[7] A.a.O.
[8] A.a.O., S. 232.

gelverfahrens der ehemals konkursmäßigen Liquidation ist damit erstmals zu dispositivem, nämlich zu plandispositivem Recht geworden[9]. Die Eingangsfrage lässt sich also dahingehend beantworten, dass sich im Insolvenzrecht immer dann ein Mediationsanlass ergeben kann, wenn in einem Planverfahren vom Regelverfahren abweichende, verhandelbare Lösungen zur Bewältigung der Insolvenzsituation gefunden werden sollen. Damit ergibt sich ein **konkreter Anwendungsbereich der Mediation** zum einen für das außergerichtliche und gerichtliche Schuldenbereinigungsplanverfahren[10] im Verbraucherinsolvenzverfahren (§§ 304 ff. InsO) und zum anderen für das Insolvenzplanverfahren[11] bei Unternehmensinsolvenzen (§§ 217 ff. InsO). Nachfolgend sollen zunächst die Mediationsmöglichkeiten in den entsprechenden Verfahrensabschnitten aufgezeigt werden (Rdnr. 3 ff., 14 ff.), bevor konkrete Vorschläge für die Umsetzung von Mediationstechniken am Beispiel des Insolvenzplanverfahrens gemacht werden (Rdnr. 22 ff.).

II. Mediation im außergerichtlichen Stadium des Insolvenzverfahrens

1. Das obligatorische außergerichtliche Schuldenbereinigungs(plan)verfahren in der Verbraucher-/Kleininsolvenz (§§ 304 ff. InsO)

a) **Die Vorstellung des Gesetzgebers.** Das außergerichtliche Schuldenbereinigungs- 3 (plan)verfahren ist vom Gesetzgeber im Verfahren des vereinfachten Verbraucher- und Kleininsolvenzverfahren eingeführt worden, um die Gerichte zu entlasten[12]. In einem – dem Insolvenzantrag und gerichtlichen Verfahren zwingend vorgeschalteten – außergerichtlichen Verfahren muss der **Verbraucherschuldner**[13] zunächst versuchen, sich mit seinen Gläubigern über die Bereinigung der bestehenden Schulden zu einigen. Erst wenn diese Einigung nachweisbar gescheitert ist, kann beim Insolvenzgericht der Insolvenzantrag gestellt werden[14]. Die Erfolgsaussichten einer außergerichtlichen Einigung sind schwer abzuschätzen. Im Einzelfall wird der Erfolg davon abhängen, wie kompetent und seriös der Schuldenbereinigungsvorschlag erarbeitet und den Gläubigern plausibel vorgetragen wird. Rechtsanwälte, Wirtschaftsprüfer, Steuerberater, Notare können dabei sowohl nach den Vorstellungen des Gesetzgebers[15] als auch den überwiegend erlassenen Landesausführungsgeset-

---

[9] Vgl. *Balz*, Die Teilziele der Reform im Einzelnen, S. 4 ff. in: Kölner Schrift zur Insolvenzordnung, Das neue Insolvenzrecht in der Praxis, Arbeitskreis für Insolvenz- und Schiedsgerichtswesen e. V. Köln (Hrsg.), Herne/Berlin 1997.

[10] Geregelt in §§ 305–310 InsO.

[11] Geregelt in §§ 217–269 InsO.

[12] Vgl. *Schmidt-Räntsch*, Verbraucherinsolvenzverfahren und Restschuldbefreiung, S. 1190 f. in: Kölner Schrift zur Insolvenzordnung (Fn. 9).

[13] Zum persönlichen Anwendungsbereich vgl. die bis 30. November 2001 geltende Legaldefinition in § 304 Abs. 1 InsO mit der an den § 4 HGB a.F. angelehnten Konkretisierung der geringfügigen selbstständigen wirtschaftlichen Tätigkeit. Durch das Gesetz zur Änderung der Insolvenzordnung und anderer Gesetze vom 26. 10. 2001 (BGBl. I S. 2710) ist u.a. zur Vermeidung bisher bestehender Abgrenzungsschwierigkeiten die Legaldefinition modifiziert worden; vgl. auch BR-Drucks. 689/01, Seite 3, Ziffer 21 zu § 304 InsO.

[14] Vgl. zu den Voraussetzungen § 305 Abs. 1, Ziff. 1 InsO; als Nachweis für die gescheiterte Einigung wird eine Bescheinigung einer sog. „geeigneten Person" oder „geeigneten Stelle" verlangt.

[15] BT-Drucks. 12/7302, S. 190.

zen[16] als „geeignete Person" im Sinne des § 305 Abs. 1, Ziff. 1 InsO eine entsprechende Beratungsleistung übernehmen. Der Einsatz eines zum Mediator ausgebildeten Rechtsanwalts erscheint im Hinblick auf die mit Gläubigern etwa zu führenden Verhandlungen sinnvoll, da die Kenntnis der insolvenzrechtlichen Rahmenbedingungen auf der einen Seite und die Kompetenz für eine kompetente Verhandlungsführung eine ideale Ergänzung darstellen.

4   **b) Praktische Erfahrungen seit Inkrafttreten der Insolvenzordnung – Reaktionen des Gesetzgebers.** In der **Praxis** haben sich faktische Hürden für eine ansonsten wünschenswerte außergerichtliche Schuldenregulierung ergeben, die auch nicht mit Hilfe von Verhandlungstechniken gelöst werden können. Als wesentliches Hindernis hat sich nämlich die Aufbringung der Kosten für das Verfahren ergeben[17]. Umso weniger wird der Schuldner bei der Beratung im außergerichtlichen Verfahren einen Mediator vergüten können. Für den finanziell ausgelaugten Schuldner wird sich regelmäßig bereits das Problem ergeben, die Kosten für die Rechtsberatung aufbringen zu können. Auch wenn für dieses Verfahren die Inanspruchnahme von Beratungshilfe möglich ist, wird diese als nicht ausreichend angesehen, um den für den Rechtsanwalt einzuschätzenden Aufwand kostendeckend zu vergüten[18]. Insofern sind bisher die Möglichkeiten der Mediation in diesem Bereich faktisch begrenzt.

5   Eine Verbesserung zeichnet sich insofern ab, als mit der am 1. Dezember 2001 in Kraft getretenen **Stundungsregelung gem. § 4a InsO**[19] eine Möglichkeit besteht, neben der Stundung der Kosten des Verfahrens auch die Beiordnung eines Rechtsanwaltes nach Wahl des Schuldners zu beantragen, wenn die Vertretung durch einen Rechtsanwalt trotz der dem Gericht obliegenden Fürsorge erforderlich erscheint.

6   Ein weiteres praktisches Problem stellt eine **große Anzahl von Gläubigern** dar. Mediationsgespräche müssten zwar nur mit den dem außergerichtlichen Schuldenbereinigungsplan nicht zustimmenden Gläubigern geführt werden, aber der Koordinationsaufwand würde mit der Zahl der Gläubiger erheblich zunehmen. Auch insofern zeichnet sich eine Reduzierung der potenziellen Verhandlungskomplexität ab, als die neue Regelung zur Abgrenzung des Verbraucherinsolvenzverfahrens gegenüber dem Regelinsolvenzverfahren in § 304 Absatz 2 InsO[20] die Überschaubarkeit der Vermögensverhältnisse mit „weniger als 20 Gläubigern" festlegt.

7   Die Entwicklung in der außergerichtlichen Schuldnerberatung seit Inkrafttreten der Insolvenzordnung hat gezeigt, dass sich die Inanspruchnahme von Beratungsleistungen faktisch auf die überlasteten Verbraucherzentralen und öffentlichen Schuldnerberatungsstellen konzentriert[21]. Diese Stellen sind überwiegend sachlich

[16] Vgl. z.B. Niedersachsen, AGInsO, ZInsO 3/1999, 155; Baden-Württemberg, AGInsO, ZInsO 6/1998, 277; Bayern, AGInsO 7/1998, 323; Hamburg, HmbAGInsO, ZInsO 7/1998, 324; Hessen, AGInsO 3/1998, 132.
[17] Vgl. Allg. Begründung zum Entwurf eines Gesetzes zur Änderung der Insolvenzordnung und anderer Gesetze (BR-Drucks. 689/01), BT-Drucks. 14/6468, Seite 3 (Zugang mittelloser Schuldner zum Verfahren).
[18] In den Bundesländern ist überwiegend die Inanspruchnahme von Beratungshilfe nach dem Beratungshilfegesetz möglich; Ausnahmen: u.a. Hamburg (ÖRA).
[19] Gesetz zur Änderung der Insolvenzordnung und anderer Gesetze vom 26.10.2001, BGBl. I S. 2710.
[20] Gesetz zur Änderung der Insolvenzordnung und anderer Gesetze vom 26.10.2001, BGBl. I S. 2710.
[21] Vgl. Allg. Begründung zum Regierungsentwurf, BT-Drucks. 14/5680, Seite 1 (Ausgangslage).

und personell unzureichend ausgestattet. Die Beratungskapazitäten sind daher so knapp, dass kein zeitlicher Spielraum für Mediationsverfahren zwischen dem Schuldner und seinen Gläubigern besteht.

Schließlich ist im außergerichtlichen Verfahren zu beachten, dass **Vollstre-** 8 **ckungsmaßnahmen einzelner Gläubiger** den außergerichtlichen Schuldenbereinigungsversuch zum Scheitern bringen können. Mit Inkrafttreten des Gesetzes zur Änderung der Insolvenzordnung und anderer Gesetze sollte daher u. a. eine Ergänzung des § 765 a ZPO um einen Absatz 4 vorgesehen werden, der zur Absicherung einer außergerichtlichen Einigung unter bestimmten Voraussetzungen die zeitweilige Einstellung von Zwangsvollstreckungsmaßnahmen ermöglicht hätte[22]. Dieser Vorschlag fand im Gesetzgebungsverfahren jedoch keine Mehrheit. Die Ausdehnung der Frist der sogenannten Rückschlagsperre gemäß § 88 InsO von 1 Monat auf 3 Monate für den Fall eines Eigenantrages des Verbrauchers in § 312 Absatz 1 Satz 3 InsO wurde als ausreichend angesehen. Damit werden die innerhalb dieses Zeitraumes begonnenen Vollstreckungsmaßnahmen bei Verfahrenseröffnung unwirksam. Dem Gläubiger soll mithin der Anreiz für Vollstreckungen im außergerichtlichen Schuldenbereinigungsverfahren genommen werden[23]. Leitet der Gläubiger dennoch die Zwangsvollstreckung ein, gilt der außergerichtliche Schuldenbereinigungsversuch gemäß der neuen Regelung in § 305 a InsO ohnehin als gescheitert. In der Praxis bedeutet dies, dass der Schuldnerberater sich bei der Verhandlung eines außergerichtlichen Schuldenbereinigungsplan „auf dünnem Eis" bewegt und insofern dem Abschluss eines außergerichtlichen Schuldenbereinigungsplan auf Grund der gegenwärtigen Rahmenbedingungen keine hohen Erfolgschancen eingeräumt werden können.

Ohnehin wird allein der gesetzliche Verhandlungszwang die Chancen auf eine 9 Verhandlungslösung nicht erhöhen. Die Existenz eines Verhandlungszwanges führt vielmehr dazu, dass die beteiligten Gläubiger in vielen Fällen die Ernsthaftigkeit eines außergerichtlichen Schuldenbereinigungsplans anzweifeln, weil es sich bei oberflächlicher Betrachtung insbesondere in den Fällen sogenannter „flexibler Null-Pläne" nur um ein notwendiges „Durchgangsstadium" handelt, um zum eigentlichen Ziel, der Restschuldbefreiung im Anschluss an ein Verbraucherinsolvenzverfahren, zu gelangen[24].

Zusammenfassend ist daher festzuhalten, dass in dem Verfahrensstadium des au- 10 ßergerichtlichen Einigungsversuchs im Verbraucherinsolvenzverfahren faktisch kaum Aussichten auf eine erfolgreiche Mediation des insolvenzrechtlichen Konflikts bestehen.

2. Mediation in der Vorbereitung eines Insolvenzplans bei Unternehmensinsolvenzen (pre-packaged plan)

Die Regelungen der Insolvenzordnung zum Insolvenzplanverfahren schaffen 11 einen Zeitraum, in dem **ausschließlich der Schuldner** die Planinitiative ergreifen kann, um einen Insolvenzplan zugleich mit der Antragstellung vorzulegen[25]. In

---

[22] Vgl. Begründung zum Gesetzesentwurf, BT-Drucks. 14/5680, Seite 10.
[23] A. a. O.
[24] Vgl. *Grote* ZInsO 2000, 18.
[25] § 218 Abs. 1 Satz 2 InsO.

Kombination mit dem Insolvenzeröffnungsgrund der „drohenden Zahlungsunfähigkeit"[26], der ausschließlich den Schuldner zur Insolvenzantragstellung berechtigt, besteht demnach die Möglichkeit eines vorbereiteten Insolvenzverfahrens. Die zeitlichen und tatsächlichen Dispositionen liegen in diesem außergerichtlichen Stadium allein in der Hand des Schuldners.

12   In Anlehnung an eine in den Vereinigten Staaten nicht unübliche Verfahrenspraxis ist künftig auch in Deutschland damit zu rechnen, dass bei Unternehmensinsolvenzen Insolvenzpläne vorbereitet, d. h. als sogenannte **„pre-packaged plans"** mit den Hauptgläubigern vorbesprochen und bereits bei Insolvenzantragstellung von dem Schuldner vorgelegt werden. Die Erfolgsaussichten eines vorbereiteten Insolvenzplans sind auf Grund des zeitlichen Vorteils höher einzuschätzen als bei einem Insolvenzplan, der erst im eröffneten Insolvenzverfahren bei fortgeschrittener Krise und „negativer" Publizität unter erheblich höherem Zeitdruck aufzustellen wäre.

13   Für dieses Stadium stellt sich die Frage, wer den **Mediator auswählen** und welche Person diese Aufgabe übernehmen könnte. Schon aus dem Konzept der Mediation ergibt sich, dass nur ein „neutraler Dritter" als Mediator fungieren könnte. Deshalb scheiden der Schuldner und ihm nahe stehende Personen sowie die ihn bis dahin vertretenden Berater von vornherein für diese Aufgabe aus. Sie stammen aus der Sphäre des Schuldners. Es besteht ohnehin die Gefahr einer reaktiven Abwertung eines Planvorschlags den der Schuldner eingereicht hat. Denkbar wäre allerdings, dass sich der Schuldner und seine Hauptgläubiger auf eine neutrale Person einigen, die fachlich geeignet ist, um die Planerstellung zwischen Schuldner und Gläubigern zu koordinieren und den Plan zu entwerfen. Der Mediator könnte auch auf Anfrage von einer neutralen Institution, nämlich einer Handelskammer oder einer berufsständischen Vereinigung, vorgeschlagen werden. Den durch den Mediator vorverhandelten Plan würde sich dann der Schuldner zu eigen machen und ihn mit der Insolvenzantragstellung einreichen können.

III. Mediation im gerichtlich überwachten Insolvenzverfahren

1. Das gerichtliche Schuldenbereinigungsplanverfahren in der Verbraucher-/Kleininsolvenz (§§ 304 ff. InsO)

14   Das Verfahren wird in Gang gesetzt, nachdem der Schuldner im außergerichtlichen Verfahren keine Einigung mit seinen Gläubigern erzielt und Insolvenzantrag gestellt hat. Das Insolvenzeröffnungsverfahren ruht dann, um dem Schuldner in einer „zweiten Stufe", nämlich des gerichtlich überwachten Schuldenbereinigungsplanverfahrens, eine weitere Einigungsmöglichkeit mit seinen Gläubigern zu verschaffen, bevor ein förmliches Verbraucher- oder Kleininsolvenzverfahren als „ultima ratio" durchgeführt wird. Im gerichtlichen Schuldenbereinigungsverfahren bestehen prinzipiell die gleichen Möglichkeiten der Mediation wie im außergerichtlichen Schuldenbereinigungsplanverfahren. Auf die entsprechenden Ausführungen (Rdnr. 3 ff.) wird insoweit verwiesen. Vereinfachend wirkt in diesem Verfahrensabschnitt, dass ein Gläubiger mit wirtschaftlich unbegründeten Einwendungen unter

---

[26] Gem. § 18 InsO.

bestimmten Voraussetzungen[27] nicht gehört bzw. seine Zustimmung durch das Insolvenzgericht ersetzt wird. Insofern würde sich die Notwendigkeit, eine Einigung mit den Gläubigern zu erzielen, nur auf diejenigen Gläubiger beschränken, deren Zustimmung nicht ersetzt werden könnte. Der Kreis der in eine Mediation einzubeziehenden Gläubiger wäre daher wesentlich kleiner, als im außergerichtlichen Schuldnerbereinigungsplanverfahren. Gleichwohl würden sich auch in diesem Verfahrensabschnitt die bereits aufgezeigten Probleme der Kosten für die rechtliche Beratung und dem Einsatz eines Mediators ergeben. Erschwerend kommt hinzu, dass bisher eine Tendenz der Insolvenzgerichte festzustellen ist, für diesen Verfahrensabschnitt keine Prozesskosten- bzw. Insolvenzkostenhilfe in entsprechender Anwendung der §§ 114 ff. ZPO zu gewähren[28].

Das Gesetz zur Änderung der Insolvenzordnung und anderer Gesetze sieht auch 15 für das gerichtliche Schuldenbereinigungsverfahren **Änderungen** vor, die eine Verbesserung der Verhandlungspotenziale im gerichtlichen Schuldenbereinigungsverfahren erwarten lässt. Der Gesetzgeber hat auf die in der Praxis häufig festgestellte, von vornherein bestehende Aussichtslosigkeit eines weiteren, gerichtlich überwachten Schuldenbereinigungsverfahrens reagiert. Die Regelung in § 306 Absatz 1, letzter Satz InsO sieht vor, dass ein gerichtliches Schuldenbereinigungsplanverfahren nicht durchgeführt wird, wenn nach der freien Überzeugung des Gerichts und nach Anhörung des Schuldners ein Schuldenbereinigungsplan voraussichtlich nicht angenommen wird[29]. Daraus ergibt sich in der Zukunft wahrscheinlich die „negative" Auslese derjenigen Verfahren aus dem gerichtlichen Schuldenbereinigungsverfahren, die ohnehin nicht Erfolg versprechend verlaufen werden. Die Erfolg versprechenden Verfahren lassen dann zumindest die notwendigen Verhandlungsspielräume, um den einzelnen Gläubiger dann noch von dem Schuldenbereinigungsverfahren zu überzeugen. Dem Gläubiger wird nämlich durch die weitere Verhandlung beim Insolvenzgericht signalisiert, dass begründete Hoffnungen auf die erfolgreiche Durchführung eines Schuldenbereinigungsverfahrens bestehen. Dadurch wird der Anreiz erhöht, sich ernsthaft mit dem unterbreiteten Schuldenbereinigungsplan auseinanderzusetzen. Letzteres war in der bisherigen Praxis nicht unbedingt der Fall, weil auch das gerichtliche Schuldenbereinigungsverfahren überwiegend als rein formalistisches Verfahren, nämlich als Durchgangsstadium für die anschließende Verbraucherinsolvenz, verstanden wurde[30].

2. Das Insolvenzplanverfahren in der Unternehmensinsolvenz

Wie bereits in den Ausführungen zur außergerichtlichen Vorbereitung eines In- 16 solvenzplans (oben Rdnr. 3 ff.) angedeutet, bietet das Insolvenzplanverfahren einen Ansatzpunkt für die Anwendung von Mediationstechniken. Grundlage dafür sind die nachfolgend vorgestellte Rechtsnatur und der Zweck des Insolvenzplans als Teil der vorgesehenen Regelungen zur Insolvenzabwicklung.

---

[27] Vgl. Voraussetzungen zur Zustimmungsersetzung gem. § 309 Abs. 1 InsO.
[28] LG Köln InVo 6/1999, 173; AG Hagen InVo 6/1999, 177; AG Bochum InVo 5/1999, 145; vgl. aber auch: AG Köln NZI 3/1999, 120; AG Dortmund InVo 5/1999, 147; LG Baden-Baden NZI 6/1999, 234.
[29] Vgl. BGBl. I 2001, S. 2710.
[30] Zu dem Problem vgl. *Grote*, a.a.O., Seite 19.

17   **a) Rechtsnatur und Zweck des Insolvenzplans.** Der Insolvenzplan wird allgemein als „Kernstück der Insolvenzrechtsreform" bezeichnet. Im Insolvenzplanverfahren kommt die vom Gesetzgeber verfolgte Zielsetzung der Stärkung der Gläubigerautonomie[31] in besonderer Weise zum Ausdruck: auch die Insolvenzgläubiger haben das Recht, über die Erstellung[32], über die Annahme eines Insolvenzplans[33] sogar ausschließlich zu entscheiden.

18   Der **Zweck** des neuen Rechtsinstituts ist es, den Beteiligten einen Rechtsrahmen für die einvernehmliche Bewältigung der Insolvenz im Wege von Verhandlungen und privatautonomen Austauschprozessen zu ermöglichen[34].

19   Der Insolvenzplan ist **definiert** als die privatautonome, den gesetzlichen Vorschriften entsprechende Übereinkunft der mitspracheberechtigten Beteiligten über die Verwertung des haftenden Schuldnervermögens unter voller Garantie des Wertes der Beteiligtenrechte[35]. Dies drückt sich in den Regelungen zum Ablauf des Insolvenzplanverfahrens und den inhaltlichen Mindestanforderungen eines Insolvenzplans aus[36]. Die Gläubiger sollten im Erörterungs- und Abstimmungstermin gemäß § 235 InsO auf der Grundlage eines vorgelegten Insolvenzplans (*„informed judgement"*) abstimmen, ohne durch den Insolvenzplan gegenüber einer Liquidationsabwicklung des Unternehmens insgesamt schlechter gestellt oder in den individuellen Rechten gegenüber anderen Gläubigern benachteiligt zu werden[37]. Bevor man jedoch zum Erörterungs- und Abstimmungstermin gelangt, müssen die Grundlagen des Insolvenzplans erarbeitet, insbesondere verhandelt worden sein.

20   **b) Verhandlungen als Grundlage der Insolvenzplanerstellung.** Die Verhandlungen mit den Gläubigern sind ein wesentlicher Faktor für die Erfolgsaussichten eines Insolvenzplans. Die vornehmlich diskutierten rechtlichen und tatsächlichen Schwierigkeiten der Durchführung eines Insolvenzplanverfahrens, insbesondere in der Variante des sog. reorganisierenden Insolvenzplans (bei Erhalt des Unternehmensträgers) können durch effiziente Vorverhandlungen unter Anwendung professioneller Verhandlungstechniken weitestgehend überwunden werden. Als mögliche Verhandlungstechnik könnte dabei die **Mediation** Einzug in das Insolvenzplanverfahren nehmen. Denn nur in einem sachgerechten, zwischen allen verfahrensbeteiligten Gläubigern gefundenen Interessenausgleich zur Lösung des Verteilungskonflikts, der sich durch die Insolvenz eines Schuldners bzw. Unternehmens bei gleichzeitiger Reorganisation des Unternehmens ergibt, liegt die Chance eines erfolgreichen Insolvenzplans. Bei einem leistungswirtschaftlich bzw. finanzwirtschaftlich[38] fundierten Sanierungskonzept für ein insolventes Unternehmen besteht

---

[31] Zu der allg. Zielsetzung „Beteiligtenautonomie bei Entscheidungen über den Ablauf des Verfahrens" vgl. Begründung zum Regierungsentwurf (RegE) gem. BR-Drucks. 1/92 vgl. S. 235, unter kk), in: Das neue Insolvenzrecht (Fn. 5).
[32] § 218 Abs. 2 InsO.
[33] §§ 235 ff. InsO.
[34] Begr. RegE, a.a.O., S. 253.
[35] Begr. RegE, a.a.O., S. 255.
[36] Vgl. §§ 217 ff. InsO.
[37] Vgl. dazu § 245 InsO zum sog. „Obstruktionsverbot", § 251 zum sog. „Minderheitenschutz".
[38] Zur Differenzierung leistungswirtschaftlich bzw. finanzwirtschaftlich orientierter Insolvenzpläne vgl. *Braun/Uhlenbruck*, Unternehmensinsolvenz: Grundlagen, Gestaltungsmöglichkeiten, Sanierung mit der Insolvenzordnung, Düsseldorf 1997, S. 571 f.

die Kunst nämlich darin, den Gläubigern die Vision des sanierten Unternehmens darzustellen und mit ihnen den dazu notwendigen Sanierungsbeitrag der einzelnen Gläubigergruppen zu verhandeln. Es liegt daher nahe, mit den Gläubigern frühzeitig, und zwar in der Phase der Planerstellung und nicht erst im Erörterungs- und Abstimmungstermin[39] über den Plan zu verhandeln. Der Phase der Planerstellung und den dabei zu führenden Vorverhandlungen mit den Gläubigern wird daher die besondere Aufmerksamkeit zu widmen sein. Da in einem Insolvenzplanverfahren vielseitige rechtliche und ökonomische Interessenlagen konkurrieren, werden die Verhandlungen mit den einzelnen Gläubigern bzw. Gläubigergruppenvertretern einen so erheblichen Umfang bei der Erarbeitung einer Insolvenzplanvorlage annehmen, dass man von einer gesonderten „Verhandlungsphase" als Teilabschnitt eines Insolvenzplanverfahrens sprechen kann.

Die „Verhandlungsphase" kann dabei in den Ablauf eines Insolvenzplanverfahrens als ein Fünf-Phasen-Modell zur Differenzierung des Zeitrahmens von der Planerstellung bis zur Beendigung der Planüberwachung eingeordnet werden[40]. Das Modell gilt hinsichtlich des Ablaufs gleichermaßen für einen vom Schuldner sowie für einen vom Insolvenzverwalter aufzustellenden Insolvenzplan. Es ist davon auszugehen, dass sich einem ersten Entwurf eines Plans, in dem notwendigerweise bereits Gläubigergruppen gebildet sein werden, Verhandlungen zwischen dem Planarchitekten und den Angehörigen oder Vertretern dieser Gläubigergruppen anschließen. In diesen Verhandlungen besteht die Notwendigkeit, die Akzeptanz des Planentwurfs zu überprüfen und sach- und interessengerechte Lösungen für die beteiligten Gläubigergruppen zu finden. Durch die sich aus den Verhandlungen möglicherweise ergebenden Modifikationen wird der Plan schließlich zur „Abstimmungsreife" gebracht, **bevor** er dem Gericht vorgelegt und den Gläubigern formell zugestellt wird[41]. Weitere Verhandlungen könnten nach der formellen Überprüfung des Insolvenzplans durch das Gericht[42] und den einzuholenden Stellungnahmen übriger Verfahrensbeteiligter[43] notwendig werden. Planänderungen können auch als Ergebnis von Verhandlungen während des Erörterungstermins vorzunehmen sein, wenn sich herausstellt, dass der vorgelegte Plan zwar nicht mehrheitsfähig ist, bei einer geringfügigen Änderung einzelner Regelungen jedoch mehrheitsfähig wäre[44]. Mit einem Antrag auf Unterbrechung des Erörterungstermins, der Gelegenheit zu Gesprächen mit einzelnen Gläubigergruppen gibt, und einer anschließenden Anpassung des Plans kann so unter Umständen die notwendige Mehrheit erlangt werden[45]. Jedenfalls wäre es geradezu vermessen, wenn der Planarchitekt annehmen würde, seinen Insolvenzplan ohne vorherige Verhandlungen mit den Gläubigern erstmals im Erörterungs- und Abstimmungstermin vorstellen und durchsetzen zu können. Bei der soeben begründeten Bedeutung der Verhandlungen liegt es nahe,

---

[39] Vgl. dazu auch die entsprechende Einschätzung von *Braun/Uhlenbruck* zur Bedeutung und dem Ablaufszenario eines Erörterungs- und Abstimmungstermins; a.a.O., S. 626 f.
[40] Vgl. die Abbildung bei Rdnr. 21 a. E.
[41] Ein sog. *„pre-negotiated plan"* als implizierte Vorstufe zum sog. *„prepackaged plan"* (ein Insolvenzplan der bei Insolvenantragstellung fertiggestellt ist und vorgelegt wird); zum Begriff und zur Bedeutung vgl. *Braun/Uhlenbruck*, a.a.O., S. 560, 566, 662.
[42] § 231 InsO; vgl. dazu *Evers/Möhlmann*, Feststellung eines Insolvenzplans, ZinsO 1999, 21 f.
[43] Gesetzlich vorgesehene Stellungnahmen gem. § 232 Abs. 1, 2 InsO.
[44] *Eidenmüller* BB 1998, Beilage 10, S. 25.
[45] So *Braun/Uhlenbruck*, a.a.O., S. 631.

die Verhandlungsführung nicht dem Zufall zu überlassen, sondern erfolgreiche Verhandlungstechniken anzuwenden.

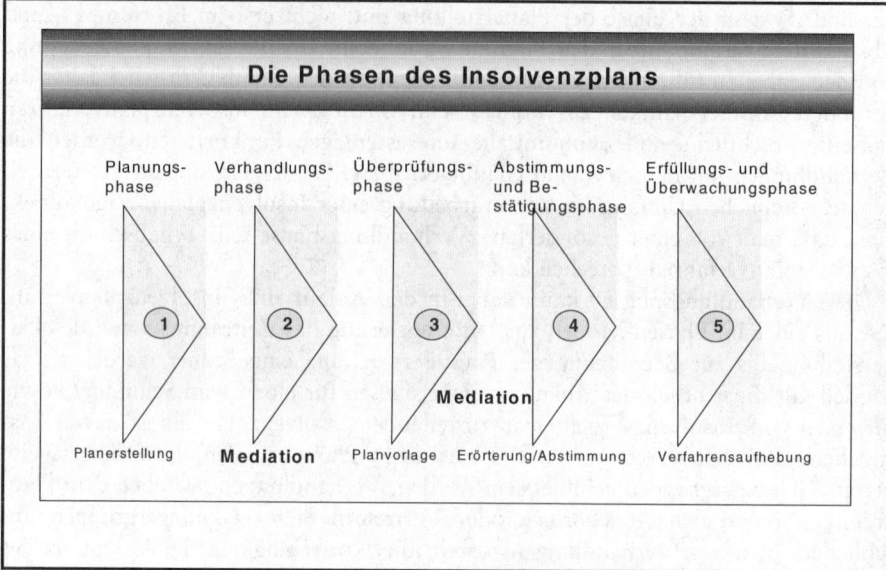

Abbildung 1: Die 5 Phasen des Insolvenzplans

IV. Die Mediation im Insolvenzplanverfahren

22   Die Verhandlungen zwischen einem (drohend) insolventen Schuldner und seinen Gläubigern sind sehr komplex und finden unter hohem Zeitdruck statt, da die Krise des Unternehmens im (bevorstehenden) Insolvenzverfahren zumeist existenzbedrohend ist. Umso schwieriger ist es, in dieser Situation vielschichtige Interessenlagen der (potentiell) beteiligten Insolvenzgläubiger zu einem gewünschten Konsens, nämlich der Zustimmung zu einem erarbeiteten Insolvenzplan, zu führen. Besonders schwierig gestaltet sich dies bei Reorganisationsplänen, weil die Gläubiger überzeugt werden müssen, dass sie nicht aus Verwertungserlösen sondern aus operativen Erlösen des noch zu sanierenden Unternehmens befriedigt werden sollen. Nahezu unlösbar erscheinen die Probleme, wenn nicht nur ein einzelnes Unternehmen, sondern ein insolventer Unternehmensverbund bzw. Konzern in einem Planverfahren reorganisiert werden sollte. Dazu wären nicht nur die von *Uhlenbruck* aufgeworfenen rechtlichen Probleme[46] zu überwinden. Ohne einen zwischengeschalteten „Ausschuss", der die Verhandlungen leitet und koordiniert, ist die Überwindung der sich dann ergebenden praktischen Probleme kaum denkbar. Mit **Hilfe der Mediation** können solche **Verhandlungen optimiert** werden. Entsprechend den gesetzlichen Möglichkeiten des Vorlagezeitpunktes eines Insolvenzplans und der Vorlageberechtigung, kann die Mediation schon im außergerichtlichen Bereich

---

[46] Siehe *Uhlenbruck* NZI 1999, 41.

der Insolvenzplanvorbereitung[47] einsetzen. Wie schon im außergerichtlichen Bereich stellt sich auch im gerichtlichen Verfahren die Frage, wer als Mediator in Frage kommt bzw. geeignet erscheint.

1. Der (vorläufige) Insolvenzverwalter als Mediator

Im beantragten wie im eröffneten Insolvenzverfahren ist die oben bereits geschil- 23
derte Situation denkbar, dass der Schuldner auf Grund seines Planvorlagerechts[48] die Planinitiative ergreift. Diesbezüglich kann auf die vorstehende Ausführung verwiesen werden. Allerdings liegt es nicht zuletzt aus Kostengründen und der Problematik später eventuell konkurrierender Planvorlagen viel näher, auf den (vorläufigen) Insolvenzverwalter als Mediator zurückzugreifen.

In der Situation des Insolvenzplanverfahrens drängt sich der gerichtlich bestellte 24
(vorläufige) Insolvenzverwalter als Mediator geradezu auf: in § 56 InsO ist ausdrücklich bestimmt, dass zum Insolvenzverwalter eine für den jeweiligen Einzelfall geeignete, insbesondere geschäftskundige und **von den Gläubigern und dem Schuldner unabhängige** natürliche Person zu bestellen ist. Dazu ist zunächst anzumerken, dass erst dem gerichtlich bestellten Insolvenzverwalter das Planvorlagerecht eingeräumt ist[49]. Es wäre bei einem engagierten Verwalter und einer positiven Ausgangssituation für das vom vorläufigen Insolvenzverwalter vorgefundene Unternehmen allerdings praxisfremd anzunehmen, dass dieser nicht bereits im Rahmen seiner Tätigkeit die Voraussetzungen für eine Insolvenzplanerstellung prüfen und gegebenenfalls die Planinitiative (zulässigerweise) ergreifen und bereits mit der Erstellung des Insolvenzplans im Eröffnungsverfahren beginnen würde. Dadurch könnten auch die allseits befürchteten Zeitprobleme eines Insolvenzverwalters bei der Erstellung eines Insolvenzplans zwischen dem Zeitpunkt der Verfahrenseröffnung und dem Erörterungs- und Abstimmungstermin erheblich vermindert werden. Als späterem Insolvenzverwalter könnte er ohnehin von seinem Planvorlagerecht Gebrauch machen[50]. Bei der Ausübung würde dem Insolvenzverwalter ohnehin eine Vermittlungsaufgabe zwischen dem Schuldner und seinen Insolvenzgläubigern zukommen. Dabei hätte er aber eben „nur" die Aufgabe, einen Insolvenzplan vorzubereiten, über dessen Annahme ausschließlich das Insolvenzgericht und die Gläubiger zu entscheiden haben[51]; der Insolvenzverwalter hat in dem Verfahren keine Entscheidungsgewalt über die Annahme des von ihm zu erarbeitenden Insolvenzplans. Der Insolvenzverwalter kann allerdings die Verhandlungen mit den Insolvenzgläubigern leiten und den Verhandlungsprozess organisieren. Um die Akzeptanz eines von ihm vorgelegten Plans zu erhöhen, ist der Insolvenzverwalter gut beraten, gleichgerichtete und unterschiedliche Interessenlagen der Insolvenzgläubiger zu ermitteln. Denn letztere Feststellungen sind der Schlüssel für den Zuschnitt der Gläubigergruppen, der wiederum nach überwiegender Auffassung die Voraussetzung für die erfolgreiche Durchsetzung eines Plans angesehen wird[52].

---

[47] Beim sogenannten *pre-packaged plan.*
[48] § 218 Abs. 1 Satz 1 InsO.
[49] Vgl. § 218 Abs. 1 InsO.
[50] § 218 Abs. 1 InsO.
[51] Die Überprüfung erfolgt ausschließlich durch die Gläubiger und das Gericht; zu den Prüfungskompetenzen i. e. vgl. *Evers/Möhlmann*, a.a.O..
[52] So u. a. *Braun/Uhlenbruck*, Unternehmensinsolvenz, S. 516.

2. Die Anwendung von typischen Mediationstechniken[53] bei der Erstellung des Insolvenzplans

25   Nachfolgend sollen einige wesentliche, die Situation der Erstellung eines Insolvenzplans berücksichtigende Mediationstechniken beschrieben werden, mit deren Hilfe die Verhandlungen zum Insolvenzplan effizient geführt werden können:

26   **a) Die Verhandlungskomplexität reduzieren.** Die Verhandlungen müssen zunächst formal und inhaltlich strukturiert werden. Eine wesentliche Vereinfachung der Koordinations- und auch Kommunikationsaufgabe zwischen den (gebildeten) Gläubigergruppen kann durch die Bildung eines **Gläubigerkomitees** erreicht werden, in dem die Vertreter der Gläubigergruppen versammelt sind. Dieses Repräsentationsorgan, welches im Idealfall die Interessen der beteiligten Gläubiger abbildet, sollte mit fachlich kompetenten, angesehenen Personen besetzt werden, die nicht nur von den vertretenen Gläubigern akzeptiert werden, sondern auch die Verhandlungsergebnisse kommunizieren und moralisch ggü. den Beteiligten vertreten können. Sodann sollte auch die Verhandlungsleitung durch den Mediator übernommen werden, indem u. a. die Verhandlungen an einem neutralen Ort durch den Mediator organisiert und durchgeführt werden. Verhandlungsgrundlage ist der vom Mediator eingebrachte Insolvenzplan, der seiner Charakteristik nach schon dem in der Mediation üblichen, sog. „Ein-Text-Verfahren" entspricht. Die Vorteile liegen darin begründet, dass nicht über verschiedene, von diversen Gläubigern eingebrachte Diskussionsvorschläge mit dem Ziel, den „besten" Vorschlag auszuwählen, verhandelt würde. Modifizierungen und Ergänzungen würden im Laufe der Verhandlungen lediglich an dem ursprünglichen Planvorschlag des Mediators vorgenommen.

27   **b) Die Verhandlungen zielorientiert koordinieren.** Die Verhandlungen sind auf das Ziel der Akzeptanz des Insolvenzplans ausgerichtet zu führen. Eine wesentliche Aufgabe besteht daher darin, den Gläubigern die Wertschöpfungskomponente darzustellen, die sich durch die Zustimmung zum Insolvenzplan, nämlich durch die in Zukunft zu generierenden Erlöse des sanierten Unternehmens ergeben könnten. Der Mediator kann seine Rolle als außenstehender Dritter nutzen, um den Beteiligten eine *fresh perspective*, also eine Perspektive aufzeigen, die so von den einzelnen Beteiligten möglicherweise noch gar nicht gesehen wurde. Auch gilt es Einigungsoptionen zu entwickeln und aufzuzeigen. Die durch unterschiedlich gesicherte Gläubiger entstehenden Verteilungskonflikte müssen „moderiert" werden. Dazu können etwa sog. Fokalpunkte nutzbar gemacht werden. Darunter versteht man Lösungen, die auf Grund einer besonderen Eigenschaft ggü. anderen Lösungen hervorstechen[54]. Bezogen auf die Vergabe von Überbrückungskrediten durch Gläubigerbanken könnte man hinsichtlich der erwarteten Verzichte und/oder notwendigen Sanierungskredite quotal an das „Altengagement" anknüpfen[55]. Sollten sich in gemeinsamen Gesprächen keine Ergebnisse erzielen lassen, weil etwa ein „Gesichtsverlust" eines Gläubigers einer Lösung entgegensteht, ist an die Aufnahme von Einzelgesprächen zu denken, in denen die Konflikte ermittelt und versachlicht werden

---

[53] In Anlehnung an *Eidenmüller,* a.a.O. (Fn. 16), S. 19 f.
[54] Vgl. Erläuterungen bei *Eidenmüller,* a.a.O., S. 21.
[55] Vgl. Beispiel bei *Eidenmüller,* a.a.O.

können. Insbesondere müssten Eskalationsgefahren erkannt und eingedämmt werden, um z. B. einen „Verhandlungsabbruch" durch einzelne Gläubiger zu vermeiden.

c) Die Entscheidungsgrundlagen herstellen und optimieren. Dadurch, dass 28 hinsichtlich der Informationen über den insolventen Schuldner und die geplanten Sanierungsmaßnahmen die Ausgangssituation der beteiligten Gläubiger sehr unterschiedlich sein kann (sog. Informationsasymmetrie), ist es Aufgabe des Mediators, diese Defizite zu überbrücken. Durch Informationsdefizite darf kein Kooperationshindernis entstehen; im Idealfall treffen alle Beteiligten ihre Entscheidung auf der der Grundlage derselben Information. Dies ist eines der drei Grundprinzipien des sog. *„London Approach"* den z. B. die englische Zentralbank als Mediator bei Unternehmenssanierungen unterstützt: *„decisions about a company's longer term future are only made on the basis of reliable information, which is fully shared among all bank creditors …"*[56]. D. h., nur wenn alle Beteiligten informiert sind, kann das Ziel eines sog. „informed judgement"[57], eine Entscheidung unter möglichst vollständiger Information zu treffen, erreicht werden. Es ist daher notwendig, bereits in diesem Verhandlungsstadium die Plangrundlagen offenzulegen und nicht erst im Wege der vorgesehenen förmlichen Zustellung des Insolvenzplans[58] oder durch die den Beteiligten gegebene gesetzliche Möglichkeit der Einsichtnahme des niedergelegten Insolvenzplans auf der Geschäftsstelle des Insolvenzgerichts[59]. Gerade auf Grund der vielfach auch kritisierten Komplexität des zu erstellenden Insolvenzplans nebst Anlagen kann nicht ernsthaft erwartet werden, dass die Beteiligten sich möglicherweise stundenlang lesend in der Geschäftsstelle des Insolvenzgerichts aufhalten werden, um die Plausibilität und die Auswirkungen des Plans auf die eigene Rechtsposition zu analysieren. Selbst fachlich kompetente Gläubigerberater dürften an derartigen Formen der Informationsgewinnung keine große Freude haben. Der Insolvenzplan ist daher bereits in einem sehr frühen Stadium erläuterungsbedürftig, um die beabsichtigten Ziele des Insolvenzplanes, nämlich die Sanierung des Schuldners, glaubwürdig darzustellen.

d) Einen konkreten Planvorschlag präsentieren. Schließlich sollte der Mediator 29 am Ende der Verhandlungen zur Insolvenzplanerstellung den Gläubigern einen Insolvenzplanentwurf präsentieren und den durch seine Neutralität gegebenen Vorteil nutzen, einen unabhängigen Entscheidungsvorschlag für die Gläubiger zu lancieren, der beste Chancen hat, im Erörterungs- und Abstimmungstermin angenommen zu werden. Eine vorteilhafte Formulierungstechnik, das sog *„framing"*[60], kann dabei helfen, die Wahrnehmung des Vorschlags zu verbessern: z. B. formuliert man besser den **Erhalt** von z. B. 500 Arbeitsplätzen, als den **Verlust** von nur 200 Arbeitsplätzen.

---

[56] Vgl. Zitat bei *Eidenmüller*, a.a.O., S. 22, nach *Kent*, The London Approach, 8 Journal of International Banking Law, S. 81 ff., 1993.
[57] Zur Bedeutung des sog. „informed judgement" im Verfahren des Chapter 11 U.S. Bankruptcy Code vgl. *Braun/Uhlenbruck*, a.a.O., S. 502 f.
[58] Zustellung soweit notwendig oder vorgesehen notwendig gemäß § 232 Abs. 1 und Abs. 2 InsO.
[59] Gem. § 234 InsO.
[60] Vgl. zur Erläuterung *Eidenmüller*, a.a.O., S. 23.

V. Zusammenfassung

30　Wie aufgezeigt, bestehen im Insolvenzrecht seit der Einführung der Insolvenzordnung diverse Ansatzpunkte für den Einsatz von Mediationstechniken. Da die Insolvenzordnung allerdings noch relativ „jung" ist und sich eine dem Gesetzesverständnis entsprechende, veränderte **„Insolvenzkultur"** noch nicht herausgebildet hat, wird es in der Praxis einige Zeit dauern, bis die aus der U.S.-Amerikanischen Rechtspraxis übernommenen Neuerungen der Mediation und des Insolvenzverfahrens akzeptiert werden. Hinzu kommt, dass die der Insolvenz immanente Knappheit von Finanzmitteln des Schuldners bzw. Unternehmens die Möglichkeiten der Inanspruchnahme von Rechtsberatung und des Einsatzes eines Mediators erheblich einschränken wird. Es besteht nach den ersten Erfahrungen Übereinstimmung darin, dass die Erstellung eines Insolvenzplans mit hohen juristischen und betriebswirtschaftlichen Anforderungen verbunden ist und deshalb kein Zweifel an einer erforderlichen Professionalisierung der Fähigkeiten (insbesondere der Insolvenzverwalter) für diese Tätigkeit besteht. Es bestehen nicht mindere Anforderungen an die Koordinations- und Kommunikationsfähigkeit des Planerstellers, um den Insolvenzplan zu verhandeln. Deshalb wird in Zukunft auch in der Phase der Verhandlungen zum Insolvenzplan die Anwendung professioneller Kommunikations- und Verhandlungstechniken voraussichtlich erheblich zunehmen. Die Mediation bietet dabei nicht nur hilfreiche Ansätze, sondern wird nach der Auffassung *Eidenmüllers* sowohl als Form des Verhandlungsmanagements auch bei Sanierungsvorhaben im Rahmen eines Insolvenzplanverfahrens in Zukunft an Bedeutung gewinnen[61] als auch einen wichtigen Beitrag zur Erhöhung der Erfolgschancen eines ökonomisch sinnvollen Sanierungsvorhabens leisten[62].

---

[61] So *Eidenmüller*, a.a.O., S. 24.
[62] So *Eidenmüller*, a.a.O., S. 25.

§ 42 Versicherungsrechtliche Schadensregulierung unter Einsatz mediativer Elemente

Christian W. Teicher

Übersicht

I. Einleitung

1 Versicherungsverträge werden abgeschlossen, weil sie das Risiko **von Schadens-fällen** kalkulierbar machen. Die Kalkulation von Versicherungsverträgen beruht auf einigen Grundannahmen über Risikoverteilung und Risikodauer:
– Je mehr Risiken versichert sind (= Anzahl), desto genauer lässt sich die Schadens-Wahrscheinlichkeit pro Risiko bestimmen.
– Je länger die Risiken versichert sind (= Laufzeit), desto besser lässt sich die Scha-dens-Wahrscheinlichkeit pro Jahr errechnen.
Diese Annahmen verlieren ihre Berechnungsbasis, wenn viele **Kunden** eines Ver-sicherers mit seiner Schadensregulierung **unzufrieden** sind; denn dann wechseln sie zur Konkurrenz und lassen sich kaum noch zurückgewinnen. Der Versicherer müss-te dann mit einer geringeren Anzahl und einer kürzeren Laufzeit der Risiken kalku-lieren und seine Policen verteuern; seine Wettbewerbsfähigkeit würde leiden. Daher bedenken viele Versicherer das Echo ihres Handelns und versuchen, lauten Streit mit der Kundschaft zu vermeiden.

2 Für den Einzelkunden und seinen Schadensfall gilt etwas anderes: Versicherungs-schutz ist eine **unsichtbare Ware,** die man vor dem Einkauf nicht testen kann. Sie ist nur an Kunden verkäuflich, die dem Versicherer vertrauen. Werden die Erwartun-gen im Schadensfall, also wenn es darauf ankommt, enttäuscht, so sieht sich der Kunde verraten und lechzt nach Rache. Dann will er keine Vernunftgründe hören sondern streiten, und zwar laut. Dem zur Kalkulation und zum Blick auf das große Ganze verpflichteten Versicherer tritt also ein Kunde gegenüber, der von Gefühlen und vom Blick auf seinen Schaden und sein Geld beherrscht ist. Dies ist ein ideales Szenario für die Mediation als Interessen-Ausgleich durch Verhandeln anstelle des Rechtsstreits. In der Versicherungswirtschaft ist Mediation daher in alltäglichem Gebrauch; sie wird dort sogar überwiegend von Schadensregulierern und Vermitt-lern ausgeübt, die selbst keine Juristen sind. Darin liegt keine Geringschätzung die-ser Wissenschaft, die in der Geschäftsleitung der Versicherer noch immer domi-niert. Es gilt vielmehr die Erfahrung, dass es bei Schadensfällen weniger die juristischen Probleme sind, die zum Streit führen.

3 Viel öfter kommt es aus persönlichem Ehrgeiz, wegen mangelnder Menschen-kenntnis, durch zu geringes technisches Verständnis oder durch Doppeldeutigkeit in Verbindung mit Saumseligkeit zu **bitteren Auseinandersetzungen.** Zwar würden verhandlungsstarke Rechtsanwälte auch im Umgang mit diesen Fragen die höchste Kompetenz einbringen. Ihre Mitwirkung führt aber dazu, dass die übrigen Beteilig-ten jeden Schritt 10-mal überlegen und – bildlich gesprochen – schusssichere Wes-ten anlegen. Dadurch sinkt dann, wenn nicht der Gebrauch von Schusswaffen son-dern das gemeinsame Durchschwimmen eines Flusses in Frage steht, manchmal die Beweglichkeit der ganzen Truppe.

Die **Mediation** in der versicherungsrechtlichen Schadensregulierung muss neben 4
dem ständig hörbaren juristischen Hintergrund-Rauschen einen hohen Anteil an
taktisch-praktischem Erfahrungswissen einsetzen. Die folgenden Ausführungen
stellen daher Situationen in den Vordergrund, in denen dieses Erfahrungswissen angewendet wird. Die juristisch-wissenschaftliche Untermauerung mit allen Hinweisen auf die widerstreitenden Meinungen in Lehre und Rechtsprechung findet sich in
der Fachliteratur, für die hier stellvertretend der Kommentar zum Versicherungs-
vertrags-Gesetz (VVG) von *Prölss/Martin* genannt sei.

II. Die Situation des Geschädigten

1. Das klassische Schadensereignis

Beispiel: Die Flammen lodern 60 m hoch in den Nachthimmel. Mit peitschendem Knattern ver- 5
brennt der in 200 Jahren ausgetrockneter Dachstuhl des alten Heustadels. Das panische Muhen der
Kühe im Stall unter dem Brandherd, die Lautsprecherkommandos der Feuerwehr, die jaulenden
Dieselmotoren ihrer Löschwasserpumpen, der gefährliche Funkenregen, die Sirenen der Polizeiautos
– das alles ergibt ein Inferno, das übertönt wird von dem Urängste weckenden, dumpfen Dröhnen,
mit dem die Luft von überallher auf das Feuer zu und im Feuer nach oben strömt. Dieser gewaltige
Sauerstoff-Sturm lässt Stein und Eisen brennen. Das Wasser aus den zahlreichen Löschrohren ver-
dampft wirkungslos. Als ein Schwarm vor Angst wahnsinniger Hühner aufflattert und vom Sog in
die Flammen gerissen wird, erleidet der Eigentümer des Bauernhofs einen Schwächeanfall. Die
Menge der Schaulustigen spürt das Walten elementarer Kräfte und schweigt. Es gibt nichts mehr zu
retten.

2. Die psychologische Lage nach dem Schadensereignis

Ein so dramatisches, vor allen Augen unaufhaltsam ablaufendes Einzelschicksal 6
macht das **Trauma des Geschädigten,** das oft unbemerkt bleibt, klarer verständlich
als ein üblicher Schadensfall. Wer in Friedenszeiten (im Krieg trifft es auch die anderen, dann ist es leichter zu ertragen) auf diese oder ähnliche Weise sein Hab und
Gut verliert, der durchlebt stärkste Emotionen.

a) **Dazu gehören die Gefühle von** 7
– Machtlosigkeit (keiner konnte mehr helfen ...)
– Ungerechtigkeit (warum trifft es gerade mich ...)
– Enttäuschung (nach so viel Arbeit ist alles verloren ...)
– Erniedrigung (die schadenfrohen Reaktionen der anderen ...)
– eigenem Versagen (vielleicht hätte ich es verhindern können ...)
– Zukunftsangst (wie soll ich da jemals wieder herauskommen ...)
Sie alle belasten oder verwirren das Selbstbewusstsein. Der Geschädigte befindet
sich tage- oder wochenlang in einem nervlichen Ausnahmezustand und kämpft um
sein seelisches Gleichgewicht. In dieser Situation beschreibt die psychologische Wissenschaft zwei Verhaltensweisen, die es dem Betroffenen in der Regel ermöglichen,
über seine emotionale Krise hinweg zu kommen

b) **Die Bewältigung durch Verarbeitung.** Dazu gehören das Sich-Bewusst-Machen 8
der eigenen Empfindungen, der Nachvollzug durch schrittweise gedankliche Wiederholung und die Auflösung der Spannung durch abwägende objektivierende Ge-

spräche. Hierbei ist die Hilfe der Mitmenschen besonders wichtig. In unserer heutigen Wettbewerbsgesellschaft wird diese Hilfe zwar von professioneller Seite (durch Ärzte, Psychotherapeuten) angeboten, aus der vertrauteren Umgebung der eigenen „Freunde und Nachbarn" kommt sie aber seltener als in früheren Zeiten. Statt dessen wird dem Geschädigten etwas anderes empfohlen:

9   c) Die Bewältigung durch Kompensation. Darunter versteht man die Übertragung der unaufgelösten seelischen Spannung auf ein Tätigkeitsfeld, welches verspricht die belastenden Empfindungen (Rdnr. 7) durch neue, positive Erlebnisse (umgangssprachlich „Erfolgserlebnisse") auszugleichen. Von allen möglichen kompensatorischen Tätigkeiten dürfte die kommende Verhandlung über die Entschädigungsleistung des Versicherers die meisten Erwartungen und Befürchtungen beim Geschädigten wecken. Das ist verständlich; denn in unserer Zivilisation ist Versicherungsschutz ebenso allgegenwärtig wie umstritten.

10   d) Weitere Einflüsse. An dieser Stelle müssen noch weitere Einflüsse beschrieben werden, die heutzutage auf jeden einwirken, der von einem großen Schadensfeuer betroffen wird. Druck ist zu erwarten durch
– Anbieter von Dienst- bzw. Wiederherstellungsleistungen.

Sachverständige, Anwälte, Unternehmensberater, Entsorger, Bauunternehmer + Handwerker, Inneneinrichter, EDV-Ausrüster und viele andere stürzen sich auf den Geschädigten in der Hoffnung, Aufträge zu erhalten und an seiner – aus Versicherungsleistungen – erwarteten Liquidität zu partizipieren. Jeder von ihnen hat sein Verhalten oder seine spezielle Verkaufstechnik bereits bei früheren Gelegenheiten einüben können während der Geschädigte selbst das erste Mal abgebrannt ist. Die Anbieter wissen daher, dass sie zunächst nicht ihre Ware sondern „Hilfe" anbieten müssen; und ihre Konkurrenten aus der gleichen und die aus den anderen Branchen wissen das auch. Dem Geschädigten wird also von allen Seiten Unterstützung aufgedrängt, die meist auch noch Geheimtipps enthält, wie man bei den Versicherern besonders schnell und besonders viel Entschädigung erlangt. Dadurch entsteht leider mehr Verunsicherung als Klarheit.

– Repräsentanten der Medien.

Ein Brand ist – zumindest im lokalen Umkreis – immer eine Sensation. Er hat Nachrichtenwert. Reporter und Photographen der örtlichen Zeitungen, Mitarbeiter örtlicher Rundfunkstationen/Werbesender und freie Berichterstatter (sogen. Freelancer) treten auf und versuchen aus dem Geschädigten eine „Story" herauszufragen. Wenn dieser mit Zurückhaltung reagiert, wird ihm angeboten „Öffentlichkeit herzustellen", sobald die Versicherungen „nicht spuren". Denn durch einen Appell an das Gerechtigkeitsempfinden der Allgemeinheit kann jeder Journalist beweisen, dass er seinen Beruf und den Fall ernst nimmt.

11   All diese Zutaten konditionieren den Geschädigten psychologisch, bevor oder während die Verhandlung über die Schadensregulierung mit dem Versicherer abläuft. Er ist nervös, besorgt, und von Bildern der Brandnacht heimgesucht. Er weiß noch nicht, welche der vielen Ratschläge richtig und welche falsch sind. Für ihn geht es um eine reale Anwartschaft auf Entschädigung, für die er oft viele Jahre lang Prämien entrichtet hat, also um sein Geld, und daher um „Alles oder Nichts". Er empfindet seine Situation als einzigartig.

III. Die Situation beim Versicherer

In der Schadensabteilung des Versicherers sind diese oder ähnliche Situationen 12 Beinahe alltägliche **Routine**. Auf den ersten Blick ergeben sich daraus offenkundige Vorteile (jeder Mitarbeiter weiß, was zu tun ist) und vorhersehbare Nachteile (Abwicklung nach Schema-Eff; kühler, uneinsichtiger Umgangston).

Bei näherem Hinsehen ist alles viel komplizierter. Nachfolgend wird versucht, 13 diejenigen Grundsätze und Denkroutinen zu beschreiben, die bei jedem Schadensfall in den Köpfen der „Versicherungsleute" (vornehmer „Repräsentanten der Assekuranz" genannt) bewusst oder unbewusst wirksam sind. Dabei ist der Begriff „Versicherungsleute" nicht homogen; man unterscheidet nämlich zwischen

– dem **Versicherer**, mit seinen angestellten Sachbearbeitern im Innendienst, Schadensregulierern im Außendienst sowie eigenen oder von ihm beauftragten freien Sachverständigen. Ebenfalls dem Versicherer zuzurechnen sind seine als Arbeitnehmer geführten (und oft am Verkaufserfolg beteiligten) Inspektoren, Kundendienstbeauftragten usw.

– den **Vermittlern**, also denjenigen, die dem Kunden den Versicherungsvertrag mit Hilfe umfangreicher Versprechungen verkauft haben und diese im Schadensfall einlösen sollen. Zu den Vermittlern zählen die unabhängigen Assekuranz-Makler, die (weitgehend) unabhängigen Generalagenten sowie die weisungsgebundenen Haupt- und Nebenberufsvertreter und die Mitarbeiter freier Vertriebsorganisationen, die von bösen Zungen als „Strukki" bezeichnet werden (von ‚Struktur-Vertrieb'). Diese Darlegung wird zeigen, dass der Versicherte zu Beginn jeder Schadensregulierung feststellen sollte, welcher der beiden Gruppen von „Versicherungsleuten" seine jeweiligen Verhandlungspartner angehören; nur dann kann er die Signale und Worte, Texte und Taten der Beteiligten richtig interpretieren. Die Titel auf den Visitenkarten geben darüber nicht immer genaue Auskunft; Rückfragen werden empfohlen.

1. Skizzierung der objektiven Interessenlage des Versicherers

Der Versicherer ist fast immer eine juristische Person (AG oder Versicherungs- 14 verein a. G.). Während die natürlichen Personen, die den Versicherer repräsentieren, die üblichen Emotionen haben, kennt die juristische Person als solche nur Interessen. Für den Außenstehenden, der mit einem Versicherer verhandeln muss, ist es daher nützlich, wenn er dessen Geschäftsbetrieb im Kern versteht. Dieser Geschäftsbetrieb lässt sich bei holzschnittartiger Vereinfachung am **Beispiel eines Parkhauses für Geld** darstellen, welches mit zwei Buchhaltungen wirtschaftet:

– Die hineinfahrenden Autos sind die Beiträge.
– Die herausfahrenden Autos sind die Schadenszahlungen.
– Die Buchhaltung 1) stellt jährlich den Saldo fest: Das ist die versicherungstechnische Bilanz.
– Die Autos im Parkhaus stehen auf nummerierten Plätzen, die Parkgebühren (= Zinserträge) abwerfen. Je mehr Plätze während des Jahres belegt sind, desto mehr Parkgebühren werden eingenommen. Die Buchhaltung 2) erfasst jährlich diese Kapitalerträge. Das ist die Vermögensbilanz.

– Ist das Parkhaus groß und gut belegt, so kann die Buchhaltung 2) auch dann grüne Zahlen schreiben, wenn bei der Buchhaltung 1) wegen „ungünstiger Verkehrsbedingungen" ein Verlust droht.

15   Aus diesem grob simplifizierten Bild lassen sich einige Schlussfolgerungen ableiten, welche die objektiven Motive und Zwänge beleuchten, die auf das Verhalten des Versicherers im Schadensfall Einfluss haben.

16   a) **Wirtschaftliche Interessen.** Wenn also der Buchhaltung 1) Verlust droht, weil mehr Schadenszahlungen abfließen als Beiträge eingehen, hat der Versicherer folgende Möglichkeiten (einzeln oder kombiniert).

– Er verhält sich indifferent:
Er unternimmt nichts, weil die Buchhaltung 2), die grundsätzlich grüne Zahlen schreibt, den Verlust locker ausgleichen kann und im nächsten Jahr Besserung erhofft wird.

– Er verhält sich progressiv: Er beschließt, die Buchhaltung 1) zu sanieren, indem er um mehr einfahrende Autos (= Beiträge) wirbt. Diese Flucht nach vorn nennt man „cashflow underwriting": Es werden also fast um jeden Preis neue Risiken gezeichnet, weil die dadurch generierten Beiträge sofort ergebniswirksam sind, während die daraus zu erwartenden Schadensfälle erst zeitverzögert anfallen.

– Er verhält sich defensiv: Er versucht eine Doppelstrategie, indem er die ausfahrenden Autos (= Schadenszahlungen) langsamer abfertigt. Bei gleichem – oder durch Tariferhöhungen gesteigertem – Beitragszufluss und verzögerten Auszahlungen verbessert sich der Saldo der Buchhaltung 1); gleichzeitig steigt die durchschnittliche Verweildauer aller Gebühren (= Kapitalerträge) abwerfenden Autos im Parkhaus und damit der Gewinn in der Buchhaltung 2).

17   b) **Rechtliche Interessen.** Wenn nicht nur die Buchhaltung 2) sondern auch die Buchhaltung 1) Gewinn macht, ist dem Großmut des Versicherers dennoch nicht Tür und Tor geöffnet. Denn er ist verpflichtet, bei allen Schadenszahlungen nach Recht und Gesetz zu verfahren und die Interessen der Versichertengemeinschaft zu wahren.

18   *aa) Die Versichertengemeinschaft.* Dieser Begriff steht für das **Grundprinzip der Solidarität:** Alle für Einen, Einer für Alle. Wenn viele Kunden je einen kleinen Beitrag ins Parkhaus schicken, können daraus die wenigen, bei denen es z. B. nach einem Blitzeinschlag brennt, für ihren großen Verlust entschädigt werden; dabei ist statistisch kalkuliert, dass Blitze einschlagen, aber es bleibt ungewiss, wie oft und bei wem. Die aus allen Kunden eines Versicherers zusammengesetzte Gemeinschaft der Versicherten hat daher ein Interesse daran, dass die in den Tarifbeiträgen kalkulierte Schadenswahrscheinlichkeit nicht durch unrichtige Schadensregulierung (also durch zu hohe oder zu niedrige Leistungen) verfälscht wird. Dadurch würden nämlich auch die von den Versicherten zu bezahlenden Beiträge unrichtig und das Prinzip der Beitragsgerechtigkeit würde verletzt.

19   *bb) Der Versicherer als Treuhänder der Versichertengemeinschaft.* Der Versicherer verwaltet das Parkhaus, in welches die Versichertengemeinschaft ihre Beiträge eingelegt hat und wacht über die gerechte Verwendung der Mittel zugunsten der Geschädigten. Gleichzeitig trägt der Versicherer das Risiko, dass sich das Parkhaus vorzeitig leert, weil sich zu große oder zu viele Schadensfälle ereignen. In diesem Fall müsste

– eine Aktiengesellschaft(AG) das Parkhaus aus den hierzu in der Buchhaltung 2) angesammelten Reserven, also auch auf Kosten ihrer Aktionäre, wieder auffüllen.
– ein Versicherungsverein auf Gegenseitigkeit(VVaG) seine eigenen Mitglieder (= seine Kunden) zur Leistung von Nachschüssen auffordern.

In der Praxis wird einem solchen Leerwerden des Parkhauses durch die rechtzei- 20 tige, gesetzlich vorgeschriebene Bildung von tiefgestaffelten Reserven vorgebeugt. Dennoch beruft sich jeder Versicherer mit Erfolg auf das Interesse der Versichertengemeinschaft am sparsamen Umgang mit den Beiträgen, wenn es gilt, allzu begehrlichen Anspruchstellern argumentativ Paroli zu bieten. Ein Anspruchsteller, der besonders viel „herausholen" möchte, verhandelt dann in Wirklichkeit nicht mehr über den Ausgleich von Geldforderungen einer vergleichbaren Kategorie. Er muss sich vielmehr darauf vorbereiten zu hören, in seinem Fall stehe „die aus legalem individuellen Gewinnstreben begründete Forderung eines Einzelnen" gegen „das ethisch höhere, weil über-individuelle Solidar-Interesse der Versichertengemeinschaft". Von einem solchen moralischen Hochsitz aus lässt sich die Orgel trefflich schlagen.

2. Skizzierung der subjektiven Interessenlage der „Versicherungsleute"

Im Bereich der subjektiven Interessen, welche auf Schadensregulierungen einwirken, unterscheidet sich die Ausgangslage bei den Vermittlern oft stark von der Lage beim Versicherer und seinen Arbeitnehmern.

a) **Die Interessenlage beim Vermittler.** Die Vermittler sind heutzutage gezwungen, 21 fast jeden Versicherungsvertrag im harten Wettbewerb mit der Konkurrenz zu verkaufen. Dabei ist die „Einkaufskompetenz" des Kunden (also die Fähigkeit, mehrere Anbieter um den niedrigsten Preis kämpfen zu lassen) nicht selten höher als seine „Fachkompetenz" (die Bereitschaft, sich mit dem meist spröden Inhalt der eingekauften Versicherung vertraut zu machen). Nach der Entscheidung für das preiswerteste Angebot möchte der Kunde daher weiterhin auf die fachliche Kompetenz des von ihm ausgewählten Vermittlers vertrauen können. Er erwartet von seinem Vermittler, dass dieser eine Art von Garantenstellung für den konfliktfreien Verlauf des Versicherungsverhältnisses übernimmt. Der Vermittler wird versuchen, das ihm angetragene Vertrauen möglichst nicht zu enttäuschen, denn zufriedene Kunden sind treue Kunden, die wiederum Freunde haben, die tüchtige Vermittler benötigen. Ein Schadensfall wird die Beziehung zwischen Kunde und Vermittler jedoch schnell belasten, wenn beide dem Begriff „konfliktfreier Verlauf" unterschiedliche Inhalte geben. Von den vielen hier denkbaren Varianten seien nur die zwei wichtigsten erwähnt:
– Aus der Sicht des vom Schaden betroffenen **Kunden:** Konflikte sind unvermeidlich, wenn der Vermittler nicht das volle Vertrauen des Versicherers genießt. Denn der Kunde wird Vorbehalte des Versicherers auf seine eigene Person beziehen und sich ungerecht behandelt fühlen.
– Aus der Sicht des im Schadensfall tätigen **Vermittlers:** Konflikte sind sicher, wenn der Kunde seinen Vermittler über den Fall unrichtig oder unvollständig informiert. Denn der Vermittler gerät dadurch in Gefahr, beim Versicherer sein Ansehen zu verspielen, weil er seinen Kunden nicht auf die Finger schaut.

22   **b) Die Interessenlage beim Versicherer.** Die Versicherer, bzw. deren Mitarbeiter in der Schadensabteilung, wissen in der Regel von der persönlichen Beziehung zwischen Vermittlern und Kunden zu wenig; sie kennen nur den Versicherungsvertrag. Moderne Versicherer versuchen daher, das darin liegende Konfliktpotential zu bändigen, indem sie zwischen ihre zur objektiven Schadensbearbeitung verpflichteten Innendienstmitarbeiter und die ihren eigenen Fall subjektiv sehenden Kunden und ihre Vermittler sogenannte Schadensregulierer stellen, die versuchen sollen die Interessen der Beteiligten auszugleichen.

23   *aa) Die Tätigkeit der Schadensregulierer.* Diese für jeden Versicherer besonders wichtigen und daher umfangreiche Vollmachten tragenden Außendienst-Mitarbeiter haben zunächst die Aufgabe, die Umstände eines Schadensereignisses beim Kunden aufzuklären und so genau zu beurteilen, dass den Mitarbeitern im Innendienst bzw. den Vermittlern nur noch die technische Abwicklung (Korrespondenz, Rechnungsprüfung, Geldüberweisungen) obliegt. In der Beurteilung des Einzelfalles erhält der Schadensregulierer von seinem Arbeitgeber keine Vorgaben.

24   *bb) Die Kontrolle der Schadensregulierer/Allgemeine Selbstkontrolle.* Die Versicherer besitzen jedoch umfangreiches statistisches Material über den durchschnittlichen Aufwand an Löhnen und Preisen für viele charakteristisch wiederkehrende Typen von Schadensfällen in allen vergleichbaren Regionen Deutschlands. Daraus kann jeder Schadensregulierer mit Hilfe geeigneter EDV-Programme für sich selbst ablesen, ob
– die von ihm gewährten Entschädigungen,
– die von ihm aufgewendete Arbeitszeit,
– die von ihm verbrauchten Reise-km und Kommunikationskosten
im Jahresdurchschnitt pro Fall und pro Schadenstyp höher oder niedriger liegen als die aktuellen regionalen Mittelwerte. Diese Selbstkontrolle führt wie von Zauberhand und ganz ohne Zwänge zu einer Verstetigung der Regulierungspraxis.

25   *cc) Die Kontrolle der Schadensregulierer im Einzelfall.* Beim geschädigten Kunden kann der Schadensregulierer sein statistisches Wissen gemäß Rdnr. 22 aber nur anwenden, wenn der Einzelfall zufällig dem statistischen Durchschnittsfall entspricht; dies ist selten. Ansonsten muss er nach den Umständen des Einzelfalles ermitteln und entscheiden. Dabei ist er in hohem Maße von der Kooperationsbereitschaft des Geschädigten und seines Vermittlers abhängig. Denn die oben dargestellten Ebenen der freiwilligen Selbstkontrolle sind dem Schadensregulierer bei seiner Berufsausübung besonders lästig, weil sie ihm täglich Stress auferlegen und seinem nur allzu menschlichen Wunsch nach etwas mehr Bequemlichkeit zuwiderlaufen. Wer also dem Schadensregulierer zuarbeitet und ihm das Leben erleichtert, der stimmt ihn freundlich. Dies ist leider keine Selbstverständlichkeit. Nicht wenige Geschädigte sind fest überzeugt, dass sie durch Kooperation das Misstrauen des Regulierers („... er könnte ja meinen, man wolle ihn einlullen und täuschen") wecken würden; sie verhalten sich daher unnötig abweisend und hinhaltend. Die Kooperation kann auf drei Ebenen stattfinden:

26   *dd) Der Geschädigte hat für das Schadensereignis eigene Kompetenz.*

Beispiel: Eine Hausverwaltung, die ständig mit Handwerkern zusammenarbeitet, wird selbst wissen, welche Reparaturkosten für einen Wasserrohrbruch in dem betroffenen Gebäude angemessen sind. Erkennt der Regulierer, dass sich die ihm vorgelegten Rechnungen im vorher besprochenen

Rahmen halten, wird er den Fall in Minuten entscheiden und bezahlen können. Weichen die Rechnungen trotz Fachkunde der Hausverwaltung deutlich vom Erwarteten ab, und wurde ihm dies vorher nicht angekündigt und begründet, so ist dies für den Regulierer ein wichtiges Signal, das verschiedene Bedeutungen haben kann:

(1) *Wenn die Rechnungen zu hoch sind:*   27

– er, der Regulierer, hat womöglich eine wichtige Schadensfolge übersehen; die Hausverwaltung hat die Lücke bemerkt und stillschweigend ausgenützt;
– in den Rechnungen sind Arbeiten enthalten, die nicht zu diesem Schadensfall gehören (z.B. Vorschäden wurden „miterledigt");
– die Hausverwaltung will ihren Handwerkern ein vom Versicherer bezahltes Zubrot zukommen lassen; dafür hofft sie, die gleichen Handwerker beim nächsten Auftrag, den sie wieder selbst bezahlen muss, bis aufs Äußerste drücken zu können (Cross-Kick; weit verbreitet);
– die Hausverwaltung ist an den Überpreisen der Handwerker beteiligt; sie erwartet von ihnen bei Gelegenheit Bargeld (= Kick-Back; selten, da gefährlich).

(2) *Wenn die Rechnungen zu niedrig sind:*   28

– die Hausverwaltung kontrolliert die Auftragsausführung nicht. Es wurden gar nicht alle erforderlichen Arbeiten ausgeführt;
– die Hausverwaltung will die fehlenden Arbeiten zeitverzögert durchführen lassen; nach einigen Monaten hat die Aufmerksamkeit des Versicherers nachgelassen, so dass sich in der Schlussrechnung höhere Kosten durch ‚Preissteigerungen' begründen lassen.

Viele weitere Interpretationen sind denkbar. In jedem Fall wird ein Schadensregulierer, der an der subjektiven Kooperationsbereitschaft eines selbst fachkundigen Geschädigten zweifelt, besonders vorsichtig werden und formale Hürden errichten, um seine Schadensakte möglichst unangreifbar („revisionssicher") zu machen.

Der Hinweis auf die „hauseigene Revision, die alle Schadensakten durchprüft", gibt nur vor, dass es sich der Versicherer leisten kann, die gleiche Arbeit grundsätzlich zwei- bis dreimal wiederholen zu lassen; in Wirklichkeit ist die Erwähnung der Revision wiederum ein Verhandlungssignal, aus dem diesmal der Geschädigte ablesen sollte, dass sein Schadensregulierter überdurchschnittlich misstrauisch geworden ist.

ee) Der Geschädigte hat in seinem Fall keine eigene Fachkunde. Der Schadensregulierer ist auf Grund seiner Erfahrung fachkundig. In der Situation kommt es sehr darauf an, ob der Vermittler die Interessen des geschädigten Kunden wirksam vertreten kann, weil der Vermittler weiß wie solche Fälle laufen, und weil der Regulierer weiß, dass der Vermittler die Fakten objektiv präsentiert. Wenn diese Voraussetzungen erfüllt sind, kann der Vermittler die festgestellten Fakten ohne weiteres subjektiv zugunsten seines Kunden interpretieren; denn dadurch lässt er erkennen, dass er seinem Kunden vertraut. Wenn sich der Vermittler dagegen betont neutral verhält und er es dem Regulierer überlässt, einen vorhandenen Ermessensspielraum ganz aus seiner Sicht auszufüllen, dann handelt es sich erneut um ein – bewusst oder unbewusst ausgesendetes – Signal, welches der Regulierer zu seinen Gunsten auslegen wird.   29

ff) Weder der Geschädigte noch der Schadensregulierer verfügen über ausreichende Fachkunde. Diese Situation ist nicht die Regel. Sie kommt vor allem bei Großschäden mit vielen verschiedenen Geschädigten oder Zerstörungen im hochtechnischen Bereich vor (z.B. nach einer Explosion in der Prozesswärme-Erzeugung eines Produktionsbetriebes, wenn nebeneinander Zerstörungen an Turbinen und   30

Gebäuden, Betriebsunterbrechungs-Folgen in der Bilanz, sowie Abfindungen an die Familien zufällig getöteter Dritter zu beurteilen sind). In diesem Fall treten ein oder mehrere Sachverständige als wichtige Partner auf Seiten des Geschädigten und auf Seiten des Versicherers in die Schadensverhandlung ein. Ihre Aufgabe ist
– die Ermittlung der Schadensursache,
– die Feststellung des Schadensumfangs und
– die Berechnung der Schadenshöhe.

31   Durch ihre Tätigkeit objektivieren sie diejenigen Bereiche eines großen Schadensereignisses, über welche zwischen Versicherer und Geschädigtem am häufigsten gestritten wird. Das Angebot an derart spezialisierten Sachverständigen ist nicht sehr groß; sie kennen sich untereinander alle. In gleicher Weise sind sie den beteiligten Versicherern meist von früheren Verhandlungen her bekannt. Nur für die geschädigten Versicherungskunden sind sie regelmäßig neue Gesichter. Denn folgenreiche Explosionen und ähnliche Katastrophen kommen zwar öfters vor, aber sie treffen – Gott sei Dank – nicht immer die gleichen sondern immer wieder andere Kunden. Wen auch immer der Geschädigte als seinen Sachverständigen engagiert, er wird feststellen, dass dieser Berater der Gegenseite(dem Versicherer) besser bekannt ist als ihm; zwar in der Gegenwart von ihm, dem Geschädigten, honoriert wird, dass er aber in der Vergangenheit weit größere Honorarumsätze mit den Versicherern gemacht hat und dies auch in der Zukunft erhofft. Der Geschädigte sollte daher von seinem Sachverständigen nicht die gleiche kämpferische Parteinahme erwarten wie er sie von einem Rechtsanwalt zu fordern gewöhnt ist. Scharfe (oder wie man heute sagt: zielorientierte) Verhandlungen, in deren Verlauf er versucht, beim Versicherer den Neuwert einer viel prächtigeren Turbine herauszuholen, als sie vor der Explosion vorhanden war, wird ein Sachverständiger auch dann nicht führen wollen, wenn der Geschädigte ihm die Entlassung androht.

32   Im **Sachverständigenverfahren** ist vielmehr alles auf möglichst objektive Feststellung gerichtet. Wer seinen Sachverständigen während des Verfahrens entlässt, weil er mit der Gegenseite kooperativ statt konfrontativ verhandelt, der sendet damit wiederum ein Signal aus, das der eigenen Sache nicht dienlich sein kann. Der Seite der Versicherer stehen nämlich einige unangenehme Marterwerkzeuge zur Verfügung, welche umgekehrt-proportional zur Objektivitäts-Bereitschaft des Geschädigten angewendet werden können und angewendet werden dürfen. Dazu zählen vor allem die Anforderungen an die Nachweispflicht des Geschädigten. Je deutlicher der Geschädigte zu erkennen gibt, dass er alles tut um seinen Schaden objektiv feststellen zu lassen, desto mehr Druck übt er auf den Versicherer aus, sich mit einfachen Nachweisen zufrieden zu geben. Würde der Geschädigte dagegen versuchen, den Schaden erkennbar zur Gewinnmaximierung zu nutzen, so befreit er dadurch den Versicherer von den bestehenden[1] Einschränkungen bei der Beweiswürdigung. Der Versicherer könnte dann in wohldosierten Schritten immer mehr und immer genauere Nachweise für die Forderungen des Geschädigten verlangen, bis dieser zwischen den vielen Hürden zum Stehen kommt.

33   Damit entstünde ein Szenario, das für den Versicherer und für den Kunden in gleicher Weise unbefriedigend ist. Für den Kunden deshalb, weil er voraussichtlich zu wenig Entschädigung erhält; für den Versicherer, weil die Verteidigung seiner

---

[1] BGH VersR 1997, 734; 1996, 575.

Position ihm in der Öffentlichkeit oft negativ ausgelegt wird. In einer von Zeitmangel geprägten Gesellschaft lassen sich nämlich an Außenstehende bestenfalls Ergebnisse, nicht aber ausführliche Gründe vermitteln. Stimmen diese Ergebnisse dann mit bestehenden Vorurteilen überein, so werden sie als unfair empfunden. Ob es für die Ergebnisse zwingende, rechtliche Begründungen gibt, interessiert niemanden mehr; wenn der Anlass für die nächste öffentlich Empörung bereits in Sicht ist. Solche Szenarios lassen sich vermeiden. Das **wirksamste** Mittel heißt: **Verhandeln,** bis der Interessenausgleich erreicht ist.

IV. Die Verhandlung im Schadensfall

In diesem – im Vergleich zur anfänglichen Feuersbrunst undramatischen, aber instruktiveren – Schadensfall werden zwischen Schadensregulierer und kundenorientiertem Vermittler (der hier für den Geschädigten/seinen Kunden steht) die oben beschriebenen Interessen erkennbar und auch die „Marterwerkzeuge" der Beweislast und der Beweiswürdigung angewendet.   34

Beispiel: Es geht um den Fall einer Versand-Apotheke, in deren Büro Einbrecher den richtigen Schlüssel zu dem mit einem Tresorschloss versehenen Sicherheits-Lagerraum entdeckten. Sie sperrten auf und entwendeten große Mengen von Opiaten, Psychopharmaka, Antibiotika, Potenzmittel usw. Für den Versicherungsschutz ist es wichtig, ob die Entwendung bzw. das Auffinden des Schlüssels durch fahrlässiges Verhalten des Personals ermöglicht worden ist. Ein für Fremde unauffindbares Versteck gilt als sichere/sorgfältige Verwahrung. Eine Schreibtisch-Schublade (versperrt oder nicht), in der jedermann nachsuchen würde, gilt nicht als sichere – daher fahrlässige – Verwahrung. Der Polizei gegenüber sagt die Buchhalterin aus, dass der Schlüssel in einem Glas mit Reinigungspaste – da bleibt das Tresorschloss schön gängig – versteckt war, welche die Täter rein zufällig (also ohne nach dem Schlüssel zu suchen) benützen wollten, um von der Tastatur eines PC ihre Fingerabdrücke zu entfernen. Sie hatten ihre Handschuhe ausgezogen, um auf dem PC irgendetwas zu suchen. Möglicherweise glaubten sie, die PIN-Nummer des Apothekers identifizieren zu können, denn sie hatten im Schreibtisch eine Scheckkarte erbeutet.

1. Der Blickwinkel des Geschädigten

Aus der Sicht des geschädigten **Kunden** sieht es zunächst so aus als gebe es in seinem Fall mehrere widersprüchliche Lösungen. Zugleich scheint es im freien Ermessen des Regulierers zu liegen, welcher der folgenden Lösungen er zuneigt: 35

– Das Versteck des Schlüssels gilt als „sichere Verwahrung" und die Buchhalterin ohne Einschränkung als glaubwürdig.
  Dann könnte der Versicherer den Schaden bezahlen.
– Das Versteck gilt als sicher aber die Glaubwürdigkeit der Buchhalterin als unsicher.
  Sie könnte z.B. mit dem Apotheker verbandelt sein; der Schlüssel könnte auch offen in der Schreibtischschublade, also nicht „sicher verwahrt" gewesen sein.
  In diesem Fall wird man sich lange streiten können.
– Das Versteck gilt grundsätzlich nicht als sicher; dann kommt es auf die Aussage der Buchhalterin gar nicht mehr an.
  Der Versicherer wird in diesem Fall eine Entschädigung ablehnen.

2. Der Blickwinkel des Schadensregulierers

36 Für den Regulierer wäre die letztere Lösung bequem, weil er sich dann alle weiteren unerfreulichen Erörterungen ersparen könnte. Andererseits muss er es vermeiden sich auf Positionen festzulegen, die er später wieder räumen muss. Denn immerhin kann die Polizei auf der Tastatur tatsächlich frische Spuren der Reinigungspaste nachweisen; es bleibt aber offen, ob die Einbrecher sie dort hinterlassen haben, schließlich werden Tastaturen auch manchmal ganz normal von ihrem Eigentümer gereinigt.

3. Die Argumente. Teil 1: Logische Reihenfolge

37 – Es schlägt die Stunde des Vermittlers. Er erinnert sich, dass der Zugang zu einem PC, der online benutzt wird, stets durch ein oder mehrere Code-Wörter geschützt ist und dass es Kontroll-Software gibt, die feststellen kann, ob auf der Ebene der Codewort-Eingabe elektronische Suchroutinen gefahren worden sind. Zugleich ringt er dem Regulierer die Zusage ab, das Versteck in dem Paste-Glas als sicheren Verwahrort anzuerkennen, wenn die Theorie der „Einbrecher an der Tastatur" durch den Nachweis versuchter Codewort-Manipulation glaubhaft gemacht werden kann.

38 – Mitwirkung der Polizei. Die Polizei, Dezernat Wirtschafts- und Computerkriminalität, kann eine CD mit der besagten Software liefern. Es lässt sich feststellen: Ein Manipulationsversuch hat tatsächlich stattgefunden und zwar am Tag des Einbruchs!
Damit ist ein Nachweis erbracht, der für den vom Kunden + Vermittler vorgetragenen Ablauf spricht; ihre Version hat an Glaubwürdigkeit gewonnen.

39 – Dann kommt der Gegenschlag des Regulierers. Er sagt, wenn der Lager-Schlüssel wirklich in dem Paste-Glas gewesen wäre, hätte er kein Problem mit dem Versicherungsschutz; die Voraussetzung für eine Entschädigung sei dann gegeben. Aber die Einbrecher hätten doch auch dann zum Paste-Glas gegriffen, wenn sie den Schlüssel schon vorher, z.B. im offenen Schreibtisch, gefunden hätten. Der Besitz des Schlüssels und die Benutzung der Reinigungspaste seien logisch nicht miteinander verknüpft.

40 – Die Entgegnung durch den Vermittler/Kunden. Wenn die Einbrecher den Lager-Schlüssel und damit hehlerfähige Ware im Wert von € 50.000,– vorweg erbeutet hätten (z.B. weil der Schlüssel offen im Schreibtisch lag), gab es für sie danach keinen logischen Grund mehr, sich auf den ungewissen und zeitraubenden Versuch (Einbrecher haben keine Zeit zu verschenken) einzulassen, in einem unbekannten PC nach einer PIN-Nummer zu suchen. Die Suche auf dem PC sei gerade der Beweis dafür, dass sie bis dahin neben der Scheckkarte noch keine lohnendere Beute gemacht hatten.

41 – Der Regulierer argumentiert: Einbrecher verhielten sich oft total unlogisch, andernfalls würden sie arbeiten statt zu stehlen.

42 – Jetzt bekommt der Vermittler Oberwasser: Diese Einbrecher seien jedenfalls nicht ohne Logik gewesen, sonst hätten sie nicht mit Handschuhen gearbeitet und die Tastatur, die sie ohne Handschuhe bedienten, von ihren Fingerabdrücken gereinigt!

– Der Regulierer schluckt und sagt: Das mag so sein, aber wo ist der Beweis, dass 43
die Einbrecher nicht doch den Schlüssel auf Anhieb fanden, weil er im oder sogar
auf dem Schreibtisch offen herumlag .... ?
Damit ist die Verhandlung in einem sehr charakteristischen Stadium angelangt. 44
Bisher konnte sich der Schadensregulierer als Repräsentant des Versicherers – bildlich gesprochen – zurücklehnen um abzuwarten, ob der vom Geschädigten vorgetragene Hergang durch die Feststellungen der Polizei bestätigt werden würde. Dies
hatte für den Regulierer den psychologischen Vorteil, dass der Geschädigte die unangenehme Aufklärungsarbeit nicht ihm, „dem Schnüffler eines Versicherers, der
wiedermal nicht zahlen will" anzukreiden hatte sondern der Polizei, die im Rahmen
ihrer hoheitlichen Aufgaben „ohne Rücksicht auf die wirtschaftlichen Interessen der
Beteiligten" Tatsachen feststellt.

4. Die Argumente. Teil 2: Die Beweiswürdigung

Nunmehr sind die Tatsachen zwischen den Parteien soweit festgestellt, wie dies 45
ohne Augenzeugen der Tat und ohne Aussage bzw. Geständnis der flüchtigen Täter
möglich erschien. Jetzt muss der Regulierer aus der Deckung und diese Tatsachen
bewerten. Er muss erklären, welche Anforderungen er an die Beweislast des Geschädigten zu stellen gedenkt. Denn Fälle, in denen sich die festgestellten Tatsachen
zu einer logisch lückenlosen Beweiskette verknüpfen lassen, sind selten. Besonders
der sogenannte „Negativbeweis", der jede **andere** Alternative ausschließt, lässt sich
sehr oft nicht führen.

Beispiel Nr. I für eine Beweishürde: Im Fall der Versand-Apotheke könnte der Regulierer z. B. mit 46
Recht behaupten, dass zu einem Schloss mit Tresorqualität nach üblichem Handelsbrauch stets 2
Schlüssel geliefert werden; wenn tatsächlich ein Schlüssel im Glas mit der Reinigungspaste lag, dann
könnte der zweite Schlüssel dennoch im Schreibtisch (in unsicherer, also „fahrlässiger" Verwahrung) gewesen sein. Durch den Hinweis auf den ‚üblichen Handelsbrauch' hat der Regulierer die
Vermutung, dass es irgendwo einen Zweitschlüssel gab, auf seiner Seite; jetzt ist es Sache des Geschädigten, alle möglichen Rückschlüsse aus dieser Vermutung zu widerlegen: Er muss einen
„ausschließenden" Beweis führen. Wenn der Geschädigte den Zweitschlüssel noch in seinem Besitz
hat und vorweisen kann, fällt dies leicht. Kann er dies nicht (z. B. weil der Zweitschlüssel seit Monaten unauffindbar ist), hat der Regulierer Punkte gesammelt. Denn jede zusätzlich denkbare Variante des Tathergangs, die der Lebenserfahrung nicht zuwider läuft und nicht ausgeschlossen werden
kann, nagt am Wahrscheinlichkeitsgrad der vom Geschädigten vorgetragenen Hauptvariante.

Beispiel Nr. II für eine Beweishürde: Wenn also der Geschädigte seinen Zweitschlüssel tatsächlich 47
vorweist und aufatmen möchte, könnte der Regulierer noch das sogen. Originalschlüssel-Gambit
versuchen: Er könnte einwenden, im Zweitschlüssel sei die Serien-Nr. des Schlosses nicht eingra-
viert, daher handele es sich nicht um ein Exemplar aus dem Originalsatz sondern um nachgefer-
tigtes Stück, dessen Existenz beweise, dass bereits vor dem jetzigen Einbruch ein Original verloren
gegangen oder in unbefugte Hände geraten sei, ohne dass das Lager-Schloss deswegen ausgetauscht
wurde (nach einem Schloss-Austausch wären ja wieder zwei neue Originalschlüssel vorhanden gewesen). Daher bedeute die Weiterverwendung des Lagers eine meldepflichtige Gefahrerhöhung (vgl.
z. B. § 6 Nr. 2 u. Nr. 4e Allgem. Bed. für die Einbruchdiebstahl- u. Raubversicherg ‚AERB '87). Die
wertvolle Ware im Lager sei möglicherweise nicht mehr gemäß den Vereinbarungen im Versiche-
rungsschein aufbewahrt gewesen. Eine Entschädigung sei daher fraglich. Wenn der Schloss-
Hersteller (vorausgesetzt es gibt ihn noch) bestätigt, dass er seine Originalschlüssel stets mit eingra-
vierter Serien-Nr. ausliefere, hat der Regulierer erneut Punkte gesammelt und dem Geschädigten die
Notwendigkeit aufgebürdet, sich plausibel zu entlasten. Dabei gibt es taugliche und untaugliche
Entlastungen.

48 – **Taugliche Entlastung:** Ein definierter Schlüsselverlust, der weiter zurückliegt und dessen Umstände jeden Rückschluss eines Finders auf Person und Adresse des Verlierers ausschließen (z. B. der Schlüssel fiel beim Aussteigen aus dem Auto versehentlich aus der Aktenmappe in einen Gully der städtischen Kanalisation), berechtigt zwar nach der Lebenserfahrung noch nicht zu der Vermutung, dass die Einbrecher diesen Schlüssel benützt haben könnten. Dennoch bleibt das Problem, dass ein Schlüsselverlust ohne alsbaldigen Austausch des Schlosses zumindest juristisch (§ 6 Nr. 4 e AERB 87) eine meldepflichtige Gefahrerhöhung ist; durch Benachrichtigung des Versicherers und Einholung seiner Weisung hätte man dieses Problem rechtzeitig ausräumen können.

49 – **Untaugliche Entlastung:** Verdächtig wäre es, wenn der Originalschlüssel kürzlich unter nicht definierten Umständen unauffindbar geworden wäre, ohne dass sein Verlust endgültig feststeht; dies würde jeden Schadensregulierer beunruhigen und seine Gegenwehr i. S. der obigen Argumentation verstärken. Er würde erklären, dass ein Zusammenhang zwischen diesem Schlüssel und den Einbrechern nahe liege und nur durch den genauen Gegenbeweis auszuschließen sei.

50 Wenn der Geschädigten in die Situation gemäß Rdnr. 46 geraten ist, wird er seinen Fall nur noch sehr schwer retten können, es sei denn der abgängige zweite Originalschlüssel findet sich überraschend in einem Marmeladeglas. Solche für den Geschädigten unangenehmen Themen erledigen sich allerdings, wenn er behaupten kann, nie einen zweiten Originalschlüssel besessen zu haben, da er bei seinem Einzug in diese Räume vom Vormieter nur ein Exemplar übernommen habe. Nun kann der Regulierer seine Linie nur dann weiterverfolgen, wenn beim Abschluss des Versicherungsvertrages im Antrag ausdrücklich nach dem Vorhandensein von zwei Originalschlüsseln gefragt worden ist. Sobald der Versicherer ein beim VN bereits vorhandenes (also nicht bei dieser Gelegenheit neu angeschafftes) Wertbehältnis in Deckung nimmt, steht er vor der Frage, ob zu diesem Zeitpunkt eine Gefahrerhöhung darin liegt, dass über das Schicksal der Schlüssel während der Ägide des Vormieters nichts bekannt ist. Da der VN als Nachmieter hierüber keine Gewissheit erlangen kann (wer weiß, ob der Vormieter Kopien der Original-Schlüssel fertigen ließ, die in unbekannte Hände kamen?), wird der Versicherer entweder …

51 – bei Vertragsabschluss dieses Risiko mitübernehmen; dann kann der Schadensregulierer später dieses „Schlüsselgambit" nur versuchen aber nicht erfolgreich spielen, weil der Versicherer die mögliche Gefahrerhöhung ab Vertragsbeginn kannte (§ 16 Abs. 3 VVG), oder

52 – bei Vertragsabschluss den Einbau eines neuen Schlosses verlangen; dann wird der VN voraussichtlich einen anderen Versicherer suchen und finden, der dies nicht verlangt.

53 Wenn der geneigte Leser in diesem einfachen Schadensbeispiel einer Versand-Apotheke Details erkennt, die ihn an einen – trocken geschriebenen – Kriminalroman erinnern, so hat er Recht. Die Versicherungsbedingungen sind nichts anderes als der zum juristischen Regelwerk eingetrocknete Plot einer millionenfach wiederholten Handlung, die ihre Darsteller aufregt, weil sie um sehr viel Geld kämpfen:
    – Die einen wollen weniger zahlen als sie versprochen haben,
    – die anderen wollen mehr herausholen als sie verloren haben.

54 Wenn sich die Parteien irgendwo in der Mitte zwischen diesen Positionen treffen, ohne dass die Gerichte bemüht werden mussten, dann sind sie vielleicht mit dem Ergebnis nicht zufrieden, aber sie haben mit Sicherheit erfolgreich verhandelt.

V. Allgemeine Schlussfolgerungen

Aus den vielen zwischen Regulierer und Geschädigtem/Vermittler ausgetauschten 55 Argumente lassen sich nunmehr einige Erkenntnisse ableiten. Die wichtigsten betreffen den Umgang mit der Beweislast.

1. Die grundsätzliche Verteilung der Beweislast

Die Versicherungsbedingungen der Schadensversicherer enthalten i. d. Regel Leis- 56 tungsversprechen, die
– bei Eintritt bestimmter Gefahren (z. B. Feuer, Sturm, Erdbeben, Einbruch, Betriebsunterbrechung, Schadensersatzansprüche Dritter usw. usw.)
– und nach Erfüllung definierter Voraussetzungen (Deckungseinschlüsse und -ausschlüsse)
  für den Verlust oder die Beschädigung von Sachen und/oder
  für die Verletzung oder den Tod von Menschen
  sowie daraus entstehende Kosten
eine Entschädigung des Anspruchstellers/Versicherungsnehmers (VN) zusagen. Der Versicherer entfaltet dabei keine eigene Initiative. Er wartet ab, was ihm als Schadensereignis zur Prüfung vorgelegt wird.

Der Anspruchsteller/VN hat seinerseits das Recht zu entscheiden, ob und wie er 57 seinen Schadensfall präsentiert: Wenn er die in der Police vereinbarten Leistungsvoraussetzungen durch geeignete Nachweise erfüllt, wird er entschädigt; anderenfalls geht er ganz oder teilweise leer aus. Er trägt also grundsätzlich die Beweislast für seine Ansprüche.

2. Die Pflichten des Versicherungsnehmers

Die Beweislast ist für den Anspruchsteller aber auch mit Vorteilen verbunden. 58 Denn als vom Schaden Betroffener hat er gegenüber dem Versicherer einen großen Vorsprung an Zeit, Nähe zum Ereignis und Einfluss auf den Ablauf. Er kann sich vorbereiten, bevor er in die Schlacht zieht. Um hier für den Schadensversicherer taktisch Waffengleichheit herzustellen, werden dem Anspruchsteller durch die Versicherungsbedingungen regelmäßig besondere Verhaltensregeln – **Obliegenheiten** – auferlegt. Man unterscheidet dabei
– Obliegenheiten vor Eintritt des Versicherungsfalles,
– Obliegenheiten zur Gefahrverhütung oder Vermeidung von Gefahrerhöhungen,
– Obliegenheiten nach Eintritt des Versicherungsfalles.
(Im Fall der Versand-Apotheke vgl. § 13 AERB 87).

Werden diese Obliegenheiten verletzt, so kann unter gewissen Voraussetzungen 59 der Versicherungsschutz verwirkt werden. Diese Voraussetzungen sind in § 6 VVG beschrieben. Die juristischen Fachkommentare geben über alle Einzelheiten erschöpfende Auskunft.

Hier geht es mehr um die taktischen Wirkungen dieser Obliegenheiten in der 60 Schadensverhandlung. Daher sind vor allem die Obliegenheiten nach Eintritt des Versicherungsfalles wichtig, weil ihre Einhaltung als vertrauenbildende Maßnahme

gegenüber dem Versicherer besonders geeignet ist. Zu diesem „Kodex der Kooperationsbereitschaft" im Schadensfall zählen die Pflicht,
– den Versicherer unverzüglich zu benachrichtigen,
– bestimmte Behörden (z. B. Polizei, Fundamt, Feuerwehr) sofort zu informieren,
– alle zumutbaren Maßnahmen zur Schadensminderung zu ergreifen,
– dem Versicherer eine Schadensaufstellung einzureichen,
– dem Versicherer die Untersuchung des Schaden zu gestatten und ihm jede zumutbare Auskunft – auch in schriftlicher Form – zu geben.

61   Von der Summe dieser Obliegenheiten wird eine „allgemeine Mitwirkungspflicht" des VN abgeleitet. Aus ihr ergibt sich das „Wahrheitserfordernis", das besagt, dass sich VN und Versicherer gegenseitig keine Unwahrheiten sagen sollten. In der Praxis kann der Versicherer seine Entschädigung aber nur dann wegen Verletzung einer dieser Obliegenheiten verweigern, wenn der Anspruchsteller/VN entweder
– vorsätzlich gehandelt hat, oder
– grob fahrlässig gehandelt hat und dies auf den Grund oder die Höhe der dem Versicherer obliegenden Leistung von Einfluss war (vgl. § 6 Abs. 3 VVG).

62   Dies ist eine folgenreiche Vorschrift besonders in Hinblick auf die letztgenannte Obliegenheit (s. o). Denn sie bedeutet, dass der Anspruchsteller/VN seinen Anspruch auf die Versicherungsleistung nicht verliert, wenn er den Versicherer zum Schaden falsch oder unvollständig informiert, solange er dabei nur
– fahrlässig, also ohne die verkehrsübliche Sorgfalt, handelt. Aber wehe, wenn dabei Absicht (= Vorsatz!) erkennbar wird; dann folgt der Absturz von einem schmalen Grat.

63   Wir sehen hier jenen Schnittpunkt der Interessen, an dem viele atmosphärischen Schwierigkeiten zwischen Versicherer und Kunden in der Schadensverhandlung beginnen, ja sogar beginnen müssen.

64   Den Schadensregulierern und allen Mitarbeitern in der Schadensabteilung ist die Rechtslage wohlbekannt, da sie ihr täglich begegnen. Sie hören und lesen daher jede Mitteilung eines Anspruchstellers zunächst mit professionellem Misstrauen.

Der Anspruchsteller, der die Rechtslage meist nicht kennt, aber weiß, dass es auf jedes Wort ankommt, versucht sich nicht festzulegen; er formuliert undeutlich, um sich damit unter den möglichen Varianten des Geschehens auch eine ihm vielleicht günstige offen zu halten.

65   Ein versteckter Dissens wird dadurch fast unvermeidlich: Die gleichen Worte, welche die eine Seite für vorsichtig und klug hält, werden von der anderen Seite als Hinweis auf verdächtige Doppeldeutigkeit empfunden. Nunmehr wird verständlich, warum in diesen Ausführungen immer wieder von der Notwendigkeit der Vertrauensbildung gesprochen wird. Nur durch die Demonstration seiner Bereitschaft zu kooperieren, kann der Anspruchsteller ein gegenseitiges Vertrauensverhältnis begründen und verstärken. Dies ist ein besonders wichtiger Schritt in der Verhandlungsführung. Denn ein solches Vertrauensverhältnis beeinflusst den Schadensregulierer bezüglich der Anforderungen, die er an die grundsätzlich bestehende Beweislast des Anspruchstellers stellt. Je größer das Vertrauen auf Seiten des Schadensregulierers ist, desto einfacher werden die Nachweise sein, die er vom Anspruchsteller fordert.

3. Die beiden Kategorien der Beweisführung

Die große Zahl denkbarer Nachweise kann man in zwei Kategorien einteilen, die 66
leider oft vermischt und logisch nicht richtig verwendet werden:

a) **Der einfache Beweis.** Dies ist die normale Form eines Beweises, bei welcher 67
der Geschädigte den behaupteten Hergang des Schadensfalles nur glaubhaft zu machen hat. Der Regulierer ist dabei bereit, die Schilderung des Geschädigten insoweit
als richtig anzuerkennen, als sie mit der Lebenserfahrung und den vom Regulierer
oder von der Polizei festgestellten Tatsachen ohne Widerspruch übereinstimmt.

b) **Der strikte Beweis.** Dies ist die qualifizierte Form eines Beweises. Dabei genügt 68
es nicht, dass die festgestellten Tatsachen den Hergang des Schadensfalles wahrscheinlich machen; sie müssen vielmehr so lückenlos und eindeutig sein, dass sie einen anderen als den behaupteten Hergang ausschließen. Die Forderung des
„strikten Beweises" bringt den Geschädigten sehr oft in eine unüberwindliche Be-
weisnot. Sie signalisiert, dass der Schadensregulierer nicht zahlen will.

Solange der Schadensregulierer keinen Anlass hat, an der Glaubwürdigkeit und
subjektiven Kooperationbereitschaft des Geschädigten zu zweifeln, solange er also
keine diesbezüglichen Signale erhalten hat, wird er mit dem „einfachen Beweis" zufrieden sein.

Denn es wäre mit dem notwendigen **Vertrauensverhältnis** zwischen den Parteien 69
eines Versicherungsvertrages unvereinbar, wenn der Versicherer versuchen würde,
sich seiner vertraglichen Leistungspflicht ohne konkreten Anlass – also nur aus
Gründen der allgemeinen Gewinnmaximierung – zu entziehen, indem er überhöhte
Beweisanforderungen stellt.

4. Die Bedeutung der Obliegenheiten

Obliegenheiten, die gegenüber dem Versicherer vor Eintritt des Versicherungs- 70
falles (§ 6 Abs. 1 VVG) zu erfüllen sind, können dennoch in der Verhandlung über
die Schadensregulierung von großer Bedeutung sein. Denn damit sind vor allem die
Pflichten gemeint, die dem VN in der Police auferlegt werden, um die versicherte
Gefahr zu vermindern oder ihre Erhöhung zu verhindern (§ 6 Abs. 2 VVG). Als typische **Beispiele** können die folgenden Gebote gelten:

– den Reifen eines kasko-versicherten Kfz. auf nicht weniger als 1,50 mm Profiltiefe abzufahren;
– die elektrischen Anlagen einer feuerversicherten Fabrik in bestimmten Intervallen prüfen zu lassen;
– vor Tiefbauarbeiten die örtliche Lage von elektrischen und wasserführenden Leitungen durch
  Einsichtnahme in die Pläne festzustellen;
– nach Verlust des Schlüssels zu versicherten Räumen oder Wertbehältnissen sofort das Schloss
  auszutauschen;

usw. usw. In diesen und vielen weiteren Obliegenheiten, die regelmäßig vor dem
Schadensfall verletzt werden, ist das statistische Wissen der Versicherer über typische Schadensursachen ausformuliert.

Ihnen allen ist gemeinsam, dass sie „vernünftig" sind, weil die Erfüllung einer 71
Obliegenheit wenig kostet, während die Nichterfüllung erfahrungsgemäß zu sehr
hohen Schadenskosten führt.

72   Sie sind aber auch „grausam", weil der Anspruch auf Entschädigung durch den Versicherer verlorengeht, wenn sich herausstellt, dass der geschädigte Kunde vor Eintritt des Schadensfalles
— eine Obliegenheit gemäß oben Nr. 2 a (§ 6 Abs. 1 VVG) schuldhaft verletzt hat, oder …
— eine Obliegenheit gemäß oben Nr. 2 b (§ 6 Abs. 2 VVG) schuldhaft verletzt hat, und diese Verletzung für den Schaden dem Grunde oder der Höhe nach kausal war.

73   Der Verlust des Entschädigungsanspruchs für bedingungsgemäß eingetretene Schäden bedeutet die nachträgliche Negation des Versicherungsvertrages. Daher muss der Versicherer den Vertrag innerhalb eines Monats seit Kenntnis der Obliegenheitsverletzung von sich aus **kündigen,** wenn er sich auf die Leistungsfreiheit wegen Obliegenheitsverletzung berufen will (§ 6 Abs. 1 Satz 3 VVG); ansonsten verfällt diese Obliegenheitsverletzung als Ablehnungsgrund und der Versicherer muss bezahlen.

74   Diese Regelung führt zu weitreichenden taktischen Überlegungen durch beide Parteien der Schadensverhandlung.

5. Überlegungen durch den versicherten Anspruchsteller

75   Im Lichte der Ausführungen zu Rdnr. 70 werden der Versicherte und sein Vermittler gut daran tun, vor einer größeren Schadensverhandlung
— in der Police nach Obliegenheiten i. S. von Rdnr. 58 ff. zu suchen;
— den Schadenshergang daraufhin zu prüfen, ob ein kausaler Zusammenhang zu einer dieser Obliegenheiten besteht;
— zu untersuchen, ob eine solche kausale Obliegenheit vor Eintritt des Schadensfalles verletzt worden sein könnte und wer daran schuld war.
— die Summe der während der Letzten 5 Jahre an diesen Versicherer insgesamt bezahlten eigenen Jahresbeiträge für Sachversicherungen grob zu schätzen (Lebens- und Krankenversicherungen kann man weglassen, da hier ein Abwandern solcher Verträge zur Konkurrenz dem Versicherer weniger Nachteile bringt als dem Kunden).

76   Wenn der Versicherte in den letzten 5 Jahren von größeren Schäden (bitte die Kfz.-Schäden nicht vergessen!) verschont war, beschreibt ein Betrag in Höhe einer Hälfte dieser Schätzsumme ungefähr das wirtschaftliche Gesamtinteresse des Versicherers an der Weiterführung der Geschäftsverbindung zu diesem Kunden.

77   Die andere Hälfte dieser Schätzsumme wird für das kalkulatorische Risiko von Großschäden — die selten sind, aber pro Fall die Beiträge sehr vieler Kunden auffressen — und für Verwaltungskosten verbraucht; diese Hälfte würde der Versicherer voraussichtlich einsparen, wenn der Kunde zur Konkurrenz abwandert. Hier muss noch einmal ausdrücklich auf die Funktion des Vermittlers hingewiesen werden, der die wirtschaftlichen Aspekte dem Versicherer vor Augen führen kann, ohne dass der Kunde selbst gezwungen ist, dem Versicherer konfrontativ mit Kündigungsdrohungen zu begegnen; in der Verhandlung legen nämlich direkte Drohungen die eigene Position so sehr fest, dass der Kunde auf wünschenswerte Kompromissangebote nicht mehr reagieren kann, ohne seiner Drohung etwas von ihrer Glaubwürdigkeit zu nehmen.

78   Um eine Drohung glaubwürdig zu erhalten, wird aus Gründen der Konsequenz oft verschenkt, was im Rückblick die letzte Chance einer guten Lösung war.

Der Vermittler kann hier seinen Kunden vor Nachteilen bewahren, weil er auch   79 gleichzeitig Insider des Versicherers ist. Dies hängt damit zusammen, dass alle Schadensversicherer ihre duale Struktur im Innendienst, nämlich
– die Betriebsabteilungen, die Verträge verwalten und neue Kunden gewinnen,
– die Schadensabteilungen, die Schadensereignisse bearbeiten und bezahlen, so sehr rationalisiert haben, dass die individuelle Wahrnehmung des Einzelkunden nur noch simuliert werden kann. Die Versicherungskunden, die bei der eigenen Arbeit ihren Kunden oder Vorgesetzten täglich Aug in Aug gegenüber treten müssen, haben dies sehr wohl bemerkt.

Die Versicherer sind daher auf die starke **Stellung der Vermittler als** Dolmetscher,   80 Stoßdämpfer und **Mediatoren** gegenüber der Kundschaft trotz Internet und Direktvertrieb angewiesen. Erst wenn der Kunde spürt, dass ein Mensch, der ihn kennt und ihm zuhört,
– seine Nöte und Wünsche beim Versicherer vertritt, und
– ihm dessen nüchtern-durchrationalisierte Reaktionen ankündigt, erklärt, begründet, rechtfertigt und nicht selten verbessert, fühlt der Kunde sich umworben. Er erlebt dann, dass jemand Zeit für ihn hat.

6. Überlegungen durch den Versicherer

a) **Abwägung: Verlust der Kundenbeziehung/Einsparung beim Schaden.** Dies gilt,   81 wenn die Kündigung wegen Obliegenheitsverletzung Erfolg hat. Eine Kündigung empfindet der Geschädigte als Hinauswurf; er wird sich als Kunde unerwünscht fühlen und daher alle seine sonstigen Verträge bei diesem Versicherer kündigen; der allerdings erspart sich die Schadenszahlung.

b) **Abwägung: Verlust der Kundenbeziehung/keine Einsparung beim Schadens.**   82 Dies droht, wenn die Kündigung fehlschlägt. Die Frist für die Kündigung – 1 Monat – ist für gründliche Ermittlungen zum tatsächlichen Hergang kurz bemessen. Sobald der Schadensregulierer im Fall der Versand-Apotheke vom Verlust eines Schlüssels und dem nicht erfolgten Schlossaustausch erfährt, fängt die 1-Monats-Frist zu laufen an; denn ab da hat er Kenntnis von der behaupteten Obliegenheitsverletzung. Wird jetzt wegen drohendem Fristablauf gekündigt und gelingt dem Geschädigten der Nachweis, dass ein Schlossaustausch ohne Einfluss auf den Schaden geblieben wäre, dann ist die Kündigung unwirksam. Der Kunde ist verärgert; der Versicherer muss dennoch bezahlen.

c) **Abwägung: Verzicht auf formale Rüge der Obliegenheit + Kündigung/statt**   83 **dessen: Benutzung des gleichen Einwands als Vergleichsgrund.** Wenn eine Situation wie bei Rdnr. 82 möglich ist, wird der Schadensregulierer versuchen den gleichen Sachverhalt, der als Obliegenheitsverletzung gerügt werden könnte, ohne formelle Rüge als Argument für einen Quoten-Vergleich zu benützen. Er wird sinngemäß sagen, dass er bereit sei, den „zum Teil unbewiesenen" Anspruch des Geschädigten „wegen der guten Geschäftsverbindung" großzügig zu betrachten und davon eine Quote von 50% zu übernehmen.

Fangen jetzt der Geschädigte oder sein Vermittler an zu feilschen, hat der Regulierer gewonnen; denn er erkennt daraus, dass die Gegenseite seine Probleme i.S. von Rdnr. 82 nicht ausnützen wird.

Fragen dagegen der Vermittler und sein Kunde, ob hinter dem Quotenangebot die Bereitschaft stünde, eine Kündigung gemäß § 6 Abs. 1 VVG trotz § 6 Abs. 2 VVG und § 16 Abs. 3 VVG zu versuchen (vgl. die Ausführungen zu Rdnr. 70 ff.), dann sieht der Regulierer, dass man seine Probleme erkannt hat. Wahrscheinlich wird er dann die EK-Preislisten der entwendeten Medikamente nochmals prüfen und dann 100% anbieten. Da der Regulierer nicht sein eigenes Geld ausgibt, wird er unter dieser Lösung nicht persönlich leiden; er wird das professionelle Recontre sogar gut finden und sich höflich verabschieden.

84   **d) Abwägung: Einsparung im Schadensfall/negative Wirkungen in der Öffentlichkeit.** Jeder Versicherer kennt die Schadensfälle, deren Sachverhalt eine wunderbar eindeutige, juristisch schlüssige Ablehnung der Ansprüche des Geschädigten ermöglicht. Hinter dem Sachverhalt kann sich aber – aus den Akten nicht immer klar ersichtlich – ein grausames Schicksal, ein Prominenten-Bezug oder eine große Ungerechtigkeit verbergen, die auf ihren Michael Kohlhaas wartet, um allgemeines Aufsehen zu erregen. Sobald ein solcher Fall von den Medien aufgegriffen und in die vom Ort der Handlung weit entfernte Abteilung für Öffentlichkeitsarbeit des Versicherers hochgehoben wird, kostet er regelmäßig sehr viel mehr Geld als die ursprünglich abgelehnte Entschädigung. Im Kern geht es um die Frage wie man rechtzeitig erkennt, ob sich in dem Sachverhalt wirklich ein Härtefall verbirgt; denn schon eine leichte Verschiebung der Tatsachen kann einen undramatischen Fall medienwirksam machen. Wie eine solche „leichte Verschiebung" entsteht, lehrt der Blick auf politische Diskussionen im Fernsehen.

85   Wenn dort ein Thema behandelt wird, haben die Akteure bei der Wahl ihrer Worte
      – sehr oft kein Interesse daran,
        Fragen objektiv zu beantworten,
        zwischen Tatsachen und Meinungen zu unterscheiden,
        Vereinfachungen am Wahrheitserfordernis zu messen.
      – meist sehr viel Interesse daran,
        ihre Antworten auf die Erwartungen der Zuschauer auszurichten,
        ihre Forderungen nicht sachlich sondern moralisch zu begründen, durch zitatfähige Schlagworte und Siegerposen zu wirken.

86   Mit einer Wortwahl nach gleichem Muster haben diejenigen zu rechnen, die einen Schadensfall nicht mehr auf fachlicher Ebene sondern in der Öffentlichkeit abhandeln wollen.

87   Die Versicherer (V.) begegnen dabei nicht selten einer **Begriffskette,** die nachfolgend stark vereinfacht dargestellt ist.

Schlagwort:	Kurzbegründung:
V. = kapitalkräftig	Muss sein; kapitalschwache V. taugen nichts.
kapitalkräftig = reich	Reich ist verdächtig; woher stammt das Geld?
reich = Überfluss	V. leben im Überfluss, sie bauen Paläste.
Überfluss = Unmoral	Überfluss macht ungleich; ist gegen die Natur.
Unmoral = Verpflichtung	Eigentum verpflichtet; zu viel Geld muss teilen.
Verpflichtung = mein Anrecht	Die Pflicht des einen ist das Recht des anderen.
Mein Anrecht = mein Geld	Für mein Anrecht muss ich bezahlt werden.

88   Bei jedem dieser Schlagworte müsste das Istgleich-Zeichen tatsächlich in Anführungszeichen gesetzt werden, denn es bezeichnet nicht Gleichheit sondern Schein-

identität. Die Begriffe werden nämlich auf jeder Stufe „leicht verschoben", bis sie mit gewissen Vorurteilen und Erwartungen korrespondieren. In ebensolcher Weise kann der Sachverhalt eines Schadensfalles umgefärbt werden, ohne formell die Unwahrheit zu sagen. Ein Hauseigentümer kann „Villenbesitzer" oder „Häuslebauer", sein Grundstück „Park" oder „Obstgarten" und der Hauseingang „Eingangshalle" oder „Hausflur" genannt werden. Ein sachlicher Brief zu einem Schadensfall kann „kaltes Juristendeutsch" oder „klare Begründung", „gefühllose Abfertigung" oder „freundliches Angebot" sein; es kommt dabei nur auf den Standpunkt des Betrachters und sein Verantwortungswusstsein beim Umgang mit der Sprache an. Erfahrene Versicherer begeben sich daher möglichst nicht in ein solches Umfeld der Beliebigkeit. Sie wissen, dass Schadensverhandlungen mit Großkunden die Öffentlichkeit ohnehin wenig interessieren; und dass bei Schäden, die einen „Menschen wie Du und Ich" betreffen, es nicht zu verhindern ist, dass die Medien – wenn sie denn mit Erfolg eingeschaltet worden sind – versuchen werden, ein ritualisiertes „David & Goliath-Spiel" nach obigem Begriffsmuster zu beginnen.

VI. Schadensfälle und Öffentlichkeit: Verhandeln auf offener Bühne

Daher gehen die Schadensabteilungen davon aus, dass bei absichtlich hergestelltem **89** Medienbezug die Phase der zweiseitigen Verhandlungen, durch welche die Parteien eigene Vermögens-Interessen verfolgen, zu Ende ist. Der Stil der Korrespondenz und die Art der Argumente ändert sich; sie sind noch in der Form dialogbezogen, aber nicht mehr dem Inhalt nach. Es beginnt die Phase des Verhandelns auf offener Bühne unter den Augen der Öffentlichkeit. Der Versicherer und der Geschädigte können dabei in die Gefahr geraten, zu passiven Darstellern von Rollen zu werden, die ihnen die Regie der Medien zuweist. Im Gegensatz zu einer öffentlichen Gerichtsverhandlung wacht kein unabhängiger und unvoreingenommener Richter über den Fortgang des Verfahrens, sondern das Dreigestirn aus Presse, Funk und Fernsehen
– als dominanter Unterhalter ihrer Leser, Hörer und Zuschauer,
– als deren Sprachrohr, Stichwortgeber und kollektives Gewissen,
– als Wettbewerber im Kampf um Umsatz und Gewinn.
Dabei ist, anders als bei Gericht, der Unterhaltungswert der Verhandlung alles und das Ergebnis nichts.

1. Überlegungen durch den Versicherer

Das obige Bühnen-Szenario wirkt beunruhigend und kann Nervosität fördern, **90** auch wenn die eingeschalteten Medien nur Lokalzeitungen oder örtliche Werbesender von Funk und Fernsehen sind.

a) „Stein aus der Hand ... ". Die alles beherrschende Ausrichtung am Unterhal- **91** tungswert macht die Fälle aber aus Versicherersicht zunächst weniger beunruhigend: Denn Versicherungsgesellschaften gelten als notorisch langweilig und ihre unsichtbaren Produkte – die den Betroffenen so sehr ärgern können – für alle Nicht-Betroffenen, also die große Menge der von Langeweile gepeinigten, als schwer vermittelbar. Das unter Gebirgswanderern geläufige Sprichwort „Stein aus der Hand ist des Teufels Pfand!" warnt davor, dass ein harmlos aussehender Steinwurf unabsichtlich eine Stein-Lawine auslösen kann. Für Versicherer ist diese Lawinengefahr bei Verhandlungen in der Öffentlichkeit eine zweifache. Die eine liegt nahe, ist aber nicht sehr gefährlich (Rdnr. 92 ff.), die andere bleibt für den Einzelfall folgenlos, wirkt aber unsichtbar und folgenreich in der Zukunft (Rdnr. 96).

92   **b) Der Umgang mit Schwierigkeiten: Die Ursachen im Einzelfall.** Wenn ein Geschädigter mit der Behandlung seines Schadensfalles unzufrieden ist und die Sache „in die Presse" oder „ins Fernsehen" bringen möchte, so kann dies mehrere Ursachen haben:

93   **– Der Versicherer hat zu wenige oder zu wenig kompetente Schadensbearbeiter.** Dann dauern einfache Vorgänge ewig, die gleichen Anfragen werden mehrfach wiederholt, Schadensnummern werden verwechselt, die Briefe lassen in Rechtschreibung und Satzbau Wünsche offen, Reklamationen bewirken keine Richtigstellung, Entscheidungen werden nicht oder mit unhaltbaren Argumenten begründet.

Hier muss der Geschädigte nicht „verhandeln" im engeren Sinn; er muss nur versuchen, sich diejenige Aufmerksamkeit zu verschaffen, die ihm zwar als Kunden reichlich zusteht, die man ihm aber aus Kostengründen gänzlich vorenthält, oder die man ihm mit Hilfe eines Call-Centers nur in abgewandelter Form als *„Buchbinder Wanninger"-Erlebnis* zukommen lässt.[2]

Sobald ein exemplarisch schlecht behandelter Geschädigter, statt zu resignieren, genügend Unruhe hervorgerufen hat, wird man ihn heutzutage in der Geschäftsleitung des Versicherers als Person wahrnehmen und seine Angelegenheit durch einen Brief auf edlem Papier in Ordnung bringen. Wenn sein Fall schon in der Lokalzeitung stand, wird sogar an gleicher Stelle ein Photo erscheinen, das zeigt, wie ihm von einem Abgesandten des Versicherers ein Geschenkkorb überreicht wird. Treffen in einem solchen Fall zufällig ein werbegewandter Versicherer und ein willensstarker aber für die Versuchungen der Eitelkeit und der öffentlichen Aufmerksamkeit empfänglicher Geschädigter aufeinander, so könnte sich ein Vorgang, der eigentlich eine Service-Katastrophe war, sogar nachträglich zur Werbeaktion des Versicherers in lokalen Medien weiterentwickeln. Bevor aber der Versicherer versucht, den frisch erworbenen Bekanntheitsgrad des wiederzufrieden-gemachten Geschädigten an Ort und Stelle als *Credential-Geber* zu vermarkten, sollte er sich vergewissern, ob dem Erinnerungs- und Urteilsvermögen der dortigen Bevölkerung ein so zügiger Wechsel des eigenen Standpunkts des Geschädigten positiv vermittelt werden kann.

94   **– Der Geschädigte wird korrekt behandelt, aber das Ergebnis gefällt ihm nicht.** Dies sind die Fälle, in denen der Versicherer nach bestem Wissen und Gewissen vorgeht, dabei aber Abwägungen und Ermessensentscheidungen trifft, die der Geschädigte als zu hart und zu wenig freundlich empfindet. Wie der oben beschriebene Fall der Versand-Apotheke gezeigt hat, kann es dabei zu sehr subtilen Überlegungen kommen, in denen ja und nein eng beieinander liegen; ein mit juristischer Denkweise unvertrauter Kunde wird da oft nicht mehr folgen wollen.

---

[2] Für Nicht-Münchner: In dem unsterblichen Kurz-Hörspiel aus den Jahren vor 1933 versucht der Komiker *Karl Valentin* als Buchbinder W. per Telefon zum zuständigen Sachbearbeiter einer Versicherung durchzudringen; er wird 10-mal an Unzuständige weiterverbunden und resigniert am Ende mit den verzweifelt geflüsterten Worten: „Saubande, mistige!"

Gleichzeitig wird er aber auch das Gefühl nicht los, dass der formelle Rechtsweg sichere Kosten mit unsicheren Chancen und langer Wartezeit verbindet.

Daher wird sich der Kunde zunächst an seine Standesvertretung, an seinen Fachverband, an seine Gewerkschaft oder an einen Verbraucherschutzverein wenden und möglichst sachlich und unpolemisch anfragen, ob man dort mit ähnlich gelagerten Fällen Erfahrung habe. Institutionen dieser Art nehmen eine Gelegenheit, sich bei ihren Mitgliedern zu profilieren, meist gerne wahr. Zugleich haben sie als hauptberufliche Interessenvertretungen ein Gespür für die Gestaltung von Vorgängen, die sich auf den Schienen der Machbarkeit hierhin und dorthin bewegen lassen. Wenn der Geschädigte dann ein Antwortschreiben erhält, in dem nachvollziehbare Argumente zu seinen Gunsten genannt und Mitteilungen über den weiteren Verlauf des Falles erbeten werden, hat er sich auf einfache Weise die Möglichkeit eröffnet, das Gespräch mit seinem Versicherer weiterzuführen, anstatt zu streiten, seinen Versicherer um Prüfung jenes Antwortschreibens zu bitten, und ihm damit stillschweigend anzudeuten, dass der Fall bereits auf Kammer-, Verbands-, Gewerkschafts- oder einer sonstigen Ebene Aufmerksamkeit errege. Kaum ein Versicherer verkennt die Wirkung dieser Gremien als Multiplikatoren der Meinung einzelner Mitglieder im Innenverhältnis und ihrer Meinungssumme im Außenverhältnis.

c) Der Interessenabgleich beim Versicherer. Jetzt kommt es darauf an, beim Ver- 95
sicherer – falls noch nicht geschehen – die Schadensabteilung und die Vertriebabteilung dazu zu bewegen, ihre Interessen gemeinsam abzuwägen:

– Wenn dabei die Vertriebsabteilung feststellt, dass sie eine starke Klientel aus dem Kollegenkreis des Geschädigten (also z. B. von Apothekern) versichert hat und diese als Gruppe eine normale Schadensquote aufweisen, wird sie ihr Interesse an einer wohlwollenden Lösung signalisieren.

– Wenn ihr dagegen bei dieser Gelegenheit klar wird, dass nur noch ein weiteres Risiko dieser Art im Kundenbestand ist und dieses bereits mehrmals ähnliche Großschäden erlitten hat, wird man der Schadensabteilung zu einer Regulierung nach dem Buchstaben der Bedingungen raten.

d) Der Umgang mit Schwierigkeiten: Entscheidungen im Einzelfall. Aufgrund 96
dieser Überlegungen kann es dazu kommen, dass dem Geschädigten eine größere oder kleinere Quote als freiwillige Teilentschädigung angeboten werden könnte, obwohl der feststellbare Sachverhalt seines Falles eine eindeutige juristische Lösung nicht erlaubt und die Beweislast für die Lücken im Sachverhalt mit hoher Wahrscheinlichkeit nicht beim Versicherer liegt. Maßstab für solche Angebote sind dann reine Kostenüberlegungen.

2. Die Kosten-Alternativen des Versicherers

Der Versicherer muss die durch seine Entscheidung verursachten Kostenwirkun- 97
gen ermitteln und gegeneinander aufrechnen.

a) Bei Ablehnung einer Entschädigung ist mit folgenden Wirkungen zu rechnen: 98
– Kosteneinsparungen, z. B.
 die gegenwärtige Kosteneinsparung durch Nichtbezahlung,
 die zukünftige Kosteneinsparung durch Entmutigung der allzu Begehrlichen,

– Kostensteigerungen, z. B.
die gegenwärtige Kostensteigerung durch einen Rechtsstreit,
die zukünftige Kostensteigerung durch die
- • mögliche Kündigung des enttäuschten Geschädigten,
- • Demotivation des Vermittlers, der sich beim Versicherer für seinen Kunden, den Geschädigten, eingesetzt hat,
- • Einbußen an Kunden-Vertrauen bei Kollegen des Geschädigten,
- • zusätzlichen Beitragszugeständnisse, die mittelfristig notwendig werden, um Einbußen beim Kundenvertrauen auszugleichen.

99   **b) Bei Leistung einer Entschädigung verändern sich die obigen Kostenzuordnungen spiegelbildlich:**
– die Kostensteigerungen werden vermieden, und
– die Kosteneinsparungen werden zu Aufwendungen.

100   **c) Schlussfolgerungen aus der Kostenbetrachtung.** Unter den genannten Kostenwirkungen, die auf den Versicherer im Fall der Ablehnung einer Entschädigung zukommen, befinden sich
- • **Verborgene.** Zu ihnen zählen nur zwei, nämlich „Einbußen an Kundenvertrauen" und die „zusätzlichen Beitragszugeständnisse".
- • **Offenkundige.** Hierzu gehören alle übrigen. Sie sehen akut und gefährlich aus, aber sie wirken stets nur auf den gerade zu entscheidenden Fall. Sollte der Geschädigte versuchen, an die Öffentlichkeit zu treten, so wird er feststellen, dass nur ein Schadensfall, der einen sehr prominenten oder viele normale Menschen gemeinsam betrifft und der gleichzeitig vom Versicherer kleinlich oder schreiend ungerecht behandelt wird, Aussicht auf soviel Aufmerksamkeit hat, dass daraus für die Entscheidung dieses Falles ernster Druck auf den Versicherer entsteht; denn der kann auf Grund der Kostenanalyse
Nutzen und Lasten seiner Entscheidungen, also die „Lawinengefahr" im Sinn von Rdnr. 91, für diesen Fall gut abschätzen.

101   Viel schwieriger abzuschätzen sind die oben genannten **verborgenen Kostenwirkungen.** Sie können ebenfalls entstehen, wenn ein Schadensfall öffentlich – oder zumindest in einer fachkundigen Öffentlichkeit, wie z. B. auf Verbands- oder Kammer-Ebene – abgehandelt wird. Ihre Besonderheit ist, dass sie sich schleichend und schwer erkennbar entfalten.

3. Auswirkungen auf den Versicherer über den Einzelfall hinaus

102   Die verborgenen Kostenwirkungen zeigen sich nicht in der Schadensabteilung in Form aufwändiger **Prozesskosten** oder steigender **Personalkosten.** Sie entwickeln sich vielmehr dort, wo jeder Versicherer am verwundbarsten ist: Im Wettbewerb mit anderen Versicherern um die Verteidigung vorhandener Kunden und Gewinnung neuer Kunden durch Neuordnung bestehender und Abschluss neuer Policen. Hierbei kommt es regelmäßig zu Angeboten mehrerer Wettbewerber (z. B. A, B, C), die nach einigen Vergleichsrunden in Preis und Leistung eng zusammenliegen. Nicht selten lässt sich der Kunde auch noch Probe-Policen ausdrucken, die Preise und Klauseln in der Endfassung wiedergeben. Dann steht oder sitzt er vor Papierbergen mit ähnlich lautenden Informationen, hört sich die widersprüchlichen Kommentare der wettstreitenden Vermittler an und soll entscheiden.

Wie wird er sich entscheiden? Er wird seine Entscheidung aus dem Bauch heraus 103
treffen, indem er sich zu erinnern versucht, welche der anbietenden Versicherer
schon mal „ins Gerede gekommen sind". Dabei wird er keine Einzelheiten prüfen;
er wird sich nur sagen, dass über die C-Versicherung bei einem Geschäftsfreund,
über die B-Versicherung im Fernsehen und über die A-Versicherung von niemandem geklagt worden ist. Und dann wird er dazu neigen, der A-Versicherung den
Zuschlag zu geben. Wenn jetzt die B- und die C-Versicherung nicht aufgeben wollen, werden sie – weil sie die wahren Gründe des Kunden nicht kennen – eine neue
Preisrunde eröffnen und nochmals Beitrags-Zugeständnisse in Aussicht stellen. Sie
werden also solange billiger anbieten, d.h. auf mögliche Gewinne verzichten müssen, bis sie dadurch den Vorschuss an Kundenvertrauen der A-Versicherung ausgeglichen haben. Denn bei gleichhohen Beiträgen würde der Kunde erneut zur A-
Versicherung tendieren. Zwar wird es beim nächsten Kunden wieder andersherum
laufen. Und der Zufall wird alle kausalen Bezüge zwischen einem bestimmten
Schadensfall und dem im Verborgenen wachsenden Pflänzchen „Kundenvertrauen"
verwischen. Und dennoch gilt: Was aussieht wie Roulette, ist auch Roulette; dort
gewinnt nämlich per Saldo immer die Bank, weil ihr bei jedem Spiel statistisch eine
Chance mehr zugute kommt als dem Spieler. Im wahren Leben gewinnt derjenige
Versicherer, über den stets einige Male weniger geklagt wird als über seine Wettbewerber; denn auch er hat dadurch jedes Mal eine Chance mehr.

VII. Schlussbemerkung

So direkt, aber gleichzeitig intensiv wirken sich Störungen des Kundenvertrauens 104
auf den wirtschaftlichen Erfolg eines Versicherers aus. Und so wichtig ist es für jeden Versicherer zu vermeiden, dass über seine Praxis in der Schadensregulierung öffentlich diskutiert wird. Dabei zählt nicht, ob der Versicherer am Ende der Diskussion unbestreitbar Recht behält; denn das Ergebnis ist nichts, die Verhandlung ist
alles. Im Gedächtnis der Öffentlichkeit bleibt nur die Erinnerung, dass „da mal was
war". Das ist wenig, aber ‚in the long run' kann es zu viel sein.

§ 43 Mediation im Gewerblichen Rechtsschutz

Prof. Dr. Peter Chrocziel/
Friedrich von Samson-Himmelstjerna

Übersicht

Schrifttum: *Schäfer*, ADR – Alternative Dispute Resolution, Schiedsgerichtsbarkeit und Mediation im gewerblichen Rechtsschutz, Mitt. 2001, 109; *von Raden*, Außergerichtliche Konfliktregelung im gewerblichen Rechtsschutz, BB 1999, Beilage 9, S. 17 ff.

I. Einleitung

1   Typischerweise nimmt der im gewerblichen Rechtsschutz tätige Praktiker die Hilfe der staatlichen Gerichte in Anspruch, nicht zuletzt deswegen, weil die Rechtsuchenden eine schnelle Entscheidung in ihrer Auseinandersetzung suchen. Insbesondere in der Bundesrepublik Deutschland ist die Ansicht verbreitet, dass eine **Streitentscheidung durch die ordentlichen Gerichte** im Bereich des gewerblichen Rechtsschutzes als einem Unterbereich der wirtschaftsrechtlichen Streitigkeiten schnell, günstig und kompetent zu erledigen ist. Gibt es doch eine ganze Reihe von hochspezialisierten Streitkammern bei den Landgerichten und Senaten bei den Oberlandesgerichten (bis hin zum Bundesgerichtshof), die sich schwerpunktmäßig mit gewerblichen Rechtsschutzfragen beschäftigen. Insbesondere dann, wenn die Wettbewerbssituation zwischen den Streitenden eine sofortige Lösung erfordert, wird vor den ordentlichen Gerichten im Wege des einstweiligen Rechtsschutzes die schnelle Streitlösung gesucht. Zu denken ist hier zum Beispiel an den Bereich des

Wettbewerbsrechtes (UWG). Im Bereich des Patent-, Marken-, Urheber- und Wettbewerbsrechtes finden daher fast ausschließlich streitige Verhandlungen vor den ordentlichen Gerichten statt – dort ist eine ausschließliche Zuständigkeit für den Bereich des gewerblichen Rechtsschutzes vorgesehen.

Wenn an **alternative Streitentscheidungen** gedacht wird, so kommt das Schieds- 2
verfahren oftmals dann in den Sinn, wenn Langzeitverträge betroffen sind (Lizenzverträge, F & E Verträge und dergleichen)[1] – nicht zuletzt weil man bei komplexen Sachverhalten zwischen Parteien unterschiedlicher Nationalität ein „neutraleres" Forum wählen möchte als die ordentliche Gerichtsbarkeit der einen oder anderen Partei und, oftmals ausschlaggebend, weil man die Geheimhaltung und Vertraulichkeit des nicht öffentlichen Schiedsverfahrens schätzt.[2]

Die Mediation, verstanden als alternative Streiterledigung, die durch einen neu- 3
tralen Dritten moderiert wird, der zwischen den Parteien eine interessenorientierte Verhandlung durchführt, kommt dagegen den Parteien selten in den Sinn.

Dabei wird von den Parteien gerade die „Begrenztheit" der Gerichtsverfahren 4
und Schiedsgerichtsverfahren bei der Streiterledigung als nachteilig empfunden. Diese müssen sich nämlich allein auf den rechtlichen Streitstoff und, insoweit noch enger, allein auf das beschränken müssen, was die Parteien durch ihre Anträge dem Gericht/Schiedsgericht zur Entscheidung unterbreiten. Ein Blick auf die die Parteien bestimmenden wirtschaftlichen aber auch sonstigen Interessen bleibt den Richtern/Schiedsrichtern verwehrt; ebenso der Ausgriff auf andere Gegenstände, die in sinnvoller Weise in eine befriedigende Entscheidung der Parteien einbezogen werden könnten. Die kunstgerecht durchgeführte Mediation kann diese Fokussierung überwinden und für die Parteien gewinnbringend einbeziehen, was außerhalb des unmittelbaren Streitgegenstandes liegt und oftmals gerade die Auseinandersetzung zwischen den Parteien herbeigeführt hat. Gerade Letzteres muss zu einer dauerhaften Befriedigung mit erledigt werden, soll nicht bei nächster Gelegenheit bereits wieder eine Streitigkeit zwischen den Parteien entstehen.

II. Mediationsfähigkeit

Es ist eine rechtliche Selbstverständlichkeit festzustellen, dass auch im Bereich des 5
gewerblichen Rechtsschutzes Streitigkeiten nur dann außergerichtlich erledigt werden können, wenn und soweit der **Streitgegenstand** überhaupt **Gegenstand eines Schiedsverfahrens** sein kann, dem sich die Parteien durch eine Schiedsvereinbarung nach § 1029 Abs. 2 ZPO unterwerfen können. Es wurde bereits an anderer Stelle untersucht, inwieweit im deutschen Recht einzelne gewerbliche Schutzrechte wie Patente, Marken, Urheberrechte, aber auch Gebrauchsmuster, Geschmacksmuster und mikroelektronische Halbleiter-Erzeugnisse hinsichtlich ihrer Schiedsfähigkeit zu beurteilen sind.[3] Am Ergebnis hat sich in den vergangenen Jahren wenig geändert: allgemein ist davon auszugehen, dass über Verletzungsfragen wirksame

---

[1] *Erik Schäfer* Mitt. 2001, 109.
[2] Zu weiteren Vor- u. Nachteilen des Schiedsverfahrens vgl. § 33.
[3] *Chrocziel*, Gewerbliche Schutzrechte als Gegenstand eines Schiedsverfahrens, in Lohn der Leistung und Rechtssicherheit, FS Albert Preu, S. 177, 190.

Schiedsverhandlungen stattfinden können. Wenn es jedoch zur Frage der Rechtsbeständigkeit (Nichtigkeit von Patenten oder Löschung von Marken) kommt, ist dem Schiedsgericht die Entscheidungsbefugnis genommen.

6   Bei Langzeitverträgen wie Lizenzverträgen kann dagegen festgestellt werden, dass insoweit eine unbeschränkte Schiedsfähigkeit für alle Streitigkeiten, insbesondere auf internationaler Ebene gegeben ist.

7   **Mediation,** in welchen Spielarten auch immer – sei es als *Last Offer Schiedsverfahren, High/Low Arbitration, Michigan Mediation*[4] definiert sich nun gerade daraus, dass es sich um eine Konfliktregelungsform handelt, die zwischen den Parteien vermittelt und am Ende zu einem Vorschlag zur Erledigung der Streitigkeit führt. Dieser Vorschlag stellt noch keine abschließende Entscheidung dar und kann auch nur dann wirksam werden, wenn die Parteien selbst sich auf ihn verständigt haben oder ihn, falls er vom Mediator unterbreitet worden ist, annehmen. Damit ist letztlich der gesamte Bereich des gewerblichen Rechtsschutzes der Mediation zugänglich, da nicht festgestellt werden kann, dass gewerbliche Schutzrechte, auch hinsichtlich ihrer Beständigkeit der Dispositionsbefugnis der Parteien entzogen wären.[5] Denn selbstverständlich können sich zwei Parteien darauf einigen, dass auf einen entsprechenden Vorschlag des Mediators hin der Schutzrechtinhaber auch über die Rechtsgültigkeit des Schutzrechtes einen Vergleich abschließt – der z.B. die freiwillige Beschränkung des Schutzrechtes oder gar dessen Verzicht zum Inhalt hat. Damit kann jedenfalls im Ergebnis die Mediation dazu führen, dass ein gewerbliches Schutzrecht mit Wirkung für alle für nichtig „erklärt" wird – nämlich durch eine Handlung des Schutzrechtsinhabers, der insoweit einem Mediationsvorschlag folgt.

8   Es ist daher festzustellen, dass das **Mediationsverfahren** gegenüber dem Schiedsverfahren den **Vorteil** hat, dass – wenn die Parteien dies nur wollen – auch die Rechtsbeständigkeit eines Schutzrechtes wirksam in das Verfahren mit einbezogen werden kann, in dem der Inhaber auf sein Recht verzichtet oder die Bewilligung der Löschung erklärt.[6]

9   Im **Ergebnis** ist daher festzustellen, dass sowohl alle gewerblichen Schutzrechte wie Patente, Marken und Urheberrechte aber auch alle Verwertungs- und Übertragungsverträge im Bereich des gewerblichen Rechtsschutzes Gegenstand von Vergleichen sein können und damit mediationsfähig sind.

III. Vorteile der Mediation im gewerblichen Rechtsschutz

10   Wie bereits angesprochen, finden sich gerade im Bereich des gewerblichen Rechtsschutzes oftmals Auseinandersetzungen zwischen Parteien, die der außergerichtlichen Streitbeilegung besonders zugänglich sind.

11   Dies hat seinen Grund darin, dass es sich zunächst um **komplexe Rechtsfragen** handelt, die eine ausführliche Sach- und Rechtsbehandlung benötigen. Sicherlich

---

[4] Hierzu im Einzelnen *Risse* Beilage 1 zu Heft 2/2 2001 BRAK-Mitt., 16 ff.
[5] Zur Vergleichsfähigkeit vgl. *Duve* in: Henssler/Koch, Mediation, S. 135, Rdnr. 26.
[6] Im Ergebnis so auch *von Raden* BB 1999, Beilage 9 zu BB 1999 Mediation und Recht, S. 17, 18, insoweit sind einige nationale Rechtsordnungen flexibler, wie z.B. die Schweiz, *von Raden,* a.a.O., S. 19.

findet sich die Kompetenz bei den spezialisierten Streitkammern und Senaten in der Bundesrepublik Deutschland. Oftmals müssen Parteien aber konstatieren, dass die hohe Arbeitsbelastung der Richter an diesen Gerichten eine von den Parteien gewünschte ausführliche und eingehende Behandlung mit den vielfältigen Fragen verbietet, insbesondere den Parteien die Möglichkeit nimmt, zu einer endgültigen Befriedung der Auseinandersetzung zu kommen, bei der den beiden Parteien die Gelegenheit gegeben und das Gefühl vermittelt wird, dass man sich vollumfänglich mit den Nöten und Problemen der jeweiligen Position auseinandergesetzt hat und diese auch vollständig präsentieren konnte.

Darüber hinaus finden sich gerade im Bereich des gewerblichen Rechtsschutzes **12** fast schon in der Regel **grenzüberschreitende Sachverhalte.** Dies liegt an der allseits konstatierten Internationalisierung der Streitigkeiten, der Tatsache, dass üblicherweise Schutzrechte nicht nur in einem Land bestehen und eine Verletzungsfrage in der Bundesrepublik Deutschland auch hinsichtlich der parallelen Schutzrechte in anderen Ländern zu beurteilen ist. Damit sind oftmals verschiedene Rechtsordnungen und verschiedene Streitlösungsverfahren unter einen Hut zu bringen und es ist den im gewerblichen Rechtsschutz Tätigen bekannt, dass insoweit der gleiche Sachverhalt unter einem gleich lautenden Schutzrecht in den einzelnen Ländern zu durchaus unterschiedlichen Ergebnissen führen kann.[7]

Letztlich spricht für eine alternative Streitbeilegung aber auch die **Komplexität** **13** **der Sachverhalte:** Diese macht es nötig, in aller Ruhe und Breite einen zu entscheidenden Sachverhalt zu untersuchen und hierbei die erforderlichen technischen Sachverständigen einzubeziehen, ohne dass dies von den engen Terminkalendern der ordentlichen Gerichte gesteuert werden muss.

An dieser Stelle sei auch noch einmal das Interesse der Partei an der Geheimhal- **14** tung und der Vertraulichkeit[8] wiederholt, das in ordentlichen Gerichtsverfahren nicht befriedigt werden kann. Man braucht nur daran zu erinnern, dass bei wichtigen Grundsatzverfahren in der Regel die gesamte Konkurrenz im Gerichtssaal versammelt ist.

All dies spricht bereits für die alternative Streitbeilegung im Bereich des gewerbli- **15** chen Rechtsschutzes. Hinzu kommt, dass Auseinandersetzungen um gewerbliche Schutzrechte oder Streitigkeiten aus einem Lizenzvertrag häufig nur Ausdruck einer tieferliegenden Erschütterung des Vertrauensverhältnisses zwischen den Parteien darstellen – das auch nicht einfach durch eine gerichtliche Entscheidung wieder hergestellt werden kann – unabhängig davon, ob die Position des Klägers oder des Beklagten (jedenfalls teilweise) Recht bekommt. Es liegt deshalb nahe, gerade die tieferliegenden Ursachen der Streitigkeit zu (unter)suchen. Dem ordentlichen Gericht sind hier die Hände gebunden. Zwar verlangt die ZPO in § 278, dass auch das ordentliche Gericht eine außergerichtliche Streitbeilegung im Wege eines Vergleiches mit den Parteien erörtern soll. In der Regel werden die Parteien aber nicht bereit sein, die Karten auf den Tisch zu legen und die wahren Hintergründe der Streitigkeit zu offenbaren – wenn sie sich derer im Moment des Verfahrens überhaupt bewusst sind.

---

[7] Vgl. Die Epilady-Entscheidung: GRUR Int **93**, 407; GRUR **94**, 187 ff.; Mitt. **95**, 229 ff.; GRUR **98**, 854 ff. und 857 ff.
[8] Dazu eingehend § 27.

16   Das **Schiedsverfahren** hat insoweit sicherlich weitergehende Möglichkeiten. Aber auch hier sind letztlich dem Schiedsgericht dann die Hände gebunden, wenn die Parteien allein formal im Rahmen der Anträge verhandeln und eine Öffnung des Schiedsverfahrens, insbesondere im Bereich einer vergleichsweisen Lösung, auf andere Themen nicht mitmachen.

17   Die **Mediation** demgegenüber ist aber per Definition schon dazu gedacht, dass der Mediator breite Kenntnisse über die Hintergründe der Auseinandersetzung gewinnen soll, um eine umfassende Beurteilung für einen Mediationsvorschlag zu erlangen.[9] Im Einzelgespräch mit den Parteien, das gerade nicht in Gegenwart der anderen Partei stattfindet, wird es dem erfahrenen Mediator gelingen, die tieferliegenden Beweggründe und Anlässe für die Streitigkeit sichtbar zu machen und diese gewinnbringend für den Mediationsvorschlag einzusetzen. Ein solcher breit abgestützter Mediationsvorschlag kann dann in der Tat geeignet sein, die Auseinandersetzung zwischen den Parteien endgültig (!) zu erledigen.

18   Ein zweiter Gesichtspunkt tritt gerade im Bereich des gewerblichen Rechtsschutzes hinzu. Die Auseinandersetzung um die Verletzung eines gewerblichen Schutzrechtes oder die Vertragsverletzung aus einem Lizenzvertrag ist oftmals in der alternativen Streitbeilegung wegen ihrer **Eindimensionalität** schwer für eine Befriedigung der Parteien nutzbringend einzusetzen.

19   Ein Patent wird verletzt oder nicht, und eine Marke ist entweder löschungsreif oder nicht. Im Wege eines Kompromisses kann nur dann agiert werden, wenn bei den Parteien Zweifel an einer Verletzung bestehen und sie sich dann zu einer Nutzungsberechtigung gegen Rücknahme des Angriffs auf die Rechtsbeständigkeit des Schutzrechtes verständigen. Wenn es jedoch nur um eine der beiden Fragen geht, sind dem Schiedsgericht kreative Lösungsmöglichkeiten genommen. Anders bei der Mediation. Oftmals erkennt der Mediator, dass außerhalb der unmittelbaren Streitigkeit eine Reihe von zusätzlichen Gesichtspunkten liegen, die gewinnbringend für die Parteien eingesetzt werden können. So kann zwar die allein zur Entscheidung anstehende Frage lauten, ob im Verhältnis zwischen den Parteien der Langzeitvertrag richtig erfüllt wurde oder ob der Beklagte sich einer Vertragsverletzung schuldig gemacht hat. Die Lösung des Falles kann aber z.B. darin liegen, dass es auf die Entscheidung gar nicht ankommt; etwa deshalb weil die Parteien außerhalb des Streitstoffes liegende weitere Interessen haben, bei deren Berücksichtigung die zu entscheidende Frage mit erledigt und das Verhältnis für die Zukunft auf eine ganz neue positive Grundlage gestellt werden kann. Oftmals kann durch die Einbeziehung anderer Gesichtspunkte (neue Geschäftsfelder, neue Entwicklungen, Tätigkeit für gemeinsame wichtige Kunden) eine Zukunftslösung gefunden werden, die die Frage einer vergangenen Vertragsverletzung plötzlich unwichtig erscheinen lässt. Es ist Aufgabe der Mediation, diesen unbekannten Schatz zu heben und zur Lösung des Konfliktes zwischen den Parteien gewinnbringend einzusetzen. Gerade der Bereich des gewerblichen Rechtsschutzes und der dort anzutreffenden Langzeitverträge oder Langzeitauseinandersetzungen bietet sich als der ideale Gestaltungsraum für solche kreativen Lösungen an.

---

[9] Vgl. *Duve* a.a.O., Rdnr. 15 ff., S. 132.

IV. Herausforderungen der Mediation im gewerblichen Rechtsschutz

Der Mediator im Bereich des gewerblichen Rechtsschutzes hat eine Reihe von 20 komplexen Problemen vor sich, mit denen er erfolgreich umgehen muss, wenn denn die Parteien eine Verhandlungslösung versuchen wollen. Diese ist ja nichts anderes als das Bemühen in einer bestimmten Art und Weise zu einem Vergleich und zu einem sinnvollen Weiterleben zu kommen.

Eines der Probleme dabei ist zunächst die bereits angesprochene **Komplexität der** 21 **Rechtsfragen.** Festzustellen, ob im speziellen Fall durch eine angegriffene Ausführungsform eine Verletzung eines Patentes vorliegt und dies nicht nur in der Bundesrepublik Deutschland, sondern auch in Großbritannien, Frankreich, den USA und Japan, erfordert vom angerufenen Mediator ein hohes Maß an Kompetenz. Sicherlich wird durch die oben angesprochene kreative Einbeziehung anderer Gesichtspunkte oftmals die letztgültige Entscheidung dieser Fragen unwichtig werden. Die Parteien werden sich einem Vorschlag eines Mediators aber nur dann nähern, wenn sie der Ansicht sind, dass dieser jedenfalls die unmittelbar zur Entscheidung anstehende Streitfrage kompetent erfasst und behandelt hat.

Die gerade schon angesprochene **Internationalität** ist eine weitere Herausforde- 22 rung, die dem Mediator im gewerblichen Rechtsschutz das Leben nicht einfacher macht. Gerade die internationalen Sachverhalte öffnen den gewerblichen Rechtsschutz für die alternative Streitbeilegung und insbesondere die Mediation. Es bedarf aber wiederum einer kompetenten Verhandlung mit den Parteien, um diese Internationalität in den Griff zu bekommen und den Parteien das Gefühl zu vermitteln, dass im Mediationsvorschlag auf alle Gesichtspunkte auch im internationalen Bezug sinnvoll eingegangen wird.

Letztlich sind es die **vielschichtigen Sachverhalte,** die dem Mediator eine einge- 23 hende Beschäftigung mit dem tatsächlichen Streitstoff abfordern werden, um überhaupt zu erkennen, wo die rechtlichen, aber auch wirtschaftlichen Interessen der Parteien liegen und diese einem sinnvollen Vorschlag zuzuführen.

Abschließend ist es gerade die Erfassung und Bewertung der **wirtschaftlichen In-** 24 **teressen** im Bereich des gewerblichen Rechtsschutzes, die den Erfolg der Mediation herbeiführen werden. Nur wenn der Mediator die unter den streitigen Fragen liegenden Interessen erkennt und herausarbeitet und in seinen Vorschlag die außerhalb des Streitgegenstandes liegenden wirtschaftlichen Interessen der Parteien mit einbezieht, wird er im Bereich des gewerblichen Rechtsschutzes Erfolg haben können. Denn die Frage, ob ein deutsches Patent in Deutschland durch eine angegriffene Ausführungsform verletzt wurde, kann auch das ordentliche Gericht schnell, kompetent und günstig entscheiden.

V. Praktische Umsetzung und Durchführung der Mediation im gewerblichen Rechtsschutz

Die praktische Umsetzung und Durchführung der Mediation im gewerblichen 25 Rechtsschutz kann sehr unterschiedlich aussehen, zumal etwa ebenso viele unterschiedliche Mediationsstile und -gestaltungen praktiziert werden dürften, wie es

Mediatoren gibt.[10] Nachstehend wird ein Beispiel für eine Mediation in einem Patent- und Gebrauchsmusterstreit zweier Firmen geschildert, mit welcher der Streit für beide Seiten gewinnbringend beigelegt werden konnte. Dieses Beispiel illustriert *mutatis mutandis* auch den möglichen Verlauf einer Mediation in einem Urheberrechts-, Geschmacksmuster- und/oder Markenstreit.

1. Sachverhalt des Patent- und Gebrauchsmusterstreites

26   Die Schweizer Firma UAG ist weltweit führender Hersteller von Maschinen und daraus zusammengesetzten Produktionsanlagen zur industriellen Erzeugung spezieller Nahrungsmittel. Die UAG-Maschinen/Anlagen sind technisch hochstehend, stets voll ausgereift und genießen dank ihrer hervorragenden Qualität einen herausragenden Ruf.

Interessante Neuentwicklungen sichert die UAG stets durch gewerbliche Schutzrechte, vorwiegend Patente, in den für sie wichtigen Ländern ab.

Zu den jüngsten Neuentwicklungen der UAG gehören das „Kraftpaket" und die Steuerung des Kraftflusses im Paket, kurz „Kraftfluss-Steuerung". Beide Neuentwicklungen betreffen eine besondere Baugruppe innerhalb eines bestimmten Produktionsmaschinentyps. Auf entsprechende Schutzrechtanmeldungen hierauf sind bereits in mehreren Ländern Patente erteilt worden, die in einigen Ländern, z. B. Deutschland, zusätzlich von parallelen Gebrauchsmustern flankiert werden.

Ein unmittelbarer Konkurrent der UAG ist die deutlich kleinere deutsche Firma EGmbH. Diese liefert zwar keine kompletten Produktionsanlagen, stellt aber mehrere hierzu benötigte Maschinen her und vertreibt sie nur in Europa. Auch ihre Maschinen sind qualitativ hochwertig und erfreuen sich eines ausgezeichneten Rufes. Zudem sichert auch die EGmbH Neuentwicklungen durch gewerbliche Schutzrechte, vorwiegend Patente, im In- und Ausland ab. Hierzu gehört auch die „WSK"-Patentanmeldung, die dem „Kraftpaket-Patent" ähnlich ist, jedoch erst nach dem „Kraftpaket-Patent" beim Deutschen Patentamt angemeldet wurde.

Beide Konkurrenten haben bereits langwierige Gerichtsverfahren hinter sich. Seit Jahren fechten sie auch gegeneinander Patent- und Gebrauchsmuster-Verletzungs-, Nichtigkeits- und Löschungsklagen aus; nicht nur in Deutschland, sondern parallel dazu auch in anderen europäischen Ländern – oft bis hin zu den obersten Gerichtshöfen.

Die Patentabteilung der UAG meint, dass die EGmbH das „Kraftpaket-Patent" samt zugehörigem „Kraftfluss-Steuer-Patent" in Deutschland sowie anderen europäischen Ländern verletzt. Gleiches gilt auch für die flankierenden Gebrauchsmuster. Die EGmbH bietet nämlich in Europa neuerdings Maschinen des Typs „WSK" an, die eine dem „Kraftpaket" ähnliche Baugruppe aufweisen; ebenso eine vergleichbare „Kraftfluss-Steuerung". Soweit ersichtlich, finden sich in dieser Baugruppe sämtliche Merkmale der beiden UAG-Patente/Gebrauchsmuster wieder – größtenteils gegenständlich und im Übrigen in äquivalent abgewandelter Form. Die EGmbH stellt die von ihr angebotenen „WSK-Maschinen" offenbar auch selbst her. Die „WSK-Maschinen" ähneln auch äußerlich den entsprechenden UAG-Maschinen. – Allerdings ähneln sich europaweit nahezu alle europäischen Produktionsmaschinen dieses speziellen Typs.

Von einer Verwarnung der EGmbH hat die UAG jedoch noch abgesehen, weil sie erst den Ablauf der Einspruchsfrist gegen ihr erst vor kurzem erteiltes „Kraftfluss-Steuer-Patent" abwarten möchte. Hiervon hat die EGmbH auf Umwegen erfahren und kurz entschlossen beide deutschen Patente angegriffen; das „Kraftfluss-Steuer-Patent" mit einem Einspruch beim Deutschen Patentamt und das etwas früher erteilte „Kraftpaket-Patent" (wegen Ablaufs der Einspruchsfrist) mit einer Nichtigkeitsklage beim Bundespatentgericht. Ziel dieser Angriffe ist jeweils der vollständige Widerruf beider Patente; mindestens aber deren soweit gehende Einschränkung, dass ihr Schutzbereich die „WSK-Maschinen" mit Sicherheit nicht mehr erfasst.

Die UAG tritt diesen Angriffen entgegen und verteidigt ihre beiden Patente in vollem Umfang. Sie meint nämlich, dass der von der EGmbH entgegengehaltene Stand der Technik weiter von den Patenten weg liegt als das bereits im Prüfungsverfahren berücksichtigte Material.

---

[10] Vgl. § 1.

Bis hierhin verhalten sich die UAG und die EGmbH nach durchaus gängigem Muster von Positions- und Anspruchsdenken und deren versuchter Durchsetzung mit behördlicher/gerichtlicher Hilfe. In dieses Verhaltensmuster würde es nun passen, wenn die UAG auf die Angriffe der EGmbH mit einer Verwarnung unter kurzer Fristsetzung reagiert und nach fruchtlosem Fristablauf Klage wegen Patent- und Gebrauchsmuster-Verletzung erhebt.

2. Umdenken und Vorbereitung der Mediation

Eingedenk ihrer bisherigen, meist langwierigen gerichtlichen Auseinandersetzun- 27 gen berät die UAG mit ihren Hausanwälten über alternative Wege der Streitbehandlung, insbesondere Wege, die flexibler hinsichtlich der individuellen Parteiinteressen, schneller, kostengünstiger[11] und länderübergreifend sind. Danach fasst die UAG den Entschluss, eine Mediation zumindest einmal zu versuchen und dies der EGmbH vorzuschlagen.

Dieser Vorschlag wird in Vorgesprächen auf Antwaltsebene vorsichtig vorbereitet 28 und nach positiver Rückmeldung schriftlich unterbreitet. Beide Firmen einigen sich auf einen Mediationsversuch, lassen jedoch die bereits in Deutschland anhängigen Nichtigkeits-/Einspruchsverfahren weiterlaufen, allerdings ohne sie zu forcieren. Auch bleibt es der UAG unbenommen, Verletzungsklage zu erheben, wovon sie aber zunächst absieht. – Bereits damit haben die beiden Firmen einen ganz entscheidenden Schritt in Richtung einer Ablösung von ihren bisherigen Streitbehandlungsmustern getan; gleichzeitig auch einen Schritt zu mehr Selbstbestimmung – sie selbst, nicht ein Gericht, entscheiden nun inhaltlich über ihre Streitbeilegung.

Wegen der im Patent-/Gebrauchsmusterstreit auftretenden technisch schwierigen 29 Probleme und daran anknüpfenden rechtlich komplexen Fragen (technische Probleme: vielfältige Kraftfluss-Verzweigungen/knifflige elektronische Steuerungen/ rechtliche Probleme: Äquivalenzprobleme/unterschiedliche Spruchpraxis und Verfahrensregeln in den verschiedenen europäischen Ländern) einigen sich die Parteien auf ein Team von Mediatoren, nämlich einen Rechtsanwalt und einen Patentanwalt. Ihre erste Wahl fällt auf zwei Anwälte, die ihnen gleichermaßen als unabhängig, sachkompetent und neutral bekannt sind und die im übrigen auch offenbar gut zusammen arbeiten – „neutral" hier besonders im Sinne von ganz offen für die wechselseitigen individuellen Parteiinteressen.

Das avisierte Mediatorenteam zeigt grundsätzliches Interesse am Fall und bittet 30 vorab um eine Orientierung über die technischen Gebiete, auf denen die beiden Patent-/Gebrauchsmuster-Familien[12] sowie die „WSK-Maschinen" liegen; über die Länder, die hinsichtlich einer Schutzrechtsverletzung in Rede stehen; über die Firmen selbst sowie die Vorteile, die sie sich von der Mediation erhoffen.

Hierzu benötigen sie vorerst nur die beiden Schutzrechtsfamilien, mit den jeweili- 31 gen Rechtsständen in den interessierenden Ländern, hier offenbar Deutschland, England, Frankreich, Italien und Spanien; allgemein zugängliches Prospektmaterial der EGmbH über die „WSK-Maschinen"; die bisher gewechselten Schriftsätze in den anhängigen Einspruchs-/Nichtigkeitsverfahren; und von jeder Partei eine kurze Darstellung der erhofften Vorteile der Mediation. Zusätzlich versichern die Mediatoren, dass sie alle erhaltenen Informationen selbstverständlich strikt vertraulich

[11] Vgl. zu den ökonomischen Aspekten der Mediation § 20.
[12] Gruppe von i. w. inhaltsgleichen Parallel-Patenten/-Gebrauchsmustern in verschiedenen Ländern.

behandeln werden, auch gegenüber der jeweils anderen Partei. Eine etwaige Informationsweitergabe würde nur nach vorheriger ausdrücklicher Zustimmung der informationsgebenden Partei erfolgen.

32   Nach Studium der erbetenen Unterlagen nehmen beide Mediatoren den Fall an, zunächst auf der Basis eines Stundenhonorars (€ 450,– pro Mediator). Daraufhin wird ein erstes Treffen auf neutralem Boden vereinbart, nämlich in der Kanzlei des Münchner Mediators. Als Teilnehmer sind vorgesehen: das Mediatorenteam, der (neue) Geschäftsführer der EGmbH in Begleitung seines Patentanwaltes und der (technisch vorgebildete) kaufmännische Direktor der UAG in Begleitung des zuständigen Mitglieds seiner Patentabteilung. Dieses Treffen soll dazu dienen,
– das mit der Mediation gemeinsam angestrebte allgemeine Ziel zu erarbeiten,
– die Rolle und Aufgaben der Parteien und des Mediatorenteams zu besprechen,
– für alle Mediationsteilnehmer verbindliche Regeln, einschließlich der Sicherung der Vertraulichkeit[13] zu vereinbaren,
– sich über den Zeit- und Kostenrahmen der Mediation abzustimmen und
– die hierbei erzielten Ergebnisse schließlich in einem gemeinsamen Mediationsvertrag festzuhalten.
Zur Erledigung dieses Pensums wird ein Tag veranschlagt.

3. Das erste Treffen der Mediationsteilnehmer

33   Während des ersten Treffens der Mediationsteilnehmer in der Kanzlei des Münchner Mediators übernimmt dieser ganz selbstverständlich die Rolle des Hausherrn/Gastgebers und bindet in diese Rolle seinen Co-Mediator ausdrücklich mit ein. Dem Mediatorenteam fällt damit von vornherein eine formale Führungsrolle zu. Diese Führungsrolle betrifft zunächst nur das Ambiente, später auch den Verfahrensablauf. Sie verlangt auch, dass das Mediatorenteam sozusagen mit gutem Beispiel dabei vorangeht, sich mit den Wünschen der Parteien eingehend zu befassen. – Bereits hierdurch kann ein Mediator(enteam) auf eine angenehme, gelockerte Verhandlungsatmosphäre hinwirken; ebenso auf ein wechselseitiges Eingehen der Mediationsteilnehmer auf den Standpunkt des jeweiligen Gesprächspartners.

34   Nach einer gemeinsamen Anwärmphase greift das Mediatorenteam die für dieses Treffen verabredeten Besprechungspunkte auf und führt kurz in die Mediation ein:

Im Unterschied zu gerichtlichen oder schiedsgerichtlichen Verfahren sind es allein die Parteien, die über den Ablauf und das Ergebnis der Mediation entscheiden. Das Mediatorenteam hat keinerlei Macht, die Parteien zu etwas zu zwingen oder gar über die Lösung der Angelegenheit zu entscheiden. Demgemäß kann das noch zu vereinbarende, gemeinsam anzustrebende Ziel nur erreicht werden, wenn beide Parteien sich darum bemühen, aufeinander einzugehen, insbesondere einander zu verstehen und einander verständlich zu machen.

Hierbei wird es weniger auf die reinen Rechtspositionen als vielmehr auf die damit oder allgemein verfolgten wirtschaftlichen, politischen oder sonstigen Interessen jeder Partei ankommen. Die von den Parteien und deren Anwälten selbstverständlich vorzunehmende Einschätzung der bisherigen Sach- und Rechtslage des Patent-/Gebrauchsmusterstreites dient eher dazu, eine Bezugslinie zu ermitteln, dergegenüber die Mediation insgesamt zu einer Verbesserung für beide Seiten führen soll, und zwar vom Ergebnis her und/oder wenigstens aus verfahrensmäßiger Sicht.

Das Mediatorenteam übernimmt dabei die Rolle der formalen Führung beim Auffinden einer Lösung, welche die Interessen beider Seiten in fairer Weise berücksichtigt, möglicherweise sogar den

---

[13] Dazu eingehend § 27.

ursprünglichen Patent-/Gebrauchsmusterstreit als nicht mehr wichtig erscheinen lässt. Zu diesem Zweck verpflichten sich beide Mediatoren, wenn immer nötig, auf die Einhaltung fairer Verhandlungs- und Kommunikations-Strategien zu achten und jede Partei darin zu unterstützen, Verständnis für ihre Anliegen, Interessen und Positionen bei der jeweils anderen Partei zu wecken. Dazu gehört auch, dass einerseits Unterschiede oder gar Unvereinbarkeiten zwischen den Überzeugungen, Positionen und Ansprüchen der einzelnen Parteien klar formuliert werden; und weiterhin, dass – zum Beispiel durch Betrachtung dieser Unterschiede von einer Metaebene aus – die Menge der möglichen Problemlösungen vergrößert wird, nämlich dadurch, dass zu den stets vorhandenen Gewinner-Verlierer-Lösungen, wie sie etwa typisch für Gerichtsverfahren sind, auch noch Gewinner-Gewinner-Lösungen hinzutreten.

Schließlich erläutern die Mediatoren noch, dass eine offene Darlegung der Interessen, Anliegen und Ansichten jeder Partei in aller Regel eine Sicherung der Vertraulichkeit der Gespräche voraussetzt. Dies umso mehr, als parallel zur Mediation streitige Gerichtsverfahren anhängig sind und weitere eingeleitet werden können.

Nach einer ausführlichen Besprechung der hier anzuwendenden Mediationsregeln 35 und des Mediationsziels verpflichten sich die Mediationsteilnehmer in einem schriftlichen **Mediationsvertrag** im Wesentlichen zu Folgendem:

(1) Die Parteien werden untereinander und mit dem Mediatorenteam kooperativ zusammenarbeiten, sich unter Einhaltung fairer Kommunikationsregeln um wechselseitiges Verständnis bemühen und auf dieser Basis als Mediationsziel eine die Interessen beider Seiten widerspiegelnde länderübergreifende Lösung ihres Patent-/Gebrauchsmusterkonfliktes anstreben.

(2) Das Mediatorenteam übernimmt die formale Führung des Verfahrensablaufs, etwa nach Art einer Moderation, achtet auf die Einhaltung einer fairen Kommunikation/Verhandlung und wird nach besten Kräften ein wechselseitiges Verständnis der Parteiinteressen und das Auffinden einer Lösung fördern, wobei es mit Zustimmung der Parteien auch vertrauliche Einzelgespräche mit jeder Partei führen und auf ausdrücklichen Wunsch auch Vorschläge für Lösungen oder Teillösungen unterbreiten wird.

(3) Alle Mediationsteilnehmer werden die Mediation selbst sowie die dabei erhaltenen Informationen strikt vertraulich behandeln und nicht anderweitig verwenden, solange die Parteien nichts Gegenteiliges wünschen.

(4) Jeder Partei steht es frei, die beiden bereits anhängigen, den Streitstoff betreffenden behördlichen/gerichtlichen Verfahren weiterzuführen oder neue einzuleiten und/oder die Mediation vorzeitig zu beenden;

(5) Für die Mediation wird ein Zeitrahmen von sechs Monaten vorgesehen mit:
– einem zweiten Treffen nach zwei Monaten am Sitz der EGmbH, auf welchem jede Partei zunächst ihre Sicht der Sach- und Rechtslage kurz darstellt, und anschließend die hinter den Ansprüchen/Positionen liegenden allgemeineren Interessen und Anliegen jeder Partei eingehend besprochen werden, ggf. unter Zwischenschaltung vertraulicher Einzelgespräche mit dem Mediatorenteam;
– einem dritten Treffen nach zwei weiteren Monaten am Sitz der UAG mit folgender Tagesordnung: zunächst werden – nach Art eines Brainstormings und vom bisherigen Anspruchs-/Positionsdenken losgelöst – Ideen lediglich generiert und gesammelt, nicht jedoch bewertet, und zwar solche Ideen, die zu einem Ausgleich, einer Befriedung oder gar Zusammenführung der unterschiedlichen Parteiinteressen führen könnten; anschließend werden aus den gesammelten Ideen solche Lösungsoptionen herausgefiltert, die den Anliegen und Interessen jeder Partei am weitesten entgegenkommen; und schließlich

> – einem abschließenden Einigungsgespräch, das – je nach Verlauf der dritten Sitzung – am Ende der dritten Sitzung oder in einem vierten Treffen nach einem weiteren Monat in der Kanzlei eines der Mediatoren stattfindet und in einen rechtlich durchsetzbaren Vertrag mündet;
>
> und
>
> (6) Jede Partei trägt ihre eigenen Kosten und beide Parteien tragen gemeinsam die Honorare (€ 450,–/h bzw. € 4.500,–/d) und Auslagen der beiden Mediatoren.

4. Das zweite Treffen der Mediationsteilnehmer

36   Vereinbarungsgemäß ist die EGmbH Gastgeber/Hausherr während des zweiten Treffens, das am späteren Vormittag beginnt. Als Gastgeber hat sie das gemeinsame Mittagessen arrangiert und bemüht sich auch sonst um das Wohlbefinden der übrigen Mediationsteilnehmer. Nach allgemeiner Begrüßung bittet das Mediatorenteam die Parteien, ihre Sicht der Sach- und Rechtslage vor dem Mittagessen vorzutragen und am Nachmittag die hinter den vorgetragenen Positionen liegenden allgemeinen Interessen/Anliegen darzustellen.

37   **a) Vortrag der Sach- und Rechtslage durch die Parteien.** Für die UAG trägt das zuständige Mitglied der Patentabteilung im Wesentlichen vor:

Die beiden deutschen Schutzrechte „Kraftpaket-Patent" und „Kraftfluss-Steuer-Patent" hat das – bekanntlich sehr gründliche und eher strenge – Deutsche Patentamt nach eingehender Sachprüfung erteilt. Der von der EGmbH im Einspruchs-/Nichtigkeitsverfahren zusätzlich eingeführte Stand der Technik liegt weiter ab als der schon im Erteilungsverfahren berücksichtigte. Wie die EGmbH wisse, ist auch in den parallelen ausländischen Recherche-/Prüfungsverfahren kein näherkommender Stand der Technik aufgefunden worden. Bereits deshalb ist damit zu rechnen, dass der Einspruch und die Nichtigkeitsklage der EGmbH zurück-/abgewiesen werden. Für das Nichtigkeitsverfahren kommt hinzu, dass dort im Zweifel zugunsten des Patentinhabers entschieden wird.

Die beiden deutschen UAG-Patente werden also bestehen bleiben und sind als rechtsbeständig zu betrachten.

Erst recht gelten diese Überlegungen für die beiden deutschen Gebrauchsmuster, da für Gebrauchsmuster eher geringere Anforderungen an den erfinderischen Schritt gestellt werden als für Patente.

Die Schutzrechtslage im Ausland, namentlich in England, Frankreich, Italien und Spanien, ist auch nicht anders zu beurteilen, da dort jedenfalls keine strengeren Maßstäbe an das Vorliegen einer erfinderischen Leistung angelegt werden als in Deutschland.

Die als rechtsbeständig hinzunehmenden beiden deutschen Patente werden von der EGmbH auch verletzt. Deren „WSK-Maschinen" verwirklichen nämlich sämtliche Merkmale der Haupt-Patentansprüche beider Schutzrechte, größtenteils identisch und im Übrigen jedenfalls in Form äquivalenter Abwandlungen. Gleiches gilt auch für mehrere Unteransprüche.[14]

Die EGmbH kann sich auch nicht darauf berufen, dass der bisher bekannt gewordene Stand der Technik die in den „WSK-Maschinen" vorgefundene, verletzungsrechtlich relevante Merkmalskombination[15] nahelegen würde (sog. Formsteineinwand). Die äquivalenten Abwandlungen lassen sich nämlich ersichtlich in nahe liegender Weise aus den beiden Patenten ableiten, nicht aber aus dem Stand der Technik. Vom Stand der Technik käme man allenfalls in Kenntnis der patentgemäßen Lehren zu ihnen.

---

[14] Von Haupt-Patentansprüchen abhängige Patentansprüche.
[15] Die Gesamtheit derjenigen Merkmale, die zu den Merkmalen der patentgemäßen Hauptansprüche korrelieren.

Es ist zwar nicht vollkommen auszuschließen, dass die EGmbH doch noch näherkommenden Stand der Technik auffindet, der dann eine Einschränkung eines oder beider Patente/Gebrauchsmuster ratsam erscheinen lassen könnte. Für diesen eher unwahrscheinlichen Fall stehen jedoch genügend Unteransprüche und weitere Beschreibungsmerkmale zur Verfügung. Diese Unteransprüche/weiteren Merkmale sind zudem auch in den „WSK-Maschinen" verwirklicht, so dass die Maschinen auch nach entsprechender Einschränkung von beiden Patenten erfasst werden. Selbst wenn es der EGmbH gelänge, eines der Patente so stark einzuschränken, dass die „WSK-Maschinen" nicht mehr darunter fielen, steht immer noch das zweite Patent zur Verfügung, um die Herstellung und den Vertrieb der „WSK-Maschinen" gerichtlich verbieten zu lassen.

Entsprechendes gilt auch für die Benutzung der beiden Gebrauchsmuster, da für diese grundsätzlich die gleichen verletzungsrechtlichen Maßstäbe gelten.

Schließlich beurteilen auch die Gerichte in England, Frankreich, Italien und Spanien Verletzungsfragen im Ergebnis nach weitgehend ähnlichen materiellrechtlichen Maßstäben wie in Deutschland, so dass auch dort mit Unterlassungs-, Schadensersatz- und Auskunfts-Urteilen zugunsten der UAG zu rechnen ist.

Im Übrigen könnte die ohnehin günstige Beweislage für die UAG zusätzlich noch durch eine Saisie-Contrefaçon/Descrizione[16] in Frankreich/Italien verbessert werden.

Zwar habe die EGmbH erstaunlicherweise eine dem „Kraftpaket-Patent" recht ähnliche Patentanmeldung beim Deutschen Patentamt eingereicht, nämlich die „WSK-Anmeldung". Diese sei aber jünger und deshalb für die Frage der Rechtsbeständigkeit des „Kraftpaket-Patents" unbeachtlich. Sie könnte aber Anhaltspunkte für dessen Verletzung geben.

Der Patentanwalt der EGmbH tritt den Ausführungen seines UAG-Kollegen in 38 allen Punkten entgegen, i. w. wie folgt:

Weder das „Kraftpaket-Patent" noch das „Kraftfluss-Steuer-Patent" sind in Deutschland haltbar. Die neu eingeführten Dokumente zum Stand der Technik enthalten nämlich einige von der UAG offenbar nicht ausreichend beachtete Passagen, die sich dem Fachmann als eine direkt zu den beiden UAG-Patenten führende Brücke geradezu aufdrängen, jedenfalls dann, wenn das allgemeine Fachwissen auf dem hier in Rede stehenden Gebiet der Technik gebotenerweise mitberücksichtigt wird.

Im Übrigen hat man erfahren, dass die UAG einem gemeinsamen Kunden den wesentlichen technischen Gehalt der beiden UAG-Patente bereits vor deren (gemeinsamem) Prioritätstag/Anmeldetag mitgeteilt habe, und zwar ohne irgendeine Vertraulichkeits-Vereinbarung. Ein Mitarbeiter der UAG habe diesem Kunden nämlich etwa sieben Monate vor den Patentanmeldungen ausführlich über revolutionäre Neuentwicklungen der UAG berichtet, die sich nunmehr als die in Rede stehenden Patentgegenstände entpuppten. Diese Vorverlautbarung nahm den Patenten somit die Neuheit.

Es muss demnach davon ausgegangen werden, dass das Deutsche Patentamt/Bundespatentgericht die beiden UAG-Patente widerrufen wird; erst recht dann, wenn die EGmbH die neuheitsschädlichen Vorverlautbarungen in die dort anhängigen Verfahren einführt.

Entsprechendes gilt auch für die beiden flankierenden deutschen Gebrauchsmuster, insbesondere auf Grund der vorgenannten Vorverlautbarungen.

Auch für die ausländischen Schutzrechte gilt nichts anderes. Denn nach Harmonisierung des Patentrechts in den EPÜ-Ländern England, Frankreich, Italien und Spanien gelten dort grundsätzlich die gleichen Patentierungsvoraussetzungen wie in Deutschland, auch wenn in der Praxis bisweilen unterschiedliche Maßstäbe angelegt werden.

Mit Wegfall der Schutzrechte erübrigt sich auch die Frage von deren Verletzung.

Lediglich höchst vorsorglich weist die EGmbH noch darauf hin, dass die von der UAG eingeräumten Unterschiede zwischen den Patentmerkmalen und den „WSK-Maschinen" schon deshalb nicht schützenswerte Äquivalente darstellen, weil es nicht die UAG-Patente sind, die diese Abwandlungen nahelegen, sondern der in das Einspruchs-/Nichtigkeitsverfahren eingeführte Stand der Technik. Die

---

[16] Eine Art Beweissicherungsverfahren.

„WSK-Maschinen" liegen deshalb außerhalb des Schutzbereiches der beiden UAG-Patente. Dabei schadet es nicht, dass dieser Stand der Technik auch die beiden Patente selbst nahelegt. Die Überlegungen, die einerseits die „WSK-Maschinen" und andererseits die Patente nahelegen, sind nämlich ganz unterschiedlicher Art.

Darüber hinaus steht ihr, der EGmbH, ein privates Vorbenutzungsrecht in Deutschland zur Seite. Sie hat nämlich vor dem Zeitrang der beiden UAG-Patente den Entschluss gefasst, marktreife „WSK-Maschinen" zu produzieren, nachdem zuvor einige Vorversuche positiv ausgefallen waren. Dies kann sie anhand einer Notiz über eine Besprechung ihres (vor kurzem ausgeschiedenen) ehemaligen Geschäftsführers mit dem Entwicklungsleiter nachweisen. Dieses Gespräch fand ausweislich der Besprechungsnotiz etwa drei Monate vor dem Zeitrang der beiden UAG-Patente statt. Schließlich belegt auch der Zeitrang der „WSK-Patentanmeldung", dass sich die EGmbH schon sehr früh mit dem Thema „Kraftpaket" eingehend befasst hat.

Nach alledem sieht sie etwaigen Verletzungsklagen gelassen entgegen.

39   Eine ausführliche Diskussion der vorgetragenen Standpunkte findet – bis auf ein kurzes, mögliche Vindikationsansprüche der UAG einschließendes Wortgeplänkel – nicht statt und ist auch nicht erwünscht. Vielmehr schlägt das Mediatorenteam eine Pause vor, in der jede Partei sich intern und intensiv mit den Darlegungen der anderen Seite befassen möge. Anschließend geht es zum gemeinsamen Mittagessen.

40   b) Hinter den Parteipositionen liegende allgemeine Anliegen/Interessen. Der Nachmittag fördert nach gemeinsamen Round-Table-Gesprächen und je zwei zwischengeschalteten Einzelgesprächen des Mediatorenteams mit jeder Partei folgende allgemeinen Partei-Anliegen/Interessen zutage:

– Die UAG hat ihre Firmenpolitik darauf ausgerichtet, auch langfristig ihre starke Marktposition zu bewahren, möglichst weltweiter Marktführer zu bleiben.

Deshalb investiert die UAG viel in Forschung und Entwicklung und sichert die dabei erzielten Leistungsergebnisse schutzrechtlich ab. Als Folge davon haben ihre Produkte weltweit oft „die Nase vorn", sind technisch ausgereift und arbeiten rund um die Uhr absolut zuverlässig. Sie sind deshalb bei den Kunden sehr beliebt, auch wenn sie im oberen Preissegment liegen.

Mit dieser Firmenpolitik möchte die UAG sicherstellen, auch langfristig möglichst viel von ihren Maschinen/Anlagen zu verkaufen und damit gutes Geld zu verdienen.

Ihre Investitionen in die schutzrechtliche Absicherung der durch Forschung/ Entwicklung erreichten Vervollkommnung ihrer Produkte machen nur dann Sinn, wenn sie ihre Schutzrechte bei Bedarf auch bestimmungsgemäß einsetzt, d. h. durchsetzt. Deshalb gehe die UAG grundsätzlich gegen jeden Verletzer ihrer Schutzrechte vor. Andernfalls würden Dritte zu einer kostenlosen Übernahme der in den UAG-Patenten publizierten Leistungsergebnisse geradezu ermutigt werden.

– Die EGmbH hingegen hat ein vitales Interesse an der Herstellung ihrer „WSK-Maschinen". Zwar produziert sie diese Maschinen im Verhältnis zu ihren anderen Maschinen nur in kleiner Stückzahl und deshalb mit fast schon vernachlässigbarer Gewinnspanne. Mehrere ihrer Kunden wünschen von ihr aber ausdrücklich auch Maschinen des „WSK-Typs". Aus marktpolitischen Gründen kann sie sich diesen Kundenwünschen nicht verweigern, da sonst die Gefahr einer Kundenabwanderung besteht.

Im Anschluss daran verabschieden sich die Mediationsteilnehmer voneinander und vereinbaren die Durchführung des dritten Treffens bei der UAG.

5. Das dritte Treffen der Mediationsteilnehmer

Das dritte Treffen beginnt bereits am frühen Vormittag, diesmal in den Räumen 41 der UAG, deren Herren vereinbarungsgemäß die Rolle der Gastgeber/Hausherren übernehmen. Nach kurzem Small-Talk bittet das Mediatorenteam die vier Firmenvertreter zum verabredeten Brainstorming, um in gelockerter Atmosphäre Ideen zu generieren und zu sammeln, die zur Beilegung des aktuellen Patent-/Gebrauchsmusterstreites beitragen könnten; besser noch zur Befriedung der auf Grund dieses Streites sichtbar gewordenen Firmeninteressen/-anliegen.

Nach Auflisten und sachlicher Bündelung aller Beiträge wählen die Mediationsteilnehmer die den wechselseitig geäußerten Firmeninteressen/-anliegen offenbar am nächsten kommenden Beiträge heraus. Dies sind:

(1) Die UAG erteilt der EGmbH eine einfache Lizenz an ihren streitbefangenen Patent-/Gebrauchsmuster-Familien in Europa, zunächst für zehn Jahre, wobei die EGmbH einen Lizenz-Hinweis auf ihren Maschinen anbringen und vereinbarte Mindestqualitätsparameter einhalten wird.

(2) Beide Firmen gewähren sich wechselseitig eine einfache Lizenz (Cross-Lizenz) an ihren in Rede stehenden Schutzrechtsfamilien in Europa, wobei die wechselseitig zu zahlenden Lizenzgebühren der technisch wirtschaftlichen Bedeutung der jeweils lizenzierten Patente entsprechen und gleichzeitig festgestellt wird, dass die derzeitigen UAG-Maschinen mit dem „Kraftpaket" und der „Kraftfluss-Steuerung" außerhalb der „WSK-Patentanmeldung" liegen.

(3) Aufbauend auf der Cross-Lizenz vereinbaren beide Firmen eine Zusammenarbeit auf dem Gebiet der Weiterentwicklung von „Kraftpaket", „Kraftfluss-Steuerung" und „WSK" mit wechselseitiger freien Zurverfügungstellung der dabei erzielten Arbeitsergebnisse.

(4) Die UAG liefert der EGmbH die für deren „WSK-Maschinen" benötigten Baugruppen „Kraftpaket"- und „Kraftfluss-Steuerung", und zwar jährlich bis zum 2-fachen der bisherigen durchschnittlichen Jahres-Produktion des gleichen Maschinentyps der EGmbH.

(5) Beide Parteien beschränken ihre gerichtlichen Auseinandersetzungen (anhängige und ggf. noch einzuleitende) im vorliegenden Patent-/Gebrauchsmuster-Streit auf Deutschland und anerkennen die dabei erzielten rechtskräftigen Entscheidungen auch als endgültige Regelung für die übrigen europäischen Länder.

(6) Beide Parteien beschränken ihren Patent-/Gebrauchsmusterstreit zunächst auf die in Deutschland anhängigen erstinstanzlichen Einspruchs-/Nichtigkeitsverfahren und werden diese Verfahren nach besten Kräften beschleunigen sowie inhaltlich auf den bisher dort vorgetragenen Streitstoff beschränken. Auf der Basis der erstinstanzlichen Beschlüsse/Urteile im Einspruchs-/Nichtigkeitsverfahren werden die Parteien dann gemeinsam einen erneuten Einigungsversuch unter Einschaltung des derzeitigen Mediatorenteams unternehmen.

Wegen der bereits am Vormittag erreichten beachtlichen Fortschritte schlägt das 42 Mediatorenteam vor, schon am Nachmittag mit den vereinbarten Einigungsgesprächen zu beginnen, und zwar zunächst ausgehend von den in den Ziffern (1) bis (4) festgehaltenen Lizenz-, Zusammenarbeits- und Liefer-Vorschlägen. Diese Gespräche ergeben zunächst folgendes Bild:
– Die EGmbH könnte sich durchaus eine einfache Lizenznahme bei der UAG gemäß Ziff. (1) vorstellen, jedoch nur zu einem äußerst niedrigen Lizenzsatz. Ihre Produktionskosten für die „WSK-Maschinen" liegen nämlich wegen der geringen Stückzahl ohnehin schon sehr hoch. Darüber hinaus hat sie das in den „WSK-Maschinen" eingebaute modifizierte Kraftschluss-Paket schließlich selbst entwickelt. Aus diesem Grunde und vor allem im Hinblick auf ihren hervorragenden Ruf bei ihren Kunden sei ihr auch der von der UAG gewünschte Lizenzvermerk

unmöglich. Der weiterhin vorgeschlagenen zeitlichen Beschränkung kann sie nicht zustimmen, wohl aber der in Ziff. (2) vorgeschlagenen Cross-Lizenz.

– Die UAG hingegen steht der Cross-Lizenz eher skeptisch gegenüber, da das in der „WSK-Anmeldung" beschriebene modifizierte Kraftpaket als eine naheliegende Abwandlung des UAG-„Kraftpaket-Patentes" erscheine und sie ihren Verwaltungsrat kaum davon überzeugen könne, hierfür Lizenzgebühren zu zahlen.

– Sie meint auch, dass es für die in Ziff. (3) vorgesehene, über die Cross-Lizenz hinausgehende Zusammenarbeit beider Firmen wohl noch zu früh sei, zum einen wegen der unterschiedlichen Firmenkulturen und zum anderen eingedenk der bisherigen intensiven streitigen Auseinandersetzungen zwischen beiden Firmen.

– Sie könnte sich aber eine Einigung auf der Basis der in Ziff. (4) vorgeschlagenen Lieferung der relevanten Baugruppen an die EGmbH vorstellen.

– Hierfür könnte sich die EGmbH ebenfalls erwärmen, falls sie dadurch eine deutliche Senkung ihrer Produktionskosten erzielen würde, und weiterhin die in Ziff. (4) angegebene Liefermenge auf das 3-Fache ihrer bisherigen Jahresdurchschnitts-Produktion angehoben würde.

43 An dieser Stelle erklären die Mediatoren, dass beide Firmen einer Erledigung ihres Patent-/Gebrauchsmusterstreites offenbar recht nahe gekommen sind und Einzelgespräche den Weg zu einer abschließenden Einigung ebnen könnten.

44 Vier abwechselnde Einzelgespräche und ein abschließendes gemeinsames Gespräch fördern folgendes zutage:

– Die UAG produziert die Baugruppen „Kraftpaket" und „Kraftflusssteuerung" wegen ihrer hohen Stückzahlen deutlich billiger als es die EGmbH könnte. Noch größer wird der Produktionskosten-Abstand zwischen beiden Firmen, wenn die Herstellungskosten der gesamten Maschine miteinander verglichen werden.

– Die UAG ist zwar bereit, an die EGmbH zu liefern, ggf. auch die gesamte Maschine, und ihr damit faire Wachstumschancen zu eröffnen. Sie möchte sich dadurch aber keinen ihre Marktposition gefährdenden Konkurrenten züchten. Deshalb wünscht sie eine angemessene Lieferbeschränkung.

45 Beide Firmenvertreter verständigen sich schließlich auf folgenden Einigungsvorschlag, zu dem der Vertreter der UAG jedoch noch die Zustimmung seines Verwaltungsrates einholen muss.

– Während der Laufzeit der Schutzrechte „Kraftpaket" und „Kraftfluss-Steuerung" baut die EGmbH keine diese Baugruppen enthaltenden Maschinen. Dafür liefert die UAG derartige Maschinen an die EGmbH, und zwar zu einem Preis, der deutlich unter dem Verkaufspreis der entsprechenden UAG-Maschinen liegt.

– Die UAG nähert die an die EGmbH gelieferten Maschinen äußerlich dem Erscheinungsbild der „WSK-Maschinen" an und modifiziert die Baugruppe „Kraftpaket" im Sinne der „WSK-Maschinen".

– Die durchschnittliche jährliche Liefermenge ist auf das Dreifache der bisherigen durchschnittlichen Jahresproduktion dieser Spezialmaschinen der EGmbH beschränkt.

– Die EGmbH nimmt ihren Einspruch und ihre Nichtigkeitsklage gegen die UAG-Patente zurück.

– Beide Parteien verständigen sich auf eine gemeinsame Presseerklärung.

– Jede Partei trägt ihre eigenen Kosten.

Nach Zustimmung durch den Verwaltungsrat der UAG wird dieses Ergebnis in 46
einem rechtlich durchsetzbaren[17] Vertrag festgehalten, der unter anderem den Text
der gemeinsamen Presseerklärung enthält und auch eine Mediationsklausel mit
nachgeordneter Schiedsklausel für den Fall von Vertragsstreitigkeiten.

Anzumerken ist noch, dass dieses Ergebnis nur durch eine große Kooperationsbe- 47
reitschaft der damaligen Firmenvertreter und deren Überzeugungsarbeit zur Überwindung firmeninterner Widerstände zustande gekommen war.

Damit haben die einstigen Gegner in einem Patent-/Gebrauchsmusterstreit 48
erreicht, dass sie nunmehr zu **Partnern** eines auf ihre individuellen Bedürfnisse
zugeschnittenen Vertrages geworden sind, die Frage einer Patent-/Gebrauchs-
musterverletzung sich nicht mehr stellt, beide Firmen mit den streitbefangenen
Spezialmaschinen nunmehr höhere Gewinne erzielen, die Tür für eine weitere Zusammenarbeit offenbleibt und beide durch Vermeidung langwieriger paralleler
Prozesse in mehreren europäischen Staaten viel Zeit und Geld gespart haben – Mittel, die wirtschaftlich nunmehr sinnvoller eingesetzt werden können.

VI. Zusammenfassung

Die oft hochspezialisierten Kammern und Senate der ordentlichen Gerichte in der 49
Bundesrepublik Deutschland, die für den gewerblichen Rechtsschutz zuständig sind,
erledigen eine Streitigkeit auf diesem Gebiet in der Regel kompetent, kostengünstig
und vergleichsweise schnell. Häufig liegen den Streitigkeiten aber grenzüberschreitende Sachverhalte zugrunde, die komplexe Rechtsfragen, insbesondere auch wegen
der unterschiedlichen Rechtsordnungen in den verschiedenen Ländern, aufwerfen,
abgesehen von den technischen Problemen, die nur spezialisierte Naturwissen-
schaftler/Techniker kompetent behandeln können. Wie so oft, sind außerhalb des
eigentlichen Streitgegenstandes liegende Interessen und Motive der wirkliche Antrieb für die Auseinandersetzung. Gerade hier bietet sich die **Mediation** als alternative Streitbehandlung an, um, ggf. mit Hilfe eines Mediatorenteams, eine rechtlich
durchsetzbare Lösung zu finden, welche die individuellen Anliegen, Nöte und Bedürfnisse der Parteien besser berücksichtigt, möglicherweise sogar neue gemeinsame
Geschäftsfelder eröffnet und häufig einen stabilen und damit **dauerhaften Rechtsfrieden** schafft.

---

[17] Zu der Durchsetzbarkeit von Mediationsergebnissen vgl. § 28.

§ 44 Mediation im Verwaltungsrecht

Prof. Dr. Bernd Holznagel/Prof. Dr. Ulrich Ramsauer

Übersicht

Schrifttum: *Bohne, Eberhard,* Der informale Rechtsstaat, Berlin 1981; *Brandt, Edmund,* in: Hoffmann-Riem, Wolfgang/Schmidt-Aßmann, Eberhard, Konfliktvermittlung durch Verhandlung: Konfliktvermittlung, Band 2, Baden-Baden 1990, S. 239; *Brech, Joachim/Greif, Rainer,* Anwaltsplanung in der kommunalen Praxis. 4 Fallstudien zur Analyse eines parteilichen Verfahrens zur Beteiligung der Bewohner an Stadtplanungsprozessen, Frankfurt 1981; *Breidenbach, Stephan,* Struktur, Chancen und Risiken von Vermittlung im Konflikt, Köln 1995; *Brohm, Winfried,* Verwaltungsverhandlungen mit Hilfe von Konfliktvermittlern?, DVBl. 1990, 321; *Bullinger, Martin,* Investitionsförderung durch nachfragegerechte und kooperative Beschleunigung von Genehmigungsverfahren, JZ 1994, 1129; *Claus, Frank/ Wiedemann, Peter M.,* Umweltkonflikte. Vermittlungsverfahren zu ihrer Lösung, Taunusstein 1994; *Cormick, Gerald W.,* The „Theory" and Practice of Environmental Mediation, The Environmental Professional 1980, Vol. 2, 24; *Dienel, Peter C.,* Die Planungszelle: Der Bürger plant seine Umwelt, Opladen 1978; *Dombrowski, Harald,* Missbrauch der Verwaltungsmacht: Zum Problem der Koppelung verschiedener Verwaltungszwecke, Mainz 1967; *Eberle, Carl-Eugen,* Arrangements im Verwaltungsverfahren?, Die Verwaltung 1984, 439; *Erbguth, Wilfried/Schink, Alexander,* Gesetz über die Umweltverträglichkeitsprüfung, 2. Aufl., München 1996; *Fietkau, Hans-Joachim,* Leitfaden Umweltmediation, 1994; *Frank, Götz,* Die Kommerzialisierung von Grundrechtspositionen des Bürgerprotestes, Publizistik 1989, 290; *Gans, Brigitte,* Mediation: Ein Weg des Umgangs mit Konflikten in der räumlichen Planung, 1994; *Gaßner, Harmut/Holznagel, Bernd/Lahl, Uwe,* Mediation: Verhandlungen als Mittel der Konsensfindung bei Umweltstreitigkeiten, Bonn 1992; *Haddlich, Wolfgang/Rennhack, Michael,* Mediation im öffentlichen Baurecht – Chancen einer neuen Planungskultur, LKV 1999, 9; *Hoffmann-Riem, Wolfgang,* Konfliktvermittler in Verwaltungsverhandlungen, Heidelberg 1989; *Holznagel, Bernd,* Mittlerunterstützte Aushandlungsprozesse aus Anlass abfallrechtlicher Planfeststellungsverfahren, in: Becker-Schwarz, Kathrin/Köck, Wolfgang/Kupka, Thomas/v. Schwanenflügel, Matthias: Wandel der Handlungsformen im Öffentlichen Recht, Bremen 1991, S. 99; *Holznagel, Bernd/Ramsauer, Ulrich,* Data-Mediation am Beispiel der Verhandlungen über den Hamburger Autobahndeckel, Neue Soziale Bewegungen, Heft 4, 1997, 65; *Holznagel, Bernd,* Konfliktlösung durch Verhandlungen, Baden-Baden 1990; *ders.,* Der Einsatz von Konfliktmittlern, Schiedsrichtern und Verfahrenswaltern im amerikanischen Recht, Die Verwaltung 1989, 421; *ders.,* Konfliktmittlung im Umweltrecht, IUR 1990, 37; *Hoppe, Werner/Beckmann, Martin/Kauch, Petra,* Umweltrecht, 2. Aufl., München 2000;

Hucke, Jochen/Müller, Axel/Wassen, Peter, Implementation kommunaler Umweltpolitik, Frankfurt – New York 1980; *Jäde, Henning,* Beschleunigung von Genehmigungsverfahren nach dem GenBeschlG, UPR 1996, 361; *Jeglitza, Matthias/Hoyer, Carsten,* Deutsche Verfahren alternativer Konfliktlösung bei Umweltstreitigkeiten, in: Zilleßen, Horst, Mediation: Kooperatives Konfliktmanagement in der Umweltpolitik, Opladen-Wiesbaden 1998, S. 137; *Knothe,* Die Rücknahme von Widersprüchen gegen Errichtungsgenehmigungen von Kraftwerken gegen Entgelt – BGHZ 79, 131, JuS 1983, S. 18; *Kunig, Philipp,* Alternativen zum einseitig-hoheitlichen Verwaltungshandeln, in: Hoffmann-Riem, Wolfgang/Schmidt-Aßmann, Eberhard, Konfliktvermittlung durch Verhandlung: Informelle und mittlerunterstützte Verhandlungen in Verwaltungsverfahren, Band 1, Baden-Baden 1990; *Kunig, Philipp/Rublack, Susanne,* Aushandeln statt Entscheiden? Das Verwaltungsverfahrensrecht vor neuen Herausforderungen, Jura 1990, 1; *Müller, Klaus/Holst, Mathias,* Raumordnung und Abfallbeseitigung – Empirische Untersuchung zu Standortwahl und -durchsetzung von Abfallbeseitigungsanlagen, Bonn 1987; *Ozawa, Connie P./Susskind, Lawrence,* Konfliktmittlung in Verfahrensstreitigkeiten mit wissenschaftlichem Bezug, in: Hoffmann-Riem, Wolfgang/Schmidt-Aßmann, Eberhard: Konfliktbewältigung durch Verhandlungen: Informelle und mittlerunterstützte Verhandlungen im Verwaltungsverfahren, Band 1, Baden-Baden 1990, S. 177; *Pieroth, Bodo,* Verfassungsfragen der Anwaltsplanung, DÖV 1977, 659; *Ramsauer, Ulrich,* in: Breidenbach, Stephan/Henssler, Martin: Mediation für Juristen, Köln 1997, S. 161; *ders.,* Abwägungskontrolle und subjektiver Rechtsschutz in Planfeststellungsverfahren, DÖV 1981, 37; *Reidt, Olaf,* § 4 b BauGB – Die Einschaltung Dritter in Bauleitplanung, NVwZ 1998, 592; *Schmidt-Eichstaedt, Gerd,* Der Dritte im Baugesetzbuch, BauR 1998, 899; *Striegnitz,* Mediation: Lösung von Umweltkonflikten durch Vermittlung – Praxisbericht zur Anwendung in der Kontroverse um die Sonderabfalldeponie Münchehagen, ZAU 1990, 51; *Stüer, Bernhard,* Beschleunigungsnovellen 1996, DVBl. 1997, 326; *ders.,* Handbuch des Fachplanungsrechts, 2. Aufl., München 1998; *Stulberg, Joseph B.,* The Theory and Practice of Mediation: A Reply to Professor Susskind, Vermont Law Review 1981, Vol. 6, S. 85; *Sünderhauf, Hildegund,* Mediation bei der außergerichtlichen Lösung von Umweltkonflikten in Deutschland, Berlin 1997; *Susskind, Lawrence/Cruikshank, Jeffrey,* Braking the Impasse: Consensual Approaches to Resolving Public Disputes, New York 1987; *Susskind, Lawrence/Ozawa, Connie,* Mediated Negotiation in the Public Sector: The Planner as Mediator, Journal of Planning Education and Research 1984, 5; *Tomerius, Stephan,* Informelle Projektabsprachen im Umweltrecht, Baden-Baden 1995; *Troja, Markus,* Umweltkonfliktmanagement und Demokratie, Köln 2001; *Württenberger, Thomas,* Akzeptanz durch Verwaltungsverfahren, NJW 1991, 257.

I. Einleitung

1. Möglichkeiten des Einsatzes von Mediatoren im Verwaltungsrecht

1   Das Verwaltungsrecht bietet **vielfältige Möglichkeiten** für einen Einsatz der Mediation. Zwar wurde bisher in der Praxis zur Methode der Konfliktmittlung zumeist nur in solchen Verfahren gegriffen, in denen ein komplexes, zumeist mehrpoliges Interessengeflecht bestand, insbesondere im öffentlichen Umwelt- und Planungsrecht. Aber gerade die Arbeiten *Ortloffs*[1] haben gezeigt, dass der Einsatz der Mediation oder jedenfalls einzelner Elemente der Mediation auch zur Lösung von Interessenkonflikten in anderen verwaltungsrechtlichen Verfahren sinnvoll und erfolgreich sein kann. Überall dort, wo die Lösung von Interessenkonflikten eine besonders enge Kooperation zwischen Verwaltung und Bürger erfordert, kommt

---

[1] Vgl. *Ortloff,* Kommentierung von § 106 VwGO in: Schoch/Schmidt-Aßmann/Pietzner, VwGO.

auch der Einsatz von Instrumenten der Konfliktmittlung in Betracht. Dies ist vor allem bei Verfahren mit mehreren Beteiligten in unterschiedlichen Rollen und mit unterschiedlichen Interessen der Fall, also etwa bei nachbarrechtlichen Streitigkeiten des öffentlichen Baurechts und bei Konkurrenzverhältnissen im Wirtschaftsverwaltungsrecht. Aber auch andere Bereiche des Verwaltungsrechts kennen ähnliche Konstellationen, etwa das Versammlungsrecht bei der Festlegung der Voraussetzungen und des Weges von Demonstrationen, das Schulrecht bei schulrechtlichen Organisationsentscheidungen oder das Gesundheitsrecht bei der Krankenhausbedarfsplanung. Schon das geltende Recht sieht in verschiedenen Bereichen seit vielen Jahren die Streitschlichtung durch den Einsatz unparteiischer Dritter in einem eigenen Verfahren vor, wie z.B. die Einrichtung der Einigungsstelle im Personalvertretungsrecht[2] oder die Einigungsstellen im Sozialrecht und im Krankenhausbereich. Hier sind auch bereits Erfahrungen gesammelt worden, die für die Mediation im übrigen Verwaltungsrecht fruchtbar gemacht werden können.

2. Besonderheiten der Mediation im Verwaltungsrecht

Der entscheidende Unterschied zur Konfliktmittlung in den Bereichen des Privatrechts besteht in der besonderen **Umsetzungsproblematik,** also in der Implementation der Ergebnisse eines Mediationsverfahrens in die gesetzlich festgelegten Handlungszusammenhänge des Verwaltungsrechts. Anders als im Privatrecht können die in der Mediation ausgehandelten Konfliktlösungen nicht als Ergebnisse einer freien vertraglichen Vereinbarung unmittelbar wirksam werden. Vielmehr ist ein Umsetzungsprozess erforderlich, bei dem die Ergebnisse der Mediation in die gesetzlich vorgesehenen Verwaltungsverfahren eingeführt und durch Verwaltungsakt, verwaltungsrechtlichen Vertrag oder durch Normsetzung mit rechtlicher Wirksamkeit ausgestattet werden. Da die Akteure auf Seiten des Staates dabei an Gesetz und Recht gebunden und i.d.R. auch einer gerichtlichen Kontrolle unterworfen sind, steht die Umsetzung der Mediationsergebnisse gleichsam unter dem Vorbehalt ihrer Vereinbarkeit mit dem materiellen und dem Verfahrensrecht. Die gesetzlich vorgesehenen Verwaltungsverfahren auf der einen und das Verfahren der Konfliktmittlung auf der anderen Seite müssen in eine Wechselbeziehung zueinander gebracht werden: Das nachfolgende Umsetzungserfordernis muss bei Ausgestaltung und Durchführung der Mediation bereits mitbedacht werden, umgekehrt sollen die Mediationsergebnisse ihrerseits bei der Durchführung des nachfolgenden Verwaltungsverfahrens berücksichtigt werden. 2

Weitere Unterschiede der Mediation im Verwaltungsrecht zur Konfliktmittlung im Privatbereich ergeben sich aus den Eigenheiten jedes staatlichen Handelns, das stärker als privates Handeln öffentliche Aufmerksamkeit erfährt und damit eine **politische Dimension** aufweist, auf die in der Mediation Rücksicht genommen werden muss und die auch die Verhandlungsmacht der Beteiligten entsprechend stark beeinflussen kann. So kann es etwa sinnvoll sein, Personen oder Gruppen an einem Mediationsverfahren zu beteiligen, die an sich von der Rechtsordnung nicht mit Rechten in Bezug auf den Streitgegenstand ausgestattet sind, aber ein erhebliches ideelles, wirtschaftliches oder politisches Interesse am Ausgang des Verfahrens ha- 3

---

[2] Vgl. z.B. § 71 BPersG sowie die entsprechenden Regelungen der Länder.

ben, etwa Bürgerinitiativen, Vereine, Verbände, aber auch lokale Unternehmen und deren Zusammenschlüsse. Maßgebend ist für die Mediation, dass auf solche „Machtpositionen" Rücksicht zu nehmen ist, die auf das „Ob" und die Art und Weise der Verwirklichung einer geplanten Maßnahme, z. B. eines Vorhabens, maßgeblichen Einfluss ausüben können. Typischerweise erhöht sich dadurch die Komplexität des Konflikts. Hierauf muss bei der Ausgestaltung und der Durchführung der Mediation angemessen reagiert werden, wenn sie erfolgreich sein soll.

II. Rechtsfragen der Zulassung von Mediation im Verwaltungsrecht

1. Erfordernis einer gesetzlichen Grundlage?

4   Wie oben dargelegt, gibt es gegenwärtig nur in wenigen Spezialbereichen des Verwaltungsrechts gesetzliche Grundlagen für den Einsatz von Konfliktmittlern. Es stellt sich angesichts der rechtsförmigen Ausgestaltung der Verwaltungsverfahren die Frage, ob Mediation im Verwaltungsrecht stets einer gesetzlichen Grundlage bedarf. Überwiegend wird das Erfordernis einer **gesetzlichen Grundlage** für die Mediation im Verwaltungsrecht **verneint**[3]. Diese Auffassung ist zutreffend. Auch ohne besondere gesetzliche Grundlage ist der Einsatz von Konfliktmittlern zur Lösung von Interessenkonflikten in den Bereichen des Verwaltungsrechts zulässig, soweit Rechtsvorschriften im Einzelfall nicht entgegenstehen. Mit anderen Worten: Der Einsatz von Mediatoren unterliegt weder dem allgemeinen Gesetzesvorbehalt noch den verschiedenen grundrechtlichen Gesetzesvorbehalten. Der Grund hierfür liegt darin, dass der Einsatz von Instrumenten der Mediation die Durchführung der gesetzlich vorgesehenen Verwaltungsverfahren nicht erübrigt, sondern nur vorbereitet oder begleitet. Die Ergebnisse von Mediationsverfahren entfalten den betroffenen Bürgern gegenüber keine unmittelbare rechtliche Verbindlichkeit. Selbst dann, wenn die Mediation – wie im Erfolgsfalle üblich – mit einer von den Beteiligten unterzeichneten Vereinbarung endet, werden dadurch unmittelbar weder Rechte noch Pflichten begründet. Die Vereinbarung hat im Normalfall keine rechtliche Bindungswirkung und ist daher auch **kein öffentlich-rechtlicher Vertrag** i. S. der §§ 54 ff. VwVfG, sondern eine Art Gentlemen's Agreement, eine Absichtserklärung der Beteiligten, die eine faktische Wirkung nur durch fortwirkende Bereitschaft der Beteiligten entfalten kann, sich bei ihrem künftigen Verhalten an ihr zu orientieren. Es ist Sache der Beteiligten, die Ergebnisse nach Abschluss der Mediation „in die Tat" umzusetzen, sie insbesondere in die dafür vorgesehenen Verwaltungsverfahren einzubringen und etwa erforderliche rechtsverbindliche Maßnahmen zu erlassen.

2. Gefahr des Unterlaufens gesetzlicher Garantien

5   Die Geltung des Gesetzesvorbehalts käme demnach allein wegen der influenzierenden Wirkung der Mediation, also eines mehr oder weniger bedeutsamen präjudizierenden Einflusses des Mediationsergebnisses auf nachfolgende Verwaltungsverfahren in Betracht, also im Hinblick auf eine Art **mediationsspezifischer Vorwir-**

---

[3] Vgl. statt vieler *Brohm* DVBl. 1990, 321, 321 f.; *Eberle* Die Verwaltung 1984, 439 ff.

kung. Diese besteht in der faktischen Bindung der Beteiligten an das Ergebnis der Mediation, die darin liegt, dass die Beteiligten entweder den Verlust der jeweils ausgehandelten Vorteile oder den Eintritt von Nachteilen befürchten, wenn sie sich nicht ihrerseits an die ausgehandelte Vereinbarung halten. Insofern kann man trotz fehlender rechtlicher Verbindlichkeit von einer de-facto-Vorabbindung der Beteiligten sprechen. Diese ist auch nicht etwa zufällig, sondern gerade das Ziel der Mediation. Erfolgreich ist diese nämlich nur, wenn sich die Beteiligten an die Vereinbarungen auch tatsächlich halten.

Die beim erfolgreichen Mediationsverfahren eintretende **faktische Vorabbindung** 6 bedeutet indessen weder, dass die Mediation ihrerseits zwingend einer gesetzlichen Grundlage bedürfte, noch dass damit ein Verstoß gegen materielles oder Verfahrensrecht einhergehen müsste. Vielmehr folgt daraus lediglich die Verpflichtung zu einer bestimmten Ausgestaltung des Mediationsverfahrens: Soweit es um die Beachtlichkeit zwingender materiell-rechtlicher Vorgaben geht, ist die Vorabbindung praktisch irrelevant, weil eine Umsetzung von Ergebnissen eines Mediationsverfahrens ohnehin nur zulässig ist, soweit sie sich im Rahmen des materiell-rechtlich Zulässigen bewegen. Mediationsergebnisse, deren Umsetzung gegen materielles Recht verstoßen würde, dürfen nicht umgesetzt werden. Soweit es um Verfahrensrecht geht, ist für jede einzelne verfahrensrechtliche Bestimmung gesondert zu fragen, ob und ggfs. in welchem Umfang sie durch die Mediation dergestalt „unterlaufen" werden könnte, dass ihre bloß förmliche Beachtung im nachfolgenden Verwaltungsverfahren ihre eigentliche Funktion, ihren Schutzzweck nicht mehr zu wahren im Stande wäre. In einem solchen Fall wäre das „Unterlaufen" der Rechtsnorm einem Verstoß gegen dieselbe gleichzusetzen[4]. So wäre etwa die Anhörung eines betroffenen Dritten, der am Mediationsverfahren nicht beteiligt wurde, im späteren Verwaltungsverfahren nicht mehr ausreichend, soweit sich die Behörde de facto im Mediationsverfahren schon auf ein bestimmtes Ergebnis festgelegt hat und deshalb nach den Umständen davon auszugehen ist, dass die Anhörung seiner Person nur noch pro forma erfolgt.

3. Kompensation durch Vorverlagerung von Verfahrenselementen

Der Umstand, dass ein Unterlaufen verfahrensrechtlicher Bestimmungen droht, 7 führt allein noch nicht zur Unzulässigkeit von gesetzlich nicht vorgesehenen Mediationsverfahren. Vielmehr muss weiter geprüft werden, ob diese Gefahr dadurch abgewendet werden kann, dass dem Schutzgehalt der möglicherweise unterlaufenen Vorschriften durch eine Vorverlagerung von Verfahrenselementen in das Mediationsverfahren ausreichend Rechnung getragen werden kann. Es ist dem geltenden Recht keineswegs fremd, bestimmte allgemeine rechtsstaatliche oder verfassungsrechtliche Garantien bzw. Regelungen durch Herstellung von Vorwirkungen etwa in gestuften Verfahren prozedural vorzuverlagern[5]. Soweit es möglich ist, dadurch die speziellen Garantie- oder Schutzziele der Verfahrensvorschrift im Einzelfall sicherzustellen, tritt ein kompensatorischer Effekt ein, der die Nachteile der fakti-

---

[4] Vgl. BVerwGE 75, 214 (Flughafen München II) für Vorabbindungen in Planfeststellungsverfahren.
[5] So etwa die enteignungsrechtliche Vorwirkung von Planfeststellungsverfahren, vgl. *Kopp/Ramsauer* VwVfG 7. Aufl. 2000, § 75 Rdnr. 12 m.w.N.

schen Vorabbindung ausgleichen und im Ergebnis einen Verstoß gegen die Verfahrensnorm ausschließen kann. Die im förmlichen Verwaltungsverfahren nur formell eingehaltene Vorschrift wird nicht unterlaufen, soweit ihre materielle Funktion auf Grund geeigneter vorgezogener Maßnahmen erfüllt wird.

4. Keine Notwendigkeit gesetzlicher Vorgaben

8   Art und Weise sowie Zeitpunkt einer Vorverlagerung bestimmter Elemente bzw. Garantien des späteren Verwaltungsverfahrens in das Mediationsverfahren sind einer gesetzlichen Regelung grundsätzlich zugänglich. Wie bereits erwähnt, existieren gegenwärtig Regelungen nur für wenige Spezialbereiche. Im Übrigen gilt das rechtsstaatliche **Gebot einer angemessenen Kompensation** von faktischen Vorabbindungen, das im Bereich des Grundrechtsschutzes durch Verfahren auch eine verfassungsrechtliche Dimension hat. Einfachgesetzliche Regelungen erscheinen nicht zwingend notwendig. Entscheidend ist, dass die erforderliche Kompensation tatsächlich stattfindet. Ob sie ausreichend ist, muss im Einzelfall entschieden werden. Dabei sind Aspekte der Effizienz der jeweiligen Verfahrensgarantie einerseits und des Mediationsverfahrens andererseits zu berücksichtigen. Bei den Verfahrensregelungen bzw. -garantien, deren Schutzgehalt ggfs. wegen faktischer Vorabbindungen vorgezogen werden muss, handelt es sich vor allem um das Recht der im Verwaltungsverfahren Beteiligten (§ 13 VwVfG) auf Gehör (§ 28 VwVfG) und auf Akteneinsicht (§ 29 VwVfG) und im Planfeststellungsverfahren um die Bürgerbeteiligung (§ 73 Abs. 3–6 VwVfG). Es soll hier versucht werden, für die wichtigsten Typen von Verwaltungsverfahren differenzierte Vorschläge für eine angemessene Kompensation im Mediationsverfahren zu unterbreiten.

5. Sinnvolle gesetzliche Rahmenregelungen für Mediation

9   Dass gesetzliche Regelungen der Mediation im Verwaltungsverfahren nicht notwendig sind, heißt nicht, dass gewisse Rahmenregelungen nicht rechtspolitisch sinnvoll sein könnten. Sie müssten sich aber auf sehr allgemeine Bestimmungen, etwa über eine angemessene Berücksichtigung von Verfahrensrechten nicht beteiligter Dritter u. ä. beschränken; anderenfalls würden sie die Mediation ihrerseits in ein rechtliches Korsett zwängen, das ihr die gegenüber dem Verwaltungsverfahren bestehende besondere Flexibilität nehmen würde. Damit wäre die Effizienz der Mediation aufs Spiel gesetzt. Im Übrigen erscheint es wegen der ganz unterschiedlichen Ausgestaltungsmöglichkeiten einer Mediation kaum möglich, konkretere Regelungen über die Art und Weise der Kompensation zu treffen. Deshalb ist eine gesetzliche Regelung weder unter rechtsstaatlichen noch unter grundrechtlichen Aspekten geboten, weil sie kaum einen Zuwachs an Rechtsstaatlichkeit und Rechtsschutz vermitteln würde.

10   Sinnvoll könnte es sein, die **Position des Mediators** näher zu regeln, etwa die grundlegenden Pflichten, den Rahmen für die Ausgestaltung des Auftragsverhältnisses oder Haftungsfragen. Notwendig ist dies indessen nicht. Der Mediator wird nach dem geltenden Recht regelmäßig auf der Grundlage eines privatrechtlichen Rechtsverhältnisses tätig; seine Rechte und Pflichten sind im Rahmen der für den Dienstvertrag geltenden Vorschriften der §§ 611 ff. BGB einer vertraglichen Verein-

barung zugänglich. Die Vorschriften der BRAO oder der BRAGO sind auf den Mediator nicht unmittelbar anwendbar. Zweifelhaft kann sein, ob der Mediator öffentlich-rechtlich oder privatrechtlich tätig wird. Fehlt es an Regelungen, wird man von einer **privatrechtlichen Tätigkeit** auszugehen haben, da im Normalfall weder eine Beleihung vorliegt, noch angenommen werden kann, der Mediator werde als verlängerter Arm, als „Werkzeug" der Verwaltung tätig[6]. Letzteres liegt schon deshalb nicht nahe, weil der Mediator weder allein von der Verwaltung beauftragt worden sein muss, noch bei seiner Arbeit den Weisungen der Behörde unterliegt. Dass die Mediation sich auf Verwaltungsverfahren bezieht, indem sie diese vorbereitet und erleichtert, führt für sich allein noch nicht zur Annahme einer öffentlich-rechtlichen Tätigkeit. Von einer öffentlich-rechtlichen Tätigkeit wird auszugehen sein, wenn und soweit dem Mediator andere Aufgaben innerhalb eines Verwaltungsverfahrens übertragen werden, z.B. die Leitung des Anhörungstermins nach § 73 Abs. 6 VwVfG[7].

III. Bedingungen für erfolgreiche Mediationsverfahren

1. Bisherige Erfahrungen

Die Erfahrungen in den Vereinigten Staaten, aber auch die in der Bundesrepublik **11** Deutschland in den vergangenen 20 Jahren gemachten Erfahrungen zeigen, dass sich Mediationsverfahren nicht für sämtliche Konfliktsituationen im öffentlichen Recht eignen. Vielmehr müssen bestimmte Grundbedingungen gegeben sein, die einen Konflikt als „verhandlungsfähig" erscheinen lassen. Diese Grundbedingungen stellen keine Besonderheit der Konfliktmittlung im öffentlichen Recht dar, sondern sind Voraussetzungen für erfolgreiche Mediation in allen Rechtsbereichen. Es handelt sich um das Erfordernis der Kompromissfähigkeit des Konflikts (Rdnr 13 ff.), das Bestehen ausreichender Verhandlungsanreize für die Beteiligten (Rdnr. 16 f.) sowie die Möglichkeit einer faktischen Bindung der Beteiligten an die Verhandlungsergebnisse (Rdnr. 18)[8].

Liegen diese Voraussetzungen vor, kann eine Mediation grundsätzlich in Betracht **12** gezogen werden. Es ist nicht erforderlich, dass die herkömmlichen Bemühungen zur Konfliktlösung bereits erfolglos geblieben sein müssen (sog. Sackgassentheorie)[9]. Allerdings wird eine Mediation schwerlich erfolgreich sein können, wenn der Konflikt nicht bereits eine gewisse Dringlichkeit erreicht hat. Erst dann ist in der Regel eine ausreichende Bereitschaft der Beteiligten gegeben, sich auf gemeinsame Lösungen zu einigen.

---

[6] Insoweit fehlt es an der den Verwaltungshelfer kennzeichnenden Unselbständigkeit; a. A. offenbar *Battis/Krautzberger/Löhr* BauGB, 6. Aufl. 1998 § 4 b Rdnr. 6; dort ist aber von Verfahrensprivatisierung und damit offenbar auch von privatrechtlichem Handeln die Rede.
[7] Siehe hierzu unten Rdnr. 74.
[8] *Holznagel*, Konfliktlösung durch Verhandlungen, S. 106 ff.; *Kopp/Ramsauer* VwVfG Einf. Rdnr. 89.
[9] So aber *Stulberg*, Vermont Law Review 1981, Vol. 6, 85, 110 ff.; *Cormick*, The Environmental Professional 1980, Vol. 2, 24, 28.

2. Kompromissfähigkeit des Konflikts

13   Konflikte sind dann in einem für erfolgreiche Mediationsverfahren erforderlichen Maß kompromissfähig, wenn es für die Konfliktlösung Optimierungsmöglichkeiten gibt. Es muss also eine Situation gegeben sein, in der der Verhandlungserfolg der einen Seite nicht notwendig auf Kosten der anderen Seite errungen wird (sog. Nullsummenspiel), sondern beide Seiten sich von der Durchführung des Mediationsverfahrens einen Gewinn erhoffen dürfen (sog. **win-win-Situation**).

14   Diese Voraussetzung ist in verwaltungsrechtlichen Konflikten um Planung und Errichtung störender Anlagen in der Regel gegeben. In diesen Verfahren lassen sich nicht nur im Hinblick auf die Standortsuche, sondern auch auf die Ausgestaltung der Anlage oder auf Schutzvorkehrungen usw. Optimierungsergebnisse erzielen und zugunsten der Beteiligten Vorteile erreichen, die nicht automatisch im selben Umfang Nachteile der übrigen Beteiligten nach sich ziehen[10].

15   Eine ausreichende Kompromissmöglichkeit fehlt einem Konflikt indessen dann, wenn die beteiligten Interessen stark von festen Grundüberzeugungen geprägt sind, weil sich die Beteiligten in diesen Fällen meist auf eine Ja-Nein-Position festgelegt haben, die für sie schon als solche nicht verhandlungsfähig ist. Ist zu erwarten, dass sich diese Überzeugungen im Verhandlungsprozess nicht überwinden oder jedenfalls flexibilisieren lassen, sollte eine Mediation unterbleiben. Als Beispiel hierfür wird in der Regel der Streit um die Ansiedlung von Atomanlagen genannt.

3. Ausreichende Verhandlungsanreize für die Beteiligten

16   Unabdingbare Voraussetzung für den Erfolg eines Mediationsverfahrens ist das eigene Nutzenmaximierungsinteresse der Beteiligten. Die Beteiligten müssen an einer konstruktiven Lösung des Konflikts selbst ein ausreichend starkes Interesse haben. Andernfalls wird das Mediationsverfahren zur bloßen Verschleppung der eigentlichen Konfliktlösung missbraucht. Eine solche Verschleppungsstrategie ist auch in herkömmlichen Verwaltungs-, insbesondere Planfeststellungsverfahren keineswegs selten. Sie beruht entweder auf Vorteilen, die aus dem Zeitgewinn gezogen werden können („Die Zeit arbeitet für mich") oder auf Resignation, gelegentlich auch auf einer totalen Verweigerungshaltung, wie sie in Fällen zu beobachten ist, in denen bestimmte ideologische Grundüberzeugungen prägend sind[11].

17   Verhandlungsanreize bestehen im Übrigen nur dann, wenn die Beteiligten selbst über eine **ausreichende Verhandlungsmacht** verfügen, mit der sie im Aushandlungsprozess sinnvoll auftreten können[12]. Eine derartige sog. bargaining power ergibt sich für die Beteiligten in erster Linie aus den ihnen von der Rechtsordnung verliehenen Rechtspositionen (subjektive öffentliche Rechte), in zweiter Linie aber auch aus ihrer Fähigkeit, politische Gegenmacht zu mobilisieren. Bedeutsam ist auch die Fähigkeit, wirtschaftliche Vorteile (z. B. Investitionen) oder Nachteile (z. B. Werksschließungen) in Aussicht zu stellen.

---

[10] Zur Optimierungsaufgabe in der Planung *Ramsauer* DÖV 1981, 37 ff.
[11] *Gaßner/Holznagel/Lahl*, Mediation, S. 30.
[12] *Hoffmann-Riem*, Konfliktmittler in Verwaltungsverhandlungen, S. 32.

4. Möglichkeit der Bindung an die Verhandlungsergebnisse

Da das Mediationsverfahren außerhalb des eigentlichen Verwaltungsverfahrens 18
abläuft, ist seine Durchführung nur sinnvoll, wenn die ausreichende Chance besteht, dass sein Ergebnis von den maßgeblichen Entscheidungsträgern übernommen
wird. Dies setzt zweierlei voraus: In materieller Hinsicht muss das Mediationsergebnis mit der Rechtsordnung vereinbar sein, so dass sich der spätere Entscheidungsträger im Falle der Übernahme nicht in Widerspruch zur Rechtsordnung setzen würde. In formeller Hinsicht muss der Aushandlungsprozess wegen seiner
Vorabbindungswirkungen bestimmte verfahrensrechtliche Mindeststandards erfüllen. Hierzu zählen das Gebot der Verfahrenstransparenz und das Gebot der Parität.
Schließlich darf das Mediationsergebnis nicht die Übernahme von Verpflichtungen
durch Dritte vorsehen, die am Verfahren nicht beteiligt waren.

Die Bindung an die Verhandlungsergebnisse erfordert darüber hinaus, dass die 19
von Gruppenrepräsentanten ausgehandelten Ergebnisse von den beteiligten Interessengruppen akzeptiert werden. Dies wiederum setzt voraus, dass die Interessengruppen über ein Mindestmaß an Organisations- und Willensbildungsstrukturen
verfügen, damit die Verhandlungsführer nicht nur ein formelles Mandat haben,
sondern auch über einen regelmäßigen unmittelbaren Diskurs an die von ihnen vertretenen Interessengruppen rückgebunden werden.

IV. Verhältnis der Mediation zum Verwaltungsverfahren

1. Zeitliche Abfolge von Mediation und Verwaltungsverfahren

In zeitlicher Hinsicht lassen sich drei Einsatzmodelle von Mediation unterschei- 20
den[13]. Die sog. vorlaufende Mediation, die vor der Einleitung des eigentlichen Verwaltungsverfahren durchgeführt wird, die **mitlaufende** Mediation, die zeitlich parallel zum Verwaltungsverfahrens oder zu bestimmten Abschnitten dieses
Verfahrens abläuft, und die **selbstlaufende** Mediation, die keinen unmittelbaren Bezug zu einem anhängigen Verfahren aufweist. Letztere dient der Klärung einzelner
Vorfragen eines möglichen späteren Verwaltungsverfahrens (z.B. die sog. *Data mediation*)[14] oder der Klärung anderer Fragen oder Konflikte.

Ob die Form des Vorlaufs oder der Parallelität des Mediationsverfahrens gewählt 21
werden sollte, ist eine Frage des Einzelfalls. Auf der einen Seite muss der Konflikt
ein Mindestmaß an Konkretisierung erfahren haben, auf der anderen Seite muss für
das Verwaltungsverfahren noch hinreichende Ergebnisoffenheit bestehen. Der Konflikt muss sich in einem Stadium befinden, in welchem seine Lösung von allen beteiligten Interessenträgern als dringlich angesehen wird. Anderenfalls wird es an der
Bereitschaft der Beteiligten fehlen, den für ein Mediationsverfahren erforderlichen
Aufwand in zeitlicher und organisatorischer Hinsicht zu treiben.

---

[13] Hierzu *Ramsauer,* in: Breidenbach/Henssler, Mediation für Juristen, S. 166 f.
[14] Hierzu s. Rdnr. 42 ff.

2. Umsetzung der Verhandlungsergebnisse in das Verwaltungsverfahren

22   Die erfolgreiche Mediation endet regelmäßig mit einer von allen Beteiligten unterzeichneten „Vereinbarung", die aber rechtlich nicht verbindlich ist, also keinen Vertrag im Rechtssinne darstellt. Im Normalfall werden die Beteiligten an einem Mediationsverfahren auch nicht anstreben, sich rechtlich zu binden und eine zwingende Übernahme der Verhandlungsergebnisse in das Verwaltungsverfahren zu vereinbaren. Dies ist regelmäßig auch nicht wünschenswert, weil damit das gesetzlich zwingend vorgesehene Verwaltungsverfahren vorweggenommen würde. Das wäre nur vertretbar, wenn sämtliche Bestimmungen des maßgeblichen Verwaltungsverfahrensgesetzes schon im Mediationsverfahren beachtet würden (vgl. § 9 VwVfG). Die Vorzüge der Mediation, die sich durch eine hohe Flexibilität und eine sehr starke Ausrichtung an den Erfordernissen des Einzelfalls auszeichnet, würden dann preisgegeben, im Zweifel sogar zunichte gemacht.

23   Typischerweise wird deshalb auf eine rechtliche Bindung der Beteiligten im Mediationsverfahren verzichtet. Darin ist kein Nachteil der Mediation zu sehen. Es hat sich nämlich gezeigt, dass die Chancen, eine wirksame faktische (Vorab-)Bindung der Beteiligten an die Verhandlungsergebnisse zu erzielen, erfahrungsgemäß gut sind. Das gilt jedenfalls dann, wenn die soeben aufgeführten Mindestvoraussetzungen der Mediation[15] in verfahrensrechtlicher und materieller Hinsicht erfüllt sind. Sämtliche Beteiligten haben dann nämlich ein Eigeninteresse daran, dass die Ergebnisse eines Mediationsverfahrens auch umgesetzt werden, weil ihre Interessen in der optimierten Konfliktlösung besser oder zumindest ebenso gut gewahrt sind wie ohne die Mediation. Dementsprechend gelingt es den Beteiligten bei einer erfolgreichen Mediation, soviel wechselseitiges Vertrauen aufzubauen, dass ihnen das „Versprechen" ausreicht, sich später um eine Umsetzung der ausgehandelten Vereinbarungen zu bemühen.

V. Phasen eines Mediationsverfahrens

24   Grundsätzlich werden **drei Stufen** des Mediationsverfahrens unterschieden[16]: die Phase vor den Verhandlungen, das eigentliche Aushandeln von Vereinbarungen und das Umsetzen der Übereinkunft.

1. Vorbereitungsphase

25   a) **Einschaltung eines Mediators.** Aushandlungsprozesse müssen zunächst initiiert werden. Den Anstoß hierfür gibt die Verwaltung ebenso wie Bürgerinitiativen oder ein Antragsteller. Bei der Beauftragung eines Mediators ist darauf zu achten, dass seine Neutralität von allen in den Konflikt verstrickten Parteien anerkannt wird.[17]

---

[15] Hierzu Rdnr. 18.
[16] Zu den Phasen eines Mediationsverfahrens *Ramsauer,* in: Breidenbach/Heussler, S. 167 ff.; vgl. auch § 16. Aus dem amerikanischen Schrifttum ausführlich *Susskind/Cruikshank,* Breaking the Impasse, S. 80 ff.
[17] *Sünderhauf,* Mediation bei der außergerichtlichen Lösung von Umweltkonflikten in Deutschland, S. 218; *Breidenbach,* Mediation: Struktur, Chancen und Risiken von Vermittlung im Konflikt, S. 169 ff.; *Fietkau,* Leitfaden Umweltmediation, S. 17 ff.

Anders als in den USA gibt es in Deutschland bisher noch keinen spezifischen Berufsstand der Konfliktvermittler bzw. Mediatoren. In der bundesdeutschen Praxis sind daher Professoren, Rechtsanwälte, Vertreter der Kirchen oder auch Umweltberatungsfirmen mit Konfliktmittleraufgaben betraut worden. Wesentlich ist, dass die Auswahl des neutralen Dritten im Verlauf des Verfahrens von den Teilnehmern bestätigt wird. Die Einschaltung des Mediators erfolgt bei Fehlen spezieller Regelungen durch den Abschluss eines privatrechtlichen Vertrages (vgl. oben Rdnr. 10)[18] mit dem Auftraggeber. Sinnvoll, aber rechtlich nicht notwendig ist es, dass der Vertrag mit den Hauptakteuren des Interessenkonflikts zustande kommt, um die Unabhängigkeit des Mediators zu stärken.

b) Auswahl der Verhandlungsteilnehmer. Es gehört zu den wichtigsten Aufgaben 26 des neutralen Mediators, alle Interessen, die von der Verwaltungsentscheidung beeinträchtigt sein können, zu identifizieren und geeignete Interessenvertreter für die Verhandlungen auszuwählen. Voraussetzung hierfür ist eine detaillierte Analyse der Konfliktlandschaft.[19] Die Identifizierung möglicher Verhandlungsparteien ist besonders schwierig, wenn die Verhandlungen – wie bei Planungsprozessen üblich – in einem frühen Konfliktstadium beginnen sollen. Soweit bereits organisierte Interessengruppen bestehen, können diese veranlaßt werden, Verhandlungsrepräsentanten zu nominieren. Es ist aber auch denkbar, dass der Mittler ad hoc Wahlen für einen örtlich abgegrenzten Personenkreis durchführen lässt oder Einzelpersonen für die Verhandlungen nominiert. Sinnvoll und für eine effiziente Durchführung notwendig ist eine Begrenzung der Verhandlungsrunde auf eine Teilnehmerzahl, die eine optimale Sacharbeit und Diskussion ermöglicht. Ideal dürfte eine Runde von nur sieben Teilnehmern sein. Es ist allerdings nicht immer möglich, die Runde derart klein zu halten.

c) Ausarbeitung von Verhandlungsspielregeln. Wenn die Teilnehmer des Verfah- 27 rens ermittelt wurden, muss in einem nächsten Schritt über den **Verhandlungsrahmen,** also die Inhalte, den zeitlichen Ablauf und die Verfahrensregeln Einigkeit erzielt werden.[20] Die wichtigste Aufgabe liegt für die Parteien darin, die für eine Konfliktlösung erforderlichen Fragestellungen zu entwickeln und die Reihenfolge ihrer Bearbeitung festzulegen. Hier werden wichtige Weichen gestellt. Der inhaltliche Rahmen muss nämlich so weit gezogen werden, dass genügend Spielraum für die Beteiligten zur Optimierung der Konfliktlösung besteht. Dies erfordert nicht selten schon von vornherein eine „Vergrößerung des Kuchens", also eine Ausdehnung des zu verhandelnden Konfliktbereichs bzw. eine Vernetzung von Problemen mit dem Ziel, für das Verhandlungspaket insgesamt eine intelligente Lösung zu erarbeiten, die allen Beteiligten entgegenkommt. Wenn sich allerdings einzelne Lösungswege bzw. Optimierungsmöglichkeiten gelegentlich erst im Laufe der Verhandlungen zeigen, muss der Verhandlungsrahmen u.U. später erweitert werden.

Das Verfahren sollte nach Möglichkeit so gestaltet werden, dass für die Parteien 28 **Anreize für eine zügige Verhandlungsführung** bestehen. Eine Festlegung der Verhandlungsdauer macht das gesamte Verfahren für die Parteien zeitlich kalkulierbar, verhindert eine Verzögerungstaktik und erhöht somit die Bereitschaft, teilzunehmen.

---

[18] Zur Einschaltung von Rechtsanwälten als Mediatoren vgl. OLG Karlsruhe NJW 2001, 3197.
[19] Hierzu ausführlich *Gaßner/Holznagel/Lahl*, Mediation, S. 40 ff.
[20] S. z.B. *Striegnitz* ZAU 1990, 51, 57; *Gans*, Mediation, Anhang, S. 45 f.

29   Weitere wichtige Fragen, über die vor Beginn der eigentlichen inhaltlichen Verhandlungen Einigkeit erzielt werden muss, betreffen **Verhaltenspflichten** der Partei-
en.[21] So sind vor allem zum Schutz des Vorhabenträgers Regelungen über Verschwiegenheitspflichten z.B. in Bezug auf Geschäfts- und Betriebsgeheimnisse zu
treffen. Ebenso wichtig ist die Klärung des Verhältnisses zu den Medien, um einen
fairen und gleichberechtigten Verhandlungsprozess zu garantieren. Schließlich müssen die Verhandlungsmodalitäten vereinbart werden, zu denen Absprachen über
den Ort, den Zugang der Öffentlichkeit, die Diskussionsleitung oder auch die Protokollierung der Verhandlungen gehören.

2. Durchführungsphase

30   **a) Rolle des Mediators.** Die Rolle des Mediators kann sehr unterschiedlich sein.
Das Spektrum reicht vom bloßen Verfahrenswalter, der für die tatsächlichen Voraussetzungen von Verhandlungen Sorge trägt, über den passiven Konfliktmittler,
der den Aushandlungsprozess lediglich moderiert, bis hin zum aktiven Mediator,
der nicht nur für einen zügigen und sachlichen Verlauf des Aushandlungsprozesses
sorgt, sondern darüber hinaus auch für die angemessene Berücksichtigung der beteiligten Interessen, für Sicherung von Parität und Waffengleichheit und den Ausgleich eines auftretenden Kompetenzgefälles[22]. Der Mediator sorgt in jedem Fall für
die angemessene **Dokumentation der Verhandlungen,** insbesondere die Führung eines Verhandlungsprotokolls. Dieses ist von besonderer Wichtigkeit, weil sonst die
Abschichtung von Teilaspekten des Konflikts nicht möglich ist. Sinnvoll ist auch die
Erstellung eines Abschlussberichts, dessen Funktion es insbesondere ist, die getroffene Vereinbarung transparent und plausibel zu machen sowie solche Gesichtspunkte aufzunehmen, die nicht Gegenstand der Vereinbarung geworden sind, auf
die sich die Teilnehmer aber gleichwohl geeinigt haben.

31   **b) Gemeinsame Beschaffung der erforderlichen Informationen.** Die Verhand-
lungsphase beginnt mit einer gemeinsamen Sammlung und Auswertung der für
die Lösung der anstehenden Probleme notwendigen Informationen. Soweit die
Verhandlungsteilnehmer nicht von sich aus zur Beantwortung der aufgeworfenen
Fragen in der Lage sind, müssen die erforderlichen Informationen mit Hilfe von
Arbeitsgruppen durch Anhörungen, die Heranziehung von Sachverständigen oder
Vertretern von Fachbehörden gewonnen werden. Der Konfliktmittler hat darauf zu
achten, dass Informationsungleichgewichte ausbalanciert werden. Zu diesem
Zweck wird häufig weniger finanzstarken Parteien die Möglichkeit eingeräumt, Un-
tersuchungen bei Gutachtern ihres Vertrauens in Auftrag zu geben.

32   **c) Problemlösungssuche.** Sobald sich die Parteien eine hinreichende Informati-
onsgrundlage erarbeitet haben, beginnen sie mit den eigentlichen Verhandlungen.
Ziel ist es, einen einvernehmlichen Interessenausgleich auszuhandeln. Es soll ein Ergebnis erzielt werden, bei dem sich alle Beteiligten – gemessen an ihrer Verhandlungsmacht – als Gewinner fühlen können und die Gesamtbilanz der berücksichti-
genden Interessen günstiger ist als bei einer gerichtlichen Streitentscheidung. Nur
dann lässt sich von einer win-win-Situation sprechen im Unterschied zu dem sog.

---

[21] *Gaßner/Holznagel/Lahl*, Mediation, S. 44 ff.
[22] Hierzu im einzelnen *Holznagel* Die Verwaltung 1989, 421.

Nullsummenspiel, bei dem jeder Vorteil des einen zugleich einen Nachteil für den anderen bedeutet.[23]

Eine Situation mit mehreren Gewinnern lässt sich nur herstellen, wenn sich die   33 Parteien in den Verhandlungen auf ihre (wirklichen) Interessen und nicht auf die von ihnen eingenommenen Positionen konzentrieren. Der Begriff der Position bezeichnet das durchzusetzende Verhandlungsergebnis, der des Interesses die dahinter stehenden Ziele und Gründe. Geht es z.B. einem Akteur darum, den Bau einer Straße zu verhindern, dann ist dies eine eingenommene Position. Dahinter liegen bestimmte Interessen, auf Grund derer man den Bau verhindern will, beispielsweise weil man als Anlieger Angst vor Lärm oder vor der möglichen Wertminderung des eigenen Grundstücks hat. Bei den Verhandlungen geht es um die Klärung der Frage, ob es bei Anerkennung des jeweiligen Interesses – also der Berechtigung des Schutzes vor Lärm, des Werterhalts und dergleichen – möglich ist, die Position – also die Verhinderung des Baus dieser Straße – zu verändern. So kann es Lösungsmöglichkeiten geben, bei denen den Interessen weitestgehend Rechnung getragen wird, die Position aber modifiziert werden kann. Hier kommen etwa eine Veränderung der Trassenführung der Straße, die Installation von Lärmschutzvorrichtungen bis hin zur Erstattung der Kosten einer Wohnsitzverlegung oder der Wertminderung in Betracht. Um Standortkonflikte mit Kommunen beizulegen, wird etwa in den USA beispielsweise die Zahlung von Geldleistungen ebenso vereinbart wie die Durchführung bzw. Finanzierung von neuen Infrastrukturmaßnahmen wie z.B. Schwimmbädern oder sonstigen sozialen Einrichtungen.[24]

Die Optimierung der Konfliktlösung erfordert nicht selten eine intelligente und   34 **kreative Vernetzung** von verschiedenen Problemkomplexen oder Sachverhalten, die zumeist umgangssprachlich als „Vergrößerung des Kuchens" bezeichnet wird. So kommt etwa in einem Konflikt um eine auf dem Nachbargrundstück befindliche störende Antennenanlage die Verlegung der Anlage vom Nachbargrundstück auf das Dach eines höheren Gebäudes in Betracht, wenn sich dadurch die Störungen bzw. Gefährdungen wesentlich verringern oder gänzlich vermeiden lassen. Ähnlich konnte ein Konflikt zwischen einem Gastwirt und dem Mieter einer unmittelbar über der Gastwirtschaft befindlichen Wohnung dadurch gelöst werden, dass zwischen Gastwirt und Mieter ein Tausch der Wohnungen vereinbart wurde. Bei Nachbarstreitigkeiten um Grenzgaragen konnte gelegentlich eine Lösung in der Errichtung einer gemeinsamen Garage für beide Nachbarn gefunden werden. Bei Eingriffen in Natur und Landschaft durch Bauvorhaben spielen Ausgleichs- und Ersatzmaßnahmen an anderen Stellen eine wichtige Rolle. Sie lassen sich kombinieren mit umweltschonenden Technologien, einer möglichst günstigen Anordnung der baulichen Anlagen auf dem Grundstück bis hin zu Flächentauschaktionen, also einer Art nachbarlicher Baulandumlegung. In Betracht kommen auch Optimierungen durch Nutzbarmachung der zeitlichen Dimension eines Konflikts. Lässt sich etwa absehen, dass sich ein Konflikt nach Ablauf einer bestimmten Zeitspanne erledigt oder wesentlich entschärft, dann kommen geeignete Übergangsregelungen in Betracht. So lassen sich die Konflikte bei der Beseitigung „wilder" Schrebergartenkolonien mitunter dadurch lösen, dass mit den Betroffenen ein Zeitplan für eine frei-

---

[23] Hierzu ausführlich *Gaßner/Holznagel/Lahl*, Mediation, S. 51 ff.
[24] *Susskind/Cruikshank*, Breaking the Impasse, S. 120 ff.

willige geordnete Räumung vereinbart wird, der auf die individuellen Verhältnisse der einzelnen Betroffenen Rücksicht nimmt. Bei Problemvernetzungen muss der Mediator allerdings stets den Aspekt der Umsetzbarkeit der Mediationsvereinbarungen im Auge haben. Ein zur Verwirklichung des Ergebnisses erforderlicher Verwaltungsakt muss auch ohne Verstoß gegen Rechtsvorschriften erlassen werden, ein etwa erforderlicher verwaltungsrechtlicher Vertrag ohne Verstoß gegen das Koppelungsverbot (vgl. Rdnr. 39) geschlossen werden können.

3. Umsetzungsphase

35   Sind die Pakete geschnürt, werden die Ergebnisse schriftlich niedergelegt und die Parteien unterzeichnen die so entstandene **Verhandlungsübereinkunft.**[25] Repräsentanten von Interessengruppen bedürfen hierzu regelmäßig der Zustimmung ihrer „Basis".[26] Damit Schwierigkeiten, die bei der praktischen Umsetzung der Verhandlungsergebnisse entstehen, zügig behoben werden können, werden für diesen Fall häufig gesonderte Abreden getroffen.[27] Denkbar ist, dass die Parteien für bestimmte Fälle eine Wiederaufnahme der Verhandlungen verabreden. Üblich ist auch die Vereinbarung eines Schlichtungs- bzw. Schiedsverfahrens, in dem z. B. abschließend über noch verbleibende Streitpunkte befunden wird.

36   Zur Umsetzung bedarf es sodann zumeist verschiedener Einzelmaßnahmen mit unterschiedlichen Akteuren. Soweit behördliche Genehmigungen erforderlich werden, muss ein hierauf gerichtetes Verwaltungsverfahren eingeleitet oder weitergeführt werden. Die Gegenleistungen der Bürgerseite wie z. B. ein Klageverzicht können vertraglich vereinbart werden. Typische Umsetzungsinstrumente für die Ergebnisse von Mediationsverfahren sind Nebenbestimmungen und vertragliche Vereinbarungen.

37   a) **Auflagen und andere Nebenbestimmungen.** Erfolgt die Umsetzung der Ergebnisse der Mediation durch den Erlass von Verwaltungsakten, so kann – wenn der Antrag des Vorhabenträgers nicht mehr modifiziert werden kann bzw. soll – den Ergebnissen zumeist durch den Erlass der erforderlichen Nebenbestimmungen Rechnung getragen werden. Ist z. B. eine Einigung darüber erzielt worden, mit welchen Maßnahmen schädliche Umwelteinflüsse eines Vorhabens reduziert oder gar beseitigt werden können, kann der Vorhabenträger hieran durch den Erlass einer entsprechenden Auflage gebunden werden[28]. Dabei sind allerdings die einschlägigen Bestimmungen über den Erlass von Nebenbestimmungen (z. B. §§ 36, 74 Abs. 4 VwVfG) zu beachten.

38   b) **Öffentlich-rechtliche Verträge.** In diesen und anderen Fällen kann der Abschluss von Verträgen weiterhelfen. Der Antragsteller kann sich zunächst gegenüber der Verwaltung vertraglich verpflichten, die von ihm gemachten Zugeständnisse zu erfüllen. Problematisch ist dann zumeist, was die Verwaltung als „Gegenleistung"

---

[25] *Holznagel,* Konfliktlösung durch Verhandlungen, S. 126 f., *Kopp/Ramsauer* VwVfG Einl. Rdnr. 91.
[26] *Sünderhauf,* Mediation bei der außergerichtlichen Lösung von Umweltkonflikten in Deutschland, S. 259 ff.
[27] *Gaßner/Holznagel/Lahl,* Mediation, S. 56 f.
[28] *Holznagel,* in: Becker-Schwarze/Köck/Kupka/v. Schwanenflügel, Wandel der Handlungsformen im Öffentlichen Recht, S. 114 f.

in Aussicht stellen darf. Häufig wird die Entscheidung allerdings durch einen Verwaltungsakt, nicht aber durch einen Vertrag getroffen. Hier kann dann die Verwaltung eine Art Verteilerrolle übernehmen, um die vom Antragsteller versprochenen Leistungen an die begünstigten Verhandlungsteilnehmer weiterzuleiten. Da die im Mediationsverfahren getroffene Übereinkunft als „Geschäftsgrundlage" der späteren Verwaltungsentscheidung zu werten ist, wird man sie wegen der engen Verknüpfung zu hoheitlichen Befugnissen im Regelfall dem öffentlichen Recht zuordnen müssen[29].

Bei der Vertragsgestaltung sind dann insbesondere die in §§ 59 Abs. 2 Nr. 4, 56   **39** Abs. 1 VwVfG festgelegten **Grenzen** für den Abschluss öffentlich-rechtlicher Austauschverträge zu beachten. So muss die Leistung des Antragstellers den gesamten Umständen nach angemessen sein, der Erfüllung der behördlichen Aufgaben dienen und für einen bestimmten Zweck vereinbart werden. Des Weiteren darf der Umsetzungsvertrag nicht gegen das Koppelungsverbot verstoßen. Das Gesetz spricht hier davon, dass „die Gegenleistung (...) im sachlichen Zusammenhang mit der vertraglichen Leistung der Behörde stehen" muss.

Nähere Auskunft über die Bedeutung der Intensität dieses Zusammenhangs geben   **40** Sinn und **Zweck des Koppelungsverbots:** Zum einen soll dieses Verbot der Gefahr entgegenwirken, dass die Behörde ihre Machtstellung ausnützt und ihre hoheitlichen Befugnisse ausdehnt, indem sie ihr Tun von einer nach dem geltenden Recht nicht vorgesehenen wirtschaftlichen oder sonstigen Gegenleistung abhängig macht[30]. Zum anderen dient das Verbot dazu, einen Verkauf von Hoheitsrechten zu vermeiden[31], durch den sich die Behörde zusätzliche Einnahmequellen erschließen und sich ungerechtfertigt bereichern könnte.

Werden die allgemeinen Regeln für die Durchführung von Mediationsverfahren   **41** beachtet, dürften Verstöße gegen das **Angemessenheitsgebot** und das Koppelungsverbot nicht zu besorgen sein. Ein Verstoß gegen das Gebot der Angemessenheit der Gegenleistung kann nicht eintreten, wenn der Mediator für einen fairen und offenen Aushandlungsprozess gesorgt hat. Probleme kann im Einzelfall das Koppelungsverbot bereiten, wenn die „intelligente Vernetzung" von Sachverhalten und Problemkomplexen zu einer Verkoppelung von disparaten Rechtsverhältnissen geführt hat. Allerdings wird bei der Beurteilung der Sachwidrigkeit einer Verkoppelung zu berücksichtigen sein, dass sie das Ergebnis eines lege artis abgelaufenen Mediationsverfahrens ist, welches zu der Optimierung einer Konfliktlösung führen sollte und im Erfolgsfall auch geführt hat. Der Aspekt der Optimierungsfunktion der Koppelung wird in der Regel die vorgenommene sachliche Verknüpfung rechtfertigen; ein Verstoß erscheint unter diesen Umständen deshalb wenig wahrscheinlich.

c) **Privatrechtliche Verträge.** Um die behördenunabhängigen Verhandlungsteil-   **42** nehmer wie z.B. Bürger, Bürgergruppen, die Standortgemeinde etc. an die Ergebnis-

---

[29] *Brandt,* in: Hoffmann-Riem/Schmidt-Aßmann, Konfliktbewältigung durch Verhandlung, Band 2, S. 246 f.; *Holznagel,* Konfliktlösung durch Verhandlungen, S. 66 u. 218 f. m. w. N.
[30] BVerwGE 42, 331, 342; BayVGH, BayVBl. 1982, 177, 178 f.; *Bonk,* in: Stelkens/Bonk/Sachs, VwVfG, § 56 Rdnr. 3; *Henneke,* in: Knack, VwVfG, § 56 Rdnr. 3; *Dombrowski,* Missbrauch der Verwaltungsmacht, S. 20 ff.
[31] BVerwGE 42, 331, 339 f.; *Kopp/Ramsauer,* VwVfG § 56 Rdnr. 16; *Bonk,* in: Stelkens/Bonk/Sachs, VwVfG, § 56 Rdnr. 3; *Henneke,* in: Knack, VwVfG, § 56, Rdnr. 3; *Holznagel,* Konfliktlösung durch Verhandlungen, S. 227 m. w. N.

se der Verhandlungen zu binden, kommt in erster Linie der Abschluss von Verträgen mit dem Antragsteller in Betracht. In diesen Vertragsverhältnissen kann ein Investor seine Leistungen grundsätzlich von den vereinbarten Gegenleistungen abhängig machen. Dies gilt auch für den in der Praxis nahe liegenden Fall, dass zwischen den Parteien ein Verzicht auf die gerichtliche Durchsetzung privater und öffentlich-rechtlicher Ansprüche gegen das geplante Vorhaben vereinbart wird (pactum de non petendo).

43   Rechtshindernde Einwendungen gegen einen nach zivilrechtlichen Vorschriften zu beurteilenden **Verzicht auf Rechtsbeihilfe** lassen sich weder aus § 134 BGB i.V.m. Art. 19 Abs. 4 GG[32] noch aus § 138 Abs. 1 BGB[33] begründen. Ein Verstoß gegen die guten Sitten ist schwer vorstellbar, wenn der Aushandlungsprozess lege artis durchgeführt worden ist.[34] In der Praxis kann natürlich selten sichergestellt werden, dass sich alle von der Verwaltungsentscheidung (nachteilig) Betroffenen einem solchen Klageverzicht anschließen. Es bleibt dann ein Risiko des Antragstellers, dass die Verwaltungsentscheidung (z.B. Genehmigung eines Vorhabens) gleichwohl angefochten und das Projekt in seiner Realisierung verzögert oder gar ganz verhindert wird.

VI. Mediation bei der Sachverhaltsermittlung

1. Vorzüge und Anwendungsfelder der Data Mediation

44   Verwaltungsentscheidungen, gerade im Umwelt-, Medizin- oder Lebensmittelsektor, zeichnen sich häufig dadurch aus, dass sie hochkomplex sind und auf eine Vielzahl von Beteiligten Auswirkungen haben können. Die Verwaltung steht damit vor erheblichen Schwierigkeiten, eine angemessene Sachaufklärung vorzunehmen. Neben den Unsicherheiten, unter denen diese Entscheidungen häufig getroffen werden müssen, entsteht das Problem, dass es kaum neutralen Sachverstand gibt, um die offenen Problemstellungen (z.B. Risikopotenziale) zu beurteilen. Zumeist lassen sich die verfügbaren Gutachter dem Lager einer Partei zurechnen; nicht selten haben sie schon Gutachtenaufträge von ihnen erhalten[35].

45   Es kann daher nicht verwundern, dass nahezu bei jeder anstehenden Verwaltungsentscheidung z.B. im Technikrecht, etwa im Bereich der Gentechnik, der Kernenergie und des Immissionsschutzes, die Validität der gutachterlichen Basis von irgendeiner interessierten Gruppierung angezweifelt wird. Die Folge sind endlose Gutachterstreitigkeiten, die schnell zu langjährigen Auseinandersetzungen ausarten können. Kennzeichen dieser Streitigkeiten ist überwiegend, dass die involvier-

[32] *Brandt,* in: Hoffmann-Riem/Schmidt-Aßmann, Konfliktbewältigung durch Verhandlungen, Band 2, S. 247; *Kunig,* in: Hoffmann-Riem/Schmidt-Aßmann, Konfliktbewältigung durch Verhandlungen, Band 1, S. 47. A.A. für den Rechtsmittelverzicht einer Bürgerinitiative im sogenannten Bergkamen-Fall (BGHZ 79, S. 131 ff.); *Frank,* Publizistik 1989, 290, 297.
[33] Vgl. BGHZ 79, 131 (141 f.); *Brandt,* in: Hoffmann-Riem/Schmidt-Aßmann, Konfliktbewältigung durch Verhandlungen, Band 2, S. 247; *Knothe* JuS 1983, 18 ff.
[34] Die Rechtsprechung des Bundesgerichtshofs eröffnet in der Bergkamen-Entscheidung weite Spielräume, vgl. BGHZ 79, 131, 139 f.
[35] Zu diesen Gutachterstreitigkeiten s. *Ozawa/Susskind,* in: Hoffmann-Riem/Schmidt-Aßmann, Konfliktbewältigung durch Verhandlungen, S. 177 ff.

ten Gutachter und die sie tragenden Gruppen gar nicht mehr miteinander reden, sondern dass der Verwaltung Kaskaden abweichender Stellungnahmen, Obergutachten etc. vorgelegt werden. Um die Gespräche wiederaufzunehmen und überhaupt zu einer konstruktiven wissenschaftlichen Diskussion zu kommen, kann die Einschaltung eines Mediators sinnvoll sein. Dies geschieht häufig unabhängig von einem konkreten Verwaltungsverfahren (selbstlaufende Mediation). Ein Beispiel für diese Vorgehensweise sind die Verhandlungen um den Hamburger Autobahn-Deckel[36], bei denen es gelungen ist, sich konsensual über die Höhe der voraussichtlichen Kosten einer Überdachung der BAB 7 im Stadtteil Altona sowie über Finanzierungsoptionen für dieses Projekt zu einigen. Die Gespräche wurden von Seiten der Politik als Reaktion auf die Forderungen einer Bürgerinitiative initiiert. Ein Antrag eines Vorhabenträgers oder ein konkreter Entscheidungsbedarf lag noch nicht vor.

Mediatoren können aber auch im Verlauf „normaler" Verwaltungsverfahren herangezogen werden, um bei der Bewältigung von Unsicherheiten und Auseinandersetzungen über die faktische Basis einer behördlichen Entscheidung zu helfen. Zu denken ist zunächst an den Einsatz eines Mediators bei der behördlichen Sachverhaltsermittlung nach §§ 24, 26 VwVfG (Rdnr. 47 ff.). Ein wichtiges Anwendungsfeld bietet ansonsten die Umweltverträglichkeitsprüfung, die bei einigen umweltgefährdenden Anlagen und Projekten vorgeschrieben ist (Rdnr. 51 ff.). **46**

2. Mediation bei der behördlichen Sachverhaltsermittlung (§§ 24, 26 VwVfG)

Regelungen, die eine Tatsachenermittlung zur Vorbereitung einer Verwaltungsentscheidung durch einen neutralen Dritten (in Form einer Delegation) oder gar explizit eine Data-Mediation vorsehen, gibt es im Verwaltungsverfahrensgesetz nicht. Das deutsche Verwaltungsverfahrensrecht ist vielmehr vom **Untersuchungsgrundsatz**[37] geprägt (§ 24 Abs. 1 VwVfG und die gleich lautenden Bestimmungen der Verwaltungsverfahrensgesetze der Länder). Danach ist es allein Aufgabe der zuständigen Behörde, den für „ihre Entscheidung maßgeblichen Sachverhalt von Amts wegen" aufzuklären. **47**

Im Hinblick auf die Festlegung des Umfangs der Sachaufklärung und – hier besonders relevant – der **Mittel,** derer sich die Behörde hierbei bedient, stehen ihr jedoch **Entscheidungsspielräume** zu. In § 24 Abs. 1 Satz 2 VwVfG heißt es lapidar, dass sie „Art und Umfang der Ermittlungen" selbst bestimmt. Sie ist nicht einmal an Beweisanträge der Beteiligten gebunden. Als Beweismittel kann sie sich aller Erkenntnisquellen bedienen, die sie nach **pflichtgemäßem Ermessen** zur Ermittlung des Sachverhalts für erforderlich hält (§ 26 Abs. 1 VwVfG)[38]. Beispielhaft gestattet ihr § 26 Abs. 1 Satz 2 VwVfG, Auskünfte jeder Art einzuholen, aber auch die Beteiligten anzuhören, Zeugen und Sachverständige zu vernehmen oder auch schriftliche Äußerungen von diesem Personenkreis einzuholen. **48**

Drohen zeit- und kostenaufwendige Ermittlungen, kann es im Interesse der Behörde und der Beteiligten liegen, einen Mediator einzuschalten. Die Einsetzung ei- **49**

---

[36] *Holznagel/Ramsauer,* Neue soziale Bewegungen 1997, 65 ff.
[37] *Kopp/Ramsauer,* VwVfG, § 24 Rdnr. 6 f.
[38] *Stelkens/Kallerhoff,* in: Stelkens/Bonk/Sachs, VwVfG, § 24 Rdnr. 25 ff.; *Kopp/Ramsauer,* VwVfG, § 24 Rdnr. 11 ff.

nes Mediators stellt sich aber nicht als Einsetzung eines Sachverständigen nach § 26 Abs. 1 Satz 2 Nr. 2 VwVfG dar. Vielmehr handelt es sich um eine **Sachverhaltsaufklärung** eigener Art. Sachverständige im Sinne dieser Vorschrift sind nämlich nur solche Personen, die der Behörde das ihr fehlende Fachwissen zur Beurteilung von Tatsachen vermitteln[39]. Selbst wenn der Mediator über besondere Sachkunde im Hinblick auf die zu beantwortenden Fachfragen verfügen sollte, wären seine Aufgabe und Funktion in einem Mediationsverfahren andere als die eines Sachverständigen. Im Übrigen ist es nicht selten von Vorteil, wenn der Mediator zwar über Qualifikationen im „Verfahrensmanagement" verfügt, für die im Streit befindlichen Sachfragen aber kein Fachmann ist. Die praktischen Erfahrungen mit der *Data-Mediation* zeigen, dass der neutrale Dritte Gutachter ins Gespräch (zurück-)holen und in einem Diskurs Einvernehmen über zuvor strittige empirische Grundlagen herstellen kann[40].

50   Die Einschaltung eines Mediators entbindet die Behörde nicht von der für das Verwaltungsverfahren aus § 24 VwVfG folgenden **Verantwortung** und der Verpflichtung, sich hinsichtlich des der Begutachtung unterworfenen Sachverhaltes und der (Diskussions-)Ergebnisse selbst eine Überzeugung zu bilden[41]. Die Feststellungen und Schlussfolgerungen, die in den „Verhandlungen" erarbeitet wurden, müssen von ihr eigenverantwortlich überprüft und nachvollzogen werden[42]. Die Mediationsergebnisse dürfen nicht einfach an die Stelle der gebotenen behördlichen Willensbildung und Entscheidung treten.

3. Mediation bei der Umweltverträglichkeitsprüfung

51   Im Rahmen einer nach dem UVPG durchzuführenden Umweltverträglichkeitsprüfung soll nach § 5 S. 1 UVPG die zuständige Behörde zunächst Gegenstand, Umfang und Methoden der Umweltverträglichkeitsprüfung sowie sonstige für die Durchführung der Umweltverträglichkeitsprüfung erhebliche Fragen mit dem Träger erörtern, sobald der Träger des Vorhabens sie über das geplante Vorhaben unterrichtet hat. Dieses sog. **Scoping-Verfahren**[43], das entsprechend dem jeweiligen Planungsstand und auf der Grundlage geeigneter, vom Träger des Vorhabens vorzulegender Unterlagen erfolgen soll, hat fakultativen Charakter und ist jenseits der Anforderungen des § 5 UVPG an keine Form gebunden[44]. Insoweit handelt es sich in der Praxis meist um informale Abstimmungsgespräche zwischen Vorhabenträger und Behörde[45].

52   Die Ausgestaltung des Verfahrens im Einzelnen liegt im pflichtgemäßen Ermessen der Behörde[46]. Nach § 5 S. 2 UVPG kann sie auch „andere Behörden, Sachverständige und Dritte" zu der Erörterung hinzuziehen. Eine frühzeitige Diskussion über

---

[39] *Stelkens/Kallerhoff*, in: Stelkens/Bonk/Sachs, VwVfG, § 26 Rdnr. 68; *Kopp/Ramsauer*, VwVfG, § 24 Rdnr. 27 m. w. N.

[40] *Holznagel/Ramsauer*, Neue Soziale Bewegungen 1997, 65 ff.

[41] *Stelkens/Kallerhoff*, in: Stelkens/Bonk/Sachs, VwVfG, § 26 Rdnr. 68; *Kopp/Ramsauer*, VwVfG, § 24 Rdnr. 32.

[42] *Kunig/Rublack* Jura 1990, 1, 5; *Kopp/Ramsauer,* VwVfG, § 24 Rdnr. 32.

[43] Vgl. *Erbguth/Schink*, UVPG, § 5 Rdnr. 1.

[44] *Erbguth/Schink*, UVPG, § 5 Rdnr. 7.

[45] Vgl. die Begründung des RegE, BR-Drucks. 335/88, S. 64.

[46] Begründung des RegE, BR-Drucks. 335/88, S. 65.

die anzufertigende Umweltverträglichkeitsprüfung empfiehlt sich in vielen Fällen, um einen möglichst breiten Konsens über die Sachverhaltsbasis der späteren Entscheidung über das beantragte Projekt zu erzielen. Gelingt dies nicht, besteht die Gefahr, dass in späteren Verfahrensphasen, z. B. in dem sich zumeist anschließenden Anhörungsverfahren, zeitraubend über die Notwendigkeit weiterer Gutachten gestritten wird.

Zeichnen sich derartige Konflikte ab, kann es sich nach dem Vorbild der *Data-Mediation* empfehlen, einen Mediator zu den Erörterungen hinzuzuziehen. In § 5 S. 2 UVPG findet sich hierzu auch eine rechtliche Grundlage. Unter den Begriff „Dritte" fällt nämlich auch der Mediator. Dies entspricht Sinn und Zweck des Scoping-Verfahrens. Dieser liegt in der optimalen Vorbereitung des Zulassungsverfahrens und soll seiner Akzeptanz, Vereinfachung und Beschleunigung dienen[47]. Dass der Gesetzgeber der Behörde bei der Ausgestaltung des Scoping-Verfahrens möglichst freie Hand lassen wollte, ergibt sich auch aus der Gesetzesbegründung. Hiernach soll es der zuständigen Behörde je nach Sachlage durch § 5 S. 2 UVPG ermöglicht werden, sich „bei der Erörterung des Vorhabens des Sachverstandes anderer Behörden oder externer Sachverständiger zu bedienen. Im Einzelfall kann schon in diesem frühen Planungsstadium sogar eine Unterrichtung der Öffentlichkeit über die Planungen zweckmäßig sein. Die verfahrensmäßige Ausgestaltung der Vorhabenerörterung liegt im pflichtgemäßen Ermessen der zuständigen Behörde. Von einer weiteren rechtlichen Formalisierung sieht die Vorschrift ab, um die Flexibilität des in § 5 geregelten Verfahrensschrittes zu erhalten und zu vermeiden, dass Vorhabenträger und Behörde in informale Vorgespräche ‚abgedrängt' werden."[48] 53

VII. Mediation bei der Zulassung lokal umstrittener Vorhaben

1. Vorzüge der Mediation und ihre Anwendungsfelder

Ein weites Anwendungsfeld für die Mediation bieten Verfahren zur Zulassung lokal umstrittener Vorhaben[49]. Zu nennen sind hier vor allem Konflikte um Standortentscheidungen für umweltrelevante Vorhaben wie Entsorgungsanlagen, Kraftwerke oder Industrieprojekte. Nicht nur Planung und Bau von Verkehrsanlagen (Bundesautobahnen, Eisenbahntrassen oder Flughafenanlagen) stoßen häufig auf den erheblichen Widerstand von Bürgern, die Wertverluste für ihre Grundstücke sowie Störungen und Gefahren für ihr Arbeits- und Wohnumfeld befürchten,[50] auch Genehmigungen zur Errichtung von größeren gewerblichen Bauvorhaben gehören hierher. Das Widerstandspotential ist bisweilen so stark, dass Planungen bereits frühzeitig wieder aufgegeben und Planungsprozesse abgebrochen werden, ohne dass es zu einer behördlichen Entscheidung in einem Verwaltungsverfahren überhaupt gekommen wäre. 54

---

[47] *Erbguth/Schink*, UVPG, § 5 Rdnr. 6.
[48] Begründung des RegE, BR-Drucks. 335/88, S. 65.
[49] S. die Fallstudien in *Claus/Wiedemann*, Umweltkonflikte, S. 27 ff., *Troja*, Umweltkonfliktmanagement und Demokratie, S. 227 ff. sowie die Dokumentation von *Jeglitza/Hoyer*, in: Zilleßen, Mediation: Kooperatives Konfliktmanagement in der Umweltpolitik, S. 137 ff.
[50] Hierzu *Württenberger* NJW 1991, 257 ff.

55   Die Ursachen für **mangelndes Problemlösungspotential** herkömmlicher Zulassungsverfahren sind vielfältig[51]. Hierzu zählen etwa der Umstand, dass die regulären Verfahren sich stark am bipolaren Modell des Genehmigungsverfahrens orientieren. Dritten wird hier keine angemessene Verfahrensrolle zugewiesen. Abgesehen von den eher seltenen Fällen der notwendigen Hinzuziehung (vgl. § 13 Abs. 2 S. 2 VwVfG) überlässt das Verwaltungsverfahrensrecht die Entscheidung über die Beteiligung anderer Dritter, deren rechtliche Interessen berührt werden, dem Ermessen der zuständigen Behörde. Für Organisation und Bündelung der beteiligten Drittinteressen hält das Verfahrensrecht Regelungen nur im Interesse der Verfahrensökonomie vor (vgl. z.B. §§ 17 ff. VwVfG). Das führt nicht selten dazu, dass in komplexen Verwaltungsverfahren eine Vielzahl von Bürgern als Einzelpersonen beteiligt werden müssen, wodurch die grundsätzliche Entscheidung mit einer Fülle untergeordneter Detailfragen überfrachtet wird. Schließlich eignen sich die überkommenen Verfahrensstrukturen kaum dazu, etwa einer Standortentscheidung die notwendige Akzeptanz aller Seiten zu verschaffen.

56   Diese Defizite herkömmlicher Zulassungsverfahren sind seit langem erkannt und kritisiert worden. Teilweise ist versucht worden, sie schlicht durch „Verschlankung" der Genehmigungsverfahren und Abbau von Verfahrenspositionen zu beheben[52]. Die Erfahrung zeigt indessen, dass derartige Strategien schon kaum geeignet sind, die erhoffte Beschleunigung herbeizuführen, bei der Herstellung von Integration und Akzeptanz wirken sie sich sogar negativ aus, weil die gegenläufigen Interessen noch stärker ausgeblendet werden. Die Mediation bietet hier die Möglichkeit, gerade mit einem umgekehrten Konzept Defizite herkömmlicher Verfahren auszugleichen oder jedenfalls deutlich zu verringern.

57   Im Folgenden sollen die Möglichkeiten für den Einsatz von Mediatoren in und im Zusammenhang mit ausgewählten Zulassungsverfahren untersucht werden. Es werden zunächst die Spielräume für Mediation in Hinblick auf das immissionsschutzrechtliche Genehmigungsverfahren (hierzu Rdnr. 58 ff.) untersucht. Sodann geht es um die Mediation bei baugenehmigungspflichtigen (hierzu Rdnr. 68 ff.) und planfeststellungsbedürftigen Vorhaben (hierzu Rdnr. 73 ff.).

2. Mediation im immissionsschutzrechtlichen Genehmigungsverfahren

58   **a) Vorzüge einer Mediation.** Das immissionsschutzrechtliche Genehmigungsverfahren ist in den letzten Jahren insbesondere wegen der Praxis bipolarer Vorverhandlungen der Kritik ausgesetzt gewesen. Empirische Studien hatten ermittelt, dass regelmäßig noch vor der Antragstellung umfangreiche Abklärungsprozesse zwischen Behörde und Vorhabenträger stattfinden[53]. Dies entspricht inzwischen sogar einer gesetzlichen Verpflichtung (vgl. § 71 c Abs. 2 VwVfG). Im Verlauf dieser Verhandlungen kommt es nicht selten bereits zu einer Einigung über die zentralen Bedingungen der Projektrealisierung. Die Folge ist, dass das später vorgesehene (Bürger-)Beteiligungsverfahren zu einer bloßen Pflichtübung wird. Umfragen haben

---

[51] S. nur die empirische Untersuchung von *Müller/Holst*, Raumordnung und Abfallbeseitigung, S. 351 ff.
[52] *Bullinger* JZ 1999, 1129 ff.; *Jäde* UPR 1996, 361 ff.; *Stüer* DVBl. 1997, 326 ff.
[53] *Tomerius*, Informelle Projektabsprachen im Umweltrecht, S. 37 ff.; *Hucke/Müller/Wassen*, Implementation kommunaler Umweltpolitik; *Bohne*, Der informale Rechtsstaat, S. 50.

gezeigt, dass diese Verfahrensgestaltung eine wichtige Ursache für den wachsenden Widerstand gegen Standardentscheidungen bildet.

Die Einschaltung eines Mediators eröffnet die Möglichkeit, bipolare Vorverhandlungen in multipolare Aushandlungsprozesse zu überführen[54]. Ziel ist es, die Flexibilität informeller Vorgehensweisen zu erhalten, gleichwohl aber für eine effiziente und frühzeitige Einbeziehung von Drittinteressen zu sorgen. In rechtlicher Hinsicht lässt sich hierdurch die Qualität der späteren Entscheidung verbessern, rechtspolitisch die Akzeptanz der späteren Verwaltungsentscheidung steigern.

b) Möglichkeiten des Einsatzes von Mediatoren. *aa) Vor Antragstellung, insbe-* 59 *sondere nach § 71 c Abs. 2 S. 1 Nr. 3 S. 2 VwVfG.* Mit der Beschleunigungsnovelle aus dem Jahre 1998 (§§ 71 a ff VwVfG) sind die Möglichkeiten für eine Beteiligung der vom Vorhaben betroffenen Bürger und Interessengruppen schon im Vorfeld förmlicher Genehmigungsverfahren rechtlich abgesichert worden. Diese Vorschriften sind nach § 71 a VwVfG anwendbar, wenn das Verwaltungsverfahren die Erteilung einer Genehmigung zum Ziel hat, die der Durchführung von Vorhaben im Rahmen einer wirtschaftlichen Unternehmung des Antragstellers dient. Bei Vorhaben, die einer Genehmigung nach dem Bundesimmissionsschutzgesetz bedürfen, ist dies regelmäßig der Fall.

In § 71 c VwVfG, wie auch in § 2 Abs. 2 9. BImSchV, wird die Genehmigungsbe- 60 hörde verpflichtet, Auskunft über die Möglichkeiten zur Verfahrensbeschleunigung zu geben und insbesondere bei der Antragstellung behilflich zu sein. Die Behörde erörtert, soweit erforderlich, mit dem zukünftigen Antragsteller u. a., welche Nachweise und Unterlagen von ihm zu erbringen sind oder welche sachverständigen Prüfungen im Genehmigungsverfahren anerkannt werden können. Andere Behörden und, soweit der zukünftige Antragsteller zustimmt, Dritte können von der Behörde zu diesem Treffen hinzugezogen werden. Im Schrifttum ist anerkannt, dass zu dem Kreis der Dritten mögliche sachverständige Prüfer und auch diejenigen Bürger zu rechnen sind, die auch am späteren Genehmigungsverfahren zu beteiligen sind[55].

Auch **Mediatoren** fallen unter den Begriff des **Dritten**[56]. Im Rahmen der vorgezo- 61 genen Erörterung nach § 71 c Abs. 2 VwVfG könnte daher auch ein Mediator eingeschaltet werden. Ob sich dies empfiehlt, hängt davon ab, welche Auswirkungen dies auf Effizienz und Zügigkeit des Verfahrens insgesamt hat. Sinnvoll erscheint dies, wenn mit erheblichen Widerständen gegen das Vorhaben zu rechnen ist. Zwar können drittunterstützte Verhandlungen und Beteiligungsverfahren in einer frühen Phase Zeit kosten. Der Zeitaufwand kann sich aber lohnen, wenn nach erfolgreicher Mediation mit einem zügigen und wenig kontroversen Genehmigungsverfahren zu rechnen ist. Die Entscheidung über ein Mediationsverfahren in diesem Stadium erfordert deshalb eine sorgfältige Konfliktanalyse und Einvernehmen mit dem Investor.

Wird die Mediation noch vor der Antragstellung initiiert und wird eine Ver- 62 handlungslösung erzielt, besteht die Gefahr, dass auf Grund der entstehenden

---

[54] Zu diesem Anknüpfungspunkt von Mediation im Kontext der Streitigkeiten um die Ansiedlung lokal unerwünschter Anlagen s. *Holznagel* IUR 1990, 37.
[55] *Seegmüller,* in: Obermayer, VwVfG, § 71 c, Rdnr. 17; *Bonk,* in: Stelkens/Bonk/Sachs, VwVfG, § 71 c, Rdnr. 27; *Clausen,* in: Knack, VwVfG, § 71 c, Rdnr. 17 beschränkt den Personenkreis auf diejenigen, die von dem Vorhaben in ihren rechtlichen Interessen berührt sind.
[56] So auch schon die Wertung bei § 5 UVPG.

(faktischen) Bindungen das spätere Beteiligungsverfahren unterlaufen und die hiermit angestrebten Ziele (Informationsbeschaffung, Interessenoptimierung, Akzeptanzsicherung, etc.) verfehlt werden. Soweit es aber gelingt, für den Funktionsverlust des förmlichen Beteiligungsverfahrens Kompensation zu leisten, erscheint dies hinnehmbar. Der Gesetzgeber hat diese Kompensationsmöglichkeit im Hinblick auf immissionsschutzrechtliche Genehmigungsverfahren ausdrücklich anerkannt. Denn Gegenstand der Erörterungen der Antragsberatungen soll auch sein, „in welcher Weise die Beteiligung Dritter oder der Öffentlichkeit vorgezogen werden kann, um das Genehmigungsverfahren zu entlasten"[57].

63   Als **kompensatorische Maßnahme** im Verlauf von Mediationsverfahren wird man fordern müssen, dass jedenfalls vor Unterzeichnung der Verhandlungsübereinkunft und dem Entstehen faktischer Bindungen eine Anhörung der Bürger und der zu beteiligenden Behörden durchgeführt werden muss. Im Hinblick auf die Art und Weise der Anhörung sollte dem Mediator ein hinreichender Entscheidungsspielraum zustehen. So ist es z. B. denkbar, dass öffentlich über die Verhandlungen informiert wird und eine Erörterung der wichtigsten Ergebnisse stattfindet. Auch kann den Bürgern die Möglichkeit eingeräumt werden, sich schriftlich zu den bisherigen Plänen des späteren Antragstellers zu äußern. Die vorgetragenen Informationen können eine wichtige Ressource sein, um in den Verhandlungen alle relevanten Belange zu berücksichtigen. Die Beteiligung kann zudem beliebig wiederholt werden, sich auf bestimmte Personenkreise beziehen oder auch strittige Themen auf verschiedenen Veranstaltungen abschichten.

64   *bb) Außerhalb und innerhalb des Erörterungstermins.* Die drittunterstützten Aushandlungsprozesse können auch nach Antragstellung parallel zum Genehmigungsverfahren fortgeführt werden. Soweit keine besonderen Vorschriften für das Genehmigungsverfahren einschlägig sind, fordern die dann anwendbaren §§ 9, 10 VwVfG, dass es einfach, zweckmäßig und zügig durchzuführen ist. Die Verwaltung ist damit grundsätzlich frei, auf die Mediation zurückzugreifen. Als verfahrensrechtlicher Ansatzpunkt kann hier der nach § 10 Abs. 6 BImSchG obligatorische Erörterungstermin dienen. Hier kann die Durchführung der gesamten Erörterung einem Mediator als einem neutralen Dritten übertragen werden; möglich ist aber auch die Durchführung von Konfliktmittlungsverfahren als Subprozesse des Erörterungstermins (vgl. Rdnr. 66).

65   Der Verhandlungsleiter des Erörterungstermins muss gem. § 18 Abs. 1 BImSchV ein Vertreter der Genehmigungsbehörde sein. Dies ist dahin zu verstehen, dass die Genehmigungsbehörde den Verhandlungsleiter bestimmt[58]. Eine (spontane) Wahl des Versammlungsleiters aus der Mitte der Versammlung ist unzulässig[59]. Der Verhandlungsleiter darf weder beteiligt i. S. v. § 20 VwVfG noch befangen i. S. v. § 21 VwVfG sein. Da die Genehmigungsbehörde regelmäßig schon mit dem Antragsteller einen intensiven Kontakt aufgebaut hat, ist zu empfehlen, die Verhandlungsleitung einem unabhängigen Dritten zu übertragen. Soweit sich dies im konkreten Verfahren als sinnvoll erweist, kann mit dieser Aufgabe auch ein bereits zuvor eingeschalteter Mediator betraut werden. Dessen Position und Rolle verändert sich

---

[57] § 71 c Abs. 2 Nr. 3 VwVfG. S. auch § 2 Abs. 2 Nr. 4 9. BImSchV.
[58] *Jarass,* BImSchG, § 10 Rdnr. 84.
[59] *Jarass,* BImSchG, § 10 Rdnr. 84.

dadurch aber, wenn er hier als „Beauftragter" der Behörde handelt. Insbesondere ist er an die für sie geltenden rechtlichen Vorgaben gebunden. Der Mediator wird deshalb darauf zu achten haben, dass seine „Nähe zur Behörde" nicht zu groß wird, da er sonst Vertrauen verspielt und seine Neutralität aufs Spiel setzt.

Kommt es im Erörterungstermin zu besonderen Auseinandersetzungen zwischen dem Antragsteller und einzelnen Einwendern über spezielle Fragen, so kann es sich empfehlen, diese Diskussion in eine gesonderte, erforderlichenfalls auch mittlerunterstützte Verhandlungsrunde zu verlagern und das dort erzielte Verhandlungsergebnis in den Erörterungstermin einzuführen. Zur Durchführung derartiger **Subprozesse** muss der Erörterungstermin selbst nicht unbedingt unterbrochen werden. Denkbar ist es auch, die Lösung einzelner spezieller Konflikte in einem dem Erörterungstermin nachfolgenden Mediationsverfahren zu versuchen. Allerdings dürfen durch die drittunterstützten Verhandlungen – auch in diesem Verfahrensabschnitt – nicht die Vorschriften über das Beteiligungsverfahren unterlaufen werden[60]. Dieser Gefahr kann dadurch begegnet werden, dass der Rahmen für die nachfolgende Teilmediation bereits im Erörterungstermin abgesteckt wird.

c) Besonderheiten bei der Implementation. Wird die Mediation noch vor dem Beginn des förmlichen Genehmigungsverfahrens erfolgreich abgeschlossen, werden ihre wesentlichen Ergebnisse regelmäßig in den Antrag einfließen können. Antrag und Unterlagen werden vom Antragsteller in veränderter Form bei der Behörde eingereicht. Soweit das Verfahren erst nach Antragstellung beginnt oder fortgeführt wird und eine Modifizierung des Antrags vermieden werden soll, kann im Einzelfall auch der Erlaß von Nebenbestimmungen in Betracht kommen, um Teile der Verhandlungslösung umzusetzen. Auflagen dürfen jedoch im immissionsschutzrechtlichen Genehmigungsverfahren nur erlassen werden, wenn sie erforderlich sind, um die Erfüllung der Voraussetzungen der Genehmigung sicherzustellen (§ 12 Abs. 1 BImSchG). Anders als dies bei Planungsentscheidungen[61] der Fall ist, darf die Behörde ihre Entscheidung nicht auf Basis einer umfassenden Interessenabwägung treffen, sondern muss die Genehmigung bei Vorliegen der Tatbestandsvoraussetzungen erlassen (sog. Unternehmensgenehmigung). Im Übrigen können die Verhandlungsparteien, in dem bereits aufgezeigten Rahmen durch Verträge oder informelle Absprachen an die Mediationsergebnisse gebunden werden.

3. Mediation bei sonst genehmigungspflichtigen Bauvorhaben

a) Geeignete Grundkonstellationen für den Einsatz eines Mediators. Auch bei Konflikten in Bezug auf Vorhaben, für die das geltende Recht eine schlichte Genehmigungspflicht (z.B. eine Baugenehmigung, wasserrechtliche Genehmigung, naturschutzrechtliche Genehmigung) vorsieht, kommt die Einschaltung von Mediatoren in Betracht. Sinnvoll ist dies typischerweise nur, wenn der Konflikt eine gegenüber den Standardkonstellationen höhere Komplexität hat. Diese kann darauf beruhen, dass eine größere Zahl von Personen ein eigenes Interesse am Ausgang des Konflikts hat, ferner darauf, dass eine angemessene Lösung des Konflikts in sachlicher oder rechtlicher Hinsicht besonders kompliziert ist und stark differenzierte

---

[60] Hierzu sogleich unter Rdnr. 67.
[61] Hierzu sogleich im Hinblick auf die Planungsentscheidungen, Rdnr. 73 ff.

Überlegungen erfordert, schließlich darauf, dass sich der Konflikt für eine „**Paket-lösung**" eignet, bei der andere, an sich von dem umstrittenen Rechtsverhältnis unabhängige Fragen bzw. Probleme einbezogen werden. Für die erste Fallgruppe können **Nachbarstreitigkeiten** als Beispiel dienen, für die zweite solche Vorhaben, die komplizierte Gefahrenabschätzungen erfordern oder sich rechtlich nur mit Hilfe weitreichender Ausnahmen und Befreiungen sowie unter Erteilung von im Einzelnen umstrittenen Nebenbestimmungen verwirklichen lassen. Die dritte Fallgruppe umfasst u. a. solche Fälle, in denen die – rechtlich möglicherweise sogar einfache oder nahe liegende – Lösung der bestehenden Interessenlage nicht gerecht wird und als unangemessen empfunden wird. Hier kann ein Mediationsverfahren den Weg zu „sozialverträglichen" alternativen Lösungen oder flankierenden Maßnahmen weisen, bei dem der Konflikt in einem größeren Kontext gesehen und gelöst wird. Meist wird es sich dabei um Neuordnungs- oder Kompensationslösungen handeln.

69   **b) Vorlaufende oder mitlaufende Mediation.** Zum Einsatz eines Konfliktmittlers vor dem Beginn eines konkreten Verwaltungsverfahrens wird es aus praktischen Gründen nur dann kommen, wenn die Akteure die besondere Konfliktträchtigkeit des Vorhabens schon im Frühstadium erkennen und sich deshalb von der bloßen Durchführung eines regulären Verwaltungsverfahrens allein keinen Erfolg, d. h. keine angemessene Berücksichtigung ihrer Interessen versprechen. Das Verfahren nach § 71 c Abs. 2 VwVfG eröffnet die Chance, den Konflikt frühzeitig zu analysieren und einen Mediator einzuschalten, bevor von einzelnen Interessenträgern Gegenpositionen aufgebaut worden sind, deren spätere Überwindung schon aus emotionalen Gründen meist schwierig ist.

70   Entschließen sich die Akteure zu einer Mediation noch vor dem Beginn des Verwaltungsverfahrens, so ist auf die **Implementationsfähigkeit** des Ergebnisses bereits bei der Ausgestaltung des Mediationsverfahrens und der Auswahl der Beteiligten Rücksicht zu nehmen. Das bedeutet, dass die am nachfolgenden Verwaltungsverfahren voraussichtlich Beteiligten (§ 13 VwVfG) auf geeignete Weise in das Verfahren einbezogen werden müssen, um die spätere Verwaltungsentscheidung nicht dem Vorwurf einer unzulässigen Vorabbindung auszusetzen. Das bedeutet nicht, dass alle nach § 13 VwVfG zwingend oder potentiell Beteiligten auch in einem Mediationsverfahren beteiligt werden müssten. Ausreichend ist vielmehr, dass ihnen bereits in diesem vorgelagerten Stadium Gelegenheit gegeben wird, ihre Interessen zu artikulieren. Dies ist ggfs. in den Protokollen oder im Abschlussbericht zu dokumentieren.

71   Die sog. mitlaufende Mediation findet während eines bereits nach § 22 VwVfG eingeleiteten Verwaltungsverfahrens statt. Bis zum Erlass des Verwaltungsakts bzw. zum Abschluss eines verwaltungsrechtlichen Vertrages ist die parallele Durchführung eines Mediationsverfahrens grundsätzlich möglich. Eine förmliche Aussetzung des Verfahrens, die gem. § 10 VwVfG im Ermessen der Behörde steht, ist grundsätzlich nicht erforderlich, kann aber sinnvoll sein, um den Teilnehmern der Mediation einen gesicherten zeitlichen Spielraum für die Verhandlungen zu geben. Die Behörde ist rechtlich nicht verpflichtet, sämtliche bereits gewonnenen Ergebnisse ihrer Ermittlungen zur Verfügung zu stellen. Es wird sich aber im Rahmen der vertrauensvollen Zusammenarbeit unter den Teilnehmern der Mediation i. d. R. als

sinnvoll erweisen, dies zu tun, auch um anderenfalls erforderlichen zusätzlichen Ermittlungsaufwand zu vermeiden.

Auch bei der mitlaufenden Mediation ist auf die spätere Implementierbarkeit der 72 Ergebnisse Rücksicht zu nehmen. Es ist grundsätzlich nicht erforderlich, dass alle Beteiligten (vgl. § 13 VwVfG) des Verwaltungsverfahrens zugleich am Mediationsverfahren teilnehmen. Allerdings darf sich der Ausschluss einzelner Beteiligter aus dem Mediationsverfahren nicht als Verstoß gegen den allgemeinen Grundsatz des fairen Verfahrens darstellen. Das bedeutet, dass es für den Ausschluss von der Teilnahme sachliche Gründe geben muss. Derartige Gründe können z.B. darin liegen, dass die Mediation einen Problemaspekt betrifft, der nur einzelne Beteiligte betrifft, oder auch in der für das Mediationsverfahren notwendigen Begrenzung der Zahl der Verhandlungsteilnehmer. Im zuletzt genannten Fall ist nach Möglichkeit Einvernehmen unter den Beteiligten (§ 13 VwVfG) darüber herzustellen, wer von ihnen am Mediationsverfahren teilnimmt und wer ggfs. durch andere Teilnehmer repräsentiert wird. Im Übrigen besteht die Verpflichtung, sicherzustellen, dass denjenigen, die nicht zugleich Teilnehmer der Mediation sind, in ausreichendem Maße rechtliches Gehör gewährt wird. Dazu gehört nicht nur, dass sie überhaupt angehört werden, sondern auch, dass sie Gelegenheit haben, zu den Grundzügen der im Mediationsverfahren verhandelten Konfliktlösungsvorstellungen Stellung zu nehmen, soweit sie von diesen Plänen in ihren eigenen rechtlichen Interessen betroffen sein könnten.

4. Mediation bei planfeststellungsbedürftigen Vorhaben

Die praktisch wohl wichtigste Rolle spielt die Mediation zur Konfliktlösung bei 73 der Durchführung planfeststellungsbedürftiger Vorhaben. Hier treffen die oben[62] beschriebenen Aspekte besonderer Komplexität typischerweise zusammen, nämlich eine Vielzahl von Betroffenen mit unterschiedlichen Interessen, eine Vielzahl von beachtlichen Rechtsvorschriften und abwägungserheblichen Belangen sowie die Notwendigkeit von Paketlösungen mit der Möglichkeit intelligenter Entscheidungsalternativen. Eine Mediation ist hier auf verschiedenen Verfahrensstufen möglich: Zunächst kommt die Phase der Umweltverträglichkeitsprüfung für eine Mediation in Betracht,[63] sodann die Phase des Anhörungsverfahrens (§ 73 VwVfG), bei der zwischen der Mediation innerhalb und außerhalb des Erörterungstermins unterschieden werden kann.

a) **Mediation innerhalb des Erörterungstermins.** In einem Planfeststellungsverfah 74 ren sind die innerhalb der gesetzten Frist eingegangenen Einwendungen mit den Betroffenen, dem Träger des Vorhabens und den Behörden zu erörtern (§ 73 Abs. 6 VwVfG). Hierfür ist i.d.R. eine mit der Planfeststellungsbehörde nicht identische Anhörungsbehörde zuständig. Diese gibt zu dem Ergebnis der Anhörung eine Stellungnahme ab (§ 73 Abs. 9 VwVfG). Im Rahmen dieses Anhörungsverfahrens kommt der Einsatz von Mediatoren in Betracht. Insofern gelten die zum Einsatz von Mediatoren im Genehmigungsverfahren nach dem BImSchG gemachten Ausführungen entsprechend.[64] Denkbar ist nicht nur die Übertragung der Leitung der

---

[62] Siehe oben Rdnr. 68.
[63] Siehe hierzu oben Rdnr. 51.
[64] Siehe hierzu oben Rdnr. 64.

gesamten Anhörung auf einen neutralen Dritten[65] im Interesse einer Professionalisierung, sondern auch die Schaffung von einzelnen Untergruppen mit dem Ziel einer Teilmediation in Unterverhandlungen (sog. Subprozessen). Zu beachten ist, dass die Anhörungsbehörde als solche nicht über irgendwelche Kompetenzen in Bezug auf die Planung verfügt. Soll es zu einer Vereinbarung mit faktischer Bindungswirkung auf den späteren Planfeststellungsbeschluss kommen, so muss deshalb die Planfeststellungsbehörde selbst an den Verhandlungen beteiligt werden. Etwas anderes gilt nur, wenn auf Grund interner Absprachen damit zu rechnen ist, dass die Planfeststellungsbehörde die mit der Anhörungsbehörde getroffenen (rechtlich unverbindlichen) Vereinbarungen übernehmen wird.

75   **b) Mediation außerhalb des Erörterungstermins.** Grundsätzlich ist die Planfeststellungsbehörde rechtlich nicht gehindert, die Konfliktlösung für ein planfeststellungsbedürftiges Vorhaben auch außerhalb des förmlichen Planfeststellungsverfahrens, insbesondere außerhalb des Erörterungstermins zu suchen. Die maßgeblichen verfahrensrechtlichen Bestimmungen schließen das nicht aus; sie verlangen aber zwingend, dass dies nicht zu einer Umgehung der verfahrensrechtlichen Sicherung von betroffenen Positionen der Beteiligten und der Allgemeinheit führt. Anhörung und Erörterung dürfen nicht zur Farce werden, weil hinter den Kulissen bereits von einigen Interessenten eine Konfliktlösung im Rahmen eines Mediationsverfahrens ausgehandelt worden ist. Dies bedeutet für die Ausgestaltung und Durchführung eines Mediationsverfahrens, dass eine sinnvolle Einbeziehung aller Interessenvertreter vorgesehen werden muss, und zwar entweder durch die Beteiligung von Repräsentanten einzelner Interessengruppen oder mit Hilfe der Durchführung eines selbständigen vorgezogenen Anhörungsverfahrens, sofern ein solches nicht schon im Rahmen einer Umweltverträglichkeitsprüfung stattgefunden hat.

76   Finden Verhandlungen unter Leitung eines Mediators mit nur einem Teil der Betroffenen außerhalb des Erörterungstermins statt, so ist stets zu prüfen, ob die dort vereinbarten Ergebnisse zu einer relevanten **Änderung des Planentwurfs** führen müssen. Ist dies der Fall, so ist u. U. das Verfahren nach § 73 Abs. 8 VwVfG durchzuführen, d. h. es muss den Betroffenen erneut Gelegenheit zur Stellungnahme gegeben werden, falls sich die Ergebnisse der Mediation auf den Aufgabenbereich von Behörden oder Belange nicht am Mediationsverfahren beteiligter Dritter stärker als bisher auswirken.

77   **c) Die Implementationsfähigkeit von Mediationsergebnissen.** Ein wesentliches Problem stellt die Übernahmefähigkeit der Ergebnisse einer erfolgreichen Mediationsverhandlung in das reguläre Planfeststellungsverfahren dar. Zwar verfügt die Planfeststellungsbehörde über einen planerischen Gestaltungsspielraum; sie ist also im Regelfall nicht verpflichtet, den Planfeststellungsbeschluss antragsgemäß zu erlassen. Sie muss bei der Ausübung ihres Planungsermessens aber eine Fülle von gesetzlichen Vorgaben beachten oder berücksichtigen. Im Zentrum dieser Vorgaben steht das planungsrechtliche Abwägungsgebot, welches die zuständige Behörde dazu verpflichtet, die planerische Abwägungsentscheidung eigenverantwortlich und fehlerfrei zu treffen. Faktische Vorabbindungen durch die in einem Mediationsver-

---

[65] In diesem Fall wird der Leiter der Anhörung allerdings anders als ein Normalfall (vgl. oben Rdnr. 10) öffentlich-rechtlich tätig, weil er hier eine hoheitliche Funktion im Rahmen des Planfeststellungsverfahrens ausübt.

fahren getroffenen Vereinbarungen können dazu führen, dass sich die Entscheidung der Behörde nicht als Ergebnis einer freien, eigenverantwortlichen Abwägung darstellt, sondern nur als Umsetzung von Verhandlungsergebnissen[66]. Von einer Abwägungsentscheidung im Rechtssinne kann dann keine Rede mehr sein. Auch besteht die Gefahr materieller Planungsfehler, z.B. von Abwägungsdefiziten, Abwägungsfehleinschätzungen oder der Abwägungsdisproportionalität, wenn ein Mediationsergebnis übernommen wird, welches nicht selbst sämtliche Anforderungen des Abwägungsgebots materiell erfüllen würde.

Um die drohende Fehlerhaftigkeit einer Planungsentscheidung bei Übernahme 78 von Mediationsergebnissen zu vermeiden, muss das Mediationsverfahren in formeller wie in materieller Hinsicht auf die spätere Implementationsfähigkeit der Ergebnisse Rücksicht nehmen. In Ansätzen hat die Rechtsprechung die Anforderungen formuliert, die insoweit erfüllt sein müssen.[67] In formeller Hinsicht setzt dies voraus, dass die Planfeststellungsbehörde an der Aushandlung der Mediationsergebnisse beteiligt war und diese als wesentliche Elemente des Abwägungsprozesses ansieht. In materieller Hinsicht kommt es darauf an, dass das Ergebnis der Mediation seinerseits vor den Anforderungen des Abwägungsgebots Bestand haben kann, d.h. seinerseits eine ausgewogene und sämtliche maßgeblichen Gesichtspunkte angemessen berücksichtigende Planung darstellt. In diesem Zusammenhang kommt nicht nur dem Inhalt der Vereinbarung im Mediationsverfahren Bedeutung zu, sondern auch den Protokollen und dem Abschlussbericht, weil diese erst die Nachvollziehbarkeit der Vereinbarung sicherstellen. Geht es bei der Mediation nur um Teilaspekte einer Planung, so müssen sich diese Anforderungen auf die erfassten Teilaspekte beziehen.

VIII. Mediation im Rahmen der Bauleitplanung

1. Vorzüge einer Mediation in der Bauleitplanung

Eine veränderte Nutzung von Grundstücken im innerstädtischen Bereich oder gar 79 die Ausweisung ganzer Stadtteile für bestimmte Bauweisen können erfahrungsgemäß erhebliche Konflikte mit den hiervon nachteilig Betroffenen verursachen. Im Bereich der Stadtplanung gibt es daher traditionell intensive Diskussionen darüber, wie diese Streitigkeiten bewältigt werden können. Es ist daher intensiv mit Planungszellen[68] und ähnlichen Formen einer frühzeitigen und fairen Beteiligung der Bürger experimentiert worden. Auch über den Einsatz von neutralen Dritten gibt es schon seit einigen Jahren eine intensive Debatte. In den 70er Jahren ist vor allem für den sog. Anwaltsplaner[69] votiert worden. Dieser ist mit einer Art Zwitterrolle betraut: Er muss sowohl den behördlichen Planungsprozess vorantreiben als auch die Interessen der Bürger hierbei vertreten. In der Praxis hat sich der Anwaltsplaner jedoch nicht bewährt, da er es keiner Seite recht machen konnte. Im amerikani-

---

[66] Im Falle unzulässiger Vorabbindungen der Behörde liegt ein Abwägungsausfall vor; vgl. BVerwGE 45, 309, 317 – Flachglas; ferner *Kopp/Ramsauer* VwVfG § 74 Rdnr. 54 ff.
[67] BVerwGE 45, 309, 317 – Flachglas; 75, 214 – Flughafen München II.
[68] *Dienel*, Die Planungszelle.
[69] *Brech/Greiff*, Anwaltsplanung, S. 40 f. u. 150 ff.; *Pieroth* DÖV 1977, 659 ff.

schen Schrifttum ist daher vorgeschlagen worden, verstärkt Mediatoren einzuset-zen[70]. Von ihnen wird gerade keine Parteilichkeit, sondern faires Verfahrensmana-gement und ein Blick für eine angemessene Interessenbalancierung erwartet.

80   Da von raumbezogenen Planungen, insbesondere im gemeindlichen Bereich, typi-scherweise eine Großzahl von Personen und Interessen betroffen sind und sich der Grad der Betroffenheit im Verlauf des Planungsprozesses stark verändern kann, können sich Identifizierung der an den Verhandlungen beteiligten Interesse wie auch Auswahl von glaubhaften Repräsentanten gleichermaßen als schwierig erwei-sen. Sind die Parteien schon seit längerem in Streitigkeiten verstrickt, ist diese Auf-gabe leichter zu bewältigen. Der Mediator muss im Hinblick auf diese Aufgaben ei-ne eher aktive Rolle wahrnehmen. Seine Tätigkeit wird vieles von der eines Planers und weniger von der eines (Schieds-)Richters haben.

2. Möglichkeiten des Einsatzes von Mediation

81   Die Aufstellung von Bauleitplänen ist im gemeindlichen Bereich das zentrale In-strument, um die im Hinblick auf die Raumnutzung konfligierenden privaten und öffentlichen Interessen zum Ausgleich zu bringen. Das Verfahren hierzu gliedert sich in verschiedene Stufen mit unterschiedlich stark ausgeprägtem Konfliktpoten-zial. Nach Erlass des Planaufstellungsbeschlusses sind im Wesentlichen zu unter-scheiden die Abschnitte (a) der frühzeitigen Bürgerbeteiligung, (b) des Auslegungs- und Einwendungsverfahrens, (c) der Beteiligung der Träger öffentlicher Belange, ferner (d) des Planbeschlusses sowie der Ausfertigung und der Bekanntmachung[71].

82   Raum für die Mediation bieten die dem Planbeschluss vorgelagerten Verfahrens-stufen (a), (b) und (c). Für alle diese drei Phasen ist seit 1997 der Einsatz eines Me-diators auf gesetzlicher Basis ermöglicht worden. Auf die ihm gesetzlich zugewiese-nen Aufgaben ist zunächst einzugehen (hierzu 3). In einem zweiten Schritt sollen diese Phasen charakterisiert und die Möglichkeiten für den Einsatz eines Mediators skizziert werden (hierzu 4). Schließlich ist auf die Möglichkeiten einer Mediation außerhalb des förmlichen Planaufstellungsverfahrens einzugehen (hierzu 5).

3. Der Mediator als Dritter i. S. v. § 4 b BauGB

83   Nach der mit der Novellierung des Städtebaurechts durch das Bau- und Raum-ordnungsgesetz[72] in das BauGB aufgenommenen Regelung des § 4 b BauGB kann die Gemeinde insbesondere zur Beschleunigung des Bauleitplanverfahrens die Vor-bereitung und Durchführung von Verfahrensschritten nach den §§ 3 bis 4 a BauGB einem Dritten[73] übertragen. Dass zu den Dritten auch Mediatoren zu rechnen sind, ergibt sich bereits aus der Gesetzesbegründung zu § 4 b BauGB[74]. Dort heißt es un-ter Verwendung der deutschen Begriffe „Projekt- und Verfahrensmittler" für das

---

[70] *Susskind/Ozawa*, Journal of Planning Education and Research 1984, 5 ff.
[71] Vgl. zu der Differenzierung der Verfahrensabschnitten *Brohm,* Öffentliches Baurecht, § 15 Rdnr. 10.
[72] Gesetz zur Änderung des Baugesetzbuches und zur Neuregelung des Rechts der Raumordnung v. 18. August 1997, BGBl. I, S. 2081.
[73] Vgl. zum Begriff des „Dritten" im Baugesetzbuch, *Schmidt-Eichstaedt*, BauR 1998, 899 ff.
[74] *Battis*, in: Battis/Krautzberger/Löhr, Baugesetzbuch, § 4 b Rdnr. 2 f.; *Stüer,* Handbuch des Bau- und Fachplanungsrechts, Rdnr. 557 f.

englische Wort „Mediator": „*Es handelt sich hierbei um eine Klarstellung der bereits nach geltender Rechtslage bestehenden Möglichkeit, einen Projektmittler einzuschalten. Die ausdrückliche gesetzliche Verankerung soll zu einem stärkeren Gebrauch dieses verfahrensbeschleunigenden Instruments führen.*" Als Vorbild der Regelung wird auf das angloamerikanische Recht verwiesen, wo „sich der Einsatz von Projekt- und Verfahrensmittlern weitgehend etabliert" hat und „dort zur Beschleunigung der Planungsverfahren und zur Senkung der Verfahrenskosten" beiträgt[75]. Das Wort „insbesondere" in § 4a BauGB verdeutlich dabei, dass es bei dem Einsatz des Dritten nicht nur um das Erzielen von Beschleunigungseffekten geht. Vielmehr soll mit diesem Instrument auch der Interessenausgleich und die Befriedung raumbezogener Konflikte verbessert werden[76]. Insofern braucht die Tätigkeit des Mediators nicht allein danach beurteilt werden, ob sie Beschleunigungseffekte erzielt.

Aufgabe des Dritten ist es, die Verfahrensschritte nach §§ 3 bis 4a BauGB vorzu- 84 bereiten und durchzuführen[77]. Im Schrifttum ist die Frage erörtert worden, ob der Dritte anders als bei der Vorbereitung von Verfahrensschritten bei der **Durchführung** der ihm übertragenen Aufgaben auch materielle Kompetenzen wahrnehmen kann, jedenfalls dann wenn ihm die Gemeinde einen dem entsprechenden Auftrag erteilt[78]. Eine solche Aufgabenübertragung widerspräche aber der Rolle des Mediators. Der Begriff „Durchführung" bezieht sich auf die in den §§ 3 ff. BauGB aufgeführten Verfahrensschritte. Verbindliche Entscheidungen über den Bebauungsplan oder Teile hiervon werden in jenen Vorschriften gerade nicht geregelt. Damit verbleibt es beim Letztentscheidungsrecht der Gemeinde. Sie ist allein befugt, verbindlich die öffentlichen und privaten Belange abzuwägen und über die Aufstellung der Bebauungspläne zu befinden (§ 1 Abs. 6 BauGB). Ihre Verantwortung für das Planaufstellungsverfahren bleibt auch bei einem konsensualen Vorgehen unberührt (vgl. § 11 Abs. 1 S. 1 Nr. 1 BauGB). Dies schließt aber nicht aus, dass die Tätigkeiten des Mediators und insbesondere die Ergebnisse eines Mediationsverfahrens faktische Auswirkungen auf ihre spätere Entscheidung zeitigen[79].

4. Mediation im Beteiligungsverfahren nach §§ 3 ff. BauGB

a) **Die frühzeitige Bürgerbeteiligung nach § 3 Abs. 1 BauGB.** Nach § 3 Abs. 1 85 S. 1 BauGB sind die Bürger möglichst frühzeitig über die allgemeinen Ziele und Zwecke der Planung, sich von dieser wesentlich unterscheidende Lösungen, die für die Neugestaltung der Entwicklung eines Gebietes in Betracht kommen, und über die voraussichtlichen Auswirkungen der Planung öffentlich zu unterrichten. Ihnen ist zudem Gelegenheit zur Äußerung und Erörterung zu geben. Die Gemeinde soll hierdurch in einem Stadium über die Interessen der Bürger unterrichtet werden, in dem sich ihre Planungsvorstellungen noch nicht verfestigt haben, und es ihr dementsprechend leicht fällt, sie in ihren endgültigen Planungen zu berücksichtigen[80].

---

[75] BT-Drucks. 635/96, 47.
[76] S. nur *Friege*, in: Gronemeyer, Baugesetzbuch, § 4 Abs. b Rdnr. 1; *Stüer*, DVBl. 1997, 1201, 1205.
[77] Zu den einzelnen Tätigkeitsfeldern des Mediators vgl. Rdnr. 85 ff.
[78] Vgl. etwa *Reidt* NVwZ 1998, 592 f.; *Friege*, in: Gronemeyer, BauGB, § 4 b Rdnr. 5 f.
[79] Zu den Grenzen solcher faktischer Bindungen s. Rdnr. 77 ff.
[80] *Brohm*, Öffentliches Baurecht, § 15 Rdnr. 14.

86   Gegenstand der **Unterrichtung und Anhörung** sind die allgemeinen Ziele, Zwecke und Auswirkungen der Planung[81]. *Wie* die Unterrichtung und Erörterung im Einzelnen zu erfolgen hat, wurde vom Gesetzgeber nicht geregelt. In der Praxis überwiegen öffentliche Erörterungstermine, die in Form von Bürgerversammlungen abgehalten werden. In diesen Versammlungen legt ein Vertreter der Gemeinde die Planungsabsicht dar und diskutiert diese mit den Bürgern und Vertretern gesellschaftlicher Verbände[82]. Die Aufgabe der Moderation der Versammlung kann auch von einem Mediator wahrgenommen werden. Bei derartigen Veranstaltungen treffen regelmäßig eine Vielzahl konfligierender Belange aufeinander. Der Mediator kann hier als neutraler Dritter fungieren, dem eine Vermittlerfunktion zwischen der Gemeinde, den Trägern öffentlicher Belange und den Privaten zukommt. So kann schon in einem öffentlichen Erörterungstermin bei stark interessensbestimmten Planverfahren das vielfältige Interessengeflecht im Sinne einer Ausgleichsfunktion sachgerecht mediatisiert und abgefedert werden, um eine sachgerechte Diskussion und einen daraus gewünschten Erkenntnisgewinn zu gewährleisten. Darüber hinaus kann sich der Mediator (zusätzlich) auch anderer Formen der Anhörung bedienen. Beispielsweise kann er das Internet einsetzen, um in Chatrooms den Diskurs mit dem Bürger zu suchen.

87   **b) Auslegungs- und Einwendungsverfahren nach § 3 Abs. 2 BauGB.** Wenn das Planungsverfahren zu beschlussfähigen Planentwürfen (nebst Erläuterungsbericht des Flächennutzungsplans oder Begründung des Bebauungsplans) gediehen ist, beginnt die zweite Verfahrensphase der Bürgerbeteiligung nach § 3 Abs. 2 BauGB[83]. Die Entwürfe der Bauleitplanung sind mit dem Erläuterungsbericht oder der Begründung für die Dauer eines Monats öffentlich auszulegen. Während dieser Auslegungsfrist können von den Bürgern Einwendungen gegen den Plan vorgebracht werden. Die Einwendungen sind auszuwerten und finden Eingang in die Abwägung. Die Einwendungen der Bürger können einen erheblichen Einfluss auf die Beachtlichkeit und das Gewicht einzelner Belange in der Abwägung ausüben.

88   Der Mediator kann hier die Aufgabe übernehmen, die notwendigen Unterlagen aufzubereiten und zusammenzustellen. In diesem Zusammenhang kann er auch auf das Instrument der Data-Mediation zurückgreifen, um die Beurteilungsgrundlagen zu verbessern[84]. Auch kann er für die Art und Weise der Auslegung die Verantwortung übernehmen. Hierbei kann überlegt werden, ob die Informationszugänglichkeit z.B. durch eine Internetpräsenz, die den Zugang zu detaillierten Karten ermöglicht, verbessert werden kann. Eine wichtige Aufgabe ist zudem die Auswertungen der Einwendungen. Dies muss so geschehen, dass der Gemeinde noch ihr Recht auf Letztentscheidung erhalten bleibt.

89   **c) Die Beteiligung der Träger öffentlicher Belange nach § 4 BauGB.** Dem Verfahren der Auslegung und Einwendung der Bürgerbeteiligung entsprechend ist gem. § 4 BauGB auch den Behörden und Trägern öffentlicher Belange, deren Aufgabenbereiche durch die Planung berührt wurden, die Möglichkeit der Stellungnahme einzuräumen. Auch die Stellungnahmen der Träger öffentlicher Belange sind in der Ab-

[81] *Battis,* in: Battis/Krautzberg/Löhr, Baugesetzbuch, § 3 Rdnr. 7
[82] *Brohm,* Öffentliches Baurecht, § 15 Rdnr. 14.
[83] *Battis,* in: Battis/Krautzberg/Löhr, Baugesetzbuch, § 3 Rdnr. 12.
[84] *Friege,* in: Gronemeyer, Baugesetzbuch, § 4 b Rdnr. 4.

wägung nach § 1 Abs. 6 BauGB zu berücksichtigen (§ 4 Abs. 3 S. 1 BauGB) und sind im Falle der Fristversäumnis beschränkt präkludiert (§ 4 Abs. 3 S. 2 BauGB).

Die Auffassungen der Träger öffentlicher Belange zu einem Bauleitplan können 90 in der Praxis ganz erheblich voneinander abweichen. Der Tätigkeit eines Mediators kann hier eine vermittelnde Funktion zukommen. Der Mediator verfügt regelmäßig über einen „direkten Draht" zur Verwaltungsspitze. Diese besondere Beziehung kann der Mediator im Konfliktfall nutzen, wenn sich die Verhandlungen festzufahren drohen. Es kann sich im Einzelfall auch anbieten, die Beteiligung der Träger öffentlicher Belange und der Bürger gleichzeitig durchzuführen. Diese Möglichkeit ist ausdrücklich in § 4 Abs. 1 S. 2 BauGB vorgesehen.

5. Besonderheiten bei der Implementation

Die Ergebnisse des frühzeitigen Beteiligungsverfahrens können und sollen direkt 91 in die Planaufstellung eingehen. Soweit sich die Gemeinde in diesem Verfahren oder in einem parallel durchgeführten Mediationsverfahren faktisch an die Erörterungs- bzw. Verhandlungsergebnisse bindet, sind die bereits dargestellten Grundsätze der Flachglasentscheidung zu beachten[85]. Darüber hinausgehend können Verträge geschlossen werden, um die Parteien zu binden. Hierbei ist dann im Einzelnen zu untersuchen, ob der Abschluss eines städtebaulichen Vertrages nach § 11 BauGB zweckmäßig ist.

---

[85] Siehe oben Rdnr. 77.

§ 45 Mediation im Sozialrecht

Hartmut Kilger

Übersicht

Schrifttum: *Kilger,* Mediation im Sozialrecht, in: Henssler/Koch, Mediation in der Anwaltspraxis, 1. Aufl. 2000, S. 535 ff.

I. Ausgangspunkt und Wirklichkeit

1. Sankt Martin

1   Wer sich über das Thema **Mediation im Sozialrecht** Gedanken zu machen hat, sieht sich vor eine scheinbar nicht zu bewältigende Aufgabe gestellt. Beides passt nämlich nicht zusammen. Die auf einem Bronzerelief an der Münster-Kirche in Bonn dargestellte Geschichte des römischen Soldaten Martinus erscheint vor den Augen, der im Jahre 334 nach Christus einen armen unbekleideten Mann dadurch wärmte, dass er mit seinem Schwert den Militärmantel teilte und ihm die abgeteilte Hälfte gab. Würde eine moderne Abänderung dieser Geschichte etwa dahin lauten, dass zur Lösung des offensichtlich bestehenden Wohlstandsgefälles besser ein Mediator hinzu gezogen worden wäre, der den beiden Beteiligten ein noch sinnvolleres Ergebnis hätte vorschlagen können? Vielleicht wäre dem armen Mann das Schwert viel nützlicher gewesen; und Martinus hätte angesichts der noch herrschenden Pax Romana ein solches gar nicht mehr so nötig gehabt. Bei diesem Verlauf der Ge-

schichte wäre sie aber wohl kaum überliefert worden. Die Erzählung scheint im Übrigen wenig kompatibel mit der sattsam bekannten Parabel der aufzuteilenden Orange zu sein.

2. Öffentliches Recht

Tatsächlich mag eine oberflächliche Betrachtung fragen, inwieweit im Bereich der   2
Leistungen aus öffentlicher Vorsorge und Fürsorge noch **Raum für Verhandlung und damit für Mediation** bleibt. Das gilt jedenfalls dann, wenn das Sozialrecht im engeren Sinne betrachtet wird. Hier geht es im Wesentlichen um Fragen des öffentlichen Rechts. Zwar mag man, wenn es um das Wohl des Kindes in einem privatrechtlichen Streit um das Sorgerecht geht, auch hier von sozialem Recht sprechen. Unter einem solchen Aspekt wären allerdings weite Bereiche unserer Rechtsordnung dann unter das Sozialrecht einzuordnen. Betrachtet man die Angebote von Rechtsanwälten im Internet unter den Stichworten Mediation und Sozialrecht, so findet man tatsächlich eine Reihe von familienrechtlich tätigen Rechtsanwälten, die ihr Angebot auch unter dem Stichwort Sozialrecht unterbreiten. Offensichtlich sind sie aber nicht mediativ auf dem Sektor tätig, den man im engeren Sinne dem eigentlichen Sozialrecht zurechnet: also dem Rechtsbereich der Renten, Entschädigungen, Unterstützungs- und Versicherungsleistungen. Soweit bekannt, hat sich in diesen Bereichen ein mediativer Ansatz noch nirgendwo gezeigt. Deswegen kann auch der Verfasser auf eigene Erfahrungen in diesem Bereich nicht zurückgreifen; es ist ohnehin zu bezweifeln, dass überhaupt jemand bisher Mediation im Sozialrecht in diesem engeren Sinne betrieben hat. Also stellt sich die Frage: ist das gestellte Thema gegenstandslos?

3. Scheinbare Ausnahmen

Dabei sei hier **nicht** von zwei Bereichen die Rede, in welchen eine sinnvolle Me-   3
diation von vornherein möglich erscheint und sicher auch stattfindet: nämlich in dem Bereich, der in die **Verhandlungen zwischen den großen Akteuren** unseres Sozialstaats eine Rolle spielt. Gemeint sind Versicherungsträger und deren Verbände einerseits, Verbände von Leistungserbringern andererseits, also z. B. die Spitzenverbände der Krankenkassen und die kassenärztlichen Vereinigungen. Hier wird ein Tätigkeitsfeld angesprochen, in welchem zweifellos auch Rechtsanwälte tätig sind. Aber nur ein verschwindend geringer Teil der Berufsangehörigen dringt in diese oft eher politischen Bereiche vor; für sie ist dieser Beitrag nicht geschrieben. Die zweite Ausnahme bezieht sich auf die Verträge zwischen einzelnen Leistungserbringern und entweder ihren Vereinigungen oder bestimmten Versicherungsträgern. Als Beispiel sei der Vertrag eines Orthopädie-Schuhmachermeisters mit einer allgemeinen Ortskrankenkasse genannt. Wenn auch dieses Feld hier nicht weiter untersucht wird, so deswegen, als hier nichts anderes gilt als in anderen Bereichen öffentlich-rechtlicher Verträge, sodass auf den einschlägigen Beitrag verwiesen werden kann. Hier liegt nichts spezifisch Sozialrechtliches vor. Im Übrigen geht es auch hier darum, dass bei den öffentlich-rechtlichen Körperschaften erst das Bewusstsein für mediative Lösungen geweckt werden muss. Bisher stößt der Mediator auch hier zweifellos auf Ablehnung.

4. Aufgeben oder Weiterdenken?

4   Vor diesem Hintergrund dürfte das Thema **Mediation im Sozialrecht** aktuell **praktisch noch keine Rolle** spielen. Der Verfasser könnte sich deswegen mit einem Hinweis auf seinen Beitrag an anderem Ort bescheiden.[1] Weitere Äußerungen in der Literatur zu diesem Thema liegen, so weit ersichtlich, bisher nicht vor. Wenn das Nachdenken an dieser Stelle dennoch nicht beendet wird, so zunächst deswegen, als das Beispiel des heiligen Sankt Martin doch seine spezifischen Kennzeichen hat. Leistungen im Sozialrecht sind meist mit einem Anspruch unterlegt. Das gilt für Versicherungsleistungen (Rente aus der gesetzlichen Rentenversicherung, aus der Unfallversicherung, Arbeitslosengeld, Krankengeld etc.) ohnehin. Das gilt aber auch für Arbeitslosenhilfe oder Sozialhilfe, welche nicht auf eigenen Versicherungsleistungen beruhen und von der Allgemeinheit finanziert sind. Wäre Sankt Martin achtlos vorüber geritten, so wäre jedenfalls ein rechtlicher Anspruch des armen Mannes nicht tangiert gewesen – eine achtlose Sozialversicherungsbehörde verletzt dagegen berechtigte Ansprüche. Und ein Weiteres fällt besonders auf: zwischen Sankt Martin und dem armen Mann kommt es zu einem personalen Kontakt. Damit ist für die Beurteilung der anonym organisierten Sozialrechts-Systeme das Stichwort geliefert.

II. Die Anonymität der Sozialrechtsysteme

1. Der schwarze Kasten

5   Für Mittel des Sozialrechts wird in Deutschland **ein Drittel des Bundeshaushalts** eingesetzt. Es geht um ein Regelungsfeld, welches im schlechtesten Fall 80 Millionen Personen betrifft. Darüber hinaus ist das Sozialrecht ganz wesentlich Bundesrecht. Es kann also auf regionale oder personale Besonderheiten nur sehr eingeschränkt Rücksicht nehmen. Außerdem unterliegt es (natürlich) den Vorgaben des Grundgesetzes, also besonders dem Gleichheitssatz. Das bedeutet: das Sozialrecht ist auf eine enorme Abstraktionshöhe getrieben. Das ist zwar auch beim Bürgerlichen Gesetzbuch der Fall; während dort jedoch eine Umsetzung im Wege der Privatautonomie zwischen zwei Individuen erfolgt, steht im Sozialrecht der Bürger typischerweise einer staatlich organisierten Verwaltung gegenüber, welche eine Vielzahl von Fällen zu bearbeiten und zu lösen genötigt ist. Einem abstrakten und dem Bürger inzwischen unverständlichen materiellen Recht steht dabei ein Verfahren gegenüber, welches ihm vollkommen undurchschaubar, fremd und abstoßend erscheint. Hinzu kommt, dass der im Sozialrecht notwendigerweise geltende Typisierungszwang unbillig erscheinende Härten produziert, die sich im Bereich der Rechtsunterworfenen herum sprechen und Kopfschütteln verursachen. Außerdem lässt sich angesichts der Vielfältigkeit der Erscheinungsformen dieses Lebens die Rechtsanwendung nicht so gleichförmig gestalten, dass im gleich gelagerten Fall auch wirklich das gleiche Ergebnis erzielt wird; die Wirklichkeit zeigt oft ein abweichendes Bild. Der Nachbar, der sichtlich gesund und kregel an seinem Einfamilien-

---

[1] S. *Kilger,* Mediation im Sozialrecht, in Henssler/Koch, Bonn 2000, Seite 535 ff.

haus werkelt, bezieht z. B. eine Berufsunfähigkeitsrente; und doch kann sich der schwer lädierte Mandant, dem man die Rentenleistung verweigern will, hierauf nicht berufen. Aus Sicht des Bürgers ist die Rechtswirklichkeit des Sozialrechts daher oft nur mit einem schwarzen Kasten zu vergleichen, in dessen Innern unerklärliche Vorgänge walten und aus dessen unten angebrachtem Sieb Zufallsprodukte herausfallen, die nach einem nicht erkennbaren System dem einen nützen und dem anderen schaden. Das Fehlen der notwendigen Akzeptanz wird noch dadurch erheblich gesteigert, als der Verwalter des schwarzen Kastens außerordentlich geldgierig ist und dem Bürger im Allgemeinen mehr als ein Drittel seines sauer verdienten Geldes abnimmt.

2. Kafkaeske Wirklichkeit

Diese Schilderung mag manchem übertrieben erscheinen. Sie ist es tatsächlich 6 nicht. Auf das bestehende Problem kann im Gegenteil nicht scharf genug hingewiesen werden. Die soziale Sicherung bis in die Mitte des 19. Jahrhunderts ist sicher völlig unzureichend gewesen; aber dort, wo sie vorhanden war, beruhte sie auf einem direkten personalen Bezug. Die alte Bäuerin fristete auf dem von den Kindern betriebenen Bauernhof ihr ärmliches aber trautes Dasein. Aber schon früh im 20. Jahrhundert hat ein Schriftsteller wie *Franz Kafka*[2] die kommenden Verhältnisse vorausgesehen. *Kafka* war leitender Angestellter einer gesetzlichen Unfallversicherung (ähnlich der heutigen Berufsgenossenschaft). Er hat seine Meisterwerke, wie z. B. „Der Prozess", aus beruflich gewonnenen Erfahrungen geschrieben. Thematisiert wird die Verbindung der Undurchschaubarkeit der Gesetze mit dem Walten unbegreiflicher Verfahrensgänge. Der Bürger weiß weder, auf welche rechtlichen Regelungen es in seinem Fall ankommt, noch wer diese und aus welchem Grunde auf ihn anwendet, noch gar wo und wie und mit wessen Hilfe er in das ohne ihn herum offensichtlich stattfindende, aber nicht begreifbare Verfahren eingreifen könnte. Es ist nicht übertrieben, zu behaupten, dass für die Mehrheit unserer Bürger das soziale Recht solch kafkaeske Züge trägt. Es ist klar, dass der **moderne Sozialstaat** bei diesem Sachverhalt partiell das **Gegenteil** dessen erreicht, was er bewirken will. Einem nie da gewesenen Höchststand an materieller Sicherung steht eine tief wurzelnde Verunsicherung des Einzelnen gegenüber, sodass der Zyniker von den gesetzlichen Verunsicherungssystemen des Sozialrechts sprechen könnte. Hierbei sei betont, dass (von Meinungsforschern und Ärzten abgesehen) nur Rechtsanwälte und andere solchen Verfahren nahe stehende Personen eine fundierte Aussage machen können. Sowohl der Beamte eines Versicherungsträgers als auch der Richter erlebt den Bürger in einer Verfahrenssituation, in der er sich mit seinen existenziellen Ängsten kaum öffnen wird. Hochschullehrer und am Gesetzgebungsverfahren Beteiligte werden ohnehin nur in seltenen Fällen erfahren, wie der Einzelne im Innern wirklich denkt und fühlt. Beim Arzt, wenn er denn Zeit hat, findet eine solche Offenbarung zweifellos oft statt; berufliche Erfahrung von Anwälten ist es, dass Mandanten oft über ihr Gespräch mit dem Arzt und dessen Rat berichten. Aber der Arzt kann rechtlich nicht helfen. Nur dem Anwalt gegenüber (und den auf

---

[2] Der ein Sozialrechter war – siehe *Eichenhofer*, Franz Kafka und die Sozialversicherung, Boorberg Verlag 1997.

dem Rechtsgebiet tätigen ähnlichen Berufsangehörigen) kann der Einzelne, wenn er Vertrauen fasst, seine Befindlichkeit darstellen. Die vorliegenden Feststellungen beruhen jedenfalls auf der sehr bestimmten Erfahrung eines nun schon seit Jahrzehnten in der Vertretung von Bürgern tätigen Rechtsanwalts.

3. Unnatürliche Reaktionen

7   Ist diese so entwickelte Darstellung richtig, so bleibt für eine Reaktion auf den gegebenen Sachverhalt nur zweierlei: entweder der Bürger bescheidet sich nach Art des beschriebenen unbekleideten Mannes damit, was der Staat ihm zuteilt; oder aber er erklärt den Kampf für eröffnet und zieht vor Gericht. Beides zu beobachten ist tägliche Praxis des sozialrechtlich tätigen Rechtsanwalts. Die meisten Bürger nehmen Bescheide der Sozialversicherungsträger klaglos hin. Rechtsmittelfristen werden nicht gewahrt; der Fall wird nur in Familie oder am Stammtisch im Sinne der beschriebenen Entfremdung weiter erzählt. Für die meisten Bürger ist bereits die Einlegung eines Widerspruchs ein Wagnis ohnegleichen; hinzukommt, dass nach landläufiger Auffassung ein Begründungszwang angenommen wird. Dieser Irrtum wird von den meisten Behörden kräftig dadurch unterstützt, dass für die Begründung eines einmal eingelegten Widerspruchs Fristen gesetzt und freundliche Empfehlungen dahin gegeben werden, den Widerspruch doch wieder zurückzunehmen. Misst man aber die Erfolgsquote durchgeführter Verfahren, so ist sicher, dass ein großer Teil der täglich massenhaft bestandskräftig werdenden Bescheide unvollständig, rechtswidrig oder gar nichtig sind. Bei Fachleuten dürfte sogar Einigkeit dahin bestehen, dass, würde jeder Bürger seine Rechte wahrnehmen, der Sozialstaat binnen Kürze am Ende seiner Möglichkeiten angelangt wäre. Die Erkenntnis auch dieses Umstandes, über den in der Bevölkerung dumpfe Ahnungen bestehen, fördert die Akzeptanz keineswegs. Das andere Extrem ist der Krieg: es gibt nicht wenige Personen, die – für Querulanten gehalten – in immer neuen Verfahren insbesondere die Gerichte bis in höhere Instanzen immerfort beschäftigen. Die Konsequenz ist also auf der einen Seite Abwendung vom vorsorgenden Staat, auf der anderen Seite nutzlose Inanspruchnahme seiner ohnehin knappen Ressourcen. Es sei nicht verkannt, dass der Bereich der „gesunden Mitte" nicht unterschätzt werden sollte. Ein Anwachsen der beschriebenen Randbereiche ist aber unverkennbar. Der angesichts der knapper werdenden Mittel und der Bevölkerungsprobleme anstehende Umbau der Sozialversicherungssysteme im Kontrast zu den in der Vergangenheit und Gegenwart aus wahltaktischen Gründen gemachten Versprechungen könnte dieses Anwachsen nachhaltig beschleunigen.

4. Paradigmenwechsel?

8   Im Bereich besonders des Zivilrechts bewirkt der inzwischen konsolidierte Einbruch der **Mediation** einen **Paradigmenwechsel**. Wenn die im Sozialrecht wenig schmeichelhafte Diagnose richtig ist, stellt sich die Frage, ob dieses Instrument nicht auch hier behilflich sein könnte. Dies soll nachfolgend untersucht werden, wobei nach Ansicht des Verfassers Neuland betreten wird; manches wird fantastisch und unrealistisch erscheinen – man steht ganz am Anfang. Dennoch stellt sich ernsthaft die Frage, ob nicht früher oder später ein Angebot z. B. von Rechtsanwälten auf

---

diesem Sektor erfolgen könnte. Deswegen geht es nicht um bloße Theorie, sondern um die Darstellung dessen, dass Tätigkeitsfelder bereit stehen, die ergriffen werden sollten.

III. Ansatzpunkte für den Einsatz mediativer Elemente

1. Widerspruchsverfahren

Es liegt nahe, das Widerspruchsverfahren als den geeigneten **Ort für Pilotversuche** anzusehen. Seit einigen Jahren gilt generell, dass auch im Sozialrecht die Durchführung eines Widerspruchsverfahrens Prozessvoraussetzung ist. Da durch die Einlegung des Widerspruchs der zu lösende Konflikt zu Tage tritt, andererseits aber noch nicht die Justiz erreicht, könnte man entsprechend den Vorbildern in anderen Rechtsbereichen hier ansetzen. Der Verfasser hat das in seinem oben erwähnten Beitrag vorgeschlagen. Es kann deswegen darauf Bezug genommen werden. Dennoch stellt sich die Frage, ob das Problem damit an der Wurzel angepackt wird. Denn wie beschrieben beschränkt sich die Konfliktlage keineswegs nur auf Verfahren, in welchen Widerspruch eingelegt worden ist. Hier tritt sie nur offen zu Tage; in vielen anderen Fällen schlummert sie unter der Decke weiter. Man sollte also früher einsetzen.

2. Antragsverfahren

Es ist deswegen die Frage aufgeworfen, ob nicht bereits am **Ausgangspunkt** angegriffen werden muss. Sozialrechtliche Verfahren knüpfen im Allgemeinen an einen Antrag an. Allerdings gibt es auch andere Verfahren, in welchen die Behörde ohne Antrag tätig werden muss. Das ist z. B. in der gesetzlichen Unfallversicherung der Fall. Aber auch hier knüpft der Verfahrensbeginn an einen für die Beteiligten fixierbaren Sachverhalt an, z. B. den Arbeitsunfall. Von einem solchen in der Wirklichkeit erkennbaren zeitlichen Fixpunkt an ist sowohl für den Bürger als auch für den Sachbearbeiter bei einem Sozialversicherungsträger erkennbar, ob ein Konfliktfall entstehen kann. Dies ist in aller Regel augenfällig. In den meisten Fällen wird zwar der behördliche Bescheid als Folge eines Antrags oder eines sonstigen Anknüpfungspunktes der Wirklichkeit als „automatisch" nicht konfliktträchtig erscheinen. Das sind dann die Fälle, die auch heute kaum Probleme machen: der „normale" Altersruhegeldbescheid nach üblichem Versicherungsverlauf, der komplikationslose Bescheid über Arbeitslosengeld, die Gewährung einer Verletztenrente nach Arbeitsunfall. Sie unterscheiden sich aber von den Fällen, bei denen von vornherein der Konflikt vorherzusehen ist. Das sind zunächst alle Verfahren, bei denen es um eine medizinische Beurteilung geht. Sie zeichnen sich oft dadurch aus, dass klare Rechtsfolgen nach dem schwarz-weiß-Muster von höchst diffizilen Voraussetzungen abhängen: Berufsunfähigkeit, Erwerbsunfähigkeit, verminderte Erwerbsfähigkeit, Minderung der Erwerbsfähigkeit, Arbeitsunfähigkeit, Grad der Behinderung etc. Hier kommt der Beurteilungsspielraum Dritter ins Spiel, vor allem von Ärzten. Da die Leistungen der Sozialversicherungssysteme – vom Versicherungsfall des Alters oder der Arbeitslosigkeit abgesehen – in aller Regel an Versicherungsfällen ansetzen, die sich durch Beeinträchtigungen des Körpers oder des Geistes konkretisieren, dürfte die große Mehrheit aller potenziell streitigen Verfahren auf medizinischem Substrat beruhen. Hier ist also der Konfliktfall in der Regel absehbar – sofern es sich nicht um medizinisch völlig eindeutige Sachverhalte handelt. Ein weiterer Fall potenzieller Streitigkeiten ist das Feld nicht eindeutiger Kausalitäten, sei es im Bereich der haftungsbegründenden, sei es im Bereich der Haftung ausfüllenden Kausalität. Da es hier im Sozialrecht auf die Theorie der wesentlichen Bedingung ankommt, also nicht von vornherein eindeutige Beurteilungsspielräume hereinspielen, ist der Konflikt auch hier im Keim angelegt. Nach diesem Muster, das der Erfahrung aller im Sozialrecht tätigen Rechtsanwälte entsprechen dürfte, könnte eine Klassifizierung der Verfahren entwickelt werden, die im Zweifel einem mediativen Ansatz von Anfang an eine Chance geben könnten.

3. Verständnisprobleme

11   Das Verfahren der normalen Praxis besteht darin, dass der Sachbearbeiter des Sozialversicherungsträgers eine **Akte** anlegt und mit der Tätigkeit der dem Sozialversicherungsträger obliegenden Amtsermittlungspflicht beginnt. Im Vordergrund steht die korrekt geführte Akte – nicht der „Kunde". In den Fällen des Antragsverfahrens bedeutet das, dass der Antragsteller nach dem Ausfüllen eines meist sehr umfangreichen Formulars zunächst längere Zeit von seiner Sache nichts hört. Hierbei ist zumeist noch eine Hilfsperson tätig geworden, die in der Sache aber keinerlei Auskünfte geben kann: die Bürgermeisterämter leisten in Amtshilfe dem Bürger beim Ausfüllen Beistand – mit der Sache selbst sind sie natürlich nicht befasst. Dort wo kein Antrag gestellt werden muss, beginnt das Verfahren, ohne dass der Bürger davon irgendetwas erfährt. Gerade in den Unfallversicherungssachen sind Auskünfte bei Arbeitgebern oder Ärzten einzuholen; auf die Angaben des Versicherten kommt es nicht an. Vom Unfall hat die Berufsgenossenschaft aber durch den D-Arzt erfahren, natürlich hat der Bürger keine Zweitschrift erhalten. Da bei den Berufsgenossenschaften oft sorgfältig aber langsam gearbeitet wird, landet der Mandant dann häufig beim Anwalt, ohne zu wissen, ob sich in seiner Sache irgendetwas getan hat oder nicht. Diese Kenntnis wird auch dadurch verhindert, dass die Krankenkasse im frühen Stadium Leistungen im Auftrag der Berufsgenossenschaft erbringt, sodass letztere dem Bürger gegenüber gar nicht in Erscheinung tritt. In den meisten Fällen weiß der Bürger aber zumindest mittelbar, dass das Verfahren läuft; er erfährt es von den untersuchenden Ärzten. Er befindet sich durchaus in einer kafkaesken Situation – es geschieht irgendwas, aber man weiß nicht, wie und wo. Der typische Verlauf ist dann der, dass der Bürger eines Tages einen Bescheid erhält, sodass ihm die Entscheidung auferlegt ist, ob er nun akzeptiert oder widerspricht. Deswegen ist es an der Tagesordnung des sozialrechtlich tätigen Anwalts, dass er Mandate bei völlig unklarem Sachverhalt übernehmen muss, Widerspruch einlegt und die Akte anfordert, um dann, so auf gleiche Informationshöhe gebracht, die Sache mit seinem Mandanten besprechen zu können. In vielen Fällen, vor allem wenn eine der oben angesprochenen Konfliktlagen zugrunde liegt, erfährt der Mandant erst hierdurch über die wesentlichen Ermittlungsergebnisse und deren mögliche Unzulänglichkeiten. Erst hier steht er als Mensch aus der Akte auf.

4. Insbesondere: der gutachtende Arzt

Ein **Kernpunkt** in diesem Zusammenhang ist **die ärztliche Beurteilung.** Hier sind 12
in mehrfacher Hinsicht Fehlerquellen möglich. Zunächst kann schon die an den
Arzt formulierte Frage zu Fehlbeurteilungen führen. Dann hängt viel davon ab, was
auf der Kommunikationsebene zwischen Arzt und Patient geschieht. Hier handelt
es sich ja nicht um die typische Situation, dass der Patient sich dem Arzt seines
eigenen Vertrauens öffnet. Oft sind Ärzte tätig, die vom Sozialversicherungsträger
ausgesucht sind. Das sind Vertrauensärzte, regelmäßig beauftragte Spezialisten oder
der Medizinische Dienst. Der Patient riecht förmlich den fremden Auftrag, der die
vertrauensvollen Beziehungen zwischen Arzt und Patient stört. Auch hat der Arzt
kein Interesse, sich dem Patienten besonders zu widmen. Er erwartet ihn ja nicht als
künftigen Kunden. Ein zusätzliches Problem ist dann das sich verschärfende Spezi-
alistentum. Der Mensch ist bei allen oben genannten Bewertungen ganzheitlich
zu erfassen; nichts desto weniger beschränkt sich der Spezialist auf den ihm zugewiesenen Teilbereich. Da – menschlich verständlich – der Sachbearbeiter die ihm
aufgegebene Gesamtwertung oft unterlässt und lieber das Bewertungsergebnis des
Arztes abschreibt, kommt es immer wieder allein aus diesem Grund zu Fehlbeurteilungen. Es lässt sich ohne Übertreibung der Grundsatz aufstellen, dass Bescheide,
die auf eingeholten ärztlichen Äußerungen und Gutachten beruhen, im Zweifel
falsch sind. Die hohe Erfolgsquote des Sozialgerichtsprozesses bestätigt das. Denn
im Widerspruchsverfahren – sowie es heute betrieben wird – findet die notwendige
Reparatur nur selten statt. Bestenfalls werden weitere ärztliche Äußerungen eingeholt; in aller Regel wird allein auf Grund des vorhandenen Materials weiter
entschieden. Man kann sich nicht des Eindrucks erwehren, als werde damit
nicht selten die Hoffnung verbunden, der Widerspruchsführer werde schon
nicht das Gericht anrufen. Statistisch ließe sich diese Hoffnung durchaus rechtfertigen.

5. Der personale Kontakt fehlt

Mit anderen Worten: direkte personelle Kommunikation zwischen Individuen, 13
mündlich und von Angesicht zu Angesicht, ist durch nichts zu ersetzen. Es ist immer wieder ein Erlebnis und gehört zu den Berufsfreuden des Rechtsanwalts, welche Ergebnisse zu Tage gefördert werden können, wenn – ist die Sache erst beim
Sozialgericht gelandet – die mündliche Auseinandersetzung zu Tage zu fördern in
der Lage ist. Zwar ist dort der Sozialversicherungsträger in aller Regel durch einen
unbeteiligten Terminsvertreter repräsentiert, der mit der Sache und deren Bearbeitung im Grunde nichts zu tun hat; die Auseinandersetzung mit der Kammer führt
aber oft zu Klärungen, die Monate wenn nicht Jahre früher schon hätten erfolgen
können – und sei es nur, dass der Kläger erkennt, dass es tatsächlich Menschen
sind, welche sich mit seinem Fall befassen und ihm als Verantwortliche ins Gesicht
sagen, dass sein Fall erfolglos sein muss. Der Überzeugungswert schriftlicher Bescheide, die oft genug erkennbar nur aus maschinell zusammengestellten Textbau-
steinen bestehen, kann hieran bei weitem nicht heranreichen. Im Ergebnis ist die
Frage aufgeworfen, ob auch der **personale Kontakt** nicht zeitlich **wesentlich früher**
lokalisiert werden kann.

6. Nur ein Mittelsmann kann helfen

14   Der einfachste Weg läge darin, Versicherten und Sachbearbeiter zusammenzubringen: die Kontrahenten könnten sich ins Auge sehen. Doch das erscheint aus
mehreren Gründen unrealistisch. Zunächst würde dies eine Vervielfachung des Personals bedeuten. Zwar wären die weiter unten zu erörternden Aufwendungen ein-
gespart. Nichtsdestoweniger würde eine weitere Aufblähung des Behördenapparats
der gewünschten Entzerrung zuwiderlaufen. Vor allem sprechen inhaltliche Gründe
dagegen. Sachbearbeiter müssen in den für ihr Fachgebiet maßgeblichen Sach- und
Rechtsthemen geschult werden. Der Aufwand wäre nicht zu leisten, wenn sie zusätzlich in den für eine sachgerechte Kommunikation notwendigen Schlüsselqualifi-
kationen geschult werden müssten. Tatsächlich kann nur Arbeitsteilung weiterhelfen. Ein glänzender Sachbearbeiter ist noch lange nicht ein cleverer Kommunikator
und umgekehrt. Der Sachbearbeiter kann also nicht der ideale Ansprechpartner
sein; richtig ist vielmehr die **Einsetzung einer vermittelnden Person,** eben eines **Mediators.**

IV. Eine Mediation im sozialrechtlichen Verwaltungsverfahren

1. Beginn des Verfahrens

15   Gesetzt den Fall, eine Behörde würde sich auf die Einschaltung eines Mediators
im Verwaltungsverfahren einlassen, so kommt folgende **Abwicklung** in Betracht:
die Vermittlung wird dadurch in Gang gesetzt, dass entweder der Bürger oder die
Behörde das wünscht. Der Wunsch des Bürgers wäre nicht weiter zu begründen; die
Behörde würde das Verfahren in den Fällen auslösen, wo sich anhand eines gemäß
den oben genannten Beispielen ausgearbeiteten Kriterienkatalogs oder wegen besonderer Anzeichen des Einzelfalles Konfliktgefahr andeutet. Der Behörde steht eine Liste der bereitstehenden Mediatoren zur Verfügung; sie wählt nach einem festzulegenden Verfahren den zuständigen Mediator aus. Dieser wird tätig, wenn der
Bürger die Behörde von der Verschwiegenheitsverpflichtung ihm gegenüber entbunden hat. Die Tätigkeit beginnt damit, dass sich der Mediator vom Versicherten
seine Sicht der Dinge schildern lässt und die Akte der Behörde einsieht. Dieser
Vorlauf kann dazu führen, dass von Anfang an nicht aneinander vorbeigeredet wird
– eine Situation, die heute immer wieder vorkommt. Im Übrigen wird festgestellt,
wo die eigentliche Interessenlage des Versicherten einerseits und die unverzichtbaren rechtlichen Vorgaben der Behörde andererseits angesiedelt sind. Dies gibt dem
Bürger von Anfang an die Möglichkeit, abzuschätzen, worauf er sich einzustellen
hat und worauf das Verfahren voraussichtlich hinauslaufen wird. Auch die Behörde
hat Vorteile: sie kann sich darauf einstellen, mit wem sie es zu tun hat. Oft wird einerseits übertriebener Ermittlungsaufwand aus Furcht vor Widerspruch und Klage
getrieben; hinterher stellt sich heraus, dass man viel hätte einsparen können. Andererseits wird oft sträflich wenig zur Aufklärung unternommen, da der Arbeitsdruck
zu den Gedanken verleitet, der Bürger werde einen Bescheid schon hinnehmen. Später bewahrheitet er sich nicht. Rationellerer Arbeitseinsatz und individuellere Anpassung des Verfahrensaufwandes sind also möglich. Hauptvorteil wäre allerdings

die frühe Möglichkeit, das Misstrauen des Bürgers abzubauen. Weniger allein aus diesem Grund eingelegte Widersprüche wären die Folge.

2. Durchführung des Verfahrens

Entsprechend kann das **weitere Verfahren** gestaltet werden. Beileibe nicht alle 16 dem von Anfang an einem Mediator übergebene Verfahren wären so weiter zu betreiben; er wäre nach anfänglicher Abklärung überflüssig. Andererseits könnte bei unvermutetem späteren Auftauchen von unterschiedlichen Meinungen oder Betrachtungsweisen der Mediator dann noch zugezogen werden. Auch hier wäre größere Flexibilität die Folge. Auf diese Weise wäre dem derzeit größten Übelstand zu begegnen, der darin besteht, dass der Bürger zwar den untersuchenden Arzt, nie jedoch dessen Ergebnisse zu Gesicht bekommt. Die Regel ist ja, dass – vom Bereich der Unfallversicherung abgesehen – der Bürger ärztliche Gutachten überhaupt erst über seinen Anwalt zu Gesicht bekommt. Die Ergebnisse könnten frühzeitig besprochen und dem Versicherten vermittelt werden; andererseits wäre das Auftreten von Fehlleistungen und Fehlbeurteilungen früher aufzudecken – heute geschieht dieser Vorgang oftmals erst bei Gericht. In ähnlicher Weise wäre auch der endgültige Bescheid zu erstellen. Nichts würde dagegen sprechen, dass zunächst lediglich der Entwurfstext eines Bescheides erörtert wird. Das würde die Behörde vor offenkundig unrichtigen oder (was heute häufig ist) unverständlichen Bescheiden bewahren; der Bürger seinerseits und könnte sich rechtzeitig auf das zu erwartende Ergebnis einstellen und sich rechtzeitig kundig machen, sodass der heute bestehende Zwang zur vorsorglichen Einlegung von Widersprüchen gelockert würde. Damit wäre auch für ein folgendes Widerspruchsverfahren viel Vorarbeit geleistet. Das Verfahren würde auf die wesentlichen Punkte konzentriert; eine schnellere und weniger bürokratische Verfahrensweise wäre die Folge. Insgesamt zeigt dies, dass die Meinung, Mediation und Gesetzmäßigkeit der Verwaltung würden sich ausschließen, nicht richtig ist. Bescheide können in der beschriebenen Weise „ausgehandelt" werden, ohne dass auch nur eine Handbreit von der Gesetzmäßigkeit abgewichen werden müsste.

3. Ein Mediator im Sozialrecht

Das **Berufsbild** des Mediators im angedachten Verfahren würde sich nicht we- 17 sentlich von dem unterscheiden, was für den Mediator im Allgemeinen gilt. Auch hier wäre eine Ausbildung unverzichtbar, wie sie in anderen Bereichen etabliert ist. Ohne Rechtskenntnisse wäre diese Aufgabe aber nicht zu leisten: das hochkomplexe Sozialrecht würde den Mediator selbst in die Ratlosigkeit zurückwerfen, vor der der Bürger zumeist steht. Ob eine rechtliche Zusatzausbildung ausreichen würde, sei dahingestellt. Das müsste erprobt werden. Mit Sicherheit wäre jedenfalls **der im Sozialrecht erfahrene Anwalt der richtige Mediator**, wenn er über die entsprechende Zusatzausbildung verfügt. Die Berufswirklichkeit würde allerdings anders aussehen, als dies z. B. bei den Mediatoren im Familienrecht der Fall ist. Die Verfahren werden nämlich einerseits weniger aufwändig und langwierig, dafür aber umso zahlreicher sein. Nach allgemeiner anwaltlicher Erfahrung reicht im sozialrechtlichen Durchschnittsfall eine Stunde aus, um anhand einer Akte mit dem Mandanten zu klären, worum es abschließend geht und welche Argumente vernachlässigt sind und einer Vertiefung bedürfen. Die Besonderheit des so vorgestellten sozialrechtlichen Mediators bestünde damit vor allem in der Anbindung an eine bestimmte sozialrechtliche Behörde, z. B. ein Arbeitsamt oder die BfA. Zwar erscheint ubiquitärer Einsatz nicht ausgeschlossen; er wird aber schwerer zu organisieren sein. Deswegen werden weitere Verfahren gefunden werden müssen, die verhindern, dass der Bürger den Mediator für einen verlängerten Arm der Behörde hält. Dass diese Befürchtung nicht aus der Luft gegriffen ist, bestätigt die zum Teil auch in den Medien geführte Diskussion über die angebliche Parteilichkeit bestimmter für die Unfallversicherung ständig tätiger Gutachter. Freiberuflichkeit allein schützt also vor solchem Verdacht nicht. Und allein der Verdacht schädigt den Erfolg des Mediators.

18   Dies gilt insbesondere, wenn man die Frage der **Kostentragung** mit einbezieht. Hierauf wird weiter unten noch eingegangen. Es ist denkbar, hier die Erfahrungen zu nutzen, die in den Ländern gewonnen worden sind und werden, in denen die obligatorische Streitschlichtung eingeführt worden ist. Wenn dort auch keine Mediation im echten Sinne vorgenommen wird, so kann doch der organisatorische Rahmen Hinweise geben. Vielleicht wäre es für das vorliegende Projekt sogar denkbar, das Sozialgericht mit der Mediatorenauswahl zu betrauen. Idealer wäre es allemal, der Bürger würde selbst zwischen dem Angebot verschiedener Mediatoren auswählen können.

19   Im Übrigen gilt hier, was für die Mediation im Allgemeinen gilt. Die notwendige vorausgehende **Besprechung** über Verfahren und Inhalt und der Abschluss der einschlägigen Verträge wäre Voraussetzung. Ungewöhnlich wäre allenfalls, dass das personelle Gegenübertreten beider Kontrahenten im Normalfall nicht geboten erscheint; betreibt ja der Sachbearbeiter nicht sein persönliches Geschäft, sondern das seiner Anstellungsbehörde. In krassen Fällen könnte aber auch ein persönliches Zusammentreffen hilfreich sein. Im Übrigen sei daran erinnert, dass die Sozialversicherung nicht nur Leistungen in Geld, sondern auch in natura erbringt. Das gilt insbesondere für die Sachleistungssysteme, wie sie in der Pflegeversicherung und der Unfallversicherung anzutreffen sind, ganz besonders aber in der gesetzlichen Krankenversicherung. Also wird dort auch eine Vermittlung zwischen Versicherten und Leistungserbringern gefragt sein, also z. B. zwischen Patient und Arzt. Schon heute entscheidet letztlich der Arzt, ob und welche Behandlungsmaßnahme also vertretbar und insbesondere wirtschaftlich angesehen und damit angewendet werden kann. Bei der Beurteilung dieser Frage können allerdings erhebliche Meinungsverschiedenheiten entstehen. Deswegen stellt sich die Frage nach dem Einsatz des Mediators auch hier. Der Verfasser hat hierzu in dem bereits zitierten Aufsatz einige Anmerkungen angebracht; einen Teil dieser Aufgaben übernehmen heute schon Patientenvereinigungen und die vom Gesetzgeber eingerichteten Experimentierstellen nach § 65 b SGB V.

20   Man kann natürlich darüber streiten, ob das so vorgestellte Bild des Mediators auf dem Gebiet des Sozialrechts den inzwischen schon klassisch gewordenen Vorgaben der Mediation entspricht. Ein Streit über diese Systematik erscheint müßig; entweder es werden hier echte Mediatoren tätig, oder aber es wird mit Hilfe von Teilaspekten der Mediation ein Effekt erreicht, der auch anderwärts durch mediative Elemente schon erreicht werden konnte.

4. Die Kostenfrage

Auch die Kostenfrage sieht sich den Problemen gegenüber, die sich der Mediation 21
allgemein stellen. Den nicht bedürftigen Bürger trifft hier die Kostenlast wie dort.
Wegen des geringeren Aufwandes ist sie nicht unerheblich geringer. Schwieriger
wird es mit den Bedürftigen. Hier stellt sich aber dieselbe Frage wie in anderen
Rechtsgebieten, nämlich, in welchem Umfang sich die Allgemeinheit bereitfinden
kann, den Gewinn an Verfahrenskultur und die Einsparungen von streitigen Verfahren durch Zuschüsse zu finanzieren. Das Mittel hierzu wäre eine entsprechende
Anwendung der Prozesskostenhilfe. Die Erfahrung lehrt, dass der Anteil mittelloser
Personen im Sozialrecht nicht größer ist als anderwärts – nimmt man den Bereich
der Sozialhilfeempfänger aus. Zu erwarten wird sein, dass nur in wenigen Fällen die
Kosten von der Behörde im Regresswege zu erlangen sein werden: die Vermittlung
an sich kann kein Umstand sein, der eine Erstattungspflicht auslöst. Schwieriger
allerdings ist es, die Versicherungsträger von der Zweckmäßigkeit der Kostenübernahme bezüglich des sie treffenden Anteils des Mediators zu überzeugen. Hier kann
letztlich nur ein erfolgreiches Pilotprojekt den Überzeugungseffekt liefern, der notwendig ist, um zu erkennen, dass auf mittlere Sicht infolge der oben beschriebenen
Vorteile eher eine Entlastung bei den Gesamtkosten insgesamt zu erwarten ist.

5. Ein Pilotprojekt

Die beschriebene Vorstellung ist also nur dann in die Wirklichkeit umzusetzen, 22
wenn sie von Pionieren in Angriff genommen wird. Diese können nur Einzelne sei.
Also wäre daran zu denken, dass z. B. eine Gruppe junger sozialrechtlich vorgebil-
deter Rechtsanwälte, die auch über eine Mediationsausbildung verfügen, das oben
beschriebene Angebot auf den Markt bringen, wenn zu erwarten ist, dass ein im
Bereich ansässiger Sozialversicherungsträger zur Aufnahme eines Experiments bereit ist. Hierbei wäre auch an ein Netzwerk von Mediatoren zu denken, die bereits
auf anderen Fachgebieten tätig sind; eine zusätzliche Ausbildung im Sozialrecht wäre allerdings wohl unverzichtbar. Findet sich eine solche Gruppe, so wäre daran zu
denken, einen einschlägigen Verband (hier z. B.: Arbeitsgemeinschaft für Sozialrecht im Deutschen Anwaltverein) um institutionelle Unterstützung der Überzeugungsarbeit der Behörde gegenüber zu bitten. Bei fortschreitendem Bekanntheitsgrad der Nützlichkeit der Mediation gerade auch im öffentlich-rechtlichen Bereich
scheint ein solcher Einsatz aber nicht von vornherein aussichtslos. Aber ein solches
Bewusstsein im Bereich des Sozialrechts muss sich erst bilden. Dem dient dieser Beitrag: der Widerstand gegen das nicht kompatibel erscheinende Gegensatzpaar Mediation einerseits und Sozialrecht andererseits muss aufgegeben werden.

V. Die Martinsgans

Sankt Martin war auch der Namensgeber der Martinsgans. Seine gute Tat war 23
bekannt geworden; *Martin* sollte (inzwischen hielt das Christentum bei den Rö-
mern Einzug) zum Bischof gewählt werden. Er versteckte sich im Gänsestall, da er

sich schämte, als Mann des Militärs Bischof zu werden. Die Gänse jedoch schrieen
so laut, dass er entdeckt wurde. Er wurde ihr Namensgeber und der erste Heilige
der damals noch ungeteilten Christenheit. Radikale Paradigmenwechsel sind immer
wieder möglich; auch ein römischer Soldat konnte christlicher Heiliger werden.
Deswegen scheint es nicht unmöglich, dass auch die Mediation dereinst in das sozialrechtliche Verfahren Einzug hält. Allerdings wird es noch dauern, bis die Martinsgans wird gegessen werden können.

§ 46 Umweltmediation[1]

Prof. Dr. Horst Zillessen

Übersicht

Schrifttum: *Beck,* Weltrisikogesellschaft. Unser Schicksal ist die Nötigung, das Politische neu zu erfinden, in: Das Parlament, 46. Jg., Nr. 30–31, S 12; *Brandt* in: Hoffmann-Riem/Schmidt-Assmann (Hrsg.), Baden-Baden 199; *Bulling* in: Die Öffentliche Verwaltung, 7, 1989; *Carpenter/Kennedy,* Managing Public Disputes, San Francisco, 1988; *Ellwein/Hesse,* Das Regierungssystem der Bundesrepublik Deutschland, 6. Auf., Opladen 1987; *Gaßner/Holznagel/*

---

[1] Der nachfolgende Text stützt sich auf folgende Veröffentlichungen des Verfassers: Mediation – Kooperatives Konfliktmanagement in der Umweltpolitik, Opladen 1998; Mediation als neue Form der Partizipation – eine demokratietheoretische Einordnung der Umweltmediation, in *Pelikan, Christa* (Hrsg), Mediationsverfahren – Horizonte, Grenzen, Innensichten, Jahrbuch für Rechts- und Kriminalsoziologie '99, Baden-Baden 1999, S. 29–44; Umweltmediation, Kurseinheiten 1 und 2, in: Weiterbildendes Studium Mediation, hrsg. von der FernUniversität Hagen, Hagen 1999, 165 S. (gemeinsam mit *Stefan Kessen* und *Markus Troja*).

Lahl, Mediation. Verhandlungen als Mittel der Konsensfindung bei Umweltstreitigketien, Bonn 1992; *Hoffmann-Riem/Schmidt-Assmann* (Hrsg.), Konfliktbewältigung durch Verhandlungen, Bd. I und II, Baden-Baden 1990; *Holznagel* in: Breidenbach/Henssler (Hrsg.), Mediation für Juristen, Köln 1997; *Holznagel* in: Dose/Holznagel/Weber (Hrsg.) Beschleunigung von Genehmigungsverfahren, Bonn 1994; *Hoppe* 1995, Gesetz über die Umweltverträglichkeitsprüfung (UVPG), Kommentar, Köln u. a. 1995; *Jeglitza/Hoyer* in: Zillessen (Hrsg.), Mediation, Kooperatives Konfliktmanagement in der Umweltpolitik, Opladen/Wiesbaden 1998; *Klages*, Wandlungen im Verhältnis des Bürgers zum Staat, Speyer 1988; *Kopp* Verwaltungsverfahrensgesetz München 1991; *Mayer-Tasch*, Die Bürgerinitiativbewegung, Reinbek 1976; *Mernitz*, Mediation of Environmental Disputes, New York 1980; *Moore/Delli Priscoli*, The Executive Seminar on Alternative Dispute Resolution (ADR) Procedures, Boulder/Palo Alto 1989; *Prittwitz*, Umweltpolitik als Modernisierungsprozess, 1993; *Rogers/McEwen*, Mediation Law, Policy, Practice, Durfield/New York 1994, Bd. 1; *Ronellenfitsch* in: Kernforschungszentrum Karlsruhe (Hrsg.), Die Öffentlichkeitsbeteiligung bei der Genehmigung von umweltrelevanten Großvorhaben, Karlsruhe 1989; *Schmidt-Assmann* in: Hoffmann-Riem/Schmidt-Assmann (Hrsg.), Konfliktbewältigung durch Verhandlungen, Bd. II, Badan-Baden 1990; *Schmitt-Glaeser*, in Lerche/Schmitt-Glaeser/Schmidt-Assmann (Hrsg.), Verfahren als staats- und verwaltungsrechtliche Kategorie, Heidelberg 1984; *Schrader*, Mediation im Umweltgesetzbuch, Kon:sens, 2. Jg. 3, 1999; *SPIDR*, Democracy and Dispute Resolution: Power, Principle and Practice, 23rd Annual Conference, (conference brochure), Washington D. C. 1995; *Striegnitz* in: Dörhöfer/Thein/Wiggering (Hrsg.), Altlast Sonderabfalldeponie Münchehagen 1994; *Susskind/Cruikshank* (Hrsg.), Breaking the Impass. Consensual Approaches to Resolving Public Disputes, New York 1987; *The Conservation Foundation* (Hrsg.), The National Groundwater Policy Forum, Washington 1985; *The Conservation Foundation*, Protecting America's Wetlands: An Agenda. The Final Report of the Wetlands Policy Forum, Washington 1988; *Troja* in: Zeitschrift für Umweltpolitik und Umweltrecht 3/1997; *Wiedemann/Kessen* in: Organisationsentwicklung 4/1997; *Zillessen/Barbian* in: Aus Politik und Zeitgeschichte, B 39–40, 1992; *Zillessen* in: Aus Politik und Zeitgeschichte, Bd. 12/74, Bonn 1974; *ders.* in: Zillessen/Strubelt/Dienel (Hrsg:), Die Modernisierung der Demokratie: Internationale Aufsätze, Opladen 1993. *ders.*, Kooperative Konfliktbearbeitung mit 15 Parteien – Herausforderungen der Umweltmediation am Beispiel des Mediationsverfahrens im Gasteiner Tal, in: Mader, Eberwein, Vogt (Hrsg.), Konfliktbearbeitung und Kooperation, Münster 2001.

Vorbemerkung

1   Der **Schutz der Umwelt** ist als eigenständiges Themenfeld einer zielgerichteten und systematisch vorgehenden Politik vor etwas mehr als 30 Jahren auf der politischen Agenda aufgetaucht. Von Anfang an war dabei erkennbar, nicht zuletzt durch das oft heftige Engagement der Bürgerinitiativen gegen Umweltzerstörung, dass dieses neue Politikfeld durch zahlreiche Konflikte gekennzeichnet ist. Viele Menschen fühlten und fühlen sich durch Umweltkonflikte stärker betroffen als durch Konflikte in anderen Politikbereichen und akzeptieren häufig nicht, dass Umweltkonflikte „von oben", d. h. durch autoritative staatliche Machtausübung, geregelt werden.

2   Was in den **USA** unter der Bezeichnung „*environmental mediation*" oder „*environmental dispute resolution*" Mitte der siebziger Jahre begann, hat seit Mitte der achtziger Jahre auch in Deutschland und darüber hinaus in Europa[2] Fuss gefasst: die Anwendung der Mediation in diesem Bereich öffentlicher Konflikte. Die Ent-

---

[2] *Gotwald/Zillessen/Westholm*, Status und Erfahrungen mit Umweltmediation in Europa, 2000.

wicklung auf diesem Feld der Mediation, die im Folgenden kurz beschrieben werden soll, hat inzwischen deutlich gemacht, dass der Begriff „Umweltmediation" zu
eng gefasst ist: Es geht nicht nur um Konflikte über den Schutz der Umwelt, sondern darüber hinaus um Konflikte über alle Formen öffentlicher wirksamer Maßnahmen staatlicher oder privater Institutionen und Organisationen, deren Auswirkungen eine gesellschaftlich relevante Zahl von Menschen betreffen. Gegenwärtig
beginnt ein neuer Begriff dafür sich einzubürgern: „Mediation im öffentlichen Bereich – Planen, Bauen, Umwelt".

Wenn im folgenden Beitrag weiterhin der **Begriff „Umweltmediation"** verwendet 3
wird, so ist dies der Systematik dieses Handbuchs geschuldet. Es sollte aber kein
Zweifel daran bestehen, dass hier grundsätzlich von Mediation im öffentlichen Bereich die Rede ist. Das hat u.a. zur Folge, dass die Auswirkung von Mediation auf
diesen Bereich, d.h. auf Staat und Verwaltung, ein Thema darstellt, das hier – anders als in den übrigen Arbeitsgebieten der Mediation – von besonderer Bedeutung
ist. Wenn dies nachstehend am Beispiel der Umweltpolitik näher begründet wird,
dann wird dadurch die thematische Nähe von Umweltmediation und Mediation im
öffentlichen Bereich noch einmal augenfällig.

Von der **deutschen Politik** ist das Thema „Umweltmediation" erstmals im Jahr 4
1993 offiziell zur Kenntnis genommen worden. Am 12. März 1993 hat der deutsche Bundestag einen Entschließungsantrag der FDP-Fraktion zum Investitionser-
leichterungs- und Wohnbaulandgesetz angenommen, in dem unter Bezugnahme auf
die positiven Erfahrungen in den USA gefordert wurde, dass „auch in der Bundesrepublik Deutschland verstärkt das Mediatoren-Verfahren eingesetzt werden (sollte)" (BT-Drucks. 12/43 17). Die Bundesregierung hat darauf im Jahr 1994 in einem
Bericht über die Möglichkeiten einer weiteren Beschleunigung und Vereinfachung
der emissionsschutzrechtlichen Genehmigungsverfahren (BT-Drucks. 12/69 23) reagiert, indem sie recht ausführlich auf Mediationsverfahren eingegangen ist. Auch
in dem Expertenentwurf für ein Umweltgesetzbuch ist Mediation als eine Möglichkeit der Konfliktregelung vorgesehen, aber da dieser Entwurf wohl auf absehbare
Zeit nicht in die parlamentarische Beratung gehen wird, gibt es bis auf weiteres
keine gesetzliche Grundlage für die Einsatz von Umweltmediation in Deutschland.

I. Gesellschaftliche und politische Grundlagen der Umweltmediation

1. Mediation als neue Form politischer Kooperation

Auf die besondere Konfliktsituation im Umweltbereich hat die Politik von An- 5
fang an mit dem Angebot der Kooperation reagiert. Freilich galt das von der offiziellen Umweltpolitik propagierte **„Kooperationsprinzip"** vor allem für die etablierten
Organisationen und wirtschaftlich einflussreichen Großgruppen und nicht in gleichem Maß für die von umweltpolitischen Planungen und Maßnahmen betroffenen
Bürger. Diese Tatsache erklärt auch zu einem Teil das Aufkommen der Bürgerini-
ativen als neue politische Kraft – zeitgleich mit der Entwicklung der Umweltpolitik
als neues Feld öffentlicher Verantwortung. Auch heute noch sind es in der Regel die
Bürgerinitiativen, die den Einsatz der Mediation als neue Form der Regelung öffentlicher Konflikte wenn nicht ausdrücklich fordern, so doch häufig erzwingen.

6   Umweltmediation bzw. Mediation im öffentlichen Bereich steht daher in engem Zusammenhang mit dem **Problem der politischen Steuerung** einer hochdifferenzierten Gesellschaft. Die stets notwendige und auch allgemein anerkannte staatliche Gefahrenabwehr im Umweltbereich unterstreicht zwar, dass der Staat auf Steuerung nicht verzichten kann. Dass aber in der Tat die politikzentrierte Steuerung allein die staatlichen Funktionen nicht mehr angemessen beschreibt, haben erstmals *Ellwein/Hesse*[3] unmissverständlich angesprochen: „… Die Autonomie des Staates … wird immer weiter zugunsten kooperativer Strukturen zwischen Staat und gesellschaftlichen Handlungsträgern aufgelöst; die Aufgabe des Staates konzentriert sich danach auf die Wahrnehmung von Führungsfunktionen: Kooperation, Koordination und Moderation stehen dabei im Vordergrund".

7   Diese Idee der Kooperation und des Verhandelns sieht den Staat immer noch in einer Rolle, in der er als Verhandlungsführer auftritt und Kooperation zur Vermeidung von Legitimationsverlusten und zur Verbesserung der Vollzugseffizienz einsetzt. Die **Vorstellung vom „Vater Staat"** ist hier noch nicht vollständig aufgegeben, vielmehr erscheint der Staat hier als Verkörperung eines modernen, gleichsam durch das Reinigungsbad der antiautoritären Bewegung geläuterten Paterfamilias, der den Familienmitgliedern geduldig zuhört, mit ihnen sogar über bestimmte Punkte verhandelt, aber doch nicht gewillt ist, die Macht des „letzten Wortes" preiszugeben. Immerhin wird hier belegt, dass die Idee der Omnipotenz und der Allzuständigkeit des Staates unter dem Druck der (Umwelt-) Verhältnisse aufgegeben werden muss. Mit den Stichworten „Kooperation und Moderation" ist ansatzweise auch ein neues Staatsverständnis angedeutet, das der Erscheinungsweise des Staates als Organisationsform der Gesellschaft etwas mehr Gewicht beimisst als der Erscheinungsweise des Staates in Gestalt des Staatsapparates.

2. Die neue politische Rolle des Bürgers

8   Es ist in diesem Zusammenhang auf eine weitere politische Veränderung aufmerksam zu machen, die insbesondere von dem neuen Politikfeld der Umweltpolitik ihren Ausgang genommen hat. Die durch Umweltzerstörung und -gefährdung ausgelöste Bedrohung von Lebenszusammenhängen hat die politische „**Gehorsamskultur**" verändert. Dass die Regierten sich den Regierenden fügen, ist eine Jahrtausende alte politische Tradition, und es ist zumindest seit einigen Jahrhunderten demokratische Übung, dass die Minderheit akzeptiert, was der Wille der Mehrheit entschieden hat. Die autoritären wie die demokratischen Regierungssysteme gründeten ihre Machtausübung auf den erzwungenen bzw. den freiwilligen Gehorsam der Regierten. Der Gehorsam fand seinen tieferen Sinn darin, dass ein politisches System, dass „der Staat" immer eine lebenssichernde Funktion besitzt: durch die Schaffung und Erhaltung von Ordnung nach innen und Sicherheit nach außen. (Die lebensbedrohenden Gefahren von Kriegen wurden akzeptiert, weil sie tatsächlich oder angeblich dieser Funktion dienten.)

9   Diese Funktion ist heute nicht weggefallen, und es ist auch keine neue Entwicklung, dass staatliches Handeln in Lebenszusammenhänge eingreift, Natur gefährdet und Umwelt zerstört. Was die bisherige Gehorsamskultur tatsächlich verändert hat,

---

[3] *Ellwein/Hesse*, Das Regierungssystem der Bundesrepublik Deutschland, 1987, S. 53, 55.

ist vielmehr die mit dem neuen politischen Thema „Umweltpolitik" angezeigte Dimension des Umweltproblems. Einerseits wird damit erkennbar und von vielen Regierten auch wahrgenommen, dass es sich um ein politisches Problem handelt, was nicht wenige zu dem Schluss führt, dass „der Staat" (die Regierung) für Umweltzerstörung und Lebensbedrohung verantwortlich gemacht werden kann, er also nicht nur Leben schützt, sondern auch gefährdet bzw. Gefährdungen zulässt. Andererseits signalisiert die Entstehung eines neuen, eigenständigen Politikfeldes das Ausmaß der Bedrohung, macht öffentlich bewusst, dass die ökologische Selbstvernichtung des Menschen möglich geworden ist und dass darauf politisch reagiert werden muss.

Die Wahrnehmung dieser besonderen Dimension des Umweltproblems hat seit **10** **Beginn der Umweltdiskussion** Anfang der siebziger Jahre das Verhalten vieler Bürger verändert. Sie reagierten nach dem Motto (manche beriefen sich ausdrücklich darauf): „Wo Leben bedroht ist, wird Widerstand zur Pflicht" und stellten partiell die Legitimität politischer Entscheidungen in Frage, kündigten insoweit den staatsbürgerlichen Gehorsam auf. Die neue Haltung gegenüber dem Staat fand sichtbaren Ausdruck in der Gründung zahlloser Bürgerinitiativen, die sich schon bald zu regionalen Organisationen zusammenschlossen (z. B. „Rhein-Main-Aktion gegen Umweltzerstörung" im Jahr 1970 sowie „Rhein-Ruhr-Aktion gegen Umweltzerstörung" im Jahr 1971) und im Jahr 1972 einen nationalen Verband gründeten (Bundesverband Bürgerinitiativen Umweltschutz).

Die etablierten Parteien standen den **Bürgerinitiativen** zunächst sehr zurückhal-**11** tend, wenn nicht gar misstrauisch gegenüber und bezweifelten die demokratische Legitimität dieser Organisationsform. Die normative Kraft des Faktischen in Gestalt der immer stärker werdenden „Bürgerinitiativbewegung" sowie auch erste politikwissenschaftliche Untersuchungen dieses neuen Phänomens[4] haben diese Zweifel freilich rasch ausgeräumt. Bürgerinitiativen wurden je länger je mehr als Interessenvertretungen betroffener oder ökologisch sensibilisierter Bürger anerkannt. Inzwischen gilt es weithin als selbstverständlich, dass Bürger sich politischen Entscheidungen widersetzen, wenn diese ihren Interessen erkennbar zuwiderlaufen. Das bedeutet nicht, dass der Widerstand oder Ungehorsam im Einzelfall als berechtigt angesehen wird, aber das grundsätzliche Recht der Bürger, gegen politische Entscheidungen ihre eigenen unmittelbaren Interessen geltend zu machen, wird nicht mehr bestritten.

Am Ende der hier skizzierten Entwicklung, die von dem neuen Thema „Umwelt-**12** politik" angestoßen wurde, die aber durch viele weitere Probleme und Erfolge der wissenschaftlich-technischen Zivilisation verstärkt worden ist, steht ein **neues Selbstverständnis des Bürgers** und ein gewandeltes Verhältnis des Bürgers zum Staat[5]. Der Bürger versteht sich gegenüber Politik und Verwaltung nicht mehr als gehorsamer Untertan, sondern erwartet die Berücksichtigung seiner Interessen und verlangt nach mehr Mitsprache, wo er diese Interessen betroffen sieht. Gleichzeitig ist er gegenüber den Belastungen und Risiken, die von politischen Entscheidungen und administrativen Maßnahmen ausgehen, sensibler geworden und setzt sich da-

---

[4] *Zillessen* in Aus Politik und Zeitgeschichte, 1974; *Mayer-Tasch*, Die Bürgerinitiativbewegung, 1976.
[5] *Klages*, Wandlungen im Verhältnis des Bürgers zum Staat, 1988.

gegen zur Wehr, wenn sie für ihn die Grenzen des Zumutbaren überschreiten. Für den konkreten Entscheidungsfall folgt daraus, dass das einfache Durchentscheiden in der politischen Hierarchie von oben nach unten immer weniger funktionieren wird, weil am Ende des Entscheidungsprozesses die Umsetzung der Ergebnisse politisch und/oder juristisch blockiert werden wird. In der Sprache der politischen Theorie heißt dies, dass der Herrschaftscharakter des Staates angesichts des neuen Selbstverständnisses des Bürgers zurücktreten muss. Nach der bekannten Definition Max Webers ist Herrschaft als Chance zu verstehen, für einen Befehl bestimmten Inhalts bei angebbaren Personen Gehorsam zu finden. In der Demokratie stand dieser Gehorsam bisher unter der Voraussetzung, dass das Zustandekommen der Herrschaft auf der Zustimmung der Regierten gründete. Heute hängt die Chance, Gehorsam zu finden, darüber hinaus davon ab, dass die Betroffenen den Inhalt des Befehls (der Entscheidung) mit beeinflussen können. Die Ideen der Partizipation an und der Kooperation bei der Vorbereitung von politischen Entscheidungen ersetzen bzw. ergänzen insoweit die Herrschaftsidee.

13   Die **veränderte Gehorsamskultur** führt dazu, dass die oben angesprochene Kooperation des Staates nicht auf gesellschaftliche Großorganisationen beschränkt werden kann. Auch die von bestimmten Entscheidungen betroffenen Bürger werden zu Kooperationspartnern gemacht werden müssen – und zwar in dem Maße, in dem

– das Selbstverständnis des Bürgers die Legitimation einer Entscheidung von seiner frühzeitigen Beteiligung abhängig macht;
– die Fähigkeit des Bürgers wächst, politischen Widerstand zu organisieren und juristischen Widerspruch zu finanzieren;
– der Vollzug von Entscheidungen auf die Kooperationsbereitschaft des Bürgers angewiesen ist.

3. Die Besonderheit der Umweltpolitik als Ansatzpunkt für Mediation

14   Von den Umweltproblemen und der durch sie entstandenen und auf sie reagierenden Umweltpolitik gehen Veränderungen aus, die auf lange Sicht eine ökologische Modernisierung des politisch-administrativen Systems erzwingen werden[6]. Mit Blick auf die Problematik einer Weltrisikogesellschaft hat Beck (1996:12) festgestellt: „Unser Schicksal ist die Nötigung, das Politische neu zu erfinden". Er spricht damit das neue Bündnis zwischen außerparlamentarischen und parlamentarischen Gewalten, Bürgern und Regierungen an, die sich rund um den Globus für die Rettung der (Um)Welt engagieren. Solche neuen Kooperationen sind auch auf regionaler und nationaler Ebene gefordert, um die überall entstehenden Umweltkonflikte rational und produktiv regeln zu können.

15   Was aber ist so besonders und außergewöhnlich an der Umweltpolitik, das sie zum Kristallisationskern weitreichender politischer Veränderungen gemacht hat? Hier ist zunächst darauf aufmerksam zu machen, dass Umweltkonflikte aus unterschiedlichen Vorstellungen darüber entstehen, wie eine Gesellschaft mit den natürlichen Lebensgrundlagen umgeht. Das Wasser, das die Menschen trinken, die Luft, die sie atmen, der Boden, der ihre Nahrung liefert, sind für sie von sehr unmittelba-

---

[6] *Zillessen* in Zillessen/Strubelt/Dienel/Wendelin (Hrsg:),, Die Modernisierung der Demokratie: Internationale Aufsätze, 1993; *Prittwitz,* Umweltpolitik als Modernisierungsprozess, 1993.

rer Bedeutung, und politische Entscheidungen darüber sind von anderer Qualität als z. B. solche über die Höhe der Steuern oder die Steigerungsraten der Renten.

Es geht zwar auch in der Umweltpolitik um Verteilungskonflikte, d. h. um individuelle und kollektive Vor- und Nachteile etwa bei der Nutzung von Ressourcen oder dem Ausmaß von Umweltbelastungen. Unter der Oberfläche solcher Verteilungskonflikte liegen aber häufig grundlegende Konflikte über die wesentlichen menschlichen Bedürfnisse, über die Sicht des Lebens und die vorherrschenden Wertorientierungen. **16**

Zum anderen ist zu bedenken, dass **Umweltkonflikte** einige **Besonderheiten** aufweisen, die sie von Konflikten in anderen Politikfeldern unterscheiden[7]: **17**

– Umweltkonflikte betreffen die Beziehungen zwischen Natur und Mensch, zwischen natürlichen und sozialen Systemen. Sie sind daher von einem hohen Grad an Komplexität, Ungewissheit und Unabwägbarkeit gekennzeichnet. Zugleich ist evident, dass ihr Ausgang das Gemeinwohl berührt und die Folgen häufig räumliche und zeitliche Grenzen überschreiten.

– An Umweltkonflikten sind in der Regel zahlreiche Bürger, Gruppen, Institutionen und Organisationen beteiligt, und die Sichtweisen, Erfahrungen und Handlungsmöglichkeiten dieser Konfliktparteien sind höchst unterschiedlich. Sie besitzen nicht nur verschiedenartige soziale und ökonomische Voraussetzungen, sondern oft auch gegensätzliche Wertorientierungen, was eine Konfliktregelung durch eine rein politische Entscheidung erschwert, oft genug unmöglich macht.

– Umweltkonflikte gehen häufig inhaltlich und zeitlich über politische und administrative Zuständigkeiten hinaus, d. h. sie werfen Fragen und Probleme auf, die im Rahmen des konkreten Konflikts nicht behandelt werden können und/oder die Zuständigkeit des betroffenen politisch-administrativen Systems überschreiten. Das Vertrauen in die Problemlösungsfähigkeit dieses Systems ist in solchen Fällen weder objektiv gerechtfertigt noch subjektiv zu erwarten.

Diese Besonderheiten der Umweltpolitik erklären einerseits die **Intensität und Emotionalität von Umweltkonflikten,** machen andererseits aber auch deutlich, dass die traditionelle Politik, deren Legitimation auf formaler Repräsentation gründet, hier weithin überfordert ist. Wo es um so grundsätzliche Fragen des Lebens geht, erscheint der sehr allgemeine Auftrag von Amts- und Mandatsträgern zur Regelung von Konflikten als nicht mehr angemessen. Die von diesen Konflikten betroffenen oder daran beteiligten Personen und Gruppen müssen vielmehr an der Regelung derselben beteiligt werden, um das inhaltlich mitgestalten zu können, was sie als zentral für ihr eigenes Leben einschätzen. **18**

Wenn man politisches Handeln als durch Amt oder Mandat autorisiertes Handeln für das Volk und im Namen des Volkes versteht, dann muss – um Becks These erneut aufzugreifen – das Politische auch insoweit neu erfunden werden, als es nun die stärkere Rückbindung politischer Entscheidungen an den Willen des Volkes einschließen, d. h. konkret den von diesen Entscheidungen Betroffenen eine reale Chance einräumen muss, sich an der inhaltlichen Vorbereitung beteiligen zu können. Das Verfahren der Mediation stellt einen Weg dar, auf dem diese neue Form der Kooperation mit dem Bürger verwirklicht werden kann. **19**

[7] *Susskind/Cruikshank* (eds.), Breaking the Impass. Consensual Approaches to Resolving Public Disputes, 1987; *Carpenter/Kennedy*, Managing Public Disputes, 1988.

4. Mediation als Partizipation

20 Die in der Bundesrepublik gemachten Erfahrungen mit Umweltmediation lassen es als gerechtfertigt erscheinen, dieses Verfahren als ein neues Strukturelement im politisch-administrativen System hervorzuheben. Diese Aussage wird auch durch die Tatsache gestützt, dass die Deutsche Bundesstiftung Umwelt, Osnabrück, im Mai 1997 DM 2 Mio. für die gesellschaftliche und politische Durchsetzung der Umweltmediation bereitgestellt hat. Dieser Betrag ist aus Kreisen der Wirtschaft, der Gewerkschaften und anderer Organisationen noch um DM 500 000,– aufgesteckt worden, was einmal mehr die gesellschaftliche und politische Bedeutung unterstreicht, die dem Verfahren zuerkannt wird.

21 Wenn also **Umweltmediation** hier **als neue Form der Partizipation** vorgestellt wird, dann ergeben sich daraus mehrere Fragen: Was ist neu an dieser Beteiligungsform? Kann hier wirklich von Partizipation gesprochen werden? Warum ist eine neue Form der Partizipation erforderlich; wie ist sie politikwissenschaftlich zu bewerten? Der weitere Gang der Darlegung wird zunächst diese Fragen zu beantworten versuchen.

22 Die **Elemente des Verhandelns und Vermittelns**, die wesentliche Merkmale der Mediation darstellen, sind sicher keine neuen Erfindungen, sondern haben sich bei der Regelung privater, beruflicher oder öffentlicher Konflikte von jeher bewährt. Das wesentlich Neue an der Mediation ist zunächst in der systematischen und durchstrukturierten Vorgehensweise zu sehen, die in den USA entwickelt worden ist und in Theorie und Praxis vermittelt wird. Neu ist zum zweiten die Anwendung dieser Theorie und Praxis auf innenpolitische und hier vor allem umweltpolitische Konflikte sowie die Inanspruchnahme der Hilfe eines neutralen Konfliktmanagers. Der Einsatz eines neutralen Dritten als Vermittler oder Schlichter war bisher in internationalen, arbeits- oder zivilrechtlichen Konflikten zwar nicht eben die Regel, aber durchaus nicht unüblich. Für die Regelung innen- oder umweltpolitischer Konflikte stellt der Einsatz eines neutralen Konfliktmanagers aber ein Novum dar.

23 Das grundlegend Neue an dem Konzept der Umweltmediation liegt schließlich darin, dass die Lösung von (umwelt)politischen Problemen nicht von den politisch oder administrativ Zuständigen vorgegeben, sondern **in Kooperation mit davon Betroffenen erarbeitet** wird. Das bedeutet nicht, dass die Letztverantwortung der formal legitimierten Entscheidungsträger aufgehoben wird, sondern dass die Vorbereitung einer Problemlösung auf eine breitere gesellschaftliche Basis gestellt wird. Es folgt daraus auch nicht die Forderung nach Beteiligung aller an allen Entscheidungen, sondern ein Kooperationsangebot an diejenigen Bürgerinnen und Bürger, die bereit sind, sich für ihre Interessen und für die Belange des Gemeinwesens besonders zu engagieren.

24 Gegen diese Sichtweise von Mediation als neue Form der Partizipation wird häufig eingewandt, dass Mediation nur für einen sehr kleinen Kreis von Betroffenen Beteiligungsmöglichkeiten biete und daher nicht als Partizipationsform gelten könne. Der Einwand beruht auf der Annahme, dass die demokratische Qualität von Partizipation zunächst und vor allen von der Quantität der Beteiligten abhängt. Das aber stimmt selbst für die allgemeinste Form der Partizipation, die Teilnahme an allgemeinen Wahlen, nur zum Teil. Niemand würde die demokratische Qualität einer Wahl selbst bei weniger als 50% Wahlbeteiligung in Frage stellen, wenn die bei

demokratischen Wahlen üblichen Verfahrensstandards eingehalten worden sind. Auch für die traditionellen Partizipationsformen wie Parteien, Bürgerinitiativen, Anhörungen, Bürgerversammlungen etc. gilt, dass deren demokratische Legitimität nicht von der Zahl der Beteiligten abhängt. Rein quantitativ betrachtet werden alle Partizipationsformen stets nur von Minderheiten wahrgenommen.

Diesem Argument kann freilich entgegengehalten werden, dass diese Partizipati- 25 onsformen zumindest prinzipiell für alle offen sind, die sich beteiligen wollen, während Mediation dies von ihrer Idee her ausschließt. Dies trifft ohne Zweifel zu, spricht aber nicht gegen den Partizipationscharakter von Mediation, denn auch bei den traditionellen Partizipationsformen wird zwischen Rechtsbetroffenen-, Interessenten- und Popular- oder Jedermannbeteiligung unterschieden[8]. Ausgangs- und Bezugspunkt dieser Unterscheidung ist die Funktion, die der Partizipation zugeschrieben wird. Sie besteht nicht nur in der Geltendmachung von Individualinteressen, die bei dem „basisdemokratischen" Verständnis von Partizipation im Vordergrund stehen, sondern auch und nicht zuletzt in der Optimierung politischer und administrativer Entscheidungsprozesse: das heißt bessere demokratische Kontrolle auf Grund von Transparenz und Öffentlichkeit, größere Gewähr materieller Richtigkeit infolge der Berücksichtigung von Interessen, Problemsichten und Sachkunde von Betroffenen, höhere Akzeptanz der Ergebnisse durch Konsensorientierung und Beteiligung.

Der Vorwurf der mangelnden Legitimität von Partizipation auf Grund quantita- 26 tiv eingeschränkter Beteiligungsmöglichkeiten geht also fehl. Er entstammt einem basisdemokratischen Ansatz, der sich noch stets als Utopie erwiesen hat. In demokratietheoretischer Perspektive soll Partizipation die Rückbindung der Entscheidungsträger an den „Willen des Volkes" verbessern. Die Jedermannbeteiligung ist häufig nicht nur nicht realisierbar, sie ist bei vielen Planungen und Maßnahmen auch nicht erforderlich, denn da reicht für die durch Partizipation angestrebte demokratische Qualifizierung der politischen oder administrativen Entscheidungen eine effektive Betroffenenbeteiligung.

In entscheidungstheoretischer Perspektive soll Partizipation zu sachlich und zu- 27 gleich sozial richtigen Entscheidungen beitragen. Dazu bedarf es in einer hochorganisierten Gesellschaft mit komplexen Entscheidungsgegenständen eines Maßes an Professionalität im Umgang mit Politik und politisch-administrativen Prozessen, das über eine Jedermannbeteiligung nicht zu gewährleisten ist. Vom Entscheidungsprozess her betrachtet erhält Partizipation also eine neue Funktion. Neben die in der Politik- und Rechtswissenschaft üblicherweise genannten Informations-, Rechtsschutz- sowie Befriedungs- und Legitimationsfunktionen[9] tritt eine Kommunikations- und Reflexionsfunktion. Sie muss insbesondere bei komplexen Entscheidungen wie in der Umweltpolitik gewährleistet sein, wenn Partizipation das leisten soll, was ihrer Definition entspricht: „Partizipation ist danach Mitwirkung, nicht Mitentscheidung, sehr wohl aber gestaltende Einflussnahme auf den Entscheidungsprozess und in diesem Rahmen auch auf die Entscheidung selbst"[10].

---

[8] *Schmitt-Glaeser* in: Lerche/Schmitt-Glaeser/Schmidt-Assmann (Hrsg.), Verfahren als staats- und verwaltungsrechtliche Kategorie, 1984, S. 57.
[9] *Ronellenfitsch* in: Kernforschungszentrum Karlsruhe (Hrsg.), Die Öffentlichkeitsbeteiligung bei der Genehmigung von umweltrelevanten Großvorhaben, 1989, S. 36.
[10] *Schmitt-Glaeser*, a. a. O. S. 47.

28   Von ihrem Verfahrensansatz her bietet Mediation die bestmöglichen Voraussetzungen für das Maß an Kommunikation und Reflexion, das für eine effektive Partizipation an komplexen Entscheidungsprozessen unabdingbar notwendig ist.

II. Die Umweltmediation in der Praxis und die Praxis der Umweltmediation

1. Die Entwicklung der Umweltmediation

29   Wie eingangs erwähnt, werden seit etwa Mitte der siebziger Jahre in den USA in
verstärktem Umfang Mediationsverfahren angewendet, um umweltpolitische Konflikte zu regeln. Während Mediation zur Regelung sozialer Konflikte in den USA
bereits seit mehr als 100 Jahren praktiziert wird – im Jahr 1898 genehmigte der
Kongress offiziell Mediation in Arbeitskonflikten[11] –, wurde Umweltmediation zum
Erstenmal in dem von *Gerald Cormick* und *Jane McCarthy* als Mediatoren geleiteten Snoqualmie-River-Damm-Verfahren eingesetzt. Der Konflikt um diesen Stau-
damm dauerte bereits 15 Jahre, als die beiden Genannten im Mai 1974 begannen,
mit Hilfe von Mediation eine Lösung zu erreichen. Das Mediationsverfahren endete
im Dezember 1974 mit Empfehlungen, denen alle Konfliktparteien zustimmten[12].

30   Die Erfolgsgeschichte dieses Verfahrens leitete in den USA eine Entwicklung ein,
die zu einer großen gesellschaftlichen und politischen Akzeptanz der Umweltmediation geführt hat. Im Jahr 1986 konnte *Gail Bingham* eine erste Bilanz über zehn
Jahre Umweltmediation in den USA vorlegen, und im Jahr 1995 war einer Veröffentlichung von SPIDR (*Society of Professionals in Dispute Resolution* = Vereinigung der professionellen Mediatorinnen und Mediatoren) zu entnehmen, dass etwa
die Hälfte der mehr als 3000 Mitglieder im (umwelt)politischen Bereich tätig sind[13].
In den USA ist Mediation eines von mehreren Verfahren, die unter der Überschrift
„*Alternative Dispute Resolution* (ADR)" (alternative Konfliktregelung) diskutiert
und praktiziert werden. Für sie hat sich inzwischen die Abkürzung „ADR-
Verfahren" durchgesetzt. ADR meinte ursprünglich die Alternative zum förmlichen
Rechtsstreit, zum Gerichtsverfahren. Es sollte die Last der Gericht um solche Verfahren erleichtert werden, die auch mit anderen als rechtlichen Mitteln gelöst wer-
den können und die Gerichte unnötigerweise belasten. Die Konfliktparteien sollen
versuchen, ihre Differenzen gemeinsam – gegebenenfalls unter Beiziehung eines
Mediators – zu klären und beizulegen.

31   **Eine Alternative** stellen diese Verfahren **im politischen Bereich** insbesondere deshalb dar, weil sie eine andere Art der Entscheidungsfindung anbieten, die das Entstehen von Konflikten antizipiert. Bei den traditionellen Entscheidungsverfahren wird
von den politisch oder administrativ Zuständigen entschieden und die Entscheidung
dann öffentlich verkündet, worauf die davon Betroffenen oft mit Widerspruch und
Widerstand reagieren. Heftige Konflikte sind die logische Folgerung dieser Vorgehensweise, die den Betroffenen oft keine andere Wahl lässt, als gegen eine über ihre

---

[11] *Rogers/McEwen*, Mediation Law, Policy, Practice, 1994, Kap. 5: S. 2.
[12] *Mernitz*, Mediation of Environmental Disputes, 1980, S. 89 ff.
[13] *SPIDR*, Democracy and Dispute Resolution: Power, Principle and Practice, 23rd Annual Conference, Washington D. C. 1995 (conference brochure S. 2).

Köpfe hinweg vorgeschlagene Regelung oder Planung Position zu beziehen. Das wesentliche Kennzeichen der ADR-Verfahren ist demgegenüber in der kooperativen Problemlösung zu sehen, die den von einem Problem Betroffenen die Möglichkeit einräumt, bereits bei der Definition des Problems und der Erarbeitung von Problemlösungen ihre Interessen einzubringen. Auch in der amerikanischen Diskussion wird diese alternative Vorgehensweise mit einem demokratietheoretischen Akzent versehen: ADR-Verfahren erlauben ein Höchstmaß an Selbstbestimmung, denn die von einem Problem Betroffenen oder an einem Konflikt Beteiligten bestimmen selbst Form und Inhalt der Problemlösung oder Konfliktregelung, anstatt die Entscheidung Dritten, also Amts- oder Mandatsträgern oder Gerichten zu überlassen[14].

Für den (umwelt)politischen Bereich kann Mediation wie folgt definiert werden: Mediation ist eine strukturierte und systematische Form der Konfliktregelung, durch die ein professioneller Konfliktmanager, der Mediator, bei umfangreichen Konflikten meist ein Mediationsteam, die von einem Konflikt Betroffenen und an einer einvernehmlichen Konfliktregelung Interessierten durch die gezielte Beachtung ihrer inhaltlichen, verfahrensbezogenen und psychologischen Interessen dabei unterstützt, zu einer für alle zufrieden stellenden oder zumindest akzeptablen Lösung zu gelangen. Die Problemlösung wird also nicht von Politik oder Verwaltung vorgegeben, sondern von den am Mediationsverfahren Beteiligten gemeinsam erarbeitet. Da das Mediationsverfahren auf vertrauensvolle Kooperation angelegt und angewiesen ist, muss der Kreis der Beteiligten klein gehalten werden. Daraus folgt, dass bei einer größeren Zahl von Betroffenen das Repräsentationsprinzip angewendet werden muss. In der Praxis der Umweltmediation stellt es häufig eine der schwierigsten Aufgaben für des Mediationsteam dar, die Zahl der Beteiligten so einzugrenzen (auf in der Regel nicht mehr als 25 Beteiligte), dass Mediation tatsächlich noch möglich ist. 32

Im Vergleich zur Rolle von Mediation bei Familien-, Scheidungs- oder wirtschaftlichen Konflikten ist freilich für den politischen Bereich darauf hinzuweisen, dass die Letztentscheidung bei der Konfliktregelung den zuständigen Amts- oder Mandatsträgern zukommt. Die ebenso komplexen wie umfassenden Rechtsstrukturen im politisch-administrativen System lassen wenig oder keinen Spielraum für Mediation im Sinne selbstbestimmter Konfliktregelung durch die Konfliktparteien. Mediation bedeutet hier eher eine innovative und intelligente Form der Beteiligung an der Vorbereitung von Entscheidungen oder Konfliktregelungen als gemeinsames Aushandeln und Verantworten von Entscheidungen selbst. Die Praxis der Umweltmediation vor allem in Österreich hat hier in der letzten Zeit freilich einen neuen Akzent gesetzt in Gestalt einer zivilrechtlich tragfähigen vertraglichen Absicherung des Mediationsergebnisses durch die Konfliktparteien. Bei Vorhaben, die Gegenstand einer Mediation sind und einer behördlichen Genehmigung bedürfen, aber nicht von einer Behörde, sondern von einem Privatunternehmen oder einem zwar im staatlichen Eigentum befindlichen, jedoch privatrechtlich organisierten Unternehmen geplant werden, können die Konfliktparteien vertraglich vereinbaren, dass das Unternehmen ein Vorhaben so zur Genehmigung einreichen wird, wie es im Mediationsverfahren vereinbart worden ist. In einem solchen Fall haben es auch in 33

---

[14] *Moore/Delli Priscoli,* The Executive Seminar on Alternative Dispute Resolution (ADR) Procedures, 1989, S. 23.

der Umweltmediation die Konfliktparteien in der Hand, die politische Umsetzung des Mediationsergebnisses zu bestimmen[15].

34   Die **Geschichte der Umweltmediation in Deutschland** begann im Jahre 1986, als die Umweltprobleme der Sonderabfalldeponie Münchehagen in der Nähe von Hannover erstmals mit Hilfe eine neutralen Konfliktmanagers, eines Mediators, aufgearbeitet wurden. Vorausgegangen waren heftige Auseinandersetzungen, an denen Bürgerinitiativen und Verwaltungsbehörden aus drei Kommunen, drei Landkreisen und zwei Bezirksregierungen bzw. Bundesländern beteiligt waren[16] (Striegnitz 1994).

35   Inzwischen liegen auch für Deutschland erste **Untersuchungen** über die bisherigen Erfahrungen mit Umweltmediation vor. Die nachfolgenden Angaben und Daten stammen aus einer Untersuchung, die von der MEDIATOR GmbH, Oldenburg, mit finanzieller Unterstützung der Deutschen Bundesstiftung Umwelt durchgeführt worden ist. Bis September 1996 konnten 64 Verfahren dokumentiert und ausgewertet werden, die Kennzeichen des Mediationsverfahrens bzw. wesentliche Elemente der Mediation, der Moderation oder der Verhandlungen aufwiesen. Etwa die Hälfte dieser Verfahren befasste sich mit abfallwirtschaftlichen Problemen, von der Erstellung von Abfallwirtschaftskonzepten bis hin zur Standortsuche und Planung von Deponien und Müllverbrennungsanlagen. Diese Konzentration auf das Thema „Abfall" ist in sofern verständlich, als in diesem Bereich wohl am häufigsten negative Erfahrungen mit den traditionellen Wegen der Projektrealisierung durch Verwaltungen und Abfallentsorgungsunternehmen gemacht worden sind. Ein weiteres Viertel der untersuchten Verfahren begleitete Sanierungsmaßnahmen bei Altlasten, insbesondere bei unzureichend gesicherten und erstellten Deponien sowie bei Umweltschäden, die durch Militär oder Industrie verursacht wurden. Das letzte Viertel betraf Themen aus den Bereichen Naturschutz, Verkehr, Chemie und radioaktive Abfälle, die in der Forschung und in der Medizin angefallen sind.

36   Hervorzuheben ist die Tatsache, dass auch auf der politisch-programmatischen Ebene Mediationsverfahren eingesetzt worden sind. Die Bandbreite reicht hier von Konzepten und Strategien zur mittel- und langfristigen Abfallpolitik über die Entwicklung eines Verkehrsleitbildes für eine Großstadt bis hin zu Diskussionen über die Anwendung der Gentechnik.

37   Eine systematische Erfassung der aktuell laufenden Verfahren gibt es leider nicht, so dass an dieser Stelle nur die Vermutung – gestützt auf die eigenen praktischen Erfahrungen des Verfassers – geäußert werden kann, dass der frühere Schwerpunkt in der Abfallproblematik nicht mehr besteht, sondern Verkehrsprobleme in den Vordergrund gerückt sind. Es ist darüber hinaus zu vermuten, dass in Zukunft viele Fragen und Probleme, die mit der Umsetzung des neuen umweltpolitischen Leitbilds der nachhaltigen Entwicklung auftauchen werden, Gegenstand von Mediationsverfahren sein werden.

2. Rechtliche Bedingungen für die Umweltmediation

38   Mediationsverfahren im Umweltbereich bzw. in der Umweltpolitik werden in der Mehrzahl der Fälle von der öffentlichen Verwaltung initiiert und auch finanziert.

---

[15] *Zillessen* in: Mader/Eberwein/Vogt 2001.
[16] *Striegnitz* in: Dörhöfer/Thein/Wiggering 1994.

Das ist ein Hinweis darauf, dass die rechtlichen Regelungen über Planungsverfahren wie Raumordnungs-, Planfeststellungsverfahren sowie die unterschiedlichen Genehmigungsverfahren vor allem im Verwaltungsvollzug zu Problemen führen, die eine Suche nach neuen Lösungswegen erfordern. Daher soll der rechtliche Handlungsspielraum für diese innovative Form des Umweltkonfliktmanagements abgesteckt werden. Im Folgenden werden einige Ansatzpunkte zusammengestellt, wie eine Anbindung von Mediation an das geltende Verfahrensrecht möglich ist.

a) **Trennung von Mediation und rechtlich geregelten Zulassungsverfahren.** In den 39 USA existieren auf der Ebene der Bundesstaaten über 2000 Einzelgesetze, die Mediation vorschreiben; zwei Bundesgesetze legen den Einsatz von Mediation im Umweltbereich nahe[17]. Eine ähnliche gesetzliche Absicherung existiert bisher in Deutschland nicht. Ganz im Gegenteil bestehen im deutschen Umweltrecht strukturelle Hindernisse für Mediation. Die für die Mediation konstitutive Einbindung aller betroffenen Interessen ist im derzeitigen Rechtsrahmen eher bei Planungsentscheidungen als Intention angelegt, zum Beispiel bei Bebauungsplänen und Planfeststellungsverfahren, nicht jedoch bei Genehmigungsverfahren für Einzelprojekte. Die hier vorherrschende Zweierbeziehung zwischen Antragsteller und Genehmigungsbehörde mit geringeren Beteiligungsmöglichkeiten gilt seit den zahlreichen Beschleunigungsgesetzen im Umweltrecht auch für zahlreiche Maßnahmen, vor allem im Abfall- und Verkehrsbereich, für die bisher ein Planfeststellungsverfahren vorgesehen war.

Nach einer solchen Definition, die eine unmittelbare Umsetzung von Verhandlungsergebnissen zugrunde legt, finden in Deutschland allerdings keine Mediationsverfahren statt. Den genannten Einwänden wird Rechnung getragen, solange Mediation zur Verbesserung der Informationsgrundlagen und Entscheidungsvorbereitung im Vorfeld von Verwaltungsverfahren läuft oder als begleitende Veranstaltung von der eigentlichen Verwaltungsentscheidung getrennt bleibt. Die nachfolgenden Vorschläge beziehen sich daher auf Möglichkeiten zur ergänzenden Anbindung von Mediation an das Verfahrensrecht.

b) **Mediation zur Vorbereitung und Begleitung gesetzlich geregelter Öffentlich-** 40 **keitsbeteiligung.** Ein Ansatzpunkt für Mediation ergibt sich im Zusammenhang mit dem Erörterungstermin, wie er für Planfeststellungs- und Genehmigungsverfahren vorgesehen ist[18]. Die dort angestrebte Einigung über Einwendungen nach §§ 73, 74 VwVfG wird in der Praxis meist nicht erreicht, da der Termin in diesem späten Planungsstadium keinen Gestaltungsspielraum mehr lässt. Eine Einigung kann nur durch Verhandlungen erzielt werden, so dass die gesetzlichen Bestimmungen zum Erörterungstermin mittelbar mediative Verhandlungen legitimieren[19]. Allerdings ist

---

[17] *Holznagel* in: Dose/Holznagel/Weber (Hrsg.), 1994, S. 160; *Zillessen/Barbian* in: Aus Politik und Zeitgeschichte, 1992 S. 20; *Hoffmann-Riem/Schmidt-Assmann* (Hrsg.), Konfliktbewältigung durch Verhandlungen, 1990 S. 320–357.
[18] §§ 72 ff. VwVfG gelten nur für Planfeststellungsverfahren in Bereichen, in denen die Planfeststellung nicht einzelgesetzlich geregelt ist. Solche speziellen Regelungen zum Planfeststellungsverfahren sind etwa § 17 Fernstraßengesetz, § 8 Luftverkehrsgesetz, § 7 Kreislaufwirtschafts- und Abfallgesetz sowie § 9 Atomgesetz. Der im Rahmen des VwVfG dargestellte grundsätzliche Ansatzpunkt der Umweltmediation als Vorbereitung und/oder Begleitung von Planfeststellungsverfahren gilt in diesen Bereichen genauso.
[19] *Holznagel* in: Breidenbach/Henssler (Hrsg.), Mediation für Juristen, 1997 S. 157.

Mediation ein Prozess, der einen längeren Zeitraum der Kommunikation zwischen potentiellen Konfliktparteien ermöglicht. Die Durchführung eines Erörterungstermins kann nicht selbst die Gestalt eines Mediationsverfahrens annehmen, sie kann allerdings durch Mediation begleitend zum Planungsprozess und speziell zum Anhörungsverfahren vorbereitet werden.

41 Eine Möglichkeit für den Einsatz von Mediatoren zur Verbesserung von Anhörungsverfahren ist die Rolle eines Beauftragten der öffentlichen Verwaltung, dem nach einer Übereinkunft der Beteiligten ein **Amt verliehen** wird, das durch eine gemeinsam verabschiedete Geschäftsordnung gestaltet wird[20]. Da aber die Verwaltung nicht befugt ist, hoheitliche Rechte wie die Verfahrensführung abzutreten, entspricht dieser Vorschlag eigentlich nicht dem Konzept der Mediation. Danach muss dem von den Konfliktparteien gewählten Mediator die leitende Rolle der Vermittlung zugestanden werden, während die Verwaltung als einer der Akteure am Verhandlungstisch sitzt.

42 Allerdings kann das Mediationsverfahren ohne weiteres außerhalb des förmlichen Verwaltungsverfahrens zur informellen Vorbereitung und Begleitung des Anhörungsverfahrens genutzt werden. Nach § 10 VwVfG gilt außerhalb des Erörterungstermins und insbesondere außerhalb des förmlichen Verwaltungsverfahrens der **Grundsatz der Nichtförmlichkeit,** wonach das Verfahren einfach, zweckmäßig (!) und zügig durchzuführen ist. Im juristischen Schrifttum wird damit die Rechtmäßigkeit informellen Vorgehens begründet[21] Wichtiger Verfahrensgrundsatz ist § 9 VwVfG. Das Verwaltungsverfahren erstreckt sich danach als „nach außen wirkende Tätigkeit der Behörden" von den ersten Vorbereitungen bis zum Erlass eines Verwaltungsaktes oder Abschluss eines öffentlich-rechtlichen Vertrages.

43 Offen gestaltete Vorverhandlungen im Rahmen der Mediation können so das anschließende Anhörungsverfahren zweckorientiert vorbereiten.

44 Die zahlreichen gesetzlichen Beschleunigungsmaßnahmen, die unter dem politischen Druck der Debatte um den „**Wirtschaftsstandort Deutschland**" vom Gesetzgeber verabschiedet worden sind, schränken durch die geringeren Partizipationsmöglichkeiten den Spielraum für Konfliktmittlung ein. Es ergeben sich jedoch auch neue Chancen, wenn ein Projektträger den Bedarf für ein breiteres Konfliktmanagement sieht. In diesem Fall können Unternehmen und Genehmigungsbehörde das Verfahren durch den Einsatz eines Mediators, der im erweiterten Sinne als Verfahrens- und Projektmanager tätig wird, für weitere Konfliktparteien öffnen[22].

Seit September 1997 ist im Baugesetzbuch (BauGB) in § 4 b vorgesehen, dass zur Beschleunigung des Bauleitplanverfahrens die Vorbereitung und Durchführung von Verfahren zur Beteiligung der Bürger und der Träger öffentlicher Belange einem Dritten übertragen werden kann. Was im BauGB noch interpretationsfähig ist im Hinblick auf den Einsatz von Mediation, ist im Kommissionsentwurf zum Umweltgesetzbuch (UGB) in § 89 schon genauer bestimmt: Das UGB will alle Planungsverfahren zu einer Vorhabensgenehmigung zusammenführen; vorgesehen ist Beteiligung der Umweltverbände unter Hinzuziehung eines „Verfahrensmittlers"[23].

---

[20] *Schmidt-Assmann* in: Hoffmann-Riem/Schmidt-Assmann (Hrsg.), Konfliktbewältigung durch Verhandlungen, 1990. S. 26 f.
[21] *Holznagel* in: Breidenbach/Henssler (Hrsg.), a. a. O., S. 157.
[22] *Troja* Zeitschrift für Umweltpolitik und Umweltrecht 3/1997.
[23] *Schrader* KON:SENS 1999, 155–160.

Auch wenn sich der Kommissionsentwurf für ein umfassendes UGB politisch 45 voraussichtlich nicht durchsetzen wird, so sind doch in den z. Zt. diskutierten weniger ehrgeizigen Disskussionspapieren des Bundesumweltministeriums zum UGB, Teil I, die mediationsrelevanten Passagen des Kommissionsentwurfes weiterhin enthalten.

c) **Mediation beim Scoping-Verfahren der Umweltverträglichkeitsprüfung.** Eine 46 weitere wichtige gesetzliche Grundlage, die Spielraum für die Lösung von Interessenkonflikten mit Hilfe von Mediation bietet, ist das sogenannte Scoping-Verfahren nach § 5 Umweltverträglichkeitsprüfungsgesetz (**UVPG**). Die Behörde muss mit einem Unternehmen, das ein Projekt plant, auf dessen Wunsch Fragen zur anstehenden UVP erörtern. Diese Erörterung betrifft den Untersuchungsrahmen und die für die UVP durch das Unternehmen beizubringenden Unterlagen. Sie wird als geeignet angesehen, im Sinne des Vorhabenträgers das Zulassungsverfahren von potentiellem Konfliktstoff zu entlasten[24].

Bei der **Vorabbestimmung des Untersuchungsrahmens** kann die Behörde Stellungnahmen auch der Öffentlichkeit hinzuziehen. Als Dritte kommen natürliche und juristische Personen in Betracht. Neben der Standortgemeinde und betroffenen Gemeinden können auch betroffene Bürger, Bürgerinitiativen oder Verbände als Dritte einbezogen werden. Dies ist analog im Bauleitplanverfahren nach § 3 Abs. 1 Baugesetzbuch zur frühzeitigen Bürgerbeteiligung, in § 1 b Abs. 1 der Atomrechtlichen Verfahrensordnung oder in § 2 a Abs. 1 der Parallelvorschrift der 9. BImSchV vorgesehen[25]. Wird nun die Beteiligung der Betroffenen im Rahmen eines Mediationsverfahrens organisiert, stellt auch der Konfliktmittler einen Dritten dar, der nach § 5 Satz 2 von der Behörde beteiligt werden kann[26]. Ein so angelegtes Scoping ist in besonderer Weise an dem Ziel orientiert, durch frühzeitige Kooperation das nachfolgende Verwaltungsverfahren von Konflikten zu entlasten. Ob Dritte beteiligt werden und wie dies im Einzelnen geschieht, ist weitgehend dem Ermessen der Behörde überlassen. Die UVP-Verwaltungsvorschrift, wie sie am 17. Mai 1995 vom Bundeskabinett beschlossen worden ist, macht dieses Ermessen faktisch stark abhängig von der Stellungnahme des Vorhabenträgers. Dieser ist anzuhören, bevor die Behörde Dritte hinzuzieht. Die Beteiligung ist dann abzuwägen gegen das Interesse des Vorhabenträgers, die Planungen bis zum regulär vorgeschriebenen Anhörungsverfahren (§ 9 UVPG) vertraulich zu behandeln. Die Verhandlungsbereitschaft der zentralen Akteure, insbesondere des Vorhabenträgers und der Gegner ist aber ohnehin Voraussetzung für die Durchführung eines Mediationsvorhabens. Auch hier gilt, was bereits im Zusammenhang mit Anhörungsverfahren und Erörterungstermin angesprochen wurde. Es hat nichts mit Mediation als Prozess zu tun, wenn ein einziger Termin durch einen neutralen Dritten moderiert wird. Vielmehr kann es im Rahmen der UVP darum gehen, den Scoping-Termin durch Mediation vorzubereiten und zu entlasten sowie ggf. ein Mediationsverfahren nach erfolgreicher UVP bis zum Beginn der Vorhabensumsetzung weiterzuführen.

Die **Bereitschaft der Verwaltung und des Vorhabenträgers**, einem Mediationsver- 47 fahren im Rahmen des Scoping-Termins zuzustimmen, ist zu erwarten, wenn das

---

[24] *Hoppe* (Hrsg.), Gesetz über die Umweltverträglichkeitsprüfung (UVPG), Kommentar, 1995, S. 174.
[25] *Hoppe* 1995, a. a. O. S. 183; *Peters,* Das Recht der Umweltverträglichkeitsprüfung, 1996, S. 102.
[26] *Holznagel* in: Dose/Holznagel/Weber (Hrsg.), Beschleunigung von Genehmigungsverfahren. Vorschläge zur Verbesserung des Industriestandortes Deutschland, 1994, S. 165.

Vorhaben gegen den Widerstand der Bürger, die sich betroffen fühlen, voraussichtlich nicht oder nur zu hohen Kosten durchzusetzen ist. In der Mediationsdebatte[27] wird dagegen zum Teil davon ausgegangen, dass Mediation nicht nur ein Verfahren des Konfliktmanagements ist, sondern mit Hilfe eines aktiven Mittlers als problemspezifischer Planungs- und Partizipationsansatz sehr viel breiter anwendbar ist. Zumindest mit Blick auf die praktische Umsetzung im Rahmen der deutschen UVP wird aber deutlich, dass hier das sogenannte Impasse-Kriterium, also die abzusehende Sackgasse, der nicht zu lösende Konflikt, als faktische Voraussetzung für Mediationsverfahren anzusehen ist, da sonst Verwaltung und Vorhabenträger kein Interesse an einer breiteren Öffnung des Verfahrens haben.

48   **d) Sicherung von Verhandlungsergebnissen durch öffentlich-rechtliche Verträge.** Für den Stellenwert eines Mediationsverfahrens im weiteren Entscheidungsprozess und für die Motivation zur Kooperation bei den Beteiligten ist entscheidend, dass die Verwaltung zumindest teilweise den ausgehandelten (Teil-)Konsens auch übernimmt. Daher soll neben der faktischen Bindungswirkung auf informalem Wege abschliessend mit dem öffentlich-rechtlichen Vertrag eine Möglichkeit dargestellt werden, wie Verhandlungsergebnisse stärker abgesichert und verbindlicher gemacht werden können[28].

49   Eine Behörde kann als Vertreterin des Rechtsträgers nach §§ 54 ff. VwVfG mit einem Vorhabenträger einen öffentlich-rechtlichen Vertrag abschließen, an den sie ansonsten einen Verwaltungsakt richten würde[29]. Ein Vertrag kann auch Sanktionen bei Nichterfüllung beinhalten. Als Ersatz für einen Verwaltungsakt ist ein solcher Vertrag nur bei anstehenden Genehmigungsverfahren etwa nach BImSchG oder Baurecht möglich, nicht jedoch anstelle eines Planfeststellungsbeschlusses[30], wie er etwa für größere Verkehrsprojekte oder Abfalldeponien vorgesehen ist. Allerdings unterliegen seit dem Investitionserleichterungs- und Wohnbaulandgesetz von 1993 auch die umstrittenen Müllverbrennungsanlagen der (einfacheren) Genehmigung nach BImSchG. Außerdem gibt es auch für Deponien die Plangenehmigung nach § 7 Abs. 3 Kreislaufwirtschafts/Abfallgesetz als Zulassungsverfahren (mit geringerer Öffentlichkeitsbeteiligung).

49 a   Sowohl der Aspekt des Kompromisses durch konsensorientierten Diskurs als auch das Mittel der Kompensation zum Ausgleich von Belastungen und damit als Weg des Interessenausgleichs durch Verhandlung können durch **Formen des öffentlich-rechtlichen Vertrages** berücksichtigt werden: Wenn die Behörde es als zweckmässig ansieht, kann sie nach § 55 VwVfG durch einen Vertrag einen Vergleich herbeiführen, um eine Ungewissheit der Sach- oder Rechtslage zu beseitigen[31]. Gegenseitiges Nachgeben soll zu einer einvernehmlichen Lösung führen, die verfah-

---

[27] *Gaßner/Holznagel/Lahl*, Mediation: Verhandlungen als Mittel der Konsensfindung bei Umweltstreitigkeiten, 1992, S. 24–26.
[28] Wenn Verhandlungsergebnisse als Vertrag fixiert werden sollen und einen Verwaltungsakt ersetzen, wird die Frage des Verhandlungsmandates der Gruppenvertreter im Mediationsverfahren zu einem zentralen Problem.
[29] Vorhabensträger und Betroffenen steht unabhängig davon natürlich frei, untereinander einen privatrechtlichen Vertrag abzuschließen. Selbst bei einem Rechtsmittelverzicht im Rahmen des Vertrages ist die Vertragserfüllung selbst weiterhin zivilrechtlich justitiabel (*Gaßner/Holznagel/Lahl*, a. a. O., S. 70).
[30] *Brandt* in: Hoffmann-Riem/Schmidt-Assmann (Hrsg.), a. a. O., S. 244–247.
[31] Vgl. schon *Kopp*, Verwaltungsverfahrensgesetz, 1991, S. 1236 f.

rensökonomisch ist und unnötige Rechtsbehelfsverfahren vermeidet. Bei einem Austauschvertrag (§ 56 VwVfG) kann sich ein Projektträger vertraglich zu bestimmten Gegenleistungen verpflichten, wenn der Zweck dieser Leistungen im Vertrag festgeschrieben wird. Besteht ein Anspruch auf die Leistungen der Behörde – z. B. der Anspruch auf Genehmigung nach BImSchG, wenn die beantragte Anlage die gesetzlichen Bestimmungen erfüllt – ist ein Austauschvertrag allerdings an Bedingungen geknüpft. Die Gegenleistungen müssen der Behörde zur Erfüllung öffentlich-rechtlicher Aufgaben dienen bzw. in einem sachlichen Zusammenhang mit den Leistungen der Behörde stehen[32]. Die Behörde darf ihre Genehmigung nicht an andere Arten von Leistungen oder Kompensationen des Projektträgers binden. Dieses sogenannte Kopplungsverbot[33] zieht also sehr enge Grenzen für einen Austauschvertrag. Dahinter steht ursprünglich der Schutz des Adressaten von Verwaltungsmaßnahmen vor Gegenleistungen, wenn ohnehin (evtl. ohne dass er es weiß) ein Anspruch auf die Leistung der Behörde besteht. Für Verhandlungen sind solche Koppelgeschäfte allerdings sehr attraktiv, da durch sie Win-Win-Lösungen realisiert werden könnten, wenn ein Projekt insgesamt einen Mehrwert verspricht und Verteilungsfragen die Einigung blockieren. Für Mediationsverfahren ist also eine nicht zu eng gefasste Interpretation der Bedingungen für Gegenleistungen wichtig.

Die Verwaltung ist für sachgerechte Einzelfallentscheidungen bei sehr komplexen 50 Problemlagen ohnehin auf intensive Vorkontakte und Vereinbarungen mit den Betroffenen angewiesen. Für sie gehören öffentlich-rechtliche Verträge zum Instrumentarium effektiven Verwaltungshandelns[34]. Ein solcher Vertrag ist auch in juristischer Interpretation besonders geeignet, die Interessen und Rechte des Bürgers zu wahren und zu verwirklichen und zu einer partnerschaftlichen Zusammenarbeit zu kommen[35]. Darüber hinaus ist der öffentlich-rechtliche Vertrag ein bewährter Weg, wenn die in Auflagen geregelten staatlichen Mindeststandards im Einzelfall „übererfüllt" und sowohl das Investitionsklima als auch die Implementation staatlicher Entscheidungen durch die Vermeidung langwieriger Verwaltungsgerichtsprozesse verbessert werden sollen[36].

3. Anwendungsfelder der Umweltmediation

Unter Berücksichtigung der bisherigen Erfahrungen mit Umweltmediation vor 51 allem in Deutschland können unterschiedliche Anwendungsbereiche benannt werden. Dabei ist zunächst hervor zu heben, dass Umweltmediation bisher am häufigsten bei **Standortkonflikten** angewendet worden ist. Wo es um den Bau eines konkreten Projektes geht, sei es eine Ortsumgehungsstrasse, eine Müllentsorgungsanlage, eine Industrieansiedlung oder die Ausweisung eines Großschutzgebietes, kann Mediation mit ihrem Konfliktregelungspotential mit Aussicht auf Erfolg eingesetzt werden. Mediation wird aber auch zunehmend auf der den Standortent-

---

[32] Zusätzlich dürfen nach § 36 VwVfG nur solche Nebenbestimmungen eingegangen werden, die durch Rechtsvorschrift zugelassen sind oder gesetzliche Voraussetzungen eines entsprechenden Verwaltungsaktes sicherstellen können.
[33] *Kopp* a. a. O., S. 1250.
[34] *Bulling* DÖV, 1989, S. 282–287.
[35] *Kopp*, a. a. O., S. 1208.
[36] *Bulling* a. a. O., S. 288 f.

scheidungen vorgelagerten programmatischen Ebene eingesetzt[37], weil hier die grundlegenden Konflikte geregelt werden müssen. Viele der grundsätzlichen Probleme sind auf der Standortebene nicht mehr zu klären und müssen daher rechtzeitig auf der programmatischen Ebene angepackt werden.

52   Das nachfolgende **Schaubild** soll einen Überblick geben über die bisherige Praxis in der Anwendung der Umweltmediation:

Bereich	Programm-Entscheidung	Standort-/Projektentscheidung
Verkehr	Verkehrsentwicklungspläne Verkehrskonzepte/-leitbilder Mobilitätskonzepte	Fernstraßen-/Autobahn-/Eisenbahntrassen; Wasserstraßen Verkehrsberuhigte Zonen Umgehungsstraßen Flughafenbau (Neu-/Ausbau)
Abfall/Altlasten	Abfallwirtschaftsprogramm Sonderabfallkonzept Abfallentsorgungsplan Altlastensanierungsprogramm	Müllverbrennungsanlage Deponie/Deponiesanierung Altlastensanierung Sammelstelle für radioaktive Abfälle
Bau und Planung	Flächennutzungsplan Bauleitplan Bebauungsplan	Baugenehmigung
Wasser	Programm zur regionalen/lokalen Grundwassernutzung Abwasserentsorgungsprogramm	Kläranlagenbau Ausweisung von Trinkwasserschutzgebieten
Naturschutz/Landschaftsplanung	Naturschutzprogramme Renaturierungspläne Landschaftsrahmenplanung Kommunale Entwicklungsplanung Hochwasserschutz	Errichtung eines Naturparks Ausweisung eines Großschutzgebietes Renaturierungsmaßnahmen Deichbau Siedlungs- und Freiraum-Entwicklung Kommunale Umweltqualitätsziele und -standards
Energie	Kommunale Energieeinsparprogramme	Kraftwerks-/Raffinerieanlagenbau Entsorgungsanlage für radioaktive Abfälle
Gentechnik	Forum über Chancen und Risiken der Gentechnologie	Freisetzung gentechnisch veränderter Pflanzen
Chemie	Forum über Nutzen und Risiken der Chemiepolitik	Bau einer Chemieanlage Sanierung von PCB-belasteten Gebäuden

Abbildung 1: Anwendungsfelder der Umweltmediation

53   In den **USA** wird auch die Ausgestaltung gesetzlicher Regelungen des Umweltschutzes bisweilen in Mediationsverfahren mit Beteiligung der Wirtschaft wie der Umweltverbände unter der Leitung eines neutralen Mediators ausgehandelt (regulatory negotiations). Dazu zählen auch Verhandlungen über die Festsetzung von Umweltschutzstandards oder Umweltschutzkriterien.

54   Auf der Ebene der allgemeinen Umweltpolitik bieten sich für Mediation bisher noch **unerschlossene Anwendungsbereiche** an. Damit sind z.B. Diskussionen um

---

[37] *Jeglitza/Hoyer* in: Zillessen (Hrsg.), Opladen/Wiesbaden 1998.

neue Politikansätze gemeint, also von neutralen Konfliktmanagern organisierte und geleitete Politikdialoge oder Politikforen, die grundlegende umweltpolitische Fragen und Probleme unter Beteiligung von Vertretern der Regierung und der Legislative zur öffentlichen Diskussion stellen. Sie können die politische wie die allgemeine Öffentlichkeit auf wichtige Probleme aufmerksam machen, auf die kurzfristig reagiert werden muss, um langfristig irreversible Schäden zu vermeiden. In den USA sind solche Politikforen z. B. zu Themen wie Grundwassernutzung und Schutz von Feuchtgebieten durchgeführt worden[38]. In dieser Anwendung kann Mediation dazu beitragen, ein Strukturproblem der repräsentativen Demokratie zu überwinden, das in der Orientierung der Politik an kurzfristig sichtbaren Erfolgen liegt. Dadurch wird die Diskussion langfristiger Zielsetzungen oft vernachlässigt.

4. Mediationsaufgaben in Vielparteienkonflikten

Eine der Besonderheiten der Umweltmediation besteht darin, dass sie in der Regel **Vielparteienkonflikte** zum Gegenstand hat. Daraus folgt zum einen, dass fast immer ein Mediationsteam erforderlich ist, um ein solches Verfahren durchzuführen. Ein einzelner Mediator wäre durch die große Zahl der Teilnehmer wie durch die Komplexität des Konfliktfeldes schlicht überfordert. Für das Mediationsteam stellen sich durch das Problem des Umgangs mit großen Gruppen zum anderen folgende besondere Aufgaben: 55

a) **Begrenzung der Teilnehmerzahl.** Es ist oben bereits darauf hingewiesen worden, dass es in Umweltkonflikten häufig zunächst darum gehen muss, angesichts der vielen betroffenen Interessen die Mediationsrunde zahlenmäßig so zu begrenzen, dass ein sinnvolles Arbeiten möglich ist, ohne dabei wesentliche Konfliktparteien außen vor zu lassen. Eine entsprechende Begrenzung muss immer im Einverständnis und nach Absprache mit den Konfliktparteien geschehen. Dabei sollten sich die Konfliktbeteiligten auf einen Teilnahme-Schlüssel einigen, der ein sinnvolles Arbeiten erlaubt[39]. 56

b) **Transparenz der Informationen.** Entsprechend der Anzahl der Konfliktparteien existieren in einer Umweltmediation viele Wirklichkeiten nebeneinander, wobei der Einzelne sein Handeln danach ausrichtet, was er für wirklich hält. Eine der vorrangigen Aufgaben der Mediatoren in Umweltmediationsverfahren liegt darin, möglichst umfassend alle relevanten Informationen zu sammeln, offenzulegen und sie für alle Beteiligten transparent zu gestalten. 57

Je nach Größenordnung und voraussichtlicher Dauer einer Mediation bietet es sich an, ein Koordinierungs- oder Bürgerbüro als permanente Anlaufstelle für die Beteiligten des Verfahrens wie für die interessierte und allgemeine Öffentlichkeit einzurichten. Ein solches Büro kann vor allem folgende Aufgaben und Funktionen übernehmen:
– Organisation des Verfahrens
– Permanente Ansprechstelle für die Verfahrensteilnehmer und die interessierte Öffentlichkeit

---

[38] *The Conservation Foundation* (Hrsg.), The National Groundwater Policy Forum, Washington, D. C. 1985 sowie Protecting America's Wetlands: An Agenda. The Final Report of the Wetlands Policy Forum, Washington, D. C. 1988.
[39] *Wiedemann/Kessen* in: Organisationsentwicklung 4/1997 S. 60.

- „Gläsernes Büro": Sammelpunkt für zahlreiche Unterlagen und Materialien, die somit von allen Teilnehmern des Verfahrens eingesehen werden konnten
- Regelmäßige Gespräche mit allen Teilnehmern des Verfahrens
- Regelmäßige Abstimmungen mit den jeweiligen Verwaltungen
- Kurzfristige Koordinierungen bei neu auftretenden Konflikten
- Gemeinsame Kommunikation

In Umweltmediationsverfahren kommen sehr unterschiedliche Menschen zusammen, die sich in ihrer Lebens- und Arbeitswelt gravierend unterscheiden. Zumeist sprechen sie völlig verschiedene „Sprachen", so dass eine gemeinsame Kommunikationsebene erst aufgebaut werden muss.

Zu Beginn eines solchen Verfahrens können die Konfliktparteien sich oft nicht ohne die Hilfe der Mediatoren miteinander verständigen. Den Parteien ist jeweils unklar, was das Problem für die andere Partei ist, und jede sieht in der anderen nur einen Gegner, „mit dem man eh nicht reden kann". Hier ist das Mediationsteam vor allem als Übersetzer gefragt, um ein wechselseitiges Verstehen zu ermöglichen, aus dem dann Verständnis für die Interessen der jeweils anderen Parteien erwachsen kann.

58   c) Beibehaltung der Allparteilichkeit. Eine der großen Herausforderungen für den Umweltmediator ist die Beibehaltung seiner allparteilichen Rolle in einem komplexen Konflikt mit vielen Konfliktparteien und unterschiedlichen Personentypen. Ihnen allen gleich offen, fair und ausgewogen zu begegnen, ist manchmal schwieriger als man denkt. Zwar sollte der Mediator immer einen unsichtbaren Merkzettel mit sich tragen auf dem steht: 'Dies ist nicht mein Konflikt', dennoch wird er sich nie davon frei machen können, dass er die eine oder andere Person sympathischer findet als andere. Gleichwohl muss er allen Beteiligten mit der gleichen Neugier und dem gleichen Respekt begegnen. Darüber hinaus muss er dafür Sorge tragen, sich nicht von einer Person oder Partei unverhältnismäßig einspannen zu lassen, so dass er sich in den Augen der anderen Beteiligten zu sehr mit einer Seite beschäftigt. Darüber hinaus ist es wichtig, dass der Mediator auch jene von Natur aus stilleren Teilnehmer nicht vergisst und sie gleichberechtigt in den Diskurs einbindet und sich nicht nur auf die „lauteren" Personen konzentriert, die ständig etwas zu sagen haben, dauernd dazwischen reden oder permanent schwierige Gesprächssituationen heraufbeschwören. Dahinter kann auch die Methode stecken, den Mediator solange zu nerven, bis er es ihnen „recht macht".

59   d) Umfangreiche Vorbereitung. Vielparteienkonflikte erfordern eine größere Zeit der Vorbereitung, als dies in anderen Feldern der Mediation notwendig ist. Der Mediator muss jeder Konfliktpartei den gleichen Raum einräumen, ihre Sicht der Dinge zu schildern und sich nicht dazu verleiten lassen, Erkenntnisse und das Wissen aus einem vorhergehenden Gespräch mit einer Partei als Basis für ein Gespräch mit einer anderen zu verwenden. Diese Vorgespräche dienen auch der Erstellung einer Konfliktanalyse und helfen dem Mediator, die Komplexität des Konflikts aus verschiedenen Perspektiven heraus zu erkennen.

60   e) Aufteilung in Arbeitsgruppen. Die Arbeit mit großen Gruppen erfordert oftmals eine Aufteilung in repräsentativ besetzte Arbeitsgruppen, die zahlreiche Vorarbeiten leisten können, über die abschließend im Forum zu beschließen ist, deren Bearbeitung in der großen Runde jedoch enorme Verzögerungen bedeuten würde. Darüber hinaus fördern kleinere Arbeitskreise die gegenseitigen Lerneffekte durch

die gemeinsame Arbeit an gemeinsamen Problemen. Eine große Gruppe ver- oder zumindest behindert einen Prozess, durch den die Konfliktparteien sich mit ihren unterschiedlichen Interessen und Zielen besser kennen- und auf diesem Weg sich gegenseitig akzeptieren und verstehen lernen (was nicht bedeutet, dass man den Interessen und Zielen des anderen zustimmt).

f) Berücksichtigung von Sach- und Beziehungsebene. Bei der Arbeit mit großen **61** Gruppen stellt sich für das Mediationsteam häufig das Problem der gleichrangigen Bearbeitung von Sach- und Beziehungsebene. Wenn es feststellt, dass beispielsweise ein Teilnehmer auf die Äußerung eines anderen oder auf einen bestimmten Sachverhalt außergewöhnlich verärgert oder befremdlich reagiert, ist es notwendig, die jeweiligen Beweggründe durch entsprechendes Paraphrasieren zu hinterfragen. Gleiches gilt, wenn zwei oder mehrere Personen einen persönlichen Disput austragen. Die notwendige Trennung von Sach- und Beziehungsebene (beispielsweise durch ein entsprechendes Entflechten und eine anschließende erneute Zusammenführung der beiden Ebenen) durch das Mediationsteam wird mitunter dadurch erschwert, dass die an dieser Auseinandersetzung nicht beteiligten Konfliktparteien unruhig auf eine weitergehende Bearbeitung des Sachthemas drängen. Die Mediatoren lassen sich möglicherweise verleiten, der vordergründigen Sachauseinandersetzung den Vorrang zu geben, da es viel schwieriger ist, sich in einer solchen Situation auf die Beziehungskonflikte einzelner Beteiligter einzulassen. Tatsächlich verhindern aber ungeklärte und nicht thematisierte Konflikte auf der emotionalen Ebene sehr oft eine konsensuale Regelung der Sachprobleme. Dagegen können die Mediatoren durch geeignetes Paraphrasieren (Rückfragen, Zusammenfassung, Umformulierung) der gesamten Gruppe verdeutlichen, dass es sich hierbei um ein gemeinsames Problem handelt, was auch gemeinsam beachtet und bearbeitet werden sollte:

g) Vielfältige und divergierende Interessenebenen. Weiter zeichnen sich Umwelt- **62** konflikte durch vielfältige und divergierende Interessenebenen aus. Dieses schlägt sich auch in den unterschiedlichen Zielen der Konfliktbeteiligten nieder. Während einige nach einer Lösung für den Gesamtkonflikt suchen, wünschen andere nur eine Klärung bestimmter Sachfragen, mancher erwartet lediglich einen Konsens über den bestehenden Dissens; wieder andere sehen ihr Interesse in einer verbesserten Information (z.B. über Planungsabläufe), und einige wollen mit ihrem Anliegen in erster Linie Gehör finden. Das Interesse, mit ihren Problemen, Meinungen und Ängsten ernst genommen zu werden, steht bei betroffenen Bürgern gleichberechtigt neben z.B. ihrem Anliegen um konkrete Veränderungen einer Planung. Das Mediationsteam muss diesen Zusammenhang während des Verfahrens stets im Blick haben.

h) Offenlegung von Interessen. Angesichts der großen Gruppen und der Vielzahl **63** komplexer Themen und Problembereiche stehen Umweltmediatoren vor der besonderen Schwierigkeit, die Teilnehmer dazu zu bewegen, ihre eigenen Interessen offen zu legen. Dazu können sehr unterschiedliche Methoden eingesetzt werden – von der Kartenabfrage bis zum Rollenspiel. Dass die Teilnehmer dagegen oft hinhaltenden Widerstand leisten, darf das Mediationsteam nicht entmutigen, es muss sich auf Grund seiner Verantwortung für das Verfahren dagegen durchsetzen.

In einem weiteren Schritt gilt es dann, die jeweiligen Interessen angemessen zu berücksichtigen und gegebenenfalls präzise nachzufragen, bis diese für alle Beteiligten transparent werden. Bei Diskussionen in großen Gruppen neigen die einzelnen

Teilnehmer dazu, sich leicht von ihren eigentlichen Interessen abbringen zu lassen und vorzugsweise über die Themen zu debattieren, die der Vorredner ins Gespräch gebracht hat. Die Vielzahl der zu berücksichtigen Themen, Interessen und Argumente führt mitunter auch zu einer Überforderung der Aufnahmekapazitäten bei den Beteiligten. Deshalb muss das Mediationsteam in Umweltkonflikten ein besonderes Auge auf eine transparente Strukturierung des Verfahrens haben. Nicht zuletzt deshalb sollte es bei der Arbeit mit großen Gruppen über wesentliche Moderationskenntnisse verfügen, insbesondere was Visualisierungstechniken betrifft. Der gelegentliche Anteil moderativer Phasen darf jedoch nie dazu führen, dass die Mediation zu kurz kommt und sich das Verfahren nur als moderierend begleiteter runder Tisch darstellt.

5. Verfahrensaufbau und Organisation

64 a) **Phasen und Schritte eines Mediationsverfahrens.** Mediation ist eine Methode des sich Schritt für Schritt Herantastens an mögliche Lösungsoptionen und im günstigsten Fall an eine für alle Beteiligten akzeptable und zukunftsfähige Lösung. Selbst wenn die dargestellten Phasen eines Mediationsverfahrens modellhaften Charakter haben und in der Realität selten in dieser Stringenz einzuhalten sein werden, stellen sie doch eine Orientierung für ein sachgerechtes Vorgehen dar. Erfahrungsgemäß hat das Durchlaufen der einzelnen Phasen einen nicht zu unterschätzenden Einfluss auf die Ergebnisse des Verfahrens. Mediatoren sollten sich davor hüten, voreilig auf eine Lösung zu drängen, bevor das Mediationsforum alle Phasen durchlaufen und bearbeitet hat.

65 Die Erfahrungen mit Konfliktregelungsverfahren in der Umweltpolitik haben gezeigt, dass es mitunter mindestens genauso viel Zeit kostet, ein Problem exakt zu benennen wie es zu lösen. Zahlreiche Themen, Einstellungen und Sichtweisen werden erst deutlich, wenn die Teilnehmer eines Verfahrens ihre jeweiligen Positionen, Interessen und Argumente für alle anderen transparent darlegen.

66 Die nachfolgende Graphik (S. 1191 ff.) sowie die detaillierte Tabelle geben einen ausführlichen Überblick zu den einzelnen Phasen und Schritten eines Umweltmediationsverfahrens. Der Ablauf ist in **drei Phasen** eingeteilt:

I. Vorbereitung,
II. Durchführung,
III. Vereinbarung und Implementation.

Die Durchführungsphase besteht wiederum aus drei logisch aufeinander aufbauenden Schritten. Insgesamt entspricht der Ablauf somit den in anderen Beschreibungen dargestellten 5-Phasen-Modellen einer Mediation. Allerdings kommt der Vorbereitungs- und Implementationsphase in der Umweltmediation eine besondere Bedeutung zu. Der Übergang von der Vorbereitungsphase zur Durchführungsphase erfolgt in der Regel während der ersten Sitzung. Die Konfliktanalyse sowie die Klärung organisatorischer und verfahrensrelevanter Fragen wird zumeist in zahlreichen Vorgesprächen mit den einzelnen Konfliktparteien und dem Auftraggeber geklärt (im Idealfall sind die Parteien gleichzeitig Auftraggeber). Die Vorbereitungsphase endet mit der Klärung des Mediationsprozesses (s. Punkte in der Tabelle), die gemeinsam mit allen Konfliktparteien in der ersten Sitzung stattfindet.

Abbildung 2: Die Phasen einer Umweltmediation

Phase I: Vorbereitung

Prozessschritt	Inhalte	Methoden/Techniken	Übergeordnete Ziele
Konfliktanalyse	☐ Auftragsklärung/Mediationsvertrag ☐ Analyse der Sachlage ☐ Identifikation und Analyse der zu beteiligenden Personen und Gruppen ☐ Analyse des Konfliktstatus ☐ Entwurf eines detaillierten Prozessdesigns und -verlaufs	☐ Recherchen ☐ Informationsaufbereitung ☐ Interviews	
Klärung organisatorischer und verfahrensrelevanter Fragen	☐ Klärung der Verhandlungsmandate ☐ Einigung auf Interessenrepräsentation und Gruppengröße ☐ Organisation des Verfahrens (u. a. Ort, Zeit)	☐ Einzelgespräche ☐ Evtl. Vortreffen der Mediationsrunde zur Klärung der Verfahrensorganisation …	Grundlagen für ein kooperatives Miteinander
Klärung des Mediationsprozesses	☐ Rolle des Mediationsteams ☐ Verfahrensregeln ☐ Einigung über den Einsatz von Gutachtern und Experten ☐ Aufgabenklärung: Mediationsforum und Arbeitskreise ☐ Ziel der Mediation klären	☐ Darstellung ☐ Diskussion ☐ Reflexion …	

Phase II: Durchführung

Prozessschritt	Inhalte	Methoden/Techniken	Übergeordnete Ziele
1. Schritt: Gemeinsame Problembeschreibung: „Worum geht es genau?"	☐ Bestandsaufnahme und Informationsausgleich ☐ Bisherige und anstehende Planungen und Entscheidungen offenlegen ☐ Transparenz schaffen ☐ Respekt und Akzeptanz schaffen ☐ Angemessener Umgang mit Emotionen ☐ Relevante Themen auflisten und strukturieren ☐ Interessen hinter den Positionen erkennen	☐ Recherchen und Informationsaufbereitung ☐ Aktives Zuhören ☐ Paraphrasieren ☐ Fragetechniken ☐ Ich-Botschaften ☐ Zusammenfassen ☐ Differenzieren ☐ Visualisieren ☐ ...	*Unterstützung* der Konfliktparteien bei der Formulierung eigener Interessen und Bedürfnisse *Anerkennung* der gegenseitigen Interessen und Bedürfnisse
2. Schritt: Kreative Ideensuche: „Was wäre alles denkbar?"	☐ Sammlung von Ideen in den einzelnen Arbeitskreisen ☐ Auf- und Entdeckung neuer Optionen auf der Grundlage der Interessen ☐ Erweiterung des Verhandlungsspielraums	☐ Brainstorming ☐ Brainwriting ☐ Simulation/Rollenspiel ☐ Mind-Mapping ☐ ...	Erweiterung von Handlungsrationalitäten

Prozessschritt	Inhalte	Methoden/Techniken	Übergeordnete Ziele
3. Schritt Operationalisierung und Entscheidung: „Wie können wir es angehen?"	☐ Neue Argumente und Einsichten durch Perspektivenwechsel ☐ Bewertung und Auswahl von Lösungsoptionen ☐ Für alle akzeptable Regelungen bzw. Lösungen entwickeln durch Interessenvermittlung bzw. -ausgleich	☐ Strukturiertes Bearbeiten der Themen und Probleme (Inventarisieren, Fraktionieren, Flexibilisieren, Transponieren) ☐ ggf. Einzelgespräche ☐ Wertbaumanalyse und andere Bewertungsmethoden ☐ Integrative Verhandlungstechniken (Paketlösungen, Kompensationen, . . .) ☐ PMI (Plus-Minus-Interessant) und andere Bewertungstabellen bzw. Matrizen ☐ Ein-Text-Verfahren ☐ Aktionsplan: Wer, was, wann, wie	Erweiterung von Handlungskapazitäten
Phase III: Vereinbarung und Implementation			
Dokumentation, Implementation und kontinuierliche Anpassung der Ergebnisse	☐ Mediationsvereinbarung ☐ Klärung der Umsetzung ☐ Nachfolgetreffen und ggf. Nachverhandlungen ☐ Etablierung langfristig kooperativer Beziehungen	☐ Ein-Text-Verfahren ☐ Berichte über die Umsetzung ☐ Dokumentation . . .	Einigung auf Ergebnis Langfristig kooperative Beziehungen

Im Wesentlichen ähneln sich die Phasen und Schritte und die dazu gehörenden Methoden und Techniken in allen Feldern der Mediation[40]. Nachfolgend wird noch auf einige Besonderheiten der Umweltmediation vor allem in der Vorbereitungs- und Implementationsphase eingegangen, sofern diese nicht bereits in den vorhergehenden Kapiteln erwähnt worden sind.

b) Besonderheiten in der Vorbereitungsphase

67 – **Konfliktanalyse.** Jede erfolgreiche Mediation basiert auf einer guten Vorbereitung. Dazu gehört eine gründliche Analyse der zu beteiligenden **Personen und Gruppen,** der **Sachlage** und des **Konfliktstatus** und eines geeigneten **Prozessverlaufs.** In zahlreichen Einzelgesprächen mit den Konfliktparteien sammelt das Mediationsteam Informationen über die jeweilige Sichtweise der Situation, welche Themen als relevant genannt werden, welche anderen Personen oder Gruppen in den Konflikt involviert sind (und entsprechend mit berücksichtigt werden sollten), mit wem das Team noch sprechen sollte, welchen Verlauf der Konflikt bisher genommen hat und welche Lösungsoptionen bisher diskutiert wurden. Insbesondere die zu beteiligenden Parteien und das jeweilige Mandat ihrer Vertreter müssen sorgfältig analysiert werden, da die darauf aufbauende Entscheidung über die Zusammensetzung der Verhandlungsrunde die Handlungsfähigkeit und die Umsetzungsmöglichkeiten der Ergebnisse maßgeblich beeinflussen.

68 – **Verfahrensdesign.** Die Bedingungen für eine erfolgreiche Mediation umfassen ebenso inhaltliche wie organisatorische Fragen[41]. Tagungsort, -zeit und -termine sollten gemeinsam von den Teilnehmern so festgelegt werden, dass der Ort allen genehm und für alle erreichbar ist und die Tagungszeit es allen erlaubt, an den Sitzungen teilnehmen zu können. Bei einer bestimmten Größenordnung (über 15 Teilnehmer) ist es unerlässlich, neben den turnusmäßigen Sitzungen des gesamten Mediationsforums Arbeitsgruppen einzurichten, deren Aufgaben vom Forum definiert werden. Darüber hinaus sind separate Einzelgespräche (Caucus) zwischen dem Mediationsteam und den einzelnen Gruppen und Betroffenen gelegentlich notwendig. Längere und komplexe Verfahren erfordern zudem ein Koordinationsbüro des Mediationsteams vor Ort.

69 – **Finanzierung und Vertragsgestaltung.** Nach den bisher vorliegenden Erfahrungen mit Umweltmediation in Deutschland erfolgt die **Finanzierung** der Verfahren vorwiegend **durch die Behörden,** die in aller Regel die Auftraggeber und also für die Mediatoren auch die Vertragspartner sind. Es ist nicht ausgeschlossen, dass auch Unternehmen als Antragsteller einer umweltrechtlichen Genehmigung ein Mediationsverfahren initiieren und finanzieren oder sich an der Finanzierung durch die Behörde beteiligen; aber diese Fälle sind z. Zt. noch eher selten.

Diese bisher übliche Form der Finanzierung ist im Blick auf eine häufigere Anwendung der Umweltmediation deshalb nicht unproblematisch, weil bei den Behörden meist keine Etatposten für diesen Zweck vorgesehen sind. Daher scheitern die Bemühungen, einen Umweltkonflikt mit Hilfe von Umweltmediation zu regeln, oft auch dann an den fehlenden Mitteln, wenn die Behörden bereit dazu sind, sich auf dieses Verfahren einzulassen.

---

[40] Vgl. dazu § 16.
[41] Vgl. dazu auch § 15.

Umso wichtiger ist es im konkreten Fall, die für eine Umweltmediation erforderlichen Mittel genau und nachvollziehbar **zu kalkulieren**. Dies geschieht am besten
durch eine detaillierte Beschreibung der Leistungen, die der Mediator oder das
Mediatorenteam im Verfahren zu erbringen hat. Dazu gehören normalerweise
die Kosten für die Konfliktanalyse, die Entwicklung eines Ablaufplans, den Entwurf einer Geschäftsordnung, die Vorbereitung, Leitung und Auswertung der Sitzungen, Einzelgespräche mit Gruppen sowie Vermittlungsgespräche mit und zwischen einzelnen Gruppen, die Information der Öffentlichkeit sowie die
Berichterstattung an den Auftraggeber.

Über die Durchführung eines Mediationsverfahrens wird ein **Vertrag** geschlossen,
den in der Regel eine Behörde als Auftraggeber und der Mediator oder das Mediationsteam als Auftragnehmer unterzeichnen. Als durchaus möglich und auch
erstrebenswert ist die Erweiterung der Auftraggeberschaft auf alle Konfliktparte-
en anzusehen. Das kann für einen Teil derselben, z. B. für mitbeteiligte Behörden
und Unternehmen auch die Beteiligung an der Finanzierung einschließen, sollte
aber angesichts der dadurch mit Sicherheit überforderten Bürgerinitiativen und
Umweltorganisationen nicht zur Voraussetzung gemacht werden.

Wenn alle Konfliktparteien den Vertrag unterzeichnen, kann von der gemeinsamen Übernahme von Rechten und Pflichten aus dem Vertrag eine gemeinsame
Verantwortung für eine kooperative Arbeitsatmosphäre erwachsen. Wenn nur
eine Behörde als Auftraggeber auftritt, sollte der Vertrag allen Konfliktparteien
gegenüber offengelegt werden, damit alle Beteiligten über die Randbedingungen
des Verfahrens informiert sind.

Die **Einzelregelungen** des Mediationsvertrags orientieren sich immer an den Besonderheiten des jeweiligen Vertragsgegenstands. Grundsätzlich sind für den auf-
tragnehmenden Mediator zwei Vertragsinhalte von besonderer Bedeutung. Der
Erste betrifft den Termin- oder Zeitplan des Verfahrens: Die Auftraggeber legen
in der Regel Wert darauf, dass ein Abschlusstermin vertraglich vereinbart wird.
Das ist einerseits aus der Perspektive des Auftraggebers verständlich und kann
auch im Interesse des Auftragnehmers liegen, weil dadurch ein gewisser Druck
auf die Konfliktparteien ausgeübt werden kann, in der vorgegebenen Zeit zu einem Ergebnis zu gelangen. Andererseits widerspricht es dem Charakter der Mediation als sozialer Prozess. Dieses Dilemma kann in der Praxis der Umweltmediation nur dadurch abgeschwächt werden, dass mit dem Auftraggeber eine
gewisse Flexibilität im Umgang mit dem Abschlusstermin vereinbart wird. Die
Entscheidung über eine Verlängerung sollte im Wesentlichen durch die Konfliktparteien getroffen werden.

Der zweite wichtige Vertragsinhalt betrifft die Regelung der Fragen betreffend
die Vertraulichkeit von Informationen, die Urheberrechte und die Zustimmungs-
pflichtigkeit von Berichten über das Mediationsverfahren.

Der Mediator muss darauf achten, dass die Regelung, als vertraulich gekenn-
zeichnete Informationen und Unterlagen mit besonderer Verschwiegenheit zu behandeln, nicht zum Vorwand genutzt wird, der Öffentlichkeit wichtige Informationen vorzuenthalten oder die Aktionsfähigkeit etwa der Bürgerinitiativen zu
beschneiden. Diese wie auch die Umweltverbände sind zur Aufrechterhaltung ihrer Verhandlungsposition im Verfahren teilweise auf Öffentlichkeit angewiesen,
was im Vertrag berücksichtigt werden muss.

Zillessen   1195

Was die Berichte über das Verfahren angeht, so wird durch den Auftraggeber meist eine Regelung vorgeschlagen, die ihm das Urheberrecht einräumt oder zumindest seine Zustimmung zu Veröffentlichungen durch den Auftragnehmer vorsieht. Wenn eine solche Regelung durch den Auftraggeber rigide gehandhabt wird, kann sie die gesellschaftliche Verbreitung der Idee der Umweltmediation durch Berichte über gelungen Beispiele durchaus erschweren, wenn auch nicht ganz unterbinden. Da die Idee der Mediation nach wie vor in Politik und Gesellschaft vermittelt werden muss, sind solche Berichte sehr sinnvoll, so dass im Mediationsvertrag eine Regelung gefunden werden sollte, die dies nicht allzu sehr erschwert.

70 – **Verfahrensregeln und Geschäftsordnung.** Da Mediationsverfahren im Umweltbereich in aller Regel sehr komplexe und auch sehr spezielle Fragen betreffen und stets eine größere Zahl von Konfliktparteien umfassen, ist es unbedingt erforderlich, dass die Beteiligten sich zu Beginn eines Verfahrens auf bestimmte Spiel- und Verfahrensregeln verständigen. Diese bilden eine feste Grundlage, auf die sich alle zurückziehen können, und die auch dem Mediator oder dem Mediationsteam festen Halt gewähren, wenn im Laufe der Auseinandersetzungen Unsicherheiten in Verfahrensfragen oder Probleme im Umgang miteinander auftreten. Die Einigung auf diese Spiel- und Verfahrensregeln als erster Schritt des Verfahrens kann zugleich als positives Signal für den gesamten weiteren Ablauf gewertet werden.

Es hat sich in der bisherigen Praxis der Umweltmediation als sinnvoll erwiesen, diese Regeln in der Form einer Geschäftsordnung festzulegen. Sie muss sich in ihren Einzelheiten an den Gegebenheiten des jeweiligen Verfahrens orientieren, sollte aber grundsätzlich die folgenden Fragen ansprechen:
– Was ist die Aufgabenstellung des Mediationsverfahrens?
– Welche Verhaltensregeln sollen für alle Teilnehmer gelten?
– Wer sind die beteiligten Konfliktparteien?
– Wer sind die Mediatoren und was ist ihre Aufgabe?
– Wie ist die Arbeitsweise und die Art der Beschlussfassung im Verfahren?
– Wie soll mit dem Problem „Öffentlichkeit" umgegangen werden?
– Kann die Geschäftsordnung geändert werden?

c) Besonderheiten in der Vereinbarungs- und Implementationsphase

71 – **Mediationsvereinbarung.** Die gemeinsam von den Konfliktparteien erarbeiteten Lösungen werden als „Vereinbarung" bezeichnet. Diese ist nicht zu verwechseln mit dem Vertrag zwischen Mediator und Auftraggeber bzw. mit den in einer Geschäftsordnung bzw. im Mediationsvertrag festgelegten Spielregeln, auf die sich alle am Verfahren Beteiligten zu Beginn einigen. In vielen Mediationsfeldern wird die Vereinbarung zwischen den Konfliktparteien am Ende in eine juristische Form gebracht und stellt ein rechtsverbindliches Dokument dar. Das ist in der Umweltmediation meist nicht der Fall, obwohl es grundsätzlich auch dort möglich ist – z.B. in Form eines privatrechtlichen Vertrags zwischen einem Unternehmen und einer Bürgerinitiative oder einem Umweltverband. Die üblichen Titel für Mediationsvereinbarungen im Umweltbereich lauten aber z.B. „Abschlusserklärung", „Abschlusspapier", „Ergebnis des Mediationsverfahrens, ..." etc.
Inhaltlich wird hierin das Verfahren kurz mit seinem Hintergrund, den Zielen, Aufbau, Teilnehmern und Ablauf beschrieben. Dann werden die Punkte

dargestellt, in denen eine Einigung erzielt werden konnte. Häufig werden auch Bereiche genannt, die bis zum Ende strittig geblieben sind, wobei aber die Erkenntnisse aus dem Mediationsverfahren aufgeführt werden. In manchen Abschlusspapieren finden sich neben den Konsensen auch „Sondervoten" einzelner Gruppen, wenn es unterschiedliche Meinungen zu bestimmten Teilaspekten gab.

– **Ergebnissicherung und Implementation.** Eines der größten Probleme der Um- 72
weltmediation ist die Implementation der Ergebnisse. Die Verfahren laufen ergänzend zu den Planungs- und Genehmigungsverfahren bei Vorhaben im öffentlichen Bereich. Eine Mediationsvereinbarung hat für die Genehmigungsbehörde und politisch verantwortliche Entscheidungsinstanz lediglich empfehlenden Charakter. Das Mediationsverfahren ist ein Baustein zur Verbesserung der Entscheidungsvorbereitung. Umweltmediationsverfahren laufen intern häufig durchaus erfolgreich ab. In Befragungen äußern die Teilnehmer ein hohes Maß an Zufriedenheit mit dem Verfahren. Die offene Frage ist allerdings, was mit den Ergebnissen passiert, die die Konfliktparteien erarbeitet haben. Die Anbindung von Mediationsverfahren an die öffentlich-rechtlichen Entscheidungsprozesse gelingt häufig nur unzureichend. Politik und Verwaltung lassen die Vereinbarungen teilweise unberücksichtigt oder verändern sie im Rahmen ihrer Entscheidung. Solche Veränderungen machen allerdings eine Vereinbarung hinfällig, da diese Ergebnis eines langen Aushandlungs- und Verständigungsprozesses ist und nachträgliche Änderungen in der Regel nicht möglich sind, ohne den erreichten Konsens wieder aufzulösen.

Andererseits können sich die demokratisch legitimierten und rechtlich zuständigen Entscheidungsinstanzen vorab nicht so stark binden lassen, dass ihre Funktion nur noch im Abzeichnen von Mediationsvereinbarungen besteht, denn eine Vereinbarung ist Ergebnis von Verhandlungen zwischen nicht repräsentativ zusammengesetzten Konfliktparteien und betrifft unter Umständen auch Nichtbeteiligte bzw. berührt allgemeine öffentliche Belange. Daher müssen bereits im Vorfeld einer Mediation der Stellenwert des Verfahrens im weiteren Entscheidungsprozess sowie seine Aufgaben und Ziele für alle Beteiligten deutlich gemacht werden. Das Mediationsteam muss von den Entscheidungsträgern in Politik und Verwaltung klare Aussagen über deren Haltung zum Verfahren und möglichen Ergebnissen verlangen – nicht zuletzt, um falsche Erwartungen und entsprechende Enttäuschungen im Nachhinein bei den Verfahrensteilnehmern zu vermeiden.

§ 47 Mediation im Gesundheitswesen

Eugen Ewig

Übersicht

Schrifttum: *Dulabaum*, Mediation: Das ABC, 2001; *Ewig*, MediationsGuide 2000; *Henssler/ Koch*, Mediation, 2000; *Hoffmann-Riem*, Modernisierung von Recht und Justiz, 2000; *Laufs/Uhlenbruck*, Handbuch des Arztrechts, 1999; *Mähler/Mähler*, Mediation, Beck'sches Rechtsanwaltshandbuch 1999; *Rieger*, Lexikon des Arztrechts, 2001; *Wetzel/Liebold*, Handkommentar BMÄ, E-GO und GOÄ, 2001; *Bracher*, Berufsausübung in zugelassenen Krankenhäusern, P.u.R. 2001, 74; *Kilger*, Mediation im Sozialrecht, ZKM 2001, 156; *Meyer*, Mediation im Gesundheitswesen, ZKM 2000, 123; *Kaiser*, Konflikte und Konfliktmanagement im Krankenhaus, ZKM 2000, 168.

I. Vorbemerkung

Wo Menschen sich begegnen, entstehen Konfliktfelder, weil Menschen nicht 1 ohne Wirkung aufeinander bleiben. Das gilt für das persönliche Umfeld in Familie und Nachbarschaft ebenso wie für Arbeits- und Geschäftsbeziehungen, insbesondere, wenn sie langfristiger Natur sind. Allerdings tritt die Wirkung der Menschen aufeinander in wirtschaftlichen Beziehungen seltener offen zu Tage oder wird bewusst unterdrückt. Der Einfluss persönlicher Empfindungen wird in Wirtschaftskonflikten häufig unterschätzt oder negiert. Vor allem Juristen, die in Verhandlungen nur die Objektivität des Rechts und der ökonomischen Zwänge gelten lassen wollen, unterliegen dieser Fehleinschätzung. Wie leicht jedoch bloß unbedachte negative Äußerungen über den Verhandlungspartner dauerhaft Verhandlungen blockieren können, ohne dass die Ursache der Blockade sofort erkennbar wäre, wird jeder schon erfahren haben. In kaum einem anderen Bereich prägen **subjektive** Einstellungen die Beziehungen so wie in der Gesundheitsvorsorge und Heilbehandlung. Das ausgeprägte berufliche Selbstverständnis der Heilberufe, vor allem der Ärzte, steht in einem besonderen Spannungsverhältnis zu den Erwartungen und Ansprüchen der Patienten und Klienten an eine allumfassende Heilfürsorge mit garantiertem Erfolg. Es bietet sich daher an, Einsatz und Möglichkeiten der Mediation und anderer außergerichtlicher Konfliktlösungen im Gesundheitswesen näher zu betrachten.

Es gibt auch weitere Gründe für eine solche Untersuchung. Der Gesundheits- 2 markt ist ein **Wirtschaftsfaktor** von enormer Bedeutung. Er umfasst neben der Heilbehandlung solche Gesundheitsleistungen jeglicher Art, sowie die Pharma- und Medizinprodukteindustrie und die staatlichen Kontrollorgane. In der Bundesrepublik sind rund 370.000 Ärztinnen und Ärzte tätig, die Leistungen aus allen Sparten anfordern. 1996 waren im Gesundheitswesen 3,27 Mio. Vollzeitkräfte beschäftigt, davon 2,72 Mio. in der ambulanten und der stationären Versorgung[1]. Die große Zahl der Beschäftigten unterstreicht die Rolle dieses Sektors für den Arbeitsmarkt, zumal die medizinische Heilbehandlung personalintensiv ist und nur bedingt Rationalisierungsmöglichkeiten bietet. Es handelt sich um einen Wirtschaftssektor von großer volkswirtschaftlicher Bedeutung, jedoch nicht um einen solchen, der sich im Wettbewerb nach dem freien Spiel der Kräfte entwickelt. Das Funktionieren des Gesundheitssystem liegt wegen seiner gesellschaftlichen und sozialen Bedeutung im Interesse des Gemeinwohls. Das Gemeinwohlinteresse hat zu einer hohen Regulie-

---

[1] KBV, Grunddaten zur Vertragsärztlichen Versogung in der BRD, 1999, H5.

rungsdichte und Komplexität in diesem Marktsegment geführt, die die Grenzen dieses Systems immer deutlicher zu Tage treten lassen.

3 Das Gesundheitswesen genießt außerdem **besondere öffentliche Aufmerksamkeit**. Veränderungen spürt die ganz überwiegende Mehrheit der Bevölkerung unmittelbar. Dadurch werden grundlegende Strukturreformen erheblich erschwert. Die vielen Gesetzesänderungen im Bereich der sozialen Krankenversicherung infolge finanzieller Schwierigkeiten der gesetzlichen Krankenkassen zeigen, in welchem labilen Gleichgewicht sich dieser Markt befindet und dass ein Wandel bevorsteht. Es ist deshalb zu überlegen, welche Rolle die Mediation in den typischen Konflikten im Gesundheitswesen einnehmen kann.

4 In diesem Beitrag liegt der Fokus auf dem **Arzt** und seinem beruflichen Umfeld. Insofern wird nur ein Ausschnitt, wenn auch ein sehr vielschichtiger, des Gesamtkomplexes Gesundheitswesen betrachtet. Konflikte mit wirtschaftlichen Hintergründen aus dem Feld der medizinischen Dienstleistungsindustrie, der Arznei- und Medizinproduktherstellung, die dem Gesundheitswesen ebenfalls zuzurechnen sind, ähneln sonstigen Wirtschaftskonflikten in Unternehmen und Betrieb. Ihre Mediationsrelevanz wird an anderer Stelle erörtert (vgl. §§ 38, 39).

II. Beziehungs- und Konfliktebenen

1. Ärztliches Umfeld

5 Beziehungs- und Konfliktebenen bilden im ärztlichen Umfeld eine Schnittmenge, was mit der persönlichen Leistungserbringung, zu der der Arzt verpflichtet ist, zusammenhängt.

6 Mit der Aufnahme seiner Berufstätigkeit wird der Arzt[2] in ein dichtes Geflecht von Beziehungen eingewoben. Ich unterscheide in der Analyse der Konfliktebenen zwischen den beiden Alternativen der Berufsausübung, die die ärztlichen Berufsordnungen (§ 17 Abs. 1 Musterberufsordnung/Ärzte (MBO-Ä) zulassen – nämlich der **Tätigkeit als niedergelassener Arzt** einerseits und der **Tätigkeit als Arzt im Krankenhaus** andererseits. Die Ärztekammern als Aufsichtsorgane achten derzeit noch strikt auf die Trennung der beiden Bereiche, obwohl sie angesichts der von der Gesundheitspolitik gewünschten stärkeren Vernetzung ambulanter und stationärer Versorgung durchaus in Frage zu stellen ist.

7 **a) Arzt und Patient.** Die Betrachtung von Konflikten im ärztlichen Umfeld führt zunächst zum **Arzt-Patientenverhältnis**, weil dieses den Mittelpunkt der ärztlichen Tätigkeit, die Heilbehandlung, bildet. Gemessen an der Häufigkeit und der Schwere der Konflikte steht die Arzt-Patientenbeziehung im Bereich der niedergelassenen Ärzte, die in eigener Praxis tätig sind, allerdings nicht im Mittelpunkt. Das spricht für ein weitgehend intaktes Vertrauensverhältnis. Konflikte in diesem Verhältnis ergeben sich vor allem aus der tatsächlich oder vermeintlich **fehlerhaften Behandlung** der Patienten, die Schadens- und Schmerzensgeldansprüche auslöst. Konflikte können sich aber auch nur aus der bloßen Unzufriedenheit eines Patienten mit der

---

[2] Der einfacheren Lesbarkeit wegen wird in diesem Beitrag die männliche Form verwandt. Ärztinnen mögen sich dadurch nicht übergangen fühlen.

Behandlung ergeben. Diese werden meist durch den Wechsel des Arztes gelöst und sind damit für den Arzt nicht oder erst verspätet erkennbar.

Honorarrechnungen führen in Anbetracht der Gesamtzahl der Abrechnungsfälle 8 eher in geringerem Maße zu Streitigkeiten. Ein Anstieg der Auseinandersetzungen ist jedoch spürbar und zwar je transparenter die Abrechnung für den Patienten wird, zumal wenn er als Privatpatient die Leistung selbst begleichen muss oder seine Krankenkasse die Erstattung verweigert.

Aufgrund der rigorosen **Budgetierungsvorschriften** wird die Vergütung für die 9 ärztlichen Leistungen für gesetzlich krankenversicherte Patienten abgestaffelt oder sie entfällt, wenn die Budgets überschritten werden. Das bleibt inzwischen nicht ohne Wirkung auf das Arzt-Patientenverhältnis. Die Zwei-Klassenmedizin ist nicht nur ein Schlagwort, sondern nimmt konkrete Gestalt an. Es ist festzustellen, dass **gesetzlich versicherte Patienten** gegenüber privat versicherten **zunehmend schlechter behandelt** werden, weil der Arzt Leistungen, die aus seiner Sicht an sich geboten erscheinen, nicht mehr erbringt, bestimmte Medikamente nicht mehr verschreibt oder privat versicherte Patienten bevorzugt Behandlungstermine erhalten. Der Anteil der Privatpatienten übersteigt in den meisten Arztpraxen nicht mehr als 10%. Die Mehrzahl der Ärzte kann deshalb eine Praxis ohne Patienten der Gesetzlichen Krankenversicherung (GKV) wirtschaftlich nicht betreiben. Die Bevorzugung von Privatpatienten wird in wachsendem Maße nicht nur zu Auseinandersetzungen zwischen dem Arzt und seinem Patienten, sondern auch innerhalb der Ärzteschaft und zwischen dem Arzt, der kassenärztlichen Vereinigung und den Krankenkassen führen, die – unabhängig von der Vergütung der Leistung – auf einer gleichmäßigen Behandlung ihrer Mitglieder bestehen.

b) Arzt und Kassenärztliche Vereinigung. Die niedergelassenen Ärzte sind in ihrer 10 großen Mehrheit als Vertragsärzte im System der gesetzlichen Krankenversicherung tätig, d.h. zur Behandlung von gesetzlich versicherten Patienten zugelassen. Die Kassenärztliche Vereinigung (KV) spricht die Zulassung als Vertragsarzt aus. Die Zulassungsgremien der KV sind paritätisch mit Vertretern der Ärzteschaft und der gesetzlichen Krankenkassen (einschließlich Ersatzkassen, Betriebskrankenkassen etc.) besetzt. Der Arzt erhält einen der begehrten Vertragsarztsitze jedoch nur, wenn der Planungsbereich, in dem er eine Praxis errichten oder übernehmen will, nicht auf Grund der Bedarfsplanungsrichtlinien, die die KV aufstellt, bereits überversorgt und deshalb gesperrt ist. Im Fall einer Zulassungssperre **bewerben sich** um einen Vertragsarztsitz, der wegen Praxisverkauf, Tod oder Zulassungsverzicht frei wird, in der Regel **mehrere Ärzte.** Die Auswahl unter mehreren Bewerbern nimmt die KV nach gesetzlich nur ungenau bestimmten Kriterien vor. Übergangene Mitbewerber können die Entscheidung der KV im Verwaltungsverfahren und vor den Sozialgerichten angreifen. Da die Rechtsmittel aufschiebende Wirkung haben, kann der neu zugelassene Arzt seine Tätigkeit als Vertragsarzt nicht aufnehmen, was zu erheblichen finanziellen Verlusten führt. Nicht selten wird deshalb Widerspruch nur aus Konkurrenzgründen eingelegt oder wird mit erheblichen Beträgen der Widerspruchsverzicht von einem Bewerber erkauft.

Im Fall der **Veräußerung einer Arztpraxis** in einem gesperrten Bereich verlangt 11 der Praxisabgeber wegen der damit verbundenen Übernahme des Vertragsarztsitzes von dem Erwerber häufig einen überhöhten Preis, obwohl die Ertragslage der Praxis diesen Preis in keiner Weise rechtfertigt. Obgleich dies sozialrechtlich unerwünscht ist, nützen die KVen die ihnen zur Verfügung stehenden Mitteln kaum, um diesen Handel zu unterbinden. Das geltende Zulassungssystem eröffnet damit ein Feld von Auseinandersetzungen zwischen dem Zulassungsbewerber und der KV, Mitbewerbern und Praxisveräußerern, auf dem mit allen Mitteln gekämpft wird. Es geht dabei um nichts anderes als um die Verteilung eines begrenzten Marktes.

12   Die Kassenärztlichen Vereinigungen haben nach § 75 SGB V die **Versorgung** der gesetzlich krankenversicherten Patienten im ambulanten Bereich **sicherzustellen**. Ihnen obliegt es, die von der gesetzlichen Krankenversicherung gezahlte **Gesamtvergütung** unter den Ärzten, Zahnärzten und Psychotherapeuten **gleichmäßig und gerecht zu verteilen**. Da die Vergütungsmenge gesetzlich begrenzt ist, sind sowohl die den einzelnen Fachgruppen als auch die dem einzelnen Arzt zugestandenen Honoraranteile budgetiert. Der Arzt kann der **Budgetierung** praktisch nicht entgehen, da er als Vertragsarzt zur Behandlung rechtlich verpflichtet ist und deshalb Leistungen aus dem Katalog der gesetzlichen Krankenversicherung nicht privat abrechnen darf. Er hat bei einem starken Patientenzulauf die Wahl, ärztliche Leistungen ohne Entgelt zu erbringen, Privatpatienten, sofern vorhanden, vorzuziehen oder die Praxis zu schließen. Die **prozentuale Zuordnung der Honoraranteile** der ärztlichen Fachgruppen an der Gesamtvergütung führt zu **Macht- und Verteilungskämpfen** unter den verschiedenen ärztlichen Fachrichtungen, zwischen Ärzten und Psychotherapeuten sowie zwischen diesen und anderen Heilberufen, wie z.B. Krankengymnasten und Logopäden, die sich alle aus dem selben Topf ernähren. Im Interesse der Wahrung der **Beitragssatzstabilität** in der GKV hat die Gesundheitspolitik Kostendämpfungsgesetze in den letzten zehn Jahren bei nahezu gleichem Leistungskatalog der GKV verabschiedet, in deren Folge die Ärzteschaft mit ständig wechselnden Budgetierungsregeln konfrontiert worden ist und deren Auswirkungen auf das Betriebsergebnis der einzelne Arzt in der Regel vorab nicht einschätzen konnte. Erhöhungen des individuellen Leistungsbudgets und Überschreitungen des Arzneimittelbudgets sind im Prinzip nur durchsetzbar, wenn der Arzt Praxisbesonderheiten oder einen besonderen Versorgungsbedarf statistisch nachweist. Die KV verfügt allerdings gegenüber dem Arzt über einen erheblichen Informationsvorsprung statistischer Daten. **Für viele Ärzte** ist das Vergütungssystem, das nur noch wenige Volkswirten im Detail nachvollziehen können, völlig **unverständlich**. Sie begegnen den Budgetierungsregeln verständnislos. Die KV sieht sich daher mit einer Flut von kaum mehr zu bewältigenden streitigen Auseinandersetzungen in Verwaltungsverfahren und vor den Sozialgerichten konfrontiert. Das führt dazu, dass, wenn überhaupt, erst **im Widerspruchsverfahren ein Eingehen auf die individuellen Gegebenheiten** der jeweiligen Arztpraxis möglich ist. Die KV kann ihren sich z.T. widersprechenden Aufgaben kaum mehr gerecht werden und wird von vielen Ärzten deshalb mit dem Problem des Systems identifiziert und in Frage gestellt.

13   c) **Arzt und Ärztekammer.** Der Arztberuf ist wie die Berufe der Zahnärzte, Psychotherapeuten, Apotheker und Tierärzte ein **verkammerter Beruf** in einer nur partiell vom Staat überwachten autonomen Selbstverwaltung. Die Ärztekammern üben die **Berufsaufsicht** über den einzelnen Arzt aus. Sie erlassen die Berufsordnungen. Geringere berufsrechtliche Verstöße kann der Vorstand der Ärztekammer mit einer Rüge sanktionieren; bei schwerwiegenderen Verstößen leitet er ein berufsgerichtli-

ches Verfahren ein, das bei den Verwaltungsgerichten angesiedelt ist. Konflikte mit der Ärztekammer haben ihren Grund meist in der unterschiedlichen Auslegung des **grundsätzlichen Werbeverbots** im ärztlichen Berufsrecht. Die Berufsordnungen, die zwar von regionalen Ärztekammern verabschiedet werden, aber weitgehend der Musterberufsordnung der Bundesärztekammer angeglichen sind, spiegeln ein eher **traditionell geprägtes Berufsbild** wieder. Sie stoßen in den Teilen der Ärzteschaft zunehmend auf Widerspruch, die eine Arztpraxis auch unter betriebswirtschaftlichen Aspekten betrachten und Marketinginstrumente nutzen wollen, wie z. B. die Angabe von Tätigkeitsschwerpunkten außerhalb der Weiterbildungsordnung oder die Selbstdarstellung im Internet. Die Berufsordnungen lassen eine ärztliche Tätigkeit nur in eigener Praxis oder als Krankenhausarzt zu und kennen als **Gesellschaftsform** für die gemeinsame ärztliche Berufsausübung nur die BGB-Gesellschaft, nicht hingegen andere Gesellschaften wie die oHG, KG oder GmbH u. a., weil sie einen Gewerbebetrieb voraussetzen (§ 22, Abschn. D II Nr. 8 MBO-Ä). Neuere Entwicklungen und ihre Auswirkungen, wie die **Telemedizin**, die (tele-)ärztliche) Tätigkeit in Servicegesellschaften gewerblicher Unternehmen oder der berufliche Zusammenschluss in Kapitalgesellschaften, z. B. im Bereich der hochtechnisierten und kapitalintensiven Gerätemedizin, haben noch **keinen Eingang** in das Berufsrecht gefunden. Der Streit hierüber wird vor Gerichten ausgetragen, Liberalisierungen stoßen oft erst die Wettbewerbssenate der Gerichte oder das Bundesverfassungsgericht an.

Neben diesen Auseinandersetzungen managen die Ärztekammern die **Beschwerden von Patienten** über ärztliches Verhalten. Es handelt sich um schriftliche Verfahren, die überwiegend Abrechnungsfragen zum Gegenstand haben. 14

d) Arzt und private Krankenversicherung. Der niedergelassene Arzt sowie der 15 Arzt im Krankenhaus tritt in **keine unmittelbare Beziehung** zu den Krankenkassen, da durch den Behandlungsauftrag ein **Vertragsverhältnis nur zwischen dem Arzt und dem Patienten** begründet wird. Bei drohenden Regressen wegen Überschreitung des Sprechstundenbedarfs oder der Arzneimittelverordnung im Bereich der GKV kann es allerdings sinnvoll sein, mit der federführenden Krankenkasse direkt zu verhandeln, auch wenn die streitigen Auseinandersetzungen hierüber in den Prüfungsgremien der KV geführt werden. Im Bereich der **privaten Krankenversicherung** (PKV) schalten sich die Versicherer häufiger unmittelbar in das Verhältnis zwischen Arzt und Patienten ein, sofern sie dazu bevollmächtigt sind oder der Patient Erstattungsansprüche an das Versicherungsunternehmen abgetreten hat. Es geht dabei meist um die Frage, ob die Leistungen, für die der Patient von seiner Versicherung **Kostenerstattung** verlangt, nach der Gebührenordnung der Ärzte (GOÄ) zutreffend abgerechnet sind, sei es, dass die Höhe des Gebührensatzes in Frage gestellt wird oder die Abrechenbarkeit bestimmter Leistungen. Die privaten Krankenversicherer erhalten im Gegensatz zur GKV größeren Einblick in die Patientendaten und sind daher in der Lage, nach automatisierten Auswahlkriterien die Abrechnungspraxis einzelner Ärzte gezielt zu überprüfen. Da die Versicherer in diesen Auseinandersetzungen die diagnostischen und therapeutischen Maßnahmen der behandelnden Ärzte in Frage stellen, empfinden diese die Einschaltung als unerwünschte Einmischung in ihre fachliche Kompetenz und in das Vertrauensverhältnis zwischen Arzt und Patient. Die Patienten sind mit der Bewertung des Streits – auch wegen der mangelnden Kenntnis der medizinischen Fachbegriffe – überfordert; unzufriedene Patienten verstecken sich gerne hinter dem Versicherer.

16   e) **Arzt und Personal.** Ärzte, Zahnärzte oder Psychotherapeuten beschäftigen nicht-ärztliches Personal, das für die Arbeit in der freiberuflichen Praxis oder für medizinische Hilfstätigkeiten (Röntgen, Labor) speziell ausgebildet ist. Streitigkeiten, die hieraus entstehen, sind arbeitsrechtlicher Natur. Sie unterscheiden sich nicht von anderen **Streitigkeiten zwischen Arbeitgebern und Arbeitnehmern.** Unter dem Aspekt der Mediation verweise ich insofern auf die Ausführungen zur Mediation im Arbeitsrecht (vgl. § 36).

17   f) **Arzt und Praxispartner.** Zahlreiche Ärzte lassen sich nicht in einer Einzelpraxis nieder, sondern schließen sich zu **Berufsausübungsgemeinschaften** zusammen. Das Berufsrecht kennt grundsätzlich nur zwei Modelle, die **Gemeinschaftspraxis** und die **Praxisgemeinschaft.** Die sogenannte Apparategemeinschaft ist ein Unterfall der Praxisgemeinschaft. Bei letzterer handelt es sich um den Zusammenschluss von zwei oder mehreren Einzelpraxen, die Praxisräume, -einrichtung und Personal gemeinsam nutzen, um Kosten zu reduzieren. Die Gemeinschaftspraxis hat dagegen die gemeinsame Berufsausübung zum Zweck. Die Motive für die Gründung einer Gemeinschaftspraxis reichen von dem Angebot eines breiteren fachlichen Spektrums über Abrechnungsvorteile unterschiedlich ausgelasteter Budgets im Bereich der GKV und der Verringerung der laufenden Kosten bis zur wechselseitigen fachlichen Beratung und Vertretung. Beide Praxisformen werden gesellschaftsrechtlich als Gesellschaft bürgerlichen Rechts errichtet, eine Gesellschaftsform, die nur bruchstückhaft gesetzlich geregelt ist und eine Reihe von Gestaltungsmöglichkeiten eröffnet.

18   Wie in vielen anderen freien Berufen achten auch die Ärzte und anderen Heilberufe zu wenig auf eine individuelle Anpassung des Gesellschaftsvertrages. Viele Verträge sind von **Musterverträgen** und Checklisten abgeschrieben. Ihnen **fehlen** regelmäßig klare **Regeln zur Streitprävention.** Die Folge sind im Fall der Trennung Konflikte, die in ihrer Schärfe Ehekriegen gleichen. Es kommt zu langjährigen Prozessen mit wechselseitigen einstweiligen Verfügungen, rufschädigenden Äußerungen gegenüber Patienten und Dritten, dem Austausch von Türschlössern, der Weigerung, die Behandlungskarten herauszugeben oder die neue Adresse des ausgeschiedenen Arztes mitzuteilen, und anderen Spielvarianten. Im Brennpunkt der Streitigkeiten stehen unterschiedliche Auffassungen über die ärztliche Tätigkeit unter dem Druck begrenzter Budgets, die **Bewertung der Ertragskraft** der Praxis und die damit verbundenen **Abfindungsansprüche,** sowie **Konkurrenzschutzklauseln,** die dem ehemaligen Partner untersagen, sich in einem bestimmten Umkreis der Praxis wieder als Arzt oder Vertragsarzt niederzulassen. Ein spezielles Konfliktpotential ergibt sich aus der Zulassung der Praxispartner als Vertragsärzte. Denn die sozialrechtlich begründete **Zulassung** entzieht sich grundsätzlich der vertraglichen Dispositionsbefugnis der Praxisgesellschafter. Allerdings lässt es die Rechtsprechung unter der Voraussetzung einer angemessenen Ausgleichszahlung seit kurzem zu, Mitwirkungspflichten des ausscheidenden Praxispartners im Zulassungsverfahren mit dem Ziel zu regeln, den Vertragsarztsitz in der bestehenden Gemeinschaftspraxis zu halten[3]. Gestaltung, Bestand und Aufgabe der Zulassung und die Verlegung eines Ver-

---

[3] OLG Hamm MedR 2000, 427; OLG Stuttgart MedR 2001, 519.

tragsarztsitzes richten sich ausschließlich nach den Bestimmungen des SGB V, insbesondere §§ 103 ff. SGB V sowie der Zulassungsverordnung. Ein Praxispartner kann durch die Verlegung seines Vertragsarztsitzes die Gemeinschaftspraxis oder Praxisgemeinschaft faktisch sprengen; denn die Zulasungsausschüsse entscheiden über einen Praxisverlegungsantrag allein nach sozialrechtlichen Kriterien. Gesellschaftsrechtliche Bindungen bleiben unberücksichtigt. Der verbleibende Praxispartner kann wegen der laufenden Verbindlichkeiten, die er zunächst allein erfüllen muss, in eine existenzbedrohende Krise geraten. Der Verbleib eines Vertragsarztsitzes kann daher für die bestehende Praxis von eminenter Bedeutung sein.

Für **Juniorpartner,** die in eine Praxis neu eintreten, bedeutet das umgekehrt, dass   19
sie sich einem eingeführten Gesellschaftsvertrag gegenübersehen können, der sie dazu zwingt, den Vertragsarztsitz bei einem Ausstieg aus der Praxis zurückzulassen. In gesperrten Zulassungsbezirken wird dem Ex-Partner damit eine erneute Niederlassung verwehrt, obwohl er vielleicht schon über einen ausreichenden Patientenstamm verfügt. Das Interesse an der Funktionsfähigkeit und Liquidität einer Gemeinschaftspraxis einerseits, das bei einer Gemeinschaftspraxis mit vielen Ärzten sicherlich geringer zu bewerten ist, und das Interesse an der Berufsausübungsfreiheit des einzelnen stehen sich hier gegenüber.[4] Ein weiteres Problem tritt insbesondere für Juniorpartner dann auf, wenn sie am Praxisvermögen nicht beteiligt sind und auch sonst keine gesellschaftsrechtlichen Mitwirkungsrechte besitzen (sog. Nullbeteiligungsgesellschaft).[5] In diesen Fällen liegt häufig eine Scheinselbstständigkeit vor, die wegen der Umgehung der Budgetierungsvorschriften zusätzlich den Vorwurf des Abrechnungsbetruges nach sich zieht.

g) Niedergelassener Arzt und Krankenhaus. Ziel der jüngsten Strukturreform im   20
Gesundheitswesen war und ist die stärkere **Vernetzung** von **ambulanter und stationärer Versorgung** der Patienten. Seitdem nimmt die **Auslagerung von Krankenhausabteilungen** in den ambulanten Bereich, unter dem Stichwort „outplacement", vor allem, wenn sie wie in der diagnostischen Radiologie, mit hohen Investitionen verbunden ist, und die **Kooperation mit ambulanten Praxen** zu, denen die gemeinsame Nutzung von Räumen und Einrichtungen eines Krankenhauses gestattet wird. Die Einführung solcher Strukturen führt zu **Konflikten mit** den alteingesessenen **Abteilungsärzten,** die Arbeitsbereiche und Einnahmequellen aufgeben und kooperativ mit den meist jüngeren niedergelassenen Ärzten im Krankenhaus zusammenarbeiten sollen. Wegen des traditionellen Chefarztverständnisses lassen sich diese neuen Strukturen nicht konfliktfrei einführen. Die **Krankenhausverwaltung** hat mögliche Synergien und Kosteneinsparungen im Blick, scheut aber aufkeimende Konflikte mit den leitenden Krankenhausärzten oder will die Attraktivität einer künftig zu besetzenden Chefarztposition nicht durch eingeschränkte Rechte mindern. Konfliktpotential ergibt sich auch aus der Zusammenarbeit zwischen Arbeitskräften des Krankenhauses, die im öffentlichen Dienst zu günstigeren Konditionen angestellt sind als die nichtärztlichen Mitarbeiter der niedergelassenen Praxis.

h) Krankenhausarzt und Patient. Patienten, die ins Krankenhaus eingewiesen   21
werden, weisen schwerwiegende Krankheitsbilder auf, die ambulant nicht versorgt werden können. Sie benötigen eine spezialisierte Diagnostik, sofortige Eingriffe

---

[4] Vgl. OLG Stuttgart MedR 2001, 519, 522 m. w. N.
[5] *Rieger,* 2050 Rdnr. 8.

oder eine dauerhafte Therapie und begegnen einer zum Teil hoch spezialisierten und technisierten Institution, von der sie sich Zuwendung und Heilung versprechen. Eine objektive oder subjektive **Verschlechterung des eigenen Gesundheitszustandes** wird nach oder während der Krankenhausbehandlung deshalb sehr viel intensiver und **bewusster wahrgenommen** als in der ambulanten Behandlung, unabhängig davon, ob diese Verschlechterung schicksalhaft ist, andere subjektive Ursachen hat oder auf einen Behandlungsfehler zurückzuführen ist. **Auseinandersetzungen** zwischen Patienten und (leitenden) Krankenhausärzten treten daher häufiger auf als zwischen Patienten und niedergelassenen Ärzten. Sie konkretisieren sich in Schadensersatz- und Schmerzensgeldforderungen. Die Rechtsprechung in Arzthaftungsfällen versteht die große Mehrheit der Ärzteschaft als **gegen sich** gerichtet. Viele Urteile lassen allerdings auch erkennen, dass die ex post-Betrachtung der ärztlichen Berufspraxis nicht gerecht wird und dem Juristen die ärztliche Denkungsweise nur schwer zugänglich ist.

22   i) **Krankenhausarzt und Kassenärztliche Vereinigung.** Krankenhausärzte sind primär für die stationäre Versorgung der Patienten zuständig. Ihnen kann eine Ermächtigung (anstelle einer Zulassung bei den niedergelassenen Ärzten) auch zur Behandlung ambulanter Patienten von der KV erteilt werden. Im Verhältnis zum Dienstherrn, dem Krankenhausträger, setzt das eine Nebentätigkeitserlaubnis voraus. Ermächtigungen von Krankenhausärzten sind rückläufig, da die Ermächtigung gegenüber der Zulassung subsidiär und deshalb ausgeschlossen ist, soweit niedergelassene Vertragsärzte den Versorgungsbedarf bereits decken. In den meisten Zulassungsbezirken besteht derzeit eine Überversorgung. Ermächtigungen erhalten Krankenhausärzte daher überwiegend nur noch für sehr spezialisierte Versorgungsbereiche und in Fächern mit einer geringen Zulassungsdichte (z.B. Neurochirurgie). Streitigkeiten entstehen daher, wenn die KV trotz einer ausreichenden Versorgung durch niedergelassene Ärzte eine Ermächtigung erteilt. Da es allein auf die spezialisierte ärztliche Leistung ankommt, kann die KV außer den Abteilungsärzten auch Oberärzte zur ambulanten Behandlung ermächtigen, was im Einzelfall **Konfliktstoff** für das Verhältnis von **Chefarzt zu Oberarzt** enthält.

23   j) **Krankenhausarzt und Ärztekammer.** Auch über die Krankenhausärzte übt die Ärztekammer die Berufsaufsicht aus. Im Verhältnis zur Ärztekammer spielt in der Praxis jedoch die **Weiterbildungsermächtigung der Chefärzte** eine größere Rolle. Sie ist für den Chefarzt und den Krankenhausträger von großer Bedeutung, weil ohne sie Ärztenachwuchs für die Facharztausbildung nicht zu gewinnen ist. Die Qualifikation zum Facharzt setzt die Weiterbildungsermächtigung des ausbildenden Arztes voraus. Für den jungen Arzt ist daher entscheidend zu wissen, dass eine solche vorliegt. Er erleidet erhebliche Nachteile, wenn – was gelegentlich vorkommt – der Chefarzt ihn darüber täuscht.

24   k) **Krankenhausarzt und private Krankenversicherung.** Die überwiegende Zahl der Krankenhäuser gestattet den leitenden Krankenhausärzten derzeit noch, die Behandlung von Privatpatienten selbst abzurechnen. Das sogenannte **Liquidationsrecht** ist ein wesentlicher Bestandteil der Honorierung des Chefarztes, da die Dienstverträge im Regelfall eine geringe Grundvergütung vorsehen. Mit Privatpatienten kann der Chefarzt in schwierigen Fällen auch **Honorarvereinbarungen** treffen, die über die Regelsätze der Gebührenordnung für Ärzte (GOÄ) hinausge-

hen. Ausuferungen, in denen Chefärzte im Regelfall den 6,0-fachen Satz statt des durchschnittlichen 2,3-fachen Satzes abgerechnet haben, hat die Rechtsprechung zurückgedrängt. Sie hat ebenso die Voraussetzungen, unter denen ein von der GOÄ abweichendes Honorar vereinbart werden darf, zunehmend verschärft. Die **Abrechnung von** – grundsätzlich zulässigen – **Vertreterleistungen** sehen die privaten Krankenversicherer wegen des Erfordernisses der persönlichen Leistungserbringung immer kritischer; insbesondere für die Anästhesisten wird das zunehmend Schwierigkeiten mit sich bringen. Dies führt zu Auseinandersetzungen zwischen dem Chefarzt, seinem Patienten und der PKV, wie sie unter Rdnr. 15 bereits beschrieben wurden.

l) Krankenhausarzt und Verwaltung/Krankenhausträger. Der Dienstvertrag zwi- **25** schen dem Krankenhausarzt und dem Träger des Krankenhauses begründet ein Angestelltenverhältnis. Insbesondere bei den Chefärzten handelt es sich jedoch nicht um einen normales Dienstverhältnis. Traditionell hatten und haben auch heute noch die Chefärzte eine hervorgehobene, einflussreiche Stellung im Krankenhausbetrieb. Medizinische Leitlinien bestimmen im Wesentlichen ihr Handeln. Wirtschaftlichkeitskriterien spielten lange Zeit nur eine untergeordnete Rolle. Die Kosten des Gesundheitswesens sind jedoch explodiert. Da die Krankenhäuser den Gesamtetat für die Heilbehandlung am stärksten belasten, hat der Gesetzgeber sie in wachsendem Maße auch in die Verantwortung für die **Wirtschaftlichkeit der Behandlungsweise** genommen. Denn die staatliche Krankenhausförderung als eine Säule des dualen Finanzierungssystems richtet sich auch nach betriebswirtschaftlichen Grundsätzen (§§ 1 Abs. 2, 9 Abs. 5, 17 Abs. 1 KHG).

Der schwindende Einfluss der Chefärzte macht sich darin bemerkbar, dass sich **26** die Krankenhäuser in den **Entwicklungsklauseln** der Dienstverträge weitestgehende Rechte zur Änderung ihrer Abteilungen vorbehalten. Die Nutzungsentgelte für die Inanspruchnahme von Einrichtungen und Personal des Krankenhauses im Rahmen der ambulanten Behandlung und der Behandlung von Privatpatienten sind stetig erhöht worden. Teilweise erhalten die Chefärzte kein eigenes Liquidationsrecht mehr, weil sich die Krankenhäuser von der eigenen Abrechnung der Privatbehandlung höhere Einnahmen versprechen. Das derzeitige Chefarztsystem befindet sich in einem **strukturellen Wandel,** dessen Auswirkungen auf die Qualität der Ärzte und der Versorgung keiner vorherzusagen wagt, der aber das Selbstverständnis der Chefärzte tiefgreifend erschüttert.

m) Krankenhausarzt und ärztliche Kollegen/nicht-ärztliche Mitarbeiter. Im Kran- **27** kenhausalltag muss der Arzt oft unter großen **physischen und psychischen Belastungen** mit einer Vielzahl von Personen zusammenarbeiten. Das birgt ein hohes Streitpotential. Es kommt zu **Konflikten mit anderen Abteilungen** über die fachärztliche Zuständigkeit, z.B. in den Bereichen Neurochirurgie/HNO-Chirurgie, Unfallchirurgie/Plastische Chirurgie u.ä, über die Erweiterung der eigenen Abteilung, Ausgliederung oder Bildung eigener Intensivstationen, bessere Ausstattung anderer Abteilungen oder bloß über das Renommée und damit verbundene Eifersüchteleien. **Konflikte mit ärztlichen Mitarbeitern** resultieren meist aus der hohen Arbeitsbelastung[6] und der Ausnutzung der nachgeordneten Ärzte oder umgekehrt aus ent-

---

[6] Mit der hohen Arbeitsbelastung auf Grund von Rufbereitschaften hat sich der EuGH, Rs. C 303/98, ArztR 2000, 335, mit noch unklaren Folgen für die Krankenhäuser bereits befasst. S. auch ArbG Gotha ArztR 2001, 151 zur unmittelbaren Geltung der Arbeitszeitrichtlinie 93/104.

täuschter Erwartung über ihre Arbeitsleistung auf Seiten der Abteilungsärzte. Daneben spielen Weiterbildungsmöglichkeiten und **finanzielle Beteiligungen** an den sogenannten Pools eine Rolle. Ärzte, die mit einem eigenen Liquidationsrecht ausgestattet sind, sind zwar nach § 29 Abs. 3 MBO-Ä verpflichtet, nachgeordnete Ärzte an ihren Einnahmen finanziell zu beteiligen. Diese berufsrechtliche Verpflichtung gibt den Mitarbeitern aber keinen durchsetzbaren Anspruch. Die Pool- oder Fondsbeteiligung ist in den verschiedenen Bundesländern und Krankenhäusern höchst unterschiedlich geregelt. Eine weitere krankenhausspezifische Streitquelle ist, das sogenannte **Oberarzt-Syndrom.** Es tritt bei langjährigen Oberärzten auf; vor allem, wenn sie kaum oder keine Chancen, z.B. wegen einer fehlenden Habilitation, zur Übernahme einer leitenden Stellung besitzen. Die Oberärzte fühlen sich nicht anerkannt, der Chefarzt übergangen, die Patienten, die sich von dem Oberarzt behandeln lassen wollen, berufen sich auf das Recht der freien Arztwahl. Hierdurch entstehen Konflikte mit **hohem Zerstörungspotential** für die gesamte Abteilung, die, wenn der Träger nicht frühzeitig eingreift, zum Schaden des Krankenhauses zur Kündigung beider unter Umständen hoch qualifizierter Ärzte führen kann. Für die Funktionsfähigkeit der Abteilung nicht weniger gefährlich können ständige **Auseinandersetzungen mit dem Pflegepersonal** sein, dem Unzufriedenheit mit der Arbeitsbelastung einerseits und die gegenüber der ärztlichen Tätigkeit unzureichend gewürdigte pflegerische Arbeit zugrunde liegt.

28   Zahlreiche Streitigkeiten sind im Zuge der Privatisierung von Krankenhäusern, die sich derzeit noch in öffentlicher Trägerschaft befinden, zu erwarten, da für die gewerblichen Trägergesellschaften, die heute bereits 40 und mehr Krankenhäuser führen, wie für andere Wirtschaftsunternehmen Rentabilitätsvorgaben eine größere Rolle spielen als für die öffentlich rechtlichen Betreiber. Eine vom Bankhaus Sal. Oppenheim in Auftrag gegebene Studie kommt zu dem Ergebnis, dass sich innerhalb der nächsten zehn Jahre die Zahl der privatwirtschaftlich geführten Krankenhäuser von derzeit 7% auf 40% erhöhen wird.[7]

29   Während im Bereich der niedergelassenen Ärzte die Beziehungs- und Konfliktpotentiale durch Kontakte zu externen Personen oder Institutionen (Patienten, KV, Ärztekammer, Krankenhaus) gekennzeichnet sind, zeigt sich aus Sicht des Krankenhausarztes, abgesehen vom Arzt-Patientenverhältnis, ein größeres Konfliktpotential in den Beziehungen innerhalb des Krankenhaussystems. Es fällt auf, dass die unter 1. a) bis 1 m) geschilderten Beziehungen auf Dauer angelegte Beziehungen sind und auf Seiten der Konfliktpartner ein Interesse am Erhalt der Beziehung für die Zukunft anzunehmen ist. Ein wesentliches Kriterium für die Eignung der Mediation als Konfliktlösungsverfahren scheint damit erfüllt zu sein.

2. Rechtliche Beziehungen

30   Auf den dargestellten Beziehungsebenen sehen sich die Ärzte mit einer Vielzahl von rechtlichen Bestimmungen konfrontiert, häufig solchen, die mit ihrem beruflichen Selbstverständnis nur schwer in Einklang zu bringen sind.

31   Dem Arzt-Patientenverhältnis liegt ein **zivilrechtlicher Dienstleistungsvertrag** zugrunde, der den Arzt zur sorgfältigen und ordnungsgemäßen Behandlung persönlich

---

[7] F.A.Z. vom 24. 9. 2001.

verpflichtet (§§ 611 Abs. 1, 613 BGB, § 4 Abs. 2 GOÄ)[8]. Der Arzt schuldet keinen Behandlungserfolg. Die Vergütung, die der Privatpatient dem Arzt schuldet, unterliegt nicht der Privatautonomie der Parteien, sondern richtet sich nach der Gebührenordnung für Ärzte, die nur in engen Grenzen abgedungen werden kann (§ 2 GOÄ). An dieser Stelle wirkt das öffentliche Recht schon in das zivilrechtliche Arzt-Patientenverhältnis hinein. Auch zwischen den in der gesetzlichen Krankenversicherung versicherten Patienten und dem Vertragsarzt kommt ein privatrechtlicher Dienstvertrag zustande, so dass der Arzt dem Patienten grundsätzlich dieselbe Leistung schuldet; allerdings ist der Leistungsinhalt durch das den Arzt und den Patienten verpflichtenden **Wirtschaftlichkeitsgebot** des § 12 SGB V eingeschränkt. Der Vertragsarzt hat zudem keinen Honoraranspruch gegen den GKV-Patienten, sondern nur gegen die kassenärztliche Vereinigung. Auch hier wirkt also das **öffentliche Recht** in Gestalt des SGB V in das zivilrechtliche Vertragsverhältnis hinein.

Die **berufliche Haftung** des Arztes gegenüber dem Patienten im Fall von Auf- 32 klärungs-, Diagnose- oder Behandlungsfehlern richtet sich unabhängig von der ambulanten oder stationären Behandlung sowie unabhängig von der Art der Krankenversicherung des Patienten nach den zivilrechtlichen Bestimmungen. Dass jeder **fehlerhafte ärztliche Eingriff,** selbst wenn dem Arzt nur Fahrlässigkeit vorzuwerfen ist, nach ständiger Rechtsprechung immer noch eine **strafbare Körperverletzung** darstellt, ist nicht nur für den Arzt, der die Heilung des Patienten beabsichtigt, nicht zu verstehen. Die strafrechtliche Wertung führt dazu, dass Patienten in vielen Fällen nur deshalb Strafanzeige stellen, weil sie sich erhoffen, dass die Staatsanwaltschaft die Frage eines Behandlungsfehlers durch Sachverständige klären lässt und sie auf die Weise Gutachterkosten sparen können. Das Arzt-Patientenverhältnis ist spätestens dann vollständig zerstört. Im Rahmen der gesetzlichen Krankenversicherung kann der Patient auch den Medizinischen Dienst der Krankenkassen, um eine sachverständige Begutachtung bitten, der von vielen Ärzten, vor allem denen, die in Spezialgebieten arbeiten, als nicht hinreichend qualifiziert angesehen wird. Den **Krankenkassen** steht bei nachgewiesenen Behandlungsfehlern ein **Erstattungsanspruch** gegen den Arzt gem. § 116 SGB X zu, der, soweit ersichtlich, allerdings höchst selten verfolgt wird. Sie können die Patienten nach § 66 SGB V bei der Verfolgung von Schadensersatzansprüchen aus Behandlungsfehlern auch unterstützen. Der Arzt sieht sich also bei gesetzlich versicherten Patienten in Haftungsfällen nicht nur mit dem Patienten, zu dem ein persönliches Vertrauensverhältnis besteht, sondern auch mit den Krankenkassen konfrontiert.

Mit der **Ärztekammer** wird auf Grund der landesrechtlich in den Heilberufs- und 33 Kammergesetzen geregelten Pflichtmitgliedschaft ein **öffentlich-rechtliches Mitgliedschaftsverhältnis** für den Arzt begründet. Berufsaufsichtliche und sonstige hoheitliche Maßnahmen gegenüber dem Arzt stützen sich darauf. Der Arzt hat unabhängig davon, ob er in eigener Praxis oder im Krankenhaus tätig ist, die Berufsordnungen und die Weiterbildungsordnungen zu beachten, die die Facharztausbildung und -pflichten regeln.

Auch das **Verhältnis** des Arztes **zur kassenärztlichen Vereinigung** ist **öffentlich-** 34 **rechtlicher Natur.** Mit der Zulassung oder Ermächtigung als Vertragsarzt gelten für den Arzt nicht nur die Bestimmungen des **SGB V,** sondern auch eine **Vielzahl von**

---

[8] *Laufs/Uhlenbruck* § 39 Rdnr. 10.

unterrangigen Rechtsnormen, die von gemeinsamen Gremien der Krankenkassen und der kassenärztlichen Vereinigungen erlassen sind, deren demokratische Legitimation immer wieder Fragen aufwirft.[9] Dazu gehören Satzungen, Verträge der KVen mit den Kostenträgern, Richtlinien u. a. Sie regeln Inhalt, Vergütung, Überprüfung der ärztlichen Leistung und disziplinarische Maßnahmen. Über Inhalt und Tragweite dieser Regelungen sind sich die meisten Vertragsärzte jedoch nicht bewusst. Die Komplexität des Systems und seine geringe Durchschaubarkeit löst auf Seiten der Ärzteschaft Ablehnung und das Gefühl aus, von den kassenärztlichen Vereinigungen in unzumutbarer Weise gegängelt zu werden. Diese wiederum sind Gefangene dieser Komplexität und ihrer teilweise widersprüchlichen Aufgaben. Denn ihnen obliegt die Vertretung der Interessen der Ärzte einerseits und die gleichmäßige Verteilung der Gesamtvergütung durch die Krankenkassen, die Prüfung des Abrechnungsverhaltens und die Sicherstellung der ärztlichen Versorgung der Bevölkerung andererseits. Dies in einem Berufsstand der sehr heterogen ist und niedergelassene Ärzte aller Fachrichtungen, Krankenhausärzte sowie Zahnärzte und Psychotherapeuten in sich vereint.

35   Es besteht in der Ärzteschaft eine gewisse Neigung, sich über die **strafrechtliche Relevanz** des eigenen Handelns wenig Gedanken zu machen. Das lässt sich insbesondere in Fällen der **fehlerhaften Abrechnung** feststellen; so etwa, wenn ein Arzt mehr Leistungen abrechnet, als er innerhalb eines 24-stündigen Arbeitstages erbringen kann, wenn er über Vertreterleistungen täuscht, wenn Leistungen vermeintlich selbstständiger in Wirklichkeit aber angestellter Ärzte abgerechnet oder überteuerte medizinische Heilmittel gegen Provisionszahlungen bestellt werden. Die Gründe für dieses Verhalten sind soweit ersichtlich noch nicht untersucht worden. Die Verschärfung der Vorschriften zur **Vorteilsannahme und Bestechlichkeit (§§ 331 ff. StGB)** führen andererseits in einer überzogenen Auslegung durch die Staatsanwaltschaft zu überraschenden Strafvorwürfen. So hat die Staatsanwaltschaft Bonn die Strafbarkeit eines Hochschullehrers angenommen, der Drittmittel eingeworben hat, die ausschließlich für Zwecke der Klinik und Forschung verwandt wurden. Das Hochschulrecht verlangt aber von den Klinikern ausdrücklich das Einwerben von Drittmitteln zur Kostenersparnis. In dem größeren Renommée, das der Hochschullehrer gegenüber anderen Klinikern auf diese Weise erlangt haben soll, sieht die Staatsanwaltschaft einen strafrechtlich relevanten Vorteil.[10]

36   **Gesellschaftsrechtliche** Fragen spielen insbesondere im Verhältnis des Arztes zu seinen Praxispartnern eine Rolle. Es kommen vor allem die Vorschriften der **§§ 705 ff. BGB**, aber auch der **Wettbewerbsgesetze** zur Anwendung. Bei der Beschäftigung von Mitarbeitern sowie im Angestelltenverhältnis stehen **arbeitsrechtliche Fragen** im Vordergrund.

37   Dies zeigt, dass der Arzt sich in seinem beruflichen Alltag in einem dichten Netz rechtlicher Beziehungen bewegt. Den Zugang hierzu erschwert ihm eine völlig andere Denkungsweise als die der Juristen und die tief verwurzelte Distanz von Medizinern zu Juristen.

---

[9] Bei Aufnahme der Tätigkeit als Vertragsarzt stellt die KV Nordrhein jedem neuen Mitglied zwei Ordner mit diesen rechtlichen Bestimmungen (ca. 1.000 Seiten) zur Verfügung.
[10] General-Anzeiger Bonn vom 2. 10. 2001, 28. 9. 2001, 10. 4. 2001.

III. Konfliktursachen

1. Allgemeine Ursachen

Die Ursachen der Konflikte im Gesundheitswesen sind so vielfältig wie die Le- 38
benssachverhalte. Ob es sich um eine Zweier-Beziehung, Auseinandersetzungen unter Gesellschaftern, wirtschaftliche Beziehungen oder Konflikte mit öffentlich-rechtlichem Bezug handelt, immer wieder spielen auch persönliche Wünsche eine wesentliche Rolle. Deren Aufspüren als Konfliktursache gestaltet sich mal mehr, mal weniger schwierig. In Wirtschaftskonflikten, zu denen viele Auseinandersetzungen im Gesundheitssektor zu zählen sind, werden persönliche Beziehungsprobleme als Konfliktursache weniger gern und schnell preisgegeben. Ein zu frühes Anrühren dieser Probleme führt leicht zum Rückzug des angesprochenen Beteiligten und kann eine Mediation gefährden.

Steht eine enge **persönliche Zusammenarbeit** im Vordergrund, wie das für das 39
Verhältnis zwischen dem **Arzt und seinem Patienten** (Rdnr. 7, 21) oder im Verhältnis zwischen dem Arzt und seinen **Praxispartnern** (Rdnr. 17), **Kooperationspartnern** (Rdnr. 20) oder **Mitarbeitern** (Rdnr. 16, 27) der Fall ist, bestätigen sich Erfahrungen aus der Familienmediation. Häufige Konfliktursache sind **Kommunikationsschwierigkeiten.** Der Arzt drückt sich in einer für den Patienten unverständlichen Fachsprache aus, hat nicht genügend Zeit, dem Patienten zuzuhören, erweckt oder bestätigt falsche Hoffnungen. Bei Streitigkeiten mit nicht-ärztlichem Personal, nachgeordneten Ärzten oder unter Praxispartnern ist häufig die **fehlende Anerkennung** der Leistung als Streitursache auszumachen. Die Arbeitsstrukturen in den Krankenhäusern sind immer noch sehr hierarchisch geprägt. In solchen hierarchischen Systemen ist ein größeres Maß an Zuspruch und Anerkennung erforderlich, um die Motivation der Mitarbeiter zu fördern als in Systemen, in denen die Teamarbeit im Vordergrund steht. Geübte Erfahrungen zur Konfliktbearbeitung sind weder in Krankenhäusern noch in der niedergelassenen Praxis anzutreffen, obwohl die Konflikträchtigkeit wegen der starken Arbeitsbelastung dort besonders ausgeprägt ist. Freiberufler sind außerdem Individualisten, die ihre Arbeitsweise und persönlichen Ziele selbst bestimmen, was für niedergelassene Ärzte in gleicher Weise gilt wie für Rechtsanwälte, Steuerberater u. a. Praxispartner arbeiten nebeneinander her oder aneinander vorbei, berufliche Leistungen des jeweils anderen werden nicht gewürdigt. Eine Abstimmung über Praxisziele oder sich ändernde **persönliche Lebensziele** findet kaum statt, so dass einseitige Entscheidungen plötzlich elementare Konflikte auslösen können.

Wie die Beispiele unter Rdnr. 13 ff., 22 ff. zeigen, spielt der Wunsch nach dem 40
Erhalt bestehender **Einfluss- und Machtstrukturen** ebenso eine Rolle wie der Kampf um die **Verteilung begrenzter finanzieller Ressourcen.** Beides führt notwendigerweise zu Konfrontationen und langwierigen Auseinandersetzungen. Im Verhältnis zwischen dem praktizierenden Arzt und den **Ärztekammern,** die tendenziell konservativ ausgerichtet sind, spiegelt sich zudem das Spannungsverhältnis zwischen dem klassischen ärztlichen Berufsbild und einer Berufspraxis wieder, die sich geänderten Rahmenbedingungen anpassen muss und mehr und mehr auf Wettbewerb ausgerichtet ist. Die Berufsordnungen haben mit Veränderungen im ärztlichen Umfeld

nicht Schritt gehalten und geben keine passenden Antworten. Beispielhaft dafür ist das Festhalten an der Vorstellung, der ärztliche Beruf könne entweder nur in eigener Praxis oder im Krankenhaus ausgeübt werden, oder das Fehlen geeigneter Gesellschaftsformen, die – ohne Verzicht auf die ärztliche Therapiefreiheit – überörtliche und größere Zusammenschlüsse zur Kostenersparnis und Finanzierung teurer medizinischer Geräte erlauben könnten.[11]

2. System- u. berufsspezifische Ursachen

41   Wer sich beruflich mit Streitbeilegungen im medizinischen Bereich befasst, stößt auf Konfliktursachen, die im ärztlichen Beruf und im System der sozialen Krankenversicherung begründet sind. Sie werden durch eine Krise des Systems und dadurch eingeleitete strukturelle Veränderungsprozesse verschärft.

42   a) Finanzierung ärztlicher Leistung. Jahr für Jahr stellen Umfragen fest, dass der Arzteberuf (noch) vor allen anderen Berufen das **höchste Ansehen** genießt. Keine andere Profession hat ihre Position so deutlich behauptet. Das mag damit zusammenhängen, dass der Patient dem Arzt in einer Situation erhöhter Hilfsbedürftigkeit auf Grund körperlicher oder seelischer Beschwerden begegnet. Im Wort „Patient", also Duldender, kommt das im Vergleich zu dem Mandanten des Rechtsanwalt, d.h. dem Beauftragenden, oder dem Kunden zum Ausdruck. In dieser Situation setzt der Patient seine Hoffnungen in den Arzt und ist bereit, ihm großes Vertrauen entgegenzubringen. Der Arzt muss erst zwar kraft seines medizinischen Wissens und seiner Persönlichkeit dieses Vertrauen bestätigen. Er wird aber mit einem erheblichen Vertrauensvorschuss bedacht. Es sollte in diesem Zusammenhang nicht unterschätzt werden, dass das Vertrauensverhältnis durch die Einführung der gesetzlichen Krankenversicherung erheblich begünstigt worden ist, weil finanzielle Fragen des Arzt-Patientenverhältnis nicht belasten.

43   Die **Finanzierung** der medizinischen Behandlung spielte, zumindest in den vergangenen Jahrzehnten für den überwiegenden Teil der Bevölkerung keine Rolle. Patienten bewerteten Leistung und Gegenleistung, d.h. das Entgelt für die ärztliche Leistung, nicht, da sie letzteres nicht kannten. Die Ärzteschaft ihrerseits brauchte sich um die Vergütung ihrer Leistung bei überdurchschnittlichem Einkommensniveau nicht zu sorgen. Zwar gilt das Wirtschaftlichkeitsprinzip schon lange in der gesetzlichen Krankenversicherung, es blieb im Einzelfall aber weitgehend unkontrolliert. In dem verzweifelten Bemühen um die Beitragssatzstabilität in der gesetzlichen Krankenversicherung hat der Gesetzgeber konsequente Wirtschaftlichkeits- und Plausibilitätsprüfungen unter Beteiligung der Krankenkassen und eine Begrenzung der Leistungen und Honorierungen durchgesetzt, was Einkommenseinbußen zur Folge hatte oder ihre Ausdehnung verhinderte. Die Leistungskürzungen und Eigenbeteiligungen im Bereich der Arznei- und Heilmittelverordnungen sind für die Patienten schon spürbar. An weiteren Leistungskürzungen wird der Gesetzgeber voraussichtlich nicht vorbeikommen, wenn er den Primat der Beitragssatzstabilität aufrecht erhält. Damit erhöht sich die Attraktivität der Patienten der privaten Krankenversicherung, die die ärztlichen Leistungen noch deutlich besser vergütet,

---

[11] Radiologen und Strahlentherapeuten übernehmen bei der Anschaffung von Kernspintomographen, PET oder Linearbeschleunigern Haftungsrisiken in Millionenhöhe; s. auch *Preissler*, MedR 2001, 543.

für die Ärzteschaft. Ärztliche Berufsorganisationen und die kassenärztliche Bundes-vereinigung entwickeln Kataloge von Leistungen (die sog. IGEL-Leistungen)[12], die den gesetzlich versicherten Patienten zusätzlich angeboten werden dürfen, die diese Patienten aber privat bezahlen müssen. Damit sind GKV-Patienten aufgefordert, sowohl die Notwendigkeit der Leistung als auch das Entgelt für die ärztliche Leis-tung zu bewerten. Es ist nahe liegend, dass dieser **strukturelle Veränderungsprozess** nicht ohne Auswirkung auf das Vertrauensverhältnis zwischen Arzt und Patient bleibt.

b) Ärztliches Selbstverständnis. Die Musterberufsordnung für die Deutschen Ärz- 44
te (MBO-Ä) bestimmt, dass der Arzt der Gesundheit des einzelnen Menschen (§ 1 Abs. 1 MBO-Ä) dient. Aufgabe des einzelnen Arztes ist es, das Leben zu erhalten, die Gesundheit zu schützen und wieder herzustellen sowie Leiden zu lindern. Der Arzt übt seinen Beruf nach den Geboten der Menschlichkeit aus (§ 1 Abs. 2 MBO-Ä). Die Rolle desjenigen, der hilft, Leiden zu überwinden, prägt das ärztliche Selbstverständnis und Berufsbild seit Jahrhunderten. Heilkunst, ursprünglich ge-heimnisumwittert und mit Zauberkräften in Verbindung gebracht, hat sich über ih-re wissenschaftliche Fundierung zu einer technischen Medizin entwickelt, die viele ursprünglich unheilbare Krankheiten überwunden hat und Leben – u.U. nur künst-lich – verlängern kann. So haftet dem Arztberuf der Nimbus einer gewissen Omni-potenz an, der das **Selbstverständnis des einzelnen Arztes** und seine gesellschaftliche Stellung untermauert. Wie schwierig es ist, angesichts dieser Omnipotenz einen ver-antwortungsvollen Weg zwischen grenzenloser Forschung und Einsatz medizini-scher Mittel einerseits und Wahrung der Menschenwürde andererseits zu finden, zeigt die Existenz der Ethikkommissionen, deren Konsultation die MBO-Ä bei be-stimmten Forschungsprojekten zwingend vorschreibt. Es bedarf grundsätzlich star-ker Persönlichkeiten, um mit diesem Selbstverständnis umzugehen und es zu relati-vieren. Allerdings leistet weder die medizinische Ausbildung dabei Hilfe, noch werden Verfahren zur kritischen Prüfung der Rolle des Arztes, wie z.B. Supervisio-nen, im Berufsalltag angeboten oder angenommen. Angriffe auf dieses ärztliche Selbstverständnis z.B. in Gestalt des Vorwurfs eines Behandlungsfehlers werden daher häufig als Angriffe auf die Person des Arztes interpretiert und begegnen des-halb einer heftigen Abwehr. Vielfach lehnen Ärzte, deren Behandlung auf einen Fehler überprüft werden soll, jedes denkbare Versehen kategorisch ab, ziehen sich beim Vorwurf eines Behandlungsfehlers vollständig zurück und überlassen die Schadenregulierung den Anwälten der Haftpflichtversicherung und des Patienten. Ärztliches Versagen oder bloße Ohnmacht sind mit dem Bild des Heilenden schwer vereinbar.

Spiegelbild eines überforderten beruflichen Selbstverständnisses ist auf Seiten der 45
Patienten eine **überhöhte Erwartung** an den sicheren Heilungserfolg – unabhängig von der eigenen Verantwortung für die Gesundheit und schicksalhaften Verläufen. Weder Politik noch Ärzteschaft sind dieser Erwartung ernsthaft entgegengetreten.[13]

---

[12] „IGEL" steht für Individuelle Gesundheitsleistungen außerhalb der GKV-Zuständigkeit, s. *Wezel/Liebold*, Kap. 15.
[13] *Illich* spricht im Zusammenhang mit der Übergabe der persönlichen Verantwortung an den Sozi-alstaat von der „Enteignung der Gesundheit", *Illich*, Die Enteignung der Gesundheit, „Medical Nemises" 1975. Dazu kritisch *Laufs* NJW 1976, 1121.

Die Kostenexplosion im Gesundheitswesen und der Zwang zu Einsparungen fordern von der Ärzteschaft wie von dem Patienten ein Umdenken. Der Patient, der in seiner Erwartung an den Gesundungsprozess und die erhoffte ärztliche Zuwendung enttäuscht wird, kann gesundheitliche Probleme viel weniger akzeptieren als ein Patient, dem die Grenzen ärztlichen Handelns bewusst sind. Überzogene Schadens- und Schmerzensgeldforderungen treten an die Stelle enttäuschter Erwartung.

46   Das **ärztliche Selbstverständnis** wirkt konfliktverschärfend nicht nur im Streit über einen Behandlungsfehler, sondern auch in **Honorarstreitigkeiten mit den kassenärztlichen Vereinigungen** und privaten Krankenversicherungen. Das System der Leistungsvergütung in der GKV ist äußerst komplex und selbst für Fachleute kaum nachzuvollziehen. Die Prüfung der wirtschaftlichen Verordnungsweise des Arztes im Bereich der GKV, die sich nach statistischen Auffälligkeiten im Vergleich zum Fachgruppendurchschnitt richtet, betrachten viele Ärzte als Infragestellung ihrer ärztlichen Handlungsweise und als unzulässigen Eingriff in die ärztliche Therapiefreiheit. Dass die Leistungen der gesetzlichen Krankenversicherung ohnehin unter dem Postulat der Notwendigkeit und Wirtschaftlichkeit stehen, die Leistungsbegrenzung politisches Ziel ist, gerät aus dem Blickfeld. Es widerspricht ärztlichem Denken, die Behandlungs- und Verschreibungspraxis an statistischen Vergleichszahlen auszurichten. Das **Setting** in den Prüfungsgremien der KV (Vier meist schweigsame Vertreter der Krankenkassen und Vertreter der Ärzteschaft sowie der Justitiar der KV und der Protkollführer sitzen an langgestreckten Tischen in U-förmiger Anordnung dem Arzt gegenüber, der am untersten Ende in weiter Entfernung vom Vorsitzenden Platz nehmen darf), vermittelt außerdem eher eine inquisitorische Atmosphäre und erschwert ein kollegiales Gespräch. Es wirkt damit dem Verständnis des Arztes für die Probleme des Systems entgegen.

47   **c) Verteilung begrenzter Ressourcen.** Unter dem Diktat einer begrenzten Ausgabenpolitik im Bereich der gesetzlichen Krankenversicherung und der damit einhergehenden Deckelung ärztlicher Leistungen und Vergütungen kommt es zum Teil zu **rigorosen Verteilungskämpfen innerhalb** der verschiedenen Fachgruppen der Ärzteschaft und zwischen **der Ärzteschaft** und anderen medizinischen Berufen. Jeder Fachgruppe, Allgemeinmedizinern, fachärztlichen Internisten, Chirurgen, Neurologen u.a. wird in den sogenannten Honorarverteilungsmaßstäben (HVM), die die KV aufstellt, ein bestimmter prozentualer Anteil an der von den Kassen gezahlten Gesamtvergütungsmenge zugewiesen. Die Mitgliederstärke und der Organisationsgrad der Fachgruppen variieren sehr, was sich auf ihre Durchsetzungsfähigkeit bei der Aufteilung der Honorartöpfe auswirkt. So schneiden z.B. die kleineren Gruppen der Kinderärzte und Neurochirurgen durchweg schlechter ab.

48   **d) Unverständlichkeit des GKV–Vergütungssystems.** Die **Entscheidungswege** und -kriterien der Honoraraufteilung bleiben für die Mehrheit der Ärzteschaft **undurchsichtig.** Je mehr Leistungen die Ärzte einer Fachgruppe erbrachten, umso geringer fiel die Vergütung für die einzelne Leistung aus, da die Gesamtmenge begrenzt ist. Da dieser „Hamsterradeffekt" mit empfindlichen Leistungsabwertungen und Honorareinbußen einherging, wurden 1997 die individuellen Praxisbudgets eingeführt. Danach wird jedem Arzt ein maximales Punktzahlvolumen zugewiesen, das sich nach den in den Quartalen III/1997 bis II/1998 erbrachten Leistungen richtet. Dieses System wiederum begünstigt ältere, am Markt etablierte Praxen und erschwert

jungen Praxen, die nur bis zum Leistungsvolumen des Fachgruppendurchschnitts wachsen können, den Zugang. Das verschärft das Konkurrenzdenken innerhalb der Ärzteschaft des Planungsbereichs. Sie antwortet mit Computerprogrammen, die Tagesprofile erstellen und nicht genutzte Leistungsreserven des Budgets analysieren, mit der Bevorzugung von Privatpatienten oder dem Angebot zusätzlicher Leistungen, die von den Patienten aus eigener Tasche bezahlt werden müssen. **Betriebswirtschaftliche Grundsätze** halten Einzug in die Arztpraxen. Sie lassen sich nicht immer mit dem hypokratischen Eid und der ärztlichen Aufgabe in Einklang bringen, das Handeln allein am gesundheitlichen Wohl des Patienten auszurichten. Die Ursachen der Konflikte zwischen Arzt und kassenärztlicher Vereinigung bzw. zwischen dieser und den Krankenkassen sowie zwischen dem Arzt und gesetzlich versicherten Patienten liegen daher in den **systemimmanenten Problemen.** Die gesetzliche Krankenversicherung befindet sich in einer Krise, die ohne eine Veränderung des ärztlichen Berufsbildes und der Erwartungen der Patienten nicht zu lösen sein wird.

e) **Konkurrenz der Heilberufe.** Die begrenzten finanziellen Ressourcen der ge- 49 setzlichen Krankenversicherung lassen auch Konflikte der Ärzteschaft mit anderen Heilberufen entstehen. Besonders deutlich ist das im **Verhältnis** der **Ärzteschaft** zu den **psychologischen Psychotherapeuten** und Kinder- und Jugendlichenpsychotherapeuten zu spüren, die als verkammerter Beruf erst auf Grund des am 1. 1. 1999 in Kraft getretenen Psychotherapeutengesetzes über eine geschützte Berufsbezeichnung verfügen und im Bereich der gesetzlichen Krankenversicherung aus der selben Gesamtvergütungsmenge honoriert werden. Die Ärzteschaft hatte diese Entwicklung jahrelang verhindert und betrachtet den Beruf des Psychotherapeuten nicht als gleichwertigen Heilberuf. Ärztliche und psychologische Psychotherapeuten sind Mitglieder in verschiedenen Berufskammern. Die Wahl ihrer Kammer ist ihnen nicht freigestellt. Psychologen bedürfen trotz ihrer Zulassung als Vertragspsychotherapeuten und der Gleichstellung mit den Ärzten gem. § 72 Abs. 1 S. 2 SGB V noch des Konsiliarberichts eines Vertragsarztes zur Abklärung einer somatischen Erkrankung nach § 28 Abs. 3 S. 2 SGB V, um ihre Leistung erbringen und in der gesetzlichen Krankenversicherung abrechnen zu können. Die Leitung psychotherapeutischer Abteilungen in Plankrankenhäusern durch psychologische Psychotherapeuten anstelle von Ärzten, ist weiterhin äußerst umstritten[14]. Es geht bei diesem Konflikt nicht allein um Honoraranteile, sondern um wechselseitige fachliche Anerkennung und ein ärztliches Selbstverständnis, das die Gleichstellung anderer Heilberufe neben sich kaum dulden kann.

f) **Berufsbild des Chefarztes.** Zahlreiche Konflikte im **Krankenhaus** sind ebenfalls 50 geprägt vom herkömmlichen ärztlichen Berufsbild und seiner Veränderung. Das Bild des herausragenden, unanfechtbaren **Chefarztes,** dem nachgeordnete Ärzte, Pflegepersonal und Patienten respektvoll und ehrfürchtig begegnen, wird in vielen Universitätskliniken und Krankenhäusern noch in einem Maße gelebt, als seien alle Reformbemühungen spurlos an diesen Institutionen vorbeigegangen. Wer erst einmal die Hierarchien des Universitätsklinikbetriebes durchlaufen hat, kann sich von diesem Verhaltensmuster nur schwer lösen. Im Krankenhauschefarzt kumuliert das zuvor beschriebene traditionelle ärztliche Berufsbild. Ein Wandel der Führungs-

---

[14] *Bracher* P. u. R. 2001, 74, 77.

strukturen wie in der gewerblichen Wirtschaft wurde bestenfalls theoretisch diskutiert. Das Selbstverständnis des Chefarztes fand seinen äußeren Niederschlag in der
Gestaltung der **Dienstverträge,** die dem Arzt außergewöhnliche Freiheiten einräumten. Die Verträge waren und sind zum Teil auch heute noch Lebenszeitverträge; das
Recht zur Privatliquidation und zur ambulanten Nebentätigkeit sicherten neben
dem Grundgehalt weit überdurchschnittliche Einkünfte bei einer über viele Jahre
relativ geringen Beteiligung an den Kosten der vorgehaltenen Betriebsmittel
(Räume, medizinische Geräte und Personal des Krankenhauses).[15] Der Chefarztver-
trag gewährleistete außerdem den Bestand der Abteilung ungeachtet ihrer Auslastung und des zukünftigen Versorgungsbedarfs. Die Verträge enthalten zwar das
Gebot wirtschaftlichen Handelns, nehmen die Ärzte aber nicht in die Verantwortung für Kostensteigerungen oder das Betriebsergebnis der Abteilung.[16] Einen
Zusammenhang zwischen der Vergütung einerseits und der Kostenentwicklung andererseits stellen die Chefarztverträge nicht her, so dass das Verantwortungsbewusstsein für die wirtschaftlichen Zusammenhänge nur wenig ausreifen konnte.
Konflikte der Chefärzte mit Patienten und ärztlichen Mitarbeitern berühren auf
Grund dieses Selbstverständnisses Identitätsfragen und werden daher häufig mehr
personen- als sachbezogen geführt.

51   Mit dem wachsenden Kostendruck sind die Anforderungen an die ärztlichen Ab-
teilungsdirektoren gewachsen. Die Krankenhäuser, die ihrerseits Budgets mit den
Kostenträgern verhandeln müssen und einem stärkeren Wettbewerb ausgesetzt sind,
fordern von den Chefärzten in einem früher nicht gekannten Ausmaß **Manage-
mentaufgaben,** für die diese jedoch nicht ausgebildet sind. Damit sind viele Ärzte
überfordert. Es ist ein deutlicher **Machtverlust** auf Seiten der Chefärzte zu Gunsten
eines Machtzuwachses auf Seiten des Krankenhausmanagements zu erkennen. Er
geht einher mit einem Abbau von Rechten in den Chefarztverträgen, wie Zeitver-
trägen, Streichung des Liquidationsrechts, weitgehenden Entwicklungsklauseln zu
Gunsten des Krankenhauses, die die Auflösung oder das outplacement ganzer
Abteilungen erlauben. Mit der Einführung der DRG's[17], die die Krankenhäuser unter ein noch strengeres Kostenregime stellen werden, ist eine weitere Schwächung
der Position der Chefärzte zu erwarten. Diese Entwicklung, die vor fünf bis sieben
Jahren eingesetzt hat, führt zu einem **Bruch mit dem traditionellen Selbstverständnis** der Chefärzte und ist daher als branchenspezifische Konfliktursache zu betrachten.

---

[15] Die Beteiligung nachgeordneter Ärzte, an die chefärztliche Aufgaben delegiert werden, an den
Honorareinnahmen aus der Privatbehandlung und Ambulanz ist heute noch höchst unterschiedlich
geregelt. Zum Teil steht sie vollständig im Ermessen des Chefarztes, zum Teil ist diese sogenannte
Pool- oder Fondsbeteiligung dem Grunde nach landesgesetzlich (wie etwa in Hessen) geregelt. Sie
sind immer wieder Gegenstand gerichtlicher Auseinandersetzungen.
[16] Ob und in welcher Form eine wirtschaftliche Beteiligung des Chefarztes am Betriebsergebnis angesichts des ärztlichen Auftrags, zur Heilung und Erhaltung der Gesundheit des Patienten wünschenswert ist, soll an dieser Stelle nicht erörtert werden.
[17] *Diagnosis Related Groups* – ein aus Australien übernommenes Vergütungssytem, das ab 2003 für
alle Krankenhäuser im Versorgungsplan gelten soll. Danach erhalten die Krankenhäuser nur noch
Fallpauschalen, die sich nach der Art der Erkrankung richten und je nach individuellen Voraussetzungen des Patienten und Schwierigkeitsgrad variieren können.

IV. Institutionalisierte außergerichtliche Konfliktlösungsmodelle

1. Konflikte im Verhältnis Arzt – Patient

a) **Beschwerdeabteilungen der Ärztekammern.** Zur Aufgabe der landesrechtlich 52 konstituierten Ärztekammern gehört es, **Beschwerden** von Patienten oder Dritten über Ärzte zu bearbeiten. Gegenstand der Patientenbeschwerden sind überwiegend Abrechnungsprobleme. Es handelt sich um ein schriftliches Verfahren. Die Ärztekammer gibt dem Arzt Gelegenheit, zu den Vorwürfen des Patienten Stellung zu nehmen und entscheidet dann darüber, ob diese berufsrechtlich oder gebührenrechtlich relevant sind. Den Patienten teilt die Ärztekammer mit, ob sie die Vorwürfe für begründet hält; über eventuelle berufsaufsichtliche Maßnahmen erhält der Patient keine Auskunft.[18] Eine verbindliche Entscheidung über Honoraransprüche kann die Ärztekammer nicht treffen, da diese Gegenstand des zivilrechtlichen Verhandlungsvertrages zwischen Arzt und Patient sind. Hierüber zu entscheiden sind die Zivilgerichte berufen. Die Verletzung des Gebührenrechts kann berufsrechtliche Maßnahmen auslösen. Das löst im Ergebnis aber nicht den Konflikt zwischen dem Arzt und seinem Patienten. Da Letzterer nicht einmal über die ergriffenen Maßnahmen unterrichtet wird, haben diese für den Patienten auch keine Genugtuungsfunktion.

b) **Gutachterkommissionen in Arzthaftungsfällen.** Die **Gutachter- oder Schlich-** 53 **tungskommissionen** für ärztliche Behandlungsfehler sind Einrichtungen der Ärztekammern. Sie geben Stellungnahmen zum Vorwurf eines **ärztlichen Behandlungsfehlers** ab. Die Kommissionen setzen sich aus ehrenamtlich tätigen Medizinern und einem Juristen, meist pensionierten Richtern als Vorsitzenden, zusammen. Es handelt sich um ein kostenloses förmliches Verfahren, das von Patienten ohne Beachtung von Fristen eingeleitet werden kann, und die außergerichtliche Beilegung von arzthaftungsrechtlichen Streitigkeiten zum Ziel hat. Es ist ein ausschließlich schriftliches Verfahren, in dem sich Arzt und Patient nicht mehr begegnen. Trotz Unverbindlichkeit hat es erhebliche praktische Bedeutung. Denn es ermöglicht dem Patienten, kostenlos ein ärztliches Gutachten zu erhalten, das entweder die Grundlage für außergerichtliche Vergleichsverhandlungen mit der Haftpflichtversicherung des Arztes bildet oder in ein gerichtliches Verfahren eingeführt werden kann. Die Versicherungsunternehmen verzichten während der Dauer des Verfahrens auf die Einrede der bei unerlaubten Handlungen kurzen dreijährigen Verjährung gem. § 852 BGB.

Von dem ursprünglichen Gedanken einer Befriedung des Verhältnisses zwischen 54 Arzt und Patient[19] ist in der Praxis nicht viel übriggeblieben. Im Vordergrund des Verfahrens steht nur noch die Prüfung des Behandlungsfehlers nach wissenschaftlichen und juristischen Maßstäben zur Geltendmachung von Schadens- und Schmerzensgeldansprüchen. Die Gerichte werden entlastet, so dass vereinzelt die Einleitung dieses Verfahrens für die Bewilligung der Prozesskostenhilfe vorausgesetzt worden

---

[18] Die Verweigerung der Auskunft über Berufsaufsichtsmaßnahmen ist auch bei anderen freiberuflichen Kammern üblich und wird zu Recht kritisiert. Im europäischen Ausland, z.B. in Großbritannien, veröffentlichen die Berufsorganisationen zum Teil die Sanktionen in ihren Mitteilungsblättern.
[19] *Meyer* ZKM 2000, 123, 124.

ist.[20] Das ist nicht zuletzt deshalb fraglich, weil die Verfahrensdauer nicht selten die Dauer eines Prozesses überschreitet. Erstattet der Patient zugleich Strafanzeige, wird das Verfahren nicht durchgeführt.

2. Konflikte im Krankenhausbereich

55   a) **Schlichter.** Innerbetriebliche Konflikte im Krankenhaus führen unabhängig davon, ob es sich um Verteilungskämpfe, um neue Anschaffungen, Nutzung von Betten oder Operationsräumen, Personalstellen oder Arbeitszeitfragen und Arbeitsinhalte handelt, zu nachhaltigen Betriebsstörungen und leicht zur Imageschädigung der Abteilung oder des Krankenhauses. Trotzdem gibt es hierfür keine institutionalisierten Konfliktlösungsmodelle.[21] Gelegentlich werden ausgeschiedene Chefärzten als **Schlichter** herangezogen. Sie haben den Vorteil, den Krankenhausbetrieb bestens zu kennen, können sich aber hinsichtlich ihrer Schlichterrolle und des Verfahrens nur auf ihre Lebens- und Berufserfahrung stützen.

Das hessische Krankenhausgesetz kennt gem. § 7 den „**Patientenfürsprecher**", der Beschwerden und Anregungen von Patienten nachgehen soll und Krankenhausträgern, dem zuständigem Ministerium sowie Kostenträgern einen anonymisierten Bericht vorlegt. Er hat nicht die Aufgabe zwischen Patienten und Krankenhaus zu vermitteln.[22]

56   b) **Einigungsstellen.** Wie in andern Unternehmen werden auch im Krankenhaus bei Bedarf im Fall von Streitigkeiten zwischen Träger und Betriebsrat **Einigungsstellen** gem. § 76 BetrVG gebildet. Innerbetriebliche Konflikte sind durch Einigungsstellen nicht zu lösen.

57   c) **Schiedsstelle.** Die Pflegesätze der Krankenhäuser werden zwischen dem Krankenhausträger und den Sozialleistungsträgern vereinbart. Scheitern die Pflegesatzverhandlungen, setzt nach § 18a KHG die **Schiedstelle**, die mit einem neutralen Vorsitzenden und paritätisch mit Vertretern der Krankenhäuser und Krankenkassen besetzt ist, die Pflegesätze unverzüglich fest.

3. Konflikte unter Ärzten

58   Zu den gesetzlichen Aufgaben der **Ärztekammern** gehört es, bei Streitigkeiten unter Ärzten zu vermitteln (vgl. § 6 Nr. 8 HeilberufsGNW). Viele Gesellschaftsverträge der Praxisgemeinschaften und Gemeinschaftspraxen sehen daher bei Streitigkeiten einen Schlichtungsversuch oder sogar die verbindliche Entscheidung der Ärztekammer vor. Meist geht es dabei um die Bewertung der Praxis und die Höhe des Ausgleichsanspruchs eines ausscheidenden Partners. Einige Landesärztekammern haben dafür einen **Schlichtungsausschuss** eingerichtet[23].

59   In der Praxis begegnet die Inanspruchnahme der Ärztekammern Skepsis, weil nur wenige Ärzte ihren Streit den ehrenamtlichen Kollegen, die im selben Kammerbe-

---

[20] LG Dortmund VersR 88, 606; LG Aurich VersR 86, 558.
[21] Zu den verschiedenen Konfliktkonstellationen auf Krankenhausebene auch *Kaiser* ZKM 2000, 168 ff.
[22] *Meyer* ZKM 2000, 123, 125.
[23] S. § 14 Hauptsatzung der Landesärztekammer Hessen, der sich nicht nur bei Streitigkeiten unter Ärzten, sondern auch zwischen ihnen und Dritten um eine gütliche Beilegung des Konflikts bemühen soll.

zirk tätig sind, offenzulegen wünschen. Über die Inanspruchnahme und den Erfolg derartiger Schlichtungsversuche liegen, soweit ersichtlich, keine Untersuchungen vor. Angesichts der sonst bekannten Erfolge ehrenamtlich tätiger, nicht ausgebildeter Schlichter, darf man jedoch an der Effizienz dieser Einrichtung zweifeln.

4. Konflikte im Verhältnis Kassenärztliche Vereinigungen – Krankenkassen

a) **Bundes- und Landesschiedsämter.** Zur Sicherstellung der Versorgung der ge- 60 setzlich krankenversicherten Patienten vereinbaren kassenärztliche Vereinigungen mit den Krankenkassen Verträge, die sogenannten Gesamtverträge gem. §§ 82 ff. SGB V. Dazu gehören die Bundesmantelverträge für Ärzte und Zahnärzte, der EBM (§ 87 SGB V), der die Inhalte und die Punktwerte der abrechnungsfähigen Leistungen beschreibt, die Vergütungsverträge (§§ 82 Abs. 2, 85 Abs. 2 SGB V), die Prüfvereinbarungen, die Wirtschaftlichkeitsprüfungen und Plausibilitätskontrollen zum Gegenstand haben (§ 83 Abs. 2 SGB V) sowie die Arznei- und Heilmittelbudgetvereinbarungen. Kommt eine Einigung zwischen den Vertragsparteien nicht zustande, entscheiden auf Antrag der Parteien entweder die **Bundesschiedsämter** oder die **Landesschiedsämter** im Verfahren nach § 89 SGB V. Die Bundesschiedsämter sind für die Schlichtung über die Bundesmantelverträge Ärzte/Zahnärzte zuständig. Für Streitigkeiten über den Einheitlichen Bewertungsmaßstab gilt das gesonderte Schlichtungsverfahren gem. § 87 Abs. 4 SGB V. Die Landesschiedsämter entscheiden über alle gesamtvertraglichen Regelungen. Einzelheiten des Verfahrens sind in den Schiedsamtordnungen geregelt. Richten die Vertragsparteien keinen Antrag an das Schiedsamt, so kann dieser durch einen Antrag der zuständigen Aufsichtsbehörden nach Fristsetzung mit Wirkung für die Vertragsparteien an das Schiedsamt gestellt werden (§ 89 Abs. 1 a) SGB V). Die Entscheidung des Schiedsamtes entfaltet dieselbe Wirkung wie eine freiwillige vertragliche Vereinbarung der Vertragspartner.[24]

b) **Landesschiedsstellen.** Die Landesverbände der Krankenkassen und die Ver- 61 bände der Ersatzkassen schließen mit der Landeskrankenhausgesellschaft oder mit den Vereinigungen der Krankenhausträger im Land zweiseitige Verträge über Art und Umfang der Krankenhausbehandlungen, insbesondere über Aufnahme und Entlassung der Versicherten, Kostenübernahme, Abrechnung der Entgelte, Überprüfung der Notwendigkeit der Behandlung und ihre Wirtschaftlichkeit etc. (§ 112 SGB V).

Die selben Vertragsparteien schließen mit den kassenärztlichen Vereinigungen 62 Verträge, sogenannte dreiseitige Verträge, die eine engere Verzahnung der ambulanten und der stationären Behandlung der Versicherten, wie die Förderung des Belegarztwesens, die Durchführung der vor- und nachstationären Behandlung, die Bedingung der ambulanten Behandlung etc., zum Ziel haben. Diese Verträge verpflichten die Krankenkassen, die Vertragsärzte und die zugelassenen Krankenhäuser (§ 115 SGB V). Kommen diese Verträge ganz oder teilweise nicht zustande, so kann einer der Vertragsparteien die **Landesschiedsstelle** zur Entscheidung anrufen (§ 114 SGB V), die ähnlich wie die Schiedsämter gebildet sind.

---

[24] *Laufs/Uhlenbruck-Krauskopf*, § 33 Rdnr. 3.

5. Konflikte zwischen den Krankenkassen

63   Um den Abschluss der notwendigen Verträge nicht durch Auseinandersetzungen innerhalb der Krankenkassen zu blockieren, fordert § 213 Abs. 2 SGB V die Spitzenverbände der Krankenkassen auf, sich zu einigen und sieht für den Fall einer fehlenden Einigung Beschlüsse durch ein paritätisch besetztes Gremium vor. Kommen diese Beschlüsse nicht innerhalb einer vom **Bundesminister der Gesundheit** gesetzten Frist zustande, **entscheidet** dieser im Einvernehmen mit dem Bundesminister für Wirtschaft (§ 213 Abs. 3 SGB V).[25]

64   Ein entsprechendes Verfahren gilt gem. § 123 SGB V sofern sich die Landesverbände der Krankenkassen und die Verbände der Ersatzkassen nicht über die Erfüllung der ihnen nach §§ 109 bis 111 SGB V obliegenden Aufgaben verständigen. §§ 109 bis 111 SGB V regeln den Abschluss und die Kündigung von Versorgungsverträgen zwischen diesen Verbänden und dem Krankenhausträger sowie von Versorgungsverträgen mit Vorsorge- oder Rehabilitationseinrichtungen. Das Bestehen solcher Versorgungsverträge ist Voraussetzung dafür, dass die stationäre Behandlung als Leistung der gesetzlichen Krankenversicherung abgerechnet werden kann und hat daher für die Beteiligten enorme Bedeutung.

V. Mediation als komplementäres Konfliktlösungsverfahren

65   Die Übersicht über die außergerichtlichen Konfliktlösungsmodelle zeigt, dass sich außer im Bereich der Versorgungsverträge zwischen Krankenkassen, Kassenärztlichen Vereinigungen und Krankenhäusern alternative Streitbeilegungsverfahren kaum etabliert haben und in Anspruch genommen werden. Teilweise haben sie sich, wie das Verfahren der Gutachterkommission in Haftungsfällen, anders entwickelt, als ursprünglich geplant. Streitige Auseinandersetzungen führen daher in die herkömmlichen Muster – außergerichtliche Verhandlung und Schlichtung oder Entscheidung durch die Gerichte. In dem in diesem Beitrag bewusst gewählten Ausschnitt des Gesundheitswesens – dem Arzt und seinem beruflichen Umfeld – stehen auf Dauer angelegte Beziehungen im Vordergrund, führen eskalierende Konflikte meist zu weitreichenden Schäden und spielt das berufliche Selbstverständnis des Arztes eine prägende Rolle. Mediation verstanden als ein Verfahren, das auf der **Akzeptanz unterschiedlicher Sichtweisen** basiert, auf **in Zukunft tragfähige Lösungen** ausgerichtet ist und **ohne Öffentlichkeit** abläuft, bietet sich als sinnvolle Alternative an. Allerdings sind einige Einschränkungen zu machen, die sich aus dem Verfahren als solchem ergeben.

1. Eignungskriterien und potentielle Hindernisse der Mediation

66   Es kommt nicht darauf an, ob die Konfliktpartner für das Verfahren geeignet sind, sondern ob das Verfahren für die Konfliktpartner und den Konflikttyp geeignet ist. Als gängige **Kriterien für die Eignung** der Mediation als Konfliktlösungsverfahren dürften sich herausgebildet haben:[26]

---

[25] Im Einzelnen *Laufs-Uhlenbruck-Krauskopf*, § 33.
[26] Vgl. dazu *Mähler/Mähler* in Beck'sches Rechtsanwaltshandbuch 1999/2000, S. 1071.

- Dauerhafte freiwillige oder unfreiwillige Verbundenheit der Konfliktpartner
- Grundsätzlicher Wille zur einvernehmlichen Konfliktlösung
- Macht- und Kräftegleichgewicht, das während des Verfahrens schwanken kann
- Ergebnisoffenheit der Medianten, und ein Mindestmaß an Gestaltungsfreiheit
- Hohe Komplexität des Streites
- Bereitschaft zu Lösungen außerhalb rechtlicher Kategorien, die sich u.U. im Verlauf des Prozesses erst ergeben.
- Gemeinsamer Wunsch zur Vermeidung der Öffentlichkeit.

Gegen die Eignung der Mediation als Verfahrensalternative sprechen: 67
- Eindeutige Über- und Unterordnungsverhältnisse
- Streit um begrenzte Ressourcen
- Hohe Verrechtlichung des Streitgegenstandes.

Die Aufzählung der Maßstäbe, die das Verfahren befürworten lassen, ist nicht 68 abschließend. Hierzu gehören u.a. die Freiwilligkeit und die Bereitschaft zur Offenlegung der entscheidungserheblichen Tatsachen, die für die Frage der Anwendungsrelevanz in dem beschriebenen Bereich nicht von vorrangiger Bedeutung sind. Liegen die genannten Kriterien ganz oder teilweise vor, so erhöht das die Wahrscheinlichkeit, dass die Konfliktpartner das Verfahren als Verfahren der Wahl anerkennen und hierin mitwirken. Liegen die „Ungeeignetheits"-Kriterien vor, sind Konfliktlösungen nach rechtlichen Maßstäben vorzuziehen, weil sie dem Schwächeren in der Regel einen größeren Schutz gewähren und allgemein legitimierte Gerechtigkeitskriterien vor individuell ausgehandelte Gerechtigkeitsvorstellungen stellen.

Gemessen an diesen Maßstäben sind Konfliktlösungen im Wege der Mediation in 69 den unter Rdnr. 10–15 und 22–24 beschriebenen Beziehungs- und Konfliktebenen auszuschließen. Streitigkeiten zwischen Ärzten und **Ärztekammern** über berufsrechtliche Fragen lassen mediative Lösungen, selbst wenn es um Abrechnungsprobleme mit Patienten geht, schon deshalb ausgeschlossen erscheinen, weil die Ärztekammer sich ihrer disziplinarischen Aufgabe, die einer konsensualen Regelung im Weg steht, nicht entziehen kann. Ähnliches gilt für das Verhältnis der Ärzte zu den **Kassenärztlichen Vereinigungen.** Lösungen im Wege der Mediation steht in Zulassungsangelegenheiten sowie in Honorarangelegenheiten das Gebot gleichmäßigen Verwaltungshandelns gegenüber dem einzelnen Arzt entgegen, durch das Präzedenzfälle und die Willkür hoheitlichen Handelns vermieden werden sollen. In Honorarangelegenheiten wie Wirtschaftlichkeitsprüfungen kommt hinzu, dass Handlungsmaxime der in den Prüfgremien ebenfalls vertretenen Krankenkassen die Begrenzung der Ausgaben im Gesundheitswesen ist. Es geht daher um die Verteilung begrenzter Ressourcen und es fehlt seitens der Prüfgremien an der Ergebnisoffenheit und – abgesehen von dem Ermessensspielraum – an der Gestaltungsfreiheit, gelegentlich allerdings auch am Willen, zu einvernehmlichen Lösungen zu gelangen. Das ändert freilich nichts daran, dass **mediative Elemente** jedenfalls in die mündlichen Verhandlungen der Prüfungsgremien eingeführt werden könnten[27], die es dem geprüften Arzt, der die KV in der Regel als staatlichen Exekutor und nicht als Selbstverwaltungsorgan der Ärzteschaft betrachtet, ermöglicht, die Anerkennung seiner Praxisführung zu erfahren und das komplexe System besser zu verstehen. Im Streit mit den privaten Krankenversicherungen dreht es sich ebenfalls nur

---

[27] In diesem Sinne wohl auch *Kilger* ZKM 2001, 156, 157.

um die bloße Verteilung finanzieller Mittel, die darüber hinausgehende kreative Lösungen ausschließen.

2. Geeignete Fallkonstellationen

70   a) **Gutachterkommissionen.** Die Gutachter- und Schlichtungskommissionen zur Beurteilung ärztlicher Behandlungsfehler haben das ursprüngliche Ziel, zur Befriedung und zum wechselseitigen Verständnis zwischen Arzt und Patient beizutragen, weitgehend verfehlt. Sie sind in gewisser Hinsicht degradiert auf die Feststellung objektiver Tatbestände zur Verfolgung von Schadensersatzforderungen. Deshalb, meint Meyer[28], sei das Verfahren für Mediation nicht geeignet. Aus ärztepolitischer Sicht hat das ursprünglich angestrebte Ziel jedoch nach wie vor Gültigkeit. Es fragt sich deshalb, welche Änderungen erforderlich wären, um ihm eher zum Durchbruch zu verhelfen.

71   Die **Praxis in Arzthaftungsfällen** lehrt, dass viele Patienten über die oft zurückweisende Art des Arztes bei der Äußerung eines Verdachts eventueller Behandlungsfehler aufgebracht sind. Manche Patienten wären wohl durchaus geneigt, eine Komplikation oder einen schicksalhaften Krankheitsverlauf anzuerkennen, wenn der Arzt dies verständlich erklären, die Nachbehandlungen sicherstellen oder Anteil am Wohlergehen des Patienten erkennen ließ, u. U. sogar eine Entschuldigung über sich brächte. Umgekehrt könnte das Verständnis des Patienten für die schwierigen äußeren Arbeitsbedingungen, hohe Arbeitsbelastung, fehlendes Personal und ähnliches den Arzt entlasten und ihm den Eindruck des Angriffs auf seine Person nehmen. Die These, dass zahlreiche Streitfälle auf persönliche Enttäuschung des Patienten und unangemessener Reaktion des Arztes beruhen, scheint jedenfalls durch den hohen Prozentsatz der Fälle bestätigt zu werden, in denen die Gutachterkommission Aufklärungs- oder Behandlungsfehler verneint.[29]

72   Die Chance, wechselseitig Verständnis zu wecken und damit Wege zu einer außergerichtlichen Lösung zu öffnen, setzt die **unmittelbare Kommunikation** unter den Beteiligten im Dialog oder besser noch im geführten Trialog der Mediation voraus. Zu Recht weist *Kilger* darauf hin, dass schriftliche Verfahren unter dem Gesichtspunkt einer Konfliktlösung oder Konfliktvermeidung als im Wesentlichen wertlos bezeichnet werden müssen[30]. Die ausschließliche Schriftlichkeit des Verfahrens der Gutachterkommission steht einem solchen Prozess im Weg. Überlegenswert erscheint es deshalb, ein Gespräch zwischen Arzt und Patient nach dem Austausch der ersten schriftlichen Stellungnahmen vorzusehen, das von einem allparteilichen Dritten, gegebenenfalls unter Hinzuziehung eines medizinischen Sachverständigen, moderiert wird. Das könnte für den Patienten freiwillig, für den Arzt auf berufsrechtlicher Grundlage auch obligatorisch sein. Die Fortsetzung des Verfahrens bliebe allen Beteiligten unbenommen. Da nicht alle Fälle für ein solches Vorgehen geeignet sind, wäre eine Vorauswahl durch den Vorsitzenden der Gutachterkommission zu treffen. Auf diese Weise könnte die **Mündlichkeit mit mediativen**

---

[28] *Meyer* ZKM 2000, 123, 124.
[29] Nur in 1575 von 8877 bundesweit im Jahr 1999 bearbeiteten Fällen, also in 17,5%, haben die Gutachterkommissionen Aufklärungs- oder Behandlungsfehler bejaht; Tätigkeitsbericht 2000/2001 der Bundesärztekammer, www.bundesaerztekammer.de.
[30] *Henssler/Koch-Kilger*, Mediation, Bonn 2000, § 16 Rdnr. 19.

Elementen in das Verfahren integriert werden. Skeptikern sei wegen des Zeitaufwandes entgegengehalten, dass sich die Gutachterkommissionen auf die schwierigeren Fälle konzentrieren könnte und sich die Verfahrensdauer verkürzen würde, wenn nur in einem Fünftel der Fälle durch ein solches Gespräch ohne Befassung der gesamten Kommission die Angelegenheit erledigt würde. Einen Pilotversuch wäre es jedenfalls wert.

b) Konflikte im Verhältnis Arzt und Praxispartner. Die Ursachen der Konflikte 73 unter Praxispartnern sind oben beschrieben worden. Diese Konflikte sind prädestiniert für Lösungen im Wege der Mediation, da sie nahezu sämtliche Eignungskriterien erfüllen. Die vorzeitige Aufhebung einer Gemeinschaftspraxis oder die vor Gericht ausgetragene Trennung birgt meist ein hohes Schadenspotential für alle beteiligten Partner in persönlicher und materieller Hinsicht. Nicht nur, weil der verbleibende Partner die Verbindlichkeiten der Praxis vielleicht nicht alleine tragen kann und Ausgleichszahlungen an den ausscheidenden Partner ihn zusätzlich belasten, sondern auch, weil, mehr als in jeder anderen Berufsgruppe, öffentlich ausgetragene Streitigkeiten das Vertrauen zu diesem Arzt und in die Praxis zerstören. Vorteil und **Chance der Mediation** ist es, die Kommunikationsfähigkeit wieder herzustellen und den binären Code der rechtlichen Bewertung[31] zu überwinden, Faktoren außerhalb der rechtlichen Fragen zu berücksichtigen und so weitergehende Optionen der Konfliktbewältigung zu schaffen. Dazu zwei **Beispiele:**

Beispiel 1: Ein Internist bildet mit einem jüngeren Kollegen eine Gemeinschaftspraxis. Als Älterer 74 kümmert er sich im Wesentlichen um die wirtschaftlichen Belange einschließlich der Abrechnung der Praxis. Der Jüngere widmet seinen Patienten viel Zeit, mehr Zeit, als die Gebührenmaßstäbe vorsehen. Er rechnet daher Beratungsgebühren in einem höheren Maße ab, die von der Kassenärztlichen Vereinigung gekürzt werden. Der ältere Kollege wirft dem Jüngeren unwirtschaftliches Arbeiten vor, der Jüngere beruft sich auf sein ärztlich-therapeutisches Selbstverständnis. Er hat den Eindruck, dass der ältere Kollege ihn ohnehin nicht zum Zuge kommen lassen will und ständig „kurz" hält. Beide Partner erwägen eine Trennung und Beendigung der Gemeinschaftspraxis.

Im Zuge des Mediationsverfahrens stellen sich nicht nur über längere Zeit mitgeschleppte Missverständnisse sondern auch unbekannte Lebensplanungen heraus. Der ältere Kollege würde gerne weniger arbeiten, sieht sich aber durch die unwirtschaftliche Vorgehensweise seines jüngeren Kollegen daran gehindert. Er legt keinen Wert darauf, die zeitaufwändigen Quartalsabrechnungen zu erstellen und zu kontrollieren und wäre insofern gerne entlastet. Der jüngere Kollege erkennt erstmalig die vertragsarztrechtlichen Schwierigkeiten der Honorierung. Seine Bereitschaft, den älteren Kollegen bei diesen Aufgaben zu entlasten, bietet ihm die Möglichkeit, langfristig die Praxis zu übernehmen und verträgliche Regelungen hierfür zu finden. Im Einverständnis mit dem älteren Kollegen wird er sich stärker spezialisieren, um seine Patienten besser betreuen und vorteilhafter abrechnen zu können.

Beispiel 2: Eine Gemeinschaftspraxis besteht aus drei Chirurgen, von denen der älteste im Alter von 75 50 Jahren in Thüringen die Praxis nach der Wende gegründet hat. Die beiden jüngeren, aus den alten Bundesländern, sind später in die Praxis eingetreten. Zusammen mit einem der jüngeren Gesellschafter ist der älteste Partner zugleich Eigentümer des Ärztehauses, in dem die Gemeinschaftspraxis sowie weitere Arztpraxen Räume angemietet haben. Nach Anschaffung eines teuren medizinischen Gerätes, das sich als nicht rentabel erweist und dessen Leistungen mit GKV-Patienten nicht abgerechnet werden können, brechen die hohen Gewinne der Gemeinschaftspraxis abrupt ein. Das Gerät wird unter Verlust veräußert. Es stellt sich heraus, dass der Praxisgründer zu der Steuerberaterin der Praxis bereits seit drei Jahren eine Beziehung unterhält. Die jüngeren Partner werfen dem Praxisgründer vor, sie hintergangen zu haben. Der Steuerberaterin wird vorgehalten, zu hohe

[31] *Hoffmann-Riem,* S. 64.

Honorare berechnet zu haben. Zugleich verweigert der jüngste Mitgesellschafter der Gemeinschaftspraxis die Zustimmung zu der dringend notwendigen Mieterhöhung für die Praxisräume, die der Praxisgründer verlangt. Der zweite Gesellschafter fordert die Auflösung der Ärztehaus GbR und den Verkauf des Objekts. Beide jüngeren Gesellschafter werfen zudem dem Praxisgründer vor, nicht so gut wie sie qualifiziert zu sein und sich unnötigerweise ehrenamtlich berufspolitisch zu engagieren, so dass er weniger erwirtschafte.

Zwei der beratenden Anwälte lehnen eine Mediation ab, weil „hierfür keine Anhaltspunkte erkennbar" seien. Der Praxisgründer hätte sich mittelfristig einen geregelten Ausstieg mit einer gesicherten Altersvorsorge gewünscht. Er befürchtet, von den übrigen Gesellschaftern auf Dauer aus der Praxis gedrängt zu werden. Der auf rechtliche Kriterien – Ansprüche aus den Gesellschaftsverträgen – fixierte Weg verhindert eine Aufarbeitung und eine Klärung der Vergangenheit, insbesondere der Beziehung zwischen dem Praxisgründer und der Steuerberaterin, die objektiv nicht zum Nachteil der Gemeinschaftspraxis gearbeitet hat. Optionen, wie ein einvernehmlicher mittelfristig geregelter Ausstieg des Praxisgründers aus der Praxis, der später noch für Praxisvertretungen zur Verfügung stehen könnte, sowie ein Konsens über die Veräußerung des Ärztehauses und die gleichzeitige Sicherung der Miete für die Gemeinschaftspraxis werden ebenfalls verwehrt, da die persönlichen Beziehungen zerrüttet sind und die Partner kaum noch miteinander kommunizieren.

76   Beide Fälle lassen erkennen, dass es sich nicht nur um gesellschaftsrechtliche Auseinandersetzungen handelte. Das oben beschriebene ärztliche Selbstverständnis bestimmte die Denkungsweise der handelnden Personen wesentlich und verschärfte die Konflikte. Verständnis für die ärztliche Denkungsweise sowie branchenspezifische Kenntnisse – in den Beispielsfällen über Zulassungsfragen und Abrechnungsprobleme – sind für den Mediator äußerst hilfreich, wenn nicht notwendig. Erkennt der Arzt, dass der Mediator seine spezifischen Probleme versteht, ist er eher bereit, von seinem ärztlichen Führungsanspruch zu lassen und den Weg der Mediationsprozesses mitzugehen. Erst dann kann der *„shift"* zum kooperativen Denken gelingen, der die Türe zu den Interessen und Lösungsoptionen öffnet.

77   c) Konflikte in und um das Krankenhaus. Ein breites Anwendungsfeld bietet sich der Mediation im gesamten Krankenhausbereich. Das gilt für Konflikte auf Grund von Kooperationen zwischen niedergelassenen Ärzten und dem Krankenhaus und den involvierten Chefärzten (Rdnr. 20) ebenso wie für innerbetriebliche Konflikte und – mit Abstrichen – solche des Krankenhauses mit den Kostenträgern. Streitigkeiten auf allen Ebenen verursachen hohe Kosten und Störungen, die das Image des Krankenhauses und seiner Mitarbeiter beeinträchtigen. Das gilt insbesondere dann, wenn diese Streitigkeiten an die Öffentlichkeit gelangen. Die Diskretion, die das Mediationsverfahren erlaubt, erweist sich deshalb als besonderer Vorteil im Krankenhaus. Sind Ärzte beteiligt, so stehen auch hier die Konflikte unter dem Einfluss des ärztlichen Berufsbildes, das vielen Ärzten ein distanziertes Herangehen an Auseinandersetzungen, in die sie beruflich involviert sind, nur schwer ermöglicht. Persönliche Verletzungen und fehlende fachliche Anerkennung als Konfliktursache sind nach arbeitsrechtlichen Maßstäben nicht zu erfassen und zu bewältigen. Es ist kein Einzelfall, dass nicht geregelte Probleme, insbesondere zwischen Chefarzt und Oberarzt am Ende trotz anerkannter fachlicher Qualifikation zu Abmahnungen und Kündigungen beider führen. Der Krankenhausträger muss dabei hohe Abfindungszahlungen und einen Einbruch der Belegung der Abteilungsbetten in Kauf nehmen. Umso erstaunlicher ist es, dass in einem so sensiblen Bereich wie dem Krankenhaus alternative Konfliktlösungsmodelle bisher nur vereinzelt Eingang finden. Der Mediationsprozess knüpft an die zwischenmenschlichen Beziehungs-

schwierigkeiten an. Dort sind wiederum unter **Berücksichtigung des ärztlichen Selbstverständnisses** im Krankenhausbereich die Schlüssel für tragfähige, auf die Zukunft gerichtete konsensuale Lösungen zu finden. Die durchweg hohe Beschäftigtenzahl in vielen Abteilungen, die verschiedenen Vergütungsformen und Möglichkeiten, Anerkennung zum Ausdruck zu bringen, öffnen Wege zur Optionenbildung. Die mit der Einführung der DRG's und der zunehmenden Privatisierung zu erwartenden Machtverschiebungen zu Lasten der Ärzte könnten präventiv durch Mediation abgefedert werden. Das könnten, jedenfalls soweit Chefärzte einzubeziehen sind, eher **externe Mediatoren** leisten als interne, da die Chefärzte sich auf Grund ihrer herausgehobenen Position Mitarbeitern des eigenen Hauses weniger offenbaren als Dritten.

Konflikte zwischen Krankenhaus und Kostenträgern sind weniger personenbezogen, gleichwohl eignen sie sich für eine Mediation oder Moderation unter Einsatz mediativer Elemente. In diesen Fällen tritt das Herausarbeiten der Interessen gegenüber den Positionen und die Bildung von Optionen in den Vordergrund. Transformative Elemente der Mediation treten dahinter zurück. Branchenspezifische Kenntnisse des Krankenhauswesens und der Krankenhausfinanzierung sind auch in diesem Bereich Voraussetzung. **78**

VI. Fazit

In diesem Beitrag sind nicht alle denkbaren Einsatzfälle der Mediation im Gesundheitswesen beleuchtet worden, sondern nur solche, bei denen Ärzte im Vordergrund stehen. Die Untersuchung lässt erkennen, dass sich auf diesem Gebiet ein **großes Anwendungsfeld für Mediation** eröffnet, das sich durch die oben erörterten Besonderheiten auszeichnet. Die Einführung des Verfahrens ist Erfolg versprechend und förderungswürdig; sie bedürfte weiterer Untersuchungen. Mediation ist auch in diesem Sektor keine anderen Modellen überlegene Form der Konfliktbewältigung und soll traditionelle Lösungsmodelle nicht ersetzen[32]. Sie hat jedoch als **komplementäres Verfahren** einen eigenen Stellenwert neben diesen und ist so als Angebot an die Konfliktpartner zu verstehen. **79**

---

[32] *Hoffmann-Riem* a.a.O., S. 75.

§ 48 Mediation im strafrechtlichen Ermittlungsverfahren

Dr. Uwe Huchel

Übersicht

Schrifttum: – **Kommentare:** Karlsruher Kommentar zur Strafprozeßordnung und zum Gerichtsverfassungsgesetz mit Einführungsgesetz, 4. Aufl. 1999 (zitiert: KK-*Bearbeiter*); *Schönke Adolf/Schröder Horst,* Strafgesetzbuch, Kommentar, 26. Auflage 2001 (zitiert: Sch/Sch/Verfasser) – **Spezialliteratur:** *Albrecht,* Das Strafrecht im Zugriff populistischer Politik, StV 1994, 265; *Beulke Werner/Satzger Helmut,* Der fehlgeschlagene Deal und seine prozessualen Folgen – BGHSt 42, 191, JuS 1997, 1072; *Breidenbach Stephan/Henssler Martin,* Mediation für Juristen, Köln 1997; *Dahs Hans,* Buchbesprechung zu Schmidt-Hieber: Verständigung im Strafverfahren, NJW 1987, 1318; *Denker Friedrich/Hamm Rainer,* Der Vergleich im Strafprozeß, Frankfurt am Main 1988; *Fischer Thomas,* Rechtsmissbrauch und Überforderung der Strafjustiz, NStZ 1997, 212; *Gallandi Volker,* Anmerkungen zum Beschluß des BVerfG v. 27. 1. 1987, NStZ 1987, 420; *Gatzweiler Norbert,* Die Verständigung im Strafprozess – Standortbestimmung eines Strafverteidigers, NJW 1989, 1903; *Gottwald Walther,* Verhandeln als juristische Fertigkeit – Ein Bericht aus den USA, AnwBl. 1984, 549; *Haft Fritjof,* Verhandlung und Mediation, 2. Auflage, München 2000; *Hassemer Raimund/Hippler Gabriele,* Informelle Absprachen in der Praxis des deutschen Strafverfahrens, StV 1986, 360; *Heine,* Beweislastumkehr im Strafverfahren, JZ 1995, 651; *Herrmann Joachim,* Rechtliche Strukturen für Absprachen in der Hauptverhandlung: Die Richtlinienentscheidung des Bundesgerichtshofs – BGHSt 43, 195, JuS 1999, 1162; *ders.*, ZStW 85 (1993), 255; *Hieber,* Vereinbarungen im Strafverfahren, NJW 1982, 1017; *Hilger,* Neues Strafverfahrensrecht durch das OrgKG 1. Teil, NStZ 1992, 457, 523; *Jahn Matthias,* Konfliktverteidigung und Inquisitionsmaxime, Diss. Frankfurt am Main 1997; *Janke Alexander,* Verständigung und Absprachen im Strafverfahren, Diss. Jena 1995; *Kremer Stefan,* Absprachen zwischen Gericht und Verfahrensbeteiligten im Strafprozess, Bonn 1994; *Küpper Georg/Bode Karl-Christoph,* Absprachen im Strafverfahren (1. und 2. Teil), Jura 1999, 351, 393; *Landau Herbert/Eschelbach Ralf,* Absprachen zur strafrechtlichen Hauptverhandlung, NJW 1999, 321; *Rieß Peter,* Reflexionen zur Lage der Strafjustiz, NStZ 1994, 409; *Risse Jörg,* Wirtschaftsmediation im nationalen und internationalen Handelsverkehr, WM 1999, 1864; *ders.,* Wirtschaftsmediation, NJW 2000, 1614; *Rönnau Thomas,* Die Absprache im Strafprozess, Baden-Baden 1990; *Roxin Claus,* Strafverfahrensrecht, 24. Auflage, 1995; *Schäfer Herbert,* Rechtsgespräch und Verständigung im Strafprozess, DRiZ 1989, 294; *Schmidt-Hieber Werner,* Vereinbarungen im Strafverfahren, NJW 1982, 1017; *ders.,* Verständigung im Strafverfahren, München 1986; *Schoreit,* Bekämpfung der organisierten Kriminalität und anderer neuer Formen von Straftaten aus der Sicht der Polizei und der Staatsanwaltschaft (Strafverfolgung), StV 1991, 535; *Schünemann Bernd,* Absprachen im Strafverfahren? Grundlagen, Gegenstände, Grenzen, Gutachten B zum 58. Deutschen Juristentag, München 1990, Bd. 1, B 9 ff.; *ders.,* Die informellen Absprachen als Überlebenskrise des deutschen Strafrechts, Festschrift für Baumann, 1992, 349; *Sinner Stefan,* Anmerkung zu BGH Urteil vom 17. 11. 1999, StV 2000, 289; *Siolek Wolfgang,* Neues zum Thema Verständigung im Strafverfahren, DRiZ 1993, 422; *Steinhögl Juliane,* Der strafprozessuale Deal, Diss. Augsburg 1998; *Tscherwinka,* Absprachen im Strafprozess, 1994; *Weigend Thomas,* Eine Prozessordnung für abgesprochene Urteile, NStZ 1999, 57; *ders.,* Abgesprochene Gerechtigkeit, JZ 1990, 774; *ders.,* Absprachen in ausländischen Strafverfahren, Freiburg im Breisgau 1990; *Widmaier Gunter,* Der strafprozessuale Vergleich, StV 1986, 357; *Zuck Rüdiger,* Der Deal, MDR 1990, 18.

I. Einleitung

1 Strafrecht und Mediation scheinen sich, begründet durch die Annahme, dass der streng hoheitlich ausgestaltete Anspruch staatlichen Strafens einer Verhandlung jedwelcher Art nicht zugänglich sei, in ihrer interdisziplinären Anwendung auszuschließen. Insoweit stellt sich natürlich die Frage, welchen Beitrag Mediation als Verhandlungslösung in einem solchen Umfeld überhaupt zu bringen in der Lage ist?

2 Die **Ausgangslage** zu Anfang des letzten Jahrhunderts war geprägt vom beherrschbaren Strafprozess. Konfliktsituationen konnten relativ mühelos mit den vorhandenen Ressourcen und den strafprozessualen Mitteln bewältigt werden.

3 In **jüngerer Zeit** sieht sich die Justiz jedoch mit immer komplexeren Sachverhalten[1] und zunehmend „flächendeckenden" Strafnormen konfrontiert[2]. Auslandsberührung infolge global agierender Täter und konspiratives Vorgehen erschweren zudem die Sachaufklärung[3]. Die neue Qualität und Quantität der innerhalb eines Strafverfahrens aufzuklärenden Straftaten schafft entsprechend neuen Konfliktstoff. Es entspricht nun mal der das Ermittlungsverfahren prägenden Untersuchungsmaxime[4], dass ein Tatverdacht durch Erhebung von Beweisen überprüft werden muss

---

[1] *Schoreit* StV 1991, 535.
[2] *Landau/Eschelbach* NJW 1999, 321.
[3] *Landau/Eschelbach* a. a. O.
[4] §§ 152, 244 Abs. 2 StPO.

und dies zwangsläufig Eingriffshandlungen in die Rechtssphäre des Beschuldigten und/oder Dritter bedingt[5]. Konflikte führen aber im Ermittlungsstadium oft zu Reaktionen der Verfahrensbeteiligten, welche dem späteren Ziel des Strafprozesses[6], der Wiederherstellung des Rechtsfriedens durch eine Entscheidung über die Strafbarkeit des Beschuldigten zuwiderlaufen. Dies mag zunächst unverständlich erscheinen, wird aber dann deutlich, wenn man die Strafprozessordnung nicht nur als Ermächtigungsgrundlage für staatliche Eingriffe in Freiheitsrechte sondern auch als „Magna Charta"[7] des Beschuldigten und damit als Schutzrecht erkennt. Die Möglichkeiten einer Konfliktverteidigung als Gegenreaktion sind durchaus vielfältig und variantenreich, und sie binden bei der Justiz mitunter nicht unerhebliche Ressourcen.

4   In solcher Konstellation findet Mediation einen Anwendungsbereich, muss allerdings als ein **flexibles Instrument der Konfliktbewältigung und -vermeidung** gehandhabt und begriffen werden.

5   Der Beitrag unternimmt daher den Versuch, durch Aufzeigen typischerweise auftretender Konfliktsituationen und Darstellung der den Beteiligten möglichen Handlungsspielräume, die möglichen Ansatzpunkte für konsensorientierte Konfliktbewältigung im Rahmen des rechtlich Zulässigen zu vermitteln und in diesem Zusammenhang die Fragen
– Warum soll Mediation im Ermittlungsverfahren stattfinden?
– Wo ist Mediation im Ermittlungsverfahren sinnvoll?
– Wer kann sich an einer Mediation beteiligen?
– Wie soll Mediation im Ermittlungsverfahren ablaufen?
zu beantworten.

II. Mediationsbegründende Verfahrenssituationen

6   Mediation wird nicht als ein Verfahren der Streitentscheidung, sondern als ein solches der Streitbehandlung in Form eines Verhandelns und Vermittelns verstanden[8]. Feststellungen zur Sinnhaftigkeit von Mediation bedingen also zunächst **Kenntnis der konfliktauslösenden Momente und deren Wirkung,** als auch der unterschiedlichen Interessenlagen möglicher Streitparteien.

7   Erst mit dieser Erkenntnis lassen sich dann im weiteren diejenigen Verfahren extrahieren, welche sich auch im Konkreten einer „Verhandlungslösung" zugänglich zeigen.

1. Das Ermittlungsverfahren[9]

8   Die geltende Strafprozessordnung kennt zwei **Kategorien von Verfahrenssubjekten.** Zum einen die Organe der Strafrechtspflege, worunter das erkennende Gericht,

---

[5] KK-*Pfeiffer* Einl. Rdnr. 36.
[6] *Roxin* § 1 B I, II.
[7] *Fischer* NStZ 1997, 212, 214.
[8] *Breidenbach/Henssler,* S. 1, 10 f.
[9] Eine Darstellung der Verfahrensrollen von notwendig Beteiligten eines Ermittlungsverfahrens mag dem Juristen überflüssig erscheinen, gewinnt jedoch Bedeutung unter der Prämisse, dass dieses Werk auch dem juristisch nicht Vorgebildeten als Orientierung dienen soll.

die Staatsanwaltschaft, der Verteidiger, die Polizeibeamten und Finanzbehörden als Fahndungsämter sowie die Gerichtshilfe zählen[10] und zum anderen die sogenannten weiteren Beteiligten, den Beschuldigten sowie den Geschädigten einer Straftat.

Zentrales Verfahrenssubjekt des Ermittlungsverfahrens ist die **Staatsanwaltschaft.** 9 Sie ist die „Herrin des Ermittlungsverfahrens"[11]. Ihr stehen mit Sachkenntnis und Personal zur Seite die Polizeien des Bundes und der Länder sowie die Fahnder der Steuer- und Zollbehörden in ihrer Eigenschaft als Hilfsbeamte der Staatsanwaltschaft[12]. Sie unterliegt dem in §§ 160 Abs. 1, 152 Abs. 2 StPO normierten Legalitätsprinzip, d.h. sie hat grundsätzlich immer dann unter Einleitung eines Ermittlungsverfahrens einzuschreiten, wenn „zureichende tatsächliche Anhaltspunkte" für Straftaten vorliegen. Sie ist zur Objektivität verpflichtet und, anders als im amerikanischen Strafprozessrecht[13], nicht Partei.[14] Ausdrücklich erwähnt § 160 Abs. 2 StPO ihre Verpflichtung, nicht nur die zur Belastung, sondern auch die der Entlastung dienenden Umstände zu ermitteln.

Dem **Gericht** kommt, im Gegensatz zum späteren Hauptverfahren, in diesem Ver- 10 fahrensstadium eine eher passive Rolle zu. Es hat auf Antrag der Staatsanwaltschaft über bestimmte Eingriffshandlungen zu befinden und ist ansonsten als Rechtsmittelinstanz berufen. Hauptansprechpartner der Staatsanwaltschaft ist während des Ermittlungsverfahrens der Ermittlungsrichter[15].

Dem **Verletzten** einer Straftat gesteht die Strafprozessordnung die Möglichkeit 11 des Klageerzwingungsverfahrens[16], der Privatklage[17] und des Anschlusses als Nebenkläger[18] zu. Darüber hinaus räumen ihm nunmehr die §§ 406 d ff. StPO weitere aktive Mitwirkungsrechte, nämlich einen Anspruch auf Mitteilung über den Ausgang des gerichtlichen Verfahrens, ein Recht auf Akteneinsicht sowie die Inanspruchnahme eines anwaltlichen Vertreters ein.

Da das Recht auf Verteidigung zu den wesentlichen Grundsätzen eines rechts- 12 staatlichen Strafverfahrens gehört, kommt dem **Verteidiger** eine gewichtige Rolle zu. So verpflichtet die Strafprozessordnung die Staatsanwaltschaft bereits im Ermittlungsverfahren gem. § 141 Abs. 3 Satz 2 StPO bei Vorliegen bestimmter Voraussetzungen dem Beschuldigten einen Pflichtverteidiger durch das Gericht bestellen zu lassen. Er ist parteischer Wahrer der Rechte des Beschuldigten und muss keine diesen belastenden Umstände, welche ihm im Rahmen seiner Verteidigerstellung bekannt geworden sind, offenbaren.[19]

Beschuldigter[20] ist derjenige, gegen welchen die Staatsanwaltschaft oder die ihr 13 zugeordneten weiteren Strafverfolgungsorgane die Strafverfolgung betreiben.[21] Er hat das Recht zu schweigen und muss auch sonst nichts zu seiner eigenen Belastung

---

[10] Vgl. hierzu ausführlich KK-*Pfeiffer,* Einl. Rdnr. 57 ff.
[11] §§ 160 Abs. 1, 161 StPO; BVerfG NJW 1976, 231.
[12] §§ 152 GVG, 369 ff. AO, §§ 163 ff. StPO.
[13] *Hassemer/Hippler* StV 1986, 360 m.w.N.; *Weigend,* Absprachen in ausländischen Strafverfahren, S. 34.
[14] BGHSt. 15, 155, 159.
[15] § 162 StPO.
[16] §§ 172 ff. StPO.
[17] §§ 374 ff. StPO.
[18] §§ 395 ff. StPO.
[19] KK-*Pfeiffer,* Einl. Rdnr. 65.
[20] Eine Legaldefinition des Begriffes lässt sich im Umkehrschluss aus § 157 StPO herleiten.
[21] BGH NJW 1957, 230 f.

aktiv beitragen[22]. Die Strafprozessordnung legt ihm allerdings verschiedene Duldungspflichten, wie z. B. die körperliche Untersuchung gem. § 81 a StPO, auf.

14   Nach weitgehend unbestrittener Meinung[23] genügt zur Einleitung eines Ermittlungsverfahrens zunächst jede Maßnahme der Staatsanwaltschaft, der Polizei oder – bei Steuerstraftaten[24] – auch der Finanzbehörde, die erkennbar darauf abzielt, gegen jemanden wegen des Verdachtes einer Straftat strafrechtlich vorzugehen. Die dabei zur Verdachtsklärung zum Einsatz kommenden **strafprozessualen Zwangsmaßnahmen** gegen den Beschuldigten lassen sich nach ihrer Zielrichtung wie folgt unterteilen und katalogisieren:
– Eingriffe in die allgemeine Handlungsfreiheit[25]
– Eingriffe in die körperliche Integrität[26]
– Eingriffe in das Hausrecht[27]
– Eingriffe in die Geheim- und Intimsphäre[28]
– Eingriffe in das Eigentum und das Vermögen[29].
Strafcharakter haben diese Maßnahmen sämtlich nicht[30], faktisch führen sie jedoch zu einer mitunter empfindlichen antizipierten Bestrafung[31].

15   Abgeschlossen wird das Ermittlungsverfahren ausschließlich durch die Staatsanwaltschaft entweder durch Erhebung der öffentlichen Klage oder durch Einstellung[32].

16   Unschwer lassen sich aus der vorbeschriebenen Konstellation die möglichen **Konfliktparteien** erkennen. Während Gericht, Polizei und Opfer eher passive oder abhängige Rollen einnehmen, treten als eigentliche Kontrahenten trotz aller Objektivität der Staatsanwaltschaft diese und der Beschuldigte mit dem ihm zur Seite stehenden Verteidiger auf. Schlichtungsmöglichkeiten in Bezug auf das Opfer werden in einem anderen Beitrag dieses Handbuches beleuchtet[33]. Daher kann sich die weitere Betrachtung auf die beiden, von Interessengegensätzen geprägten Lager von Staatsanwaltschaft und Beschuldigten beschränken.

2. Konflikt- und Interessenlage des Beschuldigten

17   Konfliktbegründend wirken sowohl die **Einleitung des Ermittlungsverfahrens** (nach Bekanntgabe) als auch die o. g. **Eingriffshandlungen.** Bestimmte operative Maßnah-

---

[22] Grundsatz des „nemo tenetur se ipsum accusare"; hierzu KK-*Pfeiffer,* Einl. Rdnr. 29 d.
[23] BGH, StV 1985, 397.
[24] Vgl. die Normierung in §§ 369, 370, 374 AO.
[25] Untersuchungshaft (§§ 112 ff. StPO); einstweilige Unterbringung (§ 126 a StPO); Unterbringung zur Untersuchung (§ 81 StPO); vorläufige Festnahme (§ 127 StPO); Kontrollstelleneinrichtung (§ 111 StPO); Identitätsfeststellung (§ 163 b, c StPO); Durchführung erkennungsdienstlicher Maßnahmen (§ 81 b StPO); vorläufige Entziehung der Fahrerlaubnis (§ 111 a StPO).
[26] Körperliche Untersuchungen (§§ 81 a und c StPO), körperliche Durchsuchung des Beschuldigten (§ 102 StPO).
[27] Durchsuchung von Wohn- und Geschäftsräumen (§§ 102 bis 104 StPO).
[28] Rasterfahndung (§§ 98 a, 98 b StPO); Datenabgleich (§ 98 c StPO); Postbeschlagnahme (§§ 99 f. StPO); Überwachung des Fernmeldeverkehrs (§§ 100 a, 100 b, 101 StPO); Einsatz technischer Mittel (§§ 100 c, 100 d, 101 StPO); polizeiliche Beobachtung (§ 163 e StPO).
[29] Beschlagnahmehandlungen für Beweismittel (§§ 94 bis 98 StPO); Vermögensbeschlagnahme bei Tatbeute und Vorteilen der Tat (§ 111 b ff. StPO, § 73 ff. StGB).
[30] KK-*Pfeiffer,* a. a. O. Rdnr. 36.
[31] Bezeichnend der unter Juristen gängige Spruch: „U-Haft schafft Rechtskraft".
[32] §§ 170, 153 ff., 205 analog StPO; KK-*Pfeiffer,* a. a. O. Rdnr. 38.
[33] Vgl. § 49.

men haben sich jedoch als besonders gravierend in ihrer Wirkung herausgestellt. Diese gilt es nachfolgend kurz darzustellen. Im Anschluss daran werden die nicht unmittelbar konfliktbegründenden, aber die Mediationsbereitschaft erhöhenden Interessen des Beschuldigten an einem bestimmten Verfahrensgang dargelegt, wobei natürlich nur die wichtigsten betrachtet werden können.

a) **Untersuchungshaft.** Die Inhaftierung des Beschuldigten im Ermittlungsverfahren ist nur durch einen richterlichen Haftbefehl[34] möglich. Sie bedarf neben der Bejahung eines dringenden Tatverdachtes auch eines Haftgrundes. Letzterer ist definiert und in seinen Varianten abschließend aufgezählt in § 112 und § 112a StPO und besteht, wenn die Tatsachenfeststellungen der Ermittlungsbehörde die Annahme der 18

– Flucht[35] oder
– Fluchtgefahr[36] oder
– Verdunkelungsgefahr[37] oder
– Wiederholungsgefahr[38] oder
– Tatschwere[39]

begründen. Daneben besteht noch etwas außerhalb der Systematik der §§ 112f. StPO der besondere Haftgrund der „Hauptverhandlungshaft"[40], welcher hier aber keiner näheren Betrachtung bedarf, zumal er nur „beschleunigte" Verfahren[41] zum Gegenstand hat, die wegen der Kürze der Zeit bis zum Abschluss der Ermittlungen per se bereits keiner Mediation zugänglich sind.

Der Gesetzgeber hat den **Eingriff in das Freiheitsrecht** des Einzelnen als **besonders schwerwiegend** angesehen und zum einen die Dauer der Untersuchungshaft strikten zeitlichen Kontrollen unterworfen, zum anderen dem inhaftierten Beschuldigten ein von den anderen Eingriffshandlungen abweichendes Rechtsmittelsystem zugestanden. So hat die Staatsanwaltschaft die Ermittlungen vorrangig und beschleunigt zu führen, da die Haft grundsätzlich nur 6 Monate betragen und über diesen Zeitraum nur ausgedehnt werden darf, wenn das Oberlandesgericht Haftverlängerungsgründe feststellt[42]. Zu diesem Zweck müssen die Akten dem Oberlandesgericht über den Generalstaatsanwalt von der Staatsanwaltschaft vor Fristablauf vorgelegt werden. 19

Daneben kann der Beschuldigte jederzeit Haftbeschwerde einlegen und eine negative Entscheidung des Landgerichts als Beschwerdegericht zusätzlich noch mit 20

---

[34] §§ 112ff. (§ 114) StPO; die Staatsanwaltschaft und die mit Aufgaben der Strafverfolgung betrauten Beamte sind gemäß § 127 Abs. 2 StPO zur vorläufigen Festnahme befugt, so die Voraussetzungen eines Haftbefehls vorliegen. Spätestens am Tag nach der Festnahme muss der Beschuldigte aber einem Richter vorgeführt werden, der entweder Haftbefehl erlässt oder die Freilassung anordnet (Art. 104 Abs. 3 GG, §§ 115f., 128 StPO), gegebenenfalls auch die Vollziehung des Haftbefehls gegen geeignete Auflagen aussetzt (§§ 116f. StPO).
[35] § 112 Abs. 2 Ziffer 1 StPO.
[36] § 112 Abs. 2 Ziffer 2 StPO.
[37] § 112 Abs. 2 Ziffer 3 StPO (aber eingeschränkt durch § 113 StPO, der die Verhängung der Untersuchungshaft wegen Verdunklungsgefahr bei Vergehen, die nur mit einer Höchststrafe von 6 Monaten bedroht sind, verbietet).
[38] § 112a Abs. 1 StPO (der Haftgrund gilt nur subsidiär zu § 112 Abs. 2 StPO).
[39] § 112 Abs. 3 StPO.
[40] § 127b Abs. 2 StPO.
[41] §§ 417ff. StPO.
[42] § 121 Abs. 1 StPO.

der weiteren Haftbeschwerde anfechten[43]. Des Weiteren hat der Beschuldigte das Recht auf jederzeitige Haftprüfung durch den zuständigen Ermittlungsrichter[44].

21   b) Vermögensabschöpfung. In jüngster Zeit hat sich die **Abschöpfung von Tatvorteilen** (Eingriff in Eigentum und Vermögen) zu einem immer bedeutender werdenden Teil der Ermittlungsarbeit entwickelt[45]. Nachdem die Vorschriften über Verfall und Einziehung[46] von durch die Straftat erlangten Gegenständen oder bei Gelegenheit erlangten Wertvorteilen lange Zeit ein Schattendasein geführt haben, hat doch die Diskussion über Vermögensabschöpfungen, vornehmlich ausgelöst durch spektakuläre Fälle in Italien und den USA, auch hierzulande zu einer verstärkten Anwendung der entsprechenden strafprozessualen Regelungen der §§ 111b ff. StPO geführt. Danach ist es den Ermittlungsbehörden in großem Umfang auch im Rahmen des strafrechtlichen Ermittlungsverfahrens gestattet, Vermögenswerte des Beschuldigten, die vermeintlich aus der Tat selber stammen oder mit ihr in Zusammenhang stehen, abzuschöpfen indem sie diese seiner **Verfügungsbefugnis vorläufig entziehen**. Die Wirkungen dieser Maßnahmen sind oft einschneidend und werden deswegen auch gerne von den Strafverfolgungsorganen eingesetzt, erzeugen sie doch einen gewissen „Leidensdruck" anlässlich dessen sich der Beschuldigte zu einer schnellen Kooperation bereit findet[47].

22   Im konkreten Fall erfolgt die Abschöpfung
  – **bei Immobilien:** durch Eintragung eines Beschlagnahmevermerkes[48] in Abteilung II des Grundbuches oder Eintragung einer Sicherungshypothek[49] in Abteilung III des Grundbuches
  – **bei Forderungen und anderen Rechten:** durch Zustellung[50] eines Pfändungsbeschlusses an Beschuldigten und Drittschuldner mit Zahlungsverbot[51]
  – **bei beweglichen Sachen:** durch Beschlagnahme[52] oder Pfändung und Ingewahrsamnahme[53]
  – **bei Schiffen/Luftfahrzeugen:** durch Beschlagnahme oder Anbringung eines Siegels oder Eintragung eines Beschlagnahmevermerks ins Schiffsregister oder Inbesitznahme durch den Gerichtsvollzieher[54].

---

[43] § 310 Abs. 1 StPO.
[44] §§ 117 ff. StPO.
[45] In Bayern wurden zum Beispiel bei den Polizeipräsidien eigene Fahndungsgruppen aufgebaut, die ausschließlich im Bereich der Aufspürung von Tätervermögen und dessen Abschöpfung tätig sind.
[46] §§ 73 ff. StGB.
[47] *Hilger* NStZ 1992, 457 ff. und 523 ff. bezeichnet die StPO im Hinblick auf die neu geschaffenen Verfahrensinstrumente zutreffend auch als „Operativgesetz".
[48] § 111 c Abs. 1 StPO i. V. m. §§ 73, 73 d Abs. 1, 74 und 74 a StGB.
[49] §§ 111 b Abs. 2, 111 e Abs. 1, 111 d Abs. 2 StPO i. V. m. §§ 73 a, 73 d Abs. 2 und 74 c StGB, 928, 930, 932 ZPO (Voraussetzung ist eine Anordnung des dinglichen Arrestes).
[50] §§ 166 bis 213 a ZPO.
[51] § 111 c Abs. 3 StPO i. V. m. §§ 73, 73 d Abs. 1, 74 und 74 a StGB bzw. §§ 111 b Abs. 2, 111 e Abs. 1, 111 d Abs. 2 StPO i. V. m. §§ 73 a, 73 d Abs. 2 und 74 c StGB, 928, 930, 829, 830, 845–848, 851, 857 (evtl. mit § 808), 859 ZPO (Voraussetzung ist eine Anordnung des dinglichen Arrestes).
[52] § 111 c Abs. 1 StPO i. V. m. §§ 73, 73 d Abs. 1, 74 und 74 a StGB.
[53] §§ 111 b Abs. 2, 111 e Abs. 1, 111 d Abs. 2 StPO i. V. m. §§ 73 a, 73 d Abs. 2 und 74 c StGB, 928, 930, 808 f. ZPO (Voraussetzung ist eine Anordnung des dinglichen Arrestes).
[54] 111 c Abs. 4 StPO i. V. m. §§ 73, 73 d Abs. 1, 74 und 74 a StGB bzw. §§ 111 b Abs. 2, 111 e Abs. 1, 111 d Abs. 2 StPO i. V. m. §§ 73 a, 73 d Abs. 2 und 74 c StGB, 928, 930, 931, 808 ZPO (Voraussetzung ist eine Anordnung des dinglichen Arrestes).

c) **Verfahrenskosten.** Der Verurteilte hat grundsätzlich die Verfahrenskosten zu 23
tragen[55]. Diese sind, da die Kosten des Verteidigers hier außer Betracht bleiben können, in aller Regel nicht übermäßig hoch[56]. Im Einzelfall, insbesondere bei Wirtschaftsstrafverfahren im Sinne des § 74c GVG, oder in Umweltstrafverfahren kommen jedoch **hohe Sachverständigenkosten,** manchmal in Bereichen von mehreren
Hunderttausend Mark, hinzu (§ 464a Abs. 1 StPO). Derartige Kostenerstattungspflichten übersteigen oft eine für die Tat verhängte Geldstrafe um ein Vielfaches
und können zur Insolvenz des Verurteilten und damit faktisch zu einer empfindlicheren Bestrafung als durch den eigentlichen Strafausspruch führen. Angeordnet
werden solch kostenträchtige Maßnahmen in aller Regel bereits im Ermittlungsverfahren, so dass auch dort der Ort ihrer Vermeidung ist.

d) **Entdeckungsgefahr.** Je intensiver die Ermittlungen geführt werden, desto grö 24
ßer ist natürlich auch die **Gefahr der Entdeckung weiterer Straftaten** eines Beschuldigten. Betrachtet man zum Beispiel ein Ermittlungsverfahren wegen Insolvenzantragsverschleppung[57] oder Steuerhinterziehung[58], dann wird man durch die
Untersuchung einer gesteigerten Anzahl von Geschäftsfeldern, durch intensivierte
Konten- und Bilanzprüfung oder durch eine Ausdehnung des Prüfungszeitraumes in
aller Regel immer mehr Verstöße aufdecken, als wenn die Ermittler sich auf das
übliche Maß beschränken.

Nur der Beschuldigte kann wissen, ob es nicht für ihn unter diesem Gesichtspunkt sachdienlich sein kann, wenn er seine passive und vielleicht auch kontroverse
Verfahrensrolle aufgibt und durch **Verhandlungsbereitschaft** die Ermittlungen erleichtert, etwa durch das Einräumen bestimmter Sachverhalte oder den Verzicht auf
Rechtsmittel gegen Eingriffshandlungen. Die Erfahrung zeigt, dass in solchen Fällen
auch die Ermittler oft bereit sind, eine Untersuchung zügig abzuschließen und weitere Straftaten so gar nicht mehr entdecken können.

e) **Verfahrensdauer.** Ein weiterer Aspekt für eine Mediationslösung aus Interes 25
sengesichtspunkten des Beschuldigten heraus, ist sicherlich die lange Dauer bei
rechtlich oder sachlich komplexen Verfahren. Wie bereits oben erwähnt[59], kann
schon die **Einleitung eines Ermittlungsverfahrens,** insbesondere wenn die Medien
darüber berichten, **diskriminierende Wirkung** in der Form haben, dass der Beschuldigten, dem unterstellt wird, dass „an der Sache schon irgendetwas dran ist", zum
Beispiel wichtige Geschäftskunden verliert, die es sich gar nicht leisten können noch
mit dem Beschuldigten in Verbindung gebracht zu werden oder er persönlichen Anfeindungen ausgesetzt ist.

Auch hier mag eine **Abwägung** zwischen seinen Rechten und den vorbeschriebe 26
nen Wirkungen eine Verhandlungslösung sinnvoll erscheinen lassen, indem etwa
auf die Ausübung bestimmter Rechte, zum Beispiel der Beschwerde gegen Durchsuchungen oder Beschlagnahmen verzichtet wird, damit die Akten nicht auf einen
zeitraubenden Weg zum Rechtsmittelgericht geschickt werden, oder die nur schwer
im Ausland zu beschaffenden Unterlagen freiwillig herausgegeben werden.

---

[55] § 465 Abs. 1 StPO.
[56] Vgl. hierzu Anlage 1 Kostennummer 6110 ff. (Maximale Gerichtskosten bei streitiger Verhandlung in Höhe von 245 €) zum GKG.
[57] § 84 Abs. 1 GmbHG, § 401 Abs. 1 Ziffer 2 AktG.
[58] §§ 369, 370 AO.
[59] Siehe Rdnr. 17.

3. Konflikt- und Interessenlage der Staatsanwaltschaft

27 Umgekehrt unterliegt auch die Staatsanwaltschaft trotz Legalitätsprinzip[60] und Anklagezwang[61] bestimmten Sachzwängen[62], welche die Kooperationsbereitschaft mit der Verteidigung bereits im Ermittlungsverfahren begründen oder erhöhen können[63]. Das mögliche Ziel staatsanwaltschaftlicher Ermittlung, die Erhebung der öffentlichen Klage, mag unter Umständen in weite Ferne rücken, wenn nicht beizeiten nach Kompromisslösungen gesucht wird. Im Umfang kaum zu bewältigende Großverfahren mit Hunderten oder Tausenden Geschädigten und andere Hindernisse lassen es zumindest sachdienlich erscheinen, im Zusammenwirken mit der Verteidigung und dem Beschuldigten den **Verfahrensstoff** zu begrenzen, um eine **exzessive Wahrnehmung und Ausübung der Rechte der Verteidigung** zu vermeiden.

28 Im folgenden sind die wohl wichtigsten, konsensfördernden Gesichtspunkte aufgezählt, die die Staatsanwaltschaft neben der eigentlichen Ermittlungsarbeit zu beachten hat. Sie lassen sich unter dem Begriff „Beschleunigungsgebot" als rudimentäre Interessenbeschreibung wohl am zutreffendsten zusammenfassen.

29 Dieser Grundsatz ist zwar nur einer unter vielen, in der Bedeutung für die meisten Ermittlungsverfahren aber einer der wichtigsten, weil prägendsten. So schreibt Nr. 5 Abs. 1 RiStBV dem Staatsanwalt vor:

„Die Ermittlungen sind zunächst nicht weiter auszudehnen, als nötig ist, um eine schnelle Entscheidung über die Erhebung der öffentlichen Klage oder die Einstellung des Verfahrens zu ermöglichen. Hierbei sind insbesondere die Möglichkeiten der §§ 154, 154a StPO[64] zu nutzen".

30 Einfluss auf die Dauer und den Umfang der Ermittlungen haben insbesondere
  – die Personalressourcen bei der Staatsanwaltschaft und der Polizei bzw. den Zoll- und Steuerfahndungsämtern
  – die Schwierigkeit der Rechtslage (z.B. wenn Sachverständigengutachten zur Beurteilung eines Tatbestandsmerkmals oder einer ausländischen Rechtsvorschrift erholt werden müssen)
  – Berichtspflichten an die vorgesetzte Dienstbehörde
  – Erwartungshaltungen der Vorgesetzten, gegründet auf die monatliche Statistik zu den Verfahrenserledigungen
  – die Durchführung der Vermögenssicherung zugunsten des Staates oder der Geschädigten
  – das Verhalten des Beschuldigten in der Ausübung seiner Rechte, insbesondere die sogenannte Konfliktverteidigung

---

[60] § 152 Abs. 2 StPO.
[61] *Hieber* NJW 1982, 1017, 1019.
[62] *Küpper/Bode* Jura 1999, 351, 355.
[63] *Sinner* StV 2000, 289, 291 stellt hierzu fest: „... Das Strafverfahren dient ... nicht mehr allein der Wahrheitsfindung, die zunächst zweckfrei erfolgt und sich an den Prinzipien der des Strafprozesses orientiert, um in der Anwendung des materiellen Strafrechts weitere Wirkung zu entfalten. Vielmehr wird es von Anfang an von einer ökonomisch-instrumentellen Vernunft geleitet. Wie in jedem Bereich ist dann auch der Vertragsverhandlung im Strafprozess ein gewisses Maß an Kompromisslosigkeit und Druck eigen, um das jeweils gesteckte Ziel zu erreichen. Dass dieser Druck nicht allein vom Staat ausgeht, um ein prozessökonomisch günstiges Ergebnis zu erreichen, sondern auch von einem Strafverteidiger ausgehen kann, um dem Mandanteninteresse und dem eigenen professionellen Interesse gerecht zu werden, ist dem neuen Strafprozessmodell immanent ...".
[64] Ausscheidung bestimmter Taten im Rahmen des Opportunitätsprinzips.

Die Pflicht zur Klärung eines Verdachtes[65] tritt in der Praxis oft zugunsten des 31
Beschleunigungsgebotes zurück. Es liegt auf der Hand, dass die Ermittlungsbehörden nicht für jedes Verfahren bis zur Klärung der letzten Einzelheit unbegrenzt Zeit, sondern nach dem oben genannten Grundsatz der Beschleunigung des Verfahrens, ihre Ermittlungen den tatsächlichen Gegebenheiten anzupassen haben.[66] Für den Mediator ist es daher wichtig, die Einzelheiten der wichtigsten Einflussfaktoren auf den Beschleunigungsgrundsatz zu kennen, um eine Mediation mit probaten Ergebnissen durchführen zu können.

a) **Personalressourcen.** In Zeiten angespannter Haushaltslage bei den Ländern 32
und dem Bund, können die Staatsanwaltschaften auf neue Stellen kaum hoffen. Damit sind selbstverständlich nicht nur die reinen Staatsanwaltschaftsstellen sondern auch die des notwendigen Unterbaus gemeint. Es ist leider traurige Realität, dass trotz steigender Eingangszahlen[67] Stellen eher ab- als aufgebaut werden. Eine Effizienzsteigerung durch Einsatz der EDV kommt nur langsam und auch in den verschiedenen Bundesländern nur unterschiedlich voran. Konsequenz dieser Situation ist eine **Arbeitsbelastung des Staatsanwaltes,** die ihn zwingt äußerst rationell zu arbeiten, d.h. jede Akte möglichst nur einmal, maximal zweimal durchzulesen und anschließend eine Abschlussverfügung zu treffen. Die Sichtung umfangreichen Beweismaterials, die Vernehmung von Zeugen[68] oder die Teilnahme an Durchsuchungen ist nur noch in Ausnahmefällen möglich. Jede Verhandlungslösung, die diesen Umständen Rechnung trägt und den Aktenumlauf reduziert, wird für den Staatsanwalt interessant sein.

b) **Statistik.** Die Überleitung zu den statistischen Erhebungen ist fließend. Der 33
Zwang zu rationellem Arbeiten folgt auch aus der ständigen Kontrolle des laufenden Aktenbestandes unter Saldierung von Neuzugängen und Verfahrenserledigungen. Die Ergebnisse hieraus bilden die **Grundlage für die Bewertung** der Arbeitsbelastung einer Behörde und auch der **Arbeitsqualität des einzelnen Staatsanwaltes.** Der Staatsanwalt, der das statistisch ermittelte Durchschnittspensum nicht schafft, wird die Konsequenzen in seinem beruflichen Fortkommen spüren. Natürlich also das Bestreben nach einem schnell erledigten Verfahren.

c) **Beweisschwierigkeiten.** Ermittlungsverfahren können je nach auftretendem Delikstyp äußerst schlank geführt oder müssen mit einem immensen **Aufwand an Personal und Sachmitteln** betrieben werden. Der typische Fall eines „schlanken" Verfahrens liegt im Bereich des Verkehrsstrafrechts[69]. Hier sind zum Beispiel bei normalen Trunkenheitsfahrten die Akten oft nur wenige Seiten dick und bestehen neben dem ärztlichen Untersuchungsbericht über die durchgeführte Blutentnahme nur noch aus dem Sachverständigengutachten zur Feststellung der Blutalkoholkonzentration und der Stellungnahme des Polizeibeamten, wen er wann fahrenderweise angetroffen hat.

Tatbestände mit unbestimmten Rechtsbegriffen oder Blankettnormen hingegen 35
führen fast zwangsläufig zu umfangreichen Ermittlungen. Die Tendenz des Gesetz-

---

[65] §§ 152 Abs. 1, 160 Abs. 1 und Abs. 2 StPO.
[66] *Rieß* StV 1994, 411/412; *Albrecht* StV 1994, S. 270 ff.
[67] *Weigend* JZ 1990, 774, 775 m.w.N.
[68] § 161 a StPO.
[69] §§ 315 c, 316 StGB.

gebers geht dahin, den neuen Kriminalitätsbereichen, welche sich aus einer Globalisierung des Handels und einer Internationalisierung der Täter ergeben, mit einer **vorverlagerten Strafbarkeit** zu begegnen. Man versucht dabei anstelle von Verletzungen konkreter Rechtsgüter bereits bloße Beeinträchtigungen von Schutzinteressen, wie etwa die Erschwerung der Strafverfolgungstätigkeit bei der Geldwäsche, die Behinderung marktwirtschaftlicher Abfallentsorgung oder die Gefährdung des Bankensystems mit einem vorverlagerten Strafrechtsschutz zu versehen und den sich daraus ergebenden Beweisschwierigkeiten durch die Ausgestaltung der Normen als **abstrakte Gefährdungsdelikte** beizukommen[70]. Dies führt konsequenterweise zu einer gesteigerten **Komplexität von Strafrechtsnormen** und zunehmender **sachverhaltlicher Dynamik.** Je abstrakter die Normen jedoch werden, die den strafrechtlichen Zugriff erst ermöglichen, desto mehr wird hierdurch die Unsicherheit und Schwierigkeit in der Rechts- und Beweislage infolge der tatbestandlichen Ausgestaltung der Normen erhöht.[71] Diese sind nur noch interpretativ bewältigbar und begründen fast automatisch einen Verständigungszwang.

36   So führen Steuerstrafverfahren mit Auslandsberührung, womöglich noch unter Verwendung bestimmter Firmenkonstruktionen im Ausland, die Fahnder nicht selten schnell an die Grenzen ihrer Kapazitäten. Dies weiß jeder, der bereits einmal um Rechtshilfe eines ausländischen Staates nachgesucht hat. Nicht nur dass das Procedere zeitraubend ist, es sind auch eine Vielzahl von Formalien, wie z.B. Übersetzungen und Beglaubigungen, zu beachten. Hat man dann eine bestimmte Tatsachengrundlage erreicht, so bedarf es nicht selten, insbesondere im Umweltstrafrecht der Konsultation eines Sachverständigen, um überhaupt das strafrechtliche Verhalten beurteilen zu können.[72]

37   Ermittlungen dauern trotz verfeinerter Beweiserhebungsmethoden und gehobener Ausstattung von Polizei und Staatsanwaltschaft in solchen Fällen immer noch Jahre[73].

38   **d) Schadenswiedergutmachung/Rückgewinnungshilfe.** Nebenziel eines jeden Ermittlungsverfahrens ist, so schreibt es Nr. 4c RiStBV vor, die Belange des Verletzten oder Geschädigten zu beachten. Dazu gehört insbesondere die **Sicherung von Vermögenswerten** des Beschuldigten zum Zwecke der Schadloshaltung des Geschädigten. Zwar besteht grundsätzlich kein Anspruch des Geschädigten auf entsprechende Sicherungsmaßnahmen der Staatsanwaltschaft gemäß §§ 111b ff. StPO[74], jedoch lassen es gerade eine Vielzahl von Geschädigten und/oder eine hohe Schadenssumme im Einzelfall für dringend geboten erscheinen, Vermögenswerte umfassend und gerade auch im Hinblick auf eine Rückgewinnungshilfe zu sichern. Oftmals werden Vermögenswerte erst bei Durchsuchungen festgestellt und müssen, um sie der sofortigen Verfügungsbefugnis des Beschuldigten zu entziehen, mit erheblichem Personal- und Sachaufwand gesichert werden. Festgestellte Auslandskonten bedürfen z.B. einer sofortigen Vorpfändung[75], Grundstückseigentum muss durch ge-

---

[70] *Heine* JZ 1995, S. 651 ff m.w.N.; *Steinhögl,* Der strafprozessuale Deal, S. 83.
[71] *Steinhögl* a.a.O. S. 84.
[72] Vgl. hierzu *Kremer,* Absprachen zwischen Gericht und Verfahrensbeteiligten im Strafprozess, S. 29 ff.; *Heine* JZ 1995, S. 652; *Rönnau,* Die Absprache im Strafprozess, S. 48/49.
[73] *Rönnau* a.a.O. S. 48 m.w.N.
[74] KK-*Nack,* § 111b Rdnr. 18.
[75] § 111d StPO i.V.m. § 845 ZPO.

sonderte Eintragungsersuchen von Sicherungshypotheken gesichert werden. Ist die Sicherstellung von umfangreichen Vermögenswerten einmal erfolgt, so setzt für den Staatsanwalt eine nicht zu unterschätzende **Verwaltungstätigkeit** dieses Vermögens ein. Geschädigte sind beispielsweise entsprechend § 111e Abs. 3 StPO über die sichergestellten Vermögenswerte und deren Verbleib sowie die Sicherungsart unverzüglich zu informieren, beschlagnahmte Gegenstände evtl. nach § 111l StPO zu veräußern. In letzterem Fall bedarf es unter Umständen der Erholung von Sachverständigengutachten oder einer sonstigen Bewertung. Der Zeitanteil dieser Arbeit, welche das Verfahren an sich nicht weiter bringt, darf nicht unterschätzt werden. Deswegen werden Konzepte, die es vermeiden helfen in diesem Bereich engagiert zu sein, durchaus das Wohlwollen des Staatsanwaltes finden.

e) Berichtspflicht und Geschäftsprüfung. Zur Wahrnehmung der Kontrolle und 39 Sicherstellung eigener Unterrichtungspflichten gegenüber dem Justizministerium, sind die Staatsanwaltschaften verpflichtet, in Sachen bestimmter Bedeutung dem Generalstaatsanwalt zu berichten. Diese Berichte werden entweder als Sachstands- oder Absichtsberichte abgefasst, d.h. sie schildern ein vergangenes Geschehen und gegebenenfalls auch die getroffenen Ermittlungsmaßnahmen oder es werden bestimmte Ermittlungshandlungen angekündigt, wobei in letzterem Fall entweder die ausdrückliche Genehmigung oder die stillschweigende Zustimmung des Generalstaatsanwaltes erbeten werden.

Berichtspflichten entstehen immer, wenn es sich um **Strafsachen besonderer Be-** 40 **deutung** handelt[76], gegen Angehörige bestimmter Berufsgruppen ermittelt wird oder Ermittlungsverfahren eine bestimmte **Dauer in der Sachbearbeitung** ohne Abschlussverfügung (d.h. Anklage oder Einstellung) erfahren haben. Daneben steht es ganz im Ermessen des Generalstaatsanwaltes, die Staatsanwaltschaften seines Bezirkes zur Berichterstattung in weiteren Fällen aufzufordern.

Vor allem in Sachen besonderer Bedeutung berichtet wiederum der Generalstaats- 41 anwalt seinerseits dem zuständigen Referat im Justizministerium.

Wann eine Sache die oben genannte Bedeutung erreicht, steht im Beurteilungser- 42 messen des einzelnen Sachbearbeiters. Es hat sich jedoch herauskristallisiert, dass insbesondere dann, wenn sich ein überregionales Medieninteresse zeigt oder außergewöhnlich schwere Tatfolgen, wie z.B. hoher Betrugsschaden mit einer Vielzahl von Geschädigten, zu befürchten sind, eine solche besondere Bedeutung im Zweifel anzunehmen ist. Im Einzelfall müssen die vom jeweiligen Sachbearbeiter als Entwurf selbst gefertigten Berichte auch detailliert darüber Auskunft geben, durch welche Maßnahmen das Ermittlungsverfahren gefördert worden ist.

Der Generalstaatsanwalt führt zusätzlich in einem bestimmten Turnus sogenannte 43 Geschäftsprüfungen bei den Staatsanwaltschaften seines Bezirkes durch. Anlässlich dieser wird neben der **Ordnungsgemäßheit der Aktenführung** und der **Angemessenheit der Abschlussverfügungen** auch stichprobenhaft die **Einhaltung der Berichtspflicht** überprüft.

Es liegt auf der Hand, dass Berichte an die vorgesetzte Dienstbehörde nicht nur 44 Zeit kosten, sondern auch den **Entscheidungsspielraum des einzelnen Staatsanwaltes** erheblich einschränken. Er wird daher durchaus versucht sein, durch eine schlanke Verfahrensgestaltung sowohl die „Bedeutung der Sache" einzuschränken

---

[76] Vgl. für Bayern die JMBek. über die Berichtspflichten in Strafsachen in BayJMBl. 1960 S. 167.

als auch die Vorlage der Akten an den Generalstaatsanwalt wegen überlanger Verfahrensdauer zu vermeiden.

45 **f) Konfliktverteidigung.** Konfliktverteidigung soll hier nicht ausschließlich als Missbrauch der Verteidigerrechte[77] verstanden werden, sondern auch als die rechtlich zulässige und exzessive Ausnutzung derselben[78]. In der Literatur[79] werden hierzu eine Vielzahl von Varianten und Strategien zur Vereitelung oder Erschwerung der Erforschung materieller Wahrheit und damit einhergehend der **Verfahrensverzögerung** genannt. Zum Beispiel:
– Dienst- oder Fachaufsichtsbeschwerden gegen den ermittelnden Staatsanwalt oder die Polizeibeamten[80]
– Benennung von Staatsanwälten als Zeugen[81]
– Anträge auf Ablösung an den Dienstvorgesetzten des Staatsanwaltes[82]
– Offensiver Einsatz der Medien durch die Verteidigung[83]

46 Diese Maßnahmen sind der Aufklärung des Verdachtes gegen den Beschuldigten sicherlich nicht förderlich, vermögen aber, soweit sie nicht ein bestimmtes, rechtlich unzulässiges Verfahrenssabotagepotential erreichen, den Gang des Ermittlungsverfahrens empfindlich zu beeinflussen. Insbesondere die Benennung von noch zu erhebenden Beweismitteln zu Randthemen und eine exzessive Handhabung von Rechtsmitteln gegen Eingriffsmaßnahmen in Rechte des Beschuldigten führen zu oft großen Verzögerungen beim Verfahrensabschluss, da die Akten an die Polizei oder die Rechtsmittelgerichte übersandt werden müssen und dazu wochenlang unterwegs sind.

4. Zwischenergebnis

47 Die Interessen der oben beschriebenen notwendig Beteiligten lassen sich thesenartig wie folgt zusammenfassen.
– Das vitale **Interesse der Staatsanwaltschaft** ist auf einen möglichst schnellen Abschluss des Verfahrens zur Steigerung der Erledigungsfrequenz und der Erledigungsquote gerichtet. Das Ziel eines Strafverfahrens, die materiell richtige, prozessordnungsgemäß zustande kommende, Rechtsfrieden schaffende Entscheidung über die Strafbarkeit des Beschuldigten[84] wird weniger durch die Erforschung materieller Wahrheit sondern, mit Ausnahme weniger, spektakulärer Kapitalverbrechen, durch ein schnell abgeschlossenes Verfahren erreicht. Die mentale Entlastung des Staatsanwaltes durch Wegfall verfahrensbezogener Kontrolle tritt als weiterer Interessenfaktor hinzu.
– Die **Interessenlage des Beschuldigten** kann damit beschrieben werden, dass dieser möglichst rasch und ohne durch allzu große Medienöffentlichkeit diskriminiert zu werden eine Entscheidung bereits im Ermittlungsverfahren sucht; hierfür nimmt er mitunter auch Sanktionen oder Auflagen in Kauf, ohne eine entsprechende

---

[77] Vgl. hierzu LG Wiesbaden StV 1995, 239.
[78] *Küpper/Bode*, a.a.O. S. 351, 355 m.w.N.
[79] Hierzu *Jahn*, Konfliktverteidigung und Inquisitionsmaxime S. 40 ff.
[80] *Herrmann* ZStW 85 (1993), 255, 279.
[81] OLG Düsseldorf StV 1994, 472, 473; BGH StV 1989, 373.
[82] OLG Düsseldorf StV 1994 a.a.O.
[83] OLG Düsseldorf a.a.O.; KG JR 1978, 346, 347.
[84] KK-*Pfeiffer*, Einl. Rdnr. 1 ff.

Verurteilung abzuwarten. Auch bei dem Beschuldigten ist der Abbau psychischer Belastungen durch ein langwieriges und im Ergebnis unsicheres Verfahren ein Hauptgrund, konsensuale Verfahrenserledigung anstatt kontradiktorischem Verfahren anzustreben.

– Die **Verteidigung** als Wahrerin der **Interessen** des Beschuldigten auch im Ermittlungsverfahren hingegen ist, wie die Staatsanwaltschaft, an einem schnellen Abschluss des Verfahrens interessiert. Dies hat kapazitätserweiternde Wirkung wegen des geringeren Arbeitsaufwandes. Entsprechend kann sowohl unter der Berücksichtigung der Vereinbarung eines Erfolgshonorares als auch bei der Gebührenabrechnung nach der Bundesrechtsanwaltsgebührenordnung ein ökonomischer Vorteil für den Verteidiger im schnellen Verfahrensabschluss gesehen werden. Ebenso wie beim Staatsanwalt ist auch die mentale Entlastung des Verteidigers, wenn Konflikt und Frustration durch Kooperation, Konsens und relativen Erfolg ersetzt werden, ein nicht vernachlässigbarer Interessenfaktor, zumal er bei konsensualem Verhalten als gleichberechtigter Partner auch in den Augen seines Mandanten agieren kann, während ihm diese Rolle während des Ermittlungsverfahrens, zumindest mit Ausnahme der Wahrnehmung einiger Rechte, versagt ist.

III. Mediation im Ermittlungsverfahren

Nachdem das Umfeld eines Ermittlungsverfahrens und die tragenden Interessen **48** der notwendig Beteiligten einer Betrachtung unterzogen wurden, ergibt sich als Antwort auf die Frage nach dem Warum einer Mediation in diesem Verfahrensstadium, dass deren Streitschlichtungsfunktion dem Ermittlungsverfahren **potentiellen Konfliktstoff** durch Schaffung einer „win-win"-Situation[85] entziehen und dessen **Straffung** und damit den schnellen Abschluss im allseitigen Interesse entscheidend befördern kann. Als allgemeiner Gedanke und weitere Erkenntnis lässt sich zudem weiter festhalten, dass Mediation auch dem Resozialisierungsgedanken[86] dient, da eine konsensorientierte Verfahrensbeendigung einer Entsozialisierung des Täters infolge dessen Akzeptanz des Ergebnisses einer Absprachelösung entgegenwirkt. Erhebt man auch die gesellschaftliche Akzeptanz einer Entscheidung zu einem Verfahrensziel, dann erweist sich das Prinzip konsensualer Wahrheitssuche zwangsläufig dem inquisitorischen als überlegen, insbesondere wenn Wahrheit lediglich als unter den Beteiligten subjektiv gewonnener Konsens des Geschehens verstanden werden kann[87].

1. Mediationsgeeignete Verfahren

Die Ausarbeitung der Interessenlage notwendig Beteiligter gibt gleichzeitig den **49** Rahmen **für eine Mediation geeigneter Ermittlungsverfahren** vor. Wo diese Interessen berührt sind, ist eine Verhandlungslösung denkbar. Daneben existiert je nach

---

[85] *Haft,* Verhandlung und Mediation, S. 100, 107; *Gottwald* AnwBl. 1984, 549, 551; *Breidenbach/ Henssler,* a. a. O. S. 5.
[86] Vgl. hierzu Sch/Sch/*Stree* § 56 Rdnr. 15 a ff.
[87] *Schmidt-Hieber,* Verständigung im Strafverfahren, S. 11; *Widmaier* StV 1986, 357, 359.

persönlicher Einstellung der Beteiligten sicherlich auch Verhandlungsbereitschaft aus anderer Interessenlage, jedoch ist diese wegen des stark subjektiven Einschlages zu diffus, als dass man sie näher beschreiben könnte. Zu nennen wäre bereits die Situation der reinen Gefälligkeitshandlung, weil sich Verteidiger und Staatsanwalt kennen oder die persönliche Aversion oder Sympathie zu einem bestimmten Rechtsgebiet.

50   Verfahren müssen also **Konfliktpotential im diskutierten Bereich** bieten können, um für eine Verhandlungslösung in Frage zu kommen. Hierunter fallen in der Regel keine Verfahren, welche typische Massendelikte zum Schwerpunkt haben, denn diese werden in ihrer Abarbeitung durch Polizei oder Fahndungsämtern und Justiz bereits so rationell behandelt, dass jede Mediation nur störend, weil verzögernd wirken würde. Dies sind neben Verkehrsdelikten[88] auch bestimmte Straftaten gegen das Eigentum[89] und gegen das Vermögen[90] sowie gegen ordnungsrechtliche Bestimmungen[91]. Ebensowenig sind geeignet die Verfahren, für welche eine erstinstanzliche Zuständigkeit des Schwurgerichts[92] begründet ist, da hier die Erfahrung gezeigt hat, dass insbesondere bei Tötungs- oder schweren Gewaltdelikten eine gesellschaftliche Akzeptanz einer Verhandlungslösung nicht vorhanden ist[93]. Diese Deliktsarten polarisieren und werden auch mit den sich ergebenden Konflikten durchprozessiert[94].

51   Empirische Untersuchungen aus jüngster Zeit, so zum Beispiel das Gutachten des Max-Planck-Institutes in Freiburg[95], haben gezeigt, dass auf Konsens ausgelegte Verfahrensschritte die Dauer von Strafverfahren erheblich reduzieren, hiervon aber signifikant nur Verfahren profitieren können, welche infolge ihres Umfanges eine **erhöhte Beweisaufnahme** bedingen, welche einen überdurchschnittlich **komplexen Charakter** aufweisen oder bei welchen **Untersuchungshaft** vollzogen wird[96].

52   Dies stützt die hier vertretene Auffassung, wonach nur diejenigen Verfahren einer Absprache in Form einer Mediation zugänglich sind, bei welchen sich der potentielle Konfliktstoff bereits in einem der oben angesprochenen Themenbereiche im Ermittlungsverfahren abzeichnet und eine spätere Hauptverhandlung die Realisierung desselben befürchten lässt. Es stellt sich also die Frage, welche Strafverfahren eine solche Qualität aufweisen.

53   *Schünemann*[97] führt in seinem Gutachten für den 58. Deutschen Juristentag hierzu aus, dass verfahrenserledigende Absprachen im Durchschnitt bei 20–30% aller

---

[88] §§ 142, 229, 315 c f. StGB; a. A. *Schünemann*, Grundlagen, Gegenstände und Grenzen – Gutachten B für den 58. Deutschen Juristentag, B 168, der neben den Wirtschafts- und Betäubungsmittelstrafsachen auch die Verkehrs- und Bagatellstrafverfahren als besonders abspracheträchtig ansieht.

[89] § 242 StGB (Ladendiebstahl).

[90] § 263 f. StGB (Warenkreditbetrug; Betrug zum Nachteil der Sozialinstitutionen; Computerbetrug).

[91] § 92 AuslG (Illegale Einreise; unerlaubter Aufenthalt).

[92] § 74 Abs. 2 StPO (schwerste Straftaten, insbesondere Tötungsdelikte).

[93] Insoweit zustimmend *Schünemann* a. a. O.

[94] *Dencker/Hamm*, Der Vergleich im Strafprozess, 1988, S. 12; *Schäfer* DRiZ 1989, 294, 296.

[95] Erholt im Auftrag des Bundesjustizministeriums zu dem Thema „Rechtswirklichkeit und Effizienz des deutschen Rechtsmittelsystems im Strafrecht unter Berücksichtigung des internationalen Standards" und vorgestellt am 22. 11. 1999.

[96] Vgl. die auszugsweise Veröffentlichung des Gutachtens unter der Internet-Adresse: „www.bmj. bund.de/misc/m_41_99.htm".

[97] *Schünemann* a. a. O. B 18.

Strafverfahren vorkommen, während der Anteil zum Beispiel bei Wirtschaftsstrafverfahren bei 80% liegt.

Man wird also, gestützt durch die statistischen Analysen davon ausgehen kön- 54
nen, dass sich insbesondere **Betäubungsmittel-, Steuer-, Wirtschafts- und Umwelt-strafverfahren**[98] für eine Mediation eignen, weisen sie doch oft die vorbezeichnete Konfliktgeneigtheit und Komplexität im Tatsächlichen wie Rechtlichen auf.

2. Zulässigkeit und rechtliche Grenzen der Mediation

Absprachen im Ermittlungsverfahren sind nach neuerer Auffassung des Bundes- 55
justizministeriums[99] durchaus nicht unerwünscht,
– reduzieren sie doch den Konfliktstock,
– erhöhen die Geständnisbereitschaft und
– tragen zu einer erheblichen **Abkürzung der Verfahrensdauer** und Rechtsmittelreduzierung
bei.

Problematisch ist allerdings die nähere Ausgestaltung im Rahmen des rechtlich 56
Zulässigen. Sinnvoll erscheint es daher zunächst die neuere Rechtsprechung zu Absprachen im Strafverfahren, welche auch das Ermittlungsstadium erfassen, kurz darzustellen, denn die dabei entwickelten Grundsätze setzen auch der hierzu ähnlichen Mediation Grenzen.

a) Rechtsprechung zur Absprache im Strafverfahren. Bereits seit langem beschäf- 57
tigen sich die Obergerichte mit den rechtlichen Grenzen der seit mehr als 20 Jahren in zunehmenden Maße praktizierten Absprachen im Straf- und Ermittlungsverfahren.[100] Der 2. Senat des Bundesverfassungsgerichts führt in seinem Beschluss vom 27. 1. 1987[101] hierzu folgendes aus:

„... Diese Grundsätze verbieten nicht, außerhalb der Hauptverhandlung eine Verständigung zwischen Gericht und Verfahrensbeteiligten über Stand und Aussicht in der Verhandlung herbeizuführen, der schon das Strafrecht Grenzen setzt. Sie schließen aber aus, die Handhabung der richterlichen Aufklärungspflicht, die rechtliche Subsumtion und die Grundsätze der Strafbemessung in einer Hauptverhandlung, die letztlich mit einem Urteil zur Schuldfrage abschließen soll, ins Belieben und zur freien Disposition der Verfahrensbeteiligten und des Gerichts zu stellen. Dem Gericht und der Staatsanwaltschaft ist es deshalb untersagt, sich auf einen „Vergleich" im Gewande des Urteils, auf einen „Handel mit der Gerechtigkeit" einzulassen ..."

In der Folgezeit hat der Bundesgerichtshof in der Frage der Absprachen eine uneinheitliche Linie verfolgt.[102]

Eine **entscheidende Wende** kam erst mit dem Urteil des 4. Strafsenates des Bun- 58
desgerichtshofes vom 28. 8. 1997[103]. Darin stellt dieser für den Bereich des dem Er-

---

[98] Ebenso *Janke*, Verständigung und Absprachen im Strafverfahren, 1997, 20; *Tscherwinka*, Absprachen im Strafprozess, S. 42; *Siolek* DRiZ 1993, 424.
[99] Hierzu die Pressemitteilung des BMJ vom 22. 11. 1999 unter der Internet-Adresse: „*www.bmj.bund.de/misc/m_41_99.htm*".
[100] Einer der ersten Aufsätze zu diesem Thema wurde unter dem Pseudonym „Detlev Deal aus Mauschelhausen – der strafprozessuale Vergleich", StV 1982, 545 bis 552, veröffentlicht.
[101] BVerfG NJW 1987, 2662 mit Anmerkungen von *Gallandi* NStZ 1987, 420 ff. und *Zucks* MDR 1990, 18, 19.
[102] BGHSt 36, 210; 37, 10; 37, 99; 37, 298, 305; 38, 102; 42, 46; 42, 191.
[103] BGHSt 43, 195–212 = StV 1997, 583–587.

mittlungsstadium nachfolgenden Hauptverfahrens ein richtungsweisendes Regelwerk auf, dessen Eckpunkte wie folgt beschrieben werden können:

- In die Verständigung über den Verfahrensabschluss müssen alle Verfahrensbeteiligten, insbesondere auch die Laienrichter sowie der Angeklagte selbst, einbezogen werden.[104]
- Der Angeklagte darf nicht durch die Androhung einer höheren Strafe für den Fall der Verweigerung der Kooperation oder durch das „Versprechen eines gesetzlich nicht vorgesehenen Vorteils" zu einem Geständnis gedrängt werden.[105]
- Das Gericht darf keine verbindliche Zusage zur Höhe der zu verhängenden Strafe machen.[106]
- Das Gericht darf dem Angeklagten nicht im Gegenzug für eine in Aussicht gestellte Strafmilderung einen Rechtsmittelverzicht abverlangen.[107]
- Die Tatsache, dass eine Absprache getroffen wurde, als auch deren Ergebnis, d. h. die Einlassung des Angeklagten und die Höhe der in Aussicht genommenen Strafe, sind als wesentliche Förmlichkeit im Hauptverhandlungsprotokoll festzuhalten.[108]
- Das Gericht ist grundsätzlich unter Berücksichtigung des Grundsatzes des fairen Verfahrens und die durch die Absprache geschaffene Vertrauenslage an das Ergebnis einer Absprache gebunden und darf nur unter der Voraussetzung hiervon abweichen, dass sich im Verlauf der Hauptverhandlung schwerwiegende Umstände zu Lasten des Angeklagten ergeben.[109]
- Die auf der Grundlage der Absprache verhängte Strafe muss dem Unrechtsgehalt der Tat gerecht werden und darf den Boden schuldangemessenen Strafens nicht verlassen.[110]
- Auch im Fall einer Absprache bleibt das Gericht zur Wahrheitserforschung verpflichtet und muss ein auf Grund einer Vereinbarung abgelegtes Geständnis auf seine Glaubwürdigkeit prüfen.[111]

59   Der 3. Strafsenat des Bundesgerichtshofs folgte in seiner Entscheidung vom 1. 7. 1998[112] der Absprachepraxis, indem er die **Zulässigkeit von Vorgesprächen** zwischen Staatsanwaltschaft, Verteidigung und Gericht bejahte, diesen aber verwehrte, ohne Mitwirkung des Angeklagten ein Ergebnis zu vereinbaren. Der 2. Senat des Bundesgerichtshofes relativierte in der Entscheidung vom 10. 6. 1998[113] die Entscheidung des 4. Strafsenates[114] zugunsten einer großzügigeren Handhabung von Absprachen, indem er das Tatgericht zwar verpflichtete, die Glaubhaftigkeit eines Geständnisses zu prüfen, hierzu im Urteil jedoch Ausführungen nur dann machen zu müssen, wenn Umstände vorlägen, die Zweifel an der Richtigkeit des Geständnisses zu wecken vermögen, wobei die Tatsache, dass das Geständnis auf einer Absprache beruhe, kein derartiger Umstand sei.

---

[104] BGHSt 43, 195, 206; vgl. hierzu auch BGHSt 37, 298, 303.
[105] BGHSt 43, 195, 204.
[106] BGHSt 43, 195, 206 f.
[107] BGHSt 43, 195, 204 f.
[108] BGHSt 43, 195, 206 und hierzu auch BGH StV 1999, 408, 412.
[109] BGHSt 43, 195, 210.
[110] BGHSt 43, 195, 208.
[111] BGHSt 43, 195, 204; ebenso BGHSt 37, 298, 304.
[112] BGH StV 1999, 407.
[113] BGH NStZ 1999, 92.
[114] BGHSt 43, 195 ff.

In jüngster Zeit äußerten sich die einzelnen Strafsenate des BGH vorwiegend zu der Frage der Wirksamkeit eines auf Grund einer Absprache erklärten Rechtsmittelverzichtes des Angeklagten.[115]

Diese Rechtsprechung belegt, dass der **deutsche Strafprozess** zwar **nicht vergleichs-** 60 **feindlich** ist, einer Verhandlungslösung zu bestimmten Problembereichen jedoch enge Grenzen gesetzt sind.

Die vom Bundesverfassungsgericht und dem Bundesgerichtshof aufgestellten 61 Grundregeln müssen selbstverständlich auch im Mediationsverfahren strikt beachtet und gegebenenfalls angepasst werden, da es sich bei der Mediation um eine spezielle Unterart der Absprache unter Verfahrensbeteiligten handelt.

b) Tendenzen und Reformbestrebungen. Anhaltspunkte dafür, dass der Gesetz- 62 geber im Zuge einer ins Auge gefassten Reform der Strafprozessordnung ein neues, die Absprache **kodifizierendes Regelwerk** schafft, bestehen zwar, jedoch ist nach dem Stand der Diskussion wohl nur eine Übernahme der Grundsätze aus der Entscheidung des 4. Strafsenates[116] des BGH zu erwarten.

Daran dürfte sich auch durch das Ergebnis rechtsvergleichender Betrachtungen[117], wonach insbesondere das US-amerikanische[118] und das italienische Recht[119] beispielhafte Kodifikationen konsensualer Erledigungsarten enthalten, nichts ändern[120].

Im Ergebnis kann festgehalten werden, dass Mediation dem Grunde nach zulässig ist und in Form der Absprache unter den Verfahrensbeteiligten auch bereits seit langer Zeit praktiziert wird.

3. Mediationsbeteiligte und Auswahl des Mediators

Bewegte man sich bei Beantwortung der Frage nach dem Warum und Wo einer 63 Mediation noch in relativ gesicherten Gefilden, weil bereits langjähriger Gegenstand einer fruchtbaren Diskussion zur Absprachepraxis, so betritt man bei der Suche nach einer Antwort auf die Frage, wer an einer Mediation beteiligt sein soll und kann, doch höchst unsicheres Gelände.

Notwendige Teilnehmer müssen selbstverständlich sein, der **Staatsanwalt**, der 64 **Beschuldigte** und der **Verteidiger**. Die Hilfsbeamten des Staatsanwaltes dürften gegebenenfalls dann hinzuzuziehen sein, wenn sich bei ihnen bezüglich bestimmter, zu diskutierender Problemkreise eine besondere Sachkenntnis manifestiert hat.

---

[115] BGH NStZ 2000, 495–496 = wistra 2000, 353–354; BGH StV 2000, 237 = NStZ 2000, 386–387; BGHSt 45, 227–234 = StV 2000, 4–6; BGHSt 45, 51–58 = NJW 1999, 2449–2452.

[116] BGHSt 43, a.a.O.

[117] Einen guten Überblick hierzu vermittelt *Weigend*, Absprachen in ausländischen Strafverfahren, Freiburg 1990, insbesondere S. 34 ff.

[118] Sog *„plea-bargaining"* und *„plea guilty"*; im US-amerikanischen Zivilprozess ist Mediation mittlerweile mit Blick auf das Kosten-Nutzen-Verhältnis zur gängigen Praxis geworden; vgl. zum Zivilprozess *Risse* WM 1999, 1864 f.

[119] Sog. *„Pattegiamento"*, bei welchem das Gericht ohne dass ein Rechtsmittel dagegen eröffnet wäre, eine von Seiten der Staatsanwaltschaft und des Angeklagten/Verteidigung gleich lautend beantragte Strafe ausspricht. In einem abgekürzten Verfahren nach italienischem Recht verzichtet der Angeklagte auf Beweiserhebungen und erhält hierfür einen Strafnachlass um ein Drittel; siehe hierzu auch die *„procedimenti speciali"*, Art 438 ff. Codice di procedura penale (italienische Strafprozessordnung).

[120] Die Frankfurter Allgemeine berichtet in ihrer Ausgabe vom 10. 4. 2001 von einer Einigung der Koalitionsfraktionen zu einer StPO-Reform, die die Abspracheregelungen des 4. Strafsenates des BGH übernimmt.

65   Rechtliche Probleme einen **neutralen Dritten zum Mediator zu berufen,** sind nicht ersichtlich[121]. Zwar ergibt sich aus der Natur des Ermittlungsverfahrens und einem Umkehrschluss aus § 169 GVG, welcher die Öffentlichkeit einer Hauptverhandlung regelt, dass dieses grundsätzlich unter Ausschluss der Öffentlichkeit geführt wird, jedoch bewirkt das Einverständnis der Beteiligten mit einer Mediation für den Beschuldigten einen partiellen Verzicht auf das **Recht der Geheimhaltung** seiner persönlichen Daten und für die Staatsanwaltschaft die Erklärung, dass der Erfolg von Ermittlungshandlungen hierdurch nicht unmittelbar gefährdet ist. Der weitergehende Geheimnisschutz wird durch die Strafvorschriften der §§ 203, 353b, 356 StGB in hinreichender Weise mit strafrechtlicher Sanktion abgedeckt[122]. Der Mediator kann daher umfassend oder nur partiell über den Ermittlungsvorgang informiert werden.

66   Als sachdienlich dürfte es sich allerdings erweisen, einen im Strafrecht **erfahrenen Juristen** mit der Rolle eines Mediators zu betrauen, da der Einsatz eines Nichtjuristen zwar größere Gewähr dafür bieten mag, dass keine Parteilichkeit infolge beruflicher Zusammenarbeit mit der einen oder anderen Seite droht, aber nur die intime Kenntnis der gesamten **strafprozessualen Dynamik,** des **potentiell drohenden Konfliktstoffes** und der sich nur in einem engen Rahmen haltenden, **strafprozessualen Lösungsmöglichkeiten** eine straff geführte und durch Aufzeigen rechtlich zulässiger Kompromisse auch erfolgreiche Mediation gewährleistet. Als einzige Einschränkung wird sich die Berufung des später eventuell zuständigen Richters zum Mediator ergeben. Dieser müsste im Falle des Scheiterns der Mediation oder bei Konfliktlösungen nur in bestimmten Teilbereichen des Ermittlungsverfahrens befürchten, dass allein die Teilnahme an der Verhandlung und das Vertreten von Lösungsansätzen bereits eine Besorgnis der Befangenheit als Ablehnungsgrund[123] entstehen lässt und er vom weiteren Verfahren ausgeschlossen bleibt.

4. Kosten der Mediation

67   Zu problematisieren ist weiter die Frage, wer die Kosten der Mediation zu tragen hat. Grundsätzlich können sowohl der Beschuldigte als auch der Staatsanwalt einen Mediator beauftragen. Die Kosten hierfür dürfen allerdings von der Staatsanwaltschaft nur als sogenannte **Verfahrenskosten,** nämlich als Auslagen, die durch die Vorbereitung der öffentlichen Klage entstanden sind[124], erfasst und dem Mediator angewiesen werden[125]. Soweit gegen den Beschuldigten dann später Anklage erhoben wird und eine Verurteilung wegen einer Tat erfolgt, die nicht infolge der Mediation aus Opportunitätsgründen oder wegen nicht hinreichenden Tatverdachtes[126]

---

[121] Zu beachten ist jedoch, dass Mediation auch im strafrechtlichen Ermittlungsverfahren Rechtsberatung im weiteren Sinn ist und der Mediator, falls ihm die Besorgung fremder Rechtsangelegenheiten nicht über seinen Beruf erlaubt ist, einer Erlaubnis nach dem Rechtsberatungsgesetz bedarf (LG Hamburg, NJW-RR 2000, 1514f.).
[122] Soweit für Privatpersonen eine Strafrechtslücke bleibt, sollte man in die Mediationsvereinbarung auch eine Vertragsstrafe für den Fall der unbefugten Offenbarung von während der Mediation erlangten Wissens aufnehmen.
[123] § 24 Abs. 2 StPO.
[124] KVGKG Nr. 9014 (i. V. m. § 464a StPO).
[125] Die Rechtslage ist insoweit noch ungeklärt und gibt lediglich die Meinung des Verfassers wieder.
[126] § 170 Abs. 2 StPO.

eingestellt wurde, so fallen die Kosten der Mediation[127] in vollem Umfang dem Beschuldigten im Falle der Verurteilung zur Last[128]. Die Einigung über die Mediationskosten muss also unter dem Vorbehalt stehen, dass zum Beispiel im vorstehenden Fall trotz vereinbarter Kostenteilung eine vollständige Überbürdung derselben stattfinden kann, da die Staatsanwaltschaft nicht von dem im Urteilstenor erfolgten Kostenausspruch, wonach der Verurteilte die (gesamten) Kosten des Verfahrens zu tragen hat, abweichen und einen Teil der Staatskasse überbürden darf. Eine **Vereinbarung zur Kostenteilung** unter Vorbehalt darf meines Erachtens auch nur insoweit stattfinden, als sich der Mediator verpflichtet zwei separate, jeweils dem vereinbarten Anteil entsprechende Kostenrechnungen zu stellen, eine Gesamtschuldnerschaft der Staatskasse und des Beschuldigten also ausgeschlossen ist, ansonsten der Ausfall des Beschuldigten als Kostenschuldner zu Problemen bei der Qualifizierung des Rechnungsbetrages als Verfahrenskosten führen könnte. Der letztgenannte Umstand gewinnt insbesondere dann an Bedeutung, wenn eine Ermessenseinstellung die Folge der Mediation ist und durch eine **Gesamtschuldnerschaft der Staatskasse** eine etwaige Geldbuße des Beschuldigten durch die ersparten Aufwendungen wieder relativiert würde, zumal die Einordnung als Verfahrenskosten[129] eine Regressierung beim Beschuldigten begrifflich kaum zulassen dürfte.

5. Möglicher Mediationsablauf und -ergebnis

Betrachtungen zu den vorhergehenden Fragekomplexen haben gezeigt, dass Mediation dem Grunde nach im Ermittlungsverfahren möglich, bei bestimmten Interessenlagen sinnvoll und unter Beteiligung eines geeigneten Mediators auch praktikabel erscheint. Noch nicht diskutiert und deswegen offengeblieben ist die Frage nach dem möglichen Ablauf einer Mediation und dessen Ergebnis. 68

a) **Struktur und mögliche Bindungswirkung der Mediation.** Grundsätzlich ist die von *Haft*[130] beschriebene, dynamische Phasenstruktur der Mediation auch ein gangbarer Weg für das strafrechtliche Ermittlungsverfahren. Einschränkungen muss dieses Modell jedoch in seiner letzten Phase, der Einigung über ein bestimmtes Mediationsergebnis, erfahren. Wie bereits ausgeführt, unterliegt die Staatsanwaltschaft dem Grunde nach einem strikten Legalitätsprinzip, welches allerdings durch Opportunitätserwägungen eingeschränkt ist. Dies bedeutet, dass unter Beachtung der Regelungen des 4. Strafsenates des Bundesgerichtshofes[131] die Staatsanwaltschaft sich nicht mittels einer Absprache in einer Form binden darf, als dabei infolge Überschreitens ihres Ermessensspielraumes der Grundsatz des Anklagezwanges verletzt und damit die Möglichkeit schuldangemessenen Strafens entfallen würde. Eine ent- 69

---

[127] Nach OLG Hamm MDR 1999, 836 kann der als Mediator tätig gewordene Rechtsanwalt eine Gebühr nach § 20 BRAGO fordern. Zu den Kosten der Mediation vgl. allgemein § 32.
[128] Zwingende Kostenfolge des § 465 Abs. 1 StPO.
[129] Die Staatsanwaltschaft hat bei Opportunitätseinstellungen im Ermittlungsverfahren stets die Verfahrenskosten zu tragen (Umkehrschluss aus § 464 StPO).
[130] *Haft,* Verhandlung und Mediation, S. 245 ff.; vgl. auch *Risse* NJW 2000, 1614 f.
[131] BGHSt 43, a.a.O.; zwar besteht nach inzwischen herrschender Meinung (näher hierzu KK-*Schoreit,* § 152 Rdnr. 35) keine unmittelbare Bindung der Staatsanwaltschaft an die höchstrichterliche Rechtsprechung, sie hat allerdings die gefestigte höchstrichterliche Gesetzesanwendung zu beachten; im Ergebnis läuft dies auf eine faktische Bindungswirkung an die BGH-Rechtsprechung hinaus.

sprechende Absprache läge außerhalb des gesetzlichen Auftrages der Staatsanwaltschaft und wäre offensichtlich rechtswidrig. Einen **Vertrauensschutz** könnte eine solche Vereinbarung nicht entfalten[132]. Untersuchungen[133] haben allerdings gezeigt, dass eine als **Absichtserklärung** einzustufende Vereinbarung faktisch bereits einen **hohen Grad von Bindungswirkung** im Rahmen eines sogenannten „gentleman's agreement" erreicht[134]. *Schünemann*[135] bestreitet jedoch die Befugnis der Staatsanwaltschaft überhaupt eine auch nur faktisch bindende Vereinbarung über zukünftiges Prozessverhalten mit dem Beschuldigten zu treffen, da sie hinsichtlich der Zwecke und des Gegenstandes des Strafverfahrens nicht dispositionsbefugt sei[136].

70   Diese Auffassung dürfte zu weit gehen. Wie bereits erwähnt, kann eine Vereinbarung über künftiges Prozessverhalten *de lege lata* sowieso nur in rechtlich unverbindlicher Form erfolgen[137]. Findet die Verabredung dann ihren Ausfluss in einem ebensolchen Verhalten, so kommt damit nur der Wille der zur Entscheidung und Mitwirkung Berufenen zum Ausdruck, dass das Ergebnis eben richtig und zu akzeptieren ist[138]. Wer sich dagegen auf die sehr theoretischen und begrifflich wenig ausfüllbaren Strafprozess- und Strafzweckziele beruft und auch gleichgerichtetes Verhalten ablehnt, vergisst den doch sehr subjektiven Charakter des Strafens. Unterschiede in der Strafzumessung durch verschiedene Richter für dieselbe Tat bei mehreren Mittätern, weil zum Beispiel die Verfahren aus bestimmten Gründen getrennt verhandelt wurden, werden als Ausdruck der zu tolerierenden Unterschiedlichkeit in der Auffassung, welches denn die angemessene Strafe innerhalb eines Strafrahmens ist, empfunden. Wer eine abstrakte Gerechtigkeit propagiert, verkennt, dass der Strafprozess ein Instrument der Gesellschaft ist, um den Gemeinschaftsfrieden zu sichern, und jede konsensuale Absprache, die diesem Ziel dient legitim sein muss[139]. Es kann also nur so sein, und das ist ja auch bereits gängige Praxis, dass solange eine Freiwilligkeit im Tun besteht und bis zuletzt auch bestehen bleibt, gegen die faktische Umsetzung des Vereinbarten nichts einzuwenden ist. *Küpper/Bode*[140] sehen im Übrigen bei einer **de facto-Absprache** auch keine rechtliche Möglichkeit die Einhaltung derselben im Strafprozess zu erzwingen und lehnen zu Recht eine Übertragung der zivilrechtlichen Bestimmungen über Willenserklärungen und Verträge[141] auf das strafprozessuale Verfahren ab.

71   Es verwundert indes auch nicht, dass eine nur **informelle Absprache** eine doch erhebliche Bindungswirkung zeigt, wenn man bedenkt, dass ähnlich dem Umgang im diplomatischen oder geschäftlichen Verkehr, jede nicht oder nicht vollständig eingehaltene Vereinbarung einen erheblichen Vertrauensverlust für diesen und künftige Fälle mit sich bringt und der jeweils enttäuschte Beteiligte in Zukunft von

---

[132] BGHSt 36, 210, 215 zur gleichen Problematik während der Hauptverhandlung.
[133] *Schünemann*, a.a.O. B 76 ff.; *Gatzweiler* NJW 1998, 1903 f.; *Dahs* NJW 1987, 1318.
[134] *Weigend* JZ 1990, 774, 778.
[135] *Schünemann*, FS Baumann, S. 371.
[136] *Beulke/Satzger* JuS 1997, 1072 f.
[137] *Küpper/Bode* Jura 1999, 351, 353.
[138] Nach *Steinhögl*, a.a.O. S. 91, ist die materielle Wahrheit in ihrer vermeintlichen Verschiedenheit von der formellen kein Kriterium im Streit um die Absprachen. Vielmehr gebe es eine prozessuale Wahrheit auf die es ankomme, und diese beinhalte nicht notwendig die Erfassung des wirklich Geschehenen.
[139] Eingehend hierzu *Steinhögl*, a.a.O. S. 101.
[140] *Küpper/Bode*, a.a.O. S. 351, 396.
[141] § 779 BGB.

derartigen Vereinbarungen eher Abstand nehmen wird. Solches können sich die professionellen Verfahrensbeteiligten, d. h. Verteidiger und Staatsanwalt, eigentlich nicht leisten, sprechen sich doch Wortbrüche in Justizkreisen auch überregional schnell herum. Der jeweilig des Vereinbarungsbruchs Bezichtigte wäre sicherlich mittelfristig diskreditiert und könnte dies auch sehr schnell dadurch zu spüren bekommen, indem er die vorbeschriebenen persönlichen Verfahrensziele jedenfalls nicht mehr über den Weg konsensualer Verständigung erreichen wird. Es besteht also für die professionellen Verfahrensbeteiligten ein mittelbarer Druck, sich an das **unverbindlich Vereinbarte** zu halten.[142]

b) **Faktische Beschränkungen des Verständigungsspielraumes.** Grenzen des Ver- 72
ständigungsspielraumes setzt indes das **Weisungsrecht** innerhalb der Staatsanwaltschaft. Diesem ist der einzelne Sachbearbeiter unterworfen und muss gegebenenfalls eine Einigung mit vorgesetzten Dienststellen und dem Behördenleiter absprechen. Die Weisungsbefugnis selbst folgt aus dem monokratischen und hierarchischen Aufbau der Staatsanwaltschaft, wobei das Amt des Staatsanwaltes bei dem Oberlandesgericht der Generalstaatsanwalt und bei dem Landgericht der Leitende Oberstaatsanwalt ausübt.[143] Der einzelne Staatsanwalt handelt nach außen stets als Vertreter des Behördenleiters, der wiederum das ihm als Vorgesetzten zustehende Weisungsrecht[144] dergestalt ausüben kann, als er einen Fall jederzeit an sich ziehen, selbst bearbeiten oder die Sachbearbeitung einem anderen Staatsanwalt seiner Behörde übertragen kann. Seinerseits ist er wiederum weisungsgebunden gegenüber dem Generalstaatsanwalt und dieser dem ihm vorgesetzten Länderjustizministerium. Zum Tragen kommt die auf Grund des Weisungsrechtes eingeschränkte Absprachebefugnis des Staatsanwaltes allerdings nur in solchen Fällen, welche eine gewisse Bedeutung erlangen können oder schon erlangt haben, sei es auf Grund der Medienöffentlichkeit oder generell wegen der Bedeutung der Sache, ebenso in Berichtssachen. Tritt dieser Umstand ein, so bleiben die „unverbindlichen" Vereinbarungen noch ein gutes Stück ungewisser als bisher, denn in der Regel wird abgestimmtes Verhalten erst noch einer konstitutiven Zustimmung des weisungsbefugten Vorgesetzten des Staatsanwaltes bedürfen. Die Unsicherheit, ob und wann eine solche ergeht, wird ein Belastungsfaktor für die Mediation sein und muss mit einkalkuliert werden.

c) **Beispielhafte Handlungsmodalitäten.** Das Ergebnis mediativen Handelns kann 73
im Ermittlungsverfahren auf Grund der diesem immanenten Dynamik mannigfaltig sein; daher auch die Forderung nach einer flexiblen Mediation. Keinesfalls dürfen die Beteiligten ihren Blick auf den Abschluss desselben, also die Frage, mit welcher Sanktion der Beschuldigte zu rechnen hat, fokussieren. Dies hieße, die Vorteile konsensualen Verhandelns nur auf einen Teilaspekt zu beschränken. Es gibt eine Vielzahl möglicher Konfliktbereiche, etwa im Bereich der Eingriffshandlungen, welche auch einer **Teillösung** zugänglich sind, ohne dass man bereits ein Junktim zur am Ende stehenden Sanktion herstellen müsste. Zu denken ist etwa an die Offerierung

---

[142] Nach *Hassemer/Hippler*, a. a. O. S. 362 haben Untersuchungen ergeben, dass die meisten Vereinbarungsbrüche durch den Beschuldigten ausgelöst werden.
[143] Beim Bundesgerichtshof übt nach § 142 GVG der Generalbundesanwalt das Amt des Staatsanwalts aus.
[144] § 146 GVG.

von Vermögensteilen, um eine komplette Vermögensbeschlagnahme zu verhindern. Beispiele wie diese lassen sich noch viele finden.

Wendet man sich allerdings der möglichen Sanktion als Absprachergebnis zu, dann kann die Staatsanwaltschaft in ihrem Handlungsspielraum lediglich (Teil-)**Einstellungen nach dem Opportunitätsprinzip** offerieren. Die Palette der Möglichkeiten ist groß und in den §§ 153 ff. StPO geregelt. Die in der Praxis wichtigsten sind Verfahrenseinstellungen gegen Zahlung einer Geldbuße[145] und gegen Schadenswiedergutmachung[146], sowie ohne Auflage bei Geringfügigkeit[147]. Verfahrensstoffbeschränkende Einstellungen sind hingegen nach §§ 154, 154a StPO möglich und ebenfalls sehr gebräuchlich. Letztere[148] können von der Staatsanwaltschaft autark in Aussicht gestellt werden, während gemäß §§ 153 Abs. 1 Satz 2 i.V.m. 153a Abs. 1 Satz 6 StPO dann die Zustimmung des Gerichts[149] erforderlich ist, wenn es sich bei der Tat um ein Vergehen[150] mit einer im Mindestmaß erhöhten Strafe handelt[151].

74   Als weitere Alternativen bieten sich Absprachen zur Art der Verfahrenserledigung, nämlich im schriftlichen Verfahren durch **Antrag auf Erlass eines Strafbefehles**[152] oder bei zu erwartenden Vollzugsstrafen durch jeweilige Bekanntgabe, mit welchem **Strafmaß** man sich zufrieden geben wird ohne den Rechtsmittelweg zu beschreiten. Die wohl wichtigste Variante stellt hier die Absprache dar, wonach ein (**Teil-)Geständnis** mit einer bestimmten **Sanktion für die eingeräumte Tat** verknüpft wird.

Die Varianten sind jedoch auch hier vielschichtig und bedürfen keiner näheren Interpretation. Es gilt: Zulässig ist, was im legitimen Rahmen unter Beachtung der Grundsätze des Bundesgerichtshofes vereinbart oder besser, abgesprochen wird.

75   **d) Folgen fehlgeschlagener Mediation.** Ein Problem eigener Art ergibt sich für die Beteiligten in Bezug auf das erlangte Wissen durch abgegebene Erklärungen oder übergebene Beweismittel, im Falle des Scheiterns der Mediation, weil sich ein Beteiligter nicht an die Vereinbarung hält oder ein Konsens überhaupt nicht gefunden werden kann. Können diese Kenntnisse dann zum Nachteil eines Beteiligten verwertet werden oder muss man sie gleichsam aus dem Gedächtnis der Beteiligten eliminieren?

76   Wie bereits erörtert[153], muss jede Absprache im Ermittlungsverfahren unverbindlich bleiben. Kennzeichen einer unverbindlichen Vereinbarung, sprich einer sogenannten Absichtserklärung, ist aber, dass diese gerade wegen ihrer Vorläufigkeit keinerlei Vertrauen, allenfalls eine gewisse Erwartung für das künftige Geschehen auszulösen in der Lage ist. Eine Täuschung hierüber kann also bereits begrifflich nicht stattfinden.

---

[145] § 153a Abs. 1 Ziffer 2 StPO.
[146] § 153a Abs. 1 Ziffer 1 StPO.
[147] § 153 Abs. 1 StPO.
[148] Verfahrensbeschränkende Einstellungen haben in der Regel auch strafmaßreduzierende Wirkung, senken sie doch die Anzahl potentiell zur Aburteilung stehender Taten.
[149] Gemeint ist das für eine Eröffnung des Hauptverfahrens zuständige Gericht.
[150] Zum Begriff und zum Unterschied zu einem Verbrechen siehe § 12 Abs. 1, 2 StGB.
[151] Das Mindestmaß ist dann erhöht, wenn der untere Strafrahmen mehr als 1 Monat Freiheitsstrafe beträgt (§ 12 Abs. 2 i.V.m. § 38 Abs. 2 StGB).
[152] Dies mag dann sinnvoll erscheinen, wenn eine öffentliche Hauptverhandlung vermieden werden soll. Das Verfahren ist in den §§ 407 ff. StPO geregelt und nur bei Vergehen (§ 12 Abs. 2 StGB) sowie einer Sanktion von maximal 1 Jahr Freiheitsstrafe auf Bewährung zulässig. Vollzugsstrafen bedürfen einer öffentlichen Hauptverhandlung.
[153] Siehe Rdnr. 69.

Anders als bei der üblichen Absprache im Strafverfahren, dem sogenannten „Deal", ist auch keiner der Beteiligten gezwungen vor Abschluss der Mediation, Erklärungen direkt gegenüber dem anderen Beteiligten abzugeben. Er kann sich vielmehr ausschließlich des Mediators als Medium bedienen und diesem aufgeben, die Reichweite der Erklärungen in noch unbestimmter Form in das Gespräch einfließen zu lassen. Gegen einen **Missbrauch des Mediators** als Beweismittel, nämlich als Zeugen vom Hörensagen, durch die Staatsanwaltschaft hilft bei derzeitiger Rechts- und Gesetzeslage nur die Beauftragung eines **Rechtsanwaltes als Mediator,** da er zu den zeugnisverweigerungsberechtigten Personen nach § 53 StPO gehört und zugleich die qualitative Eignung besitzt. Wohl kaum bestritten werden dürfte, dass im Falle einer Beauftragung auch durch den Beschuldigten das während der Mediation erlangte Wissen zum geschützten Bereich[154] gehört. Die Beteiligten haben es also bis zum Abschluss der Mediation selbst in der Hand der jeweilig anderen Seite keine unmittelbar verwertbaren Informationen zukommen zu lassen. Begibt sich einer der Beteiligten freiwillig dieses Schutzes, so mag er mit den für ihn eventuell nachteiligen Folgen leben.

Sollte sich hingegen einer der Beteiligten nach Abschluss der Mediation nicht an **77** die Absprache halten und Erklärungen oder Urkunden aus dem Herrschaftkreis des Mediators zu dem jeweilig anderen Beteiligten gelangt sein, so muss man wohl zwischen der Staatsanwaltschaft und dem Beschuldigten differenzieren. Während eine unmittelbare Sanktion für die Erlangung bestimmter Kenntnisse durch den Beschuldigten, zum Beispiel des Ermittlungsstandes und die damit verbundene Möglichkeit zur Einschätzung des Strafrisikos, weder vorgesehen noch praktikabel ist, denn wie wollte man Reaktionsmöglichkeiten ohne Eingriffsmaßnahmen verhindern, für die jedoch nur Raum bei Vorliegen der gesetzlichen Voraussetzungen ist, und dazu gehört nicht das Scheitern einer Absprache, so bleibt nur die Fortführung der Ermittlungen, gegebenenfalls deren Ausdehnung trotz nunmehr vorhandener Beweisschwierigkeiten als mittelbare Tatahndung auf Seiten der Staatsanwaltschaft.

Der Beschuldigte hingegen legt oft bereits ein **(Teil-)Geständnis** ab, welches dann **78** in der Folge als schlagender Beweis seiner Schuld gegen ihn verwandt werden könnte, so die Staatsanwaltschaft von der Absichtserklärung abrückt. Hier bietet sich als strafprozessuale Korrekturmöglichkeit nur eine spätere Intervention bei Gericht an, um eine Unverwertbarkeit der infolge der Mediation erlangten Beweismittel herbeizuführen.

In der Literatur[155] wird mittlerweile eine **Unverwertbarkeit für das „vorgeleistete" Geständnis** aus § 136a Abs. 3 Satz 2 StPO hergeleitet, da jede de facto bindende Absichtserklärung zu Ermittlungsumfang und/oder Ermittlungsergebnis ein „gesetzlich nicht vorgesehener Vorteil" im Sinne des § 136a Abs. 1 Satz 3, 2. Alternative sei[156]. Sonstige Beweismittel, etwa Urkunden oder mittelbar erlangte Kenntnisse darf und muss die Staatsanwaltschaft jedoch verwenden. Allenfalls das **Gebot des „fairen Verfahrens"** könnte hier zu bestimmten Einschränkungen, jedoch nur im Bereich der Strafzumessung, führen[157].

---

[154] KK-*Senge,* § 53 Rdnr. 15 f.
[155] *Steinhögl,* a.a.O. S. 32 ff. bietet einen umfassenden und aktuellen Überblick zum Meinungsstand.
[156] *Küpper/Bode,* a.a.O. S. 397 m.w.N.
[157] Andeutungsweise *Küpper/Bode,* a.a.O. S. 396.

IV. Zusammenfassung

79   Die skizzierten Überlegungen im Bundesjustizministerium zeigen ein neues Selbstverständnis der Justiz. Es wird erkannt, dass der moderne Strafprozess nach mehr
verlangt, als nur nach der Erforschung materieller Wahrheit, dass vielmehr **verfah-
rensökonomisches Handeln**[158] gefordert ist, um den immer komplexer werdenden
Tatbestandsstrukturen und den daraus resultierenden forensischen Nachweisprob-
lemen in einem justizförmigen Verfahren noch begegnen zu können. Reformansätze
werden unter den Gesichtspunkten
- Stärkung des Täter-Opfer-Ausgleiches
- stärkere und frühere Einbindung der Verteidigung mit dem Ziel, die Geständnisbereitschaft und Mitarbeit des Beschuldigten zu fördern durch den Anreiz, dass
ein frühzeitiges, die Ermittlungen abkürzendes Geständnis sich in einer erheblichen Strafmilderung niederschlagen kann, denn ein Geständnis hat ganz erheblich verfahrensvereinfachende und -verkürzende Auswirkung.
- bessere Vorbereitung der Beweisaufnahme mit dem Ziel, die Beweisaufnahme in
der Hauptverhandlung zu vereinfachen.
- Möglichkeit eines „frühen Termins" indem zwischen den Prozessbeteiligten die
Beweislage und die Verfahrensplanung besprochen werden kann.
erwogen.

80   Bis zu einer gesetzlichen Regelung der Absprache bleibt zur Bestimmung des legitimen Rahmens einer Mediation nur eine **Orientierung an den Grundsätzen des
Bundesgerichtshofes.** Danach ist verfahrenskonsensuales Verhandeln im Ermittlungsstadium zulässig und mit Blick auf die gesetzgeberischen Bestrebungen auch
wünschenswert. Die Interessenlage der Beteiligten und die Vielfalt der Konfliktsituationen legen es vielmehr nahe, mit einer Verhandlungslösung nicht erst bis zum
Abschluss der Ermittlungen[159] zu warten. Jedoch hat es sich gezeigt, dass nicht jedes Ermittlungsverfahren für eine Mediation zugänglich ist. Nur dort, wo sich Vorteile der beschriebenen Art für den Staatsanwalt und den Beschuldigten ergeben
können, und das sind vorwiegend Ermittlungsverfahren mit Betäubungsmittelbe-
zug, Umweltdelikte und Wirtschafts- bzw. Steuerstraftaten größeren Umfangs, findet die Mediation einen **sinnvollen Anwendungsbereich;** hier sind Lösungsmöglichkeit auch unter Berücksichtigung des Zeitdrucks, unter welchem die Ermittlungen
stehen, möglich.

81   Als **Mediator** sollte indes nur ein mit der Problematik des Strafprozesses vertrau-
ter **Jurist** fungieren. Dritte bieten vielleicht Gewähr für mehr Neutralität auf Grund
der Sachferne, oft wird ihnen aber die Voraussicht für drohende, neue Konflikte
und das Verständnis für die Angemessenheit einer Sanktion, die sich nur auf Grund
langjähriger Erfahrung gewinnen lässt, fehlen. Zunächst erscheint es sinnvoll, wenn
der Mediator Mediationspaare bildet und im Rahmen einer Teilzielbestimmung die
Konfliktpunkte erarbeitet. Im weiteren muss er unter Beachtung der Grundsätze des
Bundesgerichtshofes nach verfahrensleitenden Handlungsmöglichkeiten suchen.

---

[158] *Rieß*, a.a.O. S. 411 f.
[159] Gemeint ist die Entscheidung der Staatsanwaltschaft über die Erhebung einer Anklage oder die
Einstellung des Verfahrens.

Dabei lassen sich folgende **Richtlinien zur Orientierung** aufstellen: 82
- Mediation muss alle Verfahrensbeteiligten, d. h. den Beschuldigten, den Verteidiger und den Staatsanwalt umfassen, d. h. es ist auf die persönliche Beteiligung des Beschuldigten in jeder Mediationsphase zu achten.
- Vereinbarungen zum Ablauf eines Ermittlungsverfahrens, des Umfangs bestimmter Eingriffshandlungen oder über ein rechtlich zulässiges Ergebnis einer nachgängigen Hauptverhandlung können nur in Form unverbindlicher Absichtserklärungen getroffen werden; der Abschluss eines bindenden Ergebnisvertrages ist contra legem und damit unzulässig. Unbedenklich allerdings ist, wenn sich die Beteiligten verhalten, wie vereinbart, solange Freiwilligkeit gewährleistet bleibt.
- Die im Rahmen der Mediation abgegebenen Erklärungen unterliegen nur dann einem Verwertungsverbot, wenn sie durch Drohungen oder Täuschungen der in § 136 a StPO beschriebenen Art herbeigeführt worden sind; da die Mediation wegen ihres in der Ergebnisphase unverbindlichen Charakters keine Vertrauensgrundlage begründet, liegt in einem Abweichen vom „unverbindlich" vereinbarten Verhalten keine Täuschungshandlung im obigen Sinne. Ein als Vorleistung offeriertes Geständnis kann jedoch unter bestimmten Voraussetzungen in einem nachfolgenden Strafverfahren unverwertbar sein.
- Der „Boden schuldangemessenen Strafens" darf nicht verlassen werden, d. h., die Staatsanwaltschaft darf nicht durch „Anpassung" des Deliktstatbestandes und Überschreitens ihres Ermessensspielraumes Verfahrenseinstellungen oder -beschränkungen vornehmen.

§ 49 Mediation beim Täter-Opfer-Ausgleich

Prof. Dr. Hans-Jürgen Kerner

Schrifttum: *Bannenberg, Britta/Weitekamp, Elmar G. M./Rössner, Dieter/Kerner, Hans-Jürgen:* Mediation bei Gewaltstraftaten in Paarbeziehungen. Baden-Baden: Nomos 1999; *Boers, Klaus/Kurz, Peter:* Kriminalitätsfurcht ohne Ende? In: Albrecht, Günter; Backes, Otto; Kühnel, Wolfgang (Hrsg.): Gewaltkriminalität zwischen Mythos und Realität. Frankfurt am Main: Suhrkamp 2001, 123–144; *Brienen, Marion E. I. B.; Hoegen, Ernestine H.:* Victims of Crime in 22 European Criminal Justice Systems. The Implementation of Recommendation (85) 11 of the Council of Europe on the Position of the Victim in the Framework of Criminal Law and Procedure. Nijmegen, The Netherlands 2000; *Bundesministerium des Innern; Bundesministerium der Justiz:* Erster Periodischer Sicherheitsbericht. Berlin, Juli 2001 (Langfassung) (Kapitel 3.4 Täter-Opfer-Ausgleich; Kapitel 6.1.2 Stärkung der Opferbelange); *Bundesministerium für Arbeit und Sozialordnung* (Hrsg.): Hilfe für Opfer von Gewalttaten. Bonn 1999; *Bundeskriminalamt* (Hrsg.): Polizeiliche Kriminalstatistik 2000, Bundesrepublik Deutschland. Wiesbaden 2001; *Deutsche Vereinigung für Jugendgerichte und Jugendgerichtshilfen e. V.* (Hrsg.): Kinder und Jugendliche als Opfer und Täter. Prävention und Reaktion. Mönchengladbach 1999; *Dieter, Anne/Montada, Leo* (Hrsg.): Gerechtigkeit im Konfliktmanagement und in der Mediation. Frankfurt/Main 2000; *Dölling, Dieter:* Die Rechtsfolgen des Jugendgerichtsgesetzes. In: Dölling, Dieter (Hrsg.): Das Jugendstrafrecht an der Wende zum 21. Jahrhundert. Berlin, New York: Walter de Gruyter 2001, 181–195; *Dölling, Dieter u. a.:* Täter-Opfer-Ausgleich in Deuschland. Bestandsaufnahme und Perspektiven. Herausgegeben vom Bundesministerium der Justiz. Mönchengladbach 1998; *Eser, Albin/Walther, Susanne* (Hrsg.): Wiedergutmachung im Kriminalrecht. Internationale Perspektiven. Freiburg im Breisgau 1996 (Band S 57/1) und 1997 (Band S 57/2); *Gabriel, Ute:* Furcht und Strafe. Kriminalitätsfurcht, Kontrollüberzeugungen und Strafforderungen in Abhängigkeit von der Erfahrung krimineller Viktimisierung. Baden-Baden 1998; *Gutsche, Günter:* Staatsanwaltschaft und Täter-Opfer-Ausgleich in den Ländern Brandenburg und Sachsen-Anhalt. In: Gutsche, Günter; Rössner, Dieter (Hrsg.): Täter-Opfer-Ausgleich. Beiträge zur Theorie, Empirie und Praxis. Mönchengladbach 2000, 72–92. (a); *ders.:* Täter-Opfer-Ausgleich- für Rechtsanwälte immer noch Neuland? In: Gutsche, Günter; Rössner, Dieter (Hrsg.): Täter-Opfer-Ausgleich. Beiträge zur Theorie, Empirie und Praxis. Mönchengladbach 2000, 105–

117. (b); *Gutsche, Günter/Rössner, Dieter* (Hrsg.): Täter-Opfer-Ausgleich. Beiträge zur Theorie, Empirie und Praxis. Mönchengladbach 2000; *Haft, Fritjof:* Verhandlung und Mediation: Die Alternative zum Rechtsstreit. 2. Auflage, München 2000; *Hartmann, Ute Ingrid:* Staatsanwaltschaft und Täter-Opfer-Ausgleich. Eine empirische Analyse zu Anspruch und Wirklichkeit. Baden-Baden 1998; *Haupt, Holger/Weber, Ulrich:* Handbuch Opferschutz und Opferhilfe (für Straftatopfer und ihre Angehörigen, Mitarbeiter von Polizei und Justiz, Angehörige der Sozialberufe und ehrenamtliche Helfer). Baden-Baden 1999; *Lemke, Michael u. a.* (Bearb.): Heidelberger Kommentar zur Strafprozessordnung. 3. Auflage. Heidelberg: C. F. Müller 2001; *Heinz, Wolfgang:* Kriminalprävention. Anmerkungen zu einer überfälligen Kurskorrektur der Kriminalpolitik. In: Kerner, Hans-Jürgen; Jehle, Jörg-Martin; Marks, Erich (Hrsg.): Entwicklung der Kriminalprävention in Deutschland. Mönchengladbach: Forum Verlag Godesberg 1998, 17–59; *Hennig, Silvia:* Täter-Opfer-Ausgleich und Mediation. Methoden und Beispiele – Zweifel und ketzerische Gedanken. In: Gutsche, Günter; Rössner, Dieter (Hrsg.): Täter-Opfer-Ausgleich. Beiträge zur Theorie, Empirie und Praxis. Mönchengladbach 2000, 199–234; *Jansen, Constanze/ Karliczek, Kari-Maria:* Täter und Opfer als Akteure im Schlichtungsprozess. In: Gutsche, Günter; Rössner, Dieter (Hrsg.): Täter-Opfer-Ausgleich. Beiträge zur Theorie, Empirie und Praxis. Mönchengladbach 2000, 159–178; *Jesionek, Udo:* Das österreichische Jugendgerichtsgesetz. 2. Auflage, Wien 2000; *Karliczek, Kari-Maria:* Ergebnisse der quantitativen Untersuchung im Rahmen der Begleitforschung zum Täter-Opfer-Ausgleich in Brandenburg und Sachsen-Anhalt. In: Gutsche, Günter; Rössner, Dieter (Hrsg.): Täter-Opfer-Ausgleich. Beiträge zur Theorie, Empirie und Praxis. Mönchengladbach 2000, 52–71; *Kerner, Hans-Jürgen,* unter Mitarbeit von *Trüg, Gerson:* Opferrechte/Opferpflichten. Ein Überblick über die Stellung der durch Straftaten Verletzen im Strafverfahren seit Inkrafttreten des Zeugenschutzgesetzes. (Weißer Ring e. V.) Wiesbaden 1999; *ders.:* Verwirklichung des Täter-Opfer-Ausgleichs. Einsichten und Probleme anhand von Praxisdaten. In: Weißer Ring (Hrsg.): Wiedergutmachung für Kriminalitätsopfer – Erfahrungen und Perspektiven. Mainz 1999 (a), 27–88; *Keudel, Anke:* Die Effizienz des Täter-Opfer-Ausgleichs. Eine empirische Untersuchung von Täter-Opfer-Ausgleichsfällen aus Schleswig-Holstein. Mainz 2000; *Kilchling, Michael:* TOA-E versus ATA-E. Empirische Befunde zur Praxis des Täter-Opfer-Ausgleichs. In: Jehle, Jörg-Martin (Hrsg.): Täterbehandlung und neue Sanktionsformen. Kriminalpolitische Konzepte in Europa. Mönchengladbach 2000, 295–321; *Kurki, Leena:* Restorative and Comunity Justice in the United States. In: Tonry, Michael (Ed.): Crime and Justice. A Review of Research. Vol. 27, Chicago, London 2000, 235–304; *Lackner, Karl/Kühl, Kristian:* Strafgesetzbuch mit Erläuterungen. 21. Auflage 2001; *Liebmann, Marian:* Mediation in Context. London: Jessica Kingsley 2000; *Löschnig-Gspandl, Marianne:* TOA-E versus ATA-E. Ausgewählte Fragen zu den normativen Grundlagen. In: Jehle, Jörg-Martin (Hrsg.): Täterbehandlung und neue Sanktionsformen. Kriminalpolitische Konzepte in Europa. Mönchengladbach 2000, 277–294; *Mansel, Jürgen:* Angst vor Gewalt. Eine Untersuchung zu jugendlichen Opfern und Tätern. Weinheim und München: Juventa 2001; *Matt, Eduard:* Restorative Justice: Ein Regentanz: In: DVJJ-Journal 4/2000 (Nr. 170), 370–373; *Mau, Annett:* Die Konfliktschlichter. In: Gutsche, Günter; Rössner, Dieter (Hrsg.): Täter-Opfer-Ausgleich. Beiträge zur Theorie, Empirie und Praxis. Mönchengladbach 2000, 118–158; *Mau, Annett; Leubner, Katrin; Werner, C. U.* (Red.): Der „Täter-Opfer-Ausgleich". Moderner Beitrag zur Konfliktregelung und zur Sicherung des sozialen Friedens? Herausgegeben von der Friedrich-Ebert-Stiftung, Landesbüro Brandenburg. Potsdam 1998; *Meier, Bernd-Dieter:* Wiedergutmachung im Strafrecht? Empirische Befunde und kriminalpolitische Perspektiven. In: Jehle, Jörg-Martin (Hrsg.): Täterbehandlung und neue Sanktionsformen.. Kriminalpolitische Konzepte in Europa. Mönchengladbach 2000, 255–276; *Mozes Kor, Eva:* Heilung von Auschwitz. Universitas 56, Nr. 656, November 2001, 1100–1114; *Netzig, Lutz:* „Brauchbare" Gerechtigkeit. Täter-Opfer-Ausgleich aus der Perspektive der Betroffenen. Mönchengladbach 2000; *Northoff, Robert* (Hrsg.): Handbuch der Kriminalprävention. Grundwerk einschließlich 4. Ergänzungslieferung. Baden-Baden: Nomos 2001; *Pelikan, Christa* (Hrsg.): Mediationsverfahren. Horizonte, Grenzen, Innensichten. Baden-Baden 1999; *Pilgram, Arno:* Der VBSA und die „Opferhilfe" – Anmerkungen zu einem schwierigen, aber nicht hoffnungslosen Verhält-

nis, in: Sozialarbeit und Bewährungshilfe, Heft 3, 1998, 4–11; *Republik Österreich* (Hrsg.): Sicherheitsbericht 1999. Kriminalität 1999. Vorbeugung, Aufklärung und Strafrechtspflege. Bericht der Bundesregierung über die innere Sicherheit in Österreich. Wien 2000; *Rössner, Dieter:* Ergebnisse und Defizite der aktuellen TOA-Begleitforschung – Rechtliche und empirische Aspekte – In: Gutsche, Günter; Rössner, Dieter (Hrsg.):Täter-Opfer-Ausgleich. Beiträge zur Theorie, Empirie und Praxis. Mönchengladbach 2000, 7–40; *ders.:* Das Jugendkriminalrecht und das Opfer der Straftat. In: Dölling, Dieter (Hrsg.): Das Jugendstrafrecht an der Wende zum 21. Jahrhundert. Berlin, New York: De Gruyter 2001, 165–180; *Schaffstein, Friedrich:* Überlegungen zum Täter-Opfer-Ausgleich und zur Schadenswiedergutmachung. In: Schünemann, Bernd u. a. (Hrsg.): Festschrift für Claus Roxin zum 70. Geburtstag. Berlin, New York: Walter de Gruyter 2001, 1065–1075; *Schillinger, Heike:* Mediation im Verwaltungsrecht – Instrument neuer Behördenkultur? Verwaltungsblätter für Baden-Württemberg 22, Heft 10, 2001, 396–404; *Schindler, Volkhard:* Täter-Opfer-Statuswechsel: Zur Struktur des Zusammenhangs zwischen Viktimisierung und delinquentem Verhalten. Hamburg: Kovac 2001; *Schneider, Hans Joachim:* Kriminologie für das 21. Jahrhundert. Schwerpunkte und Fortschritte der internationalen Kriminologie. Überblick und Diskussion. Münster: Lit 2001; *Schöch, Heinz:* Täter-Opfer-Ausgleich und Schadenswiedergutmachung gemäß § 46a StGB. In: Roxin, Claus; Widmaier, Gunter (Hrsg.): 50 Jahre Bundesgerichtshof. Festgabe aus der Wissenschaft. Band IV. Strafrecht und Strafprozessrecht. München: C.H. Beck 2000, 309–338; *ders.:* Wege und Irrwege der Wiedergutmachung im Strafrecht. In: Schünemann, Bernd u. a. (Hrsg.): Festschrift für Claus Roxin zum 70. Geburtstag. Berlin, New York: Walter de Gruyter 2001, 1045–1064; *Schönke, Adolf/Schröder, Horst:* Strafgesetzbuch. Kommentar. 26. Auflage, bearbeitet von Theodor Lenckner u. a. München: C.H. Beck 2001; *Schünemann, Bernd/Dubber, Markus Dirk* (Hrsg.): Die Stellung des Opfers im Strafrechtssystem. Neue Entwicklungen in Deutschland und in den USA. Köln u. a.: Carl Heymanns Verlag 2001; *Schütz, Hannes:* Legalbewährung nach Außergerichtlichem Tatausgleich. Anwendungsdaten und Rückfallsquoten zum ATA bei Erwachsenen. In: Sozialarbeit und Bewährungshilfe 21 (1999), Heft 5, 46–51; Servicebüro für Täter-Opfer-Ausgleich (Hrsg.): TOA-Standards. Qualitätskriterien für die Praxis des Täter-Opfer-Ausgleichs. 4. Auflage, Köln 2000; *Skepetat, Marcus:* Jugendliche und Heranwachsende als Tatverdächtige und Opfer von Gewalt. Eine vergleichende Analyse jugendlicher Gewaltkriminalität in Mecklenburg-Vorpommern anhand der Polizeilichen Kriminalstatistik unter besonderer Berücksichtigung tatsituativer Aspekte. Mönchengladbach: Forum Verlag Godesberg 2000; Steffens, Rainer: Wiedergutmachung und Täter-Opfer-Ausgleich im Jugend- und Erwachsenenstrafrecht in den neuen Bundesländern. Mönchengladbach 1999; *Strang, Heather (Ed.):* Restorative Justice: Philosophy to Practice. Aldershot: Ashgate 2000; *The European Forum for Victim-Offender-Mediation and Restorative Justice (Ed.):* Victim-Offender Mediation in Europe: Making Restorative Justice Work. Leuven: Leuven University Press 2000; *Van Kesteren, John/Mayhew, Pat/Nieuwbeerta, Paul:* Criminal Victimization in Seventeen Industrialised Countries. Key Findings from the 2000 International Crime Victims Survey. Den Haag: WODC 2000; *Verein für Bewährungshilfe und Soziale Arbeit* (Hrsg.): Konflikte regeln. Der Außergerichtliche Tatausgleich in Österreich. VBSA-Schriftenreihe 4/99. Wien 1999; *Walgrave, Lode (Ed.):* Restorative Justice for Juveniles: Potentialities, Risks and Problems for Research. Leuven: Leuven University Press 1998; *Walter, Michael:* Jugendkriminalität. 2. Auflage. Stuttgart u. a.: Boorberg 2001; *Walter, Michael u. a.:* Täter-Opfer-Ausgleich aus der Sicht von Rechtsanwälten. Einschätzungen, Ansichten und persönliche Erfahrungen. Herausgegeben vom Bundesministerium der Justiz. Mönchengladbach 1999; *Walther, Susanne:* Vom Rechtsbruch zum Realkonflikt: Grundlagen und Grundzüge einer Wiedergutmachung und Strafe verbindenden Neuordnung des kriminalrechtlichen Sanktionensystems. Berlin 2000; *Watzke, Ed:* Äquilibristischer Tanz zwischen den Welten. Neue Methoden professioneller Konfliktmediation. Bonn 1997; *Wegener, Hartmut:* Der Täter-Opfer-Ausgleich in Sachsen-Anhalt. In: Gutsche, Günter; Rössner, Dieter (Hrsg.): Täter-Opfer-Ausgleich. Beiträge zur Theorie, Empirie und Praxis. Mönchengladbach 2000, 183–198; *Weisburd, David:* Reorienting Crime Prevention Research and Policy. From the Causes of Criminality to the Context of Crime. In: Kerner, Hans-Jürgen/Jehle, Jörg-Martin/

Marks, Erich (Hrsg.): Entwicklung der Kriminalprävention in Deutschland. Mönchengladbach: Forum Verlag Godesberg 1998, 61–78; *Weitekamp, Elmar G. M.:* The History of Restorative Justice. In: Bazemore, Gordon/Walgrave, Lode (Eds.): Restorative Juvenile Justice. Repairing the Harm of Youth Crime. Monsey, N.J.: Willow Tree Press 1999, 78–102; *ders.:* Research on Victim-Offender Mediation. Findings and Needs for the Future. In: European Forum for Victim Offender Mediation (Ed.): Victim-Offender-Mediation in Europe: Making Restorative Justice Work. Leuven: Leuven University Press 2000, 99–121; Willoweit, Dietmar (Hrsg.): Die Entstehung des öffentlichen Strafrechts. Bestandsaufnahme eines europäischen Forschungsproblems. Köln, Weimar, Wien 1999; *Zembaty, Andreas/Facchin, Renate/Tsekas, Nikolaus:* Das Leben nach der Tat. Auszug aus dem Bericht des Verbrechensopferhilfeprojektes *danach.* Sozialarbeit und Bewährungshilfe (sub) 23, Heft 1, 2001, 15–27; *Zwinger, Georg:* Zur Methodik der Mediation bei strafrechtlich relevanten Konflikten, in: Sozialarbeit und Bewährungshilfe (sub), Heft 1, 1999, 4–35.

I. Einleitung: Bedeutung von Viktimisierung und Täter-Opfer-Ausgleich allgemein[1]

Über die inzwischen im Allgemeinen Strafrecht wie im Jugendstrafrecht veranker- 1 ten Regelungen des Täter-Opfer-Ausgleichs (im weiteren: **TOA**) wird Opfern und Tätern die Möglichkeit geboten, für die mit Straftaten verbundenen Konflikte, im Regelfall unter Beteiligung eines unparteiischen Dritten, eine beiderseits befriedigende Regelung herbeizuführen, die auch dem sozialen Frieden dient und damit die Geltung des Rechts bekräftigt.

Dass Opfer und Täter sich auf eine solche Möglichkeit einlassen könnten, wird 2 manchem Betrachter der Kriminalitätsentwicklung und der Kriminalitätslage auf den ersten Blick nicht einleuchten wollen. Verbreitet besteht der Eindruck einer steigenden Kriminalität, besonders der Gewaltkriminalität. Über die Kriminalität als Massenerscheinung hinaus entzündet sich die öffentliche, insbesondere über die Medien vermittelte, Diskussion über Kriminalität vielfach ganz besonders an solchen konkreten Fällen, bei denen Opfer und Täter einander vor der Tat nicht kennen, bei denen ein Vergehen oder Verbrechen sozusagen wie aus heiterem Himmel über das Opfer hereinbricht. Solche Straftaten sind in hohem Maße angstbesetzt. Sie spielen für die Ausprägung der sog. **Kriminalitätsfurcht** in der Bevölkerung eine große Rolle, und bei potentiellen Opfern kommt im Rahmen eines komplexen Einstellungsgefüges dabei der Erwartung, dass man im tatsächlichen Ereignisfall nicht oder jedenfalls nicht gut in der Lage wäre, auf das Tatgeschehen und die Folgen adäquat zu reagieren, eine wesentliche Funktion zu.[2] Abgesehen von solchen sozial-

---

[1] Zu einem dichten Überblick s. die Informationsbroschüre des Servicebüros für Täter-Opfer-Ausgleich und Konfliktschlichtung in Köln, kurz „TOA-Servicebüro" genannt. Dieses Büro (http://www.toa-servicebuero.de/) ist ein Projekt des DBH e.V. – Fachverband für Soziale Arbeit, Strafrecht und Kriminalpolitik – (http://www.dbh-online.de) und wurde nach langen Planungen und Beratungen 1992 auf Beschluss von Bundestag und Bundesregierung als überregionale Beratungsstelle eingerichtet. Es wird hauptsächlich aus Mitteln des Bundesministeriums der Justiz und zuzüglich aus Mitteln der Länder gefördert. In dem vorliegenden Beitrag sind auch Materialien verwertet, die der Verfasser als Mitglied des Gremiums der Bundesregierung zur Erstellung des Ersten Periodischen Sicherheitsberichts erarbeitet hat. Zum Sicherheitsbericht vgl. Bundesministerium des Innern/Bundesministerium der Justiz, 2001.
[2] Zu diesem sog. Bewältigungsverhalten (Coping) und weiteren Aspekten s. zuletzt *Boers/Kurz* 2001 m. w. Nachweisen.

psychologisch und individuell bedeutsamen „Vorwirkungen", die seit einigen Jahren kriminalpolitisch eigenständiges Gewicht gewonnen haben[3] und in den Sozialwissenschaften unter dem Gesichtspunkt der Lebensqualität behandelt werden, entstehen hier die manifesten Probleme konkret(er) fassbar doch erst durch die strafbare Handlung selber oder durch die Folgen der Tat für das Opfer bzw. die Angehörigen oder sonst nahe stehende Personen, wenn das Opfer getötet, körperlich verletzt, psychisch erheblich beeinträchtigt, materiell geschädigt oder sonst in seinen Rechten mehr als nur oberflächlich verletzt wird.

3   Im „Kriminalitätsalltag" jedoch sind die Taten unter völlig Fremden seltener als in der medialen Repräsentation und der durch sie (mit) beeinflussten allgemeinen Wahrnehmung, ohne dass dies derzeit durch amtliche Daten oder Forschungsbefunde genau quantifiziert werden könnte. Täter und Opfer stammen jedenfalls sehr häufig aus demselben geographischen oder ökologischen Umfeld. Als ein deutliches quantitatives Indiz für diese verbreitete kriminalistische Erfahrung kann man die in der Polizeilichen Kriminalstatistik verzeichneten Angaben über die „Wohnsitzverteilung der Tatverdächtigen" nehmen. Im Berichtsjahr 2000 wurden insgesamt rund 2,9 Millionen Tatverdächtige bei rund 6,3 Millionen bekannt gewordenen Verbrechen und Vergehen (ohne Staatsschutzdelikte und Verkehrsvergehen) ermittelt. Davon hatten 57,3% ihren Wohnsitz in der Tatortgemeinde. Bei den rund 1,7 Millionen deutschen Tatverdächtigen waren es sogar 61,9%.[4]

4   Der spätere Täter und das spätere Opfer können unter dieser Perspektive bereits situativ „aufeinander bezogen" gewesen sein, ohne schon direkt von einander bewusst Kenntnis genommen haben zu müssen. Der damit angesprochene räumliche und sozialökologische Kontext von Kriminalität ist für moderne Konzeptionen von (kommunaler) Kriminalprävention, die genuin auch Opferprävention umfassen, von ganz besonderer Wichtigkeit.[5] Wenn indes späterer Täter und späteres Opfer einander kennen lernen, stehen mögliche „Beziehungstaten" im Raum. Die Beziehungen können flüchtig gewesen sein und bleiben, etwa bei einem gemeinsamen Weg zur Arbeitsstelle, wo hin und wieder ein paar Sätze ausgetauscht werden mögen; oder sie gründen auf nähere Bekanntschaft, etwa aus benachbartem Wohnen in einem Dorf oder Stadtviertel; oder sie rühren aus gemeinsamen Aktivitäten her, etwa der Mitgliedschaft in demselben Sportverein. Beziehungstaten im engsten Sinn des Wortes liegen vor, wenn es um ganz nahe persönliche Verhältnisse geht. Ihre dramatischeren Formen sind die (versuchte) Tötung des Intimpartners oder ganz allgemein wiederholte massive Gewalt in Partnerschaften,[6] Ehen und Familien.

5   Auch in solchen Konstellationen können ähnlich wie bei den Taten unter Fremden die Probleme erst mit der Tat entstehen. Oft aber liegen vorangehende sich wiederholende Probleme oder sogar chronische Zerwürfnisse zwischen den Beteiligten vor. Hier kann die Straftat sozusagen den Schlusspunkt oder zumindest den (vorläufigen) Höhepunkt bilden. Während in Vorstadien des Konfliktes die Ausei-

---

[3] Eine kritische Übersicht auf neustem Stand findet sich dazu bei *M. Walter* 2001, 286 ff. unter den Überschriften „Medienkriminalität" und (u. a.) „subjektive Kriminalität" bzw. „Kriminalitätswahrnehmung".
[4] Vgl. Bundeskriminalamt 2001, Tabellen 83 und 83 a mit Details zu einzelnen Delikten bzw. Deliktsgruppen.
[5] Vgl. etwa *Heinz, W.*, 1998, 17 ff., und *Weisburd, D.*, 1998, 61 ff.; s. a. mit übergreifendem Ansatz das Handbuch der Kriminalprävention (*Northoff, R.*, 2001).
[6] Siehe dazu beispielsweise *Bannenberg, B.* u. a. 1999.

nandersetzungen verbal geblieben waren, eskaliert nun die Konfliktdynamik, bis die beteiligten Partner sie nicht mehr steuern können oder wollen, und massiv handgreiflich werden. In anderen Fällen wird die Reizschwelle eines Partners überschritten, aber zunächst wirken die üblichen Hemmungen noch, so dass der endliche Ausbruch einer Gewalttätigkeit das Opfer, das generell misstrauisch gewesen sein mag, in der konkreten Situation doch ganz unvermutet trifft.

Es gibt keine allgemein aussagekräftigen Zahlen darüber, wie hoch der **Anteil der** 6 **Beziehungsdelikte an der Gesamtkriminalität** in Deutschland ist. In der Polizeilichen Kriminalstatistik wird die so genannte Opfer-Tatverdächtigen-Beziehung lediglich für ausgewählte Delikte und Deliktsbereiche ausgewiesen, die in den letzten Jahren rund 11% der gesamten polizeilich registrierten Vergehen und Verbrechen ausmachten. Immerhin standen hinter diesem Prozentwert im Berichtsjahr 2000 rund 722.000 Fälle. Unter diesen Fällen ergab sich folgende Verteilung bezüglich der Kategorien der Opfer-Tatverdächtigen-Beziehung: Verwandtschaft rund 10%; Bekanntschaft rund 25%; landsmannschaftliche Verbindung (bei Nichtdeutschen) 1,3%; flüchtige Vorbeziehung rund 11%, keine Vorbeziehung knapp 39% (ungeklärt blieben rund 14%). Daraus errechnet sich, unter Einbeziehung der ungeklärten Fälle, eine Quote an Beziehungsdelikten von insgesamt 47% der erfassten Fälle als Untergrenze des „tatsächlichen Wertes"; bei Ausscheiden der ungeklärten Fälle würde sich der errechnete Wert auf 55,3% erhöhen. Bei vollendeten Tötungsdelikten (Mord und Totschlag) ereigneten sich zwei Drittel aller Taten unter Verwandten oder näheren Bekannten. Bei Straftaten gegen die sexuelle Selbstbestimmung unter Anwendung von Gewalt oder Ausnutzung eines Abhängigkeitsverhältnisses wurde jede zweite Tat von Verwandten oder näheren Bekannten begangen. Bei Raubüberfällen in Wohnungen war jede dritte Tat eine entsprechende Beziehungstat. Bei Raub, räuberischer Erpressung und räuberischem Angriff auf Kraftfahrer insgesamt gab es allerdings die wenigsten Vorbeziehungen, nämlich nur in einem Drittel der Fälle. Bei Körperverletzungen lag der Wert um 40 Prozent.[7]

In allen Fällen persönlicher Viktimisierung[8] erzeugen die Ereignisse eine zwischen 7 den Beteiligten psychologisch wirkmächtige und gegebenenfalls auch sozialpsychologisch belangvolle „**Verknüpfung**". Diese kann sozusagen virtuell bleiben, wenn der Täter nach der Tat unerkannt entkommt und auch die anschließenden polizeilichen Ermittlungen fruchtlos bleiben,[9] wenn Täter und Opfer sonst einander nie mehr sehen (wollen) und jede Seite getrennt für sich mit den Folgen beschäftigt ist, was mit steigender Tatschwere bzw. Tatfolgen erfahrungsgemäß speziell für das

---

[7] Vgl. Bundeskriminalamt 2001, 61 ff. und Tabelle 92 im Anhang zu Einzelheiten bzw. Einzeldelikten.

[8] Zu deren Ausmaß im Dunkelfeld lassen sich anhand von sog. Opferbefragungen genauere Aussagen treffen. Internationaler Vergleich (leider ohne Deutschland) zuletzt bei *Van Kesteren, J.* u. a., 2000.

[9] Ganz besonders in diesen Fällen werden Maßnahmen und Einrichtungen bedeutsam, die hier nicht näher erörtert werden können. Auf der einen Seite die Opferentschädigung, vordringlich durch den Staat gemäß dem Opferentschädigungsgesetz (zu diesem OEG vgl. die Kurzinformation bei: Bundesministerium für Arbeit und Sozialordnung, 1999). Auf der anderen Seite die Opferhilfe, die in Deutschland im Wesentlichen durch private Vereinigungen geleistet wird, vor allem durch den Weißen Ring und die in der Arbeitsgemeinschaft der Opferhilfen (ADO) zusammengeschlossenen Vereine und Initiativen (siehe dazu das Handbuch von *Haupt, H./Weber U.*, 1999. Zur Lage in Österreich vgl. *Pilgram, A.*, 1998; *Zembaty* u. a., 2001; und die Berichte des Vereins für Bewährungshilfe und Soziale Arbeit: http://www.vbsa.at).

Opfer ein Problem wird. Real (in ihren Auswirkungen) wird die Verknüpfung, wenn Opfer und Täter beispielsweise in der Alltagswelt einander nicht ausweichen können oder wenn das Opfer in einem Strafverfahren gegen den Angeklagten auftreten muss, besonders in der Rolle des Opferzeugen.[10] In solchen Fällen macht die in Fachkreisen des TOA generalisiert gebräuchliche Rede davon, dass zwischen den Beteiligten ein „Konflikt" bestehe, einen sowohl objektiven als auch subjektiv nachvollziehbaren Sinn, selbst dann, wenn man gegen den Konfliktansatz und die Idee die Ausgleichs ansonsten Vorbehalte haben sollte.

8   Das **Kernstück des TOA** liegt in der **persönlichen Begegnung** zwischen Opfer und Täter, und gegebenenfalls zudem von Personen, die ihnen nahe stehen oder ihnen zumindest in der akuten Lage beistehen wollen, sowie in der dann folgenden Auseinandersetzung über diesen Konflikt. Der Begriff der Auseinandersetzung enthält dabei viele Facetten, vordringlich: Information, Aussprache, Entschuldigung und Bemühen um Wiedergutmachung der Straftatfolgen. Das (vor allem zu Beginn mitunter heftige) Gespräch zwischen den direkt Beteiligten und ggf. Angehörigen, Beiständen und sonstigen Begleitpersonen wirft oftmals ein neues Licht auf die Rollen von Opfer und Täter und kann dadurch nachhaltig zur Verarbeitung der entstandenen Probleme beitragen.[11] Für das Konzept der Schadenswiedergutmachung, des Ausgleichs und im günstigsten Fall der Versöhnung gibt es weit in die Geschichte zurückreichende Vorbilder,[12] und in noch mehr oder minder ursprünglich lebenden Völkergruppen haben sich entsprechende Traditionen bis in die jüngere Zeit lebendig erhalten.[13] Kontinentaleuropäische Traditionen wurden mit dem Aufkommen des modernen Strafrechts allmählich in den Hintergrund gedrängt und gerieten danach so gut wie ganz in Vergessenheit, eine Entwicklung, die erst seit wenigen Jahren auch unter juristischer Perspektive genauer analysiert wird.[14]

9   TOA als Konfliktbearbeitung bei Straftaten, ggf. verbunden mit einer materiellen oder/und immateriellen Wiedergutmachung der Tatfolgen,[15] steht theoretisch, ge-

---

[10] In dieser Hinsicht kommt der Gedanke des Opferschutzes zentral zum Tragen. Hier hat der Gesetzgeber seit dem ersten Opferschutzgesetz vom Dezember 1986 ein einer ganzen Reihe von Gesetzen die Position von Straftatopfern wesentlich gestärkt (zu einem gedrängten Überblick über die gesamte Rechts- und Pflichtenlage siehe *Kerner, H.J.,* 1999). Deutschland nimmt insoweit Teil an einer breiten europäischen Bewegung, die bislang insbesondere vom Europarat in Straßburg vorangetrieben wurde (vgl. zu einer Evaluation der Europaratsempfehlungen *Brienen, M./Hoegen, E.,* 2000). Die Justizminister der EU-Mitgliedstaaten haben auf einer Sitzung des Europäischen Rates im September 2000 ebenfalls die Initiative ergriffen und sich auf einen Rahmenbeschluss zum Schutz der Opfer in Strafverfahren geeinigt. Damit werden einheitliche Mindeststandards auf den Weg gebracht, die der besonderen Situation der Geschädigten von Vergehen und Verbrechen gerecht werden, insbesondere dann, wenn sie außerhalb ihres Heimatlandes bzw. Sprachgebietes viktimisiert wurden. Zu einem Vergleich der neueren Entwicklungen in Deutschland und den USA vgl. *Schünemann, B.; Dubber, M.D.,* 2001.

[11] Auch zur Verringerung der Gefahr, dass u.a. im Gefolge von Straftaten psychische und soziale Prozesse eintreten, die aus Opfern spätere Täter werden lassen und Täter später in Opferlagen bringen. Solche „Statuswechsel" sind gerade bei jungen Menschen nicht selten; vgl. dazu Deutsche Vereinigung für Jugendgerichte und Jugendgerichtshilfen, 1999; *Kerner, H.J.,* 1999 a; *Mansel, J.,* 2001; *Schindler, V.,* 2001; *Skepenat, M.,* 2000.

[12] Vgl. dazu *Weitekamp,* E., 1999, 75 ff.

[13] Vgl. zuletzt den Bericht von *Matt,* E., 2000, 370 ff. über die 4. Internationale Konferenz über Restorative Justice in Tübingen im Oktober 2000.

[14] Vgl. *Willoweit,* D., 1999, besonders die Einführung in den Sammelband.

[15] Umfassend zu diesen und anderen grundsätzlichen Aspekten s. zuletzt *Walther, S.,* 2000; vgl. weiter aus den zahlreichen jüngeren Veröffentlichungen zum Thema beispielsweise das Gutachten der

sellschaftlich, rechtspolitisch sowie rechtspraktisch in engem Zusammenhang mit anderen Vermittlungskonzepten, die sich seit gut einem Jahrzehnt auch in Deutschland unter dem Oberbegriff der Mediation entwickelt haben und in verschiedenen Bereichen eingesetzt werden. Eine zunehmende Tendenz zur außergerichtlichen Regelung von Streitfällen wird beispielsweise sichtbar bei Trennung, Scheidung und Erziehungskonflikten in der Familie, aber auch bei Auseinandersetzungen in Schulen, bei Nachbarschaftskonflikten sowie im Arbeits-, Wirtschafts- und Umweltrecht.[16]

Europaweit und international wird TOA außerdem immer häufiger unter der   **10** Perspektive von „Restorative Justice" diskutiert, die mit dem Konzept der Mediation in der Sache verknüpft ist. Der Begriff der „Restorative Justice" umfasst unter anderem die „Restitution" von Schäden und verweist insoweit semantisch auf den im deutschen Schadensersatzrecht geläufigen Begriff der Naturalrestitution, geht aber darüber hinaus; bislang gibt es jedenfalls noch keinen fest eingeführten und allgemein akzeptierten deutschen Begriff. Eine annähernd passende Übersetzung wäre beispielsweise eine (sozialen Frieden und ausgleichende Gerechtigkeit) „Wiederherstellende Strafrechtspflege".[17] Sie dient dem Ziel, zwischen Opfern, Tätern sowie den mit ihnen verbundenen Personen umfassend zu vermitteln und dadurch im weiteren Gefolge die durch die Tat gestörten grundlegenden Beziehungen und Befindlichkeiten der Gemeinschaften (Gemeinden) selber wieder zu stabilisieren, und d. h. auch allgemeinen persönlichen und sozialen Frieden zu erreichen.[18]

II. Spezielle Bedeutung des Täter-Opfer-Ausgleichs für Opfer

Bei **Opfern** von Straftaten steht zunächst einmal oft ein schlichtes **Informations-**   **11** **bedürfnis** im Vordergrund: sie wollen über den Verfahrensgang auf dem laufenden gehalten werden. Es gibt aber darüber hinaus ein tiefer gehendes Informationsbedürfnis im Zusammenhang mit dem Bemühen, nach dem ggf. einschneidenden Taterlebnis sich selber und „die Welt" wieder sozusagen auf die Reihe bekommen zu können, die Geschehnisse subjektiv nachvollziehbar einzuordnen und die Verunsicherung mindernde Erklärungen zu finden. Zu typischen Fragen gehören solche wie: „Warum hat es gerade mich getroffen?", „Wieso muss meinem Sohn/meiner Tochter so etwas geschehen?", „Was hat den Täter getrieben, gerade so zu handeln, wie er gehandelt hat und nicht anders?"; „Hätte die Tat nicht (von der Polizei) verhindert werden können?" oder, schon in Richtung auf eigenes Schulderle-

---

TOA- Forschungsgruppe für den BMJ (*Dölling, D. u. a.*, 1998) sowie *Eser, A.; Walther, S.*, 1996 und 1997; *Mau, A. u. a.*, 1998.

[16] Vgl. dazu, außer besonderen Beiträgen in diesem Handbuch, etwa *Bannenberg, B. u. a.*, 1999; *Dieter, A./Montada, L.*, 2000; *Haft, F.*, 2000; *Pelikan, Ch.*, 1999; *Schillinger, H.*, 2001; *Liebmann, M.*, 2000 mit vielen Beispielen für Großbritannien, wo „Mediation UK" eine besonders weit entwickelte Position im Vergleich zu anderen europäischen Staaten einnimmt. Weitere Informationen finden sich beispielsweise auf der Homepage des Bundesverbandes Mediation e. V., Fachverband zur Förderung der Verständigung in Konflikten (http://www.bmev.de/).

[17] Es gibt bereits ein viele europäische Staaten umfassendes „European Forum of Victim-Offender Mediation and Restorative Justice" (Secretariat: Hooverplein 10, B-3000 Leuven) und eine größere Zahl von Veröffentlichungen (aus jüngerer Zeit vgl. beispielsweise *Strang, H.*, 2000; The European Forum etc., 2000; *Walgrave, L.*, 1998).

[18] *Kurki, L.*, 2000, 235 sieht Restorative Justice als „based on values that promote repairing harm, healing, and rebuilding relations among victims, the offenders, and the communities".

ben: „Habe ich mich unvorsichtig verhalten?"; „Habe ich mich leichtfertig in Gefahr begeben?".

12   Im Rahmen solcher Fragestellungen wollen Opfer von Straftaten auf der anderen Seite auch reden, fragen, ihren Ärger kundtun sowie ihren Interessen an Wiedergutmachung und Schadensersatz Ausdruck geben. Das klassische Strafverfahren ist, ausgehend vom staatlichen Strafanspruch und dessen Durchsetzung, ganz auf den Angeklagten und dessen mögliche rechtskräftige Überführung als Täter konzentriert. Schon von daher kann es selbst bei ganz korrektem Prozedieren des Gerichts vorkommen, dass das Opfer auf die Rolle des Zeugen beschränkt wird und sich als Person gar nicht gefragt erlebt. Selbst im Falle der Beteiligung als Nebenkläger können die grundsätzlichen Schwierigkeiten für das Opfer bestehen bleiben. Wenn es die aus guten Gründen im Strafprozess hoch gehaltene Unschuldsvermutung gegen den Beschuldigten erfordert, das Opfer intensiv zu befragen, ob es sich über seine Wahrnehmungen wirklich sicher sei, kann das vom Opfer als massive Anzweiflung der Glaubwürdigkeit des eigenen Opferstatus erlebt werden, selbst wenn es den anderen Beteiligten vordringlich darum gehen sollte zu verifizieren, ob der Beschuldigte wirklich einer besonders schweren Variante einer bestimmten Straftat überführt werden kann, die einen hohen Strafrahmen eröffnet. Wenn Opfer schließlich in ungünstigen Fällen den Eindruck bekommen, nichts tun zu können oder sogar den Ereignissen ohnmächtig gegenüber zu stehen, kommen Gefühle von Angst, Ärger, Zorn oder Wut auf. Eine besonders nachhaltige sog. sekundäre Viktimisierung kann zusätzlich eintreten, wenn versteckte oder sogar offene Schuldzuweisungen aus der Umwelt, insbesondere aus dem näheren personalen Umfeld, auftreten.

13   Durch das alternative Angebot einer außergerichtlichen kommunikativen Rechtsfindung erhält das Opfer die Möglichkeit, Angst und andere Gefühle nicht weiter zu verdrängen, sondern sich selbst gegenüber zuzulassen. Allein die Bedeutung dieses Umstandes für den Einstieg in den Weg, um die innere Ruhe und den personalen Frieden wieder zu finden, wird vielfach unterschätzt. Sodann geht es darum, die Gefühle im direkten Kontakt mit dem Täter unter Moderation des Vermittlers bzw. Konfliktberaters[19] buchstäblich herauszulassen und damit im günstigsten Fall allmählich psychisch hinter sich zu lassen. Schließlich soll es das Verfahren ermöglichen, die ganz persönlichen Interessen in einem eher instrumentellen Sinn der Konfliktaustragung nachhaltig zur Geltung zu bringen, also etwa das Interesse an Ersatz des materiellen Schadens, an Rückgabe von Gegenständen (insbesondere solche von hohem Affektionswert), an Ausgleich des immateriellen Schadens (durch Schmerzensgeld) und Wiederherstellung des beeinträchtigten Rufes (durch öffentliche Entschuldigung), um nur die wichtigsten Elemente anzusprechen.[20] Nach den

---

[19] Dies stellt den gedachten Normalfall dar. In der Praxis gibt es aber mehrere andere Varianten, je nach der spezifischen Lage des Falls und (vor allem) den Bedürfnissen des Opfers, wobei sich die Beteiligten beispielsweise zunächst nicht treffen, sondern getrennt mit dem Vermittler sprechen, oder wobei je ein Vermittler für Opfer und für Täter zuständig ist (zu den Standards der Tätigkeit s. beispielsweise Servicebüro für Täter-Opfer-Ausgleich, 2000; *Watzke, E.*, 1997; *Zwinger, G.*, 1999).

[20] Bei ganz schweren Straftaten kann es bei vielen Opfern auch über die ersten intensiven und sehr menschlichen Affekte, z.B. einen fast übermächtig gespürten Hass gegen den Täter und ggf. auch dessen Umfeld, hinaus zu lange anhaltenden negativen Emotionen kommen, die in ihrer Richtung auch wechseln können und z.B. plötzlich in Selbstbestrafungstendenzen umschlagen. Zu solchen

Erfahrungen der TOA-Einrichtungen sind Wiedergutmachungsleistungen, insbesondere bei mittellosen Tätern in anderer Form als durch Zahlung eines Geldbetrages, durch TOA eher zu realisieren als über einen im streitigen gerichtlichen Verfahren erlangten Vollstreckungstitel.

Welche Elemente bei den Gesprächen besonders wichtig sind oder es im Verlauf   14
der Dynamik der Auseinandersetzungen werden, hängt von einer Fülle von Umständen ab, die bisher nicht hinreichend erforscht oder z. B. mit Blick auf unterschiedliche Methodik der Konfliktbearbeitung typisiert sind. Die sog. TOA-Statistik, für die seit dem Jahrgang 1993 von der TOA-Forschungsgruppe[21] im Zusammenwirken mit Einrichtungen in den Ländern und dem TOA-Servicebüro des DBH[22] Falldaten, Opferdaten und Täterdaten erhoben werden, ermöglicht durch eine an sich recht grobe Kategorisierung einen ersten Eindruck auf Aggregatdatenebene.[23] Die derzeit letzten bereinigten Auswertungsdaten stammen aus dem Erfassungsjahr 1998. In diesem Jahr bearbeiteten die an der Erfassung mitwirkenden Einrichtungen 4.311 Fälle mit 14.613 unmittelbar Beteiligten, darunter 5.115 Opfern, 5.827 Tätern und 3.671 Dritten wie z. B. Eltern, Partnern, Freunden, Bekannten, Beiständen oder Anwälten.

Bei denjenigen 3.906 Fällen, in denen ein TOA-Versuch wenigstens ernsthaft be-   15
gonnen wurde, waren die Konfliktmittler in den Einrichtungen gebeten, in den Fallbögen u. a. anzugeben, ob die Opfer und Täter nach dem Eindruck der Gespräche und Themen ausschließlich das für den Täter-Opfer-Ausgleich zentrale Ziel der Konfliktaufarbeitung oder ausschließlich das für die Wiedergutmachung zentrale Ziel der (einen oder anderen Form von) Entschädigung bzw. Restitution im Sinn hatten, und wenn nicht, welches Ziel ggf. dominierte.

Es ergab sich folgendes Bild: 31% ausschließlich Konfliktausgleich gegenüber   16
6,7% ausschließlich Entschädigung; 17,3% überwiegend Konfliktausgleich gegenüber 6,3% überwiegend Entschädigung; 36,4% vergleichbare Gewichtigkeit von Konfliktausgleich und Entschädigung.[24] Das Übergewicht des Konfliktausgleichs ist deutlich auszumachen. Man darf diesen Befund allerdings nicht überbewerten. Er erklärt sich zum Teil aus der Auswahl der Fälle, die den Einrichtungen (hauptsächlich) durch die Staatsanwaltschaften zugewiesen wurden. Es dominierten mit über 50% Körperverletzungsdelikte (bei jugendlichen und heranwachsenden Be-

---

Bedürfnissen kann auch ein ausgeprägter Bestrafungswunsch gehören. Doch gibt es davon unabhängig ein Bestreben, den Täter bestraft zu wissen, das sich nicht aus Emotionen, sondern aus anderen, auf allgemeine Prinzipien gegründeten, Motiven nährt, wie Gerechtigkeit, Entsühnung und sozusagen ein-eindeutige Zuweisung der Schuld am Geschehen an den Schädiger. Im Übrigen aber haben quantitative und qualitative Opferbefragungen immer wieder gezeigt, dass das Bestrafungsbedürfnis bei Opfern viel geringer ausgeprägt ist als verbreitet unterstellt wird (vgl. dazu zuletzt etwa *Gabriel, U., 1998*).

[21] Kriminologen der Lehrstühle/Institute der Universitäten Heidelberg (insbes. *Dölling* und *Hartmann*), Konstanz (insbes. *Heinz*), Marburg (insbes. *Rössner* und *Bannenberg*) und Tübingen (insbes. *Kerner* und *Weitekamp*).

[22] Vgl. oben Fn. 1.

[23] Allein schon auf Grund der Menge der Fälle und der Streuung der Einrichtungen, die an der Erhebung mitwirken, über die Länder der Bundesrepublik Deutschland wird man davon ausgehen dürfen, dass die Ergebnisse die wesentlichen Strukturen in Deutschland widerspiegeln. Jedoch muss ausdrücklich darauf hingewiesen werden, dass die beteiligten Einrichtungen kein repräsentatives Zufalls-Sample aller mit Schadenswiedergutmachung und Täter-Opfer-Ausgleich befassten Stellen ausmachen.

[24] Keine Angaben: 2,3% der Fälle.

schuldigten 59,8%, bei erwachsenen Beschuldigten 54,3%), Sachbeschädigungsdelikte folgten als nächste Kategorie in weitem Abstand mit rund 17% (17,0% Jug/Hw, 17,2% Erw), danach Eigentumsdelikte mit rund 10% (9,3% Jug/Hw, 11,4% Erw). Die Bereitschaft der Justiz, bei jungen Menschen schwerere Delikte in das Verfahren hineinzugeben, zeigt sich auf der Aggregatebene in dem Umstand, dass sodann Raub und räuberische Erpressung bei jugendlichen und heranwachsenden Beschuldigten 7,0% ausmachten, dagegen bei Erwachsenen nur 2,1% erreichten. In rund 65% der Fälle handelte es sich um die oben angesprochenen Beziehungsdelikte (37% enge Beziehungen, 28,1% lockere oder flüchtige Beziehungen), während sich 34,4% der Fälle unter bis zur Tat Fremden abspielten.[25]

17   Unter üblichen Umständen wird man es schon als Erfolg betrachten dürfen, wenn Ergebnisse erreicht werden, mit denen das Opfer (nach **eigener** Einschätzung und Gewichtung auch noch lange nach Abschluss des Verfahrens) leben kann oder die es sogar als dauerhaft zufrieden stellend bewertet. Unter idealen Umständen wird ein TOA-Verfahren allerdings hin und wieder dazu beitragen können, dass vollständige Versöhnung eintritt. Das kann unter Praxisbedingungen, die auch bei scheinbar ganz von Außeneinfluss befreiter Atmosphäre doch stets untergründig für die Beteiligten präsent auf das Strafverfahren hin gepolt sind, in der Regel allerdings weder ein Konfliktmittler noch sonst ein Dritter und schon gar nicht der Täter thematisieren, ohne den Dingen eine „unechte Wendung" zu geben bzw. das Opfer unzuträglich bis unerträglich unter Druck zu setzen. Wenn das Opfer indes selber, auf der anderen Seite Bereitschaft zum ungeschützten Einlassen auf den Weg spürend, die Initiative ergreift, eröffnet sich dadurch die Chance für eine Zukunft, in der die untergründig im Gehirn fast buchstäblich eingebrannte Erinnerung an die Tat allmählich verblassen kann. Am besonders extremen Beispiel außerhalb des unmittelbaren strafrechtlichen Kontextes verdeutlicht: Eva Mozes Kor, eines der wenigen überlebenden Opfer der Menschenversuche mit Zwillingen, die der berüchtigte KZ-Arzt Mengele in Auschwitz durchgeführt hatte, beschreibt in einer im Sommer 2001 in Berlin auf einem Symposium der Max-Planck-Gesellschaft gehaltenen Rede im Rückblick die Versöhnung, zu der sie sich selbst bis hin zu direkten Kontakten mit ehemaligen und heute noch lebenden KZ-Ärzten durchgerungen hatte, als „Akt der Selbstheilung".[26]

III. Spezielle Bedeutung des Täter-Opfer-Ausgleichs für Täter

18   Für **Täter** eröffnet der TOA die Möglichkeit, sich den **Konsequenzen ihrer Handlung** zu stellen und im Rahmen des irgend Möglichen zu deren Bereinigung beizutragen. Auch wenn die Täter die Begegnung mit dem Opfer zunächst scheuen oder, was durchaus gerade bei jüngeren Tätern vielfach vorkommt, sogar ersichtlich Angst vor dem direkten Kontakt von Angesicht zu Angesicht spüren, fällt am Ende von ersten Beratungen mit dem Konfliktmittler und nachfolgenden Gesprächen mit Nahestehenden sowie ggf. einem inneren Prozess des „Gärenlassens" die

---

[25] Ungeklärt: 0,5%.
[26] *Kor, E. M.,* 2001, 1112. Die Autorin versäumt indes nicht, nüchtern und ohne Kritik darauf hinzuweisen, dass die meisten Opfer ihre Vorstellungen wohl nicht teilen dürften.

Entscheidung, sich auf das Verfahren einzulassen, erfahrungsgemäß leichter als unter traditionellen Bedingungen eines Strafprozesses. Die Wahrheitsfindung, insbesondere durch Untersuchungsmaßnahmen und Vernehmungen, im Vorverfahren und erst recht im Hauptverfahren, ist strukturell inquisitorisch und nicht diskursiv, auch wenn konkret zurückhaltend und rechtlich völlig korrekt vorgegangen wird. Sie ist zudem, psychologisch und sozialpsychologisch betrachtet, „nach rückwärts" ausgerichtet, auf die Zuschreibung von möglichst eindeutiger „Schuld" am vergangenen Geschehen. Mit diesem Schuldigsein verbindet sich im Blick „nach vorwärts", im ganzen Procedere stets präsent, die Aussicht auf Strafe.

Ein TOA-Verfahren kann derartiges nicht völlig ausblenden, und die Verant- 19
wortlichen sollten tunlichweise auch schon nicht den Versuch machen, so zu tun als ob. Jedoch verändert sich sozusagen die basale „Optik" des Procedere für den Täter: Weil keine direkte Abwehr gegen eine mögliche Bestrafung mobilisiert werden muss, kann er im Verlauf der Gespräche und (ggf. auch heftigen) Auseinandersetzungen offen dafür werden, sich ohne fortwährenden Drang zu Neutralisierungstechniken (zu Lasten von Opfern oder „der Gesellschaft" insgesamt) als nicht notwenig allein, jedenfalls aber in erster Linie für das vergangene Geschehen verantwortlich zu fühlen, dies auch zu erklären, und schließlich auf die Zukunft gerichtete Verantwortung zu übernehmen. Falls trotz erfolgreich abgeschlossenem TOA keine Verfahrenseinstellung durch Staatsanwaltschaft oder Gericht erfolgt, besonders wegen der Schwere der Tat und verbleibendem öffentlichen Interesse an einer Bestrafung, liegt eine mögliche günstige Wirkung für den Täter wenigstens in der Aussicht auf Strafmilderung.

Mit der Verantwortungsübernahme ist die Hoffnung verbunden, dass sich auch 20
das **zukünftige Verhalten des Täters** im Sinne von Straftatenfreiheit **ändern** wird. In der Praxis des TOA wird eine solche Hoffnung im Allgemeinen nicht ausdrücklich thematisiert, und ein entsprechendes „Versprechen" schon gar nicht zum wesentlichen Kriterium des Fortgangs der Gespräche bzw. zur unverzichtbaren Bedingung für die Annahme des Erfolges des Verfahrens gemacht. Dies würde auch dem Grundansatz widersprechen, der sich auf die Bereinigung eben dieses Konfliktes konzentriert, um den es jetzt und ganz konkret geht. Allerdings impliziert die Folgenlogik des TOA stillschweigend diese Hoffnung, nämlich im Sinne eines mit gedachten mittelfristig nützlichen sowie wegen des sozialen Friedens auch längerfristig als anhaltend begrüßten Begleiteffektes der für sich genommen jedenfalls auf kurze Frist erfolgreichen Konfliktbereinigung.

IV. Spezielle Bedeutung des Täter-Opfer-Ausgleichs für die Gesellschaft

Gesamtgesellschaftlich betrachtet empfiehlt es sich im ersten Schritt, von der 21
Vermutung auszugehen, dass die Bürger tagtäglich die meisten ihrer aus unterschiedlichen Orientierungen und Interessen entstandenen Konflikte ohne formelle Prozesse und außerhalb der Gerichte lösen. Der strafrechtliche Konfliktausgleich schafft nicht gänzlich Neues oder fundamental bislang Ungewohntes. TOA knüpft an die Fähigkeiten und Methoden der Menschen an, mit divergierenden Interessen allein oder mit Hilfe Dritter umzugehen. Eine gelungene Kommunikation zwischen

den unmittelbaren Konfliktgegnern (auch) in Strafsachen schafft Beispiele für Verständnis und Toleranz, hilft Vorurteile abbauen, vermindert Ängste und Besorgnisse und trägt zum Frieden zwischen den Beteiligten und ihrem unmittelbaren Umfeld bei. Dies hat, besonders in bzw. durch die Kumulierung der Erfahrungen aus den vielen Fällen, einen günstigen Einfluss auf den allgemeinen sozialen Frieden.

V. Spezielle Bedeutung des Täter-Opfer-Ausgleichs für die Strafjustiz

22   In der Strafrechtspflege verkörpert TOA eine neue Form des Umgangs mit Kriminalität. Im Unterschied zum typischen klassischen Strafverfahren setzt TOA nicht primär an der Straftat und der Person des Beschuldigten an, sondern an der „Autonomie der Parteien" des Konflikts. Bei der praktischen Durchführung des TOA klärt die Konfliktschlichtungsstelle zunächst, prozessual formuliert, die Bereitschaft des Beschuldigten und des Verletzten zur Teilnahme sowie die Voraussetzungen für die Möglichkeit von Wiedergutmachung überhaupt und dann ihres möglichen Umfangs. Im Regelfall geschieht dies in getrennten Gesprächen mit den Betroffenen. Wenn beide Seiten bereit sind und sonst keine Hindernisse bestehen, folgt ein Gespräch oder bei Bedarf auch mehrere gemeinsame Gespräche. In ihnen geht es um die möglichst aktive und klare Entfaltung der unterschiedlichen Sichtweisen des Vorfalls, um die Aufarbeitung der emotionalen Situation bei Opfer und Täter, um die Klärung der materiellen Ansprüche und schließlich um die Vereinbarung über die konkrete Wiedergutmachung. Später geht es um die Kontrolle der Zusagen, also des Eingangs der versprochenen Leistungen, abschließend um die Rückmeldung an die Justiz.[27]

23   Aus der **TOA-Statistik** lassen sich dazu folgende Befunde skizzieren, bezogen auf diejenigen Fälle, die nicht schon aus „technischen Gründen" (z.B. Nichterreichbarkeit von Beteiligten; mangelnde Eignung des Falls für ein Konfliktschlichtungsverfahren) ausgeschieden wurden:

– In der Gesamtbetrachtung aller bisher auswertbaren Jahrgänge von 1993 bis 1998 waren rund 83% der kontaktierten Täter bereit, sich auf den Einstieg in ein TOA-Verfahren einzulassen. Bei Fällen mit Jugendlichen und Heranwachsenden war die Quote durchweg leicht höher (Schwankungsbreite zwischen 86% und 91%) als bei Fällen mit Erwachsenen (Schwankungsbreite zwischen 67% und 86%).

– Bei den Opfern war, insoweit den sonst gängigen Erfahrungen der Praxis und Projektergebnissen entsprechend, durchweg ein geringerer Anteil zum ersten Einstieg bereit, jedoch immer die Mehrheit der Kontaktierten: im langjährigen Schnitt rund 67%. Bei Fällen mit jugendlichen und heranwachsenden Tätern war die Quote überwiegend höher (Schwankungsbreite zwischen 64% und 72%) als bei Fällen mit erwachsenen Tätern (Schwankungsbreite zwischen 53% und 76%).

– Für den Verlauf der Verfahren im Detail stehen noch keine verbindlichen und genau überprüften rechnerischen Gesamtauswertungen über alle Berichtsjahre hinweg zur Verfügung. Jedoch zeigt die vergleichende Betrachtung der Einzelausdrucke jährlicher Ergebnisse, dass man von grundsätzlicher Vergleichbarkeit ausgehen darf. Hier wird der Befund für 1998 wiedergegeben. In rund 5% der Verfahren kam es zu einem offenen Bruch. In rund 26% der Verfahren konnte keine beide Seiten angemessen erscheinende Regelung gefunden werden. In rund 69% wurde eine Regelung vereinbart (66% voll, 3% teilweise).

---

[27] Vgl. die knappe Darstellung in http://www.toa-servicebuero.de/what/gfrag.htm. Ergebnisse einer Befragung von Konfliktschlichtern s. bei *Mau, A.*, 2000, 118 ff.

– Diejenigen Täter, die sich im Rahmen der Vereinbarungen unabhängig von einer Entschuldigung oder über eine Entschuldigung hinaus zu einer Leistung verpflichtet hatten, hielten sich in bemerkenswert hohem Ausmaß an ihre Verpflichtungen. Durch den Umstand bedingt, dass die an der TOA-Statistik beteiligten Einrichtungen aus vielerlei Gründen mit dem Ausfüllen der Erhebungsbögen nicht immer so lange warten können, bis eine abschließende Feststellung möglich ist, bleibt eine Unsicherheitsmarge wegen des offenen Endes derjenigen Fälle erhalten, die zum Ausfüll-Zeitpunkt noch im Fortgang befindlich waren. Im Berichtsjahr 1998 ergab sich unter dieser Prämisse folgendes: Von den gut 3.000 Tätern, die eine Leistungsverpflichtung eingegangen waren, hatten 81,4% diese vollständig erfüllt, 2% endgültig nur teilweise erfüllt, 2,1% gänzlich unterlassen; 13,6% befanden sich noch im Stadium der fortlaufenden Erfüllung.[28]

Diese Befunde erscheinen geeignet, die auch unter Juristen nach wie vor beste- 24 henden **Vorbehalte** gegenüber dem TOA **abzubauen.** Allerdings muss man auch als Befürworter des TOA sehen, dass die bislang den TOA-Einrichtungen zugewiesenen Fälle nur einen kleinen Ausschnitt der ins Ermittlungsverfahren gelangenden Vergehen und Verbrechen repräsentieren. Das eröffnet nachvollziehbar den Befürchtungen die Tür, es könnten bei entschiedener Ausweitung unvorhersehbare und ggf. unkontrollierbare Folgen eintreten. Soweit ersichtlich, hängen die Befürchtungen zunächst einmal mit ganz praxisbezogenen Erwägungen zusammenhängen, wie Problemen bezüglich einer raschen und effizienten „Erledigung" der üblicherweise großen und drängenden Fallzahl.[29] Auch liegt die Überlegung nahe, das ganze System der gegebenen Strafjustiz sei derzeit überhaupt nicht für die Umsetzung einer großen Menge von TOA-Fällen bzw. Fällen der Wiedergutmachung durch andere als reine Geldleistungen gerüstet, und die Handlungsspielräume seien unter den gegebenen Bedingungen von Wirtschaft und Gesellschaft in Deutschland viel geringer als man dies gemeinhin unterstelle.[30]

Grundsätzlichere **Befürchtungen** gehen dahin, die Täter könnten ohne merkliche 25 Folgen davonkommen, der Rechtsfriede könne leiden und im Gefolge dessen auch die negative wie positive Generalprävention beeinträchtigt werden. Auch die Verwischung der Grenzen zwischen zivilrechtlichen Folgen einer Tat (Schadensersatz und Schmerzensgeld) und strafrechtlichen Folgen (Strafen und Maßregeln) wird zum Teil kritisch betrachtet.[31]

Jedoch zeigt eine genaue Betrachtung des Ansatzes des TOA und eine Analyse 26 der ersten Ergebnisse von Projekten und Einrichtungen, dass die Befürchtungen nicht durchgreifen. Es trifft zwar zu, dass die Kriminalstrafe im Sinne der Auferlegung von insbesondere freiheitsentziehenden Sanktionen weiter begrenzt werden soll. Der für die Rechtsgemeinschaft und den Staat zentrale Endeffekt des TOA ist allerdings derjenige, dass die alternative Lösung den staatlichen Strafanspruch nicht delegitimiert oder gar „aushöhlt", sondern in einem positiven Sinne entbehrlich werden lässt, weil und insofern der Rechtsfriede eben bereits anderweitig eingetreten ist.

Die Staatsanwaltschaften und Gerichte sind bekanntermaßen stark belastet, vie- 27 lerorts sogar ständig überlastet. Der formale Gerichtsprozess beschäftigt sich mit

---

[28] Ungeklärte Fälle: 0,6%.
[29] Vgl. Beispiele aus Befragungen bei *Gutsche, G,* 2000 a, 72 ff., und *Meier, B.-D.,* 2000, 264 ff.
[30] Vgl. dazu aus jüngster Zeit etwa *Schaffstein, F.,* 2001, 1065 ff.
[31] Die Diskussionslage im Schrifttum ist umfassend bei *Walther, S.,* 2000 gewürdigt. Zum Wissen und zu Einstellungen von Praktikern siehe *Gutsche, G.,* 2000 a und *Hartmann, U.,* 1998 für Staatsanwälte sowie *Gutsche, G.,* 2000 b und *Walter, M. u. a.* 1999 für Rechtsanwälte.

Vergangenem, ist ggf. langwierig, teuer und anonym. Wie für andere Rechtsgebiete sind auch im Strafrecht Verfahrensformen angesagt, welche die Zukunft stärker einbeziehen, kostenschonend und befriedigend sowie in der Gesamtbilanz der Aufarbeitung akuten Geschehens und der Vorbeugung vor neuem Geschehen billiger, schneller und freundlicher sind. Kurzfristig betrachtet kann ein Fall, bei dem ein TOA versucht wird, dadurch für den einzelnen Praktiker in der Tat mehr Aufwand verursachen, dass er mehrmals auf den Schreibtisch kommt, in „Restelisten" eingeht, unter Umständen für den „Pensenschlüssel" mit geringerem Wert als eine Anklage zählt, jedenfalls wiederholt überprüft und ggf. unter Kontaktaufnahme mit Außenstehenden vergleichsweise aufwändig bearbeitet werden muss. Mittel- und langfristig freilich besteht der Nutzen in der Bereinigung von Konflikten und damit der Verringerung von Anreizen zur Begehung neuer Straftaten und damit dem Vermeiden neuer Verfahren für „die Praxis" als Gesamtinstitution.

VI. Derzeitiger Stand der Rechtslage des Täter-Opfer-Ausgleichs in Deutschland

28   Im Jugendstrafrecht bestehen bereits seit 1990 im sog. formlosen Erziehungsverfahren bzw. bei der sog. Diversion nach §§ 45 und 47 JGG erweiterte Möglichkeiten, von der Verfolgung der Tat eines Jugendlichen oder eines nach Jugendstrafrecht behandelten Heranwachsenden nach Schadenswiedergutmachung oder TOA abzusehen. Auch kommt TOA als Weisung nach § 10 JGG und Schadenswiedergutmachung durch Urteil als Auflage gemäß § 15 JGG in Betracht.[32]

29   Der Bundestag hat zuletzt mit dem „Gesetz zur strafverfahrensrechtlichen Verankerung des Täter-Opfer-Ausgleichs" vom 20. 12. 1999 verbesserte Voraussetzungen dafür geschaffen, dass Schadenswiedergutmachung und TOA auch in allgemeinen Strafsachen (also bei Erwachsenen) in der Strafverfolgungspraxis vermehrt als Reaktion auf Straftaten eingesetzt werden.[33] Nach dem neuen § 155a StPO *sollen* Staatsanwaltschaft und Gericht in jedem Stadium des Verfahrens die Möglichkeiten prüfen, einen Ausgleich zwischen Beschuldigtem und Verletztem zu erreichen. In geeigneten Fällen sollen sie darauf **hinwirken.** Gegen den ausdrücklichen Willen des Verletzten darf die Eignung aber nicht angenommen werden. Gemäß dem ebenfalls neuen § 155b StPO können Staatsanwaltschaft und Gericht zum Zweck des TOA oder der Schadenswiedergutmachung nunmehr auf sicherer Rechtsgrundlage einer von ihnen mit der Durchführung beauftragten Stelle die notwendigen personenbezogenen Informationen übermitteln und erforderlichenfalls auch Akteneinsicht gewähren. Solche „Stellen" können auf TOA oder Konflikt-

---

[32] Die Anordnung eines TOA als Weisung widerspricht bereits im Ansatz fundamental dem Autonomiegedanken, der als tragendes Prinzip hinter dem Konfliktausgleich steht: Der Täter soll einen autonomen Beitrag zur Wiederherstellung des Rechtsfriedens durch freiwillige Verantwortungsübernahme leisten. Die in der Wissenschaft geäußerte Kritik scheint auch in der Praxis durchweg geteilt zu werden, so dass so gut wie keine Fälle einer entsprechenden Anordnung bislang bekannt wurden. Vgl. zur Diskussion etwas *Schöch, H.*, 2001, 1045 ff.; *Rössner, D.*, 2001, 165 ff.; *Dölling, D.*, 2001, 181 ff.

[33] Zu einer eher skeptischen Einschätzung s. beispielsweise *Krehl, Ch.* im Heidelberger Kommentar, 2001, RN 1 zu § 155a StPO.

schlichtung spezialisierte private Vereine und Einrichtungen sein, aber auch Jugendgerichtshilfen und Erwachsenen-Gerichtshilfen[34] oder, wie im Fall einzelner Neuer Länder, besondere Abteilungen der integrierten Sozialen Dienste der Justiz.[35]

Bei kleineren Vergehen kann der Umstand, dass der Beschuldigte den Schaden 30 nach Kräften wiedergutgemacht hat bzw. sich mit dem Opfer verglichen oder im weitest reichenden Fall sogar richtiggehend ausgesöhnt hat, bereits die Staatsanwaltschaft dazu veranlassen, nach § 153 StPO von weiterer Verfolgung ohne zusätzliche Maßnahmen abzusehen. Die Entscheidung setzt weiter voraus, dass die durch die Tat verursachten Folgen an sich schon gering sind, die Tat nicht mit einer im Mindestmaß erhöhten Strafe bedroht ist, kein öffentliches Interesse an der Strafverfolgung besteht und die Schuld des Täters als gering anzusehen wäre. Bei nicht mehr geringen Tatfolgen und erhöhter Mindeststrafdrohung bedarf die Staatsanwaltschaft der Zustimmung des Gerichts. In Fällen, in denen das Gericht von Strafe absehen könnte, kommt eine Einstellung des Verfahrens nach § 153 b ohne weitere Voraussetzungen in Betracht. Dies ist dogmatisch betrachtet kumulativ zu § 153 oder § 153 a möglich.[36]

Im Falle erheblicherer Vergehen kann die Staatsanwaltschaft mit Zustimmung 31 des Beschuldigten und des Gerichtes gemäß § 153 a StPO vorläufig von der Erhebung der öffentlichen Klage unter der Voraussetzung absehen, dass Auflagen oder Weisungen an den Beschuldigten geeignet sind, das öffentliche Interesse an der Strafverfolgung zu beseitigen, und dass die Schwere der Schuld dem nicht entgegensteht. Zu diesen nicht abschließend geregelten Auflagen und Weisungen gehören nach dem benannten Katalog von sieben Möglichkeiten die
– Alternative Nr. 1, nämlich „zur Wiedergutmachung des durch die Tat verursachten Schadens eine bestimmte Leistung zu erbringen", und die
– Alternative Nr. 5, nämlich „sich ernsthaft zu bemühen, einen Ausgleich mit dem Verletzten zu erreichen (Täter-Opfer-Ausgleich) und dabei seine Tat ganz oder zum überwiegenden Teil wieder gut zu machen oder deren Wiedergutmachung zu erstreben".

Nach Erhebung der öffentlichen Klage kann das Gericht, unter Zustimmung der 32 Staatsanwaltschaft und des Beschuldigten, entsprechend vorgehen und das Verfahren einstellen (§§ 153 Abs. 2 und 153 a Abs. 2 StPO). Dies wird vornehmlich dann der Fall sein, wenn sich erst nach Erhebung der Anklage eine neue Entwicklung anbahnt oder schon voll ausgeprägt hat.

Wird eine Hauptverhandlung voll durchgeführt und mit einer Verurteilung des 33 Angeklagten beendet, dann hat das Gericht über § 46 a StGB, der mit dem Verbrechensbekämpfungsgesetz vom 1. 12. 1994 eingeführt wurde, die Möglichkeit, je nach den Umständen entweder die Strafe zu mildern oder, wenn keine höhere Strafe als Freiheitsstrafe bis zu einem Jahr oder Geldstrafe bis zu 360 Tagessätzen verwirkt ist, ganz von dieser Strafe abzusehen und den Verurteilten nur förmlich

[34] Zu einer detaillierten Bestandsaufnahme bis Mitte der 90er Jahre siehe *Wandrey/Weitekamp* bei *Dölling, D.* u. a., 1998, 121 ff.
[35] Vgl. etwas die Regelungen für Sachsen-Anhalt bei *Wegener, H.*, 2000, 183 ff.; Gesamtüberblick, auch mit Rückblick auf die DDR und vergleichenden Betrachtungen zu Österreich und der Schweiz, bei *Steffens, R.*, 1999.
[36] Vgl. *Krehl, Ch.* im Heidelberger Kommentar, 2001, zu § 153 b StPO.

schuldig zu sprechen.[37] Dies gilt, grundsätzlich auch in konkret geeigneten Fällen von durch die Tat verwirklichten Verbrechenstatbeständen, immer dann, wenn der Täter

- „1. in dem Bemühen, einen Ausgleich mit dem Verletzten zu erreichen (Täter-Opfer-Ausgleich), seine Tat ganz oder zum überwiegenden Teil wiedergutgemacht oder ernsthaft erstrebt [hat]" oder
- „2. in einem Fall, in welchem die Schadenswiedergutmachung von ihm erhebliche persönliche Leistungen oder persönlichen Verzicht erfordert hat, das Opfer ganz oder zum überwiegenden Teil entschädigt [hat]".

34   Über die Abgrenzung der beiden Varianten des § 46a StGB herrscht in Rechtsprechung und Lehre bislang keine Einigkeit, zumal der Wortlaut in der Grundrichtung ganz unterschiedliche Auslegungsrichtungen zulässt.[38] Eine harmonische Abgrenzung ergibt sich, wenn man den Regelungsgehalt dahin gehend begreift, dass es nicht um eine Unterscheidung nach **Schadenskategorien** oder Deliktstypen, sondern nach **Leistungskategorien** geht:

„In § 46a Nr. 1 StGB stehen immaterielle Leistungen im Vordergrund, in § 46a Nr. 2 StGB materielle Leistungen. Beide Alternativen verlangen aber zusätzlich eine Kombination von materiellen und immateriellen Leistungen. Der Täter-Oper-Ausgleich setzt vollständige, überwiegende oder ernsthaft erstrebte Wiedergutmachung voraus, bei der Schadenswiedergutmachung sind neben vollem oder überwiegendem Schadensersatz erhebliche persönliche Leistungen oder persönlicher Verzicht erforderlich."[39]

35   Weitere Möglichkeiten des TOA und der Schadenswiedergutmachung bestehen noch bei der **Verwarnung** mit Strafvorbehalt, einer **Bewährungsstrafe** im Jugendstrafrecht wie im allgemeinen Strafrecht und sogar, wenngleich nach der Natur der Sache sehr eingeschränkt, im Strafvollzug.[40]

36   Es gibt etliche Indikatoren für die Schlussfolgerung, dass sich der Täter-Opfer-Ausgleich auch in Deutschland bereits sehr bewährt hat. Allerdings fällt es schwer, darüber ein genaues aktuelles Bild zu gewinnen. Detaillierte und zugleich umfassende amtliche Angaben zum Umfang des Einsatzes von Schadenswiedergutmachung und TOA in der Strafverfolgungspraxis stehen bislang nicht zur Verfügung. Die Geschäftsstatistiken von Staatsanwaltschaften und Strafgerichten vermitteln lediglich vereinzelte Angaben zur Schadenswiedergutmachung; die verfügbaren Zahlen für den Bereich von § 153a StPO lassen den Schluss zu, dass jedenfalls die Regelung über die Einstellung mit Auflagen immer noch selten genutzt wird.

37   Im Berichtsjahr 1997 der Staatsanwaltschaftsstatistik gab es 5.647 Fälle einer auferlegten Schadenswiedergutmachung gemäß § 153a Abs.1 Nr. 1 StPO; diese

---

[37] Dies führt im Unterschied zu dem schon länger geltenden § 46 Abs. 2 (a. E.) StGB, der dem Gericht nach (dem Bemühen des Täters um) Schadenswiedergutmachung bzw. Täter-Opfer-Ausgleich einen allgemeinen Strafmilderungsgrund eröffnet, zu einer Strafrahmenverschiebung nach § 49 Abs. 1 StGB.

[38] Vgl. zu einer ausführlichen Darlegung von Geschichte, Ziel und Regelungsgehalt des § 46a StGB sowie einer kritischen grundsätzlichen Beleuchtung der Rechtsprechung zuletzt *Schöch, H.*, 2000, 309 ff.

[39] *Schöch, H.*, a.a.O., 336. Zur Kommentarliteratur neuesten Standes s. etwa *Lackner/Kühl*, 2001, und *Schönke/Schröder*, 2001 mit jeweils ausführlichen Nachweisen des Meinungsspektrums in Lehre und Rechtsprechung.

[40] Zu diesen und weiteren hier nicht angesprochenen Regelungen siehe, abgesehen von den Lehrbüchern und Kommentaren zu JGG, StGB und StPO, zuletzt etwa *Steffens, R.*, 1999, 35–87 und 143–226 mit weiteren Nachweisen.

Zahl machte lediglich 2,3% aller 250.022 mit Auflagen/Weisungen verbundenen Entscheidungen der Staatsanwaltschaften in Deutschland insgesamt aus. Nach den vorläufigen Zahlen für das Berichtsjahr 1998[41] gab es hier allerdings einen merklichen Sprung auf 11.250 Fälle, d. h. bereits 4,5% von 249.611 Entscheidungen. Eine unbekannte Zahl weiterer Fälle von Wiedergutmachung oder TOA verbirgt sich hinter anderen, schon oben angesprochenen Entscheidungen, die freilich von 1997 auf 1998 gar keine oder jedenfalls keine merkliche Steigerung erfahren haben. Dazu gehört das Absehen von der Verfolgung bei Taten mit geringem Unrechtsgehalt nach § 153 Abs. 1 StPO (427.021 Fälle 1997 gegenüber 419.645 Fällen 1998), das Absehen von der Verfolgung durch den Jugendstaatsanwalt nach § 45 Abs. 1 oder Abs. 2 JGG (172.439 Fälle 1997 gegenüber 180.504 Fällen 1998), und der Antrag des Jugendstaatsanwalts an den Jugendrichter gemäß § 45 Abs. 3 JGG, eine jugendrichterliche Maßnahme gegen den jungen Beschuldigten zu erlassen (12.296 Fälle 1997 gegenüber 12.865 Fälle 1998).

Nach der Geschäftsstatistik der Strafgerichte bewegen sich Wiedergutmachungs- **38** auflagen im Schnitt der 90er Jahre um 8% aller durch Einstellungsbeschluss mit Weisungen oder Auflagen beendeten Verfahren. Absolut gesehen handelt es sich jeweils zwischen 5.000 und 6.000 Fälle. Bei den von den Jugendgerichten nach Jugendstrafrecht Verurteilten gab es im Jahr 1998 rund 1823 Entscheidungen in Form einer Wiedergutmachungsauflage; das waren 3,4% aller Auflagen gemäß § 15 JGG, und lediglich 2% aller verhängten Sanktionen.[42]

Nach den Hochrechnungen der TOA-Forschungsgruppe war im Jahr 1989 von **39** rund 2.100 und im Jahr 1995 von rund 9.000 Fällen auszugehen (Fälle von reiner Schadenswiedergutmachung nicht einbezogen).[43] Bis zum Jahr 2001 dürfte die entsprechende Zahl auf über 20.000 Fälle gestiegen sein.[44]

Die Ergebnisse der tatsächlich durchgeführten Konfliktbereinigungsversuche sind **40** durchweg ermutigend. Die schon vorstehend genannte, von der TOA-Forschungsgruppe betreute und ausgewertete TOA-Statistik der beteiligten Einrichtungen und Projekte[45] wird vertieft durch die Befunde der Begleitforschung zu einzelnen Projekten in verschiedenen Teilen Deutschlands.[46] Die Mehrzahl der kontaktierten Täter und Opfer, die bereit sind, sich auf ein entsprechendes Verfahren einzulassen und die dann die Herausforderungen, vorübergehend unter Umständen sogar erheblich stressenden Belastungen, in den schließlich tatsächlich zustande kommenden Gesprächen auch durchhalten, ist ersichtlich mit dem Beratungsergebnis[47] und mit den Leistungen (ggf. auch lediglich an Dritte, sog. symbolische Wiedergutmachung) zufrieden.

---

[41] Direkte Mitteilung des Statistischen Bundesamtes vom Januar 2001.

[42] Vgl. weitere Angaben bei *Meier, B.-D.,* 2000, 274 und *Kilchling, M.,* 2000, 296 ff.

[43] Vgl. *Dölling, D. u. a.,* 1998, 143 *(Hartmann/Stroezel)* für die Zeit bis 1995 und *Mau, A. u. a.,* 1998, 9 ff. *(Weitekamp/Tränkle)* auch für 1996.

[44] Fortführung der Zahlen, die sich nach *Kilchling, M.;* 2000, 296 ff. und *Rössner, D.,* 2000, 20 f. bis 1997 in den Alten und den Neuen Ländern teils genau, teils durch Schätzung ergeben haben.

[45] Regelmäßig solche, die ein beständiges Fallaufkommen zu verzeichnen haben und damit zumindest die Grundtendenzen für ganz Deutschland strukturell zutreffend widerspiegeln dürften.

[46] Vgl. *Dölling, D. u. a.,* 1998, 203 ff. *(Dölling/Henninger); Mau, A. u. a.* (verschiedene Beiträge); *Steffen, R.,* 1999.

[47] Zu anschaulichen Berichten über die Erfahrungen von Opfern und Tätern und zum Ausmaß der Zufriedenheit mit dem Verfahren, dem Ergebnis der Gespräche sowie den weiteren Entwicklungen vgl. *Hennig, S.,* 2000, 199 ff.; *Jansen, C./Karliczek, K-M.,* 2000, 159 ff.; *Netzig, L.,* 2000.

41   *Schöch* hat das nach § 46 a StGB für beide Kategorien zulässige „Leistungs-spektrum" in einer tabellarischen Übersicht entwickelt.[48] Die verschiedenen Mög-lichkeiten sind der Substanz nach auch für anderweitig geregelte TOA-Fälle von gleichwertigem Belang. Die nachfolgende Übersicht hält sich in den einzelnen Be-nennungen genau an Schöchs Vorlage bzw. Vorgabe. Jedoch wird mit Blick auf den Umstand, dass TOA den Konfliktausgleich in den Mittelpunkt stellt, die Reihenfol-ge der Leistungsarten umgestellt.

Art der Leistung	Wiedergutmachung nach	
	§ 46 a Nr. 1	§ 46 a Nr. 2
I. Immaterielle Leistungen		
1. Entschuldigung (vom Verletzten angenommen)	+	+
2. Förmlicher TOA unter Anleitung eines Dritten	+	−
3. Sonstige Aussöhnung mit förmlicher Vereinbarung (z. B. Anwaltsvergleich)	+	+
4. Bemühen um (1), (2) oder (3) bei rechtlich zu missbil-ligender Ablehnung	+	−
5. Widerruf ehrverletzender Äußerungen	+	+
6. (Sonstige) Erhebliche persönliche Leistungen (z. B. Ge-schenk an den Verletzten oder Arbeitsleistung für ihn)	+	+
7. Persönlicher Verzicht (z. B. Verkauf eines Hauses oder eines Autos, Nachtarbeit oder Nebenerwerbstätigkeit, Verzicht auf Urlaubsreise, Kreditaufnahme zur Wiedergutmachung)	−	+
II. Materielle Leistungen		
1. Voller oder überwiegender Ersatz des materiellen Schadens (Geldzahlung, Naturalrestitution)	+	+
2. Voller oder überwiegender Ersatz des immateriellen Schadens durch Schmerzensgeld	+	+
3. Ernsthaftes Erstreben des Schadensersatzes gem. 1. u. 2.	+	−
III. Symbolische Wiedergutmachungsleistungen (als Ersatz oder Ergänzung zu I. und II.: *streitig*)		
1. Freiwillige gemeinnützige Arbeit	+	+
2. Freiwillige Geldzahlungen an gemeinnützige Einrichtungen	+	+

Vermerk: Ein + bedeutet, dass die Leistung (je nach Gewicht) allein oder neben anderen Leistun-gen zur Bejahung der materiellen oder immateriellen Leistungskomponente des § 46 a Nr. 1 oder des § 46 a Nr. 2 fürhen kann. Ein − bedeutet, dass die Leistungsart hierfür nicht ausreicht bzw. nicht in Betracht kommt.

Abbildung 1: Wiedergutmachungsleistungen gemäß § 46 a StGB

42   In Gegenüberstellung dazu ist es interessant zu betrachten, zu welchen Vereinba-rungen Opfer und Täter in den für die TOA-Statistik ausgewerteten Fällen kamen. Für das Erhebungsjahr 1998 ergab sich, dass die Entschuldigung ganz im Vorder-grund stand. Gerade bei jugendlichen und heranwachsenden Tätern waren Opfer in hohem Maß bereit, diesen Weg zu gehen oder sie schlugen ihn von sich aus vor,

---

[48] *Schöch, H.,* 2000, 338.

wenn die Täter am Ende einer offenen und zur Bereinigung der Spannungen und psychischen Belastungen der Vergangenheit und ggf. zur Beseitigung von Befürchtungen bezüglich weiteren Ärgers, Schadens oder Leids in der Zukunft führenden Auseinandersetzungen und schließlich auf Konsens hinsteuernden Gespräche sich zu ihrer Tat bekannten und von ersichtlich glaubhafter Reue angetrieben ausdrücklich um Entschuldigung baten. Nebenbei gesagt stellt nicht nur, aber ganz besonders, bei jungen Menschen die Bereitschaft, sich als den „Schuldigen" ohne viel Wenn und Aber im Angesicht anderer zu **bezeichnen,** eine hohe Persönlichkeitsleistung dar, die psychologisch befreiend wirken kann und im besonders idealen Fall ausgesprochen kathartische Funktionen mit sich bringt. Im Überblick zeigen sich, in absteigender Reihenfolge, sieben Vereinbarungen als besonders relevant:[49]

– Entschuldigung des Täters beim Opfer (72,3%)
– Schadensersatz (27,5%)
– Schmerzensgeld (15,7%)
– Arbeitsleistungen des Täters für das Opfer (7,1%)
– Geschenk des Täters an das Opfer (4,9%)
– Gemeinsame Aktivitäten von Täter und Opfer (4,7%)
– Rückgabe des gestohlenen Gutes (3,3%).

Weitere im Einzelfall sehr variable und mitunter kreative Leistungsvereinbarun-   43
gen summieren sich auf zusammen 11,2%. Ohne irgend eine spezifische Leistung endeten 5,1% der Verfahren.[50]

Die betroffenen Delikte verteilten sich über 75 verschiedene Straftatbestände (im   44
Schnitt 1,7 pro Fall bei großer Variationsbreite). Gut 62% davon waren Gewaltdelikte im weiteren Sinne (in absteigender Reihenfolge: Körperverletzung, Bedrohung mit einem Verbrechen, Raub und räuberische Erpressung, Nötigung, Freiheitsberaubung und erpresserischer Menschraub, Vergewaltigung und sexuelle Nötigung, versuchter Mord oder Totschlag). Nimmt man Sachbeschädigung, Hausfriedensbruch, Landfriedensbruch und Widerstand gegen Vollstreckungsbeamte hinzu, erhöht sich der Anteil der Gewaltdelikte sogar auf rund 79%.

VII. Fazit und Ausblick

Täter-Opfer-Ausgleich und Schadenswiedergutmachung bergen ein **hohes Poten-**   45
tial von günstigen Wirkungen für Opfer, Täter, Strafjustiz und Gesellschaft. Bei professionellem Einsatz gefährden sie nicht nur nicht die Innere Sicherheit, vielmehr stellen sie sozialen Frieden in der Gemeinschaft her, dienen im Gefolge dessen dem Rechtsfrieden und verkörpern damit eine wichtige Alternative zur Durchsetzung des staatlichen Strafanspruchs auch in modernen Großgesellschaften. In breiterer rechtlicher Perspektive gehört der TOA zur Mediation, also dem international an Gewicht gewinnenden Konzept der außergerichtlichen Beilegung von Problemen, persönlichen Konflikten und über einzelne Personen hinausreichender Streitfälle.

---

[49] Da in einer Vereinbarung mehrere Komponenten enthalten sein konnten, addieren sich die einzelnen Nennungen zu mehr als 100 Prozent.
[50] Neuere Angaben zu den Ergebnissen in den Ländern Brandenburg und Sachsen-Anhalt finden sich bei *Karliczek, K. M.,* 2000, 60 ff.

46 Der Gesetzgeber hat vor allem seit 1990 fortlaufend verbesserte rechtliche Ausgangsbedingungen für die Position des Opfers von Straftaten im Verfahren allgemein, und speziell mit Blick auf den Ausgleich zwischen Opfer und Täter geschaffen. Die bislang erreichten tatsächlichen Resultate sind quantitativ noch deutlich ausbaufähig. Dies lässt sich vor allem aus einem vergleichenden Blick auf das Nachbarland Österreich erschließen. Das mögliche Potential, von den Delikten und den Beteiligten her betrachtet, ist danach in Deutschland noch lange nicht ausgeschöpft. In Österreich wurden mit der am 1. Januar 2000 in Kraft getretenen „Strafprozessnovelle 1999" das allgemeine und das Jugendstrafverfahren weiter entschieden in Richtung TOA ausgebaut.[51] Bereits nach bis dahin geltendem Recht war eine fortlaufende Steigerung der Fallzugänge zu den Konfliktschlichtungsstellen zu verzeichnen gewesen: Im Jahr 1998 gab es insgesamt rund 7.500 Zugänge bei den Dienststellen des verantwortlichen Vereins (VBSA), darunter 2.678 jugendliche und 4.815 erwachsene Beschuldigte.[52] Würde man dies auf Deutschland übertragen, was jedenfalls vom Vergleich der Kriminalitätslage in beiden Staaten her keinen durchschlagenden Einwänden begegnet, dann würden schon von vorne herein zwischen 70.000 und 80.000 Fälle als für ein TOA-Verfahren geeignet zu betrachten sein.[53]

47 Qualitativ ermutigen die Ergebnisse der TOA-Verfahren, wie sie aus Praxisberichten, Begleitforschungen und der Auswertung der sog. TOA-Statistik deutlich werden. Mehr als 80 von je 100 Tätern und knapp 70 von je 100 Opfern sind im Schnitt der verfügbaren Analysen in grundsätzlich geeigneten Fällen zum Konfliktausgleich bereit; einzelne Ergebnisse reichen bis über 90% bei den Tätern und bis über 80% bei den Opfern, vor allem im Feld der Jugendgerichtsbarkeit. Die meisten Beteiligten halten auch die Gespräche und Auseinandersetzungen durch und kommen zu einer beide Seiten zufrieden stellenden Einigung, die im Falle von vereinbarten Leistungen von den Tätern auch in mehr als 90% vollständig oder im Rahmen des Möglichen zumindest in wesentlichen Teilen erfüllt werden. Die abschließende Entscheidung der Staatsanwaltschaften und Gerichte würdigt dies prozessual durch Absehen von weiterer Strafverfolgung bzw. durch Einstellung des Verfahrens (über 80%), durch Einstellung mit Auflagen (rund 8%) oder, wenn aus grundsätzlichen Erwägungen eine Verurteilung unerlässlich bleibt (rund 9% der Fälle), materiell durch Schuldspruch unter Absehen von Strafe oder Reduzierung des Strafrahmens nach § 46a StGB oder durch Strafmilderung im Rahmen der regulären Strafzumessung gemäß § 46 Abs. 2 StGB.

48 Wie bereits erwähnt hat der TOA vom Ansatz her die Rückfallvermeidung nicht zum primären Ziel. Vielmehr konzentriert sich das Verfahren auf die Bewältigung der Folgen der aktuellen Tat. Jedoch wird Rückfallfreiheit als sinnvolle und in der Substanz sehr erwünschte Nebenfolge stillschweigend mit erhofft. Die Frage nach den tatsächlichen Auswirkungen ist bislang vor allem wegen der kurzen Anwendungszeit der neuen gesetzlichen Möglichkeiten nur in wenigen empirischen Erhebungen angegangen worden.

---

[51] Vgl. *Jesionek, U.*, 2000; *Löschnig-Gspandl, M.*, 2000, 277 ff.
[52] Vgl. Verein für Bewährungshilfe und Soziale Arbeit, 1999, 52 f., mit zahlreichen weiteren Detailangaben und Erläuterungen; s. a. *Kilchling, M.*, 2000, 300 ff.; Republik Österreich, 2000, 343 ff.
[53] *Rössner, D.*, 2000, 21 f. kommt in Anlehnung an andere Schätzungen und der Zugrundelegung der in der PKS für junge Menschen ausgewiesenen Delikte schon allein für das Jugendstrafrecht auf diese Größenordnung in Deutschland.

Die zeitlich jüngste und in der Anlage zugleich umfangreichste empirische Studie 49 stammt von *Anke Keudel*. Im Kern handelt es sich um eine Effizienzanalyse von TOA-Fällen aus Schleswig-Holstein, die zwischen 1991 und 1995 von Staatsanwaltschaften bzw. Gerichten als erfolgreich bewertet und demgemäß mit einer Einstellungsentscheidung abgeschlossen worden waren. Daneben wertete *Keudel* vergleichend auch die vorherigen Studien und zudem die Ergebnisse von Rückfallforschungen bei anderen strafrechtlichen Sanktionen aus. Im Schnitt aller erfassten schleswig-holsteinischen Fälle betrug die Legalbewährung 74%. Sie war bei Erwachsenen mit 91% deutlich höher als bei Heranwachsenden mit 73% und Jugendlichen mit nur 58%.[54] Dass die Rückfälligkeit bei Jugendlichen vergleichsweise besonders hoch ausfällt, obwohl gerade bei dieser Altersgruppe nach übereinstimmenden Befunden der Forschung im Ausgleichsverfahren selber vergleichsweise besonders häufig positive Resultate erzielt werden, entspricht den typischen Befunden aus Rückfalluntersuchungen zu anderen Strafen und Maßnahmen gegen Verurteilte verschiedener Altersstufen.

Mit *Keudel* ist in der Gesamtschau aller bisher vorliegenden und von ihr im Detail 50 analysierten und bewerteten Ergebnisse zu anderen Sanktionen zu konstatieren, dass die spezialpräventive Wirkung des TOA einen Vergleich nicht zu scheuen braucht. Die guten Raten von Legalbewährung nach nicht-intervenierender Diversion im Jugendstrafrecht lassen diese als eine angemessene und zugleich ausreichende Reaktion auf Bagatelldelikte erscheinen. Der Befund unterstützt die Forderung der Wissenschaft, TOA in diesen Fällen generell nicht einzuleiten, sondern ihn Delikten der mindestens mittleren Kriminalität vorzubehalten. In diesem Rahmen steht einer häufigeren Anwendung des TOA kein durchgreifender Einwand entgegen.[55]

Nach einer Untersuchung von *Busse* über jugendliche Täter, die dem Projekt 51 Handschlag in Lüneburg wegen des Vorwurfs der Körperverletzung zugewiesen worden und in ein TOA-Verfahren erfolgreich einbezogen worden waren, betrug die Legalbewährung 44%, die Legalbewährung einer Vergleichsgruppe von förmlich Verurteilten fiel mit nur 19% größenordnungsmäßig geringer aus.[56]

Für Österreich erbrachte eine von *Schütz* durchgeführte Analyse von Fällen des 52 Außergerichtlichen Tatausgleichs für Erwachsene (ATA-E) aus den Bezugsjahren 1991 und 1992, dass sich bei den Ersttätern 90% und bei den Wiederholungstätern 67% bewährten. Bei der Teilgruppe der Körperverletzungstäter konnte Schütz einen Vergleich der nach TOA eingestellten Verfahren mit solchen Verfahren durchführen, die mit einer Verurteilung zu einer Geldstrafe geendet hatten. Die Legalbewährung nach TOA stimmte mit den Werten für die Gesamtheit der analysierten TOA-Fälle ziemlich genau überein: 90% für die Erstverurteilten und 70% für die Wiederholungstäter; demgegenüber betrug die Legalbewährung für die verurteilten Ersttäter nur noch 78% und für die Wiederholungstäter 53%.[57]

Die bisherigen Reformen im Strafrecht und Strafverfahrensrecht haben sich auch 53 von daher gesehen bewährt. Sie verdienen weiter fortgeführt zu werden. Sie fügen sich in einen europaweiten und auch international wirksamen Trend ein. Der

---

[54] Vgl. *Keudel, A.*, 1999, 109 ff.
[55] *Keudel, A.*, 2000, 218.
[56] *Busse, J.*, noch unveröffentlichte Ergebnisse, zitiert nach *Rössner, D.*, 2000, 26.
[57] Vgl. *Schütz, H.*, 1999, 49 f.

63. Deutsche Juristentag hat im September 2000 in Leipzig die Grundlinie der Reformen bekräftigt. In den Beschlüssen der Strafrechtlichen Abteilung wurde betont, dass der TOA als Teil des staatlichen Strafverfahrens zu betrachten sei. Der Antrag, daraus die Folgerung abzuleiten, es müsse die Verlagerung der Verhandlungen auf private Stellen abgelehnt werden, wurde verworfen. Der Stand der Regelungen in der StPO wurde als noch nicht ausreichend bezeichnet. Schließlich wurde die Forderung bekräftigt, Ablauf und Verfahren des TOA im Einzelnen durch Gesetz zu regeln.[58]

54   Die weitere Förderung von TOA und Schadenswiedergutmachung ist in der weiteren Reformgesetzgebung einzubauen in ein breiteres Konzept eines neu strukturierten Sanktionenrechts. Nach den aus dem BMJ zum Stand von Ende 2000 vorgelegten Entwürfen soll den Belangen der Opfer u.a. auch dadurch Rechnung getragen werden, dass die Gerichte künftig verpflichtet werden, 10% der verhängten Geldstrafen einer gemeinnützigen Einrichtung der Opferhilfe zuzuweisen;[59] die Konzentration auf ausschließliche Opferhilfe birgt die Gefahr, dass das im TOA liegende Potential tertiärer Prävention, das neue Opferfälle vermeiden hilft, in der weiteren Entwicklung abgeschnitten wird.

55   Die Justizminister der EU-Mitgliedstaaten haben auf einer Sitzung des Europäischen Rates im September 2000 ebenfalls die Initiative ergriffen und sich auf einen Rahmenbeschluss zum Schutz der Opfer in Strafverfahren geeinigt. Damit werden die ersten Schritte zur Schaffung einheitlicher europäischer Mindeststandards geschaffen, die der besonderen Situation der Geschädigten von Vergehen und Verbrechen gerecht werden, insbesondere dann, wenn sie außerhalb ihres Heimatlandes bzw. Sprachgebietes viktimisiert wurden.[60] Die EU-Kommission hat in Umsetzung der Initiative im Jahr 2001 ein Anhörungsverfahren bei allen interessierten Stellen in den Mitgliedsstaaten eingeleitet.

---

[58] Vgl. Broschüre der Geschäftsstelle des DJT: „Die Beschlüsse des 63. Deutschen Juristentages Leipzig 2000", 24–26. Dort auch weitere einschlägige Beschlüsse, auf die es hier nicht wesentlich ankommt.

[59] So § 40a StGB in der Fassung des Referentenentwurfs (BMJ) eines Gesetzes zur Reform des Sanktionenrechts vom 8. Dezember 2000.

[60] Für Deutschland s. Mitteilung BMJ vom 29.9.2000 unter http://www.bmj.bund.de/misc/2000/m_60_20.htm.

§ 50 Online-Mediation[*]

Dieter W. Lüer

Übersicht

Schrifttum: *Beal*, Online Mediation-has its time come ?, Ohio State Journal on Dispute Resolution, Vol. 15, 2000, S. 735 ff.; *Beckmann*, Die Klage per e-mail, ANWALT 1, 2000, S. 36 ff.; *Braudo*, La Conciliation, la Médiation et l'Arbitrage (Bibliographie) **http:/juripole. u-nancy.fr** (Stand 5/01); Cona, Application of Online Systems in Alternative Dispute Resolution, Buffalo Law Review, Vol. 45, 1997, S. 975 ff.; *Diehm/Lüer*, CyberCourt-Neue Wege in der Jurisprudenz, advo.net 3, 2000, S. 8 ff.; *Donahey*, Current Developments in Online Dispute Resolution, Journal of International Arbitration, Vol. 16, 1999, S. 115 ff; *Edinger*, Gerichtsverfahren per Videokonferenz, DRiZ 1996, S. 290 ff.; *Eidenmüller*, Ökonomische und spieltheoretische Grundlagen von Verhandlung/Mediation, in: Breidenbach/Henssler (Hrsg.) Mediation für Juristen, 1997, S. 31 ff.; *ders.*, Vertrags- und Verfahrensrecht der Wirtschaftsmediation, Köln, 2001; *ders.*, Vertrags- und verfahrensrechtliche Grundfragen der Mediation: Möglichkeiten und Grenzen privatautonomen Konfliktmanagements, in Breidenbach u. a. (Hrsg.), Konsensuale Streitbeilegung, Bielefeld, 2001, S. 46 ff.; *Geis*, Elektronische Unterschrift – Aspekte der Beweisqualität, in: Hoeren/Sieber (Hrsg.) Handbuch Multi-Media Recht, Teil 13.2, München, 2001; *Goleman*, Emotionale Intelligenz, München, 1996; *Graus/Schneider/Schoenberger/Weigand*, Menschliche Kommunikation in technischen Kommunikationssystemen, ÖVD, 1, 75, S. 5 ff.; *Hartmann*, Zivilprozess 2001/2002: Hunderte wichtiger Än-

---

[*] Der Autor ist Herrn Rechtsreferendar *Andreas Splittgerber* für seine Unterstützung und seine Anregungen zu dieser Ausarbeitung zu Dank verpflichtet.

derungen, NJW 2001, S. 2577 ff.; *Hohenegg/Tauschek,* Rechtliche Problematik digitaler Signaturverfahren, BB, 1997, S. 1541 ff.; *Katsh,* The new Frontier, Dispute Resolution Magazine, 4/2000, S. 6 ff.; *Katsh/Rifkin/Gaitenby,* E-Commerce, E-Disputes and E-Dispute Resolution, Ohio State Journal on Dispute Resolution, 2000, S. 705 ff; *Lüer,* Online-Mediation (Bericht über eine Veranstaltung des 52. Deutschen Anwalttages), AnwBl 2001, 601; *Lüer/ Splittgerber,* in: Märker/Trenel (Hrsg.) Online-Mediation, Theorie und Praxis computerunterstützter Konfliktmittlung, Berlin (in Vorb.); *dies.,* CyberCourt, Mediation im World Wide Web, ANWALT 2002, 40 ff.; *Mähler/Mähler,* „Mediation" in: Büchting/Heussen (Hrsg.) Beck'sches Rechtsanwaltshandbuch 2001/2002, München, 2001, S. 1185 ff.; *Maier,* Sichere Kommunikation im Netz, GIT Sicherheit und Management, 7, 2000, S. 548 ff.; *Miedbrodt,* Signaturregelung im Rechtsvergleich, Baden-Baden, 2000; *Niedermeier/Damm/ Splittgerber,* CyberCourt – Schieds- und Schlichtungsverfahren im Internet, K&R, 2000, S. 431 ff; *Perritt,* Dispute Resolution in Cyberspace – why so little demand?, Ohio State Journal on Dispute Resolution, 2000, S. 675 ff.; *Ponschab/Roidl,* Neue Beratungsfelder, Die Kanzlei, 2000, S. 431 ff.; *Rossnagel,* Auf dem Weg zu neuen Signaturregelungen, MMR 2000, S. 451 ff.; *Schwachheim,* Abschied vom Telefax im gerichtlichen Verfahren, NJW 1999, S. 621 ff.; *Shell,* Computer assisted Negotiation and Mediation, Negotiation Journal, 4, 1995, S. 17 ff.; *Storrer,* Getippte Gespräche oder dialogische Texte? in: Lehr/Kammerer (Hrsg.) Sprache im Alltag: Beiträge zu neuen Perspektiven in der Linguistik. FS Herbert Ernst Wiegand, Berlin (in Vorb.); *Thiessen/McMahon,* Beyond Win-Win in Cyberspace, Ohio State Journal on Dispute Resolution, Vol.15, 2000, S. 643 ff.; *Unseld,* Goethe und seine Verleger, Frankfurt/M. 1991; *Voss* u. a., Video-Konferenzen in Gerichtsverfahren, DRiZ 1996, S. 290 ff.; *Wheeler,* Risoluzione Alternativa delle Controversie tramite Internet in De Palo/D'Urso (Hrsg.) Risoluzione Alternativa delle Controversie Commerciali, Mailand, 2001, S. 8 ff.; *Wichter,* Zur Computerwortschatz-Ausbreitung in die Gemeinsprache, Frankfurt/M. 1991.

I. Erfahrung mit online-Konfliktbeilegung

1. Einleitung

1   Seit Beginn der neunziger Jahre brach das **Internet** zunehmend aus seinen ursprünglichen Anwendungsfeldern, dem Militärwesen und später der wissenschaftlichen Forschung und Lehre, aus. Bald entdeckte ein breiteres Publikum das **neue Kommunikationsmedium,** bis sich schließlich auch der Wirtschaft seine Nutzbarkeit erschloss. Im Zuge dieses Prozesses stießen mehrere Trends aufeinander: die zunehmende wirtschaftliche Nutzung des Internets und damit der Abschluss von Verträgen im Cyber-Raum, die wachsende Vertrautheit immer größerer Bevölkerungsgruppen mit dem Medium Internet und die Umstellung auch ganz persönlicher Kontakte auf online ablaufende Kommunikationsformen. Hierzu gesellte sich schließlich die Einsicht, dass rechtliche Konflikte, die ihren Ursprung im virtuellen Raum haben, etliche international-privat- und prozessrechtliche Probleme auslösten. Es bot sich daher an, zu versuchen, die im Zusammenhang mit dem Internet entstehenden rechtlichen Konflikte mit den Methoden der sich seit Mitte der 60er Jahre in den USA entwickelnden Bewegung der Alternativen Konfliktbeilegung (ADR) zu bearbeiten und dabei Mediationsverfahren nicht nur für Streitigkeiten im Zusammenhang mit der Nutzung des Internets, sondern solche Verfahren auch im Medium Internet durchzuführen.[1]

---

[1] Vgl. *Shell,* Computer assisted Negotiation and Mediation, Negotiation Journal, 4,1995, S. 17 ff., einen kritischen Überblick über den Stand der Online-ADR bietet *Wheeler,* Risoluzione Alternativa

Die Nutzung des Internets schließt dabei den Gebrauch von **e-mails,** Kommuni- 2 kation in **chat-rooms** und den Einsatz von **Videokonferenzen** während einzelner Verfahrensabschnitte oder auch für das gesamte Verfahren ebenso ein, wie spezielle automatisierte Verhandlungsverfahren oder Methoden zur Verhandlungsunterstützung. Schließlich ist auch daran zu denken, einzelne Verfahrensabschnitte im Internet ablaufen zu lassen und diese zu kombinieren mit Verhandlungen zwischen real anwesenden Parteien, z. B. bei Beweisaufnahmen.

Besonders reizvoll erscheint das Experimentieren mit derartigen modernen Kom- 3 munikationsformen zur Konfliktlösung vor dem Hintergrund einer absehbaren **Nutzung des Cyber-Rooms in der Justiz.**[2] Der beträchtliche Freiraum, den Verfahren wie die Mediation den Beteiligten einräumen, erlaubt es Erfahrungen zu sammeln, die in der Zukunft genutzt werden können, wenn einmal diese neuartigen Kommunikationsweisen in der Anwaltschaft und vor ordentlichen Gerichten Einzug halten werden.[3]

2. USA und Kanada

Bereits Mitte der neunziger Jahre wurde an einigen Universitäten in den **USA** ver- 4 sucht, Erfahrungen mit Schieds- und Mediationsverfahren, bei denen die Beteiligten über das Internet kommunizierten, zu gewinnen.

Im Herbst 1996 wurde u. a. auf Initiative von *H. R. Perritt Jr.,* des Chicago- 5 Kent College of Law, Vertretern der AAA American Arbitration Association, CompuServe und AOL America Online der „Virtual Magistrate" (VMAG) eröffnet. VMAG bot – insbesondere Kunden von AOL Online – Schiedsverfahren an, wobei sich die Initiatoren darüber im Klaren waren, dass diese Verfahren keine vollstreckungsfähigen Schiedsurteile hervorbringen würden. Ein online eingeleitetes Schiedsverfahren, das auch in vollem Umfang online abgewickelt wurde, stellt der Fall *Tierney vs. Email America* dar.[4] Letztlich ist dieses Experiment gescheitert, weil es vom breiten Publikum nicht angenommen wurde und AOL offenbar das eigene Beschwerdemanagement ausreichend effizient gestaltet hatte.[5]

Kurz nach dem Start von VMAG eröffnete *E. Katsh* von der University of Mas- 6 sachusetts, unterstützt vom National Center for Automated Information Research und der Hewlett Foundation, eine Plattform für online-Mediationen: das **„Online Ombuds Office".**[6] Die früheste veröffentlichte Umschrift eines online – Mediations-

---

delle Controversie tramite Internet, in: De Palo/D'Urso (Hrsg.) Risoluzione Alternativa delle Controversie Commerciali, Mailand, 2001, S. 8 ff.

[2] Am Finanzgericht Hamburg läuft bereits ein Feldversuch zur elektronischen Kommunikation, bei dem der Informationsaustausch mit dem Gericht per E-Mail abgewickelt wird. Zum Einsatz von Videokonferenzen im staatlichen Gerichtsverfahren s. *Voss* u. a., Videokonferenzen in Gerichtsverfahren, DRiZ 1996, 290 ff. s. hierzu *Edinger,* Gerichtsverfahren per Videokonferenz, DRiZ 1996, 291.

[3] Vgl. hierzu z. B. die Veranstaltungen des Deutschen EDV-Gerichtstages v. 20. 9. 2000, www.edvgt.jura-sb.de/2000; *Beckmann,* Die Klage per e-mail, ANWALT 2000, 36 ff.

[4] *Donahey,* Current Developments in Online Dispute Resolution, Journal of International Arbitration, 16, 1999, S. 120 m. w. N.

[5] Vgl. *Perritt,* Dispute Resolution in Cyberspace–why so little demand, Ohio State Journal on Dispute Resolution, 2000, S. 675 ff. u. S. 684 ff.

[6] S. *Perritt,* a. a. O., S. 688.

verfahrens vom Juli/August 1996[7] geht auf den ersten Mediationsfall des „Online Ombuds Office" zurück. Wie das Protokoll belegt, korrespondierten alle an diesem Verfahren Beteiligten praktisch nur durch den Austausch von e-mails. Dabei konnten zwischen den einzelnen Mitteilungen oft längere Zeitspannen von Tagen oder Wochen liegen.[8]

7   Anfang 1999 begann *E. Katsh* versuchsweise für etwa einen Monat in Zusammenarbeit mit den Internet-Auktionshäusern *Up4Sale* und *eBay* mit der **Mediation von Streitigkeiten zwischen Käufern und Verkäufern bei Internet-Versteigerungen**.[9] Aus diesem Versuch ist das online-Mediationsverfahren „SquareTrade", das Kunden von *eBay* und auch anderen zur außergerichtlichen Streitbeilegung zur Verfügung steht, entstanden.[10]

8   Die *South West Texas Law School* bietet über „Resolution Forum" einen technisch weiter entwickelten ADR-Service an, der neben e-mail gestützten Mediationen auch Video-Konferenzen zur Konfliktbearbeitung ermöglicht.[11] Ein 1996 an der *Maryland School of Law* eingerichteter *„On-Line Mediation Service"* wurde dagegen inzwischen wieder eingestellt.

9   Gefördert wurden diese Experimente und Ansätze einer Umsetzung von online-ADR nicht nur durch Unternehmen der modernen Kommunikations-Technologie, sondern auch durch das **rege Interesse,** das die US-amerikanische Regierung[12] sowie die Federal Trade Commission an der Entwicklung der online-ADR nahmen.

10   **Seit etwa 1998** hat sich insoweit ein **Wandel** vollzogen, als ein Teil dieser Einrichtungen in privatwirtschaftliche Unternehmen überführt wurde. Zwischen diesen Gruppen und weiteren, jüngeren ADR – Unternehmen, die z. T. mit verwandten aber auch mit neuen Konzepten arbeiten, herrscht ein lebhafter Wettbewerb.[13]

Dabei bündeln einzelne Anbieter von online-ADR-Diensten, wie z. B. „webmediate", die verschiedensten Verfahrensarten, diese reichen von on-line-Verhandlungen, wie Video-Konferenzen über „blind bidding,"[14] zu on- und offline-Mediationen und -Schiedsverfahren, zu einem Angebots-Mix, aus dem Nutzer und Mediatoren die ihnen geeignet erscheinende Methode auswählen können.

Ergänzt wurde diese neuere Entwicklung durch einen Trend zur Spezialisierung, so haben sich z. B. einige Institutionen auf die Beilegung von Internet-Domain-Konflikten konzentriert und sich um eine Akkreditierung durch die „Internet Assigned Numbers Authority" (ICANN) bemüht.[15]

---

[7] http://www.aaron.sbs.umass.ed/center/ombuds/narrative 1.htm
[8] Zum Erfolg dieser Einrichtung s. *Donahey,* a. a. O., S. 127.
[9] S. auch *Katsh, Rifkin, Gaitenby,* E-Commerce, E-Disputes and E-Dispute Resolution, Ohio State Journal on Dispute Resolution, 2000, S. 705 ff.
[10] *Katsh,Rifkin,Gaitenby* a. a. O.; ein Musterfall nach dem „Square Trade"-Verfahren wurde im Dezember 2000 den Teilnehmern der Konferenz der OECD in Den Haag vorgeführt.
[11] http://www.resolutionforum.com.
[12] S. "A Framework for Global Electronic Commerce" von *William J. Clinton* und *Albert Gore Jr.,* zu finden unter http://www.iitf.nist.gov/electronic_commerce.htm; die US Federal Trade Commission hat zu diesem Themenkreis verschiedene Anhörungen und Konferenzen durchgeführt wie z. B. FTC-Public Workshop vom 6. 7. 2000.
[13] *Katsh,* The new Frontier, Dispute Resolution Magazine, Ausgabe Winter 2000, S. 6 ff., s. a. *Ponschab/Roidl,* Neue Beratungsfelder, Die Kanzlei, 12, 2000, S. 431 ff.
[14] Siehe Rdnr. 26 ff.
[15] Vgl.. Katsh, a. a. O.

Daneben begannen sich neue Formen des Einsatzes des Internets im Zusammen- 11
hang mit der Suche nach Konfliktlösungen zu entwickeln.[16]

i-Courthouse richtet sich sowohl an Personen, die im Internet allein oder gemein- 12
sam mit ihrem Gegner nach Unterstützung bei der Lösung von Konflikten suchen,
als auch an das Internet-Publikum, um Juroren zu finden, die mit der vox populi
Recht sprechen und Streitigkeiten lösen.

Eine weitere Neuerung stellt der **Einsatz von Rechnerprogrammen** dar, die über 13
das Internet zugänglich sind und Konfliktparteien eine rechnergestützte Optimierung von Lösungsmodellen anbieten.[17]

Nicht zu vernachlässigen ist auch die Rolle der großen US-amerikanischen Trä- 14
ger-Organisationen der Alternative Dispute Resolution-Bewegung, von denen beispielhaft *CDR Institute for Dispute Resolution, SPIDR Society for Professionals in
Dispute Resolution, oder die AAA American Arbitration Association* erwähnt sei-
en, die einerseits Konfliktbearbeitung durch Mediation und andere alternative Methoden bei den verschiedensten Formen von Streitigkeiten des privaten und öffentlichen Lebens fördern und sich andererseits ebenfalls mit dem Internet als Kommunikationsmedium bei Konfliktlösungen auseinander setzen[18].

Kürzlich hat der Gouverneur des Staates Michigan angekündigt, dass in diesem 15
US-Staat ein „cybercourt" für Rechtsstreitigkeiten eingerichtet werden solle, die im
Zusammenhang mit Geschäften im Bereich moderner Technologien stehen.

An die Stelle des traditionellen Verfahrens vor einem Gerichtshof soll danach ein
Prozess treten, der praktisch vollständig über Computer, d.h. über Tele-, Video-
und e-mail- Sitzungen, abgewickelt werden soll.[19]

In **Kanada** hat das „*Centre de Recherche en Droit Public*" der juristischen Fakul- 16
tät der Universität Montreal das CyberTribunal eingerichtet, das bis in das Jahr
2000 Schieds- und Mediationsverfahren für Streitfälle im Zusammenhang mit
e-commerce – ausgenommen blieben straf- und öffentlich-rechtliche Sachverhalte –
weitgehend „online" durchführte. CyberTribunal ist auch in Europa bekannt geworden, da es mit einer Reihe von Organisationen, wie z.B. der Industrie- und
Handelskammer von Paris, in Europa zusammenarbeitet. CyberTribunal soll ca.
150 Verfahren, darunter auch Rechtsstreitigkeiten zwischen Angehörigen verschiedener Nationalitäten, abgeschlossen haben.[20] CyberTribunal, dessen laufende Kosten weitgehend von dem Träger übernommen worden waren, hat seine Funktionen
seit 2000 auf ein privates Unternehmen „e-resolution", übertragen. „e-resolution"
bietet eine Plattform für die Bearbeitung von domain-Streitigkeiten und die Durchführung von online-Mediationen und -Schiedsverfahren.

In Kanada entstand darüber hinaus, getragen von *Enterprise Mediation Inc.,* 17
ViDRNetProcess ein Angebot von Mediatoren aus Kanada und USA auf der Grundlage von Videokonferenzen.[21]

---

[16] Vgl. auch die Übersicht bei *Ponschab/Roidl,* a.a.O.
[17] S. Rdnr. 26 ff.
[18] S. z.B. eCommerce-Business-to Business – Dispute Management Protocol v. 4.1. 2001
http://www.adr.org/rules/guides/ecomm_protocol vis. 7.3.01.
[19] http://www.nytimes.com/2001/02/22/technology/22CYBE.html.
[20] *Donahey,* a.a.O. S. 123 ff.
[21] http://www.enterprise-mediation.com.

3. Europa

18   Es überrascht nicht, dass anders als in den experimentierfreudigeren USA in Europa das Interesse an einer Verknüpfung von Internet und Methoden alternativer Konfliktbeilegung weit **weniger ausgeprägt** ist.

19   Ab März 1998 führte **IRIS**, eine französische Organisation zur Förderung des Internets, ein auf zwölf Monate angelegtes Experiment durch, das die Eignung des Internets als Kommunikationsmedium für Mediationen untersuchte. In diesem Zeitraum gingen 153 Anfragen wegen Mediationen bei IRIS ein, die zu 61 Verfahren führten, in denen die Parteien über e-mails mit dem Mediator korrespondierten. In 53 dieser Fälle, die eine Vielzahl von verschiedenen Rechtsfragen berührten, war die Mediation erfolgreich und konnte durch einen Vergleich abgeschlossen werden.[22]

20   In **Frankreich** nahm Anfang 2001 CyberCMAP seine Tätigkeit auf. Es handelt sich dabei um ein joint venture des Mediations- und Schiedsverfahrens-Zentrums der Industrie- und Handelskammer von Paris mit eResolution (Kanada)[23]. CyberCMAP bietet vor allem B2B-Mediation im online-Verfahren an.[24]

21   In **Großbritannien** hat die Ford Motor Company für die Kunden ihres Ford Journey Offices zusammen mit dem Chartered Institute of Arbitrators ein online-Verfahren eingeführt, das Kunden-Beschwerden, die von dem Unternehmen selbst nicht befriedigend gelöst wurden, bearbeitet. Das in einem ADR-Verfahren erzielte Ergebnis ist dabei für Ford verbindlich, nicht aber für den Kunden.[25]

22   In **Deutschland** findet sich ein vergleichbares Experiment unter der Bezeichnung **CyberCourt**[26] der Gesellschaft für Computerrecht, München, das im Herbst 1999 seinen Anfang nahm und zwar als Schiedsverfahren im Internet.[27] Wegen rechtlicher Bedenken, insbesondere wegen der technischen Schwierigkeiten bei der Gewährleistung des rechtlichen Gehörs, und der erheblichen Investitionen, die derzeit notwendig wären, um zu vermeiden, dass Schiedsurteile erlassen werden, deren Vollstreckungsfähigkeit in Frage gestellt werden könnte, wurde im Frühjahr 2000 von CyberCourt ein Schlichtungs- und Mediationsmodell eingeführt. CyberCourt richtet sich insbesondere an Parteien, die als Teilnehmer am Geschäftsverkehr im Internet in Konflikte geraten sind, wie z.B. Teilnehmer am e-commerce und Internet-Banking oder IT-Provider. CyberCourt bietet den Beteiligten, die einem „virtuellen" Verfahren zustimmen, einen Chat-Room, in dem Verhandlungen unter Mitwirkung der Parteien und eines neutralen Dritten möglich sind, um eine Mediation oder eine Schlichtung in vollem Umfange online durchzuführen.[28]

---

[22] http://www.iris.sgdg.org/documents/adr-wshop/tsld.
[23] http://www.eresolution.ca.
[24] http://www.cmap.asso.fr.
[25] http://www.arbitrators.org/fordjourney/.
[26] http://www.cybercourt.org.
[27] Vgl. hierzu auch *Niedermeier/Damm/Splittgerber,* Cybercourt: Schieds- und Schlichtungsverfahren im Internet, K&R 2000, S. 431ff; *Diehm/Lüer,* CyberCourt-Neue Wege in der Jurisprudenz, advo.net 3/2001, S. 8ff.
[28] Vgl.hierzu auch die Präsentation eines Online-Mediationsverfahrens des CyberCourt auf dem Deutschen Anwaltstag Bremen, 25. Mai 2001; s. hierzu *Lüer* AnwBl. 2001, 601.

4. Domain-Konflikte im online-Verfahren

Schon relativ früh wurde erkannt, dass domain-Konflikte, vor allem mit ihrem 23
Bezug zum Namens- und Warenzeichenrecht, sich für außergerichtliche **Konfliktlösungen mittels online-Kommunikation** anboten. So hat etwa *E. Katsh* seit 1997
zahlreiche derartige Rechtsstreitigkeiten mit Hilfe von online-Mediation beilegen
können.[29] ICANN hat nach der Verabschiedung von Grundsätzen für eine außergerichtliche Beilegung von Domainstreitigkeiten im Herbst 1999 weltweit vier Anbieter von ADR-Diensten für die Durchführung derartiger Verfahren akkreditiert.
Hierzu gehören CPR, New York, die bereits erwähnte e-Resolution, die aus dem
kanadischen CyberTribunal hervorgegangen ist, National Arbitration Forum und
die World Intellectual Property Organization (WIPO), Genf.

Diese online-ADR-Anbieter haben sich, soweit Domainstreitigkeiten in Betracht 24
kommen, auf **Schiedsverfahren** konzentriert und online-Mediation nicht fortentwickelt, obwohl die erforderliche technische Ausrüstung zur Verfügung steht und sie
z. T. bei anderen Typen von Streitfällen mit online-Mediation arbeiten.

Der **Grund** für diese Situation dürfte darin liegen, dass ICANN entsprechend sei- 25
nem Policy-Statement sich verpflichtet hat, auch die „Entscheidungen" der akkredi-
tierten ADR-Plattformen, die im Streit zwischen den Prätendenten von Domain-
Rechten erlassen werden, umzusetzen. Gegenüber Schiedsurteilen wird Vergleichen
zwischen den Parteien, wie sie für Mediationen typisch sind, dagegen eine geringere
Durchsetzbarkeit zuzuerkennen sein.

5. Blind bidding-Verfahren

Bei diesen in den USA entwickelten und auch bereits in großem Stil genutzten 26
Formen von set system processes handelt es sich um **vollautomatisierte Verhandlungen,** die eine Einigung der Beteiligten ausschließlich über die Höhe eines zwischen
ihnen umstrittenen Betrages zum Ziel haben. Dem Grundsatz nach geben „Gläubiger" und „Schuldner" über das Internet diejenigen Zahlenwerte ein, zu denen sie
jeweils bereit wären, den Streit über die Leistungshöhe zu beenden. Bei dem Vergleich der Zahlenwerte stellt das von dem Dienstleister bereitgestellte Rechenpro-
gramm fest, wie weit die Vorstellungen beider Seiten auseinander liegen. Es gibt
den Beteiligten Informationen, die ihnen nahe legen, sich auf einen bestimmten
Wert zu einigen – wenn zwischen beiden Angeboten nur ein geringer Unterschied
besteht –, das Verhandlungsprogramm abzubrechen, weil eine Einigung ersichtlich
erreichbar erscheint oder einen weiteren Programmlauf zu starten, wenn etwa auf
Grund der Kenntnis der im vorangegangenen Programmlauf aufgetretenen unterschiedlichen Beträge die Eingabe neuer Ausgangswerte aussichtsreich erscheint.[30]

Dieses im Grundsatz nicht neue Verfahren – schon *Goethe* regte 1797 „ein ganz 27
sonderbares Verfahren" an, als er seinem Verleger *Vieweg* vorschlug, ein Vertrags-
angebot „blind" bei einem Dritten zu hinterlegen, der dieses mit *Goethes* Gegenge-
bot vergleichen sollte[31] – wurde im Laufe der 90er Jahre in den USA als online-

---

[29] Vgl. http://www.mantle.sbs.umass.edu./alee/legal/Katsh/katsh.htm.
[30] Vgl. zu diesen Verfahren *Donahey*, a.a.O. S. 116 ff.; *Ponschab/Roidl*, a.a.O., m.w.N.
[31] Vgl. Unseld, Goethe und seine Verleger, Frankfurt/M. 1991, S. 224 u. 689 ff.

Dienstleistung entwickelt und wirtschaftlich verwertet. CyberSettle[32], Clicknsettle[33] u. a. werden vor allem von Versicherungsunternehmen und deren Schadenregulierungsdiensten, wie z.B. AIG, Travelers Insurance und Firemans Fund benutzt, um mit Hilfe dieser einfach zu handhabenden, aber auch unflexiblen Systeme die langwierigen und auch kostspieligen „Bazar"-Verhandlungen über Entschädigungshöhen zu vermeiden.

28   Soweit ersichtlich wird in **Europa** bisher von derartigen automatisierten Methoden zur Verhandlungsunterstützung **nicht Gebrauch gemacht.**

6. Sonstige Verfahren und Produkte

29   Dem blind bidding-Verfahren im gedanklichen Ansatz verwandt ist ein software-Produkt, das die heute in „smartsettle" aufgegangene One Accord Technologies Inc. entwickelt hat. Es beruht auf einem Optimierungs-Algorithmus, durch den Informationen über den Umfang der erwarteten und das durch die Verhandlungen erlangte Maß an Zufriedenheit abgeglichen werden. Das System unterbreitet ggf. Lösungsvorschläge für ein optimiertes Verhandlungsergebnis.[34]

30   Die Beschäftigung mit online-Verhandlungen hat darüber hinaus zur Entwicklung einer Reihe weiterer **automatisierter software-Programme** und im Internet einsetzbarer Instrumente zur Verhandlungsunterstützung geführt. Diese Entwicklungen sind vor allem deswegen von besonderem Interesse, als sie bei allen Formen von Konfliktlösungen zur Erleichterung der Verhandlungsarbeit und zur Verbesserung von Erfolgschancen herangezogen werden können.[35]

31   Eine besondere Spielart eines privat organisierten online-Verfahrens stellt **i-Courthouse**[36] dar. Hier kann jedermann eine Rechtsfrage oder einen Streit mit einer anderen Person on-line bekannt machen und Teilnehmer am i-Courthouse auffordern, ihre Fragen, Kommentare und Entscheidungen online mitzuteilen. Die Initiatoren eines solchen online-Verfahrens erhalten auf diese Weise ein rechtlich unverbindliches Meinungsbild zu dem von ihnen zur Beurteilung gestellten Fall. Bei diesem online-Verfahren handelt es sich keineswegs um eine Mediation im eigentlichen Sinne. Vielmehr kann i-courthouse vor dem Hintergrund des US-amerikanischen jury-Systems eine für den Anwalt wesentliche Funktion übernehmen: vor allem wenn der Anwalt den gesellschaftlichen Hintergrund der „Juroren" des i-courthouses kennt, erlaubt ihm deren Stellungnahme eine bessere Einschätzung der voraussichtlichen Haltung einer jury, die in der forensischen Realität über die gleiche Frage zu entscheiden hat.

7. Kongresse und Veranstaltungen zu online-ADR

32   Das **große Interesse,** das online-ADR und -Mediation finden, schlägt sich auch in der **Zahl von Veranstaltungen** nieder, die sich mit dem Thema ADR und Internet

---

[32] http://www.cybersettle.com.
[33] http://www.clicknsettle.com.
[34] S. im Einzelnen hierzu *Thiessen/McMahon,* Beyond Win-Win in Cyberspace, Ohio State Journal on Dispute Resolution Bd. 15, 2000, S. 643 ff.; *Eidenmüller,* Ökonomische und spieltheoretische Grundlagen von Verhandlung/Mediation in Breidenbach/Henssler (Hrsg.) Mediation für Juristen, 1997, S. 31 ff.
[35] U. a. s. die Produkte von http://www.smartsettle.com; http://www.groupmindexpress.com
[36] http://www.i-courthouse.com

befassen. Vor allem die OECD-Konferenz in Den Haag vom 11./12. 12. 2000 mit Tagungsbeiträgen und Präsentationen von Beispielen von online-Dispute Resolutionen fand starke Beachtung[37].

II. Ablauf der online-Mediation

I. Technische Voraussetzungen der online-Mediation

a) **Technische Verfahren der Kommunikation.** Für die Kommunikation im Inter- 33
net, die eine Mediation ermöglichen soll, kommen **verschiedene Techniken** in Betracht.[38] Neben dem **electronic-mail** als der einfachsten und am weitesten verbreiteten Methode des Informationsaustausches im Netz stehen die Möglichkeiten des Chattens in einem sog. **Chatroom** und der, technisch jedoch noch nicht ausgereiften, **Video-Konferenz im Internet.** In der Regel stellt dabei ein ADR-Dienstleister und seltener ein Mediator die technische Plattform, über die das Verfahren abgewickelt werden soll, zur Verfügung.

So kann man über ein e-mail an einen Mediationsdienstleister, der etwa auf einer 34
Homepage bereits eine entsprechende Maske eingerichtet hat, mit der Bitte herantreten, das Nötige zu veranlassen, um ein Mediationsverfahren in einem bestimmten Streitfall einzuleiten, das dann, die Einwilligung des Gegners vorausgesetzt und nach der Bestimmung eines Mediators, über den Austausch von e-mails, in Form einer „mündlichen Verhandlung" im Chatroom oder mittels Videokonferenzen fortgeführt wird.

---

[37] – NCAIR Conference on Online Dispute Resolution, Washington DC, 22. Mai 1996
– Den Haag Konferenz zum IPR, September 1999 u. a. mit Beiträgen von Katsh, „Online ADR"
– Istituto Nazionale per il Commercio Estero, Mailand, 31. Mai/1. Juni 2000 (s. a. *Wheeler*, oben Fn. 1)
– Federal Trade Commission Public Workshop 6./7. Juni 2000
– D-21 Fachtagung, Berlin 27. Juni 2000 mit Beiträgen *v. Glatz,* Alternative Streitschlichtung, u. *Lüer,* zu „CyberCourt"
– 22. Internationale Konferenz über den Schutz persönlicher Daten, Venedig, 28.–30. September 2000 u. a. mit einem Beitrag von Carblanc, "Privacy Protection and Redress in the Online Dispute Resolution"
– WIPO International Conference on Dispute Resolution, Genf, 6. November 2000 u. a. mit einem Beitrag von *Longworth,*"Design Issues in Online Dispute Resolution"
– Mediations-Kongress 2000, Münster, 17./18. November 2000 mit einem Beitrag von *Schmidt-Trenz,* „Online Mediation"
– OECD Konferenz, Den Haag, 11./12. Dezember 2000 (Annex I zu Orientation Document mit Übersicht über Online -ADR- Provider http://www.oecd.org)
– ADR Cyberweek 2001, 26. Februar/2. März 2001 – online Konferenz (s.http://www.disputes.net/ Cyberweek2001)
– EICAR Conference, 3./6.März 2001, München, u.a mit einem Beitrag von *Lüer* „Internet Arbitration and Mediation"
– Workshop Online-Mediation 5./8. März 2001, Bad Honnef
– Cyberlaw, 9./10. März 2001, Frankfurt/Main mit Beiträgen von *Sherrington* und *Eidenmüller* zu „Streitbeilegung im e-Commerce: Gerichte versus ADR"
– Forum on Legal Aspects of Online Alternative Dispute Resolution, 22. Juni 2001 Münster, mit Beiträgen von *Bühring-Uhle,* „The Corporate User's Perspective on B2B ODR", *Czech,* „Legal Issues of ODR" u. a.
[38] Vgl. hierzu *Beal,* Online-Mediation – has its time come ?, Ohio State Journal on Dispute Resolution, Vol. 15/2000, S. 735 ff.

35   Diese Kommunikationstechniken lassen sich selbstverständlich miteinander **verknüpfen,** so dass einzelne Verfahrensabschnitte über unterschiedliche Medien im Netz ablaufen.

36   Für die **Teilnahme** an einem online betriebenen Verfahren müssen alle Beteiligten, die Streitparteien, ggf. deren Anwälte, der Mediator und selbstverständlich der Mediationsdienstleister in der Lage sein, am Informationsaustausch im Netz teilzunehmen. So benötigen sie eine während des gesamten Verfahrens funktionsfähige Hard- und Software, einen Internetanschluss sowie eine e-mail-Adresse.

37   Bei Verfahren, die ausschließlich über den Austausch von **e-mails** ablaufen, liegt es bei dem Mediator und den Parteien, die **Sicherung der Vertraulichkeit** unter den Beteiligten, z. B. durch Verwendung einer digitalen Signatur, zu gewährleisten. Dies erscheint vor allem dann wenig problematisch, wenn der Informationsfluss zwischen den Beteiligten ausschließlich von dem Mediator gesteuert wird.

38   Der Einsatz von **chatrooms und Videokonferenzen** erfordert dagegen einen **höheren technischen Aufwand,** um sowohl Plenarsitzungen als auch vertrauliche Einzelgespräche und caucus-Sitzungen zu ermöglichen. Bei Videokonferenzen können die Parteien schließlich nur mitwirken, wenn sie über Ausrüstungen wie Webcam, Mikrofone und die passende Software verfügen.[39] Darüber hinaus ist es mit den derzeit zur Verfügung stehenden technischen Mitteln nicht möglich, eine qualitativ brauchbare Videokonferenz mit mehr als zwei Teilnehmern durchzuführen.[40]

39   Der offenkundige **Vorteil** der Überwindung von Raum und Zeit bei der on-line-Bearbeitung von Konflikten beruht auf Investitionen des Dienstleisters, der die technische Plattform bereitstellt. Für die Konfliktparteien ist aus mehreren Gründen das Vorhandensein und die Übung im Einsatz der erforderlichen Hard- und Software Vorbedingung für die Nutzung des Internets zur Konfliktbearbeitung.

40   **b) Die Kommunikation im Internet.** Je nach der von dem Dienstleister angebotenen oder zwischen den Parteien vereinbarten Technik für das online-Mediationsverfahren ergeben sich für die Kommunikation zwischen den Beteiligten **unterschiedliche Konstellationen.** Der Gebrauch so unterschiedlich strukturierter Medien hat eine erhebliche Auswirkung auf die Art und Weise der Kommunikation zwischen den Beteiligten.[41]

41   Bei dem **asynchronen e-mail-Verkehr** versenden Parteien und Mediator ihre Botschaften dergestalt, dass sie sie auf dem Computer des Empfängers hinterlegen und dieser seine Antwort zeitversetzt, entsprechend seinen Bedürfnissen und Wünschen oder nach einer vorher getroffenen Verabredung versendet. Diese Vorgehensweise hat u. a. den Vorteil, dass die Beteiligten Bedenkzeiten nutzen können und auch über Zeitgrenzen hinweg sich in einer briefähnlichen Dialogform miteinander verständigen können. Der e-mail-Verkehr erlaubt sowohl den Austausch von knappen statements und Dialogen, als auch das Versenden von ausgearbeiteten Schriftsätzen. Obwohl der Schrift- und Briefform näher, trägt die Nutzung des Internets hier

---

[39] *Lüer/Splittgerber,* Mediation im Internet in: Märker/Trenel (Hrsg.), Online-Mediation, Theorie und Praxis computer-unterstützter Konfliktmittlung, Berlin (in: Vorb.). m. w. N.
[40] *Beal,* a. a. O, S. 736.
[41] Vgl. hierzu Cona, Application of Online Systems in Alternative Dispute Resolution, Buffalo Law Review, Vol. 45 1997, S. 97 5ff; *Graus/Schneider/Schoenberger/Weigand,* Menschliche Kommunikation in technischen Kommunikationssystemen, ÖVD 1/75, S. 5 ff.

meist Züge eines verbalen Austausches, der auch spontane Reaktionen der kommunizierenden Parteien zulässt.[42]

Im **chat-room** und bei **Internet-Video-Konferenzen** wird eine mündliche Verhandlung virtuell nachgestellt. Die Beteiligten kommunizieren „synchron", d. h. gleichzeitig, miteinander. Dabei kommt die Verständigung einem Gespräch nahe, auch dann, wenn wie im Chatroom, die Formulierungen in Schriftform in das Netz gegeben werden. Die Verhandlung im Chatroom ist durch große Schnelligkeit der Kommunikation und kurze Reaktionszeiten charakterisiert und verlangt von den Mitwirkenden hohe Konzentration.[43]   42

Typischerweise entwickelt das „Schreibgespräch" der Chattenden eine eigene Dynamik: Aussagen werden wie „flüchtige Worte" im Gespräch korrigiert und zurückgenommen, obwohl sie den Empfänger längst optisch erreicht haben und für ihn dauerhaft lesbar bleiben; der schneller Schreibende/Sprechende setzt sich gegen den Langsameren durch und vermag ihm in „die Schreibe zu fallen" – auch als „Mühlenprinzip: wer schneller mahlt ..." bekannt.[44]   43

Chaotische Unordnung kann ein charakteristisches Element der Beteiligung an synchronen Kommunikationsprozessen sein, selbst wenn man unterstellt, dass die an einer Mediation Beteiligten nicht in Umgangston und Sprachsitten verfallen, die „freaks" annehmen, wenn sie sich in chatrooms austauschen.[45]   44

Umstritten scheint u. a. auch die Frage zu sein, ob im **Chatroom** – anders als in einer Videokonferenz? – **komplexe Sachverhalte** und intellektuell anspruchsvolle Fragestellungen bewältigt werden können.[46] A priori spricht jedoch nichts dagegen, dass derartige Inhalte in der dem chatten zuzuordnenden Dialogform zufrieden stellend behandelt werden können. Die entsprechende Disziplin der Beteiligten vorausgesetzt, ist nicht einzusehen, warum nicht bei einer klaren Strukturierung des Diskussionsablaufs und möglichst knappen und prägnanten Beiträgen eine zufrieden stellende Kommunikation und ein sachgerechter Austausch von Inhalten zustande kommen sollte.   45

Es ist evident, dass ein online ablaufender Kommunikationsprozess auf zahlreiche nicht verbale Informationen verzichten muss: statt Mimik, Gestik und Körpersprache sehend wahrzunehmen oder Tonlage, Sprechweise und Lautstärke des gesprochenen Wortes zu hören und daraus Informationen über den anderen zu erschließen, beschränken sich e-mails und chat-Beiträge auf Ausdrucke von Schriftzeichen.[47] Im virtuellen Raum wird demnach eine im realen Leben als komplexes und gestuftes Bündel von Informationen erscheinende Botschaft auf eine fast „eindimensionale" Mitteilung zurückgeführt. An die Stelle der Fülle von Informationen, die einen Inhalt sowohl gesamthaft bestätigen als auch widersprüchlich und missdeutbar er-   46

---

[42] Zur kommunikationstypologischen Einordnung des Chats s. *Beißwenger*, Getippte Gespräche und ihre trägermediale Bedingtheit, abrufbar unter: http://www.unizh.ch/~elwyss/chat/chat.html (Stand: 28. 3. 2001).

[43] *Storrer*, Getippte Gespräche oder dialogische Texte? Zur kommunikationstheoretischen Einordnung der Chat-Kommunikation, in: Lehr/Kammerer (Hrsg.), Sprache im Alltag. Beiträge zu neuen Perspektiven in der Linguistik, Festschrift Herbert Ernst Wiegand, Berlin, (in Vorb.).

[44] *Wichter*, Zur Computerwortschatz-Ausbreitung in die Gemeinsprache, Frankfurt 1991, S. 78 ff.

[45] *Beißwenger*, a.a.O.

[46] S. hierzu *Storrer*, a.a.O. S. 12 ff. Anm. 24 m. w. N.

[47] Dennoch hat der Chat viele Charakteristika einer mündlichen Kommunikationsform, s. *Storrer*, a.a.O.

scheinen lassen können, tritt in der online-Kommunikation die Eindeutigkeit, die sich aus der Reduktion mehrerer Botschaften auf ein geschrieben aufscheinendes Wort ergibt. Das heißt nicht, dass eine Botschaft, die über e-mail oder in dem chat-room versandt wird, frei von Emotionen wäre oder ihr gar ein höherer Gehalt an Wahrheit zu käme. Hinter der Eindeutigkeit der Botschaft können sich sehr wohl all die Widersprüchlichkeiten verbergen, die menschlichen Äußerungen innewohnen.[48]

47 Aus eindeutig erscheinenden Botschaften die Signale der dahinter verborgenen Emotionen und die verdeckten Brüche in den Äußerungen der Betroffenen zu erkennen, macht die „emotionale Intelligenz" aus, die Schlichter qualifiziert.[49]

48 c) Die Eignung der online-Kommunikation für Mediationsverhandlungen. „Online-Mediation – has its time come?" überschrieb *Bruce Leonard Beal*[50] seinen Artikel, in dem er von der zurückhaltenden Einstellung derjenigen berichtet, die Mediation nur in der persönlichen Begegnung mit den Menschen im Konflikt für machbar halten.

49 Auch in den **USA**, wo das Internet das Alltagsleben stärker durchdrungen hat als in den Staaten des alten Kontinents und wo bisher die meisten Erfahrungen mit online-ADR gesammelt werden konnten, ist eine einhellige Stellungnahme zum Für und Wider der online-ADR nicht anzutreffen.

50 Zieht man die **Besonderheiten**, die eine online-Mediation charakterisieren können, in Betracht, so lassen sich einige Umstände herausarbeiten, die die Eignung des Netzes als Medium, in dem sich Mediationsprozesse abspielen, kennzeichnen.

51 Da ist einmal die fast selbstverständliche Aussage, dass online-Verfahren sich nur für solche Konfliktbefangene eignen, die ausreichend **mit dem Internet vertraut** und geübt sind in der online-Kommunikation. Dies gilt ganz besonders dann, wenn es sich um synchrone Kommunikationsprozesse handelt. Da die Teilnahme an Mediationsverfahren, und damit auch die Wahl der Verfahrensform, freiwillig ist und die Mitwirkung von den Betroffenen jederzeit eingestellt werden kann, stellt sich insoweit nur die Frage, ob und in welcher Weise der neutrale Mediator in die Abläufe eingreifen muss, wenn er feststellt, dass am Verfahren Mitwirkende wegen ihres mangelnden Vermögens, am Kommunikationsprozess teilzunehmen, benachteiligt sind. Dem Grundsatz nach ist dies kein Problem der online-Mediation, sondern die Konfliktarbeit „online" spitzt diesen Aspekt nur zu.

52 Für den **erfolgreichen Ablauf** einer online durchzuführenden Mediation scheint es erforderlich, dass die Beteiligten ihr Kommunikationsverhalten den eigenen Absprachen, Konventionen und einer beträchtlichen Disziplin unterwerfen. Das Risiko des Scheiterns einer Mediation wächst, wenn es dem Mediator nicht gelingt, entsprechende Absprachen zwischen den Parteien zu vermitteln. Diese können sehr einfache Inhalte haben. Bei e-mail-basierten Verfahren mag erforderlich sein, Zeiträume abzusprechen, in denen eine Reaktion auf eine Mitteilung der anderen Seite erfolgen soll und wann das Schweigen einer Partei als Abbruch des Verfahrens zu gelten hat. Bei der Kommunikation im Chatroom bedarf es der Vereinbarung des

---

[48] *Graus/Schneider/Schoenberger/Weigand,* a. a. O. S. 5ff sehen in ihrer kommunikationssoziologischen Untersuchung diese Aspekte nicht und erwarten auf Grund des Gebrauchs elektronischer Medien eine tendenziell zunehmend pathologische Kommunikation.
[49] Vgl. *Goleman,* Emotionale Intelligenz, München, 1996, S. 147 ff.
[50] *Beal,* a. a. O.

Beginns von virtuellen Sitzungen und Konferenzen aber auch z. B. einer Absprache, dass jede Äußerung, wenn sie abgeschlossen sein soll, mit einem Kennzeichen zu versehen ist. In diesem Kontext mag eine „Erinnerung" an eine traditionelle Höflichkeitsregel sinnvoll sein, auch dort, wo dies technisch möglich wäre, darauf zu verzichten, den anderen während seines Beitrages mit dem Einschub einer eigenen Äußerung zu unterbrechen.

Gerade bei Prozessen im Chatroom fragt es sich, ob der Mediator nicht dafür zu 53 sorgen hat, dass Benachteiligungen derjenigen verhindert werden, die weniger gewandt mit dem System umgehen oder sonst in der Diskussion nicht mithalten können.

Wenn es nicht zu Frustrationen der am Mediationsverfahren Beteiligten kommen 54 soll, liegt es bei ihnen, unterstützt durch den Mediator, vor allem bei komplexen Problemlagen den Ablauf des Prozesses zu strukturieren. Vor allem beim chatten besteht das Risiko, dass lange Statements und fehlendes Eingehen auf Aussagen der anderen Seite die Kommunikation stören oder sogar beenden können. Hier liegt es bei dem Mediator, in wie weit es ihm gelingt, sich ein zu schalten und den Dialog in Gang zu bringen.

Die besondere Situation, die sich aus der „Eindimensionalität" der Botschaften 55 im Internet ergibt, zwingt den Mediator zu höchster Aufmerksamkeit, um im Text verborgene oder zu vermutende Widersprüche in den Worten eines der Beteiligten aufzuspüren, zugleich entlastet ihn dieser Umstand teilweise von Fehldeutungen von eindeutig gemeinten, aber vom Empfänger falsch verstandenen Mitteilungen. Um die tatsächliche Befindlichkeit der Parteien zu erkunden, wird ein Mediator im virtuellen Raum noch mehr als in der realen Mediation sich mit Fragen an die Beteiligten wenden und durch Umformen (reframen) von Aussagen die Klärung nicht nur objektiver sondern vor allem subjektiver Verhältnisse provozieren müssen.[51]

Eine Betrachtung der verschiedenen Transkripte von online-Mediationen zeigt 56 auch, dass emotionale und oft agressive Äußerungen der Beteiligten den Mediator zu einem „reframen" von Aussagen veranlassen, um einen Verhandlungsprozess im Gang halten zu können – was i. ü. dafür spricht, in diesen Fällen einem über den Mediator laufenden und von ihm gesteuerten Austausch von e-mails den Vorzug zu geben.

Man wird einwenden, dass mit diesen Aussagen ein gültiges Urteil über die Eig- 57 nung des Netzes als Medium für Mediationsverfahren nicht möglich erscheint. Dem soll nur entgegengehalten werden, dass eine Reihe von praktischen Erfahrungen in den USA und die durch CyberCourt in Deutschland gewonnenen Versuchsergebnisse den Schluss nahelegen, dass online-Mediation gelingen kann.

2. Rechtsfragen der online-Mediation

Die Rechtsfragen, die im Zusammenhang mit der online-Mediation auftreten, 58 sind nicht grundsätzlich andere als diejenigen, die das Recht der Mediation im Allgemeinen aufwirft[52]. Dabei geht es im Kern um den Abschluss und die Durchfüh-

---

[51] *Katsh/Rifkin/Gaitenby*, a. a. O.
[52] Eine einschlägige Bibliographie findet sich bei *Braudo*, La Conciliation, la Médiation et l'Arbitrage, http://juripole.u-nancy.fr.

rung der Vereinbarung einer Mediation mit dem Ziel der Beilegung eines Konfliktes, ggf. auch deren Durchsetzung, eines Vertrages mit einem oder mehreren Mediatoren sowie ggf. eines Vertrages mit einem Mediationsdienstleister. Gerade den letzten Vertragstypus wird man bei online-Mediationen häufiger antreffen.

In der Praxis finden sich diese Verträge oft in den verschiedensten Weisen miteinander verknüpft.[53]

59   **a) Die Mediationsvereinbarung.** Die im Zusammenhang mit online-Mediation
nahe liegende Frage, ob Mediationsvereinbarungen auch wirksam „online" abgeschlossen werden können, ist für das deutsche Recht eindeutig zu bejahen, da derartige Verträge keinen Formerfordernissen unterliegen. Es wird sich allerdings empfehlen, bei einem digitalen Vertragsabschluss die Identität der Parteien und den
Inhalt ihrer Abrede durch Speicherung und **digitale Signaturen** abzusichern. Auch
sollten technische Einrichtungen gewährleisten, dass die betreffende Person bei der
Abgabe einer rechtlich beachtlichen Willenserklärung deren Inhalt vor dem Versenden über das Netz kontrollieren kann[54].

60   Vor dem Hintergrund der Globalisierung des Internets und wenn die Vertragspartner unterschiedlichen Rechtsordnungen zugehören, ist jedoch eine Beschränkung auf die Antworten, die das nationale Recht zu bieten hat, nicht ausreichend.
Während die **Ermittlung des materiellen Rechts,** dem der Vertrag über eine Mediation unterliegen soll, nach den Grundsätzen der internationalen Privatrechtsord-
nungen erfolgt, die in ihrer wohl überwiegenden Zahl für derartige Verträge der
Privatautonomie und dem erkennbaren Willen der Parteien den Vorrang einräumen
oder dasjenige Recht berufen, zu dem der schuldrechtliche Vertrag die engste Verbindung aufweist, gilt für den prozessrechtlichen Aspekt, der z. B. einem ausdrücklich oder stillschweigend eingeschlossenen pactum de non petendo innewohnt, nach
den Prinzipien des internationalen Prozessrechts die *lex fori.*

61   Während die Parteien i. d. R. also das materielle Recht, das für die Mediations-
vereinbarung gelten soll, selbst bestimmen können oder eine Anknüpfung an das
Recht am Sitz der Mediation und evt. an das des Sitzes des die online-Mediation
ermöglichenden Dienstleisters in Betracht kommt, gilt für **Prozessverträge** das
Recht des Gerichtes, das mit der Sache von den Parteien befasst wird. Soweit die
Beteiligten nicht wirksam einen ausschließlichen Gerichtsstand vereinbaren können,
was bereits in Deutschland für Privatpersonen problematisch wäre (§ 38 Abs. 1
ZPO), kann nur von Fall zu Fall entschieden werden, ob ein solcher Prozessvertrag
vor dem angerufenen Gericht die angestrebte rechtliche Wirkung, etwa einer Einrede der mangelnden Zulässigkeit einer Klage, entfalten kann.

62   Eine Mediationsvereinbarung, die ein Verfahren im Internet zum Gegenstand
hat, wirft die Frage nach dem Schicksal der Mediationsabrede auf, wenn eine Partei
von der Vereinbarung abrücken möchte, online miteinander zu verhandeln. Da das
Mediationsverfahren von dem Grundsatz der freiwilligen Mitwirkung der Beteilig-

---

[53] Zu Fragen des Vertragsrechts der Mediation s. *Eidenmüller,* Vertrags- und Verfahrensrecht der
Wirtschaftsmediation, Köln, 2001; *ders.,* Vertrags- und verfahrensrechtliche Grundfragen der Me-
diation: Möglichkeiten und Grenzen privatautonomen Konfliktmanagements, in: Breidenbach u. a.
(Hrsg.) Konsensuale Streitbeilegung, 2001, S. 46 ff.; *Mähler/Mähler* in: Büchting/Heussen (Hrsg.)
Beck'sches Rechtsanwaltshandbuch 2000/2001, 1999, Abschn. C 8, S. 1185 ff., Rdnr. 36 ff.; zum
Mediatorenvertrag s. § 26 Rdnr. 25 ff.; vgl. auch § 13.
[54] Zur elektronischen Signatur s. unten Rdnr. 81.

ten bestimmt ist, greift dieses Prinzip auch für die Entscheidung über die Form der gewählten Kommunikation. Ob die Beendigung der online-Mediation durch die Parteien gleichzeitig eine Erklärung beinhaltet, die Mediation des vorliegenden Konfliktes zu beenden, hängt von den Umständen des Einzelfalles ab. Es spricht aber einiges dafür, eine solche Erklärung dahin auszulegen, dass dieses Verfahren nicht fortgesetzt werden soll, da die Entscheidung für eine online-Mediation zugleich eine Entscheidung für einen Mediator mit einer bestimmten Qualifikation und die Wahl eines technischen Verfahrens für die Durchführung der Mediation darstellt. Wollen die Parteien fortfahren ihren Konflikt über eine Mediation, jedoch „offline", zu bearbeiten, bedarf es hierzu im Zweifel einer besonderen Vereinbarung.

Da das Mediationsverfahren, das dem Prinzip nach eine Verhandlung zwischen 63 den Parteien darstellt, bei der die Parteien auch den Verfahrensablauf nach ihren eigenen Vorstellungen und Bedürfnissen gestalten können, legen die Parteien auch fest, in welcher Weise sie „Beweismittel" in das Verfahren einbringen dürfen, mit denen sie sich wechselseitig – und nicht etwa den Mediator – von dem Vorliegen bestimmter Sachverhalte und Umstände überzeugen wollen. Insoweit sind die Beteiligten auch frei in der Wahl, wie derartige „Beweisstücke" online in ein Verfahren eingebracht werden sollen. So können etwa Dokumente als „attachments" zusammen mit e-mails versandt oder Zeugen online befragt werden oder, sofern die technischen Einrichtungen dies erlauben, in einer Videokonferenz gehört werden. Damit eine online-Mediation durchgeführt werden kann, bedarf es, nicht unähnlich den vorbereitenden Absprachen bei traditionellen Verhandlungen, der Klärung und Festlegung der technischen Voraussetzungen für die Kommunikation im Netz. Diese Festlegungen, wie auch Vereinbarungen über Termine, zu denen Kommunikationen online auszutauschen sind, oder über Fristen innerhalb deren Stellungnahmen erfolgen sollen, können in der Mediationsvereinbarung enthalten sein, wenn sie nicht vollständig oder teilweise durch das vom Dienstleister vorgehaltene System bestimmt oder mit dem Mediator im Rahmen der Verhandlungsvorbereitungen einvernehmlich festgelegt werden.

Auf jeden Fall sollte die Mediationsvereinbarung eine Regelung enthalten, die be- 64 stimmt, wann das **online-Verfahren als beendet** zu gelten hat. In diesem Zusammenhang ist vor allem zu klären, welche Bedeutung dem nachhaltigen Abbruch der Kommunikation im Internet zukommen soll.

Gleichfalls keine grundsätzlich neuen Probleme wirft die Frage nach der **Vollstreckungsfähigkeit** der in Folge einer Mediation erreichten Übereinkommen zur Konfliktbeilegung auf – wohl aber eine Fülle von Fragen und Unsicherheiten in der Praxis.

Zunächst sei darauf hingewiesen, dass jede Mediation Ergebnisse anstreben sollte, 65 die die streitenden Parteien für sich und für die Lösung ihres Konfliktes selbst erarbeitet haben. Damit sollte derartigen Vergleichen, denn darum dürfte es sich in aller Regel handeln, eine größere Akzeptanz inne wohnen und deren tatsächliche Umsetzung bei den Konfliktparteien keine oder nur geringere Widerstände auslösen, als der Vollzug von außen oktroyierter Lösungen.

Wenn, was im Zuge einer Mediation weiter versucht wird, das Resultat der von 66 dem neutralen Dritten unterstützten Verhandlungen eine Einigung darstellt, die den Interessen der Beteiligten entspricht und sogar im Falle ihrer Realisierung beiden Seiten Vorteile verschafft, dann sollte ein erfolgreicher Abschluss einer Mediation dazu führen, dass die Konfliktparteien aus eigenem Antrieb für die Erfüllung der erreichten Einigung sorgen.

67   Gerade weil die Vollstreckung von Vergleichen aus einer Mediation, die im nationalen Rahmen noch realisierbar erscheint (z. B. aus „offline" dokumentierten Anwaltsvergleichen, notariellen Urkunden, Vergleichen vor staatlich anerkannten Schieds- und Gütestellen gem. § 754 ZPO oder aus Schiedsurteilen mit vereinbartem Wortlaut) im Ausland zu ungleich größeren Problemen (innerhalb der EU s. Art. 47 EuGÜV bzw. dessen Neufassung)[55] führt, sollte bei der Erarbeitung von Mediationsvergleichen, die erkennbar im Ausland zu erfüllen sind, auf den Gedanken der Schaffung einer aus dem Eigeninteresse der Parteien heraus „sich selbst vollziehenden" Einigung besonderes Gewicht gelegt werden.

68   Im übrigen kann den Parteien und ihren Anwälten nur empfohlen werden, bei Zustandekommen eines Vergleiches als Ergebnis eines Mediationsverfahrens, diesen so zu fassen, dass Klarheit darüber herrscht, vor welchem Gericht und nach welchem Recht im Falle der Nichterfüllung zu klagen ist.[56]

69   **b) Der Mediatorvertrag.** Der Vertrag zwischen den Konfliktparteien und ihrem Mediator wird oft mit der Mediationsvereinbarung zusammen gefasst, sollte aber in seiner Selbständigkeit anerkannt werden, regelt er doch die Leistungen, die der Mediator schuldet sowie die Verpflichtungen der Parteien, die in erster Linie in einem Honorarversprechen bestehen.[57]

70   Für den bei einem grenzüberschreitenden Konflikt tätigen Mediator ergeben sich keine besonderen Probleme, wenn die Parteien überein kommen, das Verfahren online abwickeln zu wollen. Gerade in diesem Falle erscheint es sinnvoll, vertraglich festzulegen, wo, d. h. auch nach welchem Recht, der im virtuellen Raum tätige Mediator seinen Verpflichtungen nachkommen soll.

71   Für den online-Mediator tritt zu den Anforderungen, die üblicherweise an den Mediator zu stellen sind, die Fähigkeit den Mediationsprozess im Internet in Gang zu bringen und die online ablaufenden Verhandlungen zwischen den Konfliktgegnern am Laufen zu halten. Der Mediator, der eine online abzuwickelnde Mediation übernimmt, sollte folglich auch über eine gewisse Übung im Umgang mit modernen Kommunikationsverfahren verfügen – und dies sowohl im Bezug auf die handwerklichen und technischen Fähigkeiten, als auch im Hinblick auf die Psychologie der „eindimensionalen" Kommunikation im Internet.

72   Wie der Mediator in der traditionellen Mediation keine Gewähr für einen erfolgreichen Abschluss der Verhandlungen zwischen den Konfliktparteien bieten kann, darf man dies genauso wenig von einem online-Mediator erwarten. Im übrigen dürfte ihm ein Haftungsprivileg, das ihn deutschen Richtern gleichstellt, zugute kommen, welches in Mediatorenverträgen vorgesehen sein sollte. Jedoch könnte für

---

[55] I. ü. vgl. auch *Eidenmüller,* Vertrags- und Verfahrensrecht, S. 43 ff.; *ders.,* Vertrags- und verfahrensrechtliche Grundfragen der Mediation, S. 79 ff. u. S. 93.
[56] Die UNCITRAL Arbeitsgruppe Schiedsgerichtsbarkeit schlägt in dem Dokument A/CN.9/485 vom 10. 4. 2000 vor, Regelungen einzuführen, wonach Vergleiche aufgrund von Schlichtungs- und Mediationsverfahren für (international) vollstreckungsfähig zu gelten haben. In einem anderen Zusammenhang befasste sich UNCITRAL mit der Frage der Nutzung elektronischer Kommunikation bei Schieds- und Schlichtungsverfahren (s. Dokument A/CN9/468 v. Juni/Juli 2000, abrufbar unter http://www.uncitral.org/english/workinggroups/wg_arb/index.html).
[57] Zu Einzelheiten s. *Eidenmüller,* Vertrags- und Verfahrensrecht, S. 32 ff. sowie § 13 Rdnr. 64 ff.

denjenigen, der sich den Parteien als qualifizierter online-Mediator vorstellt, ohne über die mindestens erforderlichen Qualifikationen zu verfügen, u. a. eine Haftung aus culpa in contrahendo in Betracht kommen.

Wie bereits oben (Rdnr. 52) angesprochen, hat der Mediator alle Verabredungen 73 zwischen allen Beteiligten zu treffen, die für die Aufnahme und Durchführung von Verhandlungen erforderlich sind und über die Parteien noch keine Einigung erzielt haben.

Gerade wegen der dem **Mediator** obliegenden strikten **Neutralität** in der Aus- 74 übung seiner Funktion als Mittler zwischen den Konfliktparteien ist der im Internet operierende Mediator insbesondere dann in einer äußerst kritischen Lage, wenn er feststellen muss, dass eine der in den Prozess einbezogenen Parteien durch mangelnde Fähigkeiten oder Mittel in der Kommunikation deutlich benachteiligt ist. Ähnliche Erfahrungen machen Mediatoren zwar auch bei traditionellen Mediationen (z. B. bei Sprachproblemen), sie können jedoch aus offenkundigen Gründen bei der online-Mediation wegen ihres eher technischen Ursprungs leichter behoben werden.

Gelingt es einem Mediator nicht, insoweit „Waffengleichheit" im Konsens mit 75 den Parteien herzustellen, bleibt ihm, der die Parteien nicht zu einem bestimmten Verhalten zwingen kann, nur sein Rückzug aus der Mediation und deren Beendigung.

c) **Der Mediationsdienstleistervertrag.** Soweit ersichtlich hat dieser Vertrag bisher 76 keine besondere Beachtung in der Literatur gefunden.[58] Einerseits ist er vergleichbar den Verträgen, die zwischen den Parteien eines Schiedsverfahrens und einem institutionellen Träger eines Schiedsgerichtes abgeschlossen werden, insoweit als der Dienstleister Verfahrensordnungen und Mediatoren oder Vorschläge zur Auswahl von Mediatoren bereit usw. stellt, andererseits aber beinhaltet der Vertrag mit einem online-mediation-service-provider, bei allen denkbaren Variationen im Einzelfall, sehr viel weiter reichende Leistungen.

Der online-Mediationsdienstleister stellt, völlig unabhängig von den rechtlichen 77 Rahmenbedingungen für die Abwicklung der Mediation, die **technischen Mittel,** auf Grund deren die Kommunikation im Internet erst erfolgen kann.

Im einfachsten Falle ermöglicht er das Auffinden und den Zugang zu einem Mediator und die Eröffnung des Verfahrens mit dem Konfliktgegner durch e-mails.

Bei technisch fortschrittlicheren Angeboten stellt der provider chatrooms (aus technischen Gründen eher begrenzt), Video-Konferenz-Räume und andere elektronische tools zur online-Kommunikation und deren Unterstützung zur Verfügung. Hierfür erhält er i. d. R. ein Entgelt, sofern nicht öffentliche Einrichtungen und Sponsoren für die Kosten der Einrichtungen aufkommen.

Diese Dienstleister können selbstverständlich keinen Erfolg der nach ihren Ver- 78 fahrensregeln ablaufenden und durch Einsatz ihrer Technik ermöglichten online-Mediationen gewährleisten. Die Bereitstellung und das unverfälschte Funktionieren der von ihnen angebotenen tools ist jedoch wichtigste Voraussetzung für das Zustandekommen einer online-Mediation. Der Wegfall oder die Verfälschung der Kommunikation über die vom provider angebotenen Verfahren stellt demnach eine Störung seiner vertraglich zugesagten Leistung dar.[59]

---

[58] Vgl. Hinweise bei *Eidenmüller*, Vertrags- und Verfahrensrecht, S. 8 ff.
[59] Vgl. auch technische Kontrollmöglichkeiten zur Sicherung von Willenserklärungen s. Rdnr. 59

79   Damit stellt sich die Frage, nach **welcher Rechtsordnung** eine Schlecht- oder Nichterfüllung zu beurteilen wäre, wenn Dienstleistungen im Internet und die on-line-Mediation jeweils anderen Rechtsordnungen zuzurechnen sind. Nach **deutschem Recht** dürfte – bei Fehlen einer vertraglichen Bestimmung – nach Art. 28 Abs. 2 EGBGB im Zweifel auf den Ort abzustellen sein, an dem die für den Vertrag charakteristische Leistung zu erbringen ist: statt einer Anknüpfung an eine lex „server" käme danach der Ort in Betracht, an dem eine Mitteilung einzuspeisen oder zu empfangen wäre, um die Kommunikation im Netz zu erlauben.

3. Gewährleistung der Vertraulichkeit

80   a) **E-Mail.** Die „normale E-Mail" unterliegt zahlreichen **Vertraulichkeits- und Sicherheitsrisiken.** Es ist beispielsweise mit geringem Aufwand möglich, eine E-Mail unter falschem Namen abzusenden (durch Angabe einer falschen E-Mail-Absender-Adresse) oder den Inhalt der E-Mail bei der Übertragung von den Parteien zum Mediator, aber auch vom Mediator zu den Parteien zu verändern.[60] Schließlich ist der Zugang einer E-Mail beim Empfänger nicht mit Sicherheit gewährleistet, da die E-Mail bei der Übertragung untergehen oder abgefangen werden kann.

81   Um diesen Problemen vorzubeugen und die Authentizität und Originalität der Nachrichten sicherzustellen, ist es möglich, die elektronische Nachricht mit einer **digitalen Signatur** zu versehen.[61] Empfehlenswert ist die Verwendung einer digitalen Signatur nach dem SigG,[62] da einer digital signierten E-Mail nach dem SigG ein erhöhter Beweiswert zukommt (§ 292a ZPO) und auch nur diese Form der elektronischen Nachricht die Schriftform ersetzen kann (§§ 126 Abs. 3, 126a BGB)[63]. Es handelt sich hierbei um ein asymmetrisches Verfahren, bestehend aus einem Private Key und Public Key. Der Absender bedient sich beim Signieren seines Dokuments des Private Key, der auf einer Chipkarte gespeichert und mit einer PIN vor unautorisiertem Zugriff gesichert ist. Vor der Verschlüsselung muss er den zu verschlüsselnden Text, der in einem extra Fenster auf seinem Bildschirm erscheint, bestätigen[64], erst dann wird der Text mit dem Private Key signiert und an den Empfänger geschickt. Der Public Key dient der Entschlüsselung der Nachricht und wird dieser beigefügt. Er ist so ausgelegt, dass man aus ihm den Private Key nicht errechnen und so keine Nachrichten unter dem Namen des Schlüsselinhabers versenden kann. Mittels dieser Technik kann der Empfänger nach Entschlüsselung der Nachricht jede geringste Veränderung an dem Text feststellen und auch den Absender zweifelsfrei identifizieren.

---

[60] *Schwachheim* NJW 1999, 623, Fn. 23.

[61] Detaillierte Abhandlungen zur digitalen Signatur nach dem SigG finden sich u. a. bei Miedbrodt, Signaturregelung im Rechtsvergleich, Baden-Baden, 2000 m.w.N.; *Geis,* Elektronische Unterschrift-Aspekte der Beweisqualität, in: Hoeren,/Sieber, (Hrsg.),Handbuch Multimedia Recht, Loseblatt, München, 2000, Kap. 13.2, 13.3; *Rossnagel,* Auf dem Weg zu neuen Signaturregelungen, MMR 2000, 451 ff.; Im Entwurf liegt auch ein UNCITRAL Modellgesetz zur digitalen Signatur vor, abrufbar unter http://www.uncitral.org/english/workinggroups/wg_ec/wp-88 e.pdf (Stand: 29. 3. 2001).

[62] Das am 22. Mai 2001 in Kraft getretene neue Signaturgesetz (SigG) hat das Gesetz zur digitalen Signatur vom 11. 6. 1997 abgelöst.

[63] Der neue § 292a ZPO wurde durch das „Gesetz zur Anpassung der Formvorschriften des Privatrechts und anderer Vorschriften an den modernen Rechtsgeschäftsverkehr" vom 13. 7. 2001 eingeführt.

[64] S. hierzu § 17 Abs. 2 SigG (2001).

Da die digitale Signatur nur vor Veränderung der Nachricht und unautorisierter 82
Versendung schützt, ist der **Zugang der Nachricht** beim Empfänger dadurch sicherzustellen, dass der Absender vom Empfänger ein Bestätigungs-E-Mail anfordert (am
besten auch digital signiert).

b) Kommunikation im Chat-Room. Beim Chat bestehen die **gleichen Sicherheits-** 83
bedenken, wie bei der E-Mail-Kommunikation. Der Unterschied zur E-Mail liegt
darin, dass der Chat nicht mit einer digitalen Signatur versehen werden kann, weil es
bei Verwendung einer solchen zu erheblichen Zeitverzögerungen kommen könnte,
die die Interaktivität des Chat fast gänzlich zerstören können.

Als **Lösung** bietet sich der **Einsatz eines VPN** (Virtual Private Network) an.[65] 84
Hierdurch wird eine Verschlüsselung der Daten durch sog. Tunneling ermöglicht,
wobei ein hoher, aber nicht der gleiche Sicherheitsstandard erreicht wird wie bei
der digitalen Signatur. Der Zugang einer Nachricht kann im Chat-Verfahren leicht
festgestellt werden, da der Absender des Beitrags diesen immer gleich am Bildschirm sieht und den Zugang so kontrollieren kann.

c) Internet-Videokonferenzen. Eine Videokonferenz zur Durchführung einer on- 85
line-Mediation ist aus praktischen Gründen nahezu **auszuschließen.** Derzeit fehlen
hierzu noch die technischen Voraussetzungen. Insbesondere beeinträchtigen die
niedrigen Übertragungsgeschwindigkeiten eine qualitativ akzeptable Kommunikation. Darüber hinaus würde das Verfahren erschwert, wenn nicht sogar verhindert,
weil nicht mehr als zwei Webcams eingesetzt werden könnten. Sicherheitsprobleme
bestehen ähnlich, wie bei der E-Mail oder Chat-Kommunikation, insbesondere sind
Identitätsprobleme nicht dadurch ausgeschlossen, dass das Bild übertragen wird (es
kann auch ein falsches Bild eingespielt werden).[66]

Die Sicherheit kann bei der Videokonferenz aber nicht durch eine digitale Signa- 86
tur hergestellt werden, da dies bei der großen Datenmenge (Sprach- und Bilddaten)
nicht möglich ist. Allenfalls ist eine Verschlüsselung ähnlich einem VPN möglich,
jedoch ist auch hier die große Datenmenge hinderlich.[67]

III. Online-Mediation in verschiedenen Konfliktfeldern

1. b2b-Wirtschaftsmediation

Soweit bekannt, liegen bislang noch keine ausreichenden Erkenntnisse zu online- 87
Mediationsverfahren in Zusammenhang mit Rechtsgeschäften zwischen Kaufleuten
vor.[68] Dabei liegt es nahe, dass gerade dort, wo Geschäftsvorfälle über das Netz
abgewickelt werden und die Beteiligten im täglichen Umgang mit der virtuellen
Kommunikation geübt sind, auch Konflikte „online" aufgearbeitet werden. Die
Vorteile der online-Mediation sollten gerade in einer dynamischen, global operie-
renden Wirtschaft, die die Grenzen von Kultur, Sprache, Zeit und Raum längst
übersprungen hat, nutzbar gemacht werden.

---

[65] Zum VPN: *Maier,* Sichere Kommunikation im Netz mit VPNs, in: GIT Sicherheit und Management, 7/2000, S. 548 ff.
[66] *Hohenegg/Tauschek* BB 1997, 1541 ff.
[67] *Hohenegg/Tauschek,* a. a. O.
[68] Über Erfahrungen von CyberCMAP, Paris, liegen Erkenntnisse noch nicht vor.

88   Es scheinen allerdings Untersuchungen darüber zu fehlen, wie Unternehmen im
Rahmen des b2b online Geschäftes auftretende alltägliche Konflikte lösen. Berücksichtigt man, wie lange es sogar in den USA gedauert hat, bis ADR und Mediation
als Instrumente des Konfliktmanagements Anerkennung fanden, ist es keineswegs
verwunderlich, dass noch eine gewisse Zurückhaltung gegenüber diesem offenkundig vorteilhaften Ansatz, der jedoch noch weitgehend experimentelle Züge aufweist, vorherrscht.

2. Online – Mediation und b2c-Geschäfte

89   Anders sieht es dagegen im **Bereich des Massengeschäftes** aus, wo zunächst auf
den beträchtlichen Erfolg der „blind bidding"-Verfahren hinzuweisen ist, die vor
allem bei der Regulierung von Versicherungsschäden in größerem Umfang Anwendung gefunden haben. Wie erwähnt wird online-ADR in den USA auch im Zusammenhang mit Geschäften des online-Auktionshauses „e-bay" und dem on-line-ADR-
Anbieter „squaretrade" von einem breiteren Publikum in Anspruch genommen. Auf
die Initiative der EU-Kommission und der Industrie (s. etwa die von einer Reihe
von internationalen Unternehmensgruppen getragene „Initiative D24") hin, für
Konflikte, die sich aus dem e-commerce ergeben können, Einrichtungen der alternativen Konfliktbeilegung bereit zu stellen, haben verschiedene Organisationen auch
den Einsatz von online-ADR in Erwägung gezogen (vgl. u.a. Projekte des DIHT,
CyberCourt der Gesellschaft für Computerrecht,[69] IHK Hamburg[70]).

90   Das **Problem** des Einsatzes von Mediation bei Konflikten im Zusammenhang mit
Massengeschäften resultiert aus dem verbreiteten Missverhältnis von relativ hohen
Verfahrenskosten zu den geringen Streitwerten. So vorteilhaft der Einsatz flexibler
Methoden zur Konfliktbewältigung erscheinen mag, so wenig wirtschaftlich ist es,
die oft im Tatsächlichen und Rechtlichen einfach gelagerten einzelnen Streitfälle,
die nicht durch das Beschwerdemanagement der betreffenden Unternehmen beigelegt werden konnten, durch den Einsatz von aufwändiger Technik und speziell geschulter Mediatoren bearbeiten zu lassen.

91   Lässt man die Möglichkeiten von Schlichtungsverfahren, wie sie in einzelnen
deutschen Bundesländern (z.B. Bayern, Nordrhein-Westfalen, dazu § 33) vorgesehen sind und auch den in eingeschränktem Umfang nutzbaren Weg des deutschen
Mahnverfahrens, insbesondere bei Konflikten mit Auslandsbezug, als Lösungsansätze außer Betracht, bietet sich als e-commerce-nahes Verfahren eine **Verknüpfung
von Mediation und Schlichtung,** die auch online durchgeführt werden könnte.
Während der Mediator/Schlichter in einem ersten Ansatz versucht, die Parteien zur
Einigung über ihren Konfliktfall zu bewegen, erlässt er, soweit keine Einigung erzielt werden kann, einen grundsätzlich nicht bindenden Schlichtungsspruch.

92   Ein solches Verfahren machte wirtschaftlich Sinn, wenn Unternehmen, die am
e-commerce teilnehmen, sich bereit fänden, unter vollständiger Anerkennung der Unabhängigkeit des ADR-Dienstleisters, – ähnlich wie „e-bay" und „squaretrade" – sich
an dessen Kosten zu beteiligen. Die Akzeptanz eines solchen Verfahrens beim Publikum ließe sich dadurch steigern, das die Unternehmensseite sich verpflichtet, einen
solchen Schlichtungsspruch als für sich verbindlich anzuerkennen.

---

[69] Vgl. Rdnr. 22.
[70] S. oben Fn. 37 zum Kongress in Münster vom 17./18. 11. 2000.

3. Individual- und Gruppenkonflikte

Ob online-Mediation auch in anderen Konflikten, wie z.B. der auch in Deutsch- 93
land verbreiteten Familienmediation Eingang finden wird, ist heute noch schwer zu
entscheiden. Eindeutige Aussagen sind auch in Amerika nicht zu finden.

Vieles wird auch davon abhängen, in welchem Masse das Internet die private
Kommunikation in der Zukunft gestalten wird. Trotz aller noch bestehenden Skepsis wird man allerdings davon ausgehen können, dass das Internet als unterstüt-
zendes Medium für die Übermittlung von Informationen in der Mediation ebenso
Eingang finden wird oder bereits gefunden hat, wie in zahlreichen Bereichen des
Alltags. Entsprechendes gilt auch für Verfahren, bei denen mehrere oder auch eine
Vielzahl von Beteiligten nach Möglichkeiten für einen Konsens suchen. Die auch
bei Mediationsverfahren gebräuchliche Eintext-Technik, bei der die Beteiligten einen Entwurf solange zwischen sich zirkulieren lassen und verändern, bis der Text
den Anforderungen aller entspricht, ist hierfür nur ein Beispiel.

IV. Zusammenfassung und Ausblick

Online-Mediation – has its time come? Lässt sich diese Frage heute bereits be- 94
antworten? Wird es überhaupt eine online-Mediation in der hier beschriebenen
Form geben? Werden nicht technische Entwicklungen, etwa online-Videokonferen-
zen, das e-mailen und Chatten im Internet verdrängen? [71]Antworten auf diese Fragen sollen gar nicht erst versucht werden.

Sicher aber ist eines, die **Kommunikation im CyberRaum** durchdringt unseren
Alltag, im CyberRaum entstehen Konflikte und werden dort auch ausgetragen. Die
Auswirkungen dieser Entwicklungen machen auch vor gerichtlichen Verfahren
nicht halt: der Schriftsatz in Form der e-mail ist doch bereits heute Realität. [72]

Damit stellt sich jedoch die Frage nach Änderungen im Kommunikationsverhalten von Personen, die sich der neuen elektronischen Medien bedienen, und deren
Auswirkungen auf den Ablauf von Konflikten und deren Verarbeitung – außergerichtlich und vor der Justiz. Diese Veränderungen zu leugnen ist nicht möglich, den
Umfang der Konsequenzen heute bewerten zu wollen, erscheint verfrüht. Allenfalls
sind Vermutungen und vorsichtige Hypothesen erlaubt.

Einige Produkte, die aus der Beschäftigung mit automatisierten Kommunikationsprozessen hervorgegangen sind, sollten allerdings unsere Aufmerksamkeit verdienen. Dies gilt etwa für das sog. blind bidding – Verfahren und ihm verwandte
Techniken, mit deren Einsatz eine Beschleunigung eines bestimmten Typus von
Verhandlungen erreichbar scheint.

Alles in allem wird die **Konfliktlösung im Internet** und mit Hilfe des Internets,
insbesondere für Konflikte aus dem Internet, ein **Thema der Zukunft** bleiben.

---

[71] Seit der Reform der ZPO räumt der neue § 128 a den Gerichten die Möglichkeit ein, soweit die
Parteien dem zustimmen, mündliche Verhandlungen über Video-Konferenzen abzuwickeln; hierzu
eher skeptisch *Hartmann* NJW 2001, 257 ff. u. 2583.
[72] Eine Arbeitsgruppe von UNCITRAL hat sich in der Sitzung vom 12.6./7. 7. 2000 mit der Frage
befasst, ob die in dem New Yorker UN-Übereinkommen von 1958 verlangte Schriftform für eine
Schiedsvereinbarung und den zu vollstreckenden Schiedsspruch auch dann als erfüllt anzusehen ist,
wenn ein elektronisches Kommunikationsmitttel benutzt wurde.

7. Kapitel. Aus- und Weiterbildung

§ 51 Mediation als Gegenstand der Ausbildung

Dr. Markus Troja/Eckard Schwitters/Stefan Kessen

Schrifttum: *Berne, Eric* (1967), Spiele der Erwachsenen. Reinbeck; *ders.*, Was sagen Sie, nachdem Sie „Guten Tag" gesagt haben? Psychologie des menschlichen Verhaltens. München; *Brown, Michael (1995)*; Abriss der Transaktionsanalyse. Frankfurt/M.; *Budde, Andrea* (Hrsg.) (o. J.), Konflikt im System – System im Konflikt. Das Kölner Konfliktlotsenprogramm (Quak) als Sprungbrett in eine neue Konfliktkultur in Unternehmen. Dokumentation. Köln; *Diez, Hannelore* (2000); Mediationsanaloge Supervision in den verschiedenen Feldern von Mediation, ZKM Heft 5/2000; *Dulabaum, Nina* (1998), Mediation: Das ABC. Die Kunst, in Konflikten erfolgreich zu vermitteln. Weinheim, Basel; *Duve, Christian* (2000), Ausbildung zum Mediator. In: Henssler, Martin/Koch, Ludwig (Hrsg.). Mediation in der Anwaltspraxis. Bonn, S. 153–184; *Fatzer, Gerhard* (1999), Qualität und Leistung von Beratung. Supervision, Coaching, Organisationsentwicklung. Köln; *Gottwald, Walther* (1999), Verrechtlichung der Mediation. Steckt eine Profession ihre Claims ab?. In: KON:SENS, 6, S. 331–334; *Gührs, Manfred/ Nowak, Claus* (1991), Das konstruktive Gespräch. Kiel; *Henssler, Martin/Kilian, Matthias* (2001), Das Mediationsmandat – rechtliche Rahmenbedingungen, in: Zeitschrift für die anwaltliche Praxis, Nr. 10, 22. 5. 2001, S. 601–610; *dies.*, (2000), Die interprofessionelle Zusammenarbeit bei der Mediation, ZKM 3. Jahrgang, Heft 2, S. 55–59; *Koch, Ludwig* (2001), Aktuelle Fragen des Berufsrechts für Anwaltmediatoren, ZKM, Heft 2, S. 89–95; *Krainz, Ewald E.* (1998), Kann man soziale Kompetenz lernen? In: Falk, Gerhard/Heintel, Peter/Pelikan, Christa (Hrsg.). Die Welt der Mediation. Klagenfurt, S. 318–329; *Sader, Manfred* (1998), Psychologie der Gruppe Weinheim, München; *Steiner, Claude* (1998), Macht ohne Ausbeutung – Zur Ökologie zwischenmenschlicher Beziehungen. Paderborn; *Thomann, Christoph* (1998), Klärungshilfe: Konflikte im Beruf. Methoden und Modelle klärender Gespräche bei gestörter Zusammenarbeit. Reinbek; *Thomann, Christoph/Schulz von Thun, Friedemann* (1997), Klärungshilfe. Handbuch für Therapeuten, Gesprächshelfer und Moderatoren in schwierigen Gesprächen. Reinbek; *Troja, Markus/Kessen, Stefan* (1999), Mediation als Kommunikationsprozess. In: KONS:SENS, Heft 6, S. 335–340; *Vopel, Klaus W.* (1999), Wirksame Workshops. 80 Bausteine für dynamisches Lernen. Salzhausen.

I. Ausbildungsboom und Ausbildungsstandards

1   Gut zehn Jahre, nachdem Mediation als kooperatives Konfliktregelungsverfahren in Deutschland eingeführt wurde, wird die Frage der richtigen Ausbildung von Mediatorinnen und Mediatoren immer wichtiger. Die ersten Mediatoren im deutschsprachigen Raum haben in der Regel entweder ohne eine spezielle Zusatzausbildung Aufgaben als Vermittler übernommen oder aber in den USA bzw. bei amerikanischen Mediatoren in Deutschland ein Mediationstraining absolviert. Mittlerweile gibt es gute Gründe, sich systematischer mit der Frage der Mediationsausbildung auseinanderzusetzen. Zum einen wird die Qualität der Arbeit von Mediatorinnen und Mediatoren mit darüber entscheiden, ob sich Mediation als Konfliktregelungsverfahren weiter durchsetzen wird. Gute Erfahrungen von Konfliktparteien mit professionell durchgeführten Mediationsverfahren sind die beste Werbung. Die Qualität der Mediationstätigkeit ist wesentlich von einer guten Ausbildung abhängig. Damit werden **Ausbildungsstandards** zum **Qualitätskriterium** und „Verkaufsargument" für Mediation. Zum anderen sind Ausbildung und Training selbst ein wichtiger Wirtschaftszweig im Feld der Mediation geworden. Für Ausbildungsanbieter stellen sie einen wichtigen Teil des Umsatzes dar. Das gilt im Übrigen selbst für die meisten Mediationseinrichtungen in den U.S.A. Außerdem beeinflusst die Ausbildung von Mediatorinnen und Mediatoren, angebotspolitisch gesprochen, die Nachfrage nach Mediation. Durch Mediationsseminare wird das Verfahren bekannter, von Multiplikatoren weiter getragen und gelangt in die Köpfe zahlreicher Menschen und wichtiger Entscheidungsträger.

2   Eines sei jedoch vorweg gesagt: wir bewegen uns mit den folgenden Ausführungen über Mediationsausbildungen auf dünnem Eis. Es ist zurzeit **nicht** möglich, **empirisch gesicherte Aussagen** über die Qualität von Ausbildungen zu machen[1]. Die Einschätzung der Ausbildungsteilnehmerinnen und -teilnehmer selbst ließe sich noch durch Fragebögen und Interviews erheben[2], wobei sich eine vergleichende Pa-

---

[1] Es gibt zwar die sogenannte Heidelberger Evaluation für Familienmediation. Bei dieser Untersuchung standen jedoch die Ergebnisse durchgeführter Familienmediationsverfahren im Mittelpunkt. Die hohe Zufriedenheit der Mediationspaare mit dem Verfahren wurde im Wesentlichen auf die hohe berufliche Qualifikation der Mediatoren/Mediatorinnen zurückgeführt. Die Ausbildung der Mediatoren/Mediatorinnen war jedoch nicht Gegenstand der Untersuchung. Über die Heidelberger Evaluation berichtet *Reiner Bastine* in KON:SENS 5/1999.
[2] Die üblichen Bewertungsbögen, mit denen Teilnehmerinnen und Teilnehmer ein Feedback zu Seminaren und Ausbildern geben, eignen sich hierfür in der Regel nicht.

nelbefragung direkt nach der Ausbildung und ein zweites mal nach einiger Zeit der Praxiserfahrung anbieten würde. Das ist allerdings bisher nicht in groß angelegter und repräsentativer Form geschehen. Für eine objektivere Bewertung müsste der Erfolg in der praktischen Arbeit von Mediatorinnen und Mediatoren mit unterschiedlichen Ausbildungen verglichen werden, und zwar anhand der Ergebnisse der durchgeführten Verfahren und der Einschätzung der betroffenen Konfliktparteien. Voraussetzung dafür wäre jedoch nicht nur die schwierige Bestimmung von Erfolgskriterien. Es müsste auch untersucht werden, welche Ergebnisse auf die Ausbildung zurückzuführen sind, und nicht auf ausbildungsunabhängige Variablen wie individuelle Fertigkeiten bzw. Mängel oder Bedingungen des einzelnen Mediationsfalles. Wir bewegen uns in diesem Beitrag also im Bereich empirisch nicht gesicherter Hypothesen. Unsere Einschätzungen sind subjektiv, allerdings sind sie von praktischer Erfahrung geprägt[3].

1. Gründe für den Ausbildungsboom

Seit einigen Jahren schießen die Mediationsausbildungen wie Pilze aus dem Boden. Es ist nicht mehr möglich, einen Überblick über die Anbieter zu geben, ohne viele Angebote aus Unwissenheit unter den Tisch fallen zu lassen[4]. Private Institute, Vereine, Universitäten, Fachhochschulen und diverse Bildungsträger bieten Mediationsausbildungen mit großen Unterschieden in Form, Umfang und Inhalt an. Eine kurze und natürlich lückenhafte Übersicht soll einen Eindruck von diesem Anbieterspektrum in Deutschland vermitteln: **3**
– **Universitäten:** z.B. FernUniversität Hagen, Lüneburg, Oldenburg, (Berlin in Vorbereitung)
– **Fachhochschulen:** z.B. Darmstadt, Erfurt, Hamburg, Ludwigshafen, Potsdam, Thüringen
– **Größere Bildungsträger:** z.B. DeutscheAnwaltAkademie, Deutsche Gesellschaft für Personalführung e.V., Grundig Akademie, Volkshochschulen, karitative und gewerkschaftliche Verbände in fast jeder größeren Stadt
– **Private Firmen und Vereine:** z.B. Institute der Bundesarbeitsgemeinschaft für Familienmediation (BAFM), Mediation e.V., Steyerberg; Brückenschlag e.V., Lüneburg; Mensch und Organisation im Wandel e.V., Berlin; Akademie von Hertel, Hamburg; Centrale für Mediation GmbH, Köln; Haus der Technik e.V., Essen; Steinbeis-Transferzentrum, Böblingen und viele mehr.
Eine komplette Mediationsausbildung gab es noch vor einigen Jahren nur in **Familienmediation.** Die Ausbildung läuft hier seit Jahren an einigen ausgewählten Instituten, die von der Bundesarbeitsgemeinschaft für Familienmediation (BAFM) anerkannt sind[5]. Mittlerweile tut sich jedoch in Sachen Ausbildung einiges auf diesem am stärksten institutionalisierten Mediationsfeld. Die BAFM-Institute bekommen **4**

[3] Die Autoren haben das Thema Mediationsausbildung in drei unterschiedlichen Rollen erlebt bzw. tun dies noch: als Teilnehmer an Mediationsausbildungen, als Trainer und Ausbilder von mittlerweile mehreren hundert Seminarteilnehmerinnen und -teilnehmern sowie als Mediatoren, die das Geschehen in ihrem Berufsfeld so gut es geht zu beobachten versuchen.
[4] Vgl. aber den Überblick der Ausbildungsinstitutionen in § 59.
[5] Eine Übersicht über die BAFM-Institute gibt die Info-Mappe der BAFM. Diese kann bei der Geschäftsstelle, Eisenacher Str. 1, 10777 Berlin, angefordert werden. Vgl. auch § 58.

zunehmend Konkurrenz von anderen Ausbildungsanbietern. Ein regelrechter **Ausbildungsboom** hat jedoch erst mit dem Vormarsch der **Wirtschaftsmediation** eingesetzt. Ein Beispiel: Allein in Hamburg und München laufen im Jahre 2001 parallel mindestens drei Ausbildungen in Wirtschaftsmediation, die in Form von zwei- bis dreitägigen Blockseminaren über einen längeren Zeitraum angelegt sind (ca. 200 Ausbildungsstunden). Man bekommt den Eindruck, dass wesentlich mehr Mediatoren ausgebildet werden, als für die noch wenigen Mediationsfälle notwendig sind. Vor allem scheint es mehr Ausbilder zu geben als tatsächlich praktizierende Mediatoren. Noch vor wenigen Jahren war die „Mediationsszene" einigermaßen überschaubar. Heute offenbart eine Recherche im Internet eine Vielzahl an Unternehmen und Einzelpersonen, die Mediationsseminare anbieten. Bei vielen von ihnen ist fraglich, ob sie praktizierende Mediatoren sind. Es scheint nicht anders als in vielen psychosozialen und -therapeutischen Berufsfeldern zu sein: es wird mehr unterrichtet als praktiziert. Was sind die Gründe für diesen Ausbildungsboom?

5   Die Professionalisierung der Mediation ist sicherlich eine Ursache für die **gestiegene Nachfrage** nach Ausbildung. Die Idee der Mediation – Vermittlung in Konflikten durch eine außenstehende dritte Person – ist wohl so alt wie die Menschheit.[6] Allerdings war diese Vermittlungsarbeit in der Geschichte (und in der Diplomatie auch heute noch) weitgehend vom Einfluss und von der Kunstfertigkeit des einzelnen Vermittlers abhängig. Es gab so viele Formen und Vorgehensweisen, wie es „neutrale" Dritte gab. Neu ist der Versuch, diese Vermittlung als ein elaboriertes Verfahren zu entwickeln, das gezielt zur zivilen und zur außergerichtlichen Konfliktregelung eingesetzt wird. Mediation soll weniger abhängig vom individuellen Geschick des Mediators sein, sondern vorhersagbare Leistungen erbringen. Das Verfahren soll bestimmten Qualitätskriterien genügen, theoretische Erkenntnisse der Konfliktbearbeitung berücksichtigen und damit auf unterschiedliche Konfliktkontexte anwendbar sein. Es mag zwar nach wie vor Naturtalente in der Mediation geben. Im Zuge der Professionalisierung der Mediation ist allerdings niemand mehr zum Mediator geboren oder durch seine Reputation bzw. beruflichen Leistungen auf anderem Gebiete qualifiziert. Grundlage für die qualifizierte Durchführung eines solchen Verfahrens ist eine Ausbildung, in der die Prinzipien des Verfahrens vermittelt und praktisch eingeübt werden können.

6   Mit der zunehmenden Etablierung von Mediation wird in Zukunft der **Nachweis einer Ausbildung** für diejenigen wichtiger, die ihre Dienste als Vermittler glaubhaft und erfolgreich anbieten wollen. Das allein erklärt jedoch nicht den Ausbildungsboom, denn noch ist der Markt wie gesagt noch nicht so groß und nur die Aussicht auf mehr Mediationsfälle reicht als Motivation für eine zeitaufwändige und zum Teil auch teure Ausbildung ebenfalls nicht aus. Was suchen die Teilnehmer in den Mediationsausbildungen? Da sie aus den unterschiedlichsten Ursprungs- bzw. Hauptberufen stammen, haben sie natürlich auch unterschiedliche Qualifizierungsbedarfe. Allen ist aber auch einiges gemeinsam. Sie erleben häufig eine gewisse Unzufriedenheit mit der bisherigen Art der Konfliktbearbeitung in ihrem beruflichen Alltag und erhoffen sich die Möglichkeit, im beruflichen Kontext anders als bisher mit Konflikten umzugehen. Für viele birgt die Mediation auch die Hoffnung auf ein

---

[6] Vgl. dazu § 6.

neues Tätigkeitsfeld, in dem sich sinnstiftende Arbeit mit wirtschaftlichem Erfolg und einer neuen beruflichen Perspektive verbinden lässt.

Beim Ausbildungsboom greifen Nachfrage und Angebot Hand in Hand. Auch für 7 die Anbieter sind Mediationsseminare und –ausbildungen von zentraler Bedeutung, und zwar als wichtige **Einkommensquelle**[7]. Dabei ist es keineswegs ein deutsches Phänomen, dass viele Mediatoren mehr ausbilden, als dass sie eigene Fälle bearbeiten. Auch in den USA macht der Ausbildungsbereich für fast alle Firmen, die ausschließlich von Mediation leben, einen wichtigen, häufig den überwiegenden Teil des Umsatzes aus. Abgesehen von einigen Familienmediatoren können nur die wenigsten ausschließlich von ihrer Arbeit auf dem Gebiet der Mediation leben. Wenn sie dies tun, so sind Seminare und Ausbildungen ein Bereich, mit dem sich häufig sicherer kalkulieren lässt, als mit Mediationsfällen.

Aus unserer Sicht wird der Ausbildungsboom noch einige Zeit anhalten. Danach 8 ist mit einer gewissen **Marktbereinigung** zu rechnen. Es werden sich voraussichtlich diejenigen Ausbildungsangebote halten, die ihre Position auf dem Ausbildungsmarkt ausbauen konnten, die auf Grund ihrer äußeren Merkmale wie Kosten und Zeitaufwand unterschiedliche Zielgruppen bedienen können und die sich vor allem auf Grund ihrer inneren Qualität, die aufs Engste mit den Ausbildern verbunden ist, einen Namen machen und überzeugen können.

2. Ausbildungsrichtlinien und Zertifikate

Die zunehmende Vielfalt der Mediationsangebote und die Bedeutung qualifizier- 9 ter Mediatorinnen für die weitere Etablierung des Verfahrens sind gute Gründe dafür, über Qualitätssicherung durch ein Mindestmaß an Vereinheitlichung und dokumentierte **Ausbildungsstandards** nachzudenken. Die Diskussion um solche Standards bewegt sich dabei jedoch immer in einem Spannungsfeld. Sie sollen und können Mittel zur Qualitätssicherung sein. Andererseits bedeuten Standards auch eine Stärkung der Position derjenigen, die sie aufstellen. Anerkannte Ausbildungsstandards sind eine Marktzugangsbarriere für neue Ausbilder; Anbieter, die z.B. bezogen auf Bestandteile und Umfang der Mediationsausbildung andere Kriterien zugrunde legen, können (und sollen zum Teil ja auch) ausgegrenzt werden.

In diesem Zusammenhang stellt sich natürlich auch die Frage, weshalb und von 10 wem Standards aufgestellt werden. In der Regel sind es nämlich bislang Mitgliederverbände und Vereine, die zumeist gleichzeitig Ausbildungsinstitutionen sind. Einerseits sollen diese Standards eine Art Qualitätssiegel für die angebotenen Ausbildungen des jeweiligen Vereins oder Instituts darstellen. Andererseits sollen die Standards ein ausgewiesenes und selbstverpflichtendes Qualitätsmerkmal für ihre Mitglieder sein und nicht zuletzt für die Institution selbst.

Welche **Wirkung und Reichweite** haben aber nun eigentlich Standards? Faktische 11 Wirkung erhalten Standards erst dadurch, dass beispielsweise andere Ausbildungsanbieter sie als Richtschnur für eigene Konzepte anlegen und sich dezidiert auf sie

---

[7] Wir beschränken uns hier auf die wirtschaftliche Motivation als diejenige Variable, die für den Umfang an Ausbildungsangeboten am erklärungskräftigsten erscheint, auch wenn wir aus eigener Erfahrung und vielen Gesprächen sagen können, dass ein weiterer Grund für die Ausbildungstätigkeit darin liegt, dass man als Trainerin oder Trainer in Ausbildungen selbst viel lernt und die Arbeit mit den Teilnehmern am Thema Mediation sehr viel Freude bereitet.

beziehen. Ein weiterer wichtiger Faktor für die Bedeutung von Standards ist die Mitgliederzahl des jeweiligen Verbandes, der diese aufgestellt hat.

12   Eine beachtliche Anzahl von Verbänden und Vereinen hat in den letzten Jahren Richtlinien für Mediationsverfahren und teilweise für Mediationsausbildungen aufgestellt. Während vor ungefähr fünf Jahren noch eine breite Vielfalt und Unterschiedlichkeit bei Ausbildungsinhalten, Zugangsvoraussetzungen und formalen Rahmenbedingungen vorhanden war, gibt es zunehmend Vereinheitlichungen. Ungeachtet der Inhalte zeigt sich dieser Trend am deutlichsten beim zeitlichen Umfang der Mediationsausbildungen. Ungefähr 200 Zeitstunden Ausbildungsumfang scheint sich mehr und mehr als Rahmenstandard herauszubilden[8].

13   Derzeit heben sich die Ausbildungsrichtlinien von drei Vereinen bzw. Verbänden mit unterschiedlichen Zielgruppen von allen anderen ab: die Bundesarbeitsgemeinschaft für Familienmediation e.V., der Bundesverband Mediation e.V. und der Förderverein Umweltmediation e.V. Diese sollen im folgenden kurz vorgestellt werden.

14   **a) Ausbildungsrichtlinien der Bundesarbeitsgemeinschaft für Familienmediation.** Die Ausbildungsrichtlinien der Bundesarbeitsgemeinschaft für Familienmediation (BAFM) haben im Trennungs- und Scheidungsbereich eine exponierte Stellung. In Anlehnung an die „Europäische Charta zur Ausbildung von Familienmediatoren im Bereich von Trennung und Scheidung"[9] wurden diese schon 1992 beschlossen. Die BAFM ist ein überörtlicher Zusammenschluss von Arbeitskreisen von im Bereich Familienmediation tätigen Mediatorinnen und Mediatoren und privatwirtschaftlichen Ausbildungsinstituten, die sich teilweise schon seit 1989 mit dem Thema Mediation beschäftigen. Die Anerkennungskriterien als BAFM – Mediator/in bilden vergleichsweise **hohe Qualifikationsvoraussetzungen**. Für Ausbildungsinstitute werden ebenfalls sehr hohe Zugangsvoraussetzungen angelegt. Der BAFM ist es nicht nur gelungen, ihre Institute und Mitglieder auf dem Mediationsmarkt zu positionieren, sondern es ist ihr vor allem auch gelungen, eine Form institutioneller Qualitätssicherung für Mediation im Trennungs- und Scheidungsbereich zu gewährleisten. Ihre Verbandspolitik hat einerseits gewiss hohe Marktzugangsbarrieren geschaffen. Andererseits hat die Reputation der BAFM aber auch dazu geführt, dass beispielsweise karitative Verbände gemäß den BAFM-Richtlinien ausbilden und die Bundesrechtsanwaltskammer eine Empfehlung für Ausbildungen gemäß BAFM-Standards herausgegeben hat.[10] Damit wurde eine hohe Ausbildungsqualität für eine beträchtliche Anzahl von Ausbildungsstätten gefördert. Zusätzlich wird die Anerkennung durch wichtige öffentliche Körperschaften möglicherweise eine Voraussetzung für eine zukünftige gesetzliche Verankerung sowohl von Ausbildungsstandards in dem Bereich als auch für die gesetzlich verankerte Förderung der Trennungs- und Scheidungsmediation überhaupt (beispielsweise als Kostenbeihilfe

---

[8] An dieser Stelle muss immer die Schulmediationsausbildung als Ausnahme herausgehoben werden. Dieser Bereich hat besondere Rahmenbedingungen, da hier die Ausbildung von Schülerkonfliktlotsen im Vordergrund steht und schulorganisatorische Besonderheiten Berücksichtigung finden müssen. Ausbildungsrichtlinien beziehen sich hier sinnvollerweise auf die Qualifikation der Ausbilder/innen von Konfliktlotsen und den Inhalt und Umfang einer Konfliktlotsenausbildung.
[9] Vgl.: Info-Mappe der BAFM, S. 4. Die Info-Mappe der BAFM kann bei der Geschäftsstelle angefordert werden (vgl. Fn. 5). Vgl. auch § 58 Rdnr. 44.
[10] Vgl.: BRAK-Mitt 1996, 186 ff.; http://www.brak.de, login vom 7. 8. 2001.

für Scheidungsfälle). Zusammengefasst lässt sich sagen, dass zurzeit noch allein BAFM- Richtlinien faktische und nicht nur „symbolische" Standards setzen – mit allen Vorteilen der Qualitätssicherung einerseits und Restriktionen und Ausgrenzungen, die das für den Mediationsmarkt mit sich bringt, andererseits.

b) Bundesverband Mediation e. V. Der Bundesverband Mediation e.V. ist ein **15** Mitgliederverband, der seit 1992 zur Verbreitung der Mediationsidee in Deutschland ganz wesentlich beiträgt. Der Bundesverband versammelt die unterschiedlichsten Mediationsbereiche in seiner Organisation, vertritt also keinen speziellen Arbeitsbereich. Die Mitgliederzahl ist in jüngster Zeit sprunghaft auf nahezu 500 angestiegen. Im Jahr 2000 wurden auch **Ausbildungsstandards** verabschiedet, die unter anderem eine Ausbildungszeit von 200 Zeitstunden vorsehen[11].

Die Besonderheit des Bundesverbandes Mediation e. V. ist die **Vielfalt** der Mit- **16** gliederprofessionen, die sie zu tragen vermag und die sich in dem breiten inhaltlichen Spektrum der Verbandsarbeit widerspiegelt. Durch die gestiegenen Mitgliederzahlen hat dieser Verband das inhaltliche und nicht zuletzt auch das finanzielle Potenzial, nach innen die Organisationsstruktur als Basis der Mitgliederarbeit auszubauen um damit auch nach außen die inhaltlichen Fachdiskussionen der verschiedenen Mediationsbereiche voranzutreiben. Insbesondere von der Arbeit der gebildeten Facharbeitsgruppen (u. a. Schule und Jugendarbeit, interkulturelle Mediation, Mediation in und zwischen Organisationen) sind zukünftig wichtige inhaltliche Impulse zu erwarten, die die Professionalisierung und damit auch die Standarddiskussion dieser Sparten weiter vorantreibt. So stehen beispielsweise derzeit Ausbildungsstandards für den Schulmediationsbereich kurz vor der Verabschiedung, die von den Mitgliedern erfahrener Ausbildungsinstitute in diesem Bereich erarbeitet werden.

c) Standards des Fördervereins Umweltmediation e. V. Der Förderverein Um- **17** weltmediation existiert seit 1998 und wird als vierjähriges Projekt finanziell von der Bundesstiftung Umwelt getragen. Zweck des Vereins ist die Untersuchung der Möglichkeiten und Grenzen des Einsatzes von Umweltmediationsverfahren und ähnlicher konsensorientierter Verfahren in Deutschland[12]. Dabei ist das vorrangige Ziel, die Etablierung von Umweltmediation voranzutreiben. Als ein wichtiges Ergebnis der Vereinsarbeit wurden 1999 **Standards für Umweltmediation** in Zusammenarbeit mit externen Experten aus dem Umweltmediationsbereich erarbeitet. Diese enthalten auch anspruchsvolle **Standards für die Ausbildung** von Mediatoren im öffentlichen Bereich. Die Bedeutung dieser Ausbildungsrichtlinien liegt vor allem darin, dass die beiden einzigen Ausbildungsanbieter für Mediatoren im öffentlichen Bereich in Deutschland, nämlich die FernUniversität Hagen[13] und die Universität Oldenburg,[14] sich an den Standards des Fördervereins Umweltmediation e. V. orientieren. Damit haben sie auf Anhieb eine relativ hohe Bindungswirkung erhalten und Maßstäbe für die weitere Fachdiskussion gesetzt.

---

[11] Die Ausbildungsstandards des Bundesverbandes Mediation e. V. können bei der Geschäftsstelle Minden, Kirchweg 80, 34119 Kassel, angefordert werden.
[12] Vgl. *Hehn/Rüssel* NJW 2001, 349 ff.; dazu auch § 59 Rdnr. 11 f.
[13] Dazu § 52.
[14] Dazu § 55.

18   **d) Abschließende Überlegungen zur Diskussion von Ausbildungsrichtlinien.** Neben den genannten drei Institutionen gibt es noch einige Verbände und Vereine[15], insbesondere im Bereich Mediation in Wirtschaft und Organisationen, die sich um die Entwicklung bzw. Weiterentwicklung von Ausbildungsrichtlinien bemühen. Die Deutsche Gesellschaft für Mediation in der Wirtschaft (DGMW) hat detaillierte Ausbildungsstandards formuliert[16]. Der Bundesverband Mediation in Wirtschaft und Arbeitswelt (BMWA) arbeitet solche derzeit noch aus[17]. Die Entwicklung dieses Mediationsbereichs steht jedoch erst am Anfang. Die Erfahrungen der Ausbildungsanbieter und vor allem der Teilnehmenden an Mediationsausbildungen dieses Bereichs benötigen wohl noch einige Zeit, um auf einer größeren Basis praktischer (Er)Kenntnisse fundierte Diskussionen über Ausbildungsrichtlinien führen zu können.

19   **Ausbildungsstandards** sind ein **zweischneidiges Schwert.** Darauf weist beispielsweise *Duve* (2000) völlig zu Recht hin. Zum einen werden sie damit begründet, dass sie der Qualitätssicherung dienen und die Konfliktparteien schützen sollen. Dem widerspricht aber schon das Prinzip der Privatautonomie der Konfliktparteien. Diese müssen selber darüber entscheiden können, wen sie als Mediator auswählen. Außerdem ist ein Zertifikat kein Garant für Qualität, da Mediationskompetenzen nicht abprüfbar sind und Falldokumentationen nur bedingt verlässliche Aussagen über das Verhalten der Mediatorin in der konkreten Situation liefern. Es wäre ein Hemmnis für die Entwicklung der Mediation, wenn Standards bestimmter Verbände und Vereinigungen als allgemeinverbindlich vorgeschrieben würden, wie dies offenbar die Bundesarbeitsgemeinschaft Familienmediation (BAFM) und der Arbeitskreis Mediation der Bundesrechtsanwaltskammer (BRAK) (mit zum Teil den selben Personen) befürworten. Sie fordern, dass für die Ausbildung 200 Stunden sowie vier dokumentierte Fälle zu verlangen sind. Der zeitliche Umfang mag durchaus noch sinnvoll sein. Zwingend ist er nicht, wie Ausbildungsangebote von 40–80 Stunden in den USA zeigen. Nach unserer Erfahrung reicht diese Zeit zwar nur zur Vermittlung elementarer Grundkenntnisse aus. Aber auch eine wesentlich höhere Stundenzahl sagt noch nichts über die Inhalte und deren didaktische Aufbereitung aus. Für Mediationsbereiche außerhalb der Familienmediation vier dokumentierte Fälle zu verlangen, bevor die zukünftigen Mediatoren mit einem Ausbildungszertifikat werben dürfen und so Praxiserfahrung sammeln können, ist jedoch unrealistisch. Solche verbindlichen Standards würden zu einer ungerechtfertigten Marktzugangsbarriere führen. „Die Konsequenz lautet daher: Es sollte ein möglichst breites Ausbildungsangebot geschaffen werden. Weder der Gesetzgeber noch die Anwaltschaft sollten jedoch die Wahlfreiheit der Parteien beschränken. Das schließt nicht aus, dass Teilnehmer von Ausbildungsgängen darauf hinweisen können, dass sie durch bestimmte Institutionen ausgebildet wurden[18].“

---

[15] Zur Institutionenlandschaft insgesamt § 59.
[16] Diese sind erhältlich bei der Geschäftsstelle der DGMW, Charlottenstr. 29–31, 70182 Stuttgart. Einzusehen sind diese auch im Internet unter www.dgmw.de.
[17] Weitere Informationen des BMWA sind bei der Geschäftsstelle, Severinstr. 4, 18209 Bad Doberan, erhältlich. Auch hier sind schnelle Informationen über das Internet unter www.bmwa.de verfügbar. Vgl. auch § 59 Rdnr. 14.
[18] *Duve* 2000: 173.

II. Ziele einer Mediationsausbildung

Bei all den Diskussionen um die formalen Standards drohen manchmal die Ziele 20 und Inhalte von Mediationsausbildungen aus dem Blick zu geraten. Die Formulierung von Ausbildungszielen stellt immer einen normativen Anspruch dar. Es geht um Ziele, die aus der Erfahrung der Mediationspraxis wichtig für eine gute Arbeit sind und die aus Sicht theoretischer Erkenntnisse zu einer **Verbesserung der Praxis** beitragen können. Vorrangiges Ziel einer jeden Mediationsausbildung ist die Förderung bzw. **Entwicklung der Kompetenzen,** die für die Durchführung einer Mediation – unabhängig vom speziellen Anwendungsgebiet – wichtig sind. Wir beschreiben im nächsten Kapitel über Ausbildungsinhalte diese Kompetenzen als inhaltlich-problembezogenes Wissen, Prozesskompetenz und personenbezogene, psychosoziale Kompetenz.

Das individuelle Ausbildungsziel fällt bei den Teilnehmerinnen und Teilnehmern 21 erfahrungsgemäß jedoch sehr unterschiedlich aus und klärt sich oft erst im Laufe der Ausbildung. Die Mehrheit beginnt eine Mediationsausbildung mit dem Ziel, danach auch als Mediatorin oder Mediator zu arbeiten. Dennoch werden wesentlich weniger ausgebildete Mediatoren tatsächlich auf diesem Gebiet praktisch tätig. Das mag zum einen an der noch geringen Zahl von Mediationsfällen liegen. Es hat in vielen Fällen aber auch mit einem Abgleich der ursprünglichen Vorstellungen mit der Realität des Arbeitsalltags zu tun. Der Aufbau der eigenen Mediationstätigkeit ist ein langer und auf Grund des begrenzten Marktes auch sehr mühsamer Weg. Hinzu kommt, dass die zukünftigen Mediatoren erst an ihren Fertigkeiten feilen müssen, um sicher und glaubwürdig auf dem Markt auftreten zu können. Die **Tätigkeit als Mediator** ist fast nie ein neues Berufsfeld, sondern stellt zu Beginn lediglich ein zusätzliches berufliches Standbein dar, eine (Neben-)tätigkeit, die man neben der hauptsächlichen beruflichen Arbeit entwickeln kann.

Ein weiteres Ziel für fast alle Ausbildungsteilnehmer ist die **Professionalisierung** 22 der eigenen beruflichen Praxis sowie eine **Veränderung des eigenen Konfliktverhaltens.** Eine Mediationsausbildung bietet sich für diejenigen Berufsgruppen an, die einen Zugang zu Konflikten haben und diese in einer vermittelnden Rolle besser bearbeiten wollen. Auch wenn sie nicht als Mediatoren zum Einsatz kommen oder selbst Konfliktpartei sind, bieten Mediationsausbildungen die Gelegenheit, das eigene Konflikt- und Kommunikationsverhalten deutlicher wahrzunehmen und zu verbessern. Ein häufiger Satz von Ausbildungsteilnehmern lautet: „Unabhängig von der Frage, wie intensiv ich einmal richtige Mediation betreiben werden, habe ich für die tägliche Arbeit und für mich persönlich ganz viel mitgenommen."

Im Einzelfall lassen sich auch Personen ausbilden, die von vornherein nicht die 23 Absicht haben, als Mediator oder Mediatorin zu arbeiten, sondern die das Verfahren genau kennen lernen möchten, entweder weil sie **wissenschaftlich** dazu **arbeiten** oder aber, weil sie die Einsatzmöglichkeiten in ihrem Bereich abschätzen wollen. Die letzteren sind wichtige Multiplikatoren. Dazu zählen in der Wirtschaftsmediation und der Umweltmediation beispielsweise Vertreter des oberen Managements von Unternehmen bzw. der öffentlichen Verwaltung, die entscheiden, ob in ihrem Verantwortungsbereich Mediation zum Einsatz kommt und ob Mitarbeiter zu Mediatoren oder innerbetrieblichen Konfliktlotsen (*Budde* o. J.) ausgebildet werden sollen.

III. Ausbildungsinhalte

24   Grundsätzlich lässt sich zwischen **allgemeinen** Mediationsausbildungen und Ausbildungen für **bestimmte** Anwendungsfelder wie Schule, Familie/Trennung/Schei-
dung, Bau/Planung/Umwelt, Wirtschaft/Arbeitswelt, Erbe, Unternehmensnachfolge
usw. unterscheiden. In allgemeinen Ausbildungen werden die Prinzipien, Phasen
und Schritte, Kommunikations- und Verhandlungstechniken sowie Fragen der
Ethik und Haltung behandelt. In Ausbildungen für bestimmte Lebens- bzw.
Rechtsbereiche bildet dies die Grundlage und wird ergänzt durch das notwendige
Wissen in dem jeweiligen Feld. So benötigen Familienmediatoren beispielsweise
Kenntnisse über die psychologische Situation von Kindern in Trennungssituationen
sowie über grundlegende rechtliche Fragen hinsichtlich Unterhaltsregelung und
Umgangsrecht. Mediatoren bei innerbetrieblichen Konflikten sollten Kenntnisse
über Organisationsstrukturen und einige wesentliche arbeitsrechtliche Fragen besit-
zen.

25   Es gibt sowohl allgemeine Ausbildungen ohne zwingende Vertiefung in einem
Spezialgebiet als auch Ausbildungen beispielsweise in Familien- oder Wirtschaftsmediation. Die universitären Ausbildungen haben einen Grundlagenteil und Angebote für einen Aufbau in den unterschiedlichen Mediationsfeldern, in der Regel
Umwelt/Bau/Planung, Wirtschaft und Familie. Wir beziehen uns bei der folgenden
Darstellung der Inhalte von Mediationsausbildungen nicht auf die Vertiefung in bestimmten Anwendungsbereichen, sondern stellen die konstitutiven Bestandteile einer jeden Mediationsausbildung dar[19].

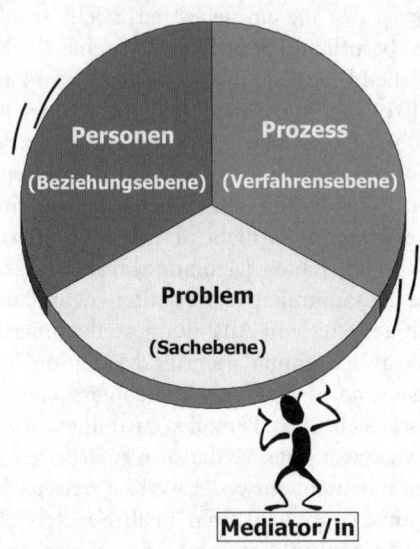

Abbildung 1: Schlüsselkompetenzen des Mediators/Quelle: MEDIATOR GmbH

---

[19] Ein Curriculum für eine Mediationsausbildung stellt *Proksch* in mehreren Ausgaben der ZKM
(früher KON:SENS) vor.

Die inhaltliche Struktur einer Mediationsausbildung ergibt sich aus **drei Schlüs-** 26
selkompetenzen, die ein Mediator für seine praktische Tätigkeit benötigt. Die folgende Grafik zeigt, mit welchen Anforderungen und Aufgaben eine Mediatorin im
Mediationsprozess jonglieren muss.

1. Vom Fachwissen zum Systemwissen (Problem)

Wieviel Familienrecht gehört in eine Familienmediationsausbildung, wieviel 27
Kenntnisse in Organisationspsychologie oder Wirtschaftsrecht braucht der Wirtschaftsmediator, und welche Kenntnisse über die Abläufe in Politik und Verwaltung
sowie über Planungsprozesse und Verwaltungsrecht müssen in einer Ausbildung für
Umweltmediatoren vermittelt werden? Um die Frage des **notwendigen Fachwissens**
in dem Problemfeld, in dem eine Mediatorin arbeitet, dreht sich eine lange Diskussion. Eine Position, wie sie unter anderem der Mediator und Ausbilder John Haynes in vielen Vorträgen vertreten hat, hält Fachwissen über die Inhalte des Konfliktes im Prinzip für unnötig. Menschen und Konflikte sind immer wieder so ähnlich,
dass sich die Mediatorin nur auf den Mediationsprozess konzentrieren und verlassen muss. Die entgegengesetzte Meinung betont die Bedeutung des Fachwissens
beim Mediator, unter anderem um erkennen zu können, ob die Voraussetzungen
für Mediation überhaupt erfüllt sind, ob die Parteien über ihre Alternativen und ihre Situation gut informiert sind und ob bestimmte Lösungsvorstellungen realistisch,
fair und tragfähig sind.

Als **Extrempositionen** werden beide „Schulen" der alltäglichen Wirklichkeit nicht 28
gerecht. In Anlehnung an die erste Auffassung lässt sich sagen, dass Mediation als
Methode so stark und von einer so großen inneren Logik und Dynamik ist, dass der
Prozess tatsächlich in den unterschiedlichsten Kontexten zu einer eigenverantwortlichen Konfliktbearbeitung durch die Teilnehmer führen kann. Diese sind ohnehin
die eigentlichen Experten bzw. können fachliche Berater hinzuziehen (ob nun Juristen, Techniker, Steuerberater, Finanzexperten, Psychologen oder andere Experten).
Das Fachwissen eines Mediators, der in seinem beruflichen Spezialgebiet arbeitet,
kann sogar hinderlich sein, da die eigene Expertise ein kaum zu überwindender
Wahrnehmungs- und Bewertungsrahmen ist. Es fällt schwer, nah an der Konflikt-
wirklichkeit und den Bedürfnissen der Parteien zu bleiben, ohne diese durch den eigenen Filter zu lenken und umzudeuten. Allparteilichkeit ist für fachliche Experten
noch schwieriger umzusetzen, als dies ohnehin der Fall ist. Außerdem stellt sich die
Frage, für welchen Bereich eines Konfliktes das Fachwissen vorhanden sein soll.
Aus juristischer Sicht stehen sehr schnell die rechtlichen Fragen im Vordergrund,
während andere Experten die psychologischen Konsequenzen oder die technischen
Probleme einer bestimmten Vereinbarung stärker in den Blick nehmen. Jeder Mediator mit dem Anspruch, Fachmann auf seinem Mediationsfeld zu sein, bezieht sich
immer nur auf denjenigen Problemausschnitt, für den er durch den Ursprungsberuf
qualifiziert ist. Auf diesen Ausschnitt konzentriert sich seine Aufmerksamkeit.

Dennoch lehrt die **Praxis,** dass ein „ahnungsloser" Mediator für die Konfliktpar- 29
teien nicht hilfreich ist. Wer jemals den Auftrag hatte, ein Gespräch zu einem vollkommen fremden Thema auch nur zu moderieren, weiß um die Problematik. Vermittlung erfordert eine realistische Einschätzung der Konfliktsituation. Eine
Mediatorin benötigt ein Mindestmaß an Fachkenntnissen, um schnell zu erfassen,

welche Probleme und Zusammenhänge die Konfliktparteien ansprechen, um strukturieren zu können, Zusammenhänge zu erfragen, umzuformulieren und Möglichkeiten zu betonen, die sich in den Formulierungen der Parteien oft nur andeuten.

30   Wie ist also das **Dilemma aufzulösen** zwischen der Unverträglichkeit des fachlichen Expertentums mit der Mediatorenrolle einerseits und der notwendigen Fähigkeit, inhaltliche Probleme erkennen und beschreiben zu können andererseits? Aus unserer Sicht müssen Mediatorinnen und Mediatoren – in dieser Rolle – Abschied nehmen von ihrer Fachkompetenz und sich auf eine Systemkompetenz konzentrieren. Systemwissen beinhaltet die Strukturen, Rollen und Abläufe eines Systems, das Wissen darum, wie sich ein System erhält und reproduziert. Ein Familienmediator muss um die Dynamik im System Familie wissen, Abhängigkeiten durch unterschiedliche Formen von vertraglichen und persönlichen Bindungen einschätzen können, Beziehungen zu Eltern, Schwiegereltern und Kindern in Rechnung stellen. Eine Mediatorin im betrieblichen Bereich benötigt ein Auge für Fragen der Unternehmenskultur, muss die Bedeutung unterschiedlicher hierarchischer Beziehungen erkennen und betriebliche Abläufe verstehen können. All dies sind nur einzelne Beispiele für ein Systemwissen, das den Blick von außen auf das Konfliktfeld ermöglicht. Berufliches Fachwissen ist dagegen immer mit der Gefahr verbunden, dass der fachliche Wahrnehmungs- und Deutungsrahmen das Handeln des Mediators bestimmt und er selbst im Konfliktgeschehen steht, statt als Externer zu vermitteln.

31   Die **Konsequenz** aus dieser Erkenntnis ist nicht, dass nur diejenigen zur Mediationsarbeit taugen, die vorher keinen „anständigen" Beruf gelernt haben. Systemwissen beschreibt vielmehr eine Anforderung an Mediationsausbildungen. Zunächst einmal ist klar, dass Themen wie Konflikttypen und -faktoren, Konfliktdynamik sowie Prinzipien der Mediation fester Bestandteil der Ausbildung sein müssen. Darüber hinaus muss aber jeder Ausbildungsteilnehmer für sich erarbeiten, wie er seine Mediationstätigkeit von der ursprünglichen beruflichen Tätigkeit abgrenzen kann. Die zukünftigen Mediatoren müssen durch Rollenspiele, Übungen, Reflexion und Supervision eine mediative Haltung und praktische Fertigkeiten erarbeiten, durch die vor allem die Mediationsprinzipien Eigenverantwortlichkeit/Autonomie der Konfliktparteien und Allparteilichkeit wirkungsvoll umgesetzt und gelebt werden. Daher spricht übrigens auch vieles dafür, Ausbildungsgruppen aus unterschiedlichen Berufsgruppen zusammenzustellen, da schon in der Ausbildung die Unterschiedlichkeit der fachlichen Perspektiven thematisiert wird und die blinden Flecke und Risiken deutlich werden, die der eigenen beruflichen Sozialisation geschuldet sind.

2. Verfahrenswissen (Prozess)

32   Nach dem Gesagten ist klar, dass die Kenntnisse des Mediationsprozesses sowie die Methoden und Techniken zu seiner Umsetzung im Zentrum einer Mediationsausbildung stehen müssen. Die zentrale Kompetenz eines Mediators besteht in der **Steuerung des Prozesses.** Er leitet die Konfliktparteien durch einen Entwicklungsprozess, in dem die Konfliktinhalte systematisch aufgearbeitet und schrittweise einer Regelung zugeführt werden. Dafür muss der Auszubildende die Phasen und Schritte des Mediationsverfahrens in ihrer inneren Logik verinnerlicht haben, von der Anbahnung und dem Mediationsvertrag über die Erarbeitung von Themen und

Interessen aus den Positionen bis hin zur Bildung neuer Lösungsoptionen und einer abschließenden Vereinbarung. Zur Umsetzung dieses Phasenmodells ist vor allem Sicherheit in einer personenzentrierten Gesprächsführung und in der Anwendung der zentralen Kommunikations-, Argumentations- und integrativen Verhandlungstechniken notwendig[20].

Die **Gestaltung des Kommunikationsprozesses** in der Mediation ist für Mediatoren eine große Herausforderung, weil der Erfolg wesentlich von ihrem eigenen Kommunikationsverhalten abhängt. Die Veränderung der Konfliktkommunikation vollzieht sich über kommunikative Interventionen, die gelingen, im schlechtesten Fall das Problem aber auch verschärfen können. Chancen und Gefahren haben also die gleiche Quelle: die eigene kommunikative Kompetenz der Mediatorin. Diese Kompetenz kann durch eine Ausbildung in Kommunikationstechniken wie nonverbaler Kommunikation, Aktivem Zuhören und Paraphrasieren, lösungsorientierten und zirkulären Fragetechniken gestärkt werden (*Troja/Kessen* 1999). Solche Techniken lassen sich in Trainings von wenigen Tagen verstehen und erstmals üben. In etwas umfangreicheren Ausbildungen können sie stärker trainiert und reflektiert werden. Erst im Laufe der Praxis können Kommunikationstechniken aber mit der Persönlichkeit, mit dem Charakter und dem Temperament der Mediatorin zu einem authentischen Ganzen verschmelzen. 33

Kommunikative Kompetenz stellt einen Aspekt sozialer Kompetenz dar und erschöpft sich nicht in der Kenntnis von Interventionstechniken[21]. Um Kommunikationsfähigkeit im Dienste der Konfliktparteien aufrecht erhalten zu können, müssen sich Mediatoren über ihre eigene Motivation für diese Tätigkeit klar werden und sich auch die eigene Emotionalität und Affektanfälligkeit bewusst machen. Darüber hinaus lässt sich eine an den Bedürfnissen der Konfliktparteien orientierte Gesprächsführung nur zum Teil durch Kommunikationstechniken erreichen. Solche Interventionen können nicht zu einem professionellen Automatismus werden und bleiben vor allem künstlich und unglaubwürdig, solange sie nicht von einer entsprechenden Werthaltung getragen werden. Eine mediative Gesprächshaltung beruht aus unserer Sicht vor allem auf einfühlendem Verstehen (Empathie), Wertschätzung und neugierigem Interesse an der Situation der Konfliktparteien, Echtheit und Klarheit (Authentizität) sowie systemischem Denken. Diese innere Haltung beim Führen von Konfliktgesprächen lässt sich in Ausbildungen kaum erlernen, wenn sie der kommunikativen Grundhaltung eines Menschen widerstrebt. In diesem Fall ist Mediation sicherlich kein geeignetes Betätigungsfeld. In jedem Fall ist aber ein persönlicher Entwicklungsprozess erforderlich, denn eine personenzentrierte Gesprächsführung ist keine Frage des Wollens, man kann sich nicht rational dazu entschließen. Mediative Gesprächsführung widerspricht mitunter den im Alltag erlernten, tief verwurzelten Gesprächsmustern, wo Menschen häufig bewerten, sich solidarisieren, interpretieren, bagatellisieren und sich aufgefordert sehen, Lösungsvorschläge anzubieten. Der persönliche Entwicklungsprozess, der für eine Veränderung dieser Kommunikationsmuster beim Mediator selbst notwendig ist, legt eine Ausbildung über einen längeren Zeitraum nahe, bei der Einblicke in das jeweilige Anwendungsfeld und in Techniken vermittelt werden, aber auch die eigene Persön- 34

---

[20] Dazu eingehend §§ 8–14.
[21] *Krainz* 1998, 318–329.

lichkeit und die davon abhängige Kommunikationsfähigkeit reflektiert werden – möglicherweise mit dem Ergebnis, sich doch für ein anderes Tätigkeitsfeld zu entscheiden.

3. Psychosoziales Wissen (Person)

35 Prozesswissen und Kommunikationstechniken sind für die Mediatorin das Handwerkszeug, mit dem sie die Konfliktbearbeitung steuert und unterstützt. Sie kann professioneller mit Kommunikationstechniken umgehen, wenn sie sensibel dafür wird, wo und wie das Werkzeug anzusetzen ist. Dafür muss sie sehen und heraushören, welche **Interessen und Bedürfnisse** hinter bestimmten Positionen und Themen stecken. Bei aller Unterschiedlichkeit der Menschen gibt es einige grundlegende psychosoziale Phänomene, deren Kenntnis die Mediationsarbeit zielsicherer und damit effektiver macht. Diese Kenntnisse müssen daher Bestandteil einer Mediationsausbildung sein.

36 Einige **Beispiele** sollen an dieser Stelle genügen: Die Erkenntnisse aus grundlegenden Modellen der Kommunikationspsychologie müssen in ihrer praktischen Umsetzung trainiert werden. Als einfachste Grundlage zählt hierzu etwa das Modell der vier Botschaften einer Nachricht von *Schulz von Thun* (1988) oder sein Modell des inneren Teams (1998). Viele Ausbildungsteilnehmer kennen diese Ansätze, haben jedoch Defizite bei der praktischen Umsetzung in schwierigen Gesprächssituationen. Das dynamische Wechselspiel zwischen den Konfliktparteien und dem Mediator lässt sich besser verstehen und beeinflussen, wenn der Mediator mit den Phänomenen von Übertragung und Gegenübertragung vertraut ist[22]. Damit wird der Mechanismus beschrieben, wie Mediatoren und Konfliktparteien frühere Konfliktbeziehungen aktualisieren und auf das aktuelle Mediationsgeschehen und die Personen projizieren. Für das Erkennen von Kommunikationsmustern und Rollenkonflikten sowie das Üben entsprechender Interventionen sind Ergebnisse der Transaktionsanalyse hilfreich[23]. Auch die darauf aufbauenden weiterführenden Modelle wie Powerplay und Dramadreieck[24] beschreiben Phänomene, die in der Mediation an der Tagesordnung sind und den Mediator mit einem hilfreichen Repertoire an Wahrnehmungssensoren und Interventionsansätzen ausstatten. Mediatoren sollten geübt sein im Erkennen und Ansprechen grundlegender Bedürfnisstrukturen wie Sicherheit, Beziehung und Autonomie oder dem Spannungsverhältnis zwischen den Bedürfnissen Nähe und Distanz, Dauer und Wechsel[25]. Diese Bedürfnisse prägen geschäftliche Beziehungen ebenso wie persönliche. Mit solchen grundlegenden Bedürfnissen sind differenziertere Emotionen eng verbunden. Sie sind wesentlicher Bestandteil eines jeden auch noch so sachlichen Konfliktes. Die Emotionen sind die Wegweiser zu den Interessen und Bedürfnissen der Konfliktparteien. Mediatoren müssen sie erkennen und einschätzen können, um Emotionen in Konflikten als positive Energie und Schlüssel für neue Konfliktlösungen nutzen zu können.

37 Mediatorinnen und Mediatoren aus **psychosozialen Berufen** haben in Kommunikationstechniken und psychologischen Grundlagen oft bereits ein entsprechendes Training. Dennoch sollten die hier beschriebenen Ausbildungsinhalte verpflichtend bleiben. Wir haben die Erfahrung gemacht, dass beispielsweise Trainer und Berater erst lernen müssen, ihre Kompetenzen auf die Mediation zu übertragen. Sie sind geschult im Umgang mit Einzelpersonen in einer Beratungssituation oder mit Gruppen in einem Arbeitsprozess, in dem Konflikte auftauchen können, aber nicht Ausgangspunkt für den Auftrag an den Externen sind. Die Situation in der Mediation

---

[22] *Sader* 1998, 129–131.
[23] *Berne* 1967, 1997; *Brown* 1995, *Dulabaum* 1998.
[24] *Gührs/Novak* 1991, *Steiner* 1998.
[25] *Thomann* 1998, 219–243.

ist eine andere. Hier geht es um (rechtlich) verbindliche Vereinbarungen zu komplexen und komplizierten inhaltlichen Fragen. Die Konfliktparteien sitzen sich gegenüber und der Mediator muss personenzentrierte Gesprächsführung mit Allparteilichkeit und Deeskalation verbinden. Das ist auch für Menschen aus psychosozialen Berufen ein neuer Kontext, der ein eigenständiges Mediationstraining erforderlich macht.

IV. Ausbildungsmethoden: didaktische Konzepte für Erwachsene

Lehren und Lernen mit Erwachsenen ist ein sehr komplexes Vorgehen, das im **38** Rahmen dieses Beitrags nur annähernd ausgebreitet werden kann[26]. Ein wesentlicher Vorgang des Lernens ist die Verknüpfung von der Anschauung zum Begriff bzw. zu den Regeln. Lernen erfordert immer ein eigenes Zutun: das eigene Denken als genuine Form der Aneignung von Regeln. Übung und Wiederholung sind elementare Bestandteile des Aneignungsprozesses.

1. Theorie und Praxis durch Rollenspiele

Mit Blick auf die drei Schlüsselkompetenzen (Rdnr. 26), die zusammenfließen **39** müssen, erscheinen uns folgende Methoden als grundlegend in einer Mediationsausbildung:

a) **Theoretische Einführungen.** Mediationsausbildungen sollten so praxisnah und **40** konkret wie möglich sein. Dennoch halten wir auch theoretische Einführungen durch die Ausbilderinnen und Ausbilder für wichtig, da auch die Mediationsarbeit ein gewisses Hintergrundwissen in den dargestellten inhaltlichen Aspekten benötigt. Schulmeisterliche Methoden haben in der Erwachsenenbildung nichts zu suchen. Dennoch wäre es Unsinn, die Vermittlung von Lernwissen in diesem Bereich für überholt zu halten. Theorie bildet die Grundlage für eine Einordnung situativer Phänomene und ist eine Orientierung für das praktische Handeln. In Anlehnung an ein Zitat von Immanuel Kant gilt nach wie vor der Satz: „Theorie ohne Praxis ist lahm. Praxis ohne Theorie ist blind."

b) **Rollenspiele und Übungen.** Der eindeutigste Befund aus der Ausbildungser- **41** fahrung ist der, dass Rollenspiele die wichtigste Form des Lernens in der Mediation sind. Es ist Aufgabe der Ausbilder, geeignete Mediationsfälle so aufzuarbeiten, dass sie in der Ausbildung nachgespielt und Mediationsverfahren simuliert werden können. Die Auszubildenden haben so die Möglichkeit, sich auszuprobieren und eine direkte und realistische Lernerfahrung zu machen. Eine systematisch angeleitete Durchführung und Auswertung eines Rollenspiels führt zu intensiven grundsätzlichen und individuellen Erkenntnissen für die praktische Umsetzung des Gelernten.

c) **Umgang mit Gruppendynamik.** Die eigene Ausbildungsgruppe ist ebenfalls ein **42** wichtiges Lernfeld. Das zeigt sich zum einen in den Diskussionen über die mediationsrelevanten Fragen. Die Teilnehmer lernen, dass es oft nicht die eine richtige Antwort gibt, sondern dass sich neue Einsichten durch die unterschiedlichen Per-

---

[26] Sehr instruktiv hierfür sind die Ausführungen von *Vopel* 1999.

spektiven der Gruppenmitglieder ergeben können, wenn diese Sichtweisen wertge-
schätzt und genutzt werden. In einer längeren und intensiven Ausbildung kommt es
darüber hinaus zu zahlreichen gruppendynamischen Prozessen, die die Beteiligten
aus Mediationssicht reflektieren können. Der Umgang mit den Konflikten in der eigenen Gruppe ist ein guter Gradmesser für die Fähigkeit der Teilnehmer, Probleme
interessenorientiert zu betrachten und kooperativ anzugehen.

2. Die Bedeutung von Supervision in einer Mediationsausbildung

43   In einer guten Mediationsausbildung darf Supervision nicht fehlen[27]. Es ist eine
spezielle Beratungsform, die sich als unterstützende Maßnahme bei berufsbezogenen Problemen bewährt hat. Supervision in der Mediationsausbildung, die sogenannte mediationsanaloge Supervision, unterscheidet sich zum Teil von der „klassischen" Supervision. Sie dient zur **Reflexion** und Bearbeitung der ersten konkreten
Mediationsfälle der Auszubildenden und ist daher grundlegend an der Arbeitspraxis
orientiert. Als Ergänzung zu inhaltsbezogenen Seminaren ermöglicht Supervision
daher auch ganz eigene, essentielle Lernerfahrungen in einer Mediationsausbildung.
In der Regel handelt es sich um Gruppensupervision, bei der die Ideen und Erfahrungen aller an solchen Veranstaltungen teilnehmenden Auszubildenden als wichtige Ressourcen genutzt werden. Supervision unterstützt maßgeblich die Entwicklung
der fachlichen Kompetenzen und der professionellen Identität der auszubildenden
Mediatorinnen.

44   Die wesentliche **Ziele** von fallorientierten Gruppensupervisionen sind
   – die soziale Selbstreflexion[28] der Mediatorin, die Reflexion ihrer Rolle in den Be-
     ziehungsstrukturen mit ihren Kunden und möglicherweise mit ihrem Co-
     Mediator,
   – die Reflexion der eigenen Haltung im Verfahren (Allparteilichkeit, Selbstbehaup-
     tung, Autonomie, biographische Konfliktmuster, eigene Werte und Normen),
   – die Reflexion der Prozessqualität (Struktur, Prozess, Regelungs- bzw. Zielorien-
     tierung des Mediationsverfahrens), Wirksamkeit der angewandten Methoden und
     effizienter Einsatz der Mittel und Ressourcen,
   – die Mobilisierung der eigenen Ressourcen, die Erweiterung der methodischen
     Möglichkeiten und des Handlungsspielraums in festgefahrenen Situationen durch
     die Erarbeitung von verschiedenen Entscheidungsmöglichkeiten[29].

45   Die **Reflexion des eigenen Verhaltens** und Handelns in realen Mediationsverfahren
ermöglicht den Auszubildenden eine intensive Auseinandersetzung mit dem indivi-

---

[27] Die Bundesarbeitsgemeinschaft für Familienmediation beispielsweise hat die Supervision als wesentliches Element in ihre Ausbildungsrichtlinien aufgenommen. Dazu Fn. 5. Auch die Europäische
Charta für Familienmediation empfiehlt Supervision als wichtigen Bestandteil einer Mediationsausbildung.
[28] Der Begriff „soziale Selbstreflexion" definiert sehr treffend die Reflexion der Beziehungsstrukturen und -dynamiken in Mediationsverfahren, in denen die Mediatorin selbst eine entscheidende In-
teraktionspartnerin ist. Die Definition bildet daher auch eine sinnvolle Abgrenzung zur individuellen Selbstbeobachtung in Selbsterfahrung und Therapie. In der fallorientierten Gruppensupervision
berücksichtigt der Begriff gleichzeitig die besondere soziale Interaktion der Supervisandin mit den
anderen Supervisionsteilnehmerinnen. Soziale Selbstreflexion ist in Einzelsupervisionen so nicht
möglich. Eine Einführung zu unterschiedlichen Supervisonsformen gibt *Fatzer* (1999).
[29] Die Aufzählung erhebt keinen Anspruch auf Vollständigkeit und kann sicherlich noch ergänzt
werden.

duell erlernten Wissen und den Fähigkeiten, wie sie nur in Supervisionen möglich ist. Häufig wird für den Supervisanden erst in der eigenen Fallbearbeitung die Bedeutung einzelner Prozessschritte der Mediation richtig greifbar und die Notwendigkeit ihrer konsequenten Abfolge plausibel. Im Supervisionsprozess lassen sich mit der Aktualisierung des Wissens über ideale Abläufe und Strukturen eines Mediationsverfahrens prägende Lernerfahrungen gerade aus Störungen, Fehlern und Abweichungen erzielen. Weiterhin ermöglichen gezielte Fragen der Supervisorin und der Teilnehmer die **Auffächerung der Komplexität** eines Falles durch Veränderung und Erweiterung der Beobachtungspositionen auf den Fall. Dieser methodische Zugriff ist elementares Handwerkszeug der Supervisorin, um tieferliegende Strukturen und Prozesse des Verfahrens herauszuarbeiten. Dabei hilft die Visualisierung, diese fassbar zu machen und übersichtlich zu gestalten. Praktisch nebenbei kann dabei das Visualisieren als notwendige Fertigkeit und gleichzeitig als methodisches Mittel von den Auszubildenden eingeübt werden. Eine besondere Lernerfahrung ist auch die Erhellung der eigenen Haltung im Mediationsfall beispielsweise durch Rollenspiele, nachgestellte Szenen oder Aufstellungen. „Fallen" und „Verstrickungen", bei denen der Mediator im Verfahren beispielsweise seine Allparteilichkeit eingebüßt hat, können hier, häufig zum Erstaunen aller, sehr klar aufgedeckt werden. In diesem Zusammenhang erfahren die Auszubildenden auch die zumeist unbewusste Steuerung ihres Handelns durch die eigenen biographischen Konfliktmuster, Werte und Normen.

Nicht zuletzt bieten die anderen Teilnehmer den Supervisanden sehr **vielfältige** **46** **Perspektiven,** Einschätzungen und Hinweise zum weiteren Vorgehen und erweitern damit auch das methodische und strategische Repertoire.

Die Supervision bietet somit personenspezifisch vielfältige Lernerfahrungen zur **47** Entwicklung und Vertiefung von Mediationskompetenzen. Das können inhaltsbezogene Seminare so nicht leisten. Entscheidend ist, dass die Auszubildenden durch das eigene Erleben und Reflektieren in der konkreten Fallbearbeitung tiefgreifendes „Erfahrungswissen" aufbauen, das ihre Fähigkeit zur Selbststeuerung in der Arbeit maßgeblich unterstützt.

Die Entwicklung von Richtlinien für Ausbildungssupervisionen in der Mediation **48** steht erst ganz am Anfang. Typischerweise gibt es hier aus der Familienmediation erste Ansätze einer Spezifizierung, da in diesem Bereich die Erfahrungen und der Professionalisierungsgrad am weitesten fortgeschritten sind. Eine über hundertstündige Weiterbildung für Mediationssupervision fand in Deutschland erstmals 2000 statt[30].

V. Auszubildende und Ausbilder

Die Teilnehmer an Ausbildungen kommen aus den **unterschiedlichsten Berufsfel-** **49** **dern** und haben naturgemäß einen unterschiedlichen Ausbildungsbedarf. Vereinfacht gesagt geht es beispielsweise bei **Juristen** oder **Managern** aus Unternehmen häufig um die Verbesserung der Gesprächsführung in Konflikten und die Fähigkeit, mit psycho-sozialen Faktoren in der Konfliktbearbeitung besser umgehen zu kön-

---

[30] *Diez* 2000.

nen. Zukünftige Mediatoren aus eher **psycho-sozial geprägten Berufsfeldern** haben hier häufig ebenfalls großen Qualifizierungsbedarf, wollen jedoch auch etwas über die zu beachtenden fachlichen Fragen des jeweiligen Konfliktkontextes erfahren, und dazu gehören beispielsweise auch Fragen des Rechts. Die Motivation der Teilnehmer an Mediationsausbildungen ist durchaus unterschiedlich. Das Spektrum lässt sich durch zwei seltene Extrempole beschreiben. Es gibt Skeptiker, die ihre Vorurteile der Mediation gegenüber bestätigen wollen. Sie schaden sich und den anderen damit, weil die Qualität der Veranstaltung schnell Schaden nimmt. Allerdings finden sie sich eher in einzelnen Seminaren als in längeren Ausbildungen. Auf der anderen Seite des Spektrums gibt es Teilnehmer, die von einer Fortbildung in die nächste gehen. Für sie steht die Beschäftigung mit der eigenen Person und persönlichen Problemen im Mittelpunkt. Es ist sehr fraglich, ob Aus- und Weiterbildungen der beste Weg zur Bearbeitung dieser Themen sind, insbesondere mit Blick auf die anderen Teilnehmer. Bis auf solche seltenen Ausnahmen haben wir die Erfahrung gemacht, dass die Teilnehmer großes Interesse an der grundsätzlich neuen Herangehensweise an Konflikte haben, als Mediatoren arbeiten wollen, mehr über das Verfahren wissen wollen oder/und ihren eigenen privaten oder beruflichen Umgang mit Konflikten verbessern wollen.

50   Während zu Beginn der Mediationsentwicklung sowohl in den USA als auch in Deutschland die Mehrzahl der Teilnehmer an Mediationsseminaren aus nichtjuristischen Berufsfeldern kam, bilden mittlerweile die **Juristen die Mehrheit.** Als eine Teilnahmemotivation nennen fast alle Juristen in Ausbildungen ihre Unzufriedenheit mit Verlauf und Ergebnissen streitiger Verfahren. Es hat weiterhin damit zu tun, dass die Zahl der Rechtsanwälte in Deutschland mittlerweile die 100.000 weit überschritten hat. Allein an der FernUniversität Hagen und bei der DeutschenAnwaltAkademie lassen sich mittlerweile mehr Juristen zu Mediatoren ausbilden, als in irgend einer anderen Ausbildungsinstitution. Bedenklich wird diese Entwicklung nur, wenn berufspolitisch argumentierende Juristen[31] hier ansetzen und versuchen, Mediation – entgegen der Logik und geschichtlichen Entwicklung des Verfahrens – als ein den Juristen vorbehaltenes Berufsfeld umzudefinieren, gegebenenfalls durch ein gesetzlich festzuschreibendes Berufsbild[32]. Wir haben jedoch die Erfahrung gemacht, dass diejenigen Juristen mit einem klaren Verständnis von Mediation, sei es durch eine Ausbildung und/oder praktische Erfahrungen, Mediation als ein multidisziplinäres und multiprofessionelles Berufsfeld erkennen, das darüber hinaus die Chance zu interprofessioneller Kooperation bietet[33].

51   Auf der **Ausbilderseite** sieht es bezogen auf die Berufsgruppen ähnlich aus wie auf der Seite der Auszubildenden. Besorgniserregend ist hier das Phänomen, dass Dozenten Mediationsseminare anbieten, bei denen unklar ist, ob sie überhaupt praktische Erfahrung in Mediation haben oder zumindest eine entsprechende Ausbildung absolviert und darauf aufgebaut haben. Ausbilder in Mediation sind vor

---

[31] Ein Beispiel sind *Henssler/Kilian* (2001: 602): „In der Mediation sind im starken Maße die sog. psychosozialen Berufe, etwa Diplom-Pädagogen und Psychologen tätig. Auch wenn diesen außer in Randbereichen die Allein-Mediation wegen des anwaltlichen Rechtsberatungsmonopols oftmals verwehrt ist (...), stellen die psycho-sozialen Berufe dennoch eine ernst zu nehmende Konkurrenz dar (...)."

[32] *Henssler/Kilian* 2001.

[33] *Gottwald* 1999, *Koch* 2001: 89–91.

allem Berater und Coach für die Teilnehmer. Die Tätigkeit ist mit der eines Trainers in einer Sportart durchaus zu vergleichen, denn es geht darum, Schwächen zu erkennen und die Ressourcen der Ausbildungsteilnehmer herauszuarbeiten und zu fördern. Im Sport muss ein Trainer in der Regel selbst nicht besser als seine Spieler sein. Eine Trainerin muss vielmehr Schwächen und Potenziale identifizieren und ein auf die Person angepasstes Schulungsprogramm anbieten können. Daher kommen prinzipiell auch Personen mit wenig Mediationspraxis als Ausbilder in Frage. Allerdings erleben die Teilnehmer in Mediationsseminaren die praktischen Erfahrungen in der Regel als große Hilfestellung. Unverzichtbar ist jedoch eine Trainerkompetenz, die nicht jede Mediatorin mitbringt. Die Ausbilderin muss die Potenziale einzelner Teilnehmer entwickeln helfen und dabei der Gruppe insgesamt und allen anderen Teilnehmerinnen und Teilnehmern gerecht werden. Zentrale Kompetenzen dafür sind der Umgang mit Gruppendynamik, Prozessgestaltung und -visualisierung sowie individuelle Beratung. Zu der Fähigkeit, Übungen und Rollenspiele einzusetzen und effektiv auszuwerten, kommen die theoretischen Kenntnisse in Konflikt- und Kommunikationstheorie, Mediationsprinzipien und -prozess sowie bei speziellen Ausbildungen Kenntnisse in dem jeweiligen Lebens- oder Rechtsbereich.

Vorgeschriebene formale Qualifikationen für Ausbilder wie bestimmte eigene 52 Aus- und Weiterbildungen, eine festgelegte Zahl von dokumentierten Mediationsfällen usw. sind aus unserer Sicht genauso unsinnig, wie gesetzlich vorgeschriebene Ausbildungsstandards für Mediatoren, und zwar aus denselben Gründen, die wir oben beschrieben haben. Formale Kriterien schließen möglicherweise hervorragende Ausbilder aus. Auszubildende können sich ihre Ausbilder selber aussuchen, und der Markt wird auf Grund des relativ intensiven Wettbewerbs mittelfristig ein Mindestmaß an Qualität sichern. Bis auf einige „schwarze Schafe" werden sich diejenigen Ausbilder durchsetzen, die sich durch Praxiserfahrung, eine solide eigene Ausbildung und teilnehmerorientierte Seminare qualifizieren.

VI. Vorschläge für die Ausbildungsorganisation

Wir möchten abschließend einige Vorschläge machen, die die Hinweise zu Inhal- 53 ten und Methoden von Mediationsausbildungen ergänzen. Sie sind aus unserer Sicht bei der Konzeption oder Überarbeitung von Mediationsausbildungen zumindest bedenkenswert.

1. Zusammensetzung der Trainerteams

Mediationsausbildungen unterscheiden sich bezogen auf die Ausbilder auch kon- 54 zeptionell. Bei einigen begleiten die Ausbilder eine Gruppe durch die gesamte Ausbildung, bei anderen Ausbildungen wechseln die Trainer. Beide Konzepte haben Vor- und Nachteile. Für beide gilt zunächst, dass bei einer qualitativ guten Ausbildung zwei (oder im Ausnahmefall drei) Trainer gemeinsam die Seminare durchführen, unter anderem, weil die Gruppen in der Regel aus über zehn Teilnehmern bestehen.

Bei **Konstanz der Ausbilder** können Dozenten und Ausbildungsgruppe leichter ein 55 Vertrauensverhältnis aufbauen, was in einer personalen Weiterbildung wie Mediation wichtige Voraussetzung für aktives Lernen ist. Außerdem sind die Seminare besser aufeinander abgestimmt. Die Seminarleitung kann die Inhalte genau auf den Bedarf der Gruppe abstimmen; die Seminare bauen aufeinander auf, nicht nur formal, sondern auch bezogen auf die speziellen Fragen und Probleme, die in der Ausbildungsgruppe auftauchen. Der große Nachteil besteht darin, dass die Gruppendynamik nicht nur eine Ressource ist, sondern auch Restriktion sein kann. Wenn die Ausbilder zu einigen Teilnehmern keinen guten Zugang haben, so zieht sich dieses Problem durch. Die Teilnehmer erleben außerdem nur ihre „Lehrer" und deren „Lehre". Diese Prägung kann äußerst fruchtbar sein, muss es aber nicht. Auch wenn die Teilnehmer rational um die „Mediationswelt draußen" wissen, wird doch der individuelle Stil des eigenen Ausbilders mit der Mediation an sich leicht gleichgesetzt.

56   Bei **wechselnden Ausbildern** bekommen die Teilnehmer dagegen einen Eindruck von verschiedenen Mediationsstilen und können durch Vergleich und Abgleich mit dem eigenen Temperament und den eigenen Vorstellungen ihren persönlichen Weg finden. Auch das handwerkliche Repertoire der Auszubildenden kann größer sein, da sie mit den unterschiedlichen Trainern ein diversifiziertes Angebot bekommen. Insbesondere die universitären Mediationsausbildungen arbeiten mit diesem Konzept. Der Nachteil liegt erstens darin, dass die Trainer die Gruppendynamik weniger gut als Lernfeld nutzen können. Zweites sind die Seminare zwangsläufig schlechter aufeinander abgestimmt. Es ist schwer, eine Ausbildung aus einem Guss zu garantieren. Die Ausbildungen versuchen dieses Problem durch ein klares Curriculum, Seminarberichte der Trainer und Dozentenkonferenzen aufzufangen. Dennoch lassen sich externe Trainer nicht auf bestimmte Inhalte und Methoden einschwören. Das funktioniert in der Praxis oft nicht, weil der Aufwand zur Vorbereitung für die Trainer zu hoch ist. Es wäre aber auch nicht unbedingt wünschenswert, da ja gerade ein typisches Seminar von Herrn X oder Frau Y angeboten werden soll, das sich durch seine Eigenheit auszeichnet. Drittens erfordert die Reflexion unterschiedlicher Mediationsstile für das eigene Handeln bereits eine ausgeprägte Mediationshaltung, die zumindest in einem frühen Ausbildungsstadium oftmals noch nicht vorhanden ist.

57   Wenn sich eine Ausbildung für **wechselnde Dozenten** entscheidet, sollten mehrere **Erfolgsvoraussetzungen** bedacht werden:
– Die Dozententeams sollten nicht willkürlich zusammengestellt werden, sondern aufeinander eingespielt sein. Interdisziplinarität ist ein zentrales Element der Mediation. Daher sollten auch die Trainerteams idealerweise interprofessionell zusammengesetzt sein, d. h. Teams, die insbesondere über psychologisches, sozialwissenschaftliches und juristisches Fachwissen verfügen. Sofern dies in einzelnen Seminaren nicht möglich ist oder eingespielte Trainerteams Vorrang vor beruflicher Kombination haben, sollte jedoch insgesamt über die Ausbildung verteilt entsprechender Raum dafür sein. Insbesondere bei Ausbildungseinheiten, in denen Fragen der Co-Mediation, Einbindung des Rechts oder das Hinzuziehen von Experten, Gutachtern u. ä. thematisiert werden, sind interdisziplinär zusammengesetzte Ausbilderteams einzusetzen.
– Das Curriculum sollte nicht „am grünen Tisch" entwickelt werden, um danach die Dozenten für bestimmte Seminare zu verpflichten. Ein schlüssiges Programm entsteht vielmehr durch Überlegungen, die sowohl von Inhalten als auch von Personen/Ausbildern ausgehen.

– Seminarberichte für nachfolgende Trainer sollten neben inhaltlichen Aspekten auch die Besonderheiten im Gruppengeschehen schildern. Die Trainerperspektive sollte ergänzt werden durch Berichte (schriftlich oder mündlich) von Vertretern der Ausbildungsgruppe.

– Die Ausbildungsleitung sollte ein Skript zur Vor- und Nachbereitung der Seminare erstellen, das nicht eine Zusammenstellung bereits vorhandener Aufsätze der Dozenten ist, sondern einen Lehrtext darstellt, der für die Ausbildung entwickelt worden ist.

– Ein ganz entscheidender Punkt ist die Supervision. Wenn eine Ausbildungsgruppe (oder die Untergruppen für die Supervision) über die gesamte Ausbildungszeit hinweg von den selben Supervisoren betreut wird, so erhält die Ausbildung auf diesem Weg ein verbindendes Element und ein Mindestmaß an Kontinuität.

2. Qualitätskontrolle durch Auswahl der Teilnehmer und Rückmeldung an die Ausbilder

Qualitätskontrolle findet nicht nur durch kritische Prüfung der Qualifikation der Ausbilder statt, sondern auch durch die Forderung bestimmter Voraussetzungen auf Seiten der Teilnehmer. Bei den meisten Ausbildungen kann die Vergabe eines Zertifikates formal nur durch die Genehmigung der Falldokumentationen gesteuert werden. Ansonsten erhält jede Teilnehmerin und jeder Teilnehmer ungeachtet der individuellen Fähigkeiten und Fertigkeiten eine Teilnahmebescheinigung oder sogar ein Zertifikat, sobald die formalen Voraussetzungen wie regelmäßige Teilnahme erfüllt sind. Wichtige Weichenstellungen sollten daher so früh wie möglich vorgenommen werden. Um falschen Illusionen auf eine berufliche Perspektive vorzubeugen, sollten die Teilnehmerinnen und Teilnehmer berufliche Erfahrungen sowie einen Zugang zu mediationsrelevanten Konfliktfeldern nachweisen. 58

Eine Auswahl im Sinne der Betroffenen ist durch ein Einführungs- und Auswahlseminar zu Beginn und ein Abschlusskolloquium am Ende der Ausbildung möglich. Diese Elemente sind beispielsweise Bestandteil des Kontaktstudiums Mediation der Universität Oldenburg[34]. Im Einführungsseminar erhalten die potenziellen Teilnehmer eine klarer Vorstellung von Inhalt und Ablauf der Ausbildung und erfahren bereits Methoden, die in der Ausbildung eingesetzt werden. Die Ausbildungsleitung kann auf Grundlage dieser ersten Erfahrungen gemeinsam mit den Beteiligten erörtern, ob die Ausbildung und Mediation generell das Richtige für die Bewerber sind. Neben der Supervision und den Falldokumentationen kann ein Abschlusskolloquium ein weiterer Filter sein. Dabei geht es darum, gemeinsam mit der ausgebildeten Mediatorin über die eigenen Veränderungsprozesse zu reflektieren und anhand der Fallbearbeitung zu überprüfen, ob sich ein klares Mediationsverständnis herausgebildet hat. Klassische Klausuren eignen sich für eine so personengebundene und psycho-dynamische Arbeit wie die der Mediation kaum. 59

Eine Qualitätsverbesserung durch Rückmeldungen der Teilnehmer ist auf verschiedenen Wegen möglich. Stimmungsbilder ergeben sich durch die Rückmeldungen zu den Seminaren in der Runde der Teilnehmer sowie durch die zu beobachtende Gruppendynamik. In kleineren „Resonanzgruppen" können einzelne Teilnehmer 60

---

[34] Dazu § 55.

den Dozenten gezieltes Feedback geben. Auch Auswertungsbögen sind ein sinnvolles Instrument, da der Gruppendruck der Feedbackrunde wegfällt. Allerdings sind die üblichen Seminarauswertungsbögen dringend verbesserungswürdig. Neuere Erkenntnisse der Pädagogik und Methoden der empirischen Sozialforschung sollten fruchtbar gemacht werden, um dieses Instrument der Rückmeldung zu verbessern.

61   Was bisher noch völlig fehlt, ist eine unabhängige wissenschaftliche Evaluation von Mediationsausbildungen[35]. Sollte der Gesetzgeber irgendwann eine Mediationsausbildung als verpflichtend oder empfehlenswert festschreiben, so müssen zuvor Mittel für entsprechende Projekte zur Evaluation der Fortbildungsmaßnahmen zur Verfügung gestellt werden, um auf diesem Wege eine Auswertung und Qualitätssicherung für Mediationsausbildungen zu ermöglichen.

---

[35] Eine Ausnahme in einem mediationsverwandten Bereich ist die Evaluation der Ausbildung innerbetrieblicher Konfliktlotsen im Rahmen eines von der Europäischen Union geförderten Modellprojektes durch Anke Boße von der Universität Trier (*Budde o. J.*: 65–78).

§ 52 Weiterbildendes Studium Mediation an der FernUniversität Hagen

Prof. Dr. Katharina Gräfin von Schlieffen/ Stefan Kracht/Ulrike Rüssel

Übersicht

Vorbemerkung

Trotz aller Reformbemühungen leidet das herkömmliche juristische Studium 1 noch immer unter seiner **Justizorientierung.** Grundkenntnisse in Fächern wie Kommunikation, Rhetorik, Verhandeln oder gar Psychologie werden den Studierenden nicht oder nur ganz am Rande vermittelt. Gerade diese Kenntnisse und entsprechenden Fertigkeiten aber sind es, welche auf die spätere Tätigkeit des Juristen in nahezu allen Arbeitsbereichen vorbereiten und entscheidend für den persönlichen Erfolg in der Berufswelt sind.

Dies war einer der Anstöße, die zur Einrichtung des weiterbildenden Studiums 2 Mediation an der FernUniversität in Hagen führten. Die Tragfähigkeit des Konzepts zeigt sich nicht zuletzt an dem Umstand, dass das weiterbildende Studium Mediation an der FernUniversität Hagen mittlerweile der **größte Anbieter** von Mediationsausbildung im Bundesgebiet ist. Für den **Juristen** bedeutet die Teilnahme am Studium die **Erweiterung der kommunikativen Kompetenzen** für seinen juristischen Grundberuf und zugleich den Erwerb einer neuen, zu einer eigenen Profession erstarkten Fähigkeit im Bereich außergerichtlicher Streitbewältigung. Längerfristig gesehen wird das Mediationsstudium insbesondere für Absolventen mit dem akademischen Grad des *Master in Mediation and Negotiation* (MMN) auch die Grundlage für eine selbständige Tätigkeit bilden, die sich immer weiter von den herkömmlichen Grundberufen (Anwalt, Psychologe etc.) entfernen wird.

3   Bei der Konzeption des weiterbildenden Studiums Mediation bestand unter den beteiligten Wissenschaftlern von Beginn an Einigkeit, dass der Beruf des Mediators im Kern praktische Fähigkeiten verlangt, die nur durch Einsicht und Übung erworben werden können. Im Mittelpunkt des Studiums steht also die **praktische Arbeit,** sei es selbständig alleine oder in einer Gruppe unter Anleitung eines erfahrenen Mediators (Präsenzphasen). Auf der anderen Seite gelangte man zu der Erkenntnis, dass die spätere Berufstätigkeit auf tiefergehendem theoretischen Wissen basieren müsse, um dem Mediator situative Flexibilität, Kreativität und die Reflexion des eigenen Tuns zu ermöglichen. Dieser Einsicht wurde im Aufbau des Studiums durch eine Vernetzung von theoretischen und praktischen Studieneinheiten Rechnung getragen.

4   Die Vermittlung des theoretischen Wissens erfolgt überwiegend durch ein **Fernstudium,** die der praktischen Fertigkeiten in (Präsenz-)Blockveranstaltungen, die im ganzen Bundesgebiet stattfinden. So erhalten die Teilnehmenden das erforderliche theoretische Wissen jeweils zeitlich vor den praxisbezogenen Ausbildungsphasen und können damit – gut vorbereitet – mit ihren praktischen Übungen beginnen. Der Vorteil dieser Aufteilung besteht darin, dass die Coachings von der theoretischen Wissensvermittlung entlastet sind und als echte Workshops veranstaltet werden können. Der praktische Studienanteil ist in etwa so groß wie bei anderen seriösen Ausbildungen, die allerdings ihre Präsenzphasen auch darauf verwenden müssen, das theoretische Wissen zu vermitteln, das der Fernstudierende sich zu Hause aneignet.

5   Es hat sich gezeigt, dass der grundlegende didaktische Ansatz des Hagener Studiums – die Mischung zwischen Fernstudium daheim und Präsenzeinheiten – bei den Teilnehmenden sehr **gute Kritiken** erhält. Als großer Vorteil wird die Kombination aus Fern- und Präsenzunterricht, die weitergehende Möglichkeit zur flexiblen Zeiteinteilung und zur autonomen Bestimmung des Lerntempos angesehen. Besonders positiv gewertet wird, dass es sich bei Kursautoren wie Trainern um renommierte Wissenschaftler und anerkannte, erfahrene Praktiker der Mediation handelt.

6   Bei der Auswahl der Lehrenden wurde auf **Interdisziplinarität** geachtet – denn Mediation lebt von der Zusammenschau psychologischer, kommunikationswissenschaftlicher oder auch rechtlicher Betrachtung in Verbindung mit den Methoden erfolgreicher Verfahrensgestaltung.

7   Auch bei der Gestaltung der Präsenzphasen haben die Teilnehmenden die Möglichkeit, bei der Auswahl ihrer Seminare unter Referenten und Trainern mit unterschiedlichster Grundausbildung zu wählen und deren unterschiedliche Ansätze für Mediationsverfahren kennenzulernen.

8   Durch gezielte **Evaluation** wird das Programm ständig verbessert. Dabei wird es durch das Contarini-Institut – das Einzige universitäre Forschungsinstitut im Bereich der Mediation – tatkräftig unterstützt.

I. Konzeption des Studiums

Zielgruppe des Programms sind Anwälte, Notare, Referendare sowie Juristen 9
in Wirtschaft und Verwaltung, aber auch Interessierte anderer Berufsgruppen in
Deutschland und im europäischen Ausland.

Der **Zeitaufwand** für das Durcharbeiten der einzelnen Kurse ist von Studieren- 10
dem zu Studierendem unterschiedlich. Bei der Konzeption des Studiums wurde davon ausgegangen, dass der/die Studierende für das Fernstudium, d.h. das Durcharbeiten der schriftlichen Ausbildungsmaterialien insgesamt 368 Stunden im Jahr
investieren muss.[1] Die praxisorientierte Ausbildung umfasst insgesamt 96[2], bei Belegung der Wahlfachgruppe Öffentliches Recht im Hauptstudium 112 Stunden[3].
Darüber hinaus müssen die Studierenden, um zur Abschlussprüfung zugelassen zu
werden, eigene Erfahrungen in Mediationsverfahren bzw. Verfahren mit mediativen
Elementen gesammelt haben und diese in zwei Fällen dokumentieren. Die hierfür
aufgewendeten Zeiten sind in der obigen Rechnung ebenso wenig enthalten wie das
Engagement der Studierenden in Intervisionen innerhalb der eingerichteten Regionalgruppen.[4]

Kosten: Gemäß § 2a HGebG NRW muss sich das Mediationsstudium als weiter- 11
bildendes Programm einer staatlichen Universität finanziell selbst tragen. Die entstehenden Kosten sind damit auf die Teilnehmer umzulegen.[5]

II. Das Grundstudium

1. Fernstudium/Vermittlung theoretischen Wissens

Der Studierende erhält im Grundstudium Fernstudienmaterialien zu drei großen 12
Fächergruppen:

a) Fach I: Mediation und Rechtskultur. Die in den beiden Einheiten „Mediation 13
als Chance" und „Grundlagen und Grenzen der Mediation" vermittelten Inhalte
führen den Teilnehmenden in die Grundlagen der Mediation ein. So werden sie mit
dem Verfahren an sich vertraut gemacht und lernen die Phasen und Verfahrensgrundsätze der Mediation kennen. Hinzu treten berufsrechtliche Aspekte der Mediation, die sich daraus ergeben, dass die meisten Mediatoren einen Grundberuf
haben, der über sein Standesrecht die Mediatoren reglementiert. Daher gehört zu
den Fundamenten einer Mediationsausbildung auch die Vermittlung und Durch-
leuchtung der berufsrechtlich verankerten Grundlagen der Mediation sowie der
Entwurf eines individuell umsetzbaren mediatorischen Berufsethos.

---

[1] Davon fallen auf das Grundstudium 224, auf das Hauptstudium 144 Stunden theoretischer Ausbildung.
[2] Jeweils zwei dreitägige Seminare à 8 Stunden im Grund- und Hauptstudium = 2 x 48 Stunden.
[3] In der Wahlfachgruppe Öffentliches Recht finden im Hauptstudium zwei viertägige Ausbildungs-
blöcke statt.
[4] Dazu unten Rdnr. 35 f.
[5] Auskunft über den aktuellen Stand wird vom Lehrgebiet Prof. Dr. Katharina Gräfin von
Schlieffen, Postfach 940, 58084 Hagen, Tel.: 02331–9872878 oder 9874259 erteilt.

14   Durch die Anerkennung der Mediation als Methode alternativer Konfliktbewältigung im Bereich der Jurisprudenz hat in der Anwaltschaft, aber auch in anderen
beratenden Berufen die Bereitschaft zugenommen, Mediationsverfahren durchzuführen. Mit dieser Entwicklung sind Chancen, aber auch Risiken für die Rat suchen-
den Konfliktparteien verbunden – Risiken, die auch in den Verantwortungsbereich
des befassten Mediators fallen können. Deswegen muss der Mediator in die Lage
versetzt werden, verantwortungsvoll entscheiden zu können, in welchen Fällen ein
Mediationsverfahren überhaupt in Betracht kommt; bekanntlich ist es ja manchmal
sinnvoller, den Weg des streitigen Verfahrens zu wählen. Aus diesem Grunde muss
der Mittler über die grundlegenden Stärken und Schwächen beider Verfahrensarten
informiert sein, da er nur so im jeweiligen Einzelfall den Erfolg versprechendsten
Weg einschlagen kann. Deshalb werden neben der Mediation die **Vor- und Nachteile
der gerichtsförmigen Konfliktbewältigung** sowie anderer Formen außergerichtlicher
Streitbeilegung vorgestellt. Dieser Teil, der vor allem für nicht juristisch vorgebildete Teilnehmende unerlässlich ist, richtet sich auch an Juristen, denen durch diese
Darstellung eine Reflexion ihrer bisherigen – vielfach unbewussten – Arbeitsweise
und der Vergleich zu anderen Formen außergerichtlicher Streitbeilegung ermöglicht
werden soll. Daneben würde eine akademisch angelegte Ausbildung fehlgehen,
wenn sie die Techniken der Mediation isoliert, das heißt ohne Berücksichtigung der
Gegensätze und notwendigen Verklammerungen mit dem traditionalen deutschen
System und der gesamteuropäischen Rechtslandschaft vermitteln würde. Ohne eine
genaue Besinnung auf das rechtskulturelle Fundament, auf dem Mediation aufbaut
– von dem sie profitiert, sich aber auch absetzen muss – fehlte dem späteren Praktiker der übergeordnete Anhaltspunkt für die unerlässliche Fortentwicklung und Ein-
passung der Mediationsverfahren in die bisherigen Strukturen. Außerdem erhält der
Studierende eine Einführung in die Konflikttheorie, durch die er dazu befähigt werden soll, Konflikte zu erkennen und zu lernen, mit ihnen umzugehen.

15   **b) Fach II: Mediation und menschliches Verhalten.** Einen zweiten großen Bereich
des Mediationsstudiums bildet der Einblick in die Grundzüge des menschlichen
Verhaltens. Wo dieses Grundwissen fehlt, bleiben Konfliktlösungen das Werk von
Zufall und Intuition, allein auf der Grundlage höchstpersönlicher Erfahrungen und
Vorstellungen. Wer so vorgeht, neigt dazu, in der eigenen – zumeist der juristisch
geprägten – Vorstellungswelt befangen zu bleiben. Gestörten Kommunikationssituationen, die außerhalb der eigenen Routine liegen, Signalen seelischer Verletzung
und unerklärlichen Verhaltensmustern wird er möglicherweise nicht angemessen
begegnen; Korrektive, die mit dem Bewusstwerden des eigenen Verhaltens einhergehen, entfallen. Dies kann in der einen oder anderen Situation zu Fehlern führen,
die bei dem Wissen um die zugrunde liegenden menschlichen Handlungsweisen
vermeidbar sein könnten.

16   Entsprechend behandelt Fach II des Grundstudiums Mediation die **psychologischen und kommunikationswissenschaftlichen Grundeinsichten** in das menschliche
Verhalten unter besonderer Berücksichtigung des vermittelnden, nicht-therapeuti-
schen Gesprächs und der Kommunikationsstörungen. Den Teilnehmenden werden
Werkzeuge an die Hand gegeben, die sie in bestimmten Situationen gewinnbringend
einsetzen können und die der Beförderung einer zielgerichteten Kommunikation
dienlich sind.

Unverzichtbar in diesem Zusammenhang ist auch die Diskussion des – dem ge- 17
samten Verfahren zugrundeliegenden – Prinzips der Selbstverantwortung der Konfliktparteien, das gleichsam die Triebfeder jeder erfolgreichen Mediation darstellt.

c) **Fach III: Rhetorik und Verhandlungstechniken.** Der dritte große Bereich, der 18
zum Handwerkszeug eines Mediators zählt, besteht aus Kenntnissen im Bereich der
Rhetorik und des Verhandelns. Diese Kenntnisse braucht der Mediator weniger, um
selbst gut zu verhandeln oder rhetorisch brillant zu agieren, als dazu, zwischen Positionen und Interessen der Konfliktparteien zu unterscheiden, ihre argumentativen
Strategien zu durchschauen und die Streitenden aus ihrer Befangenheit in juristischen, anspruchsdefinierenden Begrifflichkeiten zu befreien. Durch die **Kenntnis der**
typischen Streitmittel kann der Konfliktverlauf im Einzelnen analysiert und diese
Einsicht dazu verwendet werden, Machtgefällen oder positionellen Verhärtungen
zu begegnen. So können etwa den Beteiligten ihre rhetorischen Waffen vor Augen
geführt und dadurch dazu beigetragen werden, dass diese Mittel für beide Seiten
entzaubert werden.

Fach III des Grundstudiums setzt also auf die Idee, dass nur eine realistische Ein- 19
schätzung der Mechanismen des Streitens und Obsiegens den künftigen Mediator
befähigt, seiner Funktion als Verhandlungshelfer gerecht zu werden und ein möglichst offenes und gerechtes Verfahren zu gewährleisten.

2. Praxisbezogene Ausbildung

Im Grundstudium müssen mindestens zwei **dreitägige Wochenendworkshops** 20
zum Thema „Einführung in die Mediation I + II" absolviert werden. Ziel dieser
Veranstaltungen mit max. 20 Teilnehmenden ist es, einen ersten Einblick in die Mediationspraxis zu vermitteln. Präsenzseminar I dient dabei dazu, dem Teilnehmenden Gelegenheit zu geben, ein komplettes Mediationsverfahren selbst zu erleben
und ein Gefühl für die eigene Haltung und das Selbstverständnis als Mediator zu
entwickeln. In Präsenzseminar II werden verstärkt einzelne Phasen/Situationen im
Verlauf des Verfahrens vertieft und entsprechende (Kommunikations-)Techniken
geübt, deren Kenntnisse bei der Durchführung von Mediationen unerlässlich sind.

Bei Interesse können neben den beiden Pflichtpräsenzen sowohl im Grund- als 21
auch im Hauptstudium **weitere Seminare** durchgeführt werden.

3. Studienkontrolle, Zulassung zum Hauptstudium und Zertifikat

Im Grundstudium wird der Studienfortschritt durch je eine Einsendeaufgabe pro 22
Fach kontrolliert. Eine Zulassung zum Hauptstudium erfolgt nur dann, wenn die
erforderliche Anzahl schriftlicher Einsendeaufgaben bestanden und beide Präsenz-
veranstaltungen besucht worden sind.

III. Hauptstudium

1. Fernstudium/Vermittlung theoretischen Wissens

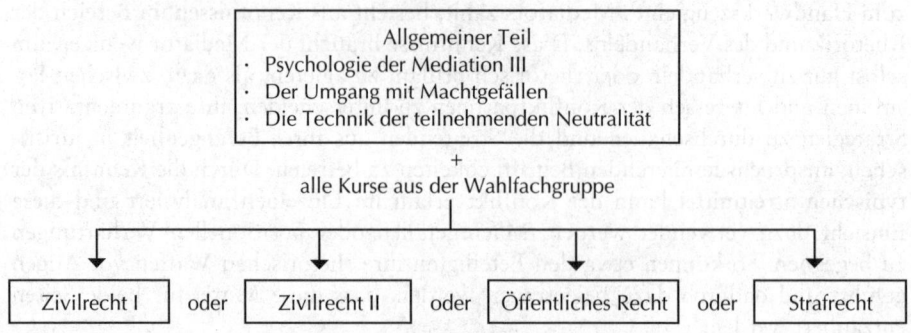

Abbildung 1: Belegung im Hauptstudium

23   Im Hauptstudium werden die Studierenden in verschiedenen Schwerpunktgruppen in die besonderen, rechtlich spezifizierten Konstellationen möglicher Mediationsverfahren eingeführt. Dabei haben sie – neben einem allgemeinen Teil, der für alle verbindlich ist – die Möglichkeit, aus 4 verschiedenen Fachgruppen einen Schwerpunkt ihrer Ausbildung zu wählen.

24   a) **Allgemeiner Teil.** Ein Schwerpunkt im allgemeinen Teil des Hauptstudiums liegt auf dem sachgerechten Umgang mit Machtgefällen und der Technik der teilnehmenden Neutralität. Beide Grundsätze sind für ein Mediationsverfahren essentiell. Verletzt der Mediator die Regeln der teilnehmenden Neutralität oder verkennt er ungleich verteilte Machtgefälle, kann dies gravierende Folgen sowohl für das Mediationsverfahren zwischen den Parteien als auch für den Mediator selbst haben. Zugleich sollen die mediationsspezifischen psychologischen Grundlagen der Mediation vertieft werden.

25   b) **Schwerpunktgruppen.** Nach dem allgemeinen Programm kann sich der Studierende aus vier Schwerpunktgruppen ein Wahlprogramm zusammenstellen, welches nahezu alle aktuellen Mediationsfelder in der Bundesrepublik Deutschland abdeckt. Dieses Programm soll den Studierenden auf künftige Arbeitsfelder vorbereiten und ihn mit dem wissenschaftlichen Hintergrund und der Praktikererfahrung ausstatten, die notwendig sind, um in diesen Bereichen erfolgreich arbeiten zu können.

26   In der **Fachgruppe Zivilrecht I** wird ein klassisches Feld der Mediation, nämlich Mediation im Scheidungsverfahren und im Kinder- und Jugendrecht angeboten. Hinzu kommt ein Kurs Mediation in Erbschaftsangelegenheiten. Hier stehen Emotionsbewältigungsstrategien sowie die familienpsychologischen Zusammenhänge im Mittelpunkt.

27   Den Schwerpunkt der **Fachgruppe Zivilrecht II** bildet die Wirtschaftsmediation, also die unterstützte Lösung von Konflikten zwischen und innerhalb von Unternehmen und anderen professionellen Partnern ökonomischer Prozesse.

28   Die **Fachgruppe Öffentliches Recht** behandelt mediative Prozesse zwischen Bürgern und den Vertretern staatlicher oder kommunaler Verwaltung. Besonderes Ge-

wicht wird auf Mediation unter Beteiligung von großen Gruppen gelegt. Hierbei sind nicht nur Verständnis für politische, organisatorische und technische Zusammenhänge gefragt, sondern auch Rechtskenntnisse, da sich die öffentlichen Träger, die mittelbar oder unmittelbar an einer Mediation beteiligt sind, wegen ihrer Gesetzesbindung in einem viel engeren Verhaltensraum bewegen müssen als Privatpersonen.

Im **Strafrecht** sind die gesetzlichen Vorgaben für ein Mediationsverfahren schon 29 am weitesten gediehen. Vorschriften wie § 46 a StGB zum Täter-Opfer-Ausgleich, insbesondere auch im Jugendstrafrecht, geben dem Mediator bereits von Gesetzes wegen Gestaltungsraum. Entsprechend kann sich die Ausbildung auf die Vermittlung der auf diesem Gebiet bereits reichlichen Erfahrungen im bestehenden gesetzlichen Rahmen konzentrieren.

Darüber hinaus haben alle Studierenden die Möglichkeit, fakultativ auch zwei 30 Kurse zur **Schulmediation** zu bestellen.

2. Praxisbezogene Ausbildung

Im Hauptstudium müssen mindestens zwei Workshops in der jeweiligen Schwer- 31 punktgruppe absolviert werden. Ein Workshop dauert drei bis vier Tage und findet in Gruppen mit höchstens fünfzehn Teilnehmenden statt. Darüber hinausgehend können auch weitere Coachings in derselben Wahlfachgruppe, aber auch in anderen Schwerpunktgruppen belegt werden.

3. Praktika

Vor der Zulassung zur mündlichen Abschlussprüfung müssen die Teilnehmenden 32 entweder bereits während des Hauptstudiums oder aber danach selbst Erfahrungen im Bereich der Konfliktbehandlung sammeln. Diese Erfahrungen sind in mindestens zwei Fällen schriftlich zu dokumentieren und zur Anerkennung einzureichen.

4. Mündliche Abschlussprüfung

Die mündliche Abschlussprüfung findet in einer Gruppe von höchstens fünf Prüf- 33 lingen aus einer Wahlfachgruppe vor einer zweiköpfigen Prüfungskommission statt. Sie ist so gestaltet, dass jeder Kandidat einen der von ihm dokumentierten Fälle vorträgt. Im Anschluss an diesen Vortrag muss der Prüfling Fragen zu seinem Fall beantworten. Es folgt eine allgemeine Diskussion zum Schwerpunktthema unter Anknüpfung an den Fall. Insgesamt werden pro Prüfling etwa dreißig Minuten Vortrag und Gespräch angesetzt. Eine Prüfung mit fünf Prüflingen dauert entsprechend etwa 2 1/2 Stunden reine Prüfungszeit.

5. Zeugnis

Nach erfolgreichem Abschluss des Hauptstudiums erhält der Studierende ein uni- 34 versitäres Zeugnis.

IV. Unterstützende Maßnahmen

1. Regional-/Alumnigruppen und Intervision

35   Um den Studierenden im Weiterbildenden Studium Mediation eine allgemeine Austauschplattform zu bieten, wurden über ganz Deutschland verteilt Alumni-/Regionalgruppen eingerichtet. Hier treffen sich die Absolventen (Alumnis) und Studierenden in regelmäßigen Abständen, zumeist einmal im Monat, um gemeinsam über neue Entwicklungen oder Marketingstrategien zu diskutieren, sich über aktuelle Fälle auszutauschen und Kontakte zu knüpfen. Viele Regionalgruppen sind bereits dazu übergegangen, auch externe Experten zu ihren Treffen einzuladen, um den interdisziplinären Aspekt der Ausbildung beizubehalten und in Diskussion mit den unterschiedlichsten Berufsgruppen einzutreten.

36   Im Rahmen dieser Alumnigruppen können unter Anleitung auch Intervisionen stattfinden. Ein schriftliches Intervisionskonzept – ausgearbeitet als Anleitung zur Durchführung von Intervision – wurde allen Regionalgruppen zur Verfügung gestellt.

2. News-Groups zum Studium

37   Ein weiteres – bislang allerdings leider wenig genutztes – Forum bieten die News-Groups auf der Homepage des weiterbildenden Studiums Mediation. Hier können sich die Studierenden untereinander zu Problemen des Studiums austauschen – regelmäßig unterstützt von einem Mitarbeiter des Lehrgebiets.

3. „Rundbrief Mediation" und Supervision

38   Die neuesten Entwicklungen im Bereich des Studiums wie auch im Bereich der Mediation allgemein werden im „Rundbrief Mediation" veröffentlicht, der etwa vierteljährlich erscheint und den alle Absolventen und Studierenden erhalten. Hier finden sich auch Angebote für Supervisionsseminare, die im Rahmen des Weiterbildenden Studiums auf Wunsch durchlaufen werden können. Nach den Erfahrungen des Studiums macht Supervision erst dann Sinn, wenn die Studierenden an eigenen Fällen arbeiten. Dies kann bereits im Rahmen des Hauptstudiums geschehen, erfolgt aber häufig erst nach der Beendigung dieses Semesters. Die Supervisionsseminare – beschränkt auf jeweils höchstens zehn Teilnehmer – stehen dabei jedermann offen, der Interesse hat.

V. Fortbildung zum European Master in Mediation (EMM)

39   Das weiterbildende Studium Mediation an der FernUniversität Hagen ist in ein europäisches Masterprogramm eingebunden. Nach dem Hauptstudium können die Studierenden am Universitätsinstitut Kurt Bösch – IKB – in Sion (CH) an einem für Absolventen der FernUniversität nurmehr zweisemestrigen internationalen Studiengang *„European Master in Mediation"* teilnehmen.[6]

---

[6] Vgl. dazu § 53.

VI. Einrichtung eines nationalen Masterstudiengangs

Für Studierende, die sich zunächst auf den deutschsprachigen Raum konzentrie- 40
ren möchten, wird derzeit ein nationaler Masterstudiengang eingerichtet. Dieser
Studiengang soll drei Semester umfassen und mit einer Masterarbeit im dritten Semester abschließen. Der Abschluss berechtigt zum Führen des Titels *„Master in*
Mediation".

Im Gegensatz zum bereits angebotenen, zweisemestrigen Studium in Hagen wird 41
im Masterprogramm eine vertiefte wissenschaftliche Befassung mit allen Einsatzge-
bieten der Mediation gefordert, begleitet durch weitere, zusätzliche Pflichtpräsenzen. Darüber hinaus müssen auch hier praktische Erfahrungen in mindestens zwei
Fällen dokumentiert und ergänzende Supervisionsseminare in Anspruch genommen
werden. Nur durch eine solch intensive Auseinandersetzung mit dem Thema der
Mediation kann sichergestellt werden, dass sämtliche Aspekte – in Theorie wie
Praxis – erfasst und durchdrungen werden. Das Master-Programm wird voraussichtlich im Jahr 2002 beginnen.

VII. Ausblick

Wie bereits bemerkt, wird sich „der Mediator/die Mediatorin" auf Dauer als 42
neues Berufsbild verfestigen. So werden sich in Zukunft – wie jetzt schon manche
unserer Abgänger – vermehrt selbständige Mediatoren („Allein-Mediatoren") nie-
derlassen, die keinen anderen Beruf neben der Mediation ausüben. Sicherlich ist
hier, wie in aller selbständiger Erwerbstätigkeit ein wirtschaftliches Risiko enthalten; der Aufbau eines Klientenstamms wird nicht immer leicht sein. Trotzdem werden die vielen positiven Beispiele von Absolventen, die es bereits jetzt geschafft haben, viele weitere dazu animieren, es ihnen gleichzutun.

Kaum der Erwähnung bedarf, dass das Abschlusszeugnis des weiterbildenden 43
Studiums Mediation auch für Bewerber auf andere Stellen ein **wertvoller Ausweis**
für zusätzlich erworbene Kompetenzen darstellt. Viele Absolventen berichten, dass
sie auf Grund der Zusatzausbildung in Hagen auch in klassischen Berufen Fuß gefasst haben, und sich dabei ihre Kompetenz im Bereich Kommunikation und Verhandlungsführung als *„Gate-opener"* erwiesen hat. Nach aller Wahrscheinlichkeit
werden sich diese Chancen für alle Teilnehmenden erhöhen, welche das Hagener
Programm mit dem akademischen Grad eines Masters in Mediation and Negotiation abschließen werden. Ein starkes Indiz für diese Vermutung ist auch das Ergebnis einer kürzlich durchgeführten Umfrage, wonach von ca. 600 Studierenden 200,
also 30%, lebhaftes Interesse an der weiterführenden Teilnahme an dem künftigen
Masterstudium bekundeten.

Es lohnt sich also in jedem Fall, nähere Informationen über das Studium unter
der Adresse: Weiterbildendes Studium Mediation, LG Gräfin von Schlieffen,
Postfach 940, 58084 Hagen, oder telefonisch unter der Nummer: 02331–987 2878
oder –4259 anzufordern.

§ 53 European Master in Mediation des Institut Universitaire Kurt Bösch (IUKB) Sion/Schweiz[*]

Prof. Jean-Pierre Bonafé-Schmitt/
Prof. Pasqualina Perrig-Chiello

Übersicht

Schrifttum: *Abel,* Conservative conflict and the reproduction of capitalism: the role of informal justice, UCLA Law Review sept. 1981; *Bonafé-Schmitt,* Le mouvement du Victim-Offender Mediation, l'exemple du Minnesota Citizen Council on Crime and Justice, Droit et Société, n°9/1195, 59; *ders.,* en collaboration avec *Schmutz/Bonafé-Schmitt,R./Jullion,* La Médiation pénale: approche comparative France-Etats-Unis; *ders.,* en collaboration avec *Schmutz/Bonafé-Schmitt, R.,* Médiation et régulation sociale: approche comparative France-USA-Grande Bretagne; *ders.,* La médiation: une justice douce Syros-Alternatives, 1992; *Chatelet,* De l'Etat de droit à l'empire du règlement, in: Moreau, Le nouvel ordre intérieur, Université de Vincennes 1980; *Crozier,* Le mal américain, Fayard, 1980; *Dourlens/Vidal-Naquet,* L'autorité comme prestation. La justice et la police dans la politique de la ville, CERPE, 1993, 189; *Fineman,* Dominant discourse, professional language, and legal change in child custody decision making, Harvard Law Review, Vol 101(4) 1988, 755; *Girard,* La violence et le sacré, Hachette-Pluriel, Paris 1998, 77; *Giraud,* L'action commune, L'har-

[*] Die Verfasser danken Frau *Sonja Perren* für die Übersetzung des französischen Originaltextes.

mattan, Paris 1993; *ders.*, L'intelligibilité du social-Chemins sociologiques; *Habermas,* Théorie de l'agir communicationnel Tome 2 Pour une critique de la raison fonctionnaliste, Fayard, Paris 1981, 393; *Ost,* Jupiter, Hercule, Hermès: trois modèles du juge, in: Bouretz (sous la direction), La force du Droit; Panorama des débats contemporains, Editions Esprit, Paris 1991; *Schnapper,* La France de l'intégration. Sociologie de la nation en 1990, NRF-Gallimard, Paris 1991; *Todd,* Le destin des immigrés; Assimilation et ségrégation dans les démocraties occidentales, Seuil, Paris 1994; *Touraine,* Critique de la modernité, Fayard, Paris 1992; *Umbreit/Coates,* Victim-Offender Mediation: an analysis of programs in four states of the US, Citizen Council Mediation Services, School of Social Work, University of Minnesota 1992; *Wyvekens,* Analyse de l'activité des Maisons de Justice et du Droit du Tribunal de Grande Instance de Lyon, ERCPC, Ministère de la Justice, Tribunal de Grande Instance de Lyon 1995, 112 et annexes.

I. Einleitung

In den letzten Jahre konnte man in Europa eine **Multiplikation der Ausbildungs-** 1 **angebote in Mediation** seitens privater und öffentlicher Institutionen beobachten. Diese Entwicklung zeigt, dass eine starke Nachfrage – wenn nicht sogar ein Markt – auf diesem Gebiet existiert. Durch die Institutionalisierung der Mediation durch gesetzliche Regelungen in verschiedenen Ländern sind neue Akteure, wie Advokaten, Gutachter oder Notare, im Feld der Mediation erschienen. Aufgrund dieser Entwicklung stellt die Frage nach der Ausbildung von Mediatoren eine Herausforderung dar, nicht nur in ökonomischer Hinsicht, sondern auch im Hinblick auf die Frage nach Kontrolle und Aufsicht dieser neuen Funktion.

In Europa gibt es unterschiedliche Versuche, die verschiedenen Ausbildungen in 2 Mediation zu strukturieren. Zum einen sind solche Bemühungen auf Grund der Initiative des Europäischen Forums der verschiedenen Ausbildungsinstitutionen auf dem Gebiet der Familienmediation entstanden. Zum anderen stellt auch die Schaffung des **Europäischen Masters in Mediation des Universitären Instituts Kurt Bösch (IUKB) in Sion,** welches in Zusammenarbeit mit sieben Universitäten verschiedener europäischer Länder entstanden ist, einen solchen Strukturierungsversuch dar. Diese verschiedenen Initiativen stellen eine erfreuliche Entwicklung dar, denn in dem die verschiedenen kulturellen Identitäten respektiert werden und Konflikte auf eine einvernehmliche Art gelöst werden können, beteiligen sie sich an einem Modell für den Aufbau Europas.

II. Entwicklung der Mediationsausbildung

Wie kann man diese rasche Entwicklung der Mediationsausbildung in den ver- 3 schiedenen europäischen Ländern erklären? Diese Frage ist auf Grund der Vielschichtigkeit des Themas schwierig zu beantworten. Die Problemstellungen sind nicht immer sehr explizit, wie beispielsweise die Frage nach der Anerkennung des neuen Berufs des Mediators. Aber auch theoretische Fragestellungen spielen eine Rolle, wie diejenige nach der Existenz verschiedener Mediationsmodelle innerhalb der europäischen Gemeinschaft oder die Frage, ob die Mediation eine neue Handlungsform darstellt.

1. Die Ausbildung als Versuch der Legitimation eines neuen Berufsfeldes

4   In allen europäischen Ländern stellt die Mediation ein neues Interventionsfeld für zahlreiche Fachpersonen aus dem psychosozialen oder juristischen Bereich dar, was sich in der steigenden Anzahl derjenigen, die sich in den neuen Techniken des Konfliktsmanagements ausbilden lassen möchten, äußert. Mitte der Achtzigerjahre betrug die Dauer der ersten Ausbildungen ungefähr 30 Stunden. Dies hat sich in der Zwischenzeit in Richtung einer **längeren Ausbildungsdauer** verändert, so dauern beispielsweise einige universitäre Ausbildungen in Frankreich bis zu 1000 Stunden.[1] Was ist der Grund für diese massive Verlängerung?

5   Die Verlängerung der Ausbildungszeit ist unserer Ansicht nach ein Versuch der Mediationsexperten, das neue Interventionsfeld zu legitimieren und es abzugrenzen gegenüber Bemühungen anderer Fachpersonen, wie zum Beispiel Advokaten oder Therapeuten, welche ebenfalls im Bereich des Konfliktsmanagements tätig sind. Im Zuge dieser Bemühungen um Glaubwürdigkeit der Mediation haben einige Mediations-Organisationen, vor allem im Bereich der Familienmediation, den Standard für die Ausbildungsdauer auf 30 Tage erhöht. Dies ist die vorgegebene Ausbildungsdauer des Europäischen Forums für Ausbildung und Forschung in Familienmediation, welches zahlreiche Ausbildungseinrichtungen aus verschiedenen europäischen Ländern vereint (Frankreich, Großbritannien, Italien, Schweiz, Deutschland).

6   Die Verlängerung der Ausbildungszeit lässt sich auch durch das Aufkommen von neuen Konfliktmanagement-Techniken erklären, welche nicht in ein Programm von 30 Stunden integriert werden können. Die Mediation stellt außerdem einen Prototyp für eine **interdisziplinäre Ausbildung** dar, denn es müssen Kenntnisse aus der Psychologie, den Kommunikations- und den Rechtswissenschaften erworben werden. Dies erklärt, dass die Dauer der aktuellen Ausbildungsgänge in der Größenordnung von **150 bis 300 Stunden** liegen. Die Vergabe von Diplomen oder Zertifikaten durch die privaten oder öffentlichen Ausbildungsinstitutionen tragen auch zur symbolischen Legitimation der Idee der Professionalisierung der Mediation bei. Außerdem konstituieren die verschiedenen Ausbildungen in Europa einen Markt, auf dem sich private und öffentliche Einrichtungen auf der Basis von Anerkennungen oder Zertifikaten konkurrenzieren. Ursprünglich waren die Ausbildungseinrichtungen in Mediation in erster Linie privat, da sie meistens auf Initiative von Vereinigungen von Mediatoren oder Fachpersonen aus dem Sozialbereich entstanden sind. Bald darauf haben sich auch öffentliche Institutionen in diesen Markt eingemischt, indem sie begannen, universitäre Diplome zu vergeben. Vor allem in Ländern mit einer starken staatlichen Tradition wie beispielsweise Frankreich haben die Universitäten das Feld der Mediationsausbildung besetzt, während in England private Einrichtungen die größte Rolle spielen.

7   Parallel zur Verlängerung der Ausbildungsdauer wurden auch die **Ausbildungsinhalte** modifiziert. Ursprünglich wollte man möglichst schnell Spezialisten ausbilden. Aus diesem Grund waren die Ausbildungen sehr spezifisch (z.B. Ausbildung in Familienmediation oder Mediation im Strafrecht oder Quartiermediation). Gegenwärtig ist eher die umgekehrte Tendenz beobachtbar, und die Ausbildungsangebote

[1] Das „Diplôme Universitaire de Médiation, Interculturalité et Développement Social" der Universität Lyon II dauert 1080 Stunden auf 2 Jahre verteilt.

entwickeln sich in Richtung **Generalisierung**. Für diese Entwicklung gibt es unterschiedliche Erklärungen: Zum einen grenzen sich die Mediationsausbildungen immer mehr gegenüber den traditionellen Ausbildungen im Sozial- und Rechtsbereich ab. In der Tat wurden die ersten Ausbildungen denn auch ursprünglich zum großen Teil von Fachpersonen aus dem Sozialbereich durchgeführt, was zu einer berufsbezogenen Spezialisierung der Ausbildungsprogramme führte. Die Inhalte waren stark auf diese Spezialisierung ausgerichtet, was sich am Beispiel der Ausbildung in Familienmediation mit ihrer ausgeprägten systemischen Ausrichtung zeigen lässt. Als im Laufe der Jahre die Mediation immer mehr als eigenständige Methode des Konfliktmanagements anerkannt wurde, wurde auch zunehmend die Spezialisierung der Ausbildung zu Gunsten der Generalisierung aufgegeben. Somit resultiert die generalisiertere Art der Ausbildung zum einen aus dem fortschreitenden Aufbau des Berufs des Mediators, aber auch aus der zunehmenden Eigenständigkeit der Ausbildung dieser neuen Fachpersonen gegenüber den traditionellen Berufen im Sozial- und Rechtsbereich.

Der fortschreitende Ausbau dieses neuen Berufsfelds erklärt auch die **Machtspiele** 8 im Zusammenhang mit der Kontrolle über die Ausbildung seitens der großen psychosozialen und juristischen Berufsverbände. In den meisten europäischen Ländern sind es die psychosozialen Berufe, die sich am stärksten um die aktive Kontrolle dieses neuen Interventionsfelds im Konfliktmanagement bemühen. So wurden die wichtigsten Mediations-Organisationen und Ausbildungseinrichtungen auf Initiative von Fachpersonen aus dem Sozialbereich geschaffen. Erst in der Folge haben dann auch juristische Fachpersonen begonnen, sich für dieses neue Interventionsfeld zu engagieren. Aus diesem Grund wurden auch die ersten Juristen für die Mediationspraxis in Institutionen ausgebildet, bei welchen die Ausbildner zum großen Teil aus der Sozialarbeit stammen.

Die **starke Präsenz von psychosozialen Fachpersonen** blieb nicht ohne Konse- 9 quenzen auf die Ausbildungsinhalte, bei denen psychologische und systemische Ansätze eine große Priorität einnehmen. Im Bereich der Mediation wurden demnach die Juristen eher für das „symbolische Gesetz" als für das „positive Gesetz" ausgebildet, d. h. im Umgang mit Emotionen statt im Umgang mit Gesetzen.

Zurzeit gibt es beispielsweise in Frankreich eine Debatte, wenn nicht gar eine 10 Polemik, hinsichtlich der Art der Ausbildung, welche für Fachpersonen juristischer bzw. psychosozialer Provenienz angeboten wird. Im juristischen Bereich wurden Ausbildungsprogramme geschaffen, die eher eine Einführung in die Mediation als eine eigentliche Ausbildung darstellen. Diese Ausbildungsprogramme dauern meistens nur zwischen 30 und 50 Stunden, was zur Kritik seitens der Ausbildner bzw. Ausbildungsinstitutionen im Bereich der Familienmediation Anlass gegeben hat. Letztgenannte vergessen zuweilen aber in ihrer Kritik, dass auch ihre Ausbildung ursprünglich, d. h. anfangs der 90er Jahre, nicht länger als 50 Stunden dauerte, und dass sich erst im Laufe der Jahre der Standard von 30 Tagen Ausbildungsdauer etabliert hat. Immer mehr juristische Fachpersonen entdecken die Mediation als Interventionsfeld und die Initianten der ersten juristischen Ausbildungsgänge sind sich einig, dass die Ausbildung künftig länger dauern muss. Es stellt sich somit die Frage, wie lange die Ausbildung dauern sollte.

Die Antwort auf diese Frage bleibt nicht ohne Konsequenzen für die Legitimation 11 von juristischen Fachpersonen und vor allem für derjenigen, welche als Mediatoren

im Feld der juristischen Mediation wirken. Es scheint, dass innerhalb der Anwaltschaft, die Familien- und Jugendrichter die Tendenz zeigen, Fachpersonen aus dem
psychosozialen Bereich als Mediatoren zu bestimmen, da diese eine längere Ausbildung genossen haben, und somit eine gewisse Professionalität garantieren können.
In der Tat sind diese Juristen sensibler als Vertreter aus anderen juristischen Fachgebieten bezüglich den Sozialwissenschaften und ernennen bevorzugt Mediatoren
aus dem Sozial- oder Therapiebereich, welche Probleme bezüglich Scheidung oder
Kinderbetreuung nicht nur auf juristische Fragen reduzieren, sondern auch Bezie-
hungs-, Kommunikations- und emotionale Probleme miteinbeziehen.

12   Im Gegensatz dazu, lässt sich die umgekehrte Entwicklung bei **Juristen** aus dem
Feld von Arbeits- oder Wirtschaftsrecht beobachten. Aufgrund der rechtlichen
Probleme, die es zu lösen gibt, ziehen diese Juristen vor allem Mediatoren aus dem
juristischen Feld zu. Offenbar ziehen sie es vor, mit Juristen zusammenzuarbeiten,
welche eine mediative Ausrichtung mit sich bringen, umso den Konfliktparteien
besser helfen können zu kommunizieren und Lösungen zu finden. Dies erklärt auch,
wieso sie nicht den gleichen Stellenwert auf die Ausbildungsdauer legen wie ihre
Kollegen im Familienbereich und mit einer kurzen Ausbildung zufrieden sind.

       Aufgrund der Stellung, welche die juristische Mediation in Frankreich einnimmt,
lässt sich leicht verstehen, dass es wohl die Richter und Anwälte sind, die den Konflikt um die Kontrolle der Mediation zwischen Fachpersonen aus dem Sozialbereich
und dem Rechtsbereich entscheiden werden.

2. Die Ausbildung als Spiegel der Entwicklung verschiedener Mediationsmo-
delle

13   Da die Welt der Mediation sehr heterogen ist und von verschiedenen Ansätzen
geprägt wird, gibt es folglich auch ganz **unterschiedliche Ausbildungsangebote.** Was
kann es Gemeinsames geben zwischen einem Quartier-Mediator, der in ca. 30
Stunden ausgebildet wurde und einem Familienmediator, der eine Ausbildung von
180 bis 210 Stunden durchlaufen hat? Eine nahe liegende Antwort ist wohl die,
dass sie nicht die gleichen Konflikte lösen müssen, die ersteren beschäftigen sich
wohl hauptsächlich mit Themen wie „Lärmbelästigung" und die letzteren mit familiären Problemen. Diese Antwort ist jedoch insofern unbefriedigend, als die Art
der Mediation nicht vom Konflikt per se abhängig ist. Wir ziehen es vor, von Kompetenzen und Ansätzen der Mediation zu sprechen.

14   Im Falle der Quartier- oder der schulischen Mediation geht es nicht primär darum, Fachpersonen in „Mediation" auszubilden, sondern eher sie in der „Wiederherstellung von Sozialisationsorten" zu unterweisen. Aus diesem Grund wird in diesem Feld die Mediation oft auf ehrenamtlicher Basis und auf eine kollektive Art
praktiziert. Diese soziale Dimension zeigt auf, dass dieser **Mediationsprozess eine
Vorgehensweise zum Erlernen des Zusammenlebens** darstellt, und sich darauf
stützt, möglichst viele Mediatoren auszubilden, um die Vermittlungsstrukturen zwischen Individuum und Staat wiederherzustellen. Deshalb ist die Ausbildung von
Quartier- und von schulischen Mediatoren relativ kurz und umfasst auch regelmäßige Sitzungen zur Analyse von konkreten Fällen. Im Gegensatz dazu, hat der Mediator im Bereich der Mediation in Familien oder Unternehmungen eine andere
Funktion. Der Mediationsprozess läuft professioneller ab und ist auf die Konflikt-

lösung als Ziel zentriert. Die Ausbildung beinhaltet demnach vor allem den Erwerb von effizienten Techniken der Mediation und Konfliktbewältigung.

Die Existenz dieser unterschiedlichen Mediationsmodelle erklärt zum großen Teil die Vielfalt der Ausbildungsangebote und vor allem auch ihre Abgrenzung gegenüber den traditionellen Ausbildungen. In letzter Zeit lässt sich die Entwicklung in Richtung einer generalisierten Ausbildung beobachten, denn mittlerweile haben verschiedene private und öffentliche Mediationseinrichtungen Ausbildungsangebote in allgemeiner Mediation. In Frankreich bieten private Organisationen wie das „Centre Formation des Médiateurs Associés", die „Association AMELY" oder Universitäten wie diejenige von Paris-Descartes Ausbildungen in allgemeiner Mediation an. Das gleiche gilt für die katholische Universität in Mailand. In der Schweiz bietet das Universitäre Institut Kurt Bösch in Sion ebenfalls ein **universitäres Diplom für die Ausbildung in allgemeiner Mediation** an. **15**

III. Ziele und pädagogische Richtlinien des Europäischen Masters in Mediation

Seit einigen Jahren werden im europäischen Raum zahlreiche Initiativen seitens der Mediations-Verbände unternommen, um die Mediation weiterzuentwickeln; einerseits durch Organisation von europäischen Kongressen, wie zum Beispiel die Kongresse in Caen oder in Lyon (Frankreich) zum Thema der Familienmediation, in Leuven (Belgien) oder in Tübingen (Deutschland) im Bereich der Mediation im Strafrecht, andererseits aber auch durch die Schaffung von europäischen Netzwerken, wie das europäische Forum ENCOR oder das ECPCR. Die europäischen Institutionen ihrerseits sind auch nicht inaktiv geblieben. Die Aktivitäten reichen von der Organisation von Kongressen oder Kolloquien zu verschiedenen Themen der Mediation, der Publikation von Richtlinien zur Mediation in Familie und Strafrecht, bis hin zur Schaffung eines „europäischen Mediators". **16**

Die Entwicklung dieses europaweiten Austauschs hat dazu beigetragen, über die Notwendigkeit der Schaffung von **Ausbildungen auf europäischem Niveau** nachzudenken. Durch gemeinsame Ausbildungsgänge wird es möglich, sich am Aufbau eines Europas entsprechend den Idealen der Mediation zu beteiligen, d. h. ein Europa, das dem Anspruch der Gleichheit entspricht und die Angelegenheit aller europäischen Bürger ist. **17**

Die Schaffung eines Europäischen Masters in Mediation verschreibt sich dieser Entwicklung, indem folgende **Ziele** verfolgt werden: **18**
– **Förderung eines interdisziplinären Ansatzes der Mediation in einem europäischen Rahmen.** Der Studiengang umfasst die Ausarbeitung von individuellen und kollektiven Arbeiten sowie die Reflexion und Erforschung von Mediationspraktiken oder eines übergreifenden Themas zu diesen Praktiken.
– **Reflexion über die Rolle der Mediation im Hinblick auf aktuelle gesellschaftliche Veränderungen im Bereich der sozialen Regulation.** Das Ziel des Masters ist es, den Austausch über die Konzeption, die Anwendungen und die Erfahrungen mit der Mediation in verschiedenen Ländern und zwischen den verschiedenen Kulturen Europas zu fördern.

1. Förderung eines interdisziplinären Ansatzes der Mediation in einem europäischen Rahmen

19   Auf pädagogischer Ebene wurde die Erarbeitung des Ausbildungsprogramms für das europäische Master durch die obengenannten Anforderungen geprägt und lässt sich folgendermaßen charakterisieren:

Die **europäische Ausrichtung** wird durch die Präsenz von Ausbildnern und Studierenden aus verschiedenen Ländern gewährleistet. Dies bietet den Rahmen für den Austausch über theoretische und praktische Aspekte der Mediation.

Der **interdisziplinäre Ansatz** der Mediation wird umgesetzt, indem relevante Fragestellungen quer durch die verschiedenen Anwendungsfelder der Mediation und der betroffenen Disziplinen erörtert werden.

Der **interaktive Unterricht** zielt darauf hin, traditionelle Unterrichtsmethoden und neue Lerntechnologien zu integrieren und verbindet theoretischen Unterricht mit Praktika in Mediationsstellen.

20   a) **Europäische Ausbildungsstruktur.** Im Unterschied zu zahlreichen anderen Europäischen Masters, beruht das Master des IUKB auf einer **genuin europäischen Konzeption,** bei der sich verschiedene europäische Universitäten beteiligen. Bis heute bilden folgende Universitäten den harten Kern des Masters: die Universitäten von Lyon-Lumière und Paris-Descartes in Frankreich, Barcelona in Spanien, Hagen in Deutschland, die katholischen Universitäten von Leuven in Belgien, von Mailand in Italien. Außerdem laufen zurzeit noch Verhandlungen mit weiteren Universitäten in England, Dänemark und Holland.

21   Die europäische Dimension des Masters in Mediation ist nicht bloß auf die Beteiligung verschiedener europäischer Universitäten beschränkt, sondern beinhaltet eine echte europäische Organisationsstruktur, was sich im Aufbau der beiden Studienjahre widerspiegelt. Das **erste Ausbildungsjahr** wird an den Universitäten oder Instituten durchgeführt, welche einen Kooperations-Vertrag mit dem IUKB unterzeichnet haben. Das **zweite Studienjahr** wird unter der Verantwortung des IUKB in Zusammenarbeit mit den Partneruniversitäten durchgeführt.

22   Um das Prinzip der Autonomie der Universitäten und der kulturellen Identitäten jedes Landes zu wahren, fällt das Ausbildungsprogramm des **ersten Jahres in die Kompetenz und Verantwortlichkeit der Partneruniversitäten.** Um jedoch die Kohärenz der ganzen Ausbildung zu gewährleisten, beteiligt sich das IUKB an der Ausarbeitung des ersten Jahres. Diese Aufgabe wird von den Verwaltungsorganen des Masters wahrgenommen, es sind dies der **wissenschaftliche Beirat** und der **pädagogische Beirat**, welche jeweils aus Repräsentanten des IUKB und der Partneruniversitäten zusammengesetzt sind. Die **Aufgaben des wissenschaftlichen Beirats** bestehen in der Erarbeitung des Ausbildungsprogramms des Masters, der Selektions- und Evaluationskriterien, sowie der Mitsprache bei der Rekrutierung der Ausbildner. Der **pädagogische Beirat hat die Aufgabe,** die Entscheidungen des wissenschaftlichen Beirats vorzubereiten und ihre Umsetzung sicherzustellen (Ausbildungsprogramm, Selektions- und Prüfungskriterien, Auswahl der Dozenten und Tutoren). Außerdem garantiert er die pädagogische Koordination des gesamten Studiengangs und die Betreuung der Studierenden.

23   Um die Kohärenz des Ausbildungsprogramms während der beiden Studienjahre zu gewährleisten, wird bereits ab dem ersten Studienjahr eine **individualisierte und**

interaktive Unterrichtsform angewendet (siehe Rdnr. 30–34). Zu diesem Zweck wird ein Tutoratssystem eingeführt, um die Betreuung der Studierenden während der zweijährigen Ausbildung sicherzustellen.

Das zweite Studienjahr wird vom IUKB durchgeführt, und zwar für Studierende, welche das erste Jahr an einer Partneruniversität absolviert haben. Die Lerngruppe setzt sich somit aus Studierenden aus verschiedenen Universitäten zusammen und stellt eine Spezifität dieses Masters dar. Diese Zusammensetzung erlaubt eine Auseinandersetzung mit der Mediation als ein Mittel der sozialen Regulation, und zwar in Form von Unterrichtseinheiten, Seminaren und Vorträgen, welche durch ausgewiesene europäische Mediations-Spezialisten (universitär oder praxisorientiert) durchgeführt werden.

Um diese Gruppe von Studierenden herum müsste sich auch das zukünftige Netz 24 der europäischen Mediatoren organisieren. Außerdem werden innerhalb der Gruppe Forschungsaktivitäten in Form von vergleichenden wissenschaftlichen Arbeiten und Thesen im Bereich der Mediation durchgeführt. Zur Verbreitung der Forschungsergebnisse hat sich das IUKB, in Zusammenarbeit mit Partneruniversitäten, zum Ziel gesetzt, eine Zeitschrift zur Mediation herauszugeben und internationale Treffen zum Thema zu organisieren.

Die europäische Ausrichtung des Masters in Mediation impliziert aber nicht eine 25 ausschließliche Ausrichtung auf Europa. Im Gegenteil, eines der Ziele des Masters ist es, sich gegenüber andern Ländern zu öffnen, um gegenüber der restlichen Welt eine europäische Identität erkennbar zu machen. Im Kontext der Globalisierung des Austauschs besteht auf Grund des Einflusses einiger Länder, wie zum Beispiel der USA, die Gefahr der Homogenisierung der Kulturen. Das Master fühlt sich dazu berufen, die kulturelle Vielfalt zu schützen; aus diesem Grund werden zurzeit mit südamerikanischen (Kolumbien, Argentinien), afrikanischen (Kongo), aber auch nordamerikanischen Ländern (Canada-Québec) Austausch-Beziehungen aufgebaut.

b) Interdisziplinärer Ansatz der Mediation. Die Mediation stellt ein typisches in- 26 terdisziplinäres Themengebiet dar. Die Analyse des Konfliktmanagement-Prozesses macht es notwendig, auf Techniken und Methoden aus den Rechtswissenschaften, der Psychologie, aber auch aus der Soziologie oder den Wirtschaftswissenschaften zurückzugreifen. Aufgrund dieser Spezifität wurde großer Stellenwert auf die Ausarbeitung und Realisierung von speziellen methodischen und pädagogischen Instrumenten gelegt. Die Verfechtung eines vergleichenden Ansatzes auf europäischem Niveau setzt die Erkenntnis voraus, dass verschiedene Mediationsprojekte auf unterschiedlichen Ansätzen aufbauen. Außerdem stellt sich die Frage, ob nicht eine Vielfalt der Konfliktmanagment-Prozesse entsprechend der zugrundeliegenden Natur der Projekte existiert. Tatsächlich wird die Mediation häufig auf eine einfache Konfliktmanagement-Technik reduziert. Diese beschränke Sichtweise erlaubt es nicht, die Mediation als alternatives Modell der sozialen Regulation wahrzunehmen. Das Durchführen einer Mediation begrenzt sich nicht auf technische Probleme. Bei der Mediation handelt es sich um einen sozialen Prozess, der sich aus den Interaktionen der verschiedenen Beteiligten zusammensetzt. Um diesen Prozess zu analysieren, braucht es eine soziologische Perspektive, welche die unterschiedlichen nationalen und soziokulturellen Kontexte berücksichtigt.

27   Weiter muss auch die **rechtliche Dimension** berücksichtigt werden, da der Einfluss eines gewissen „juristischen Voluntarismus" auf die Mediation, vor allem auf die Rechts-Mediation, in den verschiedenen Ländern offensichtlich ist. Bei der detaillierten Präsentation des Ausbildungsprogramms wird noch weiter auf den Einfluss der **juristischen Kulturen**, z. B. römisches Recht versus „*common law*" eingegangen werden (siehe Rdnr. 47–49).

28   Es ist zudem unbestritten, dass für die Analyse der Mediationsprozesse, wie z. B. die Strukturierung des Beratungsgesprächs oder die Haltung sowie die Einstellung der verschiedenen Akteure, ein Zurückgreifen auf **psychologische Instrumente und Methoden** nötig ist, dies vor allem im Zusammenhang mit dem Umgang des Mediators mit den verschiedenen Arten der Bewältigung zu, wie z. B. Gefühle von Wut und Rache seitens der Konfliktparteien. Das Gleiche gilt auch für die Analyse von möglichen Allianzen und Loyalitätskonflikten, die während des Mediationsprozesses zwischen den verschiedenen Parteien auftauchen können.

29   Schließlich muss auch die **ökonomische Dimension** des Phänomens der Mediation berücksichtigt werden. Konfliktmanagement hat einen Markt geschaffen und das Erscheinen von neuen Akteuren wie den Mediatoren löste Verteidigungsmechanismen seitens juristischer und psychosozialer Fachpersonen aus. Bei der Analyse des Phänomens der Mediation darf man diese ökonomische Seite nicht unterschätzen. Dabei stellt die Frage nach der Kontrolle und Aufsicht dieses neuen Berufs des Mediators, welcher sich innerhalb des breiten Markts des Konfliktmanagements etablieren muss, einen kritischen Punkt dar. Vor allem im kommerziellen und im Unternehmensbereich kristallisiert sich die ökonomische Dimension am stärksten heraus, wenn es darum geht, Kosten von juristischen Handlungen und von Mediation zu vergleichen.

30   **c) Interaktiver und individualisierter Unterricht.** Auf pädagogischer Ebene stützt sich das Master auf eine interaktive Vorgehensweise, welche die **Integration von Theorie und Praxis** anstrebt. Dabei steht vor allem die Vertiefung von spezifischen Mediationstechniken, aber auch generell die Mediation als eine Form der sozialen Regulation im Vordergrund. Zu diesem Zweck werden interaktive Unterrichtsmethoden bevorzugt, sei es projektorientierter Unterricht oder individualisierte Ausbildungsverträge in Verbindung mit Fernunterricht. Aus diesem Blickwinkel ist jeder Studierende aufgefordert, in Absprache mit dem pädagogischen Team, sein eigenes Ausbildungsprogramm, aufbauend auf einem forschungs- oder praxisorientierten Projekt, zu definieren. Um die verschiedenen theoretischen und praktischen Ansätze zu integrieren, wird auf den Austausch zwischen Unterricht und Felderfahrung großes Gewicht gelegt.

31   Zu Beginn seiner Ausbildung wird der Studierende aufgefordert, unter Anleitung seines Tutors, sein **individuelles Ausbildungsprogramm** (PIF = programme individuel de formation) zu definieren. Dieses individualisierte Ausbildungsprogramm beinhaltet folgende Elemente:
– Lektüreprogramm zur aktiven Bearbeitung
– Beobachtungsprogramm innerhalb einer Mediationsorganisation
– Forschungsarbeit als Grundlage für die Diplomarbeit

32   Um der europäischen Dimension Rechnung zu tragen, muss innerhalb des Programms eines der drei obengenannten Elemente eine **transnationale Dimension** um-

fassen, sowie mehrere **unterschiedliche Anwendungsfelder der Mediation** in Betracht ziehen. Außerdem wird von den Studierenden verlangt, dass eines der drei obengenannten Elemente in einem der Partnerländer, nicht im eigenen Land, absolviert wird. Die Studierenden werden zudem ermutigt, einen Teil des Programms im Rahmen einer Gruppenarbeit zu realisieren.

Studierende, die bereits als Mediatoren tätig sind, können ihre Erfahrungen einbringen, indem sie eine kontextuelle Analyse vornehmen. Die Studierenden werden aufgefordert, das Beobachtungs- und Austauschpraktikum in einem von ihrer Tätigkeit unterschiedlichen Mediationsgebiet zu absolvieren. Auf Wunsch können die Studierenden auch an Gruppensitzungen der Partneruniversitäten teilnehmen.

Um das individuelle Ausbildungsprogramm zu definieren und zu organisieren, **33** und um dessen Ablauf sicherzustellen, wird jeder Studierende für die Dauer der Ausbildung von einem **Tutor** betreut. Zur Vertiefung von bestimmten Fachgebieten oder Betreuung der Forschungstätigkeit, kann der Studierende auch die Hilfe von **Experten** in Anspruch nehmen. Falls das individualisierte Ausbildungsprogramm hauptsächlich die Aktivität des Studierenden zwischen den Gruppensitzungen betrifft, wird dies integrierter Bestandteil des pädagogischen Vertrags. Zusätzlich zu den Treffen, welche an den Partneruniversitäten zwischen den Gruppentreffen am IUKB organisiert werden, bleiben die Studierenden mit Hilfe von **modernen Kommunikationsmitteln** (Telefon, Fax oder e-Mail) dauernd in Kontakt mit ihren Tutoren.

Dem Verfassen der **Diplomarbeit** wird innerhalb des individualisierten Ausbil- **34** dungsprogramms das größte Gewicht beigemessen. Die Studierenden werden ermuntert, für ihre Diplomarbeit möglichst einen vergleichenden Ansatz zu wählen. Dieser Ansatz ermöglicht größtmöglichste Fortschritte bezüglich der Kenntnisse der Mediationsprozesse und dient vor allem der Schaffung und Verbreitung einer gemeinsamen europäischen Kultur der Mediation.

2. Förderung der europaweiten Reflexion über die Rolle der Mediation im Hinblick auf gesellschaftliche Veränderungen im Bereich der sozialen Regulation

Die Mediation wird oft als **Alternative zur Rechtsprechung** dargestellt, als eine **35** **neue Technik des Konfliktmanagements**, bei welchem Konflikte auf Basis von gegenseitigem Einvernehmen und Verhandeln geschlichtet werden. Sie wird seltener als eine neue **Form der sozialen Regulation** betrachtet. Dennoch beweist die Entwicklung der Mediation in allen Feldern des sozialen Lebens, dass die Mediation nicht als einfache Antwort auf die Krise der juristischen Institutionen konzipiert werden kann. Stattdessen scheint es angebracht, die Entwicklung der Mediation als Evolution unserer Gesellschaften in Richtung vermehrten Pluralismus der Arten des Konfliktmanagements zu betrachten.

Die Entwicklung der Mediation vollzieht sich auch in einem spezifischen Kon- **36** text, nämlich der progressiven „Verrechtlichung" unserer Gesellschaft. Dies hat zur Folge, dass alle Lebensbereiche eines Individuums zunehmend reglementiert werden, d.h. es existiert eine Vielfalt an spezifischen Regeln und Gesetzen, die das Verhalten des Individuums vorbestimmen und seine Existenz vorplanen.[2] Es stellt sich

---

[2] *Chatelet*, in Moreau 1980.

die Frage, ob diese „juristische Inflation" nicht eine andere Realität verbirgt, nämlich die der Unfähigkeit unseres juristischen Systems, welches auf einem Modell des rationellen, zentralisierten und formalisierten Rechts basiert, sich den neuen Gegebenheiten anzupassen. Unsere Gesellschaft entwickelt sich in Richtung Komplexität und Vielfalt der sozialen Beziehungen und verlangt eine aktivere Partizipation der Bürger bei der Bewältigung von Konflikten.[3] Die Krise des juristischen Regulationsmodells erklärt den Erfolg der Mediation, welche das Gegenteil von „Verrechtlichung" ist und auf einer aktiven Beteiligung der Konfliktparteien bei der Konfliktregulation basiert.

37   Auf juristischer Ebene kann man die Effekte der Entwicklung der Mediation noch nicht ganz abschätzen, aber man kann feststellen, dass die Mediation zur Evolution unserer Gesellschaft in Richtung eines größeren rechtlichen Pluralismus beiträgt. Die Mediation hat somit zu einem Paradigmenwechsel im Bereich der Konfliktlösung beigetragen, indem die konflikthafte Art der Konfliktlösung durch eine einvernehmliche Art abgelöst wurde, d.h. das „verfügte" Recht wurde durch ein „verhandelbares" Recht abgelöst. Die Entwicklung geht offensichtlich in Richtung größerer rechtlicher Pluralität, bei der „verfügte" und „verhandelbare" Arten der Rechtssprechung koexistieren, welche wiederum durch hybride Formen oder Zwischenstufen abgelöst werden.[4]

38   Es stellt sich somit die Frage, ob die Mediation nicht eine **neue Art der sozialen Regulation** darstellt, ein neues Handlungsmodell, welches die Beziehungen zwischen Individuen, aber auch generell die Beziehungen zwischen Staat und Gesellschaft regelt. Dieses Handlungsmodell (**„action commune"**[5]) basiert nicht primär auf einer instrumentellen Rationalität, welche unsere moderne Gesellschaften geformt hat, sondern auf eine Rationalität, welche – nach Habermas – auf kommunikativem Handeln und gegenseitigem Verständnis beruht.[6] Bei diesem Paradigmenwechsel geht es uns nicht darum, zur Debatte zwischen Postmodernisten und Vertretern der neuen Modernität Stellung zu nehmen, sondern – ausgehend von der Entwicklung der Mediation – den Wandel der Beziehungen zwischen Staat und Gesellschaft zu überdenken.[7]

39   Diese Reflexionen bilden die Ausgangslage für die inhaltliche Gestaltung des Ausbildungsprogramms des Europäischen Masters in Mediation des IUKB, welches auf folgenden **vier Achsen** aufbaut:

a) Bestandsaufnahme der Praktiken und aktuellen Entwicklungen in verschiedenen Anwendungsfeldern der Mediation sowie in verschiedenen europäischen Ländern.

b) Entwicklung der Politik und Kultur der Mediation: Anforderungen und Handlungsmöglichkeiten.

c) Homogenität versus Heterogenität der Mediation.

d) Mediation und sozialer Kontext. Die „Ideologien" der Mediation.

40   **a) Bestandsaufnahme der Praktiken und der aktuellen Entwicklungen in verschiedenen Bereichen der Mediation im europäischen Vergleich.** Die erste Achse des

---

[3] *Ost*, in: Bouretz, 1991.
[4] *Bonafé-Schmitt*, Syros-Alternatives, 1992.
[5] *Giraud*, L'harmattan, 1993.
[6] *Habermas*, Théorie de l'agir communicationnel, 1981, 393.
[7] *Touraine*, Critique de la modernité, 1992.

Masters fokussiert eine Bestandesaufnahme der Mediationsaktivitäten in europäischen Ländern. Die inflative Zunahme von Mediationsaktivitäten der letzten Jahre hat zu konzeptuellen Unklarheiten geführt. Der Begriff Mediation wird für verschiedene Funktionen verwendet, von der Konfliktlösung bis hin zur Kommunikation – sprach man in den 70er Jahren noch von „Animateur", so wurde dieser Begriff in den 80er Jahren mit dem des „Mediators" ersetzt.

Die Entwicklung der Mediation illustriert die Multiplikation der Interventionen **41** durch **neue „Dritte"** im Bereich der sozialen Beziehungen. Die unabhängigen „Dritten" treten unter verschiedensten Bezeichnungen auf, wie Unterhändler, Vermittler, Mediatoren oder Schlichter. Diese Multiplikation der neuen Dritten darf nicht darüber hinweg täuschen, dass in einigen Fällen die neuen Bezeichnungen nur Entwicklungen oder Umbewertungen von traditionellen Funktionen darstellen (z.B. der „Hausmeister", der nun „technischer Mediator" genannt wird). Diese Bezeichnungsänderung steht für einen Rollenwandel von der „Reinigungskraft" zum Mediator bei Nachbarschaftskonflikten.

Im gleichen Sinne erheben **Richter oder Staatsanwälte** Anspruch auf die Rolle **42** von Mediatoren. Dies betrifft vor allem einige Mitglieder der Staatsanwaltschaft, die Rechtsfälle beizulegen versuchen, indem sie die Wiedergutmachung des Schadens am Opfer durch den Delinquenten fordern.[8] Andere Juristen wie Familienrichter oder Kinder- und Jugendrichter bezeichnen sich selber als „Richter-Mediator", weil sie versuchen, Konflikte auf einvernehmliche Art zu lösen und alle Beteiligten zu einer Zustimmung zu bewegen. Innerhalb der Gerichte ist dieses Phänomen noch marginal, aber es zeigt doch auf, dass sich die Funktion des „Richtens" weiterentwickelt, und zwar in Richtung „verhandelbare" statt „verfügte" Konfliktregelung.

Abgesehen von diesen „traditionellen Fachpersonen" im Bereich der sozialen Regulation, konnte man in den letzten Jahren das Erscheinen von neuen Akteuren, **43** wie **Mediatoren oder Schlichtern** beobachten. Das Auftauchen dieser neuen „Dritten" im Bereich des Umgangs mit sozialen Beziehungen bringt die Veränderung unserer sozialen Regulationssysteme zum Ausdruck. Eine Gemeinsamkeit dieser neuen „Dritten" ist, dass ihre Interventionen auf Kommunikation und nicht auf Machtbeziehungen basieren. Zum zweiten übernehmen sie die Rolle, für die Beteiligten einen Kommunikationsrahmen zu schaffen, um soziale Bindungen her- bzw. wiederherzustellen. Außerdem haben sie das Ziel, Bedingungen zu schaffen, welche die Autonomie des Individuums begünstigen, und sie zu Akteuren ihrer eigenen Geschichte zu machen.

Die Verschwommenheit des Konzepts der Mediation macht es des Weiteren notwendig, zwischen **„Mediationsaktivitäten"** und **„Mediatonsinstanzen"** zu unterscheiden. Die bestehenden Unklarheiten lassen sich im Wesentlichen durch die Tatsache erklären, dass die Mediation bis heute keine autonome Form der sozialen Regulation ist, und auch noch für viele juristische und psychosoziale Fachpersonen eine Nebenaktivität darstellt.

Im Bereich der sozialen Regulation geht die **Identitätsbildung der Mediatoren** nur **45** mit Schwierigkeiten voran, weil verschiedene Akteure, welche sich als „allgemeine

---

[8] *Dourlens/Vidal-Naquet,* CERPE, 1993, 189 *Wyvekens,* Analyse de l'activité des Maisons de Justice et du Droit du Tribunal de Grande Instance de Lyon, 1995, 112 et annexes. Zum Täter-Opfer-Ausgleich vgl. § 49.

Mediatoren" definieren, das Instrumentarium dieser neuen Interventionsform anwenden. Es ist aber auch der Fall, dass „institutionelle Mediatoren", wie diejenigen, die durch Versicherungsgesellschaften oder Transportunternehmen geschaffen
wurden, oft nur eine instrumentelle Rolle haben und im Sinne von vertrauensbil-
denden Maßnahmen zur Sicherung der Kundentreue zu verstehen sind.

46   Unserer Auffassung nach kann der **Mediator als unparteiischer Dritter** definiert
werden, der sich von anderen Akteuren dadurch unterscheidet, dass seine Tätigkeit
auf kommunikativem Handeln – um die Terminologie Habermas aufzugreifen –
außerhalb aller Machtbeziehungen beruht.[9] Im Unterschied zu andern Akteuren der
sozialen Regulation, welche auf Grund einer instrumentellen Rationalität handeln,
gründen die Handlungen von Mediatoren auf einer kommunikationalen Rationalität, auf der Suche nach Konsens und gegenseitigem Verständnis zwischen den Beteiligten.[10] Mittels des Mediationsprozesses wird versucht, den Beteiligten (wieder)
zu ermöglichen, sich als handelnde Personen wahrzunehmen, ihre Handlungsfähigkeit und Selbständigkeit in der Konfliktbewältigung, oder noch genereller in ihren
sozialen Beziehungen, zu fördern.

47   **b) Entwicklung der Politik und Kultur der Mediation: Anforderungen und
Handlungsmöglichkeiten.** Die Berücksichtigung der soziokulturellen Dimension
konstituiert die zweite Achse des Ausbildungsprogramms. Im Kontext der Globalisierung des Austauschs wird das Phänomen der Mediation oft auf eine einfache
Technik reduziert, die von einem Land zum anderen übertragen werden kann, ohne
den unterschiedlichen soziokulturellen Realitäten Rechnung zu tragen. Das Phänomen der Mediation kann weder auf eine einfache Konfliktmanagement-Technik reduziert werden, noch auf das Erscheinen eines neuen Akteurs auf dem Markt des
Konfliktmanagements, sondern stellt vielmehr eine neue Handlungsform dar: die
gemeinsame Handlung („**action commune**"). Diese Handlungskonzeption stellt die
Problemstellungen in Frage, welche an dualistisches oder binäres Denken geknüpft
sind, wie beispielsweise Formen des strukturalistischen oder individualistischen
Denkens, indem falsche Alternativen wie Freiheit versus Zwang, Individuum versus
Gesellschaft überholt werden. Sie betont auch die Wahrnehmung der Historizität
der Handlungssysteme, sowie das Eingebundensein der Handlung in einen strukturellen Rahmen und dessen rückwirkenden Effekt. All das erklärt, warum man die
Stellung und die Rolle der Mediation nicht analysieren kann, ohne auf das jeweilige
Modell der sozialen Regulation Bezug zu nehmen, welches sich im jeweiligen Land
entwickelt hat. In der Tat existieren beträchtliche Unterschiede zwischen Ländern
mit **unterschiedlichen sozio-juristischen Traditionen:** Auf der einen Seite sind die
Länder des „roman law", wie Frankreich, welche durch eine Tradition des geschriebenen Rechts gekennzeichnet sind, und auf der anderen Seite die Länder des
„common law", wie beispielsweise die USA.

48   Diese Sachlage führt uns zur Frage, ob möglicherweise ein bzw. mehrere
„lateinische Modelle" existieren, welche einem bzw. mehreren „angelsächsischen
Modellen" gegenüberstehen.[11] Wir verwenden hier mit Absicht die Pluralform, weil

---

[9] *Habermas*, Théorie de l'agir communicationnel, 1981, 393.
[10] *Ders.*, Théorie de l'agir communicationnel, 1981, 393.
[11] Es handelt sich hierbei um eine unsere Hypthesen der aktuellen Forschung: *Touzard* (Université
Paris V), Représentations et pratiques sociales des modes alternatifs de résolution des litiges,
GLYSI/ISH et Université Paris 5 (finanziert von GIP Droit et Justice).

die Mediation ein „plurales" Phänomen darstellt. Zudem existieren innerhalb der „lateinischen" Länder, wie Frankreich, Italien, Spanien, Portugal beträchtliche Unterschiede; das Gleiche gilt auch für die angelsächsischen Länder, wie die USA, Kanada oder Großbritannien. Wir sind je länger je mehr der Überzeugung, dass Formen und Entwicklung der Mediation in den verschiedenen Ländern direkt durch ihr System der sozialen Regulation beeinflusst werden. So stützt sich das französische System auf die Instrumente der zentralisierten Regulation, funktioniert durch ein hierarchisches Modell und bezieht sich auf eine sehr reglementierte Konzeption des Rechts. Im Gegensatz dazu ist das amerikanische System eher dezentralisiert und basiert auf vertraglicher Basis.[12] Summarisch könnte man sagen, dass die Franzosen eher dem Gesetz verpflichtet sind, während die Amerikaner das Aushandeln bevorzugen. Dieser Unterschied erklärt auch zum großen Teil, wieso in diesen Ländern die Mediation im Verhältnis zu Frankreich viel weiter entwickelt ist.

Diese kulturellen Unterschiede führen zu einer genaueren **Analyse der verwendeten Terminologien für** die verschiedenen Formen der Mediation. So werden beispielsweise die Begriffe „Quartiermediation", „Gemeinwesenmediation" oder „Sozialmediation" oft auf eine undifferenzierte Art gebraucht, um dasselbe Phänomen zu beschreiben. Die Verwendung von unterschiedlichen Begrifflichkeiten ist nicht zufällig, sondern sie widerspiegelt die unterschiedlichen Ansätze des Konfliktmanagements. Der Vergleich mit anderen Ländern, vor allem mit angelsächsischen Ländern, bringt interessante Erkenntnisse, so sprechen letztere von „community mediation", während in Frankreich von der „médiation sociale ou de quartier" die Rede ist. Ohne eine linguistische Analyse vornehmen zu wollen, ist es notwendig, auf diese verschiedenen Terminologien einzugehen, weil sie unterschiedliche Modelle der sozialen Regulation abbilden.[13]

Die lateinischen und angelsächsischen Länder unterscheiden sich auch bezüglich der **sozialen Integrationsmodelle,** was nicht ohne Einfluss auf die Formen der Mediation bleibt. So werden häufig die französischen und amerikanischen Modelle der sozialen Integration gegenübergestellt („universalistisches" oder „republikanisches" Modell versus „differentialistisches" oder „gemeinschaftliches" Modell).[14] In Frankreich hat der Begriff „Integration" eine individuelle Komponente („Einbürgerung"), während in den USA „Integration" eine kollektive Komponente hat („Gemeinschaft"). Diese Unterschiedlichkeiten erklären denn auch, warum man in den USA von „community mediation" spricht, während man in Frankreich öfters die Begriffe „médiation de quartier ou sociale" verwendet. Diese Integration auf Basis der Gemeinschaft erklärt auch, warum Projekte der „community mediation" in den USA in erster Linie Probleme von Gemeinschaften – je nach Wohnzone – von schwarzen, hispanischen, asiatischen oder indianischen Ethnien behandeln. Im Gegensatz dazu, wurde in Frankreich die Existenz von Quartiermediation erst wahrgenommen, als man „interkulturelle Mediatoren" auf den Plan gerufen hatte.

c) **Homogenität versus Heterogenität der Mediation.** Die Frage nach der Existenz von **unterschiedlichen Mediationsmodellen** bildet die dritte Achse des Ausbildungs-

---

[12] *Crozier,* Le mal américain, 1980.
[13] *Bonafé-Schmitt,* La Médiation pénale: approche comparative France-Etats-Unis, op. cit. *ders.,* Médiation et régulation sociale: approche comparative France-USA- Grande Bretagne, op. cit.
[14] *Schnapper,* La France de l'intégration. Sociologie de la nation en 1990, 1991 Todd, Le destin des immigrés; Assimilation et ségrégation dans les démocraties occidentales, 1994.

programms. Üblicherweise werden zwei Mediationsmodelle einander gegenübergestellt: das professionelle versus das ehrenamtliche System. Die Gegenüberstellung
von juristischer und sozialer Mediation macht aber deutlich, dass dieser Gegensatz
längst überholt, wenn nicht sogar falsch ist. Es geht hier nicht darum, die Existenz
einer gewissen Professionalisierung der Mediation zu verleugnen, sondern aufzuzeigen, dass nicht nur ein Modell, sondern verschiedene Modelle der Mediation
existieren.

52   Zweifelsohne ist eine **Professionalisierung der juristischen Mediation** im Gange
und diese Entwicklung scheint aus mehreren Gründen unausweichlich. Zum einen
setzen die steigende Anzahl der Mediationsfälle eine große zeitliche Verfügbarkeit
voraus, welche Freiwillige oder Pensionierte allein nicht aufbringen können. Außerdem erfordert die Komplexität der Aufgaben auch spezifische juristische und
psychologische Kompetenzen. Aber diese Professionalisierung der Mediation darf
die Existenz eines anderen Mediationsmodells, welches wir „sozial" und die Anglo-
Amerikaner „gemeinschaftlich" nennen, nicht kaschieren. Wir vertreten die Hypothese, dass die „sozialen" oder „gemeinschaftlichen" Modelle der Mediation einen
anderen Ansatz der Bewältigung von Konflikten und sozialen Beziehungen darstellen, welche eine gewisse rationelle und kommerzielle Konzeption der Mediation in
Frage stellen.

53   Die Existenz dieser Mediationsmodelle hat uns dazu gebracht, die **unterschiedliche Legitimierung** derjenigen zu hinterfragen, welche Mediationsfunktionen ausüben. Wir unterscheiden drei verschiedene Arten der Legitimierung, welche auch
drei Typen von Mediation entsprechen: die delegierte Legitimität, die professionelle
Legitimität und die soziale Legitimität. Im Falle der delegierten Legitimität ist, wie
es der Name schon sagt, die Intervention des Mediators auf einen Gesetzestext oder
eine juristische Autorität begründet, wie beispielsweise zivilrechtliche oder strafrechtliche Mediation. Was die professionelle Legitimität betrifft, sind die Interventionen des Mediators auf einer professionellen Kompetenz begründet, wie sie von
Familienmediatoren oder Mediatoren in Wirtschaftsunternehmungen gefordert
wird. Im Falle der sozialen Legitimität werden die Handlungen des Mediators
durch eine einfache Anerkennung dieser Art der Konfliktlösung durch die Konfliktparteien legitimiert, ohne äußere Direktiven, wie wir das in der Quartier- oder Gemeinwesenmediation beobachten können.

54   Um diese verschiedenen Mediationsmodelle zu analysieren, muss als weitere
Variable der **Handlungsansatz des Mediators** in Betracht gezogen werden. So
scheint es Mediatoren zu geben, welche eher auf das Verhandeln der Konflikte ausgerichtet sind und solche, die einen eher therapeutischen Ansatz vertreten. Eines der
Ziele des Europäischen Masters in Mediation ist es, diese Hypothese zu überprüfen,
indem verschiedene Variablen wie Interventionsfelder (Familie, Arbeit), Vorbildung
(Recht, Psychologie), Mediationsausbildung (spezialisiert oder generalisiert), und
soziodemographische Charakteristika (Geschlecht, Alter) berücksichtigt werden.

55   Um die verschiedenen Interventionsmodelle der Mediatoren zu untersuchen, ist
es angezeigt, einen speziellen Augenmerk auf die **Analyse des Mediationsprozesses**
zu legen. Dieser Prozess stellt ein wahres Ritual dar, in welchem der Konflikt nach
einer streng vorgegebenen Form angegangen wird.[15] Es wird eine gewisse Anzahl

---

[15] *Girard*, La violence et le sacré, 1998, 77.

von Regeln respektiert, wie zum Beispiel Neutralität und Vertraulichkeit, sowie eine minimale Formalisierung bei der Organisation der Treffen, welche die verschiedenen Phasen der Lösungssuche kennzeichnen.

Das Ritual der Mediation ähnelt einem realen sozialen Prozess, welcher auf den verbalen Interaktionen der verschiedenen Beteiligten aufbaut. Selbstverständlich gibt es nicht nur einen, sondern verschiedene Mediationsprozesse. Es existieren beträchtliche Unterschiede zwischen juristischer und nicht-juristischer Mediation einerseits, aber auch zwischen den verschiedenen Mediationstypen wie Familien-, Arbeits- oder Quartiermediation andererseits.

Die Mediation ist vor allem ein **kommunikativer Prozess,** welcher durch einen 56 großen Anteil mündlicher Kommunikation im Verhältnis zum schriftlichen Austausch charakterisiert ist. Wenn wir das Konzept der neuen „Oralität" betonen, dann in dem Sinne, dass die in der Mediation verwendete mündliche Form nicht die gleiche wie in einem juristischen Prozess ist. In Europa, im Gegensatz zu den USA, gibt es bisher nur wenig Forschung zu dieser Spezifität der Mediation, der mündlichen Form des Austauschs. In einem juristischen Verfahren dominiert die schriftliche Form, und die mündliche Art des Austauschs spielt eine untergeordnete Rolle, während es in der Mediation genau umgekehrt ist. Das Ritual der Mediation ist gänzlich um den mündlichen Austausch herum strukturiert. Aus diesem Grund muss der Mediator im Prozessablauf Bedingungen schaffen, die den Austausch von Gesprächen fördern.

Die Definition der Mediation als ein kommunikativer Prozess führt zu einem 57 neuen Zeitverständnis, welches sich von demjenigen eines juristischen Verfahrens unterscheidet. Aufgrund der relationalen Natur der Mediation sollte man eigentlich nicht nur von einer, sondern von verschiedenen „Zeitlichkeiten" der Mediation reden.[16] Im Rahmen von juristischen Handlungen ist der Zeitbegriff oft an die Dauer der verschiedenen Phasen des Verfahrens gebunden, ausgehend vom Ermittlungsverfahren, über die Anklageerhebung bis zur Urteilsverkündung.. Es handelt sich hierbei um eine lineare und instrumentelle Sicht der Temporalität, eine „Zwangszeit", im Sinne, dass die juristische Handlung gänzlich um eine rationale rechtliche Logik organisiert ist.

d) Mediation und sozialer Kontext: „Ideologien" der Mediation. Die letzte Achse 58 des Ausbildungsprogramms fokussiert die Frage nach dem sozialen Kontext und der Ideologie der Mediation. Auch wenn die Mediation im Feld der sozialen Regulation noch ein untergeordnetes Phänomen darstellt, repräsentiert sie dennoch ein Spielfeld der Macht für zahlreiche soziale Akteure.

Die verschiedenen Formen der juristischen Mediation erlauben es, nationale und 59 internationale Konflikte auf eine einvernehmlichere Art zu bewältigen, aber auch neue Interventionsformen bei sozialen Beziehungen und neue Formen der sozialen Kontrolle zu entwickeln. Die Mediation nimmt somit auch an der Erneuerung der Formen der Friedensstiftung innerhalb sozialer Beziehungen teil. Aus diesem Grund haben verschiedene Staaten eine Institutionalisierungspolitik lanciert und beteiligten sich auch an der Finanzierung von Mediationsstrukturen, was die öffentliche Bekanntgabe von Gesetzen in zahlreichen europäischen Ländern beweisen. Jedoch widerspiegelt die verspätete Veröffentlichung der Gesetze, ungefähr zehn Jahre

[16] *Giraud,* L'intelligibilité du social-Chemins sociologiques, op. cit.

nach den ersten Erfahrungen, auch Widerstände innerhalb und außerhalb des Staats, welche diese neue Art der sozialen Regulation hervorrufen.

60   Andere soziale Akteure, wie zum Beispiel **religiöse Gruppen,** haben die Mediation als Werkzeug zur Förderung einer neuen Art von Gerechtigkeit verwendet: die „restorative justice" (die den Zustand vor der Straftat wiederherstellende Gerechtigkeit). In den angelsächsischen Ländern ist dieses Phänomen am sichtbarsten, da die Mennoniten oder Quäker in der Entwicklung der Bewegung „Victim-Offender Mediation" eine wichtige Rolle spielten. Ursprünglich wurde die Bewegung „Victim-Offender Reconciliation Program" (VORP) genannt, und basierte, wie der Name schon sagt, auf den Grundprinzipien der Versöhnung und Gemeinschaft.[17] Bei diesen Mediations-/Versöhnungsprogrammen ging es darum, mit dem Modell der strafrechtlichen Justiz zu brechen, welches hauptsächlich die Interessen des Staates vertritt, um zu einer Justiz zu gelangen, welche den Konfliktparteien und der Gemeinschaft größeren Raum lässt. Gemäss den Vertretern dieses Ansatzes wird die Mehrheit der Delikte von Personen innerhalb der Gemeinschaft verübt. Dementsprechend müssen diese Probleme durch die Mitglieder der Gemeinschaft geregelt werden, und nicht durch externe Fachpersonen.[18] In Frankreich ist dieses Phänomen weniger sichtbar, auch wenn die einzige Arbeitergewerkschaft, welche eine Tagung zur Mediation organisiert hat, die „Confédération Française des Travailleurs Chrétiens (CFTC)" ist.

61   Es hat sich auch noch eine andere soziale Gruppe als Befürworter der Mediation engagiert, nämlich **Vereinigungen von geschiedenen Vätern.** Diese vertreten die Meinung, dass der Justizapparat auf Grund seiner Funktionsweise und Werthaltungen zur Regelung von Streitsachen im Bereich familiärer Angelegenheiten ungeeignet ist, und dass er dazu tendiert, die Interessen der Frauen auf Kosten der Männer zu bevorzugen. Ohne behaupten zu wollen, dass diese Vereinigungen von geschiedenen Eltern die Mediation instrumentalisieren, um ihre spezifischen Interessen zu verteidigen, nehmen sie in Betracht, dass familiäre Konflikte naturgemäß auf eine einvernehmliche Art gelöst werden müssten. Auf der anderen Seite äußern sich feministische Vereinigungen, vor allem in den USA, sehr kritisch bezüglich der Mediation. Sie vertreten der Meinung, dass die juristischen Institutionen bessere Garanten sind, um die Interessen der Frauen zu schützen.[19] Ihrer Meinung nach reproduziert der Mediationsprozess nur die Machtungleichheiten zwischen Frauen und Männern auf sozialer und ökonomischer Ebene.

62   Sowohl in Frankreich als auch in den USA existiert eine starke kritische Strömung, in welcher die Meinung vertreten wird, dass die Mediation eine Ideologie der Harmonie vertritt, ohne auf bestehende gesellschaftliche Macht-Ungleichheiten Rücksicht zu nehmen.[20] Die Ideologie der Harmonie beruht auf einer Negierung von Konflikten, weil sie nicht beabsichtigt, die Ursachen der Konflikte zu beseitigen, sondern nur das Austragen von Konflikten verhindern will. Außerdem wird die Justiz angeprangert, die Konfliktparteien in juristischen Verfahren zur Entfremdung und Feindseligkeit anzustiften und exzessive Kosten zu verursachen, während die

---

[17] *Umbreit/Coates,* Victim-Offender Mediation: an analysis of programs in four states of the US, 1992.
[18] *Bonafé-Schmitt,* Droit et Société, n°9/1195, 59.
[19] *Fineman,* Harvard Law Review, Vol 101,n°4/1988, 755.
[20] *Abel,* UCLA Law Review sept. 1981.

Mediation als Verfahren angesehen wird, das die staatsbürgerlichen und gemein-schaftlichen Verantwortlichkeiten begünstigt. Innerhalb dieser ideologischen Sicht der Mediation werden Konflikte in Kommunikationsprobleme transformiert und nicht mehr als Kämpfe zwischen Werthaltungen oder Interessen angesehen. Ausei-nandersetzungen um Sachverhalte oder Rechte werden in Differenzen auf affektiver und Beziehungsebene umgewandelt. Die Ideologie der Harmonie vertritt ein Gesell-schaftsmodell, welches auf der Überzeugung basiert, dass jede Person die gleichen Ziele und Werte vertritt, und somit ein friedlicheres Zusammenleben ermöglicht.

IV. Fazit und Ausblick

Das **primäre Ziel** des Europäischen Masters in Mediation ist es somit, eine uni-   63
versitäre Ausbildung anzubieten, welche **Theorie und Praxis** verbindet und die **Re-flexion** über die **Mediationstechniken** und die **Mediation als Handlungssystem** anregt. Auf pädagogischer Ebene wird eine **interdisziplinäre Ausbildung** mit Fokus auf dem vergleichenden Ansatz, mit der Verwendung von modernen (Lern-)Tech-nologien angestrebt.

Die **zweite Ambition** des Masters ist es, zur Entwicklung des neuen Forschungs-   64
felds der Mediation beizutragen. Aus diesem Grund hat sich das IUKB das Ziel ge-setzt, in Zusammenarbeit mit Partneruniversitäten, ein **Forschungsprogramm in Mediation** zu entwickeln, ein spezialisiertes Dokumentationszentrum zu erstellen, internationale Tagungen zu organisieren und eine Zeitschrift für Mediation zur Verbreitung von Forschungsresultaten zu schaffen.

Die **dritte Bestreben** des Masters ist es, zum einen an der Schaffung eines **euro-   65
päischen Observatoriums in Mediation** teilzunehmen, um eine weitere Untersu-chung des Phänomens sicherzustellen. Zum anderen möchte das Master zur Bildung eines europäischen Netzwerks von Mediatoren beitragen, umso eine aktive Rolle in die Weiterentwicklung der Mediation in Europa zu spielen.

§ 54 European General Mediator – EGM (MAS) an der Universität Klagenfurt

Dr. Gerhard Falk

Übersicht

I. Der Anfang

1   Der **Anfang** dieses Projektes ist nicht leicht zu bestimmen. Jedenfalls waren mehrjährige persönliche, institutionelle und gesellschaftliche Entwicklungsgeschichten Teil desselben. Die ausgebuchten Symposien 1996 und 1997 sowie eine Seminarreihe mit sechs ebenfalls gefragten Veranstaltungen zeigten uns, auch im Sinne einer Bedarfserhebung, dass sowohl das Interesse, als auch der Gegenstand für ein anspruchsvolles Lehrgangsprojekt erfolgsadäquat zu sein schienen. Begleitend wurden diese Meilensteine evaluiert, die zahlreichen international renommierten Lehrbeauftragten sowie TeilnehmerInnen, dabei repräsentativ befragt. Dass die Nachfrage nach unseren Angeboten trotz derzeit über zwanzig laufenden einschlägigen Privatkursen in Österreich weiterhin erhöht werden konnte, zeigte eindrucksvoll das 3. Symposion Anfang Mai 2001 mit seiner um 20% höheren BesucherInnen-Zahl bzw. das Zustandekommen des EGM 2001 mit Start im Oktober, bereits im Mai 2001.

2   Zentrale **Motivation** für die Entwicklung dieses Master-Universitätslehrganges, waren ursprünglich, neben unseren Forschungsergebnissen, weltweite und nationale

Entwicklungen von Modellen kooperativer Konfliktregelung während des vorigen Jahrzehnts. In zahlreichen Rechts- und Verwaltungsbereichen erhöht sich außerdem permanent die Anhängigkeit von Verfahren – ebenso der damit zusammenhängende, zunehmend dysfunktionale Regelungsaufwand, der mitunter zu höchst unangenehmen persönlichen Betroffenheiten und organisatorischen Irritationen führen kann. Die offensichtlich dadurch zumindest mitverursachte, vehemente Nachfrage nach Weiterbildung, war uns eine weitere Verpflichtung.

II. Der Gegenstand

Mediation (lat.: Vermittlung) als eine bedeutende Form von Konfliktmanage- 3
ment, zeichnet sich vor allem durch Einfachheit und Effizienz, als wirksame Alternative oder Ergänzung zu den herkömmlichen Möglichkeiten aus. Verfahrensziel ist Streitregulierung durch die aktive Mitwirkung der Konfliktbetroffenen, die freiwillig neutrale („allparteiliche") Mediatorinnen und Mediatoren ohne inhaltliche Entscheidungsgewalt hinzuziehen. Besonders berücksichtigt wird dabei der rechtliche und gesellschaftliche Rahmen.

Durch Identifikation mit eigenverantwortlich zustande gekommenen Vereinba- 4
rungen entstehen höhere Akzeptanz und Umsetzungswahrscheinlichkeit der erzielten Ergebnisse als bei autoritären Entscheidungen „von außen" (z.B. Schieds- oder Urteilsspruch[1]). Dies führt tendenziell auch zu grösserer Zufriedenheit bei den Betroffenen, verbunden mit einer verbesserten wirtschaftlichen Rentabilität sowie sozialen Stabilität.

III. Die Entwicklung des „EGM"

Erstmals im „Wintersemester" 1999/2000, wurde in Entsprechung der national 5
und international gültigen Rechtsverpflichtungen[2] sowie damaliger Rechtsentwicklungen[3], auf Grundlage des Universitäts-Studiengesetzes 1997 und durch Verordnung des österreichischen Bundesministeriums für Wissenschaft und Verkehr bzw. für Bildung, Wissenschaft und Kultur[4], der berufsbegleitende Universitätslehrgang „Soziale Kompetenz für Mediation und Konfliktmanagement in Wirtschaft, Familie, Verwaltung und Umwelt – *(The European General Mediator – EGM) – MAS*", im Folgenden kurz EGM genannt, gestartet (vgl. EGM-Statuten[5]) und im WS 2001/2002 fortgeführt. Der EGM basiert auf umfangreichen fachspezifischen sozialwissenschaftlichen Vorerfahrungen des Rechtsträgers und Veranstalters *iff*

---

[1] Vgl. dazu auch § 33.

[2] Z.B. die „Charta der Vereinten Nationen" Art. 33 (Verpflichtung zu friedlicher Streitbeilegung) oder der Erlass des österreichischen Bundesministers für Justiz vom 22. 11. 1996 über die Fortführung und Ausweitung des Modellprojekts „Mediation bei Scheidung und Trennung„ (JABl 1997, 1 f).

[3] Z.B. die Empfehlung des Ministerkommitees des Europarates Nr. R (98) vom 21. 1. 1998.

[4] GZ 68 309/134-I/B/5A/98 vom 20. 8. 1998 bzw. VO 76, Jg. 2000, 8. Stück.

[5] Vgl. Mitteilungsblatt der Universität Klagenfurt, Studienjahr 1998/99, vom 16. Dezember 1998, 8. Stück.

(vgl. Rdnr. 12) in Praxis, Forschung und Lehre[6], seit ich 1994 meinen ersten Forschungsauftrag absolvierte. Sein didaktisches Konzept, das auf Basis von Evaluationsergebnissen sowie gewonnenen Erfahrungen regelmäßig überarbeitet wird, wurde 1998 von einem interdisziplinär zusammengesetzten Expertinnen-Team[7] entwickelt.

IV. Inhalte und Ziele des EGM

6   Zu den **Inhalten** des EGM ist in den EGM-Statuten festgehalten: „Dieser Universitätslehrgang hat den Charakter einer wissenschaftlich fundierten Weiterbildung von generellen sozialen Kompetenzen, Fertigkeiten und Grundlagen für Mediation und Konfliktmanagement in unterschiedlichen Sozialkonfigurationen. Die TeilnehmerInnen lernen in diesem Zusammenhang auch jene theoretischen Grundlagen, Haltungen, Instrumente und Konzepte kennen, unterscheiden und anwenden, die für eine Tätigkeit als Mediatorin oder Mediator relevant sind".[8]

7   Das Design des Universitätslehrganges ermöglicht den TeilnehmerInnen insbesondere, sich ihre speziellen Weiterbildungsschwerpunkte je nach Ausgangsinteressen, Nationalität und Vorkenntnissen selbst zu setzen. Individuell berücksichtigt wird auch der jeweilige berufliche Hintergrund von freier Praxis oder Tätigkeit in Organisationen im Profit- oder Non-Profit-Bereich.

8   Die **Ziele** des EGM sind wie folgt definiert: „Mediatorinnen und Mediatoren bewegen sich permanent in unbekannten, unsicheren und komplexen Konfigurationen und müssen in diesen professionell handeln. Dazu bedarf es eines theoretischen Fundaments, methodischer Fertigkeiten, Kenntnis über Ziele oder Aufgaben des zu mediierenden Systems und eines hohen Maßes an sozialer Flexibilität und Kompetenz. Diesen Grundvoraussetzungen Rechnung tragend, soll der Universitätslehrgang Spezialistinnen und Spezialisten heranbilden, die, aufbauend auf einer gefestigten inhaltlichen und theoretischen Expertise, über Sozialkompetenzen für die Tätigkeit als Mediatorin oder Mediator verfügen".[9]

9   Die daraus abgeleiteten allgemeinen Lernziel-Dimensionen bestehen unter anderem im Erfassen von:
– theoretischen Grundlagen von sozialen Komplexitäten und Strukturen
– methodischen und theoretischen Grundlagen von Mediation und Konfliktmanagement
– reflektierendem Begreifen von Konfliktdimensionen und von Mediationssituationen
– relevanten Anwendungen für Mediation und Konfliktmanagement.

---

[6] Vgl. u. a. *Falk Gerhard/Heintel Peter/Pelikan Christa* (Hg.): Die Welt der Mediation, Alekto: Klagenfurt 1998.
[7] O. *Univ.-Prof. Dr. Peter Heintel* (wissenschaftliche Leitung), *Dr. Gerhard Falk* (Projektleitung), ao. *Univ.-Prof. Dr. Ewald Krainz, Dr. Christian Lockner, Univ. Ass. Dr. Karin Lackner.*
[8] EGM-Statuten, § 4.
[9] EGM-Statuten, § 5 Abs. 1.

V. EGM-Zertifizierung und Zugangsbestimmungen

Nach Absolvierung der erforderlichen Lehrveranstaltungen, eines Anfangsasses- **10** sements und eines Entwicklungsassessements am Ende des zweiten Semesters sowie einer kommissionellen Abschlussprüfung am Ende des Universitätslehrganges wird gemäß § 26 Abs. 1 UniStG 1997 der **akademische Grad** *„Master of Advanced Studies – MAS (Mediation)"* verliehen.

Für die **Teilnahme** an diesem Universitätslehrgang sind **erforderlich:** **11**
– eine abgeschlossene psychosoziale, juristische, wirtschaftliche oder vergleichbare Ausbildung
– mehrjährige Berufserfahrung
– ein Mindestalter von 26 Jahren
– während des Lehrgangs muss der Zugang zur Praxis gewährleistet sein.
Erwünscht sind darüber hinaus:
– Erfahrungen mit Mediation oder im beruflichen Umgang mit Personen in Konfliktsituationen
– Grundkenntnisse des Rechts.
Die TeilnehmerInnenanzahl beträgt zwischen ca. acht (Reflexionsgruppen) und ca. 26 Personen (fortlaufende Gruppe), bei Großgruppenveranstaltungen entsprechend mehr.

VI. EGM-Rechtsträger, Lehrgangsleitung und Prüfungskommission

Der **Rechtsträger** dieses Universitätslehrganges ist das Interuniversitäre Institut **12** für Interdisziplinäre Forschung und Fortbildung der Universitäten Klagenfurt, Wien, Innsbruck, Graz – *iff*, Abteilung Studienzentrum für Weiterbildung, Sterneckstraße 15, A-9020 Klagenfurt.

Die wissenschaftliche **Lehrgangsleitung** besteht aus o. *Univ.-Prof. Dr. Peter Heintel* (Vorsitzender), ao. *Univ.-Prof. Dr. Ewald Krainz* und *Dr. Gerhard Falk* (darüberhinaus org. Leitung). Aus dem Kreis der TeilnehmerInnen können Entsandte fallweise an Leitungssitzungen als Auskunftspersonen teilnehmen („erweiterte Lehrgangsleitung"). Dieses Instrument hat sich besonders bewährt.

Die **Prüfungskommission** besteht aus *Univ.-Prof. Dr. Ewald Krainz*, Rechtsanwältin *Lis Ripke* und *Univ.-Prof. Dr. Horst Zillessen*. Die Lehrtherapeutin *Eva Dachenhausen* und *Univ.-Prof. Dr. Ewald Krainz* führen die Entwicklungsassessements durch.

VII. Der Internationale EGM Fachbeirat (IFB) und die europäischen Partner zur Curriculimsentwicklung

Die nationale und europäische Dimension dieses Projektes wird im Rahmen eines **13** „Internationalen Fachbeirates – IFB" manifestiert. Der **IFB** geht aus einer internationalen Kooperation im Rahmen eines gemeinsamen EU–Förderantrags zur Curriculumsentwicklung[10] im Jahre 1998 zwischen namhaften universitären sowie öffentlichen und privaten Partnern aus Österreich und sieben weiteren europäischen Staaten hervor. Die Mitglieder des IFB werden regelmäßig zu den Lehrbeauftragtenkonferenzen eingeladen und um das Einbringen von Feedbacks gebeten. Auf europäischer Ebene wurden für die Curriculumsentwicklung zudem internationale Partnerschaften mit Universitäten, öffentlichen Institutionen und privaten Unternehmen geschlossen. Die Liste dieser Kooperationspartner ist bei Rdnr. 27 abgedruckt.

VIII. Didaktische Grundstruktur, Qualitätsmerkmale und Gliederung des EGM

14   Die grundlegende **Hypothese** lautet: Konflikte innerhalb von Beziehungsgeflechten werden unabhängig vom jeweiligen sachlichen Zusammenhang und Inhalt in unterschiedlichen sozialen Konstellationen und Systemen ausgetragen, die identifizierbar sind. Es wiederholen sich, selbst kulturübergreifend, innerhalb dieser Sozialkonfigurationen wesentliche Abläufe von Konfliktdynamik oder Regelungsprozessen in identer oder weitgehend analoger Art und Weise. Die Struktur eines Streites zwischen zwei Personen, etwa NachbarInnen, GeschäftspartnerInnen, KollegInnen oder LebenspartnerInnen, verläuft ähnlich und in vielerlei Hinsicht miteinander vergleichbar, ebenso die Interaktion durch neutrale Dritte sowie durch diese gesteuerte Lösungsprozesse. Dasselbe gilt für Konflikte innerhalb von und zwischen komplexeren, analytisch abgrenzbaren sozialen Systemen.

15   Die **unterschiedlichen Konfigurationen** bedingen und beeinflussen einander. Innerhalb von Organisationen bestehen etwa Paar-, Familien- oder Gruppenbeziehungen, die auch wechselweise aufeinander wirken (Praxisstichwort „Familien-Unternehmen"). Konflikte und deren Management stehen mit den hierbei auch regelmäßig auftretenden und handzuhabenden Widersprüchen sowie Dynamiken in engem Zusammenhang.

16   Die benannten Sozialkonfigurationen liegen daher dem didaktischen Konzept des EGM, in aufsteigender Komplexität, zugrunde: Zweierbeziehung → Familie → Gruppe → Intergruppenprozesse (Großgruppe, Organisation, gesellschaftlicher Kontext).

17   Die offene und an der vorhandenen **Praxis orientierte Struktur** des Universitätslehrganges ermöglicht es den TeilnehmerInnen, innerhalb dieses didaktischen Grundgerüstes auch ihre jeweils individuellen Anwendungsschwerpunkte und thematischen Interessen zu berücksichtigen bzw. zu vertiefen – dies bei ihrer Tätigkeit sowohl in freier Praxis als auch innerhalb von Unternehmen oder Organisationen.

18   Das Lernen im Universitätslehrgang EGM wird in **fünf** unterschiedlichen Lernelementen organisiert:
– fortlaufende Lehrgangsgruppe
– Reflexionsgruppen
– Praktikum
– Literaturstudium
– gruppendynamische Settings

---

[10] Projektteam *Ulrike Dornig* (†), *Gerhard Falk, Arnold Kern.*

Der EGM verfügt über besondere Qualitätsmerkmale sowohl bezüglich des In- 19
halts als auch in Hinblick auf seine Organisation. In beiderlei Hinsicht wird auf
Qualität und deren Sicherung besonderes Augenmerk gelegt, um den TeilnehmerInnen einen optimalen Lernerfolg zu ermöglichen. Dabei sind insbesondere vier Faktoren hervorzuheben: die Lehrgangsgruppe, die Lehrbeauftragten, die Organisation
des Lernprozesses sowie die Evaluation.

1. Die Lehrgangsgruppe

Durch die Zugangsvoraussetzungen und Aufnahmerichtlinien ist gewährleistet, 20
dass die TeilnehmerInnen ihr eigenes Wissen und ihre **Praxiserfahrungen** optimal
einbringen, austauschen und verwerten können. Sie stehen zentral im Mittelpunkt
dieses Projektes. Um sie herum ist alles arrangiert, damit ihre eigenen Kompetenzen
optimal zur Geltung kommen können. Die sorgfältige Steuerung des gemeinschaftlichen Lernprozesses in unterschiedlichen Lernsettings ermöglicht Weiterbildung
sowohl auf kognitiver als auch auf emotionaler und soziodynamischer Ebene, wobei auf größtmögliche Teilnehmeraktivierung Bedacht genommen wird.

Den **EGM 1999** besuchten 25 angehende „Master of Advanced Studies" aus vier
europäischen Ländern. Die beruflichen Zugänge waren äußerst vielfältig und entsprachen unseren interdisziplinären Vorstellungen. Viele daraus integrierten Mediation und Konfliktmanagement in ihr berufliches Leben, untereinander entstand ein
beispielhaftes Kooperations-Netzwerk[11]. Die Gruppe EGM 2001 (Start im Oktober
2001) besteht aus 28 ebenfalls äußerst engagierten Personen, die die EGM-Kultur
mit Sicherheit erweitern werden.

2. Die Lehrbeauftragten

Die Lehrbeauftragten sind durchwegs international anerkannte und wissen- 21
schaftlich ausgewiesene **ExpertInnen** ihres Faches.[12] Sie bringen umfangreiche, unmittelbare Erfahrungen aus der Praxis sowie unterschiedliche Vorgangsweisen, die
veranschaulicht werden, ein. Ihr pädagogisches Vorgehen sowie die Ausbildungs-
methoden und -mittel entsprechen den neuesten internationalen Standards. Fast alle
Lehrveranstaltungen werden von mindestens zwei Lehrbeauftragten geleitet. Die
gesamte Anzahl der Lehrbeauftragten übersteigt jene der TeilnehmerInnen. Eine
Liste der Lehrbeauftragten des EGM 2001 ist bei Rdnr. 27 abgedruckt.

3. Die Organisation des Lernprozesses

Der Lernprozess ist überwiegend interaktiv organisiert, sodass regelmäßig ein er- 22
kenntnisschöpfender Austausch zwischen Lehrenden und Lernenden sowie zwischen
den Lernenden untereinander ermöglicht wird. Die „erweiterte Lehrgangsleitung"
unter Einbindung von Gruppensprechern erlaubt eine kybernetisch-prozesshafte
Programmgestaltung. Kontinuierliche Lehrgangskonferenzen seitens der Lehrbeauftragten und der Lehrgangsleitung stellen ein weiteres Qualitätsmerkmal dar. Durch

---

[11] Vgl. homepage: www.egm-mediation.de
[12] Vgl. dazu die einschlägige Literaturliste auf der homepage: http://mediaton.uni-klu.ac.at

die Mitwirkung des Internationalen Fachbeirates (IFB) wird die europäische Dimension vergrößert, die nicht nur neue Impulse bewirkt, sondern den TeilnehmerInnen darüber hinaus direkte Zugänge zu Praxis und Wissenschaft ermöglichen kann.

4. Evaluation

23   Eine ständige formative wissenschaftliche Evaluation durch ein externes Team ist eingerichtet. Sowohl die Lehrgangsleitung als auch die TeilnehmerInnen erhalten jedes Semester Rückmeldungen, die ebenfalls als Grundlage zur Prozesssteuerung dienen.

5. Dauer, Gliederung, Gebühren

24   Der EGM dauert **vier Semester** und verfügt über einen Gesamtumfang von rund **800 Unterrichtseinheiten** (UE), die 53,5 Semesterstunden (SSt) entsprechen. Die Durchführung erfolgt in Unterrichtsblöcken und ist berufsbegleitend möglich. In den 53,5 SSt sind drei SSt Praktikum und vier SSt wissenschaftlich supervidierte Praktikumsreflexion sowie acht SSt Wahlpflichtfächer enthalten. Die Unterrichtsblöcke sind zum Großteil an Wochenenden terminisiert, mitunter werden zwei bis drei Blöcke unmittelbar nacheinander abgehalten, so dass die Anreise nur einmal notwendig ist. Insgesamt ergeben sich daraus rund 69 Anwesenheitstage innerhalb von zwei Studienjahren.

25   Die **Lehrveranstaltungen** im Einzelnen sind zweifelsohne als **Kernstück** des Programmes zu bezeichnen. Für eine Detailbeschreibung fehlt hier aber der Platz. Insofern sei an dieser Stelle auf die homepage[13] verwiesen. Alle Lehrveranstaltungen finden in Kärnten statt. Bei der Wahl der Unterbringungsorte wurde speziell bei zeitlich dichteren Veranstaltungsserien auf erhöhten Komfort Bedacht genommen.

Die **Lehrgangsgebühren** für den Universitätslehrgang EGM (2001) wurden gemäß § 5 Hochschultaxengesetz 1972 unter Berücksichtigung der „tatsächlichen Kosten seiner Durchführung" festgesetzt. Aufgrund dieser Rechtsverpflichtung errechnen sich pro TeilnehmerIn laut genehmigtem Finanzplan die Lehrgangsgebühren mit EUR 14.443,– für alle vier Semester. Die Lehrgangsgebühren beinhalten Prüfungsgebühren und diverse Lernunterlagen. Beruflich weiterbildende Universitätslehrgänge sind von der Studiengebühr befreit. Ermäßigungen können bei der Lehrgangsleitung beantragt werden. Die Höhe der Ermäßigung beträgt zehn bis höchstens zwanzig Prozent des Teilnahmebeitrags nach Maßgabe der vorhandenen Finanzmittel des Rechtsträgers und der sozialen Bedürftigkeit der AntragstellerInnen.

IX. Die EGM-Zukunft

26   Die hohe internationale Anerkennung, welche sowohl aus den Rückmeldungen der Lehrbeauftragten und der IFB Mitglieder als auch seitens der AbsolventInnen hervorgeht, gibt uns Zuversicht, dass das Klagenfurter Konzept nicht nur Zukunft hat, sondern dass es international auch zur Standardsetzung in der Mediationsausbildung seinen Beitrag leisten kann. Die Mitwirkung an der gesellschaftlich relevan-

---

[13] http://mediation.uni-klu.ac.at

ten Wegweisung in Richtung kooperativer Konfliktregelung auch im Bereich komplexerer sozialer Systeme und der damit verbundene kollektive Nutzen, soll zum Abschluss ebenfalls noch betont werden. Wenn es uns gelingt, mit diesem Projekt einen Beitrag zu beidem zu leisten, sind wir vollauf zufrieden.

X. Anhang

1. Europäische Partner zur Curriculumsentwicklung   27

Universitäten:
- Aristotle University of Thessaloniki/Faculty of Philosophy – Griechenland
- Europa-Universität Viadrina, Frankfurt (Oder) – Deutschland
- Seconda Università degli Studii di Napoli/Facoltà di Medicina e Chirurgia – Italien
- Università Cattolica del Sacro Cuore Milano/Psicologia Giuridica – Italien
- Universität Tübingen/Juristische Fakultät – Deutschland
- Universiteit Utrecht/Faculteit Ruimtelijke Wetenschappen – Niederlande
- University of Oxford/LawWise Legal Education and Trainig Services Limited – Großbritannien

Öffentliche Institutionen:
- Bundesministerium für soziale Sicherheit und Generationen
- Magistrat der Landeshauptstadt Klagenfurt
- Amt der Kärntner Landesregierung, Landesamtsdirektion – Unterabteilung Fortbildung

Private Unternehmen:
- A. S. S.E.P – Accademia per lo Studio e lo Sviluppo dell'Ecosistema Pratomagno – Italien
- AVM – Anwaltliche Vereinigung für Mediation und Kooperatives Verhandeln – Österreich
- BAFM – Bundesarbeitsgemeinschaft für Familienmediation e. V. – Deutschland
- CENTRIC AUSTRIA, Carinthian Environmental Training and Information Center – Österreich
- BÖP – Berufsverband Österreichischer Psychologinnen und Psychologen, Sektion Umweltpsychologie – Österreich
- Heidelberger Institut für Mediation – Deutschland
- Kärnten Werbung Marketing & Innovationsmangement GmbH – Österreich
- Kärntner Sparkasse AG – Österreich
- Klagenfurter Messe GmbH – Österreich
- MEDIATOR – Zentrum für Umweltkonfliktforschung und -management GmbH an der Universität Oldenburg – Deutschland
- ÖGUT – Österreichische Gesellschaft für Umwelt und Technik – Österreich
- Rechtsanwaltssozietät KÜHN, LÜER, PONSCHAB, HEUSSEN, WOJTEK[14] – Deutschland
- VBSA – Verein für Bewährungshilfe und Soziale Arbeit, Bereich Außergerichtlicher Tatausgleich – Österreich
- Walker Project Partners AG – Schweiz

---

[14] Heute z. T. Price Waterhouse Coopers Veltins Rechtsanwaltsgesellschaft mbH.

2. Liste der Lehrbeauftragten des EGM 2001 (Stand: Oktober 2001):

28   *Univ.-Prof. Dr. Reiner Bastine*, Heidelberg; *Dr. Christa Berger*, Wien; RAin *Iris Berger*, Alzenau (D); *Univ.-Prof. Dr. Stephan Breidenbach*, Frankfurt/Oder; *Mag. Martin Carmann*, Wien; *Eva Dachenhausen*, Salzburg; *Dr. Veronika Dalheimer*, Wien; *Mag. Dr. Gerhard Falk*, Klagenfurt; *Dr. Claude Fischli*, Zürich; *Mag. Ingrid Flaig*, Bludenz; *Dr. Georg Fodor*, Wien; *Dr. Georg Gombos*, Klagenfurt; *Dr. John Gromala*, Kalifornien; *Univ.-Prof. Dr. Peter Heintel*, Klagenfurt; *Dr. Peter Hörschinger*, Salzburg; *Dr. Larissa Krainer*, Klagenfurt; *Univ.-Prof. Dr. Ewald Krainz*, Klagenfurt; *RA Dr. Hans Georg Mähler*, München; *Univ.-Ass. Dr. Karl Nessmann*, Klagenfurt; DI Mag. *Dr. Mario Patera*, Wien; *Dr. Bernhard Pesendorfer*, Zürich; *RAin Lis Ripke*, Heidelberg; *Martina Schulte-Derne*, Wien; *Mag. Michael Schulte-Derne*, Wien; *Priv.-Doz. Dr. Gerhard Schwarz*, Wien; a. o. *Univ.- Prof. Mag. Dr. Ruth Simsa*, Wien; *Dr. Markus Troja*, Oldenburg; *Mag. Robert Ukowitz*, Klagenfurt; *Univ.-Prof. Dr. Horst Zillessen*, Oldenburg.

§ 55 Kontaktstudium Mediation an der Universität Oldenburg

Eckard Schwitters

Übersicht

I. Einleitung

Im **Herbst 1999** startete das Kontaktstudium Mediation an der Carl von Ossietz- 1
ky Universität den ersten Durchgang. Etwas mehr als zwei Jahre später laufen bereits die Vorbereitungen für den dritten Kurs. Es handelt sich um eine postgraduale, **berufs- und praxisbegleitende Weiterbildung,** die an die Hochschulausbildung der TeilnehmerInnen anknüpft und ihre beruflichen Erfahrungen als wichtige Ressource aktiv in die Ausbildung einbindet. Diese Weiterbildung ist so angelegt, dass aktuelle wissenschaftliche Entwicklungen und Ergebnisse zu anwendungspraktischen Methoden und Verfahren aufgearbeitet werden und somit **Hilfestellungen bei Problemen der alltäglichen Berufspraxis** ermöglicht werden[1]. Der Veranstalter ist das Zentrum für wissenschaftliche Weiterbildung (folgend abgekürzt ZWW), eine zentrale Einrichtung der Universität, die unter anderem seit über 15 Jahren auch langfristige Weiterbildungen für den psycho-sozialen Bereich anbietet (u. a. Familientherapie, systemische Organisationsberatung, Supervision). Die Entstehungsgeschichte des Studiums sei vorweg kurz skizziert, bevor auf den Ablauf und die Inhalte des Studiums eingegangen wird.

---

[1] Daher kommt auch die Bezeichnung „Kontaktstudium". Es stellt eine Verbindung zwischen Wissenschaft und Praxis her.

II. Entstehung des Kontaktstudiums Mediation

2   Eine Gruppe von Wissenschaftlern verschiedener universitärer Fachbereiche und Einrichtungen der Universität Oldenburg fand sich Anfang 1997 zusammen, um erste konzeptionelle Überlegungen für eine Mediatorenausbildung zusammenzutragen. Motiviert war diese interdisziplinäre Kooperation durch die **steigende Nachfrage** nach einer umfassenden, qualitativ hochwertigen Ausbildung in der Region, die sich speziell für den Trennungs- und Scheidungsbereich und für Mediation in Wirtschaft und Arbeitswelt abzeichnete. Für eine Mediationsausbildung im öffentlichen Bereich (früher Umweltmediation) galt dieser Bedarf sogar bundesweit, da es zu der Zeit im Bundesgebiet überhaupt keine inhaltlich zusammenhängende Ausbildung dafür gab. Nicht zuletzt auf Grund der langjährigen Praxiserfahrung der Wissenschaftler des ZWW mit Konfliktbearbeitung beispielsweise im Bereich der Familientherapie, der Organisationsberatung und Supervision und insbesondere auch der MEDIATOR GmbH im Bereich der Umweltmediation war es nahe liegend, diese wichtigen Ressourcen zu nutzen, um eine fundierte, praxisangemessene Mediationsausbildung zu konzipieren und umzusetzen.

3   Im Rahmen eines vom Förderverein Umweltmediation e.V. unterstützten Projekts der MEDIATOR GmbH zur Entwicklung eines Ausbildungskonzepts für UmweltmediatorInnen fand dann im **Herbst 1997** der **Workshop** „Ausbildung von Mediator(inn)en"[2] an der Universität Oldenburg statt. Über 60 erfahrene MediationsexpertInnen kamen zusammen, um über die Ausbildungsinhalte aller bekannten Mediationsbereiche zu diskutieren. Es war das bundesweit erste Treffen dieser Art, bei dem AusbilderInnen und DozentInnen sowohl aus dem Hochschulbereich als auch von privaten Instituten aus dem In- und Ausland ihre Erfahrungen austauschten. Auf der Grundlage dieses Workshops erarbeitete die Arbeitsgruppe Mediation[3] der Universität Oldenburg das Curriculum für das Kontaktstudium Mediation.

III. Inhaltlicher Aufbau und Ablauf des Kontaktstudiums Mediation

1. Aufbau des Studiums

4   Die Weiterbildung umfasst insgesamt **360 Unterrichtsstunden,** die ausschließlich als Präsenzseminare an Wochenenden stattfinden. Der Gesamtzeitraum des Studiums liegt bei ungefähr zweieinhalb Jahren und beinhaltet 22 Veranstaltungen, die jeweils im Abstand von ungefähr einem Monat stattfinden (Schulferien ausgenommen). Nach einem 160-stündigen **Grundstudium** haben die TeilnehmerInnen die Möglichkeit, aus den drei Schwerpunktbereichen Trennungs- und Scheidungsmediation, Mediation in Wirtschaft und Arbeitswelt und Mediation im öffentlichen Bereich einen Schwerpunkt zum vertiefenden Studium auszuwählen. Dieses sogenannte **Hauptstudium** umfasst nochmals 80 Unterrichtsstunden. Schon im Grund-

---

[2] Der Förderverein Umweltmediation e.V., Bonn, hat durch seine finanzielle Unterstützung maßgeblich am Zustandekommen des Workshops beigetragen.
[3] Die Arbeitsgruppe Mediation ist ein Zusammenschluss von Wissenschaftlern der Universität Oldenburg und dem An-Institut MEDIATOR GmbH der Universität.

studium werden auch die ersten Supervisionsveranstaltungen zwischen den Seminaren angeboten, um die konkrete Fallarbeit der TeilnehmerInnen durch erfahrene SupervisorInnen unterstützend zu begleiten. Im Hauptstudium wird die Supervisonsarbeit durch interdisziplinär zusammengesetzte SupervisorInnenteams in den Kleingruppen des Ausbildungsschwerpunkts intensiviert. Insgesamt umfasst die Supervision im Studium 120 Unterrichtsstunden. Beendet wird die Weiterbildung mit einem **Abschlusskolloquium**, in Form einer Befragung der TeilnehmerInnen durch ein Prüfungsgremium zu den durchgeführten Mediationsfällen.

2. Inhalte und Ablauf des Studiums

Die Seminargestaltung ist theoretisch fundiert, aber praxisorientiert. Auf theoretischer Grundlage wird neben Faktenwissen vor allem arbeitspraktische Kompetenz in den Seminaren vermittelt. Dies wird durch einen mittlerweile 35 Ausbilderinnen umfassenden „Dozentinnenpool" gewährleistet, ein Expertinnenkreis, der über langjährige Praxiserfahrung sowohl in Mediationsausbildungen als auch in konkreter Mediationsarbeit verfügt. 5

Auf der Grundlage der inhaltlich unterschiedlich gestalteten Seminare arbeiten die TeilnehmerInnen in einem kontinuierlichen Prozess an der **Entwicklung und Weiterentwicklung der kommunikativen Fähigkeiten** und Fertigkeiten, die für die komplexen Anforderungen in einem Mediationsverfahren notwendig sind. Hierunter sind vor allem das Zusammenfassen und konstruktive Umformulieren, das bedürfnis-, ressourcen- und lösungsorientierte Fragen, die sichere Gesprächsführung bzw. -steuerung und anderes mehr zu verstehen. Nicht zuletzt gilt es in diesem Zusammenhang, professionelles Visualisieren zu erlernen, kurzum das ganze elementare „Handwerkszeug" für MediatorInnen. Gleichzeitig verinnerlichen die Auszubildenden durch Rollenspiele und Simulationen allmählich den Verfahrensaufbau und die spezifische Dialogstruktur und Prozessphasen der Mediation. Zusätzlich erhöht und stabilisiert sich durch die Auseinandersetzung mit unterschiedlichen Konfliktlagen sukzessiv das spezifische Rollenverständnis bzw. die allparteiliche Haltung der MediatorInnen. Durch die vergleichsweise lange Ausbildungsdauer haben die TeilnehmerInnen die Möglichkeit, sich auch intensiv mit ihren eigenen biographischen Konfliktmustern auseinanderzusetzen, die unwillkürlich auch das eigene Handeln in der Mediationsarbeit beeinflussen. Für die Arbeit an diesen persönlichen Verhaltensmustern einerseits aber andererseits auch die Entwicklung und Ausprägung erforderlicher Mediationskompetenzen sind damit geeignete inhaltliche und zeitliche Rahmenbedingungen geschaffen. 6

IV. Curriculum

1. Grundstudium

Das Grundstudium vermittelt den TeilnehmerInnen im Rahmen von acht Seminaren (160 Unterrichtsstunden) notwendiges Wissen und Basiskompetenzen für die Durchführung eines Mediationsprozesses. Die folgende Übersicht veranschaulicht den inhaltlichen Aufbau und Ablauf des Grundstudiums. 7

8

1. Konflikte erkennen und verstehen

☐ Eigenes Konfliktverhalten und typische Formen der Konfliktregelung
☐ Konfliktverständnis der Mediation
☐ Mediation im Kontext institutionalisierter Konfliktregelungsverfahren
☐ Konflikttypen und Konfliktinhalte
☐ Konfliktdynamik: Eskalation und Deeskalation
☐ Sach- und Beziehungsebene in Konflikten

2. Phasen und Schritte der Mediation

☐ Mediation vorbereiten
☐ Themen sammeln
☐ Interessen klären
☐ Lösungen erarbeiten
☐ Vereinbarungen treffen und dokumentieren

3. Verfahren professioneller Gesprächsführung

☐ Grundannahmen und Formen systemischer Gesprächsführung und
   Fragetechniken
☐ Krisenintervention
☐ Umgang mit schwierigen Gesprächssituationen
☐ Umgang mit Beziehungsdynamik und Machtverhältnissen
☐ Sach- und Beziehungsebene in Konflikten bearbeiten
☐ Umgang mit Übertragung und Gegenübertragung

4. Methoden und Techniken der Mediation

☐ Gesprächsführung und Anwendung verschiedener Kommunikationstechniken:
   Zusammenfassen, Spiegeln, Umformulieren, Aktives Zuhören

5. Rolle und Haltung der MediatorIn

☐ Haltung und Rolle der MediatorIn im Kontext zu unterschiedlichen
   Leitbildern der Mediation

6. Verhandeln und Argumentieren

☐ Integratives Verhandeln
☐ Harvard-Konzept
☐ Transformative Mediation
☐ Methoden des Argumentierens

7. Visualisierung und Kreativitätstechniken in der Mediation

☐ Visualisierung: Ziele, Materialien, Tipps und Tricks
☐ Moderationstechniken in der Mediation: Arbeit mit Flipchart und Pinnwand;
   Visualisierungsmöglichkeiten in den einzelnen Mediationsphasen
☐ Voraussetzungen, Möglichkeiten und Grenzen kreativer Ideensuche im
   Mediationsprozess
☐ Krativitätstechniken: Methoden zur Entwicklung von Lösungsmöglichkeiten
   in Konflikten

2. Hauptstudium

Am Ende des Grundstudium haben die Teilnehmenden die Möglichkeit, zwischen 9
den oben schon genannten drei **Studienschwerpunkten** zu wählen. Im Hauptstudium erwerben die Auszubildenden das Grundlagenwissen für das Verständnis des
jeweiligen Einsatzbereichs. Zudem werden die jeweiligen Besonderheiten des Auf-
baus und Ablaufs eines Mediationsverfahrens im speziellen Arbeitsbereich vermittelt. Dabei werden beispielsweise durch ausgesuchte Rollenspiele und Simulationen
die speziellen Anforderungen verdeutlicht und durch wiederholendes Üben die erforderlichen Kompetenzen vertieft. Die folgende Übersicht verdeutlicht den inhaltlichen Aufbau und Ablauf der drei Studienschwerpunkte.

10

Trennungs- und Scheidungsmediation

1.1 Psychosoziale Hintergründe und Familiendynamik bei Trennung
und Scheidung

1.2 Umgang mit eskalierenden Konflikten

1.3 Machtungleichheiten; Eignung der Konfliktparteien; Grenzbereiche
für Mediation; Abbruchkriterien

1.4 Methoden zur Informationssammlung

1.5 Bearbeitung typischer Themenbereiche

1.6 Berücksichtigung angrenzender familiärer Systeme

Besonderheiten der Trennungs- und Scheidungsmediation I

2. Kinder in der Trennungs- und Scheidungsmediation

2.1 Entwicklungspsychologische Aspekte und Umgang mit Kindern und
Jugendlichen in der Mediation

2.2 Sorge und Umgangsrecht; Kinderunterhalt; Betreuungspläne;
Kinderkonten; Pädagogische Paten; neues Kindschaftsrecht

2.3 Gender-Aspekt: Verarbeitungsformen von Jungen und Mädchen in
Trennungssituationen

Besonderheiten der Trennungs- und Scheidungsmediation II

3. Einbindung des Rechts in das Verfahren

3.1 Anlass; Zeitpunkt; Art und Weise; Verfahren und Möglichkeiten der
Co-Mediation

3.2 Grundzüge des Familienrechts; Zugewinn; Ehegattenunterhalt;
Versorgungsausgleich; Ehewohnung; Hausrat; Vermögensauseinandersetzung; Altersvorsorge

3.3 Grundzüge des Verfahrensrechts

Abschlüsse und Abschiedsrituale in der Trennungs- und Scheidungsmediation

4.1 Abschiedsrituale in der Trennungs- und Scheidungsmediation

4.2 Abschlussverträge; Kriterien guter Mediationsverträge

Mediation in Wirtschaft und Arbeitswelt

1. Organisatorische Rahmenbedingungen eines Mediationsverfahrens
1.1 Aufbau eines Teilnehmerkreises
1.2 Verfahrensregeln und -gestaltung
1.3 Die Arbeit in einem Mediationsteam (Co-Mediation)
1.4 Die Frage des Auftrags und die Frage der Leitung
1.5 Ergebnisimplementation
1.6 Die Rolle von Gutachtern
1.7 Abschätzen des Arbeitsaufwands und die Kalkulation für ein Angebot
1.8 Zeitmanagement
1.9 Vertragsabschluss mit dem Auftraggeber

2. Grundlagen der Mediation in Wirtschaft und Arbeitswelt
2.1 Kommunikation, Selbstorganisation und Steuerungsprozesse in Organisationen
2.2 Konflikte in Organisationen: Strukturprobleme, hierarchieübergreifende Konflikte, Konflikte auf der gleichen Hierarchieebene, Fusionen, Arbeitnehmer-Arbeitgeber-Konflikte
2.3 Mikropolitik und Wertestrukturen in Organisationen
2.4 Mediation als neues Modell der Beteiligung und Ressourcenentwicklung

Rechtliche Grundlagen
2.5 Verwaltungsrecht
2.6 Arbeitsrecht
2.7 Haftungsrecht
2.8 Gesellschaftsrecht
2.9 Rechtsberatungsgesetz

3. Verhandeln
3.1 Prinzipien und Techniken sachgerechten Verhandelns
3.2 Verhandlungsmandat und Rückkopplung an Basisgruppen
3.3 Einzelgespräche und Shuttlediplomatie
3.4 Kreativitätstechniken
3.5 Grundlagen systemischer Verhandlungsführung
3.6 Verhandlungsführung bei Konflikten in und zwischen Organisationen

4. Aufgaben und Besonderheiten der Mediation in Wirtschaft und Arbeitswelt
4.1 Strukturelle und prozedurale Konflikte – Dynamik zwischen Rolle und Person
4.2 Konflikte hinsichtlich Ziel/Aufgabe, Rolle, Kooperation, Ressourcen, Produkt
4.3 Vom Problem- zum Lösungssystem

Mediation im öffentlichen Bereich

3. Bedeutung der Supervision im Kontaktstudium Mediation

13   Mit insgesamt **120 Unterrichtsstunden** umfasst die **Supervision** ein Drittel der Gesamtstundenzahl des Kontaktstudiums Mediation. Dadurch wird deutlich, welch **hohen Stellenwert** der supervisorischen Begleitung der Auszubildenden im Studium beigemessen wird. Zum Einen liegt dies an der konzeptionell präferierten Praxisorientierung der Ausbildung, die neben der vielfältigen praktischen Erfahrung der DozentInnen, vor allem auch durch die konkrete Fallarbeit der Studierenden ihre besondere Bedeutung erhält[4]. Die relativ früh eingesetzten Supervisionsveranstaltungen (zumeist nach dem fünften Seminar im Grundstudium) gewährleisten die professionelle Begleitung und Unterstützung der Studierenden bei der Anbahnung und Bearbeitung ihrer ersten Fälle. Nicht zuletzt soll es die Teilnehmenden schon frühzeitig im Studium ermutigen, Mediationsfälle zu akquirieren und Verfahren zu bearbeiten. Denn die Auseinandersetzung mit konkreten, selbstzuverantwortenden Problemstellungen, wie sie eben nur eigene Mediationsfälle bieten, ermöglicht aus unserer Erfahrung die intensivsten und tragfähigsten Lernerfahrungen. Hochqualifizierte, interdisziplinär zusammengesetzte Supervisorenteams mit umfassender Mediationserfahrung gewährleisten eine konzentrierte, immer an den konkreten Problemstellungen des jeweiligen Falles orientierte Bearbeitung. Durch die kontinuierliche Fortsetzung der Supervisionsveranstaltungen und der gleich bleibenden personellen Besetzung der Supervisorenteams über das gesamte Studium ist es außerdem möglich, die individuell spezifischen Ressourcen der einzelnen TeilnehmerInnen zu fördern und ihre Weiterentwicklung personenspezifisch zu unterstützen[5].

V. Organisation des Kontaktstudiums

14   Das Kontaktstudium ist **berufsbegleitend** konzipiert. Voraussetzung für die Teilnahme ist ein abgeschlossenes Hochschul- oder Fachhochschulstudium. In Ausnahmefällen wird eine Aufnahme durch den Nachweis besonderer Eignung ermöglicht. Eine wichtige Zugangsvoraussetzung ist außerdem der **Nachweis über Anwendungsmöglichkeiten** von Mediation im eigenen Arbeitsfeld. Über die Zulassung zum Studium entscheidet die AG-Mediation.

15   Die **Zielgruppe** ist nicht sonderlich spezifiziert, d.h. es können sowohl Interessierte aus psychologisch/sozialwissenschaftlichen und juristischen Berufen als auch aus naturwissenschaftlich/technischen Berufen aufgenommen werden. Eine hohe Interdisziplinarität der Teilnehmergruppe ist sogar ausdrücklich erwünscht.

16   Nach erfolgreicher Teilnahme und abgeschlossener Prüfung (Abschlusskolloquium) erhalten die Teilnehmenden ein **Zertifikat** der Carl von Ossietzky Universität Oldenburg. Auszubildende des Haupstudienbereichs Trennungs- und Scheidungsmediation können möglicherweise zusätzlich eine Anerkennung bei der

---

[4] Daher ist auch ein sehr wichtiges Aufnahmekriterium für die Teilnahme am Kontaktstudium die Möglichkeit, im eigenen beruflichen oder nebenberuflichen Tätigkeitsfeld Mediationsfälle zu bearbeiten.
[5] Auf die Darlegung der besonderen inhaltlichen Lernqualitäten der Supervision im Rahmen des Kontaktstudiums wurde in diesem Beitrag verzichtet. Ausführlich dazu §51 Rdnr. 43 ff.

BAFM beantragen[6]. Hierfür, wie natürlich auf für die anderen Studienschwerpunkte, sind eine bestimmte Anzahl von Falldokumentationen zum Abschlusskolloquium einzureichen[7].

---

[6] Eine Entscheidung über die formale Anerkennung des Kontaktstudiums Mediation durch die BAFM steht indes noch aus. Die Mitgliederversammlung der BAFM beschließt darüber im Herbst 2001.

[7] Ausführliche Informationen zum Kontaktstudium Mediation erhalten sie bei der Carl von Ossietzky Universität Oldenburg, ZWW, *Eckard Schwitters*, Postfach 2503, 26111 Oldenburg; Tel.: 0441/798–3108; E-mail: schwitte@uni-oldenburg.de.

§ 56 Weiterbildungsprogramm Mediation an der Universität Heidelberg

Prof. Dr. Reiner Bastine

Übersicht

Schrifttum: *Bastine, R.* (1995) Scheidungsmediation – Ein Verfahren psychologischer Hilfe. In: Bundeskonferenz für Erziehungsberatung (Hrsg.). Scheidungs-Mediation: Möglichkeiten und Grenzen. S. 14–37; *ders.* (1998). Scheidungsbewältigung durch Mediation. In: K. Hahlweg, D. H. Baucom, R. Bastine & H. J. Markman (Eds.) Prävention von Trennung und Scheidung (S. 289-310); *ders.* (1999). Heidelberger Evaluation der Familien-Mediation. KON:SENS, 2, 287-290; (2000). Qualitätssicherung und Qualitätsmanagement in der Mediation, ZKM, 3, 37-41; *ders., Link, G. & Lörch, B.* (1995). Bedeutung, Evaluation, Indikation und Rahmenbedingungen von Scheidungsmediation. Eine Übersicht. In: J. Duss-von Werdt, G. Mähler & H.-G. Mähler (Hrsg.). Mediation: Die andere Scheidung (S. 186-204); *ders. & Theilmann, C.* (2001). Mediation mit Familien. In: F. Nestmann, F. Engel & U. Sickendiek (Hrsg.). Handbuch der Beratung; *ders. & Weinmann-Lutz, B.* (1998): Qualitätssicherung und Evaluation der Trennungs- und Scheidungsmediation: Das Heidelberger Dokumentationssystem DOSYS. In: D. Strempel (Hrsg.) (1998). Mediation für die Praxis. S. 57-64; *ders., Weinmann-Lutz, B. & Wetzel, A.* (1999): Unterstützung von Familien in Scheidung durch Familien-Mediation. Abschlussbericht; *ders. & Wetzel, A.* (2000): Familienmediation: Empirische

Untersuchungen und Modellprojekte in Deutschland und Österreich. In: F. Petermann & K. Pietsch (Hrsg.) (2000). Mediation als Kooperation. S. 52-103; *Breidenbach, St.* (1995). Mediation. Struktur, Chancen und Risiken von Vermittlung im Konflikt; *Bundeskonferenz für Erziehungsberatung (Hrsg.)* (1995). Scheidungs-Mediation: Möglichkeiten und Grenzen; *Bush, R.A.B. & Folger, J.P.* (1994). The promise of mediation. San Francisco: Jossey-Bass; *Carnevale, P.J. & Pruitt, D.G.* (1992). Negotiation and mediation. Annual Review of Psychology, 43, 531-582; *Falk, G., Heintel, P. & Pelikan, Chr. (Hrsg.)* (1998). Die Welt der Mediation; *Fisher, R., Ury, W. & Patton, B.M.* (1995): Das Harvard-Konzept. Sachgerecht verhandeln, erfolgreich verhandeln; *Folberg, J. & Milne, A. (Eds.):* Divorce mediation. Theory and practice. New York. 1988; *Friedman, G.J.* (1996). Die Scheidungsmediation. Anleitung zu einer fairen Trennung; *Glasl, F.* (1998): Selbsthilfe in Konflikten: Konzepte – Übungen – Praktische Methoden; *Haynes, J.M.* (1981). Divorce mediation: A practical guide for therapists and councelors; *ders.,* (1998). Neue Anwendungen der Mediation jenseits der Scheidungsmediation. Konsens, 1, 3-7; *ders., Bastine, R., Link, G. & Mecke, A.* (2002): Scheidung ohne Verlierer (5., vollst. überarbeitete Auflage); *ders., & Haynes, G.L.* (1989). Mediating divorce: Casebook of strategies for successful family negotiations; *Hofmann-Hausner, N. & Bastine, R.* (1995). Psychische Scheidungsfolgen für Kinder. Die Einflüsse von elterlicher Scheidung, interparentalem Konflikt und Nach-Scheidungssituation. Zeitschrift für Klinische Psychologie, 24, 285-299; *Irving, H.H. & Benjamin, M* (1995). Family mediation. Contemporary issues; *Kaslow, F.W. & Schwartz, L.L.* (1987). The dynamics of divorce: A life cycle perspective; *Montada, L. & Kals, E.* (2001): Mediation: Lehrbuch für Psychologen und Juristen; *Parkinson, L.* (1997). Family Mediation; *Proksch, R.* (1998). Mediation in Deutschland – Stand und Perspektiven außergerichtlicher Konfliktregelung durch Mediation. KON:SENS, 1, 7-15; *Strempel, D. (Hrsg.)* (1998). Mediation für die Praxis; *Weinmann-Lutz, B.* (2001): Kooperation und Konfliktlösung bei Scheidungspaaren in Mediation.

Vorbemerkung

Die Mediationsausbildung an der Universität Heidelberg ist eine **praxisorientierte** 1 **berufsbegleitende Weiterbildung** mit interdisziplinärer Ausrichtung. Das Weiterbildungsprogramm ist als curriculares Kurssystem aufgebaut, das den Teilnehmern die Möglichkeit gibt, bestimmte Kurse und Ausbilder nach eigenen Schwerpunkten auszuwählen. Das Angebot umfasst Anwendungen der Mediation aus den Bereichen Familie (Schwerpunkt), Wirtschaft, öffentliche Verwaltung, Schule, Umwelt einschließlich Mehr-Parteien-Mediation, Online-Mediation u.a. Die komplette Weiterbildung erstreckt sich über 200 Zeitstunden in einem Zeitraum von zwei bis fünf Jahren und ist gegliedert in 150 Zeitstunden für Seminare und 50 Stunden angeleitete Supervision der eigenen praktischen Tätigkeit. Außerdem sind von den Teilnehmern etwa 50 Stunden praxisbezogenen Selbststudiums einzubringen. Der Abschluss der Weiterbildung wird von der Universität Heidelberg mit einem Zertifikat bescheinigt. Veranstaltet wird das Programm in Kooperation des **Heidelberger Instituts für Mediation**[1] und der **Akademie für Weiterbildung an den Universitäten Heidelberg und Mannheim**[2]. Aufbau, Dauer und Zulassungsvoraussetzungen der

[1] **Heidelberger Institut für Mediation**, Mönchhofstraße 11, D-69120 Heidelberg, Telefon: 06221– 473406, Fax: 06221–472693, e-mail: ripke.mediation@t-online.de, Internet: www.mediation-heidelberg.de
[2] **Akademie für Weiterbildung an den Universitäten Heidelberg und Mannheim e.V.**, Friedrich-Ebert-Anlage 22–24, D-69115 Heidelberg, Telefon: 06221–547810, Fax: 06221–547819, e-mail: Info.afw@urz.uni-heidelberg.de, Internet: www.afw.uni-mannheim.de

Ausbildung entsprechen europäischen und deutschen Richtlinien zur Mediations-
ausbildung. Sie ist von der Bundesarbeitsgemeinschaft für Familien-Mediation
(BAFM e. V.)[3] anerkannt und eröffnet damit den Absolventen die Möglichkeit, de-
ren Mitglied zu werden. Darüber hinaus garantiert die Mitgliedschaft im
‚Europäischen Forum für Ausbildung und Forschung in Familien-Mediation' die
Anerkennung durch die Mitglieder des Forums im europäischen Ausland.

I. Die Anfänge der Heidelberger universitären Weiterbildung

2   In Deutschland begann die Fort- und Weiterbildung in Mediation im Jahr 1989
mit dem ersten dieser Kurse am Psychologischen Institut der Universität Heidelberg. In kurzem Abstand folgten weitere Ausbildungsangebote an anderen Orten.
In Heidelberg wurde damit der Grundstein für das **älteste universitäre berufsbegleitende Weiterbildungsprogramm** gelegt. Die frühen Ausbildungs-Initiativen in
Deutschland waren geprägt durch eine Reihe von Gemeinsamkeiten: Alle Kurse begannen mit der Ausrichtung auf die Familienmediation, die andere Anwendungsbereiche der Mediation wurden teilweise erst später einbezogen. Die Kurse wandten
sich an Personen mit Berufserfahrung und hier bevorzugt an **Anwälte, Sozialpädagogen, Psychologen, Therapeuten, Gutachter, Richter** oder andere beratende Berufe. Organisiert von regionalen Arbeitsgruppen, die ein starkes Interesse an der
(familien-) mediatorischen Arbeit hatten, wurden vorwiegend amerikanische Trainer mit langjähriger Mediationserfahrung eingeladen. Die explizit praxisorientierten Kurse mit hohen Übungs- und Selbsterfahrungsanteilen wiesen auch in Aufbau
und Didaktik große Gemeinsamkeiten auf.

3   Diese Merkmale kennzeichnen auch die Anfänge der Heidelberger Weiterbildung
mit der Besonderheit, dass diese an einem **psychologischen Universitätsinstitut** verankert war. Die hiesige Ausbildung wurde vor allem geprägt durch die jahrelange
Mitwirkung von *Prof. Dr. John M. Haynes* (gest. 1999), *Dr. Gary Friedman* und
Prof. Dr. Jack Himmelstein, die jeweils mehr als zwei Jahrzehnte Mediations- und
internationale Ausbildungserfahrungen mitbrachten. Die Heidelberger Weiterbildung war außerdem von Anfang an eingebettet in den größeren Zusammenhang
des internationalen Austauschs mit anderen Mediationseinrichtungen, der wissenschaftlichen Arbeit über Paar- und Familienprobleme und deren Bewältigung[4] sowie der multiprofessionellen regionalen Arbeitsgruppe für Trennung und Scheidung[5]. Dementsprechend wird das Weiterbildungsprogramm fortlaufend an die
neuen Entwicklungen im Berufsfeld der Mediation und der Forschung angepasst.
Bisher haben über 270 Personen an der Weiterbildung teilgenommen[6].

---

[3] **Bundes-Arbeitsgemeinschaft für Familien-Mediation (BAFM e. V.)**, Eisenacher Str. 1, D-10777
Berlin, Telefon: 030–236 28 266, Fax: 030–214 17 57, e-mail: bafm-mediation@t-online.de, Internet: www.bafm-mediation.de. Vgl. dazu § 58, § 59 Rdnr. 8 f.
[4] *Bastine, R* (1989), in: Amthor/Sievering, Interdisziplinäre Zusammenarbeit, 41–43; s.a. im Internet: www.psychologie.uni-heidelberg.de/AE/klips/pfpb/mediation-paartherapie.html
[5] Hilfen und Angebote bei Trennung und Scheidung (HIATUS) e. V., Heidelberg.
[6] Stand März 2001.

II. Ziele und Rahmenbedingungen der Weiterbildung

1. Ziele und Ausrichtung

Die Heidelberger universitäre Weiterbildung verfolgt das **Ziel**, die Teilnehmer zu 4
einer **qualifizierten Ausübung der Mediation** zu befähigen. Sie vermittelt praktische
Fähigkeiten und Fertigkeiten der Mediation und stützt sich dabei auf deren wissenschaftliche Grundlagen sowie auf die Ergebnisse der Anwendungsforschung. Als **interdisziplinär und multiprofessionell** ausgerichtetes Programm werden die professionellen Ansätze und Fertigkeiten aus den verschiedenen Grundberufen einbezogen.

Außer durch ihre berufsbegleitende und interdisziplinäre Orientierung ist die 5
Ausbildung gekennzeichnet durch
– ein strukturiertes und flexibles Ausbildungssystem (modulares Kurssystem) mit
  Wahlmöglichkeiten und thematischen Schwerpunkten der Kurse, u. a. hinsichtlich verschiedener Anwendungsbereiche und Ausbilder der Mediation,
– eine variable Ausbildungsdauer zwischen 2 und 5 Jahren,
– Kurse mit international ausgewiesenen Ausbilder/innen (vorwiegend aus Deutschland und den USA; vgl. Rdnr. 16 f.),
– den ausgeprägten Praxisbezug der Ausbildung (vgl. Rdnr. 18 ff.) und damit verbunden
– die starke Betonung von Supervision und Qualitätsmanagement (vgl.
  Rdnr. 23 ff.).

Das Heidelberger Curriculum umfasst **200 Zeitstunden.** Darin enthalten sind 150 6
Zeitstunden Seminare und 50 Zeitstunden für die angeleitete Supervision der eigenen praktischen Durchführung der Mediation. Im Vergleich mit anderen universitären Ausbildungen entspricht das 267 akademischen Ausbildungsstunden. Außerdem sind mindestens 50 Zeitstunden für die praxisbezogene Tätigkeit im
Selbststudium anzusetzen, die in anderen universitären Ausbildungen gelegentlich
in den angegebenen zeitlichen Umfang der Ausbildung eingeschlossen werden. Die
Seminare finden in Kursblöcken statt und sind teilweise auch für Interessenten offen, die nicht an der gesamten Ausbildung teilnehmen möchten[7].

2. Trägerschaft und organisatorische Struktur

Das Heidelberger Weiterbildungsprogramm wird in Kooperation des Heidelber- 7
ger Instituts für Mediation und der Akademie für Weiterbildung an den Universitäten Heidelberg und Mannheim durchgeführt. Das Heidelberger Institut für Mediation ist u. a. verantwortlich für die Konzeption, inhaltliche Ausrichtung und
Gestaltung der Weiterbildung, die Zulassung der Teilnehmer, die Abnahme der Ab-
schlussqualifikation, die Supervision und die Anerkennung äquivalenter Ausbildungsteile. Es wird geleitet von Frau RAin *Lis Ripke* und *Prof. Dr. Reiner Bastine,*
die beide als Ausbildungsleiter, Trainer und Supervisoren der Mediation von der
BAFM anerkannt sind und langjährige internationale Erfahrungen in der Media-

---

[7] Änderungen vorbehalten. Das jeweils gültige Weiterbildungsprogramm findet sich im Internet unter www.mediation-heidelberg.de, die aktuell angebotenen Mediationskurse unter www.afw.uni-
mannheim.de/de/index.php3?p=mediation

tionsausbildung haben. Die Akademie für Weiterbildung an den Universitäten Heidelberg und Mannheim e.V. verantwortet die universitäre Anbindung und Zertifizierung sowie die organisatorischen Aufgaben des Programms.

3. Aufnahmebedingungen

8   Als berufsbegleitende und praxisorientierte Weiterbildung werden an die Teilnehmer folgende **drei Voraussetzungen** gestellt:
  – Ein abgeschlossenes Hochschulstudium – vorzugsweise in einem psychologischen, sozialwissenschaftlichen oder juristischen Studium – oder eine vergleichbare Qualifikation
  – Eine zweijährige bereichsspezifische Berufserfahrung, die in der Regel nach Studienabschluss absolviert sein sollte
  – Die Möglichkeit, bereits während der Ausbildung Mediation zu praktizieren.

9   Diese Zulassungsvoraussetzungen entsprechen den **Ausbildungsrichtlinien der BAFM.** Um die interdisziplinäre Ausrichtung auch auf Seiten der Teilnehmer zu gewährleisten, wird ferner bei der Zulassung darauf geachtet, dass die Kurse multiprofessionell zusammengesetzt sind. Dass dies weitgehend gelungen ist, zeigt die berufliche Zusammensetzung unserer über 270 bisherigen Weiterbildungsteilnehmer (2001): 53% unserer Teilnehmer hatten ein juristisches Studium, 42% ein psychosoziales Studium abgeschlossen. Die restlichen 5% kamen aus Berufen der Wirtschaft, Medizin, Geographie usw. Obwohl wir uns auch um ein ausgewogenes Geschlechterverhältnis bemühen, waren 69% unserer Teilnehmer weiblich.

III. Grundlagen der Mediation

1. Struktur und Inhalte des Curriculums

10   Das Curriculum ist so aufgebaut, dass – für alle Teilnehmer verbindlich – zunächst die allgemeinen Grundlagen der Mediation vermittelt und eingeübt werden (Kernbereich der Mediation). Mit fortschreitender Ausbildung nimmt dann die Differenzierung zu, die zunehmend mehr Wahlmöglichkeiten über spezielle Fragestellungen und Anwendungsbereiche der Mediation eröffnet, so dass sich die Weiterbildungsteilnehmer entsprechend ihren Zielvorstellungen spezialisieren können. Frühzeitig werden in die Ausbildung eigene praktischen Erfahrungen der Teilnehmer mit der Mediation integriert, um das **Erfahrungslernen** zu fördern und den eigenen Erfahrungshintergrund der Teilnehmer zu nutzen. Die Weiterbildung umfasst zwei Teile, in denen einerseits die Grundlagen vermittelt und eingeübt, andererseits angeleitete eigene Erfahrungen mit der Praxis der Mediation angeboten werden. Zunächst werden hier Struktur und Inhalte der Kurse über die Grundlagen der Mediation dargestellt, während der Teil zur Praxis der Mediation in Rdnr. 18 ff. folgt.

11   Das **Curriculum** ist insgesamt in **vier aufeinander aufbauende Einheiten** gegliedert:
  – **A-Seminare** sind die beiden Einführungskurse A I und A II. In ersten („A I") werden Grundannahmen, Wesen und Vorgehen der Mediation vermittelt und un-

ter Anleitung selbst eingeübt. Inhalte sind vor allem Struktur und Ablauf der Mediation, Voraussetzungen der Mediation, grundlegende Techniken der Mediation sowie die Rahmenbedingungen für die Ausübung der Mediation. Zwischen 1995 und 2000 fanden sieben solcher Einführungskurse mit insgesamt 256 Teilnehmern statt, die jeweils von zwei Ausbildern geleitet wurden. Bei allen Einführungskursen war einer der Mitbegründer der Mediation aus den Vereinigten Staaten als Trainer beteiligt. Die Teilnehmer setzten sich genau zur Hälfte aus Angehörigen mit einem juristischen oder einem psychosozialen Grundberuf zusammen. Der anschließende, zweite Einführungskurs („A II") hat zum Thema, wie die eigene Mediationspraxis frühzeitig in die Weiterbildung integriert werden kann. In dem Kurs wird behandelt, wie die Teilnehmer die Mediation in ihrer Praxis etablieren und welche Maßnahmen zur beruflichen Qualitätssicherung sie ergreifen können (vgl. auch Rdnr. 19).

– **B-Seminare** sind Ergänzungskurse, die der Vermittlung fehlender Kenntnisse aus dem jeweils anderen Grundberuf dienen. Für Angehörige psychosozialer Grundberufe wird ein Kurs über juristisches Denken und Grundlagen des Familienrechts angeboten, während für Angehörige juristischer Grundberufe ein Kurs über psychologische Grundlagen der Gesprächsführung vorgesehen ist. Bis zum Jahr 2000 wurden 15 Ergänzungskurse mit insgesamt 218 Teilnehmerinnen und Teilnehmern durchgeführt. Falls die Weiterbildung mit dem Ziel erfolgt, die Anerkennung als **Familien-Mediator (BAFM)** zu erhalten, ist die Teilnahme an einem B-Seminar obligatorisch.

– **C-Seminare** sind methodenorientierte Kurse für Fortgeschrittene, bei denen die Teilnahme an einem A-Seminar vorausgesetzt wird. In diesen Seminaren werden die Kenntnisse und Fertigkeiten über Methoden, Strategien und Techniken der Mediation vertieft und erweitert. Bisher wurden 24 solcher Kurse durchgeführt, die von 445 Teilnehmern (239 mit juristischem, 206 mit psychosozialem beruflichem Hintergrund) besucht wurden. Die angebotenen Themen der letzten fünf Jahre waren: Die Rolle des Mediators, Kommunikation in der Mediation (mit Fortsetzungskursen), Konfliktmuster und Blockaden in der Mediation, Konfliktmuster und Recht, Gerechtigkeit und Recht in der Mediation, Reframing and Storytelling sowie unterschiedliche Konfliktlösungsstile von Männern und Frauen. Das Curriculum sieht vor, dass jeder Weiterbildungsteilnehmer nach eigenen Schwerpunkten an mindestens drei der C-Seminare teilnehmen sollte.

– **D-Seminare** sind Vertiefungskurse, die zwei unterschiedliche Ausrichtungen haben können, nämlich auf spezielle Anwendungsbereiche oder auf spezielle Themenstellungen der Mediationspraxis. Bis zum Jahr 2000 wurden insgesamt 24 solcher Kurse mit 428 Teilnehmern durchgeführt, die Hälfte der Kurse mit zwei Ausbildern. Während dieser Zeit wurden im Anwendungsbereich folgende Seminare angeboten: Anwendungsbereiche der Mediation, Schulmediation, Wirtschaftsmediation (mehrfach), Mediation in Erbsachen, Marketing – eine Aufgabe für Mediatoren, Mediation in Vielparteienkonflikten (z.B. in der Umweltmediation), Online-Mediation und ferner Mediation im sozialen, schulischen und Verwaltungsbereich. Auch im Bereich der speziellen Themenstellungen der Mediationspraxis konnte ein sehr weites Spektrum abgedeckt werden. Die Kursthemen waren hier: Verhandeln in der Mediation, Kinder und Jugendliche in der Mediation, Perspektiven- und Kontexterweiterung in der Mediation, Charakteristika eines guten Abschlussvertrages[8], In der Welt der Klienten arbeiten, Co-Mediation, Familienrekonstruktion für Mediatoren, Überwindung von Blockaden in der Mediation sowie Konfliktmanagement in der Mediation.

Insgesamt wurden in den Jahren 1995 bis 2000 genau 80 ein- und mehrtägige Grundlagen-Kurse mit einer Beteiligung von 1496 Kursteilnehmern durchgeführt.

2. Methodik und Didaktik der Veranstaltungen

12   Die Kurse zeichnen sich durch den **Einsatz unterschiedlicher Vermittlungstechniken und Lehrmethoden** aus, wobei diese natürlich auch von der Art des jeweiligen Kurses abhängig sind. Jeder Kurs wird einzeln ausgeschrieben, wobei neben der Qualifikation der Trainer auch die jeweils eingesetzten didaktischen Mittel dargestellt werden. Grundsätzlich wird auf einen engen Bezug aller Inhalte und Übungen zur Mediation geachtet.

13   In den **Seminaren** wird in der Regel mit einer Mischung von Wissensvermittlung mit Arbeitsunterlagen, Rollenspielen mit Anleitung, Feedback, Reflexion, Video-Analyse und -Demonstration, Lehr-Demonstration, Kleingruppenarbeit, Analyse und Austausch eigener Erfahrungen, Kommunikations- und Verhaltensübungen im Mediationskontext u. a. Methoden gearbeitet. Etwa ein Viertel jedes Kurses vermittelt das jeweils behandelte Thema in Form selbsterfahrungsorientierten Lernens: Für die juristischen Teilnehmer der Weiterbildungen ist oft neu, dass durchgängig von Beginn bis Ende jeder Lerneinheit ein großer Wert auf das Lernen durch Selbsterfahrung gelegt wird, d. h. dass das spezifische Vorgehen der Mediation nach kurzen Instruktionseinheiten direkt in kleinen Gruppen eingeübt wird. Insbesondere dieses methodische und didaktische Vorgehen wird von den Teilnehmern in den Kursrückmeldungen immer wieder als besonders hilfreich hervorgehoben. Damit wird ein lebendiger Austausch angestrebt, der einen erfahrungsbezogenen Transfer der Lehrinhalte und den Erwerb und die Einübung eigener mediatorischer Fähigkeiten und Fertigkeiten fördert. Schriftliche und mündliche Rückmeldungen (Evaluationen) über die Seminare durch die Teilnehmer sind ein regelmäßiger Bestandteil unserer Kurse.

14   Ein großer Teil der Kurse wird von **zwei Ausbildern** geleitet, um eine effektive Betreuung der Kleingruppen zu gewährleisten. Die Anzahl der Teilnehmer pro Kurs variiert je nach Kursziel, Thema sowie Trainer und wird jeweils bei der Ausschreibung der Kurse angegeben.

3. Ausbildungsmaterialien und Selbststudium

15   Grundlegende Materialien zur Mediationsausbildung sind von den Ausbildern der Heidelberger Weiterbildung veröffentlicht worden. So stehen ein Lehrvideo zur Familienmediation von *Lis Ripke*[9] und zwei deutsche Lehrbücher[10], außerdem eine

---

[8] *Ripke*, Charakteristika eines guten Abschlussvertrages – Perspektiven und Prinzipien der Mediation, KON:SENS, 2/1999, 341–344.
[9] *Ripke*, Trainingsvideo Familienmediation. Verlag C. H. Beck, ISBN 3406454488.
[10] *Haynes, Bastine, Link, & Mecke*, (1993), Scheidung ohne Verlierer, (5. vollständig bearbeitete Aufl. in Vorb., 2001).
Friedman, Die Scheidungsmediation, Anleitung zu einer fairen Trennung.

größere Zahl von Fachpublikationen zur Mediation[11] zur Verfügung, die in der Ausbildung eingesetzt werden und zum Selbststudium geeignet sind. Für jeden Kurs erhalten die Teilnehmer außerdem ausführliche Kurs- und Arbeitsunterlagen in Form von Übersichten, Übungsmaterialien, Instruktionen für Rollenspiele, Arbeitsmitteln zum Einsatz in der Mediation usw., die sowohl der Arbeit im Seminar wie der Nachbereitung dienen. Für die Dokumentation und Begleitung der eigenen Mediationsfälle der Teilnehmer wird ein eigens dafür entwickeltes Dokumentationssystem für die Trennungs- und Scheidungsmediation (DOSYS) eingesetzt (vgl. Rdnr. 21). Wenn in den Kursen englischsprachige Lehrvideos eingesetzt werden, stehen den Kursteilnehmern in der Regel deutsche Kurzfassungen oder Transskripte zur Verfügung, aus denen der Ablauf der Mediationen hervorgeht. Die Besprechung des Videomaterials konzentriert sich vor allem auf besonders lehrreiche Mediations-Episoden im Sinne einer Microanalyse. Bei Kursen mit amerikanischen Trainern erfolgt eine Übersetzung. Eine Reihe weiterer schriftlicher Lehrmaterialien befindet sich im Aufbau.

4. Ausbilder und Trainer

Die Weiterbildung wurde von den Gründern und Leitern des Heidelberger Instituts für Mediation, Rechtsanwältin *Lis Ripke* und *Prof. Dr. phil. Reiner Bastine,* entwickelt, die als Ausbilder und Supervisoren im Bereich der Mediation international tätig und von der BAFM anerkannt sind. Das Programm steht in der Tradition der amerikanischen Begründer der Mediation, die es inhaltlich wie didaktisch von Beginn an entscheidend prägten. Zu seinen Mitinitiatoren gehören *John Haynes, Jack Himmelstein* und *Gary Friedman,* die in den Vereinigten Staaten maßgeblich an der Entwicklung der Mediation beteiligt waren und die einen hervorragenden internationalen Ruf genießen. **16**

Charakteristisch für die Heidelberger Weiterbildung ist die Mitwirkung hoch qualifizierter Mediationsausbilder und fachlicher Experten aus dem In- und Ausland[12]. Derzeit sind einschließlich der beiden Weiterbildungsleiter 16 Ausbilder an der Weiterbildung beteiligt, darunter vier aus den USA *(Dr. Gary Friedman, Prof. Dr. Jack Himmelstein, Liz O'Brien, Prof. Barbara Filner).* Die Kurse mit amerikanischen Trainern werden übersetzt. Bei den Ausschreibungen jedes einzelnen Seminars werden die Kursleiter noch einmal ausführlich vorgestellt. **17**

IV. Die Praxis der Mediation

Die Weiterbildung ist so konzipiert, dass die Teilnehmer **praktische Erfahrungen** nicht nur durch Rollenspiele, Demonstrationen und Übungen in den Kursen, sondern möglichst früh durch die Durchführung von eigenen Mediationen sammeln sollen. Damit werden **zwei Ziele** verfolgt: einerseits soll der Transfer der erworbenen mediatorischen Kenntnisse und Fähigkeiten in die Praxis erleichtert werden; **18**

---

[11] Quellenangaben im Internet unter www.mediation-heidelberg.de.
[12] Vgl. die aktuelle Liste der Ausbilder im Internet unter: www.heidelberg-mediation.de/ausbilder.html.

andererseits wollen wir die Weiterbildungsteilnehmer dabei unterstützen, die Mediation in die eigenen berufliche Praxis frühzeitig zu etablieren. Geleitet werden wir bei diesem Bemühen von der Erfahrung, dass ausgebildete Mediatoren teilweise Schwierigkeiten haben, ihre Kenntnisse und Erfahrungen in ihrer eigenen beruflichen Praxis um- und durchzusetzen. Um diesen Prozess zu unterstützen, wurde jüngst eine interne Initiative zur Praxis-Vernetzung der Weiterbildungsteilnehmer in Gang gesetzt. Ziel dieses „Mentoren-Programms" ist es, dass die Absolventen der Heidelberger Weiterbildung jüngere Weiterbildungsteilnehmer als Co-Mediatoren oder Hospitanten aufnehmen, um ihnen auf diese Weise den Einstieg in die Mediationspraxis zu erleichtern.

1. Einführende Seminare in die Praxis der Mediation

19   Um ein möglichst frühzeitiges Praxislernen zu ermöglichen, werden zwei spezielle Kurse angeboten. Innerhalb des Curriculums dient bereits der zweite Workshop, das A II-Seminar, der Vorbereitung und Unterstützung der konkreten praktischen mediatorischen Fallarbeit. Im Vordergrund stehen dabei drei Themenkomplexe: Wie etabliere ich Mediation in meinem beruflichen Kontext? Wie mache ich Mediation und mein berufliches Angebot bekannt (Thema: Marketing)? Wie lerne ich von meinen eigenen Mediationsfällen und dokumentiere sie? Wie erhebe ich die Daten für meine Fallberichte und für die Qualitätssicherung (Thema: Dokumentation und Rückmeldung in der Mediation, s. Rdnr. 21)? Wie kann ich meine Praxis der Mediation verbessern und mir Rat in schwierigen Fällen holen? Wie bereite ich meine Fälle für die Supervision vor (Thema: Supervision)? In einem späteren Kurs wird das Thema „Marketing" als D-Seminar vertieft[13].

2. Die Durchführung von eigenen Mediationen

20   Im praktischen Teil der Ausbildung sind **vier eigene Mediationen** durchzuführen, wobei die Teilnehmer durch die angeleitete Supervision unterstützt werden. Die vier Fälle müssen bestimmten Anforderungen entsprechen, um für den Abschluss der Weiterbildung anerkannt zu werden. Beispielsweise soll jede der Mediationen mindestens vier Sitzungen umfassen und in mindestens zwei Fällen erfolgreich mit einem Memorandum abgeschlossen worden sein (vgl. Rdnr. 32). Für die Durchführung der Mediationen, die Vor- und die Nachbereitung einschließlich der Dokumentation und der Abfassung der Fallberichte sind von den Teilnehmern mindestens 50 Zeitstunden anzusetzen, die als praxisorientiertes Selbststudium ein Teil der Weiterbildung sind.

3. Dokumentation der eigenen Mediationsfälle mit dem Dokumentationssystem DOSYS

21   Im Rahmen der Mediationsforschung am Heidelberger Psychologischen Institut wurde, gefördert durch das Sozialministerium Baden-Württemberg, das Dokumentationssystem DOSYS entwickelt. Das System wird in der Heidelberger Weiterbildung regelmäßig eingesetzt, um die durchgeführten Mediationen zu dokumentieren

---

[13] *Ripke*, „Marketing, eine Aufgabe für Mediatoren", Mediationsreport Heft 3/1999.

und um die Rückmeldung der Medianten zur Verbesserung der Mediationen zu nutzen[14]. Damit dient DOSYS nicht nur der Sammlung der Informationen über die eigenen Fälle und der Planung der Sitzungen aus Sicht des Mediators, sondern auch der Erhebung direkter Rückmeldungen der Medianten nach jeder Mediationssitzung und nach Anschluss der Mediation. Das System umfasst einige leicht einsetzbare Bögen, die sowohl von den Medianten und wie dem Mediator (gegebenenfalls auch vom Co-Mediator) ausgefüllt werden. Einen Überblick über die verschiedenen Befragungsbögen gibt die folgende Tabelle 1:

Zeitpunkt	Klientin & Klient (getrennt auszufüllen)	Mediator	Co-Mediator (nur bei CoMediationen)
Vor der ersten Sitzung	KA Klienten-Anmeldebogen		
Nach *jeder* Sitzung	KS Klienten-Sitzungsbogen	MS Mediatoren-Sitzungsbogen	ME Mediatoren-Ergänzungsbogen (nur für Co-Mediatioren)
Unmittelbar nach Abschluss	K1 Klienten-1. Abschlussbogen	MA Mediatoren-Abschlussbogen	[MA Mediatoren-Abschlussbogen (evtl. zusätzlich durch Co-Mediator auszufüllen)]
12 bis 15 Monate nach Abschluss	K2 Klienten-2. Abschlussbogen		

Tabelle 1: Übersicht über die verschiedenen Befragungsbögen des Dokumentationssystems DOSYS (*Bastine & Weinmann-Lutz*, 1998, s. Fußnote 14).

DOSYS wurde speziell für die Trennungs- und Scheidungsmediation geschaffen, 22 kann aber prinzipiell auch auf andere Anwendungsfelder der Mediation übertragen werden. Das System war Grundlage der Heidelberger Evaluationsstudie zur Familienmediation[15].

---

[14] *Bastine/Weinmann-Lutz/Mecke.* Ein praxisnahes System zur Dokumentation und Evaluation der Familien- und Scheidungsmediation, Familie, Partnerschaft, Recht, 2, 33–35; *Bastine/Weinmann-Lutz,* Qualitätssicherung und Evaluation der Trennungs- und Scheidungsmediation: Das Heidelberger Dokumentationssystem DOSYS, in: Strempel (Hrsg.), Mediation für die Praxis (S. 57–64).
[15] *Bastine/Weinmann-Lutz/Wetzel,* Unterstützung von Familien in Scheidung durch Familien-Mediation, Abschlussbericht, Sozialministerium Baden-Württemberg; *Bastine,* Heidelberger Evaluation der Familien-Mediation. KON:SENS, 2, 287–290.

V. Supervision und Qualitätssicherung

23   In der Supervision steht die **kontrollierte Praxiserfahrung** unter Anleitung erfahrener Mediatoren und Ausbilder im Vordergrund. In fallbezogenen Problemanalysen wird versucht, die Problemsicht des jeweiligen Mediators zu erweitern und das mediative Handeln zu verbessern. Ein Schwerpunkt der angeleiteten Supervision ist immer auch die adäquate Integration der Mediation in den beruflichen Kontext der jeweiligen Weiterbildungsteilnehmers, der sich wegen der verschiedenen Anwendungsbereiche der Mediation und beruflichen Tätigkeitsfelder der Teilnehmer oft beträchtlich unterscheidet. Darüber hinaus dient die Supervision der nachhaltigen Verbesserung der beruflichen Praxis der Mediatoren und erfüllt damit eine wichtige Anforderung der professionellen Qualitätssicherung[16].

24   Die Supervision erstreckt sich über mindestens **50 Zeitstunden** und begleitet die Ausbildung nach dem grundlegenden A-Seminar fortlaufend. Entsprechend dem interdisziplinären Ansatz der Weiterbildung sind auch die Supervisionsgruppen in der Regel interdisziplinär besetzt und werden je zur Hälfte geleitet von den beiden Ausbildungsleitern RAin *L. Ripke* und *Prof. Dr. R. Bastine,* die internationale Supervisionserfahrungen haben und von der BAFM als Supervisoren anerkannt sind. Gegenwärtig findet sie vor allem in Form von eintägigen Kursen in Gruppen und nur gelegentlich als Einzelsupervision statt. Bis zum Jahresende 2000 wurden 48 Supervisionstage mit durchschnittlich sechs bis sieben Teilnehmern durchgeführt.

1. Problemlösende Mediations-Supervision

25   Die Heidelberger Supervision orientiert sich an dem Modell von *J. M. Haynes,* in dem der methodische Ansatz der Mediation auch in der Supervision umgesetzt wird. Ziel des Vorgehens ist es, gemeinsam mit der Gruppe Strategien und Methoden zur Verbesserung der Mediation zu entwickeln und zu erproben. Wie bei der Mediation steht also auch in der Supervision die Identifikation von Problemen – hier des Mediators – und deren Lösung im Vordergrund. Damit kann man von problemlösender Mediations-Supervision sprechen, *Diez* und *Krabbe* bezeichnen das Vorgehen als mediationsanaloge Supervision[17]. Die Parallelität des Vorgehens von Mediation und Supervision zeigt die folgende Tabelle 2 (Seite 1375).

26   In der Supervision wird ein **kreativer Prozess** in Gang gebracht, in dem neue Lösungsmöglichkeiten für das mediatorische Vorgehen im konkreten Fall erarbeitet werden. Im Einzelfall können dazu auch systemische Aufstellungen zur Konfliktkonstellation herangezogen werden. An dieser Erweiterung der Perspektiven haben die übrigen Gruppenteilnehmer einen ganz entscheidenden Anteil. Von den Fallbesprechungen profitieren auch diejenigen Supervisionsteilnehmer, die keinen eigenen Fall in die Gruppensupervision einbringen.

---

[16] *Bastine,* Qualitätssicherung und Qualitätsmanagement in der Mediation, ZKM, 3, 37–41.
[17] Vgl. auch *Diez/Krabbe,* Die mediationsanaloge Supervision, KON:SENS, 2, 160–166.

Mediation	Supervision
1. Verhandlungsgegenstand festlegen	1. Welche Fragen hat der/die Vorstellende? „Motto" für die Mediation?
2. Daten & Fakten sammeln	2. Welche Infos haben wir über Sachverhalte & Verlauf?
3. Bedürfnisse elaborieren & bilaterale Problemdefinition	3. Welche Annahmen haben wir über → Bedürfnisse und Interessen der **Klienten** → Rahmenbedingungen, Vorgehen, Prozesse der **Mediation** → Bedürfnisse und Interessen des **Mediators**
4. Optionen entwickeln	4. Welche **Lösungen** (Antworten auf die Fragen) sind möglich?
5. Verhandeln und Vereinbarungen entwickeln	5. Konkretes **Vorgehen** planen, Einüben im Rollenspiel
6. Ergebnisse festhalten	6. **Protokoll** der SV-Gruppe

Tabelle 2: Problemlösende Mediations-Supervision: Parallelität der Prozesse von Mediation und Supervision © Heidelberger Institut für Mediation.

2. Vorbereitung und Durchführung der Supervision

Die Fälle werden in der Supervision nach einem bestimmten **Schema** vorgestellt, 27 das den Weiterbildungsteilnehmern zur Vorbereitung als Ausbildungsunterlage zur Verfügung steht. Nach den Gliederungspunkten dieses sogen. „Supervisionsrasters" werden die wichtigsten Informationen über den Fall und die eigenen Fragestellungen schriftlich vorbereitet und der Gruppe vorgestellt. Die auf der folgenden Seite abgedruckte Tabelle 3 enthält das Orientierungsschema für die Vorstellung von Trennungs- und Scheidungsmediationen in der Supervision:

Falldarstellung in der Mediations-Supervision	
I **Mediationssetting, institutioneller Kontext**	☐ Rahmenbedingungen der Mediation: wo und wie? ☐ Überweisungsmodalität des Paares, wer meldete die Mediation an? ☐ angenommene explizite/implizite Erwartungen ☐ Co- oder Einzelmediation ☐ anwaltliche Vertretung, Scheidungsantrag ☐ ?

II
Familiärer und sozioökonomischer Kontext
	☐ Vornamen, Alter, Berufe, Berufstätigkeit, Nettoeinkommen
	☐ wie lange verheiratet, seit wann getrennt?
	☐ Kinder: Namen, Alter, Schule/Ausbildung
	☐ gegenwärtige Wohnsituation (einschl. Kindern)
	☐ Vermögenssituation:
	  ☐ Immobilien: Eigentumsverhältnisse, Werte, Schulden, Zins & Tilgung,
	  ☐ Sparguthaben, Lebensversicherungen
	  ☐ sonstige Aktiva, Schulden
	  ☐ Renten (u. –anwartschaften)
	☐ Besonderheiten: Krankheiten, bikulturelle Familie usw.
	☐ ?

III
Psychologische Situation und Dynamik
	☐ Trennung & Scheidung:
	  ☐ von wem gewünscht? Akzeptanz durch Nicht-Initiator?
	  ☐ welche Trennungsphase bei beiden?
	  ☐ bisheriger Verlauf der Beziehung, Paartherapie
	  ☐ vorangehende Ehen, Scheidung(en)
	☐ Kinder: Reaktion der Kinder, Bindungen zu den Kindern
	☐ Ressourcen, Stärken, Fähigkeiten beider/des Paares
	☐ Unterschiede zwischen den Partnern
	☐ andere Personen: Verwandte, andere Beziehungen, Freunde, Helfersysteme
	☐ ?

IV
Mediation
	☐ Mediationsvertrag
	☐ Verlauf und aktueller Stand
	  ☐ aktueller Stand: Beginn, Unterbrechung, Abbruch, Abschluss
	  ☐ Anzahl der Sitzungen, Sitzungsprotokolle, Dokumentation der Mediation, vorangehende Supervision
	  ☐ bisherige Vereinbarungen
	☐ besondere Ereignisse innerhalb/außerhalb der Mediation
	☐ Frau & Mann
	  ☐ Themen, Ziele
	  ☐ Unterschiedlichkeit, Unabhängigkeit, Kooperation, Kommunikation, Selbständigkeit
	  ☐ Motivation zur Mediation
	☐ Mediator(en)
	  ☐ Neutralität, Sympathien, Abneigungen
	  ☐ eigene Fähigkeiten des Zugangs, eigener Hintergrund
	  ☐ Art und Weise des Vorgehens
	☐ ?

V Eigene Frage- stellung(en) für die Supervision	☐ Fragestellung(en), unter der die Mediation vorgestellt wird ☐ Entstehung, Hintergründe der Fragestellung ☐ Motto für die Mediation ☐ gesuchte Antwort(en): Hypothesenbildung, Entwicklung von Optionen, Bezugspunkte für Lösungen, rechtliche Situation ☐ eigene Anteile am Stand der Mediation (Selbstreflexion) ☐ ?
VI Rückmeldung Auswertung Dokumentation der SV	☐ was hat die SV für mich gebracht? Welche Aspekte habe ich dazu gewonnen, was werde ich verwirklichen? ☐ was haben die anderen TN bei der SV gewonnen? ☐ ausführliche Protokollierung der SV durch einen anderen TN ☐ spätere Auswirkungen der SV auf den Fall, auf die eigene Mediationspraxis ☐ ?

Tabelle 3: Orientierungsschema für die Vorstellung von Trennungs- und Scheidungs-Mediationen in der Supervision („Supervisionsraster"). © Heidelberger Institut für Mediation, *R. Bastine & L. Ripke.*

Ein allgemeines Orientierungsschema, das auch auf andere Anwendungsbereiche   28
der Mediation anwendbar ist, findet sich im Internet[18].

3. Qualitätssicherung der Mediation

Allgemein bezeichnet die Qualitätssicherung einen stetigen Prozess der Sicherung   29
und Verbesserung der angebotenen Dienstleistungen. Mediation als ein neues Verfahren, das von verschiedenen Berufsgruppen in unterschiedlichen Feldern angeboten wird und das noch keine geschützte Berufsbezeichnung hat, muss in besonderem Maße dafür sorgen, die **Qualität der angebotenen Dienstleistungen** sicher zu
stellen[19]. Vorrangig zu gewährleisten sind dabei der Schutz und die Rechte der
Klienten, die Mediation in Anspruch nehmen und die die bestmögliche Beratung
und Betreuung erhalten sollen. **Qualitätssicherung** kann dabei vor allem **auf vier
Ebenen** ansetzen: (a) an der Entwicklung von professionellen Standards (vgl. die
Richtlinien der BAFM), (b) der Entwicklung des professionellen Systems und die
Vernetzung der Mediation im Rahmen bestehender Angebote, (c) der wissenschaftlichen Fundierung und Evaluation der Mediation[20] sowie (d) der fundierten Ausbil-
dung, praxisbegleitenden Supervision und Fortbildung der Mediatoren.

Weiterbildungseinrichtungen können in allen Bereichen einen wesentlichen Bei-   30
trag zur Qualitätssicherung leisten, indem sie dafür sorgen, dass diese Gesichts-

---

[18] Materialien im Internet: www.heidelberg-mediation.de/supervison.html
[19] *Bastine,* Qualitätssicherung und Qualitätsmanagement in der Mediation – ein Beitrag aus sozialwissenschaftlicher Sicht. ZKM, 3, 37–41; *Bastine/Weinmann-Lutz,* Qualitätssicherung und Evaluation der Trennungs- und Scheidungsmediation, Das Heidelberger Dokumentationssystem DOSYS,
in: Strempel (Hrsg.), Mediation für die Praxis. S. 57–64.
[20] *Bastine/Weinmann-Lutz/Wetzel,* Unterstützung von Familien in Scheidung durch Familien-
Mediation, Abschlussbericht, Stuttgart, Sozialministerium Baden-Württemberg; *Bastine/Wetzel,*
Familienmediation, Empirische Untersuchungen und Modellprojekte in Deutschland und Österreich, in: F. Petermann & K. Pietsch (Hrsg.). Mediation als Kooperation, S. 52–103.

punkte in der Weiterbildung zum Tragen kommen. Das bedeutet u. a., dass die wissenschaftliche Fundierung der Ausbildungsinhalte gewährleistet ist, die professionellen Standards in der Weiterbildung vermittelt und bereits während der Ausbildung die Entwicklung professioneller Netzwerke etabliert werden. Ferner ist die laufende Dokumentation der Mediation, wie sie z. B. durch das Dokumentationssystem DOSYS möglich ist, ein wertvolles Instrumentarium, um die qualitativen Standards der Mediationspraxis zu prüfen und zu erhalten. Für die Heidelberger Weiterbildung ist der Einsatz dieses Systems verpflichtend.

VI. Abschluss der Weiterbildung und Zertifizierung

31   Die Heidelberger Weiterbildung wird abgeschlossen, wenn die Teilnahme an den Seminaren und der Supervision in erforderlichen Umfang nachgewiesen wird und die Dokumentation von vier eigenen Mediationsfällen vorliegt. Sie wird mit dem Abschluss-Seminar beendet und durch das Zertifikat der Universität Heidelberg bescheinigt.

1. Schriftliche Dokumentation der eigenen Mediationsfälle

32   Eine Voraussetzung für den Abschluss der Weiterbildung ist der Nachweis von **vier selbst durchgeführten Mediationen.** Jeder der Fälle soll mindestens vier Sitzungen umfassen und in mindestens zwei Fällen erfolgreich mit einem Memorandum abgeschlossen sein. Die schriftlichen Falldarstellungen über diese Mediationen sind bei der Kommission, die den Abschluss der Weiterbildung abnimmt, vorzulegen, damit diese sich ein Bild über die praktischen Fähigkeiten und Fertigkeiten des Auszubildenden machen kann. Für die Durchführung der Mediationen, die Vor- und Nachbereitung einschließlich der Dokumentation der einzelnen Mediationssitzungen und der Abfassung der Fallberichte ist von den Teilnehmern ein zeitlicher Aufwand von mindestens 50 Stunden anzusetzen, die als praxisorientiertes Selbststudium Teil der Weiterbildung sind.

33 Die **vier eigenen Mediationen** sind auf unterschiedliche Weise **aufzubereiten:**
– **Zwei Fälle** („Dokumentationsfälle") sind ausführlich zu dokumentieren. Diese Dokumentation umfasst die Verlaufsschilderung der Mediation sowohl auf der inhaltlichen wie auf der prozessualen Ebene, wobei folgende Gesichtspunkte ausführlich darzustellen sind:
  – Verlauf der Mediation, einschließlich der Mitwirkung von Beratungsanwälten
  – Ergebnisse der Mediation, einschließlich Memorandum
  – Reflexion über den eigenen Anteil des Mediators am Verlauf der Mediation sowie über den eigenen Lernprozess.
  Den dargestellten Fällen sind die **Originalunterlagen** beizufügen, wie der Eingangsvertrag am Anfang der Mediation, die laufende Dokumentation nach den DOSYS-Bögen (vgl. Rdnr. 21), einschließlich der Rückmeldung der Medianten nach jeder Sitzung. Im Fall einer Co-Mediation ist eine Reflexion der Zusammenarbeit der beiden Mediatoren erforderlich. Wurde der dokumentierte Fall in der Supervision vorgestellt, ist das Protokoll der Supervision beizufügen.

– Die **beiden weiteren Fälle** („Supervisionsfälle") müssen in der Supervision vorgestellt worden sein. Die schriftliche Dokumentation dieser Fälle erfolgt so, dass die
Mediationen anhand des Supervisionsrasters dargestellt, das Protokoll der Super-
visionssitzung beigelegt und darüber hinaus erläutert wird, wie sich die Supervision auf den späteren Verlauf der Mediation ausgewirkt hat.

Für das Abschluss-Seminar (s. Rdnr. 36) werden die Falldokumentationen an-   34
hand des nachfolgend abgedruckten Übersichtblattes dargestellt:

Übersichtsblatt für die Falldokumentation zum Abschluss-Seminar Heidelberger Institut für Mediation 3/2000		
Mediator/-in:		
Fallbezeichnung (anonymisiert, z. B. Initialen, Vornamen):		
Anzahl der Sitzungen und Zeitraum der Mediation:		
Eingangsvertrag?	ja	nein
Abschluss-Memorandum?	ja	nein
Abbruch?	ja	nein
DOSYS-Bögen?	ja	nein
Co-Mediation?	ja	nein
Supervision (wann, bei wem)?		

Tabelle 4: Übersichtsblatt für die dokumentierten Mediationen zum Abschluss-Seminar.
© Heidelberger Institut für Mediation, 2000.

Sollte mit Abschluss der Heidelberger Weiterbildung die **Mitgliedschaft in der**   35
BAFM angestrebt werden, so muss bei den Mediationsfällen außerdem noch berücksichtigt werden, dass mindestens zwei der Fälle aus dem inneren Bereich der

Trennungs- und Scheidungsmediation kommen und wirtschaftlich-rechtliche Aspekte einschließen. Die beiden anderen Fälle können aus dem erweiterten Bereich
familiärer Konfliktregelung stammen und z. B. Streitigkeiten oder Konflikte innerhalb von Familien, zwischen Familien oder zwischen Familien und Institutionen
betreffen.

2. Abschluss-Seminar

36   Die Heidelberger Zusatzausbildung schließt durch ein fallbezogenes Abschluss–
Seminar ab, das **Teil des Curriculums** ist. Es dient der Fallbesprechung, der Selbsterfahrung, der Reflexion der Erfahrungen mit der Weiterbildung sowie deren Abschluss. Der Weiterbildungsabschluss wird abgenommen von der Abschlusskommission, die sich zusammen setzt aus den beiden Leitern des Heidelberger Instituts
für Mediation und einem Ausbilder eines anderen Ausbildungsinstituts der BAFM.
Derzeit nimmt Frau Dipl.-Psych. *Jutta Lack–Strecker,* anerkannte Ausbilderin, Supervisorin sowie Sprecherin der BAFM, diese Aufgabe wahr. Die Abschlusskommission prüft, ob die vorgelegten Weiterbildungsnachweise den Kriterien entsprechen und entscheidet über den Abschluss der Weiterbildung.

3. Zertifizierung und Universitätsurkunde

37   Der erfolgreiche Abschluss der Heidelberger Mediations-Weiterbildung wird
durch eine Urkunde der Universität Heidelberg zertifiziert. Die Urkunde wird von
der Abschluss-Kommission und der Leitung der Akademie für Weiterbildung an
den Universitäten Heidelberg und Mannheim im Rahmen des Abschluss-Seminars
überreicht. Sofern die Weiterbildung und die vorgelegten Mediationen dem Familienbereich zuzuordnen sind, berechtigt das Zertifikat zum Eintritt in die Bundesarbeitsgemeinschaft für Familien-Mediation (BAFM).

VII. Fazit und Ausblick

38   Das **enorme Interesse** der Fachwelt an der Mediation hält nun schon seit geraumer Zeit an. Dafür gibt es eine Reihe von Gründen. Nicht zuletzt ist es die berechtigte Überzeugung, dass Mediation als eine selbstbestimmte und konsensuale Form
der Konfliktregelung mit größerer Sicherheit einerseits zu einer nachhaltigen Befriedung der Konfliktpartner und andererseits zu differenzierten und der spezifischen
Lebenssituation der Betroffenen angemessenen Problemlösung führen wird. Ob sich
diese Erwartung an das Verfahren dann auch in der Praxis bewährt, hängt zu einem
nicht unerheblichen Teil von der Qualität der Aus- und Weiterbildung zur Mediation ab. Von einer Weiterbildung wird ein gutes Gleichgewicht zwischen praxisbezo-
genem Training, multiprofessioneller Ausrichtung und wissenschaftlicher Fundierung verlangt. Schon die Weiterbildung muss daher dafür sorgen, dass die künftigen
Mediatoren wissen, wie sie die Mediation in der Praxis sachgerecht etablieren können, und wie sie sich dabei durch berufsübergreifende (multiprofessionelle) Netzwerke und kooperative Öffentlichkeitsarbeit gegenseitig unterstützen können. Au-

ßerdem sind neue wissenschaftliche Erkenntnisse in die eigene mediatorische Arbeit einzubinden. Die Heidelberger Weiterbildung widmet daher der Praxisintegration ebenso große Aufmerksamkeit wie der Qualitätssicherung der Mediation.

Die **Qualität einer Weiterbildung** wird aber auch dadurch bestimmt, dass sie flexibel auf Veränderungen im Berufsfeld und auf die Wünsche der Teilnehmer einzugehen in der Lage ist. Das Ziel, ein **flexibles Kurssystem** anzubieten, das ständig an neue Entwicklungen in Inhalt und Form angepasst wird, ist nach Ansicht der Teilnehmerinnen und Teilnehmer der Heidelberger Weiterbildung bisher durchaus gelungen[21]. 39

---

[21] Einige Stimmen von Absolventen zur Heidelberger Weiterbildung finden Sie im Internet unter www.heidelberg-mediation.de/ausbildung-stimmen.html

§ 57 Praxislernen Mediation:
Das Modellprojekt „Mediationsstelle Frankfurt/O."

Prof. Dr. Stephan Breidenbach/Ulla Gläßer

Übersicht

I. Einleitung: Das Praxisdefizit in der Juristen- und Mediationsausbildung

1   Die Forderung nach mehr **Praxisorientierung** wurde in den letzten Jahren im Rahmen der Diskussionen um die Reform der Juristenausbildung immer lauter. Gute JuristInnen brauchen nicht nur solide Rechtskenntnisse, sondern müssen auch fähig sein, ihr Wissen praktisch anzuwenden. Deshalb sollten bereits die Universitäten vermehrt auch die praktischen Fähigkeiten vermitteln, die später im Beruf benötigt werden. Zu diesen Fähigkeiten gehören vor allem (anwaltliche) Beratungstechniken, Vertragsgestaltung, Verhandlungsführung und – spätestens seit ihrer Aufnahme in den Katalog der anwaltlichen Tätigkeiten (§ 18 BerufsO) – auch die Konfliktvermittlung durch Mediation.

2   Praktische Fähigkeiten werden nur durch praktische Erfahrung, kontinuierliche Übung und deren begleitende Reflexion erworben und verfeinert. Zur Vermittlung von praktischen Fähigkeiten sind daher die klassischen universitären Unterrichtsformen eher ungeeignet; es müssen vielmehr neue **Formen des Praxislernens** entwickelt und etabliert werden.

Insbesondere für die gelungene Durchführung einer Mediation reichen bloße 3
Kenntnisse von der Struktur des Mediationsverfahrens sowie der mediativen Leitideen und Kommunikationstechniken nicht aus. So ist es nach dem hier vertretenen
Mediationsansatz[1] zentral, dass sich die Mediatorin konsequent am Prinzip der
Selbstbestimmung und Selbstverantwortung der Konfliktparteien orientiert – und
sich von diesen durch konstant praktiziertes aktives Zuhören und Verstehen führen
lässt. Gerade dieses Zurücknehmen der eigenen Zielvorstellungen und Lösungsvorschläge läuft aber – zumindest auf den ersten Blick – dem klassischen Rollen- und
Tätigkeitsprofil von Juristen eher zuwider. Die Begegnung mit Mediation verlangt
also von vielen JuristInnen/Jurastudierenden einen tiefgreifenden **Paradigmenwechsel** hinsichtlich des eigenen professionellen Selbstverständnisses und der angewand-
ten Methoden. Damit liegt auf der Hand, dass gerade die für die Mediation nötigen
praktischen Fähigkeiten ganz besonders intensiv erfahren und eingeübt werden müssen.

Leider besteht dazu immer noch an den meisten deutschen Universitäten kaum 4
Gelegenheit. Bis auf wenige positive Ausnahmen werden zum Thema Mediation
bestenfalls Kurzworkshops, schlechterenfalls nur theoretische Vorlesungen und in
der Regel immer noch überhaupt keine Veranstaltungen angeboten.

Die Studierenden, die nicht nur etwas über Mediation, sondern Mediation selbst 5
(er-)lernen wollen, bleiben damit auf Aufbaustudiengänge oder kommerzielle Aus-
bildungs-Anbieter verwiesen. Allerdings sind auch diese Angebote sehr häufig in ihrer
Konzeption noch immer zu theorielastig – und oft (sehr) kostspielig. Außerdem
stellt sich am Ende einer solchen Ausbildung wieder das Problem des Praxisdefizits,
diesmal in Form der fehlenden realen Übungs- und Anerkennungsfälle. Denn leider
führt der momentan noch bestehende starke Angebotsüberhang im Bereich Mediation dazu, dass es oft nicht einmal etablierten AnwältInnen gelingt, „echte" Mediationsfälle zu akquirieren. Umso schwerer ist dies dementsprechend für Studierende
und Referendare.

Auf diese vielschichtige Ausgangsproblematik will das im deutschsprachigen Raum 6
bislang einzigartige, in Kooperation von der Europa-Universität Viadrina und der
Stadt Frankfurt (Oder) getragene Modellprojekt „Mediationsstelle Frankfurt (Oder)"
eine ebenso vielschichtige Antwort geben, indem es das Angebot einer kostenlosen,
fundierten und stark praxisorientierten Mediationsausbildung mit dem Angebot
kostenloser Konfliktvermittlung und -beratung im *non profit* – Bereich verbindet.

Im Folgenden soll nun das Konzept der Mediationsstelle Frankfurt (Oder) 7
(Rdnr. 8 ff.), der momentane Entwicklungsstand des Projektes (Rdnr. 38 ff.) und die
verschiedenen Aspekte seines Modellcharakters (Rdnr. 46 ff.) dargestellt werden.

II. Die Konzeption der Mediationsstelle Frankfurt (Oder)

In der Projektplanung der Mediationsstelle Frankfurt (Oder) wurden die aus dem 8
anglo-amerikanischen Raum stammenden Ansätze der *„Clinical (Legal) Education"*
und der *„Community Mediation"* aufgegriffen und zu einem neuartigen Konzept
zusammengefügt.

---

[1] Vgl. *Breidenbach/Gläßer* KON:SENS 1999, 207 ff.

9   „Clinical (Legal) Education" ist ein Modell praxisorientierten Lernens, das an vielen US-amerikanischen Law Schools angewandt wird.[2] Studierende, die sich für die Teilnahme an einem Clinical Program entscheiden, werden zunächst durch universitäre Seminare auf die sozialen und rechtlichen Probleme eines bestimmten Lebensbereiches vorbereitet, um dann für mindestens ein Semester intensiv in einer universitätsangeschlossenen Rechtsberatungsstelle oder „Kanzlei" an realen Fällen mit Mandantenkontakt mitzuarbeiten. Während dieser Praxisphase werden die Studierenden supervidiert und besuchen auch regelmäßige Begleitseminare und/oder Intravisionsgruppen, um die praktische Lernerfahrung wiederum theoretisch reflektieren, diskutieren und integrieren zu können. Typischerweise werden als Themenschwerpunkte für Clinical Programs soziale Problembereiche bzw. gesellschaftliche Gruppen gewählt, die mit Rechts- und Konfliktberatung eher unterversorgt sind bzw. sich derartige Angebote nicht leisten können.[3] Durch Clinical Legal Education gelingt es damit, Studierenden solide vorbereitete und betreute Praxiserfahrung zu ermöglichen und gleichzeitig in einem Gemeinwesen kostenfreie Rechts- bzw. Konfliktberatung anzubieten.

10   „Community Mediation" basiert auf der Überzeugung, dass Bürgern im Konflikt als Alternative zu einer (ökonomisch und zwischenmenschlich kostspieligen) gerichtlichen Auseinandersetzung das kostenlose oder zumindest kostengünstige Angebot der Konfliktvermittlung durch andere Bürger ihres Gemeinwesens gemacht werden sollte.[4] Inzwischen gibt es in sehr vielen amerikanischen Städten sog. „Community Mediation Center" oder „Neighborhood Justice Center", in denen BürgerInnen – wenn auch üblicherweise nur in ca. 40 Stunden – zu Gemeinwesen-MediatorInnen ausgebildet werden und dann ehrenamtlich, meist in Co-Mediatoren-Teams, in Konflikten ihrer Mitbürger vermitteln.

11   In die Konzeption der Mediationsstelle Frankfurt (Oder) flossen aus beiden der dargestellten Ansätze Aspekte mit ein, wurden aber entsprechend der Verhältnisse in Deutschland und vor allem natürlich auf der Basis der konkret vor Ort in Frankfurt (Oder) gegebenen Ressourcen und Bedürfnisse modifiziert und weiterentwickelt.

12   Die Stadt Frankfurt (Oder) und die angrenzenden Landkreise bilden eine Region, die einerseits ein besonders hohes Problem- und Konfliktpotential, andererseits aber auch vielfältige bislang noch nicht ausgeschöpfte Möglichkeiten und Ressourcen birgt.

13   Die deutsche Wiedervereinigung führte hier zu einschneidenden Veränderungsprozessen im wirtschaftlichen und sozialen Bereich, die durch die Lage der Region am Rande der nunmehr vergrößerten Bundesrepublik noch verschärft wurden. Viele Menschen wurden arbeitslos und sahen sich plötzlich mit Lebensumständen und gesellschaftlichen Strukturen konfrontiert, die neu, fremdartig und teilweise unverständlich waren. Dies führte bei vielen Menschen zu einer tiefgreifenden Verunsicherung, die sich unter anderem in erhöhter Aggressivität, Fremdenfeindlichkeit,

---

[2] Siehe dazu Henssler/Schlosser (Hrsg.), Clinical Legal Education in den USA, Köln 1999.
[3] So werden an amerikanischen Law Schools beispielsweise „Welfare Law Clinics", „Housing Law Clinics", „Battered Women's Clinics", „Immigration and Asylum Law Clinics", „Human Rights Clinics" oder „Environmental Justice Clinics" angeboten.
[4] Vgl. dazu das Standardwerk von Beer, Peacemaking in your Neighborhood, Philadelphia 1986; kritisch zum Modell der Community Mediation: Harrington/Engle Merry, Ideological Production: The Making of Community Mediation, Law & Society Review 22 (1988), S. 709 ff.

Misstrauen oder Hoffnungslosigkeit ausdrückt. Gerade die angesprochene Grenzlage von Frankfurt (Oder) mit einem komplexen Konfliktpotential zwischen Deutschen und Polen, zwischen Ost- und Westdeutschen und zwischen Angehörigen verschiedener gesellschaftlicher bzw. politischer Gruppierungen und sozialer Schichten ergibt so eine verstärkte Notwendigkeit gegenseitiger Toleranz und interkulturellen Lernens.

Als – teilweise unmittelbare – **Kehrseite** der beschriebenen problematischen As- **14** pekte der Region finden sich in Frankfurt (Oder) und Umland aber auch **besondere Potentiale.** Diese positiven Aspekte und Ansätze müssen dringend mehr Aufmerksamkeit erhalten und gezielter unterstützt und weiterentwickelt werden. So existieren eine Vielzahl sozialer Projekte in freier Trägerschaft, darunter auch etliche Kooperations- und Austauschprojekte zwischen Polen und Deutschen, in denen ein hohes Maß an Idealismus und persönlicher Einsatzbereitschaft der Bevölkerung zum Ausdruck kommt. Die hohe Arbeitslosigkeit in der Region führt dazu, dass sich viele Menschen in Umorientierungsphasen befinden und Weiterbildungsansätzen aufgeschlossen gegenüber stehen. Gerade Fortbildungen, die Raum für Selbstreflexion bieten und den TeilnehmerInnen ermöglichen, ihre eigene Lebens- und Berufserfahrung einzubringen, werden offensichtlich als sehr wichtiger Ausgleich der von vielen nach der Wiedervereinigung erfahrenen Verunsicherungs- und Minderwertigkeitsgefühle empfunden und rufen ein ungeahntes Maß an Selbstbewusstsein, Initiative und Kreativität hervor.

Nicht zuletzt birgt die Europa-Universität Viadrina Ressourcen, die durch das **15** Projekt Mediationsstelle in ihrem Nutzen für das Gemeinwesen stärker erschlossen werden können: Die Viadrina ist erst vor relativ kurzer Zeit wieder eröffnet worden, was zu einer Atmosphäre der Experimentierfreude und Aufgeschlossenheit beiträgt. Insbesondere werden gezielt Ansätze der interdisziplinären Zusammenarbeit gepflegt. Ein wesentliches profilbildendes Charakteristikum der Viadrina ist dabei die programmatische Öffnung nach Osteuropa. Dies schlägt sich unter anderem in einem sehr hohen Anteil an polnischen Studierenden nieder. Dadurch werden die deutschen Studierenden an der Viadrina verstärkt interkulturell sensibilisiert. Die Mehrzahl der Studierenden an der Viadrina kommt aus der Region und identifiziert sich mit dieser. Da in Frankfurt (Oder) noch keine Überfülle an Freizeitangeboten besteht, lassen sich die Studierenden zudem auch leichter für die Mitarbeit an Projekten begeistern, die ihnen nicht nur Zusatzqualifikationen bringen, sondern auch sozial sinnvoll erscheinen und Spass versprechen.

Die Konzeption der Mediationsstelle Frankfurt (Oder) versucht, alle diese Gesichts- **16** punkte und regionalen Eigenheiten in einer möglichst allseitigen *Win-Win*-Lösung zu berücksichtigen. **Kern des Konzeptes ist folgende Idee:** Die Mediationsstelle bietet Studierenden aller Fakultäten der Europa-Universität Viadrina und BürgerInnen der Region eine kostenlose, umfassende Mediationsausbildung. Im Gegenzug verpflichten sich die AusbildungsteilnehmerInnen dazu, nach Abschluss der Ausbildung für eine bestimmte Zeit ehrenamtlich im Tätigkeitsbereich der Mediationsstelle mitzuarbeiten. Dies kommt dem Gemeinwesen in Form des Angebots kostenloser Konfliktbehandlung zugute.

Damit **17**
– erleben Studierende intensives Praxislernen;
– können BürgerInnen eine – gerade in einer strukturschwachen Region – wertvolle Weiterbildung/berufliche Zusatzqualifikation erwerben;

– erhält das Gemeinwesen – im *non profit*-Sektor kostenlose – Dienstleistungsangebote im Bereich Konfliktbehandlung;
– wird das in der Mediationsausbildung Vermittelte direkt an der Praxis erprobt und
– eröffnet sich der Europa-Universität Viadrina ein interessantes Feld für empirische Studien zum Thema Konflikt.

1. Organisation und Finanzierung

Um einen möglichst großen Synergieeffekt zu erreichen, ist die Mediationsstelle Frankfurt (Oder) als **Kooperationsprojekt** der Europa-Universität Frankfurt (Oder) und der Stadt Frankfurt (Oder) angelegt.

18   Die **Universität** stellt personelle Ressourcen, Fachliteratur, Ausbildungsinhalte sowie Räume, Technik und logistische Unterstützung für die Durchführung der Ausbildung zur Verfügung. Sie gewährleistet Qualitätssicherung und wissenschaftliche Begleitung der Arbeit der Mediationsstelle, weist Studierende auf die Möglichkeit der Mediationsausbildung hin und nutzt das Mediationsangebot auch für eigene interne Konflikte. An der juristischen Fakultät ist die Ausbildung und Mitarbeit an der Mediationsstelle zudem in den neuen Studienschwerpunkt „Anwaltliche Tätigkeit" integriert, der wegen seiner ausschließlichen Konzentration auf die Vermittlungen praktischer Fähigkeiten ebenfalls Modellcharakter hat.[5]

19   Die **Stadtverwaltung** kommt für die Miete und Betriebskosten der Büroräume auf, leistet verwaltungstechnische Hilfe, stellt Kontakte zu einem weiten Spektrum sozialer Träger her und verweist geeignete Konflikte in ihrer Einflusssphäre an die Mediationsstelle.

20   Für die Pilotphase erhielt das Projekt eine einjährige **Anschubfinanzierung** aus Mitteln des „Aktionsbündnisses gegen Gewalt, Rechtsextremismus und Fremdenfeindlichkeit" des Landes Brandenburg. Die längerfristige Finanzierung wird voraussichtlich durch das XENOS-Programm des Europäischen Sozialfonds übernommen, das Projekte unterstützt, die Toleranzförderung mit arbeitsmarktrelevanten Qualifizierungsmaßnahmen verbinden.

2. Das Angebot der Mediationsstelle

21   Kernstücke des Angebots der Mediationsstelle sind zum einen die umfassende Mediationsausbildung sowie verschiedene Formen von Workshops und Trainings, zum anderen natürlich praktische Konfliktbehandlung – und nicht zuletzt auch die Vernetzung regionaler Ressourcen.

22   a) **Mediationsausbildung, Workshops und Trainings.** Neben einer vollständigen Mediationsausbildung von mind. 200 Stunden (siehe dazu ausführlich Rdnr. 30 ff.) bietet die Mediationsstelle auch monatlich eintägige Informations-Workshops zum Thema Mediation an. Diese Workshops dienen der Sensibilisierung der Bevölkerung, sollen Berührungsängste mit dem Mediationsverfahren und der Mediationsstelle abbauen und InteressentInnen für die Mediationsausbildung rekrutieren.

---

[5] Weitere Informationen finden sich auf der Webseite des Lehrstuhls http://www.rewi.euv-frankfurt-o.de ~w3wirtre/

In *non profit*-Organisationen, sozialen Trägern, Vereinen und öffentlichen Insti- 23
tutionen werden auf Wunsch Informationsveranstaltungen und interne Mediations-
trainings durchgeführt.

Außerdem hat die Mediationsstelle inzwischen bereits an mehreren Schulen im 24
Raum Frankfurt (Oder) mit Konfliktlotsen-Trainings begonnen, durch die Schüler-
Innen zu sog. *Peer*-MediatorInnen ausgebildet werden.

b) Konfliktbehandlung, -beratung und Moderation. Das Angebot der kostenlosen 25
Durchführung eines Mediationsverfahrens durch die Mediationsstelle besteht für
alle privaten Konflikte im sozialen Nahraum sowie für Gruppen- und Teamkonflikte
innerhalb von *non profit* – Organisationen. Die Mediationen werden als Co-Mediation durchgeführt, wobei mindestens einer der beiden Mediatoren fertig ausgebildet sein muss.

In Fällen, in denen es nicht möglich ist, einen Konflikt mit allen beteiligten Par- 26
teien zu bearbeiten, können auch Einzelberatungen durchgeführt werden. Ziel dieser Einzelberatungen ist nicht eine therapeutische Intervention, sondern eine erste
Klärung der Konflikt- und Bedürfnislage der Anwesenden, so dass auf dieser Basis
bei Bedarf eine gezielte Weiterverweisung an kompetente Stellen erfolgen kann.

Wegen der diesbezüglichen starken Nachfrage hat die Mediationsstelle ihr Ange- 27
bot über die klassische Konfliktvermittlung im Wege der Mediation und die Einzel-
Konfliktberatung hinaus auch auf Moderation von Teamtreffen, Projektplanung,
Konferenzen etc. erweitert.

c) Vernetzung regionaler Ressourcen. Die Mediationsstelle erstellt einen „Weg- 28
weiser im Konflikt", in dem die Konfliktberatungs- und Vermittlungsangebote in
der Region Frankfurt (Oder) möglichst vollständig mit einem klaren Profil erfasst
werden. Dies dient zum einen der systematischen Bedarfsermittlung und synergetischen Vernetzung von Projekten, zum anderen der gezielten Weiterverweisung einzelner Fälle.

Zur Vernetzung aller MediatorInnen in der Region Frankfurt (Oder) – unabhängig 29
davon, ob sie von der Mediationsstelle ausgebildet worden sind oder nicht – organisiert die Mediationsstelle regelmäßige Treffen, die zum Austausch von Erfahrungen, zur gegenseitigen Fortbildung und zum Experimentieren mit unterschiedlichen
Mediationsmethoden und -techniken genutzt werden können.

3. Das Ausbildungskonzept der Mediationsstelle

Im folgenden soll das Ausbildungskonzept der Mediationsstelle Frankfurt (Oder) 30
vorgestellt werden. Es ist an den Prinzipien Erfahrungslernen und Diversität orientiert
und basiert auf dem Vertrauen in die Fähigkeiten zur Selbstbestimmung und Selbstverantwortung der einzelnen TeilnehmerInnen und der Ausbildungsgruppe als ganzer.

Jedes Semester beginnt eine neue Ausbildungsgruppe mit 25 TeilnehmerInnen. 31
Die Gruppen sind gemischt zusammengestellt aus deutschen und ausländischen Studierenden aller Fakultäten sowie aus BürgerInnen der Stadt Frankfurt (Oder) mit
unterschiedlichen beruflichen Hintergründen. Der Auswahlprozess der BewerberInnen ist mehrstufig und setzt die Teilnahme an einem Einführungsworkshop, das
Führen eines Konflikt-Tagebuchs zur Reflexion des eigenen Konfliktverhaltens sowie ein persönliches Vorstellungsgespräch voraus. Von den BewerberInnen wird ein
hoher Grad an Verbindlichkeit und Engagement verlangt.

32   Die **Ausbildungsdauer** beträgt **mindestens 200 Stunden** und erstreckt sich über ungefähr ein Jahr. In der ersten Hälfte der Ausbildung durchläuft die Ausbildungs-gruppe drei je zweitägige Pflichtworkshops zu Grundlagen der Mediation, in denen die Mediationsphasen und -techniken im Rollenspiel eingeübt und theoretisch re-flektiert werden. Dann wird in Kleingruppen von je fünf Personen weitergearbeitet, in denen mindestens drei Mediationsfälle komplett im Rollenspiel durchgearbeitet werden. Die Kleingruppen werden von den TeilnehmerInnen nach eigenen Kriterien zusammengestellt und von TrainerInnen supervidiert. Begleitend zur Kleingruppen-Phase finden weitere Pflicht- und auch Wahl-Workshops statt, in denen die Teil-nehmerInnen ihre in der Kleingruppen-Arbeit entstandenen Lernbedürfnisse weiter-verfolgen können.

33   In der zweiten Hälfte der Ausbildung beginnt die **Praxis-Phase,** in der die Teil-nehmerInnen unter Anleitung *Case Management* machen und schrittweise in die Mediations- und Moderationspraxis eingeführt werden, indem sie zunächst im Team mit fertig ausgebildeten MediatorInnen und dann unter Supervision selbst Mediatio-nen/Moderationen durchführen.

34   Begleitend zur gesamten Ausbildung führen die TeilnehmerInnen Konflikttage-buch, lesen und diskutieren ihre Pflichtlektüre und treffen sich immer wieder zu zweit zu Terminen, in denen sie inhaltlich im Sinne einer Intravision aktuelle Lern-themen und –fragen bearbeiten und dabei methodisch aktives Zuhören üben.

35   Am Ende der Ausbildung wird das Gelernte in einer Veranstaltung im *Open Space*-Format zusammengeführt, zu der immer auch alle TeilnehmerInnen früherer Ausbildungen und alle im Rahmen der Mediationsstelle tätigen TrainerInnen ein-geladen werden. Auf dieser Veranstaltung erhalten die TeilnehmerInnen nochmals den Raum dafür, ihre Lernerfolge und offenen Fragen aus der Kleingruppen-Arbeit, Praxis-Phase und Pflichtlektüre sowie ihre persönlichen Veränderungserlebnisse während der Ausbildung zu thematisieren.

36   Wenn alle diese Stationen durchlaufen sind und die vorgesehene Stundenzahl in Theorie und Praxis erfüllt ist, führen die TeilnehmerInnen ein ausführliches, persön-liches Abschlussgespräch mit der Leitung der Mediationsstelle und erhalten darauf-hin ihr Zertifikat.

37   Nach Abschluss der Ausbildung arbeiten die TeilnehmerInnen für mindestens 120 Stunden **ehrenamtlich** im Angebotsbereich der Mediationsstelle mit und vertie-fen so ihre Praxiserfahrung. Besonders talentierte und engagierte „Absolventen" wer-den auch als Kleingruppen-BetreuerInnen und Co-MediatorInnen/ModeratorInnen in die Ausbildunng nachfolgender Gruppen mit eingebunden.

III. Momentaner Entwicklungsstand des Projektes

38   Im Herbst des Jahres 2000 war die theoretische Konzeption der Mediationsstelle Frankfurt (Oder) durch *Prof. Dr. Stephan Breidenbach,* den Sozialdezernenten der Stadt *Martin Patzelt* sowie die zukünftigen Leiterinnen der Mediationsstelle *Monia Ben Larbi* und *Ulla Gläßer* so weit ausgereift, dass eine weitere Projektentwicklung nur in einer ersten praktischen Erprobung der Kernbausteine des Konzeptes sinn-voll erschien. Folglich wurde mit der Ausbildung einer ersten Pilotgruppe begonnen und gleichzeitig die Projektidee in der Region Frankfurt (Oder) breitflächig vorge-

stellt, um anhand der Reaktionen abschätzen zu können, inwieweit für das geplante Angebot einer Mediationsstelle tatsächlich Bedarf besteht.

Auf die Ausschreibung von 25 Ausbildungsplätzen zu Beginn des Wintersemesters **39** 2000/2001 bewarben sich ein Vielfaches an InteressentInnen, aus denen im November 2000 eine sehr diverse Pilotgruppe aus deutschen und polnischen Studierenden aller Fakultäten sowie BürgerInnen der Stadt Frankfurt (Oder) zusammengestellt werden konnte. Das Lernerleben wird von den TeilnehmerInnen der ersten Testgruppe sehr positiv beschrieben; trotz dem – gerade für ArbeitnehmerInnen – erheblichen Zeitaufwand brach niemand die Ausbildung ab. Die TeilnehmerInnen der Pilotgruppe bringen sich nach wie vor mit großem Engagement und einem hohen Grad an Identifikation nicht nur in die Ausbildung, sondern auch in die weitere Gestaltung des Gesamtprojektes ein.

Insgesamt ist die Nachfrage nach der Mediationsausbildung immer weiter gestiegen, so dass für neue Ausbildungsgruppen bereits Wartelisten bestehen.

Parallel zu dem ersten Ausbildungsdurchlauf fand eine breit angelegte, systema- **40** tische Ermittlung des bereits bestehenden Angebots an Konfliktvermittlung und -beratung und damit verbunden auch des noch ungedeckten Bedarfs in Frankfurt (Oder) statt.

Betreut von *Prof. Breidenbach* unternahm eine Mitarbeiterin der Mediations- **41** stelle eine zweistufige **Recherche zur Tätigkeit sozialer Träger und Projekte.** Zunächst erstellte sie einen – bislang in dieser Form nicht vorhandenen – flächendeckenden, zielgruppen- und themenübergreifenden, aktuellen Überblick über die Projekte und Institutionen, die sich in Frankfurt (Oder) mit Konfliktbehandlung und Beratung befassen. Nach telefonischen Vorgesprächen mit ca. 80 Trägern führte sie dann 35 teilweise mehrstündige Intensiv-Interviews zu Profil und Angebot der Träger durch.

Diese Befragung stieß anfänglich bei einigen freien Trägern auf Ablehnung, da sie **42** in der geplanten Mediationsstelle hauptsächlich eine weitere Konkurrenz um die ohnehin knappen Fördermittel sahen. Nach einer Klärung dieses Themas im persönlichen Gespräch überwog dann aber zuallermeist die Erleichterung über die in Aussicht stehende Arbeitsunterstützung durch die Mediationsstelle. Es wurde ein großer Bedarf nach Vernetzung, systematischerer Projektentwicklung, Weiterbildung und auch Supervision deutlich. Auch die in der Befragung ebenfalls berücksichtigten freiberuflich praktizierenden Mediatoren zeigten sich sehr kooperationswillig, denn bisher besteht für sie keine lokale Vernetzungs-Struktur.

Insgesamt erbrachte die Recherche der Mediationsstelle zum einen äußerst **wich- 43 tige Informationen** sowohl zur Angebotsstruktur als auch zur Bedürfnis- und Befindlichkeitslage der sozialen Träger in der Region. Zum anderen wurde – quasi nebenbei – intensive Aufklärungsarbeit zum Projekt Mediationsstelle geleistet, eine große Zahl von persönlichen Kontakte geknüpft und dadurch die Vernetzung der Mediationsstelle einen wichtigen Schritt vorangetrieben. Außerdem entstand so ein erster Überblick, an welche anderen Stellen Konfliktparteien bei Bedarf weiterverwiesen werden können. Dieser Überblick wird in dem bereits erwähnten „Wegweiser im Konflikt" (vgl. Rdnr. 28) systematisch aufgearbeitet werden.

Im Bereich der von der Mediationsstelle angebotenen **Dienstleistungen** entstand **44** schnell eine sehr große Nachfrage nach offenen Informationsveranstaltungen und Sensibilisierungstrainings zum Thema Mediation seitens von Projekten, Institutionen und vor allem auch Schulen. Mit zunehmendem Bekanntheitsgrad des Projektes steigen auch die Fälle konkreter Konfliktvermittlung – insbesondere in den Bereichen Mietstreitigkeiten, Nachbarschafts-, Familien- und Teamkonflikte.

45   **Zusammenfassend** lässt sich feststellen, dass die bisherigen Reaktionen der regionalen sozialen Träger und Institutionen sowie der breiten Öffentlichkeit auf die Vorstellung des Projektes Mediationsstelle die Konzeption des Projektes bestätigen.

IV. Zusammenfassung:
Leitideen und Modellcharakter der Mediationsstelle

46   Abschließend sollen noch einmal die Leitideen dargestellt werden, an denen die Konzeption und tägliche Praxis der Mediationsstelle orientiert ist – und die auch den Modellcharakter des Projektes bestimmen.

1. Praxisorientierung und Transdisziplinarität

47   Die starke Praxisorientierung der Mediationsstelle kommt vor allem darin zum Ausdruck, dass Praxiserfahrungen direkt in das Ausbildungskonzept integriert sind. Darüber hinaus findet Praxislernen in den Ausbildungen aber auch schon durch die gemischte Zusammensetzung der Ausbildungsgruppen statt. Indem die AusbildungsteilnehmerInnen ihre beruflichen Erfahrungen und Probleme in die Ausbildung einbringen, kommen insbesondere die Studierenden mit einer Vielzahl unterschiedlicher Berufsfelder in Kontakt – und können auch auf dieser konkreten Basis die Möglichkeiten des Einsatzes von Mediation reflektieren.

Die gemischte Zusammensetzung der Ausbildungsgruppen und die unterschiedlichen professionellen Hintergründe der zur Ausbildung eingesetzten TrainerInnen spiegelt den „transdisziplinären" Charakter von Mediation wieder.

2. Gemeinwesenbezug

48   Die Mediationsstelle Frankfurt (Oder) versteht sich in ihrer konkreten Ausgestaltung als ein Projekt „aus der Region für die Region".

Das bedeutet zum einen, dass ihr Angebot nicht an abstrakten Vorstellungen, sondern an der konkreten Bedarfslage der Region orientiert ist. Unverzichtbar ist daher ein ständiger persönlicher Kontakt zu den relevanten Institutionen und sozialen Trägern.

Zum anderen sollen primär lokale Ressourcen mobilisiert und gefördert werden. Dies bedeutet, dass für die Teilnahme an der Ausbildung nur solche BewerberInnen berücksichtigt werden, die sich tatsächlich vor Ort einbringen können und wollen. Ausbildungs-TeilnehmerInnen, die versuchen, mediative Ansätze an ihren Arbeitsplätzen oder in ihren sozialen Zusammenhängen zu verwirklichen, werden von der Mediationsstelle dabei besonders unterstützt.

3. Nachhaltigkeit

49   **Ziel** der Mediationsstelle ist Nachhaltigkeit in ökonomischer, organisatorischer und ideeller Hinsicht.

Im **Sachmittel-Bereich** basiert das Projekt wesentlich auf durch die Institutionen 50
Universität und Stadtverwaltung ohnehin gegebenen Ressourcen. Hinsichtlich des
Personalbedarfs bildet sich durch die fortlaufenden Ausbildungen der Mediationsstelle ein stetig wachsender Pool an lokal ansässigen Gemeinwesen-MediatorInnen,
die mit wachsender Erfahrung zunehmend selbständig Konfliktvermittlungen, -bera-
tungen und Moderationen durchführen sowie an der Ausbildung der nachfolgenden
Jahresgruppen beteiligt werden können. Dadurch werden immer weniger Honorar-
kräfte sowohl in den Bereichen des Angebots für Stadt und Region Frankfurt (Oder),
als auch im Bereich der Ausbildung gebraucht werden. Die Sicherung der Qualität
ist dabei durch die schrittweise Einführung in die Praxis (im Team mit erfahreneren
Co-MediatorInnen/-ModeratorInnen/-TrainerInnen) und durch die kontinuierliche
Intra- und Supervision für alle in der Mediationsstelle Tätigen sichergestellt.

In **organisatorischer Hinsicht** bedeutet Nachhaltigkeit, dass die Angebotspalette 51
der Mediationsstelle offen und bedürfnisorientiert bleiben muss. Insofern werden
Anregungen und auch Kritik aus dem Kreis der AusbildungsteilnehmerInnen und
aus dem Gemeinwesen eingeladen, aufgegriffen und umgesetzt. So soll sowohl das
Angebot der Mediationsstelle nach außen als auch ihre interne Organisation offen,
flexibel und organisch bleiben.

Ideelle Nachhaltigkeit entsteht nur dann, wenn es dem Projekt Mediationsstelle 52
gelingt, die nach außen vertretenen und in der Ausbildung vermittelten Werte auch
in institutioneller und persönlicher Hinsicht überzeugend zu „verkörpern". Eine derartige Kongruenz kann nur durch konstante, kritische Selbstreflexion erreicht und
erhalten werden. Um dies zu gewährleisten, wurden in der internen Organisation
der Mediationsstelle auf allen Ebenen **Feedback**-Schleifen, Intra- und Supervision
installiert.

Die Mediationsstelle Frankfurt (Oder) ist als **Modellprojekt,** also in der Hoffnung 53
auf vielfältige „Nachahmung" bzw. Weiterentwicklung der Projektidee durch andere
Träger hin, angelegt.

Transferierbar ist das Konzept der Mediationsstelle auf unterschiedlichen Ebenen 54
– zum einen natürlich als Projektidee als ganzes, zum anderen aber auch hinsichtlich einzelner Ausschnitte des Angebots, hinsichtlich des Ausbildungscurriculums
oder einzelner Ausbildungsmodule und Workshop-Konzepte.

Projekten, die sich an dem hier vorgestellten Konzept der Mediationsstelle orien- 55
tieren möchten, steht das Team der Mediationsstelle beratend und begleitend zur
Verfügung. Dies reicht von einer ersten Projektvorstellung über die Beratung bei der
Anpassung des Konzepts an die Ermittlung der an anderen Orten gegebenen Ausgangsbedingungen bis hin zu begleitendem *Coaching* sowie Trainer- und Auszubil-
denden-Austausch während der Durchführungsphase.

§ 58 Ausbildung in Familienmediation

Dr. Hans-Georg Mähler/Dr. Gisela Mähler

Übersicht

Schrifttum: *Diez/Krabbe,* Die mediationsanaloge Mediation, KON:SENS 1999, S. 160 ff.; *Diez,* Mediationsanaloge Supervision in den verschiedenen Feldern von Mediaton, ZKM 2000, S. 227 ff.; *Belardi/Hoffmann,* Supervision in der Mediation, in Petermann/Pietsch (Hrsg.), Mediation als Kooperation, 2000, S. 160 ff.; *Duve,* Ausbildung zum Mediator in Henssler/Koch (Hrsg.), Mediation, 1. Aufl. 2000 S. 153 ff.; *Infomappe der BAFM,* aktualisierter Stand: www.bafm-mediation.de. Zur Familienmediation s. die Literaturangaben bei § 34.

I. Die Ausbildung als Teil der Qualitätssicherung

1. Geschichtliche Anmerkungen zur Institutionalisierung der Familienmediation

Die **Ausbildung** in Familienmediation in der BRD ist eng verwoben mit der Ge- 1
schichte der **Institutionalisierung und Qualifizierung** von Familienmediation durch
die Bundes-Arbeitsgemeinschaft für Familien-Mediation (BAFM). Mitglied der
BAFM kann nur werden, wer eine qualifizierende Ausbildung nachweist. Die Ausbildung bildet damit den Kern der institutionalisierten Qualitätssicherung. Das ist
kein Theorem, sondern geschichtlich verwurzelt. Es lohnt sich deshalb, die Entwicklung der Familienmediation in Erinnerung zu rufen und die Zusammenhänge
zu verdeutlichen. In der BRD wurde, soweit ersichtlich, erstmals zu Beginn der 80er
Jahre von Mediation Notiz genommen.[1] Sie traf auf wenig Resonanz. Eine Analyse
der Mängel des Zivilprozesses lag zwar in weitem Umfang vor,[2] die daraus folgenden Konsequenzen konnten aber noch nicht gezogen werden. Die Scheidungsreform
von 1977 musste wohl erst verdaut, die Grenzen des neuen Familienrechtes erst erfahren werden. Die Entscheidung des BVerfG's zum gemeinsamen Sorgerecht vom
3. 11. 1982,[3] der Wechsel im Berufsverständnis der Richter, Anwälte, Sozialarbeiter
und Sachverständigen und der Wandel im Selbstverständnis des familiären Zusammenlebens als Spiegel tiefgreifender Veränderungen der ökonomischen, kulturellen,
sozialen und politischen Rahmenbedingungen bereiteten den Boden, auf dem Mediation gedieh. Besondere Bedeutung ist den Anfang der 80er Jahre gegründeten
Trennungs- und Scheidungsberatungsstellen[4] mit Programmen der „Rückkehr zur
Gemeinsamkeit trotz Trennung als Paar"[5] zuzuschreiben, die sich zu einer Bundes-
arbeitsgemeinschaft (BAG) zusammengeschlossen hatten und untereinander in einem engen inhaltlichen und methodisch-strategischen Austausch standen. Aus drei
der schon damals grundsätzlich interdisziplinär arbeitenden Teams sind Ausbildungsinstitute für Familienmediation gewachsen (IMS, ZiF, Mediationswerkstatt
Münster, s. Rdnr. 43). Signalwirkung hatte ein Vortrag von *Proksch* anlässlich einer Tagung in der Evangelischen Akademie Arnoldshain im November 1988, in
dem außergerichtliche Modelle zur Lösung von Konflikten bei Trennung und
Scheidung vorgestellt wurden.[6] Im Anschluss hieran bildeten sich in der BRD verschiedene Arbeitskreise Mediation, die miteinander in Kontakt standen.[7] Seminare
mit **amerikanischen Trainern** (*Gary Friedman, Jack Himmelstein, John Haynes* sowie *Florence Kaslow* und *Stanley Cohen*) fanden seit 1989 in größerem Umfang
statt. Gleichzeitig begann die Praxis. Die ersten Mediatoren wurden mit der Frage

---

[1] *Glasmachers* in DEUTSCHES FAMLIENRECHTSFORUM eV (Hrsg.), Modelle alternativer
Konfliktregelungen in der Familienkrise, SV Lernmittel, Stuttgart, 1982, S. 199 ff.
[2] *Blankenburg/Gottwald/Strempel* (Hrsg.), Alternativen in der Ziviljustiz, 1982.
[3] BVerfGE 61, 358 ff.
[4] Einen Überblick gibt die Tagung dieser Einrichtungen im November 1988 in der Ev. Akademie
Arnoldshain, s. *Amthor/Sievering* (Hrsg.), Interdisziplinäre Zusammenarbeit im Familienrecht, Arnoldshainer Protokolle 1/89.
[5] Vorreiter war der Familiennotruf in München, siehe *Kruse/Mähler/Moeser-Jantke/Schall*, Rückkehr zur Gemeinsamkeit, 1988.
[6] *Amthor/Sievering* (Anmerkung 4), S. 56 ff.
[7] Siehe die Aufschlüsselung der damaligen Arbeitskreise, abgedruckt in *Protokolldienst 30/93* der
Ev. Akademie Bad Boll, S. 175 ff.

konfrontiert, wie Mediation in die rechtliche Rahmenordnung passte. Gegner meinten: Mediation sei nicht möglich; die Anwälte seien gesperrt wegen des Verbots der Vertretung und Beratung widerstreitender Interessen, die Angehörigen der psychosozialen Berufsgruppe seien gesperrt über das Rechtsberatungsgesetz.

2   Vor diesem Hintergrund luden die Evangelische Akademie Bad Boll und das Eidos Projekt Mediation im Januar 1992 zu einer **Interdisziplinären Konsultation** ein. Bei dieser Gelegenheit haben wir den – rückblickend gesehen: wegweisenden – Versuch unternommen, zu beschreiben, wie Mediation in unserer Landschaft der Hilfen zur Konfliktregelung bei Trennung und Scheidung ihren Platz finden kann, welche rechtlichen Rahmenbedingungen und Grenzen zu beachten sind und welche wünschenswerten und notwendigen Formen der interprofessionellen Zusammenarbeit Sinn machen.[8] Zu diesem Zeitpunkt hatte sich die Mediationspraxis so weit verdichtet, dass die Zeit reif geworden war, sich bundesrepublikanisch zu vernetzen. Der Münchner Arbeitskreis Mediation ergriff deshalb die Initiative und lud aus Anlass der Tagung in Bad Boll zur Gründung der **Bundes-Arbeitsgemeinschaft für Familien-Mediation (BAFM)** ein. Wir haben uns in dieser Phase bewusst mit Organisationsfragen zurückgehalten. Wir hatten – damals – noch Zeit und wollten uns zunächst vertieft über das interdisziplinär verfugte Berufsbild der Mediation verständigen. Wir: das waren nicht Institutionen, sondern Personen aus verschiedenen Berufsfeldern – Anwälte, Richter, Psychologen, Sozialpädagogen, Berater, Therapeuten, Hochschullehrer –, die aus persönlichem Engagement heraus bereit waren, die interdisziplinär bedingten Sprachschwierigkeiten zu überwinden und miteinander – in einer Reihe von Sitzungen – die bei Rdnr. 43 abgedruckten „Richtlinien der BAFM für Mediation in Familienkonflikten" zu erarbeiten.

2. Die Richtlinien der BAFM für Mediation in Familienkonflikten

3   Es war uns bewusst, dass Mediation zur qualifizierten und seriösen Ausübung **klare Vorgaben und Grenzen** braucht. Hierbei waren mehrere **Besonderheiten** zu beachten:
– Familienmediation hatte sich einzufügen in die bestehenden gesetzlichen Rahmenbedingungen.
– Sie hatte als komplementäre Konfliktlösungsform die Grenzen bestehender professioneller Tätigkeitsfelder und deren besondere prozedurale Kompetenz zu achten sowie notwendige und wünschenswerte Formen der Zusammenarbeit auszuformulieren.
– Mediation hatte, soweit sie im Rahmen vorgegebener Berufsfelder ausgeübt wird (z. B. im Jugendamt, in Beratungsstellen oder im anwaltschaftlichen Bereich), deren professionelle Standards zu berücksichtigen.

4   Bei der Formulierung konnten wir auf **ausländische Vorbilder** zurückgreifen. Gleichzeitig war uns daran gelegen, die **deutschen Besonderheiten** nicht aus den Augen zu verlieren. Inhaltlich war zu definieren:
– auf welche Ziele Mediation ausgerichtet ist,
– welche Prinzipien diesen zugrunde liegen,

---

[8] Näher: *Protokolldienst 30/93* der Ev. Akademie Bad Boll; die Ergebnisse sind festgehalten in *Duss-von Werdt/Mähler/Mähler*, Mediation: Die andere Scheidung, 1995.

– welche spezifischen Aufgaben den Mediatoren/Mediatorinnen obliegen,
– unter welchen Voraussetzungen Mediatoren unter dem Gesichtspunkt der Neutralität ausgeschlossen sind,
– welche Mindestvoraussetzungen die Konfliktpartner mitbringen müssen, damit Mediation als Verfahren Anwendung finden kann,
– welche Bedeutung dem Recht, der Psychologie und den Sozialwissenschaften einzuräumen ist,
– welche Konsequenzen für notwendige und wünschenswerte Formen der Zusammenarbeit zu ziehen sind und
– welche Besonderheiten in der Praxis und beim Ablauf der Mediation zu beachten sind.

Zum Schluss war Konsens erreicht, im Bewusstsein einer gewissen Vorläufigkeit. **5** Die Richtlinien wurden letztendlich einstimmg nach einem Jahr Diskussion im Herbst 1993 verabschiedet.

3. Die Satzung der BAFM

In der Diskussion war uns klar geworden, dass Familienmediation einen **qualifi-** **6** **zierenden Nachweis** brauchte. Eine gesetzliche Normierung schied aus. Wir standen vor der Frage, wie qualifizierte Arbeit positiv konnotiert werden konnte. So gaben wir uns im Rahmen der BAFM eine Satzung, nach der ordentliche Mitglieder der BAFM nur Personen werden können, die eine **Ausbildung** haben und damit gleichzeitig in der Lage sind, ihre Qualifikation nach außen hin zu dokumentieren („**Mediator BAFM**"). Die Rechtsprechung der Anwaltsgerichtshöfe für Nordrhein-Westfalen[9] und Baden-Württemberg[10] haben dies inzwischen respektiert und anwaltschaftliche Werbung als „Mediator" bei einer nachgewiesenen Ausbildung zugelassen, der AGH für Nordrhein-Westfalen ausdrücklich für den „Mediator (BAFM)". Besonderer Zündstoff für die Anerkennung als Mitglied lag natürlich in den Übergangsbestimmungen. Letztlich wurde im September 1994 die Satzung verabschiedet, ebenfalls einstimmig. Als überörtlicher Verband hat sich die **BAFM zur Aufgabe** gesetzt:
– die Erarbeitung und Vertretung fachlicher Interessen gegenüber öffentlichen Körperschaften
– die Zusammenarbeit mit überregionalen Organisationen und Institutionen
– die Pflege von Kontakten auf internationaler Ebene
– nach innen: Erfahrungsaustausch und gegenseitige Unterstützung
– an der Grenze zwischen innen und außen: die Durchführung von Fachveranstaltungen und Kongressen und
– die Beachtung und Pflege der Qualifikation von Mediation.

Wir schufen die Satzung in der Überzeugung, dass Mediation im Kern über regi- **7** onale Vernetzungen mit ihren Möglichkeiten einer fachübergreifenden Kooperation zwischen Anbietern und Nichtanbietern, einer indikationsbezogenen gegenseitigen Zu- und Verweisung und einer feldbezogenen Unterstützung der MediatorInnen untereinander wachsen wird.

---

[9] ZKM 2000, 141 ff.
[10] ZKM 2001, 196 ff. mit Anm. von *Ewig*.

8 Im Hinblick darauf, dass **nur ausgebildete Mediatoren Mitglied der BAFM** werden können, stellte sich zentral die Frage nach einer objektivierenden Ausbildungsordnung.

II. Die Ausbildungsordnung der BAFM

1. Europaweite Kompatibilität und Vernetzung

9 Um europaweit in etwa von den gleichen Standards auszugehen und eine gegenseitige Anerkennung möglich zu machen, ist die Ausbildungsordnung der BAFM inhaltlich und formal mit der 1992 in Paris verabschiedeten „**Europäischen Charta zur Ausbildung von Familienmediatoren im Bereich von Trennung und Scheidung**" abgestimmt worden. Inzwischen ist ein **Europäisches Form** gegründet worden, das namentlich auf dem Gebiet der Ausbildung die Vernetzung fördert. Ihm gehören über 50 Ausbildungsinstitute an, u. a. auch, von einer Ausnahme abgesehen, die von der BAFM anerkannten Institute. Es findet europaweit ein reger Austausch statt. Die Ausbildungsordnung der BAFM hat ihrerseits Einfluss gehabt auf die europäischen Standards. Beide Ausbildungsordnungen sind nach wie vor kompatibel. Die Ausbildungsordnung ist im Anhang (Rdnr. 44) abgedruckt. Auf sie wird wegen der Einzelheiten verwiesen. Im nachfolgenden sollen einige praktisch bedeutsame Merkmale besonders hervorgehoben werden:

2. Zugang – Adressaten

10 Die Ausbildung ist offen für Personen mit abgeschlossenem psychologischem, sozialwissenschaftlichem **Hochschulstudium** (Dipl. Psych., Dipl. Soz. Päd., Dipl. Soz. Arb., Dipl. Päd.) oder einer juristischen Ausbildung mit zweitem Staatsexamen oder für Personen mit einer vergleichbaren Qualifikation. Als vergleichbare Qualifikation wird insbesondere angesehen, wenn eine Person, i. d. R. mit einem anderweitigen Hochschulabschluss, eine familientherapeutische Ausbildung oder eine Beraterausbildung nach den Richtlinien des DAK nachweist. Kennzeichnend für den Zugang ist die Interdisziplinarität. Diese wird von den Teilnehmern durchwegs als positiv bewertet, weil das Erlernen der Mediation gleichzeitig Gelegenheit zu einem interdisziplinären Erfahrungsaustausch gibt (s. näher Rdnr. 20, 34).

Als Zulassungsvoraussetzung wird ferner eine **zweijährige**, einschlägige **Berufserfahrung** vorausgesetzt, die in der Regel nach Studienabschluss absolviert sein sollte und die Möglichkeit, bereits während der Ausbildung **Mediation zu praktizieren.**

11 All diese Elemente weisen darauf hin, dass sich die Ausbildung an Praktiker wendet, die in ihrem Berufsfeld Mediation integrieren wollen. Von ihrem Wesen handelt es sich deshalb um eine **berufsbegleitende Weiterbildung.** Es melden sich freilich immer wieder auch Teilnehmer an, die Mediation als beruflich qualifizierende Maßnahme begreifen, von der sie sich einen Neueinstieg in den Beruf erhoffen, z.B. Anwältinnen oder Sozialpädagoginnen nach der Kinderpause, oder mit deren Hilfe sie sich ein neues Berufsfeld eröffnen wollen. Dann erscheint es notwendig, die ausbildungsbegleitenden Supervisionen auf die Zeit der Praxis auszudehnen und zu intensivieren.

Die Ausbildungsinstitute der BAFM (Anhang Rdnr. 46) haben darüberhinaus in- 12
zwischen die Ausbildung in aller Regel auch für **Teilnehmer aus anderen beruflichen Bereichen** geöffnet, ohne dass diese Teilnehmer gleichzeitig die Mitgliedschaft
der BAFM anstreben. Diese schätzen die Ausbildung in Familienmediation als
Grundlagenausbildung in Mediation überhaupt. Das ist auch nahe liegend, weil
Mediation eine Konfliktbearbeitungsmethode ist, die sich an verschiedenen Konfliktfeldern erlernen lässt und Familienmediation sich hierfür besonders gut eignet
(Rdnr. 37). Die Zertifizierung nehmen die Institute in diesen Fällen selbst vor.

3. Ziele

Das **Hauptziel** der Ausbildung ist darauf ausgerichtet, zur qualifizierten Aus- 13
übung der Familienmediation zu befähigen.

Je nach Herkunftsberuf wird jeder Teilnehmer überdies darauf achten, dass er gerade die Qualifikation aus der Ausbildung mitnimmt, die für die Ausübung in seinem **spezifischen Berufsfeld** notwendig ist. Da die Ausbildung praxisbezogen ist,
kann dieses Ziel dadurch erreicht werden, dass die Teilnehmer ihre Fälle und ihre
berufsspezifischen Fragen in die Ausbildung einbringen. Darüber hinaus bieten viele
Ausbildungsinstitute spezifische Themen in gesonderten Seminaren an, z. B. Kinder
in der Mediation, Abschiedsrituale, den Umgang mit Aggression oder mit Ungleichgewichten in der Mediation usw. Das berührt bereits den nächsten Abschnitt,
nämlich die

4. Inhalte

Die Ausbildungsordnung differenziert hier zwischen den Kernbereichen (Essen- 14
tials), der Vermittlung der gesellschaftlichen, rechtlichen und ethischen Rahmenbedingungen sowie der Vermittlung der notwendigen interdisziplinären Grundkenntnisse. Auf die Einzelheiten darf insofern verwiesen werden. Nach Auffassung der
Verfasser bewährt es sich, die **Essentials** unter folgenden Überschriften zu gliedern:
– der Prozess der Mediation
– die Kommunikation im Mediationsprozess
– die Rolle des Mediators/der Mediatorin in den einzelnen Phasen des Mediationsprozesses
– und, im Hinblick darauf, dass besonders Trennung und Scheidung gleichzeitig
  rechtlich geregelt sind: der Umgang mit dem Recht.
Diese Gliederung hat nach Auffassung der Verfasser allgemeingültigen Charak- 15
ter. Um die Kommunikation unter den Ausbildern aller Bereiche – Familie, Wirtschaft, Arbeit, Schule, Umwelt, öffentlich-rechtliche Belange, Gemeinwesen, Politik,
interkulturelle Konflikte – zu fördern, haben die Verfasser zusammen mit S. Breidenbach die Initiative ergriffen und zu entsprechenden Treffen der Ausbilder eingeladen. Das zweite Treffen im September 2000 diente der besseren Verständigung
über die Ausbildungsinhalte. Als Grundlage hat das Organisationsteam ein Diskus-
sionspapier vorgelegt, das nach diesem Muster aufgebaut ist. Es kann im Internet
abgerufen werden.[11]

---

[11] www.mediationsforum.de

Mähler/Mähler   1397

16   Gewiss ist Familienmediation besonders durch Konflikte bei Trennung und
Scheidung charakterisiert. Darin erschöpft sie sich jedoch keineswegs. Es gibt viele
familiäre Konfliktfelder, die ebenfalls mit Hilfe der Mediation bearbeitet werden
können, wie z.B. Konflikte in Stieffamilien, bei nichtverheirateten Paaren, bei
Partnerstreitigkeiten, zwischen Eltern und Kindern, zwischen Eltern und Pflege-
personen, bei Familienübergängen, sowie Streitigkeiten beim Zusammenleben
von mehreren Generationen und in Wohngemeinschaften sowie, in Überschneidung mit der Wirtschaftsmediation, bei der Gestaltung von Testamenten und
Erbverträgen und der Auseinandersetzung der Erben. Insofern sei auf die Aufgliederung in § 34 Rdnr. 61 hingewiesen. Bei ihnen spielt das Recht mit der Ausnahme des letztgenannten Gesichtspunktes, meist eine untergeordnete Rolle. Sie
sind je nach Vorgabe der Teilnehmer oder der Ausbilder ebenfalls Gegenstand der
Ausbildung.

5. Methodik

17   Mediation ist im Wesentlichen Erfahrungswissen. So, wie man nur sehr partiell
aus Büchern Autofahren lernen kann, so kann nur partiell kognitiv erfasst werden,
was Mediation ist und insbesondere wie man sie ausübt. Deshalb heißt es in der
Ausbildung: Üben, üben, üben; deshalb haben **Rollenspiele** eine so große Bedeutung. Viele Ausbilder ziehen es vor, induktiv vorzugehen. Sie nehmen die in den
Rollenspielen gemachten Erfahrungen zum Ausgangspunkt für Vertiefungen z.B.
durch Demonstrationen, Skulpturen und Übungen. Auf dieser Grundlage werden
dann die **theoretischen Einsichten**, die **empirischen Forschungsergebnisse und wissenschaftlich abgesicherten Erkenntnisse** vermittelt. Die so erarbeitete theoriegelei-
tete praktische Tätigkeit, gespeist auch durch supervidierte Praxis, ist der Garant
für die angestrebte **Professionalität**. Von besonderem Wert ist der mitgebrachte
Schatz an Erfahrungen und Wissen aus der unterschiedlichen interdisziplinären
Sicht der Teilnehmer für den gemeinsamen Lernprozess. Die reine Wissensvermit-
lung kann natürlich auch über die Ausgabe von Literatur oder über Hinweise auf
Literatur gefördert werden. Besonderen Wert haben **Videos**.[12]

6. Insbesondere: Supervision und Praxisreflexion

18   Von besonderer methodischer Bedeutung ist die Supervision und Praxisreflexion.
Sie ist integrierter Bestandteil der Ausbildung. Sie ist allein deshalb notwendig, weil
der Mediator persönlich am Prozess beteiligt ist. Durch seine Person und sein Verhalten nimmt er/sie Einfluss auf den Prozess. Deshalb gehört der Umgang mit **Übertragung und Gegenübertragung** unter Reflexion der persönlichen berufsbezogenen
Betroffenheit zur professionellen Kompetenz der Mediatoren. Zur **Fallsupervision**
gehören namentlich alle Problemfelder, die in der Mediation konkret in den einzelnen Phasen auftauchen können sowie der Umgang mit familiendynamischen Vorgängen. Supervision kann manchmal nicht warten, sondern braucht unmittelbar
konkrete Antworten. Dann hilft **Einzelsupervision**. In der Regel wird in den Aus-

---

[12] *Ripke*, Trainingsvideo Familienmediation, Verlag C.H. Beck, ISBN 3406454488.

bildungen **Gruppensupervision** angeboten. Von vielen Supervisoren/innen wird es als zentral angesehen, den Aufbau der **Supervision analog den Phasen der Mediation zu strukturieren.**[13]

Da der Mediator seine Person instrumentell nutzt, gehört zur Praxisreflexion **19** auch eine berufs- und themenspezifische **Selbsterfahrung**. Die Supervisoren sind von den einzelnen Instituten benannt.

7. Peer-Gruppen

In allen Ausbildungen wird angeregt, dass sich die Teilnehmer – interdisziplinär – **20** in Peer-Gruppen zusammenfinden. Dies dient der gegenseitigen Unterstützung. Thematisch können insbesondere die jeweiligen notwendigen interdisziplinären Grundkenntnisse einander vermittelt werden, z. B. durch Juristen das Familienrecht oder durch Berater angeleitete Gesprächsführung. Als hilfreich hat sich auch der Austausch über thematisch umrissene Literaturstudien erwiesen. Die Teilnehmer können insbesondere lernen, sich bei der Fallbearbeitung gegenseitig zu unterstützen. Die Verfasser haben für ihre Ausbildung hierzu seit 1993 zusammen mit *J. Duss-von Werdt* ein spezifisches **mediationsanaloges Covisionsmodell** entwickelt. Die Bildung und die gemeinsame Arbeit der Peergruppen wird von der Ausbildungsordnung als Teil der Ausbildung ausdrücklich anerkannt (Rdnr. 22).

Häufig entsteht durch die Gruppenbildung unter den Teilnehmern eine so hohe **21** Konsistenz, dass sie sich auch nach Abschluss der Ausbildung zum professionellen Erfahrungsaustausch immer wieder treffen.

8. Abschluss

Die Mediationsausbildung umfasst insgesamt mindestens **200 Zeitstunden**. Da- **22** von entfallen mindestens **120 Zeitstunden** auf den **Kernbereich Mediation**, auf die angeleitete **Supervision** mindestens **30 Zeitstunden**. Die meisten Institute bieten mehr als 30 Stunden Supervision an. Die **Peergruppensitzungen** können mit **20 Stunden** anerkannt werden. Die Ausbildung ist abgeschlossen, wenn **4 Fälle** vorgelegt werden, wobei mindestens ein Fall aus dem Bereich Trennung und Scheidung stammen und auch alle finanziellen Regelungen mitenthalten muss. Für zwei der vier Fälle gibt es Dokumentationserleichterungen: Wenn sie in die Supervision eingebracht werden.

Die Überprüfung der Voraussetzungen und besonders der Fälle erfolgt durch eine **Abschlusskommission,** die interdisziplinär zusammengesetzt ist, aus drei Personen besteht und Mitglieder aus mehr als einem Ausbildungsinstitut aufweist. Die letztgenannte Regel wird unter den Ausbildungsinstituten sehr ernst genommen. Hierdurch wird die Publizität des Abschlusses hergestellt. Insgesamt versteht sich der Abschluss als Feedbackprozess und deshalb als gesonderte Lernerfahrung.

---

[13] *Diez/Krabbe*, KON:SENS 1999, 160–166; *Diez* ZKM 2000, 227 ff.; vgl. § 56. Rdnr. 23–28; *Belardi/Hoffmann*, Supervision in der Mediation, in Petermann/Pietzsch (Hrsg.), Mediation als Kooperation, 2000, S. 160 ff.

III. Kriterien für die Ausbilder und Supervisoren

23   Nach der Satzung der BAFM werden Ausbildungsinstitute auf Vorschlag des Vorstandes vom Hauptausschuss bzw. der Mitgliederversammlung anerkannt. Um die Anerkennung zu objektivieren, hat die BAFM Kriterien für die Anerkennung der Ausbildungsinstitute entwickelt, die im Anhang abgedruckt sind (Rdnr. 45).

24   **Zentral** sind folgende Gesichtspunkte:
– die Anerkennung wird Instituten verliehen
– die beantragenden Institute haben ein Curriculum über die Inhalte, Schwerpunkte und Methoden der Ausbildung vorzulegen
– und nachzuweisen, dass sie über organisatorische, konzeptionelle und personelle Möglichkeiten zur Durchführung einer Ausbildung verfügen.

25   Die Ausbildungsinstitute kennen **Ausbildungsleiter, Mediationsausbilder, Referenten und Supervisoren.** Ihnen werden fachliche und pädagogische Fähigkeiten, Fertigkeiten und Kenntnisse abverlangt. Voraussetzung für den Einsatz von Supervisoren ist Praxis und Supervisionserfahrung. Um zu vermeiden, dass die Ausbildungsleiter und Mediationsausbilder ihre Funktion ohne genügende **praktische Erfahrung** ausüben, müssen sie mindestens 19 Fälle nachweisen.

26   Diese Kriterien haben sich die Ausbildungsinstitute selbst auferlegt und, soweit die Institute bereits bei Verabschiedung der Kriterien bestanden, untereinander nachgewiesen.

IV. Zwischenergebnis

1. Personenzentrierte Aspekte

27   Die Ausbildungsordnung und die Kriterien für die Ausbilder sind nicht am grünen Tisch entstanden, sondern **aus der vorausgehenden Praxis erwachsen.** Sieben der gegenwärtig neun Ausbildungsinstitute hatten ihre Tätigkeit bereits in den Jahren zuvor begonnen, die ersten im Jahre 1992. Von manchen Autoren werden die Zeitanforderungen der Ausbildung, also 200 Stunden, als zu hoch eingestuft.[14] Unsere Erfahrungen sprechen für die Beibehaltung dieser Regelung. Für uns ist die Qualifizierung durch die Ausbildung allerdings nicht eine Frage der Stundenzahl, sondern richtet sich nach anderen Kriterien. Der Kern: Mediation ist ein freiwilliges Verfahren. Es wird sich am Markt nur durchsetzen, wenn es sich als besser erweist als die bisherigen traditionellen Verfahren. Mediation hat einen wesentlich höheren Komplexitätsgrad. Die **Inhalte** widersprechen teilweise dem beruflich eingeübten Wissen. Die **konfliktdynamischen Besonderheiten** und die **methodischen** Grundlagen wollen begriffen sein. Das Gleiche gilt für die **Haltung, Methodik und Technik** (näher § 34). Mediation wird bei den Betroffenen Anklang finden, wenn sie ihrem Anspruch, in geeigneten Fällen das Verfahren mit der höheren prozeduralen Kompetenz zu sein, gerecht wird. Dann wächst ihr Bekanntheitsgrad und es können sich

---

[14] Z. B. *Duve*, Ausbildung zum Mediator in: Henssler/Koch (Hrsg.), Mediation 2000, S. 172.

regional entsprechende „Mediationskulturen" entwickeln. Die Verfasser halten dies für die beste Form von **Marketing**,[15] weil die Praxis für sich selbst wirbt. Begreift sich die MediatorIn als **Instrument** des Verfahrens, braucht es darüber hinaus Einübungszeit, bis alte Verhaltensmuster verlernt werden und neue professionelle Muster eingeübt sind. Für Anwälte will beispielsweise gelernt sein, die einseitige Parteivertretung zu relativieren und eine allen Konfliktpartnern gegenüber zuwendende und in diesem Sinne neutrale Haltung einzunehmen, die Aufmerksamkeit nicht auf die Umsetzung des Gehörten in aktiven Rechtsrat zu richten, sondern eher darauf, die Konfliktpartner zu verstehen und auf die Prozess- und Beziehungsebene zu achten. Für Berater/Therapeuten will z.B. gelernt sein, im Rahmen des Mediationsablaufs Verantwortung für die Strukturierung des Gestaltungsprozesses zu übernehmen. Sind diese, teilweise neuen, Einstellungen begriffen, gewinnen die daraus folgenden methodischen Schritte, beispielsweise das Führen durch vorurteilsfreies Fragen, Authentizität und wirken nicht aufgesetzt, was kontraproduktiv wäre. Insgesamt ist nach Auffassung der Institute die **respektvolle Haltung** des Mediators den Konfliktpartnern gegenüber ein zentrales, wenn nicht das wichtigste Arbeitsinstrument.[16]

Natürlich lernt der eine schneller und der andere weniger schnell, der eine bringt   **28** von seinen Vorerfahrungen mehr mit, der andere ist weniger begabt. Generalisierungen stecken immer in dem Dilemma, dass sie dem Einzelnen nicht ganz gerecht werden können. Diesen Nachteil der Institutionalisierung haben wir in Kauf genommen, im Hinblick auf unsere vorweg gemachten Erfahrungen. Vielleicht darf auch daran erinnert werden, dass Ausbildungen, die die Instrumentalisierung der Person in den Mittelpunkt stellen, wie beispielsweise die Ausbildung in Supervision, Beratung und Therapie von wesentlich höheren Anforderungen ausgehen. Es mag sein, dass Ausbildungen, die nicht die Verständigung der Konfliktpartner, sondern schnelle Kompromisslösungen in den Mittelpunkt stellen, eine geringere Ausbildungszeit für nötig erachten. Es dürfte sich jedoch die Frage stellen, ob damit die Tiefe der Mediation und ihre eigentliche Kraft wirklich ausgelotet werden können. Den Verfassern erscheint es wichtig, dass alle Formen der Mediation angeboten werden können, auch wenn im Einzelfall die Kenntnisse, Fertigkeiten und Fähigkeiten nur partiell abgerufen werden.

2. Gesamtbetrachtung der Qualifizierung

Es mag deutlich geworden sein, dass die Ausbildungsordnung der BAFM nicht   **29** für sich allein steht, sondern einen Teilsektor zur Qualitätssicherung der Familienmediation bildet.
– Sie ist abgestimmt mit den Richtlinien, die sich zur Aufgabe stellen, ein in bestehende professionelle Standards integrierbares Berufsbild zu formulieren.
– Ordentliches Mitglied der BAFM kann satzungsgemäß nur werden, wer eine qualifizierende Ausbildung nachweist. Die ordentliche Mitgliedschaft in der BAFM ist damit ein Zeichen für den Nachweis einer Ausbildung, die Marktwert hat. An die BAFM werden viele Anfragen von Betroffenen nach Mediatoren/innen gerich-

---

[15] Zum Marketing *Hommerich* AnwBl. 2001, 258 ff. und *Ripke* Mediationsreport 3/1999; siehe auch § 19.
[16] *Zurmüh*, Kind-Prax 2001, 138, 139.

tet. Die BAFM bietet Suchserviceleistungen an. Durch ihre Qualifizierung („Mediator/in BAFM") machen die Mitglieder auch bei Werbeaktionen durch andere Institutionen, die einen Suchservice betreiben, wie bei der Centrale für Mediation, in besonderer Weise auf sich aufmerksam.

– Die Ausbildungsordnung einschließlich der Kriterien für die Ausbilder sorgen schließlich dafür, dass die Ausbildung tatsächlich qualifizierenden Charakter hat.[17]

V. Die von der BAFM anerkannten Ausbildungsinstitute

30   Die Ausbildungsinstitute sind im **Anhang** aufgelistet (Rdnr. 46). Die von ihnen angebotenen Ausbildungen lassen sich nicht über einen Kamm scheren, obwohl die gleiche Ausbildungsordnung zugrunde liegt. Die Institute haben je ihre eigenen Erfahrungen gemacht, und sich in ihrer Eigenart entwickelt. Namentlich werden, über die Mediation bei Trennung und Scheidung hinaus, auch andere Formen der Familienmediation[18] – z.B. Konflikte zwischen Ursprungs- und Fortsetzungsfamilien/Pflegefamilien/Adoptivfamilien, bei Insemination, zwischen Familienmitgliedern überhaupt – ausdrücklich in den Lehrstoff miteinbezogen (so beim IMS und der Mediationswerkstatt Münster). Jedes Institut hat so sein eigenes Profil. Informationen lassen sich unmittelbar bei den einzelnen Instituten, z.T. im Internet, abrufen. Verwiesen wird auch auf den Mediationsguide.[19]

Vier Gesichtspunkte mögen noch in besonderer Weise herausgestellt werden:

1. Kommunikation, Kooperation und Vernetzung

31   Die Institute stehen im ständigen Kontakt miteinander, sie treffen sich jährlich zwei bis drei Mal, teilweise mehrtägig, um sich auszutauschen und neuere Entwicklungen gemeinsam zu reflektieren. Diese **kommunikative Vernetzung** hat sich in der Vergangenheit als sehr fruchtbar herausgestellt, weil die Praxis transparenter wird sowie aktuelle Entwicklungstendenzen kritisch überprüft, Spannungen der interprofessionellen Zusammenarbeit ausgetragen und reflektiert und neue Formen der Kooperation auch mit anderen Ausbildungsinstituten angeregt werden können.

2. Modulsystem – prozessorientiertes System

32   Eingangs stellte sich die Frage, ob die Ausbildungen eher im Wege von Modulen oder in festen Teilnehmergruppen angeboten werden. Beide Formen haben ihre **Vor- und Nachteile**.[20] Das Heidelberger Institut für Mediation[21] hat sich für eine auf Modulen aufbauende Ausbildung entschieden, alle anderen Ausbildungsinstitu-

---

[17] Informationen zur BAFM können anbgerufen werden bei deren derzeitiger Geschäftsstelle in Eisenacher Straße 1, 10777 Berlin sowie unter www.bafm-mediation.de. Vgl. auch § 59 Rdnr. 8 f.
[18] Vgl. Rdnr. 16.
[19] *Ewig* (Hrsg.) Mediationsguide 2000, Centrale für Mediation; eine zweite Auflage ist in Vorbereitung.
[20] Vgl. § 51 Rdnr. 54 ff.
[21] Vgl. § 56.

te bevorzugen, jedenfalls während der Kernausbildung, gleich bleibend zusammengesetzte Teilnehmergruppen, teilweise wechseln im Rhythmus die Ausbilder. Die Verfasser z. B. bevorzugen ein Modell, nach dem das Einführungsseminar in sich abgeschlossen ist und vor allen Dingen auch dazu dient, herauszufinden, ob wirklich eine Grundausbildung gewollt ist. Wer sich für die Grundausbildung entscheidet, nimmt in einer geschlossenen Gruppe an weiteren vier thematisch aufeinander aufbauenden (Rdnr. 13) Seminaren (5-tägig) teil. Die Teilnahme an Supervisions-Workshops ist wiederum offen und richtet sich danach, welche Fragen aus der Praxis aufgetaucht sind, und welches Bedürfnis besteht, auch an den Fällen anderer Teilnehmer praxisrelevant zu lernen.

3. Kosten

Die Kosten der Ausbildung bei den von der BAFM anerkannten Ausbildungsin- 33 stituten belaufen sich meist auf ca. € 4.000,– bis € 5.000,–. Das ist im Verhältnis zu anderen hochrangigen Weiterbildungen – rechnet man den Zeitfaktor (200 Stunden) ein – außerordentlich preisgünstig und nur vor dem Hintergrund der unterschiedlichen Einkommensstrukturen der verschiedenen Herkunftsberufe nachvollziehbar.

4. Interdisziplinarität/Multiprofessionalität

Familienmediation ist methodisch aus einer interdisziplinären Zusammenschau 34 gewachsen. Es entspricht der Methode, wenn die Praktiker als **Teilnehmer** einschlägige Kenntnisse und Erfahrungen aus ihren unterschiedlichen Berufen mitbringen. Es hat seinen eigenen Reiz, sich bei der Vermittlung der notwendigen interdisziplinären Grundkenntnisse (Ziffer. IV 3 der AusbO) gegenseitig zu unterstützen, aus dem jeweiligen Blickwinkel und vor dem Hintergrund der heterogenen beruflichen Sozialisation die verschiedenen Aspekte der Mediation auszuleuchten sowie Mediation und mediationsanaloge Handlungsweisen in die unterschiedlichen Berufsfelder nach der Ausbildung hineinzutragen. Abgesehen von dem Ausbildungsgewinn trägt dies indirekt zum besseren multiprofessionellen Verständnis der mit Trennung und Scheidung beschäftigten Dienste bei. Spiegelbildlich zur Interdisziplinarität/Multiprofessionalität der Teilnehmer wird auch Wert darauf gelegt, dass die **Ausbilder** aus unterschiedlichen Professionen stammen und/oder verschiedene Ausbildungen durchlaufen haben. Die Interdisziplinarität/Multiprofessionalität hat schließlich entscheidenden Einfluss auf die professionelle Kooperation in der Praxis (dazu § 23). Kooperation gibt der Mediation ihre Lebenskraft. Konsequenter Weise ist die **BAFM** deshalb auch **multiprofessionell organisiert** und legt großes Gewicht auf eine entsprechende Ausgewogenheit. Natürlich ist sie damit zugleich den Spannungen ausgesetzt, die die berufliche Polarität mit sich bringt. Bis jetzt ist es gelungen, sie für die Entwicklung der Mediation fruchtbar zu machen. Das ist keinesfalls selbstverständlich und bedarf der ständigen reflexiven Pflege.

VI. Die Ausstrahlungswirkung der Ausbildung in Familienmediation

1. Übernahme der Ausbildungsordnung durch andere Institutionen

35   Da die veränderten gesellschaftlichen Bedingungen und rechtlichen Rahmenbedingungen neue professionelle Antworten und neue Kooperationsformen der Professionen untereinander erforderlich machten, hat die BAFM seit 1995 eine **Verbandskonferenz** einberufen, an der alle Verbände beteiligt sind, die mit Familie zu
tun haben und sich für Mediation interessieren. Neben den Ausbildungsinstituten
der BAFM sind beispielsweise die beiden Kirchen durch ihre Beraterverbände, die
Evangelische Konferenz für Familien- und Lebensberatung (EKFuL) und den Verband katholischer Ehe – Familien- und Lebensberater, die ARGE Familienrecht und
ARGE Mediation im Deutschen Anwaltverein (DAV), der Mediationsausschuss der
Bundesrechtsanwaltskammer (BRAK), das Evangelische Zentralinstitut (EZI), die
Bundeskonferenz für Erziehungsberatung (BKE), der Bund deutscher Psychologin-
nen und Psychologen (BDP), die Deutsche Gesellschaft für Systemische Therapie
und Familientherapie (DGSF), der Deutsche Berufsverband der Sozialarbeiterinnen,
Sozial- und Heilpädagogen (DBSH), Pro Familia Württemberg, die Gesellschaft für
Wissenschaftliche Gesprächsführung (GWG) vertreten. Kernthema war – nach einer Selbstverständnisdiskussion- zunächst, inwieweit die **Ausbildungsordnung der
BAFM** nicht auch von den anderen Institutionen übernommen werden kann. Dabei
hat die Ausbildungsordnung viel Anerkennung erfahren. Sie dient inzwischen nicht
nur als Grundlage für die Ausbildung der gegenwärtig neun von der BAFM anerkannten Ausbildungsinstitute, sondern wird darüber hinaus, meist in Kooperation
mit anerkannten Ausbildungsinstituten, von den Akademien bzw. Ausbildungsinstitutionen des Berufsverbandes Deutscher Psychologinnen und Psychologen (BDP),
der Bundeskonferenz für Erziehungsberatung (BKE), der Paritätischen Akademie
des Paritätischen Wohlfahrtsverbandes (DPWV) sowie dem Evangelischen Zentralinstitut (EZI; mit Unterstützung der Evangelischen Konferenz für Familien- und
Lebensberatung EKFuL) angewandt. Die Universität Oldenburg hat ihre spezifische
Weiterbildung für Familienmediation auf die Ausbildungsordnung der BAFM abgestimmt. Andere Institutionen, wie beispielsweise die Deutsche Gesellschaft für Systemische Therapie und für Familientherapie (DGSF) oder die Weiterbildung an der
Universität Klagenfurt streben die Kompatibilität mit der Ausbildungsordnung der
BAFM an. Die Hauptversammlung der Bundesrechtsanwaltskammer hat die Aus-
bildungsordnung der BAFM bereits im September 1996[22] als beispielhaft empfohlen
und sie im April 1999[23] auch für Ausbildungen auf anderen Konfliktfeldern der
Mediation, namentlich der Wirtschaftsmediation, als Grundmuster befürwortet.
Der Schweizerische Verein für Mediation hat sie in ihren Kernbestandteilen übernommen und auch in Slowenien richtet sich die Praxis nach ihren Maßstäben. All
dies mag als Zeichen dafür angesehen werden, dass die Ausbildungsordnung der
BAFM von ihren Voraussetzungen her genuin entwickelt wurde. Die Ausbildungsordnung hat Maßstäbe gesetzt.

---

[22] BRAK-Mitt. 1996, 186 ff.
[23] BRAK-Mitt. 1999, 23 ff.

Die **BAFM** versteht sich als **Interessenverband der Familienmediatoren/innen.** Sie 36
ist deshalb daran interessiert, über die Ausbildung an den anerkannten Ausbildungsinstituten hinaus auch Teilnehmer anderer qualifizierter Ausbildungsinstitutionen im Rahmen eines „geregelten Quereinstiegs" als ordentliche Mitglieder
aufzunehmen. Die Mitgliederversammlung der BAFM hat inzwischen eine entsprechende Satzungsergänzung beschlossen.

2. Ausbildung in Familienmediation als Grundausbildung auch für andere Konfliktfelder

Mediation ist ein Konfliktbearbeitungsverfahren. Als solches kann es an ver- 37
schiedenen Konfliktfeldern gelehrt werden. Die Verfasser z.B. verstehen die Ausbildung an Hand von Fällen aus dem Bereich Trennung und Scheidung als Grundausbildung für Mediation auch auf anderen Konfliktfeldern. Dies deshalb, weil die
Fragestellungen hier existentiell sind und deshalb Anteile des Konfliktes explizit
gemacht werden können, die in anderen Konfliktfeldern genau so wirksam sind,
dort aber, den Gepflogenheiten entsprechend, implizit bleiben. So mögen beispielsweise die emotionalen Anteile bei der Mediation anlässlich der Auseinandersetzung
von Gesellschaftern eher nicht zur Sprache kommen, sind aber dennoch ein wirksamer Bestandteil des Konfliktgeschehens. Die Teilnehmer lernen also über die
Kenntnisse der Inhalte und der Einübung der Haltung und der Methodik der Familienmediation, ihre Wahrnehmung für Aspekte zu schärfen, die vielfach auch bei
Konflikten in anderen Bereichen implizit vorhanden sind, dort aber nicht explizit
gemacht werden. Die Wahrnehmungsschärfung macht die Handhabung solcher Situationen leichter. Das kann in der Ausbildung anhand mitgebrachter Fälle erprobt
und eingeübt werden.

3. Kombination mit der Ausbildung in anderen Konfliktfeldern

Diese Einsicht hat zur Folge, dass zurzeit neue Formen der Zusammenarbeit mit 38
anderen Institutionen zur weiteren Spezialisierung entwickelt werden. So anerkennt
beispielsweise die **Akademie für Wirtschaftsmediation und Verhandlungsmanagement** *(Prof. Breidenbach)*[24] die Ausbildung in Familienmediation durch von der
BAFM anerkannte Institute als Grundlage für eine Aufbauausbildung in Wirtschaftsmediation und bietet hierfür gesonderte ergänzende Ausbildungsseminare an.
Einzelne Institute (Hamburg, IMS München) haben Ausbildungen auf anderen
Konfliktfeldern (Wirtschaft; Schule; öffentlich-rechtlicher Bereich) mit in ihr Programm aufgenommen, die gesondert zertifiziert werden. Ergänzende Seminare bietet z.B. das Heidelberger Institut an.

VII. Gesamtwürdigung

Die Ausbildungsinstitute der BAFM können in der BRD auf die **längste Tradition** 39
zurückblicken. Sie haben deshalb auch die **meisten Erfahrungen** sammeln können.

---

[24] Leydenallee 39, 12167 Berlin; Internet: www.akademie-wirtschaftsmediation.de

Sie bilden, zusammen mit den Institutionen, die die Ausbildungsordnung der BAFM ihrer Ausbildung zugrundelegen, jährlich etwa **250–300 Mediatoren** aus. Dies ist mit Abstand die höchste Teilnehmerzahl aller Ausbildungsinstitutionen.

40   Wer Mediation praktiziert, weiß, dass man immer wieder vor neue Situationen gestellt wird. Mediation zu lernen ist unter diesen Gesichtspunkten ein lebenslänglicher Vorgang. Die reflektierte Praxis auf der Basis des vermittelten Grundwissens ist dabei der beste Lehrmeister. Jede Ausbildung muss sich deshalb danach fragen lassen, was sie als notwendig erachtet, um die Teilnehmer so qualifiziert in die Praxis zu entlassen, dass sie dort auf positive Resonanz stoßen.

41   Die Heidelberger Evaluation der Familienmediation *(Bastine/Weinmann-Lutz/ Wetzel)* belegt, dass die im Rahmen des Projektes untersuchte Familienmediation hervorragende Ergebnisse aufweist: Hinsichtlich der Kriterien Zufriedenheit der Mediatoren, der erlebten prozeduralen Gerechtigkeit, dem Erreichen der Zielsetzung sowie der Nachhaltigkeit der positiven Auswirkungen[25]. Einen wesentlichen Grund für die positiven Befunde sah die Forschungsgruppe in der **hohen beruflichen Qualifikation der Mediatoren und Mediatorinnen.** Ähnliche Ergebnisse weisen die Forderungen von *Proksch* für den Jugendamtsbereich aus[26]. Man kann der Familienmediation nur wünschen, dass diese Beurteilung auch in Zukunft durchträgt.

42   Familienmediation ist ohne jede staatliche Unterstützung gewachsen. Wir brauchten über die Institutionalisierung eine gewisse Festigkeit, um Mediation in unserer Gesellschaftsordnung zu verwurzeln. Institutionalisierungen tragen in sich den Keim von Erstarrung und Bürokratisierung. Würde in der Institutionalisierung ein Stadium erreicht, in der diese mehr schadet als nützt, brauchen wir für die dann anstehende Flexibilisierung vielleicht Mediation.

VIII. Anhang

1. Richtlinien der BAFM für Mediation in Familienkonflikten

43

Präambel

Der zunehmende Wunsch, familiäre Konflikte insbesondere bei Trennung und Scheidung persönlich und im Interesse aller Beteiligten zu regeln, lässt nach geeigneten Verfahren suchen. Ein Ansatz ist Mediation (Vermittlung) in Familienangelegenheiten, die psychosoziale und rechtliche Aspekte der Konfliktregelung miteinander verbindet.

Die BAFM hat beschlossen, Richtlinien herauszugeben, die den Diskussionsstand der Angehörigen der Arbeitsgemeinschaft zu den Grundlagen und Vorgehensweisen von Mediation zusammenfassen. Die Richtlinien sind damit auf Entwicklung ausgelegt. Die Arbeitsgemeinschaft befand jedoch, dass die Veröffentlichung des gegenwärtigen Entwicklungsstandes[27] erforderlich ist, um einsichtig zu machen, welche Maßstäbe und Ansichten die Mitglieder der BAFM vertreten.

---

[25] Kurzfassung: *Bastine* KON:SENS 1999, 287–290.
[26] Kurzfassung ZKM 2000, S. 211 ff.; s. zur Forschung insgesamt § 34.
[27] Die Richtlinien wurden 1993 verabschiedet.

I. Adressaten

Die Richtlinien wenden sich vorwiegend an Angehörige psychosozialer Berufe und an Anwälte/innen, die sich mit familiären Konflikten, Krisen und Problemen und hier insbesondere mit Trennungs- und Scheidungsfolgen beschäftigen. Bei den dienst-, berufs- und standesrechtlichen Vorschriften sollten die in den Richtlinien niedergelegten Grundsätze Beachtung finden.

II. Ziele, Inhalte und Prinzipien

1. Ziele

Die Familienmediation hat die Aufgabe, eine selbstbestimmte und einvernehmliche Regelung psychosozialer und rechtlicher Probleme, insbesondere bei Trennung und Scheidung zu erreichen. Sie fördert die Autonomie, besonders die Dialog-, Kooperations- und Gestaltungsfähigkeit der Beteiligten.

Ziel ist eine einvernehmlich bindende Regelung bis hin zu einer umfassenden formalrechtlich wirksamen Vereinbarung.

2. Inhalte

Familienmediation bezieht sich auf die Regelung von familiären Konflikten in ehelichen, nichtehelichen und nachehelichen Beziehungen, in denen sachliche Lösungen angestrebt werden. Die Inhalte werden von den beteiligten Familien festgelegt. Die Trennungs- und Scheidungsmediation befasst sich hauptsächlich mit der Gestaltung der mit Trennung und Scheidung zusammenhängenden Folgen, insbesondere im Hinblick auf Elternschaft und andere familiäre Beziehungen. Aufteilung des Familieneinkommens, Vermögensauseinandersetzung, Alterssicherung, Hausratsteilung und Klärung der Wohnsituation.

3. Prinzipien

Mediation ist ein Prozess, der sich an folgenden Grundsätzen orientiert:

(1) Freiwilligkeit. Der Mediationsprozess ist freiwillig. Freiwilligkeit setzt voraus, dass die Partner in ihrer Selbstbestimmung nicht beschränkt sind und der Mediator/die Mediatorin in den durch den Inhalt des Mediationsvertrages festgelegten Grenzen keinen Weisungen unterliegt. Der Prozess kann von allen Beteiligten, auch vom Mediator/von der Mediatorin, jederzeit beendet werden.

(2) Neutralität. Mediation setzt eine neutrale, allparteiliche Haltung des Mediators/der Mediatorin zu beiden Partnern voraus. Der Mediator/die Mediatorin unterstützt die Partner darin, in einem fairen Prozess eine wechselseitig befriedigende, interessengerechte und auch im Ergebnis faire Vereinbarung zu erzielen.

(3) Eigenverantwortlichkeit. Die Partner nehmen im Mediationsprozess ihre Interessen und Bedürfnisse selbst wahr und vertreten sie angemessen.

(4) Informiertheit. Eine selbstbestimmte Entscheidung der Partner ist nur auf der Grundlage eigener sachlicher Informiertheit möglich. Jeder Partner muss ausreichend Gelegenheit haben, sämtliche Informationen, die entscheidungserheblich sind, in ihrer Tragweite zu erkennen und zu gewichten, damit sich jeder der Konsequenzen der Entscheidung voll bewusst ist.

Dies setzt die beiderseitige Bereitschaft zur Offenlegung aller sachlichen Daten und relevanten Fakten voraus.

Insbesondere im Falle von Trennung und Scheidung hat sich jeder Partner über seine gesetzlichen Rechte und Pflichten zu informieren und sich, sofern minderjährige Kinder betroffen sind, mit den Auswirkungen der Entscheidung auf die Kinder auseinanderzusetzen.

(5) Vertraulichkeit. Der Mediationsprozess ist vertraulich. Alle Beteiligten verpflichten sich im Rahmen der gesetzlichen Möglichkeiten, keine Informationen und Erkenntnisse aus dem Prozess ohne ausdrückliche Zustimmung aller Beteiligten weiterzugeben. Die Zustimmung wird bei der Konsultation von Anwälten und Experten im Rahmen des Mediationsprozesses und bei Supervision unterstellt.

III. Persönliche Voraussetzung und Aufgaben der Beteiligten im Mediationsverfahren

1. Mediator/Mediatorin

Der Mediator/die Mediatorin ist zusätzlich zu den in Ziff. II 3 (2) beschriebenen Aufgaben für die Gestaltung (Strukturierung) des Mediationsprozesses, die Beachtung der Prinzipien sowie die Schaffung geeigneter Rahmenbedingungen verantwortlich. Dies setzt die Kenntnis und Berücksichtigung psychologischer, familiendynamischer und rechtlicher Aspekte voraus.

Ist der Mediator/die Mediatorin durch verwandtschaftliche institutionelle oder sonstige soziale Beziehungen so eng mit einer Seite verbunden, dass die andere Seite die Unparteilichkeit in Frage stellen könnte, oder könnte der Mediator/die Mediatorin ein privates Interesse in der Mediation verfolgen, ist er/sie als Mediator/Mediatorin ungeeignet. Das Gleiche gilt, falls der Mediator/die Mediatorin einen Partner vorher rechtlich beraten oder vertreten hat oder eine therapeutische Beziehung zu einem der Partner bestand. Bezog sich die Beratung, Vertretung oder Therapie auf beide Partner, darf der Mediationsprozess erst beginnen, wenn die Rolle des Mediators/der Mediatorin im Unterschied zur vorausgegangenen Situation geklärt ist und alle Beteiligten übereinstimmend Mediation ausdrücklich gewählt haben.

Der Mediator/die Mediatorin gibt keine Informationen in das justizielle Verfahren weiter. Er/Sie stellt sich nicht als Zeuge (Zeugin), anwaltschaftlicher Vertreter (Vertreterin) oder Sachverständiger (Sachverständige) zur Verfügung. Darauf weist er/sie hin.

2. Partner

Die Partner benötigen ein Mindestmaß an Gesprächs- und Einigungsbereitschaft sowie an der Fähigkeit, für sich selbst und die eigenen Interessen einzustehen.

Mögliche Grenzen der Mediation können z.B. in schweren psychischen Störungen oder familiärer Gewalt liegen. Darüber hinaus kann sich im Verlauf der Mediation zeigen, dass eine eigenverantwortliche, gemeinsame Regelung nicht möglich ist. In diesen Fällen verweist der Mediator/die Mediatorin die Partner an entsprechende Fachleute.

3. Kinder und Jugendliche

Den Interessen und Bedürfnissen von Kindern und Jugendlichen kommt im Mediationsprozess besondere Bedeutung zu.

Der Mediator/die Mediatorin trägt dafür Sorge, dass die Kinder soweit als möglich geschützt werden. Es gibt unterschiedliche Formen der Präsenz und persönlichen Beteiligung von Kindern und Jugendlichen am Mediationsverfahren.

Ihnen sollte je nach Alter die Möglichkeit gegeben werden, sich am Prozess zu beteiligen. Die bei den Eltern liegende Verantwortung für die Entscheidung bleibt jedoch bei diesen.

Für die Kinder und Jugendlichen ist es wichtig, daß ihre Eltern in der Mediation kooperative Verhaltensformen einüben, überprüfen und weiterentwickeln.

IV. Die Bedeutung des Rechts, der Psychologie und der Sozialwissenschaften in der Mediation

1. Die Bedeutung des Rechts

Soweit der Mediationsprozess wie bei Trennungs- und Scheidungsmediation eine rechtsverbindliche Vereinbarung anstrebt, ist die Kenntnis des Rechts zwingende Voraussetzung. Außerdem können die Partner das weitgehend dispositive Recht rechtsschöpfend dazu verwenden, den spezifischen Interessen und Bedürfnissen entsprechende, faire Vereinbarungen zu finden.

Recht dient vor allem
– der Aktivierung der Einzelinteressen
– der Fairnesskontrolle
– der Festlegung der Zulässigkeitsgrenzen für die Vereinbarung
– zur Ausschöpfung der rechtlichen Möglichkeiten zum Vorteil aller Familien-mitglieder
– zur Gestaltung der Vereinbarung durch eine differenzierte Nutzung der Rechtsfiguren und vertragstypischer Regelungen.

2. Bedeutung der Psychologie und der Sozialwissenschaften

Die Ausübung der Mediation setzt die Wahrnehmung und Berücksichtigung trennungs- und familiendynamischer Vorgänge sowie fundiertes Grundwissen über die sozialen und psychischen Bedingungen von Konfliktverläufen voraus.

Daneben sind Kenntnisse der psychologischen und sozialwissenschaftlichen Ansätze, Methoden und Wirkungsweisen Voraussetzung für eine sachgerechte Gesprächs- und Verhandlungsführung.

Dieses Grundwissen ist die Basis für die verantwortungsvolle Beurteilung der Möglichkeiten und Grenzen der Mediation, das reflektierte Umgehen mit der Rolle sowie für das eigene Handeln als Mediator/Mediatorin.

Die psychologischen und sozialwissenschaftlichen Kenntnisse, Fähigkeiten und Fertigkeiten sollen insbesondere auch zur Förderung des psychischen, sozialen und gesundheitlichen Wohlergehens der Kinder und Jugendlichen eingesetzt werden.

V. Das Zusammenwirken der Disziplinen im Mediationsprozess

Voraussetzung für ein sinnvolles Zusammenwirken der Disziplinen ist das Wissen und die Kenntnis um die jeweiligen professionellen Kompetenzen und ihre Grenzen sowie die Indikationen und Verweisungsmöglichkeiten.

1. Der Beratungsanwalt/Die Beratungsanwältin

Ist der Mediator/die Mediatorin nach dem Rechtsberatungsgesetz nicht selbst zur Rechtsberatung befugt, so hat die Beratung durch die Anwälte/Anwältinnen der Parteien rechtzeitig zu erfolgen. Auch der Anwaltsmediator/die Anwaltsmediatorin wirkt darauf hin, dass die Vereinbarung erst nach parteilicher Rechtsberatung Verbindlichkeit erlangt. Die Beratung soll auf die Logik des Mediationsverfahrens ausgerichtet sein.

Dem Beratungsanwalt/der Beratungsanwältin einer Partei ist es im Gegensatz zum Anwaltsmediator/zur Anwaltsmediatorin nicht verwehrt, seine/ihre Partei anwaltschaftlich, etwa im Scheidungsverfahren, zu vertreten.

2. Psychosoziale Berater/innen

Bei psychischen Problemen, die den Mediationsprozess erheblich behindern, empfiehlt der Mediator/die Mediatorin zusätzlich psychologische Hilfe. Das gilt auch bei komplizierten Konstellationen mit Kindern und Jugendlichen.
Der/die psychosoziale Berater/in steht als Gutachter/in im Gerichtsverfahren nicht zur Verfügung.

3. Zusammenarbeit in einem professionellen Netzwerk

Der Mediator/die Mediatorin gehört einem Netzwerk an und fördert das Zusammenwirken zwischen den beteiligten Professionen namentlich in seiner/ihrer Region. Dabei ist darauf zu achten, dass im Einzelfall die Grundsätze des Daten- und Vertrauensschutzes gewahrt bleiben.

VI. Form, Ablauf und Voraussetzungen der Mediation

Zu Beginn des Mediationsprozesses klärt der/die Mediator/in über Unterschiede und Ähnlichkeiten zwischen Mediation und anderen Formen der Konfliktregelung auf, er/sie weist auf die Vor- und Nachteile der Mediation und der entsprechenden Alternativen sowie auf die Chancen und Risiken hin. Der/die Mediator/in erläutert den Ablauf, die Kosten und die unabdingbaren Voraussetzungen der Mediation wie sie sich aus den Richtlinien ergeben. Die mit den Beteiligten erarbeiteten Grundlagen für das anstehende Mediationsverfahren (Mediationsvertrag) sollen schriftlich festgehalten werden.
Der/die Mediator/in unterstützt die Parteien darin, auf der Basis ihrer unterschiedlichen Sichtweisen. Bedürfnisse und Interessen sich selbst und den anderen Partner besser zu verstehen. Er/Sie hilft den Partnern durch seine/ihre vermittelnde Gesprächs- und Verhandlungsgestaltung, eine einvernehmliche faire Regelung zu entwickeln.
   Bezugspunkte sind beispielsweise
– konkrete persönliche, berufliche und ökonomische Zukunftsinteressen
– beziehungsgeschichtliche Elemente
– die gesetzlichen Bestimmungen bzw. die ihnen zugrunde liegenden Prinzipien
– sowie vorausgegangene Verabredungen.
   Besondere Bedeutung kommt der wechselseitigen Akzeptanz unterschiedlicher Interessen und Lebensperspektiven der Beteiligten und der Kinder zu, die dann aufeinander bezogen und untereinander verknüpft werden.
Das Ergebnis der Mediation wird in der Regel schriftlich festgehalten. Auf Wunsch der Partner kann hieraus durch den Anwaltsmediator/die Anwaltsmediatorin, die Beratungsanwälte/-anwältinnen oder öffentliche Rechts-, Auskunfts- und Vergleichsstellen eine juristisch fundierte Vereinbarung erstellt werden.
Wegen der engen tatsächlichen und rechtlichen Verknüpfung ist darauf zu achten, daß jedes Teilergebnis im Hinblick auf seine Folgen für alle sonstigen Regelungsbereiche überprüft wird. Ist zwischen den Parteien lediglich eine Einigung über einen Teilbereich zustande gekommen oder ist eine Einigung überhaupt nicht möglich, spricht der Mediator/die Mediatorin mit den Parteien das weitere Vorgehen ab.

VII. Qualifikationen

Im Hinblick auf den ganzheitlichen Ansatz des Mediationsprozesses setzt die Tätigkeit als Mediator/in profunde Kenntnisse, Fähigkeiten und Fertigkeiten auf dem Gebiet der Psychologie der Familie, der Grundzüge des Familienrechts und der interessengerechten Verhandlungsführung in dei Einschmelzung auf den Mediationsprozeß hin voraus. Der Erwerb der Qualifikation als Mediator/in ist durch eine Zusatzausbildung sicherzustellen.

Die BAFM hat ihre Qualifikationsvoraussetzungen in einer Ausbildungsordnung niedergelegt.

Die Teilnahme an der Zusatzausbildung setzt grundsätzlich eine juristische Ausbildung (2) Staatsexamen) oder eine Ausbildung im psychosozialen Bereich (diplomierter Abschluß) sowie Praxis auf einem dieser Felder voraus. Im Hinblick auf den persönlichen Einsatz des Mediators/di Mediatonn, namentlich seiner Neutralität, gehört zu dessen/deren Tätigkeit laufende Supervision und Fortbildung.

2. Ausbildungsordnung der BAFM für Familien-Mediation   44

I. Ziel, Gegenstand, Grundlagen

Ziel der Zusatzausbildung ist eine fundierte interdisziplinäre Ausbildung, die zur qualifizierten Ausübung der Familien-Mediation befähigt.

Gegenstand der Familien-Mediation ist eine außergerichtliche Regelung familiärer Konflikte, Krisen und Probleme in ehelichen, nichtehelichen und nachehelichen Beziehungen. Die nachfolgenden Ausführungen beziehen sich auf diesen Begriff der Familien-Mediation. Sie basieren auf Erfahrungen aus der Trennungs- und Scheidungsmediation.

Grundlage für diese Ausbildungsordnung und das Berufsbild von Familienmediatoren/innen sind die „Richtlinien der BAFM für Mediation in Familienkonflikten". Die Ordnung ist inhaltlich und formal abgestimmt mit der „Europäischen Charta zur Ausbildung von Familienmediatoren im Bereich von Trennung und Scheidung".

II. Struktur

Die Zusatzausbildung umfasst die Vermittlung fundierter Fachkenntnisse unter Einbeziehung wissenschaftlicher Grundlagen und Forschungsergebnisse und die Einübung von Techniken sowie die Reflexion persönlicher Erfahrungen.

Die Zusatzausbildung besteht aus:
- Seminaren
  - Die Seminare beziehen sich auf
  - den Kernbereich der Mediation („Essentials") einschließlich professions- und themenbezogener Selbstreflexion (IV. 1.)
  - die gesellschaftlichen, rechtlichen und ethischen Rahmenbedingungen der Mediation (IV. 2.)
  - sowie auf notwendige interdisziplinäre Kenntnisse zur Ergänzung der Qualifikation aus dem Eingangsberuf (IV. 3.)
- Supervision
  Fallarbeit und Dokumentation
  Hospitation/Covision/eigenständiger Gruppenarbeit (IV. 4.)
  Didaktisch wird wie folgt gearbeitet:
- Wissensvermittlung
- Erwerb mediativer Fähigkeiten und Fertigkeiten, namentlich durch Rollenspiele

– berufs- und themenspezifische Selbsterfahrung
– Dokumentation der Fallarbeit
– Reflexion der eigenen Tätigkeit im beruflichen Kontext
– Reflexion zur eigenen Praxis unter Supervision

Die Ausbildung kann sowohl in Form kontinuierlicher zusammenarbeitender Gruppen (gruppenprozessorientiertes Modell) als auch in Form eines Baustein-systems aufgebaut sein (Modulsystem).

III. Adressaten

1. Voraussetzung für die Zulassung zur Ausbildung sind

a) ein abgeschlossenes psychologisches, sozialwissenschaftliches Hochschulstudium (Dipl.-Psych., Dipl.-Soz.-Pädg., Dipl.-Soz.-Arb., Dipl.-Päd.), eine juristische Ausbildung (2. Staatsexamen) oder eine vergleichbare Qualifikation,

b) eine zweijährige einschlägige Berufserfahrung, die in der Regel nach Studienabschluss absolviert sein sollte,

c) die Möglichkeit, bereits während der Ausbildung Mediation zu praktizieren.
   Hierfür haben die Teilnehmer selbst Sorge zu tragen.

Über die Aufnahme und über Ausnahmen entscheidet verantwortlich gegenüber der BAFM das Ausbildungsinstitut.

Die Teilnehmer können nach Abschluss der Ausbildung bei einem anerkannten Ausbildungsinstitut satzungsgemäß den Antrag auf ordentliche Mitgliedschaft bei der BAFM stellen.

IV. Lerninhalte

1. Zur Vermittlung des Kernbereiches der Mediation („Essentials") gehören
   Kenntnisse, Fähigkeiten und Fertigkeiten, die sich schwerpunktmäßig auf folgende Gebiete erstrecken:

– Kenntnisse über Indikation, Struktur und Ablauf der Mediation, die unterschiedliche Aufgabenstellung des Mediators/der Mediatorin in den verschiedenen Phasen

– Kenntnisse über Wesen und Grundannahmen der Mediation, namentlich Stärkung der Eigenverantwortlichkeit der Konfliktpartner in ihrer Dialog-, Koope-
  rations- und Gestaltungsfähigkeit

– Methoden und Techniken der Mediation im Rahmen ihrer kommunikativen
  Struktur

– Spezielle Fähigkeiten des Mediators/der Mediatorin, z. B.
  • teilnehmende Neutralität
  • Verhandlungsführung; z. B. vom positionellen zum interessengerechten
    Verhandeln
  • Akzeptanz der Unterschiedlichkeit der Sichtweisen und Interessen der Kon-
    fliktpartner
  • Strukturierung der verschiedenen Inhalte und Themen der Mediation
  • Umgang mit unterschiedlichen Machtverhältnissen auf der Beziehungs- und
    Ressourcenebene
  • inhaltliche Erweiterung des Entscheidungsraumes

– Kinder und Jugendliche in der Mediation
– Vermittlung von Techniken zur Entscheidungsfindung
– Besonderheiten der Co-Mediation
– Fairness
– Die Rolle des Rechts
– Der Umgang mit psychodynamischen Vorgängen.

2. Zur Vermittlung der gesellschaftlich, rechtlichen und ethischen Rahmenbedingungen gehören schwerpunktmäßig folgende Inhalte:
– Mediation als Konfliktlösungsmodell im Unterschied zu traditionellen Formen der juristischen Vorgehensweisen und der Beratung und Therapie. Die besondere prozedurale Kompetenz von Mediation und ihre Grenzen
– Die Ethik der Mediation; das Menschenbild hinter der Mediation; Mediation als Form einer neuen Streitkultur
– Die verfahrensmäßige Einbeziehung von Mediation in das herkömmliche juristische Verfahren, namentlich das Scheidungsverfahren (ZPO, FGG, KJHG). Interprofessionelle Zusammenarbeit mit Beratungsanwälten sowie Richtern. Zusammenarbeit mit Sozialpädagogen, Beratern und Therapeuten sowie Vertretern der Jugendämter
– Institutionelle Ansiedlung von Mediation. Die Richtlinien der BAFM zur Familienmediation. Aufbau und Beteiligung an regionalen Netzwerken
– Beachtung institutioneller, standes- und strafrechtlicher Grenzen, namentlich zur Verschwiegenheit, zum Datenschutz und (bei Anwälten/innen) zum Parteiverrat.

3. Zur Vermittlung der notwendigen interdisziplinären Grundkenntnisse gehören schwerpunktmäßig:
(1) auf rechtlichem Gebiet:
– Grundzüge des materiellen Familienrechts, insbesondere Sorge-, Umgangsrecht, Kindes- und Ehegattenunterhalt, Hausrat, Ehewohnung, Vermögensauseinandersetzung, Altersvorsorge
– Grundzüge des Verfahrensrechtes
– Vertragstypische Gestaltungsformen bei Eheverträgen und Scheidungsvereinbarungen
– Typische rechtsgewährende Normen (Wohngeld, Kindergeld, BAFÖG, Sozialhilfeleistungen, usw.)
– Steuerrechtlich bedeutsame Gestaltungsformen;
(2) auf psychologischem und sozialwissenschaftlichem Gebiet über die beschriebenen Inhalte im Kernbereich hinaus:
– Familiendynamik bei Trennung und Scheidung
– Entwicklungspsychologische Aspekte bei Kindern und Jugendlichen
– Psychologische Konzepte wie Krise, Konflikt, emotional-kognitive Bewältigung, Verlust, Schuld, Bindung, Gewalt und Macht
– Selbstreflexion und Betroffenheit.

4. Gestaltungsformen
Die Supervision wird als Gruppensupervision oder in Einzelsupervisionen durchgeführt. Die eigenständige Gruppenarbeit bezieht sich auf Erfahrungsaustausch und Literaturstudium. Covision wird nach Modellen ausgeführt, die zuvor in den Seminaren vermittelt worden sind.
Die Supervisoren gehören entweder einem Ausbildungsinstitut an oder werden von diesem bestellt, Hospitationen werden bei Institutionen oder Personen anerkannt, die von den Ausbildungsinstituten bestätigt sind.

V. Abschluss

1. Nachweise für den Abschluss
Die Zusatzausbildung umfasst mindestens 200 Zeitstunden.
Die gliedern sich auf in
– Seminare mit mindestens 140 Zeitstunden, die sich auf die in Ziffer IV. genannten Lerninhalte beziehen. Davon entfallen mindestens 120 Zeitstunden

auf den Kernbereich Mediation. Diese werden unter Beachtung der gültigen Ausbildungsrichtlinien von einem Institut curricular verantwortet.
– Teilnahme an angeleiteter Supervision, mindestens 30 Zeitstunden
– 30 weitere Zeitstunden wahlweise als Seminar, angeleitete Supervision und/oder Covision/Hospitation, wobei auf Covision/Hospitation und eigenständige Gruppenarbeit maximal 20 Zeitstunden angerechnet werden.
Außerdem werden vier Fälle vorgelegt. Davon sind mindestens zwei Fälle vollständig dokumentiert; von diesem zwei Fällen endet mindestens ein Fall mit Memorandum bzw. einer Vereinbarung. Sollte ein Fall nicht in dieser Form abgeschlossen worden sein, tritt an dessen Stelle eine ausführliche Reflexion, aus welchen Gründen die Mediation sonst beendet wurde. Für die restlichen zwei Fälle reicht es, wenn sie in der angeleiteten Supervision vorgestellt worden sind und diese Supervision dokumentiert wird.
Insoweit können jedoch auch vollständige Falldokumentationen vorgelegt werden. Die Fälle sollten mindestens jeweils vier Sitzungen umfassen.
Die Dokumentation zeichnet die einzelnen Sitzungen nach und bezieht sich hierbei auf die Fakten einschließlich der vorläufigen Teilergebnisse. Desweiteren beinhaltet sie eine Analyse der Konfliktdynamik der Beteiligten. Dies schließt die Beurteilung der Indikation des Mediationsverfahrens zum aktuellen Zeitpunkt mit ein. Darüber hinaus ist die persönliche Reaktion des Mediators/in auf die Konfliktdynamik darzustellen und zu reflektieren. Die Hypothesenbildung und -reflexion zum Mediationsprozess sowie offene Fragen und Planung der jeweils nächsten Schritte sind zu beschreiben.
Co-Mediation wird dann anerkannt, wenn der Teilnehmer die Mediation verantwortlich mitgestaltet hat.
Voraussetzung für die Zulassung zum Abschluss ist ferner die Anerkennung der Richtlinien der BAFM zur Familienmediation.

2. Abnahme des Abschlusses

Die Ausbildung wird auf Antrag der Kandidaten bei der Abschlusskommission des Ausbildungsinstitutes abgeschlossen, das die Ausbildung zum Kernbereich verantwortet hat. Dem Antrag sind die Nachweise über die Ausbildung (Ziffer V. 1) beizufügen. Über die Anerkennung sämtlicher Ausbildungseinheiten entscheidet das Ausbildungsinstitut.
Der schriftliche Abschluss besteht aus den Falldokumentationen.
Darüber hinaus gewährleistet das jeweilige Ausbildungsinstitut einen expliziten Abschluss mit den Ausgebildeten in geeigneter Form, z. B. Abschlussgespräch oder Colloquium.
Ist der Kernbereich nicht gruppenprozessorientiert, sondern im Modulsystem vermittelt worden, findet ein Abschluss in Form eines Colloquiums oder eines fallbezogenen Abschlussseminars statt.

3. Abschlusskommission der Ausbildungsinstitute

Eine Abschlusskommission besteht aus drei Personen, die ordentliche Mitglieder der BAFM und Mitglied eines Ausbildungsinstitutes sein müssen.
Einer Abschlusskommission müssen Mitglieder aus mehr als einem Ausbildungsinstitut angehören. Auf die interdisziplinäre Zusammensetzung der Abschlusskommission ist zu achten. Die Abschlusskommissionen werden auf Vorschlag der anerkannten Ausbildungsinstitute gebildet und vom Vorstand der BAFM eingesetzt.
Die Abschlusskommissionen nehmen folgende Aufgaben wahr:
– Die Überprüfung der Voraussetzungen für die Ausbildung

– Die Überprüfung der Nachweise über die Ausbildungsstationen
– Die Abnahme des schriftlichen Abschlusses
– Die Ausstellung des Zertifikates über den erfolgreichen Abschluss der Ausbildung

VI. Ausländische Institute bzw. Trainer

Seminare oder Supervisionen der von der BAFM anerkannten ausländischen Institutionen und Trainer können in die Ausbildung der deutschen anerkannten Ausbildungsinstitute integriert werden.

Für den Fall, dass der Kernbereich der Ausbildung von ausländischen, von der BAFM anerkannten Institutionen bzw. Trainern vermittelt worden ist, können sich die Teilnehmer an ein von der BAFM anerkanntes Ausbildungsinstitut wenden, das bereit ist, die Ausbildung im Kernbereich insoweit zu verantworten, und dafür Sorge zu tragen, dass fehlende Ausbildungsteile, wie z. B. die Vermittlung der Rahmenbedingungen und des Rechtes sowie Supervision und Fallbegleitung ergänzt werden können. Dieses Institut ist dann auch für den Abschluss zuständig.

VII. Fortbildung und Supervision

Auf die Obliegenheit zur regelmäßigen Fortbildung und Supervision nach den Richtlinien der BAFM auch nach Abschluss der Ausbildung wird hingewiesen.

3. Kriterien für die Anerkennung der Ausbildungsinstitute für Familien-Mediation durch die BAFM   45

Anträge auf Anerkennung sind mit schriftlichen Nachweisen für alle maßgeblichen Kriterien an den Vorstand der BAFM zu richten. Dieser leitet sie dem Beirat der Ausbildungsinstitute mit der Bitte um ein Votum zu. Der Beirat der Ausbildungsinstitute wird das antragstellende Institut in der Regel zu einem persönlichen Gespräch einladen.

Mit dem Votum des Beirates der Ausbildungsinstitute legt der Vorstand dem Hauptausschuss – bis zu dessen Installierung der Mitgliederversammlung – die Anträge zur Beschlussfassung vor.

1. Voraussetzung für die Anerkennung der Ausbildungsinstitute für Familien-Mediation durch die BAFM ist die Benennung einer verantwortlichen Ausbildungsleitung sowie die Vorlage eines schriftlichen Curriculums über die Inhalte, Schwerpunkte und Methoden der Ausbildung, die in ihrer Gesamtheit der Ausbildungsordnung der BAFM mit ihrem interdisziplinären Anliegen entsprechen müssen.

2. Es ist ein Nachweis in geeigneter Form darüber zu erbringen, dass das beantragende Ausbildungsinstitut über organisatorische, konzeptionelle und personelle Möglichkeiten zur Durchführung einer Ausbildung zum Zeitpunkt der Antragstellung verfügt bzw. bereits praktiziert.

Zusätzlich ist der Nachweis für die interdisziplinäre Ausrichtung der im Rahmen der Ausbildung mitwirkenden Ausbildungsleiter/innen, Mediationsausbilder (zuständig für den Kernbereich) und Referenten (sonstige Bereiche) zu erbringen. Konzeptionell ist die interdisziplinäre Besetzung der Ausbildungsgruppen vorzusehen.

3. Die Anerkennung erhält das Institut unter der konkret benannten Ausbildungsleitung. Die Ausbildungsleitung verantwortet die Ausbildung. Ausbil-

dungsleiter müssen Mitglieder der BAFM sein und deren Kriterien für die reguläre Mitgliedschaft erfüllen (200 Stunden im Sinne der Ausbildungsordnung der BAFM). Mediationsausbilder/innen müssen ebenfalls BAFM-Mitglieder sein; im Einzelfall kann das Ausbildungsinstitut hiervon absehen. Jedenfalls aber müssen die Mediationsausbilder/innen ausgebildete Mediatoren/innen sein (200 Stunden im Sinne der Ausbildungsordnung der BAFM). Ausbildungsleiter und Mediationsausbilder müssen als Lehrende über qualifizierte Erfahrungen in interdisziplinärer Fort- und Weiterbildung in Mediation verfügen und diese nachweisen können (Richtwert: Nachweis der Durchführung von 120 Fort- und Weiterbildungsstunden, davon 60 im Kernbereich Mediation. Diese Erfahrung kann auch als Co-Trainer/in erworben werden). Die Fortbildungserfahrung der Referenten muss sich nicht zwingend auf Mediation beziehen.

Die Ausbildungsleiter/innen und Mediationsausbilder/innen müssen über eine fundierte Mediationspraxis verfügen. Fundierte Mediationspraxis heißt: 15 durchgeführte Mediationen (zusätzlich zu den vier Fällen, die zur Mitgliedschaft in der BAFM führen, insgesamt also 19 Fälle). Die Darstellung der Mediationen muss alle wesentlichen Elemente des Mediationsprozesses enthalten: Angaben zu Beginn und Ende der Mediationen, Zahl der Sitzungen, Ergebnis; bei Abbruch: Reflexion, weshalb; ob die Mediation allein oder in Co-Mediation durchgeführt wurde. Die Mediationen müssen zu einem wesentlichen Teil (ca. $\frac{1}{3}$ der Fälle) finanzielle Angelegenheiten betreffen. Die Abschlussvereinbarungen sind beizufügen. Die Darstellung umfasst ca. zwei Seiten.

Von den fünfzehn Fällen sollen vier Fällen supervidiert sein. Die Supervisionsbestätigung ist beizufügen. Sie erhält Angaben darüber, wann, wo, bei wem und in welchem Zusammenhang die Supervision stattgefunden hat.

4. Alle verantwortlichen Ausbilder/innen sind zur laufenden Weiterbildung verpflichtet. Die Teilnahme an den „Weiterbildungskursen" der BAFM ist erwünscht.

5. Die anerkannten Ausbildungsinstitute verpflichten sich zur Information und Kooperation untereinander und mit der BAFM. Die verantwortlichen Ausbildungsinstitute informieren den Vorstand der BAFM über sämtliche Ausbildungsaktivitäten, deren Planung und Durchführung. Dieser Selbstverpflichtung kommen die anerkannten Ausbildungsinstitute mindestens jährlich im Rahmen des Beirates der Ausbildungsinstitute nach. Erfüllt ein Ausbildungsinstitut die Informationspflicht zwei Jahre lang nicht, so erlischt die Anerkennung.

Das Gleiche gilt, wenn ein Institut zwei Jahre nach Anerkennung keine der Ausbildungsordnung der BAFM entsprechende Ausbildung begonnen hat.

Der Vorstand hat darüber hinaus das Recht, sich seinerseits über Inhalte und Durchführung der Kurse zu informieren.

Die Anerkennung erlischt auch bei einem Wechsel der Ausbildungsleitung, wenn nicht innerhalb von 6 Monaten eine neue Ausbildungsleitung benannt und von der BAFM bestätigt wird.

Der Hauptausschuss kann auf Vorschlag des Vorstandes die Anerkennung entziehen, wenn die Kriterien für die Anerkennung nicht mehr vorliegen.

Falls es zwischen Ausbildungsinstituten und der BAFM zu Konflikten kommt, werden die Beteiligten im Sinne des Selbstverständnisses der Mediation die Konflikte im Dialog zu klären versuchen.

6. Dem Antrag ist eine Absichtserklärung beizufügen, aktiv in der BAFM, insbesondere im Beirat der Ausbildungsinstitute, mitzuwirken. Die beantragenden Institute verpflichten sich ferner, auf der Grundlage der Ausbildungsordnung und der Richtlinien der BAFM auszubilden.

4. Liste der von der BAFM[28] anerkannten Ausbildungsinstitute[29]   46

Eidos Projekt Mediation
Dr. Gisela Mähler und Dr. Hans-Georg Mähler,
Südliche Auffahrtsallee 29, 80639 München
Telefon: 089/1 78 20 69, Fax: 089/17 63 21,
E-Mail: info@eidos-projekt-mediation.de,
Internet: www.eidos-projekt-mediation.de

Hamburger Institut für Mediation
Regina Harms, Prof. Peter Kunkel, Prof. Dr. Manfred Neuffer,
Desenißstraße 5411, 22083 Hamburg
Telefon: und Fax: 040/23 99 99 24
E-Mail: HH.Institut Mediation@t.online.de

Heidelberger Institut für Mediation
Prof. Dr. Reiner Bastine, Lis Ripke
Mönchshof 11, 69120 Heidelberg
Telefon: 0 62 21/47 34 06, Fax: 0 62 21/47 26 93
E-Mail: Ripke-mediation@t-online.de
Internet: www.mediation-heidelberg.de

Institut für Konfliktberatung und Mediation (IKOM) Bonn
Heidrun Gerwens-Henke u. a.,
Kurfürstenstraße 82, 53115 Bonn
Telefon: 02 28/22 21 16, Fax: 02 28/26 50 39
E-Mail: mediation@ikom-bonn.de
Internet: www.ikom-bonn.de

Institut für Konfliktberatung und Mediation (IKOM) Frankfurt
Dagmar Schramm-Grüber u. a.
Kettenhofweg 77, 60325 Frankfurt
Telefon: 069/17 44 10, Fax: 069/72 09 54
E-Mail: ikom-frankfurt@t-online.de
Internet: www.ikom-frnkfurt.de

Institut für Mediation, Streitschlichtung und Konfliktmanagement (IMS)
Maria Marshall, Stefan Mayer, Walter J. Lehmann, Joachim Neufeldt u. a.
Schulstraße 30, 85586 Poing
Telefon: 0 81 21/7 35 53, Fax: 0 81 21/97 39 55
E-Mail: ims85586@aol.com
Internet: www.mediation-ims.de

und c/o Joachim Neufeldt
Schloßgärtnerei 3, 01665 Weistropp bei Dresden
Telefon: 0351/452 14 96, Fax: 0351/452 14 97
E-Mail: jneufeldt@csi.com

---

[28] Bundes-Arbeitsgemeinschaft Familien-Mediation e.V.; Geschäftsstelle: Eisenacher Straße 1, 10777 Berlin, Tel: 030/23 62 82 66, Fax: 030/2 14 17 57, E-mail: bofm-mediation@t-online.de, Internet: www.bafm-mediation.de.
[29] Zu den Ausbildungsinstitutionen allgemein vgl. § 59.

Institut für soziale und kulturelle Arbeit (ISKA Nürnberg GmbH)
Prof. Dr. Roland Proksch u. a.
Untere Krämergasse 3, 90403 Nürnberg
Telefon: 09 11/2 27 89 97 oder 09 11/55 82 00, Fax: 09 11/2 44 63 19
E-Mail: roproksch@aol.com

Mediationswerkstatt Münster
Hannelore Diez, Heiner Krabbe, Sabine Thomson u. a.
Von-Kluck-Straße 14–18, 48151 Münster
Telefon und Fax: 02 51/5 54 85

Zusammenwirken im Familienkonflikt e. V.
Frauke Decker, Joachim Hiersemann, Jutta Lack-Strecker, Christoph C. Paul u. a.
Mehringdamm 50, 10861 Berlin
Telefon: 030/8 61 01 95, Fax: 030/8 73 48 30
E-Mail: verein@zif-online.de

§ 59 Ausbildungsinstitutionen

Marcus Hehn/Ulrike Rüssel

Übersicht

Schrifttum: *Hehn/Rüssel,* Institutionen im Bereich der Mediation in Deutschland, NJW 2001, 347 ff.; *Ewig* (Hrsg.), Mediations Guide 2000.

I. Einleitung

Das Thema Mediation[1] wird in den letzten Jahren zunehmend diskutiert. Auch 1 dieses Handbuch zeugt von dem wachsenden Interesse, das die Mediation nicht zuletzt in Juristenkreisen geweckt hat. Als ein jahrtausendealtes Modell der Konfliktregelung[2] wurde sie in den 60er Jahren in den USA wiederentdeckt und wissenschaftlich fortentwickelt. Hier wird mittlerweile in nahezu allen Teilbereichen der Gesellschaft angewandt, in denen Probleme zu lösen sind.

Das Bedürfnis nach Information über die verschiedenen Bereiche ist groß. Dieses Kapitel soll dabei helfen, einen Überblick über die bekanntesten und größten Institutionen zu erlangen.

---

[1] Der Begriff „Mediation" stammt aus dem Lateinischen und bedeutet schlicht „Vermittlung".
[2] Vgl. dazu § 6.

II. Übergeordnete Institutionen

2   Im Folgenden werden zunächst die Institutionen vorgestellt, die sich bereichs-übergreifend mit dem Thema Mediation befassen, um daran anschließend – geord-net nach den jeweiligen Anwendungsbereichen von Mediation – die bekanntesten und größten Institutionen vorzustellen.

1. Bundesverband Mediation e. V.

3   Der Bundesverband Mediation e. V. ist ein Zusammenschluss von Menschen, die sich für die Anwendung und Verbreitung von Mediation und anderen konstrukti-ven Konfliktlösungsmethoden in Deutschland einsetzen. Es existieren ethische Grundsätze, eine Anerkennungsordnung für Mediatoren sowie Leitbilder zur Aus-übung von Mediation, die sich in erster Linie an diejenigen wenden, die Mediation beruflich ausüben. In Erfüllung dieser Aufgabe wurden Standards für Mediation entwickelt. Die Geschäftsstelle des Mediation e. V. ist erreichbar unter: Kirchweg 80, 34119 Kassel, Tel.: 0561–73 96 413, Fax: 0561–73 96 412 oder per e-mail un-ter:info@BMeV.de sowie im Internet: http://www.BMeV.de[3]

2. DGM e. V.

4   Die DGM (Deutsche Gesellschaft für Mediation e. V.) ist ein im Herbst 1998 ge-gründeter, bundesweit tätiger gemeinnütziger Verein. Ihr Ziel ist die Etablierung und Förderung der Mediation (Forschung, Aufklärung, und rechtspolitisches Enga-gement) auf deutscher und internationaler Ebene. Ihre Aufgaben sieht die DGM in der Aufklärung und Information der Öffentlichkeit über das Thema Mediation, um die Akzeptanz für diese Idee in Politik und Gesellschaft zu fördern, Etablierung von Mediation als Konfliktregelungsinstrument in der Praxis der Unternehmen, Verbände, Verwaltung und Gerichte, Sicherung der Qualität der Ausbildung und Unterstützung der Entwicklung und Anwendung verbesserter Verfahren.
    Weitere Informationen sind erhältlich unter: DGM, Heinitzstr. 77, 58097 Hagen oder per e-mail unter der Adresse: info@dgm-web.de. Die Internetseite der DGM finden Sie unter http://www.dgm-web.de

3. Centrale für Mediation

5   Die Centrale für Mediation ist eine gemeinsame Tochter des Kölner Verlags Dr. Otto Schmidt und des Rudolf Haufe Verlages aus Freiburg. Sie bezeichnet sich selbst als Anlauf- und Informationsstelle rund um das Thema Mediation. Für Mit-glieder hält sie eine breite Leistungspalette – von einem regelmäßig herausgegebe-nen Newsletter „mediations-report" über Einträge in die Datenbank des Mediato-rensuchservices bzw. den Mediationsguide bis hin zu Recherchen nach Kollegen und Organisationen im In- und Ausland – bereit. Sie veranstaltet einen jährlichen Kongress zum Thema Mediation. Informationen zur Mitgliedschaft und zu weite-

---

[3] Alle Internet-Angaben beruhen auf einem login vom 25. 1. 2002.

ren Aktivitäten erhalten Sie unter der Adresse: Centrale für Mediation, RA'in *Dr. Bettina Janßen & Eva Hild,* Unter den Ulmen 96–98, 50968 Köln, Tel.: 0221/037 38–801; –820; –821; Fax: 0221/937 38–926, per e-mail unter der Adresse: cfm@mediate.de oder im Internet unter http://www.centrale-fuer-mediation.de

III. Institutionen in den einzelnen Bereichen der Mediation

In Deutschland gibt es nach mittlerweile gut 15 Jahren praktischer Erfahrung mit **6** Mediation nicht nur Institutionen, die sich bereichsübergreifend mit dem Thema befassen. Viele kleine – oft auch nur regional tätige – Gruppierungen haben sich auf einzelne Anwendungsfelder der Mediation spezialisiert. Nachfolgend ein Überblick über die größten Institutionen in den Teilbereichen:

1. Familienmediation[4]

Der in Deutschland am weitesten entwickelte Zweig der Mediation ist nach wie **7** vor der Bereich der Familienmediation. Diese umfasst neben Trennungs- und Scheidungsmediation auch die Bereiche der Regelung von Streitigkeiten um die Sorge von Kindern und Jugendlichen sowie in Erbschaftsangelegenheiten innerhalb von Familien.

Der Bereich der Familienmediation zeichnet sich durch eine Vielzahl an Instituti- **8** onen aus, die sich in Ausbildung oder Praxis mit dem Thema befassen. **Größte Institution** im Bereich der Familienmediation ist die Bundesarbeitsgemeinschaft für Familienmediation (**BAFM**) – ein seit 1992 bestehender überörtlicher Zusammenschluss von Arbeitskreisen der im Bereich der Familienmediation tätigen Mediatoren und privatwirtschaftlichen Ausbilder, die sich auf regionaler Ebene häufig bereits seit 1989 mit dem Thema befassten.

Im Laufe der Zeit entwickelte die BAFM Richtlinien für Mediation in Familien- **9** konflikten, gab sich eine Satzung und erarbeitete als erster Verband in Deutschland – in Übereinstimmung mit der Europäischen Charta zur Ausbildung von Familienmediatoren in Trennung und Scheidung – Ausbildungsstandards[5]. Wer mehr über die BAFM und die von ihr anerkannten Institutionen erfahren möchte, wende sich an RA *Christoph C. Paul,* Eisenacher Str. 1, 10777 Berlin, Tel.: 030/236 28 266, Fax: 030/214 17 57, e-mail: bafm-mediation@t-online.de oder schaue ins Internet unter http://www.bafm-mediation.de

2. Umweltmediation[6]

Die Umweltmediation spielte bei der Entwicklung der Mediation in den USA eine **10** wichtige Rolle. Unterstützt durch große nationale Stiftungen (z. B. die *Rockefeller-* oder die *Ford-Stiftung*) wurden einige erfolgreiche Mediationsverfahren im Zusammenhang mit umweltrelevanten Bau- und Planungsvorhaben durchgeführt.

---

[4] Dazu §§ 34, 58.
[5] Abgedruckt unter § 58 Rdnr. 43 ff.
[6] Dazu § 46.

Umweltmediationsverfahren[7] sind im Gegensatz zu anderen Bereichen der Mediation vor allem dadurch gekennzeichnet, dass nicht nur wenige Parteien, sondern in der Regel Vertreter verschiedenster Gruppen in ein solches komplexes Verfahren eingebunden sind und dass das Bedürfnis der Öffentlichkeit, über den Fortgang der Verfahren informiert zu werden, wesentlich größer ist als in anderen Bereichen der Mediation.

11   Intensiv mit dem Thema Umweltmediation befasste sich bislang der **Förderverein Umweltmediation e. V., Bonn.** Im Rahmen seiner Tätigkeit wurde das Themenfeld beobachtet, analysiert, und weiterentwickelt. Eine Besonderheit stellt z. B. die Weiterentwicklung der „Umweltmediation" zur „Mediation im öffentlichen Bereich: Umwelt – Wirtschaft – Politik – Soziales" dar, um das Einsatzfeld der Mediation besser beschreiben zu können.

12   Der Förderverein Umweltmediation e. V. ist das Durchführungsorgan eines vierjährigen Projekts der Deutschen Bundesstiftung Umwelt bei der Arbeitsgemeinschaft für Umweltfragen e. V. in Bonn. Er wurde 1998 gegründet und dient dazu, innerhalb geeigneter Rahmenbedingungen die Möglichkeiten und Grenzen des Einsatzes der Umweltmediation und ähnlicher konsensorientierter Verfahren in Deutschland zu untersuchen und sie dann in angemessener Weise als Mittel einer ergebnisorientierten Umweltkommunikation zu etablieren. Dieses Ziel soll zum einen über Information der wichtigen Gruppen (Politik, Verwaltung, Rechtswesen, Umweltverbände u. ä.), zum anderen durch Aus- und Weiterbildung sowohl der Mediatoren selbst als auch der Nutzer von Mediation erreicht werden. Eine Broschüre mit Basisinformationen und ein interdisziplinärer Studienbrief zum Thema Umweltmediation runden das Informationsangebot des Fördervereins ab. Weitere Informationen beim: Förderverein Umweltmediation e. V., Matthias-Grünewald-Straße 1–3, 53175 Bonn; Tel.: 0228/3 72 99 27; Fax: 0228/3 72 99 28; e-mail: info@umweltmediation.de Internet: http://www.umweltmediation.info

3. Arbeits- und Wirtschaftsmediation[8]

13   Mediation ist in den USA mittlerweile ein fester Bestandteil im Wirtschaftsleben. In Deutschland stößt sie immer noch auf Unkenntnis und damit verbundenen Widerstand in den Unternehmen. Dabei sind die Anwendungsfelder gerade auch im Bereich der Wirtschaft vielfältig: Wirtschaftsmediation kann zum einen Anwendung finden innerhalb von Betrieben, beispielsweise bei Streitigkeiten zwischen Geschäftsführung und Personalrat, in Fällen von Mobbing etc. Zum anderen sind aber auch Probleme, die bei der Abwicklung von Verträgen zwischen Unternehmen, beim Zusammenschluss von Unternehmen bzw. deren Übernahme entstehen, ein Anwendungsfeld für Mediation. Gleiches gilt für Insolvenzverfahren und Verfahren im Bereich des gewerblichen Rechtsschutzes (z. B. Patent- und Urheberrechtsverletzungen). Auch die Übernahme bzw. Fortführung von Familienbetrieben lässt sich durch Mediation häufig besser lösen als durch jahrelange Streitigkeiten oder gar Gerichtsverfahren.

---

[7] Zu den weiteren Besonderheiten der Umweltmediation vgl. § 46; außerdem Standards für Umweltmediation, in: *G. Fuchs/M. Hehn,* Umweltmediation, a. a. O., S. 44 ff., oder im Internet: http://www.ag-recht.de/umweltmediation.htm (Stichwort: Qualitätsmanagement).
[8] Zu der Mediation im Arbeitsrecht vgl. § 36, im Wirtschaftsrecht §§ 38, 39.

Die Wirtschaftsmediation im Blickfeld haben insbesondere folgende Institutionen:

a) Bundesverband für Mediation in Wirtschaft und Arbeitswelt (BMWA). Der 14
Bundesverband für Mediation in Wirtschaft und Arbeitswelt e.V. ist ein Zusammenschluss von in der Wirtschaft tätigen Mediatorinnen und Mediatoren im deutschsprachigen Raum. Sein Angebot erstreckt sich von einem Katalog von praktizierenden Mediatoren, über deren Weiterbildung sowie die Erarbeitung von eigenen Standards. Weitere Infos sind erhältlich bei: RA'in *Martina Wurl*, Severinst. 4, 18209 Bad Doberan, Tel: 038203/13134, Fax: 038203/13136, e-mail: geschaeftsstelle@bmwa.de oder im Internet: http://www.bmwa.de

b) Gesellschaft für Wirtschaftsmediation und Konfliktmanagement e.V. (gwmk). 15
Die Gesellschaft für Wirtschaftsmediation und Konfliktmanagement e.V. sieht ihre Aufgabe darin, bei Unternehmen, Beratern und Anwälten einen Prozess des Umdenkens in Gang zu setzen, so dass Mediation als Alternative zum klassischen Rechtsstreit akzeptiert wird. Sie ist nach ihrem Selbstverständnis keine Vereinigung von Mediatoren, sondern hat als Non-Profit-Organisation die Förderung der Wirtschafts-Mediation zum Ziel. Daher zählen auch die „Nutzer" – vor allem Unternehmen und Anwälte – zu ihren Mitgliedern. Informationen sind erhältlich unter der Adresse: gwmk, Elsenheimer Str. 31, 80687 München, Tel: 089/57869–492, Fax: 089/57869–538, e-mail: mediation@gwmk.org, Internet: http://www.gwmk.org

c) Deutsche Gesellschaft für Mediation in der Wirtschaft e.V. (DGMW). Die 16
DGMW versteht sich als unabhängiger Verband zur Bildung von Netzwerken im Bereich der Wirtschaftsmediation. Aus- und Weiterbildung von Mediatoren, Qualitätssicherung und die Schaffung von Standards sind die Hauptaufgabenfelder dieses Vereins. Natürliche Personen können nur Mitglied in der DGMW werden, wenn sie eine anerkannte Ausbildung abgeschlossen haben. Weitere Informationen können eingeholt werden bei: Deutsche Gesellschaft für Mediation in der Wirtschaft e.V., Charlottenstrasse 29/31, 70182 Stuttgart, Telefon: (0711) 2376812; Fax: (0711) 2376811; e-mail: info@dgmw.de; Internet: www.dgmw.de

4. Täter-Opfer-Ausgleich[9]

Der Täter-Opfer-Ausgleich (TOA) hat als eine Ausformung von Mediation be- 17
reits im Jahr 1994 in Gestalt des § 46a StGB in das Strafrecht Einzug gehalten. Durch die im Rahmen des TOA erfolgende Konfrontation mit dem Opfer sollte zum einen dem Täter die Verwerflichkeit seines Handelns und der daraus resultierenden Folgen besser als durch Freiheits- oder Geldstrafe bewusst gemacht werden. Zum anderen sollte das Interesse des Opfers an einer sinnvollen Schadenskompensation besser zum Ausdruck gebracht werden.[10]

Informationen zum Täter-Opfer-Ausgleich sind erhältlich beim Servicebüro für 18
Täter-Opfer-Ausgleich und Konfliktschlichtung, Aachener Str. 1064, 50858 Köln; Tel.: 0221/94865122; Fax: 0221/94865123; e-mail: info@toa-servicebuero.de oder im Internet unter der Adresse: http://www.toa-servicebuero.de

---

[9] Dazu eingehend § 49.
[10] Begr. BT-Drucks. 12/6853, 21; *Tröndle*, StGB, § 46a Rdnr. 2.

5. Schulmediation

19   Schulmediation beschäftigt sich mit Konflikten rund um das Feld „Schule". Sie gehört zu den ältesten Anwendungsfeldern der Mediation in Deutschland. Für Juristen spielt dieser Bereich keine große Rolle, sind hier doch vor allem (Sozial-)Pädagogen tätig. Eine bundesweit tätige Institution auf diesem Gebiet gibt es zurzeit noch nicht. Informationen sind aber über den Bundesverband Mediation e.V., Fachgruppe Schule und Jugendarbeit, *Günther Braun,* Tel: 02933/2146, Fax: 02933/3157 erhältlich.

IV. Berufsspezifische Ausbildungsinstitute und Interessenträger[11]

20   Speziell für Rechtsanwälte bietet die **Deutsche Anwaltakademie** eine 90-stündige Ausbildung im Bereich der Mediation an. Zudem hat sich innerhalb des Deutschen Anwaltsvereins (DAV) zum einen die Arbeitsgemeinschaft Mediation gebildet, zum anderen beschäftigt sich auch der Ausschuss Außergerichtliche Konfliktbeilegung mit diesem Thema. Ihre Ansprechpartnerin in der Arbeitsgemeinschaft Mediation ist RA'in *Angelika Rüstow,* Littenstr. 11, 10179 Berlin, Tel.: 030/7261520, Fax: 030/726152190. Um Kontakt zum Ausschuss Außergerichtliche Streitbeilegung aufzunehmen, können Sie sich ebenfalls an diese Adresse wenden.

21   Auch die **BRAK** hat einen Ausschuss Mediation eingerichtet. Dieser ist zu erreichen in der Joachimstr. 1, 53123 Bonn oder per e-mail: brak.bonn@t-online.de

22   **Psychologinnen und Psychologen** finden weitere Auskünfte über Mediation bei ihrem Berufsverband, Heilsbachstr. 22, 53123 Bonn, Tel.: 0228/987310, Fax: 0228/9873170, per e-mail: g.pulverich@bdp-verband.org

V. Schlussbemerkung

23   Die Mediation ist in Deutschland auf dem **Vormarsch.** Davon zeugt nicht zuletzt das ansteigende Interesse in der Öffentlichkeit und vor allem bei den Juristen. Der Ausbildungsmarkt boomt, neue Anwendungsgebiete der Mediation werden erschlossen. Beispielsweise erlangt die interkulturelle Mediation, die beispielsweise in Frankreich schon weit verbreitet ist, in Deutschland immer größere Bedeutung. Es geht dabei um die Regelung von Konflikten, an denen Angehörige verschiedener ethnischer Gruppen beteiligt sind. Eine Entwicklung der Mediation hinein in andere Bereiche ist nicht ausgeschlossen.

Generell kann man folgendes sagen: Der Einsatz der Mediation ist überall dort sinnvoll, wo die Beteiligten nach Beendigung des Konflikts noch in irgendeiner Form miteinander umgehen müssen. Nicht zuletzt deshalb hat die Mediation gerade bei Ehescheidungen, von denen Kinder betroffen sind, eine Sternstunde erlebt: Für geregelte Lebensumstände von Scheidungskindern ist ein gewisses Maß an Umgang der Eltern untereinander unverzichtbar.

---

[11] Zu den großen (universitären) Ausbildungsinstituten in Deutschland vgl. insbesondere die §§ 52, 55 und 56.

Die **zunehmende Institutionalisierung** im Bereich der Mediation kann dazu beitragen, dass die Mediation in Deutschland noch weiter und vor allem noch schneller bekannt wird. Wenn die Entwicklung weiter voranschreitet, wie bisher abzusehen, dann wird die Mediation in einigen Jahren zum festen Bestandteil unseres gesellschaftlichen Systems gehören. Für den Juristen bietet die Beschäftigung mit dem Thema Mediation neue Ansatzpunkte. Alleine die Beschäftigung mit den Erkenntnissen anderer Disziplinen erweitert und ergänzt die Kenntnisse, die in der Juristenausbildung vermittelt werden. Für den Rechtsanwalt bietet sich ein neues Berufsfeld, wenn er sich im Rahmen einer fundierten Zusatzausbildung darauf einlässt, von anderen Wissensgebieten zu lernen und seine herkömmliche Rolle als „Entscheider" zurückzunehmen. Nicht zuletzt gegenüber den Mandanten kann auf diese Weise das Tätigkeitsspektrum und Serviceangebot vergrößert werden.

Sachverzeichnis

Die fetten Zahlen beziehen sich auf die Paragraphen, die mageren Zahlen auf die Randnummern.

Hagen

Sachverzeichnis

Sachverzeichnis

Sachverzeichnis

Sachverzeichnis

- Scheidung **34** 11
- Scheidungsfall **22** 24
- sozialpsychologischer/juristischer Ansatz **34** 63
- Sozialwissenschaften **34** 66
- steuerliche Anerkennung **32** 89
- Streitigkeiten in Wohngemeinschaften **34** 61
- therapeutische **23** 70, 73
- Trennung **34** 11
- Trennung trotz Erhaltungswunsch **22** 62
- Trennungsdynamik als Verschärfung **34** 23
- Trennungsprozess **34** 9
- typische Lebenslagen **34** 30
- Unterschiede zur Beratung/Therapie **34** 21
- unverheiratete Paare **34** 61
- Verständigungsprozess zwischen Konflikt-partnern **34** 38
- Vorbefasstheit **34** 88
- Vorreiterstellung **34** 10
- Wechselbezüglichkeit Beziehungs-/Ergebnisebene **34** 39
- Werbung für **34** 82
- Wirtschaftsmediation **22** 63
- Zeitdauer **34** 79
- Zeithonorar **34** 79

Familienrecht
- anwaltliche Co-Mediation **21** 59
- Delegationssystem **34** 13
- vom Delegationssystem zur Mediation **34** 15
- Konfliktmediation vor Notar **24** 123
- Mediation **21** 77
- Muster-Mediationsvereinbarung bei an-waltlicher Co-Mediation **21** 78

Familienübergang
- Familienmediation **34** 61

Feilschen 2 3
- Verhandlungsführung **8** 43

FernUniversität Hagen
- Fortbildung zum European Master in Mediation(EMM) **52** 39
- Grundstudium **52** 12
- Hauptstudium **52** 23
- Intervision **52** 36
- News-Groups **52** 37
- Regional-/Alumnigruppen **52** 35
- Rundbrief **52** 38
- Studium Mediation **52** 1 ff.
- Supervision **52** 38
- Zeugnis **52** 34

Final-Offer-Arbitration 38 102

Finanzierung
- ärztliche Leistung **47** 42
- Startup-Unternehmen **40** 54

Firmenkultur, unterschiedliche
- Wirtschaftsmediation **22** 64

Flächennutzungsplan
- Umweltmediation **46** 52

Flip Flop-Arbitration 38 104

Flow
- Begriff **9** 77

Förderverein Umweltmediation e. V. 59 11
- Ausbildungsrichtlinien **51** 17

Formulierung, negative
- bei Verstrickung **10** 80

Forschungsprojekte 4 54

Fragearten 16 41

Fragen
- nach Ausnahmen **16** 41
- konzentrierende **16** 41
- lösungsorientiertes **16** 42
- nach Umkehrmethode **16** 41

Fragetechniken
- Kommunikationstechnik **16** 39

framing
- Mediationstechnik **41** 29

Frankreich
- Confédération Francaise des Travailleurs Chrétiens (CFTC) **53** 60
- CyberCMAP **50** 20
- IRIS **50** 19
- Mediation **6** 53; **17** 46
- online-Mediation **50** 20

Freiwilligkeit
- Abgrenzung **18** 25
- Begriff **18** 11
- Gesetz zur Förderung der außergerichtli-chen Streitbeilegung **4** 95, 97
- Gewährleistung der **15** 99
- Prinzip der **1** 86

Fremdkosten
- Vorschuss **13** 66

Fuß-in-der-Tür-Technik
- beim Verhandeln **10** 66

Gebrauchsmuster
- Mediationsbeispiel **43** 26 f.
- Mediations-/Schiedsfähigkeit **43** 5

Gebührenrahmen 32 37

Gedankenlesen
- Begriff **14** 39

Gefahrenabschätzung
- Mediation bei genehmigungspflichtigen Bauvorhaben **44** 68

Honorargestaltung
– einkommensabhängige Honorarvereinba-
  rung 21 58
Honorarvereinbarung 26 39; 32 83
– Anwaltsmediator/-in 21 55
Honorarverteilung
– ärztliche 47 47
Hospitanz 1 44
Hypothesefrage 16 41
Hypothesenbildung 3 57

ICANN 50 10, 23
Ich-Botschaften
– Mediationstechnik 1 104
i-Courthouse 50 12, 31
Ideen
– Bewertung 1 201 f.
– Sammlung 1 169 f.
Identität
– Säulen der 22 33
Identitätsverlust
– bei Partnerverlust 22 33
Immissionsschutz
– Mediation bei Genehmigungsverfahren
  44 58
Immobiliarvermögen
– Abwicklung Erbengemeinschaft 35 32
Implementation
– Mediationsergebnis im Planfeststellungs-
  verfahren 44 77
Indikation
– Co-Mediation 23 26 f.
Individualarbeitsrecht
– Arbeitsplatzkonflikt im 39 20
– außergerichtliche Streitbeilegung 36 9
Individualismus-Kollektivismus
– Kulturdimension 11 25
Individualität
– Gesetz der 14 17
Industrie- und Handelskammer (IHK)
– Verfahrensgebühren 32 10
Informationsdefizit 7 45
Informationsfrage 16 41
Informationsmittler
– Mediator 2 37
Informationsphase
– Verhandlung 8 36
Informationssammlung 16 6, 20
– Fragetechnik 14 26
Informiertheit
– Grundsatz der 15 114
– Prinzip der 1 89
Inhaltsdiktat
– Mediator/-in 7 53

Insolvenzplan
– Entwurf des Mediator/-in 41 29
– Unternehmensinsolvenz 41 17
Insolvenzplanerstellung
– Mediation 41 20
– Mediationstechniken bei 41 25
Insolvenzplanverfahren
– Mediation im 41 22
Insolvenzplanverfahren, gerichtliches
– Mediation bei Unternehmensinsolvenz
  44 16
Insolvenzrecht
– Mediation im 41 1 ff.
Insolvenzstraftat 30 52
Insolvenzverwalter
– als Mediator/-in 41 23
**Institut für Konfliktberatung und Mediation
  (IKOM), Bonn** 58 46
**Institut für Konfliktberatung und Mediation
  (IKOM), Frankfurt** 58 46
**Institut für Mediation, Streitschlichtung und
  Konfliktmanagement (IMS)** 58 46
**Institut für soziale und kulturelle Arbeit
  (ISKA Nürnberg GmbH)** 58 46
Institut Universitaire Kurt Bösch (IUKB)
– European Master in Mediation 53 1 ff.
Intellectual Property 40 62
Interaktion
– Kommunikation 22 12
Interaktionsmuster
– Begriff 22 12
Interdisziplinarität 3 1 ff.
Interessendreieck 3 14
Interessenjurisprudenz 2 32
Interessenklärung
– aktives Zuhören 16 30
– Fragetechniken 16 39
– Konflikträume 16 45
– Mediation 16 7, 26
– Paraphrasieren 16 30
– Trennung von Sach- und Beziehungsebene
  16 39
– zeitliche Dimension 16 45
– Zusammenfassungen 16 32
Internationaler Fachbeirat(IBF)
– European General Mediator (EGM) 54 13
Internet-Versteigerung
– online-Mediation 50 7, 89
Interprofessionalität
– als Dienstleistung 3 42
– als Marketing 3 31
Interprofessionelle Sollbruchstelle 3 21
Interpunktionsmuster
– Begriff 22 16

Sachverzeichnis

Sachverzeichnis

Sachverzeichnis

Sachverzeichnis

Sachverzeichnis

Sachverzeichnis

Sachverzeichnis

Hagen

Sachverzeichnis

- B2B-Wirtschaftsmediation 50 87
- B2C-Geschäfte 50 89
- Beweismittel 50 63
- Blind bidding-Verfahren 50 26
- chatroom 50 33, 42
- Deutschland 50 22
- Eignung für 50 48
- e-mail 50 33, 41
- Familienmediation 50 93
- Frankreich 50 20
- Großbritannien 50 21
- Kanada 50 16
- Kommunikation 50 40
- Kommunikationsverhalten 50 52
- Mediationsdienstleistungsvertrag 50 76
- Mediationsvereinbarung 50 59
- Mediator/-in 50 69
- Mediatorvertrag 50 69
- Rechtsfragen 50 58
- reframen 50 55
- software-Programme 50 29
- technische Voraussetzungen 50 33
- USA 50 4
- Verfahrensablauf 50 33 f., 52
- Vertraulichkeit 50 37, 80 f.
- Video-Konferenz 50 33, 42
- Vollstreckung Mediationsergebnis 50 64
Online-Schlichtung 13 1
Operationalisierungsfrage 16 41
Opportunitätskosten
- Wirtschaftlichkeitsrechnung 20 23
Optionsauswahl 16 70 f.
Optionsbewertung 16 70 f.
Organisation
- Mediationsverhandlung 13 1 ff.
Organisation, lernende
- Konzept der 39 30
Organisationsentwicklung
- Konfliktbewältigung 39 29
Organisationskonflikt 39 17
Örtlichkeit
- bei interkultureller Verhandlung 11 36
Ortswahl
- Mediationsverhandlung 13 11
Österreich
- Mediation 6 53
- Mediationsausbildung zum European General Mediator (EGM) 54 1 ff.

Pädagoge
- Aufzeichnungs-/Aufbewahrungspflicht 30 66
- Verschwiegenheit 27 13

Paraphrasieren
- Kommunikationstechnik 16 30
Paraphrasierungstest 14 38
Partei
- Initiative zur Co-Mediation 23 44
- Mitwirkungspflicht 31 10
- Vorladung bei integrierter Mediation 18 103
Parteianwalt
- Haftungsbeschränkung bei Zuziehung 31 62
Parteiautonomie
- Konfliktbewältigung 39 52
Parteienautonomie 1 246
Parteienbefragung
- bei integrierter Mediation 18 110
Parteiengespräch
- bei integrierter Mediation 18 108
Parteiherrschaft
- Wahrung der 26 51
Parteilichkeit
- Anschein der 1 25
Parteiverrat 30 34; 31 74
- anvertraute Angelegenheit 30 37
- beiden Parteien dienen 30 39
- dieselbe Rechtssache 30 38
- geschütztes Rechtsgut 30 35
- Pflichtwidrigkeit 30 40 f.
- subjektiver Tatbestand 30 51
- Täterkreis 30 36
Parteivertreter
- Offenbaren eines Geheimnisses durch 30 17
Partnerstreitigkeit
- Familienmediation 34 61
Partnerverlust
- Identitätsverlust 22 33
- Überwindung des 22 32
Partnerwahl
- Konfliktpotential 22 30
Patent
- Mediationsbeispiel 43 26 f.
- Mediations-/Schiedsfähigkeit 43 5
Patentschutz 40 62
Patient
- Beschwerde an Ärztekammer 47 52
- Konflikt mit Arzt 47 7
- Konflikt mit Krankenhausarzt 47 21
Pauschalhonorar 32 31
Pausen
- Mediationsverhandlung 13 45
Peer-Gruppen
- BAFM 58 20

Sachverzeichnis

Sachverzeichnis

Sachverzeichnis

Sachverzeichnis

Sachverzeichnis

Sachverzeichnis